FRANÇA

PALAVRA-CHAVE

DICIONÁRIO **SEMIBILÍNGUE** PARA BRASILEIROS

FRANCÊS

wmf martinsfontes

SÃO PAULO 2020

Liberté • Égalité • Fraternité
RÉPUBLIQUE FRANÇAISE

"Cet ouvrage, publié dans le cadre de l'Année de la France au Brésil et du Programme d'Aide à la Publication Carlos Drummond de Andrade, bénéficie du soutien du Ministère français des Affaires Etrangères.
« França.Br 2009 » l'Année de la France au Brésil (21 avril – 15 novembre) est organisée:
En France : par le Commissariat général français, le Ministère des Affaires étrangères et européennes, le Ministère de la Culture et de la Communication et Culturesfrance.
Au Brésil : par le Commissariat général brésilien, le Ministère de la Culture et le Ministère des Relations Extérieures."

"Este livro, publicado no âmbito do Ano da França no Brasil e do programa de apoio à publicação Carlos Drummond de Andrade, contou com o apoio do Ministério francês das Relações Exteriores.
'França.Br 2009' Ano da França no Brasil (21 de abril a 15 de novembro) é organizado:
No Brasil: pelo Comissariado geral brasileiro, pelo Ministério da Cultura e pelo Ministério das Relações Exteriores.
Na França: pelo Comissariado geral francês, pelo Ministério das Relações exteriores e europeias, pelo Ministério da Cultura e da Comunicação e por Culturesfrance."

1ª edição **2011**
3ª tiragem **2020**

Tradução
Andréa Stahel M. da Silva

Acompanhamento editorial
Monica Stahel

Preparação do original
Maria Fernanda Alvares
Renato da Rocha Carlos

Revisões
Renato da Rocha Carlos

Projeto gráfico e diagramação
A + Comunicação

Produção gráfica
Geraldo Alves

Dados Internacionais de Catalogação na Publicação (CIP)
(Câmara Brasileira do Livro, SP, Brasil)

Palavra-chave : dicionário semibilíngue para brasileiros : francês / [organização da Editora ; traduzido por Andréa Stahel M. da Silva]. – São Paulo : Editora WMF Martins Fontes, 2011.

Título original: Dictionnaire Larousse de poche 2009.
ISBN 978-85-7827-354-5

1. Francês – Dicionários – Português 2. Português – Dicionários – Francês.

CDD-443.69
10-12735 -469.43

Índices para catálogo sistemático:
1. Francês : Dicionários : Português 443.69
2. Francês-português : Dicionários 443.69
3. Português : Dicionários : Francês 469.43
4. Português-francês : Dicionários 469.43

Editora WMF Martins Fontes Ltda.
Rua Prof. Laerte Ramos de Carvalho, 133 01325-030 São Paulo SP Brasil
Tel. (11) 3293.8150 e-mail: info@wmfmartinsfontes.com.br
http://www.wmfmartinsfontes.com.br

SUMÁRIO

RETIFICAÇÕES ORTOGRÁFICAS

As palavras seguintes foram objeto de retificações adotadas em 1990 pelo Conseil supérieur de la langue française [Conselho superior da língua francesa] e aprovadas pela Académie française [Academia francesa]. Elas foram matéria de decretos publicados no Journal officiel [Diário Oficial]. As unificações, simplificações e modificações da ortografia apresentadas a seguir não implicam que as grafias antigas sejam consideradas incorretas.

A

abat-jour *nm,* des abat-jours
abime *nm*
abimer *v*
abrègement *nm*
abréger *v,* il abrègera, il abrègerait
absoudre *v,* absout, absoute pp
à capella loc adj, loc adv
accéder *v,* il accèdera, il accèderait
accélérer *v,* il accélèrera, il accélèrerait
accroche-cœur *nm,* des accroche-cœurs
accroitre *v,* il accroit, il accroitra, il accroitrait
à contrario loc adv
acuponcteur, trice *n*
acuponcture *nf*
adagio *nm,* des adagios
addenda *nm,* des addendas
adhérer *v,* il adhèrera, il adhèrerait
adultérer *v,* il adultèrera, il adultèrerait
aérer *v,* il aèrera, il aèrerait
aéroclub *nm*
affèterie *nf*
affréter *v,* il affrètera, il affrèterait
affut *nm*
affutage *nm*
affuter *v*
à fortiori loc adv
agglomérer *v,* il agglomèrera, il agglomèrerait
agréger *v,* il agrègera, il agrègerait
agroalimentaire *adj, nm*
aide-mémoire *nm,* des aide-mémoires
aigu, aigüe *adj*
aiguiller *nm*
aimer *v,* aimè-je
ainé, ée *adj, n*
ainesse *nf*
aléser *v,* il alèsera, il alèserait
aliéner *v,* il aliènera, il aliènerait
allécher *v,* il allèchera, il allècherait
allègement *nm*
alléger *v,* il allègera, il allègerait
allègrement *adv*
allégro *adv, nm,* des allégros
alléguer *v,* il allèguera, il allèguerait
allo *interj*
allume-cigare *nm,* des allume-cigares
allume-feu *nm,* des allume-feux
alpha *nm,* des alphas
altérer *v,* il altèrera, il altèrerait
ambigu, ambigüe *adj*
ambigüité *nf*
amoncèlement *nm*
amonceler *v,* il amoncèle, il amoncèlera, il amoncèlerait
ampèreheure *nm,* des ampèreheures
amuse-gueule *nm,* des amuse-gueules
angstrœm *nm*
aout *nm*
aoutat *nm*
aoutien, enne *n*
à-pic *nm,* des à-pics
à postériori *loc adv*
apparaitre *v,* il apparait, il apparaitra, il apparaitrait
apparatchik *nm,* des apparatchiks
appâts *nm, pl,* anciennement appas
appuie-tête *nm,* des appuie-têtes
après-midi *n,* des après-midis
après-rasage *nm,* des après-rasages
après-ski *nm,* des après-skis
après-vente *adj,* après-ventes
à priori *loc adv*

apriori *nm,* des aprioris
aquavit *nm*
arcboutant *nm,* des arcboutants
arcbouter arcbouter (s'), *v*
argüer *v*
arpéger *v,* il arpègera, il arpègerait
arrière-gout *nm*
artéfact *nm*
ashkénaze *n,* des ashkénazes
assèchement *nm*
assécher *v,* il assèchera, il assècherait
asséner *v,* il assènera, il assènerait
assidument *adv*
assiéger *v,* il assiègera, il asssiègerait
assoir *v,* anciennement asseoir
asti *nm,* des astis
atteler *v,* il attèle, il attèlera, il attèlerait
attrape-nigaud *nm,* des attrape-nigauds
audimat *nm,* des audimats
audiovisuel *nm*
audiovisuel, elle *adj*
auroch *nm,* des aurochs
autocouchette *nf*
autoécole *nf*
autostop *nm*
autostoppeur, euse *n*
autovaccin *nm*
avant-gout *nm*
avérer (s') *v,* il s'avèrera, il s'avèrerait
avoir *v,* eussè-je

B

babyboum *nm*
babyfoot *nm,* des babyfoots
babysitteur *n*
babysitting *nm*
bakchich *nm,* des bakchichs
ballotage *nm*
ballotement *nm*
ballotet *v*
balltrap *nm*
banqueter *v,* il banquète, il banquètera, il banquèterait
baréter *v,* il barètera, il barèterait
barman *nm,* des barmans
baseball *nm*
basfond *nm*
basketball *nm*
bassecour *nf,* des bassecours
bassefosse *nf*
bat-flanc *nm,* des bat-flancs
becqueter *v,* il becquète, il becquètera, il becquèterait, DI ou bèqueter v, il bèquète, il bèquètera, il bèquèterait
belcanto *nm,* des belcantos
bélitre *nm*
bélouga
benoit, oite *adj*
benoitement *adv*
bésicles *nf pl*
bestseller *nm*
bêta *nm,* des bêtas
bienaimé, ée *adj, n*
bienêtre *nm*
bienfondé *nm*
bienfonds *nm*
bienpensant, ante *adj, n*
biodiésel *nm*
bizut *nm*
blabla, blablabla *nm*
blackout *nm,* des blackouts
blasphémer *v,* il blasphèmera, il blasphèmerait
body *nm,* des bodys
bogie *nm*
boite *nf*
boitier *nm*
bolchévique *adj, n*
bonhommie *nf*
bonnèterie *nf*
bookmakeur *n*
bortch *nm*
bossanova *nf,* des bossanovas
bosseler *v,* il bossèle, il bossèlera, il bossèlerait
bouiboui *nm,* des bouibouis
boum *nm,* anciennement boom
boursoufflage *nm*
boursoufflé, ée *adj*
boursoufflement *nm*
boursouffler *v*
boursoufflure *nf*
boutentrain *nm,* des boutentrains
box *nm,* des box
boyscout *nm*
braintrust *nm*
branlebas *nm*
braséro *nm*
bravo *nm,* des bravos
breveter *v,* il brevète, il brevètera, il brevèterait
briquèterie *nf*

brise-glace *nm,* des brise-glaces
brise-jet *nm,* des brise-jets
brise-lame *nm,* des brise-lames
brise-motte *nm,* des brise-mottes
brisetout *nm,* des brisetouts
bronchopneumonie *nf*
brulage *nm*
brulant, ante *adj* brulénm
brulé, ée *adj*
brule-parfum *nm,* des brule-parfums
brule-pourpoint (à) *loc adv*
bruler *v*
brulerie *nf*
bruleur *nm*
brulis *nm*
bruloir *nm*
brulot *nm*
brulure *nf*
buche *nf*
bucher *nm*
bucher *v*
bucheron, onne *n*
buchette *nf*
bucheur, euse *n*
bulldozeur *nm*

C

cacahouète *nf*
cachecache *nm,* des cachecaches
cache-col *nm,* des cache-cols
cache-pot *nm,* des cache-pots
cache-prise *nm,* des cache-prises
cache-sexe *nm,* des cache-sexes
cacheter *v,* il cachète, il cachètera, il cachèterait
cachoterie *nf*
cachotier, ère *n*
cafétéria *nf,* des cafétérias
cahincaha *adv*
cahutte *nf*
cale-pied *nm,* des cale-pieds
callgirl *nf*
caméraman *nm,* des caméramans
canada *nf,* des canadas
cannelloni *nm,* des cannellonis
canyon *nm*
caqueter *v,* il caquète, il caquètera, il caquèterait
cardiovasculaire *adj*
caréner *v,* il carènera, il carènerait
carreler *v,* il carrèle, il carrèlera, il carrèlerait
casse-cou *nm,* des casse-cous
casse-croute *nm,* des casse-croutes
casse-gueule *adj, n,* des casse-gueules
casse-noisette *nm,* des casse-noisettes
casse-pied *adj. n,* des casse-pieds
casse-tête *nm,* des casse-têtes
céder *v.* il cèdera, il cèderait
célébrer *v,* il célèbrera, il célèbrerait
cèleri *nm*
céphalorachidien, enne *adj*
cérébrospinal, ale *adj*
chah «ancien souverain d'Iran» *nm*
chaine *nf*
chainette *nf*
chainon *nm*
chalenge *nm*
chanceler *v.* il chancèle, il chancèlera, il chancèlerait
charriot *nm*
chasse-neige *nm,* des chasse-neiges
chauffe-assiette *nm,* des chauffe-assiettes
chauffe-biberon *nm,* des chauffe-biberons
chauffe-eau *nm,* des chauffe-eaux
chauffe-plat *nm,* des chausse-plats
chaussepied *nm*
chaussetrappe *nf*
chauvesouris *nf*
chéchia *nf*
checkup *nm,* des checkups
cherry *nm,* des cherrys
chichekébab *nm,* des chichekébabs
chistéra *n*
chlamydia *nf,* des chlamydias
chlinguer *v*
chowchow *nm,* des chowchows
chronométrer *v,* il chronomètrera, il chronomètrerait
cicérone *n*
ci-git *loc verbale*
cigüe *nf*
cinéclub *nm*
ciseler *v,* il cisèle, il cisèlera, il cisèlerait
cleptomane *adj. n*
cleptomanie *nf*
cliquètement *nm*
cliqueter il cliquète, il cliquètera, il cliquèterait
clochepied (à) *loc adv*

cloitre *nm*
cloitrer *v*
clopinclopant *adv*
cogérer *v,* il cogèrera, il cogèrerait
colleter *(se) v,* il se collète, il se collètera, il se collèterait
columbarium *nm,* des columbariums
combattif, ive *adj*
combattivité *nf*
comparaitre *v,* il comparait, il comparaitra, il comparaitrait
complaire *v,* il complait
complètement *nm*
compléter *v.* il complètera, il complèterait
compte-goutte *nm,* des compte-gouttes
compte-tour *nm,* des compte-tours
concéder *v,* il concèdera, il concèderait
concélébrer *v,* il concélèbrera, il concélèbrerait
condottière *nm,* des condottières
conférer *v,* il confèrera, il confererait
conglomérer *v,* il conglomèrera, il conglomèrerait
connaître *v,* il connait, il connaitra, il connaitrait
conquistador *nm,* des conquistadors
considérer *v,* il considèrera, il considèrerait
contigu, contigüe *adj*
contigüité *nf*
continument *adv*
contrallée *nf*
contramiral, ale *n*
contrattaque *nf*
contrattaquer *v*
contrechant *nm*
contrecourant *nm*
contrécrou *nm*
contreculture *nf*
contrefeu *nm*
contrefilet *nm*
contrehaut (en) *loc adv*
contrejour *nm*
contremaitre *n*
contremanifestant, ante *n*
contremanifestation *nf*
contremesure *nf*
contremploi *nm*
contrenquête *nf*
contreperformance *nf*
contrepied *nm*
contreplaqué *nm*
contreplongée *nf*
contrepoint *nm*
contrepouvoir *nm*
contrépreuve *nf*
contreprojet *nm*
contreproposition *nf*
contrepublicité *nf*
contrerévolution *nf*
contrerévolutionnaire *adj*
contrespionnage *nm*
contreterrorisme *nm*
contretorpilleur *nm*
contrevérité *nf*
contrevisite *nf*
contrexemple *nm*
contrexpertise *nf*
contrindication *nf*
contrindiqué, ée *adj*
contrinterrogatoire *nm*
controffensive *nf*
coopérer *v.* il coopèrera, il coopèrerait
cornflake *nm,* des cornflakes
corolaire *adj, nm*
corole *nf*
coucicouça *adv*
cougouar *nm*
coupe-chou *nm,* des coupe-choux
coupe-circuit *nm,* des coupe-circuits
coupecoupe *nm,* des coupecoupes
coupe-faim *nm,* des coupe-faims
coupe-feu *nm,* des coupe-feux
coupe-file *nm,* des coupe-files
coupe-gorge *nm,* des coupe-gorges
coupe-ongle *nm,* des coupe-ongles
coupe-papier *nm,* des coupe-papiers
coupe-vent *nm,* des coupe-vents
cout *nm*
coutant, ante *adj*
couter *v*
couteux, euse *adj*
couvrepied *nm,* des couvrepieds
covergirl *nf*
cowboy *nm*
craquètement *nm*
craquetër *v,* il craquète, il craquètera, il craquèterait
crècerelle *nf*
crécher *v,* il crèchera, il crècherait
crédo *nm,* des crédos
crèmerie *nf*

crènelé, ée *adj*
crèneler *v,* il crénèle, il crénèlera, il crénèlerait
crescendo *nm,* des crescendos
crève-cœur *nm,* des crève-cœurs
cricri *nm,* des cricris
critérium *nm,* des critériums
crochepied *nm*
crocheter *v,* il crochète, il crochètera, il crochèterait
croitre *v.* il croitra, il croitrait
croquemadame *nm,* des croquemadames
croquemitaine *nm*
croquemonsieur *nm,* des croquemonsieurs
croquemort *nm*
crosscountry *nm,* des crosscountrys
croute *nf*
crouton *nm*
crument *adv*
cuisseau *nm,* anciennement cuissot
cure-dent *nm,* des cure-dents
cure-ongle *nm,* des cure-ongles
cure-pipe *nm,* des cure-pipes
cureter *v,* il curète, il curètera, il curèterait
curriculum *nm,* des curriculums
curriculum vitae *nm,* des curriculums vitae
cutiréaction *nf*
cutteur *nm*
cyclocrou *nm*

D

dandy *nm,* des dandys
daredare *loc adv*
dealeur, euse *n*
déblatérer *v,* il déblatèrera, il déblatèrerait
déboitement *nm*
déboiter *v*
décacheter *v,* il décachète, il décachètera, il décachèterait
décéder *v,* il décèdera, il décèderait
décélérer *v,* il décélèrera, il décélèrerait
déchainé, ée *adj*
déchainement *nm*
déchainer *v*
déchèterie *nf*
déchiqueter *v,* il déchiquète, il déchiquètera, il déchiquèterait
décolérer *v,* il décolèrera, il décolèrerait
décolleter *v,* il décollète, il décollètera, il décollèterait
déconsidérer *v,* il déconsidèrera, il déconsidèrerait
décrescendo *adv.* nm, des décrescendos
décréter *v,* il décrètera, il décrèterait
décroitre *v.* il décroit, il décroitra, il décroitrait
déféquer *v.* il défequera, il défequerait
déférer *v.* il déferera, il défèrerait
déficeler *v,* il déficèle, il déficèlera, il déficèlerait
défralchir *v*
dégénérer *v,* il dégènerera, il dégénèrerait
dégoter *v*
dégout *nm*
dégoutant, ante *adj*
dégouté, ée *adj*
dégouter *v*
déléatur *nm,* des déléaturs
déléguer *v,* il délèguera, il délèguerait
délibérer *v,* il délibèrera, il délibèrerait
délirium trémens *nm,* des déliriums trémens
delta «lettre» *nm,* des deltas
démiurge *nm*
démoucheter *v,* il démouchète, il démouchètera, il démouchèterait
démuseler *v.* il démusèle, il démusèlera, il démusèlerait
déniveler *v,* il dénivèle, il dénivèlera, il dénivèlerait
denteler *v,* il dentèle, il dentèlera, il dentèlerait
dentelier, ère *adj*
dépaqueter *v,* il dépaquète, il dépaquètera, il dépaquèterait
déplaire *v,* il déplait
déposséder *v,* il dépossèdera, il dépossèderait
dépoussiérer *v,* il dépoussièrera, il dépoussièrerait
dépuceler *v,* il dépucèle, il dépucèlera, il dépucèlerait
dérèglementation *nf*
dérèglementer *v*

dérégler *v,* il dérèglera, il dérèglerait
désagréger *v,* il désagrègera, il désagrègerait
désaltérer *v,* il désaltèrera, il désaltèrerait
désenchainer *v*
désensorceler *v,* il désensorcèle, il désensorcèlera, il désensorcèlerait
désespérer *v,* il désespèrera, il désespèrerait
désidérata *nm,* des désidératas
désintégrer *v,* il désintègrera, il désintègrerait
despérado *nm,* des despérados
dessécher *v,* il déssèchera, il dessècherait
dessouler *v*
dételer *v.* il détèle, il détèlera, il détèlerait
devoir *v,* dussè-je
dictat *nm*
diésel *nm*
différer *v,* il diflèrera, il dillèrerait
digérer *v,* il digèrera, il digèrerait
dime *nf*
diner *nm*
diner *v*
dinette *nf*
dineur, euse *nf*
dinghie *nm,* des dinghies
disparaitre *v,* il disparait, il disparaitra, il disparaitrait
disséquer *v,* il dissèquera, il dissèquerait
dissoudre *v,* dissout, dissoute pp
djébel *nm,* des djébeis
donjuan *nm,* des donjuans
douçitre *adj*
dument *adv*
duodénum *nm,* des duodénums
duplicata *nm,* des duplicatas
durite *nf*
dynamoélectrique *adj*

E

ébrécher *v,* il ébrèchera, il ébrècherait
écrémer *v,* il écrèmera, il écrèmerait
édelweiss *nm*
égo *nm,* des égos
électroacoustique *nf*
électroaimant *nm*
électroencéphalogramme *nm*
emboitage *nm*
emboitement *nm*
emboiter *v*
embuche *nf*
empaqneter *v,* il empaquète, il empaquètera, il empaquèterait
empiètement *nm*
empiéter *v,* il empiètera, il empièterait
emporte-pièce *nm,* des emporte-pièces
encas *nm*
enchainement *nm*
enchainer *v*
encroatement *nm*
encrouter *v*
enfiévrer *v,* il enfièvrera, il enfièvrerait
ensorcèlement *nm*
ensorceler *v,* il ensorcèle, il ensorcèlera, il ensorcèlerait
entête *nm*
entrainant, ante *adj*
entrainement *nm*
entrainer *v*
entraineur, euse *n*
entraineuse *nf*
entrapercevoir *v*
entredéchirer (s') *v*
entredeux *nm*
entredévorer (s') *v*
entrejambe *nm,* des entrejambes
entretemps *adv, nm*
entretuer (s') *v*
énumérer *v,* il énumèrera, il énumèrerait
envoutant, ante *adj*
envoutement *nm*
envouter *v*
épeler *v,* il épèle, il épèlera, il épèlerait
épitre *nf*
épousseter *v,* il époussète, il époussètera, il époussèterait
epsilon *nm,* des epsilons
erg *nm,* des ergs
erratum *nm,* des erratums
espérer *v,* il espèrera, il espèrerait
essuie-glace *nm,* des essuie-glaces
essuie-main *nm,* des essuie-mains
essuietout *nm,* de essuietouts
êta *nm,* des êtas

etcétéra *nm,* des etcétéras
étincèlement *nm*
étinceler *v,* il étincèle, il étincèlera, il étincèlerait
étiqueter *v,* il étiquète, il étiquètera, il étiquèterait
étouffe-chrétien *nm,* des étouffe-chrétiens
évènement *nm*
évènementiel, elle *adj*
exagérer *v,* il exagèrera, il exagèrerait
exaspérer *v,* il exaspèrera, il exaspèrerait
excéder *v,* il excèdera, il excèderait
excréter *v,* il excrètera, il excrèterait
exécrer *v,* il exècrera, il exècrerait
exéma *nm,* anciennement eczéma
exémateux, euse *adj,* anciennement eczémateux
exigu, exigüe *adj*
exigüité *nf*
exilbris *nm*
exonérer *v,* il exonèrera, il exonèreralt
extra *nm,* des extras
extrafin, ine *adj*
extrafort, te *adj, nm*
extralucide *adj*
extramuros *adj, adv*
extrasensoriel, elle *adj*
extraterrestre *adj, n*
exvoto *nm,* des exvotos

FG

facsimilé *nm,* des facsimilés
faine *nf*
fairepart *nm,* des faireparts
fairplay *nm,* des fairplays
faitage *nm*
faite *nm*
faiteau *nm*
fastfood *nm*
fatma *nf,* des fatmas
favéla *nf,* des favélas
fayoter *v*
fédayin *nm,* des fédayins
fédérer *v,* il fédèrera, il fédèrerait
féérie *nf*
féérique *adj*
fellaga *nm,* des fellagas
ferry *nm,* des ferrys
ferryboat *nm*
feuilleter *v,* il feuillète, il feuillètera, il feuillèterait
ficeler *v,* il ficèle, il ficèlera, il ficèlerait
fiftyfifty *loc adv*
finish *nm,* des finishs
fiord *nm*
fioul *nm*
flash *nm,* des flashs
flashback *nm,* des flashbacks
flécher *v,* il flèchera, il flècherait
flute *nf*
flutiau *nm*
fluvioglaciaire *adj*
fortissimo *nm,* des fortissimos
fourmilion *nm*
fourretout *nm,* des fourretouts
foxtrot *nm,* des foxtrots
fraichement *adj*
fraicheur *nf*
fraichir *v*
frais, fraiche *adj*
freezeur *nm*
frésla *nm*
fréter *v,* il frètera, il frèterait
fricfrac *nm,* des fricfracs
frisoter *v*
frisotis *nm*
froufrou *nm,* des froufrous
fume-cigarette *nm,* des fume-cigarettes
fumerole *nf*
fureter *v,* il furète, il furètera, il futèterait
fuseler *v,* il fusèle, il fusèlera, il fusèlerait
fut *nm*

gageüre *nf*
gagne-pain *nm,* des gagne-pains
gagnepetit *nm,* des gagnepetits
galment *adv*
galté *nf*
galérer *v,* il galèrera, il galèrerait
gamma *nm,* des gammas
gangréner *v,* il gangrène, il gangrènera, il gangrènerait
gangréneux, euse *adj*
garde-barrière *n,* des garde-barrières
garde-boue *nm,* des garde-boues
garde-chasse *n,* des garde-chasses
garde-chiourme *n,* des garde-chiourmes
garde-côte «agent» *n,* des garde-côtes

garde-côte «bateau» *nm,* des garde-côtes
garde-feu *nm,* des garde-feux
garde-fou *nm,* des garde-fous
garde-malade *n,* des garde-malades
garde-manger *nm,* des garde-mangers
garde-meuble *nm,* des garde-meubles
garden-partie *nf,* des garden-parties, ou garden-party nt, des garden-partys
garde-pêche «agent» *n,* des garde-pêches
garde-pêche «bateau» *nm,* des garde-pêches
garde-voie *nm,* des garde-voies
garrotage *nm*
garroter *v*
gasoil *nm*
gastroentérite *nf*
gastroentérologie *nf*
gastroentérologue *n*
gay *adj,* gays
gélinotte *nf*
générer *v,* il génèrera, il génèrerait
gentleman *nm,* des gentlemans
gerbéra *nm*
gérer *v,* il gèrera, il gère rait
gésir *v,* il git
girole *nf*
gite *nf*
gite *nm*
giter *v*
globetrotteur, euse *n*
gobe-mouche *nm,* des gobe-mouches
golden *nf,* des goldens
goulache *n*
goulument *adv*
gourou *nm*
gout *nm*
gouter *v, nm*
gouteur, euse *n*
gouteux, euse *adj, n*
goy *nm,* des goys
graffiti *nm,* des graffitis
grainèterie *nf*
gratte-ciel *nm,* des gratte-ciels
gratte-cul *nm,* des gratte-culs
gratte-papier *nm,* des gratte-papiers
grelotement *nm*
greloter *v*
greneler *v,* il grenèle, il grenèlera, il grenèlerait
grigri *nm,* des grigris
grille-pain *nm,* des grille-pains
grizzli *nm,* des grizzlis
grole *nf*
grommèlement *nm* grommeler v, il grommèle, il grommèlera, il grommèlerait
guérilléro *nm*
guibole *nf*
guilde *nf,* anciennement ghilde
guiliguill *nm,* des guiliguilis

H I

hachich *nm*
haleter *v,* il halète, il halètera, il halèterait
handball *nm*
harakirl *nm*
harceler *v,* il harcèle, il harcèlera, il harcèlerait
hautecontre *n,* des hautecontres
hautefidélité *adj, nf*
hautparleur *nm,* des hautparleurs
hébètement *nm*
héler *v,* il hèlera, il hèlerait
héroicomique *adj*
hifi *adj, nf,* des hifis
hippie *adj, n,* des hippies ou hippy *adj, n,* des hippys
hobby *nm,* des hobbys
holdup *nm,* des holdups
homme-sandwich *nm,* des hommes-sandwichs
hoqueter *v,* il hoquète, il hoquètera, il hoquèterait
hors-bord *nm,* des hord-bords
hors-jeu *nm,* des hors-jeux
hors-piste *nm,* des hors-pistes
hors-texte *nm,* des hors-textes
hotdog *nm,* des hotdogs
houligan, ane *n*
houliganisme *nm*
huitre *nf*
hydroélectricité *nf*
hydroélectrique *adj*
hypothéquer *v,* il hypothèquera, il hypothèquerait

iglou *nm*
ile *nf*
illen, enne *adj*
ilot *nm*

ilotage *nm*
ilotier, ère *n*
imbécilité *nf*
Impédimenta *nm,* des impédimentas
imprégner *v,* il imprègnera, il imprègnerait
imprésario *nm,* des imprésarios
imprimatur *nm,* des imprimaturs
in extrémis *loc adv*
incarcérer *v,* il incarcèrera, il incarcèrerait
incinérer *v,* il incinèrera, il incinèrerait
incongrument *adv*
indifférer *v,* il indiffèrera, il indiffèrerait
indument *adv*
Inférer *v,* il infèrera, il infèrerait
infolio *nm,* des infolios
infrason *nm*
ingérer *v,* il ingèrera, il ingèrerait
inoctavo *nm,* des inoctavos
inquarto *nm,* des inquartos
Inquiéter *v,* il inquiètera, il inquièterait
insérer *v,* il insèrera, il insère rait
intégrer *v,* il intègrera, il intègrerait
intercéder *v,* il intercèdera, il intercèderait
interférer *v,* il interfèrera, il interfèrerait
interpeler *v,* nous interpelons
interpénétrer (s') *v,* ils s'interpénètreront, ils s'interpénètreraient
interpréter *v,* il interprètera, il interprèterait
intervieweur, euse *n*
intramuros *adj, adv*
intraveineuse *nf*
intraveineux, euse *adj*
invétérer *v,* il invétèrera, il invétèrerait
iota *nm,* des iotas

JKL

jamborée *nm*
jazzman *nm,* des jazzmans
jean *nm,* des jeans
jeanfoutre *nm,* des jeanfoutres
jéjunum *nm*
jerricane *nm*
jeuner *v,* il jeunera, il jeunerait
jeuneur, euse *n*
jiujitsu *nm*
joailler, ère *n*
jukebox *nm,* des jukebox
jumeler *v,* il jumèle, il jumèlera, il jumèlerait
kan «titre mongol» *nm*
kappa *nm,* des kappa
kayak *nm,* des kayaks
kéfié *nm*
khi *nm,* des khis
kibboutz *nm,* des kibboutz
kifkif *adj*
kilométrer *v,* il kilomètrera, il kilomètrerait
kirch *nm*
kitch *adj, nm,* des kitchs
kolkhoze *nm,* des kolkhozes

lacérer *v,* illacèrera, illacèrerait
lambda *adj, nm,* des lambdas
lance-missile *nm,* des lance-missiles
lance-pierre *nm,* des lance-pierres
lance-roquette *nm,* des lance-roquettes
lance-torpille *nm,* des lance-torpilles
land *nm,* des lands
lapilli *nm,* des lapillis
largo *nm,* des largos
lasagne *nf,* des lasagnes
latifundium *nm,* des latifundiums
lave-linge *nm,* des lave-linges
lave-main *nm,* des lave-mains
lave-vaisselle *nm,* des lave-vaisselles
lazzi *nm,* des lazzis
lèche-botte *nm,* des lèche-bottes
lèche-cul *adj, n,* des lèche-culs
lécher *v,* illèchera, illècherait
lèche-vitrine *nm,* des lèche-vitrines
légiférer *v,* illégifèrera, il légifère rait
léguer *v,* illèguera, illèguerait
leitmotiv *nm,* des leitmotivs
lento *nm,* des lentos
lèse-majesté *nf,* des lèse-majestés
léser *v,* illèsera, illèserait
lève-glace *nm,* des lève-glaces
levreau *nm,* anciennement levraut
libérer *v,* il libèrera, illibèrerait
lied *nm,* des lieds
lieudit *nm,* des lieudits
linoléum *nm,* des linoléums
litchi *nm*
lobby *nm,* des lobbys

lockout *nm,* des lockouts
lunch *nm,* des lunchs
lunetier, ère *n*

M

macaroni *nm,* des macaronis
macérer *v,* il macèrera, il macère rait
macroéconomie *nf*
mafia *nf*
mafioso *nm,* des mafiosos
maharadja *nm,* des ma ha rad jas
mainforte *nf*
maitre, maitresse *n*
maitre-autel *nm*
maitre-chien *nm*
maitresse *nf*
maitrisable *adj*
maitrise *nf*
maitriser *v*
majong *nm,* anciennement mah-jong
malstrom *nm*
mamelouk *nm*
manageur, euse *n*
mangetout *nm,* des mangetouts
maniacodépressif, ive *adj*
maraicher, ère *adj, n*
marengo *nm,* des marengos
marijuana *nf*
mariole *adj, n*
markéting *nm*
marqueter *v,* il marquète, il marquètera, il marquèterait
marquèterie *nf*
martini *nm,* des martinis mass média nm, des mass médias
match *nm,* des matchs
maximum *nm,* desmaximas
méconnaitre *v*
média *nm,* des médias
médicolégal, ale *adj*
médicosocilal, ale *adj*
méhari *nm,* des méharis
melba *adj, nf.* des melbas
mélimélo *nm,* des mélimélos
mémento *nm*
mémorandum *nm,* des mémorandums
métrer *v,* il mètrera, il mètrerait
mezzo-soprano *nm,* des mezzo-sopranos
microéconomie *nf*
microondes «fouf» *nm*
milkshake *nm,* des milkshakes
millefeuille *nm,* des millefeuilles
millepatte *nm,* des millepattes
millepertuis *nm*
minicassette *nf*
minichaine *nf*
minijupe *nf*
minimum *nm,* des minimums
miss *nf,* des miss
mixeur *nm*
modérato *adv, nm,* des modératos
modérer *v,* il modèrera, il modèrerait
monte-charge *nm,* des monte-charges
monte-plat *nm,* des monte-plats
morcèlement *nm*
morceler *v,* il morcèle, il morcèlera, il morcèlerait
morigéner *v,* il morigènera, il morigènerait
motocross *nm,* des motocross
moucharabié *nm*
mout *nm*
mouvoir *v, mu pp*
mu «lettre» *nm, des mus*
mu *pp.* voir mouvoir
muezzine *nm*
muléta *nf*
mûr *adj,* mure, murs, mures
mure *nf*
murement *adv*
murier *nm*
murir *v*
murissage *nm*
murissant, ante *adj*
murissement *nm*
murisserie *nf*
musèlement *nm*
museler *v,* il musèle, il musèlera, il musèlerait
muserole *nf*

NO

naitre *v,* il nait, il naitra, il naitrait
négrospiritual *nm*
nénufar *nm*
néocalédonien, enne *adj*
Néocalédonien, enne *n*
néoclassicisme *nm*

néoclassique *adj*
néocolonialisme *nm*
néocolonialiste *adj, n* néollbéralisme nm
néonatal, ale *adj*
néoplatonicien, enne *adj, n*
néoplatonisme *nm*
néoréalisme *nm*
néoréaliste *adj*
néozélandais, aise *adj*
Néozélandais, aise *n*
neurovégétatif, ive *adj*
newlook *adj, nm,* des newlooks
nivèlement *nm*
niveler *v,* il nivèle, il nivèlera, il nivèlerait
noroit *nm*
nova *nf,* des novas
nu «lettre» *nm,* des nus
numérus clausus *nm*
nurserie *nf,* des nurseries

obérer *v,* il obèrera, il obèrerait
oblitérer *v,* il oblitèrera, il oblitère rait
obséder *v,* il obsèdera, il obsèderait
obtempérer *v,* il obtempèrera, il obtempèrerait
off *adj,* offs
offset *nm,* des offsets
offshore *nm,* des offshores
ognon *nm*
oligoélément *nm*
omicron *nm,* des omicrons
open *adj,* opens
opérer *v,* il opèrera, il opèrerait
oppidum *nm,* des oppidums
optimum *nm,* des optimums
ostrogot, ote *adj, n*
otorhinolaryngologie *nf*
otorhinolaryngologiste *n*
oued *nm,* des oueds
oukase *nm*
ouléma *nm*
out *adj,* outs
ouvre-boite *nm,* des ouvre-boites
ouvre-bouteille *nm,* des ouvre-bouteilles
ouzbek *adj, n*
oxygéner *v,* il oxygènera, il oxygènerait

P

paélia *nf*
pagaille *nf*
paitre *v,* il pait, il paitra, il paitrait
papèterie *nf*
parabellum *nm,* des parabellums
paraitre *v,* il parait, il paraitra, il paraitrait
pare-balle *nm,* des pare-balles
pare-brise *nm,* des pare-brises
pare-choc *nm,* des pare-chocs
pare-feu *nm,* des pare-feux
pare-soleil *nm,* des pare-neiges
parqueter *v,* il parquète, il parquètera, il paquèterait
passe-crassane *nf,* passe-crassanes
passe-droit *nm,* des passe-droits
passe-montagne *nm,* des passe-montagnes
passepartout *nm,* des passepartouts
passepasse *nm,* des passepasses
passe-plat *nm,* des passe-plats
passe-rose *nf,* des passe-roses
passetemps *nm*
pécher «commettre une faute» *v,* il pèchera, il pècherait
pédigrée *nm*
pêlemêle *adv*
pêlemêle *nm,* des pêlemêles
pelleter *v,* il pellètera, il pellèterait
pénalty *nm,* des pénaltys
pénétrer *v,* il pénètrera, il pénètrerait
perce-neige *n,* des perce-neiges
perce-oreille *nm,* des perce-oreilles
pérestroika *nf*
perpétrer *v,* il perpètrera, il perpètrerait
persévérer *v,* il persévèrera, il persévèrerait
persifflage *nm*
persiffler *v*
persiffleur, euse *adj, n*
pèse-bébé *nm,* des pèse-bébés
pèse-lettre *nm,* des pèse-lettres
pèse-personne *nm,* des pèse-personnes
péséta *nm*
péso *nm*
péter *v,* il pètera, il pèterait
phénix *nm*
phi «lettre» *nm,* des phis

photoélectrique *adj*
photofinish *nf,* des photofinishs
phylloxéra *nm*
physicochimique *adj*
pi «lettre» *nm,* des pis
pianissimo *nm,* des pianissimos
pickup *nm,* des pickups
picolo *nm,* des picolos
piéger *v,* il piègera, il piègerait
piéta *nf,* des piétas
pingpong *nm,* des pingpongs
pinup *nf,* des pinups
pipeline *nm*
pique-assiette *nm,* des pique-assiettes
pique-feu *nm,* des pique-feux
pique-fleur *nm,* des pique-fleurs
piquenique *nm*
piqueniquer *v*
piqueter *v,* il piquète, il piquètera, il piquèterait
piqure *nf*
pissefroid *nm,* des pissefroids
pizzéria *nf*
pizzicato *nm,* des pizzicatos
placébo *nm*
plaire *v,* il plait
platebande *nf,* des platebandes
plateforme *nf,* des plateformes
playback *nm,* des playbacks
playboy *nm*
plénum *nm*
pogrome *nm*
pointeur *nm*
pommeler (se) *v,* il se pommèle, il se pommèlera, il se pommèlerait
pondérer *v,* il pondèrera, il pondèrerait
pop *adj,* pops
popcorn *nm,* des popcorns
porte-avion *nm,* des porte-avions
porte-bagage *nm,* des porte-bagages
porte-bébé *nm,* des porte-bébés
porte-billet *nm,* des porte-billets
porte-bonheur *nm,* des porte-bonheurs
porte-bouteille *nm,* des porte-bouteilles
porte-carte *nm,* des porte-cartes
porte-cigarette *nm,* des porte-cigarettes
porteclé *nm,* des porteclés
porte-couteau *nm,* des porte-couteaux
porte-document *nm,* des porte-documents
porte-drapeau *nm,* des porte-drapeaux
porte-greffe *nm,* des porte-greffes
porte-hélicoptère *nm,* des porte-hélicoptères
porte-jarretelle *nm,* des porte-jarretelles
porte-malheur *nm,* des porte-malheurs
portemanteau *nm,* des portemanteaux
portemine *nm,* des portemines
portemonnaie *nm,* des portemonnaies
porte-parapluie *nm,* des porte-parapluies
porte-parole *nm,* des porte-paroles
porteplume *nm,* des porteplumes
porte-revue *nm,* des porte-revues
porte-savon *nm,* des porte-savons
porte-serviette *nm,* des porte-serviettes
portevoix *nm*
posséder *v,* il possèdera, il possèderait
postnatal, ale *adj*
postscriptum *nm,* des postscriptums
potpourri *nm,* des potpourris
pouding *nm*
pourlécher (se) *v,* il se pourlèchera, il se pourlècherait
pousse-café *nm,* des pousse-cafés
poussepousse *nm,* des poussepousses
pouvoir *v,* puissè-je, pussè-je
précéder *v,* il précèdera, il précèderait
prêchiprêcha *nm,* des prêchiprêchas
préélectoral, ale *adj*
préemballé, ée *adj*
préférer *v,* il préfèrera, il préfèrerait
présidium *nm,* des présidiums
presqu'ile *nf*
presse-citron *nm,* des presse-citrons
presse-papier *nm,* des presse-papiers
presse-purée *nm,* des presse-purées
prestissimo *nm,* des prestissimos
primadonna *nf,* des primadonnas
procéder *v,* il procèdera, il procèderait
proférer *v,* il profèrera, il profèrerait
proliférer *v,* il prolifèrera, il prolifèrerait

prorata *nm,* des proratas
proscénium *nm,* des proscéniums
prospérer *v,* il prospèrera, il prospèrerait
protège-dent *nm,* des protège-dents
protéger *v,* il protègera, il protègerait
prudhommal, ale *adj*
prudhomme *nm*
prunelier *nm*
psi «lettre» *nm,* des psis
puîné, ée *adj, n*
pulloveur *nm*
putsch *nm,* des putschs
quanta *nm,* des quantas

QR

quantum *nm,* des quantums
quartier-maitre *n*
québécois, oise *adj, n*
quincailler, ère *n*
quotepart *nf*

rabat-joie *n,* des rabat-joies
radiotaxi *nm*
rafraichir *v*
rafraichissant, ante *adj*
rafraichissement *nm*
ragout *nm*
ragoutant, ante *adj*
ramasse-miette *nm,* des ramasse-miettes
ranch *nm,* des ranchs
rapiécer *v,* il rapiécera, il rapiècerait
rase-motte *nm,* des rase-mottes
rasséréner *v,* il rassénèrera, il rassénèrerait
rauoir *v.* anciennement rasseoir
râteler *v,* il râtèle, il râtèlera, il râtèlerait
ravioli *nm,* des raviolis
réaléser *v,* il réalèsera, il réalèserait
réapparaltre *v,* il réapparait, il réapparaitra, il réapparaitrait
recéder *v,* il recèdera, il recèderait
recéler *v,* il recèlera, il recèlerait
recéleur, euse *n*
recomparaitre *v,* il recomparait, il recomparaîtra, il recomparaitrait
reconnaitre *v,* il reconnaît, il reconnaîtra, il reconnaitrait
reconsidérer *v,* il reconsidèrera, il reconsidèrerait
recordman *nm,* des recordmans
récupérer *v,* il récupèrera, il récupèrerait
référendum *nm,* des référendums
référer *v,* il rétèrera, il réfèrerait
refléter *v,* il reflètera, il reflèterait
réflex *adj, nm*
réfréner *v,* il réfrènera, il réfrènerait
réfrigérer *v,* il réfrigèrera, il réfrigèrerait
régénérer *v,* il régénèrera, il régénèrerait
règlementaire *adj*
règlementairement *adv*
règlementation *nf*
règlementer *v*
régler *v,* il règlera, il règlerait
régner *v,* il règnera, il règnerait
réinsérer, réinsérer (se) *v,* il (se) réinsèrera, il (se)
réinsèrerait réintégrer *v,* il réintègrera, il réintègrerait
réitérer *v,* il réitèrera, il réitèrerait
relai *nm*
reléguer *v,* il relèguera, il relèguerait
remboiter *v*
remonte-pente *nm,* des remonte-pentes
rempaqueter *v,* il rempaquète, il rempaquètera, il rempaquèterait
remue-ménage *nm,* des remue-ménages
remue-méninge *nm,* des remue-méninges
rémunérer *v,* il rémunèrera, il rémunèrerait
renaitre *v,* il renait, il renaitra, il renaitrait
renouvèlement *nm*
renouveler *v,* il renouvèle, il renouvèlera, il renouvèlerait
réopérer *v,* il réopèrera, il réopèrerait
repaltre *v,* il repait, il repaitra, il repaitrait
reparaltre *v,* il reparait, il reparaitra, il reparaitrait
répartie *nf*
répartir «répliquer» *v*
repérer *v,* il repèrera, il repèrerait
répéter *v,* il répètera, il repèterait
repose-pied *nm,* des repose-pieds
repose-tête *nm,* des repose-têtes

réséquer *v,* il résèquera, il résèquerait
résoudre *v,* résout, résoute pp
ressemeler *v,* il ressemèle, il ressemèlera, il ressemèlerait
rétrocéder *v,* il rétrocèdera, il rétrocèderait
réveille-matin *nm,* des réveille-matins
révéler *v,* il révèlera, il révèlerait
réverbérer *v,* il réverbèrera, il réverbèrerait
révérer *v,* il révèrera, il révèrerait
révolver *nm*
rho *nm,* des rhos
ricrac *adv*
riesling *nm,* des rieslings
rince-bouteille *nm,* des rince-bouteilles
rince-doigt *nm,* des rince-doigts
risquetout *nm,* des risquetouts
riveter *v,* il rivète, il rivètera, il rivèterait
rockeur, euse *n*
rœstis *nm pl*
romancéro *nm*
roudpoint *nm,* des rondpoints
rouéo *nf,* des ronéos
rouspéter *v,* il rouspètera, il rouspèterait
royaltie *nf,* des royalties
rugbyman *nm,* des rugbymans
ruissèlemeut *nm*
ruisseler *v,* il ruissèle, il ruissèlera, il ruissèlerait
rush *nm,* des rushs

S

saccarine *nf*
saccarose *nm*
sacrosaint, te *adj*
sagefemme *nf,* des sagefemmes
sanatorium *nm,* des sanatoriums
sandwich *nm,* des sandwichs
sans-abri *n,* des sans-abris
sans-cœur *n,* des sans-cœurs
sanscrit *nm*
sanscrit, ite *adj*
sans-culotte *nm,* des sans-culottes
sans-emploi *n,* des sans-emplois
sans-faute *nm,* des sans-fautes
sans-gêne *n,* des sans-gênes
sans-papier *n,* des sans-papiers
sans-plomb *nm,* des sans-plombs
satisfécit *nm,* des satisfécits
saufconduit *nm,* des saufconduits
saute-mouton *nm,* des saute-moutons
scampi *nm,* des scampis
scénario *nm,* des scénarios
sconse *nm,* anciennement skunks
scooteur *nm*
scotch *nm,* des scotchs
sèche-cheveu *nm,* des sèche-cheveux
sèche-linge *nm,* des sèche-linges
sèche-main *nm,* des sèche-mains
sécher *v,* il sèchera, il sècherait
sècheresse *nf*
sélect, te *adj*
self-made-man *nm,* des self-made-mans
sèneçon *nm*
sénescence *nf*
sènevé *nm*
sénior, e *adj, n*
séquoia *nm*
serpillère *nf*
serre-fil *nm,* des serre-fils
serre-file *nm,* des serres-files
serre-joint *nm,* des serre-joints
serre-livre *nm,* des serre-livres
serre-tête *nm,* des serre-têtes
sexy *adj,* sexys
shakeur *nm*
shampoing *nm*
shampouiner *v*
shampouineur, euse *n*
show *nm,* des shows
sidérer *v,* il sidèrera, il sidèrerait
siéger *v,* il siègera, il siègerait
sigma *nm,* des sigmas
sketch *nm,* des sketchs
skippeur *n*
smash *nm,* des smashs
snackbar *nm,* des snackbars
snif *interj*
snifer *v*
socioculturel, elle *adj*
socioéconomique *adj*
socioéducatif, ive *adj*
socioprofessionnel, elle *adj*
solo *nm,* des solos
sombréro *nm,* des sombréros
soprano *n,* des sopranos

sorgo *nm*
sottie *nf*
souffleter *v,* il soufflète, il soufflètera, il souffièterait
souffre-douleur *nm,* des souffre-douleurs
soulant, ante *adj*
soulard, arde *adj, n*
soulaud, aude *n*
souler *v*
soulerie *nf*
soulot, ote *n*
sous-main *nm,* des sous-mains
sous-verre *nm,* des sous-verres
spaghetti *nm,* des spaghettis
spatiotemporel, elle *adj*
spéculos *nm*
spéculum *nm,* des spéculums
sprinteur, euse *n*
squatteur, euse *n*
staccato *nm,* des staccatos
standard *adj,* standards
statuquo *nm,* des statuquos
stimulus *nm,* des stimulus
stoupa *nm*
striptease *nm,* des stripteases
stripteaseur, euse *n*
subaigu, subaigüe *adj*
succéder *v,* il succèdera, il succèderait
suggérer *v,* il suggèrera, il suggère rait
sulky *nm,* des sulkys
supernova *nf,* des supernovas
supporteur, trice *n*
sûr *adj,* sure, surs, sures
suraigu, suraigüe *adj*
surcout *nm*
surcroit *nm*
surdimutité *nf*
surement *adv*
surentraînement *nm*
sureté *nf*
suroit *nm*
surpiqure *nf*
sursoir *v,* anciennement surseoir
symposium *nm,* des symposiums

T

tacheter *v,* il tachète, il tachètera, il tachèterait
taille-crayon *nm,* des taille-crayons
taliatelle *nf,* des taliatelles
talweg *nm*
tamtam *nm,* des tamtams
tapecul *nm*
taste-vin *nm,* des taste-vins
tatami *nm,* des tatamis
tâte-vin *nm,* des tâte-vins
tau *nm,* des taus
taveler *v,* il tavèle, il tavèlera, il tavèlerait
tchao *interj,* anciennement ciao
tchintchin *inter*
teeshirt *nm*
tek *nm*
téléfilm *nm*
tempérer *v,* il tempèrera, il tempèrerait
tempo *nm,* des tempos
tennisman *nm,* des tennismans
téquila *nf*
terreplein *nm,* des terrepleins
têtebêche *adv*
téter *v,* il tètera, il tèterait
teufteuf *nm,* des teufteufs
thaï *nm,* des thaïs
thêta *nm,* des thêtas
thrilleur *nm*
tictac *interj, nm,* des tictacs
tire-botte *nm,* des tire-bottes
tirebouchon *nm*
tirebouchonner *v*
tire-clou *nm,* des tire-clous
tire-fesse *nm,* des tire-fesses
tirefond *nm,* des tirefonds
tire-lait *nm,* des tire-laits
tirelarigot (à) *loc adv*
tire-ligne *nm,* des tire-lignes
toccata *nf,* des toccatas
tohubohu *nm,* des tohubohus
tolérer *v,* il tolèrera, il tolèrerait
tord-boyau *nm,* des tord-boyaux
toréro *nm*
tory *nm,* des torys
tourne-disque *nm,* des tourne-disques
tragicomédie *nf*
tragicomique *adj*
trainqe *nm*
trainailler *v*
trainant, ante *adj*
trainard, arde *n*
trainasser *v*
traine *nf*
traineau *nm*

trainée *nf*
trainer *v*
traine-savate *nm,* des traine-savates
traintrain *nm,* des traintrains
traitre, traitresse *adj, n*
traitreusement *adv*
traitrise *nf*
transférer *v,* il transfèrera, il transfèrerait
transparaitre *v,* il transparaît, il transparaitra, il transparaitrait
trémolo *nm*
trole *nm*
trompéter *v,* il trompètera, il trompèterait
trouble-fête *n,* des trouble-fêtes
tsétsé *nf,* des tsétsés
tue-mouche *nm,* des tue-mouches
tumulus *nm,* des tumulus
turbo *nm,* des turbos
turboaltemateur *nm*

U–Z

ulcérer *v,* il ulcèrera, il ulcèrerait
ultramarin, ine *adj*
ultrasensible *adj*
ultrason *nm*
ultraviolet, ette *adj*
ultraviolet *nm*
upsilon *nm,* des upsilons

vadémécum *nm,* des vadémécums
vanupied *n,* des vanupieds
vatout *nm,* des vatouts
végéter *v,* il végètera, il végèterait
vélum *nm,* des vélums
vénérer *v,* il vénèrera, il vénèrerait
vènerie *nf*
véto *nm*
viceversa
vide-ordure *nm,* des vide-ordures
vide-poche *nm,* des vide-poches
vide-pomme *nm,* des vide-pommes
vilénie *nf*
vitupérer *v,* il vitupèrera, il vitupèrerait
vociférer *v,* il vocifèrera, il vocifèrerait
voleter *v,* il volète, il volètera, il volèterait
volleyball *nm*
volteface *nf,* des voltefaces
voute *nf*
vouté, ée *adj*
vouter *v*

wallaby *nm,* des wallabys
water *nm,* des waters
waterpolo *nm*
weekend *nm,* des weekends
whisky *nm,* des whiskys

xi *nm,* des xis

yak *nm*
yéyé *n,* des yéyés
yidiche *nm*
yogourt *nm*
yoyo *nm*

zakouski *nm,* des zakouskis
zébrer *v,* il zèbrera, il zèbrerait
zêta *nm,* des zêtas

PRONÚNCIA DO FRANCÊS

Neste dicionário foi indicada a pronúncia das palavras que podem apresentar alguma dificuldade. Para tanto, utilizamos o quadro dos sons franceses do alfabeto fonético internacional, com algumas simplificações.

Vogais orais

i	em	il, habit, dîner	[i]
é		thé, dé	[e]
e		être, dais, procès	[ɛ]
a		avoir, Paris, patte	[a]
o		or, robe	[ɔ]
o		dos, chevaux	[o]
ou		ouvrir, couvert, loup	[u]
u		user, tu, sûr	[y]
eu		cœur, peur, neuf	[œ]
eu		feu, jeu, peu	[ø]
e		le, premier	[ə]

Vogais nasais

in	em	intérêt, pain, sein	[ɛ̃]
un		alun, parfum	[œ̃]
an, en		blanc, entrer	[ɑ̃]
on		ondée, bon, honte	[ɔ̃]

Semivogais

y	+ vogal em	yeux, lieu	[j]
u	+ vogal em	huile, lui	[ɥ]
ou	+ vogal em	oui, ouate	[w]

Consoantes

p	em	pas, dépasser, cap	[p]
t		tu, étaler, lutte	[t]
c, q, k		caste, accueillir, bac, képi que	[k]
b		beau, abîmer, club	[b]
d		dur, broder, bled	[d]
g		gare, vague, zigzag	[g]
f		fou, affreux, chef	[f]
v		vite, ouvrir	[v]
s		souffler, chasse, hélas!	[s]
z ou s		zone, raison, gaz	[z]
ch		cheval, mâcher, match	[ʃ]
j ou g		jambe, âgé, page	[ʒ]
l		large, mollesse, mal	[l]
r		rude, mari, ouvrir	[r]
m		maison, amener, blême	[m]
n		nourrir, fanal, dolmen	[n]
gn		agneau, baigner	
ng		campaing	[ŋ]

GUIA DE CONSULTA

Onde encontrar a palavra que você procura?

- As palavras simples estão apresentadas em ordem alfabética.
- Os verbos pronominais são apresentados no verbete do verbo transitivo (**se promener** em **promener**); do mesmo modo, alguns plurais encontram-se no verbete do substantivo no singular (**ciseaux** em **ciseau**). Nos dois casos, são apresentados depois de um losango preto (◆).
- As expressões (grupos de palavras estreitamente vinculadas) encontram-se no fim do verbete, depois de um quadrado preto (■), classificadas por ordem alfabética estrita (toda letra é considerada).
- Os substantivos compostos, como **musique classique**, **querelles de clocher**, estão em geral definidos no verbete da palavra que encerra algum problema de compreensão (**classique** e **clocher** nos exemplos citados); quando as duas palavras têm o mesmo *status*, a expressão aparece no verbete da primeira palavra (**galerie de mine** em **galerie**). Algumas palavras compostas são simplesmente dadas como exemplo depois de uma definição (**haricots verts** em **haricot**).
- As locuções verbais, como **avoir peur** ou **faire des manières**, são geralmente definidas no verbete do substantivo.
- As locuções com sentido figurado, como **chercher midi à quatorze heures**, em geral encontram-se classificadas no verbete do primeiro substantivo.

Onde encontrar a definição do sentido procurado?

- Para um verbo, os diferentes sentidos são classificados de acordo com o uso (intransitivo, transitivo direto ou indireto), assinalados por *vi*, *vt*, *vt ind*.
- Inúmeras definições são seguidas de um exemplo de uso contextual da palavra (em itálico). Pode acontecer de haver um exemplo que não seja precedido de uma definição; isso ocorre quando o sentido do verbo na forma pronominal ou intransitiva é o mesmo do verbo na forma transitiva (ver **amonceler**, **prier**).
- Os sentidos claramente distintos estão separados por números. Os sentidos que se distinguem apenas por uma nuança ou que são uma

extensão do sentido precedente no verbete são separados por um ponto e vírgula.

- Em geral, quando uma palavra isolada é apresentada depois de uma definição, separada dela por um ponto e vírgula, trata-se de um sinônimo da palavra definida (ver **abattement**, **accroître**).

Onde encontrar respostas para dificuldades de ortografia, de pronúncia etc.?

- O plural dos substantivos compostos e os plurais irregulares são dados entre parênteses depois da palavra. Para os outros plurais, consulte o quadro de formação do plural na p. 894.
- Para os verbos, indicamos apenas o infinitivo; um número permite encontrar suas formas conjugadas no quadro de conjugações das páginas 876 a 891. Os verbos sem número de conjugação que terminam em -**er** seguem o modelo de **aimer**; os que terminam em -**ir** conjugam-se como **finir**.
- As observações nos quadros referem-se às principais dificuldades da língua francesa.
- Apenas as palavras que podem apresentar algum problema específico de pronúncia são transcritas foneticamente.

Onde encontrar a tradução da palavra procurada?

- Após a definição de cada sentido da palavra ou locução, há uma tradução (em alguns raros casos são dadas duas traduções).
- A tradução apresentada busca ser a mais abrangente e próxima para a acepção a que se refere; não é a única possível, é uma pista para que se busque uma tradução mais adequada de acordo com o contexto.

Procedimento nos casos de abreviaturas e siglas sem correspondente em português

- As siglas e abreviaturas marcadas com um sinal de "vazio" (∅) no fim do verbete são reduções que não se praticam em português (por exemplo, **BA** para **bonne action**). Nesses casos, deverá ser adotada a tradução da expressão por extenso (nesse exemplo, **boa ação**).
- As siglas e abreviaturas que não trazem indicação nem tradução são as que, em francês, compõem o nome de algum órgão ou instituição particulares à realidade francesa (por exemplo, **APL**).

LISTA DAS ABREVIATURAS UTILIZADAS NESTE DICIONÁRIO

abrév .... abréviation
adj. .... adjectif, adjectival
adv .... adverbe, adverbial
AÉRON .... aéronautique
AGRIC .... agriculture
ANAT .... anatomie
ANC .... ancien, anciennement *(aplica-se a algo que deixou de existir)*
ANTIQ .... Antiquité
ANTIQ GR .... Antiquité grecque
ANTIQ ROM .... Antiquité romaine
ARCHIT .... architecture
ARG .... argot
ARG SCOL .... argot scolaire
ARG MIL .... argot militaire
art .... article
ASTRON .... astronomie
AUTOM .... automobile
AUTREF .... autrefois *(aplica-se a algo que deixou de existir)*
aux .... auxiliaire
BIOL .... biologie
BOT .... botanique
BOUCH .... boucherie
BX-ARTS .... beaux-arts
card .... cardinal
CATH .... catholique, catholicisme
CH DE F .... chemin de fer
CHIM .... chimie
CHIR .... chirurgie
CIN .... cinéma
COMM .... commerce
conj / conj .... conjonction, conjonctive/conjugaison
CONTR .... contraire
COUT .... couture
CUIS .... cuisine
dém .... démonstratif
DR .... droit
ÉCON .... économie
ÉLECTR .... électricité
EX .... exemple
exclam .... exclamarif
f, fém .... féminin
FAM .... familier, familièrement
FIG .... figuré *(no sentido figurado)*
GÉOGR .... géographie
GÉOL .... géologie
GÉOM .... géométrie

GRAMM	grammaire
HIST	histoire
impers	impersonnel
IMPR	imprimerie
ind	indicatif
indéf	indéfini
inf	infinitif
INFORM	inforrnatique
INJUR	injurieux
interj	interjection
inter	interrogatif
inv	invariable
IRON	ironique
LING	linguistique
LITT	littéraire *(emprega-se sobretudo na literatura)*
LITTÉR	littérature, critique littéraire
LITURGIE CATH	liturgie catholique
loc adj	locution adjectivale
loc adv	locution adverbiale
loc conj	locution conjonctive
loc inv	locution invariable
loc prép	locution prépositionnelle
m, masc	masculin
MAR	marine
MATH	mathématiques
MÉCAN	mécanique
MÉD	médecine
MIL	domaine militaire *(campo da defesa militar)*
MUS	musique
MYTH	mythologie
MYTH GR	mythologie grecque
n	nom
nf	nom féminin
nm	nom masculin
num	numéral
OPT	optique
ord	ordinal
PAR EXT	par extension
PAR PLAIS	par plaisanterie
part pass	participe passé
partic	particulièrement
PÉJOR	péjoratif
pers	personne; personnel
PHILOS	philosophie
PHOT	photographie
PHYS	physique
PHYSIOL	physiologie
pl	pluriel
POÉT	poétique *(emprega-se sobretudo em poesia)*

poss	possessif
prép	préposition
pron	pronom
PSYCHAN	psychanalyse
PSYCHOL	psychologie
qqch	quelque chose
qqn	quelqu'un
recomm. off.	recommandation officielle
rel	relatif
RELIG	religion
RELIG CATH	religion catholique
s.	siècle
SC NAT	sciences natureiles
sing	singulier
SOUT	soutenu *(emprega-se em linguagem rebuscada)*
STAT	statistiques
subj	subjonctif
symb	symbole
SYN	synonyme
TECHN	technique *(área técnica)*
TÉLÉCOMM	télécommunications
TÉLÉV	télévision
THÉOL	théologie
v auxil	verbe auxiliaire
VÉNER	vénerie
v impers	verbe impersonnel
vi	verbe intransitif
vt	verbe transitif
vt ind	verbe transitif indirect
vpr	verbe pronominal
VIEILLI	vieilli *(termo que se compreende mas já não se usa)*
VX	vieux *(termo que já não se usa)*
ZOOL	zoologie

Aa

a *nm inv* Première lettre de l'alphabet, et la première des voyelles ▸ **a** ▪ **de A à Z:** du début à la fin, en totalité ▸ **de á a zê** ▫ **prouver par a + b:** rigoureusement ▸ **provar por á mais bê**

A[1] (symbole) Ampère ▸ **A**

A[2] (abréviation) Autoroute: *l'A6* ▸ **Ø**

à *prép* **A** Marque un rapport **1** De direction: *aller à Marseille* ▸ **a 2** De lieu: *attendre à la porte* ▸ **a 3** De destination: *à monsieur le Directeur* ▸ **a 4** D'appartenance: *ce stylo est à moi* ▸ **de 5** De temps: *à sept heures* ▸ **a 6** De moyen: *écrire au stylo* ▸ **a 7** De manière: *jardin à la française* ▸ **a B** Introduit un complément **1** D'objet indirect ▸ **a 2** D'attribution ▸ **a, para 3** Du nom ▸ **de, a, para 4** De l'adjectif ▸ **a, para**

abaissement *nm* **1** Diminution, baisse ▸ **rebaixamento 2** FIG Humiliation ▸ **rebaixamento**

abaisser *vt* **1** Faire descendre: *abaisser une manette* ▸ **abaixar 2** Diminuer, réduire: *abaisser les impôts* ▸ **abaixar** ◆ **s'abaisser** *vpr* [à] Perdre sa dignité, s'avilir ▸ **rebaixar-se**

abajoue *nf* Poche à l'intérieur des joues, chez certains mammifères comme le hamster ▸ **bolsa facial**

abandon *nm* Action d'abandonner, de quitter, de cesser d'occuper ▸ **abandono** ▪ **à l'abandon:** sans soin, en désordre ▸ **abandonado**

abandonner *vt* **1** Cesser d'occuper, quitter: *abandonner sa maison* ▸ **abandonar 2** Délaisser, renoncer à: *abandonner ses études* ▸ **abandonar 3** Faire défaut à: *ses forces l'abandonnèrent* ▸ **abandonar** ◆ **s'abandonner** *vpr* [à] Se laisser aller: *s'abandonner au désespoir* ▸ **entregar-se**

abaque *nm* Graphique permettant de résoudre de nombreux calculs ▸ **ábaco**

abasourdir *vt* **1** Stupéfier: *cette réponse m'a abasourdi* ▸ **aturdir 2** Étourdir par un grand bruit ▸ **atordoar**

abasourdissant, e *adj* Qui abasourdit ▸ **atordoador**

abasourdissement *nm* Stupéfaction ▸ **atordoamento**

abâtardir *vt* Faire perdre ses qualités originelles à, faire dégénérer ▸ **abastardar**

abâtardissement *nm* Dégénérescence ▸ **abastardamento**

abat-jour *nm inv* Dispositif en tissu, en papier, etc., qui sert à diriger la lumière d'une lampe tout en protégeant les yeux de l'éblouissement ▸ **abajur**

abats *nm pl* Rognons, foie, cœur, gésier, etc., des animaux de boucherie ▸ **miúdos**

abattage *nm* Action d'abattre un arbre, un animal ▸ **abate** ▪ FIG, FAM **avoir de l'abattage:** avoir du dynamisme ▸ **ter brio**

abattant *nm* Partie d'un meuble que l'on peut lever ou abaisser ▸ **peça rebatível**

abattement *nm* **1** Diminution des forces physiques ou morales; accablement ▸ **abatimento 2** Déduction faite sur une somme à payer: *abattement fiscal* ▸ **abatimento**

abattis *nm* Coupe faite dans un bois ▸ **abatimento** ◆ *pl* Pattes, tête, cou, ailerons, etc., d'une volaille ▸ **abatis** ▪ FAM **numérote tes abattis:** sois prêt à te battre ▸ **prepare-se**

abattoir *nm* Établissement où l'on tue les animaux de boucherie ▸ **abatedouro**

abattre *vt (conj 56)* **1** Faire tomber, renverser: *abattre un arbre, un mur* ▸ **abater 2** Tuer: *abattre un bœuf* ▸ **abater 3** Tuer quelqu'un avec une arme à feu: *abattre un homme en pleine rue* ▸ **abater 4** Ôter ses forces physiques ou morales à: *cet échec l'a abattu; ne pas se laisser abattre* ▸ **abater** ▪ **abattre du travail, de la besogne:** en faire une grande quantité ▸ **trabalhar duro** ▫ **abattre ses cartes, son jeu:** montrer ses cartes, étaler son jeu ▸ **pôr as cartas na mesa, abrir o jogo** ◆ **s'abattre** *vpr* Tomber avec violence: *la grêle s'est abattue sur les vignes* ▸ **abater-se**

abattu, e *adj* Découragé, affaibli ▸ **abatido**

abbatial, e, aux *adj* Relatif à une abbaye ▶ **abacial** ◆ *nf* Église d'une abbaye ▶ **abadia**
ORTHOGRAPHE *Abbatial* s'écrit avec deux *b* comme tous les dérivés de *abbé*

abbaye [abei] *nf* Monastère ▶ **abadia**

abbé *nm* Titre donné à un ecclésiastique; supérieur d'une abbaye ▶ **abade**

abbesse *nf* Supérieure d'une abbaye ▶ **abadessa**

abc *nm inv* **1** Petit livre contenant l'alphabet ▶ **abecê 2** FIG Premiers éléments d'un art, d'une science: *c'est l'abc du métier* ▶ **abecê**

abcès *nm* Amas de pus ▶ **abscesso** ■ **crever l'abcès:** dénouer, sans ménagement, une situation de crise ▶ **cortar o mal pela raiz**

abdication *nf* Action d'abdiquer ▶ **abdicação**

abdiquer *vt* **1** Renoncer à: *abdiquer le trône* ▶ **abdicar 2** (sans complément) Renoncer au pouvoir: *le roi a abdiqué* ▶ **abdicar** ◆ *vi* Renoncer à agir: *abdiquer devant les difficultés* ▶ **abdicar**

abdomen [abdɔmɛn] *nm* **1** Chez l'homme, région du corps contenant essentiellement l'appareil digestif ▶ **abdome 2** Chez l'insecte, partie postérieure du corps ▶ **abdome**

abdominal, e, aux *adj* De l'abdomen ▶ **abdominal** ◆ **abdominaux** *nm pl* Muscles de l'abdomen ▶ **abdominais** ■ **faire des abdominaux:** faire des exercices destinés à renforcer ces muscles ▶ **fazer abdominais**

abducteur *nm et adj* ANAT Muscle qui écarte un membre de l'axe du corps; CONTR: *adducteur* ▶ **abdutor**

abduction *nf* Mouvement qui écarte de l'axe du corps; CONTR: *adduction* ▶ **abdução**

abécédaire *nm* Livre d'apprentissage de l'alphabet et de la lecture ▶ **abecedário**

abeille *nf* Insecte social, vivant dans une ruche, produisant le miel et la cire ▶ **abelha**

aberrant, e *adj* Qui s'écarte du bon sens, de la logique, de la norme: *idée, conduite aberrante* ▶ **aberrante**

aberration *nf* **1** Erreur de jugement, absurdité ▶ **aberração 2** OPT Ensemble des défauts des systèmes optiques qui ne donnent pas des images nettes ▶ **aberração** ■ BIOL **aberration chromosomique:** anomalie de nombre ou de structure des chromosomes ▶ **aberração cromossômica**

abêtir *vt* Rendre bête, stupide ▶ **bestificar**

abêtissant, e *adj* Qui abêtit, abrutit ▶ **bestificante**

abêtissement *nm* **1** Action d'abêtir ▶ **bestificação 2** État de celui qui est abêti ▶ **bestificação**

abhorrer *vt* LITT Avoir en horreur; détester ▶ **execrar**

abîme *nm* **1** Gouffre très profond ▶ **abismo 2** FIG Ce qui divise, sépare très profondément: *il y a un abîme entre eux* ▶ **abismo** ■ FIG **être au bord de l'abîme:** dans une situation quasi désespérée ▶ **estar à beira do abismo**

abîmer *vt* Détériorer, endommager: *abîmer ses chaussures* ▶ **estragar** ◆ **s'abîmer** *vpr* **1** Se détériorer, se gâter: *un tissu qui s'abîme facilement* ▶ **estragar-se 2** LITT S'engloutir, s'enfoncer: *l'avion s'est abîmé dans la mer* ▶ **abismar-se**

abject, e *adj* Bas, vil, méprisable ▶ **abjeto**

abjection *nf* Abaissement moral; infamie ▶ **abjeção**

abjuration *nf* Action d'abjurer ▶ **abjuração**

abjurer *vt* **1** Renoncer solennellement à une religion ▶ **abjurar 2** FIG Renoncer publiquement à une opinion ▶ **abjurar**

ablatif *nm* Dans certaines langues à déclinaisons, cas marquant l'éloignement, l'origine ▶ **ablativo**

ablation *nf* CHIR Action d'enlever un organe, une tumeur ▶ **ablação**

ablette *nf* Petit poisson d'eau douce à écailles argentées ▶ **alburno**

ablution *nf* Chez les Orientaux, purification religieuse qui consiste à se laver le corps ou une partie du corps ▶ **ablução** ■ FAM **faire ses ablutions:** se laver ▶ **lavar-se**

abnégation *nf* Renoncement, sacrifice de soi; dévouement ▶ **abnegação**

aboiement *nm* Cri du chien ▶ **latido**

abois *nm pl* ▶ **halali** ■ **être aux abois: (a)** se dit du cerf réduit à faire face aux chiens qui aboient ▶ **estar encurralado (b)** FIG être dans une situation désespérée ▶ **estar encurralado**

abolir *vt* Supprimer, abroger ▶ **abolir**

abolition *nf* Suppression, abrogation ▶ **abolição**

abolitionnisme *nm* Attitude de ceux qui réclament l'abolition d'une loi ou d'un usage, notamment de la peine de mort ou de l'esclavage ▶ **abolicionismo**

abolitionniste *adj et n* Qui est partisan de l'abolitionnisme ▶ **abolicionista** ◆ *adj* De l'abolitionnisme ▶ **abolicionista**

abominable *adj* Détestable, odieux: *un temps, un crime abominable* ▶ **abominável**

abominablement *adv* **1** D'une manière abominable ▶ **abominavelmente 2** Extrêmement: *coûter abominablement cher* ▶ **absurdamente**

abomination *nf* LITT Chose horrible: *ce crime est une abomination* ▶ **abominação**

abominer *vt* LITT Avoir en horreur ▶ **abominar**

abondamment *adv* De façon abondante; amplement ▶ **abundantemente**

abondance *nf* **1** Grande quantité: *avoir quelque chose en abondance* ▸ **abundância 2** Ressources importantes: *vivre dans l'abondance* ▸ **abundância**

abondant, e *adj* En grande quantité ▸ **abundante**

abonder *vi* Être, avoir en abondance: *le gibier abonde ici* ▸ **abundar** ▪ **abonder en:** contenir, produire en grande quantité: *la rivière abonde en poissons* ▸ **abundar de, em** ▫ **abonder dans le sens de quelqu'un:** se ranger à son avis ▸ **abundar na opinião de alguém**

abonné, e *adj et n* **1** Qui a un abonnement: *abonné à une revue* ▸ **assinante 2** FAM Coutumier de quelque chose: *un conducteur abonné aux contraventions* ▸ **freguês**

abonnement *nm* Convention entre un fournisseur et un client pour l'usage habituel d'un service ou la fourniture régulière d'un produit ▸ **assinatura**

abonner *vt* Prendre pour autrui un abonnement ▸ **assinar** ◆ **s'abonner** *vpr* [à] Prendre un abonnement pour soi ▸ **fazer assinatura**

abord *nm* Manière d'aborder, d'accueillir quelqu'un; contact: *être d'un abord aimable* ▸ **abordagem** ▪ **au premier abord:** à première vue ▸ **à primeira vista** ▫ **d'abord** ou **tout d'abord:** en premier lieu, pour commencer ▸ **antes de tudo** ◆ **abords** *pl* Environs, accès immédiats: *aux abords de Paris* ▸ **cercanias**

abordable *adj* Accessible à tous: *des prix abordables* ▸ **acessível**

abordage *nm* **1** Attaque d'un navire ▸ **abordagem 2** Collision de deux navires ▸ **abordagem**

aborder *vi* Atteindre le rivage: *aborder dans une île* ▸ **atracar** ◆ *vt* **1** S'approcher de quelqu'un pour lui parler; accoster: *aborder quelqu'un dans la rue* ▸ **abordar 2** Commencer à traiter, à étudier: *aborder un sujet, une question* ▸ **abordar 3** S'engager dans: *aborder un virage* ▸ **entrar em 4** Accoster un navire pour lui donner l'assaut ▸ **abordar 5** Heurter un navire par accident ▸ **abalroar**

aborigène *n et adj* Personne originaire du pays où elle vit; autochtone, indigène ▸ **aborígine**

abortif, ive *adj* Qui fait avorter ▸ **abortivo**

abouchement *nm* Action d'aboucher ▸ **conexão**

aboucher *vt* Joindre ouverture contre ouverture: *aboucher deux tuyaux* ▸ **conectar** ◆ **s'aboucher** *vpr* [avec] PÉJOR Se mettre en rapport avec ▸ **conluiar-se**

aboulie *nf* Incapacité pathologique à agir, à prendre une décision ▸ **abulia**

aboulique *adj et n* Atteint d'aboulie ▸ **abúlico**

aboutir *vt ind* [à] **1** Toucher par un bout, arriver à: *cette rue aboutit à la Seine* ▸ **desembocar 2** FIG Avoir un résultat: *mes démarches n'ont abouti à rien* ▸ **levar 3** (sans complément) Avoir un résultat heureux, réussir: *les négociations ont abouti* ▸ **dar certo**

aboutissants *nm pl* → **tenants**

aboutissement *nm* Résultat ▸ **desfecho**

aboyer *vi (conj 3)* Pousser son cri, en parlant du chien ▸ **latir** ◆ *vi et vt ind* FAM Crier, hurler, invectiver avec violence: *aboyer après quelqu'un* ▸ **latir**

abracadabrant, e *adj* Bizarre, extravagant ▸ **abracadabrante**

abrasif, ive *adj et nm* Se dit d'une matière qui use, polit par frottement: *poudre abrasive* ▸ **abrasivo**

abrasion *nf* Action d'user par frottement, d'enlever par grattage ▸ **abrasão**

abrégé *nm* **1** Forme réduite d'un écrit ▸ **resumo 2** Ouvrage contenant le résumé d'une science, d'une technique, etc.: *abrégé d'histoire* ▸ **compêndio** ▪ **en abrégé: (a)** en peu de mots ▸ **em resumo (b)** en utilisant des abréviations ▸ **abreviado, abreviadamente**

abrègement *nm* Action d'abréger ▸ **abreviação**

abréger *vt (conj 2 et 10)* Rendre plus court: *abréger un discours, un séjour* ▸ **abreviar**

abreuver *vt* **1** Faire boire les animaux ▸ **abeberar 2** FIG Donner en très grande quantité: *abreuver quelqu'un d'injures* ▸ **cobrir 3** Mouiller abondamment: *terre, sol abreuvés d'eau* ▸ **encharcar** ◆ **s'abreuver** *vpr* Boire, en parlant d'un animal ▸ **abeberar-se**

abreuvoir *nm* Lieu où l'on mène boire les bestiaux ▸ **bebedouro**

abréviatif, ive *adj* Qui indique une abréviation: *signe abréviatif* ▸ **abreviativo**

abréviation *nf* **1** Réduction d'un mot, souvent à sa première lettre ou syllabe ▸ **abreviação 2** Mot abrégé ▸ **abreviação, abreviatura**

abri *nm* Lieu où l'on peut se mettre à couvert de la pluie, d'un danger, etc.; installation aménagée à cet effet ▸ **abrigo** ▪ **à l'abri (de): (a)** à couvert (de) ▸ **ao abrigo de (b)** hors d'atteinte (de) ▸ **ao abrigo de**

Abribus [abribys] *nm* (nom déposé) Petit édifice servant d'abri pour les voyageurs à un arrêt d'autobus ▸ **abrigo de ônibus**

abricot *nm* Fruit comestible de l'abricotier, à noyau, à peau et chair jaunes ▸ **damasco**

abricotier *nm* Arbre fruitier donnant l'abricot ▸ **damasqueiro**

abrité, e *adj* À l'abri du vent: *maison bien abritée* ▸ **abrigado**

abriter *vt* **1** Mettre à l'abri ▸ **abrigar 2** Avoir comme occupant: *l'immeuble abrite dix familles*

▸ **abrigar** ◆ **s'abriter** *vpr* [de] Se mettre à l'abri de: *s'abriter de la pluie* ▸ **abrigar-se**

abrogation *nf* Annulation d'une loi, d'un décret ▸ **ab-rogação**

abroger *vt (conj 2)* Annuler, abolir une loi, un décret ▸ **ab-rogar**

abrupt, e *adj* **1** Dont la pente est raide: *sentier abrupt* ▸ **abrupto 2** FIG Rude et sans détour: *parler d'une manière abrupte* ▸ **abrupto**

abruptement *adv* De façon abrupte: *rue qui descend abruptement; répondre abruptement* ▸ **abruptamente**

abruti, e *adj et n* Qui ne comprend rien; stupide ▸ **bruto**

abrutir *vt* **1** Rendre incapable de rien comprendre, de rien sentir: *ce bruit nous abrutit; la chaleur abrutit* ▸ **entorpecer 2** Accabler: *abrutir un élève de travail* ▸ **sobrecarregar**

abrutissant, e *adj* Qui abrutit ▸ **embrutecedor, esgotante**

abrutissement *nm* **1** Action d'abrutir ▸ **embrutecimento, entorpecimento 2** État d'une personne abrutie ▸ **embrutecimento**

ABS *nm* (abréviation de *Antiblockiersystem*) AUTOM Système qui évite le blocage des roues en cours de freinage ▸ **ABS**

abscisse *nf* MATH Sur un axe orienté, distance d'un point à l'origine, comptée algébriquement (par opposition à *ordonnée*) ▸ **abscissa**

abscons, e *adj* LITT Difficile à comprendre; abstrus ▸ **absconso**

absence *nf* **1** Fait de n'être pas présent: *une absence remarquée* ▸ **ausência 2** Manque: *absence de rigueur* ▸ **ausência 3** Moment d'inattention: *avoir des absences* ▸ **ausência 4** MÉD Trouble de la conscience ▸ **ausência** ■ **en l'absence de quelqu'un: (a)** pendant qu'il n'est pas présent ▸ **na ausência de alguém (b)** à défaut de quelqu'un ▸ **na falta de alguém**

absent, e *adj et n* Qui n'est pas présent ▸ **ausente** ◆ *adj* FIG Distrait: *air absent* ▸ **ausente**

GRAMMAIRE On dit *absent de la classe, de la réunion*, mais *absent au moment de la visite*

absentéisme *nm* Fait d'être fréquemment absent du lieu de travail ou de l'école ▸ **absentismo**

absentéiste *adj et n* Qui pratique l'absentéisme ▸ **absentista**

absenter (s') *vpr* [de] S'éloigner momentanément (d'un lieu) ▸ **ausentar-se**

abside *nf* Extrémité d'une église, située derrière le chœur ▸ **abside**

absinthe [apsɛ̃t] *nf* Plante aromatique contenant une essence amère et toxique; liqueur fabriquée avec cette plante ▸ **absinto**

absolu, e *adj* **1** Complet, total: *confiance absolue* ▸ **absoluto 2** Dont les pouvoirs sont sans limite: *monarque absolu* ▸ **absoluto 3** Sans nuances ni concessions: *un caractère absolu* ▸ **absoluto** ◆ *nm* Ce qui existe indépendamment de toute condition: *soif d'absolu* ▸ **absoluto** ■ **dans l'absolu:** sans tenir compte des circonstances ▸ **em abstrato**

absolument *adv* **1** Sans faute, à tout prix: *je dois absolument partir* ▸ **necessariamente 2** Complètement, totalement: *c'est absolument faux* ▸ **absolutamente** ■ GRAMM **employé absolument:** se dit d'un verbe transitif employé sans complément ▸ **empregado em sentido absoluto**

absolution *nf* RELIG Pardon des péchés ▸ **absolvição**

absolutisme *nm* Régime politique dans lequel tous les pouvoirs sont sous l'autorité absolue du chef de l'État ▸ **absolutismo**

absolutiste *adj et n* Qui appartient à l'absolutisme; qui en est partisan ▸ **absolutista**

absorbant, e *adj* **1** Qui absorbe, qui boit: *tissu absorbant* ▸ **absorvente 2** FIG Qui occupe entièrement: *travail absorbant* ▸ **absorvente**

absorber *vt* **1** Retenir un liquide en s'en imprégnant: *l'éponge absorbe l'eau* ▸ **absorver 2** Boire, manger: *absorber une forte dose d'alcool* ▸ **absorver 3** Faire disparaître: *le noir absorbe la lumière; l'entreprise a absorbé son concurrent* ▸ **absorver 4** Occuper entièrement: *ce travail l'absorbe* ▸ **absorver** ◆ **s'absorber** *vpr* S'occuper entièrement à: *s'absorber dans son travail* ▸ **absorver-se**

absorption *nf* Action d'absorber ▸ **absorção**

absoudre *vt (conj 60)* **1** RELIG Remettre ses péchés à un pénitent ▸ **absolver 2** Déclarer non coupable: *absoudre un accusé* ▸ **absolver 3** Pardonner, excuser ▸ **absolver**

absoute *nf* RELIG Ensemble des prières dites autour du cercueil, après l'office des morts ▸ **absolvição**

abstenir (s') *vpr* [de] *(conj 22)* **1** Éviter de, renoncer à: *s'abstenir de boire; s'abstenir de tout commentaire* ▸ **abster-se 2** (sans complément) Ne pas prendre part à un vote, à une délibération ▸ **abster-se**

abstention *nf* **1** Action de s'abstenir ▸ **abstenção 2** Fait de ne pas prendre part à un vote ▸ **abstenção**

abstentionnisme *nm* Non-participation à un vote ▸ **abstencionismo**

abstentionniste *n* Partisan de l'abstentionnisme; qui s'est abstenu lors d'une élection ▸ **abstencionista**

abstinence *nf* Action de se priver de certains aliments ou de certains plaisirs: *faire abstinence* ▸ **abstinência**

abstinent, e *adj et n* Qui pratique l'abstinence ▸ **abstinente**

abstraction *nf* **1** Action d'abstraire ▸ **abstração 2** Idée ou raisonnement qui en est le résultat ▸ **abstração 3** Conception ou idée sans contact avec la réalité ▸ **abstração ▪ faire abstraction de:** ne pas tenir compte de ▸ **abstrair de**

abstraire *vt (conj 79; s'emploie surtout à l'infinitif et aux temps composés)* Isoler un élément d'un ensemble afin de le considérer à part ▸ **abstrair ◆ s'abstraire** *vpr* [de] S'isoler mentalement pour réfléchir, méditer, etc. ▸ **abstrair-se**

abstrait, e *adj* **1** Se dit d'une qualité considérée en elle-même, indépendamment de l'objet, comme *blancheur, bonté*; CONTR: *concret* ▸ **abstrato 2** Difficile à comprendre, obscur ▸ **abstrato ▪ art abstrait:** qui ne s'attache pas à représenter la réalité tangible, visible (par opposition à *art figuratif*) ▸ **arte abstrata ◆** *nm* **▪ l'abstrait: (a)** ce qui est abstrait ▸ **abstrato (b)** l'art abstrait ▸ **abstracionismo □ dans l'abstrait:** sans tenir compte de la réalité ▸ **abstratamente**

abstraitement *adv* De façon abstraite ▸ **abstratamente**

abstrus, e *adj* LITT Difficile à comprendre; abscons ▸ **abstruso**

absurde *adj* Contraire à la raison, à la logique ▸ **absurdo ◆** *nm* **▪ l'absurde:** ce qui est absurde ▸ **absurdo □ raisonnement par l'absurde:** démonstration qui consiste à établir une proposition en prouvant l'absurdité de la proposition contraire ▸ **raciocínio por absurdo**

absurdité *nf* **1** Manque de logique, de fondement: *l'absurdité d'une histoire* ▸ **absurdo 2** Propos ou conduite absurde, inepte: *ne dire que des absurdités* ▸ **absurdo**

abus *nm* **1** Usage injustifié ou excessif; mauvais usage: *l'abus d'alcool; l'abus de pouvoir* ▸ **abuso 2** Injustice causée par le mauvais usage qui est fait d'un droit, d'un pouvoir: *dénoncer les abus* ▸ **abuso ▪** DR **abus de confiance:** délit consistant à tromper la confiance d'autrui ▸ **abuso de confiança □** FAM **il y a de l'abus:** c'est exagéré ▸ **assim já é demais!**

abuser *vt ind* [de] **1** Faire un usage mauvais ou excessif de: *abuser de l'alcool* ▸ **abusar 2** Profiter avec excès de la bonté, de la patience de quelqu'un, des circonstances: *abuser de la situation; sincèrement, tu abuses* ▸ **abusar ◆ s'abuser** *vpr* LITT Se tromper soi-même ▸ **enganar-se ▪ si je ne m'abuse:** si je ne fais pas erreur ▸ **se não me engano**

abusif, ive *adj* Qui constitue un abus ▸ **abusivo**

abusivement *adv* De façon abusive ▸ **abusivamente**

abyssal, e, aux *adj* Des abysses ▸ **abissal**

abysse *nm* (surtout au pluriel) Grande profondeur sous-marine ▸ **fossa submarina**

acabit [akabi] *nm* ▸ **qualidade ▪** PÉJOR **de cet acabit ou du même acabit:** du même genre, de la même espèce ▸ **da mesma laia □ de tout acabit:** en tout genre, de toute sorte ▸ **de todo tipo**

acacia *nm* Arbre épineux, à feuilles généralement persistantes ▸ **acácia**

académicien, enne *n* Membre d'une académie, en particulier de l'Académie française ▸ **acadêmico**

académie *nf* **1** Société scientifique, littéraire ou artistique ▸ **academia 2** Lieu où l'on s'exerce à la pratique d'un art, d'un jeu: *académie de musique, de billard* ▸ **academia 3** Circonscription administrative de l'enseignement en France: *académie de Reims* ▸ ***académie* 4** BX-ARTS Figure dessinée ou peinte d'après un modèle nu: *une académie d'homme* ▸ **academia**

académique *adj* **1** Propre à une académie: *inspection académique* ▸ **acadêmico 2** PÉJOR Qui suit étroitement les règles et les modèles traditionnels: *style, peinture académique* ▸ **acadêmico**

académisme *nm* Style académique ▸ **academismo**

acadien, enne *adj et n* D'Acadie ▸ **acadiano**

acajou *nm* Arbre d'Amérique, au bois rougeâtre; bois de cet arbre ▸ **mogno**

acanthe *nf* **1** Plante épineuse, à feuilles larges et découpées ▸ **acanto 2** Ornement d'architecture imité de la feuille de cette plante sur les chapiteaux corinthiens ▸ **acanto**

a capella ou **a cappella** *loc adv ou loc adj inv* ▸ **a capella ▪ chanter a capella:** sans accompagnement instrumental ▸ **cantar *a capella***

acariâtre *adj* D'une humeur difficile à supporter; hargneux, grincheux ▸ **rabugento**

acarien *nm* Très petit animal, tels l'aoûtat et la tique, qui peut transmettre, par sa piqûre, le germe de certaines maladies ▸ **acarídeo**

accablant, e *adj* Qui accable ▸ **arrasador**

accablement *nm* État de quelqu'un qui est écrasé par la fatigue, la chaleur, la douleur, etc.; abattement ▸ **abatimento**

accabler *vt* **1** Ôter toute force, abattre: *chaleur qui accable* ▸ **arrasar 2** Faire succomber sous une charge excessive, sous la peine physique ou morale: *accabler de fatigue, de soucis* ▸ **sobrecarregar 3** Prouver la culpabilité de: *ce témoignage l'accable* ▸ **acusar**

accalmie *nf* Calme momentané ▸ **acalmia**

accaparant, e *adj* Qui accapare: *enfant accaparant; passion accaparante* ▸ **monopolizador**

accaparement *nm* Action d'accaparer ▸ **monopolização**

accaparer *vt* **1** Prendre pour soi au détriment des autres: *accaparer le pouvoir* ▸ **monopolizar 2** Occuper exclusivement: *ses enfants l'accaparent* ▸ **monopolizar**

accapareur, euse *n* Personne qui accapare ▸ **monopolizador**

accastillage *nm* Ensemble des accessoires servant au gréement et à la manœuvre d'un bateau ▸ **superestrutura, acastelamento**

accédant, e *n* ▪ **accédant à la propriété:** personne s'employant à devenir propriétaire ▸ **comprador**

accéder *vt ind* [à] *(conj 10)* **1** Avoir accès à: *accéder au grenier par une trappe* ▸ **ter acesso 2** Parvenir à: *accéder à de hautes fonctions* ▸ **chegar 3** Donner son accord, consentir: *accéder à une demande* ▸ **aceder**

accélérateur, trice *adj* Qui accélère, précipite ▸ **acelerador** ♦ *nm* **1** Appareil commandant l'admission du mélange gazeux dans un moteur à combustion pour faire varier la vitesse du véhicule ▸ **acelerador 2** PHYS Appareil communiquant à des particules élémentaires des vitesses élevées ▸ **acelerador**

accélération *nf* Augmentation de vitesse, de rythme ▸ **aceleração**

accéléré *nm* Au cinéma, technique rendant les mouvements plus rapides sur l'écran que dans la réalité ▸ **câmara rápida**

accélérer *vt et vi (conj 10)* Augmenter la vitesse, le rythme: *accélérer le pas; la voiture accélère* ▸ **acelerar**

accent *nm* **1** Signe graphique sur une voyelle: *accent aigu, grave, circonflexe* ▸ **acento 2** Mise en relief par la voix d'une syllabe, d'un mot: *accent tonique* ▸ **acento 3** Prononciation particulière: *l'accent du Midi* ▸ **sotaque 4** Intonation expressive de la voix: *accent plaintif* ▸ **tom** ▪ **mettre l'accent sur:** mettre en relief, attirer l'attention sur ▸ **enfatizar**

accentuation *nf* Action ou manière d'accentuer ▸ **acentuação**

accentué, e *adj* **1** Qui porte un accent: *syllabe accentuée* ▸ **acentuado 2** Marqué: *traits accentués* ▸ **acentuado**

accentuer *vt* **1** Marquer d'un accent ▸ **acentuar 2** Renforcer, rendre plus intense: *cela accentue les traits de son visage* ▸ **acentuar**

acceptable *adj* Qui peut être accepté ▸ **aceitável**

acceptation *nf* Action d'accepter; consentement ▸ **aceitação**

accepter *vt* **1** Consentir à prendre, à recevoir; admettre: *accepter un cadeau; accepter d'être contredit* ▸ **aceitar 2** Admettre quelqu'un comme membre d'un groupe: *il a été accepté par la communauté* ▸ **aceitar**

acception *nf* Sens particulier d'un mot: *les différentes acceptions du mot «cher»* ▸ **acepção**

VOCABULAIRE Il ne faut pas confondre *acception* avec *acceptation*, «consentement»

accès *nm* **1** Possibilité d'atteindre un lieu: *accès interdit* ▸ **acesso 2** Abord: *île d'accès difficile* ▸ **acesso 3** Chemin, voie, etc., qui permet d'aller vers un lieu ou d'y entrer: *tous les accès de la maison sont surveillés* ▸ **acesso 4** Possibilité de comprendre: *livre d'accès difficile* ▸ **acessibilidade 5** Manifestation brusque et intense de: *accès de colère, de fièvre, de délire* ▸ **acesso 6** INFORM Procédure de recherche ou d'enregistrement d'une donnée: *temps d'accès* ▸ **acesso** ▪ **avoir accès auprès de quelqu'un:** avoir la possibilité de l'approcher ▸ **ter acesso a alguém**

accessible *adj* **1** D'accès facile: *côte, personne accessible* ▸ **acessível 2** Compréhensible, intelligible: *livre accessible à tous* ▸ **acessível**

accession *nf* Fait d'accéder à quelque chose, d'y parvenir: *accession à la propriété* ▸ **acessão**

accessit [aksesit] *nm* Distinction honorifique pour ceux qui sont les plus proches des lauréats d'un prix, notamment scolaire ▸ **menção honrosa**

accessoire[1] *adj* Qui accompagne une chose principale; secondaire: *cela n'a qu'un intérêt accessoire* ▸ **acessório** ♦ *nm* Ce qui est secondaire: *distinguer l'accessoire de l'essentiel* ▸ **acessório**

accessoire[2] *nm* **1** Pièce, outil, etc., qui ne font pas partie d'un appareil mais qui servent à son fonctionnement: *accessoires d'automobile* ▸ **acessório 2** Élément du décor, des costumes au théâtre, au cinéma ▸ **acessório 3** Élément qui complète la toilette (sac, ceinture, etc.) ▸ **acessório**

accessoirement *adv* D'une manière accessoire ▸ **secundariamente**

accessoiriser *vt* Agrémenter d'accessoires une toilette, un costume ▸ **adereçar**

accessoiriste *n* Personne qui s'occupe des accessoires au théâtre, au cinéma ▸ **aderecista**

accident *nm* **1** Événement malheureux entraînant des dommages: *accident de voiture, de la* *route; accident du travail* ▸ **acidente** **2** Événement imprévu: *c'est un accident de parcours* ▸ **acidente** ▪ **accident de terrain:** inégalité du relief ▸ **acidente de terreno** ▫ **accident vasculaire cérébral:** affection soudaine du cerveau, d'origine artérielle, correspondant soit à une hémorragie, soit à un infarctus d'une région cérébrale ▸ **acidente vascular cerebral** ▫ **par accident:** par hasard ▸ **acidentalmente**

accidenté, e *adj* Qui présente des inégalités dans son relief: *terrain accidenté* ▸ **acidentado** ◆ *adj et n* Qui a subi un accident: *une voiture accidentée; les accidentés de la route* ▸ **acidentado**

accidentel, elle *adj* Qui arrive par accident, par hasard: *mort accidentelle; rencontre accidentelle* ▸ **acidental**

accidentellement *adv* Par accident ▸ **acidentalmente**

accidenter *vt* Causer un accident, un dommage à ▸ **acidentar**

acclamation *nf* Cri de joie, d'admiration ▸ **aclamação** ▪ **par acclamation:** unanimement ou massivement, sans vote ▸ **por aclamação**

acclamer *vt* Saluer par des cris de joie, d'approbation ▸ **aclamar**

acclimatation *nf* Action d'acclimater un animal, un végétal à un nouveau milieu: *jardin d'acclimatation* ▸ **aclimatação**

acclimatement *nm* Adaptation à un nouvel environnement: *acclimatement à l'altitude* ▸ **aclimatação**

acclimater *vt* Adapter à un nouveau climat, à un nouveau milieu ▸ **aclimatar**

accointances *nf pl* PÉJOR ▸ **relações** ▪ **avoir des accointances (avec quelqu'un, dans un milieu):** avoir des fréquentations, des relations ▸ **ter relações (com alguém, num meio)**

accointer (s') *vpr* [avec] FAM, PÉJOR Se lier avec quelqu'un ▸ **relacionar-se**

accolade *nf* **1** Geste d'amitié qui consiste à se tenir mutuellement entre les bras, en particulier, lors d'une remise de décoration ▸ **abraço** **2** Signe graphique ({}) utilisé pour réunir plusieurs lignes ▸ **chave**

accoler *vt* Mettre ensemble, joindre: *accoler une particule à un nom* ▸ **juntar**

accommodant, e *adj* Conciliant, arrangeant ▸ **acomodatício**

accommodation *nf* **1** Action d'accommoder, de s'accommoder ▸ **acomodação** **2** Adaptation de l'œil aux diverses distances de vision ▸ **acomodação**

accommodement *nm* Arrangement, compromis ▸ **conciliação**

accommoder *vt* **1** Concilier, adapter: *accommoder ses paroles aux circonstances* ▸ **acomodar** **2** Apprêter (un mets) ▸ **preparar** ◆ *vi* En parlant de l'œil, réaliser l'accommodation ▸ **acomodar** ◆ **s'accommoder** *vpr* [de] Se contenter, se satisfaire de: *s'accommoder de tout* ▸ **acomodar-se**

accompagnateur, trice *n* **1** Personne qui accompagne un chanteur ou un instrumentiste à l'aide d'un instrument ou de la voix ▸ **acompanhador** **2** Personne qui accompagne et guide un groupe de touristes, d'enfants, etc. ▸ **guia**

accompagnement *nm* **1** Action d'accompagner ▸ **acompanhamento** **2** Chose qui accompagne: *viande servie avec des pâtes en accompagnement* ▸ **acompanhamento** **3** MUS Partie instrumentale ou vocale secondaire, soutenant une partie principale ▸ **acompanhamento**

accompagner *vt* **1** Aller avec quelqu'un ou à sa suite, escorter ou conduire: *accompagner quelqu'un à la gare* ▸ **acompanhar** **2** Ajouter, associer à: *accompagner ses mots d'un geste* ▸ **acompanhar** **3** MUS Exécuter l'accompagnement de: *accompagner au piano* ▸ **acompanhar** ▪ **accompagner un malade, un mourant:** le soigner et le soutenir pour l'aider à supporter ses souffrances et son angoisse ▸ **cuidar de um doente** ◆ **s'accompagner** *vpr* [de] Être suivi de ▸ **acompanhar-se**

accompli, e *adj* **1** Achevé, révolu: *vingt ans accomplis* ▸ **completo** **2** Parfait: *un homme accompli* ▸ **acabado** ▪ **le fait accompli:** ce sur quoi il n'est plus possible de revenir ▸ **fato consumado**

accomplir *vt* Exécuter, faire, réaliser entièrement ▸ **cumprir** ◆ **s'accomplir** *vpr* **1** Se produire; se réaliser ▸ **realizar-se** **2** S'épanouir pleinement: *s'accomplir dans son travail* ▸ **realizar-se**

accomplissement *nm* Réalisation, achèvement ▸ **realização**

accord *nm* **1** Conformité de sentiments, d'idées: *être en parfait accord avec quelqu'un* ▸ **acordo** **2** Convention, arrangement: *signer un accord* ▸ **acordo** **3** Acceptation, assentiment: *donner son accord* ▸ **acordo** **4** Concordance, harmonie entre des choses: *une architecture en accord avec le site* ▸ **acordo** **5** MUS Ensemble de sons émis simultanément ▸ **acorde** **6** MUS Action d'accorder un instrument ▸ **afinação** **7** GRAMM Rapport de forme établi entre des mots: *accord de l'adjectif avec le nom* ▸ **concordância** ▪ **d'accord:** oui, entendu ▸ **de acordo** ▫ **d'un commun accord:** avec le consentement de tous ▸ **de comum acordo** ▫ **être d'accord:** être du même avis ▸ **estar de**

acordo ▫ **se mettre, tomber d'accord:** parvenir à s'entendre ▸ **concordar**

accord-cadre (pl *accords-cadres*) *nm* Accord entre partenaires sociaux donnant les orientations d'accords ultérieurs plus détaillés ▸ **acordo-quadro**

accordéon *nm* Instrument de musique portatif à touches, composé de languettes de métal actionnées par un soufflet d'accordéon ▸ **acordeão** ▪ **en accordéon:** qui présente des plis comparables à ceux d'un soufflet d'accordéon ▸ **sanfonado**

accordéoniste *n* Personne qui joue de l'accordéon ▸ **acordeonista**

accorder *vt* **1** Consentir à donner: *accorder un délai* ▸ **conceder 2** MUS Régler la justesse d'un instrument: *accorder un violon* ▸ **afinar 3** GRAMM Appliquer à un mot les règles de l'accord: *accorder un adjectif* ▸ **concordar 4** Mettre en harmonie: *accorder des couleurs* ▸ **acordar** ◆ **s'accorder** *vpr* **1** Se mettre, être d'accord: *tout le monde s'accorde à dire que* ▸ **concordar 2** GRAMM Être en accord avec un autre mot: *le verbe s'accorde avec le sujet* ▸ **concordar 3** Être en accord, en harmonie: *ces couleurs s'accordent bien* ▸ **concordar**

accordeur *nm* Personne qui accorde les instruments de musique: *accordeur de pianos* ▸ **afinador**

accorte *adj f* LITT Gracieuse, avenante: *jeune fille accorte* ▸ **amável**

accostage *nm* Action d'accoster ▸ **acostagem**

accoster *vt* **1** Aborder quelqu'un ▸ **abordar 2** MAR S'approcher très près de: *accoster le quai* ▸ **acostar**

accotement *nm* Partie latérale d'une route, entre la chaussée et le fossé ▸ **acostamento**

accoter *vt* Appuyer par un côté: *accoter une échelle contre un mur* ▸ **encostar**

accotoir *nm* Accoudoir ▸ **braço**

accouchement *nm* Action d'accoucher ▸ **parto**

accoucher *vi et vt ind* [de] Mettre un enfant au monde ▸ **parir** ◆ *vt* Aider une femme à accoucher ▸ **partejar**

accoucheur, euse *n* Médecin qui fait les accouchements ▸ **obstetra** ◆ *nf* BELGIQUE Sage-femme ▸ **parteira**

accouder (s') *vpr* S'appuyer sur le coude ou les coudes ▸ **acotovelar-se**

accoudoir *nm* Appui pour les bras sur les côtés d'un siège ▸ **braço**

accouplement *nm* Union sexuelle du mâle et de la femelle ▸ **acasalamento**

accoupler *vt* Réunir par deux: *accoupler deux mots* ▸ **emparelhar** ◆ **s'accoupler** *vpr* S'unir pour la reproduction, en parlant d'animaux ▸ **acasalar**

accourir *vi (conj 29; auxil: avoir ou être)* Venir en hâte ▸ **acorrer**

accoutrement *nm* Habillement bizarre, ridicule ▸ **traje ridículo**

accoutrer *vt* Habiller bizarrement ▸ **vestir de modo ridículo**

accoutumance *nf* **1** Fait de s'accoutumer à: *accoutumance au bruit* ▸ **habituação 2** Phénomène d'adaptation d'un individu à une substance active ou toxique qui entraîne un accroissement progressif des doses ▸ **adição**

accoutumé, e *adj* Ordinaire, habituel ▸ **costumeiro** ▪ **comme à l'accoutumée:** comme d'habitude ▸ **como de costume**

accoutumer *vt* Disposer quelqu'un à supporter, à faire ▸ **acostumar** ◆ **s'accoutumer** *vpr* [à] Prendre l'habitude de ▸ **acostumar-se**

accréditation *nf* Action d'accréditer; fait d'être accrédité ▸ **credenciamento**

accréditer *vt* **1** Rendre vraisemblable, crédible: *accréditer une rumeur* ▸ **dar crédito a 2** Faire reconnaître officiellement: *accréditer un ambassadeur* ▸ **credenciar 3** Délivrer une autorisation d'exercer sa profession à un journaliste, un photographe ▸ **credenciar**

accro *adj et n* FAM **1** Dépendant d'une drogue ▸ **viciado 2** Passionné par: *accro de jazz* ▸ **vidrado**

Accrobranche *nf* (nom déposé) Activité sportive pratiquée en forêt et combinant le grimper et le déplacement d'arbre en arbre en suivant un parcours sécurisé démontable ▸ **arvorismo**

accroc [akro] *nm* **1** Déchirure faite dans un tissu ▸ **rasgão 2** FIG Incident malheureux: *tout s'est passé sans accroc* ▸ **contratempo**

accrochage *nm* **1** Action d'accrocher ▸ **engate 2** FAM Querelle, dispute ▸ **briga 3** MIL Combat de faible importance ▸ **escaramuça**

accroche *nf* Partie d'un texte conçue pour attirer l'attention ▸ **gancho**

accroche-cœur (pl *accroche-cœurs* ou inv) *nm* Mèche de cheveux aplatie en boucle sur la tempe ▸ **pega-rapaz**

accrocher *vt* **1** Suspendre à un crochet, à un clou, etc. ▸ **pendurar 2** Faire une déchirure, un accroc à ▸ **arranhar, rasgar 3** Heurter légèrement: *accrocher une voiture* ▸ **abalroar 4** FAM Réussir à obtenir, à saisir ▸ **conseguir** ◆ **s'accrocher** *vpr* **1** Se retenir à quelque chose ▸ **aferrar-se 2** FAM Persévérer, être tenace ▸ **aferrar-se** ▪ FAM **s'accrocher avec quelqu'un:** se disputer avec lui ▸ **pegar-se com alguém**

accrocheur, euse *adj* **1** FAM Tenace, opiniâtre ▸ **persistente 2** Qui retient l'attention: *titre accrocheur* ▸ **chamativo**

accroire *vt* ■ LITT **en faire accroire à quelqu'un:** lui faire croire ce qui n'est pas ▸ **enganar alguém**

accroissement *nm* Fait d'accroître, de s'accroître; augmentation ▸ **aumento, crescimento**

accroître *vt (conj 64)* Rendre plus grand, plus intense; augmenter ▸ **aumentar** ♦ **s'accroître** *vpr* Devenir plus grand, plus important; augmenter ▸ **crescer, aumentar**

accroupir (s') *vpr* S'asseoir sur les talons ▸ **acocorar**

accru, e *adj* Plus grand: *responsabilités accrues* ▸ **maior**

accu *nm* (abréviation) FAM Accumulateur ▸ **Ø** ■ **recharger ses accus:** reconstituer ses forces ▸ **recarregar as baterias**

accueil *nm* **1** Manière de recevoir quelqu'un: *accueil chaleureux, glacial* ▸ **acolhida 2** Lieu où l'on accueille les visiteurs dans une administration, une entreprise: *se retrouver à l'accueil* ▸ **recepção**

accueillant, e *adj* Qui fait bon accueil: *famille accueillante* ▸ **acolhedor**

accueillir *vt (conj 24)* **1** Recevoir, donner l'hospitalité à quelqu'un ▸ **acolher 2** Prendre, recevoir d'une certaine manière: *accueillir une nouvelle avec joie* ▸ **receber**

acculer *vt* Pousser quelqu'un contre un obstacle ou le mettre dans une situation où il ne peut plus reculer: *acculer au mur, à la faillite* ▸ **acuar**

acculturation *nf* Processus par lequel un groupe assimile une culture différente de la sienne ▸ **aculturação**

acculturé, e *adj* Qui a subi une acculturation ▸ **aculturado**

accumulateur *nm* Appareil emmagasinant l'énergie pour la restituer par la suite ▸ **acumulador, bateria**

accumulation *nf* Action d'accumuler, d'être accumulé ▸ **acumulação**

accumuler *vt* Réunir en un ensemble important; amasser, entasser: *accumuler des marchandises, des témoignages* ▸ **acumular** ♦ **s'accumuler** *vpr* Se mettre en tas, s'ajouter les uns aux autres ▸ **acumular-se**

accusateur, trice *adj et n* Qui accuse ▸ **acusador**

accusatif *nm* Dans certaines langues à déclinaisons, cas indiquant l'objet direct ou le but d'un mouvement ▸ **acusativo**

accusation *nf* **1** Action en justice par laquelle on accuse quelqu'un ▸ **acusação 2** Reproche fait pour une action jugée mauvaise ▸ **acusação**

accusé[1] *nm* ■ **accusé de réception:** avis informant qu'un envoi a été reçu par son destinataire ▸ **acusação de recebimento**

accusé[2]**, e** *n* Personne donnée comme coupable d'un délit ▸ **acusado, réu** ♦ *adj* Marqué, accentué: *traits accusés* ▸ **pronunciado**

accuser *vt* **1** Présenter comme coupable de: *accuser de meurtre, de malhonnêteté* ▸ **acusar 2** Mettre en relief, accentuer: *maquillage qui accuse les traits* ▸ **salientar** ■ FAM **accuser le coup:** montrer qu'on est affecté, touché ▸ **acusar o golpe** □ **accuser réception:** avertir qu'on a reçu un envoi ▸ **acusar recebimento**

ace [es] *nm* Au tennis, balle de service que l'adversaire ne peut toucher ▸ ***ace***

acéphale *adj* Sans tête ▸ **acéfalo**

acerbe *adj* Piquant, mordant, agressif: *paroles acerbes* ▸ **acerbo**

acéré, e *adj* **1** Tranchant, aigu: *griffes acérées* ▸ **acerado 2** FIG Mordant, caustique ▸ **acerado**

acétate *nm* **1** CHIM Sel de l'acide acétique ▸ **acetato 2** Fibre textile artificielle ▸ **acetato**

acétique *adj* ▸ **acético** ■ **acide acétique:** acide auquel le vinaigre doit sa saveur ▸ **ácido acético** □ **fermentation acétique:** qui donne naissance au vinaigre ▸ **fermentação acética, acetificação**

acétone *nf* Liquide incolore, volatil et inflammable utilisé comme solvant ▸ **acetona**

acétylène *nm* Hydrocarbure obtenu en traitant le carbure de calcium par l'eau ▸ **acetileno**

acétylsalicylique *adj* ■ **acide acétylsalicylique:** aspirine ▸ **ácido acetilsalicílico**

achalandé, e *adj* **1** VX Qui a des clients ▸ **afreguesado 2** Fourni en marchandises, approvisionné: *magasin bien achalandé* ▸ **abastecido**

acharné, e *adj* Qui a, qui dénote de l'acharnement ▸ **obstinado**

acharnement *nm* Grande obstination, ténacité, ardeur opiniâtre ▸ **obstinação** ■ **acharnement thérapeutique:** fait de maintenir en vie, par tous les moyens possibles, un malade dont l'état est reconnu désespéré ▸ **obstinação terapêutica**

acharner (s') *vpr* **1** Poursuivre avec violence, hostilité: *le sort s'acharne sur lui* ▸ **encarniçar-se 2** S'obstiner à: *il s'acharne à le prendre en défaut* ▸ **obstinar-se**

achat *nm* **1** Action d'acheter ▸ **compra 2** Objet acheté ▸ **compra**

acheminement *nm* Action d'acheminer: *l'acheminement des colis postaux* ▸ **encaminhamento, envio**

acheminer *vt* Diriger vers un lieu ▶ **encaminhar** ◆ **s'acheminer** *vpr* Aller vers un résultat ▶ **encaminhar-se**

acheter *vt (conj 7)* **1** Obtenir contre paiement ▶ **comprar 2** Payer la complicité de quelqu'un: *acheter un témoin* ▶ **comprar 3** Obtenir par des sacrifices: *acheter très cher sa liberté* ▶ **comprar**

acheteur, euse *n* Personne qui achète ▶ **comprador**

achevé, e *adj* Terminé: *les travaux sont achevés* ▶ **acabado ■ d'un ridicule achevé:** parfaitement ridicule ▶ **totalmente ridículo**

achèvement *nm* Fin, exécution complète: *achèvement des travaux* ▶ **conclusão**

achever *vt (conj 9)* **1** Finir ce qui est commencé; terminer: *achever un travail* ▶ **acabar 2** Porter le dernier coup qui amène la mort: *achever un animal blessé* ▶ **dar o tiro de misericórdia 3** Finir d'accabler, de décourager: *cette mauvaise nouvelle l'a achevé* ▶ **acabar com**

Achille ■ talon d' Achille: *nm* FIG Point faible de quelqu'un ▶ **calcanhar de aquiles**

achoppement *nm* ▶ **estorvo ■ pierre d'achoppement:** cause de difficulté, d'échec ▶ **pedra no caminho**

achopper *vi* **1** LITT Buter du pied contre quelque chose ▶ **tropeçar 2** FIG Être arrêté par une difficulté: *achopper sur un problème* ▶ **tropeçar**

achromatique [akrɔmatik] *adj* Qui laisse passer la lumière blanche sans la décomposer ▶ **acromático**

achromatisme [akrɔmatism] *nm* Propriété d'un système optique achromatique ▶ **acromatismo**

acide *adj* **1** Qui a une saveur aigre ▶ **ácido 2** Désagréable, blessant: *remarques acides* ▶ **ácido** ◆ *nm* **1** CHIM Composé hydrogéné qui peut former des sels avec les bases ▶ **ácido 2** FAM LSD ▶ **ácido**

acidifiant, e *adj* Qui acidifie ▶ **acidificante**

acidification *nf* Action d'acidifier ▶ **acidificação**

acidifier *vt* **1** Rendre plus acide ▶ **acidificar 2** CHIM Transformer en acide ▶ **acidificar**

acidimétrie *nf* Mesure de la concentration d'un acide ▶ **acidimetria**

acidité *nf* **1** Saveur acide ▶ **acidez 2** Caractère mordant de quelque chose: *acidité d'une remarque* ▶ **acidez**

acidulé, e *adj* Légèrement acide: *bonbon acidulé* ▶ **acidulado**

acier *nm* Alliage de fer et d'une faible quantité de carbone ▶ **aço ■ acier inoxydable:** acier spécial à base de nickel et de chrome, résistant aux divers agents de corrosion ▶ **aço inoxidável □** FIG **d'acier:** dur, solide, à toute épreuve: *des muscles, des nerfs, un moral d'acier* ▶ **de aço**

aciérage *nm* Opération qui donne à un métal la dureté de l'acier ▶ **aceragem**

aciérie *nf* Usine où l'on fabrique l'acier ▶ **siderúrgica**

acmé *nf ou nm* LITT Point culminant, apogée ▶ **acme**

acné *nf* Maladie de la peau, caractérisée par des boutons, principalement sur le visage: *acné juvénile* ▶ **acne**

acolyte *nm* PÉJOR Compagnon, complice ▶ **acólito**

acompte *nm* Paiement partiel à valoir sur une somme due ▶ **sinal**

aconit [akɔnit] *nm* Plante vénéneuse, de la famille des renonculacées ▶ **acônito**

a contrario *loc adv ou loc adj inv* Se dit d'un raisonnement qui, partant d'une hypothèse opposée, aboutit à une conclusion opposée ▶ ***a contrario***

acoquiner (s') *vpr* [à, avec] PÉJOR Se lier avec quelqu'un ▶ **conluiar-se**

à-côté (pl *à-côtés*) *nm* Ce qui est accessoire, en supplément ▶ **acessório**

à-coup (pl *à-coups*) *nm* Arrêt brusque suivi d'une reprise brutale ▶ **solavanco ■ par à-coups:** par intermittence ▶ **aos trancos □ sans à-coups:** sans incident ▶ **sem sobressalto**

acoustique *adj* Relatif aux sons ▶ **acústico** ◆ *nf* **1** Partie de la physique qui étudie les sons ▶ **acústica 2** Qualité d'un local du point de vue de la propagation des sons ▶ **acústica**

acquéreur *nm* Acheteur ▶ **comprador**

acquérir *vt (conj 21)* **1** Devenir propriétaire d'un bien: *acquérir une voiture* ▶ **adquirir 2** Réussir à obtenir, à avoir: *ce timbre a acquis de la valeur; acquérir de l'expérience* ▶ **adquirir**

GRAMMAIRE Attention, le participe passé de *acquérir* est *acquis, acquise*; on écrit *les droits que nous avons acquis*

acquêt *nm* Bien acquis à titre onéreux pendant le mariage, par opposition aux biens propres ▶ **bem adquirido**

acquiescement *nm* Consentement ▶ **aquiescência**

acquiescer *vi et vt ind* [à] *(conj 1)* Dire oui, accepter: *acquiescer d'un signe de tête* ▶ **aquiescer**

acquis[1] *nm* **1** Ce qui est acquis, avantage, droit obtenu: *acquis sociaux* ▶ **conquista 2** Savoir, expérience: *vivre sur ses acquis* ▶ **experiência**

acquis[2], e *adj* **1** Que les circonstances de la vie ont fait apparaître, que l'on a acquis (par opposition à *naturel, inné*): *caractères acquis* ▶ **adquirido 2** Obtenu une fois pour toutes: *avantages acquis* ▶ **adquirido ■ être acquis à quelqu'un:** lui être dévoué ▸ **ser dedicado a alguém** □ **être acquis à une idée:** en être partisan ▸ **abraçar uma ideia**

acquisition *nf* **1** Action d'acquérir: *l'acquisition d'une maison, du langage* ▸ **aquisição 2** Ce que l'on a acquis, achat: *une bonne acquisition* ▸ **aquisição**

acquit [aki] *nm* DR Reconnaissance écrite d'un paiement ▸ **recibo** ■ **par acquit de conscience:** pour sa tranquillité d'esprit ▸ **por desencargo de consciência** □ **pour acquit:** formule au verso d'un chèque pour certifier que celui-ci a été payé ▸ **pago**

acquit-à-caution (pl *acquits-à-caution*) *nm* Document administratif qui permet de faire circuler librement des marchandises soumises à l'impôt indirect non encore payé ▸ **guia**

acquittement *nm* **1** Action de payer ce qu'on doit; remboursement ▸ **quitação 2** Action d'acquitter un accusé par une décision judiciaire; CONTR: *condamnation* ▸ **absolvição**

acquitter *vt* **1** Payer ce qu'on doit: *acquitter une facture* ▸ **quitar 2** Déclarer non coupable: *acquitter un accusé* ▸ **absolver** ◆ **s'acquitter** *vpr* [de] Faire ce qu'on doit, ce à quoi on s'est engagé ▸ **honrar**

acra *nm* Dans la cuisine créole, boulette de poisson ou de légumes pilés, enrobée de pâte à beignet et frite ▸ ***acra***

acre *nf* Ancienne mesure agraire, égale à environ 50 ares ▸ **acre**

âcre *adj* Piquant, irritant au goût, à l'odorat ▸ **acre**

âcreté *nf* Caractère de ce qui est âcre ▸ **acrimônia**

acridien *nm* Insecte orthoptère sauteur (sauterelle, etc.) ▸ **gafanhoto**

acrimonie *nf* LITT Agressivité qui se manifeste dans la manière de parler ▸ **acrimônia**

acrimonieux, euse *adj* LITT Aigre, acerbe ▸ **acrimonioso**

acrobate *n* Artiste qui exécute des exercices d'agilité, d'adresse ou de force dans un cirque, un music-hall, etc. ▸ **acrobata**

acrobatie [akrɔbasi] *nf* **1** Exercice d'acrobate ▸ **acrobacia 2** Manœuvre difficile: *acrobaties aériennes* ▸ **acrobacia**

acrobatique *adj* Qui relève de l'acrobatie ▸ **acrobático**

acronyme *nm* Sigle qui peut être prononcé comme un mot ordinaire (EX: *CAPES*) ▸ **acrônimo**

acropole *nf* Partie la plus haute d'une cité grecque et qui forme une citadelle ▸ **acrópole**

acrostiche *nm* Poésie dont les premières lettres de chaque vers, lues verticalement, forment le nom voulu ▸ **acróstico**

acrylique *nm* Textile artificiel ▸ **acrílico**

acte[1] *nm* **1** Mouvement d'un être vivant adapté à une fin; action: *acte volontaire* ▸ **ato 2** Manifestation de la volonté considérée dans son but: *acte de bravoure* ▸ **ato 3** DR Écrit authentifiant un fait, une convention: *acte de vente* ▸ **ato** ■ **faire acte de:** donner une preuve concrète de: *faire acte de bonne volonté* ▸ **dar prova de** □ **prendre acte de:** déclarer que l'on se prévaudra par la suite du fait qui a été constaté ▸ **registrar**

acte[2] *nm* Chacune des grandes divisions d'une pièce de théâtre ▸ **ato**

acter *vt* Prendre acte de; entériner: *acter une décision* ▸ **registrar**

acteur, trice *n* **1** Personne dont la profession est de jouer au théâtre ou au cinéma ▸ **ator 2** Personne qui prend une part déterminante dans une action ▸ **ator**

actif, ive *adj* **1** Qui agit; énergique, vif, efficace: *être très actif* ▸ **ativo 2** Qui exerce une activité professionnelle ▸ **atuante 3** Qui produit un effet, agit: *produit actif* ▸ **ativo** ■ GRAMM **forme, voix active:** forme du verbe transitif ou intransitif qui présente l'action faite par le sujet (par opposition à *passif*) ▸ **voz ativa** ◆ *nm* **1** FINANCES Ce qu'on possède (par opposition à *passif*) ▸ **ativo 2** GRAMM Forme, voix active ▸ **ativa 3** Personne exerçant ou recherchant un emploi ▸ **pessoa da ativa** ■ **avoir quelque chose à son actif:** pouvoir s'en prévaloir ▸ **ter algo que conta a seu favor**

actinie *nf* Animal de mer fixé aux rochers littoraux (nom usuel: *anémone de mer*) ▸ **actínia**

action *nf* **1** Manifestation concrète de la volonté dans un domaine déterminé ▸ **ação 2** Manière dont agit un corps, une force: *l'action d'un acide* ▸ **ação 3** Enchaînement des événements dans un récit, dans un film: *action rapide* ▸ **ação 4** Exercice d'un droit en justice: *intenter une action* ▸ **ação 5** FINANCES Titre représentant les droits d'un associé dans certaines sociétés ▸ **ação**

actionnaire *n* Personne qui possède des actions dans une société ▸ **acionista**

actionnariat *nm* **1** Division en actions du capital d'une entreprise ▸ **acionariado 2** Ensemble des actionnaires ▸ **acionariado**

actionner *vt* Mettre en mouvement: *actionner un mécanisme* ▸ **acionar**

activement *adv* De façon active ▸ **ativamente**

activer *vt* **1** Rendre plus rapide; hâter, accélérer: *activer les préparatifs* ▸ **ativar 2** Rendre plus vif, plus actif: *activer le feu* ▸ **ativar** ◆ **s'activer** *vpr* Travailler activement; s'affairer, se hâter ▸ **ativar-se**

activisme *nm* Attitude politique qui préconise l'action concrète, parfois au détriment de la réflexion, de la prudence ▸ **ativismo**
activiste *adj et n* Relatif à l'activisme; qui en est partisan ▸ **ativista**
activité *nf* **1** Ensemble des phénomènes par lesquels se manifestent une forme de vie, un fonctionnement, un processus: *activité intellectuelle; activité volcanique* ▸ **atividade 2** Dynamisme, animation: *période d'intense activité* ▸ **atividade 3** Occupation: *activité professionnelle* ▸ **atividade** ▪ **en activité: (a)** en service, en parlant d'un soldat, d'un fonctionnaire ▸ **em atividade (b)** en fonctionnement, en parlant d'une usine ▸ **em atividade**
actuaire *n* Spécialiste qui fait des calculs statistiques pour les assurances ▸ **atuário**
actualisation *nf* Action d'actualiser ▸ **atualização**
actualiser *vt* Rendre actuel, mettre à jour ▸ **atualizar**
actualité *nf* **1** Qualité de ce qui est actuel ▸ **atualidade 2** Ensemble des faits actuels, récents ▸ **atualidades** ◆ **actualités** *pl* Informations, nouvelles à la télévision, à la radio ▸ **atualidades**
actuel, elle *adj* Qui existe dans le moment présent; qui appartient, convient au moment présent: *un film actuel* ▸ **atual**
actuellement *adv* Maintenant, en ce moment ▸ **atualmente**
acuité *nf* **1** Caractère de ce qui est aigu: *acuité d'un son, d'une douleur* ▸ **acuidade 2** Degré de sensibilité d'un organe des sens: *acuité visuelle, auditive* ▸ **acuidade**
acupuncteur, trice ou **acuponcteur, trice** *n* Médecin spécialiste de l'acupuncture ▸ **acupunturista**
acupuncture ou **acuponcture** *nf* Traitement médical d'origine chinoise, qui consiste à piquer des aiguilles en certains points du corps ▸ **acupuntura**
acutangle *adj* Se dit d'un triangle dont les trois angles sont aigus ▸ **acutângulo**
adage *nm* Proverbe, maxime ▸ **adágio**
adagio [adadʒjo] *adv* MUS Lentement ▸ **adágio** ◆ *nm* Morceau exécuté lentement ▸ **adágio**
adamantin, e *adj* LITT Qui a l'éclat du diamant ▸ **adamantino**
adaptable *adj* Qui peut être adapté ▸ **adaptável**
adaptateur, trice *n* Personne qui adapte une œuvre au cinéma, au théâtre ▸ **adaptador** ◆ *nm* Dispositif permettant d'adapter un objet à une condition d'utilisation particulière: *adaptateur pour prises de courant* ▸ **adaptador**
adaptation *nf* Action d'adapter; fait de s'adapter ▸ **adaptação**
adapter *vt* **1** Appliquer, ajuster: *adapter un robinet à un tuyau* ▸ **adaptar 2** Conformer à, approprier: *adapter les moyens au but* ▸ **adaptar 3** Modifier une œuvre en vue d'un usage différent: *adapter une comédie au cinéma* ▸ **adaptar** ◆ **s'adapter** *vpr* [à] Se plier, se conformer à: *s'adapter aux circonstances* ▸ **adaptar-se**
addenda [adẽda] *nm inv* Ce qu'on ajoute à un ouvrage pour le compléter ▸ **adendo**
addictif, ive *adj* Qui relève de la toxicomanie ▸ **viciante**
additif *nm* **1** Substance ajoutée à un produit ▸ **aditivo 2** Addition faite à un texte ▸ **aditivo**
addition *nf* **1** Opération arithmétique qui ajoute des nombres, des quantités ▸ **adição 2** Action d'ajouter; ce qu'on ajoute: *addition d'eau* ▸ **adição 3** Note de dépenses au café, au restaurant ▸ **conta**
additionnel, elle *adj* Qui est ajouté: *article additionnel d'une loi* ▸ **adicional**
additionner *vt* Ajouter, faire le total, l'addition de: *additionner six nombres* ▸ **adicionar** ◆ **s'additionner** *vpr* Être ajoutés les uns aux autres; s'accumuler ▸ **acumular-se**
additivé, e *adj* ▸ **aditivado** ▪ **carburant additivé:** carburant contenant des additifs qui diminuent son pouvoir détonant ▸ **combustível aditivado**
adducteur *nm et adj m* ANAT Muscle qui rapproche un membre de l'axe du corps; CONTR: *abducteur* ▸ **adutor**
adduction *nf* **1** Action d'amener: *adduction d'eau potable* ▸ **adução 2** Mouvement qui rapproche un membre de l'axe du corps; CONTR: *abduction* ▸ **adução**
adénite *nf* Inflammation des ganglions lymphatiques ▸ **adenite**
adénoïde *adj* Qui se rapporte au tissu glandulaire ▸ **adenoide**
adénome *nm* Tumeur bénigne qui se développe dans une glande ▸ **adenoma**
adénovirus *nm* Virus dont le patrimoine génétique est constitué d'une molécule d'ADN ▸ **adenovírus**
adepte *n* **1** Partisan d'une doctrine, d'une secte, etc. ▸ **adepto 2** Personne qui pratique une activité, un sport ▸ **adepto**
VOCABULAIRE On est *adepte* d'une doctrine; on est *disciple* d'un maître
adéquat, e [adekwa, at] *adj* Adapté, approprié: *expression adéquate* ▸ **adequado**
adéquation [adekwasjɔ̃] *nf* Adaptation parfaite:

l'adéquation des moyens à la situation ▶ **adequação**

adhérence *nf* **1** État de ce qui adhère ▶ **aderência** **2** Accolement normal ou pathologique de deux organes ou tissus ▶ **aderência**

adhérent, e *adj* Qui adhère ▶ **aderente** ◆ *n* Membre d'un parti, d'une association ▶ **aderente**

adhérer *vt ind* [à] *(conj 10)* **1** Tenir fortement à une chose; coller: *un papier qui adhère mal au mur* ▶ **aderir** **2** FIG Partager une idée, une opinion ▶ **aderir** **3** S'inscrire à une association, à un parti ▶ **aderir**

adhésif, ive *adj* Qui adhère, colle ▶ **adesivo** ◆ *nm* Bande de papier, de toile, etc., dont une des faces est enduite d'un produit qui colle sans devoir être préalablement mouillé ▶ **adesivo**

adhésion *nf* **1** Action d'adhérer à un parti, à une association ▶ **adesão** **2** Approbation, accord: *donner son adhésion à un projet* ▶ **adesão**

ad hoc *loc adj inv* Qui convient à la situation ▶ ***ad hoc***

adieu *interj et nm* Formule de salut quand on se quitte pour longtemps ou pour toujours ▶ **adeus** ■ **dire adieu à quelque chose:** y renoncer ▶ **dizer adeus a algo**

adipeux, euse *adj* **1** Qui renferme de la graisse: *tissu adipeux* ▶ **adiposo** **2** Bouffi de graisse ▶ **adiposo**

adiposité *nf* Surcharge de graisse ▶ **adiposidade**

adjacent, e *adj* Attenant, contigu ▶ **adjacente** ■ **angles adjacents:** angles ayant le même sommet et un côté commun ▶ **ângulos adjacentes**

adjectif[1] *nm* Mot qui qualifie ou détermine le substantif auquel il est joint et qui s'accorde en genre et en nombre avec lui: *adjectif qualificatif, possessif, démonstratif* ▶ **adjetivo**

adjectif[2]**, ive** ou **adjectival, e, aux** *adj* Qui a la fonction d'un adjectif: *locution adjective* ▶ **adjetivo**

adjectivement *adv* Comme adjectif: *mot employé adjectivement* ▶ **como adjetivo**

adjoindre *vt (conj 55)* Associer une personne, une chose à une autre ▶ **associar**

adjoint, e *n et adj* Personne associée à une autre pour l'aider dans ses fonctions ▶ **adjunto**

ORTHOGRAPHE On écrit *directeur adjoint* sans trait d'union. On dit *l'adjoint* du *directeur* (complément avec *de*) mais, par usage, *l'adjoint* au *maire*

adjonction *nf* Action d'adjoindre, d'ajouter: *pain sans adjonction de sel* ▶ **adjunção, adição**

adjudant *nm* Sous-officier d'un grade intermédiaire entre ceux de sergent-chef et d'adjudant-chef ▶ **ajudante**

adjudant-chef (pl *adjudants-chefs*) *nm* Sous-officier d'un grade intermédiaire entre ceux d'adjudant et de major ▶ **suboficial**

adjudicataire *n* Bénéficiaire d'une adjudication ▶ **adjudicatário**

adjudication *nf* DR Attribution d'un marché ou d'un bien à celui qui offre le meilleur prix ▶ **adjudicação**

adjuger *vt (conj 2)* **1** Attribuer, concéder par adjudication ▶ **adjudicar** **2** Attribuer: *adjuger un prix* ▶ **adjudicar** ◆ **s'adjuger** *vpr* S'approprier: *s'adjuger la meilleure part* ▶ **adjudicar-se**

adjuration *nf* LITT Action d'adjurer ▶ **adjuração**

adjurer *vt* LITT Supplier avec insistance ▶ **adjurar**

adjuvant, e *adj et nm* Qui renforce l'action d'un autre médicament ou produit ▶ **adjuvante**

ad libitum *loc adv* Au choix ▶ ***ad libitum***

ADM *nf* (sigle de *arme de destruction massive*) Arme nucléaire, biologique ou chimique provoquant des pertes matérielles ou humaines très supérieures à celles causées par les armes classiques ▶ **ADM**

admettre *vt (conj 57)* **1** Recevoir: *admettre un candidat à un concours* ▶ **aprovar** **2** Laisser entrer: *les chiens ne sont pas admis* ▶ **admitir** **3** Estimer vrai: *admettre un fait* ▶ **admitir** **4** Supporter, tolérer: *cela n'admet pas de discussion* ▶ **admitir**

administrateur, trice *n* Personne qui administre, gère des affaires publiques ou privées ▶ **administrador**

administratif, ive *adj* De l'administration ▶ **administrativo**

administration *nf* **1** Action d'administrer les affaires publiques ou privées, de gérer des biens ▶ **administração** **2** (avec une majuscule) Ensemble des services de l'État: *travailler dans l'Administration* ▶ **serviço público** **3** Service public; ensemble de ses employés: *administration des douanes* ▶ **serviço público**

administré, e *n* Personne dépendant d'une administration ▶ **cidadão**

administrer *vt* **1** Diriger, gérer les affaires publiques ou privées ▶ **administrar** **2** Conférer: *administrer les sacrements* ▶ **administrar** **3** Faire prendre: *administrer un médicament* ▶ **administrar** **4** Appliquer, infliger: *administrer une correction* ▶ **administrar**

admirable *adj* Digne d'admiration: *un livre, un courage admirable* ▶ **admirável**

admirablement *adv* De façon admirable ▶ **admiravelmente**

admirateur, trice *n et adj* Personne qui admire ▶ **admirador**

admiratif, ive *adj* Qui marque de l'admiration: *regard admiratif* ▸ **admirativo**
admiration *nf* Sentiment éprouvé devant la réalisation d'un certain idéal de beauté, de grandeur ▸ **admiração**
admirativement *adv* D'un air admiratif ▸ **com admiração**
admirer *vt* Éprouver de l'admiration pour ▸ **admirar**
admissibilité *nf* Fait d'être admissible à un examen, un concours ▸ **admissibilidade**
admissible *adj et n* Qui est reçu dans un concours, un examen, à une première épreuve ▸ **admitido, qualificado** ◆ *adj* Valable, acceptable: *excuse admissible* ▸ **admissível**
admission *nf* **1** Action d'admettre ▸ **admissão** **2** Fait d'être admis ▸ **admissão**
admonestation *nf* LITT Avertissement solennel ▸ **admoestação**
admonester *vt* LITT Faire une remontrance sévère ▸ **admoestar**
admonition *nf* LITT Avertissement ▸ **admonição**
ADN *nm* (sigle de *acide désoxyribonucléique*) Constituant essentiel des chromosomes du noyau cellulaire ▸ **DNA**
adolescence *nf* Période de la vie entre la puberté et l'âge adulte ▸ **adolescência**
adolescent, e *n* Personne qui est dans l'adolescence ▸ **adolescente**
adonis [adɔnis] *nm* LITT Jeune homme remarquable par sa beauté ▸ **adônis**
adonner (s') *vpr* [à] Se livrer à une activité ▸ **dedicar-se**
adoptant, e *adj et n* Qui adopte ▸ **adotante**
adopté, e *adj et n* Qui a fait l'objet d'une adoption ▸ **adotado, adotivo**
adopter *vt* **1** Prendre légalement pour fils ou pour fille ▸ **adotar** **2** Faire sienne une manière de voir: *adopter un point de vue*; prendre par choix, par décision: *adopter des mesures exceptionnelles* ▸ **adotar** **3** Approuver une loi, un texte par un vote ▸ **adotar**
adoptif, ive *adj* **1** Qui a été adopté: *fils adoptif* ▸ **adotivo** **2** Qui a adopté: *mère adoptive* ▸ **adotivo**
adoption *nf* Action d'adopter ▸ **adoção**
adorable *adj* Dont le charme est extrême; délicieux, charmant ▸ **adorável**
adorablement *adv* De façon adorable ▸ **adoravelmente**
adorateur, trice *n* Qui adore ▸ **adorador**
adoration *nf* **1** Action d'adorer ▸ **adoração** **2** Affection, amour extrêmes ▸ **adoração**
adorer *vt* **1** Rendre un culte à un dieu ▸ **adorar** **2** Aimer avec passion ▸ **adorar**
adosser *vt* [à, contre] Appuyer à, contre ▸ **encostar** ◆ **s'adosser** *vpr* [à, contre] S'appuyer à, contre quelque chose ▸ **encostar-se**
adoubement *nm* HIST Action d'adouber ▸ **cerimônia de ordenação do cavaleiro**
adouber *vt* HIST Au Moyen Âge, remettre solennellement ses armes au nouveau chevalier ▸ **ordenar cavaleiro**
adoucir *vt* **1** Rendre plus doux: *adoucir la peau* ▸ **suavizar** **2** FIG Rendre moins pénible, plus supportable: *adoucir un chagrin, le caractère* ▸ **suavizar** ■ **adoucir l'eau:** la débarrasser du calcaire qu'elle peut renfermer ▸ **suavizar a água** ◆ **s'adoucir** *vpr* Devenir plus doux: *le temps s'adoucit* ▸ **suavizar-se**
adoucissant, e *adj et nm* Qui adoucit, rend plus doux (l'eau, la peau, les textiles) ▸ **suavizante**
adoucissement *nm* Action d'adoucir, de s'adoucir ▸ **suavidade**
adoucisseur *nm* Appareil servant à adoucir l'eau ▸ **suavizador de água**
ad patres [adpatrεs] *loc adv* ▸ **ad patres** ■ FAM **envoyer ad patres:** tuer ▸ **enviar *ad patres***
adragante *adj f* ▸ **adraganta** ■ **gomme adragante:** substance extraite d'un arbrisseau épineux, utilisée en pharmacie et dans l'industrie ▸ **adraganta**
adrénaline *nf* Hormone qui accélère le rythme cardiaque et augmente la pression artérielle ▸ **adrenalina**
adresse[1] *nf* **1** Indication du domicile de quelqu'un ▸ **endereço** **2** INFORM Localisation codée d'une information dans une mémoire électronique ▸ **endereço**
adresse[2] *nf* **1** Habileté dans les mouvements du corps ▸ **destreza** **2** Finesse d'esprit ▸ **sagacidade**
adresser *vt* Envoyer, faire parvenir ▸ **dirigir** ■ **adresser la parole à quelqu'un:** lui parler ▸ **dirigir a palavra a alguém** ◆ **s'adresser** *vpr* [à] **1** Parler à quelqu'un ▸ **dirigir-se** **2** Avoir recours à quelqu'un ▸ **dirigir-se** **3** Être destiné à: *cette remarque s'adresse à tous* ▸ **dirigir-se**
adret *nm* Versant d'une vallée exposé au soleil; CONTR: *ubac* ▸ **soalheiro**
adroit, e *adj* **1** Qui fait preuve d'adresse; habile: *adroit de ses mains* ▸ **hábil** **2** Qui marque de l'intelligence, de l'habileté: *une politique adroite* ▸ **hábil**
adroitement *adv* Avec adresse, habileté ▸ **habilmente**
ADSL *nm* (sigle de *asymétrique digital subscriber line*) Réseau large bande sur une ligne de télé-

phone, dédié à la transmission de données multimédias et audiovisuelles ▸ **ADSL**

adulateur, trice *adj et n* LITT Qui flatte bassement ▸ **adulador**

adulation *nf* LITT Flatterie excessive ▸ **adulação**

aduler *vt* LITT Adorer passionnément ▸ **idolatrar**

adulte *adj* Parvenu au terme de sa croissance: *ours, arbre adulte* ▸ **adulto** ◆ *n* Personne parvenue à sa maturité physique, intellectuelle et affective ▸ **adulto**

adultération *nf* VIEILLI Falsification ▸ **adulteração**

adultère *adj et n* Qui viole la fidélité conjugale ▸ **adúltero** ◆ *nm* Violation du devoir de fidélité conjugale ▸ **adultério**

adultérer *vt (conj 10)* VIEILLI Falsifier, altérer ▸ **adulterar**

adultérin, e *adj* Né de l'adultère ▸ **adulterino**

advenir *vi (conj 22; auxil: être)* Arriver par accident ▸ **advir** ▪ **advienne que pourra:** peu importent les conséquences ▸ **haja o que houver**

adventice *adj* **1** Qui vient accidentellement, accessoirement ▸ **adventício** **2** Qui croît sans avoir été semé: *plante adventice* ▸ **adventício**

adventif, ive *adj* BOT Se dit d'un organe qui se forme en un point anormal de la plante: *racine adventive* ▸ **adventício**

adventiste *n et adj* Membre d'un mouvement évangélique mondial qui attend un second avènement du Messie ▸ **adventista**

adverbe *nm* GRAMM Mot invariable dont la fonction est de modifier le sens d'un verbe, d'un adjectif ou d'un autre adverbe ▸ **advérbio**

adverbial, e, aux *adj* Qui tient de l'adverbe: *locution adverbiale* ▸ **adverbial**

adverbialement *adv* Comme adverbe ▸ **como advérbio**

adversaire *n* Personne qu'on affronte dans un combat, un conflit, un jeu; rival ▸ **adversário**

adverse *adj* Contraire, opposé, hostile ▸ **adverso** ▪ DR **partie adverse:** contre laquelle on plaide ▸ **parte adversa**

adversité *nf* LITT Sort contraire; malheur ▸ **adversidade**

ad vitam aeternam *loc adv* Expression latine signifiant «pour toujours» ▸ ***ad vitam aeternam***

aède *nm* Poète de la Grèce ancienne ▸ **aedo**

aérateur *nm* Appareil permettant l'aération d'une pièce ▸ **ventilador**

aération *nf* **1** Action d'aérer ▸ **arejamento** **2** Dispositif permettant d'aérer un local ▸ **arejamento**

aéré, e *adj* Qui est ventilé, où l'air circule: *maison aérée* ▸ **arejado** ▪ **centre aéré:** organisme qui propose des activités de plein air aux jeunes enfants pendant les vacances ▸ **colônia de férias**

aérer *vt* **1** Renouveler l'air de: *aérer une pièce* ▸ **arejar** **2** Exposer à l'air: *aérer un lit* ▸ **arejar** **3** FIG Rendre moins dense: *aérer un texte* ▸ **arejar** ◆ **s'aérer** *vpr* Prendre l'air: *ça fait du bien de s'aérer* ▸ **arejar-se**

aérien, enne *adj* **1** Qui se passe dans l'air: *phénomène aérien* ▸ **aéreo** **2** Qui concerne l'aviation, les avions: *base aérienne* ▸ **aéreo** **3** LITT Léger comme l'air: *grâce aérienne* ▸ **aéreo**

aérobic *nf* Gymnastique basée sur l'activation de la respiration par des mouvements rapides exécutés en musique ▸ **(ginástica) aeróbica**

aérobie *adj et nm* Se dit d'un micro-organisme qui ne se développe qu'en présence d'air ou d'oxygène; CONTR: *anaérobie* ▸ **aeróbio**

aéro-club (pl *aéro-clubs*) *nm* Club pour l'apprentissage et la pratique en amateur de l'aviation ▸ **aeroclube**

aérodrome *nm* Terrain aménagé pour le décollage et l'atterrissage des avions ▸ **aeródromo**

> VOCABULAIRE Il ne faut pas confondre *aéro-*, «air», avec *aréo-*, «densité»

aérodynamique *adj* **1** Qui a trait à la résistance de l'air ▸ **aerodinâmico** **2** Qui est spécialement conçu pour offrir peu de résistance à l'air: *carrosserie aérodynamique* ▸ **aerodinâmico** ◆ *nf* Science qui étudie les phénomènes provoqués par l'air ou les gaz sur les corps solides en mouvement ▸ **aerodinâmica**

aérofrein *nm* Sur un avion, volet augmentant le freinage ▸ **aerofreio**

aérogare *nf* Dans un aéroport, ensemble des bâtiments réservés aux voyageurs et aux marchandises ▸ **terminal aéreo**

aéroglisseur *nm* Véhicule terrestre ou marin qui glisse sur un coussin d'air injecté sous lui ▸ **aerodeslizador**

aérogramme *nm* Lettre affranchie à tarif forfaitaire et expédiée par avion ▸ **aerograma**

aéromodélisme *nm* Construction des modèles réduits d'avions ▸ **aeromodelismo**

aéronautique *adj* Relatif à la navigation aérienne ▸ **aeronáutico** ◆ *nf* **1** Science de la navigation aérienne ▸ **aeronáutica** **2** Technique de la construction des avions ▸ **aviação**

aéronaval, e, als *adj* Relatif à la fois à l'aviation et à la marine ▸ **aeronaval**

aéronef *nm* Tout appareil capable de s'élever dans les airs ▸ **aeronave**

aérophagie *nf* Déglutition d'air dans l'estomac ▸ **aerofagia**

aéroplane *nm* VIEILLI Avion ▸ **aeroplano**

aéroport *nm* Ensemble des installations aménagées pour le trafic aérien ▸ **aeroporto**
aéroporté, e *adj* Transporté par voie aérienne puis parachuté: *division aéroportée* ▸ **aerotransportado**
aéropostal, e, aux *adj* Relatif à la poste aérienne ▸ **aeropostal**
aéroréfrigérant, e *adj et n* Se dit d'un appareil ou d'une installation permettant, au contact de l'air, de refroidir l'eau réchauffée par une source d'énergie ▸ **resfriador de água**
aérosol *nm* Récipient contenant un liquide ou un gaz sous pression et permettant de le projeter sous forme de fines particules ▸ **aerossol**
aérospatial, e, aux *adj* Relatif à la fois à l'aéronautique et à l'astronautique ▸ **aeroespacial**
aérostat *nm* Appareil rempli d'un gaz plus léger que l'air, pouvant s'élever dans l'atmosphère; ballon ▸ **aeróstato**
aérostatique *nf* Étude des lois de l'équilibre de l'air et des gaz ▸ **aerostática**
aérotransporté, e *adj* Transporté par voie aérienne et déposé au sol ▸ **aerotransportado**
affabilité *nf* Politesse, courtoisie ▸ **afabilidade**
affable *adj* Aimable, courtois, accueillant ▸ **afável**
affabulation *nf* Manière fantaisiste ou même mensongère de présenter les faits ▸ **fabulação**
affabuler *vi* Se livrer à une affabulation ▸ **fabular**
affadir *vt* Rendre fade, sans saveur ▸ **tornar insípido**
affadissement *nm* État de ce qui devient fade ▸ **insipidez**
affaiblir *vt* Rendre faible ▸ **enfraquecer** ◆ **s'affaiblir** *vpr* Devenir faible ou plus faible: *le malade s'affaiblit; le sens de ce mot s'est affaibli* ▸ **enfraquecer-se**
affaiblissement *nm* **1** Fait de s'affaiblir ▸ **enfraquecimento** **2** État de ce qui est affaibli, d'une personne affaiblie ▸ **fraqueza**
affaire *nf* **1** Ce qui est à faire; occupation ▸ **afazer** **2** Ce qui concerne quelqu'un: *c'est mon affaire* ▸ **assunto** **3** Question, problème: *affaire d'argent, de cœur* ▸ **caso** **4** Procès, scandale, litige: *une affaire embrouillée* ▸ **caso** **5** Transaction, marché: *conclure une affaire* ▸ **negócio** **6** Entreprise commerciale ou industrielle: *diriger une affaire* ▸ **negócio** ■ **avoir affaire à quelqu'un: (a)** être en rapport avec lui ▸ **haver-se com alguém (b)** devoir lui rendre des comptes ▸ **haver-se com alguém** □ **j'en fais mon affaire:** je m'en charge ▸ **eu cuido disso** □ **faire l'affaire:** convenir ▸ **convir** □ **se tirer d'affaire:** se procurer une position honorable, sortir d'un mauvais pas ▸ **sair-se bem** ◆ **affaires** *pl* **1** Ce qui fait l'objet d'une gestion publique: *les affaires municipales, de l'État* ▸ **negócios** **2** Activité commerciale, industrielle, financière: *être dans les affaires* ▸ **negócios** **3** Objets usuels, vêtements: *ranger ses affaires* ▸ **coisas** ■ **Affaires étrangères:** tout ce qui concerne la politique extérieure: *le ministère des Affaires étrangères* ▸ **relações exteriores** □ **homme, femme d'affaires:** qui travaille dans le milieu des affaires ▸ **homem, mulher de negócios**

VOCABULAIRE Il faut distinguer *avoir affaire à* ou *avec quelqu'un* et *avoir à faire son travail*

affairé, e *adj* Qui a ou paraît avoir beaucoup à faire; occupé ▸ **atarefado**
affairement *nm* État d'une personne affairée ▸ **azáfama**
affairer (s') *vpr* S'empresser, s'activer ▸ **atarefar-se**
affairisme *nm* Tendance à tout subordonner aux affaires d'argent ▸ **mercenarismo**
affairiste *n* Homme ou femme d'affaires sans scrupules ▸ **tratante**
affaissement *nm* Tassement, éboulement: *affaissement de terrain* ▸ **afundamento**
affaisser *vt* Faire s'effondrer, baisser sous la charge ▸ **afundar, vergar** ◆ **s'affaisser** *vpr* Se tasser, s'effondrer ▸ **afundar-se**
affaler *vt* MAR Faire descendre: *affaler une voile* ▸ **baixar** ◆ **s'affaler** *vpr* FAM Se laisser tomber: *s'affaler dans un fauteuil* ▸ **arriar-se**
affamé, e *adj et n* Qui a très faim ▸ **esfomeado, faminto**
affamer *vt* **1** Faire souffrir de la faim ▸ **esfomear** **2** Priver de vivres ▸ **esfomear** **3** Donner un grand appétit: *la promenade nous a affamés* ▸ **esfomear**
affectation *nf* **1** Destination, attribution: *affectation d'une somme* ▸ **destino** **2** Désignation à un poste, une formation militaire ▸ **destacamento** **3** Manque de naturel dans la manière d'agir ▸ **afetação**
affecté, e *adj* Non naturel; recherché: *manières affectées* ▸ **afetado**
affecter *vt* **1** Destiner à un usage déterminé: *affecter des fonds aux sinistrés* ▸ **alocar** **2** Désigner quelqu'un à un poste, une formation militaire ▸ **designar** **3** Montrer ostensiblement un sentiment que l'on n'éprouve pas: *affecter l'indifférence* ▸ **afetar** **4** Émouvoir: *cette nouvelle l'a beaucoup affecté* ▸ **afetar** **5** Toucher: *maladie qui affecte le cœur* ▸ **afetar** ◆ **s'affecter** *vpr* [de] SOUT Être touché, peiné ▸ **sentir-se afetado**

affectif, ive *adj* Qui relève des sentiments, de la sensibilité ▸ **afetivo**
affection *nf* **1** Attachement, tendresse ▸ **afeição** **2** MÉD État maladif: *affection nerveuse* ▸ **afecção**
affectionné, e *adj* Aimé, dévoué ▸ **afeiçoado**
affectionner *vt* SOUT Avoir un goût particulier pour quelque chose, de l'affection pour quelqu'un ▸ **afeiçoar**
affectivité *nf* Ensemble des phénomènes affectifs (émotions, sentiments, etc.) ▸ **afetividade**
affectueusement *adv* D'une manière affectueuse; tendrement ▸ **afetuosamente**
affectueux, euse *adj* Plein d'affection, tendre: *caractère affectueux* ▸ **afetuoso**
afférent, e *adj* **1** Qui revient à quelqu'un: *part afférente à un héritier* ▸ **aferente** **2** ANAT Qui apporte un liquide à un organe: *vaisseaux afférents* ▸ **aferente**
affermage *nm* Action d'affermer ▸ **arrendamento**
affermer *vt* Louer à ferme ou à bail: *affermer une propriété* ▸ **arrendar**
affermir *vt* Rendre ferme: *affermir les muscles* ▸ **fortalecer**; FIG consolider: *affermir son autorité* ▸ **consolidar**
affermissement *nm* Action d'affermir; son résultat ▸ **fortalecimento, consolidação**
afféterie *nf* LITT Manières affectées, prétentieuses ▸ **afetação**
affichage *nm* Action d'afficher; son résultat: *affichage du score; affichage numérique* ▸ **afixação, visualização**
affiche *nf* Avis officiel ou publicitaire placardé dans un lieu public ▸ **cartaz** ▪ **à l'affiche:** se dit d'un spectacle, d'un film représenté, projeté actuellement: *ce film est à l'affiche depuis des mois* ▸ **em cartaz**
afficher *vt* **1** Poser une affiche ▸ **afixar** **2** FIG Rendre public, étaler: *afficher une liaison* ▸ **exibir** **3** Montrer au moyen d'un écran, d'une affiche, d'un tableau ▸ **anunciar** ◆ **s'afficher** *vpr* Se montrer ostensiblement: *s'afficher avec quelqu'un* ▸ **exibir-se**
affichette *nf* Petite affiche ▸ **cartazete**
afficheur, euse *n* Personne qui pose ou fait poser des affiches ▸ **cartazeiro**
affichiste *n* Créateur d'affiches publicitaires ▸ **cartazista**
affilage *nm* Action d'affiler ▸ **afiação**
affilé, e *adj* Aiguisé, tranchant ▸ **afiado**
affilée (d') *loc adv* Sans s'arrêter, sans discontinuer ▸ **de enfiada**
affiler *vt* Aiguiser ▸ **afiar**
affiliation *nf* Association à une corporation, à un parti, à la Sécurité sociale, etc. ▸ **filiação**
affilié, e *adj et n* Qui appartient à une organisation, à un organisme, à la Sécurité sociale ▸ **filiado**
affilier (s') *vpr* [à] Se joindre, s'inscrire comme adhérent à: *s'affilier à un parti* ▸ **filiar-se**
affinage *nm* Action d'affiner; son résultat ▸ **refinação, apuração**
affiner *vt* **1** Rendre plus pur: *affiner de l'or* ▸ **refinar, apurar** **2** Rendre plus fin, plus subtil: *affiner son goût* ▸ **refinar** ▪ **affiner un fromage:** le laisser mûrir ▸ **apurar um queijo**
affineur, euse *n* Personne qui affine les métaux, les fromages ▸ **refinador, apurador**
affinité *nf* **1** Ressemblance, conformité: *affinité de goûts* ▸ **afinidade** **2** CHIM Tendance d'un corps à se combiner avec d'autres ▸ **afinidade**
affirmatif, ive *adj* Qui affirme ▸ **afirmativo**
affirmation *nf* **1** Action d'affirmer ▸ **afirmação** **2** Énoncé par lequel on affirme quelque chose ▸ **afirmação**
affirmative *nf* ▸ **afirmativa** ▪ **répondre par l'affirmative:** donner une réponse positive, approuver ▸ **responder afirmativamente** ▫ **dans l'affirmative:** dans le cas d'une réponse positive ▸ **em caso afirmativo**
affirmativement *adv* De façon affirmative: *répondre affirmativement* ▸ **afirmativamente**
affirmer *vt* **1** Assurer, soutenir qu'une chose est vraie ▸ **afirmar** **2** Manifester, prouver: *affirmer sa personnalité* ▸ **afirmar**
affixe *nm* LING Préfixe ou suffixe ▸ **afixo**
affleurement *nm* Action, fait d'affleurer ▸ **afloração**
affleurer *vi* Apparaître à la surface ▸ **aflorar** ◆ *vt* Être au niveau de, toucher ▸ **aflorar**
affliction *nf* SOUT Chagrin vif, douleur profonde ▸ **aflição**
affligeant, e *adj* Qui cause de l'affliction ▸ **aflitivo**
affliger *vt (conj 2)* Causer du chagrin à; navrer, consterner, désoler ▸ **afligir** ◆ **s'affliger** *vpr* [de] SOUT Éprouver un grand chagrin du fait de quelque chose ▸ **afligir-se**
affluence *nf* Grand nombre de personnes présentes en un même lieu ▸ **afluência**
affluent *nm* Cours d'eau qui se jette dans un autre ▸ **afluente**
affluer *vi* **1** Couler vers un même point: *le sang afflue au cœur* ▸ **afluir** **2** Arriver en grand nombre: *les visiteurs affluent* ▸ **afluir**
afflux *nm* Arrivée soudaine et en quantité: *afflux de touristes, de sang* ▸ **afluxo**

affolant, e *adj* Qui trouble la raison, provoque une vive émotion ► **enlouquecedor**
affolé, e *adj* Rendu comme fou par la passion, la terreur, etc. ► **enlouquecido**
affolement *nm* État d'une personne affolée ► **enlouquecimento**
affoler *vt* Faire perdre son sang-froid à quelqu'un; bouleverser ► **enlouquecer** ♦ **s'affoler** *vpr* Perdre la tête ► **enlouquecer**
affouage *nm* Droit de prendre du bois dans les forêts d'une commune ► **direito de cortar lenha**
affouragement *nm* Distribution de fourrage aux bestiaux ► **forrageamento**
affourager *vt (conj 2)* Donner du fourrage aux bestiaux ► **forragear**
affranchi, e *n et adj* **1** HIST Esclave libéré ► **liberto 2** FAM Personne libérée de tout préjugé, des conventions sociales et morales ► **avançado**
affranchir *vt* **1** Rendre libre: *affranchir un esclave* ► **libertar 2** Exempter d'une charge: *affranchir une propriété* ► **franquear 3** Payer le port d'un envoi au moyen de timbres-poste: *affranchir une lettre* ► **franquear 4** ARG Mettre au courant, initier ► **iniciar** ♦ **s'affranchir** *vpr* [de] Se libérer de ► **libertar-se**
affranchissement *nm* Action d'affranchir; son résultat ► **libertação, franquia**
affres *nf pl* LITT Angoisse: *les affres de la mort* ► **angústia**
affrètement *nm* Louage d'un navire, d'un avion ► **fretamento**
affréter *vt (conj 10)* Prendre un navire, un avion en louage ► **fretar**
affreusement *adv* **1** De façon affreuse ► **horrivelmente 2** Extrêmement ► **terrivelmente**
affreux, euse *adj* **1** Qui provoque la peur, la douleur, le dégoût ► **horrível 2** Très laid ► **horrível 3** Désagréable, pénible ► **horrível**
affriolant, e *adj* Attirant, séduisant ► **atraente**
affrioler *vt* Attirer, allécher ► **atrair**
affront *nm* Injure publique, offense ► **afronta**
affrontement *nm* Action d'affronter, de s'affronter ► **afrontamento**
affronter *vt* Aborder de front, avec courage; avoir pour adversaire: *affronter l'ennemi, un problème, le premier du classement* ► **afrontar** ♦ **s'affronter** *vpr* S'opposer: *théories qui s'affrontent* ► **afrontar-se**
affubler *vt* Habiller d'une manière bizarre, ridicule; accoutrer ► **vestir de modo ridículo**
affût *nm* **1** Support d'un canon ► **berço 2** Endroit où l'on se poste pour attendre le gibier ► **esconderijo** ■ **être à l'affût:** guetter l'occasion, le moment favorable, l'apparition de quelque chose ► **ficar à espreita**
affûtage *nm* Action d'affûter ► **afiação**
affûter *vt* Aiguiser un outil ► **afiar**
affûteur *nm* Ouvrier qui affûte ► **afiador**
afghan, e *adj et n* D'Afghanistan: *les Afghans* ► **afegão**
aficionado *nm* Amateur de courses de taureaux ► **aficionado**
afin que *loc conj* ou **afin de** *loc prép* Marque l'intention, le but ► **a fim de**
a fortiori [afɔrsjɔri] *loc adv* À plus forte raison ► ***a fortiori***
africain, e *adj et n* D'Afrique noire: *les Africains* ► **africano**
africanisme *nm* Particularité de langage propre au français parlé en Afrique noire ► **africanismo**
africaniste *n* Spécialiste des langues et des civilisations africaines ► **africanista**
afrikaans [afrikɑ̃s] *nm* Langue néerlandaise parlée en Afrique du Sud ► **africânder**
afrikaner ou **afrikaander** [afrikandɛr] *n* Personne parlant l'afrikaans, en Afrique du Sud ► **africânder**
afro *adj inv* Se dit d'une coupe de cheveux frisés formant une masse volumineuse autour du visage ► **cabelo afro**
afro-asiatique (pl *afro-asiatiques*) *adj* Qui concerne à la fois l'Afrique et l'Asie ► **afro-asiático**
after-shave [aftœrʃɛv] *nm inv* Lotion après-rasage ► ***after-shave***
AFU [afy] *nm inv* (sigle de *aide* ou *assistance au freinage d'urgence*) AUTOM Système qui, en cas d'urgence, amplifie la force de freinage ► **AFU, BAS**
AG *nf* FAM (sigle de *assemblée générale*) Réunion de tous les membres d'une association, d'une entreprise en vue de prendre certaines décisions ► **Ø**
agaçant, e *adj* Qui agace ► **irritante**
agacement *nm* Irritation, impatience ► **irritação**
agacer *vt (conj 1)* **1** Causer de l'irritation, énerver ► **irritar 2** Taquiner ► **irritar**
agacerie *nf* Mine, parole, regard visant à essayer de séduire ► **denguice**
agami *nm* Oiseau d'Amérique du Sud, de la taille d'un coq ► **japacanim**
agapes *nf pl* Repas copieux et joyeux entre amis: *faire des agapes* ► **ágape**
agar-agar (pl *agars-agars*) *nm* Sorte de glu extraite d'une algue marine d'Extrême-Orient ► **ágar**
agaric *nm* Champignon comestible à chapeau et à lamelles ► **agárico**
agate *nf* Variété de calcédoine, de couleurs vives et variées ► **ágata**

agave *nm* Plante des régions chaudes fournissant des fibres textiles ▸ **agave**

âge *nm* **1** Période déterminée de la vie; temps écoulé depuis la naissance: *jeune âge; âge avancé; à l'âge de vingt ans; âge mûr* ▸ **idade 2** Vieillesse: *les effets de l'âge* ▸ **idade 3** Époque, période de l'histoire: *l'âge du bronze* ▸ **idade ▪ entre deux âges:** ni jeune ni vieux ▸ **de meia-idade ▫ le troisième âge:** l'âge de la retraite ▸ **terceira idade**

ORTHOGRAPHE On écrit avec une minuscule: *âge de la pierre taillée, du fer, etc.*; avec une majuscule: *Moyen Âge*

âgé, e *adj* **1** Qui a tel âge: *être âgé de vingt ans* ▸ **ter ... anos de idade 2** Vieux: *personnes âgées* ▸ **idoso**

agence *nf* **1** Entreprise commerciale: *agence de voyages, de publicité* ▸ **agência 2** Succursale d'une banque ▸ **agência 3** Organisme administratif: *Agence nationale pour l'emploi* ▸ **agência**

agencement *nm* Arrangement, disposition ▸ **organização**

agencer *vt (conj 1)* Combiner, arranger ▸ **organizar**

agenda [aʒɛ̃da] *nm* **1** Carnet pour inscrire jour par jour ce qu'on doit faire ▸ **agenda 2** FIG Ensemble des choses que l'on doit faire; emploi du temps ▸ **agenda ▪ agenda électronique:** ordinateur de poche assurant les fonctions d'agenda et de carnet d'adresses SYN: *organiseur* ▸ **agenda eletrônica**

agenouillement *nm* Action de s'agenouiller ▸ **genuflexão**

agenouiller (s') *vpr* Se mettre à genoux ▸ **ajoelhar-se**

agent *nm* **1** Tout ce qui agit, produit un effet: *agent d'érosion; agents pathogènes* ▸ **agente 2** Personne chargée de gérer, d'administrer pour le compte d'autrui: *agent d'assurances; agent de change* ▸ **corretor, agente 3** Intermédiaire entre un artiste, un auteur, etc., et les maisons, les organismes susceptibles de l'employer ▸ **agente ▪ agent de police** ou **agent:** fonctionnaire de police subalterne en uniforme ▸ **policial ▫ agent de maîtrise:** salarié au statut intermédiaire entre celui d'ouvrier et celui de cadre ▸ **contramestre ▫** GRAMM **complément d'agent:** complément du verbe passif introduit par *par* ou *de* ▸ **agente da passiva**

agglomérat *nm* **1** Agrégat naturel de substances minérales ▸ **aglomerado 2** Assemblage de personnes ou de choses, plus ou moins disparates ▸ **aglomerado**

agglomération *nf* **1** Ensemble d'une ville et de ses banlieues ▸ **aglomeração urbana 2** Action d'agglomérer ▸ **aglomeração 3** État de ce qui est aggloméré ▸ **aglomeração**

aggloméré *nm* **1** Élément de construction préfabriqué en béton ▸ **aglomerado 2** Bois obtenu par l'agglomération de copeaux et de sciure mêlés à de la colle ▸ **aglomerado 3** Briquette de combustible en poudre agglomérée ▸ **briquete**

agglomérer *vt (conj 10)* Réunir en une masse compacte: *agglomérer du sable et du ciment* ▸ **aglomerar**

agglutination *nf* Action d'agglutiner, de s'agglutiner ▸ **aglutinação**

agglutiner *vt* Réunir en une masse compacte ▸ **aglutinar ◆ s'agglutiner** *vpr* Se réunir en une masse compacte: *la foule s'agglutine sur la place* ▸ **aglutinar-se**

aggravant, e *adj* Qui aggrave: *circonstances aggravantes* ▸ **agravante**

aggravation *nf* Action d'aggraver; fait de s'aggraver ▸ **agravamento**

aggraver *vt* Rendre plus grave, plus pénible ▸ **agravar ◆ s'aggraver** *vpr* Devenir plus grave, empirer ▸ **agravar-se**

agile *adj* **1** Qui a une grande facilité à se mouvoir; souple ▸ **ágil 2** Qui comprend vite: *esprit agile* ▸ **ágil**

agilement *adv* Avec agilité ▸ **com agilidade**

agilité *nf* **1** Légèreté, souplesse ▸ **agilidade 2** Vivacité intellectuelle ▸ **agilidade**

agio [aʒjo] *nm* (surtout au pluriel) Ensemble des frais retenus par une banque pour la rémunération de certaines opérations ▸ **ágio**

agiotage *nm* Spéculation excessive ▸ **agiotagem**

agir *vi* **1** Faire quelque chose: *trop tard pour agir* ▸ **agir 2** Produire un effet: *le médicament agit* ▸ **agir 3** Se comporter: *agir honnêtement* ▸ **agir 4** Intervenir: *agir auprès de* ▸ **interceder ◆ s'agir** *vpr impers* **▪ il s'agit de: (a)** il est question de ▸ **trata-se de (b)** il est nécessaire de ▸ **a questão é ▫ s'agissant de:** à propos de ▸ **em se tratando de**

agissant, e *adj* Très actif, efficace ▸ **ativo**

agissements *nm pl* Façons d'agir plus ou moins troubles ▸ **maquinação**

agitateur, trice *n* Personne qui cherche à provoquer des troubles ▸ **agitador**

agitation *nf* **1** Mouvement désordonné ▸ **agitação 2** FIG Inquiétude, trouble, excitation ▸ **agitação 3** Mouvement de contestation ▸ **agitação**

agité, e *adj et n* **1** Animé de mouvements rapides et irréguliers: *mer agitée* ▸ **agitado 2** Qui manifeste une excitation, une anxiété, un mécontentement: *malade, sommeil agité* ▸ **agitado**

agiter *vt* **1** Remuer, secouer en tous sens ▸ **agitar** **2** Causer une vive inquiétude; exciter ▸ **agitar**

agneau *nm* Petit de la brebis; chair, fourrure, cuir de cet animal ▸ **cordeiro** ▪ **doux comme un agneau:** d'un caractère très doux ▸ **manso como um cordeiro**

agnelage *nm* **1** Action de mettre bas, en parlant d'une brebis ▸ **parto da ovelha** **2** Époque où une brebis met bas ▸ **parição**

agnelet *nm* Petit agneau ▸ **cordeirinho**

agnelle *nf* Agneau femelle ▸ **cordeira**

agnosticisme *nm* Doctrine qui déclare l'absolu inaccessible à l'esprit humain, et la métaphysique inutile ▸ **agnosticismo**

agnostique [agnɔstik] *adj et n* Qui appartient à l'agnosticisme; qui le professe ▸ **agnóstico**

agonie *nf* **1** Moment qui précède immédiatement la mort ▸ **agonia** **2** FIG Fin, déclin: *l'agonie d'un monde* ▸ **agonia**

agonir *vt* ▸ **insultar** ▪ LITT **agonir quelqu'un d'injures:** l'en accabler ▸ **cobrir alguém de insultos**

CONJUGAISON Le participe passé de *agonir* est *agoni*: *il l'a agoni d'injures*. Il ne faut pas le confondre avec celui de *agoniser*: *agonisé*

agonisant, e *adj et n* Qui est à l'agonie ▸ **agonizante**

agoniser *vi* Être à l'agonie ▸ **agonizar**

agora *nf* Principale place publique, dans les villes de la Grèce ancienne ▸ **ágora**

agoraphobie *nf* Crainte pathologique des larges espaces, des lieux publics ▸ **agorafobia**

agouti *nm* Mammifère rongeur de l'Amérique du Sud, de la taille d'un lièvre ▸ **cutia**

agrafage *nm* Action d'agrafer ▸ **acolchetamento**

agrafe *nf* **1** Pièce de métal permettant d'attacher plusieurs papiers ensemble ▸ **grampo, clipe** **2** Crochet de métal qui joint les bords opposés d'un vêtement ▸ **colchete** **3** Petite lame de métal servant à suturer les plaies ▸ **agrafe** **4** Crampon utilisé en maçonnerie pour rendre les matériaux solidaires ▸ **grampo**

agrafer *vt* Attacher avec une agrafe: *agrafer un manteau* ▸ **acolchetar**

agrafeuse *nf* Appareil servant à fixer avec des agrafes ▸ **grampeador**

agraire *adj* Relatif aux terres, à l'agriculture ▸ **agrário**

agrandir *vt* Rendre plus grand, développer: *agrandir une maison, une photo* ▸ **ampliar** ◆ **s'agrandir** *vpr* **1** En parlant de quelque chose, devenir plus grand ▸ **aumentar** **2** Se développer: *une entreprise qui s'agrandit* ▸ **crescer** **3** Étendre son logement ou en prendre un plus vaste ▸ **ampliar**

agrandissement *nm* **1** Accroissement, extension ▸ **ampliação** **2** PHOT Épreuve agrandie ▸ **ampliação**

agrandisseur *nm* Appareil pour les agrandissements photographiques ▸ **ampliador**

agréable *adj* Qui plaît, qui charme: *une ville, une personne agréable* ▸ **agradável**

agréablement *adv* De façon agréable ▸ **agradavelmente**

agréé, e *adj* Qui a obtenu l'agrément d'une autorité: *fournisseur agréé* ▸ **autorizado**

agréer *vt* Recevoir favorablement, accepter: *agréer une demande* ▸ **aceitar** ▪ **veuillez agréer mes salutations distinguées:** formule de politesse pour terminer un courrier ▸ **atenciosamente** ◆ *vt ind* [à] LITT Plaire ▸ **agradar**

agrégat *nm* Réunion d'éléments juxtaposés; assemblage ▸ **agregado**

agrégatif, ive *n* Personne qui prépare l'agrégation ▸ ***agrégatif***

agrégation *nf* Concours pour le recrutement des professeurs de lycée ainsi que des professeurs de droit, de sciences économiques, de médecine et de pharmacie dans l'enseignement supérieur ▸ ***agrégation***

agrégé, e *n* Titulaire de l'agrégation ▸ ***agrégé***

agréger *vt (conj 2 et 10)* Réunir en un tout, une masse ▸ **agregar** ◆ **s'agréger** *vpr* [à] Se joindre à ▸ **agregar-se**

agrément *nm* **1** Approbation, consentement: *donner son agrément* ▸ **consentimento** **2** Qualité par laquelle quelque chose plaît: *maison pleine d'agrément* ▸ **encanto** ▪ **d'agrément:** destiné au plaisir: *voyage d'agrément* ▸ **de lazer**

agrémenter *vt* Orner ▸ **enfeitar**

agrès *nm pl* **1** Appareils de gymnastique ▸ **aparelhos de ginástica** **2** VX, LITT Tout ce qui sert à la manœuvre d'un navire ▸ **aprestos**

agresser *vt* **1** Attaquer, commettre une agression sur: *agresser un passant* ▸ **agredir** **2** Provoquer quelqu'un par ses paroles ou par son comportement ▸ **agredir** **3** Constituer une agression: *bruits qui agressent* ▸ **agredir**

agresseur *nm* Personne qui attaque, commet une agression ▸ **agressor**

agressif, ive *adj* **1** Se dit d'une personne querelleuse, violente ▸ **agressivo** **2** Qui a un caractère d'agression: *ton agressif* ▸ **agressivo**

agression *nf* Attaque brutale et soudaine, non provoquée ▸ **agressão**

agressivement *adv* De façon agressive ▸ **agressivamente**

agressivité *nf* Caractère agressif ▸ **agressividade**

agreste *adj* LITT Rustique, champêtre ▸ **agreste**
agricole *adj* Qui concerne, qui se consacre à l'agriculture: *produit, exploitation, machine agricole; population agricole* ▸ **agrícola**
agriculteur, trice *n* Personne qui cultive la terre ▸ **agricultor**
agriculture *nf* Culture du sol ▸ **agricultura**
agripper *vt* Saisir, prendre vivement, en s'accrochant ▸ **agarrar** ◆ **s'agripper** *vpr* [à] S'accrocher fermement à ▸ **agarrar-se**
agritourisme *nm* Ensemble des espaces et des activités proposés aux touristes dans les exploitations agricoles ▸ **agroturismo**
agroalimentaire *adj* ▸ **agroalimentar** ▪ **l'industrie agroalimentaire** ou **l'agroalimentaire** *nm*: industrie de transformation des produits agricoles ▸ **indústria agroalimentar**
agrocarburant *nm* Biocarburant ▸ **biocombustível**
agrochimie *nf* Partie de l'industrie chimique qui fabrique des produits pour l'agriculture ▸ **agroquímica**
agro-industrie (pl *agro-industries*) *nf* Ensemble des industries dont l'agriculture est le fournisseur ou le débouché ▸ **agroindústria**
agronome *n* Qui enseigne ou pratique l'agronomie ▸ **agrônomo**
agronomie *nf* Science de l'agriculture ▸ **agronomia**
agronomique *adj* Relatif à l'agronomie ▸ **agronômico**
agrume *nm* Fruit tel que l'orange, le citron, le pamplemousse, etc. ▸ **citrino**
aguerrir *vt* Habituer à soutenir des combats, des épreuves pénibles; endurcir ▸ **aguerrir** ◆ **s'aguerrir** *vpr* S'endurcir: *il s'est aguerri contre la faim* ▸ **aguerrir-se**
aguets *nm pl* ▸ **espreita** ▪ **être aux aguets:** épier, être sur ses gardes ▸ **estar à espreita**
aguichant, e *adj* Qui aguiche: *regard aguichant* ▸ **provocante**
aguicher *vt* Attirer, provoquer, chercher à séduire ▸ **provocar**
aguicheur, euse *adj et n* Se dit d'une personne qui aguiche et de son comportement ▸ **provocador**
ah *interj* Marque les impressions vives (joie, douleur, etc.) ▸ **ah**
ahaner *vi* Respirer bruyamment au cours d'un effort ▸ **arfar**
ahuri, e *adj* Stupéfait, abasourdi, étonné ▸ **pasmado**
ahurir *vt* Troubler, étourdir, stupéfier ▸ **pasmar**
ahurissant, e *adj* Stupéfiant, étonnant ▸ **pasmoso**
ahurissement *nm* **1** État d'une personne ahurie ▸ **pasmo 2** Stupéfaction ▸ **pasmo**
aï [ai] *nm* ZOOL Paresseux ▸ **preguiça**
aidant, e *n* Personne qui s'occupe d'une personne dépendante (âgée, malade ou handicapée) ▸ **cuidador, acompanhante**
aide[1] *nf* **1** Appui, secours, assistance: *appeler quelqu'un à l'aide* ▸ **ajuda 2** INFORM Assistance intégrée associée à un logiciel sous forme de pages de documentation ▸ **ajuda** ▪ **aide sociale:** système national de secours matériel ou financier aux personnes en difficulté ▸ **assistência social** ◆ **à l'aide de** *loc prép* Grâce à, au moyen de ▸ **graças a**
aide[2] *n* Personne qui aide, qui seconde quelqu'un dans un travail ▸ **auxiliar** ▪ **aide de camp:** officier attaché à la personne d'un chef d'État, d'un général, etc. ▸ **ajudante de ordens**
aide-mémoire *nm inv* Abrégé de faits, de formules ▸ ***aide-mémoire***
aider *vt* Secourir, assister ▸ **ajudar** ◆ *vt ind* [à] Faciliter ▸ **colaborar** ◆ **s'aider** *vpr* [de] Se servir de, utiliser ▸ **ajudar-se**
aide-soignant, e (pl *aides-soignants, es*) *n* Personne chargée de donner des soins aux malades, et qui n'a pas le diplôme d'infirmier ▸ **auxiliar de enfermagem**
aïe *interj* Exprime la douleur ▸ **ai**
aïeul, e *n* LITT Grand-père, grand-mère ▸ **avô**
aïeux *nm pl* LITT Ancêtres ▸ **antepassados**
aigle *nm* Oiseau rapace diurne de grande taille ▸ **águia** ◆ *nf* **1** Aigle femelle ▸ **águia fêmea 2** Enseigne nationale ou militaire représentant un aigle ▸ **águia**
aiglefin *nm* → **églefin**
aiglon, onne *n* Petit de l'aigle ▸ **aguioto**
aigre *adj* **1** Acide, piquant: *vin aigre* ▸ **agro 2** Criard, aigu: *voix aigre* ▸ **cortante 3** Blessant, désagréable: *paroles aigres* ▸ **mordaz**
aigre-doux, aigre-douce *adj* **1** À la fois acide et sucré: *sauce aigre-douce* ▸ **agridoce 2** FIG Blessant, malgré une apparente douceur: *paroles aigres-douces* ▸ **agridoce**
aigrefin *nm* LITT Homme indélicat, escroc ▸ **cafajeste**
aigrelet, ette *adj* Un peu aigre ▸ **acidulado**
aigrement *adv* Avec aigreur ▸ **acerbamente**
aigrette *nf* **1** Faisceau de plumes qui orne la tête de certains oiseaux ▸ **penacho 2** Panache d'un casque ▸ **penacho 3** ZOOL Sorte de héron ▸ **garça-real**

aigreur *nf* **1** Goût, caractère de ce qui est aigre ▸ **acidez 2** Sensation aigre dans la bouche ou l'estomac ▸ **acidez 3** FIG Amertume, animosité ▸ **azedume**

aigri, e *adj et n* Devenu amer, irritable après avoir subi des épreuves, des échecs ▸ **azedo**

aigrir *vt* **1** Rendre aigre ▸ **azedar 2** FIG Rendre amer, irritable ▸ **azedar** ♦ *vi* ou **s'aigrir** *vpr* **1** Devenir aigre ▸ **azedar(-se) 2** FIG Devenir irritable, méchant ▸ **azedar(-se)**

aigu, ë *adj* **1** Terminé en pointe ▸ **agudo 2** FIG Clair et perçant: *voix aiguë* ▸ **agudo 3** Qui est à son paroxysme: *conflit aigu* ▸ **agudo ■ maladie aiguë:** qui apparaît brusquement et évolue rapidement ▸ **doença aguda**

aigue-marine (pl *aigues-marines*) *nf* Variété transparente de béryl dont la couleur bleu-vert évoque la mer ▸ **água-marinha**

aiguière *nf* Vase à anse et à bec ▸ **jarro**

aiguillage [egɥijaʒ] *nm* **1** Dispositif mobile des rails permettant à un train de changer de voie; manœuvre de ce dispositif ▸ **sistema de agulhas 2** FIG Orientation ▸ **orientação**

aiguille [egɥij] *nf* **1** Petite tige d'acier pointue, percée d'un trou, qui sert pour coudre ▸ **agulha 2** Petite tige effilée, souvent en métal, pour divers usages: *aiguille à tricoter; l'aiguille aimantée de la boussole* ▸ **agulha 3** Partie verticale effilée d'un bâtiment: *aiguille de clocher* ▸ **agulha 4** Sommet pointu d'une montagne ▸ **agulha 5** BOT Feuille étroite des conifères: *aiguilles de pin* ▸ **agulha 6** Portion de rail mobile, servant à opérer les changements de voie ▸ **agulha ■ aiguille de mer:** orphie ▸ **agulhão □ chercher une aiguille dans une botte, une meule de foin:** quelque chose d'introuvable ▸ **procurar uma agulha num palheiro □ de fil en aiguille:** en passant d'une chose à une autre ▸ **conversa vai, conversa vem**

aiguillée [egɥije] *nf* Longueur de fil enfilée sur une aiguille ▸ **agulhada**

aiguiller [egɥije] *vt* **1** Manœuvrer un aiguillage ▸ **movimentar as agulhas 2** Orienter, diriger: *aiguiller des recherches* ▸ **orientar**

aiguillette [egɥijɛt] *nf* **1** Ornement militaire ▸ **alamar 2** CUIS Tranche de chair de volaille effilée ▸ **carne de ave desfiada 3** BOUCH Partie du romsteck ▸ **alcatra**

aiguilleur [egɥijœr] *nm* Employé qui manœuvre les aiguilles sur une voie ferrée ▸ **agulheiro ■ aiguilleur du ciel:** contrôleur de la navigation aérienne ▸ **controlador de voo**

aiguillon [egɥijɔ̃] *nm* **1** Dard des abeilles, des guêpes ▸ **ferrão 2** FIG Ce qui incite à l'action ▸ **aguilhão**

aiguillonner [egɥijɔne] *vt* FIG Stimuler, exciter ▸ **aguilhoar**

aiguisage ou **aiguisement** *nm* Action d'aiguiser une arme, un outil ▸ **afiação**

aiguiser *vt* **1** Rendre aigu, tranchant ▸ **apontar, afiar 2** FIG Exciter: *aiguiser l'appétit* ▸ **aguçar**

aiguiseur, euse *n* Qui aiguise ▸ **aguçador**

aiguisoir *nm* Outil servant à aiguiser ▸ **amolador, apontador**

aïkido *nm* Art martial ▸ ***aikido***

ail [aj] (pl *aulx* ou *ails*) *nm* Plante potagère, dont le bulbe, constitué de plusieurs gousses, est utilisé comme condiment; bulbe de cette plante ▸ **alho**

aile *nf* **1** Organe du vol chez les oiseaux, les chauves-souris, les insectes ▸ **asa 2** Surface horizontale de portance d'un avion ▸ **asa 3** Ce qui est contigu au corps principal d'un bâtiment: *les ailes d'un château* ▸ **ala 4** Partie de la carrosserie d'une voiture placée au-dessus de chaque roue ▸ **para-lama 5** Dans une formation politique, un groupe, ensemble de personnes manifestant une orientation qui s'éloigne de la ligne suivie: *l'aile radicale du gouvernement* ▸ **ala 6** MIL Partie latérale d'une armée ▸ **ala 7** SPORTS Extrémité de la ligne d'attaque d'une équipe ▸ **ala 8** Chacun des châssis mobiles garnis de toile d'un moulin à vent ▸ **asa ■ ailes du nez:** parois extérieures des narines ▸ **asas nasais □ battre de l'aile:** être en difficulté ▸ **estar mal das pernas □ voler de ses propres ailes:** se passer de la protection d'autrui ▸ **voar com as próprias asas**

ailé, e *adj* Qui a des ailes ▸ **alado**

aileron *nm* **1** Extrémité de l'aile d'un oiseau ▸ **rêmige 2** Nageoire: *aileron de requin* ▸ **barbatana 3** Volet articulé placé à l'arrière d'une aile d'avion ▸ **aleta**

ailette *nf* TECHN Petite aile ▸ **aleta**

ailier *nm* SPORTS Joueur placé à l'extrémité de la ligne d'attaque ▸ **ala**

ailler [aje] *vt* Garnir, frotter d'ail ▸ **temperar com alho**

ailleurs *adv* En un autre lieu: *aller ailleurs; venir d'ailleurs* ▸ **alhures ■ avoir la tête ailleurs** ou **être ailleurs:** penser à autre chose qu'à ce qu'on fait ▸ **estar com a cabeça na lua □ d'ailleurs: (a)** du reste: *je n'aime pas ça, et elle non plus, d'ailleurs* ▸ **além disso (b)** à propos: *tiens, d'ailleurs, je l'ai vu hier* ▸ **aliás □ par ailleurs:** d'un autre côté, en outre ▸ **por outro lado**

ailloli ou **aïoli** *nm* Sauce à l'ail finement pilé avec de l'huile d'olive ▸ ***aïoli***

aimable *adj* Qui cherche à être agréable, courtois; gentil, bienveillant ▸ **amável**

aimablement *adv* Avec amabilité ▸ **amavelmente**

aimant¹ *nm* Morceau d'acier qui attire le fer ▸ **ímã**

aimant², e *adj* Porté à aimer ▸ **amoroso**

aimantation *nf* Action d'aimanter ▸ **magnetização**

aimanter *vt* Communiquer à un corps la propriété de l'aimant, rendre magnétique ▸ **imantar**

aimer *vt* **1** Avoir de l'amour, de l'affection, de l'attachement pour quelqu'un ou quelque chose ▸ **amar 2** Avoir du goût, de l'intérêt pour: *aimer le chocolat, le football* ▸ **gostar de 3** En parlant des plantes, se développer particulièrement bien quelque part: *plante qui aime le soleil* ▸ **amar 4** (au conditionnel) Avoir envie de: *il aimerait partir en vacances* ▸ **gostar de** ▪ **aimer mieux, autant:** préférer ▸ **preferir**

aine *nf* Partie du corps à la jonction de la cuisse et du bas-ventre ▸ **virilha**

aîné, e *adj et n* **1** Né le premier: *fils aîné* ▸ **primogênito 2** Plus âgé qu'un autre: *je suis son aîné de trois ans* ▸ **mais velho (que)**

aînesse *nf* Priorité d'âge entre frères et sœurs ▸ **primogenitura**

ainsi *adv* **1** De cette façon: *ainsi soit-il* ▸ **assim 2** LITT De même ▸ **assim** ▪ **pour ainsi dire:** s'utilise pour atténuer une expression: *d'une valeur pour ainsi dire nulle* ▸ **por assim dizer** ◆ *conj* Par conséquent: *ainsi conclut-il que* ▸ **assim** ◆ **ainsi que** *loc conj* **1** Et: *je connais sa fille ainsi que son fils* ▸ **assim como 2** Comme: *ainsi que je l'ai expliqué* ▸ **como**

GRAMMAIRE Attention à l'accord du verbe selon que *ainsi que* signifie «et» ou «comme»: *Paris ainsi que Londres sont des capitales; ton père, ainsi que ta mère, te fait confiance*

aïoli *nm* → **ailloli**

air¹ *nm* **1** Fluide gazeux qui forme l'atmosphère ▸ **ar 2** Vent léger ▸ **ar** ▪ **en l'air:** en haut, au-dessus de la tête: *regarder en l'air* ▸ **para o alto** ▫ TRÈS FAM **fiche, foutre en l'air:** **(a)** mettre à la poubelle ▸ **jogar fora (b)** faire échouer ▸ **mandar pelos ares** ▫ **il y a quelque chose dans l'air:** quelque chose va se passer ▸ **há algo no ar** ▫ **l'air du temps:** les opinions et les comportements en vogue à une époque donnée ▸ **os ares da época** ▫ FAM **mettre, fiche en l'air:** en désordre ▸ **virar de pernas para o ar** ▫ **le grand air:** l'air qu'on respire au-dehors ▸ **ar puro** ▫ **paroles, promesses en l'air:** sans réalité ▸ **conversa fiada** ▫ **prendre l'air:** aller se promener ▸ **tomar ar** ▫ **tête en l'air:** personne étourdie ▸ **cabeça de vento** ◆ **airs** *pl* Espace où se meuvent les oiseaux, les aéronefs, etc. ▸ **ar**

air² *nm* **1** Manière, façon ▸ **ar 2** Expression des traits: *air triste* ▸ **ar 3** Ressemblance: *air de famille* ▸ **ar** ▪ **avoir l'air:** paraître ▸ **parecer** ▫ **sans en avoir l'air:** en dépit de l'apparence ▸ **sem deixar transparecer** ◆ **airs** *pl* ▸ **ares** ▪ **prendre de grands airs:** des manières hautaines ▸ **dar-se ares**

GRAMMAIRE On écrit *elle a l'air reposée* (accord avec le sujet), mais *elle a un air reposé* (accord avec *air*)

air³ *nm* Suite de notes composant un chant ou une pièce instrumentale ▸ **ária**

airain *nm* VX Alliage à base de cuivre; bronze ▸ **bronze**

airbag *nm* Coussin qui se gonfle de gaz en cas de choc pour protéger les passagers à l'avant d'un véhicule ▸ ***airbag***

aire *nf* **1** Surface de terrain: *aire de jeux* ▸ **área 2** Nid des oiseaux de proie ▸ **ninho de ave de rapina 3** FIG Domaine où s'étend l'action de quelqu'un: *aire d'influence* ▸ **área 4** GÉOM Mesure d'une surface limitée par des lignes ▸ **área**

airelle *nf* Petite baie rouge ou noire ▸ **mirtilo**

aisance *nf* **1** Facilité dans les actions, les manières, le langage: *s'exprimer avec aisance* ▸ **desenvoltura 2** Situation de fortune qui permet de vivre dans le confort ▸ **abastança** ▪ VIEILLI **lieux, cabinets d'aisances:** destinés aux besoins naturels ▸ **privada**

aise¹ *nf* ▸ **bem-estar** ▪ **à l'aise:** sans peine ▸ **com facilidade** ▫ **en prendre à son aise:** ne pas se gêner, ne faire que ce qui plaît ▸ **fazer como bem entender** ▫ **être mal à l'aise:** avoir un sentiment de gêne ▸ **não estar à vontade** ◆ **aises** *pl* Commodités de la vie, bien-être: *aimer ses aises* ▸ **comodidades**

aise² *adj* ▸ **contente** ▪ LITT **être bien aise (de, que):** être content ▸ **estar muito contente (com, de, que)**

aisé, e *adj* **1** Facile ▸ **fácil 2** Fortuné ▸ **abastado**

aisément *adv* **1** Facilement ▸ **facilmente 2** Confortablement ▸ **confortavelmente**

aisseau *nm* Planche mince de la couverture d'un toit ▸ **ripa**

aisselle *nf* Cavité au-dessous de la jonction du bras avec l'épaule ▸ **axila**

ajonc [aʒɔ̃] *nm* Arbuste épineux à fleurs jaunes ▸ **tojo**

ajouré, e *adj* Percé, orné de jours, d'ouvertures: *drap ajouré* ▸ **vazado, com ponto à jour**

ajourer *vt* **1** Orner avec des jours: *ajourer une étoffe* ▸ **fazer ponto à jour 2** Pratiquer des ouvertures: *ajourer une balustrade* ▸ **vazar**

ajournement *nm* Action d'ajourner, de renvoyer à une date ultérieure ▸ **adiamento**

ajourner *vt* **1** Renvoyer à une date ultérieure: *ajourner un rendez-vous* ▸ **adiar 2** Renvoyer à une autre session d'examen: *ajourner un candidat* ▸ **reprovar**

VOCABULAIRE *Ajourner* signifiant «remettre à plus tard», *ajourner à plus tard* est un pléonasme

ajout *nm* Ce qu'on ajoute, notamment à un texte ▸ **acréscimo**

ajouter *vt* **1** Joindre, mettre en plus: *ajouter une phrase dans un texte; ajouter du sucre* ▸ **acrescentar 2** Dire en plus: *ajouter quelques mots* ▸ **acrescentar** ♦ **s'ajouter** *vpr* [à] Venir en plus: *à ce prix s'ajoutent les frais d'assurances* ▸ **acrescentar-se**

ajustage *nm* Action d'ajuster une pièce de machine ▸ **ajustamento**

ajusté, e *adj* Serré au buste et à la taille par des pinces ▸ **ajustado**

ajustement *nm* Action d'ajuster, adaptation ▸ **ajustamento**

ajuster *vt* **1** Adapter exactement: *ajuster un couvercle de boîte* ▸ **ajustar 2** Resserrer un vêtement trop ample ▸ **ajustar 3** MÉCAN Donner à une pièce la dimension exacte qu'elle doit avoir pour s'assembler avec une autre ▸ **ajustar 4** Prendre pour cible: *ajuster un lièvre* ▸ **mirar 5** Arranger, disposer avec soin: *ajuster sa cravate* ▸ **arrumar**

ajusteur, euse *n* Ouvrier, ouvrière qui réalise des pièces mécaniques ▸ **ajustador**

ajutage *nm* Petit tuyau soudé à l'extrémité d'un tube d'écoulement à un orifice ▸ **bocal**

akène *nm* Fruit sec, au péricarpe non soudé à la graine ▸ **aquênio**

alabastrite *nf* Variété de gypse ▸ **alabastrita**

alacrité *nf* LITT Entrain, enjouement ▸ **alacridade**

alaise ou **alèse** *nf* Tissu placé sous le drap de dessous pour protéger le matelas ▸ **protetor de colchão**

alambic *nm* Appareil pour distiller ▸ **alambique**

alambiqué, e *adj* Raffiné jusqu'à être obscur, compliqué: *style alambiqué* ▸ **alambicado**

alanguir *vt* Abattre l'énergie de, rendre mou ▸ **enlanguescer**

alanguissement *nm* Fait d'être alangui ▸ **languidez**

alarmant, e *adj* Inquiétant, effrayant ▸ **alarmante**

alarme *nf* **1** Signal de la présence d'un danger ▸ **alarme 2** SOUT Vive inquiétude à l'approche d'un danger: *une chaude alarme* ▸ **alarme** ■ **donner l'alarme:** prévenir d'un danger ▸ **dar o alarme**

alarmer *vt* Causer de l'inquiétude, de la frayeur ▸ **alarmar** ◇ *vpr: inutile de s'alarmer* ▸ **alarmar-se**

alarmiste *adj et n* Qui répand des nouvelles propres à inquiéter ▸ **alarmista**

albanais, e *adj et n* D'Albanie: *les Albanais* ▸ **albanês** ♦ *nm* Langue indo-européenne parlée en Albanie et dans le Kosovo ▸ **albanês**

albâtre *nm* **1** Variété de gypse translucide ▸ **alabastro 2** FIG Symbole de la blancheur ▸ **alabastro**

albatros [albatros] *nm* Gros oiseau palmipède des mers australes ▸ **albatroz**

albigeois, e *adj et n* De la ville d'Albi ▸ **albigense** ♦ *nm pl* HIST Cathares ▸ **albigense**

albinisme *nm* Anomalie caractérisée par la blancheur de la peau et des cheveux, ou des poils chez les animaux, et la rougeur des yeux ▸ **albinismo**

albinos [albinos] *adj et n* Affecté d'albinisme ▸ **albino**

album [albɔm] *nm* **1** Cahier cartonné ou relié destiné à recevoir des timbres, des photographies, etc. ▸ **álbum 2** Livre contenant un grand nombre d'illustrations: *album pour la jeunesse* ▸ **álbum 3** Disque ▸ **álbum**

albumen [albymɛn] *nm* **1** Blanc d'un œuf ▸ **albume 2** BOT Partie de la graine entourant l'embryon ▸ **albume**

albumine *nf* Substance organique azotée, contenue dans le blanc d'œuf, le plasma, le lait ▸ **albumina**

albuminé, e *adj* BOT Qui contient de l'albumen ▸ **albuminado**

albuminurie *nf* Présence d'albumine dans les urines ▸ **albuminúria**

alcade *nm* Maire, en Espagne ▸ **alcaide**

alcali *nm* CHIM Substance dont les propriétés chimiques sont analogues à celles de la soude et de la potasse ▸ **álcali** ■ **alcali volatil:** ammoniaque ▸ **álcali volátil, amoníaco**

alcalimétrie *nf* Détermination du titre d'une solution basique ▸ **alcalimetria**

alcalin, e *adj* Relatif aux alcalis: *sel alcalin* ▸ **alcalino**

alcalinité *nf* État alcalin ▸ **alcalinidade**

alcaloïde *nm* Substance organique rappelant les alcalis par ses propriétés (morphine, nicotine) ▸ **alcaloide**

alcazar *nm* Palais fortifié des rois maures d'Espagne ▸ **alcácer**

alchimie *nf* Recherche de la transmutation des métaux en or à l'aide de la pierre philosophale ▸ **alquimia**

alchimique *adj* Relatif à l'alchimie ▸ **alquímico**

alchimiste *nm* Personne qui s'occupait d'alchimie: *les alchimistes cherchaient à fabriquer de l'or* ▸ **alquimista**

alcool [alkɔl] *nm* **1** Liquide obtenu par la distillation du vin et d'autres liquides ou de jus fermentés: *alcool à 90°* ▸ **álcool 2** Toute boisson contenant de l'alcool: *ne pas boire d'alcool; alcool de poire* ▸ **álcool 3** Liquide analogue obtenu par distillation de certains produits: *alcool méthylique* ▸ **álcool** ■ **alcool à brûler:** alcool additionné de méthylène servant de combustible ▸ **álcool combustível**

alcoolat *nm* Résultat de la distillation de l'alcool sur une substance aromatique ▸ **alcoolato**

alcoolémie *nf* Présence d'alcool dans le sang: *taux d'alcoolémie* ▸ **alcoolemia**

alcoolique *adj* Qui par nature contient de l'alcool: *boisson alcoolique* ▸ **alcoólico** ◆ *adj et n* Atteint d'alcoolisme ▸ **alcoólatra, alcoolista**

alcoolisation *nf* Production, addition d'alcool dans les liquides ▸ **alcoolização**

alcoolisé, e *adj* Qui contient de l'alcool, à quoi on a ajouté de l'alcool: *boisson alcoolisée* ▸ **alcoolizado**

alcooliser *vt* Ajouter de l'alcool à ▸ **alcoolizar**

alcoolisme *nm* Abus de boissons alcooliques; dépendance, intoxication qui en résulte ▸ **alcoolismo**

alcoologie *nf* Étude médicale de l'alcoolisme et des moyens de sa prévention ▸ **alcoologia**

alcoomètre *nm* Instrument servant à mesurer la teneur en alcool d'un liquide ▸ **alcoolômetro**

alcoométrie *nf* Détermination de la richesse en alcool d'un liquide ▸ **alcoolometria**

Alcotest ou **Alcootest** *nm* (nom déposé) Appareil permettant d'évaluer l'imprégnation éthylique d'un sujet par la mesure de la teneur en alcool de l'air expiré ▸ **bafômetro**

alcôve *nf* Renfoncement dans le mur d'une chambre destiné à recevoir un ou des lits ▸ **alcova** ■ **secrets d'alcôve:** relatifs à l'intimité des liaisons amoureuses ▸ **segredos de alcova**

alcyon *nm* Oiseau de mer fabuleux de la mythologie grecque ▸ **alcíone**

aldéhyde *nm* Liquide volatil dérivant d'un alcool par oxydation ▸ **aldeído**

al dente [aldɛnte] *loc adj inv et loc adv* Se dit d'un aliment cuit de façon à rester ferme sous la dent ▸ ***al dente***

aléa *nm* Chance, hasard; (souvent au pluriel) risque: *les aléas du métier* ▸ **acaso, risco**

aléatoire *adj* Hasardeux, incertain ▸ **aleatório**

aléatoirement *adv* De façon aléatoire ▸ **aleatoriamente**

alémanique *adj et n* Qui appartient à la Suisse de langue allemande ▸ **suíço-alemão**

alêne *nf* Poinçon pour percer le cuir ▸ **sovela**

alentour *adv* Aux environs, tout autour ▸ **ao redor**

alentours *nm pl* ▸ **arredores** ■ **aux alentours** ou **dans les alentours:** aux environs, dans les environs ▸ **nos arredores** □ **aux alentours de:** approximativement ▸ **nas imediações de**

alerte[1] *nf* Alarme: *donner l'alerte* ▸ **alerta** ◆ *interj* Attention! ▸ **alerta!**

alerte[2] *adj* Agile, vif ▸ **alerta**

alertement *adv* De façon alerte ▸ **alerta**

alerter *vt* **1** Prévenir d'un danger; donner l'alerte à ▸ **alertar 2** Attirer l'attention de: *fièvre, bruit qui alerte* ▸ **alertar**

alésage *nm* **1** Action d'aléser ▸ **alesagem 2** Diamètre intérieur d'un cylindre ▸ **calibre**

alèse *nf* → **alaise**

aléser *vt (conj 10)* Mettre au diamètre l'intérieur d'un tube: *aléser un cylindre* ▸ **alesar**

aleurone *nf* Substance azotée de certaines graines ▸ **aleurona**

alevin *nm* Jeune poisson destiné au repeuplement des étangs et des rivières ▸ **alevino**

alevinage *nm* Action d'aleviner ▸ **alevinagem**

aleviner *vt* Peupler d'alevins ▸ **alevinar**

alexandrin *nm* Vers de douze syllabes ▸ **verso alexandrino**

alezan, e *nm et adj* Cheval dont la robe est fauve, jaune rougeâtre ▸ **alazão**

alfa *nm* Plante herbacée d'Afrique du Nord employée dans la fabrication des cordages, des semelles d'espadrilles, etc. ▸ **alfa**

algarade *nf* Discussion vive et inattendue ▸ **altercação**

algèbre *nf* Science du calcul des grandeurs représentées par des lettres ▸ **álgebra**

algébrique *adj* Relatif à l'algèbre ▸ **algébrico**

algébriquement *adv* Suivant les règles de l'algèbre ▸ **algebricamente**

algérien, enne *adj et n* D'Algérie: *les Algériens* ▸ **argelino**

algérois, e *adj et n* D'Alger ▸ **argelino**

algie *nf* MÉD Douleur ▸ **algia**

algonkin ou **algonquin** *nm* Famille de langues indiennes d'Amérique du Nord ▸ **algonquino**

algorithme *nm* Procédé de calcul constitué d'une suite d'opérations ▸ **algoritmo**

algothérapie *nf* Traitement des maladies par les algues marines ▸ **ficoterapia**

algue *nf* Plante aquatique sans racines ni vaisseaux ▸ **alga**

alias [aljas] *adv* Autrement nommé ▸ **vulgo**

alibi *nm* **1** Preuve qu'au moment d'un crime ou d'un délit la personne accusée se trouvait ailleurs ▸ **álibi 2** Excuse quelconque ▸ **álibi**

alidade *nf* **1** Règle graduée, portant un instrument de visée et permettant de mesurer un angle ▸ **alidada 2** Partie mobile d'un théodolite ▸ **alidada**

aliénable *adj* DR Qui peut être aliéné ▸ **alienável**

aliénant, e *adj* Qui soumet à des contraintes ▸ **alienante**

aliénation *nf* **1** DR Action d'aliéner ▸ **alienação 2** État d'asservissement ou de frustration ▸ **alienação**

aliéné, e *n et adj* VX Fou, folle ▸ **alienado**

aliéner *vt (conj 10)* **1** DR Céder à un autre la propriété d'un bien, d'un droit ▸ **alienar 2** FIG Abandonner volontairement: *aliéner son indépendance* ▸ **alienar** ◆ **s'aliéner** *vpr* Détourner de soi: *s'aliéner les sympathies* ▸ **alienar-se**

alignement *nm* **1** Action d'aligner, de s'aligner ▸ **alinhamento 2** Situation de plusieurs objets sur une ligne: *alignement de maisons* ▸ **alinhamento**

aligner *vt* **1** Ranger en ligne: *aligner des élèves* ▸ **alinhar 2** Énoncer dans un ordre cohérent: *aligner des faits* ▸ **encadear 3** Faire coïncider: *aligner le cours du franc sur celui du mark* ▸ **alinhar** ◆ **s'aligner** *vpr* **1** Se ranger sur une même ligne ▸ **alinhar-se 2** Se conformer à une autorité, se régler sur quelqu'un ▸ **alinhar-se**

aligoté *nm et adj m* Cépage blanc de Bourgogne; vin qui en est issu: *bourgogne aligoté* ▸ ***aligoté***

aliment *nm* Tout ce qui sert de nourriture ▸ **alimento**

alimentaire *adj* **1** Propre à servir d'aliment ▸ **alimentar 2** Relatif à l'alimentation: *régime alimentaire* ▸ **alimentar** ■ **pension alimentaire:** pension destinée à assurer la subsistance d'une personne et de sa famille ▸ **pensão alimentícia**

alimentation *nf* **1** Action de se nourrir ▸ **alimentação 2** Approvisionnement ▸ **alimentação**

alimenter *vt* **1** Nourrir ▸ **alimentar 2** Approvisionner: *alimenter une ville en eau* ▸ **alimentar** ◆ **s'alimenter** *vpr* Se nourrir ▸ **alimentar-se**

alinéa *nm* Ligne dont le premier mot est en retrait, annonçant le commencement d'un paragraphe; texte compris entre deux de ces retraits ▸ **alínea**

alise *nf* Fruit rouge aigrelet de l'alisier ▸ **fruto do sorbo**

alisier *nm* Arbre de la famille des rosacées, dont le bois sert en ébénisterie ▸ **sorbo**

alitement *nm* Fait d'être alité ▸ **acamamento**

aliter *vt* Faire garder le lit à ▸ **acamar** ◆ **s'aliter** *vpr* Garder le lit, par suite de maladie ▸ **ficar de cama**

alizé *adj m et nm* Se dit des vents réguliers qui soufflent des hautes pressions subtropicales vers les basses pressions équatoriales ▸ **alísio**

allaitement *nm* Action d'allaiter ▸ **amamentação**

allaiter *vt* Nourrir de son lait ▸ **amamentar**

allant *nm* SOUT Entrain, ardeur ▸ **entusiasmo**

alléchant, e *adj* **1** Appétissant: *dessert alléchant* ▸ **apetitoso 2** Attirant, séduisant: *proposition alléchante* ▸ **atraente**

allécher *vt (conj 10)* **1** Attirer par l'odeur ou la saveur ▸ **atrair 2** Séduire en laissant espérer quelque chose ▸ **aliciar**

allée *nf* **1** Passage étroit ▸ **aleia 2** Chemin bordé d'arbres ▸ **alameda** ■ **allées et venues:** déplacements de personnes en tous sens ▸ **idas e vindas, vaivém**

allégation *nf* **1** Action d'alléguer ▸ **alegação 2** Affirmation, assertion ▸ **alegação**

allégeance *nf* Obligation de fidélité et d'obéissance à un souverain, une nation ▸ **lealdade**

allégement *nm* Diminution de poids, de charge ▸ **alívio**

allégé, e *adj* Se dit d'un produit alimentaire dont on a diminué le taux de sucre ou de graisse: *yaourt allégé* ▸ ***light***

alléger *vt (conj 2 et 10)* Rendre plus léger: *alléger un sac, une sauce, le programme scolaire* ▸ **aliviar**

allégorie *nf* Expression d'une idée par une image, un tableau, un être vivant, etc.; œuvre littéraire ou artistique utilisant cette forme d'expression ▸ **alegoria**

allégorique *adj* Qui appartient à l'allégorie: *figure allégorique* ▸ **alegórico**

allègre *adj* Plein d'un entrain joyeux; gai, vif ▸ **alegre**

allègrement *adv* Gaiement; avec entrain ▸ **alegremente**

allégresse *nf* Grande joie ▸ **alegria**

allegretto *adv* MUS Moins vite qu' allegro ▸ **alegreto**

allégretto *nm* Morceau de musique exécuté allegretto ▸ **alegreto**

allegro *adv* MUS Vivement et gaiement ▸ **alegro**

allégro *nm* Morceau de musique exécuté allegro ▸ **alegro**

alléguer *vt (conj 10)* Mettre en avant, prétexter ▸ **alegar**

alléluia [aleluja] *nm* Mot hébreu signifiant «louez Dieu» et qui marque l'allégresse dans la liturgie juive et chrétienne ▸ **aleluia**

allemand, e *adj et n* D'Allemagne: *les Allemands* ▸ **alemão** ◆ *nm* Langue du groupe germanique ▸ **alemão**

aller¹ *vi (conj 12; auxil: être)* **1** Se mouvoir d'un lieu à un autre: *aller à pied; aller à Paris; aller voir un ami* ▸ **ir 2** Mener, conduire: *cette route va à Paris* ▸ **ir 3** Agir, se comporter: *aller vite dans son travail* ▸ **ir 4** Marcher, fonctionner: *les affaires vont bien* ▸ **ir 5** Se porter: *comment allez-vous?* ▸ **ir 6** Convenir, être adapté: *cette robe te va bien; cette robe va bien avec ta veste* ▸ **ir** ◆ *auxil* ■ **aller** (+ inf): être sur le point de: *je vais partir* ▸ **ir** □ **aller de soi** ou **aller sans dire:** c'est évident ▸ **ser evidente** □ **allons!, allez!, va!:** s'emploient pour encourager ou presser quelqu'un ▸ **vamos!, vá!** □ **il y va de:** il s'agit de: *il y va de sa vie* ▸ **estar em jogo** □ **se laisser aller à:** s'abandonner à: *se laisser aller à la colère* ▸ **deixar-se levar por** □ FAM **y aller fort:** exagérer ▸ **ir longe demais** ◆ **s'en aller** *vpr* **1** Quitter un lieu ▸ **ir embora 2** Disparaître: *la tache ne s'en va pas* ▸ **sair 3** LITT Mourir: *le malade s'en va doucement* ▸ **ir-se**

VOCABULAIRE On va *chez* le docteur, *chez* le coiffeur, mais on va *au* bureau, *à la* poste

aller² *nm* **1** Trajet d'un endroit à un autre: *à l'aller; des allers et retours* ▸ **ida 2** Billet valable pour ce trajet: *un aller simple pour Caen* ▸ **ida**

allergène *nm* Substance responsable d'une réaction de type allergique: *le pollen est un allergène* ▸ **alérgeno**

allergie *nf* **1** Réaction anormale et excessive d'un individu particulièrement sensibilisé à une substance ▸ **alergia 2** FIG Hostilité ▸ **alergia**

allergique *adj* **1** Relatif à l'allergie ▸ **alérgico 2** FIG Réfractaire, hostile à: *allergique à la danse* ▸ **alérgico**

allergisant, e *adj* Qui peut provoquer une allergie ▸ **alergizante**

allergologie *nf* Discipline médicale qui étudie les mécanismes de l'allergie et les maladies allergiques ▸ **alergologia**

allergologue *n* Médecin spécialisé en allergologie ▸ **alergologista, alergista**

aller-retour (pl *allers-retours*) *nm* Trajet d'aller et de retour; billet valable pour ce trajet ▸ **ida e volta, passagem de ida e volta**

alleu *nm* HIST Propriété héréditaire et exempte de toute redevance ▸ **alódio**

alliacé, e *adj* Qui évoque l'ail ▸ **aliáceo**

alliage *nm* Produit métallique résultant de l'incorporation d'éléments à un métal ▸ **liga**

alliance *nf* **1** Ligue, coalition entre États ou souverains ▸ **aliança 2** Union par mariage ▸ **aliança 3** Anneau de mariage ▸ **aliança 4** FIG Combinaison de plusieurs choses ▸ **aliança**

allié, e *adj et n* **1** Uni par un traité d'alliance: *des pays alliés; la victoire des alliés* ▸ **aliado 2** Uni par parenté, par mariage ▸ **aliado**

allier *vt* Mêler, combiner, unir ▸ **aliar** ◆ **s'allier** *vpr* [à, avec] S'unir, s'associer ▸ **aliar-se**

alligator *nm* Crocodile d'Amérique du Nord et de Chine ▸ **aligátor**

allitération *nf* Répétition des mêmes sonorités à l'initiale de plusieurs syllabes ou mots ▸ **aliteração**

allô *interj* Signale la présence d'un correspondant au téléphone ▸ **alô**

allocataire *n* Personne qui perçoit une allocation ▸ **beneficiário**

allocation *nf* **1** Action d'allouer, d'accorder une somme ▸ **subsídio 2** Somme, chose allouée: *allocations familiales; allocation chômage* ▸ **subsídio**

allocution *nf* Discours bref ▸ **alocução**

allogène *adj et n* D'une autre origine que les autochtones: *peuples allogènes* ▸ **alógeno**

allonge *nf* Longueur des bras chez un boxeur ▸ **alcance**

allongé, e *adj* **1** Étiré, étendu en longueur ▸ **estendido 2** Couché: *rester allongé* ▸ **deitado 3** Qui exprime la déconvenue: *mine allongée* ▸ **decepcionado**

allongement *nm* Augmentation de longueur ou de durée: *l'allongement des jours* ▸ **prolongamento**

allonger *vt (conj 2)* **1** Rendre plus long ▸ **alongar 2** Étendre: *allonger le bras* ▸ **estender** ■ FAM **allonger un coup:** l'asséner ▸ **desferir um golpe** □ **allonger le pas:** marcher plus vite ▸ **apertar o passo** □ **allonger une sauce:** y ajouter de l'eau ou du bouillon ▸ **fazer render um molho** □ FAM **allonger une somme:** la donner ▸ **entregar uma quantia** ◆ *vi* Devenir plus long: *les jours allongent* ▸ **alongar** ◆ **s'allonger** *vpr* **1** Devenir plus long: *la liste s'allonge* ▸ **alongar-se 2** S'étendre: *s'allonger dans l'herbe* ▸ **deitar-se**

allopathie *nf* Traitement des maladies avec des remèdes produisant des effets contraires à ceux de ces maladies (par opposition à *homéopathie*) ▸ **alopatia**

allotropie *nf* Propriété de certains corps, comme le carbone, de se présenter sous plusieurs aspects différents ▸ **alotropia**

allotropique *adj* Qui résulte de l'allotropie ▸ **alotrópico**

allouer *vt* Accorder, attribuer un crédit, une indemnité, etc. ▸ **conceder benefício, crédito etc.**

allumage *nm* **1** Action d'allumer ▸ **iluminação** **2** Inflammation du mélange gazeux dans un moteur; dispositif assurant cette inflammation ▸ **ignição**

allumé, e *adj et n* FAM **1** Qui est un peu extravagant; excentrique ▸ **maluco** **2** Qui est passionné pour quelque chose: *une allumée de la vidéo* ▸ **fanático**

allume-cigare (pl *allume-cigares*) ou **allume-cigares** (pl inv) *nm* Dispositif pour allumer les cigarettes dans les automobiles ▸ **acendedor de cigarros**

allume-feu (pl *allume-feux*) ou **allume-feux** (pl inv) *nm* Matière combustible pour allumer le feu ▸ **acendalha**

allume-gaz *nm inv* Petit appareil permettant d'allumer le gaz ▸ **acendedor de fogão**

allumer *vt* **1** Communiquer le feu à quelque chose ▸ **acender** **2** Répandre la lumière dans; éclairer ▸ **iluminar** **3** Mettre un appareil en état de fonctionner: *allumer la télévision* ▸ **ligar** **4** LITT, FIG Susciter: *allumer la discorde* ▸ **suscitar** **5** FAM Critiquer très vivement; éreinter: *chanteur qui se fait allumer par la critique* ▸ **malhar** ◆ **s'allumer** *vpr* **1** Prendre feu, s'enflammer ▸ **incendiar-se** **2** Devenir lumineux ▸ **acender-se**

allumette *nf* Brin de bois imprégné à une extrémité d'une matière inflammable ▸ **fósforo**

allumeur *nm* **1** Dispositif servant à l'allumage d'un moteur ▸ **sistema de ignição** **2** Dispositif pour provoquer la déflagration d'une charge explosive ▸ **detonador**

allumeuse *nf* FAM Femme aguichante ▸ **mulher provocante**

allure *nf* **1** Vitesse d'une personne, d'un animal, d'une voiture: *à toute allure* ▸ **velocidade** **2** Manière de marcher, de se conduire, de se présenter: *il a une drôle d'allure* ▸ **jeito** ▪ **avoir de l'allure: (a)** de l'élégance et de la distinction ▸ **ter** ***allure*** **(b)** faire de l'effet: *un travail bien présenté qui a de l'allure* ▸ **causar boa impressão**

allusif, ive *adj* Qui contient une allusion ▸ **alusivo**

allusion *nf* Mot, phrase qui évoquent qqn ou qqch sans le nommer: *faire allusion à* ▸ **alusão**

allusivement *adv* De façon allusive ▸ **alusivamente**

alluvial, e, aux *adj* Formé d'alluvions ▸ **aluvial**

alluvionnaire *adj* Relatif aux alluvions ▸ **aluvial**

alluvions *nf pl* Dépôt argileux ou sableux laissé par les eaux lorsqu'elles se retirent ▸ **aluvião**

almanach [almana] *nm* Calendrier illustré donnant des indications astronomiques, des recettes, etc. ▸ **almanaque**

aloès [alɔɛs] *nm* Plante grasse d'Afrique, d'Asie et d'Amérique, dont les feuilles contiennent un suc amer employé en pharmacie et en teinturerie ▸ **aloé, babosa**

aloe vera [alɔevera] *nm inv* **1** Aloès cultivé ▸ ***aloe vera*, babosa** **2** (nom déposé) Substance médicinale ou produit cosmétique extrait de cette plante ▸ ***aloe vera***

aloi *nm* ▸ **quilate** ▪ **de bon, de mauvais aloi:** de bonne ou de mauvaise qualité ou nature ▸ **de boa, de má qualidade**

alopécie *nf* Chute de cheveux ▸ **alopecia**

alors *adv* **1** En ce temps-là: *il vivait alors à Londres* ▸ **então** **2** En conséquence: *alors, je refuse* ▸ **então** **3** FAM Marque l'interrogation, l'impatience, l'indignation, l'indifférence: *alors, tu viens?; ça alors!* ▸ **então, agora** ▪ **jusqu'alors:** jusqu'à ce moment-là ▸ **até então** ◆ **alors que** *loc conj* **1** Marque la simultanéité: *je l'ai vu alors qu'il partait* ▸ **quando** **2** Marque l'opposition: *sortir alors que c'est interdit* ▸ **ao passo que**

alose *nf* Poisson de mer et d'eau douce, voisin de la sardine ▸ **sável**

alouate *nm* Singe d'Amérique du Sud (appelé aussi: *singe hurleur*) ▸ **bugio**

alouette *nf* Petit oiseau des champs à plumage gris tacheté ou brunâtre ▸ **cotovia**

alourdir *vt* Rendre lourd, plus lourd ▸ **agravar**

alourdissement *nm* Action d'alourdir, fait de s'alourdir ▸ **agravamento**

aloyau [alwajo] *nm* Pièce de bœuf coupée le long des reins ▸ **lombo de vaca**

alpaga *nm* **1** Ruminant de l'Amérique du Sud, proche du lama ▸ **alpaca** **2** Étoffe faite notamment avec le poil de l'alpaga ▸ **alpaca**

alpage *nm* Pâturage élevé ▸ **pasto**

alpaguer *vt* ARG Arrêter, appréhender: *la police l'a alpagué chez lui* ▸ **deter**

alpestre *adj* Des Alpes ▸ **alpestre**

alpha *nm inv* Première lettre de l'alphabet grec ▸ **alfa** ▪ **l'alpha et l'oméga:** le commencement et la fin ▸ **alfa e ômega**

alphabet *nm* Liste des lettres d'une langue, énumérées selon un ordre conventionnel ▸ **alfabeto**

alphabétique *adj* **1** Qui utilise, concerne un alphabet: *écriture alphabétique* ▸ **alfabético** **2** Qui suit l'ordre de l'alphabet: *index alphabétique* ▸ **alfabético**

alphabétiquement *adv* Dans l'ordre alphabétique ▸ **em ordem alfabética**

alphabétisation *nf* Action d'alphabétiser; son résultat ▸ **alfabetização**

alphabétiser *vt* Enseigner la lecture et l'écriture à une population analphabète ▸ **alfabetizar**

alphanumérique *adj* Qui comporte à la fois des chiffres et des caractères alphabétiques: *clavier alphanumérique* ▸ **alfanumérico**

alpin, e *adj* **1** Des Alpes ou de la haute montagne ▸ **alpino** **2** Qui concerne l'alpinisme: *club alpin* ▸ **de alpinismo** ▪ **chasseur alpin:** soldat des troupes de montagne ▸ **alpino** □ **ski alpin:** ski pratiqué sur des pentes raides (par opposition à *ski de fond*) ▸ **esqui alpino**

alpinisme *nm* Sport des ascensions en montagne ▸ **alpinismo**

alpiniste *n* Personne qui pratique l'alpinisme ▸ **alpinista**

alsacien, enne *adj et n* D'Alsace: *les Alsaciens* ▸ **alsaciano** ◆ *nm* Dialecte parlé en Alsace ▸ **alsaciano**

altérabilité *nf* Caractère de ce qui peut être dénaturé ▸ **alterabilidade**

altérable *adj* Qui peut être dénaturé ▸ **alterável**

altération *nf* **1** Changement en mal; détérioration ▸ **alteração** **2** Falsification: *altération des monnaies* ▸ **alteração** **3** MUS Signe placé au début d'une partition et par lequel un son est toujours abaissé ou élevé d'un ou de deux demi-tons chromatiques (bémol, dièse, bécarre) ▸ **acidente**

altercation *nf* Échange de propos violents, vive discussion; querelle ▸ **altercação**

alter ego [altɛrego] *nm inv* Personne en qui on a toute confiance, que l'on charge éventuellement d'agir à sa place ▸ ***alter ego***

altérer *vt (conj 10)* **1** Modifier l'état normal, provoquer un changement dans la forme, la valeur de: *le soleil altère les couleurs; leur amitié n'a pas été altérée* ▸ **alterar** **2** LITT Donner soif ▸ **assedentar**

altérité *nf* Caractère de ce qui est autre, différent ▸ **alteridade**

altermondialisation *nf* Mouvement de la société civile qui conteste le modèle libéral de la mondialisation et revendique un mode de développement plus soucieux de l'homme et de son environnement ▸ **alterglobalização**

altermondialisme *nm* Ensemble des conceptions des partisans de l'altermondialisation ▸ **alterglobalismo**

altermondialiste *adj et n* Relatif à l'altermondialisme; qui en est partisan ▸ **alterglobalista**

alternance *nf* **1** Succession régulière ▸ **alternância** **2** Fait pour deux ou plusieurs partis politiques de se succéder au pouvoir ▸ **alternância**

alternateur *nm* Générateur de courant électrique alternatif ▸ **alternador**

alternatif, ive *adj* **1** Qui change périodiquement de sens: *courant alternatif* ▸ **alternativo** **2** Qui propose un choix, une alternative ▸ **alternativo**

alternative *nf* **1** Succession d'états opposés qui reviennent régulièrement ▸ **alternativa** **2** Choix entre deux possibilités: *je me trouve devant cette alternative: rester ou partir* ▸ **alternativa** **3** Solution de remplacement: *l'alternative démocratique* ▸ **alternativa**

VOCABULAIRE Une *alternative* est un choix entre deux solutions. Il est donc incorrect de dire: *j'hésite entre ces deux alternatives*

alternativement *adv* Tour à tour ▸ **alternadamente**

alterne *adj* **1** MATH Se dit, lorsque deux droites parallèles sont coupées par une troisième, des angles placés de chaque côté de la sécante ▸ **alterno** **2** BOT Se dit de feuilles, de fleurs disposées à des hauteurs différentes sur la tige, et non en face les unes des autres ▸ **alterno**

alterné, e *adj* Qui s'effectue tour à tour; en alternance: *circulation alternée* ▸ **alternado** ◆ DR **résidence alternée:** mode de garde des enfants habitant alternativement chez le père et la mère, après séparation du couple ▸ **residência alternada, guarda compartilhada**

alterner *vi* Se succéder plus ou moins régulièrement ▸ **alternar** ◆ *vt* Faire se succéder régulièrement: *alterner les cultures* ▸ **alternar**

altesse *nf* Titre d'honneur donné aux princes et aux princesses ▸ **alteza**

altier, ère *adj* Hautain ▸ **altivo**

altimètre *nm* Appareil pour mesurer l'altitude ▸ **altímetro**

altiport *nm* Aire d'atterrissage en haute montagne ▸ **pista de pouso no alto de montanha**

altiste *n* Personne qui joue de l'alto ▸ **altista**

altitude *nf* Élévation, hauteur d'un point au-dessus du niveau de la mer ▸ **altitude**

alto *nm* Instrument à cordes accordé à la quinte grave du violon ▸ **alto**

altruisme *nm* Amour désintéressé d'autrui ▸ **altruísmo**

altruiste *adj et n* Généreux ▸ **altruísta**

Altuglas *nm* (nom déposé) Matière synthétique très résistante ▸ **plexiglas**

alumine *nf* CHIM Oxyde d'aluminium ▸ **alumina**

aluminerie *nf* CANADA Usine de fabrication d'aluminium ▸ **aluminaria**

aluminium *nm* Métal blanc, léger, solide, qui a l'éclat de l'argent; symb: Al ▸ **alumínio**

alun *nm* Sulfate double d'aluminium et de potassium ▸ **alume**

alunir *vi* Se poser sur la Lune ▸ **alunissar**
alunissage *nm* Action d'alunir ▸ **alunissagem**
alunite *nf* Sulfate naturel d'aluminium et de potassium ▸ **alunita**
alvéolaire *adj* **1** Relatif aux alvéoles ▸ **alveolar** **2** Constitué d'alvéoles: *béton alvéolaire* ▸ **alveolar**
alvéole *nf* **1** Cellule d'abeille ▸ **alvéolo** **2** ANAT Cavité où la dent est enchâssée ▸ **alvéolo dental** **3** Cavité dans le tissu du lobule pulmonaire ▸ **alvéolo pulmonar**
alvéolé, e *adj* Composé d'alvéoles ▸ **alveolado**
alvéolite *nf* Inflammation d'une alvéole ▸ **alveolite**
Alzheimer ▪ **maladie d'Alzheimer** *nf* Maladie neurologique dégénérative provoquant une démence progressive ▸ **mal de Alzheimer**
amabilité *nf* Politesse affable, courtoisie ▸ **amabilidade**
amadou *nm* Substance spongieuse et inflammable provenant de divers arbres ▸ **isca**
amadouer *vt* Flatter de manière à apaiser, à obtenir ce qu'on désire ▸ **bajular**
amaigrir *vt* Rendre maigre ▸ **emagrecer** ♦ **s'amaigrir** *vpr* Devenir maigre ▸ **emagrecer**
amaigrissant, e *adj* Qui fait maigrir ▸ **emagrecedor**
amaigrissement *nm* Diminution du volume et du poids du corps ▸ **emagrecimento**
amalgamation *nf* Action d'amalgamer ▸ **amalgamação**
amalgame *nm* **1** Alliage du mercure avec un autre métal; alliage de différents métaux utilisé pour obturer les cavités dentaires ▸ **amálgama** **2** FIG Mélange d'éléments divers dont on fait un tout: *amalgame de théories* ▸ **amálgama** ▪ **faire l'amalgame:** mêler intentionnellement des choses, des personnes pour créer la confusion ▸ **amalgamar**
amalgamer *vt* Faire un amalgame ▸ **amalgamar**
aman [amɑ̃] *nm* En pays musulman, octroi de la vie sauve à un ennemi vaincu ▸ **amã**
amande *nf* **1** Fruit de l'amandier ▸ **amêndoa** **2** Graine contenue dans un noyau ▸ **amêndoa**
amandier *nm* Arbre originaire d'Asie, cultivé pour ses graines ou amandes ▸ **amendoeira**
amandine *nf* Tartelette garnie d'une préparation à base d'amandes ▸ ***amandine***
amanite *nf* Champignon à volve et à anneau dont une espèce, l'amanite phalloïde, est mortelle ▸ **amanita**
amant *nm* Homme avec qui une femme a des relations sexuelles en dehors du mariage ▸ **amante**
amarante *nf* Plante ornementale aux fleurs rouges groupées en grappes ▸ **amaranto** ♦ *adj inv* D'un rouge pourpre ▸ **da cor do amaranto**
amareyeur, euse *n* Personne qui travaille dans les parcs à huîtres ▸ **ostreicultor**
amarrage *nm* **1** MAR Action d'amarrer ▸ **amarração** **2** Opération de liaison rigide de deux vaisseaux spatiaux ▸ **acoplamento**
amarre *nf* Câble, cordage pour amarrer ▸ **amarra**
amarrer *vt* **1** MAR Fixer une amarre sur un taquet ▸ **amarrar** **2** Retenir au moyen d'une amarre ▸ **amarrar** **3** Maintenir au moyen de liens; attacher: *amarrer une malle sur une galerie de voiture* ▸ **amarrar**
amaryllidacée *nf* Plante telle que le perce-neige, le narcisse, l'agave et l'amaryllis (les amaryllidacées forment une famille) ▸ **amarilidácea**
amaryllis [amarilis] *nf* Plante bulbeuse, à grandes fleurs rouges d'odeur suave ▸ **amarílis**
amas *nm* Monceau, tas ▸ **amontoado**
amasser *vt* Réunir en quantité importante; entasser, accumuler: *amasser des papiers, des connaissances, de l'argent* ▸ **acumular**
amateur *n et adj m* **1** Personne qui a du goût, un penchant pour quelque chose: *amateur de bon vin* ▸ **apreciador** **2** FIG Personne qui s'adonne à un art, à un sport, etc., sans en faire profession: *un peintre amateur* ▸ **amador** **3** Personne qui manque de zèle ou de compétence; dilettante ▸ **amador** **4** FAM Acheteur ▸ **comprador**
amateurisme *nm* **1** Qualité d'amateur en matière de sport, d'art, etc. ▸ **amadorismo** **2** Défaut de celui qui manque de zèle ou de compétence ▸ **amadorismo**
amazone *nf* Femme qui monte à cheval ▸ **amazona** ▪ **monter en amazone:** monter un cheval en ayant les deux jambes du même côté ▸ **cavalgar à amazona**
amazonien, enne *adj et n* De l'Amazone ou de l'Amazonie ▸ **amazonense, amazônico**
ambages *nf pl* ▸ **rodeio** ▪ LITT **sans ambages:** d'une manière franche et directe, sans détour ▸ **sem rodeios**
ambassade *nf* **1** Représentation diplomatique permanente d'un État auprès d'un État étranger ▸ **embaixada** **2** Services et personnel diplomatiques; bâtiment qui les abrite ▸ **embaixada**
ambassadeur, drice *n* **1** Représentant d'un État auprès d'une puissance étrangère ▸ **embaixador** **2** Toute personne chargée d'une mission ▸ **embaixador**
ambiance *nf* **1** Atmosphère, climat d'un lieu, d'une réunion, etc.: *musique d'ambiance* ▸ **am-**

biente 2 FAM Gaieté, entrain dans un groupe: *il y a de l'ambiance!* ▸ **animação**

ambiant, e *adj* Qui constitue le milieu dans lequel on vit: *air ambiant* ▸ **ambiente**
VOCABULAIRE *Milieu ambiant* est un pléonasme

ambidextre *adj et n* Qui se sert aussi bien d'une main que de l'autre ▸ **ambidestro**

ambigu, ë *adj* **1** Dont le sens est équivoque: *réponse ambiguë* ▸ **ambíguo 2** Difficile à cerner: *un personnage ambigu* ▸ **ambíguo**

ambiguïté *nf* Caractère de ce qui est ambigu ▸ **ambiguidade**

ambitieusement *adv* Avec ambition ▸ **ambiciosamente**

ambitieux, euse *adj et n* Qui a ou qui témoigne de l'ambition ▸ **ambicioso**

ambition *nf* **1** Désir de gloire, de fortune, etc. ▸ **ambição 2** Désir profond de réussir quelque chose ▸ **ambição**

ambitionner *vt* Désirer ardemment quelque chose de valorisant, une meilleure situation; aspirer à: *il ambitionne le poste de directeur; il ambitionne d'être une vedette* ▸ **ambicionar**

ambivalence *nf* Caractère de ce qui a deux aspects radicalement différents ou opposés ▸ **ambivalência**

ambivalent, e *adj* Qui présente de l'ambivalence ▸ **ambivalente**

amble *nm* Allure d'un quadrupède qui fait mouvoir en même temps les deux jambes du même côté: *aller l'amble* ▸ **passo travado**

amblyope *adj et n* Dont l'acuité visuelle est très diminuée ▸ **ambliope**

ambre *nm* Résine fossile translucide et aromatique ▸ **âmbar** ■ **ambre gris:** substance musquée produite dans l'intestin du cachalot, entrant dans la composition de parfums ▸ **âmbar-gris** ♦ *adj inv* Jaune doré ▸ **âmbar**

ambré, e *adj* Qui a la couleur ou le parfum de l'ambre ▸ **ambreado**

ambrer *vt* Parfumer à l'ambre gris ▸ **ambrear**

ambroisie *nf* MYTH Nourriture des dieux de l'Olympe procurant l'immortalité ▸ **ambrosia**

ambulance *nf* Voiture servant au transport des malades ou des blessés ▸ **ambulância**

ambulancier, ère *n* Conducteur d'une ambulance ▸ **motorista de ambulância**

ambulant, e *adj* Qui va d'un lieu à un autre: *marchand ambulant* ▸ **ambulante**

ambulatoire *adj* **1** VX, DR Sans siège fixe ▸ **itinerante 2** MÉD Qui n'interrompt pas les activités habituelles d'un malade: *traitement ambulatoire* ▸ **ambulatório**

âme *nf* **1** Sur le plan religieux, principe de pensée, d'existence (par opposition au *corps*) ▸ **alma 2** Qualités morales, bonnes ou mauvaises: *âme noble, abjecte* ▸ **alma 3** Conscience, caractère: *grandeur d'âme* ▸ **alma 4** LITT Être humain, habitant: *ville de vingt mille âmes; il n'y a pas âme qui vive* ▸ **alma 5** Agent principal, moteur: *l'âme d'un complot* ▸ **alma** ■ **avec âme:** avec sentiment ▸ **com alma** □ **état d'âme:** sentiment éprouvé dans une situation particulière ▸ **estado de espírito** □ SOUT **rendre l'âme:** mourir ▸ **render a alma** □ **trouver l'âme sœur:** le conjoint ou la conjointe idéal(e) ▸ **encontrar a alma gêmea** □ **une bonne âme:** une personne compatissante ▸ **uma boa alma**

améliorable *adj* Qui peut être amélioré ▸ **melhorável**

amélioration *nf* Changement, transformation en mieux ▸ **melhora**

améliorer *vt* Rendre meilleur: *améliorer ses performances, ses rapports avec les autres* ▸ **melhorar** ♦ **s'améliorer** *vpr* Devenir meilleur: *la situation s'améliore* ▸ **melhorar**

amen [amen] *nm inv* Mot hébreu signifiant «ainsi soit-il» ▸ **amém** ■ **dire amen:** consentir à une chose ▸ **dizer amém**

aménageable *adj* Qui peut être aménagé: *grenier aménageable* ▸ **adaptável, versátil**

aménagement *nm* Action d'aménager; son résultat ▸ **arranjo**

aménager *vt (conj 2)* Transformer, modifier pour rendre plus rationnel, plus agréable, plus pratique, etc. ▸ **arranjar**

amende *nf* Peine, sanction pécuniaire: *payer une amende* ▸ **multa** ■ **faire amende honorable:** avouer ses torts ▸ **dar a mão à palmatória**

amendement *nm* **1** Modification apportée à un projet, à une loi, etc. ▸ **emenda 2** Chaux, marne, argile, etc., servant à améliorer une terre ▸ **fertilizante**

amender *vt* **1** Modifier par amendement ▸ **emendar 2** Améliorer une terre ▸ **beneficiar**

amène *adj* LITT Courtois, affable ▸ **ameno**

amener *vt (conj 9)* **1** Faire venir avec soi: *je vous amène un visiteur* ▸ **levar 2** Transporter, conduire vers un endroit: *le taxi vous amènera directement* ▸ **levar 3** Occasionner, entraîner ▸ **trazer 4** Pousser à: *cet incident m'a amené à réfléchir* ▸ **levar**

aménité *nf* ▸ **amenidade** ■ SOUT **sans aménité:** avec rudesse ▸ **asperamente**

aménorrhée *nf* Absence de menstruation ▸ **amenorreia**

amentale *nf* ou **amentifère** *nm* Arbre à fleurs en chatons (noyer, saule, hêtre, etc.) ▸ **amentácea**

amenuisement *nm* Diminution ▸ **diminuição**
amenuiser *vt* Rendre plus petit ▸ **diminuir** ♦ **s'amenuiser** *vpr* Diminuer ▸ **diminuir**
amer[1] [amɛr] *nm* MAR Objet fixe, situé sur la côte et servant de repère ▸ **baliza**
amer[2], ère *adj* **1** Qui a une saveur aigre, rude et désagréable ▸ **amargo 2** FIG Méchant, violent, dur ▸ **amargo 3** LITT Qui exprime l'amertume: *reproches amers* ▸ **amargo**
amèrement *adv* Avec amertume ▸ **amargamente**
américain, e *adj et n* D'Amérique; des États-Unis: *les Américains* ▸ **americano**
américanisation *nf* Action d'américaniser ▸ **americanização**
américaniser *vt* Donner un caractère américain à ▸ **americanizar** ♦ **s'américaniser** *vpr* Prendre les manières, le mode de vie des Américains du Nord ▸ **americanizar-se**
américanisme *nm* **1** Particularité linguistique de l'anglais d'Amérique du Nord ▸ **americanismo 2** Tendance à imiter le mode de vie des Américains du Nord ▸ **americanismo**
amérindien, enne *adj et n* Se dit des Indiens d'Amérique: *les Amérindiens* ▸ **ameríndio**
amerrir *vi* Se poser sur l'eau, sur la mer, en parlant d'un hydravion, d'une cabine spatiale ▸ **amarar**
amerrissage *nm* Action d'amerrir ▸ **amaragem**
amertume *nf* **1** Saveur amère ▸ **amargor 2** FIG Ressentiment mêlé de tristesse et de déception ▸ **amargura**
améthyste *nf* Pierre fine, variété violette de quartz ▸ **ametista**
ameublement *nm* Ensemble des meubles et de la décoration d'un appartement ▸ **mobília**
ameublir *vt* Rendre une terre plus meuble ▸ **arar**
ameuter *vt* Rassembler en faisant du scandale: *ameuter la foule* ▸ **amotinar**
ami, e *n* **1** Personne avec qui on est lié par une affection réciproque: *une amie d'enfance* ▸ **amigo 2** FIG Personne portée vers quelque chose par goût: *les amis de la musique* ▸ **amigo** ▪ **faux ami:** mot qui a la même forme qu'un mot d'une autre langue, mais qui n'a pas le même sens ▸ **falso amigo, falso cognato** ▫ **petit ami, petite amie** ou **ami, amie: (a)** personne qui entretient une relation amoureuse avec une autre ▸ **namorado (b)** amant, maîtresse ▸ **amante** ♦ *adj* Accueillant: *maison amie* ▸ **amigo**
amiable *adj* Fait par la voie de la conciliation: *partage amiable* ▸ **amigável** ▪ **à l'amiable:** par consentement mutuel: *divorce à l'amiable; s'arranger à l'amiable* ▸ **amigável, amigavelmente**
amiante *nm* Matière fibreuse qui résiste à l'action du feu ▸ **amianto**
amibe *nf* Animal unicellulaire des eaux douces ou salées et de la terre humide, dont une espèce parasite l'intestin de l'homme ▸ **ameba**
amibiase *nf* Affection intestinale causée par une amibe ▸ **amebíase**
amibien, enne *adj* Causé par une amibe ▸ **amebiano**
amical, e, aux *adj* **1** Qui manifeste de l'amitié: *conseils amicaux; geste amical* ▸ **amistoso 2** Se dit d'une rencontre sportive qui ne compte pas dans un championnat ou une compétition: *match amical* ▸ **amistoso**
amicale *nf* Association de personnes d'une même profession ou activité ▸ **associação**
amicalement *adv* De façon amicale ▸ **amigavelmente**
amidon *nm* Fécule extraite de certaines céréales, utilisée notamment pour empeser le linge ▸ **amido**
amidonnage *nm* Action d'amidonner ▸ **engomagem**
amidonner *vt* Empeser le linge, l'enduire d'amidon ▸ **engomar**
amidopyrine *nf* Puissant sédatif de la douleur et de la fièvre ▸ **aminopirina**
amincir *vt* Rendre ou faire paraître plus mince ▸ **adelgaçar**
amincissant, e *adj* Qui amincit ▸ **adelgaçador**
amincissement *nm* Action d'amincir, de s'amincir ▸ **adelgaçamento**
aminé, e *adj* ▸ **aminado** ▪ **acide aminé:** Substance organique, constituant fondamental des protéines ▸ **aminoácido**
amiral *nm* Officier général d'une marine militaire ▸ **almirante**
amirauté *nf* **1** Commandement suprême de la marine militaire ▸ **comando da Marinha 2** Siège de ce commandement ▸ **comando da Marinha**
amitié *nf* **1** Attachement mutuel, sentiment d'affection, de sympathie ▸ **amizade 2** Plaisir: *faites-moi l'amitié de* ▸ **bondade** ♦ **amitiés** *pl* Témoignages d'affection ▸ **lembranças**
ammoniac *nm* Gaz à l'odeur très piquante, formé d'azote et d'hydrogène combinés ▸ **amoníaco**
ammoniacal, e, aux *adj* Qui contient de l'ammoniac, ou en a les propriétés ▸ **amoniacal**
ammoniaque *nf* Solution aqueuse d'ammoniac (appelée aussi: *alcali volatil*) ▸ **amoníaco**
ammoniaqué, e *adj* Qui contient de l'ammoniaque ▸ **amoniacal**
ammonite *nf* Mollusque fossile à coquille enroulée, caractéristique de l'ère secondaire ▸ **amonite**

ammonium *nm* Substance qui entre dans la composition des sels ammoniacaux ▸ **amônio**
amnésie *nf* Diminution ou perte de la mémoire ▸ **amnésia**
amnésique *adj et n* Atteint d'amnésie ▸ **amnésico**
amniocentèse *nf* Ponction de la cavité utérine pendant la grossesse, pour prélever du liquide amniotique afin de l'analyser ▸ **amniocentese**
amniotique *adj* ▸ **amniótico** ▪ **liquide amniotique:** dans lequel baigne le fœtus ▸ **líquido amniótico**
amnistie *nf* Acte du pouvoir législatif qui efface un fait punissable, arrête les poursuites et anéantit les condamnations ▸ **anistia**
amnistié, e *adj et n* Qui a été l'objet d'une amnistie ▸ **anistiado**
amnistier *vt* Accorder une amnistie ▸ **anistiar**
amocher *vt* FAM **1** Abîmer, détériorer ▸ **estragar 2** Défigurer ▸ **desfigurar**
amodiataire *n* Qui prend en location un bien rural ▸ **arrendatário**
amodiation *nf* Action d'amodier ▸ **arrendamento**
amodier *vt* Affermer une terre ▸ **arrendar**
amoindrir *vt* Diminuer la force, la valeur; affaiblir ▸ **minorar**
amoindrissement *nm* Diminution, affaiblissement ▸ **minoração**
amollir *vt* **1** Rendre mou: *la chaleur amollit la cire* ▸ **amolecer 2** FIG Affaiblir ▸ **amolecer**
amollissant, e *adj* Qui amollit ▸ **amolecedor**
amollissement *nm* **1** Action d'amollir; son résultat ▸ **amolecimento 2** Affaiblissement, relâchement ▸ **amolecimento**
amonceler *vt (conj 6)* Réunir en grand nombre, en tas; accumuler, entasser ▸ **amontoar** ◇ *vpr*: *les feuilles s'amoncellent sur le trottoir* ▸ **amontoar-se**
amoncellement *nm* Entassement ▸ **amontoado**
amont *nm* Côté d'où vient le courant dans un cours d'eau; CONTR: *aval* ▸ **montante** ▪ **en amont: (a)** plus près de la source, par rapport à un point considéré ▸ **a montante (b)** au début d'un processus ▸ **no início**
amoral, e, aux *adj* Indifférent, étranger aux règles de la morale ▸ **amoral**
amoralité *nf* **1** Caractère de ce qui est amoral ▸ **amoralidade 2** Conduite ne respectant pas les règles de la morale ▸ **amoralidade**
amorçage *nm* Action d'amorcer ▸ **instalação, detonação, colocação da isca**
amorce *nf* **1** Appât pour le poisson ▸ **isca 2** Ce qui sert à produire l'explosion d'une charge de poudre ▸ **detonador 3** Commencement, ébauche ▸ **início**
amorcer *vt (conj 1)* **1** Garnir d'une amorce: *amorcer un hameçon* ▸ **iscar 2** Commencer: *amorcer un travail* ▸ **começar 3** Mettre en état de fonctionner: *amorcer une pompe* ▸ **instalar**
amoroso *adv* MUS D'une manière tendre ▸ **amoroso**
amorphe *adj* Mou, inactif, sans énergie ▸ **mole**
amorti *nm* Dans certains sports, action de diminuer ou de supprimer le rebond d'une balle, d'un ballon ▸ **matada, bola amortecida**
amortie *nf* Balle résultant d'un amorti ▸ **bola amortecida**
amortir *vt* **1** Affaiblir l'effet, la force de: *amortir un choc, un son* ▸ **amortecer 2** Reconstituer progressivement le capital employé à une acquisition grâce aux bénéfices tirés de celle-ci: *amortir l'achat d'une voiture* ▸ **amortizar**
amortissable *adj* Qui peut être amorti, dont la dette peut être remboursée: *rente amortissable* ▸ **amortizável**
amortissement *nm* **1** Affaiblissement: *amortissement d'un bruit* ▸ **amortecimento 2** Extinction graduelle d'une rente, d'une dette, etc. ▸ **amortização**
amortisseur *nm* Dispositif qui amortit les chocs, les vibrations d'une machine, etc. ▸ **amortecedor**
amour *nm* **1** Élan du cœur, attachement, passion: *l'amour de la liberté, l'amour maternel* ▸ **amor 2** Sentiment passionné, élan physique ou sentimental entre deux personnes: *inspirer de l'amour* ▸ **amor 3** Personne aimée: *un amour de jeunesse* ▸ **amor 4** Goût passionné: *amour des arts* ▸ **amor** ▪ **faire l'amour:** accomplir l'acte sexuel ▸ **fazer amor**

GRAMMAIRE *Amour* est féminin au pluriel dans la langue littéraire: *des amours passionnées*

amouracher (s') *vpr* [de] S'éprendre d'une passion soudaine et passagère ▸ **enamorar-se**
amourette *nf* Amour passager ▸ **amorico**
amourettes *nf pl* Morceau de moelle épinière des animaux de boucherie ▸ **tutano**
amoureusement *adv* Avec amour ▸ **amorosamente**
amoureux, euse *adj et n* **1** Qui aime d'amour, avec passion: *être, tomber amoureux de quelqu'un* ▸ **apaixonado 2** Porté à aimer: *un amoureux des arts* ▸ **amante** ◆ *adj* Qui exprime l'amour: *regards amoureux* ▸ **amoroso**
amour-propre (pl *amours-propres*) *nm* Sentiment qu'on a de sa dignité, de sa propre valeur ▸ **amor-próprio**

amovibilité *nf* Caractère de ce qui est amovible ▸ **amovibilidade**
amovible *adj* **1** Qui peut être déplacé, enlevé: *roue amovible* ▸ **amovível 2** Qui peut être destitué: *un fonctionnaire amovible* ▸ **amovível**
ampélopsis [ɑ̃pelɔpsis] *nm* Vigne vierge ▸ **ampelopse**
ampère *nm* Unité de mesure d'intensité des courants électriques; symb: A ▸ **ampere**
ampère-heure (pl *ampères-heures*) *nm* Unité de mesure de quantité d'électricité transportée en une heure par un courant de 1 ampère; symb: Ah ▸ **ampere-hora**
ampèremètre *nm* Appareil mesurant l'intensité d'un courant électrique ▸ **amperímetro**
amphétamine *nf* Substance médicamenteuse qui stimule l'activité cérébrale, diminue le sommeil et la faim ▸ **anfetamina**
amphibie *adj et nm* **1** Qui peut vivre dans l'air et dans l'eau: *animal, plante amphibie* ▸ **anfíbio 2** Qui peut se mouvoir sur terre et sur l'eau: *voiture amphibie* ▸ **anfíbio**
amphibien *nm* Vertébré à larve aquatique dont le type est la grenouille (les amphibiens forment une classe) ▸ **anfíbio**
amphibole *nf* Silicate de fer et de magnésium ▸ **anfibólio**
amphibologie *nf* Ambiguïté, sens équivoque ▸ **anfibologia**
amphibologique *adj* Équivoque, ambigu ▸ **anfibológico**
amphigouri *nm* LITT Langage ou écrit embrouillé, inintelligible ▸ **anfiguri**
amphigourique *adj* LITT Embrouillé, inintelligible ▸ **anfigúrico**
amphithéâtre *nm* **1** Chez les Romains, vaste enceinte avec gradins, pour les fêtes publiques ▸ **anfiteatro 2** Partie d'un théâtre située au-dessus des galeries et des balcons ▸ **torrinha 3** Salle de cours aménagée en gradins ▸ **anfiteatro**
amphitryon *nm* LITT Hôte chez qui l'on est invité à un repas ▸ **anfitrião**
amphore *nf* Vase antique, de forme ovoïde et à deux anses ▸ **ânfora**
ample *adj* **1** Large, vaste: *un vêtement ample* ▸ **amplo 2** FIG Abondant: *il m'a donné de plus amples renseignements* ▸ **amplo**
amplement *adv* Abondamment, largement: *amplement payé* ▸ **amplamente**
ampleur *nf* **1** Qualité de ce qui est ample ▸ **amplidão 2** FIG Importance, portée de quelque chose ▸ **amplitude**
ampli *nm* (abréviation) FAM Amplificateur ▸ **Ø**
amplificateur, trice *adj* Qui amplifie, exagère ▸ **ampliador** ◆ *nm* **1** Appareil qui augmente la puissance d'une oscillation électrique ▸ **amplificador 2** Élément d'une chaîne haute-fidélité qui précède les haut-parleurs; SYN: FAM *ampli* ▸ **amplificador**
amplification *nf* Action d'amplifier; son résultat ▸ **amplificação**
amplifier *vt* Accroître le volume, l'étendue, l'importance, la quantité de ▸ **ampliar** ◆ **s'amplifier** *vpr* Augmenter en quantité, en importance, en force ▸ **amplificar-se**
amplitude *nf* Distance entre des points extrêmes: *amplitude thermique* ▸ **amplitude** ■ **amplitude diurne:** écart entre les températures extrêmes mesurées pendant 24 heures ▸ **amplitude térmica**
ampoule *nf* **1** Partie en verre d'une lampe électrique; cette lampe: *changer une ampoule* ▸ **lâmpada 2** Petit tube de verre contenant un liquide; son contenu: *médicament en ampoule* ▸ **ampola 3** Petite boursouflure bénigne de l'épiderme, consécutive à un frottement prolongé ▸ **bolha**
ampoulé, e *adj* Prétentieux, emphatique: *style ampoulé* ▸ **empolado**
amputation *nf* Action d'amputer; son résultat ▸ **amputação**
amputé, e *adj et n* Qui a subi une amputation ▸ **amputado**
amputer *vt* **1** CHIR Enlever un membre, un organe, etc. ▸ **amputar 2** FIG Retrancher une partie d'un tout ▸ **amputar**
amulette *nf* Objet que l'on porte sur soi par superstition, pour se préserver des dangers, des maladies, etc. ▸ **amuleto**
amure *nf* MAR Coin d'une basse voile fixé du côté d'où vient le vent; cordage qui fixe ce coin ▸ **amura**
amusant, e *adj* Qui amuse, divertit ▸ **divertido**
amuse-bouche (pl inv ou *amuse-bouches*) *nm* Amuse-gueule ▸ **aperitivo**
amuse-gueule (pl inv ou *amuse-gueules*) *nm* Petit gâteau salé, canapé, olive, etc., servis avec l'apéritif ▸ **aperitivo**
amusement *nm* **1** Action d'amuser, de s'amuser ▸ **diversão 2** Distraction, divertissement ▸ **diversão**
amuser *vt* Procurer de la joie à; divertir, distraire ▸ **divertir** ◆ **s'amuser** *vpr* **1** Se distraire, prendre plaisir à ▸ **divertir-se 2** Perdre son temps en futilités ▸ **distrair-se**
amuseur, euse *n* Personne qui amuse les autres ▸ **brincalhão**

amygdale [amidal] *nf* ANAT Glande en amande, de chaque côté de la gorge ▸ **amígdala**
amygdalite *nf* Inflammation des amygdales ▸ **amigdalite**
amylacé, e *adj* De la nature de l'amidon ▸ **amiláceo**
an *nm* **1** Année: *en l'an 2000* ▸ **ano 2** Mesure de l'âge: *elle a dix ans* ▸ **ano ■ bon an, mal an:** compensation faite des bonnes et des mauvaises années ▸ **em média □ le jour de l'an** ou **le nouvel an:** le 1er janvier ▸ **ano-novo ◆ ans** *pl* Vieillesse, temps: *le poids des ans* ▸ **anos**
anabaptiste [anabatist] *n et adj* Membre d'une secte religieuse du XVIe s. qui déniait toute valeur au baptême des enfants et exigeait un second baptême à l'âge adulte ▸ **anabatista**
anabolisant, e *nm et adj* Substance qui favorise les phénomènes d'assimilation chez les êtres vivants et qui sert parfois de dopant ▸ **anabolizante**
anacarde *nm* Fruit tropical produit par l'anacardier (appelé aussi: *noix de cajou*) ▸ **caju**
anacardier *nm* Arbre d'Amérique dont le fruit est comestible ▸ **cajueiro**
anachorète [anakɔrɛt] *nm* Religieux qui vit dans la solitude ▸ **anacoreta**
anachronique [anakrɔnik] *adj* Entaché d'anachronisme ▸ **anacrônico**
anachronisme [anakrɔnism] *nm* **1** Faute contre la chronologie ▸ **anacronismo 2** Ce qui manifeste un retard par rapport à l'époque actuelle ▸ **anacronismo 3** Mœurs périmées ▸ **anacronismo**
anacoluthe *nf* Tournure de phrase qui consiste à changer brusquement une construction, la phrase ne s'achevant pas comme son début le laisserait supposer (EX: *dans l'attente de votre réponse, veuillez recevoir*, au lieu de: *dans l'attente de votre réponse, je vous prie de*) ▸ **anacoluto**
anaconda *nm* Grand serpent de l'Amérique du Sud ▸ **sucuri**
anacrouse *nf* MUS Note ou groupe de notes précédant la première barre de mesure et menant au premier temps fort ▸ **anacruse**
anaérobie *adj et nm* Se dit de micro-organismes se développant en l'absence d'oxygène et d'air; CONTR: *aérobie* ▸ **anaeróbio**
anaglyphe *nm* **1** Ouvrage en relief ▸ **anáglifo 2** Photographie stéréoscopique en deux couleurs complémentaires, donnant la sensation du relief ▸ **anáglifo**
anaglyptique *adj et nf* Se dit d'un mode d'impression en relief à l'usage des aveugles ▸ **anagliptográfico, anagliptografia**
anagramme *nf* Mot formé par la transposition des lettres d'un autre mot: *une anagramme de gare est rage* ▸ **anagrama**
anal, e, aux *adj* Relatif à l'anus ▸ **anal**
analeptique *nm* VIEILLI Médicament qui redonne des forces ▸ **analéptico**
analgésie *nf* Suppression de la douleur ▸ **analgesia**
analgésique *nm et adj* Substance qui produit l'analgésie, atténue ou fait cesser la douleur ▸ **analgésico**
anallergique *adj* Qui ne provoque pas d'allergie: *crème de beauté anallergique* ▸ **analérgico**
analogie *nf* Rapport, similitude partielle d'une chose avec une autre ▸ **analogia ■ par analogie:** d'après les rapports de ressemblance entre deux ou plusieurs choses ▸ **por analogia**
GRAMMAIRE On dit *il y a analogie* entre *ceci et cela;* avec *telle chose* ou de *ceci et de cela*
analogique *adj* Fondé sur l'analogie: *solution analogique de celle qui était préconisée* ▸ **analógico**
analogiquement *adv* Par analogie ▸ **analogamente**
analogue *adj* Qui offre une ressemblance, des rapports de similitude avec autre chose: *un problème analogue au précédent* ▸ **análogo**
analphabète *adj et n* Qui ne sait ni lire ni écrire ▸ **analfabeto**
analphabétisme *nm* État d'une personne, d'une communauté analphabète ▸ **analfabetismo**
analysable *adj* Qu'on peut analyser ▸ **analisável**
analyse *nf* **1** Décomposition d'une substance en ses principes constituants: *analyse de sang* ▸ **análise 2** Étude faite en vue de discerner les diverses parties d'un tout ▸ **análise 3** GRAMM Étude de la nature et de la fonction des mots dans une phrase ▸ **análise 4** Psychanalyse ▸ **análise**
analyser *vt* Soumettre à une analyse, étudier ▸ **analisar**
analyste *n* **1** Personne versée dans l'analyse mathématique, financière, etc. ▸ **analista 2** Psychanalyste ▸ **analista**
analyste-programmeur, euse (pl *analystes-programmeurs, analystes-programmeuses*) *n* Informaticien chargé des travaux d'analyse et de leur programmation ▸ **analista programador**
analytique *adj* Qui procède par analyse: *méthode analytique* ▸ **analítico**
anamorphose *nf* **1** Image déformée d'un objet donnée par un miroir courbe ▸ **anamorfose 2** Représentation, dessin volontairement distordu qui, vu sous un certain angle ou grâce à un

système optique, reprend son aspect véritable ▸ **anamorfose**

ananas [anana] ou [ananas] *nm* Plante des régions chaudes cultivée pour son gros fruit à pulpe sucrée; ce fruit ▸ **abacaxi**

anapeste *nm* Pied de vers grec ou latin composé de deux brèves et d'une longue ▸ **anapesto**

anaphore *nf* **1** Reprise d'un ou plusieurs mots au début de phrases successives, produisant un effet de renforcement ▸ **anáfora** **2** LING Dans un discours, fait pour un mot de renvoyer à un mot déjà énoncé (EX: *il y a un livre sur la table, je veux ce livre*) ▸ **anáfora**

anaphorique *adj et nm* LING Se dit d'un mot qui renvoie à un mot ou à une phrase apparus antérieurement dans le discours ▸ **anafórico, palavra anafórica**

anaphylactique *adj* ▸ **anafilático** ■ **choc anaphylactique:** réaction violente de l'organisme à une substance injectée ▸ **choque anafilático**

anaphylaxie *nf* MÉD État d'un organisme qui, sensibilisé par l'introduction d'une substance, réagit violemment à l'introduction ultérieure d'une nouvelle dose, même minime, de cette substance ▸ **anafilaxia**

anar *n* FAM Anarchiste ▸ **anarco**

anarchie *nf* **1** Anarchisme ▸ **anarquia** **2** État de trouble, de désordre dû à l'absence d'autorité politique, à la carence des lois ▸ **anarquia** **3** PAR EXT Désordre, confusion ▸ **anarquia**

anarchique *adj* Qui tient de l'anarchie: *situation anarchique* ▸ **anárquico**

anarchiquement *adv* De façon anarchique ▸ **anarquicamente**

anarchisant, e *adj et n* Qui a des tendances anarchistes ▸ **anarquizante**

anarchisme *nm* Conception politique selon laquelle l'individu doit être libéré de toute tutelle étatique ▸ **anarquismo**

anarchiste *adj et n* Qui appartient à l'anarchisme; qui en est partisan ▸ **anarquista**

anastigmatique ou **anastigmate** *adj* Dépourvu d'astigmatisme ▸ **anastigmático**

anastomose *nf* **1** ANAT Abouchement de deux vaisseaux ▸ **anastomose** **2** CHIR Abouchement de deux conduits, canaux ou cavités ▸ **anastomose**

anastomoser *vt* CHIR Pratiquer une anastomose ▸ **anastomosar** ◆ **s'anastomoser** *vpr* Se joindre en formant une anastomose ▸ **anastomosar-se**

anathème *nm* **1** RELIG Excommunication ▸ **anátema** **2** Blâme solennel, condamnation publique ▸ **anátema**

anatomie *nf* **1** Étude de la structure des organes des êtres organisés; cette structure ▸ **anatomia** **2** Forme extérieure, aspect du corps ▸ **anatomia**

anatomique *adj* Relatif à l'anatomie ▸ **anatômico**

anatomiste *n* Spécialiste d'anatomie ▸ **anatomista**

anatoxine *nf* Toxine microbienne atténuée, capable de conférer l'immunité ▸ **anatoxina**

ancestral, e, aux *adj* Relatif aux ancêtres, au passé très lointain ▸ **ancestral**

ancêtre *nm* **1** Ascendant antérieur aux parents ▸ **antepassado** **2** Initiateur lointain d'une doctrine, d'une idée; première formule d'un objet, première forme d'une machine, etc. ▸ **precursor** ◆ **ancêtres** *pl* **1** Les ascendants ▸ **antepassados** **2** Ceux qui ont vécu avant nous; aïeux ▸ **ancestrais**

anche *nf* Languette vibrante de certains instruments à vent ▸ **palheta**

anchois *nm* Petit poisson de mer, généralement consommé après conservation dans l'huile ou la saumure ▸ **anchova**

ancien, enne *adj* **1** Qui existe depuis longtemps, vieux: *une tradition très ancienne* ▸ **antigo** **2** Qui a existé autrefois: *les langues anciennes* ▸ **antigo** **3** Qui n'est plus en fonction: *un ancien préfet* ▸ **antigo** ■ **à l'ancienne:** se dit de quelque chose qui est fait à la manière d'autrefois ▸ **à antiga** ◆ *n* Personne qui en a précédé d'autres dans une fonction, une école: *les anciens de Polytechnique* ▸ **veterano** ◆ *nm* **1** Ensemble de meubles, d'objets, etc., dont le style appartient à une époque révolue: *se meubler en ancien; préférer l'ancien au moderne* ▸ **antigo** **2** (avec une majuscule) Personnage de l'Antiquité gréco-latine ▸ **antigo**

anciennement *adv* Autrefois, jadis ▸ **antigamente**

ancienneté *nf* **1** État de ce qui est vieux, ancien ▸ **antiguidade** **2** Temps passé dans un grade, un emploi, à compter du jour de l'entrée en fonction ▸ **antiguidade**

ancillaire *adj* ▸ **ancilar** ■ LITT **amours ancillaires:** avec une ou des servantes ▸ **amores ancilares**

ancolie *nf* Plante cultivée pour ses fleurs à cinq éperons et de couleurs variées ▸ **acolejo**

ancrage *nm* **1** Action d'ancrer ▸ **ancoragem** **2** Lieu pour ancrer ▸ **ancoradouro**

ancre *nf* **1** MAR Lourde pièce d'acier à deux becs qui, jetée au fond de l'eau, sert à retenir un bateau auquel elle est liée par une lourde chaîne: *jeter, lever l'ancre* ▸ **âncora** **2** Pièce d'horlogerie qui régularise le mouvement du balancier ▸ **âncora**

ancrer *vi* Jeter l'ancre ▸ **ancorar** ◆ *vt* **1** Attacher avec une ancre ▸ **ancorar 2** FIG Fixer profondément: *ancrer une idée dans l'esprit de quelqu'un* ▸ **ancorar**

andalou, ouse *adj et n* D'Andalousie: *les Andalous* ▸ **andaluz**

andante *adv* MUS D'un mouvement modéré ▸ **andante** ◆ *nm* Morceau exécuté modérément ▸ **andante**

andantino *adv* MUS D'un mouvement plus vif que l'andante ▸ **andantino** ◆ *nm* Morceau exécuté dans ce mouvement ▸ **andantino**

andésite *nf* Roche volcanique noire ou grise ▸ **andesito**

andin, e *adj* Des Andes ▸ **andino**

andouille *nf* **1** Produit de charcuterie qui se présente sous la forme d'un boyau de porc rempli de tripes, d'intestins ou de chair cuits de cet animal, et qui se mange froid ▸ ***andouille* 2** FAM Imbécile ▸ **imbecil**

andouiller *nm* Petite corne ou bois du cerf, du daim, du chevreuil ▸ **galhada**

andouillette *nf* Petite andouille, qui se mange grillée ou sautée ▸ ***andouillette***

andrinople *nf* Étoffe de coton bon marché, généralement rouge ▸ **andrinópola**

androgène *adj et nm* Se dit d'une hormone qui provoque le développement des caractères sexuels mâles ▸ **androgênico, androgênio**

androgyne *adj et nm* **1** Qui tient des deux sexes ▸ **andrógino 2** BOT Se dit des végétaux qui réunissent à la fois des fleurs mâles et des fleurs femelles ▸ **andrógino**

androïde *nm* Automate à aspect humain ▸ **androide**

andrologie *nf* Spécialité médicale consacrée à l'appareil génital de l'homme ▸ **andrologia**

andrologue *n* Spécialiste d'andrologie ▸ **andrologista**

andropause *nf* Diminution de l'activité génitale de l'homme, à partir d'un certain âge ▸ **andropausa**

androstérone *nf* Hormone sexuelle mâle ▸ **androsterona**

âne *nm* **1** Mammifère de la famille des équidés, plus petit que le cheval et à longues oreilles ▸ **asno, burro 2** FIG Homme ignorant, entêté ▸ **burro**

anéantir *vt* **1** Détruire entièrement ▸ **aniquilar 2** Mettre dans un état d'abattement, de désespoir ▸ **aniquilar** ◆ **s'anéantir** *vpr* Disparaître ▸ **sumir**

ORTHOGRAPHE *Anéantir* s'écrit avec un seul *n*, alors que *annihiler* s'écrit avec deux *n*

anéantissement *nm* **1** Destruction complète ▸ **aniquilamento 2** Abattement ▸ **aniquilamento**

anecdote *nf* Récit succinct d'un fait piquant, curieux ou peu connu ▸ **anedota**

anecdotique *adj* Qui tient de l'anecdote: *chronique anecdotique* ▸ **anedótico**

anémie *nf* État maladif causé par une diminution du nombre des globules rouges du sang ▸ **anemia**

anémié, e *adj* **1** Atteint d'anémie, pâle ▸ **anêmico 2** Affaibli: *un pays anémié* ▸ **anêmico**

anémier *vt* Rendre anémique ▸ **anemizar**

anémique *adj et n* Atteint d'anémie ▸ **anêmico**

anémomètre *nm* Instrument qui sert à mesurer la vitesse du vent ▸ **anemômetro**

anémone *nf* Plante sauvage ou cultivée pour ses fleurs décoratives ▸ **anêmona**

ânerie *nf* Parole ou conduite stupide ▸ **asneira**

anéroïde *adj* Se dit d'un baromètre fonctionnant grâce à l'élasticité des métaux ▸ **aneroide**

ânesse *nf* Femelle de l'âne ▸ **asna, burra**

anesthésiant, e *adj et nm* Anesthésique ▸ **anestésico**

anesthésie *nf* Privation de la sensibilité d'une région du corps ou du corps tout entier: *anesthésie générale, locale; être sous anesthésie* ▸ **anestesia**

anesthésier *vt* **1** Suspendre la sensibilité à la douleur avec un anesthésique ▸ **anestesiar 2** Faire perdre toute vivacité à: *anesthésier l'opinion publique* ▸ **anestesiar**

anesthésique *nm et adj* Substance qui provoque l'anesthésie ▸ **anestésico**

anesthésiste *n* Médecin qui pratique l'anesthésie ▸ **anestesista**

aneth [anɛt] *nm* Plante aromatique ▸ **aneto**

anévrisme ou **anévrysme** *nm* MÉD Poche formée par les parois distendues d'une artère ▸ **aneurisma**

anfractuosité *nf* Cavité profonde et irrégulière ▸ **anfractuosidade**

ange *nm* **1** Être spirituel, messager de Dieu ▸ **anjo 2** FIG Personne très bonne, très douce ▸ **anjo** ■ **ange gardien: (a)** selon le dogme catholique, ange attaché à la personne de chaque chrétien ▸ **anjo da guarda (b)** PAR EXT personne qui veille sur une autre, la protège ▸ **anjo da guarda** □ **être aux anges:** dans le ravissement ▸ **estar no céu**

angélique[1] *adj* Très bon, très doux ▸ **angelical**

angélique[2] *nf* Plante aromatique utilisée en confiserie ▸ **angélica**

angéliquement *adv* De façon angélique ▸ **angelicalmente**

angélisme *nm* Désir de pureté extrême ▸ **angelismo**
angelot *nm* Petit ange ▸ **anjinho**
angélus [ɑ̃ʒelys] *nm* Sonnerie de cloche le matin, à midi et le soir pour indiquer aux chrétiens l'heure d'une prière qui, en latin, commence par le mot *angelus* ▸ **ângelus**
angevin, e *adj et n* D'Angers ou de l'Anjou: *les Angevins* ▸ **angevino**
angine *nf* Inflammation de la gorge ▸ **angina** ▪ **angine de poitrine:** affection du cœur ▸ **angina do peito**
angiographie *nf* Radiographie des vaisseaux du corps ▸ **angiografia**
angiologie *nf* Étude des vaisseaux de l'appareil circulatoire (artères, veines, etc.) ▸ **angiologia**
angiome *nm* Tumeur vasculaire bénigne ▸ **angioma**
angiosperme *nf* Plante dont les graines sont enfermées dans des cavités closes ▸ **angiosperma**
anglais, e *adj et n* D'Angleterre: *les Anglais* ▸ **inglês** ♦ *nm* La langue anglaise ▸ **inglês**
anglaise *nf* **1** Écriture penchée à droite ▸ **(letra) inglesa 2** Boucle de cheveux longue et roulée en spirale ▸ **canudo** ▪ **à l'anglaise:** cuit à la vapeur: *pommes à l'anglaise* ▸ **cozido no vapor** ▫ **filer à l'anglaise:** s'en aller subrepticement ▸ **sair à francesa**
anglaiser *vt* Sectionner les muscles qui servent à abaisser la queue, chez un cheval ▸ **inglesar**
angle *nm* **1** Coin, encoignure ▸ **ângulo 2** MATH Figure formée par deux demi-droites, ou côtés, ou par deux demi-plans, ou faces, qui se coupent ▸ **ângulo** ▪ **sous l'angle de:** du point de vue de ▸ **do ângulo de**
anglican, e *adj et n* Qui appartient à l'anglicanisme; qui le professe ▸ **anglicano**
anglicanisme *nm* Religion officielle de l'Angleterre ▸ **anglicanismo**
angliciser *vt* Donner un air, un accent anglais à ▸ **anglicizar**
anglicisme *nm* **1** Locution propre à la langue anglaise ▸ **anglicismo 2** Emprunt à l'anglais: *les mots «bulldozer», «software» sont des anglicismes* ▸ **anglicismo**
angliciste *n* Spécialiste de la langue et de la civilisation anglaises ▸ **anglicista**
anglo-américain *nm* Anglais parlé aux États-Unis ▸ **anglo-americano**
anglo-arabe (pl *anglo-arabes*) *nm et adj* Cheval issu d'un croisement de pur-sang anglais et arabe ▸ **(cavalo) anglo-árabe**
anglomanie *nf* Manie d'imiter les Anglais ▸ **anglomania**
anglo-normand *nm* Dialecte français parlé des deux côtés de la Manche, après la conquête de l'Angleterre par les Normands ▸ **anglo-normando**
anglophile *adj et n* Qui aime ou admire les Anglais ▸ **anglófilo**
anglophobe *adj et n* Qui a de l'aversion pour les Anglais ▸ **anglófobo**
anglophone *adj et n* Qui est de langue anglaise ▸ **anglófono**
anglo-saxon, onne (pl *anglo-saxons, onnes*) *adj et n* Qui appartient à la communauté culturelle et linguistique anglaise: *les Anglo-Saxons* ▸ **anglo-saxão**
angoissant, e *adj* Qui angoisse ▸ **angustiante**
angoisse *nf* **1** Anxiété physique accompagnée d'une oppression douloureuse ▸ **angústia 2** Inquiétude profonde ▸ **angústia**
angoissé, e *adj et n* **1** Sujet à l'angoisse ▸ **angustiado 2** Marqué par l'angoisse ▸ **angustiado**
angoisser *vt* Causer de l'angoisse à ▸ **angustiar**
angolais, e *adj et n* D'Angola: *les Angolais* ▸ **angolano**
angora *adj et nm* **1** Se dit d'un chat, d'un lapin, d'une chèvre aux poils longs et soyeux ▸ **angorá 2** Se dit d'une fibre textile faite de poil de chèvre ou de lapin angoras ▸ **angorá**
angström *nm* Unité de mesure de longueur d'onde et des dimensions atomiques; symb: °A ▸ **angström**
anguille *nf* Poisson d'eau douce à corps allongé et à peau visqueuse ▸ **enguia** ▪ **il y a anguille sous roche:** quelque chose se prépare que l'on cherche à dissimuler ▸ **tem caroço nesse angu**
angulaire *adj* Qui forme un ou plusieurs angles ▸ **angular** ▪ **pierre angulaire: (a)** pierre qui fait l'angle d'un bâtiment ▸ **pedra angular (b)** FIG base, fondement essentiel d'une chose ▸ **pedra angular**
anguleux, euse *adj* Qui présente des angles, des arêtes vives ▸ **anguloso** ▪ **visage anguleux:** aux traits fortement prononcés ▸ **rosto anguloso**
anhélation *nf* MÉD **1** Respiration difficile ▸ **anelação 2** Essoufflement ▸ **anelação**
anhydre *adj* CHIM Sans eau ▸ **anidro**
anhydride *nm* CHIM Corps qui donne naissance à un acide en se combinant avec l'eau ▸ **anidrido**
anicroche *nf* FAM Petit obstacle, ennui, difficulté qui arrête ▸ **incidente**
ânier, ère *n* Personne qui conduit des ânes ▸ **burriqueiro**
aniline *nf* Corps extrait de la houille par distillation: *l'aniline est la base de nombreux colorants* ▸ **anilina**

animal *nm* **1** Être vivant organisé, doué de mouvement et de sensibilité (par opposition à *végétal, minéral*) ► **animal 2** Être animé autre que l'homme: *animal domestique; les animaux sauvages* ► **animal 3** FIG Personne grossière, brutale ► **animal**
animal, e, aux *adj* Relatif à l'animal: *règne animal* ► **animal**
animalcule *nm* Animal très petit, visible seulement au microscope ► **animálculo**
animalerie *nf* Magasin où l'on vend des petits animaux domestiques ► **loja de animais**
animalier, ère *adj et n* Se dit d'un peintre, d'un sculpteur qui représente des animaux ► **animalista** ◆ *adj* ■ **parc animalier:** où vivent des animaux en liberté ► **parque de animais**
animalité *nf* Ensemble des caractères propres à l'animal ► **animalidade**
animateur, trice *n* Personne chargée de diriger un débat, une émission, un jeu, un groupe ► **animador**
animation *nf* **1** Fait d'animer un groupe; cette action: *une animation socioculturelle* ► **atividade 2** Vivacité, entrain: *mettre de l'animation dans un dîner; discuter avec animation* ► **animação 3** Mouvement, grande activité: *il y a de l'animation ici* ► **animação**
animé, e *adj* **1** Plein d'animation: *rue animée* ► **animado 2** Doté de mouvement ► **animado** ■ **dessin animé:** film réalisé à partir de dessins filmés image par image qui donnent l'impression du mouvement ► **desenho animado** □ **être animé:** être vivant ► **ser animado**
animer *vt* **1** Donner de la vie, du mouvement: *animer une marionnette* ► **animar 2** Rendre plus vif, plus vivant: *animer la conversation* ► **animar 3** Pousser à agir: *c'est la passion qui l'anime* ► **animar 4** Diriger, présenter un débat, une émission, un jeu: *animer une réunion* ► **animar** ◆ **s'animer** *vpr* Devenir vif, être plein de vie, d'animation: *le débat commençait à s'animer; dès huit heures du matin, les rues s'animent* ► **animar-se**
animisme *nm* Croyance qui attribue une âme aux animaux, à tous les phénomènes naturels ► **animismo**
animiste *adj et n* Qui appartient à l'animisme; qui en est partisan ► **animista**
animosité *nf* **1** Malveillance, désir de nuire ► **animosidade 2** Antipathie qui se manifeste souvent par de l'emportement ► **animosidade**
anion *nm* Ion de charge électrique négative; CONTR: *cation* ► **ânion**
anis [ani] ou [anis] *nm* Plante odorante dont on extrait une essence servant à parfumer certaines boissons ► **anis**
aniser *vt* Parfumer à l'anis ► **anisar**
anisette *nf* Liqueur d'anis ► **anisete**
ankylose *nf* Disparition totale ou partielle des mouvements d'une articulation ► **ancilose**
ankylosé, e *adj* Atteint d'ankylose: *son bras était tout ankylosé* ► **ancilosado**
ankyloser *vt* Causer une ankylose à ► **ancilosar** ◆ **s'ankyloser** *vpr* **1** Être atteint d'ankylose: *son genou s'ankylose* ► **ancilosar-se 2** FIG Perdre son dynamisme: *s'ankyloser dans la routine* ► **ancilosar-se**
annal, e, aux *adj* DR Qui dure un an ► **anual**
annales *nf pl* **1** Ouvrage qui rapporte les événements année par année: *les annales du bac* ► **anais 2** LITT Histoire: *les annales du crime* ► **anais**
annaliste *n* Auteur d'annales ► **analista**
annamite *adj et n* De l'Annam ► **anamês**
anneau *nm* **1** Cercle de matière dure, auquel on attache quelque chose ► **argola 2** Bague sans pierre ► **anel 3** ZOOL Chacun des segments d'un arthropode ► **metâmero** ◆ **anneaux** *pl* Agrès mobile de gymnastique ► **argolas**
année *nf* Période de douze mois correspondant conventionnellement à la durée de la révolution de la Terre autour du Soleil; an ► **ano** ■ **année civile:** année qui commence le 1er janvier à 0 heure et se termine le 31 décembre à 24 heures ► **ano civil** □ **année scolaire:** temps qui s'écoule entre l'ouverture des classes et les vacances d'été ► **ano letivo** □ **souhaiter la bonne année:** adresser ses vœux le 1er janvier ► **desejar feliz ano-novo**
année-lumière (pl *années-lumière*) *nf* Unité de longueur équivalant à la distance parcourue en un an par la lumière dans le vide; symb: al ► **ano-luz**
annelé, e *adj* ZOOL Qui présente une succession d'anneaux ► **anelado**
annélide *nf* Ver annelé tel que le lombric (les annélides forment un embranchement) ► **anelídeo**
annexe *adj* Qui est relié à une chose principale ► **anexo** ◆ *nf* Bâtiment, service, organe, document rattaché à un élément plus important ► **anexo**
annexer *vt* **1** Joindre, réunir à ► **anexar 2** Faire passer tout ou partie d'un territoire sous la souveraineté d'un autre État ► **anexar** ◆ **s'annexer** *vpr* S'attribuer de manière exclusive quelqu'un ou quelque chose ► **apropriar-se de**
annexion *nf* Action d'annexer ► **anexação**

annexionnisme *nm* Théorie qui préconise l'annexion d'un ou plusieurs États à un autre ▸ **anexionismo**
annexionniste *adj et n* Partisan de l'annexionnisme ▸ **anexionista**
annihilation *nf* Action d'annihiler ▸ **aniquilamento**
annihiler *vt* Réduire à rien, détruire: *annihiler un effort* ▸ **aniquilar**
anniversaire *adj* Qui rappelle le souvenir d'un événement arrivé à pareille date ▸ **aniversário** ◆ *nm* Retour annuel d'un jour marqué par un événement ▸ **aniversário**
annonce *nf* **1** Avis d'un fait quelconque ▸ **anúncio** **2** Avis donné au public ▸ **anúncio** **3** Indice, signe, présage: *ces fleurs sont l'annonce du printemps* ▸ **anúncio** ■ **effet d'annonce:** impact produit dans l'opinion par le seul fait d'annoncer une mesure, une réforme ▸ **balão de ensaio** □ **petite annonce:** dans un journal, offre, demande d'emploi, de logement, etc. ▸ **(anúncio) classificado**
annoncer *vt (conj 1)* **1** Faire savoir: *annoncer une nouvelle* ▸ **anunciar** **2** Être le signe certain de: *les hirondelles annoncent le printemps* ▸ **anunciar** **3** Faire savoir que quelqu'un est arrivé et demande à être reçu: *veuillez m'annoncer au président* ▸ **anunciar** ◆ **s'annoncer** *vpr* Se présenter de telle ou telle manière: *la nouvelle année s'annonce bien* ▸ **anunciar-se**
annonceur, euse *n* Personne qui fait passer une annonce publicitaire dans un journal, à la radio, etc. ▸ **anunciante**
annonciateur, trice *adj* Qui annonce, indique, laisse présager quelque chose ▸ **anunciador**
Annonciation *nf* Message de l'ange Gabriel à la Vierge pour lui annoncer qu'elle sera la mère du Messie; jour où l'Église célèbre cette annonce ▸ **anunciação**
annoncier, ère *n* Personne qui est chargée des petites annonces dans un journal ▸ **anuncista**
annotateur, trice *n* Personne qui annote ▸ **anotador**
annotation *nf* Note sur un texte ▸ **anotação**
annoter *vt* Mettre des notes, des commentaires sur un texte, un ouvrage ▸ **anotar**
annuaire *nm* Ouvrage publié chaque année, donnant la liste des membres d'une profession, des abonnés à un service, etc. ▸ **anuário**
annualiser *vt* Rendre annuel ▸ **anualizar**
annualité *nf* Caractère de ce qui est valable pour une année: *l'annualité de l'impôt* ▸ **anualidade**
annuel, elle *adj* **1** Qui dure un an ▸ **anual** **2** Qui revient chaque année ▸ **anual**
annuellement *adv* Chaque année ▸ **anualmente**
annuité *nf* Paiement annuel ▸ **anuidade**
annulable *adj* Qui peut être annulé ▸ **anulável**
annulaire *adj* En forme d'anneau ▸ **anular** ◆ *nm* Quatrième doigt de la main ▸ **anular**
annulation *nf* Action d'annuler ▸ **anulação**
annuler *vt* Rendre, déclarer sans effet, supprimer ▸ **anular**
anoblir *vt* Accorder un titre de noblesse à ▸ **nobilitar**

ORTHOGRAPHE *Anoblir* s'écrit avec un seul *n*, à la différence de *ennoblir*

anoblissement *nm* Action d'anoblir ▸ **nobilitação**
anode *nf* Électrode positive d'une pile, d'une lampe, etc.; CONTR: *cathode* ▸ **ânodo**
anodin, e *adj* Inoffensif, insignifiant ▸ **anódino**
anomalie *nf* Irrégularité, bizarrerie ▸ **anomalia**
ânon *nm* Petit de l'âne ▸ **burrinho**
anonacée *nf* Arbre des pays chauds dont plusieurs espèces fournissent des fruits comestibles très appréciés (les anonacées forment une famille) ▸ **anonácea**
ânonnement *nm* Action d'ânonner ▸ **gaguejo**
ânonner *vi* Lire, parler, réciter avec peine et en hésitant ▸ **gaguejar**
anonymat *nm* État de ce qui est anonyme ▸ **anonimato** ■ **garder l'anonymat:** ne pas se faire connaître ▸ **manter o anonimato**
anonyme *adj* Dont on ignore le nom, dont l'auteur est inconnu ▸ **anônimo** ◆ *n* Personne dont on ne connaît pas le nom ▸ **anônimo**
anonymement *adv* De façon anonyme ▸ **anonimamente**
anophèle *nm* Moustique dont la femelle peut transmettre le paludisme ▸ **anófele**
anorak *nm* Veste de sport imperméable et chaude avec ou sans capuchon ▸ **anoraque**
anorexie *nf* MÉD Perte ou diminution de l'appétit ▸ **anorexia** ■ **anorexie mentale:** refus de s'alimenter qui traduit un conflit psychique ▸ **anorexia nervosa**
anorexigène *adj et nm* Se dit d'une substance qui coupe l'appétit ▸ **anorexígeno**
anorexique *adj et n* Atteint d'anorexie ▸ **anorético**
anormal, e, aux *adj* Contraire aux règles, à l'ordre habituel des choses: *température anormale* ▸ **anormal** ◆ *adj et n* Se dit d'une personne atteinte d'une anomalie physique ou mentale ▸ **anormal**
anormalement *adv* De façon anormale ▸ **anormalmente**

anoure *nm* Amphibien dépourvu de queue à l'état adulte (les anoures forment un ordre comprenant les grenouilles et les crapauds) ▸ **anuro**

anoxie *nf* Diminution ou suppression de l'oxygène dans les tissus ▸ **anoxia**

anse *nf* **1** Partie courbée par laquelle on prend un vase, un panier ▸ **asa 2** GÉOGR Petite baie ▸ **angra**

antagonique *adj* Contraire, opposé ▸ **antagônico**

antagonisme *nm* Rivalité, lutte ▸ **antagonismo**

antagoniste *n et adj* Adversaire, ennemi ▸ **antagonista**

antalgique *adj et nm* Se dit d'une substance propre à calmer la douleur SYN: *antidouleur* ▸ **antálgico**

antan (d') *loc adj* Du temps passé, de jadis: *le Paris d'antan* ▸ **de antanho**

antarctique *adj* Des régions polaires australes du pôle Sud ▸ **antártico**

antécédent, e *adj* Qui précède ▸ **antecedente** ◆ *nm* GRAMM Mot qui précède et auquel se rapporte le pronom relatif ▸ **antecedente** ◆ **antécédents** *pl* Circonstances du passé de quelqu'un: *de bons antécédents* ▸ **antecedentes**

Antéchrist *nm* Adversaire du Christ qui, suivant l'Apocalypse, doit venir quelque temps avant la fin du monde pour essayer d'établir une religion opposée à celle de Jésus-Christ ▸ **anticristo**

antédiluvien, enne *adj* **1** D'avant le Déluge ▸ **antediluviano 2** FIG Très ancien, démodé ▸ **antediluviano**

anténatal, e, als *adj* MÉD Qui s'effectue avant la naissance: *examens médicaux anténatals* ▸ **pré-natal**

antenne *nf* **1** Organe mobile que les insectes et les crustacés ont sur la tête ▸ **antena 2** Conducteur métallique permettant d'émettre et de recevoir les ondes radioélectriques ▸ **antena 3** Poste, service fonctionnant en liaison avec un centre: *antenne de police* ▸ **posto** ■ **antenne chirurgicale:** unité mobile destinée aux interventions de première urgence ▸ **ambulância** □ FAM **avoir des antennes:** de l'intuition ▸ **ter antenas** □ FAM **avoir des antennes quelque part:** des sources d'information ▸ **ter fontes de informação em algum lugar** □ **être à l'antenne:** passer en direct, lors d'une émission de radio, de télévision ▸ **estar no ar**

antenne-relais (pl *antennes-relais*) *nf* Émetteur-récepteur d'ondes hertziennes servant à l'acheminement des communications dans un réseau de téléphonie mobile ▸ **antena de transmissão/recepção**

antépénultième *nf et adj* Syllabe qui précède l'avant-dernière syllabe d'un mot ▸ **antepenúltima sílaba** ◆ *adj et n* LITT Qui précède l'avant-dernier ▸ **antepenúltimo**

antéposé, e *adj* GRAMM Se dit d'un mot, d'un groupe de mots placé avant un autre ▸ **antepositivo**

antérieur, e *adj* Qui précède dans l'espace ou dans le temps: *les pattes antérieures; une époque antérieure* ▸ **anterior**

antérieurement *adv* Avant, auparavant, précédemment ▸ **anteriormente**

antériorité *nf* Fait de précéder dans le temps ▸ **anterioridade**

anthémis [ɑ̃temis] *nf* Plante herbacée aromatique dont plusieurs espèces sont appelées *camomille* ▸ **ântemis**

anthère *nf* BOT Petit sac de l'étamine qui renferme le pollen ▸ **antera**

anthérozoïde *nm* BOT Cellule reproductrice mâle chez les végétaux ▸ **anterozoide**

anthologie *nf* Recueil de morceaux choisis d'œuvres littéraires ou musicales ▸ **antologia**

anthracite *nm* Charbon qui brûle avec une flamme courte, sans odeur ni fumée ▸ **antracito** ◆ *adj inv* Gris foncé ▸ **cinza-escuro**

anthrax *nm* Tumeur inflammatoire qui résulte de la réunion de plusieurs furoncles ▸ **antraz**

anthropocentrique *adj* Relatif à l'anthropocentrisme ▸ **antropocêntrico**

anthropocentrisme *nm* Conception qui considère toute chose de l'univers par rapport à l'homme ▸ **antropocentrismo**

anthropoïde *nm et adj* Singe d'une des espèces qui ressemblent le plus à l'homme ▸ **antropoide**

anthropologie *nf* Étude de l'homme et des groupes humains ▸ **antropologia** ■ **anthropologie culturelle:** étude différentielle des croyances, des institutions, des structures sociales ▸ **antropologia cultural**

anthropologique *adj* Relatif à l'anthropologie ▸ **antropológico**

anthropologue *n* Spécialiste d'anthropologie ▸ **antropólogo**

anthropométrie *nf* Méthode d'identification des criminels, reposant essentiellement sur l'étude des empreintes digitales ▸ **antropometria**

anthropométrique *adj* Qui relève de l'anthropométrie: *fiche anthropométrique* ▸ **antropométrico**

anthropomorphe *adj* Qui a la forme, l'apparence humaine ▸ **antropomórfico**

anthropomorphisme *nm* **1** Représentation d'un dieu sous les traits d'un être humain ▸ **antropo-**

morfismo **2** Tendance à attribuer aux animaux des sentiments humains ▸ **antropomorfismo**

anthropophage *adj et n* Qui mange de la chair humaine; cannibale ▸ **antropófago**

anthropophagie *nf* Comportement anthropophage; cannibalisme ▸ **antropofagia**

anthurium [ɑ̃tyrjɔm] *nm* Plante tropicale aux fleurs vivement colorées ▸ **antúrio**

antiacarien *adj et nm* Se dit d'un produit qui détruit les acariens ▸ **antiácaro**

antiadhésif, ive *adj* Se dit d'un revêtement qui empêche les adhérences, en particulier sur les ustensiles de cuisine ▸ **antiaderente**

antiaérien, enne *adj* Qui a pour fonction de combattre les attaques aériennes: *défense antiaérienne* ▸ **antiaéreo**

antialcoolique *adj* Qui combat l'abus de l'alcool: *ligue antialcoolique* ▸ **antialcoólico**

antiallergique *adj* Qui traite ou prévient les allergies ▸ **antialérgico**

antiamaril, e *adj* ▸ **antiamarílico** ▪ **vaccination antiamarile:** contre la fièvre jaune ▸ **vacinação contra febre amarela**

antiatomique *adj* Qui protège des radiations nucléaires: *abri antiatomique* ▸ **antiatômico**

antibiogramme *nm* MÉD Examen permettant d'apprécier la sensibilité d'une bactérie à divers antibiotiques ▸ **antibiograma**

antibiotique *nm* Substance chimique empêchant le développement ou la multiplication de certains microbes ▸ **antibiótico**

antibrouillard *adj inv* ▪ **phare antibrouillard** ou **antibrouillard** *nm*: qui améliore la visibilité dans le brouillard ▸ **farol de neblina**

antibruit *adj inv* Qui protège du bruit: *mur antibruit* ▸ **antirruído**

anticalcaire *adj et nm* Se dit d'un produit qui empêche l'apparition de dépôts calcaires dans un appareil, un circuit, etc., ou sur le linge, la vaisselle ▸ **anticalcário**

anticancéreux, euse *adj* Se dit d'un médicament ou d'un procédé employé pour la prévention ou le traitement du cancer ▸ **anticancerígeno**

anticapitaliste *adj et n* Hostile au régime capitaliste ▸ **anticapitalista**

antichambre *nf* **1** Vestibule dans un appartement ▸ **antessala** **2** Pièce qui sert de salle d'attente dans un bureau ▸ **antessala**

antichar *adj* Qui s'oppose à l'action des blindés: *canon antichar* ▸ **anticarro**

antichoc *adj* Qui permet d'amortir, d'éviter les chocs: *casque antichoc* ▸ **antichoque**

anticipation *nf* Action de faire une chose d'avance: *anticipation de paiement* ▸ **antecipação** ▪ **par anticipation:** par avance ▸ **com, por antecipação** ▫ **roman, film d'anticipation:** dont l'action se passe dans un monde futur ▸ **romance, filme de ficção científica**

anticipé, e *adj* Qui devance le moment prévu ▸ **antecipado**

anticiper *vt ind* [sur] **1** Entamer avant le moment prévu: *anticiper sur ses revenus* ▸ **antecipar** **2** Devancer: *anticiper sur l'avenir* ▸ **antecipar** ♦ *vt* Exécuter avant le temps fixé: *anticiper un paiement* ▸ **antecipar**

anticlérical, e, aux *adj et n* Opposé à l'influence du clergé dans la vie publique ▸ **anticlerical**

anticléricalisme *nm* Attitude, politique anticléricale ▸ **anticlericalismo**

anticlinal *nm* GÉOL Partie convexe d'un pli géologique; CONTR: *synclinal* ▸ **anticlíneo**

anticoagulant, e *adj et nm* Se dit d'un corps qui empêche ou retarde la coagulation du sang ▸ **anticoagulante**

anticolonialisme *nm* Opposition au colonialisme ▸ **anticolonialismo**

anticolonialiste *adj et n* Opposé au colonialisme ▸ **anticolonialista**

anticommunisme *nm* Hostilité au communisme ▸ **anticomunismo**

anticommuniste *adj et n* Opposé au communisme ▸ **anticomunista**

anticonceptionnel, elle *adj* Qui empêche la fécondation; contraceptif ▸ **anticoncepcional**

anticonformisme *nm* Opposition aux usages établis ▸ **anticonformismo**

anticonformiste *adj et n* Opposé aux usages établis ▸ **anticonformista**

anticonstitutionnel, elle *adj* Contraire à la Constitution ▸ **anticonstitucional**

anticorps *nm* Substance défensive engendrée par l'organisme ▸ **anticorpo**

anticyclone *nm* Centre de hautes pressions atmosphériques ▸ **anticiclone**

anticyclonique ou **anticyclonal, e, aux** *adj* Relatif à un anticyclone ▸ **anticiclonal**

antidater *vt* Mettre une date antérieure à la date réelle ▸ **antedatar**

antidémocratique *adj* Opposé à la démocratie ▸ **antidemocrático**

antidépresseur *nm* Médicament utilisé contre la dépression ▸ **antidepressivo**

antidérapant, e *adj et nm* Se dit d'un matériau qui empêche de déraper ▸ **antiderrapante**

antidiphtérique *adj* Contre la diphtérie ▸ **antidiftérico**

antidopage *adj inv* Qui s'oppose à la pratique du dopage ▸ ***antidoping***

antidote *nm* **1** Substance destinée à combattre les effets d'un poison ▸ **antídoto 2** FIG Remède contre un mal quelconque ▸ **antídoto**
GRAMMAIRE On dit *un antidote d'un poison, à un poison* et non *contre un poison*

antidouleur *adj inv* Qui est destiné à étudier la douleur et les moyens de la combattre: *centre antidouleur* ▸ **contra a dor** ■ **médicament antidouleur:** substance propre à supprimer la douleur ▸ **analgésico** ♦ *nm* Antalgique ▸ **analgésico**

antienne *nf* **1** Verset qui se chante avant et après un psaume ▸ **antífona 2** LITT Discours répété sans cesse, d'une manière lassante ▸ **cantilena**

antifasciste *adj et n* Opposé au fascisme ▸ **antifascista**

antifongique *adj* MÉD Antimycosique ▸ **antifúngico**

antigang *adj inv* ▸ **contra o crime organizado** ■ **brigade antigang:** unité de police affectée à la lutte contre la grande criminalité ▸ **grupo de combate ao crime organizado**

antigel *nm* Produit ajouté à l'eau du radiateur d'un moteur pour l'empêcher de geler ▸ **anticongelante**

antigène *nm* Substance (microbe, substance chimique, etc.) qui, introduite dans l'organisme, provoque la formation d'un anticorps ▸ **antígeno**

antigivrant, e *adj et nm* Propre à empêcher la formation du givre sur les avions ▸ **anticongelante**

antiglisse *adj inv* Destiné à éviter de glisser sur une pente neigeuse, en cas de chute: *vêtement antiglisse* ▸ **antiderrapante**

antigouvernemental, e, aux *adj* Opposé au gouvernement ▸ **antigovernamental**

antihausse *adj inv* Destiné à lutter contre la hausse des prix ▸ **contra a alta dos preços**

antihéros *nm* Personnage n'ayant aucune des caractéristiques du héros traditionnel ▸ **anti-herói**

anti-infectieux, euse *adj* Se dit d'un médicament propre à combattre une infection ▸ **anti-infeccioso**

anti-inflammatoire (pl *anti-inflammatoires*) *adj et nm* Se dit d'un médicament ou d'un procédé employé pour combattre une inflammation ▸ **anti-inflamatório**

antillais, e *adj et n* Des Antilles: *les Antillais* ▸ **antilhano**

antilope *nf* Mammifère ruminant d'Afrique et d'Asie ▸ **antílope**

antimatière *nf* Forme de la matière constituée d'antiparticules et qui constitue une hypothèse scientifique ▸ **antimatéria**

antimilitariste *adj et n* Hostile par principe aux institutions et à l'esprit militaires ▸ **antimilitarista**

antimissile *adj* Destiné à neutraliser l'action de missiles assaillants ▸ **antimíssil**

antimite *nm et adj inv* Se dit d'un produit qui protège les vêtements contre les mites: *elle a mis de l'antimite dans l'armoire; boule antimite* ▸ **antitraça**

antimitotique *adj et nm* Se dit d'une substance qui s'oppose aux mitoses, qui empêche la multiplication cellulaire ▸ **antimitótico**

antimoine *nm* Métal d'un blanc d'argent, cassant et proche de l'arsenic ▸ **antimônio**

antimondialisation *nf* Courant d'opinion qui manifeste son hostilité aux buts et aux effets de la mondialisation de l'économie ▸ **antiglobalização**

antimondialiste *adj et n* Opposé à la mondialisation de l'économie ▸ **antiglobalista**

antimycosique *adj* MÉD Se dit d'un médicament qui agit contre les mycoses, les champignons; antifongique ▸ **antimicótico**

antinataliste *adj* Se dit d'une mesure politique visant à réduire la natalité ▸ **de controle da natalidade**

antineutron *nm* Antiparticule du neutron ▸ **antinêutron**

antinomie *nf* Contradiction entre deux idées, deux principes ▸ **antinomia**

antinomique *adj* Contradictoire ▸ **antinômico**

antinucléaire *adj et n* Hostile à l'emploi de l'énergie et des armes nucléaires ▸ **antinuclear**

antipape *nm* HIST Pape non reconnu par l'Église romaine (ce terme désigne aussi les papes d'Avignon et de Pise à l'époque du grand schisme d'Occident) ▸ **antipapa**

antiparasite *adj et nm* Se dit d'un dispositif qui diminue les perturbations affectant la réception des émissions radiophoniques et télévisées ▸ **(filtro) anti-interferência**

antiparlementaire *adj* Opposé au régime parlementaire ▸ **antiparlamentarista**

antiparticule *nf* Particule élémentaire (positon, antiproton, antineutron) de charge électrique ou de moment magnétique opposés à ceux de la particule correspondante ▸ **antipartícula**

antipathie *nf* Aversion, hostilité instinctive pour quelqu'un, quelque chose ▸ **antipatia**

antipathique *adj* Qui inspire de l'antipathie ► **antipático**
antipelliculaire *adj* Qui agit contre les pellicules du cuir chevelu ► **anticaspa**
antipersonnel *adj inv* ► **antipessoal** ■ **mine antipersonnel:** mine destinée à mettre les personnes hors de combat, sans s'attaquer au matériel ► **mina antipessoal**
antiphrase *nf* Manière de s'exprimer qui consiste à dire le contraire de ce qu'on pense ► **antífrase**
antipode *nm* Lieu de la Terre diamétralement opposé à un autre lieu ► **antípoda** ■ FIG **être à l'antipode, aux antipodes de:** à l'opposé, très éloigné de ► **ser diametralmente oposto a, estar muito longe de**
antipoison *adj inv* ■ **centre antipoison:** centre médical spécialisé dans le traitement des intoxications ► **centro de assistência toxicológica**
antipollution *adj inv* Destiné à lutter contre la pollution ► **antipoluente**
antiprotectionniste *adj et n* Opposé au protectionnisme ► **antiprotecionista**
antiproton *nm* Antiparticule du proton, de charge négative ► **antipróton**
antiprurigineux, euse *adj et nm* Se dit d'un médicament qui calme les démangeaisons, combat le prurit ► **antipruriginoso**
antiputride *adj* Qui empêche la putréfaction ► **antipútrido**
antipyrétique *adj* Se dit d'un médicament qui fait tomber la fièvre ► **antipirético**
antiquaille *nf* FAM Objet ancien de peu de valeur ► **velharia**
antiquaire *n* Commerçant en meubles et objets anciens ► **antiquário**
antique *adj* **1** Qui appartient à l'Antiquité, à la période gréco-romaine: *statue antique* ► **da Antiguidade** **2** Qui date d'une époque reculée: *une antique coutume* ► **antigo** **3** Passé de mode; suranné: *une antique guimbarde* ► **antigo** ♦ *nm* Ensemble des productions artistiques qui nous restent de l'Antiquité ► **antiguidade**
antiquité *nf* **1** (avec une majuscule) Période qui va des origines des temps historiques à la chute de l'Empire romain: *l'Antiquité égyptienne* ► **Antiguidade** **2** (avec une majuscule) Civilisation gréco-romaine ► **Antiguidade** **3** Ancienneté: *l'antiquité d'une coutume* ► **antiguidade** **4** Objet ancien: *cette montre est une antiquité* ► **antiguidade** **5** (surtout pluriel) Objet, monument de l'Antiquité: *les antiquités grecques* ► **antiguidade**
antirabique *adj* MÉD Contre la rage ► **antirrábica**
antiraciste *adj et n* Hostile au racisme ► **antirracista**
antiradar *adj* Destiné à neutraliser les radars ennemis ► **antirradar**
antireflet *adj inv* Qui supprime la lumière réfléchie sur la surface des verres d'optique: *traitement antireflet* ► **antirreflexo**
antiréglementaire *adj* Contraire au règlement ► **antirregulamentar**
antireligieux, euse *adj* Contraire, hostile à la religion ► **antirreligioso**
antirépublicain, e *adj et n* Opposé à la république et aux républicains ► **antirrepublicano**
antirides *adj inv et nm inv* Contre les rides: *crème antirides* ► **antirrugas**
antirouille *nm et adj inv* Substance qui préserve de la rouille ou l'enlève ► **antiferrugem**
antisalissure *adj* Se dit d'un traitement appliqué à des textiles pour les empêcher de se salir et faciliter leur nettoyage ► **contra manchas**
antisèche *nf ou nm* FAM Feuille sur laquelle sont copiées des notes utilisées en fraude à un examen ► **cola**
antisémite *adj et n* Hostile aux Juifs ► **antissemita**
antisémitisme *nm* Hostilité systématique à l'égard des Juifs ► **antissemitismo**
antisepsie *nf* Ensemble des méthodes qui préservent contre l'infection, en détruisant les microbes ► **antissepsia**
VOCABULAIRE Il ne faut pas confondre l'*antisepsie*, qui combat le microbe, et l'*asepsie*, qui empêche son introduction
antiseptique *adj et nm* Se dit d'un produit, d'un médicament qui prévient l'infection ► **antisséptico**
antisismique *adj* Conçu pour résister aux séismes: *construction antisismique* ► **antissísmico**
antisocial, e, aux *adj* **1** Contraire à la société, à l'ordre social ► **antissocial** **2** Contraire au progrès social ► **antissocial**
antispasmodique *adj et nm* MÉD Se dit d'un médicament qui calme les spasmes ► **antiespasmódico**
antistatique *adj et nm* Se dit d'un produit qui limite la formation d'électricité statique ► **antiestático**
antitabac *adj inv* Qui combat l'usage du tabac: *campagne antitabac* ► **antifumo**
antiterroriste *adj* Qui lutte contre le terrorisme ► **antiterrorista**
antitétanique *adj* MÉD Qui combat ou prévient le tétanos ► **antitetânico**

antithèse *nf* Opposition de mots ou de groupes de mots traduisant des idées contraires (EX: *la nature est grande dans les petites choses*) ▸ **antítese** ▪ **l'antithèse de:** l'opposé de ▸ **a antítese de**
antithétique *adj* Qui forme, constitue une antithèse ▸ **antitético**
antitoxine *nf* Substance qui détruit ou annihile les toxines ▸ **antitoxina**
antitrust *adj inv* Qui s'oppose à la création ou à l'extension d'un trust: *loi antitrust* ▸ **antitruste**
antituberculeux, euse *adj* Qui combat la tuberculose ▸ **antituberculoso**
antitussif, ive *adj* Qui calme la toux ▸ **antitussígeno**
antivariolique *adj* Qui combat la variole ▸ **antivariólico**
antiviral, e, aux *adj et nm* Se dit d'une substance qui agit contre les virus ▸ **antiviral**
antivirus [ɑ̃tivirys] *nm* Logiciel qui détecte et détruit les virus informatiques ▸ **antivírus**
antivol *nm* Dispositif de sécurité pour empêcher le vol ▸ **dispositivo antifurto**
antonomase *nf* Procédé d'expression par lequel un personnage est désigné par un nom commun (*l'Empereur des Français* pour *Napoléon Ier*) ou par lequel un nom propre est pris pour un nom commun (un *harpagon* pour un *avare*) ▸ **antonomásia**
antonyme *nm* Mot qui a un sens opposé à celui d'un autre (EX: *laideur* et *beauté*) ▸ **antônimo**
antre *nm* LITT Grotte, caverne, tanière ▸ **antro**
anus [anys] *nm* Orifice extérieur du rectum ▸ **ânus**
anxiété *nf* Grande inquiétude ▸ **ansiedade**
anxieusement *adv* Avec anxiété ▸ **ansiosamente**
anxieux, euse *adj et n* Soucieux, inquiet ▸ **ansioso**
anxiogène *adj* Qui fait naître l'anxiété ou l'angoisse ▸ **ansiógeno**
anxiolytique *adj et nm* MÉD Se dit d'un médicament qui apaise l'anxiété ▸ **ansiolítico**
AOC *nf* (sigle) Appellation d'origine contrôlée ▸ ***AOC***
aorte *nf* Artère qui naît à la base du ventricule gauche du cœur et est le tronc commun des artères portant le sang oxygéné dans le corps ▸ **aorta**
août [u] ou [ut] *nm* Huitième mois de l'année ▸ **agosto**
aoûtat [auta] *nm* Petit insecte dont la piqûre cause de vives démangeaisons ▸ **larva do trombídio**
aoûtien, enne [ausjɛ̃, ɛn] *n* Personne qui prend ses vacances au mois d'août ▸ **quem tira férias em agosto**
apaisant, e *adj* Qui apaise ▸ **apaziguador**
apaisement *nm* Fait de s'apaiser ▸ **apaziguamento**
apaiser *vt* **1** Calmer, radoucir quelqu'un: *apaiser une personne en colère* ▸ **apaziguar 2** Satisfaire un sentiment, un désir: *apaiser la curiosité de quelqu'un* ▸ **saciar** ◆ **s'apaiser** *vpr* Se calmer, revenir au calme ▸ **apaziguar-se**
apanage *nm* HIST Portion du domaine que les souverains assignaient à leurs fils, à leurs frères, mais qui revenait à la couronne à la mort de ceux-ci ▸ **apanágio** ▪ **avoir l'apanage de quelque chose:** être seul à en jouir ▸ **ter o apanágio de algo** ▫ **être l'apanage de quelqu'un:** lui appartenir en propre ▸ **ser apanágio de alguém**

EMPLOI L'*apanage* est toujours exclusif. Il est inutile, et incorrect, de préciser que quelque chose est *l'apanage exclusif* de quelqu'un

aparté *nm* **1** Ce qu'un acteur dit à part soi sur la scène et qui, conventionnellement, n'est entendu que des spectateurs ▸ **aparte 2** Paroles échangées à l'écart des autres lors d'une réunion ▸ **conversa paralela**
apartheid *nm* Ségrégation systématique des gens de couleur pratiquée jusqu'en 1994 en Afrique du Sud ▸ ***apartheid***
apathie *nf* Absence de volonté, d'énergie; indolence, mollesse ▸ **apatia**
apathique *adj* Indolent, mou, nonchalant ▸ **apático**
apatride *n et adj* Personne sans nationalité légale ▸ **apátrida**
apercevoir *vt (conj 34)* **1** Voir plus ou moins nettement ▸ **entrever 2** Entrevoir un instant ▸ **entrever** ◆ **s'apercevoir** *vpr* [de, que] Remarquer, se rendre compte ▸ **aperceber-se**
aperçu *nm* Vue d'ensemble, souvent sommaire ▸ **apanhado**
apéritif *nm* Boisson prise avant le repas ▸ **aperitivo**
apéro *nm* (abréviation) FAM Apéritif ▸ **Ø**
apesanteur *nf* État dans lequel les effets de la pesanteur sont annihilés ▸ **ausência de gravidade**
apétale *adj* Qui n'a pas de pétales ▸ **apétalo**
à-peu-près *nm inv* Approximation ▸ **aproximação**
apeuré, e *adj* Saisi de peur, effrayé ▸ **amedrontado**
apex *nm inv* ASTRON Point de la sphère céleste vers lequel semble se diriger le système solaire ▸ **ápex**

aphasie *nf* Perte de la parole, ou trouble du langage ▸ **afasia**
aphasique *adj et n* Atteint d'aphasie ▸ **afásico**
aphélie *nm* ASTRON Point de l'orbite d'une planète le plus éloigné du Soleil; CONTR: *périhélie* ▸ **afélio**
aphérèse *nf* Suppression d'une syllabe ou d'un son à l'initiale d'un mot (EX: *bus* pour *autobus*) ▸ **aférese**
aphone *adj* Sans voix ▸ **afônico**
aphonie *nf* Extinction de voix ▸ **afonia**
aphorisme *nm* Pensée énoncée en peu de mots (EX: *tel père, tel fils*) ▸ **aforismo**
aphrodisiaque *nm et adj* Substance qui excite le désir sexuel ▸ **afrodisíaco**
aphte [aft] *nm* Petite lésion de la muqueuse buccale ▸ **afta**
aphteux, euse *adj* Caractérisé par la présence d'aphtes ▸ **aftoso** ▪ **fièvre aphteuse:** fièvre épidémique virale des bestiaux ▸ **febre aftosa**
api *nm* ▪ **pomme d'api:** petite pomme rouge et blanche ▸ **maçã-camoesa**
à-pic (pl *à-pics*) *nm* Falaise, rocher tombant à pic ▸ **escarpa**
apicole *adj* Relatif à l'apiculture ▸ **apícola**
apiculteur, trice *n* Personne qui élève des abeilles ▸ **apicultor**
apiculture *nf* Élevage des abeilles, pour leur miel notamment ▸ **apicultura**
apitoiement *nm* Compassion ▸ **piedade**
apitoyer *vt (conj 3)* Susciter la pitié ▸ **apiedar** ◆ **s'apitoyer** *vpr* [sur] Avoir pitié de: *s'apitoyer sur les malheureux* ▸ **apiedar-se**
APL *nf* (sigle de *aide personnalisée au logement*) Prestation versée par les caisses d'allocations familiales aux personnes à faible revenu pour les aider à se loger
aplanir *vt* **1** Rendre plan, uni ▸ **aplanar** **2** FIG Faire disparaître ce qui fait obstacle: *aplanir les difficultés* ▸ **aplanar**
aplat *nm* Surface de couleur uniforme dans une peinture, une gravure, etc. ▸ **chapado**
aplatir *vt* Rendre plat ou plus plat ▸ **achatar** ◆ **s'aplatir** *vpr* **1** Prendre une forme aplatie; s'écraser ▸ **achatar-se** **2** FAM Tomber ▸ **esborrachar-se** **3** Prendre une attitude servile: *s'aplatir devant ses supérieurs* ▸ **achatar-se**
aplatissement *nm* Action d'aplatir, de s'aplatir ▸ **achatamento**
aplomb *nm* **1** Direction verticale: *le mur a perdu son aplomb* ▸ **aprumo** **2** Équilibre: *perdre l'aplomb* ▸ **equilíbrio** **3** FIG Assurance: *avoir de l'aplomb* ▸ **autoconfiança** ▪ **d'aplomb:** vertical et stable: *remettre l'armoire d'aplomb* ▸ **a prumo** □ FAM **être, se remettre d'aplomb:** en bonne forme ▸ **aprumar-se**
apnée *nf* Arrêt momentané de la respiration ▸ **apneia** ▪ **plonger en apnée:** en retenant sa respiration ▸ **mergulhar em apneia**
apocalypse *nf* Catastrophe effrayante qui évoque la fin du monde ▸ **apocalipse**
apocalyptique *adj* Épouvantable, catastrophique ▸ **apocalíptico**
apocope *nf* Chute d'une lettre, d'une ou de plusieurs syllabes à la fin du mot (EX: *moto* pour *motocyclette*) ▸ **apócope**
apocryphe *adj et nm* Se dit d'un texte qui n'est pas authentique ▸ **apócrifo**
apode *adj* Sans pieds, sans pattes, sans nageoires: *l'anguille est apode* ▸ **ápode**
apogée *nm* **1** FIG Le plus haut degré qu'on puisse atteindre: *être à l'apogée de sa gloire* ▸ **apogeu** **2** ASTRON Point de l'orbite d'un corps céleste où la distance de ce corps à la Terre est maximale ▸ **apogeu**
apolitique *adj et n* Qui se refuse à prendre une position politique ▸ **apolítico**
apologétique *adj* Qui contient une apologie: *discours apologétique* ▸ **apologético**
apologie *nf* Discours ou écrit qui défend avec force ou justifie une personne, une chose ▸ **apologia**
apologiste *n* Personne qui fait l'apologie de quelqu'un, quelque chose ▸ **apologista**
apologue *nm* Court récit à l'intention moralisatrice ▸ **apólogo**
aponévrose *nf* Membrane blanche qui enveloppe les muscles ▸ **aponeurose**
apophtegme *nm* LITT Parole, sentence mémorable ▸ **apotegma**
apophyse *nf* Excroissance naturelle de la surface d'un os ▸ **apófise, processo**
apoplectique *adj et n* Prédisposé à l'apoplexie ▸ **apoplético**
apoplexie *nf* Perte de connaissance brutale; congestion cérébrale ▸ **apoplexia**
apostasie *nf* Renonciation publique à une doctrine, une religion, un parti ▸ **apostasia**
apostat, e *adj et n* Qui a fait acte d'apostasie ▸ **apóstata**
a posteriori *loc adv et adj inv* En se fondant sur les faits constatés: *a posteriori, je reconnais mes erreurs*; CONTR: *a priori* ▸ ***a posteriori***
apostille *nf* Addition faite en marge d'un acte juridique ▸ **apostila**
apostolat *nm* Mission d'un apôtre ou d'un propagandiste: *l'enseignement est pour lui un apostolat* ▸ **apostolado**

apostolique *adj* **1** Relatif aux apôtres ▸ **apostólico** **2** Qui émane du Saint-Siège ▸ **apostólico**
apostrophe *nf* **1** Interpellation brusque, soudaine ▸ **apóstrofe** **2** Signe graphique (') de l'élision ▸ **apóstrofo** ■ **mot mis en apostrophe:** celui qui désigne la personne à qui l'on s'adresse (EX: *toi* dans *Toi! viens ici*) ▸ **apóstrofe**
apostropher *vt* Interpeller brusquement ▸ **apostrofar**
apothème *nm* **1** MATH Perpendiculaire menée du centre d'un polygone régulier sur un de ses côtés ▸ **apótema** **2** Perpendiculaire abaissée du sommet d'une pyramide régulière sur un des côtés du polygone de base ▸ **apótema**
apothéose *nf* Fin, très brillante, d'une action, d'un spectacle, etc. ▸ **apoteose**
apothicaire *nm* VX Pharmacien ▸ **boticário** ■ **compte d'apothicaire:** compte compliqué et mesquin ▸ **conta tortuosa**
apôtre *nm* **1** Chacun des douze disciples de Jésus-Christ, chargés de prêcher l'Évangile ▸ **apóstolo** **2** Personne qui se met au service d'une idée, d'une cause, d'une doctrine ▸ **apóstolo**
apparaître *vi (conj 64)* **1** Commencer d'exister: *l'homme est apparu il y a des millions d'années* ▸ **aparecer** **2** Devenir visible, se montrer tout à coup: *sa tête apparut à la fenêtre* ▸ **aparecer** **3** Se présenter à l'esprit, devenir évident: *le projet lui apparaissait aujourd'hui possible* ▸ **aparecer** ■ **il apparaît que:** on constate que ▸ **constata-se que**

VOCABULAIRE Il faut distinguer *il apparaît que* «on constate que», et *il paraît que* «on dit, le bruit court que»

apparat *nm* Déploiement de faste, pompe, éclat ▸ **aparato** ■ **d'apparat:** solennel, luxueux: *dîner d'apparat* ▸ **de gala**
apparatchik *nm* PÉJOR Membre de l'appareil d'un parti politique, particulièrement d'un parti communiste, d'un syndicat ▸ ***apparatchik***
apparaux *nm pl* Ensemble des appareils de manœuvre d'un navire ▸ **aparelho do navio**
appareil *nm* **1** Machine, assemblage de pièces disposées pour fonctionner ensemble: *appareil ménager; appareil photographique* ▸ **aparelho** **2** Avion: *monter dans l'appareil* ▸ **aparelho** **3** Téléphone: *qui est à l'appareil?* ▸ **aparelho** **4** Prothèse dentaire: *porter un appareil* ▸ **aparelho** **5** Ensemble des organes qui concourent à une fonction du corps: *appareil digestif* ▸ **aparelho** **6** Ensemble des organismes constituant un parti, un syndicat ▸ **máquina** ■ LITT **dans le plus simple appareil:** entièrement nu ▸ **como veio ao mundo**
appareillage *nm* **1** MAR Action d'appareiller ▸ **aparelhagem** **2** Ensemble d'appareils et d'accessoires: *appareillage électrique* ▸ **aparelhagem**
appareiller *vt* **1** Grouper, assortir des objets pour former un ensemble ▸ **emparelhar** **2** Munir d'un appareil de prothèse ▸ **pôr aparelho** ◆ *vi* MAR Quitter le port, prendre la mer ▸ **desferrar**
appareilleur *nm* Spécialiste chargé de la pose des prothèses ▸ **protesista**
apparemment *adv* D'après les apparences ▸ **aparentemente**
apparence *nf* Aspect extérieur: *avoir belle apparence; ne pas se fier aux apparences* ▸ **aparência** ■ **en apparence:** d'après ce que l'on voit, mais sans préjuger de la réalité ▸ **aparentemente** □ **sauver les apparences:** ne rien laisser paraître de ce qui pourrait nuire à la réputation ▸ **salvar as aparências**
apparent, e *adj* **1** Visible: *poutres apparentes* ▸ **aparente** **2** Dont l'aspect est trompeur: *une apparente simplicité* ▸ **aparente**
apparentement *nm* Alliance, association en matière politique, électorale ▸ **coligação**
apparenter (s') *vpr* [à] **1** S'allier, en particulier par mariage ▸ **aparentar-se** **2** Avoir des caractères communs avec quelque chose ▸ **aparentar-se** **3** Pratiquer l'apparentement politique ou électoral ▸ **coligar-se**
apparier *vt* Unir par paire, par couple ▸ **emparelhar**
appariteur *nm* Huissier d'une université ▸ **bedel**
apparition *nf* **1** Action, fait d'apparaître, de se manifester ▸ **aparição** **2** Manifestation d'un être surnaturel; spectre, vision ▸ **aparição**
appart [apart] *nm* (abréviation) FAM Appartement ▸ **apê**
appartement *nm* Logement composé de plusieurs pièces ▸ **apartamento**
appartenance *nf* Fait d'appartenir à ▸ **pertencimento**
appartenir *vt ind* [à] *(conj 22)* **1** Être la propriété de: *ce livre lui appartient* ▸ **pertencer** **2** Faire partie de: *appartenir à un groupe* ▸ **pertencer** ■ **il appartient à quelqu'un de:** il est de son devoir de: *il vous appartient de lui répondre* ▸ **caber a alguém** ◆ **s'appartenir** *vpr* ■ **ne plus s'appartenir:** ne plus être libre ▸ **deixar de ser dono de seu nariz**
appas *nm pl* LITT Attraits, charmes physiques d'une femme ▸ **atrativos**
appât *nm* **1** Nourriture placée dans un piège ou fixée à un hameçon ▸ **isca** **2** FIG Ce qui excite le désir, ce qui pousse à agir: *l'appât du gain* ▸ **incentivo**

appâter *vt* **1** Attirer avec un appât ▸ **engodar** **2** FIG Séduire, attirer ▸ **atrair**
appauvrir *vt* Rendre pauvre ▸ **empobrecer** ◆ **s'appauvrir** *vpr* Devenir pauvre ▸ **empobrecer(-se)**
appauvrissement *nm* Action d'appauvrir, fait de s'appauvrir ▸ **empobrecimento**
appeau *nm* Sifflet imitant le cri des oiseaux pour les attirer ▸ **reclamo**
appel *nm* **1** Acte, geste, parole qui invite à venir ou à agir: *appel au secours, à l'insurrection* ▸ **apelo** **2** Action de nommer des personnes pour constater leur présence: *faire l'appel; manquer à l'appel* ▸ **chamada** **3** Convocation des jeunes gens d'un contingent au service national: *devancer l'appel* ▸ **convocação** **4** Recours à un juge, à un tribunal supérieur: *cour d'appel; faire appel* ▸ **apelação** ■ **appel de phares:** variation rapide de l'intensité lumineuse des phares d'une automobile, pour signaler quelque chose ▸ **sinal de farol** □ FAM **appel du pied:** invitation implicite ▸ **cantada** □ **appel téléphonique:** coup de téléphone ▸ **chamada telefônica**
appelant, e *adj et n* **1** DR Qui fait appel d'un jugement ▸ **apelante** **2** Qui appelle un organisme d'assistance téléphonique ▸ **telefonante**
appelé *nm* Qui accomplit son service militaire: *les appelés du contingent* ▸ **convocado**
appeler *vt (conj 6)* **1** Inviter à venir, à agir par la voix, le geste: *appeler des renforts* ▸ **chamar** **2** Communiquer par téléphone: *appeler un ami* ▸ **telefonar para** **3** Attribuer à un nom: *appeler un enfant Pierre* ▸ **chamar** **4** Rendre nécessaire: *cela appelle des commentaires* ▸ **chamar** **5** INFORM Faire fonctionner une séquence d'instructions autonome d'un programme: *appeler une routine* ▸ **executar** ◆ *vi* ■ **en appeler à:** s'en remettre à ▸ **apelar para** ◆ **s'appeler** *vpr* **1** Avoir comme nom ▸ **chamar-se** **2** FAM Se joindre par téléphone: *on s'appelle demain* ▸ **telefonar-se**
appellatif, ive *adj et nm* LING Se dit d'un terme utilisé pour interpeller un interlocuteur ▸ **apelativo**
appellation *nf* Façon d'appeler, de nommer; qualificatif ▸ **denominação** ■ **appellation d'origine contrôlée (AOC):** dénomination de l'origine d'un produit, en particulier d'un vin ▸ **denominação de origem controlada**
appendice [apɛ̃dis] *nm* **1** ANAT Partie du gros intestin, en forme de doigt de gant ▸ **apêndice** **2** Partie qui prolonge, complète une partie principale ▸ **apêndice** **3** Ensemble de notes à la fin d'un ouvrage ▸ **apêndice**
appendicite *nf* Inflammation de l'appendice intestinal ▸ **apendicite**
appentis [apɑ̃ti] *nm* **1** Petit toit à une seule pente ▸ **meia-água** **2** Petit bâtiment adossé contre un grand ▸ **anexo**
appesantir *vt* LITT Rendre pesant, alourdir ▸ **agravar** ◆ **s'appesantir** *vpr* [sur] Insister sur ▸ **insistir**
appétence *nf* LITT Envie, désir ▸ **apetência**
appétissant, e *adj* Qui excite l'appétit, le désir ▸ **apetitoso**
appétit *nm* **1** Désir de manger ▸ **apetite** **2** Vif désir de quelque chose; *appétit sexuel; appétit de connaissances* ▸ **apetite** ■ **bon appétit!:** souhait adressé avant le repas ▸ **bom apetite**
applaudir *vt* Battre des mains en signe d'approbation ▸ **aplaudir** ◆ *vt ind* [à] Approuver entièrement ▸ **aplaudir**
EMPLOI *Applaudir des deux mains* est un pléonasme couramment utilisé pour marquer l'intensité
applaudissement *nm* Battement de mains en signe d'approbation, d'enthousiasme ▸ **aplauso**
applicable *adj* Qui doit ou peut être appliqué ▸ **aplicável**
applicateur *adj m et nm* Se dit d'un dispositif qui permet d'étaler directement un produit sur une surface: *bouchon applicateur* ▸ **aplicador**
application *nf* **1** Action de poser une chose sur une autre: *l'application d'un papier peint sur un mur* ▸ **aplicação** **2** FIG Mise en pratique: *application d'un tarif, d'une théorie* ▸ **aplicação** **3** Soin, attention soutenue: *travailler avec application* ▸ **aplicação** **4** INFORM Programme créé pour faciliter l'exécution d'une tâche précise ▸ **aplicativo**
applique *nf* Appareil d'éclairage fixé au mur ▸ **aplique**
appliqué, e *adj* **1** Qui manifeste du soin, une attention soutenue: *élève, écriture appliquée* ▸ **aplicado** **2** Se dit d'une activité, d'une science qui a des applications concrètes ▸ **aplicado**
appliquer *vt* **1** Mettre une chose sur une autre: *appliquer une pommade* ▸ **aplicar** **2** Mettre en œuvre, en pratique: *appliquer une théorie* ▸ **aplicar** ◆ **s'appliquer** *vpr* **1** Mettre toute son attention: *s'appliquer à bien faire* ▸ **aplicar-se** **2** Convenir, correspondre: *cela s'applique à ton cas* ▸ **aplicar-se**
appoint *nm* Menue monnaie complétant une somme: *faire l'appoint* ▸ **trocado** ■ **d'appoint:** qui s'ajoute à quelque chose, pour le compléter: *chauffage d'appoint* ▸ **suplementar**
appointements *nm pl* Rémunération fixe pour un emploi ▸ **vencimentos, salário**
appointer *vt* Verser des appointements: *appointer un employé* ▸ **pagar o salário**

appontement *nm* Plate-forme fixe pour le chargement et le déchargement des navires ▸ **doca**

apport *nm* **1** Action d'apporter ▸ **trazida 2** Ce qui est apporté, part, contribution: *l'apport des civilisations grecque et latine* ▸ **aporte**

apporter *vt* **1** Porter à un endroit, porter avec soi: *apportez-moi ce livre* ▸ **trazer 2** Fournir, donner: *apporter des preuves* ▸ **fornecer 3** Produire un résultat, un effet: *apporter un soulagement* ▸ **trazer**

apposer *vt* Appliquer, mettre: *apposer sa signature; apposer des scellés* ▸ **apor**

apposition *nf* **1** Action d'apposer ▸ **aposição 2** GRAMM Mot ou groupe de mots qui, placé à côté d'un nom ou d'un pronom, le qualifie en le précisant (EX: *Paris, capitale de la France*) ▸ **aposto**

appréciable *adj* Assez important, sensible: *progrès appréciable* ▸ **apreciável**

appréciateur, trice *n* Qui apprécie: *en bon appréciateur des choses* ▸ **apreciador**

appréciation *nf* **1** Action d'apprécier; évaluation: *l'appréciation d'une prestation* ▸ **apreciação 2** Jugement; indication écrite de ce jugement: *avoir de bonnes appréciations dans son cahier* ▸ **apreciação**

apprécier *vt* **1** Évaluer, estimer, déterminer une mesure, une quantité, un prix: *savoir apprécier les distances* ▸ **apreciar 2** Juger comme étant bon, aimer: *apprécier un bon repas* ▸ **apreciar ◆ s'apprécier** *vpr* En parlant d'une monnaie, prendre de la valeur par rapport à une autre ▸ **valorizar-se**

appréhender *vt* **1** Procéder à l'arrestation de: *appréhender un malfaiteur* ▸ **prender 2** Craindre, redouter: *j'appréhende de le voir* ▸ **apreender-se 3** LITT Comprendre, saisir intellectuellement: *appréhender la réalité* ▸ **apreender**

appréhension *nf* Crainte vague ▸ **apreensão**

apprenant, e *n* Personne qui suit un enseignement ▸ **aluno**

apprendre *vt (conj 54)* **1** Acquérir des connaissances, une pratique; recevoir une information que l'on ignorait: *apprendre un métier; j'ai appris la nouvelle* ▸ **aprender, saber 2** Faire acquérir des connaissances, enseigner, informer: *son professeur lui apprend l'anglais; apprendre une nouvelle à quelqu'un* ▸ **ensinar**

apprenti, e *n* Personne qui apprend un métier, une profession ▸ **aprendiz ▪ apprenti sorcier:** celui qui déchaîne des forces qu'il ne pourra pas contrôler ▸ **aprendiz de feiticeiro**

apprentissage *nm* **1** Formation professionnelle ▸ **aprendizado 2** Temps pendant lequel on est apprenti ▸ **aprendizado ▪ faire l'apprentissage de:** s'exercer, s'habituer à ▸ **iniciar-se em**

apprêt *nm* **1** Traitement que l'on fait subir à certaines matières premières (cuirs, tissus, etc.) ▸ **preparo 2** Enduit appliqué sur une surface à peindre ▸ **base**

apprêté, e *adj* Dépourvu de simplicité, de naturel; affecté: *style apprêté* ▸ **estudado**

apprêter *vt* Soumettre à un apprêt ▸ **preparar ◆ s'apprêter** *vpr* **1** Se préparer, se disposer à ▸ **preparar-se 2** S'habiller: *s'apprêter pour sortir* ▸ **aprontar-se**

apprivoisement *nm* Action d'apprivoiser ▸ **domesticação**

apprivoiser *vt* **1** Rendre un animal moins sauvage, domestiquer ▸ **domesticar 2** FIG Rendre une personne plus sociable ▸ **domesticar ◆ s'apprivoiser** *vpr* Devenir moins farouche ▸ **domesticar-se**

approbateur, trice *adj et n* Qui approuve: *un silence approbateur* ▸ **aprovador**

approbatif, ive *adj* Qui marque l'approbation: *geste approbatif* ▸ **aprobativo**

approbation *nf* Action d'approuver; accord ▸ **aprovação**

approchant, e *adj* Voisin, presque semblable ▸ **próximo**

approche *nf* **1** Fait d'approcher, de s'approcher: *l'approche de l'hiver* ▸ **aproximação 2** Manière d'aborder un sujet, un problème ▸ **abordagem ▪ travaux d'approche:** démarches intéressées auprès de quelqu'un ▸ **trabalho de aproximação**

approché, e *adj* Proche de ce qui est exact ▸ **aproximado**

approcher *vt* **1** Mettre près ou plus près de: *approcher une chaise* ▸ **aproximar 2** Avoir accès auprès de quelqu'un: *une célébrité qu'on ne peut approcher* ▸ **aproximar-se de ◆** *vt ind* [de] Être près d'atteindre: *approcher de la maison; approcher de la soixantaine* ▸ **aproximar-se ◆** *vi* Être proche dans le temps: *l'hiver approche* ▸ **aproximar-se ◆ s'approcher** *vpr* [de] Venir près de ▸ **aproximar-se**

approfondir *vt* **1** Rendre plus profond ▸ **aprofundar 2** FIG Examiner, étudier plus avant ▸ **aprofundar**

approfondissement *nm* Action d'approfondir ▸ **aprofundamento**

appropriation *nf* Action de s'approprier ▸ **apropriação**

approprié, e *adj* Qui convient; juste, pertinent: *traitement approprié* ▸ **apropriado**

approprier *vt* Adapter à une fonction, rendre propre à: *approprier son discours aux circonstances* ▸ **apropriar ◆ s'approprier** *vpr* S'attribuer: *s'approprier un objet* ▸ **apropriar-se**

approuver *vt* **1** Considérer comme juste, louable: *approuver la présence de quelqu'un* ► **aprovar** **2** Donner raison à: *approuver quelqu'un dans ses choix* ► **aprovar** **3** Autoriser par une décision: *approuver un budget* ► **aprovar**

approvisionnement *nm* Action d'approvisionner, fourniture des choses nécessaires ► **aprovisionamento**

approvisionner *vt* Fournir de provisions, de choses nécessaires ► **aprovisionar** ◇ *vpr*: *s'approvisionner en essence* ► **aprovisionar-se**

approximatif, ive *adj* **1** Fait par approximation: *calcul approximatif* ► **aproximado** **2** Imprécis: *avoir une idée approximative de la situation* ► **aproximado**

approximation *nf* **1** Estimation, évaluation approchée d'une grandeur ► **aproximação** **2** Approche incorrecte, imprécise de la réalité ► **estimativa**

appui *nm* **1** Soutien, support ► **apoio** **2** Aide, protection ► **apoio** ■ **à l'appui (de)**: pour servir de confirmation à ► **em apoio (a)**

appuie-bras (pl inv) ou **appui-bras** (pl *appuis-bras*) *nm* Support pour le bras dans un véhicule, un avion ► **apoio de braço**

appuie-tête (pl inv) ou **appui-tête** (pl *appuis-tête*) *nm* Support pour la nuque adapté au dossier d'un siège ► **apoio para cabeça**

appuyer *vt (conj 3)* **1** Placer une chose contre une autre qui lui sert de support: *appuyer une échelle contre un mur* ► **apoiar** **2** FIG Soutenir, encourager: *appuyer une candidature* ► **apoiar** ◆ *vi* **1** Exercer une pression sur: *appuyer sur la pédale* ► **pressionar** **2** FIG Insister avec force: *appuyer sur les mots importants* ► **insistir** ◆ **s'appuyer** *vpr* [à, sur, contre] **1** Se servir de quelque chose comme d'un support, d'un soutien: *s'appuyer sur une balustrade* ► **apoiar-se** **2** FIG Se fonder sur: *s'appuyer sur des faits* ► **apoiar-se**

âpre *adj* **1** Rude au goût: *un fruit âpre* ► **áspero** **2** FIG Dur, violent: *ton âpre* ► **áspero** ■ **âpre au gain:** avide d'argent ► **ganancioso**

âprement *adv* Avec âpreté ► **asperamente**

après *prép et adv* Marque la postériorité **1** Dans le temps: *après dîner* ► **depois (de)** **2** Dans un ordre: *se classer après lui* ► **depois (de)** **3** Dans l'espace: *la rue après le carrefour* ► **depois (de)** ■ **d'après:** suivant: *le jour d'après* ► **seguinte** □ **et après!** qu'est-ce que ça peut faire? ► **e daí?** □ FAM **être après:** s'acharner sur ► **ficar atrás de** ◆ **après que** *loc conj* (+ ind) Une fois que ► **depois de** ◆ **d'après** *loc prép* À l'imitation de, selon: *peindre d'après nature; d'après lui, tout va bien* ► **segundo**

GRAMMAIRE Bien que le subjonctif soit courant derrière *après que*, c'est l'indicatif qui est le plus logique car il indique que l'action a eu lieu effectivement

après-demain *adv* Le second jour après celui où l'on est ► **depois de amanhã**

après-guerre (pl *après-guerres*) *nm ou nf* Période qui suit une guerre ► **pós-guerra**

après-midi *nm inv ou nf inv* Partie du jour depuis midi jusqu'au soir ► **tarde**

après-rasage (pl *après-rasages*) *adj inv et nm* Se dit d'une lotion que l'on passe sur la peau pour calmer le feu du rasoir ► **(loção) pós-barba**

après-ski (pl *après-skis*) *nm* Chaussure chaude portée à la montagne lorsqu'on ne skie pas ► **botas de neve**

après-soleil (pl *après-soleils*) *adj inv et nm* Se dit d'un produit cosmétique servant à hydrater la peau après une exposition au soleil: *lait après-soleil* ► **(loção) pós-sol**

après-vente *adj inv* ► **pós-venda** ■ **service après-vente:** qui assure l'installation, l'entretien et la réparation d'un appareil, d'un véhicule, etc. ► **assistência técnica**

âpreté *nf* Caractère âpre, dur, violent ► **aspereza**

a priori *loc adv et adj inv* **1** En se fondant sur des données admises avant toute expérience; CONTR: *a posteriori* ► ***a priori*** **2** Au premier abord ► ***a priori*** ◆ *nm inv* Préjugé qui ne tient pas compte des réalités: *avoir des a priori* ► **preconceito**

apr. J.-C. (abréviation) Après Jésus-Christ ► **d.C.**

à-propos *nm inv* Pertinence de ce qui vient juste au moment convenable ► **a propósito**

apside *nf* ASTRON Point de l'orbite d'un astre gravitant autour d'un autre où la distance des deux astres est maximale ou minimale ► **apside**

apte *adj* [à] Qui a des dispositions pour, capable de: *être jugé apte à faire quelque chose* ► **apto**

aptère *adj* ZOOL Sans ailes: *le pou est un insecte aptère* ► **áptero**

aptéryx *nm* Oiseau de Nouvelle-Zélande dont les ailes sont presque inexistantes ► **aptérige**

aptitude *nf* Disposition naturelle; capacité: *avoir une aptitude au calcul, pour les mathématiques* ► **aptidão**

GRAMMAIRE On a une *aptitude* à ou *pour*, on est *apte à*

apurement *nm* Vérification définitive d'un compte ► **conferência**

apurer *vt* Vérifier et arrêter définitivement un compte ► **conferir**

aquaculture ou **aquiculture** *nf* Élevage des animaux aquatiques et culture des plantes aquatiques ► **aquicultura**

aquafortiste *n* Graveur à l'eau-forte ▶ **água-fortista**
Aquagym [akwaʒim] *nf* (nom déposé) Gymnastique aquatique ▶ **hidroginástica**
aquaplane *nm* Planche tirée sur l'eau par un bateau à moteur et sur laquelle on se tient debout ▶ **aquaplano**
aquaplaning [akwaplaniŋ] *nm* (anglicisme) Perte d'adhérence d'un véhicule, due à la présence d'une mince pellicule d'eau entre la chaussée et les pneus (recommandation officielle: *aquaplanage*) ▶ **aquaplanagem**
aquarelle *nf* Peinture légère à délayer à l'eau; œuvre ainsi exécutée ▶ **aquarela**
aquarelliste *n* Peintre à l'aquarelle ▶ **aquarelista**
aquarium [akwarjɔm] *nm* Réservoir d'eau douce ou d'eau salée dans lequel on entretient des plantes aquatiques, des poissons, etc. ▶ **aquário**
aquatinte *nf* Gravure imitant le dessin au lavis ▶ **água-tinta**
aquatique *adj* **1** Qui croît, vit dans l'eau: *plante aquatique* ▶ **aquático** **2** Où il y a de l'eau: *paysage aquatique* ▶ **aquático**
aquavit [akwavit] *nm* Eau-de-vie des pays nordiques parfumée par diverses substances végétales ▶ **aquavita**
aqueduc *nm* Canal qui capte l'eau potable et la conduit d'un lieu à un autre; pont supportant ce canal ▶ **aqueduto**
aqueux, euse *adj* **1** De la nature de l'eau ▶ **aquoso** **2** Qui contient de l'eau ▶ **aquoso**
aquilin *adj m* ▶ **aquilino** ■ **nez aquilin:** en bec d'aigle ▶ **nariz aquilino**
aquilon *nm* POÉT Vent du nord ▶ **aquilão**
ara *nm* Grand perroquet d'Amérique latine au plumage vivement coloré ▶ **arara**
arabe *adj et n* Relatif aux peuples parlant l'arabe: *les Arabes* ▶ **árabe** ■ **chiffres arabes:** ensemble de dix signes (de 0 à 9) utilisés pour représenter les nombres (par opposition aux *chiffres romains*) ▶ **algarismos arábicos** ♦ *nm* Langue sémitique parlée principalement en Afrique du Nord, au Proche-Orient et en Arabie ▶ **árabe**
arabesque *nf* **1** Ornement peint ou sculpté fondé sur la répétition symétrique de motifs végétaux stylisés ▶ **arabesco** **2** Ligne sinueuse ▶ **ondulação** **3** Figure d'équilibre de la danse ▶ ***arabesque***
arabica *nm* Caféier originaire d'Arabie ▶ **café arábica**
arabique *adj* De l'Arabie ▶ **árabe**
arabisant, e *n* Personne qui étudie la langue, la civilisation arabe ▶ **arabista**
arabisation *nf* Action d'arabiser ▶ **arabização**
arabiser *vt* Donner un caractère arabe à ▶ **arabizar**
arable *adj* Labourable ▶ **arável**
arabophone *adj et n* De langue arabe ▶ **arabófono**
arachide *nf* Plante oléagineuse dont la graine ou *cacahuète* fournit de l'huile ▶ **amendoim**
arachnéen, enne [arakneɛ̃, ɛn] *adj* **1** Propre à l'araignée ▶ **aranhento** **2** FIG Qui a la légèreté de la toile d'araignée ▶ **delicado**
arachnide [araknid] *nm* Animal terrestre à quatre paires de pattes locomotrices, tel que l'araignée ou le scorpion (les arachnides forment une classe) ▶ **aracnídeo**
arachnoïde [araknɔid] *nf* ANAT Membrane très ténue qui enveloppe le cerveau ▶ **aracnoide**
araignée *nf* **1** Animal à huit pattes et à l'abdomen non segmenté ▶ **aranha** **2** Filet ténu à mailles carrées pour la pêche ▶ **rede de pesca** **3** En boucherie, morceau de bœuf ▶ **coxão mole** ■ **araignée de mer:** crabe épineux aux longues pattes ▶ **santola**
araire *nm* Instrument de labour qui rejette la terre de part et d'autre du sillon ▶ **arado**
arasement *nm* Action d'araser ▶ **nivelamento**
araser *vt* **1** Mettre de niveau les assises d'une construction ▶ **nivelar** **2** Réduire l'épaisseur d'une pièce à emboîter ▶ **desbastar**
aratoire *adj* Qui concerne le travail de la terre ▶ **aratório**
araucaria *nm* Arbre d'Amérique du Sud et d'Océanie, souvent cultivé dans les parcs européens ▶ **araucária**
arbalète *nf* Arme composée d'un arc d'acier monté sur un fût et se bandant avec un ressort ▶ **besta**
arbalétrier *nm* Soldat armé d'une arbalète ▶ **besteiro**
arbitrage *nm* **1** Action d'arbitrer ▶ **arbitragem** **2** Règlement d'un litige par un arbitre; sentence ainsi rendue ▶ **arbitragem** **3** Opération de Bourse, consistant à tirer profit des différences de cours existant au même moment sur plusieurs marchés ▶ **arbitragem de câmbio**
arbitraire *adj* **1** Qui dépend de la seule volonté, souvent aux dépens de la raison: *choix arbitraire* ▶ **arbitrário** **2** Sans aucune considération de justice, d'équité; injustifié: *arrestation arbitraire* ▶ **arbitrário** ♦ *nm* Autorité qui n'est soumise à aucune règle ▶ **arbitrariedade**
arbitrairement *adv* D'une manière arbitraire ▶ **arbitrariamente**

arbitre *nm* **1** Personne choisie par les parties intéressées pour trancher un différend ▸ **árbitro** **2** Personne dont l'autorité et la compétence sont suffisantes pour pouvoir juger, décider de quelque chose: *arbitre de la mode* ▸ **árbitro** **3** Personne chargée de faire appliquer les règles d'un sport, d'un jeu ▸ **árbitro** ▪ **libre arbitre:** faculté qu'a la volonté de choisir, de se déterminer en toute liberté ▸ **livre-arbítrio**

arbitrer *vt* Juger ou contrôler en tant qu'arbitre ▸ **arbitrar**

arborer *vt* **1** Planter, hisser, déployer: *arborer un drapeau* ▸ **arvorar** **2** Porter avec ostentation: *arborer une décoration* ▸ **arvorar**

arborescence *nf* **1** Forme arborescente: *les arborescences du givre* ▸ **arborescência** **2** INFORM Structure de graphe comportant un sommet origine relié à tous les autres par des chemins uniques ▸ **árvore**

arborescent, e *adj* Qui a la forme d'un arbre: *fougère arborescente* ▸ **arborescente**

arboricole *adj* **1** Qui vit dans les arbres ▸ **arborícola** **2** Relatif à l'arboriculture ▸ **arborícola**

arboriculteur, trice *n* Personne qui s'occupe d'arboriculture ▸ **arboricultor**

arboriculture *nf* Culture des arbres, en particulier des arbres fruitiers ▸ **arboricultura**

arborisation *nf* Dessin naturel représentant des ramifications ▸ **arborização**

arbouse *nf* Fruit de l'arbousier ▸ **medronho**

arbousier *nm* Arbrisseau du Midi, à fruits rouges comestibles ▸ **medronheiro**

arbre *nm* **1** Végétal ligneux dont la tige ou tronc, fixée au sol par ses racines, est nue à la base et chargée de branches et de feuilles à partir d'une certaine hauteur: *arbre fruitier* ▸ **árvore** **2** MÉCAN Axe servant à transmettre un mouvement: *arbre à cames* ▸ **árvore** ▪ **arbre généalogique:** tableau montrant, par ses ramifications, la filiation dans une famille ▸ **árvore genealógica**

arbrisseau *nm* Petit arbre qui se ramifie dès sa base ▸ **arbusto**

arbuste *nm* Petit arbre ▸ **arbusto**

arbustif, ive *adj* **1** Relatif à l'arbuste ▸ **arbustivo** **2** Composé d'arbustes ▸ **arbustivo**

arc *nm* **1** Arme servant à lancer des flèches ▸ **arco** **2** Objet, forme, ligne décrivant une portion de courbe: *arc de cercle; arc des sourcils* ▸ **arco** **3** ARCHIT Partie d'une construction décrivant une ou plusieurs courbes au-dessus d'un espace: *arc ogival* ▸ **arco** ▪ **arc de triomphe:** monument en forme d'arc, orné d'inscriptions et de sculptures ▸ **arco de triunfo** □ FIG **avoir plusieurs cordes à son arc:** avoir de nombreuses ressources pour réussir ▸ **ter muitas cartas na manga**

arcade *nf* Ensemble de piliers ou de colonnes laissant entre eux une ouverture dont la partie supérieure est en forme d'arc: *les arcades de la rue de Rivoli, à Paris* ▸ **arcada** ▪ **arcade sourcilière:** proéminence située à la base de l'os frontal et au-dessus de chaque orbite ▸ **arcada superciliar**

arcanes *nm pl* LITT Secrets, mystères: *les arcanes de la politique* ▸ **arcano**

arc-boutant (pl *arcs-boutants*) *nm* Pilier qui se termine en demi-arc, et qui sert à soutenir un mur, une voûte ▸ **arcobotante**

arc-bouter *vt* Soutenir par un arc-boutant ▸ **escorar** ◆ **s'arc-bouter** *vpr* Prendre fermement appui pour exercer un effort de résistance ▸ **firmar-se**

arceau *nm* **1** Partie cintrée d'une voûte ▸ **arco** **2** Objet en forme de demi-cercle ▸ **arco**

arc-en-ciel (pl *arcs-en-ciel*) *nm* Phénomène lumineux en forme d'arc, parfois visible dans le ciel pendant une averse et qui présente les couleurs du spectre solaire ▸ **arco-íris**

PHONÉTIQUE On notera que la liaison entre *arc* et *en* est maintenue au pluriel, malgré le *s* de *arcs*: *des arcs-en-ciel* [arkɑ̃sjel]

archaïque [arkaik] *adj* Ancien, désuet: *tournure de langage archaïque* ▸ **arcaico**

archaïsme [arkaism] *nm* **1** Mot, tour de phrase vieilli ▸ **arcaísmo** **2** Caractère de ce qui est ancien, périmé ▸ **arcaísmo**

archange [arkɑ̃ʒ] *nm* Ange d'un ordre supérieur: *l'archange Gabriel* ▸ **arcanjo**

arche *nf* Voûte en arc: *arche de pont* ▸ **arco** ▪ **arche de Noé:** grand bateau que Noé, sur l'ordre de Dieu, construisit pour échapper au Déluge, selon la Bible ▸ **arca de Noé**

archéologie [arkeɔlɔʒi] *nf* Étude scientifique des civilisations passées, grâce aux monuments et objets qui en subsistent ▸ **arqueologia**

archéologique *adj* Relatif à l'archéologie: *fouilles archéologiques* ▸ **arqueológico**

archéologue *n* Spécialiste d'archéologie ▸ **arqueólogo**

archéoptéryx [arkeɔpteriks] *nm* Oiseau fossile de l'ère secondaire associant des caractères d'oiseau et de reptile ▸ **arqueópterix**

archer *nm* Tireur à l'arc ▸ **arqueiro**

archet *nm* Baguette tendue de crins et qui sert à jouer de certains instruments à cordes (violon, violoncelle, etc.) ▸ **arco**

archétype [arketip] *nm* Modèle primitif, idéal ▸ **arquétipo**

archevêché *nm* Étendue de la juridiction d'un archevêque; sa résidence ▸ **arcebispado**
archevêque *nm* Premier évêque d'une province ecclésiastique comprenant plusieurs diocèses ▸ **arcebispo**
archidiacre *nm* Vicaire général qui administre une partie de diocèse ▸ **arcediago**
archiduc *nm* Titre des princes de la maison d'Autriche ▸ **arquiduque**
archiduchesse *nf* Princesse de la maison d'Autriche ▸ **arquiduquesa**
archiépiscopal, e, aux *adj* Relatif à l'archevêque ▸ **arquiepiscopal**
archimandrite *nm* **1** Autrefois, titre des supérieurs de quelques monastères grecs ▸ **arquimandrita 2** Aujourd'hui, titre honorifique conféré à un moine orthodoxe ▸ **arquimandrita**
archipel *nm* Groupe d'îles ▸ **arquipélago**
architecte *n* Personne qui conçoit et réalise des édifices et en dirige l'exécution ▸ **arquiteto**
architectonique *nf* Ensemble des règles techniques propres à l'architecture; PAR EXT organisation, structure d'une œuvre ▸ **arquitetura**
architectural, e, aux *adj* Relatif à l'architecture ▸ **arquitetônico**
architecture *nf* **1** Art de concevoir, construire et orner les édifices ▸ **arquitetura 2** FIG Structure, organisation d'un ensemble: *architecture d'une œuvre musicale* ▸ **arquitetura**
architrave *nf* ARCHIT Partie inférieure d'un entablement, reposant directement sur les supports ▸ **arquitrave**
archivage *nm* Action d'archiver ▸ **arquivamento**
archiver *vt* Classer dans des archives ▸ **arquivar**
archives *nf pl* Ensemble de documents (pièces manuscrites, imprimés, etc.) qui proviennent d'une collectivité, d'une famille, d'une personne, etc.; lieu où on les garde ▸ **arquivo**
archiviste *n* Personne qui a la charge d'archives ▸ **arquivista**
archivolte *nf* ARCHIT Face verticale à moulures d'un arc ▸ **arquivolta**
archonte [arkɔ̃t] *nm* Premier magistrat des cités grecques anciennes ▸ **arconte**
arçon *nm* **1** Armature de la selle d'un cheval formée de deux pièces de métal reliées entre elles ▸ **arção 2** Rameau de vigne courbé en arc ▸ **sarmento arqueado**
arctique *adj* Du pôle Nord et des régions voisines ▸ **ártico**
ardéchois, e *adj et n* De l'Ardèche ▸ **de Ardèche**
ardemment [ardamɑ̃] *adv* Avec ardeur ▸ **ardorosamente**
ardennais, e *adj et n* Des Ardennes ▸ **ardenês**
ardent, e *adj* **1** Chaud, brûlant: *soleil ardent* ▸ **ardente 2** FIG Vif, passionné ▸ **ardente ■ ardent à:** empressé à ▸ **ávido de, por**
ardeur *nf* Force qui porte à faire quelque chose; empressement, enthousiasme ▸ **ardor**
ardillon *nm* Pointe de métal d'une boucle de ceinture pour arrêter la courroie ▸ **fuzilão**
ardoise *nf* **1** Roche schisteuse, grise ou noire, servant à couvrir les toits ▸ **ardósia 2** Tablette sur laquelle on écrit ou on dessine à la craie ▸ **lousa ■** FAM **avoir une ardoise chez quelqu'un:** lui devoir de l'argent ▸ **ter dívida com alguém**
ardoisé, e *adj* De la couleur de l'ardoise ▸ **cor de ardósia**
ardoisier, ère *adj* De la nature de l'ardoise ▸ **ardosiano**
ardoisière *nf* Carrière d'ardoise ▸ **ardosieira**
ardu, e *adj* Difficile, compliqué ▸ **árduo**
are *nm* Surface agraire qui vaut 100 mètres carrés; symb: a ▸ **are**
arec ou **aréquier** *nm* Palmier des régions chaudes de l'Asie du Sud-Est dont le fruit, la *noix d'arec*, contient une amande ▸ **arequeira**
aréique *adj* GÉOGR Se dit d'une région, d'un sol privés d'écoulement régulier des eaux ▸ **desértico**
arène *nf* **1** Espace sablé, au centre d'un amphithéâtre ▸ **arena 2** GÉOL Sable formé de gros éléments ▸ **saibro 3** FIG Espace public où s'affrontent des courants d'idées: *arène politique* ▸ **arena ◆ arènes** *pl* **1** Amphithéâtre antique: *les arènes de Nîmes* ▸ **arena 2** Édifice de construction analogue aménagé pour les courses de taureaux ▸ **arena**
arénicole *adj* Se dit d'un animal qui vit dans le sable ▸ **arenícola**
aréole *nf* **1** Cercle rougeâtre qui entoure un point inflammatoire ▸ **aréola 2** Cercle pigmenté qui entoure le mamelon du sein ▸ **aréola**
aréomètre *nm* Instrument qui sert à déterminer la densité des liquides ▸ **areômetro**
aréopage *nm* **1** (avec une majuscule) Ancien tribunal d'Athènes ▸ **areópago 2** LITT Réunion de gens savants, particulièrement compétents ▸ **areópago**
aréquier *nm* → **arec**
arête *nf* **1** Os du squelette de certains poissons ▸ **espinha 2** Angle saillant, en particulier d'un rocher: *une arête rocheuse; l'arête d'un toit* ▸ **aresta 3** Ligne qui sépare les deux versants d'une montagne ▸ **linha de crista**
arêtier *nm* Pièce de charpente, qui forme l'encoignure d'un comble ▸ **espigão**

argan *nm* Fruit de l'arganier ▸ **argânia** ▪ **huile d'argan:** extraite du noyau de l'argan et utilisée en cosmétologie et en cuisine ▸ **óleo de argânia**

arganier *nm* Arbre épineux du Sud marocain, aux feuilles et fruits consommés par les ruminants ▸ **argânia**

argent *nm* **1** Métal blanc, brillant, inaltérable; symb: Ag ▸ **prata 2** Monnaie en pièces ou en billets; richesse qu'elle représente: *avoir de l'argent sur son compte en banque* ▸ **dinheiro**

argentan *nm* Alliage de cuivre, de nickel et de zinc ▸ **argentão, alpaca**

argenté, e *adj* **1** Qui a la couleur ou l'éclat gris de l'argent ▸ **prateado 2** Recouvert d'argent ▸ **prateado**

argenterie *nf* Vaisselle, couverts en argent ou en métal argenté ▸ **prataria**

argentier *nm* ▪ FAM **grand argentier:** ministre des Finances ▸ **ministro da Fazenda**

argentifère *adj* Qui renferme de l'argent: *plomb argentifère* ▸ **argentífero**

argentin, e *adj et n* De l'Argentine: *les Argentins* ▸ **argentino**

argenture *nf* Dépôt d'une couche d'argent à la surface d'un objet ▸ **prateação**

argile *nf* Roche sédimentaire tendre, absorbant l'eau et devenant alors une pâte imperméable ▸ **argila**

argileux, euse *adj* Qui contient de l'argile ▸ **argiloso**

argon *nm* Gaz qui entre pour un centième dans la composition de l'air; symb: Ar ▸ **argônio**

argonaute *nm* Mollusque des mers chaudes ▸ **argonauta**

argot *nm* **1** Vocabulaire particulier à un groupe, à une profession, à une classe sociale: *argot sportif* ▸ **jargão 2** Langage des malfaiteurs, du milieu ▸ **gíria**

argotique *adj* Propre à l'argot ▸ **giriesco**

argotisme *nm* Mot, tournure argotique ▸ **gíria**

arguer [argɥe] ou [arge] *vt* LITT Tirer comme conséquence, déduire: *que peut-on arguer de ce témoignage?* ▸ **deduzir** ◆ *vt ind* [de] Prétexter de: *arguer de ses relations* ▸ **alegar**

argument *nm* **1** Preuve, raison donnée à l'appui d'une affirmation ▸ **argumento 2** Résumé du thème d'une œuvre littéraire ▸ **argumento**

argumentaire *nm* Ensemble, liste d'arguments de vente ou venant à l'appui d'une opinion ▸ **argumento de venda**

argumentation *nf* **1** Action, art d'argumenter ▸ **argumentação 2** Ensemble d'arguments ▸ **argumentação**

argumenter *vi* Présenter des arguments pour appuyer une opinion, une démarche: *argumenter contre les juges* ▸ **argumentar** ◆ *vt* Appuyer une thèse sur des arguments: *argumenter une démonstration* ▸ **sustentar**

argus [argys] *nm* Publication spécialisée qui fournit des renseignements précis, chiffrés, notamment sur certaines transactions: *l'argus de l'automobile* ▸ **publicação especializada**

argutie [argysi] *nf* Raisonnement d'une subtilité excessive ▸ **argúcia**

aria *nf* Mélodie vocale ou instrumentale, avec accompagnement ▸ **ária**

aride *adj* **1** Sec, stérile: *sol aride* ▸ **árido 2** FIG Difficile: *sujet aride* ▸ **árido**

aridité *nf* Sécheresse, stérilité: *aridité d'une terre* ▸ **aridez**

ariégois, e *adj et n* De l'Ariège ▸ **de Ariège**

arien, enne *adj et n* Partisan de la doctrine d'Arius qui niait la divinité du Christ ▸ **ariano**

ariette *nf* Mélodie assez courte et de caractère gracieux ▸ **arieta**

aristocrate *n et adj* Membre de l'aristocratie ▸ **aristocrata**

aristocratie *nf* **1** Classe des nobles ▸ **aristocracia 2** Gouvernement des nobles ▸ **aristocracia 3** LITT Élite ▸ **aristocracia**

aristocratique *adj* **1** De l'aristocratie ▸ **aristocrático 2** Distingué, raffiné, digne d'un aristocrate ▸ **aristocrático**

aristoloche *nf* Plante vivace, toxique, du Midi, cultivée pour recouvrir les tonnelles ▸ **aristolóquia**

aristotélicien, enne *adj* Qui relève de la philosophie d'Aristote ▸ **aristotélico**

arithméticien, enne *n* Spécialiste d'arithmétique ▸ **aritmético**

arithmétique *nf* **1** Science des nombres ▸ **aritmética 2** Art de calculer ▸ **aritmética** ◆ *adj* Fondé sur la science des nombres ▸ **aritmético**

arlequin *nm* Personnage de comédie au vêtement formé de pièces de diverses couleurs ▸ **arlequim**

arlésien, ienne *adj et n* D'Arles ▸ **arlesiano** ▪ **l'Arlésienne:** personne ou chose dont on parle beaucoup et qu'on ne voit jamais ▸ **cabeça de bacalhau**

armada *nf* Grand nombre de personnes ou de choses ▸ **multidão**

armagnac *nm* Eau-de-vie d'Armagnac ▸ **armanhaque**

armateur *nm* Personne qui équipe et exploite un navire ▸ **armador**

armature *nf* **1** Assemblage de pièces formant le support ou la partie essentielle d'un objet, d'un ouvrage, d'un appareil: *soutien-gorge à armature* ► **armação** **2** FIG Ce qui sert de base, de soutien ► **armação**

arme *nf* **1** Instrument qui sert à attaquer ou à se défendre: *arme blanche; arme à feu* ► **arma** **2** FIG Moyen de lutte: *avoir pour seule arme sa patience* ► **arma** **3** MIL Chacun des corps de l'armée de terre (infanterie, artillerie, blindés) ► **arma** ■ FAM **passer l'arme à gauche:** mourir ► **bater as botas** ◆ **armes** *pl* Emblèmes figurés sur l'écu: *les armes de Paris* ► **armas** ■ **faire ses premières armes:** débuter dans une carrière ► **dar os primeiros passos** □ **fait d'armes:** trait de bravoure ► **façanha** □ **passer par les armes:** fusiller ► **passar pelas armas**

armé, e *adj* **1** Muni d'armes ► **armado** **2** Pourvu d'une armature de métal: *béton armé* ► **armado**

armée *nf* **1** Ensemble des forces militaires d'une nation; subdivision de ces forces: *armée de l'air, de terre* ► **exército** **2** Grande quantité, foule: *une armée de supporters* ► **exército**
ORTHOGRAPHE On écrit: *corps, général d'* armée; *groupe, commandant d'* armées; *la Grande* Armée; *l'* Armée rouge; l'Armée du salut

armement *nm* **1** Action d'armer ► **armação** **2** Ensemble des armes: *armement moderne* ► **armamento** **3** Équipement d'un navire ► **armamento**

arménien, enne *adj et n* D'Arménie: *les Arméniens* ► **armênio**

armer *vt* **1** Pourvoir d'armes: *armer une forteresse* ► **armar** **2** Lever des troupes: *armer cent mille hommes* ► **armar** **3** Équiper un navire ► **armar** **4** Tendre le ressort d'un mécanisme: *armer un appareil photo* ► **armar** **5** FIG Donner à quelqu'un les moyens d'affronter une situation, d'y faire face: *être armé pour trouver un emploi* ► **preparar** ◆ **s'armer** *vpr* [de] Se munir de: *s'armer de patience* ► **armar-se**

armistice *nm* Convention par laquelle des belligérants suspendent les hostilités sans mettre fin à l'état de guerre ► **armistício**

armoire *nf* Meuble de rangement à tablettes fermé par une ou des portes ► **armário** ■ FAM **armoire à glace:** personne de large carrure ► **armário**

armoiries *nf pl* Ensemble des signes, devises et ornements de l'écu d'un État, d'une ville, d'une famille ► **brasão**

armoise *nf* Plante aromatique ► **artemísia**

armoricain, e *adj et n* De l'Armorique ► **armórico**

armorier *vt* Orner d'armoiries ► **armoriar**

armure *nf* **1** Ensemble des défenses métalliques (cuirasse, casque, etc.) qui protégeaient le corps d'un guerrier au Moyen Âge ► **armadura** **2** Mode d'entrelacement des fils d'un tissu ► **contextura**

armurerie *nf* Atelier ou magasin d'armurier ► **oficina de armeiro**

armurier *nm* Personne qui fabrique, qui vend des armes ► **armeiro**

ARN *nm* (sigle) Acide ribonucléique ► **RNA**

arnaque *nf* FAM Escroquerie, tromperie ► **trapaça**

arnaquer *vt* FAM Escroquer, voler, duper ► **trapacear**

arnaqueur, euse *n* FAM Escroc, filou ► **trapaceiro**

arnica *nm ou nf* Plante de montagne très toxique; teinture extraite de cette plante utilisée contre les contusions ► **arnica**

arobase ou **arrobe** *nf* Signe typographique @, utilisé dans les messages électroniques ► **arroba**

aromate *nm* Toute substance parfumée d'origine végétale, utilisée en médecine, en parfumerie ou en cuisine ► **aroma**

aromatique *adj* De la nature des aromates; qui en a le parfum: *plante aromatique* ► **aromático**

aromatiser *vt* Parfumer avec un aromate ► **aromatizar**

arôme *nm* Parfum agréable qui se dégage de certaines substances; odeur, goût: *l'arôme du chocolat; glace à l'arôme de vanille* ► **aroma**

arpège *nm* MUS Exécution successive des notes d'un accord ► **arpejo**

arpéger *vt (conj 2 et 10)* MUS Jouer en arpège: *arpéger un accord* ► **arpejar**

arpent *nm* Ancienne mesure agraire ► **arpento**

arpentage *nm* Évaluation de la superficie d'un terrain ► **agrimensura**

arpenter *vt* **1** Mesurer la superficie des terrains ► **agrimensar** **2** FIG Parcourir à grands pas: *arpenter une salle* ► **calcorrear**

arpenteur *nm* Celui qui effectue des relevés de terrains et des calculs de surfaces ► **agrimensor**

arqué, e *adj* Courbé en arc: *des jambes arquées* ► **arqueado**

arquebuse *nf* Ancienne arme à feu portative ► **arcabuz**

arquebusier *nm* ANC Soldat armé d'une arquebuse ► **arcabuzeiro**

arquer *vt* Courber en arc ► **arquear**

arrachage *nm* Action d'arracher ► **arrancamento**

arraché (à l') *loc adv* Avec un effort violent: *victoire remportée à l'arraché* ► **a duras penas**

arrachement *nm* Séparation brutale et douloureuse; déchirement ► **arrebatamento**

arrache-pied (d') *loc adv* Avec acharnement et persévérance ► **de sol a sol**

arracher *vt* **1** Enlever de terre: *arracher des carottes* ► **arrancar** **2** Enlever de force: *le voleur lui arracha* *son sac* ► **arrancar 3** Obtenir avec peine: *arracher un mot* ► **arrancar 4** Détacher avec effort: *arracher une affiche* ► **arrancar** ♦ **s'arracher** *vpr* **1** Quitter à regret: *s'arracher d'un lieu* ► **arrancar-se 2** Se disputer la présence de quelqu'un, la jouissance de quelque chose ► **disputar** ■ **s'arracher les cheveux:** être désespéré ► **arrancar os cabelos**

arracheur *nm* ► **arrancador** ■ **mentir comme un arracheur de dents:** mentir effrontément ► **mentir com quantos dentes tem na boca**

arraisonnement *nm* Action d'arraisonner ► **inspeção**

arraisonner *vt* **1** Arrêter en mer un navire et contrôler son état sanitaire, sa cargaison, l'identité de son équipage ► **inspecionar 2** Contrôler un avion en vol ► **inspecionar**

arrangeant, e *adj* Conciliant, avec qui on s'arrange facilement ► **conciliador**

arrangement *nm* **1** Action d'arranger ► **arranjo 2** Manière dont une chose est arrangée: *arrangement d'une maison* ► **arranjo 3** Conciliation: *trouver un arrangement* ► **arranjo 4** Adaptation d'un morceau de musique ► **arranjo**

arranger *vt (conj 2)* **1** Mettre en ordre, disposer harmonieusement: *arranger un bouquet* ► **arranjar 2** Mettre ou remettre en état: *arranger sa coiffure* ► **arrumar 3** Régler de manière à supprimer les difficultés: *arranger une affaire* ► **arranjar 4** Convenir à quelqu'un: *ce changement de date m'arrange* ► **convir** ♦ **s'arranger** *vpr* **1** Se mettre d'accord, s'entendre: *on s'arrangera entre nous* ► **entender-se 2** Finir bien: *tout peut encore s'arranger* ► **arranjar-se 3** Prendre ses dispositions pour: *s'arranger pour être à l'heure* ► **arranjar-se**

arrdt (abréviation) Arrondissement ► **Ø**

arrérages *nm pl* Ce qui reste dû d'un revenu quelconque ► **atrasados**

arrestation *nf* **1** Action de se saisir de quelqu'un par autorité de justice ou de police ► **prisão 2** État d'une personne arrêtée ► **prisão**

arrêt *nm* **1** Action d'arrêter, de s'arrêter: *arrêt brusque* ► **parada 2** Cessation, interruption: *arrêt de travail* ► **interrupção 3** Station où s'arrête régulièrement un véhicule de transport en commun: *arrêt d'autobus* ► **parada, ponto 4** Jugement: *arrêt de la Cour de cassation* ► **sentença** ■ **arrêt maladie:** interruption de travail due à un problème de santé ► **licença médica** □ **coup d'arrêt:** arrêt brutal ► **parada brusca** □ **maison d'arrêt:** prison ► **casa de detenção** □ **mandat d'arrêt:** ordre d'arrêter quelqu'un ► **mandado de prisão** □ **sans arrêt:** continuellement ► **sem parar** ♦ **arrêts** *pl* Punition infligée à un militaire: *mettre aux arrêts* ► **retenção**

arrêté *nm* Décision écrite d'une autorité administrative ► **portaria**

arrêter *vt* **1** Empêcher d'avancer, d'agir: *arrêter les voitures* ► **parar**; interrompre un déroulement: *on n'arrête pas le progrès* ► **deter 2** Cesser de faire: *arrêter de parler* ► **parar 3** Appréhender, emprisonner ► **prender 4** Fixer, déterminer: *arrêter un plan* ► **combinar** ♦ **s'arrêter** *vpr* Cesser de marcher, de parler, d'agir, de fonctionner ► **parar**

arrhes *nf pl* Argent versé à l'avance pour assurer l'exécution d'un marché ► **sinal**

arriération *nf* ► **atraso** ■ VIEILLI **arriération mentale:** grave déficit intellectuel ► **atraso mental**

arrière *adv et adj inv* **1** Situé dans la partie postérieure: *roues arrière* ► **traseiro, de trás 2** Du côté opposé: *faire machine arrière* ► **para trás** ♦ *nm* Partie postérieure d'un véhicule ► **traseira** ■ **en arrière: (a)** à une certaine distance derrière: *rester en arrière* ► **para trás (b)** dans le sens opposé à l'orientation du corps, à la direction que l'on suit: *regarder en arrière* ► **para trás** ♦ *interj* ■ **arrière!:** au loin! reculez! ► **para trás!** ♦ **en arrière de** *loc prép* Derrière ► **atrás de**

arriéré, e *adj* En retard sur son époque: *idées arriérées* ► **atrasado** ♦ *nm* Ce qui reste dû ► **atrasados**

arrière-ban (pl *arrière-bans*) *nm* HIST Pouvoir de commandement exercé par le suzerain sur les vassaux de ses vassaux (*arrière-vassaux*) ► **convocação geral**

arrière-bouche (pl *arrière-bouches*) *nf* Le fond de la bouche ► **goela**

arrière-boutique (pl *arrière-boutiques*) *nf* Pièce située derrière une boutique ► **fundos da loja**

arrière-cour (pl *arrière-cours*) *nf* Petite cour située à l'arrière d'un bâtiment et servant de dégagement ► **quintal**

arrière-garde (pl *arrière-gardes*) *nf* Détachement de sûreté placé en arrière d'une troupe en marche pour la couvrir ► **retaguarda** ■ FIG **d'arrière-garde:** dépassé, démodé ► **ultrapassado**

arrière-gorge (pl *arrière-gorges*) *nf* Partie du larynx située derrière les amygdales ► **fundo da garganta**

arrière-goût (pl *arrière-goûts*) *nm* **1** Goût désagréable que laisse dans la bouche un mets, une boisson ► **ressaibo 2** Sentiment qui subsiste après un fait: *un arrière-goût d'amertume* ► **ranço**

arrière-grand-mère (pl *arrière-grands-mères*) *nf* **1** Mère du grand-père ou de la grand-mère ► **bisavó 2** Bisaïeule ► **bisavó**

arrière-grand-père (pl *arrière-grands-pères*) *nm* **1** Père du grand-père ou de la grand-mère ▸ **bisavô 2** Bisaïeul ▸ **bisavô**
arrière-grands-parents *nm pl* Le père et la mère des grands-parents ▸ **bisavós**
arrière-pays *nm inv* Partie d'un pays située en arrière de ses côtes ▸ **interior**
arrière-pensée (pl *arrière-pensées*) *nf* Pensée qu'on n'exprime pas et qui est différente de celle qu'on manifeste ▸ **segunda intenção**
arrière-petite-fille (pl *arrière-petites-filles*) *nf* Fille du petit-fils ou de la petite-fille ▸ **bisneta**
arrière-petit-fils (pl *arrière-petits-fils*) *nm* Fils du petit-fils ou de la petite-fille ▸ **bisneto**
arrière-petits-enfants *nm pl* Enfants du petit-fils, de la petite-fille ▸ **bisnetos**
arrière-plan (pl *arrière-plans*) *nm* Plan du fond dans une perspective ▸ **plano de fundo** ▪ FIG **à l'arrière-plan:** dans une position secondaire ▸ **em segundo plano**
arrière-saison (pl *arrière-saisons*) *nf* Fin de l'automne ▸ **fim do outono**
arrière-salle (pl *arrière-salles*) *nf* Salle située derrière la salle principale d'un local ▸ **sala de trás**
arrière-train (pl *arrière-trains*) *nm* **1** Partie postérieure du corps d'un quadrupède ▸ **traseira 2** Partie d'un véhicule supportée par les roues de derrière ▸ **traseira**
arrimage *nm* Action d'arrimer ▸ **carregamento**
arrimer *vt* Fixer solidement le chargement d'un véhicule, d'un navire ▸ **fixar a carga**
arrivage *nm* Arrivée de matériel, de marchandises par un moyen de transport; ces marchandises elles-mêmes ▸ **carregamento**
arrivant, e *n* Personne qui arrive en un lieu ▸ **quem chega**
arrivée *nf* **1** Action d'arriver ▸ **chegada 2** Moment ou lieu précis de cette action ▸ **chegada**
arriver *vi* (auxil: *être*) **1** Parvenir à destination: *arriver chez soi* ▸ **chegar 2** Venir: *arriver de l'étranger* ▸ **chegar 3** Approcher, se produire: *l'hiver arrive; ce sont des choses qui arrivent* ▸ **acontecer 4** Réussir socialement: *vouloir arriver à tout prix* ▸ **subir na vida** ♦ *vt ind* [à] **1** Atteindre un niveau, un point: *arriver à la conclusion; arriver à maturité; il m'arrive à l'épaule* ▸ **chegar 2** (+ inf) Parvenir à: *arriver à convaincre quelqu'un* ▸ **conseguir** ▪ **en arriver à:** finir par aboutir à: *il en est arrivé à mentir* ▸ **chegar a** ♦ *v impers* Se produire parfois: *il arrive qu'il sorte le soir* ▸ **acontecer**
arrivisme *nm* Comportement de l'arriviste ▸ **arrivismo**
arriviste *n* Personne qui veut arriver, réussir à tout prix ▸ **arrivista**
arrobe *nf* → **arobase**
arrogance *nf* Fierté qui se manifeste par des manières hautaines, méprisantes ▸ **arrogância**
arrogant, e *adj et n* Qui a de l'arrogance; hautain ▸ **arrogante**
arroger (s') *vpr (conj 2)* S'attribuer illégitimement: *ils se sont arrogé des privilèges; les privilèges qu'il s'est arrogés* ▸ **arrogar-se**
arrondi *nm* Partie arrondie: *l'arrondi d'une jupe* ▸ **roda**
arrondir *vt* **1** Donner une forme ronde: *arrondir ses lettres en écrivant* ▸ **arredondar 2** Augmenter, agrandir: *arrondir son capital* ▸ **arredondar 3** Amener une somme, un résultat, à un chiffre rond, approximatif mais plus simple ▸ **arredondar**
arrondissement *nm* **1** Subdivision administrative d'une grande ville ou d'un département ▸ **distrito 2** Action d'arrondir une valeur numérique pour obtenir un chiffre rond ▸ **arredondamento**
arrosage *nm* Action d'arroser ▸ **rega**
arroser *vt* **1** Mouiller par irrigation, par aspersion ▸ **regar 2** Couler à travers: *la Seine arrose Paris* ▸ **banhar 3** FAM Offrir à boire pour fêter un événement ▸ **beber para comemorar 4** FAM Donner de l'argent pour obtenir une faveur, un service ▸ **molhar as mãos**
arroseur, euse *n* Personne qui arrose ▸ **regador** ▪ FAM **l'arroseur arrosé:** celui qui est victime de ses propres machinations ▸ **vítima do próprio feitiço**
arroseuse *nf* Véhicule de nettoyage qui arrose les rues ▸ **carro-pipa**
arrosoir *nm* Récipient portatif servant à arroser ▸ **regador**
arrow-root [arorut] (pl *arrow-roots*) *nm* Fécule comestible, tirée de diverses racines ▸ **araruta**
arsenal (pl *arsenaux*) *nm* **1** Centre de construction et de réparation des navires de guerre ▸ **arsenal de marinha 2** Grande quantité d'armes: *la police a découvert un arsenal secret* ▸ **arsenal 3** FIG Ensemble de moyens d'action, de lutte: *arsenal des lois* ▸ **arsenal 4** Équipement, matériel compliqué: *l'arsenal d'un photographe* ▸ **arsenal**
arsenic *nm* Substance toxique à base d'un corps simple chimique de couleur grise; symb: As ▸ **arsênio**
arsenical, e, aux ou **arsénié, e** *adj* CHIM Qui contient de l'arsenic ▸ **arseniado**
art *nm* **1** Expression d'un idéal de beauté correspondant à un type de civilisation déterminé: *œu-*

vre d'art ▸ **arte 2** Ensemble des œuvres artistiques d'un pays, d'une époque: *l'art chinois* ▸ **arte 3** Ensemble des règles et des techniques intéressant une profession, une activité humaine: *art vétérinaire; art culinaire* ▸ **arte 4** Talent, habileté: *avoir l'art de plaire* ▸ **arte** ■ **Art nouveau:** style décoratif de la fin du XIXe s., caractérisé par l'imitation des formes de la nature ▸ ***art nouveau*** □ **Art déco:** style décoratif des années 1920, caractérisé par le goût de la ligne droite ▸ ***art déco***

art. (abréviation) Article ▸ **art.**

artefact [artefakt] *nm* Phénomène d'origine artificielle ou accidentelle rencontré lors d'une observation, d'une expérience ▸ **artefato**

artère *nf* **1** Vaisseau qui conduit le sang du cœur aux organes ▸ **artéria 2** Voie de communication urbaine ▸ **artéria**

artériel, elle *adj* Des artères ▸ **arterial**

artériographie *nf* Radiographie des artères ▸ **arteriografia**

artériole *nf* ANAT Petite artère ▸ **arteríola**

artériosclérose *nf* MÉD Durcissement de la paroi des artères ▸ **arteriosclerose**

artésien, enne *adj et n* De l'Artois: *les Artésiens* ▸ **artesiano** ■ **puits artésien:** puits qui donne une eau jaillissante ▸ **poço artesiano**

arthrite *nf* MÉD Inflammation d'une articulation ▸ **artrite**

arthritique *adj et n* Atteint d'arthrite ▸ **artrítico**

arthropode *nm* Animal invertébré (les arthropodes [insectes, arachnides, crustacés, etc.] forment un embranchement) ▸ **artrópode**

arthrose *nf* MÉD Affection chronique dégénérative des articulations ▸ **artrose**

artichaut *nm* Plante potagère dont on mange la fleur; fleur de cette plante composée d'un réceptacle (fond) et de feuilles ▸ **alcachofra**

article *nm* **1** Division d'un traité, d'une loi, d'un compte, etc. ▸ **artigo 2** Écrit formant un tout distinct dans une publication: *article de journal* ▸ **artigo 3** Tout objet de commerce: *article de luxe* ▸ **artigo 4** GRAMM Particule qui précède un nom et le détermine ▸ **artigo** ■ **à l'article de la mort:** sur le point de mourir ▸ **em artigo de morte** □ **article de foi:** point important de croyance dans une religion ▸ **artigo de fé** □ **faire l'article:** faire valoir une chose, faire l'éloge de quelqu'un ▸ **fazer apologia**

articulaire *adj* Relatif aux articulations: *rhumatisme articulaire* ▸ **articular**

articulation *nf* **1** Jointure entre deux os ▸ **articulação 2** Élément de liaison entre deux pièces se mouvant l'une par rapport à l'autre ▸ **articulação 3** Liaison entre les parties d'un raisonnement, d'un discours, etc. ▸ **articulação 4** Manière d'articuler les sons d'une langue ▸ **articulação**

articulé, e *adj* Qui a une ou plusieurs articulations ▸ **articulado**

articuler *vt* **1** Faire entendre distinctement des sons, les syllabes des mots à l'aide des organes de la parole ▸ **articular 2** Assembler par des jointures permettant un certain jeu ▸ **articular** ♦ **s'articuler** *vpr* **1** Se joindre, être uni par une jointure mobile: *le tibia s'articule sur le fémur* ▸ **articular-se 2** Se succéder dans un ordre déterminé ▸ **articular-se**

artifice *nm* Subtilité, ruse pour tromper ▸ **artifício** ■ **feu d'artifice:** tir détonant à effets lumineux pour une fête en plein air ▸ **fogo de artifício**

artificiel, elle *adj* **1** Produit par une technique humaine et non par la nature: *un membre artificiel* ▸ **artificial 2** Qui manque d'authenticité: *sourire artificiel;* CONTR: *naturel* ▸ **artificial**

artificiellement *adv* D'une manière artificielle ▸ **artificialmente**

artificier *nm* **1** Personne qui tire des feux d'artifice ▸ **fogueteiro 2** Spécialiste de la manipulation des explosifs ▸ **técnico em explosivos**

artificieux, euse *adj* LITT Rusé, hypocrite ▸ **artificioso**

artillerie *nf* **1** Partie du matériel de guerre qui comprend notamment les canons, les mitrailleuses, leurs munitions et ce qui sert à leur transport ▸ **artilharia 2** Le corps des artilleurs ▸ **artilharia** ■ FIG **artillerie lourde:** moyens puissants ▸ **artilharia pesada** □ **sortir la grosse artillerie:** user d'arguments percutants ou rebattus ▸ **pegar pesado**

artilleur *nm* Militaire servant dans l'artillerie ▸ **artilheiro**

artimon *nm* MAR Mât arrière d'un voilier ▸ **artemão**

artiodactyle *nm* Ongulé ayant un nombre pair de doigts à chaque patte (ruminants, porcins) ▸ **artiodátilo**

artisan, e *n* Travailleur qui exerce pour son compte personnel un métier manuel ▸ **artesão** ■ **être l'artisan de:** l'auteur, le responsable de ▸ **ser o artífice de**

artisanal, e, aux *adj* Relatif à l'artisan: *fabrication artisanale* (par opposition à *industrielle*) ▸ **artesanal**

artisanalement *adv* D'une manière artisanale ▸ **artesanalmente**

artisanat *nm* **1** Métier de l'artisan ▸ **artesanato 2** Ensemble des artisans ▸ **artesanato**

artiste *n* **1** Personne qui pratique un des beaux-arts: *artiste peintre* ▸ **artista 2** Interprète d'une

œuvre théâtrale, cinématographique, musicale, etc. ▸ **artista** ◆ *adj* Qui a le sentiment, le goût de ce qui est beau ▸ **artista**
artistique *adj* **1** Relatif aux arts ▸ **artístico 2** Fait avec art ▸ **artístico**
artistiquement *adv* Avec art ▸ **artisticamente**
artothèque *nf* Organisme de prêt d'œuvres d'art ▸ **artoteca**
arum [arɔm] *nm* Plante dont la fleur est entourée d'un cornet blanc ou vert ▸ **árum**
aryen, enne *adj et n* Qui concerne les Aryens ▸ **ariano**
arythmie *nf* MÉD Trouble du rythme du cœur ▸ **arritmia**
as [ɑs] *nm* **1** Carte à jouer, dé, marqués d'un seul point: *as de cœur*; numéro un au tiercé, au loto, etc. ▸ **ás, um 2** Personne qui excelle dans une activité ▸ **ás** ■ FAM **être fringué comme l'as de pique:** mal habillé ▸ **estar mal-ajambrado** □ FAM **être plein aux as:** très riche ▸ **ser cheio da grana** □ FAM **passer à l'as:** être oublié ▸ **ser deixado de lado**
AS *nf* (sigle) Association sportive ▸ **Ø**
ascaride ou **ascaris** *nm* Ver parasite intestinal ▸ **ascáride**
ascendance *nf* Ensemble des générations dont quelqu'un est issu ▸ **ascendência**
ascendant, e *adj* Qui va en montant ou en progressant: *un courant ascendant* ▸ **ascendente** ◆ *nm* **1** Autorité, influence: *avoir de l'ascendant sur quelqu'un* ▸ **ascendência 2** En astrologie, point de l'écliptique qui se lève à l'horizon au moment de la naissance d'un individu ▸ **ascendente** ◆ **ascendants** *nm pl* Les parents dont quelqu'un est issu ▸ **ascendentes**
ascenseur *nm* **1** Appareil permettant de transporter des personnes dans une cabine qui se déplace verticalement ▸ **elevador 2** INFORM Bande verticale ou horizontale qui sert à faire défiler sur l'écran le contenu à afficher ▸ **barra de rolagem** ■ **ascenseur social:** possibilité de promotion sociale par les études, la formation, le travail, etc. ▸ **trampolim** □ FAM **renvoyer l'ascenseur:** répondre à une complaisance, à un service par un acte comparable ▸ **retribuir favores**
ascension *nf* **1** Action de monter: *ascension d'une montagne*; fait de s'élever: *ballon en pleine ascension* ▸ **ascensão 2** Progression sociale, professionnelle ▸ **ascensão** ■ **l'Ascension:** élévation miraculeuse de Jésus-Christ au ciel; fête qui la commémore ▸ **Ascensão**
ascensionnel, elle *adj* Qui tend à monter, à faire monter: *force ascensionnelle* ▸ **ascensional** ■ **parachute ascensionnel: (a)** parachute pouvant s'élever dans les airs ▸ ***parasailing*** **(b)** sport consistant à se faire tirer, muni de ce parachute, par un véhicule ▸ ***parasailing***
ascèse *nf* Discipline de vie, ensemble d'exercices pratiqués en vue d'un perfectionnement spirituel ▸ **ascese**
ascète *n* Personne qui tend à la perfection spirituelle par une discipline stricte ▸ **asceta**
ascétique *adj* D'ascète ▸ **ascético**
ascétisme *nm* Vie d'ascète ▸ **ascetismo**
ascidie *nf* Animal marin vivant fixé aux rochers (les ascidies forment une classe) ▸ **ascídia**
ASCII [aski] *nm* (sigle de *American Standard Code for Information Interchange*) ▸ **ASCII** ■ INFORM **code ASCII:** Code normalisé utilisé pour l'échange de données informatiques ▸ **tabela ASCII**
ascomycète *nm* Champignon supérieur (tel que la morille, la truffe) (les ascomycètes forment une classe) ▸ **ascomiceto**
ascorbique *adj* ■ **acide ascorbique:** vitamine C ▸ **ácido ascórbico**
asepsie *nf* Ensemble des méthodes permettant de protéger l'organisme contre toute contamination microbienne ▸ **assepsia**

VOCABULAIRE L'*asepsie* empêche la venue du microbe, alors que l'*antisepsie* le combat

aseptique *adj* **1** Qui a été débarrassé de tout microbe ▸ **asséptico 2** De l'asepsie ▸ **assético**
aseptisé, e *adj* **1** Rendu aseptique ▸ **esterilizado 2** FIG Dépourvu d'originalité; impersonnel ▸ **esterilizado**
aseptiser *vt* Rendre aseptique ▸ **esterilizar**
asexué, e *adj* Sans sexe ▸ **assexuado**
ashkénaze *n et adj* Juif originaire d'Europe centrale, orientale ou septentrionale (par opposition à *séfarade*) ▸ **asquenaze**
ashram *nm* En Inde, lieu de retraite où les adeptes reçoivent l'enseignement d'un maître ▸ ***ashram***
asiatique *adj et n* D'Asie: *les Asiatiques* ▸ **asiático**
asilaire *adj* Relatif à l'asile psychiatrique ▸ **manicomial**
asile *nm* **1** Lieu où l'on peut trouver refuge, protection ▸ **asilo 2** VIEILLI Établissement psychiatrique ▸ **manicômio** ■ **droit d'asile:** protection accordée par un État à des réfugiés politiques ▸ **asilo político**
asocial, e, aux *adj et n* Inadapté à la vie sociale ▸ **antissocial**
asparagus [asparagys] *nm* Plante d'ornement au feuillage délicat, de la famille des liliacées ▸ **aspargo**

aspartam ou **aspartame** *nm* Produit chimique à fort pouvoir sucrant mais moins calorique que le sucre ▸ **aspartame**

aspect [aspɛ] *nm* Manière dont un être ou une chose se présentent à la vue, à l'esprit ▸ **aspecto**

asperge *nf* **1** Plante potagère cultivée pour ses pousses en forme de bâton; cette pousse consommée cuite ▸ **aspargo 2** FIG, FAM Personne grande et maigre ▸ **varapau**

asperger *vt (conj 2)* Mouiller en projetant de l'eau, un liquide ▸ **aspergir**

aspérité *nf* Saillie ou inégalité d'une surface ▸ **aspereza**

aspersion *nf* Action d'asperger ▸ **aspersão**

asphaltage *nm* Action d'asphalter ▸ **asfaltamento**

asphalte *nm* Calcaire imprégné de bitume qui sert au revêtement des trottoirs, des chaussées, etc. ▸ **asfalto**

asphalter *vt* Couvrir d'asphalte ▸ **asfaltar**

asphodèle *nm* Plante bulbeuse à fleurs blanches ▸ **asfódelo**

asphyxiant, e *adj* Qui asphyxie ▸ **asfixiante**

asphyxie *nf* **1** Manque d'oxygène, difficulté ou arrêt de la respiration ▸ **asfixia 2** FIG Blocage, arrêt d'une activité ▸ **asfixia**

asphyxier *vt* Causer l'asphyxie de, étouffer ▸ **asfixiar** ♦ **s'asphyxier** *vpr* Souffrir d'asphyxie; mourir d'asphyxie ▸ **asfixiar-se**

aspic *nm* **1** Vipère des lieux secs et pierreux ▸ **áspide 2** Grande lavande ▸ **alfazema 3** Plat composé de viande ou de poisson froid enrobés de gelée ▸ ***aspic***

aspirant[1] *nm* Grade intermédiaire entre l'adjudant-chef et le sous-lieutenant ▸ **aspirante**

aspirant[2]**, e** *adj* Qui aspire: *pompe aspirante* ▸ **aspirador**

aspirateur *nm* Appareil qui aspire les fluides, les poussières ▸ **aspirador**

aspiration *nf* **1** Action d'aspirer ▸ **aspiração 2** GRAMM Action de prononcer en aspirant: *aspiration du* h *en français* ▸ **aspiração 3** FIG Mouvement vers un idéal: *avoir des aspirations élevées* ▸ **aspiração**

aspiré, e *adj* ▸ **aspirado** ▪ **consonne aspirée:** prononcée avec accompagnement d'un souffle ▸ **consoante aspirada**

aspirer *vt* **1** Faire pénétrer l'air dans les poumons ▸ **aspirar 2** Attirer un liquide, un fluide, des poussières, en créant un vide partiel ▸ **aspirar** ♦ *vt ind* [à] Prétendre à: *aspirer à de hautes fonctions* ▸ **aspirar**

aspirine *nf* Médicament calmant, anti-inflammatoire, faisant tomber la fièvre ▸ **aspirina**

assagir *vt* Rendre sage ▸ **assentar**

assaillant, e *adj et n* Qui attaque ▸ **assaltante**

assaillir *vt (conj 23)* **1** Attaquer vivement ▸ **assaltar 2** FIG Harceler, importuner: *assaillir de questions* ▸ **assaltar**

assainir *vt* **1** Rendre sain ou plus sain ▸ **sanear 2** FIG Ramener à la normale: *assainir une situation* ▸ **sanear**

assainissement *nm* Action d'assainir; son résultat ▸ **saneamento**

assaisonnement *nm* **1** Action d'assaisonner ▸ **condimentação 2** Mélange d'ingrédients pour assaisonner (poivre, sel, vinaigre, huile, etc.) ▸ **tempero**

assaisonner *vt* Ajouter à un aliment des ingrédients qui en relèvent le goût ▸ **temperar**

assassin, e *adj* **1** Qui tue; meurtrier: *main assassine* ▸ **assassino 2** FIG Provocant: *regard assassin* ▸ **assassino** ♦ *nm* Personne qui commet un meurtre avec préméditation ▸ **assassino**

assassinat *nm* Meurtre prémédité ▸ **assassínio**

assassiner *vt* Tuer ▸ **assassinar**

assaut *nm* Action d'assaillir, attaque finale ayant pour objet l'irruption dans la position ennemie: *donner l'assaut* ▸ **assalto** ▪ FIG **faire assaut de:** rivaliser de ▸ **rivalizar em** ▫ **prendre d'assaut:** s'emparer par la force ▸ **tomar de assalto**

assèchement *nm* Action d'assécher ▸ **secagem**

assécher *vt (conj 10)* Priver d'eau; mettre à sec: *assécher un étang* ▸ **secar**

Assedic [asedik] *nf pl* (sigle de *Association pour l'emploi dans l'industrie et le commerce*) Indemnités de chômage versées par les organismes du même nom: *toucher les Assedic* ▸ ***Assedic***

assemblage *nm* **1** Action d'assembler: *assemblage d'une charpente* ▸ **junção 2** Réunion d'éléments divers ou hétéroclites: *un assemblage de couleurs* ▸ **mistura**

assemblée *nf* Réunion de personnes → **AG** ▸ **assembleia** ▪ **l'Assemblée nationale** ou **l'Assemblée:** en France, ensemble des députés élus par le peuple pour le représenter; lieu où ils se réunissent ▸ **Assembleia Nacional**

assembler *vt* **1** Mettre ensemble ▸ **juntar 2** Réunir, grouper ▸ **reunir**

assener ou **asséner** *vt* Porter avec violence: *assener un coup* ▸ **desferir**

assentiment *nm* Consentement volontaire, approbation, accord ▸ **assentimento**

asseoir *vt (conj 44)* **1** Mettre sur un siège ▸ **sentar 2** FIG Établir d'une manière stable: *asseoir une*

théorie ▸ **assentar** ◆ **s'asseoir** *vpr* Se mettre sur un siège, sur son séant ▸ **sentar-se**
assermenté, e *adj* Qui a prêté serment devant une autorité ▸ **ajuramentado**
assertion *nf* Proposition donnée comme vraie ▸ **asserção**
asservir *vt* Réduire à un état de grande dépendance ▸ **sujeitar**
asservissement *nm* Servitude ▸ **subserviência**
asservisseur *nm* Organe régulateur de certains appareils ▸ **dispositivo regulador**
assesseur *nm* Juge qui assiste le président d'un tribunal ▸ **juiz assistente**
assez *adv* **1** En quantité suffisante: *avoir assez mangé, assez d'argent* ▸ **bastante 2** Plutôt: *assez bon* ▸ **bastante** ■ FAM **en avoir assez (de):** être excédé (par) ▸ **estar farto (de)**
assidu, e *adj* Qui montre de l'assiduité: *élève, travail assidu; visiteur assidu* ▸ **assíduo**
assiduité *nf* **1** Exactitude, application ▸ **assiduidade 2** Présence régulière à un poste, en un lieu ▸ **assiduidade**
assidûment *adv* Avec assiduité ▸ **assiduamente**
assiégé, e *adj* Dont on fait le siège: *ville assiégée* ▸ **sitiado** ◆ *adj et n* Qui se trouve dans la place au moment d'un siège ▸ **sitiado**
assiégeant, e *adj et n* Qui assiège ▸ **sitiante**
assiéger *vt (conj 2 et 10)* **1** Faire le siège d'une place ▸ **sitiar 2** FIG Poursuivre, importuner: *assiéger de questions* ▸ **sitiar**
assiette *nf* **1** Pièce de vaisselle à fond plat ou légèrement creux; son contenu ▸ **prato 2** Manière d'être assis à cheval ▸ ***assiette* 3** Position stable d'un corps ▸ **equilíbrio 4** Base de calcul d'une cotisation, d'un impôt ▸ **base de cálculo** ■ **assiette anglaise:** assortiment de viandes froides ▸ **tábua de frios** □ FAM **ne pas être dans son assiette:** ne pas se sentir bien ▸ **não estar muito católico**
assiettée *nf* Contenu d'une assiette ▸ **pratada**
assignable *adj* Qui peut être assigné ▸ **atribuível**
assignat *nm* Papier-monnaie sous la Révolution française ▸ ***assignat***
assignation *nf* Citation à comparaître en justice ▸ **citação**
assigner *vt* **1** Appeler quelqu'un en justice ▸ **citar 2** Affecter des fonds à une dépense ▸ **destinar 3** Attribuer, affecter: *assigner quelqu'un à une fonction* ▸ **atribuir** ■ **être assigné à résidence:** contraint à résider en un endroit déterminé ▸ **morar em domicílio necessário**
assimilable *adj* Qui peut être assimilé ▸ **assimilável**
assimilation *nf* Action d'assimiler ▸ **assimilação** ■ VX **assimilation chlorophyllienne:** photosynthèse ▸ **assimilação clorofiliana**
assimiler *vt* **1** Rendre semblable, considérer comme semblable: *assimiler une affaire à une autre* ▸ **assimilar 2** Incorporer à l'organisme: *assimiler un aliment* ▸ **assimilar** ■ **assimiler des connaissances:** les comprendre et les retenir ▸ **assimilar conhecimentos** ◆ **s'assimiler** *vpr* Se considérer et pouvoir être considéré comme semblable à quelqu'un ▸ **assimilar-se**
assis, e *adj* **1** Qui est sur son séant, en appui sur ses fesses ▸ **sentado 2** FIG Bien établi, fondé ▸ **assentado**
assise *nf* **1** Dans une construction, rangée de pierres posées horizontalement ▸ **fiada 2** FIG Base qui donne la solidité à un ensemble ▸ **alicerce**
assises *nf pl* Congrès, notamment d'un parti politique, d'un syndicat ▸ **congresso** ■ **cour d'assises:** tribunal qui juge les causes criminelles ▸ **tribunal do júri**
assistanat *nm* **1** Fonction d'assistant dans l'enseignement supérieur et dans les industries du spectacle ▸ **função de assistente 2** PÉJOR Fait d'être assisté, secouru ▸ **assistido**
assistance *nf* **1** Action d'assister, de secourir ▸ **assistência 2** Auditoire: *assistance choisie* ▸ **assistência** ■ **Assistance publique:** administration chargée de gérer les établissements hospitaliers publics à Paris et à Marseille ▸ **assistência pública** □ **assistance technique:** aide apportée à un pays en voie de développement ▸ **assessoria técnica**
assistant, e *n et adj* **1** Personne qui en assiste, en aide une autre ▸ **assistente 2** (surtout au pluriel) Personne qui assiste à une réunion, à une cérémonie ▸ **assistente** ■ **assistant social:** personne employée pour remplir un rôle d'assistance auprès des individus et des familles, dans le domaine moral, médical ou matériel ▸ **assistente social**
assisté, e *adj et n* Qui bénéficie d'une assistance ▸ **assistido** ◆ *adj* Doté d'un dispositif qui amplifie ou allège l'effort fourni par l'utilisateur: *automobile à direction assistée* ▸ **assistido** ■ **assisté par ordinateur:** que l'on réalise avec l'aide d'un ordinateur: *enseignement assisté par ordinateur* ▸ **assistido por computador**
assister *vt* Secourir, aider ▸ **assistir** ◆ *vt ind* [à] Être présent ▸ **assistir**
associatif, ive *adj* Relatif à une ou à des associations ▸ **associativo** ■ **mouvement associatif:** groupement de personnes qui s'unissent pour des actions sociales ou culturelles, ou pour dé-

fendre des intérêts communs ▸ **associativismo** ◆ *n* Membre d'un mouvement associatif ▸ **associativista**

association *nf* **1** Action d'associer, de s'associer ▸ **associação 2** Groupement de personnes réunies dans un intérêt commun ▸ **associação**

associé, e *n et adj* Personne liée par des intérêts communs avec une ou plusieurs autres ▸ **associado**

associer *vt* **1** Mettre ensemble, réunir: *associer des idées* ▸ **associar 2** Faire participer quelqu'un à: *associer un ami à un projet* ▸ **associar** ◆ **s'associer** *vpr* **1** [à] Participer à: *s'associer à la manifestation* ▸ **associar-se 2** [à, avec] S'entendre avec quelqu'un pour former une entreprise commune ▸ **associar-se**

GRAMMAIRE On dit: *associer quelqu'un* à, avec, et quelqu'un; *associer quelqu'un* à quelque chose; *associer quelque chose* à, et quelque chose

assoiffé, e *adj* **1** Qui a soif ▸ **sedento 2** FIG Avide: *assoiffé de vengeance* ▸ **sedento**

assolement *nm* Action d'assoler ▸ **afolhamento**

assoler *vt* Alterner les cultures ▸ **afolhar**

assombrir *vt* **1** Rendre sombre, obscurcir: *cette peinture assombrit la pièce* ▸ **escurecer 2** Rendre triste: *la mort de son fils a assombri sa vie* ▸ **obscurecer**

assommant, e *adj* Fatigant, très ennuyeux ▸ **enfadonho**

assommer *vt* **1** Frapper d'un coup qui tue, renverse ou étourdit ▸ **desancar 2** FIG Abattre, accabler ▸ **assolar 3** Ennuyer, importuner ▸ **enfadar**

assommoir *nm* VX Débit de boissons de dernière catégorie ▸ **boteco**

assomption *nf* ▸ **assunção** ■ **l'Assomption:** élévation de la Sainte Vierge au ciel; jour où l'Église catholique en célèbre la fête (15 août) ▸ **Assunção**

assonance *nf* Répétition, à la fin de deux ou plusieurs vers, de la même voyelle accentuée (EX: *sombre, tondre; âme, âge*) ▸ **assonância**

assorti, e *adj* **1** En accord, en harmonie: *cravate assortie au costume* ▸ **combinado 2** Pourvu des articles nécessaires: *magasin bien assorti* ▸ **sortido**

assortiment *nm* Assemblage complet de choses, de marchandises du même genre ▸ **sortimento**

assortir *vt* **1** Réunir des personnes, des choses qui se conviennent: *assortir des fleurs* ▸ **combinar 2** Approvisionner en marchandises: *assortir un magasin* ▸ **sortir**

assoupir *vt* **1** Endormir à demi ▸ **cochilar 2** LITT, FIG Calmer, atténuer ▸ **serenar** ◆ **s'assoupir** *vpr* S'endormir à demi ▸ **cochilar**

assoupissement *nm* Demi-sommeil ▸ **cochilo**

assouplir *vt* **1** Rendre plus souple ▸ **amaciar 2** FIG Rendre moins strict, moins rigoureux ▸ **flexibilizar**

assouplissant ou **assouplisseur** *nm* Produit évitant au linge de devenir rèche lors de son lavage dans une eau calcaire ▸ **amaciante**

assouplissement *nm* Action d'assouplir ▸ **amaciamento, flexibilização**

assourdir *vt* **1** Rendre comme sourd par l'excès de bruit ▸ **ensurdecer 2** Rendre moins sonore ▸ **ensurdecer**

assourdissant, e *adj* Qui assourdit ▸ **ensurdecedor**

assourdissement *nm* Action d'assourdir; son résultat ▸ **ensurdecimento**

assouvir *vt* Rassasier pleinement ▸ **saciar**

assouvissement *nm* Action d'assouvir ▸ **saciedade**

assujetti, e *adj et n* Se dit d'une personne tenue par la loi de verser un impôt, une taxe ou de s'affilier à un organisme ▸ **contribuinte**

assujettir *vt* **1** Placer sous une domination absolue: *assujettir un peuple* ▸ **submeter 2** Soumettre à une obligation stricte: *être assujetti à l'impôt* ▸ **sujeitar**

assujettissement *nm* Action d'assujettir, fait d'être assujetti ▸ **sujeição**

assumer *vt* **1** Se charger volontairement de: *assumer de hautes fonctions* ▸ **assumir 2** Se considérer comme responsable de, prendre sur soi: *assumer des risques* ▸ **assumir** ◆ **s'assumer** *vpr* Se prendre en charge, s'accepter tel qu'on est ▸ **assumir-se**

assurance *nf* **1** Confiance en soi: *parler avec assurance* ▸ **segurança 2** Garantie, gage: *assurance maladie; donner une assurance sérieuse* ▸ **seguro, garantia 3** Promesse formelle: *assurance de fidélité* ▸ **garantia** ◆ **assurances** *pl* ■ **compagnie d'assurances:** société qui, moyennant le paiement d'une prime, garantit contre certains risques ▸ **companhia de seguros**

assurance-vie (pl *assurances-vies*) *nf* Contrat d'assurance garantissant le versement d'une somme d'argent à une personne désignée par l'assuré au décès de ce dernier, ou à l'assuré lui-même, après un certain délai ▸ **seguro de vida**

assuré, e *adj* **1** Ferme, décidé: *regard assuré* ▸ **seguro 2** Certain, garanti: *gain assuré* ▸ **seguro** ◆ *n* Personne garantie par un contrat d'assurance ▸ **segurado** ■ **assuré social:** personne inscrite à la Sécurité sociale ▸ **segurado social**

assurément *adv* Certainement ▸ **seguramente**

assurer *vt* **1** Rendre plus stable, plus sûr, plus durable: *assurer la paix* ▶ **assegurar 2** Garantir contre un dommage: *assurer contre l'incendie* ▶ **segurar 3** Donner comme sûr, certain, vrai: *il m'assure qu'il a dit la vérité* ▶ **garantir 4** Faire en sorte que quelque chose fonctionne, ne s'arrête pas: *assurer la permanence* ▶ **garantir** ◆ *vi* FAM **1** Se contenter de maintenir son avantage ▶ **garantir-se 2** Se montrer à la hauteur ▶ **firmar-se** ◆ **s'assurer** *vpr* **1** Acquérir la certitude de: *s'assurer qu'il n'y a pas de risques* ▶ **assegurar-se 2** Passer un contrat d'assurance ▶ **fazer um seguro**

assureur *nm* Société qui prend les risques à sa charge dans un contrat d'assurance ▶ **seguradora**

assyrien, enne *adj et n* De l'Assyrie: *les Assyriens* ▶ **assírio**

aster [astɛr] *nm* Plante souvent cultivée pour ses fleurs décoratives aux coloris variés ▶ **áster**

astérie *nf* Étoile de mer ▶ **astéria**

astérisque *nm* Signe typographique en forme d'étoile (*) ▶ **asterisco**

astéroïde *nm* Petit corps rocheux ou métallique qui gravite autour du Soleil ▶ **asteroide**

asthénie *nf* MÉD État de fatigue et d'épuisement ▶ **astenia**

asthmatique *adj et n* Atteint d'asthme ▶ **asmático**

asthme [asm] *nm* Maladie caractérisée par des accès de suffocation ▶ **asma**

asti *nm* Vin blanc mousseux d'Asti (Italie) ▶ *asti*

asticot *nm* Larve de la mouche à viande ▶ **bicheira**

asticoter *vt* FAM Taquiner, harceler ▶ **pentelhar**

astigmate *adj et n* Atteint d'astigmatisme ▶ **astigmático**

astigmatisme *nm* Trouble de la vision dû à une anomalie de courbure du cristallin ▶ **astigmatismo**

astiquage *nm* Action d'astiquer ▶ **lustre**

astiquer *vt* Faire briller en frottant ▶ **lustrar**

astragale *nm* **1** ANAT Os du pied ▶ **astrágalo, tálus 2** ARCHIT Moulure à la partie supérieure d'une colonne ▶ **astrágalo 3** BOT Plante dont une espèce fournit la gomme adragante ▶ **astrágalo**

astrakan *nm* Fourrure d'agneau à poil frisé ▶ **astracã**

astral, e, aux *adj* Relatif aux astres ▶ **astral**

astre *nm* Corps céleste: *le mouvement des astres* ▶ **astro**

astreignant, e *adj* Qui astreint, qui est pénible et ardu ▶ **coercivo**

astreindre *vt (conj 55)* Soumettre à un devoir strict, à une tâche pénible, ardue ▶ **coagir** ◆ **s'astreindre** *vpr* [à] S'obliger à ▶ **obrigar-se**

astreinte *nf* **1** Obligation, contrainte ▶ **coação 2** Obligation de disponibilité imposée pour assurer les urgences dans certaines professions ▶ **plantão**

astringent, e *adj et nm* MÉD Se dit d'une substance qui resserre les tissus ▶ **adstringente**

astrolabe *nm* Instrument servant à observer l'instant où une étoile atteint une hauteur déterminée ▶ **astrolábio**

astrologie *nf* Art de prédire les événements d'après la position des astres ▶ **astrologia**

astrologique *adj* Relatif à l'astrologie ▶ **astrológico**

astrologue *n* Personne qui pratique l'astrologie ▶ **astrólogo**

astronaute *n* Pilote ou passager d'un engin spatial ▶ **astronauta**

astronautique *nf* Science de la navigation dans l'espace ▶ **astronáutica**

astronef *nm* Véhicule spatial ▶ **astronave**

astronome *n* Spécialiste d'astronomie ▶ **astrônomo**

astronomie *nf* Science qui étudie les astres ▶ **astronomia**

astronomique *adj* **1** Relatif à l'astronomie ▶ **astronômico 2** FAM Exagéré, très élevé: *des prix astronomiques* ▶ **astronômico**

astrophysique *nf* Partie de l'astronomie qui étudie les propriétés physiques des astres ▶ **astrofísica**

astuce *nf* **1** Manière d'agir, de parler qui dénote de l'habileté, de la finesse: *faire preuve d'astuce* ▶ **astúcia 2** Plaisanterie, jeu de mots ▶ **gracinha**

astucieusement *adv* Avec astuce ▶ **astutamente**

astucieux, euse *adj* Qui a de l'astuce; habile, malin ▶ **astuto**

asymétrie *nf* Défaut de symétrie ▶ **assimetria**

asymétrique *adj* Sans symétrie ▶ **assimétrico**

asymptomatique *adj* MÉD Qui ne présente pas de symptômes caractéristiques: *malade, maladie asymptomatique* ▶ **assintomático**

asymptote *nf* GÉOM Droite liée à une courbe dont elle s'approche indéfiniment sans pouvoir l'atteindre ▶ **assíntota**

asynchrone *adj* Qui n'est pas synchrone ▶ **assíncrono**

atavique *adj* Relatif à l'atavisme ▶ **atávico**

atavisme *nm* Hérédité ▶ **atavismo**

atchoum *interj* Bruit que fait un éternuement ▶ **atchim**

atèle *nm* Singe de l'Amérique du Sud, aux membres très longs ▶ **cuatá**

atelier *nm* **1** Lieu où travaillent des ouvriers, des artistes, etc. ▸ **oficina, ateliê 2** Groupe de travail ▸ **grupo de trabalho**
atemporel, elle *adj* Qui n'est pas concerné par le temps ▸ **atemporal**
atermoiement *nm* (souvent au pluriel) Action d'atermoyer, délai, faux-fuyant: *user d'atermoiements* ▸ **delonga**
atermoyer *vi (conj 3)* Différer, remettre à plus tard ▸ **delongar**
athée *adj et n* Qui nie l'existence de toute divinité ▸ **ateu**
athéisme *nm* Doctrine, attitude des athées ▸ **ateísmo**
athénée *nm* En Belgique, établissement d'enseignement secondaire ▸ **ateneu**
athermique *adj* Qui ne dégage ni n'absorbe de chaleur ▸ **atérmico**
athérosclérose *nf* Affection des artères ▸ **aterosclerose**
athlète *n* **1** Personne qui pratique l'athlétisme ▸ **atleta 2** Personne très musclée: *carrure d'athlète* ▸ **atleta**
athlétique *adj* Relatif aux athlètes, à l'athlétisme ▸ **atlético**
athlétisme *nm* Ensemble des sports individuels (course, saut, lancer, etc.) ▸ **atletismo**
atlante *nm* Statue d'homme qui soutient un entablement, une corniche ▸ **atlante**
atlantique *adj* Relatif à l'océan Atlantique, aux pays qui le bordent ▸ **atlântico**
atlas *nm* **1** Recueil de cartes géographiques, historiques, etc. ▸ **atlas 2** Première vertèbre du cou ▸ **atlas**
atmosphère *nf* **1** Couche gazeuse qui enveloppe la Terre et d'autres astres ▸ **atmosfera 2** Air que l'on respire en un lieu: *atmosphère surchauffée* ▸ **atmosfera 3** Ambiance particulière au lieu où l'on se trouve: *atmosphère de paix* ▸ **atmosfera**
atmosphérique *adj* Relatif à l'atmosphère: *pression atmosphérique* ▸ **atmosférico**
atoll *nm* Île en forme d'anneau, constituée de récifs coralliens ▸ **atol**
atome *nm* **1** Particule d'un élément chimique qui forme la plus petite quantité pouvant se combiner et qui est elle-même formée de particules fondamentales ▸ **átomo 2** FIG Très petite quantité: *il n'a pas un atome de bon sens* ▸ **átomo** ■ FAM **avoir des atomes crochus avec quelqu'un:** bien s'entendre avec lui ▸ **ser alma irmã de alguém**
atomicité *nf* Nombre d'atomes constituant la molécule d'un corps ▸ **atomicidade**
atomique *adj* **1** Relatif aux atomes ▸ **atômico 2** Qui utilise l'énergie provenant de la désintégration des noyaux d'atomes; qui s'y rapporte: *arme atomique; guerre atomique* ▸ **atômico**
atomisé, e *adj et n* Qui a subi les effets de radiations nucléaires ▸ **exposto a radiação nuclear**
atomiser *vt* **1** Réduire un corps en fines particules ▸ **atomizar 2** Détruire avec des armes atomiques ▸ **destruir com armas atômicas 3** FIG Désagréger, réduire ▸ **atomizar**
atomiseur *nm* Appareil servant à projeter un liquide sous forme de fines particules ▸ **nebulizador**
atonal, e, als ou **aux** *adj* MUS Écrit suivant les règles de l'atonalité ▸ **atonal**
atonalité *nf* MUS Système d'écriture musicale étranger aux règles tonales de l'harmonie ▸ **atonalidade**
atone *adj* **1** Sans vitalité: *regard atone* ▸ **atônico 2** Sans accent: *voyelle, syllabe atone* ▸ **átono**
atonie *nf* Manque de force, de vitalité ▸ **atonia**
atours *nm pl* ■ LITT **dans ses plus beaux atours:** dans sa plus belle toilette ▸ **com sua melhor roupa**
atout *nm* **1** Dans les jeux de cartes, couleur qui l'emporte sur les autres; carte de cette couleur ▸ **trunfo 2** FIG Chance de réussir ▸ **trunfo**
atrabilaire *adj et n* LITT Irascible ▸ **atrabílis**
âtre *nm* LITT Foyer de la cheminée ▸ **lareira**
atrium [atrijɔm] *nm* Chez les Romains, cour intérieure entourée d'un portique ▸ **átrio**
atroce *adj* **1** Très cruel: *un crime atroce* ▸ **atroz 2** Horrible à supporter: *douleur atroce* ▸ **atroz**
atrocement *adv* D'une manière atroce: *souffrir atrocement* ▸ **atrozmente**
atrocité *nf* Crime, cruauté horribles ▸ **atrocidade**
atrophie *nf* MÉD Diminution de volume d'un organe, d'un membre ▸ **atrofia**
atrophier (s') *vpr* **1** MÉD Diminuer de volume ▸ **atrofiar-se 2** FIG Perdre de sa vigueur, s'affaiblir ▸ **atrofiar-se**
atropine *nf* Alcaloïde de la belladone, dilatant la pupille ▸ **atropina**
attabler (s') *vpr* Se mettre à table ▸ **sentar-se à mesa**
attachant, e *adj* Qui émeut, touche, suscite de l'intérêt ▸ **cativante**
attache *nf* **1** Ce qui sert à attacher, lien, courroie, etc. ▸ **atadura 2** Endroit où est fixé un muscle, un ligament ▸ **inserção 3** Poignet, cheville: *attaches fines* ▸ **articulação** ■ **port d'attache:** où un navire est immatriculé par la douane ▸ **porto de armamento** ◆ **attaches** *pl* Rapports, relations, liens affectifs ▸ **vínculos**

attaché, e *n* Membre d'une ambassade, d'un cabinet ministériel: *attaché culturel* ▸ **adido** ▪ **attaché(e) de presse:** personne chargée d'informer les médias ▸ **assessor de imprensa**

attaché-case [ataʃekɛz] (pl *attachés-cases*) *nm* Mallette servant de porte-documents ▸ **pasta 007**

attachement *nm* Sentiment d'affection, de sympathie ▸ **apego**

attacher *vt* **1** Fixer, lier au moyen d'une corde, d'une chaîne, etc. ▸ **atar 2** Attribuer: *attacher de l'importance à* ▸ **atribuir 3** FIG Lier, associer durablement: *attacher son nom à* ▸ **vincular** ◆ *vi* Coller au fond d'un récipient pendant la cuisson ▸ **pegar** ◆ **s'attacher** *vpr* [à] **1** Devenir proche de, éprouver de l'intérêt pour: *s'attacher peu à peu à quelqu'un* ▸ **apegar-se 2** S'appliquer à ▸ **empenhar-se**

attaquable *adj* Qu'on peut attaquer ▸ **atacável**

attaquant, e *adj et n* Qui attaque ▸ **atacante**

attaque *nf* **1** Action d'attaquer, agression ▸ **ataque 2** Accès subit d'une maladie ▸ **ataque 3** Accusation, critique violente ▸ **ataque** ▪ FAM **être d'attaque:** se sentir en forme, prêt ▸ **estar em forma, disposto**

attaquer *vt* **1** Entreprendre une action violente ou brusque, agresser physiquement: *attaquer un pays; attaquer une personne dans la rue* ▸ **atacar 2** Critiquer violemment, incriminer: *attaquer les institutions* ▸ **atacar 3** Intenter une action judiciaire: *attaquer quelqu'un en justice* ▸ **processar 4** Causer du dommage à: *la rouille attaque le fer* ▸ **atacar 5** Entreprendre, commencer: *attaquer un travail* ▸ **atacar** ◆ **s'attaquer** *vpr* [à] Affronter ▸ **atacar**

attardé, e *adj et n* **1** Dont l'intelligence est peu développée ▸ **atrasado 2** En retard sur son époque ▸ **atrasado**

attarder (s') *vpr* **1** Rester longtemps quelque part ▸ **demorar-se 2** [à] Rester longtemps à faire quelque chose ▸ **demorar-se**

atteindre *vt (conj 55)* **1** Toucher en blessant: *atteindre d'une flèche* ▸ **atingir 2** Émouvoir: *des paroles qui l'ont atteint* ▸ **atingir 3** Parvenir à: *atteindre le but* ▸ **atingir** ◆ *vt ind* [à] Parvenir avec effort: *atteindre à la perfection* ▸ **alcançar**

atteinte *nf* **1** Dommage, préjudice: *atteinte à la liberté* ▸ **atentado 2** Attaque: *les premières atteintes d'un mal* ▸ **acometimento** ▪ **hors d'atteinte:** qui ne peut être touché ▸ **fora de alcance**

attelage *nm* **1** Action ou manière d'atteler ▸ **atrelagem 2** Bêtes attelées ▸ **animais atrelados**

atteler *vt (conj 6)* Attacher des animaux à une voiture ou à une machine agricole ▸ **atrelar** ◆ **s'atteler** *vpr* [à] Entreprendre un travail long et difficile ▸ **atrelar-se**

attelle *nf* Petite pièce de bois ou de métal pour maintenir des os fracturés ▸ **tala**

attenant, e *adj* Contigu ▸ **contíguo**

attendre *vt et vi* **1** Rester dans un lieu jusqu'à ce qu'arrive quelqu'un, quelque chose: *attendre le train* ▸ **esperar 2** Compter sur la venue prochaine de: *attendre une lettre* ▸ **esperar 3** FIG Être prêt: *le dîner t'attend* ▸ **esperar** ▪ **en attendant:** en tout cas ▸ **em todo caso** ◆ **s'attendre** *vpr* [à] Prévoir, compter sur, espérer ▸ **esperar**

attendrir *vt* **1** Rendre moins dur: *attendrir une viande* ▸ **amaciar 2** FIG Émouvoir, apitoyer: *attendrir les cœurs* ▸ **enternecer**

attendrissant, e *adj* Qui émeut, touche ▸ **enternecedor**

attendrissement *nm* Mouvement de tendresse, de compassion ▸ **enternecimento**

attendrisseur *nm* Appareil de boucherie pour attendrir la viande ▸ **martelo de carne**

attendu *prép* Vu, en raison de: *attendu les faits* ▸ **devido a** ◆ **attendu que** *loc conj* Vu que, puisque ▸ **visto que**

attentat *nm* Attaque criminelle ou illégale contre les personnes, les droits, les biens ▸ **atentado** ▪ **attentat à la pudeur:** agression sexuelle commise avec violence, menace ou contrainte ou par surprise ▸ **atentado ao pudor**

attentatoire *adj* Qui porte atteinte ▸ **atentatório**

attente *nf* **1** Action d'attendre; temps pendant lequel on attend ▸ **espera 2** Espérance: *répondre à une attente* ▸ **expectativa** ▪ **contre toute attente:** contrairement à ce qui était prévu ▸ **ao contrário do que se esperava**

attenter *vt ind* [à] Commettre une tentative criminelle contre ▸ **atentar**

attentif, ive *adj* **1** Qui prête attention à ▸ **atento 2** Prévenant ▸ **atencioso**

attention *nf* **1** Action de fixer son esprit sur quelque chose ▸ **atenção 2** FIG Sollicitude, égard ▸ **atenção** ▪ **à l'attention de:** destiné à ▸ **aos cuidados de** ▫ **faire attention (à): (a)** prendre des précautions (avec) ▸ **tomar cuidado (com) (b)** se méfier (de) ▸ **tomar cuidado (com), prestar atenção (em)** ◆ *interj* ▪ **attention!:** Prenez garde! ▸ **Cuidado!**

attentionné, e *adj* Prévenant ▸ **atencioso**

attentisme *nm* Politique d'attente et d'opportunisme ▸ **oportunismo**

attentivement *adv* Avec attention ▸ **atentamente**

atténuant, e *adj* ▸ **atenuante** ▪ **circonstances atténuantes:** qui diminuent la gravité d'un délit, la peine encourue ▸ **(circunstâncias) atenuantes**
atténuation *nf* Diminution, adoucissement ▸ **atenuação**
atténuer *vt* Rendre moins fort, moins grave; diminuer: *atténuer un mal de tête, la gravité d'un acte* ▸ **atenuar**
atterrant, e *adj* Qui provoque la consternation ▸ **consternador**
atterrer *vt* FIG Accabler, consterner ▸ **consternar**
atterrir *vi* **1** En parlant d'un avion, d'un engin spatial, prendre contact avec le sol ▸ **aterrissar 2** FAM Se trouver par hasard en un lieu ▸ **ir parar em**
atterrissage *nm* Action d'atterrir ▸ **aterrissagem** ▪ **train d'atterrissage:** dispositif qui permet à un avion d'atterrir ▸ **trem de pouso**
attestation *nf* Affirmation verbale ou écrite; certificat, témoignage ▸ **declaração**
attester *vt* **1** Certifier, assurer la vérité ou la réalité d'une chose ▸ **atestar 2** Être la preuve de ▸ **atestar**
attiédir *vt* LITT Rendre tiède ▸ **amornar, arrefecer**
attifement *nm* FAM Accoutrement ▸ **roupa de gosto duvidoso**
attifer *vt* FAM Habiller d'une manière bizarre ▸ **usar roupa de gosto duvidoso**
attirail *nm* Ensemble d'objets nécessaires pour un usage déterminé ▸ **parafernália**
attirance *nf* Attrait ▸ **atração**
attirant, e *adj* Qui attire, attrayant ▸ **atraente**
attirer *vt* **1** Tirer à soi: *l'aimant attire le fer* ▸ **atrair 2** FIG Appeler sur soi; provoquer: *attirer l'attention; une audace qui va lui attirer des ennuis* ▸ **atrair 3** Faire venir par l'intérêt, le charme suscité: *spectacle qui attire les foules* ▸ **atrair**
attiser *vt* **1** Activer un feu ▸ **atiçar 2** FIG Exciter, allumer ▸ **atiçar**
attitré, e *adj* **1** Chargé en titre d'un rôle, d'une fonction: *dépositaire attitré* ▸ **nomeado 2** Réservé à un usage personnel: *place attitrée* ▸ **exclusivo**
attitude *nf* **1** Façon de se tenir; posture ▸ **atitude 2** Manière d'être à l'égard des autres, comportement ▸ **atitude**
attouchement *nm* Action de toucher, surtout avec la main ▸ **toque**
attractif, ive *adj* Qui attire ▸ **atrativo**
attraction *nf* **1** Force en vertu de laquelle un corps est attiré par un autre ▸ **atração 2** Distraction proposée au public: *parc d'attractions* ▸ **atração 3** Numéro de cirque, de variétés ▸ **atração 4** Objet d'intérêt ou de curiosité ▸ **atração**
attractivité *nf* Caractère de ce qui est attractif ▸ **atratividade**
attrait *nm* Qualité de ce qui attire par son charme, de ce qui éveille l'intérêt: *l'attrait de la nouveauté* ▸ **atrativo**
attrape *nf* **1** Tromperie faite pour plaisanter; farce ▸ **peça 2** Objet destiné à tromper par jeu: *magasin de farces et attrapes* ▸ **truque**
attrape-nigaud (pl *attrape-nigauds*) *nm* Ruse grossière ▸ **pega-trouxa**
attraper *vt* **1** Prendre à un piège: *attraper une souris* ▸ **apanhar 2** Saisir, atteindre: *attraper au vol* ▸ **apanhar 3** FAM Contracter une maladie: *attraper un rhume* ▸ **apanhar 4** Faire des reproches, réprimander: *je vais me faire attraper* ▸ **repreender 5** FIG Tromper: *se laisser attraper par une farce* ▸ **enganar**
attrayant, e *adj* Qui attire par son aspect agréable: *manières attrayantes* ▸ **atraente**
attribuer *vt* **1** Accorder comme avantage, donner: *attribuer un prix* ▸ **atribuir 2** Supposer, prêter, imputer: *attribuer un échec à la fatigue* ▸ **atribuir** ◆ **s'attribuer** *vpr* Revendiquer pour soi-même, s'approprier ▸ **atribuir-se**
attribut *nm* **1** Ce qui est propre à ▸ **atributo 2** Symbole, emblème distinctif: *les attributs de la justice* ▸ **atributo 3** GRAMM Fonction d'un mot (nom, adjectif, etc.) relié au sujet par des verbes d'état comme *être* (attribut du sujet) ou au complément d'objet direct par des verbes comme *rendre* (attribut de l'objet) ▸ **predicativo**
attribution *nf* Action d'attribuer ▸ **atribuição** ▪ GRAMM **complément d'attribution:** complément indiquant en faveur (ou au détriment) de qui ou de quoi un acte est accompli (EX: *Paul* dans *donner un livre à Paul*) [on parle aujourd'hui de *complément d'objet second*] ▸ **complemento atributivo** ◆ **attributions** *pl* Fonction, compétences: *cela dépasse mes attributions* ▸ **atribuições**
attristant, e *adj* Qui attriste ▸ **entristecedor**
attrister *vt* Rendre triste, désoler ▸ **entristecer**
attroupement *nm* Rassemblement ▸ **ajuntamento**
attrouper (s') *vpr* Se rassembler en groupe ▸ **ajuntar-se**
atypique *adj* Qui diffère du type habituel, que l'on peut difficilement classer ▸ **atípico**
au, aux *art contracté* → **à**
aubade *nf* Concert donné à l'aube sous les fenêtres de quelqu'un ▸ **serenata**
aubaine *nf* Avantage inespéré; occasion ▸ **dita**
EMPLOI L'*aubaine* est, par définition, favorable. Il est donc inutile de préciser *bonne aubaine*

aube[1] *nf* **1** Première lueur du jour ▸ **aurora 2** Longue robe de tissu blanc portée par les prêtres, les enfants de chœur, etc. ▸ **alva**
aube[2] *nf* Pale d'une roue, d'une turbine ▸ **pá**
aubépine *nf* Arbrisseau épineux à baies rouges au goût âpre ▸ **pilriteiro**
aubère *adj et nm* Se dit d'un cheval dont la robe est entre le blanc et le bai ▸ **rosilho**
auberge *nf* Restaurant de campagne ▸ **locanda** ■ **auberge de jeunesse:** centre d'accueil bon marché pour les jeunes en voyage ▸ **albergue da juventude** □ **auberge espagnole:** lieu où on doit apporter tout ce qu'on souhaite y trouver ▸ **barafunda** □ FAM **on n'est pas sortis de l'auberge:** il reste de nombreuses difficultés ▸ **continuamos com problemas**
aubergine *nf* Plante annuelle dont le fruit violet est comestible; fruit de cette plante ▸ **berinjela**
aubergiste *n* Personne qui tient une auberge ▸ **locandeiro**
aubier *nm* Bois tendre entre l'écorce et le cœur d'un arbre ▸ **alburno**
auburn [obœrn] *adj inv* Se dit de cheveux châtains avec des reflets roux ▸ **castanho-avermelhado**
aucun, e *adj et pron indéf* **1** (avec *ne* ou précédé de *sans*) Marque l'absence totale; pas un ▸ **nenhum 2** N'importe lequel: *être plus rapide qu'aucun autre* ▸ **qualquer um** ■ LITT **d'aucuns:** certains, quelques-uns ▸ **alguns**
aucunement *adv* En aucune façon ▸ **de jeito nenhum**
audace *nf* Grande hardiesse ▸ **audácia**
audacieusement *adv* Avec audace ▸ **audaciosamente**
audacieux, euse *adj et n* Qui a de l'audace; décidé, téméraire ▸ **audacioso**
au-dedans *adv* À l'intérieur ▸ **dentro** ◆ **au-dedans de** *loc prép* À l'intérieur de ▸ **dentro de**
au-dehors *adv* À l'extérieur ▸ **fora** ◆ **au-dehors de** *loc prép* À l'extérieur de ▸ **fora de**
au-delà *adv* **1** Plus loin ▸ **além 2** Indique ce qui dépasse un seuil: *100 euros, pas au-delà* ▸ **além** ◆ *nm inv* La vie future, l'autre monde ▸ **além** ◆ **au-delà de** *loc prép* **1** Plus loin que ▸ **além de 2** À un niveau supérieur à: *au-delà de ses espérances* ▸ **além de**
au-dessous *adv* À un point inférieur dans l'espace ▸ **abaixo, embaixo** ◆ **au-dessous de** *loc prép* **1** Plus bas que ▸ **abaixo de, embaixo de 2** À un seuil, à un rang inférieur: *au-dessous de zéro* ▸ **abaixo de**
au-dessus *adv* À un point supérieur dans l'espace ▸ **acima, em cima** ◆ **au-dessus de** *loc prép* **1** Plus haut que ▸ **acima de 2** À un seuil, à un rang supérieur: *au-dessus de la moyenne* ▸ **acima de**
au-devant *adv* À la rencontre ▸ **ao encontro** ◆ **au-devant de** *loc prép* À la rencontre de ▸ **ao encontro de**
audible *adj* **1** Perceptible à l'oreille ▸ **audível 2** Qui peut être écouté sans déplaisir ▸ **suportável**
audience *nf* **1** Intérêt, attention rencontrés auprès du public: *avoir l'audience des jeunes* ▸ **audiência 2** Pourcentage de personnes touchées par un média ▸ **audiência 3** Entretien accordé par un supérieur, une personne en place: *solliciter une audience* ▸ **audiência 4** Séance d'un tribunal ▸ **audiência**
Audimat [odimat] *nm* (nom déposé) **1** Audimètre utilisé à la télévision française ▸ ***Audimat* 2** PAR EXT Taux d'audience d'une chaîne de télévision: *faire monter l'Audimat* ▸ **ibope**
audimètre *nm* Dispositif utilisé pour l'audimétrie ▸ **audímetro**
audimétrie *nf* Mesure de l'audience d'une émission de radio ou de télévision ▸ **sondagem**
audiogramme *nm* Courbe caractéristique de la sensibilité de l'oreille aux sons ▸ **audiograma**
Audioguide *nm* (nom déposé) Appareil portatif permettant au visiteur d'une exposition ou d'un site d'entendre des commentaires préenregistrés sur ce qui lui est présenté ▸ **audioguia**
audionumérique *adj* Se dit d'un support (disque) sur lequel les sons sont enregistrés sous forme de signaux numériques ▸ **digital de áudio**
audiovisuel, elle *adj et nm* Qui appartient aux méthodes d'information, de communication ou d'enseignement associant l'image et le son ▸ **audiovisual**
audit [odit] *nm* **1** Contrôle de la comptabilité et de la gestion d'une entreprise; étude systématique des conditions de fonctionnement d'une entreprise: *audit marketing* ▸ **auditoria 2** Personne chargée d'un audit ▸ **auditor**
auditer *vt* Soumettre à un audit ▸ **auditar**
auditeur, trice *n* Personne qui écoute un discours, un cours, un concert, une émission de radio, etc. ▸ **ouvinte** ■ **auditeur libre:** personne qui suit un cours de faculté sans être soumise aux obligations des étudiants ▸ **ouvinte**
auditif, ive *adj* Qui concerne l'audition ▸ **auditivo**
audition *nf* **1** Fonction du sens de l'ouïe: *troubles de l'audition* ▸ **audição 2** Action d'entendre ou d'écouter: *audition des témoins* ▸ **audição 3** Présentation par un artiste d'un extrait de son répertoire en vue d'un engagement ▸ **audição**

auditionner *vt* Faire passer une audition à un artiste ▸ **ouvir em audição** ♦ *vi* Passer une audition ▸ **fazer audição**

auditoire *nm* Ensemble des personnes qui écoutent un discours, une émission, assistent à un cours, etc. ▸ **auditório**

auditorium *nm* Salle pour l'audition d'une œuvre musicale ou théâtrale, pour les enregistrements, etc. ▸ **auditório**

auge *nf* **1** Récipient où mangent et boivent certains animaux domestiques ▸ **gamela 2** Récipient à l'usage des maçons ▸ **caixão 3** Godet d'une roue hydraulique ▸ **caçamba 4** Vallée à fond plat, généralement d'origine glaciaire ▸ **vale glacial**

augmentatif, ive *adj et nm* GRAMM Se dit d'un préfixe ou d'un suffixe qui renforce le sens d'un mot (EX: *archi-, -issime*, etc.) ▸ **aumentativo**

augmentation *nf* **1** Action d'augmenter; accroissement ▸ **aumento 2** Accroissement de salaire ▸ **aumento**

augmenter *vt* **1** Rendre plus grand, plus important ▸ **aumentar 2** Faire bénéficier d'une rémunération plus élevée ▸ **aumentar** ♦ *vi* Devenir plus grand, plus cher ▸ **aumentar**

augure *nm* Signe qui semble annoncer l'avenir; présage ▸ **agouro**

augurer *vt* LITT Présager, conjecturer ▸ **agourar**

auguste *adj* LITT Majestueux, imposant ▸ **augusto** ♦ *nm* Type de clown ▸ ***clown* augusto**

aujourd'hui *adv* **1** Le jour où l'on est: *arriver aujourd'hui; en date d'aujourd'hui* ▸ **hoje 2** Dans le temps présent; maintenant: *les jeunes d'aujourd'hui* ▸ **hoje**

aulne [on] ou **aune** *nm* Arbre qui croît dans les lieux humides ▸ **amieiro**

aulx [o] *nm pl* → **ail**

aumône *nf* Don fait aux pauvres ▸ **esmola**

aumônier *nm* Ecclésiastique attaché à corps, à un établissement: *aumônier d'un régiment, d'un lycée, d'une prison* ▸ **capelão**

aune *nm* → **aulne**

auparavant *adv* D'abord, avant ▸ **antes**

auprès de *loc prép* **1** Tout près de: *rester auprès de quelqu'un* ▸ **junto a 2** En s'adressant à: *déposer une plainte auprès des services compétents* ▸ **ao 3** Dans l'esprit de: *passer pour un sot auprès de ses collègues* ▸ **aos olhos de 4** SOUT En comparaison de: *mon mal n'est rien auprès du sien* ▸ **perto de**

auquel *pron rel* → **lequel**

auréole *nf* **1** Cercle lumineux dont les peintres entourent la tête des saints ▸ **auréola 2** FIG Gloire, prestige ▸ **auréola 3** Tache en forme d'anneau ▸ **auréola**

auréoler *vt* Entourer ou parer d'une auréole ▸ **aureolar**

auriculaire *adj* **1** Relatif à l'oreille ▸ **auricular 2** Qui a entendu de ses propres oreilles: *témoin auriculaire* ▸ **auricular** ♦ *nm* Le petit doigt ▸ **dedo mínimo, mindinho**

aurifère *adj* Qui renferme de l'or ▸ **aurífero**

aurochs [orɔk] *nm* Bœuf sauvage, d'extinction récente ▸ **auroque**

aurore *nf* **1** Lumière qui précède le lever du soleil ▸ **aurora 2** FIG, LITT commencement: *l'aurore de la vie* ▸ **aurora** ■ **aurore polaire** ou **aurore boréale** ou **aurore australe:** phénomène lumineux se produisant parfois dans le ciel des régions polaires ▸ **aurora polar, aurora boreal, aurora austral**

auscultation *nf* Action d'ausculter ▸ **ausculta**

ausculter *vt* MÉD Écouter les bruits produits par les organes, soit directement par application de l'oreille sur le corps, soit par l'intermédiaire d'un stéthoscope ▸ **auscultar**

auspices *nm pl* Présages que les Romains tiraient du vol des oiseaux, de leur chant ou de la manière dont ils mangeaient ▸ **auspício** ■ **sous d'heureux auspices:** avec espoir de succès ▸ **de bom auspício** □ **sous les auspices de quelqu'un:** sous sa protection ▸ **sob os auspícios de alguém**

aussi *adv* **1** Marque l'égalité; également, autant: *elle est aussi grande que lui; si tu es content, moi aussi* ▸ **tão, também 2** Introduit un ajout: *des enfants, et aussi quelques adultes* ▸ **também 3** Marque le degré extrême: *comment peut-on être aussi bête?* ▸ **tão** ■ **aussi bien que:** autant que, de même que ▸ **tanto quanto** ♦ *conj* C'est pourquoi ▸ **por isso**

aussitôt *adv* Au moment même, immédiatement ▸ **imediatamente** ♦ **aussitôt que** *loc conj* Dès que ▸ **logo que**

ORTHOGRAPHE Il ne faut pas confondre *aussitôt* avec *aussi tôt* (en deux mots), contraire de *aussi tard*

austère *adj* **1** Sévère, rigide dans ses principes, dans son comportement ▸ **austero 2** Dépouillé de tout ornement ▸ **austero**

austérité *nf* Rigueur, sévérité ▸ **austeridade**

austral, e, als ou **aux** *adj* De la moitié sud du globe terrestre; CONTR: *boréal* ▸ **austral**

australien, enne *adj et n* D'Australie: *les Australiens* ▸ **australiano**

australopithèque *nm* Hominidé fossile d'Afrique australe dont plusieurs espèces se sont succédé entre 4,5 et 1,5 million d'années ▸ **australopiteco**

autan *nm* Vent chaud de l'Aquitaine ▸ **suão**

autant *adv* **1** Marque l'égalité de quantité, d'intensité, de qualité, de valeur: *autant d'hommes que de femmes* ▸ **tanto(s) 2** Marque la grande quantité, le degré élevé, l'intensité: *n'avoir jamais autant couru* ▸ **tanto ▪ autant** (+ inf): mieux vaut: *autant rester assis* ▸ **é melhor □ autant que:** dans la proportion ou de la même manière que ▸ **tanto quanto □ d'autant:** dans la même proportion ▸ **na mesma proporção □ d'autant plus, d'autant mieux, d'autant moins:** encore plus, encore mieux, encore moins ▸ **ainda mais, melhor ainda, menos ainda □ pour autant:** malgré cela; cependant ▸ **por isso □ tout autant:** autant que ▸ **tanto quanto ♦ d'autant que** *loc conj* Vu que ▸ **dado que ♦ pour autant que** ou **autant que** *loc conj* Dans la mesure où: *pour autant que je sache* ▸ **tanto quanto, na medida em que**

autarcie *nf* Régime économique d'un pays qui se suffit à lui-même ▸ **autarquia**

autarcique *adj* Fondé sur l'autarcie ▸ **autárquico**

autel *nm* Table où l'on célèbre la messe ▸ **altar**

auteur, e *n* **1** Celui qui est la cause, le responsable de ▸ **autor 2** Écrivain, créateur d'une œuvre ▸ **autor**

authenticité *nf* Qualité de ce qui est authentique, vrai ▸ **autenticidade**

authentifier *vt* Rendre authentique ▸ **autenticar**

authentique *adj* **1** Dont la réalité, l'origine ne peut être contestée ▸ **autêntico 2** Vrai, sincère ▸ **autêntico**

autisme *nm* Repli sur soi-même constituant un trouble psychiatrique ▸ **autismo**

autiste *adj et n* Atteint d'autisme ▸ **autista**

auto *nf* VIEILLI Automobile ▸ **carro**

autobiographie *nf* Vie d'un personnage écrite par lui-même ▸ **autobiografia**

autobiographique *adj* Relatif à la vie même d'un auteur ▸ **autobiográfico**

autobronzant, e *adj et nm* Se dit d'un produit cosmétique permettant de bronzer sans soleil ▸ **autobronzeador**

autobus [otɔbys] *nm* Grand véhicule automobile de transport en commun urbain ▸ **ônibus urbano**

autocar *nm* Grand véhicule automobile de transport collectif, routier ou touristique ▸ **ônibus de viagem**

autocariste *n* **1** Propriétaire d'une compagnie d'autocars ▸ **proprietário de empresa de ônibus 2** Conducteur d'autocar ▸ **motorista de ônibus**

autocassable *adj* Se dit d'une ampoule qui peut se casser sans lime ▸ **autoquebrável**

autocensure *nf* Censure exercée sur ses propres textes ▸ **autocensura**

autochtone [otɔktɔn] *n et adj* Personne originaire du pays qu'elle habite; SYN: *aborigène* ▸ **autóctone**

autoclave *nm et adj* Récipient métallique à parois épaisses et à fermeture hermétique, pour opérer la cuisson ou la stérilisation par la vapeur sous pression ▸ **autoclave**

autocollant *nm* Étiquette, image qui adhère sans être humectée ▸ **autoadesivo**

autocorrection *nf* Dispositif permettant de contrôler soi-même ses réponses à un test de connaissances ▸ **autocorreção**

autocouchette ou **autocouchettes** *adj inv* → **autos-couchettes**

autocrate *nm* Souverain absolu ▸ **autocrata**

autocratie [otɔkrasi] *nf* Système politique dans lequel le souverain dispose d'un pouvoir absolu ▸ **autocracia**

autocratique *adj* Relatif à l'autocratie ▸ **autocrático**

autocritique *nf* Jugement qu'on porte sur sa propre conduite ▸ **autocrítica**

autocuiseur *nm* Récipient métallique à fermeture hermétique pour la cuisson des aliments à la vapeur, sous pression ▸ **panela de pressão**

autodafé *nm* **1** Supplice du feu qu'ordonnait l'Inquisition ▸ **auto de fé 2** PAR EXT Destruction par le feu ▸ **auto de fé**

autodéfense *nf* Action de se défendre par ses seuls moyens ▸ **autodefesa**

autodérision *nf* Fait de se moquer de soi-même ▸ **autoderrisão**

autodestructeur, trice *adj* Qui met tout en œuvre pour se détruire soi-même: *comportement autodestructeur* ▸ **autodestrutivo**

autodestruction *nf* Fait de se détruire soi-même, moralement ou physiquement ▸ **autodestruição**

autodétermination *nf* Action de décider par soi-même ▸ **autodeterminação**

autodétruire (s') *vpr* **1** En parlant d'une chose, se détruire toute seule ▸ **autodestruir-se 2** En parlant d'une personne, se détruire moralement ou physiquement ▸ **autodestruir-se**

autodictée *nf* Exercice scolaire qui consiste à retranscrire de mémoire un texte ▸ **autoditado**

autodidacte *adj et n* Qui s'est instruit par lui-même, sans professeur ▸ **autodidata**

autodiscipline *nf* Discipline que l'on s'impose volontairement ▸ **autodisciplina**

auto-école (pl *auto-écoles*) *nf* École où l'on enseigne la conduite automobile ▸ **autoescola**

autofinancement *nm* Financement qu'une entreprise réalise à l'aide de ses bénéfices ▸ **autofinanciamento**

autofocus [otofɔkys] *nm* Appareil photo équipé d'un système de mise au point automatique ▸ **máquina fotográfica automática**
autogène *adj* Se dit de la soudure de deux pièces d'un même métal par fusion partielle au chalumeau ▸ **autógeno**
autogéré, e *adj* Soumis à l'autogestion ▸ **autogerido**
autogestion *nf* Gestion d'une entreprise par les travailleurs eux-mêmes ▸ **autogestão**
autographe *adj* Écrit de la main de l'auteur ▸ **autógrafo** ◆ *nm* Écrit ou signature autographe d'un personnage célèbre ▸ **autógrafo**
autoguidé, e *adj* Qui se dirige de lui-même vers le but: *véhicule autoguidé* ▸ **autoguiado**
automate *nm* **1** Machine qui imite le mouvement d'un corps animé ▸ **autômato** **2** Personne qui agit comme une machine ▸ **autômato** **3** Machine, mécanisme automatiques; robot industriel ▸ **autômato**
automatique *adj* **1** Qui fonctionne sans intervention humaine ▸ **automático** **2** Qui s'exécute sans la participation de la volonté ▸ **automático** **3** FAM Qui intervient de manière régulière ou inéluctable ▸ **automático**
automatiquement *adv* D'une manière automatique ▸ **automaticamente**
automatisation *nf* Exécution de tâches techniques par des machines fonctionnant sans intervention humaine ▸ **automação**
automatisme *nm* **1** Caractère de ce qui est automatique, machinal ▸ **automatismo** **2** Mécanisme automatique ▸ **automatismo** **3** Geste accompli par habitude ▸ **automatismo**
automédication *nf* Choix et prise de médicaments sans avis médical ▸ **automedicação**
automitrailleuse *nf* Véhicule blindé armé de mitrailleuses ou d'un canon ▸ **autometralhadora**
automnal, e, aux *adj* De l'automne ▸ **outonal**
automne [otɔn] *nm* Saison qui succède à l'été et précède l'hiver ▸ **outono**
automobile *adj* **1** Qui se meut par soi-même ▸ **automóvel** **2** Relatif à l'automobile: *coureur automobile* ▸ **automobilístico** ◆ *nf* Véhicule à moteur pour le transport des personnes; SYN: *voiture* ▸ **automóvel**
automobiliste *n* Conducteur d'automobile ▸ **automobilista**
automoteur, trice *adj* Qui se meut de soi-même: *véhicule automoteur* ▸ **automóvel** ◆ **automotrice** *nf* Véhicule ferroviaire fonctionnant grâce à son propre moteur électrique ▸ **automotriz**
automutilation *nf* Trouble psychiatrique consistant à s'infliger des blessures; blessure ainsi produite ▸ **automutilação**
autonettoyant, e *adj* Se dit d'un four dont les déchets sont éliminés par la chaleur ▸ **autolimpante**
autonome *adj* Qui jouit de l'autonomie ▸ **autônomo**
autonomie *nf* **1** Liberté qu'un territoire a de se gouverner par ses propres lois ▸ **autonomia** **2** Indépendance d'un individu, possibilité qu'il a de disposer librement de soi ▸ **autonomia** **3** Temps, distance pendant lesquels un appareil peut fonctionner sans nouvel apport d'énergie ▸ **autonomia**
autonomiser *vt* Rendre autonome: *autonomiser un enfant, une université* ▸ **autonomizar** ◆ **s'autonomiser** *vpr* Devenir autonome ▸ **autonomizar-se**
autonomiste *n et adj* Partisan de l'autonomie politique d'un territoire ▸ **autonomista**
autopalpation *nf* Méthode de dépistage du cancer du sein chez la femme, consistant à palper soi-même ses seins ▸ **autoexame**
autoportrait *nm* Portrait d'un artiste par lui-même ▸ **autorretrato**
autoproclamer (s') *vpr* Se désigner soi-même à telle fonction; décider soi-même que l'on aura tel statut: *s'autoproclamer roi* ▸ **proclamar-se**
autopropulsé, e *adj* Qui assure sa propre propulsion ▸ **autopropulsionado**
autopsie *nf* MÉD Dissection et examen d'un cadavre ▸ **autópsia**
autopsier *vt* Faire une autopsie ▸ **autopsiar**
autoradio *nm* Poste de radio intégré dans une voiture ▸ **autorrádio**
autorail *nm* Automotrice à moteur thermique ▸ **automotriz**
autorégulation *nf* Régulation d'une machine, d'une fonction par elle-même ▸ **regulagem automática**
autoreverse [otorivœrs] *adj inv et nm* Se dit d'un dispositif adapté sur un magnétophone et permettant le retournement automatique de la bande en fin de course ▸ ***auto reverse***
autorisation *nf* **1** Action d'autoriser ▸ **autorização** **2** Écrit par lequel on autorise ▸ **autorização**
autoriser *vt* **1** Donner le droit, la permission ▸ **autorizar** **2** Rendre possible, permettre ▸ **autorizar** ◆ **s'autoriser** *vpr* [de] LITT S'appuyer sur ▸ **valer-se**
autoritaire *adj* **1** Qui use de toute son autorité ▸ **autoritário** **2** Qui ne supporte pas la contradiction ▸ **autoritário**

autoritairement *adv* Avec autorité ▸ **autoritariamente**
autoritarisme *nm* Caractère, système autoritaire ▸ **autoritarismo**
autorité *nf* **1** Droit ou pouvoir de commander, de se faire obéir ▸ **autoridade 2** Qualité, ascendant par lesquels qqn se fait obéir ▸ **autoridade 3** Auteur, opinion auxquels on se réfère ▸ **autoridade ▪ d'autorité:** sans consulter personne, sans ménagement ▸ **por iniciativa própria ◆ autorités** *pl* Représentants du pouvoir ▸ **autoridades**
autoroute *nf* Route à deux chaussées séparées qui ne croise aucune autre voie ▸ **rodovia ▪ autoroute électronique** ou **de l'information:** réseau informatique interactif à haut débit ▸ **super-rodovia da informação**
autosatisfaction *nf* Contentement de soi ▸ **autossatisfação**
autos-couchettes ou **autocouchette** ou **autocouchettes** *adj inv* Se dit d'un train qui permet le transport de voyageurs en couchettes et de leur voiture ▸ **trem-leito que transporta automóveis**
auto-stop *nm sing* Pratique consistant, pour un piéton, à arrêter un automobiliste pour lui demander d'être transporté gratuitement ▸ **carona**
auto-stoppeur, euse (pl *auto-stoppeurs, euses*) *n* Personne qui pratique l'auto-stop ▸ **carona**
autosuffisance *nf* Capacité d'un pays, de quelqu'un de subvenir seul à ses besoins ▸ **autossuficiência**
autosuggestion *nf* Fait de se persuader soi-même de quelque chose ▸ **autossugestão**
autotracté, e *adj* Se dit d'un engin à traction autonome ▸ **autotracionado**
autour[1] *adv* **1** Sur le tour, le pourtour: *mettre un ruban autour* ▸ **em volta 2** L'espace environnant: *des arbres tout autour* ▸ **ao redor ▪ tout autour:** de tous côtés ▸ **em toda a volta ◆ autour de** *loc prép* **1** Introduit la mention de ce qu'on entoure, de ce dont on fait le tour: *mettre un foulard autour du cou; la Terre tourne autour du Soleil* ▸ **ao redor de 2** Dans le voisinage de: *autour de la maison, il y a des arbres* ▸ **em torno de 3** FAM Environ: *le sac pèse autour de six kilos* ▸ **cerca de 4** Introduit le thème, le sujet dont il est question: *débat autour d'un livre* ▸ **sobre**
autour[2] *nm* Oiseau de proie ▸ **açor**
autovaccin *nm* Vaccin obtenu à partir de germes prélevés sur le malade lui-même ▸ **autovacina**
autre *adj et pron indéf* Distinct, différent; supplémentaire: *dans un autre lieu; encore un autre café* ▸ **outro ▪ autre part:** ailleurs ▸ **em outro lugar ▫ d'autre part:** en outre ▸ **além disso, por outro lado ▫ de temps à autre:** parfois ▸ **de vez em quando ▫ entre autres:** parmi plusieurs: *ce magasin vend entre autres des articles de sport* ▸ **entre outros ▫ l'autre:** l'un des deux nommés (par opposition à *l'un*) ▸ **o outro**
autrefois *adv* Anciennement, jadis ▸ **outrora**
autrement *adv* **1** D'une autre façon: *autrement dit* ▸ **de outra maneira 2** Sinon, sans quoi: *autrement il sera perdu* ▸ **senão 3** FAM Particulièrement: *c'est autrement bon* ▸ **especialmente**
autruche *nf* Grand oiseau coureur inapte au vol; peau tannée, chair de cet oiseau ▸ **avestruz ▪** FAM **estomac d'autruche:** qui digère tout ▸ **estômago de avestruz**
autrui *pron indéf* SOUT Les autres, le prochain: *le bien d'autrui* ▸ **outrem, os outros**
auvent *nm* Petit toit en saillie ▸ **alpendre**
auvergnat, e *adj et n* D'Auvergne: *les Auvergnats* ▸ **de Auvergne**
auxiliaire *adj et n* Qui aide, temporairement ou accessoirement ▸ **auxiliar ▪** GRAMM **verbes auxiliaires:** se dit des verbes *avoir* et *être* (mais aussi *faire, laisser*), parce qu'ils aident à conjuguer les autres ▸ **verbo auxiliar ◆** *nm* Verbe auxiliaire ▸ **auxiliar**
auxquels, auxquelles *pron rel et interr pl* → **lequel**
av. (abréviation) Avenue ▸ **av.**
avachi, e *adj* **1** Déformé ▸ **deformado 2** FIG Sans énergie, mou ▸ **molenga**
avachir (s') *vpr* **1** FAM Se déformer ▸ **deformar-se 2** S'affaler ▸ **arriar-se 3** FIG Se laisser aller ▸ **desleixar-se**
avachissement *nm* Action de s'avachir ▸ **deformação, desleixo**
aval[1] (pl *avals*) *nm* **1** DR Garantie donnée sur un effet de commerce par un tiers ▸ **aval 2** Approbation ▸ **aval**
aval[2] *nm sing* Côté vers lequel descend un cours d'eau; CONTR: *amont* ▸ **jusante ▪ en aval: (a)** plus près de l'embouchure ▸ **a jusante (b)** FIG plus près de la fin d'un processus ▸ **no final ◆** *adj inv* Se dit du côté du skieur tourné du côté de la vallée ▸ **voltado para o vale**
avalanche *nf* **1** Masse de neige qui dévale les flancs d'une montagne à grande vitesse ▸ **avalancha 2** FIG Grande quantité de choses ▸ **avalancha**
avaler *vt* **1** Faire descendre par le gosier ▸ **engolir 2** FAM Croire sur parole ▸ **engolir 3** FAM Supporter, endurer: *c'est dur à avaler* ▸ **engolir**
avaliser *vt* **1** DR Revêtir d'un aval ▸ **avalizar 2** Approuver ▸ **avalizar**

à-valoir *nm inv* Paiement partiel anticipé, à déduire d'une plus forte somme qui est due ▸ **adiantamento**

avance *nf* **1** Espace parcouru avant quelqu'un ou temps qui anticipe sur le moment prévu: *avoir une avance de cent mètres; de l'avance dans son travail* ▸ **avanço 2** Mouvement en avant ▸ **avanço 3** Paiement anticipé ▸ **adiantamento ▪ à l'avance** ou **d'avance** ou **par avance:** par anticipation ▸ **antecipadamente, de antemão □ en avance:** avant l'heure ▸ **adiantado ◆ avances** *pl* Premières démarches pour nouer des relations: *faire des avances* ▸ **investidas**

EMPLOI Il faut éviter d'employer *à l'avance* avec des verbes qui, par eux-mêmes, en contiennent le sens, tels que *prédire, prévoir*, etc.

avancé, e *adj* **1** Mis en avant: *poste avancé* ▸ **avançado 2** Loin de son début: *travail avancé* ▸ **avançado 3** En avance par rapport à la moyenne: *enfant avancé pour son âge* ▸ **avançado 4** Prêt de se corrompre: *viande avancée* ▸ **passado**

avancée *nf* **1** Ce qui fait saillie: *l'avancée d'un toit* ▸ **avançamento 2** Progression, marche en avant ▸ **avanço 3** Partie d'une ligne à pêche que termine l'hameçon ▸ **fieira**

avancement *nm* **1** Action d'avancer ▸ **avanço 2** Promotion dans une carrière ▸ **avanço**

avancer *vt (conj 1)* **1** Porter en avant: *avancer la tête* ▸ **avançar 2** Prêter, verser par avance une somme d'argent ▸ **adiantar 3** FIG Faire progresser; hâter: *avancer son travail* ▸ **avançar 4** Effectuer, fixer avant le moment prévu: *avancer son départ* ▸ **antecipar 5** Mettre en avant: *avancer une idée* ▸ **avançar ◆** *vi* **1** Aller en avant ▸ **avançar 2** Sortir de l'alignement: *mur qui avance* ▸ **avançar 3** Faire des progrès ▸ **avançar 4** Approcher du terme ▸ **avançar 5** Indiquer une heure en avance sur l'heure réelle: *ma montre avance* ▸ **adiantar ◆ s'avancer** *vpr* **1** Se porter en avant: *s'avancer à petits pas* ▸ **avançar 2** Se hasarder à dire, à faire: *parler de réussite, c'est s'avancer un peu* ▸ **aventurar-se 3** Prendre de l'avance: *s'avancer dans son travail* ▸ **adiantar**

avanie *nf* LITT Affront public ▸ **avania**

avant[1] *prép et adv* Marque la priorité dans le temps, l'ordre ou l'espace: *300 ans avant J.-C.; le travail passe avant les loisirs; avant le carrefour* ▸ **antes (de) ▪ avant tout:** principalement ▸ **mais que tudo □ d'avant:** précédent dans l'espace ou dans le temps ▸ **anterior □ en avant (de):** devant ▸ **à frente (de) □ mettre en avant:** alléguer ▸ **propor ◆ avant que** *loc conj* ou **avant de** *loc prép* Indique l'antériorité dans le temps: *avant qu'il ne parte; avant de partir* ▸ **antes de**

avant[2] *nm* **1** Partie antérieure: *l'avant du bateau* ▸ **frente 2** Dans certains sports d'équipe, joueur qui fait partie de la ligne d'attaque ▸ **atacante ▪ aller de l'avant:** avancer, progresser rapidement ▸ **ir de vento em popa ◆** *adj inv* Qui est en avant: *les roues avant* ▸ **da frente**

avantage *nm* **1** Ce qui constitue un profit ▸ **vantagem 2** Ce qui donne de la supériorité ▸ **vantagem**

avantager *vt (conj 2)* Favoriser ▸ **avantajar**

avantageusement *adv* D'une manière avantageuse ▸ **vantajosamente**

avantageux, euse *adj* **1** Qui procure un avantage, un profit ▸ **vantajoso 2** Économique, intéressant: *article avantageux* ▸ **vantajoso 3** SOUT Vaniteux, sûr de soi: *prendre un ton avantageux* ▸ **presunçoso**

avant-bras *nm inv* Partie du bras qui va du coude au poignet ▸ **antebraço**

avant-centre (pl *avants-centres*) *nm* Au football, joueur placé au centre de la ligne d'attaque ▸ **centroavante**

avant-corps *nm inv* Partie d'une construction en saillie ▸ **avançamento**

avant-coureur (pl *avant-coureurs*) *adj m* Qui annonce un événement prochain: *signes avant-coureurs* ▸ **precursor**

avant-dernier, ère (pl *avant-derniers, ères*) *adj et n* Qui est avant le dernier ▸ **penúltimo**

avant-garde (pl *avant-gardes*) *nf* **1** Première ligne d'une armée, d'une flotte, etc. ▸ **vanguarda 2** FIG Ce qui précède son époque par ses audaces: *cinéma d'avant-garde* ▸ **vanguarda**

avant-goût (pl *avant-goûts*) *nm* Première impression; aperçu ▸ **antecipação**

avant-hier *adv* Avant-veille du jour où l'on est ▸ **anteontem**

avant-port (pl *avant-ports*) *nm* Rade qui précède l'entrée de certains ports: *Saint-Nazaire est l'avant-port de Nantes* ▸ **anteporto**

avant-première (pl *avant-premières*) *nf* Présentation d'un spectacle, d'un film à des journalistes avant la première représentation, la première projection publique ▸ **pré-estreia**

avant-projet (pl *avant-projets*) *nm* Étude préparatoire d'un projet ▸ **anteprojeto**

avant-propos *nm inv* Préface, introduction en tête d'un livre ▸ **prefácio**

avant-scène (pl *avant-scènes*) *nf* **1** Partie antérieure de la scène d'un théâtre ▸ **proscênio 2** Loge près de la scène ▸ **camarote de boca**

avant-soirée (pl *avant-soirées*) *nf* À la télévision, tranche horaire qui précède le journal et les émissions du soir ▸ **horário do final da tarde**

avant-veille (pl *avant-veilles*) *nf* Le jour qui précède la veille ▸ **antevéspera**

avare *adj et n* Qui aime accumuler de l'argent et craint de le dépenser ▸ **avarento** ■ **avare de:** économe de: *avare de son temps* ▸ **avaro de, em**

avarice *nf* Attachement excessif à l'argent ▸ **avareza**

avarie *nf* **1** MAR Dommage survenu à un navire ou à sa cargaison ▸ **avaria** **2** Détérioration, dégât quelconque: *une avarie de moteur* ▸ **avaria**

avarier *vt* Endommager, gâter: *marchandises avariées* ▸ **avariar**

avatar *nm* **1** Dans la religion hindoue, incarnation d'un dieu ▸ **avatar** **2** Métamorphose, changement, le plus souvent en mal ▸ **avatar** **3** FAM Événement fâcheux, accident ▸ **revés**

Ave [ave] ou **Ave Maria** [avemarja] *nm inv* Prière catholique à la Vierge ▸ **ave-maria**

avec *prép* **1** Indique une relation de complémentarité, d'accompagnement, d'accord, d'association: *partir avec un ami; studio avec balcon; avec les bons contre les méchants* ▸ **com** **2** Indique la manière: *marcher avec prudence* ▸ **com** **3** Indique le moyen: *ouvrir avec une clé* ▸ **com** **4** Indique la simultanéité: *se lever avec le jour* ▸ **com** ◆ **d'avec** *loc prép* Indique la séparation: *elle a divorcé d'avec lui* ▸ **de**

aveline *nf* Grosse noisette, fruit de l'avelinier ▸ **avelã**

avelinier *nm* Variété de noisetier ▸ **aveleira**

aven [aven] *nm* Gouffre ▸ **furna**

avenant¹ *nm* Acte par lequel on modifie les termes d'un contrat en vigueur ▸ **modificação contratual**

avenant², e *adj* Qui plaît par sa bonne grâce: *des manières avenantes* ▸ **agradável** ◆ **à l'avenant** *loc adv* En accord, en harmonie avec ce qui précède: *de jolis yeux et un teint à l'avenant* ▸ **à altura**

avènement *nm* **1** Venue, arrivée: *l'avènement du Christ* ▸ **advento** **2** Élévation à une dignité: *avènement au trône* ▸ **ascensão**

avenir *nm* **1** Temps futur: *se projeter dans l'avenir* ▸ **futuro** **2** Situation future: *assurer son avenir* ▸ **futuro** **3** Postérité: *l'avenir le dira* ▸ **futuro** ■ **à l'avenir:** désormais ▸ **de agora em diante** □ **d'avenir:** appelé à se développer ▸ **promissor**

avent *nm* Temps fixé par l'Église catholique pour se préparer à la fête de Noël ▸ **Advento**

aventure *nf* **1** Événement imprévu, surprenant: *voyage plein d'aventures* ▸ **aventura** **2** Entreprise hasardeuse: *entraîner quelqu'un dans une aventure* ▸ **aventura** **3** Liaison amoureuse passagère ▸ **aventura** ■ **à l'aventure:** sans dessein, au hasard: *aller à l'aventure* ▸ **ao sabor da maré** □ **dire la bonne aventure:** prédire l'avenir ▸ **ler a sorte** □ LITT **par aventure** ou **d'aventure:** par hasard ▸ **por acaso**

aventurer *vt* Hasarder, risquer ▸ **aventurar** ◆ **s'aventurer** *vpr* Courir un risque, se hasarder ▸ **aventurar-se**

aventureux, euse *adj* **1** Qui s'expose, se hasarde ▸ **aventuroso** **2** Plein d'aventures, de risques ▸ **aventuroso**

aventurier, ère *n* **1** Personne qui cherche les aventures ▸ **aventureiro** **2** PÉJOR Personne sans scrupule, intrigant ▸ **aventureiro**

aventurisme *nm* Tendance à prendre des mesures hâtives et irréfléchies ▸ **aventureirismo**

avenu, e *adj* ▸ **acontecido** ■ **nul et non avenu:** Considéré comme n'ayant jamais existé ▸ **nulo e sem valor**

avenue *nf* **1** Large voie urbaine ▸ **avenida** **2** Allée plantée d'arbres qui conduit à une habitation ▸ **caminho**

avéré, e *adj* Reconnu vrai ▸ **reconhecido**

avérer (s') *vpr (conj 10)* Se révéler, apparaître ▸ **mostrar-se**

EMPLOI Au sens strict («être reconnu comme vrai»), *s'avérer vrai* est pléonastique, *s'avérer faux* est contradictoire

avers *nm* Côté face d'une monnaie; CONTR: *revers* ▸ **anverso**

averse *nf* Pluie subite, abondante ▸ **aguaceiro**

aversion *nf* Vive antipathie: *aversion contre quelqu'un, pour quelqu'un, à l'égard de quelqu'un* ▸ **aversão**

averti, e *adj* Instruit, avisé ▸ **advertido**

avertir *vt* Informer, prévenir ▸ **advertir**

avertissement *nm* **1** Appel à la prudence ▸ **advertência** **2** Remontrance ▸ **advertência** **3** Courte préface ▸ **advertência**

avertisseur, euse *adj et nm* Qui avertit: *un avertisseur d'incendie* ▸ **de advertência, alarme**

aveu *nm* **1** Fait de reconnaître verbalement ou par écrit une action blâmable ▸ **confissão** **2** Déclaration: *faire l'aveu de son incompétence, de son amour* ▸ **admissão** ■ **de l'aveu de:** au témoignage de ▸ **segundo o testemunho de**

aveuglant, e *adj* Qui éblouit ▸ **cegante, ofuscante**

aveugle *adj et n* **1** Privé de la vue ▸ **cego** **2** FIG Qui manque de jugement: *être aveugle sur ses défauts* ▸ **cego** **3** Entier: *confiance aveugle* ▸ **cego** ■ **essai thérapeutique en aveugle:** test d'efficacité d'un

nouveau médicament dans lequel les patients seuls (*simple aveugle*) ou les patients et le médecin (*double aveugle*) ignorent si l'on utilise l'ancienne ou la nouvelle formule ► **teste cego**
aveuglement *nm* Manque de discernement dû à la passion, à l'obstination ► **cegueira**
aveuglément *adv* Sans discernement ► **cegamente**
aveugle-né, e (pl *aveugles-nés, aveugles-nées*) *n et adj* Aveugle de naissance ► **cego de nascença**
aveugler *vt* **1** Priver de la vue ► **cegar 2** Éblouir ► **cegar 3** Priver de lucidité: *la colère l'aveugle* ► **cegar 4** Boucher, colmater ► **cegar**
aveuglette (à l') *loc adv* **1** À tâtons, sans y voir ► **às cegas 2** FIG Au hasard ► **às cegas**
aveulir *vt* LITT Rendre veule, sans volonté ► **tornar apático**
aveulissement *nm* LITT Fait de rendre, de devenir veule ► **apatia**
aviaire *adj* Qui concerne les oiseaux: *peste, grippe aviaire* ► **aviário**
aviateur, trice *n* Personne qui pilote un avion ► **aviador**
aviation *nf* **1** Navigation aérienne au moyen d'avions ► **aviação 2** Ensemble des avions ► **aviação**
avicole *adj* Qui concerne l'aviculture ► **avícola**
aviculteur, trice *n* Qui élève des oiseaux, des volailles ► **avicultor**
aviculture *nf* Élevage d'oiseaux, de volailles ► **avicultura**
avide *adj* **1** Qui a un désir immodéré de ► **ávido 2** Cupide, insatiable ► **ávido**
avidement *adv* D'une manière avide ► **avidamente**
avidité *nf* **1** Désir ardent et insatiable ► **avidez 2** Convoitise ► **avidez**
avilir *vt* Rendre vil, déshonorer ► **aviltar**
avilissant, e *adj* Qui avilit, déshonore ► **aviltante**
avilissement *nm* État d'une personne avilie, dégradation ► **aviltamento**
aviné, e *adj* En état d'ivresse ► **avinhado**
avion *nm* Appareil de navigation aérienne muni d'ailes et propulsé par un ou plusieurs moteurs ► **avião**
aviron *nm* **1** Rame d'embarcation ► **remo 2** Sport du canotage ► **remo**
avis *nm* **1** Opinion, sentiment; expression de cette opinion: *donner son avis; avis du Conseil d'État* ► **opinião 2** Information, nouvelle diffusée, avertissement; écrit donnant cette information: *avis au public, au lecteur; avis de réception* ► **aviso ■ être d'avis de, que:** penser que ► **ser da opinião de**
avisé, e *adj* Prudent, circonspect ► **sensato**
aviser[1] *vt* LITT Apercevoir: *aviser qqn dans la rue* ► **avistar** ◆ *vi* Réfléchir à ce qu'on doit faire ► **ponderar** ◆ **s'aviser** *vpr* [de] **1** Se rendre compte de ► **perceber 2** Se mettre en tête: *ne t'avise pas de venir* ► **inventar**
aviser[2] *vt* LITT Avertir, informer ► **avisar**
aviso *nm* Navire chargé de porter des ordres, etc., d'effectuer des reconnaissances ► **aviso**
avitaminose *nf* Maladie produite par le manque de vitamines ► **avitaminose**
aviver *vt* **1** Rendre plus ardent, plus éclatant: *aviver une couleur* ► **avivar 2** FIG Rendre plus vif, augmenter: *aviver une douleur* ► **avivar**
av. J.-C. (abréviation) Avant Jésus-Christ ► **a.C.**
avocat[1] *nm* Fruit de l'avocatier, en forme de poire ► **abacate**
avocat[2]**, e** *n* **1** Personne qui fait profession de plaider en justice: *avocat de la défense* ► **advogado 2** FIG Intercesseur: *se faire l'avocat d'une cause* ► **advogado ■ avocat du diable:** défenseur d'une mauvaise cause ► **advogado do diabo □ avocat général:** membre du ministère public, remplaçant les procureurs généraux en certains cas ► **procurador**
avocatier *nm* Arbre dont le fruit est l'*avocat* ► **abacateiro**
avoine *nf* Céréale dont le grain sert à la nourriture des chevaux ► **aveia ■ folle avoine:** avoine sauvage ► **aveia-doida**
avoir[1] *vt* **1** Posséder: *avoir un livre* ► **ter 2** Présenter telle caractéristique: *avoir dix ans* ► **ter 3** Éprouver: *avoir faim* ► **ter 4** Être en relation affective avec: *avoir des enfants, un chien* ► **ter 5** FAM Tromper: *il s'est fait avoir* ► **cair ■ avoir à** (+ inf): devoir: *avoir des problèmes à régler* ► **ter de □ en avoir après** ou **en avoir contre:** éprouver de l'irritation envers ► **estar irritado com □ en avoir pour: (a)** devoir payer au total ► **custar (b)** mettre tant de temps pour faire, terminer quelque chose ► **levar □ il y a: (a)** il est, il existe ► **há (b)** indique la durée: *je l'ai vu il y a un an* ► **há □ il n'y a qu'à:** il suffit de ► **basta** ◆ *v auxil* Se construit avec le participe passé du verbe pour exprimer l'action accomplie ► **ter**
avoir[2] *nm* **1** Ce qu'on possède ► **bem 2** Partie d'un compte où l'on porte les sommes dues; CONTR: *doit* ► **haveres**
avoisinant, e *adj* Proche, voisin ► **avizinhado**
avoisiner *vt* **1** Être voisin de ► **avizinhar 2** Être proche de ► **avizinhar**
avorté, e *adj* Qui a échoué ► **abortado**
avortement *nm* Action d'avorter ► **aborto**

avorter *vi* **1** Expulser un fœtus avant terme ▸ **abortar 2** FIG Ne pas réussir, rester sans effet ▸ **abortar**

avorton *nm* **1** Animal ou plante venu avant terme ▸ **aborto 2** FAM Être chétif, mal fait ▸ **aborto**

avouable *adj* Qui peut être avoué ▸ **confessável**

avoué *nm* Officier ministériel qui représente les parties devant les cours d'appel ▸ **procurador judicial**

avouer *vt* **1** Reconnaître que l'on a dit ou fait quelque chose de mal ▸ **confessar 2** Reconnaître comme vrai ▸ **admitir**

avril *nm* Quatrième mois de l'année ▸ **abril** ▪ **poisson d'avril:** attrape, plaisanterie traditionnelle du 1er avril ▸ **brincadeira de primeiro de abril**

avulsion *nf* MÉD Extraction d'une dent ▸ **avulsão**

avunculaire [avɔ̃_] *adj* De l'oncle, de la tante ▸ **avuncular**

axe *nm* **1** Ligne qui divise un corps, un objet par son milieu en deux parties symétriques: *axe d'une rue* ▸ **eixo 2** Principal diamètre d'un corps: *axe d'une sphère* ▸ **eixo 3** Pièce servant à articuler une ou plusieurs autres pièces qui décrivent autour d'elle un mouvement circulaire: *axe d'une roue* ▸ **eixo 4** Grande voie de communication: *axe de circulation* ▸ **eixo 5** Direction générale, orientation: *l'axe d'une politique* ▸ **eixo**

axer *vt* Orienter suivant un axe ▸ **orientar**

axial, e, aux *adj* **1** Relatif à l'axe ▸ **axial 2** Disposé suivant un axe ▸ **axial**

axiome *nm* **1** Vérité évidente par elle-même ▸ **axioma 2** Principe fondamental d'une théorie ▸ **axioma**

axis [aksis] *nm* Deuxième vertèbre du cou ▸ **áxis**

axolotl *nm* Animal du Mexique appartenant à la classe des amphibiens ▸ **axolotle**

axone *nm* Prolongement du neurone, parcouru par l'influx nerveux ▸ **axônio**

ayant droit (pl *ayants droit*) *nm* Personne qui a des droits à quelque chose ▸ **beneficiário**

ayatollah *nm* Chef religieux de l'islam chiite ▸ **aiatolá**

aye-aye [ajaj] (pl *ayes-ayes*) *nm* Mammifère primate de Madagascar ▸ **aiai**

ayurvéda *nm* Médecine traditionnelle indienne qui vise à favoriser l'harmonie entre le corps et l'esprit, entre l'individu et son environnement ▸ **aiurveda**

ayurvédique *adj* Relatif à l'ayurvéda: *massage ayurvédique* ▸ **aiurvédico**

azalée *nf* Arbuste cultivé pour ses fleurs de couleurs variées ▸ **azaleia**

azimut [azimyt] *nm* Angle du plan vertical d'un astre avec le plan méridien du lieu ▸ **azimute** ▪ FAM **tous azimuts:** dans toutes les directions ▸ **multidirecional**

azote *nm* CHIM Corps simple gazeux, incolore, inodore et insipide; symb: N ▸ **nitrogênio**

azoté, e ou **azoteux, euse** *adj* CHIM Qui contient de l'azote ▸ **azotado**

AZT *nm* (nom déposé, sigle de *azidothymidine*) Médicament agissant sur le virus du sida ▸ ***AZT***

aztèque *adj* Relatif aux Aztèques ▸ **asteca**

azur *nm* **1** Couleur bleue ▸ **azul-celeste 2** LITT L'air, le ciel ▸ **azul**

azuré, e *adj* De couleur azur ▸ **azul**

azyme *adj* ▪ **pain azyme:** pain sans levain, utilisé rituellement pour la Pâque juive ou pour faire des hosties ▸ **(pão) ázimo**

Bb

b *nm inv* Deuxième lettre de l'alphabet et la première des consonnes ▸ **b**

BA *nf* (sigle) FAM Bonne action: *faire sa BA* ▸ **Ø**

b.a.-ba *nm inv* Connaissances élémentaires ▸ **bê-á-bá**

baba[1] *nm* Gâteau imbibé de rhum ▸ **babá**

baba[2] *adj* FAM Stupéfait: *rester baba* ▸ **bobo**

baba[3] *nm* RÉUNION bébé ▸ **bebê**

baba cool [babakul] (pl *babas cool*) ou **baba** *n* FAM Personne qui, dans les années 1970, adoptait le mode de vie et l'idéologie dictés par le mouvement hippie ▸ ***hippie***

babeurre *nm* Résidu liquide de la fabrication du beurre ▸ **tabefe**

babil *nm* Bavardage enfantin ▸ **galreio**

babillage *nm* Action de babiller ▸ **tagarelice**

babiller *vi* Bavarder d'une manière futile, enfantine ▸ **galrear**

babines *nf pl* Lèvres pendantes de certains animaux ▸ **beiça** ■ FAM **se lécher les babines:** se délecter à l'avance de quelque chose ▸ **lamber os beiços**

babiole *nf* FAM Bagatelle, chose de peu de valeur ▸ **bugiganga**

babiroussa *nm* Porc sauvage d'Indonésie ▸ **babirrussa**

bâbord *nm* Côté gauche d'un navire, quand on regarde vers l'avant (par opposition à *tribord*) ▸ **bombordo**

babouche *nf* Pantoufle en cuir de couleur, laissant le talon libre ▸ **babucha**

babouin *nm* Gros singe d'Afrique à museau allongé, très robuste ▸ **babuíno**

baby-boom [bɛbibum] (pl *baby-booms*) *nm* (anglicisme) Augmentation soudaine de la natalité ▸ ***baby boom***

baby-foot [babifut] *nm inv* (anglicisme) Jeu simulant le football en miniature, composé d'une table sur laquelle des figurines, représentant les deux équipes d'un match, sont actionnées par des tiges mobiles ▸ **pebolim, totó**

baby-sitter [bɛbisitœʀ] (pl *baby-sitters*) *n* (anglicisme) Personne payée pour garder des enfants quand les parents sont sortis ▸ ***baby-sitter***

baby-sitting [bɛbisitiŋ] (pl *baby-sittings*) *nm* (anglicisme) Activité d'un, d'une baby-sitter ▸ ***baby-sitting***

bac[1] *nm* **1** Bateau large et plat qui sert à passer un cours d'eau, un bras de mer ▸ **balsa 2** Récipient, souvent rectangulaire, servant à divers usages: *bac à légumes, à fleurs, à sable, bac à glace* ▸ **recipiente 3** Présentoir en forme de casier où sont proposés les disques à la vente ▸ **boxe**

bac[2] *nm* (abréviation) FAM Baccalauréat ▸ **Ø**

baccalauréat *nm* Diplôme de fin d'études secondaires conférant le premier grade universitaire; examen permettant son obtention ▸ ***baccalauréat***

baccarat *nm* Cristal de la manufacture de Baccarat ▸ **bacará**

bacchanale [bakanal] *nf* LITT Orgie ▸ **bacanal** ◆ **bacchanales** *pl* Dans l'Antiquité gréco-romaine, fêtes en l'honneur de Bacchus ▸ **bacanal**

bacchante [bakɑ̃t] *nf* Prêtresse du culte de Bacchus ▸ **bacante**

bacchantes *nf pl* FAM Moustaches ▸ **bigode**

bâche *nf* Toile épaisse et imperméabilisée qui sert à protéger les marchandises, les objets ▸ **lona**

bachelier, ère *n* Personne qui a obtenu le baccalauréat ▸ **bacharel**

bâcher *vt* Couvrir d'une bâche ▸ **cobrir com lona**

bachique *adj* **1** Relatif à Bacchus ▸ **báquico 2** Qui célèbre le vin, l'ivresse ▸ **báquico, dionisíaco**

bachot *nm* VIEILLI Baccalauréat ▸ ***baccalauréat***

bachotage *nm* FAM Action de préparer à la hâte et intensément un examen ▸ **rachada**

bachoter *vi* FAM Préparer un examen ou un concours de manière rapide et intensive dans le seul but d'être reçu ▸ **rachar**

bacillaire *adj* Relatif aux bacilles ▸ **bacilar**

bacille [basil] *nm* Bactérie en forme de bâtonnet ▸ **bacilo**
bâclage *nm* Action de bâcler ▸ **acochambração**
bâcler *vt* Faire à la hâte et sans soin: *bâcler un travail* ▸ **atamancar**
bacon [bekɔn] *nm* Fine tranche de lard fumé, en Angleterre, ou de filet de porc salé et fumé, en France ▸ ***bacon***
bactéricide *adj et nm* Se dit d'une substance qui détruit les bactéries ▸ **bactericida**
bactérie *nf* Être unicellulaire (bacille, vibrion, etc.) vivant aux dépens du milieu ambiant ou de l'organisme qu'il a envahi ▸ **bactéria**
bactérien, enne *adj* Relatif aux bactéries: *maladie bactérienne* ▸ **bacteriano**
bactériologie *nf* Science qui étudie les bactéries ▸ **bacteriologia**
bactériologique *adj* Relatif à la bactériologie ▸ **bacteriológico**
bactériologiste *n* Spécialiste de bactériologie ▸ **bacteriologista**
badaud, e *n et adj* Personne qui s'attarde à regarder le spectacle de la rue ▸ **basbaque**
baderne *nf* ▸ **baderna** ▪ FAM **vieille baderne:** personne attachée à des idées ou à des habitudes d'un autre âge ▸ **quadrado**
badge *nm* Insigne ▸ **crachá**
badiane *nf* Arbuste asiatique produisant une essence anisée ▸ **anis-estrelado**
badigeon *nm* Enduit à la chaux dont on revêt les murs ▸ **reboco**
badigeonner *vt* **1** Peindre un mur avec du badigeon ▸ **caiar 2** Enduire: *badigeonner de teinture d'iode* ▸ **pincelar**
badin, e *adj* LITT Gai, léger, sans sérieux: *ton badin* ▸ **brincalhão**
badinage *nm* Action de badiner ▸ **brincadeira**
badine *nf* Canne mince et flexible ▸ **bengala**
badiner *vi* Plaisanter agréablement ▸ **brincar** ♦ *vt ind* ▪ **ne pas badiner avec, sur:** ne pas plaisanter sur, ne pas prendre à la légère ▸ **não brincar com**
badminton [badmintɔn] *nm* Jeu de volant apparenté au tennis ▸ ***badminton***
BAFA [bafa] *nm* (sigle) Brevet d'aptitude aux fonctions d'animation
baffe *nf* FAM Gifle ▸ **bofetada**
baffle *nm* Élément d'une chaîne haute-fidélité comprenant un ou plusieurs haut-parleurs ▸ **caixa acústica**
bafouer *vt* Railler sans pitié, ridiculiser ▸ **achincalhar**
bafouillage *nm* FAM Propos incohérents ▸ **alanzoado**
bafouiller *vi et vt* FAM Parler peu clairement; bredouiller ▸ **tartamudear**
bâfrer *vt et vi* FAM Manger goulûment et avec excès ▸ **devorar**
bagage *nm* **1** Ce qu'on emporte avec soi pour le voyage: *bagage à main; faire ses bagages* ▸ **bagagem 2** FIG Ensemble des connaissances acquises dans un domaine: *bagage culturel* ▸ **bagagem** ▪ **plier bagage:** partir ▸ **fazer as malas**
bagagiste *n* Employé chargé de porter les bagages ▸ **carregador**
bagarre *nf* Bataille, querelle violente ▸ **briga**
bagarrer (se) *vpr* Se battre, se quereller ▸ **brigar**
bagarreur, euse *adj et n* FAM Qui aime la bagarre ▸ **brigão**
bagatelle *nf* Chose de peu de valeur ▸ **bagatela** ▪ FAM **la bagatelle:** l'amour physique ▸ **sexo** ▫ **la bagatelle de:** la modique somme de ▸ **a bagatela de**
baggy [bagi] *nm et adj inv* Pantalon taillé ample, qui se porte bas sur les hanches ▸ **calça *baggy***
bagnard *nm* Forçat ▸ **forçado**
bagne *nm* Lieu où étaient détenus les condamnés aux travaux forcés ▸ **banho**
bagnole *nf* FAM Automobile ▸ **carango**
bagou ou **bagout** *nm* FAM Grande facilité de parole ▸ **lábia**
baguage *nm* Pose d'une bague ▸ **anilhamento**
bague *nf* **1** Anneau que l'on met au doigt: *bague de fiançailles* ▸ **anel 2** Objet ayant la forme d'un anneau et destiné à des usages divers ▸ **anel**
baguenauder *vi* FAM Flâner sans but ▸ **perambular**
baguer *vt* Garnir d'une bague un oiseau, une plante, une machine ▸ **anilhar**
baguette *nf* Bâton mince, plus ou moins long et flexible ▸ **varinha** ▪ **baguette de pain:** pain long et mince d'environ 250 g ▸ **baguete**
bah *interj* Marque l'étonnement, le doute, l'insouciance ▸ **bah**
bahut *nm* **1** Coffre de bois à couvercle bombé ou non ▸ **baú 2** Buffet bas ▸ **aparador 3** ARG SCOL Le lycée, le collège ▸ **escola**
bai, e *adj et nm* Se dit d'un cheval dont la robe est d'un rouge brun ▸ **baio**
baie[1] *nf* **1** Petit golfe ▸ **baía 2** Ouverture de porte, de fenêtre: *baie vitrée* ▸ **vão**
baie[2] *nf* Fruit charnu à pépins, tel le raisin ▸ **baga**
baignade *nf* **1** Action de se baigner: *baignade interdite* ▸ **banho 2** Endroit où l'on se baigne ▸ **praia**
baigner *vt* **1** Mettre dans un bain ▸ **banhar 2** FIG Arroser, mouiller ▸ **banhar 3** Border de ses eaux:

la Manche baigne la Normandie ▸ **banhar** ◆ *vi* Être entièrement plongé: *baigner dans l'eau* ▸ **estar mergulhado** ■ FAM **ça baigne, tout baigne:** tout va bien ▸ **tudo azul** ◆ **se baigner** *vpr* Prendre un bain ▸ **tomar banho**

baigneur, euse *n* Personne qui se baigne ▸ **banhista** ◆ *nm* Jouet d'enfant figurant un bébé ▸ **boneco**

baignoire *nf* **1** Appareil sanitaire dans lequel on se baigne ▸ **banheira 2** Loge de théâtre, au rez-de-chaussée ▸ **frisa**

bail [baj] (pl *baux* [bo]) *nm* Contrat de louage pour un temps donné ▸ **arrendamento**

bâillement *nm* Action de bâiller ▸ **bocejo**

bailler *vt* ▸ **dar** ■ LITT **la bailler belle:** en faire accroire ▸ **abusar da boa-fé**

bâiller *vi* **1** Respirer en ouvrant la bouche en grand et involontairement ▸ **bocejar 2** Être entrouvert, mal fermé ou mal ajusté ▸ **estar entreaberto**

bailleur, eresse *n* Personne qui donne à bail ▸ **arrendador** ■ **bailleur de fonds:** personne qui fournit de l'argent ▸ **financiador**

bâilleur, euse *n* Personne qui bâille ▸ **bocejador**

bailli *nm* HIST Officier qui rendait la justice au nom du roi, du seigneur ▸ **bailio**

bailliage *nm* HIST Tribunal, juridiction d'un bailli ▸ **bailiado**

bâillon *nm* Bandeau ou objet qu'on met sur ou dans la bouche pour empêcher de crier ▸ **mordaça**

bâillonnement *nm* Action de bâillonner ▸ **amordaçamento**

bâillonner *vt* **1** Mettre un bâillon à ▸ **amordaçar 2** FIG Réduire au silence ▸ **amordaçar**

bain *nm* **1** Eau ou autre liquide dans lequel on se baigne: *bain de boue* ▸ **banho 2** Immersion du corps ▸ **banho 3** Liquide dans lequel on plonge une substance: *bain de paraffine* ▸ **banho 4** Exposition, station dans un milieu: *bain de soleil, de vapeur* ▸ **banho 5** Partie du bassin d'une piscine: *petit, grand bain* ▸ **parte da piscina** ■ **bain de foule:** contact direct avec la foule ▸ **banho de multidão** □ **mettre dans le bain:** habituer quelqu'un à une situation, l'initier à un travail ▸ **iniciar** ◆ **bains** *pl* **1** Établissement de bains ▸ **balneário 2** VIEILLI Cure thermale: *aller aux bains* ▸ **balneário** ■ **salle de bains:** pièce réservée aux soins de la toilette et contenant divers appareils sanitaires (baignoire, douche, etc.) ▸ **banheiro**

GRAMMAIRE On écrit *maillot, peignoir de* bain, *sels, serviette de* bain, mais *établissement, salle de* bains

bain-marie (pl *bains-marie*) *nm* Eau bouillante dans laquelle on met un récipient contenant ce qu'on veut faire chauffer; cette façon de faire chauffer: *cuisson au bain-marie* ▸ **banho-maria**

baïonnette *nf* **1** Lame effilée qui s'adapte au bout d'un fusil ▸ **baioneta 2** Dispositif de fixation par ergots engagés dans des crans: *ampoule à baïonnette* ▸ **encaixe**

baisemain *nm* Geste de politesse consistant à baiser la main d'une dame ▸ **beija-mão**

baiser[1] *nm* Action de poser ses lèvres sur ▸ **beijo** ■ **baiser de Judas:** de traître ▸ **beijo de Judas**

baiser[2] *vt* Donner un baiser à, poser ses lèvres sur ▸ **beijar**

baisse *nf* **1** Décroissance: *baisse d'un fleuve* ▸ **baixa 2** Diminution de prix ▸ **baixa** ■ **jouer à la baisse:** spéculer sur la baisse des valeurs en Bourse ▸ **jogar na baixa**

baisser *vt* **1** Mettre plus bas, faire descendre: *baisser un store* ▸ **baixar 2** Incliner vers le bas: *baisser la tête* ▸ **abaixar 3** Diminuer la force, l'intensité de: *baisser le ton* ▸ **baixar** ◆ *vi* **1** Aller en diminuant: *la température baisse* ▸ **abaixar 2** Diminuer de valeur: *les prix baissent* ▸ **abaixar 3** S'affaiblir, décliner: *ses facultés intellectuelles baissent* ▸ **declinar** ◆ **se baisser** *vpr* Se courber ▸ **abaixar-se**

bajoue *nf* **1** Partie de la tête d'un animal depuis l'œil jusqu'à la mâchoire ▸ **faceira 2** FAM Joue humaine pendante ▸ **bochecha caída**

bakchich *nm* FAM Pourboire ▸ **gorjeta**

Bakélite *nf* (nom déposé) Matière plastique artificielle ▸ **baquelita**

bal (pl *bals*) *nm* Réunion où l'on danse; local où se tient cette réunion: *bal populaire* ▸ **baile, salão de baile**

balade *nf* FAM Promenade ▸ **passeio**

ORTHOGRAPHE Il ne faut pas confondre *balade* avec *ballade*, «poème»

balader (se) *vpr* FAM Se promener ▸ **passear**

baladeur[1] *nm* Lecteur portatif de cassettes ou de disques compacts, muni d'écouteurs ▸ ***Walkman*** (marca registrada), ***disc-man***

baladeur[2]**, euse** *adj* FAM Qui aime à se balader ▸ **passeador** ■ **micro baladeur:** muni d'un long fil qui permet de le déplacer ▸ **microfone portátil**

baladeuse *nf* Lampe électrique munie d'un long fil qui permet de la déplacer ▸ **gambiarra**

baladin *nm* LITT Comédien qui se produit dans des spectacles de rue ▸ **saltimbanco**

balafon *nm* Xylophone d'Afrique noire ▸ **balafo**

balafre *nf* Longue blessure au visage; cicatrice qui en reste ▸ **gilvaz**

balafré, e *adj et n* Qui a une balafre ▸ **acutilado**

balafrer *vt* Faire une balafre ▶ **acutilar**

balai *nm* **1** Brosse munie d'un long manche et dont on se sert pour nettoyer ▶ **vassoura 2** FAM Année d'âge: *avoir trente balais* ▶ **ano** ■ **balai d'essuie-glace:** partie d'un essuie-glace faite d'un support métallique et d'une raclette en caoutchouc ▶ **palheta** □ **donner un coup de balai: (a)** enlever rapidement la poussière ▶ **passar uma vassoura (b)** FIG se débarrasser des personnes gênantes ▶ **mandar embora** □ FAM **du balai!:** va-t'en! allez-vous-en! ▶ **fora!**

balai-brosse (pl *balais-brosses*) *nm* Brosse très dure montée sur un manche à balai ▶ **esfregão**

balaise ou **balèze** *adj et n* FAM Très fort physiquement ou intellectuellement ▶ **forte**

balalaïka *nf* Luth triangulaire à trois cordes ▶ **balalaica**

balance *nf* **1** Instrument pour peser: *la balance est l'emblème de la justice* ▶ **balança 2** Filet pour les écrevisses ▶ **camaroeiro 3** COMM Équilibre entre le débit et le crédit ▶ **balanço** ■ **faire pencher la balance d'un côté:** faire prévaloir quelque chose, avantager quelqu'un ▶ **fazer pender a balança para um lado** □ **mettre en balance:** comparer ▶ **colocar na balança** ◆ **Balance** *nf* Constellation zodiacale évoquant une balance; signe astrologique des personnes nées entre le 23 septembre et le 22 octobre ▶ **Balança, Libra** ◆ *n et adj* Personne née sous le signe de la Balance: *elle est Balance* ▶ **libriano**

balancé, e *adj* Harmonieux: *une phrase bien balancée* ▶ **equilibrado** ■ FAM **personne bien balancée:** bien faite ▶ **pessoa benfeita**

balancement *nm* Mouvement alternatif d'un corps en sens opposés, autour de son centre d'équilibre ▶ **balanço**

balancer *vt (conj 1)* **1** Mouvoir tantôt d'un côté, tantôt de l'autre ▶ **balançar 2** FIG Peser, examiner ▶ **balançar 3** Compenser: *balancer les pertes* ▶ **balançar 4** FAM Se débarrasser de ▶ **livrar-se de** ◆ *vi* LITT Hésiter ▶ **balançar** ■ FAM **s'en balancer:** s'en moquer ▶ **estar nas tintas**

balancier *nm* **1** Pièce dont le balancement règle un mouvement: *balancier d'horloge* ▶ **balanceiro 2** Long bâton des danseurs de corde, qui leur sert à garder l'équilibre ▶ **maromba**

balançoire *nf* **1** Siège suspendu entre deux cordes et sur lequel on se balance ▶ **balanço 2** Bascule ▶ **balanço**

balayage *nm* Action de balayer ▶ **varredura**

balayer [baleje] *vt (conj 4)* **1** Nettoyer avec un balai ▶ **varrer 2** FIG Chasser, disperser ▶ **varrer**

balayette *nf* Petit balai ▶ **vassourinha**

balayeur, euse *n* Personne qui balaye ▶ **varredor**

balayeuse *nf* Machine pour balayer ▶ **varredeira**

balayures *nf pl* Ordures balayées ▶ **varredura**

balbutiant, e *adj* Qui balbutie ▶ **balbuciante**

balbutiement *nm* **1** Action de balbutier ▶ **balbucio 2** (surtout au pluriel) Tâtonnement initial ▶ **balbucio**

balbutier [balbysje] *vi* **1** Articuler imparfaitement, avec difficulté ▶ **balbuciar 2** En être à ses débuts ▶ **engatinhar** ◆ *vt* Prononcer en bredouillant ▶ **balbuciar**

balbuzard *nm* Sorte de faucon qui se nourrit de poissons ▶ **águia-pescadora**

balcon *nm* **1** Plate-forme en saillie sur une façade ▶ **sacada 2** Dans une salle de spectacle, première galerie au-dessus de l'orchestre ▶ **balcão**

baldaquin *nm* Tenture dressée au-dessus d'un trône, d'un catafalque, d'un lit, etc. ▶ **baldaquino**

baleine *nf* **1** Mammifère marin de l'ordre des cétacés ▶ **baleia 2** Lamelle flexible servant à divers usages ▶ **barbatana, vareta**

baleiné, e *adj* Garni de baleines ▶ **com barbatanas**

baleineau *nm* Petit de la baleine ▶ **baleato**

baleinier *nm* Navire équipé pour la chasse à la baleine ▶ **baleeiro**

baleinière *nf* Canot de bord des grands navires ▶ **baleeira**

balénoptère *nm* Mammifère marin voisin de la baleine ▶ **rorqual**

balèze *adj et n* → **balaise**

balisage *nm* Action de baliser ▶ **balizamento**

balise *nf* **1** Marque, objet (bouée, poteau, etc.) signalant en mer un chenal, des écueils et indiquant sur terre le tracé d'une piste d'aviation, d'une route, d'un canal, etc. ▶ **baliza 2** INFORM Marque qui identifie un élément d'un fichier et sert à délimiter le champ auquel il appartient ▶ ***tag***

baliser *vt* Mettre des balises ▶ **balizar**

balisier *nm* Plante du genre *canna* originaire de l'Inde et cultivée pour sa racine comestible ou pour ses fleurs décoratives ▶ **cana-da-índia**

balistique *adj* Relatif à l'art de lancer des projectiles ▶ **balístico** ◆ *nf* Science qui étudie les mouvements des corps lancés dans l'espace, en particulier des projectiles ▶ **balística**

balivage *nm* Choix des baliveaux ▶ **escolha das reservas**

baliveau *nm* Arbre réservé dans la coupe d'un taillis ▶ **reserva**

baliverne *nf* Propos futile, sornette ▶ **balela**

balkanique *adj* Des Balkans ▶ **balcânico**

ballade *nf* Poème narratif en strophes qui met en œuvre une légende populaire ou une tradition historique ▸ **balada**

ballant, e *adj* Se dit d'une partie du corps qui pend et oscille: *bras ballants* ▸ **pendente** ◆ *nm* Mouvement d'oscillation ▸ **oscilação**

ballast *nm* **1** Pierres concassées maintenant les traverses d'une voie ferrée ▸ **lastro 2** Compartiment dont le remplissage permet à un sous-marin de plonger ▸ **lastro**

balle[1] *nf* **1** Petite sphère qui rebondit et qui sert à certains jeux: *balle de tennis* ▸ **bola 2** Projectile des armes à feu: *balle de fusil* ▸ **bala ■ enfant de la balle:** qui est élevé dans le métier d'artiste de ses parents (comédien, acrobate, etc.) ▸ **filho de peixe □ prendre, saisir la balle au bond:** saisir l'occasion ▸ **aproveitar o ensejo** □ FIG **renvoyer la balle:** riposter vivement ▸ **devolver na lata**

balle[2] *nf* Gros paquet de marchandises ▸ **fardo**

balle[3] ou **bale** *nf* Enveloppe du grain des céréales dans l'épi ▸ **casca**

balle[4] *nf* FAM Franc: *un billet de cent balles* ▸ **franco**

ballerine *nf* **1** Danseuse de ballet ▸ **bailarina 2** Chaussure de femme ressemblant à un chausson de danse ▸ **sapatilha**

ballet *nm* Composition, spectacle chorégraphique ▸ **balé ■ compagnie de ballet:** troupe de danseurs ▸ **(companhia de) balé**

ballon *nm* **1** Grosse balle faite d'une vessie de caoutchouc gonflée d'air et recouverte de cuir, que l'on utilise dans divers sports: *ballon de basket, de football, de rugby* ▸ **bola 2** Jouet d'enfant fait d'une sphère de baudruche ou de caoutchouc gonflée de gaz ▸ **bexiga 3** Sommet arrondi des Vosges: *le ballon d'Alsace* ▸ **balão 4** Aérostat: *ballon dirigeable* ▸ **balão 5** Vase sphérique destiné à contenir un liquide; verre à pied de forme sphérique; contenu de ce verre: *ballon de rouge* ▸ **copo** ■ FIG **ballon d'essai:** expérience que l'on fait pour sonder le terrain, l'opinion ▸ **balão de ensaio**

ballonné, e *adj* Gonflé, distendu ▸ **inchado**

ballonnement *nm* Distension du ventre par des gaz ▸ **inchaço**

ballonner *vt* Gonfler ▸ **inchar**

ballonnet *nm* Petit ballon ▸ **balãozinho**

ballon-sonde (pl *ballons-sondes*) *nm* Ballon sans pilote, muni d'appareils enregistreurs, utilisé pour des observations météorologiques ▸ **balão-sonda**

ballot *nm* **1** Paquet de vêtements ou de marchandises ▸ **trouxa 2** FIG, FAM Sot, imbécile ▸ **trouxa**

ballotin *nm* Emballage en carton dans lequel on met des confiseries ▸ **cartucho**

ballottage *nm* Résultat négatif obtenu dans une élection lorsque aucun des candidats n'a réuni la majorité requise, ce qui oblige à procéder à un nouveau scrutin ou *scrutin de ballottage* ▸ **ausência de maioria absoluta**

ballottement *nm* Mouvement d'un corps ballotté ▸ **sacolejo**

ballotter *vt* Secouer violemment ▸ **sacolejar ■ être ballotté entre deux choses:** hésiter entre deux choses, passer de l'une à l'autre ▸ **estar dividido entre duas coisas** ◆ *vi* Remuer, être secoué en tous sens ▸ **sacolejar**

ballottine *nf* Sorte de galantine ▸ **galantina**

ball-trap [baltrap] (pl *ball-traps*) *nm* Appareil lançant des disques qui servent de cibles pour le tir au fusil ▸ **atirador de pratos**

balluchon ou **baluchon** *nm* FAM Paquet de vêtements, de linge ▸ **trouxa**

balnéaire *adj* Se dit d'un lieu de séjour touristique au bord de la mer: *station balnéaire* ▸ **balneário**

balnéothérapie *nf* Traitement médical par différents types de bains ▸ **balneoterapia**

balourd, e *adj et n* Grossier, stupide ▸ **grosso**

balourdise *nf* **1** Caractère du balourd ▸ **grosseria 2** Grosse maladresse, en parole ou en acte ▸ **grosseria**

balsa *nm* Bois d'Amérique centrale, très léger, utilisé pour les modèles réduits ▸ **balsa**

balsamine *nf* Plante dont le fruit, à sa maturité, éclate si on le touche ▸ **balsamina**

balsamique *adj* Qui a les propriétés du baume ▸ **balsâmico**

balte *adj et n* De la Baltique ou des pays Baltes: *les Baltes* ▸ **báltico**

baluchon *nm* → **balluchon**

balustrade *nf* Rampe de pierre ou de bois soutenue par des petits piliers ▸ **balaustrada**

balzacien, enne *adj* Relatif à Balzac ▸ **balzaquiano**

balzan, e *adj* Qui a des balzanes ▸ **calçado**

balzane *nf* Tache blanche aux pieds de certains chevaux ▸ **malha branca**

bambin *nm* Petit enfant ▸ **criancinha**

bambocher *vi* FAM Sortir, s'amuser, faire de bons repas ▸ **farrear**

bambou *nm* Roseau arborescent des pays chauds; canne de ce roseau ▸ **bambu**

bamboula *nf* FAM ▸ **farra ■ faire la bamboula:** faire la noce ▸ **fazer farra**

ban *nm* **1** Proclamation officielle et publique d'un événement: *bans de mariage* ▸ **proclamação 2** Roulement de tambour et sonnerie de clairon précédant ou clôturant certaines cérémonies militaires ▸ **tarará 3** Au Moyen Âge, ensemble des vassaux directs du suzerain; convocation de ceux-ci ▸ **vassalagem,** ***ban*** ▪ **le ban et l'arrière-ban:** tout le monde ▸ **todo o mundo** □ **être en rupture de ban: (a)** pour un banni, rentrer illégalement sur le territoire national ▸ **voltar clandestinamente (b)** avoir rompu avec les contraintes imposées par son milieu social ▸ **estar em situação irregular** □ **mettre quelqu'un au ban de la société:** le dénoncer comme indigne, méprisable, le rejeter ▸ **proscrever alguém**

banal[1], e, als *adj* Commun, ordinaire, sans originalité ▸ **banal**

banal[2], e, aux *adj* DR ANC Soumis à une redevance au seigneur: *fours banaux* ▸ **banal**

banalement *adv* Avec banalité ▸ **banalmente**

banalisation *nf* Action de banaliser; fait d'être banalisé ▸ **banalização**

banaliser *vt* Rendre banal ▸ **banalizar** ▪ **véhicule banalisé:** véhicule de police dont les caractères distinctifs ont été supprimés ▸ **carro descaracterizado**

banalité *nf* Caractère de ce qui est banal; platitude ▸ **banalidade**

banane *nf* **1** Fruit du bananier, oblong, à peau jaune épaisse ▸ **banana 2** Mèche de cheveux frontale gonflée en forme de rouleau ▸ **topete** ▪ **sac banane** ou **banane:** petit sac de forme courbe, porté à la ceinture ▸ **pochete**

bananeraie *nf* Plantation de bananiers ▸ **bananal**

bananier *nm* Plante cultivée dans les pays chauds pour ses fruits, groupés en régimes ▸ **bananeira**

banc [bɑ̃] *nm* **1** Siège étroit et long: *le banc des accusés* ▸ **banco 2** Amas formant un dépôt, une couche, ou constituant un obstacle: *banc de sable, de brume* ▸ **banco 3** Troupe nombreuse de poissons: *banc de harengs* ▸ **cardume 4** Élévation du fond de la mer ou d'un cours d'eau ▸ **banco** ▪ **banc d'essai:** ce qui permet d'éprouver les capacités de ▸ **teste**

bancaire *adj* Relatif à la banque ▸ **bancário**

bancal, e, als *adj* Instable, qui ne repose pas sur des bases solides ▸ **bambo**

banco *nm* ▸ **banca** ▪ **faire banco:** à certains jeux, tenir seul l'enjeu contre le banquier ▸ **jogar contra a banca**

bandage *nm* **1** Action de bander une partie du corps ▸ **bandagem 2** Assemblage de bandes servant à protéger une partie du corps ▸ **bandagem 3** Cercle de métal, de caoutchouc entourant la jante d'une roue ▸ **aro**

bande[1] *nf* **1** Pièce plus longue que large et de diverses matières, servant à orner, à protéger, à lier ▸ **fita 2** Lanière de linge ou de gaze pour faire un pansement, un bandage ▸ **faixa 3** Toute forme étroite: *bande de terre* ▸ **faixa 4** Ruban magnétique servant de support d'enregistrement des sons, des images, des données informatiques: *bande vidéo* ▸ **fita 5** MAR Inclinaison transversale d'un navire: *donner de la bande* ▸ **banda 6** Ce qui entoure, borde ou délimite: *bande blanche; bande d'arrêt d'urgence* ▸ **faixa** ▪ **bande dessinée (BD):** histoire racontée par une série de dessins ▸ **história em quadrinhos** □ **bande originale (BO):** musique originale d'un film ▸ **trilha sonora** original □ FAM **par la bande:** indirectement ▸ **de viés**

bande[2] *nf* Troupe, compagnie ▸ **bando, grupo**

bande-annonce (pl *bandes-annonces*) *nf* Montage d'extraits de film que l'on présente au public avant la sortie officielle du film ▸ ***trailer***

bandeau *nm* **1** Bande pour entourer la tête, serrer le front, ou couvrir les yeux ▸ **faixa, venda 2** INFORM Bannière ▸ ***banner*** ▪ FIG **avoir un bandeau sur les yeux:** ne pas voir la réalité telle qu'elle est ▸ **ter uma venda nos olhos**

bandelette *nf* Petite bande ▸ **tirinha, fita**

bander *vt* **1** Entourer avec une bande ▸ **enfaixar 2** Tendre: *bander un arc* ▸ **retesar** ▪ **bander les yeux:** les couvrir d'un bandeau ▸ **vendar os olhos**

banderille *nf* Dard orné de rubans que les toreros plantent sur le garrot des taureaux ▸ **bandarilha**

banderillero [bɑ̃derijero] *nm* Torero qui plante les banderilles ▸ **bandarilheiro**

banderole *nf* Longue bande d'étoffe attachée à des montants et portant une inscription ▸ **bandeirola**

bande-son (pl *bandes-son*) *nf* Support sur lequel le son d'un film, d'un document audiovisuel est enregistré ▸ **banda sonora**

bandit *nm* **1** Malfaiteur qui vit d'attaques à main armée ▸ **bandido 2** Homme malhonnête, sans scrupules ▸ **bandido**

banditisme *nm* Actions criminelles commises par des bandits ▸ **banditismo**

bandoulière *nf* Bande de cuir ou d'étoffe pour suspendre une arme, un sac, etc. ▸ **boldrié** ▪ **en bandoulière**: en écharpe, de l'épaule à la hanche opposée: *porter le fusil en bandoulière* ▸ **à bandoleira**

banian *nm* Grand figuier de l'Inde ▸ **baniano**

banjo *nm* Sorte de guitare ronde ▸ **banjo**

banlieue *nf* Ensemble des agglomérations qui environnent un centre urbain et participent à son activité ► **subúrbio**

banlieusard, e *n* FAM Personne qui habite la banlieue d'une grande ville, notamment de Paris ► **suburbano**

banne *nf* **1** Panier d'osier ► **cesta 2** Toile, bâche placée au-dessus de la devanture d'un magasin pour la protéger des intempéries ► **toldo**

banni, e *adj et n* **1** Proscrit, exilé ► **banido 2** FIG Écarté, repoussé ► **banido**

bannière *nf* **1** Enseigne, pavillon, étendard ► **estandarte 2** INFORM Partie d'une page web contenant un message publicitaire qui pointe vers le site de l'annonceur ► ***banner*** ■ FAM **c'est la croix et la bannière:** c'est compliqué à faire, à obtenir ► **é a maior dificuldade**

bannir *vt* **1** Expulser, proscrire ► **banir 2** FIG Éloigner, repousser ► **banir**

bannissement *nm* Exil ► **banimento**

banque *nf* **1** Entreprise qui reçoit et avance des fonds, facilite les paiements par des prêts: *banque d'affaires, de dépôt* ► **banco 2** Branche de l'activité économique constituée par de telles entreprises ► **banca 3** À certains jeux, fonds d'argent qu'a devant lui celui qui tient le jeu ► **banca 4** Organisme qui recueille, conserve et distribue des tissus vivants, des organes, du sang ou du sperme: *banque d'organes; banque du sang* ► **banco** ■ INFORM **banque de données:** ensemble de données organisées relatives à un domaine et accessibles en ligne ou à distance ► **banco de dados**

banqueroute *nf* **1** Faillite d'un commerçant, punie par la loi ► **bancarrota 2** FIG Échec total ► **bancarrota**

banquet *nm* Grand repas, festin ► **banquete**

banqueter *vi (conj 8)* **1** Faire bonne chère ► **banquetear-se 2** Prendre part à un banquet ► **banquetear-se**

banquette *nf* **1** Banc rembourré, avec ou sans dossier ► **banqueta 2** Siège d'un seul tenant dans une voiture, le train, le métro ► **banco 3** Banc de pierre dans l'embrasure d'une fenêtre ► **sede**

banquier, ère *n* **1** Personne qui dirige une banque ► **banqueiro 2** À certains jeux, celui qui tient la banque contre tous les joueurs ► **banqueiro**

banquise *nf* Ensemble des glaces formées, dans les régions polaires, par la congélation de l'eau de mer ► **banquisa**

baobab *nm* Arbre des régions tropicales, à tronc énorme ► **baobá**

baptême [batem] *nm* **1** Le premier des sacrements de la plupart des Églises chrétiennes ► **batismo 2** BELGIQUE Bizutage ► **trote** ■ **baptême de l'air:** premier vol en avion ► **batismo do ar** □ **baptême d'une cloche, d'un navire:** cérémonie solennelle pour les bénir ► **batismo de um sino, de um navio** □ **nom de baptême:** prénom qu'on reçoit au baptême ► **nome de batismo** □ **baptême du feu:** premier combat ► **batismo de fogo**

baptiser [batize] *vt* **1** Faire chrétien par le baptême ► **batizar 2** Bénir (une cloche, un navire, etc.) ► **batizar 3** Donner un nom à ► **batizar 4** FAM Salir pour la première fois quelque chose de neuf ► **estrear** ■ FAM **baptiser du vin:** y mettre de l'eau ► **batizar o vinho**

baptismal, e, aux [batismal, batismo] *adj* Relatif au baptême: *fonts baptismaux* ► **batismal**

baptistère [batistɛr] *nm* Chapelle d'une église où l'on baptise ► **batistério**

baquet *nm* Petite cuve de bois ► **tina**

bar[1] *nm* Poisson de mer estimé, voisin de la perche; SYN: *loup* ► **perca-do-mar**

bar[2] *nm* **1** Débit de boissons où l'on consomme généralement debout ► **bar 2** Comptoir où l'on peut consommer ► **bar** ■ SUISSE **bar à café:** qui ne propose que des boissons non alcoolisées ► **bar de café** □ **bar à vins:** établissement où l'on peut boire des vins de qualité au verre ► **bar de vinhos**

bar[3] *nm* Unité de pression atmosphérique (environ 750 mm de mercure) ► **bar**

baragouin ou **baragouinage** *nm* FAM Langage inintelligible ► **algaravia**

baragouiner *vt et vi* FAM Parler mal ► **algaraviar**

baragouineur, euse *n* FAM Personne qui baragouine ► **língua de trapos**

baraque *nf* **1** Construction légère en planches ► **barraca 2** FIG Maison mal bâtie ou mal tenue ► **barraco**

baraqué, e *adj* FAM De forte carrure ► **bem constituído**

baraquement *nm* Ensemble de constructions provisoires destinées à abriter des soldats, des réfugiés, etc. ► **acampamento**

baratin *nm* FAM Bavardage destiné à séduire ou à tromper ► **baratino**

baratiner *vt et vi* FAM Raconter des boniments (à) ► **baratinar**

baratineur, euse *n* FAM Personne qui baratine ► **aldrabão**

barattage *nm* Action de baratter ► **batedura da manteiga**

baratte *nf* Récipient où l'on bat la crème pour obtenir le beurre ► **barata, batedeira**

baratter *vt* Agiter la crème dans la baratte ► **bater manteiga**

barbant, e *adj* FAM Ennuyeux ▸ **enfadonho**

barbare *n et adj* (avec une majuscule comme nom) Chez les Grecs et les Romains, tout étranger ▸ **bárbaro** ♦ *adj* **1** Cruel, inhumain ▸ **bárbaro** **2** Inculte, grossier ▸ **bárbaro** **3** Incorrect: *terme barbare* ▸ **bárbaro**

barbarie *nf* **1** Manque de civilisation, d'humanité ▸ **barbárie** **2** Cruauté, férocité ▸ **barbárie**

barbarisme *nm* Mot forgé ou employé à contresens (EX: *vous disez* au lieu de *vous dites*) ▸ **barbarismo**

barbe[1] *nf* **1** Poil du menton et des joues ▸ **barba** **2** Longs poils de certains animaux ▸ **barba** **3** Pointe des épis de céréales ▸ **barba** **4** Filament implanté de chaque côté d'une plume d'oiseau ▸ **barba** **5** Bavure sur le bord d'une pièce de métal, d'un papier ▸ **barba** ■ **à la barbe de quelqu'un:** en sa présence ▸ **nas barbas de alguém** □ **barbe à papa:** boule faite de filaments de sucre aromatisé ▸ **algodão-doce** □ FAM **la barbe!:** exclamation pour signifier que quelqu'un ou quelque chose vous importune ▸ **que saco!** □ FIG **rire dans sa barbe:** intérieurement ▸ **rir à socapa**

barbe[2] *nm et adj* Cheval de selle d'Afrique du Nord ▸ **cavalo barbo**

barbeau *nm* Poisson d'eau douce ▸ **barbo**

barbecue [barbəkju] *nm* Appareil pour griller les viandes, les poissons en plein air, au charbon de bois; repas en plein air autour de cet appareil ▸ **churrasqueira, churrasco**

barbe-de-capucin (pl *barbes-de-capucin*) *nf* Chicorée sauvage ▸ **chicória**

barbelé, e *adj* ▸ **farpado** ■ **fil de fer barbelé** ou **barbelé** *nm*: fil de fer muni de pointes, utilisé comme clôture ou comme moyen de défense ▸ **arame farpado**

barber *vt* FAM Ennuyer ▸ **importunar**

barbet, ette *n et adj* Espèce d'épagneul à poil long et frisé ▸ **cão-d'água**

barbiche *nf* Petite touffe de barbe au menton ▸ **barbicha**

barbichette *nf* Petite barbiche ▸ **barbichinha**

barbichu, e *adj et n* FAM Qui porte une barbiche ▸ **barba de bode**

barbier *nm* ANC Celui dont la profession était de raser, de faire la barbe ▸ **barbeiro**

barbillon *nm* Appendice sensoriel de la région buccale des poissons ▸ **barbilhão**

barbiturique *nm* Médicament utilisé dans le traitement de l'insomnie et ayant un effet calmant sur le système nerveux ▸ **barbitúrico**

barbon *nm* LITT, PÉJOR Homme d'âge mûr ▸ **velhote**

barboter *vi* **1** S'ébattre dans l'eau ▸ **chapinhar** **2** Patauger dans la boue ▸ **chafurdar** **3** FAM Voler, chiper ▸ **afanar**

barboteuse *nf* **1** Vêtement de bébé ou de petit enfant ▸ **macacão** **2** CANADA Pataugeoire ▸ **piscina infantil**

barbouillage ou **barbouillis** *nm* **1** Grossière application de couleur, de peinture ▸ **borradela** **2** Écriture illisible ▸ **garatuja**

barbouiller *vt* **1** Peindre grossièrement ▸ **pintar mal** **2** Salir, tacher ▸ **borrar** ■ FAM **barbouiller du papier:** écrire sans talent ▸ **borrar papel** □ FAM **être barbouillé** ou **avoir l'estomac barbouillé:** avoir la nausée ▸ **estar com o estômago embrulhado**

barbouilleur, euse *n* **1** Personne qui barbouille ▸ **borrador** **2** FAM Mauvais peintre ▸ **pinta-monos**

barbouze *nm ou nf* FAM Membre d'une police secrète ▸ **secreta**

barbu, e *adj* Qui a de la barbe ▸ **barbudo**

barbue *nf* Poisson de mer, du genre turbot ▸ **rodovalho**

barda *nm* **1** Équipement du soldat ▸ **equipamento** **2** FAM Bagage encombrant ▸ **fardo**

barde[1] *nm* **1** Poète et chanteur, chez les Celtes ▸ **bardo** **2** Poète héroïque et lyrique ▸ **bardo**

barde[2] *nf* Tranche de lard dont on enveloppe un rôti ▸ **lardo**

bardeau *nm* Planchette en forme de tuile pour couvrir les toitures, etc. ▸ **ripa**

barder[1] *v impers* ■ FAM **ça barde, ça va barder:** cela va devenir violent ou dangereux ▸ **vai fechar o tempo**

barder[2] *vt* **1** Couvrir d'une armure ▸ **couraçar** **2** Envelopper de tranches de lard ▸ **bardear**

bardot *nm* Petit mulet ▸ **burro**

barefoot [bɛrfut] *nm* Sport semblable au ski nautique mais où l'on glisse sur la plante des pieds nus ▸ ***barefoot***

barème *nm* **1** Livre contenant des calculs tout faits ▸ **barema** **2** Table ou répertoire de tarifs ▸ **tabela**

baréter *vi* Barrir ▸ **barrir**

barge *nf* **1** Bateau plat, à voile carrée ▸ **barca** **2** Grande péniche à fond plat ▸ **barcaça**

barguigner *vi* ▸ **hesitar** ■ VX **sans barguigner:** sans hésiter ▸ **sem hesitar**

barigoule *nf* Farce pour garnir des légumes (artichauts surtout) ▸ ***barigoule*, recheio**

baril *nm* Petit tonneau ▸ **barril**

barillet *nm* **1** Petit baril ▸ **barrilete** **2** Pièce cylindrique du revolver, destinée à recevoir les cartouches ▸ **tambor** **3** Boîte cylindrique contenant le grand ressort d'une montre, d'une pendule ▸ **tambor**

bariolage *nm* Assemblage disparate de couleurs; bigarrure ▸ **variegação, mixórdia**

bariolé, e *adj* Marqué de bandes, de taches de couleurs vives ▸ **colorido**

barioler *vt* Peindre de couleurs vives ▸ **colorir**

barmaid [barmɛd] *nf* Serveuse de bar ▸ ***barmaid***

barman [barman] (pl *barmans, barmen* [barmɛn]) *nm* Serveur dans un bar ▸ ***barman***

bar-mitsva *nf inv* Cérémonie juive célébrant la majorité religieuse ▸ ***bar mitzvah***

baromètre *nm* Instrument pour mesurer la pression atmosphérique ▸ **barômetro**

barométrique *adj* Relatif au baromètre: *pression barométrique* ▸ **barométrico**

baron, onne *n* Titre de noblesse au-dessous de celui de vicomte ▸ **barão**

baronet ou **baronnet** *nm* En Angleterre, titre héréditaire de noblesse ▸ **baronete**

baroque *nm* Style artistique, musical et littéraire qui s'est développé en Europe et en Amérique latine du XVIe au XVIIIe s. ▸ **barroco** ◆ *adj* **1** Relatif au baroque ▸ **barroco** **2** FIG Bizarre, original ▸ **barroco**

baroqueux, euse *n* Musicien spécialiste de musique baroque ▸ **músico barroco**

baroud *nm* **1** ARG MIL Combat ▸ **combate** **2** FAM Vie aventureuse et pleine de risques: *reporter qui aime le baroud* ▸ **aventura** ■ **baroud d'honneur:** dernier combat livré pour l'honneur ▸ **combate de honra**

barouder *vi* FAM Mener une vie aventureuse et mouvementée: *journaliste qui baroude en Asie* ▸ **aventurar-se**

baroudeur¹ *nm* ARG MIL Soldat qui aime le baroud ▸ **belicoso**

baroudeur², euse *n* FAM Personne dynamique qui aime l'aventure et le risque: *une baroudeuse du grand reportage* ▸ **aventureiro**

barque *nf* Petit bateau ▸ **barca**

barquette *nf* Récipient ou pâtisserie rappelant la forme d'une barque ▸ **barquete**

barracuda *nm* Grand poisson marin carnassier ▸ **barracuda**

barrage *nm* **1** Action de barrer le passage ▸ **barragem** **2** Obstacle: *un barrage de police* ▸ **barreira** **3** Ouvrage qui barre un cours d'eau ▸ **barragem**

barre *nf* **1** Longue et étroite pièce de bois, de fer, etc., rigide et droite ▸ **barra** **2** Ce qui a la forme d'une barre: *barre de chocolat* ▸ **barra** **3** Immeuble moderne construit en longueur: *les barres et les tours des cités* ▸ **bloco** **4** Dans une lettre, trait horizontal: *barre du «t»* ▸ **corte** **5** SPORTS Traverse horizontale fixant le niveau à franchir en sautant; appareil de gymnastique composé d'une traverse et de montants verticaux: *barre placée à 2 mètres; barre fixe, barres asymétriques, parallèles* ▸ **barra** **6** Dans un tribunal, barrière derrière laquelle se tiennent les témoins: *appeler un témoin à la barre* ▸ **barra** **7** MAR Dispositif qui commande le gouvernail d'un bateau ▸ **cana do leme** **8** Déferlement violent qui se produit près de certaines côtes lorsque la houle se brise sur les hauts-fonds ▸ **barra** ◆ **barres** *pl* Espaces entre les dents du cheval, où repose le canon du mors ▸ **barras**

barreau *nm* **1** Petite barre ▸ **barrinha** **2** FIG Ensemble des avocats inscrits auprès d'un tribunal de grande instance ▸ **Ordem dos Advogados**

barrer *vt* **1** Empêcher le passage; obstruer: *des éboulements barraient la route* ▸ **barrar** **2** Biffer, rayer d'un trait de plume: *chèque barré* ▸ **riscar, cruzar** **3** CANADA Fermer à clef; verrouiller ▸ **trancar** **4** MAR Diriger en tenant la barre ▸ **governar** ◆ **se barrer** *vpr* FAM S'en aller, s'enfuir ▸ **raspar-se**

barrette *nf* **1** Pince pour tenir les cheveux ▸ **presilha** **2** Ruban de décoration fixé à l'uniforme ▸ **broche**

barreur, euse *n* Personne qui tient la barre du gouvernail dans une embarcation ▸ **timoneiro**

barricade *nf* Obstacle édifié dans une rue, avec des voitures, des pavés, etc.: *dresser une barricade* ▸ **barricada**

barricader *vt* **1** Fermer par des barricades: *barricader une rue* ▸ **barricar** **2** Fermer solidement: *barricader portes et fenêtres* ▸ **barricar** ◆ **se barricader** *vpr* S'enfermer pour empêcher toute intrusion ▸ **entrincheirar-se**

barrière *nf* **1** Assemblage de pièces de bois ou de métal fermant un passage ▸ **barreira** **2** FIG Obstacle ▸ **barreira**

barrique *nf* **1** Tonneau d'une capacité de 200 à 250 litres pour le transport des liquides ▸ **barrica** **2** Son contenu ▸ **barrica**

barrir *vi* Pousser son cri, en parlant de l'éléphant; SYN: *baréter* ▸ **barrir**

barrissement *nm* Cri de l'éléphant ▸ **barrido**

bartavelle *nf* Perdrix rouge ▸ **perdiz vermelha**

baryte *nf* Hydroxyde de baryum ▸ **barita**

baryton *nm* Voix d'homme entre le ténor et la basse; chanteur ayant cette voix ▸ **barítono** ◆ *adj m* Se dit d'un instrument de musique rendant des sons du registre de la voix de baryton ▸ **barítono**

baryum *nm* Métal d'un blanc d'argent, très pesant; symb: Ba ▸ **bário**

barzoï *nm* Lévrier russe à poil long ▸ **borzói**

bas[1] *adv* **1** À faible hauteur: *voler bas* ▸ **baixo** **2** Doucement, sans bruit: *parler bas* ▸ **baixo** ■ **à bas!:** cri d'hostilité ▸ **abaixo!** □ **bien bas:** dans un mauvais état physique ou moral ▸ **na pior** □ **en bas (de): (a)** dans la partie inférieure (de) ▸ **embaixo (de) (b)** au-dessous (de) ▸ **abaixo (de)** □ **mettre bas:** faire des petits, en parlant des animaux ▸ **parir**

bas[2] *nm* **1** Partie basse, inférieure ▸ **baixo** **2** Pièce du vêtement féminin destinée à couvrir la jambe et le pied ▸ **meia** ■ FAM **bas de laine:** argent économisé ▸ **pé-de-meia**

bas[3], **basse** *adj* **1** Peu élevé ▸ **baixo** **2** PAR EXT Inférieur: *basse Loire* ▸ **baixo** **3** FIG Vil, abject: *sentiments bas* ▸ **baixo** **4** Modique: *bas salaire* ▸ **baixo** **5** Trivial: *mot bas* ▸ **baixo** ■ **avoir la vue basse:** ne voir que de très près ▸ **enxergar mal** □ **bas âge:** première enfance ▸ **primeira infância** □ **bas latin** ou **basse latinité:** latin du Bas-Empire ▸ **baixo-latim** □ **ce bas monde:** ici-bas, la terre ▸ **este mundo** □ **ciel bas:** chargé de nuages ▸ **céu carregado** □ **faire main basse:** piller ▸ **fazer mão baixa** □ **mer basse:** mer dont le niveau a baissé ▸ **baixa-mar** □ **messe basse:** non chantée ▸ **missa calada** □ **voix basse:** grave, peu intense ▸ **voz grave**

basalte *nm* Roche volcanique compacte, noire, à cassure mate ▸ **basalto**

basaltique *adj* Formé de basalte ▸ **basáltico**

basane *nf* Peau de mouton tannée ▸ **carneira**

basané, e *adj* Bronzé par le soleil, le grand air: *teint basané* ▸ **curtido**

bas-bleu (pl *bas-bleus*) *nm* VIEILLI Femme pédante, à prétentions littéraires ▸ **sabichona**

bas-côté (pl *bas-côtés*) *nm* **1** Nef latérale d'une église ▸ **nave lateral** **2** Partie latérale d'une route, réservée aux piétons ▸ **acostamento**

bascule *nf* **1** Machine dont l'un des bouts s'élève quand on pèse sur l'autre ▸ **básculo** **2** Sorte de balançoire pour enfants ▸ **balanço** **3** Balance pour lourds fardeaux ▸ **báscula** ■ **à bascule:** se dit d'un siège qu'on peut faire mouvoir d'avant en arrière ▸ **de balanço**

basculer *vi* **1** Exécuter un mouvement de bascule ▸ **bascular** **2** Tomber ▸ **cair** ♦ *vt* Culbuter, renverser ▸ **virar**

bas-de-casse *nm inv* Minuscule d'imprimerie ▸ **caixa-baixa**

base *nf* **1** Surface sur laquelle un objet est posé: *base d'une statue* ▸ **base** **2** Partie inférieure d'un objet, sur laquelle il repose: *base d'un édifice* ▸ **base** **3** Principe fondamental sur lequel tout repose: *bases d'un accord* ▸ **base** **4** GÉOM Côté d'un polygone; face d'un solide: *base d'un triangle, d'un trapèze; base d'un cône* ▸ **base** **5** MATH Nombre entier supérieur à **1** indiquant la limite de passage à la colonne suivante des unités: *compter en base 6* ▸ **base** **6** CHIM Substance qui, avec un acide, produit un sel ▸ **base** **7** MIL Lieu de stationnement de formations militaires: *base navale* ▸ **base** **8** Port, aérodrome d'attache pour sous-marins ou avions: *base sous-marine* ▸ **base** **9** Ensemble des adhérents d'un parti politique ou d'un syndicat (par opposition aux *dirigeants*): *consulter la base* ▸ **base** ■ **à base de:** dont le principal composant est ▸ **à base de** □ INFORM **base de données:** ensemble de données organisé pour être exploité par un logiciel ▸ **base de dados** □ **de base:** essentiel à un approfondissement: *ouvrage, connaissances, techniques de base* ▸ **básico**

base-ball [bɛzbol] *nm* Sport dérivé du cricket, populaire aux États-Unis ▸ **beisebol**

baser *vt* **1** Appuyer, fonder: *baser son raisonnement sur des faits* ▸ **basear** **2** (surtout au passif) Concentrer en un lieu: *unité militaire basée à Paris* ▸ **basear** ♦ **se baser** *vpr* [sur] Se fonder sur ▸ **basear-se**

bas-fond (pl *bas-fonds*) *nm* **1** Terrain bas et enfoncé ▸ **depressão** **2** Élévation du fond de la mer, d'un cours d'eau, au-dessus de laquelle un navire peut, en tout temps, passer sans danger ▸ **alto-fundo** ♦ **bas-fonds** *pl* FIG Milieu où règne la misère ▸ ***bas-fond***

basicité *nf* CHIM Propriété qu'a un corps de jouer le rôle de base ▸ **basicidade**

basilic *nm* Plante aromatique utilisée comme condiment ▸ **manjericão**

basilique *nf* **1** Chez les Romains, édifice où l'on rendait la justice et où s'assemblaient les marchands ▸ **basílica** **2** Ancienne église chrétienne ▸ **basílica** **3** Église catholique de vastes proportions ▸ **basílica**

basique *adj* **1** CHIM Se dit des sels qui contiennent un excès de base ou d'un corps qui a les propriétés d'une base ▸ **básico** **2** Fondamental, de base: *français basique* ▸ **básico** ♦ *nm* Élément fondamental d'une garde-robe ▸ **peça de roupa básica**

basket *nf* Chaussure de sport haute, en toile ▸ **tênis de cano alto**

basket-ball [baskɛtbol] ou **basket** *nm* sport d'équipe qui consiste à lancer un ballon dans un panier suspendu ▸ **basquete(bol)**

basketteur, euse *n* Joueur, joueuse de basket ▸ **basquetebolista**
basmati *nm* Riz à grain long cultivé en Inde ▸ **arroz *basmati***
basoche *nf* **1** ANC Ensemble des clercs des cours de justice ▸ ***basoche*** **2** VIEILLI, FAM Ensemble des gens de loi ▸ **homens de lei**
basquais, e *adj* Cuit avec une garniture à base de tomates, de poivrons et de jambon cru ▸ **basco**
basque¹ *nf* Chacune des parties d'un vêtement qui, partant de la taille, recouvre les hanches ▸ **fralda** ■ FIG **être pendu aux basques de quelqu'un:** le suivre partout ▸ **agarrar-se às abas da casaca de alguém**
basque² *adj et n* Du Pays basque: *les Basques* ▸ **basco** ♦ *nm* Langue des Basques ▸ **basco** ■ **tambour de basque:** tambourin à grelots ▸ **pandeiro**
bas-relief (pl *bas-reliefs*) *nm* Sculpture qui se détache avec une faible saillie sur un fond uni ▸ **baixo-relevo**
ORTHOGRAPHE On écrit *en bas relief* sans trait d'union
basse *nf* MUS Partie, voix, instrument faisant entendre les sons les plus graves ▸ **baixo**
basse-cour (pl *basses-cours*) *nf* **1** Partie d'une maison, d'une ferme, où l'on élève la volaille ▸ **capoeira 2** Ensemble des animaux qui y vivent ▸ **capoeira**
basse-fosse (pl *basses-fosses*) *nf* Cachot profond ▸ **calabouço**
bassement *adv* D'une manière basse ▸ **baixamente**
bassesse *nf* **1** Caractère de ce qui est bas, vil ▸ **baixeza 2** Action basse, vile ▸ **baixeza**
basset *nm et adj* Chien courant à jambes courtes ▸ **bassê**
bassin *nm* **1** Récipient portatif large, profond; son contenu ▸ **bacia 2** Pièce d'eau dans un jardin ▸ **tanque 3** Chacune des parties d'une piscine, de profondeur variable: *petit, grand bassin* ▸ **parte da piscina 4** Partie d'un port limitée par des quais et des digues; rade ▸ **bacia 5** ANAT Ceinture osseuse à la base du tronc ▸ **bacia 6** GÉOGR Dépression naturelle arrosée par des cours d'eau: *le Bassin parisien* ▸ **bacia 7** Pays drainé par un cours d'eau: *le bassin du Rhin* ▸ **bacia 8** Gisement étendu ou groupe de gisements: *bassin houiller* ▸ **bacia**
bassine *nf* Récipient circulaire en métal ou en matière plastique, à usages domestiques ou industriels ▸ **bacia**
bassiner *vt* **1** ANC Chauffer avec une bassinoire ▸ **aquecer 2** Humecter légèrement ▸ **umedecer 3** FAM Ennuyer ▸ **aborrecer**
bassinet *nm* Petit bassin; cuvette ▸ **bacineta**
bassinoire *nf* Bassin de métal à couvercle troué et qui, rempli de braises, servait à chauffer un lit ▸ **rescaldeiro**
bassiste *n* Contrebassiste ▸ **baixista**
basson¹ *nm* Instrument à anche qui forme dans l'orchestre la basse de la série des hautbois ▸ **fagote**
basson² ou **bassoniste** *nm* Personne qui joue du basson ▸ **fagotista**
basta *interj* FAM Ça suffit!; assez! ▸ **basta**
bastide *nf* **1** Maison de campagne, dans le Midi ▸ **casa de campo 2** Au Moyen Âge, petite ville fortifiée du sud-ouest de la France ▸ **fortaleza**
bastille *nf* **1** AUTREF Ouvrage de défense, à l'entrée d'une ville ▸ **bastilha 2** Château fort ▸ **bastilha 3** (avec une majuscule) Ancienne prison d'État de Paris ▸ **Bastilha 4** FIG Symbole de l'arbitraire et des privilèges de certains ▸ **Bastilha**
bastingage *nm* MAR Bord de navire qui dépasse le pont ▸ **amurada**
bastion *nm* **1** Fortification faisant partie d'un système de défense ▸ **bastião 2** FIG Ce qui forme un centre de résistance inébranlable ▸ **bastião**
bastonnade *nf* Volée de coups de bâton ▸ **bastonada**
bastringue *nm* FAM **1** Ensemble d'objets hétéroclites ▸ **barafunda 2** Désordre, tapage ▸ **barafunda**
bas-ventre (pl *bas-ventres*) *nm* Le bas du ventre ▸ **baixo-ventre**
bât *nm* Selle rudimentaire de bête de somme ▸ **albarda** ■ **voilà où, c'est là que le bât blesse:** c'est le point faible de quelqu'un, celui où l'on peut l'atteindre ▸ **esse é o seu ponto fraco**
bataclan *nm* FAM Attirail insolite et encombrant ▸ **tralha** ■ **et tout le bataclan:** et tout le reste ▸ **e a tralha toda**
bataille *nf* **1** Combat entre deux armées ▸ **batalha 2** FIG Combat quelconque; querelle, dispute ▸ **batalha 3** Jeu de cartes ▸ **batalha** ■ **en bataille:** de travers, en désordre ▸ **de través, desalinhado**
batailler *vi* **1** Livrer bataille ▸ **batalhar 2** FIG Se disputer ▸ **batalhar**
batailleur, euse *adj et n* Qui aime à batailler; belliqueux ▸ **belicoso**
bataillon *nm* **1** Unité militaire comprenant plusieurs compagnies ▸ **batalhão 2** Groupe nombreux: *un bataillon de touristes* ▸ **batalhão** ■ FAM **inconnu au bataillon:** totalement inconnu ▸ **completo desconhecido**
bâtard¹ *nm* Pain court d'une demi-livre ▸ ***bâtard***
bâtard², e *adj et n* **1** Se dit d'un enfant qui n'est

pas légitime ▸ **bastardo 2** Qui n'est pas de race pure, en parlant d'un animal: *chien bâtard* ▸ **bastardo** ◆ *adj* Se dit d'une chose qui tient de deux genres différents ou opposés: *un compromis bâtard* ▸ **híbrido**

bâtarde *nf* Écriture qui tient de la ronde et de l'anglaise ▸ **bastardo**

bâtardise *nf* État de bâtard ▸ **bastardia**

batavia *nf* Variété de laitue ▸ **batávia**

bâté, e *adj* ▸ **albardado** ▪ **âne bâté:** personne sotte ou ignorante ▸ **besta quadrada**

bateau *nm* **1** Embarcation, bâtiment de navigation: *bateau à moteur, à voiles;* DR bâtiment naviguant en eau douce (par opposition à *navire*) ▸ **barco 2** Dépression du trottoir devant un garage, un passage pour piétons ▸ **guia rebaixada 3** FAM (en apposition) Banal, rebattu: *une question bateau* ▸ **batido** ▪ FAM **monter un bateau** ou **mener en bateau:** faire croire à une histoire inventée ▸ **levar na conversa**

bateau-citerne (pl *bateaux-citernes*) *nm* Bateau aménagé pour le transport des liquides ▸ **navio-tanque**

bateau-mouche (pl *bateaux-mouches*) *nm* Bateau qui assure un service de promenades d'agrément sur la Seine, à Paris ▸ ***bateau-mouche***

bateleur, euse *n* VX Personne qui amuse le public, en plein air, par des bouffonneries, des tours d'adresse, etc. ▸ **saltimbanco**

batelier, ère *n* Personne qui conduit un bateau sur les cours d'eau ▸ **barqueiro**

batellerie *nf* **1** Industrie du transport fluvial ▸ **transporte fluvial 2** Ensemble des bateaux servant à ce transport ▸ **frota fluvial**

bâter *vt* Mettre un bât ▸ **albardar**

bat-flanc *nm inv* Pièce de bois pour séparer dans les écuries deux chevaux l'un de l'autre ▸ **tábua de separação**

bathymétrie *nf* Mesure de la profondeur des mers ou des lacs ▸ **batimetria**

bathyscaphe *nm* Engin autonome de plongée, permettant d'explorer les profondeurs marines ▸ **batiscafo**

bâti *nm* **1** Assemblage de pièces de menuiserie ou de charpente ▸ **armação 2** En couture, assemblage à grands points ▸ **alinhavo 3** Support pour assembler ▸ **estrutura**

batifolage *nm* FAM Action de batifoler ▸ **galhofa**

batifoler *vi* FAM S'amuser à des choses futiles; folâtrer ▸ **galhofar**

batifoleur, euse *n* FAM Personne folâtre, joueuse ▸ **galhofeiro**

bâtiment *nm* **1** Toute construction d'une certaine importance servant d'abri ou de logement ▸ **edifício 2** Engin de navigation ▸ **embarcação** ▪ **le bâtiment:** secteur professionnel lié à la construction: *ouvriers du bâtiment* ▸ **construção civil**

bâtir *vt* **1** Édifier, construire ▸ **construir 2** Assembler, faufiler les parties d'un vêtement ▸ **alinhavar 3** FIG Établir: *bâtir une théorie* ▸ **construir** ▪ **bien, mal bâti:** bien, mal proportionné ▸ **bem, mal proporcionado**

bâtisse *nf* Bâtiment quelconque ▸ **construção**

bâtisseur, euse *n* **1** Personne qui bâtit ▸ **construtor 2** Fondateur ▸ **fundador**

batiste *nf* Toile de lin très fine ▸ **batista**

bâton *nm* **1** Long morceau de bois rond et mince ▸ **bastão 2** Objet ayant cette forme: *bâton de ski* ▸ **bastão 3** Marque de certaines dignités: *bâton de maréchal* ▸ **bastão 4** Objet de forme cylindrique: *bâton de craie* ▸ **bastão 5** Trait droit que font les débutants en écriture ▸ **risco** ▪ **bâton de vieillesse:** personne qui prend soin d'un vieillard ▸ **bordão da velhice** □ **mener une vie de bâton de chaise:** une vie désordonnée ▸ **ter uma vida desregrada** □ **mettre des bâtons dans les roues:** susciter des obstacles ▸ **criar entraves** □ FIG **parler à bâtons rompus:** d'une manière discontinue, sans suite ▸ **saltar de um assunto para o outro** □ FAM **un bâton:** un million d'anciens francs ou 10000 francs ▸ **dez mil francos**

bâtonnet *nm* Petit bâton; objet qui en a la forme ▸ **bastonete** ▪ **bâtonnet glacé:** dessert fait de crème glacée moulée autour d'un bâtonnet ▸ **picolé**

bâtonnier, ère *n* Président de l'ordre des avocats auprès une cour ou d'un tribunal ▸ **presidente da Ordem dos Advogados**

batracien *nm* VIEILLI Amphibien ▸ **batráquio**

battage *nm* **1** Action de battre les blés, la laine, les cotons ▸ **debulha, carda 2** FAM Publicité tapageuse ▸ **propaganda ruidosa**

battant[1] *nm* **1** Pièce métallique suspendue à l'intérieur d'une cloche, dont elle vient frapper la paroi ▸ **badalo 2** Vantail de porte, de fenêtre ▸ **batente**

battant[2]**, e** *n* Personne combative et énergique ▸ **batalhador**

battant[3]**, e** *adj* ▪ **pluie battante:** qui tombe avec violence ▸ **pancada de chuva** □ **porte battante:** qui se referme d'elle-même ▸ **porta com mola** □ **tambour battant: (a)** au son du tambour ▸ **ao som do tambor (b)** FIG rondement, vivement ▸ **a toque de caixa**

batte *nf* **1** Outil pour aplanir ou écraser ▸ **malho,**

pisão 2 Au cricket et au base-ball, bâton pour frapper la balle ► **bastão**

battement *nm* **1** Choc répété d'un corps contre un autre, provoquant un bruit rythmé, ou simple mouvement alternatif: *battement de mains* ► **batimento 2** Intervalle de temps dont on peut disposer entre deux actions ► **intervalo** ■ **les battements du cœur:** ses pulsations ► **os batimentos cardíacos**

batterie *nf* **1** Groupement de plusieurs accumulateurs électriques, de plusieurs piles, etc., fonctionnant simultanément: *batterie de voiture* ► **bateria 2** Unité d'artillerie, composée de plusieurs pièces ► **bateria 3** Ensemble des instruments à percussion dans un orchestre; instrument individuel à percussion fait de caisses et de cymbales ► **bateria** ■ **batterie de cuisine:** ensemble des ustensiles de métal d'une cuisine ► **bateria de cozinha** ♦ **batteries** *pl* ■ **dévoiler ses batteries:** révéler ses intentions ► **botar as manguinhas de fora** □ FAM **recharger ses batteries:** reprendre des forces ► **recarregar as baterias**

batteur *nm* **1** Celui qui, dans un orchestre de jazz, de rock, de variétés, etc., tient la batterie ► **baterista 2** Appareil ménager qui bat, mélange certains produits alimentaires ► **batedeira**

batteuse *nf* Machine à égrener les céréales ► **debulhadora**

battoir *nm* Palette de bois utilisée autrefois pour essorer le linge une fois celui-ci rincé ► **batedor de roupa**

battre *vt (conj 56)* **1** Frapper, donner des coups ► **bater 2** Agiter pour mélanger: *battre des œufs* ► **bater 3** Vaincre: *battre l'ennemi* ► **bater 4** Heurter avec violence: *la pluie bat les vitres* ► **bater em 5** Parcourir en explorant: *les gendarmes ont battu la région* ► **bater** ■ **battre des mains:** applaudir ► **bater palmas** □ FIG **battre en retraite:** reculer, fuir ► **bater em retirada** □ **battre la campagne: (a)** la parcourir en tous sens ► **explorar o terreno (b)** FIG divaguer ► **divagar** □ **battre la mesure:** la marquer ► **marcar o compasso** □ **battre le pavé:** aller et venir sans but ► **perambular** □ **battre les cartes:** les mêler ► **embaralhar as cartas** ♦ *vi* Produire des mouvements répétés: *son cœur bat* ► **bater**

battu, e *adj* Foulé, durci: *sol battu* ► **batido** ■ **sortir des chemins, des sentiers battus:** avoir une manière originale d'agir, de penser ► **sair do lugar-comum** □ **suivre les sentiers battus:** agir, penser de manière banale ► **não sair do lugar-comum** □ **yeux battus:** fatigués ► **olheiras**

battue *nf* Chasse qu'on pratique en faisant battre les bois par des rabatteurs ► **batida**

baudet *nm* FAM Âne ► **asno**

baudrier *nm* **1** Bande de cuir ou d'étoffe qui se porte en bandoulière et soutient une arme ► **boldrié 2** Double anneau de corde auquel l'alpiniste attache la corde qui le lie à son compagnon ► **boldrié**

baudroie *nf* Poisson comestible, à tête énorme (nom usuel: *lotte de mer*) ► **peixe-pescador**

baudruche *nf* **1** Pellicule fabriquée avec l'intestin du bœuf, du mouton ► ***baudruche*** **2** FIG Personne sotte et prétentieuse ► **paspalhão**

bauge *nf* **1** Gîte du sanglier ► **mancha 2** Lieu très sale ► **chiqueiro**

baume *nm* **1** Résine odoriférante, qui coule de certains arbres ► **bálsamo 2** Préparation employée comme calmant ou pour cicatriser ► **bálsamo** ■ FIG **mettre du baume au cœur:** apaiser, consoler ► **ser um consolo**

bauxite *nf* Minerai d'aluminium ► **bauxita**

bavard, e *adj et n* **1** Qui parle beaucoup, aime à parler ► **tagarela 2** Indiscret ► **tagarela**

bavardage *nm* Action de bavarder ► **tagarelice** ♦ **bavardages** *pl* Ragots ► **mexerico**

bavarder *vi* **1** Parler avec quelqu'un ► **tagarelar 2** Parler indiscrètement ► **tagarelar**

bavarois, e *adj et n* De Bavière ► **bávaro**

bavaroise *nf* ou **bavarois** *nm* Entremets froid à base de purée de fruits et de crème ► ***bavaroise***

bavasser *vi* FAM, PÉJOR Bavarder; médire ► **fofocar**

bave *nf* **1** Salive qui coule de la bouche ► **baba 2** Écume qui coule de la gueule des animaux ► **baba**

baver *vi* **1** Laisser couler de la bave ► **babar 2** S'étaler largement en salissant: *encre qui bave* ► **escorrer** ■ FAM **en baver: (a)** souffrir ► **ralar (b)** se donner beaucoup de mal ► **passar um mau bocado**

bavette *nf* **1** Partie du tablier qui couvre la poitrine ► **peitilho 2** BOUCH Partie inférieure de l'aloyau, près de la tranche grasse ► **fraldinha** ■ FAM **tailler une bavette:** bavarder ► **bater um papo**

baveux, euse *adj* **1** Qui bave ► **babão 2** Se dit d'une omelette peu cuite et moelleuse ► ***baveuse***

bavoir *nm* Pièce de lingerie protégeant la poitrine des bébés ► **babador**

bavure *nf* **1** Quantité d'encre, de peinture qui déborde ► **borrão 2** Conséquence plus ou moins grave, mais toujours fâcheuse, d'une action quelconque: *bavure policière* ► **deslize** ■ FAM **sans bavures:** d'une manière nette, irréprochable ► **de modo irretocável**

bayer *vi* ► **embasbacar** ■ FAM **bayer aux cor-**

neilles: regarder niaisement en l'air ▶ **pensar na morte da bezerra**

bayou *nm* En Louisiane, bras secondaire du Mississippi ou lac établi dans un méandre abandonné ▶ ***bayou***

bazar *nm* **1** Marché couvert, en Orient et en Afrique du Nord ▶ **bazar 2** Magasin où l'on vend toutes sortes d'objets ▶ **bazar 3** FAM Ensemble d'objets en désordre ▶ **barafunda**

ORTHOGRAPHE *Bazar* s'écrit sans *d* final, malgré le verbe dérivé *bazarder*

bazarder *vt* FAM **1** Se débarrasser rapidement de ▶ **livrar-se de 2** Vendre à n'importe quel prix ▶ **vender a preço de banana**

bazooka [bazuka] *nm* Lance-roquettes antichar ▶ **bazuca**

BCBG *adj* (sigle) FAM Bon chic bon genre: *ils sont très BCBG* ▶ **fino**

BCG *nm* (nom déposé, sigle de *[vaccin] bacille bilié de Calmette et Guérin*) Vaccin antituberculeux ▶ **B.C.G.**

BD *nf* (sigle) FAM Bande dessinée ▶ **H. Q.**

béant, e *adj* Largement ouvert ▶ **escancarado**

béarnais, e *adj et n* Du Béarn: *les Béarnais* ▶ **bearnês**

béarnaise *nf* Sauce à l'œuf et au beurre fondu ▶ **molho bearnês**

béat, e *adj* Qui exprime un contentement exagéré: *sourire béat* ▶ **embasbacado**

béatement *adv* D'une manière béate ▶ **beatamente**

béatification *nf* Acte par lequel le pape béatifie ▶ **beatificação**

béatifier *vt* RELIG Mettre au nombre des bienheureux ▶ **beatificar**

béatitude *nf* **1** Satisfaction sans bornes, grand bonheur que rien ne vient troubler ▶ **beatitude 2** RELIG Félicité des bienheureux ▶ **beatitude**

beatnik [bitnik] *n* Adepte d'un mouvement américain en réaction contre les valeurs bourgeoises et la société de consommation ▶ ***beatnik***

beau ou **bel** (devant une voyelle ou un *h* muet), **belle** *adj* **1** Qui plaît à l'œil ou à l'esprit ▶ **bonito, belo 2** Agréable: *beau temps* ▶ **bom 3** Noble, élevé: *belle âme* ▶ **belo 4** Avantageux: *belle occasion* ▶ **belo 5** Considérable: *belle fortune; beau gâchis* ▶ **belo 6** Bienséant, convenable: *il n'est pas beau de se vanter* ▶ **bonito ■ bel esprit** (pl *beaux esprits*): homme lettré, mais parfois affecté et prétentieux ▶ **pedante □ le beau monde:** la société brillante ▶ **alta-roda □ le beau sexe:** les femmes ▶ **o belo sexo □ le bel âge:** la jeunesse ▶ **juventude □ un beau jour** ou **un beau matin:** inopinément ▶ **um belo dia □ un bel âge:** un âge avancé ▶ **uma idade avançada** ◆ *n* **■ faire le beau: (a)** se pavaner ▶ **pavonear-se (b)** se dit d'un chien qui se tient assis sur son arrière-train et lève ses pattes de devant ▶ **ficar em pé nas patas de trás** ◆ *nm* Ce qui fait éprouver un sentiment d'admiration: *aimer le beau* ▶ **belo ■ c'est du beau:** il n'y a pas de quoi être fier ▶ **que bonito, hein?** ◆ *adv* **■ avoir beau** (+ inf): s'efforcer en vain de: *avoir beau faire* ▶ **de nada servir □ bel et bien:** réellement ▶ **de fato □ de plus belle:** de plus en plus ▶ **com força total □ il fait beau:** le temps est agréable ▶ **o tempo está bom □** LITT **il ferait beau voir:** il serait étrange de voir ▶ **só faltava ver** ◆ *nf* Belle femme ou jeune fille ▶ **beldade**

beauceron, onne *adj et n* De la Beauce: *les Beaucerons* ▶ **de Beauce**

beaucoup *adv* **1** Avec un verbe, exprime la grande quantité, l'intensité élevée: *boire beaucoup; aimer beaucoup un livre* ▶ **muito 2** Avec un nom, indique un grand nombre, une grande quantité: *beaucoup (de gens) sont d'accord; avoir beaucoup (de choses) à dire* ▶ **muito 3** Devant les adverbes *plus, moins, trop,* souligne l'importance de la différence, de l'écart ▶ **muito ■ de beaucoup:** souligne l'importance d'une différence: *être de beaucoup le plus âgé* ▶ **de longe**

beauf *nm* FAM (abréviation) **1** Beau-frère ▶ **cunhado 2** PÉJOR Français moyen aux idées étroites ▶ **tacanho**

beau-fils (pl *beaux-fils*) *nm* **1** Gendre ▶ **genro 2** Celui dont on a épousé le père ou la mère ▶ **enteado**

Beaufort ■ échelle de Beaufort *nf* Échelle cotée de 0 à 12 qui mesure la force du vent ▶ **escala de Beaufort**

beau-frère (pl *beaux-frères*) *nm* **1** Mari de la sœur ou de la belle-sœur ▶ **cunhado, concunhado 2** Frère du mari ou de la femme ▶ **cunhado**

beaujolais *nm* Vin du Beaujolais ▶ ***beaujolais***

beau-père (pl *beaux-pères*) *nm* **1** Père du conjoint ▶ **sogro 2** Second mari de la mère par rapport aux enfants de celle-ci ▶ **padrasto**

beaupré *nm* Mât placé obliquement sur l'avant d'un navire à voiles ▶ **gurupés**

beauté *nf* Caractère de ce qui est beau ▶ **beleza ■ une beauté:** une femme très belle ▶ **uma beldade □ en beauté:** de façon brillante: *finir en beauté* ▶ **magnificamente**

beaux-arts *nm pl* Nom donné à l'architecture et aux arts plastiques (sculpture, peinture, gravure), auxquels on a parfois joint la musique, la

danse, etc. ▸ **belas-artes**
beaux-enfants *nm pl* Dans une famille recomposée, enfants d'un conjoint nés d'une union antérieure ▸ **enteados**
beaux-parents *nm pl* Père et mère de la femme par rapport au mari, ou du mari par rapport à la femme ▸ **sogros**
bébé *nm* **1** Tout petit enfant ▸ **bebê** **2** Petit d'un animal: *bébé phoque* ▸ **bebê** **3** FAM Question délicate dont on se décharge sur quelqu'un ou dont on se voit chargé: *refiler le bébé; hériter du bébé* ▸ **problema** ▪ FAM **jeter le bébé avec l'eau du bain:** rejeter globalement quelque chose sans tenir compte de ses éléments positifs ▸ **jogar o bebê fora junto com a água do banho**
bébé-éprouvette (pl *bébés-éprouvette*) *nm* Bébé conçu par fécondation in vitro ▸ **bebê de proveta**
be-bop [bibɔp] *nm* **1** Style de jazz apparu aux États-Unis dans les années 1940 ▸ ***bebop*** **2** Danse rapide sur une musique de jazz ▸ ***bebop***
bec *nm* **1** Bouche cornée et saillante des oiseaux ▸ **bico** **2** Objet ayant la forme d'un bec d'oiseau: *le bec d'une cruche* ▸ **bico** **3** Pointe de terre au confluent de deux cours d'eau ▸ **cabo** **4** Extrémité de certains instruments de musique, qu'on tient entre les lèvres: *flûte à bec* ▸ **bocal** **5** FAM Bouche ▸ **bico** ▪ FAM **avoir une prise de bec avec quelqu'un:** une dispute, une altercation ▸ **ter um bate-boca com alguém** ▫ VX **bec de gaz:** lampadaire pour l'éclairage public ▸ **bico de gás** ▫ FAM **clouer le bec: (a)** faire taire ▸ **calar o bico** **(b)** étonner ▸ **calar o bico** ▫ FAM **ouvrir le bec:** parler ▸ **abrir o bico** ▫ **se défendre bec et ongles:** en utilisant tous les moyens à sa disposition ▸ **defender-se com unhas e dentes**
bécane *nf* **1** FAM Bicyclette, motocyclette ▸ **bicicleta, motocicleta** **2** FAM Micro-ordinateur ▸ **máquina**
bécarre *nm* Signe musical qui annule l'effet du dièse ou du bémol ▸ **bequadro**
bécasse *nf* **1** Oiseau échassier à long bec ▸ **galinhola** **2** FAM Femme peu intelligente ▸ **tola**
bécasseau *nm* Petit de la bécasse ▸ **filhote da galinhola**
bécassine *nf* Oiseau échassier plus petit que la bécasse ▸ **narceja**
bec-de-cane (pl *becs-de-cane*) *nm* Poignée de porte, en forme de bec ▸ **trinco**
bec-de-lièvre (pl *becs-de-lièvre*) *nm* Malformation congénitale caractérisée par une fente de la lèvre supérieure ▸ **lábio leporino**
bêchage *nm* Action de bêcher ▸ **cavação**
béchamel *nf* Sauce blanche faite avec du lait ▸ **bechamel**
bêche *nf* Outil constitué d'une lame d'acier large et plate, pourvue d'un long manche, et qui sert à retourner la terre ▸ **pá**
bêcher *vt* Retourner la terre avec une bêche ▸ **revolver** ♦ *vi* FAM Se montrer hautain et méprisant ▸ **desdenhar**
bêcheur, euse *n* FAM Personne prétentieuse, méprisante ▸ **desdenhador**
bécot *nm* FAM Petit baiser ▸ **bicota**
bécoter *vt* FAM Donner des petits baisers ▸ **bicotar**
becquée *nf* Nourriture qu'un oiseau prend dans son bec pour la donner à ses petits ▸ **biscato**
becquerel *nm* Unité de mesure de radioactivité; symb: Bq ▸ **becquerel**
becquet *nm* **1** Languette de papier que l'on colle sur une épreuve d'imprimerie pour signaler qu'elle porte une correction ▸ **emenda** **2** Élément ajouté à la carrosserie d'une automobile pour la rendre plus aérodynamique ▸ **aerofólio**
becqueter *vt (conj 8)* Donner des coups de bec ▸ **bicar**
bedaine *nf* FAM Gros ventre ▸ **pança**
bédane *nm* Outil tranchant pour pratiquer des entailles ▸ **buril**
bedeau *nm* Employé laïque d'une église ▸ **sacristão**
bédéphile *n* Amateur de bandes dessinées ▸ **quadrinhófilo**
bédéthèque *nf* Collection de bandes dessinées; meuble, lieu où on les entrepose ▸ **gibiteca**
bedon *nm* FAM Ventre rebondi ▸ **pança**
bedonnant, e *adj* FAM Qui a du ventre ▸ **pançudo**
bedonner *vi* FAM Prendre du ventre ▸ **ficar pançudo**
bédouin, e *adj* Relatif aux Bédouins ▸ **beduíno**
bée *adj f* ▸ **aberta** ▪ **être, rester bouche bée:** frappé d'admiration, d'étonnement, de stupeur ▸ **ficar boquiaberto**
béer [bee] *vi* LITT Être grand ouvert ▸ **ficar escancarado**
beffroi *nm* Tour ou clocher où l'on sonnait l'alarme; la cloche elle-même ▸ **campanário, sino**
bégaiement *nm* Fait de bégayer ▸ **gaguez**
bégayer *vi (conj 4)* Buter sur la prononciation de certaines syllabes ou les répéter involontairement ▸ **gaguejar** ♦ *vt* Balbutier: *bégayer une excuse* ▸ **gaguejar**
bégonia *nm* Plante cultivée pour son feuillage décoratif et ses fleurs vivement colorées ▸ **begônia**
bègue *adj et n* Qui bégaie ▸ **gago**

bégueule *nf* FAM Femme prude, d'une réserve exagérée ▸ **puritana** ◆ *adj* Pudibond: *un critique bégueule* ▸ **pudico**
béguin[1] *nm* Coiffe à capuchon, que portaient les béguines ▸ **touca**
béguin[2] *nm* ▸ ***béguin*** ■ FAM **avoir le béguin pour quelqu'un:** en être amoureux ▸ **ter um *béguin* por alguém**
béguinage *nm* Couvent de béguines ▸ **beguinaria**
béguine *nf* Femme d'une communauté religieuse chrétienne des Pays-Bas et de Belgique, où l'on entre sans prononcer de vœux ▸ **beguina**
bégum [begɔm] *nf* Titre donné aux princesses indiennes ▸ **begume**
béhaviorisme *nm* Théorie qui étudie de façon scientifique et expérimentale le comportement des personnes sans tenir compte de leurs pensées, de leurs intentions, etc. ▸ **behaviorismo**
beige *adj et nm* D'une couleur brun clair proche du jaune ▸ **bege**
beigne[1] *nf* FAM Gifle, coup ▸ **sopapo**
beigne[2] *nm* CANADA Viennoiserie sucrée en forme d'anneau faite avec de la pâte frite ▸ **coscorão**
beignet *nm* Pâte frite renfermant ordinairement un aliment (fruit, légume, etc.) ▸ ***beignet*, bolinho frito**
béké *n* Créole martiniquais ou guadeloupéen descendant d'immigrés blancs ▸ ***béké***
bel *adj* → **beau**
bel canto *nm inv* Style de chant fondé sur la beauté du son et la virtuosité ▸ ***bel canto***
bêlement *nm* Cri des moutons et des chèvres ▸ **balido**
bêler *vi* **1** Pousser son cri, en parlant du mouton, de la chèvre ▸ **balir 2** FIG Parler d'une voix tremblante et geignarde ▸ **choramingar**
belette *nf* Petit mammifère carnivore au pelage fauve ▸ **doninha**
belge *adj et n* De Belgique: *les Belges* ▸ **belga**
belgicisme *nm* Locution propre au français de Belgique ▸ **belgicismo**
bélier *nm* **1** Mâle de la brebis ▸ **carneiro 2** ANC Machine de guerre pour battre ou renverser les murailles ▸ **aríete 3** (en apposition, avec ou sans trait d'union) Se dit d'un véhicule qui est utilisé à la manière d'un bélier du Moyen Âge: *vol à la voiture bélier* ▸ **aríete** ■ **bélier hydraulique:** machine à élever l'eau ▸ **aríete hidráulico** ◆ **Bélier** *nm* Constellation zodiacale; signe astrologique des personnes nées entre le 21 mars et le 20 avril ▸ **Carneiro, Áries** ◆ *n et adj* Personne née sous le signe du Bélier: *être Bélier; une Bélier* ▸ **ariano**
bélître *nm* VX Gueux, mendiant, homme de rien ▸ **biltre**
belladone *nf* Plante à baies noires, très vénéneuse, utilisée en médecine à très faible dose ▸ **beladona**
bellâtre *nm* PÉJOR Homme qui a une beauté fade ou des prétentions à la beauté ▸ **almofadinha**
belle[1] *adj et nf* → **beau**
belle[2] *nf* Partie décisive au jeu ▸ **negra** ■ FAM **se faire la belle:** s'évader ▸ **dar no pé**
belle-de-jour (pl *belles-de-jour*) *nf* Liseron dont les fleurs ne s'épanouissent que le jour ▸ **bons-dias**
belle-de-nuit (pl *belles-de-nuit*) *nf* Plante dont les fleurs ne s'ouvrent que le soir; SYN: *mirabilis* ▸ **boa-noite**
belle-famille (pl *belles-familles*) *nf* Famille du mari ou de la femme ▸ **família do cônjuge**
belle-fille (pl *belles-filles*) *nf* **1** Femme du fils ▸ **nora 2** Celle dont on a épousé le père ou la mère ▸ **enteada**
belle-mère (pl *belles-mères*) *nf* **1** Mère du conjoint ▸ **sogra 2** Seconde femme du père, par rapport aux enfants de celui-ci ▸ **madrasta**
belles-lettres *nf pl* Arts littéraires et poétiques ▸ **belas-letras**
belle-sœur (pl *belles-sœurs*) *nf* **1** Femme du frère ou du beau-frère ▸ **cunhada, concunhada 2** Sœur du mari ou de la femme ▸ **cunhada**
bellicisme *nm* Attitude ou opinion de ceux qui préconisent l'emploi de la force pour régler les affaires internationales ▸ **belicismo**
belliciste *adj et n* Partisan du bellicisme; CONTR: *pacifiste* ▸ **belicista**
belligérance *nf* État d'un pays en guerre ▸ **beligerância**
belligérant, e *adj* Qui fait la guerre: *nations belligérantes* ▸ **beligerante** ◆ **belligérants** *nm pl* Pays qui sont en guerre ▸ **beligerantes**
belliqueux, euse *adj* **1** Qui aime la guerre; qui excite au combat: *discours belliqueux* ▸ **belicoso 2** Qui aime les querelles, agressif: *un enfant belliqueux* ▸ **belicoso**
belon *nf* Variété d'huître plate et ronde ▸ **ostra-verdadeira**
belote *nf* Jeu de cartes ▸ **bisca**
béluga ou **bélouga** *nm* Grand mammifère marin blanc, proche du narval ▸ **beluga**
belvédère *nm* Pavillon ou terrasse au sommet d'un édifice, d'où l'on peut voir au loin ▸ **belvedere**
bémol *nm* MUS Signe qui baisse la note d'un demi-

ton (le double bémol abaisse d'un ton entier la note qu'il affecte) ▸ **bemol** ♦ *adj* Se dit de la note ainsi abaissée: *si bémol* ▸ **bemol**
bénédicité *nm* Prière chrétienne dite avant le repas, dont le premier mot est, en latin, *Benedicite*, «bénissez», en français ▸ **benedícite**
bénédictin, e *n* Religieux, religieuse de l'ordre de Saint-Benoît ▸ **beneditino**
bénédiction *nf* Acte religieux qui appelle la protection de Dieu sur quelqu'un ou sur quelque chose ▸ **bênção** ▪ **c'est une bénédiction:** c'est un événement heureux ▸ **é uma bênção**
bénéfice *nm* **1** Gain, profit ▸ **benefício 2** Avantage tiré d'un état ou d'une action: *être élu au bénéfice de l'âge* ▸ **benefício** ▪ **sous bénéfice d'inventaire:** sous réserve de vérification ▸ **com ressalvas**
bénéficiaire *adj et n* Qui profite d'un avantage ▸ **beneficiário** ♦ *adj* Qui produit un bénéfice; CONTR: *déficitaire* ▸ **lucrativo**
bénéficier *vt ind* [de] Tirer un profit, un avantage de ▸ **beneficiar-se**
bénéfique *adj* Favorable, bienfaisant ▸ **benéfico**
benêt *adj m et nm* Niais, nigaud ▸ **tonto**
bénévolat *nm* Service assuré par une personne bénévole ▸ **serviço voluntário**
bénévole *adj et n* Qui fait quelque chose sans y être obligé, sans en tirer un profit ▸ **voluntário** ♦ *adj* Fait sans obligation: *aide bénévole* ▸ **voluntário**
bénévolement *adv* Gratuitement ▸ **voluntariamente, gratuitamente**
bengali[1] [bɛ̃gali] *adj et n* Du Bengale ▸ **bengali** ♦ *nm* Langue indo-aryenne parlée au Bengale et au Bangladesh ▸ **bengali**
bengali[2] *nm* Petit passereau à plumage bleu et brun, originaire d'Afrique tropicale ▸ **pintassilgo**
bénignité *nf* **1** Indulgence, douceur, bienveillance ▸ **benignidade 2** Caractère peu grave d'une maladie ▸ **benignidade**
bénin, igne *adj* Qui est sans conséquence grave: *une maladie bénigne; un accident bénin* ▸ **benigno**
bénir *vt (conj 15)* **1** Appeler la protection de Dieu sur ▸ **benzer 2** Remercier, se féliciter de ▸ **bendizer**

CONJUGAISON *Bénir* a deux participes passés: *béni,e* et *bénit,e*. *Bénit* ne s'emploie que pour les choses consacrées par une cérémonie religieuse: *pain bénit à la messe, eau bénite*

bénitier *nm* Bassin à eau bénite ▸ **pia de água benta**
benjamin, e *n* Le plus jeune des enfants d'une famille ▸ **benjamim, caçula**
benjoin *nm* Résine parfumée ▸ **benjoim**
benne *nf* Caisson utilisé pour le transport, ou appareil pour la préhension et le déplacement de matières ou de matériaux ▸ **caçamba**
benoît, e *adj* LITT Qui a un air, un aspect doucereux ▸ **melífluo**
benoîtement *adv* LITT Hypocritement ▸ **melifluamente**
benzène *nm* Produit extrait des goudrons de houille ▸ **benzeno**
benzine *nf* Nom commercial d'un mélange d'hydrocarbures provenant d'un traitement du benzol et utilisé comme solvant ▸ **benzina**
benzol *nm* Mélange de benzène et de toluène, extrait des goudrons de houille ▸ **benzol**
béotien, enne *adj et n* **1** De la Béotie ▸ **beócio 2** FIG Ignorant, grossier, par allusion à la réputation des Béotiens ▸ **beócio**
BEP *nm* (sigle de *brevet d'études professionnelles*) Diplôme sanctionnant une formation d'ouvrier ou d'employé qualifié préparée en deux ans en lycée professionnel
béquille *nf* **1** Bâton surmonté d'une petite traverse, sur lequel les infirmes, les blessés s'appuient pour marcher ▸ **muleta 2** Support pour maintenir à l'arrêt un véhicule à deux roues ▸ **cavalete, descanso**
berbère *adj* Des Berbères, peuple d'Afrique du Nord ▸ **berbere** ♦ *nm* Langue berbère ▸ **berbere**
bercail *nm sing* FAM Famille, maison paternelle: *rentrer au bercail* ▸ **ninho**
berceau *nm* **1** Lit d'un tout jeune enfant ▸ **berço 2** FIG Enfance: *dès le berceau* ▸ **berço 3** Lieu de naissance, origine: *la Grèce est le berceau de la civilisation occidentale* ▸ **berço 4** Ciseau de graveur ▸ **granidor 5** ARCHIT Voûte en forme de demi-cylindre ▸ **abóbada de berço 6** MÉCAN Support d'un moteur ▸ **berço do motor**
bercement *nm* Action de bercer ▸ **embalo**
bercer *vt (conj 1)* **1** Balancer pour endormir ▸ **embalar 2** Provoquer un sentiment de calme, d'apaisement: *le bruit des vagues nous berçait* ▸ **embalar** ▪ **être bercé de quelque chose dès l'enfance:** en être imprégné ▸ **ser impregnado de algo** ♦ **se bercer** *vpr* [de] S'illusionner, se leurrer ▸ **iludir-se**
berceuse *nf* Chanson pour endormir les enfants ▸ **cantiga de ninar**
béret *nm* Coiffure sans bord, ronde et plate ▸ **boina**
bergamote *nf* Espèce d'orange dont on extrait une essence ▸ **tangerina**

berge *nf* **1** Bord d'une rivière, d'un canal ▸ **margem** **2** FAM Année: *avoir soixante berges* ▸ **ano**
berger[1] *nm* Chien employé à la garde des troupeaux: *un berger allemand* ▸ **pastor**
berger[2]**, ère** *n* Personne qui garde les moutons ▸ **pastor** ▪ **étoile du berger:** nom de la planète Vénus ▸ **estrela do pastor**
bergère *nf* Fauteuil large et profond, dont le siège est garni d'un coussin ▸ ***bergère***
bergerie *nf* **1** Lieu où l'on abrite les moutons ▸ **aprisco** **2** ANC, FIG poésie pastorale ▸ **écloga**
bergeronnette *nf* Oiseau passereau insectivore, qui marche en hochant sa longue queue; SYN: *lavandière, hochequeue* ▸ **alvéloa**
béribéri *nm* Maladie due à une insuffisance de vitamine B dans l'alimentation ▸ **beribéri**
berline *nf* **1** Carrosserie d'automobile à quatre portes ▸ **carro de quatro portas** **2** ANC Voiture hippomobile ▸ **berlinda**
berlingot *nm* **1** Bonbon de sucre cuit ▸ **caramelo** **2** Emballage pour la vente de certains liquides, notamment du lait ▸ **caixa**
berlinois, e *adj et n* De Berlin ▸ **berlinense**
berlue *nf* ▸ **alucinação** ▪ FAM **avoir la berlue:** avoir une hallucination, se tromper ▸ **ter uma alucinação**
bermuda *nm* Short long ▸ **bermuda**
bernardin, e *n* Religieux, religieuse d'une branche de l'ordre de Saint-Benoît ▸ **bernardo**
bernard-l'ermite *nm inv* Crustacé qui se loge dans des coquilles vides; SYN: *pagure* ▸ **ermitão**
berne *nf* ▪ MAR **pavillon en berne:** pavillon hissé à mi-hauteur du mât et incomplètement déployé, en signe de deuil ▸ **bandeira a meio pau**
berner *vt* Tromper quelqu'un en lui faisant croire des balivernes ▸ **lograr**
bernique *nf* Mollusque comestible à coquille conique; SYN: *patelle* ▸ **lapa**
berrichon, onne *adj et n* Du Berry: *les Berrichons* ▸ **de Berry**
béryl *nm* Silicate naturel d'aluminium et de béryllium (coloré en vert, c'est l'émeraude; en bleu nuancé de vert, c'est l'aigue-marine; en rose, c'est la morganite; en jaune, c'est l'héliodore) ▸ **berilo**
béryllium *nm* Corps simple métallique; symb: Be ▸ **berílio**
besace *nf* Long sac ouvert au milieu et dont les extrémités forment des poches ▸ **alforje**
bésef ou **bézef** *adv* ▸ **muito** ▪ FAM **pas bésef:** pas beaucoup ▸ **não muito**
bésicles ou **besicles** *nf pl* VX Lunettes rondes ▸ **óculos**
besogne *nf* Travail, ouvrage ▸ **tarefa, trabalho** ▪ **aller vite en besogne:** travailler vite; FIG brûler les étapes ▸ **ser expedito, queimar etapas**
besogner *vi* VIEILLI Travailler avec peine ▸ **labutar**
besogneux, euse *adj et n* PÉJOR Qui travaille scrupuleusement mais mal ▸ **ineficaz**
besoin *nm* **1** Manque d'une chose nécessaire ▸ **necessidade** **2** État de pauvreté: *être dans le besoin* ▸ **necessidade** ▪ **au besoin** ou **si besoin est:** en cas de nécessité, s'il le faut ▸ **se necessário** ▫ **avoir besoin de quelqu'un, de quelque chose:** en sentir la nécessité, l'utilité ▸ **precisar de alguém, de algo** ▫ **avoir besoin de** (+ inf): être dans la nécessité de ▸ **precisar** ◆ **besoins** *pl* **1** Nécessités naturelles: *un chien qui fait ses besoins* ▸ **necessidades** **2** Choses nécessaires à l'existence: *avoir peu de besoins* ▸ **necessidades**
bestiaire *nm* **1** Gladiateur qui combattait les bêtes féroces au cirque ▸ **bestiário** **2** Recueil ayant trait aux animaux ▸ **bestiário**
bestial, e, aux *adj* Qui fait ressembler l'homme à la bête ▸ **bestial**
bestialement *adv* D'une façon bestiale ▸ **bestialmente**
bestialité *nf* Caractère bestial; sauvagerie ▸ **bestialidade**
bestiaux *nm pl* Gros animaux domestiques élevés en troupeaux ▸ **gado**
bestiole *nf* Petite bête; insecte ▸ **bichinho, inseto**
best-seller (pl *best-sellers*) *nm* **1** Livre qui a obtenu un grand succès ▸ ***best-seller*** **2** PAR EXT Grand succès commercial ▸ ***best-seller***
bêta[1] *nm inv* Deuxième lettre de l'alphabet grec, correspondant au *b* ▸ **beta** ▪ **rayons bêta:** flux d'électrons émis par certains éléments radioactifs ▸ **raios beta**
bêta[2]**, asse** *n et adj* FAM Personne sotte ▸ **parvo**
bétail *nm sing* Ensemble des animaux de la ferme élevés pour la production agricole, à l'exception de la volaille ▸ **gado**
bétaillère *nf* Véhicule, remorque pour le transport du bétail ▸ **caminhão de gado**
bête[1] *nf* Tout être vivant autre que l'homme ▸ **bicho** ▪ **bête à bon Dieu:** coccinelle ▸ **joaninha** ▫ **bête de somme:** qui porte les fardeaux ▸ **besta de carga** ▫ **bête de trait:** qui tire une voiture, une machine agricole ▸ **animal de tração** ▫ FIG **bête noire:** personne qu'on déteste le plus ▸ **inimigo número um** ◆ **bêtes** *pl* Le bétail ▸ **gado**
bête[2] *adj* Sot, stupide ▸ **besta, bobo** ▪ FAM **bête comme chou:** facile ▸ **moleza**

bétel *nm* Poivrier grimpant de l'Inde, dont on mâche les feuilles ▸ **bétele**
bêtement *adv* D'une manière sotte, stupide ▸ **bestamente**
bêtifiant, e *adj* Qui bêtifie: *ton bêtifiant* ▸ **bestificante**
bêtifier *vi* Parler d'une manière puérile ▸ **falar como criancinha**
bêtise *nf* **1** Manque d'intelligence ▸ **burrice** **2** Action ou parole bête: *faire, dire des bêtises* ▸ **besteira** **3** Chose sans importance, futile ▸ **bobagem**
bêtisier *nm* Recueil amusant de sottises relevées dans des écrits, des propos ▸ **coletânea de asneiras**
béton *nm* Mélange de ciment, d'eau et de sable employé dans les constructions ▸ **concreto** ■ **béton armé:** renfermant une armature métallique ▸ **concreto armado**
bétonner *vt* Construire avec du béton ▸ **concretar**
bétonneur *nm* PÉJOR Promoteur, entrepreneur qui construit sans souci de l'environnement: *les bétonneurs du littoral* ▸ **predador**
bétonnière *nf* Machine servant à fabriquer du béton ▸ **betoneira**
bette ou **blette** *nf* Plante voisine de la betterave, dont on mange les cardes des feuilles ▸ **acelga**
betterave *nf* Plante potagère à racine d'une saveur sucrée; racine de cette plante ▸ **beterraba**
betteravier, ère *adj* Relatif à la betterave ▸ **da beterraba** ◆ *nm* Producteur de betteraves ▸ **beterrabeiro**
beuglement *nm* Cri du bœuf, de la vache et du taureau ▸ **mugido**
beugler *vi* **1** Pousser son cri, en parlant du bœuf, de la vache, du taureau ▸ **mugir** **2** FAM Pousser de grands cris prolongés ▸ **mugir** **3** FAM Produire un son trop fort: *la radio beugle* ▸ **mugir** ◆ *vt* FAM Chanter, crier très fort ▸ **berrar**
beur *n* (on rencontre le féminin *beurette*) FAM Jeune d'origine maghrébine né en France de parents immigrés ▸ ***beur*** ◆ *adj inv* en genre Relatif aux beurs: *la culture beur* ▸ ***beur***
beurre *nm* **1** Substance grasse et onctueuse, extraite du lait ▸ **manteiga** **2** Substance grasse extraite de divers végétaux: *beurre de cacao* ▸ **manteiga** ■ CANADA **beurre d'érable:** pâte à tartiner à base de sirop d'érable ▸ **pasta de bordo** □ FAM **compter pour du beurre:** ne pas entrer en ligne de compte ▸ **não contar em nada** □ FAM **œil au beurre noir:** au tour tuméfié à la suite d'un coup ▸ **olho roxo**
beurré *nm* Sorte de poire fondante ▸ **pera Beurré-Hardy**
beurrée *nf* Tartine de beurre ▸ **fatia de pão com manteiga**
beurrer *vt* Couvrir de beurre ▸ **passar manteiga**
beurrier *nm* Récipient pour le beurre ▸ **manteigueira**
beuverie *nf* Réunion où l'on boit beaucoup ▸ **beberronia**
bévue *nf* Méprise, erreur grossière ▸ **gafe**
bézef *adv* → **bésef**
biais[1] *nm* Moyen indirect, détourné de résoudre une difficulté, d'atteindre un but ▸ **viés** ■ **en biais** ou **de biais:** obliquement ▸ **de viés** □ **par le biais de:** par un moyen indirect ▸ **por intermédio de**
biais[2]**, e** *adj* Qui est oblique par rapport à la direction principale ▸ **enviesado**
biaisé, e *adj* Légèrement faussé par rapport à la réalité ▸ **distorcido**
biaiser *vi* **1** Être de biais, aller de biais ▸ **enviesar** **2** FIG User de moyens détournés ▸ **contornar**
bibelot *nm* Petit objet rare ou curieux qui fait l'ornement des étagères, des vitrines, etc. ▸ **bibelô**
biberon *nm* Petite bouteille munie d'une tétine et servant à l'allaitement des bébés ▸ **mamadeira**
biberonner *vi* FAM Être porté à la boisson ▸ **mamar**
bibine *nf* FAM Boisson alcoolisée de mauvaise qualité ▸ **zurrapa**
bible *nf* **1** (avec majuscule) Recueil des livres saints juifs et chrétiens; volume qui contient ces livres ▸ **Bíblia** **2** Ouvrage qui fait autorité ou qu'on consulte souvent ▸ **bíblia**
bibliobus *nm* Bibliothèque itinérante, installée dans un véhicule ▸ **ônibus-biblioteca**
bibliographe *n* Auteur de bibliographies ▸ **bibliógrafo**
bibliographie *nf* Ensemble des livres écrits sur une question ou sur un auteur ▸ **bibliografia**
bibliographique *adj* Relatif à la bibliographie ▸ **bibliográfico**
bibliophile *n* Amateur de livres rares et précieux ▸ **bibliófilo**
bibliophilie *nf* Amour des livres ▸ **bibliofilia**
bibliothécaire *n* Personne chargée du classement et du prêt des livres dans une bibliothèque ▸ **bibliotecário**
bibliothèque *nf* **1** Meuble, salle ou édifice destinés à recevoir une collection de livres ▸ **biblioteca** **2** Collection de livres appartenant à un particulier, à une collectivité, etc. ▸ **biblioteca**
biblique *adj* Relatif à la Bible ▸ **bíblico**
bibus *nm* SUISSE Petit objet sans valeur; gadget ▸ **bugiganga**

Bic *nm* (nom déposé) Stylo à bille de la marque de ce nom; (emploi abusif) stylo à bille ▸ **caneta Bic (marca registrada), caneta esferográfica**
bicamérisme ou **bicaméralisme** *nm* Système politique comportant deux assemblées législatives ▸ **bicameralismo**
bicarbonate *nm* Carbonate acide, et en particulier sel de sodium: *bicarbonate de soude* ▸ **bicarbonato**
bicarbonaté, e *adj* Qui contient du bicarbonate ▸ **bicarbonatado**
bicentenaire *adj* Deux fois centenaire: *un arbre bicentenaire* ▸ **bicentenário** ◆ *nm* Commémoration d'un événement qui a eu lieu deux cents ans auparavant ▸ **bicentenário**
bicéphale *adj* Qui a deux têtes ▸ **bicéfalo**
biceps *nm* Muscle long qui fléchit l'avant-bras sur le bras ▸ **bíceps**
biche *nf* Femelle du cerf ▸ **corça**
bichon, onne *n* Petit chien d'agrément à poil long ▸ ***bichon***
bichonner *vt* FAM Entourer de petits soins ▸ **paparicar** ◆ **se bichonner** *vpr* FAM Faire sa toilette ou se préparer avec recherche et coquetterie ▸ **empetecar-se**
bichromate *nm* Sel de l'acide chromique ▸ **dicromato**
bichromie *nf* Impression en deux couleurs ▸ **bicromia**
bicolore *adj* Qui a deux couleurs ▸ **bicolor**
biconcave *adj* Qui présente deux faces concaves opposées ▸ **bicôncavo**
biconvexe *adj* Qui présente deux faces convexes opposées ▸ **biconvexo**
bicoque *nf* FAM Petite maison ou maison vieille et délabrée ▸ **casebre**
bicorne *nm* Chapeau d'uniforme à deux pointes ▸ **bicorne**
bicross *nm* **1** Vélo tout terrain, sans suspension ni garde-boue ▸ **bicicleta *bicicross*, de BMX 2** Sport pratiqué avec ce vélo ▸ ***bicicross***
bicyclette *nf* Véhicule sans moteur, à deux roues d'égal diamètre ▸ **bicicleta**
bidasse *nm* FAM Simple soldat ▸ **reco**
bide *nm* FAM **1** Ventre ▸ **bucho 2** Échec complet: *faire un bide* ▸ **fracasso total**
bidet *nm* **1** Petit cheval de selle ▸ **garrano 2** Appareil sanitaire à cuvette oblongue, servant à la toilette intime ▸ **bidê**
bidon *nm* **1** Récipient fermé pour toute sorte de liquide ▸ **bidão 2** FAM Mensonge: *c'est du bidon* ▸ **lorota** ◆ *adj inv* FAM Faux, truqué ▸ **falso**
bidonner (se) *vpr* FAM Rire ▸ **gargalhar**
bidonville *nm* Agglomération d'abris constitués avec des matériaux de récupération près des grands centres urbains, où vivent des populations misérables ▸ **favela**
bidouillage *nm* FAM Action de bidouiller; bricolage ▸ **bricolagem**
bidouiller *vt* FAM Bricoler ▸ **fazer bricolagem**
bidule *nm* FAM Objet quelconque ▸ **troço**
bief *nm* **1** Canal de dérivation amenant l'eau à la roue d'un moulin ▸ **levada 2** Espace qui sépare deux écluses d'un canal ▸ **canal**
bielle *nf* Dans une machine, barre qui communique, transforme un mouvement ▸ **biela**
bien *nm* **1** Ce qui est conforme à un idéal, qui a une valeur morale: *le bien et le mal* ▸ **bem 2** Ce qui est agréable, avantageux ou utile: *vouloir du bien à quelqu'un* ▸ **bem 3** Ce qu'on possède: *un bien de famille* ▸ **bem 4** Richesse: *avoir du bien* ▸ **bens 5** Ce qui est créé par le travail et qui correspond à un besoin: *biens de consommation* ▸ **bem** ■ **le bien public:** ce qui est utile à tous ▸ **bem comum** □ **faire du bien: (a)** avoir un effet heureux ▸ **fazer bem (b)** être bon pour la santé ▸ **fazer bem** ◆ *adj inv* **1** Conforme à l'idée qu'on se fait de la perfection: *c'est très bien* ▸ **bem, bom 2** En bonne santé, à l'aise: *tu n'es pas bien?* ▸ **bem 3** Qui a des qualités morales: *un type bien* ▸ **de bem 4** Beau, agréable: *bien de sa personne* ▸ **bonito 5** Comme il faut, distingué: *des gens bien* ▸ **bem** ■ **être bien avec quelqu'un:** en bons termes ▸ **dar-se bem com alguém** ◆ *adv* **1** Conformément à l'idée qu'on se fait de la perfection; de façon satisfaisante: *bien agir* ▸ **bem 2** Beaucoup, très: *je t'embrasse bien fort; pensez-y bien* ▸ **bem 3** Au moins: *il y a bien deux ans* ▸ **bem 4** Effectivement, réellement: *elle habite bien ici* ▸ **mesmo** ■ **aller bien:** être en bonne santé ▸ **estar, ir bem** □ **bien des:** beaucoup de ▸ **muito(s)** □ **bien plus:** en outre ▸ **além do mais** □ **faire bien:** être de bon ton ▸ **ficar bem** □ **faire bien de** (+ inf): avoir raison de ▸ **fazer bem de** ◆ **bien que** *loc conj* Quoique: *bien qu'elle soit très malade, elle a donné son cours* ▸ **embora** ◆ **si bien que** *loc conj* De sorte que: *il a perdu son manuscrit si bien qu'il a dû tout refaire* ▸ **de modo que** ◆ **eh bien!** *interj* Marque l'interrogation, l'étonnement ▸ **ah?!**
bien-aimé, e (pl *bien-aimés, es*) *adj et n* **1** Chéri tendrement: *elle est allée rejoindre son bien-aimé* ▸ **bem-amado 2** Préféré: *sa tante bien-aimée l'a invité pour les vacances* ▸ **querido**
bien-être *nm inv* **1** Disposition agréable du corps, de l'esprit: *sensation de bien-être* ▸ **bem-estar 2** Aisance matérielle, financière ▸ **bem-estar**

bienfaisance *nf* ► **beneficência** ■ **œuvre, société de bienfaisance:** Ayant pour objet de venir en aide aux plus démunis ► **obra, sociedade beneficente**
bienfaisant, e *adj* **1** Qui fait du bien ► **benfazejo** **2** Qui est salutaire ► **benéfico**
bienfait *nm* **1** LITT Bien que l'on fait, service, faveur: *combler quelqu'un de bienfaits* ► **favor** **2** Avantage, effet bienfaisant: *les bienfaits de la science* ► **benefício**
bienfaiteur, trice *n* Personne qui fait du bien, qui accomplit des bienfaits ► **benfeitor**
bien-fondé (pl *bien-fondés*) *nm* **1** Caractère légitime, raisonnable de qqch: *le bien-fondé d'une revendication* ► **legitimidade** **2** Fait de reposer sur des bases sérieuses: *le bien-fondé d'une opinion* ► **legitimidade**
bien-fonds (pl *biens-fonds*) *nm* Bien immobilier (terre, maison, immeuble) ► **bens imóveis**
bienheureux, euse *adj* LITT Extrêmement heureux ► **bem-aventurado** ◆ *n* LITT, RELIG Qui jouit de la béatitude éternelle ► **bem-aventurado**
biennal, e, aux *adj* **1** Qui dure deux ans ► **bienal** **2** Qui a lieu tous les deux ans ► **bienal**
biennale *nf* Exposition, festival organisé tous les deux ans ► **bienal**
bien-pensance (pl *bien-pensances*) *nf* **1** Opinion, comportement des bien-pensants: *se démarquer de la bien-pensance* ► **convencionalismo** **2** Ensemble des bien-pensants: *la bien-pensance a réagi* ► **convencionalismo**
bien-pensant, e (pl *bien-pensants, es*) *adj et n* **1** PÉJOR Dont les convictions sont jugées traditionnelles et conservatrices; conformiste ► **bem--pensante** **2** Qui se conforme à l'ensemble des opinions dominantes ► **bem-pensante**
bienséance *nf* SOUT Ce qu'il convient de dire ou de faire dans une société; savoir-vivre: *les règles de la bienséance* ► **conveniência**
bienséant, e *adj* SOUT Conforme à la bienséance ► **conveniente**
bientôt *adv* Dans peu de temps ► **logo, em breve**
bienveillance *nf* Disposition favorable envers quelqu'un ► **benevolência**
bienveillant, e *adj* Qui marque la bienveillance: *air bienveillant* ► **benevolente**
bienvenu, e *adj et n* **1** Qui est accueilli avec plaisir: *soyez le bienvenu* ► **bem-vindo** **2** Qui arrive à propos: *une augmentation bienvenue* ► **bem--vindo**
bienvenue *nf* ► **boas-vindas** ■ **souhaiter la bienvenue:** saluer qqn à son arrivée, lui faire bon accueil ► **dar as boas-vindas**

bière[1] *nf* Boisson fermentée, faite avec de l'orge et du houblon: *bière blonde, brune, rousse* ► **cerveja**
bière[2] *nf* Cercueil: *mise en bière* ► **caixão**
biface *nm* Outil de pierre préhistorique taillé sur les deux faces ► **biface**
biffage *nm* ou **biffure** *nf* Rature ► **risco**
biffer *vt* Rayer ce qui est écrit ► **riscar**
bifide *adj* Fendu en deux parties: *langue bifide des serpents* ► **bífido**
bifidus *nm* Bactérie utilisée comme additif alimentaire dans certains produits laitiers ► **B. bifidus**
bifteck *nm* Tranche de bœuf ► **bife**
bifurcation *nf* Division en deux branches, en deux voies; endroit où se fait cette division ► **bifurcação**
bifurquer *vi* **1** Se diviser en deux ► **bifurcar** **2** Prendre une autre direction: *bifurquer à gauche* ► **virar**
bigame *adj et n* Marié à deux personnes en même temps ► **bígamo**
bigamie *nf* État de bigame ► **bigamia**
bigarade *nf* Orange amère utilisée en confiserie ► **laranja-da-terra**
bigaradier *nm* Oranger produisant la bigarade ► **laranjeira-da-terra**
bigarré, e *adj* Qui a des couleurs ou des dessins variés: *fleur bigarrée* ► **variegado**
bigarreau *nm* Cerise rouge et blanche, à chair très ferme et sucrée ► **cereja-bigarreau**
bigarrure *nf* LITT Aspect bigarré, disparate ► **variegação**
big-bang *nm sing* En astrophysique, explosion gigantesque de matière qui serait à l'origine de l'expansion de l'Univers ► ***big bang***
bigler *vi* Loucher ► **envesgar** ◆ *vt* FAM Regarder, loucher sur ► **comer com os olhos**
bigleux, euse *adj et n* FAM Qui a une mauvaise vue ou qui louche ► **vesgo, cegueta**
bigorneau *nm* Petit coquillage comestible ► **litorina**
bigot, e *adj et n* Qui est d'une dévotion exagérée ► **beato**
bigoterie *nf* Dévotion excessive ► **beatice**
bigouden, enne [bigudɛ̃, bigudɛn] *adj et n* De la région de Pont-l'Abbé dans le Finistère: *les Bigoudens* ► **de Pont-l'Abbé**
bigoudi *nm* Petit rouleau sur lequel on enroule les mèches de cheveux pour les boucler ► **bobe**
bigre *interj* FAM Marque l'étonnement ► **caramba**
bigrement *adv* FAM Beaucoup ► **muito**
biguine *nf* Danse des Antilles ► **beguine**

bihebdomadaire *adj* Qui paraît, qui a lieu deux fois par semaine ▸ **bissemanal**
bijection *nf* MATH Application qui établit, entre les éléments de deux ensembles, une correspondance telle que tout élément de l'un a un correspondant et un seul dans l'autre ▸ **bijeção**
bijou (pl *bijoux*) *nm* **1** Objet de parure, précieux par la matière ou par le travail ▸ **joia 2** Chose particulièrement élégante, achevée, soignée: *ce studio est un petit bijou!* ▸ **joia**
bijouterie *nf* **1** Fabrication et commerce des bijoux ▸ **joalheria 2** Magasin, boutique où l'on vend des bijoux ▸ **joalheria**
bijoutier, ère *n* Personne qui fabrique ou vend des bijoux ▸ **joalheiro**
Bikini *nm* (nom déposé) Maillot de bain deux-pièces, de dimensions réduites ▸ **biquíni**
bilan *nm* **1** Balance de l'actif et du passif d'une société ▸ **balanço 2** Résultat positif ou négatif d'une opération quelconque: *le bilan d'une campagne publicitaire* ▸ **balanço** ▪ **déposer son bilan:** se déclarer en faillite ▸ **abrir falência**
bilatéral, e, aux *adj* **1** Qui a deux côtés; qui se rapporte à deux côtés d'un objet, d'une chose: *stationnement bilatéral* ▸ **bilateral 2** DR Qui engage les deux parties: *contrat bilatéral* ▸ **bilateral**
bilatéralement *adv* Des deux côtés ▸ **bilateralmente**
bilboquet *nm* Jouet formé d'une boule percée s'enfilant sur une tige à laquelle elle est reliée par une cordelette ▸ **bilboquê**
bile *nf* Liquide amer, jaune verdâtre, sécrété par le foie ▸ **bile** ▪ FAM **se faire de la bile:** s'inquiéter ▸ **esquentar a cabeça**
bilharzie *nf* Ver parasite de l'appareil circulatoire de l'homme ▸ **esquistossomo**
bilharziose *nf* Maladie provoquée par les bilharzies ▸ **esquistossomose**
biliaire *adj* Relatif à la bile ▸ **biliar**
bilieux, euse *adj* FAM Qui s'inquiète facilement ▸ **bilioso**
bilingue *adj* Qui est en deux langues ▸ **bilíngue** ♦ *adj et n* Qui parle deux langues ▸ **bilíngue**
bilinguisme [bilɛ̃gɥism] *nm* Pratique de deux langues ▸ **bilinguismo**
bilirubine *nf* Pigment de la bile ▸ **bilirrubina**
billard *nm* **1** Jeu constitué d'une table spéciale sur laquelle on fait rouler des boules d'ivoire en les poussant avec un bâton appelé *queue* ▸ **bilhar 2** Salle où l'on joue à ce jeu ▸ **bilhar 3** FAM Table d'opération chirurgicale: *passer sur le billard* ▸ **mesa de cirurgia** ▪ **billard électrique:** flipper ▸ **fliperama**
bille *nf* **1** Petite boule de pierre, d'ivoire, etc.: *jouer aux billes* ▸ **bola 2** MÉCAN Sphère d'acier pour roulements ▸ **bilha 3** Petite sphère métallique qui dépose de l'encre sur le papier: *stylo à bille* ▸ **esfera 4** FAM Tête: *elle a une bonne bille* ▸ **cara** ▪ FAM **reprendre, retirer ses billes:** se retirer d'une affaire ▸ **tirar o time de campo** ▫ **bille de bois:** tronçon découpé dans un tronc ou une grosse branche d'arbre ▸ **tora**
billet *nm* **1** Petite lettre ou carte que l'on adresse à quelqu'un: *billet doux* ▸ **bilhete 2** Imprimé ou écrit constatant un droit, une convention: *billet de théâtre, de chemin de fer, de loterie; billet aller et retour* ▸ **bilhete** ▪ **billet à ordre:** engagement de payer une somme à telle personne ou à son ordre ▸ **ordem de pagamento** ▫ **billet de banque** ou **billet:** monnaie en papier ▸ **nota, cédula**
billetterie *nf* Distributeur automatique de billets de banque ou de titres de transport ▸ **caixa eletrônico, máquina de venda de passagens**
billevesée [bilvəze] *nf* LITT (surtout au pluriel) Chose frivole ▸ **futilidade**
billion *nm* Un million de millions ▸ **trilhão**
billot *nm* **1** Tronc de bois gros et court sur lequel on coupe de la viande, du bois, etc. ▸ **cepo 2** Pièce de bois sur laquelle on tranchait la tête des condamnés ▸ **cepo 3** Masse de bois qui supporte une enclume ▸ **cepo**
bimbeloterie *nf* Fabrication, commerce de bibelots ▸ **fabricação, comércio de bibelôs**
bimensuel, elle *adj* Qui paraît, qui a lieu deux fois par mois: *revue bimensuelle* ▸ **bimensal**
bimestriel, elle *adj* Qui paraît, qui a lieu tous les deux mois ▸ **bimestral**
bimétallique *adj* Composé de deux métaux ▸ **bimetálico**
bimétallisme *nm* Système monétaire établi sur un double étalon ▸ **bimetalismo**
bimoteur *adj m et nm* Se dit d'un avion à deux moteurs ▸ **bimotor**
binaire *adj* **1** MATH Qui a **2** pour base: *numération binaire* ▸ **binário 2** Qui simplifie à outrance; simpliste: *un raisonnement binaire* ▸ **simplista** ▪ **rythme binaire:** à deux temps ▸ **ritmo binário**
biner *vt* Retourner la partie superficielle de la terre avec une binette ▸ **enxadear**
binette *nf* Sorte de pioche servant à biner ▸ **enxada**
biniou *nm* Cornemuse bretonne ▸ **gaita de foles bretã**
binocle *nm* Paire de lunettes sans branches, se fixant sur le nez ▸ **pincenê** ♦ **binocles** *pl* FAM Lunettes ▸ **óculos**

binoculaire *adj* Qui se fait par les deux yeux: *vision binoculaire* ▶ **binocular**
binôme *nm* **1** MATH Polynôme ayant deux termes ▶ **binômio 2** Ensemble de deux personnes qui travaillent de concert ▶ **dupla**
bintje [bintʃ] ou [bindʒ] *nf* Pomme de terre à chair peu ferme ▶ **batata** ***bintje***
bio *adj inv* (abréviation) FAM Biologique: *des produits bio* ▶ **orgânico**
bioastronomie *nf* Partie de l'astronomie qui recherche et étudie la vie extraterrestre ▶ **exobiologia**
biocarburant *nm* Carburant fabriqué à partir de végétaux (oléagineux, céréales, etc.) ▶ **biocombustível**
biochimie *nf* Partie de la chimie qui comprend l'étude des constituants de la matière vivante ▶ **bioquímica**
biochimique *adj* Relatif à la biochimie ▶ **bioquímico**
biochimiste *n* Spécialiste de biochimie ▶ **bioquímico**
biodégradable *adj* Qui peut être détruit par les bactéries ou d'autres agents biologiques: *produit, lessive biodégradables* ▶ **biodegradável**
biodiesel *nm* Biocarburant produit à partir d'oléagineux et qui, incorporé au gazole, peut être utilisé dans les moteurs Diesel ▶ **biodiesel**
biodiversité *nf* Diversité des espèces vivantes et de leurs caractères génétiques ▶ **biodiversidade**
bioénergie *nf* PSYCHOL Thérapie visant à restaurer l'équilibre psychosomatique par la libération des flux énergétiques ▶ **bioenergética**
bioéthique *nf* Ensemble des problèmes engageant la responsabilité morale des médecins et des biologistes dans leurs recherches et dans les applications de celles-ci ▶ **bioética**
biographe *n* Auteur de biographies ▶ **biógrafo**
biographie *nf* Histoire écrite de la vie de quelqu'un ▶ **biografia**
biographique *adj* Relatif à la biographie: *notes biographiques* ▶ **biográfico**
biologie *nf* Science de la vie et, plus spécialement, du cycle reproductif des espèces vivantes ▶ **biologia**
biologique *adj* **1** Relatif à la biologie ▶ **biológico 2** Se dit d'une agriculture qui n'utilise ni engrais ni pesticides; se dit des produits issus de cette agriculture ▶ **orgânico**
biologiste *n* Spécialiste de biologie ▶ **biólogo**
biophysique *nf* Étude des phénomènes de la vie par les méthodes de la physique ▶ **biofísica**
biopsie *nf* Prélèvement d'un fragment de tissu sur un être vivant, en vue d'un examen ▶ **biópsia**
biorythme *nm* Variation périodique régulière d'un phénomène physiologique: *biorythme cardiaque, respiratoire* ▶ **biorritmo**
biosciences *nf pl* Sciences de la vie ▶ **biociências**
biosphère *nf* Couche que forme autour de l'écorce terrestre l'ensemble des êtres vivants et des milieux où ils vivent ▶ **biosfera**
biotechnologie *nf* Technique produisant par manipulations génétiques des molécules biologiques ou des organismes transgéniques pour des applications industrielles ▶ **biotecnologia**
bioterrorisme *nm* Forme de terrorisme ayant recours aux attentats biologiques ▶ **bioterrorismo**
biovigilance *nf* **1** Surveillance sanitaire des cellules, tissus et organes prélevés sur l'homme ou les animaux ▶ **biovigilância 2** Surveillance des applications industrielles et agricoles des biotechnologies ▶ **biovigilância**
bip *nm* **1** Signal sonore bref, parfois répété, émis par certains appareils: *laisser un message après le bip* ▶ **bip 2** Appareil de radiomessagerie émettant ce signal ▶ **bip**
biparti, e ou **bipartite** *adj* **1** Composé de deux éléments: *feuille bipartite* ▶ **bipartido 2** Constitué par l'association de deux partis politiques: *gouvernement bipartite* ▶ **bipartidário**
bipartisme *nm* Alternance au pouvoir de deux partis ▶ **bipartidarismo**
bipartition *nf* Division en deux parties: *la bipartition d'une graine* ▶ **bipartição**
bipède *adj et nm* Qui a deux pieds ▶ **bípede**
bipenne *adj* ZOOL Qui a deux ailes ▶ **biplume**
biper *vt* Prévenir quelqu'un au moyen d'un bip ▶ **bipar**
biphasé, e *adj* ÉLECTR Dont les deux phases fournissent des tensions égales et de signe contraire ▶ **bifásico**
biplace *adj et nm* Se dit d'un avion, d'un véhicule à deux places ▶ **biplace**
biplan *nm* Avion à deux plans parallèles réunis par des montants ▶ **biplano**
bipolaire *adj* Qui a deux pôles ▶ **bipolar** ■ **trouble bipolaire:** psychose maniaco-dépressive ▶ **transtorno bipolar**
bipolarité *nf* PHYS Propriété d'un corps qui a deux pôles ▶ **bipolaridade**
bique *nf* FAM Chèvre ▶ **cabra**
biquet, ette *n* FAM Chevreau ▶ **cabrito**
biquotidien, enne *adj* Qui a lieu deux fois par jour ▶ **bicotidiano**

biréacteur *nm* Avion à deux turboréacteurs ▸ **birreator**
biréfringence *nf* OPT Double réfraction ▸ **birrefringência**
biréfringent, e *adj* OPT Se dit d'un corps susceptible de produire une double réfraction (spath d'Islande) ▸ **birrefringente**
birman, e *adj et n* De Birmanie: *les Birmans* ▸ **birmanês**
bis[1] [bis] *adv* Pour la seconde fois ▸ **bis** ◆ *interj et nm* Cri par lequel on demande la répétition de ce qu'on vient d'entendre ou de voir ▸ **bis**
bis[2], **e** [bi, biz] *adj* Gris-brun ▸ **trigueiro** ▪ **pain bis:** pain de couleur grise ▸ **pão de centeio**
bisaïeul, e (pl *bisaïeuls, eules*) *n* Père, mère de l'aïeul, ou de l'aïeule ▸ **bisavô**
bisannuel, elle *adj* **1** Qui revient tous les deux ans ▸ **bienal 2** BOT Qui ne fleurit, ne fructifie et ne meurt qu'au bout de deux ans (carotte, betterave, etc.) ▸ **bisanual**
VOCABULAIRE *Bisannuel* signifie «tous les deux ans», *bimensuel*, «deux fois par mois», *semestriel* «deux fois par an»
bisbille *nf* FAM Petite querelle: *être en bisbille avec quelqu'un* ▸ **questiúncula**
biscornu, e *adj* **1** D'une forme irrégulière: *toit biscornu* ▸ **disforme 2** FAM bizarre: *idée biscornue* ▸ **estapafúrdio**
biscoteaux *nm pl* FAM Biceps ▸ **bíceps**
biscotte *nf* Tranche de pain séchée au four ▸ **torrada**
biscuit *nm* **1** Petit gâteau sec: *biscuit sec* ▸ **biscoito 2** Pâtisserie à base de farine, d'œufs et de sucre: *biscuit roulé* ▸ **biscoito 3** Ouvrage de porcelaine qui, après avoir reçu deux cuissons, est laissé dans son blanc mat ▸ ***biscuit***
biscuiterie *nf* Industrie et commerce des biscuits et des gâteaux secs ▸ **biscoitaria**
bise[1] *nf* Vent froid ▸ **nortada**
bise[2] *nf* FAM Baiser: *faire une bise à quelqu'un* ▸ **beijoca**
biseau *nm* Bord taillé obliquement ▸ **bisel** ▪ **en biseau:** dont le bord est coupé en oblique ▸ **biselado**
biseautage *nm* Action de biseauter ▸ **biselamento**
biseauter *vt* **1** Tailler en biseau ▸ **biselar 2** Marquer des cartes à jouer sur la tranche pour les reconnaître et tricher ▸ **marcar**
biset *nm* Pigeon sauvage, gris bleuté ▸ **pombo**
bisexualité *nf* **1** Caractère des plantes et des animaux bisexués ▸ **bissexualidade 2** Pour une personne, pratique sexuelle indifféremment homosexuelle ou hétérosexuelle ▸ **bissexualidade**
bisexué, e *adj* Se dit d'un être vivant qui possède à la fois les deux sortes d'organes génitaux: mâles et femelles; SYN: *hermaphrodite* ▸ **bissexuado** ▪ **fleur bisexuée:** possédant à la fois étamines et pistil ▸ **flor hermafrodita**
bisexuel, elle *adj et n* Qui pratique la bisexualité ▸ **bissexual**
bismuth *nm* Métal d'un blanc gris rougeâtre utilisé en médecine, symb: Bi ▸ **bismuto**
bison *nm* Bœuf sauvage caractérisé par son cou bossu et son grand collier de fourrure laineuse ▸ **bisão**
bisou ou **bizou** *nm* FAM Baiser ▸ **beijo**
bisque *nf* Potage fait d'un coulis de crustacés: *bisque de homard* ▸ ***bisque***
bisquer *vi* FAM ▸ **irritar-se** ▪ **faire bisquer quelqu'un:** lui faire éprouver du dépit ▸ **tirar alguém do sério**
bissecteur, trice *adj* GÉOM Qui divise en deux parties égales ▸ **bissetor** ◆ *nf* Demi-droite issue du sommet d'un angle et le divisant en deux angles égaux ▸ **bissetriz**
bisser *vt* Répéter ou faire répéter: *bisser un acteur, une chanson* ▸ **bisar**
bissextile *adj* ▸ **bissexto** ▪ **année bissextile:** année de 366 jours, qui revient tous les quatre ans ▸ **ano bissexto**
bistouri *nm* Petit couteau chirurgical pour faire des incisions dans les chairs ▸ **bisturi**
bistre *nm* Couleur d'un brun jaunâtre ▸ **bistre** ◆ *adj inv* Qui est de couleur bistre ▸ **bistre**
bistré, e *adj* De couleur brun jaunâtre ▸ **bistrado**
bistrot ou **bistro** *nm* FAM Débit de boissons, café ▸ **bistrô**
bisulfate *nm* Sel de l'acide sulfurique ▸ **bissulfato**
bisulfite *nm* Sel de l'acide sulfureux: *bisulfite de soude* ▸ **bissulfito**
bisulfure *nm* Composé sulfuré à deux atomes de soufre ▸ **dissulfeto**
bit [bit] *nm* INFORM Unité élémentaire d'information ne pouvant prendre que deux valeurs distinctes (notées **1** et 0) ▸ ***bit***
bitension *nf* ÉLECTR Système à deux tensions différentes ▸ **bivolt**
bitord *nm* MAR Petit cordage composé de plusieurs fils de caret ▸ **mialhar**
bitte *nf* Pièce de bois ou d'acier, cylindrique, qui sert à l'amarrage des bateaux ▸ **abita**
bitter [bitɛr] *nm* Boisson apéritive, généralement non alcoolisée, parfumée avec des extraits de plantes et des substances amères (gentiane, quinquina, etc.) ▸ ***bitter***

bitume *nm* Mélange d'hydrocarbures dont on se sert pour le revêtement des chaussées et des trottoirs ▸ **betume**
bitumer *vt* Enduire de bitume ▸ **betumar**
bitumineux, euse *adj* Qui contient du bitume ▸ **betuminoso**
bivalent, e *adj* Se dit d'un corps dont la valence chimique est **2** ▸ **bivalente**
bivalve *adj* À deux valves: *coquille bivalve* ▸ **bivalve** ◆ *nm* Lamellibranche ▸ **bivalve**
bivouac *nm* **1** Campement provisoire et en plein air d'une armée ou d'une expédition ▸ **bivaque** **2** Lieu du bivouac ▸ **bivaque**
bivouaquer *vi* Camper en plein air ▸ **bivacar**
bizarre *adj* Qui sort de l'ordinaire, qui s'écarte de ce qui est considéré comme normal; étrange, curieux ▸ **bizarro**
bizarrement *adv* D'une façon bizarre ▸ **bizarramente**
bizarrerie *nf* **1** Caractère de ce qui est bizarre ▸ **bizarria** **2** Chose bizarre ▸ **bizarrice**
bizarroïde *adj* FAM Qui a un aspect insolite; bizarre ▸ **esquisitoide**
bizou *nm* → **bisou**
bizut [bizy] ou **bizuth** [bizy] *nm* ARG SCOL Élève de première année dans une grande école ▸ **calouro**
bizutage *nm* ARG SCOL Action de bizuter ▸ **trote**
bizuter *vt* ARG SCOL Faire subir des brimades à un bizut à son arrivée ▸ **trotar**
bla-bla *nm inv* FAM Abondance de paroles inutiles ▸ **blá-blá-blá**
blackbouler *vt* FAM **1** Refuser à un examen ▸ **bombear** **2** Évincer par un vote ▸ **vetar**
black jack [blakdʒak] *nm* Jeu de cartes pratiqué par sept joueurs au maximum ▸ **vinte e um**
black-out [blakaut] *nm inv* Mesure de défense antiaérienne qui consiste à plonger une ville dans l'obscurité totale ▸ **blecaute** ■ FIG **faire le black-out sur:** faire le silence sur un sujet ▸ **silenciar sobre**
black-rot [blakrɔt] (pl *black-rots*) *nm* Maladie de la vigne ▸ ***black-rot***
blafard, e *adj* D'un blanc terne ▸ **pálido**
blague *nf* **1** Petit sac à tabac ▸ **tabaqueira** **2** FAM Farce, histoire plaisante, imaginée pour faire rire ou pour tromper: *raconter des blagues* ▸ **blague, piada, brincadeira** **3** Faute commise par légèreté ▸ **besteira** ■ FAM **blague à part:** sérieusement ▸ **fora de brincadeira**
blaguer *vi* FAM Dire des blagues; plaisanter ▸ **brincar** ◆ *vt* FAM Taquiner, se moquer ▸ **caçoar de**
blagueur, euse *adj et n* FAM Qui dit des blagues ▸ **brincalhão**
blaireau *nm* **1** Mammifère plantigrade omnivore qui vit dans les bois ▸ **texugo** **2** Pinceau de poils de blaireau ▸ **pincel** **3** Brosse qui sert à savonner la barbe ▸ **pincel de barba** **4** FAM Individu conformiste et borné ▸ **toupeira**
blairer *vt* ▸ **suportar** ■ FAM **ne pas pouvoir blairer quelqu'un:** avoir de l'antipathie pour lui ▸ **não ir com a cara de alguém**
blâmable *adj* Digne de blâme; répréhensible, condamnable ▸ **censurável**
blâme *nm* **1** Opinion défavorable, désapprobation ▸ **desaprovação** **2** Sanction disciplinaire, réprimande: *infliger un blâme* ▸ **repreensão**
blâmer *vt* Désapprouver, réprouver ▸ **condenar**
blanc, blanche *adj* **1** Qui est de la couleur du lait, de la neige: *cheveux blancs* ▸ **branco** **2** Peu coloré, pâle: *vin blanc; raisin blanc* ▸ **branco** **3** Innocent, pur: *blanc comme neige* ▸ **branco** **4** Sur lequel rien n'est écrit: *page blanche; rendre copie blanche* ▸ **em branco** **5** Sans conséquence: *opération blanche* ▸ **branco** ■ **arme blanche:** tranchante ou pointue ▸ **arma branca** □ **examen, bac blanc:** passé avant l'épreuve officielle, à titre de préparation ▸ **simulado** □ **vers blancs:** sans rimes ▸ **versos brancos** □ **nuit blanche:** passée sans dormir ▸ **noite em claro** □ **donner carte blanche à quelqu'un:** lui donner plein pouvoir ▸ **dar carta branca a alguém** □ **sauce blanche:** sauce liée avec de la farine et du beurre ▸ **molho branco** ◆ *n* (avec une majuscule) Personne à la peau blanche ▸ **branco** ◆ *nm* **1** La couleur blanche ▸ **branco** **2** Matière colorante blanche ▸ **branco** **3** Linge de maison: *janvier est le mois du blanc* ▸ **cama, mesa e banho** **4** Espace vide dans une page: *remplir des blancs* ▸ **branco** **5** Maladie cryptogamique de certaines plantes ▸ **oídio** **6** Vin blanc: *boire du blanc* ▸ **vinho branco** ■ **blanc de baleine:** matière grasse extraite de certains cétacés ▸ **espermacete** □ **blanc de champignon:** mycélium d'agaric ▸ **micélio** □ **blanc d'Espagne:** carbonate de calcium très pur ▸ **branco de Espanha** □ **blanc de l'œil:** la cornée ▸ **branco do olho** □ **blanc d'œuf:** partie glaireuse de l'œuf ▸ **branco do ovo, clara** □ **blanc de poulet:** chair entourant le bréchet ▸ **peito de frango** □ **chauffer à blanc:** jusqu'à ce que la matière chauffée passe du rouge au blanc ▸ **aquecer ao branco**
blanc-bec (pl *blancs-becs*) *nm* FAM Jeune homme sans expérience ▸ **garraio**
blanchaille *nf* Menus poissons blancs servant souvent d'appât ▸ **petinga**
blanchâtre *adj* Tirant sur le blanc ▸ **esbranquiçado**

blanche *nf* MUS Note qui vaut la moitié de la ronde, ou deux noires, ou quatre croches ▸ **mínima**

blancheur *nf* Qualité de ce qui est blanc: *la blancheur du lys* ▸ **brancura**

blanchiment *nm* Action de blanchir: *le blanchiment d'une paroi; le blanchiment de l'argent de la drogue* ▸ **branqueamento, lavagem**

blanchir *vt* **1** Rendre blanc: *blanchir un mur à la chaux* ▸ **branquear, caiar 2** Rendre propre: *blanchir le linge* ▸ **limpar 3** CUIS Passer à l'eau bouillante: *blanchir des choux* ▸ **branquear 4** FIG Disculper: *le tribunal l'a blanchi* ▸ **desculpar ■ blanchir de l'argent sale, des capitaux:** faire disparaître toute preuve de leur origine frauduleuse ▸ **lavar dinheiro** ◆ *vi* Devenir blanc: *ses cheveux blanchissent* ▸ **branquear**

blanchissage *nm* Action de blanchir le linge ▸ **lavagem de roupa**

blanchisserie *nf* Magasin, entreprise où l'on blanchit du linge ▸ **lavanderia**

blanchisseur, euse *n* Personne dont la profession est le blanchissage et le repassage du linge ▸ **tintureiro**

blanc-seing [blɑ̃sɛ̃] (pl *blancs-seings*) *nm* Papier en blanc, au bas duquel on met sa signature ▸ **assinatura em branco**

blanquette *nf* **1** Ragoût de viande blanche ▸ **blanquete 2** Vin blanc mousseux: *blanquette de Limoux* ▸ ***blanquette***

blasé, e *adj et n* Qui ne s'intéresse plus à rien, dégoûté de tout ▸ ***blasé***

blaser *vt* Rendre indifférent aux émotions vives, au plaisir, du fait de l'abus qui en a été fait ▸ **embotar**

blason *nm* Ensemble des armoiries ou des signes formant l'écu d'un État, d'une ville, d'une famille ▸ **brasão**

blasphémateur, trice *n* Personne qui blasphème ▸ **blasfemador**

blasphématoire *adj* Qui contient des blasphèmes ▸ **blasfematório**

blasphème *nm* **1** Parole qui outrage la divinité, la religion ▸ **blasfêmia 2** Parole outrageante, en général ▸ **blasfêmia**

blasphémer *vt et vi (conj 10)* **1** Proférer un blasphème ▸ **blasfemar 2** Tenir des propos injurieux ▸ **blasfemar**

VOCABULAIRE L'emploi intransitif *blasphémer contre* est le plus courant. L'emploi transitif *blasphémer Dieu, la religion, etc.*, est vieilli ou littéraire

blastoderme *nm* Ensemble des cellules de l'œuf des oiseaux qui formeront l'embryon ▸ **blastoderma**

blatte *nf* Insecte nocturne que l'on trouve surtout dans les dépôts et les cuisines (appelé aussi: *cafard, cancrelat*) ▸ **barata**

blazer [blazɛr] *nm* Veste croisée ou droite en tissu bleu marine ou gris ▸ ***blazer***

blé *nm* **1** Plante herbacée annuelle de la famille des graminacées, dont le grain fournit la farine du pain; grain de cette plante ▸ **trigo 2** FAM Argent ▸ **grana ■ blé noir:** sarrasin ▸ **trigo-sarraceno □ blé de Turquie:** maïs ▸ **milho □** CANADA **blé d'Inde:** maïs ▸ **milho □ manger son blé en herbe:** dépenser par avance son revenu ▸ **gastar antes de receber**

bled [blɛd] *nm* **1** En Afrique du Nord, l'intérieur des terres ▸ ***bled*, interior 2** FAM Localité isolée ▸ **buraco**

blême *adj* Très pâle ▸ **lívido**

blêmir *vi* Devenir blême ▸ **ficar lívido**

blêmissant, e *adj* Qui blêmit ▸ **empalidecente**

blêmissement *nm* Action de blêmir, de pâlir ▸ **lividez**

blende [blɛ̃d] *nf* Sulfure naturel de zinc ▸ **blenda**

blennorragie *nf* MÉD Infection des organes génito-urinaires, due au gonocoque ▸ **blenorragia, gonorreia**

blessant, e *adj* Offensant, injurieux ▸ **ferino**

blessé, e *adj et n* Qui a reçu une blessure: *un blessé léger* ▸ **ferido** ◆ *adj* Qui a été offensé, atteint dans son amour-propre ▸ **ofendido**

blesser *vt* **1** Frapper d'un coup, atteindre d'une balle, et produire une plaie ou une lésion: *il l'a blessé à la cuisse* ▸ **ferir** ◇ *vpr*: *elle s'est blessée à la main* ▸ **ferir-se 2** Causer une gêne importante, une douleur vive: *ces chaussures me blessent les pieds* ▸ **machucar 3** Affecter désagréablement: *cette musique blesse l'oreille* ▸ **ferir 4** FIG Causer une douleur morale; offenser: *vos paroles l'ont blessé* ▸ **ferir, magoar**

blessure *nf* **1** Lésion due à un coup, un choc, un objet piquant ou tranchant, une arme à feu; plaie ▸ **ferimento 2** FIG Ce qui blesse, afflige ▸ **ofensa**

blet, ette *adj* Trop mûr: *poire blette* ▸ **passado**

blette *nf* → **bette**

blettir *vi* Devenir blet ▸ **passar**

blettissement *nm* Fait de devenir blet ▸ **deterioração**

bleu, e *adj* **1** De la couleur du ciel sans nuages: *robe bleu ciel; jupe bleu marine* ▸ **azul 2** Se dit d'une viande rouge grillée très peu cuite: *un steak bleu* ▸ **malpassado ■ peur, colère bleue:** violente ▸ **medo enorme, ira □** FAM **sang bleu:** sang noble ▸ **sangue azul** ◆ *nm* **1** Couleur bleue: *le bleu du ciel* ▸ **azul 2** Marque laissée sur la peau par un coup; hématome: *se faire un bleu* ▸ **equimose** **3** Vêtement de travail en toile bleue: *bleu de travail* ▸ **macacão** **4** FAM Nouveau venu dans une caserne, un établissement ▸ **galucho** ■ LITT **bleu à l'âme:** meurtrissure morale ressentie par quelqu'un après une épreuve douloureuse ▸ **coração partido** □ **bleu d'Auvergne:** fromage à moisissures ▸ ***bleu d'Auvergne***

bleuâtre *adj* Qui tire sur le bleu ▸ **azulado**

bleuet *nm* Plante à fleurs bleues ▸ **escovinha**

bleuir *vt* Rendre bleu ▸ **azular** ♦ *vi* Devenir bleu ▸ **azular**

bleuissement *nm* Fait de devenir bleu ▸ **azulamento**

bleuté, e *adj* De nuance bleue ▸ **azulado**

blindage *nm* **1** Action de blinder ▸ **blindagem** **2** Revêtement d'acier: *blindage de navire, de coffre-fort* ▸ **blindagem**

blindé, e *adj* Recouvert d'un blindage: *porte blindée* ▸ **blindado** ♦ *nm* Véhicule de combat recouvert d'un blindage d'acier ▸ **blindado**

blinder *vt* **1** Protéger par un blindage ▸ **blindar** **2** FIG Rendre insensible, endurcir: *les épreuves qu'il a subies l'ont blindé* ▸ **insensibilizar**

blini *nm* Petite crêpe épaisse de blé et de sarrasin servie avec certains hors-d'œuvre ▸ ***blini***

blizzard *nm* Vent très froid d'Amérique du Nord ▸ **blizar**

bloc *nm* **1** Masse compacte et pesante: *bloc de marbre* ▸ **bloco** **2** FIG Ensemble solide, dont toutes les parties dépendent les unes des autres: *éléments qui forment un bloc* ▸ **bloco** **3** Coalition, union: *bloc politique* ▸ **bloco** **4** Ensemble de feuilles collées les unes aux autres d'un côté et facilement détachables: *bloc de papier à lettres* ▸ **bloco** **5** Bloc-notes ▸ **bloco de anotações** ■ **bloc opératoire:** ensemble constitué par la salle d'opération et les locaux qui en dépendent, dans un hôpital ▸ **bloco cirúrgico** □ **à bloc:** à fond ▸ **a fundo** □ **en bloc:** en gros, sans entrer dans le détail ▸ **em bloco** □ **faire bloc:** s'unir étroitement ▸ **unir forças**

blocage *nm* **1** Action, fait de bloquer: *blocage des prix* ▸ **bloqueio** **2** PSYCHOL Impossibilité d'agir ou de réagir dans une situation donnée ▸ **bloqueio**

bloc-cuisine (pl *blocs-cuisines*) *nm* Ensemble d'éléments servant à équiper un local, et comprenant un évier, une plaque de cuisson et, éventuellement, un four, un réfrigérateur ▸ **módulo de cozinha**

blockhaus [blɔkos] *nm inv* Petit fort blindé, construit pour défendre un point particulier ▸ **blocausse**

bloc-moteur (pl *blocs-moteurs*) *nm* **1** Ensemble du moteur, de l'embrayage et de la boîte de vitesses ▸ **bloco motor** **2** Partie d'un appareil ménager comprenant le moteur ▸ **bloco do motor**

bloc-notes (pl *blocs-notes*) *nm* Ensemble de feuilles de papier détachables pour prendre des notes; SYN: *bloc* ▸ **bloco de notas**

blocus [blɔkys] *nm* Siège d'une ville, d'un port, d'un pays pour l'empêcher de communiquer avec l'extérieur ▸ **bloqueio** ■ **blocus économique** ou **blocus:** mesures prises pour priver un pays de toute relation commerciale ▸ **bloqueio econômico**

blog ou **blogue** *nm* Site Web sur lequel un internaute tient une chronique personnelle; SYN: *weblog* ▸ ***blog***

blogosphère *nf* **1** Ensemble des blogs présents sur le Web ▸ **blogosfera** **2** Communauté interactive formée par les blogueurs ▸ **blogosfera**

blogueur, euse *n* Auteur d'un blog ▸ **blogueiro**

blond, e *adj* D'une couleur entre le doré et le châtain clair ▸ **loiro, louro** ■ **bière blonde:** fabriquée à partir de malts de couleur claire ▸ **cerveja clara** □ **blond platine:** blond presque blanc: *cheveux blond platine* ▸ **loiro platinado** □ **tabac blond:** dont la fermentation a été arrêtée au stade du jaunissement de la feuille ▸ **fumo, tabaco claro** ♦ *adj et n* Qui a les cheveux blonds ▸ **loiro, louro**

blondasse *adj et n* D'un blond fade ▸ **loiro desbotado**

blonde *nf* **1** Bière blonde ▸ **cerveja clara** **2** Cigarette de tabac blond ▸ **cigarro claro** **3** CANADA, FAM Petite amie; épouse ▸ **amada**

blondeur *nf* Couleur blonde ▸ **louro**

blondinet, ette *adj et n* Se dit d'un enfant qui a les cheveux blonds ▸ **loirinho**

blondir *vi* Devenir blond ▸ **alourar**

bloquer *vt* **1** Empêcher de bouger, immobiliser: *la circulation est bloquée* ▸ **bloquear** **2** Serrer à bloc: *bloquer son frein à main* ▸ **apertar, puxar com força** **3** Barrer, obstruer: *bloquer le passage* ▸ **bloquear** **4** Réunir plusieurs choses ensemble, grouper: *bloquer ses rendez-vous* ▸ **agrupar** **5** Suspendre la variation, l'augmentation ou la disposition de: *bloquer les prix* ▸ **congelar** ♦ **se bloquer** *vpr* Se fixer dans une attitude de refus ▸ **bloquear-se**

blottir (se) *vpr* Se replier sur soi-même, se pelotonner ▸ **encolher-se**

blouse *nf* **1** Vêtement de travail porté pour se protéger: *blouse d'infirmière* ▸ **guarda-pó** **2** Corsage léger: *blouse de soie* ▸ **blusa**

blouser[1] *vt* FAM Tromper, induire en erreur ▸ **ludibriar**
blouser[2] *vi* Bouffer au-dessus de la ceinture, en parlant d'un vêtement ▸ **ser bufante**
blouson *nm* Veste d'allure sportive, courte et ample, serrée à la taille ▸ **blusão**
blue-jean [bludʒin] (pl *blue-jeans*) ou **blue-jeans** [bludʒins] *nm* → **jean**
blues [bluz] *nm* Complainte du folklore noir américain ▸ ***blues***
bluff [blœf] *nm* Parole, action propre à donner le change, à leurrer ▸ **blefe**
bluffer [blœfe] *vt et vi* Faire du bluff ▸ **blefar**
blush [blœʃ] (pl *blushs* ou *blushes*) *nm* Fard à joues que l'on applique avec un pinceau ▸ ***blush***
bluter *vt* Tamiser la farine ▸ **peneirar**
blutoir *nm* Tamis servant à bluter les grains de blé broyés ▸ **peneira**
BO *nf* (sigle) Bande originale ▸ **Ø**
boa *nm* Grand serpent d'Amérique tropicale qui étouffe ses proies ▸ **jiboia**
bob *nm* **1** Chapeau cloche en toile ▸ **chapéu pescador 2** Bobsleigh ▸ ***bobsled***
bobard *nm* FAM Mensonge ▸ **balela**
bobèche *nf* Disque de verre ou de métal, adapté à un bougeoir, pour empêcher la bougie de couler ▸ **arandela**
bobinage *nm* Action de bobiner ▸ **bobinagem**
bobine *nf* **1** Petit cylindre en bois, en métal, en plastique sur lequel on enroule du fil, de la ficelle, des pellicules photographiques, etc. ▸ **bobina, carretel 2** FAM Visage: *une drôle de bobine* ▸ **cara 3** ÉLECTR Cylindre creux autour duquel est enroulé un fil métallique isolé ▸ **bobina**
bobiner *vt* Enrouler sur une bobine ▸ **bobinar**
bobo *nm* FAM Douleur ou blessure légère ▸ **dodói**
bobsleigh ou **bob** *nm* Sorte de traîneau utilisé pour les descentes sportives sur la glace; sport ainsi pratiqué ▸ ***bobsled***
bocage *nm* Région où les champs sont clos par des haies ▸ **arvoredo**
bocager, ère *adj* Relatif au bocage ▸ **arborizado**
bocal (pl *bocaux*) *nm* Récipient en verre à large ouverture ▸ **boião**
bock *nm* Verre à bière, équivalant, en principe, à un quart de litre ▸ ***bock***
body *nm* Vêtement moulant, d'une seule pièce, couvrant le tronc, à manches longues ou courtes, et que l'on ferme avec des pressions à l'entrejambe ▸ ***body***
body-building (pl *body-buildings*) *nm* Culture physique destinée à développer la musculature; culturisme ▸ **fisiculturismo**
boette [bwɛt] ou **boitte** [bwat] *nf* Appât que l'on met à l'hameçon pour la pêche en mer ▸ **isca**
bœuf [bœf], au pluriel [bø] *nm* **1** Animal de l'espèce bovine ▸ **boi 2** Mâle adulte de cette espèce que l'on a châtré; sa chair: *bœuf charolais; bœuf bourguignon* ▸ **boi, carne de vaca, bife** ◆ *adj inv* FAM Très étonnant: *effet bœuf* ▸ **formidável**
bof *interj* Exprime l'indifférence, la lassitude, l'incertitude ▸ **bah**
bogie [bɔʒi] ou **boggie** [bɔgi] *nm* Chariot à deux essieux, sur lequel pivote, dans les courbes, le châssis d'un wagon ▸ **bogie**
bogue[1] *nf* Enveloppe de la châtaigne recouverte de piquants ▸ **ouriço**
bogue[2] *nm* INFORM Défaut de conception ou d'exécution d'un programme; bug ▸ ***bug***
bohème *adj et n* Qui vit au jour le jour, d'une façon désordonnée ▸ **boêmio** ◆ *nf* Milieu des artistes, des écrivains ▸ **boêmia**
bohémien, enne *adj et n* De la Bohême ▸ **boêmio** ◆ *n* SOUVENT PÉJOR Vagabond, homme ou femme, que l'on croyait originaire de la Bohême ▸ **boêmio, cigano**
boire[1] *vt (conj 75)* **1** Absorber, avaler un liquide: *boire du lait; boire un verre* ▸ **beber 2** (sans complément) Prendre des boissons alcoolisées, souvent avec excès ▸ **beber 3** En parlant d'une chose, absorber un liquide: *l'éponge boit l'eau* ▸ **beber** ■ **boire les paroles de quelqu'un:** l'écouter avec une admiration béate ▸ **beber as palavras de alguém** □ **il y a à boire et à manger:** il y a des inconvénients et des avantages ▸ **ter prós e contras**
boire[2] *nm sing* ■ **en perdre le boire et le manger:** ne plus boire et ne plus manger ▸ **só pensar nisso**
bois *nm* **1** Substance dure et compacte de l'intérieur des arbres, constituant le tronc, les branches et les racines ▸ **madeira 2** Lieu planté d'arbres: *à l'ombre d'un bois* ▸ **bosque 3** Objet en bois: *bois sculpté* ▸ **madeira** ■ FIG **toucher du bois:** conjurer le mauvais sort en touchant un objet en bois ▸ **bater na madeira** ◆ *pl* **1** MUS Famille des instruments à vent en bois ▸ **madeiras 2** Cornes caduques du cerf, du daim, etc. ▸ **galhada**
boisage *nm* Revêtement de bois: *boisage d'un puits* ▸ **entivação, revestimento de madeira**
boisé, e *adj* Garni d'arbres ▸ **arborizado**
boisement *nm* Plantation d'arbres ▸ **arborização**
boiser *vt* **1** Garnir d'une boiserie ou d'un boisage ▸ **entivar 2** Planter d'arbres ▸ **arborizar**

boiserie *nf* Menuiserie dont on revêt les murs intérieurs d'une habitation ▸ ***boiserie***

boisseau *nm* Ancienne mesure de capacité pour les grains et les matières analogues (12,5 litres) ▸ **alqueire** ■ FIG **mettre quelque chose sous le boisseau:** cacher la vérité ▸ **varrer algo para debaixo do tapete**

boisson *nf* **1** Tout liquide que l'on boit: *boisson sucrée* ▸ **bebida 2** Alcoolisme: *s'adonner à la boisson* ▸ **bebida**

boîte *nf* **1** Coffret de bois, de carton ou de métal, de matière plastique, etc.; son contenu ▸ **caixa, lata 2** FAM Lieu de travail; école ▸ **trabalho, escola** ■ **boîte de conserve:** boîte métallique contenant des produits alimentaires stérilisés: *boîte de raviolis* ▸ **lata de conserva** □ **boîte crânienne:** cavité osseuse qui renferme le cerveau ▸ **caixa craniana** □ AUTOM **boîte à gants:** aménagement situé dans la planche de bord pour ranger des objets divers ▸ **porta-luvas** □ **boîte aux lettres** ou **boîte à lettres: (a)** réceptacle muni d'une fente destiné à recevoir les lettres à expédier ▸ **caixa de correio (b)** INFORM espace de mémoire stockant des messages électroniques ▸ **caixa de mensagens** □ **boîte noire:** appareil enregistreur d'un avion, d'un camion ▸ **caixa-preta** □ **boîte de nuit** ou **boîte:** cabaret ouvert la nuit ▸ **boate, casa noturna** □ **boîte postale:** boîte aux lettres réservée dans une poste ▸ **caixa postal** □ **boîte à rythmes:** instrument de musique électronique produisant des sons de batterie et de percussions ▸ **bateria eletrônica** □ AUTOM **boîte de vitesses:** organe renfermant les trains d'engrenages du changement de vitesse d'un véhicule ▸ **caixa de câmbio** □ TÉLÉCOMM **boîte vocale:** en messagerie vocale, dispositif permettant l'enregistrement de messages ▸ **correio de voz** □ FAM **mettre quelqu'un en boîte:** se moquer de lui ▸ **zombar de alguém**

boitement *nm* Fait de boiter ▸ **manqueira**

boiter *vi* **1** Marcher en penchant d'un côté plus que de l'autre ▸ **mancar 2** Présenter un défaut d'équilibre, de cohérence: *raisonnement qui boite* ▸ **claudicar**

boiteux, euse *adj et n* Se dit de quelqu'un qui boite ▸ **manco** ◆ *adj* Qui n'a pas d'équilibre, de cohérence: *phrase boiteuse* ▸ **claudicante**

boîtier *nm* **1** Boîte renfermant un mécanisme, une pile ▸ **caixa 2** Corps d'un appareil photo sur lequel s'adapte l'objectif ▸ **caixa**

boitillement *nm* Léger boitement ▸ **manqueira leve**

boitiller *vi* Boiter légèrement ▸ **mancar de leve**

boit-sans-soif *n inv* FAM Ivrogne ▸ **bebum**

boitte *nf* → **boette**

bol *nm* **1** Récipient hémisphérique; son contenu: *un bol de lait* ▸ **tigela 2** FAM Chance ▸ **sorte** ■ **bol alimentaire:** bouchée mâchée que l'on avale ▸ **bolo alimentar** □ FAM **en avoir ras le bol:** ne plus rien supporter, être excédé ▸ **estar farto**

bolchevik ou **bolchevique** *n et adj* Membre du parti de Lénine, qui prit le pouvoir en Russie en 1917 ▸ **bolchevique**

bolée *nf* Contenu d'un bol: *une bolée de cidre* ▸ **tigelada**

boléro *nm* **1** Danse espagnole; air sur lequel elle s'exécute ▸ **bolero 2** Veste droite, non boutonnée, s'arrêtant à la taille ▸ **bolero**

bolet *nm* Champignon dont plusieurs espèces comestibles sont dénommées cèpes ▸ **boleto**

bolide *nm* Véhicule qui va très vite ▸ **bólido**

bolivien, enne *adj et n* De Bolivie: *les Boliviens* ▸ **boliviano**

bombance *nf* ▸ **comezaina** ■ VIEILLI, FAM **faire bombance:** manger beaucoup ▸ **empanturrar-se**

bombarde *nf* **1** Machine de guerre qui servait à lancer de grosses pierres ▸ **bombarda 2** MUS Instrument à vent en bois, de tonalité grave ▸ **bombarda**

bombardement *nm* Action de bombarder ▸ **bombardeio**

bombarder *vt* **1** Lancer des bombes ▸ **bombardear 2** Lancer des projectiles: *bombarder de tomates* ▸ **bombardear 3** FIG Accabler, harceler: *bombarder de questions* ▸ **bombardear 4** FAM Nommer soudainement quelqu'un à un poste: *on l'a bombardé préfet* ▸ **catapultar**

bombardier *nm* Avion de bombardement ▸ **bombardeiro** ■ **bombardier d'eau:** avion équipé de réservoirs d'eau, utilisé pour lutter contre les feux de forêt ▸ **avião-tanque**

bombe *nf* **1** Projectile plein de matière explosive et muni d'un dispositif qui le fait éclater: *bombe à retardement* ▸ **bomba 2** Tout projectile explosif: *attentat à la bombe* ▸ **bomba 3** Récipient contenant un liquide sous pression destiné à être vaporisé: *bombe insecticide* ▸ **bomba, *spray* 4** Coiffure rigide, à visière, que portent les cavaliers ▸ **elmo** ■ **bombe nucléaire:** dont la puissance explosive utilise l'énergie nucléaire ▸ **bomba nuclear** □ **bombe glacée:** glace moulée ▸ **sorvete de massa** □ FAM **faire l'effet d'une bombe:** provoquer la stupéfaction, le scandale ▸ **cair como uma bomba** □ FAM **faire la bombe:** faire la fête, la noce ▸ **farrear**

bombé, e *adj* Arrondi, renflé ▸ **bombeado**

bombement *nm* Convexité, renflement: *le bombement d'un couvercle* ▸ **bombeamento**

bomber *vt* **1** Renfler, rendre convexe: *bomber du verre* ▸ **bombear 2** Tracer, dessiner avec de la peinture en bombe: *bomber un slogan* ▸ **pichar** ■ FIG **bomber le torse:** faire le fier ▸ **estufar o peito** ◆ *vi* FAM Aller, rouler très vite ▸ **voar**

bombyx *nm* Genre de papillons dont l'espèce la plus connue, le bombyx du mûrier, a pour chenille le ver à soie ▸ **bicho-da-seda**

bon[1] *nm* Document autorisant quelqu'un à toucher de l'argent ou à recevoir quelque chose: *bon de commande; bon d'essence* ▸ **cupom**

bon[2]**, bonne** *adj* **1** Généreux, sensible, charitable: *un bon père; il a été bon avec moi* ▸ **bom 2** Qui est habile, expert: *bon ouvrier* ▸ **bom 3** Qui a les qualités requises: *bon outil* ▸ **bom 4** Agréable au goût: *ton gâteau est très bon* ▸ **bom 5** Qui procure du plaisir: *c'est un très bon film* ▸ **bom 6** Avantageux, favorable: *bonne affaire; la journée a été bonne; c'est bon pour la santé* ▸ **bom 7** Exact, correct: *c'est le bon numéro* ▸ **certo 8** Grand, intense, fort: *deux bons kilomètres; un bon coup sur la tête* ▸ **bom 9** Sert à exprimer un souhait: *bonne année!; bonnes vacances!* ▸ **feliz, bom** ■ **bon!:** exclamation de doute, de surprise, de constatation, etc. ▸ **bom!, ora!** □ **bon à** (+ inf): qui est dans les conditions voulues pour: *c'est bon à savoir* ▸ **bom (para)** □ **c'est bon:** cela suffit ▸ **assim está bom** ◆ *nm* **1** Ce qui est bon: *il y a du bon et du mauvais* ▸ **bom 2** Personne qui pratique le bien: *les bons et les méchants* ▸ **bom** ■ **un(e) bon(ne) à rien:** qui ne sait rien faire; incapable ▸ **um inútil** ◆ *adv* ■ **il fait bon:** Le temps est agréable ▸ **o tempo está bom** □ **pour de bon:** sérieusement ▸ **para valer** □ **sentir bon:** avoir une odeur agréable ▸ **cheirar bem** □ **tenir bon:** ne pas céder ▸ **manter-se firme**

bonapartisme *nm* Attachement au système politique ou à la dynastie de Napoléon Bonaparte ▸ **bonapartismo**

bonapartiste *adj et n* Qui appartient au bonapartisme; qui en est partisan ▸ **bonapartista**

bonasse *adj* D'une bonté, d'une simplicité excessives ▸ **bonachão**

bonbon *nm* Confiserie à base de sucre aromatisé ▸ **bala**

bonbonne *nf* Grosse bouteille de verre ou de grès ▸ **garrafão**

bonbonnière *nf* **1** Boîte à bonbons ▸ ***bonbonnière* 2** FIG Petit appartement ravissant ▸ **apartamento primoroso**

bon-chrétien (pl *bons-chrétiens*) *nm* Poire très estimée (appelée aussi: *poire Williams*) ▸ **pera-de-bom-cristão**

bond *nm* **1** Saut par lequel un homme, un animal, s'élève brusquement du sol ▸ **salto, pulo 2** Rebondissement d'un corps élastique ▸ **ricochete 3** FIG Progrès brusque et important, hausse: *bond en avant de l'industrie* ▸ **salto** ■ **prendre la balle au bond:** profiter de l'occasion ▸ **aproveitar o ensejo** □ **faire faux bond:** manquer à un engagement ▸ **roer a corda**

bonde *nf* **1** Pièce métallique scellée à l'orifice d'écoulement d'un évier ou d'un appareil sanitaire ▸ **ralo 2** Trou rond dans une des douves d'un tonneau, pour y verser le liquide; bouchon qui ferme ce trou ▸ **botoque 3** Fermeture du trou d'écoulement des eaux d'un étang ▸ **comporta**

bondé, e *adj* Rempli autant qu'il est possible: *un train bondé* ▸ **abarrotado**

bondieuserie *nf* **1** FAM, PÉJOR Dévotion exagérée et superficielle ▸ **beatice 2** Objet de piété ▸ **objeto de culto**

bondir *vi* **1** Faire un bond ▸ **pular, saltar 2** FIG Sursauter sous le coup d'une émotion ▸ **abalar**

bonheur *nm* **1** État heureux; félicité, joie ▸ **felicidade 2** Chance, circonstance favorable: *nous avons eu le bonheur de la rencontrer* ▸ **felicidade** ■ **au petit bonheur (la chance):** par hasard ▸ **casualmente** □ **par bonheur:** par chance, heureusement ▸ **por sorte**

bonhomie *nf* Bonté du cœur jointe à une certaine simplicité dans les manières ▸ **bonomia**

bonhomme[1] (pl *bonshommes*) *nm* **1** FAM Personne quelconque ▸ **fulano 2** Représentation humaine grossièrement dessinée ou façonnée: *bonhomme de neige* ▸ **boneco, homenzinho** ■ FAM **aller son petit bonhomme de chemin:** tranquillement, sans se hâter ▸ **tocar a vida**

bonhomme[2] *adj* Qui dénote de la bonhomie ▸ **bonachão**

> ORTHOGRAPHE On notera que le pluriel du nom, *des bonshommes*, est différent du pluriel de l'adjectif, *des airs bonhommes*

boni *nm* **1** Excédent de la dépense prévue sur les sommes réellement dépensées ▸ **saldo 2** Tout bénéfice ▸ **lucro**

boniche ou **bonniche** *nf* FAM, PÉJOR Employée de maison, bonne ▸ **empregadinha**

bonification *nf* **1** Avantage, points supplémentaires accordés à un concurrent dans une épreuve sportive ▸ **bonificação 2** Amélioration d'une terre ▸ **beneficiamento**

bonifier *vt* Rendre meilleur ▸ **bonificar**

boniment *nm* Discours habile et trompeur pour flatter ou convaincre ▸ **lábia**
bonimenteur, euse *n* PÉJOR Personne qui raconte des boniments ▸ **enrolador**
bonite *nf* Thon de la Méditerranée ▸ **bonito**
bonjour *nm* Terme employé pour saluer quelqu'un qu'on rencontre dans la journée ▸ **bom-dia**
bonne *nf* Employée de maison à plein temps ▸ **empregada doméstica**
bonne femme (pl *bonnes femmes*) *nf* FAM, PÉJOR Femme ▸ **mulherzinha**
bonne-main *nf* (pl *bonnes-mains*) SUISSE Pourboire ▸ **gorjeta**
bonne-maman (pl *bonnes-mamans*) *nf* Grand-mère, dans le langage enfantin ▸ **vovó**
bonnement *adv* ▸ **simplesmente** ▪ **tout bonnement:** simplement ▸ **simplesmente**
bonnet *nm* **1** Coiffure masculine ou féminine, en général souple et sans rebord: *bonnet de bain* ▸ **touca 2** Chacune des poches d'un soutien-gorge ▸ **bojo** ▪ **bonnet phrygien:** bonnet porté dans l'Antiquité en Asie et adopté par la Révolution française (sous le nom de: *bonnet rouge*) ▸ **barrete frígio** ▫ FAM **avoir la tête près du bonnet:** être vif et emporté ▸ **ter os nervos à flor da pele** ▫ **gros bonnet:** personnage important ▸ **figurão** ▫ **prendre sous son bonnet:** sous sa responsabilité ▸ **assumir a responsabilidade** ▫ **c'est bonnet blanc et blanc bonnet:** c'est la même chose ▸ **tanto faz assim como assado**
bonneteau *nm* Jeu de hasard frauduleux ▸ **jogo da vermelhinha**
bonneterie *nf* Industrie, commerce des articles d'habillement en tissu à mailles; ces articles (bas, chaussettes, slips, etc.) ▸ **malharia**
bonnetier, ère *n* Fabricant, marchand de bonneterie ▸ **fabricante, comerciante de malharia**
bonnetière *nf* Armoire étroite et haute ▸ **armarinho**
bonniche *nf* → **boniche**
bon-papa (pl *bons-papas*) *nm* Grand-père, dans le langage enfantin ▸ **vovô**
bonsaï [bɔ̃zaj] ou [bɔnzaj] *nm* Arbre nain obtenu artificiellement ▸ **bonsai**
bonsoir *nm* Terme employé pour saluer quelqu'un qu'on rencontre le soir ▸ **boa-noite**
bonté *nf* Qualité de quelqu'un qui est bon; bienveillance, douceur: *être d'une grande bonté; parler avec bonté* ▸ **bondade** ◆ **bontés** *pl* Marques de bienveillance ▸ **atenções**
bonus [bɔnys] *nm* **1** Réduction de la prime d'assurance automobile pour les conducteurs qui n'ont pas eu d'accident ▸ **bônus 2** FIG Ce qui vient améliorer un résultat; qui aide une personne ou favorise une action ▸ **bônus 3** Ensemble des suppléments (interviews, making of, etc.) contenus dans un DVD ▸ **bônus, extras**
bonze *nm* Prêtre bouddhiste ▸ **bonzo**
bookmaker [bukmɛkœr] *nm* Celui qui reçoit les paris sur un champ de courses ▸ **apontador de apostas**
booléen, enne [buleɛ̃, ɛn] ou **boolien, enne** [buljɛ̃, jɛn] *adj* ▸ **booliano** ▪ **variable booléenne:** susceptible de prendre deux valeurs s'excluant mutuellement (par exemple 0 et 1) ▸ **variável booliana**
boom [bum] *nm* Hausse soudaine, accroissement rapide: *un boom économique* ▸ ***boom***
boomerang [bumrɑ̃g] *nm* **1** Arme de jet australienne qui revient à son point de départ après avoir suivi sa trajectoire ▸ **bumerangue 2** FIG Acte hostile qui se retourne contre son auteur ▸ **bumerangue**
boots [buts] *nm pl* Bottes courtes ▸ **botinha**
boqueteau *nm* Petit bois ▸ **bosquete**
borate *nm* Sel de l'acide borique ▸ **borato**
borax *nm* CHIM Borate de soude ▸ **bórax**
borborygme *nm* **1** Bruit produit par les gaz dans l'abdomen ▸ **borborigmo 2** Parole incompréhensible ▸ **charabiá**
borchtch [bɔrtʃ] *nm* → **bortsch**
bord *nm* **1** Partie qui forme le pourtour, la limite d'une surface, d'un objet: *bord d'une table; bord de la route* ▸ **beira 2** Rivage, côte: *aller au bord de la mer* ▸ **beira** ▪ **à bord:** à l'intérieur d'un navire, d'un avion, d'une voiture ▸ **a bordo** ▫ **être au bord de:** sur le point de: *être au bord des larmes* ▸ **estar à beira de** ▫ **être du bord de quelqu'un** ou **être du même bord:** avoir la même opinion ▸ **estar do lado de alguém, estar do mesmo lado** ▫ FAM **sur les bords:** légèrement: *elle est un peu pingre sur les bords* ▸ **ligeiramente** ▫ MAR **virer de bord:** faire demi-tour ▸ **virar de bordo** ▫ FIG **virer, changer de bord:** changer d'opinion ▸ **mudar de opinião**
bordeaux *nm* Vin de Bordeaux ▸ ***bordeaux*** ◆ *adj inv* Rouge foncé tirant sur le violet ▸ **bordô**
bordée *nf* MAR Portion de route que parcourt un navire sans virer de bord ▸ **bordada** ▪ FAM **tirer une bordée:** faire une escapade à terre, en parlant des marins ▸ **bordejar** ▫ FAM **une bordée d'injures:** une grande quantité d'injures ▸ **enxurrada de insultos**
bordel *nm* TRÈS FAM **1** Maison de prostitution ▸ **bordel 2** Grand désordre ▸ **zona**
bordelais, e *adj et n* De Bordeaux ▸ **bordelês**

bordélique *adj* TRÈS FAM Qui est très désordonné; où règne un grand désordre ▶ **zoneado**
border *vt* **1** Occuper le bord, la périphérie de: *les maisons qui bordent la route* ▶ **margear, ladear 2** Garnir le bord de: *border de fleurs une terrasse* ▶ **margear** ■ **border un lit:** replier les draps, les couvertures sous le matelas ▶ **envelopar uma cama**
bordereau *nm* Relevé récapitulatif d'un compte, d'un document, etc.: *bordereau de livraison, d'expédition* ▶ **borderô**
bordier, ère *adj* ■ **mer bordière:** mer située en bordure d'un continent ▶ **mar costeiro**
bordure *nf* Ce qui garnit le bord ou s'étend sur le bord de quelque chose ▶ **borda** ■ **en bordure de:** le long de ▶ **ao longo de**
bordurette *nf* Dispositif de séparation placé entre deux voies de circulation et destiné à protéger un couloir d'autobus ▶ **delimitador**
bore *nm* CHIM Corps simple, solide, cristallisable et noirâtre, symb: B ▶ **boro**
boréal, e, als ou **aux** *adj* De la moitié nord du globe terrestre; CONTR: *austral* ▶ **boreal**
borée *nm* LITT Vent du nord ▶ **bóreas**
borgne *adj et n* Qui a perdu un œil ▶ **caolho** ♦ *adj* ■ **hôtel borgne:** mal fréquenté ▶ **espelunca**
borique *adj* Se dit d'un acide dérivé du bore ▶ **bórico**
bornage *nm* Limitation d'une propriété privée par des bornes ▶ **demarcação**
borne *nf* **1** Pierre ou autre marque de séparation, division: *borne kilométrique* ▶ **marco 2** Dispositif évoquant par sa forme une borne: *borne d'incendie* ▶ **baliza 3** Point ou composant d'un circuit destiné à établir une connexion ▶ **borne 4** FAM Kilomètre ▶ **quilômetro** ■ **borne interactive:** équipement multimédia composé d'un ordinateur et d'un écran vidéo, qui, dans un lieu public, permet d'obtenir des informations sur un sujet donné ▶ **totem interativo** ♦ **bornes** *pl* Limites ▶ **limite** ■ **dépasser les bornes:** aller au-delà de ce qui est permis ▶ **passar dos limites**
borné, e *adj* Limité intellectuellement ▶ **bitolado**
borne-fontaine (pl *bornes-fontaines*) *nf* Petite fontaine en forme de borne ▶ **marco fontanário**
borner *vt* **1** Mettre des bornes ▶ **demarcar 2** Limiter ▶ **limitar (com) 3** FIG Modérer ▶ **limitar** ♦ **se borner** *vpr* [à] Se contenter de ▶ **limitar-se**
bortsch ou **borchtch** [bɔrtʃ] *nm* Pot-au-feu à base de chou et de betterave, servi avec de la crème aigre ▶ ***bortsch***
bosnien, enne ou **bosniaque** *adj et n* De Bosnie-Herzégovine: *les Bosniens* ▶ **bósnio**
bosquet *nm* Petit bois ▶ **bosquete**
bossage *nm* Saillie en pierre sur un mur ▶ **bossagem**
bossa-nova (pl *bossas-novas*) *nf* Musique de danse brésilienne; la danse elle-même ▶ **bossa nova**
bosse *nf* **1** Enflure: *se faire une bosse au front* ▶ **galo, bossa 2** Grosseur anormale au dos ou à la poitrine ▶ **corcunda, bossa 3** Protubérance naturelle chez certains animaux: *les bosses du chameau* ▶ **corcova 4** Élévation arrondie sur une surface: *les creux et les bosses d'un terrain* ▶ **bossa** ■ FAM **avoir la bosse de:** être doué dans une discipline: *il a la bosse des maths* ▶ **ter bossa para** □ FAM **rouler sa bosse:** voyager beaucoup ▶ **correr mundo**
bosseler *vt (conj 6)* Déformer par des bosses ▶ **amolgar, amassar**
bosselure *nf* Bosse sur une surface ▶ **mossa**
bosser *vi* FAM Travailler ▶ **trabalhar**
bosseur, euse *adj et n* FAM Qui travaille beaucoup ▶ **mouro**
bossoir *nm* Tout appareil de levage à bord d'un navire pour hisser une ancre, une embarcation, etc. ▶ **turco**
bossu, e *adj et n* Qui a une bosse sur le dos ou sur la poitrine ▶ **corcunda** ■ FAM **rire comme un bossu:** rire aux éclats ▶ **morrer de rir**
bot, e *adj* Se dit d'une difformité du pied, de la main: *pied bot* ▶ **deformado**
botanique *nf* Science des végétaux ▶ **botânica** ♦ *adj* Relatif à cette science ▶ **botânico**
botaniste *n* Spécialiste de la botanique ▶ **botânico**
botte[1] *nf* Assemblage de choses de même nature liées ensemble: *botte de radis; botte de foin* ▶ **feixe, maço**
botte[2] *nf* **1** Coup de fleuret ou d'épée ▶ **estocada 2** Attaque vive et imprévue ▶ **bote**
botte[3] *nf* Chaussure qui enferme le pied et la jambe ▶ **bota** ■ **être à la botte de quelqu'un:** lui être entièrement soumis ▶ **estar à mercê de alguém** □ **sous la botte:** opprimé militairement ▶ **sob a bota**
botter *vt* **1** Chausser de bottes ▶ **calçar botas 2** FAM Donner un coup de pied à, dans ▶ **chutar 3** FAM Convenir, plaire à: *ça le botte* ▶ **convir**
bottier *nm* Artisan qui fait des chaussures et des bottes sur mesure ▶ **sapateiro**
bottillon *nm* Chaussure à tige montante, généralement fourrée ▶ **bota**
Bottin *nm* (nom déposé) Annuaire téléphonique ▶ **lista telefônica**
bottine *nf* Chaussure montante ▶ **botim**

botulisme *nm* Empoisonnement microbien par des conserves avariées ▶ **botulismo**
boubou *nm* Longue tunique flottante portée en Afrique noire ▶ **bubu**
bouc *nm* **1** Mâle de la chèvre ▶ **bode 2** Barbiche ▶ **barbicha** ■ **bouc émissaire:** personne rendue responsable de toutes les fautes, de tous les torts ▶ **bode expiatório**
boucan *nm* FAM Vacarme ▶ **algazarra**
boucanage *nm* Action de boucaner ▶ **defumação**
boucaner *vt* Fumer de la viande, du poisson ▶ **defumar**
boucanier *nm* **1** Chasseur de bœufs sauvages aux Antilles au XVIIe s. ▶ **bucaneiro 2** Pirate, aventurier ▶ **bucaneiro**
bouchage *nm* Action de boucher ▶ **tapadura**
bouche *nf* **1** Cavité au bas du visage qui reçoit les aliments et donne passage à la voix (s'applique à certains animaux: cheval, etc.) ▶ **boca 2** FIG Personne à nourrir ▶ **boca 3** Ouverture d'une cavité, d'un conduit: *bouche de métro; bouche d'égout* ▶ **boca** ■ **bouche à feu:** arme à feu non portative ▶ **boca de fogo** □ **bouche d'incendie:** prise d'eau pour les pompiers ▶ **hidrante** □ **de bouche à oreille:** confidentiellement et à l'insu des autres ▶ **em segredo** □ **faire la fine bouche:** le difficile, le dégoûté ▶ **fazer (cu) doce** □ **faire venir l'eau à la bouche:** exciter le désir ▶ **dar água na boca** ♦ **bouches** *pl* Nom donné à l'embouchure de certains fleuves: *bouches du Rhône* ▶ **foz**
bouché, e *adj* **1** Fermé, obstrué: *avoir le nez bouché* ▶ **entupido 2** Sans perspective d'accès: *carrière bouchée* ▶ **obstruído 3** Où l'on circule très difficilement: *périphérique bouché* ▶ **congestionado 4** FAM Qui comprend lentement ▶ **tapado** ■ **cidre bouché:** cidre pétillant, gardé dans une bouteille bouchée comme une bouteille de champagne ▶ **sidra engarrafada** □ **temps bouché:** temps couvert ▶ **tempo fechado**
bouche-à-bouche *nm inv* Méthode de respiration artificielle ▶ **respiração boca a boca**
bouchée *nf* **1** Quantité de nourriture portée à la bouche en une fois ▶ **bocado 2** Croûte en pâte feuilletée garnie: *bouchée à la reine* ▶ **vol-au-vent**...

bouchée *nf* **1** Quantité de nourriture portée à la bouche en une fois ▶ **bocado 2** Croûte en pâte feuilletée garnie: *bouchée à la reine* ▶ **volovã 3** Friandise de chocolat fourré ▶ **bombom** ■ **mettre les bouchées doubles:** aller plus vite ▶ **aumentar o ritmo** □ **pour une bouchée de pain:** pour presque rien ▶ **a preço de banana** □ **ne faire qu'une bouchée de:** vaincre très facilement ▶ **vencer (algo ou alguém) com facilidade**
boucher¹ *vt* **1** Fermer une ouverture ▶ **tampar 2** Barrer, obstruer ▶ **bloquear** ■ **boucher la vue:** faire écran ▶ **tampar a visão**
boucher² *nm* **1** Commerçant qui vend au détail la viande ▶ **açougueiro 2** FIG Homme sanguinaire ▶ **carniceiro**
bouchère *nf* Femme d'un boucher ▶ **mulher do açougueiro**
boucherie *nf* **1** Boutique de boucher ▶ **açougue 2** Commerce de boucher ▶ **açougue 3** FIG Massacre, carnage ▶ **carnificina**
bouche-trou (pl *bouche-trous*) *nm* Personne ou objet qui ne sert qu'à combler une place vide, à faire nombre ▶ **tapa-buraco**
bouchon *nm* **1** Ce qui sert à boucher; morceau de liège, de verre, de plastique pour boucher une bouteille, un flacon ▶ **rolha 2** Ce qui obstrue, bouche un conduit: *bouchon de cérumen* ▶ **tampa 3** Embouteillage momentané de la circulation ▶ **congestionamento 4** Poignée de paille tortillée ▶ **feixe de palha 5** Flotteur d'une ligne de pêche ▶ **boia 6** Jeu d'adresse ▶ ***bouchon***
bouchonné, e *adj* Se dit d'un vin qui a un goût de bouchon ▶ ***bouchonné***
bouchonner *vt* Frotter, essuyer un cheval avec un bouchon de paille ▶ **esfregar, limpar** ♦ *vi* Former un embouteillage ▶ **congestionar**
bouchot *nm* Parc à moules ▶ **viveiro de mariscos**
bouclage *nm* **1** Action de boucler ▶ **fechamento 2** Opération militaire visant à encercler une zone pour la contrôler ▶ **cerco**
boucle *nf* **1** Anneau ou rectangle de métal, avec ardillons: *boucle de ceinture* ▶ **fivela 2** Tout ce qui a la forme d'un anneau: *faire une boucle avec une corde* ▶ **argola 3** Bijou pour les oreilles: *boucle d'oreille* ▶ **brinco 4** Spirale de cheveux frisés ▶ **cacho 5** Grande courbe d'un cours d'eau ▶ **meandro 6** INFORM Partie d'un programme qui ramène à un même point ▶ ***loop*** ■ INFORM **en boucle:** se dit d'une séquence d'information qui est répétée en continu pendant un laps de temps: *programme de radio diffusé en boucle* ▶ **em *loop***
bouclé, e *adj* Qui a des boucles: *cheveux bouclés* ▶ **cacheado, anelado**
boucler *vt* **1** Serrer avec une boucle: *boucler sa ceinture* ▶ **afivelar 2** Donner la forme d'une boucle: *boucler des cheveux* ▶ **cachear, anelar 3** Enfermer, encercler: *boucler un quartier* ▶ **cercar 4** FAM Enfermer étroitement: *boucler un prisonnier dans sa cellule* ▶ **encarcerar 5** Terminer, mener à bien: *boucler la dernière édition d'un journal* ▶ **fechar** ■ **boucler son budget:** équilibrer les recettes et les dépenses ▶ **equilibrar as contas** □ FAM **la**

boucler: se taire ▸ **calar a boca** ♦ *vi* **1** Former des boucles; onduler: *ses cheveux bouclent* ▸ **encaracolar 2** INFORM Faire une boucle ▸ **loopar**

bouclette *nf* Petite boucle ▸ **fivelinha, cachinho**

bouclier *nm* **1** Plaque de métal, de cuir, etc., pour parer les traits ou les coups de l'ennemi ▸ **escudo 2** FIG Moyen de protection, défense: *bouclier atomique* ▸ **escudo** ■ FIG **levée de boucliers:** protestation générale contre un projet, une mesure ▸ **protesto**

bouddha *nm* Statue ou statuette représentant Bouddha ▸ **buda**

bouddhique *adj* Du bouddhisme ▸ **búdico**

bouddhisme *nm* Religion fondée par Bouddha ▸ **budismo**

bouddhiste *adj et n* Qui appartient au bouddhisme; qui en est partisan ▸ **budista**

bouder *vi* Témoigner, laisser voir du dépit, de la mauvaise humeur ▸ **amuar** ♦ *vt* Montrer son mécontentement ou son indifférence à l'égard de quelqu'un, quelque chose en l'évitant ▸ **amuar**

bouderie *nf* Action de bouder ▸ **amuo**

boudeur, euse *adj et n* Qui boude ▸ **trombudo**

boudin *nm* **1** Boyau rempli de sang et de graisse de porc assaisonnés: *boudin noir* ▸ **chouriço 2** Spirale d'acier, de fil de fer: *ressort à boudin* ▸ **mola 3** Saillie interne de la jante des roues sur rails ▸ **verdugo** ■ FAM **tourner en eau de boudin:** finir par un échec ▸ **ir por água abaixo**

boudiné, e *adj* FAM Serré dans ses vêtements ▸ **apertado**

boudiner *vt* FAM En parlant d'un vêtement, serrer de manière à faire apparaître des bourrelets: *cette robe te boudine* ▸ **apertar**

boudoir *nm* **1** Petit salon de dame ▸ ***boudoir* 2** Biscuit allongé saupoudré de sucre ▸ **palito-francês**

boue *nf* Terre ou poussière détrempée d'eau ▸ **lama** ■ FIG **traîner quelqu'un dans la boue:** l'accabler de propos infamants ▸ **jogar alguém na lama**

bouée *nf* **1** Corps flottant, indiquant la route en mer, un obstacle, ou supportant certains appareils de signalisation ▸ **boia 2** Anneau gonflable permettant de flotter: *bouée de sauvetage* ▸ **boia**

boueux[1] *nm* FAM Éboueur ▸ **lixeiro**

boueux[2]**, euse** *adj* Plein de boue ▸ **lamacento**

bouffant, e *adj* Qui semble gonflé: *des manches bouffantes* ▸ **bufante**

bouffarde *nf* FAM Grosse pipe ▸ **cachimbo**

bouffe[1] *adj* ▸ **bufo** ■ **opéra bouffe:** opéra comique ▸ **ópera-bufa**

bouffe[2] *nf* FAM Nourriture ▸ **comida**

bouffée *nf* **1** Inspiration ou exhalaison: *aspirer une bouffée de tabac* ▸ **baforada 2** Souffle rapide et passager: *bouffée d'air frais* ▸ **baforada 3** FIG Accès brusque, fugitif: *bouffée de chaleur* ▸ **acesso**

bouffer *vi* Se gonfler, prendre un certain volume ▸ **estufar** ♦ *vt et vi* FAM Manger ▸ **comer**

bouffi, e *adj* Boursouflé, gonflé: *des yeux bouffis* ▸ **inchado** ■ FIG **bouffi d'orgueil:** d'une grande vanité ▸ **inchado**

bouffir *vt et vi* Enfler, devenir enflé ▸ **inchar**

bouffissure *nf* Enflure ▸ **inchaço**

bouffon[1] *nm* **1** Personnage de farce ▸ **bufão 2** Personnage grotesque qui amusait les rois par ses facéties ▸ **bobo**

bouffon[2]**, onne** *adj* Plaisant, facétieux ▸ **farsesco**

bouffonnerie *nf* Plaisanterie, facétie grossière ▸ **bufonaria**

bougainvillée *nf* ou **bougainvillier** *nm* Plante grimpante aux bractées violettes ▸ **primavera**

bouge *nm* **1** Taudis ▸ **espelunca 2** Café, bar mal fréquenté ▸ **espelunca 3** Partie la plus renflée d'un tonneau ▸ **bojo**

bougeoir *nm* Support bas où l'on pose une bougie ▸ **castiçal**

bougeotte *nf* ■ FAM **avoir la bougeotte:** la manie de bouger ▸ **ter bicho-carpinteiro**

bouger *vi (conj 2)* **1** Se mouvoir: *elle bouge sans arrêt* ▸ **mexer-se 2** Changer de lieu: *je n'ai pas bougé de la journée* ▸ **mover-se 3** Changer, se modifier: *ce tissu ne bouge pas au lavage* ▸ **mudar, deformar 4** Passer à l'action: *les mécontents commencent à bouger* ▸ **movimentar-se** ♦ *vt* Déplacer: *bouger une table* ▸ **mover** ♦ **se bouger** *vpr* FAM Agir: *il serait temps de se bouger!* ▸ **mexer-se**

bougie *nf* **1** Chandelle de cire, à mèche tressée ▸ **vela 2** AUTOM Organe d'allumage d'un moteur ▸ **vela de ignição**

bougnat *nm* VIEILLI, FAM Marchand de charbon ▸ **carvoeiro**

bougon, onne *adj et n* Grognon, de mauvaise humeur ▸ **resmungão**

bougonnement *nm* Action de bougonner ▸ **resmungo**

bougonner *vi* Murmurer, gronder entre ses dents ▸ **resmungar**

bougre, esse *n* VIEILLI, FAM Gaillard ▸ **cara** ♦ *nm* ■ FAM **c'est un bon bougre** ou **ce n'est pas un mauvais bougre:** c'est un brave type ▸ **é um bom sujeito**

bougrement *adv* FAM Beaucoup ▸ **tremendamente**

boui-boui (pl *bouis-bouis*) *nm* FAM Café, restaurant médiocre ▸ **baiuca**

bouillabaisse *nf* Plat provençal, composé de poissons cuits dans de l'eau ou du vin blanc et assaisonnés ▸ ***bouillabaisse***

bouillant, e *adj* **1** Qui bout: *eau bouillante* ▸ **fervente 2** Qui est brûlant: *café bouillant* ▸ **fervente 3** FIG Vif, ardent: *un caractère bouillant* ▸ **fervente**

bouille *nf* FAM Tête, figure ▸ **cara**

bouilleur *nm* Distillateur d'eau-de-vie ▸ **destilador ▪ bouilleur de cru:** propriétaire qui distille les produits de sa récolte ▸ **produtor de vinho**

bouilli *nm* Viande cuite dans l'eau pour faire du bouillon: *bouilli de bœuf* ▸ **cozido**

bouillie *nf* **1** Aliment composé de lait et de farine bouillis ensemble ▸ **mingau 2** Pâte liquide ▸ **papa ▪ en bouillie:** écrasé ▸ **esmagado**

bouillir *vi (conj 31)* **1** Être en ébullition: *l'eau bout à 100 °C* ▸ **ferver 2** Plonger dans un liquide qui bout: *faire bouillir des légumes* ▸ **ferver ▪ bouillir de colère, d'impatience:** être animé d'une violente colère, d'une grande impatience ▸ **espumar de raiva, ferver de impaciência □ faire bouillir quelqu'un:** provoquer son irritation, son impatience, l'exaspérer ▸ **enervar alguém**

CONJUGAISON Au futur, on dit: *l'eau bouillira*, et au subjonctif: *il faut que l'eau bouille*

bouilloire *nf* Récipient en métal pour faire bouillir de l'eau ▸ **chaleira**

bouillon *nm* **1** Potage obtenu en faisant bouillir dans l'eau de la viande, des légumes ▸ **caldo 2** Bulle à la surface d'un liquide bouillant: *cuire à gros bouillons* ▸ **borbulha 3** Flot tumultueux d'un liquide s'échappant avec force ▸ **borbotão 4** Pli bouffant d'une étoffe ▸ **tufo 5** Ensemble des exemplaires invendus d'un journal ▸ **encalhe ▪** FAM **boire un bouillon: (a)** avaler de l'eau en nageant ▸ **engolir um peixinho (b)** FIG perdre beaucoup d'argent dans une affaire ▸ **ter prejuízo □ bouillon de culture: (a)** liquide préparé comme milieu de culture biologique ▸ **meio de cultura (b)** FIG milieu favorable à quelque chose ▸ **caldo de cultura**

bouillonnant, e *adj* Qui bouillonne ▸ **fervilhante**

bouillonnement *nm* **1** État d'un liquide qui bouillonne ▸ **fervura 2** FIG Agitation, effervescence ▸ **efervescência**

bouillonner *vi* **1** Former des bouillons: *torrent qui bouillonne* ▸ **borbulhar 2** FIG S'agiter vivement ou être animé d'un violent sentiment: *esprits qui bouillonnent; bouillonner d'impatience* ▸ **fervilhar**

bouillotte *nf* **1** Récipient que l'on remplit d'eau bouillante pour se réchauffer ▸ **bolsa de água quente 2** VIEILLI Petite bouilloire ▸ **chaleira**

boulange *nf* FAM Métier de boulanger ▸ **panificação**

boulanger[1] *vt et vi (conj 2)* Pétrir du pain et le cuire ▸ **panificar**

boulanger[2]**, ère** *n* Personne qui fait et vend du pain ▸ **padeiro**

boulangerie *nf* **1** Fabrication du pain ▸ **panifício 2** Boutique du boulanger ▸ **padaria**

boule *nf* **1** Objet sphérique: *boule de billard; boule de neige* ▸ **bola 2** FAM Tête ▸ **bola ▪** FIG **faire boule de neige:** grossir continuellement ▸ **virar uma bola de neve □** FAM **se mettre en boule:** se mettre en colère ▸ **ficar fulo □** FAM **perdre la boule: (a)** s'affoler ▸ **perder a cabeça (b)** devenir fou ▸ **pirar ◆ boules** *pl* Jeu qui se joue avec des boules (pétanque, boule lyonnaise, etc.) ▸ **bocha, petanca ▪** TRÈS FAM **avoir les boules:** être angoissé, déprimé ou exaspéré ▸ **estar nervoso**

bouleau *nm* Arbre à écorce blanche; bois de cet arbre ▸ **bétula**

boule-de-neige (pl *boules-de-neige*) *nf* Forme cultivée d'obier à fleurs blanches ou verdâtres groupées en boules ▸ **bola-de-neve**

bouledogue *nm* Petit dogue à mâchoires proéminentes ▸ **buldogue**

bouler *vi* ▸ **rolar ▪** FAM **envoyer bouler:** envoyer promener, repousser ▸ **mandar passear**

boulet *nm* **1** Projectile sphérique de pierre ou de métal dont on chargeait les canons ▸ **bala 2** Boule fixée à une chaîne qu'on attachait au pied des forçats ▸ **bola de ferro 3** FIG Personne, chose qui est une charge, une contrainte ▸ **fardo 4** Jointure de la jambe du cheval au-dessus du paturon ▸ **boleto 5** Aggloméré de charbon, de forme ovoïde ▸ **bolas ▪ comme un boulet de canon:** très vite ▸ **como um raio □ tirer à boulets rouges sur quelqu'un:** l'attaquer très violemment ▸ **cair de pau em cima de alguém**

boulette *nf* **1** Petite boule de pain, de papier, de chair hachée ▸ **bolinha 2** FIG, FAM bévue ▸ **tolice**

boulevard *nm* Large voie de circulation urbaine ▸ **bulevar ▪ théâtre de boulevard:** comédie légère où domine le vaudeville ▸ **teatro de bulevar □ les Grands Boulevards:** les boulevards qui vont de la place de la République à la place de la Madeleine, à Paris ▸ **os Grandes Bulevares**

boulevardier, ère *adj* Propre au théâtre de boulevard ▸ **bulevardeiro**

bouleversant, e *adj* Qui bouleverse ▸ **transtornador**

bouleversement *nm* Trouble violent, grand désordre ► **transtorno**

bouleverser *vt* **1** Mettre en grand désordre, introduire la confusion: *bouleverser des horaires* ► **transtornar 2** FIG Causer à quelqu'un une grande émotion ► **transtornar**

boulier *nm* Appareil comprenant des tiges de fer sur lesquelles sont enfilées des boules et qui sert à compter ► **ábaco**

boulimie *nf* **1** Besoin maladif d'absorber de grandes quantités de nourriture ► **bulimia 2** FIG Frénésie: *une boulimie de travail* ► **fome**

boulimique *adj et n* Atteint de boulimie ► **bulímico**

boulin *nm* Pièce de bois horizontale d'un échafaudage fixée dans la maçonnerie ► **travessa**

boulingrin *nm* Parterre de gazon limité par une bordure ► **canteiro gramado**

boulisme *nm* Pratique du jeu de boules ► **bocha, petanca**

bouliste *n* Joueur de boules ► **jogador de bocha, de petanca**

boulocher *vi* En parlant d'un lainage, former des petites boules pelucheuses à l'usage ► **ficar com bolinhas**

boulodrome *nm* Lieu spécialement aménagé pour le jeu de boules ► **cancha**

boulon *nm* Ensemble constitué par une vis et par l'écrou qui s'y adapte ► **conjunto de parafuso e porca**

boulonner *vt* Fixer avec un boulon ► **aparafusar** ♦ *vi* FAM Travailler beaucoup ► **ralar**

boulot[1] *nm* FAM Travail ► **trampo ■ petit boulot:** emploi précaire et mal payé: *elle ne vit que de petits boulots* ► **bico**

boulot[2], **otte** *adj et n* FAM Gros et petit ► **gorducho**

boum[1] *interj et nm* Indique un bruit sonore ► **bum**

boum[2] *nf* FAM Après-midi ou soirée dansante ► **matinê**

bouquet *nm* **1** Assemblage de fleurs, d'herbes aromatiques ► **buquê 2** FIG Parfum agréable du vin ► **buquê 3** Pièce qui termine un feu d'artifice ► **girândola 4** Grosse crevette rose ► **camarão ■ bouquet d'arbres:** très petit bois ► **bosquezinho □ bouquet de programmes:** ensemble des programmes de télévision diffusés par un satellite de radiodiffusion directe ► **pacote de programas □ bouquet garni:** assortiment d'herbes aromatiques servant en cuisine ► ***bouquet garni*** □ FAM **c'est le bouquet!:** c'est le comble! ► **é o cúmulo!**

bouqueté, e *adj* Se dit d'un vin qui a du bouquet ► **com buquê**

bouquetière *nf* Personne qui vend des fleurs dans les cabarets, les restaurants, etc. ► **florista**

bouquetin *nm* Chèvre sauvage des montagnes, à longues cornes ► **cabrito-montês**

bouquin *nm* **1** Vieux bouc ► **bode velho 2** Lièvre ou lapin mâle ► **lebrão, coelho 3** FAM Livre ► **livro**

bouquiner *vi et vt* FAM Lire ► **ler**

bouquiniste *n* Vendeur de livres d'occasion ► **buquinista**

bourbe *nf* Amas de boue ► **lodo**

bourbeux, euse *adj* Plein de bourbe ou de boue ► **lodoso**

bourbier *nm* **1** Lieu creux plein de boue ► **lodaçal 2** FIG Situation difficile: *sortir d'un bourbier* ► **atoleiro**

bourbillon *nm* Pus épais et blanc, au centre d'un furoncle ► **carnicão**

bourbon *nm* Whisky à base de maïs fabriqué aux États-Unis ► ***bourbon***

bourbonien, enne *adj* Des Bourbons ► **dos Bourbon, bourbonista ■ nez bourbonien:** arqué ► **nariz aquilino**

bourdaine *nf* Arbuste dont les tiges sont utilisées en vannerie et dont l'écorce est laxative ► **amieiro-negro**

bourde *nf* FAM Erreur grossière, bévue: *commettre une bourde* ► **erro crasso**

bourdon *nm* **1** Insecte à corps gros et velu, voisin de l'abeille ► **mamangaba 2** Grosse cloche à son grave: *sonner le bourdon* ► **bordão 3** Bâton de pèlerin ► **bordão 4** Un des jeux de l'orgue, qui fait la basse ► **bordão ■ faux bourdon:** mâle des abeilles ► **zangão** □ FAM **avoir le bourdon:** être triste, déprimé ► **estar na fossa**

bourdonnant, e *adj* Qui bourdonne ► **zumbidor**

bourdonnement *nm* **1** Bruit que fait le vol des insectes, etc. ► **zumbido 2** Bruit sourd et confus ► **burburinho 3** Sensation d'un son grave qui ne provient pas d'un bruit extérieur: *bourdonnement d'oreille* ► **zumbido**

bourdonner *vi* Faire entendre un bruit sourd et continu: *une mouche qui bourdonne; avoir les oreilles qui bourdonnent* ► **zumbir**

bourg [bur] *nm* Gros village ► **burgo, vila**

bourgade *nf* Petit bourg ► **vilarejo**

bourgeois, e *n* Personne qui appartient à la bourgeoisie ► **burguês** ♦ *adj* **1** Propre aux bourgeois: *préjugés bourgeois; éducation bourgeoise* ► **burguês 2** Conformiste: *attitude bourgeoise* ► **burguês 3** Qui témoigne d'une certaine aisance matérielle: *un immeuble bourgeois* ▸ **burguês** ▪ **cuisine bourgeoise:** simple et de bon goût ▸ **comida caseira**

bourgeoisement *adv* D'une manière bourgeoise ▸ **burguesmente**

bourgeoisie *nf* Catégorie sociale comprenant les personnes relativement aisées qui n'exercent pas un métier manuel ▸ **burguesia**

bourgeon *nm* Petit renflement de la tige d'une plante qui, en se développant, donnera des feuilles ou des fleurs ▸ **botão, broto**

bourgeonnement *nm* Développement des bourgeons ▸ **brotamento**

bourgeonner *vi* **1** En parlant d'une plante, produire des bourgeons ▸ **brotar 2** FIG En parlant de la peau, se couvrir de boutons ▸ **encher-se de espinhas**

bourgmestre [burgmɛstr] *nm* Nom donné au maire dans certains pays (Belgique, Suisse) ▸ **burgomestre**

bourgogne *nm* Vin de Bourgogne ▸ **borgonha**

bourgueil *nm* Vin rouge de Touraine ▸ ***bourgueil***

bourguignon, onne *adj et n* De la Bourgogne: *les Bourguignons* ▸ **borgonhês** ▪ **bœuf bourguignon:** ragoût de bœuf aux oignons et au vin rouge ▸ ***boeuf bourguignon***

bourlinguer *vi* **1** MAR En parlant d'un navire, rouler bord sur bord par grosse mer ▸ **navegar com dificuldade 2** FAM Mener une vie d'aventures, voyager beaucoup ▸ **correr mundo**

bourlingueur, euse *n et adj* FAM Personne qui bourlingue ▸ **aventureiro**

bourrache *nf* Plante à larges fleurs bleues, utilisée comme diurétique; tisane préparée avec cette plante ▸ **borragem, chá de borragens**

bourrade *nf* Coup brusque ▸ **pancada**

bourrage *nm* Action de bourrer ▸ **enchimento** ▪ FAM **bourrage de crâne:** propagande intensive ▸ **lavagem cerebral**

bourrasque *nf* Coup de vent violent ▸ **borrasca**

bourrasser *vt* CANADA Rudoyer, malmener ▸ **maltratar**

bourratif, ive *adj* Qui alourdit l'estomac ▸ **pesado**

bourre *nf* **1** Amas de poils, de déchets de tissus qui servent à garnir des meubles, des objets, à boucher des trous, etc. ▸ **estofo 2** Ce qu'on met par-dessus la charge des armes à feu pour la maintenir ▸ **bucha 3** Partie grossière de la soie, de la laine ▸ **borra** ▪ FAM **être à la bourre:** en retard ▸ **estar atrasado**

bourré, e *adj* FAM **1** Trop plein, comble ▸ **abarrotado 2** Ivre ▸ **bêbado**

bourreau *nm* **1** Personne chargée d'exécuter les condamnés à mort ▸ **carrasco 2** FIG Homme cruel ▸ **carrasco** ▪ FIG **bourreau de travail:** personne qui travaille beaucoup ▸ **burro de carga**

bourrée *nf* Danse d'Auvergne ▸ ***bourrée***

bourrelé, e *adj* ▸ **atormentado** ▪ **bourrelé de remords:** torturé par le remords ▸ **atormentado pelo remorso**

bourrelet *nm* **1** Bande de feutre, de caoutchouc, etc., qui sert à obstruer une ouverture ou à amortir un choc ▸ **protetor, vedante 2** FAM Renflement adipeux: *bourrelets de chair* ▸ **refego**

bourrelier *nm* Fabricant, marchand de harnais et de divers articles de cuir ▸ **correeiro, seleiro**

bourrellerie *nf* Métier et commerce de bourrelier ▸ **correaria, selaria**

bourrer *vt* **1** Garnir de bourre ▸ **encher, estofar 2** Remplir en tassant ▸ **encher 3** FAM Gaver ▸ **empanturrar 4** Surcharger: *bourrer de travail* ▸ **cumular** ▪ **bourrer de coups:** frapper à coups répétés ▸ **encher de pancada** □ **bourrer le crâne: (a)** intoxiquer de propagande ▸ **fazer lavagem cerebral (b)** en faire accroire ▸ **encher a cabeça** ♦ **se bourrer** *vpr* **1** FAM Manger avec excès ▸ **empanturrar-se 2** S'enivrer ▸ **embebedar-se**

bourriche *nf* Panier pour expédier du gibier, du poisson, des huîtres; son contenu ▸ **canastra**

bourricot *nm* Petit âne ▸ **jumento**

bourrin *nm* FAM Cheval ▸ **cavalo**

bourrique *nf* **1** Âne, ânesse ▸ **burrico 2** FIG, FAM Personne têtue, stupide ▸ **jumento**

bourru, e *adj* D'un abord rude et renfrogné ▸ **rude** ▪ **vin bourru:** vin blanc nouveau ▸ **vinho branco novo**

bourse *nf* **1** Petit sac pour mettre l'argent, de petits objets ▸ **bolsa 2** FIG L'argent qu'on y met ▸ **dinheiro 3** Pension accordée pour des études: *bourse de licence* ▸ **bolsa** ▪ **sans bourse délier:** sans donner d'argent ▸ **sem abrir a bolsa** ♦ **bourses** *nf pl* Scrotum ▸ **escroto**

Bourse *nf* **1** Lieu, édifice où se font les opérations financières sur les valeurs publiques; marché de ces valeurs ▸ **bolsa 2** Milieu des boursiers ▸ **bolsa** ▪ **Bourse du travail:** lieu de réunion des syndicats ouvriers ▸ **central sindical**

boursicoter *vi* FAM Faire de petites opérations de Bourse ▸ **fazer pequenas operações na bolsa**

boursicoteur, euse *n* FAM Personne qui boursicote ▸ **pequeno bolsista**

boursier[1], ère *n* Étudiant, élève qui bénéficie d'une bourse ▸ **bolsista**

boursier[2], ère *n* Professionnel qui opère en Bourse ▸ **operador de pregão** ♦ *adj* Relatif à la Bourse ▸ **da bolsa**

boursouflé, e *adj* **1** Enflé, bouffi, gonflé ▸ **inchado** **2** FIG Vaniteux et emphatique: *style boursouflé* ▸ **empolado**

boursouflement *nm* État de ce qui est boursouflé ▸ **inchaço, empolamento**

boursoufler *vt* Distendre, gonfler ▸ **inchar**

ORTHOGRAPHE *Boursoufler* s'écrit avec un seul *f*, à la différence de *souffler*

boursouflure *nf* **1** Enflure ▸ **inchaço** **2** Emphase, grandiloquence ▸ **empolamento**

bousculade *nf* **1** Désordre d'une foule où l'on se bouscule ▸ **atropelo** **2** Hâte, précipitation ▸ **pressa**

bousculer *vt* **1** Pousser en tous sens ▸ **atropelar, empurrar** **2** FIG, FAM presser: *ne me bousculez pas* ▸ **apressar** **3** FIG Apporter un changement complet dans: *bousculer les idées reçues* ▸ **abalar** ◆ **se bousculer** *vpr* **1** Se presser et s'agiter en se poussant les uns les autres ▸ **empurrar-se** **2** FIG Se succéder de façon désordonnée: *mes idées se bousculent* ▸ **atropelar-se**

bouse *nf* Fiente des bovins ▸ **bosta**

bousier *nm* Insecte qui façonne des boulettes de bouse pour la nourriture de ses larves ▸ **escaravelho**

bousiller *vt* FAM **1** Endommager gravement: *bousiller sa voiture* ▸ **arrebentar** **2** Exécuter très mal, bâcler: *bousiller un travail* ▸ **atamancar**

boussole *nf* Cadran dont l'aiguille, aimantée, se tourne toujours vers le nord ▸ **bússola** ■ FAM **perdre la boussole:** perdre la tête, s'affoler ▸ **perder o norte**

bout *nm* **1** Extrémité: *bout d'un bâton* ▸ **ponta** **2** Fin: *voir le bout d'un travail* ▸ **fim** **3** Fragment, morceau: *bout de papier, de gâteau* ▸ **pedaço** **4** MAR Cordage (dans ce sens, se prononce [but]) ▸ **cabo** ■ **bout de:** petite partie de: *un bout de jardin* ▸ **um pedacinho de** □ **à bout portant:** à très courte distance ▸ **à queima-roupa** □ **à tout bout de champ:** à tout propos ▸ **a toda hora** □ **au bout de:** après une durée de: *au bout de cinq minutes* ▸ **depois de** □ **au bout du compte:** en définitive ▸ **no final das contas** □ **bout à bout:** l'un à la suite de l'autre ▸ **seguidos** □ CIN **bout d'essai:** courte scène permettant de connaître les aptitudes d'un acteur avant son engagement ▸ **teste de cena** □ **de bout en bout:** d'une extrémité à l'autre ▸ **de ponta a ponta** □ FAM **en connaître un bout:** être très compétent ▸ **entender do riscado** □ **être à bout: (a)** être épuisé ▸ **estar esgotado (b)** être exaspéré ▸ **não aguentar mais** □ **être à bout de quelque chose:** ne plus en avoir: *être à bout d'arguments, de forces* ▸ **estar sem** □ **pousser à bout:** faire perdre patience ▸ **dar nos nervos** □ FAM **tenir le bon bout:** être dans une bonne situation pour réussir ▸ **estar com a faca e o queijo na mão** □ **venir à bout de:** triompher de quelqu'un, terminer quelque chose ▸ **vencer**

boutade *nf* Mot d'esprit, propos paradoxal ▸ ***boutade*, chiste**

bout-dehors (pl *bouts-dehors*) *nm* MAR Pièce de mâture ajoutée à une vergue pour porter une voile ▸ **botaló**

boute-en-train *nm inv* Personne qui met les autres en train, en gaieté ▸ **animador**

bouteille *nf* **1** Récipient à goulot étroit, destiné aux liquides; son contenu ▸ **garrafa** **2** Récipient métallique, de forme plus ou moins allongée: *bouteille d'oxygène, de gaz* ▸ **cilindro** ■ FAM **avoir, prendre de la bouteille:** être vieux, vieillir ▸ **envelhecer** □ FAM **c'est la bouteille à l'encre:** une situation confuse, embrouillée ▸ **é um imbróglio**

bouter *vt* ▸ **pôr** ■ BELGIQUE, SUISSE **bouter le feu:** Mettre le feu, incendier ▸ **pôr fogo**

boutique *nf* Magasin où se tient un commerce: *boutique de luxe* ▸ **butique, loja** ■ FAM **parler boutique:** s'entretenir de sujets professionnels ▸ **falar de trabalho**

boutoir *nm* Groin de sanglier ▸ **focinho do javali** ■ **coup de boutoir: (a)** choc violent ▸ **embate (b)** FIG propos brusque et blessant ▸ **invectiva**

bouton *nm* **1** Petite pièce pour attacher les vêtements: *fermer les boutons de sa robe* ▸ **botão** **2** Petite pustule sur la peau: *bouton de fièvre* ▸ **espinha** **3** Pousse, bourgeon à fleurs: *bouton de rose* ▸ **botão** **4** Ce qui a la forme d'un bouton: *bouton de fleuret, de porte* ▸ **botão** **5** Interrupteur d'un appareil électrique, d'une sonnerie, etc.: *bouton de l'ascenseur* ▸ **botão**

bouton-d'or (pl *boutons-d'or*) *nm* Renoncule jaune ▸ **botão-de-ouro**

boutonnage *nm* **1** Action de fermer avec des boutons ▸ **abotoamento** **2** Manière dont un vêtement se boutonne ▸ **abotoamento**

boutonner *vt* Fermer par des boutons ▸ **abotoar**

boutonneux, euse *adj* Qui a des boutons sur la peau ▸ **espinhento**

boutonnière *nf* Fente faite à un vêtement pour passer le bouton ▸ **botoeira, casa**

bouton-pression (pl *boutons-pression*) *nm* ou **pression** *nf* Petit bouton qui s'emboîte par pression dans un œillet métallique ▸ **botão de pressão**

bout-rimé (pl *bouts-rimés*) *nm* Pièce de vers faite sur des rimes imposées ▸ **poesia de rimas forçadas**

bouturage *nm* Multiplication des végétaux par bouture ▸ **multiplicação por estacas**
bouture *nf* Fragment d'un végétal, détaché artificiellement ou naturellement, et susceptible de s'enraciner ▸ **estaca, tanchão**
bouturer *vt* Reproduire par boutures ▸ **tanchar**
bouvet *nm* Rabot servant à faire des rainures ▸ **guilherme**
bouvier, ère *n* Personne qui garde les bœufs ▸ **boiadeiro**
bouvreuil *nm* Passereau à tête et ailes noires, à dos gris et ventre rose ▸ **dom-fafe**
bovidé *nm* Mammifère ruminant aux cornes creuses (les bovidés forment une famille) ▸ **bovídeo**
bovin, e *adj et nm* De l'espèce du bœuf ▸ **bovino**
bowling [buliŋ] *nm* Jeu de quilles d'origine américaine; lieu où l'on y joue ▸ **boliche**
bow-window [bowindo] (pl *bow-windows*) *nm* Fenêtre en saillie sur une façade ▸ ***bow-window***
box (pl *boxes* ou inv) *nm* **1** Dans une écurie, logement pour un seul cheval ▸ **baia, boxe** **2** Compartiment fermé d'une salle commune (dortoir, prétoire, etc.): *le box des accusés* ▸ **boxe** **3** Dans un parking, place de stationnement individuelle et fermée; (recommandation officielle: *stalle*) ▸ **boxe**
boxe *nf* Sport de combat où les deux adversaires s'affrontent à coups de poing ▸ **boxe**
boxer[1] *vi* Pratiquer la boxe ▸ **boxear** ♦ *vt* FAM Frapper à coups de poing ▸ **boxear**
boxer[2] [bɔksɛr] *nm* Chien de garde, voisin du bouledogue ▸ **bóxer**
boxeur *nm* Personne qui pratique la boxe ▸ **boxeador**
box-office (pl *box-offices*) *nm* Cote de succès d'un spectacle, d'un acteur, etc., calculée en fonction des recettes qu'il génère ▸ **bilheteria**
boy [bɔj] *nm* Dans les pays autrefois colonisés, domestique indigène ▸ **criado indígena**
boyard *nm* ANC Noble de haut rang dans les pays slaves ▸ **boiardo**
boyau [bwajo] *nm* **1** Intestin d'un animal ▸ **tripa** **2** Conduit de cuir, de toile, de caoutchouc, etc.: *boyau de pompe* ▸ **mangueira** **3** Corde faite avec l'intestin de certains animaux: *boyaux de raquette* ▸ **tripa, corda** **4** FIG Passage, chemin étroit ▸ **vereda** **5** MIL Tranchée enterrée, reliant les ouvrages des assiégeants ▸ **galeria**
boycottage [bɔjkɔtaʒ] ou **boycott** [bɔjkɔt] *nm* Cessation volontaire de toutes relations avec un individu, une entreprise, une nation ▸ **boicote**
boycotter [bɔjkɔte] *vt* Pratiquer le boycottage de ▸ **boicotar**
boy-scout [bɔjskut] (pl *boy-scouts*) *nm* VIEILLI Scout ▸ **escoteiro**
BP *nf* (sigle) Boîte postale ▸ **Ø**
brabançon, onne *adj et n* Du Brabant: *les Brabançons* ▸ **brabanção**
bracelet *nm* Bijou, lanière, pièce de cuir ou d'étoffe en forme d'anneau que l'on porte au poignet: *bracelet de montre* ▸ **pulseira**
bracelet-montre (pl *bracelets-montres*) *nm* Montre portée au poignet (on dit aussi: *montre-bracelet*) ▸ **relógio de pulso**
brachial, e, aux [brakjal, o] *adj* ANAT Relatif au bras ▸ **braquial**
braconnage *nm* Action de braconner ▸ **caça, pesca ilegal**
braconner *vi* Chasser ou pêcher sans permis ou à une époque interdite, avec des engins prohibés, en des endroits réservés ▸ **caçar, pescar ilegalmente**
braconnier *nm* Personne qui braconne ▸ **caçador, pescador clandestino, ilegal**
bractée *nf* Petite feuille différente des autres, à la base de la tige d'une fleur ▸ **bráctea**
brader *vt* FAM Vendre à très bas prix, liquider ▸ **liquidar**
braderie *nf* Liquidation de marchandises à bas prix par les commerçants ▸ **liquidação**
bradeur, euse *n* Personne qui se débarrasse à bas prix de quelque chose ▸ **liquidador**
braguette *nf* Ouverture sur le devant d'un pantalon ▸ **braguilha**
brahmane *nm* Membre de la caste sacerdotale, la première des castes, en Inde ▸ **brâmane**
brahmanique *adj* Relatif au brahmanisme: *caste brahmanique* ▸ **bramânico**
brahmanisme *nm* Système religieux, en Inde, auquel est liée une organisation sociale reposant sur une division en castes héréditaires ▸ **bramanismo**
braies *nf pl* Pantalon ample des Gaulois ▸ **braga**
braillard, e *adj et n* Qui braille ▸ **berrador**
braille *nm* Écriture en relief à l'usage des aveugles ▸ **braile**
braillement *nm* Cris, pleurs assourdissants ▸ **berreiro**
brailler *vt et vi* FAM **1** Parler, crier de façon assourdissante ▸ **berrar** **2** Chanter mal et fort ▸ **zangarrear**
braiment *nm* Cri de l'âne ▸ **zurro**
brainstorming [brɛnstɔrmiŋ] *nm* (anglicisme) Recherche collective d'idées originales sur un su-

jet donné, au cours de laquelle chacun dit ce qui lui vient à l'esprit; (recommandation officielle: *remue-méninges*) ▸ ***brainstorming***

brain-trust [brɛntrœst] (pl *brain-trusts*) *nm* Équipe d'experts, de techniciens chargés d'élaborer des projets ▸ **consultoria**

braire *vi (conj 79; seulement à l'indicatif présent et à l'infinitif)* Crier, en parlant de l'âne ▸ **zurrar**

braise *nf* Résidu, ardent ou éteint, de la combustion du bois ▸ **brasa**

braiser *vt* Faire cuire à feu doux, sans évaporation ▸ **abafar**

brame ou **bramement** *nm* Cri du cerf ▸ **bramido**

bramer *vi* Crier, en parlant du cerf ▸ **bramir**

bran *nm* Partie grossière du son ▸ **rolão**

brancard *nm* **1** Civière pour porter des malades, des blessés, etc. ▸ **maca, padiola 2** Chacun des deux bâtons de bois entre lesquels on attelle le cheval ▸ **varal** ▪ FIG **ruer dans les brancards:** se rebiffer ▸ **rebelar-se**

brancardier *nm* Porteur de civière ▸ **padioleiro**

branchage *nm* Ensemble des branches d'un arbre ▸ **rama** ◆ **branchages** *pl* Branches coupées ▸ **ramos cortados**

branche *nf* **1** Ramification des tiges d'un arbre ou d'un arbuste ▸ **ramo, galho 2** PAR EXT Division d'un élément principal: *branche d'un chandelier* ▸ **ramo, braço 3** Élément mobile effilé de certains objets articulés: *branche de lunettes* ▸ **haste 4** Activité particulière, spécialité: *dans quelle branche travaille-t-il?* ▸ **ramo** ▪ **scier la branche sur laquelle on est assis:** compromettre sa propre situation par des actions inconsidérées ▸ **cavar a própria sepultura**

branché, e *adj et n* FAM Au courant, dans le coup, à la mode ▸ **antenado**

branchement *nm* **1** Action de brancher ▸ **conexão, ligação 2** Tuyau secondaire aboutissant au tuyau principal ▸ **ramal**

brancher *vt* **1** Rattacher à une canalisation, à une conduite, à un circuit ▸ **conectar 2** Mettre quelque chose en relation avec une installation ou un circuit afin de le faire fonctionner: *brancher un poste de télévision* ▸ **ligar** ▪ FAM **ça me branche:** ça m'intéresse, ça me plaît ▸ **isso me interessa**

branchial, e, aux *adj* Des branchies ▸ **branquial**

branchies *nf pl* Organes respiratoires des poissons; ouïes ▸ **brânquias**

brandade *nf* Préparation de morue à la provençale ▸ ***brandade***

brandebourg *nm* Passementerie, galon à dessins variés ▸ **passamane**

brandir *vt* **1** Lever une arme d'un geste menaçant ▸ **brandir 2** Agiter en l'air: *brandir un drapeau* ▸ **brandir 3** FIG Agiter la menace de: *brandir la loi* ▸ **brandir**

brandon *nm* Débris enflammé ▸ **archote** ▪ FIG **brandon de discorde:** source de la discorde ▸ **pomo da discórdia**

brandy *nm* Eau-de-vie, en Angleterre ▸ ***brandy***

branlant, e *adj* Qui branle ▸ **oscilante**

branle *nm* Mouvement d'oscillation, de va-et-vient ▸ **oscilação** ▪ FIG **mettre en branle:** donner l'impulsion initiale ▸ **pôr em movimento**

branle-bas *nm inv* ▪ **branle-bas de combat:** (a) préparatifs de combat à bord d'un vaisseau ▸ **preparativos para o combate (b)** FIG grande agitation, désordre qui précède une action ▸ **balbúrdia**

branler *vi* Chanceler, osciller, vaciller: *une chaise qui branle* ▸ **balançar** ▪ FIG, FAM **branler dans le manche:** être en mauvaise posture ▸ **estar mal das pernas** ◆ *vt* ▪ **branler la tête:** la remuer ▸ **menear a cabeça**

braquage *nm* **1** Action de braquer ▸ **esterçamento 2** FAM Attaque à main armée ▸ **assalto à mão armada**

braque *nm* Chien de chasse à poil ras ▸ **braco**

braquer *vt* **1** Diriger sur un objectif: *braquer un fusil* ▸ **apontar 2** AUTOM Orienter les roues directrices d'une voiture pour virer ▸ **esterçar 3** FAM Menacer d'une arme à feu ▸ **apontar 4** Provoquer chez quelqu'un une attitude de rejet ▸ **indispor** ◆ *vi* Tourner: *une voiture qui braque bien* ▸ **esterçar** ◆ **se braquer** *vpr* Avoir une attitude de rejet systématique: *se braquer contre un projet* ▸ **repugnar**

braquet *nm* Rapport de démultiplication entre le pédalier et le pignon d'une bicyclette ▸ **relação**

bras *nm* **1** Partie du membre supérieur de l'homme, entre l'épaule et le coude; PAR EXT le membre supérieur en entier ▸ **braço 2** Partie du membre antérieur du cheval entre le genou et l'épaule ▸ **braço 3** Chacune des deux parties d'un fauteuil sur lesquelles on repose les bras ▸ **braço 4** Tige qui transmet un mouvement: *bras de levier* ▸ **braço 5** Division d'un fleuve, d'une mer ▸ **braço 6** Personne qui fait un travail manuel: *l'agriculture manque de bras* ▸ **braço** ▪ **à bout de bras:** avec ses seules forces ▸ **sem nenhuma ajuda** □ **à bras raccourcis:** avec violence ▸ **com violência** □ **à tour de bras:** avec force ▸ **com toda a força** □ **avoir le bras long:** avoir de l'influence ▸ **ter muita influência** □ **avoir quelqu'un sur les bras:** l'avoir à sa charge ▸ **carregar alguém nas**

costas □ **baisser les bras:** abandonner ▸ **entregar os pontos** □ **bras cassé:** personne inutile, paresseuse ou incapable ▸ **inútil** □ **bras dessus, bras dessous:** en se donnant le bras ▸ **de braços dados** □ **le bras droit de quelqu'un:** son principal assistant ▸ **o braço direito de alguém** □ **bras de fer:** épreuve de force ▸ **queda de braço** □ **bras d'honneur:** geste obscène de mépris ▸ **banana** □ **les bras m'en tombent:** cela me stupéfie ▸ **estou de queixo caído** □ **couper bras et jambes:** ôter toute force ▸ **quebrar as pernas** □ **recevoir à bras ouverts:** accueillir avec joie ▸ **receber de braços abertos**

brasero [brazero] *nm* Récipient métallique rempli de braise, de charbon allumé ▸ **braseiro**

brasier *nm* **1** Feu incandescent ▸ **braseiro 2** Incendie, feu très violent ▸ **braseiro**

bras-le-corps (à) *loc adv* **1** Par le milieu du corps: *saisir quelqu'un à bras-le-corps* ▸ **pela cintura 2** FIG Énergiquement: *prendre un problème à bras-le-corps* ▸ **de frente**

brassage *nm* **1** Action de brasser ▸ **brassagem 2** FIG Mélange: *le brassage des peuples* ▸ **mistura, miscigenação**

brassard *nm* Bande d'étoffe, ruban que l'on porte au bras comme insigne ▸ **braçadeira**

brasse *nf* Manière de nager sur le ventre en portant simultanément les deux bras en avant ▸ **nado de peito** ▪ **brasse coulée:** brasse à temps d'expiration prolongé dans l'eau ▸ **deslize**

brassée *nf* Ce que peuvent contenir les deux bras: *une brassée de fleurs* ▸ **braçada**

brasser *vt* **1** Préparer la bière en mélangeant du malt avec l'eau ▸ **fabricar cerveja 2** Remuer, mêler ▸ **misturar** ▪ FIG **brasser des affaires:** en traiter beaucoup ▸ **ser um homem de negócios**

brasserie *nf* **1** Lieu où l'on brasse la bière ▸ **cervejaria 2** Établissement où l'on sert des boissons et des repas vite préparés ▸ ***brasserie***

brasseur, euse *n* Personne qui fait de la bière et la vend en gros ▸ **cervejeiro**

brassière *nf* **1** Vêtement de bébé fermé dans le dos ▸ **casaquinho 2** Soutien-gorge ou haut moulant s'enfilant par la tête ▸ **sutiã, *top***

brasure *nf* Soudure de deux morceaux de métal grâce à un métal plus fusible ▸ **solda**

bravache *nm et adj* Fanfaron, faux brave ▸ **faroleiro**

bravade *nf* Action ou parole de défi, de forfanterie ▸ **bravata**

brave *adj et n* **1** Vaillant, courageux: *homme brave* ▸ **corajoso 2** Honnête, bon: *brave homme* ▸ **bom**

bravement *adv* D'une manière brave ▸ **bravamente**

braver *vt* Défier, affronter ▸ **afrontar**

bravo *interj* Très bien! ▸ **bravo!** ◆ *nm* Cri d'approbation, applaudissement ▸ **bravo**

bravoure *nf* Vaillance, intrépidité ▸ **bravura**

break [brɛk] *nm* Voiture qui possède à l'arrière un hayon relevable et une banquette amovible sur un plancher plat ▸ **perua**

brebis *nf* Mouton femelle ▸ **ovelha** ▪ FIG **brebis galeuse:** personne dangereuse, indésirable ▸ **ovelha negra**

brèche *nf* **1** Ouverture faite dans un mur, une clôture, etc. ▸ **brecha 2** Brisure faite au tranchant d'une lame ▸ **boca** ▪ **être toujours sur la brèche:** en action ▸ **estar em plena atividade** □ **battre en brèche:** attaquer vivement ▸ **atacar**

bréchet *nm* Sternum des oiseaux ▸ **fúrcula**

bredouillage ou **bredouillement** ou **bredouillis** *nm* Action de bredouiller ▸ **atabalhoamento**

bredouille *adj* Qui a échoué, qui n'a rien pris: *rentrer bredouille* ▸ **de mãos abanando**

bredouiller *vi et vt* Parler d'une manière précipitée et peu distincte ▸ **falar atabalhoadamente**

bref[1] *nm* Lettre du pape, de moindre importance qu'une bulle et ne portant pas le sceau pontifical ▸ **breve**

bref[2], **ève** *adj* De courte durée ▸ **breve** ▪ **d'un ton bref:** d'une voix tranchante, brutale ▸ **com tom áspero** □ **pour être bref:** pour abréger ▸ **resumindo** ◆ *adv* Enfin, en un mot: *bref, c'est non* ▸ **em suma**

brelan *nm* Réunion de trois cartes semblables, au poker: *brelan d'as* ▸ **trinca**

breloque *nf* Petit bijou attaché à un bracelet ou à une chaîne ▸ **berloque**

brème *nf* Poisson d'eau douce ▸ **brema**

brésilien, enne *adj et n* Du Brésil: *les Brésiliens* ▸ **brasileiro**

bretelle *nf* **1** Courroie pour porter un fardeau, un fusil ▸ **correia 2** Bande de tissu retenant aux épaules certains vêtements ou sous-vêtements: *les bretelles d'un soutien-gorge* ▸ **alça, suspensório 3** Courte voie reliant entre eux deux itinéraires routiers importants: *une bretelle d'autoroute* ▸ **alça de acesso** ▪ FAM **remonter les bretelles à quelqu'un:** le rappeler à l'ordre, lui faire des reproches ▸ **chamar alguém na chincha**

breton, onne *adj et n* De Bretagne: *les Bretons* ▸ **bretão** ◆ *nm* Langue celtique parlée dans l'ouest de la Bretagne ▸ **bretão**

bretonnant, e *adj et n* Qui parle breton; qui a conservé les coutumes bretonnes ▸ **de língua, de tradição bretã**
bretzel [bredzɛl] *nm ou nf* Pâtisserie alsacienne salée ▸ ***pretzel***
breuvage *nm* LITT, PÉJOR Boisson ▸ **bebida**
brève *nf* **1** Voyelle ou syllabe dont la durée d'émission est courte ▸ **breve** **2** Courte information de dernière heure ou peu importante ▸ **nota**
brevet *nm* Diplôme délivré, après examen, par l'État et conférant certains droits: *brevet de pilote* ▸ **brevê, certificado** ▪ **brevet (d'invention):** titre protégeant une invention ou un procédé ▸ **patente** □ **brevet des collèges:** examen de fin de premier cycle du secondaire ▸ **exame final do ensino fundamental, *brevet des collèges***
breveté, e *adj et n* **1** Qui est titulaire d'un brevet ▸ **brevetado, diplomado** **2** Qui est garanti par un brevet: *invention brevetée* ▸ **patenteado**
breveter *vt (conj 8)* Protéger par un brevet: *breveter une invention* ▸ **patentear**
bréviaire *nm* Livre contenant les prières que les prêtres catholiques doivent lire chaque jour ▸ **breviário**
briard, e *adj et n* De la Brie ▸ **de Brie** ◆ *nm* Chien de berger, à poil long ▸ ***briard***
bribe *nf* (surtout au pluriel) Fragment d'un tout: *saisir des bribes d'une conversation* ▸ **fragmento**
bric-à-brac *nm inv* Amas d'objets disparates, vieux ou en mauvais état ▸ **bricabraque**
bric et de broc (de) *loc adv* Avec des éléments pris de tous côtés, au hasard ▸ **como uma colcha de retalhos**
brick[1] *nm* Voilier à deux mâts carrés ▸ **brigue**
brick[2] *nm* Galette tunisienne à base de blé dur, fourrée de thon, d'œuf, etc., et frite ▸ ***brick***
bricolage *nm* **1** Action de bricoler; son résultat ▸ **bricolagem** **2** Réparation provisoire ▸ **conserto provisório** **3** Travail vite et mal fait ▸ **acochambração**
bricole *nf* FAM Chose sans importance ou sans valeur ▸ **ninharia**
bricoler *vi* Faire des petits travaux d'installation, de réparation, chez soi ou à l'extérieur ▸ **fazer bricolagem** ◆ *vt* FAM Réparer avec des moyens de fortune ▸ **quebrar o galho**
bricoleur, euse *adj et n* Qui bricole ▸ **faz-tudo, quebra-galho**
bride *nf* **1** Partie du harnais du cheval qui sert à conduire celui-ci ▸ **rédea** **2** COUT Boutonnière en points de chaînette ▸ **presilha** **3** Lien de fer unissant deux pièces ▸ **manilha** ▪ **à bride abattue:** très vite ▸ **à rédea solta** □ **lâcher la bride à:** donner toute liberté à ▸ **soltar as rédeas de**
bridé, e *adj* ▪ **yeux bridés:** dont les paupières sont étirées en longueur ▸ **olhos puxados**
brider *vt* **1** Mettre la bride à un cheval ▸ **arrear** **2** Limiter la puissance d'un moteur, d'une machine ▸ **limitar** **3** Ficeler une volaille ▸ **amarrar** **4** FIG Contenir, réfréner: *brider son imagination* ▸ **bridar**
bridge *nm* **1** Jeu de cartes ▸ ***bridge*** **2** Appareil dentaire formant un pont entre deux dents ▸ **ponte**
bridger *vi (conj 2)* Jouer au bridge ▸ **jogar *bridge***
bridgeur, euse *n* Personne qui joue au bridge ▸ **bridgista**
brie *nm* Fromage de la Brie, à pâte molle ▸ ***brie***
briefer [brife] *vt* FAM Renseigner par un bref exposé ▸ **brifar**
briefing [brifiŋ] *nm* (anglicisme) Réunion d'information ▸ ***briefing***
brièvement *adv* En très peu de mots ▸ **brevemente**
brièveté *nf* Courte durée d'une action, d'un état ▸ **brevidade**
brigade *nf* **1** Unité militaire ▸ **brigada** **2** Corps de police spécialisé: *brigade des mineurs* ▸ **brigada** **3** Équipe d'ouvriers ▸ **brigada**
brigadier *nm* **1** Chef d'une brigade de gendarmerie ▸ **comandante** **2** Général de brigade ▸ **general de brigada** **3** Bâton pour frapper les trois coups au théâtre ▸ **bastão de Molière**
brigand *nm* **1** Personne qui vole et pille à main armée ▸ **assaltante** **2** VIEILLI Vaurien, bandit ▸ **malfeitor**
brigandage *nm* Acte de brigand ▸ **banditismo**
brigue *nf* LITT Manœuvre pour triompher d'un rival ▸ **estratagema**
briguer *vt* Chercher à obtenir: *briguer un poste, un honneur* ▸ **disputar**
brillamment *adv* Avec éclat ▸ **brilhantemente**
brillant, e *adj* **1** Qui brille par son éclat ▸ **brilhante** **2** FIG Qui brille par son intelligence ▸ **brilhante** ◆ *nm* **1** Éclat: *le brillant de l'or* ▸ **brilho** **2** Diamant taillé à facettes ▸ **brilhante**
brillantine *nf* Préparation parfumée pour donner du brillant aux cheveux ▸ **brilhantina**
briller *vi* **1** Émettre de la lumière: *le soleil brille* ▸ **brilhar** **2** Avoir de l'éclat: *ses yeux brillent de joie* ▸ **brilhar** **3** Se faire remarquer par une qualité particulière: *briller par son esprit* ▸ **brilhar**
brimade *nf* **1** Épreuve que les anciens imposent aux nouveaux dans certaines écoles, à l'armée, etc. ▸ **trote** **2** Mesure vexatoire et inutile ▸ **vexame**

brimbaler *vt et vi* → **bringuebaler**
brimborion *nm* FAM Objet sans valeur ▸ **porcaria**
brimé, e *adj* ■ **se sentir brimé:** éprouver un sentiment d'injustice, de frustration ▸ **sentir-se humilhado**
brimer *vt* Faire subir des brimades ▸ **trotar**
brin *nm* Petite partie d'une chose longue et mince; petite tige: *un brin de paille, d'herbe, de muguet* ▸ **fiapo, haste** ■ FAM **un brin de:** un peu de ▸ **uma pitada de** □ FAM **un beau brin de fille:** une fille grande et bien faite ▸ **um mulherão**
brindille *nf* Branche très mince et légère ▸ **râmulo**
bringue¹ *nf* ■ FAM **grande bringue:** fille grande et mince, dégingandée ▸ **pau de virar tripa**
bringue² *nf* ■ FAM **faire la bringue:** faire la fête ▸ **fazer farra**
bringuebaler ou **brinquebaler** ou **brimbaler** *vt et vi* FAM Secouer, être secoué de droite à gauche ▸ **sacolejar**
brio *nm* Virtuosité ▸ **brio**
brioche *nf* **1** Pâtisserie de pâte levée, souvent en forme de boule ▸ **brioche 2** FAM Gros ventre ▸ **pança**
brioché, e *adj* ■ **pain brioché:** qui a le goût et la consistance de la brioche ▸ **pão de leite**
brique *nf* **1** Matériau de construction à base d'argile, en forme de parallélépipède rectangle moulé et cuit au four ▸ **tijolo 2** Produit présenté sous la forme d'une brique: *brique de lait, de savon* ▸ **caixa, barra 3** FAM Un million de centimes ▸ **maço de dez mil francos** ◆ *adj inv* Rougeâtre ▸ **cor de tijolo**

ORTHOGRAPHE On écrit *un mur en brique* mais *un mur en briques creuses*

briquer *vt* FAM Nettoyer en frottant vigoureusement ▸ **esfregar**
briquet *nm* Petit appareil servant à produire du feu ▸ **isqueiro**
briqueterie *nf* Lieu où l'on fabrique des briques ▸ **olaria**
briquette *nf* Brique faite de tourbe ou de poussière de charbon ▸ **briquete**
bris *nm* DR Fracture d'une porte, d'une glace, etc.: *bris de clôture* ▸ **arrombamento**
brisant *nm* Rocher à fleur d'eau, sur lequel les vagues se brisent ▸ **escolho**
briscard ou **brisquard** *nm* FAM Homme astucieux et retors ▸ **malandro**
brise *nf* Petit vent frais et doux ▸ **brisa**
brisé, e *adj* Formé de droites ou de plans qui se coupent: *une ligne brisée* ▸ **entrecortado**
brisées *nf pl* ▸ **rasto** ■ LITT **aller sur les brisées de quelqu'un:** entrer en concurrence avec lui ▸ **rivalizar com alguém**
brise-glace *nm inv* Navire muni d'une étrave renforcée pour briser la glace ▸ **quebra-gelo**
brise-jet (pl *brise-jets* ou inv) *nm* Petit tuyau prolongeant un robinet d'eau pour modérer et régulariser le jet ▸ **extensor, quebra-jato, arejador**
brise-lames *nm inv* Digue en avant d'un port ▸ **quebra-mar**
brisement *nm* Action de briser, de se briser ▸ **despedaçamento**
brise-mottes *nm inv* Rouleau pour écraser les mottes de terre ▸ **destorroador**
briser *vt* **1** Rompre, mettre en pièces: *briser un vase* ▸ **quebrar, despedaçar 2** Détruire: *briser une résistance* ▸ **quebrar 3** Interrompre: *briser une discussion* ▸ **cortar** ■ **briser le cœur de quelqu'un:** lui causer une grande peine ▸ **cortar o coração de alguém** ◆ **se briser** *vpr* **1** Se casser ▸ **quebrar(-se) 2** Se diviser en heurtant un obstacle, en parlant des vagues ▸ **quebrar-se**
brise-tout *n inv* FAM Personne qui casse tout ce qu'elle touche ▸ **estabanado**
briseur, euse *n* ▸ **destruidor** ■ **briseur de grève:** Personne qui, dans une entreprise, travaille alors que les autres sont en grève ▸ **fura-greve**
brisquard *nm* → **briscard**
bristol *nm* **1** Carton fin ▸ **bristol 2** VIEILLI Carte de visite ▸ **cartão de visita**
brisure *nf* **1** LITT Fente, fêlure dans un objet brisé ▸ **rachadura 2** Endroit où un objet formé de deux parties est articulé: *brisure d'un volet* ▸ **junção**
britannique *adj et n* De Grande-Bretagne: *les Britanniques* ▸ **britânico**
broc [bro] *nm* Grand vase à anse et à bec ▸ **jarro**
brocante *nf* Commerce de brocanteur ▸ **brechó, bricabraque**
brocanteur, euse *n* Personne qui achète et revend des objets usagés, d'occasion ▸ **belchior, bricabraquista**
brocard *nm* **1** Chevreuil mâle ▸ **cabrito montês 2** LITT Raillerie offensante ▸ **escárnio**
brocarder *vt* LITT Railler ▸ **escarnecer**
brocart *nm* Étoffe brochée de soie, d'or ou d'argent ▸ **brocado**
brochage *nm* Action de brocher ▸ **brochagem**
broche *nf* **1** Bijou de femme muni d'une épingle ▸ **broche 2** Tige de fer sur laquelle on pique la viande pour la faire rôtir ▸ **espeto 3** Tige recevant les bobines des métiers à tisser ▸ **fuso 4** Tige d'une serrure, pénétrant dans le trou d'une clef ▸ **broca 5** CHIR Instrument pour maintenir les os

fractures ▸ **parafuso** ◆ **broches** *pl* VÉNER Défenses du sanglier ▸ **presas**

broché *nm* Procédé de tissage formant sur l'étoffe des dessins; étoffe ainsi tissée ▸ **brocado**

brocher *vt* **1** Passer des fils d'or, de soie, etc., dans une étoffe ▸ **tecer brocado 2** Plier, assembler, coudre et couvrir les feuilles d'un livre ▸ **brochar**

brochet *nm* Poisson d'eau douce qui peut atteindre **1** m de long ▸ **lúcio**

brochette *nf* Petite broche sur laquelle on enfile des morceaux de viande, de poisson, etc., pour les faire griller; aliments ainsi grillés ▸ **espetinho** ■ FAM **une brochette de:** une rangée, un groupe de ▸ **uma série de**

brocheur, euse *n* Personne qui broche des livres ▸ **brochador**

brochure *nf* **1** Livre, ouvrage broché, peu volumineux ▸ **brochura 2** Travail du brocheur ▸ **brochura, brochagem**

brocoli *nm* Chou-fleur vert d'Italie ▸ **brócolis**

brodequin *nm* Grosse chaussure montante de marche, lacée sur le cou-de-pied ▸ **borzeguim**

broder *vt* **1** Orner une étoffe de motifs en relief, à l'aiguille ou à la machine ▸ **bordar 2** FAM Amplifier un récit, en y ajoutant des détails fantaisistes ▸ **bordar**

broderie *nf* Art de broder; ouvrage, motif brodé ▸ **bordado**

brodeur, euse *n* Personne qui brode ▸ **bordador**

broiement *nm* Broyage, écrasement ▸ **moedura**

brome *nm* CHIM Corps simple, liquide, rouge foncé; symb: Br ▸ **bromo**

broméliacée *nf* Plante monocotylédone des pays tropicaux telle que l'ananas (les broméliacées forment une famille) ▸ **bromélia**

bromique *adj* CHIM Se dit d'un acide oxygéné du brome ▸ **brômico**

bromure *nm* Combinaison du brome avec un corps simple ▸ **brometo**

bronca *nf* Protestation véhémente d'une catégorie de personnes ▸ **vaia**

bronche *nf* Chacun des deux conduits par lesquels l'air s'introduit dans les poumons ▸ **brônquio**

broncher *vi* Manifester son désaccord, sa mauvaise humeur par des paroles ou des gestes: *obéir sans broncher* ▸ **bronquear**

bronchiole [brɔ̃ʃjɔl] *nf* Ramification terminale des bronches ▸ **bronquíolo**

bronchiolite [brɔ̃ʃjɔlit] *nf* Inflammation des bronchioles ▸ **bronquiolite**

bronchique *adj* Des bronches ▸ **brônquico**

bronchite *nf* Inflammation des bronches ▸ **bronquite**

bronchitique *adj et n* Atteint de bronchite ▸ **bronquítico**

broncho-pneumonie [brɔ̃kopnømɔni] (pl *broncho-pneumonies*) ou **broncho-pneumopathie** [brɔ̃kopnømOpati] (pl *broncho-pneumopathies*) *nf* Inflammation des bronches et du poumon ▸ **broncopneumonia**

brontosaure *nm* Reptile herbivore fossile de taille gigantesque apparu à l'ère secondaire ▸ **brontossauro**

bronzage *nm* Action de bronzer; son résultat ▸ **bronzeamento**

bronzant, e *adj* Qui fait bronzer ▸ **bronzeador**

bronze *nm* **1** Alliage de cuivre et d'étain ▸ **bronze 2** Statue, objet en bronze ▸ **bronze**

bronzé, e *adj* Basané, hâlé: *teint bronzé* ▸ **bronzeado**

bronzer *vt* **1** Brunir: *le soleil bronze la peau* ▸ **bronzear 2** Donner la couleur du bronze à: *bronzer une statue* ▸ **bronzear** ◆ *vi* Devenir brun de peau ▸ **bronzear-se**

bronzette *nf* FAM Fait de se faire bronzer au soleil: *faire bronzette* ▸ **bronzeamento**

brossage *nm* Action de brosser ▸ **escovação**

brosse *nf* **1** Ustensile de nettoyage à filaments souples fixés sur une monture: *brosse à habits, à dents, à cheveux* ▸ **escova 2** Sorte de pinceau pour étaler les couleurs ▸ **brocha** ■ **cheveux en brosse:** coupés courts et droits ▸ **cabelo à escovinha**

brosser *vt* Nettoyer avec une brosse ▸ **escovar** ■ FIG **brosser un tableau:** faire une description à larges traits, dépeindre ▸ **traçar um quadro** ◆ **se brosser** *vpr* **1** Frotter ses vêtements, une partie de son corps avec une brosse: *se brosser les dents* ▸ **escovar 2** FAM Devoir se passer de ce sur quoi on comptait ▸ **privar-se**

brosserie *nf* Fabrique, commerce de brosses ▸ **fábrica, loja de escovas**

brou *nm* Enveloppe verte des fruits à écale ▸ **casca verde** ■ **brou de noix:** liquide brun tiré du brou de la noix ▸ **líquido extraído da casca da noz**

brouette *nf* Petite caisse évasée montée sur une roue et munie de deux brancards ▸ **carrinho de mão**

brouettée *nf* Contenu d'une brouette ▸ **carrinho**

brouetter *vt* Transporter avec une brouette ▸ **transportar em carrinho de mão**

brouhaha *nm* FAM Bruit de voix confus et tumultueux ▸ **bruaá**

brouillade *nf* CUIS Préparation à base d'œufs brouillés: *une brouillade de truffes* ▸ **ovos mexidos**

brouillage *nm* Perturbation dans une transmission de radio qui la rend inaudible ► **interferência**

brouillamini *nm* FAM Affaire embrouillée; désordre ► **trapalhada**

brouillard *nm* **1** Amas de vapeur d'eau formant un nuage près du sol, limitant la visibilité ► **nevoeiro 2** COMM Registre sur lequel on inscrit les opérations à leur date ► **borrão**

brouillasse *nf* Pluie fine semblable à du brouillard ► **garoa**

brouillasser *v impers* Se transformer en pluie fine, en parlant du brouillard ► **garoar**

brouille *nf* FAM Désaccord, mésentente ► **desavença**

brouillé, e *adj* ► **misturado, embaralhado** ■ **œufs brouillés:** dont le jaune et le blanc mélangés sont constamment remués à la cuisson ► **ovos mexidos**

brouiller *vt* **1** Mettre en désordre: *brouiller des fiches* ► **misturar 2** Rendre trouble: *brouiller la vue* ► **turvar 3** Rendre confus: *brouiller des idées* ► **embaralhar 4** Désunir, fâcher: *brouiller des personnes* ► **intrigar** ■ FAM **être brouillé avec une discipline:** ne rien y comprendre: *être brouillé avec les maths* ► **boiar em uma matéria** ♦ **se brouiller** *vpr* **1** Devenir trouble, confus: *ma vue se brouille* ► **turvar-se 2** Ne plus être en bons termes avec: *elle s'est brouillée avec lui* ► **desentender-se** ■ **le temps se brouille:** le ciel se couvre de nuages ► **o tempo está fechando**

brouillon[1], onne *adj et n* Qui manque de clarté dans les idées ► **enrolado**

brouillon[2] *nm* Premier état d'un écrit: *un cahier de brouillon* ► **rascunho**

broussaille *nf* Végétation touffue d'arbustes et de ronces entremêlés ► **mato** ■ **cheveux, sourcils, barbe en broussaille:** en désordre ► **cabelo, sobrancelhas, barba desgrenhado(a/s)**

broussailleux, euse *adj* Couvert de broussailles: *terrain broussailleux* ► **coberto de mato**

brousse *nf* Végétation des régions tropicales sèches composée de buissons et d'arbustes; terrain couvert de cette végétation ► ***brousse***

broutart ou **broutard** *nm* Veau qui a brouté de l'herbe ► **vitelo de pasto**

brouter *vt* En parlant du bétail, manger l'herbe, les jeunes pousses en les arrachant sur place ► **pastar** ♦ *vi* Fonctionner par à-coups (outil, machine, etc.) ► **engasgar**

broutille *nf* Chose de peu d'importance ► **bugiganga**

brownie [broni] ou [brawni] *nm* Petit gâteau au chocolat de forme carrée ► ***brownie***

brownien [bronjɛ̃] ou [brawnjɛ̃] *adj m* ■ **mouvement brownien:** mouvement des particules microscopiques dans un liquide ► **movimento browniano**

browning [brɔniŋ] ou [brawniŋ] *nm* Pistolet automatique ► ***browning***

broyage *nm* Action de broyer ► **moedura**

broyer [brwaje] *vt (conj 3)* Écraser, réduire en poudre: *broyer du sucre* ► **moer** ■ **broyer du noir:** avoir des idées sombres ► **estar na fossa**

broyeur *nm* Machine à broyer ► **moedor**

brrr *interj* Marque un sentiment de crainte, une sensation de froid, etc. ► **brrr**

bru *nf* Femme du fils; belle-fille ► **nora**

bruant *nm* Genre de passereaux dont le type est l'ortolan ► **verdelha**

brucelles *nf pl* Pince fine à ressort pour saisir de très petits objets ► **pinça pequena**

brucellose *nf* Maladie marquée, chez l'homme, par la fièvre de Malte ► **brucelose**

bruche *nf* Coléoptère qui pond dans les fleurs du pois ► **caruncho**

brugnon *nm* Hybride de pêche à peau lisse ► **nectarina**

bruine *nf* Pluie fine et froide ► **chuvisco**

bruiner *v impers* Tomber, en parlant de la bruine ► **chuviscar**

bruineux, euse *adj* Chargé de bruine: *temps bruineux* ► **garoento**

bruire *vi* LITT Faire entendre un murmure confus: *les arbres bruissent sous le vent* ► **murmurar**

CONJUGAISON Ce verbe ne s'emploie que dans les formes *bruit, bruissent, bruissait, bruissaient, bruissant*

bruissement *nm* Bruit faible et confus: *le bruissement des feuilles* ► **murmúrio**

bruit *nm* **1** Son produit par des vibrations; mélange confus de sons: *bruits de pas; faire trop de bruit* ► **barulho, ruído 2** FIG Nouvelle: *un bruit qui court* ► **rumor** ■ **faire du bruit:** en parlant d'un événement, avoir un grand retentissement ► **dar o que falar**

bruitage *nm* Action d'imiter artificiellement des bruits au cinéma, à la radio, etc.; les bruits ainsi imités ► **sonoplastia**

bruiteur, euse *n* Spécialiste du bruitage ► **sonoplasta**

brûlage *nm* Action de brûler ► **queima**

brûlant, e *adj* Qui brûle, très chaud ► **ardente, escaldante** ■ FIG **sujet brûlant:** qui est d'actualité, qui soulève les passions ► **assunto quente**

brûlé[1] *nm* Odeur répandue par une chose brûlée: *sentir le brûlé* ► **queimado**

brûlé[2], e *adj* ► **queimado** ■ **cerveau brûlé** ou **tête**

brûlée: individu exalté qui aime le risque ▸ **cabeça quente**

brûle-parfum (pl *brûle-parfums* ou inv) *nm* Vase pour faire brûler des parfums ▸ **perfumador**

brûle-pourpoint (à) *loc adv* Sans prévenir, brusquement ▸ **à queima-roupa**

brûler *vt* **1** Détruire par le feu: *brûler des papiers* ▸ **queimar 2** Endommager par le feu ou des produits chimiques: *brûler la nappe avec une cigarette* ▸ **queimar 3** Causer une sensation de brûlure: *fumée qui brûle les yeux* ▸ **queimar 4** Employer comme source d'énergie pour le chauffage, pour l'éclairage: *brûler de l'électricité* ▸ **gastar 5** Franchir un signal d'arrêt: *brûler un feu* ▸ **passar direto, queimar** ▪ **brûler la cervelle:** tuer d'un coup de feu à la tête ▸ **estourar os miolos** □ **brûler une étape:** passer outre sans s'y arrêter ▸ **queimar uma etapa** □ **brûler la politesse à quelqu'un:** passer devant lui ▸ **sair à francesa** □ **brûler ses vaisseaux:** se mettre dans l'impossibilité de reculer ▸ **queimar os seus navios** □ FAM **être brûlé:** être démasqué ▸ **ficar queimado** ◆ *vi* **1** Se consumer sous l'action du feu: *la maison brûle* ▸ **queimar 2** Être détruit, endommagé par le feu: *le rôti a brûlé* ▸ **queimar 3** Être chaud, brûlant: *attention, ça brûle!; brûler de fièvre* ▸ **queimar 4** Désirer ardemment: *il brûle de lui parler* ▸ **morrer de vontade de 5** Dans certains jeux, être sur le point de découvrir ce qu'il faut trouver: *tu brûles!* ▸ **estar quente** ◆ **se brûler** *vpr* Subir les effets du feu, d'une chaleur intense: *se brûler avec une allumette* ▸ **queimar-se**

brûlerie *nf* **1** Atelier où l'on distille l'eau-de-vie ▸ **destilaria 2** Lieu où l'on torréfie le café ▸ **torrefação**

brûleur *nm* Appareil à combustion: *brûleur à gaz* ▸ **queimador, bico**

brûlis *nm* Partie de forêt, de champ, incendiée pour y faire une culture ▸ **queimada**

brûloir *nm* Ustensile pour torréfier le café ▸ **torrefator**

brûlot *nm* **1** Eau-de-vie flambée avec du sucre ▸ **flambagem 2** Journal, tract, article violemment polémique ▸ **pasquinada**

brûlure *nf* **1** Lésion produite par le feu, les produits caustiques, l'électricité ou les rayonnements ▸ **queimadura 2** Sensation de chaleur, d'irritation: *brûlure d'estomac* ▸ **queimação**

brumaire *nm* Deuxième mois du calendrier républicain (22 octobre-20 novembre) ▸ **brumário**

brumasser *v impers* En parlant du temps, être légèrement brumeux ▸ **embrumar**

brume *nf* Brouillard léger ▸ **bruma**

brumeux, euse *adj* Couvert de brume: *temps brumeux* ▸ **brumoso**

brun, e *adj* D'une couleur intermédiaire entre le roux et le noir ▸ **castanho, marrom** ▪ **bière brune:** bière de couleur foncée à base de malts spéciaux ▸ **cerveja escura** □ **tabac brun:** tabac dont la fermentation a été poussée jusqu'à son terme et qui a subi une opération de torréfaction ▸ **fumo, tabaco escuro** ◆ *adj et n* Qui a les cheveux bruns ▸ **moreno** ◆ *nm* Couleur brune ▸ **castanho, marrom**

brunâtre *adj* Tirant sur le brun ▸ **acastanhado, amarronzado**

brunch [brœnʃ] (pl *brunchs* ou *brunches*) *nm* (anglicisme) Repas pris tard dans la matinée, et faisant office de petit-déjeuner et de déjeuner ▸ ***brunch***

brune *nf* **1** Bière brune ▸ **cerveja escura 2** Cigarette de tabac brun ▸ **cigarro escuro**

brunir *vt* **1** Rendre brun: *le soleil brunit la peau* ▸ **dourar 2** Polir un métal ▸ **brunir** ◆ *vi* Devenir brun, hâlé; bronzer ▸ **amorenar**

brunissage *nm* Action de brunir un métal ▸ **brunidura**

brunissement *nm* Action de brunir la peau, de devenir brun ▸ **escurecimento**

brunissoir *nm* Outil pour brunir un métal ▸ **brunidor**

Brushing [brœʃiŋ] *nm* (nom déposé) Mise en forme des cheveux à l'aide d'une brosse et d'un séchoir à main ▸ ***brushing***

brusque *adj* **1** Qui agit avec soudaineté et souvent avec violence: *un homme brusque* ▸ **brusco 2** Brutal, sec: *geste brusque; ton brusque* ▸ **brusco 3** Qui arrive de façon soudaine, imprévue; subit, inattendu: *départ brusque* ▸ **brusco**

brusquement *adv* D'une manière brusque ▸ **bruscamente**

brusquer *vt* **1** Traiter d'une manière brusque, avec rudesse: *brusquer un enfant* ▸ **ser brusco com 2** Hâter, précipiter: *brusquer une affaire* ▸ **apressar**

brusquerie *nf* Action ou paroles brusques ▸ **brusquidão**

brut, e *adj* **1** Qui est resté à l'état de nature, qui n'a pas été façonné, poli: *du marbre brut* ▸ **bruto 2** Non raffiné: *pétrole brut* ▸ **bruto 3** Brutal, sauvage: *force brute* ▸ **bruto 4** Dont on n'a pas déduit certaines retenues (par opposition à *net*): *salaire brut* ▸ **bruto** ▪ FAM **brut de décoffrage:** qui est montré, exprimé tel qu'il a été conçu, sans élaboration ni fignolage: *revendications brutes de décoffrage* ▸ **em bruto** □ **champagne brut:**

champagne très sec ▸ **champanhe** *brut* ▫ **poids brut:** poids d'une marchandise avec son emballage ▸ **peso bruto** ♦ *adv* Sans défalcation de poids ou de frais ▸ **bruto**

ORTHOGRAPHE On écrit: *ce sont des poids bruts* (adjectif), mais *ils pèsent trois kilos brut* (adverbe)

brutal, e, aux *adj* **1** Qui fait preuve de violence: *un geste brutal; un enfant brutal avec ses camarades* ▸ **brutal 2** FIG Soudain, inattendu: *mort brutale* ▸ **brutal**

brutalement *adv* Avec brutalité ▸ **brutalmente**

brutaliser *vt* Traiter brutalement ▸ **brutalizar**

brutalité *nf* **1** Caractère de ce qui est brutal ▸ **brutalidade 2** Acte brutal ▸ **brutalidade**

brute *nf* Personne d'une violence ou d'une grossièreté excessive ▸ **bruto**

bruyamment *adv* Avec grand bruit ▸ **ruidosamente**

bruyant, e *adj* **1** Qui fait du bruit ▸ **ruidoso 2** Où il y a du bruit ▸ **barulhento**

bruyère *nf* Plante ornementale à fleurs violettes ou roses, poussant sur les sols siliceux; racine de cette plante ▸ **urze, raiz de urze** ▪ **terre de bruyère:** produite par la décomposition des feuilles de bruyère ▸ **terra vegetal** ▫ **coq de bruyère:** tétras ▸ **tetraz**

bryologie *nf* Étude des mousses ▸ **briologia**

bryozoaire *nm* Petit animal marin vermiforme (les bryozoaires forment une classe) ▸ **briozoário**

BT *nm* (sigle de *brevet de technicien*) En France, diplôme sanctionnant une formation de technicien ou d'agent technique préparée en trois ans après la classe de troisième

BTP *nm* (sigle) Bâtiment et travaux publics: *le secteur du BTP* ▸ **Ø**

BTS *nm* (sigle de *brevet de technicien supérieur*) Diplôme sanctionnant une formation préparée en deux ans par les bacheliers ou les titulaires d'un brevet de technicien

BU *nf* (sigle) Bibliothèque universitaire ▸ **Ø**

buanderie *nf* **1** Local où se fait la lessive ▸ **lavanderia 2** CANADA Blanchisserie ▸ **lavanderia**

bubale *nm* Antilope africaine ▸ **búbalo**

bubon *nm* Ganglion inflammé ▸ **bubão**

bubonique *adj* Qui présente des bubons: *peste bubonique* ▸ **bubônico**

buccal, e, aux *adj* De la bouche ▸ **bucal**

buccin [byksɛ̃] *nm* **1** ANC Trompette romaine ▸ **buzina 2** Gros mollusque ▸ **bucino**

bûche *nf* Morceau de bois de chauffage ▸ **lenho** ▪ **bûche de Noël:** pâtisserie en forme de bûche ▸ **tronco de Natal** ▫ FAM **ramasser, prendre une bûche:** tomber ▸ **levar um tombo**

bûcher¹ *nm* **1** Lieu où l'on range le bois à brûler ▸ **lenheiro 2** Amas de bois sur lequel on brûlait les personnes condamnées au supplice du feu: *condamner au bûcher* ▸ **fogueira**

bûcher² *vi et vt* FAM Travailler, étudier sans relâche ▸ **ralar**

bûcheron, onne *n* Personne dont le métier est d'abattre les arbres ▸ **lenhador**

bûchette *nf* Petit morceau de bois ▸ **acha**

bûcheur, euse *n* FAM Personne qui travaille beaucoup ▸ **cê-dê-efe**

bucolique¹ *adj* Relatif à la vie des bergers ou à la poésie pastorale ▸ **bucólico**

bucolique² *nf* Poème pastoral ▸ **bucólica**

budget *nm* État de prévision des recettes et des dépenses d'un pays, d'un département, d'une famille, d'un particulier, etc. ▸ **orçamento**

budgétaire *adj* Du budget ▸ **orçamentário**

budgétisation *nf* Inscription au budget ▸ **inclusão no orçamento**

budgétiser *vt* Intégrer dans le budget ▸ **incluir no orçamento**

buée *nf* Vapeur d'eau condensée en fines gouttelettes ▸ **vapor**

buffet *nm* **1** Armoire pour ranger la vaisselle et le service de table ▸ **bufê 2** Table où sont dressés les mets et les boissons dans une réception; ensemble de ces mets et de ces boissons: *buffet froid* ▸ **bufê 3** Café, restaurant de gare ▸ **café-restaurante 4** Ouvrage de menuiserie qui renferme le mécanisme d'un orgue ▸ **caixa de órgão**

buffle *nm* Mammifère ruminant de l'Europe méridionale, d'Asie et d'Afrique, qui ressemble au bœuf ▸ **búfalo**

bufflonne *nf* Femelle du buffle ▸ **búfala**

bug [bœg] *nm* INFORM Bogue ▸ ***bug***

building [bildiŋ] *nm* Immeuble ayant un grand nombre d'étages ▸ **edifício, prédio**

buis *nm* Arbuste toujours vert, à bois dur; bois de cet arbuste ▸ **buxo**

buisson *nm* **1** Touffe d'arbrisseaux sauvages ▸ **moita 2** CUIS Façon de disposer des crustacés en pyramide: *buisson d'écrevisses* ▸ **pirâmide**

buissonneux, euse *adj* Couvert de buissons ▸ **matagoso**

buissonnier, ère *adj* ▸ **silvícola** ▪ **faire l'école buissonnière:** se promener, au lieu d'aller en classe ▸ **gazetear, cabular aula**

bulbaire *adj* Relatif à un bulbe ▸ **bulbar**

bulbe *nm* **1** Oignon de plante ▸ **bulbo 2** ANAT Partie renflée, globuleuse de certains organes ▸ **bulbo** ▪ **bulbe rachidien:** partie supérieure de la moelle épinière ▸ **bulbo raquiano**

bulbeux, euse *adj* **1** BOT Formé d'un bulbe ▸ **bulboso 2** ANAT Pourvu d'un bulbe ▸ **bulboso**

bulgare *adj et n* De la Bulgarie: *les Bulgares* ▸ **búlgaro**

bulldozer *nm* Engin à chenilles pour aplanir le sol ▸ **buldôzer**

bulle[1] *nf* **1** Globule d'air à la surface d'un liquide, d'une matière en fusion ou prise dans une substance: *bulle de savon, de chewing-gum* ▸ **bolha 2** Petite ampoule sur la peau; cloque ▸ **bolha 3** Dans une bande dessinée, élément graphique qui sort de la bouche d'un personnage et renferme ses paroles ▸ **balão 4** FIG Endroit où l'on se sent protégé et sécurisé: *la bulle familiale* ▸ **redoma** ■ FAM **coincer la bulle:** paresser ▸ **ficar na folga**

bulle[2] *nf* Lettre apostolique d'intérêt général portant le sceau pontifical ▸ **bula**

buller *vi* FAM Rester sans rien faire; paresser ▸ **mandriar**

bulletin *nm* **1** Billet servant à exprimer un vote: *bulletin blanc, nul* ▸ **voto, cédula 2** Information officielle concise: *bulletin de santé; bulletin météorologique* ▸ **boletim 3** Écrit officiel, administratif ayant valeur d'attestation: *bulletin de naissance, de salaire; bulletin de commande* ▸ **certidão, comprovante 4** Rapport scolaire périodique: *bulletin trimestriel* ▸ **boletim**

bulletin-réponse (pl *bulletins-réponse*) *nm* Imprimé à remplir et à renvoyer pour participer à un jeu, à un concours ▸ **cartão-resposta**

bull-terrier (pl *bull-terriers*) *nm* Chien anglais, bon chasseur de rats ▸ ***bull terrier***

bungalow [bœ̃galo] *nm* **1** Dans les pays chauds, habitation entourée de vérandas ▸ **bangalô 2** Construction légère servant de résidence de vacances dans un ensemble hôtelier, un camping, etc. ▸ **bangalô**

bunker[1] [bunkɛr] *nm* Abri fortifié ▸ ***bunker***

bunker[2] [bunkœr] *nm* Au golf, fosse sableuse sur le parcours d'un trou ▸ ***bunker***

Bunsen ■ **bec Bunsen** *nm* Brûleur à gaz dans les laboratoires ▸ **bico de Bunsen**

bupreste *nm* Coléoptère qui attaque le bois ▸ **bupreste**

buraliste *n* **1** Personne qui est préposée à un bureau de paiement, de poste, etc. ▸ **atendente 2** Personne qui tient un bureau de tabac ▸ **tabaqueiro**

bure *nf* Grosse étoffe de laine de couleur brune; vêtement fait de cette étoffe ▸ **burel**

bureau *nm* **1** Table munie ou non de tiroirs, sur laquelle on écrit ▸ **escrivaninha 2** Pièce où se trouve cette table ▸ **escritório 3** Lieu de travail des employés d'une administration, d'une entreprise; personnel de ce lieu de travail ▸ **sala, funcionários 4** Président, vice-président et secrétaires d'une assemblée: *le bureau s'est réuni* ▸ **mesa 5** Établissement assurant au public des services administratifs, commerciaux, etc.: *bureau de poste, de vote, de tabac* ▸ **agência, *bureau* 6** Service ou organisme chargé d'une fonction particulière: *bureau de change* ▸ **agência, *bureau***

bureaucrate *n* PÉJOR Employé dans les bureaux d'une administration ▸ **burocrata**

bureaucratie *nf* **1** Pouvoir d'un appareil administratif d'État, d'un parti, d'une entreprise, etc. ▸ **burocracia 2** PÉJOR Ensemble des bureaucrates, envisagé dans sa puissance abusive, routinière ▸ **burocracia**

bureaucratique *adj* Relatif à la bureaucratie: *esprit bureaucratique* ▸ **burocrático**

bureaucratisation *nf* Action de bureaucratiser; son résultat ▸ **burocratização**

bureaucratiser *vt* Transformer en bureaucratie ▸ **burocratizar**

Bureautique *nf* (nom déposé) Ensemble des techniques informatiques visant à l'automatisation des travaux de bureau ▸ **informatização**

burette *nf* **1** Petit flacon à goulot long et étroit ▸ **galheta 2** Récipient de métal muni d'un tube effilé, pour graisser des rouages ▸ **almotolia**

burin *nm* **1** Instrument d'acier pour graver ▸ **buril 2** Ciseau pour couper les métaux ▸ **escopro**

buriné, e *adj* Marqué de rides: *visage buriné* ▸ **vincado**

buriner *vt* Travailler au burin, graver ▸ **burilar**

burlat *nf* Variété de cerise bigarreau ▸ **cereja *burlat***

burlesque *adj* D'un comique extravagant: *situation, film burlesque* ▸ **burlesco** ◆ *nm* ■ **le burlesque: (a)** genre littéraire traitant en style bas un sujet noble ▸ **burlesco (b)** genre cinématographique fondé sur une succession rapide de gags ▸ **burlesco**

burnous *nm* **1** Grand manteau des Arabes, en laine et à capuchon ▸ **albornoz 2** Vêtement à capuchon pour bébés ▸ **capote com capuz**

burqa ou **burka** [burka] *nf ou nm* Vêtement traditionnel des femmes musulmanes, qui dissimule leur corps de la tête aux pieds ▸ **burca**

bus *nm* FAM Autobus ▸ **ônibus**

busard *nm* Oiseau rapace diurne ▸ **busardo**

buse[1] *nf* **1** Oiseau rapace diurne, voisin du faucon ▸ **bútio 2** FIG Ignorant et sot: *c'est une buse* ▸ **palerma**

buse² *nf* Tuyau: *buse d'aération, d'échappement* ▶ **bútio**
business [biznɛs] *nm* (anglicisme) FAM **1** Affaires: *faire du business* ▶ **negócios 2** Affaire compliquée: *un drôle de business* ▶ **abacaxi**
busqué, e *adj* D'une courbure convexe: *nez busqué* ▶ **curvo**
buste *nm* **1** Partie supérieure du corps humain, de la taille au cou ▶ **busto 2** Poitrine de la femme ▶ **busto 3** Sculpture représentant la tête et le haut du buste d'une personne ▶ **busto**
bustier *nm* Corsage, avec ou sans bretelles, découvrant les épaules et enserrant le buste ▶ **bustiê**
but [byt] ou [by] *nm* **1** Point visé: *toucher le but* ▶ **alvo 2** Terme qu'on s'efforce d'atteindre: *dépasser son but* ▶ **meta 3** Fin qu'on se propose: *poursuivre un but* ▶ **objetivo 4** Endroit où l'on cherche à lancer le ballon: *envoyer la balle dans le but* ▶ **gol 5** Point gagné: *marquer un but* ▶ **gol ■ but en or** ou **but décisif:** premier but marqué au cours des prolongations d'un match de football, qui donne la victoire à l'équipe qui l'inscrit ▶ **gol de ouro □ de but en blanc:** brusquement ▶ **de supetão**
VOCABULAIRE Une personne a *pour but*; une chose a *pour objet*
butane *nm* Gaz combustible tiré du pétrole ▶ **butano**
buté, e *adj* Entêté, obstiné ▶ **obstinado**
butée *nf* **1** Massif de pierre destiné à contrebalancer la poussée d'une voûte ▶ **botaréu 2** MÉCAN Obstacle qui limite le mouvement d'une pièce ▶ **calço**
butène *nm* → **butylène**
buter *vt ind* [contre, sur] **1** Heurter un obstacle ▶ **topar 2** Se trouver arrêté par une difficulté ▶ **esbarrar ◆ se buter** *vpr* S'entêter, se braquer ▶ **obstinar-se**
buteur, euse *n* SPORTS Joueur qui marque des buts ▶ **goleador**
butin *nm* **1** Ce qu'on enlève à l'ennemi ▶ **butim 2** Produit d'un vol ▶ **butim 3** FIG Ce qu'on amasse ▶ **butim**
butiner *vt et vi* Recueillir le suc des fleurs, en parlant des abeilles ▶ **pilhar**
butineur, euse *adj* Qui butine ▶ **coletor**
butoir *nm* **1** Obstacle artificiel placé à l'extrémité d'une voie ferrée; SYN: *heurtoir* ▶ **para-choque 2** Pièce contre laquelle vient buter un mécanisme ▶ **batente**
butor *nm* **1** Genre d'oiseau échassier, à voix retentissante ▶ **abetouro 2** FIG Homme grossier, stupide ▶ **bronco**
butte *nf* Petite colline, tertre: *butte de tir* ▶ **outeiro ■** FIG **être en butte à:** être exposé à ▶ **estar à mercê de**
butter *vt* Entourer une plante d'une butte de terre: *butter des pommes de terre* ▶ **amontoar**
butylène ou **butène** *nm* Nom d'un hydrocarbure d'hydrogène ▶ **buteno**
butyrique *adj* Se dit d'un acide organique existant dans de nombreuses substances grasses ▶ **butírico**
buvable *adj* Que l'on peut boire ▶ **bebível**
buvard *nm* Papier non collé, propre à absorber l'encre fraîche: *un buvard; du papier buvard* ▶ **mata-borrão**
buvette *nf* Petit local, comptoir où l'on sert à boire (dans une gare, un théâtre, etc.) ▶ **bar**
buveur, euse *n* Personne qui aime à boire du vin, etc. ▶ **bebedor**
byzantin, e *adj et n* De Byzance ▶ **bizantino ■ discussions byzantines:** discussions oiseuses par excès de subtilité ▶ **discussões bizantinas**

Cc

c *nm* Troisième lettre de l'alphabet et la deuxième des consonnes ► **c**

C[1] (symbole) Chiffre romain valant 100 ► **C**

C[2] (symbole) Celsius: *20 °C* ► **C**

CA *nm* (sigle) Chiffre d'affaires ► **Ø**

ça *pron dém* FAM Cette chose-là; cela ► **isso** ■ **c'est ça:** c'est exact ► **é isso mesmo**

çà *adv de lieu* ► **aqui** ■ **çà et là:** de côté et d'autre ► **aqui e ali** ◆ **ah, çà!** *interj* Marque l'étonnement, l'impatience: *ah, çà! répondrez-vous?* ► **ora!**

cabale *nf* Menées secrètes, intrigue: *monter une cabale* ► **cabala**

cabalistique *adj* Mystérieux: *signes cabalistiques* ► **cabalístico**

caban *nm* Veste croisée en drap épais, comme en portent les matelots ► **japona**

cabane *nf* **1** Petite habitation construite grossièrement; hutte, baraque, bicoque ► **cabana 2** Petite loge pour les animaux ► **viveiro**

cabanon *nm* Petite cabane ► **cabaninha**

cabaret *nm* Établissement de spectacle où l'on peut consommer des boissons, dîner, danser ► **cabaré**

cabas *nm* Grand sac souple en paille tressée ► **alcofa**

cabestan *nm* Treuil vertical à barres horizontales pour rouler ou dérouler un câble, etc. ► **cabrestante**

cabillaud *nm* Nom commercial de la morue fraîche ► **bacalhau fresco**

cabine *nf* **1** Chambre à bord d'un navire ► **cabine 2** Petite construction, habitacle à usage déterminé: *cabine d'ascenseur; cabine de douche, d'essayage; cabine téléphonique* ► **cabine 3** Espace aménagé pour le conducteur d'un camion, d'un engin, d'une motrice de chemin de fer, pour le pilote d'un avion, etc. ► **cabine**

cabinet *nm* **1** Petite pièce dépendant d'une plus grande: *cabinet de travail, de toilette* ► **gabinete 2** Local où s'exerce une profession libérale: *cabinet dentaire, médical* ► **consultório 3** Ensemble des ministres d'un État: *conseil de cabinet* ► **gabinete 4** Lieu abritant des collections publiques ou privées: *cabinet des médailles* ► **sala, gabinete 5** Meuble, coffre à compartiments pour ranger des objets précieux ► **contador** ◆ **cabinets** *pl* Toilettes, W-C ► **gabinete**

câblage *nm* **1** Action de câbler ► **fabricação de cabo, envio de cabograma 2** Ensemble des fils entrant dans le montage d'un appareil électrique ► **cabos**

câble *nm* **1** Gros cordage ► **cabo 2** Faisceau de fils conducteurs sous gaines isolantes: *câble sous-marin* ► **cabo 3** Télégramme envoyé par câble ► **cabograma** ■ **la télévision par câble** ou **le câble:** distribution de programmes de télévision par un réseau de câbles à des abonnés ► **televisão a cabo**

câbler *vt* **1** Tordre plusieurs cordes ensemble pour faire un câble ► **retorcer fios 2** Établir les connexions d'un appareil électrique ou électronique ► **conectar 3** Télégraphier par câble ► **cablar**

câblo-opérateur (pl *câblo-opérateurs*) *nm* Entreprise qui met en place un réseau de télévision par câble ► **operadora de TV a cabo**

cabochard, e *adj et n* FAM Qui n'en fait qu'à sa tête, têtu ► **cabeçudo**

caboche *nf* **1** FAM Tête ► **cachola 2** Clou à tête large et ronde ► **tacha**

cabochon *nm* Pierre précieuse polie, mais non taillée ► **cabochão**

cabosser *vt* Déformer par des bosses ou des creux ► **amolgar**

cabot *nm* **1** FAM Chien ► **cachorro 2** FAM Cabotin ► **cabotino**

cabotage *nm* Navigation marchande côtière ► **cabotagem**

caboter *vi* Naviguer à faible distance des côtes ► **cabotar**

caboteur *nm* Navire qui pratique le cabotage ▸ **embarcação de cabotagem**
cabotin, e *n* **1** Acteur médiocre qui a une haute opinion de lui-même ▸ **cabotino 2** Personne au comportement affecté, théâtral ▸ **cabotino**
cabotinage *nm* Comportement du cabotin ▸ **cabotinismo**
cabrer *vt* **1** Faire dresser un cheval sur les membres postérieurs ▸ **empinar 2** FIG Amener à une attitude d'opposition, de révolte ▸ **rebelar**
cabri *nm* Chevreau ▸ **cabrito**
cabriole *nf* (souvent au pluriel) Bonds légers et désordonnés ▸ **cabriola**
cabrioler *vi* Faire des cabrioles ▸ **cabriolar**
cabriolet *nm* **1** ANC Voiture à cheval à deux roues, munie d'une capote ▸ **cabriolé 2** Automobile décapotable ▸ **cabriolé**
CAC [kak] *nm* (nom déposé, sigle) Cotation assistée en continu ▸ ***CAC*** ▪ **indice CAC 40:** indice établi à partir du cours de quarante valeurs mobilières, servant de référence à la Bourse française ▸ **índice *CAC***
caca *nm* Dans le langage enfantin, excrément ▸ **cocô**
cacahouète ou **cacahuète** *nf* Fruit ou graine de l'arachide ▸ **amendoim**
cacao *nm* Graine du cacaoyer, d'où l'on extrait des matières grasses (*beurre de cacao*) et la poudre de cacao, qui sert à faire le chocolat ▸ **cacau**
cacaoyer ou **cacaotier** *nm* Arbre d'Amérique du Sud qui produit le cacao ▸ **cacaueiro**
cacarder *vi* Crier, en parlant de l'oie ▸ **grasnar**
cacatoès ou **kakatoès** *nm* Oiseau d'Océanie voisin du perroquet, à huppe jaune ou rouge ▸ **cacatua**
cacatois *nm* MAR Petit mât au-dessus du mât de perroquet; petite voile carrée sur ce mât ▸ **sobrejoanete**
cachalot *nm* Grand mammifère cétacé des mers chaudes ▸ **cachalote**
cache *nf* Lieu secret pour cacher ▸ **esconderijo** ◆ *nm* PHOT Papier noir pour cacher à la lumière certaines parties d'un cliché photographique ▸ **máscara**
cache-cache *nm inv* Jeu d'enfants ▸ **esconde-esconde**
cache-col (pl *cache-cols* ou inv) *nm* Petite écharpe protégeant le cou ▸ **cachecol**
cachectique *adj et n* Atteint de cachexie ▸ **caquético**
cachemire ou **cashmere** *nm* Tissu fin en poil de chèvre du Cachemire ▸ **caxemira**
cache-nez *nm inv* Longue écharpe de laine ▸ **cachenê**
cache-pot (pl *cache-pots* ou inv) *nm* Vase décoratif qui sert à dissimuler un pot de fleurs ▸ **cachepô**
cache-prise (pl *cache-prises* ou inv) *nm* Dispositif de sécurité qui s'adapte dans une prise de courant ▸ **protetor de tomada**
cacher *vt* **1** Soustraire à la vue en plaçant dans un lieu secret, en recouvrant ▸ **esconder 2** Dissimuler: *cacher son jeu* ▸ **esconder** ◆ **se cacher** *vpr* Se soustraire aux regards, aux recherches ▸ **esconder-se** ▪ **ne pas se cacher de quelque chose:** en convenir: *il est impulsif, il ne s'en cache pas* ▸ **não fazer segredo de algo** □ **se cacher de quelqu'un:** lui cacher ce qu'on fait ▸ **sem alguém saber**
cache-sexe (pl *cache-sexes* ou inv) *nm* Triangle de tissu couvrant le sexe ▸ **tapa-sexo**
cachet *nm* **1** Petit sceau gravé; son empreinte: *un cachet de cire* ▸ **sinete 2** Tampon: *cachet de la poste* ▸ **carimbo 3** Médicament en poudre contenu dans une capsule, une gélule; comprimé ▸ **comprimido 4** Rétribution que perçoit un artiste pour sa participation à un spectacle ▸ **cachê 5** Marque distinctive, originalité: *cette maison a du cachet* ▸ **estilo**
cachetage *nm* Action de cacheter ▸ **lacração**
cacheter *vt (conj 8)* **1** Fermer une enveloppe en la collant ▸ **lacrar 2** Fermer, sceller avec un cachet ▸ **lacrar** ▪ **vin cacheté:** vin en bouteille dont le bouchon est recouvert de cire ▸ **vinho lacrado**
cachetier *nm* Artiste payé au cachet ▸ **artista que recebe cachê**
cachette *nf* Lieu propre à cacher ou à se cacher ▸ **esconderijo** ▪ **en cachette:** en secret, à la dérobée ▸ **às escondidas**
cachexie *nf* État d'affaiblissement, d'amaigrissement du corps ▸ **caquexia**
cachot *nm* **1** Cellule étroite, obscure ▸ **calabouço 2** Prison en général ▸ **cárcere**
cachotterie *nf* FAM Mystère sur des choses sans importance ▸ **segredinho**
cachottier, ère *adj et n* FAM Qui se plaît aux cachotteries ▸ **segredista**
cachou *nm* Substance astringente extraite des fruits de l'arec ▸ **catechu**
cacique *nm* ARG SCOL Premier à un concours, en particulier à l'École normale supérieure ▸ **primeiro colocado**
cacochyme *adj et n* LITT Faible, languissant: *vieillard cacochyme* ▸ **caquético**
cacophonie *nf* Mélange de sons discordants ▸ **cacofonia**
cacophonique *adj* Discordant ▸ **cacofônico**
cactacée ou **cactée** *nf* Plante grasse adaptée à la sécheresse (les cactacées, ou cactées, forment une famille) ▸ **cactácea**

cactus [kaktys] *nm* Plante grasse épineuse ▸ **cacto**
c.-à-d. (abréviation) C'est-à-dire ▸ **i.e.**
cadastral, e, aux *adj* Du cadastre ▸ **cadastral**
cadastre *nm* Registre public qui porte le relevé détaillé des propriétés territoriales d'une commune ▸ **cadastro**
cadavéreux, euse *adj* Qui tient du cadavre: *teint cadavéreux* ▸ **cadavérico**
cadavérique *adj* Propre à un cadavre ▸ **cadavérico** ■ **rigidité cadavérique:** durcissement des muscles dans les heures qui suivent la mort ▸ **rigidez cadavérica**
cadavre *nm* Corps d'un homme ou d'un animal mort ▸ **cadáver**
caddie ou **caddy** *nm* SPORTS Personne qui porte les clubs d'un joueur de golf ▸ ***caddie***
Caddie *nm* (nom déposé) Petit chariot utilisé en libre-service pour transporter les marchandises, les bagages, etc. ▸ ***Caddie*, carrinho**
cadeau *nm* Objet offert pour faire plaisir; présent ▸ **presente** ■ FAM **ne pas faire de cadeau à quelqu'un:** n'accepter aucune erreur de sa part ▸ **não dar moleza a alguém**
cadeauter *vt* AFRIQUE Offrir un cadeau à ▸ **presentear**
cadenas *nm* Serrure mobile, munie d'un arceau métallique ▸ **cadeado**
cadenasser *vt* Fermer avec un cadenas ▸ **fechar com cadeado**
cadence *nf* **1** Répétition de sons ou de mouvements d'une façon régulière ou mesurée ▸ **cadência 2** Rythme de travail ▸ **cadência**
cadencé, e *adj* Soumis à une cadence: *pas cadencé* ▸ **cadenciado**
cadet, ette *n et adj* **1** Enfant qui vient après l'aîné ou qui est plus jeune qu'un ou plusieurs enfants de la même famille ▸ **segundogênito, caçula 2** Personne moins âgée qu'une autre ▸ **mais novo (que) 3** Sportif âgé de treize à seize ans ▸ **infantil** ■ **branche cadette:** lignée, famille issue du cadet des enfants ▸ **linhagem do caçula** □ **c'est le cadet de ses soucis:** il ne s'en soucie pas du tout ▸ **é o que menos o preocupa** ◆ *nm* Élève officier ▸ **cadete**
cadmium *nm* Métal mou et blanc, symb: Cd ▸ **cádmio**
cadrage *nm* Mise au point destinée à placer correctement le sujet dans l'image photographique ou cinématographique ▸ **enquadramento**
cadran *nm* **1** Surface devant laquelle se déplace une des aiguilles qui pointent le chiffre indiquant la valeur de la grandeur mesurée (temps, pression, vitesse, par exemple) ▸ **quadrante 2** Dispositif manuel d'appel d'un téléphone ▸ **disco** ■ **cadran solaire:** surface graduée sur laquelle la projection de l'ombre d'une pointe verticale centrale indique l'heure ▸ **relógio de sol**
cadre[1] *nm* **1** Bordure de bois, de métal, etc., qui entoure une glace, un tableau, etc.: *mettre sous cadre* ▸ **moldura 2** Châssis en général: *cadre d'une bicyclette* ▸ **chassi 3** FIG Ce qui entoure un objet, un espace, une scène, une personne: *habiter dans un cadre agréable* ▸ **atmosfera 4** Ce qui borne l'action de quelqu'un: *sortir du cadre de ses attributions* ▸ **esfera** ■ **dans le cadre de:** dans les limites de ▸ **no âmbito de**
cadre[2] *n* Personne salariée exerçant une fonction de direction, de conception ou de contrôle dans une entreprise, une administration: *cadre moyen, supérieur* ▸ **executivo**
cadrer *vi* Avoir un rapport avec, concorder: *ceci cadre avec mon plan* ▸ **casar** ◆ *vt* Effectuer un cadrage ▸ **enquadrar**
cadreur, euse *n* Opérateur chargé de la caméra; SYN: *cameraman* ▸ **cinegrafista**
caduc, caduque *adj* **1** Qui n'a plus cours, périmé ▸ **caduco 2** Qui tombe chaque année: *feuilles caduques; bois caducs des cerfs* ▸ **caduco**
caducée *nm* Emblème du corps médical, composé d'un faisceau de baguettes autour duquel s'enroule le serpent d'Épidaure et que surmonte le miroir de la Prudence ▸ **caduceu**
caducité *nf* État de ce qui est caduc ▸ **caducidade**
cæcal, e, aux [sekal, o] *adj* Du cæcum ▸ **cecal**
cæcum [sekɔm] *nm* Partie du gros intestin faisant suite à l'intestin grêle ▸ **ceco**
cæsium ou **césium** *nm* Métal de la famille du potassium ▸ **césio**
CAF [seaɛf] ou [kaf] *adj et adv* (sigle de *coût, assurance, fret*) Se dit d'une vente maritime dont le prix convenu comprend le coût de la marchandise, le transport jusqu'au port de destination et l'assurance ▸ **c.i.f.**
cafard[1] *nm* **1** Insecte nocturne, aplati, se déplaçant rapidement; SYN: *blatte, cancrelat* ▸ **barata 2** FAM Idées noires: *avoir le cafard* ▸ **fossa**
cafard[2]**, e** *n* FAM Dénonciateur ▸ **delator**
cafarder *vt et vi* FAM Dénoncer hypocritement ▸ **delatar** ◆ *vi* FAM Avoir le cafard ▸ **estar na fossa**
cafardeur, euse *n* FAM Dénonciateur, mouchard ▸ **delator**
cafardeux, euse *adj* **1** FAM Qui a des idées noires ▸ **deprimido 2** Qui donne le cafard ▸ **deprimente**
café *nm* **1** Graine du caféier; denrée constituée par ces grains torréfiés ou par leur poudre solu-

bilisée ou lyophilisée: *café en grains; café moulu, soluble* ► **café 2** Boisson préparée avec cette denrée: *café au lait; café crème* ► **café 3** Établissement où l'on sert des boissons ► **café** ■ **café noir:** café servi sans addition d'autre liquide (lait, crème, etc.) ► **café puro** ◆ *adj inv* D'un brun presque noir ► **café**

café-concert (pl *cafés-concerts*) *nm* Music-hall où le public pouvait consommer ► **café-concerto**

caféier *nm* Arbuste qui produit le café ► **cafeeiro**

caféine *nf* Alcaloïde du café ► **cafeína**

cafetan ou **caftan** *nm* Robe d'apparat, portée dans les pays musulmans ► **cafetã**

cafétéria *nf* Lieu public où l'on sert du café, des repas légers ► **cafeteria**

café-théâtre (pl *cafés-théâtres*) *nm* Café, petite salle où se donnent de courts spectacles, souvent comiques ► **café-teatro**

cafetier *nm* VIEILLI Personne qui tient un café ► **cafeteiro**

cafetière *nf* Appareil ménager qui sert à faire ou à verser le café ► **cafeteira**

cafouillage ou **cafouillis** *nm* FAM Déroulement confus ► **trapalhada**

cafouiller *vi* FAM Agir d'une manière désordonnée, confuse; s'embrouiller ► **atrapalhar-se**

caftan *nm* → **cafetan**

cafter *vi et vt* ARG SCOL Dénoncer, moucharder ► **dedar**

cafteur, euse *n* ARG SCOL Personne qui dénonce les autres ► **dedo-duro**

cage *nf* **1** Espace clos par des barreaux ou du grillage, pour enfermer des oiseaux, des animaux, etc. ► **gaiola, jaula 2** SPORTS Espace délimité par un cadre et des filets qui y sont fixés, matérialisant le but ► **meta** ■ **cage d'escalier, d'ascenseur:** espace où se trouve l'escalier, l'ascenseur ► **caixa de escada, poço do elevador** □ **cage thoracique:** cavité formée par les vertèbres, les côtes et le sternum, contenant le cœur et les poumons ► **caixa toráxica**

cageot *nm* Emballage léger pour transporter les fruits, les légumes, etc. ► **caixote**

cagibi *nm* FAM Pièce exiguë ► **cubículo**

cagneux, euse *adj et n* Qui a les jambes déformées (genoux rapprochés, pieds écartés) ► **cambaio**

cagnotte *nf* **1** Caisse commune des membres d'une association, d'un groupe; somme recueillie par cette caisse ► **caixinha 2** Dans certains jeux de hasard, somme d'argent qui s'accumule au fil des tirages et que quelqu'un peut gagner ► **bolo 3** Argent économisé sur les dépenses courantes ► **pé-de-meia**

cagoule *nf* **1** Sorte de passe-montagne ► **balaclava 2** Capuchon percé à l'endroit des yeux ► **capuz 3** Manteau de moine, sans manches et surmonté d'un capuchon ► **cogula**

cahier *nm* Assemblage de feuilles de papier réunies ensemble ► **caderno** ■ **cahier des charges:** ensemble des choses demandées à la personne, à l'entreprise qui obtient un marché, signe un contrat d'adjudication ► **caderno de encargos** □ **cahier de textes:** cahier servant à consigner le texte des sujets de devoirs scolaires ► **agenda, caderno de classe**

cahin-caha *loc adv* FAM Tant bien que mal ► **mais ou menos**

cahot *nm* Secousse causée à un véhicule par l'inégalité du sol ► **solavanco**

VOCABULAIRE Il ne faut pas confondre *cahot*, secousse, avec *chaos*, désordre, ni *cahoteux* avec *chaotique*

cahotant, e *adj* Qui cahote ► **sacolejante**

cahotement *nm* Fait de cahoter, d'être cahoté ► **solavanco**

cahoter *vi* Être secoué, ballotté ◆ *vt* Secouer ► **sacolejar, solavancar**

cahoteux, euse *adj* Qui provoque des cahots: *chemin cahoteux* ► **acidentado, sacolejante**

cahute *nf* Petite cabane, hutte ► **choupana**

caïd *nm* FAM Chef de bande ► **chefão**

caillasse *nf* FAM Cailloux, pierres ► **cascalho**

caille *nf* Oiseau voisin de la perdrix ► **codorna**

caillé *nm* Lait caillé; partie coagulée du lait servant à fabriquer le fromage ► **coalhada**

caillebotis [kajbɔti] *nm* Entrecroisement de lattes de métal, de bois servant de plancher dans les endroits poussiéreux, humides ou boueux, de décoration murale, etc. ► **tablado**

cailler *vt* Figer, coaguler ► **coagular, coalhar** ◆ *vi* FAM Avoir froid ► **congelar**

caillette *nf* Dernière poche de l'estomac des ruminants ► **abomaso**

caillot *nm* Petite masse de sang coagulé ► **coágulo**

caillou (pl *cailloux*) *nm* **1** Pierre de petite dimension ► **seixo 2** FAM Crâne, tête ► **coco**

caillouter *vt* Garnir de cailloux ► **empedrar**

caillouteux, euse *adj* Rempli de cailloux ► **cascalhento**

caïman *nm* Espèce de crocodile d'Amérique du Sud ► **caimão**

caisse *nf* **1** Coffre de bois, à usages divers: *caisse à outils* ► **caixa 2** Meuble où un commerçant range sa recette; la recette elle-même: *caisse enregistreuse; partir avec la caisse* ► **caixa 3** Comptoir d'un magasin où sont payés les achats; guichet d'une administration où se font les paiements ▶ **caixa 4** Carrosserie d'un véhicule; FAM automobile ▶ **carroceria, carro 5** Établissement qui reçoit des fonds pour les administrer: *caisse d'épargne, de prévoyance, de retraite* ▶ **caixa 6** Tambour ▶ **caixa ■ grosse caisse:** gros tambour frappé avec une mailloche ▶ **zabumba**

caissette *nf* Petite caisse ▶ **caixinha**

caissier, ère *n* Personne qui tient la caisse d'un établissement ▶ **caixa**

caisson *nm* **1** Petite caisse: *un caisson de bouteilles* ▶ **caixote 2** Grande caisse étanche pleine d'air permettant de faire des travaux sous l'eau ▶ **caixão 3** ARCHIT Compartiment de plafond ▶ **caixotão ■** FAM **se faire sauter le caisson:** se tuer d'une balle dans la tête ▶ **estourar os miolos**

cajoler *vt* Entourer d'attentions affectueuses, caresser ▶ **mimar**

cajolerie *nf* Action de cajoler; paroles et manières caressantes ▶ **mimo**

cajoleur, euse *adj et n* Qui cajole ▶ **amimador**

cajou (pl *cajous*) *nm* ▶ **caju ■ noix de cajou:** autre nom de l'*anacarde*, fruit oléagineux comestible ▶ **castanha-de-caju**

cajun [kaʒœ̃] *adj et n* (inv en genre) Se dit des populations francophones de Louisiane, de leur culture: *les Cajuns* ▶ ***cajun***

cake [kɛk] *nm* Gâteau garni de raisins de Corinthe et de fruits confits ▶ **bolo inglês**

cal[1] (pl *cals*) *nm* **1** Durillon ▶ **calo 2** Cicatrice saillante d'un os fracturé ▶ **calo**

cal[2] (symbole) Calorie ▶ **cal**

calage *nm* Action de caler, d'étayer ▶ **calagem**

calamar *nm* → **calmar**

calamine *nf* Résidu de la combustion des gaz qui encrasse les cylindres d'un moteur à explosion ▶ **calamina**

calaminé, e *adj* Couvert de calamine ▶ **calaminado**

calamistré, e *adj* LITT Recouvert de brillantine: *cheveux calamistrés* ▶ **com brilhantina**

calamité *nf* Grand malheur public: *la guerre, la peste sont des calamités* ▶ **calamidade**

calandre *nf* **1** Machine pour lisser et lustrer les étoffes, glacer les papiers ▶ **calandra 2** AUTOM Garniture placée devant le radiateur ▶ **grade**

calanque *nf* Petite crique en Méditerranée ▶ **ria**

calao *nm* Oiseau d'Asie et d'Afrique, muni d'un très gros bec surmonté d'une excroissance cornée ▶ **calau**

calcaire *adj* Qui contient de la chaux: *roche, terrain calcaire* ▶ **calcário ◆** *nm* Roche sédimentaire qui contient de la chaux ▶ **calcário**

calcédoine *nf* Silice translucide cristallisée, très utilisée en joaillerie dans l'Antiquité ▶ **calcedônia**

calcémie *nf* MÉD Quantité de calcium contenue dans le sang ▶ **calcemia**

calcification *nf* Apport et fixation des sels de calcium dans les tissus organiques ▶ **calcificação**

calcifié, e *adj* Converti en carbonate de calcium ▶ **calcificado**

calciner *vt* **1** Transformer des pierres calcaires en chaux par chauffage intense ▶ **calcinar 2** Brûler, carboniser ▶ **calcinar**

calcium *nm* Métal dont certains composés sont des substances de première utilité pour l'organisme humain ▶ **cálcio**

calcul[1] *nm* **1** Opération que l'on fait pour trouver le résultat de la combinaison de plusieurs nombres ▶ **cálculo 2** Art de résoudre les problèmes de l'arithmétique: *être bon en calcul* ▶ **cálculo 3** FIG Combinaison, manœuvre intéressée: *faire un bon calcul; agir par calcul* ▶ **cálculo**

calcul[2] *nm* MÉD Concrétion pierreuse: *calculs biliaires, rénaux* ▶ **cálculo**

calculable *adj* Qui peut se calculer ▶ **calculável**

calculateur[1] *nm* Machine capable d'effectuer automatiquement des opérations ▶ **calculadora**

calculateur[2]**, trice** *adj et n* **1** Qui sait calculer ▶ **calculador 2** Qui agit par calcul ▶ **calculista**

calculatrice *nf* Machine qui effectue des opérations numériques ▶ **calculadora**

calculer *vt* **1** Faire une opération de calcul ▶ **calcular 2** FIG Évaluer, combiner: *calculer ses efforts* ▶ **calcular**

calculette *nf* Calculatrice électronique de poche ▶ **calculadora de bolso**

caldoche *n et adj* FAM Blanc de la Nouvelle-Calédonie ▶ ***caldoche***

cale[1] *nf* Objet qu'on place sous un autre pour le mettre d'aplomb ▶ **cunha**

cale[2] *nf* **1** Partie interne d'un navire destinée à la cargaison ▶ **porão 2** Partie d'un quai en pente douce, pour le chargement et le halage des bateaux ▶ **doca ■ cale sèche:** bassin que l'on peut mettre à sec pour y réparer un navire ▶ **dique seco**

calé, e *adj* FAM **1** Instruit, fort: *calé en histoire* ▶ **fera 2** Difficile, compliqué ▶ **complicado**

calebasse *nf* Courge vidée et séchée servant de récipient ▶ **cabaça**

calèche *nf* ANC Voiture à cheval découverte, suspendue, à quatre roues ▶ **caleche**

caleçon *nm* **1** Sous-vêtement masculin en forme de culotte, à jambes longues ou courtes ▶ **cueca 2** Pantalon féminin moulant, en jersey ▶ **calça *legging***

calédonien, enne *adj et n* De la Calédonie ▸ **caledônio**

calembour *nm* Jeu de mots fondé sur une similitude de sons (EX: *personnalité* et *personne alitée*) ▸ **trocadilho**

calembredaine *nf* VIEILLI Propos extravagant ▸ **disparate**

calendes *nf pl* Premier jour du mois chez les Romains ▸ **calendas** ▪ **renvoyer aux calendes grecques:** remettre à une époque qui n'arrivera pas (les mois grecs n'ayant pas de calendes) ▸ **ficar para as calendas gregas**

calendrier *nm* **1** Tableau des jours, des mois, des saisons, des fêtes de l'année ▸ **calendário 2** Programme, emploi du temps ▸ **programação**

cale-pied (pl *cale-pieds*) *nm* Butoir retenant sur la pédale le pied du cycliste ▸ **pedaleira**

calepin *nm* Petit carnet servant à prendre des notes ▸ **calepino**

caler *vt* Assujettir avec des cales ▸ **escorar** ◆ *vi* **1** S'arrêter brusquement, en parlant d'un moteur, d'une voiture ▸ **arriar 2** FAM Céder, renoncer: *caler devant les difficultés* ▸ **recuar 3** FAM Avoir l'estomac plein ▸ **empanturrar**

calfatage *nm* Action de calfater ▸ **calafetagem**

calfater *vt* Rendre étanche en garnissant d'étoupe, de poix les joints de la coque d'un navire ▸ **calafetar**

calfeutrage ou **calfeutrement** *nm* Action de calfeutrer ▸ **calafetagem**

calfeutrer *vt* Boucher les fentes d'une porte, d'une fenêtre afin d'empêcher l'air de passer ▸ **calafetar** ◆ **se calfeutrer** *vpr* Se tenir enfermé chez soi ▸ **fechar-se em casa**

calibrage *nm* Action de calibrer ▸ **calibragem**

calibre *nm* **1** Diamètre d'un cylindre creux, d'un objet sphérique ▸ **calibre 2** Diamètre d'un projectile ▸ **calibre 3** Pièce servant de mesure, d'étalon ▸ **calibre** ▪ FIG **être du même calibre:** se valoir ▸ **ser do mesmo calibre**

calibrer *vt* **1** Mettre au calibre, aux bonnes dimensions ▸ **calibrar 2** Classer, trier suivant le calibre ▸ **calibrar**

calice *nm* **1** Vase sacré, dans lequel on verse le vin à la messe ▸ **cálice 2** Enveloppe extérieure des fleurs ▸ **cálice**

calicot *nm* **1** Toile de coton ▸ **pano de algodão 2** Bande d'étoffe portant une inscription ▸ **faixa**

califat *nm* Territoire soumis à l'autorité d'un calife ▸ **califado**

calife ou **khalife** *nm* Titre que prirent les successeurs de Mahomet ▸ **califa**

californien, enne *adj et n* De Californie: *les Californiens* ▸ **californiano**

califourchon (à) *loc adv* Jambe d'un côté, jambe de l'autre: *s'asseoir à califourchon sur une chaise*; SYN: *à cheval* ▸ **a cavalo**

ORTHOGRAPHE *À califourchon* s'écrit sans *s* final, à la différence de *à croupetons*, *à tâtons*

câlin, e *adj et n* Doux et caressant ▸ **meigo** ◆ *nm* Geste tendre, caresse affectueuse ▸ **carinho**

câliner *vt* Caresser tendrement; cajoler ▸ **acariciar**

câlinerie *nf* Attitude câline; échange de câlins: *faire des câlineries* ▸ **carinho**

calisson *nm* Petit gâteau en pâte d'amandes, au dessus glacé, spécialité d'Aix-en-Provence ▸ ***calisson***

calleux, euse *adj* Qui présente des callosités ▸ **caloso**

call-girl [kolgœrl] (pl *call-girls*) *nf* (anglicisme) Prostituée que l'on appelle par téléphone ▸ ***call girl***

calligramme *nm* Texte dont la disposition typographique évoque le thème ▸ **caligrama**

calligraphie *nf* Art de bien former les caractères de l'écriture; écriture ainsi formée ▸ **caligrafia**

calligraphier *vt* Former avec art les lettres que l'on trace ▸ **caligrafar**

callosité *nf* Épaississement et durcissement de l'épiderme ▸ **calosidade**

calmant, e *adj* Qui calme ▸ **calmante** ◆ *nm* Médicament qui calme la nervosité ou la douleur ▸ **calmante**

calmar ou **calamar** *nm* Mollusque marin voisin de la seiche ▸ **lula**

calme *adj* Tranquille ▸ **calma** ◆ *nm* **1** Absence d'agitation: *le calme de la mer* ▸ **calmaria 2** Maîtrise de soi: *garder son calme*; absence de nervosité ▸ **calma**

calmement *adv* De façon calme ▸ **calmamente**

calmer *vt* **1** Apaiser: *calmer les mécontents* ▸ **acalmar 2** Atténuer: *calmer la douleur* ▸ **atenuar** ◆ **se calmer** *vpr* **1** Devenir moins violent, moins agité: *la tempête se calme* ▸ **acalmar-se 2** Retrouver son sang-froid ▸ **acalmar-se**

calomniateur, trice *n* Personne qui calomnie; diffamateur ▸ **caluniador**

calomnie *nf* Accusation fausse ▸ **calúnia**

calomnier *vt* Dénigrer par la calomnie ▸ **caluniar**

calomnieux, euse *adj* Qui contient des calomnies: *lettre calomnieuse* ▸ **calunioso**

calorie *nf* **1** Unité de quantité de chaleur ▸ **caloria 2** Unité de mesure de la valeur énergétique des aliments ▸ **caloria**

calorifère *nm* VIEILLI Appareil destiné au chauffage des maisons par air chaud ▸ **calorífero**

calorifique *adj* Qui produit des calories ▸ **calorífico**
calorifuge *adj et nm* Se dit des substances qui conservent la chaleur: *l'amiante est un calorifuge* ▸ **calorífugo**
calorimètre *nm* Instrument pour mesurer les quantités de chaleur ▸ **calorímetro**
calorimétrie *nf* Mesure de la chaleur ▸ **calorimetria**
calorimétrique *adj* Relatif à la calorimétrie: *échelle calorimétrique* ▸ **calorimétrico**
calorique *adj* ▸ **calórico** ▪ **ration calorique:** quantité d'aliments nécessaire à un organisme ▸ **ração calórica**
calot *nm* **1** Coiffure militaire souple ▸ **quepe 2** Grosse bille ▸ **bola**
calotte *nf* **1** Petit bonnet rond, ne couvrant que le sommet du crâne ▸ **solidéu 2** FAM Tape sur la tête, sur la joue ▸ **bifa** ▪ **calotte crânienne:** partie supérieure de la boîte crânienne ▸ **calota craniana, vértice** □ **calotte glaciaire:** masse de neige et de glace constituant le sommet arrondi de certaines montagnes ▸ **calota glacial**
calque *nm* **1** Copie, reproduction d'un dessin sur papier transparent ▸ **decalque 2** Ce papier lui-même ▸ **decalque 3** FIG Imitation servile ▸ **decalque 4** Reproduction, représentation fidèle ▸ **cópia**
calquer *vt* **1** Reproduire par calque; décalquer ▸ **decalcar 2** FIG Imiter exactement ou servilement ▸ **decalcar**
calumet *nm* Pipe à long tuyau des Indiens de l'Amérique du Nord ▸ **cachimbo**
calva *nm* (abréviation) FAM Calvados ▸ **Ø**
calvados [kalvados] *nm* Eau-de-vie de cidre ▸ ***calvados***
calvaire *nm* **1** Croix en plein air, commémorant la passion du Christ ▸ **calvário 2** FIG Longue suite de souffrances morales ou physiques ▸ **calvário**
calville [kalvil] *nf* Variété de pomme ▸ **maçã**
calvinisme *nm* Doctrine de Calvin ▸ **calvinismo**
calviniste *adj et n* Relatif au calvinisme; qui s'en réclame ▸ **calvinista**
calvitie [kalvisi] *nf* État d'une tête chauve ▸ **calvície**
camaïeu *nm* Peinture dans laquelle on n'emploie que les tons d'une même couleur, du clair au foncé ▸ ***camaïeu***
camarade *n* **1** Compagnon de travail, d'études, de chambre ▸ **colega 2** Membre du même parti, du même syndicat ▸ **colega**
camaraderie *nf* **1** Familiarité, entente ▸ **camaradagem 2** Solidarité entre camarades ▸ **camaradagem**
cambiste *n et adj* Personne qui effectue des opérations de change sur les devises ▸ **cambista**
cambodgien, enne *adj et n* Du Cambodge: *les Cambodgiens* ▸ **cambojano**
cambouis *nm* Graisse noircie par le frottement des roues d'une voiture ou des organes d'une machine ▸ **lubrificante sujo**
cambré, e *adj* Courbé en arc ▸ **arqueado**
cambrer *vt* Courber en arc ▸ **arquear** ◆ **se cambrer** *vpr* Se redresser en bombant le torse ▸ **empertigar-se**
cambriolage *nm* Vol commis par quelqu'un qui s'est introduit dans un local fermé ▸ **roubo**
cambrioler *vt* Dévaliser une maison, un appartement par effraction ▸ **assaltar**
cambrioleur, euse *n* Personne qui cambriole ▸ **assaltante**
cambrousse *nf* FAM, PÉJOR Campagne: *habiter à la cambrousse* ▸ **campo**
cambrure *nf* **1** Courbure en arc ▸ **arqueamento 2** Pièce qui soutient la voûte plantaire, dans la semelle d'une chaussure ▸ **alma**
cambuse *nf* MAR Magasin à vivres dans un navire ▸ **cambusa de bordo**
came[1] *nf* Dent ou saillie pour transmettre et transformer le mouvement d'une machine, d'une serrure, etc. ▸ **came**
came[2] *nf* ARG Drogue ▸ **droga**
camé, e *adj et n* FAM Drogué ▸ **drogado**
camée *nm* Pierre fine sculptée en relief, portée comme bijou ▸ **camafeu**
caméléon *nm* Sorte de lézard qui a la propriété de changer de couleur en fonction de son milieu ▸ **camaleão**
camélia *nm* Arbrisseau ornemental, originaire d'Asie, dont les fleurs rappellent les roses ▸ **camélia**
camélidé *nm* Ruminant des régions arides, tel que le chameau, le dromadaire, le lama (les camélidés forment une famille) ▸ **camelídeo**
camelot *nm* Marchand d'objets de peu de valeur ▸ **camelô**
camelote *nf* FAM Marchandise, produit de mauvaise qualité ▸ **bugiganga**
camembert *nm* **1** Fromage à pâte molle, fabriqué en Normandie ▸ ***camembert* 2** FAM Graphique rond divisé en secteurs ▸ **pizza**
caméra *nf* Appareil de prise de vues, pour le cinéma ou la télévision ▸ **câmera**
cameraman (pl *cameramans* ou *cameramen*) *nm* Cadreur ▸ ***cameraman***
camerlingue *nm* ANC Cardinal qui administre les

affaires de l'Église pendant la vacance du Saint-Siège ▸ **camerlengo**

camerounais, e *adj et n* Du Cameroun: *les Camerounais* ▸ **camaronês**

Caméscope *nm* (nom déposé) Caméra vidéo portative à magnétoscope intégré ▸ ***camcorder***

camion *nm* Gros véhicule automobile pour le transport des charges lourdes et volumineuses ▸ **caminhão**

camion-citerne (pl *camions-citernes*) *nm* Camion spécialement conçu pour le transport des liquides ▸ **caminhão-tanque**

camionnage *nm* Transport par camion ▸ **transporte por caminhão**

camionner *vt* Transporter par camion ▸ **transportar por caminhão**

camionnette *nf* Petit camion ▸ **furgão**

camionneur *nm* **1** Personne qui conduit un camion ▸ **caminhoneiro 2** Entrepreneur de camionnage ▸ **dono de transportadora**

camisole *nf* ▸ **camisola ■ camisole de force:** blouse emprisonnant les bras le long du corps, utilisée autrefois pour immobiliser certains malades mentaux ▸ **camisa de força**

camomille *nf* Plante odoriférante vivace, à fleurs jaunes; infusion de ces fleurs ▸ **camomila, chá de camomila**

camouflage *nm* Art de dissimuler du matériel de guerre ou des troupes à l'observation ennemie ▸ **camuflagem**

camoufler *vt* Maquiller, déguiser ▸ **camuflar ♦ se camoufler** *vpr* Se cacher ▸ **camuflar-se**

camouflet *nm* LITT Affront, vexation humiliante ▸ **humilhação**

camp *nm* **1** Lieu où s'établit une formation militaire; cette formation ▸ **acampamento 2** Lieu où l'on campe; campement: *camp scout* ▸ **acampamento 3** Terrain où des personnes sont regroupées dans des conditions précaires: *camp de réfugiés* ▸ **campo 4** Parti opposé à un autre: *choisir son camp* ▸ **lado ■ camp retranché:** place forte entourée de forts ▸ **fortificação □ camp volant:** provisoire ▸ **acampamento provisório □ lever le camp** ou FAM **ficher, foutre le camp:** s'en aller ▸ **puxar o carro**

campagnard, e *adj et n* Qui est de la campagne ▸ **camponês**

campagne *nf* **1** Étendue de pays plat et découvert ▸ **campo 2** Les régions rurales, les champs: *vivre à la campagne* ▸ **campo 3** Expédition militaire: *la campagne d'Italie* ▸ **campanha 4** Entreprise politique, économique, etc., de durée déterminée, ayant un but de propagande: *campagne électorale, publicitaire, d'affichage* ▸ **campanha ■ battre la campagne:** déraisonner, divaguer ▸ **delirar □ faire campagne:** déployer une activité pour ▸ **fazer campanha □ se mettre en campagne:** partir à la recherche de ▸ **começar a agir**

campagnol *nm* Petit rat des champs ▸ **rato silvestre**

campanile *nm* Tour construite près d'une église et abritant les cloches ▸ **campanário**

campanule *nf* Plante à fleurs violettes, en clochette, répandue dans les bois, les pâturages, etc. ▸ **campânula**

campé, e *adj* **■ bien campé:** solide, bien bâti ▸ **firme**

campement *nm* **1** Action de camper ▸ **acampamento 2** Le lieu où l'on campe ▸ **acampamento, *camping* 3** Troupe campée: *campement de bohémiens* ▸ **acampamento**

camper *vi* **1** Établir un camp militaire ▸ **acampar 2** S'installer de façon provisoire et peu confortable ▸ **acampar 3** Faire du camping ▸ **acampar** ♦ *vt* Exprimer, représenter avec vigueur, précision: *camper un personnage* ▸ **erigir ♦ se camper** *vpr* Prendre une pose fière, décidée: *se camper devant un adversaire* ▸ **postar-se**

campeur, euse *n* Personne qui fait du camping ▸ **campista**

camphre *nm* Substance aromatique cristallisée, tirée du camphrier ▸ **cânfora**

camphré, e *adj* Qui contient du camphre: *alcool camphré* ▸ **canforado**

camphrier *nm* Laurier du Japon, dont on extrait le camphre ▸ **canforeira**

camping *nm* **1** Mode de séjour en plein air consistant à camper en couchant sous une tente, dans une caravane ou un camping-car ▸ ***camping*, acampamento 2** Terrain aménagé pour camper ▸ ***camping* ■ camping sauvage:** hors des terrains aménagés ▸ ***camping* selvagem**

camping-car (pl *camping-cars*) *nm* Véhicule aménagé contenant des couchettes et du matériel de cuisine ▸ ***motor-home***

Camping-Gaz *nm inv* (nom déposé) Petit réchaud à gaz butane ▸ **fogareiro a gás**

campus [kɑ̃pys] *nm* Ensemble universitaire regroupant unités d'enseignement et résidences ▸ ***campus***

camus, e *adj* Court et plat, en parlant du nez ▸ **chato**

canada *nf* Variété de pomme ▸ **reineta-do-canadá**

Canadair *nm* (nom déposé) Avion équipé de réservoirs d'eau, utilisé pour lutter contre les incendies de forêt ▸ ***Canadair*****, avião-tanque**

canadianisme *nm* Fait de langue propre au français parlé au Canada ▸ **canadianismo**

canadien, enne *adj et n* Du Canada: *les Canadiens* ▸ **canadense**

canadienne *nf* **1** Veste doublée de fourrure ▸ **casaco forrado 2** Petite tente de camping ▸ **barraca canadense**

canaille *nf* Individu méprisable, sans moralité ▸ **canalha** ♦ *adj* Vulgaire, polisson: *des airs, des rires canailles* ▸ **canalha**

canal (pl *canaux*) *nm* **1** Voie navigable creusée par l'homme: *le canal des Deux-Mers* ▸ **canal 2** Conduit artificiel pour l'eau, le gaz, etc.: *canal d'adduction d'eau* ▸ **canal 3** Bras de mer séparant deux rivages: *le canal de Mozambique* ▸ **canal 4** ANAT Vaisseau du corps: *canal médullaire* ▸ **canal, ducto 5** Espace de fréquences radioélectriques utilisé par un émetteur de radio ou de télévision ▸ **canal** ■ **par le canal de:** par le moyen, par l'intermédiaire de ▸ **por intermédio de**

canalisation *nf* **1** Action de canaliser un cours d'eau ▸ **canalização 2** Conduite, tuyauterie assurant la circulation d'un fluide ▸ **canalização**

canaliser *vt* **1** Rendre un cours d'eau navigable ▸ **tornar navegável 2** FIG Acheminer dans une direction, empêcher de se disperser: *canaliser une foule* ▸ **canalizar**

canapé *nm* **1** Long siège à dossier et accoudoirs ▸ **sofá 2** Tranche de pain de mie sur laquelle on dispose diverses garnitures ▸ **canapê**

canapé-lit (pl *canapés-lits*) *nm* Canapé transformable en lit; SYN: *convertible* ▸ **sofá-cama**

canard *nm* **1** Oiseau aquatique palmipède migrateur à l'état sauvage ▸ **pato 2** FAM Journal ▸ **pasquim 3** Fausse note ▸ **fífia 4** Morceau de sucre trempé dans le café, l'eau-de-vie, etc. ▸ **torrão de açúcar umedecido 5** FIG, FAM Fausse nouvelle ▸ **boato**

canarder *vt* FAM Envoyer des projectiles d'un lieu abrité ▸ **atirar de tocaia**

canari *nm* Serin jaune ▸ **canário** ♦ *adj inv* ■ **jaune canari:** jaune tirant sur le vert ▸ **amarelo--canário**

canasson *nm* FAM Mauvais cheval ▸ **bucéfalo**

canasta *nf* Jeu de cartes qui se joue à quatre avec deux jeux de 52 cartes ▸ **canastra**

cancan *nm* FAM Bavardage médisant, commérage ▸ **fofoca**

cancaner *vi* FAM Faire des cancans ▸ **fofocar**

cancanier, ère *adj et n* Qui a l'habitude de faire des commérages ▸ **fofoqueiro**

cancer *nm* Tumeur maligne formée par la multiplication désordonnée des cellules d'un tissu ou d'un organe ▸ **câncer** ♦ **Cancer** *nm* Constellation zodiacale ayant la forme d'un crabe; signe astrologique des personnes nées entre le 22 juin et le 22 juillet ▸ **Câncer** ♦ *n et adj* Personne née sous le signe du Cancer ▸ **canceriano**

cancéreux, euse *adj* De la nature du cancer: *tumeur cancéreuse* ▸ **canceroso** ♦ *adj et n* Atteint d'un cancer ▸ **canceroso**

cancérigène ou **cancérogène** *adj* Qui peut provoquer ou favoriser l'apparition d'un cancer ▸ **cancerígeno**

cancérologie *nf* Discipline médicale qui étudie traite le cancer ▸ **oncologia**

cancérologue *n* Spécialiste de cancérologie ▸ **oncologista**

cancoillotte [kɑ̃kwajɔt] *nf* Fromage de Franche-Comté à pâte molle, fabriqué avec du lait caillé ▸ ***cancoillotte***

cancre *nm* Mauvais élève ▸ **cábula**

cancrelat *nm* Cafard ▸ **barata**

candélabre *nm* **1** Grand chandelier à plusieurs branches ▸ **candelabro 2** VIEILLI Appareil d'éclairage public ▸ **lampadário**

candeur *nf* Innocence naïve, ingénuité: *répondre avec candeur* ▸ **candura**

candi *adj m* ▸ **cristalizado** ■ **sucre candi:** purifié et cristallisé ▸ **açúcar-cande**

candidat, e *n* Personne qui se présente à un examen, postule à un emploi, une fonction, un titre ▸ **candidato**

candidature *nf* Qualité de candidat; action de se porter candidat: *poser sa candidature aux élections* ▸ **candidatura**

candide *adj* Qui dénote de la candeur: *jeune fille candide, question candide* ▸ **cândido**

candidement *adv* Avec candeur ▸ **candidamente**

candidose *nf* Infection de la peau ou des muqueuses buccales ou génitales, due à un champignon ▸ **candidíase**

cane *nf* Canard femelle ▸ **pata**

caneton *nm* Jeune canard ▸ **patinho**

canette[1] *nf* Petite cane ▸ **patinha**

canette[2] ou **cannette** *nf* **1** Petite bouteille ou boîte métallique cylindrique contenant de la bière ou une autre boisson; son contenu ▸ **garrafa pequena, lata 2** Petit cylindre sur lequel est enroulé le fil dans la navette ou le fil d'une machine à coudre ▸ **canela**

canevas *nm* **1** Grosse toile claire pour faire la tapisserie ▸ **talagarça 2** FIG Plan d'un ouvrage: *canevas de roman* ▸ **esboço**

caniche *nm* Variété de chien barbet à poils frisés ▸ ***poodle***
caniculaire *adj* Propre à la canicule: *chaleur caniculaire* ▸ **canicular**
canicule *nf* Période très chaude de l'été ▸ **canícula**
canidé *nm* Mammifère carnassier aux molaires nombreuses, aux griffes non rétractiles tel que le loup, le chien, le renard (les canidés forment une famille) ▸ **canídeo**
canif *nm* Petit couteau de poche à lame pliante ▸ **canivete**
canin, e *adj* Relatif aux chiens ▸ **canino**
canine *nf* Dent pointue située entre les incisives et les molaires ▸ **canino**
canisse *nf* → **cannisse**
caniveau *nm* Rigole d'évacuation des eaux le long d'une chaussée, généralement au bord des trottoirs ▸ **sarjeta**
canna *nm* Plante ornementale ▸ **cana-da-índia**
cannabis *nm* Chanvre indien; drogue tirée de cette plante, telle que le haschisch ou la marijuana ▸ **cânabis, haxixe, maconha**
cannage *nm* Action de canner; garniture cannée d'un siège ▸ **empalhamento**
canne *nf* **1** Nom usuel de plusieurs grands roseaux ▸ **cana 2** Bâton sur lequel on s'appuie en marchant ▸ **bengala ▪ canne à pêche:** bâton flexible au bout duquel on fixe une ligne pour pêcher ▸ **vara de pesca □ canne à sucre:** plante tropicale cultivée pour le sucre extrait de sa tige ▸ **cana-de-açúcar □ canne blanche:** canne d'aveugle ▸ **bengala branca**
canné, e *adj* Garni de tiges de jonc ou de rotin entrelacées: *chaise cannée* ▸ **empalhado**
cannelé, e *adj* Orné de cannelures ▸ **canelado**
cannelle[1] *nf* Poudre aromatique tirée de l'écorce d'un laurier des Indes, le *cannelier* ▸ **canela**
cannelle[2] *nf* Robinet d'un tonneau ▸ **espicho**
cannelloni (pl *cannellonis* ou inv) *nm* Pâte alimentaire roulée en cylindre et farcie ▸ **canelone**
cannelure *nf* Rainure creuse, strie: *cannelure de colonne* ▸ **canelura**
canner *vt* Garnir le fond ou le dossier d'un siège en entrelaçant des lanières de jonc, de rotin ▸ **empalhar**
cannette *nf* → **canette**
cannibale *adj et n* Anthropophage ▸ **canibal**
cannibalisme *nm* Anthropophagie ▸ **canibalismo**
cannisse ou **canisse** *nf* Claie de roseaux utilisée pour protéger du vent ou pour la décoration ▸ **caniçada**
canoë *nm* Embarcation légère, à fond plat, mue à la pagaie simple; sport pratiqué avec cette embarcation ▸ **canoa, canoagem**
canoéiste *n* Sportif qui pratique le canoë ▸ **canoísta**
canoë-kayak (pl *canoës-kayaks*) *nm* Sport pratiqué avec un canoë utilisé comme un kayak ▸ **canoagem**
canon[1] *nm* **1** Pièce d'artillerie non portative servant à lancer des projectiles lourds ▸ **canhão 2** Tube d'une arme à feu par où passe le projectile: *canon de fusil* ▸ **cano 3** Partie forée d'une clef ▸ **tambor 4** Os de la jambe du cheval ▸ **canela ▪ canon à neige:** appareil qui sert à projeter de la neige artificielle sur les pistes de ski ▸ **canhão de neve**
canon[2] *nm* **1** Règle religieuse ▸ **cânone 2** Ensemble des prières et cérémonies essentielles de la messe ▸ **cânone 3** LITT Principe servant de règle; objet pris comme type idéal: *les canons de la beauté* ▸ **cânone 4** MUS Composition à plusieurs voix répétant à intervalle et à distance fixes la même mélodie ▸ **cânone**

ORTHOGRAPHE Les dérivés de *canon* (artillerie) ont deux *n*; ceux de *canon* (religion), un seul *n*

canon[3] *adj inv et nm* FAM Qui possède une grande séduction physique: *des filles canon* ▸ **tesudo**
cañon ou **canyon** [kanjɔn] *nm* Gorge profonde, creusée par un cours d'eau ▸ **cânion**
canonial, e, aux *adj* Réglé par les canons de l'Église ▸ **canônico**
canonique *adj* Conforme aux canons de l'Église ▸ **canônico ▪ âge canonique:** âge respectable ▸ **idade canônica**
canonisation *nf* Action de canoniser ▸ **canonização**
canoniser *vt* Mettre au nombre des saints ▸ **canonizar**
canonnade *nf* Suite de coups de canon ▸ **canhonada**
canonnière *nf* Petit navire armé de plusieurs canons ▸ **canhoneira**
canopée *nf* Étage le plus élevé de la forêt tropicale humide, qui abrite la majorité des espèces y vivant ▸ **canopeia**
canot *nm* Embarcation mue à la rame ou au moteur: *canot de sauvetage* ▸ **bote**
canotage *nm* Action de canoter ▸ **passeio de bote**
canoter *vi* Manœuvrer un canot, se promener en canot ▸ **andar de bote**
canotier *nm* Chapeau de paille, à bords plats ▸ **chapéu de palha**

cantal (pl *cantals*) *nm* Fromage d'Auvergne ▶ ***cantal***

cantaloup *nm* Melon à côtes rugueuses et à chair orange foncé ▶ **cantalupo**

cantate *nf* Morceau de musique religieuse ou profane, à une ou plusieurs voix, avec accompagnement instrumental ▶ **cantata**

cantatrice *nf* Chanteuse professionnelle d'opéra ou de chant classique ▶ **cantora lírica**

cantine *nf* **1** Service qui prépare les repas d'une collectivité; réfectoire où sont pris des repas ▶ **cantina 2** Petite malle ▶ **arqueta**

cantique *nm* Chant religieux ▶ **cântico**

canton *nm* **1** En France, subdivision d'un arrondissement ▶ **cantão 2** En Suisse, État de la Confédération ▶ **cantão 3** Au Luxembourg, division administrative ▶ **cantão**

cantonade *nf* ▶ **bastidores ■ parler, crier à la cantonade:** sans paraître s'adresser précisément à quelqu'un ▶ **falar, gritar a quem quiser ouvir**

cantonal, e, aux *adj* Relatif au canton ▶ **cantonal ■ élections cantonales:** des conseillers généraux ▶ **eleições cantonais**

cantonnement *nm* Lieu où cantonne une troupe ▶ **acantonamento**

cantonner *vt* **1** Installer dans un cantonnement ▶ **acantonar 2** Isoler, mettre à l'écart ▶ **acantoar** ◆ *vi* S'installer, prendre ses quartiers ▶ **acantonar ◆ se cantonner** *vpr* Se tenir à l'écart, se maintenir dans: *se cantonner dans son rôle* ▶ **acantoar-se**

cantonnier *nm* Ouvrier chargé de l'entretien des routes ▶ **cantoneiro**

canular *nm* FAM Mystification, blague ▶ **peça**

canule *nf* Petit tuyau qui s'adapte au bout d'une seringue ou d'un tube à injection ▶ **cânula**

canut, use *n* Ouvrier qui tisse la soie ▶ **tecelão de seda**

canyon *nm* → **cañon**

canyoning [kanjɔniŋ] *nm* Sport qui consiste à descendre des cours d'eau accidentés en alternant la randonnée, la nage en eau vive et l'escalade ▶ ***canyoning***

CAO *nf* (sigle) Conception assistée par ordinateur ▶ **Ø**

caoutchouc *nm* **1** Substance élastique obtenue par le traitement du latex de diverses plantes tropicales ▶ **borracha 2** Vêtement, chaussure en caoutchouc ▶ **impermeável, galocha**

caoutchouter *vt* Enduire, garnir de caoutchouc ▶ **emborrachar**

caoutchouteux, euse *adj* Qui a la consistance du caoutchouc ▶ **borrachento**

cap *nm* Pointe de terre qui s'avance dans la mer: *le cap Gris-Nez* ▶ **cabo ■** MAR **mettre le cap sur:** se diriger vers ▶ **rumar para □** FIG **passer le cap:** franchir une étape difficile, décisive ▶ **vencer a etapa**

CAP [seape] *nm* (sigle de *certificat d'aptitude professionnelle*) En France, diplôme de l'enseignement technologique préparé en deux ou trois ans en lycée professionnel ou en centre d'apprentissage

capable *adj* **1** Qui peut faire une chose, atteindre tel ou tel résultat: *capable de lire* ▶ **capaz 2** Qui a les qualités requises par ses fonctions: *directeur très capable* ▶ **capacitado**

capacité *nf* **1** Contenance: *mesures de capacité* ▶ **capacidade 2** Aptitude d'une personne dans tel ou tel domaine; compétence ▶ **capacidade**

caparaçon *nm* Housse d'ornement des chevaux dans les cérémonies ▶ **caparazão**

caparaçonner *vt* Couvrir d'un caparaçon: *cheval caparaçonné* ▶ **caparazonar**

cape *nf* Vêtement de dessus sans manches qui couvre les épaules et les bras ▶ **capa ■ rire sous cape:** en cachette, sournoisement ▶ **rir à socapa**

capeline *nf* Chapeau de femme à grands bords souples ▶ **capelina**

CAPES [kapɛs] *nm* (sigle) Certificat d'aptitude au professorat de l'enseignement du second degré

capésien, enne [kapesjɛ̃, ɛn] *n* Candidat au CAPES; titulaire du CAPES ▶ ***capésien***

CAPET [kapɛt] *nm* (sigle) Certificat d'aptitude au professorat de l'enseignement technique

capétien, enne *adj* Relatif aux Capétiens ▶ **capetiano**

capharnaüm [kafarnaɔm] *nm* Lieu où des objets sont entassés dans le désordre ▶ **cafarnaum**

capillaire[1] *adj* Relatif aux cheveux ▶ **capilar ■ vaisseaux capillaires:** ramifications des artères et des veines ▶ **vasos capilares**

capillaire[2] *nm* Fougère ▶ **avenca, capilária**

capillarité *nf* Phénomène physique constitué par la tendance d'un liquide à s'élever vers le haut d'un tube très fin ▶ **capilaridade**

capilotade *nf* ▶ **ensopado ■** FAM **mettre en capilotade:** réduire en bouillie ▶ **moer de pancada**

capitaine *n* **1** Officier des armées de terre et de l'air dont le grade est situé entre ceux de lieutenant et de commandant ▶ **capitão 2** Commandant d'un navire, d'un port, etc. ▶ **capitão 3** Chef d'une équipe sportive ▶ **capitão**

capitainerie *nf* Bureau du capitaine d'un port ▶ **capitania**

capital[1]**, e, aux** *adj* **1** Essentiel, fondamental: *point capital* ▸ **capital 2** Qui entraîne la mort: *peine capitale* ▸ **capital ▪ lettre capitale:** majuscule ▸ **letra capitular □ sept péchés capitaux:** péchés qui sont la source de tous les autres ▸ **sete pecados capitais**

capital[2] (pl *capitaux*) *nm* **1** Ensemble de biens possédés, pouvant rapporter un revenu ▸ **capital 2** Valeur de ces biens ▸ **capital 3** FIG Ce qui est acquis et dont on peut disposer: *capital santé, de sympathie* ▸ **patrimônio, capital ◆ capitaux** *pl* Ensemble des fonds disponibles ou en circulation ▸ **capital**

capitale *nf* **1** Ville où siège le gouvernement d'un État ▸ **capital 2** Principal centre d'une activité industrielle, de services ▸ **capital 3** Lettre majuscule ▸ **capital**

capitalisable *adj* Qui peut être capitalisé ▸ **capitalizável**

capitalisation *nf* Action de capitaliser ▸ **capitalização**

capitaliser *vt* **1** Convertir en capital ▸ **capitalizar 2** Accumuler des choses pour en tirer profit ensuite ▸ **capitalizar** ◆ *vi* Amasser de l'argent ▸ **capitalizar**

capitalisme *nm* Système de production dont les fondements sont l'entreprise privée et la liberté du marché ▸ **capitalismo**

capitaliste *adj* Relatif au capitalisme ▸ **capitalista** ◆ *n et adj* Personne qui possède des capitaux et les investit dans des entreprises ▸ **capitalista**

capital-risqueur (pl *capital-risqueurs*) *nm* Personne ou société finançant la création ou le développement d'entreprises à risques mais à fort potentiel de croissance ▸ **investidor de risco**

capiteux, euse *adj* sout Qui porte à la tête: *vin, parfum capiteux* ▸ **capitoso**

capiton *nm* **1** Bourre de soie ou de laine ▸ **borra 2** Division d'un siège capitonné ▸ **almofadado 3** Amas adipeux sous-cutané ▸ **acúmulo de gordura**

capitonnage *nm* Action de capitonner ▸ **estofamento**

capitonner *vt* Rembourrer avec du capiton ou une autre matière ▸ **estofar, almofadar**

capitulation *nf* Action de capituler ▸ **capitulação**

capitule *nm* Inflorescence formée de petites fleurs serrées les unes contre les autres ▸ **capítulo**

capituler *vi* Cesser toute résistance, se reconnaître vaincu, abandonner ▸ **capitular**

capoeira [kapɔɛra] *nf* Art martial du Brésil se pratiquant sur un accompagnement musical ▸ **capoeira**

caporal (pl caporaux) *nm* Militaire du grade immédiatement supérieur à celui de soldat ▸ **cabo**

caporalisme *nm* Autoritarisme étroit ▸ **autoritarismo**

capot[1] *nm* Couverture métallique du moteur d'une automobile ▸ **capô**

capot[2] *adj inv* Se dit du joueur qui n'a pas fait de levée dans certains jeux de cartes ▸ **jogador que leva capote**

capote *nf* **1** Couverture amovible d'une voiture, d'un landau d'enfant ▸ **capota 2** Manteau militaire ▸ **capote ▪** FAM **capote anglaise** ou **capote:** préservatif masculin ▸ **camisinha**

capoter *vi* **1** Se retourner, en parlant d'une voiture, d'un avion ▸ **capotar 2** Échouer, en parlant d'un projet, d'une entreprise ▸ **capotar 3** CANADA, FAM Perdre la tête ▸ **abilolar**

cappuccino [kaputʃino] *nm* Café noir dans lequel on a ajouté du lait mousseux ▸ ***cappuccino***

câpre *nf* Bouton du câprier (condiment) ▸ **alcaparra**

caprice *nm* Envie subite et irréfléchie ▸ **capricho** ◆ **caprices** *pl* Variations soudaines dans le cours des choses: *les caprices de la mode* ▸ **caprichos**

capricieusement *adv* Par caprice ▸ **por capricho**

capricieux, euse *adj et n* Qui agit par caprice ▸ **caprichoso** ◆ *adj* Sujet à des changements imprévus: *temps capricieux* ▸ **caprichoso**

capricorne *nm* Insecte coléoptère aux longues antennes ▸ **serra-pau, broca ◆ Capricorne** *nm* Constellation zodiacale de l'hémisphère austral; signe astrologique des personnes nées entre le 22 décembre et le 20 janvier ▸ **Capricórnio** ◆ *n et adj* Personne née sous le signe du Capricorne ▸ **capricorniano**

câprier *nm* Arbuste épineux qui produit les câpres ▸ **alcaparreira**

caprin, e *adj et nm* Relatif à la chèvre ▸ **caprino**

capsule *nf* **1** Petit couvercle en métal ou en plastique pour boucher une bouteille ▸ **cápsula 2** Enveloppe soluble de certains médicaments ▸ **cápsula 3** BOT Enveloppe sèche qui renferme les semences et les graines ▸ **cápsula ▪ capsule spatiale:** véhicule à bord duquel les cosmonautes effectuent leurs voyages dans l'espace ▸ **cápsula espacial**

capsuler *vt* Recouvrir d'une capsule le goulot d'une bouteille ▸ **encapsular**

captation *nf* **1** Fait de s'emparer d'une succession par des manœuvres répréhensibles ▸ **apropriação, captação 2** Enregistrement d'un spectacle scénique; film qui en est tiré: *la captation d'un opéra* ▸ **filmagem**

capter *vt* **1** Recevoir au moyen d'appareils radioélectriques: *capter une émission* ► **captar 2** Recueillir une énergie, un fluide, etc., pour l'utiliser ► **captar 3** Obtenir, gagner: *capter l'attention* ► **captar 4** FAM Comprendre: *il n'a rien capté* ► **captar**

capteur *nm* ► **captador** ■ **capteur solaire:** dispositif recueillant l'énergie calorifique du Soleil, en vue de son utilisation ► **captador solar**

captieux, euse *adj* LITT Qui cherche de façon insidieuse à induire en erreur ► **capcioso**

captif, ive *n et adj* LITT Prisonnier de guerre ► **cativo** ♦ *adj* Privé de liberté: *animal captif* ► **cativo** ■ **ballon captif:** aérostat retenu au sol par un câble ► **balão cativo**

captivant, e *adj* Qui captive, séduit ► **cativante**

captiver *vt* Retenir l'attention, l'intérêt; charmer, passionner: *captiver l'auditoire* ► **cativar**

captivité *nf* Privation de liberté; situation de prisonnier de guerre ► **cativeiro**

capture *nf* Action de capturer ► **captura** ■ INFORM **capture d'écran:** copie dans le presse-papiers ou dans un fichier de ce qui est affiché sur l'écran d'un ordinateur ► **captura de tela**

capturer *vt* S'emparer de ► **capturar**

capuche *nf* Sorte de capuchon ► **capucha**

capuchon *nm* **1** Partie de vêtement qu'on peut mettre sur la tête ou rabattre en arrière ► **capuz 2** Bouchon d'un stylo, d'un tube, etc. ► **tampa**

capucine *nf* Plante ornementale à feuilles rondes et à fleurs orangées ► **capuchinha**

caque *nf* Barrique où l'on conserve les harengs salés ou fumés ► **barrica**

caquelon *nm* Poêlon en fonte ou en terre assez profond, dans lequel on fait notamment des fondues ► **panela para *fondue***

caquet *nm* Gloussement de la poule ► **cacarejo** ■ **rabattre le caquet à quelqu'un:** le faire taire, le remettre à sa place ► **baixar a crista de alguém**

caqueter *vi (conj 8)* **1** En parlant de la poule, pousser son cri ► **cacarejar 2** FIG Tenir des propos futiles, bavarder ► **cacarejar**

car[1] *conj* Introduit l'explication, la raison de la proposition avancée ► **pois**

car[2] *nm* Autocar ► **ônibus de viagem**

carabe *nm* Insecte coléoptère ► **carocha**

carabin *nm* FAM Étudiant en médecine ► **estudante de medicina**

carabine *nf* Fusil court, léger ► **carabina**

carabiné, e *adj* FAM Très fort, très intense: *un rhume carabiné* ► **violento**

carabinier *nm* VX Soldat armé d'une carabine ► **carabineiro**

caraco *nm* **1** Corsage féminin à basques porté naguère par les paysannes ► **camisão 2** Sous-vêtement féminin couvrant le buste ► **corpete**

caracoler *vi* **1** Aller çà et là, de droite et de gauche: *le cavalier fait caracoler son cheval* ► **caracolar 2** Sautiller ► **caracolar** ■ **caracoler en tête de:** occuper la position de tête: *caracoler en tête du peloton* ► **ir à frente de**

caractère *nm* **1** Élément d'une écriture: *caractères chinois* ► **caractere 2** Lettre ou signe d'un style particulier dont on se sert dans l'imprimerie: *caractère gras* ► **tipo 3** FIG Manière habituelle de réagir propre à chaque personne; personnalité: *avoir bon caractère* ► **caráter 4** Affirmation vigoureuse de la personnalité: *avoir du caractère* ► **caráter 5** Trait donnant à quelque chose son originalité: *immeuble sans caractère* ► **personalidade 6** Signe distinctif, apparence, air: *caractère d'authenticité* ► **marca 7** Ce qui est propre, particulier à: *caractères physiques* ► **característica**

caractériel, elle *adj et n* Qui présente des troubles du caractère ► **desajustado**

caractérisé, e *adj* Se dit de quelque chose qui est nettement marqué; typique ► **característico**

caractériser *vt* **1** Définir par un caractère distinctif: *caractériser le style d'un auteur* ► **caracterizar 2** Constituer le caractère essentiel de: *la bonté le caractérise* ► **caracterizar** ♦ **se caractériser** *vpr* [par] Avoir pour signe distinctif ► **caracterizar-se**

caractéristique *adj* Qui caractérise: *relief caractéristique de la région* ► **característico** ♦ *nf* Marque distinctive, trait particulier ► **característica**

caractérologie *nf* Étude des types de caractère ► **caracterologia**

carafe *nf* Bouteille à base large et à col étroit; son contenu: *carafe d'eau* ► **jarra** ■ FAM **rester en carafe:** attendre vainement ► **esperar em vão**

carafon *nm* Petite carafe ► **jarrinha**

carambolage *nm* Série de chocs, surtout entre véhicules ► **engavetamento, entrechoque**

caramboler *vi* Au billard, pousser une bille et lui faire du même coup toucher les deux autres ► **carambolar** ♦ **se caramboler** *vpr* En parlant de véhicules, se heurter en série ► **engavetar-se**

caramel *nm* **1** Sucre fondu et roussi par l'action du feu ► **caramelo 2** Bonbon composé de sucre et d'un corps gras aromatisé ► **caramelo** ♦ *adj inv* D'une couleur entre le beige et le roux ► **caramelo**

caramélisation *nf* Réduction du sucre en caramel ► **caramelização**

caraméliser *vt* **1** Réduire le sucre en caramel ▸ **caramelizar 2** Recouvrir de caramel ▸ **caramelizar**

carapace *nf* **1** Enveloppe dure protégeant le corps de certains animaux ▸ **carapaça 2** FIG Protection, cuirasse ▸ **carapaça**

carapater (se) *vpr* FAM S'enfuir ▸ **escafeder-se**

carat *nm* **1** Quantité d'or fin pesant un vingt-quatrième du poids total d'un alliage ▸ **quilate 2** Unité de poids de 20 centigrammes (diamants, perles, etc.) ▸ **quilate** ▪ FAM **dernier carat:** dernier moment ▸ **o mais tardar**

caravane *nf* **1** Troupe de voyageurs réunis pour franchir un désert, une contrée peu sûre, etc. ▸ **caravana 2** Groupe ▸ **caravana 3** Remorque de camping ▸ ***trailer***

caravanier, ère *n* **1** Conducteur des bêtes de somme, dans une caravane ▸ **tropeiro 2** Personne qui pratique le caravaning ▸ **campista**

caravaning *nm* Forme de camping pratiqué par ceux qui utilisent une caravane ▸ ***camping***

caravansérail *nm* En Orient, abri réservé aux caravanes ▸ **caravançará**

caravelle *nf* Navire des XVe et XVIe s., rapide et de petit tonnage ▸ **caravela**

carbochimie *nf* Chimie industrielle de la houille et de ses dérivés ▸ **carboquímica**

carbonarisme *nm* Société politique secrète, formée au XIXe s. en Italie ▸ **carbonarismo**

carbonaro (pl *carbonaros* ou *carbonari*) *nm* Affilié au carbonarisme ▸ **carbonário**

carbonate *nm* CHIM Sel du gaz carbonique: *carbonate de soude* ▸ **carbonato**

carbone *nm* CHIM Corps simple, non métallique, soit cristallisé (diamant), soit amorphe (charbon, houille) ▸ **carbono** ▪ **papier carbone** ou **carbone:** papier placé entre la feuille où l'on écrit et une feuille vierge pour obtenir un double ▸ **papel-carbono**

carbonifère *adj* Qui contient du charbon: *terrain carbonifère* ▸ **carbonífero**

carbonique *adj* Se dit d'un gaz résultant de la combinaison du carbone avec l'oxygène ▸ **carbônico**

carbonisation *nf* Transformation d'un corps en charbon ▸ **carbonização**

carboniser *vt* Brûler complètement, réduire en charbon ▸ **carbonizar**

carburant *nm* Combustible qui alimente un moteur à explosion ▸ **carburante**

carburateur *nm* Organe d'un moteur à explosion qui réalise le mélange d'essence et d'air ▸ **carburador**

carburation *nf* AUTOM Formation, dans le carburateur, du mélange gazeux inflammable et combustible alimentant le moteur à explosion ▸ **carburação**

carbure *nm* CHIM Combinaison du carbone avec un autre corps simple: *carbure d'hydrogène* ▸ **carbureto**

carburer *vi* FAM Réfléchir, faire travailler son esprit ▸ **dar voltas ao miolo**

carcan *nm* **1** ANC Collier de fer pour attacher un condamné au poteau d'exposition ▸ **golilha 2** FIG Ce qui entrave la liberté, contrainte, sujétion ▸ **jugo**

carcasse *nf* **1** Charpente osseuse d'un animal ▸ **carcaça 2** FAM Corps humain: *traîner sa vieille carcasse* ▸ **carcaça 3** Armature, charpente: *carcasse d'abat-jour, de voiture* ▸ **carcaça**

carcéral, e, aux *adj* Relatif aux prisons, au régime pénitentiaire ▸ **carcerário**

carcinome *nm* Sorte de cancer ▸ **carcinoma**

cardamome *nf* Plante aromatique d'Asie aux graines de saveur poivrée ▸ **cardamomo**

cardan *nm* MÉCAN Articulation permettant la transmission d'un mouvement de rotation dans toutes les directions ▸ **cardã**

carde *nf* Nervure comestible du cardon et de la blette ▸ **cardo comestível**

carder *vt* Peigner la laine, le drap ▸ **cardar**

cardia *nm* Orifice supérieur de l'estomac ▸ **cárdia, óstio cárdico**

cardiaque *adj* Relatif au cœur ▸ **cardíaco** ◆ *adj et n* Qui a une maladie de cœur ▸ **cardíaco**

cardigan *nm* Veste de tricot à manches longues, se fermant par-devant ▸ **cardigã**

cardinal¹ *nm* **1** Membre du Sacré Collège, électeur et conseiller du pape ▸ **cardeal 2** Oiseau au plumage rouge écarlate ▸ **cardeal**

cardinal², e, aux *adj* LITT Qui constitue le point essentiel d'une doctrine, d'une action: *l'idée cardinale d'une théorie* ▸ **cardeal** ▪ **points cardinaux:** l'est, le sud, l'ouest et le nord ▸ **pontos cardeais** □ **nombre cardinal:** qui exprime la quantité: *un, deux, trois, etc.*, sont des nombres cardinaux ▸ **número cardinal**

cardinalat *nm* Dignité de cardinal ▸ **cardinalato**

cardinalice *adj* Qui appartient à un cardinal ▸ **cardinalício**

cardiogramme *nm* Tracé obtenu à l'aide d'un cardiographe ▸ **cardiograma**

cardiographe *nm* Appareil enregistreur des mouvements du cœur ▸ **cardiógrafo**

cardiographie *nf* Étude du cœur à l'aide du cardiographe ▸ **cardiografia**

cardiologie *nf* Partie de la médecine qui traite du cœur ► **cardiologia**
cardiologue *n* Spécialiste des maladies du cœur ► **cardiologista**
cardiopathie *nf* Affection du cœur ► **cardiopatia**
cardio-vasculaire (pl *cardio-vasculaires*) *adj* Relatif à la fois au cœur et aux vaisseaux ► **cardiovascular**
cardon *nm* Plante potagère voisine de l'artichaut, dont on consomme les cardes ► **alcachofra-brava**
carême *nm* Pour les catholiques et les orthodoxes, temps de pénitence allant du mercredi des Cendres au jour de Pâques ► **quaresma**
carénage *nm* **1** MAR Action de caréner ► **carenagem 2** Endroit d'un port où l'on carène les navires ► **estaleiro**
carence *nf* **1** Absence, manque de quelque chose: *carence en vitamines* ► **carência 2** PAR EXT Action de se dérober, de manquer à un engagement: *la carence du pouvoir* ► **ausência**
carène *nf* Partie immergée de la coque d'un navire ► **carena**
caréné, e *adj* Qui a une forme fuselée pour réduire la résistance de l'air ► **carenado**
caréner *vt (conj 10)* Nettoyer ou réparer la carène ► **carenar**
carentiel, elle *adj* Relatif, consécutif à une carence ► **carencial**
caressant, e *adj* Qui caresse, qui aime les caresses ► **carinhoso**
caresse *nf* Attouchement tendre ► **carinho**
caresser *vt* **1** Faire des caresses ► **acarinhar, acariciar 2** FIG Nourrir des espérances, etc. ► **acalentar**
caret *nm* **1** Dévidoir utilisé par les fabricants de cordes ► **dobadoura de cordoeiro ■ fil de caret:** gros fil servant à faire les cordages ► **fio de carreta 2** Tortue des mers chaudes ► **tartaruga--cabeçuda**
car-ferry (pl *car-ferrys* ou *car-ferries*) *nm* Navire aménagé pour le transport des automobiles ► **balsa de veículos**
cargaison *nf* Ensemble des marchandises transportées par un navire, un avion ► **carga**
cargo *nm* Navire pour le transport des marchandises ► **cargueiro**
cari *nm* → **curry**
cariatide *nf* → **caryatide**
caribou *nm* Renne du Canada ► **rena**
caricatural, e, aux *adj* **1** Qui relève de la caricature: *dessin caricatural* ► **caricatural 2** Grotesque, outré: *compte rendu caricatural* ► **caricato**
caricature *nf* **1** Dessin, peinture satirique ou grotesque ► **caricatura 2** Déformation grotesque et outrée de certains traits ou caractéristiques ► **caricatura 3** FAM Personne ridicule ► **caricatura**
caricaturer *vt* Faire la caricature de ► **caricaturar**
caricaturiste *n* Personne qui fait des caricatures ► **caricaturista**
carie *nf* Maladie de la dent détruisant ses parties dures ► **cárie**
carié, e *adj* Se dit d'une dent attaquée par une carie ► **cariado**
carier *vt* Gâter par l'effet de la carie ► **cariar**
carillon *nm* **1** Ensemble de cloches accordées à différents tons; sonnerie de ces cloches ► **carrilhão, repique 2** Horloge qui sonne les heures ► **carrilhão ■ carillon électrique:** sonnerie électrique à plusieurs tons ► **carrilhão elétrico**
carillonné, e *adj* **■ fête carillonnée:** fête solennelle annoncée par des carillons ► **festa anunciada por repique**
carillonnement *nm* Action de carillonner; le son produit ► **repique**
carillonner *vi* **1** Sonner le carillon ► **tocar carrilhão 2** FAM Agiter vivement une sonnette à une porte ► **tocar com insistência** ◆ *vt* Faire savoir à grand bruit: *carillonner une nouvelle* ► **apregoar**
cariste *nm* Employé chargé de la manœuvre des chariots de manutention ► **motorneiro**
caritatif, ive *adj* Qui aide matériellement ou moralement les plus démunis ► **caridoso**
car-jacking [kardʒakiŋ] (pl *car-jackings) nm* Vol d'un véhicule automobile sur la voie publique avec violences ou menaces sur son conducteur ► **roubo de carro**
carlin *nm* Petit dogue à poil ras ► **carlindogue**
carlingue *nf* Partie de l'avion pour le pilote et les passagers ► **carlinga**
carliste *adj et n* Partisan de don Carlos, prétendant à la couronne d'Espagne au XIXe s. ► **carlista**
carmagnole *nf* **1** Veste courte en usage pendant la Révolution ► **carmanhola 2** (avec une majuscule) Ronde et chanson révolutionnaire en 1793 ► **carmanhola**
carme *nm* Religieux du Carmel ► **carmelita**
carmélite *nf* Religieuse du Carmel ► **carmelita**
carmin *adj inv et nm* D'un rouge vif ► **carmim**
carminé, e *adj* Qui tire sur le carmin ► **carminado**
carnage *nm* Massacre, tuerie ► **carnificina**
carnassier, ère *adj et n* Qui se nourrit de chair crue; SYN: *carnivore* ► **carniceiro**

carnassière *nf* Sac pour le gibier ▸ **bolsa de caça**
carnation *nf* Teint, coloration de la peau ▸ **carnação**
carnaval (pl *carnavals*) *nm* Période de réjouissances allant de l'Épiphanie au mercredi des Cendres; ces réjouissances (bal, cortèges) ▸ **carnaval**
carnavalesque *adj* **1** Du carnaval ▸ **carnavalesco** **2** Grotesque, extravagant ▸ **carnavalesco**
carne *nf* FAM Viande dure ▸ **sola**
carné, e *adj* Qui se compose de viande: *alimentation carnée* ▸ **cárneo**
carnet *nm* **1** Petit cahier servant à inscrire des notes, des adresses, etc.: *carnet de bord* ▸ **carnê, caderneta** **2** Assemblage de tickets, de timbres, etc., détachables: *carnet de chèques* ▸ **talão** ■ **carnet de commandes:** ensemble des commandes reçues par une entreprise ▸ **carnê de pedidos** □ **carnet de notes:** recueil des appréciations portées par les professeurs sur un élève ▸ **boletim** □ **carnet de voyage:** journal intime tenu par un voyageur sous la forme de notes et/ou de dessins ▸ **diário de viagem**
carnettiste *n* Personne qui tient un carnet de voyage ▸ **pessoa que faz diário de viagem**
carnivore *adj et n* **1** Carnassier ▸ **carnívoro** **2** Qui aime la viande ▸ **carnívoro** ♦ *nm* Mammifère qui se nourrit surtout de viande, tel que le chien, le chat, l'ours (les carnivores forment un ordre) ▸ **carnívoro**
carolingien, enne *adj et n* Qui appartient à la dynastie des Carolingiens ▸ **carolíngio**
caroncule *nf* Excroissance charnue et rouge ornant la tête et le cou de divers animaux: *caroncule du coq, du dindon* ▸ **carúncula**
carotène *nm* Pigment jaune ou rouge des végétaux (carotte) et des animaux ▸ **caroteno**
carotide *nf* Chacune des deux artères qui conduisent le sang du cœur à la tête ▸ **carótida**
carotte *nf* **1** Plante cultivée pour sa racine comestible; racine de cette plante ▸ **cenoura** **2** Échantillon cylindrique de terrain retiré du sol ▸ **amostra cilíndrica** **3** Enseigne des bureaux de tabac ▸ ***carotte*** ■ **la carotte et le bâton:** une alternance de promesses et de menaces ▸ **a cenoura e a vara, chantagem** □ FAM **les carottes sont cuites:** il n'y a plus rien à faire ▸ **acabou-se o que era doce** ♦ *adj inv* De couleur rouge tirant sur le roux ▸ **cor de cenoura**
carotter *vt* FAM Soutirer qqch par tromperie ▸ **calotear**
caroube ou **carouge** *nf* Gousse à pulpe sucrée, comestible et antidiarrhéique ▸ **alfarroba**
carpaccio [karpatʃjo] *nm* **1** Viande de bœuf crue, coupée en fines lamelles et macérée dans de l'huile et du citron ▸ ***carpaccio*** **2** Tout mets cru servi finement tranché ▸ ***carpaccio***
carpe[1] *nf* Poisson d'eau douce ▸ **carpa** ■ **muet comme une carpe:** tout à fait muet ▸ **mudo como um peixe**
carpe[2] *nm* Squelette du poignet ▸ **carpo**
carpelle *nm* Chacun des éléments soudés du pistil ▸ **carpelo**
carpette *nf* Tapis de petites dimensions ▸ **tapete**
carquois *nm* Étui à flèches ▸ **aljava**
carrare *nm* Marbre blanc d'Italie ▸ **carrara**
carre *nf* **1** Épaisseur d'un objet plat coupé à angle droit: *la carre d'une planche* ▸ **espessura** **2** Baguette d'acier bordant la semelle du ski ▸ **lâmina**
carré[1] *nm* **1** Quadrilatère plan à côtés égaux et à quatre angles droits; ce qui a approximativement la forme d'un carré ou d'un cube: *carré de chocolat* ▸ **quadrado** **2** Compartiment de jardin où l'on cultive une même plante ▸ **canteiro** **3** Sur un navire, salle de repas des officiers ▸ **refeitório** **4** Réunion de quatre cartes semblables ▸ **quadra** **5** Ensemble des côtelettes du mouton, de l'agneau, du porc ▸ **carrê** **6** Produit d'un nombre multiplié par lui-même ▸ **quadrado**
carré[2]**, e** *adj* **1** Qui a la forme d'un carré ▸ **quadrado** **2** FIG Franc, décidé ▸ **decidido** ■ **épaules carrées:** larges ▸ **ombros largos**
carreau *nm* **1** Pavé plat, en terre cuite, en pierre, etc.: *les carreaux de la cuisine* ▸ **ladrilho** **2** Sol pavé de carreaux: *laver le carreau* ▸ **ladrilho** **3** Dessin de forme carrée dans un quadrillage: *jupe à carreaux* ▸ **quadriculado, xadrez** **4** Verre de fenêtre: *laveur de carreaux* ▸ **vidraça** **5** Aux cartes, couleur marquée par des losanges rouges: *dame de carreau* ▸ **ouros** **6** Gros fer à repasser de tailleur ▸ **ferro** ■ FAM **se tenir à carreau:** être sur ses gardes ▸ **ficar com o pé atrás** □ **sur le carreau:** **(a)** à terre, assommé ou tué ▸ **no chão** **(b)** éliminé ▸ **reprovado**
carrefour *nm* **1** Lieu où se croisent plusieurs chemins ou rues ▸ **cruzamento** **2** FIG Lieu de rencontre et de confrontation d'idées opposées ▸ **simpósio**
carrelage *nm* **1** Action de carreler ▸ **ladrilhagem** **2** Sol recouvert de carreaux ▸ **ladrilho**
carreler *vt (conj 6)* Assembler des carreaux pour former un revêtement ▸ **ladrilhar**
carrelet *nm* **1** Filet carré ▸ **rede quadrada** **2** Plie (poisson) ▸ **solha**
carreleur *nm* Ouvrier qui pose des carrelages ▸ **ladrilhador**

carrément *adv* **1** Franchement, sans détours: *le lui dire carrément* ▸ **claramente 2** FAM Complètement: *carrément nul* ▸ **completamente**

carrer (se) *vpr* S'installer à l'aise: *se carrer dans un fauteuil* ▸ **escarrapachar-se**

carrier *nm* Personne qui extrait la pierre ▸ **extrator**

carrière[1] *nf* **1** Profession à laquelle on consacre sa vie; ensemble des étapes de cette profession ▸ **carreira 2** Grand manège d'équitation en terrain découvert ▸ **carreira ▪ la carrière:** la diplomatie ▸ **carreira diplomática**

carrière[2] *nf* Terrain d'où l'on extrait la pierre: *carrière de grès* ▸ **pedreira**

carriérisme *nm* PÉJOR Activité de celui qui ne cherche qu'à satisfaire son ambition personnelle ▸ **carreirismo**

carriériste *n* PÉJOR Personne qui fait preuve de carriérisme ▸ **carreirista**

carriole *nf* Petite charrette ▸ **carriola**

carrossable *adj* Où les voitures peuvent circuler ▸ **carroçável**

carrosse *nm* Ancienne voiture de luxe à quatre roues, tirée par des chevaux ▸ **coche**

carrosser *vt* Munir d'une carrosserie ▸ **prover de carroceria**

carrosserie *nf* **1** Revêtement, généralement en tôle, d'une voiture ▸ **carroceria 2** Industrie, technique du carrossier ▸ **lanternagem, funilaria**

carrossier *nm* Personne qui fabrique ou répare des carrosseries ▸ **fabricante de carroceria, funileiro**

carrousel *nm* Parade au cours de laquelle des cavaliers exécutent des évolutions variées; lieu où se donne cette parade ▸ **cavalhada, arena**

ORTHOGRAPHE *Carrousel* s'écrit avec un seul s. Il ne faut pas confondre avec *carrosse* et ses dérivés

carrure *nf* Largeur du dos, d'une épaule à l'autre ▸ **envergadura**

cartable *nm* Sac d'écolier ▸ **mochila**

carte *nf* **1** Carton mince servant à divers usages: *carte d'invitation, carte de boutons* ▸ **cartão 2** Petit carton fin, portant des figures et servant à jouer: *battre les cartes* ▸ **carta 3** Document prouvant l'identité ou permettant d'exercer certains droits: *carte d'électeur, de séjour* ▸ **carteira 4** Représentation géographique: *carte murale, routière* ▸ **mapa 5** Morceau de plastique rectangulaire disposant d'un système de mémorisation des données: *carte magnétique, à puce; carte bleue, bancaire, de crédit, de téléphone* ▸ **cartão 6** Liste des plats dans un restaurant: *manger à la carte* ▸ **cardápio 7** INFORM Assemblage de circuits électroniques adaptable à un ordinateur ▸ **placa ▪ à la carte:** selon un libre choix ▸ ***à la carte*** **□ brouiller les cartes:** embrouiller une affaire ▸ **complicar as coisas □ carte grise:** certificat d'immatriculation d'un véhicule à moteur ▸ **documento do carro □** INFORM **carte mère:** carte regroupant les circuits électroniques fondamentaux d'un ordinateur ▸ **placa-mãe □ carte postale:** carte dont un des côtés sert à la correspondance et dont l'autre contient une photo, une illustration ▸ **cartão-postal □ carte de visite:** petit rectangle de bristol sur lequel sont imprimés le nom, l'adresse, etc. ▸ **cartão de visita □ jouer cartes sur table:** ne rien dissimuler ▸ **pôr as cartas na mesa □ jouer la carte de:** s'engager à fond dans un choix ▸ **abraçar a causa □ jouer sa dernière carte:** faire une tentative ultime ▸ **jogar a última cartada □ le dessous des cartes:** le secret d'une affaire ▸ **o que está por trás □ tirer les cartes:** prédire l'avenir par les cartes ▸ **pôr as cartas**

cartel *nm* Entente industrielle ou politique ▸ **cartel**

carte-lettre (pl *cartes-lettres*) *nf* Carte mince se fermant au moyen de bords gommés ▸ **aerograma**

carter [karter] *nm* Enveloppe protectrice des organes d'un mécanisme ▸ **cárter**

carte-réponse (pl *cartes-réponse* ou *cartes-réponses*) *nf* Carte jointe à un questionnaire, à utiliser pour y répondre ▸ **cartão-resposta**

cartésianisme *nm* Philosophie de Descartes ou qui se réclame de Descartes ▸ **cartesianismo**

cartésien, enne *adj* Relatif à la doctrine de Descartes ▸ **cartesiano**

cartilage *nm* Tissu blanc, dur et élastique aux extrémités des os ▸ **cartilagem**

cartilagineux, euse *adj* De la nature du cartilage: *tissu cartilagineux* ▸ **cartilaginoso**

cartographe *n* Personne qui dresse les cartes de géographie ▸ **cartógrafo**

cartographie *nf* Art du cartographe ▸ **cartografia ▪ cartographie du génome:** localisation des gènes sur l'ADN des chromosomes, visant à établir le séquençage du génome humain ▸ **mapeamento do genoma**

cartographique *adj* Relatif à la cartographie ▸ **cartográfico**

cartomancie *nf* Art de prédire l'avenir par les cartes à jouer, les tarots ▸ **cartomancia**

cartomancien, enne *n* Personne qui pratique la cartomancie ▸ **cartomante**

carton *nm* **1** Matière composée de pâte à papier, plus rigide et plus épaisse que le papier ▸ **pape-**

lão 2 Boîte en carton: *carton à chaussures* ▸ **caixa de papelão 3** Portefeuille de dessin: *carton à dessin* ▸ **pasta de desenho 4** Modèle dessiné ou peint: *carton de tapisserie* ▸ **croqui** ■ FAM **faire un carton: (a)** tirer sur quelqu'un ▸ **atirar em um alvo (b)** FIG remporter un succès éclatant ▸ **arrasar**

cartonnage *nm* Fabrication des objets en carton ▸ **cartonagem**

cartonner *vt* **1** Relier un livre en carton ▸ **cartonar 2** FAM Critiquer durement ▸ **malhar** ◆ *vi* FAM Remporter de grands succès ▸ **marcar pontos**

carton-pâte (pl *cartons-pâtes*) *nm* Carton fait de déchets de papier additionnés de colle, et servant à fabriquer des objets par moulage ▸ **cartão-pedra**

cartophile *n* Collectionneur de cartes postales ▸ **cartófilo**

cartophilie *nf* Collection, recherche de cartes postales ▸ **cartofilia**

cartouche *nf* **1** Cylindre renfermant la charge d'un fusil, d'un pistolet, etc. ▸ **cartucho 2** Recharge cylindrique d'encre pour un stylo, de gaz pour un briquet ▸ **recarga 3** Emballage groupant plusieurs paquets de cigarettes ▸ **pacote 4** Boîtier contenant un logiciel vidéo; ce logiciel ▸ **cartucho**

cartoucherie *nf* Usine où l'on fabrique des cartouches ▸ **fábrica de cartuchos**

cartouchière *nf* Sacoche ou ceinture où l'on met des cartouches de fusil ▸ **cartucheira**

cary *nm* → **curry**

caryatide ou **cariatide** *nf* Colonne en forme de statue féminine ▸ **cariátide**

caryopse *nm* Fruit sec soudé à la graine, tel le grain de blé ▸ **cariopse**

caryotype *nm* Ensemble des chromosomes d'une cellule ▸ **cariótipo**

cas[1] *nm* **1** Fait, circonstance: *le cas est rare* ▸ **caso 2** Situation: *que faire en pareil cas?* ▸ **caso 3** MÉD Manifestation d'une maladie; le malade lui-même ▸ **caso** ■ **au cas où:** à supposer que ▸ **no caso de** □ **cas de conscience:** fait, situation difficile à juger, à résoudre ▸ **caso de consciência** □ **cas de figure:** situation envisagée par hypothèse ▸ **hipótese** □ **en ce cas:** alors ▸ **nesse caso** □ **en tout cas:** quoi qu'il arrive ▸ **em todo caso** □ **faire cas, grand cas de:** accorder de l'importance à; estimer ▸ **fazer (muito) caso de**

cas[2] *nm* GRAMM Dans les langues à déclinaisons, chacune des formes prises par certains noms, adjectifs, pronoms, participes, suivant leur fonction dans la phrase ▸ **caso**

casanier, ère *adj et n* Qui aime à rester chez soi ▸ **caseiro**

casaque *nf* Veste des jockeys ▸ **blusa** ■ FAM **tourner casaque:** changer de parti, d'opinion ▸ **virar a casaca**

casbah *nf* Citadelle ou palais arabe; quartier qui l'entoure ▸ **casbá**

cascade *nf* **1** Chute d'eau ▸ **cascata 2** Acrobatie exécutée par un cascadeur ▸ **acrobacia** ■ FIG **en cascade:** en série ▸ **em cascata**

cascadeur, euse *n* **1** Artiste spécialisé qui double les comédiens pour les scènes dangereuses des films ▸ **dublê 2** Au cirque, acrobate spécialiste des chutes volontaires, des sauts dangereux ▸ **acrobata**

case *nf* **1** Habitation des pays tropicaux ▸ **choupana, cabana 2** Compartiment d'un meuble, d'un tiroir, etc. ▸ **compartimento 3** Carré de l'échiquier, du damier, etc. ▸ **casa**

caséine *nf* Substance du lait constituant le fromage ▸ **caseína**

casemate *nf* Abri enterré d'un fort, d'une citadelle, etc. ▸ **casamata**

caser *vt* **1** VIEILLI Placer, mettre: *caser des livres* ▸ **colocar, arrumar 2** FIG, FAM Procurer un emploi, une situation à ▸ **estabelecer**

caserne *nf* Bâtiment affecté au logement des militaires ou des pompiers ▸ **caserna, quartel**

casernement *nm* **1** Installation de militaires dans une caserne ▸ **aquartelamento 2** Locaux d'une caserne ▸ **quartel**

cash *adv* Comptant: *payer cash* ▸ ***cash***

cashmere *nm* → **cachemire**

casier *nm* **1** Meuble ou partie de meuble garni de cases: *casier à musique* ▸ **móvel com compartimentos 2** Nasse: *casier à homards* ▸ **nassa** ■ **casier judiciaire:** relevé des condamnations encourues par une personne: *casier judiciaire vierge* ▸ **registro criminal**

casino *nm* Établissement de jeu, de réunion, etc., dans les stations balnéaires ▸ **cassino**

casoar *nm* Grand oiseau coureur d'Australie ▸ **casuar**

casque *nm* **1** Coiffure qui protège la tête: *casque colonial* ▸ **capacete 2** Appareil d'écoute téléphonique ou radiophonique ▸ **fone de ouvido**

casqué, e *adj* Coiffé d'un casque ▸ **com capacete**

casquer *vi* FAM **1** Payer: *c'est encore lui qui a casqué* ▸ **pagar 2** FIG Faire les frais de quelque chose ▸ **pagar**

casquette *nf* Coiffure à visière ▸ **boné**

cassable *adj* Qui peut se casser ▸ **quebrável**

cassandre *nf* Personne qui, invariablement, prophétise une évolution funeste des événements: *projet de loi qui inspire les Cassandres* ▸ **cassandra**

cassant, e *adj* **1** Qui se casse facilement ▸ **quebradiço, frágil 2** FIG Raide, tranchant: *ton cassant* ▸ **duro**

cassate *nf* Crème glacée faite de tranches diversement parfumées ▸ **cassata**

cassation *nf* Annulation juridique d'un arrêté, d'une procédure ▸ **cassação ■ Cour de cassation:** cour suprême de justice ▸ **Suprema Corte**

casse[1] *nf* **1** Action de casser ▸ **quebra 2** Objets cassés: *payer la casse* ▸ **objetos quebrados ■ mettre à la casse:** jeter chez un ferrailleur ▸ **mandar para o ferro-velho**

casse[2] *nf* Boîte à compartiments pour les caractères d'imprimerie ▸ **caixa**

casse[3] *nm* ARG Cambriolage ▸ **arrombamento**

cassé, e *adj* ▸ **quebrado ■ blanc cassé:** tirant légèrement sur le gris ou le jaune ▸ **branco-sujo □ voix cassée:** éraillée, tremblante ▸ **voz entrecortada**

casse-cou *nm inv et adj inv* Personne qui prend des risques, qui n'a pas peur du danger ▸ **intrépido ■ crier casse-cou:** avertir d'un danger ▸ **alertar**

casse-croûte *nm inv* FAM Repas sommaire ▸ **lanche**

casse-gueule *adj inv* FAM **1** Se dit de quelqu'un qui est très téméraire ▸ **temerário 2** Se dit de quelque chose de risqué: *un projet casse-gueule* ▸ **arriscado**

cassement *nm* **■ cassement de tête:** souci intellectuel, fatigue causée par un problème à résoudre ▸ **dor de cabeça**

casse-noisettes ou **casse-noix** *nm inv* Pince pour casser des noisettes, des noix ▸ **quebra-nozes**

casse-pieds *n inv et adj inv* FAM Importun ▸ **chato**

casser *vt* **1** Mettre en morceaux sous l'action d'un choc, d'un coup; briser ▸ **quebrar 2** Causer une fracture à ▸ **quebrar 3** Mettre hors d'usage un appareil ▸ **quebrar 4** FIG Annuler: *casser un arrêt* ▸ **cassar 5** MIL Priver de son grade ▸ **degradar 6** FIG Interrompre le cours de: *casser des relations diplomatiques* ▸ **romper ■** FAM **à tout casser: (a)** tout au plus, au maximum ▸ **no máximo (b)** sans retenue ▸ **desmesurado □** FAM **casser la figure, la gueule à quelqu'un:** lui infliger une correction ▸ **quebrar a cara de alguém □** FAM **casser la tête, les oreilles:** fatiguer par du bruit, des paroles ▸ **encher a cabeça, buzinar no ouvido □** FAM **casser les pieds à: (a)** importuner ▸ **encher a cabeça (b)** agacer ▸ **encher o saco □** FAM **ne rien casser** ou **ne pas casser des briques:** être sans originalité, sans intérêt ▸ **não ser nada do outro mundo ◆ se casser** *vpr* FAM Partir ▸ **dar no pé ■ se casser la figure:** tomber ▸ **levar um tombo □ se casser la tête:** se tourmenter pour trouver une solution ▸ **quebrar a cabeça □ se casser le nez: (a)** trouver porte close ▸ **dar com o nariz na porta (b)** échouer ▸ **quebrar a cara**

casserole *nf* **1** Ustensile de cuisine à fond plat et à manche ▸ **panela 2** FAM Affaire compromettante qui entache la réputation ▸ **escândalo ■** TRÈS FAM **passer à la casserole: (a)** subir une épreuve pénible ▸ **passar por maus bocados (b)** pour une femme, être contrainte d'avoir des rapports sexuels ▸ **ser estuprada**

casse-tête *nm inv* **1** Massue ▸ **cassetete, clava 2** FIG Bruit assourdissant ▸ **barulheira 3** Travail ou jeu qui présente des difficultés presque insolubles ▸ **quebra-cabeça**

cassette *nf* **1** Petit coffre ▸ **caixinha 2** Étui contenant une bande magnétique préenregistrée ou non, un film, etc. ▸ **cassete**

casseur, euse *n* FAM Personne qui casse, détériore exprès, se livre à des déprédations ▸ **depredador**

cassis[1] [kasis] *nm* **1** Arbuste à fruits noirs; fruit de cet arbuste ▸ **cássis 2** Liqueur de cassis ▸ **licor de cássis**

cassis[2] [kasi] *nm* Rigole en travers d'une route qui imprime une secousse aux véhicules ▸ **valeta**

cassolette *nf* **1** Brûle-parfum ▸ **caçoula 2** Petit récipient pour hors-d'œuvre chaud ou froid ▸ **cumbuca, tigelinha 3** Plat préparé en cassolette ▸ **caçoulada**

cassonade *nf* Sucre roux qui n'a été raffiné qu'une fois ▸ **açúcar mascavo**

cassoulet *nm* Ragoût de haricots blancs et de viandes ▸ ***cassoulet***

cassure *nf* Endroit où un objet est cassé: *la cassure d'une pierre* ▸ **fratura**

castagnettes *nf pl* Instrument de percussion fait de deux pièces de bois ou d'ivoire qu'on s'attache aux doigts et qu'on fait résonner en les entrechoquant ▸ **castanholas**

caste *nf* Division hiérarchique de la société, notamment en Inde: *la caste des brahmanes* ▸ **casta**

castillan, e *adj et n* De la Castille ▸ **castelhano**

casting [kastiŋ] *nm* (anglicisme) Recherche et sélection des acteurs, des figurants, des mannequins, pour un film, un spectacle (recommandation officielle: *distribution artistique*) ▸ ***casting***

castor *nm* Mammifère rongeur qui construit des digues sur les cours d'eau ▸ **castor**

castrat *nm* Chanteur dont la voix d'enfant était conservée par castration ▸ ***castrato***
castration *nf* Ablation d'un organe de la génération, pour les deux sexes ▸ **castração**
castrer *vt* Pratiquer la castration; châtrer ▸ **castrar**
casuistique *nf* **1** Partie de la théologie traitant des cas de conscience ▸ **casuística** **2** PAR EXT, LITT Subtilité excessive ▸ **casuística**
casus belli [kazysbɛlli] *nm inv* Acte de nature à provoquer la guerre ▸ ***casus belli***
cataclysme *nm* Grand bouleversement destructeur, causé par un cyclone, un tremblement de terre, etc. ▸ **cataclismo**
catacombes *nf pl* Souterrains ayant servi de sépultures ou d'ossuaires ▸ **catacumbas**
catadioptre *nm* Dispositif de signalisation à surface réfléchissante ▸ **catadióptrico**
catafalque *nm* Estrade sur laquelle on place un cercueil ▸ **catafalco**
cataire ou **chataire** *nf* Plante à fleurs blanches, très odorante, qui attire les chats; SYN: *herbe-aux-chats* ▸ **gatária**
catalan, e *adj et n* De la Catalogne: *les Catalans* ▸ **catalão** ♦ *nm* Langue romane parlée en Catalogne ▸ **catalão**
catalepsie *nf* Suppression apparente et momentanée de la vie par la suspension des mouvements ▸ **catalepsia**
cataleptique *adj et n* Relatif à la catalepsie; qui en est atteint ▸ **cataléptico**
catalogue *nm* **1** Liste par ordre: *catalogue d'une bibliothèque* ▸ **catálogo** **2** Ouvrage contenant une liste d'articles, de services proposés à la vente; fonds constitué par ces articles: *catalogue de vente par correspondance* ▸ **catálogo**
cataloguer *vt* **1** Inscrire par ordre ▸ **catalogar** **2** PÉJOR Ranger, classer définitivement dans une catégorie ▸ **catalogar**
catalpa *nm* Arbre à très grandes feuilles et à fleurs en grosses grappes de l'Amérique du Nord ▸ **catalpa**
catalyse *nf* CHIM Action accélératrice qu'exercent certains corps sur des réactions chimiques, sans être eux-mêmes modifiés ▸ **catálise**
catalyser *vt* **1** CHIM Agir comme catalyseur dans une réaction ▸ **catalisar** **2** FIG Provoquer une réaction par sa seule présence ou son intervention ▸ **catalisar**
catalyseur *nm* **1** CHIM Corps qui catalyse ▸ **catalisador** **2** FIG Élément qui catalyse ▸ **catalisador**
catalytique *adj* ▸ **catalítico** ■ **pot catalytique:** pot d'échappement antipollution utilisant la catalyse ▸ **catalisador (de escapamento)**
catamaran *nm* Embarcation à voiles constituée par deux coques accouplées ▸ **catamarã**
cataplasme *nm* Bouillie médicinale épaisse appliquée sur la peau pour combattre une inflammation ▸ **cataplasma**
catapulte *nf* **1** ANTIQ Machine de guerre pour lancer des pierres ▸ **catapulta** **2** Appareil pour le lancement des avions sur un navire de guerre ▸ **catapulta**
catapulter *vt* **1** Lancer violemment et loin ▸ **catapultar** **2** FIG, FAM Nommer soudainement à un poste élevé ▸ **catapultar**
cataracte *nf* **1** Chute d'eau importante sur un fleuve ▸ **catarata** **2** MÉD Opacité du cristallin produisant une cécité partielle ou totale ▸ **catarata**
catarrhe *nm* MÉD Inflammation aiguë des muqueuses ▸ **catarro**
catastrophe *nf* Événement subit qui cause un bouleversement, des destructions, des morts: *catastrophe ferroviaire, naturelle* ▸ **catástrofe** ■ **en catastrophe:** d'urgence ▸ **de emergência, às pressas**
catastropher *vt* FAM Jeter dans un grand abattement; abattre, consterner ▸ **deprimir**
catastrophique *adj* Qui a le caractère d'une catastrophe; désastreux ▸ **catastrófico**
catch *nm* Lutte libre dans laquelle on peut pratiquer presque toutes les prises ▸ ***catch***
catcheur, euse *n* Personne qui pratique le catch ▸ **praticante de *catch***
catéchèse *nf* Instruction religieuse ▸ **catequese**
catéchiser *vt* **1** Faire le catéchisme ▸ **catequizar** **2** PAR EXT Prêcher, endoctriner ▸ **catequizar**
catéchisme *nm* Instruction religieuse élémentaire, donnée principalement à des enfants ▸ **catecismo**
catéchiste *n* Personne qui enseigne le catéchisme ▸ **catequista**
catéchumène [katekymɛn] *n* Personne qui s'instruit dans la foi chrétienne pour préparer ou confirmer son baptême ▸ **catecúmeno**
catégorie *nf* Classe de personnes ou d'objets de même nature: *catégorie socioprofessionnelle* ▸ **categoria**
catégoriel, elle *adj* Qui concerne une ou plusieurs catégories de personnes ▸ **categorial**
catégorique *adj* **1** Clair, précis, absolu: *refus catégorique* ▸ **categórico** **2** Qui juge d'une manière définitive; affirmatif: *il est trop catégorique* ▸ **categórico**
catégoriquement *adv* De façon catégorique ▸ **categoricamente**

catégorisation *nf* Classement par catégories ▸ **categorização**

catégoriser *vt* Ranger dans une catégorie ▸ **categorizar**

caténaire *nf* Câble conducteur servant à l'alimentation en courant des locomotives électriques ▸ **catenária**

catgut [katgyt] *nm* CHIR Lien pour la suture des plaies ▸ **categute**

cathare *adj et n* Au Moyen Âge, adepte d'une secte religieuse manichéenne dans le sud-ouest de la France ▸ **cátaro**

cathédrale *nf* Église principale d'un diocèse, où siège l'évêque résidant ▸ **catedral**

cathéter [katetɛr] *nm* CHIR Sonde ▸ **cateter**

catho *adj et n* (abréviation) FAM Catholique ▸ **Ø**

cathode *nf* **1** Électrode de sortie du courant dans un appareil à électrolyse ▸ **cátodo 2** Électrode qui est la source primaire d'électrons dans un tube ▸ **cátodo**

cathodique *adj* **1** De la cathode ▸ **catódico 2** FAM Relatif au média télévisuel ▸ **televisivo ■ tube cathodique:** tube à vide parcouru par un faisceau d'électrons émis par la cathode et dont l'impact sur un écran produit une image ▸ **tubo de raios catódicos**

catholicisme *nm* Religion des chrétiens qui reconnaissent l'autorité du pape ▸ **catolicismo**

catholicité *nf* **1** Doctrine de l'Église catholique ▸ **catolicidade 2** Ensemble des catholiques ▸ **catolicidade**

catholique *adj et n* Qui appartient au catholicisme; qui le professe ▸ **católico** ♦ *adj* FAM Conforme à la règle, à la morale courante: *ceci n'est pas très catholique* ▸ **católico**

catimini (en) *loc adv* FAM En cachette: *agir en catimini* ▸ **às escondidas**

cation [katjɔ̃] *nm* Ion de charge positive; CONTR: *anion* ▸ **cátion**

catogan *nm* Nœud retenant les cheveux sur la nuque ▸ **birote, rabo de cavalo**

caucasien, enne *adj et n* Du Caucase ▸ **caucasiano**

cauchemar *nm* **1** Rêve pénible et agité ▸ **pesadelo 2** FAM Chose ou personne qui importune, tourmente ▸ **pesadelo**

cauchemarder *vi* FAM Faire des cauchemars ▸ **ter pesadelo**

cauchemardesque *adj* Analogue au cauchemar ▸ **pesadelar**

cauchois, e *adj et n* Du pays de Caux: *les Cauchoix* ▸ **de Caux**

caucus [kokys] *nm* CANADA Réunion à huis clos des dirigeants d'un parti politique; personnes ainsi réunies ▸ ***caucus***

caudal, e, aux *adj* De la queue ▸ **caudal**

caulerpe *nf* Algue verte originaire des mers tropicales et aujourd'hui abondante dans la Méditerranée, dont elle menace l'équilibre écologique ▸ **Caulerpa taxifolia**

causal, e, als ou **aux** *adj* **1** GRAMM Qui exprime la cause ▸ **causal, de causa 2** Qui annonce un rapport de cause à effet ▸ **causal**

causalité *nf* Rapport causal ▸ **causalidade**

causant, e *adj* FAM Qui parle volontiers, communicatif ▸ **falador**

cause *nf* **1** Ce qui fait qu'une chose existe; origine, principe: *connaître la cause d'un phénomène* ▸ **causa 2** Ce pour quoi on fait quelque chose; motif, raison: *j'ignore la cause de son départ* ▸ **causa 3** Ensemble d'intérêts et d'idées à soutenir: *cause juste; grande cause* ▸ **causa 4** GRAMM Expression de la raison ou du motif de l'action ▸ **causa 5** DR Affaire pour laquelle quelqu'un comparaît ▸ **causa ■ en tout état de cause:** de toute manière ▸ **de qualquer maneira □ être en cause:** être l'objet du débat ▸ **estar em questão □ la bonne cause:** celle qu'on considère comme juste ▸ **a boa causa □ mettre en cause:** incriminer, rendre responsable de ▸ **acusar** ♦ **à cause de** *loc prép* En raison de; par la faute de ▸ **por causa de**

> ORTHOGRAPHE Dans *être cause de*, *cause* est invariable. Dans *avoir pour cause*, *cause* est variable, selon qu'il y a une ou plusieurs causes: *ce retard a pour causes la pluie et la grève*

causer[1] *vt* Être cause de, occasionner: *causer de la peine* ▸ **causar**

causer[2] *vi* **1** S'entretenir familièrement: *causer avec un ami* ▸ **conversar 2** FAM Parler: *elle cause beaucoup* ▸ **falar**

causerie *nf* Exposé sans prétention fait à un auditoire ▸ **palestra**

causette *nf* **1** FAM **faire la causette:** bavarder familièrement ▸ **bater papo 2** INFORM Recommandation officielle pour *2. chat* ▸ **sala de bate-papo**

causeur, euse *n* Personne qui aime et sait causer ▸ **bom de papo**

causeuse *nf* Canapé à deux places ▸ **sofá de dois lugares**

causse *nm* Nom des plateaux calcaires du sud de la France ▸ ***causse*, planalto calcário**

causticité *nf* Caractère de ce qui est corrosif ou caustique ▸ **causticidade**

caustique *adj et nm* Qui attaque les tissus organiques: *la soude est un caustique* ▸ **cáustico** ♦ *adj*

FIG Qui est acerbe, cinglant, mordant dans la plaisanterie ou la satire: *verve caustique* ▸ **cáustico**

cauteleux, euse *adj* LITT Qui manifeste à la fois de la méfiance et de la ruse ▸ **cauteloso**

cautère *nm* Corps brûlant ou agent chimique employé pour brûler superficiellement un tissu organique ▸ **cautério** ▪ FAM **un cautère sur une jambe de bois:** un remède inutile, un moyen inefficace ▸ **chuva no molhado**

cautérisation *nf* Action de cautériser: *cautérisation d'une plaie* ▸ **cauterização**

cautériser *vt* MÉD Brûler superficiellement une plaie pour éviter l'infection ▸ **cauterizar**

caution *nf* **1** Garantie morale donnée par quelqu'un qui jouit d'un grand crédit ▸ **garantia 2** Somme donnée en garantie d'un engagement ▸ **caução 3** Engagement pris auprès d'un créancier de payer les dettes d'une personne si celle-ci ne peut le faire; la personne même qui s'engage: *se porter caution pour quelqu'un* ▸ **caução, fiador** ▪ **sujet à caution:** suspect, douteux ▸ **sob suspeita**

cautionnement *nm* Contrat de quelqu'un qui se porte caution ▸ **caução**

cautionner *vt* **1** Se porter garant pour une autre personne ▸ **caucionar 2** Accorder son appui; soutenir ▸ **avalizar**

cavalcade *nf* Course agitée et bruyante d'un groupe de personnes ▸ **folia**

cavale *nf* ARG Évasion ▸ **fuga** ▪ **être en cavale:** être en fuite, s'être évadé ▸ **estar com o pé no mundo**

cavaler *vi* FAM **1** Courir à toutes jambes; s'enfuir ▸ **dar no pé 2** Rechercher des aventures amoureuses ▸ **bordejar**

cavalerie *nf* **1** Corps d'armée constitué à l'origine par des troupes à cheval, puis motorisées ▸ **cavalaria 2** Troupe à cheval ▸ **cavalaria**

cavalier¹, ère *n* **1** Personne à cheval ▸ **cavaleiro 2** Celui, celle avec qui on forme un couple dans un cortège, une danse ▸ **cavalheiro, dama** ▪ **faire cavalier seul:** agir isolément ▸ **agir sozinho** ♦ *nm* **1** Militaire servant dans la cavalerie ▸ **cavaleiro 2** Pièce du jeu d'échecs ▸ **cavalo 3** Clou en U ▸ **grampo**

cavalier², ère *adj* **1** Destiné aux cavaliers: *allée cavalière* ▸ **para cavaleiros 2** D'une liberté excessive et sans gêne; impertinent ▸ **insolente**

cavalièrement *adv* De façon cavalière, insolente: *répondre cavalièrement* ▸ **com insolência**

cave¹ *nf* **1** Pièce en sous-sol servant de débarras ou de lieu de conservation pour les vins ▸ **cava 2** Vins en réserve, vieillissant en bouteilles ▸ **adega 3** Coffret à liqueurs, à cigares ▸ **frasqueira, cigarreira 4** Fonds d'argent à certains jeux ▸ **parada**

cave² *adj* ▪ **veines caves:** celles qui déversent dans le cœur le sang veineux ▸ **veias cavas**

caveau *nm* Construction souterraine servant de sépulture ▸ **cripta**

caverne *nf* **1** Cavité naturelle assez vaste dans une zone rocheuse ▸ **caverna 2** MÉD Cavité dans un organe malade: *caverne du poumon* ▸ **caverna**

caverneux, euse *adj* ▸ **cavernoso** ▪ **voix caverneuse:** grave ▸ **voz cavernosa**

cavernicole *adj et nm* Se dit des animaux qui supportent l'obscurité et vivent dans les grottes ▸ **cavernícola**

caviar *nm* Œufs d'esturgeon ▸ **caviar**

cavicorne *nm* Mammifère ruminant à cornes creuses ▸ **cavicórneo**

caviste *n* Personne qui s'occupe des vins chez un producteur, dans un restaurant ▸ **adegueiro, *sommelier***

cavité *nf* **1** Creux, vide dans quelque chose: *cavités d'un rocher* ▸ **cavidade 2** Partie creuse du corps humain ou d'un de ses organes: *cavité de la bouche* ▸ **cavidade**

CB [sibi] *nf* (sigle de *citizen band*) **1** Bande de fréquence radio, utilisée notamment pour communiquer entre véhicules ▸ ***C.B.* 2** Appareil émetteur-récepteur pour la citizen band ▸ ***C.B.***

cc (abréviation) Certifié (ou copie) conforme ▸ **Ø**

CC (sigle) Corps consulaire ▸ **CC**

CCI *nf* (sigle) Chambre de commerce et d'industrie ▸ **Ø**

CCP *nm* (sigle) Compte chèque postal ▸ **Ø**

CD¹ *nm* (sigle) Corps diplomatique ▸ **CD**

CD² *nm* (sigle) Compact Disc ▸ ***CD***

CDD *nm* (sigle de *contrat à durée déterminée*) Contrat de travail dont la durée est fixée à l'avance: *être embauché en CDD* ▸ **Ø** ♦ *n* Personne titulaire d'un CDD

CDI¹ *nm* (sigle) Centre de documentation et d'information ▸ **Ø**

CDI² *nm* (sigle de *contrat à durée indéterminée*) Contrat de travail dont le terme n'est pas défini: *être embauché en CDI* ▸ **Ø** ♦ *n* Personne titulaire d'un CDI

CD-I *nm inv* (sigle) Compact Disc interactif ▸ ***CD-I***

CD-ROM ou **CD-Rom** *nm inv* Cédérom ▸ ***CD-ROM***

CDU *nf* (sigle de *classification décimale universelle*) Répartition bibliographique des connaissances humaines fondée sur la numérotation décimale ▸ **CDU**

CDV *nm* (sigle) Compact Disc Video ▸ **Ø**

ce[1] *pron dém inv* (s'élide en c' devant *e*) Indique la chose ou la personne dont il a été ou dont il va être question: *qu'est-ce que c'est?; c'est à lui; prenez ce dont vous avez besoin* ► **isso**

ce[2] ou **cet** (devant une voyelle ou un *h* muet), **cette, ces** *adj dém* **1** Détermine la personne ou la chose qu'on désigne, qui se trouve à proximité ou dont on a parlé: *j'aimerais lire ce livre* ► **este, esse 2** Indique que l'action se situe dans le moment présent ou qu'elle est proche: *il est venu ce matin* ► **este, esse**

CE[1] [seə] *nm* (sigle de *comité d'entreprise*) Organe de l'entreprise composé des représentants élus du personnel et présidé par le chef d'entreprise, qui a des attributions consultatives ou de contrôle en matière professionnelle ► **Ø**

CE[2] [seə] *nm* (sigle de *cours élémentaire*) ■ **CE1,** CE2: classes de l'enseignement primaire où sont scolarisés les enfants de sept à neuf ans

céans *adv* ► **aqui dentro** ■ **maître de céans:** maître des lieux ► **dono do lugar**

ceci *pron dém* Cette chose-ci ► **isto**

cécité *nf* État d'une personne aveugle ► **cegueira**

céder *vt (conj 10)* **1** Laisser, abandonner: *céder sa place* ► **ceder 2** Vendre: *céder un fonds de commerce* ► **ceder** ♦ *vi* **1** Ne pas résister, se rompre: *la porte a cédé sous les coups* ► **ceder 2** Cesser d'opposer une résistance: *céder par faiblesse* ► **ceder** ♦ *vt ind* [à] **1** Se soumettre: *céder à la force* ► **ceder 2** Succomber: *céder à la tentation* ► **ceder**

cédérom *nm* (abrév de *compact disk read only memory*) Disque compact à lecture laser, à grande capacité de mémoire et qui stocke à la fois des textes, des images et des sons; (on écrit aussi *CD-ROM* ou *CD-Rom*) ► ***CD-ROM***

cédétiste *adj et n* De la Confédération française démocratique du travail (CFDT) ► **da CFDT**

CEDEX [sedɛks] ou **Cedex** *nm* (sigle de *courrier d'entreprise à distribution exceptionnelle*) Système qui permet aux entreprises ou organismes de disposer plus rapidement de leur courrier

cédille *nf* Signe graphique qui, placé sous le *c* devant *a, o, u,* indique le son *s* comme dans *façade* ► **cedilha**

cédrat *nm* Fruit du cédratier, sorte d'énorme citron à peau épaisse, utilisé en confiserie, en parfumerie ► **cidra**

cédratier *nm* Espèce de citronnier, cultivé pour ses fruits ► **cidreira**

cèdre *nm* Arbre conifère à branches étalées: *les cèdres du Liban* ► **cedro**

cégétiste *adj et n* De la Confédération générale du travail (CGT) ► **cegetista**

ceindre *vt (conj 55)* LITT Mettre autour d'une partie de son corps ► **cingir**

ceinture *nf* **1** Bande de cuir, d'étoffe, etc., servant à fixer un vêtement autour de la taille ► **cinto 2** Partie fixe d'un vêtement qui entoure la taille ► **cintura 3** Taille: *serré à la ceinture* ► **cintura 4** En judo, chacun des grades des pratiquants ► **faixa 5** Réseau routier ou ferré concentrique à une agglomération: *chemin de fer de ceinture* ► **anel viário, ferroviário** ■ **ceinture de sécurité:** bande coulissante destinée à maintenir un passager sur son siège ► **cinto de segurança** □ FAM **se serrer la ceinture: (a)** ne pas manger assez ► **fechar a boca (b)** se priver de quelque chose ► **apertar o cinto**

ceinturer *vt* Saisir par le milieu du corps en vue de maîtriser ► **cinturar**

ceinturon *nm* **1** Ceinture portée sur l'uniforme ► **cinturão 2** Ceinture large en cuir ► **cinturão**

cela *pron dém* Cette chose-là ► **isso, aquilo** ■ **c'est cela:** c'est exact ► **isso mesmo**

céladon *adj inv* Vert pâle ► ***céladon*** ♦ *nm* Porcelaine d'Extrême-Orient de cette couleur ► ***céladon***

célébrant *nm* Prêtre qui dit la messe ► **celebrante**

célébration *nf* Action de célébrer ► **celebração**

célèbre *adj* Connu de tous, renommé: *un écrivain célèbre* ► **célebre, famoso**

célébrer *vt (conj 10)* **1** Fêter solennellement: *célébrer l'anniversaire de la victoire* ► **celebrar 2** Accomplir un office liturgique: *célébrer la messe* ► **celebrar 3** LITT Faire l'éloge de, glorifier: *célébrer un artiste* ► **celebrar**

célébrité *nf* **1** Grande réputation, gloire, renom ► **celebridade 2** Personnage célèbre ► **celebridade**

celer [səle] *vt* LITT *(conj 5)* Cacher; taire, dissimuler: *celer un secret* ► **ocultar**

céleri [sɛlri] *nm* Plante potagère dont on consomme les côtes des pétioles ou la racine ► **aipo** ■ **branches de céleri** ou **céleri en branches:** côtes des pétioles du céleri ► **talos de aipo** □ **céleri-rave:** variété de céleri cultivée pour sa racine charnue; cette racine ► **aipo-rábano, salsão**

célérité *nf* LITT Vitesse, promptitude ► **celeridade**

céleste *adj* **1** Relatif au ciel: *corps céleste* ► **celeste 2** Divin: *puissances célestes* ► **celeste**

célibat *nm* État d'une personne non mariée ► **celibato**

célibataire *adj et n* Qui n'est pas marié ► **solteiro, celibatário**

celle, celles *pron dém f* → **celui**

cellier *nm* Pièce, lieu frais où l'on entrepose le vin, les fruits, etc. ▸ **adega, despensa**

Cellophane *nf* (nom déposé) Pellicule transparente utilisée pour l'emballage ▸ **celofane**

cellulaire *adj* **1** Formé de cellules: *tissu cellulaire* ▸ **celular 2** Se dit d'un réseau téléphonique divisé en cellules adjacentes dotées d'un relais radioélectrique ▸ **celular ▪ fourgon cellulaire:** voiture qui sert à transporter les prisonniers ▸ **camburão, furgão-cela □ régime cellulaire:** régime dans lequel les prisonniers sont isolés ▸ **regime celular**

cellule *nf* **1** Petite chambre d'un religieux ▸ **cela 2** Local où l'on enferme un détenu ▸ **cela 3** Alvéole des rayons de cire des abeilles ▸ **cela, alvéolo 4** BIOL Élément constitutif de tout être vivant ▸ **célula 5** Élément constitutif fondamental d'un ensemble: *cellule familiale* ▸ **célula 6** Groupe de travail constitué pour résoudre un problème particulier: *cellule de crise* ▸ **célula ▪ cellule photoélectrique:** appareil transformant l'énergie lumineuse en énergie électrique ▸ **célula fotelétrica**

cellulite *nf* Envahissement graisseux du tissu cellulaire sous-cutané ▸ **celulite**

Celluloïd *nm* (nom déposé) Matière plastique très inflammable ▸ **celuloide**

cellulose *nf* Substance organique formant la membrane des cellules végétales ▸ **celulose**

cellulosique *adj* Qui contient de la cellulose ▸ **celulótico**

celtique ou **celte** *adj et n* Des Celtes ▸ **celta**

celui, celle (pl *ceux, celles*) *pron dém* Se dit des personnes et des choses dont on parle: *prends celle qui est dans la cuisine* ▸ **aquele ♦ celui-ci, celle-ci** (pl *ceux-ci,celles-ci*) *pron dém* Désigne la personne ou la chose la plus proche ▸ **esse ♦ celui-là, celle-là** (pl *ceux-là,celles-là*) *pron dém* Désigne la personne ou la chose la plus éloignée ▸ **aquele**

cément *nm* Tissu dur qui recouvre l'ivoire de la racine des dents ▸ **cemento**

cémentation *nf* Action de cémenter ▸ **cementação**

cémenter *vt* Modifier la composition d'un métal en lui incorporant à chaud un autre corps ▸ **cementar**

cénacle *nm* **1** Salle où Jésus-Christ réunit ses disciples pour la Cène ▸ **cenáculo 2** LITT, FIG cercle de gens de lettres, d'artistes, etc. ▸ **cenáculo**

cendre *nf* Résidu de toute combustion ▸ **cinza ♦ cendres** *pl* Restes des morts: *paix à ses cendres* ▸ **cinzas ▪ renaître de ses cendres:** recommencer une vie nouvelle ▸ **renascer das cinzas**

cendré, e *adj* Couleur de cendre: *des cheveux blond cendré* ▸ **acinzentado**

cendrier *nm* Petit récipient pour la cendre de tabac ▸ **cinzeiro**

cène *nf* **1** (avec une majuscule) Dernier repas de Jésus-Christ avec ses apôtres, la veille de sa Passion ▸ **Santa Ceia 2** Communion sous les deux espèces (pain et vin), chez les protestants: *prendre la cène* ▸ **Ceia**

cénobite *nm* Moine qui vit en communauté ▸ **cenobita**

cénotaphe *nm* Monument élevé à la mémoire d'un mort et qui ne contient pas son corps ▸ **cenotáfio**

cens [sɑ̃s] *nm* Au Moyen Âge, redevance payée par des roturiers à leur seigneur ▸ **censo**

censé, e *adj* Considéré comme, supposé: *nul n'est censé ignorer la loi* ▸ **reputado, tido por**

ORTHOGRAPHE Il ne faut pas confondre *censé*, «supposé», avec *sensé*, «de bon sens»

censeur *nm* **1** Fonctionnaire chargé de la discipline dans un lycée ▸ **bedel 2** Membre d'une commission de censure ▸ **censor 3** LITT Personne qui s'érige en juge intransigeant d'autrui ▸ **censor**

censitaire *adj* Relatif au cens ▸ **censatário**

censure *nf* **1** Contrôle qu'un gouvernement, une autorité exerce sur des livres, journaux, films, etc., avant d'en autoriser la diffusion ▸ **censura 2** Commission qui en décide l'autorisation ou l'interdiction ▸ **censura ▪ motion de censure:** vote hostile à la politique du gouvernement et pouvant entraîner sa démission ▸ **moção de censura**

censurer *vt* **1** Interdire la publication ou la diffusion ▸ **censurar 2** Voter une motion de censure ▸ **censurar 3** PSYCHAN Refouler ▸ **recalcar**

cent *adj num* **1** Dix fois dix ▸ **cem 2** Centième: *page cent* ▸ **cem ▪ cent pour cent:** entièrement ▸ **cem por cento □ pour cent:** pour une quantité de cent unités: *dix pour cent* ▸ **por cento**

ORTHOGRAPHE *Cent* prend un *s* quand il est multiplié: *deux cents francs*; il reste invariable quand il est suivi d'un autre nombre ou quand il est employé pour centième: *deux cent dix francs, l'an mille neuf cent*

centaine *nf* Groupe de cent unités ou environ ▸ **centena**

centaure *nm* Être fabuleux, mi-homme, mi-cheval ▸ **centauro**

centaurée *nf* Plante herbacée aux nombreuses espèces, dont le *bleuet* ▸ **centáurea**

centenaire *adj et n* Qui a cent ans ou plus ▸ **centenário ♦** *nm* Centième anniversaire d'un événement mémorable ▸ **centenário**

centésimal, e, aux *adj* Divisé en cent parties: *échelle centésimale* ▶ **centesimal**
centiare *nm* Centième partie de l'are: *le centiare vaut 1 m²* ▶ **centiare**
centième *adj ord et n* **1** Qui occupe un rang marqué par le numéro cent ▶ **centésimo** **2** Qui se trouve cent fois dans le tout ▶ **centésimo**
centigrade *nm* Centième partie du grade (unité d'angle) ▶ **centigrado**
centigramme *nm* Centième partie du gramme ▶ **centigrama**
centilitre *nm* Centième partie du litre ▶ **centilitro**
centime *nm* Centième partie du franc ▶ **cêntimo**
centimètre *nm* **1** Centième partie du mètre ▶ **centímetro** **2** Ruban divisé en centimètres, servant de mesure ▶ **fita métrica**
centrafricain, e *adj et n* De la République centrafricaine: *les Centrafricains* ▶ **centro-africano**
centrage *nm* Action de centrer ▶ **centragem**
central[1] *nm* Court principal d'un stade de tennis ▶ **quadra central, principal** ■ **central téléphonique:** lieu où aboutissent les lignes du réseau public ▶ **central telefônica**
central[2]**, e, aux** *adj* **1** Qui est au centre: *Europe centrale* ▶ **central** **2** Qui constitue le centre; qui centralise: *pouvoir central* ▶ **central** **3** Essentiel: *idée centrale* ▶ **central**
centrale *nf* **1** Usine génératrice d'électricité ou d'énergie en général: *centrale nucléaire, électrique* ▶ **central** **2** Confédération nationale de syndicats ▶ **central sindical** **3** Prison où sont détenus les condamnés à de longues peines ▶ **penitenciária**
centralien, enne *n* Élève ou ancien élève de l'École centrale des arts et manufactures ▶ ***centralien***
centralisateur, trice *adj et n* Qui centralise ▶ **centralizador**
centralisation *nf* Action de centraliser ▶ **centralização**
centraliser *vt* **1** Rassembler en un centre unique: *centraliser des fonds* ▶ **centralizar** **2** Faire dépendre d'un organisme, d'un pouvoir central: *centraliser des services* ▶ **centralizar**
centralisme *nm* Système d'organisation qui entraîne la centralisation des décisions et de l'action ▶ **centralismo**
centre *nm* **1** Point situé à égale distance de tous les points d'une circonférence, d'une sphère ▶ **centro** **2** Point également éloigné des extrémités d'une étendue: *centre d'un tableau* ▶ **centro** **3** Milieu d'un espace quelconque: *le centre d'une ville* ▶ **centro** **4** Siège principal ou notable d'une activité: *centre des affaires; centre touristique* ▶ **centro** **5** Organisme centralisateur: *centre d'information* ▶ **centro** **6** Lieu où sont rassemblées des personnes pour une activité commune: *centre aéré; centre hospitalier* ▶ **centro** **7** Point principal, essentiel: *le centre de la question* ▶ **centro** **8** Ensemble des membres d'une assemblée politique qui siègent entre la droite et la gauche: *il est plutôt au centre* ▶ **centro** ■ **centre commercial:** ensemble regroupant des magasins de détail et divers services ▶ ***shopping center*** □ **centre d'appels:** service d'assistance commerciale ou technique par téléphone ou par Internet ▶ ***call center***
centrer *vt* **1** Ramener au centre, équilibrer par rapport au centre: *centrer un titre dans une page* ▶ **centrar, centralizar** **2** Donner une orientation précise: *centrer un débat sur la violence* ▶ **centrar** **3** TECHN Déterminer l'axe d'une pièce ou fixer une pièce en son centre ▶ **centrar** **4** Au football, lancer le ballon de l'aile vers l'axe du terrain ▶ **centrar, cruzar**
centre-ville (pl *centres-villes*) *nm* Quartier central d'une ville dans lequel il y a beaucoup d'animation ▶ **centro da cidade**
centrifuge *adj* Qui tend à éloigner du centre: *force centrifuge*; CONTR: *centripète* ▶ **centrífugo**
centrifuger *vt (conj 2)* Soumettre à l'action de la force centrifuge ▶ **centrifugar**
centrifugeuse *nf* Appareil électrique pour faire des jus de fruits ou de légumes ▶ **centrífuga**
centripète *adj* Qui tend à rapprocher du centre; CONTR: *centrifuge* ▶ **centrípeto**
centrisme *nm* Tendance politique du centre ▶ **centrismo**
centriste *adj et n* Du centre, en politique ▶ **centrista**
centuple *adj et nm* Qui vaut cent fois autant ▶ **cêntuplo** ■ **au centuple:** cent fois plus, beaucoup plus ▶ **cem vezes mais**
centupler *vt* Porter au centuple ▶ **centuplicar**
centurie *nf* Dans la Rome antique, groupement de cent citoyens, de cent soldats ▶ **centúria**
centurion *nm* Officier commandant cent soldats dans l'armée romaine ▶ **centurião**
cep *nm* Pied de vigne ▶ **cepa**
cépage *nm* Plant de vigne ▶ **bacelo**
cèpe *nm* Champignon comestible; SYN: *bolet* ▶ **boleto-doce**
cépée *nf* Touffe de tiges ou rejets de bois sortant du même tronc ▶ **tufo de cepas**
cependant *adv* Néanmoins, toutefois ▶ **contudo**
céphalée ou **céphalalgie** *nf* MÉD Mal de tête ▶ **cefaleia**

céphalopode *nm* Mollusque marin dont la tête porte des tentacules munis de ventouses, tel que la pieuvre, la seiche, etc. (les céphalopodes forment une classe) ▸ **cefalópode**

céphalo-rachidien, enne (pl *céphalo-rachidiens, ennes*) *adj* ▸ **cefalorraquidiano** ▪ **liquide céphalo-rachidien:** contenu entre les méninges ▸ **líquido cefalorraquidiano**

céphalothorax *nm* Tête et thorax soudés ensemble chez les crustacés, les arachnides ▸ **cefalotórax**

cérame *adj* ▪ **grès cérame:** grès employé en poterie ▸ **barro vidrado**

céramique *nf* **1** Art de fabriquer des poteries et autres objets de terre cuite ▸ **cerâmica 2** Objet en terre cuite ▸ **cerâmica**

céramiste *n* Personne qui fabrique, décore la céramique; personne qui pose les carreaux de céramique ▸ **ceramista, azulejador**

céraste *nm* Serpent venimeux d'Afrique et d'Asie dit *vipère à cornes* ▸ **cerasta**

cerbère *nm* Gardien sévère ▸ **cérbero**

cerceau *nm* **1** Cercle de bois ou de fer propre à divers usages: *cerceau de tonneau* ▸ **aro, arco 2** Cercle léger que les enfants s'amusent à pousser devant eux ▸ **arco**

cerclage *nm* Action de cercler ▸ **colocação de arcos**

cercle *nm* **1** Courbe plane dont tous les points sont à égale distance d'un point fixe appelé centre ▸ **círculo 2** Circonférence d'un cercle: *tracer un cercle au compas* ▸ **círculo 3** Objet en forme de cercle: *cercle d'un tonneau* ▸ **círculo 4** Objets, personnes disposés en rond: *faire un cercle* ▸ **círculo 5** Réunion, assemblée, association; lieu où elle se tient: *cercle d'études, de jeu* ▸ **círculo 6** FIG Étendue de ce qui vous entoure, de ce qu'on peut embrasser par l'esprit: *le cercle des connaissances humaines* ▸ **círculo** ▪ **cercle vicieux: (a)** raisonnement où l'on donne comme preuve ce qu'il faudrait prouver ▸ **círculo vicioso (b)** situation dans laquelle on se trouve enfermé, impasse ▸ **círculo vicioso** ▫ **premier cercle: (a)** ensemble des personnes les plus proches d'une personnalité, d'un pouvoir ▸ **íntimos;(b)** ensemble des personnes qui dirigent un groupe, un mouvement ▸ **dirigentes**

cercler *vt* Garnir de cercles: *cercler un tonneau* ▸ **arcar**

cercopithèque *nm* Singe d'Afrique à longue queue ▸ **cercopiteco**

cercueil *nm* Coffre où l'on enferme le corps d'un mort; SYN: *bière* ▸ **caixão**

céréale *nf* Plante dont les grains servent à la nourriture de l'homme et des animaux domestiques (blé, seigle, avoine, orge, riz, etc.) ▸ **cereal** ♦ **céréales** *pl* Préparation alimentaire à base de blé, de maïs, d'avoine, etc.: *prendre des céréales au petit-déjeuner* ▸ **cereal**

céréalier, ère *adj* Relatif aux céréales ▸ **cerealífero** ♦ *nm* Producteur de céréales ▸ **cerealista**

cérébelleux, euse *adj* Du cervelet ▸ **cerebelar**

cérébral, e, aux *adj* Qui concerne le cerveau ▸ **cerebral**

cérébro-spinal, e, aux *adj* Du cerveau et de la moelle épinière ▸ **cerebrospinal**

cérémonial (pl *cérémonials*) *nm* Ensemble des règles qui président aux cérémonies ▸ **cerimonial**

cérémonie *nf* **1** Acte plus ou moins solennel par lequel on célèbre un culte religieux, un événement de la vie sociale ▸ **cerimônia 2** Marque extérieure de solennité ▸ **cerimônia** ▪ **sans cérémonie:** en toute simplicité ▸ **sem cerimônia**

cérémonieusement *adv* D'une façon cérémonieuse ▸ **cerimoniosamente**

cérémonieux, euse *adj* Qui fait trop de cérémonies; compassé ▸ **cerimonioso**

cerf [sɛr] *nm* Mammifère ruminant dont le mâle porte des bois ▸ **cervo**

cerfeuil *nm* Plante aromatique ▸ **cerefólio**

cerf-volant (pl *cerfs-volants*) *nm* **1** Jouet constitué par un planeur en toile ou en papier retenu au sol par une corde ▸ **pipa, papagaio 2** Lucane (insecte) ▸ **vaca-loira**

cerisaie *nf* Lieu planté de cerisiers ▸ **cerejal**

cerise *nf* Fruit à noyau du cerisier ▸ **cereja** ▪ FAM **la cerise sur le gâteau:** le petit plus qui vient s'ajouter à un résultat déjà bénéfique ▸ **a cereja do bolo** ♦ *adj inv* Rouge vif ▸ **cereja**

cerisier *nm* Arbre cultivé pour ses fruits, ou cerises; bois de cet arbre ▸ **cerejeira**

cerne *nm* **1** Cercle d'un gris bleuâtre qui entoure parfois les yeux ▸ **olheira 2** Couche concentrique d'un arbre coupé en travers ▸ **cerne 3** Trace d'un produit détachant autour de la partie nettoyée; auréole ▸ **círculo**

cerné, e *adj* ▪ **yeux cernés:** entourés d'un cerne ▸ **olheiras**

cerneau *nm* Noix tirée de sa coque encore verte ▸ **miolo da noz verde**

cerner *vt* Entourer, encercler ▸ **cercar, circundar** ▪ **cerner un problème:** en distinguer l'étendue ▸ **delimitar um problema**

certain, e *adj* **1** Sûr, assuré: *chose certaine* ▸ **certo 2** Qui n'a aucun doute: *être certain de* ▸ **certo** ♦ *adj indéf* Un, quelque: *certains jours; un certain* *temps* ▸ **certo** ◆ **certains** *pron indéf pl* Plusieurs: *certains disent* ▸ **alguns**

certainement *adv* **1** Sans aucun doute ▸ **certamente** **2** Probablement: *elle va certainement venir* ▸ **certamente**

certes *adv* **1** Assurément, bien sûr ▸ **sem dúvida** **2** Marque une concession: *c'est difficile, certes, mais nous y parviendrons* ▸ **decerto**

certificat *nm* **1** Écrit qui atteste un fait: *certificat médical, de scolarité* ▸ **certificado, atestado** **2** Nom donné à divers examens; diplôme les attestant ▸ **certificado**

certification *nf* **1** Garantie donnée par écrit: *certification d'un chèque* ▸ **certificação, autenticação** **2** Attestation de conformité d'un produit à des normes particulières ▸ **certificação**

certifié, e *n et adj* Enseignant titulaire du CAPES ou du CAPET ▸ **que possui o** ***CAPES*****, o** ***CAPET***

certifier *vt* Donner comme certain ▸ **certificar** ■ **certifié conforme:** attesté conforme au document original par une autorité compétente ▸ **autenticado**

certitude *nf* **1** Chose sur laquelle on n'a aucun doute; conviction: *ce n'est pas une hypothèse, c'est une certitude* ▸ **certeza** **2** Sentiment qu'on a de la vérité, de l'existence de; assurance: *j'en ai la certitude* ▸ **certeza**

cérumen [serymɛn] *nm* Matière jaune et épaisse qui se forme dans l'oreille ▸ **cerume**

cerveau *nm* **1** ANAT Centre nerveux situé dans le crâne ▸ **cérebro** **2** Ensemble des facultés mentales ▸ **cérebro** **3** FAM Personne exceptionnellement intelligente: *c'est un cerveau* ▸ **crânio** **4** Centre de direction, d'organisation ▸ **cérebro**

cervelas *nm* Grosse saucisse cuite ▸ **salsichão**

cervelet *nm* Centre nerveux situé sous le cerveau en arrière du bulbe rachidien ▸ **cerebelo**

cervelle *nf* **1** Substance du cerveau ▸ **miolo** **2** Cerveau de certains animaux, destiné à l'alimentation ▸ **miolo** ■ **sans cervelle:** étourdi ▸ **desmiolado**

cervical, e, aux *adj* Du cou ▸ **cervical**

cervidé *nm* Ruminant aux cornes pleines appelées bois, tel que le cerf, le renne, le chevreuil, etc. (les cervidés forment une famille) ▸ **cervídeo**

cervoise *nf* Dans l'Antiquité, bière à base de céréales ▸ **cerveja**

ces *adj dém* → **ce**

CES *nm* (sigle de *collège d'enseignement secondaire*) Établissement du premier cycle de l'enseignement secondaire

césar *nm* **1** Titre d'empereur romain ▸ **césar** **2** Récompense cinématographique en France ▸ **césar**

césarienne *nf* Opération chirurgicale consistant à extraire le fœtus par incision de la paroi abdominale ▸ **cesariana**

cessant, e *adj* ■ **toutes affaires cessantes:** avant toute chose ▸ **antes de mais nada**

cessation *nf* Suspension, arrêt ▸ **cessação**

cesse *nf* ■ **n'avoir pas (point) de cesse que:** ne pas s'arrêter avant que ▸ **não descansar enquanto não** □ **sans cesse:** sans discontinuer, sans arrêt ▸ **incessantemente**

cesser *vt* Mettre fin à, interrompre: *cesser le travail* ▸ **cessar** ◆ *vi* Prendre fin: *le vent a cessé* ▸ **cessar**

cessez-le-feu *nm inv* Arrêt des hostilités ▸ **cessar-fogo**

cessible *adj* DR Qui peut être cédé ▸ **cedível**

cession *nf* Transmission d'un droit dont on est propriétaire ou titulaire ▸ **cessão**

ORTHOGRAPHE Il ne faut pas confondre *cession*, du verbe «céder», avec *session*, du verbe «siéger»

c'est-à-dire *loc conj* Annonce une explication, une rectification (abréviation: *c.-à-d.*) ▸ **isto é**

césure *nf* Repos ménagé dans un vers pour en régler la cadence ▸ **cesura**

cet, cette *adj dém* → **ce**

cétacé *nm* Grand mammifère marin tel que la baleine, le cachalot, le dauphin (les cétacés forment un ordre) ▸ **cetáceo**

cétoine *nf* Coléoptère vert doré ▸ **cetoníneo**

ceux, celles *pron dém* → **celui**

cévenol, e *adj et n* Des Cévennes: *les Cévenols* ▸ **de Cévennes**

cf. (abréviation de *confer*) Notation servant à renvoyer le lecteur à un ouvrage ou un passage à consulter ▸ **cf.**

CFAO *nf* (sigle) Conception de fabrication assistée par ordinateur ▸ **Ø**

CFC *nm* (sigle de *chlorofluorocarbone*) Composé gazeux utilisé notamment dans les bombes aérosol, les isolants, les réfrigérants: *les CFC constituent une menace pour la couche d'ozone* ▸ **CFC**

chabichou *nm* Fromage de chèvre ▸ ***chabichou***

chablis *nm* Vin blanc sec récolté à Chablis, dans l'Yonne ▸ ***chablis***

chabot *nm* Poisson à grosse tête ▸ **alcaboz**

chacal (pl *chacals*) *nm* Mammifère carnassier d'Asie et d'Afrique, qui se nourrit des restes laissés par les fauves ▸ **chacal**

chacun, e *pron indéf* **1** Chaque personne ou chaque chose: *ces livres se vendent trente francs chacun* ▸ **cada (um)** **2** Tout le monde: *chacun sait cela* ▸ **todos, todo o mundo**

chafouin, e *adj* FAM Sournois et rusé: *un air chafouin* ▸ **de fuinha**

chagrin[1] *nm* **1** Souffrance morale, tristesse, peine: *avoir du chagrin* ▸ **fossa, tormento 2** Cuir de chèvre utilisé en reliure ▸ **chagrém** ■ FIG **peau de chagrin:** chose qui se rétrécit, diminue sans cesse ▸ **pele de onagro**

chagrin[2]**, e** *adj* LITT Triste, contrarié: *air chagrin* ▸ **de, na fossa**

chagriner *vt* Attrister; contrarier ▸ **deixar na fossa**

chah ou **shah** *nm* Titre des souverains d'Iran ▸ **xá**

chahut *nm* Agitation, tapage faits pour gêner, protester ▸ **banzé**

chahuter *vt et vi* **1** Faire du chahut ▸ **armar banzé 2** FAM Malmener, traiter sans ménagement ▸ **maltratar**

chahuteur, euse *adj et n* Qui fait du chahut ▸ **algazarrão**

chai *nm* Lieu où l'on emmagasine les vins, les eaux-de-vie en fûts ▸ **adega**

chaîne *nf* **1** Succession d'anneaux passés les uns dans les autres, utilisée comme lien ou comme parure: *chaîne d'une ancre; chaîne en or* ▸ **corrente 2** Ensemble de maillons métalliques articulés: *chaîne de vélo* ▸ **corrente 3** Fils parallèles disposés dans le sens de la longueur d'un tissu, entre lesquels passe la trame ▸ **urdidura 4** Ensemble d'établissements commerciaux faisant partie de la même organisation: *chaîne hôtelière* ▸ **cadeia 5** Réseau d'émetteurs de radio ou de télévision diffusant simultanément le même programme ▸ **cadeia 6** Appareil de reproduction du son: *chaîne stéréo* ▸ **aparelho de som** ■ **chaîne de montage:** série des opérations coordonnées en vue de la fabrication industrielle d'un produit ▸ **linha de montagem** □ **chaîne de montagnes:** suite de montagnes qui forment une ligne continue ▸ **cadeia de montanhas** □ **faire la chaîne:** se placer à la suite les uns des autres pour se passer des objets ▸ **fazer uma corrente humana** □ **réaction en chaîne: (a)** réaction chimique ou nucléaire qui produit les corps ou l'énergie nécessaires à sa propagation ▸ **reação em cadeia (b)** FIG suite de phénomènes déclenchés les uns par les autres ▸ **reação em cadeia** □ **travail à la chaîne: (a)** au cours duquel chaque ouvrier exécute une seule et même opération sur chacune des pièces qui circulent devant lui ▸ **trabalho em cadeia (b)** FIG, FAM travail astreignant, sans un moment de répit ▸ **trabalho exaustivo** ♦ **chaînes** *pl* Dispositif adapté aux pneus d'une voiture pour rouler sur la neige ▸ **corrente**

chaînette *nf* Petite chaîne servant de lien, de parure ▸ **correntinha**

chaînon *nm* **1** Anneau de chaîne ▸ **elo, argola 2** Partie d'une chaîne de montagnes ▸ **cadeia secundária**

chair *nf* **1** Substance des muscles de l'homme et des animaux: *la chair et les os* ▸ **carne 2** Le corps, par opposition à l'âme, à l'esprit; instinct sexuel: *la chair est faible* ▸ **carne 3** Préparation de viande hachée: *chair à saucisse* ▸ **carne 4** Pulpe des fruits: *la chair du melon* ▸ **carne, polpa** ■ **en chair et en os:** en personne ▸ **em carne e osso** ♦ *adj inv* Rose très pâle: *des bas couleur chair* ▸ **cor de carne**

chaire *nf* **1** Tribune, estrade où un prédicateur, un orateur parle à l'auditoire ▸ **púlpito 2** Fonction de professeur: *chaire de philosophie* ▸ **cátedra, cadeira**

chaise *nf* Siège à dossier, sans bras ▸ **cadeira** ■ **chaise à porteurs:** siège fermé et couvert, dans lequel on se faisait porter par deux hommes ▸ **liteira** □ **chaise électrique:** siège muni d'électrodes servant à électrocuter les condamnés à mort ▸ **cadeira elétrica** □ **chaise longue:** fauteuil pliant en toile, sur lequel on peut s'allonger ▸ **espreguiçadeira** □ FIG **entre deux chaises: (a)** dans une position fausse ▸ **entre a cruz e a espada (b)** entre deux solutions ▸ **em cima do muro**

chaisier, ère *n* **1** Préposé à la location des chaises dans un lieu public ▸ **locador de cadeiras 2** Personne qui fabrique des chaises ▸ **cadeireiro**

chaland[1] *nm* Bateau à fond plat ▸ **chalana**

chaland[2]**, e** *n* VX Acheteur, client ▸ **freguês**

chalcographie [kalkɔgrafi] *nf* **1** Gravure sur cuivre ▸ **calcografia 2** Établissement où l'on conserve les estampes ▸ **calcografia**

châle *nm* Grande pièce de laine, de soie, couvrant les épaules ▸ **xale**

chalet *nm* **1** Habitation de montagne, généralement en bois ▸ **chalé 2** CANADA Maison de campagne ▸ **chalé**

chaleur *nf* **1** Phénomène physique par lequel la température s'élève: *dégagement de chaleur* ▸ **calor 2** Qualité de ce qui est chaud; température élevée: *quelle chaleur!* ▸ **calor 3** Sensation que produit un corps chaud: *la chaleur du sable* ▸ **calor 4** Élévation de la température du corps: *bouffée de chaleur* ▸ **calor 5** FIG Ardeur, vivacité, enthousiasme: *dans la chaleur de la discussion* ▸ **calor** ■ **être en chaleur:** désirer l'approche du mâle, en parlant des femelles des animaux domestiques ▸ **estar no cio** ♦ **chaleurs** *pl* **1** Temps chaud: *les grandes chaleurs de l'été* ▸ **calor 2** Période où les femelles des mammifères sont en chaleur ▸ **cio**

chaleureusement *adv* De façon chaleureuse ▸ **calorosamente**
chaleureux, euse *adj* Qui manifeste de la chaleur, enthousiaste, cordial ▸ **caloroso**
châlit *nm* Bois de lit ou armature métallique d'un lit ▸ **armação da cama**
challenge [ʃalɑ̃ʒ] *nm* **1** Épreuve sportive, tournoi où est mis en jeu un titre de champion ▸ **competição 2** FIG Défi ▸ **desafio**
challenger [ʃalɛndʒœr] ou [tʃalɛndʒœr] *nm* Sportif ou équipe qui défie officiellement le détenteur d'un titre ▸ **desafiante**
chaloir *vi* ▸ **importar** ▪ VX **peu me chaut** ou **peu m'en chaut:** peu m'importe ▸ **pouco me importa**
chaloupe *nf* Grand canot, à bord des navires ▸ **chalupa**
chaloupé, e *adj* ▪ **danse, démarche chaloupée:** très balancée ▸ **dança, andar gingado**
chalumeau *nm* Appareil produisant un jet de flamme très chaude pour fondre des métaux en vue de leur assemblage par soudage ou de leur découpage ▸ **maçarico**
chalut *nm* Filet de pêche traîné sur le fond de la mer par un chalutier ▸ **rede de arrasto**
chalutier *nm* Bateau spécialement équipé pour la pêche au chalut ▸ **traineira**
chamade *nf* ▸ **toque de rendição** ▪ **cœur qui bat la chamade:** qui, par émotion, bat à coups précipités ▸ **coração que dispara**
chamailler (se) *vpr* Se quereller ▸ **brigar**
chamaillerie *nf* FAM Dispute, querelle légère ▸ **desavença**
chamailleur, euse *adj et n* FAM Qui aime à se chamailler ▸ **briguento**
chaman [ʃaman] *nm* Prêtre, guérisseur ou devin dans certaines sociétés d'Asie septentrionale, d'Amérique du Nord ▸ **xamã**
chamarrer *vt* Charger d'ornements ▸ **empetecar**
chamarrure *nf* Ornements de mauvais goût ▸ **arrebique**
chambard *nm* FAM Grand désordre; chahut ▸ **balbúrdia**
chambardement *nm* FAM Changement, bouleversement total ▸ **desordem, reviravolta**
chambarder *vt* FAM Renverser, bouleverser de fond en comble ▸ **revirar, subverter**
chambellan *nm* Officier chargé de la chambre d'un prince ▸ **camarista**
chamboulement *nm* FAM Action de chambouler; fait d'être chamboulé ▸ **reviravolta**
chambouler *vt* FAM Bouleverser, mettre sens dessus dessous ▸ **subverter, virar de pernas para o ar**
chambranle *nm* Encadrement de porte, de fenêtre, etc. ▸ **ombreira**
chambray *nm* Tissu chiné dont le fil de chaîne est bleu et le fil de trame écru ▸ **cambraia**
chambre *nf* **1** Pièce où l'on couche ▸ **quarto 2** Lieu où se réunissent certaines assemblées ▸ **câmara 3** (avec une majuscule) Ensemble des membres de ces assemblées: *la Chambre des députés* ▸ **Câmara 4** Section d'un tribunal ▸ **câmara** ▪ **chambre à air:** tube de caoutchouc placé à l'intérieur d'un pneu et gonflé à l'air comprimé ▸ **câmara de ar** ▫ **chambre froide:** pièce spécialement équipée pour conserver les denrées périssables ▸ **câmara frigorífica** ▫ **chambre noire:** pièce obscure d'un laboratoire utilisée pour le développement des photographies ▸ **câmara escura** ▫ **garder la chambre:** ne pas sortir parce qu'on est malade ▸ **ficar de cama**
chambrée *nf* Ensemble de soldats couchant dans une même chambre; cette chambre ▸ **camaradagem, camarata**
chambrer *vt* ▸ **isolar** ▪ **chambrer une bouteille de vin:** la faire séjourner dans une pièce pour l'amener à la température ambiante ▸ **ambientar uma garrafa de vinho**
chambrière *nf* **1** ANC Femme de chambre ▸ **camareira 2** Long fouet de manège ▸ **chambrié**
chameau *nm* **1** Mammifère ruminant d'Asie qui a deux bosses sur le dos ▸ **camelo 2** Nom usuel du *dromadaire* ▸ **dromedário 3** FAM Personne méchante, acariâtre ▸ **raposa**
chamelier *nm* Conducteur de chameaux ou de dromadaires ▸ **cameleiro**
chamelle *nf* Femelle du chameau ▸ **camela**
chamois *nm* Ruminant à cornes lisses et recourbées, vivant dans les hautes montagnes d'Europe et du Proche-Orient; sa peau préparée ▸ **camurça** ◆ *adj inv* Couleur jaune clair: *gants chamois* ▸ **camurça**
champ *nm* **1** Étendue de terre cultivable ▸ **campo 2** FIG Domaine dans lequel s'exerce une activité, une recherche ▸ **campo 3** Portion d'espace qu'embrasse l'œil, un objectif, etc. ▸ **campo 4** Dans un fichier informatique, zone réservée à une catégorie de données ▸ **campo** ▪ **à tout bout de champ:** à tout instant ▸ **a toda hora** ▫ **champ de bataille:** endroit où se livre un combat ▸ **campo de batalha** ▫ **champ de courses:** hippodrome ▸ **hipódromo** ▫ LITT **champ d'honneur:** champ de bataille ▸ **campo de batalha** ▫ **champ de mines:** espace où l'on a disposé de nombreuses mines explosives ▸ **campo minado** ▫ **champ de tir:** terrain pour exercices de tir

► **campo de tiro** □ **champ opératoire:** région du corps sur laquelle porte une intervention chirurgicale; compresse qui limite cette zone ► **campo operatório** □ **prendre du champ:** prendre du recul ► **tomar distância** □ **profondeur de champ:** intervalle entre le point le plus rapproché et le point le plus éloigné d'un objectif, dans lequel l'image a une certaine netteté ► **profundidade de campo** ♦ **champs** *pl* Terres cultivées, prés ► **campo**

champagne *nm* Vin blanc mousseux préparé en Champagne ► **champanhe**

champagnisation *nf* Action de champagniser ► **champanhização**

champagniser *vt* Préparer un vin à la manière du champagne ► **champanhizar**

champenois, e *adj et n* De Champagne: *les Champenois* ► **champanhês**

champêtre *adj* Relatif aux champs, à la campagne ► **campestre**

champignon *nm* **1** Végétal sans fleurs et sans chlorophylle: *les moisissures, les bolets, les truffes sont des champignons* ► **cogumelo** ■ **champignon de couche** ou **champignon de Paris:** agaric des champs, cultivé dans des champignonnières ► ***champignon*** **2** FAM Pédale d'accélérateur ► **acelerador**

champignonnière *nf* Endroit où l'on cultive les champignons de couche ► **viveiro de champignon**

champignonniste *n* Personne qui cultive des champignons ► **champinhocultor**

champion, onne *n* **1** Vainqueur d'une compétition sportive, d'un jeu ► **campeão 2** Défenseur ardent: *se faire le champion de la liberté* ► **paladino**

championnat *nm* Compétition sportive, tournoi où le vainqueur est proclamé champion ► **campeonato**

chance *nf* Sort favorable; circonstances heureuses ► **sorte** ■ **bonne chance!:** exprime un souhait de réussite ► **boa sorte!** □ **donner sa chance à:** donner l'occasion de réussir ► **dar oportunidade a** □ **porter chance à quelqu'un:** lui porter bonheur, lui être bénéfique ► **dar sorte a alguém** □ **tenter sa chance:** essayer de réussir ► **tentar a sorte** ♦ **chances** *pl* Probabilités ► **chance**

chancelant, e *adj* Qui chancelle ► **cambaleante, fraco**

chanceler *vi (conj 6)* **1** Vaciller sur ses pieds, sur sa base ► **titubear 2** FIG Manquer de fermeté, faiblir ► **titubear**

chancelier, ère *n* **1** Garde des sceaux dans un corps, un consulat, un ordre ► **chanceler 2** En Allemagne fédérale et en Autriche, chef du gouvernement ► **chanceler**

chancellerie *nf* **1** Ministère de la Justice ► **Ministério da Justiça, chancelaria 2** Services dépendant d'un chancelier ► **chancelaria** ■ **grande chancellerie de la Légion d'honneur:** organisme chargé de la direction et de la discipline de l'ordre ► **grande chancelaria da Legião de Honra**

chanceux, euse *adj* Qui a de la chance ► **sortudo**

chancre *nm* MÉD Ulcération vénérienne de la peau, des muqueuses ► **cancro**

chandail *nm* Tricot de laine qu'on enfile par la tête; SYN: *pull* ► **pulôver**

Chandeleur *nf* Fête de la présentation de Jésus au Temple et de la Purification de la Vierge (2 février) ► **Candelária**

chandelier *nm* Support pour une ou plusieurs chandelles, bougies ► **candelabro**

chandelle *nf* **1** Flambeau de suif, de résine, etc. ► **vela 2** Figure de voltige aérienne ► **perpendicular** ■ **devoir une fière chandelle à quelqu'un:** lui être redevable de quelque chose de très important ► **ser muito grato a alguém** □ FAM **en voir trente-six chandelles:** éprouver un éblouissement après un coup, un choc ► **ver estrelas** □ **monter en chandelle:** pour un avion, monter verticalement ► **subir verticalmente**

chanfrein[1] *nm* Partie de la tête du cheval, du front aux naseaux ► **chanfro**

chanfrein[2] *nm* Arête abattue d'une pierre ou d'une pièce de bois; biseau ► **chanfro**

change *nm* **1** Opération qui consiste à changer une monnaie contre une autre; taux auquel se fait cette opération ► **câmbio 2** Couche pour bébé, qui se jette après usage ► **fralda descartável** ■ **donner le change:** tromper sur ses intentions ► **ludibriar** □ **lettre de change:** effet de commerce qui contient l'ordre de payer à une époque dite, à telle ou telle personne, une certaine somme ► **letra de câmbio** □ **perdre, gagner au change:** être désavantagé ou avantagé par un changement, un échange ► **perder, ganhar com a troca**

changeant, e *adj* **1** Qui change: *couleur changeante* ► **cambiante 2** FIG Qui change souvent d'idée, inconstant ► **volúvel**

changement *nm* **1** Action de changer ► **troca 2** Modification, transformation, innovation ► **modificação, mudança** ■ **changement de vitesse:** mécanisme permettant de changer la vitesse d'un véhicule ► **câmbio**

changer *vt (conj 2)* **1** Remplacer une personne ou une chose par une autre: *changer l'acteur d'un* *film; changer une ampoule* ▸ **trocar 2** Échanger, convertir une monnaie en une autre: *changer des dollars* ▸ **trocar 3** Rendre différent, modifier: *les vacances l'ont changé* ▸ **modificar 4** Transformer: *le verglas a changé la rue en patinoire* ▸ **transformar ▪ changer un bébé:** lui mettre une couche propre ▸ **trocar um nenê** ◆ *vi* Passer d'un état à un autre: *le temps change* ▸ **mudar** ◆ *vt ind* [de] **1** Remplacer par quelqu'un ou quelque chose d'autre: *changer de patron; changer de train* ▸ **mudar, trocar 2** (sans complément) Lors d'un déplacement dans un moyen de transport en commun, prendre une correspondance: *changer à Lyon* ▸ **fazer baldeação ▪ changer d'air:** partir ▸ **ir embora □ changer de visage:** pâlir, rougir, perdre contenance ▸ **mudar de cor ◆ se changer** *vpr* Mettre d'autres vêtements ▸ **trocar-se ▪ se changer en:** se transformer en ▸ **transformar-se em**

changeur *nm* Appareil qui échange une pièce ou un billet contre de la monnaie ▸ **máquina de trocar dinheiro**

chanoine *nm* Dignitaire ecclésiastique ▸ **cônego**

chanson *nf* Composition musicale divisée en couplets et destinée à être chantée ▸ **canção ▪ chanson de geste:** poème épique du Moyen Âge célébrant les exploits des chevaliers ▸ **canção de gesta**

chansonnette *nf* Petite chanson sans prétention ▸ **cançoneta**

chansonnier, ère *n* Auteur de sketches, surtout satiriques ▸ ***chansonnier***

chant[1] *nm* **1** Suite de sons modulés émis par la voix ▸ **canto 2** Art consistant à chanter, à cultiver sa voix ▸ **canto**

chant[2] *nm* Côté étroit d'un objet: *poser une brique de chant* ▸ **lado mais estreito**

chantage *nm* Extorsion d'argent sous la menace de révélations scandaleuses ▸ **chantagem**

chantant, e *adj* **1** Mélodieux, musical: *accent chantant* ▸ **cantante 2** Facile et agréable à chanter: *un refrain très chantant* ▸ **cantante**

chantefable *nf* Récit médiéval alternant prose récitée et vers chantés ▸ ***chantefable***

chanter *vt et vi* Former avec la voix des sons musicaux ▸ **cantar ▪ faire chanter:** pratiquer un chantage ▸ **fazer chantagem □** FAM **si ça te (lui, etc.) chante:** si tu (il, etc.) en as envie ▸ **se lhe apetecer**

chanterelle[1] *nf* Corde d'un violon qui a le son le plus aigu ▸ **prima**

chanterelle[2] *nf* Autre nom de la girolle ▸ **chapéu-de-cobra**

chanteur, euse *n* Personne qui chante, professionnellement ou non ▸ **cantor ▪** FIG **maître chanteur:** qui se livre au chantage ▸ **chantagista**

chantier *nm* **1** Lieu où s'effectuent des travaux de construction, de réparation: *chantier naval* ▸ **canteiro de obras, estaleiro 2** Lieu où sont accumulés des matériaux de construction, des combustibles, etc. ▸ **depósito 3** FAM Lieu en désordre ▸ **zona ▪ en chantier:** en cours de réalisation ▸ **em andamento □ mettre en chantier:** commencer ▸ **começar**

chantilly *nf* Crème fraîche fouettée ▸ **chantili**

chantonner *vt et vi* Chanter à mi-voix ▸ **cantarolar**

chantourner *vt* Découper suivant un profil donné ▸ **recortar**

chantre *nm* **1** Professionnel qui chante, en soliste, les chants liturgiques ▸ **chantre 2** LITT Laudateur: *le chantre du régime* ▸ **enaltecedor**

chanvre *nm* Plante fournissant une excellente fibre textile; fibre tirée de cette plante ▸ **cânhamo ▪ chanvre indien:** chanvre dont on tire le haschich et la marijuana; SYN: *cannabis* ▸ **cânhamo-indiano**

chaos [kao] *nm* Grand désordre, confusion générale ▸ **caos**

ORTHOGRAPHE Il ne faut pas confondre *chaos* avec *cahot*, ni *chaotique* avec *cahoteux*

chaotique [kaɔtik] *adj* Confus, tumultueux ▸ **caótico**

chap. (abréviation) Chapitre ▸ **cap.**

chapardage *nm* FAM Action de chaparder ▸ **furto**

chaparder *vt* FAM Commettre de petits vols ▸ **furtar**

chapardeur, euse *adj et n* FAM Qui chaparde ▸ **furtador**

chape *nf* **1** Enduit imperméable (ciment ou asphalte) ▸ **capa 2** Partie extérieure constituant la bande de roulement d'un pneu ▸ **banda de rodagem 3** VX Vêtement liturgique en forme de grande cape ▸ **capa**

chapeau *nm* **1** Coiffure avec ou sans bord ▸ **chapéu 2** Cône arrondi ou calotte qui forme la partie supérieure d'un champignon ▸ **chapéu ▪** FAM **avaler, manger son chapeau:** être contraint de changer d'avis, de se dédire ▸ **meter o rabo entre as pernas □** FAM sur les chapeaux de roue: se dit d'un véhicule qui démarre ou prend un virage à grande vitesse ▸ **a toda □ tirer son chapeau à quelqu'un:** lui témoigner de l'admiration, de l'estime ▸ **tirar o chapéu para alguém** ◆ *interj* ▪ FAM **chapeau!:** bravo! ▸ **muito bem!**

chapeauté, e *adj* FAM Coiffé d'un chapeau ▸ **en-chapelado**
chapeauter *vt* FAM Avoir autorité sur un groupe de personnes, un organisme ▸ **controlar**
chapelain *nm* Prêtre desservant une chapelle privée ▸ **capelão**
chapelet *nm* **1** Objet de piété formé d'un ensemble de grains enfilés qu'on fait glisser entre ses doigts en priant ▸ **terço 2** FIG Série ▸ **cordão**
chapelier, ère *n et adj* Personne qui fait ou vend des chapeaux d'homme ▸ **chapeleiro**
chapelle *nf* **1** Petite église ▸ **capela 2** Toute partie d'une église ayant un autel ▸ **capela ▪ chapelle ardente:** chambre mortuaire éclairée de cierges, souvent tendue de noir ▸ **câmara-ardente**
chapellerie *nf* Industrie, commerce du chapelier ▸ **chapelaria**
chapelure *nf* Pain séché râpé dont on saupoudre certains aliments avant de les faire cuire ▸ **farinha de rosca**
chaperon *nm* Personne qui en accompagne une autre pour la protéger, la surveiller ▸ **acompanhante**
chaperonner *vt* Accompagner en qualité de chaperon ▸ **acompanhar**
chapiteau *nm* **1** Partie sculptée au-dessus d'un fût de colonne ▸ **capitel 2** Tente de cirque ▸ **lona**
chapitre *nm* **1** Division d'un livre, d'un règlement, d'un rapport, etc. ▸ **capítulo 2** Assemblée de religieux, de chanoines ▸ **capítulo ▪ au chapitre de** ou **sur le chapitre de:** en ce qui concerne ▸ **quanto a □ avoir voix au chapitre:** avoir le droit de donner son avis ▸ **ter voz**
chapitrer *vt* Réprimander ▸ **repreender**
chapka *nf* Bonnet de fourrure à rabats ▸ ***chapka*, gorro com orelheira**
chapon *nm* Coq châtré et engraissé ▸ **capão**
chaptalisation *nf* Action de chaptaliser ▸ **chaptalização**
chaptaliser *vt* Augmenter la teneur en alcool d'un vin en ajoutant du sucre au moût ▸ **chaptalizar**
chaque *adj indéf* (sans pluriel) Toute chose ou personne, sans exception ▸ **cada**
char *nm* **1** ANTIQ Voiture à deux roues pour les combats, les jeux, etc. ▸ **carro 2** Aujourd'hui, voiture décorée pour les fêtes publiques ▸ **carro alegórico ▪ char à voile:** véhicule à roues muni d'une voile et mû par la seule force du vent ▸ **carro à vela □ char de combat** ou **char d'assaut:** véhicule automoteur blindé et armé, monté sur chenilles ▸ **tanque**
charabia *nm* FAM Langage inintelligible ▸ **charabiá**
charade *nf* Sorte d'énigme ▸ **charada**
charançon *nm* Petit coléoptère qui ronge les grains ▸ **gorgulho**
charbon *nm* Combustible solide de couleur noire, d'origine végétale ▸ **carvão ▪ être sur des charbons ardents:** être très impatient ou très inquiet ▸ **estar em brasa**
charbonnage *nm* (surtout au pluriel) Mines de charbon exploitées dans une région: *les charbonnages du Nord* ▸ **minas de carvão**
charbonneux, euse *adj* Noirci ▸ **carvoento**
charbonnier, ère *n* Personne qui vend du charbon ▸ **carvoeiro**
charcutage *nm* FAM Action de charcuter ▸ **barbeiragem**
charcuter *vt* FAM Opérer de façon maladroite, brutale ▸ **fazer barbeiragem**
charcuterie *nf* **1** Commerce, boutique du charcutier ▸ **charcutaria 2** Préparation à base de viande de porc ▸ **charcutaria**
charcutier, ère *n* Personne qui prépare ou vend de la viande de porc, du boudin, des saucisses, etc. ▸ **charcuteiro**
chardon *nm* Plante à feuilles et tiges épineuses ▸ **cardo**
chardonneret *nm* Oiseau passereau chanteur, à plumage coloré ▸ **pintassilgo**
charentaise *nf* (surtout au pluriel) Pantoufle fourrée et confortable ▸ **pantufo**
charge *nf* **1** Ce que peut porter un homme, un cheval, une voiture, etc.; chargement ▸ **carga 2** Quantité de matières explosives: *charge de plastic* ▸ **carga 3** Quantité d'électricité portée par un corps: *charge d'un condensateur* ▸ **carga 4** Dépense, obligation onéreuse, frais: *charges locatives* ▸ **encargo 5** Rôle, mission dont on a la responsabilité: *s'occuper des enfants dont on a la charge* ▸ **encargo 6** Preuve de culpabilité; présomption: *relever de lourdes charges contre* ▸ **acusação 7** Office ministériel: *charge de notaire* ▸ **cargo 8** Assaut: *charge de police* ▸ **investida 9** Imitation outrée, caricature: *ce film est une charge des mœurs bourgeoises* ▸ **charge ▪ à charge de:** à condition de ▸ **contanto que □ être à la charge de quelqu'un: (a)** dépendre de lui pour sa subsistance ▸ **depender de alguém (b)** devoir être payé par lui: *facture à la charge d'une entreprise* ▸ **ser por conta de alguém □ prendre quelque chose en charge: (a)** payer quelque chose ▸ **pagar algo (b)** s'occuper de quelque chose: *prendre*

en charge un dossier ▸ **encarregar-se de algo** ▫ **prendre quelqu'un en charge:** s'engager à l'entretenir financièrement ▸ **prover o sustento de alguém** ▫ **revenir à la charge:** insister ▸ **voltar à carga** ▫ **témoin à charge:** dont le témoignage est défavorable à l'accusé ▸ **testemunha de acusação**

chargé, e *n* ▸ **encarregado** ▪ **chargé d'affaires:** diplomate représentant momentanément son gouvernement à l'étranger ▸ **representante diplomático** ▫ **chargé de mission:** fonctionnaire responsable d'une étude déterminée ▸ **coordenador de projeto**

chargement *nm* **1** Action de charger ▸ **carregamento** **2** Ensemble de choses chargées (sur une voiture, un camion, etc.) ▸ **carregamento**

charger *vt (conj 2)* **1** Mettre une charge sur: *charger une voiture* ▸ **carregar** **2** Couvrir abondamment: *un poignet chargé de bracelets* ▸ **carregar** **3** Déposer contre: *charger un accusé* ▸ **depor contra** **4** Donner la responsabilité, la mission de: *charger d'un achat* ▸ **encarregar** **5** Attaquer avec impétuosité: *charger l'ennemi* ▸ **atacar** **6** Mettre de la poudre, des projectiles dans une arme à feu: *charger un revolver* ▸ **carregar** **7** Munir un appareil de ce qui est nécessaire à son fonctionnement: *charger un appareil photographique* ▸ **carregar, aparelhar** **8** INFORM Télécharger ▸ **carregar** **9** Exagérer ▸ **carregar** ◆ **se charger** *vpr* [de] Prendre la responsabilité de ▸ **encarregar-se**

chargeur *nm* **1** Dispositif pour charger une arme, un appareil de prise de vues ▸ **carregador, chassi** **2** Appareil pour recharger une batterie ▸ **carregador**

chariot *nm* Véhicule utilisé pour le déplacement de charges, de bagages ▸ **carrinho**

ORTHOGRAPHE *Chariot* est le seul mot de la famille de *char* s'écrivant avec un seul *r*

charismatique [karismatik] *adj* Qui jouit auprès des foules d'un prestige, d'un pouvoir de séduction extraordinaires ▸ **carismático** ▪ **mouvement charismatique:** mouvement de renouveau chrétien ▸ **movimento carismático**

charisme [karism] *nm* Grand prestige d'une personnalité exceptionnelle, ascendant qu'elle exerce sur les autres ▸ **carisma**

charitable *adj* Qui a de la charité pour son prochain; qui a de l'indulgence, de la compassion ▸ **caridoso**

charitablement *adv* Avec charité ▸ **caridosamente**

charité *nf* **1** Vertu qui porte à faire ou à vouloir le bien d'autrui ▸ **caridade** **2** Acte fait par amour du prochain ▸ **caridade**

charivari *nm* Bruit assourdissant, vacarme ▸ **charivari**

charlatan *nm* **1** Imposteur qui exploite la crédulité des autres ▸ **charlatão** **2** Mauvais médecin ▸ **charlatão**

charlatanisme *nm* Agissements de charlatan ▸ **charlatanismo**

charlot *nm* FAM Individu peu sérieux ▸ **palhaço**

charlotte *nf* Entremets à base de fruits, de crème et de biscuits ▸ ***charlotte***

charmant, e *adj* Très sympathique; très agréable ▸ **encantador**

charme[1] *nm* Attrait, séduction ▸ **charme, encanto** ▪ **faire du charme:** se mettre en valeur pour séduire ▸ **fazer charme** ▫ **se porter comme un charme:** être en très bonne santé ▸ **ter saúde de ferro**

charme[2] *nm* Arbre à bois dur et blanc; bois de cet arbre ▸ **carpino**

charmer *vt* Plaire extrêmement, ravir ▸ **encantar**

charmeur, euse *adj et n* Qui plaît, qui séduit ▸ **encantador, sedutor**

charmille *nf* Allée plantée de charmes ▸ **aleia de carpinos**

charnel, elle *adj* Qui a trait aux plaisirs des sens: *amour charnel* ▸ **carnal**

charnellement *adv* De façon charnelle ▸ **carnalmente**

charnier *nm* Fosse où l'on entasse les cadavres en grand nombre ▸ **vala (comum)**

charnière *nf* Articulation formée de deux pièces métalliques assemblées sur un axe commun ▸ **charneira** ▪ **à la charnière de:** au point de jonction, de transition ▸ **no ponto de junção, transição**

charnu, e *adj* **1** Bien en chair ▸ **carnudo** **2** Constitué de chair: *les parties charnues du corps* ▸ **carnoso** **3** Dont la pulpe est épaisse: *fruit charnu* ▸ **carnoso**

charognard *nm* Nom usuel du *vautour* ▸ **abutre**

charogne *nf* Cadavre d'une bête en décomposition ▸ **carniça**

charolais, e *adj et n* **1** Du Charolais ▸ **de Charolais** **2** Se dit d'un bovin d'une race française très appréciée pour la qualité de sa viande: *bœuf charolais* ▸ **charolês**

charpente *nf* **1** Assemblage de pièces de bois ou de métal destiné à soutenir la construction ▸ **madeiramento** **2** Ensemble des os; ossature ▸ **estrutura, esqueleto**

charpenté, e *adj* ▸ **estruturado** ▪ **bien charpenté:** robuste, bien constitué ▸ **bem construído**
charpentier, ère *n* Personne qui exécute des travaux de charpente ▸ **carpinteiro**
charpie *nf* Filaments de linge usé employés autrefois pour panser les plaies ▸ **fio de linho** ▪ **en charpie:** en menus morceaux, déchiqueté ▸ **dilacerado** ▫ **se faire mettre, réduire en charpie:** en pièces ▸ **ser esfacelado**
charretée *nf* Contenu d'une charrette ▸ **charrete**
charretier, ère *n* Personne qui conduit une charrette ▸ **charreteiro**
charrette *nf* Voiture de charge à deux roues ▸ **charrete**
charriage *nm* Action de charrier ▸ **carreação** ▪ **nappe de charriage:** ensemble de couches géologiques détachées par plissement de leur lieu d'origine ▸ ***nappe de charriage***
charrier *vt* **1** Transporter des matériaux ▸ **carrear 2** Emporter dans son cours (fleuve) ▸ **carrear** ♦ *vi* FAM Aller trop loin; exagérer ▸ **carregar**
charroi *nm* Transport par chariot ▸ **carreto**
charron *nm* Personne qui fait et répare des charrettes, des charrues ▸ **carpinteiro**
charrue *nf* Instrument servant à labourer la terre à l'aide d'un soc tranchant ▸ **charrua**
charte *nf* **1** Lois constitutionnelles d'un État ▸ **carta 2** PAR EXT Loi, règle fondamentale: *la charte des droits de l'homme* ▸ **carta**
charter [ʃartɛr] *nm* Avion affrété par une organisation de tourisme et dont le tarif du billet est inférieur à celui des lignes régulières ▸ ***charter***
chartreuse *nf* Monastère de religieux de l'ordre de saint Bruno ▸ **cartuxa**
chartreux *nm* Chat à poil gris cendré ▸ **gato pardo**
chas [ʃa] *nm* Trou d'une aiguille ▸ **buraco da agulha**
chasse *nf* **1** Action de chasser ▸ **caça 2** Terrain réservé pour chasser: *chasse gardée* ▸ **área de caça 3** Gibier pris ou tué en chassant: *une chasse abondante* ▸ **caça 4** Action de chercher, de poursuivre: *chasse à l'homme, chasse au trésor* ▸ **caça 5** Corps de l'armée de l'air destiné à poursuivre les avions ennemis: *avions de chasse* ▸ **caça** ▪ **chasse d'eau:** appareil produisant un rapide écoulement d'eau ▸ **descarga** ▫ **être en chasse:** être en chaleur, en parlant d'un animal femelle ▸ **estar no cio**
châsse *nf* **1** Coffre où l'on conserve les reliques d'un saint ▸ **relicário 2** Monture: *la châsse d'un verre de lunette* ▸ **armação**
chassé-croisé (pl *chassés-croisés*) *nm* Mouvement par lequel deux personnes se croisent sans réussir à se rencontrer ▸ ***chassé-croisé***
chasselas *nm* Raisin blanc de table ▸ **chasselás**
chasse-neige *nm inv* **1** Engin conçu pour déblayer la neige sur une voie ferrée, une route ▸ **limpa-neve 2** Position des skis utilisée pour freiner ▸ **em cunha contra a neve**
chasser *vt* **1** Chercher à tuer ou à capturer un animal ▸ **caçar 2** Mettre dehors avec violence ▸ **expulsar 3** Repousser: *le vent chasse les nuages* ▸ **empurrar 4** Écarter ce qui importune; dissiper: *chasser les soucis* ▸ **afastar** ♦ *vi* En parlant d'une voiture, déraper, se déporter à droite ou à gauche ▸ **derrapar**
chasseresse *nf et adj f* POÉT Chasseuse: *Diane chasseresse* ▸ **caçadora**
chasseur, euse *n* Personne qui chasse le gibier ▸ **caçador** ♦ *nm* **1** Soldat de certains corps d'infanterie et de cavalerie ▸ **caçador 2** Appareil de l'aviation de chasse ▸ **caça** ▪ FAM **chasseur de têtes:** spécialiste en recrutement de cadres de haut niveau ▸ ***headhunter*, caçador de talentos**
chassie *nf* Liquide visqueux qui coule des yeux ▸ **remela**
chassieux, euse *adj* Qui a de la chassie ▸ **remelento**
châssis *nm* **1** Encadrement en bois, en fer, soutenant un ensemble: *châssis d'une fenêtre* ▸ **chassi 2** Cadre supportant la caisse d'un véhicule ▸ **chassi**
chaste *adj* **1** Conforme à la chasteté: *un baiser chaste* ▸ **casto 2** Qui ne se réalise pas physiquement: *un amour chaste* ▸ **casto**
chastement *adv* Avec chasteté ▸ **castamente**
chasteté *nf* Comportement d'une personne qui s'abstient des plaisirs charnels, jugés contraires à la morale ▸ **castidade**
chasuble *nf* Vêtement que le prêtre revêt par-dessus l'aube pour célébrer la messe ▸ **casula**
chat[1], chatte *n* Petit mammifère carnassier généralement domestique ▸ **gato** ▪ **acheter chat en poche:** sans examiner la marchandise ▸ **comprar cavalo sem ver os dentes** ▫ **appeler un chat un chat:** dire les choses telles qu'elles sont ▸ **ser pão, pão, queijo, queijo** ▫ **avoir d'autres chats à fouetter:** avoir autre chose à faire ▸ **ter mais o que fazer** ▫ **avoir un chat dans la gorge:** être enroué ▸ **parecer um gato engasgado** ▫ **il n'y a pas un chat:** il n'y a personne ▸ **não tem nem uma mosca**
chat[2] [tʃat] *nm* INFORM Discussion informelle entre plusieurs personnes sur le réseau Internet (recommandation officielle: *causette*) ▸ ***chat***
châtaigne *nf* Fruit comestible du châtaignier ▸ **castanha**

châtaigneraie *nf* Lieu planté de châtaigniers ▸ **castanhal**
châtaignier *nm* Grand arbre produisant les châtaignes; bois de cet arbre ▸ **castanheiro**
châtain *adj et nm* Se dit de cheveux brun clair: *cheveux châtains* ▸ **castanho**
chataire *nf* → **cataire**
château *nm* **1** Demeure féodale fortifiée ▸ **castelo** **2** Habitation royale ou seigneuriale ▸ **castelo** **3** Grande et belle demeure ▸ **palacete** ■ **château d'eau:** réservoir ▸ **arca-d'água** □ **château en Espagne:** projet chimérique ▸ **castelo de vento** □ **vie de château:** existence luxueuse et oisive ▸ **vida de rei**
chateaubriand ou **châteaubriant** *nm* Épaisse tranche de filet de bœuf grillé ▸ **chatobriã**
châtelain, e *n* Propriétaire ou locataire d'un château ▸ **castelão**
chat-huant (pl *chats-huants*) *nm* Hulotte ▸ **coruja-do-mato**
châtier *vt* **1** LITT Punir, corriger ▸ **castigar** **2** FIG Polir: *châtier son style* ▸ **castigar**
chatière *nf* Ouverture au bas d'une porte, pour laisser passer les chats ▸ **gateira**
châtiment *nm* Peine sévère ▸ **castigo**
chatoiement *nm* Reflet brillant et changeant ▸ **cintilação cambiante**
chaton[1] *nm* **1** Jeune chat ▸ **bichano** **2** Bourgeon duveteux de certains arbres ▸ **amento**
chaton[2] *nm* Partie centrale d'une bague où une pierre ou une perle est enchâssée ▸ **engaste**
chatouille *nf* (surtout au pluriel) FAM Toucher qui chatouille intentionnellement ▸ **cócega**
chatouillement *nm* Action de chatouiller; sensation qui en résulte ▸ **cócega**
chatouiller *vt* **1** Causer, par des attouchements légers et répétés, un tressaillement qui provoque généralement le rire ▸ **fazer cócegas** **2** FIG Flatter agréablement: *chatouiller l'amour-propre* ▸ **afagar**
chatouilleux, euse *adj* **1** Sensible au chatouillement ▸ **coceguento** **2** FIG Susceptible ▸ **irritável**
chatouillis *nm* FAM Petite chatouille ▸ **coceguinha**
chatoyant, e *adj* Qui chatoie ▸ **cambiante**
chatoyer *vi (conj 3)* Briller avec des reflets changeants selon l'éclairage ▸ **reluzir**
châtrer *vt* Priver des organes de reproduction; rendre stérile ▸ **castrar**
chatter *vi* INFORM Participer à un chat ▸ **participar de** ***chat***
chatterie *nf* (surtout au pluriel) **1** Caresse ▸ **festa** **2** Friandise délicate ▸ **guloseima**
chatterton [ʃatɛrtɔn] *nm* Ruban adhésif pour isoler les fils électriques ▸ **fita isolante**
chaud, e *adj* **1** Qui a ou donne de la chaleur: *climat chaud* ▸ **quente** **2** FIG Vif, animé: *chaude dispute* ▸ **caloroso, quente** **3** Récent: *nouvelle toute chaude* ▸ **quente** ■ **pleurer à chaudes larmes:** pleurer abondamment ▸ **debulhar-se em lágrimas** ◆ *nm* Chaleur: *rester au chaud* ▸ **quente** ■ **cela ne me fait ni chaud ni froid:** cela m'est indifférent ▸ **para mim, tanto faz** □ **opérer à chaud:** en état de fièvre, de crise ▸ **operar a quente** □ **un chaud et froid:** un refroidissement soudain ▸ **resfriado** ◆ *adv* ■ **manger, boire chaud:** manger un plat chaud, absorber une boisson chaude ▸ **comer, beber algo quente** □ FAM **j'ai eu chaud:** j'ai eu peur ▸ **tive medo**
chaudement *adv* **1** De manière à avoir chaud ▸ **agasalhado** **2** FIG Avec ardeur ▸ **calorosamente**
chaud-froid (pl *chauds-froids*) *nm* Volaille, gibier froids entourés de gelée ou de mayonnaise ▸ ***chaud-froid***
chaudière *nf* Appareil destiné à chauffer de l'eau en vue de produire de l'énergie ou de répandre de la chaleur ▸ **caldeira**
chaudron *nm* Grand récipient à anse, destiné à aller sur le feu ▸ **caldeirão**
chaudronnerie *nf* Profession, marchandise du chaudronnier ▸ **caldeiraria, comércio de utensílios de metal**
chaudronnier, ère *n* Personne qui fabrique ou vend des objets en tôle, en cuivre ▸ **caldeireiro, vendedor de utensílios de metal**
chauffage *nm* **1** Action, manière de chauffer ▸ **aquecimento** **2** Appareil pour chauffer ▸ **aquecedor** ■ **chauffage central:** distribution de chaleur dans un immeuble ou une maison à partir d'une source unique ▸ **aquecimento central**
chauffagiste *nm* Spécialiste de l'installation et de la réparation du chauffage ▸ **especialista em aquecedores**
chauffant, e *adj* Qui produit de la chaleur ▸ **aquecedor**
chauffard *nm* FAM Automobiliste maladroit ou imprudent ▸ **barbeiro**
chauffe *nf* ▸ **aquecimento, fornalha** ■ **chambre de chauffe:** local réservé aux chaudières, sur un navire ▸ **sala, casa das caldeiras**
chauffe-assiette (pl *chauffe-assiettes*) *nm* ou **chauffe-assiettes** *nm inv* Appareil pour chauffer les assiettes ▸ **aquecedor de pratos**
chauffe-biberon (pl *chauffe-biberons*) *nm* Appareil électrique qui chauffe les biberons au bain-marie ▸ **aquecedor de mamadeira**
chauffe-eau *nm inv* Appareil de production d'eau chaude ▸ **aquecedor (de água),** ***boiler***

chauffe-plat (pl *chauffe-plats*) *nm* Réchaud pour tenir les plats au chaud ▸ ***réchaud***

chauffer *vt* **1** Rendre chaud ▸ **aquecer, esquentar 2** FIG Exciter, enthousiasmer: *chauffer une salle* ▸ **esquentar** ♦ *vi* **1** Devenir chaud: *moteur qui chauffe* ▸ **esquentar 2** Produire de la chaleur: *le soleil chauffe* ▸ **esquentar** ■ FAM **ça chauffe** ou **ça va chauffer:** il y a, il va y avoir de l'animation, du désordre ▸ **a coisa vai esquentar** ♦ **se chauffer** *vpr* **1** S'exposer à la chaleur: *se chauffer au feu* ▸ **aquecer-se 2** Chauffer sa maison: *se chauffer au gaz* ▸ **aquecer a casa**

chaufferette *nf* Appareil pour chauffer les pieds ▸ **escalfeta, rescaldeiro**

chaufferie *nf* **1** Chambre de chauffe ▸ **casa das caldeiras 2** Local où sont installées les chaudières, dans un immeuble, etc. ▸ **sala das caldeiras**

chauffeur *nm* **1** Conducteur d'automobile ou de camion ▸ **motorista 2** Ouvrier chargé d'entretenir une chaudière, un four ▸ **caldeireiro, foguista**

chauffeuse *nf* Siège bas et rembourré, sans bras ▸ **cadeira baixa**

chaufournier *nm* Ouvrier d'un four à chaux ▸ **caieiro**

chauler *vt* **1** Passer au lait de chaux pour détruire les parasites ▸ **passar no leite de cal 2** Amender un sol avec de la chaux ▸ **pôr cal**

chaume *nm* **1** Tige des graminées ▸ **colmo 2** Tige des blés coupés qui reste dans les champs, après la moisson ▸ **restolho 3** Paille longue utilisée pour la toiture ▸ **sapê**

chaumière *nf* Petite maison couverte de chaume ▸ **palhoça**

chaussée *nf* Partie de la voie publique aménagée pour la circulation ▸ **rua, pista**

chausse-pied (pl *chausse-pieds*) *nm* Lame incurvée facilitant l'entrée du pied dans la chaussure ▸ **calçadeira**

chausser *vt* **1** Mettre des chaussures, des skis, etc. ▸ **calçar 2** Fabriquer, fournir des chaussures ▸ **calçar** ♦ *vt et vi* Aller au pied de: *ces chaussures vous chaussent bien* ▸ **calçar** ♦ *vi* Avoir telle pointure ▸ **calçar**

chausse-trape (pl *chausse-trapes*) ou **chausse-trappe** (pl *chausse-trappes*) *nf* **1** Piège fait d'un trou camouflé, pour y prendre les animaux sauvages ▸ **armadilha 2** FIG Ruse pour tromper ▸ **arapuca**

chaussette *nf* Pièce d'habillement qui s'enfile sur le pied et recouvre le mollet ▸ **meia**

chausseur *nm* Fabricant, marchand de chaussures ▸ **sapateiro**

chausson *nm* **1** Chaussure souple d'intérieur à talon bas ▸ **sapatilha 2** Chaussure souple et plate pour la danse ▸ **sapatilha 3** Pâtisserie fourrée de compote: *chausson aux pommes* ▸ **folhado**

chaussure *nf* Pièce d'habillement qui recouvre et protège le pied: *chaussure de ski* ▸ **calçado, sapato**

chaut → **chaloir**

chauve *adj et n* Qui n'a plus, ou presque, de cheveux ▸ **careca**

chauve-souris (pl *chauves-souris*) *nf* Mammifère insectivore volant, à ailes membraneuses ▸ **morcego**

chauvin, e *adj et n* **1** Patriote fanatique ▸ **chauvinista 2** Qui manifeste une admiration exclusive pour sa ville, sa région ▸ **chauvinista**

chauvinisme *nm* Patriotisme outré ▸ **chauvinismo**

chaux *nf* Oxyde de calcium formant la base de nombreuses pierres ▸ **cal** ■ **chaux vive:** sans eau ▸ **cal virgem** □ **lait de chaux:** chaux délayée dans de l'eau et utilisée comme enduit ▸ **leite de cal**

chavirement *nm* **1** Action de chavirer ▸ **soçobramento 2** FIG Bouleversement ▸ **inversão**

chavirer *vi* Pour un bateau, se renverser sens dessus dessous ▸ **soçobrar** ♦ *vt* FIG Émouvoir, bouleverser ▸ **transtornar**

chéchia *nf* Coiffure cylindrique de certaines populations d'Afrique ▸ **chechia**

check-list [tʃɛklist] ou [ʃɛklist] (pl *check-lists*) *nf* (anglicisme) Liste d'opérations destinée à vérifier le fonctionnement de tous les organes et dispositifs d'un avion, d'une fusée avant son envol; (recommandation officielle: *liste de vérification*) ▸ ***checklist***

check-up [tʃɛkœp] ou [ʃɛkœp] *nm inv* Examen médical complet; bilan de santé ▸ ***check-up***

chef *nm* **1** Personne qui commande, qui dirige: *chef d'État* ▸ **chefe 2** Celui qui dirige la cuisine d'un restaurant ▸ ***chef*** ■ LITT **au premier chef: (a)** avant tout ▸ **em primeiro lugar (b)** essentiellement ▸ **essencialmente** □ DR **chef d'accusation:** point sur lequel porte l'accusation ▸ **acusação** □ **chef d'orchestre:** musicien qui dirige l'exécution d'une œuvre ▸ **regente, maestro** □ **de son propre chef:** de sa propre autorité ▸ **por conta própria**

EMPLOI *Chef* désigne aussi bien un homme qu'une femme. Il ne s'emploie au féminin que dans la langue familière

chef-d'œuvre [ʃɛdœvr] (pl *chefs-d'œuvre*) *nm* Œuvre, action parfaite ▸ **obra-prima**

chef-lieu (pl *chefs-lieux*) *nm* Ville principale d'une division administrative ▸ **capital**

cheftaine *nf* Jeune fille dirigeant un groupe de jeunes scouts ► **adail, monitora**
cheikh [ʃɛk] *nm* Chef de tribu arabe ► **xeque**
chéiroptère [keirɔptɛr] *nm* → **chiroptère**
chelem [ʃlɛm] *nm* Au bridge, réunion de toutes les levées dans un camp ► **cheleme**
chemin *nm* **1** Voie de communication locale, en général à la campagne ► **caminho 2** Direction à suivre: *demander son chemin* ► **caminho 3** Espace à parcourir, itinéraire: *le plus court chemin* ► **caminho 4** FIG Voie qui conduit à un but: *le chemin de la fortune* ► **caminho ▪ en chemin:** pendant le trajet ► **no caminho □ faire du chemin:** progresser ► **caminhar**
chemin de fer (pl *chemins de fer*) *nm* **1** Moyen de transport utilisant la voie ferrée ► **ferrovia 2** Administration et exploitation de ce mode de transport ► **ferrovia**
cheminée *nf* **1** Foyer dans lequel on fait du feu ► **lareira 2** Partie de la cheminée qui fait saillie dans une pièce ► **lareira 3** Conduit par où passe la fumée ► **chaminé**
cheminement *nm* **1** Action de cheminer ► **caminhada 2** FIG Évolution, progression ► **andamento**
cheminer *vi* **1** Suivre un chemin souvent long, lentement et régulièrement ► **caminhar 2** FIG Progresser régulièrement: *idée qui chemine dans les esprits* ► **caminhar**
cheminot *nm* Employé des chemins de fer ► **ferroviário**
chemise *nf* **1** Vêtement en tissu léger couvrant le buste et les bras, avec col et boutonnage ► **camisa 2** Feuille repliée de papier fort ou de carton, dans laquelle on range des papiers ► **pasta 3** Enveloppe, revêtement d'une pièce mécanique: *chemise de moteur* ► **camisa ▪ chemise de nuit:** vêtement de nuit en forme de robe ► **camisola**
chemiser *vt* Garnir d'un revêtement: *chemiser un cylindre* ► **encamisar**
chemiserie *nf* Fabrique, magasin de chemises ► **camisaria**
chemisette *nf* Chemise à manches courtes ► **camiseta**
chemisier, ère *n* Personne qui fait ou vend des chemises ► **camiseiro** ◆ *nm* Corsage de femme ► ***chemisier***
chênaie *nf* Lieu planté de chênes ► **carvalhal**
chenal (pl *chenaux*) *nm* Passage navigable, resserré entre des terres ou des hauts-fonds ► **canal**
chenapan *nm* Vaurien, garnement ► **folgado**
chêne *nm* Grand arbre à bois dur, dont le fruit est le gland; bois de cet arbre ► **carvalho**
chêne-liège (pl *chênes-lièges*) *nm* Espèce de chêne des régions méditerranéennes qui fournit le liège ► **sobreiro**
chenet *nm* Chacun des deux supports métalliques, sur lesquels on place les bûches dans une cheminée ► **cão**
chenil [ʃənil] ou [ʃəni] *nm* Lieu où on élève, dresse, loge des chiens ► **canil**
chenille *nf* **1** Larve de papillon ► **lagarta 2** Passement de soie velouté ► **chenile 3** AUTOM Bande métallique articulée, qui équipe les véhicules destinés à circuler sur tous terrains ► **lagarta**
chenu, e *adj* LITT Blanchi par la vieillesse ► **encanecido**
cheptel *nm* Ensemble du bétail d'une exploitation agricole, d'une région ► **gado**
chèque *nm* Bon de paiement sur un compte: *chèque postal* ► **cheque ▪ chèque de voyage:** à l'usage des touristes, émis par une banque et payable par l'un de ses correspondants ► ***traveler's check* □ chèque en blanc:** signé par le tireur, sans indication de somme ► **cheque em branco □ chèque sans provision:** qui ne peut être payé faute d'un crédit suffisant ► **cheque sem fundo**
chéquier *nm* Carnet de chèques ► **talão de cheques**
cher, ère *adj* **1** Tendrement aimé: *un être cher* ► **querido 2** Précieux: *cette idée m'est chère* ► **caro 3** S'emploie comme formule de politesse ou terme d'amitié: *cher monsieur* ► **caro 4** D'un prix élevé: *un bijou cher* ► **caro** ◆ *adv* À un prix élevé: *cela coûte cher* ► **caro**
chercher *vt* **1** S'efforcer de trouver une chose ► **procurar 2** Tâcher de: *chercher à plaire* ► **procurar 3** Vouloir provoquer: *chercher querelle à quelqu'un* ► **procurar ▪** FAM **aller chercher dans les:** atteindre un prix ► **custar uns...**
chercheur, euse *adj et n* Qui cherche ► **procurador, buscador** ◆ *n* Personne qui se consacre à la recherche scientifique ► **pesquisador, cientista**
chère *nf* LITT Nourriture de qualité: *faire bonne chère* ► **comida**

ORTHOGRAPHE Il ne faut pas confondre *chère*, «nourriture», *chère*, «coûteuse», *chair*, «viande» et *chaire*, «tribune»

chèrement *adv* Au prix de gros sacrifices: *victoire chèrement acquise* ► **a um alto preço, caro**
chéri, e *adj et n* Tendrement aimé ► **querido**
chérir *vt* Aimer tendrement; être attaché à ► **querer bem a**
cherry *nm* Liqueur de cerise ► ***cherry***
cherté *nf* Coût élevé: *la cherté de la vie* ► **carestia**
chérubin *nm* **1** Une des catégories d'anges ► **querubim 2** FIG Charmant enfant ► **querubim**

chétif, ive *adj* De faible constitution, maigre ► **magrelo**

chevaine ou **chevesne** *nm* Poisson d'eau douce ► **robalinho**

cheval *nm* **1** Mammifère domestique qui sert à l'homme de monture ou à tirer un attelage; viande de cet animal ► **cavalo, carne de cavalo** **2** Équitation: *faire du cheval* ► **equitação** ■ **à cheval: (a)** monté sur un cheval ► **a cavalo (b)** à califourchon: *être assis à cheval sur une branche* ► **a cavalo (c)** de chaque côté de: *une propriété à cheval sur deux communes* ► **em ambos** □ **cheval de bataille:** thème, sujet favori ► **cavalo de batalha** □ **cheval de frise:** pièce de bois hérissée de pointes ► **cavalo de frisa** □ **cheval fiscal:** unité de mesure de cylindrée pour un véhicule (abréviation: *CV*) ► **cavalo-vapor** □ FIG **être à cheval sur:** être ferme, inflexible: *être à cheval sur la discipline* ► **seguir à risca** □ **monter sur ses grands chevaux:** s'emporter, le prendre de haut ► **subir nas tamancas**

cheval-d'arçons (pl *chevaux-d'arçons* ou inv) *nm* ou **cheval-arçons** *nm inv* Appareil de gymnastique sur lequel on fait du saut, de la voltige ► **cavalo com alças**

chevalement *nm* Réunion de poutres et de madriers étayant un mur ► **escoramento**

chevaleresque *adj* Qui manifeste des sentiments nobles et généreux ► **cavalheiresco**

chevalerie *nf* **1** Classe de guerriers nobles au Moyen Âge ► **cavalaria** **2** Ordre honorifique ► **cavalaria**

chevalet *nm* **1** Support en bois sur lequel le peintre pose le tableau qu'il exécute ► **cavalete** **2** Support des cordes d'un violon ► **cavalete**

chevalier *nm* **1** Noble admis dans l'ordre de la chevalerie médiévale ► **cavaleiro** **2** Premier grade dans certains ordres honorifiques: *chevalier des palmes académiques* ► **cavaleiro** **3** Oiseau européen de l'ordre des échassiers ► **maçarico**

chevalière *nf* Bague dont le dessus s'orne d'initiales ou d'armoiries gravées ► **argolão**

chevalin, e *adj* Relatif au cheval: *race chevaline* ► **cavalar**

chevauchant, e *adj* Qui chevauche sur autre chose ► **encavalado**

chevauchée *nf* Course ou promenade à cheval ► **cavalgada**

chevauchement *nm* Action de chevaucher ► **encavalamento**

chevaucher *vi* Aller à cheval ► **cavalgar** ◆ *vt* **1** Être à califourchon sur ► **cavalgar** **2** Recouvrir partiellement ► **encavalar** ◇ *vpr*: *dents qui se chevauchent* ► **encavalar-se**

chevêche *nf* Sorte de chouette ► **chevéquia**

chevelu, e *adj* Qui a des cheveux, en particulier des cheveux longs et touffus ► **cabeludo**

chevelure *nf* **1** Ensemble des cheveux ► **cabeleira** **2** Traînée lumineuse d'une comète ► **cabeleira, coma**

chevesne *nm* → **chevaine**

chevet *nm* **1** Tête du lit: *lampe, table de chevet* ► **cabeceira** **2** Hémicycle terminant le chœur d'une église ► **cabeceira** ■ **être au chevet d'un malade:** le veiller, le soigner ► **cuidar de um doente** □ **livre de chevet:** livre favori ► **livro de cabeceira**

cheveu *nm* Poil de la tête de l'homme ► **cabelo** ■ FAM **comme un cheveu sur la soupe:** à contretemps, mal à propos ► **na hora errada** □ **faire dresser les cheveux sur la tête:** épouvanter ► **deixar de cabelo em pé** □ FAM **tiré par les cheveux:** qui résulte d'une exagération: *une histoire tirée par les cheveux* ► **extravagante**

cheville *nf* **1** Partie en saillie entre la jambe et le pied ► **tornozelo** **2** Morceau de bois ou de métal pour boucher un trou, faire un assemblage, accrocher des objets, pour tendre les cordes d'un instrument de musique, etc. ► **cavilha** **3** LITTÉR Mot de remplissage pour finir un vers ► **rípio** ■ FAM **avoir les chevilles qui enflent:** tirer trop de fierté d'un succès ► **ficar todo cheio de si** □ FIG **cheville ouvrière:** personne jouant un rôle essentiel ► **pivô** □ FAM **être en cheville avec quelqu'un:** être de connivence avec lui ► **estar associado com alguém** □ **ne pas arriver à la cheville de:** être très inférieur à ► **não chegar aos pés de**

cheviller *vt* Assembler avec des chevilles ► **cavilhar**

chèvre *nf* Ruminant à cornes arquées en arrière, au menton garni d'une barbiche ► **cabra** ■ FAM **devenir chèvre:** s'énerver ► **ficar furibundo** ◆ *nm* Fromage au lait de chèvre ► **queijo de cabra**

chevreau *nm* Petit de la chèvre; sa peau: *gants de chevreau* ► **cabrito, cabrim**

chèvrefeuille *nm* Liane aux fleurs odorantes ► **madressilva**

chevrette *nf* **1** Petite chèvre ► **cabrita** **2** Femelle du chevreuil ► **cabra-montês**

chevreuil *nm* Ruminant des forêts d'Europe et d'Asie, de la famille des cervidés; chair de cet animal ► **cabrito-montês**

chevron *nm* **1** Pièce de bois, dans le sens de la pente, qui soutient les lattes d'un toit ► **caibro** **2** Motif décoratif en forme de V ► **chaveirão**

3 Tissu croisé présentant des côtes en zigzag ▸ **trançado 4** Galon d'ancienneté sur la manche d'un uniforme ▸ **galão**

chevronné, e *adj* Expérimenté ▸ **calejado**

chevrotant, e *adj* ▪ **voix chevrotante:** qui tremblote ▸ **voz trêmula**

chevrotement *nm* Tremblement de la voix ▸ **tremulação**

chevroter *vi* Chanter, parler d'une voix tremblotante ▸ **garguitear**

chevrotine *nf* Gros plomb de chasse ▸ **chumbo grosso**

chewing-gum [ʃwiŋgɔm] (pl *chewing-gums*) *nm* Gomme à mâcher ▸ **chiclete (marca registrada), goma de mascar**

chez *prép* **1** Dans la demeure, le milieu, la famille de: *chez moi* ▸ **na casa de 2** Dans le groupe, la civilisation, l'espèce de: *chez les jeunes; chez les Romains; chez les abeilles* ▸ **entre 3** Dans le caractère de, l'œuvre de: *c'est chez lui une habitude* ▸ **em**

chez-soi, chez-moi, chez-toi *nm inv* Domicile personnel: *aimer son petit chez-soi* ▸ **canto**

chiadé, e *adj* FAM **1** Réalisé avec soin; fignolé: *du travail chiadé* ▸ **benfeito 2** Difficile: *un problème chiadé* ▸ **difícil**

chialer *vi* TRÈS FAM Pleurer; se plaindre ▸ **choramingar**

chianti [kjɑ̃ti] *nm* Vin rouge italien ▸ ***chianti***

chiasme [kjasm] *nm* Figure de style consistant à placer les éléments semblables de deux groupes successifs dans un ordre inverse (EX: *un roi chantait en bas, en haut mourait un dieu*) ▸ **quiasmo**

chic *nm* Allure élégante, distinguée ▸ **chique** ▪ **avoir le chic pour:** avoir un talent spécial pour ▸ **ter jeito para** ▫ **bon chic, bon genre (BCBG):** conforme à une tradition bourgeoise; classique, de bon ton ▸ **de classe** ◆ *adj inv* (en genre) **1** Élégant et distingué: *des vêtements chics* ▸ **chique 2** FAM Généreux, serviable: *c'est un chic type* ▸ **simpático** ◆ *interj* Exprime le contentement: *chic! on part!* ▸ **ótimo, joia**

chicane *nf* **1** Querelle de mauvaise foi, portant sur des détails ▸ **chicana 2** Série d'obstacles disposés sur une route pour imposer un parcours en zigzag ▸ **chicana**

chicaner *vi* Contester sans motif ▸ **chicanear** ◆ *vt* Faire des reproches mal fondés ▸ **contestar sem fundamento**

chicanerie *nf* Difficulté suscitée par esprit de chicane ▸ **chicana**

chicaneur, euse ou **chicanier, ère** *adj et n* Qui aime à chicaner ▸ **chicaneiro**

chiche¹ *adj* Qui répugne à dépenser, avare ▸ **mesquinho, pão-duro**

chiche² *adj m* ▪ **pois chiche:** gros pois gris ▸ **grão-de-bico**

chiche³ *interj* Exprime le défi: *«Tu plonges? Chiche!»* ▸ **quero ver**

chiche-kebab [ʃiʃkebab] (pl *chiches-kebabs*) *nm* Brochette d'agneau cuisiné à l'orientale ▸ ***kebab***

chichement *adv* **1** Avec avarice ▸ **mesquinhamente 2** Pauvrement ▸ **parcamente**

chichi *nm* (surtout au pluriel) FAM Façons maniérées; simagrées: *faire des chichis* ▸ **trejeito**

chichiteux, euse *adj et n* FAM Qui fait des chichis ▸ **amaneirado**

chicorée *nf* **1** Variété de salade ▸ **chicória 2** Poudre de racine de chicorée torréfiée, que l'on mélange au café ▸ **chicória**

chicot *nm* **1** Ce qui reste d'un arbre rompu ▸ **toco 2** FAM Reste d'une dent cassée ▸ **arnela**

chicotin *nm* VX Suc amer de la coloquinte, de l'aloès ▸ **aloé** ▪ **amer comme chicotin:** très amer ▸ **amargo como fel**

chien, enne *n* **1** Mammifère carnivore domestique à l'odorat développé, élevé pour la chasse, l'agrément, la garde ou le trait ▸ **cachorro, cão 2** Pièce d'une arme à feu qui se rabat sur la capsule pour en déterminer l'explosion ▸ **cão** ▪ **avoir du chien:** avoir de l'élégance, du charme ▸ **ter um tchã** ▫ **avoir un mal de chien pour, à:** beaucoup de mal à ▸ **ter uma dificuldade enorme para** ▫ **couché en chien de fusil:** sur le côté, les jambes repliées ▸ **deitado encolhido** ▫ **entre chien et loup:** à la nuit tombante ▸ **ao lusco-fusco** ▫ **se regarder en chiens de faïence:** avec hostilité ▸ **olhar feio um para o outro**

chiendent *nm* Herbe aux racines très développées et très tenaces, qui nuit aux cultures ▸ **grama-de-ponta**

chienlit [ʃjɑ̃li] *nf* LITT Désordre, pagaille, confusion ▸ **pandemônio**

chien-loup (pl *chiens-loups*) *nm* Race de chiens domestiques ressemblant au loup ▸ **pastor-alemão**

chier *vi* TRÈS FAM Déféquer ▸ **cagar** ▪ **ça va chier:** ça va provoquer un scandale ▸ **vai dar merda** ▫ **faire chier quelqu'un:** l'importuner vivement ▸ **pentelhar alguém** ▫ **se faire chier:** **(a)** s'ennuyer à mourir ▸ **entediar-se (b)** peiner ▸ **penar**

chiffe *nf* ▸ **trapo** ▪ **chiffe molle** ou **chiffe:** personne sans énergie ▸ **molenga**

chiffon *nm* Vieux morceau d'étoffe ▸ **trapo**

chiffonné, e *adj* ▸ **amarrotado** ▪ **visage chiffonné:** fatigué ▸ **cara abatida**

chiffonner *vt* **1** Froisser ▸ **amarrotar** **2** FAM Contrarier: *cette histoire me chiffonne* ▸ **incomodar**

chiffonnier, ère *n* Personne qui ramasse les chiffons, les vieux objets dans les ordures ▸ **trapeiro** ◆ *nm* Petit meuble à tiroirs ▸ ***chiffonnier***

chiffrable *adj* Qui peut être évalué ▸ **quantificável**

chiffrage *nm* Évaluation d'un montant, d'une dépense ▸ **quantificação**

chiffre *nm* **1** Chacun des caractères qui représentent les nombres ▸ **número, cifra** **2** Montant, valeur d'une chose: *chiffre de la population* ▸ **cifra** **3** Code secret ▸ **senha** **4** Combinaison d'une serrure, d'un coffre-fort ▸ **combinação, segredo** **5** Initiales enlacées d'un ou de plusieurs noms ▸ **monograma** ■ **chiffre d'affaires:** montant de ventes cumulées entre deux bilans (abréviation: *CA*) ▸ **volume de negócios**

chiffré, e *adj* Qui utilise un code secret: *langage chiffré* ▸ **cifrado**

chiffrer *vi* Atteindre un coût important ▸ **custar um valor elevado** ◆ *vt* **1** Numéroter ▸ **numerar** **2** Évaluer le coût d'une opération financière ▸ **calcular, orçar**

chignole *nf* Perceuse portative ▸ **furadeira**

chignon *nm* Cheveux de derrière la tête relevés sur la nuque ▸ **coque**

chihuahua [ʃiwawa] *nm* Très petit chien à poil ras et à museau pointu ▸ ***chihuahua***

chiisme [ʃiism] *nm* Courant minoritaire de l'islam né du schisme des partisans d'Ali à propos de la désignation du successeur du Prophète ▸ **xiismo**

chiite [ʃiit] *adj et n* Se dit d'un musulman qui appartient à l'une des branches du chiisme ▸ **xiita**

chikungunya [ʃikungunja] *nm* Maladie infectieuse épidémique due à un virus transmis par un moustique et caractérisée par une forte fièvre et des douleurs articulaires ▸ **febre de chikungunya**

chili [ʃili] ou [tʃili] (pl *chiles*) *nm* Petit piment rouge du Mexique ▸ **chili** ■ **chili con carne:** ragoût mexicain à base de bœuf haché et de haricots rouges, très pimenté ▸ **chili com carne**

chilien, enne *adj et n* Du Chili: *les Chiliens* ▸ **chileno**

chimère *nf* **1** Monstre fabuleux, tenant du lion et de la chèvre ▸ **Quimera** **2** Projet séduisant mais irréalisable; utopie, illusion ▸ **quimera**

chimérique *adj* Sans fondement; illusoire, utopique ▸ **quimérico**

chimie *nf* Science qui étudie la nature et les propriétés des corps simples, l'action moléculaire de ces corps les uns sur les autres et les combinaisons dues à cette action ▸ **química**

chimio *nf* (abréviation) FAM Chimiothérapie ▸ **químio**

chimiorésistance *nf* Caractère d'une tumeur résistant à la chimiothérapie ▸ **quimiorresistência**

chimiothérapie *nf* MÉD Traitement par des substances chimiques ▸ **quimioterapia**

chimique *adj* De la chimie ▸ **químico**

chimiquement *adv* D'après les lois, les procédés de la chimie ▸ **quimicamente**

chimiste *n* Spécialiste de la chimie ▸ **químico**

chimpanzé *nm* Singe anthropoïde des forêts d'Afrique équatoriale ▸ **chimpanzé**

chinchilla [ʃɛ̃ʃila] *nm* Rongeur de l'Amérique du Sud; fourrure grise de ce rongeur ▸ **chinchila**

chiné, e *adj* De plusieurs couleurs mélangées ▸ **matizado**

chiner *vi* FAM Chercher des occasions chez les brocanteurs, les antiquaires, etc. ▸ **barganhar**

chineur, euse *n* FAM Qui aime chiner ▸ **barganhista**

chinois, e *adj et n* De Chine: *les Chinois* ▸ **chinês** ◆ *nm* **1** Langue parlée en Chine ▸ **chinês** **2** Passoire métallique à fond pointu ▸ **coador cônico** ■ FAM **c'est du chinois:** c'est incompréhensible ▸ **isso é grego**

chinoiser *vi* FAM Ergoter, pinailler ▸ **ensebar**

chinoiserie *nf* Objet d'art de Chine ▸ **chinesice** ◆ **chinoiseries** *pl* FAM Formalités inutilement compliquées ▸ **chinesice**

chiot *nm* Jeune chien ▸ **cachorrinho**

chiottes *nf pl* TRÈS FAM Toilettes, cabinets ▸ **cagatório**

chiper *vt* FAM Dérober ▸ **surrupiar**

chipie *nf* FAM Femme ou jeune fille désagréable ou prétentieuse ▸ **megera**

chipolata *nf* Petite saucisse de porc ▸ **chipolata**

chipoter *vi* FAM **1** Faire des difficultés pour des vétilles ▸ **implicar, encrencar** **2** Faire le difficile pour manger ▸ **debicar**

chipoteur, euse *n et adj* FAM Personne qui chipote ▸ **implicante, encrenqueiro**

chips [ʃips] *nf* Mince rondelle de pomme de terre frite ▸ ***chips***

chique *nf* Morceau de tabac que l'on mâche ▸ **masca**

chiqué *nm* FAM Affectation prétentieuse ▸ **chiquê** ■ **faire du chiqué:** faire des manières ▸ **fazer gênero**

chiquenaude *nf* Coup appliqué avec le doigt du milieu plié contre le pouce, puis détendu ▸ **piparote**

chiquer *vt* Mâcher du tabac ▸ **mascar**
chiromancie [kirɔmɑ̃si] *nf* Art de prédire l'avenir d'après les lignes de la main ▸ **quiromancia**
chiromancien, enne [kirɔmɑ̃sjɛ̃, ɛn] *n* Personne qui exerce la chiromancie ▸ **quiromante**
chiropracteur [kirɔpraktœr] *nm* Personne qui pratique la chiropractie ▸ **quiroprático**
chiropractie [kirɔprakti] ou **chiropraxie** *nf* MÉD Traitement par manipulations des vertèbres ▸ **quiropraxia**
chiroptère [ki-] ou **chéiroptère** [kei-] *nm* Mammifère souvent nocturne et insectivore, à ailes membraneuses, telle la chauve-souris (les chiroptères forment un ordre) ▸ **quiróptero**
chirurgical, e, aux *adj* Relatif à la chirurgie ▸ **cirúrgico**
chirurgie *nf* Discipline médicale qui comporte l'intervention du praticien sur une partie du corps, un organe, généralement au moyen d'instruments ▸ **cirurgia**
chirurgien, enne *n* Médecin qui exerce la chirurgie ▸ **cirurgião**
chirurgien-dentiste (pl *chirurgiens-dentistes*) *n* Praticien diplômé spécialisé dans les soins de la bouche et des dents; SYN: *dentiste* ▸ **cirurgião-dentista**
chistera [ʃistera] *nm* Panier recourbé et allongé qu'on attache au poignet pour jouer à la pelote basque ▸ ***chistera***
chitine [kitin] *nf* Substance qui constitue le squelette des articulés ▸ **quitina**
chiure *nf* Excrément de mouche ▸ **borradela**
ch.-l. (abréviation) Chef-lieu ▸ **Cap.**
chlamydia [klamidja] (pl *chlamydiae*) *nf* Bactérie responsable d'infections variées ▸ **clamídia**
chlorate [klɔrat] *nm* Sel de l'acide chlorique: *chlorate de potasse* ▸ **clorato**
chlore [klɔr] *nm* Corps simple de couleur verdâtre, d'une odeur suffocante; symb: Cl ▸ **cloro**
chloré, e [klɔre] *adj* Qui contient du chlore ▸ **clorado**
chlorhydrate [klɔridrat] *nm* Sel de l'acide chlorhydrique ▸ **cloridrato**
chlorhydrique [klɔridrik] *adj m* ▸ **clorídrico** ▪ **acide chlorhydrique:** combinaison de chlore et d'hydrogène ▸ **ácido clorídrico**
chloroforme [klɔrɔfɔrm] *nm* Liquide incolore d'une odeur éthérée, résultant de l'action du chlore sur l'alcool, longtemps utilisé comme anesthésique ▸ **clorofórmio**
chloroformer [klɔrɔfɔrme] *vt* Anesthésier au chloroforme ▸ **cloroformizar**
chlorophylle [klɔrɔfil] *nf* Pigment vert des végétaux, qui ne se forme qu'à la lumière ▸ **clorofila**
chlorophyllien, enne [klɔrɔfiljɛ̃, ɛn] *adj* De la chlorophylle ▸ **clorofiliano**
chlorose [klɔroz] *nf* MÉD Maladie caractérisée par une insuffisance des globules rouges ▸ **clorose**
chlorure [klɔryr] *nm* Combinaison de chlore avec un corps simple ou composé ▸ **cloreto**
chloruré, e *adj* Qui contient un chlorure ▸ **cloretado**
choc *nm* **1** Heurt violent d'un corps contre un autre ▸ **choque 2** Affrontement de troupes: *choc de deux armées* ▸ **choque 3** FIG Émotion violente et brusque ▸ **choque** ◆ *adj* (inv en genre) Qui produit de l'effet, est efficace: *une photo choc* ▸ **chocante** ▪ **prix chocs:** défiant toute concurrence ▸ **preço arrasador**
chocolat *nm* **1** Aliment composé de cacao et de sucre: *chocolat au lait* ▸ **chocolate 2** Bonbon, boisson à base de cacao: *une boîte de chocolats; un chocolat chaud* ▸ **chocolate** ◆ *adj inv* De couleur brun-rouge ▸ **chocolate** ▪ FAM **être chocolat:** être frustré de ce que l'on escomptait ▸ **ficar a ver navios**
chocolaté, e *adj* Parfumé au chocolat ▸ **achocolatado**
chocolatier, ère *n* Personne qui fabrique, vend du chocolat ▸ **chocolateiro**
chocolatière *nf* Récipient pour servir le chocolat liquide ▸ **chocolateira**
choéphore [kɔefɔr] *nf* Femme qui, chez les Grecs, portait les offrandes aux morts ▸ **coéfora**
chœur [kœr] *nm* **1** Réunion de personnes exécutant des danses et des chants ▸ **coro 2** Musiciens qui chantent ensemble ▸ **coro 3** Composition musicale à plusieurs parties ▸ **coro 4** Partie de l'église réservée aux cérémonies liturgiques ▸ **coro** ▪ **enfant de chœur: (a)** enfant employé au service du culte ▸ **moço de coro (b)** personne naïve ▸ **criança** □ **en chœur:** ensemble ▸ **em coro**
choir *vi* (usité à l'inf et au part pass *chu, e*) ▸ **cair** ▪ FAM **laisser choir:** laisser tomber, abandonner ▸ **deixar de lado**
choisi, e *adj* **1** De première qualité ▸ **selecionado, seleto 2** Distingué: *langage choisi* ▸ **rebuscado**
choisir *vt* Prendre de préférence: *il a choisi la bonne solution; elle a choisi de partir* ▸ **escolher**
choix *nm* **1** Action de choisir ▸ **escolha 2** Ensemble de choses choisies ▸ **escolha** ▪ **au choix:** avec liberté de choisir ▸ **à escolha** □ **de choix:** excellent ▸ **de qualidade** □ **n'avoir que l'embarras du choix:** avoir de nombreuses possibilités de choisir ▸ **só ter o trabalho de escolher**

cholédoque [kɔledɔk] *adj* Se dit du canal qui conduit la bile au duodénum ▸ **colédoco**
choléra [kɔlera] *nm* Maladie épidémique intestinale ▸ **cólera**
cholérique [kɔlerik] *adj* Relatif au choléra ▸ **colérico**
cholestérol [kɔlɛsterɔl] *nm* Substance grasse de l'organisme provenant des aliments ▸ **colesterol**
chômage *nm* Situation d'une personne, d'une industrie qui n'a pas ou qui n'a plus de travail; période, situation qui en résulte ▸ **desemprego, inatividade** ■ **chômage partiel:** dû à une diminution des horaires ou à une fermeture momentanée de l'entreprise ▸ **expediente reduzido, jornada reduzida**
chômé, e *adj* ▸ **de folga** ■ **jour chômé:** jour férié où l'on cesse le travail ▸ **feriado**
chômer *vi* **1** Ne pas travailler par manque d'emploi ▸ **estar desempregado 2** Suspendre le travail pendant les jours fériés ▸ **folgar** ■ FIG **ne pas chômer:** être très actif ▸ **não ter folga**
chômeur, euse *n* Personne qui est involontairement sans travail ▸ **desempregado**
chope *nf* Grand verre à anse pour boire la bière; son contenu ▸ **caneca, chope**
choper *vt* FAM **1** Prendre: *se faire choper par la police* ▸ **prender 2** Contracter une maladie: *choper un rhume* ▸ **pegar 3** Voler: *choper un livre dans un magasin* ▸ **roubar**
chopine *nf* FAM Bouteille de vin ▸ **garrafa de vinho**
choquant, e *adj* Qui choque; offensant ▸ **chocante**
choquer *vt* **1** Donner un choc, heurter ▸ **chocar-se 2** FIG offenser, blesser quelqu'un dans ses sentiments ou ses principes ▸ **chocar**
choral[1] [kɔral] (pl *chorals*) *nm* Chant religieux ▸ **coral**
choral[2]**, e, als** ou **aux** [kɔral, o] *adj* Du chœur: *chant choral* ▸ **coral** ■ **film choral:** film dont les différentes intrigues finissent par se rejoindre pour former une unique trame dramatique ▸ **filme mosaico**
chorale [kɔral] *nf* Groupe de personnes qui chantent ensemble ▸ **coral**
chorège [kɔrɛʒ] *nm* ANTIQ GR Citoyen qui organisait à ses frais les chœurs des concours dramatiques ou musicaux ▸ **corego**
chorégraphe [kɔregraf] *n* Personne qui compose des ballets ▸ **coreógrafo**
chorégraphie [kɔregrafi] *nf* Art d'écrire, de diriger des ballets, des danses; l'œuvre elle-même ▸ **coreografia**
chorégraphique *adj* Relatif à la chorégraphie, à la danse ▸ **coreográfico**
choriste [kɔrist] *n* Personne qui chante dans un chœur ▸ **corista**
chorizo [ʃɔrizo] *nm* Saucisson espagnol au piment rouge ▸ **chouriço**
choroïde [kɔrɔid] *nf* Membrane de l'œil, entre la sclérotique et la rétine ▸ **coroide**
chorus [kɔrys] *nm* ■ **faire chorus:** manifester en chœur, approuver bruyamment ▸ **fazer coro**
chose *nf* Objet inanimé ou entité abstraite ▸ **coisa** ■ **la chose publique:** l'État ▸ **a coisa pública** □ **c'est peu de chose:** sans importance ▸ **é coisa pouca** □ **de deux choses l'une:** indique une alternative impérative ▸ **das duas, uma** ♦ *adj* ■ FAM **être, se sentir tout chose:** bizarre, mal à l'aise, souffrant ▸ **sentir-se esquisito** ♦ **choses** *pl* ■ **les choses:** la situation, les événements: *regarder les choses en face* ▸ **as coisas**
ORTHOGRAPHE On écrit avec un pluriel: *état de choses*; avec un singulier: *peu de chose*
chott [ʃɔt] *nm* Lac salé plus ou moins desséché des plateaux algériens ▸ ***chott***
chou[1] *adj inv* FAM Gentil, mignon ▸ **gracinha**
chou[2] (pl *choux*) *nm* **1** Plante crucifère comprenant plusieurs espèces cultivées pour l'alimentation; partie comestible de cette plante: *chou de Bruxelles; chou rouge* ▸ **couve, repolho 2** Pâtisserie soufflée et légère: *chou à la crème* ▸ **profiterole 3** Terme d'affection: *mon chou* ▸ **docinho** ■ **bout de chou:** petit enfant ▸ **pinguinho de gente** □ FAM **faire chou blanc:** obtenir un résultat nul ▸ **sair-se mal**
chouan *nm* Insurgé royaliste des provinces de l'ouest de la France sous la Révolution ▸ **chuã**
chouannerie *nf* Insurrection des chouans royalistes en 1793 ▸ **chuaneria**
choucas *nm* Petite corneille ▸ **chuca**
chouchou, oute *n* FAM Enfant, élève favori ▸ **xodó**
chouchoutage *nm* FAM Action de chouchouter ▸ **paparico**
chouchouter *vt* FAM Avoir pour chouchou; gâter, dorloter ▸ **paparicar**
choucroute *nf* Choux hachés et fermentés; plat préparé avec ces choux accompagnés de charcuterie ▸ **chucrute**
chouette[1] *nf* Oiseau rapace nocturne d'Europe, sans aigrette, à la face aplatie ▸ **coruja**
chouette[2] *adj* FAM **1** Sympathique: *un type chouette* ▸ **legal 2** Joli, agréable: *un costume très chouette* ▸ **legal** ♦ *interj* Exprime la satisfaction ▸ **legal**
chou-fleur (pl *choux-fleurs*) *nm* Variété de chou dont les fleurs naissantes sont comestibles; fleur de ce chou ▸ **couve-flor**

chouia [ʃuja] *nm* ■ FAM **un chouia:** un petit peu de ▶ **um bocadinho**

chouquette *nf* (surtout au pluriel) Petit chou recouvert de grains de sucre ▶ **samanta**

chou-rave (pl *choux-raves*) *nm* Variété de chou cultivée pour ses racines; racine de ce chou ▶ **couve-rábano**

chow-chow [ʃoʃo] (pl *chows-chows*) *nm* Chien originaire de Chine, à fourrure abondante ▶ ***chow-chow***

choyer *vt (conj 3)* Entourer de tendresse, d'attention ▶ **paparicar**

CHR *nm* (sigle) Centre hospitalier régional ▶ **Ø**

chrême [krɛm] *nm* Huile sacrée, utilisée pour certains sacrements ▶ **crisma**

chrétien, enne *adj et n* Qui professe la foi en Jésus-Christ ▶ **cristão**

chrétiennement *adv* D'une façon chrétienne ▶ **cristãmente**

chrétienté *nf* Ensemble des pays ou des peuples chrétiens ▶ **cristandade**

christ *nm* Objet de piété représentant Jésus-Christ sur la Croix ▶ **cristo**

christiania *nm* Mouvement de virage et d'arrêt par changement de direction brutal des skis ▶ **virada para frear**

christianiser *vt* Convertir au christianisme ▶ **cristianizar**

christianisme *nm* Religion chrétienne ▶ **cristianismo**

chromatique *adj* MUS Se dit d'une série de sons procédant par demi-tons ▶ **cromático**

chrome [krom] *nm* Métal inoxydable à l'air et pouvant recevoir un beau poli; symb: Cr ▶ **cromo** ◆ **chromes** *pl* Accessoires chromés d'une voiture, d'une bicyclette, etc. ▶ **cromado**

chromer *vt* Recouvrir de chrome ▶ **cromar**

chromique *adj m* Se dit d'un acide oxygéné de chrome ▶ **crômico**

chromo *nm* Image en couleurs de mauvais goût ▶ **desenho medíocre**

chromolithographie *nf* Procédé par lequel on imprime en lithographie des images en couleurs; l'épreuve obtenue ▶ **cromolitografia**

chromosome *nm* Élément en forme de bâtonnet du noyau d'une cellule, porteur des facteurs de l'hérédité ▶ **cromossomo**

chromosomique *adj* Relatif aux chromosomes ▶ **cromossômico**

chroniciser (se) *vpr* Devenir chronique ▶ **tornar-se crônico**

chronicité *nf* État de ce qui est chronique ▶ **cronicidade**

chronique¹ *adj* **1** MÉD Qui évolue lentement et se prolonge: *l'asthme est une maladie chronique*; CONTR: *aigu* ▶ **crônico 2** Qui sévit depuis longtemps, persiste: *chômage chronique* ▶ **crônico**

chronique² *nf* **1** Ouvrage qui relate des faits historiques en suivant l'ordre de leur déroulement ▶ **crônica 2** Article de presse consacré à l'actualité dans un domaine particulier: *chronique sportive* ▶ **crônica 3** Ensemble des bruits qui circulent: *défrayer la chronique* ▶ **crônica**

chroniquer *vt* **1** Consacrer une rubrique de presse à: *chroniquer un roman* ▶ **resenhar 2** Traiter sous forme de chronique: *chroniquer le quotidien* ▶ **fazer crônica**

chroniqueur, euse *n* Auteur de chroniques: *chroniqueur théâtral* ▶ **cronista**

chrono *nm* (abréviation) FAM Chronomètre ▶ **Ø**

chronologie *nf* **1** Science des temps ou des dates historiques ▶ **cronologia 2** Ordre de succession des événements ▶ **cronologia**

chronologique *adj* Relatif à la chronologie: *ordre chronologique* ▶ **cronológico**

chronologiquement *adv* D'après la chronologie; par ordre de date ▶ **cronologicamente**

chronométrage *nm* Action de chronométrer ▶ **cronometragem**

chronomètre *nm* Montre de précision, permettant de mesurer des intervalles de temps en minutes, secondes, fractions de secondes ▶ **cronômetro**

chronométrer *vt (conj 10)* Mesurer exactement une durée ▶ **cronometrar**

chronométreur, euse *n* Personne qui chronomètre, notamment une épreuve sportive ▶ **cronometrista**

chronophage *adj* Qui demande beaucoup de temps ou qui en fait perdre: *activité chronophage* ▶ **demorado**

chrysalide *nf* Stade de formation de certains insectes, entre le stade de la chenille et celui de papillon ▶ **crisálida**

chrysanthème *nm* Fleur ornementale à grosses boules de couleurs variées ▶ **crisântemo**

CHSCT *nm* (sigle de *comité d'hygiène, de sécurité et des conditions de travail*) Organisme consultatif de l'entreprise chargé de veiller au respect des conditions d'hygiène, de sécurité et de travail

ch'timi *adj et n* FAM Se dit de quelqu'un qui est originaire du nord de la France ▶ ***ch'timi***

CHU [seaʃy] *nm* (sigle de *centre hospitalo-universitaire*) Établissement hospitalier où s'effectue l'enseignement des étudiants en médecine ▶ **HU**

chuchotement *nm* Bruit de voix qui chuchotent ► **cochicho**

chuchoter *vi et vt* Parler, dire à voix basse ► **cochichar**

chuintant, e *adj* Se dit de certaines consonnes fricatives (*ch* et *ge*) ► **chiante**

chuintement *nm* Sifflement sourd: *entendre le chuintement du gaz* ► **chiado**

chuinter *vi* **1** Crier, en parlant de la chouette ► **chiar 2** Prononcer les consonnes *s* et *z* comme un *ch* et un *j* ► **sibilar 3** Siffler, en parlant d'un liquide ou d'un gaz qui s'échappe ► **chiar**

chut *interj* Silence! ► **psiu**

chute *nf* **1** Fait de tomber: *chute de neige, des cheveux* ► **queda 2** Débris de matière (papier, tissu, etc.) perdus après une coupe ► **retalho 3** Masse d'eau qui tombe d'une certaine hauteur: *les chutes du Niagara* ► **queda 4** FIG Action de s'écrouler, ruine, effondrement: *la chute d'un gouvernement* ► **queda 5** Pensée, trait final qui termine un texte ► **remate ■ chute des reins:** le bas du dos ► **baixo costado □ point de chute:** endroit où l'on peut loger provisoirement en arrivant dans une ville inconnue ► **pouso**

chuter *vi* **1** FAM Tomber: *faire chuter le ministère* ► **cair 2** Diminuer: *les ventes ont chuté* ► **cair**

chyle [ʃil] *nm* Liquide blanchâtre contenu dans l'intestin grêle et représentant le résultat de la digestion ► **quilo**

chyme [ʃim] *nm* Liquide contenu dans l'estomac et résultant de la digestion gastrique des aliments ► **quimo**

chypriote ou **cypriote** *adj et n* De Chypre: *les Chypriotes* ► **cipriota**

ci *adv de lieu* Marque la proximité dans l'espace ou dans le temps: *cet homme-ci, ci-joint, ceux-ci* ► **aqui** ◆ *pron dém* ■ FAM **comme ci comme ça:** ni bien ni mal ► **mais ou menos** ◆ **par-ci par-là** ou **de-ci de-là** *loc adv* De côté et d'autre ► **aqui e ali**

ciao [tʃao] ou **tchao** *interj* FAM Au revoir ► **tchau**

ci-après *loc adv* Après ce passage-ci ► **mais adiante**

cibiste *n* Utilisateur de la CB ► **usuário da *C.B.***

cible *nf* **1** Objet que l'on vise dans les exercices de tir ► **alvo 2** FIG Ce qui est visé; but, objectif: *être la cible des critiques* ► **alvo 3** But, public visé par une campagne publicitaire ou une étude de marché ► **alvo**

ciblé, e *adj* Destiné à une catégorie précise de personnes: *produit bien ciblé* ► **com alvo certo**

cibler *vt* Définir précisément le public qu'on cherche à atteindre ► **definir o público-alvo**

ciboire *nm* Vase contenant les hosties consacrées ► **cibório**

ciboule *nf* Plante dont les feuilles servent de condiment; SYN: *cive* ► **cebolinha**

ciboulette *nf* Plante de la même famille que la ciboule, servant de condiment; SYN: *civette* ► **cebolinha**

ciboulot *nm* FAM Tête ► **cuca**

cicatrice *nf* **1** Trace d'une plaie, d'une blessure ► **cicatriz 2** FIG Trace d'une blessure morale ► **cicatriz**

cicatriciel, elle *adj* Relatif à une cicatrice: *tissu cicatriciel* ► **cicatricial**

cicatrisable *adj* Qui peut se cicatriser ► **cicatrizável**

cicatrisant, e *adj et nm* Qui favorise la cicatrisation ► **cicatrizante**

cicatrisation *nf* Phénomène par lequel une plaie se ferme ► **cicatrização**

cicatriser *vt* **1** Fermer une plaie ► **cicatrizar 2** FIG Apaiser, calmer une douleur morale ► **cicatrizar** ◆ *vi* ou **se cicatriser** *vpr* Se fermer, en parlant d'une plaie ► **cicatrizar(-se)**

cicérone [siserɔn] *nm* LITT Guide ► **cicerone**

ci-contre *loc adv* En regard, vis-à-vis ► **em frente**

ci-dessous *loc adv* Plus bas, en bas ► **mais adiante**

ci-dessus *loc adv* Plus haut, en haut ► **mais acima**

ci-devant *loc adv* VX Avant ce temps-ci, précédemment ► **antes** ◆ *n inv* Noble dépossédé de ses titres, sous la Révolution ► **aristocrata**

CIDJ *nm* (sigle) Centre d'information et de documentation de la jeunesse

cidre *nm* Boisson faite avec le jus fermenté des pommes ► **sidra**

cidrerie *nf* Fabrique de cidre ► **fábrica de sidra**

Cie (abréviation) Compagnie ► **Cia.**

ciel (pl *cieux*) *nm* **1** Espace visible au-dessus de nos têtes ► **céu 2** (pl *ciels*) Aspect de l'atmosphère selon le temps qu'il fait ► **céu 3** Séjour des bienheureux après la mort ► **céu 4** Dieu, la Providence ► **céu ■ à ciel ouvert:** en plein jour, à découvert: *piscine à ciel ouvert* ► **a céu aberto □ ciel de lit** (pl *ciels de lit*): dais placé au-dessus d'un lit pour y suspendre des rideaux ► **dossel □ être au septième ciel:** être dans le plus grand bonheur ► **estar no sétimo céu** ◆ *adj inv* ■ **bleu ciel:** bleu clair ► **azul-celeste** ◆ *interj* Exprime la surprise, la douleur ► **céus**

cierge *nm* Longue chandelle de cire, qu'on brûle dans les églises ► **círio**

cigale *nf* Insecte des régions chaudes, qui fait entendre un bruit strident ► **cigarra**

cigare *nm* Petit rouleau de feuilles de tabac, que l'on fume ▸ **charuto**
cigarette *nf* Tabac roulé dans du papier très fin ▸ **cigarro**
cigarillo *nm* Petit cigare ▸ **cigarrilha**
ci-gît *loc verbale* Ici est enterré ▸ **aqui jaz**
CONJUGAISON *Gît* est une des rares formes conjuguées du verbe *gésir*
cigogne *nf* Oiseau échassier migrateur ▸ **cegonha**
ciguë *nf* Plante vénéneuse ▸ **cicuta**
ci-inclus, e *adj* Contenu dans cet envoi ▸ **anexo**
ci-joint, e *adj* Joint à cet envoi: *la lettre ci-jointe; veuillez trouver ci-joint une copie du document* ▸ **anexo**
GRAMMAIRE *Ci-inclus* et *ci-joint* sont invariables avant le nom, variables après le nom
cil *nm* Poil qui garnit le bord des paupières ▸ **cílio**
cilié, e *adj* Garni de cils ▸ **ciliado**
ciller [sije] *vt et vi* Fermer et rouvrir rapidement les paupières ▸ **piscar, pestanejar**
cimaise ou **cymaise** *nf* **1** ARCHIT Moulure supérieure d'une corniche ▸ **cimácio 2** Moulure à hauteur d'appui sur un mur, et notamment d'une salle d'exposition de peinture; le mur lui-même ▸ **cimalha**
cime *nf* Sommet d'une montagne, d'un arbre ▸ **cimo**
ciment *nm* **1** Poudre qui, additionnée de sable et d'eau, forme un mortier durcissant au séchage et liant les matériaux de construction ▸ **cimento 2** FIG Ce qui unit ▸ **cimento**
cimenter *vt* **1** Lier avec du ciment ▸ **cimentar 2** FIG Affermir, consolider: *cimenter une alliance* ▸ **cimentar**
cimenterie *nf* Fabrique de ciment ▸ **fábrica de cimento**
cimeterre *nm* Sabre oriental large et recourbé ▸ **cimitarra**
cimetière *nm* Lieu où on enterre les morts ▸ **cemitério**
cinabre *nm* **1** Sulfure de mercure ▸ **cinábrio 2** Couleur rouge vermillon ▸ **cinabre**
ciné *nm* (abréviation) FAM Cinéma ▸ **cine**
cinéaste *n* Auteur ou réalisateur de films ▸ **cineasta**
ciné-club (pl *ciné-clubs*) *nm* **1** Lieu où sont projetés et discutés les films les plus marquants de l'histoire du cinéma ▸ **cineclube 2** Association qui organise ces séances ▸ **cineclube**
cinéma *nm* **1** Art de composer et de réaliser des films destinés à être projetés; industrie liée à cet art: *travailler dans le cinéma* ▸ **cinema 2** Ensemble des films d'un pays, d'un auteur, etc.: *le cinéma italien* ▸ **cinema 3** Salle destinée à la projection de films ▸ **cinema** ■ FAM **faire du cinéma:** faire des manières, des complications ▸ **fazer teatro**
CinémaScope *nm* (nom déposé) Procédé cinématographique de projection sur un large écran ▸ **cinemascope**
cinémathèque *nf* Endroit où l'on conserve et projette les films ▸ **cinemateca**
cinématique *nf* Partie de la mécanique qui traite des mouvements ▸ **cinemática**
cinématographique *adj* Relatif au cinéma ▸ **cinematográfico**
cinémomètre *nm* Indicateur de vitesse ▸ **velocímetro**
cinéphile *n* Amateur de cinéma ▸ **cinéfilo**
cinéraire[1] *nf* Plante ornementale à feuillage cendré ▸ **cinerária**
cinéraire[2] *adj* ▸ **cinerário** ■ **urne cinéraire:** qui renferme les cendres d'un corps incinéré ▸ **urna cinerária**
cinétique *adj* Relatif au mouvement ▸ **cinético**
cinglant, e *adj* Qui cingle, fouette: *une pluie cinglante; une cinglante leçon* ▸ **contundente**
cinglé, e *adj et n* FAM Fou ▸ **biruta**
cingler[1] *vi* Naviguer vers ▸ **singrar**
cingler[2] *vt* **1** Frapper avec quelque chose de mince et de flexible ▸ **fustigar 2** Frapper avec force, fouetter, en parlant du vent, de la pluie, etc. ▸ **fustigar 3** FIG Blesser par des paroles dures ▸ **fustigar**
cinoche *nm* FAM Cinéma ▸ **cinema**
cinq *adj num* **1** Quatre plus un ▸ **cinco 2** Cinquième: *tome cinq* ▸ **cinco** ♦ *nm inv* Chiffre, numéro qui représente ce nombre ▸ **cinco**
cinquantaine *nf* **1** Nombre de cinquante ou d'environ cinquante ▸ **cinquentena 2** Âge d'à peu près cinquante ans ▸ **(os) cinquenta**
cinquante *adj num et nm inv* **1** Cinq fois dix ▸ **cinquenta 2** Cinquantième ▸ **cinquenta**
cinquantenaire *nm* Cinquantième anniversaire ▸ **cinquentenário**
cinquantième *adj num ord et n* **1** Qui occupe un rang marqué par le numéro cinquante ▸ **quinquagésimo 2** Qui se trouve cinquante fois dans le tout ▸ **quinquagésimo**
cinquième[1] *adj num ord et n* Qui occupe un rang marqué par le numéro cinq ▸ **quinto** ♦ *adj et nm* Qui se trouve cinq fois dans le tout ▸ **quinto**
cinquième[2] *nf* **1** Deuxième année du premier cycle du secondaire ▸ **quinta série 2** Cinquième vitesse ▸ **quinta marcha**

cinquièmement *adv* En cinquième lieu ▸ **em quinto lugar**

cintrage *nm* Action de cintrer ▸ **arqueação**

cintre *nm* **1** ARCHIT Courbure concave et continue d'une voûte ou d'un arc ▸ **arco 2** Arcade de bois sur laquelle on bâtit les voûtes en pierre ▸ **cambota 3** Support incurvé pour vêtements ▸ **cabide** ▪ **plein cintre:** cintre dont la courbe est un demi-cercle ▸ **arco pleno** ♦ **cintres** *pl* THÉÂTRE Partie supérieure de la cage de scène, où l'on remonte les décors ▸ **urdimento**

cintrer *vt* **1** Donner une courbure à ▸ **arquear, abobadar 2** Resserrer par des pinces un vêtement à la taille ▸ **cintar**

cirage *nm* **1** Action de cirer ▸ **enceramento 2** Produit pour cirer les chaussures ▸ **graxa** ▪ FAM **être dans le cirage: (a)** ne rien voir ▸ **estar no escuro (b)** avoir l'esprit endormi ▸ **estar boiando**

circaète *nm* Oiseau rapace diurne du centre et du sud de la France ▸ **águia-cobreira**

circoncire *vt (conj 72, sauf part passé circoncis)* Pratiquer la circoncision ▸ **circuncidar**

circoncis *adj et nm* Qui a subi la circoncision ▸ **circuncidado**

circoncision *nf* Excision du prépuce ▸ **circuncisão**

circonférence *nf* Ligne courbe plane, fermée, limitant une surface ▸ **circunferência**

circonflexe *adj* ▸ **circunflexo** ▪ **accent circonflexe:** signe (^) qui se place en français sur certaines voyelles longues ▸ **acento circunflexo**

circonlocution *nf* Moyen détourné de parler, périphrase ▸ **circunlóquio**

circonscription *nf* Division administrative, militaire ou religieuse: *circonscription électorale* ▸ **circunscrição**

circonscrire *vt (conj 71)* **1** Tracer des limites autour: *circonscrire une propriété par des murs* ▸ **circunscrever 2** Empêcher de dépasser certaines limites: *circonscrire un incendie* ▸ **circunscrever 3** Définir les limites de: *circonscrire son sujet* ▸ **circunscrever 4** GÉOM Tracer une figure dont les côtés sont tangents à une autre: *circonscrire un triangle à un cercle* ▸ **circunscrever**

circonspect, e [sirkɔ̃spɛ, ɛkt] ou [sirkɔ̃spɛkt] *adj* Prudent et réservé ▸ **circunspecto**

circonspection *nf* Prudence, discrétion dans ses actes ou ses paroles ▸ **circunspecção**

circonstance *nf* **1** Particularité qui accompagne un événement: *une circonstance difficile* ▸ **circunstância 2** Conjoncture, situation: *dans les circonstances actuelles* ▸ **circunstância** ▪ **de circonstance:** adapté à la situation ▸ **apropriado**

circonstancié, e *adj* Détaillé ▸ **circunstanciado**

circonstanciel, elle *adj* Qui dépend des circonstances ▸ **circunstancial** ▪ GRAMM **complément circonstanciel:** celui qui exprime les circonstances dans lesquelles s'accomplit l'action ▸ **complemento circunstancial**

circonvenir *vt (conj 22; auxil: avoir)* Séduire par des manœuvres habiles ▸ **embair**

circonvolution *nf* Enroulement autour d'un axe central ▸ **circunvolução** ▪ **circonvolutions cérébrales:** parties du cerveau déterminées par des sillons ▸ **circunvoluções cerebrais**

circuit *nm* **1** Trajet qui représente le tour d'un lieu ▸ **circuito 2** Parcours touristique ou d'une épreuve sportive avec retour au point de départ ▸ **circuito 3** Jouet constitué d'un parcours fermé sur lequel on fait circuler des trains, des voitures ▸ **circuito 4** Suite de conducteurs électriques ▸ **circuito 5** Ensemble de tuyauteries assurant l'écoulement d'un fluide: *circuit d'alimentation* ▸ **circuito 6** Enchaînement d'opérations interdépendantes et continues, subies par des biens ou des services: *circuit de distribution* ▸ **circuito** ▪ **en circuit fermé:** sans communication avec l'extérieur ▸ **em circuito fechado** □ **être hors circuit:** ne plus être en activité, ni au fait des choses ▸ **estar por fora**

circulaire[1] *adj* **1** Qui a la forme d'un cercle ▸ **circular 2** Qui décrit un cercle: *geste circulaire* ▸ **circular 3** Qui ramène au point de départ: *raisonnement circulaire* ▸ **circular**

circulaire[2] *nf* Lettre adressée à plusieurs personnes pour le même objet ▸ **circular**

circularité *nf* État de ce qui est circulaire ▸ **circularidade**

circulation *nf* **1** Mouvement de ce qui circule: *circulation du sang* ▸ **circulação 2** Déplacement de personnes, de véhicules qui circulent; trafic ▸ **circulação**

circulatoire *adj* Relatif à la circulation du sang ▸ **circulatório**

circuler *vi* **1** Se mouvoir en circuit fermé: *le sang, l'électricité circule* ▸ **circular 2** Se déplacer sur des voies de communication: *circuler en ville* ▸ **circular 3** Passer de main en main: *la monnaie circule* ▸ **circular 4** FIG Se propager, se répandre: *nouvelle qui circule* ▸ **circular**

circumnavigation [sirkɔmnavigasjɔ̃] *nf* Voyage maritime autour d'un continent ▸ **circum-navegação**

circumpolaire [sirkɔmpɔlɛr] *adj* Qui est ou qui se fait autour du pôle ▸ **circumpolar**

cire *nf* **1** Substance sécrétée par les abeilles ouvrières, qui en font les rayons de leur ruche;

substance analogue, sécrétée par divers végétaux ▸ **cera 2** Préparation à base de cire d'abeille ou de cire végétale pour l'entretien du bois ▸ **cera 3** Composition utilisée pour cacheter les lettres, les bouteilles ▸ **lacre**

ciré, e *adj* ▸ **encerado, engraxado** ▪ **toile cirée:** toile recouverte d'une composition vernissée qui la rend imperméable ▸ **oleado** ◆ *nm* Vêtement imperméable ▸ **impermeável**

cirer *vt* Enduire, frotter de cire ou de cirage ▸ **encerar, engraxar** ▪ FAM **n'en avoir rien à cirer:** s'en moquer ▸ **não estar nem aí**

cireur, euse *n* Personne qui cire ▸ **encerador, engraxador**

cireuse *nf* Appareil ménager électrique pour cirer les parquets ▸ **enceradeira**

cireux, euse *adj* De la couleur de la cire; blême: *teint cireux* ▸ **céreo**

cirque *nm* **1** Lieu destiné aux jeux publics, chez les Romains ▸ **circo 2** Enceinte circulaire où se donnent des spectacles équestres, acrobatiques, etc.; entreprise qui donne ces spectacles ▸ **circo 3** FAM Désordre, agitation: *quel cirque!* ▸ **feira 4** Espace semi-circulaire en haute montagne ▸ **circo**

cirrhose *nf* Maladie du foie ▸ **cirrose**

cirrus *nm* Nuage blanc en forme de filaments ou de boucles de cheveux ▸ **cirro**

cisaillement *nm* Action de cisailler, de couper ▸ **cisalhamento**

cisailler *vt* Couper avec des cisailles ▸ **cisalhar**

cisailles *nf pl* Gros ciseaux pour couper les plaques de métal, etc. ▸ **tesourão**

cisalpin, e *adj* En deçà des Alpes (par rapport à Rome) ▸ **cisalpino**

ciseau *nm* Lame plate de fer ou d'acier tranchant pour travailler les corps durs ▸ **cinzel** ◆ **ciseaux** *pl* Instrument d'acier à deux branches mobiles et tranchantes ▸ **tesoura**

ciseler *vt (conj 5)* Sculpter finement ▸ **cinzelar**

ciseleur *nm* Artiste qui cisèle ▸ **cinzelador**

ciselure *nf* Ornement ciselé ▸ **cinzeladura**

ciste *nm* Arbrisseau méditerranéen ▸ **cisto**

cistercien, enne *adj et n* De l'ordre de Cîteaux: *moine cistercien* ▸ **cisterciense**

citadelle *nf* Partie fortifiée de certaines villes ▸ **cidadela**

citadin, e *n* Personne qui habite une ville ▸ **citadino** ◆ *adj* De la ville ▸ **citadino**

citadine *nf* Automobile conçue pour la conduite en ville ▸ **automóvel urbano**

citation *nf* **1** Passage d'un auteur rapporté exactement ▸ **citação 2** DR Sommation à comparaître devant la justice comme défendeur ou témoin ▸ **citação 3** Récompense honorifique accordée à un militaire pour une action d'éclat ▸ **menção**

cité *nf* **1** LITT Ville ▸ **cidade 2** (avec une majuscule) Partie la plus ancienne de certaines villes: *la Cité de Londres* ▸ **centro histórico 3** Groupe d'immeubles ayant même destination: *cité universitaire* ▸ **cidade 4** Cité HLM: *la vie dans les cités* ▸ **conjunto habitacional** ▪ **avoir droit de cité:** être admis ▸ **ser aceito, admitido**

cité-dortoir (pl *cités-dortoirs*) *nf* Agglomération suburbaine essentiellement destinée au logement ▸ **cidade-dormitório**

citer *vt* **1** Rapporter textuellement ▸ **citar 2** Désigner avec précision, mentionner ▸ **citar 3** DR Appeler à comparaître en justice ▸ **citar**

citerne *nf* **1** Réservoir d'eau de pluie ▸ **cisterna 2** Cuve fermée contenant des liquides ▸ **barrica 3** Camion-citerne; wagon-citerne ▸ **caminhão-tanque, vagão-tanque**

cithare *nf* Instrument de musique à cordes, sans manche ▸ **cítara**

citoyen, enne *n* **1** Membre d'un État considéré du point de vue de ses devoirs et de ses droits politiques ▸ **cidadão 2** HIST Sous la Révolution, titre substitué à «monsieur», «madame» ▸ **cidadão** ◆ *adj* Relatif à la citoyenneté: *une protestation citoyenne* ▸ **popular**

citoyenneté *nf* Qualité de citoyen ▸ **cidadania**

citrate *nm* CHIM Sel de l'acide citrique ▸ **citrato**

citrique *adj* Se dit d'un acide extrait du citron ou d'autres fruits ▸ **cítrico**

citron *nm* **1** Fruit jaune clair du citronnier, contenant un jus acide ▸ **limão 2** FAM Tête ▸ **cabeça** ◆ *adj inv* Jaune clair ▸ **limão**

citronnade *nf* Boisson à base d'eau sucrée et de jus de citron ▸ **limonada**

citronné, e *adj* **1** Qui sent le citron ▸ **com cheiro de limão 2** Où l'on a mis du jus de citron: *eau citronnée* ▸ **com limão**

citronnelle *nf* Plante aromatique, à l'odeur de citron ▸ **citronela**

citronnier *nm* Arbre produisant le citron; bois de cet arbrisseau ▸ **limoeiro**

citrouille *nf* Nom usuel donné à certaines grosses courges et, parfois, au potiron ▸ **abóbora**

cive *nf* Ciboule ▸ **cebolinha**

civet *nm* Ragoût de lièvre, de lapin ou d'autre gibier ▸ **lebrada, guisado**

civette[1] *nf* **1** Petit mammifère carnassier ▸ **civeta 2** Sécrétion de la poche anale de cet animal, utilisée en parfumerie ▸ **almíscar**

civette[2] *nf* Ciboulette ▸ **cebolinha**

civière *nf* Brancards réunis par une toile, pour transporter des blessés, des malades ► **maca**

civil[1] *nm* Homme qui n'est ni militaire ni religieux ► **civil** ■ **dans le civil:** en dehors de la vie militaire ► **vida civil** □ **en civil:** qui porte un vêtement autre qu'un uniforme: *un policier en civil* ► **à paisana**

civil[2]**, e** *adj* **1** Qui concerne les citoyens ► **civil** **2** Qui n'a pas de caractère religieux ou militaire: *le mariage civil aura lieu à la mairie; des vêtements civils* ► **civil** **3** SOUT Poli, courtois ► **civil** ■ **droit civil:** partie du droit privé qui concerne les rapports entre particuliers ► **direito civil** □ **droits civils:** droits des citoyens dans leur vie privée ► **direitos civis** □ **guerre civile:** entre citoyens ► **guerra civil** □ **liste civile:** somme annuelle allouée au chef de l'État ► **lista civil** □ **partie civile:** plaideur qui, devant un tribunal, demande réparation d'un dommage ► **queixoso**

civilement *adv* **1** En matière civile ► **civilmente** **2** Sans cérémonie religieuse ► **no civil** **3** SOUT Avec politesse ► **civilizadamente**

civilisateur, trice *adj et n* Qui propage la civilisation ► **civilizador**

civilisation *nf* **1** Fait de se civiliser ► **civilização** **2** Ensemble des caractères propres à la vie intellectuelle, artistique, morale et matérielle d'un pays, d'une société ► **civilização**

civilisé, e *adj et n* Se dit d'une société dont la culture et l'industrie sont très développées ► **civilizado**

civiliser *vt* **1** Amener à un plus grand développement culturel, matériel ► **civilizar** **2** Rendre quelqu'un plus raffiné dans ses manières ► **civilizar**

civilité *nf* Respect des bienséances, politesse, courtoisie ► **civilidade** ♦ **civilités** *pl* SOUT Actes de politesse ► **civilidade**

civique *adj* Qui concerne le citoyen et son rôle dans la vie politique de son pays ► **cívico** ■ **éducation** ou **instruction civique:** discipline destinée à préparer les élèves à leur rôle de citoyen ► **educação cívica**

civisme *nm* Dévouement à l'intérêt public: *faire acte de civisme* ► **civismo**

cl (symbole) Centilitre ► **cl**

clac *interj* → **clic**

clafoutis *nm* Gâteau constitué par un mélange de pâte et de fruits, notamment de cerises ► ***clafoutis*****, bolo de frutas**

claie *nf* **1** Panneau en osier à claire-voie ► **grade, crivo** **2** Treillage en bois ou en fer, etc. ► **caniçada**

clair[1] *nm* ► **claridade** ■ **clair de lune:** clarté répandue par la Lune ► **luar** □ **en clair:** non chiffré ou non codé ► **não codificado** □ **le plus clair de:** l'essentiel de ► **o mais importante de** □ **tirer au clair:** éclaircir une affaire ► **tirar a limpo**

clair[2]**, e** *adj* **1** Qui répand ou reçoit beaucoup de lumière: *salle claire* ► **claro** **2** Net, distinct, sonore: *son clair* ► **claro** **3** Transparent, limpide: *eau claire* ► **claro** **4** Peu foncé: *bleu clair* ► **claro** **5** Peu consistant: *sauce claire* ► **ralo** **6** FIG Facilement intelligible: *langage clair* ► **claro** **7** Évident, manifeste, certain: *clair comme le jour, comme de l'eau de roche* ► **claro** ♦ *adv* ■ **il fait clair:** il fait grand jour ► **já é de dia** □ **voir clair:** distinctement ► **ver com clareza**

claire *nf* **1** Bassin d'élevage d'huîtres ► **ostreira** **2** Huître de claire ► **ostra de viveiro**

clairement *adv* Nettement, franchement ► **claramente**

clairet, ette *adj* ■ **vin clairet** ou **clairet:** *nm* vin rouge léger et peu coloré ► **clarete**

claire-voie (à) *loc adv* Dont les éléments sont espacés, laissant passer la lumière ► **vazado**

clairière *nf* Endroit d'une forêt dégarni d'arbres ► **clareira**

clair-obscur (pl *clairs-obscurs*) *nm* **1** Mélange de clarté et d'ombre dans un tableau, une gravure ► **claro-escuro** **2** Lumière douce, tamisée ► **claro-escuro**

clairon *nm* **1** Trompette à son aigu et perçant ► **clarim** **2** Musicien qui joue de cet instrument ► **clarim**

claironnant, e *adj* Qui a le timbre puissant et clair du clairon: *voix claironnante* ► **estridente**

claironner *vt* Proclamer partout ► **trombetear**

clairsemé, e *adj* **1** Semé, planté de manière peu serrée: *gazon clairsemé* ► **espalhado** **2** Épars, dispersé: *des remarques clairsemées dans un livre* ► **espalhado, disperso**

clairvoyance *nf* Vue claire et pénétrante des choses; lucidité, perspicacité ► **clarividência**

clairvoyant, e *adj* Lucide, perspicace ► **clarividente**

clam *nm* Coquillage comestible ► **amêijoa**

clamer *vt* Manifester, crier avec véhémence: *clamer son innocence* ► **clamar**

clameur *nf* Ensemble confus de cris et de bruits ► **clamor**

clamser ou **clamecer** *vi (conj 1)* FAM Mourir ► **empacotar**

clan *nm* **1** Tribu écossaise ou irlandaise ► **clã** **2** PÉJOR Groupe fermé de personnes ► **clã**

clandestin, e *adj* Fait en secret: *réunion clandestine* ► **clandestino** ♦ *n* Immigré clandestin; personne qui est en situation illégale: *passager clandestin* ► **clandestino**

clandestinement *adv* En secret ▶ **clandestinamente**

clandestinité *nf* **1** Caractère de ce qui est clandestin ▶ **clandestinidade 2** État d'une personne qui mène une existence clandestine ▶ **clandestinidade**

clapet *nm* Partie mobile d'une soupape ▶ **válvula**

clapier *nm* Cabane à lapins ▶ **coelheira**

clapotement ou **clapotis** *nm* Agitation légère de l'eau, produisant un petit bruit ▶ **marulho, chape**

clapoter *vi* Produire un clapotis ▶ **marulhar**

clappement *nm* Bruit sec que fait la langue en claquant ▶ **estalo**

claquage *nm* Distension d'un ligament, d'un muscle ▶ **distensão**

claque[1] *nf* **1** Coup donné avec le plat de la main ▶ **tapa 2** Groupe de spectateurs payés pour applaudir: *faire la claque* ▶ **claque** ▪ FAM **en avoir sa claque (de):** en avoir assez (de), être excédé (de) ▶ **estar por aqui (de)**

claque[2] *nm* Chapeau haut de forme à ressort qui peut s'aplatir ▶ **claque**

claquement *nm* Bruit de ce qui claque: *claquement de fouet* ▶ **estalo**

claquemurer *vt* Enfermer étroitement ▶ **enclausurar**

claquer *vi* Produire un bruit sec: *faire claquer son fouet* ▶ **estalar** ▪ FAM **claquer des dents:** avoir très froid ▶ **bater os dentes** ◆ *vt* **1** Donner une claque ▶ **esbofetear 2** FAM Fatiguer: *ce travail m'a claqué* ▶ **arrebentar 3** FAM Dépenser: *il a claqué toutes ses économies* ▶ **esbanjar** ▪ **claquer la porte:** la fermer avec violence et bruit ▶ **bater a porta** ◆ **se claquer** *vpr* ▪ **se claquer un muscle, un tendon:** se faire un claquage ▶ **distender um músculo, um tendão**

claquettes *nf pl* Danse d'origine américaine, dans laquelle la pointe et le talon de la chaussure, munis de lames métalliques, frappent le sol ▶ **sapateado**

clarification *nf* Action de clarifier ▶ **clarificação**

clarifier *vt* Rendre clair, purifier; éclaircir: *clarifier un liquide en le filtrant; clarifier la situation* ▶ **clarificar, esclarecer**

clarine *nf* Clochette qu'on pend au cou des animaux à l'alpage ▶ **chocalho**

clarinette *nf* Instrument à vent, à clefs et à anche simple, de la catégorie des bois ▶ **clarinete**

clarinettiste *n* Joueur de clarinette ▶ **clarinetista**

clarté *nf* **1** Lumière: *la clarté de la lampe* ▶ **claridade 2** Transparence: *la clarté d'un verre* ▶ **clareza 3** FIG Caractère de ce qui est clair, intelligible: *parler avec clarté* ▶ **clareza**

clash [klaʃ] *nm* FAM Rupture, désaccord brutal et violent ▶ **ruptura**

classe *nf* **1** Catégorie dans laquelle on range les êtres: *classe sociale: classe politique* ▶ **classe 2** SC NAT Grande division d'un règne qui se subdivise en ordres ou en familles: *classe des oiseaux* ▶ **classe 3** Chacun des degrés de l'enseignement primaire et secondaire: *en quelle classe est-il?* ▶ **classe 4** Ensemble des élèves instruits par un même maître: *une classe de trente élèves* ▶ **classe 5** Salle où se donne l'enseignement ▶ **classe 6** Enseignement donné: *faire la classe* ▶ **aula 7** Ensemble des jeunes gens atteignant la même année l'âge de faire leur service militaire ▶ **classe 8** Catégorie, rang établis selon la valeur, l'importance, etc.: *première, seconde classe* ▶ **classe 9** Distinction, raffinement, élégance: *avoir de la classe; quelle classe!* ▶ **classe** ▪ **classe de mer, classe de neige:** séjour d'une classe avec un enseignant à la mer ou à la montagne ▶ **estudo de meio na praia, na montanha** □ **en classe:** à l'école ▶ **à, na escola** □ **faire ses classes: (a)** recevoir l'instruction militaire de base ▶ **receber instrução militar (b)** FIG acquérir de l'expérience dans un domaine ▶ **aprender** ◆ *adj* FAM Distingué; chic ▶ **classudo**

classement *nm* **1** Action de classer ▶ **classificação 2** Rang auquel une personne est classée ▶ **classificação**

classer *vt* Ranger par catégories ▶ **classificar** ▪ **classer une affaire:** la juger réglée ▶ **arquivar um caso** ◆ **se classer** *vpr* Obtenir un certain rang: *se classer premier* ▶ **classificar-se**

classeur *nm* **1** Chemise de carton où l'on range des papiers ▶ **fichário 2** Meuble pour ranger des documents ▶ **arquivo, fichário**

classicisme *nm* **1** Caractère de ce qui est classique ▶ **classicismo 2** Doctrine littéraire et artistique fondée sur le respect de la tradition classique ▶ **classicismo**

classification *nf* Distribution systématique en diverses catégories: *la classification des espèces* ▶ **classificação**

classifier *vt* **1** Procéder à la classification de ▶ **classificar 2** MIL Protéger les informations intéressant la défense ou la sûreté de l'État, en limitant leur consultation ▶ **tornar confidencial**

classique *adj* **1** Qui appartient à l'Antiquité grécoromaine ▶ **clássico 2** Qui s'inspire des modèles esthétiques de l'Antiquité (auteurs, artistes, œuvres du XVIIe s.): *théâtre classique* ▶ **clássico**

3 Conforme aux usages établis: *vêtement classique* ▸ **clássico** ▪ **danse classique:** dont les mouvements sont régis par un code très précis ▸ **dança clássica** □ **lettres classiques:** qui comportent l'étude du grec et du latin ▸ **letras clássicas** □ **musique classique:** des grands compositeurs occidentaux (par opposition à *jazz, variétés*) ▸ **música clássica** ◆ *nm* **1** Écrivain ou artiste de l'Antiquité ou qui s'est inspiré de l'Antiquité: *les classiques grecs* ▸ **clássico 2** Auteur, ouvrage qui peut servir de modèle, dont la valeur est universellement reconnue: *un classique du jazz* ▸ **clássico 3** Danse, musique classique ▸ **dança, música clássica**

classiquement *adv* Conformément à la norme, à l'habitude ▸ **classicamente**

claudication *nf* SOUT Action de boiter ▸ **claudicação**

claudiquer *vi* SOUT Boiter ▸ **claudicar**

clause *nf* Disposition particulière d'un acte, d'un contrat ▸ **cláusula** ▪ **clause de style: (a)** clause commune aux actes juridiques de même nature ▸ **cláusula de estilo (b)** formule consacrée et sans importance ▸ **formalidade**

claustral, e, aux *adj* Du cloître ▸ **claustral**

claustration *nf* Action d'enfermer dans un lieu clos ▸ **clausura**

claustrer *vt* Enfermer dans un lieu clos, isoler ▸ **enclausurar**

claustrophobe *adj et n* Atteint de claustrophobie ▸ **claustrofóbico**

claustrophobie *nf* Angoisse maladive de rester dans un lieu clos ▸ **claustrofobia**

clavaire *nf* Champignon des bois ▸ **clavária**

claveau *nm* ARCHIT Pierre taillée en coin fermant une voûte ▸ **aduela**

clavecin *nm* MUS Instrument à clavier et à cordes ▸ **cravo**

claveciniste *n* Personne qui joue du clavecin ▸ **cravista**

clavette *nf* Cheville servant à assembler deux pièces ▸ **chaveta**

clavicule *nf* Os long de l'épaule qui joint le sternum à l'omoplate ▸ **clavícula**

clavier *nm* Ensemble des touches d'un piano, d'un ordinateur, etc. ▸ **teclado**

claviste *n* Personne qui saisit un texte sur ordinateur ▸ **digitador**

clayette *nf* Étagère amovible à claire-voie qui sert de support dans les réfrigérateurs ▸ **prateleira**

clayon [klɛjɔ̃] *nm* Petite claie ▸ **grade pequena**

clean [klin] *adj inv* (anglicisme) FAM Qui est propre et soigné: *un intérieur clean* ▸ ***clean***

clébard ou **clebs** [klɛbs] *nm* FAM Chien ▸ **cachorro**

clef ou **clé** *nf* **1** Pièce métallique servant à ouvrir et fermer une serrure: *fermer à clef* ▸ **chave 2** FIG Ce qui permet de comprendre, de résoudre un problème: *la clef d'un mystère* ▸ **chave 3** MÉCAN Outil pour ouvrir ou fermer, serrer ou desserrer des écrous, etc.: *clef anglaise* ▸ **chave 4** MUS Signe qui permet l'identification des notes: *clef de sol* ▸ **clave 5** Pièce mobile qui bouche et ouvre les trous d'un instrument de musique à vent ▸ **chave 6** SPORTS Prise de lutte, de judo ▸ **chave 7** En apposition, indique que quelque chose joue un rôle essentiel: *personnage clef* ▸ **chave** ▪ **clefs en main:** se dit d'une usine, d'une voiture, etc. livrées prêtes à être utilisées ▸ **com as chaves na mão** □ **clef de voûte:** (a) ARCHIT pierre en forme de coin, qui occupe la partie centrale d'une voûte ou d'un arceau ▸ **chave de abóbada (b)** FIG principe, base ▸ **pedra angular** □ **sous clef:** en un endroit fermé à clef ▸ **a sete chaves**

clématite *nf* Plante grimpante ornementale ▸ **clematite**

clémence *nf* **1** Vertu qui consiste à pardonner ▸ **clemência 2** Douceur du climat ▸ **clemência**

clément, e *adj* **1** Qui fait preuve de clémence ▸ **clemente 2** Dont la température est agréable; doux: *hiver clément* ▸ **clemente**

clémentine *nf* Variété de mandarine ▸ **clementina**

clenche *nf* Pièce du loquet d'une porte qui la tient fermée ▸ **tranqueta**

clepsydre *nf* Horloge antique mesurant le temps par un écoulement d'eau ▸ **clepsidra**

cleptomane *n* → **kleptomane**

cleptomanie *nf* → **kleptomanie**

clerc [klɛr] *nm* **1** Celui qui est entré dans l'état ecclésiastique ▸ **clérigo 2** Employé d'une étude de notaire, d'avoué ▸ **estagiário** ▪ LITT **pas de clerc:** bévue, faute ▸ **mancada**

clergé *nm* Ensemble des prêtres d'un culte, d'une paroisse, d'un pays ▸ **clero**

clérical, e, aux *adj* Qui appartient au clergé ▸ **clerical**

cléricalisme *nm* Doctrine favorable à l'intervention du clergé dans les affaires publiques ▸ **clericalismo**

clic *interj* Onomatopée exprimant un claquement sec: *clic! clac!* ▸ **clique** ◆ *nm* Enfoncement puis relâchement rapides d'une touche de la souris d'un ordinateur ▸ **clique**

cliché *nm* **1** Image photographique négative ▸ **negativo 2** Plaque métallique permettant d'obtenir des épreuves typographiques ▸ **clichê 3** FIG Lieu commun, banalité ressassée ▸ **clichê**

client, e *n* Personne qui se fournit chez un commerçant, qui recourt à une banque, à un avocat, etc. ▸ **cliente**
clientèle *nf* Ensemble des clients ▸ **clientela**
clignement *nm* Action de cligner ▸ **piscadela**
cligner *vt et vi* **1** Fermer les yeux à demi: *cligner les yeux comme un myope* ▸ **apertar, espremer os olhos 2** Rapprocher brusquement les paupières: *la lumière le fait cligner des yeux* ▸ **piscar ■ cligner de l'œil:** faire un clin d'œil à quelqu'un ▸ **dar uma piscadela**
clignotant *nm* Avertisseur lumineux à intermittence ▸ **pisca-pisca**
clignotement *nm* **1** Clignement ▸ **piscadela 2** Scintillement d'une lumière ▸ **cintilação**
clignoter *vi* **1** Remuer les paupières rapidement ▸ **piscar 2** S'allumer et s'éteindre par intermittence: *le phare clignote à l'horizon* ▸ **piscar**
climat *nm* **1** Ensemble des phénomènes météorologiques auxquels est soumis un lieu ▸ **clima 2** FIG Ensemble des circonstances dans lesquelles on vit; ambiance ▸ **clima**
climatique *adj* Relatif au climat ▸ **climático**
climatisation *nf* Ensemble des moyens permettant de maintenir l'atmosphère d'un endroit clos à une pression, à un degré d'humidité et à une température donnés ▸ **climatização**
climatiser *vt* Assurer la climatisation ▸ **climatizar**
climatiseur *nm* Appareil de climatisation ▸ **climatizador**
climatologie *nf* Étude du climat ▸ **climatologia**
clin *nm* **■ clin d'œil** (pl *clins d'œil*): mouvement des paupières qu'on baisse et qu'on relève rapidement en signe de connivence ▸ **piscadela □ en un clin d'œil:** en un temps très court ▸ **num piscar de olhos**

EMPLOI On dit des *clins d'œil* mais des *clignements d'yeux*

clinicien, enne *n* Médecin qui étudie les maladies par l'observation directe des malades ▸ **clínico**
clinique[1] *nf* Établissement de soins privé ▸ **clínica**
clinique[2] *adj* Qui se fait d'après l'examen direct du malade, à son chevet: *examen clinique* ▸ **clínico ■ signe clinique:** signe que le médecin peut observer par la vue, le toucher ▸ **sinal clínico**
cliniquement *adv* D'après les signes cliniques: *cliniquement mort* ▸ **clinicamente**
clinquant, e *adj* Qui a plus d'éclat apparent extérieur que de valeur ▸ **espalhafatoso ◆** *nm* Faux brillant, éclat trompeur ▸ **ouropel**
clip[1] *nm* Pince à ressort sur laquelle est monté un bijou; le bijou lui-même ▸ **clipe, broche**
clip[2] *nm* Court métrage cinématographique ou vidéo qui illustre une chanson, qui présente le travail d'un artiste (recommandation officielle: *bande vidéo promotionnelle*) ▸ **clipe**
clipper *vt* Fixer avec un clip ▸ **suturar, prender**
clique *nf* **1** Groupe de personnes qui intriguent ensemble ▸ **corja 2** MIL Ensemble des tambours et des clairons d'une musique militaire ▸ **banda, fanfarra ■** FAM **prendre ses cliques et ses claques:** s'en aller en emportant tout ce qu'on a ▸ **mandar-se de mala e cuia**
cliquer *vi* Actionner la souris d'un micro-ordinateur ▸ **clicar**
cliquet *nm* Petit levier qui interdit le retour en arrière d'une roue dentée ▸ **lingueta**
cliqueter *vi (conj 8)* Produire un bruit d'entrechoquement ▸ **tinir**
cliquetis *nm* Succession de bruits produits par de petits chocs ▸ **tinido**
clisse *nf* **1** Claie pour égoutter les fromages ▸ **cincho 2** Enveloppe d'osier, de jonc, pour bouteilles ▸ **envoltório de palha**
clitoris [klitɔris] *nm* ANAT Petit organe érectile de la vulve ▸ **clitóris**
clivage *nm* **1** Action de cliver des minéraux ▸ **clivagem 2** Fissure dans une pierre ▸ **clivagem 3** FIG Distinction entre deux groupes selon un certain critère: *clivage social* ▸ **clivagem**
cliver *vt* Fendre un corps minéral dans le sens naturel de ses couches ▸ **clivar**
cloaque *nm* **1** Masse d'eau croupie ▸ **cloaca 2** Lieu malpropre et infect ▸ **cloaca 3** Orifice commun des voies urinaires, intestinales et génitales des oiseaux et des reptiles ▸ **cloaca**
clochard, e *n* Personne qui n'a pas de domicile et qui vit de mendicité ▸ **mendigo**
clochardisation *nf* Fait de devenir clochard ▸ **miserabilização**
clochardiser *vt* Réduire quelqu'un à la condition de clochard ▸ **miserar ◆ se clochardiser** *vpr* Se trouver privé de ressources, de domicile, et devenir peu à peu clochard ▸ **tornar-se indigente**
cloche[1] *nf* **1** Instrument d'airain, creux, évasé, suspendu, dont on tire des sons par un battant placé au milieu ▸ **sino 2** Couvercle en verre pour protéger des aliments, des plantes: *cloche à fromage* ▸ **redoma ■ chapeau cloche:** chapeau à bords rabattus ▸ ***cloche* □** FAM **son de cloche:** opinion d'une ou de plusieurs personnes ▸ **versão**
cloche[2] *adj* FAM Bête, stupide ▸ **pateta**
cloche-pied (à) *loc adv* **■ sauter à cloche-pied:** sur un pied ▸ **pular num pé só**

clocher[1] *nm* Tour d'une église, où sont les cloches ▸ **campanário** ▪ **esprit de clocher:** attachement étroit au petit cercle où l'on vit ▸ **bairrismo** □ **querelles de clocher:** qui n'ont qu'un intérêt local ▸ **briguinhas de campanário**

clocher[2] *vi* FAM Aller de travers, être défectueux ▸ **não funcionar direito**

clochette *nf* **1** Petite cloche ▸ **sineta 2** Corolle de certaines fleurs en forme de cloche ▸ **campânula**

clodo *n* FAM Clochard ▸ **mendigo**

cloison *nf* **1** Paroi légère qui sépare deux espaces dans un bâtiment ▸ **divisória 2** Paroi qui divise un objet en compartiments ▸ **divisória 3** ANAT Membrane séparant des cavités: *la cloison nasale* ▸ **septo 4** FIG Ce qui empêche la communication entre des groupes de personnes ▸ **barreira**

cloisonnage ou **cloisonnement** *nm* **1** Action de cloisonner ▸ **compartimentação 2** Ensemble de cloisons ▸ **compartimentagem**

cloisonné, e *adj* Divisé par des cloisons ▸ **compartimentado** ▪ **émail cloisonné:** dans lequel les motifs sont circonscrits par de minces cloisons ▸ **esmalte cloasonado**

cloisonner *vt* Séparer par des cloisons ▸ **compartimentar**

cloître *nm* **1** Partie d'un monastère formée de galeries ouvertes entourant une cour ou un jardin ▸ **claustro 2** Partie close d'un monastère ▸ **claustro**

cloîtrer *vt* **1** Enfermer dans un cloître ▸ **enclausurar 2** PAR EXT Tenir enfermé ▸ **enclausurar** ◆ **se cloîtrer** *vpr* Vivre retiré, à l'écart des autres ▸ **enclausurar-se**

clonage *nm* Reproduction d'un animal, d'un végétal à partir d'une de ses cellules ▸ **clonagem**

clone *nm* **1** BIOL Individu ou population provenant de la reproduction asexuée d'un individu unique: *clone leucémique* ▸ **clone 2** FIG, FAM individu qui serait la copie conforme d'un autre ▸ **clone 3** FAM Imitation bon marché ▸ **clone 4** INFORM Copie d'ordinateur compatible avec tous les matériels du modèle ▸ **clone**

cloner *vt* Reproduire par clonage ▸ **clonar**

clope *nm ou nf* FAM Cigarette ▸ **cigarro**

clopin-clopant *loc adv* FAM En marchant avec peine ▸ **claudicante**

clopiner *vi* FAM Boiter un peu ▸ **coxear**

clopinettes *nf pl* ▪ FAM **des clopinettes: (a)** presque rien ▸ **ninharia (b)** rien du tout ▸ **neca**

cloporte *nm* Petit animal crustacé terrestre, qui vit sous les pierres ▸ **tatuzinho**

cloque *nf* **1** Ampoule de la peau ▸ **bolha 2** Boursouflure à la surface de quelque chose ▸ **bolha**

cloquer *vi* Former des boursouflures ▸ **empolar**

clore *vt (conj 81)* **1** Fermer, boucher: *clore un passage* ▸ **fechar 2** Entourer: *clore un champ de fossés* ▸ **cercar 3** Mettre un terme à, finir: *clore la discussion* ▸ **encerrar**

clos[1] *nm* **1** Terrain cultivé et fermé de murs, etc. ▸ **cerrado 2** Vignoble ▸ **vinhedo**

clos[2]**, e** *adj* **1** Fermé: *trouver porte close* ▸ **fechado 2** Terminé, achevé: *l'affaire est close* ▸ **encerrado** ▪ AUTREF **champ clos:** terrain entouré de barrières, pour les tournois ▸ **estacada** □ **maison close:** maison de prostitution ▸ **casa de tolerância**

clôture *nf* **1** Barrière qui délimite un espace, clôt un terrain: *clôture électrique* ▸ **cerca 2** Action de terminer, de mettre fin à: *clôture d'un scrutin* ▸ **encerramento** ▪ **séance de clôture:** séance finale ▸ **sessão de encerramento**

clôturer *vt* **1** Entourer, fermer d'une clôture ▸ **cercar 2** Achever, mettre fin à ▸ **encerrar**

clou *nm* **1** Tige métallique pointue à un bout et servant à fixer ou à suspendre ▸ **prego 2** FAM Attraction principale: *le clou de la fête* ▸ **atração 3** FAM Furoncle ▸ **cabeça de prego 4** FAM, VX Mont-de-piété: *mettre au clou* ▸ **prego, casa de penhor** ▪ **clou de girofle:** bouton du giroflier, employé comme épice ▸ **cravo** □ FAM **enfoncer le clou:** insister sur un point embarrassant ▸ **bater na mesma tecla** □ FAM **les clous:** passage clouté ▸ **faixa de pedestres**

clouer *vt* **1** Fixer avec des clous ▸ **pregar 2** FIG Fixer, immobiliser quelqu'un: *clouer sur place* ▸ **pregar, prender**

clouté, e *adj* ▸ **cravejado** ▪ **passage clouté:** passage pour piétons marqué par des clous à large tête sur la chaussée (remplacés aujourd'hui par des bandes peintes) ▸ **faixa de pedestres**

clouter *vt* Garnir de clous ▸ **cravejar**

clovisse *nf* Coquillage comestible; SYN: *palourde* ▸ **amêijoa**

clown [klun] *nm* **1** Comédien de cirque ▸ **palhaço 2** Personne qui fait des pitreries ▸ **palhaço**

clownerie [klunri] *nf* **1** Facétie de clown ▸ **palhaçada 2** Pitrerie ▸ **palhaçada**

clownesque [klunɛsk] *adj* Propre au clown ▸ **palhaçal**

club [klœb] *nm* **1** Association sportive, culturelle, politique ▸ **clube 2** Cercle où l'on se réunit pour parler, jouer, lire ▸ **clube 3** Canne de golf ▸ **taco de golfe**

cluse *nf* GÉOGR Coupure transversale dans une chaîne montagneuse plissée ▸ **garganta**

cm (symbole) Centimètre ▸ **cm**
CM *nm* (sigle de *cours moyen*) ▪ **CM1, CM2:** classes de l'enseignement primaire où sont scolarisés les enfants de neuf à onze ans
coaccusé, e *n* Personne accusée avec une ou plusieurs autres ▸ **coacusado**
coach [kotʃ] (pl *coachs* ou *coaches*) *nm* **1** Personne qui entraîne une équipe, un sportif de haut niveau ▸ **técnico 2** Dans une entreprise, conseiller professionnel d'un salarié ▸ ***coach***
coacquéreur *nm* Personne avec qui l'on acquiert un bien en commun ▸ **coadquirente**
coagulant, e *adj et nm* Se dit d'une substance qui déclenche une coagulation rapide ▸ **coagulante**
coagulation *nf* Phénomène par lequel un liquide (sang, lymphe, lait) se prend en une masse solide ▸ **coagulação**
coaguler *vt* Figer un liquide, lui donner de la consistance ▸ **coagular** ♦ *vi* ou **se coaguler** *vpr* Se figer, en parlant d'un liquide ▸ **coagular(-se)**
coalisé, e *adj et n* Se dit de ceux qui sont ligués ▸ **coligado**
coaliser (se) *vpr* Former une coalition ▸ **coligar-se**
coalition *nf* Alliance entre personnes, partis, puissances, pour une cause commune, contre des adversaires communs ▸ **coligação**
coaltar [koltar] *nm* Goudron de houille ▸ **coltar**
coassement *nm* Cri de la grenouille ▸ **coaxo**
coasser *vi* Pousser son cri, en parlant de la grenouille ▸ **coaxar**
coassocié, e *n* Personne associée à d'autres ▸ **coassociado**
coati *nm* Mammifère de l'Amérique du Sud, à corps et à museau allongés ▸ **quati**
coauteur *nm* **1** Auteur qui travaille avec un autre à une même œuvre littéraire, cinématographique, etc. ▸ **coautor 2** DR Celui qui a commis une infraction en participation avec d'autres ▸ **coautor**
cobalt *nm* Métal blanc rougeâtre, dur et cassant; symb: Co ▸ **cobalto**
cobaye [kɔbaj] *nm* **1** Petit mammifère rongeur; SYN: *cochon d'Inde* ▸ **cobaia 2** FAM Personne sur qui on tente une expérience: *servir de cobaye* ▸ **cobaia**
cobra *nm* Serpent venimeux d'Inde et d'Afrique, pouvant dépasser 4 mètres de long ▸ **cobra-real**
coca *nm* Arbrisseau du Pérou qui fournit la cocaïne ▸ **coca** ♦ *nf* Substance extraite des feuilles de cet arbrisseau ▸ **coca**
Coca *nm inv* (abréviation) FAM Coca-Cola ▸ **coca**
Coca-Cola *nm* (nom déposé) Boisson gazeuse sucrée de couleur marron ▸ **Coca-Cola (marca registrada)**
cocagne *nf* ▪ **mât de cocagne:** mât élevé, lisse et glissant, au sommet duquel sont suspendus des objets à décrocher ▸ **pau de sebo** ▫ **pays, vie de cocagne:** d'abondance, de plaisirs ▸ **país, vida de fartura**
cocaïne *nf* Alcaloïde extrait des feuilles de coca ▸ **cocaína**
cocaïnomane *n* Personne qui se drogue à la cocaïne ▸ **cocainômano**
cocarde *nf* **1** Emblème ou insigne circulaire aux couleurs nationales, en tissu plissé ou simplement peint ▸ **cocar 2** Nœud de ruban ▸ **laço de fita**
cocardier, ère *adj et n* Qui aime l'armée, l'uniforme, le panache ▸ **nacionalismo**
cocasse *adj* FAM D'une bizarrerie drôle ▸ **estrambólico**
cocasserie *nf* Chose cocasse ▸ **estrambotismo**
coccinelle [kɔksinɛl] *nf* Petit insecte coléoptère aux élytres orangés ou rouges ornés de points noirs (appelé aussi: *bête à bon Dieu*) ▸ **joaninha**
coccyx [kɔksis] *nm* Petit os à l'extrémité du sacrum ▸ **cóccix**
coche[1] *nm* **1** AUTREF Grande diligence pour le transport des voyageurs et des marchandises ▸ **coche, carroça 2** AUTREF Bateau remorqué par des chevaux: *coche d'eau* ▸ **barco** ▪ FAM **rater, louper le coche:** perdre une bonne occasion ▸ **marcar bobeira**
coche[2] *nf* Entaille, marque sur un objet ▸ **talho**
cochenille *nf* Puceron souvent nuisible aux plantes cultivées et dont une espèce fournit une teinture rouge, le carmin ▸ **cochonilha**
cocher[1] *nm* Conducteur d'une voiture à cheval: *cocher de fiacre* ▸ **cocheiro**
cocher[2] *vt* Marquer d'un trait ▸ **marcar, assinalar**
cochère *adj f* ▪ **porte cochère:** grande porte à deux battants pour le passage des voitures ▸ **portão de garagem**
cochon[1] *nm* Mammifère domestique, qui fournit le lard, le saindoux, etc.; SYN: *porc* ▸ **porco** ▪ **cochon de lait:** qui tète encore ▸ **leitão** ▫ **cochon d'Inde:** cobaye ▸ **porquinho-da-índia**
cochon[2]**, onne** *adj et n* FAM **1** Sale, dégoûtant ▸ **porco 2** Malfaisant, déloyal ▸ **porco** ♦ *adj* Pornographique, obscène: *histoire cochonne* ▸ **porco**
cochonnaille *nf* FAM Charcuterie ▸ **embutidos**
cochonner *vt* FAM Exécuter salement; salir ▸ **emporcalhar**
cochonnerie *nf* FAM **1** Objet de mauvaise qualité ▸ **porcaria 2** Parole obscène ▸ **porcaria**
cochonnet *nm* **1** Petit cochon ▸ **leitão 2** Petite boule servant de but, au jeu de boules ▸ **bolim**

cochylis [kɔkilis] *nm* Papillon dont la chenille attaque les feuilles de la vigne ▸ **lagarta-da--vinha**
cocker [kɔkɛr] *nm* Chien à poils longs, à oreilles longues et tombantes ▸ ***cocker spaniel***
cockpit [kɔkpit] *nm* **1** Emplacement où se tient le barreur à l'arrière de certains yachts ▸ ***cockpit*** **2** Espace réservé au pilote d'un avion ▸ ***cockpit***
cocktail [kɔktɛl] *nm* **1** Boisson obtenue par l'addition de différents alcools, jus de fruits, etc. ▸ **coquetel 2** Réception mondaine avec buffet ▸ **coquetel ▪ cocktail Molotov:** bouteille explosive à base d'essence ▸ **Coquetel Molotov**
coco *nm* **1** Fruit du cocotier (on dit aussi: *noix de coco*) ▸ **coco 2** FAM, PÉJOR Individu: *un drôle de coco* ▸ **cara 3** FAM Terme d'affection ▸ **chuchuzinho** ♦ *pl* Haricots blancs, aux grains en forme d'œuf ▸ **feijão-branco**
cocon *nm* Enveloppe soyeuse de certaines chrysalides, dont le ver à soie ▸ **casulo**
cocorico *nm* Onomatopée imitant le cri du coq ▸ **cocorocó**
cocotier *nm* Palmier des régions tropicales dont le fruit est la noix de coco ▸ **coqueiro**
cocotte *nf* **1** Petite marmite en fonte ▸ **panela de ferro 2** Poule, dans le langage enfantin ▸ **cocó 3** Morceau de papier plié, figurant une poule ▸ **galinha de papel 4** FAM Femme de mœurs légères ▸ **cocote 5** FAM Terme d'affection ▸ **docinho**
Cocotte-Minute *nf* (nom déposé) Autocuiseur de la marque de ce nom ▸ ***Cocotte-Minute*, panela de pressão**
cocu, e *n et adj* FAM Époux, épouse trompé(e) ▸ **corno**
cocufier *vt* FAM Rendre cocu ▸ **cornear, chifrar**
codage *nm* Transformation d'un message exprimé en langage clair en des groupes de lettres ou de chiffres ▸ **codificação**
code *nm* **1** Recueil de lois, de règlements: *Code civil, pénal* ▸ **código 2** Système convenu par lequel on transcrit un message, on représente une information, des données: *code postal* ▸ **código 3** FIG Ensemble des conventions en usage dans un domaine déterminé: *code de la politesse* ▸ **código 4** INFORM Combinaison alphanumérique qui autorise un accès ▸ **senha ▪ code(-)source,** ou **code:** ensemble d'instructions écrites dans un langage lisible par l'homme et devant être traduites en langage machine pour être exécutables par un ordinateur ▸ **código-fonte □ code de la route:** ensemble de la législation concernant la circulation routière ▸ **legislação de trânsito ♦ codes** *pl* Feux de croisement ▸ **faróis baixos**
code-barres (pl *codes-barres*) *nm* Barres verticales de différentes épaisseurs, imprimées sur l'emballage d'un article et permettant son identification au moyen d'un lecteur optique (on dit aussi: *code à barres*) ▸ **código de barras**
codébiteur, trice *n* Personne qui doit de l'argent conjointement avec une autre ▸ **codevedor**
codéine *nf* Alcaloïde de l'opium ▸ **codeína**
coder *vt* Procéder à un codage ▸ **codificar**
codétenu, e *n* Personne détenue avec une autre dans un même lieu ▸ **que foi preso junto**
codex *nm* VX Pharmacopée ▸ **códex**
codicille [kɔdisil] *nm* Addition faite à un testament ▸ **codicilo**
codification *nf* Action de codifier ▸ **codificação**
codifier *vt* **1** Réunir dans un code des dispositions législatives ou réglementaires ▸ **codificar 2** Donner la forme d'un système à; normaliser ▸ **normalizar**
codirecteur, trice *n et adj* Personne qui dirige avec une ou plusieurs autres ▸ **codiretor**
codirection *nf* Direction exercée en commun ▸ **codireção**
coédition *nf* Édition d'un ouvrage par plusieurs éditeurs ▸ **coedição**
coefficient *nm* **1** Nombre placé devant une quantité qu'il multiplie ▸ **coeficiente 2** Facteur, pourcentage ▸ **coeficiente 3** Nombre fixant la valeur de chacune des épreuves d'un examen ▸ **coeficiente**
cœlacanthe [selakɑ̃t] *nm* Poisson osseux fossile dont les ancêtres remonteraient à 300 millions d'années et dont une espèce a survécu ▸ **celacanto**
cœlentéré [selɑ̃tere] *nm* Animal, surtout marin, dont le corps est muni de tentacules urticants, telle la méduse ▸ **celenterado**
cœlioscopie [seljɔskɔpi] *nf* Examen de la cavité abdominale par endoscopie ▸ **celioscopia**
coéquipier, ère *n* Personne qui fait équipe avec d'autres ▸ **companheiro de equipe**
coercitif, ive *adj* Qui contraint ▸ **coercitivo**
coercition *nf* Action de contraindre ▸ **coerção**
cœur *nm* **1** Organe creux et musculaire, de forme conique, situé dans la poitrine permettant la circulation du sang ▸ **coração 2** Ce qui a ou évoque la forme d'un cœur: *il lui a offert un cœur en or* ▸ **coração 3** Une des quatre couleurs du jeu de cartes: *as de cœur* ▸ **copas 4** FIG Partie centrale, la plus importante de: *le cœur d'une ville; le cœur d'un problème* ▸ **coração 5** Partie intérieure: *le cœur d'une salade* ▸ **coração 6** Siège des sentiments, de l'amour, du courage, de la générosité

▸ coração ▪ **à cœur ouvert:** franchement ▸ **de peito aberto** □ **aller (droit) au cœur:** toucher, émouvoir ▸ **falar (direto) ao coração** □ **au cœur de:** au plus fort de ▸ **em pleno** □ **avoir le cœur gros:** être affligé ▸ **estar com o coração na mão** □ **avoir mal au cœur:** avoir la nausée ▸ **sentir enjoo** □ **de bon cœur:** volontiers ▸ **de coração** □ **de tout cœur:** avec zèle ▸ **de todo o coração** □ **en avoir le cœur net:** s'assurer de la vérité d'une chose ▸ **tirar a limpo** □ **ouvrir son cœur:** dévoiler sa pensée ▸ **abrir o coração** □ **par cœur:** de mémoire ▸ **de cor** □ **prendre à cœur:** s'intéresser vivement à ▸ **tomar a peito**

coexistence *nf* Fait de coexister ▸ **coexistência** ▪ **coexistence pacifique:** principe qui permet à deux États d'entretenir des relations pacifiques, malgré leurs systèmes politiques opposés ▸ **coexistência pacífica**

coexister *vi* Exister en même temps ▸ **coexistir**

coffrage *nm* **1** Habillage pour isoler, dissimuler une canalisation, un appareil, etc. ▸ **embutidura 2** Charpente pour éviter les éboulements dans les puits ▸ **entivação 3** Dispositif en bois destiné au moulage et à la prise du béton ▸ **cofragem**

coffre *nm* **1** Meuble dont la face supérieure est un couvercle mobile, et qui sert de rangement ▸ **caixa, arca 2** Compartiment d'un coffre-fort loué par une banque ▸ **cofre 3** Espace pour le rangement des bagages dans une voiture ▸ **porta-malas 4** FAM Poitrine, poumons, voix ▸ **peito** ▪ **avoir du coffre:** du souffle, une voix qui porte ▸ **ter bons pulmões**

coffre-fort (pl *coffres-forts*) *nm* Coffre d'acier à serrure de sûreté ▸ **cofre, caixa-forte**

coffrer *vt* **1** Entourer d'un coffrage ▸ **revestir 2** FAM Mettre en prison ▸ **enjaular**

coffret *nm* **1** Petit coffre: *coffret à bijoux* ▸ **caixinha 2** Ensemble de disques compacts, de livres, etc., vendus dans un emballage cartonné ▸ **caixa**

cofinancement *nm* Financement réalisé par un établissement prêteur associé à un ou plusieurs autres ▸ **cofinanciamento**

cofinancer *vt (conj 1)* Financer quelque chose au moyen d'un cofinancement ▸ **cofinanciar**

cofondateur, trice *n* Personne qui fonde ou a fondé quelque chose avec une autre, avec d'autres ▸ **cofundador**

cogérance *nf* Gérance en commun ▸ **cogestão**

cogérant, e *n* Personne qui exerce une cogérance ▸ **cogerente**

cogérer *vt (conj 10)* Gérer en commun ▸ **cogerir**

cogestion *nf* Administration exercée avec une ou plusieurs personnes ▸ **cogestão**

cogitation *nf* FAM Pensée, réflexion ▸ **cogitação**

cogiter *vi et vt* FAM Penser, réfléchir ▸ **cogitar**

cognac *nm* Eau-de-vie de vin fabriquée dans la région de Cognac ▸ **conhaque**

cognassier *nm* Arbre fruitier produisant les coings ▸ **marmeleiro**

cognée *nf* Hache à long manche ▸ **machado** ▪ **jeter le manche après la cognée:** tout abandonner par découragement ▸ **jogar a toalha**

cogner *vi et vt* Donner un ou des coups ▸ **bater** ◆ **se cogner** *vpr* Se donner un coup, se heurter ▸ **bater (em)**

cognitif, ive [kɔgnitif, iv] *adj* Se dit des processus par lesquels un être humain acquiert des informations sur son environnement ▸ **cognitivo** ▪ **sciences cognitives:** ensemble des sciences qui portent sur la faculté qu'a l'homme de connaître, de percevoir (psychologie, linguistique, etc.) ▸ **ciências cognitivas**

cohabitation *nf* **1** Fait de cohabiter ▸ **coabitação 2** Présence simultanée d'un chef de l'État et d'une majorité parlementaire de tendances politiques opposées ▸ **coabitação**

cohabiter *vi* **1** Habiter ensemble ▸ **coabitar 2** Coexister au sein d'un ensemble ▸ **coabitar**

cohérence *nf* Caractère cohérent de: *cohérence d'un raisonnement* ▸ **coerência**

cohérent, e *adj* Dont tous les éléments se tiennent et s'harmonisent ou s'organisent logiquement ▸ **coerente**

cohéritier, ère *n* Personne qui hérite avec une ou plusieurs autres ▸ **co-herdeiro**

cohésion *nf* **1** Qualité d'un groupe, d'un ensemble formant un tout aux parties bien liées ▸ **coesão 2** PHYS Force qui unit les molécules d'un corps ▸ **coesão**

cohorte *nf* **1** ANTIQ ROM Subdivision d'infanterie ▸ **coorte 2** FAM Groupe de personnes ▸ **coorte**

cohue *nf* Grande foule; confusion, bousculade ▸ **balbúrdia**

coi, coite *adj* ▸ **quieto** ▪ LITT **rester, demeurer, se tenir coi:** calme, tranquille, silencieux ▸ **ficar quieto, sossegado**

coiffe *nf* **1** Coiffure à l'usage des femmes, encore portée dans certaines provinces ▸ **coifa 2** Enveloppe destinée soit à assurer la protection d'un mécanisme, soit à revêtir l'ogive d'un projectile perforant ▸ **coifa**

coiffé, e *adj* ▸ **entoucado, enchapelado** ▪ **être né coiffé:** avoir de la chance ▸ **nascer empelicado**

coiffer *vt* **1** Couvrir la tête de quelqu'un d'une coiffure, d'un chapeau ▸ **enchapelar, entoucar**

2 Mettre sur sa tête: *coiffer une toque* ► **vestir, colocar 3** Arranger les cheveux de quelqu'un ► **pentear 4** Être à la tête de: *coiffer plusieurs services* ► **capitanear ■ coiffer sainte Catherine:** dépasser vingt-cinq ans sans être mariée ► **ficar para tia**

coiffeur, euse *n* Personne qui a pour profession de couper et de mettre en forme les cheveux ► **cabeleireiro**

coiffeuse *nf* Table de toilette munie d'une glace ► **penteadeira**

coiffure *nf* **1** Ce qui sert à couvrir la tête ► **chapéu, touca 2** Arrangement des cheveux ► **penteado 3** Action, art de coiffer ► **penteado**

coin *nm* **1** Angle formé par deux lignes, deux plans qui se coupent: *le coin d'une rue, d'une table* ► **quina, esquina 2** Petit espace de terrain: *un coin de terre* ► **pedaço 3** Alentours d'un lieu: *habiter dans le coin* ► **região 4** Instrument de fer en angle: *enfoncer un coin* ► **cunha 5** Morceau d'acier trempé gravé en creux pour frapper monnaies et médailles; poinçon de garantie des pièces d'orfèvrerie et de bijouterie ► **cunho ■ coins de la bouche, des yeux:** commissures des lèvres, des paupières ► **canto da boca, canto do olho □ du coin de l'œil:** sans avoir l'air de regarder ► **com o rabo do olho □** FAM **en boucher un coin:** laisser muet de surprise ► **tapar a boca a, de alguém □** FAM **le petit coin:** les toilettes ► **casinha □ regard en coin:** oblique ► **olhar de banda □ sourire en coin:** dissimulé ► **sorriso de desprezo**

coincé, e *adj* FAM Complexé, inhibé ► **constrangido**

coincement *nm* État de ce qui est coincé, bloqué ► **retenção**

coincer *vt (conj 1)* **1** Immobiliser en serrant: *coincer une chaise entre le mur et le lit* ► **imprensar 2** Bloquer: *coincer une porte; le tiroir est coincé* ► **emperrar 3** FAM Mettre dans l'impossibilité de répondre, de s'échapper: *coincer un candidat, un voleur* ► **encurralar ◆ se coincer** *vpr* Se bloquer, en parlant d'un mécanisme, d'une partie du corps: *serrure qui se coince; se coincer une vertèbre* ► **emperrar, entravar**

coïncidence *nf* Rencontre fortuite de circonstances; simultanéité de faits ► **coincidência**

coïncident, e *adj* MATH Qui coïncide ► **coincidente**

coïncider *vi* **1** MATH S'ajuster, se superposer ► **coincidir 2** FIG Se produire en même temps: *faits qui coïncident* ► **coincidir 3** Correspondre exactement: *témoignages qui coïncident* ► **coincidir**

coïnculpé, e *n* Personne inculpée pour le même délit qu'une autre ► **coacusado**

coing [kwɛ̃] *nm* Fruit jaune du cognassier ► **marmelo**

coït [kɔit] *nm* Accouplement ► **coito**

coke *nm* Combustible provenant de la distillation de la houille ► **coque**

cokéfaction *nf* Transformation de la houille en coke ► **coqueificação**

col *nm* **1** Partie de chemise, de vêtement, qui entoure le cou: *col en V; col roulé* ► **gola 2** Partie rétrécie et cylindrique d'un organe, d'un objet: *col du fémur; col de bouteille* ► **colo, gargalo 3** GÉOGR Passage étroit entre deux montagnes ► **desfiladeiro ■** FAM **col blanc:** employé de bureau ► **colarinho-branco □ faux col:** col glacé amovible ► **colarinho postiço, colarinho de chope ou cerveja**

colchique *nm* Plante des prés vénéneuse ► **cólquico**

coléoptère *nm* Insecte dont les deux ailes supérieures (élytres) sont dures et impropres au vol, tels le hanneton, la coccinelle, etc. (les coléoptères forment un ordre) ► **coleóptero**

colère *nf* Irritation, vif mécontentement accompagnés de réactions violentes ► **cólera, ira**

EMPLOI *Être en colère après quelqu'un* est une expression du langage familier. Il est plus correct de dire: *être en colère contre quelqu'un*

coléreux, euse ou **colérique** *adj* Prompt à se mettre en colère: *un homme coléreux; un tempérament colérique* ► **colérico**

colibacille *nm* Bactérie pouvant devenir pathogène ► **colibacilo**

colibacillose *nf* Maladie causée par le colibacille ► **colibacilose**

colibri *nm* Minuscule oiseau des régions tropicales, à long bec; SYN: *oiseau-mouche* ► **colibri, beija-flor**

colifichet *nm* Petit objet de fantaisie ► **quinquilharia**

colimaçon *nm* VIEILLI Escargot ► ***escargot* ■ en colimaçon:** en spirale: *escalier en colimaçon* ► **em caracol**

colin *nm* Poisson marin à dos noir (appelé aussi: *lieu*) ► **merluza**

colin-maillard (pl *colin-maillards*) *nm* Jeu où l'un des joueurs a les yeux bandés et poursuit les autres à tâtons ► **cabra-cega**

colinot *nm* Petit colin ► **merluza pequena**

colique *nf* **1** Douleur abdominale ► **cólica 2** FAM Diarrhée ► **diarreia**

colis *nm* Paquet d'objets, de marchandises, destiné à être transporté ► **pacote**

colistier, ère *n* Dans une élection, candidat inscrit sur la même liste qu'un autre ▸ **colistado**
colite *nf* MÉD Inflammation du côlon ▸ **colite**
collabo *n* (abréviation) FAM, PÉJOR Collaborateur, sous l'Occupation ▸ **colaboracionista**
collaborateur, trice *n* Personne qui travaille avec d'autres à une œuvre commune ▸ **colaborador**
collaboration *nf* **1** Action de collaborer ▸ **colaboração 2** Pour les habitants d'un pays occupé, fait de coopérer avec l'ennemi, en particulier en France en 1940-1944 ▸ **colaboracionismo**
collaborer *vt ind* Travailler avec, coopérer: *collaborer à un projet* ▸ **colaborar**
collage *nm* **1** Action de coller ▸ **colagem 2** Composition artistique faite de diverses matières, principalement de papier collé ▸ **colagem**
collagène *nm* BIOL Protéine de nature fibreuse qui constitue la substance intercellulaire du tissu conjonctif ▸ **colágeno**
collant[1] *nm* **1** Sous-vêtement féminin associant le slip et les bas en une seule pièce ▸ **meia-calça 2** Vêtement de tissu extensible couvrant le corps de la taille aux pieds: *collant de danse* ▸ ***collant***
collant[2], e *adj* **1** Qui colle: *papier collant* ▸ **colante 2** Qui adhère exactement au corps; moulant ▸ **colante 3** FAM Importun, ennuyeux ▸ **pegajoso**
collante *nf* ARG SCOL Convocation à un examen ▸ **convocação para prova**
collatéral, e, aux *adj* Qui est placé à côté: *nef collatérale* ▸ **colateral, lateral ■ dégâts, dommages collatéraux: (a)** conséquences annexes d'une opération militaire, touchant des biens ou des victimes civiles ▸ **danos colaterais (b)** FIG conséquences imprévues et souvent négatives d'une action, d'un événement ▸ **danos colaterais** ◆ *adj et n* Qui est hors de la ligne directe de parenté: *des (parents) collatéraux* ▸ **(parente) colateral**
collation *nf* Léger repas ▸ **lanche**
colle *nf* **1** Substance qui permet de faire adhérer par contact un matériau à un autre ▸ **cola 2** FAM Question embarrassante, difficile: *poser une colle* ▸ **enigma 3** ARG SCOL Punition ▸ **retenção**
collecte *nf* Action de réunir, de recueillir de l'argent, des dons, etc. ▸ **coleta**
collecter *vt* **1** Faire une collecte ▸ **coletar, recolher 2** Recueillir un fluide ▸ **coletar**
collecteur, trice *adj et n* Qui collecte ▸ **coletor** ◆ *adj et nm* Se dit d'un conduit dans lequel se déverse quelque chose: *égout collecteur* ▸ **coletor**
collectif, ive *adj* **1** Qui concerne un ensemble de personnes, de choses ▸ **coletivo 2** Fait par plusieurs: *effort collectif* ▸ **coletivo** ◆ *nm* Groupe de personnes ayant un but commun ▸ **coletividade** ■ **collectif budgétaire** ou **collectif:** appellation courante des lois de finances rectificatives ▸ **coletivo orçamentário**
collection *nf* **1** Réunion d'objets de même nature ▸ **coleção 2** Ensemble d'ouvrages, de publications, ayant une unité ▸ **coleção 3** Ensemble de modèles créés et présentés à chaque saison par les couturiers ▸ **coleção**
collectionner *vt* **1** Réunir en collection: *collectionner des timbres* ▸ **colecionar 2** FAM Accumuler: *collectionner les gaffes* ▸ **colecionar**
collectionneur, euse *n* Personne qui aime collectionner, qui fait des collections ▸ **colecionador**
collectivement *adv* De façon collective ▸ **coletivamente**
collectivisme *nm* Système économique qui vise à la mise en commun, au profit de tous, des moyens de production ▸ **coletivismo**
collectiviste *adj* Du collectivisme ▸ **coletivista** ◆ *n* Partisan du collectivisme ▸ **coletivista**
collectivité *nf* Groupe d'individus habitant le même pays, la même agglomération, ou ayant des intérêts communs ▸ **coletividade ■ collectivité locale, territoriale:** circonscription administrative fonctionnant de manière autonome par rapport à l'État central (communes, départements, etc.) ▸ **coletividade local, territorial □ collectivité d'outre-mer** (COM): territoire de la France d'outre-mer au statut juridique plus souple que celui des départements et Régions d'outre-mer ▸ **coletividade ultramarina**
collège *nm* **1** Établissement du premier cycle de l'enseignement secondaire ▸ **colégio 2** Réunion de personnes ayant la même fonction ▸ **colégio 3** Ensemble des électeurs ▸ **colégio eleitoral**
collégial, e, aux *adj* **1** Exercé par un organe collectif: *direction collégiale* ▸ **colegiado 2** Qui appartient à un chapitre de chanoines: *église collégiale* ▸ **colegial**
collégialité *nf* Caractère de tout pouvoir collégial ▸ **colegialidade**
collégien, enne *n* Élève d'un collège ▸ **colegial**
collègue *n* Personne qui remplit la même fonction qu'une autre ou qui fait partie du même établissement ▸ **colega**
coller *vt* **1** Fixer avec de la colle: *coller une affiche* ▸ **colar 2** Appuyer, placer contre: *coller son oreille à la porte* ▸ **colar 3** FAM Ne pas quitter quelqu'un au point de l'importuner ▸ **grudar 4** FAM Mettre dans l'impossibilité de répondre à une question ▸ **espichar 5** FAM Punir ▸ **reter 6** FAM Refuser à un examen: *se faire coller au bac* ▸ **bombear 7** FAM Mettre; donner: *coller une gifle*

à quelqu'un ▸ **dar** ◆ *vi* **1** Adhérer: *ce papier colle mal* ▸ **colar 2** FAM S'adapter étroitement: *coller à la réalité* ▸ **colar**

collerette *nf* **1** Petit col de forme ronde et souvent plissé ▸ **gorjeira 2** TECHN Objet en forme de couronne ▸ **flange**

collet *nm* **1** Partie du vêtement qui entoure le cou ▸ **gola 2** Nœud coulant pour piéger le gibier ▸ **laço 3** Ligne de séparation entre la racine d'une dent et sa couronne ▸ **colo ■ collet monté:** prude, guindé ▸ **nariz em pé □ prendre au collet:** (a) saisir par le cou ▸ **agarrar pelo pescoço (b)** arrêter ▸ **prender**

colleter (se) *vpr (conj 8)* **1** En venir aux mains, se battre ▸ **engalfinhar-se 2** FIG Affronter une situation difficile: *se colleter (avec) ses problèmes* ▸ **lutar**

colleur, euse *n* Personne qui colle: *colleur d'affiches* ▸ **colador, afixador, pregador**

colley *nm* Chien de berger écossais ▸ ***collie***

collier *nm* **1** Bijou qui se porte autour du cou ▸ **colar 2** Cercle de métal ou de cuir au cou d'un animal ▸ **coleira 3** Cercle métallique pour fixer un tuyau ▸ **braçadeira 4** Barbe courte et étroite sur l'ovale du visage ▸ **passa-piolho ■ donner un coup de collier:** fournir un grand effort ▸ **fazer esforço sobre-humano**

collimateur *nm* Appareil de visée pour le tir ▸ **mira ■** FAM **avoir quelqu'un dans le collimateur:** le surveiller de près, se préparer à l'attaquer ▸ **estar de olho em alguém**

colline *nf* GÉOGR Relief de faible hauteur, de forme arrondie ▸ **colina**

collision *nf* Choc, heurt ▸ **colisão**

colloïdal, e, aux *adj* De la nature des colloïdes ▸ **coloidal**

colloïde *nm* Système chimique dans lequel des particules se trouvent en suspension dans un fluide ▸ **coloide**

colloque *nm* Réunion organisée pour débattre entre spécialistes ▸ **colóquio**

collusion *nf* Entente secrète au détriment de quelqu'un ▸ **colusão**

collusoire *adj* Fait par collusion: *arrangement collusoire* ▸ **colusório**

collutoire *nm* Médicament antiseptique qui agit sur le pharynx par pulvérisation ▸ **colutório**

collyre *nm* Médicament liquide pour les yeux ▸ **colírio**

colmatage *nm* Action de colmater ▸ **colmatagem**

colmater *vt* **1** Boucher, fermer un orifice, une fente ▸ **colmatar 2** AGRIC Exhausser les terrains bas grâce aux dépôts vaseux formés par les fleuves ou les mers ▸ **colmatar**

colo *nf* (abrév) FAM Colonie de vacances ▸ **Ø**

colocataire *n* Locataire en même temps que d'autres dans un immeuble ▸ **colocatário**

colombage *nm* Construction en pans de bois, dont les vides sont remplis par une maçonnerie légère ▸ **taipa**

colombe *nf* Variété de pigeon ou de tourterelle à plumage blanc (emblème de la douceur, de la pureté, de la paix) ▸ **pomba**

colombien, enne *adj et n* De Colombie: *les Colombiens* ▸ **colombiano**

colombier *nm* Bâtiment où l'on élève des pigeons ▸ **pombal**

colombophile *n et adj* Personne qui élève ou emploie des pigeons voyageurs ▸ **columbófilo**

colombophilie *nf* Élevage des pigeons voyageurs ▸ **columbofilia**

colon *nm* **1** Habitant immigré ou descendant d'immigrés d'une colonie ▸ **colono 2** Enfant d'une colonie de vacances ▸ **acampante**

côlon *nm* ANAT Partie du gros intestin comprise entre cæcum et le rectum ▸ **cólon**

colonel *nm* Grade le plus élevé des officiers supérieurs des armées de terre et de l'air ▸ **coronel**

colonelle *nf* FAM Femme d'un colonel ▸ **coronela**

colonial, e, aux *adj* Des colonies ▸ **colonial** ◆ *n* Personne qui a vécu aux colonies ▸ **colono**

colonialisme *nm* **1** Doctrine visant à légitimer l'occupation d'un pays, sa domination politique et son exploitation économique; pratique de cette doctrine ▸ **colonialismo 2** Attitude dominatrice des colons ▸ **colonialismo**

colonialiste *adj et n* Qui soutient le colonialisme ▸ **colonialista**

colonie *nf* **1** Territoire administré par une nation en dehors de ses frontières, et demeurant attaché à la métropole par des liens étroits ▸ **colônia 2** Ensemble d'étrangers originaires d'un même pays et vivant dans la même ville ou la même région ▸ **colônia 3** Réunion de personnes, voire d'animaux, vivant en commun: *colonie agricole* ▸ **colônia ■ colonie de vacances:** groupe d'enfants réunis pour passer les vacances à la campagne, à la mer ou à la montagne ▸ **colônia de férias**

colonisateur, trice *adj et n* Qui colonise: *pays colonisateur* ▸ **colonizador**

colonisation *nf* Action de coloniser; son résultat ▸ **colonização**

colonisé, e *adj et n* Qui subit ou a subi la colonisation ▸ **colonizado**

coloniser *vt* **1** Peupler de colons ▸ **colonizar** **2** Transformer un pays en un territoire dépendant d'une métropole ▸ **colonizar**

colonnade *nf* Rangée de colonnes ▸ **colunata**

colonne *nf* **1** Pilier cylindrique, avec base et chapiteau: *une colonne dorique* ▸ **coluna** **2** Monument commémoratif en forme de colonne: *la colonne Vendôme* ▸ **coluna** **3** Portion d'une page divisée verticalement: *colonnes d'un journal* ▸ **coluna** **4** PHYS Masse cylindrique verticale: *colonne barométrique* ▸ **coluna** **5** Alignement de personnes les unes derrière les autres: *marche en colonne* ▸ **coluna** ■ **colonne montante:** principale canalisation ascendante d'eau, de gaz, d'électricité dans un immeuble ▸ **coluna** □ **colonne vertébrale:** ensemble des vertèbres formant un axe osseux s'étendant de la base du crâne au coccyx ▸ **coluna vertebral**

colophane *nf* Résine jaune, solide ▸ **breu**

coloquinte *nf* Plante voisine de la pastèque, donnant un fruit à pulpe amère et purgative ▸ **coloquíntida**

colorant, e *adj* Qui colore ▸ **corante** ◆ *nm* Substance employée pour colorer un support, un matériau ou certains aliments ▸ **corante**

coloration *nf* **1** Action de colorer ▸ **coloração** **2** État d'un corps coloré ▸ **coloração**

coloré, e *adj* **1** Qui a une couleur, notamment des couleurs vives: *pull coloré* ▸ **colorido, de cor** **2** FIG Qui a de l'éclat, de l'originalité: *style coloré* ▸ **colorido**

colorectal, e, aux *adj* MÉD Qui affecte le côlon ou le rectum: *cancer, polype colorectal* ▸ **colorretal**

colorer *vt* Donner une certaine couleur ou une couleur plus vive à ▸ **colorir**

coloriage *nm* **1** Action de colorier; résultat ainsi obtenu ▸ **colorido** **2** Dessin à colorier ▸ **desenho para colorir**

colorier *vt* Appliquer des couleurs sur: *colorier un dessin* ▸ **colorir**

coloris *nm* **1** Couleur ▸ **cor** **2** Éclat du teint, des fleurs, etc. ▸ **colorido**

colorisation *nf* Mise en couleurs des images d'un film en noir et blanc grâce à un procédé électronique ▸ **colorização**

coloriser *vt* Ajouter, par un procédé électronique, des couleurs à un film qui était originellement en noir et blanc ▸ **colorizar**

coloriste *n* Peintre qui s'exprime surtout par la couleur ▸ **colorista**

colossal, e, aux *adj* **1** Extrêmement grand ▸ **colossal** **2** Énorme, considérable: *richesse colossale* ▸ **colossal**

colosse *nm* **1** Statue d'une grandeur extraordinaire ▸ **colosso** **2** Homme très grand, très fort ▸ **colosso**

colportage *nm* Action de colporter ▸ **venda ambulante, mascataria**

colporter *vt* **1** VIEILLI Faire le métier de colporteur ▸ **mascatear** **2** FIG Répandre, propager des bruits, des nouvelles ▸ **propalar**

colporteur, euse *n* **1** Marchand ambulant ▸ **mascate** **2** FIG Propagateur: *colporteur de ragots* ▸ **propalador**

colt [kɔlt] *nm* Revolver ▸ **colt**

coltiner *vt* Porter sur la tête, les épaules de pesants fardeaux ▸ **carregar, arcar** ◆ **se coltiner** *vpr* FAM Se charger d'une tâche pénible et désagréable ▸ **gramar**

columbarium [kɔlɔ̃barjɔm] *nm* Bâtiment où sont conservées les cendres des personnes incinérées ▸ **columbário**

colvert *nm* Canard sauvage ▸ **pato-real**

colza *nm* Plante à fleurs jaunes cultivée pour ses graines, qui fournissent de l'huile ▸ **canola**

COM *nf* (sigle) Collectivité d'outre-mer ▸ **Ø**

coma *nm* MÉD État caractérisé par la perte de la conscience, de la motricité, de la sensibilité, avec conservation des fonctions végétatives ▸ **coma**

comateux, euse *adj* Relatif au coma ▸ **comatoso**

combat *nm* **1** Lutte armée ▸ **combate** **2** Rencontre opposant deux adversaires: *combat de boxe* ▸ **combate** **3** FIG Lutte: *la vie est un combat perpétuel* ▸ **combate**

combatif, ive *adj* **1** Qui n'hésite pas à se battre, ne s'avoue jamais vaincu: *c'est un homme combatif, il s'en sortira* ▸ **combativo** **2** Porté à la lutte; belliqueux, agressif: *des troupes combatives* ▸ **combativo**

ORTHOGRAPHE Attention, *combatif* et *combativités*' écrivent avec un seul *t*

combativité *nf* Ardeur à se battre, goût de la lutte ▸ **combatividade**

combattant, e *n* Personne qui prend part à un combat ▸ **combatente**

combattre *vt et vi (conj 56)* Soutenir un combat; lutter: *combattre un ennemi, une injustice* ▸ **combater**

combe *nf* GÉOGR Petite vallée creusée dans un plissement ▸ **comba**

combien *adv* Sert à interroger sur une quantité, une grandeur, un nombre, un prix: *combien mesure-t-elle?; combien as-tu payé?* ▸ **quanto** ■ **combien de:** indique un grand nombre, une grande quantité: *combien de fois le lui ai-je dit!* ► **quanto(s)** □ **ô combien!**: extrêmement ► **e como!**

combientième *adj et n* FAM À quel rang; à quel ordre? ► **em que posição**

combinaison *nf* **1** Assemblage, arrangement, dans un certain ordre, de choses semblables ou diverses: *combinaison de couleurs* ► **combinação** **2** CHIM Réunion de corps simples dans un composé ► **combinação química** **3** SOUVENT PÉJOR (au pluriel) Mesures prises pour assurer le succès de quelque chose; calcul: *les combinaisons politiques pour prendre le pouvoir* ► **estratagema** **4** Sous-vêtement féminin d'une seule pièce ► **combinação** **5** Vêtement d'une seule pièce, couvrant la totalité du corps, pour le travail, le sport, etc.: *combinaison de ski* ► **macacão** **6** Agencement mécanique d'une serrure de sûreté permettant son ouverture ► **combinação**

combinard, e *adj et n* FAM, PÉJOR Qui recourt à des combines plus ou moins louches ► **trambiqueiro**

combinat *nm* HIST En URSS, unité industrielle regroupant divers établissements aux activités solidaires ► **combinato**

combinatoire *adj* Relatif aux combinaisons d'éléments ► **combinatório** ♦ *nf* MATH Étude des combinaisons, des dénombrements ou des configurations d'ensembles finis ► **análise combinatória**

combine *nf* FAM Moyen peu scrupuleux pour parvenir à ses fins ► **trambique** ■ FAM **être dans la combine:** être au courant d'une intrigue ► **estar metido na tramoia**

combiné *nm* **1** Partie mobile d'un téléphone réunissant l'écouteur et le microphone ► **fone** **2** Épreuve réunissant plusieurs spécialités d'un sport ► **campeonato** ■ **combiné alpin:** en ski alpin, compétition associant une descente et un slalom ► **combinado alpino**

combiner *vt* **1** Disposer dans un certain ordre: *combiner des couleurs, combiner des efforts* ► **combinar** **2** Organiser en vue d'un but précis, d'une réussite; préparer: *combiner un plan d'attaque* ► **combinar** **3** CHIM Unir divers corps ► **combinar**

comble[1] *nm* **1** Faîte d'un bâtiment: *loger sous les combles* ► **cumeeira** **2** FIG Point culminant, dernier degré: *être au comble du bonheur* ► **auge** ■ **c'est un comble!:** cela dépasse la mesure ► **é o cúmulo!** □ **pour comble de:** par surcroît ► **para cúmulo de**

comble[2] *adj* Se dit d'un lieu très ou trop plein: *salle comble* ► **cheio** ■ **la mesure est comble:** il est difficile d'en supporter davantage ► **estar pelas tampas**

comblement *nm* Action de combler: *comblement d'un fossé* ► **entulhamento**

combler *vt* **1** Remplir entièrement: *combler un fossé* ► **entulhar** **2** Satisfaire pleinement: *vos cadeaux l'ont comblée* ► **regozijar** **3** Donner à profusion: *combler d'honneurs* ► **cumular**

comburant, e *adj et nm* Se dit d'un corps qui, en se combinant avec un autre, entraîne la combustion de ce dernier ► **comburente**

combustibilité *nf* Propriété caractéristique des corps combustibles ► **combustibilidade**

combustible *adj* Qui a la propriété de brûler ► **combustível** ♦ *nm* **1** Toute matière capable de se consumer, notamment pour fournir du chauffage ► **combustível** **2** PHYS Matière capable de dégager de l'énergie par fission ou fusion nucléaire ► **combustível**

combustion *nf* Action de brûler ► **combustão**

come-back [kɔmbak] *nm inv* (anglicisme) Retour en force dans la vie publique d'une vedette, d'une personnalité, après une période d'oubli ou d'inactivité ► ***rentrée***

comédie *nf* **1** Pièce de théâtre, film destinés à faire rire ► **comédia** **2** FIG Simulation hypocrite de sentiments: *jouer la comédie* ► **comédia, teatro** **3** FAM Complication, situation difficile: *quelle comédie pour arriver jusqu'ici!* ► **história** ■ **comédie musicale:** film, spectacle comportant des scènes dansées et chantées ► **comédia musical**

comédien, enne *n* Acteur, actrice qui joue au théâtre, à la télévision, au cinéma ► **ator** ♦ *n et adj* FIG Personne qui feint des sentiments; hypocrite ► **ator**

comédon *nm* Petit point noir qui bouche un pore de la peau ► **cravo, comedão**

comestible *adj* Qui peut servir de nourriture à l'homme ► **comestível** ♦ *nm* Produit alimentaire ► **comestível**

comète *nf* Astre du système solaire, d'aspect diffus, accompagné d'une traînée de lumière appelée *queue* ou *chevelure* ► **cometa**

comice *nm* HIST Réunion d'électeurs, d'exploitants agricoles, etc. ► **associação**

comique *adj* **1** Qui appartient à la comédie: *auteur comique* ► **cômico** **2** Amusant, qui fait rire: *situation comique* ► **cômico** ♦ *nm* **1** Le genre de la comédie ► **cômico** **2** Ce qui est comique ► **cômico** **3** Acteur, auteur comique ► **cômico**

comité *nm* Assemblée restreinte de personnes ayant une mission particulière: *comité d'études, d'entreprise, de lecture* ► **comitê** ■ **en petit comité:** dans l'intimité, en petit nombre ► ***en petit comité***

commandant, e *n* **1** Officier supérieur dont le grade se situe entre celui de capitaine et celui de lieutenant-colonel ► **comandante 2** Officier qui commande un bâtiment de la marine de guerre ► **comandante ■ commandant de bord:** chef de l'équipage d'un avion civil ► **comandante**

commande *nf* **1** Demande de marchandises adressée à un fournisseur; travail demandé à un fabricant, etc.: *passer commande* ► **encomenda 2** Marchandise commandée: *la commande n'est pas arrivée* ► **encomenda 3** MÉCAN Élément d'un mécanisme qui assure le fonctionnement de l'ensemble ► **comando 4** INFORM Signal déclenchant la réalisation d'une fonction déterminée ► **comando ■ de commande:** qui n'est pas sincère: *sourire de commande* ► **fingido □ tenir les commandes** ou **être aux commandes:** contrôler, diriger ► **estar no comando**

commandement *nm* **1** Action de commander ► **comando 2** Ordre: *obéir à un commandement* ► **comando, ordem 3** Pouvoir de celui qui commande: *exercer le commandement* ► **comando 4** Loi, précepte: *les dix commandements* ► **mandamento 5** Ordre signifié par huissier ► **mandado**

commander *vt ind* Ordonner à quelqu'un ce qu'il doit faire: *il nous a commandé de nous taire* ► **comandar, ordenar** ◆ *vt* **1** Avoir autorité sur: *commander une équipe* ► **comandar 2** Dominer par sa position: *fort qui commande une vallée* ► **comandar 3** COMM Faire une commande ► **encomendar 4** TECHN Déclencher: *interrupteur qui commande tout le réseau* ► **acionar** ◆ *vi* Être le chef ► **comandar** ◆ **se commander** *vpr* Communiquer, en parlant des pièces d'un appartement ► **comunicar-se ■ ne pas se commander:** être indépendant de la volonté: *l'amour, ça ne se commande pas* ► **não depender da vontade**

commandeur *nm* Grade dans un ordre de chevalerie ou dans un ordre national: *commandeur de la Légion d'honneur* ► **comendador**

commanditaire *n et adj* **1** Personne qui commandite ► **comanditário 2** Bailleur de fonds ► **financiador**

commandite *nf* **1** Société commerciale entre associés, les uns la gérant, les autres étant les bailleurs de fonds ► **comandita 2** Ensemble des fonds versés par chacun des associés ► **comandita**

commanditer *vt* **1** Avancer les fonds nécessaires à une entreprise ► **comanditar 2** Financer un projet ► **financiar**

commando *nm* **1** Petite formation militaire chargée de missions spéciales ► **comando 2** Petit groupe d'hommes armés qui se livre à des actes de violence ► **comando**

comme *conj* **1** De même que, autant que: *elle, tout comme lui* ► **como 2** Tel que: *un homme comme lui* ► **como 3** Indique la manière; de la façon que: *comme on dit* ► **como 4** Pour ainsi dire: *il est comme mort* ► **como 5** En qualité de: *agir comme délégué* ► **como 6** Puisque ► **como 7** Au moment où: *comme il entrait* ► **como, quando ■** FAM **c'est tout comme:** cela revient au même ► **dá no mesmo □ comme tout:** au plus haut point: *il est beau comme tout* ► **como quê □** FAM **comme ça:** ainsi, de cette manière ► **assim** ◆ *adv* **1** Combien, à quel point: *comme il parle!* ► **como 2** De quelle façon: *tu as vu comme il nous traite!* ► **como**

commedia dell'arte *nf* Forme théâtrale italienne basée sur l'improvisation ► ***commedia dell'arte***

commémoratif, ive *adj* Qui commémore: *fête, plaque commémorative* ► **comemorativo**

commémoration *nf* Cérémonie qui commémore un événement important ► **comemoração**

commémorer *vt* Rappeler le souvenir d'un événement, de la naissance ou de la mort d'une personne, avec plus ou moins de solennité: *commémorer une date* ► **comemorar**

EMPLOI On ne *commémore* pas un anniversaire, on le *fête*

commençant, e *n* Personne qui débute dans une discipline; débutant ► **principiante**

commencement *nm* Ce par quoi quelque chose commence; début ► **começo**

commencer *vt (conj 1)* **1** Aborder, entamer, entreprendre: *commencer un exercice; commencer le latin* ► **começar 2** Prendre l'initiative de quelque chose: *commencer la guerre* ► **começar 3** Être au début de quelque chose: *mot qui commence la phrase* ► **principiar** ◆ *vt ind* **1** [à] Se mettre à: *il commence à pleuvoir* ► **começar 2** [par] Faire quelque chose avant quelque chose d'autre: *commencer par le début* ► **começar** ◆ *vi* Débuter: *le film commence* ► **começar**

commensal, e, aux *n* LITT Personne qui mange à la même table qu'une autre ► **comensal** ◆ *adj et n* Se dit d'espèces animales qui vivent associées à d'autres, en se nourrissant de leurs déchets ► **comensal**

comment *adv* Sert à interroger sur la manière, le moyen: *comment fait-elle?; je ne sais pas comment elle vient* ► **como** ◆ *interj* Exprime la surprise, l'indignation: *comment! vous voilà?* ► **como ■** FAM **et comment!: (a)** évidemment ► **sem dúvida! (b)** énormément ► **e como!** ◆ *nm inv* Manière dont une chose s'est faite: *le pourquoi et le comment* ► **como**

commentaire *nm* Remarque, observation sur un texte, un énoncé, un événement, etc. ▸ **comentário**

commentateur, trice *n* Personne qui fait des commentaires, spécialement à la radio, à la télévision ▸ **comentarista**

commenter *vt* Faire des remarques sur un texte, des événements ▸ **comentar**

commérage *nm* FAM Bavardage indiscret ▸ **fofoca**

commerçant, e *n* Personne qui fait du commerce ▸ **comerciante** ◆ *adj* Où se fait le commerce: *rue commerçante* ▸ **comercial**

commerce *nm* **1** Achat et vente de marchandises ▸ **comércio 2** Ensemble des commerçants ▸ **comércio 3** Établissement commercial: *tenir un commerce* ▸ **negócio 4** LITT Relations, fréquentation: *être d'un commerce agréable* ▸ **comércio** ■ **chambre de commerce:** assemblée consultative de commerçants ▸ **câmara de comércio** □ **commerce électronique:** mode de distribution commerciale réalisée par l'intermédiaire du site web des entreprises ▸ **comércio eletrônico** □ **commerce équitable:** échanges commerciaux basés sur une solidarité Nord-Sud, permettant d'améliorer l'économie des producteurs du Sud, tout en favorisant le développement durable ▸ **comércio equitativo** □ **livres de commerce:** registres de comptabilité ▸ **livro comercial**

commercer *vi (conj 1)* Faire du commerce ▸ **comerciar**

commercial, e, aux *adj* **1** Qui appartient au commerce ▸ **comercial 2** PÉJOR Exécuté dans un but purement lucratif: *film commercial* ▸ **comercial** ◆ *n* Personne appartenant aux services commerciaux d'une entreprise ▸ **funcionário da área comercial**

commercialement *adv* Du point de vue commercial ▸ **comercialmente**

commercialisation *nf* Action de commercialiser ▸ **comercialização**

commercialiser *vt* Répandre dans le commerce: *commercialiser un produit* ▸ **comercializar**

commère *nf* Personne bavarde, qui colporte les nouvelles ▸ **fofoqueiro**

commettre *vt (conj 57)* **1** Faire un acte répréhensible ou malencontreux: *commettre une erreur* ▸ **cometer 2** DR Nommer à une fonction ▸ **nomear** ◆ **se commettre** *vpr* LITT Entretenir des relations compromettantes ou déshonorantes ▸ **meter-se**

comminatoire *adj* LITT Qui menace, intimide: *ton comminatoire* ▸ **cominador**

commis *nm* Employé; aide ▸ **empregado**

commisération *nf* Compassion ▸ **comiseração**

commissaire *n* **1** Personne chargée de fonctions temporaires ▸ **comissário 2** Personne qui vérifie la régularité d'une épreuve sportive ▸ **comissário, juiz** ■ **commissaire de police:** fonctionnaire de la police nationale chargé du maintien de l'ordre et de la sécurité publique ▸ **comissário, delegado de polícia**

commissaire-priseur (pl *commissaires-priseurs*) *nm* Officier ministériel chargé de l'estimation et de la vente dans une vente publique ▸ **leiloeiro administrativo**

commissariat *nm* **1** Ensemble des locaux où sont installés les services d'un commissaire de police ▸ **delegacia 2** Fonction de commissaire ▸ **delegacia**

commission *nf* **1** Groupe de personnes chargées d'étudier une question, de régler une affaire: *une commission d'enquête* ▸ **comissão 2** Charge, mission que l'on confie à quelqu'un ▸ **comissão 3** Pourcentage qu'on laisse à un intermédiaire ▸ **comissão** ◆ **commissions** *pl* Achats quotidiens, courses ▸ **compras**

commissionnaire *n* Personne qui vend et achète pour le compte d'autrui ▸ **comissário**

commissure *nf* ANAT Point de jonction de certaines parties du corps: *commissure des lèvres* ▸ **comissura**

commode[1] *adj* **1** Bien approprié à l'usage qu'on veut en faire ▸ **cômodo 2** D'un caractère facile, aimable ▸ **afável**

commode[2] *nf* Meuble à tiroirs pour ranger le linge, les vêtements, etc. ▸ **cômoda**

commodément *adv* Aisément ▸ **comodamente**

commodité *nf* Qualité de ce qui est commode, pratique, agréable ▸ **comodidade**

commotion *nf* **1** Secousse, ébranlement physique ▸ **comoção 2** FIG Émotion violente ▸ **comoção**

commotionner *vt* Frapper d'une commotion; perturber ▸ **comocionar**

commuer *vt* DR Changer une peine en une peine moindre ▸ **comutar**

commun, e *adj* **1** Qui appartient à plusieurs, à tous; qui concerne tout le monde: *salle commune* ▸ **comum 2** Qui est fait à plusieurs: *œuvre commune* ▸ **comum 3** Ordinaire, qui se trouve couramment: *expression peu commune* ▸ **comum 4** Dépourvu de distinction, vulgaire: *manières communes* ▸ **comum** ■ **en commun:** avec d'autres ▸ **em comum** □ **sens commun:** bon sens ▸ **bom senso** ◆ *nm* ■ **le commun des mortels:** les gens en général ▸ **o comum dos mortais** ◆ **communs** *pl*

Bâtiments réservés au service, dans une grande maison ▸ **dependência de serviço**

communal, e, aux *adj* De la commune: *pré communal* ▸ **comunal** ◆ *nf* VIEILLI École communale ▸ **escola comunal**

communard, e *n et adj* Partisan de la Commune de Paris, en 1871 ▸ **comunalista**

communautaire *adj* **1** Relatif à une communauté: *vie communautaire* ▸ **comunitário** **2** Relatif à la Communauté européenne ▸ **da Comunidade Europeia** ◆ *n* Citoyen de la Communauté européenne ▸ **cidadão da Comunidade Europeia**

communautarisme *nm* Conception faisant prévaloir l'organisation de la société en communautés sur l'exigence d'assimilation des individus selon un modèle unique ▸ **comunitarismo**

communauté *nf* **1** État de ce qui est commun: *communauté d'idées* ▸ **comunidade** **2** DR Régime matrimonial dans lequel certains biens sont communs aux époux ▸ **comunhão** **3** Groupe social ayant des intérêts communs ▸ **comunidade** **4** Groupe de plusieurs États: *la communauté internationale* ▸ **comunidade** **5** Société religieuse, soumise à une règle ▸ **comunidade**

commune *nf* Division territoriale, administrée par un maire ▸ **comuna**

communément *adv* Ordinairement ▸ **comumente**

communiant, e *n* RELIG Personne qui communie ▸ **comungante**

communicant, e *adj* Qui communique: *chambres communicantes* ▸ **comunicante**

communicateur, trice *n* **1** Personne qui excelle à communiquer, à faire circuler l'information ▸ **comunicador** **2** Personne chargée de la communication d'une entreprise, d'un groupe ▸ **relações-públicas**

communicatif, ive *adj* **1** Qui se communique, se gagne facilement: *rire communicatif* ▸ **comunicativo** **2** Qui exprime volontiers ses pensées, ses sentiments; expansif ▸ **comunicativo**

communication *nf* **1** Action de communiquer: *être en communication avec quelqu'un* ▸ **comunicação** **2** Action de transmettre quelque chose à quelqu'un: *communication d'une nouvelle* ▸ **comunicação** **3** Pour une entreprise, action d'utiliser les médias pour faire connaître son activité et promouvoir son image auprès du public ▸ **divulgação** **4** Conversation téléphonique: *prendre, recevoir une communication* ▸ **ligação, telefonema** **5** Moyen de liaison ▸ **comunicação**

communier *vi* **1** RELIG Recevoir la communion ▸ **comungar** **2** Être en parfait accord d'idées ▸ **comungar**

communion *nf* **1** Union dans une même foi, dans un même état d'esprit ▸ **comunhão** **2** RELIG Réception de l'eucharistie ▸ **comunhão**

communiqué *nm* **1** Avis officiel ▸ **comunicado** **2** Avis diffusé par la presse, la radio, la télévision ▸ **comunicado**

communiquer *vt* **1** Transmettre: *le Soleil communique la chaleur* ▸ **comunicar** **2** Donner connaissance, faire partager: *communiquer une nouvelle importante* ▸ **comunicar** ◆ *vi* Être en relation ▸ **comunicar** ■ **communiquer sur quelque chose:** le faire connaître au public par les médias ▸ **comunicar algo**

communisme *nm* Doctrine tendant à la collectivisation des moyens de production, à la répartition des biens de consommation suivant les besoins de chacun et à la suppression des classes sociales ▸ **comunismo**

communiste *n et adj* Partisan du communisme ▸ **comunista**

commutateur *nm* Appareil pour établir ou interrompre le courant électrique dans un circuit ▸ **comutador**

commutation *nf* **1** Réduction d'une peine en une peine moindre ▸ **comutação** **2** LING Substitution d'un terme à un autre terme de même classe grammaticale ou lexicale ▸ **comutação**

commuter *vt* Modifier par substitution, par transfert ▸ **comutar**

compacité *nf* Qualité de ce qui est compact ▸ **compacidade**

compact, e *adj* **1** Dont les molécules sont fortement liées: *bois compact* ▸ **compacto** **2** Qui forme une masse épaisse; dense, serré: *foule compacte* ▸ **compacto** **3** Qui est d'un faible encombrement: *appareil photo compact* ▸ **compacto** ■ **disque compact** ou **compact:** *nm* disque à lecture laser sur lequel sont enregistrés des sons, des images ou des textes ▸ ***compact disc***

Compact Disc *nm* (nom déposé) Disque compact ▸ ***compact disc*** ■ **Compact Disc Video (nom déposé):** disque compact restituant des films sur un téléviseur ▸ ***CD* de vídeo**

compacte *nf* Automobile de catégorie intermédiaire entre la citadine et la routière ▸ **carro compacto**

compagne *nf* → **compagnon**

compagnie *nf* **1** Présence d'une personne, d'un animal auprès de quelqu'un: *tenir compagnie à un malade* ▸ **companhia** **2** Réunion de personnes: *salut, la compagnie!* ▸ **companhia 3** Société commerciale: *compagnie d'assurances* ▸ **companhia 4** Troupe d'infanterie commandée par un capitaine ▸ **companhia 5** Bande d'animaux de même espèce: *compagnie de perdreaux* ▸ **bando** ▪ **fausser compagnie:** se retirer brusquement ▸ **retirar-se** ▫ **la bonne compagnie:** les gens bien élevés ▸ **boa companhia**

compagnon[1], compagne *n* **1** Personne qui accompagne quelqu'un ▸ **companheiro 2** Personne qui vit en compagnie de ▸ **companheiro**

compagnon[2] *nm* **1** Membre d'un compagnonnage ▸ **companheiro 2** Ouvrier qui travaille pour un entrepreneur ▸ **operário**

compagnonnage *nm* Association d'ouvriers dans une même profession ▸ ***compagnonnage***

comparable *adj* Qui peut être comparé ▸ **comparável**

comparaison *nf* Action de comparer; parallèle ▸ **comparação** ▪ GRAMM **degrés de comparaison:** le positif, le comparatif et le superlatif ▸ **graus comparativos** ▫ **en, par comparaison:** relativement à ▸ **em comparação**

comparaître *vi (conj 64)* Se présenter par ordre devant un magistrat, un tribunal ▸ **comparecer**

comparatif, ive *adj* Qui établit une comparaison ▸ **comparativo** ◆ *nm* Second degré de signification des adjectifs, qui exprime une qualité égale, supérieure ou inférieure: *«meilleur» est le comparatif de «bon»* ▸ **comparativo**

comparativement *adv* Par comparaison, par rapport ▸ **comparativamente**

comparé, e *adj* Qui se fonde sur une comparaison ▸ **comparado** ▪ **grammaire, linguistique comparée:** branche de la linguistique qui étudie les rapports des langues entre elles ▸ **gramática comparada**

comparer *vt* **1** Établir le rapport qui existe entre des personnes ou des choses ▸ **comparar 2** Mettre en parallèle ▸ **comparar**

comparse *n* **1** Au théâtre, personnage muet ou sans rôle important ▸ **figurante 2** Personne qui joue un rôle secondaire dans une affaire ▸ **comparsa**

compartiment *nm* **1** Case, division d'un objet, d'une surface ▸ **compartimento 2** Partie d'une voiture de chemin de fer divisée par des cloisons ▸ **compartimento**

compartimenter *vt* Diviser en catégories; cloisonner ▸ **compartimentar**

comparution *nf* Action de comparaître en justice ▸ **comparecimento** ▪ **comparution immédiate:** traduction d'un prévenu devant un tribunal correctionnel le jour même où il a commis un délit ▸ **citação imediata**

compas *nm* **1** Instrument à deux branches mobiles pour tracer des circonférences ▸ **compasso 2** MAR Boussole ▸ **bússola** ▪ FAM **avoir le compas dans l'œil:** apprécier exactement à l'œil une mesure ▸ **ter olho clínico**

compassé, e *adj* Raide, guindé ▸ **formal**

compassion *nf* Action de compatir; pitié ▸ **compaixão**

compassionnel, elle *adj* **1** Que l'on fait par compassion ▸ **compassivo 2** Destiné à éveiller la compassion: *reportage compassionnel* ▸ **compadecedor**

compatibilité *nf* Qualité, état de choses compatibles ▸ **compatibilidade**

compatible *adj* **1** Qui peut s'accorder avec quelque chose d'autre ▸ **compatível 2** INFORM Qui peut être connecté avec du matériel de nature différente: *ordinateur, imprimante compatibles* ▸ **compatível** ◆ *nm* Ordinateur compatible ▸ **computador compatível**

compatir *vt ind* [à] Prendre part aux maux d'autrui ▸ **compadecer-se**

compatissant, e *adj* Qui compatit ▸ **compadecido**

compatriote *n* Personne du même pays, de la même région qu'une autre ▸ **compatriota**

compensateur, trice *adj* Qui compense, qui dédommage ▸ **compensador**

compensation *nf* **1** Action de compenser ▸ **compensação 2** Dédommagement ▸ **compensação**

compensatoire *adj* Qui constitue une compensation: *mesure compensatoire* ▸ **compensatório**

compensé, e *adj* ▸ **compensado** ▪ **semelles compensées:** qui forment un seul bloc avec le talon ▸ **salto anabela, plataforma**

compenser *vt* Équilibrer un effet par un autre ▸ **compensar**

compère *nm* Personne qui est complice d'une autre dans une supercherie ▸ **cúmplice**

compère-loriot (pl *compères-loriots*) *nm* Orgelet ▸ **terçol**

compétence *nf* **1** Capacité reconnue en telle ou telle matière ▸ **competência 2** DR Droit de juger une affaire ▸ **competência**

compétent, e *adj* Capable, qualifié ▸ **competente**

compétiteur, trice *n* **1** Personne qui dispute un prix ▸ **competidor 2** Personne qui entre en concurrence avec une ou plusieurs autres personnes (dans une épreuve sportive, dans un marché financier, etc.) ▸ **competidor, concorrente**

compétitif, ive *adj* Susceptible de supporter la concurrence avec d'autres: *prix compétitifs* ▸ **competitivo**

compétition *nf* **1** Recherche simultanée par plusieurs personnes d'un même poste, de mêmes avantages ▸ **competição 2** Épreuve sportive mettant aux prises plusieurs concurrents ▸ **competição**

compétitivité *nf* Caractère de ce qui est compétitif ▸ **competitividade**

compilateur, trice *n* **1** Personne qui réunit des documents ▸ **compilador 2** PÉJOR Personne qui plagie ▸ **plagiador**

compilation *nf* **1** Action de compiler ▸ **compilação 2** œuvre sans originalité, faite d'emprunts ▸ **compilação 3** Disque présentant une sélection de grands succès musicaux ▸ **coletânea**

compiler *vt* **1** Réunir des morceaux de divers auteurs pour en faire un ouvrage: *compiler une anthologie* ▸ **compilar 2** PÉJOR Copier, plagier ▸ **plagiar**

complainte *nf* Chanson populaire sur les malheurs d'un personnage légendaire ▸ **lamento**

complaire *vt ind* [à] *(conj 77)* LITT Se rendre agréable à quelqu'un ▸ **comprazer ◆ se complaire** *vpr* [à, dans] Trouver du plaisir, de la satisfaction dans tel ou tel état, telle ou telle activité: *se complaire dans le malheur* ▸ **comprazer-se**

complaisance *nf* **1** Désir d'être agréable, de rendre service; obligeance: *elle est d'une extrême complaisance* ▸ **complacência 2** Indulgence excessive: *complaisance d'un enseignant envers un cancre* ▸ **complacência 3** Sentiment de satisfaction que l'on a envers soi-même: *se regarder avec complaisance* ▸ **complacência ■ certificat de complaisance:** délivré par obligeance à quelqu'un qui n'y a pas droit ▸ **atestado falso**

complaisant, e *adj* **1** Qui cherche à plaire, à rendre service ▸ **complacente 2** Qui a une indulgence coupable ▸ **complacente**

complément *nm* **1** Ce qui complète: *complément d'une somme; complément d'information* ▸ **complemento 2** GRAMM Mot complétant le sens d'un autre mot: *complément d'objet direct, indirect* ▸ **complemento**

complémentaire *adj* Qui complète ▸ **complementar**

complémentarité *nf* Caractère de ce qui est complémentaire ▸ **complementaridade**

complet[1] *nm* Costume de ville masculin dont toutes les pièces sont de la même étoffe ▸ **terno completo**

complet[2], ète *adj* **1** Qui a tous les éléments nécessaires: *collection complète* ▸ **completo 2** Absolu, total: *échec complet* ▸ **completo 3** Qui n'a plus de place; plein, rempli: *autobus complet* ▸ **lotado 4** Dont toutes les qualités sont développées: *athlète complet* ▸ **completo ■ au complet:** en totalité, intégralement ▸ **todo, na totalidade □ pain complet:** pain fait avec du son et riche en éléments nutritifs ▸ **pão integral**

complètement *adv* Entièrement ▸ **completamente**

compléter *vt (conj 10)* Rendre complet en ajoutant ce qui manque ▸ **completar ◆ se compléter** *vpr* **1** Devenir complet ▸ **completar-se 2** Former un tout harmonieux: *ils se complètent à merveille* ▸ **completar-se**

complétive *adj f* ▸ **completivo ■** GRAMM **proposition complétive** ou **complétive:** *nf* proposition subordonnée complément d'objet, sujet ou attribut ▸ **oração completiva nominal**

complexe[1] *adj* Qui contient plusieurs éléments ou parties, qui est difficile à analyser: *question complexe* ▸ **complexo**

complexe[2] *nm* **1** Ensemble d'industries concourant à une production particulière ▸ **complexo industrial 2** Ensemble de bâtiments groupés en fonction de leur utilisation: *complexe sportif* ▸ **complexo 3** PSYCHAN Association de sentiments, de souvenirs inconscients pourvus d'une puissance affective ▸ **complexo 4** Sentiment d'infériorité, conduite timide ▸ **complexo**

complexé, e *adj et n* Qui a des complexes, timide ▸ **complexado**

complexer *vt* Donner des complexes à quelqu'un ▸ **complexar**

complexité *nf* Caractère de ce qui est complexe, difficile ▸ **complexidade**

complication *nf* **1** État de ce qui est compliqué ▸ **complicação 2** Élément nouveau qui entrave le déroulement de quelque chose ▸ **complicação**

complice *adj et n* Qui participe au délit, au crime d'un autre ▸ **cúmplice ◆** *adj* Qui manifeste un accord secret: *sourire complice* ▸ **cúmplice**

complicité *nf* **1** Participation à un acte illégal, délictueux ▸ **cumplicidade 2** Connivence, entente ▸ **cumplicidade**

compliment *nm* **1** Mot élogieux adressé à quelqu'un; félicitations: *faire des compliments* ▸ **cumprimento 2** Discours à l'occasion d'une fête ▸ **loa**

complimenter *vt* Adresser des compliments, des félicitations ▸ **cumprimentar, felicitar**

complimenteur, euse *adj et n* Qui abuse des compliments ▸ **cumprimenteiro**

compliqué, e *adj* Difficile à comprendre, à exécuter: *phrase compliquée; mouvement compliqué* ▸ **complicado** ◆ *adj et n* Qui n'agit pas simplement: *c'est un compliqué, cet homme-là* ▸ **complicado**

compliquer *vt* Rendre difficile à comprendre, embrouiller ▸ **complicar** ◆ **se compliquer** *vpr* **1** Devenir plus difficile, obscur ▸ **complicar-se** **2** S'aggraver ▸ **complicar-se**

complot *nm* Projet concerté à plusieurs et secrètement contre des personnes ou des institutions ▸ **complô**

comploter *vt et vi* **1** Former un complot ▸ **fazer complô** **2** Préparer secrètement ▸ **tramar**

comploteur, euse *n* Personne qui complote ▸ **conspirador**

componction *nf* LITT Air de gravité affectée ▸ **compunção**

comportement *nm* Manière de se comporter ▸ **comportamento**

comportemental, e, aux *adj* Relatif au comportement ▸ **comportamental**

comporter *vt* Comprendre par nature; contenir: *la maison comporte plusieurs pièces* ▸ **comportar, conter** ◆ **se comporter** *vpr* Se conduire d'une certaine manière ▸ **comportar-se**

composant, e *adj* Qui entre dans la composition de ▸ **componente** ◆ *nm* **1** Élément constitutif ▸ **componente** **2** TECHN Constituant élémentaire d'un appareil, d'un circuit électronique, etc. ▸ **componente**

composé, e *adj* **1** Formé de plusieurs éléments: *un mot composé; un bouquet composé* ▸ **composto** **2** GRAMM Se dit des temps d'un verbe qui se conjuguent avec un auxiliaire ▸ **composto** ◆ *nm* Ensemble formé de plusieurs parties ▸ **composto**

composée *nf* Plante herbacée dont les fleurs sont réunies en capitules serrés, telle que la pâquerette, le bleuet, le pissenlit (les composées forment une famille) ▸ **composta**

composer *vt* **1** Former un tout en assemblant plusieurs parties: *composer un bouquet* ▸ **compor** **2** Entrer comme élément constitutif: *le riz compose l'essentiel du menu* ▸ **compor** **3** Former un numéro, un code sur un cadran, un clavier ▸ **discar, teclar** **4** IMPR Assembler ou commander l'assemblage de caractères pour former un texte ▸ **compor** **5** MUS Élaborer, concevoir une œuvre musicale ▸ **compor** ◆ *vi* **1** Faire un exercice scolaire en vue d'un examen: *composer en maths* ▸ **estudar** **2** Transiger: *composer avec ses adversaires* ▸ **compor**

composite *adj* Fait d'éléments très divers; hétéroclite ▸ **compósito**

compositeur, trice *n* **1** Personne qui compose de la musique ▸ **compositor** **2** IMPR Personne qui dirige une entreprise de composition de textes ▸ **tipógrafo**

composition *nf* **1** Action de composer un tout ▸ **composição** **2** Manière dont les parties forment le tout; structure ▸ **composição** **3** IMPR Assemblage des caractères typographiques ▸ **composição** **4** Art d'assembler les sons musicaux ▸ **composição** **5** VIEILLI Exercice scolaire en vue d'un classement ▸ **prova** ■ **amener à composition:** amener à transiger ▸ **levar a transigir** □ **être de bonne composition:** être accommodant ▸ **ser cordato**

compost [kɔ̃pɔst] *nm* Mélange de terre, de chaux, etc., qui sert d'engrais ▸ **composto, adubo**

compostage[1] *nm* Marquage au composteur ▸ **validação, obliteração**

compostage[2] *nm* Préparation du compost, en le laissant fermenter avant son incorporation au sol ▸ **compostagem**

composter[1] *vt* Marquer ou valider au composteur ▸ **validar, obliterar**

composter[2] *vt* Amender une terre avec du compost ▸ **adubar**

composteur *nm* **1** Appareil à lettres ou à chiffres interchangeables servant à marquer, dater des documents ▸ **datador, carimbo** **2** Appareil qui sert à valider un ticket, un billet de transport ▸ **máquina de validação de passagens**

compote *nf* Fruits cuits avec du sucre ▸ **compota** ■ FAM **en compote:** meurtri ▸ **em frangalhos**

compotier *nm* Plat creux pour compotes, fruits, etc. ▸ **compoteira**

compréhensible *adj* Concevable, intelligible ▸ **compreensível**

> VOCABULAIRE Il ne faut pas confondre *compréhensible*, «qui peut être compris», et *compréhensif*, «qui peut comprendre»

compréhensif, ive *adj* Qui comprend les autres; bienveillant, indulgent ▸ **compreensivo**

compréhension *nf* **1** Aptitude à comprendre: *rapidité de compréhension* ▸ **compreensão** **2** Bienveillance, indulgence: *faire preuve de compréhension* ▸ **compreensão** **3** Aptitude à être compris: *texte de compréhension difficile* ▸ **compreensão**

comprendre *vt (conj 54)* **1** Concevoir, saisir le sens de: *comprendre les paroles de quelqu'un* ▸ **compreender** **2** Admettre les raisons d'une chose, les mobiles d'une personne: *comprendre l'attitude de quelqu'un* ▸ **compreender** **3** Avoir en soi, être formé de; contenir: *la formule comprend un plat et un dessert* ▸ **compreender, incluir** **4** Mettre dans un tout, incorporer: *comprendre les taxes dans le prix* ▸ **incluir**

comprenette *nf* FAM Faculté de comprendre ▸ **compreensão**

compresse *nf* Pièce de gaze pour le pansement des plaies ▸ **compressa**

compresseur *adj m* Qui comprime ▸ **compressor** ▪ **rouleau compresseur:** rouleau pour aplanir le sol ▸ **rolo compressor** ♦ *nm* Appareil pour comprimer ▸ **compressor**

compressible *adj* Qui peut être comprimé: *fluide compressible* ▸ **compressível, comprimível**

compression *nf* **1** Action de comprimer ▸ **compressão** **2** FIG Réduction de personnel ou de dépenses ▸ **compressão** ▪ INFORM **compression numérique:** réduction du volume de signaux numérisés pour optimiser leur stockage et leur exploitation ▸ **compactação**

comprimé, e *adj* Diminué de volume ▸ **comprimido**

comprimé *nm* Pastille pharmaceutique ▸ **comprimido**

comprimer *vt* **1** Presser un corps de manière à en réduire le volume ▸ **comprimir** **2** Diminuer: *comprimer les dépenses* ▸ **reduzir** **3** FIG Empêcher un sentiment de se manifester: *comprimer sa colère* ▸ **comprimir**

compris, e *adj* Qui fait partie de: *mille francs, TVA comprise* ▸ **incluso** ▪ **tout compris:** en comptant la totalité des services dans un prix: *payer trois mille francs tout compris* ▸ **com tudo incluído** ▫ **y compris** (invariable avant le nom) en y incluant: *je prends ce modèle, y compris les options* ▸ **inclusive**

compromettant, e *adj* De nature à compromettre ▸ **comprometedor**

compromettre *vt (conj 57)* **1** Mettre en péril ▸ **comprometer** **2** Nuire à la réputation ▸ **comprometer** ♦ **se compromettre** *vpr* Risquer sa réputation ▸ **comprometer-se**

compromis *nm* Accord obtenu par des concessions réciproques ▸ **compromisso**

compromission *nf* Action de compromettre ou de se compromettre ▸ **compromisso**

comptabilisation *nf* Action de comptabiliser; son résultat ▸ **contabilização**

comptabiliser *vt* **1** Faire apparaître dans une comptabilité ▸ **contabilizar** **2** PAR EXT Compter, enregistrer ▸ **contabilizar**

comptabilité *nf* **1** Technique des comptes ▸ **contabilidade** **2** Ensemble des comptes d'une personne, d'une entreprise ▸ **contabilidade** **3** Service chargé des comptes dans une entreprise ▸ **contabilidade**

comptable *adj* Qui concerne la comptabilité: *pièce comptable* ▸ **contabilizável** ♦ *n* Personne qui tient les comptes ▸ **contador**

comptage *nm* Action de compter ▸ **contagem**

comptant *adj m et nm* Payé sur l'heure et en espèces ▸ **(pagamento) à vista** ▪ **prendre pour argent comptant:** croire naïvement ce qui est dit ou promis ▸ **ter como líquido e certo** ▫ **vendre au comptant:** moyennant paiement immédiat ▸ **vender à vista** ♦ *adv* ▪ **payer comptant:** immédiatement ▸ **pagar à vista**

compte [kɔ̃t] *nm* **1** Action d'évaluer une quantité: *faire le compte des membres du groupe* ▸ **conta** **2** État de ce qui est dû ou reçu: *vérifier ses comptes* ▸ **conta** ▪ **à bon compte:** à bon marché ▸ **barato, por preço baixo** ▫ **à ce compte-là:** dans ces conditions ▸ **nessas condições** ▫ **au bout du compte, en fin de compte, tout compte fait:** tout bien considéré ▸ **no final das contas** ▫ **compte de dépôt:** compte ouvert par un client et alimenté par les versements de ce dernier ▸ **conta bancária** ▫ **être loin du compte:** se tromper beaucoup ▸ **estar redondamente enganado** ▫ **rendre compte de:** raconter, expliquer, justifier ▸ **prestar contas, explicar** ▫ **se rendre compte de:** s'apercevoir de ▸ **dar-se conta de** ▫ **tenir compte de** ou **prendre quelque chose en compte:** le prendre en considération ▸ **levar algo em consideração** ▫ **trouver son compte à quelque chose:** trouver son avantage ▸ **tirar proveito de algo**

ORTHOGRAPHE Le participe passé de *se rendre compte* est toujours invariable: *elles se sont rendu compte*

compte chèques (pl *comptes chèques*) ou **compte-chèques** (pl *comptes-chèques*) *nm* Compte bancaire ou postal fonctionnant au moyen de chèques ▸ **conta-corrente**

compte-gouttes *nm inv* Tube de verre effilé pour compter les gouttes d'un liquide ▸ **conta-gotas** ▪ FAM **au compte-gouttes:** avec parcimonie ▸ **em doses homeopáticas**

compter *vt* **1** Calculer le nombre, la quantité de: *compter de l'argent* ▸ **contar** **2** Mettre au nombre de: *compter quelqu'un parmi ses amis* ▸ **contar** **3** Faire entrer dans un total: *il n'a pas compté le café dans l'addition* ▸ **contar** **4** Évaluer une quantité, une durée: *il faut compter trois heures de marche* ▸ **contar** **5** Comporter, être constitué de: *une ville qui compte un million d'habitants* ▸ **contar** ♦ *vt ind* [sur] Se fier à: *je compte sur* *toi* ► **contar** ◆ *vi* **1** Entrer dans un calcul: *syllabe qui ne compte pas* ► **contar 2** Effectuer un calcul: *savoir compter* ► **contar 3** Avoir l'intention de, se proposer: *je compte partir demain* ► **contar 4** Avoir de l'importance: *cela compte beaucoup* ► **contar** ■ **à compter de:** à dater de ► **a contar de** □ **sans compter:** avec générosité ou prodigalité ► **a mancheias**

compte rendu (pl *comptes rendus*) ou **compte-rendu** (pl *comptes-rendus*) *nm* Rapport sur quelque chose ► **relatório**

compte-tours *nm inv* Appareil servant à compter les tours d'un arbre de moteur en rotation pendant un temps donné ► **tacômetro**

compteur *nm* Appareil qui mesure ou qui enregistre des distances, des vitesses, des consommations ► **medidor**

comptine [kɔ̃tin] *nf* Chanson que chantent les enfants pour déterminer celui qui devra sortir du jeu ou courir après les autres, etc. ► **parlenda**

comptoir *nm* **1** Table longue sur laquelle les marchands étalent ou débitent leurs marchandises ► **balcão 2** Table élevée sur laquelle on sert les consommations dans un café ► **balcão 3** Agence commerciale à l'étranger ► **sucursal**

compulser *vt* Consulter, feuilleter un livre, un document, etc. ► **compulsar**

comte *nm* Titre de noblesse entre ceux de marquis et de vicomte ► **conde**

comté[1] *nm* Domaine qui conférait le titre de comte ► **condado**

comté[2] *nm* Gruyère fabriqué en Franche-Comté ► ***comté***

comtesse *nf* Femme d'un comte ► **condessa**

comtois, e *adj et n* De Franche-Comté: *les Comtois* ► **de Franche-Comté**

con, conne *adj et n* TRÈS FAM Stupide, idiot; regrettable: *c'est con ce qui lui arrive* ► **imbecil**

concasser *vt* Broyer une matière en fragments grossiers ► **triturar**

concave *adj* Dont la surface est creuse; CONTR: *convexe* ► **côncavo**

concavité *nf* État de ce qui est concave ► **concavidade**

concéder *vt (conj 10)* Accorder, octroyer ► **conceder**

concélébrer *vt (conj 10)* Célébrer à plusieurs un office religieux ► **concelebrar**

concentration *nf* **1** Action de concentrer ► **concentração 2** Action de se concentrer; application, tension d'esprit ► **concentração** ■ **camp de concentration:** lieu où sont rassemblés, sous surveillance militaire ou policière, des populations civiles de nationalité ennemie, des suspects, des déportés politiques, etc. ► **campo de concentração**

concentrationnaire *adj* Relatif aux camps de concentration ► **concentracionário**

concentré, e *adj* FIG Très absorbé dans ses pensées ► **concentrado** ■ **lait concentré:** dont on a réduit la partie aqueuse ► **leite condensado**

concentré *nm* Produit obtenu par élimination de l'eau: *concentré de tomate* ► **concentrado**

concentrer *vt* **1** Rassembler, réunir en un même point ► **concentrar 2** FIG Fixer son attention, son regard sur ► **concentrar** ◆ **se concentrer** *vpr* Réfléchir profondément ► **concentrar-se**

concentrique *adj* Ayant un même centre: *courbes concentriques* ► **concêntrico**

concept *nm* **1** Représentation intellectuelle d'un objet conçu par l'esprit ► **conceito 2** Définition des caractères spécifiques d'un projet, d'un produit par rapport à l'objectif visé ► **conceito, concepção**

concepteur, trice *n* Personne qui conçoit un type de publicité pour un projet, un produit ► **criador**

conception *nf* **1** Action par laquelle un enfant est conçu, reçoit l'existence ► **concepção 2** Représentation qu'on se fait de quelque chose; idée, opinion ► **concepção** ■ **Immaculée Conception:** dogme catholique d'après lequel la Vierge Marie a été préservée du péché originel ► **Imaculada Conceição**

conceptuel, elle *adj* Qui concerne un concept ► **conceitual**

concernant *prép* À propos de ► **concernente a**

concerner *vt* Avoir rapport à, intéresser ► **concernir a, dizer respeito a** ■ **en ce qui concerne:** quant à, pour ce qui est de ► **quanto a**

concert *nm* **1** Séance où sont interprétées des œuvres musicales: *concert classique* ► **concerto, *show* 2** Manifestation bruyante: *concert d'avertisseurs* ► **concerto** ■ **de concert:** avec entente, conjointement ► **de comum acordo**

concertation *nf* Action de se concerter ► **concerto**

concerter *vt* Préparer en commun l'exécution d'un dessein: *concerter un mauvais coup* ► **concertar** ◆ **se concerter** *vpr* Se mettre d'accord pour agir ensemble ► **concertar-se**

concertiste *n* Instrumentiste qui joue dans un concert ► **concertista**

concerto *nm* MUS Composition pour un ou plusieurs solistes et un orchestre ► **concerto**

concession *nf* **1** Privilège, droit que l'on obtient de l'État en vue d'une exploitation ► **concessão 2** Contrat par lequel l'Administration autorise une personne privée, moyennant une redevance, à réaliser un ouvrage public ou à occuper de manière privative le domaine public: *concession de sépulture* ▶ **concessão 3** Abandon de ses droits, de ses prétentions: *faire des concessions à quelqu'un* ▶ **concessão**

concessionnaire *n et adj* **1** Titulaire d'une concession de l'État ▶ **concessionário 2** Intermédiaire commercial qui a un droit exclusif de vente dans une région donnée ▶ **concessionário**

concessive *adj f* ▶ **concessivo** ■ GRAMM **proposition concessive** ou **concessive** *nf* proposition introduite par *bien que, quoique* qui indique une opposition ou une restriction ▶ **oração subordinada adverbial concessiva**

concevable *adj* Qui peut se concevoir ▶ **concebível**

concevoir *vt (conj 34)* **1** Se représenter par la pensée, comprendre ▶ **conceber 2** Imaginer: *concevoir un projet* ▶ **conceber** ■ **bien, mal conçu:** bien, mal organisé, élaboré ▶ **bem, mal concebido** ◆ *vt et vi* LITT Devenir enceinte ▶ **conceber**

conchyliologie [kɔ̃kiljɔlɔʒi] *nf* Étude scientifique des coquillages ▶ **conquiliologia**

concierge *n* **1** Gardien d'un immeuble, d'un hôtel ▶ **zelador 2** FAM, PÉJOR Personne bavarde colportant des commérages ▶ **bisbilhoteiro**

conciergerie *nf* Demeure du concierge d'un bâtiment administratif ▶ **zeladoria**

concile *nm* Assemblée d'évêques et de théologiens décidant de questions doctrinales ▶ **concílio**

conciliable *adj* Qui peut se concilier ▶ **conciliável**

conciliabule *nm* Entretien, discussion secrète ▶ **conciliábulo**

conciliaire *adj* Relatif à un concile ▶ **conciliar**

conciliant, e *adj* Propre à concilier; accommodant ▶ **conciliativo**

conciliateur, trice *n et adj* Personne qui concilie, aime à concilier ▶ **conciliador**

conciliation *nf* Action de concilier ▶ **conciliação**

concilier *vt (conj 1)* **1** Trouver un accord entre des choses diverses: *concilier le travail et la vie de famille* ▶ **conciliar 2** SOUT Mettre dans des dispositions favorables, rallier: *cette mesure lui a concilié la faveur du public* ▶ **conciliar** ◆ **se concilier** *vpr* Disposer quelqu'un en sa faveur ▶ **conciliar-se**

concis, e *adj* Bref, laconique ▶ **conciso**

concision *nf* Qualité de ce qui est concis: *concision du style* ▶ **concisão**

concitoyen, enne *n* Personne qui est du même pays, de la même ville qu'une autre ▶ **concidadão**

conclave *nm* Assemblée de cardinaux réunis pour élire un pape ▶ **conclave**

concluant, e *adj* Qui apporte une preuve; probant, décisif ▶ **conclusivo**

conclure *vt (conj 68)* **1** Régler, terminer: *conclure un marché* ▶ **concluir 2** Donner une conclusion: *conclure son discours par un appel* ▶ **concluir** ◆ *vt et vt ind* [à] Déduire comme conséquence: *j'en conclus que* ▶ **concluir**

CONJUGAISON Attention, le futur de *conclure* est *je conclurai*, et le participe passé, *conclu, e*

conclusion *nf* **1** Arrangement définitif, réalisation complète ▶ **conclusão 2** Partie qui termine un discours, un écrit ▶ **conclusão 3** Conséquence d'un raisonnement ▶ **conclusão** ■ **en conclusion:** en conséquence ▶ **em conclusão**

concocter *vt* FAM Élaborer minutieusement ▶ **arquitetar**

concombre *nm* Plante potagère cultivée pour ses fruits allongés, que l'on consomme comme légume ou en salade; ce fruit (le concombre appartient à la famille des cucurbitacées) ▶ **pepineiro, pepino**

concomitance *nf* Simultanéité de deux ou plusieurs faits ▶ **concomitância**

concomitant, e *adj* Qui se produit en même temps ▶ **concomitante**

concordance *nf* **1** Conformité, accord ▶ **concordância 2** GRAMM Accord des mots ▶ **concordância** ■ **concordance des temps:** ensemble des règles de syntaxe d'après lesquelles le temps du verbe d'une subordonnée dépend de celui de la principale ▶ **concordância temporal**

concordant, e *adj* Qui s'accorde, qui converge: *témoignages concordants* ▶ **concordante**

concordat *nm* Traité entre le pape et un État souverain sur les affaires religieuses ▶ **concordata**

concordataire *adj* Relatif à un concordat ▶ **concordatário**

concorde *nf* SOUT Bonne entente entre des personnes ▶ **concórdia**

concorder *vi* Être en conformité avec autre chose; coïncider ▶ **concordar**

concourant, e *adj* Convergent ▶ **concorrente**

concourir *vt ind* [à] *(conj 29)* Tendre ensemble au même but, aider à: *concourir au succès de* ▶ **concorrer** ◆ *vi* Participer à un examen, un concours, une compétition ▶ **concorrer**

concouriste *n* Personne qui participe aux concours proposés dans les médias ▶ **concorrente**

concours *nm* **1** Action de coopérer, d'aider: *offrir son concours* ▶ **concurso 2** Examen permettant la sélection des candidats à un poste de la fonction publique, celle des candidats à l'entrée dans une grande école, etc. ▶ **concurso 3** Compétition sportive: *concours hippique* ► **concurso** ■ **concours de circonstances:** événements survenant en même temps, coïncidence ► **conjunção de circunstâncias**

concret, ète *adj* **1** Qui se rapporte à la réalité, à ce qui est matériel: *application concrète* ► **concreto 2** Qui a le sens des réalités: *esprit concret* ► **concreto** ■ **mot, terme concret:** qui désigne un être ou une chose accessible aux sens; CONTR: *abstrait* ► **substantivo concreto** ◆ *nm* Ce qui est concret ► **concreto**

concrètement *adv* De façon concrète ► **concretamente**

concrétion *nf* GÉOL Agglomération de particules arrivant à former un corps solide ► **concreção**

concrétisation *nf* Action de concrétiser, fait de se concrétiser ► **concretização**

concrétiser *vt* Faire passer du projet à la réalisation; matérialiser ► **concretizar** ◆ **se concrétiser** *vpr* Devenir réel ► **concretizar-se**

concubin, e *n* Personne qui vit en concubinage ► **concubino**

concubinage *nm* État de deux personnes non mariées qui vivent ensemble depuis longtemps ► **concubinato**

concupiscence *nf* Dans le langage religieux, attrait pour les plaisirs sensuels ► **concupiscência**

concupiscent, e *adj* LITT Qui éprouve de la concupiscence; qui l'exprime ► **concupiscente**

concurremment *adv* **1** En même temps ► **concorrentemente 2** Conjointement ► **concorrentemente**

concurrence *nf* Rivalité d'intérêts provoquant une compétition dans le secteur industriel ou commercial ► **concorrência** ■ **jusqu'à concurrence de:** jusqu'à la somme de ► **até o montante de**

concurrencer *vt (conj 1)* Faire concurrence à ► **concorrer com**

concurrent, e *adj et n* **1** Qui participe à un concours, à une compétition ► **concorrente 2** Qui est en rivalité d'intérêts avec d'autres ► **concorrente**

concurrentiel, elle *adj* Où joue la concurrence; compétitif ► **concorrencial**

concussion *nf* Malversation commise dans l'exercice d'une fonction publique ► **concussão**

concussionnaire *adj et n* Coupable de concussion ► **concussionário**

condamnable *adj* Qui mérite d'être condamné ► **condenável**

condamnation *nf* Décision d'une juridiction prononçant une peine contre l'auteur d'une infraction; la peine infligée ► **condenação**

condamné, e *n* Personne qui a subi une condamnation ► **condenado** ◆ *adj* Incurable, perdu: *malade condamné* ► **condenado**

condamner *vt* **1** Prononcer une peine par jugement contre: *condamner un criminel* ► **condenar 2** Mettre dans l'obligation pénible de; astreindre, contraindre: *condamner au silence* ► **condenar 3** Désapprouver, blâmer: *condamner une opinion* ► **condenar** ■ **condamner une porte, une ouverture:** en rendre l'usage impossible ► **interditar**

condensateur *nm* PHYS Appareil servant à emmagasiner une charge électrique ► **condensador**

condensation *nf* **1** Action de condenser ► **condensação 2** Effet qui en résulte ► **condensação**

condensé[1] *nm* Résumé succinct ► **condensado**

condensé[2]**, e** *adj* ► **condensado** ■ **lait condensé:** lait concentré sucré ► **leite condensado**

condenser *vt* **1** Rendre plus dense ► **condensar 2** Liquéfier un gaz ► **condensar 3** Exprimer avec concision: *condenser sa pensée* ► **condensar** ◆ **se condenser** *vpr* Se résoudre en liquide ► **condensar-se**

condenseur *nm* Appareil servant à condenser une vapeur ► **condensador**

condescendance *nf* PÉJOR Attitude d'une personne qui accorde quelque chose en faisant sentir sa supériorité ► **condescendência**

condescendant, e *adj* Qui marque de la condescendance ► **condescendente**

condescendre *vt ind* [à] *(conj 50)* PÉJOR Consentir en donnant l'impression d'accorder une faveur ► **condescender**

condiment *nm* Substance aromatique qui relève la saveur des aliments ► **condimento**

condisciple *n* Camarade d'études ► **colega**

condition *nf* **1** Rang social: *humble condition* ► **condição 2** État physique ou moral: *en bonne condition* ► **condição 3** Circonstance dont dépend quelque chose: *dans ces conditions; conditions de vie* ► **condição 4** Base fondamentale; qualité nécessaire: *le travail est une condition du succès* ► **condição 5** Convention dont dépend l'exécution d'un marché ► **condição** ■ **acheter à condition:** sous réserve de pouvoir rendre ► **comprar sob condições** □ **conditions de paiement:** prix, tarif et échelonnement des versements ► **condições de pagamento** ◆ **à condition de** *loc prép* À charge de ► **na condição de** ◆ **à condition que** *loc conj* Pourvu que ► **sob condição de**

conditionné, e *adj* **1** Soumis à certaines conditions ► **condicionado 2** Qui a subi un conditionnement: *produit conditionné sous vide* ▸ **acondicionado** ▪ **air conditionné:** air auquel on a donné une température et un degré d'humidité déterminés ▸ **ar condicionado**

conditionnel, elle *adj* Soumis à certaines conditions ▸ **condicional** ♦ *nm* GRAMM Mode du verbe qui exprime une action subordonnée à une condition ▸ **condicional**

conditionnement *nm* **1** Action de conditionner, fait d'être conditionné ▸ **condicionamento** **2** Emballage de présentation d'une marchandise ▸ **acondicionamento**

conditionner *vt* **1** Être la condition de: *sa réponse conditionnera la mienne* ▸ **condicionar** **2** Déterminer quelqu'un à agir, à penser de telle ou telle façon ▸ **condicionar**

condoléances *nf pl* Témoignage de regrets, de sympathie, devant la douleur d'autrui ▸ **condolências**

condom [kɔ̃dɔm] *nm* Préservatif masculin ▸ **camisinha**

condor *nm* Grand vautour des Andes ▸ **condor**

condottiere (pl *condottieres* ou *condottieri*) *nm* AUTREF Chef de mercenaires italiens ▸ ***condottiere***

conducteur, trice *n* Personne qui conduit un véhicule ▸ **condutor** ▪ **conducteur de travaux:** agent qui, sur un chantier, dirige les travaux et surveille le personnel ▸ **mestre de obras** ♦ *adj* Qui permet le passage de quelque chose ▸ **condutor** ▪ **fil conducteur:** principe qui permet de poursuivre une recherche; hypothèse ▸ **fio condutor** ♦ *nm* Tout corps capable de transmettre la chaleur, l'électricité ▸ **condutor**

conductibilité *nf* Propriété que possèdent les corps de transmettre la chaleur, l'électricité ▸ **condutibilidade**

conductible *adj* Doué de conductibilité ▸ **condutível**

conduction *nf* Action de transmettre de proche en proche la chaleur, l'électricité ▸ **condução**

conduire *vt (conj 70)* **1** Diriger, assurer la manœuvre de: *conduire une voiture* ▸ **dirigir** **2** Mener d'un lieu à un autre: *conduire un enfant à l'école; le chemin conduit directement à la maison* ▸ **levar** **3** Avoir la direction, le gouvernement de: *conduire une affaire* ▸ **dirigir** **4** Pousser, entraîner: *conduire au désespoir* ▸ **levar** **5** Avoir pour conséquence, amener à: *gestion qui conduit à la faillite* ▸ **levar** ♦ **se conduire** *vpr* Se comporter, agir de telle ou telle façon ▸ **comportar-se**

conduit *nm* Canal, tuyau ▸ **cano**

conduite *nf* **1** Action de conduire, de diriger ▸ **condução** **2** Action d'accompagner: *faire la conduite* ▸ **acompanhamento** **3** Commandement, direction: *conduite d'une entreprise* ▸ **direção** **4** Manière de se conduire; attitude, comportement: *bonne conduite* ▸ **conduta** **5** TECHN Tuyau: *conduite d'eau* ▸ **conduto**

cône *nm* **1** MATH Surface engendrée par une droite mobile passant par un point fixe et s'appuyant sur une courbe fixe; solide déterminé par cette surface ▸ **cone** **2** Fruit des conifères ▸ **pinha** **3** Inflorescence du houblon ▸ **lúpulo** **4** Crème glacée dans un cornet en biscuit en forme de cône ▸ **sorvete de casquinha**

confection *nf* **1** Action de confectionner ▸ **confecção** **2** Fabrication en série de pièces d'habillement ▸ **confecção**

confectionner *vt* Exécuter quelque chose qui demande plusieurs opérations; fabriquer ▸ **confeccionar**

confectionneur, euse *n* Personne qui fabrique des vêtements de confection ▸ **confecccionador**

confédéral, e, aux *adj* Relatif à une confédération ▸ **confederativo**

confédération *nf* **1** Union de plusieurs États qui se soumettent à un pouvoir général, tout en conservant leur autonomie ▸ **confederação** **2** Groupement d'associations professionnelles, sportives, etc. ▸ **confederação**

confédéré, e *adj et n* Uni par confédération ▸ **confederado**

conférence *nf* **1** Réunion de personnes qui discutent d'un sujet commun ▸ **conferência** **2** Exposé oral ▸ **conferência** ▪ **conférence de presse:** réunion au cours de laquelle une ou plusieurs personnalités s'adressent aux journalistes et répondent à leurs questions ▸ **entrevista coletiva**

conférencier, ère *n* Personne qui fait une conférence ▸ **conferencista**

conférer *vt (conj 10)* Donner, accorder: *conférer un titre* ▸ **conferir** ♦ *vi* S'entretenir d'une affaire, discuter ▸ **conferenciar**

confesse *nf* RELIG Confession: *être, aller à confesse* ▸ **confissão**

confesser *vt* **1** Déclarer (ses péchés) en confession ▸ **confessar** **2** Entendre en confession ▸ **confessar** **3** Avouer, reconnaître: *confesser son ignorance* ▸ **confessar** ♦ **se confesser** *vpr* Déclarer ses péchés ▸ **confessar-se**

confesseur *nm* Prêtre qui confesse ▸ **confessor**

confession *nf* **1** Aveu de ses péchés à un prêtre ▸ **confissão** **2** Aveu d'un fait ▸ **confissão** **3** Appartenance à telle ou telle religion ▸ **confissão**

confessionnal (pl *confessionnaux*) *nm* Isoloir ou lieu où se met le prêtre pour entendre la confession ▸ **confessionário**

confessionnel, elle *adj* Relatif à la foi religieuse ▸ **confessional**

confetti *nm* Rondelle de papier coloré, qu'on se lance dans les fêtes ▸ **confete**

confiance *nf* Sentiment de sécurité de celui qui se fie à: *avoir confiance en quelqu'un, en l'avenir* ▸ **confiança** ■ **avoir confiance en soi:** être assuré de ses possibilités ▸ **ter autoconfiança** □ **faire confiance à:** se fier à ▸ **confiar em**

confiant, e *adj* Qui a confiance ▸ **confiante**

confidence *nf* Déclaration faite en secret à quelqu'un ▸ **confidência** ■ **en confidence:** en secret ▸ **confidencialmente**

confident, e *n* Personne à qui l'on confie ses plus secrètes pensées ▸ **confidente**

confidentialité *nf* Caractère confidentiel d'une information ▸ **confidencialidade**

confidentiel, elle *adj* Qui se dit, se fait en confidence; secret ▸ **confidencial**

confidentiellement *adv* D'une manière confidentielle ▸ **confidencialmente**

confier *vt* **1** Remettre aux soins, à la garde de: *confier une mission* ▸ **confiar 2** Dire en confidence: *confier un secret* ▸ **confiar** ◆ **se confier** *vpr* Faire part de ses sentiments intimes, de ses idées ▸ **confiar-se**

configuration *nf* Forme générale, aspect d'ensemble ▸ **configuração**

confiné, e *adj* ▸ **confinado** ■ **air confiné:** non renouvelé ▸ **ar confinado**

confinement *nm* Action de confiner; fait d'être confiné ▸ **confinamento**

confiner *vt ind* [à] Être très proche de: *cet acte confine à la folie* ▸ **confinar** ◆ *vt* Tenir enfermé dans un espace étroit ▸ **confinar** ◆ **se confiner** *vpr* **1** S'isoler, se retirer ▸ **confinar-se 2** Se limiter à: *se confiner dans une activité* ▸ **confinar-se**

confins *nm pl* Limites, extrémités d'un pays, d'un territoire: *aux confins de l'Asie* ▸ **confins**

confire *vt (conj 72)* Conserver des aliments dans une substance qui en empêche l'altération ▸ **preparar alimentos em conserva**

confirmation *nf* **1** Action de confirmer ▸ **confirmação 2** RELIG Sacrement de l'Église qui affermit dans la grâce du baptême ▸ **confirmação**

confirmer *vt* **1** Affermir quelqu'un dans une croyance, une intention ▸ **confirmar 2** Rendre plus sûr, assurer l'exactitude de: *confirmer une nouvelle* ▸ **confirmar** ◇ *vpr: la nouvelle se confirme* ▸ **confirmar-se 3** RELIG Conférer le sacrement de confirmation ▸ **confirmar**

confiscation *nf* Action de confisquer ▸ **confisco**

confiserie *nf* **1** Art de travailler le sucre et de le transformer en friandises ▸ **confeitaria 2** Commerce du confiseur ▸ **confeitaria 3** Produit vendu ou fabriqué par le confiseur; sucrerie ▸ **doce**

confiseur, euse *n* Personne qui fait ou vend des sucreries ▸ **confeiteiro**

confisquer *vt* Déposséder par un acte d'autorité ▸ **confiscar**

confit[1] *nm* Morceau de viande cuit et conservé dans la graisse: *confit d'oie* ▸ ***confit***

confit[2]**, e** *adj* Conservé dans du sucre, du vinaigre, de la graisse, etc. ▸ **confeitado** ■ **confit en dévotion:** d'une dévotion excessive ▸ **banhado em devoção**

confiture *nf* Préparation constituée de fruits frais et de sucre cuits ensemble ▸ **compota, geleia**

confiturier *nm* Récipient destiné à présenter à table de la confiture ▸ **compoteira**

conflagration *nf* Conflit international de grande envergure aboutissant à la guerre ▸ **conflagração**

conflictuel, elle *adj* Relatif à un conflit ▸ **conflituoso**

conflit *nm* **1** Opposition d'opinions, de sentiments ▸ **conflito 2** Opposition d'intérêts entre deux pays, deux États ▸ **conflito**

confluent *nm* Lieu de rencontre de deux cours d'eau ▸ **confluência**

confluer *vi* Se réunir, en parlant de deux cours d'eau ▸ **confluir**

confondant, e *adj* Qui déconcerte, étonne: *tant d'idiotie, c'est confondant!* ▸ **desconcertante**

confondre *vt (conj 51)* **1** Prendre une chose, une personne pour une autre, faire une confusion: *confondre des dates, des jumeaux* ▸ **confundir 2** Réduire au silence, mettre hors d'état de se justifier: *confondre un adversaire* ▸ **confundir 3** LITT Stupéfier, décontenancer: *voilà qui me confond* ▸ **desnortear** ■ **être confondu:** très étonné ou embarrassé, rempli de confusion ▸ **estar confuso** ◆ **se confondre** *vpr* Être ou devenir indistinct; se mêler avec ▸ **confundir-se** ■ SOUT **se confondre en remerciements, en excuses:** les multiplier ▸ **desmanchar-se em agradecimentos, em desculpas**

conformation *nf* Forme particulière d'un organe ou d'un être vivant ▸ **conformação**

conforme *adj* **1** Dont la forme est semblable à celle d'un autre objet ▸ **conforme 2** Qui convient, qui s'accorde ▸ **conforme**

conformé, e *adj* Qui a telle ou telle conformation naturelle ▸ **constituído**

conformément à *loc prép* En conformité avec ▸ **conforme**

conformer *vt* Mettre en accord avec; adapter ▸ **ajustar** ♦ **se conformer** *vpr* Se régler sur quelque chose: *se conformer au goût du jour* ▸ **ajustar-se**

conformisme *nm* Respect étroit des usages établis, de la morale en usage ▸ **conformismo**

conformiste *adj et n* PÉJOR Qui se conforme sans originalité aux usages généralement admis ▸ **conformista**

conformité *nf* État de ce qui présente un accord complet, une adaptation totale ▸ **conformidade**

confort *nm* Bien-être matériel résultant des commodités dont on dispose ▸ **conforto**

confortable *adj* **1** Qui procure le confort ▸ **confortável** **2** FIG Important: *une confortable avance* ▸ **considerável**

confortablement *adv* D'une manière confortable ▸ **confortavelmente**

conforter *vt* Rendre plus solide, raffermir: *cela me conforte dans mon idée* ▸ **consolidar**

confraternel, elle *adj* Propre aux relations entre confrères ▸ **confraternal**

confraternité *nf* Bons rapports entre confrères ▸ **confraternidade**

confrère *nm* Homme qui exerce la même profession libérale qu'une autre, qui appartient au même corps ▸ **colega**

confrérie *nf* Association ▸ **confraria**

confrontation *nf* Action de confronter, de comparer ▸ **confrontação**

confronter *vt* **1** Mettre des personnes en présence, pour comparer leurs dires ▸ **acarear** **2** Comparer: *confronter des écritures* ▸ **confrontar**

confucéen, enne *adj* Relatif au confucianisme ▸ **confuciano**

confucianisme *nm* Philosophie de Confucius ▸ **confucianismo**

confus, e *adj* **1** Embrouillé, incertain, vague ▸ **confuso** **2** FIG Honteux, désolé: *être confus de son erreur* ▸ **sem jeito**

confusément *adv* D'une manière confuse: *s'exprimer confusément* ▸ **confusamente**

confusion *nf* **1** État de ce qui est confus, mêlé, en désordre ▸ **confusão** **2** Action de prendre une personne ou une chose pour une autre: *confusion de noms, de dates* ▸ **confusão** **3** Embarras que causent la honte, la modestie: *être rouge de confusion* ▸ **constrangimento**

congé *nm* **1** Autorisation donnée à quelqu'un de cesser son travail; période de cette cessation: *congé maladie; congé maternité* ▸ **licença** **2** Courtes vacances: *prendre du congé* ▸ **férias** ▪ **congés payés:** période de vacances payée que la loi accorde à tous les salariés ▸ **férias remuneradas** ▫ **donner congé à un locataire:** lui signifier qu'il devra quitter les lieux ▸ **despejar um locatário** ▫ **prendre congé de quelqu'un:** lui dire au revoir ▸ **despedir-se de alguém**

congédiement *nm* Renvoi ▸ **demissão**

congédier *vt* Renvoyer, mettre dehors ▸ **despedir**

congélateur *nm* Appareil pour congeler les produits alimentaires ▸ **congelador**

congélation *nf* Action de congeler ▸ **congelamento**

congeler *vt (conj 5)* **1** Transformer un liquide en solide par le froid ▸ **congelar** **2** Soumettre au froid pour conserver: *viandes congelées* ▸ **congelar**

congénère *n* **1** Animal qui est du même genre, de la même espèce qu'un autre ▸ **congênere** **2** PÉJOR Personne de la même nature qu'une autre ▸ **congênere**

congénital, e, aux *adj* De naissance ▸ **congênito**

congère *nf* Amas de neige entassée par le vent ▸ **monte de neve**

congestion *nf* Accumulation anormale de sang dans les vaisseaux d'un organe: *congestion cérébrale* ▸ **congestão**

congestionné, e *adj* Se dit d'une partie du corps qui a subi un afflux de sang, une congestion: *visage congestionné* ▸ **congestionado**

congestionner *vt* **1** Provoquer une congestion dans une partie du corps ▸ **congestionar** **2** Encombrer un lieu ▸ **congestionar**

conglomérat *nm* **1** Roche formée de débris d'autres roches roulés et agglomérés ▸ **conglomerado** **2** ÉCON Groupe d'entreprises aux productions variées ▸ **conglomerado**

conglomérer *vt (conj 10)* Réunir en une masse ▸ **conglomerar**

congolais[1], e *adj et n* Du Congo: *les Congolais* ▸ **congolês**

congolais[2] *nm* Gâteau à la noix de coco ▸ **bolo de coco**

congratulations *nf pl* LITT Félicitations réciproques ▸ **congratulações**

congratuler *vt* LITT Féliciter chaleureusement ▸ **congratular**

congre *nm* Poisson de mer ayant la forme d'une anguille ▸ **congro**

congrégation *nf* Association de religieux ou de laïques régie par des principes religieux ▸ **congregação**

congrès *nm* Réunion de personnes qui délibèrent sur des études communes ▸ **congresso**
congressiste *n* Membre d'un congrès ▸ **congressista**
congru, e *adj* LITT Approprié à un usage, une situation ▸ **congruente** ▪ **portion congrue:** quantité de nourriture ou ressources à peine suffisantes pour vivre ▸ **ração mínima**
conifère *nm* Arbre souvent résineux, à feuillage généralement persistant, aux fruits en forme de cône, tels le pin, le sapin, le cèdre, etc. (les conifères forment un ordre) ▸ **conífera**
conique *adj* En forme de cône ▸ **cônico**
conjectural, e, aux *adj* Fondé sur des conjectures ▸ **conjectural**
conjecture *nf* Supposition, opinion fondée sur des probabilités ▸ **conjectura**
conjecturer *vt* SOUT Juger par conjecture; supposer ▸ **conjecturar**
conjoint¹, e *adj* ▸ **conjunto** ▪ **note conjointe:** qui accompagne un texte ▸ **nota conjunta**
conjoint², e *n* Chacun des époux par rapport à l'autre ▸ **cônjuge**
conjointement *adv* Ensemble ▸ **conjuntamente**
conjonctif, ive *adj* ▸ **conjuntivo** ▪ GRAMM **locution conjonctive:** qui joue le rôle d'une conjonction, comme *afin que, bien que, parce que* ▸ **locução conjuntiva** ▫ **proposition conjonctive:** qui commence par une conjonction de subordination ▸ **oração subordinada** ▫ ANAT **tissu conjonctif:** tissu animal jouant un rôle de remplissage, de soutien ou de protection ▸ **tecido conjuntivo**
conjonction *nf* **1** LITT Rencontre, réunion ▸ **conjunção 2** GRAMM Mot invariable qui sert à lier les mots ou les propositions ▸ **conjunção**
conjonctive *nf* Muqueuse de l'intérieur des paupières ▸ **conjuntiva**
conjonctivite *nf* MÉD Inflammation de la conjonctive ▸ **conjuntivite**
conjoncture *nf* **1** Concours de circonstances; occasion ▸ **conjuntura 2** Ensemble des éléments qui déterminent la situation économique, sociale, politique, à un moment donné ▸ **conjuntura**
VOCABULAIRE Il ne faut pas confondre *conjoncture*, «circonstances», et *conjecture*, «supposition»
conjoncturel, elle *adj* Relatif à la conjoncture ▸ **conjuntural**
conjugaison *nf* **1** LITT Réunion, rapprochement: *la conjugaison des efforts* ▸ **conjugação 2** GRAMM Ensemble des formes des verbes selon les personnes, les modes, les temps et les voix; groupe de verbes dont certaines terminaisons sont identiques ▸ **conjugação**
conjugal, e, aux *adj* Qui concerne l'union entre les époux ▸ **conjugal**
conjugalement *adv* En tant que mari et femme: *vivre conjugalement* ▸ **conjugalmente**
conjuguer *vt* **1** Unir, joindre en vue d'un résultat: *conjuguer des efforts* ▸ **conjugar 2** GRAMM Énumérer toutes les formes d'un verbe dans un ordre déterminé ▸ **conjugar**
conjuration *nf* Conspiration, complot pour renverser le pouvoir établi ▸ **conjuração**
conjuratoire *adj* Destiné à conjurer le mauvais sort: *formule conjuratoire* ▸ **conjuratório**
conjuré, e *n* Membre d'une conjuration ▸ **conjurado**
conjurer *vt* **1** Prier, supplier avec insistance: *conjurer quelqu'un de venir* ▸ **implorar 2** Écarter, éloigner par des pratiques magiques ou religieuses: *conjurer les démons* ▸ **conjurar 3** Éviter, détourner par un moyen quelconque: *conjurer un échec* ▸ **afastar**
connaissance *nf* **1** Activité intellectuelle visant à avoir la compétence de quelque chose; cette compétence ▸ **conhecimento 2** Personne que l'on connaît: *une vieille connaissance* ▸ **conhecido** ▪ **à ma connaissance:** d'après ce que je sais ▸ **tanto que eu saiba** ▫ **en connaissance de cause:** en sachant bien de quoi il s'agit ▸ **com conhecimento de causa** ▫ **faire connaissance:** entrer en relation avec ▸ **ficar conhecendo** ▫ **perdre connaissance:** s'évanouir ▸ **perder os sentidos** ▫ **prendre connaissance:** être informé ▸ **ficar sabendo** ♦ **connaissances** *pl* Savoir, instruction ▸ **conhecimentos**
connaisseur, euse *n et adj* Personne qui se connaît en quelque chose, expert ▸ **conhecedor**
connaître *vt (conj 64)* **1** Avoir l'idée, la notion d'une chose: *je ne connais pas son nom* ▸ **saber 2** Être en relation avec: *connaître beaucoup de monde* ▸ **conhecer 3** Être renseigné sur la nature, les défauts ou les qualités de: *connaître un bon restaurant* ▸ **conhecer 4** Avoir la pratique, l'expérience de: *connaître son métier* ▸ **conhecer** ▪ **ne connaître que:** ne considérer que ▸ **só saber que** ▫ **se faire connaître: (a)** dire son nom ▸ **apresentar-se (b)** acquérir de la réputation ▸ **tornar-se famoso** ♦ **se connaître** *vpr* Avoir une idée juste de soi-même ▸ **conhecer-se** ▪ **ne plus se connaître:** être hors de soi ▸ **estar fora de si** ▫ **se connaître, s'y connaître en quelque chose:** être habile, expert en quelque chose ▸ **entender de um assunto**
connecter *vt* ÉLECTR Établir une connexion ▸ **conectar** ♦ **se connecter** *vpr* Établir une liaison avec un réseau télématique ▸ **conectar-se**

connecteur *nm* Appareil de connexion ▸ **conector**
connétable *nm* HIST Premier officier militaire du roi de France ▸ **condestável**
connexe *adj* LITT Lié, uni ▸ **afim**
connexion *nf* **1** LITT Enchaînement, liaison ▸ **conexão** **2** ÉLECTR Raccordement d'un appareil électrique à un circuit, ou de deux appareils électriques entre eux ▸ **conexão**
connivence *nf* Complicité, entente secrète ▸ **conivência**
connotation *nf* FIG Valeur que prend quelque chose en plus de sa signification première ▸ **conotação**
connoter *vt* Exprimer quelque chose par connotation ▸ **conotar**
connu, e *adj* **1** Su de manière certaine; officiel ▸ **conhecido** **2** Découvert, exploré par l'homme ▸ **conhecido** **3** Célèbre, renommé ▸ **conhecido**
conque *nf* MYTH Coquille servant de trompe aux dieux de la Mer ▸ **búzio**
conquérant, e *adj et n* Qui fait ou a fait des conquêtes ▸ **conquistador**
conquérir *vt (conj 21)* **1** Se rendre maître par les armes, par la force ▸ **conquistar** **2** Gagner, acquérir: *conquérir l'estime de* ▸ **conquistar** **3** FIG Gagner, séduire ▸ **conquistar**
conquête *nf* **1** Action de conquérir; chose conquise ▸ **conquista** **2** FAM Personne que l'on a séduite ▸ **conquista**
conquis, e *adj* **1** Vaincu: *pays conquis* ▸ **conquistado** **2** Acquis: *être conquis par une idée* ▸ **conquistado**
conquistador (pl *conquistadors* ou *conquistadores*) *nm* Nom donné aux aventuriers espagnols qui allèrent conquérir l'Amérique ▸ **conquistadores**
consacré, e *adj* **1** Qui a reçu la consécration religieuse: *hostie consacrée* ▸ **consagrado** **2** Qui a reçu la sanction de l'usage: *expression consacrée* ▸ **consagrado**
consacrer *vt* **1** Dédier à Dieu ▸ **consagrar** **2** Faire, à la messe, la consécration du pain et du vin ▸ **consagrar** **3** Sanctionner, autoriser: *consacrer un usage* ▸ **consagrar** **4** FIG Employer: *consacrer son temps à* ▸ **dedicar**
consanguin, e *adj* **1** Issu du même père: *frère consanguin* ▸ **consanguíneo** **2** Qui est du même sang ▸ **consanguíneo**
consanguinité [kɔ̃sɑ̃gɥinite] *nf* **1** Parenté du côté du père ▸ **consanguinidade** **2** Parenté proche ▸ **consanguinidade**
consciemment *adv* D'une façon consciente: *agir consciemment* ▸ **conscientemente**
conscience *nf* **1** Perception, connaissance plus ou moins claire de notre existence, du monde extérieur: *avoir conscience de ce qui se passe* ▸ **consciência** **2** Sentiment intérieur de la moralité, du devoir: *obéir à sa conscience* ▸ **consciência** ■ **avoir bonne, mauvaise conscience:** avoir le sentiment qu'on n'a rien ou qu'on a quelque chose à se reprocher ▸ **ter consciência limpa, pesada** □ **avoir quelque chose sur la conscience:** avoir quelque chose à se reprocher ▸ **ter consciência pesada** □ **conscience professionnelle:** soin avec lequel on fait son métier ▸ **consciência profissional** □ **en conscience:** honnêtement, franchement ▸ **honestamente**
consciencieusement *adv* D'une manière consciencieuse ▸ **conscienciosamente**
consciencieux, euse *adj* **1** Qui remplit avec soin tous ses devoirs ▸ **consciencioso** **2** Fait avec soin ▸ **consciencioso**
conscient, e *adj* **1** Qui a conscience de ce qu'il fait: *être conscient du risque couru* ▸ **consciente** **2** Qui dispose de toute sa conscience; éveillé: *le blessé est resté conscient* ▸ **consciente**
conscription *nf* MIL Système de recrutement fondé sur l'appel annuel de jeunes gens du même âge ▸ **alistamento**
conscrit *nm* Recrue appelée par conscription ▸ **conscrito**
consécration *nf* **1** Action de consacrer: *la consécration de l'usage* ▸ **consagração** **2** Action par laquelle le prêtre convertit au cours de la messe le pain et le vin en la substance du corps et du sang de Jésus-Christ ▸ **consagração**
consécutif, ive *adj* Qui se suit immédiatement: *trois jours consécutifs* ▸ **consecutivo** ■ **consécutif à:** qui résulte de ▸ **consecutivo de**
consécutivement *adv* Sans interruption ▸ **consecutivamente**
conseil *nm* **1** Avis sur ce qu'il convient de faire: *demander conseil* ▸ **conselho** **2** (souvent en apposition) Personne dont on prend avis: *des avocats-conseil* ▸ **conselheiro** **3** Assemblée de personnes délibérant: *conseil municipal* ▸ **conselho** ■ **conseil d'administration:** réunion d'actionnaires pour gérer les affaires d'une société ▸ **conselho administrativo** □ **conseil de classe:** réunion trimestrielle des professeurs, des délégués des parents et des délégués des élèves d'une classe ▸ **conselho de classe** □ **conseil de discipline:** assemblée chargée de donner un avis sur l'opportunité d'une sanction disciplinaire ▸ **conselho disciplinar** □ **Conseil d'État:** juridiction suprême en matière de décrets et de

lois ► **conselho de Estado** □ **conseil de famille:** assemblée qui délibère sur les intérêts d'un mineur ou d'un majeur en tutelle ► **conselho de família** □ **conseil général:** assemblée qui délibère sur les affaires départementales ► **conselho geral** □ **Conseil des ministres:** réunion des ministres sous la présidence du chef de l'État ► **conselho de ministros**

conseiller[1] *vt* Donner un conseil à ► **aconselhar**

conseiller[2]**, ère** *n* **1** Personne qui donne un conseil: *conseiller d'orientation* ► **conselheiro** **2** Membre d'un conseil: *conseiller municipal* ► **conselheiro**

conseilleur, euse *n* LITT, PÉJOR Personne qui prodigue des conseils ► **aconselhador**

consensuel, elle *adj* Qui repose sur un consensus: *politique consensuelle* ► **consensual**

consensus [kɔ̃sɛ̃sys] *nm* Accord de plusieurs personnes ► **consenso**

consentant, e *adj* Qui consent ► **consentinte**

consentement *nm* Action de consentir; accord ► **consentimento**

consentir *vt ind* [à] Accepter qu'une chose ait lieu; approuver ► **consentir**

conséquence *nf* Suite qu'une chose peut avoir ► **consequência** ■ **en conséquence:** d'une manière appropriée ► **consequentemente** □ **ne pas tirer à conséquence:** ne pas comporter de suites graves, être sans importance ► **não ter consequências** □ **sans conséquence:** sans suite fâcheuse, sans importance ► **sem consequências**

conséquent, e *adj* **1** Qui agit avec logique ► **consequente** **2** FAM Important: *salaire conséquent* ► **considerável** ◆ **par conséquent** *loc adv* Donc ► **por conseguinte**

conservateur[1] *nm* **1** Appareil frigorifique destiné à conserver des produits déjà congelés ► **congelador** **2** Produit qui assure la conservation des denrées alimentaires ► **conservante**

conservateur[2]**, trice** *n* **1** Partisan du maintien de l'ordre social et politique établi ► **conservador** **2** Titre de certains fonctionnaires ► **conservador** **3** Personne qui a la charge des collections d'un musée, d'une bibliothèque ► **conservador**

conservation *nf* **1** Action de conserver ► **conservação** **2** État de ce qui est conservé ► **conservação**

conservatisme *nm* État d'esprit de ceux qui sont hostiles aux innovations politiques et sociales ► **conservadorismo**

conservatoire[1] *adj* DR Qui a pour but de conserver un droit ► **de proteção**

conservatoire[2] *nm* École où l'on enseigne la musique, la danse ou l'art dramatique ► **conservatório**

conserve[1] *nf* Aliment stérilisé et conservé dans un bocal ou une boîte en fer-blanc ► **conserva**

conserve[2] **(de)** *loc adv* En suivant la même route ► **a mesma rota**

conservé, e *adj* ► **conservado** ■ **bien conservé:** se dit de quelqu'un qui, malgré son âge, paraît encore jeune ► **bem conservado**

conserver *vt* **1** Maintenir en bon état, préserver de l'altération: *conserver de la viande* ► **conservar** **2** Maintenir durablement, garder: *conserver son calme* ► **manter**

conserverie *nf* Fabrique de conserves ► **fábrica de conservas**

considérable *adj* Grand, important ► **considerável**

considérablement *adv* Beaucoup ► **consideravelmente**

considération *nf* **1** Raison, motif: *cette considération m'a guidé* ► **consideração** **2** Égards, estime: *avoir la considération de tous* ► **consideração** **3** Raisonnement, remarque: *se perdre dans des considérations sans intérêt* ► **consideração** ■ **en considération de:** en tenant compte de ► **considerando que** □ **prendre en considération:** tenir compte de ► **levar em consideração**

considérer *vt (conj 10)* **1** Regarder attentivement ► **considerar** **2** Examiner, peser: *tout bien considéré* ► **considerar** **3** Être d'avis, croire, estimer que: *je considère qu'il est trop tard* ► **considerar**

consignation *nf* ► **consignação** ■ **Caisse des dépôts et consignations:** établissement public qui reçoit des dépôts d'argent ► **caixa de depósitos**

consigne *nf* **1** Instruction formelle ► **instrução** **2** Punition par privation de sortie à un militaire, à un élève ► **retenção** **3** Service d'une gare, d'un aéroport, où l'on met en dépôt ses bagages ► **depósito de bagagens** **4** Somme perçue en garantie du retour d'un emballage ► **depósito** ■ **consigne automatique:** casier métallique servant à déposer des bagages ► **depósito de bagagens automático**

consigner *vt* **1** Mettre en dépôt ► **consignar** **2** Priver de sortie un militaire, un élève ► **reter** **3** Rapporter, mentionner dans un écrit: *consigner des faits* ► **registrar** **4** Facturer un emballage sous garantie de remboursement ► **consignar**

consistance *nf* **1** État d'un corps considéré du point de vue de la cohésion de ses parties: *consistance dure, molle* ► **consistência** **2** FIG Solidité, réalité: *bruit sans consistance* ► **consistência**

consistant, e *adj* **1** Qui a de la consistance, de la solidité ► **consistente 2** Copieux, nourrissant: *repas consistant* ► **consistente 3** FIG Solide, fondé ► **consistente**

consister *vt ind* [à, dans, en] **1** Être composé, formé de ► **consistir 2** Reposer sur, résider en: *en quoi consiste mon erreur?* ► **consistir**

consistoire *nm* **1** Assemblée de cardinaux présidée par le pape ► **consistório 2** Assemblée de rabbins ou de pasteurs ► **consistório**

consœur *nf* Femme qui exerce la même profession libérale qu'une autre, qui appartient au même corps ► **colega**

consolant, e *adj* Qui console; apaisant ► **consolador**

consolateur, trice *adj et n* Qui console ► **consolador**

consolation *nf* **1** Soulagement, réconfort apportés à la peine de quelqu'un ► **consolação 2** Personne, chose qui console ► **consolo ■ lot, prix de consolation:** lot de moindre importance attribué à des concurrents malchanceux ► **prêmio de consolação**

console *nf* **1** Support fixé à un mur ou appuyé contre celui-ci ► **console 2** Table étroite appliquée contre un mur ► **console 3** INFORM Périphérique ou terminal d'un ordinateur, permettant la communication directe avec l'unité centrale ► **console ■ console de jeux:** micro-ordinateur réservé à la pratique de jeux vidéo ► **console de jogos**

consoler *vt* Soulager, adoucir les ennuis, la tristesse de quelqu'un ► **consolar**

consolidation *nf* Action de consolider ► **consolidação**

consolider *vt* Rendre plus solide, plus résistant, plus fort ► **consolidar**

consommable *adj* Que l'on peut consommer ► **consumível**

consommateur, trice *n* **1** Personne qui achète un produit pour son usage ► **consumidor 2** Personne qui mange ou boit dans un café, un restaurant, etc. ► **freguês**

consommation *nf* **1** Action de consommer ► **consumo 2** Boisson prise dans un café, etc. ► **bebida consumida ■ société de consommation:** type de société des pays riches au sein duquel les consommateurs sont poussés à effectuer des achats de biens souvent superflus ► **sociedade de consumo**

consommé[1] *nm* Bouillon de viande ► **caldo de carne**

consommé[2]**, e** *adj* **1** Parfait: *art consommé* ► **consumado 2** Habile, expérimenté: *artiste consommé* ► **consumado**

consommer *vt* **1** Faire usage de quelque chose comme aliment ► **consumir 2** Employer, utiliser pour son fonctionnement: *une voiture qui consomme beaucoup d'essence* ► **consumir ◆** *vi* Prendre une boisson dans un café ► **tomar uma bebida**

ORTHOGRAPHE *Consommer* s'écrit avec deux *m*; *consumer* avec un *m*

consomption *nf* LITT Amaigrissement et dépérissement progressifs ► **consumição**

consonance *nf* Succession, ensemble de sons: *un mot aux consonances harmonieuses* ► **consonância**

consonne *nf* Son produit par le passage du souffle dans les diverses cavités de la gorge et de la bouche; lettre représentant ce son ► **consoante**

consort *adj* ► **consorte ■ prince consort:** mari non couronné d'une reine, dans certains pays ► **príncipe consorte ◆ consorts** *nm pl* **■** PÉJOR **et consorts:** ceux et celles qui appartiennent à la même catégorie ► **e comparsas**

consortium [kɔ̃sɔrsjɔm] *nm* Groupement d'entreprises, de banques, en vue d'opérations communes ► **consórcio**

conspirateur, trice *n* Personne qui prend part à une conspiration ► **conspirador**

conspiration *nf* Complot ► **conspiração**

conspirer *vi* Comploter ► **conspirar**

conspuer *vt* Manifester en groupe, publiquement, son mépris ► **vaiar**

constamment *adv* Sans cesse ► **constantemente**

constance *nf* **1** Persévérance dans l'action, les opinions ► **constância 2** LITT Force morale de celui qui ne se laisse pas abattre ► **constância 3** Qualité de ce qui dure, de ce qui est stable, de ce qui se reproduit: *la constance d'un phénomène* ► **constância**

constant, e *adj* **1** Résolu, persévérant dans ses actes, ses opinions ► **constante 2** Qui dure ou se répète de façon continue ► **constante**

constante *nf* Tendance qui se manifeste d'une manière durable ► **constante**

constat *nm* **1** Procès-verbal dressé par un huissier ou un agent de la force publique ► **certidão 2** Reconnaissance de quelque chose: *constat d'échec* ► **constatação**

constatation *nf* Action de constater; ce qui est constaté ► **constatação**

constater *vt* **1** Consigner par écrit ► **fazer constar 2** Remarquer, observer, enregistrer: *constater une absence* ► **constatar**

constellation *nf* Groupe d'étoiles ▸ **constelação**
consteller *vt* **1** Couvrir d'étoiles ▸ **constelar** **2** Couvrir, parsemer de: *robe constellée de taches* ▸ **salpicar**
consternant, e *adj* Qui consterne ▸ **consternador**
consternation *nf* Stupéfaction, abattement causés par un événement malheureux ▸ **consternação**
consterné, e *adj* Accablé ▸ **consternado**
consterner *vt* Jeter dans l'abattement, dans la stupeur; atterrer ▸ **consternar**
constipation *nf* Difficulté d'aller à la selle ▸ **prisão de ventre**
constipé, e *adj et n* Qui souffre de constipation ▸ **constipado**
constiper *vt* Causer la constipation ▸ **constipar**
constituant, e *adj* Qui constitue ▸ **constituinte** ♦ *nm* Élément qui entre dans la constitution d'un tout ▸ **constituinte**
constitué, e *adj* **1** Formé par ▸ **constituído** **2** De telle ou telle constitution physique ▸ **de constituição**
constituer *vt* **1** Former un tout en rassemblant divers éléments ▸ **constituir** **2** Former, avec d'autres éléments, un tout ▸ **constituir** **3** Être l'élément essentiel, la base d'une chose: *présence qui constitue une menace* ▸ **constituir** ♦ **se constituer** *vpr* ▸ **constituir-se** ▪ **se constituer prisonnier:** se livrer à la justice ▸ **entregar-se à justiça**
constitutif, ive *adj* Qui constitue ▸ **constitutivo**
constitution *nf* **1** Action de constituer; établissement: *constitution d'une société* ▸ **constituição** **2** Ensemble des éléments essentiels ▸ **constituição** **3** Composition: *constitution de l'air* ▸ **composição** **4** Ensemble des caractéristiques physiques d'un individu: *constitution robuste* ▸ **constituição** **5** (avec une majuscule) DR Loi fondamentale d'une nation ▸ **Constituição**
constitutionnel, elle *adj* **1** Soumis à une Constitution: *monarchie constitutionnelle* ▸ **constitucional** **2** Conforme à la Constitution: *procédure constitutionnelle* ▸ **constitucional**
constitutionnellement *adv* Conformément à la Constitution d'un État ▸ **constitucionalmente**
constricteur *nm et adj m* ANAT Muscle qui resserre certains canaux ou orifices ▸ **constritor** ▪ **boa constricteur** ou **constrictor:** *nm* grand serpent d'Amérique du Sud qui étouffe ses proies ▸ **jiboia**
constructeur, trice *n et adj* Personne qui construit ▸ **construtor** ▪ **constructeur automobile:** entreprise qui fabrique des automobiles ▸ **montadora**
constructible *adj* Où on peut construire ▸ **de construção**
constructif, ive *adj* Apte, propre à construire, à créer; positif: *esprit constructif* ▸ **construtivo**
construction *nf* **1** Action, art de construire ▸ **construção** **2** Édifice construit ▸ **construção** **3** GRAMM Disposition des mots dans la phrase ▸ **construção** **4** Ensemble des techniques propres à l'industrie aéronautique, automobile, etc. ▸ **construção**
constructivisme *nm* Courant artistique du XXe s., apparu en URSS, qui privilégie une construction plus ou moins géométrique des formes ▸ **construtivismo**
construire *vt (conj 70)* **1** Bâtir, édifier: *construire un immeuble* ▸ **construir** **2** Assembler les différentes parties d'une machine, d'un appareil: *construire un voilier* ▸ **construir** **3** FIG Élaborer, concevoir ▸ **construir**
consul *nm* **1** Magistrat de la Rome antique ▸ **cônsul** **2** En France, nom de chacun des trois représentants du pouvoir dans le Consulat ▸ **cônsul** **3** Agent officiel d'un État chargé de protéger ses compatriotes à l'étranger ▸ **cônsul** ▪ HIST **le Premier consul:** bonaparte ▸ **Bonaparte**
consulaire *adj* Qui appartient au consul ▸ **consular**
consulat *nm* **1** Charge de consul; sa durée ▸ **consulado** **2** Résidence d'un consul ▸ **consulado**
consultable *adj* Qui peut être consulté ▸ **consultável**
consultant, e *n et adj* Personne qui donne des consultations: *un consultant en gestion* ▸ **consultor**
consultatif, ive *adj* Qui donne des avis, des conseils: *comité consultatif* ▸ **consultor**
consultation *nf* **1** Action de consulter ▸ **consulta** **2** Action de donner un avis, en parlant d'un avocat, d'un juriste, d'un médecin ▸ **consulta** **3** Examen d'un malade par un médecin ▸ **atendimento**
consulter *vt* **1** Prendre avis, conseil de ▸ **consultar** **2** Chercher un renseignement dans: *consulter un dictionnaire* ▸ **consultar** ♦ *vi* Recevoir des malades, en parlant d'un médecin ▸ **dar consulta**
consumer *vt* Détruire par le feu ▸ **consumir** ♦ **se consumer** *vpr* LITT Dépérir ▸ **consumir-se**
consumérisme *nm* Tendance des consommateurs à s'unir pour défendre leurs intérêts ▸ **defesa do consumidor**
contact *nm* **1** État de corps qui se touchent: *certaines maladies se transmettent par simple contact* ▸ **contato** **2** Dispositif permettant l'ouverture et

la fermeture d'un circuit électrique: *mettre le contact* ► **contato 3** Rapport de connaissance entre des personnes: *entrer en contact* ► **contato 4** Comportement vis-à-vis des autres: *avoir un contact facile* ► **contato** ■ **verres de contact:** verres correcteurs de la vue qui s'appliquent directement sur la cornée ► **lentes de contato**

contacter *vt* Entrer en relation avec quelqu'un ► **contatar**

contagieux, euse *adj* **1** Qui se transmet par contagion ► **contagioso 2** Qui se communique facilement: *rire contagieux* ► **contagioso** ◆ *adj et n* Atteint d'une maladie contagieuse ► **contagiante**

contagion *nf* **1** Transmission d'une maladie par contact direct ou indirect ► **contágio 2** Transmission par imitation involontaire: *la contagion du fou rire* ► **contágio**

contagiosité *nf* Nature de ce qui est contagieux ► **contagiosidade**

container ou **conteneur** *nm* **1** Caisse pour le transport de meubles, de marchandises, pour le parachutage d'armes, de vivres ► **contêiner 2** Récipient destiné à recevoir des déchets triés ► **contentor de lixo**

contamination *nf* Transmission d'une maladie contagieuse ► **contaminação**

contaminer *vt* **1** Infecter par une maladie contagieuse: *sang contaminé* ► **contaminar 2** FIG Corrompre: *se laisser contaminer par la morosité ambiante* ► **contaminar**

conte *nm* Récit, assez court, d'aventures imaginaires: *conte de fées* ► **conto**

contemplateur, trice *n* Personne qui contemple ► **contemplador**

contemplatif, ive *adj et n* Qui se plaît dans la contemplation: *esprit contemplatif; vie contemplative* ► **contemplativo**

contemplation *nf* **1** Action de contempler ► **contemplação 2** Méditation profonde ► **contemplação**

contempler *vt* Considérer attentivement: *contempler le paysage* ► **contemplar**

contemporain, e *adj et n* **1** Du même temps, de la même époque ► **contemporâneo 2** Du temps présent: *problèmes contemporains* ► **contemporâneo**

contempteur, trice *n* LITT Personne qui méprise, dénigre ► **detrator**

contenance *nf* Quantité que peut contenir quelque chose; capacité ► **capacidade** ■ FIG **faire bonne contenance:** conserver la maîtrise de soi dans une situation délicate ► **manter a linha** □ **perdre contenance:** se troubler ► **perder a compostura** □ **se donner une contenance:** dissimuler son trouble, son ennui ► **manter a compostura**

contenant *nm* Ce qui contient quelque chose ► **recipiente**

conteneur *nm* → **container**

contenir *vt (conj 22)* **1** Comprendre dans son étendue, dans sa capacité ► **conter 2** Renfermer, avoir en soi: *l'enveloppe contenait une lettre* ► **conter 3** Retenir: *contenir sa colère* ► **conter** ◆ **se contenir** *vpr* Maîtriser ses sentiments ► **conter-se**

content[1] *nm* ► **cota** ■ **avoir son content de quelque chose:** en avoir autant qu'on désirait ► **ter sua cota de algo**

content[2]**, e** *adj* **1** Qui est satisfait ► **contente 2** Qui exprime la joie; joyeux, heureux: *air content* ► **contente**

contentement *nm* Action de contenter; joie, plaisir, satisfaction ► **contentamento**

contenter *vt* Rendre content, satisfaire ► **contentar** ◆ **se contenter** *vpr* [de] Limiter ses désirs à; se borner à ► **contentar-se**

contentieux *nm* Litige, conflit non résolu ► **contencioso**

contention *nf* Procédé ou appareil destiné à immobiliser un animal ou une partie du corps humain dans un but thérapeutique ► **imobilizador**

contenu *nm* **1** Ce qui est à l'intérieur d'un récipient ► **conteúdo 2** Idées qui sont exprimées dans un texte, etc. ► **conteúdo**

conter *vt* Faire le récit de: *conter des histoires* ► **contar** ■ **en conter à quelqu'un:** le tromper, l'abuser ► **contar lorotas a alguém**

contestable *adj* Qui peut être contesté ► **contestável**

contestataire *adj et n* Qui conteste la société ► **contestador**

contestation *nf* **1** Discussion, désaccord sur le bien-fondé de; différend ► **contestação 2** Refus global des structures dans lesquelles on vit ► **contestação**

conteste (sans) *loc adv* Incontestablement ► **incontestavelmente**

contester *vt* Refuser de reconnaître comme fondé, exact: *contester un fait* ► **contestar**

conteur, euse *n* Auteur, récitant de contes ► **contista, narrador**

contexte *nm* **1** Ce qui accompagne, précède ou suit un texte, l'éclaire ► **contexto 2** Ensemble des circonstances qui accompagnent un événement ► **contexto**

contigu, ë *adj* Qui touche à; voisin, proche ► **contíguo**

contiguïté *nf* État de deux choses qui se touchent ▸ **contiguidade**
continence *nf* Abstinence des plaisirs sexuels ▸ **continência**
continent[1] *nm* Vaste étendue de terre émergée ▸ **continente**
continent[2]**, e** *adj* Qui pratique la continence ▸ **continente**
continental, e, aux *adj* Relatif aux continents ▸ **continental**
contingence *nf* Éventualité, probabilité qu'une chose arrive ou non ▸ **contingência** ◆ **contingences** *pl* Événements qui peuvent se produire ou non, qui échappent à toute prévision ▸ **contingência**
contingent[1] *nm* **1** Ce qui peut arriver ou non ▸ **contingente** **2** Quantité de choses fournies ou reçues ▸ **contingente** **3** Ensemble des jeunes gens appelés au service national au cours d'une même année ▸ **contingente**
contingent[2]**, e** *adj* Qui peut arriver ou non, qui est soumis au hasard ▸ **contingente**
contingentement *nm* Limitation de l'importation ou de la distribution d'un produit ▸ **contingenciamento**
contingenter *vt* Fixer un contingentement ▸ **contingenciar**
continu, e *adj* Non interrompu ▸ **contínuo** ◆ **en continu** *loc adv* Sans interruption: *informations diffusées en continu* ▸ **ininterruptamente**
continuateur, trice *n* Personne qui continue ce qu'une autre a commencé ▸ **continuador**
continuation *nf* Action de continuer; suite, prolongement ▸ **continuação**
continuel, elle *adj* **1** Qui dure sans interruption: *bruit continuel* ▸ **contínuo** **2** Qui se renouvelle constamment: *pannes continuelles* ▸ **contínuo**
continuellement *adv* Sans arrêt ▸ **continuamente**
continuer *vt* Poursuivre ce qui est commencé ▸ **continuar** ◆ *vt ind* [à, de] Persister: *continuer à fumer* ▸ **continuar** ◆ *vi* Ne pas cesser: *la séance continue* ▸ **continuar**
continuité *nf* **1** Suite non interrompue ▸ **continuidade** **2** Prolongement, persistance ▸ **continuidade**
continûment *adv* De façon continue ▸ **continuamente**
contondant, e *adj* Qui meurtrit par écrasement, sans couper: *instrument contondant* ▸ **contundente**
contorsion *nf* Mouvement acrobatique ou forcé qui donne au corps ou à une partie du corps une posture étrange ou grotesque ▸ **contorção**
contorsionner (se) *vpr* Faire des contorsions ▸ **contorcer-se**
contorsionniste *n* Équilibriste dont la spécialité est de faire des contorsions ▸ **contorcionista**
contour *nm* **1** Ligne qui marque la limite d'un corps ▸ **contorno** **2** Ligne sinueuse, courbe ▸ **curva**
contourné, e *adj* Affecté, maniéré: *style contourné* ▸ **tortuoso**
contourner *vt* Faire le tour de quelque chose, de quelqu'un, pour l'éviter ▸ **contornar**
contraceptif, ive *adj* Relatif à la contraception ▸ **contraceptivo** ◆ *nm* Moyen, produit destiné à empêcher la fécondation ▸ **contraceptivo**
contraception *nf* Ensemble des méthodes destinées à éviter temporairement la fécondation ▸ **contracepção**
contractant, e *adj et n* DR Qui passe contrat: *parties contractantes* ▸ **contratante**
contracté, e *adj* **1** Tendu, nerveux ▸ **contraído** **2** GRAMM Se dit d'un mot formé de la réunion de deux autres (EX: *au* «à le», *aux* «à les», *du* «de le», *des* «de les») ▸ **contraído**
contracter *vt* **1** Réduire en un moindre volume ▸ **contrair** **2** Rendre nerveux ▸ **enervar** **3** Raidir, serrer: *contracter un muscle, ses mâchoires* ▸ **contrair** **4** S'engager juridiquement ou moralement: *contracter une alliance* ▸ **contrair** ■ **contracter des dettes:** s'endetter ▸ **contrair dívidas** □ **contracter une habitude:** l'acquérir ▸ **adquirir um hábito** □ **contracter une maladie:** l'attraper ▸ **contrair uma doença** ◆ **se contracter** *vpr* **1** Diminuer de volume, de longueur ▸ **contrair-se** **2** Se durcir, se raidir ▸ **contrair-se**
contractile *adj* Susceptible de se contracter: *organe contractile* ▸ **contrátil**
contraction *nf* **1** Diminution de volume par resserrement ▸ **contração** **2** PHYSIOL Réponse mécanique d'un muscle à une excitation, selon laquelle il se raccourcit en se gonflant ▸ **contração** **3** GRAMM Réduction de deux syllabes, de deux voyelles, en une ▸ **contração**
contractuel, elle *adj* Stipulé par contrat ▸ **contratual** ◆ *n* **1** Agent public non fonctionnaire ▸ **contratado** **2** Auxiliaire de police chargé d'appliquer les règlements de stationnement ▸ **marronzinho**
contracture *nf* MÉD Rigidité ▸ **contratura**
contradicteur *nm* Personne qui contredit ▸ **contraditor**
contradiction *nf* Action de contredire, de se contredire ▸ **contradição** ■ **esprit de contradic-**

tion: disposition à contredire sans cesse ▸ **espírito de contradição**
contradictoire *adj* Qui implique une contradiction ▸ **contraditório** ■ DR **jugement contradictoire:** rendu après avoir entendu les intéressés ▸ **julgamento contraditório**
contraignant, e *adj* Qui contraint ▸ **constrangedor**
contraindre *vt (conj 55)* Obliger quelqu'un à faire une chose; forcer ▸ **obrigar**
contraint, e *adj* Peu naturel: *air contraint* ▸ **constrangido**
contrainte *nf* **1** Pression morale ou physique: *obtenir une chose par la contrainte* ▸ **coação 2** Obligation créée par les règles en usage, par une nécessité, etc.: *ça fait partie des contraintes du métier* ▸ **obrigação**
contraire *adj* **1** Opposé, inverse: *sens contraire* ▸ **contrário 2** Non conforme à, qui va à l'encontre de: *contraire au règlement* ▸ **contrário 3** Défavorable, nuisible: *le vin lui est contraire* ▸ **adverso** ◆ *nm* L'opposé: *prouver le contraire* ▸ **contrário** ■ **au contraire: (a)** d'une manière opposée ▸ **ao contrário (b)** loin de là ▸ **ao contrário** □ **au contraire de:** à l'inverse de ▸ **ao contrário de**
contrairement à *loc prép* À l'inverse de ▸ **ao contrário de**
contralto *nm* La plus grave des voix de femme ▸ **contralto** ◆ *nm ou nf* Chanteuse qui la possède ▸ **contralto**
contrariant, e *adj* **1** Qui se plaît à contrarier ▸ **contrariador 2** De nature à contrarier; ennuyeux, fâcheux ▸ **contrariante**
contrarié, e *adj* Dépité, fâché ▸ **contrariado**
contrarier *vt* **1** S'opposer, faire obstacle à ▸ **contrariar 2** Causer du dépit à, ennuyer: *cela me contrarie* ▸ **contrariar**
contrariété *nf* **1** Ennui, dépit causé par l'opposition que l'on rencontre ▸ **contrariedade 2** Ce qui contrarie: *subir des contrariétés* ▸ **contrariedade**
contraste *nm* Opposition d'effets, de sentiments, etc.: *contraste de couleurs, d'opinions* ▸ **contraste**
contrasté, e *adj* Qui présente des contrastes: *photographie bien contrastée* ▸ **contrastado**
contraster *vi et vt ind* [avec] Être en contraste avec, s'opposer à ▸ **contrastar**
contrat *nm* Convention entre deux ou plusieurs personnes; écrit qui la constate: *contrat à durée déterminée* ▸ **contrato**
contravention *nf* **1** Infraction sanctionnée par une amende; cette amende ▸ **contravenção, multa 2** Procès-verbal qui constate une infraction ▸ **autuação**

contre *prép* **1** Marque une opposition, une action contraire: *se heurter contre un mur; un sirop contre la toux* ▸ **contra 2** Indique la proximité, la juxtaposition, le contact: *tout contre sa maison; danser joue contre joue* ▸ **contra 3** En échange de: *donner contre argent comptant* ▸ **em troca de 4** Indique une proportion: *dix contre un* ▸ **contra** ◆ *adv* ■ **être contre, voter contre:** s'opposer à quelqu'un, quelque chose ▸ **ser contra, votar contra** ◆ *nm* L'opposé: *le pour et le contre* ▸ **contra** ◆ **par contre** *loc adv* En revanche ▸ **por outro lado**
contre-allée (pl *contre-allées*) *nf* Allée latérale, parallèle à une voie principale ▸ **via secundária**
contre-amiral (pl *contre-amiraux*) *nm* Premier grade des officiers généraux de la marine ▸ **contra-almirante**
contre-attaque (pl *contre-attaques*) *nf* Attaque lancée pour neutraliser une offensive adverse ▸ **contra-ataque**
contre-attaquer *vt* Lancer une contre-attaque contre quelqu'un ou quelque chose ▸ **contra--atacar** ◆ *vi* Passer de la défensive à l'offensive ▸ **contra-atacar**
contrebalancer *vt (conj 1)* Faire équilibre; compenser ▸ **contrabalançar**
contrebande *nf* Introduction, vente clandestines de marchandises; ces marchandises ▸ **contrabando**
contrebandier, ère *n* Personne qui fait de la contrebande ▸ **contrabandista**
contrebas (en) *loc adv* À un niveau inférieur ▸ **mais abaixo**
contrebasse[1] *nf* Le plus grand et le plus grave des instruments de musique à cordes et à archet ▸ **contrabaixo**
contrebasse[2] ou **contrebassiste** *n* Personne qui joue de la contrebasse ▸ **contrabaixista**
contrecarrer *vt* S'opposer directement à, susciter des obstacles: *contrecarrer un projet* ▸ **rejeitar**
contrechamp *nm* CIN Prise de vues effectuée dans la direction exactement opposée à celle de la précédente ▸ **contracampo**
contre-chant (pl *contre-chants*) *nm* MUS Phrase mélodique qui soutient le thème ▸ **contracanto**
contrecœur (à) *loc adv* Avec répugnance, malgré soi ▸ **a contragosto**
contrecoup *nm* **1** Répercussion d'un choc ▸ **contragolpe 2** Conséquence indirecte d'un acte, d'un événement ▸ **efeito**
contre-courant (pl *contre-courants*) *nm* Courant de direction contraire ▸ **contracorrente** ■ **à contre-courant: (a)** dans le sens opposé au cou-

rant principal ▸ **na contracorrente (b)** FIG dans le sens contraire à la tendance générale ▸ **na contracorrente**

contre-culture (pl *contre-cultures*) *nf* Ensemble des manifestations culturelles hostiles ou étrangères aux formes de la culture dominante ▸ **contracultura**

contredanse *nf* FAM Contravention ▸ **contravenção**

contredire *vt (conj 72)* **1** Dire le contraire de ▸ **contradizer 2** Être en opposition avec ▸ **refutar** ◆ **se contredire** *vpr* Être en contradiction avec soi-même ▸ **contradizer-se**

contredit (sans) *loc adv* Sans contestation possible; indiscutablement ▸ **incontestável**

contrée *nf* Étendue de pays ▸ **região**

contre-écrou (pl *contre-écrous*) *nm* Écrou vissé et bloqué derrière un autre ▸ **contraporca**

contre-emploi (pl *contre-emplois*) *nm* Rôle ne correspondant pas au physique, au tempérament d'un comédien ▸ **papel inadequado**

contre-enquête (pl *contre-enquêtes*) *nf* Enquête destinée à contrôler les résultats d'une enquête précédente ▸ **pesquisa de controle**

contre-épreuve (pl *contre-épreuves*) *nf* Épreuve servant à en vérifier une autre ▸ **contraprova**

contre-espionnage (pl *contre-espionnages*) *nm* Organisation chargée de déceler et de réprimer l'activité des services de renseignements étrangers ▸ **contraespionagem**

contre-exemple (pl *contre-exemples*) *nm* Exemple qui contredit une affirmation, une règle ▸ **contraexemplo**

contre-expertise (pl *contre-expertises*) *nf* Expertise qui en contrôle une autre ▸ **segunda peritagem**

contrefaçon *nf* Reproduction frauduleuse d'une œuvre, d'un produit, d'une monnaie ▸ **falsificação**

contrefacteur, trice *n* Personne qui commet une contrefaçon; SYN: *faussaire* ▸ **falsário**

contrefaire *vt (conj 76)* **1** Reproduire en imitant frauduleusement ▸ **forjar 2** Imiter les autres pour les tourner en ridicule ▸ **arremedar 3** Feindre: *contrefaire la folie* ▸ **simular 4** Déguiser: *contrefaire sa voix* ▸ **disfarçar**

contrefait, e *adj* **1** Imité par contrefaçon ▸ **forjado 2** Dont le corps, une partie du corps est difforme ▸ **deformado**

contre-feu (pl *contre-feux*) *nm* **1** Feu que l'on allume en avant d'un incendie et qui crée un vide permettant de l'arrêter ▸ **contrafogo 2** FIG Action de diversion menée pour tenter de faire échouer un projet hostile ▸ **dispersador**

contreficher (se) *vpr* [de] FAM Se moquer éperdument de ▸ **não ligar nem um pouco**

contre-filet (pl *contre-filets*) *nm* BOUCH Morceau de bœuf correspondant à la région du rein ▸ **contrafilé**

contrefort *nm* **1** ARCHIT Pilier de maçonnerie servant d'appui à un mur ▸ **contraforte 2** GÉOGR Montagne moins élevée bordant le massif principal ▸ **contraforte**

contre-haut (en) *loc adv* En un point plus élevé ▸ **em nível mais alto**

contre-indication (pl *contre-indications*) *nf* MÉD Circonstance qui s'oppose à l'emploi d'un médicament, d'un traitement ▸ **contraindicação**

contre-indiqué, e (pl *contre-indiqués,es*) *adj* **1** MÉD Écarté comme dangereux pour la santé ▸ **contraindicado 2** FIG Déconseillé ▸ **contraindicado**

contre-interrogatoire (pl *contre-interrogatoires*) *nm* Interrogatoire d'un témoin, d'un accusé, par la partie adverse ▸ **contrainterrogatório**

contre-jour (pl *contre-jours*) *nm* Lumière qui éclaire un objet du côté opposé à celui par lequel on le regarde ▸ **contraluz** ▪ **à contre-jour:** dans le sens opposé au jour, dans un faux jour ▸ **a contraluz**

contre-la-montre *nm inv* SPORTS Épreuve cycliste sur route dans laquelle les concurrents, partant à intervalles irréguliers, sont chronométrés individuellement ▸ **contrarrelógio**

contremaître, esse *n* Personne qui dirige les ouvriers dans un atelier ▸ **contramestre**

contre-manifestant, e (pl *contre-manifestants, es*) *n* Personne qui participe à une contre-manifestation ▸ **contramanifestante**

contre-manifestation (pl *contre-manifestations*) *nf* Manifestation qui s'oppose à une autre ▸ **contramanifestação**

contremarche *nf* Planche verticale d'une marche d'escalier ▸ **espelho**

contremarque *nf* **1** Seconde marque apposée à un objet ▸ **contramarca 2** Carte, ticket, jeton délivrés à des spectateurs qui sortent momentanément d'une salle de spectacle ▸ **senha de saída**

contre-mesure (pl *contre-mesures*) *nf* Disposition prise pour s'opposer à une action, un événement, ou pour les prévenir ▸ **contramedida**

contre-offensive (pl *contre-offensives*) *nf* Opération d'ensemble répondant à une offensive de l'adversaire ▸ **contraofensiva**

contrepartie *nf* **1** Ce que l'on donne en échange d'autre chose ▸ **contrapartida 2** Compensation, dédommagement: *ce métier a pour contrepartie de longues vacances* ▶ **contrapartida 3** Opinion contraire ▶ **opinião contrária ■ en contrepartie:** (a) en compensation ▶ **em compensação (b)** en revanche ▶ **em contrapartida**

contre-performance (pl *contre-performances*) *nf* Échec subi par quelqu'un dont on attendait le succès ▶ **zebra**

contrepèterie *nf* Interversion plaisante de lettres ou de syllabes dans un groupe de mots (EX: *trompez, sonnettes*, pour *sonnez, trompettes*) ▶ **trocadilho**

contre-pied (pl *contre-pieds*) *nm* Le contraire d'une chose ▶ **contrapé ■ prendre le contre-pied de:** faire, dire l'inverse pour s'opposer ▶ **tomar o contrapé de**

contreplaqué *nm* Panneau de bois obtenu par collage de lames minces à fibres opposées ▶ **compensado**

contre-plongée (pl *contre-plongées*) *nf* CIN et PHOT Prise de vue dirigée de bas en haut ▶ **contra-*plongée***

contrepoids *nm* **1** Poids servant à équilibrer une force, un autre poids ▶ **contrapeso 2** Balancier d'un équilibriste ▶ **contrapeso 3** FIG Ce qui compense un effet ▶ **contrapeso**

contrepoint *nm* Technique d'écriture musicale consistant à combiner plusieurs lignes mélodiques ▶ **contraponto**

contrepoison *nm* Remède contre le poison; antidote ▶ **contraveneno**

contre-pouvoir (pl *contre-pouvoirs*) *nm* Pouvoir qui s'établit pour s'opposer à une autorité en place ▶ **contrapoder**

contre-projet (pl *contre-projets*) *nm* Projet opposé à un autre ▶ **contraprojeto**

contre-proposition (pl *contre-propositions*) *nf* Proposition différente d'une autre, souvent opposée ▶ **contraproposta**

contre-publicité (pl *contre-publicités*) *nf* **1** Publicité qui a un effet contraire à l'effet souhaité ▶ **contrapropaganda 2** Publicité destinée à lutter contre les effets d'une autre publicité ▶ **contrapropaganda**

contrer *vt* **1** Au bridge, parier que l'équipe adverse ne fera pas le nombre de levées annoncé ▶ **dobrar 2** S'opposer efficacement à ▶ **opor-se a**

contre-révolution (pl *contre-révolutions*) *nf* Mouvement politique tendant à détruire les effets d'une révolution ▶ **contrarrevolução**

contre-révolutionnaire (pl *contre-révolutionnaires*) *adj et n* Relatif à une contre-révolution; qui en est partisan ▶ **contrarrevolucionário**

contrescarpe *nf* Pente du mur extérieur du fossé d'une fortification ▶ **contraescarpa**

contreseing [kɔ̃tʀəsɛ̃] *nm* Signature de celui qui contresigne ▶ **referenda**

contresens *nm* **1** Interprétation erronée d'un mot, d'une phrase ▶ **interpretação errônea 2** Ce qui va à l'encontre de la logique, du bon sens ▶ **disparate ■ à contresens:** dans un sens contraire ▶ **na contramão**

contresigner *vt* **1** Signer après celui dont l'acte émane ▶ **referendar 2** Apposer sa signature sur un acte pour en attester l'authenticité ▶ **referendar**

contretemps *nm* Événement fâcheux, imprévu ▶ **contratempo ■ à contretemps:** mal à propos ▶ **em má hora**

ORTHOGRAPHE *Contretemps* s'écrit en un seul mot contrairement à *entre-temps*

contre-terrorisme (pl *contre-terrorismes*) *nm* Ensemble d'actions ripostant au terrorisme ▶ **antiterrorismo**

contre-torpilleur (pl *contre-torpilleurs*) *nm* Petit bâtiment de guerre, très rapide, pour donner la chasse aux torpilleurs ▶ **contratorpedeiro**

contretype *nm* **1** Copie d'une photographie ▶ **contratipo 2** Copie positive d'un film obtenue à partir d'un double du négatif original ▶ **contratipo**

contrevenant, e *n* Personne qui enfreint une loi ou un règlement ▶ **infrator**

contrevenir *vt ind* [à] *(conj 22; auxil: avoir)* Agir contrairement à; enfreindre, transgresser: *contrevenir à un règlement* ▶ **infringir**

contrevent *nm* Volet extérieur d'une fenêtre ▶ **contravento**

contrevérité *nf* Affirmation contraire à la vérité ▶ **contraverdade**

contre-visite (pl *contre-visites*) *nf* Visite médicale de contrôle ▶ **retorno**

contribuable *n* Personne qui paie des contributions ▶ **contribuinte**

contribuer *vt ind* [à] **1** Payer sa part d'une dépense, d'une charge ▶ **contribuir 2** Aider à l'exécution de: *contribuer au succès* ▶ **contribuir**

contributif, ive *adj* **1** Qui concerne les contributions: *part contributive* ▶ **contributivo 2** Qui fait appel à la contribution de chacun; participatif: *encyclopédie contributive* ▶ **contributivo**

contribution *nf* Part apportée par chacun à une action commune; concours ▶ **contribuição ■ contribution sociale généralisée (CSG):** taxe prélevée pour équilibrer les comptes de la Sécurité sociale ▶ **contribuição previdenciária □ mettre à contribution:** avoir recours à ▶ **re-**

correr a ◆ **contributions** *pl* Impôt payé à l'État ► **contribuição**

contrit, e *adj* **1** Qui a un grand regret de ses fautes ► **contrito** **2** Mortifié, penaud: *air contrit* ► **contrito**

contrition *nf* RELIG Douleur sincère d'avoir offensé Dieu; repentir ► **contrição**

contrôlable *adj* Vérifiable ► **controlável**

contrôle *nm* **1** Vérification attentive et minutieuse de la régularité d'un acte, de la validité d'une pièce: *contrôle des billets* ► **controle** **2** Vérification, examen minutieux de l'état de: *contrôle d'une machine* ► **controle** **3** Endroit où se fait un contrôle ► **controle** **4** Maîtrise de sa propre conduite ► **controle** **5** Maîtrise de son véhicule ► **controle** **6** Exercice scolaire destiné à vérifier les connaissances ► **prova** ■ **contrôle des naissances:** libre choix d'avoir ou non des enfants, par l'utilisation de méthodes anticonceptionnelles ► **controle de natalidade**

contrôler *vt* **1** Vérifier: *contrôler un passeport* ► **controlar** **2** Avoir la maîtrise de: *contrôler ses réactions* ► **controlar** ■ **contrôler une société:** détenir la majorité de son capital ► **controlar uma sociedade** ◆ **se contrôler** *vpr* Avoir la maîtrise de soi ► **controlar-se**

contrôleur, euse *n* Personne chargée d'exercer un contrôle: *contrôleur de gestion* ► **controlador**

contrordre *nm* Annulation d'un ordre donné précédemment ► **contraordem**

controverse *nf* Débat, contestation, polémique ► **controvérsia**

controversé, e *adj* Contesté, discuté: *explication controversée* ► **controverso**

contumace *nf* Situation d'un accusé qui a refusé de comparaître en justice: *être condamné par contumace* ► **contumácia**

contusion *nf* Meurtrissure sans plaie produite par un coup, un choc ► **contusão**

contusionner *vt* Blesser par contusion; meurtrir ► **contundir**

conurbation *nf* Agglomération formée par plusieurs villes dont les banlieues se sont rejointes ► **conurbação**

convaincant, e *adj* Propre à convaincre: *argument convaincant* ► **convincente**

convaincre *vt (conj 85)* Amener, par des arguments, à reconnaître l'exactitude ou la nécessité de; persuader ► **convencer** ■ **convaincre quelqu'un de:** apporter des preuves de sa culpabilité: *convaincre quelqu'un de corruption* ► **provar que alguém...**

convaincu, e *adj et n* Profondément persuadé ► **convencido** ◆ *adj* Qui dénote la conviction ► **convicto**

convalescence *nf* Retour progressif à la santé ► **convalescença**

convalescent, e *adj et n* Qui relève de maladie ► **convalescente**

convecteur *nm* Appareil de chauffage dans lequel l'air est chauffé par convection ► **convector**

convection ou **convexion** *nf* Mouvement d'un liquide ou d'un gaz (notamment l'air) qui s'effectue avec un transport de chaleur ► **convecção**

convenable *adj* **1** Approprié à: *moment convenable* ► **conveniente** **2** Qui respecte les bienséances: *mot qui n'est pas convenable* ► **conveniente** **3** Qui a les qualités requises, sans plus: *logement convenable* ► **razoável**

convenablement *adv* D'une manière convenable ► **convenientemente**

convenance *nf* ► **conveniência** ■ **à votre convenance:** selon ce qui vous convient ► **conforme lhe convenha** ◆ **convenances** *pl* Manières d'agir des gens bien élevés: *respecter les convenances* ► **convenções** ■ **convenances personnelles:** raisons qui ne sont pas indiquées ► **razões pessoais**

convenir *vt ind* [de, à] *(conj 22; auxil: avoir dans le sens de «être approprié»; dans les autres cas, auxil: avoir ou, en langage soutenu, être)* **1** Conclure un accord, s'arranger à l'amiable ► **combinar** **2** Avouer, reconnaître comme vrai: *il a convenu de sa faute* ► **admitir** **3** Être approprié à, agréer: *cette date me convient* ► **convir** ◆ *v impers* Être utile, à propos: *il convient d'attendre* ► **convir**

convention *nf* **1** Accord, pacte: *convention collective* ► **convenção** **2** Manifestation périodique qui réunit les membres d'un parti ou les spécialistes d'un domaine: *convention annuelle des écologistes* ► **convenção** ■ **de convention: (a)** qui est admis par accord tacite ► **por convenção** **(b)** qui manque de naturel ► **convencional** ◆ **conventions** *pl* Règles de la vie en société qu'il est convenu de respecter ► **convenções**

conventionné, e *adj* Lié à la Sécurité sociale par une convention de tarifs: *clinique conventionnée* ► **conveniado**

conventionnel, elle *adj* **1** Qui résulte d'une convention: *signe conventionnel* ► **convencional** **2** Conforme aux conventions sociales: *morale conventionnelle* ► **convencional** ■ MIL **armes conventionnelles:** armes classiques (par opposition à *armes nucléaires*) ► **armas convencionais**

conventuel, elle *adj* Du couvent ► **conventual**

convenu, e *adj* Artificiel, conventionnel: *langage convenu* ▸ **convencional**
convergence *nf* **1** Direction commune vers un même point ▸ **convergência 2** FIG Tendance vers un résultat commun ▸ **convergência**
convergent, e *adj* Qui converge ▸ **convergente**
converger *vi (conj 2)* Tendre vers le même point; FIG tendre vers le même but ▸ **convergir**
conversation *nf* Échange de propos sur un ton généralement familier ▸ **conversa ▪ avoir de la conversation:** savoir parler de choses diverses en société ▸ **saber conversar**
conversationnel, elle *adj* INFORM Interactif ▸ **interativo**
converser *vi* S'entretenir avec ▸ **conversar**
conversion *nf* **1** Action de se convertir à une croyance, et spécialement de changer de religion ▸ **conversão 2** Changement d'opinion ▸ **conversão 3** Changement d'une chose, d'une valeur, en une autre: *la conversion des métaux en or* ▸ **conversão**
converti, e *adj et n* **1** Amené ou ramené à la religion ▸ **convertido 2** Qui a changé de conduite ou d'opinion ▸ **convertido**
convertibilité *nf* Propriété de ce qui est convertible ▸ **convertibilidade**
convertible *adj* **1** Qui peut être échangé ▸ **conversível 2** Qui peut être transformé ▸ **conversível ▪ canapé convertible** ou **convertible:** *nm* canapé-lit ▸ **sofá-cama**
convertir *vt* **1** Amener quelqu'un à la foi religieuse ▸ **converter 2** Faire changer de religion, d'opinion, de conduite ▸ **converter 3** Changer une chose en une autre ▸ **converter 4** Échanger une monnaie contre une autre ▸ **converter ♦ se convertir** *vpr* Adopter une religion ou changer de religion ▸ **converter-se**
convertisseur *nm* **1** Appareil dans lequel la fonte se transforme en acier ▸ **conversor 2** Transformateur d'électricité ▸ **conversor 3** Calculette permettant de convertir en euros les anciennes monnaies des pays de l'Union européenne et vice versa ▸ **conversor**
convexe *adj* Courbé et saillant à l'extérieur; bombé; CONTR: *concave* ▸ **convexo**
convexion *nf* → **convection**
convexité *nf* Rondeur, courbure saillante d'un corps ▸ **convexidade**
conviction *nf* Croyance ferme ▸ **convicção**
convier *vt* **1** Engager, inviter à ▸ **convidar 2** LITT Inviter à un repas, à une fête ▸ **convidar**
convive *n* Personne qui prend part à un repas: *joyeux convives* ▸ **conviva**
convivial, e, aux *adj* **1** Qui traduit des échanges amicaux, chaleureux, entre les membres d'un groupe: *atmosphère conviviale* ▸ **cordial 2** INFORM Simple à mettre en route et à utiliser, même pour un profane ▸ **usável**
convivialité *nf* **1** Caractère chaleureux des rapports régnant au sein d'un groupe ▸ **companheirismo 2** INFORM Qualité d'un système convivial ▸ **usabilidade**
convocation *nf* Action de convoquer: *répondre à une convocation* ▸ **convocação**
convoi *nm* **1** Suite de véhicules de transport se dirigeant vers un même lieu ▸ **comboio 2** Train ▸ **trem 3** Cortège funèbre: *suivre un convoi* ▸ **cortejo**
convoiter *vt* Désirer avec avidité ▸ **cobiçar**
convoitise *nf* Désir immodéré de possession; avidité, cupidité ▸ **cobiça**
convoler *vi* LITT Se marier ▸ **casar-se**
convolvulacée *nf* Plante aux pétales entièrement soudés, tel le liseron (les convolvulacées forment une famille) ▸ **convolvulácea**
convoquer *vt* **1** Appeler, inviter à se réunir: *convoquer des candidats à un examen* ▸ **convocar 2** Faire venir auprès de soi: *je suis convoqué chez le directeur* ▸ **convocar**
convoyer *vt (conj 3)* Escorter pour protéger ▸ **escoltar**
convoyeur, euse *n et adj* Personne qui accompagne, escorte pour protéger ou surveiller: *convoyeur de fonds* ▸ **segurança**
convulsé, e *adj* Contracté violemment, crispé: *visage convulsé par la douleur* ▸ **convulso**
convulsif, ive *adj* Caractérisé par des convulsions; saccadé: *rire convulsif* ▸ **convulsivo**
convulsion *nf* **1** Contraction spasmodique des muscles, des membres ▸ **convulsão 2** FIG Bouleversement, agitation: *convulsions politiques* ▸ **convulsão**
convulsionné, e *adj* Déformé par des convulsions ▸ **convulsionado**
convulsivement *adv* D'une manière convulsive ▸ **convulsivamente**
cookie [kuki] *nm* Petit gâteau sec comportant des éclats de chocolat, de fruits confits, etc. ▸ ***cookie***
cool *adj inv* (anglicisme) FAM **1** Calme, décontracté: *elle est très cool* ▸ ***cool* 2** Agréable, bien: *c'est cool, deux jours de vacances en plus* ▸ **bom**
coolie [kuli] *nm* Travailleur, porteur en Extrême-Orient ▸ **cule**
coopérant *nm* Jeune volontaire qui effectue un service civil dans certains pays étrangers pen-

dant la durée de ses obligations militaires ▸ **cooperante**

coopératif, ive *adj* Qui participe volontiers à une action commune ▸ **cooperativo**

coopération *nf* **1** Action de coopérer; collaboration ▸ **cooperação 2** Forme d'aide à certains pays en voie de développement ▸ **cooperação**

coopérative *nf* Groupement d'acheteurs, de commerçants ou de producteurs visant à réduire les prix de revient ▸ **cooperativa**

coopérer *vt ind* [à] *(conj 10)* Agir conjointement avec, participer à: *coopérer à un travail* ▸ **cooperar**

cooptation *nf* Désignation d'un membre nouveau d'une assemblée par ceux qui en font déjà partie ▸ **cooptação**

coordinateur, trice ou **coordonnateur, trice** *adj et n* (*coordonnateur* est un terme administratif) qui coordonne: *elle est la coordinatrice de l'équipe* ▸ **coordenador**

coordination *nf* **1** Action de coordonner ▸ **coordenação 2** État des choses coordonnées ▸ **coordenação 3** Ensemble de représentants d'un mouvement de protestation désignés en dehors des organisations syndicales ou politiques traditionnelles ▸ **coordenação** ▪ GRAMM **conjonction de coordination:** qui relie des mots ou des groupes de mots ayant le même statut dans la phrase ▸ **conjunção coordenativa**

coordonné, e *adj* **1** Organisé pour produire un résultat cohérent ▸ **coordenado 2** Qui est en harmonie; assorti: *jupe et chemisier coordonnés* ▸ **combinado**

coordonnée *nf* MATH Élément servant à déterminer la position d'un point sur une surface ou dans l'espace ▸ **coordenada** ♦ **coordonnées** *pl* Indications (adresse, téléphone) permettant de joindre quelqu'un ▸ **coordenadas**

coordonner *vt* **1** Combiner, agencer en vue d'obtenir un ensemble cohérent, un résultat déterminé: *coordonner ses mouvements* ▸ **coordenar 2** Assortir: *drap et taie coordonnés* ▸ **combinar 3** GRAMM Relier par une conjonction de coordination ▸ **coordenar**

coordonnés *nm pl* Accessoires (sac, gants, etc.) assortis à une tenue vestimentaire ▸ **acessórios combinados**

copain, copine *n* FAM **1** Ami ▸ **colega 2** Petit ami; amoureux ▸ **namorado**

coparent *nm* Personne exerçant avec une autre l'autorité parentale ▸ **aquele que exerce copaternidade**

copeau *nm* Parcelle de bois, de métal, enlevée avec un instrument tranchant ▸ **lasca**

copiage *nm* Action de copier frauduleusement ▸ **cola**

copie *nf* **1** Reproduction d'un écrit ▸ **cópia 2** Imitation exacte d'un ouvrage d'art ▸ **réplica 3** Exemplaire d'un film ▸ **cópia 4** Devoir d'élève: *corriger des copies* ▸ **prova, lição 5** Feuille double de format écolier ▸ **folha avulsa** ▸ **6** FAM **Sujet d'article de journal:** *journaliste en mal de copie* ▸ **tema** ▪ FAM **revoir sa copie:** modifier le rapport et les proportions que l'on a présentés sur un sujet donné: *le ministre devra revoir sa copie* ▸ **rever o projeto**

copier *vt* **1** Reproduire un écrit, une œuvre d'art ▸ **copiar 2** FIG Imiter ▸ **copiar 3** Reproduire frauduleusement le travail d'autrui: *copier sur son voisin* ▸ **copiar**

copieur, euse *n* Élève qui copie ▸ **copiador**

copieusement *adv* De façon copieuse ▸ **copiosamente**

copieux, euse *adj* Abondant ▸ **copioso**

copilote *n* Pilote auxiliaire ▸ **copiloto**

copinage *nm* FAM, PÉJOR Fait de favoriser ses amis dans certaines situations, au détriment d'autres personnes ▸ **apadrinhamento**

copine *nf* → **copain**

copiste *n* Personne qui copiait des manuscrits, de la musique ▸ **copista**

coprah ou **copra** *nm* Amande de coco débarrassée de sa coque ▸ **copra**

coprin *nm* Champignon à chapeau rabattu contre le pied ▸ **cogumelo amarelo**

coproduction *nf* Production en commun d'un film; ce film ▸ **coprodução**

copropriétaire *n* Personne qui possède avec d'autres une maison, une terre, etc. ▸ **coproprietário**

copropriété *nf* Droit de propriété sur une même chose, commun à plusieurs personnes ▸ **copropriedade**

copte *n et adj* Chrétien d'Égypte et d'Éthiopie ▸ **copta** ♦ *nm* Langue issue de l'égyptien ancien ▸ **copta**

copulation *nf* Accouplement d'un mâle et d'une femelle ▸ **cópula**

copule *nf* GRAMM Mot qui lie l'attribut au sujet: *le verbe «être» est la copule la plus fréquente* ▸ **cópula, verbo de ligação**

copuler *vi* **1** En parlant des animaux, avoir des relations sexuelles ▸ **copular 2** FAM En parlant des hommes, faire l'amour ▸ **copular**

copyright [kɔpirajt] *nm* Droit exclusif de publier un ouvrage littéraire, artistique ou scientifique; marque de ce droit ▸ ***copyright***

coq *nm* **1** Mâle de la poule ▸ **galo 2** Mâle des oiseaux, notamment des gallinacés: *coq faisan* ▸ **galo 3** Cuisinier sur les navires ▸ **cozinheiro de navio ▪ coq au vin:** plat préparé avec un coq (ou un poulet) cuit dans du vin rouge ▸ ***coq au vin*** □ **coq gaulois:** un des emblèmes de la nation française ▸ **galo gaulês □ être comme un coq en pâte:** être choyé ▸ **ser tratado como um rei □ passer du coq à l'âne:** passer sans transition d'un sujet à un autre ▸ **pular de um assunto para outro**

coq-à-l'âne *nm inv* Fait de passer sans raison d'un sujet à l'autre ▸ **mudança de assunto**

ORTHOGRAPHE On écrit *passer du coq à l'âne*, mais un *coq-à-l'âne*

coquard ou **coquart** *nm* FAM Marque de coup à l'œil ▸ **olho roxo**

coque *nf* **1** Enveloppe extérieure de l'œuf ▸ **casca 2** Enveloppe de certains fruits: *coque de noix* ▸ **casca 3** Mollusque bivalve comestible vivant dans le sable des plages ▸ **berbigão 4** MAR Carcasse d'un navire ▸ **casco ▪ œuf à la coque:** œuf légèrement cuit dans l'eau bouillante, de façon que le jaune reste fluide ▸ **ovo quente**

coquelet *nm* Jeune coq ▸ **galinho**

coquelicot *nm* Plante des champs à fleurs rouges ▸ **papoula**

coqueluche *nf* **1** Maladie contagieuse caractérisée par une toux convulsive ▸ **coqueluche 2** FIG Personne qui suscite un engouement général: *c'est la coqueluche de la ville* ▸ **coqueluche**

coquet, ette *adj et n* Qui cherche à plaire par sa toilette, son élégance ▸ **vaidoso** ◆ *adj* **1** Qui a un aspect plaisant, élégant ▸ **coquete 2** FAM Se dit d'une somme d'argent assez considérable: *la coquette somme de* ▸ **considerável**

coquetier *nm* Petit godet creux pour servir les œufs à la coque ▸ **oveiro**

coquettement *adv* Avec coquetterie ▸ **com coquetismo**

coquetterie *nf* Caractère d'une personne coquette; désir de plaire ▸ **coquetismo**

coquillage *nm* Mollusque revêtu d'une coquille; la coquille même ▸ **concha**

coquille *nf* **1** Enveloppe dure qui couvre le corps de nombreux mollusques ▸ **concha 2** Coque vide des œufs et des noix ▸ **casca 3** IMPR Faute dans la composition d'un texte imprimé ▸ **gralha ▪ coquille de noix:** petit bateau ▸ **casca de noz □ coquille Saint-Jacques:** mollusque bivalve comestible ▸ **vieira □ rentrer dans sa coquille:** se replier sur soi ▸ **entrar na concha**

coquillette *nf* Pâte alimentaire ayant la forme d'un tube courbe ▸ **macarrão cotovelo**

coquin, e *n et adj* Enfant espiègle, malicieux ▸ **travesso** ◆ *adj* Canaille, grivois, égrillard: *histoire coquine* ▸ **malicioso**

cor[1] *nm* **1** Ramification du bois d'un cerf ▸ **galho 2** Instrument de musique à vent, enroulé sur lui-même ▸ **trompa ▪ à cor et à cri:** à grand fracas ▸ **aos berros**

cor[2] *nm* Durillon sur les doigts de pied ▸ **calo**

corail (pl *coraux*) *nm* **1** Animal des mers chaudes, vivant en colonies, polype dont le squelette calcaire forme avec d'autres des polypiers pouvant constituer des récifs ▸ **coral 2** Partie rouge de la coquille Saint-Jacques, de certains crustacés ▸ **coral** ◆ *adj inv* De la couleur du corail rouge ▸ **coral**

Corail *adj inv* (nom déposé) **▪ train Corail** ou **Corail:** *nm* train composé de voitures climatisées de conception moderne, divisées en deux salles aux sièges alignés qui se font face à mi-salle et laissent place à une allée centrale ▸ ***Corail***

corallien, enne *adj* Formé de coraux: *récif corallien* ▸ **coralífero**

coranique *adj* Du Coran ▸ **corânico**

corbeau *nm* **1** Grand oiseau passereau, à vastes ailes, au plumage noir ▸ **corvo 2** Pierre ou pièce de bois en saillie pour soutenir une poutre ▸ **modilhão 3** Auteur de lettres ou de coups de téléphone anonymes ▸ **corvo**

corbeille *nf* **1** Panier de forme évasée; son contenu ▸ **corbelha 2** À la Bourse, espace circulaire entouré d'une balustrade, où se réunissent les agents de change dans certains pays ▸ **balcão 3** THÉÂTRE Balcon, au-dessus de l'orchestre ▸ **balcão nobre**

corbillard *nm* Voiture servant à transporter les morts ▸ **carro funerário**

cordage *nm* Corde ou câble faisant partie du gréement d'un bateau ▸ **cabo**

corde *nf* **1** Assemblage de fils tordus ou tressés ensemble: *corde à linge, à sauter* ▸ **corda 2** Fil de boyau, d'acier, de Nylon, etc.: *corde de violon, de raquette* ▸ **corda 3** GÉOM Ligne droite entre les deux extrémités d'un arc de cercle ▸ **corda ▪ avoir plus d'une corde, plusieurs cordes à son arc:** avoir le ou les moyens d'agir autrement ▸ **ter mais de uma, várias cartas na manga □ être, ne pas être dans les cordes de quelqu'un:** être, ne pas être de sa compétence ▸ **ser, não ser da área de alguém □ sur la corde raide:** dans une situation difficile ▸ **na corda bamba □ tenir la corde:** dans une course, être le plus près possible de la limite intérieure de la piste ▸ **correr pela pista de dentro □ usé jusqu'à**

la corde: très usé ▸ **gasto** ◆ **cordes** *pl* **1** Ensemble des instruments de musique à cordes d'un orchestre ▸ **cordas** **2** Limites d'un ring: *le boxeur est allé dans les cordes* ▸ **cordas** ▪ **cordes vocales:** muscles et ligaments du larynx ▸ **cordas vocais** ▫ **il pleut des cordes:** il pleut très fort, à verse ▸ **chove a cântaros**

cordeau *nm* Petite corde pour aligner ▸ **cordel** ▪ **tiré au cordeau:** fait impeccablement ▸ **feito com precisão**

cordée *nf* Groupe d'alpinistes reliés par une corde ▸ **acordoado**

cordelette *nf* Petite corde ▸ **cordinha**

cordelière *nf* Gros cordon servant de ceinture, ou utilisé dans l'ameublement ▸ **cordão**

corder *vt* **1** Tordre en forme de corde ▸ **retorcer** **2** Garnir une raquette de tennis de cordes ▸ **encordoar**

cordial, e, aux *adj* **1** Chaleureux ▸ **cordial** **2** Accueillant, affectueux ▸ **cordial** ◆ *nm* Boisson tonique; remontant ▸ **cordial**

cordialement *adv* D'une manière cordiale: *recevoir cordialement* ▸ **cordialmente**

cordialité *nf* Qualité d'une personne ou d'une chose cordiale ▸ **cordialidade**

cordillère *nf* Chaîne de montagnes allongée et étroite: *la cordillère des Andes* ▸ **cordilheira**

cordon *nm* **1** Petite corde servant à attacher, à tirer, etc. ▸ **cordão** **2** Large ruban servant d'insigne à certaines décorations et à certaines fonctions ▸ **galão** **3** Ligne formée d'une suite de personnes ou de choses: *cordon de police* ▸ **cordão** ▪ **cordon ombilical:** qui relie le fœtus au placenta ▸ **cordão umbilical**

cordon-bleu (pl *cordons-bleus*) *nm* Personne qui fait très bien la cuisine ▸ ***cordon-bleu***

cordonnerie *nf* Métier, commerce du cordonnier ▸ **sapataria**

cordonnet *nm* Petit cordon ▸ **cordonê**

cordonnier, ère *n* Personne qui répare les chaussures ▸ **sapateiro**

coréen, enne *adj et n* De Corée: *les Coréens* ▸ **coreano**

coreligionnaire *n* Personne qui professe la même religion qu'une autre ▸ **correligionário**

coriace *adj* **1** Dur comme du cuir ▸ **coriáceo** **2** FIG Dont on peut difficilement vaincre la résistance; tenace ▸ **tenaz**

coriandre *nf* Plante ombellifère utilisée comme condiment ▸ **coriandro**

corindon *nm* **1** Alumine naturelle, constituant le minéral le plus dur après le diamant, et utilisée en joaillerie (saphir, rubis) ▸ **coríndon** **2** Alumine artificielle utilisée comme abrasif ▸ **coríndon**

corinthien, enne *adj et nm* Se dit d'un ordre architectural grec ▸ **coríntio**

corme *nf* Fruit du cormier ▸ **sorva**

cormier *nm* Sorbier domestique, à bois très dur ▸ **sorveira**

cormoran *nm* Oiseau palmipède marin ▸ **cormorão**

cornac *nm* Celui qui soigne et conduit un éléphant ▸ **cornaque**

cornaline *nf* Variété rouge d'agate, employée en bijouterie ▸ **cornalina**

corne *nf* **1** Excroissance dure et conique qui se forme sur la tête de certains ruminants; la matière dont elle est constituée: *peigne de corne* ▸ **chifre** **2** Partie dure du pied de certains animaux ▸ **casco** **3** Excroissance charnue sur la tête des escargots, des limaces, etc. ▸ **chifre** **4** Callosité de la peau ▸ **calo** **5** Instrument d'appel: *corne de brume* ▸ **corno** **6** Pli fait au coin d'une feuille de papier, d'une page de livre ▸ **orelha** ▪ FAM **faire les cornes:** pointer l'index de chaque main vers quelqu'un, en signe de moquerie ▸ **mostrar chifres**

corné, e *adj* Qui est de la nature de la corne: *couche cornée* ▸ **córneo**

corned-beef [kɔrnbif] *nm inv* Conserve de viande de bœuf ▸ **carne de boi enlatada**

cornée *nf* Partie transparente de la membrane qui enveloppe l'œil ▸ **córnea**

cornéen, enne *adj* Relatif à la cornée ▸ **corneano**

corneille *nf* Passereau voisin du corbeau ▸ **gralha**

cornélien, enne *adj* **1** Relatif à Corneille ▸ **corneliano** **2** FIG Se dit d'une situation qui appelle une décision héroïque ▸ **dilema**

cornemuse *nf* Instrument de musique à vent, formé d'une poche de cuir servant de soufflerie sur laquelle sont fixés des tuyaux ▸ **gaita de foles**

corner[1] *vi* Faire entendre un bruit d'avertisseur: *la sirène d'un bateau corne dans la brume* ▸ **buzinar** ◆ *vt* Faire des plis à l'angle d'une page ▸ **fazer aba**

corner[2] [kɔrnɛr] *nm* Au football, coup franc accordé à une équipe quand un adversaire a envoyé le ballon derrière sa propre ligne de but ▸ **escanteio**

cornet *nm* **1** Papier roulé en cône pouvant contenir différentes choses: *cornet de frites* ▸ **cartucho** **2** Cône de pâtisserie contenant une glace ▸ **casquinha** **3** Godet de cuir pour agiter les dés, au jeu

► **copo de dados** ■ **cornet à pistons:** instrument de musique en cuivre, à pistons ► **corneta**

cornette *nf* Coiffure de certaines religieuses ► **touca (de freira)**

corn flakes [kɔrnflɛks] *nm pl* Aliment constitué à partir de semoule de maïs et qui se présente sous forme de pétales ► ***corn flakes***

corniaud *nm* **1** Chien bâtard ► **cão vira-lata 2** FAM Sot ► **imbecil**

corniche *nf* Route en surplomb d'une paroi ► **cornija**

cornichon *nm* **1** Petit concombre servi comme condiment ► ***cornichon*** **2** FAM Niais, sot ► **imbecil**

cornière *nf* Canal à la jointure de deux pentes d'un toit et en recevant les eaux ► **cantoneira**

corniste *n* Joueur de cor dans un orchestre ► **trompista**

cornouiller *nm* Arbre des bois ou des haies, à bois dur ► **corniso**

cornu, e *adj* Qui a des cornes: *bêtes cornues* ► **chifrudo**

cornue *nf* CHIM Vase à col étroit et courbé, pour la distillation ► **retorta**

corollaire *nm* **1** Proposition résultant d'une vérité déjà démontrée ► **corolário 2** Conséquence nécessaire et évidente ► **corolário**

corolle *nf* Ensemble des pétales d'une fleur ► **corola**

coron *nm* Groupe de maisons en pays minier ► **bairro mineiro**

coronaire *adj* ► **coronário** ■ **artère coronaire:** qui porte le sang dans le cœur ► **artéria coronária**

coronarien, enne *adj* Relatif aux artères coronaires ► **coronariano**

coronarite *nf* MÉD Inflammation des artères coronaires ► **coronarite**

coronavirus *nm* Virus à ARN, responsable d'infections bénignes en ORL, mais aussi du syndrome respiratoire aigu sévère (sras) ► **coronavírus**

corporatif, ive *adj* Relatif à une corporation: *intérêts corporatifs* ► **corporativo**

corporation *nf* Ensemble des gens de même profession ► **corporação**

corporatisme *nm* Défense exclusive des intérêts d'une corporation ► **corporativismo**

corporatiste *adj* Qui relève du corporatisme ► **corporativista**

corporel, elle *adj* Relatif au corps ► **corporal**

corps *nm* **1** Partie matérielle, physique d'un être animé ► **corpo 2** Cadavre d'un être humain: *le corps a été retrouvé sur la plage* ► **corpo 3** Tronc de l'homme, par opposition à la tête et aux membres: *plier le corps en avant* ► **corpo 4** Objet matériel: *la loi de la chute des corps* ► **corpo 5** Substance considérée dans sa nature physique ou chimique: *le carbone est un corps simple* ► **corpo 6** Partie principale de quelque chose: *le corps d'un article* ► **corpo 7** Ensemble de personnes exerçant la même profession ou ayant la même fonction: *le corps médical; le corps électoral* ► **corpo 8** Unité militaire ou formation de volontaires: *corps d'armée; corps franc* ► **corpo 9** IMPR Hauteur d'un caractère typographique ► **corpo** ■ **à corps perdu:** de toutes ses forces, sans retenue ► **desenfreadamente** □ **corps à corps:** de près, en saisissant directement l'adversaire ► **corpo a corpo** □ **corps et âme:** de tout son être, sans réserve ► **de corpo e alma** □ **corps de garde:** groupe de soldats assurant la garde d'un bâtiment ► **corpo de guarda** □ **corps mort:** ancre solide établie à poste fixe pour tenir une bouée ► **corpo morto** □ **esprit de corps:** solidarité entre membres d'une même profession ► **espírito de corpo** □ **faire corps:** être solidaire ► **solidarizar-se** □ **perdu corps et biens:** se dit d'un navire qui a sombré avec son équipage et sa cargaison ► **com tripulação e carga** □ **prendre corps:** prendre forme ► **tomar corpo**

corps-à-corps *nm inv* Combat où on frappe directement l'adversaire; mêlée ► **corpo a corpo**

corpulence *nf* Grandeur et volume du corps humain ► **corpulência**

corpulent, e *adj* Grand et fort ► **corpulento**

corpus [kɔrpys] *nm* Ensemble de discours oraux ou écrits recueillis en vue d'une étude ► ***corpus***

corpusculaire *adj* Relatif aux corpuscules ► **corpuscular**

corpuscule *nm* VX Très petite particule de matière ► **corpúsculo**

correct, e *adj* **1** Conforme aux règles ► **correto 2** Honnête, régulier ► **correto 3** Exact, juste: *addition correcte* ► **correto** ■ **politiquement correct:** se dit d'un langage qui bannit tout ce qui pourrait être perçu comme une allusion désobligeante par telle ou telle catégorie de la population ► **politicamente correto**

correctement *adv* D'une manière correcte: *parler correctement* ► **corretamente**

correcteur[1], trice *adj* Qui sert à corriger quelque chose: *verres correcteurs* ► **corretor**

correcteur[2], trice *n* Personne qui corrige les copies d'un examen, les épreuves d'imprimerie ► **revisor** ◆ *nm* ■ **correcteur orthographique:** logiciel d'aide à la vérification automatique de l'orthographe d'un texte que l'on saisit ▸ **corretor ortográfico**

correctif, ive *adj* Fait pour corriger, redresser ▸ **corretivo** ◆ *nm* Mise au point, rectification ▸ **correção**

correction *nf* **1** Action de corriger ▸ **correção** **2** Action de compenser une déficience physique: *correction de la myopie* ▸ **correção** **3** Qualité d'une personne ou d'une chose correcte ▸ **correção** **4** Châtiment physique ▸ **corretivo** **5** Contrôle de la composition d'une épreuve d'imprimerie avec rectification des fautes ▸ **correção**

correctionnel, elle *adj* Relatif aux délits ▸ **correcional** ▪ **tribunal correctionnel:** qui juge les délits et non les crimes ▸ **tribunal correcional** ◆ *nf* Le tribunal correctionnel ▸ **correcional**

corrélat *nm* Élément à mettre en relation avec un autre ▸ **correlato**

corrélatif, ive *adj* Qui est en relation avec une autre chose ▸ **correlato**

corrélation *nf* Relation réciproque; rapport causal ▸ **correlação**

GRAMMAIRE On dit: *il y a corrélation* entre *x et y; x est en corrélation* avec *y*

corrélativement *adv* De façon corrélative ▸ **correlativamente**

correspondance *nf* **1** Rapport de conformité; harmonie: *correspondance d'idées* ▸ **correspondência** **2** Concordance d'horaires entre deux moyens de transport; moyen de transport qui assure la liaison avec un autre ▸ **correspondência, conexão** **3** Échange de lettres; les lettres échangées: *entretenir une correspondance; lire sa correspondance* ▸ **correspondência** ▪ **par correspondance:** par courrier: *cours par correspondance* ▸ **por correspondência**

correspondant, e *adj* Qui correspond ▸ **correspondente** ▪ GÉOM **angles correspondants:** angles formés par une sécante et deux parallèles, et qui sont, l'un interne, l'autre externe, d'un même côté de la sécante ▸ **ângulos correspondentes** ◆ *n* **1** Personne avec qui on est en relation par lettre, par téléphone ▸ **correspondente** **2** Collaborateur d'un journal en province ou à l'étranger, qui transmet des informations, des articles ▸ **correspondente** **3** Personne responsable d'un élève pensionnaire hors de l'établissement scolaire ▸ **correspondente**

correspondre *vt ind* [à] *(conj 51)* **1** Être conforme à un état de fait: *cela correspond à la vérité* ▸ **corresponder** **2** Être l'homologue de: *ce diplôme étranger ne correspond pas au nôtre* ▸ **corresponder** **3** Être en relation avec: *la pédale qui correspond au frein* ▸ **corresponder** ◆ *vi* Entretenir des relations épistolaires ou téléphoniques ▸ **corresponder-se**

corrida *nf* Spectacle au cours duquel un homme affronte un taureau ▸ **tourada**

corridor *nm* Passage, couloir ▸ **corredor**

corrigé *nm* Solution type d'un devoir, d'un exercice ▸ **correção**

corriger *vt (conj 2)* **1** Faire disparaître les défauts, les erreurs de; réviser, revoir: *corriger un défaut de vision, son jugement, une épreuve d'imprimerie* ▸ **corrigir** **2** Punir corporellement ▸ **castigar** ▪ **corriger un devoir:** le noter après en avoir relevé les fautes ▸ **corrigir uma lição** ◆ **se corriger** *vpr* Se défaire: *se corriger d'un défaut* ▸ **corrigir-se**

corrigible *adj* Qui peut être corrigé ▸ **corrigível**

corroborer *vt* Confirmer: *cela corrobore ses dires* ▸ **corroborar**

corroder *vt* Ronger, entamer ▸ **corroer**

corrompre *vt (conj 53)* **1** Engager à agir contre son devoir; soudoyer: *corrompre un juge* ▸ **corromper** **2** Altérer la pureté, pervertir, dénaturer: *corrompre les mœurs* ▸ **corromper** **3** VX Altérer, provoquer le pourrissement d'une substance: *la chaleur risque de corrompre les aliments* ▸ **estragar**

corrompu, e *adj et n* Qui s'est laissé corrompre ▸ **corrupto, corrompido**

corrosif, ive *adj et nm* **1** Qui corrode: *liquide corrosif* ▸ **corrosivo** **2** FIG Mordant, caustique ▸ **mordaz**

corrosion *nf* Destruction lente et progressive d'une matière, d'une surface ▸ **corrosão**

corroyer [kɔrwaje] *vt (conj 3)* Apprêter le cuir ▸ **curtir**

corrupteur, trice *adj et n* Qui corrompt, pervertit ▸ **corruptor**

corruptible *adj* Sujet à la corruption: *témoin corruptible* ▸ **corruptível**

corruption *nf* Action de corrompre; son résultat: *tentative de corruption de fonctionnaire* ▸ **corrupção**

corsage *nm* Vêtement féminin qui habille le buste ▸ **corpete**

corsaire *nm et adj* Capitaine, marin d'un navire qui, avec l'autorisation de son gouvernement, chassait et tentait de capturer des navires d'autres nationalités; le navire lui-même ▸ **corsário**

corsé, e *adj* **1** Qui a un goût relevé ▸ **forte, encorpado (vinho)** **2** FIG Scabreux, osé ▸ **escabroso**

corselet *nm* Partie du thorax de certains insectes ▸ **corselete**

corser *vt* Donner de la force, de l'intérêt ▸ **fortalecer, encorpar (vinho)** ◆ **se corser** *vpr* Se compliquer, s'aggraver ▸ **complicar-se**

corset *nm* Sous-vêtement à baleines pour maintenir le ventre et la taille ▸ **espartilho**

corso *nm* Défilé de chars fleuris au cours de certaines fêtes en plein air ▸ **corso**

cortège *nm* **1** Ensemble de personnes qui suivent quelqu'un, quelque chose ou défilent sur la voie publique ▸ **cortejo 2** LITT, FIG suite, accompagnement ▸ **cortejo**

cortex [kɔrtɛks] *nm* ▸ **córtex** ■ ANAT **cortex cérébral:** revêtement superficiel de substance grise des hémisphères cérébraux ▸ **córtex cerebral**

cortical, e, aux *adj* ANAT Relatif au cortex ▸ **cortical**

corticoïde *adj et nm* Se dit des hormones sécrétées par la partie périphérique de la glande surrénale ▸ **corticoide**

cortisone *nf* Hormone anti-inflammatoire ▸ **cortisona**

corvéable *adj* HIST Assujetti à la corvée ▸ **sujeito à corveia**

corvée *nf* **1** HIST Travail gratuit dû par le paysan à son seigneur ou à l'État ▸ **corveia 2** Travail pénible ou rebutant imposé à quelqu'un ▸ **corveia**

corvette *nf* Petit navire d'escorte ▸ **corveta**

corvidé *nm* Passereau de grande taille, tel que le corbeau, la corneille, le geai (les corvidés forment une famille) ▸ **corvídeo**

coryphée *nm* Chef de chœur, dans le théâtre grec ancien ▸ **corifeu**

coryza *nm* MÉD Rhume de cerveau ▸ **coriza**

cosaque *nm* Soldat d'un corps de cavalerie russe ▸ **cossaco**

cosignataire *adj et n* Qui a signé avec un autre, des autres ▸ **cossignatário**

cosinus [kɔsinys] *nm* GÉOM Pour un angle, sinus de son angle complémentaire ▸ **cosseno**

cosmétique *nm et adj* Tout produit destiné aux soins du corps, des cheveux, à la toilette, à la beauté ▸ **cosmético** ◆ *adj* Destiné à modifier superficiellement, à enjoliver: *une réforme cosmétique* ▸ **cosmético**

cosmétologie *nf* Industrie des cosmétiques ▸ **cosmetologia**

cosmique *adj* Relatif à l'Univers ▸ **cósmico**

cosmogonie *nf* Science de la formation des planètes, des étoiles, des galaxies ▸ **cosmogonia**

cosmographie *nf* Description scientifique de l'Univers ▸ **cosmografia**

cosmologie *nf* Science des lois générales de l'Univers ▸ **cosmologia**

cosmonaute *n* Pilote ou passager d'un engin spatial russe ▸ **cosmonauta**

cosmopolite *adj* Où se trouvent des personnes de différentes nationalités ▸ **cosmopolita**

cosmopolitisme *nm* État de ce qui est cosmopolite ▸ **cosmopolitismo**

cosmos [kɔsmos] *nm* **1** L'Univers considéré dans son ensemble ▸ **cosmo 2** Espace intersidéral ▸ **cosmo**

cosse *nf* **1** Enveloppe de certains légumes: *cosse de haricot* ▸ **vagem 2** Garniture métallique de l'extrémité d'un conducteur électrique ▸ **terminal**

cossu, e *adj* Qui dénote la richesse ▸ **opulento**

costal, e, aux *adj* ANAT Relatif à une, des côtes ▸ **lombar**

costard *nm* FAM Costume d'homme ▸ **terno**

costaud *adj et n* FAM **1** Fort, corpulent: *homme costaud* ▸ **robusto 2** Solide; résistant: *sac costaud* ▸ **sólido**

GRAMMAIRE Au féminin, on dit *elle est costaud*, mais on trouve parfois *costaude*

costume *nm* **1** Vêtement masculin composé d'un pantalon, d'une veste et éventuellement d'un gilet ▸ **terno 2** Vêtement typique d'un pays, d'une région ou d'une époque ▸ **traje típico 3** Ensemble des différentes pièces d'un habillement: *costume de cérémonie, de théâtre, de déguisement* ▸ **traje**

costumé, e *adj* ▸ **fantasiado** ■ **bal costumé:** où l'on est déguisé ▸ **baile a fantasia**

costumer *vt* Vêtir d'un déguisement ▸ **fantasiar**

costumier, ère *n* Personne qui fait, vend ou loue des costumes de théâtre, de cinéma, etc. ▸ **figurinista**

cotation *nf* Action de coter; son résultat ▸ **cotação**

cote *nf* **1** Indication chiffrée de la valeur marchande de titres mobiliers, des chances de succès d'un concurrent, etc.: *la cote des actions d'une société* ▸ **cotação 2** Tableau, publication donnant le cours des valeurs, la valeur marchande: *la cote des véhicules d'occasion* ▸ **cotação 3** Indication de l'altitude d'un lieu, du niveau d'un cours d'eau, des dimensions réelles de quelque chose représenté en plan ▸ **cota 4** Indication de la valeur morale ou intellectuelle accordée à quelqu'un: *sa cote baisse* ▸ **cotação** ■ FAM **avoir la cote:** être très estimé ▸ **ser cotado** □ **cote d'alerte: (a)** niveau d'un cours d'eau au-dessus duquel il y a inondation ▸ **nível de alerta (b)** point critique d'un processus ▸ **ponto crítico** □ **cote mal taillée:** compromis ▸ **alinhavo**

côte *nf* **1** Chacun des os allongés et courbés qui forment la cage thoracique ▸ **costela 2** BOUCH

Morceau d'un animal (bœuf, veau, porc, mouton) découpé dans la région des côtes ▶ **costela** **3** Partie saillante, allongée: *velours à côtes; les côtes d'un melon* ▶ **nervura 4** Partie en pente d'un chemin, d'une route ▶ **lomba 5** Rivage de la mer ▶ **costa** ▪ **côte à côte:** l'un à côté de l'autre ▶ **lado a lado** □ FAM **se tenir les côtes:** rire aux éclats ▶ **dobrar-se de rir**

coté, e *adj* **1** Qui a une bonne cote; estimé ▶ **cotado 2** FINANCES Admis à la cotation en Bourse ▶ **cotado**

côté *nm* **1** Partie latérale extérieure du tronc de l'homme et des animaux ▶ **flanco 2** Partie latérale, limite extérieure d'une chose: *suivre le côté droit de la route* ▶ **lado 3** Face d'un objet: *côté d'une médaille* ▶ **face 4** Partie, endroit quelconque par opposition à d'autres: *de l'autre côté du parc* ▶ **lado 5** MATH Chacune des lignes formant le contour d'une figure ▶ **lado 6** FIG Manière dont on envisage quelque chose, aspect sous lequel se présente une chose: *les bons côtés de la vie* ▶ **lado 7** Ligne de parenté: *côté maternel* ▶ **lado** ▪ **à côté:** **(a)** tout près ▶ **ao lado (b)** dans la pièce, la maison voisine ▶ **ao lado** □ **de côté:** de biais ▶ **de lado** □ **de mon côté:** quant à moi ▶ **quanto a mim** □ **de tous côtés:** partout ▶ **por todo lado** □ **laisser de côté:** abandonner ▶ **deixar de lado** □ **mettre de côté:** en réserve ▶ **pôr de lado** □ **point de côté:** douleur à la poitrine ▶ **pontada** ◆ **à côté de** *loc prép* Auprès de; en comparaison de ▶ **ao lado de** ◆ **du côté de** *loc prép* Dans la direction de; aux environs de ▶ **do lado de**

coteau *nm* Versant d'un plateau, d'une colline ▶ **encosta**

côtelé, e *adj* Se dit d'un tissu à côtes: *velours côtelé* ▶ **cotelê**

côtelette *nf* Côte d'un animal de boucherie ▶ **costeleta**

coter *vt* Attribuer une cote, un prix ▶ **cotar**

coterie *nf* PÉJOR Groupe de personnes réunies par le même intérêt et indifférentes à d'autres préoccupations ▶ **camarilha**

cothurne *nm* ANTIQ Chaussure des acteurs tragiques ▶ **coturno**

côtier, ère *adj* De la côte; qui se pratique sur les côtes: *pêche côtière* ▶ **costeiro**

cotillons *nm pl* Objets divers (confettis, serpentins, etc.) utilisés pour s'amuser dans les fêtes ▶ **cotilhão**

cotisant, e *adj et n* Qui verse une cotisation ▶ **contribuinte**

cotisation *nf* Somme versée en vue de cotiser ▶ **cotização** ▪ **cotisations sociales:** ensemble des retenues sur salaire qui assurent la protection sociale des salariés ▶ **contribuições sociais**

cotiser *vi* **1** Payer sa quote-part ▶ **cotizar 2** Verser régulièrement de l'argent à une association, un organisme: *cotiser à la Sécurité sociale* ▶ **contribuir**

côtoiement *nm* Fait de côtoyer ▶ **convívio**

coton *nm* **1** Fibre textile fournie par les graines du cotonnier; fil ou étoffe que l'on fabrique avec cette fibre ▶ **algodão 2** Morceau d'ouate ▶ **algodão** ▪ FAM **filer un mauvais coton:** **(a)** être très malade ▶ **estar muito doente (b)** se trouver dans une situation difficile ▶ **estar em maus lençóis**

cotonnade *nf* Étoffe de coton ▶ **algodão**

cotonneux, euse *adj* Qui évoque le coton ▶ **algodoado**

cotonnier, ère *adj* Relatif au coton ▶ **algodoeiro** ◆ *nm* Arbuste qui produit le coton ▶ **algodoeiro**

Coton-Tige *nm* (nom déposé) Bâtonnet dont chaque extrémité est couverte de coton pour nettoyer les oreilles ou le nez ▶ **cotonete**

côtoyer *vt (conj 3)* Rencontrer fréquemment, fréquenter ▶ **conviver**

cotre *nm* Voilier à un mât ▶ **cúter**

cottage [kɔtɛdʒ] ou [kɔtaʒ] *nm* Petite maison de campagne ▶ **casa de campo**

cotte *nf* ▶ **cota** ▪ HIST **cotte de mailles:** tunique faite de petits anneaux de fer, qui protégeait les hommes d'armes ▶ **cota de malha**

cotylédon *nm* BOT Lobe charnu qui enveloppe la radicule de la graine ▶ **cotilédone**

cou *nm* Partie du corps qui joint la tête aux épaules ▶ **pescoço** ▪ **se jeter, se pendre, sauter au cou de quelqu'un:** l'embrasser avec effusion ▶ **pular no pescoço de alguém**

couac *nm* **1** Son faux et discordant ▶ **dissonância** **2** FAM Action ou déclaration qui révèle un désaccord au sein d'un groupe ▶ **dissonância**

couard, e *adj et n* LITT Poltron, lâche ▶ **covarde**

couardise *nf* LITT Lâcheté, poltronnerie ▶ **covardia**

couchage *nm* Action de coucher, de se coucher ▶ **deitada** ▪ **sac de couchage:** sac garni de matière isolante utilisé pour dormir ▶ **saco de dormir**

couchant *adj m* ▶ **poente** ▪ **soleil couchant:** prêt à disparaître à l'horizon ▶ **sol poente** ◆ *nm* LITT Côté de l'horizon où le soleil se couche ▶ **poente**

couche *nf* **1** Étendue uniforme d'une substance appliquée sur une surface: *couche de peinture, de neige* ▶ **camada 2** Amas de terreau, de fumier: *semer sur couche* ▶ **leito 3** GÉOL Masse de terrain sédimentaire présentant des caractères homogènes ▶ **camada 4** Linge absorbant ou bande cellulosique jetable placé entre les jambes d'un nourrisson ▸ **fralda 5** Ensemble de personnes appartenant au même milieu: *couche sociale* ▸ **camada 6** LITT Lit ▸ **leito** ▪ **fausse couche:** avortement involontaire ▸ **aborto espontâneo** ◆ **couches** *pl* État d'une femme qui accouche ou qui vient d'accoucher ▸ **puerpério**

couche-culotte (pl *couches-culottes*) *nf* Culotte pour bébé en tissu imperméable garnie d'une couche jetable ▸ **fralda descartável**

coucher[1] *vt* **1** Mettre au lit: *coucher les enfants* ▸ **deitar 2** Étendre sur le sol, sur un support: *coucher un blessé sur un brancard* ▸ **deitar 3** Mettre par écrit, inscrire: *coucher des remarques sur un papier* ▸ **colocar** ◆ *vi* Passer la nuit: *coucher à l'hôtel* ▸ **dormir** ▪ FAM **coucher avec quelqu'un:** avoir des relations sexuelles avec cette personne ▸ **deitar-se com alguém** ◆ **se coucher** *vpr* **1** Se mettre au lit ▸ **deitar-se 2** S'allonger: *se coucher sur l'herbe* ▸ **deitar-se** ▪ **le soleil se couche:** il disparaît à l'horizon ▸ **o sol se põe**

coucher[2] *nm* Action de se coucher; fait de se coucher: *coucher de soleil* ▸ **deitada, poente**

couche-tard *n inv et adj inv* Personne qui a pour habitude de se coucher tard ▸ **pessoa que dorme tarde**

couche-tôt *n inv et adj inv* Personne qui a pour habitude de se coucher de bonne heure ▸ **pessoa que dorme com as galinhas**

couchette *nf* Lit ou banquette de repos, dans un bateau, un train ▸ **leito**

coucheur, euse *nm* ▸ **pessoa deitada** ▪ FAM **mauvais coucheur:** personne difficile à vivre ▸ **pessoa difícil**

couci-couça *loc adv* FAM Ni bien ni mal ▸ **mais ou menos**

coucou *nm* **1** Oiseau grimpeur insectivore qui dépose ses œufs dans les nids d'autres oiseaux ▸ **cuco 2** Plante à petites fleurs jaunes ▸ **junquilho 3** Pendule ▸ **relógio cuco**

coude *nm* **1** Partie extérieure du bras, à l'endroit où il se plie ▸ **cotovelo 2** Angle, courbure de quelque chose ▸ **cotovelo** ▪ **coude à coude:** de façon solidaire ▸ **ombro a ombro** ▫ **se serrer, se tenir les coudes:** s'entraider ▸ **ajudar-se mutuamente** ▫ **sous le coude:** en attente ▸ **em compasso de espera**

coudée *nf* ▸ **côvado** ▪ **avoir les coudées franches:** une entière liberté d'agir ▸ **ter carta branca**

cou-de-pied (pl *cous-de-pied*) *nm* Partie supérieure du pied ▸ **peito do pé**

couder *vt* Plier en forme de coude ▸ **dobrar**

coudoiement *nm* SOUT Action de coudoyer ▸ **convívio**

coudoyer *vt (conj 3)* Être en contact avec, fréquenter: *coudoyer beaucoup de gens* ▸ **conviver**

coudre *vt (conj 59)* Attacher par une suite de points faits avec du fil et une aiguille ▸ **costurar**

CONJUGAISON Attention aux formes *je couds* (présent), *je cousis* (passé simple), *je coudrai* (futur)

coudrier *nm* Noisetier ▸ **aveleira**

couenne [kwan] *nf* Peau épaisse du porc employée en charcuterie ▸ **courato**

couette *nf* **1** Édredon de plume, de duvet ou de matière synthétique ▸ **edredom 2** Touffe de cheveux rassemblés en queue de chaque côté de la tête ▸ **maria-chiquinha**

couffin *nm* Grand panier de vannerie servant de berceau portatif ▸ **alcofa**

couguar ou **cougouar** *nm* Autre nom du puma ▸ **onça**

couillon *nm et adj m* TRÈS FAM Imbécile, idiot ▸ **idiota**

couinement *nm* **1** FAM Action de couiner ▸ **guinchado 2** Bruit de grincement aigu ▸ **guinchado**

couiner *vi* **1** FAM Pousser des petits cris ▸ **guinchar 2** Faire entendre un couinement ▸ **guinchar**

coulage *nm* Action de couler un métal en fusion ou du béton ▸ **fundição**

coulant, e *adj* **1** Qui coule ▸ **fluido 2** FIG Accommodant, indulgent ▸ **tolerante 3** Aisé, naturel: *style coulant* ▸ **fluente** ▪ **nœud coulant:** qui se serre et se desserre à volonté ▸ **nó corredio** ◆ *nm* Anneau qui coulisse sur une ceinture, un bracelet et sert à en maintenir l'extrémité ▸ **passador**

coulée *nf* Matière plus ou moins liquide qui se répand: *coulée de lave* ▸ **torrente**

coulemelle *nf* Champignon comestible à chapeau couvert d'écailles ▸ **agárico**

couler *vi* **1** Suivre sa pente, en parlant d'un liquide, d'un cours d'eau ▸ **escorrer 2** S'échapper, se répandre: *le sang coulait* ▸ **escorrer 3** Laisser échapper un liquide: *le robinet coule* ▸ **vazar 4** S'enfoncer dans l'eau; sombrer ou se noyer: *bateau, nageur qui coule* ▸ **afundar** ▪ **couler de source:** être évident ▸ **ser óbvio** ▫ **faire couler de l'encre:** provoquer des commentaires ▸ **dar pano para manga** ◆ *vt* **1** Verser dans un creux ou sur une surface une matière en fusion, une substance liquide ou pâteuse ▸ **despejar 2** Fabriquer un objet en métal fondu ▸ **fundir 3** Faire aller au fond de l'eau: *couler un bateau* ▸ **afundar 4** Ruiner une affaire, une entreprise: *il a coulé son commerce* ▸ **afundar 5** Discréditer quelqu'un ▸ **desacreditar 6** MÉCAN Détériorer un organe en mouvement par manque de graissage: *couler une bielle* ► **fundir** ■ **couler des jours heureux:** mener une vie paisible et heureuse ► **levar vida feliz** ♦ **se couler** *vpr* ■ FAM **se la couler douce:** vivre agréablement, sans se fatiguer ► **levar boa vida**

couleur *nf* **1** Impression que produit sur l'œil la lumière diffusée par les corps ► **cor 2** Matière, substance colorante: *boîte de couleurs* ► **tinta 3** Ce qui n'est ni blanc ni noir: *linge de couleur; photographie en couleurs* ► **cor 4** Éclat, style brillant de quelque chose: *spectacle haut en couleur* ► **colorido 5** Chacun des quatre attributs qui distinguent les cartes à jouer (pique, cœur, carreau, trèfle) ► **naipe** ■ FAM **annoncer la couleur:** faire connaître ses intentions ► **abrir o jogo** □ FAM **ne pas voir la couleur de quelque chose:** ne pas recevoir une chose due ou promise ► **não ver a cor de algo** □ **personne de couleur:** qui n'est pas de race blanche ► **pessoa de cor** □ **sous couleur de:** sous prétexte de ► **a pretexto de** ♦ **couleurs** *pl* **1** Teint du visage: *reprendre des couleurs* ► **cor 2** Drapeau national: *hisser les couleurs* ► **bandeira** ■ FAM **en voir de toutes les couleurs:** subir toutes sortes d'épreuves ► **passar por poucas e boas**

couleuvre *nf* Serpent non venimeux ► **cobra** ■ FIG, FAM **avaler des couleuvres:** recevoir des affronts sans protester ► **engolir o sapo**

coulis *nm* **1** Purée liquide obtenue par la cuisson lente d'un aliment: *coulis de tomates* ► **purê, molho 2** Purée liquide de fruits écrasés: *coulis de framboises* ► ***coulis***

coulissant, e *adj* Qui coulisse ► **corrediço**

coulisse *nf* **1** Rainure dans laquelle glisse une pièce mobile ► **corrediça 2** Partie du théâtre, derrière la scène ► **bastidor** ■ **regard en coulisse:** de côté, en coin ► **olhar de esguelha** ♦ **coulisses** *pl* Côté secret d'un domaine d'activité: *les coulisses de la politique* ► **bastidores**

coulisser *vt* Faire glisser sur des coulisses ► **deslizar sobre corrediças**

couloir *nm* **1** Passage de dégagement assurant la communication entre les différentes pièces d'un appartement, les différentes parties d'un lieu: *couloirs de métro* ► **corredor 2** Passage étroit ► **corredor** ■ **couloir aérien:** itinéraire que doivent suivre les avions ► **corredor aéreo** □ **couloir d'autobus:** partie de la chaussée réservée aux autobus, aux taxis, aux voitures de secours ► **corredor de ônibus** □ **couloir d'avalanche:** ravin qui entaille un versant montagneux et qui est souvent suivi par les avalanches ► **ravina**

coulomb *nm* ÉLECTR Quantité d'électricité transportée en 1 seconde par un courant de 1 ampère ► **coulomb**

coulure *nf* Matière plus ou moins liquide qui coule, se répand ► **fluxo**

country [kawntri] ou [kuntri] *nm inv ou nf inv et adj inv* Style de musique propre à la population blanche du sud-est des États-Unis ► ***country***

coup *nm* **1** Choc physique donné ou reçu: *en venir aux coups; donner un coup de pied à quelqu'un, quelque chose* ► **golpe 2** PAR EXT Émotion violente: *télégramme qui provoque un coup* ► **golpe 3** Mouvement rapide réalisé avec un instrument: *biffer d'un coup de crayon; passer un coup de balai* ► **lance (rabiscada, vassourada) 4** Bruit soudain: *coup de fusil; frapper trois coups à la porte* ► **pancada (tiro, batida) 5** Action malhonnête ou néfaste: *faire un sale coup* ► **golpe 6** Action, manœuvre en sport ou dans certains jeux: *faire un joli coup; coup de dés* ► **lance, lançamento** ■ **à coup sûr:** certainement ► **com certeza** □ **après coup:** quand il n'est plus temps ► **posteriormente** □ **à tout coup:** à chaque fois ► **toda vez** □ FAM **boire un coup:** une boisson, surtout alcoolisée ► **tomar um trago** □ **coup de chance:** heureux hasard ► **golpe de sorte** □ **coup sur coup:** sans interruption ► **ininterruptamente** □ FAM **coup dur:** épreuve morale, difficulté sérieuse ► **duro golpe** □ **coup d'État:** prise de pouvoir par des moyens illégaux, souvent violents ► **golpe de Estado** □ SPORTS **coup franc:** au football, au rugby, au basket, sanction contre une équipe pour irrégularité ► **falta** □ **coup de grâce:** celui qui achève ► **golpe de misericórdia** □ **coup de main:** aide, assistance ► **mãozinha** □ **coup de maître:** réussite éclatante ► **golpe de mestre** □ **coup d'œil:** regard rapide ► **olhada** □ **coup de soleil:** insolation ► **insolação** □ **coup de téléphone:** appel téléphonique ► **telefonema** □ **coup de tête:** action inspirée par le caprice, le dépit ou le désespoir ► **decisão impensada** □ **coup de théâtre:** événement soudain et imprévu ► ***coup de théâtre*** □ FAM **du coup:** par conséquent ► **por conseguinte** □ **du premier coup:** dès la première fois ► **de início** □ **manquer son coup:** échouer ► **fracassar** □ **sous le coup de:** sous l'effet de: *bégayer sous le coup de l'émotion* ► **sob efeito de** □ **sur le coup:** tout de suite ► **na hora** □ FAM **tenir le coup:** résister physiquement ou moralement ► **aguentar o tranco** □ FAM **tenter le coup:** essayer quelque chose de risqué ► **correr o risco** □ **tout à coup:** soudainement ► **de repente** □ **tout d'un coup:**

en une seule ▸ **de uma vez** ▫ **valoir le coup:** valoir la peine qu'on se donne ▸ **valer a pena**
coupable *adj et n* Qui a commis une faute; fautif, responsable ▸ **culpado**
coupage *nm* Mélange de vin ou d'alcool avec de l'eau ou avec un vin ou un alcool différent ▸ **corte**
coupant, e *adj* **1** Qui coupe; tranchant ▸ **cortante** **2** FIG Péremptoire: *ton coupant* ▸ **cortante**
coup-de-poing (pl *coups-de-poing*) *nm* ▸ **soco** ▪ **coup-de-poing américain:** arme de main faite d'une masse de métal percée de trous pour les doigts ▸ **soco-inglês**
coupe[1] *nf* **1** Verre à pied ou récipient évasé, destiné à recevoir une boisson, un dessert, etc. ▸ **taça** **2** Trophée attribué au vainqueur ou à l'équipe victorieuse d'une épreuve sportive; la compétition elle-même: *participer à la Coupe de France* ▸ **taça**
coupe[2] *nf* **1** Action ou manière de couper quelque chose: *coupe de cheveux* ▸ **corte** **2** Action, manière de tailler un tissu pour en faire un vêtement ▸ **corte** **3** Séparation d'un jeu de cartes en deux paquets ▸ **corte** **4** Étendue d'un bois destinée à être coupée ▸ **árvores de corte** **5** Légère pause marquée dans la diction d'un vers ▸ **corte** **6** Représentation graphique d'un bâtiment, d'un objet selon une section verticale ▸ **corte** ▪ **à la coupe:** en alimentation, se dit d'un article débité à la demande du client: *fromage à la coupe* ▸ **avulso** ▫ **coupe claire:** **(a)** qui laisse peu d'arbres ▸ **desbaste** **(b)** FIG réduction drastique ▸ **corte drástico** ▫ **coupe sombre:** **(a)** qui épargne beaucoup d'arbres ▸ **corte racional** **(b)** FIG réduction drastique (usage fautif) ▸ **desbaste drástico** ▫ FAM **être sous la coupe de quelqu'un:** sous sa dépendance ▸ **estar nas mãos de alguém**
coupé *nm* Voiture fermée à deux portes et à deux places ▸ **cupê**
coupe-chou (pl *coupe-choux*) ou **coupe-choux** (*pl inv*) *nm* FAM Rasoir à main ▸ **barbeador**
coupe-circuit (pl *coupe-circuits* ou inv) *nm* Fil d'alliage fusible, intercalé dans un circuit électrique ▸ **fusível**
coupe-coupe *nm inv* Sabre utilisé pour se frayer un chemin dans la brousse ▸ **machete**
coupée *nf* Ouverture servant d'accès dans le flanc d'un navire ▸ **escotilha**
coupe-faim *nm inv* **1** Médicament qui diminue l'appétit ▸ **moderador de apetite** **2** Aliment pris pour calmer la faim ▸ **petisco**
coupe-feu *nm inv* Dispositif destiné à arrêter la progression d'un incendie ▸ **corta-fogo**
coupe-file (pl *coupe-files*) *nm* Carte officielle donnant certaines priorités de circulation ▸ **salvo-conduto**
coupe-gorge *nm inv* Lieu où l'on risque de se faire attaquer ▸ **antro**
coupelle *nf* Petite coupe ▸ **copela**
coupe-ongles *nm inv* Pince ou ciseaux pour couper les ongles ▸ **cortador de unha**
coupe-papier (pl *coupe-papiers* ou inv) *nm* Lame pour couper les feuilles de papier ▸ **cortador de papel**
couper *vt* **1** Diviser avec un instrument tranchant: *couper du pain* ▸ **cortar** **2** Faire une entaille, une blessure ▸ **cortar** **3** Tailler d'après un patron: *couper une robe* ▸ **cortar** **4** Mêler un liquide avec un autre: *couper du vin avec de l'eau* ▸ **cortar** **5** Rompre, interrompre: *couper une communication; couper l'eau* ▸ **cortar** **6** Passer au milieu, au travers de; croiser: *route qui en coupe une autre* ▸ **cortar** **7** Isoler quelqu'un: *vivre coupé du monde* ▸ **isolar** **8** Au tennis, au ping-pong, renvoyer la balle en lui donnant un effet de rotation sur elle-même ▸ **cortar** **9** Châtrer: *couper un chat* ▸ **capar** ▪ FAM **à couper au couteau:** très épais ▸ **de cortar com faca** ▫ **couper la route à quelqu'un:** se mettre en travers de son chemin, l'empêcher d'avancer ▸ **interceptar o caminho de alguém** ♦ *vi* Être tranchant: *ce couteau coupe bien* ▸ **cortar** ♦ *vt et vi* **1** Prendre avec un atout une carte de son adversaire ▸ **cortar** **2** Faire deux paquets d'un jeu de cartes: *couper les cartes* ▸ **cortar** **3** Aller directement: *couper à travers champs* ▸ **cortar** ♦ *vt ind* [à] FAM Échapper à quelque chose ▸ **escapar** ♦ **se couper** *vpr* **1** Se faire une coupure ▸ **cortar-se** **2** FAM Se trahir, se contredire ▸ **contradizer-se**
couperet *nm* **1** Couteau large de cuisine ou de boucherie ▸ **cutelo** **2** Lame de la guillotine ▸ **cutelo**
couperose *nf* MÉD Coloration rouge du visage due à une dilatation des vaisseaux capillaires ▸ **acne rosácea**
couperosé, e *adj* Atteint de couperose: *visage couperosé* ▸ **com acne rosácea**
coupe-vent *nm inv* Vêtement qui protège de l'air vif, du vent ▸ **blusão**
couplage *nm* Assemblage de deux choses ▸ **acoplamento**
couple *nm* **1** Homme et femme mariés ou réunis momentanément ▸ **casal** **2** Rapprochement de deux personnes liées par l'amitié, des intérêts communs, etc.: *un couple d'amis* ▸ **par** **3** Animaux réunis deux à deux: *couple de chevaux qui tirent une charrette* ▸ **junta** **4** MÉCAN Système de

forces égales, parallèles, mais de sens contraires ▸ **sistema conjugado**

coupler *vt* Attacher deux à deux ▸ **acoplar**

couplet *nm* Strophe d'une chanson ▸ **estrofe**

coupole *nf* Intérieur d'un dôme ▸ **cúpula**

coupon *nm* **1** Reste d'une pièce d'étoffe ▸ **retalho** **2** Billet attestant l'acquittement d'un droit ▸ **cupom**

coupon-réponse (pl *coupons-réponse*) *nm* Encart de papier détachable permettant de répondre à un concours, à une offre publicitaire, etc. ▸ **cartão-resposta**

coupure *nf* **1** Incision, entaille: *une coupure au doigt* ▸ **corte** **2** Interruption du courant électrique, du gaz, de l'eau courante ▸ **corte** **3** Passage supprimé d'un film, d'un ouvrage ▸ **corte** **4** Billet de banque: *payer en grosses, en petites coupures* ▸ **nota** ▪ **coupure de journal, de presse:** article de journal découpé ▸ **recorte de jornal**

cour *nf* **1** Espace découvert, clos de murs ou limité par des bâtiments ▸ **pátio** **2** Tribunal, juridiction d'une certaine importance: *cour d'appel* ▸ **corte, tribunal** **3** Ensemble des personnages qui entourent un souverain; résidence d'un souverain ▸ **corte** **4** Ensemble de personnes empressées de plaire à quelqu'un ▸ **corte** ▪ THÉÂTRE **côté cour:** côté de la scène à la droite des spectateurs ▸ **direita do palco** ▫ **faire la cour à quelqu'un:** chercher à lui plaire, à gagner ses faveurs ▸ **cortejar alguém** ▫ FAM **la cour des grands:** le petit cercle de ceux qui ont une importance prépondérante dans un domaine: *son rôle dans le film le fait entrer dans la cour des grands* ▸ **o primeiro escalão**

ORTHOGRAPHE On écrit: *cour d'appel, cour d'assises,* mais *Cour de cassation, Cour des comptes, Haute Cour de justice*

courage *nm* Fermeté en face d'une épreuve physique ou morale; hardiesse, audace ▸ **coragem** ▪ FIG **prendre son courage à deux mains:** se décider à entreprendre quelque chose ▸ **encher-se de coragem**

courageusement *adv* Avec courage ▸ **corajosamente**

courageux, euse *adj et n* Qui a du courage ▸ **corajoso**

couramment *adv* **1** Habituellement, communément ▸ **geralmente** **2** Facilement: *parler anglais couramment* ▸ **correntemente**

courant¹ *nm* **1** Masse d'eau ou d'air se déplaçant dans tel ou tel sens: *fleuve au courant rapide; courant d'air* ▸ **corrente** **2** Déplacement de charges électriques dans un conducteur: *couper le courant* ▸ **corrente** **3** FIG Mouvement d'ensemble, tendance: *un courant de sympathie; courant de pensée* ▸ **corrente** ▪ **courant alternatif:** courant périodique dont la valeur moyenne dans le temps est nulle ▸ **corrente alternada** ▫ **courant continu:** constant dans le temps ▸ **corrente contínua** ▫ **dans le courant du mois, de la semaine:** à un moment quelconque de ces périodes de temps ▸ **no correr do mês, da semana** ▫ **être au courant de:** être renseigné ▸ **estar a par de** ▫ **mettre, tenir au courant:** renseigner ▸ **colocar a par**

courant², e *adj* Habituel, ordinaire: *prix courants; affaires courantes* ▸ **corrente** ▪ **chien courant:** qui poursuit le gibier ▸ **cão de caça** ▫ **eau courante:** eau distribuée par les canalisations dans une habitation ▸ **água corrente** ▫ **mois courant:** celui dans lequel on est ▸ **mês corrente**

courbatu, e *adj* LITT Courbaturé ▸ **combalido**

courbature *nf* Douleur dans les membres ▸ **esfalfamento**

courbaturé, e *adj* Qui souffre de courbatures ▸ **combalido**

courbaturer *vt* Causer une courbature à ▸ **combalir**

courbe *adj* En forme d'arc: *rail courbe* ▸ **curvo** ◆ *nf* ligne courbe ▸ **curva**

courber *vt* **1** Rendre courbe ▸ **curvar** **2** Pencher, incliner: *courber les épaules* ▸ **curvar** ◆ *vi* Plier, ployer: *courber sous le poids* ▸ **curvar**

courbette *nf* FAM (surtout au pluriel) Révérence obséquieuse ▸ **mesura** ▪ **faire des courbettes à quelqu'un:** être d'une politesse servile avec lui ▸ **adular alguém**

courbure *nf* État d'une chose courbée: *la courbure d'un arc* ▸ **curvatura**

courette *nf* Petite cour intérieure ▸ **pátio pequeno**

coureur, euse *n* **1** Personne qui participe à une course: *coureur cycliste* ▸ **corredor** **2** Personne qui court vite ▸ **corredor** ◆ *adj et n* Qui recherche les aventures amoureuses ▸ **namorador**

courge *nf* Plante cultivée, aux fruits volumineux consommés comme légumes (citrouille, courgette, potiron, etc.) ▸ **abóbora**

courgette *nf* Courge, de forme allongée ▸ **abobrinha**

courir *vi (conj 29)* **1** Se déplacer en effectuant un mouvement alternatif rapide des jambes ▸ **correr** **2** Prendre part à une épreuve de course ▸ **correr** **3** FIG S'écouler ▸ **transcorrer** **4** Circuler, se propager: *le bruit court que* ▸ **correr** ◆ *vt* **1** Poursuivre à la course: *courir un lièvre* ▸ **perseguir** **2** Parcourir: *courir les champs* ▸ **percorrer** **3** Fréquenter:

courir les bals ▸ **frequentar 4** Être exposé à: *courir un risque, un danger* ▸ **correr**

courlis *nm* Oiseau échassier migrateur à long bec arqué vers le bas ▸ **maçarico**

couronne *nf* **1** Objet circulaire qu'on porte sur la tête: *couronne royale; couronne de fleurs* ▸ **coroa 2** Autorité royale, dynastie: *la couronne d'Angleterre* ▸ **coroa 3** Objet circulaire ▸ **coroa 4** Unité monétaire principale de divers pays ▸ **coroa 5** Partie visible de la dent, en émail; prothèse fixe recouvrant cette partie en cas de lésion ▸ **coroa** ▪ **couronne mortuaire:** fleurs offertes lors des funérailles et disposées sur un support circulaire ▸ **coroa fúnebre**

couronné, e *adj* **1** Qui porte une couronne ▸ **coroado 2** Récompensé ▸ **premiado** ▪ FAM **genou couronné:** blessé, écorché ▸ **joelho machucado**

couronnement *nm* **1** Action de couronner ▸ **coroação 2** Cérémonie au cours de laquelle est couronné un souverain ▸ **coroação 3** FIG Achèvement, apothéose: *le couronnement d'une œuvre* ▸ **coroamento**

couronner *vt* **1** Mettre une couronne sur la tête de ▸ **coroar 2** Reconnaître comme souverain ▸ **coroar 3** FIG Honorer, récompenser ▸ **premiar 4** Former la partie supérieure de ▸ **coroar 5** FIG Constituer l'achèvement parfait de ▸ **coroar**

courre *vt* ▪ **chasse à courre:** qui se pratique avec des chiens courants ▸ **caça com cães**

courriel *nm* Messagerie électronique; message électronique ▸ ***e-mail***

courrier *nm* Correspondance écrite ou reçue ▸ **correspondência** ▪ **courrier du cœur:** dans un journal, publication de lettres et de conseils sur des problèmes sentimentaux ▸ **correio sentimental** ▫ **courrier électronique:** messagerie, message électronique ▸ ***e-mail***

courriériste *n* Journaliste chargé d'un courrier dans un journal ▸ **colunista**

courroie *nf* Bande de matière souple ▸ **correia** ▪ FIG **courroie de transmission:** personne, organisme servant d'intermédiaire ▸ **mediador**

courroucé, e *adj* LITT Très irrité; furieux: *regard courroucé* ▸ **raivoso**

courroucer *vt (conj 1)* LITT Mettre en colère ▸ **enraivecer**

courroux *nm* LITT Vive colère ▸ **raiva**

cours *nm* **1** Écoulement des eaux d'un fleuve, d'une rivière; trajet de ceux-ci ▸ **curso 2** FIG Déroulement, durée: *suivre son cours* ▸ **curso 3** Promenade plantée d'arbres ▸ **alameda 4** Enseignement dispensé dans un domaine, sur un sujet ou à des personnes d'un niveau donné: *cours d'histoire* ▸ **curso 5** Nom donné à certains établissements d'enseignement privé ▸ **curso 6** Prix actuel d'une marchandise, d'un titre: *les cours de la Bourse* ▸ **cotação** ▪ **au cours de:** pendant toute la durée de ▸ **durante** ▫ **avoir cours:** avoir valeur légale ▸ **ser moeda corrente** ▫ **cours d'eau:** fleuve, rivière, torrent, etc. ▸ **curso de água** ▫ **donner libre cours à:** laisser se manifester sans retenue ▸ **dar largas a** ▫ **être en cours:** en train de se dérouler: *travaux en cours* ▸ **estar em curso** ▫ **suivre son cours:** se développer comme prévu ▸ **seguir seu caminho** ▫ **voyage au long cours:** longue traversée d'un bateau ▸ **viagem de longo curso**

course *nf* **1** Action de courir: *au pas de course* ▸ **corrida 2** Mouvement ou déplacement; trajet parcouru: *payer la course* ▸ **corrida 3** Épreuve de vitesse: *course cycliste, course de chevaux* ▸ **corrida 4** FIG Mouvement vers un but: *course aux armements* ▸ **corrida** ▪ **à bout de course:** épuisé, fatigué ▸ **sem fôlego** ▫ FAM **ne plus être dans la course:** ne plus être adapté à son temps ▸ **estar por fora** ◆ **courses** *pl* **1** Achats, commissions: *faire les courses* ▸ **compras 2** Compétition équestre de vitesse: *jouer aux courses* ▸ **turfe**

course-poursuite (pl *courses-poursuites*) *nf* Poursuite rapide, le plus souvent en voiture, accompagnée de péripéties ▸ **perseguição**

courser *vt* FAM Poursuivre à la course ▸ **dar uma corrida**

coursier, ère *n* Employé chargé de faire des courses en ville pour le compte d'une entreprise, d'un commerçant, etc. ▸ **mensageiro**

coursive *nf* Passage étroit, dans le sens de la longueur d'un navire ▸ **coxia**

court[1] *nm* Terrain de tennis ▸ **quadra de tênis**

court[2]**, e** *adj* **1** De peu de longueur ▸ **curto 2** Bref ▸ **curto** ▪ **avoir la vue courte: (a)** ne pas voir de loin ▸ **ter vista curta (b)** FIG avoir l'esprit borné ▸ **ter visão estreita** ▫ **avoir la mémoire courte:** oublier rapidement ce qui dérange ▸ **ter memória curta** ◆ *adv* ▪ **à court de quelque chose:** privé ou démuni de quelque chose ▸ **ter escassez de algo** ▫ **couper court à quelque chose:** le faire cesser brusquement ▸ **interromper algo bruscamente** ▫ SOUT **demeurer, rester court:** rester coi ▸ **ficar embatucado** ▫ **prendre quelqu'un de court:** complètement au dépourvu ▸ **pegar alguém desprevenido** ▫ **tourner court:** cesser brusquement ▸ **não ir longe**

courtage *nm* **1** Profession du courtier; exercice de cette profession ▸ **corretagem 2** Commission en pourcentage due au courtier ▸ **corretagem**

courtaud, e *adj et n* De taille courte, ramassée ► **atarracado**

court-bouillon (pl *courts-bouillons*) *nm* Bouillon aromatisé dans lequel on fait cuire du poisson, de la viande ► ***court bouillon***

court-circuit (pl *courts-circuits*) *nm* Mise en relation directe de deux points dont les potentiels électriques sont différents; accident qui en résulte ► **curto-circuito**

court-circuiter *vt* **1** Mettre en court-circuit ► **pôr em curto-circuito 2** FIG Sauter un intermédiaire en passant par une voie plus courte que la normale ► **atalhar**

courtepointe *nf* Couverture piquée ► **colcha**

courtier, ère *n* Personne qui a un rôle d'intermédiaire dans des opérations commerciales, financières, etc. ► **corretor**

courtine *nf* Mur entre deux bastions d'une fortification ► **cortina**

courtisan *nm* Personne qui flatte par intérêt ► **bajulador**

courtisane *nf* HIST, LITT Prostituée qui ne travaillait que dans des milieux socialement élevés ► **cortesã**

courtiser *vt* **1** Faire sa cour à ► **cortejar 2** LITT Flatter par intérêt ► **bajular**

court-jus (pl *courts-jus*) *nm* FAM Court-circuit ► **curto-circuito**

court-métrage (pl *courts-métrages*) ou **court métrage** (pl *courts métrages*) *nm* Film de moins de trente minutes ► **curta-metragem**

courtois, e *adj* Qui se conduit avec une parfaite correction, très poli ► **cortês**

courtoisement *adv* Avec courtoisie ► **cortesmente**

courtoisie *nf* Civilité, politesse ► **cortesia**

court-vêtu, e (pl *court-vêtus, es*) *adj* Qui porte un vêtement court ► **de roupa curta**

couru, e *adj* Recherché ► **procurado** ■ FAM **c'est couru d'avance:** c'est prévisible ► **é mais do que certo**

couscous [kuskus] *nm* Plat d'Afrique du Nord, à base de semoule de blé ► **cuscuz**

cousette *nf* FAM, VIEILLI Jeune ouvrière de la couture ► **costureirinha**

cousin[1], e *n* Personne issue de l'oncle ou de la tante ► **primo**

cousin[2] *nm* Moustique d'une espèce commune ► **melga**

cousinage *nm* Parenté entre cousins ► **parentesco de primos**

coussin *nm* Oreiller pour s'appuyer, s'asseoir, etc. ► **almofada**

coussinet *nm* **1** Petit coussin ► **almofadinha 2** MÉCAN Pièce cylindrique dans laquelle se meut un tourillon ► **coxim 3** Pièce de fonte maintenant les rails des voies ferrées ► **coxim**

cousu, e *adj* Réuni, assemblé par une couture ► **costurado** ■ **cousu de fil blanc:** se dit d'un stratagème grossier, facile à démasquer ► **claro como o dia** □ FIG **cousu d'or:** extrêmement riche ► **coberto de ouro**

coût *nm* **1** Ce qu'une chose coûte ► **custo 2** FIG Effet négatif, conséquence néfaste d'une action: *le coût d'une erreur d'orientation sur la carrière d'une personne* ► **custo**

coûtant *adj m* ► **de custo** ■ **au prix coûtant:** sans bénéfice pour le vendeur ► **a preço de custo**

couteau *nm* **1** Instrument tranchant, composé d'une lame et d'un manche ► **faca 2** Mollusque bivalve ► **navalha**

coutelas [kutlɑ] *nm* Grand couteau ► **facão**

coutelier, ère *n* Personne qui fabrique, vend des couteaux, etc. ► **cuteleiro** ◆ *adj* Relatif à la coutellerie ► **cuteleiro**

coutellerie *nf* Atelier, commerce ou marchandise du coutelier ► **cutelaria**

coûter *vi* **1** Être au prix de ► **custar 2** FIG Être cause de quelque effort, de quelque souffrance: *il me coûte de sortir* ► **custar** ■ **coûte que coûte:** à tout prix ► **custe o que custar** ◆ *vt* Causer, occasionner: *les efforts que ce travail m'a coûtés* ► **custar**

ORTHOGRAPHE Noter l'accord du participe passé: *les trente francs qu'il a coûté* (sens propre), *les efforts que l'opération a coûtés* (sens figuré)

coûteux, euse *adj* Qui coûte cher ► **caro**

coutil [kuti] *nm* Toile croisée et serrée ► **cotim**

coutume *nf* Habitude, usage ► **costume**

coutumier, ère *adj* LITT Que l'on fait habituellement ► **costumeiro** ■ **être coutumier du fait:** avoir l'habitude de commettre une action déterminée ► **ser useiro e vezeiro**

couture *nf* **1** Art ou action de coudre ► **costura 2** Métier de la couture ► **costura 3** Suite de points assemblant des tissus ► **costura 4** LITT Cicatrice ► **cicatriz** ■ **battre quelqu'un à plate couture:** complètement ► **derrotar alguém completamente** □ **la haute couture:** l'ensemble des entreprises qui créent des modèles originaux ► **a alta-costura**

couturé, e *adj* LITT Couvert de cicatrices ► **coberto de cicatrizes**

couturier, ère *n* Personne qui confectionne des vêtements ► **costureiro** ■ **grand couturier:** personne qui dirige une entreprise de haute couture et qui crée des modèles ► **costureiro**

couvain *nm* Ensemble des œufs des insectes qui vivent en société ▸ **ovada**

couvaison *nf* Temps pendant lequel un oiseau couve ses œufs ▸ **choco**

couvée *nf* Ensemble des œufs qu'un oiseau couve en même temps; les petits qui en proviennent ▸ **ninhada**

couvent *nm* Maison de religieux, de religieuses; ceux qui l'habitent ▸ **convento**

couver *vt* **1** S'étendre sur ses œufs pour les faire éclore, en parlant d'un oiseau ▸ **chocar 2** FIG Entourer de soins exagérés: *couver un enfant* ▸ **chocar 3** Avoir à l'état latent: *couver une maladie* ▸ **incubar ▪ couver des yeux:** regarder avec affection ou convoitise ▸ **lamber com os olhos** ◆ *vi* Être à l'état latent: *colère qui couve* ▸ **estar incubado**

couvercle *nm* Pièce mobile qui sert à couvrir ▸ **tampa**

couvert[1] *nm* La cuillère, le couteau et la fourchette ▸ **talher ▪ à couvert:** à l'abri ▸ **a coberto** □ **mettre le couvert:** disposer sur la table ce qui est nécessaire à un repas ▸ **pôr a mesa** □ **le vivre et le couvert:** la nourriture et le logement ▸ **casa e comida**

couvert[2]**, e** *adj* **1** Muni d'un couvercle ou d'un toit, d'un chapeau, etc. ▸ **coberto 2** Vêtu chaudement ▸ **agasalhado 3** FIG Chargé de: *couvert de décorations* ▸ **coberto ▪ temps couvert:** nuageux ▸ **tempo encoberto**

couverture *nf* **1** Pièce de tissu épais pour se couvrir dans un lit ▸ **coberta 2** Toit d'une maison ▸ **cobertura 3** Première page plus ou moins épaisse d'un livre, d'une revue ▸ **capa 4** FINANCES Valeurs servant à la garantie d'une opération financière ou commerciale ▸ **cobertura 5** FIG Personne, action qui sert à protéger, à masquer: *se servir de quelqu'un comme couverture* ▸ **cobertura 6** Fait, pour un journaliste, de couvrir un événement ▸ **cobertura ▪ couverture chauffante:** qui chauffe grâce à un dispositif électrique ▸ **cobertor elétrico** □ **couverture sociale:** protection dont bénéficie un assuré social ▸ **seguro social** □ FAM **tirer la couverture à soi:** accaparer égoïstement tout le bénéfice d'une affaire ▸ **puxar a brasa para a sua sardinha** □ TÉLÉCOMM **zone de couverture** ou **couverture:** portion de territoire desservie par un réseau de téléphonie cellulaire ou couverte par les émissions d'un satellite ▸ **área de cobertura**

couveuse *nf* **1** Appareil où l'on fait éclore des œufs ▸ **chocadeira 2** Appareil à température constante dans lequel on place les bébés nés avant terme ▸ **incubadora**

couvrant, e *adj* Qui recouvre sans laisser apparaître ce qui est en dessous: *peinture à fort pouvoir couvrant* ▸ **revestidor**

couvre-chef (pl *couvre-chefs*) *nm* FAM Chapeau ▸ **chapéu**

couvre-feu (pl *couvre-feux*) *nm* Interdiction de sortir de chez soi, à partir d'une certaine heure ▸ **toque de recolher**

couvre-lit (pl *couvre-lits*) *nm* Pièce d'étoffe qui recouvre un lit ▸ **colcha**

couvre-pied (pl *couvre-pieds*) ou **couvre-pieds** (pl inv) *nm* Couverture de lit, faite de deux tissus superposés, garnis intérieurement de duvet, etc. ▸ **manta**

couvreur *nm* Ouvrier, entrepreneur qui pose ou répare les toits ▸ **telhador**

couvrir *vt (conj 16)* **1** Mettre un objet ou une matière sur une personne, une chose, pour les protéger: *couvrir chaudement un enfant* ▸ **cobrir 2** Mettre un couvercle sur: *couvrir un plat* ▸ **cobrir 3** Répandre en grand nombre: *couvrir un tableau d'inscriptions* ▸ **cobrir 4** Donner à quelqu'un beaucoup de choses; combler: *couvrir de cadeaux* ▸ **cobrir 5** Parcourir: *couvrir une distance* ▸ **cobrir 6** En parlant d'un journaliste, assurer l'information lors d'un événement: *couvrir un conflit* ▸ **cobrir 7** Compenser, contrebalancer: *les dépenses couvrent les recettes* ▸ **cobrir 8** Assumer la responsabilité des actes de quelqu'un ▸ **dar cobertura 9** Fournir une couverture financière ▸ **dar cobertura 10** En parlant d'un animal mâle, s'accoupler à une femelle ▸ **cobrir ▪ couvrir un bruit, des voix:** empêcher qu'on les entende ▸ **encobrir um barulho, vozes** □ **couvrir un risque:** le garantir, en assurer la responsabilité ▸ **dar cobertura** ◆ **se couvrir** *vpr* **1** Être gagné par quelque chose qui se répand à la surface: *les arbres se couvrent de fleurs* ▸ **cobrir-se 2** Mettre des vêtements chauds ▸ **agasalhar-se 3** Se protéger, se garantir ▸ **cobrir-se 4** S'obscurcir, en parlant du ciel, du temps ▸ **cobrir-se**

cover-girl [kɔvœrgœrl] (pl *cover-girls*) *nf* Jeune femme posant pour les magazines de mode ▸ **modelo**

covoiturage *nm* Utilisation d'une seule voiture particulière par plusieurs personnes qui effectuent régulièrement le même trajet ▸ **uso compartilhado de veículo**

cow-boy [kɔbɔj] ou [kawbɔj] (pl *cow-boys*) *nm* Gardien d'un troupeau de bovins, en Amérique du Nord ▸ **caubói**

coxalgie *nf* MÉD Tuberculose de la hanche ▸ **coxalgia**

coyote *nm* Mammifère carnivore d'Amérique du Nord, voisin du loup et du chacal ▸ **coiote**
CP *nm* (sigle de *cours préparatoire*) Classe de l'enseignement primaire où sont scolarisés les enfants de six ans
CQFD (sigle de *ce qu'il fallait démontrer*) Sert de conclusion à une démonstration ▸ **c.q.d.**
crabe *nm* Crustacé marin comestible ▸ **caranguejo**
crac *interj* Exprime le bruit d'une chose qui se rompt ▸ **crac**
crachat *nm* Salive ou mucosité qu'on crache ▸ **cuspe**
crachement *nm* **1** Action de cracher ▸ **cusparada 2** FIG Crépitement d'un haut-parleur, d'un récepteur téléphonique ▸ **chiado**
cracher *vt* **1** Rejeter hors de la bouche ▸ **cuspir 2** Lancer, projeter ▸ **cuspir 3** FAM Dire: *cracher des injures* ▸ **lançar** ■ FIG **tout craché:** très ressemblant ▸ **escarrado** ◆ *vi* Rejeter des crachats ▸ **cuspir** ◆ *vt ind* [sur] FAM Dédaigner, mépriser ▸ **cuspir**
cracheur, euse *n* ■ Personne qui crache ▸ **cuspidor**
crachin *nm* Pluie très fine ▸ **chuvisco**
crachoir *nm* Récipient pour cracher ▸ **escarradeira**
crachotement *nm* Action de crachoter ▸ **cuspinhadura, chiado**
crachoter ou **crachouiller** *vi* **1** Cracher à petits coups répétés ▸ **acuspinhar 2** Émettre des crépitements: *la radio crachote* ▸ **chiar**
crack *nm* **1** Cheval favori dans une course du fait de ses nombreuses victoires ▸ **craque 2** FAM Personne qui se distingue dans un domaine ▸ **craque**
cracker[2] [krakœr] *nm* INFORM Personne qui s'introduit dans un système ou un réseau informatique pour entraver le fonctionnement ou le détruire (recommandation officielle: *pirate*) ▸ ***hacker***
craie *nf* Roche calcaire, tendre et blanche; petit bâton de cette matière ▸ **giz**
craindre *vt (conj 55)* **1** Redouter: *je crains qu'il ne parte* ▸ **temer 2** Être sensible à: *craindre le froid* ▸ **temer**
crainte *nf* Sentiment de quelqu'un qui craint, qui a peur ▸ **medo** ■ **de crainte que** ou **de crainte de** (+ inf): pour éviter que, de ▸ **para evitar que**
craintif, ive *adj et n* Porté à la crainte, peureux ▸ **medroso**
craintivement *adv* Avec crainte ▸ **medrosamente**
cramer *vi et vt* FAM Brûler ▸ **queimar**
cramoisi, e *adj* **1** Rouge foncé ▸ **carmesim 2** Qui devient rouge sous l'effet de l'émotion, de la colère, de la honte, etc. ▸ **ruborizado**
crampe *nf* Contraction douloureuse de certains muscles ▸ **cãibra** ■ **crampe d'estomac:** douleur, tiraillements à l'estomac ▸ **contração estomacal**
crampon *nm* **1** Pièce de métal recourbée pour lier, retenir ou saisir fortement ▸ **grampo 2** FAM Importun ▸ **chato** ■ **chaussures à crampons:** utilisées, au rugby, au football, pour ne pas glisser ▸ **chuteiras (com travas)**
cramponner (se) *vpr* **1** S'accrocher à ▸ **agarrar-se a 2** FIG Se tenir fermement à quelque chose, malgré les obstacles: *se cramponner à un espoir* ▸ **aferrar-se a**
cran *nm* **1** Entaille dans un corps dur, pour accrocher ou arrêter ▸ **entalhe 2** FIG Degré: *monter, baisser d'un cran* ▸ **furo 3** FAM Fermeté, courage, audace: *avoir du cran* ▸ **valentia 4** Ondulation des cheveux ▸ **onda** ■ **cran d'arrêt, de sûreté:** qui cale la gâchette d'une arme à feu, la lame d'un couteau ▸ **trava de segurança** □ FAM **être à cran:** exaspéré ▸ **estar com os nervos por um fio**
crâne *nm* **1** Boîte osseuse qui contient le cerveau ▸ **crânio 2** FAM Tête ▸ **crânio** ◆ *adj* LITT Décidé, fier ▸ **resoluto**
crânement *adv* LITT D'une manière crâne ▸ **resolutamente, com presunção**
crâner *vi* FAM Faire l'important ▸ **bravatear**
crâneur, euse *adj et n* FAM Qui crâne; prétentieux, vaniteux ▸ **presunçoso**
crânien, enne *adj* Relatif au crâne ▸ **craniano**
cranter *vt* Faire des crans ▸ **entalhar**
crapaud *nm* **1** Batracien à forme lourde et trapue, à peau verruqueuse ▸ **sapo 2** Petit fauteuil bas ▸ **poltrona baixa 3** Petit piano à queue ▸ **crapô**
crapule *nf* Individu très malhonnête ▸ **crápula**
crapuleux, euse *adj* Plein de bassesse, malhonnête ▸ **sórdido** ■ **crime crapuleux:** commis par intérêt ▸ **crime por interesse**
craquant, e *adj* FAM Qui fait craquer; irrésistible ▸ **irresistível**
craqueler *vt (conj 6)* Fendiller la surface de ▸ **rachar**
craquelin *nm* Biscuit très dur ▸ **bolacha dura**
craquelure *nf* Fendillement, fissure ▸ **rachadura**
craquement *nm* Bruit sec que fait un objet qui craque ▸ **estalo**
craquer *vi* **1** Se déchirer, se briser en produisant un bruit sec ▸ **rachar 2** Produire un bruit sec: *parquet qui craque* ▸ **estalar 3** FAM S'effondrer nerveusement ▸ **rebentar 4** FAM Ne pas résister

au charme de quelqu'un, à l'attrait de quelque chose; *craquer pour un chanteur; ce gâteau a l'air délicieux, je craque* ▸ **sucumbir** ◆ *vt* Briser, déchirer ▸ **quebrar** ▪ **craquer une allumette:** l'allumer en la frottant sur une surface rugueuse ▸ **riscar um fósforo**

craquètement ou **craquettement** *nm* **1** Petit craquement ▸ **estalido 2** Cri de la cigogne ▸ **grasnado**

craqueter *vi (conj 8)* **1** Craquer de façon répétée ▸ **estalar 2** Pousser son cri, en parlant de la cigogne ▸ **grasnar**

crash (pl *crashs* ou *crashes*) *nm* (anglicisme) Atterrissage improvisé, souvent brutal ▸ ***crash***

crasher (se) *vpr* FAM (anglicisme) **1** En parlant d'un avion, s'écraser au sol ▸ **espatifar-se 2** En parlant d'un véhicule, s'écraser contre un obstacle ▸ **espatifar-se**

crassane *nf* Poire fondante ▸ **pera-de-outono**

crasse *nf* **1** Couche de saleté ▸ **cardina 2** FAM Mauvais tour: *faire une crasse* ▸ **sujeira** ◆ **crasses** *pl* Scories d'un métal en fusion ▸ **escória** ◆ *adj f* ▪ FAM **ignorance crasse:** grossière ▸ **ignorância crassa**

crasseux, euse *adj* Couvert de crasse ▸ **encardido**

crassier *nm* Amoncellement des déchets, scories et résidus d'une usine métallurgique ▸ **monte de escória**

cratère *nm* **1** Ouverture d'un volcan ▸ **cratera 2** ANTIQ Vase à deux anses ▸ **cratera**

cravache *nf* Badine pour stimuler ou corriger un cheval ▸ **chicote**

cravacher *vt* Frapper avec une cravache ▸ **chicotear**

cravate *nf* Bande d'étoffe qui se noue autour du cou, sous le col de la chemise ▸ **gravata**

cravater *vt* Mettre une cravate à quelqu'un ▸ **engravatar**

crawl [krol] *nm* Nage rapide, consistant en une rotation verticale alternative des bras et un battement continu des pieds ▸ ***crawl***

crawler [krole] *vi* Nager le crawl ▸ **nadar *crawl***

crayeux, euse [krɛjø, øz] *adj* Qui contient de la craie; qui en a l'aspect ▸ **gredoso**

crayon [krɛjɔ̃] *nm* Bâtonnet de bois renfermant une mine de graphite ou de matière colorante et servant à écrire, à dessiner, etc.: *crayon de couleur* ▸ **lápis** ▪ **coup de crayon:** habileté à dessiner ▸ **habilidade para desenhar**

crayon-feutre (pl *crayons-feutres*) *nm* Stylo à pointe de feutre ▸ **caneta hidrográfica**

crayonnage *nm* Dessin rapide au crayon ▸ **esboço a lápis**

crayonné *nm* Avant-projet, maquette d'une illustration ▸ **esboço**

crayonner *vt* Esquisser avec un crayon ▸ **esboçar a lápis**

créance *nf* Droit que l'on a d'exiger quelque chose de quelqu'un; titre qui établit ce droit ▸ **obrigação** ▪ **lettres de créance:** lettres que remet un diplomate au chef de l'État auprès duquel il est accrédité ▸ **credenciais**

créancier, ère *n* Personne à qui l'on doit de l'argent ▸ **credor**

créateur, trice *n et adj* Personne qui crée, qui invente ▸ **criador** ◆ *nm* ▪ **le Créateur:** dieu ▸ **o Criador**

créatif, ive *adj et n* Qui a du goût pour la création; qui la favorise ▸ **criativo, criador**

création *nf* **1** Action de créer; la ou les œuvres ainsi créées: *la création du monde* ▸ **criação 2** Fait de monter une œuvre, de jouer un rôle pour la première fois ▸ **criação**

créativité *nf* Pouvoir de création, d'invention ▸ **criatividade**

créature *nf* **1** Être créé; en particulier, être humain par rapport à Dieu ▸ **criatura 2** FAM Femme: *une créature de rêve* ▸ **criatura 3** PÉJOR Personne dévouée à une autre ▸ **criatura**

crécelle *nf* Moulinet de bois très bruyant ▸ **matraca** ▪ **voix de crécelle:** criarde, aiguë ▸ **voz estridente**

crécerelle *nf* Oiseau voisin du faucon ▸ **peneireiro**

crèche *nf* **1** Modèle réduit de l'étable où eut lieu la naissance de Jésus-Christ, avec de nombreuses figurines, qu'on expose à Noël ▸ **presépio 2** Établissement où l'on reçoit dans la journée les enfants en bas âge dont les parents travaillent ▸ **creche**

crécher *vi* FAM *(conj 10)* Habiter quelque part: *crécher chez ses parents* ▸ **morar**

crédibiliser *vt* Rendre crédible ▸ **credibilizar**

crédibilité *nf* Caractère d'une personne ou d'une chose que l'on peut croire ▸ **credibilidade**

crédible *adj* Vraisemblable, qu'on peut croire ▸ **crível, verossímil**

VOCABULAIRE *Crédible* se dit d'une personne ou d'une chose, *croyable* ne se dit que d'une chose

crédit *nm* **1** Réputation de solvabilité ▸ **crédito 2** Délai accordé pour le paiement de quelque chose: *un long crédit* ▸ **crédito 3** Partie d'un compte où est écrit ce qui est dû à quelqu'un ▸ **crédito 4** FIG Autorité, confiance qu'inspire quelqu'un: *perdre tout crédit* ▸ **crédito** ▪ **à crédit:** avec paiement échelonné ▸ **a crédito**

crédit-bail (pl *crédits-bails*) *nm* Contrat de location d'un bien mobilier ou immobilier, à l'issue duquel le locataire peut devenir propriétaire ▸ **crédito de arrendamento**

créditer *vt* Inscrire une somme au crédit de quelqu'un: *créditer un compte* ▸ **creditar** ▪ **être crédité de:** se voir attribuer: *coureur crédité d'un excellent temps* ▸ **ser credor de**

créditeur, trice *n* Personne qui a des sommes portées à son crédit ▸ **credor** ◆ *adj* ▪ **compte créditeur:** qui se trouve en crédit; CONTR: *débiteur* ▸ **conta de crédito**

credo [kredo] *nm inv* **1** (avec une majuscule) Texte contenant les articles fondamentaux de la foi catholique ▸ **Credo 2** Ensemble des principes sur lesquels on fonde ses opinions ▸ **credo**

crédule *adj* Qui croit facilement ce qu'on lui dit ▸ **crédulo**

crédulité *nf* Caractère d'une personne crédule ▸ **credulidade**

créer *vt* **1** Concevoir, imaginer, faire exister: *créer une robe, une société* ▸ **criar 2** FIG Susciter, occasionner: *créer des ennuis* ▸ **criar** ▪ **créer un rôle:** l'interpréter pour la première fois ▸ **criar um personagem**

crémaillère *nf* **1** Pièce de métal, à crans, qu'on fixe à la cheminée pour suspendre les marmites, chaudrons, etc. ▸ **cremalheira 2** Pièce munie de crans, servant à supporter, arrêter, etc.: *bibliothèque à crémaillères* ▸ **cremalheira** ▪ **pendre la crémaillère:** organiser une fête après un emménagement ▸ **celebrar a casa nova**

crémation *nf* Action de brûler les morts; incinération ▸ **cremação**

crématoire *adj* Relatif à la crémation ▸ **crematório** ▪ **four crématoire:** où l'on incinère ▸ **forno crematório**

crématorium *nm* Lieu où l'on incinère les morts ▸ **crematório**

crème *nf* **1** Matière grasse du lait: *crème fraîche; crème fouettée* ▸ **creme 2** Dessert à base de lait et d'œufs ▸ **creme 3** PAR EXT Pâte onctueuse pour la toilette, les soins de beauté: *crème à raser* ▸ **creme 4** FAM Ce qu'il y a de meilleur parmi: *la crème des hommes* ▸ **nata 5** Fromage fondu ou fromage à tartiner: *crème de gruyère* ▸ **pasta 6** Liqueur sirupeuse à base de fruits: *crème de cassis* ▸ **licor** ▪ CUIS **crème anglaise:** crème à la vanille, assez liquide ▸ **creme inglês** □ CUIS **crème glacée:** glace à base de lait ▸ **sorvete à base de leite, sorvete de creme** ◆ *adj inv* D'une couleur blanche, légèrement teintée de jaune ▸ **creme** ◆ *nm* Café additionné d'un peu de crème ou de lait ▸ **café com leite, café com creme**

crémerie *nf* Boutique où l'on vend du lait, du beurre, des fromages ▸ **leiteria**

crémeux, euse *adj* Qui contient beaucoup de crème ▸ **cremoso**

crémier, ère *n* Personne qui tient une crémerie ▸ **leiteiro**

crémone *nf* Verrou pour fermer les croisées ou les portes ▸ **cremona**

créneau *nm* **1** Maçonnerie dentelée au sommet d'une tour, d'une citadelle ▸ **ameia 2** FIG Temps disponible dans un emploi du temps ▸ **janela** ▪ **faire un créneau:** se garer entre deux véhicules stationnés ▸ **estacionar entre dois carros**

crénelé, e *adj* Qui présente des créneaux ▸ **crenado**

créneler *vt (conj 6)* Entailler de découpures, de dents: *créneler une roue* ▸ **crenar**

créole *n et adj* Personne d'ascendance européenne, née dans les anciennes colonies (Antilles, Guyane, Réunion, etc.) ▸ **crioulo** ◆ *nm* Langue parlée dans ces territoires ▸ **crioulo** ◆ *nf* Boucle d'oreille faite d'un grand anneau ▸ **brinco de argola**

créosote *nf* Liquide antiseptique et caustique ▸ **creosoto**

crêpage *nm* Action de crêper ▸ **frisagem, encrespamento**

crêpe[1] *nm* **1** Tissu léger de soie ou de laine ▸ **crepe 2** Bande de tissu noir portée en signe de deuil ▸ **crepe**

crêpe[2] *nf* Galette légère de blé ou de sarrasin ▸ **crepe, panqueca**

crêper *vt* ▸ **encrespar** ▪ **crêper les cheveux:** les faire bouffer de façon à les épaissir ▸ **encarapinhar os cabelos** ◆ **se crêper** *vpr* ▪ FAM **se crêper le chignon: (a)** se disputer ▸ **discutir (b)** se battre physiquement ▸ **brigar**

crêperie *nf* Restaurant où les plats sont à base de crêpes ▸ **creperia**

crépi *nm* Enduit de plâtre ou de mortier non lissé ▸ **reboco**

crêpier, ère *n* Marchand de crêpes ▸ **crepeiro, panquequeiro**

crêpière *nf* Poêle ou plaque de cuisson qui sert à faire des crêpes, des galettes de sarrasin ▸ **crepeira, panquequeira**

crépine *nf* Membrane de la panse du mouton, du porc, du veau ▸ **redenho**

crépinette *nf* Saucisse plate entourée de crépine ▸ **embutido de redenho**

crépir *vt* Enduire d'un crépi ▸ **rebocar**

crépissage *nm* Action de crépir ▸ **crepitação**
crépitement *nm* Bruit de ce qui crépite ▸ **crepitação**
crépiter *vi* Pétiller, faire entendre un bruit sec et fréquent ▸ **crepitar**
crépon *nm et adj m* Tissu ou papier gaufré ▸ **crepom**
crépu, e *adj* Se dit de cheveux frisés en touffes serrées ▸ **crespo**
crépusculaire *adj* Du crépuscule: *clarté crépusculaire* ▸ **crepuscular**
crépuscule *nm* **1** Lumière qui suit le soleil couchant jusqu'à la nuit close ▸ **crepúsculo** **2** LITT, FIG Déclin: *crépuscule de la vie* ▸ **crepúsculo**
crescendo [kreʃendo] *adv* MUS Indication de l'augmentation progressive de l'intensité du son ▸ **crescendo** ◆ *nm inv* Accroissement progressif ▸ **crescendo**
cresson [kresɔ̃] ou [krəsɔ̃] *nm* Plante herbacée comestible qui croît dans l'eau douce ▸ **agrião**
cressonnière *nf* Bassin d'eau courante où l'on fait pousser le cresson ▸ **agrial**
crétacé *nm* Période géologique de la fin de l'ère secondaire ▸ **cretáceo**
crête *nf* **1** Excroissance charnue, rouge et dentelée sur la tête de certains gallinacés ▸ **crista** **2** Ligne du sommet d'un mur, d'une vague ▸ **crista**
crétin, e *adj et n* FAM Idiot, imbécile ▸ **cretino**
crétinerie *nf* FAM Sottise, stupidité ▸ **cretinice**
cretonne *nf* Tissu d'ameublement en coton imprimé ▸ **cretone**
creusage ou **creusement** *nm* Action de creuser ▸ **escavação**
creuser *vt* **1** Rendre creux en ôtant de la matière: *creuser la terre* ▸ **cavar** **2** Faire une cavité: *creuser un puits* ▸ **furar** **3** FIG Approfondir: *creuser un problème* ▸ **aprofundar** **4** FAM Donner de l'appétit: *le grand air creuse* ▸ **abrir o apetite** ◆ **se creuser** *vpr* ■ FAM **se creuser la cervelle, la tête:** faire un effort de réflexion ▸ **dar tratos à bola**
creuset *nm* **1** Récipient pour faire fondre certaines substances ▸ **cadinho** **2** LITT Lieu où se mêlent diverses choses: *la Méditerranée, un creuset de civilisations* ▸ **cadinho**
Creutzfeld-Jakob ■ **maladie de Creutzfeld-Jakob** *nf* Encéphalopathie spongiforme humaine ▸ **doença de Creutzfeld-Jakob**
creux, euse *adj* **1** Dont l'intérieur est vide: *tige creuse* ▸ **oco** **2** Qui présente une concavité: *assiette creuse* ▸ **côncavo, fundo** **3** FIG Vide d'idées, de sens: *phrase creuse* ▸ **vazio** **4** FIG Où l'activité, l'affluence sont réduites: *heure creuse* ▸ **de baixa** ◆ *adv* ■ **objet qui sonne creux:** qui rend un son indiquant qu'il est vide ▸ **objeto que tem som oco** ◆ *nm* **1** Cavité: *le creux d'un rocher* ▸ **buraco** **2** Partie concave: *le creux de la main* ▸ **concavidade** **3** Profondeur entre deux vagues: *un creux de 2 mètres* ▸ **calha** **4** FIG Moment de moindre activité: *période de creux* ▸ **baixa** ■ **au creux de la vague:** dans une période d'échec, de dépression ▸ **na maré baixa** □ **avoir un creux:** avoir faim ▸ **estar com um buraco no estômago**
crevaison *nf* Éclatement ou déchirure d'un objet gonflé, en particulier d'un pneu ▸ **estouro**
crevant, e *adj* FAM **1** Épuisant ▸ **estafante** **2** Très drôle ▸ **de morrer de rir**
crevasse *nf* **1** Fissure à la surface d'un mur, d'un sol ▸ **rachadura** **2** Fente étroite et profonde dans un glacier ▸ **fissura** **3** Fente peu profonde de la peau ▸ **fissura**
crevasser *vt* Faire des crevasses ▸ **rachar**
crève *nf* ▸ **morte** FAM ■ **attraper la crève:** prendre froid, attraper un rhume, la grippe, etc. ▸ **pegar resfriado, gripe**
crève-cœur *nm inv* Chose qui désole ▸ **algo que dá dor no coração**
crever *vt (conj 9)* **1** Faire éclater, déchirer, percer: *crever un ballon, un œil* ▸ **furar** **2** FAM Fatiguer, épuiser: *cette marche m'a crevée* ▸ **exaurir** ■ **crever les yeux:** être évident ▸ **saltar aos olhos** ◆ *vi* **1** Éclater, se rompre: *pneu qui crève* ▸ **estourar** **2** Être victime d'une crevaison: *le camion a crevé; j'ai crevé sur l'autoroute* ▸ **arrebentar-se** **3** Mourir, en parlant d'un animal, d'une plante ▸ **morrer** ■ FAM **crever de:** éprouver au plus haut degré: *crever de faim* ▸ **estar morto de**
crevette *nf* Petit crustacé marin ▸ **camarão**
cri *nm* **1** Son perçant que lance la voix: *pousser un cri* ▸ **grito** **2** Son propre à chaque animal ▸ **grito** ■ FAM **dernier cri:** à la pointe de la mode ▸ **última moda**
criaillement *nm* Cri désagréable ▸ **berro**
criailler *vi* FAM Crier beaucoup, pour rien ▸ **berrar**
criaillerie *nf* (souvent au pluriel) Suite de récriminations, cris fréquents ▸ **gritaria**
criant, e *adj* **1** Manifeste, évident: *vérité criante* ▸ **gritante** **2** Révoltant: *injustice criante* ▸ **gritante**
criard, e *adj* **1** Qui crie fort et beaucoup ▸ **gritalhão** **2** Qui a un timbre déplaisant: *voix criarde* ▸ **gritante** ■ FIG **couleur criarde:** qui choque la vue ▸ **cor berrante**
criblage *nm* Action de cribler ▸ **triagem**
crible *nm* Instrument percé de trous pour trier le grain ▸ **peneira** ■ **passer au crible:** examiner avec soin ▸ **passar pelo crivo**

cribler *vt* **1** Trier avec un crible ► **peneirar 2** Couvrir, marquer en de nombreux endroits: *cribler de coups* ► **crivar** ■ **être criblé de dettes:** en être accablé ► **estar crivado de dívidas**

cric [krik] *nm* Appareil pour soulever les fardeaux, les automobiles ► **macaco**

cricket [krikɛt] *nm* Jeu de balle anglais ► **críquete**

cricri *nm* FAM Grillon ► **grilo**

criée *nf* Vente publique aux enchères ► **leilão**

crier *vi* **1** Pousser un cri ou des cris: *crier de douleur* ► **gritar 2** Parler très haut et avec colère: *parler sans crier* ► **gritar** ■ **crier au scandale:** dénoncer vigoureusement le scandale ► **protestar contra o escândalo** ♦ *vt* **1** Dire d'une voix forte: *crier un ordre* ► **gritar 2** Manifester avec passion: *crier son indignation* ► **alardear** ■ **crier famine, misère:** se plaindre ► **queixar-se de fome, miséria** □ **crier vengeance:** mériter une vengeance, en parlant d'un acte condamnable ► **clamar por vingança**

crime *nm* **1** Homicide volontaire ► **assassínio 2** DR La plus grave des infractions à la loi: *crime contre la sûreté de l'État* ► **crime 3** Action très blâmable ► **crime**

criminalité *nf* Ensemble des infractions criminelles commises dans un milieu donné, à une époque donnée ► **criminalidade**

criminel, elle *adj et n* Coupable d'un crime ► **criminoso** ♦ *adj* **1** DR Relatif au crime: *droit criminel* ► **criminal 2** Contraire aux lois naturelles ou sociales: *acte criminel* ► **criminoso** ♦ *n* ■ DR **criminel de guerre:** personne qui a violé les lois et coutumes de la guerre ► **criminoso de guerra**

criminellement *adv* De façon criminelle ► **criminosamente, criminalmente**

criminologie *nf* Étude scientifique du phénomène criminel ► **criminologia**

criminologue *n* Spécialiste de criminologie ► **criminologista**

crin *nm* Poil long et rude de certains quadrupèdes: *crin de cheval* ► **crina** ■ **crin végétal:** fibre végétale ► **crina vegetal** □ FIG **à tous crins:** à outrance ► **a toda prova**

crincrin *nm* FAM Mauvais violon ► **rabeca**

crinière *nf* **1** Ensemble des crins du cou d'un cheval, d'un lion ► **juba 2** FAM Chevelure abondante ► **juba**

crinoline *nf* ANC Jupon bouffant, maintenu par des baleines ► **crinolina**

crique *nf* Petite baie ► **enseada**

criquet *nm* Insecte herbivore qui ressemble à une grosse sauterelle ► **grilo**

crise *nf* **1** Manifestation aiguë d'un trouble physique ou moral: *crise cardiaque; crise de nerfs* ► **crise 2** Période difficile, situation tendue: *crise politique* ► **crise 3** Dépression économique: *période de crise* ► **crise 4** Pénurie: *crise du logement* ► **crise**

crispant, e *adj* Qui agace ► **irritante**

crispation *nf* **1** Contraction: *crispation musculaire* ► **crispação 2** FAM Irritation, agacement ► **irritação**

crisper *vt* **1** Causer des contractions: *l'inquiétude crispait son visage* ► **crispar 2** Irriter, agacer: *sa lenteur me crispe* ► **irritar**

crissement *nm* Grincement aigu ► **guincho**

crisser *vi* Produire un bruit aigu, grinçant ► **guinchar**

cristal (pl *cristaux*) *nm* **1** Substance minérale ayant naturellement une forme géométrique bien définie ► **cristal 2** Verre blanc très pur et très limpide; objet fait dans cette matière ► **cristal** ■ **cristal de roche:** quartz hyalin, de substance très dure et très limpide ► **cristal de rocha** □ **cristal liquide:** substance combinant certaines propriétés des liquides et des solides cristallins (Il est utilisé pour l'affichage numérique des données) ► **cristal líquido**

cristallerie *nf* Art de fabriquer des objets en cristal; lieu où on les fabrique ► **cristaleria**

cristallin, e *adj* **1** De la nature du cristal ► **cristalino 2** Qui a la limpidité ou la sonorité claire du cristal: *eau cristalline; voix cristalline* ► **cristalino** ♦ *nm* Organe de l'œil jouant le rôle d'une lentille ► **cristalino**

cristallisation *nf* Action de cristalliser; fait de se cristalliser ► **cristalização**

cristallisé, e *adj* Qui se présente sous forme de cristaux: *sucre cristallisé* ► **cristalizado**

cristalliser *vt* **1** Changer en cristaux: *cristalliser du sucre* ► **cristalizar 2** FIG Donner force et cohérence: *cristalliser les énergies* ► **consolidar** ♦ *vi* ou **se cristalliser** *vpr* **1** Se former en cristaux ► **cristalizar-se 2** FIG Se concentrer, se fixer: *tout son amour s'est cristallisé sur elle* ► **concentrar-se**

cristallographie *nf* Étude scientifique des cristaux ► **cristalografia**

critère *nm* Ce qui permet de juger, d'apprécier, d'analyser ► **critério**

critérium [kriterjɔm] *nm* Épreuve sportive de qualification ► **eliminatória**

critiquable *adj* Qui peut être critiqué: *conduite critiquable* ► **criticável**

critique[1] *adj* **1** Qui juge, apprécie: *étude critique* ► **crítico 2** Qui est porté à critiquer: *il est très criti-*

que ▸ **crítico 3** Dangereux, décisif: *instant critique* ▸ **crítico ▪ esprit critique: (a)** fait d'examiner les choses avant de juger, de décider ▸ **espírito crítico (b)** tendance à blâmer ▸ **espírito crítico** ◆ *n* Personne qui porte son jugement sur des œuvres littéraires ou artistiques ▸ **crítico**

critique² *nf* **1** Art de juger une œuvre littéraire ou artistique: *critique musicale* ▸ **crítica 2** Jugement porté sur une œuvre: *avoir de bonnes critiques* ▸ **crítica 3** Ensemble de ceux qui font métier de porter un jugement sur des œuvres: *le film a été bien reçu par la critique* ▸ **crítica 4** Blâme, reproche: *ne pas supporter les critiques* ▸ **crítica**

critiquer *vt* **1** Analyser les qualités et les défauts des personnes, des choses ▸ **criticar 2** Juger défavorablement ▸ **criticar**

croassement *nm* Cri du corbeau ▸ **grasnada**

croasser *vi* Pousser des croassements ▸ **grasnar**

croate *adj et n* De Croatie: *les Croates* ▸ **croata**

croc [kro] *nm* **1** Grappin ▸ **fateixa 2** Perche armée d'un crochet: *croc de boucherie* ▸ **fateixa 3** Chacune des quatre canines des carnivores ▸ **presa**

croc-en-jambe [krɔkɑ̃ʒɑ̃b] (pl *crocs-en-jambe*) *nm* Action de placer le pied entre les jambes de quelqu'un pour le faire tomber ▸ **rasteira**

croche¹ *nf* MUS Note qui vaut la moitié d'une noire ▸ **colcheia**

croche² *adj* CANADA **1** Crochu; voûté ▸ **arqueado 2** FIG Malhonnête ▸ **desonesto**

croche-patte (pl *croche-pattes*) *nm* FAM Croc-en-jambe ▸ **rasteira**

croche-pied (pl *croche-pieds*) *nm* Croc-en-jambe ▸ **rasteira**

crochet *nm* **1** Morceau de métal recourbé servant à suspendre, à accrocher: *tableau suspendu par des crochets* ▸ **gancho 2** Tige de fer recourbée pour ouvrir une serrure ▸ **gazua 3** Aiguille à pointe recourbée pour faire des ouvrages en laine, en coton; ouvrage ainsi exécuté: *faire du crochet* ▸ **agulha de crochê, crochê 4** Signe graphique proche de la parenthèse: [ ] ▸ **colchete 5** Détour sur un trajet: *faire un crochet* ▸ **desvio 6** En boxe, coup de poing ▸ **gancho ▪ vivre aux crochets de quelqu'un:** à ses dépens ▸ **viver pendurado em alguém**

crochetage *nm* Action de crocheter ▸ **arrombamento, abertura com gazua**

crocheter *vt (conj 7)* Ouvrir une serrure avec un crochet ▸ **arrombar, abrir com gazua**

crochu, e *adj* Recourbé en forme de crochet ▸ **recurvado, adunco ▪** FAM **avoir les doigts crochus:** être avide, avare ou voleur ▸ **ser ave de rapina**

croco *nm* FAM Peau tannée du crocodile ▸ **couro de crocodilo**

crocodile *nm* Grand reptile qui vit dans les fleuves et les lacs des régions chaudes ▸ **crocodilo ▪** FIG **larmes de crocodile:** larmes hypocrites ▸ **lágrimas de crocodilo**

crocus [krɔkys] *nm* Plante herbacée à bulbe ▸ **croco**

croire *vt (conj 74)* **1** Tenir pour vrai: *croire une histoire* ▸ **acreditar 2** Tenir pour sincère: *croire un témoin* ▸ **acreditar 3** Estimer probable ou possible: *je crois qu'il viendra* ▸ **crer 4** Considérer comme: *je le croyais plus habile* ▸ **acreditar ▪ en croire qqn, qqch:** s'y fier: *à l'en croire, il sait tout; ne pas en croire ses oreilles* ▸ **acreditar em alguém, algo** ◆ *vt ind* [à, en] **1** Tenir pour certaine l'existence de: *croire à l'enfer* ▸ **acreditar 2** Avoir confiance en: *croire en ses amis* ▸ **acreditar** ◆ *vi* Avoir la foi religieuse ▸ **crer** ◆ **se croire** *vpr* Être vaniteux ▸ **achar-se**

GRAMMAIRE On dit: *je ne crois pas qu'il viendra* (c'est mon avis); *je ne crois pas qu'il vienne* (mais cela reste possible)

croisade *nf* **1** HIST Expédition militaire des chrétiens d'Occident contre les musulmans en Terre sainte ▸ **cruzada 2** FIG Action collective: *croisade antialcoolique* ▸ **cruzada**

croisé¹, e *adj* **1** En forme de croix ▸ **cruzado 2** Se dit d'une analyse, d'une description fondée sur l'alternance des différents points de vue: *regards croisés; portraits croisés* ▸ **cruzado ▪ veste croisée:** qui croise par devant ▸ **casaco traspassado □ rimes croisées:** rimes féminines et masculines alternées ▸ **rimas cruzadas**

croisé², e *n* Personne qui se bat pour lancer, promouvoir une idée, un mouvement, etc. ▸ **cruzado** ◆ *nm* Celui qui participait à une croisade ▸ **cruzado**

croisée *nf* **1** Fenêtre ▸ **janela 2** Endroit où deux voies se croisent: *croisée des chemins* ▸ **encruzilhada**

croisement *nm* **1** Action de croiser ▸ **cruzamento 2** Endroit où se coupent plusieurs voies: *s'arrêter au croisement* ▸ **cruzamento 3** Reproduction sexuelle à partir de deux animaux de race différente ▸ **cruzamento**

croiser *vt* **1** Disposer deux choses l'une sur l'autre en croix: *croiser les jambes* ▸ **cruzar 2** Traverser en coupant: *route qui en croise une autre* ▸ **cruzar 3** Rencontrer: *croiser ses voisins* ▸ **cruzar 4** Effectuer le croisement de deux espèces animales ▸ **cruzar ▪ croiser les doigts:** mettre le majeur sur l'index pour conjurer le mauvais sort ▸ **cruzar**

os dedos ♦ *vi* MAR Aller et venir dans une même zone, afin d'exercer une surveillance ► **cruzar** ♦ **se croiser** *vpr* Se rencontrer ► **cruzar-se** ■ **lettres qui se croisent:** qui sont échangées au même moment ► **cartas que se cruzam** □ **se croiser les bras:** rester inactif ► **cruzar os braços**

croiseur *nm* Navire de guerre destiné aux missions d'escorte, etc. ► **cruzador**

croisière *nf* Voyage touristique en mer ► **cruzeiro**

croisillon *nm* **1** Traverse d'une croix, d'une croisée ► **braço 2** Élément en forme de croix ► **cruzeiro**

croissance *nf* **1** Développement progressif d'un corps organisé: *enfant en pleine croissance* ► **crescimento 2** Augmentation de l'activité d'un ensemble économique et social; augmentation des biens et des services de la production nationale: *croissance économique* ► **crescimento**

croissant[1] *nm* Pâtisserie feuilletée en forme de demi-cercle ► ***croissant*** ■ **croissant de lune:** forme échancrée de la Lune ► **crescente**

croissant[2], **e** *adj* Qui croît ► **crescente, em crescimento**

croissanterie *nf* Local où l'on peut acheter des viennoiseries ► ***croissanterie***

croître *vi (conj 66)* **1** Grandir, se développer, pousser ► **crescer 2** Augmenter ► **aumentar**

croix *nf* **1** Ancien instrument de supplice formé de deux pièces de bois assemblées transversalement ► **cruz 2** Représentation de la croix sur laquelle mourut Jésus-Christ ► **cruz 3** Objet en forme de croix ► **cruz 4** Insigne, décoration en forme de croix: *la croix de guerre* ► **cruz 5** Signe formé par deux traits qui se coupent en X: *mettre une croix dans la marge* ► **cruz** ■ **croix rouge:** insigne des services de santé ► **cruz vermelha** □ **signe de croix:** geste de piété des chrétiens ► **sinal da cruz** □ FAM **faire une croix sur quelque chose:** y renoncer définitivement ► **riscar alguma coisa do mapa**

cromlech [krɔmlɛk] *nm* Monument mégalithique formé de menhirs disposés en cercle ► ***cromlech***

croquant, e *adj* Qui croque sous la dent ► **crocante**

croque-au-sel (à la) *loc adv* Cru et sans autre assaisonnement que du sel ► **cru e com sal**

croque-madame *nm inv* Croque-monsieur servi avec un œuf ► ***croque-madame***

croque-mitaine (pl *croque-mitaines*) *nm* **1** Personnage fantastique dont on menace les enfants ► **bicho-papão 2** Personne sévère ► **bicho-papão**

croque-monsieur *nm inv* Sandwich chaud composé de deux tranches de pain de mie garnies de fromage et de jambon ► ***croque-monsieur***

croque-mort (pl *croque-morts*) *nm* FAM Employé des pompes funèbres ► **papa-defunto**

croquer *vt* **1** Manger en broyant avec les dents ► **roer 2** FIG Dessiner sur le vif: *croquer un personnage* ► **esboçar ao vivo 3** FAM Dilapider: *croquer un héritage* ► **traçar** ♦ *vi* Faire un bruit sec sous les dents ► **trincar**

croquet *nm* Jeu de boules avec un maillet et des arceaux ► ***croquet***

croquette *nf* **1** Aliment pour chien ou chat en forme de boulettes sèches ► **biscoito para cães ou gatos 2** Boulette de pâte, de hachis, etc., frite ► **croquete**

croquignolet, ette *adj* FAM Joli, charmant ► **bonitinho**

croquis *nm* Dessin rapide qui indique à grands traits ce qu'on veut montrer ► **croqui**

crosne [kron] *nm* Plante labiée à tubercule comestible ► **tupinambo**

cross ou **cross-country** [krɔskuntri] (pl *cross-countrys* ou *cross-countries*) *nm* Course d'obstacles en terrain varié ► ***cross-country***

crosse *nf* **1** Grand bâton à l'extrémité supérieure recourbée que portent les évêques ► **báculo 2** Bâton recourbé, usité dans certains jeux pour chasser une balle ► **taco, bastão 3** Partie recourbée de certains objets, de certains organes: *crosse de l'aorte* ► **arco 4** Partie du fusil que l'on épaule ► **coronha** ■ FIG, FAM **chercher des crosses à quelqu'un:** lui chercher querelle ► **provocar alguém**

crotale *nm* Serpent venimeux (appelé aussi: *serpent à sonnettes*) ► **cascavel**

crotte *nf* **1** Excrément de certains animaux, de l'homme ► **bosta 2** Bonbon au chocolat ► **bombom**

crotté, e *adj* Sali de boue ► **enlameado**

crottin *nm* **1** Excrément de cheval ► **caganita 2** Petit fromage de chèvre ► ***crotin***

croulant, e *adj* Qui tombe en ruine, qui s'effondre ► **em ruínas**

crouler *vi* **1** Tomber en s'affaissant, s'effondrer ► **desmoronar 2** FIG Être écrasé, surchargé: *crouler sous le travail* ► **estar sobrecarregado**

croup [krup] *nm* VIEILLI Laryngite diphtérique ► **crupe**

croupe *nf* Partie postérieure de certains quadrupèdes, qui va des reins à l'origine de la queue ► **garupa** ■ **en croupe:** à cheval derrière le cavalier ou sur la partie arrière d'une selle de moto ► **de garupa**

croupetons (à) *loc adv* Dans la position accroupie ► **de cócoras**

croupi, e *adj* Corrompu par la stagnation: *eau croupie* ▶ **estagnado**
croupier *nm* Employé d'une maison de jeux qui paie et ramasse l'argent ▶ **crupiê**
croupière *nf* Longe de cuir qui passe sur la croupe et sous la queue du cheval ▶ **retranca** ■ FAM **tailler des croupières:** susciter des difficultés ▶ **arranjar encrenca**
croupion *nm* Extrémité inférieure de l'épine dorsale d'un oiseau, d'une volaille ▶ **uropígio**
croupir *vi* **1** Se corrompre, stagner, en parlant de l'eau ▶ **estagnar 2** Vivre dans un état dégradant ▶ **estagnar**
croupissant, e *adj* Qui croupit ▶ **estagnado**
croustade *nf* Pâté chaud, fourré de viande, etc. ▶ ***croustade***
croustillant, e *adj* **1** Qui croustille ▶ **crocante 2** FIG Grivois, licencieux ▶ **picante**
croustiller *vi* Croquer sous la dent ▶ **trincar**
croûte *nf* **1** Partie extérieure du pain, du fromage, du pâté, etc., plus dure que l'intérieur ▶ **casca 2** Couche extérieure durcie, à la surface de quelque chose ▶ **crosta 3** Plaque formée sur la peau par le sang séché ▶ **casca 4** FAM Mauvais tableau ▶ **rabisco** ■ FAM **casser la croûte:** manger ▶ **rangar** □ **croûte terrestre:** écorce terrestre ▶ **crosta terrestre** □ FAM **gagner sa croûte:** gagner sa vie ▶ **ganhar o pão**
croûton *nm* **1** Extrémité d'un pain ▶ **ponta 2** Petit morceau de pain frit ▶ **crouton**
croyable *adj* Qui peut être cru: *c'est à peine croyable* ▶ **crível**

VOCABULAIRE *Croyable* ne se dit que d'une chose, contrairement à *crédible*

croyance *nf* **1** Action de croire ▶ **crença 2** Opinion, doctrine ▶ **crença**
croyant, e *adj et n* Qui a une foi religieuse ▶ **crente**
CRS *nm* (sigle de *compagnie républicaine de sécurité*) Policier membre d'une force d'intervention chargée de maintenir l'ordre
cru[1] *nm* Terroir où croît un vin particulier; ce vin ▶ ***cru*** ■ FIG **de son cru:** de sa propre invention ▶ **de sua lavra** □ FAM **du cru:** du pays, de la région dont il est question ▶ **do lugar**
cru[2], e *adj* **1** Qui n'est pas cuit ▶ **cru 2** Sans atténuation, violent, direct: *couleur, lumière crue* ▶ **cru 3** FIG Libre, réaliste, qui peut choquer: *détails crus* ▶ **cru** ♦ **à cru** *loc adv* Sans selle sur une monture ▶ **em pelo**
cruauté *nf* **1** Fait d'être cruel ▶ **crueldade 2** (souvent au pluriel) Acte cruel ▶ **crueldade**
cruche *nf* **1** Récipient à anse et à bec ▶ **jarra 2** FAM Personne stupide ▶ **estúpido**
cruchon *nm* Petite cruche ▶ **jarro**
crucial, e, aux *adj* Très important; essentiel, décisif: *choix crucial* ▶ **crucial**
crucifère *nf* Plante dont la fleur a une corolle formée de quatre pétales en croix, comme le chou, le cresson (les crucifères forment une famille) ▶ **crucífera**
crucifié, e *n et adj* Personne mise en croix ▶ **crucificado**
crucifiement *nm* Action de crucifier ▶ **crucificação**
crucifier *vt* Infliger le supplice de la croix ▶ **crucificar**
crucifix [krysifi] *nm inv* Croix sur laquelle le Christ est représenté crucifié ▶ **crucifixo**
crucifixion *nf* Tableau représentant le crucifiement de Jésus-Christ ▶ **crucifixão**
cruciforme *adj* En forme de croix ▶ **cruciforme**
cruciverbiste *n* Amateur de mots croisés ▶ **cruzadista**
crudité *nf* État de ce qui est cru: *crudité d'une viande, d'un propos* ▶ **crueza** ♦ **crudités** *pl* Légumes crus ou cuits servis froids: *assiette de crudités* ▶ **vegetais crus**
crue *nf* Augmentation du débit d'un cours d'eau ▶ **cheia**
cruel, elle *adj* **1** Qui se plaît à faire ou à voir souffrir ▶ **cruel 2** Sanguinaire, barbare: *acte cruel* ▶ **cruel 3** Pénible: *décision cruelle* ▶ **cruel**
cruellement *adv* De façon cruelle ▶ **cruelmente**
crûment *adv* De façon dure, sans ménagement: *parler crûment* ▶ **cruamente**
crural, e, aux *adj* De la cuisse: *nerf crural* ▶ **crural**
crustacé *nm* Animal aquatique articulé, à respiration branchiale, à carapace (langouste, crabe, etc.) ▶ **crustáceo**
cryoconservation *nf* Conservation par le froid de tissus vivants ou de cellules ▶ **crioconservação**
crypte *nf* Chapelle généralement souterraine dans une église ▶ **cripta**
crypté, e *adj* ▶ **codificado** ■ **chaîne cryptée:** chaîne de télévision qui nécessite un décodeur pour être regardée en clair ▶ **canal codificado**
cryptogame *adj et nm* Se dit d'une plante dont les organes de la fructification sont cachés, comme les champignons, les mousses, les fougères ▶ **criptógamo**
cryptogramme *nm* Message écrit à l'aide d'un système chiffré ou codé ▶ **criptograma**
cryptographie *nf* Technique permettant de chiffrer et de coder des messages ▶ **criptografia**
CSG *nf* (sigle) Contribution sociale généralisée ▶ Ø
CSP *nf* (sigle de *catégorie socio-professionnelle*) Mo-

de de classification de la population regroupant les individus en fonction d'un critère d'homogénéité sociale ▸ **Ø**

cubage *nm* **1** Action de cuber ▸ **cubagem 2** Volume ▸ **cubagem**

cubain, e *adj et n* De Cuba: *les Cubains* ▸ **cubano**

cube *nm* **1** Parallélépipède à six faces carrées égales; objet ayant cette forme: *jouer avec des cubes* ▸ **cubo 2** MATH Produit de trois nombres égaux ▸ **cubo** ◆ *adj* Qui indique la mesure d'un volume: *mètre cube* ▸ **cúbico**

cuber *vt* Évaluer un volume en mètres cubes, décimètres cubes, etc. ▸ **cubar** ◆ *vi* Avoir un volume de ▸ **ter um volume de**

cubilot *nm* Fourneau pour la préparation de la fonte ▸ **cubilô**

cubique *adj* En forme de cube ▸ **cúbico** ▪ **racine cubique d'un nombre:** nombre dont le cube est égal à ce nombre ▸ **raiz cúbica de um número**

cubisme *nm* Courant artistique du début du XXe s., se proposant de représenter les objets sous des formes géométriques ▸ **cubismo**

cubiste *adj et n* Qui appartient au cubisme; qui s'en réclame ▸ **cubista**

Cubitainer *nm* (nom déposé) Cube de plastique pour le transport des liquides ▸ **cubitainer**

cubital, e, aux *adj* Du coude ▸ **cubital**

cubitus [kybitys] *nm* Le plus gros des deux os de l'avant-bras ▸ **cúbito**

cucul [kyky] *adj inv* FAM Ridicule, niais: *un film cucul* ▸ **bobo**

cucurbitacée *nf* Plante à tige rampante et à gros fruits telle que le melon, la courge, etc. (les cucurbitacées forment une famille) ▸ **cucurbitácea**

cueillette *nf* Action de cueillir des fruits, des plantes ▸ **colheita**

cueillir *vt (conj 24)* **1** Détacher de leurs tiges des fruits, des fleurs ▸ **colher 2** FAM Emmener, prendre au passage ▸ **apanhar 3** FAM Arrêter quelqu'un ▸ **pegar**

CONJUGAISON Attention au futur de *cueillir*: *je cueillerai*

cueilloir *nm* Instrument pour cueillir les fruits haut placés ▸ **cambo**

cuillère ou **cuiller** *nf* **1** Ustensile de table comprenant un manche et une partie creuse: *cuillère à café, à soupe* ▸ **colher 2** Accessoire de pêche ▸ **colher**

cuillerée *nf* Contenu d'une cuillère ▸ **colherada**

cuir *nm* **1** Peau épaisse de certains animaux ▸ **couro 2** Peau tannée, corroyée, etc. ▸ **couro 3** FIG Faute de liaison dans la prononciation ▸ **erro de ligação entre as palavras** ▪ **cuir chevelu:** la peau de la tête recouverte de cheveux ▸ **couro cabeludo**

cuirasse *nf* Armure recouvrant le dos et la poitrine ▸ **couraça** ▪ FIG **défaut de la cuirasse:** point vulnérable ▸ **calcanhar de aquiles**

cuirassé, e *adj* **1** Protégé par une cuirasse ▸ **couraçado 2** FIG Préparé à tout, endurci ▸ **couraçado** ◆ *nm* Navire de guerre blindé ▸ **encouraçado**

cuirassement *nm* **1** Action de cuirasser ▸ **couraçamento 2** Revêtement métallique ▸ **couraça**

cuirasser *vt* **1** Revêtir d'une cuirasse ▸ **encouraçar 2** FIG Endurcir ▸ **couraçar** ◇ *vpr: se cuirasser contre les émotions* ▸ **blindar-se**

cuirassier *nm* ANC Soldat de cavalerie, jadis porteur d'une cuirasse ▸ **couraceiro**

cuire *vt (conj 70)* **1** Préparer des aliments sous l'action de la chaleur ▸ **cozer 2** Transformer du plâtre, de la brique, etc., par l'action de la chaleur ▸ **queimar** ◆ *vi* **1** Être soumis à l'action de la chaleur: *la viande cuit* ▸ **cozer 2** Causer une irritation, une sensation de brûlure: *la peau me cuit* ▸ **arder 3** FAM Être accablé de chaleur: *on cuit dans cette pièce* ▸ **torrar** ▪ VIEILLI **il vous en cuira:** vous vous en repentirez ▸ **isso vai lhe custar caro**

cuisant, e *adj* **1** Âpre, aigu: *douleur cuisante* ▸ **pungente 2** FIG Qui affecte douloureusement: *échec cuisant* ▸ **amargo**

cuisine *nf* **1** Lieu où l'on prépare les aliments ▸ **cozinha 2** Art, action de les préparer: *faire la cuisine* ▸ **culinária 3** Ces aliments mêmes: *aimer la cuisine exotique* ▸ **culinária 4** FAM, PÉJOR Manœuvre louche, intrigue, trafic: *cuisine électorale* ▸ **cambalacho**

cuisiné, e *adj* ▸ **cozinhado** ▪ **plat cuisiné:** vendu tout préparé ▸ **prato comprado pronto**

cuisiner *vi* Faire la cuisine ▸ **cozinhar** ◆ *vt* **1** Accommoder un plat ▸ **cozinhar 2** FAM Interroger insidieusement, chercher à faire avouer ▸ **interrogar**

cuisinette *nf* Kitchenette ▸ **quitinete**

cuisinier, ère *n* Personne qui fait la cuisine; personne dont c'est le métier ▸ **cozinheiro**

cuisinière *nf* Appareil ménager muni de plusieurs foyers et d'un four pour faire cuire les aliments ▸ **fogão**

cuissard *nm* Culotte faisant partie de l'équipement du coureur cycliste ▸ **bermuda de ciclismo**

cuissarde *nf* Botte dont la tige monte jusqu'à la cuisse ▸ **bota de cano longo**

cuisse *nf* Partie de la jambe, de la hanche au genou ▸ **coxa**

cuisseau *nm* Partie du veau comprenant la cuisse et la région du bassin ▸ **perna de vitela**

cuisson *nf* Action, façon de cuire ▸ **cozimento**
cuissot *nm* Cuisse de gros gibier ▸ **perna**
cuistot *nm* FAM Cuisinier ▸ **cozinheiro**
cuistre *nm* LITT Pédant ▸ **pedante**
cuistrerie *nf* LITT Pédanterie ridicule ▸ **pedantice**
cuit, e *adj* Préparé par la cuisson ▸ **cozido** ▪ FAM **être cuit:** être perdu, ruiné ▸ **estar acabado**
cuite *nf* ▸ **porre** ▪ FAM **prendre une cuite:** s'enivrer ▸ **tomar um porre**
cuiter (se) *vpr* FAM S'enivrer, se soûler ▸ **embebedar-se**
cuivrage *nm* Action de cuivrer ▸ **acobreação**
cuivre *nm* Métal de couleur rouge-brun; symb: Cu; objet fait dans ce métal ▸ **cobre** ▪ **cuivre jaune:** laiton ▸ **cobre-amarelo** ◆ **cuivres** *pl* Instruments de musique à vent, en métal et à embouchure, comme la trompette ▸ **metais**
cuivré, e *adj* De la couleur du cuivre: *teint cuivré* ▸ **acobreado**
cuivrer *vt* **1** Recouvrir de cuivre ▸ **acobrear 2** Donner une teinte de cuivre ▸ **acobrear**
cuivreux, euse *adj* ▸ **cúprico** ▪ **métaux cuivreux:** qui contiennent du cuivre en alliage ▸ **metais cúpricos**
cul [ky] *nm* **1** TRÈS FAM Derrière, postérieur de l'homme et de divers animaux ▸ **bunda 2** Partie postérieure ou inférieure de certains objets: *cul de bouteille* ▸ **fundo** ▪ FAM **boire cul sec:** d'un trait ▸ **entornar** ▫ FAM **être comme cul et chemise:** s'entendre parfaitement ▸ **ser unha e carne**
culasse *nf* **1** Fond du canon d'une arme à feu ▸ **culatra 2** Partie supérieure des cylindres d'un moteur à explosion ▸ **culatra**
culbute *nf* **1** Saut fait en roulant sur le dos, les pieds passant par-dessus la tête ▸ **cambalhota 2** Chute brusque à la renverse ▸ **trambolhão** ▪ FAM **faire la culbute: (a)** faire faillite ▸ **falir (b)** revendre deux fois plus cher que le prix d'achat ▸ **vender pelo dobro**
culbuter *vt* Renverser violemment ▸ **capotar** ◆ *vi* Tomber à la renverse ▸ **capotar**
culbuteur *nm* **1** Dispositif pour faire basculer un récipient, un véhicule, etc. ▸ **báscula 2** Pièce d'un moteur de voiture ▸ **cambota**
cul-de-jatte (pl *culs-de-jatte*) *n* Personne privée de ses membres inférieurs ▸ **mutilado das pernas**
cul-de-lampe (pl *culs-de-lampe*) *nm* **1** ARCHIT Ornement de voûte ▸ **mísula 2** IMPR Vignette à la fin d'un chapitre ▸ **vinheta de remate**
cul-de-poule (en) *loc adj* ▸ **desdenhoso** FAM ▪ **bouche en cul-de-poule:** dont les lèvres sont resserrées et arrondies ▸ **boquinha**
cul-de-sac (pl *culs-de-sac*) *nm* Rue sans issue; impasse ▸ **beco (sem saída)**
culée *nf* Massif de maçonnerie soutenant la poussée de la voûte des dernières arches d'un pont ▸ **estribo**
culinaire *adj* Relatif à la cuisine: *art culinaire* ▸ **culinário**
culminant, e *adj* ▸ **culminante** ▪ **point culminant:** le plus haut ▸ **ponto culminante**
culminer *vi* Atteindre son point ou son degré le plus élevé ▸ **culminar**
culot *nm* **1** Fond métallique d'une cartouche, d'un creuset ▸ **casquilho 2** Résidu au fond d'une pipe ▸ **sarro 3** FAM Audace, effronterie ▸ **atrevimento**
culotte *nf* **1** Vêtement qui couvre le corps de la ceinture aux genoux ▸ **culote 2** Sous-vêtement féminin; SYN: *slip* ▸ **calcinha 3** FAM Perte au jeu ▸ **sova** ▪ FAM **porter la culotte:** commander, dans un ménage, en parlant d'une femme ▸ **vestir calças**
culotté, e *adj* FAM Qui a du culot ▸ **atrevido**
culotter *vt* Noircir par l'usage ▸ **encardir** ▪ **culotter une pipe:** laisser se former un culot dans son fourneau ▸ **encardir**
culpabilisant, e *adj* Qui culpabilise ▸ **culpabilizante**
culpabilisation *nf* Action de culpabiliser ▸ **culpabilização**
culpabiliser *vt* Donner à quelqu'un le sentiment qu'il est coupable ▸ **culpabilizar** ◆ *vi* Éprouver un sentiment de culpabilité: *culpabiliser pour un rien* ▸ **culpabilizar-se**
culpabilité *nf* État d'une personne coupable ▸ **culpabilidade, culpa** ▪ **sentiment de culpabilité:** sentiment d'une personne qui se juge coupable ▸ **sentimento de culpa**
culte *nm* **1** Hommage qu'on rend à une divinité, à une personne ou à une chose qu'on vénère ▸ **culto 2** Religion: *culte catholique* ▸ **culto 3** Chez les protestants, office religieux ▸ **culto 4** (en apposition, avec ou sans trait d'union) Qui suscite une admiration passionnée chez une catégorie de gens: *une série culte; une star-culte* ▸ ***cult***
cultivable *adj* Qu'on peut cultiver ▸ **cultivável**
cultivateur, trice *n* Personne qui cultive la terre; agriculteur ▸ **lavrador**
cultivé, e *adj* Instruit dans de nombreux domaines ▸ **culto**
cultiver *vt* **1** Travailler la terre pour la rendre fertile ▸ **lavrar 2** Faire pousser une plante ▸ **cultivar 3** FIG Former, développer, perfectionner: *cultiver sa mémoire, sa voix* ▸ **cultivar 4** Entretenir soigneusement des relations avec quelqu'un: *culti-*

ver une amitié ▸ **cultivar** ◆ **se cultiver** *vpr* Accroître ses connaissances ▸ **cultivar-se**

cultuel, elle *adj* Du culte ▸ **cultual**

culture *nf* **1** Action de cultiver une terre, une plante ▸ **cultivo 2** Terrain que l'on cultive ▸ **cultura 3** Ensemble des connaissances acquises ▸ **cultura 4** Ensemble des productions artistiques et intellectuelles d'une société ▸ **cultura 5** Civilisation: *la culture occidentale* ▸ **cultura 6** Ensemble de convictions partagées et de comportements qui caractérisent un groupe: *une culture laïque* ▸ **cultura** ■ **culture d'entreprise:** ensemble des traditions de savoir-faire et d'organisation du travail sur lesquelles est fondée la cohésion d'une entreprise ▸ **cultura empresarial** □ **culture physique:** gymnastique ▸ **cultura física**

culturel, elle *adj* **1** Relatif à la culture intellectuelle: *centre culturel* ▸ **cultural 2** Relatif à une civilisation: *habitudes culturelles* ▸ **cultural**

culturisme *nm* Culture physique destinée à développer les muscles ▸ **culturismo**

cumin *nm* Ombellifère aromatique; graine de cette plante utilisée comme condiment ▸ **cominho**

cumul *nm* Action de cumuler ▸ **acumulação**

cumulable *adj* Que l'on peut cumuler ▸ **acumulável**

cumulatif, ive *adj* Qui est cumulé avec autre chose ▸ **acumulativo**

cumuler *vt et vi* Exercer plusieurs emplois en même temps, percevoir plusieurs traitements, avoir en même temps plusieurs titres ▸ **acumular**

cumulo-nimbus *nm inv* Nuage de grande dimension, de couleur foncée, qui, très souvent, annonce un orage ▸ **cúmulo-nimbo**

cumulus [kymylys] *nm* Nuage blanc de beau temps ▸ **cúmulo**

cunéiforme *adj* ▸ **cuneiforme** ■ **écriture cunéiforme:** système d'écriture de l'ancienne Mésopotamie, utilisant des caractères en forme de clous ▸ **escrita cuneiforme**

cupide *adj* LITT Avide d'argent ▸ **cúpido**

cupidité *nf* LITT Désir excessif d'argent ▸ **cupidez**

cuprifère *adj* Qui contient du cuivre ▸ **cuprífero**

cuprique *adj* CHIM De la nature du cuivre ▸ **cúprico**

cupronickel *nm* Alliage de cuivre et de nickel ▸ **cuproníquel**

cupule *nf* BOT Organe enveloppant les fruits de certains arbres (chênes, hêtres, etc.) ▸ **cúpula**

curable *adj* Qui peut se guérir ▸ **curável**

curaçao [kyraso] *nm* Liqueur à base d'écorces d'oranges, de sucre et d'eau-de-vie ▸ **curaçau**

curage *nm* Action de curer ▸ **cura**

curare *nm* Substance d'origine végétale ou animale, ou obtenue par synthèse, à l'action paralysante ▸ **curare**

curatelle *nf* Fonction de curateur ▸ **curadoria**

curateur, trice *n* Personne désignée par la loi pour l'administration des biens d'un mineur, d'un incapable majeur ▸ **curador**

curatif, ive *adj* Relatif à la guérison d'une maladie: *méthode curative* ▸ **curativo**

cure[1] *nf* Traitement médical: *cure thermale* ▸ **tratamento** ■ **faire une cure de:** user, consommer beaucoup de ▸ **fazer uma dieta de** □ LITT **n'avoir cure de:** ne pas se préoccuper de ▸ **não se preocupar com**

cure[2] *nf* Habitation d'un curé ▸ **casa paroquial**

curé *nm* Prêtre catholique chargé de la direction d'une paroisse ▸ **pároco**

cure-dents *nm inv* ou **cure-dent** (pl *cure-dents*) *nm* Petite pointe pour curer les dents ▸ **palito de dentes**

curée *nf* **1** VÉNER Partie de la bête que l'on donne à la meute; cette distribution elle-même ▸ **encarne 2** FIG Lutte avide pour s'emparer de quelque chose ▸ **encarniçamento**

cure-ongles *nm inv* ou **cure-ongle** (pl *cure-ongles*) *nm* Instrument servant à se nettoyer les ongles ▸ **limpador de unha**

cure-pipes *nm inv* ou **cure-pipe** (pl *cure-pipes*) *nm* Instrument pour nettoyer le fourneau d'une pipe ▸ **limpador de cachimbo**

curer *vt* Nettoyer en grattant, en raclant ▸ **esfregar**

curetage ou **curettage** *nm* CHIR Opération qui consiste à enlever avec une curette des corps étrangers ou des tissus malades ▸ **curetagem**

cureter *vt (conj 8)* CHIR Faire un curetage ▸ **curetar**

curette *nf* CHIR Instrument en forme de cuillère, utilisé pour cureter ▸ **cureta**

curie[1] *nf* **1** ANTIQ ROM Subdivision des trois tribus primitives ▸ **cúria 2** Ensemble des administrations pontificales ▸ **cúria**

curie[2] *nm* Ancienne unité de mesure de la radioactivité ▸ **curie**

curieusement *adv* De façon curieuse ▸ **curiosamente**

curieux, euse *adj et n* **1** Avide de voir, de connaître, d'apprendre ▸ **curioso 2** Qui cherche à savoir ce qui ne le concerne pas; indiscret ▸ **curioso** ◆ *adj* Propre à exciter l'attention; surprenant: *il lui est arrivé une curieuse aventure* ▸ **curioso**

curiosité *nf* **1** Caractère d'une personne ou d'une chose curieuse ▸ **curiosidade 2** Objet curieux; chose insolite ▸ **curiosidade** ◆ **curiosités** *pl* Cho-

ses rares: *amateur de curiosités* ▸ **curiosidades**
curiste *n* Personne qui fait une cure thermale ▸ **curista**
curling [kœrliŋ] *nm* Sport consistant à déplacer un lourd palet sur la glace ▸ ***curling***
curriculum vitae [kyrikylɔmvite] *nm inv* ou **curriculum** *nm* Document indiquant l'état civil, les études, la carrière professionnelle de quelqu'un (abréviation: *CV*) ▸ ***curriculum vitae*, currículo**
curry ou **cari** ou **cari** *nm* **1** Épice indienne composée de gingembre, de piment, etc. ▸ ***curry*, caril** **2** Plat de viande, volaille ou poisson préparé avec cette épice ▸ ***curry***
curseur *nm* **1** Pointe qui coulisse au milieu d'une règle, d'un compas ▸ **cursor** **2** INFORM Marque mobile utilisée pour indiquer la position de ce qui va s'inscrire sur un écran ▸ **cursor**
cursif, ive *adj* ▸ **cursivo** ▪ **lecture cursive:** faite rapidement et superficiellement ▸ **leitura cursiva**
cursus [kyrsys] *nm* **1** Filière universitaire ▸ **currículo** **2** Carrière professionnelle ▸ **carreira**
curviligne *adj* À lignes courbes ▸ **curvilíneo**
cuscute *nf* Plante parasite des végétaux cultivés ▸ **cuscuta**
custode *nf* Boîte dans laquelle le prêtre porte la communion aux malades ▸ **custódia**
cutané, e *adj* De la peau ▸ **cutâneo**
cuticule *nf* ANAT Petite peau très mince: *la cuticule des ongles* ▸ **cutícula**
cuti-réaction (pl *cuti-réactions*) ou **cuti** (pl *cutis*) *nf* Test pour déceler la tuberculose ▸ **cutirreação** ▪ **virer sa cuti: (a)** avoir une cuti-réaction positive ▸ **apresentar cutirreação positiva** **(b)** FAM changer radicalement d'opinion, de mode de vie ▸ **dar uma guinada**
cutter [kœtœr] *nm* Instrument tranchant à lame pour couper le papier, le carton ▸ **estilete**
cuve *nf* **1** Grand réservoir pour la fermentation du raisin ▸ **cuba** **2** Grand récipient: *cuve à mazout* ▸ **cuba**
cuvée *nf* **1** Contenu d'une cuve ▸ **cuba** **2** Récolte de toute une vigne ▸ ***cuvée***
cuver *vt* ▪ FAM **cuver (son vin):** dormir après avoir trop bu ▸ **curtir (a bebedeira)**
cuvette *nf* **1** Récipient portatif large, peu profond ▸ **bacia** **2** Partie profonde d'un siège de W-C ▸ **bacia** **3** Dépression de terrain fermée de tous côtés: *la ville est au fond d'une cuvette* ▸ **bacia**
CV[1] *nm* (abréviation) Cheval fiscal ▸ **cv**
CV[2] *nm* (sigle) Curriculum vitae ▸ **CV**
cyanogène *nm* CHIM Gaz toxique composé de carbone et d'azote ▸ **cianogênio**
cyanose *nf* MÉD Coloration bleue ou bleuâtre de la peau, due à un manque d'oxygène ▸ **cianose**
cyanure *nm* Combinaison de cyanogène avec un corps simple ▸ **cianeto**
cybercafé *nm* Café dans lequel le consommateur peut utiliser des ordinateurs reliés à Internet ▸ **cibercafé**
cybercriminalité *nf* Ensemble des infractions pénales commises sur les réseaux de télécommunications, en particulier Internet ▸ **cibercriminalidade**
cyberespace *nm* Environnement constitué par l'ensemble des réseaux télématiques mondiaux; environnement créé par la mise en œuvre d'un système de réalité virtuelle ▸ **ciberespaço**
cybernaute *n* Personne qui navigue dans le cyberespace ▸ **cibernauta**
cybernétique *nf* Science qui étudie les mécanismes de communication et de contrôle dans les machines et chez les êtres vivants ▸ **cibernética**
cyclable *adj* ▪ **piste cyclable:** réservée aux cyclistes ▸ **ciclovia**
cyclamen [siklamɛn] *nm* Plante ornementale à fleurs roses ou blanches ▸ **ciclâmen**
cycle *nm* **1** Série de phénomènes qui se répètent dans un ordre déterminé ▸ **ciclo** **2** Suite d'œuvres littéraires ou artistiques ▸ **ciclo** **3** Division de l'enseignement secondaire et universitaire ▸ **ciclo** ▪ **premier cycle:** dans le secondaire, cycle allant de la 6ᵉ à la 3ᵉ ▸ **primeiro ciclo** □ **second cycle:** dans le secondaire, cycle allant de la seconde à la terminale ▸ **segundo ciclo** ◆ **cycles** *pl* Ensemble des appareils de locomotion à deux roues ▸ **ciclo**
cyclique *adj* Relatif à un cycle ▸ **cíclico**
cyclisme *nm* Sport ou pratique de la bicyclette ▸ **ciclismo**
cycliste *n* Personne qui pratique le cyclisme ou participe à une course ▸ **ciclista** ◆ *adj* Relatif au cyclisme ▸ **ciclista** ◆ *nm* Bermuda moulant ▸ **bermuda ciclista**
cyclo-cross *nm inv* Sport consistant à parcourir à bicyclette et à pied un terrain accidenté ▸ **bicicross**
cyclomoteur *nm* Bicyclette munie d'un moteur auxiliaire ▸ **ciclomotor**
cyclone *nm* **1** Zone de basses pressions atmosphériques ▸ **ciclone** **2** Ouragan qui se forme sur les mers tropicales ▸ **ciclone**
cyclothymique *adj et n* Dont l'humeur passe par des phases alternées de tristesse et de gaieté ▸ **ciclotímico**

cyclotourisme *nm* Tourisme à bicyclette ► **cicloturismo**

cygne *nm* Oiseau palmipède, à cou très long et flexible ► **cisne** ■ **chant du cygne:** dernière œuvre d'un homme de génie ► **canto do cisne**

cylindre *nm* **1** Solide limité par une surface cylindrique et deux plans parallèles coupant les génératrices ► **cilindro 2** Tube arrondi dans lequel se meut le piston d'un moteur ► **cilindro 3** TECHN Rouleau pour laminer, lustrer, aplanir un matériau ► **cilindro**

cylindrée *nf* **1** Capacité des cylindres d'un moteur à explosion ► **cilindrada 2** Moto ou voiture envisagée du point de vue de sa puissance ► **cilindrada**

cylindrique *adj* En forme de cylindre ► **cilíndrico** ■ **surface cylindrique:** surface engendrée par un ensemble de droites parallèles (les génératrices) s'appuyant sur une courbe plane fermée (directrice) dont le plan coupe la direction donnée ► **superfície cilíndrica**

cymbale *nf* Instrument de percussion formé de deux plateaux de cuivre ► **címbalo**

cynégétique *adj* Qui concerne la chasse ► **cinegético** ♦ *nf* L'art de la chasse ► **cinegética**

cynique *adj et n* Qui professe des opinions contraires ou provocatrices, en particulier sur des sujets moraux ► **cínico**

cyniquement *adv* Avec cynisme ► **cinicamente**

cynisme *nm* Caractère d'une personne cynique ► **cinismo**

cynocéphale *nm* Grand singe africain dont la tête évoque celle d'un chien ► **cinocéfalo**

cynodrome *nm* Piste aménagée pour les courses de lévriers ► **cinódromo**

cyphose *nf* Déformation de la colonne vertébrale ► **cifose**

cyprès *nm* Arbre conifère résineux à feuillage persistant ► **cipreste**

cyprin *nm* Poisson voisin de la carpe ► **ciprinídeo**

cypriote *adj et n* → **chypriote**

cyrillique *adj* ► **cirílico** ■ **alphabet cyrillique:** alphabet servant à transcrire le russe, le serbo-croate, le bulgare, l'ukrainien et un certain nombre de langues non slaves ► **alfabeto** cirílico

cystite *nf* Inflammation de la vessie ► **cistite**

cytise *nm* Arbrisseau ornemental aux fleurs jaunes (famille des papilionacées) ► **cítiso**

cytologie *nf* Partie de la biologie qui étudie la cellule ► **citologia**

cytoplasme *nm* BIOL Partie fondamentale de la cellule ► **citoplasma**

Dd

d *nm* Quatrième lettre de l'alphabet et la troisième des consonnes ▸ **d** ■ **3D:** se dit d'un système informatique qui permet de représenter des scènes en trois dimensions, en donnant l'illusion du relief ▸ **3D** □ FAM **système D:** habileté à se débrouiller ▸ **expediência**

D (symbole) Chiffre romain valant 500 ▸ **D**

DAB (sigle de *digital audio broadcasting*) Norme de radiodiffusion sonore numérique ▸ **DAB**

dactyle *nm* Plante fourragère à épis violacés ▸ **dáctilo**

dactylo *n* Personne dont la profession est de taper à la machine ▸ **datilógrafo**

dactylographie *nf* Technique d'utilisation d'une machine à écrire ▸ **datilografia**

dactylographier *vt* Transcrire à l'aide d'une machine à écrire ▸ **datilografar**

dactylographique *adj* Qui concerne la dactylographie ▸ **datilográfico**

dactylologie *nf* Langage digital (au moyen des doigts), en usage parmi les sourds-muets ▸ **dactilologia**

dactyloscopie *nf* Identification par les empreintes digitales ▸ **datiloscopia**

dada¹ *nm* **1** Cheval, dans le langage enfantin ▸ **cavalo** **2** FIG Idée fixe, occupation favorite ▸ **mania**

dada² *nm et adj inv* Dénomination adoptée en 1916 par un groupe d'artistes et de poètes résolus à remettre en question tous les modes d'expression traditionnels: *peintre dada* ▸ **dadá**

dadais *nm* FAM Jeune homme niais, nigaud ▸ **pateta**

dadaïsme *nm* Mouvement dada ▸ **dadaísmo**

dague *nf* Épée à lame courte ▸ **adaga**

daguerréotype *nm* Image obtenue par les procédés photographiques de Daguerre ▸ **daguerreótipo**

dahlia *nm* Plante à fleurs ornementales ▸ **dália**

ORTHOGRAPHE Attention, dans *dahlia*, le *h* se place devant le *l*

daigner *vt* (part passé inv) Vouloir bien, condescendre à ▸ **dignar-se a**

daim *nm* **1** Mammifère ruminant, voisin du cerf ▸ **gamo** **2** Peau du daim; cuir de bovin retourné l'imitant: *veste de daim* ▸ **camurça**

daine *nf* Femelle du daim ▸ **gama, corça**

dais *nm* Tenture dressée au-dessus d'un autel, d'un trône ▸ **dossel**

dalaï-lama (pl *dalaï-lamas*) *nm* Chef du bouddhisme tibétain ▸ **dalai-lama**

dallage *nm* **1** Action de daller ▸ **lajeamento** **2** Revêtement de dalles ▸ **lajeado**

dalle¹ *nf* **1** Plaque de pierre, etc., pour paver le sol, revêtir une surface ▸ **laje** **2** Partie plane en verre de l'écran d'un téléviseur, d'un ordinateur, etc., dotée d'un dispositif d'affichage à cristaux liquides ▸ **tela**

dalle² (que) ou **dal (que)** *loc adv* FAM Rien du tout ▸ **neca**

daller *vt* Paver de dalles ▸ **lajear**

dalmatien, enne *n* Chien blanc à mouchetures noires ▸ **dálmata**

daltonien, enne *adj et n* Atteint de daltonisme ▸ **daltônico**

daltonisme *nm* Anomalie de la vue entraînant le plus souvent la confusion entre le rouge et le vert ▸ **daltonismo**

dam [dam] *nm* ▸ **prejuízo** ■ LITT **au grand dam** ou **au dam de:** au préjudice de ▸ **em detrimento de**

damage *nm* Action de damer ▸ **calcadura**

daman *nm* Mammifère herbivore d'Afrique et d'Asie Mineure, de la taille d'un lapin ▸ **daimão, hírax**

damas [dama] *nm* Étoffe agrémentée de dessins ornementaux ▸ **damasco**

damasquiner *vt* Incruster de petits filets d'or, d'argent ou de cuivre ▸ **damasquinar**

damassé, e *adj et nm* Se dit d'une étoffe préparée à la façon du damas ▸ **adamascado**

damasser *vt* Fabriquer une étoffe à la façon du damas ▸ **adamascar**

dame[1] *nf* **1** Femme mariée (par oppos à *demoiselle*) ▸ **senhora 2** Femme (par oppos à *homme*) ▸ **mulher 3** Figure du jeu de cartes: *dame de pique*; SYN: *reine* ▸ **dama 4** Seconde pièce du jeu d'échecs; SYN: *reine* ▸ **rainha ■ jeu de dames:** jeu qui se pratique à deux avec des pions sur un damier ▸ **(jogo de) damas**

dame[2] *interj* Marque l'insistance: *dame oui!* ▸ **claro que...**

dame-jeanne (pl *dames-jeannes*) *nf* Grosse bouteille d'une contenance de 20 à 50 litres ▸ **garrafão**

damer *vt* **1** Doubler un pion au jeu de dames ▸ **fazer dama 2** Tasser la neige avec des skis ou un véhicule équipé de chenilles ▸ **calcar ■** FAM **damer le pion à quelqu'un:** prendre sur lui un avantage décisif ▸ **levar a melhor sobre alguém**

damier *nm* **1** Surface divisée en cases blanches et noires, pour jouer aux dames ▸ **tabuleiro 2** Ornement quadrillé ▸ **xadrez**

damnation [danasjɔ̃] *nf* Condamnation aux souffrances de l'enfer ▸ **danação**

damné, e [dane] *adj et n* Condamné aux peines de l'enfer ▸ **danado ■ souffrir comme un damné:** horriblement ▸ **sofrer como um condenado** ◆ *adj* FAM Qu'on maudit, dont on est mécontent: *cette damnée voiture!* ▸ **maldito ■ âme damnée:** personne entièrement dévouée à quelqu'un et qui lui inspire de mauvaises actions ▸ **alma danada**

damner [dane] *vt* Condamner à la damnation ▸ **danar ■** FAM **faire damner quelqu'un:** le faire enrager, l'exaspérer ▸ **danar alguém** ◆ **se damner** *vpr* [pour] Être prêt à tout pour: *elle se damnerait pour un bout de chocolat!* ▸ **dar a alma ao diabo**

damoiseau *nm* VX Jeune gentilhomme qui n'était pas encore chevalier ▸ **donzel**

dan [dan] *nm* Chacun des dix degrés de qualification d'une ceinture noire de judo, de karaté ▸ **dan**

dancing [dɑ̃siŋ] *nm* Établissement public où l'on danse ▸ ***dancing***

dandinement *nm* Action de se dandiner ▸ **desengonço**

dandiner (se) *vpr* Donner à son corps un mouvement de balancement un peu ridicule ▸ **desengonçar-se**

dandy *nm* Homme qui affecte une grande élégance dans sa tenue vestimentaire, ses comportements, ses idées ▸ **dândi**

dandysme *nm* Attitude du dandy ▸ **dandismo**

danger *nm* Ce qui constitue un risque; situation où l'on a à redouter un inconvénient, un mal quelconque: *affronter un danger* ▸ **perigo ■ danger public:** personne qui, par son insouciance, met les autres en danger ▸ **ameaça pública □ il n'y a pas de danger (que):** cela ne risque pas de se produire ▸ **não tem perigo (de)**

dangereusement *adv* D'une manière dangereuse ▸ **perigosamente**

dangereux, euse *adj* Qui présente un danger: *tournant dangereux* ▸ **perigoso**

danois, e *adj et n* Du Danemark: *les Danois* ▸ **dinamarquês** ◆ *nm* **1** Langue parlée au Danemark ▸ **dinamarquês 2** Grand chien à poil ras ▸ **dinamarquês**

dans *prép* **1** Marque le lieu où l'on est, où l'on entre: *être dans la cuisine* ▸ **em, dentro de 2** Marque le temps: *dans son enfance; revenir dans deux jours* ▸ **em 3** Marque l'appartenance, la participation: *travailler dans la finance; être dans le secret* ▸ **em, com 4** Marque la manière: *être dans l'embarras* ▸ **em, com 5** Marque l'approximation: *dans les mille personnes* ▸ **cerca de**

dansant, e *adj* Où l'on danse: *soirée dansante* ▸ **dançante**

danse *nf* **1** Suite de pas et de mouvements cadencés exécutés sur de la musique ▸ **dança 2** Art de s'exprimer en interprétant des compositions chorégraphiques ▸ **dança**

danser *vi* **1** Mouvoir le corps en cadence, exécuter une danse ▸ **dançar 2** LITT Bouger avec des mouvements rapides: *les flammes dansent dans la cheminée* ▸ **dançar ■** FIG **ne savoir sur quel pied danser:** ne savoir que décider ▸ **não saber o que fazer** ◆ *vt* Exécuter une danse: *danser le tango* ▸ **dançar**

danseur, euse *n* **1** Personne qui danse ▸ **dançarino 2** Personne dont le métier est de danser ▸ **dançarino, bailarino ■ en danseuse:** debout sur les pédales d'une bicyclette ▸ **pedalando de pé**

dantesque *adj* Grandiose, colossal, effrayant ▸ **dantesco**

DAO *nm* (sigle) Dessin assisté par ordinateur ▸ **Ø**

daphnie [dafni] *nf* Petit crustacé des eaux douces, nageant par saccades, d'où son nom usuel de *puce d'eau* ▸ **dáfnia**

dard *nm* **1** Aiguillon de certains insectes ▸ **ferrão 2** Langue du serpent ▸ **dardo**

darder *vt* LITT Lancer comme un dard: *le soleil darde ses rayons* ▸ **dardejar**

dare-dare *loc adv* FAM En hâte ▸ **a toda a pressa**

darne *nf* Tranche de gros poisson: *une darne de saumon* ▸ **posta**
darse *nf* MAR Bassin dans un port ▸ **doca, lagamar**
dartre *nf* Croûte ou irritation de la peau ▸ **dartro**
darwinien, enne *adj* De Darwin ▸ **darwinista**
darwinisme *nm* Doctrine de Darwin, selon laquelle la lutte pour la vie et la sélection naturelle sont les mécanismes essentiels de l'évolution des êtres vivants ▸ **darwinismo**
DAT *nm* (sigle de *digital audio tape*) Bande magnétique servant de support d'enregistrement numérique du son, et parfois de l'image ▸ **DAT** ■ **cassette DAT:** cassette d'enregistrement utilisant ce type de bande ▸ **cassete DAT**
datation *nf* Action de déterminer la date d'un événement, l'âge d'une roche, d'un objet; date ainsi attribuée ▸ **datação**
datcha *nf* Maison de campagne, en Russie ▸ ***datcha***
date *nf* **1** Indication du jour, du mois et de l'année; nombre qui l'indique: *mettre la date; date de naissance* ▸ **data 2** Moment, époque où se situe un événement: *des amis de longue date* ▸ **data 3** Événement d'une grande importance historique: *grande date de l'histoire* ▸ **data** ■ **date limite:** qu'on ne peut dépasser: *date limite de consommation, de vente* ▸ **data limite** □ **faire date:** marquer un moment important ▸ **marcar época** □ **prendre date:** fixer un jour pour un rendez-vous ▸ **marcar encontro**
dater *vt* **1** Mettre la date: *dater une lettre* ▸ **datar 2** Déterminer la date de: *dater un tableau* ▸ **datar** ◆ *vi* **1** Remonter à: *cela date d'hier* ▸ **datar 2** Marquer une date importante: *cela datera dans l'histoire* ▸ **marcar época 3** Être vieilli, démodé: *théorie qui date* ▸ **ficar datado** ■ **à dater de:** à partir de ▸ **a contar de**
dateur *nm et adj m* Appareil qui indique ou imprime la date ▸ **datador**
datif *nm* Dans les langues à déclinaisons, cas marquant l'attribution, la destination ▸ **dativo**
dation *nf* DR Action de donner: *dation de conseil judiciaire* ▸ **dação**
datte *nf* Fruit à pulpe sucrée très nutritive du dattier ▸ **tâmara**
dattier *nm* Palmier dont les fruits (dattes) sont groupés en longues grappes, ou régimes ▸ **tamareira**
daube *nf* Mode de cuisson à l'étouffée de certaines viandes: *bœuf en daube* ▸ **estufado**
dauber *vt et vi* LITT Railler: *dauber (sur) quelqu'un* ▸ **desancar**
dauphin[1] *nm* Mammifère marin vivant en troupes (ordre des cétacés) ▸ **golfinho**
dauphin[2] *nm* **1** (avec une majuscule) HIST Fils aîné du roi de France ▸ **delfim 2** FIG Successeur d'une personnalité ▸ **sucessor**
dauphinois, e *adj* Du Dauphiné ▸ **delfinês**
daurade ou **dorade** *nf* Poisson de la Méditerranée ▸ **dourada**
davantage *adv* **1** Plus: *travailler davantage; davantage de soupe* ▸ **mais 2** Plus longtemps: *rester davantage* ▸ **mais tempo**

ORTHOGRAPHE Il ne faut pas confondre *davantage*, «plus», avec *d'avantage*, qui correspond à «de profit»: *je n'en tire pas d'avantage* («je n'en tire pas de profit»)

davier *nm* Instrument employé pour arracher les dents ▸ **boticão**
dB (symbole) Décibel ▸ **dB**
DB *nf* (sigle) Division blindée ▸ **DB**
DCA *nf* (sigle de *défense contre les aéronefs*) Défense antiaérienne ▸ **DCA**
DDT *nm* (sigle de *dichloro-diphényl-trichloréthane*) Insecticide puissant, très toxique, dont l'usage est interdit en France et dans de nombreux autres pays ▸ **DDT**
de[1] *prép* **1** Marque le point de départ, l'origine, l'auteur: *de Paris: eau de source* ▸ **de 2** Avec: *saluer de la main* ▸ **com 3** Indique l'appartenance, la possession: *la maison de mes amis* ▸ **de 4** Introduit la caractérisation, la chose dont on parle: *une bouteille de vin; la plupart des meubles* ▸ **de 5** Indique le moment, la durée: *le train de 10 heures; voyager de nuit* ▸ **de 6** Indique un écart de temps, de longueur, de quantité: *distant de 5 km* ▸ **de 7** Indique un rapport distributif: *50 F de l'heure* ▸ **por 8** Indique la cause: *se tordre de rire* ▸ **de 9** Par: *aimé de tous* ▸ **por 10** Particule nobiliaire ▸ **de 11** Introduit un complément d'objet indirect ou second, un complément de nom ou de l'adjectif ▸ **de, por**
de[2]**, du, de la, des** *art partitifs* précèdent les noms d'objets qu'on ne peut compter: *manger de la confiture* ▸ **Ø**
dé[1] *nm* Fourreau de métal, pour protéger le doigt qui pousse l'aiguille ▸ **dedal**
dé[2] *nm* **1** Petit cube, à faces marquées de un à six, pour jouer ▸ **dado 2** Petit morceau cubique: *des pommes de terre en dés* ▸ **cubo** ■ **les dés sont jetés:** c'est décidé, on ne peut revenir en arrière ▸ **a sorte está lançada**
DEA *nm* (sigle de *diplôme d'études approfondies*) Anc. diplôme du troisième cycle de l'enseignement supérieur, préalable au doctorat, qui sanctionnait une année d'initiation à la recherche

dealer[1] [dilœr] *nm* ou **dealeur, euse** *n* FAM Revendeur de drogue ▸ **traficante de drogas**
dealer[2] [dile] *vt et vi* FAM Revendre de la drogue ▸ **traficar drogas**
déambulatoire *nm* Galerie qui tourne autour du chœur d'une église ▸ **deambulatório**
déambuler *vi* Se promener sans but précis ▸ **deambular**
débâcher *vt* Enlever une bâche ▸ **destoldar**
débâcle *nf* **1** Rupture des glaces à la surface d'un fleuve ▸ **degelo súbito 2** FIG Déroute, effondrement, débandade ▸ ***débâcle*, derrocada**
déballage *nm* **1** Action de déballer ▸ **desempacotamento 2** Étalage de marchandises ▸ **exposição**
déballer *vt* **1** Vider le contenu d'une caisse, d'un paquet ▸ **desempacotar 2** Étaler des marchandises ▸ **expor**
débandade *nf* Action de se disperser en désordre; déroute ▸ **debandada**
débander *vt* **1** Ôter une bande, un bandeau ▸ **debandar 2** Diminuer la tension: *débander un ressort* ▸ **afrouxar**
débaptiser *vt* Changer le nom de: *débaptiser une rue* ▸ **desbatizar**
débarbouiller *vt* Laver, en particulier le visage ▸ **lavar (o rosto)** ◆ *vpr*: *elle s'est débarbouillée avant le dîner* ▸ **lavar-se, lavar o rosto**
débarcadère *nm* Jetée utilisée pour le débarquement des marchandises, des voyageurs sur la mer ou sur un fleuve ▸ **desembarcadouro**
débardeur *nm* **1** Tricot très échancré, sans manches ▸ **colete de lã 2** Ouvrier employé au chargement et au déchargement des bateaux ▸ **estivador**
débarquement *nm* Action de débarquer des personnes, des marchandises ▸ **desembarque**
débarquer *vt* Faire descendre des personnes, des marchandises d'un navire, d'un train, d'un avion ▸ **desembarcar** ◆ *vi* **1** Quitter un navire, un train, etc. ▸ **desembarcar 2** FAM Arriver à l'improviste ▸ **baixar**
débarras *nm* Lieu où l'on met les objets encombrants, inutiles ▸ **quarto de despejo** ■ **bon débarras:** exprime la satisfaction de se voir délivré de ce qui embarrassait ▸ **bons ventos o levem**
débarrasser *vt* **1** Enlever ce qui embarrasse, encombre: *débarrasser un grenier* ▸ **desatravancar 2** Dégager de ce qui est une gêne: *débarrasser quelqu'un de son manteau* ▸ **livrar 3** Faire en sorte que quelqu'un soit libéré de: *débarrasser d'une mauvaise habitude* ▸ **livrar** ■ **débarrasser la table:** enlever les couverts, les restes du repas ▸ **tirar a mesa** ◆ **se débarrasser** *vpr* [de] Se défaire de quelque chose, éloigner quelqu'un ▸ **livrar-se**
débat *nm* Discussion sur un sujet précis au cours de laquelle des avis différents s'expriment ▸ **debate** ◆ **débats** *pl* Discussions dans une assemblée ▸ **debates**
débattre *vt (conj 56)* Examiner, mettre en discussion: *débattre un prix* ▸ **debater** ◆ **se débattre** *vpr* Faire des efforts pour résister ou se dégager ▸ **debater-se**
débauchage *nm* Action de débaucher un salarié ▸ **demissão**
débauche *nf* **1** Recherche immodérée des plaisirs sensuels ▸ **devassidão 2** FIG Abondance excessive: *une débauche de compliments* ▸ **excesso**
débauché, e *adj et n* Qui se livre à la débauche ▸ **devasso**
débaucher *vt* **1** Licencier, faire perdre son emploi à ▸ **demitir 2** Inciter à la débauche ▸ **debochar 3** FAM Détourner quelqu'un de ses occupations, de son travail ▸ **desencaminhar**
débile *adj* **1** Faible, peu résistant ▸ **débil 2** FAM Idiot, bête ▸ **débil** ◆ *n* FAM Idiot ▸ **débil** ■ **débile mental** ou **débile:** sujet atteint de débilité mentale ▸ **débil mental**
débilitant, e *adj* Qui débilite ▸ **debilitante**
débilité *nf* ▸ **debilidade** ■ **débilité mentale:** forme d'arriération mentale dans laquelle l'âge mental reste très inférieur à l'âge réel du malade ▸ **debilidade mental**
débiliter *vt* Affaiblir physiquement ou moralement: *climat qui débilite* ▸ **debilitar**
débiner *vt* FAM Dénigrer ▸ **difamar** ◆ **se débiner** *vpr* FAM S'enfuir ▸ **safar-se**
débit *nm* **1** Vente rapide et continue de marchandises au détail: *marchandise de débit facile* ▸ **saída 2** Endroit où l'on vend au détail: *débit de tabac* ▸ **loja 3** Quantité de liquide, de gaz, d'électricité, etc., fournie par une source quelconque en un temps donné: *débit d'un cours d'eau* ▸ **vazão 4** FIG Manière de parler, de lire: *débit monotone* ▸ **elocução 5** Compte des sommes dues; partie d'un compte où sont portées ces sommes; CONTR: *crédit* ▸ **débito** ■ INFORM, TÉLÉCOMM **haut débit:** se dit d'une technologie qui permet la transmission rapide de fichiers informatiques ou de contenus multimédias (cf. **UMTS**) ▸ **de alta velocidade**
débitant, e *n* Personne qui vend au détail ▸ **varejista**
débiter *vt* **1** Vendre au détail: *débiter du vin* ▸ **vender no varejo 2** Découper en morceaux:

débiter du bois ▸ **cortar 3** Fournir une quantité de liquide, de gaz, etc., en un temps donné: *débiter 300 litres à l'heure* ▸ **fornecer 4** FIG Énoncer d'une manière monotone: *débiter des vers* ▸ **lengalengar 5** PÉJOR Raconter, répandre: *débiter des sottises* ▸ **jorrar 6** Porter au débit d'un compte: *débiter une somme* ▸ **debitar**

débiteur, trice *n* **1** Personne qui a une dette d'argent ▸ **devedor 2** Personne qui a une dette morale envers quelqu'un ▸ **devedor** ♦ *adj* En débit: *un compte débiteur* ▸ **devedor**

déblai *nm* Enlèvement de terre pour niveler ou abaisser le sol ▸ **desaterro** ♦ **déblais** *pl* Terre ou gravats qu'on retire d'un chantier ▸ **entulho**

déblaiement ou **déblayage** *nm* Action de déblayer ▸ **desentulho**

déblatérer *vt ind* [contre] FAM Dire du mal, se répandre en médisances ▸ **falar mal**

déblayage *nm* → **déblaiement**

déblayer [debleje] *vt (conj 4)* Dégager de ce qui encombre ▸ **desentulhar** ■ FIG **déblayer le terrain:** résoudre les difficultés préalables ▸ **preparar o terreno**

déblocage *nm* Action de débloquer ▸ **desbloqueio**

débloquer *vt* **1** Remettre en mouvement; desserrer: *débloquer un verrou* ▸ **desbloquear 2** Remettre en circulation, en particulier de l'argent: *débloquer des crédits* ▸ **desbloquear 3** FIG Lever les obstacles qui bloquaient une situation ▸ **desbloquear**

déboguer *vt* INFORM Supprimer les bogues d'un programme ▸ **depurar**

déboire *nm* (surtout au pluriel) Déception, malchance: *il a connu bien des déboires* ▸ **desgosto**

déboisement *nm* Action de déboiser ▸ **desmatamento**

déboiser *vt* Couper les arbres d'un terrain ▸ **desmatar**

déboîtement *nm* Déplacement d'un os hors de son articulation ▸ **deslocamento, luxação**

déboîter *vt* **1** Ôter de sa place un objet encastré dans un autre: *déboîter des tuyaux* ▸ **desencaixar 2** Faire sortir un os de son articulation: *le choc lui a déboîté l'épaule* ▸ **deslocar, luxar** ♦ *vi* Sortir d'une file, en parlant d'une voiture ▸ **sair da fila**

débonder *vt* Ouvrir en ôtant la bonde: *débonder un tonneau* ▸ **destapar**

débonnaire *adj* Doux, bienveillant ▸ **bonachão**

débordant, e *adj* Qui se manifeste avec force: *joie débordante* ▸ **transbordante**

débordement *nm* **1** Action de déborder: *débordement d'un fleuve* ▸ **transbordamento 2** Profusion: *débordement d'injures* ▸ **torrente**

déborder *vi* **1** Se répandre par-dessus bord: *lait qui déborde* ▸ **transbordar 2** Être trop plein, laisser échapper son contenu: *la baignoire déborde* ▸ **transbordar 3** Manifester un sentiment avec force: *déborder d'enthousiasme* ▸ **transbordar 4** Dépasser le ou les bords ▸ **transbordar** ♦ *vt* S'étendre au-delà de la limite de quelque chose: *la terrasse déborde la maison* ▸ **ultrapassar** ■ **être débordé de travail:** en avoir trop ▸ **estar entulhado de trabalho**

débotté *nm* ■ **au débotté:** immédiatement ▸ **imediatamente**

débouché *nm* **1** Endroit où aboutit un chemin, une route, etc. ▸ **desembocadura 2** FIG Pour une marchandise, possibilité de vente ▸ **saída 3** (surtout au pluriel) Carrière ouverte à quelqu'un: *profession qui offre des débouchés* ▸ **oportunidade**

déboucher *vt* Ôter ce qui bouche: *déboucher un lavabo, une bouteille* ▸ **destampar, desentupir** ♦ *vi* **1** Apparaître soudainement: *voiture qui débouche d'une ruelle* ▸ **irromper 2** Arriver dans, aboutir à: *je ne sais pas où cette rue débouche* ▸ **dar, desembocar** ♦ *vt ind* [sur] Avoir comme effet, comme conséquence: *la discussion n'a débouché sur rien de précis* ▸ **desembocar, dar**

déboucheur *nm* Produit utilisé pour déboucher une canalisation d'évier, de baignoire, etc. ▸ **desentupidor**

déboucler *vt* **1** Défaire des boucles ▸ **desencaracolar 2** Ouvrir la boucle qui retient ▸ **desafivelar**

débouler *vi et vt* Descendre rapidement d'un endroit: *il a déboulé du haut de la rue sans prévenir; débouler un escalier* ▸ **despenhar-se, despencar**

déboulonnement ou **déboulonnage** *nm* Action de déboulonner ▸ **desmontagem**

déboulonner *vt* **1** Démonter en ôtant les boulons ▸ **desmontar 2** FIG Faire perdre sa place, son prestige ▸ **derrubar**

débourrer *vt* **1** Ôter la bourre ▸ **esvaziar 2** Vider une pipe ▸ **esvaziar o cachimbo**

débours *nm* (surtout au pluriel) Argent avancé: *rentrer dans ses débours* ▸ **desembolso**

déboursement *nm* Action de débourser ▸ **desembolso**

débourser *vt* **1** Dépenser ▸ **desembolsar 2** Payer ▸ **desembolsar**

déboussoler *vt* FAM Désorienter, déconcerter ▸ **desnortear**

debout *adv* **1** Dans la position verticale: *rester debout* ▸ **de pé 2** Hors du lit, levé: *être debout très tôt* ▸ **de pé 3** En bon état, non détruit: *un mur ancien qui est encore debout* ▸ **de pé** ■ MAR

vent debout: contraire à la direction qu'on veut suivre ▸ **vento de proa** □ FIG **tenir debout:** être crédible, cohérent: *une histoire qui ne tient pas debout* ▸ **sustentar-se**
GRAMMAIRE Comme *debout* est un adverbe, il est invariable: *tous debout; des maisons debout*

débouter *vt* DR Rejeter une demande en justice ▸ **indeferir**

déboutonner *vt* Faire sortir un bouton de sa boutonnière ▸ **desabotoar** ◆ **se déboutonner** *vpr* FAM Parler à cœur ouvert ▸ **abrir-se**

débraillé, e *adj* Dont les vêtements sont en désordre ▸ **desalinhado** ◆ *nm* Tenue négligée ▸ **molambo**

débrancher *vt* Supprimer une connexion, un branchement ▸ **desligar**

débrayage *nm* Action de débrayer ▸ **desembreagem, paralisação**

débrayer [debreje] *vt (conj 4)* **1** Supprimer la liaison entre l'arbre moteur et un arbre secondaire, une poulie, un outil ▸ **desembrear 2** (sans complément) Actionner la pédale d'embrayage de manière à supprimer la liaison entre les roues et le moteur d'une voiture pour passer les vitesses ▸ **embrear** ◆ *vi* FAM Arrêter le travail, se mettre en grève ▸ **paralisar**

débridé, e *adj* Sans retenue, effréné: *imagination débridée* ▸ **desenfreado**

débrider *vt* **1** Ôter la bride à une bête de somme ▸ **desenfrear 2** CHIR Inciser les brides ou les tissus qui étranglent un organe, une plaie ▸ **desbridar**

débris *nm* Morceau, fragment d'une chose détruite, brisée ▸ **fragmento, caco**

débrouillard, e *adj et n* FAM Qui sait se débrouiller ▸ **despachado**

débrouillardise *nf* FAM Habileté à se tirer d'affaire ▸ **desembaraço**

débrouiller *vt* **1** Démêler, remettre en ordre: *débrouiller les fils d'une pelote* ▸ **desembaraçar 2** FIG Éclaircir: *débrouiller une intrigue* ▸ **esclarecer** ◆ **se débrouiller** *vpr* FAM Se tirer d'affaire en faisant preuve d'ingéniosité ▸ **virar-se**

débroussaillage ou **débroussaillement** *nm* Action de débroussailler; fait d'être débroussaillé ▸ **limpeza**

débroussailler *vt* **1** Débarrasser des broussailles ▸ **desbastar 2** Commencer à préparer, à étudier ▸ **desbravar**

débucher[1] *vi* Sortir du bois, en parlant du gibier ▸ **desentocar** ◆ *vt* Faire sortir le gibier du bois ▸ **desentocar**

débucher[2] *nm* VÉNER Moment où la bête chassée débuche ▸ **desentocamento**

débusquer *vt* Faire sortir de sa retraite, de son refuge: *débusquer l'ennemi* ▸ **desalojar**

début *nm* Commencement de quelque chose, d'une action: *début de l'année; au début d'un livre* ▸ **início** ◆ **débuts** *pl* Entrée dans une carrière: *faire ses débuts* ▸ **estreia**

débutant, e *n et adj* Personne qui débute ▸ **iniciante**

débuter *vi* **1** Commencer, en parlant d'une chose, d'une action: *la séance débute à 14 heures* ▸ **iniciar 2** Faire ses premiers pas dans une carrière, un emploi ▸ **estrear**
EMPLOI Le verbe *débuter* étant intransitif, il est incorrect de dire: *il a débuté la séance à 14 heures*

deçà *adv* ▸ **aquém, de cá** ■ **deçà delà:** de côté et d'autre ▸ **aqui e ali** ◆ *loc prép* ■ **en deçà de:** **(a)** De ce côté-ci de: *en deçà des Pyrénées* ▸ **aquém de (b)** au-dessous de: *en deçà de la vérité* ▸ **abaixo de**

déca *nm* (abréviation de *décaféiné*) FAM Café décaféiné ▸ **Ø**

décacheter *vt (conj 8)* Ouvrir ce qui est cacheté: *décacheter une enveloppe, une bouteille* ▸ **deslacrar**

décadaire *adj* Relatif aux décades du calendrier républicain ▸ **decadário**

décade *nf* **1** Période de dix jours, dans le calendrier républicain ▸ **década 2** FAM Période de dix ans; décennie ▸ **década**

décadence *nf* Commencement de la ruine, perte de prestige; déclin ▸ **decadência**

décadent, e *adj et n* En décadence ▸ **decadente**

décadi *nm* Dixième jour de la décade, dans le calendrier républicain ▸ **decadi**

décaèdre *nm* MATH Solide à dix faces ▸ **decaedro**

décaféiné, e *adj* Sans caféine ▸ **descafeinado** ◆ *nm* Café décaféiné ▸ **café descafeinado**

décagone *nm* MATH Polygone à dix côtés ▸ **decágono**

décalage *nm* **1** Action de décaler ▸ **deslocamento 2** Écart dans le temps: *décalage horaire* ▸ **defasagem**

décalcification *nf* Diminution de la quantité de calcium contenue dans l'organisme ▸ **descalcificação**

décalcifier *vt* Faire perdre à un organisme le calcium qui lui est nécessaire ▸ **descalcificar**

décalcomanie *nf* Procédé qui permet de reporter des images coloriées sur un support quelconque; image ainsi obtenue ▸ **decalcomania**

décaler *vt* Déplacer dans l'espace ou dans le temps ▸ **deslocar**

décalitre *nm* Mesure de capacité de dix litres; symb: dal ▸ **decalitro**

décalotter *vt* Dégager le gland en tirant le prépuce vers le bas de la verge ▸ **expor a glande afastando o prepúcio**
décalquage ou **décalque** *nm* Action de décalquer; son résultat ▸ **decalque**
décalquer *vt* Reproduire un dessin à l'aide d'une feuille de papier transparent ▸ **decalcar**
décamètre *nm* Mesure de longueur de dix mètres; symb: dam ▸ **decâmetro**
décamper *vi* FAM Partir précipitamment, s'enfuir ▸ **dar o fora**
décan *nm* Zone de dix degrés de longitude constituant chacune des trois parties de chaque signe zodiacal: *être Taureau du premier décan* ▸ **decanato**
décantation *nf* Action de décanter ▸ **decantação**
décanter *vt* Débarrasser un liquide de ses impuretés en les laissant se déposer au fond ▸ **decantar** ■ FAM **laisser décanter:** attendre, afin qu'une situation s'éclaircisse ▸ **deixar a poeira baixar** ◆ **se décanter** *vpr* Devenir plus clair: *ses idées se décantent* ▸ **aclarar-se**
décapage *nm* Action de décaper ▸ **decapagem**
décapant *nm* Produit qui décape ▸ **decapante**
décaper *vt* Débarrasser une surface d'une couche de peinture, d'enduit qui y adhère fortement ▸ **decapar**
décapitation *nf* Action de décapiter ▸ **decapitação**
décapiter *vt* **1** Trancher la tête ▸ **decapitar 2** FIG Priver un parti de ses dirigeants ▸ **decapitar**
décapode *nm* Crustacé à cinq paires de pattes (écrevisse, crabe, etc.) ▸ **decápode**
décapotable *nf et adj* Voiture dont la capote peut être repliée ou enlevée ▸ **conversível**
décapoter *vt* Replier la capote d'une voiture, d'un landau, etc. ▸ **descapotar**
décapsuler *vt* Ôter la capsule de: *décapsuler une bouteille* ▸ **destampar**
décapsuleur *nm* Petit instrument de métal pour enlever la capsule d'une bouteille ▸ **abridor de garrafas**
décarcasser (se) *vpr* FAM Se débrouiller pour, faire en sorte que ▸ **dar um jeito**
décasyllabe *nm et adj* Vers de dix syllabes ▸ **decassílabo**
décathlon *nm* Épreuve d'athlétisme comprenant dix spécialités ▸ **decatlo**
décathlonien *nm* Athlète spécialisé dans le décathlon; athlète qui participe à un décathlon ▸ **decatleta**
décati, e *adj* FAM Qui a perdu sa fraîcheur, sa jeunesse ▸ **envelhecido**
décatir *vt* Ôter l'apprêt d'une étoffe ▸ **desbotar** ◆ **se décatir** *vpr* Perdre sa fraîcheur, sa jeunesse ▸ **envelhecer**
décavé, e *adj* FAM, VIEILLI Ruiné ▸ **arruinado**
décéder *vi (conj 10; auxil: être)* Mourir de mort naturelle, en parlant de quelqu'un ▸ **falecer**
déceler *vt (conj 5)* **1** Parvenir à distinguer d'après des indices; découvrir, remarquer ▸ **desvendar 2** Montrer, révéler: *le ton de sa voix décelait de l'inquiétude* ▸ **denotar**
décélération *nf* Réduction de la vitesse d'un véhicule; ralentissement ▸ **desaceleração**
décélérer *vi (conj 10)* Réduire la vitesse d'un véhicule ▸ **desacelerar**
décembre *nm* Douzième et dernier mois de l'année ▸ **dezembro**
décemment [desamɑ̃] *adv* **1** De façon décente, correcte ▸ **decentemente 2** Honnêtement, raisonnablement ▸ **decentemente**
décence *nf* Respect des bonnes mœurs, des convenances; bienséance ▸ **decência**
décennal, e, aux *adj* **1** Qui dure dix ans: *des fonctions décennales* ▸ **decenal 2** Qui revient tous les dix ans: *des fêtes décennales* ▸ **decenal**
décennie *nf* Période de dix ans ▸ **decênio**
décent, e *adj* **1** Qui respecte les convenances: *tenue décente* ▸ **decente 2** Convenable, suffisant, correct: *salaire décent* ▸ **decente**
décentrage *nm* Action de décentrer ▸ **descentramento**
décentralisateur, trice *adj* Relatif à la décentralisation ▸ **descentralizador**
décentralisation *nf* Action de décentraliser; son résultat ▸ **descentralização**
décentraliser *vt* Donner une certaine autonomie par rapport à un pouvoir central: *décentraliser des organismes* ▸ **descentralizar**
décentrer *vt* Déplacer le centre de: *décentrer un objectif* ▸ **descentrar**
déception *nf* Fait d'être déçu, trompé dans son attente; désillusion ▸ **decepção**
décerner *vt* Attribuer (un prix, une récompense) ▸ **conferir**
décès *nm* Mort d'une personne ▸ **falecimento**
décevant, e *adj* Qui déçoit: *réponse décevante* ▸ **decepcionante**
décevoir *vt (conj 34)* Ne pas répondre aux espoirs, à l'attente de ▸ **decepcionar**
déchaîné, e *adj* Qui se manifeste dans toute sa violence; emporté, excité: *enfant déchaîné; flots déchaînés* ▸ **exasperado**
déchaînement *nm* Emportement extrême: *déchaînement de colère* ▸ **arrebatamento**

déchaîner *vt* Donner libre cours à, déclencher: *déchaîner l'hilarité* ▸ **soltar** ◆ **se déchaîner** *vpr* Se manifester très violemment, s'emporter ▸ **exasperar-se**

déchanter *vi* Être amené, par une déception, à rabattre de ses espérances ▸ **desiludir-se**

décharge *nf* **1** Projectiles tirés par une ou plusieurs armes à feu ▸ **descarga 2** PHYS Perte de charge d'un corps électrisé ▸ **descarga 3** Lieu où l'on jette les ordures ▸ **lixo 4** CANADA Cours d'eau dans lequel s'écoule le trop-plein d'un lac ▸ **sangradouro 5** Acte par lequel on tient quitte d'une obligation: *signer une décharge* ▸ **quitação** ■ **à sa décharge:** pour diminuer sa responsabilité ▸ **em sua defesa** □ **témoin à décharge:** qui témoigne en faveur de l'accusé ▸ **testemunha de defesa**

déchargement *nm* Action de décharger ▸ **descarga**

décharger *vt (conj 2)* **1** Ôter la charge, le chargement ▸ **descarregar 2** FIG Soulager: *décharger sa conscience* ▸ **aliviar 3** Faire partir une arme à feu ▸ **descarregar 4** Soulager quelqu'un d'un travail, d'une responsabilité ▸ **desencarregar** ◆ **se décharger** *vpr* S'en remettre à quelqu'un pour la surveillance, l'exécution de ▸ **desencarregar-se**

décharné, e *adj* Très maigre: *visage décharné* ▸ **descarnado**

déchaussement *nm* Mise à nu du collet d'une dent ▸ **descarnamento**

déchausser *vt* Ôter à quelqu'un sa chaussure ▸ **descalçar** ◆ **se déchausser** *vpr* **1** Ôter ses chaussures ▸ **descalçar-se 2** Sortir de la gencive, en parlant d'une dent ▸ **descarnar-se**

dèche *nf* FAM Misère, manque d'argent ▸ **miséria**

déchéance *nf* Fait de se retrouver dans un état physique ou moral plus bas, très bas; avilissement ▸ **degradação**

déchet *nm* Résidu: *déchets radioactifs* ▸ **dejeto**

Déchetterie *nf* (nom déposé) Lieu aménagé pour le dépôt des déchets recyclables ▸ **centro de coleta seletiva e reciclagem**

déchiffrable *adj* Qui peut être déchiffré ▸ **decifrável**

déchiffrage *nm* Action de déchiffrer de la musique ▸ **decifração**

déchiffrement *nm* Action de déchiffrer ▸ **decifração**

déchiffrer *vt* **1** Lire un texte illisible ou peu compréhensible ▸ **decifrar 2** Lire de la musique à première vue ▸ **decifrar 3** FIG Comprendre, deviner ce qui est obscur: *déchiffrer une énigme* ▸ **decifrar**

déchiqueter *vt (conj 8)* Déchirer en petits morceaux; mettre en lambeaux ▸ **retalhar**

déchirant, e *adj* Qui navre, déchire le cœur: *cris déchirants* ▸ **dilacerante**

déchirement *nm* **1** Action de déchirer; fait d'être déchiré ▸ **dilaceração 2** Grande douleur morale ▸ **dilaceração** ◆ **déchirements** *pl* Troubles, dissensions: *déchirements politiques* ▸ **dissensão**

déchirer *vt* **1** Rompre, mettre en pièces: *déchirer une lettre* ▸ **rasgar 2** Faire un accroc à: *déchirer un habit* ▸ **rasgar 3** Diviser par des troubles: *la guerre civile déchire le pays* ▸ **dilacerar 4** FIG Causer une vive douleur: *départ qui déchire le cœur* ▸ **dilacerar** ◆ **se déchirer** *vpr* **1** Se séparer accidentellement en plusieurs parties: *l'étoffe s'est déchirée* ▸ **rasgar-se 2** Se causer mutuellement de grandes souffrances morales ▸ **dilacerar-se** ■ **se déchirer un muscle:** se rompre ou se distendre des fibres musculaires ▸ **distender um músculo**

déchirure *nf* Partie déchirée de quelque chose; accroc ▸ **rasgo** ■ **déchirure musculaire:** rupture violente de nombreuses fibres musculaires ▸ **distensão muscular**

déchoir *vi (conj 49)* Tomber dans une situation plus basse, inférieure ▸ **decair** ■ **être déchu de:** destitué de (un titre, une fonction) ▸ **ser destituído de**

déchristianisation *nf* Action de déchristianiser ▸ **descristianização**

déchristianiser [dekristjanize] *vt* Faire perdre la foi chrétienne, la pratique religieuse ▸ **descristianizar**

déchu, e *adj* Qui a perdu son autorité, sa dignité ▸ **degradado**

déci *nm* SUISSE Dans les cafés, mesure d'un décilitre de vin ▸ **Ø**

décibel *nm* Unité servant à évaluer l'intensité des sons ▸ **decibel**

décidé, e *adj* Résolu, ferme: *air décidé* ▸ **decidido**

décidément *adv* En définitive, manifestement ▸ **decididamente**

décider *vt* **1** Déterminer, décréter quelque chose: *décider l'envoi de vivres* ▸ **decidir 2** Amener, pousser quelqu'un à agir: *rien à faire pour le décider* ▸ **persuadir** ◆ *vt ind* [de] Prendre la décision de: *décider de partir* ▸ **decidir** ◆ *vi* Prendre une, des décisions ▸ **decidir** ◆ **se décider** *vpr* Se déterminer à ▸ **decidir**

décideur, euse *n* Personne qui possède un pouvoir de décision ▸ **decisor**

décigrade *nm* Dixième partie du grade ▸ **decigrado**

décilitre *nm* Dixième partie du litre; symb: dl ▶ **decilitro**

décimal, e, aux *adj* Fondé sur le groupement des unités par dizaines: *calcul décimal* ▶ **decimal** ▪ **nombre décimal:** qui comporte des sous-multiples de l'unité après la virgule ▶ **número decimal** ▫ **numération décimale:** système de numération qui utilise dix chiffres ▶ **numeração decimal**

décimale *nf* Chacun des chiffres placés à droite de la virgule dans un nombre décimal ▶ **decimal**

décimer *vt* Faire périr un grand nombre de personnes ou d'animaux ▶ **dizimar**

décimètre *nm* **1** Dixième partie du mètre; symb: dm ▶ **decímetro 2** Règle divisée en centimètres et millimètres: *double décimètre* ▶ **régua**

décisif, ive *adj* Qui conduit à un résultat définitif: *victoire décisive* ▶ **decisivo**

décision *nf* Action de décider, de se décider; chose décidée; résolution ▶ **decisão**

décisionnaire *adj* Qui concerne une prise de décision: *pouvoir décisionnaire* ▶ **decisório** ◆ *n* Personne qui a le pouvoir de prendre une décision ▶ **decisor**

déclamation *nf* PÉJOR Discours pompeux ▶ **declamação**

déclamatoire *adj* Qui relève de l'emphase, pompeux: *style déclamatoire* ▶ **declamatório**

déclamer *vt* Réciter un texte avec solennité, emphase ▶ **declamar**

déclaratif, ive *adj* Qui contient une déclaration ▶ **declarativo** ▪ GRAMM **verbe déclaratif:** qui exprime une énonciation (EX: *dire, déclarer*) ▶ **verbo declarativo**

déclaration *nf* **1** Action de déclarer, de se déclarer; parole déclarée: *faire une déclaration à la presse* ▶ **declaração 2** Communication officielle de renseignements à l'Administration; formulaire destiné à cette communication: *déclaration de vol, de grossesse* ▶ **declaração** ▪ **faire une déclaration à quelqu'un:** dire à quelqu'un qu'on est amoureux de lui ▶ **declarar-se a alguém** ▫ **déclaration de revenus, d'impôts:** communication de ses revenus à l'Administration ▶ **declaração de renda, de impostos**

déclaré, e *adj* Se dit de ce qui est clair, exprimé; manifeste: *ennemi déclaré* ▶ **declarado**

déclarer *vt* **1** Faire connaître officiellement: *déclarer ses intentions* ▶ **declarar 2** Fournir certains renseignements: *déclarer des marchandises à la douane* ▶ **declarar** ▪ **déclarer la guerre:** la signifier officiellement ▶ **declarar guerra** ◆ **se déclarer** *vpr* **1** Se manifester: *maladie qui se déclare* ▶ **declarar-se 2** Faire une déclaration d'amour ▶ **declarar-se**

déclassé, e *adj et n* Passé dans une catégorie inférieure: *joueur déclassé* ▶ **rebaixado**

déclassement *nm* Action de déclasser; fait d'être déclassé ▶ **desclassificação**

déclasser *vt* **1** Déranger des objets classés ▶ **desarrumar 2** Faire passer dans une condition plus médiocre, dans une catégorie inférieure: *déclasser un hôtel* ▶ **desclassificar**

déclassifier *vt* MIL Supprimer les restrictions d'accès à des documents classifiés ▶ **abrir arquivos**

déclenchement *nm* Action de déclencher; fait d'être déclenché ▶ **desencadeamento**

déclencher *vt* **1** Mettre en mouvement: *déclencher un mécanisme* ▶ **desencadear 2** Commencer brusquement: *déclencher une grève* ▶ **desencadear**

déclencheur *nm* Pièce d'un mécanisme qui en déclenche le fonctionnement: *le déclencheur d'un appareil photographique* ▶ **disparador, detonador**

déclic *nm* **1** Pièce destinée à déclencher un mécanisme ▶ **disparador 2** Bruit sec que fait un mécanisme qui se déclenche ▶ **clique** ▪ **avoir un déclic:** comprendre tout d'un coup quelque chose ▶ **ter um clique**

déclin *nm* État de ce qui décline; période où cela se produit ▶ **declínio**

déclinable *adj* Qui peut être décliné ▶ **declinável**

déclinaison *nf* **1** GRAMM Dans les langues à flexions, modification des désinences, suivant les genres, les nombres et les cas ▶ **declinação 2** ASTRON Distance d'un astre à l'équateur céleste ▶ **declinação 3** Angle que l'aiguille aimantée fait avec le méridien géographique ▶ **declinação 4** COMM Action de décliner un produit ▶ **apresentação de uma linha de produtos**

déclinant, e *adj* Qui décline ▶ **declinante, decadente**

décliner *vi* Perdre de sa vigueur, aller vers son déclin: *décliner avec l'âge; le jour décline* ▶ **declinar** ◆ *vt* **1** Écarter, refuser: *décliner un honneur* ▶ **declinar 2** Dire, énoncer: *décliner son nom* ▶ **declinar 3** GRAMM Faire varier dans sa désinence suivant les genres, nombres et cas ▶ **declinar 4** COMM Présenter un produit sous différentes formes: *décliner un parfum* ▶ **apresentar uma linha de produtos 5** DR Rejeter la compétence d'un tribunal ▶ **declinar**

déclive *adj* Qui va en pente, incliné ▶ **declive**

déclivité *nf* État de ce qui est en pente; pente, inclinaison ▶ **declividade**

décloisonner *vt* Enlever les obstacles qui isolent certains services, certaines activités les uns des autres ▸ **descompartimentar**

déclouer *vt* Défaire ce qui est cloué: *déclouer une caisse* ▸ **abrir**

décocher *vt* **1** Lancer: *décocher une flèche* ▸ **disparar** **2** FIG Dire avec brusquerie: *décocher une critique* ▸ **disparar**

décoction *nf* Action de faire bouillir des plantes dans un liquide; le liquide obtenu ▸ **decocção**

décodage *nm* Action de décoder ▸ **decodificação**

décoder *vt* Traduire un message codé en langage clair ▸ **decodificar**

décodeur[1] *nm* Appareil destiné à décoder des signaux de télévision cryptés à l'émission ▸ **decodificador**

décodeur[2], euse *n* Personne qui décode un message, un texte ▸ **decodificador**

décoiffer *vt* Défaire la coiffure, déranger les cheveux ▸ **despentear**

décoincer *vt* Dégager ce qui est coincé ▸ **soltar**

décolérer *vi (conj 10)* ▸ **desencolerizar-se** ▪ **ne pas décolérer:** ne pas cesser d'être en colère ▸ **continuar furioso**

décollage *nm* Action de décoller, de quitter le sol ▸ **decolagem**

décollation *nf* LITT Décapitation ▸ **degola**

décollé, e *adj* Se dit de ce qui n'est plus collé par la colle ▸ **descolado** ▪ **oreilles décollées:** qui se détachent du crâne plus que la normale ▸ **orelhas de abano**

décollement *nm* Action de décoller; fait de se décoller: *décollement de la rétine* ▸ **descolamento**

décoller *vt* Détacher ce qui est collé, ce qui adhère ▸ **descolar** ◆ *vi* Quitter le sol, en parlant d'un avion, etc. ▸ **decolar**

décolleté[1] *nm* **1** Partie décolletée d'un vêtement de femme ▸ **decote** **2** Partie de la gorge et des épaules laissée à nu par un corsage, une robe ▸ **colo**

décolleté[2], e *adj* **1** Dont les épaules et le cou sont découverts ▸ **decotado** **2** Qui laisse les épaules et le cou découverts ▸ **decotado**

décolleter *vt (conj 8)* Rabattre ou couper plus ou moins largement l'encolure d'un vêtement ▸ **decotar**

décolonisation *nf* Action de décoloniser; situation qui en résulte ▸ **descolonização**

décoloniser *vt* Mettre fin à un régime colonial, donner l'indépendance à un pays colonisé ▸ **descolonizar**

décoloration *nf* **1** Action de décolorer des cheveux ▸ **descoloração** **2** Disparition ou atténuation de la couleur de ▸ **descoloração**

décoloré, e *adj* ▸ **descolorido** ▪ **cheveux décolorés:** dont la couleur naturelle est éclaircie ▸ **cabelo descolorido**

décolorer *vt* Enlever, altérer, changer la couleur de ▸ **descolorir**

décombres *nm pl* Débris d'un édifice démoli ou écroulé ▸ **escombros**

décommander *vt* Annuler une commande, une invitation, un rendez-vous ▸ **cancelar**

décomplexer *vt* FAM Faire perdre ses complexes à quelqu'un ▸ **descomplexar**

décomposer *vt* Séparer en ses éléments constituants: *décomposer l'eau* ▸ **decompor** ◆ **se décomposer** *vpr* **1** Pourrir, se putréfier ▸ **decompor-se** **2** FIG S'altérer, se modifier, en parlant des traits du visage ▸ **decompor-se**

décomposition *nf* **1** Séparation d'un corps en ses constituants ▸ **decomposição** **2** Désagrégation, putréfaction ▸ **decomposição** **3** FIG Altération profonde; trouble ▸ **decomposição**

décompresser *vi* FAM Relâcher sa tension nerveuse ▸ **relaxar**

décompression *nf* Diminution de la pression ▸ **descompressão**

décomprimer *vt* Faire cesser ou diminuer la compression de: *décomprimer un gaz* ▸ **descomprimir**

décompte *nm* **1** Décomposition d'une somme en ses éléments de détail ▸ **demonstrativo** **2** Somme déduite d'un compte ▸ **desconto**

décompter *vt* Soustraire une somme d'un compte, déduire ▸ **descontar**

déconcentrer *vt* Faire perdre son attention à quelqu'un ▸ **desconcentrar** ◆ **se déconcentrer** *vpr* Perdre sa concentration; se disperser ▸ **desconcentrar-se**

déconcertant, e *adj* Qui déconcerte ▸ **desconcertante**

déconcerter *vt* Troubler profondément, jeter dans l'incertitude, désorienter ▸ **desconcertar**

déconfit, e *adj* Décontenancé et dépité ▸ **desconcertado**

déconfiture *nf* Déroute, échec, faillite ▸ **ruína**

décongélation *nf* Action de décongeler ▸ **descongelamento**

décongeler *vt (conj 5)* Ramener un corps congelé à la température ambiante ▸ **descongelar**

décongestionner *vt* **1** Faire cesser la congestion de ▸ **descongestionar** **2** Faciliter la circulation; désencombrer ▸ **descongestionar**

déconnecter *vt* Faire cesser une connexion; débrancher ▸ **desconectar** ◆ *vi* ou **se déconnecter** *vpr* FAM Perdre le contact avec la réalité: *depuis son divorce, il a déconnecté* ▸ **desligar (-se)**

déconseiller *vt* Conseiller de ne pas faire ▸ **desaconselhar**
déconsidération *nf* LITT Discrédit ▸ **descrédito**
déconsidérer *vt (conj 10)* Faire perdre la considération, l'estime à quelqu'un; discréditer ▸ **desconsiderar**
décontamination *nf* **1** Élimination ou réduction des éléments d'une contamination ▸ **descontaminação 2** Élimination ou réduction des substances radioactives qui ont pollué un milieu ▸ **descontaminação**
décontenancer *vt (conj 1)* Faire perdre contenance; troubler, démonter ▸ **desconcertar**
décontracté, e *adj* FAM Détendu ▸ **descontraído**
décontracter *vt* **1** Réduire ou faire cesser la contraction de quelque chose ▸ **descontrair 2** Réduire la tension psychique de quelqu'un; apaiser ▸ **descontrair ◆ se décontracter** *vpr* Se détendre, diminuer sa tension psychique ▸ **descontrair-se**
décontraction *nf* **1** Action de décontracter un muscle ▸ **descontração 2** Fait de se décontracter; détente ▸ **descontração 3** FIG Aisance excessive; désinvolture ▸ **descontração**
déconvenue *nf* Déception ▸ **desapontamento**
décor *nm* **1** Ensemble de ce qui sert à décorer, disposition de certains éléments produisant un effet ornemental ▸ **decoração 2** Ensemble des accessoires utilisés au théâtre ou au cinéma pour figurer le lieu de l'action ▸ **cenário ■** FAM **aller, foncer dans le décor:** en parlant d'un véhicule, quitter la route accidentellement ▸ **sair da pista**
décorateur, trice *n* **1** Personne chargée de décorer un appartement ▸ **decorador 2** Personne qui conçoit les décors d'un film, d'une pièce de théâtre ▸ **cenógrafo**
décoratif, ive *adj* Relatif, propre à la décoration: *arts décoratifs* ▸ **decorativo**
décoration *nf* **1** Action de décorer; ensemble de ce qui décore ▸ **decoração 2** Art du décorateur ▸ **decoração 3** Insigne d'une distinction honorifique ▸ **condecoração**
décorer *vt* **1** Pourvoir d'éléments destinés à embellir: *décorer un appartement* ▸ **decorar 2** En parlant d'un ornement, être un élément d'embellissement: *les guirlandes qui décorent la salle* ▸ **decorar 3** Conférer une décoration à quelqu'un ▸ **condecorar**
décortiquer *vt* **1** Enlever l'écorce de ▸ **descascar 2** FIG Analyser minutieusement un texte, une phrase ▸ **esmiuçar**
décorum [dekɔrɔm] *nm inv* Ensemble des convenances en usage dans une bonne société ou dans certaines circonstances; cérémonial ▸ **decoro**
découcher *vi* Ne pas rentrer coucher chez soi ▸ **passar a noite fora**
découdre *vt (conj 59)* Défaire ce qui est cousu ▸ **descosturar ◆** *vi* **■ en découdre: (a)** En venir aux mains ▸ **engalfinhar-se (b)** se quereller ▸ **brigar**
découler *vt ind* [de] Dériver, résulter de ▸ **decorrer**
découpage *nm* **1** Action, manière de découper ▸ **corte, recorte 2** Dessin destiné à être découpé ▸ **figura para recortar ■ découpage électoral:** division d'un territoire en circonscriptions ▸ **divisão em distritos eleitorais**
découpe *nf* Action de découper; son résultat ▸ **recorte ■ vente à la découpe:** vente appartement par appartement d'un immeuble détenu par un investisseur, le plus souvent en vue de réaliser une plus-value ▸ **venda avulsa**
découpé, e *adj* Dont les contours sont marqués de dents ou d'échancrures: *côte découpée* ▸ **recortado**
découper *vt* **1** Couper en morceaux, en parts: *découper un gâteau* ▸ **cortar 2** Couper en suivant les contours: *découper une image* ▸ **recortar ◆ se découper** *vpr* [sur] Se détacher sur un fond ▸ **recortar-se**
découplé, e *adj* ▸ **airoso ■ bien découplé:** qui a un corps harmonieusement proportionné ▸ **bem constituído**
découpure *nf* **1** Morceau d'objet découpé ▸ **recorte 2** Entaille faite à un objet découpé ▸ **corte 3** GÉOGR Accident dans le contour d'une côte ▸ **recorte**
décourageant, e *adj* Qui décourage ▸ **desencorajador**
découragement *nm* Perte de courage, abattement; démoralisation ▸ **desencorajamento**
décourager *vt (conj 2)* **1** Ôter le courage, l'énergie de; démoraliser: *les difficultés l'ont découragé* ▸ **desencorajar 2** Dissuader: *je l'ai découragé de sortir* ▸ **desencorajar ◆ se décourager** *vpr* Perdre courage ▸ **desencorajar-se**
décousu, e *adj* **1** Dont la couture est défaite ▸ **descosturado 2** FIG Qui manque de logique, de suite dans les idées: *style décousu* ▸ **descosido**
découvert[1] *nm* FINANCES Prêt à court terme accordé par une banque au titulaire d'un compte ▸ **saque a descoberto ■ à découvert:** sans rien dissimuler, en toute sincérité ▸ **a descoberto □ être à découvert:** avoir un découvert sur son compte ▸ **estar a descoberto**
découvert[2]**, e** *adj* Qui n'est pas couvert ▸ **descoberto ■ à visage découvert:** franchement ▸ **de**

cara limpa □ **pays découvert:** peu boisé ▸ **região com pouca vegetação**

découverte *nf* **1** Action de découvrir ▸ **descoberta 2** Chose ou personne découverte ▸ **descoberta**

découvreur, euse *n* Personne qui fait une découverte ▸ **descobridor**

découvrir *vt (conj 16)* **1** Ôter ce qui couvre: *découvrir une statue* ▸ **descobrir 2** Trouver ce qui était inconnu, caché, ignoré: *découvrir un vaccin, un trésor, un secret* ▸ **descobrir 3** Commencer à apercevoir: *d'ici, on découvre le mont Blanc* ▸ **divisar 4** Laisser voir, révéler: *découvrir ses intentions* ▸ **descobrir** ◆ **se découvrir** *vpr* **1** Ôter ce dont on est couvert: *enfant qui se découvre la nuit* ▸ **descobrir-se 2** S'éclaircir, en parlant du temps ▸ **descobrir-se 3** Ôter son chapeau ▸ **descobrir-se**

décrassage *nm* Action de décrasser ▸ **desencardimento**

décrasser *vt* Ôter la crasse de; nettoyer ▸ **desencardir**

décrédibiliser *vt* Faire perdre sa crédibilité à ▸ **desacreditar**

décrépir *vt* Enlever le crépi de ▸ **tirar o reboco de**

décrépit, e *adj* Affaibli par l'âge ▸ **decrépito**

décrépitude *nf* Affaiblissement général dû à la vieillesse ▸ **decrepitude**

decrescendo [dekreʃendo] *adv* MUS En diminuant progressivement l'intensité des sons ▸ **diminuendo**

décret *nm* Décision du pouvoir gouvernemental dont les effets sont semblables à ceux des lois ▸ **decreto**

décréter *vt (conj 10)* **1** Ordonner par un décret ▸ **decretar 2** Décider, déclarer avec autorité ▸ **decretar**

décrier *vt* LITT Déprécier, dire du mal de ▸ **difamar**

décrire *vt (conj 71)* **1** Représenter, dépeindre par l'écriture ou la parole ▸ **descrever 2** Tracer ou parcourir: *décrire une courbe* ▸ **descrever**

décrisper *vt* Rendre moins tendu, moins crispé ▸ **descontrair**

décrochage *nm* **1** Action de décrocher ▸ **desprendimento, desengate 2** TÉLÉCOMM Passage d'un émetteur à un autre ▸ **desconexão**

décrochement *nm* Partie en retrait d'une maison, d'un mur ▸ **reentrância**

décrocher *vt* **1** Détacher un objet accroché ▸ **desprender 2** FAM Obtenir: *décrocher une bourse* ▸ **descolar** ▪ **décrocher le téléphone** ou **décrocher:** enlever le combiné du téléphone de son support pour appeler quelqu'un ou répondre ▸ **tirar o fone do gancho** ◆ *vi* Cesser de s'intéresser à quelque chose ▸ **desligar**

décroiser *vt* Séparer ce qui était croisé: *décroiser les bras* ▸ **descruzar**

décroissance *nf* Fait de décroître ▸ **decréscimo**

décroissant, e *adj* Qui décroît ▸ **decrescente**

décroître *vi (conj 66)* Diminuer progressivement ▸ **decrescer**

décrotter *vt* Ôter la boue de ▸ **desenlamear**

décrottoir *nm* Lame métallique pour ôter la boue des chaussures ▸ **limpa-pés**

décrue *nf* Baisse de niveau des eaux fluviales ▸ **baixa**

décryptage *nm* Action de décrypter ▸ **decodificação**

décrypter *vt* **1** Déchiffrer un texte rédigé en un code qu'on ne connaît pas; décoder ▸ **decodificar 2** FIG Percer le sens caché, la signification profonde de quelque chose: *décrypter les manœuvres d'un adversaire* ▸ **decifrar**

déçu, e *adj* Qui a éprouvé une déception ▸ **decepcionado** ▪ **espoir déçu:** non réalisé ▸ **expectativa frustrada** ◆ *n* Personne déçue: *les déçus de la politique* ▸ **desiludido**

déculottée *nf* FAM Défaite cuisante ▸ **surra**

déculotter *vt* Ôter la culotte, le pantalon de ▸ **tirar a cueca, a calça**

déculpabilisation *nf* Suppression du sentiment de culpabilité ▸ **desculpabilização**

déculpabiliser *vt* Supprimer tout sentiment de culpabilité ▸ **desculpabilizar**

décuple *nm et adj* Dix fois aussi grand: *somme décuple d'une autre* ▸ **décuplo**

décupler *vt* **1** Rendre dix fois aussi grand ▸ **decuplicar 2** FIG Augmenter de façon notable ▸ **decuplicar**

décurie *nf* ANTIQ ROM Groupe de dix soldats ou de dix citoyens ▸ **decúria**

dédaigner *vt* **1** Traiter ou regarder avec dédain, mépriser ▸ **desdenhar 2** Refuser, repousser quelque chose: *dédaigner une offre; dédaigner de répondre* ▸ **recusar**

dédaigneusement *adv* Avec dédain ▸ **desdenhosamente**

dédaigneux, euse *adj* Qui manifeste, exprime du dédain ▸ **desdenhoso**

dédain *nm* Mépris hautain: *air de dédain* ▸ **desdém**

dédale *nm* **1** Ensemble compliqué de rues, de chemins où l'on s'égare; labyrinthe ▸ **dédalo 2** Ensemble embrouillé et confus: *le dédale des lois* ▸ **dédalo**

dedans *adv* À l'intérieur ▸ **dentro** ▪ **en dedans (de):** à l'intérieur (de) ▸ **dentro (de)** □ FAM **mettre dedans:** induire en erreur ▸ **enganar alguém** ◆ *nm* Partie intérieure ▸ **interior**

dédicace *nf* Formule par laquelle un auteur fait hommage de son livre à quelqu'un ▸ **dedicatória**

dédicacer *vt (conj 1)* Rédiger une dédicace ▸ **fazer dedicatória**

dédier *vt* [à] **1** Faire hommage d'un livre ou d'une œuvre artistique à quelqu'un ▸ **dedicar 2** Offrir, consacrer à: *dédier sa vie au cinéma* ▸ **dedicar**

dédire (se) *vpr (conj 72)* **1** Dire le contraire de ce qu'on a affirmé précédemment; se rétracter ▸ **desdizer-se 2** Ne pas tenir parole ▸ **desdizer-se**

dédit *nm* **1** Action de se dédire ▸ **retratação 2** Refus d'exécuter les clauses d'un contrat; somme à payer dans ce cas ▸ **quebra de contrato, multa**

dédommagement *nm* Réparation d'un dommage; compensation ▸ **indenização**

dédommager *vt (conj 2)* **1** Réparer un dommage, un préjudice; indemniser ▸ **indenizar 2** Donner une compensation ▸ **indenizar**

dédouanement *nm* Action de dédouaner ▸ **desembaraçamento alfandegário**

dédouaner *vt* **1** Faire sortir une marchandise en acquittant les droits de douane ▸ **alfandegar, despachar 2** FIG Relever quelqu'un du discrédit dans lequel il était tombé ▸ **reabilitar**

dédoublement *nm* Action de dédoubler; fait de se dédoubler ▸ **desdobramento**

dédoubler *vt* Partager en deux: *dédoubler une classe* ▸ **desdobrar** ▪ **dédoubler un train:** faire partir deux trains au lieu d'un, en raison de l'affluence des voyageurs ▸ **colocar um trem extra** ◆ **se dédoubler** *vpr* Perdre l'unité de sa personnalité ▸ **ter dupla personalidade**

VOCABULAIRE En *dédoublant*, on divise; en *doublant*, on multiplie

dédramatisation *nf* Action de dédramatiser ▸ **desdramatização**

dédramatiser *vt* Enlever à quelque chose son caractère de drame, de crise: *dédramatiser un problème* ▸ **desdramatizar**

déductible *adj* Qui peut être déduit: *frais déductibles des impôts* ▸ **dedutível**

déductif, ive *adj* Qui procède par déduction: *esprit, raisonnement déductif* ▸ **dedutivo**

déduction *nf* **1** Conséquence tirée d'un raisonnement, conclusion ▸ **dedução 2** Action de déduire, de retrancher: *déduction des frais* ▸ **dedução**

déduire *vt (conj 70)* **1** Tirer une conséquence, conclure ▸ **deduzir 2** Retrancher: *déduire une somme* ▸ **deduzir**

déesse *nf* Divinité féminine ▸ **deusa**

de facto [defakto] *loc adv* De fait: *gouvernement reconnu de facto* (par opposition à *de jure*) ▸ ***de facto***

défaillance *nf* **1** Perte momentanée des forces physiques ou mentales; malaise: *défaillance cardiaque* ▸ **falha 2** Défaut de fonctionnement: *l'accident est dû à une défaillance du moteur* ▸ **falha**

défaillant, e *adj* **1** Qui défaille ▸ **deficiente 2** Qui fait défaut: *témoin défaillant* ▸ **faltoso**

défaillir *vi (conj 23)* **1** Perdre ses forces physiques ou morales ▸ **desfalecer 2** Faire défaut, manquer: *sa mémoire commence à défaillir* ▸ **falhar**

défaire *vt (conj 76)* **1** Remettre dans l'état premier: *défaire un ourlet, une couture* ▸ **desfazer 2** Modifier l'ordre, l'arrangement de quelque chose: *défaire un lit; défaire sa cravate* ▸ **desarrumar 3** Vider le contenu de; déballer: *défaire sa valise* ▸ **desfazer 4** LITT Délivrer, débarrasser quelqu'un de: *qui pourrait le défaire de cette manie?* ▸ **livrar** ◆ **se défaire** *vpr* **1** Cesser d'être assemblé: *nœud qui s'est défait* ▸ **desfazer-se 2** [de] Se débarrasser de: *se défaire d'un tic* ▸ **livrar-se**

défait, e *adj* Décomposé, bouleversé: *visage défait* ▸ **desfeito**

défaite *nf* **1** Bataille perdue ▸ **derrota 2** Échec, revers: *défaite électorale* ▸ **derrota**

défaitisme *nm* État d'esprit, attitude de celui qui s'attend à subir une défaite, un échec ▸ **derrotismo**

défaitiste *adj et n* Qui fait preuve de défaitisme ▸ **derrotista**

défalcation *nf* Déduction ▸ **desfalque**

défalquer *vt* Déduire, retrancher: *défalquer une somme* ▸ **desfalcar**

défausser (se) *vpr* **1** Se débarrasser, au cours du jeu, d'une carte inutile ou dangereuse ▸ **descartar 2** Se décharger d'un problème, d'une responsabilité en les faisant endosser à quelqu'un: *l'État s'est défaussé sur les Régions* ▸ **declinar**

défaut *nm* **1** Manque, insuffisance de ce qui est nécessaire: *défaut d'organisation* ▸ **falta 2** Imperfection physique, matérielle ou morale: *qualités et défauts d'une personne; défaut d'un matériel* ▸ **defeito** ▪ **être en défaut: (a)** se tromper ▸ **estar enganado (b)** commettre une faute ▸ **falhar** □ **faire défaut:** manquer ▸ **faltar** □ DR **par défaut:** pour refus de comparaître en justice ▸ **à revelia** ◆ **à défaut de** *loc prép* Faute de ▸ **na falta de**

défaveur *nf* LITT Perte de la faveur, de l'estime de ▸ **desfavor**

défavorable *adj* Non favorable; hostile, opposé à quelque chose ▸ **desfavorável**

défavorablement *adv* D'une manière défavorable ▸ **desfavoravelmente**

défavorisé, e *adj* Qui est économiquement et socialement désavantagé: *quartier, habitants défavorisés* ▸ **desfavorecido** ♦ *n* Personne qui a peu de ressources; pauvre ▸ **desfavorecido**

défavoriser *vt* Désavantager, handicaper ▸ **desfavorecer**

défécation *nf* Expulsion des matières fécales ▸ **defecação**

défectif, ive *adj* GRAMM Se dit d'un verbe dont un certain nombre de temps, de modes, de personnes sont inusités, comme *absoudre, frire*, etc. ▸ **defectivo**

défection *nf* **1** Action d'abandonner un parti, un allié, etc. ▸ **defecção 2** Fait de ne pas se trouver là où on est attendu ▸ **furo**

défectueusement *adv* D'une manière défectueuse ▸ **defeituosamente**

défectueux, euse *adj* Qui présente un défaut ▸ **defeituoso**

défectuosité *nf* État de ce qui est défectueux; imperfection, défaut ▸ **defeito**

défendable *adj* Qui peut être défendu: *argument défendable* ▸ **defensável**

défendeur, eresse *n* DR Personne contre laquelle est intentée une action en justice ▸ **réu**

défendre *vt (conj 50)* **1** Protéger un lieu, un bien contre ▸ **defender 2** Soutenir une cause, une idée; plaider en faveur de quelqu'un: *défendre un accusé* ▸ **defender 3** Ne pas permettre de faire, interdire: *défendre à quelqu'un de sortir* ▸ **proibir** ■ **à son corps défendant:** à contrecœur ▸ **a contragosto** ♦ **se défendre** *vpr* **1** Résister à une agression, à une attaque ▸ **defender-se 2** Refuser l'idée de, nier: *se défendre d'avoir menti* ▸ **negar 3** FAM Montrer une certaine habileté dans un domaine précis: *il se défend bien dans son métier* ▸ **defender-se 4** Être plausible, acceptable: *sa théorie se défend* ▸ **justificar-se** ■ **ne pas pouvoir se défendre de:** ne pas pouvoir s'empêcher de ▸ **não poder deixar de**

défenestration *nf* Action de jeter quelqu'un par la fenêtre ▸ **defenestração**

défenestrer *vt* Précipiter quelqu'un du haut d'une fenêtre ▸ **defenestrar**

défense[1] *nf* **1** Action de défendre, de se défendre: *position de défense* ▸ **defesa 2** Ensemble de moyens mis en œuvre pour défendre, se défendre: *défense aérienne* ▸ **defesa 3** DR Partie que forment l'accusé et ses avocats ▸ **defesa 4** Interdiction: *défense d'entrer* ▸ **proibição**

défense[2] *nf* Dent saillante de certains animaux (éléphant, morse, sanglier, etc.) ▸ **presa**

défenseur *nm* **1** Personne qui défend ▸ **defensor 2** Avocat chargé de défendre un accusé ▸ **advogado de defesa, defensor**

défensif, ive *adj* Fait pour la défense: *armes défensives* ▸ **defensivo** ♦ *nf* ■ **être sur la défensive:** être prêt à se défendre contre toute attaque ▸ **estar na defensiva**

déféquer *vi (conj 10)* Expulser les matières fécales ▸ **defecar**

déférence *nf* Respect, égard ▸ **deferência**

déférent, e *adj* **1** Respectueux ▸ **deferente 2** ANAT Qui conduit, porte au-dehors: *canal déférent* ▸ **deferente**

déférer *vt* DR *(conj 10)* **1** Attribuer à une juridiction: *déférer une cause à une cour* ▸ **atribuir 2** Traduire devant un tribunal: *déférer quelqu'un en justice* ▸ **denunciar**

déferlant, e *adj* Qui déferle: *vague déferlante* ▸ **impetuoso**

déferlante *nf* **1** Vague déferlante ▸ **rebentação 2** Propagation massive et irrésistible d'un phénomène: *la déferlante des jeux vidéo* ▸ **onda**

déferlement *nm* Action de déferler ▸ **rebentação**

déferler *vi* **1** Rouler et se briser avec bruit, en parlant des vagues ▸ **quebrar 2** FIG Se précipiter en masse: *la foule déferle dans le stade* ▸ **acorrer**

déferrer *vt* Ôter le fer fixé à un objet, aux pieds d'une bête de somme ▸ **desferrar**

défi *nm* **1** Provocation dans laquelle on déclare l'adversaire incapable de faire quelque chose ▸ **desafio 2** Refus de se soumettre: *défi à l'autorité* ▸ **desafio 3** Écueil, obstacle que doit surmonter une société humaine dans son évolution: *la victoire sur le sida est un défi planétaire* ▸ **desafio** ■ **mettre quelqu'un au défi de:** parier avec lui qu'il n'est pas capable de ▸ **desafiar alguém a**

défiance *nf* Crainte d'être trompé, méfiance ▸ **desconfiança**

défiant, e *adj* Soupçonneux ▸ **desconfiado**

défibrer *vt* Ôter les fibres de ▸ **desfibrar**

déficeler *vt (conj 6)* Enlever la ficelle de ▸ **desamarrar**

déficience *nf* Insuffisance physique ou intellectuelle; carence, manque ▸ **deficiência**

déficient, e *adj* Qui présente une déficience ▸ **deficiente**

déficit [defisit] *nm* **1** Ce qui manque aux recettes pour équilibrer les dépenses ▸ **déficit 2** Manque, insuffisance: *déficit alimentaire* ▸ **déficit**

déficitaire *adj* En déficit ▸ **deficitário**

défier *vt* **1** Lancer un défi, provoquer: *je te défie de lui parler* ▸ **desafiar 2** Soutenir l'épreuve de: *cela défie toute comparaison* ▸ **desafiar 3** Affronter, braver: *défier la mort* ▸ **desafiar** ♦ **se défier** *vpr* [de] Ne pas avoir confiance en, se méfier de ▸ **desconfiar**

défigurer *vt* **1** Déformer, enlaidir le visage ▸ **desfigurar 2** FIG Altérer, déformer ▸ **desfigurar**

défilé *nm* **1** Passage étroit, resserré ▸ **desfiladeiro 2** Marche de personnes, de voitures, etc., disposées en files, en colonnes: *défilé du 14 Juillet* ▸ **desfile**

défilement *nm* Déroulement continu d'une pellicule, d'une bande magnétique dans un appareil ▸ **desbobinagem**

défiler[1] *vt* Ôter de son fil, défaire ce qui est enfilé: *défiler un collier; défiler une aiguille* ▸ **desenfiar** ♦ **se défiler** *vpr* FAM Se dérober à un devoir ▸ **esquivar-se**

défiler[2] *vi* **1** Marcher en file, en colonne ▸ **desfilar 2** Se succéder régulièrement de façon continue: *faire défiler les images d'un film* ▸ **desfilar**

défini, e *adj* Précis, déterminé ▸ **definido** ■ **article défini:** celui qui ne s'emploie qu'avec un nom désignant un objet individuellement déterminé (*le, la, les, au, aux, du, des*) ▸ **artigo definido**

définir *vt* **1** Donner la définition de: *définir un mot* ▸ **definir 2** Indiquer, établir de manière précise: *définir une stratégie* ▸ **definir**

définissable *adj* Qui peut être défini ▸ **definível**

définitif, ive *adj* Qui termine, sur quoi on ne peut revenir; irrévocable ▸ **definitivo** ♦ **en définitive** *loc adv* Tout bien considéré, en fin de compte ▸ **definitivamente**

définition *nf* **1** Énonciation des caractères essentiels, des qualités propres à un être ou à une chose; signification du mot qui les désigne ▸ **definição 2** TÉLÉV Degré de finesse de l'image exprimé par son nombre de lignes ▸ **definição**

définitivement *adv* D'une manière définitive ▸ **definitivamente**

défiscalisation *nf* Exonération d'impôt ▸ **isenção**

déflagration *nf* Explosion violente ▸ **deflagração**

déflation *nf* Réduction systématique du volume de la monnaie circulant dans un pays; CONTR: *inflation* ▸ **deflação**

déflationniste *adj* Relatif à la déflation ▸ **deflacionista**

déflecteur *nm* Dans une voiture, petite vitre latérale orientable, permettant de régler l'aération ▸ **defletor**

déflocage *nm* Travaux d'arrachage de l'amiante utilisé pour le flocage d'un bâtiment ▸ **remoção do amianto**

défloraison *nf* Chute naturelle des fleurs ▸ **desfloração**

défloration *nf* Perte de la virginité ▸ **defloramento**

déflorer *vt* **1** Enlever de sa nouveauté, de son originalité à quelque chose en l'évoquant partiellement: *déflorer un sujet* ▸ **deflorar 2** Faire perdre sa virginité à ▸ **deflorar**

défoliant *nm* Produit provoquant la défoliation ▸ **desfolhante**

défoliation *nf* Destruction massive et volontaire des feuilles des arbres ▸ **desfolhação**

défonce *nf* FAM État provoqué par l'absorption de drogue ▸ **viagem**

défoncé, e *adj* **1** Brisé, effondré: *un fauteuil défoncé* ▸ **esburacado 2** FAM Sous l'emprise d'une drogue ▸ **chapado**

défoncer *vt (conj 1)* **1** VX Faire sauter le fond de: *défoncer un tonneau* ▸ **desfundar 2** Briser en enfonçant, éventrer: *défoncer un fauteuil* ▸ **esburacar** ♦ **se défoncer** *vpr* FAM Mettre toutes ses forces, toute son énergie dans une activité ▸ **esfalfar-se**

déforestation *nf* Action de détruire une forêt; déboisement ▸ **desflorestamento**

déformant, e *adj* Qui déforme ▸ **deformante**

déformation *nf* Action de déformer; fait d'être déformé ▸ **deformação** ■ **déformation professionnelle:** fait de garder dans la vie courante les habitudes, les réflexes de sa profession ▸ **deformação profissional**

déformer *vt* **1** Altérer la forme, l'aspect de ▸ **deformar 2** Reproduire, représenter de façon inexacte: *vous déformez ma pensée* ▸ **distorcer**

défoulement *nm* FAM Fait de se défouler ▸ **relaxamento**

défouler (se) *vpr* **1** Donner libre cours à ses sentiments, à ses tendances ▸ **soltar-se 2** Se dépenser afin de se détendre ▸ **descarregar a tensão**

défraîchi, e *adj* Dont les couleurs ont perdu leur éclat: *robe défraîchie* ▸ **desbotado**

défraîchir *vt* Altérer la fraîcheur de; ternir ▸ **murchar**

défrayer *vt (conj 4)* Payer les frais, les dépenses de quelqu'un; rembourser ▸ **custear** ■ **défrayer la chronique:** en être le sujet essentiel ▸ **ser o centro das atenções**

défrichement *nm* Action de défricher ▸ **arroteamento**

défricher *vt* **1** Rendre propre à la culture un terrain qui était en friche ▸ **arrotear 2** FIG Éclaircir, débrouiller: *défricher une question* ▸ **destrinçar**

défricheur, euse *n* Personne qui défriche ▸ **desbravador**

défriser *vt* Défaire la frisure des cheveux ▸ **desfrisar**
défroisser *vt* Faire disparaître les plis de ▸ **desamarrotar**
défroque *nf* Vêtement démodé, ridicule ▸ **trapo**
défroqué, e *adj et n* Qui a quitté l'habit et l'état religieux ▸ **despadrado**
défunt, e *adj et n* Qui est mort ▸ **defunto**
dégagé, e *adj* **1** Libre, aisé: *ton dégagé* ▸ **desenvolto 2** Qui n'est pas encombré: *route dégagée* ▸ **livre 3** Complètement découvert: *front dégagé* ▸ **descoberto ▪ ciel dégagé:** sans nuages ▸ **céu limpo**
dégagement *nm* **1** Action de dégager, de sortir: *le dégagement des victimes coincées dans la voiture accidentée*; action de débarrasser, de désobstruer: *dégagement des fosses nasales* ▸ **libertação, desobstrução 2** Action de se dégager de ce qui oblige: *dégagement d'une promesse* ▸ **desobrigação 3** Espace libre: *ménager un dégagement* ▸ **espaço livre**
dégager *vt (conj 2)* **1** Libérer de ce qui entrave, emprisonne: *dégager des blessés* ▸ **desvencilhar 2** Débarrasser un lieu de ce qui l'encombre: *dégager le passage* ▸ **desobstruir 3** Mettre en valeur en laissant apparaître: *dégager la nuque* ▸ **evidenciar 4** Produire, laisser émaner: *dégager une odeur* ▸ **exalar 5** FIG Tirer d'un ensemble, mettre en évidence: *dégager l'idée essentielle* ▸ **depreender ▪ dégager des crédits:** les rendre disponibles ▸ **disponibilizar créditos □ dégager sa responsabilité, sa parole:** s'en libérer ▸ **declinar sua responsabilidade, desobrigar-se ◆ se dégager** *vpr* **1** Se libérer: *se dégager d'un piège* ▸ **libertar-se 2** Se répandre, sortir: *une épaisse fumée se dégage de la cheminée* ▸ **exalar**
dégaine *nf* FAM Attitude, démarche gauche ou étrange ▸ **desengonço**
dégainer *vt* Tirer une épée de son fourreau, un revolver de son étui; (sans complément): *il a dégainé plus vite que les autres* ▸ **sacar**
déganter (se) *vpr* Retirer ses gants ▸ **desenluvar**
dégarnir *vt* Enlever ce qui garnit: *dégarnir un mur* ▸ **desguarnecer ◆ se dégarnir** *vpr* **1** Devenir moins touffu: *les arbres se dégarnissent en automne* ▸ **desfolhar-se 2** Se vider: *le réfrigérateur s'est dégarni* ▸ **esvaziar-se 3** Perdre ses cheveux: *se dégarnir sur le haut du crâne* ▸ **ficar careca**
dégât *nm* (souvent au pluriel) Dommage, destruction, ravage dus à une cause violente ▸ **dano**
dégauchir *vt* Redresser une pièce déformée ▸ **endireitar**
dégazage *nm* Opération ayant pour but de débarrasser les citernes d'un pétrolier des gaz et dépôts qui y subsistent ▸ **desgaseificação**
dégel *nm* **1** Fonte naturelle de la glace, de la neige ▸ **degelo 2** FIG Apaisement d'une situation critique, d'une tension ▸ **degelo**
dégeler *vt (conj 5)* **1** Faire fondre ce qui était gelé ▸ **degelar 2** FIG Faire perdre sa timidité à quelqu'un; mettre de l'ambiance: *dégeler l'atmosphère* ▸ **degelar ◆** *vi* Cesser d'être gelé ▸ **degelar**
dégénératif, ve *adj* MÉD Caractérisé par une dégénérescence ▸ **degenerativo**
dégénéré, e *adj et n* Qui présente une dégénérescence ▸ **degenerado**
dégénérer *vi (conj 10)* **1** Perdre les qualités de sa race, de son espèce, en parlant d'un animal, d'une plante ▸ **degenerar 2** Perdre de sa valeur, de ses qualités ▸ **degenerar 3** Se transformer en quelque chose de plus mauvais: *dispute qui dégénère en bagarre* ▸ **degenerar**
dégénérescence *nf* **1** Fait de dégénérer ▸ **degenerescência 2** MÉD Altération de la cellule vivante ▸ **degeneração**
dégingandé, e [deʒɛ̃gɑ̃de] *adj* Dont la démarche, les mouvements semblent disloqués ▸ **desengonçado**
dégivrage *nm* Action de dégivrer ▸ **degelo**
dégivrer *vt* Faire fondre le givre qui se dépose sur les glaces d'une auto, les parois d'un réfrigérateur, etc. ▸ **degelar**
déglacer *vt (conj 1)* CUIS Dissoudre avec un peu de liquide les sucs caramélisés au fond d'un récipient ▸ **deglaçar**
déglaciation *nf* Recul des glaciers ▸ **deglaciação**
déglingue *nf* FAM État de grand délabrement: *la déglingue des villes, des idéologies* ▸ **desmantelamento**
déglinguer *vt* FAM Disloquer, désarticuler ▸ **desmantelar**
déglutir *vt* Avaler, ingurgiter ▸ **deglutir**
déglutition *nf* Action de déglutir ▸ **deglutição**
dégommer *vt* FAM Faire tomber: *dégommer une quille*; faire perdre son emploi à ▸ **derrubar, demitir**
dégonflage ou **dégonflement** *nm* Action de dégonfler: *dégonflement d'un ballon* ▸ **esvaziamento, desinchação**
dégonflé, e *adj et n* FAM Se dit de quelqu'un qui manque de détermination, de décision au moment d'agir; lâche ▸ **frouxo**
dégonfler *vt* Faire disparaître le gonflement de; évacuer l'air, le gaz de: *dégonfler un pneu* ▸ **esvaziar ◆** *vi* Devenir moins enflé: *la cheville dégonfle*

▸ desinchar ♦ **se dégonfler** *vpr* **1** Perdre l'air ou le gaz qui gonflait: *le pneu s'est dégonflé* ▸ **esvaziar-se 2** FAM Manquer de courage, de résolution au moment d'agir ▸ **afrouxar**

dégorgement *nm* Action de dégorger ▸ **desobstrução**

dégorgeoir *nm* Instrument pour retirer l'hameçon de la gorge d'un poisson ▸ **desembuchador**

dégorger *vt (conj 2)* Débarrasser de ce qui engorge, obstrue; déboucher: *dégorger un conduit* ▸ **desobstruir** ♦ *vi* ▪ **faire dégorger des concombres:** leur faire rendre leur eau ▸ **drenar pepinos** ▫ **faire dégorger du poisson, de la viande:** les faire tremper dans l'eau froide pour en éliminer les impuretés ▸ **demolhar peixe, carne**

dégoter ou **dégotter** *vt* FAM Découvrir, trouver ▸ **achar**

dégoulinade *nf* FAM Trace d'une coulée liquide: *une dégoulinade de peinture* ▸ **escorrimento**

dégouliner *vi* FAM Couler lentement en traînées ▸ **escorrer**

dégourdi, e *adj et n* Malin, ingénieux ▸ **astuto**

dégourdir *vt* **1** Faire cesser l'engourdissement de: *se dégourdir les jambes* ▸ **desentorpecer 2** Faire perdre sa gaucherie, sa timidité à ▸ **desacanhar**

dégoût *nm* **1** Répugnance pour un aliment ▸ **repugnância 2** FIG Aversion, répulsion ▸ **repugnância**

dégoûtant, e *adj et n* **1** Qui dégoûte; répugnant ▸ **nojento 2** Très sale ▸ **nojento**

dégoûté, e *adj* Qui éprouve ou exprime du dégoût ▸ **enojado** ▪ **ne pas être dégoûté:** ne pas être difficile ▸ **não ter frescuras** ♦ *n* ▪ **faire le dégoûté:** Être trop difficile ▸ **ser fresco**

dégoûter *vt* **1** Ôter l'appétit, faire perdre le goût à quelqu'un ▸ **repugnar 2** Inspirer de la répugnance à quelqu'un ▸ **enojar 3** Décourager, détourner: *dégoûter des études* ▸ **dissuadir**

dégoutter *vi* Couler goutte à goutte ▸ **gotejar**

dégradant, e *adj* Qui dégrade, avilit ▸ **degradante**

dégradation *nf* Action de dégrader, fait d'être dégradé ▸ **degradação** ▪ **dégradation civique:** peine qui enlève au citoyen ses droits politiques, civiques et certains droits civils ▸ **perda dos direitos civis**

dégradé *nm* Affaiblissement progressif d'une couleur, de la lumière ▸ ***dégradé***

dégrader *vt* **1** Endommager, détériorer: *dégrader des locaux* ▸ **degradar 2** Avilir, faire déchoir ▸ **degradar 3** Destituer de son grade ▸ **degradar 4** Couper les cheveux selon différentes épaisseurs pour modeler la coiffure ▸ **cortar em camadas**

dégrafer *vt* Défaire les agrafes: *dégrafer une robe* ▸ **desacolchetar**

dégraissage *nm* **1** Action de dégraisser ▸ **desengorduramento 2** FAM Diminution du personnel d'une entreprise par licenciement ▸ **enxugamento**

dégraisser *vt* **1** Ôter l'excédent de graisse ▸ **desengordurar 2** Ôter les taches de graisse ▸ **desengordurar 3** Débarrasser d'un excédent ▸ **enxugar** ♦ *vi* FAM Diminuer les effectifs d'une entreprise par licenciement ▸ **enxugar**

degré *nm* **1** Position occupée par quelqu'un ou quelque chose dans une hiérarchie, un système de valeurs; niveau, échelon: *enseignement du second degré* ▸ **grau 2** Division d'une échelle correspondant à un système de mesure: *alcool à 90 degrés* ▸ **grau 3** Unité de mesure d'angle correspondant à la 360ᵉ partie d'une circonférence: *angle de 45 degrés* ▸ **grau** ▪ **au premier degré:** à la lettre ▸ **literalmente** ▫ **au second degré:** se dit de ce qui n'est pas immédiatement compréhensible, de ce qui est allusif ▸ **nas entrelinhas** ▫ **degré de juridiction:** chacun des tribunaux devant lesquels une affaire peut être successivement portée ▸ **grau de jurisdição** ▫ **degré de parenté:** proximité plus ou moins grande dans la parenté ▸ **grau de parentesco** ▫ GRAMM **degrés de comparaison (d'un adjectif):** le positif, le comparatif et le superlatif ▸ **graus** ♦ *loc adv* ▪ **par degrés:** progressivement ▸ **gradualmente**

dégressif, ive *adj* Qui va en diminuant: *tarif dégressif* ▸ **degressivo**

dégrèvement *nm* Diminution d'impôt ou de taxe ▸ **redução de imposto, de taxa**

dégrever *vt (conj 9)* Décharger d'une partie des impôts, d'une taxe ▸ **reduzir imposto, taxa**

dégriffé, e *adj et nm* Se dit d'un vêtement soldé sans la griffe d'origine ▸ **sem etiqueta de grife**

dégringolade *nf* FAM Action de dégringoler; son résultat ▸ **degringolada**

dégringoler *vi* **1** FAM Tomber, rouler précipitamment de haut en bas ▸ **degringolar 2** FIG Déchoir rapidement ▸ **degringolar** ♦ *vt* ▪ FAM **dégringoler un escalier:** le descendre précipitamment ▸ **precipitar-se escada abaixo**

dégrippant *nm* Produit servant à débloquer des pièces mécaniques ▸ **desengripante**

dégriser *vt* **1** Faire passer l'ivresse de quelqu'un ▸ **desembebedar 2** FIG Faire perdre à quelqu'un ses illusions ▸ **desiludir** ♦ **se dégriser** *vpr* Cesser d'être ivre ▸ **desembebedar-se**

dégrossir *vt* **1** Donner à un matériau brut un premier façonnage: *dégrossir un bloc de marbre* ▸ **des-**

bastar 2 FIG Commencer à débrouiller un travail, un problème ▸ **esboçar 3** FIG Rendre quelqu'un moins grossier, moins ignorant ▸ **desbastar**
dégrossissage *nm* Action de dégrossir ▸ **desbaste**
dégrouiller (se) *vpr* FAM Se dépêcher ▸ **despachar-se**
dégroupement *nm* Action de dégrouper ▸ **desagrupamento**
dégrouper *vt* Séparer ▸ **desagrupar**
déguenillé, e *adj et n* Dont les vêtements sont en lambeaux ▸ **esfarrapado**
déguerpir *vi* Fuir, décamper ▸ **fugir**
dégueulasse *adj* TRÈS FAM Qui répugne, physiquement ou moralement; dégoûtant ▸ **nojento**
dégueuler *vt et vi* TRÈS FAM Vomir ▸ **vomitar**
déguisé, e *adj et n* **1** Revêtu d'un déguisement ▸ **disfarçado 2** FAM Accoutré de façon bizarre, ridicule ▸ **fantasiado**
déguisement *nm* Ce qui sert à déguiser, à se déguiser; ensemble des vêtements avec lesquels on se déguise ▸ **fantasia, disfarce** ■ LITT, FIG **parler sans déguisement:** en toute franchise ▸ **falar abertamente**
déguiser *vt* **1** Habiller quelqu'un de façon à le rendre méconnaissable ▸ **fantasiar, disfarçar 2** FIG Changer l'apparence de quelque chose: *déguiser son écriture, ses sentiments* ▸ **disfarçar** ◆ **se déguiser** *vpr* Se travestir: *se déguiser en lapin* ▸ **fantasiar-se**
dégustateur, trice *n et adj* Personne chargée d'apprécier la qualité des vins, des liqueurs ▸ **degustador**
dégustation *nf* Action de déguster ▸ **degustação**
déguster *vt* Apprécier par le goût les qualités d'un aliment, d'un vin ▸ **degustar**
déhanché, e *adj* Qui se déhanche ▸ **derrengado, rebolante**
déhanchement *nm* Action de se déhancher ▸ **requebro**
déhancher (se) *vpr* **1** Faire porter le poids du corps sur une seule jambe ▸ **derrengar-se 2** Marcher en accentuant le balancement des hanches ▸ **requebrar**
déhiscent, e *adj* BOT Se dit des organes qui s'ouvrent naturellement ▸ **deiscente**
dehors *adv* À l'extérieur ▸ **fora** ■ **au-dehors:** à l'extérieur ▸ **do lado de fora** □ **du dehors** ou **de dehors:** de l'extérieur ▸ **de fora** □ **en dehors:** à, vers l'extérieur ▸ **para fora** □ **mettre dehors:** chasser, congédier d'un lieu ▸ **pôr para fora** ◆ **en dehors de** *loc prép* **1** À l'extérieur de: *en dehors de cette limite; restez en dehors de cette querelle* ▸ **fora de 2** À l'exception de: *en dehors de vous, personne n'est au courant* ▸ **fora, afora** ◆ *nm* La partie extérieure ▸ **a parte externa** ◆ *nm pl* FIG Apparences: *dehors trompeurs* ▸ **aparência**
déhoussable *adj* Se dit d'un canapé, d'un siège dont la housse est amovible ▸ **com capa removível**
déicide *n et adj* THÉOL Meurtrier de Dieu, en la personne de Jésus ▸ **deicida** ◆ *nm* Meurtre de Dieu, spécialement en la personne de Jésus ▸ **deicídio**
déification *nf* Action de déifier ▸ **deificação**
déifier *vt* Considérer à l'égal d'un dieu ▸ **deificar**
déisme *nm* Croyance en l'existence de Dieu, hors de toute révélation ▸ **deísmo**
déiste *adj et n* Qui professe le déisme ▸ **deísta**
déjà *adv* **1** Dès ce moment: *c'est déjà fini!* ▸ **já 2** Auparavant: *avoir déjà dit plusieurs fois que* ▸ **já 3** Marque un degré jugé important, notable: *c'est déjà bien* ▸ **já 4** Demande un rappel de ce que l'on a oublié: *c'est où, déjà?* ▸ **mesmo**
déjanté, e *adj* FAM Un peu fou, excentrique: *un scénario, un acteur déjanté* ▸ **destrambelhado**
déjanter *vt* Faire sortir (un pneu) de la jante d'une roue ▸ **tirar da jante** ◆ *vi* FAM Perdre la tête; se conduire de façon excentrique ▸ **destrambelhar**
déjà-vu *nm inv* FAM Chose banale: *ce film, c'est du déjà-vu* ▸ **lugar-comum**
déjection *nf* (surtout au pluriel) **1** Excréments ▸ **dejeção 2** Matières que rejettent les volcans ▸ **dejeção**
déjeuner[1] *vi* **1** Prendre le repas du matin ou du midi ▸ **tomar café da manhã, almoçar 2** SUISSE, BELGIQUE prendre le petit déjeuner ▸ **tomar café da manhã**
déjeuner[2] *nm* **1** Repas du matin ou du midi ▸ **café da manhã, almoço 2** SUISSE, BELGIQUE petit déjeuner ▸ **café da manhã**
déjouer *vt* Faire échouer: *déjouer un complot* ▸ **frustrar**
déjuger (se) *vpr (conj 2)* Revenir sur un jugement, une opinion ▸ **voltar atrás**
de jure [deʒyre] *loc adv* De droit: *reconnaître un gouvernement de jure* (par opposition à *de facto*) ▸ ***de jure***
delà *prép* ■ **deçà delà** → **deçà**
délabré, e *adj* En ruine, en mauvais état ▸ **arruinado**
délabrement *nm* État de ce qui est délabré ▸ **deterioração, ruína**
délabrer *vt* Endommager, détériorer ▸ **deteriorar** ◆ **se délabrer** *vpr* Tomber en ruine; se dégrader, se détériorer ▸ **deteriorar-se**

délacer *vt* Desserrer ou dénouer des lacets ▸ **desatar**
délai *nm* **1** Temps accordé pour faire quelque chose: *délai de livraison* ▸ **prazo 2** Temps supplémentaire: *demander un délai* ▸ **dilação ▪ dans les délais:** dans les limites du temps accordé ▸ **no prazo □ dans les plus brefs délais:** le plus vite possible ▸ **o quanto antes □ sans délai:** immédiatement ▸ **sem demora**
ORTHOGRAPHE *Délais* s'écrit sans *s* final, à la différence de *relais: passer le relais sans délai*
délaissé, e *adj et n* Qui est laissé seul, abandonné, sans assistance ▸ **desamparado**
délaissement *nm* **1** LITT État d'une personne délaissée ▸ **desamparo 2** DR Abandon d'un bien, d'un droit ▸ **abandono**
délaisser *vt* Laisser de côté, abandonner: *délaisser son travail, ses amis* ▸ **abandonar**
délassant, e *adj* Qui délasse ▸ **distrativo**
délassement *nm* Ce qui délasse, divertit ▸ **distração**
délasser *vt* Ôter la fatigue physique ou morale ▸ **espairecer ◆ se délasser** *vpr* Se reposer ▸ **distrair-se**
délateur, trice *n* Personne qui pratique la délation; dénonciateur ▸ **delator**
délation *nf* Dénonciation intéressée et méprisable ▸ **delação**
délavé, e *adj* Dont la couleur est pâle, comme passée ▸ ***délavé***
délaver *vt* **1** Décolorer par l'action de l'eau ▸ **lavar 2** Imbiber d'eau; détremper: *sol délavé par les pluies* ▸ **banhar**
délayage *nm* **1** Action de délayer ▸ **diluição 2** FIG, FAM verbiage, remplissage ▸ **verborragia**
délayer [deleje] *vt (conj 4)* Mélanger avec un liquide pour diluer ▸ **diluir ▪** FIG **délayer une idée:** l'exprimer trop longuement ▸ **espraiar uma ideia**
Delco *nm* (nom déposé) Dispositif d'allumage des moteurs à explosion ▸ ***Delco*, distribuidor**
deleatur [deleatyr] *nm inv* Signe de correction typographique, indiquant une suppression à faire ▸ ***deleatur***
délectable *adj* LITT Délicieux, exquis ▸ **deleitável**
délectation *nf* Plaisir que l'on savoure ▸ **deleite**
délecter (se) *vpr* Prendre un vif plaisir ▸ **deleitar-se**
délégation *nf* **1** Action de déléguer ▸ **delegação 2** Groupe de personnes mandatées par une collectivité ▸ **delegação**
délégué, e *n* Mandataire, représentant: *les délégués du personnel* ▸ **delegado**
déléguer *vt* **1** Envoyer quelqu'un comme représentant, pour une mission précise ▸ **delegar 2** Transmettre, confier: *déléguer ses pouvoirs* ▸ **delegar**
délestage *nm* Action de délester ▸ **deslastre, desvio ▪ itinéraire de délestage:** déviation routière par des voies secondaires ▸ **rota alternativa**
délester *vt* **1** Alléger de son lest, de sa charge: *délester un ballon* ▸ **deslastrar 2** Empêcher momentanément l'accès des automobiles sur une voie routière pour y résorber les encombrements ▸ **desviar**
délétère *adj* **1** Qui attaque la santé, qui met la vie en danger: *gaz délétère* ▸ **deletério 2** LITT Qui corrompt; néfaste: *doctrine délétère* ▸ **deletério**
délibérant, e *adj* Qui délibère ▸ **deliberante**
délibératif, ive *adj* ▸ **deliberativo ▪ avoir voix délibérative:** avoir le droit de voter dans une assemblée ▸ **ter direito a voto**
délibération *nf* **1** Débat, discussion ▸ **deliberação 2** Réflexion précédant une décision ▸ **deliberação**
délibéré[1] *nm* Délibération à huis clos entre juges ▸ **deliberação**
délibéré[2], e *adj* Résolu, décidé, déterminé: *intention, volonté délibérée* ▸ **deliberado ▪ de propos délibéré:** à dessein, volontairement ▸ **deliberadamente**
délibérément *adv* Après avoir réfléchi; volontairement: *agir délibérément; accepter délibérément une responsabilité* ▸ **deliberadamente**
délibérer *vi (conj 10)* **1** Examiner, discuter à plusieurs les différents aspects d'une question: *le jury délibère sur la culpabilité de l'accusé* ▸ **deliberar 2** LITT Réfléchir avant de prendre une décision: *il accepta sans délibérer plus longtemps* ▸ **deliberar**
délicat, e *adj* **1** Fin, raffiné, exquis: *parfum délicat* ▸ **delicado 2** Fait avec finesse, élégance: *ouvrage délicat* ▸ **delicado 3** Frêle, fragile: *santé délicate* ▸ **delicado 4** Embarrassant, complexe: *cas délicat* ▸ **delicado 5** Fin, sensible aux nuances: *goût délicat* ▸ **delicado 6** Très sensible, scrupuleux: *conscience délicate* ▸ **delicado ◆** *n* Personne difficile à contenter ▸ **suscetível**
délicatement *adv* De façon délicate ▸ **delicadamente**
délicatesse *nf* Qualité de quelqu'un ou de quelque chose de délicat ▸ **delicadeza ▪ être en délicatesse avec: (a)** être en mauvais termes avec quelqu'un ▸ **estar melindrado com (b)** ne témoigner aucun intérêt pour quelque chose: *un enfant en délicatesse avec les maths* ▸ **não se interressar por**

délice *nm* Très vif plaisir; délectation, enchantement ▸ **delícia** ♦ **délices** *nf pl* Plaisir extrême, jouissance ▸ **delícia**
délicieusement *adv* De façon délicieuse ▸ **deliciosamente**
délicieux, euse *adj* **1** Extrêmement agréable: *un temps délicieux* ▸ **delicioso 2** Qui excite les sens ou l'esprit: *un mets délicieux; une histoire délicieuse* ▸ **delicioso**
délictueux, euse *adj* Qui constitue un délit: *fait délictueux* ▸ **delituoso**
délié, e *adj* **1** LITT Mince, menu: *taille déliée; corps délié* ▸ **delgado, esbelto 2** FIG Subtil, pénétrant: *esprit délié* ▸ **perspicaz** ♦ *nm* Partie fine des lettres (par opposition à *plein*) ▸ **fino**
délier *vt* **1** Défaire ce qui est lié ▸ **soltar 2** FIG Dégager, libérer: *délier quelqu'un d'un engagement* ▸ **desobrigar**
délimitation *nf* Action de délimiter: *délimitation d'un pays* ▸ **delimitação**
délimiter *vt* Fixer, déterminer les limites d'un lieu, de quelque chose ▸ **delimitar**
délinquance *nf* Ensemble des infractions commises considérées sur le plan social: *délinquance juvénile* ▸ **delinquência**
délinquant, e *adj et n* Qui a commis un ou plusieurs délit(s) ▸ **delinquente**
déliquescence *nf* **1** PHYS Propriété des corps déliquescents ▸ **deliquescência 2** FIG Décadence, décrépitude ▸ **deliquescência**
déliquescent, e *adj* **1** PHYS Qui a la propriété d'absorber l'humidité de l'air ▸ **deliquescente 2** FIG En pleine décadence ▸ **deliquescente**
délirant, e *adj* **1** Qui délire, présente les caractères du délire: *maladie délirante; fièvre délirante* ▸ **delirante 2** Qui se manifeste avec force: *enthousiasme délirant* ▸ **delirante 3** FAM Extravagant: *prix délirants* ▸ **delirante**
délire *nm* **1** Trouble psychique caractérisé par la confusion des idées, sans rapport avec la réalité ▸ **delírio 2** FIG Agitation, exaltation, enthousiasme extrêmes ▸ **delírio**
délirer *vi* Avoir le délire; déraisonner ▸ **delirar**
delirium tremens [delirjɔmtremɛ̃s] *nm inv* Délire avec agitation, tremblement et troubles de la conscience ▸ ***delirium tremens***
délit *nm* Infraction passible de peine correctionnelle ▸ **delito** ▪ **corps du délit:** élément matériel de l'infraction ▸ **corpo de delito** ▫ **prendre en flagrant délit:** sur le fait ▸ **pegar em flagrante**
déliter *vt* Couper une pierre dans le sens des stratifications ▸ **clivar** ♦ **se déliter** *vpr* **1** Se désagréger sous l'action de l'humidité ▸ **desagregar-se 2** FIG Se décomposer, perdre sa cohésion ▸ **desagregar-se**
délitescence *nf* Désagrégation d'un corps par absorption d'eau ▸ **desagregação**
délivrance *nf* **1** Action de délivrer ▸ **libertação 2** Dernier stade de l'accouchement ▸ **delivramento**
délivrer *vt* **1** Mettre en liberté: *délivrer un otage* ▸ **libertar 2** Débarrasser, soulager d'une contrainte: *délivrer quelqu'un d'une obligation* ▸ **desobrigar 3** Livrer, remettre: *délivrer un reçu, des marchandises* ▸ **entregar**
délocalisation *nf* Action de délocaliser ▸ **deslocalização**
délocaliser *vt* Déplacer les services d'une administration, en particulier dans le cadre de la décentralisation; (sans complément) implanter une entreprise ou certains de ses services dans une autre zone ou un autre pays ▸ **deslocalizar**
déloger *vi (conj 2)* VIEILLI Quitter rapidement un lieu; décamper ▸ **ir embora** ♦ *vt* Chasser, expulser ▸ **despejar**
déloyal, e, aux *adj* Qui manque de loyauté; perfide, malhonnête: *concurrent déloyal; procédé déloyal* ▸ **desleal**
déloyauté *nf* Caractère d'une personne ou d'un acte déloyal ▸ **deslealdade**
delta *nm* **1** GÉOGR Zone d'accumulation d'alluvions entre les bras d'un fleuve qui se divise près de son embouchure ▸ **delta 2** Quatrième lettre de l'alphabet grec, correspondant au *d* ▸ **delta**
deltaïque *adj* GÉOGR Relatif à un delta ▸ **deltaico**
deltaplane *nm* Type de planeur ultraléger, pour le vol libre ▸ **asa-delta**
deltoïde *nm* Muscle de l'épaule ▸ **deltoide**
déluge *nm* **1** (avec une majuscule) Débordement universel des eaux, d'après la Bible ▸ **dilúvio 2** Pluie torrentielle ▸ **dilúvio 3** FIG Grande quantité de choses: *un déluge de protestations* ▸ **dilúvio**
déluré, e *adj* **1** Vif, dégourdi: *un enfant déluré* ▸ **esperto 2** Effronté: *une fille délurée* ▸ **descarado**
démagnétiser *vt* Détruire l'aimantation ▸ **desmagnetizar**
démagogie *nf* Attitude qui consiste à flatter un groupe, une assemblée pour gagner sa faveur ou accroître sa propre popularité ▸ **demagogia**
démagogique *adj* Qui relève de la démagogie: *discours démagogique* ▸ **demagógico**
démagogue *adj et n* Qui fait preuve de démagogie ▸ **demagogo**

démailler *vt* Défaire les mailles ▶ **desmalhar**

demain *adv* Le jour qui suit immédiatement celui où l'on est: *à demain!* ▶ **amanhã**

démancher *vt* Ôter son manche à un objet ▶ **desencabar** ♦ **se démancher** *vpr* FAM Se désarticuler, se démettre (l'épaule, le bras) ▶ **deslocar**

demande *nf* **1** Action de demander; écrit qui l'exprime: *demande d'emploi; demande en mariage* ▶ **pedido 2** Chose demandée: *accorder une demande* ▶ **pedido 3** ÉCON Somme des produits ou des services demandés par les consommateurs: *l'offre et la demande* ▶ **demanda, procura** ■ DR **demande en justice:** acte par lequel est introduite une action en justice ▶ **ação judicial**

demandé, e *adj* Se dit d'un article, d'un produit qui est réclamé par beaucoup de personnes; se dit de quelqu'un qui est très sollicité ▶ **solicitado**

demander *vt* **1** Solliciter quelque chose, une réponse de quelqu'un; exprimer un désir, un besoin: *demander une augmentation* ▶ **pedir 2** Avoir besoin de, exiger, nécessiter: *plante qui demande beaucoup d'eau* ▶ **requerer 3** S'enquérir de: *demander sa route* ▶ **perguntar 4** DR Engager une action en justice ▶ **acionar** ■ **ne demander qu'à:** être tout disposé à ▶ **só querer** □ **ne pas demander mieux:** consentir volontiers ▶ **não desejar outra coisa** ♦ **se demander** *vpr* Être dans l'incertitude à propos de ▶ **perguntar-se**

demandeur[1], euse *n* Personne qui demande: *demandeur d'emploi, d'asile* ▶ **requerente**

demandeur[2], eresse *n* DR Personne qui engage une action en justice ▶ **demandante**

démangeaison *nf* **1** Sensation qui provoque le besoin de se gratter ▶ **coceira 2** FAM, FIG Grande envie de faire quelque chose ▶ **comichão**

démanger *vt (conj 2)* **1** Causer une démangeaison ▶ **coçar 2** FAM, FIG avoir très envie de: *ça le démange de parler* ▶ **sentir comichão**

démantèlement *nm* Action de démanteler ▶ **desmantelamento**

démanteler *vt (conj 5)* **1** Démolir les murailles d'une ville; détruire une construction ▶ **desmantelar 2** FIG Détruire l'organisation de: *démanteler un réseau d'espionnage* ▶ **desmantelar**

démantibuler *vt* FAM Démolir un assemblage, disloquer ▶ **escangalhar**

démaquillage *nm* Action de (se) démaquiller ▶ **demaquiagem**

démaquillant, e *adj et nm* Se dit d'un produit qui sert à éliminer le maquillage ▶ **demaquilante**

démaquiller *vt* Ôter le maquillage de ▶ **desmaquiar**

démarcation *nf* Limite qui sépare deux pays, deux régions, ou deux choses abstraites ▶ **demarcação** ■ **ligne de démarcation:** ligne qui marque les limites de deux territoires ▶ **divisa**

démarchage *nm* Recherche de clients éventuels à leur domicile ▶ **venda porta a porta**

démarche *nf* **1** Manière de marcher: *démarche hésitante, pressée* ▶ **passo 2** Manière d'agir ou de penser: *démarche intellectuelle* ▶ **postura 3** Tentative faite en vue d'obtenir quelque chose: *entreprendre une démarche* ▶ ***démarche***

démarcher *vt* Faire du démarchage ▶ **vender de porta a porta**

démarcheur, euse *n* Personne qui fait du démarchage ▶ **vendedor**

démarquage *nm* Action de démarquer; son résultat ▶ **remarcação**

démarque *nf* Action de démarquer des marchandises pour les solder; son résultat ▶ **remarcação**

démarquer *vt* **1** Ôter ou changer la marque de ▶ **desmarcar 2** Solder ▶ **liquidar 3** Copier une œuvre en la modifiant pour dissimuler l'emprunt ▶ **plagiar**

démarrage *nm* Action de démarrer ▶ **arranque**

démarrer *vt* FAM Commencer, mettre en train: *démarrer un nouveau roman* ▶ **começar** ♦ *vi* Commencer à se mettre en marche, à fonctionner: *auto qui démarre* ▶ **arrancar**

démarreur *nm* Dispositif permettant la mise en marche d'un moteur ▶ **motor de arranque**

démasquer *vt* **1** Enlever son masque à quelqu'un ▶ **desmascarar 2** FIG Montrer quelqu'un sous son jour véritable: *démasquer un traître* ▶ **desmascarar 3** Dévoiler en dissipant les apparences: *démasquer une imposture* ▶ **desmascarar**

démâter *vt* Enlever les mâts de: *démâter un bateau* ▶ **desmastrear** ♦ *vi* Perdre sa mâture ▶ **desmastrear**

dématérialiser *vt* **1** Rendre immatériel ▶ **desmaterializar 2** INFORM Effectuer des opérations de traitement, d'échange et de stockage d'informations sans recours au support papier ▶ **digitalizar**

dème *nm* Division administrative en Grèce ancienne et moderne ▶ **demo**

démêlage ou **démêlement** *nm* Action de démêler ▶ **desenredamento**

démêlant, e *adj et nm* Se dit d'un produit qui facilite le démêlage des cheveux ▶ **desembaraçador**

démêlé *nm* (surtout au pluriel) Querelle, désaccord: *avoir des démêlés avec la justice* ▶ **contenda**

démêler *vt* **1** Séparer ce qui est emmêlé ▸ **desenredar 2** FIG Débrouiller, éclaircir: *démêler une affaire* ▸ **desenredar**

démêloir *nm* Peigne pour démêler les cheveux ▸ **pente para desembaraçar cabelo**

démembrement *nm* Partage, division ▸ **desmembramento**

démembrer *vt* Morceler, diviser: *démembrer un pays* ▸ **desmembrar**

déménagement *nm* Action de déménager ▸ **mudança de casa**

déménager *vt (conj 2)* Transporter des meubles, des objets d'un lieu ou d'un logement dans un autre ▸ **fazer a mudança** ◆ *vi* **1** Changer de domicile, de lieu d'habitation ▸ **mudar de casa 2** FAM Déraisonner ▸ **variar**

déménageur *nm* Professionnel qui fait des déménagements ▸ **funcionário de empresa de mudanças**

démence *nf* **1** Trouble mental grave, caractérisé par une détérioration des fonctions intellectuelles ▸ **demência 2** FAM Conduite insensée, extravagante ▸ **demência**

démener (se) *vpr (conj 9)* **1** S'agiter beaucoup: *se démener comme un beau diable* ▸ **agitar-se 2** Se donner beaucoup de peine: *se démener pour trouver du travail* ▸ **pelejar**

dément, e *adj et n* Atteint de démence ▸ **demente** ◆ *adj* FAM Déraisonnable: *des prix déments* ▸ **insano**

démenti *nm* Déclaration qui informe de l'inexactitude d'une nouvelle: *publier un démenti* ▸ **desmentido**

démentiel, elle *adj* Qui relève de la démence ▸ **demencial**

démentir *vt (conj 19)* **1** Contredire nettement: *démentir un témoin* ▸ **desmentir 2** Nier l'existence d'un fait ou l'exactitude d'un propos: *démentir une information* ▸ **desmentir 3** Être en contradiction avec: *les événements ont démenti vos prédictions* ▸ **desmentir**

démerder (se) *vpr* TRÈS FAM Se débrouiller ▸ **virar-se**

démérite *nm* LITT Ce qui fait perdre l'estime ▸ **demérito**

démériter *vi* Agir de manière à perdre l'affection, l'estime, etc. ▸ **desmerecer**

démesure *nf* **1** Manque de mesure ▸ **desmesura 2** Outrance, violence des sentiments ▸ **descomedimento**

démesuré, e *adj* Excessif, déraisonnable ▸ **desmesurado**

démesurément *adv* À l'excès ▸ **desmesuradamente**

démettre *vt (conj 57)* **1** Déboîter: *sa chute lui a démis une épaule* ▸ **deslocar 2** Révoquer, destituer: *démettre quelqu'un de ses fonctions* ▸ **demitir** ◆ **se démettre** *vpr* Renoncer à une fonction ▸ **demitir-se**

demeurant (au) *loc adv* Au reste, tout bien considéré: *au demeurant, c'est un bon garçon* ▸ **em suma**

demeure *nf* **1** Domicile, lieu où l'on habite ▸ **moradia 2** Maison d'une certaine importance ▸ **mansão** ■ **être quelque part à demeure:** y être de façon durable, définitive ▸ **ficar em algum lugar definitivamente** □ **mettre qqn en demeure de:** l'obliger à remplir son engagement ▸ **cobrar alguém**

demeuré, e *adj et n* Débile ▸ **retardado**

demeurer *vi* **1** (avec l'auxiliaire *avoir*) Habiter, résider: *demeurer à Paris* ▸ **morar 2** (avec l'auxiliaire *être*) Rester à l'endroit où l'on est: *demeurer à son poste* ▸ **permanecer 3** FIG (avec l'auxiliaire *être*) Rester, persister dans un certain état: *cela demeure imprécis* ▸ **continuar** ■ **en demeurer là:** ne pas continuer ▸ **parar por aqui**

demi, e *adj* **1** Qui est la moitié de quelque chose: *un demi-litre; une demi-pomme* ▸ **meio 2** Incomplet: *un demi-succès* ▸ **parcial** ■ **à demi:** à moitié, partiellement ou imparfaitement: *maison à demi détruite* ▸ **meio** ◆ *nm* **1** SPORTS Joueur qui assure la liaison entre les avants et les arrières, au rugby, au football: *demi de mêlée* ▸ **meio-campista 2** Grand verre de bière ▸ **copo para chope**

GRAMMAIRE Placé devant le nom, avec un trait d'union, *demi* est invariable: *deux demi-heures*; placé après un nom, *demi* en prend le genre et reste au singulier: *deux heures et demie*

demi-bouteille (pl *demi-bouteilles*) *nf* Bouteille contenant environ 37 cl; son contenu ▸ **meia garrafa**

demi-cercle (pl *demi-cercles*) *nm* La moitié d'un cercle ▸ **semicírculo**

demi-dieu (pl *demi-dieux*) *nm* **1** Héros, fils d'un dieu et d'une mortelle, ou d'une déesse et d'un mortel ▸ **semideus 2** Homme dont le génie, les qualités sont presque surhumains ▸ **semideus**

demi-douzaine (pl *demi-douzaines*) *nf* Moitié d'une douzaine ▸ **meia dúzia**

demie *nf* **1** Moitié d'une unité: *une boîte? non, une demie* ▸ **metade 2** Demi-heure: *arriver à la demie* ▸ **meia hora 3** Demi-bouteille: *une demie de champagne* ▸ **meia garrafa**

demi-finale (pl *demi-finales*) *nf* Épreuve qui précède la finale, en sports ou dans un jeu ▸ **semifinal**

demi-finaliste (pl *demi-finalistes*) *n* Participant à une demi-finale ▸ **semifinalista**
demi-fond *nm inv* Course de moyenne distance ▸ **meio-fundo**
demi-frère (pl *demi-frères*) *nm* Frère par le père ou par la mère seulement ▸ **meio-irmão**
demi-gros *nm inv* Commerce intermédiaire entre le gros et le détail ▸ **semiatacado**
demi-heure (pl *demi-heures*) *nf* Moitié d'une heure ▸ **meia hora**
demi-jour (pl *demi-jours*) *nm* Jour faible, pénombre ▸ **meia-luz**
demi-journée (pl *demi-journées*) *nf* Moitié d'une journée, en particulier de travail ▸ **meio período**
démilitariser *vt* Interdire toute présence ou installation militaire dans une région ▸ **desmilitarizar**
demi-litre (pl *demi-litres*) *nm* Moitié d'un litre ▸ **meio litro**
demi-longueur (pl *demi-longueurs*) *nf* SPORTS Moitié de la longueur (d'un coureur, d'un cheval, etc.) dans une compétition ▸ **meio-corpo**
demi-lune (pl *demi-lunes*) *nf* ▸ **meia-lua** ▪ **en demi-lune:** en forme de demi-cercle ▸ **em meia-lua**
demi-mal (pl *demi-maux*) *nm* Inconvénient moins grave que celui qu'on redoutait ▸ **mal menor**
demi-mesure (pl *demi-mesures*) *nf* Moyen insuffisant et peu efficace ▸ **meias-medidas**
demi-mot (à) *loc adv* Sans qu'il soit nécessaire de tout dire ▸ **com meias palavras**
déminage *nm* Action de déminer ▸ **varredura, remoção de minas**
déminer *vt* Enlever, déterrer les mines, les engins explosifs ▸ **limpar campo minado**
déminéralisation *nf* Élimination excessive des sels minéraux ▸ **desmineralização**
déminéraliser *vt* Faire perdre ses sels minéraux à l'organisme ▸ **desmineralizar**
démineur *nm* Spécialiste du déminage ▸ **desativador de minas**
demi-pause (pl *demi-pauses*) *nf* MUS Signe qui indique un silence d'une durée égale à la blanche ▸ **pausa da mínima**
demi-pension (pl *demi-pensions*) *nf* **1** Régime d'hôtellerie, comportant le prix de la chambre, du petit déjeuner et d'un repas ▸ **meia pensão 2** Régime des élèves qui prennent le repas de midi dans un établissement scolaire ▸ **semi-internato**
demi-pensionnaire (pl *demi-pensionnaires*) *n* Élève qui suit le régime de la demi-pension ▸ **semi-interno**
demi-place (pl *demi-places*) *nf* Place de spectacle, de transport, à demi-tarif ▸ **meia**
demi-portion (pl *demi-portions*) *nf* FAM, PÉJOR Personne petite et chétive ▸ **meio-quilo**
demi-saison (pl *demi-saisons*) *nf* ▸ **meia-estação** ▪ **vêtements de demi-saison:** destinés à être portés au printemps ou en automne ▸ **roupas de meia-estação**
demi-sang *nm inv* Cheval provenant de reproducteurs dont un seul est de pur sang ▸ **meio -sangue**
demi-sel *adj inv* Légèrement salé: *beurre demi-sel* ▸ **com pouco sal**
demi-sœur (pl *demi-sœurs*) *nf* Sœur par le père ou par la mère seulement ▸ **meia-irmã**
demi-sommeil (pl *demi-sommeils*) *nm* État intermédiaire entre la veille et le sommeil ▸ **sonolência**
demi-soupir (pl *demi-soupirs*) *nm* MUS Silence équivalant à la moitié d'un soupir ▸ **pausa da colcheia**
démission *nf* Acte par lequel on se démet d'une charge, d'un emploi ▸ **demissão**
démissionnaire *adj et n* Qui a donné sa démission ▸ **demissionário**
démissionner *vi* **1** Renoncer volontairement à un emploi, à une fonction ▸ **demitir-se 2** Capituler devant trop de difficultés; abdiquer ▸ **desistir**
demi-tarif (pl *demi-tarifs*) *nm* Tarif réduit de moitié ▸ **meia**
demi-teinte (pl *demi-teintes*) *nf* Teinte intermédiaire entre le clair et le foncé ▸ **meia-tinta** ▪ **en demi-teinte:** tout en nuances ▸ **nuançado**
demi-ton (pl *demi-tons*) *nm* MUS Intervalle équivalant à la moitié d'un ton ▸ **semitom**
demi-tour (pl *demi-tours*) *nm* Moitié d'un tour ▸ **meia-volta** ▪ **faire demi-tour:** revenir sur ses pas ▸ **dar meia-volta**
démiurge *nm* **1** Dieu créateur de l'univers chez les platoniciens ▸ **demiurgo 2** LITT Personne qui crée quelque chose d'important ▸ **demiurgo**
démobilisateur, trice *adj* FIG Qui démobilise ▸ **desmobilizador**
démobilisation *nf* Acte, action de démobiliser ▸ **desmobilização**
démobiliser *vt* **1** Renvoyer dans leurs foyers les troupes mobilisées ▸ **desmobilizar 2** FIG Priver de toute volonté revendicative, de toute combativité ▸ **desmobilizar**
démocrate *adj et n* Attaché aux principes de la démocratie ▸ **democrata**
démocratie *nf* Forme de gouvernement dans lequel la souveraineté émane du peuple ▸ **democracia**

démocratique *adj* Qui relève de la démocratie; conforme à la démocratie ▸ **democrático**
démocratiquement *adv* De façon démocratique ▸ **democraticamente**
démocratisation *nf* Action de démocratiser ▸ **democratização**
démocratiser *vt* Rendre démocratique, populaire ▸ **democratizar**
démodé, e *adj* **1** Qui n'est plus à la mode: *une robe démodée* ▸ **fora de moda, *démodé*** **2** Désuet, dépassé: *idées, théories démodées* ▸ ***démodé***
démoder (se) *vpr* Cesser d'être à la mode ▸ **sair de moda**
démographe *n* Spécialiste de démographie ▸ **demógrafo**
démographie *nf* Étude statistique des populations humaines, de leur évolution, de leurs mouvements ▸ **demografia**
démographique *adj* Relatif à la démographie ▸ **demográfico**
demoiselle *nf* **1** Jeune fille; femme qui n'est pas mariée ▸ **senhorita** **2** Libellule bleue ▸ **libélula** ▪ **demoiselle d'honneur:** au cours d'un mariage, jeune fille ou petite fille qui accompagne la mariée ▸ **dama de honra**
démolir *vt* **1** Abattre, détruire: *démolir tout un quartier* ▸ **demolir** **2** FIG Détruire, ruiner: *démolir la réputation de quelqu'un* ▸ **demolir**
démolisseur, euse *n* **1** Personne, entreprise chargée de démolir ▸ **demolidor, demolidora** **2** FIG Destructeur ▸ **demolidor**
démolition *nf* Action de démolir ▸ **demolição**
démon *nm* **1** ANTIQ Bon ou mauvais génie attaché à la destinée d'une personne, d'un État, etc. ▸ **demônio** **2** RELIG Ange déchu, diable ▸ **demônio** **3** FIG Personne néfaste ▸ **demônio** **4** Enfant espiègle ▸ **demônio, diabrete** **5** Personnification d'une passion, d'un vice: *le démon du jeu* ▸ **demônio** ▪ **le Démon:** satan ▸ **o demônio** ▫ **les vieux démons:** mauvaises habitudes, tendances néfastes qui étaient assoupies et se manifestent à nouveau ▸ **os velhos demônios**
démonétisation *nf* Action de démonétiser ▸ **desmonetização**
démonétiser *vt* Ôter sa valeur légale à une monnaie ▸ **desmonetizar**
démoniaque *adj* **1** Propre au démon: *superstition démoniaque* ▸ **demoníaco** **2** Diabolique, pervers: *ruse démoniaque* ▸ **demoníaco** ◆ *adj et n* Possédé du démon ▸ **endemoniado**
démonstrateur, trice *n* Qui présente un article à la clientèle, en en expliquant le mode d'emploi ▸ **demonstrador**
démonstratif, ive *adj* **1** Qui démontre; convaincant ▸ **demonstrativo** **2** Qui manifeste, extériorise ses sentiments ▸ **expansivo** ◆ *adj et nm* GRAMM Se dit des adjectifs et des pronoms qui servent à montrer, à préciser l'être ou la chose dont il est question ▸ **demonstrativo**
démonstration *nf* **1** Raisonnement par lequel on établit la vérité d'une proposition: *démonstration d'un théorème* ▸ **demonstração** **2** Action de montrer au public le fonctionnement d'un appareil, l'usage d'un produit: *démonstration aérienne* ▸ **demonstração** **3** Manifestation d'un sentiment: *démonstration d'amitié* ▸ **demonstração**
démontable *adj* Qui se démonte ▸ **desmontável**
démontage *nm* Action de démonter ▸ **desmontagem**
démonté, e *adj* Se dit d'un objet dont les éléments ont été séparés les uns des autres ▸ **desmontado** ▪ **mer démontée:** mer houleuse, agitée ▸ **mar desfeito**
démonte-pneu (pl *démonte-pneus*) *nm* Levier utilisé pour retirer un pneu de la jante d'une roue ▸ **espátula**
démonter *vt* **1** Défaire pièce à pièce un objet, un appareil ▸ **desmontar** **2** FIG Déconcerter, troubler: *ne pas se laisser démonter* ▸ **desmontar**
démontrable *adj* Prouvable ▸ **demonstrável**
démontrer *vt* **1** Prouver: *je lui ai démontré qu'il avait tort* ▸ **demonstrar** **2** Révéler, indiquer: *cela démontre son autorité* ▸ **demonstrar**
démoralisant, e ou **démoralisateur, trice** *adj* Qui démoralise ▸ **desmoralizante**
démoralisation *nf* **1** Action de démoraliser ▸ **desmoralização** **2** Découragement ▸ **desmoralização**
démoraliser *vt* Décourager, faire perdre l'énergie, le moral à quelqu'un ▸ **desmoralizar**
démordre *vt ind* [de] *(conj 52)* ▸ **desistir** ▪ **ne pas démordre d'une opinion, d'une idée:** ne pas vouloir y renoncer ▸ **fincar pé em uma opinião, em uma ideia**
démotiver *vt* Faire perdre à quelqu'un toute motivation, tout intérêt ▸ **desmotivar**
démoucheter *vt (conj 8)* Ôter le bouchon d'un fleuret ▸ **desembolar**
démoulage *nm* Action de démouler ▸ **desmoldagem**
démouler *vt* Retirer du moule ▸ **desmoldar**
démultiplication *nf* MÉCAN Rapport de réduction de vitesse entre deux pignons d'une transmission ▸ **desmultiplicação**
démultiplier *vt et vi* MÉCAN Réduire la vitesse dans la transmission d'un mouvement ▸ **desmultiplicar**

démuni, e *adj et n* Qui n'a pas les ressources suffisantes pour accéder au minimum vital ▸ **necessitado**
démunir *vt* Priver, dépouiller quelqu'un de ce qu'il possédait ▸ **desprover** ◆ **se démunir** *vpr* [de] Se dessaisir, se priver de ▸ **desfazer-se**
démuseler *vt (conj 6)* **1** Ôter sa muselière à un animal ▸ **desaçaimar 2** FIG Rendre la liberté d'expression à quelqu'un, à un groupe ▸ **desamordaçar**
démystification *nf* Action de démystifier ▸ **desmistificação**
démystifier *vt* **1** Détromper quelqu'un qui a été abusé ▸ **desmistificar 2** Enlever à quelque chose son caractère mystérieux ▸ **desmistificar**
démythification *nf* Action de démythifier ▸ **desmitificação**
démythifier *vt* Ôter son caractère mythique à quelqu'un, à quelque chose ▸ **desmitificar**
dénatalité *nf* Diminution du nombre des naissances ▸ **redução da natalidade**
dénationalisation *nf* Action de dénationaliser ▸ **privatização**
dénationaliser *vt* Restituer au secteur privé une entreprise ou une industrie jusque-là nationalisée ▸ **privatizar**
dénaturaliser *vt* Priver des droits acquis par naturalisation ▸ **desnaturalizar**
dénaturé, e *adj* **1** Qui manque des sentiments les plus naturels; dépravé ▸ **desnaturado 2** Dont les caractéristiques sont modifiées: *alcool dénaturé* ▸ **desnaturado**
dénaturer *vt* **1** Altérer la nature, le goût, le sens de ▸ **desnaturar 2** Mélanger à certaines substances des produits qui les rendent impropres à leur destination ordinaire ▸ **desnaturar**
dénégation *nf* Action de dénier ▸ **denegação**
déneigement *nm* Action de déneiger ▸ **remoção, limpeza da neve**
déneiger *vt (conj 2)* Débarrasser de la neige ▸ **remover a neve**
déni *nm* ▸ **denegação** ▪ **déni de justice:** refus illégal d'un juge, d'un tribunal, de rendre la justice ▸ **denegação de justiça**
déniaiser *vt* **1** Rendre moins niais, moins naïf ▸ **abrir os olhos 2** FAM Faire perdre sa virginité à ▸ **desvirginar**
dénicher *vt* **1** Enlever d'un nid ▸ **desaninhar 2** FIG Découvrir: *dénicher un livre rare* ▸ **desencavar**
dénicheur, euse *n* Qui déniche ▸ **caçador de ninhos, desencavador**
dénicotiniser *vt* Débarrasser le tabac d'une partie de sa nicotine ▸ **desnicotinar**
denier *nm* **1** Ancienne monnaie française, douzième partie d'un sou ▸ **denier 2** Unité servant à apprécier la finesse des fils et des fibres textiles ▸ **denier** ▪ **denier du culte:** offrande des catholiques pour l'entretien du clergé ▸ **côngrua** ◆ **deniers** *pl* LITT Ressources financières ▸ **recursos (financeiros)** ▪ **les deniers publics:** les revenus de l'État ▸ **recursos públicos**
dénier *vt* **1** Nier: *dénier toute responsabilité* ▸ **denegar 2** Refuser d'accorder: *dénier une autorisation* ▸ **denegar**
dénigrement *nm* Action de dénigrer ▸ **difamação**
dénigrer *vt* Discréditer, décrier ▸ **denegrir**
dénigreur, euse *n* Personne qui dénigre ▸ **denegridor**
denim [dənim] *nm* Tissu utilisé notamment pour la confection des jeans ▸ **denim, brim**
dénivelé *nm* ou **dénivelée** *nf* Différence d'altitude entre deux points ▸ **desnível**
déniveler *vt (conj 6)* Mettre à un niveau différent; rendre une surface inégale ▸ **desnivelar**
dénivellation *nf* ou **dénivellement** *nm* Différence de niveau ▸ **desnivelamento, desnível**
dénombrement *nm* Action de dénombrer; recensement ▸ **enumeração**
dénombrer *vt* Faire le compte exact de; compter, recenser ▸ **enumerar**
dénominateur *nm* MATH Terme d'une fraction, qui marque en combien de parties l'unité a été divisée ▸ **denominador** ▪ FIG **dénominateur commun:** trait caractéristique commun à plusieurs choses, plusieurs personnes ▸ **denominador comum**
dénominatif, ive *adj et nm* GRAMM Se dit d'un mot formé à partir d'un nom ▸ **denominal, denominativo**
dénomination *nf* Désignation d'une personne ou d'une chose par un nom ▸ **denominação**
dénommé, e *adj et n* Appelé: *un dénommé Charles* ▸ **tal**
dénommer *vt* Appeler, nommer ▸ **denominar**
dénoncer *vt (conj 1)* **1** Signaler comme coupable: *dénoncer un complice*; s'élever publiquement contre: *dénoncer un abus* ▸ **denunciar 2** Annuler, rompre un engagement: *dénoncer un contrat* ▸ **denunciar 3** LITT Indiquer, révéler: *ses manières, son langage dénoncent sa culture bourgeoise* ▸ **denunciar**
dénonciateur, trice *n et adj* Personne qui dénonce à la justice, à l'autorité ▸ **denunciante**
dénonciation *nf* Action de dénoncer ▸ **denúncia**
dénoter *vt* Indiquer, marquer ▸ **denotar**
dénouement *nm* **1** Solution d'une affaire ▸ **desenlace 2** Manière dont se termine une action, un film, etc. ▸ **desfecho**

dénouer *vt* **1** Défaire un nœud; détacher une chose nouée ▸ **desatar 2** FIG Résoudre, démêler une affaire compliquée ▸ **desatar**

dénoyauter *vt* Enlever le noyau d'un fruit ▸ **descaroçar**

dénoyauteur *nm* Ustensile ménager utilisé pour dénoyauter des fruits ▸ **descaroçador**

denrée *nf* Marchandise destinée à la consommation: *denrée alimentaire* ▸ **mercadoria**

dense *adj* **1** Compact, épais: *brouillard dense* ▸ **denso 2** Serré: *foule dense* ▸ **denso 3** Lourd par rapport au volume: *le plomb est beaucoup plus dense que le liège* ▸ **denso 4** FIG Concis: *style dense* ▸ **denso**

densité *nf* **1** Qualité de ce qui est dense ▸ **densidade 2** Rapport de la masse d'un certain volume d'un corps à celle du même volume d'eau, ou d'air pour les gaz ▸ **densidade ■ densité de population:** nombre moyen d'habitants au kilomètre carré ▸ **densidade populacional**

dent *nf* **1** Organe dur implanté dans la mâchoire, formé essentiellement d'ivoire recouvert d'émail et permettant de mastiquer les aliments ▸ **dente 2** Chacune des tiges pointues ou des pointes triangulaires tranchantes de certains objets: *dents d'une scie, d'une fourchette* ▸ **dente 3** Sommet pointu d'une montagne ▸ **dente ■ avoir, garder une dent contre quelqu'un:** lui en vouloir ▸ **ter uma cisma com alguém □ avoir la dent dure:** avoir la critique sévère ▸ **ser muito duro □ coup de dent:** médisance ▸ **dentada □ dents de lait:** les dents du premier âge ▸ **dentes de leite □ dents de sagesse:** les quatre dernières molaires ▸ **dentes de siso □ être sur les dents:** **(a)** être tendu ▸ **estar tenso (b)** être très occupé ▸ **estar muito ocupado □ faire ses dents:** avoir ses premières dents qui poussent ▸ **estar com os dentes apontando □ montrer les dents:** menacer ▸ **mostrar os dentes □ se mettre quelque chose sous la dent:** manger quelque chose ▸ **comer algo**

dentaire *adj* Relatif aux dents, au dentiste: *cabinet dentaire* ▸ **dentário**

dental, e, aux *adj et nf* Se dit des consonnes (*d, t*) qui se prononcent en claquant la langue contre les dents ▸ **dental**

denté, e *adj* Qui a des entailles en forme de dents: *roue dentée* ▸ **dentado**

dentelé, e *adj* Dont le bord est découpé en forme de dents: *les feuilles dentelées du châtaignier* ▸ **dentado**

denteler *vt (conj 6)* Faire des découpures, des entailles en forme de dents ▸ **dentar**

dentelle *nf* Tissu léger et à jours, fait avec du fil, de lin, de soie, etc. ▸ **renda**

dentellier, ère *adj* Qui concerne la dentelle ▸ **de renda** ◆ *n* Personne qui fabrique la dentelle ▸ **rendeiro**

dentelure *nf* **1** Motif décoratif dentelé ▸ **chanfradura 2** Découpure en forme de dents ▸ **denteadura**

dentier *nm* Prothèse dentaire amovible ▸ **dentadura**

dentifrice *nm et adj* Produit pour nettoyer les dents ▸ **dentifrício, pasta de dente**

dentiste *n* Chirurgien-dentiste ▸ **dentista**

dentisterie *nf* Science qui a pour objet l'étude et la pratique des soins dentaires ▸ **odontologia**

dentition *nf* **1** Formation et sortie naturelle des dents ▸ **dentição 2** Denture ▸ **dentição**

denture *nf* Ensemble des dents ▸ **dentadura**

dénucléarisation *nf* Action d'interdire la possession ou la fabrication d'armes nucléaires ▸ **desnuclearização**

dénucléariser *vt* Limiter ou interdire le stationnement, la fabrication d'armes nucléaires dans un pays ▸ **desnuclearizar**

dénudé, e *adj* Qui n'est plus recouvert: *arbre dénudé* ▸ **desnudo ■ fil dénudé:** fil électrique qui n'est plus dans sa gaine isolante ▸ **fio desencapado**

dénuder *vt* Mettre à nu ▸ **desnudar ◆ se dénuder** *vpr* Se mettre nu ▸ **desnudar-se**

dénué, e *adj* Dépourvu, privé de: *roman dénué d'intérêt; une personne dénuée de bon sens* ▸ **destituído**

dénuement *nm* Manque des choses nécessaires; misère, indigence ▸ **penúria**

dénutri, e *adj* Qui souffre de dénutrition ▸ **desnutrido**

dénutrition *nf* État d'un tissu vivant, d'un organisme dont l'assimilation est déficitaire ▸ **desnutrição**

déodorant *adjm* et *nm* Se dit d'un produit qui supprime les odeurs corporelles ▸ **desodorante**

déontologie *nf* Ensemble des règles et des devoirs qui régissent une profession ▸ **deontologia**

déontologique *adj* Relatif à la déontologie ▸ **deontológico**

dép. (abréviation) Département ▸ **depto.**

dépannage *nm* Action de dépanner ▸ **conserto**

dépanner *vt* **1** Remettre en état de fonctionner; réparer: *dépanner une voiture* ▸ **consertar 2** FAM tirer d'embarras: *il m'a dépanné de cent euros* ▸ **dar uma ajuda**

dépanneur[1] *nm* CANADA Petite épicerie ouverte tard le soir ▸ **loja de conveniências**
dépanneur[2], **euse** *n* Professionnel qui dépanne les appareils, les véhicules ▸ **mecânico**
dépanneuse *nf* Voiture, camion équipés pour dépanner ou remorquer un véhicule ▸ **guincho**
dépaqueter *vt (conj 8)* Défaire un paquet ▸ **desempacotar**
dépareillé, e *adj* **1** Qui forme une série incomplète ou disparate ▸ **incompleto 2** Qui est séparé d'un ensemble, désassorti: *gants dépareillés* ▸ **avulso, desemparelhado**
dépareiller *vt* Rendre incomplet un ensemble ▸ **desaparelhar**
déparer *vt* Nuire au bon effet, à l'harmonie d'un ensemble: *ce tableau dépare la collection* ▸ **desfigurar**
déparier *vt* Ôter l'une des deux choses qui font la paire; désapparier ▸ **desemparelhar**
départ *nm* **1** Action de partir ▸ **partida 2** Fait de quitter une fonction, un emploi ▸ **saída ▪ au départ:** à l'origine, au début ▸ **no começo □ être sur le départ:** être sur le point de partir ▸ **estar prestes a partir □ point de départ:** origine, commencement ▸ **ponto de partida**
départager *vt (conj 2)* **1** Faire cesser l'égalité des voix, des mérites ▸ **desempatar 2** Arbitrer un différend ▸ **desempatar**
département *nm* **1** Circonscription administrative locale de la France, dirigée par un préfet et par un conseil général ▸ **departamento 2** Branche spécialisée d'une administration, d'un organisme ▸ **departamento ▪ département et Région d'outre-mer (DROM):** collectivité territoriale de la République française, créée en 1946 (les quatre DROM sont: la Guyane, la Réunion, la Martinique et la Guadeloupe) [L'appellation département et Région d'outre-mer, ou DROM, a été substituée à celle de département d'outre-mer, ou DOM, en 2003] ▸ **departamento e região ultramarina**
départemental, e, aux *adj* Relatif au département ▸ **departamental ▪ route départementale** ou **départementale** *nf*: route construite et entretenue par le département ▸ **estrada departamental**
départementalisation *nf* Action de donner le statut de département ▸ **departamentalização**
départir *vt (conj 26)* LITT Attribuer en partage, impartir à: *la tâche qui lui a été départie* ▸ **repartir, atribuir ◆ se départir** *vpr* [de] Abandonner, renoncer à: *se départir de sa bonne humeur, de son calme* ▸ **abandonar**
CONJUGAISON *Départir* se conjugue comme *partir*: *il ne se départ pas de son calme*
dépassé, e *adj* Démodé, caduc ▸ **ultrapassado**
dépassement *nm* Action de dépasser, de se dépasser ▸ **ultrapassagem**
dépasser *vt* **1** Aller au-delà de, franchir: *dépasser la ligne d'arrivée* ▸ **ultrapassar 2** Devancer, laisser derrière soi; doubler: *dépasser un camion* ▸ **ultrapassar 3** Être supérieur à, excéder: *cela dépasse mes forces* ▸ **ultrapassar 4** FAM Déconcerter, étonner: *son obstination me dépasse* ▸ **surpreender ◆** *vi* Être plus long, trop long: *jupon qui dépasse* ▸ **sobressair ◆ se dépasser** *vpr* Réussir ce qui paraissait inaccessible ▸ **superar-se**
dépassionner *vt* Enlever à un sujet, à un débat son caractère passionné ▸ **desapaixonar**
dépatouiller (se) *vpr* FAM Se sortir d'une situation embarrassante; se débrouiller ▸ **desenrascar-se**
dépavage *nm* Action de dépaver ▸ **despavimentação**
dépaver *vt* Enlever les pavés de ▸ **despavimentar**
dépaysant, e *adj* Qui dépayse ▸ **desterrador, desorientador**
dépaysement *nm* Action de dépayser; résultat de cette action ▸ **desterro, desambientação**
dépayser *vt* **1** Faire changer de pays, de milieu, de cadre ▸ **desterrar 2** FIG Dérouter, désorienter, déconcerter ▸ **desorientar**
dépècement ou **dépeçage** *nm* Action de dépecer ▸ **despedaçamento**
dépecer *vt (conj 1 et 9)* Mettre en pièces, découper en morceaux ▸ **despedaçar**
dépêche *nf* **1** Lettre concernant les affaires publiques: *dépêche diplomatique* ▸ **despacho 2** VX Télégramme ▸ **telegrama 3** Information brève transmise aux organes de presse ▸ **despacho**
dépêcher *vt* LITT Envoyer en hâte ▸ **despachar ◆ se dépêcher** *vpr* Se presser, se hâter ▸ **apressar-se**
dépeigner *vt* Défaire la coiffure de ▸ **despentear**
dépeindre *vt (conj 55)* Décrire, représenter ▸ **descrever, pintar**
dépenaillé, e *adj* Déguenillé, débraillé ▸ **esfarrapado**
dépénaliser *vt* Ôter son caractère pénal à une infraction ▸ **descriminalizar**
dépendance *nf* Sujétion, subordination ▸ **dependência ◆ dépendances** *pl* Bâtiment, terrain rattaché à un autre plus important ▸ **dependências**
dépendant, e *adj* Qui n'est pas autonome; subordonné à quelqu'un ou à quelque chose ▸ **dependente ▪ personne dépendante:** personne malade ou âgée qui ne peut assurer seule les gestes et les soins nécessaires à sa survie ▸ **pessoa dependente**

dépendre[1] *vt (conj 50)* Détacher ce qui était pendu: *dépendre une enseigne* ▸ **despendurar**
dépendre[2] *vt ind* [de] *(conj 50)* **1** Être sous l'autorité, la dépendance, la juridiction de ▸ **depender** **2** Être soumis à une condition ou à la décision de quelqu'un: *cela dépend de vous* ▸ **depender** ▪ **ça dépend: (a)** c'est variable ▸ **depende (b)** peut-être ▸ **depende**
dépens *nm pl* Frais de justice: *être condamné aux dépens* ▸ **custas** ▪ **aux dépens de: (a)** à la charge, aux frais de ▸ **à custa de (b)** FIG au détriment de ▸ **à custa de**
dépense *nf* **1** Action de dépenser de l'argent; emploi qu'on en fait ▸ **despesa 2** Montant d'une somme à payer ▸ **despesa 3** Usage qu'on fait d'une chose: *une dépense d'énergie* ▸ **gasto**
dépenser *vt* **1** Employer de l'argent pour un achat ▸ **gastar 2** FIG Consommer, utiliser: *appareil qui dépense beaucoup d'électricité* ▸ **gastar** ♦ **se dépenser** *vpr* Faire des efforts, se démener ▸ **desgastar-se**
dépensier, ère *adj et n* Qui aime la dépense; qui dépense beaucoup ▸ **gastador**
déperdition *nf* Perte, diminution ▸ **perda**
dépérir *vi* Perdre de sa vitalité, de sa force ▸ **definhar**
dépérissement *nm* État de quelqu'un, de quelque chose qui dépérit ▸ **definhamento**
déperlant, e *adj* Se dit d'une fibre textile traitée pour que l'eau glisse dessus sans pénétrer ▸ **impermeável**
dépêtrer *vt* Tirer d'embarras ▸ **desvencilhar** ♦ **se dépêtrer** *vpr* [de] Se libérer, se débarrasser de ▸ **desvencilhar-se**
dépeuplement *nm* **1** Action de dépeupler ▸ **despovoação 2** Fait de se dépeupler ▸ **despovoação**
dépeupler *vt* **1** Dégarnir d'habitants: *l'industrialisation a dépeuplé les campagnes* ▸ **despovoar 2** Vider de ses occupants: *dépeupler un étang* ▸ **despovoar**
déphasé, e *adj* FAM Qui a perdu le contact avec la réalité actuelle ▸ **desatualizado**
dépiauter *vt* FAM Dépouiller un animal de sa peau ▸ **esfolar**
dépilatoire *adj et nm* Qui fait tomber les poils: *crème dépilatoire* ▸ **depilatório**
dépiquage *nm* Action de dépiquer ▸ **debulha**
dépiquer *vt* AGRIC Faire sortir le grain de son épi ▸ **debulhar**
dépistage *nm* **1** Action de dépister ▸ **rastreamento 2** Recherche systématique de certaines maladies ▸ **rastreamento**
dépister *vt* **1** Découvrir, suivre la trace d'un gibier ▸ **rastrear 2** FIG Découvrir au terme d'une recherche, d'une enquête: *dépister un cancer* ▸ **detectar**
dépit *nm* Chagrin mêlé de ressentiment dû à une déception ▸ **despeito** ▪ **en dépit de:** malgré ▸ **a despeito de** □ **en dépit du bon sens:** sans aucun soin, très mal ▸ **de qualquer jeito**
dépiter *vt* Causer du dépit à ▸ **despeitar**
déplacé, e *adj* Inconvenant, incongru ▸ **deslocado**
déplacement *nm* **1** Action de déplacer, de se déplacer ▸ **deslocamento 2** Voyage effectué dans l'exercice d'une profession: *être en déplacement* ▸ **deslocamento 3** MAR Volume d'eau déplacé par un navire ▸ **deslocamento**
déplacer *vt (conj 1)* **1** Changer quelqu'un, quelque chose de place ▸ **deslocar 2** Affecter à un autre poste, muter ▸ **deslocar 3** Changer la date, l'heure de: *déplacer un rendez-vous* ▸ **transferir 4** MAR Avoir un déplacement de ▸ **ter um deslocamento de** ♦ **se déplacer** *vpr* **1** Changer de place, se mouvoir ▸ **deslocar-se 2** Aller d'un lieu à un autre: *se déplacer en bus* ▸ **deslocar-se**
déplafonnement *nm* Suppression de la limite supérieure d'un crédit, d'une cotisation ▸ **eliminação do teto**
déplafonner *vt* Opérer le déplafonnement de ▸ **eliminar o teto de**
déplaire *vt ind* [à] *(conj 77)* **1** Ne pas plaire, être désagréable à quelqu'un ▸ **desagradar 2** Irriter, fâcher, choquer ▸ **desagradar** ▪ **ne vous en déplaise:** quoi que vous en pensiez ▸ **você goste ou não** ♦ **se déplaire** *vpr* Ne pas se trouver bien où l'on est ▸ **não se sentir à vontade**
déplaisant, e *adj* Qui déplaît; désagréable ▸ **desagradável**
déplaisir *nm* Mécontentement, contrariété ▸ **desagrado**
déplanter *vt* Arracher pour replanter ailleurs: *déplanter les choux* ▸ **transplantar**
déplantoir *nm* Instrument pour déplanter les végétaux ▸ **transplantador**
déplâtrage *nm* Action de déplâtrer ▸ **desengessamento**
déplâtrer *vt* Enlever le plâtre ▸ **desengessar**
dépliant *nm* Prospectus, imprimé qui se déplie ▸ **folheto**
déplier *vt* Étendre une chose qui était pliée ▸ **desdobrar** ♦ *vpr: le canapé se déplie facilement* ▸ **abrir-se**
déplisser *vt* Défaire les plis de ▸ **desfranzir**
déploiement *nm* Action de déployer; son résultat ▸ **desdobramento**

déplomber *vt* Ôter le plomb qui scelle un objet ▸ **deschumbar**
déplorable *adj* **1** Regrettable, affligeant: *un oubli déplorable* ▸ **deplorável 2** FAM Très mauvais: *note déplorable* ▸ **deplorável**
déplorer *vt* Trouver fâcheux, regretter ▸ **deplorar**
déployer *vt (conj 3)* **1** Étendre largement, ouvrir ce qui était plié, roulé: *déployer ses ailes; déployer une carte* ▸ **desdobrar 2** MIL Faire passer une troupe de l'ordre de marche à l'ordre de bataille ▸ **desdobrar 3** Manifester: *déployer du zèle* ▸ **mostrar** ▪ **rire à gorge déployée:** aux éclats ▸ **rir às bandeiras despregadas**
déplumer (se) *vpr* FAM Perdre ses cheveux ▸ **ficar careca**
dépoétiser *vt* Ôter tout caractère poétique à ▸ **despoetizar**
dépoitraillé, e *adj* FAM Qui porte un vêtement largement ouvert sur la poitrine ▸ **esgargalado**
dépoli, e *adj* ▸ **fosco** ▪ **verre dépoli:** dont la surface diffuse la lumière ▸ **vidro fosco**
dépolir *vt* Ôter l'éclat, le poli ▸ **despolir**
dépolissage *nm* Action de dépolir ▸ **despolimento**
dépolitisation *nf* Action de dépolitiser; son résultat ▸ **despolitização**
dépolitiser *vt* Retirer tout caractère politique à ▸ **despolitizar**
dépolluer *vt* Supprimer ou réduire la pollution d'un lieu, d'un local ▸ **despoluir**
dépollution *nf* Action de dépolluer; son résultat ▸ **despoluição**
déponent, e *adj et nm* GRAMM Se dit d'un verbe latin de forme passive et de sens actif ▸ **depoente**
dépopulation *nf* Diminution de la population d'un pays ▸ **despopulação**
déportation *nf* Internement dans un camp de concentration ▸ **deportação**
déporté, e *n et adj* **1** Personne internée dans un camp de concentration ▸ **deportado 2** Condamné à la déportation ▸ **deportado**
déporter *vt* **1** Envoyer en déportation; condamner à la déportation ▸ **deportar 2** Faire dévier de sa direction, de sa trajectoire ▸ **desviar**
déposant, e *n et adj* **1** DR Personne qui fait une déposition devant le juge ▸ **depoente 2** Personne qui fait un dépôt d'argent ▸ **depositante**
dépose *nf* Action d'enlever ce qui était posé: *dépose de rideaux* ▸ **remoção**
déposé, e *adj* Se dit d'une marque, d'un nom qui ont été juridiquement enregistrés pour les protéger des imitations ▸ **registrado**
déposer *vt* **1** Poser une chose que l'on portait: *déposer un fardeau* ▸ **depor 2** Laisser quelqu'un quelque part après l'y avoir conduit: *déposer un ami à la gare* ▸ **deixar 3** Mettre en dépôt: *déposer des fonds* ▸ **depositar 4** Remettre, adresser: *déposer une plainte* ▸ **apresentar 5** Destituer: *déposer un souverain, un dignitaire* ▸ **depor** ▪ **déposer son bilan:** faire faillite ▸ **abrir falência** ▫ **déposer un brevet, une marque:** les faire enregistrer pour les protéger des imitations ▸ **registrar uma patente, uma marca** ♦ *vi* DR Faire une déposition en justice ▸ **depor** ♦ **se déposer** *vpr* Former une fine couche: *poussière qui se dépose sur les meubles* ▸ **depositar-se**
dépositaire *n* Personne à qui on a confié un dépôt ▸ **depositário**
déposition *nf* **1** DR Déclaration d'un témoin, témoignage ▸ **depoimento 2** Action de priver quelqu'un de ses pouvoirs ▸ **deposição**
déposséder *vt (conj 10)* Enlever à quelqu'un la possession de quelque chose ▸ **desapossar**
dépôt *nm* **1** Action de déposer, de placer en lieu sûr ▸ **depósito 2** Chose déposée ▸ **depósito 3** Somme confiée à un organisme bancaire ▸ **depósito 4** Matières solides qui se déposent au fond d'un liquide au repos ▸ **depósito 5** Lieu où l'on dépose, où l'on gare: *dépôt d'ordures; dépôt d'autobus* ▸ **depósito, garagem 6** MIL Partie d'un régiment qui reste dans la garnison ▸ **guarnição** ▪ **dépôt de bilan:** faillite ▸ **declaração de falência** ▫ **dépôt de pain:** lieu où l'on vend du pain préparé ailleurs ▸ **loja de pães** ▫ **mandat de dépôt:** ordre du juge d'instruction pour faire incarcérer un prévenu ▸ **mandado de prisão**
dépotage *nm* Acte de dépoter ▸ **transplante, trasfego**
dépoter *vt* **1** Ôter une plante d'un pot ▸ **transplantar 2** TECHN Transvaser (un liquide) ▸ **trasfegar 3** FAM Vider un véhicule de son chargement ▸ **esvaziar** ♦ *vi* FAM Être efficace et productif: *elle dépote, elle aura fini ce soir* ▸ **dar no couro**
dépotoir *nm* Endroit où l'on jette les objets de rebut ▸ **despejo**
dépôt-vente (pl *dépôts-ventes*) *nm* Vente d'un objet laissé en dépôt chez un commerçant qui rembourse au propriétaire le prix de la vente moins un pourcentage convenu; magasin spécialisé dans ce type de vente ▸ **consignação, loja de vendas por consignação**
dépouille *nf* **1** Peau que rejettent certains animaux, comme le serpent, le ver à soie, etc.; mue ▸ **despojo 2** Peau enlevée à un animal: *dépouille d'un tigre* ▸ **despojo** ▪ **dépouille mortelle:** corps humain après la mort ▸ **despojos mortais** ♦ **dépouilles** *pl* Ce que l'on prend à un ennemi, butin ▸ **despojo**

dépouillé, e *adj* ▸ **despojado** ▪ **style dépouillé:** sans ornement ▸ **estilo despojado**

dépouillement *nm* **1** Action de dépouiller ▸ **despojamento 2** Examen d'un compte, d'un dossier ▸ **escrutínio 3** Action de compter les suffrages d'une élection ▸ **escrutínio 4** Extrême sobriété ▸ **despojamento**

dépouiller *vt* **1** Arracher, enlever la peau d'un animal: *dépouiller un lièvre* ▸ **esfolar 2** Enlever ce qui couvre, garnit, habille ▸ **despojar 3** Voler, priver de ses biens, de ses droits ▸ **despojar 4** Faire l'examen d'un compte, d'un texte, etc. ▸ **analisar 5** Compter les votes d'un scrutin ▸ **escrutinar**

dépourvu, e *adj* Privé: *une phrase dépourvue de sens: un homme dépourvu d'humour* ▸ **desprovido** ◆ *loc adv* ▪ **au dépourvu:** À l'improviste ▸ **de surpresa**

dépoussiérage *nm* Action de dépoussiérer ▸ **desempoeiramento**

dépoussiérer *vt (conj 10)* **1** Enlever la poussière ▸ **desempoeirar 2** FIG Renouveler, rajeunir ▸ **renovar**

dépravation *nf* Corruption, avilissement ▸ **depravação**

dépravé, e *adj* Gâté, altéré: *goûts, mœurs dépravés* ▸ **depravado** ◆ *adj et n* Perverti, corrompu ▸ **depravado**

dépraver *vt* **1** Altérer ▸ **depravar 2** FIG Pervertir: *dépraver les mœurs* ▸ **depravar**

dépréciatif, ive *adj* Qui tend à déprécier; péjoratif ▸ **depreciativo**

dépréciation *nf* Action de déprécier; son résultat ▸ **depreciação**

déprécier *vt* **1** Diminuer, rabaisser la valeur de: *déprécier une monnaie* ▸ **depreciar 2** Dénigrer: *déprécier les mérites de quelqu'un* ▸ **depreciar**

déprédateur, trice *adj et n* Qui commet des déprédations ▸ **depredador**

déprédation *nf* **1** Pillage avec dégâts ▸ **depredação 2** Dommage causé à autrui, aux biens publics ▸ **depredação**

déprendre (se) *vpr* [de] *(conj 54)* LITT Se détacher, se défaire de: *se déprendre de quelqu'un, d'une habitude* ▸ **desapegar-se**

dépressif, ive *adj et n* Qui souffre de dépression nerveuse ▸ **depressivo**

dépression *nf* **1** Enfoncement, creux: *dépression du sol* ▸ **depressão 2** Baisse de la pression atmosphérique: *dépression atmosphérique* ▸ **depressão 3** Période de ralentissement économique ▸ **depressão** ▪ **dépression (nerveuse):** état pathologique de souffrance marqué par une grande chute d'énergie, du pessimisme et un dégoût de la vie ▸ **depressão (nervosa)**

dépressurisation *nf* Disparition de la pression, notamment dans un avion ▸ **despressurização**

dépressuriser *vt* Faire cesser la pressurisation ▸ **despressurizar**

déprimant, e *adj* Qui déprime ▸ **deprimente**

déprime *nf* FAM État dépressif ▸ **depressão**

déprimé, e *adj et n* Qui souffre de dépression nerveuse ▸ **depressivo**

déprimer *vt* Abattre physiquement ou moralement; démoraliser ▸ **deprimir** ▪ *vi* FAM Être abattu, démoralisé: *elle déprime depuis son échec* ▸ **deprimir-se**

de profundis [depʀɔfɔ̃dis] *nm* Psaume que l'on récite dans les prières pour les morts ▸ ***de profundis***

déprogrammer *vt* Supprimer du programme prévu: *déprogrammer un spectacle, un rendez-vous* ▸ **desprogramar**

dépucelage *nm* FAM Perte du pucelage ▸ **defloração**

dépuceler *vt (conj 6)* FAM Faire perdre son pucelage, sa virginité à ▸ **deflorar**

depuis *prép* Indique le point de départ dans le temps, dans l'espace, dans une série; à partir de: *depuis trois jours; depuis Brest; depuis le premier jusqu'au dernier* ▸ **há, desde, de** ◆ *adv* À partir de ce moment: *pas de nouvelles depuis* ▸ **desde então** ◆ **depuis que** *loc conj* À partir du moment où: *il travaille depuis qu'elle est rentrée* ▸ **desde que**

dépuratif, ive *adj et nm* Propre à dépurer le sang, l'organisme ▸ **depurativo**

dépuration *nf* Action de dépurer ▸ **depuração**

dépurer *vt* Rendre plus pur ▸ **depurar**

députation *nf* **1** Envoi de personnes chargées d'une mission; ces personnes elles-mêmes ▸ **deputação 2** Fonction de député ▸ **deputação**

député, e *n* **1** Personne envoyée en mission, ambassadeur ▸ **deputado 2** Membre de l'Assemblée législative élu au suffrage universel ▸ **deputado** ▪ **Chambre des députés:** ancien nom de l'Assemblée nationale ▸ **câmara dos deputados**

députer *vt* Envoyer en députation; déléguer, mandater ▸ **deputar**

déqualification *nf* Action de déqualifier; fait d'être déqualifié ▸ **desqualificação**

déqualifier *vt* Donner à quelqu'un un poste inférieur à sa qualification professionnelle ▸ **desqualificar**

der *nm ou nf inv* (abréviation) FAM Dernier, dernière ▸ **ø** ▪ **la der des der: (a)** la guerre de 1914-1918, dont on espérait qu'elle serait la dernière ▸ **primeira guerra mundial (b)** PAR EXT la dernière chose, la dernière fois ▸ **a última das últimas**

déraciné, e *adj et n* Qui a quitté son pays, son milieu d'origine ▸ **desenraizado**

déracinement *nm* **1** Action de déraciner ▸ **desarraigamento 2** Fait d'être déraciné ▸ **desenraizamento**

déraciner *vt* **1** Arracher de terre un arbre, une plante avec ses racines ▸ **desarraigar 2** FIG Extirper, faire disparaître: *déraciner un préjugé* ▸ **desarraigar 3** Retirer quelqu'un de son milieu d'origine ▸ **desarraigar**

déraillement *nm* Fait de dérailler ▸ **descarrilamento, desvario**

dérailler *vi* **1** Sortir des rails ▸ **descarrilar 2** FIG, FAM déraisonner, divaguer ▸ **variar**

dérailleur *nm* Mécanisme servant à faire passer la chaîne d'une bicyclette d'un pignon sur un autre ▸ **câmbio**

déraison *nf* Manque de bon sens ▸ **desatino**

déraisonnable *adj* Qui manque de raison, insensé: *projet déraisonnable* ▸ **desarrazoado**

déraisonnablement *adv* De façon déraisonnable ▸ **despropositadamente**

déraisonner *vi* Tenir des discours dénués de raison ▸ **desatinar**

dérangé, e *adj* FAM Un peu fou ▸ **perturbado**

dérangeant, e *adj* Qui dérange, particulièrement sur le plan moral ▸ **perturbador**

dérangement *nm* **1** Action de se déplacer ▸ **deslocamento 2** Fait d'être dérangé; perturbation: *ligne en dérangement* ▸ **defeito**

déranger *vt (conj 2)* **1** Déplacer, causer du désordre: *les cambrioleurs ont tout dérangé* ▸ **desarrumar 2** Dérégler, détraquer: *déranger une machine* ▸ **escangalhar 3** FIG Gêner, contrarier: *déranger des habitudes* ▸ **perturbar 4** Importuner: *je ne veux pas vous déranger* ▸ **incomodar ♦ se déranger** *vpr* **1** Se déplacer ▸ **sair 2** Interrompre ses occupations ▸ **incomodar-se**

dérapage *nm* Action de déraper ▸ **derrapagem**

déraper *vi* **1** Glisser dans une direction oblique, en parlant d'un véhicule; glisser involontairement, en parlant de quelqu'un ▸ **derrapar, escorregar 2** FIG S'écarter de ce qui est normal, attendu: *les prix ont dérapé en mai; la conversation a dérapé sur la politique* ▸ **descambar**

dératé, e *n* ■ FAM **courir comme un dératé:** courir très vite ▸ **correr como uma lebre**

dératisation *nf* Extermination systématique des rats ▸ **desratização**

dératiser *vt* Débarrasser des rats ▸ **desratizar**

derby (pl *derbys* ou *derbies*) *nm* **1** Grande course annuelle de chevaux, à Epsom (GB) ▸ **dérbi 2** Match qui oppose deux clubs voisins ▸ **dérbi**

derechef *adv* LITT De nouveau ▸ **de novo**

déréglé, e *adj* **1** Détraqué: *pendule déréglée* ▸ **desregulado 2** FIG Désordonné, immoral: *vie déréglée* ▸ **desregrado**

dérèglement *nm* **1** Fait d'être déréglé ▸ **desregramento 2** Désordre moral ou mental ▸ **desregramento**

déréglementation *nf* Fait de déréglementer ▸ **desregulamentação**

déréglementer *vt* Alléger ou supprimer la réglementation de ▸ **desregulamentar**

dérégler *vt (conj 10)* Déranger, détraquer ▸ **desregular ♦ se dérégler** *vpr* Arrêter de fonctionner normalement: *montre qui s'est déréglée* ▸ **desregular-se**

déremboursement *nm* En France, cessation du remboursement par la Sécurité sociale d'un médicament ou d'un traitement médical ▸ **suspensão do reembolso**

dérider *vt* **1** Faire disparaître les rides de ▸ **desenrugar 2** FIG Égayer, réjouir ▸ **alegrar**

dérision *nf* Moquerie méprisante: *tourner en dérision* ▸ **derrisão**

dérisoire *adj* **1** Qui suscite la dérision ▸ **derrisório 2** Insignifiant, minime: *prix dérisoire* ▸ **derrisório**

dérivatif *nm* Ce qui détourne l'esprit vers d'autres pensées: *la lecture est un dérivatif* ▸ **derivativo**

dérivation *nf* **1** Action de détourner les eaux ▸ **derivação 2** GRAMM Formation d'un nouveau mot par l'ajout d'un suffixe ou d'un préfixe à un autre mot ou à un radical ▸ **derivação 3** ÉLECTR Communication au moyen d'un second conducteur entre deux points d'un circuit fermé ▸ **derivação**

dérive *nf* **1** Pour un bateau, un avion, fait de dériver sous l'effet d'un courant, d'un vent ▸ **deriva 2** Aileron vertical immergé pour réduire la dérive d'un navire ▸ **deriva 3** Évolution dangereuse d'un processus qui s'écarte du cadre fixé et devient incontrôlable ▸ **descontrole ■ aller à la dérive: (a)** ne plus être dirigé ▸ **ir à deriva (b)** FIG se laisser aller sans réagir ▸ **ir à deriva □ dérive des continents:** théorie selon laquelle les continents se sont fragmentés et déplacés ▸ **deriva dos continentes**

dérivé[1], e *adj* Qui est issu d'une dérivation ▸ **derivado ■** ÉCON **droits dérivés:** droits payés pour l'exploitation de produits créés à partir d'une œuvre littéraire, cinématographique, etc. ▸ ***royalties***

dérivé² *nm* **1** GRAMM Mot qui dérive d'un autre ▸ **derivado 2** CHIM Corps obtenu par la transformation d'un autre ▸ **derivado**

dériver *vt* Détourner de son cours ▸ **desviar** ◆ *vi* **1** MAR S'écarter de sa route ▸ **derivar 2** Aller à la dérive ▸ **vaguear** ◆ *vt ind* [de] **1** Venir, provenir de ▸ **derivar 2** GRAMM Être issu d'un autre mot par dérivation ▸ **derivar**

dériveur *nm* Voilier muni d'une dérive ▸ **veleiro com deriva**

dermato *n* (abréviation) FAM Dermatologue ▸ **dermato**

dermatologie *nf* Étude et traitement des maladies de la peau ▸ **dermatologia**

dermatologue *n* Spécialiste de la dermatologie ▸ **dermatologista**

dermatose *nf* Maladie de la peau ▸ **dermatose**

derme *nm* ANAT Tissu qui constitue la couche profonde de la peau ▸ **derme**

dermique *adj* Relatif à la peau ▸ **dérmico**

dernier, ère *adj et n* Qui vient après tous les autres dans le temps, selon le rang, le mérite ▸ **último ■ en dernier:** après tout le reste, tout le monde: *arriver en dernier* ▸ **por último** ◆ *adj* **1** Extrême: *protester avec la dernière énergie* ▸ **extremo 2** Qui est le plus récent: *l'an dernier; dernière mode* ▸ **último, passado**

dernièrement *adv* Depuis peu; récemment ▸ **ultimamente**

dernier-né, dernière-née (pl *derniers-nés, dernières-nées*) *n* Le dernier enfant d'une famille ▸ **caçula**

dérobade *nf* Action de se dérober ▸ **esquiva**

dérobé, e *adj* Caché, secret: *porte dérobée* ▸ **secreto** ◆ **à la dérobée** *loc adv* En cachette ▸ **às escondidas**

dérober *vt* **1** Prendre furtivement le bien d'autrui ▸ **furtar 2** FIG Soustraire à la vue ▸ **ocultar** ◆ **se dérober** *vpr* **1** Se soustraire ▸ **esquivar-se 2** Refuser de franchir un obstacle, en parlant d'un cheval ▸ **refugar**

dérogation *nf* **1** Action de déroger ▸ **derrogação 2** Autorisation de déroger ▸ **derrogação**

dérogatoire *adj* Qui déroge ▸ **derrogatório**

déroger *vt ind* [à] *(conj 2)* S'écarter de ce qui est établi par une loi, une convention, un principe; manquer à ▸ **derrogar**

dérouillée *nf* FAM Volée de coups ▸ **surra**

dérouiller *vt* **1** Enlever la rouille ▸ **desenferrujar 2** FIG Dégourdir: *dérouiller ses jambes* ▸ **desenferrujar**

déroulement *nm* **1** Action de dérouler, de se dérouler ▸ **desenrolamento 2** Enchaînement de faits ▸ **desenrolar**

dérouler *vt* **1** Étendre ce qui était enroulé ▸ **desenrolar 2** Étaler sous le regard, passer en revue: *dérouler ses souvenirs* ▸ **desenrolar** ◆ **se dérouler** *vpr* Avoir lieu, s'écouler, s'enchaîner ▸ **desenrolar-se**

dérouleur *nm* **1** Appareil servant à dérouler des produits livrés en rouleaux ▸ **desbobinadeira 2** INFORM Dispositif permettant le déroulement d'une bande magnétique ▸ **bobina**

déroutant, e *adj* Qui déconcerte ▸ **desconcertante**

déroute *nf* **1** Fuite en désordre d'une troupe vaincue ▸ **debandada 2** FIG Échec complet ▸ **derrota**

dérouter *vt* **1** Détourner, écarter de sa route, de sa destination ▸ **desviar 2** FIG Déconcerter, mettre dans l'embarras ▸ **desconcertar**

derrick *nm* Charpente en métal supportant l'appareil de forage d'un puits de pétrole ▸ **torre de perfuração**

derrière *prép* **1** En arrière de, au dos de: *se cacher derrière un arbre* ▸ **atrás de 2** À la suite de: *se classer derrière les meilleurs* ▸ **atrás de 3** Au-delà des apparences: *qu'y a-t-il derrière tout cela?* ▸ **por trás de** ◆ *adv* **1** En arrière: *placez-vous derrière!* ▸ **atrás 2** À la suite ▸ **atrás 3** Au-delà ▸ **atrás de ■ sens devant derrière:** en mettant le devant à la place du derrière ▸ **ao contrário** ◆ *nm* **1** Partie postérieure de quelque chose ▸ **traseira 2** Partie de l'homme ou de l'animal comprenant les fesses ▸ **traseiro**

derviche *nm* Religieux musulman ▸ **dervixe**

des *art* **1** Article défini contracté pluriel équivalant à *de les*: *les cris des enfants* ▸ **dos 2** Article partitif pluriel: *manger des frites* ▸ **Ø 3** Article indéfini, pluriel de *un, une*: *il y a des livres sur l'étagère* ▸ **Ø**

dès *prép* Indique un point de départ précoce dans le temps, dans une hiérarchie ou dans l'espace: *dès son arrivée; dès le seuil* ▸ **desde** ◆ **dès lors** *loc adv* Aussitôt; en conséquence **então, por conseguinte** ◆ **dès que** *loc conj* Aussitôt que ▸ **assim que**

désabonner (se) *vpr* Faire cesser un abonnement pour soi ▸ **cancelar a assinatura**

désabusé, e *adj* Qui a perdu ses illusions ▸ **desiludido**

désabuser *vt* LITT Tirer de ses illusions; détromper ▸ **desiludir**

désaccord *nm* **1** Manque d'accord, d'entente, d'harmonie: *famille en désaccord* ▸ **desacordo 2** Contradiction: *désaccord entre les paroles et les actes* ▸ **desacordo**

désaccorder *vt* **1** MUS Détruire l'accord d'un instrument ▸ **desafinar 2** Détruire l'harmonie, l'équilibre d'un ensemble ▸ **desacordar**

désaccoutumer *vt* Déshabituer ▸ **desacostumar** ♦ **se désaccoutumer** *vpr* [de] Perdre l'habitude de ▸ **desacostumar-se**

désacraliser *vt* Retirer son caractère sacré à ▸ **dessacralizar**

désactiver *vt* Débarrasser un corps des éléments radioactifs qu'il contient ▸ **desativar, neutralizar**

désaffectation *nf* Action de désaffecter: *désaffectation d'une église* ▸ **desativação**

désaffecté, e *adj* Qui n'a plus sa destination d'origine: *usine désaffectée* ▸ **desativado**

désaffecter *vt* Changer la destination d'un édifice public, d'un lieu ▸ **desativar**

désaffection *nf* Perte de l'affection, de l'intérêt ▸ **desinteresse**

désagréable *adj* Déplaisant, pénible, fâcheux ▸ **desagradável**

désagréablement *adv* De façon désagréable ▸ **desagradavelmente**

désagrégation *nf* Séparation des parties d'un corps, décomposition ▸ **desagregação**

désagréger *vt (conj 2 et 10)* Produire la désagrégation de ▸ **desagregar** ♦ **se désagréger** *vpr* Se décomposer, s'effriter ▸ **desagregar-se**

désagrément *nm* Sujet de déplaisir, de contrariété ▸ **desagrado**

désaimantation *nf* Action de désaimanter; son résultat ▸ **desimantação**

désaimanter *vt* Détruire l'aimantation de ▸ **desimantar**

désaltérant, e *adj* Qui désaltère ▸ **desalterante**

désaltérer *vt (conj 10)* Calmer la soif ▸ **desalterar** ♦ **se désaltérer** *vpr* Apaiser sa soif en buvant ▸ **desalterar-se**

désamorçage *nm* Action de désamorcer ▸ **desativação**

désamorcer *vt (conj 1)* **1** Ôter l'amorce de ▸ **desarmar 2** Interrompre le fonctionnement d'un appareil: *désamorcer une pompe* ▸ **desativar 3** FIG Prévenir le caractère dangereux de quelque chose: *désamorcer un conflit* ▸ **neutralizar**

désamour *nm* LITT Cessation de l'amour ou de l'intérêt qu'on porte à quelqu'un, à quelque chose ▸ **desamor**

désapparier *vt* Déparier ▸ **desemparelhar**

désappointé, e *adj* Déçu ▸ **desapontado**

désappointement *nm* État d'une personne désappointée; déception ▸ **desapontamento**

désappointer *vt* Tromper l'attente, les espérances de quelqu'un; décevoir ▸ **desapontar**

désapprendre *vt (conj 54)* Oublier ce qu'on avait appris ▸ **desaprender**

désapprobateur, trice *adj* Qui désapprouve ▸ **desaprovador**

désapprobation *nf* Action de désapprouver ▸ **desaprovação**

désapprouver *vt* Ne pas approuver, blâmer: *désapprouver une démarche* ▸ **desaprovar**

désarçonner *vt* **1** Faire tomber de cheval ▸ **derrubar 2** FIG Déconcerter ▸ **desarmar**

désargenté, e *adj* FAM Démuni d'argent ▸ **duro**

désargenter *vt* Enlever la couche d'argent de: *désargenter un couvert* ▸ **despratear**

désarmant, e *adj* Qui décourage toute attaque, toute critique: *naïveté désarmante* ▸ **desarmante**

désarmement *nm* **1** Action de désarmer ▸ **desarmamento 2** Réduction de l'armement militaire ▸ **desarmamento**

désarmer *vt* **1** Enlever son arme, ses armes à quelqu'un ▸ **desarmar 2** Apaiser, calmer, adoucir: *désarmer la colère de quelqu'un* ▸ **desarmar** ▪ **désarmer un navire:** le dégarnir de son armement, de son équipage ▸ **desarmar um navio** ♦ *vi* Abandonner une action, un sentiment hostile ou violent; renoncer ▸ **desarmar**

désarroi *nm* Désordre, confusion ▸ **desordem**

désarticulation *nf* Action de désarticuler; fait d'être désarticulé ▸ **desarticulação**

désarticuler *vt* Faire sortir de l'articulation ▸ **desarticular** ♦ **se désarticuler** *vpr* Mouvoir à l'excès ses articulations, se tordre dans tous les sens ▸ **desarticular-se**

désassorti, e *adj* Dépareillé: *service de table désassorti* ▸ **desemparelhado**

désassortir *vt* Séparer des choses qui étaient assorties ▸ **desemparelhar**

désastre *nm* **1** Catastrophe, malheur ▸ **desastre 2** Chose déplorable: *ce film est un désastre* ▸ **desastre**

désastreux, euse *adj* Très mauvais, catastrophique ▸ **desastroso**

désavantage *nm* Ce qui constitue une infériorité, un préjudice, un inconvénient ▸ **desvantagem**

désavantager *vt (conj 2)* Faire subir un désavantage à; léser, handicaper ▸ **desfavorecer**

désavantageux, euse *adj* Qui cause un désavantage ▸ **desvantajoso**

désaveu *nm* **1** Rétractation d'un aveu ▸ **retratação 2** Dénégation, refus de reconnaître comme sien ▸ **renegação 3** Déclaration par laquelle on désavoue un mandataire ▸ **exoneração**

désavouer *vt* **1** Refuser de reconnaître comme sien une parole ou un acte ▸ **renegar 2** Déclarer qu'on n'a pas autorisé quelqu'un à agir comme il l'a fait ▸ **desautorizar 3** FIG Désapprouver ▸ **desaprovar**

désaxé, e *adj et n* Déséquilibré ▸ **desequilibrado**
désaxer *vt* **1** Mettre hors de son axe: *désaxer une roue* ▸ **deseixar 2** FIG Rompre l'équilibre moral, déséquilibrer ▸ **desequilibrar**
descellement *nm* Action de desceller; son résultat ▸ **desselamento**
desceller *vt* **1** Arracher une chose scellée: *desceller une pierre* ▸ **arrancar 2** Enlever le sceau d'un titre, d'un acte ▸ **desselar**
descendance *nf* Filiation, postérité: *une nombreuse descendance* ▸ **descendência**
descendant, e *adj* Qui descend: *marée descendante* ▸ **descendente ▪ garde descendante:** celle qui est remplacée ▸ **guarda descendente** ♦ *n* Personne qui descend d'une autre ▸ **descendente** ♦ **descendants** *nm pl* Descendance ▸ **descendentes**
descendre *vi (conj 50)* **1** Aller de haut en bas: *descendre à la cave* ▸ **descer 2** S'étendre vers le bas, être en pente: *rue qui descend* ▸ **descer 3** Baisser de niveau: *la marée descend* ▸ **descer 4** Passer de l'aigu au grave: *descendre d'un ton* ▸ **descer 5** FIG S'arrêter au cours d'un voyage: *descendre à l'hôtel* ▸ **apear 6** S'abaisser: *le thermomètre descend au-dessous de 0 °C* ▸ **baixar** ♦ *vt ind* [de] **1** Être issu, tirer son origine de: *descendre d'une grande famille* ▸ **descender 2** Sortir d'un véhicule, d'un bateau: *descendre de voiture* ▸ **descer** ♦ *vt* **1** Mettre ou porter plus bas: *descendre une valise du grenier* ▸ **descer 2** Parcourir de haut en bas: *descendre des escaliers, une rivière* ▸ **descer 3** FAM Tuer, abattre ▸ **abater**
VOCABULAIRE Dire *descendre en bas* est incorrect et pléonastique. Dire *descendre plus bas, très bas* est correct
descente *nf* **1** Action de descendre: *faire la descente d'une rivière* ▸ **descida 2** Pente, partie descendante: *freinez dans la descente* ▸ **descida 3** Irruption: *descente de police* ▸ **incursão 4** Tuyau d'écoulement pour les eaux ▸ **calha ▪ descente de lit:** petit tapis placé le long d'un lit ▸ **tapete de quarto**
descriptif, ive *adj* Qui a pour objet de décrire ▸ **descritivo** ♦ *nm* Document donnant une description exacte de quelque chose avec plans, schémas ▸ **memória descritiva**
description *nf* **1** Action de décrire; son résultat ▸ **descrição 2** Développement qui décrit ▸ **descrição**
désembouteiller *vt* Faire cesser un embouteillage ▸ **desengarrafar, descongestionar**
désembuage *nm* Action de faire disparaître la buée ▸ **desembaçamento**
désemparé, e *adj* Qui ne sait quel parti prendre; déconcerté ▸ **desnorteado**
désemparer *vi* ▸ **desmantelar ▪ sans désemparer:** sans interruption, avec persévérance ▸ **sem folga**
désemplir *vi* ▸ **esvaziar ▪ ne pas désemplir:** Être toujours plein ▸ **estar sempre cheio**
désencadrer *vt* Retirer de son cadre: *désencadrer une gravure* ▸ **desemoldurar**
désenchaîner *vt* Ôter les chaînes de ▸ **desacorrentar**
désenchanté, e *adj* Qui a perdu tout enthousiasme, qui n'a plus d'illusion ▸ **desencantado**
désenchantement *nm* Désillusion, déception ▸ **desencantamento**
désenchanter *vt* Faire perdre l'enthousiasme, les illusions à ▸ **desencantar**
désenclaver *vt* Rompre l'isolement d'une localité, d'une région sur le plan économique ▸ **abrir**
désencombrer *vt* Débarrasser de ce qui encombre ▸ **desentulhar**
désencrer *vt* Ôter l'encre d'imprimerie des papiers à recycler ▸ **remover a tinta**
désenflammer *vt* Faire cesser l'inflammation de ▸ **desinflamar**
désenfler *vi* Cesser d'être enflé ▸ **desinchar, esvaziar**
désenfumer *vt* Chasser, évacuer la fumée d'un lieu ▸ **fazer sair a fumaça**
désengagement *nm* Action de désengager, de se désengager ▸ **descomprometimento**
désengager *vt (conj 2)* Libérer d'un engagement ▸ **descomprometer** ♦ **se désengager** *vpr* Faire cesser son engagement ▸ **descomprometer-se**
désengorger *vt (conj 2)* Dégager ce qui est engorgé, obstrué ▸ **desentupir**
désenivrer [dezɑ̃nivre] *vt* Tirer de l'ivresse ▸ **desembebedar**
désennuyer *vt (conj 3)* Dissiper l'ennui de ▸ **desentediar**
désensabler *vt* Dégager du sable ▸ **desarear**
désensibilisation *nf* Traitement supprimant une allergie de l'organisme à l'égard de certaines substances, comme le pollen, la poussière, etc. ▸ **dessensibilização**
désensibiliser *vt* **1** MÉD Faire perdre ou diminuer la sensibilité de l'organisme à l'égard de certaines substances ▸ **dessensibilizar 2** FIG Rendre quelqu'un moins sensible à quelque chose ▸ **dessensibilizar**
désensorceler *vt (conj 6)* Délivrer de l'ensorcellement ▸ **desenfeitiçar**
désentoiler *vt* Enlever la toile originale: *désentoiler un tableau* ▸ **tirar a tela**
désenvenimer *vt* Rendre moins acerbe, moins virulent ▸ **desacerbar**

désépaissir *vt* Rendre moins épais ▸ **diluir**

déséquilibre *nm* **1** Absence d'équilibre ▸ **desequilíbrio 2** FIG Instabilité mentale ▸ **desequilíbrio**

déséquilibré, e *adj et n* Qui a perdu son équilibre mental ▸ **desequilibrado**

déséquilibrer *vt* **1** Faire perdre l'équilibre à ▸ **desequilibrar 2** FIG Causer un déséquilibre mental ▸ **desequilibrar**

désert, e *adj* **1** Inhabité: *île déserte* ▸ **deserto 2** Très peu fréquenté: *cet endroit est désert le dimanche* ▸ **deserto** ◆ *nm* **1** Région aride et inhabitée ▸ **deserto 2** Lieu inhabité, vide ou peu fréquenté ▸ **deserto** ■ **prêcher dans le désert:** parler en vain ▸ **pregar no deserto**

désertification *nf* Transformation d'une région en désert ▸ **desertificação**

déserter *vt* Abandonner, délaisser, quitter ▸ **desertar** ◆ *vi* MIL Quitter son corps ou son poste sans autorisation ▸ **desertar**

déserteur *nm* **1** Militaire qui déserte ▸ **desertor 2** FIG Qui abandonne un parti, une cause ▸ **desertor**

désertifier (se) *vpr* **1** Se transformer en désert ▸ **desertificar-se 2** Se dépeupler ▸ **despovoar-se**

désertion *nf* Action de déserter ▸ **deserção**

désertique *adj* Du désert, caractéristique du désert: *région désertique* ▸ **desértico**

désescalade *nf* Diminution progressive de la tension militaire, sociale, etc. ▸ **desescalada**

désespérance *nf* LITT Désespoir ▸ **desesperança**

désespérant, e *adj* **1** Qui met au désespoir ▸ **desesperante 2** Qui décourage ▸ **desesperador**

désespéré, e *adj et n* Qui s'abandonne au désespoir ▸ **desesperado** ◆ *adj* **1** Qui ne laisse plus d'espoir: *situation désespérée* ▸ **desesperado 2** Qui exprime le désespoir: *cri désespéré* ▸ **desesperado**

désespérément *adv* De façon désespérée ▸ **desesperadamente**

désespérer *vi (conj 10)* Cesser d'espérer ▸ **desesperar** ◆ *vt ind* [de] Ne plus rien attendre de ▸ **desesperar** ◆ *vt* **1** Mettre au désespoir, affliger, contrarier ▸ **desesperar 2** Décourager ▸ **desesperar**

désespoir *nm* **1** Perte de l'espérance, abattement, affliction ▸ **desespero 2** Ce qui désole, désespère: *être le désespoir de ses amis* ▸ **desespero** ■ **en désespoir de cause:** en dernier ressort ▸ **em desespero de causa** □ **être au désespoir (de):** regretter vivement ▸ **sentir muito (por)**

déshabillage *nm* Action de déshabiller, de se déshabiller ▸ **desnudamento**

déshabillé *nm* Vêtement féminin d'intérieur ▸ **roupão**

déshabiller *vt* **1** Ôter ses habits à quelqu'un; dévêtir ▸ **despir 2** TECHN Mettre à nu, découvrir: *déshabiller un fauteuil, un mur* ▸ **despir** ◆ **se déshabiller** *vpr* Ôter ses vêtements ▸ **despir-se**

déshabituer *vt* Faire perdre une habitude à; désaccoutumer ▸ **desabituar**

désherbant, e *adj et nm* Se dit d'un produit qui sert à désherber un sol ▸ **herbicida**

désherber *vt* Enlever les mauvaises herbes ▸ **capinar**

déshérence *nf* DR Absence d'héritiers ▸ **herança vacante**

déshérité, e *adj et n* **1** Privé de sa part d'héritage ▸ **deserdado 2** Privé de biens matériels; pauvre: *secourir les déshérités* ▸ **deserdado** ◆ *adj* Aride, pauvre: *région déshéritée* ▸ **pobre**

déshériter *vt* **1** Priver d'héritage ▸ **deserdar 2** LITT Désavantager ▸ **deserdar**

déshonneur *nm* Perte de l'honneur; honte, indignité ▸ **desonra**

déshonorant, e *adj* Qui déshonore ▸ **desonroso**

déshonorer *vt* **1** Faire perdre son honneur à quelqu'un; avilir ▸ **desonrar 2** Faire du tort à, gâter ▸ **desonrar**

déshumanisé, e *adj* Qui a perdu tout caractère humain ▸ **desumanizado**

déshumaniser *vt* Faire perdre tout caractère humain à ▸ **desumanizar**

déshydratant, e *adj* Qui déshydrate ▸ **desidratante**

déshydratation *nf* Action de déshydrater; fait d'être déshydraté ▸ **desidratação**

déshydraté, e *adj* Dont la teneur en eau est diminuée; desséché: *soupe, peau déshydratée* ▸ **desidratado**

déshydrater *vt* Diminuer la teneur en eau; dessécher ▸ **desidratar** ◆ **se déshydrater** *vpr* Perdre de sa teneur en eau: *l'athlète s'est déshydraté* ▸ **desidratar-se**

desiderata [dezideʀata] *nm pl* Ce que l'on souhaite voir se réaliser; souhaits ▸ **desiderato**

design [dizajn] *nm* Discipline visant à la création d'objets, d'environnements à la fois fonctionnels, esthétiques et conformes aux impératifs d'une production industrielle; (recommandation officielle: *stylique*) ▸ ***design*** ◆ *adj inv* D'un modernisme fonctionnel sur le plan esthétique ▸ **moderno**

désignation *nf* **1** Action de désigner ▸ **designação 2** Ce qui désigne ▸ **designação**

designer [dizajnœʀ] *nm* Créateur spécialisé dans le design ▸ ***designer***

désigner *vt* **1** Indiquer, montrer: *désigner le coupable* ▸ **designar 2** Choisir: *désigner un successeur*

► **designar 3** Représenter, signifier: *ces deux mots désignent la même notion* ► **designar**

désillusion *nf* Perte de l'illusion, désenchantement ► **desilusão**

désillusionner *vt* Faire perdre les illusions à ► **desiludir**

désincarcérer *vt (conj 10)* Dégager une personne prisonnière d'un véhicule accidenté ► **tirar das ferragens**

désincarné, e *adj* Qui ne tient pas compte du corps ou de la réalité: *théorie désincarnée* ► **irreal**

désindustrialisation *nf* Fait de supprimer des usines, de diminuer le potentiel industriel d'une région, d'un pays ► **desindustrialização**

désinence *nf* GRAMM Partie finale d'un mot ► **desinência**

désinfectant, e *adj et nm* Se dit d'un produit qui désinfecte ► **desinfetante**

désinfecter *vt* Détruire les germes pathogènes: *désinfecter une plaie, un lieu* ► **desinfetar**

désinfection *nf* Action de désinfecter; son résultat ► **desinfecção**

désinformation *nf* Action de désinformer; son résultat ► **desinformação**

désinformer *vt* Informer à travers les médias en donnant une image déformée ou mensongère de la réalité ► **desinformar**

désinsectiser *vt* Détruire les insectes nuisibles: *désinsectiser une région* ► **desinsetizar**

désintégration *nf* **1** Action de désintégrer, de se désintégrer; fait d'être désintégré ► **desintegração 2** PHYS Transformation du noyau d'un atome ► **desintegração**

désintégrer *vt* **1** Provoquer la destruction complète de quelque chose ► **desintegrar 2** FIG Détruire l'unité, la cohésion d'un tout ► **desintegrar** ♦ **se désintégrer** *vpr* Se désagréger ► **desintegrar-se**

désintéressé, e *adj* Qui n'agit pas par intérêt égoïste; qui n'est pas inspiré par l'intérêt ► **desinteressado**

désintéressement *nm* **1** Indifférence à tout ce qui est intérêt personnel ► **desinteresse 2** Dédommagement d'un créancier ► **ressarcimento**

désintéresser *vt* **1** Faire perdre à quelqu'un tout intérêt pour quelque chose: *désintéresser un élève du latin* ► **fazer perder o interesse 2** Payer à quelqu'un la somme qu'on lui doit ► **ressarcir** ♦ **se désintéresser** *vpr* [de] Ne plus porter d'intérêt à ► **desinteressar-se**

désintérêt *nm* Absence d'intérêt; indifférence ► **desinteresse**

désintoxication *nf* Action de désintoxiquer ► **desintoxicação**

désintoxiquer *vt* Guérir quelqu'un d'une intoxication ► **desintoxicar**

désinvolte *adj* Trop décontracté; sans-gêne, impertinent: *réponse désinvolte* ► **desenvolto**

désinvolture *nf* Attitude désinvolte; impertinence, sans-gêne ► **desenvoltura**

désir *nm* **1** Action de désirer; envie ► **desejo 2** Objet du désir ► **desejo 3** Appétit sexuel ► **desejo**

désirable *adj* **1** Qui mérite d'être désiré ► **desejável 2** Qui fait naître le désir sexuel ► **desejável**

désirer *vt* **1** Souhaiter, avoir envie de ► **desejar 2** Éprouver un désir sexuel pour ► **desejar** ■ **laisser à désirer:** être médiocre ► **deixar a desejar** □ **se faire désirer:** se faire attendre ► **fazer-se esperar** □ **vous désirez?:** formule de politesse pour demander à quelqu'un ce qu'il veut, généralement dans un magasin ► **o que deseja?**

désireux, euse *adj* Qui désire quelque chose: *il est désireux de rendre service* ► **desejoso**

désistement *nm* Renoncement ► **desistência**

désister (se) *vpr* Renoncer à un droit, à une candidature, etc. ► **desistir**

désobéir *vt ind* [à] Ne pas obéir à ► **desobedecer**

désobéissance *nf* Action de désobéir, tendance à désobéir ► **desobediência**

désobéissant, e *adj* Qui désobéit ► **desobediente**

désobligeant, e *adj* Désagréable, blessant ► **descortês**

désobliger *vt (conj 2)* Causer du déplaisir, de la peine; vexer ► **ofender**

désobstruer *vt* Enlever ce qui bouche; déboucher ► **desobstruir**

désocialisation *nf* Situation d'une personne, d'un groupe qui ne sont pas intégrés aux structures de la société: *le risque de désocialisation des chômeurs* ► **dessocialização**

désocialisé, e *adj et n* Qui est écarté des structures de la vie sociale ► **dessocializado**

désodé, e [desɔde] *adj* Privé de sodium, de sel ► **sem sódio**

désodorisant, e *adj et nm* Se dit d'un produit qui désodorise ► **desodorizante**

VOCABULAIRE *Désodorisant* s'applique à toutes les odeurs, *déodorant* uniquement à celle du corps

désodoriser *vt* Enlever ou masquer les mauvaises odeurs ► **desodorizar**

désœuvré, e *adj et n* Qui n'a rien à faire, qui ne sait pas s'occuper ► **ocioso**

désœuvrement *nm* État d'une personne désœuvrée ► **ociosidade**

désolant, e *adj* Qui désole; affligeant ▸ **desolador**
désolation *nf* Peine, affliction extrême ▸ **desolação**
désolé, e *adj* **1** Très affligé, attristé, navré ▸ **desolado 2** Désert et triste: *paysage désolé* ▸ **desolado** ▪ **être désolé (de):** regretter vivement ▸ **sentir muito (por)**
désoler *vt* **1** Causer une grande affliction ▸ **desolar 2** Navrer, contrarier ▸ **desolar**
désolidariser (se) *vpr* Cesser d'être solidaire de quelqu'un, de quelque chose ▸ **dessolidarizar-se**
désopilant, e *adj* Très drôle ▸ **desopilante**
désordonné, e *adj* **1** Qui manque d'ordre ▸ **desordenado 2** Déréglé ▸ **desordenado**
désordre *nm* **1** Manque d'ordre; fouillis: *chambre en désordre* ▸ **desordem 2** Confusion, manque d'organisation: *le désordre des idées* ▸ **desordem 3** Agitation politique ou sociale: *le malaise économique laisse craindre de graves désordres* ▸ **desordem 4** Manque de discipline: *élève qui sème le désordre dans la classe* ▸ **desordem**
désorganisation *nf* **1** Action de désorganiser ▸ **desorganização 2** Désordre ▸ **desorganização**
désorganiser *vt* Détruire l'organisation de; jeter la confusion, le désordre dans ▸ **desorganizar**
désorienté, e *adj* **1** Qui a perdu sa direction ▸ **desorientado 2** FIG Déconcerté, troublé ▸ **desorientado**
désorienter *vt* **1** Faire perdre à quelqu'un son chemin, la direction qu'il doit suivre ▸ **desorientar 2** FIG Déconcerter, dérouter ▸ **desorientar**
désormais *adv* Dorénavant ▸ **doravante**
désosser *vt* Enlever l'os, les os de: *désosser un gigot* ▸ **desossar**
desperado [dɛsperado] *nm* Hors-la-loi prêt à s'engager dans toute entreprise violente et désespérée ▸ **bandido perigoso**
despote *nm* **1** Souverain absolu ▸ **déspota 2** Personne qui exerce une domination absolue sur son entourage: *cette femme est un despote!* ▸ **déspota**
despotique *adj* Arbitraire, tyrannique ▸ **despótico**
despotisme *nm* **1** Pouvoir absolu et arbitraire ▸ **despotismo 2** Autorité tyrannique ▸ **despotismo**
desquamation [dɛskwamasjɔ̃] *nf* **1** Chute des écailles ▸ **descamação 2** MÉD Exfoliation de l'épiderme sous forme de squames ▸ **descamação**
desquamer [dɛskwame] *vi* ou **se desquamer** *vpr* **1** Perdre ses écailles ▸ **descamar(-se) 2** Se détacher par squames ▸ **descamar(-se)**
desquels, desquelles *pron rel et pron interr* → **lequel**
DESS *nm* (sigle de *diplôme d'études supérieures spécialisées*) Anc. diplôme du troisième cycle de l'enseignement supérieur qui se préparait en un an et ouvrait sur la vie professionnelle
dessabler *vt* Ôter le sable de ▸ **desarear**
dessaisir *vt* Déposséder d'un droit, d'un bien ▸ **desapossar** ◆ **se dessaisir** *vpr* [de] Renoncer volontairement à qqch que l'on possède ▸ **desapossar-se**
dessaisissement *nm* Action de dessaisir, de se dessaisir ▸ **desapossamento**
dessalage ou **dessalement** *nm* Action de dessaler, de débarrasser de son sel ▸ **dessalgação, dessalinização**
dessaler *vt* **1** Rendre moins salé; débarrasser de son sel ▸ **dessalgar, dessalinizar 2** FAM Dégourdir, déniaiser ▸ **desacanhar** ◆ *vi* FAM Chavirer, en parlant d'un voilier ▸ **virar**
dessaouler *vt et vi* → **dessoûler**
desséchant, e *adj* Qui dessèche ▸ **dessecante**
dessèchement *nm* **1** Action de dessécher ▸ **dessecação 2** État de ce qui est desséché ▸ **dessecação**
dessécher *vt (conj 10)* **1** Rendre sec, déshydrater ▸ **dessecar 2** FIG Rendre froid, insensible ▸ **dessecar** ◆ **se dessécher** *vpr* Devenir sec ▸ **dessecar-se**
dessein *nm* Projet, intention ▸ **propósito** ◆ *loc adv* ▪ **à dessein:** exprès, volontairement ▸ **de propósito**
desseller *vt* Ôter la selle à ▸ **desselar**
desserrage ou **desserrement** *nm* Action de desserrer ▸ **desaperto**
desserrer *vt* Relâcher ce qui est serré: *desserrer une ceinture, un frein* ▸ **desapertar** ▪ **ne pas desserrer les dents:** ne rien dire, se taire ▸ **não abrir a boca**
dessert *nm* Dernière partie d'un repas; mets sucré qui la compose ▸ **sobremesa**
desserte *nf* **1** Petite table pour déposer les plats servis ou desservis ▸ **aparador 2** Action de desservir un lieu: *autocar qui assure la desserte du village* ▸ **serviço (de transporte)**
dessertir *vt* Enlever de sa monture (une pierre fine): *dessertir une pierre, une perle* ▸ **desengastar**
desservant *nm* Prêtre qui dessert une paroisse ▸ **pároco**
desservir *vt (conj 20)* **1** Enlever les plats qui ont été servis: *desservir la table* ▸ **tirar 2** Assurer un service de communication: *desservir une localité* ▸ **passar por 3** Assurer le service religieux de: *prêtre qui dessert trois paroisses* ▸ **oficiar 4** FIG Nuire à ▸ **desservir**

dessiccation *nf* Élimination de l'humidité d'un corps ► **dessecação**
dessiller [desije] *vt* ► **abrir os olhos** ■ LITT **dessiller les yeux à, de quelqu'un:** lui ouvrir les yeux, le détromper ► **abrir os olhos de alguém**
dessin *nm* **1** Représentation sur une surface de la forme d'un objet ou d'une figure ► **desenho** **2** Technique et art qui enseignent les procédés du dessin ► **desenho** **3** Contour, profil ► **desenho** ■ **dessin à main levée:** dessin exécuté sans règle ni compas et traité librement ► **desenho à mão livre** □ **dessin animé:** suite de dessins qui, filmés, donnent l'apparence du mouvement ► **desenho animado**
dessinateur, trice *n* Qui dessine, qui en fait profession ► **desenhista**
dessiner *vt* **1** Représenter par le dessin: *dessiner un bateau* ► **desenhar** **2** Faire ressortir la forme, le contour de: *une robe qui dessine bien la taille* ► **desenhar** **3** Former, tracer: *le fleuve dessine une boucle* ► **desenhar** ♦ **se dessiner** *vpr* FIG Se préciser, prendre tournure ► **desenhar-se**
dessoûler ou **dessaouler** *vt* Faire cesser l'ivresse; dégriser ► **desembebedar** ♦ *vi* Cesser d'être ivre ► **desembebedar-se**
dessous *adv* Indique la position par rapport à ce qui est plus haut, à ce qui recouvre: *le livre est dessous, sur la deuxième étagère; il ne porte rien dessous* ► **embaixo, por baixo** ♦ *nm* Partie inférieure d'une chose ► **parte de baixo** ■ **avoir le dessous:** être désavantagé ou dans une position d'infériorité ► **levar a pior** ♦ *nm pl* **1** Lingerie, sous-vêtements féminins ► **roupa de baixo** **2** FIG Aspect secret: *les dessous d'une affaire* ► **bastidores** ♦ **du dessous** *loc adj* De l'étage inférieur: *voisin du dessous* ► **de baixo** ♦ **en dessous** *loc adv* Dans la partie inférieure; à un niveau inférieur ► **embaixo, abaixo** ■ **agir, regarder quelqu'un par en dessous:** de façon sournoise, hypocrite ► **agir, olhar alguém furtivamente** ♦ **en dessous de** *loc prép* Dans la partie inférieure de; à un niveau inférieur à: *thermomètre en dessous de zéro* ► **abaixo de** ■ **être en dessous de la vérité:** ne pas l'atteindre ► **estar longe da verdade**
dessous-de-plat *nm inv* Support pour poser les plats sur la table ► **descanso de prato**
dessous-de-table *nm inv* Somme versée de la main à la main en sus du prix légal d'une tractation ► **suborno**
dessus *adv* Indique la position par rapport à ce qui est plus bas, dessous: *pose-le dessus* ► **em cima, por cima** ♦ *nm* Partie supérieure, haute d'une chose: *le dessus de la main* ► **parte de cima** ■ **avoir le dessus:** avoir l'avantage ► **levar a melhor** □ FAM **le dessus du panier:** ce qu'il y a de mieux ► **a nata** ♦ **du dessus** *loc adj* De l'étage supérieur: *voisin du dessus* ► **de cima**
dessus-de-lit *nm inv* Couvre-lit ► **colcha**
déstabilisateur, trice ou **déstabilisant, e** *adj* Qui déstabilise ► **desestabilizador, desestabilizante**
déstabiliser *vt* Faire perdre sa stabilité à ► **desestabilizar**
destin *nm* **1** Puissance supérieure supposée régler d'avance les événements; fatalité ► **destino** **2** Destinée d'un individu: *avoir un destin tragique* ► **destino** **3** Sort, avenir réservé à quelque chose: *quel sera le destin de notre civilisation?* ► **destino**
destinataire *n* Personne à qui s'adresse un envoi, un message ► **destinatário**
destination *nf* **1** Ce à quoi une chose est destinée ► **destinação** **2** Lieu vers lequel quelque chose ou quelqu'un se dirige ► **destino**
destinée *nf* **1** Puissance qui règle d'avance ce qui doit être; destin: *accuser la destinée* ► **destino** **2** Sort, avenir de quelque chose: *cet ouvrage a eu une destinée bizarre* ► **destino** **3** Vie humaine considérée comme indépendante de la volonté: *on n'échappe pas à sa destinée* ► **destino**
destiner *vt* **1** Fixer l'usage, l'emploi d'une chose ► **destinar** **2** Déterminer quelque chose à l'avance pour quelqu'un ► **destinar**
destituer *vt* Retirer à quelqu'un sa charge, son emploi ► **destituir**
destitution *nf* Action de destituer, révocation ► **destituição**
déstockage *nm* Vente promotionnelle destinée à épuiser un stock: *déstockage massif* ► **queima de estoque**
déstresser *vi* Avoir moins de stress: *les vacances m'ont permis de déstresser* ► **desestressar** ♦ *vt* Atténuer ou supprimer le stress de ► **desestressar**
destrier *nm* ANC Cheval de bataille ► **cavalo de batalha**
destroyer [dɛstrwaje] ou [dɛstrɔjœr] *nm* Croiseur rapide ► **destróier**
destructeur, trice *adj* Qui détruit ► **destruidor**
destructible *adj* Qui peut être détruit ► **destrutível**
destruction *nf* Action de détruire ► **destruição**
déstructuration *nf* Action de déstructurer ► **desestruturação**
déstructurer *vt* Désorganiser ► **desestruturar**
désuet, ète *adj* Qui n'est plus en usage; suranné, démodé ► **obsoleto**

désuétude *nf* Caractère d'une chose désuète ▸ **obsolescência**
désuni, e *adj* Séparé par une mésentente: *famille désunie* ▸ **desunido**
désunion *nf* Désaccord, mésentente ▸ **desunião**
désunir *vt* **1** Séparer ce qui était uni, disjoindre ▸ **desunir 2** FIG Rompre l'harmonie, brouiller ▸ **desunir**
désynchroniser [desɛ̃krɔnize] *vt* Faire perdre son synchronisme à ▸ **dessincronizar**
détachable *adj* Qui peut être détaché; amovible ▸ **destacável**
détachage *nm* Action d'ôter les taches ▸ **desenodoamento**
détachant, e *adj et nm* Se dit d'un produit servant à enlever les taches ▸ **tira-manchas**
détaché, e *adj* **1** Qui n'est plus lié; séparé ▸ **destacado 2** FIG Indifférent, insensible ▸ **desapegado** ■ **pièce détachée:** pièce de remplacement d'un véhicule, d'un appareil ▸ **peça sobressalente**
détachement *nm* État d'une personne détachée; indifférence, désintérêt ▸ **desapego**
détacher[1] *vt* Enlever une tache ▸ **desenodoar**
détacher[2] *vt* **1** Ôter le lien qui attachait: *détacher un prisonnier* ▸ **soltar 2** Éloigner, écarter: *détacher les bras du corps* ▸ **afastar 3** Envoyer en mission: *détacher un éclaireur* ▸ **destacar 4** Faire ressortir, mettre en valeur: *encadrer un mot pour le détacher du texte* ▸ **destacar 5** FIG Dégager, détourner: *détacher quelqu'un d'une habitude* ▸ **afastar** ◆ **se détacher** *vpr* **1** Défaire ses liens: *l'animal s'est détaché tout seul* ▸ **desprender-se 2** Apparaître distinctement: *les montagnes se détachent dans le lointain* ▸ **destacar-se 3** S'éloigner, se séparer: *se détacher de ses amis* ▸ **afastar-se**
détail *nm* **1** Élément particulier ou caractéristique d'un ensemble: *observer les détails d'un tableau*; petit élément accessoire d'un ensemble: *ne négliger aucun détail* ▸ **detalhe 2** Vente par petites quantités: *commerce de détail* ▸ **varejo 3** Énumération complète et minutieuse, description circonstanciée: *le détail d'une facture* ▸ **detalhamento** ■ **au détail:** à l'unité ou par petites quantités ▸ **a varejo** □ **en détail:** d'une façon circonstanciée, sans rien omettre ▸ **em detalhes**
détaillant, e *n* Commerçant qui vend au détail ▸ **varejista**
détaillé, e *adj* Présenté dans les moindres détails; précis: *plan détaillé* ▸ **detalhado**
détailler *vt* **1** Vendre au détail ▸ **vender a varejo 2** FIG Énumérer, passer en revue les éléments d'un ensemble: *détailler une facture*: *détailler un plan* ▸ **detalhar**
détaler *vi* FAM S'enfuir, quitter un lieu en hâte ▸ **dar no pé**
détartrage *nm* Action de détartrer; son résultat ▸ **remoção do tártaro**
détartrant *nm* Produit qui dissout ou enlève le tartre ▸ **removedor de tártaro**
détartrer *vt* Enlever le tartre de ▸ **remover o tártaro**
détaxation *nf* Action de détaxer ▸ **redução, isenção de imposto**
détaxe *nf* Suppression ou remboursement de taxes ▸ **isenção, reembolso de imposto**
détaxer *vt* Supprimer ou alléger une taxe ▸ **isentar, reduzir imposto**
détectable *adj* Que l'on peut détecter ▸ **detectável**
détecter *vt* Déceler, découvrir l'existence de ▸ **detectar**
détecteur *nm* Tout appareil servant à détecter des gaz, des mines explosives, des ondes radioélectriques, etc. ▸ **detector**
détection *nf* Action de détecter ▸ **detecção**
détective *nm* ▸ **detetive** ■ **détective privé** ou **détective:** personne qui mène des enquêtes, des filatures privées pour le compte de particuliers ▸ **detetive particular**
déteindre *vt (conj 55)* Faire perdre sa couleur à: *le soleil déteint les tissus* ▸ **desbotar** ◆ *vi* Perdre sa couleur ▸ **desbotar** ◆ *vt ind* [sur] Laisser des traces sur; marquer, influencer ▸ **marcar**
dételer *vt (conj 6)* Détacher (des animaux attelés) ▸ **desatrelar** ◆ *vi* FAM S'arrêter de travailler ▸ **parar de trabalhar**
détendeur *nm* Appareil servant à diminuer la pression d'un gaz ▸ **despressurizador**
détendre *vt (conj 50)* **1** Relâcher ce qui était tendu ▸ **distender 2** FIG Faire cesser la tension nerveuse, l'anxiété, la fatigue ▸ **descontrair 3** Diminuer la pression d'un gaz ▸ **reduzir a pressão** ◆ **se détendre** *vpr* **1** Se relâcher; être relâché: *élastique qui se détend* ▸ **afrouxar 2** Se reposer, se distraire, se décontracter ▸ **distender-se 3** Devenir moins tendu: *nos relations se sont détendues* ▸ **serenar**
détendu, e *adj* Calme, apaisé ▸ **relaxado**
détenir *vt (conj 22)* **1** Avoir, garder en sa possession: *détenir un secret* ▸ **deter 2** Garder en prison, en captivité ▸ **deter**
détente *nf* **1** Mouvement d'un objet, d'un être qui se détend: *détente d'un ressort, d'un sportif* ▸ **descontração 2** Pièce du ressort d'un fusil, qui fait partir le coup ▸ **gatilho 3** Expansion d'un gaz soumis à une pression de moins en moins forte ▸ **escape 4** Fait de se détendre: *profiter*

d'un moment de détente ▸ **descontração 5** FIG Relâche: *détente politique* ▸ **distensão, détente** ▪ FAM **être dur à la détente: (a)** être avare ▸ **ser pão-duro (b)** mettre du temps à comprendre ▸ **ser duro de entender**

détenteur, trice *n* Personne qui détient, de droit ou non, une chose: *détenteur d'un record* ▸ **detentor**

détention *nf* **1** Action de détenir: *détention d'armes* ▸ **posse 2** État d'une personne détenue en prison ▸ **detenção** ▪ **détention criminelle:** peine privative de liberté ▸ **detenção criminal** □ **détention provisoire:** subie avant le jugement ▸ **prisão provisória**

détenu, e *n et adj* Personne qui est en prison ▸ **detido**

détergent, e ou **détersif, ive** *adj et nm* Se dit d'un produit servant à nettoyer ▸ **detergente**

détérioration *nf* **1** Action de détériorer ▸ **deterioração 2** Fait de se détériorer ▸ **deterioração**

détériorer *vt* Dégrader, abîmer ▸ **deteriorar** ♦ **se détériorer** *vpr* S'altérer, se dégrader ▸ **deteriorar-se**

déterminant, e *adj* Qui détermine, décide une action ▸ **determinante** ♦ *nm* GRAMM Élément placé devant le nom, marquant le genre, le nombre, et certains autres caractères tels les articles, les démonstratifs, les possessifs, etc. ▸ **determinante**

détermination *nf* **1** Action de déterminer: *la détermination d'un lieu, d'une date* ▸ **determinação 2** Acte de la volonté; décision, résolution ▸ **determinação 3** Caractère résolu, décidé: *montrer de la détermination* ▸ **determinação**

déterminé, e *adj* **1** Précisé, fixé ▸ **determinado 2** Résolu, décidé ▸ **determinado**

déterminer *vt* **1** Établir, définir avec précision ▸ **determinar 2** Inspirer une résolution à, inciter à agir ▸ **determinar 3** Causer, provoquer ▸ **determinar 4** GRAMM Préciser la valeur ou le sens d'un mot ▸ **determinar**

déterminisme *nm* Système philosophique d'après lequel nos actes sont régis par des lois rigoureuses ▸ **determinismo**

déterministe *adj et n* Relatif au déterminisme; qui en est partisan ▸ **determinista**

déterré, e *n* ▸ **desenterrado** ▪ **avoir un air, une mine de déterré:** avoir mauvaise mine, être pâle ▸ **estar com cara de defunto**

déterrement *nm* Action de déterrer ▸ **desenterramento**

déterrer *vt* **1** Sortir de terre; exhumer: *déterrer un trésor* ▸ **desenterrar 2** FIG Tirer de l'oubli: *déterrer une vieille histoire* ▸ **desenterrar**

détersif, ive *adj et nm* → **détergent**

détestable *adj* Très mauvais, très désagréable ▸ **detestável**

détester *vt* Avoir de l'aversion pour; avoir en horreur, abhorrer, exécrer ▸ **detestar**

détonant, e *adj* Qui produit une détonation: *mélange détonant* ▸ **detonante**

détonateur *nm* **1** Dispositif qui provoque l'explosion d'un engin ▸ **detonador 2** FIG Ce qui déclenche une situation explosive ▸ **detonador**

détonation *nf* Bruit produit par une explosion ▸ **detonação**

détoner *vi* Exploser avec bruit ▸ **detonar**

détonner *vi* **1** MUS Sortir du ton ▸ **destoar 2** FIG Contraster, choquer ▸ **destoar**

ORTHOGRAPHE Il ne faut pas confondre *détonner* avec deux *n*, qui concerne le ton, et *détoner* avec un *n*, qui se rapporte à une explosion

détordre *vt (conj 52)* Remettre dans son état premier ce qui était tordu ▸ **destorcer**

détour *nm* **1** Trajet sinueux ▸ **atalho 2** Chemin plus long que la voie directe ▸ **desvio** ▪ **sans détour:** franchement, simplement ▸ **sem rodeios**

détourné, e *adj* **1** Qui n'est pas direct ▸ **desviado 2** FIG Secret, caché ▸ **oculto**

détournement *nm* **1** Action de détourner: *détournement d'avion* ▸ **sequestro, desvio 2** Soustraction frauduleuse: *détournement de fonds* ▸ **desvio** ▪ **détournement de mineur:** fait, sanctionné par la loi, pour une personne majeure de séduire une personne mineure ▸ **corrupção de menores**

détourner *vt* **1** Tourner d'un autre côté: *détourner les yeux* ▸ **revirar 2** Faire changer de direction: *détourner la circulation* ▸ **desviar 3** Soustraire frauduleusement: *détourner des fonds* ▸ **desviar 4** FIG Écarter, éloigner, détacher: *détourner quelqu'un de ses soucis* ▸ **desviar 5** Dénaturer: *détourner le sens d'un mot* ▸ **deturpar** ▪ FIG **détourner la conversation:** l'écarter de son sujet initial ▸ **desviar a conversa** □ **détourner un avion:** contraindre par la menace, la force le pilote à changer la destination de l'appareil ▸ **sequestrar um avião**

détracteur, trice *n* Personne qui critique, rabaisse le mérite de quelqu'un, de quelque chose ▸ **detrator**

détraqué, e *adj et n* FAM Atteint de troubles mentaux, déséquilibré ▸ ***détraqué***

détraquement *nm* **1** Action de détraquer; son résultat: *détraquement de l'horloge* ▸ **enguiço 2** Fait d'être détraqué, de se détraquer: *le détraquement du temps* ▸ **desarranjo**

détraquer *vt* **1** Déranger le fonctionnement, le mécanisme de ▶ **enguiçar 2** FIG, FAM nuire à l'état physique ou mental de ▶ **perturbar** ◆ **se détraquer** *vpr* Ne plus fonctionner, mal fonctionner ▶ **enguiçar** ■ FAM **le temps se détraque:** le temps se gâte, s'assombrit ▶ **o tempo está fechando**

détrempe¹ *nf* **1** Couleur à l'eau délayée avec de la colle ou de la gomme ▶ **têmpera 2** Peinture préparée ou exécutée avec cette couleur ▶ **têmpera**

détrempe² *nf* Action de détremper l'acier ▶ **destêmpera**

détremper¹ *vt* Imbiber d'un liquide ▶ **encharcar**

détremper² *vt* Détruire la trempe de (l'acier) ▶ **destemperar**

détresse *nf* **1** Situation critique; misère, infortune: *être dans la détresse* ▶ **miséria 2** Sentiment d'abandon, de solitude; angoisse, désespoir: *cri de détresse* ▶ **angústia**

détriment *nm* ▶ **detrimento** ■ **au détriment de:** en faisant tort à, aux dépens de ▶ **em detrimento de**

détritique *adj* GÉOL Se dit de tout sédiment provenant de la désagrégation des roches ▶ **detrítico**

détritus [detrity] ou [detritys] *nm* **1** Débris, résidu ▶ **detrito 2**(souvent au pluriel) Ordures ▶ **detrito**

détroit *nm* Bras de mer entre deux terres ▶ **estreito**

détromper *vt* Tirer de l'erreur ▶ **desenganar**

détrôner *vt* **1** Chasser du trône; destituer ▶ **destronar 2** Mettre fin à la supériorité de ▶ **destronar**

détrousser *vt* VIEILLI Dévaliser, voler ▶ **roubar**

détrousseur, euse *n* VIEILLI, LITT Personne qui détrousse, voleur ▶ **ladrão**

détruire *vt (conj 70)* **1** Mettre à bas; démolir: *détruire une ville, une maison* ▶ **destruir 2** Faire périr; supprimer: *détruire les rats* ▶ **destruir 3** Conduire à la déchéance; ruiner: *le tabac détruit la santé* ▶ **destruir 4** FIG Réduire à néant: *détruire une légende* ▶ **destruir**

dette *nf* **1** Somme d'argent que l'on doit ▶ **dívida 2** FIG Obligation morale ▶ **dívida** ■ **dette publique:** engagements à la charge d'un État ▶ **dívida pública**

DEUG [dœg] *nm* (sigle de *diplôme d'études universitaires générales*) Anc. diplôme qui sanctionnait le premier cycle des études universitaires et qui se préparait en deux ans

deuil *nm* **1** Perte, décès de quelqu'un ▶ **luto 2** Douleur, affliction causée par la mort de quelqu'un ▶ **luto 3** Signes extérieurs du deuil, vêtements généralement noirs; temps pendant lequel on les porte ▶ **luto 4** VIEILLI Cortège funèbre: *conduire le deuil* ▶ **cortejo fúnebre** ■ FAM **faire son deuil d'une chose:** se résigner à en être privé ▶ **dizer adeus a algo** □ **travail de deuil:** processus psychique par lequel une personne parvient progressivement à se détacher d'un être cher qui est mort ▶ **trabalho do luto**

DEUST [dœst] *nm* (sigle de *diplôme d'études universitaires scientifiques et techniques*) Diplôme sanctionnant un premier cycle de formation scientifique et professionnelle et qui se prépare en deux ans

deux *adj num card* **1** Un plus un: *les deux pôles* ▶ **dois 2** Deuxième: *tome deux* ▶ **dois** ■ FAM **en moins de deux:** très rapidement ▶ **em dois tempos** ◆ *nm* Nombre qui suit un dans la série des entiers naturels; chiffre représentant ce nombre ▶ **dois**

deuxième *adj num ord et n* Qui occupe le rang marqué par le numéro deux ▶ **segundo**

EMPLOI *Deuxième* s'emploie lorsqu'il y a plus de deux éléments, *second* lorsqu'il n'y en a que deux: *le deuxième étage*; *la Seconde Guerre mondiale*

deuxièmement *adv* En deuxième lieu ▶ **em segundo lugar**

deux-mâts *nm inv* Voilier à deux mâts ▶ **embarcação com dois mastros**

deux-pièces *nm inv* **1** Maillot de bain composé d'un slip et d'un soutien-gorge ▶ **duas-peças 2** Appartement de deux pièces ▶ **apartamento de dois cômodos**

deux-points *nm inv* Signe de ponctuation figuré par deux points (:) ▶ **dois-pontos**

deux-quatre *nm inv* MUS Mesure à deux temps, qui a la blanche pour unité de mesure ▶ **dois por quatro**

deux-roues *nm inv* Véhicule à deux roues, avec ou sans moteur ▶ **veículo de duas rodas**

deux-temps *nm inv* Moteur à deux temps ▶ **motor de dois tempos**

dévaler *vt et vi* Descendre rapidement: *dévaler l'escalier* ▶ **precipitar-se por**

dévaliser *vt* Voler, dérober, cambrioler ▶ **roubar** ■ FIG, FAM **dévaliser un magasin:** y faire de gros achats ▶ **comprar a loja inteira**

dévalorisant, e *adj* Qui dévalorise ▶ **desvalorizador**

dévalorisation *nf* Action de dévaloriser ▶ **desvalorização**

dévaloriser *vt* **1** Dévaluer ▶ **desvalorizar 2** Déprécier, diminuer la valeur, le prestige de ▶ **desvalorizar**

dévaluation *nf* Diminution de valeur: *la dévaluation d'une monnaie, des diplômes* ► **desvalorização**

dévaluer *vt* **1** Diminuer le taux de change de la monnaie d'un pays ► **desvalorizar 2** Faire perdre de la valeur, du crédit, du prestige à ► **desvalorizar**

devancer *vt (conj 1)* **1** Précéder: *devancer le peloton; devancer les critiques* ► **anteceder, antecipar 2** FIG Avoir l'avantage sur, surpasser: *devancer un rival* ► **superar**

devancier, ère *n* Prédécesseur ► **precursor, predecessor**

devant *prép* **1** En face de: *être devant son écran* ► **diante de 2** En avant de: *marcher devant les autres* ► **em frente de 3** En présence de: *parler devant le tribunal* ► **diante de** ♦ *adv* En avant ► **na frente** ■ **monter, aller devant:** dans un véhicule, monter à l'avant ► **ir na frente** ♦ *nm* Partie antérieure: *le devant d'une maison* ► **frente** ■ **prendre les devants: (a)** partir avant quelqu'un ► **adiantar-se (b)** FIG agir avant quelqu'un ► **adiantar-se**

devanture *nf* Partie formant le devant d'une boutique; vitrine, étalage ► **vitrine**

dévastateur, trice *adj et n* Qui dévaste ► **devastador**

dévastation *nf* Action de dévaster ► **devastação**

dévaster *vt* Ravager, ruiner: *dévaster un pays* ► **devastar**

déveine *nf* FAM Malchance ► **azar**

développement *nm* **1** Action de développer; son résultat: *le développement d'une banderole* ► **desenrolamento 2** Croissance: *développement de l'enfant* ► **desenvolvimento 3** FIG Essor, expansion: *développement industriel d'une région* ► **desenvolvimento 4** Amélioration durable d'une économie: *pays en développement* ► **desenvolvimento 5** Exposition détaillée: *se lancer dans un long développement* ► **explanação 6** Distance parcourue par une bicyclette pendant un tour du pédalier ► **distância percorrida 7** Mise au point d'un appareil, d'un produit en vue de sa commercialisation ► **desenvolvimento 8** PHOT Action de développer une pellicule sensible ► **revelação** ■ **développement durable:** mode de développement économique veillant au respect de l'environnement ► **desenvolvimento sustentável**

développer *vt* **1** Dérouler, déployer: *développer une pièce de tissu* ► **desenrolar 2** Assurer la croissance, l'extension de: *développer l'économie* ► **desenvolver 3** Rendre plus fort: *développer le corps* ► **desenvolver 4** FIG Exposer en détail: *développer un récit, un projet* ► **desenvolver 5** Assurer le développement d'un appareil, d'un produit ► **desenvolver 6** PHOT Transformer l'image latente en image visible au moyen de procédés chimiques: *développer un film, une pellicule* ► **revelar** ♦ **se développer** *vpr* **1** Croître, grandir: *l'enfant se développe normalement* ► **desenvolver-se 2** Prendre de l'importance, de l'extension, de l'ampleur: *secteur qui se développe* ► **desenvolver-se**

développeur *nm* Société qui assure la production et la commercialisation de logiciels ► **empresa de *softwares***

devenir[1] *vi (conj 22)* **1** Passer d'un état à un autre: *les têtards deviennent des grenouilles* ► **tornar-se 2** Avoir tel sort: *que devient votre projet?* ► **acontecer com**

devenir[2] *nm* SOUT Futur, avenir: *le devenir de l'homme* ► **futuro**

déverbal *nm* LING Nom formé à partir du radical d'un verbe ► **deverbal**

dévergondage *nm* Conduite licencieuse, débauche ► **sem-vergonhice**

dévergondé, e *adj et n* Qui mène une vie licencieuse ► **sem-vergonha**

dévergonder (se) *vpr* S'écarter des règles morales, adopter une conduite licencieuse ► **desavergonhar-se**

déverrouiller *vt* Ôter, tirer le verrou de ► **desaferrolhar**

déversement *nm* Action de déverser, de se déverser ► **escoamento**

déverser *vt* **1** Faire couler d'un lieu dans un autre ► **verter** ◇ *vpr*: *le trop-plein se déverse dans un bassin* ► **escoar-se 2** FIG Répandre en abondance; épancher: *déverser sa rancune* ► **despejar**

déversoir *nm* Endroit par où s'épanche l'eau d'un canal, d'un étang ► **escoadouro**

dévêtir *vt (conj 27)* Déshabiller ► **desvestir** ♦ **se dévêtir** *vpr* Ôter ses vêtements ► **desvestir-se**

déviance *nf* Caractère de ce qui s'écarte de la norme ► **desvio**

déviant, e *adj et n* Qui s'écarte de la norme, de la règle ► **desviante**

déviation *nf* **1** Action, fait de dévier ► **desvio 2** Itinéraire détourné ► **desvio**

déviationnisme *nm* Attitude d'une personne ou d'un groupe qui s'écarte de la doctrine de son parti politique ► **desviacionismo**

déviationniste *adj et n* Qui relève du déviationnisme ► **desviacionista**

dévider *vt* **1** Dérouler: *dévider une pelote de laine* ► **desenrolar 2** Mettre en écheveau ou en peloton du fil, de la soie, etc.: *dévider la soie du cocon* ► **desfiar**

dévidoir *nm* Instrument pour dévider, dérouler rapidement du fil, un tuyau, etc. ▸ **carretel**

dévier *vi* Se détourner, s'écarter de sa direction, de son projet, etc. ▸ **desviar** ◆ *vt* Modifier le trajet, la direction normale de quelque chose ▸ **desviar**

devin, devineresse *n* Personne qui prétend prédire l'avenir ▸ **adivinho**

deviner *vt* **1** Prédire, prévoir ce qui doit arriver: *deviner l'avenir* ▸ **adivinhar 2** Trouver par conjecture ou par intuition: *devinez qui j'ai rencontré!* ▸ **adivinhar 3** Apercevoir, distinguer confusément: *deviner une église au lointain* ▸ **vislumbrar**

devinette *nf* Question plaisante dont on demande à quelqu'un, par jeu, de trouver la réponse ▸ **adivinha**

devis *nm* Évaluation détaillée du coût de travaux à exécuter ▸ **orçamento**

dévisager *vt (conj 2)* Regarder avec insistance ou indiscrétion ▸ **encarar**

devise[1] *nf* **1** Brève formule qui exprime la règle de conduite de quelqu'un ou qui suggère un idéal ▸ **divisa 2** Figure emblématique, avec une courte légende qui l'explique ▸ **divisa**

devise[2] *nf* Monnaie considérée sous l'angle de son taux de change ▸ **divisa**

deviser[1] *vi* LITT S'entretenir familièrement; converser ▸ **papear**

deviser[2] *vt* SUISSE Établir le devis de ▸ **orçar**

dévissage *nm* Action de dévisser ▸ **desparafusagem**

dévisser *vt* **1** Défaire, desserrer en tournant dans le sens inverse du vissage ▸ **desparafusar 2** Ôter, desserrer les vis de; séparer les éléments vissés ▸ **desparafusar** ◆ *vi* Tomber, en parlant d'un alpiniste ▸ **cair**

de visu [devizy] *loc adv* Après avoir vu; en témoin oculaire ▸ ***de visu***

dévitaliser *vt* Enlever le nerf de (une dent) ▸ **desvitalizar**

dévoilement *nm* Action de dévoiler ▸ **revelação**

dévoiler *vt* **1** Ôter le voile de: *dévoiler une statue* ▸ **desvelar 2** FIG Découvrir, révéler ce qui était caché ou inconnu: *dévoiler un secret* ▸ **desvendar**

devoir[1] *vt (conj 35)* **1** Avoir à payer: *devoir un mois de loyer* ▸ **dever 2** FIG Être obligé de, tenu à: *devoir assistance* ▸ **dever 3** Être redevable de: *devoir une découverte à la chance* ▸ **dever 4** Comme auxiliaire, marque la nécessité, l'obligation: *tu dois obéir* ▸ **dever 5** Marque l'intention, la possibilité, le futur: *il doit téléphoner ce soir; l'accident a dû se passer ainsi* ▸ **dever** ◆ **se devoir** *vpr* **1** [à] Être tenu de se consacrer à quelqu'un, à quelque chose: *il se doit à sa famille* ▸ **dever-se 2** [de] Être moralement tenu de: *nous nous devons de leur parler* ▸ **ter o dever de** ■ **comme il se doit:** comme l'usage le recommande ▸ **como deve ser**

devoir[2] *nm* **1** Ce à quoi on est obligé par la loi, la morale, etc. ▸ **dever 2** Exercice écrit donné à des élèves: *faire ses devoirs* ▸ **dever** ■ **se mettre en devoir de:** se préparer, se mettre à ▸ **dispor-se a** ◆ **devoirs** *pl* Hommages, marques de civilité ▸ **cumprimentos** ■ **derniers devoirs:** honneurs funèbres ▸ **última homenagem**

dévolu[1] *nm* ■ **jeter son dévolu sur:** fixer son choix sur ▸ **deitar olho comprido a**

dévolu[2], e *adj* Échu par droit ▸ **devoluto**

dévolution *nf* DR Attribution, transmission d'un bien, d'un droit, d'une succession d'une personne à une autre ▸ **devolução**

dévorant, e *adj* **1** Insatiable, avide: *faim, curiosité dévorante* ▸ **devorante 2** Qui consume, détruit par son intensité: *feu dévorant; jalousie dévorante* ▸ **devorante**

dévorer *vt* **1** Manger en déchirant avec les dents: *le loup dévora l'agneau* ▸ **devorar 2** Manger goulûment: *dévorer son dîner* ▸ **devorar 3** FIG Consumer, détruire: *le feu dévore tout* ▸ **devorar 4** FIG Absorber complètement: *ses nombreuses activités la dévorent* ▸ **devorar** ■ **dévorer des yeux:** regarder avec avidité, passion ▸ **devorar com os olhos** □ **dévorer un livre:** le lire avec passion ▸ **devorar um livro**

dévoreur, euse *n* Qui dévore ▸ **devorador**

dévot, e *adj et n* Pieux, attaché aux pratiques religieuses ▸ **devoto**

dévotement *adv* Avec dévotion ▸ **devotamente**

dévotion *nf* **1** Piété, attachement aux pratiques religieuses ▸ **devoção 2** PAR EXT Attachement, vénération: *soigner des plantes avec dévotion* ▸ **devoção** ◆ **dévotions** *pl* ▸ **práticas religiosas** ■ **faire ses dévotions:** accomplir ses devoirs religieux ▸ **cumprir os deveres religiosos**

dévoué, e *adj* Plein de dévouement, zélé ▸ **devotado**

dévouement *nm* **1** Action de se dévouer: *un dévouement héroïque* ▸ **devotamento 2** Disposition à servir, à se dévouer: *montrer du dévouement* ▸ **dedicação**

dévouer (se) *vpr* **1** Faire abnégation de soi-même; se sacrifier: *il s'est dévoué pour sauver ses camarades* ▸ **devotar-se 2** Se consacrer à: *se dévouer à la science* ▸ **dedicar-se**

dévoyé, e *adj et n* Perverti, débauché ▸ **transviado**

dévoyer *vt (conj 3)* LITT Détourner du droit chemin, de la morale ▸ **desencaminhar**

dextérité *nf* Adresse, habileté ▸ **destreza**

dextre *adj* VX Droit (par opposition à *senestre*) ► **destro**

dextrose *nm* CHIM Glucose ► **glicose**

dey *nm* HIST Chef du gouvernement d'Alger ► **dei**

DG *nm* (sigle) Directeur général ► **DG**

diabète *nm* MÉD Maladie se manifestant par une abondante élimination d'urine et une soif intense ► **diabetes** ■ **diabète sucré:** maladie qui se manifeste par la présence de sucre dans les urines ► **diabetes melito**

diabétique *adj et n* Atteint de diabète ► **diabético**

diable *nm* **1** Démon, esprit malin ► **diabo 2** Enfant turbulent, espiègle ► **diabo 3** Chariot à deux roues basses, servant au transport des lourds fardeaux ► **carriola** ■ **à la diable:** vite et sans soin ► **nas coxas** □ **au diable:** très loin ► **nos quintos do inferno** □ **avoir le diable au corps: (a)** faire le mal sciemment ► **estar com o diabo no corpo (b)** être emporté par ses passions ► **estar com o diabo no corpo** □ **c'est bien le diable si:** ce serait bien extraordinaire si ► **seria espantoso se** □ **de tous les diables:** extrême ► **dos diabos** □ **en diable:** fort, extrêmement ► **como o diabo** □ **pauvre diable:** misérable ► **pobre-diabo** □ **tirer le diable par la queue:** avoir des difficultés d'argent ► **comer o pão que o diabo amassou** ♦ *interj* Marque l'impatience, la désapprobation, la surprise ► **diabo**

diablement *adv* FAM Excessivement ► **tremendamente**

diablerie *nf* Malice, espièglerie ► **diabrura**

diablesse *nf* Diable femelle ► **diaba**

diablotin *nm* **1** Petit diable ► **diabrete 2** Enfant vif et espiègle ► **diabrete**

diabolique *adj* **1** Inspiré par le diable ► **diabólico 2** Très méchant, pernicieux ► **diabólico**

diaboliquement *adv* De façon diabolique ► **diabolicamente**

diaboliser *vt* Présenter comme diabolique, pernicieux: *diaboliser les rappeurs, le tabac* ► **demonizar**

diabolo *nm* **1** Jouet formé d'une bobine qu'on lance en l'air et qu'on rattrape sur une ficelle tendue ► **diabolô 2** Boisson faite de limonade et de sirop ► ***diabolo***

diachronie *nf* LING Caractère des phénomènes linguistiques considérés dans leur évolution temporelle ► **diacronia**

diacide *nm* CHIM Corps possédant deux fonctions acide ► **diácido**

diaconat *nm* Ordre ou fonction du diacre ► **diaconato**

diaconesse *nf* Religieuse, chez les protestants ► **diaconisa**

diacre *nm* Clerc qui a reçu l'ordre immédiatement inférieur à la prêtrise ► **diácono**

diacritique *adj* ► **diacrítico** ■ **signe diacritique:** signe joint à un caractère de l'alphabet pour lui donner une valeur spéciale ► **sinal diacrítico**

diadème *nm* **1** Bandeau royal; FIG dignité royale ► **diadema 2** Tout objet de parure ou coiffure qui enserre le haut du front ► **diadema**

diagnostic *nm* **1** Identification d'une maladie par ses symptômes ► **diagnóstico 2** Jugement porté sur une situation, sur un état ► **diagnóstico**

diagnostique *adj* Qui détermine la nature de la maladie ► **diagnóstico**

diagnostiquer *vt* Déterminer la nature d'une maladie d'après les symptômes ► **diagnosticar**

diagonal, e, aux *adj* Qui a le caractère d'une diagonale ► **diagonal**

diagonale *nf* Droite qui joint deux sommets non consécutifs d'un polygone ► **diagonal** ■ **en diagonale:** obliquement ► **em diagonal** □ FIG, FAM **lire en diagonale:** très rapidement et d'une façon superficielle ► **ler por cima**

diagramme *nm* Représentation graphique de l'évolution d'un phénomène ► **diagrama**

dialectal, e, aux *adj* Propre à un dialecte ► **dialetal**

dialecte *nm* Variété régionale d'une langue ► **dialeto**

dialecticien, enne *n* Qui pratique la dialectique ► **dialético**

dialectique *adj* Du ressort de la dialectique ► **dialético** ♦ *nf* Art de raisonner ► **dialética**

dialectologie *nf* LING Étude des dialectes ► **dialetologia**

dialogue *nm* **1** Conversation entre deux ou plusieurs personnes ► **diálogo 2** Ensemble de paroles échangées entre les personnages d'un film, d'une pièce de théâtre, d'un récit ► **diálogo 3** Discussion visant à trouver un terrain d'entente ► **diálogo**

dialoguer *vi* **1** S'entretenir, converser ► **dialogar 2** Engager des négociations ► **dialogar**

dialoguiste *n* Auteur des dialogues d'un film ► **dialoguista**

dialyse *nf* **1** CHIM Analyse d'un mélange, fondée sur la propriété que possèdent certains corps de traverser les membranes poreuses ► **diálise 2** MÉD Technique d'épuration du sang ► **diálise**

dialysé, e *adj et n* Se dit d'un malade astreint à une dialyse ► **dialisado**

diamant *nm* **1** Pierre précieuse constituée de carbone pur cristallisé ► **diamante 2** Pointe de lecture d'un électrophone, d'une platine ► **agulha**

diamantaire *n* Professionnel qui taille ou vend le diamant ▸ **diamantista**
diamantifère *adj* Qui contient du diamant: *terrain diamantifère* ▸ **diamantífero**
diamétral, e, aux *adj* Du diamètre ▸ **diametral**
diamétralement *adv* Dans le sens du diamètre ▸ **diametralmente** ▪ FIG **diamétralement opposé:** en opposition totale ▸ **diametralmente oposto**
diamètre *nm* Droite qui, passant par le centre d'une circonférence, joint deux points de celle-ci ▸ **diâmetro**
diantre *interj* VX, LITT Marque l'étonnement, la surprise ▸ **diacho**
diapason *nm* **1** Note dont la fréquence sert de référence pour l'accord des instruments de musique et des voix ▸ **diapasão 2** Petit instrument d'acier qui donne le *la* ▸ **diapasão** ▪ FIG **être, se mettre au diapason:** en harmonie, en accord avec les autres ▸ **estar em sintonia**
diaphane *adj* **1** Qui laisse passer la lumière sans être transparent ▸ **diáfano 2** LITT Se dit d'un teint très clair ▸ **diáfano**
diaphragme *nm* **1** Muscle mince, qui sépare la poitrine de l'abdomen ▸ **diafragma 2** Préservatif féminin en caoutchouc ▸ **diafragma 3** PHOT Dispositif permettant de régler l'ouverture d'un objectif selon la quantité de lumière qu'on veut admettre ▸ **diafragma**
diaphragmer *vi* PHOT Réduire l'ouverture d'un objectif au moyen du diaphragme ▸ **diafragmar**
diapo *nf* (abréviation) FAM Diapositive ▸ Ø
diapositive *nf* PHOT Image positive sur support transparent pour la projection ▸ **diapositivo,** ***slide***
diapré, e *adj* LITT De couleurs variées, vives ▸ **matizado**
diarrhée *nf* Émission de selles liquides et fréquentes ▸ **diarreia**
diaspora *nf* Dispersion d'un peuple, d'une ethnie à travers le monde ▸ **diáspora**
diastole *nf* Décontraction des ventricules cardiaques ▸ **diástole**
diatomée *nf* Algue unicellulaire (les diatomées forment une famille) ▸ **diatomácea**
diatonique *adj* MUS Qui procède suivant la succession naturelle des tons et demi-tons ▸ **diatônico**
diatribe *nf* Critique amère et violente; pamphlet ▸ **diatribe**
dichotomie [dikɔtɔmi] *nf* Division en deux; opposition entre deux choses ▸ **dicotomia**
dichotomique [dikɔtɔmik] *adj* Qui se subdivise de deux en deux: *classification dichotomique* ▸ **dicotômico**
dico *nm* (abréviation) FAM Dictionnaire ▸ Ø
dicotylédone *nf* Plante dont les graines possèdent un embryon à deux cotylédons (les dicotylédones forment une classe) ▸ **dicotiledônea**
Dictaphone *nm* (nom déposé) Magnétophone servant à la dictée du courrier, à l'enregistrement d'une conférence, etc. ▸ **ditafone**
dictateur *nm* **1** Personne qui détient tous les pouvoirs, qui commande en maître absolu ▸ **ditador 2** ANTIQ ROM Magistrat investi de l'autorité suprême en cas de crise grave ▸ **ditador**
dictatorial, e, aux *adj* Qui relève de la dictature: *pouvoir dictatorial* ▸ **ditatorial**
dictature *nf* **1** Régime politique où tous les pouvoirs sont réunis entre les mains d'une seule personne ou d'un groupe restreint ▸ **ditadura 2** Pouvoir absolu, tyrannie ▸ **ditadura**
dictée *nf* **1** Action de dicter ▸ **ditado 2** Exercice scolaire d'orthographe ▸ **ditado**
dicter *vt* **1** Dire ou lire des mots qu'un autre écrit au fur et à mesure ▸ **ditar 2** FIG Suggérer, inspirer, imposer: *conduite dictée par l'ambition* ▸ **ditar**
diction *nf* Manière de dire des vers, un rôle, etc.; élocution ▸ **dicção**
dictionnaire *nm* Recueil, par ordre alphabétique, des mots d'une langue, suivis, le plus souvent, de leur définition ou de leur traduction dans une autre langue ▸ **dicionário**
dicton *nm* Maxime, sentence passée en proverbe ▸ **provérbio**
didacticiel *nm* Logiciel pour l'enseignement assisté par ordinateur ▸ ***software*** **didático**
didactique *adj* Qui a pour objet d'instruire; pédagogique ▸ **didático**
didactisme *nm* Caractère didactique ▸ **didatismo**
didjeridoo [didjeridu] *nm* Instrument de musique à vent des Aborigènes d'Australie ▸ ***didgeridoo***
dièdre *nm et adj* GÉOM Figure formée par deux plans qui se coupent ▸ **diedro**
diérèse *nf* Prononciation de deux voyelles consécutives en deux syllabes ▸ **diérese**
dièse *nm* MUS Signe qui hausse d'un demi-ton la note qu'il précède ▸ **sustenido** ◆ *adj* Affecté d'un dièse: *do dièse* ▸ **sustenido**
diesel *nm* Moteur à combustion interne, consommant des huiles lourdes ▸ **motor** ***diesel***
ORTHOGRAPHE On écrit *des* diesels, mais *des moteurs* Diesel
diète[1] *nf* **1** Abstention totale ou partielle d'aliments ▸ **dieta 2** MÉD Régime alimentaire ▸ **dieta**

diète² *nf* Assemblée politique dans certains pays ► **dieta**
diététicien, enne *n* Spécialiste de diététique ► **dieteta**
diététique *nf* Science de l'hygiène alimentaire ► **dietética** ◆ *adj* **1** Qui concerne la diététique ► **dietético 2** Conçu selon les règles de la diététique ► **dietético**
dieu *nm* **1** (avec une majuscule) Être suprême, créateur et conservateur de l'univers ► **Deus 2** Divinité du paganisme ► **deus 3** FIG Personne, chose qu'on affectionne, qu'on vénère ► **deus** ■ **Dieu merci!:** sert à exprimer le soulagement ► **graças a Deus** □ **mon Dieu!:** sert à exprimer la surprise ou le désespoir ► **meu Deus!**
diffamant, e *adj* Qui diffame ► **difamante**
diffamateur, trice *adj et n* Qui diffame ► **difamador**
diffamation *nf* Action de diffamer ► **difamação**
diffamatoire *adj* Se dit des écrits, des discours qui tendent à diffamer ► **difamatório**
diffamer *vt* Porter atteinte à la réputation de quelqu'un, par des paroles ou des écrits ► **difamar**
différé, e *adj* Remis à un moment ultérieur ► **adiado** ◆ *nm* Émission radiophonique ou télévisée transmise après son enregistrement: *en différé* ► **programa gravado**
différemment [diferamɑ̃] *adv* De façon différente ► **diferentemente**
différence *nf* **1** Absence de similitude, d'identité; caractère qui distingue, oppose: *différence de caractères* ► **diferença 2** Écart qui sépare deux grandeurs, deux quantités: *différence d'altitude* ► **diferença 3** Résultat d'une soustraction ► **diferença**
différenciation *nf* Action de différencier ou de se différencier; distinction ► **diferenciação**
différencier *vt* Distinguer par une différence ► **diferenciar** ◆ **se différencier** *vpr* Se distinguer ► **diferenciar-se**
différend *nm* Désaccord, contestation ► **litígio**
différent, e *adj* **1** Qui n'est pas semblable, pas identique: *elles sont très différentes* ► **diferente 2** Qui n'est plus le même: *elle est différente depuis sa maladie* ► **diferente 3** (au pluriel) Divers, plusieurs: *différentes personnes se sont présentées* ► **diferentes**
différentiel, elle *adj* MATH Qui procède par différences infiniment petites ► **diferencial** ◆ *nm* AUTOM Mécanisme qui permet aux roues motrices de tourner à des vitesses différentes l'une de l'autre dans les virages ► **diferencial**
différer *vt (conj 10)* Retarder, remettre à plus tard ► **adiar** ◆ *vt ind* **1** [de] Être différent ► **diferir 2** N'être pas du même avis ► **diferir**
difficile *adj* **1** Qui ne se fait pas facilement, compliqué: *exercice difficile* ► **difícil 2** Pénible, douloureux: *situation difficile* ► **difícil 3** FIG Peu accommodant, exigeant: *caractère difficile* ► **difícil** ◆ *n* ■ **faire le, la difficile:** se montrer peu ou pas facile à contenter ► **bancar o difícil**
difficilement *adv* Avec difficulté ► **dificilmente**
difficulté *nf* **1** Caractère de ce qui est difficile: *la difficulté d'un sujet* ► **dificuldade 2** Chose qui embarrasse, empêchement, obstacle: *éprouver des difficultés* ► **dificuldade** ■ **être en difficulté:** dans une situation délicate, difficile ► **estar em dificuldade** ◆ **difficultés** *pl* ■ **faire des difficultés:** ne pas accepter facilement quelque chose ► **criar dificuldades**
difforme *adj* De forme irrégulière; laid, contrefait ► **disforme**
difformité *nf* Malformation du corps, d'une partie du corps ► **deformidade**
diffraction *nf* Déviation des ondes lumineuses, acoustiques, etc., lorsqu'elles rencontrent un obstacle ► **difração**
diffus, e *adj* Répandu en tous sens, disséminé: *lumière diffuse; douleur diffuse* ► **difuso**
diffusément *adv* De façon diffuse ► **difusamente**
diffuser *vt* **1** Répandre: *diffuser la lumière, la chaleur* ► **difundir 2** Propager, émettre: *diffuser une nouvelle; émission diffusée sur ondes moyennes* ► **transmitir, difundir 3** Assurer la distribution commerciale d'une publication: *diffuser des livres* ► **distribuir**
diffuseur *nm* Appareil pour diffuser le son, la lumière, etc. ► **difusor**
diffusion *nf* Action de diffuser ► **difusão**
digérer *vt (conj 10)* **1** Assimiler par la digestion: *digérer un aliment* ► **digerir 2** FIG Assimiler par la pensée: *digérer ses connaissances* ► **digerir 3** FAM Accepter; endurer, supporter, subir: *digérer un affront* ► **digerir**
digeste *adj* Qui se digère facilement; digestible: *aliment très digeste* ► **digerível**
digestible *adj* Qui peut être facilement digéré ► **digerível**
digestif, ive *adj* De la digestion: *troubles digestifs* ► **digestivo** ■ **appareil digestif:** ensemble des organes de la digestion ► **aparelho digestivo, sistema digestório** ◆ *nm* Alcool, liqueur pris après le repas ► **digestivo**
digestion *nf* Transformation des aliments dans l'appareil digestif ► **digestão**

Digicode *nm* (nom déposé) Appareil placé à l'entrée d'un immeuble, qui, à l'aide d'un code, commande l'ouverture de la porte ▸ ***Digicode*, porteiro eletrônico**
digital[1], e, aux *adj* Relatif aux doigts ▸ **digital**
digital[2], e, aux *adj* INFORM (anglicisme) Numérique ▸ **digital**
digitale *nf* Plante toxique à fleurs en forme de doigt de gant ▸ **dedaleira**
digitaline *nf* Produit toxique issu de la digitale, utilisé en cardiologie ▸ **digitalina**
digitigrade *adj et nm* ZOOL Qui marche en appuyant seulement les doigts sur le sol ▸ **digitígrado**
digitopuncture [diʒitopɔ̃ktyr] *nf* MÉD Traitement inspiré de l'acupuncture et utilisant la compression des doigts ▸ ***shiatsu***
digne *adj* **1** Qui mérite quelque chose par ses qualités ou ses défauts: *un film digne d'intérêt, d'éloges* ▸ **digno 2** Qui est en conformité avec: *fils digne de son père* ▸ **digno 3** Qui montre une gravité, une retenue qui inspire le respect: *rester digne* ▸ **digno**
dignement *adv* D'une manière digne ▸ **dignamente**
dignitaire *nm* Personnage revêtu d'une dignité ▸ **dignitário**
dignité *nf* **1** Respect dû à une personne, à une chose ou à soi-même: *dignité de la personne humaine* ▸ **dignidade 2** Retenue, gravité dans les manières: *manquer de dignité* ▸ **dignidade 3** Fonction éminente, distinction honorifique: *accéder aux plus hautes dignités* ▸ **dignidade**
digression *nf* Partie d'un discours étrangère au sujet ▸ **digressão**
digue *nf* **1** Chaussée pour contenir des eaux ▸ **dique 2** FIG Obstacle: *élever des digues contre l'injustice* ▸ **barreira**
diktat [diktat] *nm* Exigence absolue, imposée par le plus fort, sans autre justification que la force ▸ **imperativo**
dilapidation *nf* Action de dilapider ▸ **dilapidação**
dilapider *vt* Dépenser à tort et à travers; gaspiller ▸ **dilapidar**
dilatabilité *nf* Propriété qu'ont les corps d'augmenter de volume par échauffement ▸ **dilatabilidade**
dilatable *adj* Qui peut se dilater ▸ **dilatável**
dilatateur, trice *adj* Qui sert à dilater ▸ **dilatador**
dilatation *nf* **1** Action de dilater ou de se dilater ▸ **dilatação 2** PHYS Augmentation du volume d'un corps sous l'action de la chaleur ▸ **dilatação, expansão**
dilater *vt* **1** Augmenter le volume d'un corps par élévation de sa température ▸ **dilatar 2** Agrandir l'ouverture d'un organe ▸ **dilatar ◆ se dilater** *vpr* **1** Augmenter de volume ▸ **dilatar-se 2** S'ouvrir, s'élargir, en parlant d'un organe ▸ **dilatar-se**
dilatoire *adj* DR Qui diffère, retarde ▸ **dilatório**
dilemme *nm* Obligation de choisir entre deux partis contradictoires présentant tous deux des inconvénients ▸ **dilema**

VOCABULAIRE Ce qui distingue le *dilemme* de l'*alternative*, c'est que le *dilemme* comporte des inconvénients quelle que soit l'option prise

dilettante *n* Personne qui s'adonne à un travail, à un art en amateur, pour le plaisir ▸ **diletante**
dilettantisme *nm* Caractère, attitude du dilettante ▸ **diletantismo**
diligemment [diliʒamɑ̃] *adv* LITT Avec diligence ▸ **diligentemente**
diligence[1] *nf* LITT Promptitude dans l'exécution; empressement, zèle ▸ **diligência ■** DR **à la diligence de:** à la demande de ▸ **a requerimento de**
diligence[2] *nf* ANC Voiture tirée par des chevaux, qui servait au transport des voyageurs ▸ **diligência**
diligent, e *adj* LITT Qui agit avec zèle et promptitude ▸ **diligente**
diluant *nm* Produit qui permet de diluer, en particulier les peintures et les vernis ▸ **diluente**
diluer *vt* Étendre d'eau ou d'un autre liquide; délayer ▸ **diluir**
dilution *nf* Action de diluer; son résultat ▸ **diluição**
diluvien, enne *adj* Relatif au déluge ▸ **diluviano ■ pluie diluvienne:** pluie très abondante ▸ **chuva torrencial**
dimanche *nm* Septième et dernier jour de la semaine ▸ **domingo**
dîme *nf* Dixième partie des récoltes, due à l'Église avant la révolution de 1789 ▸ **dízimo**
dimension *nf* **1** Étendue mesurable d'un corps dans tel ou tel sens: *objet de petite dimension* ▸ **dimensão 2** Grandeur permettant d'évaluer la taille d'un corps (longueur, largeur, hauteur ou profondeur); mesure: *prendre les dimensions de la pièce* ▸ **dimensão 3** Importance, ampleur: *donner une nouvelle dimension à un sujet* ▸ **dimensão**
diminué, e *adj* Dont les facultés physiques ou mentales sont affaiblies ▸ **deficiente**
diminuer *vt* **1** Rendre moins grand, moins important; réduire: *diminuer la longueur d'une planche* ▸ **diminuir 2** Déprécier, rabaisser: *diminuer le mé-*

rite de quelqu'un ▸ **diminuir** ♦ *vi* Devenir moindre: *la fièvre a diminué* ▸ **diminuir**

diminutif *nm* Mot dérivé d'un autre, qui donne une nuance de petitesse, d'atténuation, d'affection ▸ **diminutivo**

diminution *nf* Action de diminuer; son résultat; baisse, réduction ▸ **diminuição**

dimorphe *adj* Qui peut revêtir deux formes différentes ▸ **dimorfo**

dinar *nm* Unité monétaire de l'Algérie, de l'Iraq, de la Tunisie, etc. ▸ **dinar**

dinde *nf* Femelle du dindon; viande de cet animal ▸ **perua**

dindon *nm* Oiseau gallinacé de basse-cour ▸ **peru** ▪ **être le dindon de la farce:** être la victime, la dupe ▸ **ser o bobo da corte**

dindonneau *nm* Jeune dindon; viande de cet animal ▸ **peruzinho**

dîner[1] *vi* **1** Prendre le repas du soir ▸ **jantar 2** SUISSE, BELGIQUE, CANADA déjeuner ▸ **almoçar**

dîner[2] *nm* **1** Repas du soir ▸ **jantar 2** Ce que l'on mange au dîner ▸ **jantar 3** SUISSE, BELGIQUE, CANADA déjeuner ▸ **almoço**

dîner-spectacle (pl *dîners-spectacles*) *nm* Dîner accompagné ou suivi d'un spectacle ▸ **jantar com espetáculo**

dînette *nf* **1** Petit repas d'enfants, vrai ou simulé ▸ **jantarzinho 2** Vaisselle miniature servant de jouet ▸ **jogo de jantar de brinquedo**

dîneur, euse *n* Personne qui prend part à un dîner ▸ **comensal**

dinghy [diŋgi] *nm* Canot pneumatique de sauvetage ▸ **bote salva-vidas**

dingo *nm* Chien sauvage d'Australie ▸ **dingo**

dingue *adj et n* FAM Fou ▸ **louco** ♦ *adj* FAM Bizarre, absurde: *il m'est arrivé une histoire dingue* ▸ **maluco**

dinosaure *nm* **1** Reptile fossile (les dinosaures forment un ordre) ▸ **dinossauro 2** FAM Personne ou institution que son importance passée rend incontournable ▸ **dinossauro**

diocésain, e *adj* Du diocèse ▸ **diocesano**

diocèse *nm* Territoire placé sous la juridiction d'un évêque ▸ **diocese**

diode *nf* Composant électronique utilisé comme redresseur de courant ▸ **diodo**

dionysiaque *adj* Relatif à Dionysos ▸ **dionisíaco**

dioptrie *nf* Unité de mesure de la distance focale des systèmes optiques ▸ **dioptria**

dioxine *nf* Sous-produit très toxique de la fabrication d'un dérivé du phénol ▸ **dioxina**

dioxyde *nm* ▸ **dióxido** ▪ **dioxyde de carbone:** gaz carbonique (formule: CO_2) ▸ **dióxido de carbono**

diphasé, e *adj* ÉLECTR Se dit du courant qui présente deux phases ▸ **difásico**

diphtérie *nf* Maladie contagieuse, caractérisée par la production de fausses membranes dans la gorge ▸ **difteria**

diphtérique *adj* De la diphtérie ▸ **diftérico**

diphtongaison *nf* Fusion de deux voyelles qui se suivent en un seul élément vocalique ▸ **ditongação**

diphtongue *nf* Voyelle unique qui change de timbre au cours de son émission ▸ **ditongo**

diplodocus [diplɔdɔkys] *nm* Gigantesque reptile dinosaure fossile ▸ **diplódoco**

diplomate *n* Personne chargée de représenter son pays auprès d'une nation étrangère et dans les relations internationales ▸ **diplomata** ♦ *adj et n* Habile, plein de tact ▸ **diplomático** ♦ *nm* Sorte de pudding garni de fruits confits ▸ **pavê de frutas cristalizadas**

diplomatie *nf* **1** Science, pratique des relations internationales ▸ **diplomacia 2** Corps, carrière diplomatiques ▸ **diplomacia 3** Habileté, tact dans les relations avec autrui ▸ **diplomacia**

diplomatique *adj* Relatif à la diplomatie ▸ **diplomático** ▪ **corps diplomatique:** ensemble des représentants de puissances étrangères ▸ **corpo diplomático** □ FAM **maladie diplomatique:** prétexte allégué pour se soustraire à une obligation ▸ **doença diplomática**

diplomatiquement *adv* De façon diplomatique ▸ **diplomaticamente**

diplôme *nm* Titre délivré par un jury, une autorité, pour faire foi des aptitudes ou des mérites de quelqu'un ▸ **diploma**

diplômé, e *adj et n* Titulaire d'un diplôme ▸ **diplomado**

diptère *adj* Qui a deux ailes ▸ **díptero** ♦ *nm* Insecte à une seule paire d'ailes (les diptères forment un ordre) ▸ **díptero**

diptyque *nm* Œuvre d'art composée de deux panneaux, fixes ou mobiles ▸ **díptico**

dire[1] *vt (conj 72)* **1** Exprimer au moyen de la parole ou de l'écrit; raconter: *dire la vérité* ▸ **dizer 2** Ordonner, conseiller de: *je vous dis de vous taire* ▸ **dizer 3** Signifier, révéler: *dire ce que l'on pense; un regard qui en dit long* ▸ **dizer 4** Objecter, critiquer: *trouver à dire* ▸ **dizer 5** Réciter ou lire un texte à haute voix: *dire un poème* ▸ **dizer** ▪ FAM **ça ne me dit rien:** cela ne me tente pas ▸ **isso não me apetece** □ **cela dit:** malgré tout ▸ **dito isso** □ **cela va sans dire:** cela va de soi ▸ **é evidente** □ **on dirait que:** il semblerait que: *on dirait qu'il va neiger* ▸ **parece que** □ **si le cœur vous en**

dit: si vous en avez envie ▸ **se lhe apetece** ▫ **soit dit en passant:** pour ne pas s'appesantir sur ce point ▸ **diga-se de passagem** ♦ **se dire** *vpr* **1** Être exprimé par tel mot dans une langue donnée: *«chat» se dit «cat» en anglais* ▸ **dizer-se 2** Être d'un emploi correct: *ça ne se dit pas en français* ▸ **dizer-se 3** Se prétendre quelque chose: *elle se dit artiste* ▸ **dizer-se**

dire² *nm* **1** Ce qu'une personne dit, déclare ▸ **dizer** ▪ **au dire de:** d'après l'affirmation de ▸ **conforme 2** DR Déclaration juridique ▸ **afirmação**

direct, e *adj* **1** Droit, sans détour: *chemin direct; langage direct* ▸ **direto 2** En relation immédiate avec quelque chose: *lien direct; conséquence directe* ▸ **direto 3** Sans intermédiaire: *vente directe* ▸ **direto** ▪ **complément d'objet direct:** introduit sans l'intermédiaire d'une préposition ▸ **objeto direto** ▫ GRAMM **discours, style direct, interrogation directe:** énoncé dans lequel les paroles sont rapportées sans l'intermédiaire d'une proposition subordonnée ▸ **discurso direto, interrogação direta** ▫ **train direct:** qui ne s'arrête pas aux stations intermédiaires ▸ **trem direto** ♦ *nm* **1** Train direct ▸ **trem direto 2** Émission de radio ou de télévision diffusée sans enregistrement préalable ▸ **programa ao vivo 3** En boxe, coup droit ▸ **direto**

directement *adv* De façon directe ▸ **diretamente**

directeur, trice *n* Personne qui est à la tête d'une administration, d'un établissement, etc. ▸ **diretor** ♦ *adj* Qui dirige ▸ **diretor**

directif, ive *adj* Qui impose une direction, une orientation ou des contraintes ▸ **diretivo**

direction *nf* **1** Action de diriger; conduite, administration ▸ **direção 2** Fonction de directeur ▸ **direção 3** Bureau du directeur; ses services ▸ **direção 4** Orientation: *aller dans la bonne direction* ▸ **direção 5** Mécanisme permettant de diriger un véhicule ▸ **direção** ▪ **en direction de:** à destination de ▸ **em direção a**

directionnel, elle *adj* Qui émet ou reçoit dans une seule direction ▸ **direcional**

directive *nf* (surtout au pluriel) Ensemble d'indications générales, instruction ▸ **diretriz**

directivité *nf* Caractère de ce qui est directif, d'une personne directive ▸ **diretividade**

directoire *nm* Organisme chargé de diriger certaines sociétés commerciales ou industrielles ▸ **diretório, diretoria**

directorial, e, aux *adj* Qui concerne une direction, un directeur ▸ **diretorial**

directrice *nf* MATH Ligne sur laquelle s'appuie constamment une génératrice engendrant une surface ▸ **diretriz**

dirham *nm* Unité monétaire principale des Émirats arabes unis et du Maroc ▸ **dirém**

dirigeable *nm* Ballon muni d'hélices propulsives et d'un système de direction ▸ **dirigível**

dirigeant, e *adj et n* Qui dirige ▸ **dirigente** ♦ **dirigeants** *n pl* Ensemble des personnes qui gouvernent un pays, qui dirigent une entreprise ▸ **dirigentes**

diriger *vt (conj 2)* **1** Conduire, mener, commander: *diriger une affaire, un débat* ▸ **dirigir 2** Donner telle ou telle orientation: *diriger sa lampe vers le sol* ▸ **dirigir** ◇ *vpr*: *la voiture se dirige vers le port* ▸ **dirigir-se**

dirigisme *nm* Remplacement de l'initiative privée par celle de l'État dans le domaine économique ▸ **dirigismo**

dirigiste *adj et n* Partisan du dirigisme ▸ **dirigista**

discal, e, aux *adj* Relatif à un disque intervertébral ▸ **discal**

discernable *adj* Qui peut être discerné ▸ **discernível**

discernement *nm* **1** Action de discerner ▸ **discernimento 2** Faculté de juger sainement ▸ **discernimento**

discerner *vt* **1** Distinguer par le regard ▸ **discernir 2** Distinguer, comprendre par l'esprit, le jugement ▸ **discernir**

disciple *n* **1** Personne qui reçoit l'enseignement d'un maître ▸ **discípulo 2** Personne qui adhère à une doctrine ▸ **discípulo**

disciplinaire *adj* **1** Relatif à la discipline ▸ **disciplinar 2** Qui a pour but d'imposer la discipline ▸ **disciplinar**

discipline *nf* **1** Ensemble des lois, des règlements, qui régissent une collectivité, en vue d'y faire régner l'ordre: *se plier à la discipline* ▸ **disciplina 2** Soumission, obéissance à une règle: *il n'y a pas de discipline dans sa classe* ▸ **disciplina 3** Matière d'enseignement: *les disciplines littéraires* ▸ **disciplina**

discipliné, e *adj* Qui se soumet à la discipline; obéissant ▸ **disciplinado**

discipliner *vt* Former à la discipline ▸ **disciplinar**

disc-jockey [diskʒɔkɛ] (pl *disc-jockeys*) *n* Personne qui choisit et passe des disques à la radio, dans les discothèques ▸ **disc-jóquei**

disco *nm ou nf et adj inv* Style de musique et de danse: *musique disco* ▸ ***disco music***

discobole *nm* ANTIQ Athlète qui lançait le disque ou le palet ▸ **discóbolo**

discographie *nf* Répertoire des disques concernant un thème précis, un compositeur ou un interprète ▸ **discografia**

discographique *adj* Relatif à la discographie ▸ **discográfico**
discoïde *adj* En forme de disque ▸ **discoide**
discontinu, e *adj* **1** Qui n'est pas continu dans l'espace: *ligne discontinue* ▸ **descontínuo 2** Qui présente des interruptions: *effort discontinu* ▸ **descontínuo**
discontinuer *vi* ▸ **descontinuar ■ sans discontinuer:** sans cesser un moment ▸ **sem parar**
discontinuité *nf* Absence de continuité ▸ **descontinuidade**
disconvenir *vt ind (conj 22)* ▸ **desconvir ■** LITT **ne pas disconvenir de quelque chose:** ne pas le contester, ne pas le nier ▸ **não negar**
discordance *nf* Caractère de ce qui est discordant ▸ **discordância**
discordant, e *adj* Qui manque de justesse, d'harmonie, d'accord ▸ **discordante**
discorde *nf* Dissension, division entre deux ou plusieurs personnes ▸ **discórdia**
discorder *vi* LITT Être divergent ▸ **discordar**
discothèque *nf* **1** Établissement où l'on peut écouter des disques et danser ▸ **discoteca 2** Organisme de prêt de disques; endroit où est organisé ce prêt ▸ **discoteca 3** Collection de disques ▸ **discoteca**
discount [diskaunt] ou [diskunt] *nm* Rabais sur les prix ▸ **desconto**
discoureur, euse *n* PÉJOR Personne qui parle beaucoup ▸ **tagarela**
discourir *vi (conj 29)* Parler longuement sur un sujet; pérorer ▸ **discorrer**
discours *nm* **1** Développement oratoire, allocution prononcés en public ▸ **discurso 2** Conversation, entretien ▸ **conversa 3** PÉJOR Développement inutile; vaines paroles ▸ **discurso 4** LING Énoncé supérieur à la phrase, considéré du point de vue de son enchaînement ▸ **discurso ■ parties du discours:** catégories grammaticales ▸ **partes do discurso**
discourtois, e *adj* LITT Qui manque de courtoisie; impoli ▸ **descortês**
discourtoisie *nf* LITT Manque de courtoisie ▸ **descortesia**
discrédit *nm* Perte ou diminution de valeur, de prestige, de considération: *jeter le discrédit sur quelqu'un, quelque chose* ▸ **descrédito**
discréditer *vt* Faire tomber en discrédit; déconsidérer ▸ **desacreditar**
discret, ète *adj* **1** Réservé dans ses paroles et ses actions ▸ **discreto 2** Qui sait garder un secret ▸ **discreto 3** Sobre, qui n'attire pas l'attention: *une tenue discrète* ▸ **discreto**
discrètement *adv* Avec discrétion ▸ **discretamente**
discrétion *nf* **1** Retenue, réserve dans les paroles, les actions ▸ **discrição 2** Aptitude à garder un secret ▸ **discrição 3** Sobriété ▸ **discrição ■ à discrétion:** à volonté ▸ **à vontade □ à la discrétion de quelqu'un: (a)** à sa merci ▸ **à mercê de alguém (b)** en son pouvoir ▸ **à mercê de alguém**
discrétionnaire *adj* ▸ **discricionário ■** DR **pouvoir discrétionnaire:** faculté laissée à l'Administration de prendre l'initiative de certaines mesures ▸ **poder discricionário**
discriminant, e *adj* Qui introduit une discrimination entre des individus ▸ **discriminador**
discrimination *nf* **1** Fait de traiter différemment quelqu'un ou un groupe, qui se marque par une ségrégation: *discrimination raciale, sociale* ▸ **discriminação 2** LITT Faculté, action de discerner, de distinguer ▸ **discriminação**
discriminatoire *adj* Qui tend à distinguer, à son détriment, un groupe humain des autres ▸ **discriminatório**
discriminer *vt* LITT Établir une différence, une distinction entre des individus ou des choses ▸ **discriminar**
disculpation *nf* Action de disculper ▸ **desculpa**
disculper *vt* Reconnaître qu'un accusé n'est pas coupable; innocenter ▸ **desculpar ◆ se disculper** *vpr* Se justifier ▸ **desculpar-se**
discursif, ive *adj* **1** Qui repose sur le raisonnement ▸ **discursivo 2** LING Qui concerne le discours ▸ **discursivo**
discussion *nf* **1** Examen, débat contradictoire: *la discussion d'un projet de loi* ▸ **discussão 2** Différend: *s'affronter lors d'une discussion* ▸ **discussão 3** Conversation: *il ne participe jamais aux discussions* ▸ **discussão**
discutable *adj* Qui peut être discuté; qui offre matière à discussion ▸ **discutível**
discutailler *vi* FAM Discuter longuement sur des choses insignifiantes ▸ **discutir insignificâncias**
discuté, e *adj* Critiqué, controversé ▸ **discutido**
discuter *vt* **1** Examiner une question; débattre ▸ **discutir 2** Mettre en question; contester ▸ **discutir ◆** *vt ind* [de] Échanger des idées, des points de vue, sur tel sujet ▸ **discutir ◆ se discuter** *vpr* **■** FAM **ça se discute:** il y a des arguments pour et contre ▸ **isso é discutível**
disert, e *adj* SOUT Qui parle aisément ▸ **eloquente**
disette *nf* Manque de choses nécessaires, et particulièrement de vivres; pénurie ▸ **escassez, carestia**
diseur, euse *n* **1** Personne connue pour dire habituellement des choses d'un genre particulier:

diseuse de bonne aventure ▸ **declamador 2** LITT Personne qui déclame avec art: *un fin diseur* ▸ **declamador**

disgrâce *nf* Perte de l'estime, de la faveur dont quelqu'un ou quelque chose jouissait ▸ **desgraça**
ORTHOGRAPHE *Disgrâce*, comme *grâce*, s'écrit avec un *â* contrairement à ses dérivés

disgracié, e *adj et n* LITT Défavorisé par la nature quant au physique ▸ **feio**

disgracier *vt* Retirer à quelqu'un ses faveurs; destituer ▸ **desfavorecer**

disgracieux, euse *adj* **1** Qui manque de grâce ▸ **sem graça 2** Déplaisant, désagréable ▸ **desagradável**

disharmonie *nf* → **dysharmonie**

disjoindre *vt (conj 82)* Séparer des choses jointes ▸ **desjuntar**

disjoint, e *adj* Séparé, distinct ▸ **disjunto**

disjoncter *vi* **1** ÉLECTR Pour un disjoncteur, se mettre en position d'interruption de courant ▸ **desligar 2** FAM Perdre la tête ▸ **despirocar**

disjoncteur *nm* ÉLECTR Interrupteur automatique de courant, fonctionnant lors d'une variation anormale de l'intensité ou de la tension ▸ **disjuntor**

disjonction *nf* Séparation ▸ **disjunção**

dislocation *nf* **1** Écartement de choses contiguës ou emboîtées: *dislocation d'une chaise, des os* ▸ **deslocamento 2** Démembrement, dispersion: *dislocation d'une famille* ▸ **dispersão**

disloquer *vt* **1** Déplacer, démettre, déboîter ▸ **deslocar 2** FIG Disperser les éléments d'un ensemble, les parties d'un tout ▸ **desmantelar**

disparaître *vi (conj 64)* **1** Cesser d'être visible ou perceptible ▸ **desaparecer 2** S'esquiver, s'absenter plus ou moins fortuitement ▸ **desaparecer 3** Être soustrait, égaré, volé ▸ **desaparecer 4** Mourir, cesser d'exister ▸ **desaparecer**

disparate *adj* Qui manque d'harmonie, d'unité; hétéroclite ▸ **disparatado**

disparité *nf* Différence, inégalité ▸ **disparidade**

disparition *nf* **1** Action, fait de disparaître ▸ **desaparecimento 2** Fait de ne plus exister: *la disparition d'une coutume* ▸ **desaparecimento 3** Mort ▸ **desaparecimento ▪ espèce en voie de disparition:** menacée d'extinction ▸ **espécie em vias de extinção**

disparu, e *adj et n* Se dit d'une personne morte, ou considérée comme telle ▸ **desaparecido**

dispatcher [dispatʃe] *vt* (anglicisme) Répartir, orienter ▸ **distribuir**

dispatching [dispatʃiŋ] *nm* (anglicisme) **1** Organisme assurant, à partir d'un bureau unique, le réglage de la marche des trains, la répartition de l'énergie électrique, etc. ▸ **central 2** Répartition et distribution des éléments d'un ensemble ▸ **distribuição**

dispendieux, euse *adj* SOUT Qui occasionne beaucoup de dépenses ▸ **dispendioso**

dispensaire *nm* Établissement de consultations médicales et de soins, peu coûteux ou gratuit ▸ **dispensário**

dispensateur, trice *n* LITT Personne qui dispense, répartit, distribue quelque chose ▸ **dispensador**

dispense *nf* Exemption de la règle générale ▸ **dispensa**

dispenser *vt* **1** Exempter d'une obligation, autoriser à ne pas faire: *dispenser un élève du cours d'éducation physique* ▸ **dispensar** ◆ *vpr*: *tu peux te dispenser de venir* ▸ **dispensar-se 2** Distribuer, accorder: *dispenser des soins* ▸ **dispensar**

dispersé, e *adj* Réparti en différents points de l'espace ▸ **disperso ▪ en ordre dispersé:** de façon désordonnée ▸ **em desordem**

dispersement *nm* **1** Action de disperser ▸ **dispersão 2** État de ce qui est dispersé ▸ **dispersão**

disperser *vt* **1** Répandre, jeter çà et là ▸ **dispersar 2** Mettre en fuite, envoyer de tous côtés ▸ **dispersar ◆ se disperser** *vpr* **1** S'en aller de tous les côtés ▸ **dispersar-se 2** S'adonner à des activités trop différentes ▸ **dispersar-se**

dispersion *nf* **1** Action de disperser, de se disperser; son résultat ▸ **dispersão 2** PHYS Décomposition d'un faisceau de lumière complexe en ses différentes radiations ▸ **dispersão**

disponibilité *nf* **1** État de ce qui est disponible ▸ **disponibilidade 2** Fait, pour quelqu'un, d'être disponible ▸ **disponibilidade 3** Position d'un fonctionnaire ou d'un militaire provisoirement déchargé de ses fonctions: *être mis en disponibilité* ▸ **disponibilidade ◆ disponibilités** *pl* Fonds disponibles ▸ **disponibilidade**

disponible *adj* **1** Dont on peut disposer, qu'on peut utiliser: *cette place est disponible* ▸ **disponível 2** Se dit d'une personne qui a du temps pour elle et pour les autres ▸ **disponível**

dispos, e *adj* En bonnes dispositions de santé, de forme ▸ **disposto**

disposé, e *adj* ▸ **disposto ▪ bien, mal disposé:** de bonne, de mauvaise humeur ▸ **bem-disposto, maldisposto □ être bien, mal disposé envers quelqu'un:** vouloir ou ne pas vouloir lui être utile ou agréable ▸ **ter boa, má vontade para com alguém □ être disposé à:** être prêt à ▸ **estar disposto a**

disposer *vt* **1** Arranger, mettre dans un certain

ordre: *disposer des fleurs dans un vase* ▸ **dispor 2** Inciter, engager quelqu'un à quelque chose: *les derniers événements l'ont disposé à signer* ▸ **dispor** ◆ *vt ind* [de] Avoir à sa disposition; pouvoir utiliser: *disposer de quelques heures* ▸ **dispor** ◆ **se disposer** *vpr* [à] Se préparer à: *se disposer à partir* ▸ **dispor-se**

dispositif *nm* **1** TECHN Ensemble de pièces constituant un appareil; cet appareil: *dispositif d'alarme, de sécurité* ▸ **dispositivo 2** Ensemble de mesures, de moyens mis en œuvre dans un but déterminé: *dispositif policier* ▸ **dispositivo 3** DR Énoncé d'un jugement, d'un arrêt ▸ **dispositivo**

disposition *nf* **1** Manière de placer, d'arranger; arrangement, distribution: *la disposition des meubles, des invités autour de la table* ▸ **disposição 2** Pouvoir d'user à son gré: *avoir l'entière disposition de ses biens* ▸ **disposição 3** État d'esprit à l'égard de quelqu'un: *être dans de bonnes dispositions envers quelqu'un* ▸ **disposição 4** Penchant, inclination, tendance ▸ **disposição 5** DR Point réglé par une loi, un contrat, un jugement, etc. ▸ **disposição** ■ **à la disposition de:** à la discrétion, au service de ▸ **à disposição de** ◆ **dispositions** *pl* Aptitude, penchant, don: *avoir des dispositions pour le dessin* ▸ **disposição** ■ **prendre des, ses dispositions:** se préparer, s'organiser ▸ **tomar providências**

disproportion *nf* Défaut de proportion, de convenance; différence ▸ **desproporção**

disproportionné, e *adj* Sans proportion; excessif, démesuré ▸ **desproporcional**

dispute *nf* Discussion vive, querelle, altercation ▸ **briga**

disputer *vt* **1** FAM Gronder, réprimander ▸ **repreender 2** Lutter pour obtenir un succès, une victoire: *disputer une course* ▸ **disputar** ◆ **se disputer** *vpr* Se quereller ▸ **brigar**

disquaire *n* Marchand de disques ▸ **vendedor de discos**

disqualification *nf* Action de disqualifier; son résultat ▸ **desqualificação**

disqualifier *vt* **1** Exclure d'une épreuve sportive pour infraction au règlement ▸ **desqualificar 2** LITT Discréditer ▸ **desqualificar** ◆ **se disqualifier** *vpr* Perdre tout crédit par sa conduite ▸ **perder a credibilidade**

disque *nm* **1** Objet plat et circulaire ▸ **disco 2** Plaque circulaire pour l'enregistrement et la reproduction de sons, d'images, de données informatiques: *disque laser; disque dur* ▸ **disco 3** ASTRON Surface circulaire visible d'un astre ▸ **disco 4** Sorte de palet que lancent les athlètes ▸ **disco 5** CH DE F Plaque mobile qui indique, par sa couleur, si la voie est libre ou non ▸ **disco** ■ ANAT **disque intervertébral:** cartilage élastique séparant deux vertèbres ▸ **disco intervertebral** □ **disque optique compact:** cédérom ▸ **disco óptico compacto** □ **disque optique numérique:** support d'enregistrement utilisé en informatique comme mémoire de très grande capacité ▸ **disco óptico digital**

disquette *nf* INFORM Support magnétique d'informations ▸ **disquete**

dissection *nf* Action de disséquer ▸ **dissecação**

dissemblable *adj* Qui n'est pas semblable ▸ **dessemelhante**

dissemblance *nf* Absence de ressemblance; disparité ▸ **dessemelhança**

dissémination *nf* Action de disséminer; dispersion ▸ **disseminação**

disséminer *vt* Éparpiller, répandre çà et là ▸ **disseminar**

dissension *nf* Opposition violente de sentiments, d'intérêts; discorde ▸ **dissensão**

dissentiment *nm* SOUT Opposition de sentiments, d'opinions; conflit ▸ **dissensão**

disséquer *vt (conj 10)* **1** Ouvrir un corps organisé pour en faire l'examen anatomique ▸ **dissecar 2** FIG Analyser minutieusement ▸ **dissecar**

dissertation *nf* Exercice scolaire portant sur une question littéraire, philosophique, historique ▸ **dissertação**

disserter *vi et vt ind* [sur] **1** Traiter méthodiquement un sujet ▸ **dissertar 2** Discourir longuement ▸ **dissertar**

dissidence *nf* **1** Action ou état d'une personne ou d'un groupe qui cesse de se soumettre à une autorité établie, qui se sépare d'une communauté: *entrer en dissidence* ▸ **dissidência 2** Divergence idéologique ▸ **dissidência 3** Groupe de dissidents ▸ **dissidência**

dissident, e *adj et n* Qui cesse de se soumettre à une autorité établie, ou à un parti dont il était membre ▸ **dissidente**

dissimulateur, trice *adj et n* Qui dissimule ▸ **dissimulador**

dissimulation *nf* **1** Action de dissimuler ▸ **dissimulação 2** Hypocrisie ▸ **dissimulação**

dissimulé, e *adj* Accoutumé à cacher ses sentiments; hypocrite, fourbe ▸ **dissimulado**

dissimuler *vt* **1** Cacher ▸ **dissimular 2** Tenir secret, ne pas laisser paraître ses sentiments, ses intentions ▸ **dissimular** ◆ **se dissimuler** *vpr* **1** Se cacher: *se dissimuler derrière une tenture* ▸ **dissimular-se 2** Se faire des illusions sur quelque chose: *se dissi-*

muler la vérité ▸ **dissimular a si mesmo**
dissipateur, trice *adj et n* LITT, VX Qui dissipe son bien ▸ **dissipador**
dissipation *nf* **1** Action de dissiper, de se dissiper ▸ **dissipação 2** FIG Indiscipline, turbulence, inattention ▸ **distração 3** LITT Vie de plaisirs ▸ **devassidão**
dissipé, e *adj* Agité, inattentif ▸ **dispersivo**
dissiper *vt* **1** Faire disparaître, chasser: *le vent dissipe les nuages* ▸ **dissipar 2** Faire cesser: *dissiper une inquiétude* ▸ **dissipar 3** Dépenser inconsidérément: *dissiper sa fortune* ▸ **dissipar 4** FIG Distraire, détourner de la discipline: *elle dissipe ses camarades* ▸ **dispersar** ◆ **se dissiper** *vpr* **1** Disparaître ▸ **dissipar-se 2** FIG Être agité, turbulent ▸ **dispersar-se**
dissociable *adj* Qui peut être dissocié ▸ **dissociável**
dissociation *nf* Action de dissocier ▸ **dissociação**
dissocier *vt* **1** Séparer des éléments associés ▸ **dissociar 2** Distinguer, disjoindre ▸ **dissociar**
dissolu, e *adj* Déréglé, corrompu: *mener une vie dissolue* ▸ **dissoluto**
dissolution *nf* **1** Action de dissoudre; fait de se dissoudre ▸ **dissolução 2** LITT Dérèglement: *dissolution des mœurs* ▸ **dissolução**
dissolvant, e *adj et nm* Se dit d'un produit qui a la propriété de dissoudre ▸ **solvente**
dissonance *nf* **1** MUS Accord défectueux, manque d'harmonie ▸ **dissonância 2** Rencontre peu harmonieuse de sons, de mots, de syllabes ▸ **dissonância**
dissonant, e *adj* MUS Qui manque d'harmonie: *accord dissonant* ▸ **dissonante**
dissoudre *vt (conj 60)* **1** Décomposer les molécules d'un corps solide: *l'eau dissout le sucre* ▸ **dissolver 2** Mettre fin légalement à une association, à l'existence d'un parti, etc.: *dissoudre une société* ▸ **dissolver 3** Annuler, rompre: *dissoudre un mariage* ▸ **dissolver**

CONJUGAISON *Dissoudre* n'a pas de passé simple. Au participe passé, on écrit *dissous, dissoute*

dissuader *vt* Détourner quelqu'un d'une résolution ▸ **dissuadir**
dissuasif, ive *adj* Qui a pour but de dissuader ▸ **dissuasivo**
dissuasion *nf* **1** Action de dissuader ▸ **dissuasão 2** MIL Action stratégique de représailles préparée par un État en vue de décourager un adversaire ▸ **dissuasão**
dissyllabe *adj et nm* Se dit d'un vers qui a deux syllabes ▸ **dissílabo**
dissyllabique *adj* Relatif à un dissyllabe ▸ **dissilábico**
dissymétrie *nf* Défaut, absence de symétrie ▸ **assimetria**
dissymétrique *adj* Sans symétrie ▸ **assimétrico**
distance *nf* **1** Intervalle qui sépare deux points dans l'espace ou dans le temps: *distance d'une ville à une autre*: *à quelques années de distance* ▸ **distância 2** FIG Différence de niveau social, culturel, etc.: *l'argent a mis une grande distance entre eux* ▸ **distância** ▪ **prendre, garder ses distances:** éviter tout engagement ou toute familiarité avec quelqu'un ▸ **manter-se a distância** ▫ **tenir à distance:** ne pas laisser approcher ▸ **manter a distância**
distancer *vt (conj 1)* Devancer, surpasser ▸ **distanciar-se de**
distanciation *nf* Recul pris par rapport à un événement ▸ **distanciamento**
distant, e *adj* **1** Éloigné, écarté ▸ **distante 2** FIG Froid, réservé ▸ **distante**
distendre *vt (conj 50)* Augmenter les dimensions en étirant ▸ **distender** ◆ **se distendre** *vpr* S'affaiblir, se relâcher ▸ **distender-se**
distension *nf* Augmentation de surface ou de volume sous l'effet d'une tension ▸ **distensão**
distillat [distila] *nm* Produit d'une distillation ▸ **destilado**
distillateur *nm* Fabricant d'eaux-de-vie, de liqueurs, etc. ▸ **destilador**
distillation [distilasjɔ̃] *nf* Action de distiller ▸ **destilação**
distiller [distile] *vt* **1** Réduire les liquides en vapeur par la chaleur pour en recueillir certains principes ▸ **destilar 2** Laisser couler goutte à goutte: *le pin distille la résine* ▸ **destilar 3** FIG Répandre: *distiller l'ennui* ▸ **destilar**
distillerie *nf* Lieu où l'on distille ▸ **destilaria**
distinct, e [distɛ̃, ɛ̃kt] *adj* **1** Différent: *deux problèmes bien distincts* ▸ **distinto 2** Qui se perçoit ou se conçoit nettement; clair: *des traces distinctes sur la neige* ▸ **distinto**
distinctement *adv* De façon distincte ▸ **distintamente**
distinctif, ive *adj* Qui permet de distinguer ▸ **distintivo**
distinction *nf* **1** Action de distinguer, de séparer; différence: *distinction entre le bien et le mal* ▸ **distinção 2** Marque d'honneur: *recevoir une distinction* ▸ **distinção 3** Élégance, raffinement: *avoir de la distinction* ▸ **distinção**
distingué, e *adj* **1** SOUT Remarquable, éminent ▸ **distinto 2** De bon ton, élégant, raffiné ▸ **distinto**
distinguer *vt* **1** Discerner, percevoir par les sens,

par l'esprit: *d'ici, on distingue parfaitement la côte* ► **distinguir 2** Percevoir, établir la différence entre des personnes ou des choses: *distinguer les sens d'un mot* ► **distinguir 3** Caractériser: *la parole distingue l'homme de l'animal* ► **distinguir** ♦ **se distinguer** *vpr* Se faire remarquer, s'illustrer ► **distinguir-se**

distinguo [distɛ̃go] *nm* Distinction fine, nuance subtile ► **distinção**

distique *nm* Groupe de deux vers ► **dístico**

distorsion *nf* **1** Torsion convulsive de certaines parties du corps ► **distorção 2** Défaut de tout appareil enregistreur de sons ou d'images, qui les déforme en les reproduisant ► **distorção 3** FIG Déséquilibre: *distorsion entre les salaires* ► **desequilíbrio**

distraction *nf* **1** Défaut d'attention, étourderie ► **distração 2** Ce qui amuse, délasse l'esprit; divertissement ► **distração**

distraire *vt (conj 79)* **1** LITT Séparer une partie d'un tout; prélever, retrancher ► **distrair 2** DR Détourner à son profit ► **desviar 3** FIG Détourner l'esprit de ce qui l'occupe, rendre inattentif ► **distrair 4** Divertir, amuser ► **distrair** ♦ **se distraire** *vpr* S'amuser, se détendre ► **distrair-se**

distrait, e *adj* Peu attentif, étourdi ► **distraído**

distraitement *adv* De façon distraite ► **distraidamente**

distrayant, e *adj* Propre à distraire, à divertir ► **distrativo**

distribué, e *adj* Réparti, agencé, disposé: *appartement mal distribué* ► **distribuído**

distribuer *vt* **1** Répartir, donner, fournir: *distribuer le courrier* ► **distribuir 2** Donner au hasard: *distribuer des coups* ► **distribuir 3** Assurer la distribution d'un produit, d'un film, etc. ► **distribuir**

distributeur, trice *n* Personne qui distribue: *distributeur de tracts, de films* ► **distribuidor** ♦ *nm* Appareil servant à distribuer: *distributeur automatique* ► **distribuidor automático**

distributif, ive *adj* LING Qui exprime la répartition ► **distributivo**

distribution *nf* **1** Action de distribuer; répartition ► **distribuição 2** Répartition des pièces d'un logement; disposition: *distribution d'une maison* ► **distribuição 3** Répartition des rôles entre les interprètes d'une pièce, d'un film, etc.; ensemble de ces interprètes ► **distribuição de papéis, elenco 4** MÉCAN Ensemble des organes qui règlent l'admission et l'échappement du fluide moteur ► **distribuição 5** ÉCON Opérations par lesquelles les produits et les services sont diffusés entre les consommateurs dans le cadre national ► **distribuição** ■ **distribution artistique:** casting ► **seleção de elenco**

district *nm* Subdivision administrative territoriale ► **distrito** ■ **district urbain:** groupement administratif de communes voisines formant une même agglomération ► **distrito urbano**

dit, e *adj* **1** Convenu, fixé: *à l'heure dite* ► **combinado 2** Surnommé: *Jean, dit le Bon* ► **conhecido como** ■ **ledit, ladite, dudit, etc.:** la personne ou la chose dont on vient de parler ► **o citado, a citada, do citado etc.**

dithyrambe *nm* LITT Louange enthousiaste, souvent exagérée ► **ditirambo**

dithyrambique *adj* Très élogieux ► **ditirâmbico**

diurèse *nf* Sécrétion de l'urine ► **diurese**

diurétique *adj et nm* Se dit d'une boisson, d'un médicament, etc., qui font uriner ► **diurético**

diurne *adj* **1** Qui s'accomplit pendant le jour ► **diurno 2** BOT Se dit des fleurs qui s'épanouissent le jour ► **diurno 3** ZOOL Se dit des animaux actifs pendant le jour ► **diurno**

diva *nf* Cantatrice célèbre ► **diva**

divagation *nf* Action de divaguer ► **divagação**

divaguer *vi* **1** LITT Errer à l'aventure ► **divagar 2** Tenir des propos incohérents, délirer ► **divagar**

divan *nm* **1** Canapé sans bras ni dossier ► **divã 2** HIST Conseil du sultan ottoman ► **divã 3** LITTÉR Recueil de poésies orientales ► **divã**

divergence *nf* **1** Action, fait de diverger ► **divergência 2** Établissement de la réaction en chaîne dans un réacteur nucléaire ► **fissão**

divergent, e *adj* Qui diverge ► **divergente**

diverger *vi (conj 2)* **1** S'écarter l'un de l'autre, en parlant des rayons, des lignes ► **divergir 2** FIG Être en désaccord: *nos opinions divergent beaucoup* ► **divergir**

divers, e *adj* **1** Qui prend différents aspects; changeant, varié: *un pays très divers* ► **diverso 2** (au pluriel) Différents: *les divers sens d'un mot* ► **diversos** ■ **divers droite, divers gauche:** élu rallié à la droite, à la gauche, sans être membre d'un des grands partis ► **que se alinha com a direita, a esquerda 3** (au pluriel) Plusieurs, quelques: *diverses personnes sont passées* ► **diversos**

diversement *adv* Différemment, de plusieurs façons ► **diversamente**

diversification *nf* Action de diversifier; son résultat ► **diversificação**

diversifier *vt* Varier, mettre de la variété dans ► **diversificar**

diversion *nf* **1** MIL Opération visant à détourner l'ennemi d'un point sur lequel on compte attaquer ► **diversão 2** Action, événement qui détournent l'esprit, l'attention ► **diversão** ■ **faire diver-**

sion: détourner l'attention ▸ **distrair**
diversité *nf* Variété, pluralité ▸ **diversidade**
divertir *vt* Amuser, distraire ▸ **divertir** ◆ **se divertir** *vpr* S'amuser, se distraire ▸ **divertir-se**
divertissant, e *adj* Qui divertit ▸ **divertido**
divertissement *nm* **1** Action de divertir, de se divertir; amusement ▸ **diversão 2** Distraction ▸ **diversão 3** THÉÂTRE Intermède de danse et de chant ▸ **divertimento**
dividende *nm* **1** MATH Nombre qui est divisé par un autre dans une division ▸ **dividendo 2** Part de bénéfices qui revient à chaque actionnaire ▸ **dividendo**
divin, e *adj* **1** Qui est propre à Dieu ou à une divinité ▸ **divino 2** Sublime, merveilleux, exquis ▸ **divino**
divinateur, trice *adj* Qui devine l'avenir ▸ **adivinho**
divination *nf* **1** Art de deviner, de prévoir l'avenir ▸ **adivinhação 2** FIG Intuition ▸ **intuição**
divinatoire *adj* Qui relève de la divination ▸ **divinatório**
divinement *adv* À la perfection ▸ **divinamente**
divinisation *nf* Action de diviniser ▸ **divinização**
diviniser *vt* **1** Reconnaître pour divin; déifier ▸ **divinizar 2** LITT Exalter, vénérer ▸ **divinizar**
divinité *nf* **1** Essence, nature divine: *la divinité de Jésus-Christ* ▸ **divindade 2** Dieu, être divin: *divinités grecques* ▸ **divindade**
diviser *vt* **1** Séparer, partager ▸ **dividir 2** Désunir, être une occasion de désaccord ▸ **dividir 3** MATH Effectuer une division ▸ **dividir**
diviseur *nm* MATH Nombre par lequel on en divise un autre dans une division ▸ **divisor**
divisibilité *nf* Qualité de ce qui peut être divisé ▸ **divisibilidade**
divisible *adj* Qui peut être divisé ▸ **divisível**
division *nf* **1** Action de diviser; état qui en résulte ▸ **divisão 2** Partie d'un tout divisé: *la minute est une division de l'heure* ▸ **divisão 3** MATH Opération par laquelle on partage une quantité en un certain nombre de parties égales ▸ **divisão 4** MIL Unité importante rassemblant des formations de toutes armes ▸ **divisão 5** Groupement de plusieurs services sous une même autorité, dans une administration ▸ **divisão 6** FIG Désunion, discorde ▸ **divisão 7** SPORTS Groupement de clubs en fonction de leurs résultats en championnat: *jouer en première division* ▸ **divisão**
divisionnaire *adj* Qui dirige une division militaire, administrative ▸ **divisionário**
divorce *nm* **1** Dissolution du mariage civil prononcée par un jugement ▸ **divórcio 2** FIG Rupture, opposition, divergence ▸ **divórcio**
divorcé, e *adj et n* Dont le divorce a été prononcé ▸ **divorciado**
divorcer *vi (conj 1)* Rompre juridiquement un mariage: *ils ont divorcé; divorcer d'avec sa femme* ▸ **divorciar-se**
divulgateur, trice *adj et n* Qui divulgue une information ▸ **divulgador**
divulgation *nf* Action de divulguer ▸ **divulgação**
divulguer *vt* Rendre public ▸ **divulgar**
dix [dis] *adj num card* Nombre qui suit neuf dans la série des entiers naturels ▸ **dez** ◆ *adj num ord* Dixième: *Léon X* ▸ **dez** ◆ *nm inv* Chiffre, numéro qui représente ce nombre ▸ **dez**

PHONÉTIQUE *Dix* se prononce [diz] devant une voyelle ou un *h* muet, [di] devant une consonne ou un *h* aspiré

dix-huit [dizɥit] *adj num card* Dix et huit ▸ **dezoito** ◆ *adj num ord* Dix-huitième: *Louis XVIII* ▸ **dezoito** ◆ *nm inv* Chiffre, numéro qui représente ce nombre ▸ **dezoito**
dix-huitième *adj num ord et n* **1** Qui occupe le rang marqué par le numéro dix-huit ▸ **décimo oitavo 2** Qui est contenu dix-huit fois dans le tout ▸ **dezoito avos** ◆ *nm* La dix-huitième partie ▸ **um dezoito avos**
dixième [dizjɛm] *adj num ord et n* **1** Qui occupe le rang marqué par le numéro dix ▸ **décimo 2** Qui est contenu dix fois dans le tout ▸ **décimo** ◆ *nm* La dixième partie ▸ **décimo**
dixièmement *adv* En dixième lieu ▸ **em décimo lugar**
dix-neuf *adj num card* Dix et neuf ▸ **dezenove** ◆ *adj num ord* Dix-neuvième ▸ **dezenove** ◆ *nm inv* Chiffre, numéro qui représente ce nombre ▸ **dezenove**
dix-neuvième *adj num ord et n* **1** Qui occupe le rang marqué par le numéro dix-neuf ▸ **décimo nono 2** Qui est contenu dix-neuf fois dans le tout ▸ **dezenove avos** ◆ *nm* La dix-neuvième partie ▸ **um dezenove avos**
dix-sept *adj num card* Dix et sept ▸ **dezessete** ◆ *adj num ord* Dix-septième ▸ **dezessete** ◆ *nm inv* Chiffre, numéro qui représente ce nombre ▸ **dezessete**
dix-septième *adj num ord et n* **1** Qui occupe le rang marqué par le numéro dix-sept ▸ **décimo sétimo 2** Qui est contenu dix-sept fois dans le tout ▸ **dezessete avos** ◆ *nm* La dix-septième partie ▸ **um dezessete avos**
dizain *nm* LITTÉR Stance, strophe de dix vers ▸ **décima**
dizaine *nf* Groupe de dix unités ou environ ▸ **de-**

zena
DJ [didʒe] *n* (sigle) Disc-jockey ▸ **DJ**
djebel *nm* Montagne, en Afrique du Nord ▸ ***djebel*, montanha**
djellaba *nf* Longue robe portée en Afrique du Nord ▸ **djelaba**
djihad [dʒiad] *nm* Guerre destinée à défendre, voire étendre, le domaine de l'islam ▸ ***jihad***
djinn *nm* Chez les musulmans, être surnaturel, imaginaire ▸ **djim**
do *nm inv* Note de musique ▸ **dó**
doberman [dɔbɛrman] *nm* Chien de garde ▸ ***dobermann***
doc *nf* (abréviation) Documentation ▸ **docum.**
DOC *nm* (sigle) Disque optique compact ▸ ***CD-ROM***
docile *adj* Qui obéit facilement ▸ **dócil**
docilement *adv* Avec docilité ▸ **docilmente**
docilité *nf* Disposition à obéir ▸ **docilidade**
dock *nm* **1** Bassin entouré de quais, pour le chargement et le déchargement des navires ▸ **doca 2** Entrepôt construit sur les quais ▸ **doca ▪ dock flottant:** bassin de radoub mobile ▸ **dique flutuante**
docker [dɔkɛr] *nm* Ouvrier employé au chargement et au déchargement des navires ▸ **estivador**
docte *adj* SOUT Savant, érudit ▸ **douto**
doctement *adv* SOUT Savamment ▸ **doutamente**
docteur *nm* **1** Personne pourvue d'un doctorat en médecine et habilitée à exercer; titre donné à cette personne ▸ **médico, doutor 2** Personne qui a obtenu un doctorat ▸ **doutor 3** Personne savante, en particulier en matière religieuse ▸ **doutor ▪ docteur de la Loi:** interprète officiel des livres sacrés des juifs ▸ **doutor da lei □ docteur de l'Église:** père de l'Église ▸ **doutor da Igreja**
EMPLOI On écrit docteur *en* droit, *en* médecine, *en* pharmacie; mais docteur *ès* lettres, *ès* sciences
doctoral, e, aux *adj* **1** PÉJOR Suffisant, pédant: *un ton doctoral* ▸ **doutoral 2** Relatif au doctorat: *les études doctorales* ▸ **doutoral**
doctorat *nm* **1** Diplôme national nécessaire à l'exercice des professions de santé ▸ **doutorado 2** Diplôme obtenu à bac + 8 au terme de la soutenance d'une thèse et conférant le quatrième et plus haut grade universitaire ▸ **doutorado**
doctoresse *nf* VIEILLI Femme médecin ▸ **médica, doutora**
doctrinaire *adj et n* Attaché avec rigueur et intransigeance à une doctrine, à une opinion ▸ **doutrinário**
doctrinal, e, aux *adj* Relatif à une doctrine ▸ **doutrinal**
doctrine *nf* **1** Ensemble des croyances ou des principes d'un système d'enseignement philosophique, littéraire, politique, religieux, etc. ▸ **doutrina 2** Opinion, prise de position ▸ **doutrina**
docu-fiction (pl *docu-fictions*) *nm* Genre télévisuel qui reconstitue des faits réels en mêlant des images de synthèse, des scènes jouées par des acteurs et/ou des documents authentiques ▸ **docudrama**
document *nm* Écrit ou objet servant d'information, de preuve, de témoignage ▸ **documento**
documentaire *adj* Qui a le caractère d'un document ▸ **documentário ▪ à titre documentaire:** pour information ▸ **a título de informação ◆** *nm* Film didactique montrant un aspect particulier de la réalité ▸ **documentário**
documentaliste *n* Personne chargée de la recherche, de la sélection, du classement, de l'utilisation et de la diffusion des documents ▸ **documentalista**
documentation *nf* Action de sélectionner, de classer, d'utiliser des documents; ensemble de ces documents ▸ **documentação**
documenté, e *adj* **1** Appuyé par des documents: *une thèse bien documentée* ▸ **documentado 2** Informé, renseigné par des documents ▸ **documentado**
documenter *vt* Fournir des documents, des renseignements à ▸ **documentar ◆ se documenter** *vpr* Rechercher, se procurer des documents ▸ **documentar-se**
dodécaèdre *nm* Polyèdre à douze faces ▸ **dodecaedro**
dodécagone *nm* Polygone qui a douze angles et douze côtés ▸ **dodecágono**
dodécaphonisme *nm* Système musical fondé sur l'emploi exclusif des douze sons de la gamme chromatique ▸ **dodecafonismo**
dodécasyllabe *nm* Mot de douze syllabes ▸ **dodecassílabo**
dodelinement *nm* Oscillation légère de la tête, du corps ▸ **cambaleio**
dodeliner *vt ind* ▸ **balançar ▪ dodeliner de la tête:** lui imprimer un balancement lent et régulier ▸ **balançar a cabeça**
dodo *nm* Lit, sommeil, dans le langage enfantin ▸ **nanã ▪ faire dodo:** dormir ▸ **nanar**
dodu, e *adj* Gras, potelé ▸ **rechonchudo**
doge *nm* Chef élu des anciennes Républiques de Gênes et de Venise ▸ **doge**
dogmatique *adj* Relatif au dogme ▸ **dogmático ◆** *adj et n* Qui exprime une opinion de manière catégorique, péremptoire: *ton dogmatique* ▸ **dogmático ◆** *nf* RELIG Ensemble des dogmes

► **dogmática**
dogmatiquement *adv* De façon dogmatique, d'un ton décisif ► **dogmaticamente**
dogmatiser *vi* **1** Établir des dogmes ► **dogmatizar** **2** Parler d'un ton sentencieux, autoritaire ► **dogmatizar**
dogmatisme *nm* **1** Philosophie ou religion qui rejette le doute et la critique ► **dogmatismo** **2** Intolérance, sectarisme ► **dogmatismo**
dogme *nm* **1** Point fondamental de doctrine en religion ou en philosophie ► **dogma** **2** Opinion imposée comme vérité indiscutable ► **dogma**
dogue *nm* Chien de garde à grosse tête, à museau aplati ► **dogue**
doigt [dwa] *nm* Chacune des parties mobiles qui terminent les mains et les pieds de l'homme et de quelques animaux ► **dedo** ■ **être à deux doigts de:** être sur le point de ► **estar a um passo de** □ FAM **faire quelque chose les doigts dans le nez:** très facilement ► **fazer algo com um pé nas costas** □ **mettre le doigt sur:** deviner juste ► **acertar em cheio** □ **obéir au doigt et à l'œil:** exactement, aveuglément ► **obedecer estritamente** □ **savoir sur le bout du doigt:** parfaitement ► **saber na ponta da língua** □ FAM **se mettre le doigt dans l'œil:** se tromper complètement ► **enganar-se redondamente** □ **se mordre les doigts de quelque chose:** regretter quelque chose amèrement ► **arrepender-se de algo** □ **un doigt de:** un petit peu de: *un doigt d'alcool* ► **um dedo de**
doigté *nm* **1** MUS Manière de doigter ► **dedilhado** **2** Tact, savoir-faire ► **tato**
doigter [dwate] *vt* MUS Indiquer sur la partition, par des chiffres, le doigt dont l'exécutant doit se servir pour chaque note ► **dedilhar**
doigtier *nm* Fourreau pour protéger un ou plusieurs doigts ► **dedeira**
doit *nm* Partie d'un compte établissant ce qu'une personne doit ► **deve, débito**
Dolby *nm* (nom déposé) Procédé de réduction du bruit de fond des enregistrements sonores; dispositif utilisant ce procédé ► ***Dolby*** (marca registrada)
doléances *nf pl* Plaintes, réclamations ► **reclamação**
dolent, e *adj* Plaintif; pleurnicheur: *voix dolente* ► **dolente**
dolichocéphale [dɔlikɔsefal] *adj et n* Dont la longueur du crâne l'emporte sur la largeur ► **dolicocéfalo**
doline *nf* GÉOGR Petite cuvette fermée caractéristique de certaines régions calcaires ► **dolina**
dollar *nm* Unité monétaire de quelques pays, notamment des États-Unis, de l'Australie, du Canada, de Hongkong ► **dólar**
dollarisation *nf* Processus de substitution du dollar des États-Unis à une monnaie nationale ► **dolarização**
dolmen [dɔlmɛn] *nm* Monument mégalithique formé d'une grande pierre plate posée sur deux verticales ► **dólmen**
dolomite *nf* Carbonate naturel de calcium et de magnésium ► **dolomita**
DOM *nm* (sigle) Département d'outre-mer ► **Ø**
domaine *nm* **1** Propriété foncière d'une certaine étendue: *le domaine familial* ► **propriedade** **2** Attribution, fonction, ressort: *c'est de mon domaine* ► **competência** **3** Secteur, champ couvert par un art, une science, une technique: *le domaine de la médecine* ► **campo** ■ **le domaine de l'État** ou **le Domaine:** les biens de l'État; l'administration de ces biens ► **patrimônio público**
domanial, e, aux *adj* Qui appartient à un domaine, en particulier au domaine de l'État ► **estatal, governamental**
dôme *nm* **1** Voûte semi-sphérique, qui surmonte un édifice ► **domo** **2** Dispositif en forme de coupole: *dôme de verdure* ► **domo**
domestication *nf* Action de domestiquer ► **domesticação**
domesticité *nf* Ensemble des domestiques d'une maison ► **criadagem**
domestique *adj* **1** Qui concerne la maison, la famille: *tâches domestiques* ► **doméstico** **2** Apprivoisé (par opposition à *sauvage*): *animal domestique* ► **doméstico** ◆ *n* Personne employée au service d'une maison, d'un hôtel, etc. ► **doméstico**
domestiquer *vt* **1** Apprivoiser (un animal sauvage) ► **domesticar** **2** Rendre utilisable par l'homme: *domestiquer le vent* ► **domesticar**
domicile *nm* Lieu d'habitation ► **domicílio** ■ **à domicile:** au lieu où on habite: *livraison à domicile* ► **em domicílio** □ **domicile conjugal:** domicile commun des époux ► **domicílio conjugal** □ **élire domicile:** se fixer ► **fixar residência** □ **sans domicile fixe:** personne qui n'a pas de lieu d'habitation, pas de travail ni de ressources ► **sem-teto**
domiciliaire *adj* ► **domiciliário** ■ DR **visite domiciliaire:** faite au domicile de quelqu'un par autorité de justice ► **visita domiciliária**
domiciliation *nf* **1** Désignation d'un domicile où un effet de commerce est payable ► **domiciliação** **2** Pour une entreprise, choix du lieu de son siège ► **domiciliação**
domicilié, e *adj* Qui a son domicile à tel endroit

▶ **domiciliado**

domicilier *vt* ▶ **domiciliar** ■ **se faire domicilier quelque part:** faire reconnaître un lieu comme son domicile légal ▶ **domiciliar-se, fixar residência em algum lugar**

dominant, e *adj* Qui domine; prédominant ▶ **dominante**

dominante *nf* **1** Partie, trait caractéristiques ou essentiels ▶ **dominante 2** MUS Cinquième degré de la gamme ▶ **dominante**

dominateur, trice *adj et n* Qui domine, aime dominer ▶ **dominador**

domination *nf* Action de dominer; autorité souveraine ▶ **dominação**

dominer *vi* **1** Exercer sa suprématie ▶ **dominar 2** L'emporter en nombre, en intensité sur ▶ **dominar** ♦ *vt* **1** Être maître de, tenir sous son autorité ▶ **dominar 2** Être au-dessus de; surplomber: *dominer une plaine* ▶ **dominar 3** FIG Maîtriser: *dominer un sujet* ▶ **dominar**

dominicain, e *n* Religieux, religieuse de l'ordre fondé par saint Dominique ▶ **dominicano** ♦ *adj et n* De la République dominicaine: *les Dominicains* ▶ **dominicano**

dominical, e, aux *adj* **1** Du Seigneur ▶ **dominical 2** Du dimanche: *repos dominical* ▶ **dominical**

domino *nm* **1** Chacune des pièces du jeu de dominos ▶ **peça de dominó 2** Costume de bal masqué, vêtement flottant avec capuchon; personne qui porte ce costume ▶ **dominó** ■ AFRIQUE, ANTILLES **couple domino:** couple constitué d'une personne noire et d'une personne blanche ▶ **casal inter-racial, negro e branco** ♦ **dominos** *pl* Jeu de société consistant à assembler selon des règles de petits rectangles dont chaque moitié est marquée d'un certain nombre de points ▶ **dominó**

dommage *nm* Perte, dégât, préjudice ▶ **prejuízo** ■ **c'est dommage, quel dommage:** c'est fâcheux, regrettable ▶ **é pena, que pena** ♦ **dommages** *pl* ■ DR **dommages et intérêts** ou **dommages-intérêts:** indemnité due pour un préjudice ▶ **indenização por perdas e danos**

dommageable *adj* Préjudiciable ▶ **prejudicial**

domotique *nf* Ensemble des techniques visant à automatiser divers éléments de l'habitat (sécurité, énergie, etc.) ▶ **domótica**

domptable *adj* Qu'on peut dompter ▶ **domável**

dompter [dɔ̃te] ou [dɔ̃pte] *vt* **1** Soumettre, dominer ▶ **domar 2** Apprivoiser, dresser ▶ **domar 3** LITT, FIG maîtriser, surmonter ▶ **domar**

dompteur, euse *n* Personne qui dompte des animaux ▶ **domador**

don *nm* **1** Action de donner; chose donnée; cadeau ▶ **dom 2** Donation ▶ **doação 3** Qualité naturelle, talent, disposition ▶ **dom**

DON [dɔ̃] *nm* (sigle) Disque optique numérique ▶ Ø

donataire *n* Personne qui reçoit un don, une donation ▶ **donatário**

donateur, trice *n* Personne qui fait un don, une donation ▶ **doador**

donation *nf* Acte juridique par lequel une personne transmet un bien ▶ **doação**

donc *conj* **1** Introduit la conclusion, la conséquence: *je pense, donc je suis* ▶ **portanto 2** Marque la reprise d'un discours interrompu: *je vous disais donc que* ▶ **então** ♦ *adv* Renforce une interrogation, une demande: *qu'as-tu donc?* ▶ **então**

donjon *nm* Tour maîtresse d'un château fort ▶ **torreão**

don Juan (pl *dons Juans*) *nm* Séducteur ▶ **dom-juan**

donjuanesque *adj* Digne de don Juan, d'un séducteur ▶ **dom-juanesco**

donjuanisme *nm* Conduite, attitude d'un don Juan ▶ **dom-juanismo**

donne *nf* JEUX Action de distribuer les cartes ▶ **distribuição das cartas** ■ **fausse donne:** maldonne ▶ **erro na distribuição das cartas** □ **nouvelle donne:** situation nouvelle résultant de changements importants ▶ **nova ordem**

donné, e *adj* Déterminé, fixé: *en un temps donné* ▶ **dado**

donnée *nf* **1** Point incontestable ou admis comme tel: *données chronologiques* ▶ **dado 2** Idée fondamentale qui sert de point de départ ▶ **dado** ♦ **données** *pl* **1** Circonstances qui conditionnent un événement ▶ **dados 2** MATH Hypothèses figurant dans l'énoncé d'un problème ▶ **dado 3** INFORM Représentation conventionnelle d'une information sous une forme convenant à son traitement par ordinateur: *base de données* ▶ **dado**

donner *vt* **1** Attribuer, remettre quelque chose à quelqu'un: *donner des bonbons* ▶ **dar 2** Accorder quelque chose à quelqu'un: *donner son autorisation* ▶ **dar 3** Produire: *cette vigne donne un bon vin* ▶ **dar 4** Communiquer, transmettre: *donner son adresse; donner l'alerte* ▶ **dar 5** Exercer une action sur: *donner du courage, du souci; donner faim, soif* ▶ **dar 6** Manifester: *donner des signes de vie* ▶ **dar** ■ **donnant donnant:** à condition de recevoir une contrepartie ▶ **toma lá dá cá** ♦ *vi* Avoir du rendement, de la puissance: *les tomates donnent déjà; la musique donne à plein* ▶ **produzir (-se)** ♦ *vt ind* [sur] Avoir vue: *cette fenêtre donne sur la cour* ▶ **dar** ♦ **se donner** *vpr* Consacrer son activité, son énergie à: *se donner à son travail* ▸ **dar-se** ▪ **s'en donner:** beaucoup s'amuser ▸ **divertir-se à larga**

donneur, euse *n* **1** Personne qui aime à donner: *donneur de bons conseils* ▸ **oferecedor** **2** Joueur qui distribue les cartes ▸ **carteador** **3** Personne qui fait don de son sang, d'un organe ▸ **doador**

donquichottisme *nm* Caractère du redresseur de torts ▸ **quixotismo**

dont *pron rel* Remplace un complément introduit par *de* (de qui, duquel, de quoi): *celui, celle, ceux dont je t'ai parlé; la façon dont il s'y prend; une dizaine de livres, dont le sien* ▸ **cujo, de que, entre os quais, como**

GRAMMAIRE On dit *c'est lui* dont il s'agit ou *c'est* de lui qu'il s'agit

dopage ou **doping** [dɔpiŋ] *nm* Emploi d'excitants par un sportif ▸ ***doping***

dopant, e *adj et nm* Se dit d'un produit qui dope, stimule ▸ **dopante**

dope *nf* (anglicisme) FAM Drogue ▸ **droga**

doper *vt* **1** Administrer un excitant à ▸ **dopar** **2** Stimuler ▸ **estimular** ♦ **se doper** *vpr* Prendre des stimulants ▸ **dopar-se**

dorade *nf* → **daurade**

dorage *nm* Action de dorer ▸ **douração**

doré, e *adj* **1** Jaune, de couleur d'or: *métal doré* ▸ **dourado** **2** Légèrement hâlé: *peau dorée* ▸ **dourado** ♦ *nm* Dorure ▸ **dourado**

dorénavant *adv* À partir de maintenant; désormais ▸ **doravante**

dorer *vt* **1** Recouvrir d'une couche d'or ▸ **dourar** **2** CUIS Couvrir une préparation d'une légère couche de jaune d'œuf ▸ **dourar**

doreur, euse *n et adj* Spécialiste qui pratique la dorure ▸ **dourador**

dorien *nm* Un des quatre principaux dialectes de la langue grecque ancienne ▸ **dórico**

dorique *adj et nm* ▸ **dórico** ▪ **ordre dorique:** le plus ancien des ordres de l'architecture grecque ▸ **ordem dórica**

dorloter *vt* Traiter délicatement, entourer de soins attentifs ▸ **paparicar**

dormant, e *adj* Se dit d'un agent secret, d'un terroriste ou d'un réseau installés en un lieu dans l'attente d'une action ▸ **aguardando mobilização** ▪ **châssis dormant:** châssis qui ne s'ouvre pas ▸ **esquadria fixa** ▫ **eau dormante:** eau qui n'a pas de courant, stagnante ▸ **água parada** ♦ *nm* Partie fixe d'une fenêtre ▸ **caixilho**

dormeur, euse *n et adj* Personne qui aime à dormir ▸ **dorminhoco** ▪ ZOOL **crabe dormeur** ou **dormeur:** *nm* tourteau ▸ **caranguejola**

dormir *vi (conj 18)* **1** Être plongé dans le sommeil ▸ **dormir** **2** FIG Ne manifester aucune activité ▸ **dormir** **3** Rester improductif: *capital qui dort* ▸ **ficar parado** ▪ **dormir sur ses deux oreilles:** en toute sécurité ▸ **dormir descansado** ▫ **ne dormir que d'un œil:** être sur ses gardes ▸ **dormir com um olho aberto e outro fechado**

dorsal, e, aux *adj* Du dos ▸ **dorsal**

dorsale *nf* **1** Crête montagneuse ▸ **cumeada** **2** GÉOL Chaîne de montagnes sous-marines ▸ **dorsal oceânica**

dortoir *nm* Salle commune où dorment les membres d'une communauté ▸ **dormitório**

dorure *nf* **1** Art, action de dorer ▸ **douradura** **2** Revêtement doré ▸ **douradura**

doryphore *nm* Insecte coléoptère qui ravage les plants de pommes de terre ▸ **dorífero**

dos *nm* **1** Partie postérieure du tronc de l'homme, entre les épaules et le bassin ▸ **dorso, costas** **2** Face supérieure du corps des vertébrés, des insectes, etc. ▸ **dorso** **3** Partie supérieure convexe d'un objet: *dos d'une cuillère* ▸ **dorso** **4** Verso, revers: *au dos d'une lettre* ▸ **verso** **5** Partie opposée au tranchant: *le dos d'un couteau* ▸ **cota** ▪ **avoir bon dos: (a)** être accusé à la place d'un autre ▸ **ter as costas largas (b)** être un prétexte commode ▸ **ser uma boa desculpa** ▫ **en dos d'âne:** qui présente deux inclinaisons opposées ▸ **arqueado**

DOS [dɔs] *nm* (nom déposé, sigle de *Disc Operating System*) INFORM Système d'exploitation développé pour les PC ▸ ***DOS***

dosage *nm* Action de doser ▸ **dosagem**

dos-d'âne *nm inv* Relief, bosse sur une voie, une route ▸ **lombada**

dose *nf* **1** Quantité d'un médicament prise en une fois ▸ **dose** **2** Quantité de chaque élément qui entre dans un composé ▸ **dose** **3** FIG Quantité quelconque ▸ **dose**

doser *vt* Déterminer une dose, la concentration d'une solution, la quantité d'un constituant ▸ **dosar**

doseur *nm* Appareil servant au dosage ▸ **dosador**

dossard *nm* Pièce d'étoffe reproduisant un numéro d'ordre, que portent les concurrents d'une épreuve sportive ▸ **número de peito, número da camisa**

dossier *nm* **1** Partie postérieure d'un siège, contre laquelle s'appuie le dos ▸ **encosto** **2** Ensemble des documents concernant une personne, une question quelconque ▸ **dossiê** **3** Question, problème à traiter: *le dossier agri-*

cole ▸ **questão**

dot [dɔt] *nf* Biens qu'une femme apporte en se mariant, ou une religieuse en entrant au couvent ▸ **dote**

dotal, e, aux *adj* Relatif à la dot ▸ **dotal**

dotation *nf* **1** Ensemble des revenus assignés à un établissement d'utilité publique, à une communauté, etc. ▸ **dotação 2** Revenu attribué aux membres d'une famille souveraine, au chef de l'État ▸ **dotação**

doter *vt* **1** Donner une dot à ▸ **dotar 2** Assigner un revenu à: *doter un institut* ▸ **dotar 3** Équiper, pourvoir ▸ **dotar 4** FIG Gratifier quelqu'un d'un avantage ▸ **dotar**

douaire *nm* ANC Biens assurés à la femme survivante par le mari ▸ **arras esponsalícias**

douairière *nf* **1** ANC Veuve qui jouissait d'un douaire ▸ **viúva dotada 2** PÉJOR Vieille dame de la haute société ▸ **coroa ricaça**

douane *nf* **1** Administration qui perçoit les droits imposés sur les marchandises exportées ou importées ▸ **alfândega 2** Siège de cette administration ▸ **alfândega 3** Droits, taxes perçus ▸ **alfândega**

douanier, ère *adj* Qui concerne la douane: *union douanière* ▸ **alfandegário** ◆ *n* Agent de la douane ▸ **aduaneiro**

douar *nm* Village en Afrique du Nord ▸ **aduar**

doublage *nm* Action de doubler ▸ **reforço, forro**

double *adj* **1** Multiplié par deux ou répété deux fois ▸ **duplicado 2** Fait de deux choses identiques ▸ **duplo 3** FIG Qui a deux aspects opposés dont l'un est masqué: *phrase à double sens* ▸ **duplo ■ faire double emploi:** être superflu, inutile ▸ **chover no molhado** ◆ *nm* **1** Quantité égale à deux fois une autre ▸ **dobro 2** Reproduction, copie: *le double d'une note* ▸ **cópia 3** Partie de tennis ou de tennis de table entre deux équipes de deux joueurs ▸ **jogo de duplas ■ en double:** en deux exemplaires ▸ **em duplicata** ◆ *adv* **■ voir double:** voir deux choses là où il n'y en a qu'une ▸ **enxergar dobrado**

doublé *nm* Double réussite ▸ **dupla vitória**

double-cliquer *vi* Effectuer un double clic sur la souris d'un ordinateur ▸ **clicar duas vezes**

double-croche (pl *doubles-croches*) *nf* MUS Note dont la valeur représente la moitié de celle d'une croche ▸ **semicolcheia**

double-décimètre (pl *doubles-décimètres*) *nm* Règle de vingt centimètres ▸ **régua de vinte centímetros**

doublement[1] *nm* Action de doubler ▸ **duplicação, ultrapassagem**

doublement[2] *adv* Pour deux raisons, à double titre ▸ **duplamente**

doubler *vt* **1** Multiplier par deux ▸ **duplicar 2** Mettre en double en pliant: *doubler une ficelle* ▸ **dobrar 3** Garnir d'une doublure: *doubler une jupe* ▸ **forrar 4** Dépasser: *doubler un vélo* ▸ **ultrapassar ■** VIEILLI **doubler une classe:** la recommencer ▸ **repetir de ano □ doubler un acteur:** jouer son rôle, le remplacer ▸ **dublar um ator □ doubler un film:** en enregistrer les dialogues dans une langue différente de celle d'origine ▸ **dublar um filme** ◆ *vi* Devenir double ▸ **dobrar**

double-rideau (pl *doubles-rideaux*) *nm* Rideau de tissu épais placé devant une fenêtre ▸ **cortina dupla**

doublet *nm* Mot de même étymologie qu'un autre, mais qui présente une forme et un sens différents (EX: *blâmer, blasphémer*) ▸ **dobrete**

doublon *nm* Répétition erronée d'un mot, d'une lettre, d'une ligne ▸ **repetição**

doublure *nf* **1** Étoffe qui garnit l'intérieur d'un vêtement ▸ **forro 2** Remplaçant d'un acteur ▸ **dublê**

douceâtre *adj* D'une saveur, d'une douceur fade ▸ **adocicado**

doucement *adv* **1** D'une manière douce, sans violence; délicatement: *à manipuler doucement* ▸ **suavemente 2** Sans excès de bruit: *parler doucement* ▸ **suavemente 3** Lentement: *avancer doucement* ▸ **devagar ■ aller (tout) doucement:** se porter médiocrement ▸ **ir nem bem nem mal** ◆ *interj* S'emploie pour engager à la modération: *doucement! calmez-vous!* ▸ **calma**

doucereusement *adv* D'une manière doucereuse ▸ **melifluamente**

doucereux, euse *adj* **1** D'une douceur fade ▸ **adocicado 2** FIG D'une douceur affectée ▸ **meloso**

doucette *nf* Autre nom de la mâche ▸ **alface-de-cordeiro**

doucettement *adv* FAM Tout doucement ▸ **suavemente, devagarinho**

douceur *nf* Qualité, caractère de ce qui est doux ▸ **doçura, suavidade ■ en douceur:** sans heurt, sans éclat ▸ **suavemente** ◆ **douceurs** *pl* **1** Sucreries, friandises ▸ **doces 2** FIG Propos aimables, paroles douces ▸ **palavras doces**

douche *nf* **1** Jet d'eau dirigé sur le corps dans un but d'hygiène: *prendre une douche* ▸ **ducha 2** Installation pour se doucher: *salle de bains avec douche* ▸ **chuveiro, ducha 3** FAM Averse qu'on reçoit ▸ **banho 4** FIG Ce qui met fin à un état d'exaltation, à des illusions ▸ **ducha de água fria ■ douche écossaise: (a)** alternativement chaude et froide ▸ **ducha escocesa (b)** FIG alternance de bonnes et de mauvaises nouvelles ▸ **altos e baixos** ▫ **faire l'effet d'une douche froide:** faire brutalement cesser l'enthousiasme de quelqu'un: *refus qui fait l'effet d'une douche froide* ▸ **ser uma ducha de água fria**

doucher *vt* Donner une douche à ▸ **duchar** ♦ **se doucher** *vpr* Prendre une douche ▸ **tomar uma ducha**

doudoune *nf* Veste très chaude, en tissu synthétique, rembourrée de duvet ou de matière synthétique ▸ **anoraque**

doué, e *adj* Qui a des dons naturels, du talent pour quelque chose ▸ **dotado**

douer *vt* Pourvoir, gratifier, doter de: *douer de belles qualités* ▸ **dotar**

douille *nf* **1** Partie creuse d'un instrument, d'un outil, qui reçoit le manche ▸ **alvado 2** Cylindre creux qui contient la charge de poudre d'une cartouche ▸ **cápsula 3** Pièce dans laquelle se fixe le culot d'une ampoule électrique ▸ **soquete**

douillet, ette *adj* Doux, moelleux, confortable ▸ **fofo** ♦ *adj et n* Sensible à la moindre douleur ▸ **sensível**

douillettement *adv* De façon douillette ▸ **delicadamente**

douleur *nf* Souffrance physique ou morale ▸ **dor**

douloureuse *nf* FAM Facture à payer; addition ▸ **dolorosa**

douloureusement *adv* Avec douleur, peine ▸ **dolorosamente**

douloureux, euse *adj* **1** Qui cause de la douleur ▸ **doloroso 2** Qui marque, exprime la douleur ▸ **doloroso, doído**

douma *nf* Assemblée, conseil, en Russie ▸ **duma**

doute *nm* **1** Incertitude, irrésolution: *laisser quelqu'un dans le doute* ▸ **dúvida 2** Soupçon, méfiance: *avoir des doutes sur quelqu'un* ▸ **desconfiança 3** Scepticisme: *le doute scientifique* ▸ **dúvida** ▪ **mettre en doute:** contester ▸ **colocar em dúvida** ▫ **sans aucun doute:** assurément ▸ **sem dúvida nenhuma** ▫ **sans doute:** probablement ▸ **decerto**

GRAMMAIRE Lorsque *sans doute* est en tête de phrase, il y a inversion du sujet: *sans doute le croit-il*

douter *vt ind* [de, que] **1** Être dans l'incertitude sur la réalité ou la vérité d'un fait: *je doute qu'il vienne* ▸ **duvidar 2** Ne pas avoir confiance en: *douter de quelqu'un* ▸ **duvidar** ♦ **se douter** *vpr* [de, que] Pressentir ▸ **desconfiar**

douteux, euse *adj* **1** Qui n'est pas sûr; incertain: *victoire douteuse* ▸ **duvidoso 2** Équivoque, qui provoque la méfiance; suspect: *individu douteux* ▸ **suspeito**

douve[1] *nf* **1** Large fossé rempli d'eau: *les douves d'un château* ▸ **fosso 2** Planche courbée qui entre dans la construction des tonneaux ▸ **aduela 3** BOT Renoncule vénéneuse des marais ▸ **ranúnculo dos pântanos**

douve[2] *nf* Ver parasite du foie de certains mammifères et de l'homme ▸ **fascíola**

doux, douce *adj* **1** D'une saveur agréable ▸ **doce 2** Qui produit une impression agréable sur les sens: *voix douce* ▸ **doce 3** Qui cause un sentiment de bien-être, de plaisir: *de doux souvenirs* ▸ **doce 4** Qui est facile, peu pénible: *vie douce* ▸ **doce 5** Qui n'est pas brusque, pas brutal: *pente douce* ▸ **suave 6** Qui n'est pas violent, pas excessif: *lumière, climat doux* ▸ **ameno 7** Bon, affable, tendre, bienveillant ▸ **doce** ▪ **eau douce:** qui ne contient ni sel ni calcaire ▸ **água doce** ▫ **vin doux:** qui n'a pas encore fermenté ▸ **vinho suave** ♦ *adv* ▪ **filer doux:** obéir sans résistance ▸ **ficar mansinho** ▫ **tout doux!:** doucement ▸ **calminha!** ♦ *nm* Ce qui est doux, agréable ▸ **doce** ♦ **en douce** *loc adv* FAM En cachette: *partir en douce; faire un coup en douce à quelqu'un* ▸ **na surdina**

doux-amer, douce-amère (pl *doux-amers, douces-amères*) *adj* Dont le goût associe douceur et amertume ▸ **agridoce**

douzaine *nf* **1** Ensemble de douze objets, personnes, etc., de même nature ▸ **dúzia 2** Douze environ ▸ **cerca de doze**

douze *adj num card* Dix et deux ▸ **doze** ♦ *adj num ord* Douzième: *page douze* ▸ **doze** ♦ *nm inv* Chiffre, numéro qui représente ce nombre ▸ **doze**

douzième *adj num ord et n* **1** Qui occupe le rang marqué par le numéro douze ▸ **décimo segundo 2** Qui est contenu douze fois dans le tout ▸ **doze avos** ♦ *nm* La douzième partie ▸ **duodécimo**

douzièmement *adv* En douzième lieu ▸ **em décimo segundo lugar**

Dow Jones [dɔdʒɔns] ▪ indice Dow Jones *nm* (nom déposé) Indice calculé à partir du cours de 30 actions américaines ▸ **índice Dow Jones**

doyen, enne *n* Le plus ancien par l'âge ou l'appartenance à un groupe ▸ **decano** ♦ *nm* RELIG Responsable ecclésiastique ▸ **deão**

doyenné *nm* RELIG Circonscription ecclésiastique administrée par le doyen ▸ **decanato**

DP *n* (sigle) Délégué, déléguée du personnel ▸ **Ø**

Dr (abréviation) Docteur ▸ **Dr.**

drachme [drakm] *nf* Unité monétaire grecque jusqu'au 1er janvier 2002 ▸ **dracma**

draconien, enne *adj* D'une rigueur, d'une sévérité excessives ▸ **draconiano**

dragage *nm* Action de draguer un fleuve, une rivière ▸ **dragagem**

dragée *nf* **1** Amande recouverte de sucre durci ► **drágea 2** Pilule ou comprimé enrobés de sucre ► **drágea** ■ **tenir la dragée haute à quelqu'un:** lui faire attendre ce qu'il désire, le lui faire payer cher ► **mostrar a alguém quem é que manda**

dragéifié, e *adj* Qui a l'aspect d'une dragée ► **drageificado**

drageon *nm* Rejeton qui naît de la racine des arbres ► **rebento**

dragon *nm* **1** Monstre fabuleux ► **dragão 2** HIST Soldat d'un corps de cavalerie ► **dragão 3** FIG Gardien vigilant, farouche ► **cérbero 4** Personne acariâtre, autoritaire ► **dragão 5** Pays en développement qui connaît un rapide essor économique ► **dragão**

dragonnades *nf pl* HIST Persécutions organisées contre les protestants par Louvois après la révocation de l'édit de Nantes et qu'exécutèrent les dragons royaux ► **dragonadas**

dragonne *nf* Courroie reliant le poignet à la garde d'une épée, d'un sabre, à un bâton de ski, etc. ► **alça**

drague *nf* **1** Machine pour curer les fonds d'un cours d'eau, de la mer ► **draga 2** Dispositif employé pour détruire les mines sous-marines ► **draga-minas 3** Sorte de filet de pêche ► **rede de arrasto 4** FAM Action de draguer quelqu'un ► **paquera**

draguer *vt* **1** Curer avec la drague ► **dragar 2** Détecter des mines sous-marines pour les détruire à la drague ► **fazer varredura 3** FAM Aborder quelqu'un en vue d'une aventure amoureuse ► **paquerar**

dragueur, euse *n et adj* FAM Personne qui aime draguer ► **paquerador** ◆ *nm* Bateau qui drague: *dragueur de mines* ► **draga**

draille *nf* Chemin emprunté par les troupeaux lors de la transhumance ► **trilha do gado**

drain *nm* **1** Conduit souterrain, pour évacuer l'eau dans les terres trop humides ► **dreno 2** Tube souple percé de trous, qui se place dans une plaie pour assurer l'écoulement des liquides purulents ► **dreno**

drainage *nm* Action de drainer ► **drenagem**

drainer *vt* **1** Débarrasser un sol de son excès d'eau ► **drenar 2** Mettre des drains dans un foyer purulent ► **drenar 3** FIG Attirer à soi ► **captar**

draisine *nf* Petit véhicule automoteur utilisé par le personnel des chemins de fer pour l'entretien des voies ► **dresina**

drakkar *nm* Bateau des Vikings ► **dracar**

dramatique[1] *adj* **1** Qui se rapporte au théâtre: *auteur dramatique* ► **dramático 2** Qui comporte un danger; grave, terrible, tragique: *situation dramatique* ► **dramático**

dramatique[2] *nf* Émission de caractère théâtral, télévisée ou radiodiffusée ► **teleteatro, radioteatro**

dramatiquement *adv* De façon dramatique ► **dramaticamente**

dramatisation *nf* Action de dramatiser ► **dramatização**

dramatiser *vt* Exagérer la gravité, la violence d'un événement, d'une situation ► **dramatizar**

dramaturge *n* Auteur de pièces de théâtre ► **dramaturgo**

dramaturgie *nf* Art, traité de la composition théâtrale ► **dramaturgia**

drame *nm* **1** Pièce de théâtre où le comique peut se mêler au tragique ► **drama 2** Événement violent ou tragique; catastrophe ► **drama**

drap *nm* **1** Pièce de tissu dont on garnit un lit ► **lençol 2** Grande serviette en tissu-éponge: *drap de bain* ► **toalha 3** Étoffe de laine ► **lã** ■ FAM **être dans de beaux draps:** dans une position fâcheuse ► **estar em maus lençóis**

drapé *nm* Agencement de plis souples, d'étoffes ► **drapeado**

drapeau *nm* Pièce d'étoffe attachée à une hampe, portant les couleurs d'une nation, d'un parti, etc. ► **bandeira** ■ FIG **sous les drapeaux:** au service militaire ► **no serviço militar**

draper *vt* **1** Couvrir d'une draperie ► **cobrir com pano 2** Disposer en plis harmonieux ► **drapear** ◆ **se draper** *vpr* **1** S'envelopper ► **enrolar-se 2** SOUT, FIG s'enorgueillir, se prévaloir de: *se draper dans sa dignité* ► **engalar-se**

draperie *nf* **1** Industrie du drap ► **tecelagem 2** Étoffe disposée de manière à retomber en plis harmonieux ► **colgadura 3** BX-ARTS Représentation de drapés ► **drapeamento**

drap-housse (pl *draps-housses*) *nm* Drap de dessous dont les coins froncés emboîtent le matelas ► **lençol com elástico**

drapier *nm* Marchand, fabricant de drap ► **tecelão, vendedor de tecidos**

drastique *adj* Très rigoureux, draconien: *des mesures drastiques* ► **drástico**

dressage *nm* **1** Action de dresser un animal ► **adestramento 2** Action de mettre droit, d'installer ► **instalação**

dresser *vt* **1** Lever, tenir droit, vertical ► **erigir 2** Monter, construire: *dresser une tente* ► **montar 3** Disposer, agencer: *dresser la table* ► **arrumar 4** Établir, rédiger: *dresser un acte* ► **lavrar 5** FIG Plier quelqu'un à une discipline stricte ► **disciplinar 6** Dompter un animal ► **adestrar 7** Exciter: *dresser* *une personne contre une autre* ▸ **rebelar** ▪ FIG **dresser l'oreille:** écouter ▸ **ficar de orelha em pé** ◆ **se dresser** *vpr* **1** Se lever, se tenir droit ▸ **empertigar-se 2** FIG S'insurger contre ▸ **rebelar-se**

dresseur, euse *n* Personne qui dresse des animaux ▸ **adestrador**

dressoir *nm* ANC Buffet à étagères dans lequel on exposait la vaisselle ▸ **guarda-louça**

dreyfusard, e *adj et n* HIST Partisan de Dreyfus ▸ **dreyfusista**

DRH *nf* (sigle) Direction des ressources humaines ▸ **D.R.H.**

dribble *nm* Action de dribbler ▸ **drible**

dribbler *vi* Dans divers sports d'équipe, conduire le ballon par petits coups successifs, pour éviter l'adversaire ▸ **driblar**

drille *nm* ▪ **joyeux drille:** homme jovial ▸ **homem jovial**

drisse *nf* MAR Cordage qui sert à hisser ▸ **adriça**

drive [drajv] *nm* **1** Au tennis, coup droit ▸ ***drive*** **2** Au golf, coup de longue distance donné au départ d'un trou ▸ ***drive***

driver [drajve] *vt et vi* Faire un drive ▸ **dar um *drive***

drogue *nf* **1** Substance qui modifie l'état de conscience; stupéfiant ▸ **droga** ▪ **drogue douce:** qui a des effets mineurs sur l'organisme ▸ **droga leve** □ **drogue dure:** qui engendre un état de dépendance ▸ **droga pesada 2** PÉJOR, VX médicament ▸ **droga**

drogué, e *n et adj* Personne intoxiquée par l'usage de drogues; toxicomane ▸ **drogado**

droguer *vt* Donner trop de médicaments à ▸ **drogar** ◆ **se droguer** *vpr* Prendre avec excès des médicaments ou des stupéfiants ▸ **drogar-se**

droguerie *nf* Commerce de produits d'hygiène, d'entretien; magasin où se vendent ces produits ▸ **drogaria**

droguiste *n* Personne qui tient une droguerie ▸ **droguista**

droit[1] *nm* **1** Faculté reconnue d'agir de telle façon, de jouir de tel avantage: *avoir le droit de vote, de fumer* ▸ **direito 2** Ce qui donne une autorité morale, une influence, un pouvoir: *avoir des droits sur quelqu'un* ▸ **direito 3** Impôt, taxe: *droit d'entrée* ▸ **direito 4** Ensemble des lois et dispositions qui règlent les rapports entre les membres d'une société: *le droit doit primer la force* ▸ **direito 5** Science qui a pour objet l'étude des lois et des règles de la société: *faire son droit* ▸ **direito 6** Justice ▸ **direito** ▪ **avoir droit à: (a)** bénéficier légalement de: *avoir droit à un mois de congé* ▸ **ter direito a (b)** FAM ne pas échapper à: *avoir droit à une série de reproches* ▸ **ter de aguentar** □ **droit canon:** droit ecclésiastique ▸ **direito canônico** □ **droit civil:** règles relatives aux personnes et aux biens ▸ **direito civil** □ **droit international:** droit qui règle les rapports entre nations ▸ **direito internacional** □ **droit pénal:** règles qui sanctionnent les infractions et leurs auteurs ▸ **direito penal** □ **droit privé:** règles qui régissent les rapports des individus entre eux ▸ **direito privado** □ **droit public:** règles relatives à l'organisation de l'État et à ses rapports avec les particuliers ▸ **direito público**

droit[2], e *adj* **1** Qui n'est pas courbe; rectiligne ▸ **reto 2** Vertical ▸ **reto 3** FIG Honnête, loyal, franc ▸ **reto 4** Qui raisonne sainement; sensé, judicieux ▸ **reto** ▪ **angle droit:** dont les côtés sont perpendiculaires ▸ **ângulo reto** ◆ *adv* **1** Verticalement: *arbres plantés droit* ▸ **direito 2** Directement: *aller droit au but* ▸ **direto**

droit[3], e *adj* Situé du côté opposé à celui du cœur (par opposition à *gauche*) ▸ **direito**

droite[1] *nf* MATH Ligne droite ▸ **reta**

droite[2] *nf* **1** Main droite ▸ **direita 2** Partie d'une assemblée délibérante formée d'éléments conservateurs ▸ **direita** ▪ **à droite:** à main droite, du côté droit ▸ **à direita** □ **extrême droite:** ensemble des mouvements contre-révolutionnaires, qui récusent le libéralisme et le marxisme ▸ **extrema-direita**

droit-fil (pl *droits-fils*) *nm* Sens de la trame ou de la chaîne d'un tissu ▸ **sentido da fibra, do fio** ▪ **dans le droit-fil de:** dans la logique, dans la ligne de: *une réforme dans le droit-fil de l'orientation budgétaire* ▸ **na linha de**

droitier, ère *adj et n* Qui se sert surtout de sa main droite ▸ **destro**

droiture *nf* Loyauté, honnêteté ▸ **retidão**

drolatique *adj* LITT Plaisant, récréatif ▸ **engraçado**

drôle *adj* **1** Plaisant, gai, amusant ▸ **engraçado 2** Bizarre: *drôle d'aventure* ▸ **esquisito**

drôlement *adv* **1** De façon drôle, bizarre ▸ **esquisitamente 2** FAM Très, extrêmement ▸ **extraordinariamente**

drôlerie *nf* **1** Qualité de ce qui est drôle ▸ **graça 2** Parole, acte drôle ▸ **brincadeira, piada**

DROM *nm* (sigle) Département et Région d'outre-mer ▸ **Ø**

dromadaire *nm* Chameau à une seule bosse ▸ **dromedário**

drop [drɔp] ou **drop-goal** [drɔpgol] (pl *drop-goals*) *nm* Au rugby, coup de pied en demi-volée qui envoie la balle par-dessus la barre du camp adverse ▸ ***drop-goal***

dru, e *adj* Épais, serré, touffu ▸ **basto** ◆ *adv* En grande quantité, serré: *tomber dru* ▸ **copiosamente**
drugstore [drœgstɔr] *nm* Magasin où l'on peut boire, manger et acheter toutes sortes de produits (pharmacie, hygiène, alimentation, journaux, etc.) ▸ ***drugstore***
druide *nm* Prêtre celte ▸ **druida**
druidique *adj* Relatif aux druides ▸ **druídico**
drupe *nf* Fruit charnu à noyau ▸ **drupa**
dry [draj] *adj inv* Sec: *champagne dry* ▸ ***dry***
dryade *nf* MYTH Nymphe des bois ▸ **dríade**
du[1] *art contracté* Remplace *le* précédé de *de* ▸ **do**
du[2] *art partitif* → **de**
dû[1] *nm* Ce qui est dû à quelqu'un: *réclamer son dû* ▸ **devido**
dû[2]**, due** *adj* Que l'on doit ▸ **devido** ▪ **en bonne et due forme (a)** DR: selon les règles voulues par la loi ▸ **em devida forma (b)** FIG de façon parfaite ▸ **em forma**

ORTHOGRAPHE *Dû* ne prend l'accent circonflexe qu'au masculin singulier: *l'argent dû, la somme due*

dualisme *nm* Tout système religieux ou philosophique qui admet deux principes opposés comme le bien et le mal, la matière et l'esprit, etc. ▸ **dualismo**
dualiste *adj* Propre au dualisme ▸ **dualista** ◆ *n* Partisan du dualisme ▸ **dualista**
dualité *nf* Caractère de ce qui est double en soi ▸ **dualidade**
dubitatif, ive *adj* Qui exprime le doute ▸ **dubitativo**
dubitativement *adv* De façon dubitative ▸ **dubitativamente**
duc *nm* **1** Souverain d'un duché ▸ **duque 2** Titre de noblesse, le plus élevé après celui de prince ▸ **duque 3** Espèce de hibou à aigrettes marquées: *le grand, le moyen, le petit duc* ▸ **corujão, bufo**
ducal, e, aux *adj* De duc, de duchesse ▸ **ducal**
ducat *nm* Ancienne monnaie d'or, en particulier des doges de Venise ▸ **ducado**
duce [dutʃe] *nm* Titre pris par Mussolini, de 1922 à 1945 ▸ ***duce***
duché *nm* HIST Terre, seigneurie à laquelle le titre de duc est attaché ▸ **ducado**
duchesse *nf* **1** Femme d'un duc ▸ **duquesa 2** Femme qui possède un duché ▸ **duquesa**
ductile *adj* Qui peut être étiré, allongé sans se rompre ▸ **dúctil**
ductilité *nf* Propriété de certains métaux qui peuvent être étirés ▸ **ductilidade**
dudit (pl *desdits*) *adj* → **dit**
duègne *nf* ANC En Espagne, gouvernante chargée de veiller sur une jeune personne ▸ **aia**
duel *nm* Combat opposant deux adversaires ▸ **duelo**
duelliste *n* Personne qui se bat en duel ▸ **duelista**
duettiste *n* Artiste qui chante ou qui joue en duo ▸ **duetista**
duffel-coat [dœfœlkot] (pl *duffel-coats*) ou **duffle-coat** [dœfœlkot] (pl *duffle-coats*) *nm* Manteau trois quarts à capuchon ▸ ***duffle-coat***
dugong [dygɔ̃] ou [dygɔ̃g] *nm* Gros mammifère marin de l'océan Indien ▸ **dugongo**
dulcinée *nf* FAM Femme aimée ▸ **dulcineia**
dûment *adv* Selon les formes prescrites ▸ **devidamente**
dumping [dœmpiŋ] *nm* Pratique qui consiste à vendre des produits moins chers à l'étranger que sur le marché national, même à perte ▸ ***dumping***
dundee [dœndi] *nm* Bateau de pêche à deux mâts ▸ **barco pesqueiro com dois mastros**
dune *nf* Monticule de sable édifié par le vent sur les côtes, dans les déserts ▸ **duna**
dunette *nf* Partie élevée à l'arrière d'un navire ▸ **duneta**
duo *nm* **1** Morceau de musique pour deux voix ou deux instruments ▸ **dueto 2** FIG Association de deux personnes ▸ **dupla**
duodécimal, e, aux *adj* Se dit d'un système ayant pour base le nombre douze ▸ **duodecimal**
duodénum [dyɔdenɔm] *nm* Portion de l'intestin grêle, qui succède à l'estomac ▸ **duodeno**
dupe *nf* Personne trompée ▸ **trouxa** ◆ *adj* ▪ **être dupe:** se laisser tromper naïvement ▸ **ser trouxa**
duper *vt* Tromper ▸ **enganar**
duperie *nf* LITT Tromperie ▸ **logro**
duplex *nm* **1** Transmission simultanée dans les deux sens d'une liaison téléphonique ou radioélectrique ▸ **comunicação em dúplex 2** Appartement sur deux étages réunis par un escalier intérieur ▸ **dúplex**
duplicata (pl *duplicatas* ou inv) *nm* Double d'un acte, d'un écrit ▸ **duplicata**
duplication *nf* Action de dupliquer; son résultat ▸ **duplicação**
duplicité *nf* Mauvaise foi, hypocrisie, fausseté ▸ **duplicidade**
dupliquer *vt* Faire un double, une copie d'un document, d'une bande magnétique ▸ **duplicar**
duquel (pl *desquels*) *pron rel* Remplace *lequel* précédé de *de* ▸ **do qual**
dur, e *adj* **1** Ferme, solide, difficile à entamer: *bois dur* ▸ **duro 2** Pénible: *vie dure* ▸ **duro 3** Insensible: *homme, cœur dur* ▸ **duro 4** Difficile à

comprendre, à résoudre: *un dur problème de maths* ► **difícil 5** Résistant: *être dur à la fatigue* ► **resistente 6** Rebelle à la discipline: *cet enfant est dur* ► **difícil 7** Intransigeant: *éléments durs d'un parti* ► **duro ■ être dur d'oreille:** entendre mal ► **ser duro de ouvido □ œuf dur:** œuf au blanc et au jaune solidifiés par une cuisson dans la coquille ► **ovo cozido** ◆ *n* FAM Personne qui ne recule devant rien ► **durão** ◆ *adv* Avec force, énergie: *frapper dur: travailler dur* ► **duro**

durable *adj* De nature à durer ► **duradouro**

durablement *adv* De façon durable ► **duradouramente**

Duralumin *nm* (nom déposé) Alliage léger d'aluminium ► **duralumínio**

durant *prép* **1** Pendant la durée de: *durant une heure* ► **durante 2** (après le nom) Insiste sur la continuité: *sa vie durant* ► **ao longo de**

EMPLOI On notera que *durant* insiste sur la durée plus que *pendant* et qu'il peut être placé après le nom, alors que *pendant* est toujours avant le nom

durcir *vt* Rendre dur: *durcir un métal* ► **endurecer** ◆ *vi* Devenir dur: *acier qui durcit* ► **endurecer** ◆ *vpr* **1** Devenir dur: *colle qui s'est durcie* ► **endurecer(-se) 2** Devenir intransigeant: *l'opposition se durcit* ► **endurecer(-se)**

durcissement *nm* Action, fait de durcir ► **endurecimento**

durcisseur *nm* Produit qui, ajouté à un matériau, provoque son durcissement ► **endurecedor**

dure *nf* ► **dura ■ à la dure:** sans douceur, sans ménagement ► **com rigor □ coucher sur la dure:** sur le sol ► **dormir no chão duro** ◆ **dures** *pl* **■ en voir de dures:** Être malmené ► **passar por poucas e boas**

durée *nf* Espace de temps que dure une chose ► **duração**

durement *adv* Avec dureté ► **duramente**

dure-mère (pl *dures-mères*) *nf* ANAT La plus externe des méninges, fibreuse et très résistante ► **dura-máter**

durer *vi* **1** Avoir une durée de: *son discours a duré deux heures* ► **durar 2** Continuer d'être, se prolonger: *la sécheresse dure* ► **perdurar 3** Résister au temps, à la destruction: *c'est une œuvre qui durera* ► **perdurar**

dureté *nf* **1** Caractère de ce qui est dur: *la dureté de l'acier, d'un climat; parler avec dureté* ► **dureza 2** Teneur d'une eau en ions calcium et magnésium ► **dureza**

durillon *nm* Petite callosité se produisant aux pieds et aux mains ► **calosidade**

Durit [dyrit] *nf* (nom déposé) Tuyau en caoutchouc spécial, utilisé pour faire la liaison entre différentes parties des moteurs à explosion ► **durite**

DUT [deyte] *nm* (sigle de *diplôme universitaire de technologie*) Diplôme de l'enseignement supérieur sanctionnant une formation générale et professionnelle de deux ans dispensée dans les IUT

duvet *nm* **1** Ensemble des petites plumes qui couvrent le ventre des oiseaux ► **penugem 2** Premières plumes des oiseaux nouvellement éclos ► **penugem 3** Poils doux et fins sur le corps humain, sur certains végétaux, etc. ► **penugem 4** Sac de couchage garni de plumes ou de fibres synthétiques ► **saco de dormir**

duveté, e ou **duveteux, euse** *adj* Qui a du duvet; qui en a l'aspect ► **penugento**

DVD *nm* (sigle de *digital versatile disc*) Disque compact à lecture optique servant à stocker des programmes vidéo ► **DVD**

dynamique[1] *adj* **1** Plein d'entrain, d'activité, d'énergie, entreprenant ► **dinâmico 2** PHYS Relatif à la force, au mouvement ► **dinâmico 3** Qui considère les choses dans leur mouvement (par opposition à *statique*) ► **dinâmico**

dynamique[2] *nf* **1** Partie de la mécanique qui étudie les forces et les mouvements ► **dinâmica 2** Ensemble des forces qui concourent à l'accomplissement d'un processus: *favoriser la dynamique de paix* ► **dinâmica ■** PSYCHOL **dynamique de groupe:** ensemble des lois qui régissent le comportement d'un groupe humain ► **dinâmica de grupo**

dynamiquement *adv* Avec dynamisme ► **dinamicamente**

dynamiser *vt* Donner du dynamisme, de l'énergie à: *dynamiser une équipe* ► **dinamizar**

dynamisme *nm* Énergie, vitalité ► **dinamismo**

dynamitage *nm* Action de dynamiter ► **dinamitação**

dynamite *nf* Substance explosive à base de nitroglycérine ► **dinamite**

dynamiter *vt* Faire sauter à la dynamite ► **dinamitar**

dynamiteur, euse *n* Personne qui effectue un dynamitage ► **dinamitador**

dynamo *nf* Machine dynamoélectrique ► **dínamo**

dynamoélectrique *adj* ► **dinamoelétrico ■ machine dynamoélectrique:** qui transforme l'énergie mécanique en énergie électrique ► **máquina dinamoelétrica**

dynamomètre *nm* Instrument pour mesurer l'intensité des forces ► **dinamômetro**

dynastie *nf* Suite de souverains d'une même famille ► **dinastia**

dynastique *adj* Relatif à une dynastie ► **dinástico**

dyne *nf* PHYS Unité de force valant 10^5 newton; symb: dyn ► **dina**

dysenterie *nf* Maladie infectieuse ou parasitaire, provoquant une diarrhée douloureuse avec pertes de sang ► **disenteria**

dysentérique *adj et n* Relatif à la dysenterie; atteint de dysenterie ► **disentérico**

dysfonctionnement *nm* Trouble de fonctionnement d'un organe, d'un système, etc. ► **disfunção**

dysharmonie ou **disharmonie** *nf* Absence d'harmonie entre des personnes, des choses ► **desarmonia**

dyslexie *nf* Difficulté d'apprentissage de la lecture ► **dislexia**

dyslexique *adj et n* Relatif à la dyslexie; qui en est atteint ► **disléxico**

dysménorrhée *nf* MÉD Règles douloureuses ► **dismenorreia**

dysorthographie *nf* Difficulté d'apprentissage de l'orthographe ► **disortografia**

dyspepsie *nf* MÉD Digestion difficile et douloureuse ► **dispepsia**

dyspeptique *adj et n* Relatif à la dyspepsie; qui en est atteint ► **dispéptico**

dyspnée *nf* Difficulté à respirer ► **dispneia**

dytique *nm* Insecte coléoptère carnivore vivant dans les eaux douces ► **ditisco**

dzêta *nm inv* → **zêta**

Ee

e *nm* Cinquième lettre de l'alphabet et la deuxième des voyelles ▸ **e**

E¹ (symbole) Est (point cardinal) ▸ **E**

E² Suivi de trois chiffres, désigne un colorant alimentaire: *E 180 (pigment rubis)* ▸ **E**

eau *nf* **1** Liquide transparent, insipide, inodore: *l'eau bout à 100°C* ▸ **água 2** Masse de ce liquide: *se promener au bord de l'eau* ▸ **águas 3** Ce liquide en tant que boisson: *eau minérale, gazeuse; eau du robinet* ▸ **água 4** Pluie: *flaque d'eau* ▸ **água 5** Tout liquide organique (urine, salive, sueur, larmes): *cloque pleine d'eau; avoir l'eau à la bouche* ▸ **água 6** Limpidité des pierres précieuses: *diamant de belle eau* ▸ **água** ■ **eau de toilette:** préparation alcoolique dérivée d'un parfum et de concentration moindre ▸ **água de toalete** □ **être en eau:** couvert de sueur ▸ **estar encharcado de suor** □ **mettre de l'eau dans son vin:** modérer ses exigences ▸ **não ser muito exigente** □ FIG **se jeter à l'eau:** se lancer hardiment dans une entreprise en surmontant ses hésitations ▸ **entrar de cabeça** □ FIG **tomber à l'eau:** échouer: *projet qui tombe à l'eau* ▸ **fazer água** ◆ **eaux** *pl* **1** Eaux thermales ou minérales: *ville d'eaux* ▸ **águas 2** Liquide amniotique: *perdre les eaux* ▸ **águas** ■ **les Eaux et Forêts:** l'administration chargée de l'entretien et de la surveillance des cours d'eau, étangs et forêts de l'État ▸ **departamento de recursos hídricos e naturais**

eau-de-vie (pl *eaux-de-vie*) *nf* Liqueur alcoolique extraite par distillation du vin, du marc, du cidre, du grain, de certaines céréales, etc. ▸ **aguardente**

eau-forte (pl *eaux-fortes*) *nf* **1** Acide nitrique mêlé d'eau; estampe gravée avec cet acide ▸ **água-forte 2** Technique de gravure utilisant l'eau-forte ▸ **água-forte**

ébahi, e *adj* Très surpris, stupéfait ▸ **pasmo**

ébahir *vt* Frapper d'étonnement, stupéfier ▸ **pasmar**

ébahissement *nm* Étonnement, stupéfaction ▸ **pasmo**

ébarber *vt* Ôter les barbes, les aspérités de ▸ **rebarbar**

ébats *nm pl* Mouvements folâtres ▸ **folia**

ébattre (s') *vpr (conj 56)* Se donner du mouvement pour se détendre ▸ **foliar**

ébaubi, e *adj* FAM Étonné, surpris ▸ **embasbacado**

ébauchage *nm* Action d'ébaucher ▸ **esboço**

ébauche *nf* **1** Premier stade d'exécution d'un objet, d'un ouvrage, d'une œuvre d'art, esquisse; forme générale ▸ **esboço 2** Commencement: *l'ébauche d'un sourire* ▸ **esboço**

ébaucher *vt* **1** Dessiner, tracer l'ébauche de ▸ **esboçar 2** Commencer, esquisser ▸ **esboçar**

ébauchoir *nm* Outil de sculpteur, de charpentier ▸ **desbastador**

ébène *nf* **1** Bois noir, dur et pesant ▸ **ébano 2** Couleur d'un noir éclatant: *cheveux d'ébène* ▸ **ébano**

ébénier *nm* Arbre d'Afrique qui fournit l'ébène ▸ **ébano** ■ **faux ébénier:** cytise ▸ **codesso**

ébéniste *n* Menuisier qui fait des meubles ▸ **marceneiro**

ébénisterie *nf* Travail, métier de l'ébéniste ▸ **marcenaria**

éberlué, e *adj* Stupéfait, étonné ▸ **estupefato**

éblouir *vt* **1** Troubler la vue par un éclat trop vif ▸ **ofuscar 2** FIG Émerveiller ▸ **deslumbrar 3** Séduire ▸ **deslumbrar**

éblouissant, e *adj* Qui éblouit ▸ **ofuscante**

éblouissement *nm* **1** Trouble de la vue, causé par une lumière trop vive ▸ **ofuscação 2** Malaise ▸ **tontura**

ébonite *nf* Caoutchouc durci utilisé comme isolant électrique ▸ **ebonite**

e-book [ibuk] (pl *e-books*) *nm* Micro-ordinateur de la taille d'un livre, destiné à l'affichage sur écran et à la consultation interactive de textes et d'images préalablement stockées dans sa mémoire SYN: *livre électronique* ▸ ***e-book***

éborgner *vt* Rendre borgne ▸ **tornar caolho**
éboueur *nm* Employé chargé de collecter les ordures ménagères ▸ **lixeiro**
ébouillanter *vt* Tremper dans l'eau bouillante ▸ **escaldar** ◆ **s'ébouillanter** *vpr* Se brûler avec de l'eau bouillante ▸ **escaldar-se**
éboulement *nm* **1** Chute de ce qui s'éboule ▸ **desabamento 2** Matériaux éboulés ▸ **escombros**
ébouler *vt* Faire écrouler ▸ **desabar** ◆ **s'ébouler** *vpr* S'écrouler, s'affaisser ▸ **desabar**
éboulis *nm* Amas de matériaux éboulés ▸ **escombros**
ébourgeonnement ou **ébourgeonnage** *nm* Action d'ébourgeonner ▸ **esladroamento**
ébourgeonner *vt* Ôter les bourgeons superflus de ▸ **esladroar**
ébouriffant, e *adj* FAM Extraordinaire, incroyable ▸ **chocante**
ébouriffé, e *adj* Qui a les cheveux en désordre: *être tout ébouriffé* ▸ **desgrenhado**
ébouriffer *vt* **1** Mettre les cheveux en désordre ▸ **desgrenhar 2** FAM Surprendre, ahurir ▸ **surpreender**
ébranchage ou **ébranchement** *nm* Action d'ébrancher ▸ **poda**
ébrancher *vt* Dépouiller de ses branches ▸ **podar**
ébranlement *nm* Action d'ébranler; fait de s'ébranler ▸ **abalo**
ébranler *vt* **1** Faire trembler, osciller; secouer ▸ **abalar 2** FIG Rendre moins solide, moins stable ▸ **abalar 3** FIG Rendre quelqu'un moins assuré de quelque chose, le faire douter ▸ **abalar** ◆ **s'ébranler** *vpr* Se mettre en mouvement ▸ **mover-se**
ébraser *vt* Élargir progressivement de dehors en dedans la baie d'une porte, d'une fenêtre ▸ **alargar**
ébrécher *vt (conj 10)* **1** Endommager le bord de: *ébrécher un verre* ▸ **lascar 2** FIG Entamer, diminuer: *ébrécher sa fortune* ▸ **diminuir**
ébréchure *nf* Partie ébréchée d'un objet ▸ **mossa, parte lascada**
ébriété *nf* Ivresse ▸ **embriaguez**
ébrouer (s') *vpr* **1** Souffler de frayeur, en parlant du cheval ▸ **bufar 2** S'agiter, se secouer, en parlant d'un animal ▸ **sacudir-se**
ébruitement *nm* Action d'ébruiter; fait de s'ébruiter ▸ **divulgação**
ébruiter *vt* Divulguer, répandre ▸ **divulgar** ◆ **s'ébruiter** *vpr* Se répandre, se propager ▸ **propalar-se**
ébulliomètre ou **ébullioscope** *nm* Appareil pour mesurer la température d'ébullition d'un corps ▸ **ebuliômetro, ebulioscópio**
ébullition *nf* **1** Mouvement, état d'un liquide qui bout: *porter de l'eau à ébullition* ▸ **ebulição 2** FIG Effervescence, agitation: *une foule en ébullition* ▸ **ebulição**
éburnéen, enne *adj* LITT Qui a l'aspect de l'ivoire ▸ **ebúrneo**
écaillage *nm* **1** Action d'écailler; son résultat ▸ **descamação, abertura da concha 2** Fait de s'écailler ▸ **descascamento**
écaille *nf* **1** Chacune des plaques qui recouvrent le corps des poissons et des reptiles ▸ **escama 2** Matière première provenant de la carapace de tortue ▸ **casco 3** Valve d'une coquille bivalve: *écaille d'huître* ▸ **concha 4** Chacune des lames qui protègent certains organes végétaux (bourgeons, par ex.) ▸ **escama 5** Ce qui se détache en plaques d'une surface ▸ **lasca**
écailler[1] *vt* **1** Enlever les écailles de: *écailler un poisson* ▸ **descamar 2** Ouvrir un coquillage: *écailler des huîtres* ▸ **abrir** ◆ **s'écailler** *vpr* Se détacher en écailles: *peinture qui s'écaille* ▸ **descascar**
écailler[2]**, ère** *n* Personne qui ouvre ou qui vend des huîtres et autres coquillages ▸ **ostreiro**
écale *nf* Enveloppe coriace de certains fruits ▸ **casca**
écaler *vt* Ôter l'écale, la coquille de ▸ **descascar, abrir**
écanguer *vt* Broyer la tige du lin, du chanvre, etc. ▸ **espadelar**
écarlate *nf* Couleur d'un rouge vif ▸ **escarlate** ◆ *adj* Rouge vif ▸ **escarlate**
écarquiller *vt* ▸ **abrir** ■ **écarquiller les yeux:** les ouvrir tout grands ▸ **arregalar os olhos**
écart *nm* **1** Action de s'écarter, de se détourner de son chemin, d'une ligne de conduite, d'une norme: *faire un écart; écart d'humeur, de langage* ▸ **desvio 2** Distance, intervalle, différence: *écarts de température* ▸ **diferença 3** Village séparé du centre communal dont il dépend ▸ **vilarejo** ■ **à l'écart:** éloigné, à part ▸ **à parte** □ **grand écart:** mouvement consistant à écarter les jambes jusqu'à ce que les cuisses touchent le sol ▸ **espacato**
écarté[1] *nm* Jeu de cartes ▸ ***écarté***
écarté[2]**, e** *adj* Situé à l'écart, isolé ▸ **afastado**
écartèlement *nm* ANC Supplice qui consistait à écarteler un condamné ▸ **esquartejamento**
écarteler *vt (conj 5)* **1** ANC Faire tirer dans des directions divergentes, par quatre chevaux, les quatre membres d'un condamné ▸ **esquartejar 2** FIG Partager, tirailler: *être écartelé entre des désirs contraires* ▸ **dividir**

écartement *nm* **1** Action d'écarter, de s'écarter ▸ **afastamento 2** Distance entre deux choses: *l'écartement des rails* ▸ **distância**

écarter *vt* **1** Mettre une certaine distance entre des choses, des personnes; éloigner, séparer ▸ **afastar 2** Tenir à distance; repousser: *écarter des curieux* ▸ **afastar 3** FIG Faire dévier; détourner: *écarter du chemin* ▸ **desviar 4** Rejeter, éliminer, exclure: *écarter un soupçon; écarter un candidat de la compétition* ▸ **afastar** ◆ **s'écarter** *vpr* S'éloigner (d'une personne, d'une chose, d'une direction) ▸ **afastar-se**

ecce homo [ɛkseɔmo] *nm inv* BX-ARTS Figure du Christ couronné d'épines ▸ ***ecce-homo***

ecchymose [ekimoz] *nf* Épanchement formé par l'infiltration du sang dans l'épaisseur de la peau; SYN: FAM *bleu* ▸ **equimose**

ecclésiastique *adj* Qui concerne l'Église, le clergé: *costume ecclésiastique* ▸ **eclesiástico** ◆ *nm* Membre du clergé ▸ **eclesiástico**

écervelé, e *adj et n* Qui agit sans réflexion; étourdi ▸ **desmiolado**

échafaud *nm* **1** Plate-forme sur laquelle on exécutait les condamnés à mort par décapitation ▸ **cadafalso 2** Peine de mort, exécution ▸ **cadafalso**

échafaudage *nm* **1** Assemblage provisoire en charpente, dressé pour bâtir, réparer des constructions ▸ **andaime 2** Amas d'objets empilés ▸ **amontoado 3** FIG Action d'échafauder: *échafaudage d'un système* ▸ **arquitetação**

échafauder *vt* Élaborer en combinant des éléments souvent compliqués: *échafauder un plan* ▸ **arquitetar** ◆ *vi* Dresser un échafaudage ▸ **andaimar**

échalas *nm* **1** Pieu pour soutenir la vigne ou d'autres plantes ▸ **estaca 2** FAM Personne grande et maigre ▸ **pau de virar tripa**

échalasser *vt* Soutenir avec des échalas: *échalasser la vigne* ▸ **empar**

échalote *nf* Plante potagère voisine de l'oignon; bulbe de cette plante ▸ **chalota**

échancré, e *adj* Qui présente une ou des échancrures ▸ **recortado**

échancrer *vt* Creuser, découper une partie du bord de quelque chose ▸ **dentear**

échancrure *nf* Partie creusée ou entaillée sur le bord ▸ **endentação**

échange *nm* **1** Opération par laquelle on échange: *échange de prisonniers* ▸ **troca 2** Commerce: *échanges internationaux* ▸ **troca 3** Fait de s'envoyer mutuellement quelque chose: *échange de lettres* ▸ **troca 4** BIOL Passage et circulation de substances entre une cellule et le milieu extérieur ▸ **troca 5** Dans les sports de balle, jeu pour s'échauffer avant une partie; série de balles après chaque service ▸ **bate-bola, rali**

échangeable *adj* Qui peut être échangé ▸ **permutável**

échanger *vt (conj 2)* **1** Donner une chose et en recevoir une autre en contrepartie: *échanger des timbres; échanger des livres contre des disques* ▸ **trocar 2** Adresser quelque chose à quelqu'un de qui on reçoit quelque chose en réponse: *échanger des lettres, des mots, des sourires* ▸ **trocar** ■ **échanger des balles:** dans les sports de balle, faire des échanges ▸ **bater bola**

échangeur *nm* **1** Appareil dans lequel deux fluides échangent de la chaleur ▸ **intercambiador de calor 2** Dispositif de raccordement de plusieurs routes ou autoroutes sans aucun croisement à niveau ▸ **trevo**

échangisme *nm* Pratique de l'échange des partenaires sexuels entre deux ou plusieurs couples ▸ ***swing***

échangiste *n* Personne qui pratique l'échangisme ▸ **praticante de *swing***

échanson *nm* ANC Officier qui servait à boire à un grand personnage ▸ **escanção**

échantillon *nm* **1** Petite quantité d'une marchandise qui donne une idée de l'ensemble ▸ **amostra 2** Spécimen représentatif, exemple ▸ **amostra 3** Fraction représentative d'une population ou d'un ensemble statistique ▸ **amostra**

échantillonnage *nm* **1** Action d'échantillonner ▸ **amostragem 2** Série d'échantillons ▸ **amostragem**

échantillonner *vt* Choisir, réunir des échantillons de ▸ **escolher amostra, fazer amostragem**

échappatoire *nf* Moyen adroit de se tirer d'embarras ▸ **escapatória**

GRAMMAIRE Attention, on dit *une échappatoire* et on l'écrit avec deux *p*

échappée *nf* **1** Action de distancer ses concurrents ▸ **escapada 2** Espace étroit laissé libre à la vue ou au passage: *échappée sur la mer* ▸ **brecha**

échappement *nm* **1** Expulsion dans l'atmosphère des gaz de combustion d'un moteur; dispositif permettant cette expulsion: *tuyau d'échappement* ▸ **escapamento 2** Mécanisme qui régularise le mouvement d'une horloge ▸ **escapo**

échapper *vt ind* [à, de] **1** Se soustraire à: *échapper à la vue; échapper à ses gardiens* ▸ **escapar 2** Ne pas être atteint par quelque chose; éviter de peu: *échapper à l'impôt, à la mort* ▸ **escapar 3** Cesser d'être tenu, retenu: *le plat lui a échappé des mains; son nom m'échappe; le pouvoir lui échappe*

► **escapar** ♦ *vt* ■ **l'échapper belle:** éviter de peu un danger ► **escapar por um triz** ♦ **s'échapper** *vpr* **1** S'enfuir, se sauver: *s'échapper de prison* ► **escapar** **2** Sortir, se répandre: *la vapeur s'échappe par la soupape* ► **escapar** **3** Se dissiper: *son dernier espoir s'est échappé* ► **dissipar-se**

écharde *nf* Petit fragment d'un corps entré dans la chair ► **farpa**

écharner *vt* Débarrasser les peaux des chairs qui y adhèrent ► **escarnar**

écharpe *nf* **1** Bande d'étoffe qui se porte obliquement d'une épaule à la hanche opposée, ou bien autour de la taille ► **echarpe** **2** Bande d'étoffe que l'on porte sur les épaules ou autour du cou ► **echarpe** **3** Bandage pour soutenir un bras blessé ► **tipoia** ■ **prendre en écharpe:** de biais: *voiture prise en écharpe* ► **pegar de viés**

écharper *vt* Blesser grièvement, mettre en pièces ► **mutilar** ■ FAM **se faire écharper:** subir des critiques, des insultes ► **ser massacrado**

échasse *nf* Long bâton garni d'un étrier, pour marcher à une certaine hauteur au-dessus du sol ► **perna de pau**

échassier *nm* Oiseau carnivore à longues pattes, vivant près de l'eau (les échassiers forment un ordre) ► **pernalta**

échauder *vt* **1** Plonger dans l'eau bouillante ► **escaldar** **2** Brûler avec un liquide chaud ► **queimar** **3** FAM Causer à quelqu'un une mésaventure qui lui sert de leçon ► **escaldar**

échauffement *nm* **1** Action d'échauffer, de s'échauffer ► **aquecimento** **2** État d'une pièce de frottement ou de roulement dont la température s'élève par défaut de graissage ou de refroidissement ► **aquecimento** **3** FIG Surexcitation, énervement ► **excitação**

échauffer *vt* **1** Donner de la chaleur à, élever la température de ► **aquecer** **2** Animer, exciter: *échauffer les esprits* ► **aquecer** ♦ **s'échauffer** *vpr* **1** S'animer ► **aquecer-se** **2** S'entraîner avant un effort physique ► **aquecer-se**

échauffourée *nf* Bagarre confuse et rapide ► **refrega**

échauguette *nf* Guérite de veille, placée en surplomb sur une muraille ► **atalaia**

échéance *nf* Date de paiement d'une dette, de l'exécution d'une obligation ► **vencimento** ■ **à brève, courte, longue échéance:** dans un délai bref, court, long ► **a curto, longo prazo**

échéancier *nm* Registre où sont inscrites, à leur date d'échéance, les dettes, les créances ► **registro de contas**

échéant, e *adj* ► **a vencer, que vence** ■ **le cas échéant:** si le cas se présente ► **se for o caso**

échec *nm* Insuccès, manque de réussite ► **fracasso**

échecs *nm pl* Jeu qui se joue sur un échiquier de 64 cases, avec deux séries de 16 pièces, de valeurs diverses ► **xadrez** ♦ *nm sing* ■ **échec et mat:** coup décisif qui met le roi en prise et assure le gain de la partie d'échecs ► **xeque-mate**

échelier *nm* Échelle à un seul montant traversé par des chevilles ► **escada**

échelle *nf* **1** Dispositif composé de deux montants reliés entre eux par des barreaux ► **escada** **2** Suite de degrés, de niveaux classés dans un ordre progressif; hiérarchie: *échelle sociale; échelle de valeurs* ► **escala** **3** Série de divisions sur un instrument de mesure: *échelle thermométrique* ► **escala** **4** Rapport entre les distances figurées sur une carte ou un plan et les distances réelles sur le terrain: *sur une carte à l'échelle de 1/25 000, 1 mm vaut 25 000 mm sur le terrain, soit 25 m* ► **escala** **5** Ordre de grandeur; moyen de comparaison, d'évaluation: *problème à l'échelle mondiale, internationale, locale* ► **escala** ■ **faire la courte échelle à quelqu'un:** l'aider à s'élever en lui offrant comme points d'appui ses mains, son dos puis ses épaules ► **fazer escadinha para alguém** □ **sur une grande échelle:** dans des proportions importantes ► **em larga escala** ♦ **échelles** *pl* HIST Comptoirs commerciaux établis du XVIe au XXe s. par les nations chrétiennes en Méditerranée orientale ► **escalas**

échelon *nm* **1** Chacun des barreaux de l'échelle ► **degrau** **2** Chacun des degrés d'une série, d'une hiérarchie ► **escalão** **3** Subdivision d'un grade en matière d'avancement administratif ► **escalão**

échelonnement *nm* Action d'échelonner ► **escalonamento**

échelonner *vt* Répartir dans le temps ou l'espace: *échelonner des paiements; échelonner des troupes* ► **escalonar**

écheveau *nm* **1** Petit faisceau de fils ► **meada** **2** FIG Ensemble serré, compliqué: *l'écheveau d'une intrigue* ► **meada**

échevelé, e *adj* **1** Qui a les cheveux en désordre, ébouriffé ► **desgrenhado** **2** FIG Effréné ► **desenfreado**

échevin *nm* Magistrat municipal en Belgique et aux Pays-Bas ► **vereador**

échidné [ekidne] *nm* Mammifère ovipare d'Australie et de Nouvelle-Guinée, couvert de piquants, à museau en forme de bec ► **equidna**

échine *nf* **1** Colonne vertébrale, dos de l'homme et de certains animaux ▸ **espinha 2** CUIS Partie du bœuf comprenant l'aloyau et les côtes; partie antérieure de la longe de porc ▸ **acém** ▪ FAM **avoir l'échine souple:** être servile ▸ **ser capacho dos outros** ▫ **courber, plier l'échine:** céder, se soumettre ▸ **curvar a espinha**

échiner (s') *vpr* Se fatiguer, se donner de la peine ▸ **matar-se, esfalfar-se**

échinoderme [ekinɔdɛrm] *nm* Animal marin tel que l'oursin, l'étoile de mer (les échinodermes forment un embranchement) ▸ **equinodermo**

échiquier *nm* **1** Plateau carré, divisé en 64 cases, pour jouer aux échecs ▸ **tabuleiro (de xadrez) 2** Disposition en carrés égaux et contigus ▸ **xadrez 3** FIG Lieu où s'opposent des partis, des intérêts, et où l'on doit faire preuve d'habileté: *échiquier politique* ▸ **arena**

écho [eko] *nm* **1** Répétition d'un son réfléchi par un obstacle; lieu où se produit ce phénomène ▸ **eco 2** Réponse à une sollicitation, accueil: *cette offre est restée sans écho* ▸ **eco 3** (souvent au pluriel) Ce qu'on dit de quelque chose; nouvelle, anecdote: *j'ai eu des échos de la réunion; les échos d'un journal* ▸ **eco 4** Onde électromagnétique émise par un radar, qui revient à l'appareil après réflexion par un obstacle ▸ **eco 5** Image perturbatrice en télévision ▸ **fantasma** ▪ **se faire l'écho de:** répéter, propager ▸ **repetir**
GRAMMAIRE Dans l'expression *elles se sont fait l'écho de, fait* reste invariable

échographie [ekɔgrafi] *nf* MÉD Méthode d'exploration utilisant la réflexion (écho) des ultrasons dans les organes ▸ **ultrassonografia**

échographier [ekɔgrafje] *vt* MÉD Examiner par échographie ▸ **ultrassonografar**

échoir *vt ind* [à] *(conj 49)* LITT Arriver, être dévolu par le sort, le hasard: *le gros lot lui a échu* ▸ **tocar** ◆ *vi* Arriver à échéance, en parlant d'une dette ▸ **vencer**

écholocation [ekolɔkasjɔ̃] *nf* Repérage des obstacles au moyen d'ultrasons, chez les chauves-souris ▸ **ecolocação**

échoppe *nf* Petite boutique adossée à une autre construction ▸ **barraca, banca**

échotier [ekɔtje] *n* Personne chargée des échos dans un journal ▸ **colunista de fofocas**

échouage *nm* **1** Situation d'un navire échoué ▸ **encalhe 2** Endroit où un bateau peut s'échouer sans danger ▸ **varadouro**

échouer *vi* **1** Ne pas réussir ▸ **fracassar 2** MAR Donner sur un écueil, un banc de sable ou un haut-fond ▸ **encalhar** ◆ *vt* pousser un navire sur un haut-fond ▸ **varar** ◆ **s'échouer** *vpr* Toucher le fond et s'arrêter ▸ **dar à costa**

échu, e *adj* Arrivé à échéance: *au terme échu* ▸ **vencido**

écimage *nm* Action d'écimer ▸ **decote**

écimer *vt* Enlever la cime d'un végétal ▸ **decotar**

éclaboussement *nm* Action, fait d'éclabousser ▸ **enlameadura**

éclabousser *vt* **1** Faire jaillir de la boue, un liquide, sur ▸ **enlamear 2** FIG Salir, compromettre quelqu'un ▸ **enlamear**

éclaboussure *nf* **1** Boue, matière quelconque qui a rejailli ▸ **salpico 2** FIG Contrecoup: *les éclaboussures d'un scandale* ▸ **respingo**

éclair *nm* **1** Éclat subit et passager de lumière produit par la foudre ▸ **raio 2** Lueur éclatante et brève: *les éclairs des flashes* ▸ **clarão 3** Brusque manifestation: *un éclair de génie* ▸ **lampejo 4** Gâteau allongé en pâte à choux, fourré de crème pâtissière ▸ **bomba** ▪ **comme l'éclair:** très vite ▸ **como um raio** ◆ *adj inv* Très rapide: *voyage éclair* ▸ **relâmpago**

éclairage *nm* Action, moyen, manière d'éclairer: *éclairage électrique* ▸ **iluminação**

éclairagiste *n* Technicien qui s'occupe d'éclairage, en particulier pour un spectacle ▸ **iluminador**

éclairant, e *adj* Qui éclaire ▸ **luminoso, esclarecedor**

éclaircie *nf* **1** Espace clair dans un ciel nuageux ▸ **aberta 2** Courte interruption du mauvais temps ▸ **desanuviamento 3** Amélioration dans une situation ▸ **desanuviamento**

éclaircir *vt* **1** Rendre plus clair ▸ **clarear 2** Rendre moins épais, moins serré: *éclaircir un bois* ▸ **clarear 3** FIG Rendre intelligible: *éclaircir une question* ▸ **esclarecer** ◆ **s'éclaircir** *vpr* Devenir plus clair: *ciel qui s'éclaircit*; devenir plus compréhensible: *mystère qui s'éclaircit* ▸ **clarear, esclarecer-se**

éclaircissement *nm* **1** Action d'éclaircir ▸ **clareamento, esclarecimento 2** (surtout au pluriel) Explication ▸ **esclarecimento**

éclairé, e *adj* Qui a des connaissances, instruit ▸ **esclarecido**

éclairement *nm* PHYS Flux lumineux reçu par unité de surface ▸ **iluminamento**

éclairer *vt* **1** Répandre de la lumière sur ▸ **iluminar 2** Fournir à quelqu'un de la lumière pour qu'il voie ▸ **iluminar 3** Rendre compréhensible ▸ **iluminar 4** LITT Instruire ▸ **iluminar 5** MIL Reconnaître le terrain ou la mer en avant d'une formation ▸ **explorar** ◆ **s'éclairer** *vpr* **1** Devenir lumineux ▸ **iluminar-se 2** FIG Devenir compréhensible ▸ **iluminar-se**

éclaireur[1] *nm* **1** Soldat éclairant la marche d'une troupe ► **batedor 2** Navire éclairant l'avancée d'une flotte ► **navio de reconhecimento**

éclaireur[2]**, euse** *n* Jeune membre d'une organisation scoute non confessionnelle ► **escoteiro**

éclampsie *nf* MÉD Crise convulsive survenant chez certaines femmes enceintes ► **eclampsia**

éclat *nm* **1** Fragment détaché d'un corps dur: *éclat de verre* ► **caco 2** Bruit soudain et violent: *éclat de voix* ► **estrondo 3** Lumière vive: *éclat des néons* ► **brilho 4** Qualité d'une couleur vive, de ce qui brille: *éclat d'un diamant* ► **brilho 5** FIG Grandeur, splendeur: *l'éclat de la gloire* ► **brilho 6** Scandale: *faire un éclat* ► **escândalo ■ rire aux éclats:** très fort ► **gargalhar**

éclatant, e *adj* **1** Qui a de l'éclat, qui brille: *poli éclatant* ► **brilhante 2** FIG Spectaculaire, magnifique: *victoire éclatante* ► **brilhante**

éclatement *nm* Action d'éclater ► **esfacelamento, estouro**

éclater *vi* **1** Se briser soudainement sous l'effet de la pression: *pierre qui éclate* ► **arrebentar 2** Produire un bruit subit et violent: *la foudre éclata soudain* ► **estourar 3** FIG Se manifester avec force et soudaineté: *scandale qui éclate* ► **estourar 4** Laisser libre cours à ses sentiments: *éclater de rire* ► **explodir**

éclectique *adj* Qui rassemble une grande variété de tendances; qui choisit dans des catégories très diverses: *goût éclectique* ► **eclético** ♦ *adj et n* Qui adopte ce qui lui plaît; qui apprécie des choses très diverses sans esprit exclusif ► **eclético**

éclectisme *nm* **1** Attitude éclectique ► **ecletismo 2** Fait de s'intéresser à des choses diverses ► **ecletismo**

éclipse *nf* **1** ASTRON Disparition totale ou partielle d'un astre, par l'interposition d'un autre: *éclipse de Lune, de Soleil* ► **eclipse 2** FIG Disparition momentanée ► **eclipse 3** Baisse de popularité ► **eclipse**

éclipser *vt* **1** Surpasser par un mérite, un prestige, un éclat plus grand: *éclipser un rival* ► **eclipsar 2** ASTRON Provoquer une éclipse ► **eclipsar** ♦ **s'éclipser** *vpr* Disparaître furtivement ► **eclipsar-se**

écliptique *nm* ASTRON Orbite que décrit la Terre dans son mouvement annuel ► **eclíptica**

éclisse *nf* **1** Lame d'osier, de châtaignier, etc., obtenue par fendage ► **lasca 2** Plaque de bois mince formant la partie latérale de la caisse d'un instrument à cordes ► **lâmina de madeira 3** Attelle ► **tala 4** Rond d'osier pour égoutter le fromage ► **cincho 5** Plaque d'acier pour unir les rails ► **fixa**

éclopé, e *adj et n* Boiteux, estropié ► **estropiado**

éclore *vi (conj 81)* **1** Sortir de l'œuf ► **eclodir 2** S'ouvrir, fleurir ► **eclodir 3** LITT Paraître ► **eclodir**

éclosion *nf* **1** Action d'éclore ► **eclosão 2** Épanouissement ► **eclosão 3** FIG Manifestation ► **eclosão**

éclusage *nm* Action d'écluser ► **passagem por eclusa**

écluse *nf* Ouvrage muni de portes et de vannes pour retenir ou lâcher les eaux d'une rivière ou d'un canal ► **eclusa**

éclusée *nf* Quantité d'eau qui coule entre le moment où une écluse est ouverte et celui où elle est refermée ► **água escoada**

écluser *vt* Équiper d'une écluse ► **construir eclusa ■ écluser un bateau:** le faire passer par une écluse ► **fazer um barco passar por eclusa**

éclusier, ère *adj* Relatif à l'écluse ► **de eclusa** ♦ *n* Personne qui manœuvre une écluse ► **guarda de eclusa**

écobilan *nm* Bilan qui permet de mesurer l'impact écologique de la fabrication, de l'utilisation et de l'élimination d'un produit ► **relatório de impacto sobre o meio ambiente**

écobuage *nm* Méthode de fertilisation consistant à arracher la végétation avec la couche superficielle du terrain, à brûler le tout, puis à répandre la cendre ainsi obtenue ► **queimada**

écocitoyen, enne *adj* Qui relève de l'écocitoyenneté: *geste écocitoyen* ► **ecocidadão** ♦ *n* Personne qui met en pratique les principes de l'écocitoyenneté ► **ecocidadão**

écocitoyenneté *nf* Comportement consistant à observer les principes et les règles destinés à préserver l'environnement ► **ecocidadania**

écœurant, e *adj* Qui écœure ► **nojento**

écœurement *nm* **1** Action d'écœurer ► **nojo 2** État d'une personne écœurée ► **enojamento**

écœurer *vt* **1** Soulever le cœur, dégoûter ► **enojar 2** Inspirer de la répugnance, du dégoût ► **enojar**

école *nf* **1** Établissement où se donne un enseignement collectif; cet enseignement ► **escola 2** Ensemble des élèves qui le fréquentent ► **escola 3** Ensemble des partisans d'un maître, d'une doctrine; cette doctrine: *école rationaliste* ► **escola 4** Ensemble des artistes d'une même nation, d'une même tendance: *école italienne, impressionniste* ► **escola 5** LITT Source d'enseignement, d'expérience: *être à bonne école* ► **escola ■ faire école:** rallier des adeptes ou des imitateurs ► **fazer escola □ grande école:** établissement d'enseignement supérieur sélectionnant ses élèves et assurant un haut niveau d'études ► ***grande école***

écolier, ère *n* Enfant qui fréquente l'école ► **estudante, escolar** ■ **le chemin des écoliers:** le plus long ► **o caminho mais longo**

écolo *n et adj* (abréviation) FAM Écologiste ► **Ø**

écologie *nf* **1** Partie de la biologie qui étudie les rapports des êtres vivants avec le milieu naturel ► **ecologia 2** Écologisme ► **ambientalismo**

écologique *adj* Relatif à l'écologie ► **ecológico, ambientalista**

écologisme *nm* Défense du milieu naturel, protection de l'environnement ► **ecologismo**

écologiste *n* **1** Écologue ► **ecólogo 2** Adepte de l'écologisme ► **ecologista**

écologue *n* Spécialiste d'écologie ► **ecólogo**

écomusée *nm* Institution visant à l'étude et à la conservation du patrimoine naturel et culturel d'une région ► **ecomuseu**

éconduire *vt (conj 70)* Refuser de recevoir; repousser ► **recusar**

économat *nm* **1** Charge, service de l'économe ► **economato 2** Bureau de l'économe ► **administração**

économe *n* Personne chargée des dépenses d'un établissement hospitalier ou scolaire, d'une communauté ► **ecônomo** ◆ *adj* Qui dépense avec mesure ► **econômico** ■ **couteau économe** ou **économe:** *nm* épluche-légumes ► **descascador de legumes** □ **être économe de ses efforts, de son temps, etc.:** en être peu prodigue ► **não desperdiçar esforço, tempo**

économie *nf* **1** Ce que l'on épargne: *réaliser une économie de temps* ► **economia 2** Qualité d'une personne économe ► **economia 3** Science qui étudie les mécanismes de l'économie (on dit aussi: *science économique*) ► **economia 4** Ensemble des activités d'une collectivité humaine relatives à la production, à la distribution et à la consommation des richesses; système régissant ces activités: *économie libérale, dirigée* ► **economia** ◆ **économies** *pl* Somme d'argent épargnée ► **economias**

économique *adj* **1** Relatif à l'économie ► **econômico 2** Qui diminue la dépense; avantageux ► **econômico**

économiquement *adv* **1** Avec économie ► **economicamente 2** Relativement à la vie ou à la science économique ► **economicamente**

économiser *vt* **1** Épargner ► **economizar 2** Ménager: *économiser ses forces* ► **economizar**

économiste *n* Spécialiste de science économique ► **economista**

écoparticipation *nf* Taxe payée par le consommateur pour financer le recyclage des appareils électriques et électroniques usagés ► **ecotaxa**

écope *nf* Pelle pour vider l'eau d'une embarcation ► **vertedouro**

écoper *vt* Vider l'eau avec une écope ► **verter a água** ◆ *vt et vt ind* [de] FAM Recevoir qqch, se voir infliger une peine: *écoper (de) deux ans de prison* ► **receber, ser punido**

écoproduit *nm* Produit conçu et fabriqué de façon à respecter l'environnement ► **produto ecológico**

écorçage *nm* Action d'écorcer ► **descascamento**

écorce *nf* **1** Partie superficielle et protectrice des troncs, des branches, des tiges des végétaux ► **casca 2** Enveloppe de certains fruits ► **casca** ■ **écorce terrestre:** zone superficielle de la Terre, d'une épaisseur moyenne de 35 km; SYN: *croûte terrestre* ► **crosta terrestre**

écorcer *vt (conj 1)* Ôter l'écorce de ► **descascar**

écorché[1] *nm* BX-ARTS Homme ou animal représenté complètement dépourvu de sa peau ► **esfolado**

écorché[2]**, e** *adj et n* Se dit d'une personne d'une sensibilité et d'une vulnérabilité excessives: *écorché vif* ► **melindroso**

écorcher *vt* **1** Dépouiller un animal de sa peau ► **esfolar 2** Entamer la peau, érafler ► **esfolar** ◇ *vpr: s'écorcher le genou* ► **esfolar** ■ **écorcher les oreilles:** choquer, être désagréable, en parlant d'un son, d'un mot ► **ferir os ouvidos** □ FAM, FIG **écorcher un client:** le faire payer trop cher ► **esfolar um cliente** □ **écorcher une langue, un mot:** parler, prononcer mal ► **assassinar uma língua, uma palavra**

écorcheur *nm* **1** Personne qui écorche les bêtes mortes ► **esfolador 2** FAM Personne qui fait payer trop cher ► **esfolador**

écorchure *nf* Plaie superficielle, éraflure ► **esfoladura**

écorecharge *nf* Conditionnement d'un produit de lavage sous forme de recharge qui évite de racheter chaque fois un emballage coûteux et polluant ► **refil**

écorner *vt* **1** Amputer les cornes d'un animal ► **descornar 2** Plier les coins: *écorner un livre* ► **dobrar as bordas de 3** FIG Entamer: *écorner sa fortune* ► **diminuir**

écornifleur, euse *n* FAM, VX Pique-assiette ► **parasita**

écornure *nf* Éclat enlevé de l'angle d'une pierre, d'un meuble, etc. ► **lasca**

écossais, e *adj et n* D'Écosse: *les Écossais* ► **escocês** ◆ *adj* Se dit d'un tissu à carreaux de diverses couleurs ► **escocês**

écosser *vt* Tirer de la cosse: *écosser des pois* ► **debulhar**

écosystème *nm* Ensemble des êtres vivants et des éléments non vivants d'un milieu qui sont liés entre eux par des influences réciproques ► **ecossistema**

écot *nm* Quote-part dans une dépense commune: *payer son écot* ► **escote**

écotourisme *nm* Ensemble des activités touristiques pratiquées en milieu naturel dans le respect de la nature et contribuant au développement de l'économie locale ► **ecoturismo**

écoulement *nm* Mouvement d'un fluide, d'un corps visqueux qui s'écoule ► **escoamento, corrimento**

écouler *vt* **1** Vendre: *écouler un stock de marchandises* ► **escoar 2** Se débarrasser en mettant en circulation: *écouler de faux billets* ► **derramar** ♦ **s'écouler** *vpr* **1** S'évacuer en coulant ► **escoar-se 2** FIG Passer: *temps qui s'écoule* ► **escoar-se**

écourter *vt* Diminuer, abréger ► **encurtar**

écoutant, e *n* Personne à l'écoute d'appels téléphoniques de détresse ► **atendente**

écoute¹ *nf* Cordage servant à orienter une voile ► **escota**

écoute² *nf* **1** Action d'écouter: *rester à l'écoute* ► **escuta 2** Capacité d'écouter autrui, d'être attentif, réceptif à sa parole ► **escuta** ■ **heure de grande écoute:** moment de la journée où les auditeurs de la radio ou les téléspectateurs sont le plus nombreux ► **horário nobre** □ **table d'écoutes:** dispositif permettant de surveiller des communications téléphoniques ► **detectofone**

écouter *vt* **1** Prêter l'oreille pour entendre ► **escutar 2** Tenir compte de, bien accueillir: *écouter un conseil, une demande* ► **escutar 3** Céder, obéir ► **escutar** ♦ **s'écouter** *vpr* S'occuper trop de sa santé ► **cuidar-se demais**

écouteur *nm* Partie d'un récepteur téléphonique ou d'un casque que l'on porte à l'oreille pour recevoir le son ► **fone**

écoutille *nf* Ouverture pratiquée dans le pont d'un navire ► **escotilha**

écouvillon *nm* Brosse cylindrique à long manche, pour nettoyer un corps creux ► **escovilhão, escova**

écrabouiller *vt* FAM Écraser ► **esmagar**

écran *nm* **1** Dispositif qui arrête la lumière, la chaleur, le son, qui empêche de voir ou qui protège ► **anteparo 2** Tableau blanc pour projeter des images: *écran de cinéma* ► **tela** ■ **faire écran:** empêcher de voir, de comprendre ► **formar uma barreira** □ **le petit écran:** la télévision ► **telinha**

écrasant, e *adj* Qui écrase, accable ► **esmagador**

écrasé, e *adj* **1** Broyé sous l'effet d'une forte pression; tué ou blessé par un véhicule: *chien écrasé* ► **esmagado 2** Aplati: *nez écrasé* ► **achatado**

écrasement *nm* Action d'écraser ► **esmagamento**

écraser *vt* **1** Aplatir et briser par compression: *écraser une cigarette* ► **esmagar 2** Accabler, peser lourdement sur: *écraser d'impôts* ► **esmagar 3** Vaincre, anéantir: *écraser un adversaire* ► **esmagar 4** Blesser grièvement, tuer un être vivant sous le poids de quelque chose, en particulier d'un véhicule ► **esmagar, atropelar 5** INFORM Détruire un fichier de données ► **apagar** ♦ **s'écraser** *vpr* **1** Tomber violemment en se brisant: *avion qui s'écrase* ► **espatifar-se 2** FAM Se taire, renoncer à intervenir dans une discussion ► **calar-se**

écrémage *nm* Action d'écrémer ► **desnatação**

écrémer *vt (conj 10)* **1** Séparer la crème du lait ► **desnatar 2** FIG Prendre ce qu'il y a de meilleur dans ► **tirar o melhor**

écrêtement *nm* Action d'écrêter: *l'écrêtement des salaires* ► **nivelamento**

écrêter *vt* Enlever la crête, la partie la plus haute de ► **nivelar**

écrevisse *nf* Crustacé d'eau douce ► **lagostim**

écrier (s') *vpr* Dire en criant ► **exclamar**

écrin *nm* Coffret pour bijoux ► **porta-joias, escrínio**

écrire *vt (conj 71)* **1** Figurer sa pensée au moyen de signes convenus: *apprendre à écrire* ► **escrever 2** Rédiger, composer: *écrire un roman* ► **escrever 3** Correspondre par lettre: *écrire à ses amis* ► **escrever 4** Orthographier: *écrire correctement un mot* ► **escrever** ♦ *vi* Laisser une trace, en parlant d'un stylo, d'une craie, etc.: *stylo qui écrit gros* ► **escrever** ♦ **s'écrire** *vpr* **1** Échanger une correspondance: *s'écrire régulièrement* ► **escrever-se 2** S'orthographier: parmi *s'écrit sans* s ► **escrever-se**

écrit¹ *nm* **1** Toute chose écrite ► **texto 2** Acte, convention écrits ► **escrito 3** Ouvrage littéraire ou scientifique ► **escrito 4** Ensemble des épreuves écrites d'un examen, d'un concours; CONTR: *oral* ► **prova escrita 5** Langue écrite ► **escrita** ■ **par écrit:** sous la forme écrite, sur le papier ► **por escrito**

écrit², e *adj* **1** Consigné, noté par l'écriture ► **escrito 2** Couvert de signes d'écriture: *feuille écrite* ► **escrito 3** Exprimé par le moyen de l'écriture: *épreuves écrites* ► **escrito**

écriteau *nm* Inscription en grosses lettres donnant un renseignement, un avis ► **letreiro**

écritoire *nf* Coffret contenant ce qu'il faut pour écrire ► **escrivaninha**

écriture *nf* **1** Représentation de la pensée par des signes graphiques de convention ▸ **escrita 2** Manière d'écrire ▸ **escrita 3** Style ▸ **escrita** ▪ **l'Écriture sainte** ou **les Saintes Écritures:** la Bible ▸ **Escritura, Sagradas Escrituras** ◆ **écritures** *pl* Comptes, correspondance d'un commerçant ▸ **escrita**

écrivailler ou **écrivasser** *vi* FAM Écrire sans talent ▸ **escrevinhar**

écrivailleur ou **écrivaillon** *nm* FAM Mauvais écrivain ▸ **escrevinhador**

écrivain, e *n* Auteur de livres ▸ **escritor** ▪ **écrivain public:** celui qui fait profession de rédiger et d'écrire pour ceux qui ne savent pas ▸ **escritor de cartas**

écrivassier, ère *n* FAM Personne qui écrit beaucoup et mal ▸ **escrevinhador**

écrou[1] *nm* Pièce de métal ou de bois creusée en spirale pour le logement du filet d'une vis ▸ **porca**

écrou[2] *nm* Acte par lequel le directeur d'une prison enregistre l'arrivée d'un prisonnier ▸ **registro de prisão** ▪ **levée d'écrou:** mise en liberté d'un prisonnier ▸ **soltura**

écrouelles *nf pl* MÉD, VX Abcès d'origine tuberculeuse, atteignant surtout les ganglions lymphatiques du cou ▸ **escrófula** ▪ **herbe aux écrouelles:** scrofulaire ▸ **escrofulária**

écrouer *vt* Mettre en prison ▸ **prender**

écroulement *nm* **1** Éboulement d'un mur, d'une montagne, etc. ▸ **desmoronamento 2** FIG Chute, ruine complète ▸ **desmoronamento**

écrouler (s') *vpr* **1** Tomber en s'affaissant avec fracas, s'effondrer ▸ **desmoronar 2** FIG Être anéanti ▸ **desmoronar**

écru, e *adj* Se dit de matières textiles n'ayant subi ni lavage, ni blanchiment, ni teinture ▸ **cru**

ecstasy [ɛkstazi] *nf* Drogue dérivée de l'amphétamine, qui a un effet excitant et hallucinogène ▸ ***ecstasy***

ectoplasme *nm* **1** En parapsychologie, forme visible qui émanerait d'un médium ▸ **ectoplasma 2** FAM Personnage sans consistance, insignifiant ▸ **fantasma**

écu *nm* **1** Bouclier des hommes d'armes au Moyen Âge ▸ **escudo 2** En héraldique, corps de blason, en forme de bouclier ▸ **escudo 3** Ancienne monnaie française portant des armoiries sur une de ses faces ▸ **escudo**

ÉCU ou **ECU** ou **écu** *nm* (sigle de *European Currency Unit*) Ancienne unité monétaire et de compte de l'Union européenne (il a été remplacé par l'euro) ▸ **ecu**

écubier *nm* Ouverture pratiquée à l'avant d'un navire pour le passage des câbles ou des chaînes ▸ **escovém**

écueil [ekœj] *nm* **1** Rocher à fleur d'eau ▸ **escolho 2** FIG Obstacle, danger ▸ **escolho**

écuelle *nf* Assiette creuse sans rebord; son contenu ▸ **tigela, escudela**

éculé, e *adj* Usé: *talons éculés; idée éculée* ▸ **gasto**

écumage *nm* Action d'écumer ▸ **remoção da espuma**

écumant, e *adj* **1** LITT Couvert d'écume ▸ **espumoso 2** Couvert de bave ▸ **espumoso**

écume *nf* **1** Mousse blanchâtre qui se forme sur un liquide ▸ **espuma 2** Bave de quelques animaux ▸ **espuma 3** Sueur du cheval ▸ **espuma** ▪ **écume de mer:** silicate naturel de magnésium hydraté ▸ **espuma do mar, sepiolita**

écumer *vt* Enlever l'écume de: *écumer une sauce* ▸ **escumar** ◆ *vi* **1** Se couvrir d'écume ▸ **espumar 2** FIG Être furieux ▸ **espumar**

écumeur *nm* ▪ **écumeur des mers:** pirate ▸ **pirata**

écumeux, euse *adj* Qui écume; couvert d'écume ▸ **espumante, espumoso**

écumoire *nf* Grande cuillère plate, percée de trous, pour écumer ▸ **escumadeira**

écureuil *nm* Petit rongeur à poil roux, à queue touffue ▸ **esquilo**

écurie *nf* **1** Lieu destiné à loger les chevaux ▸ **estrebaria 2** Ensemble des chevaux de course appartenant à un même propriétaire: *une écurie célèbre* ▸ **plantel 3** Ensemble des écrivains, des artistes, des sportifs bénéficiant du soutien d'un même éditeur, d'une même marque commerciale ▸ **equipe**

écusson *nm* **1** Petit écu d'armoiries ▸ **escudete 2** Encadrement décoratif portant des pièces héraldiques, des inscriptions, etc. ▸ **escudete 3** Plaque de métal en forme d'écu, sur une serrure ▸ **escudete 4** AGRIC Morceau d'écorce portant un bouton, ou un œil, destiné à la greffe ▸ **borbulha**

écussonner *vt* AGRIC Greffer en écusson ▸ **enxertar de borbulha**

écuyer[1] [ekɥije] *nm* **1** HIST Celui qui accompagnait un chevalier et portait son écu ▸ **escudeiro 2** Titre des jeunes nobles non encore armés chevaliers ▸ **escudeiro**

écuyer[2], **ère** *n* **1** Personne qui monte à cheval ▸ **cavaleiro 2** Personne qui fait des exercices d'équitation dans un cirque ▸ **cavaleiro, amazona 3** Personne qui enseigne l'équitation ▸ **professor de equitação**

eczéma *nm* Maladie de peau ▸ **eczema**

eczémateux, euse *adj et n* Relatif à l'eczéma; atteint d'eczéma ▸ **eczematoso**

éd. (abréviation) Édition ▸ **ed.**
édam [edam] *nm* Fromage de Hollande au lait de vache, à pâte cuite, en forme de boule de couleur rouge ▸ ***edam***
edelweiss [edɛlvɛs] *nm* Plante cotonneuse poussant dans les Alpes et les Pyrénées au-dessus de 1000 m ▸ **edelvais**
éden [edɛn] *nm* **1** RELIG (avec une majuscule) Paradis terrestre ▸ **Éden 2** LITT, FIG lieu de délices ▸ **éden**
édénique *adj* LITT Relatif à l'Éden; qui évoque le paradis terrestre ▸ **edênico**
édenté, e *adj et n* Qui n'a plus de dents ou en a perdu un grand nombre ▸ **banguela**
édicter *vt* Prescrire une loi, une peine, etc. ▸ **decretar**
édicule *nm* Petit édifice élevé sur la voie publique ▸ **quiosque**
édifiant, e *adj* **1** Qui porte à la vertu ▸ **edificante 2** Instructif ▸ **edificante**
édification *nf* **1** Action d'édifier, de construire ▸ **edificação 2** FIG Action d'inspirer la piété, la vertu, par des discours, des actions exemplaires ▸ **edificação**
édifice *nm* **1** Bâtiment considérable ▸ **edifício 2** FIG Ensemble organisé: *édifice social* ▸ **estrutura**
édifier *vt* **1** Construire ▸ **edificar 2** FIG Combiner, établir ▸ **edificar, estruturar 3** Porter à la piété, à la vertu, par l'exemple ▸ **edificar 4** Instruire, renseigner ▸ **edificar**
édile *nm* **1** Magistrat municipal ▸ **vereador 2** HIST Magistrat romain chargé des édifices publics ▸ **edil**
édit *nm* HIST Loi, ordonnance émanant du roi ▸ **édito**
éditer *vt* Publier, mettre en vente l'œuvre d'un écrivain, d'un artiste ▸ **editar**
éditeur, trice *n et adj* Personne ou société qui édite ▸ **editor, editora**
édition *nf* **1** Impression et publication des œuvres d'écrivains, de musiciens, etc. ▸ **edição 2** Chaque tirage d'une publication: *ce livre en est à sa deuxième édition* ▸ **edição 3** Ensemble des exemplaires d'un journal imprimés en une fois: *une édition spéciale* ▸ **edição 4** Industrie et commerce du livre: *maison d'édition; travailler dans l'édition* ▸ **edição 5** Émission d'un journal télévisé ou radiodiffusé: *édition de 20 heures* ▸ **edição ■ édition électronique: (a)** publication assistée par ordinateur ▸ **edição eletrônica (b)** édition qui se fait sur des supports électroniques ▸ **editoração eletrônica**
édito *nm* (abréviation) FAM Éditorial ▸ **Ø**
éditorial, e, aux *adj* De l'éditeur, de l'édition ▸ **editorial ◆** *nm* Article émanant de la direction d'un journal, d'une revue ▸ **editorial**
éditorialiste *n* Personne qui écrit l'éditorial d'un journal, d'une revue ▸ **editorialista**
édredon *nm* Couvre-pieds garni de duvet ▸ **edredom**
éducateur, trice *n* Personne qui éduque ▸ **educador ■ éducateur spécialisé:** éducateur s'occupant de jeunes en difficulté ou de handicapés ▸ **educador especializado**
éducatif, ive *adj* **1** Qui concerne l'éducation: *système éducatif* ▸ **educativo 2** Propre à éduquer: *jeu éducatif* ▸ **educativo**
éducation *nf* **1** Action, manière d'éduquer ▸ **educação 2** Formation aux usages, aux bonnes manières ▸ **educação ■ Éducation nationale:** ensemble des services chargés de l'organisation, de la direction et de la gestion de l'enseignement public ▸ **Ministério da Educação □ éducation physique:** ensemble des exercices corporels visant à l'amélioration des qualités physiques ▸ **educação física**
édulcorant, e *adj et nm* Se dit d'un produit qui édulcore: *édulcorant de synthèse* ▸ **edulcorante**
édulcorer *vt* **1** Ajouter du sucre à une boisson, un médicament, pour les rendre moins amers ▸ **edulcorar 2** FIG Atténuer les termes, les hardiesses d'un texte ▸ **edulcorar**
éduquer *vt* Développer les facultés physiques, intellectuelles et morales de quelqu'un; former, élever ▸ **educar**
effaçable *adj* Qui peut être effacé ▸ **apagável**
effacé, e *adj* Qui se tient à l'écart, modeste ▸ **apagado**
effacement *nm* **1** Action d'effacer, de s'effacer ▸ **apagamento 2** Suppression ▸ **apagamento**
effacer *vt (conj 1)* **1** Faire disparaître en frottant, grattant, etc.: *gomme à effacer; effacer une bande magnétique* ▸ **apagar 2** Faire oublier: *effacer une faute* ▸ **apagar ◆ s'effacer** *vpr* **1** Tourner le corps un peu de côté, pour tenir moins de place ▸ **encolher-se 2** FIG Se tenir à l'écart par modestie ▸ **apagar-se**
effaceur *nm* Stylo-feutre qui permet d'effacer l'encre bleue ▸ **caneta corretiva**
effarant, e *adj* Stupéfiant ▸ **assombroso**
effaré, e *adj* Qui ressent, manifeste un grand trouble; hagard ▸ **assombrado**
effarement *nm* Trouble, stupeur ▸ **assombro**
effarer *vt* Troubler, effrayer au point de donner un air hagard ▸ **assombrar**
effarouchement *nm* Action d'effaroucher; fait d'être effarouché ▸ **susto**

effaroucher *vt* Intimider, effrayer ► **assustar**
effectif[1] *nm* Nombre des individus composant un groupe: *l'effectif d'une classe, d'une troupe* ► **efetivo**
effectif[2], ive *adj* Qui existe réellement ► **efetivo**
effectivement *adv* En effet, réellement ► **efetivamente**
effectuer *vt* Mettre à exécution, accomplir ► **efetuar**
efféminé, e *adj et nm* Se dit d'un homme dont les manières, le comportement rappellent ceux d'une femme ► **afeminado**
effervescence *nf* **1** Bouillonnement produit dans un liquide par un dégagement de gaz ► **efervescência 2** FIG Agitation, émotion vive: *foule en effervescence* ► **efervescência**
effervescent, e *adj* Qui est en effervescence ► **efervescente**
effet *nm* **1** Résultat d'une action; ce qui est produit par quelque chose: *les effets d'un remède* ► **efeito 2** Impression produite: *faire bon, mauvais effet* ► **efeito 3** Procédé employé pour obtenir un certain résultat: *effet de jambes; donner de l'effet à une balle* ► **feito 4** Phénomène physique ou chimique particulier: *effet Joule* ► **efeito ■ effet de commerce** ou **effet:** titre à ordre transmissible par voie d'endossement, et constatant l'obligation de payer une somme d'argent à une date donnée ► **título de crédito □ faire de l'effet: (a)** produire une vive impression ► **fazer boa figura (b)** provoquer une action, une réaction ► **surtir efeito □ prendre effet:** devenir effectif, applicable ► **efetivar ◆ effets** *pl* Vêtements ► **roupas ◆ en effet** *loc adv* Exprime un assentiment; assurément: *c'est en effet la meilleure solution* ► **de fato ◆** *loc conj* S'emploie pour introduire une explication: *il n'a pas pu venir, en effet il était malade* ► **de fato**
EMPLOI *Car en effet* est un pléonasme à éviter
effeuillage *nm* Action d'effeuiller ► **desfolhação**
effeuiller *vt* **1** Ôter les feuilles de ► **desfolhar 2** Arracher les pétales de ► **desfolhar**
efficace *adj* **1** Qui produit l'effet attendu ► **eficaz 2** Dont l'action aboutit à des résultats utiles ► **eficaz**
efficacement *adv* De façon efficace ► **eficazmente**
efficacité *nf* Qualité d'une chose, d'une personne efficace ► **eficácia**
efficience *nf* Capacité de rendement, performance ► **eficiência**
efficient, e *adj* Qui aboutit à de bons résultats; compétent ► **eficiente**
effigie *nf* Représentation, image d'une personne sur une médaille ► **efígie**
effilage *nm* Action d'effiler ► **desfiadura**
effilé, e *adj* Mince et allongé ► **afilado**
effiler *vt* **1** Défaire un tissu fil à fil, de façon à faire des franges au bord ► **desfiar 2** Diminuer l'épaisseur des cheveux en amincissant les pointes ► **desfiar**
effilochage *nm* Action d'effilocher ► **desfiadura**
effilocher *vt* Déchiqueter un tissu ► **esfiapar ◆ s'effilocher** *vpr* S'effiler par usure ► **esfiapar-se**
efflanqué, e *adj* Très maigre ► **esquelético**
effleurement *nm* Action d'effleurer ► **roçadela**
effleurer *vt* **1** Toucher à peine, légèrement ► **roçar 2** FIG Examiner superficiellement ► **tratar superficialmente**
efflorescence *nf* **1** Fine pellicule naturelle qui recouvre certains fruits ► **pruína 2** LITT Épanouissement: *en pleine efflorescence* ► **eflorescência**
effluent *nm* ► **efluente ■ effluent radioactif:** gaz ou liquide contenant des radioéléments et rejeté dans l'environnement ► **efluente radioativo □ effluent urbain:** ensemble des eaux usées, des eaux de ruissellement, etc., évacuées par les égouts ► **efluente urbano**
effluve *nm* Émanation, exhalaison, odeur ► **eflúvio**
effondrement *nm* **1** Action, fait de s'effondrer ► **derrocada 2** FIG Ruine, anéantissement ► **derrocada**
effondrer (s') *vpr* **1** Crouler sous un poids excessif ► **derrocar-se 2** FIG Être brusquement anéanti ► **derrocar-se**
efforcer (s') *vpr* [de] *(conj 1)* Faire tous ses efforts pour, s'appliquer à: *s'efforcer de vaincre* ► **esforçar-se**
effort *nm* **1** Action énergique du corps ou de l'esprit vers un objectif, un but: *effort de mémoire* ► **esforço 2** PHYS Force tendant à déformer un matériau ► **esforço**
effraction *nf* Bris de clôture, de serrure: *vol avec effraction* ► **efração**
effraie *nf* Chouette à plumage clair ► **suindara**
effranger *vt (conj 2)* Effiler sur les bords ► **franjar**
effrayant, e *adj* **1** Qui effraie ► **assustador 2** FAM Excessif: *chaleur effrayante* ► **tremendo**
effrayer *vt (conj 4)* **1** Causer de la frayeur à ► **aterrorizar 2** Rebuter, décourager ► **assustar**
effréné, e *adj* Sans retenue; immodéré ► **desenfreado**
effritement *nm* Action d'effriter; son résultat ► **esboroamento**

effriter *vt* Réduire en poussière, désagréger ▸ **esboroar** ◇ *vpr*: *mur qui s'effrite* ▸ **esboroar-se**
effroi *nm* LITT Grande frayeur ▸ **pavor**
effronté, e *adj et n* Hardi, impudent ▸ **desaforado**
effrontément *adv* Avec effronterie ▸ **desaforadamente**
effronterie *nf* Impudence, sans-gêne ▸ **desaforo**
effroyable *adj* Qui inspire de l'effroi, horrible, épouvantable ▸ **pavoroso**
effroyablement *adv* De façon effroyable ▸ **horrivelmente**
effusion *nf* **1** Manifestation de tendresse, d'affection ▸ **efusão 2** Action de verser, de répandre: *effusion de sang, de larmes* ▸ **efusão**
égailler (s') *vpr* Se disperser ▸ **dispersar-se**
égal, e, aux *adj* **1** Semblable, le même en nature, en quantité, en qualité, en valeur ▸ **igual 2** Qui ne varie pas: *température égale; humeur égale* ▸ **estável 3** LITT Uni, plan: *chemin égal* ▸ **igual, plano** ■ FAM **ça m'est égal:** ça m'est indifférent ▸ **tanto faz** ◆ *n* Personne qui est de même rang, jouit des mêmes droits qu'une autre: *vivre avec ses égaux* ▸ **igual** ■ **à l'égal de:** autant que ▸ **(tal) como**
égalable *adj* Qui peut être égalé ▸ **igualável**
également *adv* **1** De façon égale ▸ **igualmente 2** Aussi, de même ▸ **também**
égaler *vt* **1** Être égal à ▸ **igualar 2** Rivaliser avec ▸ **igualar-se a**
GRAMMAIRE On écrit le plus souvent *six et six égale douze*
égalisateur, trice *adj* Qui permet d'égaliser: *politique égalisatrice; but égalisateur* ▸ **nivelador**
égalisation *nf* Action d'égaliser ▸ **igualação**
égaliser *vt* **1** Rendre égal: *égaliser les salaires, les chances des concurrents* ▸ **igualar 2** Rendre uni: *égaliser une surface* ▸ **igualar** ◆ *vi* En sports et dans les jeux, marquer un point rendant le score égal ▸ **empatar, igualar**
égalitaire *adj et n* Qui vise à l'égalité civile, politique et sociale ▸ **igualitário**
égalitarisme *nm* Doctrine égalitaire ▸ **igualitarismo**
égalité *nf* **1** État de ce qui est égal, équivalent; état de ce qui est uni, régulier ▸ **igualdade 2** Principe selon lequel tous les citoyens peuvent invoquer les mêmes droits ▸ **igualdade**
égard *nm* Considération: *faire quelque chose par égard pour quelqu'un* ▸ **consideração** ■ **à l'égard de:** en ce qui concerne ▸ **em relação a** □ **à tous les égards** ou **à tous égards:** sous tous les rapports ▸ **em todos os aspectos** □ **eu égard à:** en considération de ▸ **considerando** ◆ **égards** *pl* Marques de respect; attentions ▸ **consideração**
égaré, e *adj* Troublé, hagard: *un air égaré* ▸ **perdido**
égarement *nm* LITT Dérèglement de la conduite, de l'esprit; folie passagère: *un moment d'égarement* ▸ **descaminho**
égarer *vt* **1** Perdre momentanément: *égarer ses clefs* ▸ **perder 2** Mettre dans une mauvaise direction: *ce témoignage a égaré les enquêteurs* ▸ **desnortear 3** Mettre hors de soi: *la colère l'égare* ▸ **desatinar** ◆ **s'égarer** *vpr* **1** Se perdre ▸ **perder-se 2** Faire fausse route ▸ **perder-se**
égayer [egeje] *vt (conj 4)* **1** Rendre gai, réjouir ▸ **alegrar 2** Rendre attrayant, agrémenter ▸ **alegrar**
égérie *nf* **1** Conseillère secrète; inspiratrice d'un artiste ▸ **egéria 2** Jeune femme qui inspire une grande marque et en incarne l'image ▸ **egéria**
égide *nf* ▸ **égide** ■ LITT **sous l'égide de:** sous le patronage, la protection de ▸ **sob a égide de**
églantier *nm* Rosier sauvage ▸ **rosa-canina**
églantine *nf* Fleur de l'églantier ▸ **rosa-canina**
églefin ou **aiglefin** *nm* Poisson de mer voisin de la morue qui, fumé, fournit le haddock ▸ **hadoque**
église *nf* Édifice où se réunissent les chrétiens pour célébrer leur culte ▸ **igreja** ◆ **Église** *nf* Société religieuse fondée par Jésus-Christ; communauté chrétienne ▸ **Igreja**
églogue *nf* Petit poème pastoral ▸ **écloga**
ego [ego] *nm inv* **1** PHILOS Sujet conscient et pensant ▸ **eu 2** PSYCHAN Le moi ▸ **ego**
égocentrique *adj et n* Qui manifeste de l'égocentrisme ▸ **egocêntrico**
égocentrisme *nm* Tendance à ramener tout à soi-même ▸ **egocentrismo**
égoïne *nf* Petite scie à main ▸ **serrote**
égoïsme *nm* Défaut de l'égoïste ▸ **egoísmo**
égoïste *adj et n* Qui rapporte tout à soi, qui ne considère que ses intérêts ▸ **egoísta**
égoïstement *adv* De façon égoïste ▸ **egoistamente**
égorgement *nm* Action d'égorger ▸ **degola**
égorger *vt (conj 2)* Tuer en coupant la gorge ▸ **degolar** ◆ **s'égorger** *vpr* S'entre-tuer ▸ **degolar-se um ao outro**
égorgeur, euse *n* Personne qui tue en égorgeant ▸ **degolador**
égosiller (s') *vpr* Crier fort et longtemps ▸ **esgoelar-se**
égotisme *nm* LITT Sentiment exagéré de sa personnalité, vanité excessive ▸ **egotismo**

égout *nm* Conduit souterrain pour l'écoulement des eaux usées: *réseau d'égouts* ▸ **esgoto**
ORTHOGRAPHE *Égout* ne prend pas d'accent circonflexe: ce mot vient de *égoutter* et non de *goût*

égoutier *nm* Ouvrier qui est chargé de l'entretien des égouts ▸ **encarregado da manutenção dos esgotos**

égouttage ou **égouttement** *nm* Action d'égoutter ▸ **escorrimento, esgotamento**

égoutter *vt* Débarrasser d'un liquide: *égoutter du linge, des fromages* ▸ **escorrer, esgotar** ◆ *vi* ou **s'égoutter** *vpr* Perdre son eau goutte à goutte ▸ **esgotar(-se)**

égouttoir *nm* Treillis pour faire égoutter la vaisselle, les bouteilles, etc. ▸ **escorredor**

égrapper *vt* Détacher de la grappe ▸ **desengaçar**

égratigner *vt* **1** Déchirer légèrement la peau ▸ **arranhar** ◇ *vpr*: *s'égratigner le genou* ▸ **arranhar 2** Rayer la surface de ▸ **arranhar 3** FIG Blesser par des railleries ▸ **ferir**

égratignure *nf* **1** Blessure superficielle ▸ **arranhão 2** FIG Blessure légère d'amour-propre ▸ **arranhão**

égrenage *nm* Action d'égrener ▸ **desbagoamento**

égrener *vt (conj 9)* Détacher le grain de l'épi, de la grappe, etc. ▸ **esbagoar** ■ **égrener un chapelet**: en faire passer les grains entre ses doigts ▸ **desfiar um rosário** ◆ **s'égrener** *vpr* **1** Tomber par grains ▸ **esbagoar-se 2** FIG Se succéder ▸ **enfileirar-se**

égrillard, e *adj* Qui aime les propos licencieux, grivois; qui dénote cet état d'esprit ▸ **malicioso**

égriser *vt* Polir avec un abrasif pulvérulent ▸ **esmerilar**

égrugeoir *nm* Mortier dans lequel on réduit en poudre le sel, le poivre, etc. ▸ **moedor**

égruger *vt (conj 2)* Réduire en poudre ▸ **moer**

égueulé, e *adj* ▸ **desbeiçado** ■ **cratère égueulé**: dont la couronne a été entamée par une violente éruption ▸ **cratera erodida**

égyptien, enne *adj et n* D'Égypte: *les Égyptiens* ▸ **egípcio**

égyptologie *nf* Étude de l'Égypte ancienne ▸ **egiptologia**

égyptologue *n* Spécialiste d'égyptologie ▸ **egiptólogo**

eh *interj* Exprime la surprise, l'admiration ou sert à interpeller quelqu'un: *eh, vous là-bas!* ▸ **ei**

éhonté, e *adj* Qui n'a honte de rien: *un tricheur éhonté* ▸ **desavergonhado**

eider [ɛdɛr] *nm* Oiseau de Scandinavie proche du canard, au duvet très moelleux ▸ **êider**

éjaculation *nf* Action d'éjaculer ▸ **ejaculação**

éjaculer *vt et vi* Émettre le sperme ▸ **ejacular**

éjectable *adj* Qui peut être éjecté ▸ **ejetável**

éjecter *vt* **1** Projeter au-dehors: *le passager a été éjecté* ▸ **ejetar 2** FAM Mettre quelqu'un dehors: *il a été éjecté du parti* ▸ **ejetar**

éjection *nf* Action d'éjecter; évacuation ▸ **ejeção**

Ektachrome *nm* (nom déposé) Film en couleur inversible; photo faite avec ce type de film ▸ ***Ektachrome* (marca registrada), filme colorido, foto colorida**

élaboration *nf* Action d'élaborer ▸ **elaboração**

élaboré, e *adj* Qui résulte d'une longue élaboration; perfectionné ▸ **elaborado**

élaborer *vt* **1** Préparer par un long travail: *élaborer un plan* ▸ **elaborar 2** Rendre assimilable: *l'estomac élabore les aliments* ▸ **elaborar**

elæis *nm* → **éleis**

élagage *nm* Action d'élaguer ▸ **poda**

élaguer *vt* **1** Dépouiller un arbre des branches inutiles; tailler ▸ **podar 2** FIG Retrancher les parties inutiles de: *élaguer un texte* ▸ **cortar**

élagueur *nm* **1** Celui qui élague ▸ **podador 2** Serpe ou scie pour élaguer ▸ **podão, serra**

élan[1] *nm* **1** Mouvement pour s'élancer: *prendre son élan pour sauter* ▸ **impulso 2** Ardeur impétueuse: *élan du cœur* ▸ **arroubo**

élan[2] *nm* Grand cerf des régions boréales ▸ **alce**

élancé, e *adj* Mince, svelte et de haute taille ▸ **esguio**

élancement *nm* Douleur vive et intermittente ▸ **pontada**

élancer *vi et vt (conj 1)* Causer des élancements: *cet abcès lui élance ou l'élance* ▸ **lancinar** ◆ **s'élancer** *vpr* se jeter en avant; se précipiter ▸ **lançar-se**

élargir *vt* **1** Rendre plus large: *élargir une route* ▸ **alargar 2** Étendre, développer: *élargir son rayon d'action* ▸ **ampliar 3** DR Mettre en liberté ▸ **soltar** ◆ **s'élargir** *vpr* Devenir plus large ▸ **ampliar-se**

élargissement *nm* **1** Action d'élargir; fait de s'élargir ▸ **ampliação, alargamento 2** DR Mise en liberté ▸ **libertação**

élasthanne *nm* Fibre textile dotée d'une grande élasticité ▸ **elastano**

élasticité *nf* **1** Propriété qu'ont certains corps de reprendre leur forme après la compression ou l'extension subie ▸ **elasticidade 2** FIG Souplesse, mobilité ▸ **elasticidade**

élastique *adj* **1** Qui a de l'élasticité ▸ **elástico 2** Fait avec une matière élastique ▸ **elástico 3** FIG Que l'on peut interpréter assez librement: *règlement élastique* ▸ **elástico** ◆ *nm* **1** Lien en caoutchouc ▸ **elástico 2** Tissu, fil, ruban de caoutchouc ▸ **elástico**

élastomère *nm* Polymère naturel ou synthétique, possédant des propriétés élastiques analogues à celles du caoutchouc ► **elastômero**
eldorado *nm* Pays chimérique qui regorge de richesses ► **eldorado**
électeur, trice *n* Personne qui a le droit de prendre part à une élection ► **eleitor**
électif, ive *adj* Nommé ou conféré par élection: *président électif* ► **eletivo**
élection *nf* Choix fait par la voie des suffrages: *élection présidentielle* ► **eleição** ■ **d'élection:** choisi: *patrie, terre d'élection* ► **de escolha** □ DR **élection de domicile:** choix d'un domicile légal ► **eleição de domicílio**
électoral, e, aux *adj* Relatif aux élections: *affiche électorale* ► **eleitoral**
électoralisme *nm* Attitude d'un gouvernement, d'un parti dont la politique est guidée par des considérations électorales ► **eleitoralismo**
électoraliste *adj et n* Inspiré par l'électoralisme ► **eleitoralista**
électorat *nm* **1** Ensemble des électeurs d'un pays, d'un parti ► **eleitorado 2** Droit d'être électeur ► **eleitorado**
électricien, enne *n* Artisan qui fait ou répare des installations électriques; spécialiste d'électricité ► **eletricista**
électricité *nf* Forme d'énergie qui manifeste son action par des phénomènes mécaniques, calorifiques, lumineux, chimiques, etc., et qui sert à des usages domestiques ou industriels, et notamment comme source d'éclairage: *électricité statique, dynamique* ► **eletricidade**
électrification *nf* Action d'électrifier ► **eletrificação**
électrifier *vt* Doter d'une installation électrique ► **eletrificar**
électrique *adj* **1** Relatif à l'électricité ► **elétrico 2** Qui fonctionne à l'électricité ► **elétrico**
électriquement *adv* Au moyen de l'électricité ► **eletricamente**
électrisable *adj* Qui peut être électrisé ► **eletrizável**
électrisation *nf* Action d'électriser; fait d'être électrisé ► **eletrização**
électriser *vt* **1** Développer sur un corps des charges électriques: *électriser un bâton d'ambre* ► **eletrizar 2** FIG Enflammer, enthousiasmer: *électriser un auditoire* ► **eletrizar**
électro *nf inv* Toute musique composée à l'aide d'ordinateurs (EX: *électrorock*) ► **música eletrônica**
électroacoustique *nf* Technique de la production, de la transmission, de l'enregistrement et de la reproduction des signaux acoustiques par des moyens électriques ► **eletracústica** ♦ *adj* Relatif à l'électroacoustique: *musique électroacoustique* ► **eletracústico**
électroaimant *nm* Appareil produisant un champ magnétique grâce à des bobines à noyau de fer parcourues par un courant électrique ► **eletroímã**
électrocardiogramme *nm* Enregistrement graphique des courants électriques produits par les contractions du cœur ► **eletrocardiograma**
électrochimie *nf* Science et technique des transformations réciproques de l'énergie chimique et de l'énergie électrique ► **eletroquímica**
électrochoc *nm* Traitement de certaines maladies mentales par le bref passage d'un courant à travers le cerveau ► **eletrochoque**
électrocoagulation *nf* MÉD Technique de coagulation des tissus vivants par application d'un courant de haute fréquence ► **eletrocoagulação**
électrocuter *vt* Tuer par une décharge électrique: *se faire électrocuter par accident; électrocuter un condamné à mort sur la chaise électrique* ► **eletrocutar**
électrocution *nf* Fait d'électrocuter, d'être électrocuté ► **eletrocussão**
électrode *nf* Chacun des conducteurs fixés aux pôles d'un générateur électrique ► **elétrodo**
électrodynamique *nf* Partie de la physique qui traite de l'action dynamique des courants électriques ► **eletrodinâmica** ♦ *adj* Relatif à l'électrodynamique ► **eletrodinâmico**
électroencéphalogramme *nm* Tracé obtenu par l'enregistrement de l'activité électrique existant entre les cellules cérébrales ► **eletrencefalograma**
électrogène *adj* Qui produit de l'électricité ► **eletrógeno** ■ **groupe électrogène:** ensemble formé par un moteur thermique et un générateur, qui transforme en énergie électrique l'énergie mécanique fournie par le moteur ► **grupo eletrógeno**
électrolyse *nf* Décomposition chimique de certaines substances en fusion ou en solution par le passage d'un courant électrique ► **eletrólise**
électrolyser *vt* Soumettre à l'électrolyse ► **eletrolisar**
électrolyte *nm* Corps soumis à l'électrolyse ► **eletrólito**
électrolytique *adj* Qui s'effectue par électrolyse ► **eletrolítico**
électromagnétique *adj* **1** Fondé sur les propriétés magnétiques des courants électriques ► **ele-**

tromagnético **2** Relatif à l'électromagnétisme ▸ **eletromagnético**

électromagnétisme *nm* Partie de l'électricité qui étudie les relations entre électricité et magnétisme ▸ **eletromagnetismo**

électromécanique *nf* Ensemble des applications de l'électricité à la mécanique ▸ **eletromecânica** ♦ *adj* Se dit d'un dispositif mécanique dont une grande partie des composants est électrique ▸ **eletromecânico**

électroménager *adj m* Se dit d'appareils électriques à usage domestique (aspirateur, réfrigérateur, etc.) ▸ **eletrodoméstico** ♦ *nm* Ensemble de ces appareils; leur industrie ▸ **eletrodomésticos, setor de eletrodomésticos**

électrométallurgie *nf* Extraction et affinage des métaux par des procédés électriques ▸ **eletrometalurgia**

électromètre *nm* Instrument pour mesurer une charge d'électricité ou des différences de potentiel ▸ **eletrômetro**

électromoteur, trice *adj* Qui développe de l'électricité sous l'influence d'une action chimique ou mécanique ▸ **eletromotor**

électron *nm* Particule élémentaire chargée d'électricité négative, l'un des éléments constitutifs des atomes ▸ **elétron** ■ **électron libre: (a)** électron d'un métal responsable de sa conductibilité électrique ▸ **elétron livre (b)** FIG personne que son indépendance d'esprit pousse à prendre ses distances avec le groupe auquel elle appartient ▸ **independente**

électronégatif, ive *adj* Se dit d'un élément qui, dans l'électrolyse, se porte au pôle positif appelé *anode* ▸ **eletronegativo**

électronicien, enne *n* Spécialiste d'électronique ▸ **técnico em eletrônica**

électronique *nf* Partie de la physique et de la technique qui étudie et utilise les variations de grandeurs électriques pour capter, transmettre et exploiter de l'information ▸ **eletrônica** ♦ *adj* Relatif à l'électron, à l'électronique ▸ **eletrônico** ■ **annuaire électronique:** annuaire téléphonique consultable sur Minitel ▸ **lista telefônica eletrônica**

électronucléaire *adj et nm* Relatif à l'électricité produite par des centrales nucléaires ▸ **eletronuclear**

électronvolt *nm* Unité d'énergie utilisée en physique atomique et nucléaire; symb: eV ▸ **elétron-volt**

électrophone *nm* Appareil reproduisant les sons enregistrés sur un disque par des procédés électromécaniques ▸ **vitrola**

électropositif, ive *adj* Se dit d'un élément qui, dans l'électrolyse, se porte au pôle négatif appelé *cathode* ▸ **eletropositivo**

électroradiologie *nf* Spécialité médicale qui englobe les applications de l'électricité et celles des rayons au diagnostic et au traitement des maladies ▸ **eletrorradiologia**

électrostatique *nf* Partie de la physique qui étudie les phénomènes d'équilibre de l'électricité sur les corps électrisés ▸ **eletrostática**

électrotechnicien, enne *n* Spécialiste d'électrotechnique ▸ **eletrotécnico**

électrotechnique *nf* Étude des applications techniques de l'électricité ▸ **eletrotécnica**

électrothérapie *nf* Traitement des maladies par l'électricité ▸ **eletroterapia**

élégamment *adv* Avec élégance ▸ **elegantemente**

élégance *nf* Qualité de ce qui est élégant ▸ **elegância**

élégant, e *adj* **1** Qui se distingue par la grâce, l'aisance, l'agrément de la forme, de la parure, etc.: *personne élégante; meuble élégant* ▸ **elegante 2** Qui séduit par sa simplicité, sa netteté, sa courtoisie: *style élégant; procédé élégant* ▸ **elegante** ♦ *n* Personne qui a ou qui affecte de l'élégance ▸ **elegante**

élégiaque *adj* Propre à l'élégie: *vers élégiaques* ▸ **elegíaco** ♦ *adj et n* Qui écrit des élégies: *poète élégiaque* ▸ **poeta elegíaco**

élégie *nf* Petit poème sur un sujet tendre et triste ▸ **elegia**

éleis [eleis] ou **elæis** [eleis] *nm* Palmier dont le fruit fournit l'huile de palme ▸ **dendezeiro**

élément *nm* **1** Chaque objet, chaque chose concourant à la formation d'un tout: *les éléments d'un ouvrage; élément d'un ensemble mathématique; posséder tous les éléments* ▸ **elemento 2** Personne appartenant à un groupe: *c'est un très bon élément* ▸ **elemento 3** Milieu dans lequel un être est fait pour vivre: *l'eau est l'élément des poissons; se sentir dans son élément* ▸ **elemento 4** CHIM Principe chimique commun aux diverses variétés d'un corps simple: *la classification des éléments de Mendeleïev* ▸ **elemento 5** PHYS Couple d'une pile voltaïque ▸ **elemento** ■ **les quatre éléments:** l'air, le feu, la terre et l'eau ▸ **os quatro elementos** ♦ **éléments** *pl* **1** LITT Ensemble de forces naturelles: *lutter contre les éléments déchaînés* ▸ **elementos 2** Principes fondamentaux, notions de base: *éléments de physique* ▸ **elementos**

élémentaire *adj* **1** Qui sert de base à un ensemble; très simple: *connaissances élémentaires;*

installation élémentaire ► **elementar 2** CHIM Qui concerne l'élément: *une particule élémentaire* ► **elementar**

éléphant *nm* Mammifère ongulé, le plus gros animal terrestre actuel, à trompe et à peau rugueuse, pourvu d'incisives supérieures allongées en défenses ► **elefante ■ éléphant de mer:** gros phoque à trompe des îles Kerguelen ► **elefante-marinho**

éléphanteau *nm* Jeune éléphant ► **elefantinho**

éléphantesque *adj* Énorme ► **mastodôntico**

éléphantiasis [elefɑ̃tjazis] *nm* Épaississement diffus de la peau et du tissu sous-cutané, lié à un œdème, qui déforme le corps ► **elefantíase**

élevage *nm* **1** Action d'élever les animaux ► **criação 2** Ensemble des animaux d'une même espèce dans une exploitation: *un élevage de truites* ► **criação**

élévateur, trice *adj* Qui sert à élever, à soulever: *muscle élévateur; plate-forme élévatrice* ► **elevador, elevatório** ♦ *nm* **1** Muscle élévateur ► **elevador 2** Machine utilisée pour soulever des charges ou des matériaux ► **elevador**

élévation *nf* **1** Action d'élever, de s'élever: *élévation du niveau des eaux* ► **elevação 2** Éminence, hauteur: *une élévation de terrain* ► **elevação 3** MATH Formation d'une puissance d'un nombre ou d'une expression: *élévation au cube* ► **elevação 4** GÉOM Représentation d'une face verticale; cette face elle-même ► **elevação 5** LITURGIE Moment de la messe où le prêtre élève l'hostie et le calice ► **elevação**

élévatoire *adj* Qui sert à élever des fardeaux, des liquides: *pompe élévatoire* ► **elevatório**

élève *n* **1** Personne qui reçoit les leçons d'un maître; celui, celle qui fréquente un établissement scolaire ► **aluno 2** AGRIC Animal né et soigné chez un éleveur; plante ou arbre dont on dirige la croissance ► **cria, planta de viveiro**

élevé, e *adj* **1** Haut: *arbre, prix élevé* ► **elevado 2** LITT Noble, sublime: *style élevé* ► **elevado ■ bien, mal élevé:** qui a une bonne, une mauvaise éducation ► **bem-educado, mal-educado**

élever *vt (conj 9)* **1** Porter vers le haut, dresser: *élever un mât* ► **erguer 2** Construire: *élever un mur* ► **levantar, elevar 3** Porter à un niveau supérieur, à un haut rang: *élever un débat* ► **elevar 4** Augmenter: *élever les prix* ► **elevar 5** Hausser: *élever la voix* ► **elevar 6** Nourrir, soigner, former: *élever des enfants, des animaux* ► **criar ♦ s'élever** *vpr* **1** Atteindre une certaine hauteur, un certain niveau: *la facture s'élève à mille francs* ► **totalizar 2** Parvenir à un degré supérieur: *la température s'élève* ► **elevar-se 3** Se faire entendre: *des cris s'élèvent dans l'assemblée* ► **elevar-se ■ s'élever contre:** protester contre: *s'élever contre l'arbitraire* ► **levantar-se contra**

éleveur, euse *n* Personne qui élève des animaux ► **criador**

elfe *nm* MYTH Génie symbolisant l'air, la terre, le feu, en Scandinavie ► **elfo**

élider *vt* GRAMM Faire une élision ► **elidir**

éligibilité *nf* Possibilité légale d'être élu ► **elegibilidade**

éligible *adj* Qui peut être élu ► **elegível**

élimer *vt* User un tissu ► **puir**

élimination *nf* Action d'éliminer ► **eliminação**

éliminatoire *adj* Qui sert à éliminer: *une note éliminatoire à l'examen* ► **eliminatório** ♦ *nf* SPORTS ET JEUX Épreuve préalable qui élimine les concurrents les plus faibles ► **eliminatória**

éliminer *vt* **1** Écarter, faire disparaître: *éliminer une tache; éliminer un témoin* ► **eliminar 2** Refuser, recaler: *éliminer un candidat* ► **eliminar 3** PHYSIOL Faire sortir de l'organisme: *éliminer les toxines*; (sans complément) *boire aide à éliminer* ► **eliminar**

élingue *nf* MAR Câble servant à entourer ou à accrocher un objet et à l'élever au moyen d'un engin ► **linga**

élinguer *vt* MAR Hisser au moyen d'une élingue ► **lingar**

élire *vt (conj 73)* **1** Nommer par suffrage: *élire un candidat* ► **eleger 2** SOUT Choisir: *élire domicile* ► **eleger**

CONJUGAISON Attention au passé simple on dit: *j'élus, ils élurent*

élisabéthain, e *adj* Relatif à Élisabeth Ire d'Angleterre, à son temps: *théâtre élisabéthain* ► **elisabetano**

élision *nf* GRAMM Suppression, dans l'écriture ou la prononciation, de la voyelle finale d'un mot devant une voyelle initiale ou un *h* muet ► **elisão**

élite *nf* Ce qu'il y a de meilleur, de plus distingué dans une société ► **elite ■ d'élite:** de premier plan; supérieur: *tireur d'élite* ► **de elite ♦ élites** *pl* Personnes qui occupent le premier rang par leur formation intellectuelle: *les élites de la nation* ► **elite**

élitisme *nm* Système favorisant les meilleurs éléments d'un groupe aux dépens de la masse ► **elitismo**

élitiste *adj et n* Relatif à l'élitisme; qui en est partisan ► **elitista**

élixir *nm* **1** Médicament liquide, formé d'une ou de plusieurs substances en dissolution dans l'alcool ► **elixir 2** Boisson magique ► **elixir**

elle, elles *pron pers f* Désigne la 3ᵉ personne, féminin de *il, ils, lui, eux* ▸ **ela, elas**
ellébore *nm* → **hellébore**
ellipse *nf* **1** GÉOM Courbe fermée dont chaque point est tel que la somme de ses distances à deux points fixes, appelés *foyers*, est constante ▸ **elipse** **2** GRAMM Omission d'un ou de plusieurs mots qui ne sont pas indispensables pour la compréhension de la phrase: *ellipse du sujet, du verbe* ▸ **elipse**
ellipsoïdal, e, aux *adj* Qui a la forme d'une ellipse ou d'un ellipsoïde ▸ **elipsoidal**
ellipsoïde *nm* Solide engendré par la révolution d'une ellipse autour de l'un de ses axes ▸ **elipsoide**
elliptique *adj* **1** GÉOM Relatif à l'ellipse ▸ **elíptico** **2** GRAMM Qui renferme une ellipse ▸ **elíptico** **3** FIG Qui ne dit pas tout et laisse à deviner une partie du sens ▸ **elíptico**
elliptiquement *adv* De façon elliptique ▸ **elipticamente**
élocution *nf* Manière de s'exprimer oralement, d'articuler les mots ▸ **elocução**
éloge *nm* Paroles, écrit à la louange de quelqu'un, de quelque chose; panégyrique ▸ **elogio**
élogieusement *adv* Avec beaucoup d'éloges ▸ **elogiosamente**
élogieux, euse *adj* Rempli de louanges, flatteur, louangeur ▸ **elogioso**
éloigné, e *adj* Loin dans le temps ou dans l'espace ▸ **distante, afastado** ■ **parent éloigné**: qui a des liens de parenté lâches ou indirects ▸ **parente distante**
éloignement *nm* Action d'éloigner, de s'éloigner; fait d'être éloigné ▸ **afastamento**
éloigner *vt* Mettre, envoyer plus loin dans l'espace ou le temps; écarter ▸ **afastar** ◆ **s'éloigner** *vpr* Accroître la distance entre soi et quelqu'un, quelque chose ▸ **afastar-se**
élongation *nf* Allongement accidentel d'un muscle, d'un nerf, d'un tendon ou d'un ligament ▸ **distensão**
éloquence *nf* Art de bien parler, d'émouvoir, de persuader ▸ **eloquência**
éloquent, e *adj* **1** Qui a de l'éloquence ▸ **eloquente** **2** Expressif, significatif, révélateur: *silence éloquent* ▸ **eloquente**
élu, e *n* **1** Personne désignée par une élection ▸ **eleito** **2** Personne choisie, aimée: *qui est l'heureux élu?* ▸ **eleito**
élucidation *nf* Action d'élucider ▸ **elucidação**
élucider *vt* Expliquer, éclaircir ▸ **elucidar**
élucubration *nf* (surtout au pluriel) Théorie fumeuse, extravagante, divagation ▸ **lucubração**
éluder *vt* Éviter avec adresse: *éluder une difficulté* ▸ **eludir**

VOCABULAIRE Il ne faut pas confondre *éluder*, «esquiver», avec *élucider*, «expliquer»

élyséen, enne *adj* **1** MYTH Relatif aux Champs Élysées ▸ **elísio** **2** FAM Relatif au palais de l'Élysée ▸ **do Palácio do Eliseu**
élytre *nm* Aile antérieure, dure, de certains insectes, notamment des coléoptères ▸ **élitro**
émacié, e *adj* LITT Très amaigri: *visage émacié* ▸ **emaciado**
émail (pl *émaux*) *nm* **1** Vernis vitreux que l'on applique par fusion sur la faïence, les métaux, etc. ▸ **esmalte** **2** Ouvrage émaillé ▸ **esmalte** **3** (dans ce sens, pluriel *émails*) Matière dure qui revêt les dents ▸ **esmalte**
émaillage *nm* Action d'émailler ▸ **esmaltagem**
émailler *vt* **1** Appliquer de l'émail sur ▸ **esmaltar** **2** LITT Parsemer: *émailler un discours de citations* ▸ **esmaltar**
émaillerie *nf* Art de décorer avec des émaux ▸ **esmaltagem**
émailleur, euse *n* Personne qui émaille ▸ **esmaltador**
émanation *nf* **1** Senteur, exhalaison qui se dégage d'un corps: *des émanations de gaz* ▸ **emanação** **2** FIG Ce qui procède de quelqu'un, de quelque chose; expression, manifestation: *l'Assemblée nationale est l'émanation du peuple* ▸ **expressão**
émancipateur, trice *adj* Propre à émanciper ▸ **emancipador**
émancipation *nf* Action d'émanciper; son résultat ▸ **emancipação**
émanciper *vt* **1** Affranchir, rendre libre ▸ **emancipar** **2** DR Mettre hors de tutelle: *émanciper un mineur* ▸ **emancipar** ◆ **s'émanciper** *vpr* Prendre des libertés, s'affranchir ▸ **emancipar-se**
émaner *vt ind* [de] **1** Se dégager de: *l'odeur qui émane de la terre mouillée* ▸ **emanar** **2** FIG Découler, provenir de: *le charme qui émane d'une personne* ▸ **emanar**
émargement *nm* Action d'émarger ▸ **corte das margens, rubrica à margem, recebimento**
émarger *vt (conj 2)* **1** Couper les marges ▸ **desmarginar** **2** Apposer sa signature en marge d'un écrit, pour attester qu'on en a eu connaissance ▸ **rubricar** ◆ *vt ind* [à] Toucher un traitement, une indemnité ou une subvention: *émarger au budget d'une administration* ▸ **receber**
émasculation *nf* Action d'émasculer ▸ **emasculação**
émasculer *vt* Priver un mâle des organes de la reproduction; châtrer, castrer ▸ **emascular**

émaux *nm pl* → **email**

embâcle *nm* Obstruction d'un cours d'eau par un amoncellement de glaçons; CONTR: *débâcle* ▸ **obstrução**

emballage *nm* **1** Action d'emballer ▸ **embalagem** **2** Ce qui sert à emballer (papier, carton, caisse) ▸ **embalagem**

emballement *nm* Action de s'emballer; enthousiasme ▸ **embalo**

emballer *vt* **1** Mettre dans un emballage ▸ **embalar** **2** FAM Enthousiasmer: *cette musique l'a emballé* ▸ **arrebatar** ◆ **s'emballer** *vpr* **1** Se laisser emporter par un sentiment ▸ **arrebatar-se** **2** S'emporter, en parlant d'un cheval ▸ **desbocar-se** **3** MÉCAN Prendre un régime de marche excessif et dangereux: *moteur qui s'emballe* ▸ **embalar**

emballeur, euse *n* Personne spécialisée dans l'emballage des marchandises ▸ **embalador**

embarcadère *nm* Jetée, appontement pour l'embarquement ou le débarquement ▸ **embarcadouro**

embarcation *nf* Tout bateau de petite taille ▸ **embarcação**

embardée *nf* Écart brusque que fait un véhicule ▸ **guinada**

embargo *nm* **1** Défense faite provisoirement à un navire de quitter un port ▸ **embargo** **2** Interdiction de laisser circuler librement: *mettre l'embargo sur une marchandise* ▸ **embargo**

embarquement *nm* Action d'embarquer ou de s'embarquer ▸ **embarque**

embarquer *vt* **1** Mettre à bord d'un navire: *embarquer des passagers* ▸ **embarcar** **2** FAM Emporter avec soi: *il a embarqué mes clés!* ▸ **carregar** **3** FAM Engager, entraîner: *embarquer quelqu'un dans une sale affaire* ▸ **envolver** ◆ *vi* **1** Monter à bord d'un bateau, d'un avion, d'une voiture ▸ **embarcar** **2** En parlant des vagues, pénétrer dans un bateau par-dessus bord ▸ **transpor a borda** ◆ **s'embarquer** *vpr* **1** Monter à bord d'un bateau, d'un avion, etc. ▸ **embarcar** **2** FAM S'engager dans une affaire douteuse ou dangereuse: *elle s'est embarquée dans une drôle d'histoire* ▸ **embarcar**

embarras *nm* **1** Irrésolution, perplexité: *ce problème me met dans l'embarras* ▸ **perplexidade** **2** Obstacle, difficulté: *créer des embarras* ▸ **estorvo** **3** Situation difficile; gêne: *tirer d'embarras; embarras financiers* ▸ **aperto** ■ **embarras gastrique:** inflammation de la muqueuse de l'estomac ▸ **embaraço gástrico**

embarrassant, e *adj* Qui embarrasse ▸ **embaraçoso**

embarrassé, e *adj* Qui éprouve, manifeste de la gêne ▸ **embaraçado** ■ **avoir l'estomac embarrassé:** avoir un embarras gastrique ▸ **estar com o estômago embrulhado**

embarrasser *vt* **1** Encombrer: *des colis embarrassent le couloir* ▸ **atravancar** **2** Gêner les mouvements de: *ce manteau m'embarrasse* ▸ **estorvar** **3** Gêner, déconcerter: *votre question m'embarrasse* ▸ **embaraçar** ◆ **s'embarrasser** *vpr* [de] **1** S'encombrer de: *s'embarrasser de choses inutiles* ▸ **abarrotar-se** **2** Se préoccuper de, tenir compte de: *ne pas s'embarrasser de scrupules* ▸ **preocupar-se**

embase *nf* Partie d'une pièce servant d'appui, de support à une autre pièce ▸ **base**

embastiller *vt* HIST Emprisonner à la Bastille ▸ **embastilhar**

embauche *nf* ou **embauchage** *nm* **1** Action de passer un contrat de travail avec un salarié ▸ **contratação** **2** Recrutement des travailleurs ▸ **contratação**

embaucher *vt* **1** Engager quelqu'un comme salarié ▸ **contratar** **2** FAM Entraîner quelqu'un avec soi dans une occupation quelconque: *je t'embauche pour la vaisselle* ▸ **recrutar**

embauchoir *nm* Instrument qu'on introduit dans les chaussures pour en conserver la forme ▸ **encóspias, forma**

embaumement *nm* **1** Action d'embaumer ▸ **embalsamamento** **2** Conservation des cadavres ▸ **embalsamamento**

embaumer *vt* **1** Traiter un cadavre par des substances qui le préservent du pourrissement ▸ **embalsamar** **2** Parfumer: *la lavande embaume le linge*; sentir: *embaumer l'anis* ▸ **embalsamar, recender** ◆ *vi* Répandre une odeur agréable ▸ **recender**

embaumeur *nm* Personne qui embaume les corps: *les embaumeurs égyptiens* ▸ **embalsamador**

embellie *nf* **1** MAR Éclaircie ▸ **calmaria** **2** FIG Amélioration momentanée d'une situation difficile ▸ **calmaria**

embellir *vt* Rendre ou faire paraître plus beau, orner: *embellir une histoire* ▸ **enfeitar** ◆ *vi* Devenir beau ou plus beau ▸ **embelezar**

embellissement *nm* **1** Action d'embellir; son résultat: *l'embellissement du quartier* ▸ **embelezamento** **2** Élément qui embellit: *les embellissements ajoutés au décor* ▸ **ornamento**

emberlificoter *vt* FAM Faire tomber dans un piège: *il a essayé de m'emberlificoter* ▸ **enrolar** ◆ **s'emberlificoter** *vpr* S'embrouiller, s'empêtrer: *il s'est emberlificoté dans des explications* ▸ **enrolar-se**

embêtant, e *adj* FAM Très ennuyeux ▸ **chato**

embêtement *nm* FAM Ennui ▸ **chatice**

embêter *vt* FAM Ennuyer, importuner; contrarier ▸ **chatear** ◆ **s'embêter** *vpr* Éprouver de l'ennui: *s'embêter chez soi* ▸ **chatear-se** ▪ **ne pas s'embêter:** ne pas se gêner ▸ **ser cuca-fresca**

emblaver *vt* Semer une terre en blé ou en toute autre graine ▸ **semear**

emblée (d') *loc adv* Du premier coup, tout de suite: *réussir d'emblée* ▸ **de cara**

emblématique *adj* Qui a le caractère d'un emblème; symbolique ▸ **emblemático**

emblème *nm* **1** Figure symbolique, souvent accompagnée d'une devise ▸ **emblema 2** Attribut, symbole: *la colombe, emblème de la paix* ▸ **emblema**

ORTHOGRAPHE *Emblème* s'écrit avec un accent grave, qui devient accent aigu dans *emblématique*

embobiner *vt* **1** Enrouler sur une bobine ▸ **bobinar 2** FAM Tromper, enjôler ▸ **enrolar**

emboîtage *nm* Action d'emboîter; son résultat ▸ **cartonagem**

emboîtement *nm* Position de deux choses qui s'emboîtent ▸ **encaixe**

emboîter *vt* Enchâsser, mettre une chose dans une autre ▸ **encaixar** ▪ **emboîter le pas à quelqu'un:** (a) marcher derrière quelqu'un ▸ **andar atrás de alguém (b)** FIG modeler son attitude sur la sienne ▸ **imitar alguém**

embole *nm* MÉD Corps étranger qui oblitère un vaisseau et provoque une embolie ▸ **êmbolo**

embolie *nf* MÉD Oblitération d'un vaisseau par un caillot de sang ou un corps étranger au sang ▸ **embolia**

embonpoint *nm* État d'une personne un peu grasse; corpulence ▸ **corpulência**

embouche *nf* Prairie fertile, où les bestiaux s'engraissent ▸ **pasto**

embouché, e *adj* ▸ **desbocado** ▪ FAM **mal embouché:** désagréable, grossier dans ses paroles ou ses actes ▸ **mal-educado**

emboucher *vt* Mettre à sa bouche un instrument à vent, afin d'en jouer ▸ **embocar**

embouchure *nf* **1** MUS Partie d'un instrument à vent que l'on porte à la bouche ▸ **embocadura 2** Entrée d'un fleuve dans la mer ▸ **foz 3** Partie du mors qui entre dans la bouche du cheval ▸ **embocadura**

embourber *vt* Engager dans un bourbier, dans la boue: *embourber un tracteur* ▸ **atolar** ◆ **s'embourber** *vpr* **1** S'enliser ▸ **atolar 2** FIG S'empêtrer dans une mauvaise affaire ▸ **atolar-se**

embourgeoisement *nm* Action de s'embourgeoiser ▸ **aburguesamento**

embourgeoiser (s') *vpr* Prendre des habitudes bourgeoises ▸ **aburguesar-se**

embout *nm* **1** Garniture de métal au bout d'une canne, d'un parapluie, etc. ▸ **ponteira 2** Élément permettant l'assemblage avec un autre élément ▸ **ponteira**

embouteillage *nm* **1** Mise en bouteilles ▸ **engarrafamento 2** Encombrement de la circulation ▸ **engarrafamento**

embouteiller *vt* **1** Mettre en bouteilles ▸ **engarrafar 2** Obstruer une voie, gêner la circulation ▸ **engarrafar**

emboutir *vt* **1** Marteler, comprimer une plaque de métal pour lui donner une forme déterminée ▸ **moldar 2** Défoncer par un choc ▸ **afundar, amassar**

emboutissage *nm* Action d'emboutir les métaux ▸ **moldagem**

embranchement *nm* **1** Division en plusieurs branches du tronc d'un arbre et, par extension, d'une voie, d'un conduit, etc.; point de rencontre de ces branches ▸ **ramificação 2** Division principale du règne animal ou du règne végétal ▸ **ramificação**

embrancher (s') *vpr* Se raccorder, en parlant d'une route, d'une canalisation, etc. ▸ **entroncar-se**

embrasement *nm* LITT Action d'embraser; fait de s'embraser ▸ **abrasamento**

embraser *vt* **1** LITT Mettre en feu: *l'incendie embrase la garrigue* ▸ **abrasar 2** Illuminer d'un rougeoiement: *le soleil couchant embrase le ciel* ▸ **abrasar 3** LITT Exalter, enflammer: *l'amour de la patrie embrase les cœurs* ▸ **abrasar** ◆ **s'embraser** *vpr* **1** LITT Prendre feu ▸ **abrasar-se 2** S'enflammer, s'exalter ▸ **abrasar-se**

embrassade *nf* (souvent au pluriel) Geste de deux personnes qui s'embrassent par affection ▸ **abraço**

embrasse *nf* Cordon ou bande qui retient un rideau sur le côté ▸ **braçadeira**

embrasser *vt* **1** Donner un, des baisers ▸ **beijar 2** LITT Saisir, appréhender: *embrasser les données d'un problème; embrasser du regard* ▸ **contemplar 3** Contenir: *ce roman embrasse un siècle d'histoire* ▸ **abraçar 4** Adopter, choisir: *embrasser une carrière* ▸ **abraçar**

embrasure *nf* Ouverture d'une porte, d'une fenêtre ▸ **vão**

embrayage [ɑ̃bʀɛjaʒ] *nm* **1** Action d'embrayer ▸ **acionamento da embreagem 2** Mécanisme permettant d'embrayer: *pédale d'embrayage* ▸ **embreagem**

embrayer [ɑ̃bʀeje] *vt* Établir la communication entre le moteur d'une machine et les organes qu'il commande ▸ **embrear** ♦ *vt ind* [sur] FAM Commencer à parler de quelque chose, à agir ▸ **começar a falar, a agir**

embrigadement *nm* Action d'embrigader; fait d'être embrigadé ▸ **recrutamento**

embrigader *vt* **1** Faire entrer par contrainte ou persuasion dans une association, un parti, etc. ▸ **recrutar 2** ANC Réunir des régiments ou des bataillons pour former une brigade ▸ **arregimentar**

embringuer *vt* FAM Engager dans une situation fâcheuse: *se laisser embringuer dans une sale histoire* ▸ **envolver**

embrocher *vt* **1** Enfiler sur une broche ▸ **espetar 2** FAM Transpercer d'un coup d'épée ▸ **espetar**

embrouillamini *nm* FAM Grande confusion, désordre ▸ **embrulhada**

embrouille *nf* FAM Désordre destiné à tromper ▸ **trapalhada**

embrouillé, e *adj* FAM Qui a perdu le fil de ses idées; troublé ▸ **embaralhado**

embrouillement *nm* **1** Action d'embrouiller ▸ **embaralhamento 2** FIG Embarras, confusion ▸ **embrulhada**

embrouiller *vt* **1** Mettre en désordre, emmêler: *embrouiller des fils* ▸ **embaralhar 2** Compliquer, rendre obscur; troubler les idées de quelqu'un: *embrouiller une histoire; taisez-vous donc, vous m'embrouillez!* ▸ **embaralhar** ♦ **s'embrouiller** *vpr* Perdre le fil de ses idées: *s'embrouiller dans une démonstration* ▸ **embaralhar-se**

embroussaillé, e *adj* Couvert de broussailles ou qui forme comme des broussailles: *un champ embroussaillé; des sourcils embroussaillés* ▸ **coberto de mato, cerrado**

embrumer *vt* **1** Envelopper de brume ▸ **embrumar 2** FIG attrister, assombrir ▸ **anuviar**

embruns *nm pl* Pluie fine que forment les vagues en se brisant ▸ **borrifo**

embryogenèse ou **embryogénie** *nf* Formation et développement d'un embryon ▸ **embriogênese, embriogenia**

embryologie *nf* Étude du développement des embryons ▸ **embriologia**

embryologique *adj* Relatif à l'embryologie ▸ **embriológico**

embryon *nm* **1** Organisme en voie de développement, depuis le stade de l'œuf fécondé jusqu'à la réalisation d'une forme capable de vie autonome et active (larve, poussin, fœtus humain de plus de trois mois) ▸ **embrião 2** FIG Germe, commencement, ébauche ▸ **embrião**

embryonnaire *adj* **1** De l'embryon ▸ **embrionário 2** FIG En germe, inachevé: *mouvement à l'état embryonnaire* ▸ **embrionário**

embûche *nf* Traquenard; obstacle ▸ **armadilha, obstáculo**

embuer *vt* Couvrir de buée ▸ **embaçar**

embuscade *nf* Attaque par surprise d'un ennemi en mouvement ▸ **emboscada**

embusqué *nm* Militaire occupant un poste à l'abri du danger ▸ **militar na retaguarda**

embusquer *vt* Mettre en embuscade ▸ **emboscar** ♦ **s'embusquer** *vpr* Se cacher pour guetter quelqu'un avec des intentions hostiles ▸ **emboscar-se**

éméché, e *adj* FAM Légèrement ivre ▸ **alto**

émeraude *nf* Pierre précieuse de couleur verte ▸ **esmeralda** ♦ *adj inv et nm* De couleur vert vif ▸ **esmeralda**

émergé, e *adj* Qui émerge ▸ **emerso**

émergence *nf* Apparition soudaine d'un phénomène, d'une idée, etc. ▸ **emergência**

émergent, e *adj* ▸ **emergente** ■ **pays émergent:** pays en voie de développement qui a des résultats économiques et un taux de croissance supérieurs aux autres ▸ **país emergente**

émerger *vi (conj 2)* **1** Sortir d'un milieu liquide et apparaître à la surface: *l'épave émerge à marée basse* ▸ **emergir 2** Se montrer, se manifester: *le soleil émerge des nuages* ▸ **emergir 3** Sortir, se distinguer d'une masse: *émerger du lot* ▸ **emergir**

émeri *nm* Roche très dure dont la poudre est utilisée comme abrasif ▸ **esmeril**

émérite *adj* Qui, par sa longue pratique, est d'une grande compétence, d'une remarquable habileté ▸ **emérito** ■ **professeur émérite:** professeur d'université à la retraite distingué par ses collègues ▸ **professor emérito**

émersion *nf* **1** Action d'émerger ▸ **emersão 2** ASTRON Réapparition d'un astre éclipsé ▸ **emersão**

émerveillement *nm* Fait d'être émerveillé ▸ **maravilhamento**

émerveiller *vt* Étonner, inspirer une vive admiration ▸ **maravilhar**

émétique *adj et nm* Se dit d'une substance qui fait vomir ▸ **emético**

émetteur *nm* Poste d'émission radiophonique ou télévisée ▸ **emissora**

émetteur, trice *adj* Qui émet ▸ **emissor**

émetteur-récepteur (pl *émetteurs-récepteurs*) *nm* Ensemble comprenant un émetteur et un récepteur radioélectriques pourvus d'une antenne et d'une alimentation communes ▸ **emissor receptor**

émettre *vt (conj 57)* **1** Produire, faire sortir de soi des radiations, des ondes, des sons, etc.: *le soleil émet des rayons* ▸ **emitir 2** Mettre en circulation:

émettre des billets de banque ▸ **emitir 3** Exprimer, formuler: *émettre une opinion* ▸ **emitir** ♦ *vi* Procéder à la transmission d'un programme de radio ou de télévision: *la station radio a commencé d'émettre* ▸ **transmitir**

émeu (pl *émeus*) ou **émou** (pl *émous*) *nm* Grand oiseau d'Australie, aux ailes rudimentaires ▸ **emu**

émeute *nf* Soulèvement populaire ▸ **sublevação, revolta**

émeutier, ère *n* Personne qui participe à une émeute ou la suscite ▸ **amotinado, amotinador**

émiettement *nm* Action d'émietter ▸ **esmigalhamento**

émietter *vt* **1** Réduire en miettes ▸ **esmigalhar** **2** FIG Éparpiller: *émietter sa fortune* ▸ **desperdiçar**

émigrant, e *n et adj* Personne qui émigre ▸ **emigrante**

émigration *nf* **1** Action d'émigrer; ensemble des émigrés ▸ **emigração 2** HIST Sortie de France des nobles pendant la Révolution ▸ **emigração 3** ZOOL Migration ▸ **migração**

émigré, e *n et adj* **1** Personne qui a émigré ▸ **emigrado 2** HIST Noble émigré pendant la Révolution ▸ **emigrado**

émigrer *vi* **1** Quitter son pays pour aller s'établir ailleurs ▸ **emigrar 2** Changer de climat: *oiseau qui émigre* ▸ **emigrar**

émincé *nm* Très fine tranche de viande ▸ **fatia fina**

émincer *vt (conj 1)* Couper en tranches minces: *émincer un oignon* ▸ **fatiar**

éminemment [eminamɑ̃] *adv* Excellemment ▸ **eminentemente**

éminence *nf* **1** Élévation de terrain ▸ **proeminência 2** ANAT Saillie quelconque ▸ **eminência 3** (avec une majuscule) Titre donné aux cardinaux ▸ **Eminência** ■ **éminence grise:** conseiller qui agit dans l'ombre ▸ **eminência parda**

éminent, e *adj* Supérieur; remarquable: *juriste éminent; rôle éminent* ▸ **eminente**

émir [emir] *nm* Gouverneur, prince dans les pays musulmans ▸ **emir**

émirat *nm* **1** État gouverné par un émir ▸ **emirado 2** Dignité d'émir ▸ **emirado**

émissaire *nm* **1** Agent chargé d'une mission ▸ **emissário 2** Canal qui sert à vider un lac, un bassin, etc. ▸ **emissário**

émissif, ive *adj* PHYS Qui émet des radiations lumineuses ▸ **emissivo**

émission *nf* **1** Action d'émettre, de livrer à la circulation: *émission de billets* ▸ **emissão 2** Programme de radio ou de télévision: *émission de variétés* ▸ **programa**

emmagasinage *nm* Action d'emmagasiner ▸ **armazenagem**

emmagasiner [ɑ̃magazine] *vt* **1** Mettre en magasin ▸ **armazenar 2** Accumuler, mettre en réserve: *emmagasiner de l'énergie, des connaissances* ▸ **armazenar**

emmailloter [ɑ̃majɔte] *vt* Envelopper complètement (dans un tissu, une étoffe) ▸ **embrulhar**

emmanchement *nm* Action d'emmancher; manière de s'emmancher ▸ **encabamento**

emmancher [ɑ̃mɑ̃ʃe] *vt* Mettre un manche à ▸ **encabar** ♦ **s'emmancher** *vpr* **1** S'ajuster ▸ **encaixar 2** FAM, FIG commencer, s'engager ▸ **começar**

emmanchure *nf* Ouverture d'un vêtement où se fixe la manche ▸ **cava**

emmêlement *nm* Action d'emmêler; son résultat ▸ **misturada**

emmêler [ɑ̃mele] *vt* **1** Brouiller, enchevêtrer ▸ **misturar 2** FIG Embrouiller ▸ **embaralhar**

emménagement *nm* Action d'emménager ▸ **mudança de casa**

emménager [ɑ̃menaʒe] *vi (conj 2)* S'installer dans un nouveau logement ▸ **mudar de casa**

VOCABULAIRE *Emménager* quelque part, c'est s'installer dans un autre lieu; *aménager* un lieu, c'est l'arranger

emmener [ɑ̃mne] *vt (conj 9)* Mener avec soi d'un lieu dans un autre ▸ **levar**

emmental ou **emmenthal** [emɑ̃tal] ou [emɛ̃tal] *nm* Variété de gruyère fabriquée en Suisse et dans le Jura ▸ ***emmenthal***

emmerdant, e *adj* TRÈS FAM Ennuyeux ▸ **sacal**

emmerdement *nm* TRÈS FAM Gros ennui ▸ **saco**

emmerder [ɑ̃mɛrde] *vt* TRÈS FAM Importuner, ennuyer ▸ **pentelhar**

emmerdeur, euse *n et adj* TRÈS FAM Personne pénible à supporter, agaçante ▸ **pentelho**

emmétrope [ɑ̃metrop] *adj* Se dit d'un œil dont la vue est normale ▸ **emetrope**

emmieller [ɑ̃mjele] *vt* VX Mêler de miel ▸ **melificar**

emmitoufler [ɑ̃mitufle] *vt* Envelopper dans des vêtements chauds ▸ **agasalhar**

emmurer [ɑ̃myre] *vt* Enfermer en murant; bloquer comme avec un mur: *l'éboulement a emmuré des mineurs dans une galerie* ▸ **emparedar**

émoi *nm* LITT Trouble, émotion ▸ **emoção**

émollient, e *adj et nm* MÉD Qui amollit, détend les tissus ▸ **emoliente**

émoluments *nm pl* Traitement, salaire attaché à un emploi ▸ **vencimentos**

émonder *vt* **1** Couper les branches inutiles ▸ **podar 2** Débarrasser une graine de sa peau, monder: *émonder des amandes* ▸ **tirar a casca**

émotif, ive *adj* Relatif à l'émotion ▸ **emotivo** ◆ *adj et n* Prompt à s'émouvoir ▸ **emotivo**

émotion *nf* Trouble passager causé par un sentiment vif de joie, de peur, etc. ▸ **emoção**

émotionnel, elle *adj* Qui concerne l'émotion: *réaction émotionnelle* ▸ **emocional**

émotionner *vt* FAM Causer de l'émotion ▸ **emocionar**

émotivité *nf* Disposition à s'émouvoir: *émotivité maladive* ▸ **emotividade**

émotter *vt* Briser les mottes de terre après le labour ▸ **destorroar**

émoulu, e *adj* ▸ **afiado** ■ **frais émoulu:** nouvellement formé, nouvellement sorti d'une école ▸ **recém-formado, recém-saído**

émousser *vt* **1** Rendre moins tranchant, moins pointu: *émousser un ciseau* ▸ **embotar 2** FIG Affaiblir, diminuer: *le temps a émoussé les passions* ▸ **embotar**

émoustillant, e *adj* Qui émoustille ▸ **animador**

émoustiller *vt* **1** FAM Mettre de bonne humeur; exciter ▸ **animar 2** Aguicher ▸ **provocar**

émouvant, e *adj* Qui émeut ▸ **comovente**

émouvoir *vt (conj 36)* Agir sur la sensibilité de ▸ **comover** ◆ **s'émouvoir** *vpr* Se troubler, s'inquiéter ▸ **agitar-se**

empaillage *nm* Action d'empailler ▸ **empalhamento**

empailler *vt* **1** Garnir de paille: *empailler une chaise, des bouteilles* ▸ **empalhar 2** Remplir de paille la peau d'un animal mort, pour lui garder sa forme ▸ **empalhar**

empailleur, euse *n* Personne qui empaille ▸ **empalhador**

empalement *nm* Action d'empaler ▸ **empalação**

empaler *vt* Transpercer d'un pal, d'un pieu ▸ **empalar** ◆ **s'empaler** *vpr* Tomber sur un objet pointu qui s'enfonce dans le corps ▸ **ser transpassado**

empan *nm* Espace de l'extrémité du pouce à celle du petit doigt dans leur écart maximal ▸ **palmo**

empanacher *vt* Orner d'un panache ▸ **empenachar**

empanner *vi* MAR Faire passer la voilure d'un bord à l'autre lors du virement de bord vent arrière ▸ **capear**

empaquetage *nm* Action d'empaqueter: *empaquetage soigné* ▸ **empacotamento**

empaqueter *vt (conj 8)* Mettre en paquet ▸ **empacotar**

emparer (s') *vpr* [de] **1** Se saisir de, se rendre maître de ▸ **apoderar-se 2** Gagner quelqu'un: *la colère s'est emparée de lui* ▸ **apossar-se**

empâté, e *adj* Dont la silhouette, les traits se sont épaissis, alourdis ▸ **inchado**

empâtement *nm* **1** État de ce qui est empâté ▸ **inchaço 2** En peinture, relief donné par des touches superposées ▸ **empastamento**

empâter *vt* **1** Rendre pâteux ▸ **empastar 2** Épaissir; alourdir ▸ **estufar** ◆ **s'empâter** *vpr* Devenir gras; s'épaissir ▸ **engordar**

empathie *nf* Faculté de se mettre à la place d'autrui, de percevoir ce qu'il ressent ▸ **empatia**

empattement *nm* **1** Épaisseur de maçonnerie qui sert de pied à un mur ▸ **soco 2** Distance entre les axes des essieux d'une voiture ▸ **distância entre os eixos**

empêché, e *adj* Retenu par des obligations ▸ **impedido**

empêchement *nm* Obstacle; contretemps: *avoir un empêchement de dernière minute* ▸ **impedimento**

empêcher *vt* Faire obstacle à ▸ **impedir** ◆ **s'empêcher** *vpr* [de] Se retenir de ▸ **deixar**

empêcheur, euse *n* ▸ **impedidor** ■ FAM **empêcheur de danser, de tourner en rond: (a)** Ennemi de la gaieté ▸ **desmancha-prazeres (b)** gêneur, rabat-joie ▸ **desmancha-prazeres**

empeigne *nf* Dessus d'une chaussure ▸ **gáspea**

empennage *nm* **1** Plans disposés à l'arrière d'un avion pour lui donner la stabilité ▸ **empenagem 2** Empenne ▸ **penas**

empenne *nf* Garniture de plumes placée sur le talon d'une flèche pour régulariser son mouvement ▸ **penas**

empenné, e *adj* Garni de plumes: *flèche empennée* ▸ **empenado**

empereur *nm* Chef, souverain d'un empire ▸ **imperador**

empesage *nm* Action d'empeser ▸ **engomadura**

empesé, e *adj* Raide, guindé: *un air empesé* ▸ **engomado**

empeser *vt (conj 9)* Apprêter avec de l'empois ▸ **engomar**

empester *vt* Infecter d'une mauvaise odeur; empuantir ▸ **empestear** ◆ *vi* Dégager une mauvaise odeur: *chemise qui empeste le tabac* ▸ **feder**

empêtrer *vt* **1** Embarrasser, entraver: *la mariée était empêtrée dans sa traîne* ▸ **enredar 2** FIG Engager d'une façon malheureuse: *empêtrer quelqu'un dans une sale affaire* ▸ **enredar** ◆ **s'empêtrer** *vpr* S'embarrasser, s'embrouiller ▸ **enredar-se**

emphase *nf* Exagération pompeuse dans le discours ou le ton ▸ **ênfase**

emphatique *adj* Qui relève de l'emphase ▸ **enfático**

emphatiquement *adv* Avec emphase ▸ **enfaticamente**

emphysémateux, euse *adj et n* Atteint d'emphysème ▸ **enfisematoso**
emphysème *nm* ▸ **enfisema** ▪ MÉD **emphysème pulmonaire:** dilatation excessive et permanente des alvéoles pulmonaires ▸ **enfisema pulmonar**
emphytéotique *adj* ▸ **enfitêutico** ▪ **bail emphytéotique:** À longue durée (de 18 à 99 ans) ▸ **enfiteuse, arrendamento enfitêutico**
empiècement *nm* Pièce rapportée dans le haut d'un vêtement ▸ **pala**
empierrement *nm* **1** Action d'empierrer ▸ **empedramento 2** Lit de pierres cassées dont on recouvre les routes ▸ **empedrado**
empierrer *vt* Couvrir de pierres ▸ **empedrar**
empiétement *nm* **1** Action d'empiéter; usurpation ▸ **usurpação 2** Extension progressive: *l'empiétement de la mer sur les terres* ▸ **avanço**
empiéter *vt ind* [sur] *(conj 10)* **1** Déborder sur quelque chose ▸ **avançar 2** Usurper une partie de la propriété ou des droits d'autrui: *empiéter sur son voisin* ▸ **usurpar**
empiffrer (s') *vpr* FAM Se bourrer de nourriture ▸ **empanturrar-se**
empilable *adj* Conçu pour pouvoir être empilé ▸ **empilhável**
empilement ou **empilage** *nm* Action d'empiler; ensemble de choses empilées ▸ **empilhamento**
empiler *vt* Mettre en pile ▸ **empilhar** ◆ **s'empiler** *vpr* S'élever en pile; s'entasser ▸ **empilhar-se**
empire *nm* **1** Régime dans lequel l'autorité politique souveraine est exercée par un empereur; État ou ensemble d'États ainsi gouvernés ▸ **império 2** Ensemble de territoires gouvernés par une autorité unique: *empire colonial* ▸ **império 3** Groupe industriel très puissant et très étendu ▸ **império 4** LITT Autorité, influence, ascendant: *agir sous l'empire de la colère* ▸ **império**
empirer *vi* Devenir pire, s'aggraver: *son état empire* ▸ **piorar**
empirique *adj* Qui s'appuie uniquement sur l'expérience et non sur une théorie: *une médecine empirique* ▸ **empírico**
empiriquement *adv* De façon empirique ▸ **empiricamente**
empirisme *nm* **1** Méthode empirique ▸ **empirismo 2** PHILOS Théorie selon laquelle la connaissance procède de l'expérience, et nos idées, des sens ▸ **empirismo**
empiriste *adj et n* Qui obéit à l'empirisme; qui en est partisan ▸ **empirista**
emplacement *nm* Lieu, place occupés par quelque chose, ou qui lui sont réservés ▸ **lugar, localização**
emplâtre *nm* **1** Préparation thérapeutique adhésive destinée à l'usage externe ▸ **emplastro 2** FAM Personne sans énergie, sans initiative ▸ **emplastro**
emplette *nf* Achat: *faire des emplettes* ▸ **compra**
emplir *vt* **1** LITT Rendre plein ▸ **encher 2** FIG Combler: *emplir d'aise* ▸ **encher**
emploi *nm* **1** Usage qu'on fait d'une chose: *l'emploi de son argent, de son temps* ▸ **emprego 2** Travail salarié, fonction, place: *chercher, obtenir un emploi; emploi lucratif* ▸ **emprego 3** Genre de rôle joué par un acteur: *avoir la tête de l'emploi* ▸ **papel** ▪ **emploi du temps:** distribution des occupations dans la journée, la semaine ▸ **agenda, horário**
employé, e *n* Salarié occupant un emploi: *employé de banque* ▸ **empregado** ▪ **employé(e) de maison:** domestique ▸ **empregado doméstico**
employer *vt (conj 3)* **1** Faire usage de: *employer un mot* ▸ **empregar 2** Faire travailler: *employer des ouvriers* ▸ **empregar** ◆ **s'employer** *vpr* Être en usage: *ce mot ne s'emploie plus* ▸ **usar** ▪ **s'employer à:** s'appliquer à ▸ **dedicar-se a**
employeur, euse *n* Personne qui emploie du personnel salarié ▸ **empregador**
empocher *vt* FAM Percevoir, toucher de l'argent ▸ **embolsar**
empoignade *nf* Altercation, discussion violente ▸ **pega**
empoigne *nf* ▸ **pega** ▪ FAM **foire d'empoigne:** situation où chacun, pour obtenir quelque chose, doit lutter contre les autres ▸ **palco de batalhas, competição**
empoigner *vt* Saisir et serrer avec la main ▸ **empunhar, segurar** ◆ **s'empoigner** *vpr* **1** En venir aux mains ▸ **engalfinhar-se 2** Se disputer ▸ **brigar**
empois *nm* Colle d'amidon ▸ **goma**
empoisonnant, e *adj* FAM Ennuyeux, agaçant ▸ **insuportável**
empoisonnement *nm* **1** Action d'empoisonner; fait d'être empoisonné ▸ **envenenamento 2** FAM, VIEILLI ennui, souci ▸ **aporrinhação**
empoisonner *vt* **1** Faire mourir ou intoxiquer par le poison: *être empoisonné par des champignons* ▸ **envenenar 2** Mettre du poison dans, sur: *flèche empoisonnée* ▸ **envenenar 3** Répandre une odeur infecte, polluer: *il nous empoisonne avec son tabac* ▸ **empestear 4** FAM Importuner vivement, causer du souci à: *il m'empoisonne avec ses récriminations* ▸ **importunar**
empoisonneur, euse *n* **1** Personne qui empoisonne ▸ **envenenador 2** FAM Personne qui ennuie ▸ **pentelho**

empoissonnement *nm* Action d'empoissonner ▸ **povoamento de peixes**
empoissonner *vt* Peupler de poissons un étang, une rivière ▸ **povoar de peixes**
emporté, e *adj* Violent, irritable ▸ **arrebatado**
emportement *nm* Accès de colère ▸ **arrebatamento**
emporte-pièce *nm inv* Instrument en acier dur pour trouer ou découper ▸ **saca-bocado** ▪ FIG **à l'emporte-pièce:** franc, incisif, sans nuances: *caractère à l'emporte-pièce* ▸ **contundente**
emporter *vt* **1** Prendre avec soi en quittant un lieu: *emporter un parapluie* ▸ **levar 2** Enlever, entraîner avec vivacité ou violence, arracher: *le vent a emporté le toit* ▸ **arrebatar, arrancar 3** Entraîner à un comportement excessif: *la colère l'emporte* ▸ **arrebatar** ▪ **à emporter:** se dit de plats que l'on ne consomme pas sur place ▸ **para viagem** ▫ **l'emporter (sur):** avoir la supériorité (sur) ▸ **prevalecer (sobre)** ♦ **s'emporter** *vpr* **1** Se laisser aller à la colère ▸ **arrebatar-se 2** Prendre le mors aux dents, en parlant d'un cheval ▸ **desbocar-se**
empoté, e *adj et n* FAM Maladroit, gauche, lourdaud ▸ **desastrado**
empoter *vt* Mettre en pot ▸ **envasilhar**
empourprer *vt* LITT Colorer de pourpre, de rouge ▸ **purpurear**
empreindre *vt* LITT Marquer: *son visage était empreint de tristesse* ▸ **impregnar**
empreinte *nf* **1** Figure, marque, trace en creux ou en relief ▸ **cunho 2** Marque distinctive: *l'empreinte de l'éducation, du génie* ▸ **marca** ▪ BIOL **empreinte génétique:** séquence d'ADN spécifique de chaque individu et qui permet son identification ▸ **código genético** ♦ **empreintes** *pl* ▪ **empreintes digitales:** marques laissées par les sillons de la peau des doigts ▸ **impressões digitais**
empressé, e *adj et n* Plein de prévenance, attentionné ▸ **solícito**
empressement *nm* Zèle, ardeur ▸ **solicitude**
empresser (s') *vpr* **1** Montrer de l'ardeur, du zèle, de la prévenance: *s'empresser auprès d'un client* ▸ **ser solícito 2** Se hâter: *s'empresser de partir* ▸ **apressar-se**
emprise *nf* Influence, ascendant: *avoir de l'emprise sur quelqu'un* ▸ **ascendência**
emprisonnement *nm* **1** Action de mettre en prison ▸ **prisão 2** Peine qui consiste à y demeurer enfermé ▸ **prisão**
emprisonner *vt* **1** Mettre en prison ▸ **aprisionar 2** FIG Serrer, enfermer: *col qui emprisonne le cou* ▸ **apertar**
emprunt *nm* Action d'emprunter; chose, somme empruntée: *rembourser un emprunt; emprunts à une langue étrangère* ▸ **empréstimo** ▪ **d'emprunt:** qui n'est pas naturel; supposé, factice: *nom d'emprunt* ▸ **falso**
emprunté, e *adj* Qui manque d'aisance, de naturel; embarrassé, gauche ▸ **forçado, constrangido**
emprunter *vt* **1** Obtenir à titre de prêt: *emprunter de l'argent* ▸ **pedir emprestado 2** Prendre, tirer de quelqu'un, de quelque chose: *sujet emprunté à l'actualité; le français emprunte des mots à l'anglais* ▸ **emprestar** ▪ **emprunter une route:** la suivre ▸ **pegar uma estrada**
emprunteur, euse *n et adj* Personne qui emprunte ▸ **que pede emprestado**
empuantir *vt* Infecter d'une mauvaise odeur; empester ▸ **empestear**
empuantissement *nm* Action d'empuantir; son résultat ▸ **empestamento**
EMT *nf* (sigle) Éducation manuelle et technique ▸ **Ø**
ému, e *adj* Qui éprouve ou manifeste de l'émotion ▸ **comovido**
émulation *nf* Sentiment qui pousse à égaler ou surpasser quelqu'un ▸ **emulação**
émule *n* LITT Personne qui cherche à égaler, à surpasser quelqu'un ▸ **êmulo**
émulsif, ive ou **émulsifiant, e** ou **émulsionnant, e** *adj et nm* Se dit d'un produit qui facilite ou stabilise une émulsion ▸ **emulsificante**
émulsion *nf* **1** Particules très fines d'un liquide en suspension dans un autre liquide: *le lait est une émulsion de graisse dans l'eau* ▸ **emulsão 2** PHOT Préparation sensible à la lumière qui couvre les films et les papiers photographiques ▸ **emulsão (fotográfica)**
émulsionner ou **émulsifier** *vt* Faire passer à l'état d'émulsion ▸ **emulsificar**
en[1] *prép* **1** Dans l'espace, introduit la situation, la direction: *habiter en Grèce; aller en Chine* ▸ **em, para 2** Indique la durée: *en été* ▸ **em 3** Indique la composition, la matière: *montre en or* ▸ **de 4** Introduit le domaine, le sujet concerné: *bon en dessin* ▸ **em 5** Indique la manière, l'état, la forme: *être en colère; sucre en morceaux* ▸ **em, como 6** Indique le moyen: *voyager en car* ▸ **de**
en[2] *adv* Indique le lieu d'où l'on vient, l'origine: *j'en viens* ▸ **de lá**
en[3] *pron pers* De lui, d'elle, d'eux, d'elles, de cela: *d'eux, il s'en moque; de cette ville, elle s'en souviendra; j'ai réussi et j'en suis fier* ▸ **dele, disso**
énamourer (s') [enamure] ou **enamourer (s')** [ɑ̃namure] *vpr* LITT Devenir amoureux ▸ **enamorar-se**

énarque *n* Élève ou ancien élève de l'École nationale d'administration ▸ **(ex-)aluno da *École nationale d'administration***
encablure *nf* MAR Longueur de 120 brasses, soit environ 200 m, employée pour évaluer approximativement les courtes distances ▸ **amarra**
ORTHOGRAPHE *Encablure* s'écrit sans accent circonflexe, bien que ce mot soit dérivé de *câble*
encadré *nm* Texte d'une page entouré d'un filet qui le met en valeur ▸ **boxe**
encadrement *nm* **1** Action d'encadrer ▸ **enquadramento 2** Ce qui encadre ▸ **moldura 3** Ensemble des cadres d'une troupe, d'un groupe: *personnel d'encadrement* ▸ **comando**
encadrer *vt* **1** Mettre dans un cadre: *encadrer un tableau* ▸ **enquadrar 2** Entourer, faire ressortir: *cheveux noirs qui encadrent un visage* ▸ **emoldurar 3** Entourer, flanquer: *prisonnier encadré par deux gendarmes* ▸ **cercar 4** Assurer auprès de personnes un rôle de direction, de formation: *encadrer une colonie de vacances* ▸ **comandar**
encadreur, euse *n* Personne qui fait des cadres ▸ **moldureiro**
encaissable *adj* Qui peut être encaissé, touché: *chèque encaissable* ▸ **recebível**
encaisse *nf* Argent, valeurs en caisse ▸ **encaixe**
encaissé, e *adj* Resserré entre des bords, des versants, des parois escarpés: *chemin encaissé* ▸ **incrustado entre escarpas**
encaissement *nm* **1** Action d'encaisser de l'argent, des valeurs ▸ **entrada em caixa 2** État d'une rivière, d'une route encaissée ▸ **incrustamento**
encaisser *vt* **1** Recevoir, toucher de l'argent ▸ **receber dinheiro 2** FAM Subir, supporter: *encaisser des coups, des critiques* ▸ **receber**
encaisseur *nm* Employé chargé de recouvrer les sommes dues ▸ **cobrador**
encan *nm* ▸ **leilão ■ à l'encan:** aux enchères ▸ **em hasta pública**
encanailler (s') *vpr* Fréquenter ou imiter la canaille ▸ **acanalhar-se**
encapuchonné, e *adj* Couvert d'un capuchon, ou de quelque vêtement qui protège ▸ **encapuzado**
encart *nm* Feuille volante que l'on insère dans un volume, une revue ▸ **encarte**
encarter *vt* Insérer un encart ▸ **encartar**
en-cas *nm inv* Repas léger préparé en cas de besoin ▸ **lanche**
encastrable *adj* Qui peut être encastré: *four encastrable* ▸ **embutível**
encastrement *nm* **1** Action d'encastrer ▸ **embutidura 2** Entaille dans une pièce de bois, de fer, pour recevoir une autre pièce ▸ **encaixe**
encastrer *vt* Insérer dans une cavité prévue à cet effet ▸ **embutir ♦ s'encastrer** *vpr* S'ajuster très exactement ▸ **encaixar-se**
encaustique *nf* Préparation de cire et d'essence de térébenthine pour faire briller les meubles, les parquets ▸ **encáustica**
encaustiquer *vt* Enduire d'encaustique, cirer ▸ **encausticar**
enceinte[1] *nf* **1** Ce qui entoure un espace fermé, rempart ▸ **cintura 2** Espace clos: *l'enceinte du tribunal* ▸ **recinto ■ enceinte (acoustique):** ensemble de plusieurs haut-parleurs; baffle ▸ **caixa acústica**
enceinte[2] *adj f* Se dit d'une femme en état de grossesse ▸ **grávida**
encens *nm* Résine aromatique dont l'odeur s'exhale surtout par la combustion ▸ **incenso**
encensement *nm* Action d'encenser ▸ **incensação**
encenser *vt* **1** Agiter l'encensoir devant quelque chose: *encenser un autel* ▸ **incensar 2** FIG Flatter, honorer avec des louanges excessives: *la presse l'encense* ▸ **incensar**
encenseur, euse *n* VX Flatteur ▸ **incensador**
encensoir *nm* Cassolette suspendue où brûle de l'encens ▸ **turíbulo, incensório**
encéphale *nm* Ensemble des centres nerveux (cerveau, cervelet, bulbe rachidien) contenus dans la boîte crânienne des vertébrés ▸ **encéfalo**
encéphalique *adj* De l'encéphale ▸ **encefálico**
encéphalite *nf* Inflammation de l'encéphale ▸ **encefalite**
encéphalogramme *nm* Électroencéphalogramme ▸ **encefalograma**
encéphalographie *nf* Radiographie de l'encéphale ▸ **encefalografia**
encéphalopathie *nf* ▸ **encefalopatia ■ encéphalopathie spongiforme:** maladie due à un prion et pouvant atteindre l'homme et les animaux (maladie de Creutzfeld-Jacob, maladie de la vache folle) ▸ **encefalopatia espongiforme**
encerclement *nm* Action d'encercler; fait d'être encerclé ▸ **cerco**
encercler *vt* **1** Entourer: *dans l'article, un nom était encerclé en rouge* ▸ **circular 2** Enfermer dans un réseau; cerner: *la police a encerclé le quartier* ▸ **cercar**
enchaînement *nm* **1** Suite de choses qui s'enchaînent; série, succession: *enchaînement de circonstances* ▸ **encadeamento 2** Manière d'enchaîner, de s'enchaîner; liaison: *enchaînement logique* ▸ **encadeamento**
enchaîner *vt* **1** Lier avec une chaîne ▸ **acorrentar 2** FIG Assujettir: *enchaîner les cœurs* ▸ **subju-**

gar 3 Lier par un rapport logique; coordonner: *enchaîner des idées* ▸ **encadear** ◆ *vi* Reprendre rapidement la suite d'un discours, d'une action ▸ **retomar** ◆ **s'enchaîner** *vpr* Être lié par un rapport de dépendance logique ▸ **encadear-se**

enchanté, e *adj* **1** Ensorcelé ▸ **encantado 2** FIG Ravi ▸ **encantado**

enchantement *nm* **1** Charme, sortilège: *croire aux enchantements* ▸ **encantamento 2** Chose merveilleuse, d'un charme irrésistible ▸ **encantamento 3** Émerveillement, ravissement ▸ **encantamento**

enchanter *vt* **1** Ensorceler ▸ **encantar 2** Charmer, ravir ▸ **encantar**

enchanteur, eresse *n* Personne qui a le pouvoir d'enchanter, magicien ▸ **encantador** ◆ *adj* Qui charme: *site enchanteur* ▸ **encantador**

enchâssement *nm* Action d'enchâsser; fait d'être enchâssé ▸ **encaixe**

enchâsser *vt* **1** Placer des reliques dans une châsse ▸ **colocar em relicário 2** Fixer dans un support, une monture; sertir ▸ **encaixar, engastar 3** LITT Insérer, intercaler: *enchâsser une citation dans un discours* ▸ **inserir**

enchère *nf* Offre d'un prix supérieur à celui qu'un autre a proposé: *vente aux enchères* ▸ **lanço**

enchérir *vi* **1** Mettre, faire une enchère ▸ **lançar 2** LITT Dépasser, aller plus loin, renchérir ▸ **exceder**

enchérisseur, euse *n* Personne qui enchérit ▸ **lançador**

enchevêtrement *nm* Action d'enchevêtrer; fait d'être enchevêtré ▸ **encavalamento, emaranhamento**

enchevêtrer *vt* Emmêler de façon inextricable ▸ **emaranhar** ◆ **s'enchevêtrer** *vpr* S'engager les unes dans les autres, en parlant de choses; s'emmêler: *fils qui s'enchevêtrent* ▸ **emaranhar-se**

enchevêtrure *nf* Assemblage de pièces de charpente formant un cadre autour d'une trémie ▸ **travação**

enchifrené, e *adj* VIEILLI, FAM Enrhumé ▸ **constipado**

enclave *nf* Terrain ou territoire complètement entouré par un autre ▸ **encrave**

enclavement *nm* Action d'enclaver; fait d'être enclavé ▸ **encravamento**

enclaver *vt* **1** Enfermer, enclore une chose dans une autre ▸ **encravar 2** Insérer, placer entre ▸ **encravar**

enclenchement *nm* **1** Action d'enclencher, de s'enclencher ▸ **engrenagem 2** Mécanisme destiné à enclencher ▸ **engrenagem**

enclencher *vt* **1** Rendre solidaires diverses pièces mécaniques; mettre en position de marche: *enclencher une vitesse* ▸ **engrenar 2** Commencer, démarrer: *enclencher une action* ▸ **engrenar** ◆ **s'enclencher** *vpr* **1** Se mettre en marche ▸ **engrenar 2** FAM Commencer: *l'affaire s'enclenche mal* ▸ **engrenar**

ORTHOGRAPHE Attention, *enclencher* s'écrit avec un *e*, comme *clenche*

enclin, e *adj* Porté naturellement à, sujet à: *enclin à la paresse* ▸ **inclinado**

enclitique *nm et adj* GRAMM Mot qui s'unit au mot précédent de façon à ne former qu'un mot avec lui (EX: *je* dans *suis-je*) ▸ **enclítico, enclítica**

enclore *vt (conj 81)* Entourer de murs, de haies, etc. ▸ **cercar**

enclos *nm* Espace fermé par une clôture; la clôture elle-même ▸ **recinto, cerca**

enclume *nf* **1** Masse d'acier sur laquelle on forge les métaux ▸ **bigorna 2** ANAT Osselet de l'oreille moyenne ▸ **bigorna**

encoche *nf* Petite entaille servant de marque, de cran ▸ **entalhe**

encodage *nm* Codage ▸ **codificação**

encoder *vt* Transcrire selon un code; coder ▸ **codificar**

encoignure [ɑ̃kɔɲyr] *nf* **1** Angle intérieur formé par deux murs ▸ **canto 2** Petit meuble triangulaire qu'on place dans un angle ▸ **cantoneira**

encollage *nm* **1** Action d'encoller ▸ **encolamento 2** Préparation pour encoller ▸ **cola**

encoller *vt* Appliquer un apprêt de colle, de gomme, etc.: *encoller du papier peint* ▸ **encolar**

encolure *nf* **1** Partie du corps du cheval qui s'étend depuis la tête jusqu'aux épaules et au poitrail ▸ **pescoço 2** Partie d'un vêtement autour du cou ▸ **gola 3** Mesure du cou ▸ **medida do colarinho**

encombrant, e *adj* Qui encombre ▸ **estorvador**

encombre (sans) *loc adv* Sans incident, sans rencontrer d'obstacle ▸ **sem dificuldade**

encombré, e *adj* Qui est emprunté par trop d'usagers à la fois, saturé: *autoroute, ligne téléphonique encombrée* ▸ **congestionado**

encombrement *nm* **1** Affluence de personnes; amas de matériaux, d'objets: *les encombrements de la circulation* ▸ **congestionamento, atravancamento 2** Volume pris par un objet ▸ **espaço ocupado**

encombrer *vt* **1** Obstruer, embarrasser par accumulation; occuper à l'excès un lieu, quelque chose ▸ **congestionar 2** Prendre trop de place, gêner quelqu'un ▸ **atravancar**

encontre de (à l') *loc prép* ► **de encontro a** ■ **aller à l'encontre de:** être contraire à, en opposition avec ► **ir de encontro a**

EMPLOI *À l'encontre de* s'emploie pour marquer une opposition, et non une simple différence

encorbellement *nm* ARCHIT Construction en saillie sur le plan d'un mur ► **saliência**

encorder (s') *vpr* S'attacher les uns aux autres avec une corde, en parlant d'alpinistes ► **encordar-se**

encore *adv* **1** Toujours: *nous sommes encore en vacances* ► **ainda 2** De nouveau: *essayer encore* ► **de, mais 3** Davantage, de plus: *il fait encore plus chaud; non seulement…*, mais encore… ► **ainda, também 4** Seulement: *si encore elle était à l'heure!* ► **pelo menos** ■ **encore!:** exclamation qui marque l'étonnement, l'impatience ► **mais essa!** ♦ *loc conj* ■ **encore que:** bien que, quoique ► **ainda que** □ **et encore:** indique que l'on est en dessous de la vérité: *avec ça, tu peux acheter une baguette, et encore* ► **quando muito** □ **si encore:** exprime une condition dont on constate la non-réalisation: *si encore elle était venue, on aurait pu en parler* ► **se pelo menos**

encorné, e *adj* LITT Qui a des cornes: *diables encornés* ► **de chifres**

encorner *vt* Percer, blesser avec les cornes ► **chifrar**

encornet *nm* Calmar ► **lula**

encourageant, e *adj* Qui encourage ► **encorajador**

encouragement *nm* **1** Action d'encourager ► **encorajamento 2** Acte, parole qui encourage ► **encorajamento**

encourager *vt (conj 2)* **1** Donner du courage à: *encourager un élève* ► **encorajar 2** Favoriser, stimuler: *encourager l'industrie* ► **encorajar**

encourir *vt (conj 29)* LITT S'exposer à quelque chose de fâcheux: *encourir un reproche* ► **expor-se a**

encrage *nm* Action d'encrer ► **aplicação de tinta**

encrassement *nm* Fait d'être encrassé ► **encardimento**

encrasser *vt* Couvrir de crasse ► **encardir** ♦ **s'encrasser** *vpr* Devenir crasseux ► **ficar encardido**

encre *nf* **1** Liquide coloré, dont on se sert pour écrire ou pour imprimer ► **tinta 2** Liquide noir sécrété par certains céphalopodes ► **tinta** ■ **encre de Chine:** mélange de noir de fumée, de gélatine et de camphre, utilisé pour le dessin ► **nanquim** □ **encre sympathique:** encre incolore qui apparaît sur le papier sous l'action de certains produits chimiques ou de la chaleur ► **tinta simpática**

encrer *vt* Enduire d'encre ► **impregnar de tinta**

encreur *adj m* Qui sert à encrer: *rouleau encreur* ► **de tinta**

encrier *nm* Récipient destiné à contenir de l'encre ► **tinteiro**

encroûté, e *adj* Obstiné dans sa routine; sclérosé ► **quadrado**

encroûtement *nm* Action d'encroûter; fait de s'encroûter ► **encrostação, fossilização**

encroûter *vt* Recouvrir d'une croûte ► **encrostar** ♦ **s'encroûter** *vpr* **1** Se couvrir d'une croûte ► **encrostar-se 2** FIG S'enfermer dans une routine qui appauvrit l'esprit ► **fossilizar-se**

encyclique *nf* Lettre solennelle adressée par le pape aux évêques ► **encíclica**

encyclopédie *nf* Ouvrage où l'on expose méthodiquement l'ensemble des connaissances universelles ou spécifiques d'un domaine du savoir ► **enciclopédia**

encyclopédique *adj* Qui relève de l'encyclopédie ► **enciclopédico**

encyclopédiste *n* **1** Auteur ou collaborateur d'une encyclopédie ► **enciclopedista 2** (avec une majuscule) Collaborateur de l'*Encyclopédie* de Diderot ► **enciclopedista**

endémie *nf* Maladie endémique ► **endemia**

endémique *adj* **1** Se dit d'une maladie quasi permanente dans une contrée déterminée ► **endêmico 2** Qui sévit constamment: *chômage endémique* ► **endêmico**

endettement *nm* Fait de s'endetter ► **endividamento**

endetter *vt* Charger de dettes: *l'achat de sa maison l'a endetté* ► **endividar** ♦ **s'endetter** *vpr* Contracter des dettes ► **endividar-se**

endeuiller *vt* Plonger dans le deuil, la tristesse ► **enlutar**

endiablé, e *adj* **1** D'une vivacité extrême: *rythme endiablé* ► **frenético 2** Remuant: *enfant endiablé* ► **endiabrado**

endiguer *vt* **1** Contenir par des digues: *endiguer un fleuve* ► **represar 2** Réfréner: *endiguer la marche du progrès* ► **represar**

endimanché, e *adj* Habillé d'une façon apprêtée, qui donne l'air peu naturel et emprunté ► **emperiquitado**

endive *nf* Variété de chicorée ► **endívia**

endoblaste ou **endoderme** *nm* BIOL Dans l'embryon, feuillet interne qui fournit les appareils digestif et respiratoire ► **endoblasto**

endocarde *nm* Membrane qui tapisse les cavités du cœur ► **endocárdio**

endocardite *nf* MÉD Inflammation de l'endocarde ► **endocardite**

endocarpe *nm* BOT Partie la plus interne du fruit; noyau ▸ **endocarpo**

endocrine *adj* ▸ **endócrino** ■ ANAT **glande endocrine:** qui déverse dans le sang son produit de sécrétion; CONTR: *exocrine* ▸ **glândula endócrina**

endocrinien, enne *adj* Relatif aux glandes endocrines ▸ **endócrino**

endocrinologie *nf* Partie de la biologie et de la médecine qui étudie le développement, les fonctions et les maladies des glandes endocrines ▸ **endocrinologia**

endocrinologue ou **endocrinologiste** *n* Médecin spécialiste des glandes endocrines ▸ **endocrinologista**

endoctrinement *nm* Action d'endoctriner ▸ **doutrinação**

endoctriner *vt* Gagner à ses idées, à ses opinions ▸ **doutrinar**

endogène *adj* Qui est produit par quelque chose en dehors de tout apport extérieur: *le développement endogène des pays d'Afrique noire*; CONTR: *exogène* ▸ **endógeno**

endolori, e *adj* Qui est douloureux; meurtri ▸ **dolorido**

endolorir *vt* Rendre douloureux, meurtrir ▸ **causar dor**

endommager *vt (conj 2)* Abîmer, détériorer: *endommager un tapis* ▸ **estragar**

endoréique *adj* De l'endoréisme ▸ **endorreico**

endoréisme *nm* GÉOGR Caractère des régions où l'écoulement n'atteint pas la mer et se perd dans les dépressions intérieures ▸ **endorreísmo**

endormi, e *adj* **1** Sans vivacité, indolent, mou: *élève endormi* ▸ **adormecido 2** Où tout semble dormir, sans animation: *ville endormie* ▸ **adormecido**

endormir *vt (conj 18)* **1** Faire dormir, plonger dans un sommeil naturel ou artificiel ▸ **adormecer 2** Ennuyer profondément: *ses discours m'endorment* ▸ **adormecer 3** Calmer, apaiser: *endormir la douleur*; atténuer l'acuité de: *endormir la vigilance de* ▸ **abrandar** ◆ **s'endormir** *vpr* **1** Se laisser aller au sommeil ▸ **adormecer(-se) 2** Ralentir son activité; manquer de vigilance ▸ **relaxar**

endormissement *nm* Fait de s'endormir; passage de l'état de veille à l'état de sommeil ▸ **adormecimento**

endos [ɑ̃do] ou **endossement** *nm* DR Signature au dos d'un billet à ordre, d'un effet de commerce, pour en transmettre la propriété à un autre bénéficiaire ▸ **endosso**

endoscope *nm* MÉD Appareil optique servant à explorer une cavité interne du corps ▸ **endoscópio**

endoscopie *nf* MÉD Examen réalisé avec un endoscope ▸ **endoscopia**

endosmose *nf* PHYS Courant qui s'établit entre deux liquides de densités différentes à travers une cloison membraneuse ▸ **endosmose**

endossable *adj* Qui peut être endossé: *chèque endossable* ▸ **endossável**

endossement *nm* → **endos**

endosser *vt* **1** Mettre sur son dos: *endosser un manteau* ▸ **vestir 2** Assumer la responsabilité de: *endosser une erreur* ▸ **assumir 3** DR Opérer l'endossement de ▸ **endossar**

endroit *nm* **1** Lieu, place: *elle ne range jamais ses clefs au même endroit* ▸ **lugar 2** Lieu où l'on se trouve, localité: *les gens de l'endroit sont aimables* ▸ **lugar 3** Partie déterminée du corps, de quelque chose: *à quel endroit est-il blessé?* ▸ **lugar 4** Côté par lequel on doit regarder une chose (par opposition à *envers*): *l'endroit d'un tissu* ▸ **direito** ■ **à l'endroit:** du bon côté ▸ **do lado certo** □ LITT **à l'endroit de:** à l'égard de ▸ **para com**

ORTHOGRAPHE On écrit *par endroits*, au pluriel

enduire *vt (conj 70)* Couvrir d'un enduit ▸ **rebocar, revestir**

enduit *nm* Substance liquide ou pâteuse qu'on étend sur une surface, en particulier pour l'égaliser avant de la peindre ▸ **reboco, revestimento**

endurance *nf* Aptitude à résister à la fatigue, à la souffrance ▸ **resistência**

endurant, e *adj* Qui a de l'endurance; résistant ▸ **resistente**

endurci, e *adj* **1** Qui est devenu dur, insensible: *cœur endurci* ▸ **endurecido 2** Invétéré, impénitent: *célibataire endurci* ▸ **empedernido**

endurcir *vt* **1** Rendre résistant; aguerrir: *le sport l'a endurci* ▸ **endurecer 2** Rendre insensible: *ses malheurs l'ont endurci* ▸ **endurecer** ◆ **s'endurcir** *vpr* Devenir dur, insensible; s'aguerrir ▸ **endurecer-se**

endurcissement *nm* Fait de s'endurcir; résistance, insensibilité ▸ **endurecimento**

endurer *vt* Supporter ce qui est dur, pénible: *endurer le froid, la faim* ▸ **suportar**

enduro *nm* Compétition de motocyclisme, épreuve d'endurance et de régularité en terrain varié ▸ **enduro**

énergétique *adj* Relatif à l'énergie, aux sources d'énergie ▸ **energético** ■ **apport énergétique:** apport d'énergie fourni à un organisme par un aliment, une boisson ▸ **aporte energético**

énergie *nf* **1** Force morale, fermeté, vigueur, détermination: *parler avec énergie; l'énergie du désespoir* ▸ **energia 2** Force physique, vitalité: *un* *être plein d'énergie* ▸ **energia 3** PHYS Faculté que possède un système de corps de fournir du travail mécanique ou son équivalent ▸ **energia** ■ ASTRON **énergie noire ou sombre:** composante prépondérante hypothétique du cosmos qui expliquerait l'accélération de l'expansion de l'Univers ▸ **energia escura** □ **sources d'énergie:** matières premières (charbon, pétrole, etc.) ou phénomènes naturels (soleil, vent, marée, etc.) utilisés pour la production d'énergie ▸ **fontes de energia**

énergique *adj* Qui manifeste de l'énergie: *visage énergique; protestation énergique* ▸ **enérgico**

énergiquement *adv* Avec énergie ▸ **energicamente**

énergisant, e *adj et nm* Se dit d'un produit qui stimule, donne de l'énergie ▸ **energizante**

énergivore *adj* FAM Qui consomme beaucoup d'énergie ▸ **gastador**

énergumène *n* Personne exaltée, qui parle, gesticule avec véhémence ▸ **energúmeno**

énervant, e *adj* Qui énerve; agaçant, exaspérant ▸ **enervante**

énervation *nf* **1** MÉD Ablation ou section d'un nerf, d'un groupe de nerfs ▸ **enervação 2** HIST Au Moyen Âge, supplice qui consistait à brûler les tendons des jarrets ▸ **enervação**

énervé, e *adj* Irrité, agacé ▸ **enervado**

énervement *nm* État d'une personne énervée; agacement, surexcitation ▸ **nervosismo**

énerver *vt* Provoquer de la nervosité; irriter, agacer, exciter ▸ **enervar** ◆ **s'énerver** *vpr* Perdre le contrôle de ses nerfs; s'impatienter ▸ **enervar-se**

enfance *nf* **1** Période de la vie depuis la naissance jusqu'à la puberté: *elle a eu une enfance heureuse* ▸ **infância 2** Les enfants: *l'enfance abandonnée* ▸ **infância 3** FIG Commencement, origine: *dès l'enfance de l'humanité* ▸ **infância**

enfant *n* **1** Garçon, fille dans l'enfance: *une enfant charmante* ▸ **criança 2** Fils ou fille, quel que soit l'âge: *père de trois enfants* ▸ **filho 3** Originaire de: *un enfant du pays* ▸ **filho** ■ **bon enfant:** de bon caractère ▸ **bom rapaz** □ **enfant légitime:** né de parents unis par le mariage ▸ **filho legítimo** □ **enfant naturel:** né hors du mariage ▸ **filho natural** □ **faire l'enfant:** se montrer puéril ▸ **bancar a criança**

enfantement *nm* LITT Action d'enfanter ▸ **parto**

enfanter *vt* LITT **1** Accoucher ▸ **parir 2** Produire, créer: *enfanter un projet* ▸ **parir**

enfantillage *nm* Parole, action d'enfant, puérile ▸ **infantilidade**

enfantin, e *adj* **1** Relatif à l'enfant: *jeux enfantins* ▸ **infantil 2** Simple ou puéril: *raisonnement enfantin* ▸ **infantil**

enfariné, e *adj* Couvert de farine ▸ **enfarinhado** ■ FAM **le bec enfariné:** avec une confiance niaise ▸ **confiante demais**

enfer *nm* **1** Lieu destiné au supplice des damnés ▸ **inferno 2** FIG Lieu, chose, cause de tourments: *cette maison est un enfer* ▸ **inferno 3** Endroit d'une bibliothèque où l'on garde les livres scandaleux ou licencieux ▸ **inferno** ■ **d'enfer: (a)** très violent, excessif, infernal: *un feu d'enfer* ▸ **infernal (b)** FAM formidable, extraordinaire: *des vacances d'enfer* ▸ **infernal** ◆ **enfers** *pl* ■ MYTH **les Enfers:** séjour des âmes après la mort ▸ **inferno**

enfermement *nm* Action d'enfermer; fait de s'enfermer, d'être enfermé ▸ **encerramento**

enfermer *vt* **1** Mettre en un lieu fermé d'où l'on ne peut sortir: *enfermer un oiseau dans une cage* ▸ **encerrar 2** Mettre en lieu sûr dans un endroit fermé: *enfermer des papiers* ▸ **fechar 3** Placer, maintenir dans d'étroites limites: *enfermer la poésie dans des règles strictes* ▸ **encerrar** ◆ **s'enfermer** *vpr* S'isoler ▸ **encerrar-se**

enferrer (s') *vpr* **1** Se prendre à l'hameçon, en parlant d'un poisson ▸ **ser fisgado 2** FIG Se prendre au piège de ses propres mensonges, s'enfoncer ▸ **enrolar-se**

enfiévrer *vt (conj 10)* LITT Donner la fièvre; exciter, exalter ▸ **enfebrecer, inflamar**

enfilade *nf* Ensemble de choses disposées les unes à la suite des autres: *une enfilade de couloirs* ▸ **fileira**

enfilage *nm* Action d'enfiler ▸ **enfiamento**

enfiler *vt* **1** Passer un fil dans quelque chose (le chas d'une aiguille, par exemple) ▸ **enfiar 2** Mettre rapidement: *enfiler son pantalon* ▸ **enfiar 3** S'engager dans: *enfiler une rue* ▸ **entrar em**

enfin *adv* **1** Marque la conclusion, la fin d'une énumération, la fin d'une attente: *il regarde, s'approche et, enfin, salue* ▸ **enfim 2** Introduit une rectification: *c'est un mensonge; enfin, une vérité incomplète* ▸ **enfim 3** Toutefois: *c'est difficile; enfin, vous pouvez essayer* ▸ **de qualquer forma 4** S'emploie pour rappeler à la raison: *enfin, qu'est-ce qui t'a pris?* ▸ **afinal**

enflammé, e *adj* **1** Dans un état inflammatoire: *plaie enflammée* ▸ **inflamado 2** Rempli d'ardeur, de passion: *discours enflammé* ▸ **inflamado**

enflammer *vt* **1** Mettre en feu ▸ **inflamar 2** Causer l'inflammation de ▸ **inflamar 3** Exalter, exciter ▸ **inflamar**

enflé, e *adj* Gonflé ▸ **inflado**

enfler *vt* **1** Gonfler en remplissant d'air, de gaz, etc.: *enfler ses joues* ▸ **inflar 2** Faire augmenter, grossir; rendre plus important: *la fonte des nei-*

ges enfle les rivières ► **encher** ■ **être enflé de:** plein, rempli de: *enflé d'orgueil* ► **estar inflado de** ♦ *vi* Augmenter de volume: *ma cheville enfle* ► **inchar**

enflure *nf* **1** Gonflement, boursouflure: *enflure du genou* ► **inchaço 2** VIEILLI, FIG exagération, emphase ► **empolamento**

enfoiré, e *adj et n* TRÈS FAM, INJUR Imbécile ► **imbecil**

enfoncé, e *adj* Dans le fond de, à l'intérieur de: *yeux enfoncés dans leurs orbites* ► **afundado**

enfoncement *nm* **1** Action d'enfoncer; fait de s'enfoncer ► **enfiamento, afundamento 2** Partie en retrait ou en creux ► **reentrância**

enfoncer *vt (conj 1)* **1** Pousser vers le fond, faire pénétrer profondément dans: *enfoncer un clou* ► **enfiar 2** Briser, en poussant: *enfoncer une porte* ► **derrubar, arrombar 3** FAM Vaincre; surpasser, accabler: *enfoncer un rival* ► **vencer** ♦ *vi* Aller vers le fond: *enfoncer dans la boue* ► **afundar** ♦ **s'enfoncer** *vpr* **1** S'engager profondément: *s'enfoncer dans l'eau* ► **enfiar-se 2** S'écrouler, s'affaisser: *le sol s'enfonce sous nos pieds* ► **afundar(-se) 3** FIG Aggraver sa situation, s'enferrer ► **afundar-se**

enfouir *vt* **1** Mettre, enfoncer en terre ► **enterrar 2** Mettre en un lieu secret, dissimuler ► **enterrar** ♦ **s'enfouir** *vpr* S'enfoncer, se blottir ► **enterrar-se**

enfouissement *nm* Action d'enfouir; fait d'être enfoui ► **enterramento**

enfourcher *vt* Monter à califourchon: *enfourcher un cheval, une bicyclette* ► **escarranchar em** ■ FAM **enfourcher son cheval de bataille:** reprendre un thème favori ► **bater na mesma tecla**

enfournage ou **enfournement** *nm* Action d'enfourner ► **enfornamento**

enfourner *vt* **1** Mettre dans le four ► **enfornar 2** FAM Ingurgiter, engouffrer par grandes quantités ► **enfornar**

enfreindre *vt (conj 55)* LITT Transgresser, violer: *enfreindre un règlement* ► **infringir**

enfuir (s') *vpr (conj 17)* Fuir, s'en aller rapidement, se sauver, disparaître ► **fugir**

enfumage *nm* Action d'enfumer ► **fumigação**

enfumer *vt* **1** Remplir de fumée: *le poêle enfume la pièce* ► **enfumaçar 2** Déloger ou neutraliser un animal en l'incommodant par la fumée: *enfumer des abeilles* ► **fumigar**

engagé, e *adj* Se dit d'une personne, d'un artiste, d'une œuvre qui prennent position sur les problèmes politiques ou sociaux ► **engajado** ♦ *n et adj* Personne qui a contracté un engagement volontaire dans l'armée ► **engajado**

engageant, e *adj* Sympathique, attirant ► **atraente, encantador**

engagement *nm* **1** Action d'engager, d'embaucher: *signer un engagement dans une maison de disques* ► **contratação 2** Fait de s'engager; promesse par laquelle on s'engage: *faire honneur à ses engagements* ► **compromisso 3** Prise de position sur les problèmes politiques ou sociaux ► **engajamento 4** SPORTS Action de mettre le ballon en jeu ► **saída de bola 5** MIL Bref combat ► **recontro 6** Enrôlement volontaire d'un soldat ► **engajamento** ■ **engagement physique:** utilisation maximale par un sportif de ses qualités corporelles ► **engajamento físico**

engager *vt (conj 2)* **1** Lier par une promesse: *engager sa parole* ► **empenhar 2** Recruter, embaucher: *engager un domestique; engager des mercenaires* ► **contratar 3** Mettre en gage ► **empenhar 4** [à] Inciter, exhorter: *engager à sortir* ► **incitar 5** Commencer, entamer, entreprendre: *engager une partie* ► **começar 6** Faire entrer, introduire: *engager la clef dans la serrure* ► **introduzir 7** Investir: *engager des capitaux* ► **investir** ♦ **s'engager** *vpr* **1** Promettre de: *s'engager à rembourser sa dette* ► **comprometer-se 2** S'avancer, pénétrer: *s'engager sur une autoroute* ► **entrar 3** Commencer: *la conversation s'engage plutôt bien* ► **começar 4** Contracter un engagement professionnel ou militaire: *s'engager dans la légion* ► **engajar-se 5** S'inscrire à une compétition ► **inscrever-se 6** Prendre publiquement position sur des problèmes sociaux, politiques ► **engajar-se**

engainant, e *adj* Se dit d'une feuille dont la base, ou gaine, entoure la tige ► **invaginante**

engeance *nf* SOUT Ensemble de personnes jugées méprisables ► **corja**

engelure *nf* Inflammation, crevasse causée par le froid ► **frieira**

engendrer *vt* **1** Procréer ► **engendrar 2** Être à l'origine de, produire ► **engendrar**

engin *nm* **1** Instrument, machine ► **máquina 2** Matériel de guerre: *engin blindé* ► **arma de guerra 3** FAM Objet quelconque ou bizarre ► **treco**

engineering [endʒiniriŋ] *nm* Ingénierie ► **engenharia**

englober *vt* Réunir en un tout, contenir ► **englobar**

engloutir *vt* **1** Avaler gloutonnement ► **devorar 2** FIG absorber, faire disparaître: *engloutir sa fortune* ► **devorar** ♦ **s'engloutir** *vpr* Disparaître: *s'engloutir dans les flots* ► **submergir(-se)**

engloutissement *nm* Action d'engloutir; fait d'être englouti ► **devoração, submersão**

engluement *nm* Action d'engluer; fait d'être englué ► **enviscamento**

engluer *vt* **1** Enduire de glu ▸ **enviscar 2** Prendre (des oiseaux) à la glu ▸ **enviscar** ■ FIG **être englué dans quelque chose:** pris dans une situation complexe qui paraît sans issue ▸ **estar atolado em algo**

engoncer *vt (conj 1)* En parlant d'un vêtement, faire paraître le cou enfoncé dans les épaules ▸ **fazer parecer o pescoço enterrado nos ombros**

engorgement *nm* **1** Obstruction d'un conduit ▸ **entupimento 2** Encombrement, saturation: *il y a un engorgement sur l'autoroute* ▸ **entupimento**

engorger *vt (conj 2)* **1** Obstruer par accumulation de matières: *engorger un tuyau* ▸ **entupir 2** Encombrer, saturer: *l'affluence de véhicules engorge l'autoroute* ▸ **entupir**

engouement *nm* Goût vif et soudain pour quelqu'un, quelque chose ▸ **paixão**

engouer (s') *vpr* Se passionner, s'emballer pour: *s'engouer d'un artiste* ▸ **entusiasmar-se**

engouffrement *nm* Action d'engouffrer; fait de s'engouffrer ▸ **tragamento, engolfamento**

engouffrer *vt* Dévorer, engloutir: *engouffrer de la nourriture* ▸ **tragar** ◆ **s'engouffrer** *vpr* Se précipiter avec violence quelque part, y entrer en hâte: *s'engouffrer dans le métro* ▸ **engolfar-se**

engoulevent *nm* Oiseau passereau qui chasse les insectes en volant le bec grand ouvert ▸ **bacurau**

engourdi, e *adj* Rendu insensible ▸ **entorpecido**

engourdir *vt* Rendre insensible, ralentir le mouvement, l'activité de ▸ **entorpecer**

engourdissement *nm* **1** Paralysie momentanée d'une partie du corps ▸ **dormência 2** FIG Torpeur ▸ **torpor**

engrais *nm* Produit destiné à fertiliser les terres ▸ **adubo**

engraissement ou **engraissage** *nm* Action d'engraisser; son résultat ▸ **adubação**

engraisser *vt* **1** Rendre plus gras ▸ **engordar 2** Fertiliser par l'engrais ▸ **adubar** ◆ *vi* Grossir, prendre du poids ▸ **engordar** ◆ **s'engraisser** *vpr* FAM, FIG S'enrichir ▸ **enriquecer**

engranger *vt (conj 2)* **1** Mettre à l'abri dans une grange ▸ **enceleirar 2** Accumuler en vue d'une utilisation ultérieure ▸ **enceleirar**

engrenage *nm* **1** Mécanisme formé de roues dentées en contact, se transmettant en mouvement de rotation ▸ **engrenagem 2** FIG Enchaînement inéluctable de faits dont on ne peut se dégager ▸ **engrenagem**

engrener *vt (conj 9)* MÉCAN Mettre en prise les éléments d'un engrenage ▸ **engrenar**

engrosser *vt* TRÈS FAM Rendre une femme enceinte ▸ **engravidar**

engueulade *nf* TRÈS FAM Dispute violente ▸ **arranca-rabo**

engueuler *vt* TRÈS FAM **1** Accabler de reproches, d'injures: *elles se sont engueulées violemment* ▸ **xingar 2** Réprimander violemment ▸ **descompor**

enguirlander *vt* **1** LITT Entourer de guirlandes ▸ **engrinaldar 2** FAM Invectiver, faire de vifs reproches à ▸ **descompor**

enhardir [ɑ̃ardir] *vt* Rendre hardi, donner de l'assurance à ▸ **encorajar** ◆ **s'enhardir** *vpr* Devenir plus hardi: *il s'enhardit jusqu'à lui demander son nom* ▸ **tomar coragem**

enharmonie [ɑ̃narmɔni] *nf* MUS Rapport entre deux notes qui diffèrent d'un comma (EX: *do* dièse et *ré* bémol) et qui, dans la pratique, sont confondues ▸ **enarmonia**

enharmonique [ɑ̃narmɔnik] *adj* MUS Qui forme une enharmonie ▸ **enarmônico**

énième *adj et n* FAM Qui a un rang indéterminé, mais très grand: *pour la énième fois* ▸ **enésima**

énigmatique *adj* Qui renferme une énigme; difficile à comprendre, à interpréter: *silence énigmatique* ▸ **enigmático**

énigme *nf* **1** Jeu d'esprit où l'on donne à deviner une chose en la décrivant en termes obscurs ▸ **charada 2** FIG Mystère ▸ **enigma**

enivrant, e [ɑ̃nivrɑ̃, ɑ̃t] *adj* Qui enivre ▸ **inebriante**

enivrement [ɑ̃nivrəmɑ̃] *nm* **1** VIEILLI Ivresse ▸ **inebriação 2** LITT, FIG Euphorie, exaltation: *l'enivrement de la gloire* ▸ **inebriação**

enivrer [ɑ̃nivre] *vt* **1** Rendre ivre ▸ **inebriar 2** FIG Exalter: *enivrer de joie* ▸ **inebriar**

ORTHOGRAPHE *Enivrer* et ses dérivés s'écrivent avec un seul *n*, celui du préfixe *en*

enjambée *nf* Grand pas: *marcher à grandes enjambées* ▸ **pernada**

enjambement *nm* En poésie, rejet au vers suivant d'un ou de plusieurs mots qui complètent le sens du précédent ▸ ***enjambement***

enjamber *vt* Franchir, passer par-dessus un obstacle en faisant un grand pas: *enjamber un ruisseau* ▸ **transpor com pernada**

enjeu *nm* **1** Somme d'argent, objet que l'on risque dans une partie de jeu ▸ **aposta 2** FIG Ce qu'on peut gagner ou perdre dans une entreprise: *les enjeux d'une guerre* ▸ **o que está em jogo**

enjoindre *vt (conj 82)* LITT Ordonner, commander de ▸ **ordenar**

enjôlement *nm* Action d'enjôler ▸ **engodo**

enjôler *vt* Séduire par des cajoleries, de belles paroles ▸ **engodar**

enjôleur, euse *adj et n* Qui enjôle ▸ **engodador**
enjolivement *nm* Ce qui enjolive ▸ **ornato**
enjoliver *vt* Rendre joli ou plus joli en ajoutant des ornements ▸ **ornar**
enjoliveur *nm* Garniture recouvrant les moyeux des roues d'une automobile ▸ **calota**
enjolivure *nf* Petit enjolivement, fioriture ▸ **enfeite**
enjoué, e *adj* Qui montre de l'enjouement ▸ **jovial**
enjouement *nm* Gaieté aimable et souriante, bonne humeur ▸ **jovialidade**
enkyster (s') *vpr* MÉD S'envelopper d'un kyste: *tumeur qui s'enkyste* ▸ **enquistar-se**
enlacement *nm* **1** Action d'enlacer ▸ **enlace** **2** Disposition de choses enlacées ▸ **entrelaçamento** **3** Étreinte ▸ **enlace**
enlacer *vt (conj 1)* **1** Entrecroiser ▸ **entrelaçar** **2** Serrer dans ses bras, étreindre ▸ **enlaçar**
enlaidir *vt* Rendre laid ▸ **enfear** ◆ *vi* Devenir laid: *il a enlaidi* ▸ **enfear**
enlaidissement *nm* Action d'enlaidir; fait d'être enlaidi ▸ **afeamento**
enlevé, e *adj* Exécuté avec rapidité, brio ▸ **notável**
enlèvement *nm* **1** Action d'enlever, d'emporter: *les employés de la fourrière ont procédé à l'enlèvement des voitures* ▸ **remoção** **2** Rapt ▸ **sequestro**
enlever *vt (conj 9)* **1** Retirer pour mettre ailleurs: *enlever des meubles* ▸ **remover** **2** Retirer ce qui était sur soi: *enlever ses chaussures* ▸ **tirar** **3** Faire disparaître: *enlever une tache* ▸ **remover** ◇ *vpr*: *tache qui s'enlève au lavage* ▸ **ser removido** **4** Libérer, soulager: *ça m'enlève un poids de la conscience* ▸ **tirar** **5** Soustraire par un rapt: *enlever quelqu'un contre une rançon* ▸ **sequestrar** **6** Exécuter rapidement, brillamment: *enlever un morceau* ▸ **executar com mestria**
enlisement *nm* Action de s'enliser ▸ **atolamento**
enliser (s') *vpr* **1** S'enfoncer dans la boue, dans les sables mouvants ▸ **atolar** **2** FIG S'embarrasser dans une situation inextricable ▸ **atolar-se**
enluminer *vt* **1** Orner d'enluminures ▸ **iluminar** **2** LITT Colorer vivement ▸ **colorir**
enlumineur, euse *n* Artiste qui enlumine ▸ **iluminador**
enluminure *nf* **1** Art d'enluminer ▸ **iluminação** **2** Décor et illustration, surtout en couleurs, d'un manuscrit ▸ **iluminura**
enneigé, e [ɑ̃neʒe] *adj* Couvert de neige: *un paysage enneigé* ▸ **nevado**
enneigement [ɑ̃nɛʒmɑ̃] *nm* État d'un endroit couvert de neige; épaisseur de la couche de neige qui s'y trouve: *un bon enneigement* ▸ **nevada**
enneiger [ɑ̃neʒe] *vt (conj 2)* Couvrir, recouvrir de neige ▸ **nevar**
ennemi, e *n et adj* **1** Personne qui hait quelqu'un, qui cherche à lui nuire: *se faire des ennemis* ▸ **inimigo** **2** Personne qui a de l'aversion pour: *ennemi du bruit* ▸ **inimigo** **3** Pays armé avec lequel on est en guerre: *l'ennemi a attaqué* ▸ **inimigo** **4** Ce qui est contraire, s'oppose: *le mieux est l'ennemi du bien* ▸ **inimigo**
ennoblir [ɑ̃nɔblir] *vt* Donner de la noblesse, élever moralement ▸ **enobrecer**

ORTHOGRAPHE *Ennoblir* s'écrit avec deux *n*, à la différence de *anoblir*

ennoblissement [ɑ̃nɔblismɑ̃] *nm* Action d'ennoblir ▸ **enobrecimento**
ennui [ɑ̃nɥi] *nm* **1** Lassitude morale produite par le désœuvrement, le manque d'intérêt, etc. ▸ **tédio** **2** Difficulté, problème, souci: *avoir des ennuis de santé* ▸ **aborrecimento, problema**
ennuyer [ɑ̃nɥije] *vt (conj 3)* **1** Causer de l'ennui: *ce livre l'a ennuyé* ▸ **entediar** **2** Importuner, contrarier ▸ **aborrecer** ◆ **s'ennuyer** *vpr* Éprouver de l'ennui ▸ **entediar-se, aborrecer-se**
ennuyeux, euse [ɑ̃nɥijø, øz] *adj* Qui ennuie ▸ **entediante**
énoncé *nm* **1** Action d'énoncer ▸ **enunciado** **2** Texte qui exprime un jugement, qui formule un problème, qui pose une question, qui expose un résultat: *l'énoncé d'un théorème* ▸ **enunciado**
énoncer *vt (conj 1)* Exprimer par des paroles ou par écrit; formuler ▸ **enunciar**
énonciation *nf* Action d'énoncer, de dire ▸ **enunciação**
enorgueillir [ɑ̃nɔrgœjir] *vt* Rendre orgueilleux ▸ **orgulhar** ◆ **s'enorgueillir** *vpr* [de] Tirer vanité de ▸ **orgulhar-se**
énorme *adj* **1** Qui dépasse en taille, en quantité ou en qualité ce qu'on voit habituellement: *une personne énorme* ▸ **enorme** **2** FAM Incroyable, extraordinaire ▸ **incrível**
énormément *adv* Beaucoup ▸ **enormemente**
énormité *nf* **1** Caractère de ce qui est énorme ▸ **enormidade** **2** FAM Parole ou action extravagante ▸ **enormidade**
enquérir (s') *vpr* [de] *(conj 21)* S'informer sur: *elle s'est enquise de toi* ▸ **inquirir**
enquête *nf* **1** Étude d'une question réunissant des témoignages, des expériences, des documents: *enquête sociologique* ▸ **pesquisa** **2** Recherches ordonnées par une autorité administrative ou judiciaire: *le tribunal a ordonné une enquête* ▸ **investigação**
enquêter *vi* Faire, mener une enquête: *enquêter sur un crime* ▸ **investigar**

enquêteur, euse ou **trice** *n* Personne qui fait une enquête (sociologique, policière, etc.) ▸ **pesquisador, investigador**
enquiquinant, e *adj* FAM Embêtant, agaçant ▸ **aporrinhante**
enquiquinement *nm* FAM Ennui ▸ **aporrinhação**
enquiquiner *vt* FAM Ennuyer ▸ **aporrinhar**
enquiquineur, euse *adj et n* FAM Qui importune, embête ▸ **aporrinhador**
enracinement *nm* Action d'enraciner, de s'enraciner ▸ **enraizamento**
enraciner *vt* **1** Faire prendre racine à ▸ **enraizar** **2** Fixer profondément dans le cœur, l'esprit ▸ **arraigar** ◆ **s'enraciner** *vpr* **1** Prendre racine ▸ **enraizar-se** **2** FIG Se fixer: *les préjugés s'enracinent facilement* ▸ **arraigar-se**
enragé, e *adj* Qui a la rage: *chien enragé* ▸ **raivoso** ◆ *adj et n* Acharné, fanatique: *joueur enragé; un enragé de golf* ▸ **fanático**
enrageant, e *adj* Qui cause du dépit, de l'irritation ▸ **exasperante**
enrager *vi (conj 2)* Éprouver un violent dépit; être vexé, furieux: *il enrage de s'être laissé prendre si facilement* ▸ **enraivecer** ■ **faire enrager:** taquiner, tourmenter ▸ **atormentar**
enraiement [ɑ̃rɛmɑ̃] ou **enrayement** [ɑ̃rɛjmɑ̃] *nm* Action d'enrayer; son résultat: *mesures qui visent à l'enrayement de la crise économique* ▸ **enraiamento, contenção**
enrayage [ɑ̃rɛjaʒ] *nm* Arrêt accidentel d'un mécanisme et notamment d'une arme à feu ▸ **travamento**
enrayer [ɑ̃reje] *vt (conj 4)* **1** Entraver le mouvement des roues d'une voiture ou de tout autre mécanisme ▸ **travar** **2** FIG Arrêter, juguler: *enrayer une maladie* ▸ **conter** **3** Garnir une roue de ses rayons ▸ **enraiar** ◆ **s'enrayer** *vpr* Cesser accidentellement de fonctionner, en parlant d'une arme, d'un mécanisme ▸ **travar**
enrégimenter *vt* PÉJOR Faire entrer dans un groupe à la discipline stricte ▸ **arregimentar**
enregistrement *nm* **1** Action d'enregistrer; son résultat: *enregistrement d'une commande* ▸ **registro** **2** Action d'enregistrer des bagages; guichet où on les enregistre ▸ **despacho** **3** Administration, bureaux où l'on enregistre certains actes ▸ **cartório** **4** Ensemble des techniques permettant de fixer, de conserver ou de reproduire des sons ou des images; ces sons ou ces images ainsi enregistrés ▸ **gravação, registro** **5** Diagramme tracé par un appareil enregistreur ▸ **registro**
enregistrer *vt* **1** Transcrire un acte, un jugement, dans les registres publics, pour en assurer l'authenticité: *enregistrer un contrat* ▸ **registrar** **2** Consigner certains faits par écrit: *enregistrer ses rendez-vous sur un agenda* ▸ **registrar** **3** FIG Prendre mentalement bonne note de: *tu viens demain, je l'ai bien enregistré* ▸ **registrar** **4** Constater objectivement: *on a enregistré des chutes de neige* ▸ **registrar** **5** Noter ou faire noter le dépôt de: *enregistrer des bagages* ▸ **despachar** **6** Transcrire et fixer sur un support matériel (une information, une image, un son): *enregistrer une émission* ▸ **gravar, registrar**
enregistreur, euse *adj et n* Se dit d'un appareil qui inscrit automatiquement une mesure, un phénomène: *baromètre enregistreur* ▸ **registrador**
enrhumer *vt* Causer un rhume à ▸ **resfriar** ◆ **s'enrhumer** *vpr* Attraper un rhume ▸ **resfriar-se**
enrichi, e *adj* **1** Dont la fortune est récente ▸ **novo-rico** **2** PHYS Se dit d'un corps dont l'un des constituants est en proportion plus forte que la normale: *uranium enrichi* ▸ **enriquecido**
enrichir *vt* **1** Rendre riche ou plus riche ▸ **enriquecer** **2** Augmenter la valeur, l'importance de quelque chose: *enrichir une collection* ▸ **enriquecer**
enrichissant, e *adj* Qui enrichit l'esprit ▸ **enriquecedor**
enrichissement *nm* Action d'enrichir; fait de s'enrichir ▸ **enriquecimento**
enrobage ou **enrobement** *nm* Action d'enrober; couche qui enrobe ▸ **envolvimento, envoltório**
enrobé, e *adj* FAM Qui présente un léger embonpoint ▸ **rechonchudo**
enrober *vt* **1** Recouvrir d'une enveloppe protectrice: *enrober de sucre* ▸ **cobrir** **2** FIG Déguiser, envelopper, notamment pour adoucir: *enrober un reproche* ▸ **atenuar**
enrochement *nm* Grosse maçonnerie établie au fond de l'eau pour servir de fondations ou pour protéger les parties immergées des ouvrages d'art ▸ **enrocamento**
enrôlé *nm* Soldat inscrit sur les rôles des armées ▸ **alistado**
enrôlement *nm* Action d'enrôler ▸ **alistamento**
enrôler *vt* **1** Inscrire sur les rôles des armées ▸ **alistar** **2** Inscrire dans un parti, un groupe ▸ **alistar** ◆ **s'enrôler** *vpr* **1** S'engager dans l'armée ▸ **alistar-se** **2** Se faire inscrire dans un parti, un groupe ▸ **alistar-se**
enroué, e *adj* Atteint d'enrouement: *voix enrouée* ▸ **rouco**
enrouement *nm* Altération de la voix due à une atteinte du larynx ▸ **rouquidão**

enrouer *vt* Rendre la voix rauque ▶ **enrouquecer**
enroulement *nm* **1** Action d'enrouler ▶ **enrolamento 2** Ornement en spirale ▶ **enrolamento**
enrouler *vt* Rouler une chose autour d'une autre ou sur elle-même ▶ **enrolar**
enrouleur, euse *adj et nm* Qui sert à enrouler: *ceintures de sécurité à enrouleurs* ▶ **enrolador**
enrubanner *vt* Orner de rubans ▶ **enfitar**
ensablement *nm* **1** Action d'ensabler; fait de s'ensabler ▶ **areamento, encalhe 2** Amas de sable formé par l'eau ou par le vent ▶ **banco de areia**
ensabler *vt* **1** Couvrir, engorger de sable: *les marées ont ensablé l'épave* ▶ **arear 2** Faire échouer un bateau sur le sable ▶ **encalhar 3** Immobiliser un véhicule dans le sable: *une voiture ensablée* ▶ **atolar**
ensacher *vt* Mettre en sac, en sachet ▶ **ensacar**
ensanglanter *vt* **1** Tacher, couvrir de sang ▶ **ensanguentar 2** LITT Provoquer des combats sanglants: *guerre qui ensanglante un pays* ▶ **ensanguentar**
enseignant, e *adj et n* Qui enseigne ▶ **docente, professor** ■ **le corps enseignant:** l'ensemble des professeurs et des instituteurs ▶ **corpo docente**
enseigne[1] *nf* **1** Marque distinctive placée sur la façade d'une maison de commerce: *enseigne lumineuse* ▶ **letreiro, placa 2** Société commerciale dont dépendent de nombreux magasins; le magasin lui-même: *les enseignes de la grande distribution; ouverture de nouvelles enseignes en province* ▶ **bandeira, insígnia 3** LITT Pavillon, étendard ▶ **bandeira** ■ **à telle enseigne que:** la preuve en est que ▶ **a prova é que être logé à la même enseigne:** être dans le même cas ▶ **estar no mesmo barco**
enseigne[2] *nm* Officier de marine ▶ **oficial da marinha**
enseignement *nm* **1** Action, art d'enseigner: *établissement d'enseignement primaire, secondaire* ▶ **ensino 2** Profession de celui qui enseigne: *entrer dans l'enseignement* ▶ **ensino 3** Ce qui est enseigné; leçon donnée par les faits, l'expérience: *tirer les enseignements d'un échec* ▶ **lição**
enseigner *vt* **1** Faire acquérir la connaissance ou la pratique de: *enseigner la géographie* ▶ **ensinar 2** Apprendre, montrer: *l'histoire nous enseigne que tout est recommencement* ▶ **ensinar**
ensemble[1] *adv* **1** L'un avec l'autre, les uns avec les autres: *tous ensemble* ▶ **junto(s) 2** En même temps: *ces deux arbres ont fleuri ensemble* ▶ **junto** ■ **aller ensemble:** s'harmoniser: *deux couleurs qui vont bien ensemble* ▶ **combinar**
ensemble[2] *nm* **1** Unité résultant du concours harmonieux des diverses parties d'un tout; accord: *chanter avec un ensemble parfait* ▶ **coesão 2** Réunion d'éléments qui forment un tout: *l'ensemble du personnel* ▶ **conjunto, totalidade 3** Collection d'éléments harmonisés, assortis: *ensemble mobilier* ▶ **conjunto 4** Costume féminin composé de deux ou trois pièces ▶ **conjunto 5** Groupe de musiciens, de chanteurs; formation: *ensemble vocal* ▶ **conjunto 6** MATH Collection d'éléments ou de nombres ayant en commun une ou plusieurs propriétés qui les caractérisent: *ensemble fini* ▶ **conjunto** ■ **dans l'ensemble:** en général ▶ **no geral** □ **d'ensemble:** général: *vue d'ensemble* ▶ **global** □ **grand ensemble:** groupe plus ou moins important d'habitations bénéficiant de certains équipements collectifs ▶ **conjunto residencial**
ensemblier *nm* Professionnel qui combine des ensembles décoratifs ▶ **decorador**
ensemencement *nm* Action d'ensemencer ▶ **semeadura**
ensemencer *vt (conj 1)* Répandre la semence sur ou dans: *ensemencer une terre* ▶ **semear**
enserrer *vt* Entourer en serrant étroitement: *robe longue qui enserre la taille* ▶ **cingir**
ensevelir *vt* **1** LITT Envelopper un corps mort dans un linceul, ou l'enterrer ▶ **sepultar 2** Faire disparaître sous un amoncellement: *village enseveli sous la neige* ▶ **sepultar**
ensevelissement *nm* LITT Action d'ensevelir; fait d'être enseveli ▶ **sepultamento**
ensilage *nm* Procédé de conservation des végétaux frais qui consiste en particulier à les placer dans un silo ▶ **ensilagem**
ensiler *vt* Mettre les grains, les racines, les fourrages dans un silo ▶ **ensilar**
ensoleillé, e *adj* **1** Exposé au soleil: *pièce ensoleillée* ▶ **ensolarado 2** Où brille le soleil: *journée ensoleillée* ▶ **ensolarado**
ensoleillement *nm* **1** État de ce qui est ensoleillé ▶ **insolação 2** Temps pendant lequel un lieu est ensoleillé ▶ **insolação**
ensoleiller *vt* **1** Remplir de la lumière du soleil ▶ **banhar de sol 2** LITT Illuminer ▶ **iluminar**
ensommeillé, e *adj* Qui reste sous l'effet du sommeil, mal réveillé ▶ **sonolento**
ensorcelant, e *adj* Qui ensorcelle ▶ **enfeitiçante**
ensorceler *vt (conj 6)* **1** Jeter un sort sur, à ▶ **enfeitiçar 2** FIG Séduire, captiver ▶ **enfeitiçar**
ensorceleur, euse *adj et n* Qui charme, séduit ▶ **feiticeiro, enfeitiçante**
ensorcellement *nm* **1** Action d'ensorceler; son résultat ▶ **feitiçaria 2** Charme irrésistible, séduction ▶ **encantamento**

ensuite *adv* Après, à la suite de, dans l'espace et le temps ▸ **em seguida**

ensuivre (s') *vpr (conj 62; seulement à l'inf et à la 3e pers du sing et du plur)* Suivre, être la conséquence ▸ **decorrer** ◆ *v impers* Résulter: *il s'ensuit que...*, il s'en est suivi que... ▸ **seguir-se, decorrer**

entablement *nm* Couronnement d'un édifice, d'un meuble, d'une porte, d'une fenêtre ▸ **cornija**

entacher *vt* Souiller moralement: *entacher l'honneur de quelqu'un* ▸ **manchar** ▪ DR **acte entaché de nullité:** frappé de nullité ▸ **ato nulo**

entaille *nf* **1** Coupure avec enlèvement de matière ▸ **entalhe 2** Blessure faite avec un instrument tranchant ▸ **talho**

entailler *vt* Faire une entaille dans ▸ **entalhar, talhar**

entame *nf* Premier morceau que l'on coupe d'un pain, d'un quartier de viande, etc. ▸ **primeira fatia**

entamer *vt* **1** Couper, retrancher le premier morceau de quelque chose: *entamer le fromage* ▸ **começar 2** Entreprendre, commencer: *entamer des négociations* ▸ **começar 3** Couper, entailler: *entamer la peau* ▸ **cortar 4** Porter atteinte à: *entamer les convictions de quelqu'un* ▸ **atacar**

entartrage *nm* Formation de tartre; état de ce qui est entartré ▸ **incrustação**

entartrer *vt* Encrasser de tartre: *l'eau calcaire a entartré la chaudière* ▸ **incrustar**

entassement *nm* **1** Action d'entasser ▸ **amontoamento 2** Amas: *entassement de débris* ▸ **amontoado**

entasser *vt* **1** Mettre en tas; amonceler: *entasser des livres sur son bureau* ▸ **amontoar 2** Tasser, serrer: *voyageurs entassés* ▸ **amontoar 3** Accumuler: *entasser des citations* ▸ **amontoar**

entendement *nm* Aptitude à comprendre; bon sens, jugement: *cela dépasse l'entendement* ▸ **entendimento**

entendeur *nm* ▸ **entendedor** ▪ **à bon entendeur salut:** que celui qui comprend en fasse son profit ▸ **para bom entendedor meia palavra basta**

entendre *vt (conj 50)* **1** Percevoir par l'ouïe: *entendre un bruit*; (sans complément) avoir une certaine capacité auditive: *il entend bien, mal; il n'entend pas* ▸ **ouvir 2** Prêter attention à, écouter: *entendre des témoins* ▸ **ouvir 3** LITT Comprendre, saisir: *entendre la plaisanterie* ▸ **entender 4** LITT Vouloir dire, insinuer: *qu'entendez-vous par là?* ▸ **querer dizer 5** LITT Vouloir: *j'entends être obéi* ▸ **querer** ▪ **donner à entendre:** laisser croire ▸ **dar a entender** ◆ **s'entendre** *vpr* **1** Sympathiser: *bien s'entendre avec quelqu'un* ▸ **entender-se 2** Se mettre d'accord ▸ **entender-se** ▪ SOUT **cela s'entend:** cela va de soi ▸ **percebe-se** ▫ **s'y entendre:** savoir, être habile (à quelque chose) ▸ **entender de**

entendu, e *adj* **1** Convenu, décidé: *c'est une affaire entendue* ▸ **acertado 2** LITT Intelligent, habile, capable ▸ **entendido** ▪ **bien entendu:** assurément, bien sûr ▸ **claro** ▫ **prendre un air entendu:** jouer celui qui comprend ce qui se passe ▸ **fazer cara de sabichão** ◆ *interj* ▪ **entendu!:** d'accord! ▸ **combinado!**

entente *nf* **1** Action de s'entendre, accord ▸ **entendimento 2** Convention entre des sociétés, des groupes, des nations ▸ **aliança 3** Relations amicales entre des personnes ▸ **cordialidade** ▪ **à double entente:** qu'on peut comprendre de deux façons ▸ **de duplo sentido**

enter *vt* **1** Greffer: *enter un sauvageon* ▸ **enxertar 2** TECHN Assembler bout à bout par une entaille ▸ **emalhetar**

entérinement *nm* Ratification ▸ **homologação**

entériner *vt* **1** DR Ratifier, rendre valide ▸ **homologar 2** SOUT Consacrer, approuver: *l'école risque d'entériner la situation d'inégalité entre les élèves* ▸ **homologar**

entérite *nf* MÉD Inflammation de l'intestin grêle ▸ **enterite**

enterrement *nm* **1** Action de mettre en terre; inhumation ▸ **enterro 2** Funérailles, obsèques ▸ **enterro 3** Convoi funèbre ▸ **enterro 4** FIG Abandon, renonciation: *l'enterrement d'un projet* ▸ **sepultamento**

enterrer *vt* **1** Mettre en terre; enfouir ▸ **enterrar 2** Inhumer ▸ **enterrar 3** Survivre à: *vieillard qui enterre ses héritiers* ▸ **enterrar 4** FIG Cesser de s'occuper de, renoncer à: *enterrer une loi* ▸ **enterrar** ◆ **s'enterrer** *vpr* FIG Se retirer, s'isoler: *ils sont allés s'enterrer dans un coin perdu* ▸ **enterrar-se**

entêtant, e *adj* Qui entête, qui obsède: *parfum, air entêtants* ▸ **inebriante**

en-tête (pl *en-têtes*) *nm* Ce qui est imprimé, écrit ou gravé en tête d'une lettre, d'un écrit ▸ **cabeçalho**

entêté, e *adj et n* Obstiné, têtu, buté ▸ **teimoso**

entêtement *nm* Attachement obstiné à ses idées, à ses goûts, etc.; ténacité ▸ **teimosia**

entêter *vt* Monter à la tête, griser, en parlant des vapeurs, des odeurs ▸ **inebriar** ◆ **s'entêter** *vpr* [à, dans] S'obstiner ▸ **teimar**

enthousiasmant, e *adj* Qui enthousiasme ▸ **entusiasmante**

enthousiasme *nm* **1** Admiration passionnée, ardeur: *parler d'un auteur avec enthousiasme* ▸ **en-**

tusiasmo **2** Exaltation joyeuse; passion: *pièce écrite dans l'enthousiasme* ▸ **entusiasmo**

enthousiasmer *vt* Remplir d'enthousiasme ▸ **entusiasmar** ◆ **s'enthousiasmer** *vpr* Se passionner, s'enflammer ▸ **entusiasmar-se**

enthousiaste *adj et n* Qui ressent ou manifeste de l'enthousiasme ▸ **entusiasta**

entichement *nm* LITT Engouement ▸ **aferro**

enticher (s') *vpr* [de] Se prendre d'un attachement passager et excessif pour quelqu'un, quelque chose ▸ **ser louco por**

entier¹ *nm* Totalité: *lisez-le dans son entier* ▸ **totalidade** ■ **en entier:** complètement ▸ **completamente**

entier², ère *adj* **1** Complet, intégral: *il restera un jour entier* ▸ **inteiro 2** Sans restriction, total, absolu: *une entière liberté* ▸ **inteiro 3** Sans changement: *la question reste entière* ▸ **intacto 4** Catégorique, intransigeant: *caractère entier* ▸ **íntegro** ■ **lait entier:** qui n'a pas subi d'écrémage ▸ **leite integral** □ MATH **nombre entier** ou **entier** *nm* l'un quelconque des nombres de la suite 0, 1, 2, 3 pris positivement (*entier positif*) ou négativement (*entier négatif*) ▸ **(número) inteiro**

entièrement *adv* Tout à fait; complètement, intégralement ▸ **inteiramente**

entité *nf* **1** Abstraction considérée comme une réalité: *la République, l'État sont des entités politiques* ▸ **entidade 2** PHILOS Ce qui constitue l'essence d'un être ▸ **entidade**

entoilage *nm* Action d'entoiler ▸ **entelagem**

entoiler *vt* **1** Renforcer quelque chose en le fixant sur une toile: *entoiler une estampe* ▸ **entelar 2** Garnir de toile: *entoiler une aile de planeur* ▸ **entelar**

entomologie *nf* Partie de la zoologie qui traite des insectes ▸ **entomologia**

entomologiste *n* Spécialiste d'entomologie ▸ **entomologista**

entonner¹ *vt* Verser un liquide dans un tonneau ▸ **embarrilar**

entonner² *vt* **1** Commencer à chanter: *entonner «la Marseillaise»* ▸ **entoar 2** FIG Célébrer, chanter: *entonner les louanges de quelqu'un* ▸ **entoar**

entonnoir *nm* Ustensile en forme de cône, servant à transvaser des liquides ▸ **funil**

entorse *nf* Distorsion brutale d'une articulation avec élongation ou rupture des ligaments ▸ **entorse** ■ FIG **faire une entorse à (une loi, un usage, etc.):** ne pas s'y conformer ▸ **infringir (uma lei, um costume)**

entortillement *nm* Action d'entortiller, de s'entortiller ▸ **enrolamento, enrolação**

entortiller *vt* **1** Envelopper en tortillant: *entortiller un bonbon dans du papier* ▸ **enrolar 2** Exprimer d'une manière embarrassée: *entortiller ses phrases* ▸ **emaranhar 3** FAM Séduire par des paroles trompeuses ▸ **enrolar** ◆ **s'entortiller** *vpr* **1** S'enrouler plusieurs fois autour de quelque chose: *la glycine s'entortille autour de la grille* ▸ **enrolar-se 2** S'embrouiller ▸ **enrolar-se**

entourage *nm* **1** Les familiers d'une personne; son milieu: *il y a beaucoup d'artistes dans son entourage* ▸ ***entourage* 2** Tout ce qui entoure pour orner ▸ **moldura**

entourer *vt* **1** Disposer autour de ▸ **rodear 2** Être placé autour de: *des murs entourent le jardin* ▸ **rodear 3** Être auprès de quelqu'un, lui témoigner de la sympathie, des soins ▸ **rodear** ◆ **s'entourer** *vpr* [de] Mettre, réunir autour de soi: *s'entourer de mystère; s'entourer de gens compétents* ▸ **cercar-se**

entourloupe *nf* FAM Mauvais tour ▸ **golpe baixo**

entournure *nf* ▸ **cava** ■ FAM **être gêné aux entournures: (a)** Être mal à l'aise dans un vêtement ▸ **estar pouco à vontade (b)** FIG manquer d'argent ▸ **estar duro**

entracte *nm* **1** Intervalle de temps entre les parties d'un spectacle ▸ **entreato 2** FIG Temps de répit ▸ **intervalo**

entraide *nf* Aide mutuelle ▸ **ajuda mútua**

entraider (s') *vpr* S'aider mutuellement ▸ **ajudar-se mutuamente**

entrailles *nf pl* **1** Intestins, boyaux ▸ **entranhas 2** LITT Ventre maternel, où l'enfant est en gestation ▸ **entranha** ■ LITT **les entrailles de la terre:** les profondeurs du sol ▸ **as entranhas da terra**

entrain *nm* Ardeur, animation, enthousiasme: *manquer d'entrain pour travailler* ▸ **ânimo**

entraînant, e *adj* Qui entraîne: *musique entraînante* ▸ **empolgante**

entraînement *nm* **1** Action d'entraîner; dispositif, mouvement qui entraîne: *courroie d'entraînement* ▸ **arrebatamento, transmissão 2** Préparation à un sport, à une compétition, à une activité quelconque ▸ **treino**

entraîner *vt* **1** Emporter, traîner dans son mouvement: *le fleuve entraîne les troncs d'arbre* ▸ **arrastar 2** Amener avec plus ou moins de force: *il l'entraîna vers la sortie* ▸ **arrastar 3** Pousser quelqu'un à faire quelque chose ▸ **impelir 4** Transmettre un mouvement, mettre en action: *moteur qui entraîne une pompe* ▸ **acionar 5** Préparer à un sport, à un exercice, etc.: *entraîner un coureur* ▸ **treinar 6** Avoir pour effet: *entraîner des frais* ▸ **acarretar**

◆ **s'entraîner** *vpr* Se préparer, s'exercer: *s'entraîner pour une épreuve* ▶ **treinar**

entraîneur, euse *n* Personne qui entraîne des chevaux, des sportifs, etc. ▶ **treinador**

entraîneuse *nf* Femme employée dans un établissement de nuit pour engager les clients à danser et à consommer ▶ ***hostess***

entrant, e *n et adj* (surtout au pluriel) [terme administratif] Personne qui entre: *les entrants et les sortants* ▶ **novo integrante**

entr'apercevoir ou **entrapercevoir** *vt* Apercevoir d'une manière indistincte ou très rapide ▶ **entrever**

entrave *nf* **1** Lien fixé aux pieds d'un animal ▶ **entrave 2** Ce qui gêne un mouvement, une action ▶ **entrave**

entraver *vt* Mettre des entraves à ▶ **entravar**

entre *prép* **1** Indique l'espace qui sépare deux choses ou deux personnes: *entre crochets*: *assis entre eux* ▶ **entre 2** Indique un intervalle de temps: *entre midi et 14 heures* ▶ **entre 3** Indique une approximation: *entre mille et deux mille personnes* ▶ **entre 4** Indique un état intermédiaire: *une couleur entre le jaune et le vert* ▶ **entre 5** Parmi: *choisir entre plusieurs solutions* ▶ **entre 6** Indique un rapport de réciprocité, de similitude ou de différence: *analogie entre deux situations* ▶ **entre**

entrebâillement *nm* Étroite ouverture laissée par une chose entrebâillée ▶ **fresta**

entrebâiller *vt* Entrouvrir légèrement: *entrebâiller une porte* ▶ **entreabrir**

entrechat *nm* En danse, petit saut accompagné d'un ou de plusieurs battements de pieds ▶ ***entrechat***

entrechoquer (s') *vpr* Se heurter l'un contre l'autre ▶ **entrechocar-se**

entrecôte *nf* Tranche de viande de bœuf coupée entre deux côtes ▶ **entrecosto**

entrecouper *vt* Interrompre par intervalles: *ses paroles étaient entrecoupées de hoquets* ▶ **entrecortar**

entrecroisement *nm* Disposition de choses qui s'entrecroisent ▶ **entrecruzamento**

entrecroiser *vt* Croiser en divers sens ▶ **entrecruzar**

entrecuisse *nm* **1** Espace situé entre les cuisses ▶ **entreperna 2** Partie charnue de la cuisse d'une volaille ▶ **sobrecoxa**

entre-déchirer (s') *vpr* S'attaquer, se déchirer mutuellement ▶ **entredilacerar-se**

entre-deux *nm inv* **1** Partie située au milieu de deux choses; état intermédiaire entre deux extrêmes ▶ **entremeio 2** Au basket-ball, jet du ballon par l'arbitre entre deux joueurs, pour la reprise du jeu ▶ **bola ao ar**

entre-deux-guerres *nf inv ou nm inv* Période située entre deux guerres et, particulièrement, pour la France, entre 1918 et 1939 ▶ **entreguerras**

entre-dévorer (s') *vpr* En parlant de deux animaux, se battre à mort pour dévorer sa proie ▶ **entredevorar-se**

entrée *nf* **1** Action d'entrer: *entrée soudaine* ▶ **entrada 2** Endroit par où l'on entre: *entrée d'un jardin* ▶ **entrada 3** Vestibule d'un appartement: *attendre dans l'entrée* ▶ **entrada 4** Accès à un spectacle, une exposition, etc.; somme à payer pour entrer: *entrée gratuite* ▶ **entrada 5** FIG Début: *entrée en fonctions* ▶ **assunção 6** Admission: *examen d'entrée* ▶ **admissão 7** Plat servi au début d'un repas ▶ **entrada 8** Opération par laquelle des données sont introduites dans un ordinateur ▶ **entrada** ■ **d'entrée de jeu:** dès le début ▶ **logo de início** □ **entrée libre:** faculté d'entrer quelque part sans avoir à payer ou à acheter ▶ **entrada franca** ◆ **entrées** *pl* ■ **avoir ses entrées chez quelqu'un, dans un lieu:** y être reçu ▶ **ser recebido na casa de alguém, em algum lugar**

entrefaites *nf pl* ▶ **entretanto** ■ **sur ces entrefaites:** à ce moment-là ▶ **naquele momento**

entrefilet *nm* Petit article dans un journal ▶ **nota**

entregent *nm* Aisance en société, habileté à nouer des contacts: *avoir de l'entregent* ▶ **sociabilidade**

entrejambe *nm* Partie de la culotte ou du pantalon située entre les jambes ▶ **entreperna**

entrelacement *nm* État de plusieurs choses entrelacées ▶ **entrelaçamento**

entrelacer *vt (conj 1)* Enlacer l'un dans l'autre: *entrelacer des guirlandes* ▶ **entrelaçar**

entrelacs [ɑ̃tʀəla] *nm* Ornement composé de lignes entrelacées ▶ **entrelaçado**

ORTHOGRAPHE *Entrelacs* s'écrit toujours avec un *s*: *un entrelacs*

entrelarder *vt* **1** Piquer une viande de lard ▶ **lardear 2** FIG parsemer de: *entrelarder un texte de citations* ▶ **entremear**

entremêler *vt* Mêler des choses de nature différente ▶ **entremear**

entremets *nm* Dessert sucré à base de lait ▶ **sobremesa doce**

entremetteur, euse *n* PÉJOR Personne qui sert d'intermédiaire dans des affaires galantes, souvent pour de l'argent ▶ **alcoviteiro**

entremettre (s') *vpr (conj 57)* Intervenir pour mettre en relation des personnes, intervenir dans les affaires d'autrui: *s'entremettre pour obtenir la* *grâce de quelqu'un* ► **interceder**

entremise *nf* **1** Action de s'entremettre ► **intercessão 2** Médiation ► **mediação** ▪ **par l'entremise de:** grâce à l'intervention de, par l'intermédiaire de ► **por intermédio de**

entrepont *nm* Intervalle compris entre deux ponts d'un bateau ► **entrecoberta**

entreposer *vt* Déposer des objets momentanément dans un lieu, dans un entrepôt ► **armazenar**

entrepôt *nm* Lieu où l'on met des marchandises en dépôt ► **entreposto**

entreprenant, e *adj* **1** Qui n'hésite pas à entreprendre: *caractère entreprenant* ► **empreendedor 2** Qui cherche très activement à séduire ► **atrevido**

entreprendre *vt (conj 54)* **1** Commencer l'exécution de: *entreprendre des travaux* ► **empreender 2** FAM S'efforcer de convaincre, de séduire: *il entreprit sur son sujet favori* ► **insistir**

entrepreneur, euse *n* Chef d'une entreprise, en particulier d'une entreprise spécialisée dans la construction ou les travaux publics ► **empresário, empreiteiro**

entrepreunariat *nm* Activité, fonction d'entrepreneur ► **empreendedorismo**

entreprise *nf* **1** Ce que quelqu'un entreprend ► **empresa, empreendimento 2** Affaire commerciale ou industrielle: *entreprise privée* ► **empresa**

entrer *vi* (auxil: *être*) **1** Passer du dehors au dedans, pénétrer: *entrer dans une pièce; frapper avant d'entrer* ► **entrar 2** S'engager dans une situation, un emploi, etc.; commencer à participer à une entreprise quelconque: *entrer dans la magistrature; entrer en religion* ► **entrar 3** Être contenu: *médicament où il entre du fer; cela n'entre pas dans mes attributions* ► **entrar** ▪ **entrer dans les détails:** examiner ou déduire avec minutie ► **entrar em detalhes** ♦ *vt* (auxil: *avoir*) **1** Introduire: *entrer des marchandises en fraude* ► **introduzir 2** Inscrire des données dans la mémoire d'un ordinateur ► **inserir**

entresol *nm* Étage entre le rez-de-chaussée et le premier étage ► **sobreloja**

entre-temps *adv* Dans cet intervalle de temps ► **entrementes**

entretenir *vt (conj 22)* **1** Maintenir en bon état: *entretenir une maison* ► **conservar 2** Faire durer: *entretenir le feu* ► **manter 3** Pourvoir des choses nécessaires: *entretenir une famille* ► **sustentar** ▪ **entretenir quelqu'un de:** lui parler de ► **conversar com alguém sobre** ♦ **s'entretenir** *vpr* Parler avec quelqu'un ► **conversar**

entretenu, e *adj* **1** Maintenu en état: *maison bien entretenue* ► **conservado 2** Se dit de quelqu'un qui vit de l'argent d'une autre personne ► **manteúdo**

entretien *nm* **1** Action de maintenir en bon état, de fournir ce qui est nécessaire: *produits d'entretien* ► **manutenção 2** Conversation suivie: *solliciter un entretien; entretien d'embauche* ► **entrevista**

entre-tuer (s') *vpr* Se tuer l'un l'autre, les uns les autres: *adversaires qui s'entre-tuent* ► **matar um ao outro, uns aos outros**

entrevoir *vt (conj 41)* **1** Voir rapidement ou confusément: *je l'ai entrevu à une soirée* ► **entrever 2** FIG Deviner, pressentir: *entrevoir la vérité* ► **entrever**

entrevue *nf* Rencontre concertée entre des personnes ► **encontro**

entrisme *nm* Introduction systématique, dans un groupe organisé, de nouvelles personnes susceptibles d'en modifier la ligne d'action: *faire de l'entrisme dans un parti politique* ► **infiltração**

entropie *nf* PHYS Grandeur qui, en thermodynamique, permet d'évaluer la dégradation de l'énergie d'un système ► **entropia**

entrouvert, e *adj* Ouvert à moitié: *porte entrouverte* ► **entreaberto**

entrouvrir *vt (conj 16)* Ouvrir partiellement ► **entreabrir**

entuber *vt* TRÈS FAM Duper, escroquer ► **embrulhar**

énucléation *nf* CHIR Extirpation d'un organe circonscrit, d'une tumeur ► **enucleação**

énucléer *vt* **1** CHIR Extirper un organe après incision, spécialement le globe oculaire ► **enuclear 2** Extraire l'amande ou le noyau d'un fruit ► **enuclear**

énumération *nf* Action d'énumérer; suite des éléments énumérés ► **enumeração**

énumérer *vt (conj 10)* Énoncer successivement les éléments d'une série ► **enumerar**

énurésie *nf* MÉD Incapacité à maîtriser l'émission d'urine ► **enurese**

env. (abréviation) Environ ► **c.**

envahir *vt* **1** Pénétrer en force et en nombre dans un pays, une région, et l'occuper ► **invadir 2** Se répandre dans, sur: *la foule envahit la rue* ► **invadir 3** Gagner, s'emparer de quelqu'un: *la terreur l'envahit* ► **invadir 4** FAM Accaparer le temps de quelqu'un: *se laisser envahir par les amis, la famille* ► **invadir**

envahissant, e *adj* Qui importune par sa présence, ses sollicitations persistantes ► **invasivo**

envahissement *nm* Action d'envahir ► **invasão**

envahisseur *nm* Ennemi qui envahit, en particulier militairement ► **invasor**

envasement *nm* État de ce qui est envasé: *l'envasement d'un canal* ▸ **envasamento**
envaser *vt* ou **s'envaser** *vpr* **1** Remplir, se remplir de vase ▸ **envasar(-se) 2** Enfoncer, s'enfoncer dans la vase ▸ **envasar(-se)**
enveloppant, e *adj* Qui enveloppe: *mouvement enveloppant* ▸ **envolvente**
enveloppe *nf* **1** Ce qui enveloppe ▸ **envoltório 2** Pochette de papier destinée à recevoir une lettre, une carte, etc. ▸ **envelope 3** Somme d'argent; masse globale de crédit: *enveloppe budgétaire* ▸ **verba**
enveloppé, e *adj* FAM Se dit d'une personne qui a un peu d'embonpoint ▸ **gordinho**
enveloppement *nm* Action d'envelopper ou de s'envelopper ▸ **embrulhamento, envolvimento**
envelopper *vt* **1** Couvrir, entourer complètement: *envelopper un objet dans du papier; membrane qui enveloppe un organe* ▸ **embrulhar, envolver 2** SOUT Se répandre, se trouver tout autour: *l'ombre enveloppe la ville* ▸ **envolver ◆ s'envelopper** *vpr* S'enrouler, se couvrir: *s'envelopper dans une cape* ▸ **embrulhar-se**
envenimement *nm* Fait de s'envenimer ▸ **agravamento**
envenimer *vt* **1** Infecter ▸ **infeccionar 2** FIG Rendre plus grave: *discussion qui s'envenime* ▸ **acirrar ◆ s'envenimer** *vpr* **1** S'infecter ▸ **infeccionar-se 2** FIG Se détériorer ▸ **acirrar-se**
envergure *nf* **1** Distance entre les extrémités des ailes déployées d'un oiseau, des ailes d'un avion, de la voilure d'un navire ▸ **envergadura 2** FIG Ampleur, puissance: *manquer d'envergure* ▸ **envergadura**
envers[1] *prép* À l'égard de ▸ **para com ■ envers et contre tout:** en dépit de tout ▸ **contra tudo e contra todos**
envers[2] *nm* **1** L'opposé de l'endroit: *l'envers et l'endroit* ▸ **avesso 2** Le contraire: *l'envers de la vérité* ▸ **contrário ■ à l'envers:** du mauvais côté, sens dessus dessous, dans le sens contraire: *mettre un pull à l'envers; écrire à l'envers* ▸ **do avesso, ao contrário**
envi (à l') *loc adv* LITT À qui mieux mieux ▸ **à porfia**
enviable *adj* Que l'on peut envier ▸ **invejável**
envie *nf* **1** Convoitise à la vue du bonheur ou des avantages d'autrui ▸ **inveja 2** Désir, souhait ▸ **vontade 3** Besoin organique soudain ▸ **necessidade 4** Tache naturelle sur la peau ▸ **mancha 5** (surtout au pluriel) Petites peaux qui se soulèvent autour des ongles ▸ **espiga**
envier *vt* Souhaiter, désirer un avantage que quelqu'un a ▸ **invejar**
envieux, euse *adj et n* Qui envie ▸ **invejoso**
environ *adv* À peu près ▸ **cerca de**
environnant, e *adj* Qui environne; proche ▸ **circundante**
environnement *nm* **1** Ce qui entoure ▸ **entorno 2** Ensemble des éléments naturels et artificiels qui entourent les hommes, une espèce animale, etc. ▸ **entorno 3** INFORM Ensemble des matériels et des logiciels nécessaires au fonctionnement d'un programme ▸ **ambiente**
environnemental, e, aux *adj* Relatif à l'environnement d'un individu, d'une espèce ▸ **ambiental**
environner *vt* Être disposé autour, à proximité ▸ **circundar**
environs *nm pl* Alentours ▸ **arredores**
envisageable *adj* Qui peut être envisagé ▸ **concebível**
envisager *vt (conj 2)* **1** Examiner, considérer ▸ **considerar 2** Projeter: *envisager de partir* ▸ **tencionar**
envoi *nm* **1** Action d'envoyer ▸ **envio 2** Chose envoyée: *envoi postal* ▸ **envio 3** LITTÉR Vers placés à la fin d'une ballade, pour en faire hommage à quelqu'un ▸ **envio ■ donner le coup d'envoi:** donner le signal du début ▸ **dar o pontapé inicial**
envol *nm* Action de s'envoler ▸ **decolagem, voo ■ prendre son envol:** s'envoler ▸ **alçar voo**
envolée *nf* Élan oratoire ou poétique: *envolée lyrique* ▸ **arroubo**
envoler (s') *vpr* **1** Prendre son vol ▸ **levantar voo 2** Décoller ▸ **decolar 3** FIG Disparaître, s'enfuir ▸ **voar**
envoûtant, e *adj* Qui charme, subjugue ▸ **cativante**
envoûtement *nm* **1** Opération magique censée agir, à distance sur un être, par le moyen d'une figurine le représentant ▸ **bruxaria 2** FIG Fait de subjuguer; ensorcellement, fascination ▸ **enfeitiçamento**
envoûter *vt* **1** Pratiquer un envoûtement ▸ **embruxar 2** FIG Exercer un attrait irrésistible; ensorceler, fasciner ▸ **enfeitiçar**
envoyé, e *n* Personne envoyée quelque part pour une mission ▸ **enviado**
envoyer *vt (conj 11)* **1** Faire partir vers telle ou telle destination: *envoyer les enfants à l'école* ▸ **enviar, mandar 2** Faire parvenir, expédier: *envoyer une lettre* ▸ **enviar 3** Jeter, lancer: *envoyer la balle* ▸ **enviar ■** FAM **envoyer promener:** repousser, renvoyer avec rudesse ▸ **mandar passear**
envoyeur, euse *n* Personne qui envoie, expédie une lettre, un colis: *retour à l'envoyeur*; SYN: *expéditeur* ▸ **remetente**

enzyme *nf* CHIM Substance organique soluble provoquant ou accélérant une réaction ▸ **enzima**
éocène *nm et adj* Période géologique du début du tertiaire ▸ **eoceno**
éolien, enne *adj* ▸ **eólico** ▪ **énergie éolienne:** qui fonctionne sous l'action du vent ▸ **energia eólica** ▫ **érosion éolienne:** érosion provoquée par le vent, particulièrement dans les déserts ▸ **erosão eólica** ▫ **harpe éolienne:** instrument à cordes, vibrant au vent ▸ **harpa eólia** ◆ *nm* Énergie éolienne ▸ **energia eólica**
éolienne *nf* Moteur actionné par le vent ▸ **motor eólico**
éosine *nf* Matière colorante rouge utilisée comme pigment dans les encres ou dans les fards, ou comme désinfectant ▸ **eosina**
épagneul, e *n* Chien à long poil et à oreilles pendantes ▸ ***spaniel***
épais, aisse *adj* **1** Qui a de l'épaisseur, une épaisseur de tant ▸ **espesso 2** Dense, serré: *brouillard épais* ▸ **espesso 3** Compact, consistant: *sauce épaisse* ▸ **espesso 4** FIG Grossier, sans finesse: *blague épaisse* ▸ **grosso**
épaisseur *nf* **1** Une des trois dimensions d'un solide, les autres étant la longueur et la largeur ▸ **altura 2** Qualité de ce qui est dense, serré ▸ **espessura**
épaissir *vt* Rendre plus épais, plus dense ▸ **espessar** ◆ *vi* Devenir épais ▸ **espessar**
épaississant, e *adj et nm* Se dit d'une substance qui rend plus épais ▸ **espessante**
épaississement *nm* Action d'épaissir; son résultat ▸ **espessamento**
épamprer *vt* Enlever les pampres, les feuilles de la vigne ▸ **desparrar**
épanchement *nm* **1** MÉD Accumulation gazeuse ou liquide: *épanchement de sang* ▸ **derrame 2** FIG Action de se confier, de communiquer ses sentiments ▸ **desabafo**
épancher *vt* Laisser déborder ses sentiments avec confiance: *épancher son cœur* ▸ **abrir** ◆ **s'épancher** *vpr* Se confier librement, parler sans retenue de ses sentiments ▸ **desabafar(-se)**
épandage *nm* Action d'épandre ▸ **espargimento** ▪ **champ d'épandage:** terrain destiné à épurer les eaux d'égout par filtration à travers le sol ▸ **estação de tratamento de esgoto**
épandre *vt* Jeter çà et là, éparpiller, en particulier un engrais, du fumier ▸ **espalhar**

ORTHOGRAPHE *Épandre* s'écrit avec un *a*, à la différence de *étendre*

épanoui, e *adj* **1** Qui est en plein épanouissement: *fleur épanouie* ▸ **desabrochado 2** Se dit d'une personne qui vit dans un grand bonheur; heureux ▸ **radiante**
épanouir *vt* Faire que quelqu'un se sente bien: *son métier l'a complètement épanoui* ▸ **alegrar** ◆ **s'épanouir** *vpr* **1** S'ouvrir, en parlant d'une fleur ▸ **desabrochar(-se) 2** Être, se sentir bien physiquement et intellectuellement, se développer dans toutes ses potentialités: *cet enfant s'épanouit à la campagne* ▸ **desabrochar(-se)**
épanouissement *nm* Fait de s'épanouir ▸ **desabrochamento, plenitude**
épargnant, e *n* Personne qui épargne, qui économise ▸ **poupador**
épargne *nf* **1** Action d'épargner ▸ **poupança 2** Économie dans l'emploi ou l'usage de quelque chose: *une épargne considérable de temps* ▸ **economia 3** Fraction du revenu individuel ou national qui n'est pas affectée à la consommation mais mise en réserve ▸ **poupança** ▪ **caisse d'épargne:** établissement public qui reçoit en dépôt des sommes rapportant des intérêts ▸ **caixa econômica**
épargner *vt* **1** Économiser, mettre en réserve ▸ **poupar 2** Employer avec ménagement: *épargner ses forces* ▸ **poupar 3** Dispenser quelqu'un de quelque chose: *épargnez-nous les détails* ▸ **poupar 4** Traiter avec ménagement, laisser la vie sauve: *épargner les vaincus* ▸ **poupar 5** Ne pas endommager, ne pas détruire: *l'orage a épargné les récoltes* ▸ **poupar**
éparpillement *nm* Action d'éparpiller; fait de s'éparpiller ▸ **dispersão**
éparpiller *vt* Répandre, disperser de tous côtés: *éparpiller ses affaires* ▸ **espalhar** ◆ **s'éparpiller** *vpr* Se disperser ▸ **dispersar-se**
épars, e *adj* Répandu çà et là, en désordre ▸ **esparso**
épatant, e *adj* FAM Admirable, formidable ▸ **estupendo**
épate *nf* FAM ▸ **exibicionismo** ▪ **faire de l'épate:** chercher à impressionner son entourage ▸ **exibir-se**
épaté, e *adj* ▸ **achatado, estupefato** ▪ **nez épaté:** court et gros ▸ **nariz chato**
épater *vt* FAM Étonner, stupéfier ▸ **impressionar**
épaulard *nm* Cétacé voisin du dauphin, très vorace; SYN: *orque* ▸ **orca**
épaule *nf* **1** Articulation du bras et du tronc; espace compris entre ces deux articulations ▸ **ombro 2** Partie supérieure du membre supérieur ou antérieur des animaux ▸ **paleta** ▪ **avoir la tête sur les épaules:** être sensé, réfléchi ▸ **ter a cabeça no lugar**

épaulé-jeté (pl *épaulés-jetés*) *nm* En haltérophilie, mouvement consistant, après avoir amené la barre, en une fois, à hauteur d'épaules, à la soulever à bout de bras ▸ **arremesso**
épaulement *nm* **1** Mur de soutènement ▸ **muro de arrimo 2** Petit escarpement ▸ **escarpadura**
épauler *vt* **1** Appuyer contre l'épaule: *épauler son fusil* ▸ **ombrear 2** Prêter son aide à quelqu'un; appuyer, soutenir ▸ **auxiliar**
épaulette *nf* **1** Superposition d'ouate ou de tissu qui rembourre les épaules d'un vêtement ▸ **ombreira 2** Patte que les militaires portent sur l'épaule et qui indique le grade; symbole du grade d'officier ▸ **dragona**
épave *nf* **1** Objet abandonné en mer ou après un naufrage ▸ **destroços 2** Voiture accidentée irréparable, ou vieille voiture hors d'usage ▸ **ferro-velho, lata-velha 3** FIG Personne réduite à un état extrême de misère morale ou physique ▸ **trapo**
épée *nf* Arme faite d'une longue lame d'acier pointue ▸ **espada** ■ FIG **coup d'épée dans l'eau:** effort inutile, action sans résultat ▸ **murro em ponta de faca**
épeire *nf* Araignée à abdomen diversement coloré ▸ **epeira**
épéiste [epeist] *n* Escrimeur à l'épée ▸ **esgrimista (de espada)**
épeler *vt (conj 6)* Nommer successivement les lettres composant un mot ▸ **soletrar**
épellation *nf* Action d'épeler ▸ **soletração**
épépiner *vt* Enlever les pépins ▸ **tirar a semente**
éperdu, e *adj* **1** Qui éprouve une vive émotion: *éperdu de joie* ▸ **louco 2** Extrême, violent: *amour éperdu* ▸ **louco**
éperdument *adv* D'une manière éperdue, violente ▸ **loucamente**
éperlan *nm* Poisson de mer proche du saumon ▸ **eperlano**
éperon *nm* **1** Tige de métal que le cavalier fixe au talon de sa botte pour stimuler son cheval ▸ **espora 2** GÉOGR Saillie d'un contrefort montagneux ▸ **esporão 3** MAR Partie saillante en avant de la proue d'un navire ▸ **esporão**
éperonner *vt* **1** Piquer un cheval avec l'éperon ▸ **esporear 2** LITT, FIG exciter, stimuler ▸ **esporear**
épervier *nm* **1** Oiseau de proie du genre faucon ▸ **gavião 2** Filet de pêche rond garni de plomb qu'on lance à la main ▸ **tarrafa**
épervière *nf* Plante herbacée très commune, à fleurs jaunes ▸ **pilosela**
éphèbe *nm* **1** ANTIQ GR Adolescent ▸ **efebo 2** SOUVENT IRON Jeune homme d'une beauté sans défaut ▸ **adônis**
éphémère *adj* De courte durée: *gloire éphémère* ▸ **efêmero** ◆ *nm* Insecte qui ne vit qu'un jour ou deux ▸ **efemérida**
éphéméride *nf* Calendrier dont on retire chaque jour une feuille ▸ **folhinha** ◆ **éphémérides** *pl* Tables qui donnent, pour chaque jour, la situation des planètes ▸ **efeméride**
épi *nm* **1** Partie terminale de la tige du blé et, en général, de toutes les graminées, portant les graines groupées autour de l'axe ▸ **espiga 2** Mèche de cheveux de direction contraire à celle des autres ▸ **remoinho** ■ **en épi:** se dit d'objets, de véhicules disposés obliquement les uns par rapport aux autres ▸ **a 450**
épice *nf* Substance aromatique pour l'assaisonnement des mets ▸ **tempero**
épicé, e *adj* **1** Qui est fortement assaisonné ▸ **condimentado 2** FIG Qui contient des traits égrillards, grivois: *un récit épicé* ▸ **picante**
épicéa *nm* Conifère voisin du sapin; bois de cet arbre ▸ **epícea**
épicène *adj* LING Dont la forme ne varie pas avec le genre (EX: l'adjectif *digne: il, elle est digne de*; le nom *enfant: un, une enfant*) ▸ **epiceno, comum de dois**
épicentre *nm* Point de la surface terrestre où un tremblement de terre a été le plus intense ▸ **epicentro**
épicer *vt (conj 1)* Assaisonner avec des épices ▸ **condimentar**
épicerie *nf* Ensemble des produits alimentaires de consommation courante; magasin où on vend ces produits ▸ **mercearia**
épicier, ère *n* Personne qui tient une épicerie ▸ **merceeiro**
épicurien, enne *adj et n* **1** D'Épicure et de ses disciples ▸ **epicurista 2** Qui recherche en tout son plaisir ▸ **epicurista**
épicurisme *nm* Doctrine des épicuriens ▸ **epicurismo**
épidémie *nf* **1** Maladie infectieuse qui atteint en même temps un grand nombre d'individus et se propage par contagion ▸ **epidemia 2** FIG Ce qui atteint un grand nombre de personnes: *une épidémie de suicides* ▸ **epidemia**
épidémiologie *nf* Étude des épidémies ▸ **epidemiologia**
épidémique *adj* **1** Qui tient de l'épidémie ▸ **epidêmico 2** FIG Qui se répand à la façon d'une épidémie ▸ **epidêmico**
épiderme *nm* **1** Couche superficielle de la peau ▸ **epiderme 2** BOT Pellicule transparente qui recouvre les parties extérieures d'un végétal ▸ **epiderme**

épidermique *adj* De l'épiderme ► **epidérmico** ■ FIG **réaction épidermique:** vive et immédiate ► **reação epidérmica**

épier *vt* Surveiller attentivement et en secret; attendre, guetter ► **espiar**

épierrer *vt* Ôter les pierres de ► **desempedrar**

épieu (pl *épieux*) *nm* Long bâton ferré ► **lança**

épigastre *nm* ANAT Partie supérieure de l'abdomen, comprise entre l'ombilic et le sternum ► **epigástrio**

épiglotte *nf* ANAT Cartilage qui ferme la glotte pendant la déglutition ► **epiglote**

épigone *nm* LITT Successeur, disciple sans originalité ► **epígono**

épigramme *nf* **1** Petite pièce de vers satirique ► **epigrama 2** LITT Trait satirique, mordant: *décocher une épigramme* ► **epigrama**

épigraphe *nf* **1** Inscription sur un édifice qui en indique la date, la destination ► **inscrição 2** Citation d'un auteur, en tête d'un livre, d'un chapitre ► **epígrafe**

épigraphie *nf* Science qui étudie les inscriptions sur la pierre, le métal, le bois: *l'épigraphie latine* ► **epigrafia**

épilation *nf* Action d'épiler ► **depilação**

épilatoire *adj* Qui sert à épiler ► **depilatório**

épilepsie *nf* Maladie qui se manifeste par des convulsions et éventuellement une perte de connaissance ► **epilepsia**

épileptique *adj et n* Relatif à l'épilepsie; atteint d'épilepsie ► **epiléptico**

épiler *vt* Arracher, faire tomber les poils ► **depilar**

épillet *nm* Chacun des petits groupes de fleurs formant l'épi ► **espigueta**

épilogue *nm* **1** Conclusion d'un ouvrage littéraire ► **epílogo 2** Ce qui termine un fait, une histoire, etc. ► **epílogo**

épiloguer *vt ind* [sur] Faire des commentaires sans fin sur ► **discorrer**

épinard *nm* Plante potagère, dont on consomme les feuilles ► **espinafre** ◆ **épinards** *pl* Feuilles d'épinard ► **folhas de espinafre** ■ FAM **mettre du beurre dans les épinards:** améliorer ses revenus ► **melhorar a situação**

épine *nf* **1** Piquant de certains végétaux ► **espinho 2** PAR EXT Arbrisseau épineux: *épine noire* ► **espinheiro** ■ **épine dorsale:** colonne vertébrale ► **espinha dorsal** □ FIG **tirer une épine du pied:** débarrasser d'un souci, d'une difficulté ► **livrar de um problema**

épinette *nf* Petit clavecin dont les cordes sont disposées obliquement par rapport au clavier ► **espineta**

épineux, euse *adj* **1** Couvert d'épines ► **espinhoso 2** FIG Plein de difficultés; délicat: *problème épineux* ► **espinhoso** ◆ *nm* Arbuste épineux ► **espinheiro**

épine-vinette (pl *épines-vinettes*) *nf* Arbrisseau épineux à fleurs jaunes et à baies rouges ► **uva-espim**

épingle *nf* **1** Petite tige métallique, pointue à une extrémité et terminée à l'autre par une tête, pour attacher, fixer, etc. ► **alfinete 2** Bijou en forme d'épingle, avec tête ornée: *épingle de cravate* ► **alfinete** ■ VIEILLI **coup d'épingle:** critique légère ► **alfinetada** □ **épingle à cheveux:** épingle recourbée à deux branches, pour maintenir les cheveux ► **grampo de cabelo** □ **épingle de sûreté** ou **épingle de nourrice:** tige recourbée formant ressort, dont la pointe est protégée et maintenue par un crochet plat ► **alfinete de segurança, alfinete de fralda** □ **monter quelque chose en épingle:** lui donner une importance excessive ► **exaltar alguma coisa** □ **tiré à quatre épingles:** très soigné dans son habillement ► **nos trinques** □ **tirer son épingle du jeu:** se tirer d'affaire adroitement ► **tirar o corpo fora** □ **virage en épingle à cheveux:** brusque et très serré ► **curva fechada**

épingler *vt* **1** Attacher, fixer avec des épingles ► **alfinetar 2** FAM Attraper, prendre sur le fait ► **pegar no flagra 3** FAM Attirer l'attention sur ► **destacar**

épinglette *nf* Petit badge métallique muni d'une pointe, qui se fixe à un embout à travers un vêtement (recommandation officielle pour *pin's*) ► **broche**

épinière *adj f* ► **espinhal** ■ **moelle épinière:** centre nerveux situé dans le canal rachidien ► **medula espinhal**

épinoche *nf* Petit poisson portant des épines sur le dos ► **esgana-gata**

Épiphanie *nf* Fête chrétienne rappelant l'arrivée des Mages (appelée aussi: *fête des Rois, jour des Rois*) ► **Dia de Reis**

épiphénomène *nm* Phénomène secondaire lié à un phénomène principal ► **epifenômeno**

épiphyse *nf* Extrémité d'un os long ► **epífise**

épiphyte *adj* Se dit d'un végétal fixé sur un autre, mais non parasite ► **epífita**

épique *adj* **1** Propre à l'épopée ► **épico 2** FIG Extraordinaire, mémorable ► **épico**

épiscopal, e, aux *adj* Propre à l'évêque ► **episcopal** ■ **Église épiscopale:** Église anglicane ► **Igreja episcopal**

épiscopat *nm* **1** Dignité d'évêque; durée de cette fonction ▸ **episcopado 2** Ensemble des évêques ▸ **episcopado**

épisiotomie *nf* Incision de la vulve et des muscles du périnée, pour faciliter certains accouchements ▸ **episiotomia**

épisode *nm* **1** Division d'un roman, d'un film: *feuilleton en plusieurs épisodes* ▸ **episódio 2** Circonstance appartenant à une série d'événements formant un ensemble: *ce voyage a connu un épisode dramatique* ▸ **episódio**

épisodique *adj* **1** Qui constitue un épisode: *incident épisodique* ▸ **episódico 2** Qui ne se produit que de temps en temps: *il fait des apparitions épisodiques au bureau* ▸ **episódico**

épisodiquement *adv* De façon épisodique ▸ **episodicamente**

épisser *vt* Faire une épissure ▸ **entrelaçar**

épissure *nf* Réunion des deux bouts de cordage, de câble électrique, en entrelaçant les fils qui les composent ▸ **entrelaçamento**

épistémologie *nf* Partie de la philosophie qui étudie les méthodes, les principes des sciences ▸ **epistemologia**

épistémologique *adj* Qui concerne l'épistémologie ▸ **epistemológico**

épistolaire *adj* Relatif à la correspondance par lettres: *style épistolaire* ▸ **epistolar**

épistolier, ère *n* Écrivain qui excelle dans l'art d'écrire les lettres ▸ **epistológrafo**

épitaphe *nf* Inscription sur un tombeau ▸ **epitáfio**

épithélial, e, aux *adj* Qui se rapporte, appartient à l'épithélium ▸ **epitelial**

épithélium *nm* ANAT Tissu recouvrant le corps, les organes ▸ **epitélio**

épithète *nf* GRAMM **1** Fonction de l'adjectif qualificatif qui détermine le nom sans l'intermédiaire d'un verbe (par opposition à *attribut*) ▸ **epíteto 2** Mot employé pour qualifier un être ou une chose: *épithète injurieuse* ▸ **epíteto**

épitoge *nf* Bande d'étoffe distinctive portée sur l'épaule gauche par les recteurs et inspecteurs d'académie, les magistrats, avocats ▸ **epítoga**

épître *nf* **1** LITT Lettre ▸ **epístola 2** RELIG Texte tiré de l'Écriture sainte, en particulier des lettres des Apôtres, qui est lu à la messe ▸ **epístola**

épizootie [epizɔɔti] ou [epizɔɔsi] *nf* Épidémie qui atteint un grand nombre d'animaux ▸ **epizootia**

épizootique *adj* De l'épizootie ▸ **epizoótico**

éploré, e *adj* En pleurs, très chagriné ▸ **lacrimoso**

épluchage *nm* **1** Action d'éplucher ▸ **descascamento 2** FIG Examen minutieux ▸ **esquadrinhamento**

épluche-légumes *nm inv* Couteau servant à éplucher certains légumes et certains fruits ▸ **descascador**

éplucher *vt* **1** Ôter la peau d'un légume, d'un fruit ▸ **descascar 2** FIG Examiner minutieusement: *éplucher un compte* ▸ **esquadrinhar**

épluchure *nf* Déchet enlevé en épluchant: *épluchures de fruits* ▸ **casca**

EPO [əpeo] ou [epeo] *nf* (sigle) Érythropoïétine ▸ **EPO**

épointer *vt* Casser ou user la pointe d'un outil ▸ **despontar**

éponge *nf* **1** Animal marin dont le squelette est formé d'un tissu fibreux et poreux; ce tissu lui-même, qui absorbe les liquides, et qu'on emploie à divers usages domestiques et techniques ▸ **esponja 2** Objet plus ou moins spongieux utilisé pour essuyer ou nettoyer: *éponge synthétique, métallique* ▸ **esponja** ■ **jeter l'éponge:** abandonner le combat, la partie ▸ **jogar a toalha** □ **passer l'éponge:** pardonner ▸ **passar uma esponja**

éponger *vt (conj 2)* **1** Étancher un liquide avec une éponge ou quelque chose de spongieux ▸ **esponjar 2** FIG Résorber un excédent: *éponger un stock* ▸ **absorver** ■ **éponger une dette:** la payer ▸ **saldar uma dívida**

éponyme *adj* Qui donne son nom à: *Athéna est la déesse éponyme d'Athènes* ▸ **epônimo**

épopée *nf* **1** Récit en vers ou en prose d'aventures héroïques ▸ **epopeia 2** FIG Suite d'événements inattendus, héroïques ▸ **epopeia**

époque *nf* **1** Moment déterminé de l'histoire, caractérisé par un certain état de choses ▸ **época 2** Date où un fait précis s'est déroulé ▸ **época** ■ **faire époque:** laisser un souvenir durable, faire date ▸ **marcar época**

épouiller *vt* Ôter les poux ▸ **espiolhar**

époumoner (s') *vpr* Se fatiguer à force de parler, de crier ▸ **perder o fôlego**

ORTHOGRAPHE *S'époumoner* s'écrit avec un seul *n* contrairement à *sermonner, se cramponner, harponner*, etc.

épousailles *nf pl* VIEILLI Célébration du mariage ▸ **esponsais**

épouse *nf* → **époux**

épouser *vt* **1** Prendre en mariage ▸ **desposar 2** S'adapter exactement à: *ce coussin épouse la forme des reins* ▸ **moldar-se a 3** FIG, LITT rallier: *épouser les vues de quelqu'un* ▸ **esposar**

époussetage *nm* Action d'épousseter ▸ **limpeza do pó**

épousseter *vt (conj 8)* Ôter la poussière de ▸ **tirar o pó**

époustouflant, e *adj* FAM Étonnant, extraordinaire ▸ **assombroso**

époustoufler *vt* FAM Surprendre au plus haut point; stupéfier ► **assombrar**
épouvantable *adj* **1** Qui cause de l'épouvante ► **horrível 2** Affreux, très désagréable ► **horrível**
épouvantablement *adv* D'une façon épouvantable ► **horrivelmente**
épouvantail *nm* **1** Mannequin mis dans les champs pour effrayer les oiseaux ► **espantalho 2** FIG Ce qui effraie sans raison ► **fantasma**
épouvante *nf* Terreur soudaine, effroi, horreur: *semer l'épouvante; film d'épouvante* ► **pavor**
épouvanter *vt* Jeter dans l'épouvante, effrayer ► **apavorar**
époux, épouse *n* Personne unie à une autre par le mariage ► **esposo** ♦ *nm pl* Le mari et la femme ► **esposos**
éprendre (s') *vpr* [de] *(conj 54)* SOUT Se prendre de passion pour ► **apaixonar-se**
épreuve *nf* **1** Chagrin, douleur, malheur qui frappe quelqu'un: *ce deuil est une pénible épreuve* ► **provação 2** Composition ou interrogation, à un examen: *épreuve écrite* ► **prova 3** Compétition sportive: *épreuve contre la montre* ► **prova 4** Expérimentation, essai qu'on fait d'une chose: *faire l'épreuve d'un moteur* ► **teste 5** Texte imprimé tel qu'il sort de la composition: *corriger des épreuves* ► **prova 6** PHOT Image obtenue par tirage d'après un cliché ► **prova** ■ **à l'épreuve de:** en état de résister à ► **à prova de** □ **à toute épreuve:** capable de résister à tout ► **a toda prova** □ **épreuve de force:** affrontement ► **confronto** □ **mettre à l'épreuve:** éprouver ► **pôr à prova**
épris, e *adj* SOUT Pris de passion pour quelqu'un ou quelque chose ► **apaixonado**
éprouvant, e *adj* Pénible à supporter: *un climat éprouvant* ► **penoso**
éprouvé, e *adj* Dont la valeur est reconnue par la tradition: *recette éprouvée* ► **testado**
éprouver *vt* **1** Ressentir: *éprouver de la joie* ► **sentir 2** Faire souffrir: *cet accident l'a cruellement éprouvé* ► **fazer sofrer 3** Soumettre à des épreuves, des expériences: *éprouver la résistance d'un matériau* ► **testar 4** Connaître par l'expérience: *éprouver la fidélité d'une amitié* ► **sentir 5** Subir, supporter ► **sofrer**
éprouvette *nf* Tube de verre fermé à une extrémité, et destiné à diverses expériences ► **proveta**
EPS *nf* (sigle) Éducation physique et sportive ► **EF**
epsilon [ɛpsilɔn] *nm inv* Cinquième lettre de l'alphabet grec (*e* bref) ► **épsilon**
épuisant, e *adj* Qui épuise les forces ► **esgotante**
épuisé, e *adj* **1** Très fatigué, à bout de forces; exténué ► **esgotado 2** Dont tous les exemplaires sont vendus: *livre, disque épuisé* ► **esgotado**
épuisement *nm* **1** Action d'épuiser; fait d'être épuisé ► **esgotamento 2** Fatigue extrême: *mort d'épuisement* ► **esgotamento**
épuiser *vt* **1** Fatiguer, affaiblir énormément: *ce travail de nuit l'épuise* ► **esgotar 2** FIG Lasser: *épuiser la patience* ► **esgotar 3** Employer en totalité: *épuiser ses munitions* ► **esgotar 4** Rendre stérile: *épuiser une terre* ► **esgotar 5** Traiter à fond: *épuiser un sujet* ► **esgotar** ♦ **s'épuiser** *vpr* **1** Diminuer; être utilisé complètement: *nos réserves s'épuisent* ► **esgotar-se 2** Se fatiguer: *je m'épuise à vous le répéter* ► **esgotar-se**
épuisette *nf* Petit filet de pêche monté sur un cerceau et fixé à un long manche ► **rede-fole**
épurateur *nm* Appareil pour épurer un gaz ou un liquide ► **depurador**
épuration *nf* **1** Action d'épurer; son résultat: *station d'épuration d'eau* ► **depuração 2** FIG Élimination d'une administration, d'un parti politique, d'un groupement, des membres jugés indignes d'en faire partie ► **expurgação**
épure *nf* **1** Dessin au trait, qui représente, sur un ou plusieurs plans, l'ensemble d'une figure ► **épura 2** Dessin achevé (par opposition à *croquis*) ► **desenho finalizado**
épurement *nm* Action d'épurer ► **depuração**
épurer *vt* **1** Rendre pur ou plus pur: *épurer l'huile* ► **depurar 2** FIG Exclure d'un groupe ceux qui en sont jugés indignes ► **expurgar**
équarrir *vt* **1** Tailler à angle droit: *équarrir une poutre* ► **esquadrar 2** Écorcher, dépecer des animaux morts pour en tirer la peau, la graisse, les os, etc. ► **esquartejar**
équarrissage *nm* Action d'équarrir ► **esquadrejamento, esquartejamento**
équarrisseur *nm* Personne qui équarrit ► **magarefe**
équateur [ekwatœr] *nm* **1** Grand cercle imaginaire de la sphère terrestre, perpendiculaire à la ligne des pôles ► **equador 2** Région terrestre qui avoisine ce cercle ► **região equatorial**
équation [ekwasjɔ̃] *nf* MATH Formule d'égalité entre des grandeurs qui dépendent les unes des autres ► **equação**
équatorial, e, aux [ekwatɔrjal, o] *adj* De l'équateur ► **equatorial**
équatorien, enne [ekwatɔrjɛ̃, ɛn] *adj et n* De l'Équateur: *les Équatoriens* ► **equatoriano**
équerre *nf* **1** Instrument pour tracer des angles droits ou tirer des perpendiculaires ► **esquadro 2** Pièce de fer plate en T ou en L pour consolider des assemblages ► **cantoneira** ■ **à l'équerre** ou

d'équerre: à angle droit ▸ **em, no esquadro**

équestre [ekɛstr] *adj* **1** Relatif à l'équitation ▸ **equestre 2** Qui représente un cavalier: *statue équestre* ▸ **equestre**

équeutage *nm* Action d'équeuter ▸ **remoção do pedúnculo**

équeuter *vt* Enlever la queue d'un fruit ▸ **tirar o pedúnculo**

équidé [ekɥide] ou [ekide] *nm* Mammifère ongulé à un seul doigt par patte (les équidés forment une famille comprenant le cheval, le zèbre, l'âne) ▸ **equídeo**

équidistance [ekɥidistɑ̃s] *nf* Qualité de ce qui est équidistant ▸ **equidistância**

équidistant, e [ekɥidistɑ̃, ɑ̃t] *adj* Qui est à égale distance: *points équidistants* ▸ **equidistante**

équilatéral, e, aux [ekɥilateral, o] *adj* Dont les côtés sont égaux: *triangle équilatéral* ▸ **equilátero**

équilibrage *nm* Action d'équilibrer ▸ **equilibração**

équilibre *nm* **1** État de repos d'un corps sollicité par des forces qui s'annulent: *les plateaux de la balance sont en équilibre* ▸ **equilíbrio 2** Position stable du corps humain: *perdre l'équilibre* ▸ **equilíbrio 3** FIG Juste combinaison de forces, d'éléments: *équilibre budgétaire, économique, psychique* ▸ **equilíbrio**

équilibré, e *adj* Dont les facultés, les qualités sont en harmonie; sain, sensé ▸ **equilibrado**

équilibrer *vt* Mettre en équilibre ▸ **equilibrar** ◆ **s'équilibrer** *vpr* Être équivalent, en équilibre ▸ **equilibrar-se**

équilibriste *n* Artiste dont le métier est de faire des tours d'adresse, d'équilibre acrobatique ▸ **equilibrista**

équille *nf* Poisson long et mince, à dos vert ou bleu sombre, qui peut s'enfouir dans le sable ▸ **galeota**

équin, e *adj* Relatif au cheval: *sérum équin* ▸ **equino**

équinoxe *nm* Époque de l'année où les jours sont égaux aux nuits: *équinoxes de printemps et d'automne* ▸ **equinócio**

équinoxial, e, aux *adj* De l'équinoxe ▸ **equinocial**

équipage *nm* Ensemble des personnes assurant le service d'un navire, d'un avion, d'un char, etc. ▸ **tripulação**

équipe *nf* **1** Groupe de personnes travaillant ensemble ou dans le même but ▸ **equipe 2** Ensemble de joueurs formant un même camp ▸ **time** ■ **esprit d'équipe:** esprit de solidarité qui unit les membres d'un même groupe ▸ **espírito de equipe** □ **faire équipe:** s'associer ▸ **associar-se**

équipée *nf* Aventure dans laquelle on se lance souvent à la légère ▸ **aventura**

équipement *nm* Action d'équiper, de pourvoir du matériel, des installations nécessaires; ce matériel lui-même: *un équipement de ski* ▸ **equipamento**

équiper *vt* Pourvoir de ce qui est nécessaire en vue d'une activité déterminée: *équiper un enfant pour le ski; équiper une voiture d'une alarme* ▸ **equipar** ◆ **s'équiper** *vpr* Se munir du nécessaire ▸ **equipar-se**

équipier, ère *n* Personne qui fait partie d'une équipe, notamment d'une équipe sportive ▸ **membro de equipe**

équitable *adj* Juste ▸ **equitativo**

équitablement *adv* Justement ▸ **equitativamente**

équitation *nf* Action, art de monter à cheval: *école d'équitation* ▸ **equitação**

équité [ekite] *nf* Sens de la justice, de l'impartialité ▸ **equidade**

équivalence *nf* Qualité de ce qui est équivalent ▸ **equivalência**

équivalent, e *adj* Qui équivaut à, qui a la même valeur que ▸ **equivalente** ◆ *nm* **1** Ce qui équivaut; chose équivalente ▸ **equivalente 2** Mot qui a à peu près le même sens qu'un autre, synonyme ▸ **palavra equivalente**

GRAMMAIRE On écrit: *un salaire équival*ant au SMIC (participe présent), mais *ce salaire est l'équival*ent du SMIC (nom)

équivaloir *vt ind* [à] *(conj 40)* Être de même valeur, de même importance, de même effet ▸ **equivaler**

équivoque *adj* **1** Qui a un double sens; ambigu: *mot équivoque* ▸ **equívoco 2** Qui semble, sans le dire, impliquer un désir sexuel; qui suscite la méfiance: *attitude équivoque* ▸ **de duplo sentido** ◆ *nf* Situation, expression qui n'est pas claire et laisse dans l'incertitude: *dissiper l'équivoque* ▸ **equívoco**

érable *nm* Arbre des forêts tempérées, à fruits secs munis d'une paire d'ailes; bois de cet arbre ▸ **bordo**

éradication *nf* Action d'éradiquer; son résultat ▸ **erradicação**

éradiquer *vt* Faire disparaître totalement une maladie, un mal ▸ **erradicar**

éraflement *nm* Action d'érafler ▸ **arranhadela**

érafler *vt* Écorcher légèrement; égratigner ▸ **arranhar**

éraflure *nf* Écorchure légère ▸ **arranhadela**

éraillé, e *adj* ▸ **arranhado** ■ **voix éraillée:** rauque ▸ **voz rouca**

éraillement *nm* Action d'érailler; fait d'être éraillé ▸ **esfoladura, rouquidão**
érailler *vt* **1** Relâcher les fils d'un tissu ▸ **esgarçar 2** Écorcher superficiellement ▸ **esfolar**
ère *nf* **1** Époque qui commence à un point déterminé: *l'ère chrétienne commence à la naissance du Christ* ▸ **era 2** Époque où s'établit un nouvel ordre de choses: *l'ère industrielle* ▸ **era ▪ ère géologique:** chacune des cinq grandes divisions de l'histoire de la Terre ▸ **era geológica**
érectile *adj* PHYSIOL Capable de se raidir et de se dresser, en parlant d'un organe, d'un tissu organique ▸ **erétil**
érection *nf* **1** LITT Action d'élever, de construire: *l'érection d'un monument* ▸ **ereção 2** État de gonflement de certains tissus organiques, en particulier du pénis ▸ **ereção**
éreintant, e *adj* Qui éreinte ▸ **estafante, arrasador**
éreintement *nm* **1** Action d'éreinter; fait d'être éreinté ▸ **estafa 2** FIG Critique violente ▸ **crítica arrasadora**
éreinter *vt* **1** Briser de fatigue ▸ **estafar 2** FIG Critiquer vivement et avec malveillance ▸ **arrasar**
érémiste *n* Personne bénéficiaire du RMI (on écrit aussi *RMiste* ou *RMIste*) ▸ **beneficiário do *RMI***
érémitique *adj* Relatif aux ermites: *vie érémitique* ▸ **eremítico**
érésipèle *nm* → **érysipèle**
erg[1] *nm* Au Sahara, vaste région couverte de dunes ▸ ***erg***
erg[2] *nm* Ancienne unité de mesure de travail, d'énergie et de quantité de chaleur ▸ **erg**
ergonomie *nf* **1** Étude de l'adaptation du travail et des machines aux possibilités de l'homme ▸ **ergonomia 2** Adaptation optimale d'un matériel à sa fonction et à son utilisateur ▸ **ergonomia**
ergonomique *adj* **1** Relatif à l'ergonomie ▸ **ergonômico 2** Caractérisé par une bonne ergonomie ▸ **ergonômico**
ergot *nm* **1** Petit ongle pointu derrière le pied du coq, du chien, etc. ▸ **esporão 2** Saillie à une pièce de bois ou de fer ▸ **espigão 3** Maladie des céréales ▸ **cravagem ▪** FIG **se dresser sur ses ergots:** prendre une attitude hautaine et menaçante ▸ **subir nas tamancas**
ergotage *nm* Manie d'ergoter ▸ **discussão sobre ninharias**
ergoter *vi* FAM Discuter avec ténacité sur des points de détail; chicaner ▸ **discutir ninharias**
ergoteur, euse *adj et n* Qui ergote ▸ **que discute ninharias**
ergothérapie *nf* Thérapeutique qui utilise les activités manuelles comme moyens de réadaptation psychologique ▸ **terapia ocupacional**
éricacée *nf* Plante dicotylédone gamopétale (les éricacées forment une famille comprenant les bruyères, la myrtille, les rhododendrons et les azalées) ▸ **ericácea**
ériger *vt (conj 2)* **1** Élever, construire ▸ **erigir 2** Créer, instituer ▸ **erigir ▪ ériger en:** élever au rang, au rôle de ▸ **erigir em ◆ s'ériger** *vpr* ▸ **erigir-se ▪ s'ériger en:** s'attribuer un droit, se poser en ▸ **erigir-se em**
ermitage *nm* **1** Lieu solitaire habité par un ermite ▸ **eremitério 2** Maison de campagne isolée ▸ **casa de campo isolada**
ermite *nm* **1** Moine qui vit seul ▸ **eremita 2** Personne qui vit loin du monde ▸ **eremita**
éroder *vt* User par frottement ▸ **corroer**
érogène *adj* Se dit d'une partie du corps susceptible de provoquer une excitation sexuelle ▸ **erógeno**
érosif, ive *adj* Qui produit l'érosion ▸ **erosivo**
érosion *nf* Dégradation, usure produite sur le relief du sol par diverses causes naturelles: *érosion éolienne, fluviale* ▸ **erosão ▪** FIG **érosion monétaire:** détérioration lente et continue du pouvoir d'achat présentée par une monnaie ▸ **corrosão monetária**
érotique *adj* Relatif à l'amour sexuel, à la sexualité ▸ **erótico**
érotisme *nm* **1** Caractère érotique de quelqu'un ou de quelque chose ▸ **erotismo 2** Recherche du plaisir sexuel ▸ **lascívia**
erpétologie *nf* Étude scientifique des reptiles et des batraciens ▸ **herpetologia**
errance *nf* LITT Action d'errer ▸ **errância**
errant, e *adj* **1** Sans demeure fixe: *un chien errant* ▸ **errante 2** SOUT Qui ne se fixe nulle part: *vie errante* ▸ **errante**
erratique *adj* SOUT Qui est instable et ne manifeste aucune cohérence: *mouvements erratiques de la monnaie* ▸ **errático**
erratum [ɛratɔm] (pl *errata*) *nm* Faute, erreur, dans l'impression d'un ouvrage ▸ **errata**
errements *nm pl* PÉJOR Manière d'agir considérée comme blâmable ▸ **vícios**
errer *vi* Aller çà et là, à l'aventure ▸ **errar**
erreur *nf* **1** Action de se tromper; faute commise en se trompant ▸ **erro 2** État de quelqu'un qui se trompe: *être dans l'erreur* ▸ **erro 3** Action regrettable, maladresse: *c'est une erreur de jeunesse* ▸ **erro ▪ erreur judiciaire:** condamnation prononcée à tort contre un innocent ▸ **erro judicial □ faire erreur:** se tromper ▸ **equivocar-se**

erroné, e *adj* Qui contient des erreurs; faux, inexact ▸ **errôneo**
ers [ɛr] *nm* Variété de lentille ▸ **lentilha**
ersatz [ɛrzats] *nm* Produit de remplacement; succédané ▸ ***ersatz***
erse¹ *adj* Relatif aux habitants de la haute Écosse ▸ **erse** ♦ *nm* Dialecte gaélique ▸ **erse**
erse² *nf* MAR Anneau de cordage ▸ **estropo**
éructation *nf* Action d'éructer ▸ **arroto**
éructer *vi* Rejeter par la bouche avec bruit les gaz de l'estomac; roter ▸ **arrotar** ♦ *vt* FIG, LITT Lancer, proférer: *éructer des injures* ▸ **vomitar**
érudit, e *adj et n* Qui a, qui renferme beaucoup d'érudition ▸ **erudito**
érudition *nf* Savoir étendu et approfondi ▸ **erudição**
éruptif, ive *adj* MÉD Qui a lieu par éruption: *fièvre éruptive* ▸ **eruptivo** ▪ **roche éruptive:** roche provenant d'une éruption volcanique ▸ **rocha eruptiva**
éruption *nf* Apparition de boutons, de taches, de rougeurs, sur la peau ▸ **erupção** ▪ **éruption volcanique:** émission violente, hors d'un volcan, de vapeurs, de cendres et de laves ▸ **erupção vulcânica**
érysipèle ou **érésipèle** *nm* Maladie infectieuse caractérisée par l'inflammation superficielle de la peau ▸ **erisipela**
érythème *nm* MÉD Rougeur de la peau: *érythème solaire* ▸ **eritema**
érythréen, enne *adj et n* D'Érythrée: *les Érythréens* ▸ **eritreu**
érythropoïétine *nf* Hormone qui stimule la formation de globules rouges ▸ **eritropoetina**
ès [ɛs] *prép* (devant un pluriel) En matière de: *docteur ès sciences* ▸ **em**
esbroufe *nf* FAM ▸ **pose** ▪ **à l'esbroufe: (a)** En essayant d'en imposer par son assurance ▸ **blefando (b)** en profitant de la surprise ▸ **no susto** ▫ **faire de l'esbroufe:** chercher à en imposer par de grands airs ▸ **fazer pose**
escabeau *nm* Petite échelle portable ▸ **escadote**
escadre *nf* Groupe important de navires de guerre, d'avions de combat ▸ **esquadra**
escadrille *nf* **1** Petite escadre de navires légers ▸ **esquadrilha 2** Groupe d'avions ▸ **esquadrilha**
escadron *nm* Unité de cavalerie ou d'engins blindés correspondant à une ou plusieurs compagnies ▸ **esquadrão**
escalade *nf* **1** Action de s'élever jusqu'à un point en s'aidant des pieds et des mains ▸ **escalada 2** FIG Montée rapide, intensification d'un phénomène: *escalade des prix* ▸ **escalada 3** MIL Processus qui conduit à utiliser des moyens offensifs de plus en plus destructeurs ▸ **escalada**
escalader *vt* **1** Faire une escalade, grimper: *escalader un rocher* ▸ **escalar 2** Franchir en passant par-dessus: *escalader une grille* ▸ **escalar**
Escalator *nm* (nom déposé) Escalier mécanique ▸ ***Escalator*, escada rolante**
escale *nf* Lieu d'arrêt ou de ravitaillement pour les bateaux ou les avions; temps d'arrêt passé dans cet endroit ▸ **escala**
escalier *nm* Série de marches échelonnées pour monter ou descendre ▸ **escada** ▪ **escalier roulant, mécanique:** escalier dont les marches articulées sont entraînées mécaniquement ▸ **escada rolante**
escalope *nf* Tranche mince de viande blanche ou de poisson ▸ **escalope**
escamotable *adj* Qui peut être escamoté ▸ **escamoteável, retrátil** ▪ **meuble escamotable:** pouvant être rabattu contre un mur ou dans un placard ▸ **móvel retrátil, dobrável**
escamotage *nm* Action d'escamoter ▸ **escamoteação**
escamoter *vt* **1** Faire disparaître habilement: *le prestidigitateur escamote des foulards* ▸ **escamotear 2** VIEILLI Dérober, subtiliser: *escamoter un portefeuille* ▸ **escamotear 3** FIG Éluder, éviter ce qui est difficile: *escamoter une question* ▸ **escamotear**
escamoteur, euse *n* VIEILLI Personne qui dérobe subtilement ▸ **escamoteador**
escampette *nf* ▸ **fuga** ▪ FAM **prendre la poudre d'escampette:** s'enfuir, déguerpir ▸ **dar o pira**
escapade *nf* Action de se soustraire momentanément à des obligations, à la routine ▸ **escapulida**
escarbille *nf* Fragment de charbon ou de bois qui s'échappe d'un foyer ▸ **cisco**
escarcelle *nf* **1** ANC Grande bourse pendue à la ceinture ▸ **escarcela 2** PAR PLAIS Réserve d'argent ▸ **bolsa** ▪ **rentrer, tomber dans l'escarcelle de quelqu'un:** lui revenir, lui être attribué ▸ **tornar-se patrimônio de alguém**
escargot *nm* Mollusque gastropode qui porte une coquille en spirale ▸ ***escargot***
escargotière *nf* **1** Lieu où l'on élève des escargots ▸ **viveiro de *escargots* 2** Plat présentant de petits creux, pour servir les escargots ▸ **prato para servir *escargots***
escarmouche *nf* **1** Accrochage entre les premières lignes de deux armées ▸ **escaramuça 2** FIG Paroles hostiles ▸ **escaramuça**
escarpe *nf* Talus intérieur du fossé d'un ouvrage fortifié ▸ **escarpa**

escarpé, e *adj* Qui a une pente raide, d'accès difficile; abrupt: *falaise escarpée* ▸ **escarpado**
escarpement *nm* Pente raide ▸ **escarpadura**
escarpin *nm* Chaussure découverte, à semelle très mince, avec ou sans talon ▸ **escarpim**
escarpolette *nf* VIEILLI Siège suspendu à des cordes pour se balancer ▸ **balanço**
escarre *nf* MÉD Croûte noirâtre sur la peau, les plaies, par suite de la nécrose des tissus ▸ **escara**
eschatologie [ɛskatɔlɔʒi] *nf* Partie de la théologie qui concerne le sort ultime de l'homme et du monde ▸ **escatologia**
esche [ɛʃ] ou [ɛsk] *nf* Appât que les pêcheurs accrochent à l'hameçon ▸ **isca**
escient (à bon) *loc adv* Avec à-propos et discernement ▸ **com conhecimento de causa**
esclaffer (s') *vpr* Rire bruyamment ▸ **gargalhar**
esclandre *nm* Tumulte qui fait scandale ou qui est causé par un fait scandaleux: *faire un esclandre* ▸ **escândalo**
esclavage *nm* **1** État, condition d'esclave ▸ **escravidão 2** FIG Assujettissement, asservissement ▸ **escravidão**
esclavagisme *nm* Système social fondé sur l'esclavage ▸ **escravagismo**
esclavagiste *adj et n* Partisan de l'esclavage ▸ **escravagista**
esclave *adj et n* **1** Qui est sous la dépendance totale d'un maître ▸ **escravo 2** Qui vit dans la dépendance d'un autre; qui n'a pas un instant de liberté ▸ **escravo 3** Qui subit la domination d'un sentiment, d'un principe: *être esclave de l'argent, de ses passions* ▸ **escravo**
escogriffe *nm* FAM Homme de grande taille, à l'allure dégingandée ▸ **grandalhão**
escompte [ɛskɔ̃t] *nm* **1** Prime payée à un débiteur qui acquitte sa dette avant l'échéance ▸ **desconto 2** Action d'escompter un effet de commerce ▸ **desconto**
escompter *vt* **1** Payer un effet de commerce avant l'échéance ▸ **descontar 2** FIG Compter sur, espérer: *escompter un succès* ▸ **contar com**
escorte *nf* **1** Suite de personnes qui accompagnent pour protéger, garder ou honorer ▸ **escolta 2** Formation militaire terrestre, aérienne ou navale, chargée d'escorter ▸ **escolta ■ faire escorte:** accompagner ▸ **escoltar**
escorter *vt* Accompagner pour protéger, garder ou faire honneur ▸ **escoltar**
escorteur *nm* Petit navire de guerre spécialement équipé pour la protection des communications maritimes ▸ **fragata**
escouade *nf* **1** ANC Fraction d'une compagnie, sous les ordres d'un caporal ou d'un brigadier ▸ **pelotão 2** Petit groupe, troupe: *une escouade de touristes* ▸ **pelotão**
escourgeon *nm* Orge hâtive, qu'on sème en automne ▸ **cevada temporã**
escrime *nf* Sport opposant deux adversaires au fleuret, à l'épée ou au sabre ▸ **esgrima**
escrimer (s') *vpr* [à] Faire tous ses efforts en vue d'un résultat difficile à atteindre; s'évertuer ▸ **esforçar-se**
escrimeur, euse *n* Personne qui pratique l'escrime ▸ **esgrimista**
escroc *nm* Individu qui agit frauduleusement, qui trompe la confiance des gens ▸ **escroque**
escroquer *vt* **1** S'emparer de quelque chose par ruse ou par surprise: *escroquer des millions* ▸ **extorquir 2** Tromper pour voler ▸ **trapacear**
escroquerie *nf* Action d'escroquer ▸ **extorsão, trapaça**
escudo [ɛskudo] *nm* Unité monétaire portugaise jusqu'au 1er janvier 2002 ▸ **escudo**
eskimo *adj et n* → **esquimau**
ésotérique *adj* Hermétique, réservé aux initiés ▸ **esotérico**
ésotérisme *nm* **1** Ensemble de doctrines secrètes anciennes ▸ **esoterismo 2** Caractère de ce qui est ésotérique ▸ **esoterismo**
espace *nm* **1** Étendue indéfinie qui contient tous les objets ▸ **espaço 2** Étendue de l'Univers hors de l'atmosphère terrestre: *lancer un satellite dans l'espace* ▸ **espaço 3** Étendue en surface: *espace désertique* ▸ **espaço 4** Volume occupé par quelque chose: *ce meuble occupe peu d'espace* ▸ **espaço 5** Distance entre deux points, deux objets: *laisser un espace entre deux mots* ▸ **espaço 6** PAR EXT Durée qui sépare deux moments: *en l'espace de dix minutes* ▸ **espaço ■ espace publicitaire:** portion de surface ou plage de temps destinée à la présentation d'une publicité ▸ **espaço publicitário □ espace vert:** surface réservée aux parcs, aux jardins, dans une agglomération ▸ **área verde □ espace vital:** nécessaire au sentiment de son bien-être, de sa survie ▸ **espaço vital**
espacement *nm* Distance entre des êtres ou des choses ▸ **espaço**
espacer *vt (conj 1)* Séparer par un espace, un intervalle: *espacer des arbres; espacer ses visites* ▸ **espaçar**
espace-temps (pl *espaces-temps*) *nm* Milieu à quatre dimensions, la quatrième étant le temps, nécessaire, selon la théorie de la relativité, pour déterminer la position d'un phénomène ▸ **(contínuo) espaço-tempo**

espadon *nm* Grand poisson dont la mâchoire supérieure est allongée comme une lame d'épée ▸ **peixe-espada**

espadrille *nf* Chaussure à empeigne de toile et semelle de corde ▸ **alpargata**

espagnol, e *adj et n* D'Espagne: *les Espagnols* ▸ **espanhol** ◆ *nm* Langue romane parlée en Espagne, en Amérique, etc. ▸ **espanhol**

espagnolette *nf* Tige de fer munie de crochets à ses extrémités et d'une poignée, pour fermer une fenêtre ▸ **cremona** ▪ **fermer une fenêtre à l'espagnolette:** de façon à la laisser entrouverte ▸ **encostar uma janela**

espalier *nm* **1** Rangée d'arbres fruitiers alignés contre un mur, un treillage ▸ **espaldeira 2** Échelle de bois fixée à un mur pour des exercices de gymnastique ▸ **espaldar**

espar *nm* MAR Longue pièce de bois pouvant servir de mât, de vergue, etc. ▸ **antena**

espèce *nf* **1** Ensemble d'êtres animés ou de végétaux qui se distinguent des autres du même genre par des caractères communs ▸ **espécie 2** Catégorie de choses; sorte, qualité ▸ **espécie** ▪ **cas d'espèce:** cas particulier ▸ **caso específico** ▫ **en l'espèce:** en la circonstance ▸ **neste caso** ▫ **espèce de (+ nom):** renforce une injure: *espèce d'imbécile!* ▸ **seu (...)** ▫ **une espèce de:** quelque chose comme ▸ **uma espécie de** ◆ **espèces** *pl* Pièces, billets formant la monnaie: *payer en espèces* ▸ **espécie, dinheiro**

GRAMMAIRE On dit *une espèce de* quel que soit le genre du nom complément: *une espèce de compromis*

espérance *nf* Attente confiante de quelque chose; objet de cette attente ▸ **esperança, expectativa** ▪ **contre toute espérance:** alors que personne ne s'y attendait ▸ **contrariando todas as expectativas** ▫ **espérance de vie:** durée moyenne de la vie pour une population et une époque données ▸ **esperança de vida**

espéranto *nm* Langue internationale créée en 1887 par Zamenhof ▸ **esperanto**

espérer *vt (conj 10)* Souhaiter, attendre avec confiance ▸ **esperar** ◆ *vt ind* [en] Mettre sa confiance en: *espérer en Dieu* ▸ **esperar**

esperluette *nf* Signe typographique (&) utilisé pour remplacer le mot *et* ▸ **e comercial**

espiègle *adj et n* Vif, éveillé, malicieux ▸ **maroto**

espièglerie *nf* Petite malice ▸ **marotice**

espion, onne *n* **1** Agent secret chargé d'épier certains personnages, de recueillir des renseignements sur une puissance étrangère ▸ **espião 2** Personne qui épie autrui ▸ **espião**

espionnage *nm* **1** Action d'espionner ▸ **espionagem 2** Organisation de cette activité à des fins politiques ▸ **espionagem**

espionner *vt* Épier, surveiller secrètement les actions, les discours d'autrui ▸ **espionar**

esplanade *nf* Terrain plat, uni et découvert, en avant d'une fortification ou devant un édifice ▸ **esplanada**

espoir *nm* **1** État d'attente confiante: *j'ai l'espoir qu'il viendra* ▸ **esperança 2** Sentiment qui porte à espérer: *être plein d'espoir* ▸ **esperança 3** Objet de ce sentiment ▸ **esperança**

espressivo *adj inv et adv* MUS Expressif, plein de sentiment ▸ ***espressivo***

esprit *nm* **1** Principe de la pensée; activité intellectuelle, intelligence: *avoir l'esprit vif* ▸ **espírito 2** Intelligence vive; humour, ironie: *avoir de l'esprit* ▸ **espírito 3** Humeur, caractère: *esprit chagrin; avoir l'esprit aventurier* ▸ **espírito 4** Manière de penser: *esprit de synthèse; esprit d'entreprise* ▸ **espírito 5** Caractère essentiel de quelque chose: *esprit du siècle, d'une loi* ▸ **espírito 6** Principe immatériel; âme: *le corps et l'esprit* ▸ **espírito 7** Être incorporel imaginaire: *croire aux esprits* ▸ **espírito** ▪ **avoir bon, mauvais esprit:** avoir des dispositions bienveillantes, malveillantes ▸ **ter boa, má índole** ▫ LITT **bel esprit:** personne qui cherche à se distinguer par son esprit, son intelligence ▸ **erudito** ▫ **esprit rude:** signe (`) qui marque l'aspiration d'une voyelle en grec (par opposition à *esprit doux*) ▸ **espírito forte** ▫ **faire de l'esprit:** plaisanter, faire de l'humour ▸ **fazer graça** ▫ **perdre l'esprit:** devenir fou ▸ **enlouquecer** ▫ **présence d'esprit:** promptitude à dire ou à faire ce qui est le plus à propos ▸ **presença de espírito** ▫ **reprendre ses esprits:** se remettre d'un grand trouble ▸ **voltar a si** ▫ **vue de l'esprit:** idée chimérique ▸ **especulação**

esquif *nm* LITT Petite embarcation légère ▸ **esquife**

esquille *nf* Petit fragment d'un os fracturé ▸ **esquírola**

Esquimau *nm* (nom déposé) Crème glacée enrobée de chocolat, moulée autour d'un bâtonnet ▸ **picolé esquimó**

esquimau, aude ou **eskimo** *adj et n* Qui appartient au peuple des Esquimaux ▸ **esquimó** ◆ *nm* Langue parlée par les Esquimaux ▸ **esquimó**

esquinter *vt* FAM **1** Abîmer, détériorer ▸ **estragar 2** Critiquer violemment, dénigrer: *esquinter un livre* ▸ **desancar**

esquisse *nf* **1** Premier jet d'une œuvre artistique ou littéraire ▸ **esboço 2** FIG Ébauche, commencement: *esquisse d'un sourire* ▸ **esboço**

esquisser *vt* **1** Faire l'esquisse de: *esquisser un dessin* ▶ **esboçar 2** FIG Commencer: *esquisser un geste* ▶ **esboçar**

esquive *nf* Action de se dérober à l'attaque de l'adversaire ▶ **esquiva**

esquiver *vt* Éviter adroitement ▶ **esquivar** ◆ **s'esquiver** *vpr* Se retirer furtivement ▶ **esquivar-se**

essai *nm* **1** Épreuve à laquelle on soumet quelqu'un ou quelque chose pour voir s'ils sont aptes à ce qu'on attend: *mettre quelqu'un à l'essai* ▶ **teste, experiência 2** Action de tenter quelque chose: *essai réussi* ▶ **tentativa 3** Au rugby, action de porter le ballon et de le poser par terre derrière la ligne de but adverse: *marquer un essai* ▶ ***try* 4** Livre qui traite librement d'une question sans prétendre épuiser le sujet ▶ **ensaio**

essaim *nm* **1** Colonie d'abeilles ▶ **enxame 2** LITT Multitude, foule ▶ **enxame**

essaimage *nm* Multiplication des colonies d'abeilles par l'émigration d'une partie de la population ▶ **enxameação**

essaimer *vi* **1** Quitter la ruche pour former une colonie nouvelle ▶ **enxamear 2** LITT Se disperser pour fonder de nouveaux groupes: *cette famille a essaimé dans toute l'Amérique* ▶ **espalhar-se**

essarter *vt* Arracher et brûler les broussailles d'un terrain afin de le cultiver ▶ **arrotear**

essayage *nm* Action d'essayer un vêtement: *cabine d'essayage* ▶ **prova**

essayer *vt (conj 4)* **1** Faire l'essai de: *essayer une voiture* ▶ **experimentar 2** Passer un vêtement sur soi pour voir s'il va bien ▶ **experimentar 3** Tâcher de, s'efforcer de, tenter: *essayer de faire au mieux* ▶ **tentar** ◆ **s'essayer** *vpr* [à] Faire une tentative, se risquer à ▶ **tentar**

essayeur, euse *n* Personne qui fait essayer les vêtements en vue d'éventuelles rectifications ▶ **provador**

essayiste *n* LITTÉR Auteur d'un essai ▶ **ensaísta**

esse *nf* Crochet en forme de S ▶ **gancho em forma de s**

essence *nf* **1** Ce qui constitue la nature d'un être, d'une chose ▶ **essência 2** Liquide volatil, très inflammable, provenant de la distillation des pétroles bruts, et employé comme carburant, comme solvant, ou pour divers usages industriels ▶ **gasolina 3** Espèce, en parlant des arbres forestiers ▶ **essência 4** Extrait concentré de substances aromatiques ou alimentaires, obtenu par distillation: *essence de roses* ▶ **essência** ■ **essence sans plomb:** carburant sans additif au plomb ▶ **gasolina sem chumbo**

essentiel, elle *adj* **1** Relatif à l'essence d'un être ou d'une chose ▶ **essencial 2** Indispensable, fondamental ▶ **essencial** ◆ *nm* **1** Le point capital ▶ **essencial 2** L'indispensable ▶ **essencial 3** La plus grande partie ▶ **a maior parte**

essentiellement *adv* **1** Par essence ▶ **essencialmente 2** Par-dessus tout, principalement ▶ **essencialmente**

esseulé, e *adj* LITT Seul, laissé seul ▶ **isolado, solitário**

essieu *nm* Axe recevant une roue à chaque extrémité et supportant un véhicule ▶ **eixo**

essor *nm* **1** Action d'un oiseau qui prend son vol ▶ **voo 2** FIG Développement, progrès ▶ **progresso**

ORTHOGRAPHE *Essor* s'écrit sans *t* final, à la différence de *ressort*

essorage *nm* Action d'essorer ▶ **torcedura**

essorer *vt* Extraire l'eau du linge après le rinçage ▶ **torcer**

essoreuse *nf* Machine à essorer le linge ▶ **secadora de roupa**

essoucher *vt* Arracher les souches après l'abattage des arbres ▶ **arrancar os tocos**

essoufflement *nm* **1** Fait d'être essoufflé ▶ **perda de fôlego 2** FIG Action, fait de s'essouffler ▶ **perda de fôlego**

essouffler *vt* Mettre hors d'haleine: *l'effort l'a essoufflé* ▶ **tirar o fôlego** ◆ **s'essouffler** *vpr* **1** Perdre, avoir perdu le souffle par un effort excessif ▶ **ofegar 2** FIG Ne plus pouvoir suivre un rythme de développement trop rapide ▶ **perder o fôlego**

essuie-glace (pl *essuie-glaces*) *nm* Dispositif, formé d'un balai muni d'une lame de caoutchouc, qui essuie le pare-brise mouillé d'un véhicule ▶ **limpador de para-brisa**

essuie-mains *nm inv* Linge pour s'essuyer les mains ▶ **toalha de mão**

essuie-tout *nm inv* Papier absorbant présenté en rouleau, à usage domestique ▶ **papel toalha**

essuyage *nm* Action d'essuyer ▶ **enxugamento**

essuyer *vt (conj 3)* **1** Sécher, au moyen d'un torchon, d'une serviette, etc.: *essuyer la vaisselle* ▶ **enxugar 2** Débarrasser de la poussière, en frottant: *essuyer des meubles* ▶ **limpar 3** FIG Subir, souffrir: *essuyer un affront* ▶ **sofrer** ■ FAM **essuyer les plâtres: (a)** être le premier à occuper une habitation nouvellement construite ▶ **estrear uma casa (b)** être le premier à subir les inconvénients d'une affaire, d'une entreprise ▶ **ser a primeira vítima** ◆ **s'essuyer** *vpr* Se sécher en se frottant: *s'essuyer les bras; s'essuyer en sortant de l'eau* ▶ **enxugar-se**

est [ɛst] *nm* Levant, orient, côté de l'horizon où le soleil se lève ▸ **leste** ◆ *adj inv* Situé du côté de l'orient: *côte est* ▸ **leste**

ORTHOGRAPHE On écrit: *dans l'Est* (région), mais *à, vers l'est* (orientation)

establishment [ɛstabliʃmɛnt] *nm* (anglicisme) Ensemble des gens en place dans un domaine quelconque; l'ordre établi ▸ ***establishment***

estafette *nf* Militaire chargé de transmettre des messages ▸ **estafeta**

estafilade *nf* Longue entaille faite avec un instrument tranchant, surtout au visage ▸ **cutilada**

est-allemand, e (pl *est-allemands, es*) *adj* Relatif à l'Allemagne de l'Est, avant la réunification de l'Allemagne ▸ **alemão oriental**

estaminet *nm* VX Petit café, débit de boissons ▸ **bar**

estampage *nm* Action d'estamper ▸ **gravação**

estampe *nf* **1** Image imprimée, après avoir été gravée sur bois, métal, etc., ou dessinée sur un support lithographique ▸ **gravura 2** Outil pour estamper ▸ **prensa**

estamper *vt* **1** Imprimer en relief ou en creux sur du métal, du cuir, du carton ▸ **gravar 2** FAM Escroquer, voler quelqu'un ▸ **surrupiar**

estampeur, euse *n* Personne qui estampe ▸ **estampador**

estampillage *nm* Action d'estampiller ▸ **chancela**

estampille *nf* Empreinte appliquée sur des brevets, des lettres, des livres, etc., pour attester l'authenticité, la propriété, la provenance ▸ **chancela, estampilha**

estampiller *vt* Marquer d'une estampille ▸ **chancelar, estampilhar**

est-ce que *adv interr* Marque l'interrogation dans les phrases interrogatives directes: *est-ce que tu viens?* ▸ **Ø**

EMPLOI L'emploi de *est-ce que* après un adverbe ou un pronom interrogatif est familier et à éviter: *pourquoi ne vient-il pas?* est préférable à *pourquoi est-ce qu'il ne vient pas?*

ester[1] [ɛste] *vi* DR Intenter, soutenir une action en justice ▸ **intentar ação**

ester[2] [ɛstɛr] *nm* Composé chimique résultant de l'action d'un acide organique sur un alcool, avec élimination d'eau ▸ **éster**

esthète *n* Personne qui apprécie le beau ▸ **esteta**

esthéticien, enne *n* **1** (surtout au féminin) Spécialiste des soins de beauté du visage et du corps ▸ **esteticista 2** Philosophe, écrivain spécialiste d'esthétique ▸ **esteta**

esthétique *nf* **1** Partie de la philosophie qui étudie le beau, son histoire, ses principes ▸ **estética 2** Ensemble des règles et des principes selon lesquels on définit le beau à une époque donnée: *esthétique romantique* ▸ **estética 3** Harmonie, beauté d'une forme quelconque: *l'esthétique d'une construction* ▸ **estética** ◆ *adj* **1** Relatif au beau: *sens esthétique* ▸ **estético 2** Agréable à voir ▸ **estético** ▪ **chirurgie esthétique:** destinée à améliorer la forme ou l'aspect d'une partie du corps ▸ **cirurgia estética**

esthétiquement *adv* **1** D'une manière esthétique ▸ **esteticamente 2** Du point de vue esthétique ▸ **esteticamente**

esthétisme *nm* Doctrine artistique qui met au premier plan le raffinement ▸ **estetismo**

estimable *adj* Digne d'estime ▸ **estimável**

estimatif, ive *adj* Qui constitue une estimation: *devis estimatif* ▸ **estimativo**

estimation *nf* Action d'estimer quelque chose; évaluation ▸ **estimativa**

estime *nf* Appréciation favorable d'une personne ou d'une chose; considération, respect ▸ **estima** ▪ **à l'estime:** au jugé, approximativement ▸ **aproximadamente**

estimé, e *adj* Pour qui ou pour lequel on a beaucoup d'estime; apprécié ▸ **estimado**

estimer *vt* **1** Déterminer la valeur d'un objet: *estimer un tableau* ▸ **avaliar 2** Calculer approximativement: *estimer une distance* ▸ **estimar 3** Avoir en estime, faire cas de: *estimer un adversaire* ▸ **estimar 4** Juger, être d'avis, considérer: *j'estime que j'ai raison* ▸ **estimar** ◆ **s'estimer** *vpr* Se considérer comme: *s'estimer satisfait* ▸ **estimar-se**

estivage *nm* Migration des troupeaux dans les pâturages d'été ▸ **transumância**

estival, e, aux *adj* D'été: *tenue estivale; travail estival* ▸ **estival**

estivant, e *n* Personne qui passe les vacances d'été dans une station balnéaire, à la campagne, etc. ▸ **veranista**

estoc [ɛstɔk] *nm* Grande épée droite frappant de pointe (XVe-XVIe s.) ▸ **estoque** ▪ LITT **frapper d'estoc et de taille: (a)** en se servant de la pointe et du tranchant de l'épée ▸ **atingir com a ponta e a lâmina (b)** FIG avec toute son énergie ▸ **atingir com tudo**

estocade *nf* **1** VX Coup donné avec la pointe de l'épée ▸ **estocada 2** Coup d'épée porté par le matador pour tuer le taureau ▸ **estocada final 3** LITT Attaque soudaine et violente ▸ **estocada**

estomac [ɛstɔma] *nm* **1** Chez l'homme, partie du tube digestif formant une poche, où les aliments, venant de l'œsophage, sont brassés et imprégnés de suc gastrique avant de passer dans l'intestin ▸ **estômago 2** Partie du tube digestif, formée de quatre poches chez les ruminants ▸ **estômago 3** Partie du corps qui correspond à l'estomac ▸ **estômago** ■ FIG **avoir de l'estomac:** avoir du cran ▸ **ter estômago** □ **avoir l'estomac dans les talons:** être affamé ▸ **estar com o estômago nas costas**

estomaquer *vt* FAM Causer une vive surprise; stupéfier ▸ **escandalizar**

estomper *vt* **1** Ombrer un dessin, le couvrir d'une ombre dégradée ▸ **sombrear 2** FIG Adoucir, voiler ▸ **atenuar** ♦ **s'estomper** *vpr* **1** S'effacer, devenir flou ▸ **atenuar-se 2** Devenir moins violent, moins fort ▸ **atenuar-se**

estourbir *vt* FAM Assommer ▸ **assustar**

estrade *nf* Plancher surélevé par rapport au sol, au plancher d'une pièce ▸ **estrado**

estragon *nm* Plante aromatique ▸ **estragão**

estrapade *nf* HIST Supplice consistant à hisser le coupable au bout d'une corde, puis à le laisser tomber plusieurs fois ▸ **estrapada**

estropié, e *adj et n* Privé de l'usage d'un ou de plusieurs membres ▸ **estropiado**

estropier *vt* **1** Priver de l'usage d'un ou de plusieurs membres ▸ **estropiar 2** FIG Déformer, écorcher en prononçant: *estropier un mot* ▸ **estropiar**

estuaire *nm* Embouchure d'un fleuve envahie par la mer ▸ **estuário**

estudiantin, e *adj* Relatif aux étudiants, à la vie étudiante ▸ **estudantil**

esturgeon *nm* Grand poisson de mer pouvant atteindre 6 m, et dont les œufs constituent le caviar ▸ **esturjão**

et *conj* **1** Relie deux ou plusieurs parties d'un énoncé en indiquant une addition, la simultanéité, une opposition ou une comparaison: *vingt et un; une heure et demie; il travaille et ne réussit pas* ▸ **e 2** Indique, en tête d'énoncé, un renforcement emphatique: *et alors, qu'est-ce qui s'est passé?* ▸ **e**

êta *nm ou inv* Lettre de l'alphabet grec (η), notant un *ê* long en grec classique et correspondant au *i* en grec moderne ▸ **eta**

étable *nf* Bâtiment destiné au logement des bovins ▸ **estábulo**

établi *nm* Table de travail des menuisiers, des serruriers, etc. ▸ **banco**

établir *vt* **1** Fixer, installer dans un lieu, une position: *établir son domicile à Paris* ▸ **estabelecer 2** Instituer, mettre en vigueur: *établir un règlement* ▸ **estabelecer 3** Rédiger, dresser: *établir une liste* ▸ **fazer 4** Faire commencer: *établir des contacts* ▸ **estabelecer 5** FIG Démontrer la réalité de, prouver: *établir un fait* ▸ **estabelecer** ♦ **s'établir** *vpr* **1** S'installer, prendre place: *cette coutume s'est établie* ▸ **estabelecer-se 2** Fixer son domicile, son commerce, son activité: *s'établir à Paris* ▸ **estabelecer-se**

établissement *nm* **1** Action d'établir, d'installer, de s'établir quelque part ▸ **estabelecimento 2** Entreprise industrielle ou commerciale ▸ **estabelecimento** ■ **établissement scolaire:** école, lycée, collège ▸ **instituição de ensino**

étage *nm* **1** Chacun des intervalles compris entre deux planchers successifs d'un immeuble ou d'une maison ▸ **andar 2** Chacune des parties superposées d'un ensemble: *les étages géologiques; une fusée à trois étages* ▸ **estágio** ■ FIG **de bas étage:** de qualité médiocre ▸ **de baixa qualidade**

étagement *nm* Disposition de ce qui est étagé ▸ **disposição em níveis**

étager *vt (conj 2)* Disposer sur plusieurs niveaux ▸ **dispor em níveis**

étagère *nf* Meuble formé de tablettes superposées; chacune de ces tablettes ▸ **estante, prateleira**

étai *nm* **1** Grosse pièce de bois pour soutenir provisoirement un mur, un édifice, etc. ▸ **escora 2** Gros cordage, câble pour maintenir en place le mât d'un navire ▸ **estai**

étaiement ou **étayage** *nm* **1** Action d'étayer ▸ **escoramento 2** Ensemble d'étais ▸ **escoramento**

étain *nm* Métal blanc, relativement léger et très malléable; objet fabriqué dans ce métal ▸ **estanho**

étal (pl *étaux* ou *étals*) *nm* **1** Table où l'on dispose les marchandises dans les marchés ▸ **banca 2** Table sur laquelle un boucher débite la viande ▸ **talho**

étalage *nm* **1** Disposition de marchandises en devanture: *refaire l'étalage*; ensemble de marchandises exposées: *un bel étalage* ▸ **vitrine 2** FIG Action de montrer avec ostentation: *faire étalage de ses richesses* ▸ **exibição**

étalagiste *n* Décorateur spécialisé dans la présentation des étalages ▸ **vitrinista**

étale *adj* Sans vitesse, immobile, en parlant d'un navire ▸ **parado** ■ **mer étale:** qui ne monte ni ne descend ▸ **maré estofa** ♦ *nm* Moment où la mer ne monte ni ne descend ▸ **estofa**

étalement *nm* Action d'étaler ▸ **exibição, extensão**

étaler *vt* **1** Disposer à plat en éparpillant, en déployant: *étaler du linge; étaler une carte* ▸ **desdobrar 2** Exposer pour la vente: *étaler des marchandises* ▸ **expor 3** Étendre sur une surface: *étaler de la peinture* ▸ **espalhar 4** Répartir dans le temps: *étaler un paiement; étaler les départs* ▸ **escalonar**

5 Montrer avec ostentation: *étaler ses richesses* ▸ **exibir** ▪ **étaler son jeu:** montrer toutes ses cartes ▸ **mostrar seu jogo** ◆ **s'étaler** *vpr* **1** FAM Prendre de la place ▸ **esparramar-se 2** FAM Tomber: *s'étaler par terre* ▸ **estatelar-se**

étalon[1] *nm* **1** Modèle légal d'unité de poids, de mesure ▸ **padrão 2** Métal monétaire légalement adopté: *étalon-or* ▸ **padrão**

étalon[2] *nm* Cheval destiné à la reproduction ▸ **garanhão**

étalonnage ou **étalonnement** *nm* Action d'étalonner ▸ **aferição**

étalonner *vt* **1** Vérifier, par comparaison avec un étalon, l'exactitude des indications d'un instrument ▸ **aferir 2** Établir la graduation de ▸ **aferir**

étamage *nm* Action d'étamer ▸ **estanhagem**

étambot *nm* Forte pièce de bois, implantée dans la quille d'un navire, qu'elle continue à l'arrière ▸ **cadaste**

étamer *vt* **1** Appliquer sur un métal oxydable une couche mince d'étain ▸ **estanhar 2** Mettre le tain à une glace ▸ **estanhar**

étameur *nm* Ouvrier qui étame ▸ **estanhador**

étamine[1] *nf* Étoffe légère, non croisée ▸ **escumilha**

étamine[2] *nf* BOT Organe sexuel mâle des végétaux à fleurs ▸ **estame**

étampage *nm* Action d'étamper ▸ **estampagem**

étampe *nf* Pièce d'acier destinée à produire des empreintes sur métaux ▸ **punção**

étamper *vt* Travailler à l'étampe ▸ **estampar**

étanche *adj* **1** Qui retient l'eau, ne la laisse pas sortir ou entrer: *les cloisons étanches d'un navire* ▸ **estanque 2** FIG Qui maintient une séparation absolue ▸ **estanque**

étanchéité *nf* Qualité de ce qui est étanche ▸ **estanqueidade**

étanchement *nm* LITT Action d'étancher: *l'étanchement du sang* ▸ **estancamento**

étancher *vt* **1** Arrêter l'écoulement d'un liquide ▸ **estancar 2** TECHN Rendre étanche ▸ **vedar** ▪ FIG **étancher la soif:** l'apaiser en buvant ▸ **matar a sede**

étang *nm* Étendue d'eau peu profonde, stagnante et sans écoulement, naturelle ou artificielle ▸ **lago**

étant donné *loc prép* Vu ▸ **dado** ◆ **étant donné que** *loc conj* Puisque ▸ **dado que**

ORTHOGRAPHE Placé en tête de phrase, *étant donné* est invariable: *étant donné les circonstances*

étape *nf* **1** Distance parcourue d'un lieu à un autre ▸ **etapa 2** Endroit où l'on s'arrête au cours d'un voyage, d'une course, etc. ▸ **etapa 3** FIG Période, degré: *procéder par étapes* ▸ **etapa**

état *nm* **1** Manière d'être, disposition de quelqu'un, de quelque chose ou d'une collectivité à un moment donné: *état de santé; état de marche; état de paix* ▸ **estado 2** LITT Condition sociale, profession: *l'état ecclésiastique* ▸ **estado, situação 3** Liste énumérative, inventaire, compte: *état des dépenses* ▸ **estado, lista** ▪ **en état de:** dans les conditions convenables pour ▸ **em condições de** ▫ **état civil:** situation sociale de quelqu'un (naissance, lien de parenté, etc.) ▸ **dados pessoais** ▫ **état des lieux:** acte qui constate l'état de la chose louée ▸ **inventário** ▫ **état d'esprit:** disposition d'esprit; mentalité ▸ **estado de espírito** ▫ HIST **états généraux:** assemblée où siégeaient les représentants de la noblesse, du clergé et du tiers état, sous l'Ancien Régime ▸ **estados-gerais** ▫ **être dans tous ses états:** affolé, hors de soi ▸ **estar fora de si** ▫ **faire état de:** faire cas de ▸ **levar em consideração** ▫ **hors d'état de:** incapable de ▸ **sem condições de** ▫ HIST **le tiers état:** le peuple ▸ **terceiro estado**

État *nm* **1** Nation organisée, administrée par un gouvernement: *l'État français* ▸ **Estado 2** Le gouvernement, les pouvoirs publics: *l'État et les collectivités* ▸ **Estado** ▪ **affaire d'État:** de la plus haute importance ▸ **caso de vida ou morte** ▫ **coup d'État:** prise illégale du pouvoir organisée par une fraction des gouvernants ▸ **golpe de Estado** ▫ **secret d'État:** qui ne doit être divulgué à aucun prix ▸ **segredo de Estado**

ORTHOGRAPHE *État* reste au singulier dans les locutions *des affaires d'État, des coups d'État*, etc.

étatique *adj* Relatif à l'État ▸ **estatal**

étatisation *nf* Action d'étatiser quelque chose ▸ **estatização**

étatiser *vt* Faire administrer par l'État ▸ **estatizar**

étatisme *nm* Système politique dans lequel l'État intervient directement dans le domaine économique ▸ **estatismo**

état-major (pl *états-majors*) *nm* **1** Corps d'officiers, d'où émane la direction d'une armée, d'une division, d'un régiment, etc.; lieu où se réunit ce corps ▸ **estado-maior 2** FIG Ensemble des personnes les plus influentes d'un groupe organisé: *l'état-major d'un parti* ▸ **estado-maior**

étau (pl *étaux*) *nm* Instrument pour saisir, serrer fortement un objet qu'on veut travailler ▸ **morsa**

étayage *nm* → **étaiement**

étayer *vt (conj 4)* **1** Soutenir avec des étais ▸ **escorar 2** FIG Renforcer, soutenir par des arguments: *étayer un raisonnement* ▸ **embasar**

etc. (abréviation) Et cetera ▸ **etc.**

et cetera [et setera] ou **et cætera** [et setera] *loc adv* Et tout le reste, et ainsi de suite ▸ ***et cetera***
été *nm* Saison chaude de l'année, du solstice de juin (21 ou 22 juin) à l'équinoxe de septembre (22 ou 23 septembre) ▸ **verão**
éteignoir *nm* **1** Objet en forme de cône pour éteindre les cierges, les bougies ▸ **apagador 2** FIG Rabat-joie ▸ **desmancha-prazeres**
éteindre *vt (conj 55)* **1** Faire cesser de brûler, d'éclairer: *éteindre le feu, les lumières* ▸ **apagar 2** Faire cesser de fonctionner: *éteindre la radio* ▸ **desligar 3** LITT Mettre un terme à: *éteindre la soif, l'ardeur de quelqu'un* ▸ **apagar** ♦ **s'éteindre** *vpr* **1** Cesser de brûler ▸ **apagar-se 2** Cesser d'éclairer ▸ **apagar-se 3** Mourir doucement; expirer ▸ **apagar-se**
éteint, e *adj* Qui a perdu sa vivacité, son éclat: *regard éteint* ▸ **apagado**
étendage *nm* Action d'étendre: *l'étendage du linge* ▸ **estendedura**
étendard *nm* Enseigne, drapeau: *un étendard de cavalerie* ▸ **estandarte** ■ LITT **lever l'étendard de la révolte:** se révolter ▸ **levantar o estandarte da revolta**
étendoir *nm* Fil ou corde pour étendre le linge ▸ **varal**
étendre *vt (conj 50)* **1** Déployer en long et en large: *étendre du linge* ▸ **estender 2** Donner toute son étendue à une partie du corps: *étendre les bras* ▸ **estender 3** Coucher, allonger: *étendre un malade* ▸ **estender 4** Répandre, appliquer sur une surface: *étendre de la peinture, de la paille* ▸ **recobrir 5** Additionner un liquide d'eau pour l'allonger: *boire du vin étendu d'eau* ▸ **diluir 6** FIG Augmenter, agrandir: *étendre sa propriété, son pouvoir* ▸ **estender** ■ FAM **se faire étendre:** être refusé à un examen ▸ **ser reprovado** ♦ **s'étendre** *vpr* **1** Se coucher, s'allonger ▸ **estender-se 2** Avoir une certaine étendue dans l'espace ou le temps: *forêt qui s'étend sur vingt kilomètres* ▸ **estender-se 3** Se développer: *le mal s'étend* ▸ **espalhar-se 4** Développer longuement: *je n'ai pas le temps de m'étendre sur le sujet* ▸ **estender-se**
étendu, e *adj* **1** Vaste: *plaine étendue* ▸ **extenso 2** Déployé: *ailes étendues* ▸ **estendido 3** Dilué: *alcool étendu* ▸ **diluído 4** FIG Important: *avoir des pouvoirs étendus* ▸ **amplo**
étendue *nf* **1** Dimension en superficie: *vaste étendue d'eau* ▸ **extensão 2** Durée de quelque chose: *étendue de la vie* ▸ **extensão 3** FIG Importance; ampleur: *l'étendue d'un désastre* ▸ **extensão**
éternel, elle *adj* **1** Sans commencement ni fin: *Dieu éternel* ▸ **eterno 2** Qui n'aura pas de fin: *reconnaissance éternelle* ▸ **eterno 3** Interminable, lassant: *les éternels discours sur l'existence* ▸ **eterno** ■ **la Ville éternelle:** Rome ▸ **a cidade eterna**
éternellement *adv* De toute éternité; sans fin ▸ **eternamente**
éterniser *vt* Faire durer longtemps, trop longtemps: *il est inutile d'éterniser la discussion* ▸ **eternizar** ♦ **s'éterniser** *vpr* **1** Durer trop longtemps: *attente qui s'éternise* ▸ **eternizar-se 2** FAM Rester trop longtemps dans un lieu, chez quelqu'un: *je ne veux pas m'éterniser ici* ▸ **eternizar-se**
éternité *nf* **1** Durée sans commencement ni fin ▸ **eternidade 2** Durée qui paraît très longue: *cela fait une éternité que je l'attends* ▸ **eternidade** ■ **de toute éternité:** depuis toujours ▸ **desde sempre**
éternuement *nm* Expulsion de l'air par le nez et la bouche, provoquée par une excitation des muqueuses nasales ▸ **espirro**
éternuer *vi* Faire un éternuement ▸ **espirrar**
étêtage ou **étêtement** *nm* Action d'étêter ▸ **decote**
étêter *vt* Couper la tête d'un arbre ▸ **decotar**
éteule *nf* Chaume qui reste sur la terre après la moisson ▸ **restolho**
éthane *nm* CHIM Carbure d'hydrogène ▸ **etano**
éthanol *nm* CHIM Alcool éthylique ▸ **etanol**
éther [etɛr] *nm* **1** CHIM Liquide très volatil, provenant de la combinaison d'un acide avec un alcool ▸ **éter 2** POÉT Air, ciel ▸ **éter**
éthéré, e *adj* POÉT Qui a quelque chose de léger, d'aérien, de très pur: *une créature éthérée* ▸ **etéreo** ■ **odeur éthérée:** propre à l'éther ▸ **odor etéreo**
éthéromane *n et adj* Toxicomane à l'éther ▸ **eterômano**
éthique *adj* Qui concerne la morale ▸ **ético** ■ **fonds éthique:** portefeuille de valeurs mobilières investies dans des entreprises respectant une série de critères sociaux, environnementaux et financiers ▸ **fundos éticos, fundos socialmente responsáveis** ♦ *nf* **1** Partie de la philosophie qui étudie la morale ▸ **ética 2** Règles morales choisies par qqn pour guider ses actes, sa vie ▸ **ética**
ethnie *nf* Groupement humain de structure familiale, économique et sociale homogène, de langue et de culture communes ▸ **etnia**
ethnique *adj* **1** Relatif à l'ethnie: *influences ethniques* ▸ **étnico 2** Qui relève d'une culture autre que la culture occidentale: *musique ethnique* ▸ **étnico**
ethnocentrisme *nm* Tendance à valoriser et privilégier la manière de penser de sa propre communauté, de son pays ▸ **etnocentrismo**

ethnographe *n* Spécialiste d'ethnographie ▸ **etnógrafo**

ethnographie *nf* Branche des sciences humaines qui a pour objet l'étude descriptive des ethnies ▸ **etnografia**

ethnographique *adj* Relatif à l'ethnographie ▸ **etnográfico**

ethnologie *nf* Branche des sciences humaines qui étudie la structure sociale et économique des ethnies, leur langue et leur culture ▸ **etnologia**

ethnologique *adj* Qui concerne l'ethnologie ▸ **etnológico**

ethnologue *n* Spécialiste d'ethnologie ▸ **etnólogo**

ethnonyme *nm* Dénomination des habitants d'un lieu ▸ **etnônimo**

éthologie *nf* Étude scientifique du comportement des animaux dans leur milieu naturel ▸ **etologia**

éthologue *n* Spécialiste d'éthologie ▸ **etólogo**

éthylène *nm* Gaz incolore, légèrement odorant, obtenu en déshydratant l'alcool par l'acide sulfurique ▸ **etileno**

éthylique *adj* Dérivé de l'éthane: *alcool éthylique* ▸ **etílico** ◆ *adj et n* Se dit d'une personne alcoolique ▸ **etilista**

éthylisme *nm* Intoxication chronique provoquée par l'absorption d'alcool; SYN: *alcoolisme* ▸ **etilismo**

étiage *nm* Débit le plus faible d'un cours d'eau ▸ **estiagem**

étier *nm* Canal qui conduit l'eau dans les marais salants ▸ **esteiro**

étincelant, e *adj* Qui étincelle; brillant: *un regard étincelant; une verve, un style étincelants* ▸ **cintilante**

étinceler *vi (conj 6)* Jeter des étincelles, briller d'un vif éclat: *la mer étincelle au soleil* ▸ **faiscar, cintilar**

étincelle *nf* **1** Parcelle incandescente qui se détache d'un corps enflammé ou qui jaillit du choc ou du frottement de deux corps ▸ **faísca 2** Manifestation brillante et fugitive d'une faculté intellectuelle: *une étincelle de génie* ▸ **centelha** ■ FAM **faire des étincelles:** réussir brillamment ▸ **fazer bonito**

étincellement *nm* Éclat de ce qui étincelle; scintillement ▸ **cintilação**

étiolement *nm* **1** Action d'étioler ▸ **estiolamento 2** FIG Affaiblissement ▸ **estiolamento**

étioler *vt* AGRIC Priver un végétal de lumière, en particulier certains légumes pour les faire blanchir ▸ **estiolar** ◆ **s'étioler** *vpr* S'affaiblir ▸ **estiolar-se**

étiologie *nf* Partie de la médecine qui recherche les causes des maladies ▸ **etiologia**

étique *adj* LITT Maigre, décharné ▸ **esquelético**

étiquetage *nm* Action d'étiqueter ▸ **etiquetagem**

étiqueter *vt (conj 8)* **1** Marquer d'une étiquette ▸ **etiquetar 2** FIG Classer quelqu'un dans une catégorie ▸ **rotular**

étiqueteuse *nf* Machine à étiqueter ▸ **etiquetadora**

étiquette *nf* **1** Fiche indiquant le prix, l'origine, la destination d'un objet ▸ **etiqueta 2** Cérémonial en usage dans une réception officielle: *observer l'étiquette* ▸ **etiqueta** ■ **étiquette électronique:** système électronique d'identification d'un objet permettant la lecture et la mise à jour à distance de données relatives à cet objet (ce système tend à se substituer au code-barres) ▸ **etiqueta eletrônica** □ FIG **mettre une étiquette à qqn:** le classer selon son appartenance politique, sociale, etc. ▸ **rotular alguém**

étirage *nm* Action d'étirer un métal, un verre, un textile ▸ **estiramento**

étirement *nm* Action d'étirer, de s'étirer; son résultat ▸ **estiramento**

étirer *vt* Étendre, allonger ▸ **estirar** ◆ **s'étirer** *vpr* Étendre ses membres pour se délasser ▸ **espreguiçar-se**

étoffe *nf* Tissu de matière quelconque, pour l'habillement ou l'ameublement ▸ **tecido** ■ FIG **avoir de l'étoffe:** de la valeur, de grandes qualités ▸ **ter estofo**

étoffé, e *adj* Riche de matière: *devoir bien étoffé* ▸ **substancial** ■ **voix étoffée:** pleine et sonore ▸ **voz sonora**

étoffer *vt* **1** Garnir d'étoffe ▸ **estofar 2** FIG Développer, enrichir: *étoffer un roman* ▸ **enriquecer** ◆ **s'étoffer** *vpr* Devenir plus gros, plus fort ▸ **encorpar**

étoile *nf* **1** Tout astre qui brille dans le ciel; astre fixe qui brille par sa lumière propre ▸ **estrela 2** FIG Astre considéré par rapport à son influence sur la destinée des hommes: *être né sous une bonne étoile* ▸ **estrela 3** Objet, ornement, décoration, signe en forme de croix à cinq branches ▸ **estrela 4** En France, insigne du grade des officiers généraux ▸ **estrela 5** Indice de classement attribué à certains sites, hôtels, restaurants: *hôtel trois étoiles* ▸ **estrela 6** Artiste célèbre; danseur, danseuse du plus haut échelon ▸ **estrela** ■ **à la belle étoile:** en plein air, la nuit ▸ **ao relento** □ **étoile de mer:** animal marin en forme d'étoile à cinq branches ▸ **estrela-do-mar** □ **étoile du Berger:** la planète Vénus ▸ **estrela do pastor** □ **étoile filante:** météore lumineux ▸ **estrela cadente**

étoilé, e *adj* **1** Semé d'étoiles ▸ **estrelado 2** En forme d'étoile ▸ **estrelado**

étoilement *nm* Fêlure en étoile ▸ **rachadura em forma de estrela**

étoiler *vt* Fêler en étoile: *étoiler un carreau* ▸ **rachar em forma de estrela**

étole *nf* **1** Ornement sacerdotal, formé d'une large bande ▸ **estola 2** Large écharpe de fourrure couvrant les épaules ▸ **estola**

étonnamment *adv* De façon étonnante ▸ **surpreendentemente**

étonnant, e *adj* Qui étonne; prodigieux, remarquable ▸ **surpreendente**

étonnement *nm* Vive surprise, stupéfaction ▸ **surpresa**

étonner *vt* Surprendre par quelque chose de singulier, d'inattendu; abasourdir, stupéfier ▸ **surpreender** ■ **cela m'étonnerait:** cela est peu probable ▸ **é pouco provável** ♦ **s'étonner** *vpr* [de] Être surpris de ▸ **surpreender-se**

étouffant, e *adj* **1** Qui fait qu'on étouffe; suffocant: *chaleur étouffante* ▸ **sufocante 2** Qui met mal à l'aise: *une atmosphère étouffante* ▸ **sufocante**

étouffe-chrétien *nm inv* FAM Aliment de consistance épaisse ou farineuse, difficile à avaler ▸ **comida pesada**

étouffée (à l') *loc adv ou loc adj* Mode de cuisson à la vapeur, dans un récipient bien clos; SYN: *à l'étuvée* ▸ **no vapor**

étouffement *nm* **1** Action de faire périr par asphyxie ▸ **sufocação 2** Grande difficulté à respirer; suffocation ▸ **sufocação**

étouffer *vt* **1** Faire perdre la respiration par asphyxie ▸ **sufocar 2** Gêner en rendant la respiration difficile: *chaleur qui étouffe* ▸ **sufocar 3** Éteindre en interceptant l'air: *étouffer un feu* ▸ **abafar 4** Amortir: *étouffer un bruit* ▸ **abafar 5** FIG Empêcher de se manifester, de se développer: *étouffer ses sanglots, un scandale* ▸ **abafar** ♦ *vi* **1** Respirer avec peine ▸ **sufocar 2** Être mal à l'aise ▸ **sufocar** ♦ **s'étouffer** *vpr* Perdre la respiration; mourir en s'asphyxiant ▸ **asfixiar-se**

étouffoir *nm* MUS Pièce de feutre qui arrête les vibrations des cordes du piano ▸ **abafador**

étoupe *nf* Rebut de la filasse ▸ **estopa**

étourderie *nf* **1** Caractère étourdi ▸ **desatino 2** Acte irréfléchi ▸ **desatino**

étourdi, e *adj et n* Qui agit sans réflexion ou qui oublie fréquemment ce qu'il devrait faire ▸ **desatinado**

étourdiment *adv* Inconsidérément ▸ **desatinadamente**

étourdir *vt* **1** Faire plus ou moins perdre conscience ▸ **atordoar 2** Fatiguer, importuner: *bruit qui étourdit* ▸ **atordoar 3** Causer une sorte de griserie: *le vin l'étourdit* ▸ **atordoar** ♦ **s'étourdir** *vpr* Se distraire pour éviter de penser ▸ **atordoar-se**

étourdissant, e *adj* **1** Qui étourdit ▸ **atordoador 2** FAM Extraordinaire, surprenant ▸ **estarrecedor**

étourdissement *nm* **1** État de trouble, de vertige ▸ **aturdimento 2** FIG, LITT griserie, légère ivresse ▸ **aturdimento**

étourneau *nm* **1** Oiseau de l'ordre des passereaux, tacheté de blanc, appelé aussi sansonnet ▸ **estorninho 2** FIG Jeune étourdi ▸ **estouvado**

étrange *adj* Qui a un caractère inhabituel; extraordinaire, bizarre ▸ **estranho**

étrangement *adv* D'une manière étrange; bizarrement, curieusement ▸ **estranhamente**

étranger, ère *adj et n* **1** Qui est d'une autre nation ▸ **estrangeiro 2** Qui n'appartient pas à un groupe, à une famille, à une ville ▸ **estrangeiro** ♦ *adj* **1** Qui n'appartient pas à la nation où on vit; qui concerne les rapports avec les autres nations: *langue étrangère; politique étrangère* ▸ **estrangeiro 2** Qui est sans relation, sans rapport avec: *détail étranger au sujet* ▸ **estranho 3** Qui n'est pas connu: *visage étranger* ▸ **estranho** ■ MÉD **corps étranger:** qui n'appartient pas à l'organisme où il se trouve ▸ **corpo estranho** ♦ *nm* Ensemble des pays autres que celui dont on est citoyen ▸ **estrangeiro**

étrangeté *nf* **1** Caractère de ce qui est étrange ▸ **estranheza 2** LITT Chose étrange ▸ **esquisitice**

étranglé, e *adj* Resserré, rétréci ▸ **estrangulado** ■ **voix étranglée:** à demi étouffée ▸ **voz estrangulada**

étranglement *nm* **1** Action d'étrangler ▸ **estrangulação 2** Resserrement accidentel ou naturel: *l'étranglement d'une vallée* ▸ **estrangulação** ■ **goulet d'étranglement** ou **goulot d'étranglement:** secteur de production dont l'insuffisance est une entrave pour l'ensemble du développement économique ▸ **zona de estrangulamento, gargalo**

étrangler *vt* **1** Faire perdre la respiration en serrant le cou: *l'assassin avait étranglé sa victime* ▸ **estrangular 2** Serrer, comprimer le cou: *col qui étrangle* ▸ **estrangular 3** FIG Empêcher de s'exprimer: *étrangler la presse* ▸ **reprimir** ♦ **s'étrangler** *vpr* Perdre momentanément la respiration, s'étouffer ▸ **sufocar-se**

étrangleur, euse *n* Personne qui étrangle ▸ **estrangulador**

étrave *nf* Prolongement de la quille formant l'avant d'un navire ▸ **roda de proa**

être[1] *vi* **1** Avoir une réalité; exister avec la qualité de: *il est bavard; la neige est blanche* ▸ **ser 2** Indique le lieu, la date, le moment, la manière, etc.: *il est en Angleterre; nous sommes le trois février* ▸ **estar ■ c'est, ce sont:** sert à présenter quelqu'un, quelque chose: *c'est moi* ▸ **é, são □ c'est à quelqu'un de** (+ inf): c'est à son tour de: *c'est à lui de jouer* ▸ **é a vez de alguém □ en être pour sa peine:** avoir perdu son temps, son énergie ▸ **perder tempo □ être à: (a)** appartenir à ▸ **ser de (b)** se trouver en tel lieu ▸ **estar em □ être de:** avoir telle origine, telle condition ▸ **ser de □ être en: (a)** se trouver en tel lieu, dans telle situation ▸ **estar em (b)** être vêtu en ▸ **estar com □ être pour, contre:** partisan de, opposé à ▸ **ser a favor, contra □ être sans:** manquer de ▸ **não ter □ n'être plus:** avoir cessé de vivre ▸ **morrer** ♦ *v auxil* Se construit avec le participe passé du verbe pour former les temps composés des verbes passifs et réfléchis de certains verbes intransitifs ▸ **Ø** ♦ *v impers* **1** Introduit le moment: *il est très tard* ▸ **ser 2** Il y a: *il était une fois* ▸ **haver, ser**

être[2] *nm* **1** Ce qui possède une existence: *les êtres humains* ▸ **ser 2** Personne, individu: *un être merveilleux* ▸ **ser 3** Le fait d'être, l'existence: *l'être et le non-être* ▸ **ser ■ l'Être suprême:** dieu ▸ **o ser supremo**

étreindre *vt (conj 55)* **1** Serrer fortement dans ses bras ▸ **estreitar 2** FIG Oppresser, tenailler: *émotion qui étreint* ▸ **apertar**

étreinte *nf* Action d'étreindre ▸ **abraço, aperto**

étrenne *nf* (surtout au pluriel) Présent ou gratification à l'occasion du jour de l'an ▸ **presente de ano-novo ■ avoir l'étrenne de quelque chose:** en avoir l'usage le premier ou pour la première fois ▸ **estrear alguma coisa**

étrenner *vt* Utiliser une chose pour la première fois ▸ **estrear**

étrier *nm* **1** Anneau en métal suspendu de chaque côté de la selle et sur lequel le cavalier appuie le pied ▸ **estribo 2** Partie de la fixation du ski qui maintient l'avant de la chaussure ▸ **fixação 3** Un des osselets de l'oreille interne ▸ **estribo 4** Lien de fer pour maintenir une poutre ▸ **estribo ■ avoir le pied à l'étrier: (a)** être prêt à partir ▸ **estar com o pé no estribo (b)** FIG être en bonne voie pour réussir ▸ **estar bem encaminhado □ vider les étriers:** tomber de cheval ▸ **cair do cavalo**

étrille *nf* **1** Instrument de fer pour nettoyer le poil des chevaux ▸ **almofaça 2** ZOOL Petit crabe comestible ▸ **caranguejo**

étriller *vt* **1** Frotter avec l'étrille ▸ **almofaçar 2** FIG Malmener, battre; critiquer ▸ **maltratar**

étriper *vt* **1** Retirer les tripes de ▸ **estripar 2** FAM Blesser sauvagement, à mort ▸ **estripar**

étriqué, e *adj* **1** Sans ampleur: *costume étriqué* ▸ **acanhado 2** FIG Mesquin, médiocre: *esprit étriqué* ▸ **mesquinho**

étrivière *nf* Courroie suspendant l'étrier à la selle ▸ **loro**

étroit, e *adj* **1** Qui a peu de largeur ▸ **estreito 2** FIG Borné, mesquin: *esprit étroit* ▸ **estreito 3** Intime: *étroite amitié* ▸ **estreito 4** Strict, rigoureux: *surveillance étroite* ▸ **estrito ■ à l'étroit:** trop serré ▸ **muito apertado**

étroitement *adv* **1** À l'étroit ▸ **estreitamente 2** FIG Intimement ▸ **estreitamente**

étroitesse *nf* Caractère de ce qui est étroit ▸ **estreiteza**

étron *nm* Matière fécale ▸ **cocô**

étrusque *adj et n* D'Étrurie ▸ **etrusco** ♦ *nm* La langue des Étrusques ▸ **etrusco**

étude *nf* **1** Application de l'esprit pour apprendre ou comprendre: *l'étude de la philosophie* ▸ **estudo 2** Travail préparatoire, examen de: *étude d'un projet; bureau d'études* ▸ **estudo 3** Essai, ouvrage didactique: *faire paraître une étude sur l'urbanisme* ▸ **estudo 4** Croquis, esquisse: *étude au fusain* ▸ **estudo 5** Dans un établissement scolaire, salle où les élèves font leur travail personnel; durée de ce travail ▸ **sala de estudo, horário de estudo 6** Charge et bureaux d'un notaire, d'un huissier, etc. ▸ **escritório ■** ÉCON **étude de marché:** analyse prévisionnelle des débouchés sur le marché d'un produit donné ▸ **pesquisa de mercado** ♦ **études** *pl* Ensemble des cours suivis dans un établissement scolaire ou universitaire: *faire ses études* ▸ **curso**

étudiant, e *n* Personne qui suit des études supérieures ▸ **universitário** ♦ *adj* Relatif aux étudiants: *la vie étudiante* ▸ **estudantil**

étudié, e *adj* **1** Préparé avec soin: *un discours étudié* ▸ **estudado 2** Qui n'est pas naturel: *des gestes étudiés* ▸ **estudado ■ prix étudié:** aussi bas que possible ▸ **preço módico**

étudier *vt* **1** Chercher à acquérir la connaissance de; apprendre: *étudier la musique; étudier une leçon* ▸ **estudar 2** Observer avec soin, examiner, analyser: *étudier un projet* ▸ **estudar** ♦ *vi* Faire ses études, travailler pour apprendre quelque chose ▸ **estudar** ♦ **s'étudier** *vpr* S'observer soi-même avec attention ▸ **estudar-se**

étui *nm* Boîte qui sert à contenir un objet: *étui à lunettes* ▸ **estojo**

étuvage *nm* Action d'étuver ► **estufagem, esterilização**
étuve *nf* **1** Local de bain où l'on élève la température pour faire transpirer ► **sauna 2** FAM Pièce où il fait très chaud ► **sauna 3** Appareil destiné à produire une température déterminée pour travailler un bois, stériliser des objets, etc. ► **estufa**
étuvée (à l') *loc adv ou loc adj* À l'étouffée ► **no vapor**
étuver *vt* Sécher ou chauffer dans une étuve ► **estufar, esterilizar**
étymologie *nf* **1** Étude scientifique de l'origine des mots ► **etimologia 2** Origine d'un mot ► **etimologia**

ORTHOGRAPHE Attention, *étymologie* s'écrit sans *h*, avec un *y*

étymologique *adj* Relatif à l'étymologie: *sens étymologique* ► **etimológico**
étymologiquement *adv* Sur le plan de l'étymologie ► **etimologicamente**
étymologiste *n* Spécialiste d'étymologie ► **etimologista**
eucalyptus [økaliptys] *nm* Grand arbre originaire d'Australie, dont les feuilles sont très odorantes ► **eucalipto**
eucharistie [økaristi] *nf* Sacrement qui, suivant la doctrine catholique, transforme le pain et le vin en corps et sang de Jésus-Christ ► **eucaristia**
eucharistique [økaristik] *adj* De l'eucharistie ► **eucarístico**
euclidien, enne *adj* Relatif à Euclide et à sa méthode ► **euclidiano ■ géométrie euclidienne:** qui repose sur le postulat des parallèles d'Euclide ► **geometria euclidiana**
eugénique *adj* Relatif à l'eugénisme ► **eugênico**
eugénisme *nm* Théorie et ensemble des méthodes qui visent à améliorer le patrimoine génétique des groupes humains ► **eugenia**
euh *interj* Marque l'étonnement, l'impatience, le doute ► **ah**
eunuque *nm* Homme castré ► **eunuco**
euphémique *adj* Qui tient de l'euphémisme ► **eufêmico**
euphémisme *nm* Choix d'un mot atténué pour remplacer un mot jugé trop cru, une expression jugée trop choquante ► **eufemismo**
euphonie *nf* Suite harmonieuse de sons dans une phrase ► **eufonia**
euphonique *adj* Qui produit l'euphonie ► **eufônico**
euphorbe *nf* Plante très commune, ayant un suc laiteux, employée en médecine ► **eufórbio**
euphorie *nf* Sensation intense de bien-être; sentiment de joie teinté d'une légère griserie ► **euforia**
euphorique *adj* En état d'euphorie; qui exprime l'euphorie ► **eufórico**
euphorisant, e *adj et nm* Qui provoque l'euphorie: *un médicament euphorisant* ► **euforizante**
eurasien, enne *adj et n* Métis d'Européen et d'Asiatique ► **eurasiático**
eurêka *interj* Mot grec signifiant «j'ai trouvé» et qui marque la satisfaction d'avoir trouvé la solution à un problème, à une difficulté ► **heureca**
euro *nm* Monnaie unique européenne, créée dans le cadre de l'Union économique et monétaire, divisée en 100 cents ► **euro**
eurocentrisme *nm* Analyse des faits d'un point de vue exclusivement européen ► **eurocentrismo**
eurocommunisme *nm* Doctrine qui vise à adapter le communisme aux pays d'Europe de l'Ouest ► **eurocomunismo**
eurocrate *n* (souvent péjoratif) Fonctionnaire d'une institution européenne ► **eurocrata**
eurodéputé *nm* Député au Parlement européen ► **eurodeputado**
eurodevise *nf* Devise européenne déposée dans un pays autre que celui où réside son possesseur ► **eurodivisa**
eurodollar *nm* Dollar américain placé à long terme en Europe ► **eurodólar**
européanisation *nf* Action d'européaniser; fait d'être européanisé ► **europeização**
européaniser *vt* Donner le caractère européen à ► **europeizar**
européen, enne *adj et n* **1** De l'Europe: *les pays européens; les Européens* ► **europeu 2** Favorable à la construction de l'Union européenne ► **favorável à União Europeia ■ élections européennes:** élections des eurodéputés ► **eleições europeias ♦ européennes** *nf pl* Élections européennes ► **eleições europeias**
eurosceptique *n et adj* Personne qui doute de la nécessité de la construction de l'Union européenne ► **eurocético**
eurythmie *nf* **1** Combinaison harmonieuse des lignes, des sons ► **eurritmia 2** MÉD Parfaite régularité du pouls ► **eurritmia**
eustatisme *nm* GÉOL Variation du niveau général des océans ► **eustasia**
euthanasie *nf* Usage des méthodes qui procurent une mort sans souffrance à une personne atteinte d'une maladie incurable et très douloureuse ► **eutanásia**
euthanasique *adj* Qui provoque l'euthanasie ou s'y rapporte ► **eutanásico**

eux *pron pers* Désigne la 3e personne du pluriel et s'emploie comme sujet pour insister, comme complément pour renforcer *les* ou après une préposition: *eux le savent; eux, je les aime bien; partir sans eux* ► **eles**

évacuateur, trice *adj* Qui sert à l'évacuation ► **evacuador** ◆ *nm* ■ **évacuateur des eaux:** déversoir d'un barrage en cas de crue ► **extravasor**

évacuation *nf* Action d'évacuer ► **evacuação**

évacuer *vt* **1** Faire sortir d'un endroit: *évacuer les blessés* ► **evacuar 2** Vider de ses occupants: *évacuer un théâtre* ► **evacuar 3** Expulser, rejeter à l'extérieur des matières nuisibles ou trop abondantes: *évacuer le pus d'un abcès* ► **evacuar**

évadé, e *adj et n* Qui s'est évadé ► **evadido**

évader (s') *vpr* **1** S'échapper d'un lieu ► **evadir-se 2** FIG Se soustraire à des contraintes, à des soucis ► **evadir-se**

évaluable *adj* Qui peut être évalué ► **avaliável**

évaluation *nf* Action d'évaluer ► **avaliação**

évaluer *vt* Apprécier, fixer la valeur, le prix, l'importance de: *évaluer une maison; évaluer une distance* ► **avaliar**

évanescent, e *adj* LITT Qui disparaît par degrés; fugitif: *ombre évanescente* ► **evanescente**

évangélique *adj* De l'Évangile; conforme à l'Évangile ► **evangélico** ◆ *n* Personne qui appartient à l'Église protestante évangélique ► **evangélico**

évangélisateur, trice *adj et n* Qui évangélise ► **evangelizador**

évangélisation *nf* Action d'évangéliser ► **evangelização**

évangéliser *vt* Prêcher l'Évangile ► **evangelizar**

évangélisme *nm* Doctrine de l'Église protestante évangélique ► **evangelismo**

évangéliste *nm* **1** Chacun des quatre écrivains sacrés qui ont écrit les Évangiles: saint Matthieu, saint Marc, saint Luc et saint Jean ► **evangelista 2** Dans certaines religions réformées, prédicateur laïc ► **evangelista**

évangile *nm* **1** (avec une majuscule) Message de Jésus-Christ; livre qui le contient ► **Evangelho 2** Partie des Évangiles lue à la messe ► **evangelho** ■ **parole d'évangile:** vérité absolue ► **evangelho**

évanouir (s') *vpr* **1** Perdre connaissance ► **desmaiar 2** FIG Disparaître, se dissiper ► **desvanecer**

évanouissement *nm* **1** Perte de connaissance ► **desmaio 2** FIG Action, fait de s'évanouir, de disparaître ► **desvanecimento**

évaporateur *nm* Appareil employé pour la dessiccation d'un produit ► **evaporador**

évaporation *nf* Transformation lente d'un liquide en vapeur ► **evaporação**

évaporé, e *adj et n* Étourdi, tête-en-l'air ► **evaporado**

évaporer *vt* Provoquer l'évaporation de ► **evaporar** ◆ **s'évaporer** *vpr* **1** Se transformer en vapeur par évaporation ► **evaporar-se 2** FIG Disparaître, se dissiper ► **evaporar-se**

évasé, e *adj* Qui va en s'élargissant: *jupe évasée* ► **alargado, rodado**

évasement *nm* Orifice ou sommet élargi ► **abertura alargada, rodada**

évaser *vt* Élargir une ouverture ► **alargar** ◆ **s'évaser** *vpr* S'ouvrir; être plus large à une extrémité ► **alargar-se**

évasif, ive *adj* Imprécis, vague; qui sert à éluder: *une réponse évasive* ► **evasivo**

évasion *nf* **1** Action de s'évader ► **evasão 2** FIG Distraction, changement ► **fuga**

évasivement *adv* D'une manière évasive: *il a répondu évasivement* ► **evasivamente**

évêché *nm* **1** Territoire soumis à l'autorité d'un évêque; SYN: *diocèse* ► **bispado 2** Siège, palais épiscopal ► **bispado**

évection *nf* ASTRON Inégalité périodique dans le mouvement de la Lune ► **evecção**

éveil *nm* **1** Action d'éveiller; fait de s'éveiller ► **despertar 2** Fait de sortir de son repos, de son engourdissement: *l'éveil de la nature* ► **despertar 3** Action de sensibiliser quelqu'un à quelque chose: *l'éveil de la sensibilité* ► **despertar** ■ **donner l'éveil:** attirer l'attention ► **dar o alerta** □ **en éveil:** sur ses gardes, attentif ► **alerta**

éveillé, e *adj* Vif, alerte ► **vivo**

éveiller *vt* **1** LITT Tirer du sommeil ► **despertar 2** Exciter, stimuler, provoquer une faculté, un sentiment: *éveiller l'attention* ► **despertar** ◆ **s'éveiller** *vpr* Cesser de dormir ► **acordar** ■ **s'éveiller à:** éprouver quelque chose pour la première fois: *s'éveiller à l'amour* ► **despertar para**

événement ou **évènement** *nm* **1** Ce qui arrive, se produit ► **acontecimento 2** Fait historique important ► **acontecimento** ■ **heureux événement:** naissance d'un enfant ► **nascimento** ◆ **événements** *pl* La situation générale, dans ce qu'elle a d'exceptionnel ► **acontecimentos**

événementiel, elle ou **évènementiel, elle** *adj* ► **factual** ■ **histoire événementielle:** qui se borne à la narration chronologique des événements ► **história factual** ◆ *nm* Ce qui concerne les événements, l'actualité ► **factual**

évent *nm* ZOOL Narine simple ou double des mammifères cétacés, par laquelle ils rejettent l'eau ► **espiráculo**

éventail (pl *éventails*) *nm* **1** Accessoire en tissu ou en papier servant à agiter l'air pour produire de la fraîcheur ► **leque 2** FIG Ensemble différencié de choses de même catégorie: *l'éventail des salaires* ► **leque**

éventaire *nm* **1** Étalage de marchandises à l'extérieur d'une boutique ► **banca 2** VIEILLI Plateau que certains marchands ambulants portaient devant eux pour présenter leur marchandise ► **tabuleiro**

éventé, e *adj* Altéré par l'air: *vin éventé* ► **alterado**

éventer *vt* Divulguer, révéler: *éventer un secret, un complot* ► **revelar** ♦ **s'éventer** *vpr* **1** Se rafraîchir à l'aide d'un éventail ► **abanar-se 2** Perdre de ses qualités par le contact de l'air: *parfum qui s'est éventé* ► **alterar-se**

éventration *nf* MÉD Rupture de la paroi musculaire de l'abdomen qui laisse les viscères en contact direct avec la peau ► **eventração**

éventrer *vt* **1** Ouvrir le ventre de ► **estripar 2** Défoncer, ouvrir largement: *éventrer un sac de blé* ► **rasgar**

éventreur *nm* Assassin qui tue en éventrant ► **estripador**

éventualité *nf* **1** Caractère de ce qui est éventuel ► **eventualidade 2** Fait qui peut se réaliser ► **eventualidade**

éventuel, elle *adj* Qui dépend des circonstances, qui est seulement de l'ordre du possible ► **eventual**

éventuellement *adv* D'une manière éventuelle; le cas échéant, s'il y a lieu ► **eventualmente**

évêque *nm* Dignitaire ecclésiastique ► **bispo**

évertuer (s') *vpr* [à] Faire des efforts pour, s'efforcer de ► **esforçar-se**

éviction *nf* Expulsion par force ou intrigue ► **evicção, afastamento** ■ **éviction scolaire:** durée légale pendant laquelle un enfant atteint d'une maladie contagieuse ne peut retourner à l'école ► **quarentena**

évidage *nm* Action d'évider ► **esvaziamento**

évidement *nm* **1** Action d'évider ► **esvaziamento 2** Partie évidée d'une pièce ► **cavidade**

évidemment [evidamɑ̃] *adv* D'une manière évidente; certainement, sans aucun doute ► **evidentemente**

évidence *nf* **1** Caractère de ce qui est évident: *se rendre à l'évidence* ► **evidência 2** Chose évidente ► **evidência** ■ **de toute évidence** ou **à l'évidence:** sûrement ► **evidentemente** □ **mettre en évidence:** rendre manifeste ► **evidenciar** □ **se mettre en évidence:** se faire remarquer ► **evidenciar-se**

évident, e *adj* D'une certitude facile à saisir; clair, manifeste ► **evidente** ■ FAM **ne pas être évident:** ne pas être facile à faire ► **não ser fácil**

évider *vt* **1** Enlever de la matière à un objet ► **esvaziar 2** Échancrer le contour de ► **escavar, tornar oco**

évier *nm* **1** Cuve munie d'une alimentation en eau et d'une vidange, et dans laquelle on lave en particulier la vaisselle ► **pia de cozinha 2** BELGIQUE Lavabo ► **pia**

évincement *nm* Action d'évincer; fait d'être évincé ► **afastamento**

évincer *vt (conj 1)* Mettre quelqu'un à l'écart, l'éloigner ► **afastar**

évitable *adj* Qui peut être évité ► **evitável**

évitement *nm* **1** PSYCHOL Action d'éviter ► **evitação 2** BELGIQUE Déviation de la circulation routière ► **desvio** ■ CH DE F **voie d'évitement:** voie doublant une voie principale permettant de garer un train ► **desvio, linha de resguardo**

éviter *vt* **1** Échapper, passer à côté; parer à ce qui peut être nuisible, désagréable: *éviter un obstacle; évitez qu'il ne vous parle* ► **evitar 2** Épargner à quelqu'un quelque chose de pénible ou de dangereux: *éviter une corvée à quelqu'un* ► **poupar 3** S'abstenir, se garder de: *éviter de parler; éviter le sel dans les aliments* ► **evitar 4** S'arranger pour ne pas rencontrer quelqu'un ► **evitar**

évocateur, trice *adj* Qui évoque ► **evocador**

évocation *nf* Action d'évoquer; ce qui est évoqué ► **evocação**

évolué, e *adj* Qui a atteint un certain degré de développement: *peuple évolué* ► **evoluído**

évoluer *vi* **1** Se modifier, se transformer progressivement; changer: *science qui évolue* ► **evoluir 2** Exécuter des évolutions: *patineur qui évolue sur la glace* ► **evoluir 3** SPORTS Pratiquer sa spécialité, particulièrement dans le cadre de compétitions: *golfeur qui évolue en classe internationale* ► **jogar**

évolutif, ive *adj* Qui est susceptible d'évoluer ou qui produit l'évolution ► **evolutivo**

évolution *nf* **1** Transformation graduelle et continuelle: *l'évolution des mœurs* ► **evolução 2** MÉD Succession des phases d'une maladie ► **evolução 3** Ensemble de mouvements coordonnés: *les évolutions d'un acrobate* ► **evolução 4** Mouvement d'ensemble exécuté par une troupe, des bateaux, des avions, des danseurs, etc. ► **evolução** ■ BIOL **théorie de l'évolution:** théorie des transformations successives qu'ont subies les êtres vivants ► **teoria da evolução**

évolutionnisme *nm* **1** Ensemble des théories visant à expliquer le mécanisme de l'évolution des êtres vivants ▸ **evolucionismo** **2** En sociologie, doctrine considérant que toute culture est le résultat d'un processus d'évolution ▸ **evolucionismo**

évolutionniste *adj et n* Partisan de l'évolutionnisme ▸ **evolucionista**

évoquer *vt* **1** Faire penser à; rappeler: *ce dessin évoque vaguement un personnage* ▸ **evocar** **2** Rappeler à la mémoire: *évoquer le passé* ▸ **evocar** **3** Faire mention, faire allusion: *évoquer une question* ▸ **evocar** **4** Faire apparaître par la magie: *évoquer un esprit* ▸ **evocar**

ex *n* FAM **1** Époux, épouse dont on est divorcé(e) ▸ **ex** **2** Personne avec qui on a eu une aventure ou avec qui on a vécu et dont on est séparé(e) ▸ **ex**

ex abrupto *loc adv* Brusquement, tout de go ▸ **ex abrupto**

exacerbation *nf* SOUT Exaspération d'un sentiment, d'une sensation, etc. ▸ **exacerbação**

exacerbé, e *adj* Qui est poussé à un point extrême: *égoïsme exacerbé* ▸ **exacerbado**

exacerber *vt* Rendre plus intense, plus fort: *exacerber la colère, le désir* ▸ **exacerbar**

exact, e [ɛgzakt] ou [ɛgza, akt] *adj* **1** Qui ne comporte pas d'erreur: *calcul exact* ▸ **exato** **2** Conforme à la logique, à la réalité: *prévisions exactes; copie exacte* ▸ **exato** **3** Ponctuel: *employé exact* ▸ **exato** ■ **les sciences exactes:** mathématiques, astronomie, sciences physiques ▸ **ciências exatas**

exactement *adv* **1** Avec exactitude ▸ **exatamente** **2** Précisément, rigoureusement ▸ **exatamente**

exaction *nf* SOUT Action d'une personne qui exige plus qu'il n'est dû en profitant de son pouvoir: *exaction commise par un fonctionnaire* ▸ **abuso, extorsão** ◆ **exactions** *pl* Actes de violence: *commettre des exactions* ▸ **abusos**

exactitude *nf* Qualité d'une personne ou d'une chose exacte, ponctuelle ▸ **exatidão**

ex aequo [ɛgzeko] *loc adv ou adj inv et n inv* Sur le même rang, à égalité: *deux ex aequo à une compétition* ▸ ***ex aequo***

exagération *nf* Action d'exagérer ▸ **exagero**

exagéré, e *adj* Où il y a de l'exagération ▸ **exagerado**

exagérément *adv* De façon exagérée ▸ **exageradamente**

exagérer *vt (conj 10)* Outrer, amplifier ▸ **exagerar** ◆ *vi* Aller au-delà de ce qui est juste, convenable, bienséant; abuser ▸ **exagerar**

exaltant, e *adj* Qui exalte, stimule ▸ **exaltante**

exaltation *nf* Fait de s'exalter, d'être exalté; excitation ▸ **exaltação**

exalté, e *adj et n* Enthousiaste, excité ▸ **exaltado**

exalter *vt* **1** Exciter, enflammer: *exalter l'imagination* ▸ **exaltar** **2** LITT Porter très haut, célébrer, glorifier: *exalter les mérites de sa bien-aimée* ▸ **exaltar** ◆ **s'exalter** *vpr* S'enthousiasmer ▸ **exaltar-se**

examen *nm* **1** Observation attentive: *examen d'un projet*: *examen médical* ▸ **exame, análise** **2** Épreuve subie par un candidat ▸ **exame, prova** ■ DR **mise en examen:** acte de procédure par lequel le juge d'instruction fait connaître à quelqu'un les faits qui lui sont reprochés ▸ **inculpação**

examinateur, trice *n* Personne qui est chargée de faire passer un examen à un candidat ▸ **examinador**

examiner *vt* **1** Faire l'examen de: *examiner un malade* ▸ **examinar** **2** Observer attentivement: *examiner une affaire* ▸ **examinar, analisar**

exanthème *nm* MÉD Éruption cutanée dans certaines maladies (rubéole, varicelle, etc.) ▸ **exantema**

exarchat [ɛgzarka] *nm* ANTIQ Gouvernement militaire byzantin que commandait un exarque ▸ **exarcado**

exarque *nm* **1** ANTIQ Gouverneur d'un exarchat ▸ **exarco** **2** Prélat de l'Église orientale qui a juridiction épiscopale ▸ **exarco**

exaspérant, e *adj* Qui irrite beaucoup ▸ **exasperante**

exaspération *nf* État de violente irritation ▸ **exasperação**

exaspérer *vt (conj 10)* Irriter vivement, énerver fortement ▸ **exasperar**

exaucement *nm* Action d'exaucer: *l'exaucement d'un vœu* ▸ **deferimento**

exaucer *vt (conj 1)* Satisfaire quelqu'un en lui accordant ce qu'il demande ▸ **deferir**

ex cathedra *loc adv* SOUT D'un ton doctoral, dogmatique ▸ ***ex cathedra***

excavateur *nm* ou **excavatrice** *nf* Appareil destiné à creuser le sol ▸ **escavadeira**

excavation *nf* **1** Action de creuser ▸ **escavação** **2** Trou creusé dans la terre ▸ **escavação**

excédant, e *adj* Qui excède ▸ **excedente**

excédent *nm* Quantité qui est en plus: *excédent de bagages* ▸ **excedente, excesso**

excédentaire *adj* En excédent ▸ **excedente**

excéder *vt (conj 10)* **1** Importuner, exaspérer ▸ **exasperar** **2** Dépasser, venir en plus: *la dépense excède les recettes* ▸ **exceder** **3** SOUT Aller au-delà de certaines limites; outrepasser: *excéder ses droits* ▸ **exceder**

excellemment *adv* D'une manière excellente ▸ **excelentemente**

excellence *nf* **1** Qualité de ce qui est excellent ► **excelência** **2** (avec une majuscule) Titre honorifique des ambassadeurs, ministres, évêques: *son Excellence* ► **Excelência** ■ **par excellence:** au plus haut point ► **por excelência**

excellent, e *adj* **1** Qui est à un degré éminent dans son genre: *excellent musicien; excellent repas*; très bon, parfait: *un plat excellent* ► **excelente** **2** Moralement bon: *un excellent homme* ► **excelente**

exceller *vi* Être supérieur en son genre, l'emporter sur les autres: *exceller en gymnastique* ► **exceler**

excentré, e *adj* Loin du centre: *quartier excentré* ► **excêntrico**

excentrer *vt* MÉCAN Déplacer le centre, l'axe: *roue excentrée* ► **descentrar**

excentricité *nf* Originalité, bizarrerie de caractère, extravagance; acte excentrique ► **excentricidade**

excentrique *adj* **1** Qui est situé loin du centre: *quartier excentrique* ► **excêntrico** **2** En opposition aux usages reçus; bizarre, extravagant: *conduite excentrique* ► **excêntrico** **3** MATH Se dit d'un cercle qui, renfermé dans un autre, n'a pas le même centre que ce dernier ► **excêntrico** ◆ *n* Personne originale ► **excêntrico**

excepté *prép* Hormis, à l'exception de, en dehors de: *tous, excepté lui* ► **exceto**

excepter *vt* Exclure du nombre de ► **excetuar**

exception *nf* **1** Action d'excepter ► **exceção** **2** Ce qui est exclu de la règle commune ► **exceção** ■ **à l'exception de:** excepté ► **com exceção de** □ **faire exception:** échapper à la règle ► **ser exceção**

exceptionnel, elle *adj* **1** Qui forme exception ► **excepcional** **2** Peu ordinaire, rare, inattendu ► **excepcional**

exceptionnellement *adv* D'une manière exceptionnelle ► **excepcionalmente**

excès *nm* **1** Ce qui dépasse la quantité normale, la mesure: *excès d'alcool; excès de vitesse* ► **excesso** **2** Dérèglement de conduite, abus ► **excesso** ■ **excès de langage:** propos discourtois ou injurieux ► **língua solta** ◆ *pl* Actes de violence, de démesure ► **excessos**

excessif, ive *adj* **1** Qui excède la mesure; exagéré: *une sévérité excessive* ► **excessivo** **2** Qui pousse les choses à l'excès: *il est toujours excessif dans ses jugements* ► **exagerado**

excessivement *adv* **1** Avec excès: *boire excessivement* ► **excessivamente** **2** À un très haut degré: *cela me déplaît excessivement* ► **excessivamente**

excipient *nm* Substance neutre dans laquelle on incorpore un médicament pour permettre son absorption ► **excipiente**

exciser *vt* MÉD Enlever, couper avec un instrument tranchant ► **excisar**

excision *nf* **1** MÉD Action d'exciser ► **excisão** **2** Ablation rituelle du clitoris chez certains peuples ► **clitoridotomia**

excitabilité *nf* Propriété de ce qui est excitable ► **excitabilidade**

excitable *adj* Qui peut être excité ► **excitável**

excitant, e *adj* LITT Qui excite ► **excitante** ◆ *nm* Substance propre à augmenter l'activité organique: *le café est un excitant* ► **excitante**

excitateur, trice *adj et n* LITT Qui excite ► **excitador**

excitation *nf* **1** Action d'exciter ► **excitação** **2** Encouragement, provocation: *excitation à la violence* ► **excitação** **3** Activité anormale, excessive de l'organisme ► **excitação**

excité, e *adj et n* Qui est énervé, agité ► **excitado**

exciter *vt* **1** Provoquer, faire naître: *exciter la colère* ► **excitar** **2** Stimuler, pousser: *exciter des combattants* ► **excitar** ◆ **s'exciter** *vpr* **1** S'énerver ► **excitar-se** **2** FAM S'enthousiasmer pour: *s'exciter sur un projet* ► **excitar-se**

exclamatif, ive *adj* Qui marque l'exclamation ► **exclamativo**

exclamation *nf* Cri de joie, de surprise, d'indignation, etc. ► **exclamação** ■ **point d'exclamation:** signe de ponctuation (!) placé après une exclamation ► **ponto de exclamação**

exclamer (s') *vpr* Pousser des cris ou des paroles de joie, de surprise, etc. ► **exclamar**

exclu, e *adj et n* **1** Qui a été rejeté, chassé d'un groupe ► **excluído** **2** Qui a été rejeté en marge de la société ► **excluído**

exclure *vt (conj 68)* **1** Renvoyer, mettre dehors: *exclure d'un parti, d'une salle* ► **excluir** **2** Ne pas compter dans un ensemble: *on a exclu cette hypothèse* ► **excluir** **3** Être incompatible avec: *cela exclut tout accord* ► **excluir** ■ **il n'est pas exclu que:** il est possible que ► **é possível que**

exclusif, ive *adj* **1** Qui appartient, par privilège spécial, à une ou à plusieurs personnes: *droit exclusif* ► **exclusivo** **2** Qui repousse tout ce qui est étranger: *amour exclusif* ► **exclusivista** **3** Absolu, de parti pris: *homme exclusif dans ses idées* ► **exclusivista**

exclusion *nf* **1** Action d'exclure ► **exclusão** **2** Marginalisation économique et sociale de certaines personnes ► **exclusão** ■ **à l'exclusion de:** à l'exception de ► **excluindo**

exclusive *nf* Mesure d'exclusion: *inviter tout le monde sans exclusive* ► **exclusão**

exclusivement *adv* De façon exclusive, uniquement: *il s'occupe exclusivement de lui* ▸ **exclusivamente**

exclusivité *nf* **1** Caractère exclusif de quelque chose ▸ **exclusividade 2** Droit exclusif de vendre une marchandise, de projeter un film, de publier un article: *film qui passe en exclusivité dans deux salles* ▸ **exclusividade**

excommunication *nf* **1** Censure ecclésiastique, qui exclut quelqu'un de la communion des fidèles ▸ **excomunhão 2** PAR EXT Exclusion d'un groupe ▸ **excomunhão**

excommunié, e *adj et n* Frappé d'excommunication ▸ **excomungado**

excommunier *vt* **1** Rejeter hors de l'Église ▸ **excomungar 2** Rejeter hors d'un groupe ▸ **excomungar**

excoriation *nf* Légère écorchure ▸ **escoriação**

excorier *vt* Écorcher légèrement la peau ▸ **escoriar**

excrément *nm* Matière évacuée du corps par les voies naturelles (matières fécales, urine) ▸ **excremento**

excrémentiel, elle *adj* De la nature de l'excrément ▸ **excrementício**

excréter *vt (conj 10)* Éliminer hors de l'organisme ▸ **excretar**

excréteur, trice *adj* Qui sert à excréter: *conduit excréteur* ▸ **excretor**

excrétion *nf* Élimination par l'organisme de certaines substances (urine, bile, sueur, etc.) ▸ **excreção**

excrétoire *adj* Qui se rapporte à l'excrétion ▸ **excretor**

excroissance *nf* **1** Tumeur externe ▸ **excrescência 2** Protubérance qui apparaît à la surface de quelque chose ▸ **excrescência**

excursion *nf* Voyage ou promenade d'agrément ▸ **excursão**

excursionniste *n* Personne qui fait une excursion ▸ **excursionista**

excusable *adj* Qui peut être excusé, pardonné ▸ **desculpável**

excuse *nf* **1** Raison alléguée pour se disculper, ou pour disculper autrui: *fournir une excuse* ▸ **desculpa 2** Raison invoquée pour se soustraire à une obligation: *il a trouvé une bonne excuse pour ne rien faire* ▸ **desculpa** ♦ **excuses** *pl* Paroles ou écrits exprimant le regret d'avoir offensé ▸ **desculpas**

excuser *vt* **1** Disculper quelqu'un d'une faute: *veuillez m'excuser* ▸ **desculpar 2** Pardonner: *excuser un oubli* ▸ **desculpar 3** Servir d'excuse: *rien ne peut vous excuser* ▸ **desculpar** ♦ **s'excuser** *vpr* Alléguer des raisons pour se justifier ▸ **desculpar-se**

exécrable *adj* **1** Détestable ▸ **execrável 2** Très mauvais ▸ **execrável**

exécration *nf* LITT Sentiment d'horreur extrême: *crime qui suscite l'exécration* ▸ **execração**

exécrer *vt (conj 10)* LITT Avoir en horreur, détester ▸ **execrar**

exécutable *adj* Qui peut être exécuté, réalisable: *travail exécutable* ▸ **executável**

exécutant, e *n* **1** Personne qui exécute une tâche, un ordre ▸ **executor 2** Personne qui joue un morceau de musique dans un concert ▸ **executante**

exécuter *vt* **1** Accomplir, réaliser: *exécuter un travail* ▸ **executar 2** Mener à bien: *exécuter un tableau* ▸ **executar 3** Jouer un morceau de musique: *exécuter une sonate* ▸ **executar** ▪ **exécuter un condamné:** le mettre à mort ▸ **executar um condenado** ♦ **s'exécuter** *vpr* Se résoudre à faire quelque chose ▸ **decidir-se**

exécuteur, trice *n* ▸ **executor** ▪ **exécuteur testamentaire:** celui que le testateur a chargé de l'exécution de son testament ▸ **executor testamentário** □ ANC **l'exécuteur des hautes œuvres:** le bourreau ▸ **carrasco**

exécutif, ive *adj* ▸ **executivo** ▪ **pouvoir exécutif:** chargé d'appliquer les lois ▸ **poder executivo** ♦ *nm* Le pouvoir exécutif ▸ **executivo**

exécution *nf* **1** Action, manière d'exécuter, de réaliser ▸ **execução 2** Manière d'interpréter une œuvre musicale ▸ **execução 3** DR Accomplissement d'une obligation, d'un jugement ▸ **execução** ▪ **exécution capitale:** mise à mort d'un condamné ▸ **execução (capital)**

exécutoire *adj* DR Qui donne pouvoir de procéder à une exécution: *un décret immédiatement exécutoire* ▸ **executório**

exégèse *nf* Interprétation, explication d'un texte ▸ **exegese**

exemplaire *adj* Qui peut servir d'exemple, de leçon: *conduite, punition exemplaire* ▸ **exemplar** ♦ *nm* Chacun des objets reproduits en série selon un même type ▸ **exemplar**

exemplairement *adv* De façon exemplaire ▸ **exemplarmente**

exemplarité *nf* Caractère de ce qui est exemplaire ▸ **exemplaridade**

exemple *nm* **1** Personne ou chose qui peut servir de modèle: *donner en exemple* ▸ **exemplo 2** Ce qui peut servir de leçon, d'avertissement: *que cela serve d'exemple!* ▸ **exemplo 3** Fait, texte cité à l'appui de: *ceci est un exemple de sa cruauté* ▸ **exemplo 4** Phrase ou mot qui éclaire une règle, une définition: *les exemples sont en italique* ▸ **exemplo** ▪ **par exemple:** pour confirmer ce qui vient d'être dit ▸ **por exemplo** ◆ *interj* ▪ FAM **par exemple!**: marque la surprise ▸ **ora essa!**

exemplifier *vt* Illustrer un propos par des exemples ▸ **exemplificar**

exempt, e [ɛgzɑ̃, ɑ̃t] *adj* **1** Non assujetti à une obligation: *exempt de service* ▸ **isento 2** Qui est à l'abri de: *exempt de risques* ▸ **isento**

exempté, e [ɛgzɑ̃te] *adj et n* Dispensé de ▸ **isento**

exempter [ɛgzɑ̃te] *vt* Rendre exempt, dispenser d'une charge ▸ **isentar**

exemption [ɛgzɑ̃psjɔ̃] *nf* Dispense ▸ **isenção**

exercé, e *adj* Devenu habile à la suite d'exercices: *oreille exercée* ▸ **treinado**

exercer *vt (conj 1)* **1** Soumettre à un entraînement méthodique, habituer à: *exercer un enfant au calcul; exercer sa mémoire* ▸ **exercitar, treinar 2** Pratiquer, faire usage de: *exercer le pouvoir, une fonction* ▸ **exercer 3** Pratiquer une profession: *exercer la médecine* ▸ **exercer 4** Mettre à l'épreuve: *exercer sa patience* ▸ **pôr à prova 5** Agir, influer sur: *exercer une action bienfaisante* ▸ **exercer** ◆ **s'exercer** *vpr* **1** S'entraîner à: *s'exercer au tir à l'arc* ▸ **treinar 2** LITT Se manifester, agir: *ses qualités n'ont pas eu la possibilité de s'exercer* ▸ **agir**

exercice *nm* **1** Action d'exercer, de s'exercer: *l'exercice de la mémoire; l'exercice de la médecine* ▸ **exercício 2** Travail donné à des élèves en application des cours ▸ **exercício 3** Dépense physique, activité sportive: *faire de l'exercice* ▸ **exercício 4** FINANCES Période comprise entre deux inventaires comptables ou deux budgets ▸ **exercício** ▪ **entrer en exercice:** entrer en fonctions ▸ **entrar em exercício**

exérèse *nf* CHIR Opération par laquelle on retranche du corps humain ce qui lui est étranger ou nuisible (tumeur, calcul, etc.) ▸ **exérese**

exergue *nm* Inscription mise en bas d'une médaille, en tête d'un ouvrage: *le chapitre porte en exergue deux vers de Baudelaire* ▸ **exergo, epígrafe**

exfoliant, e *adj* Qui provoque une exfoliation de la peau: *gel douche exfoliant* ▸ **esfoliante**

exfoliation *nf* Chute, détachement des parties mortes de l'épiderme sous forme de lamelles ▸ **esfoliação**

exfolier *vt* Séparer par lames minces et superficielles: *exfolier des ardoises* ▸ **esfoliar**

exhalaison *nf* Gaz, vapeur, odeur qui s'exhale d'un corps ▸ **exalação**

exhalation *nf* Action d'exhaler ▸ **exalação**

exhaler *vt* **1** Répandre des vapeurs, des odeurs: *fleurs qui exhalent une odeur agréable* ▸ **exalar 2** LITT Donner libre cours à, exprimer: *exhaler sa colère* ▸ **exalar** ◆ **s'exhaler** *vpr* Se répandre dans l'atmosphère ▸ **exalar-se**

exhausser *vt* Augmenter en hauteur, rendre plus élevé: *exhausser une maison d'un étage* ▸ **altear**

exhaustif, ive *adj* Qui traite à fond un sujet; complet: *une étude exhaustive* ▸ **exaustivo**

exhaustivement *adv* De manière exhaustive ▸ **exaustivamente**

exhaustivité *nf* Caractère de ce qui est exhaustif ▸ **exaustividade**

exhiber *vt* **1** Présenter: *exhiber un passeport* ▸ **exibir 2** FIG Faire étalage de: *exhiber ses décorations* ▸ **exibir** ◆ **s'exhiber** *vpr* Se montrer avec ostentation; s'afficher ▸ **exibir-se**

exhibition *nf* **1** Action d'exhiber ▸ **exibição 2** Action de faire un étalage impudent de: *exhibition d'un luxe révoltant* ▸ **exibição**

exhibitionnisme *nm* **1** Perversion qui pousse à exhiber ses organes génitaux ▸ **exibicionismo 2** FIG Fait d'afficher en public des idées, des sentiments ou des actes qu'on devrait tenir secrets ▸ **exibicionismo**

exhibitionniste *n* Personne qui pratique l'exhibitionnisme ▸ **exibicionista**

exhortation *nf* Encouragement ▸ **exortação**

exhorter *vt* Inciter, encourager: *exhorter à la patience* ▸ **exortar**

exhumation *nf* Action d'exhumer ▸ **exumação**

exhumer *vt* **1** Tirer de la sépulture, déterrer ▸ **exumar 2** FIG Tirer de l'oubli ▸ **exumar**

exigeant, e *adj* Qui exige beaucoup des autres ou de soi-même; qui est difficile à contenter ▸ **exigente**

exigence *nf* **1** Ce qu'une personne exige, réclame à une autre ou à soi-même ▸ **exigência 2** Caractère d'une personne exigeante ▸ **exigência 3** Nécessité, obligation: *les exigences du métier* ▸ **exigência**

exiger *vt (conj 2)* **1** Demander, réclamer en vertu d'un droit ou par force ▸ **exigir 2** FIG Nécessiter: *exiger des soins* ▸ **exigir**

exigibilité *nf* Caractère de ce qui est exigible: *exigibilité d'une dette* ▸ **exigibilidade**

exigible *adj* Qui peut être exigé ▸ **exigível**

exigu, ë *adj* Très petit, très étroit ▸ **exíguo**

exiguïté *nf* Petitesse, étroitesse ▸ **exiguidade**

exil *nm* **1** Expulsion de quelqu'un hors de sa patrie; lieu où il réside à l'étranger ▸ **exílio 2** Séjour hors de sa région, de sa ville d'origine, en un lieu où l'on se sent comme étranger ▸ **exílio**

exilé, e *n* Personne condamnée à l'exil, ou qui vit dans l'exil ▸ **exilado**

exiler *vt* **1** Envoyer en exil, proscrire ▸ **exilar**

2 PAR EXT Éloigner d'un lieu ▸ **exilar** ♦ **s'exiler** *vpr* 1 Quitter volontairement sa patrie ▸ **exilar-se** 2 Se retirer pour vivre à l'écart ▸ **exilar-se**

existant, e *adj* Qui existe actuellement ▸ **existente**

existence *nf* **1** Le fait d'exister: *prouver l'existence de quelque chose* ▸ **existência 2** Vie humaine; sa durée: *finir son existence* ▸ **existência 3** Manière de vivre: *une existence paisible* ▸ **existência 4** Durée de quelque chose: *ce journal a trois mois d'existence* ▸ **existência**

existentialisme *nm* Doctrine philosophique d'après laquelle l'homme se définit lui-même en agissant ▸ **existencialismo**

existentialiste *adj et n* Relatif à l'existentialisme; qui y adhère ▸ **existencialista**

existentiel, elle *adj* Relatif à l'existence ▸ **existencial**

exister *vi* **1** Être actuellement en vie; vivre: *les dinosaures n'existent plus* ▸ **existir 2** Être en réalité; durer: *une nation ne peut exister sans lois* ▸ **existir 3** Être important; compter: *cet échec n'existait pas pour lui* ▸ **importar** ▪ **il existe:** il y a: *il existe des solutions* ▸ **existe**

ex-libris [ɛkslibris] *nm inv* Vignette que les bibliophiles collent au revers des reliures de leurs livres, et qui porte leur nom ou leur devise ▸ **ex-libris**

exocet [ɛgzɔsɛ] *nm* Poisson volant ▸ **peixe-voador**

Exocet [ɛgzɔsɛt] *nm inv* (nom déposé) MIL Missile français destiné à détruire des navires ▸ ***Exocet***

exocrine *adj* ▸ **exócrino** ▪ ANAT **glande exocrine:** qui déverse son produit de sécrétion sur la peau ou dans une cavité naturelle; CONTR: *endocrine* ▸ **glândula exócrina**

exode *nm* **1** Émigration en masse d'un peuple ▸ **êxodo 2** Départ en grand nombre: *exode rural* ▸ **êxodo**

exogène *adj* Qui provient de l'extérieur ▸ **exógeno** ▪ **roche exogène:** formée à la surface de la Terre; CONTR: *endogène* ▸ **rocha exógena**

exonération *nf* Action d'exonérer; fait d'être exonéré: *exonération d'impôts* ▸ **exoneração**

exonérer *vt (conj 10)* Dispenser d'une charge, d'une obligation, notamment fiscale ▸ **exonerar**

exophtalmique *adj* MÉD Qui fait sortir les yeux: *goitre exophtalmique* ▸ **exoftálmico**

exoplanète *nf* ASTRON Planète extrasolaire ▸ **exoplaneta**

exorbitant, e *adj* Excessif, abusif: *prix exorbitant* ▸ **exorbitante**

ORTHOGRAPHE *Exorbitant* s'écrit sans *h*, contrairement à *exhorter*

exorbité, e *adj* ▸ **exorbitado** ▪ **yeux exorbités:** qui semblent sortir de leurs orbites ▸ **olhos arregalados**

exorciser *vt* Délivrer quelqu'un du démon par des pratiques religieuses particulières ▸ **exorcizar** ▪ **exorciser un mal:** le chasser, s'en protéger ▸ **exorcizar um mal**

exorcisme *nm* Pratique religieuse, prière pour exorciser ▸ **exorcismo**

exorciste *n* Personne qui exorcise ▸ **exorcista**

exoréisme *nm* GÉOGR Caractère des régions dont les eaux courantes rejoignent la mer ▸ **exorreísmo**

exothermique *adj* Qui dégage de la chaleur ▸ **exotérmico**

exotique *adj* Qui appartient à un pays étranger, qui en provient ▸ **exótico**

exotisme *nm* Caractère de ce qui est exotique ▸ **exotismo**

expansé, e *adj* Se dit d'une matière à laquelle on a fait subir une augmentation de volume ▸ **expandido**

expansible *adj* Capable d'expansion ▸ **expansível**

expansif, ive *adj* **1** Qui aime à s'épancher, à communiquer ses sentiments ▸ **expansivo 2** Qui peut se dilater ▸ **expansivo**

expansion *nf* **1** Développement: *expansion des gaz; expansion coloniale* ▸ **expansão 2** LITT, FIG tendance à communiquer ses sentiments ▸ **expansão** ▪ **expansion économique:** accroissement du revenu national ▸ **expansão econômica**

expansionnisme *nm* **1** Attitude politique visant à l'expansion d'un pays au-delà de ses limites ▸ **expansionismo 2** Accroissement de la puissance économique d'un pays, encouragé par l'État ▸ **expansionismo**

expansionniste *adj et n* Qui relève de l'expansionnisme; qui en est partisan ▸ **expansionista**

expatriation *nf* Action d'expatrier; fait de s'expatrier ▸ **expatriação**

expatrié, e *adj et n* Qui a quitté sa patrie ▸ **expatriado**

expatrier *vt* Obliger à quitter sa patrie ▸ **expatriar** ♦ **s'expatrier** *vpr* Quitter sa patrie ▸ **expatriar-se**

expectative *nf* Attente: *être dans l'expectative* ▸ **expectativa**

expectorant, e *adj et nm* Se dit d'un médicament qui permet l'expectoration: *sirop expectorant* ▸ **expectorante**

expectoration *nf* Crachat provenant des bronches ▸ **expectoração**

expectorer *vt* Rejeter par la bouche des substances provenant des bronches et des poumons ► **expectorar**

expédient *nm* Moyen propre à se tirer momentanément d'embarras, sans résoudre vraiment la difficulté: *vivre d'expédients* ► **expediente**

expédier *vt* **1** Envoyer: *expédier une lettre* ► **expedir 2** Se débarrasser de: *expédier un importun; expédier un travail* ► **expedir 3** DR Délivrer copie conforme de: *expédier un contrat de mariage* ► **expedir**

expéditeur, trice *n et adj* Personne qui fait un envoi ► **expedidor**

expéditif, ive *adj* **1** Qui agit promptement ► **expedito 2** Qui permet de faire vite: *des procédés expéditifs* ► **rápido**

expédition *nf* **1** Action d'expédier; chose expédiée ► **expedição 2** Voyage scientifique ou touristique ► **expedição 3** Opération militaire comportant un envoi de troupes vers un pays éloigné ► **expedição**

expéditionnaire *n* Celui ou celle qui est chargé(e) de l'expédition de marchandises ► **expedidor** ♦ *adj* ■ **corps expéditionnaire:** ensemble de troupes envoyées en expédition militaire ► **corpo expedicionário**

expérience *nf* **1** Essai, épreuve, dans le but de vérifier ou de démontrer quelque chose: *faire une expérience* ► **experiência 2** Connaissance acquise par la pratique, par l'observation: *avoir de l'expérience* ► **experiência**

expérimental, e, aux *adj* Fondé sur l'expérience ► **experimental**

expérimentalement *adv* De façon expérimentale ► **experimentalmente**

expérimentateur, trice *n et adj* Personne qui fait des expériences ► **experimentador**

expérimentation *nf* Action d'expérimenter ► **experimentação**

expérimenté, e *adj* Instruit par l'expérience ► **experimentado**

expérimenter *vt* Soumettre à des expériences ► **experimentar**

expert, e *adj* Qui connaît très bien quelque chose grâce à une très longue pratique ► ***expert*** ♦ *n* **1** Personne apte à juger de quelque chose; connaisseur ► ***expert*** **2** Spécialiste chargé d'apprécier, de vérifier, de constater: *faire venir un expert pour authentifier un tableau* ► **perito**

expert-comptable (pl *experts-comptables*) *nm* Personne dont le métier consiste à vérifier, contrôler une comptabilité ► **perito-contador**

expertise *nf* Visite et opération d'un expert; son rapport ► ***expertise*, peritagem**

expertiser *vt* Faire l'expertise de ► **peritar**

expiable *adj* Qui peut être expié ► **expiável**

expiation *nf* Action d'expier; peine, châtiment ► **expiação**

expiatoire *adj* Qui sert à expier ► **expiatório**

expier *vt* Subir une peine, un châtiment, en réparation d'une faute, d'un crime: *il expiera sa faute en prison* ► **expiar**

expiration *nf* **1** Action de chasser hors de la poitrine l'air inspiré ► **expiração 2** Fin d'un délai: *expiration d'un bail* ► **expiração**

expirer *vt* Rejeter l'air contenu dans les poumons ► **expirar** ♦ *vi* **1** LITT Mourir ► **expirar 2** Arriver à son terme, prendre fin: *passeport qui expire fin mars* ► **expirar**

explétif, ive *adj et nm* GRAMM Se dit d'un mot qui n'est pas nécessaire au sens de la phrase, ou qui n'est pas exigé par la syntaxe (EX: *ne* dans *je crains qu'il ne vienne*) ► **expletivo**

explicable *adj* Qu'on peut expliquer ► **explicável**

explicatif, ive *adj* Qui explique ► **explicativo**

explication *nf* Développement destiné à éclaircir, à faire comprendre, à démontrer quelque chose: *explication de texte* ► **explicação** ■ **avoir une explication avec quelqu'un:** lui demander de rendre compte de sa conduite ► **tirar satisfação com alguém**

explicitation *nf* Action d'expliciter ► **explicitação**

explicite *adj* Dit clairement, sans équivoque: *une réponse explicite* ► **explícito**

explicitement *adv* De façon explicite ► **explicitamente**

expliciter *vt* Rendre explicite, éclairer: *expliciter sa pensée* ► **explicitar**

expliquer *vt* **1** Faire comprendre par un développement parlé ou écrit, ou par des gestes ► **explicar 2** Commenter, faire connaître en détail quelque chose ► **explicar 3** Être la raison, la cause de: *la maladie explique son absence* ► **explicar** ♦ **s'expliquer** *vpr* **1** Faire comprendre sa pensée ► **explicar-se 2** Avoir une discussion avec quelqu'un: *elle tient à s'expliquer avec lui directement* ► **explicar-se 3** Comprendre la raison de: *je m'explique mal sa présence ici* ► **compreender 4** FAM Se battre pour résoudre un différend ► **brigar**

exploit *nm* Action d'éclat, de bravoure ► **façanha**

exploitable *adj* Qui peut être exploité ► **explorável**

exploitant, e *n et adj* Personne qui met en valeur un terrain de culture ou tout autre bien productif: *exploitant d'une salle de cinéma* ► **explorador**

exploitation *nf* **1** Action d'exploiter, de mettre quelque chose en valeur ▸ **exploração 2** Affaire qu'on exploite: *exploitation agricole* ▸ **exploração 3** Action d'abuser à son profit: *exploitation de l'homme par l'homme* ▸ **exploração**

exploité, e *adj et n* Se dit d'une personne dont on tire un profit abusif ▸ **explorado**

exploiter *vt* **1** Faire valoir une chose, en tirer du profit: *exploiter une ferme* ▸ **explorar 2** Tirer parti de: *exploiter la situation* ▸ **explorar 3** Profiter abusivement de quelqu'un: *exploiter un employé* ▸ **explorar**

exploiteur, euse *n* **1** Personne qui exploite quelque chose à son profit ▸ **explorador 2** Personne qui tire un profit illégitime du travail d'autrui ▸ **explorador**

explorateur, trice *n* **1** Personne qui fait un voyage de découverte dans un pays lointain, une région inconnue ▸ **explorador 2** FIG Personne qui se livre à des recherches dans un domaine particulier ▸ **explorador**

exploration *nf* Action d'explorer ▸ **exploração**

exploratoire *adj* Qui tend à explorer: *des conversations exploratoires* ▸ **exploratório**

explorer *vt* **1** Parcourir un lieu inconnu ou peu connu en l'étudiant avec soin ▸ **explorar 2** FIG Étudier, examiner une question dans le détail ▸ **explorar**

exploser *vi* **1** Faire explosion, éclater violemment: *bombe qui explose* ▸ **explodir 2** Se manifester brusquement: *sa joie a explosé* ▸ **explodir 3** FAM Croître brutalement: *les prix ont explosé* ▸ **explodir**

explosif, ive *adj* **1** Susceptible d'exploser: *mélange explosif* ▸ **explosivo 2** FIG Critique, tendu: *situation explosive* ▸ **explosivo** ♦ *nm* Substance, corps apte à exploser ▸ **explosivo**

explosion *nf* **1** Action d'exploser, d'éclater violemment: *l'explosion d'une bombe* ▸ **explosão 2** FIG Manifestation soudaine: *explosion de colère* ▸ **explosão 3** Accroissement brutal d'un phénomène: *l'explosion démographique* ▸ **explosão**

expo *nf* (abréviation) FAM Exposition ▸ **expo**

exponentiel, elle *adj* FIG Rapide et continu: *croissance exponentielle* ▸ **exponencial**

exportable *adj* Qui peut être exporté ▸ **exportável**

exportateur, trice *adj et n* Qui exporte ▸ **exportador**

exportation *nf* Action d'exporter; ce qui est exporté ▸ **exportação**

exporter *vt* Transporter et vendre à l'étranger des produits nationaux ▸ **exportar**

exposant, e *n* Personne qui présente des œuvres, des produits, dans une exposition ▸ **expositor** ♦ *nm* MATH Nombre qui indique à quelle puissance est élevée une quantité ▸ **expoente**

exposé[1] *nm* Développement écrit ou oral dans lequel on présente des faits, des idées ▸ **exposição**

exposé[2], e *adj* Qui offre un terrain propice à certains dangers; à risque: *dépistage systématique chez les populations exposées* ▸ **exposto**

exposer *vt* **1** Mettre en vue, placer dans un lieu d'exposition: *exposer des tableaux* ▸ **expor 2** Orienter, disposer d'une certaine façon: *maison exposée au midi* ▸ **expor 3** Expliquer: *exposer un système* ▸ **expor 4** Mettre en péril, en danger: *exposer sa vie* ▸ **expor** ♦ **s'exposer** *vpr* Courir un risque: *s'exposer aux critiques* ▸ **expor-se**

exposition *nf* **1** Action d'exposer, de présenter à un public; lieu où l'on expose: *exposition de peinture; exposition universelle* ▸ **exposição 2** Orientation: *exposition au soleil* ▸ **exposição 3** Partie initiale d'une œuvre littéraire ou musicale ▸ **exposição** ■ PHOT **temps d'exposition:** temps de pose ▸ **tempo de exposição**

exprès[1] [ɛksprɛ] *adv* À dessein, intentionnellement ▸ **de propósito** ■ **fait exprès:** coïncidence plus ou moins fâcheuse ▸ **azar**

exprès[2], esse [ɛksprɛs] *adj* Précis, formel: *défense expresse* ▸ **expresso** ♦ *adj inv et nm* ■ **lettre exprès, colis exprès:** remis rapidement au destinataire ▸ **carta expressa, pacote expresso**

express[1] [ɛksprɛs] *adj et nm* Qui assure une liaison rapide: *voie express* ▸ **expresso** ■ **train express** ou **express:** train à vitesse accélérée ne desservant que les gares principales ▸ **(trem) expresso**

express[2] [ɛksprɛs] *adj et nm* Café concentré ▸ ***espresso***

expressément *adv* En termes clairs et précis ▸ **expressamente**

expressif, ive *adj* Qui exprime avec force une pensée, un sentiment, une émotion: *un geste expressif; un regard expressif* ▸ **expressivo**

expression *nf* **1** Manifestation de la pensée, du sentiment, du talent, etc., par le langage: *liberté d'expression* ▸ **expressão 2** Tournure, locution: *expression figée* ▸ **expressão 3** Ensemble des signes extérieurs qui traduisent un sentiment, une émotion, etc.: *expression de la joie* ▸ **expressão** ■ **réduire à sa plus simple expression: (a)** ramener à très peu de chose ▸ **reduzir à expressão mais simples (b)** supprimer totalement ▸ **reduzir à expressão mais simples**

expressionnisme *nm* Tendance artistique et littéraire du xxe s. qui s'attache à l'intensité de l'expression ▸ **expressionismo**
expressionniste *adj et n* Qui relève de l'expressionnisme ▸ **expressionista**
expressivité *nf* Caractère de ce qui est expressif ▸ **expressividade**
expresso *nm* Café express ▸ ***espresso***
exprimable *adj* Qui peut être exprimé ▸ **exprimível**
exprimer *vt* Manifester par le langage, les actes, les traits du visage, etc. ▸ **exprimir** ♦ **s'exprimer** *vpr* Formuler sa pensée ▸ **exprimir-se**
expropriation *nf* Action d'exproprier ▸ **expropriação**
exproprié, e *adj et n* Qui fait l'objet d'une mesure d'expropriation ▸ **expropriado**
exproprier *vt* Retirer la propriété d'un bien par des moyens légaux ▸ **expropriar**
expulser *vt* **1** Chasser quelqu'un d'un lieu par la force ou par une décision administrative ou judiciaire ▸ **expulsar 2** Évacuer, rejeter de l'organisme: *expulser des crachats* ▸ **expulsar**
expulsion *nf* Action d'expulser ▸ **expulsão**
expurgation *nf* Action d'expurger ▸ **expurgação**
expurger *vt (conj 2)* Retrancher d'un texte ce que l'on juge contraire à la morale, aux convenances ▸ **expurgar**
exquis, e *adj* Particulièrement délicieux ou agréable: *un gâteau exquis; un temps exquis* ▸ **primoroso**
exsangue [ɛksɑ̃g] ou [ɛgzɑ̃g] *adj* Qui a perdu beaucoup de sang; qui est très pâle ▸ **exangue**
ORTHOGRAPHE Après le *x* du préfixe *ex-*, il faut garder le *s* du radical *sang-*
exsudation *nf* Suintement pathologique ▸ **exsudação**
extase *nf* **1** État d'une personne qui se trouve comme transportée hors du monde sensible ▸ **êxtase 2** Vive admiration: *être en extase devant un paysage* ▸ **êxtase**
extasié, e *adj* Rempli d'admiration ▸ **extasiado**
extasier (s') *vpr* Manifester son admiration ▸ **extasiar-se**
extatique *adj* LITT Causé par l'extase: *transport, joie extatique* ▸ **extático**
extenseur *adj et nm* Qui provoque l'extension d'un segment de membre: *muscle extenseur* ▸ **extensor** ♦ *nm* Appareil de gymnastique servant à développer les muscles ▸ **extensor**
extensibilité *nf* Propriété d'un corps extensible ▸ **extensibilidade**
extensible *adj* Qui peut être étendu, allongé ▸ **extensível**
extensif, ive *adj* Qui produit une extension ▸ **extensivo** ▪ **culture extensive:** pratiquée sur de grandes surfaces avec un rendement faible ▸ **cultura extensiva**
extension *nf* **1** Action d'étendre, de s'étendre: *l'extension du bras* ▸ **extensão 2** Élargissement du sens d'un mot ▸ **extensão 3** Accroissement, développement: *l'extension du commerce* ▸ **extensão** ▪ **extensions de cheveux:** mèches de cheveux que l'on fixe à la chevelure pour lui donner longueur et volume; pose de ces mèches ▸ **aplique, alongamento capilar**
exténuant, e *adj* Qui exténue, épuise ▸ **extenuante**
exténuation *nf* Affaiblissement extrême des forces physiques ▸ **extenuação**
exténuer *vt* Affaiblir à l'extrême ▸ **extenuar**
extérieur, e *adj* **1** Qui est au-dehors ▸ **externo, exterior 2** Relatif aux pays étrangers: *commerce extérieur* ▸ **exterior 3** Qui se voit du dehors, visible; manifeste: *signes extérieurs de richesse* ▸ **exterior, externo** ♦ *nm* **1** Ce qui est au-dehors: *l'extérieur d'une maison* ▸ **exterior 2** Pays étrangers ▸ **exterior** ♦ **extérieurs** *nm pl* CIN Scènes tournées hors d'un studio ▸ **externas**
extérieurement *adv* **1** À l'extérieur ▸ **externamente, exteriormente 2** En apparence ▸ **externamente, exteriormente**
extériorisation *nf* Action d'extérioriser ▸ **exteriorização**
extérioriser *vt* Exprimer, manifester par son comportement: *extérioriser sa joie* ▸ **exteriorizar** ♦ **s'extérioriser** *vpr* Manifester ses sentiments ▸ **exteriorizar-se**
extériorité *nf* Caractère de ce qui est extérieur ▸ **exterioridade**
exterminateur, trice *adj et n* Qui extermine ▸ **exterminador**
extermination *nf* Action d'exterminer; anéantissement ▸ **extermínio** ▪ **camp d'extermination:** camp construit par les nazis pour y exterminer les populations juive et tsigane ▸ **campo de extermínio**
exterminer *vt* Massacrer, faire périr entièrement ou en grand nombre ▸ **exterminar**
externat *nm* **1** Établissement scolaire qui n'admet que des externes ▸ **externato 2** Fonction d'externe dans un hôpital ▸ **não residência**
externe *adj* Qui est au-dehors, qui vient du dehors ▸ **externo** ▪ **médicament à usage externe:** qui doit être appliqué sur la peau, qui ne doit pas être avalé ▸ **medicamento para uso externo** ♦ *n* **1** Élève qui suit les cours d'un établissement

scolaire sans y coucher ni y prendre ses repas ► **externo 2** Étudiant en médecine qui assiste les internes dans les hôpitaux ► **não residente**

exterritorialité *nf* Immunité qui exempte les agents diplomatiques de la juridiction d'un État ► **exterritorialidade**

extincteur, trice *nm et adj* Appareil qui sert à éteindre les incendies ► **extintor**

extinction *nf* **1** Action d'éteindre; fait de s'éteindre ► **extinção 2** Cessation, disparition: *extinction d'une dette; extinction d'une espèce animale* ► **extinção ▪ extinction des feux:** heure à laquelle doivent être éteintes les lumières ► **apagar das luzes □ extinction de voix:** affaiblissement de la voix ► **afonia**

extirpation *nf* Action d'extirper ► **extirpação**

extirper *vt* **1** Arracher avec la racine; enlever complètement: *extirper une tumeur* ► **extirpar 2** Sortir quelqu'un d'un lieu avec difficulté: *extirper les passagers d'une voiture accidentée* ► **tirar 3** FIG Obtenir difficilement: *extirper des aveux* ► **arrancar 4** LITT Faire cesser: *extirper un préjugé* ► **extirpar**

extorquer *vt* Obtenir par la force, la menace: *extorquer une signature* ► **extorquir**

extorsion *nf* Action d'extorquer ► **extorsão**

extra *nm inv* Ce qu'on fait en dehors de ses habitudes ► **luxo, extra** ◆ *n* Personne qui fait un service supplémentaire occasionnel: *engager un extra* ► **extra** ◆ *adj inv* **1** FAM De qualité supérieure: *des fruits extra* ► **extra 2** FAM Merveilleux; formidable: *une fille extra* ► **joia**

extraconjugal, e, aux *adj* Se dit de relations amoureuses vécues en dehors des relations conjugales ► **extraconjugal**

extracteur *nm* Instrument servant à extraire ► **extrator**

extractif, ive *adj* Relatif à l'extraction ► **extrativo**

extraction *nf* **1** Action d'extraire: *l'extraction d'une dent* ► **extração 2** MATH Opération qui a pour objet de trouver la racine d'un nombre ► **extração 3** LITT Origine, naissance: *noble extraction* ► **extração**

extrader *vt* Livrer par extradition ► **extraditar**

extradition *nf* Action de livrer l'auteur d'une infraction à l'État étranger qui le réclame ► **extradição**

extrados [ɛkstrado] *nm* ARCHIT Surface extérieure d'une voûte; CONTR: *intrados* ► **extradorso**

extrafin, e *adj* D'une qualité supérieure; de très petit calibre: *petits pois extrafins* ► **extrafino**

extrafort[1], e *adj* **1** Très résistant, très épais: *carton extrafort* ► **extraforte 2** Très fort de goût: *moutarde extraforte* ► **extraforte**

extrafort[2] *nm* Ruban très solide pour renforcer le bord des ourlets ► **fita de reforço**

extraire *vt (conj 79)* **1** Tirer hors de: *extraire une dent* ► **extrair 2** Séparer de: *extraire l'alcool du vin* ► **extrair 3** Faire sortir: *extraire des victimes des décombres* ► **tirar 4** MATH Calculer la racine d'un nombre ► **extrair**

extrait *nm* **1** Substance extraite: *extrait de lavande* ► **extrato 2** Passage tiré d'un livre ► **extrato, trecho 3** Copie d'un acte: *extrait de naissance* ► **certidão**

extralucide *adj et n* Qui prétend posséder le don de voir par télépathie, voyance, divination, etc.: *un médium extralucide* ► **clarividente**

extra-muros [ɛkstramyros] *loc adv* Hors de la ville, à l'extérieur ► **extramuros**

extraordinaire *adj* **1** Qui sort de l'ordinaire, qui est inhabituel: *un phénomène extraordinaire* ► **extraordinário 2** Singulier, bizarre: *une aventure extraordinaire* ► **extraordinário 3** Hors du commun; remarquable, exceptionnel: *un personnage extraordinaire* ► **extraordinário**

extraordinairement *adv* De façon extraordinaire; extrêmement ► **extraordinariamente**

extrapolation *nf* Action d'extrapoler; extension, généralisation ► **extrapolação**

extrapoler *vt et vi* Déduire à partir de données partielles; généraliser ► **extrapolar**

extrasensoriel, elle *adj* Se dit de ce qui est perçu sans l'intermédiaire des sens ► **extrassensorial**

extrasolaire *adj* ASTRON Situé à l'extérieur du système solaire ► **extrassolar**

extraterrestre *n et adj* Habitant supposé d'une planète autre que la Terre ► **extraterrestre**

extra-utérin, e (pl *extra-utérins, es) adj* ► **extrauterino ▪ grossesse extra-utérine:** développement d'un œuf fécondé en dehors de l'utérus ► **gravidez extrauterina, ectópica**

extravagance *nf* **1** Caractère de ce qui est extravagant ► **extravagância 2** Discours, acte extravagant ► **extravagância**

extravagant, e *adj et n* **1** Qui s'écarte du sens commun; déraisonnable, bizarre: *une tenue extravagante* ► **extravagante 2** Qui dépasse exagérément la mesure: *des prix extravagants* ► **exorbitante**

extraverti, e *adj et n* Qui extériorise ses émotions ► **extrovertido**

extrême *adj* **1** Qui est tout à fait au bout: *extrême limite* ► **extremo 2** Qui est au degré le plus intense, au point le plus élevé: *froid extrême* ► **extremo 3** Qui dépasse les limites normales; violent, excessif: *solutions extrêmes* ► **extremo ▪ sports**

extrêmes: sports pratiqués dans des conditions particulièrement difficiles mettant le pratiquant en danger: *ski extrême* ▸ **esportes radicais** ♦ *nm* ▪ **à l'extrême:** au-delà de toute mesure ▸ **em extremo** □ **d'un extrême à l'autre:** d'un excès à l'excès opposé ▸ **de um extremo a outro**

extrêmement *adv* Excessivement ▸ **extremamente**

extrême-onction (pl *extrêmes-onctions*) *nf* Sacrement catholique pour les malades en danger de mort ▸ **extrema-unção**

extrême-oriental, e, aux *adj et n* De l'Extrême-Orient ▸ **extremo-oriental**

extrémisme *nm* Tendance à recourir à des moyens extrêmes, violents, notamment dans la lutte politique ▸ **extremismo**

extrémiste *adj et n* Qui fait preuve d'extrémisme; qui en est partisan ▸ **extremista**

extrémité *nf* **1** Partie qui termine; bout: *extrémité du clocher, de la rue* ▸ **extremidade 2** Attitude, décision extrême: *tomber d'une extrémité dans l'autre* ▸ **extremo** ▪ **la dernière extrémité:** les derniers moments de la vie ▸ **últimas** ♦ **extrémités** *pl* **1** Actes de violence: *en venir à des extrémités* ▸ **vias de fato 2** Les pieds et les mains: *avoir les extrémités froides* ▸ **extremidades**

ORTHOGRAPHE *Extrémité* s'écrit avec un *é*, alors que *extrême* s'écrit avec un *ê*

extrinsèque *adj* Qui vient du dehors: *causes extrinsèques*; CONTR: *intrinsèque* ▸ **extrínseco**

exubérance *nf* **1** Vivacité excessive ▸ **exuberância 2** Surabondance: *l'exubérance de la végétation* ▸ **exuberância**

exubérant, e *adj* FIG Excessif dans ses expressions, son comportement ▸ **exuberante**

exultation *nf* Très grande joie ▸ **exultação**

exulter *vi* Déborder de joie ▸ **exultar**

exutoire *nm* Moyen de se débarrasser de ce qui gêne; dérivatif ▸ **derivativo**

ex-voto *nm inv* Tableau ou objet qu'on suspend dans une église à la suite d'un vœu ▸ **ex-voto**

Ff

f *nm* Sixième lettre de l'alphabet et la quatrième des consonnes ▸ **f**
F (symbole) Fahrenheit: *30°F* ▸ **F**
fa *nm* MUS Quatrième note de la gamme de *do*; signe qui la représente ▸ **fá**
fable *nf* **1** Récit allégorique, d'où l'on tire une moralité: *fables de La Fontaine* ▸ **fábula 2** Récit faux, imaginaire ▸ **fábula 3** Sujet de la risée publique: *être la fable du quartier* ▸ **piada**
fabliau *nm* Conte en vers du Moyen Âge ▸ **trova**
fabricant *nm* Celui qui fabrique ▸ **fabricante**
ORTHOGRAPHE Il faut distinguer *un fabri* cant (nom) et *en fabri* quant (verbe)
fabrication *nf* Action, manière de fabriquer: *défaut de fabrication* ▸ **fabricação**
fabrique *nf* Établissement où l'on fabrique des produits de consommation ▸ **fábrica**
fabriquer *vt* **1** Transformer les matières premières en objets d'usage courant: *fabriquer des meubles* ▸ **fabricar 2** Faire, inventer: *fabriquer un faux* ▸ **fabricar 3** FAM Avoir une occupation: *qu'est-ce que tu fabriques?* ▸ **fazer**
fabulateur, trice *n et adj* Personne qui fabule ▸ **fabulador**
fabulation *nf* Fait de substituer à la réalité vécue une aventure imaginaire à laquelle on croit ▸ **fabulação**
fabuler *vi* Élaborer des fabulations ▸ **fabular**
fabuleusement *adv* D'une manière fabuleuse, extraordinaire: *fabuleusement riche* ▸ **fabulosamente**
fabuleux, euse *adj* **1** Étonnant, extraordinaire: *gain fabuleux* ▸ **fabuloso 2** Imaginaire, mythique: *animal fabuleux* ▸ **fabuloso**
fabuliste *n* Auteur de fables ▸ **fabulista**
fac *nf* (abréviation de *faculté*) FAM Université ▸ **Ø**
façade *nf* **1** Face extérieure d'un bâtiment, en particulier celle où se trouve l'entrée ▸ **fachada 2** FIG Extérieur, apparence ▸ **fachada**
façadisme *nm* Technique consistant à démolir un immeuble en ne conservant que sa façade sur rue ▸ **fachadismo**
face *nf* **1** Visage ▸ **rosto 2** Côté d'une pièce de monnaie, qui porte une effigie: *pile ou face* ▸ **cara 3** Chacun des côtés d'un solide, d'une chose: *un cube a six faces* ▸ **face 4** FIG Aspect, tournure: *examiner un problème sous toutes ses faces* ▸ **lado** ■ **de face:** du côté où l'on voit toute la face ▸ **de frente** □ **en face: (a)** vis-à-vis, par-devant ▸ **de frente (b)** fixement ▸ **fixamente (c)** FIG sans crainte ▸ **sem receio** □ **face à face:** en présence l'un de l'autre ▸ **cara a cara** □ **faire face: (a)** être vis-à-vis ▸ **fazer face (b)** faire front ▸ **fazer face** □ **faire face à une dépense:** y pourvoir ▸ **pagar uma despesa**
face-à-face *nm inv* **1** Confrontation ▸ **debate 2** Débat public entre deux personnalités ▸ **debate**
face-à-main (pl *faces-à-main*) *nm* Lorgnon muni d'un manche, que l'on tient à la main ▸ **lornhão**
facétie [fasesi] *nf* Plaisanterie, farce ▸ **facécia**
facétieux, euse *adj et n* **1** Porté à la facétie, farceur ▸ **facecioso 2** Qui tient de la facétie ▸ **faceto**
facette *nf* **1** Petite face plane: *les facettes d'un diamant* ▸ **faceta 2** FIG Aspect ▸ **faceta**
facetter *vt* Tailler à facettes ▸ **facetar**
fâché, e *adj* **1** En colère ▸ **bravo 2** Contrarié, irrité, agacé: *je suis fâché de ce contretemps* ▸ **bravo** ■ **être fâché avec quelqu'un:** être brouillé avec lui ▸ **estar de mal com alguém**
fâcher *vt* **1** Mécontenter, mettre en colère ▸ **aborrecer 2** Contrarier ▸ **aborrecer** ◆ **se fâcher** *vpr* **1** S'irriter ▸ **zangar-se 2** Se brouiller avec quelqu'un ▸ **zangar-se**
fâcherie *nf* Brouille ▸ **desavença**
fâcheusement *adv* De manière fâcheuse ▸ **deploravelmente**
fâcheux, euse *adj* **1** Désagréable ▸ **desagradável 2** Ennuyeux, malencontreux: *un accident fâcheux* ▸ **deplorável** ◆ *n* LITT Personne importune; gêneur ▸ **chato**
facial, e, aux *adj* De la face: *nerf facial* ▸ **facial**

faciès [fasjɛs] *nm* Aspect du visage, physionomie ▸ **fácies**

facile *adj* **1** Qui se fait sans peine, aisé: *travail facile* ▸ **fácil 2** PÉJOR Qui n'a exigé aucun effort, aucune recherche: *ironie facile* ▸ **fácil 3** FIG Accommodant: *caractère facile* ▸ **fácil**

facilement *adv* Avec facilité ▸ **facilmente**

facilité *nf* **1** Qualité de ce qui est facile: *exercice d'une grande facilité* ▸ **facilidade 2** Aptitude à faire quelque chose sans effort; aisance: *écrire avec facilité* ▸ **facilidade 3** Moyen de faire quelque chose sans peine; commodité: *facilités de transport* ▸ **facilidade ◆ facilités** *pl* Délais accordés pour payer ▸ **facilidades de pagamento**

faciliter *vt* Rendre facile ▸ **facilitar**

façon *nf* **1** Manière d'être ou d'agir: *s'habiller d'une façon bizarre* ▸ **modo 2** Main-d'œuvre; exécution d'un travail ▸ **execução, confecção ■ c'est une façon de parler:** il ne faut pas le prendre à la lettre ▸ **é modo de dizer □ de toute façon:** quoi qu'il arrive ▸ **de qualquer forma □ en aucune façon:** pas du tout ▸ **de jeito nenhum □ sans façon:** sans cérémonie ▸ **sem cerimônia □ travail à façon:** travail exécuté sans fournir les matériaux ▸ **trabalho sem o material incluído ◆ façons** *pl* **1** Politesses affectées: *faire des façons* ▸ **maneiras afetadas 2** Manière d'agir, de se comporter: *des façons vulgaires* ▸ **modos ◆ de façon à** *loc prép* De manière à: *travailler de façon à réussir* ▸ **para ◆ de façon que** *loc conj* (+ subj) dans le but de; (+ ind) de sorte que ▸ **de modo que**

faconde *nf* LITT Facilité à parler; abondance de paroles ▸ **facúndia**

façonnage ou **façonnement** *nm* Action de façonner ▸ **moldagem**

façonner *vt* **1** Travailler, donner une forme à: *façonner du métal* ▸ **moldar 2** Fabriquer: *façonner une pièce* ▸ **fabricar 3** FIG Former: *façonner un caractère* ▸ **moldar**

façonnier, ère *n et adj* Personne qui travaille à façon ▸ **artífice**

fac-similé (pl *fac-similés*) *nm* Copie, reproduction d'une peinture, d'un dessin, d'un objet d'art, etc. ▸ **fac-símile**

facteur, trice *n* Employé(e) des postes qui distribue le courrier à domicile ▸ **carteiro ◆** *nm* **1** Fabricant d'instruments de musique: *facteur d'orgues, de pianos* ▸ **fabricante de instrumentos musicais 2** MATH Chacun des nombres qui forment un produit ▸ **fator 3** Élément qui agit, qui influe: *facteur humain; la chance est un facteur de succès* ▸ **fator ■ facteurs de production:** éléments concourant à la production des biens et des services ▸ **fatores de produção**

factice *adj* Artificiel, imité, faux: *diamant factice; sourire factice* ▸ **factício**

factieux, euse *adj et n* Qui fomente des troubles contre le pouvoir établi; séditieux ▸ **faccioso**

faction *nf* **1** Service de surveillance ou de garde dont est chargé un militaire: *être de faction* ▸ **sentinela 2** Groupe séditieux au sein d'un groupe plus important ▸ **facção**

factionnaire *nm* Sentinelle ▸ **sentinela**

factitif, ive *adj et nm* GRAMM Se dit d'un verbe exprimant que le sujet fait faire l'action ▸ **(verbo) factivo**

factorisation *nf* MATH Action de factoriser ▸ **fatoração**

factoriser *vt* MATH Transformer une expression en produit de facteurs ▸ **fatorar**

factotum [faktɔtɔm] *nm* LITT Personnage qui s'occupe un peu de tout dans une maison ▸ **factótum**

factuel, elle *adj* Qui s'en tient aux faits: *information factuelle* ▸ **factual**

facturation *nf* **1** Action de facturer ▸ **faturamento 2** Service où l'on fait les factures ▸ **faturação**

facture *nf* **1** Note détaillée de marchandises vendues: *garanti sur facture* ▸ **fatura 2** Manière dont une chose a été exécutée: *un tableau de bonne facture* ▸ **execução**

facturer *vt* Dresser une facture ▸ **faturar**

facturier, ère *n et adj* Personne qui établit les factures: *dactylo facturière* ▸ **faturista**

facultatif, ive *adj* Non obligatoire ▸ **facultativo**

facultativement *adv* De manière facultative ▸ **facultativamente**

faculté *nf* **1** Possibilité physique, intellectuelle ou morale: *avoir une faculté de travail impressionnante* ▸ **faculdade 2** Vertu, propriété: *l'aimant a la faculté d'attirer le fer* ▸ **faculdade 3** Pouvoir, droit d'agir: *avoir la faculté de vendre ses biens* ▸ **faculdade 4** Établissement d'enseignement supérieur (remplacé aujourd'hui par: *université*) ▸ **faculdade ◆ facultés** *pl* Aptitudes, dispositions naturelles: *les facultés intellectuelles* ▸ **faculdade ■ ne pas jouir de toutes ses facultés:** avoir un comportement anormal, bizarre ▸ **não estar em pleno gozo de suas faculdades**

fada *adj et n* FAM Un peu fou ▸ **tonto**

fadaise *nf* Plaisanterie stupide; niaiserie, ineptie ▸ **tolice**

fadasse *adj* FAM Très fade ▸ **muito sem graça**

fade *adj* **1** Insipide, sans saveur ▸ **sem graça 2** FIG Sans caractère, insignifiant ▸ **sem graça**

fadeur *nf* **1** Manque de saveur ▸ **sensaboria 2** FIG Insignifiance: *fadeur d'un livre* ▸ **sem-gracice**

fado *nm* Au Portugal, chanson populaire au thème souvent mélancolique ▸ **fado**

faena [faena] *nf* Dans une corrida, travail à la muleta ▸ ***faena***

fagot *nm* Faisceau de menu bois, de branchages ▸ **feixe de lenha** ▪ FAM **de derrière les fagots:** très bon, mis en réserve pour une grande occasion ▸ **de se tirar o chapéu** ▫ **sentir le fagot:** friser l'hérésie et s'exposer à une condamnation ▸ **cheirar a heresia**

fagoter *vt* FAM Habiller sans goût, sans élégance ▸ **vestir mal**

Fahrenheit [farɛnajt] ▸ ***fahrenheit*** ▪ **degré Fahrenheit:** *nm* unité de température anglo-saxonne (symb: °F) équivalant à la 180e partie de l'écart entre la température de fusion de la glace (32 °F) et la température d'ébullition de l'eau (212 °F), soit entre 0 °C et 100 °C ▸ **grau Fahrenheit**

faiblard, e *adj* FAM Assez faible ▸ **fracote**

faible *adj* **1** Sans force, sans vigueur: *se sentir faible; caractère faible* ▸ **fraco 2** Qui manque d'intensité, d'acuité: *vue faible* ▸ **fraco 3** Qui manque d'aptitudes dans une discipline: *faible en français* ▸ **fraco 4** Peu important, médiocre: *faibles revenus* ▸ **parco** ◆ *n* **1** Personne sans défense: *protéger les faibles* ▸ **fraco 2** Personne sans volonté: *c'est un faible* ▸ **fraco** ▪ **faible d'esprit: (a)** débile mental ▸ **deficiente mental (b)** personne aux capacités intellectuelles très peu développées ▸ **retardado** ◆ *nm* Penchant pour quelqu'un ou quelque chose: *son faible, c'est le chocolat* ▸ **fraco** ▪ **avoir un faible pour:** un goût prononcé pour ▸ **ter um fraco por**

faiblement *adv* De manière faible ▸ **debilmente**

faiblesse *nf* **1** Manque de force; état de ce qui est faible ou de celui qui est faible: *faiblesse de constitution* ▸ **fragilidade, fraqueza 2** Perte subite des forces: *être pris de faiblesse* ▸ **fraqueza 3** Trop grande indulgence: *faire preuve de faiblesse* ▸ **fraqueza 4** Défaut de qualité: *les faiblesses d'un roman* ▸ **fragilidade**

faiblir *vi* Perdre de ses forces, de son intensité, de sa capacité, de sa fermeté ▸ **fraquejar**

faïence *nf* Céramique à pâte argileuse, recouverte d'un enduit imperméable et opaque ▸ **faiança**

faïencerie *nf* Fabrique de faïence ▸ **fábrica de faiança**

faïencier, ère *n* Personne qui fabrique ou vend de la faïence ▸ **fabricante, vendedor de faiança**

faille *nf* **1** Cassure des couches géologiques, accompagnée d'une dénivellation ▸ **falha 2** Fente, crevasse ▸ **fissura 3** FIG Point faible, défaut ▸ **falha**

failli, e *n et adj* VIEILLI Commerçant qui a fait faillite ▸ **falido**

faillible *adj* Qui peut faillir ▸ **falível**

faillir *vt ind* [à] *(conj 30)* LITT Commettre une faute, manquer (à): *faillir à son devoir* ▸ **falhar** ◆ *vi* (suivi d'un inf) Manquer de, risquer de: *j'ai failli tomber* ▸ **estar prestes a**

faillite *nf* **1** État d'un débiteur qui ne peut plus payer ses créanciers: *faire faillite* ▸ **falência 2** FIG Insuccès, échec: *faillite d'une politique* ▸ **falência**

faim *nf* **1** Besoin de manger: *avoir faim* ▸ **fome 2** Famine: *la faim dans le monde* ▸ **fome 3** FIG Désir ardent de quelque chose: *faim de gloire* ▸ **fome**

faine *nf* Fruit du hêtre ▸ **fruto da faia**

fainéant, e *adj et n* Paresseux ▸ **vagabundo**

fainéanter *vi* Paresser ▸ **vagabundear**

fainéantise *nf* Paresse ▸ **vagabundagem**

faire *vt (conj 76)* **1** Fabriquer, composer: *faire une maison, un poème* ▸ **fazer 2** Se livrer à certaines occupations: *n'avoir rien à faire; faire de l'anglais* ▸ **fazer 3** Pratiquer, accomplir un geste, un acte: *faire son devoir* ▸ **fazer 4** Disposer, arranger, mettre en état: *faire un lit* ▸ **arrumar 5** Avoir pour effet; causer: *faire du bien; faire peur; l'argent ne fait pas le bonheur* ▸ **fazer 6** Donner, accorder: *faire un cadeau* ▸ **dar 7** Jouer le rôle de; chercher à paraître, contrefaire: *faire le mort* ▸ **fazer-se de 8** Égaler: *deux et deux font quatre* ▸ **ser 9** Être affecté par: *faire une rougeole* ▸ **pegar 10** FAM Coûter: *combien fait cette lampe?* ▸ **custar 11** Se substitue à n'importe quel verbe déjà exprimé: *il a gagné, comme l'a fait son ami* ▸ **fazer** ▪ **faire faire:** charger quelqu'un de faire: *faire faire un travail* ▸ **mandar fazer** ◆ *v impers* Indique un état de l'atmosphère: *il fait nuit, il fait beau* ▸ **ser, estar** ◆ *vi* **1** Produire un certain effet: *le gris fait bien avec le rouge* ▸ **ficar 2** Agir: *bien faire* ▸ **fazer** ▪ FAM **faire avec:** s'adapter contre son gré à une situation ▸ **contentar-se com** ◆ **se faire** *vpr* **1** Devenir: *se faire vieux* ▸ **tornar-se 2** S'améliorer: *le cuir se fera* ▸ **melhorar 3** S'adapter, s'habituer: *se faire à la fatigue* ▸ **acostumar-se 4** Embrasser une carrière: *se faire prêtre* ▸ **tornar-se** ▪ FAM **s'en faire (pour):** se faire du souci, s'inquiéter (pour): *ne pas s'en faire pour l'oral* ▸ **preocupar-se (com)**

GRAMMAIRE Attention à l'accord du participe passé de *se faire*: *elle s'est fait* e le défenseur des faibles; *elle s'est fait* e belle, mais *elle s'est fai* t une blessure

faire-part *nm inv* Lettre, avis annonçant une naissance, un mariage, un décès ▸ **participação**

faire-valoir *nm inv* Personne dont le rôle est de mettre quelqu'un en valeur ▸ **escada**

fair-play [fɛrplɛ] *adj inv* Qui accepte loyalement les conditions d'un combat; beau joueur ▸ **limpo** ♦ *nm inv* Comportement loyal et élégant ▸ ***fair-play*, jogo limpo**

faisabilité *nf* Caractère de ce qui est faisable en fonction de conditions techniques, financières et de délai définies: *étude de faisabilité* ▸ **viabilidade**

faisable [fəzabl] *adj* Qui peut être fait ▸ **viável**

faisan [fəzɑ̃] *nm* Oiseau gallinacé au plumage coloré et à la chair estimée; chair de cet oiseau ▸ **faisão**

faisandé, e *adj* Se dit d'une viande qui entre dans un stade de décomposition lui donnant un fumet accentué ▸ ***faisandé***

faisandeau [fəzɑ̃do] *nm* Jeune faisan ▸ **faisanote**

faisander [fəzɑ̃de] *vt* Faire subir au gibier un commencement de décomposition qui donne du fumet à sa chair ▸ **deixar a carne *faisandé***

faisanderie [fəzɑ̃dri] *nf* Élevage de faisans ▸ **criação de faisões**

faisane [fəzan] *adj f* ▸ **faisoa** ▪ **poule faisane** ou **faisane** *nf*: femelle du faisan ▸ **faisoa**

faisceau *nm* **1** Réunion de choses liées ensemble ▸ **feixe 2** Flux de particules électrisées: *faisceau électronique* ▸ **feixe 3** FIG Ensemble cohérent de choses qui concourent au même résultat: *faisceau de preuves* ▸ **feixe** ▪ **faisceau lumineux:** ensemble de rayons lumineux ▸ **feixe luminoso** ♦ **faisceaux** *pl* ANTIQ Verges liées autour d'une hache que portait le licteur romain ▸ **fasces**

faiseur, euse [fəzœr, øz] *n* **1** Personne qui fait ou fabrique habituellement quelque chose ▸ **artífice 2** Intrigant, hâbleur ▸ **intrigante**

faisselle *nf* Récipient à parois perforées pour l'égouttage des fromages frais ▸ **cincho**

fait[1] *nm* **1** Action de faire, chose faite: *le fait de parler* ▸ **fato 2** Événement: *un fait singulier* ▸ **fato 3** Ce qui est vrai, réel: *souvent les faits démentent les théories* ▸ **fato** ▪ **aller au fait:** à l'essentiel ▸ **ir aos fatos** ▫ **au fait:** à propos, à ce sujet ▸ **a propósito** ▫ SOUT **de fait:** en réalité ▸ **de fato** ▫ **du fait de:** par suite de ▸ **devido a** ▫ **en fait** ou **par le fait:** en réalité, effectivement ▸ **na verdade** ▫ **en fait de:** en matière de ▸ **em matéria de** ▫ **état de fait:** réalité ▸ **estado de coisas** ▫ **faits et gestes:** actions de quelqu'un ▸ **atos** ▫ **hauts faits:** exploits ▸ **grandes feitos** ▫ **le fait est que:** la vérité est que ▸ **o fato é que** ▫ **mettre au fait:** informer ▸ **pôr a par** ▫ **prendre sur le fait:** au moment où l'action est commise ▸ **pegar em flagrante** ▫ **tout à fait:** complètement, absolument ▸ **totalmente** ▫ **voies de fait:** actes de violence ▸ **vias de fato**

fait[2]**, e** *adj* **1** Fabriqué, exécuté: *travail bien fait* ▸ **feito 2** Constitué, formé d'une certaine façon: *femme bien faite* ▸ **feito 3** Mûr: *un homme fait* ▸ **feito 4** Fermenté: *fromage trop fait* ▸ **maturado** ▪ **c'en est fait:** c'est fini ▸ **acabou-se** ▫ **c'est bien fait:** c'est bien mérité, en parlant d'une punition ▸ **bem feito** ▫ **fait pour:** destiné à ▸ **feito para** ▫ **tout fait: (a)** préparé à l'avance ▸ **já pronto (b)** sans originalité: *idée toute faite* ▸ **banal**

faîtage *nm* Arête d'un toit ▸ **cumeeira**

fait divers (pl *faits divers*) ou **fait-divers** (pl faits-divers) *nm* Événement sans portée générale mais faisant sensation (crime, délit, etc.), rapporté par les médias; rubrique de presse qui en fait part ▸ ***fait divers***

faîte *nm* **1** Comble d'un édifice ▸ **topo 2** Sommet, cime: *faîte d'un arbre* ▸ **cimo 3** LITT Le plus haut degré: *le faîte de la gloire* ▸ **pináculo**

faîteau *nm* Ornement des parties supérieures d'une charpente ▸ **remate**

faîtière *nf* **1** Tuile courbe du faîtage d'un toit ▸ **antefixa 2** Lucarne sous un comble ▸ **claraboia**

fait-tout *nm inv* ou **faitout** *nm* Marmite basse ▸ **tacho**

faix [fɛ] *nm* LITT Charge, fardeau ▸ **fardo**

fakir *nm* **1** Ascète musulman ou hindou ▸ **faquir 2** Personne qui exécute en public des exercices d'hypnose, de voyance, etc. ▸ **faquir**

falaise *nf* Escarpement rocheux, descendant presque à la verticale dans la mer ▸ **falésia**

falbala *nm* (souvent au pluriel) Ornement de mauvais goût ▸ **dixe**

falconidé *nm* Oiseau rapace diurne (les falconidés forment une famille à laquelle appartiennent l'aigle, le faucon, etc.) ▸ **falconídeo**

fallacieux, euse *adj* Trompeur ▸ **falacioso**

falloir *v impers (conj 48)* **1** Être obligatoire, nécessaire: *il faut manger pour vivre* ▸ **dever 2** Être un besoin, une nécessité: *il lui faut du repos* ▸ **precisar** ▪ **comme il faut: (a)** bien élevé ▸ **educado (b)** convenablement: *un garçon comme il faut; manger comme il faut* ▸ ***comme il faut*, como convém** ♦ **s'en falloir** *vpr impers* Être en moins, manquer: *il s'en est fallu de peu qu'il rate le train* ▸ **faltar**

falot[1] *nm* Grande lanterne portative ▸ **lanterna**

falot[2]**, e** *adj* Terne, effacé: *personnage falot* ▸ **apagado**

falsificateur, trice *n et adj* Personne qui falsifie ▸ **falsificador**

falsification *nf* Action de falsifier ▸ **falsificação**

falsifier *vt* **1** Altérer, changer, pour tromper ▸ **adulterar 2** Contrefaire ▸ **falsificar**

falzar *nm* FAM Pantalon ▸ **calças**

famé, e *adj* ▪ **mal famé → malfamé**
famélique *adj et n* Affamé; amaigri par la faim ▸ **famélico**
fameusement *adv* FAM De façon remarquable; très ▸ **incrivelmente**
fameux, euse *adj* **1** Dont on a parlé en bien ou en mal; célèbre: *un écrivain fameux: le fameux héros de Cervantès* ▸ **famoso 2** Excellent: *un vin fameux* ▸ **excelente**
familial, e, aux *adj* Qui concerne la famille ▸ **familiar**
familiale *nf* Voiture automobile de tourisme qui admet de 6 à 9 passagers ▸ ***van***
familiarisation *nf* Action de familiariser; fait de se familiariser ▸ **familiarização**
familiariser *vt* Rendre familier, habituer ▸ **familiarizar** ◆ **se familiariser** *vpr* [avec] Se rendre une chose familière par la pratique: *se familiariser avec une langue étrangère* ▸ **familiarizar-se**
familiarité *nf* Grande intimité ▸ **familiaridade** ◆ **familiarités** *pl* Façons familières; privautés ▸ **liberdades**
familier, ère *adj* **1** Qui a des manières trop libres: *être familier avec ses supérieurs* ▸ **desabusado 2** Connu, habituel: *cette chose lui est familière* ▸ **familiar 3** Se dit d'un mot, d'une construction employés dans la conversation courante (EX: *balade*, par rapport à *promenade*) ▸ **informal** ▪ **les animaux familiers:** qui vivent dans le voisinage de l'homme ▸ **animais domésticos** ◆ *nm* **1** Qui vit dans l'intimité de quelqu'un ▸ **íntimo 2** Qui fréquente habituellement un lieu ▸ ***habitué***
familièrement *adv* D'une manière familière ▸ **familiarmente**
familistère *nm* Établissement coopératif, d'après le système de Fourier ▸ **familistério**
famille *nf* **1** Le père, la mère et les enfants vivant sous le même toit ▸ **família 2** Enfants: *avoir une famille nombreuse* ▸ **filhos 3** Ensemble des personnes d'un même sang: *la famille des Montmorency* ▸ **família 4** Groupe d'animaux, de végétaux, de minéraux analogues ▸ **família 5** Ensemble des mots issus d'une racine commune ▸ **família** ▪ **avoir un air de famille:** se ressembler ▸ **ter um ar de família**
famine *nf* Manque total d'aliments dans une région pendant une certaine période ▸ **fome** ▪ **crier famine:** se plaindre de son dénuement ▸ **queixar-se da miséria** ▫ **salaire de famine:** salaire trop bas ▸ **salário de fome**
fan [fan] *n* FAM Admirateur enthousiaste: *les fans d'un chanteur* ▸ **fã**
fana *adj et n* FAM Passionné de quelque chose, de quelqu'un ▸ **fanático**
fanage *nm* Action de faner ▸ **fenação**
fanal (pl *fanaux*) *nm* **1** Lanterne employée sur les bateaux ▸ **fanal 2** Signal lumineux pour le balisage des côtes ▸ **fanal**
fanatique *adj et n* **1** D'un zèle outré, aveugle: *des fanatiques religieux* ▸ **fanático 2** Qui manifeste une admiration passionnée pour quelqu'un ou quelque chose: *un fanatique du jazz* ▸ **fanático**
fanatiquement *adv* Avec fanatisme ▸ **fanaticamente**
fanatiser *vt* Rendre fanatique ▸ **fanatizar**
fanatisme *nm* Esprit, comportement de fanatique ▸ **fanatismo**
fan-club (pl *fan-clubs*) *nm* Association réunissant les fans d'une vedette du spectacle, du cinéma, etc. ▸ **fã-clube**
fandango *nm* Danse et air de danse espagnols ▸ **fandango**
fane *nf* Feuille de certaines plantes herbacées: *fanes de radis, de carottes* ▸ **folha, talo**
faner *vt* **1** Retourner l'herbe fauchée pour qu'elle sèche ▸ **fenar 2** FIG Flétrir, ternir, décolorer: *la chaleur fane les roses; le soleil a fané ce tissu* ▸ **murchar, descorar** ◆ **se faner** *vpr* **1** En parlant d'une fleur, d'une plante, sécher, se flétrir ▸ **murchar 2** En parlant d'une personne, d'une chose, perdre son éclat ▸ **murchar**
faneur, euse *n* Personne qui fane l'herbe fauchée ▸ **fenador** ◆ *nf* Machine à faner ▸ **máquina de fenar**
fanfare *nf* Orchestre composé de cuivres ▸ **fanfarra**
fanfaron, onne *adj et n* Vantard, hâbleur ▸ **fanfarrão**
fanfaronnade *nf* Vantardise ▸ **fanfarrice**
fanfaronner *vi* Faire le fanfaron ▸ **fanfarronar**
fanfreluche *nf* Ornement de toilette ou d'ameublement, de peu de valeur ▸ **fanfreluche**
fange *nf* LITT **1** Boue, bourbe ▸ **lama 2** FIG Condition abjecte, vie de débauche ▸ **abjeção**
fangeux, euse *adj* LITT Plein de fange ▸ **lamacento**
fanion *nm* Petit drapeau ▸ **bandeirola**
fanon *nm* **1** Pli cutané sous le cou des bœufs, des dindons, etc. ▸ **barbela 2** Chacune des lames cornées que la baleine a dans la bouche ▸ **barba**
fantaisie *nf* **1** Originalité; imprévu: *manquer de fantaisie* ▸ **originalidade 2** Imagination libre; faculté de création: *donner libre cours à sa fantaisie*

► **fantasia 3** Goût, gré: *vivre à sa fantaisie* ► **fantasia** ■ **bijou (de) fantaisie:** bijou qui n'est pas en matière précieuse ► **bijuteria**

fantaisiste *adj* Qui agit à sa guise; qui manque de sérieux ► **fantasista** ◆ *n* Artiste de music-hall qui chante ou raconte des histoires ► **artista de variedades**

fantasia *nf* Divertissement équestre de cavaliers arabes ► **exibição equestre**

fantasmagorie *nf* Spectacle, récit enchanteur, féerique, fantastique ► **fantasmagoria**

fantasmagorique *adj* Qui tient de la fantasmagorie ► **fantasmagórico**

fantasmatique *adj* Qui relève du fantasme ► **fantasístico**

fantasme *nm* Représentation imaginaire de désirs plus ou moins conscients ► **fantasia**

fantasmer *vi* S'abandonner à des fantasmes ► **fantasiar**

fantasque *adj* Sujet à des caprices, à des fantaisies bizarres: *humeur fantasque* ► **caprichoso**

fantassin *nm* Soldat d'infanterie ► **infante**

fantastique *adj* **1** Créé par la fantaisie, l'imagination: *vision fantastique* ► **fantástico 2** Où il entre des êtres surnaturels: *contes fantastiques* ► **fantástico 3** FAM Incroyable, extraordinaire: *luxe fantastique* ► **fantástico** ◆ *nm* Genre fantastique, qui fait intervenir des éléments irrationnels en art, en littérature ► **fantástico**

fantastiquement *adv* De façon fantastique ► **fantasticamente**

fantoche *nm* Personne sans caractère, qui se laisse diriger par d'autres ► **fantoche**

fantomatique *adj* Qui tient du fantôme, de l'apparition ► **fantasmático**

fantôme *nm* Être fantastique, qu'on croit être la manifestation d'une personne décédée; apparition ► **fantasma** ◆ *adj* Qui n'existe qu'en apparence: *gouvernement fantôme* ► **fantasma** ■ **membre fantôme:** membre que certains amputés ont l'illusion de posséder encore ► **membro fantasma**

FAO *nf* (sigle) Fabrication assistée par ordinateur ► **FAC**, ***CAM***

faon [fɑ̃] *nm* Petit du cerf ► **filhote de corça**

faquin *nm* LITT Homme méprisable ► **canalha**

far *nm* Flan breton aux pruneaux ► **far bretão**

farad [farad] *nm* PHYS Unité de mesure de capacité électrique; symb: F ► **farad**

faraday *nm* Unité de mesure électrique ► **faraday**

faramineux, euse *adj* FAM Étonnant, extraordinaire: *prix faramineux* ► **astronômico**

farandole *nf* Danse de groupe exécutée en se tenant par la main ► **farândola**

faraud, e *adj* FAM Fanfaron, fat, prétentieux ► **fátuo**

farce[1] *nf* Hachis de viande, d'herbes, de légumes, etc., dont on farcit une volaille, un poisson, un légume ► **recheio**

farce[2] *nf* **1** Pièce de théâtre d'un comique bouffon ► **farsa 2** Grosse plaisanterie, blague: *faire une farce* ► **peça**

farceur, euse *n* Personne qui dit ou fait des farces, des blagues ► **brincalhão**

farci, e *adj* Se dit d'un légume évidé et rempli de farce: *tomates, courgettes farcies* ► **recheado**

farcir *vt* **1** CUIS Remplir de farce: *farcir une dinde* ► **rechear 2** FIG Remplir, bourrer de: *farcir de citations* ► **rechear**

fard [far] *nm* **1** Maquillage donnant au teint plus d'éclat: *fard à joues, à paupières* ► **pintura 2** FIG Dissimulation, feinte: *parler sans fard* ► **dissimulação** ■ FAM **piquer un fard:** rougir ► **ficar vermelho**

fardeau *nm* **1** Charge pesante ► **fardo 2** FIG Ce qui pèse: *le fardeau des ans* ► **fardo**

farder *vt* **1** Mettre du fard ► **pintar 2** LITT Déguiser: *farder sa pensée* ► **dissimular** ◆ **se farder** *vpr* Se mettre du fard sur le visage ► **pintar-se**

farfadet *nm* Lutin ► **duende**

farfelu, e *adj et n* FAM Fantasque, extravagant ► **excêntrico**

farfouiller *vi* FAM Fouiller en mettant du désordre ► **remexer**

faribole *nf* FAM Propos sans valeur ► **patranha**

farine *nf* Poudre obtenue en broyant le grain des céréales, notamment du blé, et de quelques autres espèces végétales ► **farinha** ■ **farine animale:** poudre obtenue par broyage de produits d'origine animale et susceptible d'être utilisée pour l'alimentation des animaux d'élevage ► **farinha animal**

fariner *vt* Saupoudrer de farine ► **enfarinhar**

farineux, euse *adj* **1** Qui contient de la farine ► **farinhento 2** Qui a le goût ou l'aspect de la farine ► **farinhento** ◆ *nm* Végétal, alimentaire, qui peut fournir une farine ► **alimento farináceo**

farniente [farnjɛnte, farnjɑ̃t] *nm* FAM Douce oisiveté ► ***far-niente***

farouche *adj* **1** Sauvage, qui fuit quand on l'approche: *bêtes farouches* ► **selvagem 2** Peu sociable; timide: *enfant farouche* ► **arredio 3** Cruel, violent, dur: *regard, haine farouches* ► **feroz**

farouchement *adv* De façon farouche; violemment ► **ferozmente**

fart [fart] ou [far] *nm* Corps gras dont on enduit les skis pour les rendre glissants ► **cera de esqui**

fartage *nm* Action de farter ► **enceramento**

farter *vt* Enduire de fart ► **encerar os esquis**

fascicule [fasikyl] *nm* Cahier d'un ouvrage publié par fragments ▸ **fascículo**
fascinant, e [fasinɑ̃, ɑ̃t] *adj* Qui fascine ▸ **fascinante**
fascination [fasinasjɔ̃] *nf* **1** Action de fasciner ▸ **fascinação 2** FIG Attrait irrésistible: *la fascination du pouvoir* ▸ **fascinação**
fasciner [fasine] *vt* **1** Se rendre maître d'un être vivant par la puissance du regard: *le serpent fascine sa proie* ▸ **fascinar 2** FIG Charmer, éblouir, séduire: *fasciner ses auditeurs* ▸ **fascinar**
fascisant, e [faʃizɑ̃, ɑ̃t] *adj* Qui tend vers le fascisme ▸ **fascistizante**
fascisme [faʃism] *nm* **1** Régime autoritaire établi en Italie de 1922 à 1945, instauré par Mussolini ▸ **fascismo 2** PAR EXT Autoritarisme excessif ▸ **fascismo**
fasciste [faʃist] *adj et n* Qui appartient au fascisme; qui en est partisan ▸ **fascista**
faste[1] *nm* Déploiement de magnificence, de luxe ▸ **fausto**
faste[2] *adj* ▸ **fausto** ▪ **jour faste:** jour favorisé par la chance ▸ **dia venturoso**
fast-food [fastfud] (pl *fast-foods*) *nm* Établissement qui propose des repas bon marché, à consommer sur place ou à emporter (recommandation officielle: *restauration rapide*) ▸ ***fast-food***
fastidieux, euse *adj* Ennuyeux, monotone: *travail fastidieux* ▸ **fastidioso**
fastoche *adj* FAM Facile ▸ **mole**
fastueux, euse *adj* Qui étale un grand luxe: *vie fastueuse* ▸ **fastuoso**
fat [fat] ou [fa] *adjm* et *nm* LITT Suffisant, prétentieux ▸ **fátuo**
fatal, e, als *adj* **1** Fixé par le destin; inévitable: *le terme fatal de notre vie* ▸ **fatal 2** Qui entraîne la ruine, la mort: *erreur fatale* ▸ **fatal** ▪ **femme fatale:** qui attire irrésistiblement ▸ **mulher fatal**
fatalement *adv* Inévitablement ▸ **fatalmente**
fatalisme *nm* Doctrine qui considère tous les événements comme fixés à l'avance ▸ **fatalismo**
fataliste *adj et n* Qui s'abandonne sans réaction aux événements; résigné ▸ **fatalista**
fatalité *nf* **1** Destinée inévitable ▸ **fatalidade 2** Hasard fâcheux ▸ **fatalidade**
fatidique *adj* Marqué par le destin ▸ **fatídico**
fatigant, e *adj* **1** Qui fatigue ▸ **cansativo 2** Importun, ennuyeux ▸ **cansativo**

GRAMMAIRE Il faut distinguer *une marche fati gante* (adjectif) et *une lecture fati guant les yeux* (participe présent)

fatigue *nf* **1** Sensation de lassitude causée par le travail, l'effort ▸ **cansaço 2** Détérioration d'un matériau soumis à des efforts répétés ▸ **fadiga**
fatigué, e *adj* **1** Qui marque la fatigue: *traits fatigués* ▸ **cansado 2** FAM Usé, défraîchi: *vêtements fatigués* ▸ **gasto**
fatiguer *vt* **1** Causer de la fatigue, de la lassitude ▸ **cansar 2** Importuner: *fatiguer quelqu'un par ses questions* ▸ **cansar** ◆ *vi* **1** Éprouver de la fatigue: *fatiguer très vite au volant* ▸ **cansar 2** Supporter un trop gros effort: *poutre qui fatigue* ▸ **vergar** ◆ **se fatiguer** *vpr* **1** Éprouver de la fatigue: *malade qui se fatigue vite*; se donner du mal: *se fatiguer à tout expliquer* ▸ **cansar-se 2** Se lasser: *se fatiguer d'un jouet, d'un amant* ▸ **cansar-se**
fatma *nf* Femme musulmane ▸ **criada árabe**
fatras *nm* Amas confus ▸ **barafunda**
fatuité *nf* Suffisance ridicule ▸ **fatuidade**
fatum [fatɔm] *nm* LITT Destin, fatalité ▸ **fado**
fatwa [fatwa] *nf* Consultation donnée par un mufti sur un point de la loi musulmane; décision qui en résulte ▸ ***fatwa***
faubourg *nm* **1** Partie d'une ville située à la périphérie ▸ **arrabalde 2** Nom donné à d'anciens quartiers extérieurs: *le faubourg Saint-Antoine* ▸ ***faubourg***
faubourien, enne *adj* Qui a rapport aux faubourgs, aux quartiers populaires ▸ **arrabaldino**
fauchage *nm* ou **fauchaison** *nf* Action de faucher ▸ **ceifa**
fauche *nf* FAM Vol ▸ **furto**
fauché, e *adj* FAM Qui n'a plus d'argent: *être fauché en fin de mois* ▸ **duro**
faucher *vt* **1** Couper avec la faux ▸ **ceifar 2** FIG Abattre, détruire: *la grêle a fauché les blés* ▸ **ceifar 3** Renverser avec violence: *voiture qui fauche un cycliste* ▸ **atropelar, derrubar 4** FAM Dérober, voler ▸ **furtar**
faucheur, euse *n* Personne qui fauche ▸ **ceifador** ◆ *nm* Faucheux ▸ **opilião**
faucheuse *nf* Machine pour faucher ▸ **ceifadeira**
faucheux ou **faucheur** *nm* Arachnide aux longues pattes grêles, commun dans les champs ▸ **opilião**
faucille *nf* Petite faux pour couper les herbes ▸ **foicinho**
faucon *nm* Oiseau rapace, dressé autrefois pour la chasse ▸ **falcão**
fauconneau *nm* Jeune faucon ▸ **falcão novo**
fauconnerie *nf* Art de dresser les oiseaux de proie pour la chasse ▸ **falcoaria**
fauconnier *nm* Personne qui dresse les faucons pour la chasse ▸ **falcoeiro**

faufil *nm* Fil passé en faufilant ▸ **linha de alinhavar**

faufiler *vt* Coudre provisoirement à longs points ▸ **alinhavar** ♦ **se faufiler** *vpr* Se glisser adroitement ▸ **enfiar-se, esgueirar-se**

faune[1] *nm* Divinité champêtre, chez les Romains ▸ **fauno**

faune[2] *nf* **1** Ensemble des animaux d'une région: *la faune méditerranéenne* ▸ **fauna** **2** PÉJOR Personnes qu'on rencontre dans tel ou tel milieu ▸ **fauna**

faussaire *n* Personne qui commet, fabrique un faux ▸ **falsário**

faussement *adv* **1** D'une manière fausse ▸ **falsamente** **2** Hypocritement ▸ **falsamente**

fausser *vt* **1** Dénaturer: *fausser la vérité* ▸ **falsear** **2** Interpréter faussement: *fausser un résultat* ▸ **falsear** **3** Altérer: *fausser le jugement* ▸ **distorcer** **4** Tordre, déformer: *fausser une serrure* ▸ **entortar**

fausset *nm* ▸ **falsete** ■ **voix de fausset:** voix aiguë (dite aussi: *voix de tête*) ▸ **voz de falsete**

fausseté *nf* **1** Caractère de ce qui est faux: *fausseté d'un acte* ▸ **falsidade** **2** Hypocrisie: *accuser quelqu'un de fausseté* ▸ **falsidade**

faute *nf* **1** Manquement aux règles, erreur: *faute d'orthographe, de calcul* ▸ **erro** **2** Manquement à une loi, à la morale: *faute grave* ▸ **falta** **3** Responsabilité de quelqu'un ou de quelque chose: *c'est de sa faute si nous sommes en retard* ▸ **culpa** ■ **ne pas se faire faute de:** ne pas manquer de ▸ **não deixar de** □ **sans faute:** à coup sûr ▸ **sem falta** □ **faute de:** à défaut de ▸ **por falta de**

fauter *vi* FAM, VIEILLI Avoir des relations sexuelles en dehors du mariage, en parlant d'une femme ▸ **pecar**

fauteuil *nm* Siège à dossier et à bras ▸ **poltrona** ■ **fauteuil roulant:** siège muni de roues destiné aux handicapés moteurs ▸ **cadeira de rodas**

fauteur, trice *n* ▸ **fautor** ■ PÉJOR **fauteur de troubles, de guerre:** personne qui provoque des troubles, une guerre ▸ **agitador, causador de guerra**

fautif, ive *adj et n* Qui est en faute, coupable, responsable: *c'est lui le fautif* ▸ **culpado** ♦ *adj* Qui contient des fautes: *liste fautive* ▸ **incorreto**

fautivement *adv* De façon fautive, erronée ▸ **incorretamente**

fauve *adj* D'une couleur tirant sur le roux: *pelage fauve* ▸ **fulvo** ■ **bête fauve: (a)** ruminant dont le pelage tire sur le roux et qui vit dans les bois (cerf, daim, etc.) ▸ **animal de caça (b)** grand félin ▸ **animal selvagem** ♦ *nm* **1** Couleur fauve ▸ **fulvo** **2** Grand félin: *dompter des fauves* ▸ **fera** **3** Peintre appartenant au fauvisme ▸ **fauvista**

fauvette *nf* Oiseau passereau, au plumage fauve ▸ **toutinegra**

fauvisme *nm* Mouvement pictural français du début du XXe siècle ▸ **fauvismo**

faux[1] *nf* Lame d'acier recourbée munie d'un long manche, pour faucher ▸ **foice**

faux[2]**, fausse** *adj* **1** Contraire à la vérité: *histoire fausse* ▸ **falso** **2** Inexact: *calcul faux* ▸ **errado** **3** Dépourvu de justesse, de rectitude; altéré: *voix fausse; esprit faux* ▸ **desafinado, errado** **4** Qui n'est pas authentique, original; imité: *fausses dents; faux nom* ▸ **falso** **5** Qui n'est pas ce qu'il semble être: *faux dévot* ▸ **falso** **6** Qui trompe, hypocrite: *homme faux* ▸ **falso** **7** Équivoque: *situation fausse* ▸ **equívoco, delicado** **8** Sans fondement: *fausse alerte* ▸ **falso** ♦ *nm* **1** Ce qui est contraire à la vérité: *distinguer le vrai du faux* ▸ **falso** **2** Imitation sans valeur: *ce tableau est un faux* ▸ **falso** **3** Imitation, altération d'un acte, d'une signature: *faux en écriture* ▸ **falsificação** ■ FIG **s'inscrire en faux:** nier ▸ **negar** ♦ *adv* D'une manière fausse: *chanter faux* ▸ **falso, desafinado**

faux-filet (pl *faux-filets*) *nm* BOUCH Contre-filet ▸ **contrafilé**

faux-fuyant (pl *faux-fuyants*) *nm* Moyen détourné, échappatoire ▸ **subterfúgio**

faux-monnayeur (pl *faux-monnayeurs*) *nm* Personne qui fabrique de la fausse monnaie ▸ **falsificador de moeda**

faux-semblant (pl *faux-semblants*) *nm* Ruse, prétexte mensonger ▸ **hipocrisia**

faux-sens *nm inv* Interprétation erronée du sens d'un mot ▸ **interpretação errada**

favela [favela] *nf* Bidonville, au Brésil ▸ **favela**

faveur *nf* **1** Bienveillance, protection: *la faveur des grands* ▸ **favor** **2** Marque de bienveillance, privilège: *solliciter une faveur* ▸ **favor** **3** VIEILLI Ruban de soie très étroit: *nouer une faveur à un paquet* ▸ **fitilho de seda** ■ **à la faveur de:** en profitant de: *s'évader à la faveur de l'obscurité* ▸ **com a ajuda de** □ **en faveur de:** au profit de: *se prononcer en faveur de quelqu'un* ▸ **a favor de** ♦ **faveurs** *pl* Marques d'amour qu'une femme donne à un homme: *accorder ses faveurs* ▸ **favores**

favorable *adj* **1** Propice, bénéfique: *occasion favorable* ▸ **favorável** **2** Bienveillant, indulgent: *être favorable à un projet* ▸ **favorável**

favorablement *adv* D'une manière favorable ▸ **favoravelmente**

favori, ite *adj* Préféré: *auteur favori* ▸ **favorito**

◆ *adj et n* **1** Qui jouit de la faveur de quelqu'un ▸ **favorito 2** Se dit d'un gagnant probable dans une compétition ▸ **favorito**
favoris *nm pl* Touffe de barbe de chaque côté du visage ▸ **costeleta**
favoriser *vt* **1** Traiter favorablement, accorder une préférence à: *favoriser un débutant* ▸ **favorecer 2** Aider, faciliter: *favoriser la fuite de quelqu'un* ▸ **favorecer**
favorite *nf* Maîtresse préférée d'un roi ▸ **favorita**
favoritisme *nm* Tendance à accorder des faveurs injustes ▸ **favoritismo**
fax *nm* Télécopie; télécopieur ▸ **fax**
faxer *vt* Envoyer un document par télécopie ▸ **enviar fax**
fayot, otte *n* Personne qui fayotte ▸ **puxa-saco** ◆ *nm* FAM Haricot sec ▸ **feijão**
fayoter *vi* FAM Faire du zèle pour se faire bien voir d'un professeur, d'un supérieur ▸ **puxar o saco**
féal, e, aux *adj et n* LITT Fidèle à la foi jurée, loyal ▸ **leal**
fébrifuge *adj et nm* Se dit d'un médicament qui fait tomber la fièvre ▸ **febrífugo**
fébrile *adj* **1** Qui a de la fièvre ▸ **febril 2** Nerveux, agité ▸ **febril**
fébrilement *adv* De façon fébrile ▸ **febrilmente**
fébrilité *nf* **1** État fébrile ▸ **febrilidade 2** Excitation, nervosité ▸ **febrilidade**
fécal, e, aux *adj* ▸ **fecal ■ matières fécales:** excréments humains ▸ **matérias fecais**
fèces *nf pl* Matières fécales ▸ **fezes**
fécond, e *adj* Fertile, productif: *les mulets ne sont pas féconds; une terre féconde* ▸ **fecundo**
fécondable *adj* Qui peut être fécondé ▸ **fecundável**
fécondant, e *adj* Qui féconde ▸ **fecundante**
fécondateur, trice *adj et n* Qui a le pouvoir de féconder ▸ **fecundador**
fécondation *nf* **1** Action de féconder ▸ **fecundação 2** Union de deux cellules sexuelles, mâle et femelle ▸ **fecundação**
féconder *vt* **1** Transformer un œuf en embryon ▸ **fecundar 2** Rendre une femelle pleine, une femme enceinte ▸ **engravidar 3** LITT Rendre fécond, fertile ▸ **fecundar**
fécondité *nf* **1** Aptitude à la reproduction ▸ **fecundidade 2** Fertilité: *la fécondité d'une terre* ▸ **fecundidade 3** FIG Caractère de celui qui produit beaucoup: *fécondité d'un auteur* ▸ **fecundidade**
fécule *nf* Amidon contenu dans certains tubercules tels que la pomme de terre, le manioc ▸ **fécula**
féculent, e *adj* Qui contient de la fécule ▸ **feculento** ◆ *nm* Légume féculent ▸ **vegetal feculento**
fedayin [fedajin] ou **feddayin** [fedajin] *nm* Résistant palestinien qui mène une action de guérilla ▸ ***fedayin***
fédéral, e, aux *adj* D'une fédération ▸ **federal**
fédéralisme *nm* Système fédéral ▸ **federalismo**
fédéraliste *adj et n* Relatif au fédéralisme; qui en est partisan ▸ **federalista**
fédérateur, trice *adj* **1** Qui organise ou favorise une fédération ▸ **federalizador 2** FIG Qui rassemble: *mouvement fédérateur* ▸ **unificador**
fédératif, ive *adj* Constitué en fédération: *république fédérative* ▸ **federativo**
fédération *nf* **1** Association de plusieurs pays en un seul État ▸ **confederação 2** Association professionnelle, corporative ou sportive ▸ **federação**
fédéraux *nm pl* HIST Soldats américains des États du Nord, pendant la guerre de Sécession (1861-1865) ▸ **federais**
fédéré *nm* Soldat insurgé de la Commune de Paris, en 1871 ▸ **federado**
fédérer *vt* **1** Former, grouper en fédération ▸ **federar 2** Regrouper autour d'un projet commun: *fédérer des énergies* ▸ **aliar**
fée *nf* Être féminin imaginaire, doué de pouvoirs surnaturels ▸ **fada ■ conte de fées:** histoire merveilleuse ▸ **conto de fada □ des doigts de fée:** très habiles ▸ **mãos de fada**
feed-back [fidbak] *nm inv* TECHN Action exercée sur les causes d'un phénomène par le phénomène lui-même; rétroaction ▸ ***feedback***
féerie [feri] *nf* Spectacle d'une merveilleuse beauté ou qui fait intervenir le merveilleux, la magie ▸ **espetáculo feérico**

PHONÉTIQUE Le *e* muet de *fée* est conservé dans l'orthographe des dérivés *féerie, féerique*

féerique *adj* Qui tient de la féerie; merveilleux: *spectacle féerique* ▸ **feérico**
feignant, e *adj et n* FAM Fainéant ▸ **vadio**
feindre *vt (conj 55)* Simuler pour tromper: *feindre la colère* ▸ **fingir ■ feindre de:** faire semblant de ▸ **fazer-se de**
feinte *nf* **1** SPORTS Coup simulé pour tromper l'adversaire ▸ **finta 2** FAM Ruse, attrape ▸ **finta**
feinter *vt* FAM Surprendre par une ruse ▸ **fintar** ◆ *vi* SPORTS Faire une feinte ▸ **fintar**
feldspath *nm* Minéral de couleur claire, fréquent dans les roches éruptives ▸ **feldspato**
fêlé, e *adj* Fendu ▸ **rachado** ◆ *adj et n* FAM, FIG Un peu fou ▸ **biruta**
fêler *vt* Fendre légèrement ▸ **rachar**
félicitations *nf pl* **1** Éloges: *recevoir les félicitations du jury* ▸ **felicitações 2** Compliments; té-

moignage de sympathie: *présenter ses félicitations* ▸ **felicitações**
félicité *nf* LITT Bonheur suprême ▸ **felicidade**
féliciter *vt* Complimenter ▸ **felicitar** ◆ **se féliciter** *vpr* [de] Se réjouir (de) ▸ **congratular-se**
félidé ou **félin** *nm* Mammifère carnivore tel que le chat, le lion, le guépard (les félidés ou félins forment une famille) ▸ **felídeo**
félin, e *adj* Qui tient du chat: *souplesse féline* ▸ **felino**
fellaga ou **fellagha** *nm* Partisan algérien ou tunisien soulevé contre l'autorité française pour obtenir l'indépendance de son pays ▸ **independentista argelino, tunisiano**
fellah *nm* Paysan, dans les pays arabes ▸ **felá**
fellation *nf* Excitation buccale du sexe de l'homme ▸ **felação**
félon, onne *adj et n* HIST, LITT Déloyal envers son seigneur: *vassal félon* ▸ **desleal**
félonie *nf* HIST, LITT Trahison ▸ **felonia**
felouque *nf* Petit bateau du Nil à voiles et à rames ▸ **falucho**
fêlure *nf* Fente d'une chose fêlée ▸ **fissura**
femelle *nf* Animal du sexe féminin ▸ **fêmea** ◆ *adj* **1** Du sexe féminin: *hérisson femelle* ▸ **fêmea 2** Se dit d'une pièce en creux qui peut en recevoir une autre: *prise femelle* ▸ **fêmea** ▪ **fleurs femelles:** sans étamines ▸ **flor feminina**
féminin, e *adj* **1** Propre à la femme, aux femmes: *mode féminine* ▸ **feminino 2** Qui évoque la femme: *des manières féminines* ▸ **feminino 3** Qui appartient au genre féminin: *nom féminin* ▸ **feminino** ▪ GRAMM **genre féminin:** qui désigne un être femelle ou tout objet regardé comme tel ▸ **gênero feminino** ▫ **rime féminine:** terminée en syllabe muette ▸ **rima feminina** ◆ *nm* GRAMM Genre féminin ▸ **feminino**
féminisation *nf* **1** Action de féminiser; son résultat ▸ **feminização 2** Fait de se féminiser ▸ **feminização**
féminiser *vt* **1** Donner un caractère féminin ou efféminé ▸ **feminizar 2** Donner à un nom le genre féminin ▸ **feminizar** ◆ **se féminiser** *vpr* Comprendre un plus grand nombre de femmes qu'auparavant ▸ **feminizar-se**
féminisme *nm* Doctrine tendant à étendre les droits de la femme, à améliorer sa situation dans la société ▸ **feminismo**
féministe *adj et n* Relatif au féminisme; qui en est partisan ▸ **feminista**
féminité *nf* **1** Caractère féminin ▸ **feminidade 2** Ensemble des caractères attribués à la femme ▸ **feminidade**
femme *nf* **1** Être humain adulte du sexe féminin ▸ **mulher 2** Personne du sexe féminin qui est ou a été mariée ▸ **mulher 3** Épouse ▸ **mulher** ▪ **femme de chambre:** attachée au service particulier d'une personne ou des clients d'un hôtel ▸ **camareira** ▫ **femme de ménage:** femme employée à faire le ménage ▸ **faxineira**
femmelette *nf* FAM, PÉJOR Homme faible, sans énergie ▸ **mulherzinha**
fémoral, e, aux *adj* Relatif au fémur ▸ **femoral**
fémur *nm* Os de la cuisse ▸ **fêmur**
fenaison *nf* Récolte des foins; époque où elle se fait ▸ **fenação**
fendant *nm* Vin blanc du Valais issu d'un cépage de même nom ▸ ***fendant***
fendillement *nm* Fait de se fendiller ▸ **rachadura**
fendiller *vt* Produire de petites fentes dans ▸ **rachar** ◆ **se fendiller** *vpr* Se craqueler: *émail fendillé* ▸ **rachar, craquelar**
fendre *vt (conj 50)* **1** Séparer dans le sens de la longueur: *fendre du bois* ▸ **rachar 2** Crevasser: *la sécheresse fend la terre* ▸ **rachar 3** Traverser rapidement: *fendre l'air* ▸ **cortar** ▪ FIG **fendre le cœur:** affliger ▸ **cortar o coração**
fenêtre *nf* **1** Ouverture dans un mur pour donner du jour et de l'air; cadre vitré d'une telle ouverture ▸ **janela 2** Ouverture pratiquée dans un matériau: *enveloppe à fenêtre* ▸ **janela 3** INFORM Zone rectangulaire d'un écran dans laquelle s'affichent les informations ▸ **janela** ▪ FIG **jeter l'argent par les fenêtres:** le dissiper follement ▸ **jogar dinheiro fora**
feng shui [fɛŋʃɥi] *nm inv* Art de vivre issu de l'ancienne cosmogonie chinoise et visant à une meilleure harmonie de l'individu avec son environnement ▸ ***feng shui***
fennec *nm* Petit renard du Sahara, à longues oreilles (appelé aussi *renard des sables*) ▸ **feneco**
fenouil *nm* Ombellifère aromatique dont on consomme la base des pétioles charnus ▸ **funcho**
fente *nf* **1** Ouverture étroite et longue ▸ **fenda 2** Fissure plus ou moins profonde ▸ **fenda**
féodal, e, aux *adj* Relatif aux fiefs, à la féodalité: *château féodal* ▸ **feudal**
féodalité *nf* Organisation politique et sociale du Moyen Âge, fondée sur le fief ▸ **feudalismo**
fer *nm* **1** Métal tenace et malléable employé dans l'industrie sous forme d'alliages, d'aciers et de fontes; symb: Fe ▸ **ferro 2** Demi-cercle de fer dont on garnit la corne des pieds des chevaux ▸ **ferradura 3** Objet, instrument en fer ou en un autre métal: *fer à repasser, à souder* ▸ **ferro 4** Épée, fleuret: *croiser le fer* ▸ **ferro** ▪ **âge du fer:** période préhistorique où l'homme commença à utiliser le fer

pour son outillage ▶ **idade do ferro** □ **de fer:** solide, robuste: *santé de fer* ▶ **de ferro** □ **fer forgé:** travaillé au marteau sur l'enclume ▶ **ferro batido** ◆ **fers** *pl* **1** Chaînes avec lesquelles on attachait un prisonnier: *mettre aux fers* ▶ **ferros 2** LITT, FIG esclavage ▶ **escravidão**

fer-blanc (pl *fers-blancs*) *nm* Tôle mince, recouverte d'étain ▶ **folha de flandres**

ferblanterie *nf* Travail du fer-blanc; objets en fer-blanc ▶ **funilaria**

ferblantier *nm* Personne qui fabrique ou vend des objets en fer-blanc ▶ **funileiro**

feria [ferja] *nf* Grande fête annuelle dans le midi de la France et en Espagne, comportant des courses de taureaux ▶ ***feria***

férié, e *adj* Se dit d'un jour de repos prescrit par la loi ou la religion ▶ **feriado**

férir *vt* ■ LITT **sans coup férir: (a)** sans avoir eu à combattre ▶ **sem disparar um tiro (b)** sans difficulté ▶ **sem dificuldade**

ferler *vt* Attacher une voile ▶ **ferrar**

fermage *nm* Loyer d'une ferme, d'une terre ▶ **arrendamento**

ferme[1] *adj* **1** Solide, stable: *ferme sur ses jambes* ▶ **firme 2** Compact: *chair ferme* ▶ **firme 3** FIG Assuré: *ton ferme* ▶ **firme 4** Inébranlable: *ferme dans ses résolutions* ▶ **firme 5** Définitif: *achat ferme* ▶ **decidido** ■ **terre ferme:** sol du continent ▶ **terra firme** ◆ *adv* **1** Avec assurance: *tenir ferme* ▶ **firme 2** Beaucoup: *s'ennuyer ferme* ▶ **decididamente**

ferme[2] *nf* **1** Contrat par lequel on loue un bien rural: *prendre à ferme* ▶ **arrendamento 2** Exploitation agricole affermée ▶ **arrendamento 3** Domaine agricole; maison d'habitation située sur le domaine ▶ **fazenda**

fermé, e *adj* **1** Insensible, inaccessible à: *cœur fermé à la pitié* ▶ **fechado 2** Qui ne laisse rien transparaître: *visage fermé* ▶ **fechado 3** Où il est difficile de s'introduire, de se faire admettre: *cercle fermé* ▶ **fechado**

fermement *adv* Avec fermeté ▶ **firmemente**

ferment *nm* **1** Agent de la fermentation ▶ **fermento 2** LITT, FIG ce qui excite: *ferment de discorde* ▶ **fermento**

fermentation *nf* **1** Transformation de certaines substances organiques par des enzymes microbiennes ▶ **fermentação 2** LITT, FIG effervescence ▶ **fermentação**

fermenter *vi* Être en fermentation: *le moût fermente* ▶ **fermentar**

fermer *vt* **1** Actionner un dispositif mobile pour obstruer une ouverture, un passage: *fermer une porte* ▶ **fechar 2** Enclore: *fermer un jardin* ▶ **cercar 3** Empêcher ou interdire l'accès d'un lieu: *fermer un placard à clef; fermer son magasin* ▶ **fechar 4** Faire cesser: *fermer une discussion* ▶ **encerrar 5** Rapprocher deux parties écartées: *fermer une plaie* ▶ **fechar 6** Arrêter le fonctionnement de: *fermer la radio* ▶ **fechar** ■ **fermer boutique:** cesser son commerce ▶ **fechar a loja** □ **fermer la marche:** marcher le dernier ▶ **fechar a fila** □ TRÈS FAM **la fermer:** se taire ▶ **calar a boca** ◆ *vi* Être, rester fermé: *le musée ferme le mardi; la porte ferme mal* ▶ **fechar** ◆ **se fermer** *vpr* Cesser d'être ouvert: *yeux qui se ferment; plaie qui s'est fermée* ▶ **fechar-se**

fermeté *nf* **1** État de ce qui est ferme, solide ▶ **firmeza 2** Énergie morale, détermination ▶ **firmeza**

fermette *nf* Petite ferme ▶ **fazendinha**

fermeture *nf* **1** Ce qui sert à fermer: *fermeture automatique* ▶ **fechadura 2** Action, moment de fermer: *fermeture annuelle* ▶ **encerramento, fechamento** ■ **fermeture à glissière** ou **fermeture Éclair** (nom déposé): formée de deux rubans bordés de dents qui s'engrènent au moyen d'un curseur ▶ **zíper**

fermier, ère *n* Agriculteur, propriétaire ou non des terres qu'il cultive ▶ **fazendeiro** ■ **fermier général:** financier, sous l'Ancien Régime, qui prenait à ferme le recouvrement d'un impôt ▶ **fazendeiro geral**

fermoir *nm* Agrafe pour tenir fermé un sac, un collier, etc. ▶ **fecho**

féroce *adj* **1** Sauvage et sanguinaire: *une bête féroce* ▶ **feroz 2** Cruel: *des envahisseurs féroces* ▶ **feroz**

férocement *adv* De manière féroce ▶ **ferozmente**

férocité *nf* **1** Nature d'un animal féroce: *la férocité du tigre* ▶ **ferocidade 2** Barbarie: *crime d'une grande férocité* ▶ **ferocidade 3** Violence extrême: *la férocité du combat* ▶ **ferocidade**

ferrage *nm* Action de ferrer ▶ **ferragem**

ferraille *nf* **1** Vieux fers, objets métalliques hors d'usage ▶ **ferro-velho 2** FAM Menue monnaie ▶ **moeda**

ferrailler *vi* Se battre au sabre ou à l'épée ▶ **esgrimir**

ferrailleur *nm* Marchand de ferraille ▶ **ferro-velho**

ferré, e *adj* Garni de fer: *bâton ferré* ▶ **ferrado** ■ FIG, FAM **être ferré sur un sujet:** le connaître à fond ▶ **ser versado num assunto** □ **voie ferrée:** voie de chemin de fer ▶ **via férrea**

ferrement *nm* Garniture en fer ▶ **ferros**

ferrer *vt* **1** Garnir de fer ▶ **ferrar 2** Mettre des fers à un cheval ▶ **ferrar**

ferreux *adj m* Qui contient du fer ▶ **ferroso**

ferromagnétisme *nm* Propriété de certaines substances (fer, cobalt, nickel) de prendre une forte aimantation ▸ **ferromagnetismo**
ferronnerie *nf* **1** Travail artistique du fer; ouvrages ainsi réalisés ▸ **ferraria 2** Serrurerie d'art ▸ **ferraria**
ferronnier *nm* Personne qui fabrique ou vend de la ferronnerie ▸ **ferreiro**
ferroviaire *adj* Relatif au transport par chemin de fer ▸ **ferroviário**
ferrugineux, euse *adj* Qui contient du fer: *eaux ferrugineuses* ▸ **ferruginoso**
ferrure *nf* Garniture de fer ▸ **ferragem**
ferry-boat [fɛribot] (pl *ferry-boats*) ou **ferry** (pl *ferrys* ou *ferries*) *nm* Navire spécialement aménagé pour le transport des voitures ou des trains et de leurs passagers ▸ ***ferryboat***
fertile *adj* Fécond: *sol fertile; esprit fertile* ▸ **fértil**
fertilisant, e *adj et nm* Qui fertilise ▸ **fertilizante**
fertilisation *nf* Action de fertiliser ▸ **fertilização**
fertiliser *vt* Rendre fertile; améliorer, bonifier une terre par l'apport d'engrais ▸ **fertilizar**
fertilité *nf* Fécondité ▸ **fertilidade**
féru, e *adj* Passionné (d'une science, d'une idée, etc.): *féru de peinture* ▸ **aficionado**
férule *nf* ▸ **férula** ▪ SOUT **sous la férule de quelqu'un:** sous son autorité ▸ **sob o jugo de alguém**
fervent, e *adj* Plein de ferveur; ardent: *disciple fervent* ▸ **fervoroso** ◆ *n* Passionné de: *un fervent de cinéma* ▸ **entusiasta**
ferveur *nf* Ardeur passionnée; enthousiasme, zèle: *prier avec ferveur* ▸ **fervor**
fesse *nf* Chacune des deux parties charnues postérieures de l'homme et de certains animaux ▸ **nádega**
fessée *nf* Correction sur les fesses ▸ **palmada nas nádegas**
fesse-mathieu (pl *fesse-mathieux*) *nm* VX Usurier, avare ▸ **avarento**
fesser *vt* Donner une fessée à ▸ **dar palmada nas nádegas**
fessier, ère *adj* Des fesses: *muscles fessiers* ▸ **glúteo** ◆ *nm* FAM Les fesses ▸ **nádegas**
fessu, e *adj* FAM Qui a de grosses fesses ▸ **bundudo**
festif, ive *adj* Qui est propre à la fête, qui évoque une fête: *ambiance festive* ▸ **festivo**
festin *nm* Repas somptueux, banquet ▸ **festim**
festival (pl *festivals*) *nm* Série de représentations artistiques consacrées à un genre donné: *festival de cinéma* ▸ **festival**
festivalier, ère *adj* De festival ▸ **de festival** ◆ *n* Personne qui assiste ou participe à un festival ▸ **participante de festival**
festivités *nf pl* Fêtes, réjouissances ▸ **festividades**
feston *nm* **1** Guirlande de fleurs, de feuilles ▸ **guirlanda 2** Broderie formant des dents arrondies ▸ **festão**
festonner *vt* Orner de festons ▸ **grinaldar**
festoyer *vi (conj 3)* Faire un festin ▸ **banquetear**
fêtard, e *n* FAM Qui fait la fête; noceur ▸ **festeiro**
fête *nf* **1** Réjouissance en général: *jour de fête* ▸ **festa 2** Solennité religieuse ou civile: *la fête nationale* ▸ **festa 3** Jour de la fête du saint dont on porte le nom: *souhaiter sa fête à quelqu'un* ▸ **festa do santo do nome de alguém** ▪ **fêtes mobiles:** fêtes chrétiennes qui ne reviennent pas tous les ans au même jour ▸ **festas móveis** ▫ **faire fête à quelqu'un:** l'accueillir chaleureusement ▸ **fazer festa para alguém** ▫ **faire la fête:** s'amuser ▸ **fazer a festa** ◆ **fêtes** *pl* Période de Noël au jour de l'An ▸ **festas**
Fête-Dieu (pl *Fêtes-Dieu*) *nf* Fête du saint sacrement ▸ ***Corpus Christi***
fêter *vt* **1** Célébrer par une fête: *fêter un anniversaire* ▸ **festejar 2** Accueillir avec joie: *fêter un ami* ▸ **festejar**
fétiche *nm* Objet, animal auxquels on attribue des propriétés magiques, bénéfiques ▸ **fetiche**
fétichisme *nm* **1** Culte des fétiches ▸ **fetichismo 2** Vénération outrée, superstitieuse pour quelqu'un, quelque chose ▸ **fetichismo**
fétichiste *adj et n* Qui appartient au fétichisme; qui le pratique ▸ **fetichista**
fétide *adj* Se dit d'une odeur répugnante; se dit de ce qui a cette odeur ▸ **fétido**
fétidité *nf* Caractère de ce qui est fétide ▸ **fedor**
fétu *nm* Brin de paille ▸ **palhinha**
feu¹ *nm* **1** Dégagement de chaleur, de lumière et de flammes produit par une combustion: *feu de bois* ▸ **fogo 2** Incendie: *feu de forêt* ▸ **fogo 3** Endroit où l'on fait du feu; foyer: *veillée au coin du feu* ▸ **lareira 4** Source de chaleur pour le chauffage ou la cuisson: *cuire à feu doux* ▸ **fogo 5** Ce qui est nécessaire pour allumer le feu, une cigarette: *avoir, demander du feu* ▸ **fogo 6** Décharge d'arme à poudre: *coup de feu; arme à feu* ▸ **fogo 7** Signal lumineux; phare, fanal: *feu rouge* ▸ **farol 8** Inflammation; sensation de chaleur qui en résulte: *avoir les joues en feu* ▸ **fogo 9** Ardeur, enthousiasme, fougue, passion: *parler avec feu* ▸ **ardor** ▪ **au feu!:** cri d'appel au secours lors d'un incendie ▸ **fogo!** ▫ **à petit feu:** lentement ▸ **em fogo lento** ▫ **être pris entre deux feux:** attaqué de deux côtés ▸ **ser pego entre dois fogos** ▫ **être tout feu tout flamme:** s'emballer, s'enthousiasmer ▸ **estar entusiasmado** ▫ **faire long feu:** ne pas avoir de succès, rater ▸ **ser**

malsucedido □ **feu d'artifice:** spectacle d'effets lumineux ► **fogo de artifício** □ **feux de croisement** ou **codes:** feux qu'utilise l'automobiliste, la nuit, quand il croise une autre voiture ► **faróis baixos** □ **feux de position:** feux qui définissent le gabarit du véhicule ► **luzes de posição** □ **feux de route:** feux qu'utilise l'automobiliste, la nuit, hors agglomération, sauf quand il croise quelqu'un ► **faróis altos** □ **feu tricolore ou de signalisation:** signal lumineux commandant le passage libre (*feu vert*), toléré (*feu orange*) ou interdit (*feu rouge*) du trafic automobile ► **semáforo** □ **mettre sa main au feu que:** soutenir avec conviction que ► **pôr a mão no fogo como** □ **ne pas faire long feu:** ne pas durer longtemps ► **não durar muito** □ **n'y voir que du feu:** n'y rien comprendre ► **não entender patavina** □ **prendre feu:** s'enflammer ► **pegar fogo** ♦ *interj* ■ **feu!:** commandement de tirer ► **fogo!**

feu², e *adj* LITT (*feu* est invariable quand il précède l'art ou l'adj possessif) Défunt: *la feue reine, feu la reine* ► **falecido**

feuillage *nm* **1** Ensemble des feuilles d'un arbre ► **folhagem** **2** Branches coupées chargées de feuilles: *lit de feuillage* ► **folhagem**

feuillaison *nf* Renouvellement annuel des feuilles ► **folheatura**

feuillant, ine *n* Religieux, religieuse appartenant à une branche de l'ordre cistercien disparue en 1789 ► ***feuillant***

feuille *nf* **1** Partie terminale d'un végétal, mince et plate, ordinairement verte ► **folha** **2** Morceau de papier d'un certain format: *feuille de papier*; document, imprimé administratif: *feuille d'impôt* ► **folha** **3** Plaque très mince: *feuille d'or* ► **folha** ■ **feuille de maladie, de soins:** formulaire mentionnant les actes et les médicaments dispensés aux assurés sociaux en vue d'en obtenir le remboursement ► **prontuário médico**

feuille-morte *adj inv* De la couleur des feuilles mortes; roux ► **cor de folha seca**

feuillet *nm* **1** Page (recto et verso) d'un livre, d'un cahier ► **folha** **2** Troisième poche de l'estomac des ruminants ► **omaso**

feuilletage *nm* Pâte repliée plusieurs fois sur elle-même de manière à se séparer en feuilles à la cuisson ► **massa folhada**

feuilleté, e *adj* Constitué de lames minces superposées ► **folhado** ■ CUIS **pâte feuilletée:** feuilletage ► **massa folhada** ♦ *nm* CUIS Feuilletage garni ► **pastel folhado**

feuilleter *vt (conj 8)* Tourner les pages d'un livre; le parcourir rapidement ► **folhear**

feuilleton *nm* Œuvre romanesque publiée dans un journal ou diffusée à la radio, à la télévision sous la forme d'épisodes successifs ► **folhetim, novela**

feuilletoniste *n* Auteur de feuilletons ► **folhetinista**

feuillu, e *adj* Qui a beaucoup de feuilles ► **folhudo**

feuillure *nf* Rainure, entaille pratiquée dans un panneau ou un bâti pour y loger une autre pièce ► **entalhe**

feulement *nm* Cri du tigre, du chat ► **miado**

feuler *vi* Émettre un feulement ► **miar**

feutrage *nm* Action de feutrer; fait de se feutrer ► **feltragem**

feutre *nm* **1** Étoffe de laine, de poils foulés ► **feltro** **2** Chapeau de feutre ► **chapéu de feltro**

feutré, e *adj* **1** Qui a l'aspect du feutre; qui a perdu sa souplesse: *laine feutrée* ► **feltrado** **2** FIG Où les bruits sont étouffés; silencieux: *pas feutrés* ► **abafado**

feutrer *vt* **1** Mettre en feutre du poil, de la laine ► **feltrar** **2** Garnir de feutre ► **feltrar** ♦ *vi* ou **se feutrer** *vpr* Prendre l'aspect du feutre ► **feltrar-se**

feutrine *nf* Feutre léger, très serré ► **baeta**

fève *nf* **1** Légumineuse dont la graine est comestible; cette graine ► **fava** **2** Petite figurine cachée dans la galette des Rois ► **fava do bolo de Dia de Reis**

février *nm* Deuxième mois de l'année (de 28 jours, mais de 29 dans les années bissextiles) ► **fevereiro**

fez [fɛz] *nm inv* Calotte tronconique portée dans certains pays d'Orient ► **fez**

fg (abréviation) Faubourg ► **Ø**

fi *interj* LITT Marque le dégoût, le mépris ► **bah** ■ **faire fi de:** mépriser ► **desdenhar**

fiabiliser *vt* Rendre fiable; rendre plus fiable: *fiabiliser un progiciel* ► **assegurar**

fiabilité *nf* Probabilité de fonctionnement sans défaillance d'un dispositif ► **confiabilidade**

fiable *adj* **1** Qui présente une certaine fiabilité ► **fiável** **2** À qui l'on peut se fier ► **confiável**

fiacre *nm* ANC Voiture de louage à chevaux ► **fiacre**

fiançailles *nf pl* Promesse de mariage ► **noivado**

fiancé, e *n* Personne qui s'est fiancée ► **noivo**

fiancer (se) *vpr (conj 1)* S'engager à épouser quelqu'un ► **ficar noivo**

fiasco *nm* FAM Échec complet ► **fiasco**

fiasque *nf* Bouteille à panse large garnie de paille ► **garrafa empalhada**

Fibranne *nf* (nom déposé) Textile artificiel ► **fibra artificial**

fibre *nf* **1** Filament, cellule filamenteuse: *fibre musculaire, textile* ▸ **fibra 2** FIG Sensibilité à un sentiment: *avoir la fibre paternelle* ▸ **sensibilidade** ▪ **fibre de verre:** filament obtenu par étirage du verre fondu, utilisé en particulier pour la fabrication de la laine de verre ▸ **fibra de vidro**

fibreux, euse *adj* Qui contient des fibres ▸ **fibroso**

fibrille *nf* Petite fibre ▸ **fibrila**

fibrine *nf* Protéine qui apparaît dans le sang au cours de la coagulation et qui y contribue ▸ **fibrina**

Fibrociment *nm* (nom déposé) Matériau en amiante-ciment ▸ **fibrocimento**

fibromateux, euse *adj* De la nature d'un fibrome ▸ **fibromatoso**

fibrome *nm* MÉD Tumeur bénigne constituée par du tissu fibreux ▸ **fibroma**

fibroscope *nm* MÉD Endoscope flexible et de petit diamètre dans lequel la lumière est canalisée par un réseau de fibres de quartz ▸ **fibroscópio**

fibroscopie *nf* MÉD Endoscopie réalisée à l'aide d'un fibroscope ▸ **fibroscopia**

fibule *nf* ANTIQ Agrafe ▸ **fíbula**

ficaire *nf* Renonculacée à fleurs jaunes ▸ **botão-de-ouro**

ficelage *nm* Action de ficeler ▸ **amarração, elaboração**

ficelé, e *adj* ▸ **amarrado** ▪ FAM **bien ficelé:** bien fait, bien conçu: *scénario bien ficelé* ▸ **bem-elaborado**

ficeler *vt (conj 6)* **1** Attacher avec une ficelle: *ficeler un paquet* ▸ **amarrar 2** FAM Élaborer, construire: *ficeler une histoire* ▸ **elaborar 3** FAM, PÉJOR habiller ▸ **vestir**

ficelle *nf* **1** Corde très mince ▸ **barbante 2** Pain de fantaisie mince ▸ **baguete 3** FIG Procédé, truc: *connaître les ficelles du métier* ▸ **manha** ▪ **tenir, tirer les ficelles:** faire agir les autres sans se montrer ▸ **manejar os cordões**

fichage *nm* Action de ficher, d'inscrire sur des fiches ▸ **arquivamento, fichamento**

fiche *nf* **1** Carte, feuillet pour écrire des notes à classer ensuite ▸ **ficha 2** Pièce métallique s'adaptant à une autre et utilisée en électricité pour établir un contact ▸ **cavilha**

ficher[1] *vt* **1** Inscrire sur une fiche, dans un fichier ▸ **fichar, arquivar 2** VIEILLI Piquer, enfoncer: *ficher un pieu en terre* ▸ **enfiar**

ficher[2] ou **fiche** *vt* (p passé *fichu*) **1** FAM Faire: *qu'est-ce qu'il fiche?* ▸ **aprontar 2** FAM Mettre, jeter: *ficher dehors* ▸ **pôr** ◆ **se ficher** ou **se fiche** *vpr* [de] FAM Se moquer de ▸ **desdenhar** ▪ FAM **se ficher dedans:** se tromper ▸ **enganar-se**

fichier *nm* **1** Meuble, boîte à fiches ▸ **arquivo 2** INFORM Collection organisée d'informations de même nature, regroupées en une unité indépendante de traitement; support matériel de ces informations ▸ **arquivo**

fichtre *interj* FAM Marque l'étonnement, l'admiration ▸ **puxa**

fichu[1] *nm* Triangle d'étoffe, dont les femmes se couvrent les épaules ou la tête ▸ **lenço**

fichu[2], **e** *adj* FAM **1** (avant le nom) Maudit, mauvais: *un fichu repas; fichu métier!* ▸ **péssimo 2** (après le nom) Détruit, ruiné: *appareil fichu* ▸ **estragado** ▪ **bien, mal fichu:** bien, mal fait ▸ **bem, mal feito** ▫ **fichu de:** capable de ▸ **capaz de** ▫ **mal fichu:** un peu malade ▸ **adoentado**

fictif, ive *adj* **1** Imaginaire: *personnage fictif* ▸ **fictício 2** Conventionnel: *valeur fictive* ▸ **convencional**

fiction *nf* Création de l'imagination: *œuvre de fiction* ▸ **ficção**

fictivement *adv* De façon fictive ▸ **ficticiamente**

ficus [fikys] *nm* Plante d'appartement d'origine tropicale, tels le caoutchouc et le figuier ▸ **fícus**

fidèle *adj* **1** Qui remplit ses engagements: *fidèle à ses promesses* ▸ **fiel 2** Constant dans son attachement, ses relations; loyal: *ami fidèle* ▸ **fiel 3** Exact, conforme: *mémoire fidèle* ▸ **fiel** ◆ *n* Personne qui pratique une religion ▸ **fiel**

fidèlement *adv* Avec fidélité ▸ **fielmente**

fidéliser *vt* Rendre fidèle: *fidéliser une clientèle* ▸ **fidelizar**

fidélité *nf* Qualité d'une personne ou d'une chose fidèle ▸ **fidelidade**

fiduciaire *adj* ÉCON Se dit de valeurs fictives, fondées sur la confiance accordée à qui les émet ▸ **fiduciário**

fief *nm* **1** HIST Domaine qu'un vassal tenait d'un seigneur ▸ **feudo 2** FIG Possession exclusive: *fief électoral* ▸ **feudo**

fieffé, e *adj* Qui a atteint le degré le plus haut d'un défaut ou d'un vice; achevé: *fieffé menteur* ▸ **rematado**

fiel *nm* **1** Bile ▸ **fel 2** LITT, FIG amertume, méchanceté ▸ **rancor**

fielleux, euse *adj* LITT Plein d'acrimonie, d'animosité: *ton fielleux* ▸ **amargo**

fiente *nf* Excrément d'animaux ▸ **bosta**

fier, fière *adj* **1** Altier, noble, élevé: *âme fière* ▸ **altivo 2** Arrogant, méprisant: *son succès l'a rendu fier* ▸ **arrogante 3** FAM Fameux, remarquable: *un fier coquin* ▸ **valente** ▪ **fier de:** qui tire satisfaction, orgueil de ▸ **orgulhoso de** ◆ *n* Orgueilleux: *faire le fier* ▸ **orgulhoso**

fier (se) *vpr* [à] Mettre sa confiance en: *ne vous fiez pas aux flatteurs* ▸ **confiar**

fier-à-bras (pl *fiers-à-bras*) *nm* VIEILLI Fanfaron ▸ **ferrabrás**

fièrement *adv* D'une manière fière ▸ **orgulhosamente**

fierté *nf* Caractère fier ▸ **orgulho**

fiesta *nf* FAM Fête: *faire une fiesta* ▸ **festa**

fièvre *nf* **1** Élévation anormale de la température du corps ▸ **febre 2** FIG Agitation, fébrilité: *la fièvre du départ* ▸ **febre**

fiévreusement *adv* Avec fièvre ▸ **febrilmente**

fiévreux, euse *adj et n* **1** Qui a ou dénote de la fièvre ▸ **febril 2** FIG Inquiet, agité: *attente fiévreuse* ▸ **febril**

fifre *nm* **1** Petite flûte en bois, au son aigu ▸ **pífaro 2** Celui qui en joue ▸ **tocador de pífaro**

fifty-fifty *loc adv* FAM En deux parts égales, moitié-moitié: *partager fifty-fifty* ▸ **meio a meio**

fig. (abréviation) Figuré ▸ **fig.**

figé, e *adj* Solidifié par refroidissement: *huile figée* ▸ **congelado** ▪ **expression figée:** expression qui n'admet pas de variante (EX: *prendre le taureau par les cornes*) ▸ **expressão impassível**

figer *vt (conj 2)* **1** Solidifier par le froid: *le froid fige l'huile* ▸ **congelar 2** Immobiliser: *la peur le figea sur place* ▸ **imobilizar**

fignolage *nm* FAM Action de fignoler ▸ **retoque**

fignoler *vt et vi* FAM Faire, achever avec soin, minutie; parfaire ▸ **retocar**

figue *nf* Fruit du figuier ▸ **figo** ▪ **figue de Barbarie:** fruit charnu et sucré du figuier de Barbarie ▸ **figo-da-barbária** ▫ FAM **mi-figue, mi-raisin:** ambigu, mitigé ▸ **nem cá nem lá**

figuier *nm* Arbre originaire du Proche-Orient, cultivé pour son fruit, la *figue* ▸ **figueira** ▪ **figuier de Barbarie:** espèce d'opuntia à fruit comestible ▸ **figueira-da-barbária**

figurant, e *n* **1** Personnage accessoire, dans une pièce, un spectacle ▸ **coadjuvante 2** FIG Personne dont le rôle n'est pas déterminant ▸ **figurante**

figuratif, ive *adj* Qui représente la forme réelle d'une chose: *plan figuratif* ▸ **figurativo** ▪ **art figuratif:** celui qui représente des figures reconnaissables (par opposition à *art abstrait*) ▸ **arte figurativa** ◆ *nm* Peintre, sculpteur qui pratique l'art figuratif ▸ **figurativo**

figuration *nf* **1** Action de figurer ▸ **figuração 2** Métier, rôle de figurant; ensemble des figurants d'un spectacle ▸ **figuração 3** Courant d'art figuratif ▸ **figuração**

figure *nf* **1** Visage: *se laver la figure* ▸ **rosto 2** Air, contenance: *faire bonne figure* ▸ **cara 3** Forme visible d'un corps: *avoir figure humaine* ▸ **figura 4** Personnalité marquante: *les grandes figures de l'histoire* ▸ **figura 5** Représentation de quelqu'un ou de quelque chose; dessin, schéma: *l'explication est accompagnée d'une figure* ▸ **ilustração 6** Symbole, allégorie ▸ **figura 7** GÉOM Ensemble de points, lignes, surfaces: *figure géométrique* ▸ **figura 8** Forme donnée à l'expression pour produire un certain effet: *figure de rhétorique* ▸ **figura 9** Mouvement chorégraphique: *figures imposées, libres* ▸ **figura**

figuré, e *adj* ▸ **figurado** ▪ **sens figuré:** signification détournée du sens propre (EX: *la lecture nourrit l'esprit* [sens figuré]; *le pain nourrit le corps* [sens propre]) ▸ **sentido figurado** ◆ *nm* Sens figuré: *au propre et au figuré* ▸ **sentido figurado**

figurer *vt* Représenter: *le décor figure l'intérieur d'une caverne; les points rouges figurent les grandes villes* ▸ **representar** ◆ *vi* Se trouver: *figurer sur une liste* ▸ **figurar** ◆ **se figurer** *vpr* S'imaginer ▸ **imaginar**

figurine *nf* Statuette de petite dimension ▸ **estatueta**

fil *nm* **1** Brin long et mince de matière textile: *bobine de fil* ▸ **fio 2** Tout élément filiforme: *le fromage fondu forme des fils* ▸ **fio 3** Conducteur électrique filiforme: *fil électrique; fil de terre* ▸ **fio 4** Métal étiré: *fil de fer* ▸ **fio 5** Tranchant d'un instrument: *le fil d'un rasoir* ▸ **fio 6** Direction des fibres du bois: *poncer une planche dans le sens du fil* ▸ **fio 7** Cours, suite, enchaînement: *aller au fil de l'eau; le fil de la vie; perdre le fil de la conversation* ▸ **fio** ▪ FAM **coup de fil:** coup de téléphone ▸ **telefonema** ▫ **de fil en aiguille:** de propos en propos ▸ **conversa vai conversa vem** ▫ **fil à plomb:** fil lesté pour matérialiser la verticale ▸ **fio de prumo** ▫ **fil de la Vierge:** filandre ▸ **filandra** ▫ **passer au fil de l'épée:** tuer à l'arme blanche ▸ **passar à espada**

fil-à-fil *nm inv* Tissu chiné obtenu en ourdissant et en tramant alternativement un fil foncé et un fil clair ▸ ***fil-à-fil***

filage *nm* Action de filer ▸ **fiação**

filament *nm* **1** Élément fin et allongé d'un organe animal ou végétal: *filaments nerveux* ▸ **filamento 2** Fil très mince ▸ **filamento 3** Fil conducteur porté à l'incandescence dans une ampoule électrique ▸ **filamento**

filamenteux, euse *adj* Qui présente des filaments; formé de filaments ▸ **filamentoso**

filandre *nf* Fil d'araignée flottant, dit aussi *fil de la Vierge* ▸ **filandra**

filandreux, euse *adj* **1** Rempli de fibres longues et coriaces: *viande filandreuse* ► **fibroso 2** FIG Enchevêtré, confus: *explications filandreuses* ► **intrincado**
filant, e *adj* Qui file, coule sans se diviser en gouttes: *liquide filant* ► **viscoso** ■ **étoile filante:** météore lumineux ► **estrela cadente**
filasse *nf* Amas de filaments de chanvre, de lin, etc. ► **estopa** ◆ *adj inv* ■ **cheveux filasse:** d'un jaune très pâle ► **cabelo ruço**
filature *nf* **1** Établissement où l'on file les matières textiles ► **fiação 2** Action de filer, de suivre quelqu'un ► **perseguição**
file *nf* Rangée, colonne: *file de voitures* ► **fila** ■ **à la file:** l'un après l'autre ► **em fila** □ **en file indienne:** l'un derrière l'autre ► **em fila indiana** □ **file d'attente:** queue: *prendre sa place dans une file d'attente* ► **fila**
filer *vt* **1** Travailler de manière à obtenir un fil: *filer la laine* ► **fiar 2** Sécréter un fil: *l'araignée file sa toile* ► **tecer 3** Suivre en épiant: *filer un voleur* ► **seguir 4** FAM Donner: *file-moi cent balles* ► **entregar 5** Défaire sur une certaine longueur les mailles d'un bas, d'un collant: *filer un bas* ► **desfiar** ■ MAR **filer un câble:** le laisser glisser ► **afrouxar um cabo** □ **filer n nœuds:** avoir une vitesse de *n* milles marins à l'heure ► **navegar a n nós** ◆ *vi* **1** FAM Aller vite: *filer à toute allure* ► **correr 2** FAM S'en aller, s'échapper ► **ir embora 3** Se défaire sur une certaine longueur, en parlant de mailles ► **desfiar 4** Couler lentement, en filet: *sirop, caramel qui file* ► **escorrer** ■ **filer à l'anglaise:** s'en aller sans prendre congé ► **sair à francesa** □ **filer doux:** se montrer docile ► **ficar dócil**
filet¹ *nm* Objet fait d'un réseau de fibres entrecroisées: *filet de pêche; filet à provisions; filet de volley-ball* ► **rede**
filet² *nm* **1** Écoulement fin, peu abondant; petite quantité de liquide ainsi obtenue: *filet d'eau; cuire dans un filet d'huile* ► **filete 2** Trait mince; ornement long et délié ► **filete 3** Saillie en hélice d'une vis ► **filete** ■ **filet de voix:** voix très faible ► **fio de voz**
filet³ *nm* **1** BOUCH Partie charnue et tendre du bœuf, du veau ou du mouton ► **filé 2** Chaque bande de chair d'un poisson ou d'une volaille levée de part et d'autre de l'arête ou de la colonne vertébrale: *filet de sole* ► **filé**
filetage *nm* Action de fileter; résultat de cette action ► **filetagem**
fileter *vt (conj 7)* Faire un filet de vis, d'écrou ► **filetar**
filial, e, aux *adj* Propre à un enfant à l'égard de ses parents: *amour filial* ► **filial**
filiale *nf* Entreprise dirigée et contrôlée par une société mère ► **filial**
filialiser *vt* Diviser une entreprise en entités ayant le statut de filiales ► **criar filiais**
filiation *nf* **1** Lien de parenté qui unit en ligne directe des générations entre elles; descendance ► **filiação 2** FIG Enchaînement entre des choses: *filiation des idées* ► **filiação**
filière *nf* **1** Instrument d'acier pour étirer en fils des métaux, pour fileter les vis ► **fieira 2** Organe par lequel certains insectes produisent leur fil ► **fiandeira 3** Suite de formalités, d'emplois à remplir pour parvenir à un certain résultat: *filière administrative* ► **trâmites**
filiforme *adj* Mince, allongé comme un fil ► **filiforme**
filigrane *nm* **1** Dessin que l'on aperçoit par transparence sur certains papiers: *filigrane des billets de banque* ► **filigrana 2** Ouvrage d'orfèvrerie ajouré ► **filigrana** ■ FIG **en filigrane: (a)** à l'arrière-plan ► **no fundo (b)** d'une manière implicite ► **implicitamente**
filin *nm* MAR Cordage ► **cabo**
fille *nf* **1** Personne du sexe féminin, par rapport à ses parents (par opposition à *fils*) ► **filha 2** Personne jeune ou enfant de sexe féminin (par opposition à *garçon*): *petite fille* ► **menina 3** VIEILLI, PÉJOR femme de mauvaise vie, prostituée: *fille de joie* ► **rapariga** ■ VX, PÉJOR **fille mère:** mère célibataire ► **mãe solteira** □ **vieille fille:** femme célibataire ► **solteirona**
fillette *nf* Petite fille ► **menina**
filleul, e *n* Celui, celle dont on est le parrain, la marraine ► **afilhado**
film *nm* **1** Œuvre cinématographique: *film de science-fiction* ► **filme 2** Pellicule traitée chimiquement, employée en photographie et en cinématographie: *mettre un film dans un appareil photo, une caméra* ► **filme 3** Mince pellicule: *film protecteur* ► **película 4** FIG Déroulement continu: *le film des événements* ► **sequência**
filmer *vt* Enregistrer sur un film cinématographique ► **filmar**
filmique *adj* Relatif au cinéma, aux films ► **fílmico**
filmographie *nf* Liste des films d'un cinéaste, d'un comédien, etc., ou relevant d'un genre donné ► **filmografia**
filon *nm* **1** Couche d'un minéral contenue entre des couches de nature différente ► **filão 2** FIG, FAM situation lucrative et agréable ► **filão**
filou *nm* FAM Voleur adroit; fripon, tricheur ► **vigarista**
filouter *vt* FAM, VX Voler avec adresse ► **surripiar**
filouterie *nf* FAM, VX Petite escroquerie ► **vigarice**

fils [fis] *nm* **1** Personne du sexe masculin, par rapport à ses parents (par opposition à *fille*) ▸ **filho** **2** Descendant ▸ **filho** **3** LITT Homme considéré par rapport à ses origines nationales, sociales, etc.: *d'Artagnan, fils de la Gascogne* ▸ **filho** ▪ **fils de famille:** garçon né dans une famille aisée ▸ **filho de boa família**

filtrage *nm* Action de filtrer ▸ **filtragem**

filtrant, e *adj* Qui sert à filtrer ▸ **filtrante**

filtrat *nm* Liquide filtré dans lequel ne subsiste aucune matière en suspension ▸ **filtrado**

filtre *nm* **1** Corps poreux, dispositif à travers lequel on fait passer un fluide pour le débarrasser des particules qui s'y trouvent en suspension ▸ **filtro** **2** Dispositif éliminant les fréquences parasites d'un signal électrique ▸ **filtro** **3** Écran coloré placé devant un objectif pour intercepter certains rayons du spectre ▸ **filtro**

filtrer *vt* **1** Faire passer à travers un filtre ▸ **filtrar** **2** Soumettre à un contrôle avant d'admettre: *filtrer des passants* ▸ **filtrar** ◆ *vi* Pénétrer à travers: *l'eau filtre à travers les terres; laisser filtrer des informations* ▸ **infiltrar**

fin¹ *nf* **1** Bout, extrémité: *fin de chapitre* ▸ **fim** **2** Terme: *toucher à sa fin* ▸ **fim** **3** But, objectif: *parvenir à ses fins* ▸ **fim** ▪ **à la fin:** enfin, finalement ▸ **afinal** ▫ **à toutes fins utiles:** en cas de besoin ▸ **para os devidos fins** ▫ **sans fin:** continuellement ▸ **sem parar**

fin², fine *adj* **1** Qui a peu d'épaisseur, mince: *tissu fin* ▸ **fino** **2** Délié et menu: *pluie fine* ▸ **fino** **3** D'une grande acuité, précis: *ouïe fine* ▸ **fino** **4** Délicat, subtil: *goût fin* ▸ **refinado** **5** Rusé, habile: *un fin renard* ▸ **astuto** **6** De qualité supérieure: *vin fin; épicerie fine* ▸ **fino** **7** Pur, naturel: *or fin; perle fine* ▸ **puro** ◆ *nm* Ce qui est fin ▸ **fino** ▪ **le fin du fin:** ce qu'il y a de mieux ▸ **o melhor do melhor** ◆ *adv* **1** Finement: *moudre fin* ▸ **fino** **2** Complètement: *être fin prêt* ▸ **completamente**

final¹, e, als ou **aux** *adj* Qui finit, termine: *un point final* ▸ **final** ▪ **proposition finale** ou **finale:** *nf*: subordonnée de but ▸ **oração subordinada adverbial final**

final² (pl *finals*) ou **finale** *nm* MUS Morceau d'ensemble qui termine une symphonie, une sonate ▸ ***finale***

finale *nf* **1** Dernière syllabe ou lettre d'un mot ▸ **final** **2** SPORTS et JEUX épreuve décisive d'une compétition ▸ **final**

finalement *adv* Pour en finir, en fin de compte ▸ **enfim**

finaliser *vt* Donner un but, une finalité à: *finaliser une recherche* ▸ **objetivar**
VOCABULAIRE L'emploi de *finaliser* pour «mettre une fin, un terme à» est un anglicisme parfois critiqué

finaliste *adj et n* SPORTS et JEUX qui est qualifié pour disputer une finale ▸ **finalista**

finalité *nf* Caractère de ce qui a un but, une fin ▸ **finalidade**

finance *nf* Ensemble des professions qui ont pour objet l'argent et ses modes de représentation ▸ **finança** ◆ **finances** *pl* **1** Trésor de l'État ▸ **finanças** **2** FAM Ressources pécuniaires ▸ **finanças**

financement *nm* Action de financer ▸ **financiamento**

financer *vt (conj 1)* Fournir de l'argent, des capitaux à ▸ **financiar**

financier, ère *adj* Relatif aux finances: *système financier* ▸ **financeiro** ◆ *nm* **1** Celui qui s'occupe d'opérations financières ▸ **financeiro** **2** Petit gâteau à base d'amandes ▸ **bolinho de amêndoas**

financièrement *adv* En matière de finances ▸ **financeiramente**

finasser *vi* FAM Employer des subterfuges, des finesses plus ou moins bien intentionnées ▸ **usar de artimanhas**

finasserie *nf* FAM Finesse mêlée de ruse ▸ **astúcia**

finaud, e *adj et n* Fin, rusé, sous un air de simplicité ▸ **finório**

fine *nf* Eau-de-vie de qualité ▸ **aguardente fina**

finement *adv* D'une manière fine ▸ **finamente**

finesse *nf* **1** Qualité de ce qui est fin: *finesse d'un tissu* ▸ **fineza** **2** Subtilité: *finesse d'une plaisanterie* ▸ **finura** **3** Acuité des sens: *finesse de l'ouïe* ▸ **argúcia** **4** Discernement: *faire preuve de finesse* ▸ **perspicácia**

finette *nf* Tissu de coton à envers pelucheux ▸ **baetilha**

fini, e *adj* **1** Limité: *ensemble fini* ▸ **finito** **2** Terminé, achevé: *son travail est fini; cette époque est bien finie* ▸ **terminado** **3** Parfaitement achevé, dont la finition est soignée: *du travail fini* ▸ **finalizado** **4** PÉJOR Achevé, parfait en son genre: *escroc fini* ▸ **rematado** **5** Usé: *un homme fini* ▸ **acabado** ◆ *nm* **1** Perfection: *le fini d'un ouvrage* ▸ **remate** **2** Ce qui a des bornes: *le fini et l'infini* ▸ **finito**

finir *vt* **1** Mener à son terme, achever: *finir un livre* ▸ **terminar** **2** Constituer la fin, limiter: *le point finit la phrase* ▸ **terminar** ◆ *vi* **1** Se terminer sous telle forme: *finir en pointe* ▸ **acabar** **2** Arriver à son terme: *son bail finit* ▸ **acabar** **3** Avoir une certaine fin: *cet enfant finira mal* ▸ **acabar** **4** Mourir: *finir dans la misère* ▸ **acabar** ▪ **en finir avec:** se débarrasser de ▸ **acabar com** ▫ **finir par:** arriver, réussir finalement à ▸ **acabar por**

finish [finiʃ] *nm inv* (anglicisme) Dernier effort d'un concurrent à la fin d'une épreuve ▸ ***sprint***
finissage *nm* TECHN Dernière main; finition ▸ **acabamento**
finisseur, euse *n* **1** Personne qui finit, achève un travail ▸ **finalizador 2** Athlète qui termine très bien les compétitions ▸ ***sprinter***
finition *nf* **1** Action de finir avec soin ▸ **acabamento 2** Phase d'achèvement d'un travail: *finitions soignées* ▸ **acabamento**
finlandais, e *adj et n* De la Finlande: *les Finlandais* ▸ **finlandês** ◆ *nm* Finnois ▸ **finlandês**
finnois, e *adj et n* D'un peuple habitant la Finlande ▸ **finlandês** ◆ *nm* Langue parlée en Finlande ▸ **finlandês**
fiole *nf* Petit flacon de verre ▸ **frasco**
fioriture *nf* Ornement accessoire ▸ **floreado**
fioul *nm* Combustible liquide provenant du pétrole brut (on écrit aussi *fuel*) ▸ **óleo combustível** ▪ **fioul domestique:** mazout ▸ **mazute**
firmament *nm* LITT Voûte du ciel ▸ **firmamento**
firme *nf* Entreprise industrielle ou commerciale ▸ **firma**
fisc *nm* Administration chargée de calculer et de percevoir les impôts ▸ **fisco**
fiscal, e, aux *adj* Relatif au fisc ▸ **fiscal**
fiscalement *adv* Du point de vue fiscal ▸ **do ponto de vista fiscal**
fiscalisation *nf* **1** Action de fiscaliser ▸ **tributação 2** Part de l'impôt dans les ressources d'une collectivité publique ▸ **tributo**
fiscaliser *vt* Soumettre à l'impôt ▸ **tributar**
fiscalité *nf* Système de perception des impôts; ensemble des lois qui s'y rapportent ▸ **fiscalidade**
fish-eye [fiʃaj] (pl *fish-eyes*) *nm* PHOT Objectif à très grand angle ▸ **olho de peixe**
fissible *adj* Fissile ▸ **fissionável**
fissile *adj* **1** Qui se divise facilement en lames minces: *l'ardoise est fissile* ▸ **físsil 2** Susceptible de subir une fission nucléaire ▸ **físsil**
fission *nf* Éclatement d'un noyau d'atome lourd, libérant une énorme quantité d'énergie ▸ **fissão**
fissuration *nf* Production de fissures ▸ **fissuração**
fissure *nf* Petite crevasse, fente légère ▸ **fissura**
fissurer *vt* Crevasser, fendre ▸ **fissurar** ◇ *vpr*: *un mur qui se fissure* ▸ **rachar**
fiston *nm* FAM Fils ▸ **filho**
fistule *nf* MÉD Canal accidentel qui fait communiquer un organe avec l'extérieur ou avec un autre organe ▸ **fístula**
FIV [fiv] *nf* (sigle) Fécondation in vitro ▸ **FIV**
fixage *nm* **1** Action de fixer ▸ **fixagem 2** Opération par laquelle une image photographique est rendue inaltérable à la lumière ▸ **fixagem**
fixateur, trice *adj* Qui fixe ▸ **fixador** ◆ *nm* **1** Vaporisateur pour fixer un dessin ▸ **fixador 2** Substance qui rend une image photographique inaltérable ▸ **fixador**
fixatif, ive *adj* Qui sert à fixer ▸ **fixador** ◆ *nm* Vernis pour fixer les dessins au fusain, au pastel ▸ **fixador**
fixation *nf* **1** Action de fixer ▸ **fixação 2** Attache, dispositif servant à fixer: *fixations de ski* ▸ **prendedor** ▪ **faire une fixation sur:** être obsédé par ▸ **ter fixação em**
fixe *adj* **1** Qui ne se meut pas: *étoile fixe* ▸ **imóvel 2** Immobile: *regard fixe* ▸ **fixo 3** Qui ne varie pas: *beau fixe* ▸ **fixo 4** Réglé, déterminé à l'avance; régulier: *revenu fixe* ▸ **fixo** ▪ **idée fixe:** idée qui obsède l'esprit ▸ **ideia fixa** ◆ *nm* Partie invariable d'un salaire ▸ **fixo**
fixement *adv* D'une manière fixe ▸ **fixamente**
fixer *vt* **1** Rendre fixe, stable: *fixer un tableau au mur; fixer un souvenir dans son esprit* ▸ **fixar 2** Empêcher de varier, de s'altérer: *fixer la langue d'un pays*; rendre inaltérable par un traitement spécial: *fixer une photo, un pastel* ▸ **fixar 3** Garder immobile: *fixer les yeux* ▸ **fixar 4** Regarder fixement: *fixer quelqu'un* ▸ **fixar 5** Arrêter: *fixer son choix* ▸ **estabelecer 6** Établir, préciser: *fixer une date* ▸ **marcar 7** Attirer, captiver: *fixer l'attention* ▸ **prender** ◆ **se fixer** *vpr* S'établir d'une manière permanente ▸ **fixar-se**
fixité *nf* Caractère de ce qui est fixe: *la fixité d'un regard* ▸ **fixidez**
fjord [fjɔrd] ou [fjɔr] *nm* Vallée glaciaire envahie par la mer ▸ **fiorde**
flaccidité [flaksidite] *nf* État de ce qui est flasque ▸ **flacidez**
flacon *nm* Petite bouteille; son contenu ▸ **frasco**
flacon-pompe (pl *flacons-pompe*) *nm* Conditionnement d'une substance cosmétique ou médicamenteuse muni d'un dispositif de pompe qui délivre une dose de produit à chaque pression ▸ ***spray***
flagada *adj inv* FAM Qui a perdu de sa vigueur; fatigué ▸ **exaurido**
flagellation *nf* Action de flageller ▸ **flagelação**
flagelle *nm* BIOL Filament mobile servant d'organe locomoteur à certains protozoaires et aux spermatozoïdes ▸ **flagelo**
flagellé, e *adj* BIOL Muni d'un flagelle ▸ **flagelado**
flageller *vt* Fouetter ▸ **flagelar**
flageolant, e *adj* Qui flageole: *avoir les jambes flageolantes* ▸ **trêmulo**
flageoler *vi* Trembler de fatigue, d'émotion (surtout en parlant des jambes) ▸ **tremer**

flageolet *nm* **1** Flûte à bec percée de six trous ▸ **flautim 2** Petit haricot ▸ **feijão-branco**

flagorner *vt* LITT Flatter bassement ▸ **bajular**

flagornerie *nf* LITT Basse flatterie ▸ **bajulação**

flagorneur, euse *n* LITT Personne qui flagorne ▸ **bajulador**

flagrant, ante *adj* Évident, incontestable: *inégalité flagrante* ▸ **flagrante ▪ flagrant délit:** délit commis sous les yeux de ceux qui le constatent ▸ **flagrante delito**

flair *nm* **1** Odorat d'un animal ▸ **faro 2** FIG Perspicacité, discernement, clairvoyance ▸ **faro**

flairer *vt* **1** Reconnaître par l'odeur; renifler ▸ **farejar 2** FIG Pressentir, soupçonner ▸ **farejar**

flamand, e *adj et n* De Flandre: *les Flamands* ▸ **flamengo** ◆ *nm* Ensemble des parlers sud-néerlandais usités en Belgique et dans la région de Dunkerque ▸ **flamengo**

flamant *nm* Oiseau de grande taille, au plumage rose, écarlate et noir ▸ **flamingo**

flambage *nm* Action de flamber ▸ **flambagem**

flambant, e *adj* Qui flambe ▸ **flamejante ▪ flambant neuf:** tout neuf ▸ **novo em folha**

ORTHOGRAPHE Dans l'expression *flambant neuf*, *flambant* est invariable: *des vêtements flambant neufs*; *une robe flambant neuve*

flambeau *nm* **1** ANC Torche, chandelle; chandelier ▸ **tocha, candelabro 2** FIG Lumière qui guide ▸ **tocha ▪ se passer, transmettre le flambeau:** continuer la tradition ▸ **passar a tocha**

flambée *nf* **1** Feu clair ▸ **fogueira 2** FIG Brusque augmentation: *flambée des prix, de la violence* ▸ **explosão**

flamber *vt* Passer à la flamme: *flamber une volaille* ▸ **flambar** ◆ *vi* **1** Brûler en faisant une flamme ▸ **chamuscar 2** FAM Dépenser beaucoup, gaspiller ▸ **esbanjar 3** FAM Subir une brusque augmentation ▸ **estourar**

flambeur, euse *n* FAM Qui dépense beaucoup, qui joue gros jeu ▸ **esbanjador**

flamboiement *nm* Éclat flamboyant ▸ **chamejamento**

flamboyant, e *adj* **1** Qui flamboie ▸ **flamejante 2** ARCHIT Style gothique de la dernière période (XVe s.), aux contours lancéolés ▸ ***flamboyant*** ◆ *nm* Arbre des régions tropicales à fleurs rouges ▸ **flamboaiã**

flamboyer *vi (conj 3)* **1** Jeter une flamme brillante ▸ **flamejar 2** FIG Briller: *des yeux qui flamboient* ▸ **flamejar**

flamenco [flamenko] *adj et nm* Se dit de la musique, de la danse et du chant populaires andalous ▸ **flamenco**

flamiche *nf* Tourte aux poireaux ▸ **torta de alho--poró**

flamingant, e [flamɛ̃gɑ̃, ɑ̃t] *adj et n* **1** Qui parle flamand ▸ **falante do flamengo 2** Se dit des partisans du mouvement nationaliste flamand en Belgique ▸ **nacionalista flamengo**

flamme *nf* **1** Phénomène lumineux, incandescence d'un gaz produits par une substance en combustion ▸ **chama 2** LITT, FIG Vive ardeur, passion amoureuse ▸ **chama 3** Petit drapeau triangulaire ▸ **flâmula 4** Marque postale apposée sur les lettres à côté du cachet d'oblitération ▸ **carimbo**

flammé, e *adj* Qui a des taches en forme de flammes: *grès flammé* ▸ **flamejado**

flammèche *nf* Parcelle de matière enflammée qui s'échappe d'un foyer ▸ **fagulha**

flan *nm* **1** Crème aux œufs, cuite au four ▸ **flã 2** Disque de métal préparé pour recevoir une empreinte (d'une monnaie, d'une médaille, etc.) ▸ **flã ▪** FAM **c'est du flan:** ce n'est pas sérieux, pas vrai ▸ **é disparate**

flanc *nm* **1** Partie latérale du corps depuis les côtes jusqu'aux hanches: *se coucher sur le flanc* ▸ **flanco 2** Côté d'une chose: *flancs d'une montagne* ▸ **flanco 3** Partie latérale d'une troupe rangée: *attaquer une armée par le flanc* ▸ **flanco ▪ à flanc de:** sur la pente de ▸ **na encosta de** □ FAM **être sur le flanc:** exténué ▸ **estar esfalfado** □ **prêter le flanc à:** donner prise à ▸ **dar o flanco para** □ FAM, FIG **se battre les flancs:** se donner du mal sans grand résultat ▸ **esfalfar-se em vão** □ FAM **tirer au flanc:** se soustraire à une obligation ▸ **tirar o corpo fora**

flancher *vi* FAM Céder, faiblir ▸ **fraquejar**

flanchet *nm* Partie de la surlonge du bœuf, du veau ▸ **alcatra**

flanelle *nf* Tissu léger en laine ou en coton ▸ **flanela**

flâner *vi* **1** Se promener sans but ▸ **perambular 2** Perdre son temps; paresser ▸ **vagabundear**

flânerie *nf* Action de flâner ▸ **flanar**

flâneur, euse *n* Qui flâne ▸ **flanador**

flanquer¹ *vt* **1** Être disposé de part et d'autre de quelque chose: *bâtisse flanquée de deux tours; garage qui flanque une maison* ▸ **ladear 2** Accompagner: *flanqué de ses deux enfants* ▸ **acompanhar**

flanquer² *vt* FAM Mettre, jeter violemment: *flanquer une gifle; flanquer quelqu'un dehors* ▸ **lançar**

flapi, e *adj* FAM Abattu, épuisé ▸ **arriado**

flaque *nf* Petit volume d'eau accumulée ▸ **poça d'água**

flash [flaʃ] (pl *flashs* ou *flashes*) *nm* **1** PHOT Dispositif produisant un éclair lumineux; cet éclair

▸ *flash* **2** Brève information radiophonique, transmise en priorité ▸ ***flash***
flash-back [flaʃbak] *nm inv* Séquence cinématographique retraçant une action passée par rapport à la narration (recommandation officielle: *retour en arrière*) ▸ ***flashback***
flasher *vt* Photographier à l'aide d'un cinémomètre radar un véhicule en excès de vitesse ▸ **flagrar com radar** ♦ *vt ind* [sur] FAM Éprouver un intérêt vif et subit pour ▸ **encantar-se**
flasque¹ *adj* Mou, sans fermeté ▸ **flácido**
flasque² *nf* Flacon plat ▸ **frasco**
flatter *vt* **1** Louer pour plaire: *les courtisans flattent* ▸ **adular 2** Embellir, avantager: *ce portrait vous flatte* ▸ **favorecer 3** Caresser de la main: *flatter un cheval* ▸ **afagar 4** LITT Affecter agréablement: *la musique flatte l'oreille* ▸ **deleitar** ♦ **se flatter** *vpr* [de] Se vanter de, prétendre ▸ **vangloriar-se**
flatterie *nf* Louange intéressée ▸ **adulação**
flatteur, euse *adj et n* Qui flatte ▸ **adulador**
flatulence ou **flatuosité** *nf* MÉD Accumulation de gaz dans l'estomac ou l'intestin ▸ **flatulência**
fléau *nm* **1** Outil pour battre les céréales ▸ **flagelo 2** Tige horizontale d'une balance soutenant les plateaux ▸ **travessão 3** Calamité publique: *la guerre est un fléau* ▸ **flagelo**
fléchage *nm* Action de flécher; son résultat ▸ **flechada**
flèche *nf* **1** Projectile consistant en une tige de bois armée d'une pointe et qu'on lance avec l'arc ou l'arbalète ▸ **flecha 2** Représentation schématique d'une flèche, servant à indiquer un sens, une direction: *suivre les flèches* ▸ **seta 3** Pointe d'un clocher ▸ **flecha 4** FIG Raillerie, critique acerbe: *lancer des flèches* ▸ **flecha** ■ **comme une flèche:** très rapidement: *partir comme une flèche* ▸ **como uma flecha** □ **monter en flèche:** connaître une hausse ou une ascension rapide et forte: *prix qui montent en flèche* ▸ **subir como um foguete**
flécher *vt (conj 10)* Garnir un parcours de panneaux pour indiquer un itinéraire: *déviation fléchée* ▸ **marcar com setas**
fléchette *nf* Petite flèche ▸ **dardo**
fléchir *vt* **1** Ployer, courber: *fléchir le genou* ▸ **flectir 2** FIG Faire céder, attendrir: *fléchir ses juges* ▸ **dobrar** ♦ *vi* **1** Se ployer, se courber ▸ **dobrar-se 2** FIG Faiblir, cesser de résister ▸ **ceder**
fléchissement *nm* Action de fléchir ▸ **flexão**
fléchisseur *adj* m et *nm* Qui fait fléchir: *muscle fléchisseur* ▸ **flexor**
flegmatique *adj* Calme, impassible ▸ **fleumático**
flegme *nm* Calme imperturbable, sang-froid ▸ **fleuma**
flemmard, e *adj et n* FAM Paresseux ▸ **indolente**
flemmarder *vi* FAM Paresser ▸ **preguiçar**
flemme [flɛm] *nf* FAM Paresse, envie de ne rien faire ▸ **indolência**
flétan *nm* Poisson plat des mers froides ▸ **halibute**
flétrir *vt* Ôter l'éclat, la fraîcheur de; faner ▸ **murchar** ■ **visage flétri:** ridé ▸ **rosto envelhecido** ♦ **se flétrir** *vpr* Se faner; perdre sa fraîcheur ▸ **murchar**
flétrissure *nf* **1** Altération de la fraîcheur ▸ **esmaecimento 2** LITT Grave atteinte à la réputation, à l'honneur ▸ **opróbrio**
fleur *nf* **1** Partie d'un végétal qui contient les organes reproducteurs ▸ **flor 2** Plante qui produit des fleurs: *la culture des fleurs* ▸ **flor 3** Ornement en forme de fleur: *robe à fleurs* ▸ **flor 4** Partie la plus fine, la meilleure: *fleur de farine; la fine fleur de la société* ▸ **flor 5** Temps du plein épanouissement, de l'éclat: *être à la fleur de l'âge* ▸ **flor** ■ **à fleur de:** au ras de ▸ **à flor de** ♦ **fleurs** *pl* Moisissure ▸ **flor**
fleurdelisé, e *adj* Orné, semé de fleurs de lis: *drapeau fleurdelisé* ▸ **flor-de-lisado**
fleurer *vi* LITT Répandre une odeur ▸ **recender**
fleuret *nm* **1** Épée à lame très fine, sans pointe, pour la pratique de l'escrime ▸ **florete 2** Tige d'acier des perforatrices par percussion ▸ **broca**
fleurette *nf* Petite fleur ▸ **florzinha** ■ VIEILLI **conter fleurette:** tenir des propos galants ▸ **dizer galanteios**
fleuri, e *adj* Garni de fleurs: *sentier fleuri; tissu fleuri* ▸ **florido** ■ FIG **teint fleuri:** qui a de la fraîcheur, de l'éclat ▸ **rosto viçoso** □ **style fleuri:** style orné ▸ **estilo floreado**
fleurir *vi* **1** Produire des fleurs, s'en couvrir: *les arbres fleurissent au printemps* ▸ **florescer 2** FIG Prospérer: *le commerce fleurit* ▸ **florescer** ♦ *vt* Orner de fleurs: *fleurir sa maison* ▸ **florir**

GRAMMAIRE Au fig., l'ind. imparfait est *je florissais*, etc., et le participe présent *florissant*

fleuriste *n* Personne qui cultive ou vend des fleurs ▸ **florista**
fleuron *nm* Ornement en forme de fleur ▸ **florão** ■ FIG **le plus beau fleuron** ou **le fleuron:** ce qu'il y a de plus remarquable ▸ **o florão**
fleuve *nm* **1** Cours d'eau qui aboutit à la mer ▸ **rio 2** FIG Masse en mouvement: *fleuve de boue* ▸ **rio**
flexibilité *nf* Qualité de ce qui est flexible ▸ **flexibilidade**
flexible *adj* **1** Qui plie aisément: *roseau flexible* ▸ **flexível 2** Susceptible de s'adapter aux circonstances; souple: *horaire flexible* ▸ **flexível** ♦ *nm* Tuyau souple: *flexible de douche* ▸ **tubo flexível**
flexion *nf* **1** Action de fléchir: *flexion du genou* ▸ **flexão 2** LING Ensemble des désinences d'un mot,

caractéristiques de la catégorie grammaticale et de la fonction: *flexion verbale ou conjugaison* ▸ **flexão**

flexisécurité ou **flexicurité** *nf* Mode d'organisation du marché du travail offrant plus de flexibilité aux entreprises, mais aussi une plus grande sécurité de l'emploi aux salariés ▸ **flexisseguridade**

flibustier *nm* **1** Pirate de la mer des Antilles aux XVIIe et XVIIIe s. ▸ **flibusteiro 2** VIEILLI, PAR EXT Filou ▸ **trapaceiro**

flic *n* FAM Agent de police ▸ **guarda**

flingue *nm* FAM Arme à feu ▸ **berro**

flinguer *vt* FAM Tirer sur quelqu'un avec une arme à feu: *se faire flinguer* ▸ **dar um tiro**

flipper[1] [flipœr] *nm* Billard électrique ▸ **flíper**

flipper[2] *vi* FAM **1** Éprouver une angoisse due à l'état de manque, pour un toxicomane ▸ **surtar por abstinência 2** Être déprimé ou excité ▸ **estar chapado**

flirt [flœrt] *nm* FAM **1** Action de flirter ▸ **flerte 2** Personne avec qui l'on flirte ▸ **flerte**

flirter [flœrte] *vi* **1** Avoir des relations amoureuses plus ou moins passagères avec qqn ▸ **flertar 2** FIG Se rapprocher d'un adversaire politique: *centriste qui flirte avec le socialisme* ▸ **flertar**

floc *interj* Évoque le bruit d'un objet qui tombe dans un liquide ▸ **slop**

flocage *nm* Application de fibres textiles sur un support adhésif ▸ **flocagem**

floche *adj* ▸ **felpudo ▪ fil floche:** à faible torsion ▸ **fio frouxo**

flocon *nm* **1** Amas léger de neige, de laine, etc. ▸ **floco 2** Grains de céréales réduits en lamelles: *flocons d'avoine* ▸ **floco**

floconneux, euse *adj* Qui a l'aspect de flocons ▸ **flocoso**

floculation *nf* Précipitation d'une solution en flocons ▸ **floculação**

flonflon *nm* (généralement au pluriel) Refrain, musique populaire ▸ **estribilho**

flop *nm* FAM Échec d'un livre, d'un film, d'un spectacle ▸ **fiasco ▪ faire un flop:** subir un échec ▸ **fazer fiasco**

flopée *nf* FAM Grande quantité ▸ **monte**

floraison *nf* **1** Épanouissement de la fleur; temps de cet épanouissement ▸ **floração 2** FIG Épanouissement simultané de choses de même nature: *floraison de romans* ▸ **florescimento**

floral, e, aux *adj* Relatif à la fleur ▸ **floral**

floralies *nf pl* Exposition horticole ▸ **exposição de flores**

flore *nf* **1** Ensemble des espèces végétales d'une région: *flore polaire* ▸ **flora 2** Ouvrage permettant la détermination et la classification de ces espèces ▸ **flora**

floréal *nm* HIST Huitième mois de l'année républicaine, commençant le 20 ou le 21 avril ▸ **floreal**

florentin, e *adj et n* De Florence ▸ **florentino**

florès [flɔrɛs] *nm* ▪ LITT, VIEILLI **faire florès:** avoir du succès, être à la mode ▸ **fazer sucesso**

florifère *adj* BOT Qui porte des fleurs ▸ **florífero**

florilège *nm* **1** Recueil de poésies ▸ **florilégio 2** Sélection de choses remarquables ▸ **florilégio**

florin *nm* Ancienne unité monétaire des Pays-Bas ▸ **florim**

florissant, e *adj* Prospère ▸ **florescente**

flot *nm* **1** Masse d'eau agitée; vague: *les flots de la mer* ▸ **onda 2** Écoulement abondant: *flot de sang* ▸ **jorro 3** FIG Masse fluide; grande quantité: *flot de passants* ▸ **torrente ▪ à flots:** abondamment: *argent qui coule à flots* ▸ **aos borbotões □ être à flot: (a)** flotter ▸ **flutuar (b)** FIG cesser d'avoir des difficultés ▸ **sair do aperto □ remettre à flot:** renflouer ▸ **desencalhar**

flottable *adj* **1** Qui peut flotter: *bois flottable* ▸ **flutuável 2** Qui permet le flottage: *rivière flottable* ▸ **flutuável**

flottage *nm* Transport du bois flottant sur une rivière ▸ **transporte de toras por flutuação**

flottaison *nf* ▸ **flutuação ▪ ligne de flottaison:** endroit où la surface de l'eau atteint la coque d'un navire ▸ **linha de flutuação**

flottant, e *adj* **1** Qui flotte: *corps flottant* ▸ **flutuante 2** Ample, ondoyant: *robe flottante* ▸ **folgado 3** FIG Instable, irrésolu: *effectifs flottants; esprit flottant* ▸ **flutuante ▪ monnaie flottante:** dont la parité vis-à-vis des autres monnaies n'est pas déterminée par un taux de change fixe ▸ **moeda flutuante**

flotte[1] *nf* **1** Ensemble de navires naviguant dans une même zone ou sous une même autorité ▸ **frota 2** Ensemble des forces navales ou aériennes d'un pays, des navires ou des appareils d'une compagnie ▸ **frota**

flotte[2] *nf* FAM Eau, pluie ▸ **aguaceiro**

flottement *nm* **1** Mouvement ondoyant ▸ **flutuação 2** FIG Incertitude, hésitation ▸ **hesitação**

flotter *vi* **1** Être porté sur une surface liquide: *le liège flotte sur l'eau* ▸ **flutuar 2** Être en suspension dans l'air, ondoyer: *ses cheveux flottent au vent* ▸ **flutuar 3** Avoir un vêtement trop ample: *flotter dans son costume* ▸ **flutuar 4** Être indécis, irrésolu ▸ **hesitar** ♦ *v impers* FAM Pleuvoir ▸ **chover**

flotteur *nm* Corps, dispositif, élément conçus pour flotter à la surface d'un liquide ▸ **flutuador**

flottille *nf* Petite flotte ▸ **flotilha**

flou, e *adj* **1** Qui manque de netteté; imprécis, indécis: *photo floue; idées floues* ▸ **vago 2** Fondu, vaporeux: *dessin flou* ▸ **esfumado** ▪ **logique floue:** logique fondée non sur le principe binaire «vrai» ou «faux» mais sur des valeurs intermédiaires et qui est appliquée au fonctionnement de certains automates ▸ **lógica difusa** ♦ *nm* Manque de netteté ▸ **imprecisão**

flouer *vt* FAM Escroquer, duper ▸ **burlar**

flouter *vt* PHOT, TÉLÉV Rendre flou, méconnaissable: *les témoins ont été floutés* ▸ **desfocar**

fluctuant, e *adj* Variable ▸ **flutuante**

fluctuation *nf* **1** Variation continuelle de part et d'autre d'une moyenne: *les fluctuations de la Bourse* ▸ **flutuação 2** Oscillation d'un liquide ▸ **flutuação**

fluctuer *vi* Être fluctuant; changer ▸ **flutuar**

fluet, ette *adj* Mince et délicat ▸ **esguio**

fluide *adj* **1** Se dit d'un corps (liquide, gaz) dont les molécules sont faiblement liées et qui prend la forme de son contenant ▸ **fluido 2** Qui coule, s'écoule aisément: *une encre fluide; circulation fluide* ▸ **fluido** ♦ *nm* **1** Corps fluide ▸ **fluido 2** FIG Influence mystérieuse qui agit à distance ▸ **fluido**

fluidifiant, e *adj et nm* Qui fluidifie ▸ **fluidificante**

fluidifier *vt* Rendre fluide, plus fluide ▸ **fluidificar**

fluidité *nf* Caractère de ce qui est fluide ▸ **fluidez**

fluo *adj inv* (abréviation de *fluorescent*) D'aspect fluorescent: *jaune fluo; maillot fluo* ▸ **Ø**

fluor *nm* CHIM Gaz jaune-vert, fortement réactif; symb: F ▸ **flúor**

fluoré, e *adj* Qui contient du fluor ▸ **fluorado**

fluorescence *nf* Propriété de certains corps d'émettre de la lumière lorsqu'ils reçoivent un rayonnement ▸ **fluorescência**

fluorescent, e *adj* Doué de fluorescence ▸ **fluorescente**

fluorine *nf* Fluorure de calcium ▸ **fluorino**

fluorure *nm* Composé du fluor ▸ **fluoreto**

flûte *nf* **1** Instrument de musique à vent et à embouchure, formé d'un tube creux percé de trous: *flûte à bec, flûte traversière* ▸ **flauta 2** Petit pain long ▸ **baguete 3** Verre à pied, étroit et long, pour le champagne ▸ ***flûte*** ▪ **flûte de Pan:** instrument de musique composé de tubes d'inégale longueur sur lesquels on promène les lèvres ▸ **flauta de Pã** ♦ *interj* FAM Marque l'impatience, la déception ▸ **droga** ♦ **flûtes** *pl* FAM Jambes maigres ▸ **cambitos**

flûtiau *nm* Petite flûte champêtre ▸ **flautinha**

flûtiste *n* Joueur de flûte ▸ **flautista**

fluvial, e, aux *adj* Relatif aux fleuves ▸ **fluvial**

fluvio-glaciaire (pl *fluvio-glaciaires*) *adj* Relatif à la fois aux fleuves et aux glaciers ▸ **fluvioglacial**

flux [fly] *nm* **1** Montée de la mer, due à la marée: *le flux et le reflux* ▸ **fluxo 2** Écoulement: *flux de sang* ▸ **fluxo 3** FIG Grande quantité: *flux de paroles* ▸ **fluxo** ▪ **flux lumineux:** débit d'une source lumineuse ▸ **fluxo luminoso**

fluxion *nf* MÉD Œdème et vasodilatation localisés représentant le stade initial d'une inflammation ▸ **fluxão**

FM *nf* (sigle de *frequency modulation*) Modulation de fréquence ▸ **FM**

foc *nm* MAR Voile triangulaire à l'avant d'un bateau ▸ **bujarrona**

focal, e, aux *adj* Qui concerne le foyer des lentilles ▸ **focal**

focalisation *nf* Action de focaliser ▸ **focalização**

focaliser *vt* **1** Faire converger en un point: *focaliser un faisceau lumineux, un flux de particules* ▸ **focalizar 2** FIG Concentrer sur un point précis: *focaliser l'attention* ▸ **focalizar**

fœhn [føn] ou **föhn** [føn] *nm* Vent chaud et sec dans les Alpes ▸ ***foehn, föhn***

fœtal, e, aux [fetal, o] *adj* Relatif au fœtus ▸ **fetal**

fœtus [fetys] *nm* Produit de la conception non encore arrivé à terme, mais ayant déjà les formes de l'espèce ▸ **feto**

foi *nf* **1** Confiance: *témoin digne de foi* ▸ **fé 2** Croyance en un dogme; religion: *mourir pour sa foi* ▸ **fé 3** Fidélité, loyauté, garantie: *sous la foi d'un serment* ▸ **palavra** ▪ **être de bonne foi:** être convaincu de la véracité de ce qu'on dit ▸ **ser de boa-fé** ▫ **être de mauvaise foi:** soutenir une chose que l'on sait fausse ▸ **ser de má-fé** ▫ **faire foi:** prouver ▸ **provar** ▫ **ma foi:** en vérité, en effet ▸ **de fato** ▫ **profession de foi:** déclaration de ses opinions ▸ **profissão de fé** ▫ **sans foi ni loi:** sans religion ni conscience ▸ **sem escrúpulos**

foie *nm* Organe contenu dans l'abdomen, qui sécrète la bile ▸ **fígado** ▪ **foie gras:** foie d'oie ou de canard engraissés ▸ ***foie gras***

foin[1] *nm* **1** Herbe fauchée et séchée ▸ **feno 2** Ensemble des poils de l'artichaut ▸ **pelos da alcachofra** ▪ FAM **faire du foin:** faire du bruit, du scandale ▸ **fazer escarcéu**

foin[2] *interj* LITT, VIEILLI Exprime le dédain, le mépris ▸ **não estou nem aí**

foire *nf* **1** Grand marché public à époques fixes: *le champ de foire* ▸ **feira 2** Exposition commerciale périodique: *la foire de Lyon* ▸ **feira 3** Fête foraine: *la foire du Trône, à Paris* ▸ **festa 4** FAM Désordre, confusion: *quelle foire!* ▸ **baderna** ■ FAM **faire la foire:** s'amuser, faire la fête ▸ **fazer a festa**

foirer *vi* TRÈS FAM Échouer, rater ▸ **malograr**

foireux, euse *adj* TRÈS FAM Dont l'échec est prévisible; qui fonctionne mal: *un coup foireux* ▸ **malogrado**

fois *nf* Joint à un nom de nombre, marque la quantité, la multiplication: *deux fois par an* ▸ **vez** ■ **à la fois:** ensemble, en même temps ▸ **ao mesmo tempo** □ FAM **des fois:** parfois ▸ **às vezes** □ **une fois:** à une certaine époque ▸ **certa vez** □ **une fois pour toutes:** définitivement ▸ **de uma vez por todas** □ **une fois que:** dès que ▸ **uma vez que**

foison (à) *loc adv* LITT Abondamment ▸ **copiosamente**

foisonnant, e *adj* Qui foisonne, abondant ▸ **copioso**

foisonnement *nm* Abondance ▸ **profusão**

foisonner *vi* Abonder, pulluler: *les lapins foisonnent dans ce coin; idées qui foisonnent* ▸ **pulular**

fol *adj m* → **fou**

folâtre *adj* Gai, enjoué ▸ **brincalhão**

folâtrer *vi* Jouer, s'ébattre gaiement ▸ **brincar**

foliacé, e *adj* De la nature des feuilles, qui en a l'apparence ▸ **foliáceo**

foliaire *adj* BOT Relatif aux feuilles ▸ **foliar**

foliation *nf* BOT **1** Disposition des feuilles sur la tige ▸ **filotaxia 2** Époque où les bourgeons développent leurs feuilles ▸ **foliação**

folichon, onne *adj* (surtout négatif) FAM Divertissant, drôle: *l'émission n'est pas folichonne, n'a rien de folichon* ▸ **engraçado**

folie *nf* **1** Dérèglement mental; démence: *être atteint de folie* ▸ **loucura 2** Acte déraisonnable, passionné, excessif: *des folies de jeunesse* ▸ **loucura 3** Désir passionné: *avoir la folie des livres* ▸ **loucura** ■ **aimer à la folie:** éperdument ▸ **amar loucamente** □ **faire une, des folies:** des dépenses excessives ▸ **fazer uma extravagância, extravagâncias**

folié, e *adj* Disposé en lames minces ▸ **folheado**

folio *nm* **1** Feuillet d'un livre ▸ **fólio 2** Numéro de chaque page d'un livre ▸ **fólio**

foliole *nf* Chaque division du limbe d'une feuille ▸ **folíolo**

folioter *vt* Numéroter des feuillets; paginer ▸ **paginar**

folk *nm* Folksong ▸ ***folk*** ◆ *adj* Relatif au folksong: *la musique folk* ▸ ***folk***

folklore *nm* Ensemble des traditions, usages et légendes populaires d'un pays, d'une région ▸ **folclore**

folklorique *adj* **1** Relatif au folklore ▸ **folclórico 2** FAM Pittoresque, mais dépourvu de sérieux: *un candidat folklorique* ▸ **folclórico**

folksong *nm* Partie de la musique pop inspirée du folklore traditionnel américain ▸ **música *folk***

folle *adj f et nf* → **fou**

follement *adv* Éperdument, extrêmement ▸ **loucamente**

follet, ette *adj* Un peu fou ▸ **amalucado** ■ **feu follet:** flamme fugitive produite par la combustion spontanée de gaz se dégageant de matières organiques en décomposition ▸ **fogo-fátuo** □ **poil follet:** premier duvet du menton ▸ **penugem**

folliculaire *adj* Relatif à un follicule ▸ **folicular**

follicule *nm* **1** BOT Fruit sec, s'ouvrant par une seule fente ▸ **folículo 2** ANAT Organe en forme de sac: *follicule pileux* ▸ **folículo**

folliculine *nf* PHYSIOL Hormone sécrétée par l'ovaire ▸ **foliculina**

fomentation *nf* LITT Action de fomenter ▸ **fomento**

fomenter *vt* LITT Susciter, préparer secrètement: *fomenter des troubles* ▸ **fomentar**

foncé, e *adj* Sombre, en parlant des couleurs: *bleu foncé* ▸ **escuro**

foncer *vt (conj 1)* **1** Rendre plus foncé: *foncer une couleur* ▸ **escurecer 2** Mettre un fond à: *foncer un tonneau, une cuve* ▸ **pôr fundo em 3** Creuser verticalement: *foncer un puits* ▸ **escavar** ◆ *vi* **1** Devenir foncé: *le bois fonce en vieillissant* ▸ **escurecer 2** FAM Aller très vite ▸ **correr** ◆ *vt ind* **1** [sur] Se précipiter pour attaquer: *foncer sur l'ennemi* ▸ **avançar 2** [dans] Heurter violemment contre: *foncer dans un mur* ▸ **precipitar-se**

fonceur, euse *n et adj* FAM Personne qui fonce, qui va de l'avant ▸ **empreendedor**

foncier, ère *adj* **1** Relatif à un bien-fonds: *propriété foncière; impôt, propriétaire foncier* ▸ **fundiário 2** FIG Qui constitue le fonds; fondamental, principal: *qualités foncières* ▸ **básico** ◆ *nm* La propriété foncière et tout ce qui s'y rapporte ▸ **imóvel**

foncièrement *adv* Profondément ▸ **basicamente**

fonction *nf* **1** Rôle, utilité d'un élément dans un ensemble: *fonction d'un mot dans une phrase* ▸ **função 2** Exercice d'une charge, d'un emploi; profession: *s'acquitter de ses fonctions; la fonction d'enseignant* ▸ **função 3** Activité propre à un appareil, à un ensemble: *la fonction digestive* ▸ **função 4** MATH Grandeur dépendant d'une ou de plusieurs variables ▸ **função** ■ **en**

fonction de: **(a)** par rapport à ▸ **em relação a** **(b)** en tenant compte de: *décider en fonction du temps qu'il fait* ▸ **em função de** ▫ **fonction publique:** ensemble des agents de l'État; leur activité ▸ **funcionalismo público**

fonctionnaire *n* Agent d'une administration publique dépendant de l'État ▸ **funcionário público**

fonctionnaliser *vt* Rendre fonctionnel, pratique ▸ **funcionalizar**

fonctionnalisme *nm* Doctrine issue du rationalisme du XIXe s. ▸ **funcionalismo**

fonctionnalité *nf* Caractère fonctionnel, pratique ▸ **funcionalidade**

fonctionnariat *nm* Qualité, état de fonctionnaire ▸ **funcionalismo**

fonctionnariser *vt* Assigner un statut de fonctionnaire, de service public à ▸ **funcionalizar**

fonctionnel, elle *adj* **1** Relatif aux fonctions organiques: *troubles fonctionnels* ▸ **funcional 2** Relatif aux fonctions mathématiques: *calcul fonctionnel* ▸ **funcional 3** Qui s'adapte à une fonction déterminée; commode, pratique: *meubles, vêtements fonctionnels* ▸ **funcional**

fonctionnement *nm* Manière dont une chose fonctionne ▸ **funcionamento**

fonctionner *vi* **1** Remplir, accomplir sa fonction, être en état de marche: *l'aspirateur ne fonctionne plus* ▸ **funcionar 2** AFRIQUE Être fonctionnaire ▸ **ser funcionário**

fond *nm* **1** Partie la plus basse, la plus profonde: *le fond d'un puits; le fond de la mer* ▸ **fundo 2** Ce qui reste au fond: *le fond du verre* ▸ **fundo 3** Partie la plus éloignée, la plus retirée: *le fond d'une boutique, d'une province* ▸ **interior 4** Champ (visuel, sonore, etc.) sur lequel se détache quelque chose; arrière-plan: *dans ce tableau, les fleurs se détachent sur un fond sombre; fond sonore* ▸ **fundo 5** Partie essentielle, fondamentale: *le fond d'une question; aller au fond des choses* ▸ **fundo 6** Ce qui fait la matière, l'essence d'une chose (par opposition à la *forme*): *s'attacher davantage au fond qu'à la forme* ▸ **conteúdo 7** SPORTS Discipline pratiquée sur des longues distances (athlétisme, ski) ▸ **fundo** ▪ **à fond:** complètement ▸ **a fundo** ▫ FAM **à fond la caisse** ou **à fond de train:** à toute vitesse ▸ **a toda** ▫ **au fond** ou **dans le fond:** en réalité ▸ **no fundo** ▫ **de fond:** qui porte sur l'essentiel: *question de fond* ▸ **fundamental** ▫ **de fond en comble:** entièrement ▸ **de alto a baixo** ▫ **fond de teint:** préparation cosmétique colorée à appliquer sur le visage pour unifier le teint ▸ **base**

fondamental, e, aux *adj* Qui est à la base, essentiel; principal: *vérité fondamentale* ▸ **fundamental**

fondamentalement *adv* De façon fondamentale ▸ **fundamentalmente**

fondamentalisme *nm* Dans une religion, tendance à ne retenir que ce qui est considéré comme fondamental, originel ▸ **fundamentalismo**

fondamentaliste *adj et n* Relatif au fondamentalisme; qui en est partisan ▸ **fundamentalista**

fondant, e *adj* Qui fond dans la bouche: *poire fondante* ▸ **que derrete na boca**

fondateur, trice *n et adj* Personne qui a fondé, créé une entreprise, une œuvre ▸ **fundador** ◆ *adj* Qui est à l'origine, qui crée les principes de base de quelque chose: *le pacte fondateur d'une nation* ▸ **fundador**

fondation *nf* **1** Action de fonder, de créer: *la fondation de Rome* ▸ **fundação 2** Création, par voie de donation ou de legs, d'un établissement d'intérêt général; cet établissement lui-même: *la Fondation Thiers* ▸ **fundação** ◆ **fondations** *pl* Parties inférieures d'une construction, cachées dans le sol ▸ **fundações**

fondé, e *adj* **1** Établi solidement, motivé: *accusation fondée* ▸ **fundado 2** Autorisé: *être fondé à parler* ▸ **autorizado** ◆ *nm* ▪ **fondé de pouvoir:** personne chargée d'agir au nom d'une autre ou d'une société ▸ **representante legal**

fondement *nm* **1** Élément essentiel servant de base à qqch: *les fondements d'une théorie* ▸ **fundamento 2** Cause, motif: *bruit sans fondement* ▸ **fundamento 3** FAM Fesses; anus ▸ **ânus**

fonder *vt* **1** Établir, créer, poser les statuts, la base, les principes de: *fonder un empire, une théorie* ▸ **fundar 2** Appuyer de raisons, de motifs, de preuves; justifier: *fonder ses soupçons sur un fait* ▸ **fundamentar** ◆ **se fonder** *vpr* [sur] **1** Faire reposer une opinion, un jugement sur quelque chose: *un point de vue qui se fonde sur des faits objectifs* ▸ **fundamentar-se 2** Avoir pour fondement: *espoir qui ne se fonde sur rien* ▸ **basear-se**

fonderie *nf* Usine où l'on fond les métaux ▸ **fundição**

fondeur¹ *nm* Personne qui fond les métaux ▸ **fundidor**

fondeur², euse *n* Personne qui pratique le ski de fond ▸ **esquiador de fundo**

fondre *vt (conj 51)* **1** Amener à l'état liquide: *le platine est difficile à fondre* ▸ **fundir 2** Dissoudre dans un liquide: *fondre du sucre dans l'eau* ▸ **dissolver 3** Couler, mouler: *fondre une cloche* ▸ **fundir 4** Mêler, unir: *fondre les couleurs* ▸ **fundir** ◆ *vi* **1** Devenir liquide: *la glace fond* ▸ **derreter 2** Se dissoudre: *le sucre a fondu dans le café* ▸ **dissolver 3** FIG Diminuer, disparaître: *l'argent fond entre ses mains* ▸ **derreter 4** FIG, FAM maigrir ▸ **sumir 5** FIG S'attendrir: *il fond devant sa fille* ▸ **derreter 6** Se précipiter, s'abattre: *l'épervier fond sur sa proie* ▸ **sucumbir** ▪ **fondre en larmes:** pleurer abondamment ▸ **desfazer-se em lágrimas**

fondrière *nf* Crevasse dans le sol ▸ **poça**

fonds *nm* **1** Sol d'une terre, d'un champ: *cultiver un fonds* ▸ **terreno 2** Capital: *prêter à fonds perdu* ▸ **fundo 3** Compte spécial: *fonds de solidarité* ▸ **fundo 4** Ensemble des qualités morales et intellectuelles de quelqu'un: *avoir un bon fonds* ▸ **conteúdo** ▪ **fonds de commerce: (a)** ensemble des biens corporels et incorporels permettant à un commerçant d'exercer son activité ▸ **fundo de comércio (b)** FIG, PÉJOR ensemble d'arguments simplistes et démagogiques utilisés par une personnalité pour séduire l'opinion: *fonds de commerce électoral* ▸ **plataforma** ◆ *pl* Argent disponible: *chercher des fonds* ▸ **fundos** ▪ **fonds publics:** rentes d'État ▸ **dinheiro público**

ORTHOGRAPHE Lorsqu'on écrit *l'égoïsme est le* fond de son caractère, on parle de l'essentiel du caractère; lorsqu'on écrit *il a un bon* fonds, on parle de l'ensemble de son tempérament

fondu, e *adj* **1** Passé à l'état liquide: *beurre fondu* ▸ **derretido, fundido 2** Obtenu en passant graduellement d'un ton à un autre: *couleurs fondues* ▸ **esbatido** ◆ *nm* Apparition ou disparition graduelles d'une image cinématographique: *ouverture en fondu* ▸ **fusão**

fondue *nf* ▸ ***fondue*** ▪ **fondue bourguignonne:** plat composé de petits dés de viande que l'on plonge dans de l'huile bouillante ▸ ***fondue* de carne** ▫ **fondue savoyarde** ou **fondue:** mets composé de fromage fondu avec du vin blanc où l'on plonge des cubes de pain ▸ ***fondue* de queijo**

fongicide *adj et nm* Se dit d'une substance propre à détruire les champignons microscopiques ▸ **fungicida**

fongique *adj* Relatif aux champignons ▸ **fúngico**

fongueux, euse *adj* Qui ressemble à un champignon ou à une éponge ▸ **fungoso**

fontaine *nf* **1** Eau vive qui sort de terre ▸ **fonte 2** Construction destinée à la distribution des eaux: *fontaine publique* ▸ **fonte**

fontanelle *nf* Chacun des espaces situés entre les os du crâne avant son entière ossification ▸ **fontanela**

fonte *nf* **1** Action ou fait de fondre: *la fonte des neiges* ▸ **fusão 2** Produit immédiat du traitement des minerais de fer par le charbon; alliage de fer et de carbone ▸ **ferro fundido 3** Art, travail du fondeur: *fonte d'une statue* ▸ **fundição 4** IMPR Assortiment complet de caractères de même type ▸ **fonte**

fonts *nm pl* ▪ **fonts baptismaux:** bassin pour baptiser ▸ **pia batismal**

foot *nm* (abréviation) FAM Football ▸ **fute**

football [futbol] *nm* Sport, jeu de ballon qui se pratique entre deux équipes de onze joueurs ▸ **futebol**

footballeur, euse *n* Joueur de football ▸ **jogador de futebol**

footing [futiŋ] *nm* Marche, course à pied pratiquée pour entretenir sa forme physique ▸ ***footing***

for *nm* ▸ **foro** ▪ SOUT: **en, dans mon (ton, son, etc.) for intérieur** au fond de ma (ta, sa, etc.) conscience ▸ **no meu (teu, seu, etc.) foro íntimo**

forage *nm* Action de forer ▸ **perfuração**

forain, e *adj* Relatif aux foires ▸ **feirante** ▪ **fête foraine:** fête publique organisée par des forains ▸ **quermesse** ▫ **marchand forain** ou **forain:** *nm* marchand ambulant qui pratique son commerce sur les marchés, dans les foires ou les fêtes foraines ▸ **feirante**

forban *nm* **1** Pirate ▸ **pirata 2** Individu sans scrupule ▸ **bandido**

forçage *nm* AGRIC Ensemble des procédés visant à hâter la pousse d'une plante, d'un fruit, d'un légume ▸ **cultura intensiva**

forçat *nm* ANC Homme condamné aux galères, aux travaux forcés ▸ **forçado**

force *nf* **1** Vigueur physique, énergie: *frapper de toute sa force* ▸ **força 2** Intensité, efficacité: *force de la voix, d'un remède* ▸ **força 3** Violence, contrainte: *céder à la force* ▸ **força 4** Puissance: *force d'un État* ▸ **força 5** Capacité, habileté, niveau: *joueurs de même force* ▸ **categoria 6** Autorité: *avoir force de loi* ▸ **força 7** PHYS Toute cause capable de produire un effet: *force exercée par l'eau* ▸ **força 8** Puissance d'impulsion: *force d'une machine* ▸ **potência** ▪ **à force de:** par l'action réitérée de: *réussir à force de patience* ▸ **à custa de** ▫ **à toute force:** à tout prix ▸ **a todo custo** ▫ **de force** ou **par force:** par la contrainte ou la violence ▸ **pela força** ▫ **être en force: (a)** en mesure d'attaquer, de se défendre ▸ **estar em condições de atacar, de se defender (b)** être en nombre ▸ **ter contingente** ▫ **force d'âme:** courage, fermeté ▸ **força moral** ▫ **force de l'âge:** âge où l'on a toute sa vigueur ▸ **flor da idade** ▫ **force majeure:** cause à laquelle on ne peut pas résister ▸ **força maior** ▫ **tour de force:** qui exige beaucoup de vigueur ou d'adresse ▸ **fa-**

çanha ◆ **forces** *pl* ► **forças** ■ **forces** ou **forces armées:** potentiel militaire d'un État ► **forças armadas** □ **les forces de l'ordre:** la police et la gendarmerie ► **forças da ordem**

forcé, e *adj* **1** Qui n'est pas naturel; faux: *rire forcé* ► **forçado 2** Qui est imposé: *marche forcée* ► **forçado** ■ FAM **c'est forcé:** c'est inévitable ► **é forçoso**

forcement *nm* Action de forcer: *forcement d'un coffre* ► **arrombamento**

forcément *adv* Nécessairement, fatalement ► **forçosamente**

forcené, e *n et adj* Personne qui n'a plus le contrôle de soi ► **desvairado** ◆ *adj* Acharné ► **obcecado**

forceps [fɔrsɛps] *nm* Instrument de chirurgie utilisé dans les accouchements difficiles ► **fórceps** ■ FIG **au forceps:** avec beaucoup de difficultés: *un accord conclu au forceps* ► **a duras penas**

forcer *vt (conj 1)* **1** Faire céder par force; briser, enfoncer: *forcer une porte* ► **arrombar 2** Contraindre, obliger: *forcer quelqu'un à manger* ► **forçar 3** Fausser: *forcer une clé* ► **entortar 4** Susciter de façon irrésistible: *forcer l'admiration, l'estime* ► **impor 5** Pousser au-delà des limites normales; exagérer: *forcer un moteur, sa voix* ► **forçar** ◆ *vi* **1** Fournir un effort intense: *gagner une course sans forcer* ► **forçar 2** Agir avec trop de force: *ne force pas, tu vas tout casser!* ► **forçar** ◆ **se forcer** *vpr* Se contraindre ► **forçar-se**

forcing [fɔrsiŋ] *nm* **1** SPORTS Accélération du rythme, de la cadence ► **pressão 2** FAM Effort soutenu ► **pressão**

forcir *vi* Grossir, engraisser ► **engordar**

forclos, e *adj* DR Qui a laissé prescrire son droit ► **privado de direito por prescrição**

forclusion *nf* DR Perte de la faculté de faire valoir un droit, le délai étant expiré ► **prescrição**

forer *vt* Percer, creuser ► **perfurar**

foresterie *nf* Ensemble des activités liées à la forêt, à son exploitation ► **exploração florestal**

forestier, ère *adj* Qui concerne les forêts: *chemin forestier* ► **florestal** ◆ *n et adj* Employé de l'administration forestière ► **(agente) florestal**

foret *nm* Instrument pour percer ► **broca**

forêt *nf* Grande étendue de terrain plantée d'arbres ► **floresta** ■ **forêt vierge:** qui a évolué sans l'intervention humaine ► **floresta virgem**

forêt-noire *nf* Pâtisserie d'origine allemande à base de génoise au chocolat, garnie de crème fouettée, de cerises à l'eau-de-vie et de copeaux de chocolat ► **floresta negra**

foreur, euse *n et adj* Ouvrier qui fore ► **perfurador** ◆ *nf* Machine à forer ► **perfuradora**

forfait[1] *nm* LITT Crime abominable ► **crime grave**

forfait[2] *nm* Contrat dans lequel le prix d'une chose ou d'un service est fixé d'avance ► **empreitada**

forfait[3] *nm* ► ***forfait*** ■ **déclarer forfait: (a)** ne pas se présenter à une épreuve sportive où l'on est engagé ► **fazer *forfait* (b)** FIG renoncer à quelque chose ► **desistir**

forfaitaire *adj* Fixé par forfait: *prix forfaitaire* ► **previamente estabelecido**

forfaiture *nf* DR Crime d'un fonctionnaire dans l'exercice de ses fonctions ► **prevaricação**

forfanterie *nf* LITT Vantardise ► **fanfarrice**

forge *nf* **1** Usine où l'on transforme la fonte en acier ► **forja 2** Atelier où l'on travaille les métaux au feu et au marteau sur l'enclume ► **forja**

forger *vt (conj 2)* **1** Travailler un métal à chaud, au marteau, pour lui donner une forme définie: *fer forgé* ► **forjar 2** FIG Former par des épreuves: *forger un caractère* ► **forjar 3** Inventer: *forger un mot, une excuse* ► **forjar**

forgeron *nm* Personne qui travaille le fer au marteau et à la forge ► **ferreiro**

formage *nm* Action de former, de donner sa forme à un objet manufacturé ► **feitura**

formalisation *nf* Action de formaliser ► **formalização**

formaliser *vt* Donner à un raisonnement une forme explicite ► **formalizar**

formaliser (se) *vpr* S'offenser, se choquer ► **ofender-se**

formalisme *nm* **1** Attachement excessif aux formes, aux formalités, à l'étiquette: *formalisme administratif* ► **formalismo 2** PHILOS Thèse soutenant que la vérité des sciences ne dépend que des règles d'usage de symboles conventionnels ► **formalismo**

formaliste *adj* Très attaché aux formes, à l'étiquette ► **formalista**

formalité *nf* **1** Condition nécessaire à la validité d'un acte: *formalités administratives* ► **formalidade 2** Règle convenue, imposée: *formalités d'usage* ► **convenção 3** Acte de peu d'importance: *cet examen n'est qu'une simple formalité* ► **formalidade**

format *nm* Dimension d'un objet, d'un livre ► **formato**

formatage *nm* INFORM Action de formater ► **formatação**

formater *vt* INFORM Préparer un support selon une structure donnée ► **formatar**

formateur, trice *adj* Qui développe les facultés, les aptitudes ► **formador** ◆ *n* Éducateur ► **formador**

formation *nf* **1** Action de former, de se former:

formation du calcaire ► **formação 2** Développement des organes du corps: *âge de la formation* ► **formação 3** Ensemble des roches qui constituent le sol: *formations tertiaires* ► **formação 4** Éducation, instruction: *formation des stagiaires; bonne formation littéraire* ► **formação 5** Éléments d'une force militaire quelconque: *formation aérienne* ► **formação 6** Association, groupement de personnes: *formation politique* ► **grupo** ▪ **formation professionnelle:** ensemble des mesures adoptées pour la formation des travailleurs, prises en charge par l'État et les employeurs ► **formação profissional**

forme *nf* **1** Configuration extérieure, apparence, aspect: *forme carrée, arrondie; gâteau en forme de cœur* ► **forma 2** Silhouette: *apercevoir une forme dans le noir* ► **forma 3** DR Formalité judiciaire: *vice de forme* ► **forma 4** Manière dont quelque chose se présente: *différentes formes d'intelligence* ► **forma 5** LING Aspect sous lequel se présente un mot, une construction: *forme active, passive d'un verbe* ► **forma 6** Manière d'exprimer une idée, de composer quelque chose: *soigner la forme* ► **forma 7** Moule: *forme à chapeaux* ► **molde, forma 8** Condition physique ou intellectuelle: *être en forme* ► **forma** ▪ **en forme** ou **en bonne forme** ou **en bonne et due forme:** suivant les règles ► **em (devida) forma** ▫ **pour la forme:** selon l'usage ► **por praxe** ♦ **formes** *pl* **1** Contours du corps humain ► **formas 2** Manières conformes à la bienséance; usages ► **modos**

formé, e *adj* **1** Qui a pris sa forme définitive, achevé son développement: *un épi formé* ► **formado 2** Pubère, en particulier en parlant d'une jeune fille ► **formado**

formel, elle *adj* **1** Précis, exprès: *ordre formel* ► **formal 2** Qui ne concerne que la forme, l'apparence: *politesse formelle* ► **formal**

formellement *adv* D'une manière formelle: *déclarer formellement* ► **formalmente**

former *vt* **1** Créer, organiser, réaliser: *former un gouvernement, un projet* ► **formar 2** Donner une forme à: *former des lettres* ► **formar 3** Prendre la forme, l'aspect de: *former un cortège* ► **formar 4** Constituer, composer: *parties qui forment un tout* ► **formar 5** Instruire, entraîner, exercer: *former des élèves; former l'esprit* ► **formar** ♦ **se former** *vpr* **1** Se constituer: *pellicule qui se forme à la surface du lait; foule qui se forme* ► **formar-se 2** Acquérir de l'expérience, une formation: *se former tout seul* ► **formar-se**

Formica *nm* (nom déposé) Matériau stratifié revêtu de résine artificielle ► **fórmica**

formidable *adj* FAM Remarquable, extraordinaire ► **formidável**

formidablement *adv* De façon formidable ► **formidavelmente**

formique *adj m* Se dit d'un acide qui existe dans les orties, le corps des fourmis, etc. ► **fórmico** ▪ **aldéhyde formique:** liquide volatil, d'odeur forte, obtenu par oxydation incomplète de l'alcool méthylique ► **aldeído fórmico**

formol *nm* CHIM Solution aqueuse d'aldéhyde formique, employée comme antiseptique ► **formol**

formulable *adj* Qui peut être formulé ► **formulável**

formulaire *nm* Imprimé administratif en forme de questionnaire ► **formulário**

formulation *nf* Action de formuler ► **formulação**

formule *nf* **1** Façon de parler, expression consacrée par l'usage: *formule de politesse* ► **fórmula 2** Manière de concevoir, d'agencer, de présenter quelque chose: *une nouvelle formule de crédit* ► **forma 3** Solution: *trouver la formule idéale* ► **fórmula 4** Expression concise et rigoureuse traduisant une loi scientifique ou définissant une identité, une relation, un algorithme; CHIM expression symbolique figurant la composition, la structure d'un corps ► **fórmula 5** DR Modèle d'après lequel des actes juridiques doivent être rédigés ► **fórmula**

formuler *vt* Exprimer de façon précise ► **formular**

fornication *nf* **1** RELIG Péché de la chair ► **fornicação 2** FAM Relations sexuelles ► **fornicação**

forniquer *vi* **1** RELIG Commettre le péché de fornication ► **fornicar 2** FAM Avoir des relations sexuelles avec quelqu'un ► **fornicar**

forsythia [fɔrsisja] *nm* Arbrisseau à fleurs jaunes ► **forsítia**

fort, e *adj* **1** Vigoureux, puissant physiquement: *bras fort* ► **forte 2** Épais, robuste, résistant: *papier fort* ► **forte 3** Corpulent: *femme forte* ► **forte 4** Doté de puissants moyens; solide, fiable: *nation, monnaie forte* ► **forte 5** Fortifié: *ville forte* ► **forte 6** Qui a beaucoup d'intensité, d'énergie: *vent fort: voix forte* ► **forte 7** Important, considérable: *forte somme* ► **importante 8** Courageux: *âme forte* ► **forte 9** Qui a de grandes capacités dans un domaine: *fort en maths* ► **forte 10** Efficace, très concentré: *café, alcool forts* ► **forte 11** FAM Difficile à croire, à supporter: *c'est un peu fort* ► **forte** ▪ **se faire fort de:** s'engager à ► **comprometer-se com** ♦ *adv* **1** Avec puissance: *parler, tirer fort* ► **vigorosamente 2** Beaucoup: *un livre fort intéressant* ► **muito** ▪ **de plus en plus fort:** en augmentant toujours ► **cada vez mais** ♦ *nm* **1** Forteresse: *le* *fort de Verdun* ▸ **forte 2** Homme puissant: *le fort doit aider le faible* ▸ **forte 3** Ce en quoi on excelle: *l'algèbre est son fort* ▸ **forte 4** CANADA Spiritueux ▸ **forte** ▪ LITT **au fort de:** au plus haut degré, au cœur de ▸ **no auge de** ▫ **fort des Halles:** autrefois, portefaix des Halles de Paris ▸ ***fort des Halles***

forte [fɔrte] *adv* MUS Avec force ▸ **forte** ◆ *nm inv* Passage joué forte ▸ **forte**

fortement *adv* **1** Avec force: *désirer fortement quelque chose* ▸ **fortemente 2** Très, beaucoup: *il est fortement question d'adopter cette idée* ▸ **intensamente**

forteresse *nf* Lieu fortifié ▸ **fortaleza**

fortiche *adj* FAM **1** D'une grande force physique ▸ **fortão 2** Intelligent, astucieux ▸ **esperto**

fortifiant, e *adj et nm* Se dit d'une substance qui augmente les forces physiques ▸ **fortificante**

fortification *nf* **1** Art de fortifier: *la fortification des places* ▸ **fortificação 2** (souvent au pluriel) Ouvrage fortifié ▸ **fortificação**

fortifier *vt* **1** Protéger par des ouvrages de défense militaire: *lieu fortifié* ▸ **fortificar 2** Donner plus de force physique: *le sport fortifie le corps* ▸ **fortalecer 3** Affermir quelqu'un moralement: *cela me fortifie dans ma décision* ▸ **reforçar**

fortin *nm* Petit fort ▸ **fortim**

fortissimo *adv* MUS Très fort ▸ **fortíssimo** ◆ *nm inv* Passage joué fortissimo ▸ **fortíssimo**

fortuit, e *adj* Qui arrive par hasard; imprévu: *cas fortuit* ▸ **fortuito**

fortuitement *adv* Par hasard ▸ **fortuitamente**

fortune *nf* **1** Biens, richesses: *avoir de la fortune; faire fortune* ▸ **fortuna 2** LITT Hasard, chance heureuse ou malheureuse: *la fortune est aveugle* ▸ **fortuna** ▪ **à la fortune du pot:** se dit d'une invitation impromptue ▸ **informal** ▫ **de fortune:** improvisé: *réparation de fortune* ▸ **improvisado** ▫ **revers de fortune: (a)** changement brusque et fâcheux dans la situation de quelqu'un ▸ **virada da sorte (b)** perte d'argent ▸ **revés financeiro**

fortuné, e *adj* Riche: *homme fortuné* ▸ **rico**

forum [fɔrɔm] *nm* **1** ANTIQ (avec une majuscule) Place où le peuple, à Rome, discutait des affaires publiques ▸ **foro 2** FIG Colloque ▸ **fórum** ▪ **forum électronique:** sur un réseau télématique, discussion en ligne sur un thème donné: *un forum sur l'emploi* ▸ **fórum eletrônico**

fosse *nf* **1** Trou plus ou moins profond dans la terre: *fosse de cimetière* ▸ **cova 2** Creux du fond des océans (6000 m et plus) ▸ **fossa 3** ANAT Cavité: *fosses nasales* ▸ **fossa** ▪ **fosse d'aisances:** cavité qui reçoit les matières fécales, dans une habitation ▸ **fossa séptica**

fossé *nm* **1** Fosse creusée en long pour clore un espace, défendre une place, écouler des eaux ▸ **fosso 2** FIG Ce qui sépare: *le fossé s'élargit entre les partis* ▸ **fosso**

fossette *nf* Petit creux au menton, sur la joue ▸ **covinha**

fossile *nm et adj* Débris ou empreinte de plantes ou d'animaux conservés dans les couches terrestres anciennes ▸ **fóssil**

fossilifère *adj* Qui renferme des fossiles: *calcaire très fossilifère* ▸ **fossilífero**

fossilisation *nf* Passage d'un corps organisé à l'état de fossile ▸ **fossilização**

fossiliser (se) *vpr* Devenir fossile ▸ **fossilizar(-se)**

fossoyeur [foswajœr] *nm* **1** Qui creuse les fosses pour enterrer les morts ▸ **coveiro 2** FIG, LITT personne qui cause la ruine de quelque chose: *les fossoyeurs d'un régime* ▸ **coveiro**

fou[1] *nm* Oiseau palmipède ▸ **alcatraz**

fou[2] *nm* **1** HIST Bouffon des princes ▸ **bobo da corte 2** Pièce des échecs ▸ **bispo**

fou[3] ou **fol** (devant une voyelle ou un *h* muet), **folle** *adj et n* **1** Qui a perdu la raison; dément ▸ **louco 2** Dont le comportement est extravagant ▸ **louco** ◆ *adj* **1** Qui est hors de soi: *fou de douleur, de joie* ▸ **louco 2** Contraire à la raison: *un fol espoir* ▸ **doido 3** Excessif, prodigieux: *dépenser un argent fou; succès fou* ▸ **maluco** ▪ **fou de:** passionné par ▸ **louco por** ▫ **fou rire:** rire dont on n'est pas maître ▸ **acesso de riso** ▫ **herbes folles:** qui croissent en abondance et au hasard ▸ **ervas daninhas**

fouace *nf* → **fougasse**

foucade *nf* LITT Élan, emportement capricieux et passager ▸ **repente**

foudre[1] *nf* Décharge électrique aérienne, accompagnée de tonnerre et d'éclairs ▸ **raio** ▪ FIG **coup de foudre:** amour subit et violent ▸ **paixão fulminante** ◆ **foudres** *pl* LITT Grande colère, vifs reproches: *s'attirer les foudres de quelqu'un* ▸ **ira**

foudre[2] *nm* ▪ LITT **un foudre de guerre, d'éloquence:** un grand capitaine, un grand orateur ▸ **um ás da guerra, da oratória**

foudre[3] *nm* Tonneau d'une grande capacité ▸ **tonel**

foudroiement *nm* Action de foudroyer ▸ **fulminação**

foudroyant, e *adj* **1** Qui frappe d'une mort soudaine et brutale: *un mal foudroyant* ▸ **fulminante 2** Qui cause une émotion violente; stupéfiant: *nouvelle foudroyante* ▸ **estarrecedor**

foudroyer [fudrwaje] *vt (conj 3)* **1** Frapper de la

foudre: *l'orage a foudroyé un arbre isolé* ▸ **fulminar 2** Tuer soudainement: *la maladie l'a foudroyé* ▸ **fulminar 3** FIG Atterrer, confondre: *la nouvelle nous a foudroyés* ▸ **estarrecer** ▪ **foudroyer quelqu'un du regard:** lui lancer un regard chargé de haine, de réprobation ▸ **fulminar alguém com o olhar**

fouet *nm* **1** Corde, lanière attachée à un manche, pour conduire ou dresser les animaux ▸ **chicote 2** Ustensile de cuisine pour battre les œufs, la crème, etc. ▸ **batedeira** ▪ FIG **coup de fouet:** stimulation dont l'effet est immédiat ▸ **estímulo** ▫ **de plein fouet:** perpendiculairement à la ligne de l'obstacle: *heurter quelque chose de plein fouet* ▸ **em cheio**

fouetter *vt* **1** Donner des coups de fouet à ▸ **chicotear 2** Battre: *fouetter la crème* ▸ **bater 3** Frapper, cingler: *la pluie fouette les carreaux* ▸ **bater**

fougasse ou **fouace** *nf* Galette épaisse, cuite au four ou sous la cendre ▸ **fogaça**

fougère *nf* Plante cryptogame à feuilles très découpées ▸ **feto**

fougue *nf* Ardeur, impétuosité, enthousiasme ▸ **ímpeto**

fougueusement *adv* Avec fougue ▸ **impetuosamente**

fougueux, euse *adj* Qui a ou montre de la fougue ▸ **impetuoso**

fouille *nf* **1** Action de fouiller, d'explorer: *les fouilles de Pompéi* ▸ **escavação 2** Inspection minutieuse: *la fouille des bagages* ▸ **revista**

fouillé, e *adj* Élaboré avec soin, avec précision: *analyse fouillée* ▸ **minucioso**

fouiller *vt* **1** Creuser pour chercher: *fouiller la terre* ▸ **escavar 2** Explorer minutieusement; perquisitionner: *fouiller un quartier* ▸ **esquadrinhar 3** Inspecter les poches, les vêtements de quelqu'un: *se faire fouiller à la douane* ▸ **revistar 4** Approfondir avec soin et minutie: *fouiller une question* ▸ **esquadrinhar** ♦ *vi* Chercher en remuant des objets: *fouiller dans une armoire* ▸ **vasculhar**

fouillis *nm* Accumulation de choses en désordre ▸ **bagunça**

fouine *nf* **1** Petit mammifère du genre martre ▸ **fuinha 2** FIG Personne indiscrète, rusée ▸ **fuinha**

fouiner *vi* FAM Se livrer à des recherches indiscrètes; fureter ▸ **bisbilhotar**

fouineur, euse *n et adj* FAM Personne qui fouine ▸ **bisbilhoteiro** ♦ *nm* INFORM Recommandation officielle pour *hacker* ▸ ***hacker***

fouir *vt* Creuser le sol, surtout en parlant d'un animal ▸ **fuçar**

fouisseur, euse *adj* Qui fouit; propre à fouiller la terre: *les pattes fouisseuses de la taupe* ▸ **escavador** ♦ *nm* Animal qui creuse la terre (taupe, etc.) ▸ **animal cavador**

foulage *nm* Action de fouler ▸ **pisoamento**

foulant, e *adj* ▸ **premente** ▪ **pompe foulante:** qui élève l'eau au moyen de la pression exercée sur le liquide ▸ **bomba de compressão**

foulard *nm* Carré de soie ou de tissu léger porté autour du cou ou sur la tête ▸ ***foulard***

foule *nf* **1** Multitude de personnes, masse humaine: *fuir la foule* ▸ **multidão 2** Masse, tas: *une foule d'idées* ▸ **monte** ▪ **en foule:** en grande quantité ▸ **aos montes**

GRAMMAIRE On dit: *une foule de curieux s'agglutin*a sur les lieux (une masse de) mais *une foule de gens cro*ient aux voyants (beaucoup de)

foulée *nf* **1** Manière de prendre appui sur le sol à chaque pas ▸ **passada 2** Distance couverte par un coureur entre deux appuis des pieds au sol ▸ **passada** ▪ **dans la foulée:** à la suite ▸ **na sequência**

fouler *vt* **1** Marcher sur: *fouler le sol* ▸ **pisar 2** Presser, écraser: *fouler le raisin; fouler la laine* ▸ **pisar 3** Faire une foulure à: *cette chute m'a foulé la cheville* ▸ **torcer** ▪ LITT **fouler aux pieds:** mépriser ▸ **espezinhar** ♦ **se fouler** *vpr* Se faire une foulure ▸ **sofrer uma torcedura** ▪ FAM **ne pas se fouler:** ne pas se donner beaucoup de mal ▸ **não se importar**

foulon *nm* Machine à fouler la laine ▸ **pisão** ▪ **terre à foulon:** argile qui absorbe les graisses ▸ **argila esmética**

foulque *nf* Oiseau échassier voisin de la poule d'eau ▸ **galinhola**

foulure *nf* Entorse ▸ **luxação**

four *nm* **1** Partie fermée d'une cuisinière, ou appareil servant à cuire des aliments en espace clos: *four à micro-ondes* ▸ **forno 2** Appareil servant à la cuisson de diverses substances ou à la production de températures élevées: *four à chaux, à céramique* ▸ **forno 3** FAM Insuccès, échec: *cette pièce de théâtre est un four* ▸ **fiasco**

fourbe *adj et n* Qui trompe sournoisement ▸ **trapaceiro**

fourberie *nf* Caractère d'une action, d'une personne fourbe; ruse, tromperie ▸ **trapaça**

fourbi *nm* FAM **1** Ensemble d'ustensiles: *il a mis là tout son fourbi de photographe* ▸ **tralha 2** Amas d'objets hétéroclites et posés en désordre: *quel fourbi!* ▸ **tralha**

fourbir *vt* Nettoyer; polir: *fourbir des armes* ▸ **lustrar**

fourbu, e *adj* Harassé de fatigue; éreinté ▸ **exausto**

fourche *nf* **1** Instrument agricole à long manche

terminé par de longues dents ▶ **forcado** **2** Endroit où un chemin, un arbre se divise en plusieurs branches ▶ **ramificação** **3** BELGIQUE Heure libre, pour un étudiant, un professeur ▶ **janela**

fourcher *vi* Se diviser par l'extrémité: *cheveux qui fourchent* ▶ **bifurcar** ■ FIG **la langue lui a fourché:** il a dit un mot pour un autre ▶ **ele se equivocou**

fourchette *nf* **1** Ustensile de table servant à piquer la nourriture ▶ **garfo** **2** STAT Écart entre deux chiffres, à l'intérieur duquel on fait une appréciation ▶ **intervalo** ■ FAM **avoir un bon coup de fourchette:** avoir un gros appétit ▶ **ser bom garfo**

fourchu, e *adj* Qui se divise à l'extrémité: *cheveux fourchus* ▶ **fissurado**

fourgon *nm* **1** VX Voiture longue et couverte, servant au transport des marchandises ▶ **furgão** **2** Wagon à bagages, dans un train ▶ **vagão bagageiro** ■ **fourgon mortuaire:** corbillard ▶ **carro funerário**

fourgonner *vi* FAM, VIEILLI Fouiller ▶ **remexer**

fourgonnette *nf* Petite voiture commerciale s'ouvrant par l'arrière ▶ **furgoneta**

fourguer *vt* FAM Vendre, écouler à bas prix ▶ **liquidar**

fouriérisme *nm* Organisation sociale de Fourier, fondée sur les phalanstères ▶ **fourierismo**

fourme *nf* Fromage de vache ▶ **queijo de vaca** ■ **fourme d'Ambert:** bleu fabriqué dans le Massif central ▶ ***fourme d'Ambert***

fourmi *nf* Insecte hyménoptère vivant sous terre en société ▶ **formiga** ■ FIG **avoir des fourmis dans les mains, dans les jambes, etc.:** avoir des fourmillements ▶ **estar com as mãos, as pernas formigando**

fourmilier *nm* ZOOL Tamanoir ▶ **tamanduá**

fourmilière *nf* **1** Nid de fourmis; ensemble des fourmis qui l'habitent ▶ **formigueiro** **2** FIG Multitude de gens qui s'agitent ▶ **formigueiro**

fourmilion ou **fourmi-lion** (pl *fourmis-lions*) *nm* Insecte dont la larve se nourrit de fourmis ▶ **formigão**

fourmillement *nm* **1** Action de fourmiller ▶ **fervilhamento** **2** Sensation de picotement ▶ **formigamento**

fourmiller *vi* **1** S'agiter en grand nombre; grouiller: *vers qui fourmillent dans un fromage* ▶ **fervilhar** **2** Abonder, pulluler: *les fautes fourmillent dans ce texte* ▶ **pulular** **3** Être le siège d'un fourmillement: *les doigts me fourmillent* ▶ **formigar**

fournaise *nf* **1** Feu très ardent ▶ **fornalha** **2** Lieu très chaud, surchauffé ▶ **fornalha**

fourneau *nm* **1** Appareil destiné à la cuisson des aliments: *fourneau à gaz* ▶ **fogão** **2** Four dans lequel on soumet à l'action de la chaleur diverses substances que l'on veut fondre ou calciner: *fourneau de verrier* ▶ **forno** **3** Partie de la pipe où brûle le tabac ▶ **fornilho**

fournée *nf* **1** Quantité de pain qu'on fait cuire à la fois ▶ **fornada** **2** FIG Ensemble de choses faites en même temps ou de personnes appelées à subir le même sort ▶ **fornada**

fourni, e *adj* **1** Épais, dense: *barbe fournie* ▶ **basto** **2** Approvisionné: *magasin bien fourni* ▶ **suprido**

fournil [furni] *nm* Pièce d'une boulangerie où se trouve le four à pain ▶ **casa de forno**

fourniment *nm* Équipement d'un soldat ▶ **equipamento**

fournir *vt* **1** Pourvoir, procurer: *fournir de l'argent* ▶ **fornecer** **2** Produire: *ce vignoble fournit un bon vin; fournir un effort* ▶ **produzir** **3** Approvisionner: *ce commerçant fournit le quartier* ▶ **abastecer** **4** Présenter, donner: *fournir un alibi* ▶ **fornecer** ◆ *vt ind* [à] Subvenir: *fournir aux besoins* ▶ **suprir** ◆ **se fournir** *vpr* S'approvisionner ▶ **abastecer-se**

fournisseur, euse *n* Personne ou établissement qui fournit habituellement une marchandise ▶ **fornecedor**

fourniture *nf* **1** Action de fournir; provision fournie: *fourniture à domicile* ▶ **fornecimento** **2** Ce qui est fourni par certains artisans en confectionnant un objet: *payer à une couturière la façon et les fournitures* ▶ **aviamento** **3** Équipement particulier: *fournitures scolaires* ▶ **acessório**

fourrage *nm* Herbe, paille, foin pour l'entretien des bestiaux ▶ **forragem**

fourrager *vi (conj 2)* FAM Chercher en mettant du désordre: *fourrager dans un tiroir* ▶ **remexer**

fourragère[1] *adj f* Se dit des plantes employées comme fourrage: *betteraves fourragères* ▶ **forrageiro**

fourragère[2] *nf* Ornement de l'uniforme militaire ▶ **insígnia**

fourré[1] *nm* Endroit touffu d'un bois ▶ **matagal**

fourré[2], e *adj* **1** Doublé de fourrure: *manteau fourré* ▶ **forrado** **2** Garni de confiture, de crème, etc.: *bonbon fourré* ▶ **recheado** ■ FIG **coup fourré:** coup bas, perfide ▶ **golpe baixo**

fourreau *nm* **1** Gaine, étui allongé: *fourreau de sabre* ▶ **bainha, estojo** **2** Robe droite ajustée ▶ **vestido justo**

fourrer *vt* **1** Garnir de fourrure: *fourrer un manteau* ▶ **forrar** **2** Remplir d'une garniture: *fourrer des choux* ▶ **rechear** **3** FAM Introduire, faire entrer; mettre: *fourrer ses clefs dans sa poche; fourrer une idée dans le crâne de quelqu'un* ▶ **meter** ■ FAM

fourrer son nez dans: se mêler indiscrètement de ▸ **meter o nariz em** ◆ **se fourrer** *vpr* FAM Se mettre, se placer: *la balle s'est fourrée sous le lit* ▸ **enfiar-se** ▪ FAM **ne plus savoir où se fourrer:** éprouver un vif sentiment de confusion, de honte ▸ **não saber onde enfiar a cara**

fourre-tout *nm inv* FAM **1** Sac souple sans compartiment ▸ **saco 2** FIG Ce qui contient des choses, des idées très diverses: *catégorie fourre-tout* ▸ **despejo**

fourreur *nm* **1** Personne qui travaille les peaux et la fourrure ▸ **peleteiro 2** Marchand de fourrures ▸ **peleteiro**

fourrier *nm* Sous-officier responsable du matériel d'une unité ▸ **sargento de manutenção**

fourrière *nf* Lieu de dépôt des animaux, des véhicules, etc., qu'on a saisis pour dégât, dette ou contravention ▸ **depósito de material confiscado**

fourrure *nf* **1** Peau d'animal avec son poil préparée pour faire un vêtement; ce vêtement ▸ **pele 2** Peau d'animal touffue: *la fourrure de l'hermine devient blanche en hiver* ▸ **pelo**

fourvoiement *nm* LITT Erreur de celui qui se fourvoie ▸ **equívoco**

fourvoyer *vt (conj 3)* **1** LITT Égarer: *fourvoyer des voyageurs* ▸ **extraviar 2** Mettre dans l'erreur: *ce rapport trop optimiste nous a fourvoyés* ▸ **enganar** ◆ **se fourvoyer** *vpr* Se tromper, faire fausse route ▸ **equivocar-se**

foutaise *nf* FAM Chose sans valeur; baliverne ▸ **ninharia**

foutoir *nm* FAM Grand désordre ▸ **barafunda**

foutre *vt* TRÈS FAM **1** Jeter violemment ou sans soin ▸ **jogar 2** Faire, travailler: *ne rien foutre* ▸ **fazer** ▪ **ça la fout mal:** cela fait mauvais effet ▸ **isso pega mal** ◆ **se foutre** *vpr* [de] Se moquer de ▸ **lixar-se**

foutu, e *adj* FAM **1** Fait: *bien, mal foutu* ▸ **feito 2** Qui a échoué; ruiné, perdu ▸ **acabado**

fox-terrier (pl *fox-terriers*) *nm* ou **fox** *nm inv* Chien terrier d'origine anglaise ▸ ***fox terrier***

fox-trot [fɔkstrɔt] *nm inv* Danse en vogue vers 1920 ▸ **foxtrote**

foyer *nm* **1** Lieu où l'on fait le feu; le feu même: *éteindre un foyer* ▸ **lareira 2** Lieu où habite une famille; la famille elle-même: *fonder un foyer* ▸ **lar 3** Local servant de lieu de réunion ou même d'habitation à certaines catégories de personnes: *foyer d'étudiants* ▸ **sede 4** Salon, galerie d'un théâtre où le public se réunit pendant les entractes ▸ ***foyer* 5** Point d'où partent, où aboutissent des rayons lumineux: *foyer d'une lentille* ▸ **foco 6** Centre principal d'où provient quelque chose: *foyer d'un incendie; foyer de rébellion; foyer d'une maladie* ▸ **foco** ▪ **femme, homme, mère au foyer:** qui n'exerce pas d'activité professionnelle et s'occupe de sa famille ▸ **mulher, homem, mãe do lar** ◆ **foyers** *pl* Pays natal; domicile: *rentrer dans ses foyers* ▸ **terra natal**

frac *nm* Habit noir de cérémonie, serré à la taille et à basques étroites ▸ **fraque**

fracas *nm* Bruit violent: *le fracas des vagues sur les rochers* ▸ **estrondo** ▪ **avec perte et fracas:** avec éclat et brutalement ▸ **com estardalhaço**

fracassant, e *adj* Qui fait grand bruit ▸ **estrondoso**

fracasser *vt* Briser avec bruit; mettre en pièces ▸ **arrebentar** ◇ *vpr vase qui se fracasse* ▸ **arrebentar**

fraction *nf* **1** Division, partie, portion d'un tout: *une fraction du peuple* ▸ **fração 2** Nombre exprimant une ou plusieurs parties égales de l'unité: *fraction décimale* ▸ **fração**

fractionnaire *adj* MATH Qui a la forme d'une fraction ▸ **fracionário**

fractionnel, elle *adj* Qui vise à la désunion d'un parti: *activité fractionnelle* ▸ **divisionário**

fractionnement *nm* Action de fractionner ▸ **fracionamento**

fractionner *vt* Diviser en fractions, en parties ▸ **fracionar**

fracture *nf* **1** Rupture violente d'un os ou d'un cartilage dur ▸ **fratura 2** GÉOL Cassure de l'écorce terrestre ▸ **fratura 3** FIG Clivage au sein d'un ensemble humain atteignant un stade conflictuel et conduisant à une rupture: *fracture sociale, idéologique* ▸ **ruptura**

fracturer *vt* Briser, forcer: *fracturer une porte* ▸ **quebrar** ◆ **se fracturer** *vpr* Se rompre une partie du corps: *se fracturer le crâne* ▸ **fraturar**

fragile *adj* **1** Qui se brise facilement: *verre fragile* ▸ **frágil 2** De faible constitution: *enfant fragile* ▸ **frágil 3** Précaire, instable: *équilibre fragile* ▸ **frágil**

fragilisation *nf* Fait d'être fragilisé ▸ **fragilização**

fragiliser *vt* Rendre plus fragile ▸ **fragilizar**

fragilité *nf* État, caractère de ce qui est fragile ▸ **fragilidade**

fragment *nm* **1** Morceau d'un objet brisé, rompu ▸ **fragmento 2** Passage extrait d'un livre, d'un discours ▸ **trecho**

fragmentaire *adj* Partiel, incomplet: *connaissances fragmentaires* ▸ **fragmentário**

fragmentation *nf* Action de fragmenter ▸ **fragmentação**

fragmenter *vt* Réduire en fragments; morceler, diviser ▶ **fragmentar**
fragrance *nf* LITT Odeur agréable; parfum ▶ **fragrância**
frai *nm* **1** Reproduction chez les poissons et les batraciens; époque où elle a lieu ▶ **desova 2** Œufs de poissons, de batraciens ▶ **ova 3** Jeunes poissons pour peupler un étang, un vivier, etc. ▶ **alevino**
fraîchement *adv* **1** Récemment: *fraîchement arrivé* ▶ **recém- 2** Sans enthousiasme, avec froideur: *être accueilli fraîchement* ▶ **friamente**
fraîcheur *nf* Caractère, qualité de ce qui est frais ▶ **frescor**
fraîchir *vi* Devenir plus frais ▶ **refrescar**
frais[1] *nm pl* **1** Dépenses pour une opération quelconque: *voyager tous frais payés* ▶ **despesa 2** DR Dépenses occasionnées par un procès ▶ **despesas** ■ **à peu de frais: (a)** sans dépenser beaucoup ▶ **sem gastar muito (b)** sans peine ▶ **sem muito esforço** □ **faux frais:** petites dépenses imprévues ▶ **gastos extras** □ FAM **se mettre en frais: (a)** dépenser plus que de coutume ▶ **gastar mais do que de hábito (b)** FIG prodiguer sa peine, ses efforts: *se mettre en frais d'amabilités* ▶ **desdobrar-se**
frais[2]**, fraîche** *adj* **1** Légèrement froid: *brise fraîche* ▶ **fresco 2** Nouvellement produit ou récolté: *légumes, poisson frais* ▶ **fresco 3** Récent: *nouvelles fraîches* ▶ **fresco 4** Qui n'est pas terni, altéré; qui n'est pas ou plus fatigué: *teint frais; troupes fraîches* ▶ **descansado 5** Dépourvu de chaleur humaine, de cordialité: *un accueil plutôt frais* ▶ **frio** ◆ *nm* Froid agréable: *prendre le frais* ▶ **fresca** ◆ *nf* Moment du jour où il fait frais: *sortir à la fraîche* ▶ **fresca** ◆ *adv* **1** Légèrement froid: *boire frais* ▶ **fresco 2** Récemment ▶ **recentemente**
GRAMMAIRE *Frais*, au sens de «récemment», s'accorde en genre et en nombre devant un participe passé: *des fleurs fraîches cueillies*
fraisage *nm* Action de fraiser ▶ **fresagem**
fraise[1] *nf* Fruit du fraisier ▶ **morango**
fraise[2] *nf* **1** Membrane de l'intestin grêle du veau ▶ **redenho 2** Chair rouge sous le bec du dindon ▶ **monco de peru 3** Collerette plissée (XVIe et XVIIe s.) ▶ **gola de babados**
fraise[3] *nf* **1** Outil rotatif de coupe ▶ **fresa 2** Outil servant à évider les dents cariées ▶ **broca**
fraiser *vt* **1** Évaser l'orifice d'un trou ▶ **fresar 2** Usiner une pièce au moyen d'une fraise ▶ **fresar**
fraiseur, euse *n* Ouvrier qui travaille sur une fraiseuse ▶ **fresador**
fraiseuse *nf* Machine à fraiser ▶ **fresa**
fraisier *nm* **1** Plante rosacée dont le fruit est la fraise ▶ **morangueiro 2** Gâteau fait de deux génoises séparées par une couche de fraises ▶ **bolo de morango**
fraisure *nf* Évasement pratiqué à l'orifice d'un trou à l'aide d'une fraise ▶ **fresagem**
framboise *nf* Fruit du framboisier; liqueur, eau-de-vie préparée avec ce fruit ▶ **framboesa, aguardente de framboesa**
framboisier *nm* Arbrisseau voisin de la ronce produisant la framboise ▶ **framboeseira**
franc[1] *nm* **1** Unité monétaire principale de la Suisse et de certains pays d'Afrique ▶ **franco 2** Ancienne unité monétaire principale de la France, de la Belgique et du Luxembourg ▶ **franco**
franc[2]**, franche** *adj* **1** Loyal, sincère: *être franc; réponse franche* ▶ **franco 2** Pur, sans mélange, net: *couleur franche* ▶ **puro 3** Entier: *huit jours francs* ▶ **inteiro 4** Libre, exempt de charges: *franc de port* ▶ **isento** ■ **boutique franche:** exempte de taxes sur les produits qui y sont commercialisés ▶ ***free-shop*** ◆ *adv* Franchement: *parler franc* ▶ **francamente** ■ **jouer franc jeu:** agir loyalement, sans rien dissimuler ▶ **jogar limpo**
franc[3]**, franque** *adj* Qui appartient aux Francs ▶ **franco**
français, e *adj et n* De France: *les Français* ▶ **francês** ◆ *nm* Langue française ▶ **francês**
franc-comtois, e (pl *francs-comtois, franc-comtoises*) *adj et n* De la Franche-Comté: *les Francs-Comtois* ▶ **franco-condês**
franchement *adv* **1** Sincèrement, sans hésitation: *parler, répondre franchement* ▶ **francamente 2** Très: *c'est franchement mauvais* ▶ **definitivamente**
franchir *vt* **1** Passer un obstacle, une limite: *franchir une haie, une ligne* ▶ **transpor 2** Traverser, parcourir: *franchir quelques mètres* ▶ **atravessar**
franchisage ou **franchising** [frɑ̃ʃajziŋ] *nm* Contrat accordant une franchise commerciale ▶ ***franchising*, franquia**
franchise *nf* **1** Sincérité: *parler avec franchise* ▶ **franqueza 2** Exonération de certaines taxes: *franchise postale* ▶ **isenção 3** Clause d'une assurance qui fixe une somme forfaitaire restant à la charge de l'assuré; cette somme: *assurance assortie d'une franchise de mille francs* ▶ **franquia 4** COMM Droit d'exploiter une marque, concédé par une entreprise à une autre ▶ **franquia**
franchisé *nm* COMM Bénéficiaire d'une franchise ▶ **franqueado**
franchissable *adj* Qui peut être franchi: *ruisseau franchissable* ▶ **transponível**
franchissement *nm* Action de franchir ▶ **transposição**

francien *nm* Dialecte de langue d'oïl parlé en Île-de-France au Moyen Âge, et qui est à l'origine du français ▸ **franciano**

francilien, enne *adj et n* De l'Île-de-France: *les Franciliens* ▸ **da Île-de-France**

francique *nm et adj* Langue des anciens Francs ▸ **frâncico**

francisation *nf* Action de franciser ▸ **afrancesamento**

franciscain, e *n et adj* Religieux, religieuse de l'ordre de saint François d'Assise ▸ **franciscano**

franciser *vt* Donner un caractère français, une forme française à: *franciser un mot* ▸ **afrancesar**

francisque *nf* Hache de guerre des Francs ▸ **franquisque**

francité *nf* Caractère de ce qui est français ▸ **francesice**

franc-maçon, onne (pl *francs-maçons, franc-maçonnes*) *n* Membre de la franc-maçonnerie ▸ **franco-maçom**

franc-maçonnerie (pl *franc-maçonneries*) *nf* Société secrète répandue dans divers pays ▸ **franco-maçonaria**

franco *adv* **1** Sans frais pour le destinataire: *envoyer un paquet franco de port* ▸ **com porte pago 2** FAM Sans hésiter: *y aller franco* ▸ **diretamente**

franco-français, e (pl *franco-français, es*) *adj* FAM (souvent péjoratif) Qui ne concerne que les Français; qui est exclusivement français ▸ **exclusivamente francês**

francophile *adj et n* Qui aime la France ▸ **francófilo**

francophilie *nf* Amitié envers la France ▸ **francofilia**

francophobe *adj et n* Qui déteste la France ▸ **francófobo**

francophobie *nf* Hostilité envers la France ▸ **francofobia**

francophone *adj et n* Qui parle le français ▸ **francófono**

francophonie *nf* Communauté linguistique constituée par les peuples francophones ▸ **francofonia**

franc-parler (pl *francs-parlers*) *nm* Franchise de langage: *avoir son franc-parler* ▸ **linguagem franca**

franc-tireur (pl *francs-tireurs*) *nm* Combattant qui ne fait pas partie de l'armée régulière ▸ **franco-atirador**

frange *nf* **1** Ensemble des cheveux retombant sur le front ▸ **franja 2** Passementerie composée de fils qui pendent en garniture ▸ **franja 3** Ce qui forme une bordure: *frange côtière* ▸ **franja 4** Partie marginale d'une collectivité: *la frange des indécis* ▸ **parcela**

franger *vt (conj 2)* Garnir de franges ▸ **franjar**

frangin, e *n* FAM Frère, sœur ▸ **mano**

frangipane *nf* Crème épaisse, parfumée aux amandes ▸ **creme de amêndoas**

franglais *nm* Ensemble des néologismes d'origine anglaise introduits dans la langue française ▸ **franglês**

franquette (à la bonne) *loc adv* Franchement, sans façon ▸ **sem cerimônia**

franquisme *nm* Gouvernement instauré en Espagne par Franco en 1936 ▸ **franquismo**

franquiste *adj et n* Relatif au franquisme; qui en est partisan ▸ **franquista**

frappant, e *adj* Qui fait une vive impression: *exemple frappant* ▸ **impressionante**

frappe *nf* Action, façon de frapper ▸ **batida**

frappé, e *adj* Refroidi ou rafraîchi dans la glace ▸ **gelado**

frappement *nm* Action de frapper; bruit produit par ce qui frappe ▸ **batida**

frapper *vt* **1** Donner un ou des coups à, sur: *frapper quelqu'un; frapper le sol du pied* ▸ **bater 2** Asséner: *frapper un grand coup* ▸ **aplicar 3** Toucher, heurter: *la balle l'a frappé en plein front*; tomber sur: *la lumière frappe les objets* ▸ **bater 4** Faire impression sur: *cet argument l'a frappé* ▸ **impressionar 5** Atteindre, affliger: *être frappé de cécité* ▸ **atingir 6** Atteindre par une décision juridique, administrative: *frapper d'un impôt* ▸ **afetar 7** Donner une empreinte à: *frapper de la monnaie* ▸ **cunhar 8** Dactylographier: *frapper un texte* ▸ **digitar 9** Plonger dans la glace pour rafraîchir: *frapper du champagne* ▸ **pôr no gelo** ◆ *vi* Donner des coups en produisant un bruit: *frapper à la porte* ▸ **bater** ◆ **se frapper** *vpr* FAM S'émouvoir, s'inquiéter ▸ **abalar-se**

frappeur *adj m* ▸ **batedor** ■ **esprit frappeur:** esprit qui, selon les spirites, se manifesterait par des coups sur les meubles quand on l'invoque ▸ **espírito batedor**

frasque *nf* Écart de conduite ▸ **disparate**

fraternel, elle *adj* Propre à des frères et sœurs ou à des personnes qui se considèrent comme tels ▸ **fraternal**

fraternellement *adv* De façon fraternelle ▸ **fraternalmente**

fraternisation *nf* Action de fraterniser ▸ **fraternização**

fraterniser *vi* Faire acte de fraternité ▸ **fraternizar**

fraternité *nf* **1** Lien de parenté entre des frères et sœurs ▸ **fraternidade 2** Lien de solidarité et d'amitié: *élan de fraternité* ▸ **fraternidade**

fratricide *adj* **1** Relatif au meurtre d'un frère, d'une sœur ► **fratricida 2** FIG Qui oppose des êtres qui devraient être solidaires: *luttes fratricides* ► **fratricida** ♦ *nm* Ce meurtre ► **fratricídio** ♦ *n* Qui commet ce crime ► **fratricida**

fratrie *nf* Ensemble des frères et sœurs d'une famille ► **irmãos**

fraude *nf* Acte de mauvaise foi qui contrevient à la loi ou aux règlements et nuit au droit d'autrui: *fraude fiscale, électorale* ► **fraude** ■ **en fraude:** frauduleusement ► **fraudulentamente**

frauder *vt et vi* Commettre une fraude: *frauder à un examen; frauder le fisc* ► **fraudar**

fraudeur, euse *adj et n* Qui fraude ► **fraudador**

frauduleusement *adv* De façon frauduleuse ► **fraudulentamente**

frauduleux, euse *adj* Entaché de fraude ► **fraudulento**

frayer [frɛje] *vt (conj 4)* Tracer: *frayer un sentier* ► **abrir** ■ **frayer la voie:** préparer la tâche ► **abrir caminho** ♦ *vt ind* [avec] LITT, FIG Avoir des relations suivies avec; fréquenter ► **conviver** ♦ *vi* Se reproduire, en parlant des poissons ► **desovar** ♦ **se frayer** *vpr* ► **abrir para si** ■ **se frayer un chemin:** s'ouvrir un passage: *se frayer un chemin dans la foule* ► **abrir caminho**

frayeur *nf* Grande peur ► **pavor**

fredaine *nf* Écart de conduite sans gravité ► **deslize**

fredonnement *nm* Action de fredonner ► **trauteio**

fredonner *vt et vi* Chanter à mi-voix, sans ouvrir la bouche ► **trautear**

free-lance [frilɑ̃s] (pl *free-lances*) *adj inv et n* Qui exerce sa profession à la commande, auprès de diverses entreprises, sans être salarié: *photographe, publicitaire free-lance* ► ***freelance***

free-shop [friʃɔp] *nf* Boutique franche ► ***free-shop***

freesia [frezja] *nm* Plante ornementale aux fleurs en grappes ► **frésia**

freezer [frizœr] *nm* Compartiment à glace d'un réfrigérateur ► ***freezer*, congelador**

frégate *nf* **1** ANC Bâtiment de guerre à trois mâts ► **fragata 2** Bâtiment d'escorte anti-sous-marin ► **fragata 3** Oiseau palmipède des mers tropicales ► **fragata**

frein *nm* **1** Dispositif au moyen duquel on peut ralentir ou arrêter le mouvement d'une machine, d'une voiture, etc.: *frein à main* ► **freio 2** FIG Ce qui retient, entrave: *le frein de la loi* ► **freio 3** Partie du mors qui se trouve dans la bouche du cheval ► **freio 4** ANAT Ce qui bride ou retient un organe: *frein de la langue* ► **freio** ■ **frein moteur:** action du moteur d'une automobile agissant comme frein quand on cesse d'accélérer ► **freio motor** □ **mettre un frein à quelque chose:** chercher à l'arrêter: *mettre un frein à ses dépenses* ► **pôr um freio em algo** □ **ronger son frein:** cacher avec difficulté son impatience ► **morder o freio** □ **sans frein:** sans limites ► **desenfreado**

freinage *nm* Action de freiner ► **freada**

freiner *vi* Ralentir ou arrêter la marche d'une machine au moyen d'un frein ► **frear** ♦ *vt* Retenir, modérer, ralentir: *freiner les dépenses, l'inflation; freiner quelqu'un* ► **frear**

frelaté, e *adj* Altéré, corrompu: *marchandises frelatées* ► **adulterado**

frelater *vt* Mêler de substances étrangères; altérer, falsifier: *frelater du vin* ► **adulterar**

frêle *adj* Fragile, mince, fluet ► **frágil**

frelon *nm* Grosse guêpe ► **vespão**

freluquet *nm* **1** LITT Jeune homme frivole et prétentieux ► **frangote 2** FAM Homme de petite taille, de peu d'importance ► **homenzinho**

frémir *vi* **1** Trembler de crainte, de colère, d'horreur ► **fremir 2** En parlant d'un liquide, être agité d'un léger frissonnement qui précède l'ébullition ► **fremir**

frémissant, e *adj* Qui frémit ► **fremente**

frémissement *nm* Agitation, tremblement ► **frêmito**

frênaie *nf* Plantation de frênes ► **freixial**

french cancan (pl *french cancans*) *nm* Danse de certains music-halls et cabarets ► **cancã**

frêne *nm* Arbre des forêts tempérées, à bois clair, souple et résistant; bois de cet arbre (famille des oléacées) ► **freixo**

frénésie *nf* Exaltation violente; emportement, furie ► **frenesi**

frénétique *adj et n* Passionné, violent, déchaîné ► **frenético**

frénétiquement *adv* Avec frénésie ► **freneticamente**

Fréon *nm* (nom déposé) Fluide utilisé comme agent frigorifique ► **fréon**

fréquemment *adv* Souvent ► **frequentemente**

fréquence *nf* **1** Caractère de ce qui est fréquent ► **frequência 2** Nombre de fois où une chose se produit dans un temps donné ► **frequência 3** PHYS Nombre de vibrations par unité de temps dans un phénomène périodique ► **frequência**

fréquencemètre *nm* Appareil pour mesurer la fréquence d'un courant alternatif ► **frequencímetro**

fréquent, e *adj* Qui se produit souvent; courant ► **frequente**

fréquentable *adj* Que l'on peut fréquenter: *société fréquentable* ► **frequentável**

fréquentatif, ive *adj et nm* Se dit d'une forme

verbale qui marque une action répétée (EX: *clignoter, crachoter*) ▸ **frequentativo**

fréquentation *nf* **1** Action de fréquenter un lieu, une personne ▸ **frequentação 2** Personne que l'on fréquente: *avoir de mauvaises fréquentations* ▸ **relações**

fréquenter *vt* **1** Aller souvent dans un lieu: *fréquenter les cafés* ▸ **frequentar 2** Avoir des relations suivies avec quelqu'un: *fréquenter ses voisins* ▸ **frequentar**

fréquentiel, elle *adj* PHYS Relatif à la fréquence d'un phénomène périodique ▸ **frequencial**

frère *nm* **1** Né du même père et de la même mère ▸ **irmão 2** Titre donné aux membres de certains ordres religieux ▸ **irmão 3** Nom que se donnent entre eux les membres de certaines confréries ou associations, par exemple les francs-maçons ▸ **irmão** ▪ **faux frère:** traître ▸ **judas** □ **frères d'armes:** compagnons de guerre ▸ **irmão de armas** ◆ *adj et nm* Uni par des liens de solidarité: *pays frères* ▸ **irmão**

frérot *nm* FAM Petit frère ▸ **irmãozinho**

fresque *nf* **1** Peinture exécutée avec des couleurs trempées dans de l'eau de chaux, sur un mur fraîchement enduit ▸ **afresco 2** LITT Tableau descriptif d'une époque, d'une société ▸ **afresco**

fresquiste *n* Peintre de fresques ▸ **pintor de afrescos**

fressure *nf* Ensemble formé par le cœur, la rate, le foie et les poumons d'un animal de boucherie ▸ **bofes**

fret [frɛ] ou [frɛt] *nm* **1** Prix d'un transport de marchandises par air, par mer ou par route ▸ **frete 2** Cargaison: *fret de bois, de cotonnades* ▸ **frete**

fréter *vt (conj 10)* ▸ **fretar** ▪ **fréter un navire:** le prendre à fret ou le donner en location ▸ **fretar um navio** □ **fréter un véhicule:** le louer ▸ **fretar um veículo**

fréteur *nm* Armateur qui donne un navire en location à l'affréteur ▸ **fretador**

frétillant, e *adj* Qui frétille ▸ **agitado**

frétillement *nm* Mouvement de ce qui frétille ▸ **agitação**

frétiller *vi* **1** S'agiter par des mouvements vifs et courts: *chien qui frétille de la queue* ▸ **agitar 2** Se trémousser: *frétiller de joie* ▸ **vibrar**

fretin *nm* Petits poissons ▸ **peixinho** ▪ **menu fretin:** chose, personne sans valeur, sans importance ▸ **arraia miúda**

freudien, enne *adj* Relatif au freudisme; qui s'en réclame ▸ **freudiano**

freudisme *nm* Théorie du développement psychique développée par Freud ▸ **freudismo**

freux *nm* Oiseau voisin du corbeau ▸ **gralha-calva**

friabilité *nf* Nature de ce qui est friable ▸ **friabilidade**

friable *adj* Qui peut être aisément réduit en poudre: *terre friable* ▸ **friável**

friand, e *adj* Amateur, gourmand de: *friand de chocolat, de compliments* ▸ **guloso** ◆ *nm* Pâté fait d'un feuilleté garni d'un hachis ▸ **folhado de carne**

friandise *nf* Chose délicate à manger; sucrerie, bonbon ▸ **guloseima**

fric *nm* FAM Argent ▸ **grana**

fricandeau *nm* Tranche de veau piquée de morceaux de lard ▸ **fricandó**

fricassée *nf* Ragoût de viande blanche cuite dans un court-bouillon ▸ **fricassê**

fricative *adj f et nf* Se dit des consonnes dont la prononciation se caractérise par un frottement de l'air expiré (*f, v, s, z, ch, j*) ▸ **fricativa**

fric-frac *nm inv* FAM, VIEILLI Cambriolage ▸ **arrombamento**

friche *nf* Terrain non cultivé ▸ **terreno baldio** ▪ **en friche:** qui n'est pas cultivé, développé ▸ **inculto**

frichti *nm* FAM Repas que l'on prépare ▸ **comida**

fricot *nm* FAM Ragoût ▸ **guisado**

fricoter *vi et vt* FAM Manigancer ▸ **tramar**

friction *nf* **1** Frottement ▸ **fricção 2** Frottement sec ou humide sur une partie du corps ▸ **fricção 3** FIG Désaccord, heurt ▸ **atrito**

frictionner *vt* Faire des frictions à: *frictionner un malade* ▸ **friccionar**

Frigidaire *nm* (nom déposé) Réfrigérateur ▸ **geladeira**

frigide *adj* Se dit d'une femme souffrant de frigidité ▸ **frígida**

frigidité *nf* Absence d'orgasme chez la femme ▸ **frigidez**

frigo *nm* FAM Réfrigérateur ▸ **geladeira**

frigorifié, e *adj* FAM Qui a très froid ▸ **congelado**

frigorifier *vt* Soumettre au froid pour conserver ▸ **congelar**

frigorifique *adj* Qui produit du froid: *appareil frigorifique* ▸ **frigorífico** ◆ *nm* **1** Établissement de froid industriel ▸ **frigorífico 2** Appareil frigorifique ▸ **congelador**

frileusement *adv* De façon frileuse ▸ **retraidamente**

frileux, euse *adj et n* **1** Sensible au froid ▸ **friorento 2** FIG Qui hésite à aller de l'avant, à s'engager; timoré ▸ **retraído**

frilosité *nf* Comportement frileux, pusillanime ▸ **retraimento**

frimaire *nm* Troisième mois du calendrier républicain, commençant le 21, le 22 ou le 23 novembre ▸ **frimário**

frimas *nm* LITT Brouillard froid qui se glace en tombant ▸ **escarcha**

frime *nf* FAM Apparence trompeuse destinée à faire impression ▸ **afetação**

frimer *vi* FAM Prendre des airs importants, bluffer ▸ **afetar-se**

frimeur, euse *n et adj* FAM Personne qui frime ▸ **afetado**

frimousse *nf* FAM **1** Jeune visage, minois ▸ **carinha 2** Recommandation officielle pour *smiley* ▸ **carinha**

fringale *nf* FAM **1** Faim subite et pressante ▸ **fome 2** FIG Désir, envie irrésistible: *une fringale de cinéma, de lecture* ▸ **sede**

fringant, e *adj* Vif, alerte ▸ **janota**

fringue *nf* (surtout au pluriel) FAM Vêtement ▸ **fatiota**

fringuer *vt* FAM Habiller quelqu'un ▸ **enfatiotar** ◆ **se fringuer** *vpr* FAM S'habiller ▸ **enfatiotar-se**

fripe *nf* (surtout au pluriel) FAM Vêtement usé, d'occasion ▸ **roupa velha**

friper *vt* Chiffonner, froisser ▸ **amarfanhar**

friperie *nf* Commerce de vêtements d'occasion; ces vêtements ▸ **brechó, roupas de brechó**

fripier, ère *n* Qui revend d'occasion de vieux habits, etc. ▸ **brechó**

fripon, onne *n et adj* **1** Personne espiègle, malicieuse ▸ **malandro 2** VX Fourbe, escroc ▸ **trapaceiro**

friponnerie *nf* Espièglerie, malice ▸ **malandragem**

fripouille *nf* FAM Canaille, crapule ▸ **canalha**

frire *vt (conj 83)* Faire cuire dans un corps gras bouillant ▸ **fritar** ◆ *vi* Cuire dans un corps gras bouillant ▸ **fritar**

> CONJUGAISON Pour remplacer les formes manquantes de la conjugaison, on peut utiliser *faire frire* (*nous faisons frire*, etc.)

frisant, e *adj* ▸ **rasante** ■ **lumière frisante:** qui frappe de biais une surface en l'effleurant ▸ **luz rasante**

Frisbee [frizbi] *nm* (nom déposé) Jeu qui consiste à se renvoyer un disque de plastique; ce disque ▸ **disco**

frise *nf* **1** Surface plane décorée formant une bande continue ▸ **friso 2** ARCHIT Partie de l'entablement entre l'architrave et la corniche ▸ **friso 3** THÉÂTRE Bande de toile qui cache le cintre ▸ **friso**

frisé, e *adj* Bouclé: *cheveux frisés* ▸ **crespo**

frisée *nf* Variété de chicorée consommée en salade ▸ **chicória crespa**

friselis *nm* LITT Frémissement doux ▸ **tremor**

friser *vt* **1** Mettre en boucles serrées; crêper ▸ **encrespar, encaracolar 2** Frôler: *la balle a frisé le filet* ▸ **roçar 3** Approcher de très près: *friser la catastrophe* ▸ **beirar** ◆ *vi* Se mettre en boucles: *ses cheveux frisent* ▸ **encrespar**

frisette *nf* Petite boucle de cheveux frisés ▸ **caracol de cabelo**

frisonne *nf et adj f* Race bovine laitière à robe pie noire; SYN: *hollandaise* ▸ **frísio**

frisotter *vt et vi* Friser légèrement ▸ **encaracolar**

frisottis *nm* Frisette ▸ **caracol de cabelo**

frisquet, ette *adj* FAM Légèrement froid: *un temps frisquet* ▸ **fresco**

frisson *nm* Tremblement rapide et involontaire accompagné d'une sensation de froid: *frisson de fièvre, de peur* ▸ **arrepio**

frissonnant, e *adj* Qui frissonne ▸ **arrepiado**

frissonnement *nm* **1** Léger frisson ▸ **arrepio 2** LITT Léger tremblement; frémissement: *le frissonnement des feuilles* ▸ **tremulação**

frissonner *vi* **1** Avoir un, des frissons (à cause du froid ou d'une vive émotion) ▸ **arrepiar-se 2** LITT S'agiter légèrement: *les feuilles frissonnent* ▸ **tremular**

frisure *nf* **1** Façon de friser ▸ **frisagem 2** État des cheveux frisés ▸ **frisado**

frit, e *adj* Se dit d'un aliment cuit dans un corps gras bouillant ▸ **frito**

frite *nf* Bâtonnet de pomme de terre frit ▸ **batata frita** ■ FAM **avoir la frite:** avoir la forme ▸ **estar em forma**

friter (se) *vpr* FAM Se disputer; se bagarrer: *elle s'est fritée avec un voisin* ▸ **brigar**

friterie *nf* Établissement ambulant dans lequel on fait et vend des frites ▸ **carrinho de frituras**

friteuse *nf* Appareil ménager pour faire frire des aliments ▸ **fritadeira**

fritte *nf* TECHN Cuisson du mélange de sable et de soude, en verrerie ▸ **frita**

friture *nf* **1** Corps gras servant à frire ▸ **fritura 2** Poisson frit: *friture de goujons* ▸ **fritada de peixe 3** Bruit parasite dans un appareil de radio, un téléphone ▸ **chiado**

frivole *adj* Vain, léger, futile: *caractère frivole* ▸ **frívolo**

frivolement *adv* Avec frivolité ▸ **frivolamente**

frivolité *nf* Caractère frivole; chose frivole ▸ **frivolidade**

froc *nm* **1** VIEILLI Vêtement de moine ▸ **hábito 2** État monacal: *prendre le froc* ▸ **hábito 3** FAM Pantalon ▸ **calças** ■ FAM **jeter le froc aux orties:** quitter les ordres ▸ **largar o hábito**

froid¹ *nm* **1** Basse température: *le froid conserve* ▸ **frio 2** Sensation que fait éprouver l'absence, la perte, la diminution de chaleur: *avoir froid* ▸ **frio 3** FIG Absence ou diminution d'affection, de cordialité: *il y a un froid entre eux* ▸ **frieza** ▪ **à froid:** **(a)** sans chauffer ▸ **a frio (b)** FIG sans émotion apparente ▸ **com frieza** □ **jeter un froid:** faire naître un malaise, une gêne ▸ **esfriar**

froid², e *adj* **1** Qui est à basse température: *eau froide*; où la température est basse: *pièce froide* ▸ **frio 2** Refroidi: *viandes froides* ▸ **frio 3** Qui donne une impression d'indifférence, d'impassibilité, d'insensibilité: *homme froid; colère froide* ▸ **frio** ▪ **couleurs froides:** couleurs du spectre autour du bleu ▸ **cores frias**

froidement *adv* **1** Avec calme: *écouter froidement* ▸ **friamente 2** Avec réserve: *accueillir froidement quelqu'un* ▸ **friamente 3** Sans aucun scrupule: *abandonner froidement quelqu'un* ▸ **friamente**

froideur *nf* Absence de sensibilité, indifférence ▸ **frieza**

froidure *nf* LITT Atmosphère, saison froide ▸ **frio**

froissable *adj* Qui se froisse facilement ▸ **que amarrota facilmente, melindroso**

froissement *nm* **1** Action de froisser; fait de se froisser ▸ **contusão 2** Bruit que produit quelque chose que l'on froisse: *un froissement de papier* ▸ **ruge-ruge**

froisser *vt* **1** Meurtrir par une pression violente: *froisser un muscle* ▸ **contundir 2** Chiffonner, friper: *froisser un papier* ▸ **amarrotar 3** Offenser, choquer: *froisser l'opinion* ▸ **chocar** ♦ **se froisser** *vpr* **1** Se chiffonner: *le lin se froisse facilement* ▸ **amarrotar-se 2** Se meurtrir: *se froisser un muscle* ▸ **contundir-se 3** S'offusquer, se vexer ▸ **magoar-se**

frôlement *nm* Action de frôler; bruit léger qui en résulte ▸ **resvaladura**

frôler *vt* **1** Toucher légèrement ▸ **roçar 2** FIG Passer très près de: *frôler la mort* ▸ **resvalar em**

fromage *nm* Aliment, produit de la fermentation du lait caillé ▸ **queijo** ▪ FAM **faire tout un fromage de quelque chose:** donner une importance exagérée à un incident mineur ▸ **fazer tempestade em copo d'água** □ **fromage de tête:** pâté fait de morceaux de tête de porc enrobés de gelée ▸ **galantina de cabeça de porco**

fromager¹ *nm* Grand arbre d'Afrique dont les fruits fournissent le kapok ▸ **sumaúma**

fromager², ère *adj* Relatif au fromage ▸ **queijeiro** ♦ *n et adj* Personne qui fait, vend des fromages ▸ **queijeiro**

fromagerie *nf* Endroit où l'on fait, vend les fromages ▸ **queijaria**

froment *nm* Blé tendre ▸ **frumento**

fronce *nf* Pli non aplati ▸ **franzido**

froncement *nm* Action de froncer ▸ **franzimento**

froncer *vt (conj 1)* **1** Rider, en contractant: *froncer les sourcils* ▸ **franzir 2** Resserrer ou orner par des fronces: *froncer une robe* ▸ **franzir**

froncis *nm* Suite de fronces ▸ **franzido**

frondaison *nf* **1** Époque où paraissent les feuilles ▸ **frondescência 2** Feuillage ▸ **folhagem**

fronde *nf* **1** Arme de jet constituée d'une pièce de cuir attachée à deux lanières ▸ **funda 2** Jouet d'enfant servant à lancer des pierres; lance-pierres ▸ **estilingue 3** LITT Contestation, opposition ▸ **rebelião**

fronder *vt* LITT Critiquer, s'opposer à: *fronder le pouvoir* ▸ **contestar**

frondeur, euse *adj et n* LITT Porté à la contradiction, à l'insubordination: *esprit frondeur* ▸ **contestatário** ♦ *n* HIST Qui prit part à la Fronde ▸ **frondista**

front *nm* **1** Partie supérieure du visage: *un front haut* ▸ **testa 2** Visage, tête: *montrer un front serein* ▸ **rosto 3** Le devant: *le front d'un bataillon* ▸ **frente 4** Partie supérieure et antérieure: *le front d'une montagne* ▸ **face 5** Hardiesse, impudence: *avoir le front de contredire un supérieur* ▸ **audácia 6** Ligne, zone de combat: *partir pour le front* ▸ **fronte** ▪ **de front: (a)** par-devant, de face ▸ **de frente (b)** ensemble, simultanément: *aller de front* ▸ **em bloco (c)** sans ménagement: *heurter de front les opinions de quelqu'un* ▸ **de frente** □ **faire front:** faire face, tenir tête ▸ **fazer frente** □ **front de mer:** avenue, promenade située en bordure de mer ▸ **beira-mar**

frontal, e, aux *adj* **1** Relatif au front: *os frontal* ▸ **frontal 2** De face, de front: *attaque frontale* ▸ **frontal**

frontalier, ère *n et adj* Personne qui habite une région voisine d'une frontière ▸ **fronteiriço** ♦ *adj* Situé à la frontière: *ville frontalière* ▸ **fronteiriço**

frontière *nf* **1** Limite qui sépare deux États ▸ **fronteira 2** FIG Limite, lisière: *la frontière entre l'autorité et l'autoritarisme* ▸ **fronteira 3** (en apposition) Limitrophe: *ville frontière* ▸ **fronteiriço**

frontispice *nm* **1** VX Face principale d'un monument ▸ **frontispício 2** Page du titre complet d'un livre; gravure placée en regard ▸ **frontispício**

fronton *nm* **1** Couronnement triangulaire (d'une façade, d'un meuble, etc.) ▸ **frontão 2** Mur de pelote basque ▸ **frontão**

frottage *nm* Action de frotter ▸ **fricção**

frottement *nm* **1** Action de deux corps qui se frottent: *le frottement engendre la chaleur* ▸ **atrito 2** FIG (souvent au pluriel) Heurt, friction ▸ **atrito**

frotter *vt* **1** Passer, en appuyant, un corps sur un autre: *frotter deux pierres pour faire du feu* ► **esfregar 2** Frictionner: *frotter le dos à quelqu'un* ► **friccionar 3** Astiquer: *frotter le parquet* ► **esfregar** ◆ *vi* Produire un frottement: *la porte frotte* ► **raspar** ◆ **se frotter** *vpr* [à] FAM S'attaquer à; entrer en contact avec: *se frotter à plus fort que soi* ► **lidar com**

frottis *nm* Étalement d'un liquide organique ou de cellules en vue d'un examen au microscope: *frottis vaginal* ► **esfregaço**

frottoir *nm* Objet pour frotter: *frottoir à allumettes* ► **esfregão, lixa**

frou-frou (pl *frous-frous*) ou **froufrou** *nm* Léger bruit que produit le froissement des étoffes ► **frufru**

froufroutant, e *adj* Qui froufroute: *robe froufroutante* ► **farfalhante**

froufrouter *vi* Faire des froufrous ► **farfalhar**

froussard, e *adj et n* FAM Peureux, poltron ► **medroso**

frousse *nf* FAM Peur ► **medo**

fructidor *nm* Douzième mois de l'année républicaine (18 août-16 sept) ► **frutidor**

fructifère *adj* BOT Qui porte des fruits ► **frutífero**

fructification *nf* BOT Formation du fruit: *fructification précoce* ► **frutificação**

fructifier *vi* **1** Produire des fruits, donner des récoltes ► **frutificar 2** FIG Produire un bénéfice: *cette somme a fructifié* ► **frutificar**

fructose *nm* Sucre contenu dans le miel et de nombreux fruits ► **frutose**

fructueusement *adv* De façon fructueuse ► **frutuosamente**

fructueux, euse *adj* Profitable, avantageux: *commerce fructueux; recherches fructueuses* ► **frutuoso**

frugal, e, aux *adj* Simple et peu abondant: *nourriture frugale* ► **frugal**

frugalement *adv* De façon frugale ► **frugalmente**

frugalité *nf* Caractère de ce qui est frugal; sobriété ► **frugalidade**

frugivore *adj et n* Qui se nourrit de fruits ► **frugívoro**

fruit[1] *nm* **1** Produit végétal qui succède à la fleur; ce produit, comestible, consommé comme dessert: *fruit de la passion* ► **fruto, fruta 2** Profit, avantage, résultat: *le fruit de l'expérience* ► **fruto** ■ **fruit confit:** fruit cuit légèrement dans un sirop de sucre, puis séché lentement ► **fruta cristalizada** □ **fruit défendu:** objet dont il n'est pas permis d'user ► **fruto proibido** □ **fruit sec: (a)** fruit sans pulpe ► **passa (b)** FIG personne qui déçoit ► **fracassado** ◆ **fruits** *pl* **1** Productions: *les fruits de la terre* ► **frutos 2** DR Revenus d'un fonds: *fruits naturels, fruits industriels et fruits civils* ► **rendimento** ■ **fruits de mer:** nom donné à divers mollusques et crustacés comestibles ► **frutos do mar** □ **porter ses fruits:** être efficace ► **frutificar**

fruit[2] *nm* Inclinaison du côté extérieur d'un mur ► **inclinação externa da parede**

fruité, e *adj* Qui a le goût du fruit frais: *huile fruitée* ► **frutado**

fruiterie *nf* Boutique, commerce du fruitier ► **quitanda**

fruitier, ère *adj* Qui porte des fruits: *arbre fruitier* ► **frutífero** ◆ *n* Qui fait le commerce des fruits ► **fruteiro** ◆ *nm* Local où l'on conserve les fruits ► **madureiro**

fruitière *nf* Association de producteurs de lait pour la fabrication et la vente du fromage ► **cooperativa de queijeiros**

frusques *nf pl* FAM Vêtements, en particulier vêtements usagés ► **trapos**

fruste *adj* Grossier, qui manque de finesse, d'élégance: *garçon fruste* ► **grosseiro**

frustrant, e *adj* Qui frustre ► **frustrante**

frustration *nf* **1** Action de frustrer ► **frustração 2** État d'une personne dont une tendance ou un besoin fondamental n'a pu être satisfait et s'est trouvé refoulé ► **frustração**

frustré, e *adj et n* Qui souffre de frustration ► **frustrado**

frustrer *vt* **1** Priver quelqu'un de ce qu'il attend; déposséder: *frustrer un héritier de sa part* ► **despojar 2** Mettre dans un état de frustration ► **frustrar 3** Décevoir, tromper: *frustrer l'attente, l'espérance de quelqu'un* ► **frustrar**

fuchsia [fyksja] ou [fyʃja] *nm* Arbrisseau à fleurs roses pendantes; couleur des fleurs de cet arbrisseau ► **fúcsia**

fuchsine [fyksin] *nf* Matière colorante rouge tirée de l'aniline ► **fucsina**

fucus [fykys] *nm* Algue brune dont une espèce est munie de flotteurs ► **fuco**

fuel [fjul] ou **fuel-oil** [fjulɔjl] *nm* Fioul ► **óleo combustível**

fugace *adj* Fugitif: *parfum, souvenir fugace* ► **fugaz**

fugacité *nf* Caractère fugace ► **fugacidade**

fugitif, ive *adj et n* Qui fuit, est en fuite: *rattraper un fugitif* ► **fugitivo** ◆ *adj* Qui ne dure pas: *bonheur fugitif* ► **fugaz**

fugitivement *adv* De façon fugitive ► **fugazmente**

fugue *nf* **1** Fait de s'enfuir de son domicile; escapade: *un enfant qui fait une fugue* ► **fuga de casa**

2 MUS Forme de composition où différentes parties répètent le même motif ▸ **fuga**

fuguer *vi* FAM Faire une fugue ▸ **fugir**

fugueur, euse *adj et n* Qui a tendance à faire des fugues ▸ **fujão**

fuir *vi (conj 17)* **1** S'éloigner rapidement pour s'échapper: *fuir à travers champs* ▸ **fugir 2** S'écouler, s'écouler: *le temps qui fuit* ▸ **correr 3** Être incliné en arrière: *front qui fuit* ▸ **recuar 4** Laisser échapper son contenu: *ce tonneau fuit* ▸ **vazar** ◆ *vt* Chercher à éviter: *fuir le danger* ▸ **escapar**

fuite *nf* **1** Action de fuir: *protéger la fuite de quelqu'un* ▸ **fuga 2** Échappement d'un liquide, d'un gaz; fissure par laquelle il s'échappe: *fuite de gaz* ▸ **vazamento 3** FIG Indiscrétion, divulgation clandestine: *obtenir des renseignements grâce à des fuites* ▸ **vazamento** ■ **fuite des capitaux:** évasion des capitaux à l'étranger ▸ **fuga de capitais** □ **prendre la fuite:** s'enfuir ▸ **fugir**

fulgurance *nf* LITT Caractère de ce qui est fulgurant ▸ **fulgor**

fulgurant, e *adj* **1** Qui brille comme l'éclair: *lumière fulgurante: regard fulgurant* ▸ **fulgurante 2** Qui frappe vivement l'esprit: *découverte fulgurante* ▸ **brilhante 3** Très rapide: *réponse fulgurante* ▸ **lampejante** ■ **douleur fulgurante:** douleur vive de courte durée ▸ **dor lancinante**

fulguration *nf* Éclair de chaleur ▸ **fulguração**

fuligineux, euse *adj* **1** De la couleur de la suie; qui produit de la suie, de la fumée: *flamme fuligineuse* ▸ **fuliginoso 2** LITT Obscur, confus: *esprit fuligineux* ▸ **turvo**

fulminant, e *adj* **1** LITT Qui exprime une violente colère; menaçant: *regards fulminants* ▸ **fulminante 2** Détonant: *poudre fulminante* ▸ **fulminante**

fulminate *nm* Sel de l'acide fulminique ▸ **fulminato**

fulminer *vi* LITT S'emporter, menacer: *fulminer contre quelqu'un* ▸ **atacar** ◆ *vt* LITT Formuler avec véhémence: *fulminer des reproches* ▸ **fulminar**

fulminique *adj* ▸ **fulmínico** ■ **acide fulminique:** formant des sels détonants ▸ **ácido fulmínico**

fumable *adj* Qui peut être fumé ▸ **fumável**

fumage[1] *nm* Action de fumer une terre ▸ **estercada**

fumage[2] *nm* ou **fumaison** *nf* Action de fumer des aliments pour les conserver: *le fumage des jambons* ▸ **defumação**

fumant, e *adj* Qui émet de la fumée, de la vapeur ▸ **fumegante** ■ FAM **un coup fumant:** très réussi ▸ **golpe de mestre**

fumé, e *adj* Soumis au fumage: *saumon fumé* ▸ **defumado** ■ **verre fumé:** coloré sombre ▸ **vidro fumê**

fume-cigarette *nm inv* Petit tuyau auquel on adapte une cigarette pour la fumer ▸ **piteira**

fumée *nf* **1** Mélange de vapeur, de gaz et de particules solides extrêmement ténues qui se dégage d'un corps en combustion: *fumées d'usine, d'un volcan* ▸ **fumaça 2** Vapeur exhalée par un liquide chaud: *fumée du pot-au-feu* ▸ **fumaça** ■ **s'en aller, partir en fumée:** disparaître sans résultat ▸ **virar fumaça** ◆ **fumées** *pl* LITT Ivresse: *fumées du vin* ▸ **vapor**

fumer[1] *vi* Émettre de la fumée, des vapeurs: *cheminée qui fume* ▸ **fumegar** ◆ *vt* **1** Exposer à la fumée: *fumer des jambons* ▸ **defumar 2** Brûler du tabac en aspirant la fumée: *fumer une cigarette* ▸ **fumar**

fumer[2] *vt* Amender, engraisser avec du fumier: *fumer une terre* ▸ **adubar**

fumerie *nf* Lieu où l'on fume de l'opium ▸ **casa de ópio**

fumerolle *nf* Émission gazeuse d'un volcan ▸ **fumarola**

fumet *nm* **1** Arôme des viandes, des vins: *le fumet d'un bordeaux* ▸ **aroma 2** Préparation liquide pour corser une sauce: *fumet de poisson* ▸ **molho**

fumeur, euse *n* Personne qui fume ▸ **fumante**

fumeux, euse *adj* **1** Qui répand de la fumée: *lampe fumeuse* ▸ **fumacento 2** FIG Peu clair; confus: *idées fumeuses* ▸ **nebuloso**

fumier *nm* Mélange de litière et de déjections des animaux, servant d'engrais ▸ **esterco**

fumigateur *nm* Appareil pour fumigations; inhalateur ▸ **inalador**

fumigation *nf* ANC Application thérapeutique d'une fumée, d'une vapeur ▸ **fumigação, inalação**

fumigène *adj* Qui produit de la fumée ▸ **fumígeno**

fumiste[1] *nm* Qui entretient les cheminées, les appareils de chauffage ▸ **reparador de aquecedores**

fumiste[2] *n et adj* FAM Personne peu sérieuse; fantaisiste ▸ **malandro**

fumisterie[1] *nf* Profession du fumiste ▸ **reparação de aquecedores**

fumisterie[2] *nf* FAM Action, chose dépourvue de sérieux ▸ **malandragem**

fumoir *nm* **1** Local où l'on fume les aliments ▸ **fumeiro 2** Pièce réservée aux fumeurs ▸ **fumadouro**

fumure *nf* Engrais ▸ **adubo**

fun [fœn] *nm* (anglicisme) FAM Joie intense, vif plaisir: *ici, le surf, c'est le fun* ▸ **diversão** ◆ *adj inv* FAM Gai, original, décontracté: *des gens très fun; des vêtements fun* ▸ **divertido**

funambule *n* Acrobate marchant sur une corde ▸ **funâmbulo**
funambulesque *adj* LITT De funambule ▸ **funambulesco**
funboard [fœnbɔrd] ou **fun** [fœn] *nm* Planche à voile très courte; sport pratiqué avec cette planche ▸ ***funboard***
funèbre *adj* **1** Relatif aux funérailles: *chant funèbre* ▸ **fúnebre** **2** FIG Lugubre: *décor funèbre* ▸ **fúnebre**
funérailles *nf pl* Cérémonies qui accompagnent un enterrement; obsèques ▸ **funeral**
funéraire *adj* Qui concerne les funérailles: *frais funéraires* ▸ **funerário**
funérarium *nm* Lieu où la famille du défunt se réunit avant les obsèques ▸ **velório**
funeste *adj* **1** Qui apporte le malheur, la mort: *présage funeste* ▸ **funesto** **2** Nuisible, fatal: *conseil funeste* ▸ **funesto**
funiculaire *nm* Chemin de fer à traction par câble ou à crémaillère pour les fortes pentes ▸ **funicular**
furax *adj inv* FAM Furieux ▸ **furioso**
furet *nm* **1** Petit mammifère carnivore dressé pour la chasse au lapin ▸ **furão** **2** FIG Personne curieuse ▸ **curioso**
furetage *nm* Action de fureter ▸ **esquadrinhamento**
fur et à mesure (au) *loc adv* En même temps et proportionnellement; successivement et en proportion: *être approvisionné au fur et à mesure de ses besoins* ▸ **à medida**
EMPLOI On dit aussi bien *au fur et à mesure que le temps passe* que *à mesure que le temps passe*
fureter *vi (conj 7)* Fouiller, chercher pour découvrir des choses cachées ou des secrets ▸ **esquadrinhar**
fureteur, euse *adj et n* Qui furète, qui manifeste de la curiosité: *yeux fureteurs* ▸ **esquadrinhador**
fureur *nf* **1** Colère violente: *accès de fureur* ▸ **furor** **2** Violence déchaînée: *fureur des vents* ▸ **furor** **3** Passion démesurée: *fureur du jeu* ▸ **furor** ▪ **faire fureur:** jouir d'une grande vogue ▸ **fazer furor**
furibard, e *adj* FAM Furieux ▸ **furioso**
furibond, e *adj* Furieux: *regards furibonds* ▸ **furibundo**
furie *nf* **1** Accès de rage, de fureur: *animal en furie* ▸ **fúria** **2** LITT Violence impétueuse: *mer en furie* ▸ **fúria** **3** PÉJOR Femme emportée, déchaînée: *deux furies qui se crêpent le chignon* ▸ **fúria**
furieusement *adv* De façon furieuse ▸ **furiosamente**
furieux, euse *adj et n* **1** Emporté par la fureur, par une violente colère ▸ **furioso** **2** LITT Violent, impétueux: *torrent furieux; une furieuse envie de partir en voyage* ▸ **furioso** ▪ **fou furieux:** qui a une crise de folie violente ▸ **louco da vida**
furioso *adj* MUS Violent: *allegro furioso* ▸ **furioso**
furoncle *nm* Inflammation du tissu cellulaire sous-cutané; SYN FAM: *clou* ▸ **furúnculo**
furonculose *nf* Éruption de furoncles ▸ **furunculose**
furtif, ive *adj* Qui se fait à la dérobée: *regards furtifs* ▸ **furtivo**
furtivement *adv* De façon furtive ▸ **furtivamente**
fusain *nm* **1** Arbrisseau à bois dur ▸ **barrete-de--padre, zaragatoa** **2** Charbon fin pour dessiner, fait avec le bois de fusain; dessin fait avec ce charbon ▸ ***fusain***
fusant, e *adj* Qui fuse: *poudre fusante* ▸ **fundente** ◆ *adj et nm* Se dit d'un obus qui éclate en l'air par l'action d'une fusée-détonateur ▸ **granada**
fuseau *nm* **1** Petit instrument en bois pour filer la laine, pour faire de la dentelle ▸ **fuso** **2** Pantalon de sport dont les jambes vont en se rétrécissant vers le bas ▸ ***fuseau*** ▪ **en fuseau:** de forme allongée et aux extrémités fines ▸ **afunilado** ▫ **fuseau horaire:** chacune des 24 divisions imaginaires de la surface de la Terre et dont tous les points ont la même heure légale ▸ **fuso horário**
fusée *nf* **1** Pièce d'artifice se propulsant par réaction grâce à la combustion de la poudre: *fusée éclairante* ▸ **foguete** **2** Engin propulsé par réaction ▸ **foguete** **3** Nom de certaines pièces ou objets en forme de fuseau ▸ **fuso**
fuselage *nm* Corps fuselé d'un avion ▸ **fuselagem**
fuselé, e *adj* Mince et galbé comme un fuseau ▸ **fuselado**
fuseler *vt* Tailler en fuseau ▸ **afusar**
fuser *vi* **1** Brûler sans détoner, en parlant de la poudre ▸ **deflagrar** **2** Jaillir vivement, retentir: *des rires fusèrent de tous côtés* ▸ **irromper**
fusette *nf* Petite bobine de fil ▸ **retrós**
fusibilité *nf* Qualité de ce qui est fusible ▸ **fusibilidade**
fusible *adj* Susceptible de fondre ▸ **fundível** ◆ *nm* **1** Fil d'alliage spécial qui, placé dans un circuit électrique, coupe le courant en fondant si l'intensité est trop forte ▸ **fusível** **2** FIG, FAM dans une hiérarchie, subalterne qui, en cas de crise, perd son poste pour sauvegarder celui de son supérieur ▸ **testa de ferro**
fusil [fyzi] *nm* **1** Arme à feu portative à tube métallique monté sur un fût en bois ▸ **espingarda, fuzil** **2** Le tireur lui-même: *c'est un excellent fusil* ▸ **atirador** **3** Baguette d'acier pour aiguiser les

couteaux ▸ **afiador de facas** ▪ FIG **changer son fusil d'épaule:** changer de comportement, d'opinion ▸ **virar a casaca**

fusilier *nm* ▸ **fuzileiro** ▪ **fusilier marin:** marin employé à terre ▸ **fuzileiro naval**

fusillade *nf* Échange de coups de feu ▸ **tiroteio**

fusiller *vt* **1** Passer par les armes ▸ **fuzilar 2** FAM Détériorer, abîmer ▸ **detonar** ▪ **fusiller quelqu'un du regard:** le regarder avec animosité, hostilité ▸ **fuzilar alguém com os olhos**

fusil-mitrailleur (pl *fusils-mitrailleurs*) *nm* Arme collective à tir automatique ▸ **espingarda metralhadora**

fusion *nf* **1** Passage d'un corps solide à l'état liquide sous l'action de la chaleur: *métal en fusion* ▸ **fusão 2** Réunion, combinaison étroite: *la fusion des partis; fusion de sociétés* ▸ **fusão** ▪ **fusion nucléaire:** union de plusieurs atomes légers en un atome plus lourd, qui se produit à très haute température et libère de l'énergie ▸ **fusão nuclear**

fusion-acquisition (pl *fusions-acquisitions*) *nf* Acquisition d'une ou de plusieurs sociétés par une autre, aboutissant à la création d'une nouvelle société ▸ **fusão e aquisição**

fusionnement *nm* Action de fusionner ▸ **fusão**

fusionner *vt* Opérer une fusion, réunir: *fusionner deux entreprises* ▸ **fundir** ◆ *vi* S'unir par fusion, s'associer ▸ **fundir-se**

fustanelle *nf* Jupon court masculin, à plis, du costume national grec ▸ **saiote grego**

fustigation *nf* LITT Action de fustiger ▸ **fustigação**

fustiger *vt (conj 2)* **1** VX Battre, fouetter ▸ **fustigar 2** LITT Critiquer vivement ▸ **fustigar**

fût [fy] *nm* **1** Partie du tronc d'un arbre, sans rameaux ▸ **fuste 2** Tonneau ▸ **barril 3** Partie cylindrique d'une colonne ▸ **fuste 4** Monture servant de support: *fût en bois d'un fusil* ▸ **coronha**

futaie *nf* Forêt dont on exploite les arbres ▸ **bosque**

futaille *nf* Tonneau ▸ **barrica**

futal *nm* FAM Pantalon ▸ **calça**

futé, e *adj* FAM Fin, rusé ▸ **sagaz**

futile *adj* Sans valeur; frivole ▸ **fútil**

futilement *adv* De façon futile ▸ **futilmente**

futilité *nf* Caractère de ce qui est futile; chose futile ▸ **futilidade**

futon *nm* Matelas d'origine japonaise constitué de flocons de coton ▸ ***futon***

futur, e *adj* Qui est à venir: *vie future; futur mari* ▸ **futuro** ◆ *n* VX Celui, celle qu'on doit épouser ▸ **futuro** ◆ *nm* **1** Avenir ▸ **futuro 2** GRAMM Temps du verbe exprimant une action, un état à venir ▸ **futuro** ▪ **futur antérieur:** temps indiquant une action future qui aura lieu avant une autre action future ▸ **futuro anterior**

futurisme *nm* Mouvement littéraire et artistique exaltant le monde moderne, né en Italie vers 1909 ▸ **futurismo**

futuriste *adj et n* **1** Adepte du futurisme: *peintre futuriste* ▸ **futurista 2** Qui cherche à évoquer la société, les techniques de l'avenir: *architecture futuriste* ▸ **futurista**

futurologie *nf* Ensemble des recherches de prospective visant à prévoir le sens de l'évolution scientifique, politique, sociale, etc. ▸ **futurologia**

futurologue *n* Spécialiste de futurologie ▸ **futurólogo**

fuyant, e *adj* **1** LITT Qui paraît s'éloigner par l'effet de la perspective: *horizon fuyant* ▸ **fugente 2** Qui s'incurve vers l'arrière: *front fuyant* ▸ **recuado 3** Qui se dérobe: *regard fuyant* ▸ **esquivo**

fuyard, e *n* Personne qui s'enfuit par lâcheté ▸ **fugitivo, desertor**

Gg

g[1] *nm* Septième lettre de l'alphabet et la cinquième des consonnes ▸ **g**
g[2] (symbole) Gramme ▸ **g**
gabardine *nf* **1** Manteau imperméable ▸ **gabardina** **2** Tissu de laine ou de coton croisé ▸ **gabardina**
gabarit [gabari] *nm* **1** Modèle sur lequel on façonne certaines pièces ou sur lequel on contrôle les dimensions d'un objet ▸ **gabarito 2** Toute dimension ou forme réglementée, notamment d'un véhicule: *accès interdit aux gros gabarits* ▸ **tamanho 3** FAM Dimension physique ou morale; carrure, stature ▸ **envergadura** ■ **gabarit de chargement:** arceau sous lequel on fait passer les wagons chargés, pour vérifier leur hauteur ▸ **gabarito de carga**
gabegie [gabʒi] *nf* Gâchis, gaspillage ▸ **desperdício**
gabelle *nf* HIST Impôt sur le sel ▸ **gabela**
gabier *nm* ANC Matelot préposé à la manœuvre d'un navire ▸ **gajeiro**
gabion *nm* Abri des chasseurs de gibier d'eau ▸ **caiçara**
gable *nm* Fronton triangulaire d'un édifice ▸ **gablete**
gabonais, e *adj et n* Du Gabon: *les Gabonais* ▸ **gabonense**
gâchage *nm* Action de gâcher ▸ **concretagem, desperdício**
gâche *nf* Pièce métallique où s'engage le pêne d'une serrure pour maintenir une porte fermée ▸ **chapatesta**
gâcher *vt* **1** Tremper et malaxer du ciment, du plâtre avant de maçonner ▸ **caldear 2** FIG Gaspiller, perdre, par faute de soin, d'ordre ▸ **desperdiçar** ■ FAM **gâcher le métier:** travailler à trop bon marché ▸ **subestimar o ofício**
gâchette *nf* **1** Mécanisme actionné par la détente d'une arme à feu et qui fait partir le coup ▸ **gatilho 2** Pièce de la serrure arrêtant le pêne ▸ **mola**
gâcheur, euse *adj et n* Qui gâche, gaspille ▸ **amassador, esbanjador**
gâchis *nm* **1** Action de gâcher, de perdre, par manque de soin, d'organisation; son résultat ▸ **desperdício 2** Mortier ▸ **argamassa**
gadget [gadʒɛt] *nm* Petit objet plus ou moins utile, mais amusant et nouveau ▸ ***gadget***
gadidé *nm* Poisson marin tel que la morue, le merlan, etc. (les gadidés forment une famille) ▸ **gadídeo**
gadoue *nf* FAM Boue, terre détrempée ▸ **lama**
gaélique *adj* Relatif au peuple celtique établi autrefois en Irlande et en Écosse ▸ **gaélico** ♦ *nm* Branche du celtique d'Irlande et d'Écosse ▸ **gaélico**
gaffe *nf* **1** MAR Perche à croc, servant à accrocher, aborder, etc. ▸ **croque 2** FAM Action, parole maladroite, malencontreuse ▸ **gafe** ■ FAM **faire gaffe:** faire attention ▸ **tomar cuidado**
gaffer *vi* FAM Faire une gaffe ▸ **cometer uma gafe** ♦ *vt* MAR Accrocher avec une gaffe ▸ **arpoar**
gaffeur, euse *adj et n* FAM Qui commet des gaffes, des maladresses ▸ **gafento**
gag [gag] *nm* Situation à effet comique ▸ ***gag***
gaga *adj et n* FAM Gâteux ▸ **gagá**
gage *nm* **1** Ce qui garantit le paiement d'un emprunt, d'une dette: *mettre un objet en gage* ▸ **penhor 2** Témoignage, preuve: *gage d'amitié* ▸ **prova 3** Action que l'on doit accomplir à la fin d'un jeu collectif lorsqu'on a perdu ▸ **prenda** ♦ **gages** *pl* VX Rémunération des domestiques ▸ **salário** ■ **tueur à gages:** homme payé pour assassiner quelqu'un ▸ **matador profissional**
gager *vt (conj 2)* **1** VX Garantir par un gage ▸ **penhorar 2** LITT Parier ▸ **apostar**
gageure [gaʒyr] *nf* SOUT Action, projet qui semble irréalisable ▸ **desafio**
gagnant, e *adj et n* Qui gagne ▸ **ganhador**
gagne *nf* FAM **1** Volonté de gagner: *coureur qui a la gagne* ▸ **gana de vencer 2** Succès dans une compétition ▸ **vitória**
gagne-pain *nm inv* Travail qui permet de gagner sa vie ▸ **ganha-pão**

gagne-petit *n inv* Personne qui se contente d'un salaire, d'un revenu peu élevé ▸ **mal pago**

gagner *vt* **1** Avoir comme gain, comme salaire ou revenu: *gagner tant par mois* ▸ **ganhar 2** Remporter la victoire dans une compétition, une lutte: *gagner la guerre, une course* ▸ **ganhar 3** Acquérir un prix, un lot à un jeu, dans une épreuve: *gagner le gros lot* ▸ **ganhar 4** FIG Mériter: *il a bien gagné ses vacances* ▸ **merecer 5** Atteindre: *gagner la rive à la nage* ▸ **ganhar** ▪ FIG **gagner du temps:** obtenir un délai ▸ **ganhar tempo** ◆ *vi* **1** Être vainqueur: *c'est lui qui a gagné* ▸ **ganhar 2** Envahir progressivement; se propager: *le feu gagne* ▸ **espalhar-se 3** FIG Tirer un avantage de quelque chose: *il gagne à être connu*; s'améliorer: *ce vin gagne en vieillissant* ▸ **ganhar**

gagneur, euse *n* Personne animée par la volonté de gagner ▸ **batalhador**

gai, e *adj* **1** De bonne humeur, joyeux, enjoué: *des enfants gais* ▸ **alegre 2** Qui exprime la gaieté: *conversation gaie* ▸ **alegre 3** Qui inspire la gaieté, la bonne humeur: *chanson gaie* ▸ **alegre 4** FAM Un peu ivre: *après quelques verres, ils étaient assez gais* ▸ **alegre**

gaiement *adv* Avec gaieté ▸ **alegremente**

gaieté *nf* Bonne humeur, disposition à rire, à s'amuser ▸ **alegria** ▪ **de gaieté de cœur:** (souvent en tournure négative) volontairement et avec plaisir: *ne pas accepter de gaieté de cœur* ▸ **de bom grado**

ORTHOGRAPHE *Gaieté* ainsi que *gaiement* s'écrivent toujours avec un *e* muet intérieur

gaillard[1] *nm* ▪ MAR **gaillard d'avant:** partie élevée, sur le pont avant d'un navire ▸ **castelo de proa**

gaillard[2], e *adj* **1** En bonne santé, plein de vie: *frais et gaillard* ▸ **jovial 2** Grivois, licencieux: *propos gaillards* ▸ **inconveniente** ◆ *n* Personne vigoureuse ▸ **pessoa vigorosa**

gaillardement *adv* De façon gaillarde ▸ **jovialmente, inconvenientemente**

gaillardise *nf* LITT Gaieté s'exprimant par des propos un peu libres, des gestes légers, grivois ▸ **atrevimento**

gain *nm* **1** Action de gagner; avantage qui en résulte: *gain de temps* ▸ **ganho 2** Action de gagner de l'argent; ce que l'on gagne: *l'appât du gain* ▸ **ganho** ▪ **obtenir, avoir gain de cause:** gagner, l'emporter sur quelqu'un ▸ **obter ganho de causa**

gaine *nf* **1** Étui qui épouse la forme de l'objet qu'il protège: *gaine de parapluie* ▸ **capa, estojo 2** Conduit: *gaine d'aération* ▸ **camisa, ducto 3** Sous-vêtement féminin en tissu élastique qui maintient la taille et les hanches ▸ **cinta**

gainer *vt* Recouvrir d'une gaine: *gainer une canalisation* ▸ **revestir**

gala *nm* Grande fête à caractère officiel: *gala de bienfaisance* ▸ **solenidade**

galactique *adj* D'une galaxie ▸ **galáctico**

galactose *nm* Sucre obtenu par hydrolyse du lactose ▸ **galactose**

galamment *adv* De façon galante ▸ **galantemente**

galant, e *adj* **1** Inspiré par des sentiments amoureux: *rendez-vous galant* ▸ **amoroso 2** Prévenant, délicat à l'égard des femmes: *agir en galant homme* ▸ **galante**

galanterie *nf* Politesse empressée, courtoisie vis-à-vis des femmes ▸ **galantaria**

galantine *nf* Pain de viande ou de volaille enrobé de gelée ▸ **galantina**

galaxie *nf* **1** Ensemble d'étoiles formant un système dynamique ▸ **galáxia 2** FIG Ensemble nébuleux de personnes ou d'organismes gravitant autour d'une personnalité ou relevant du même domaine d'activité: *la galaxie du multimédia* ▸ **universo** ▪ **la Galaxie:** la Voie lactée, à laquelle appartient le Soleil ▸ **a Galáxia**

galbe *nm* Contour, profil généralement courbe et harmonieux ▸ **galbo**

galbé, e *adj* **1** Dont le profil présente une ligne convexe: *fauteuil à pieds galbés* ▸ **abaulado 2** Qui présente un contour harmonieux: *un corps galbé* ▸ **torneado**

galber *vt* Donner du galbe à ▸ **tornear**

gale *nf* **1** Affection contagieuse de la peau ▸ **sarna 2** FAM Personne méchante, médisante ▸ **sarna**

galéjade *nf* FAM Plaisanterie, mystification ▸ **brincadeira**

galène *nf* Sulfure de plomb ▸ **galena**

galéopithèque *nm* Mammifère volant de petite taille des îles de la Sonde et d'Indochine ▸ **lêmure-voador**

galère *nf* **1** AUTREF Navire à voiles et à rames ▸ **galera 2** FAM Travail pénible, dur; situation difficile ▸ **martírio** ▪ **vogue la galère:** advienne que pourra ▸ **haja o que houver** ◆ **galères** *pl* HIST Peine des criminels condamnés à ramer sur les galères ▸ **galés**

galérer *vi* FAM Être dans une situation précaire et difficile ▸ **pastar**

galerie *nf* **1** Passage, couloir généralement haut, plus long que large, situé à l'extérieur ou à l'intérieur d'un bâtiment ▸ **galeria 2** Couloir de communication creusé dans le sol par certains animaux ▸ **galeria 3** Lieu d'exposition pour des œuvres d'art: *galerie de peinture* ▸ **galeria 4** Dernier balcon d'un théâtre ▸ **galeria 5** Cadre métallique pour transporter des bagages sur le toit d'une voiture ▸ **bagageiro** ▪ FAM **amuser, épater la galerie:** amuser l'assistance, les personnes alentour ▸ **divertir, chocar o público** ▫ **galerie marchande:** passage piétonnier couvert, bordé de boutiques ▸ **galeria** ▫ **galerie de mine:** couloir souterrain d'une mine ▸ **galeria** ▫ **pour la galerie:** dans le but de plaire ou de se faire remarquer ▸ **para a galeria**

galérien *nm* AUTREF Forçat condamné aux galères ▸ **galé** ▪ FIG **vie de galérien:** très dure, très pénible ▸ **vida de cão**

galet *nm* **1** Caillou poli par le frottement des eaux ▸ **seixo 2** MÉCAN Petite roue servant à diminuer le frottement ▸ **rodízio**

galetas *nm* LITT Logement misérable ▸ **casebre**

galette *nf* **1** Préparation culinaire ronde et plate, à base de farine ou de féculents: *galette de pommes de terre* ▸ **bolo 2** Crêpe salée à base de farine de sarrasin ▸ **panqueca 3** Gâteau rond et plat: *galettes bretonnes* ▸ **biscoito 4** FAM Argent, fortune: *avoir de la galette* ▸ **grana** ▪ **galette des rois:** pâtisserie de pâte feuilletée, ronde et plate, consommée pour la fête des Rois et contenant une fève qui permet de désigner le «roi» ou la «reine» ▸ **bolo de Reis**

galeux, euse *adj et n* Qui a la gale ▸ **sarnento**

galicien, enne *adj et n* De la Galice (Espagne) ou de la Galicie (Europe centrale) ▸ **galiciano**

galimatias [galimatja] *nm* Discours, écrit embrouillé et confus ▸ **galimatias**

galion *nm* AUTREF Navire de transport et de commerce avec le Nouveau Monde ▸ **galeão**

galipette *nf* FAM Culbute, cabriole ▸ **cambalhota**

galipote *nf* CANADA ▪ **courir la galipote:** chercher des aventures galantes ▸ **ir atrás de mulher**

galle *nf* Excroissance produite sur les végétaux par certains parasites ▸ **cecídio** ▪ **noix de galle:** galle du chêne ▸ **noz de galha**

gallican, e *adj et n* Relatif au gallicanisme; qui en est partisan ▸ **galicano**

gallicanisme *nm* Doctrine qui préconisait une certaine indépendance de l'Église de France à l'égard du Saint-Siège ▸ **galicanismo**

gallicisme *nm* Construction ou emploi propre à la langue française (EX: *il y a*) ▸ **galicismo**

gallinacé *nm* Oiseau omnivore au vol lourd (les gallinacés forment un ordre comprenant les poules, les perdrix, etc.) ▸ **galináceo**

gallique *adj m* ▸ **gálico** ▪ **acide gallique:** extrait de la noix de galle ▸ **ácido gálico**

gallium *nm* Métal rare, proche de l'aluminium; élément chimique; symb: Ga ▸ **gálio**

gallois, e *adj et n* Du pays de Galles: *les Gallois* ▸ **galês** ◆ *nm* Langue celtique de ce pays ▸ **galês**

gallon *nm* Mesure de capacité aux États-Unis (3,78 l), en Grande-Bretagne et au Canada (4,54 l) ▸ **galão**

gallo-romain, e (pl *gallo-romains, es*) *adj et n* relatif à la civilisation qui s'épanouit en Gaule du Ier s. av. J.-C. à la fin du Ve s. apr. J.-C. ▸ **galo-romano** ◆ *n* Habitant de la Gaule romaine ▸ **galo-romano**

galoche *nf* Chaussure de cuir à semelle de bois ▸ **galocha** ▪ FAM **menton en galoche:** recourbé vers l'avant ▸ **queixo proeminente**

galon *nm* **1** Ruban épais ▸ **galão 2** MIL Signe distinctif des grades ▸ **galão** ▪ FIG **prendre du galon:** obtenir de l'avancement ▸ **ser promovido**

galonné, e *adj* Orné d'un galon ▸ **agaloado**

galop *nm* La plus rapide des allures du cheval ▸ **galope** ▪ FAM **au galop:** très vite ▸ **a galope**

galopade *nf* Course précipitée ▸ **galopada**

galopant, e *adj* Qui évolue rapidement, qu'on ne peut maîtriser: *inflation galopante* ▸ **galopante**

galoper *vi* **1** Aller au galop ▸ **galopar 2** FAM Courir, marcher très vite: *galoper d'un magasin à l'autre; avoir l'imagination qui galope* ▸ **galopar**

galopin *nm* FAM Polisson, garnement ▸ **pivete**

galoubet *nm* Flûte provençale ▸ **galubé**

galuchat *nm* Peau de squale préparée pour la reliure, la maroquinerie, etc. ▸ ***galuchat***

galvanique *adj* MÉD Relatif au galvanisme; employé en électrothérapie: *pile, courant galvaniques* ▸ **galvânico**

galvanisation *nf* Action de galvaniser ▸ **galvanização**

galvaniser *vt* **1** Électriser au moyen d'une pile ▸ **galvanizar 2** Plonger le fer dans un bain d'oxyde de zinc pour le protéger de l'oxydation ▸ **galvanizar 3** FIG Enthousiasmer, exalter: *galvaniser les foules* ▸ **galvanizar**

galvanisme *nm* Action de courants électriques continus sur les organes vivants (nerfs, muscles) ▸ **galvanismo**

galvanomètre *nm* Instrument pour mesurer l'intensité des courants électriques faibles ▸ **galvanômetro**

galvanoplastie *nf* Procédé permettant de déposer sur un métal, par électrolyse, une mince couche adhérente d'un autre métal ▸ **galvanoplastia**

galvaudage *nm* Action de galvauder ▸ **aviltamento**

galvauder *vt* Compromettre par un mauvais usage, en prodiguant mal à propos: *galvauder son talent* ▸ **aviltar**

gamba [gɑ̃ba] *nf* Grosse crevette ▸ ***gamba***
gambade *nf* Petit saut, bond léger et joyeux ▸ **cabriola**
gambader *vi* Faire des gambades, s'ébattre ▸ **cabriolar**
gamberger *vi* FAM Réfléchir ▸ **matutar**
gambette *nf* FAM Jambe ▸ **cambito**
gamelle *nf* Récipient métallique individuel pour les repas ▸ **marmita** ▪ FAM **ramasser, prendre une gamelle: (a)** tomber ▸ **levar um tombo (b)** FIG subir un échec ▸ **dar com os burros n'água**
gamète *nm* Cellule reproductrice, mâle (spermatozoïde) ou femelle (ovule), dont le noyau ne contient qu'un seul chromosome de chaque paire ▸ **gameta**
gamin, e *n* FAM Enfant: *gamin de Paris* ▸ **garoto** ♦ *adj* Qui a un caractère jeune, espiègle ▸ **brincalhão**
gaminerie *nf* Action, parole, comportement propre à un gamin; enfantillage ▸ **criancice**
gamma *nm inv* Troisième lettre de l'alphabet grec (γ), correspondant au *g* ▸ **gama**
gammaglobuline *nf* Substance protéique du plasma sanguin dont l'activité anticorps est utilisée en thérapeutique et en prophylaxie ▸ **gamaglobulina**
gamme *nf* **1** MUS Série de notes musicales déterminée par le choix d'une note dite sensible, dans l'intervalle d'une octave ▸ **gama, escala 2** FIG Série, sélection d'objets à partir d'un critère défini: *gamme de couleurs* ▸ **gama** ▪ **haut, bas de gamme:** supérieur, inférieur en qualité, en prix par rapport aux autres éléments d'une série ▸ ***top* de linha, de categoria inferior**
gammée *adj f* ▸ **gamada** ▪ **croix gammée:** croix dont les quatre branches sont coudées à angle droit: *la croix gammée était l'emblème du parti national-socialiste allemand* ▸ **cruz gamada**
gamopétale *adj* BOT À pétales unis ▸ **gamopétalo**
gamosépale *adj* BOT À sépales unis ▸ **gamossépalo**
ganache[1] *nf* Rebord postérieur de la mâchoire inférieure du cheval ▸ **ganacha**
ganache[2] *nf* Crème à base de chocolat fondu et de crème fraîche ▸ ***ganache***
gandin *nm* LITT Jeune élégant ridicule; dandy ▸ **janota**
gandoura *nf* Tunique longue et sans manches portée traditionnellement sous le burnous, dans les pays arabes ▸ **gandura**
gang [gɑ̃g] *nm* Bande organisée de malfaiteurs ▸ **gangue**
ganglion *nm* Renflement que présentent les vaisseaux lymphatiques et certains nerfs ▸ **gânglio**
ganglionnaire *adj* Relatif aux ganglions ▸ **ganglionar**
gangrène *nf* **1** Putréfaction d'une partie du corps due à une infection locale des tissus ▸ **gangrena 2** FIG Mal insidieux; corruption: *la gangrène du fanatisme* ▸ **gangrena**
gangrené, e *adj* Atteint de gangrène ▸ **gangrenado**
gangrener *vt (conj 9)* **1** Causer la gangrène de ▸ **gangrenar 2** FIG Corrompre, vicier ▸ **gangrenar** ♦ **se gangrener** *vpr* Être atteint par la gangrène ▸ **gangrenar-se**
gangreneux, euse *adj* De la nature de la gangrène ▸ **gangrenoso**
gangster [gɑ̃gstɛr] *nm* Bandit, malfaiteur ▸ **gângster**
gangstérisme *nm* Activité des gangsters; banditisme ▸ **gangsterismo**
gangue *nf* Partie terreuse et stérile enveloppant un minerai ▸ **ganga**
ganse *nf* Cordonnet, ruban de fil, de soie ▸ **debrum**
ganser *vt* Garnir d'une ganse ▸ **debruar**
gant *nm* Accessoire vestimentaire qui couvre la main: *gants de laine* ▸ **luva** ▪ FIG **aller comme un gant:** convenir parfaitement ▸ **cair como uma luva** ▫ **gant de toilette:** poche de tissu-éponge pour se laver ▸ **luva de banho** ▫ **prendre, mettre des gants:** agir avec ménagement ▸ **agir com cautela**
gantelet *nm* Protège-main en cuir utilisé dans certaines professions ▸ **proteção de couro para as mãos**
ganter *vt* Mettre des gants à ▸ **enluvar** ♦ *vi* Avoir comme pointure de gants: *ganter du 6* ▸ **calçar número ...**
ganterie *nf* Fabrication, commerce du gantier ▸ **luvaria**
gantier, ère *n* Qui fabrique ou vend des gants ▸ **luveiro**
gantois, e *adj et n* De Gand ▸ **de Gent**
garage *nm* **1** Lieu couvert pour abriter des véhicules ▸ **garagem 2** Entreprise de vente, de réparation et d'entretien d'automobiles ▸ **oficina mecânica** ▪ **voie de garage: (a)** voie secondaire, où l'on gare des wagons de chemin de fer ▸ **linha de resguardo (b)** FIG orientation sans débouché ▸ **fim de linha**
garagiste *n* Exploitant d'un garage de réparation et d'entretien ▸ **mecânico de automóveis**
garance *nf* Plante grimpante dont la racine fournit une substance colorante rouge ▸ **garança** ♦ *adj inv* Rouge vif ▸ **garança**
garant, e *adj et n* Qui répond de: *se porter garant d'une dette, de quelqu'un* ▸ **fiador** ♦ *nm* **1** Garan-

tie, caution: *le garant d'une créance* ▶ **garantia 2** MAR Cordage d'un palan ▶ **tirador da talha**

garantie *nf* **1** Certificat assurant légalement de la qualité de quelque chose; sa durée: *appareil sous garantie; bon de garantie* ▶ **garantia 2** Ce qui assure l'exécution, le respect de quelque chose; gage, preuve, caution: *demander, prendre des garanties; une garantie de moralité* ▶ **garantia**

garantir *vt* **1** Se porter garant de l'exécution ou du maintien de quelque chose, de la qualité d'un objet vendu ▶ **garantir 2** Répondre de l'existence, de la réalité de: *sa conduite vous garantit son honnêteté* ▶ **garantir 3** Affirmer, certifier: *je vous garantis qu'elle viendra* ▶ **garantir 4** Protéger, préserver: *garantir du froid* ▶ **proteger**

garbure *nf* Soupe béarnaise à base de légumes et de confit d'oie ▶ ***garbure***

garce *nf* FAM Femme ou fille méchante, désagréable; chipie ▶ **megera**

garçon *nm* **1** Enfant de sexe masculin: *école de garçons* ▶ **menino 2** Jeune homme, homme: *être joli garçon* ▶ **rapaz 3** Serveur dans un café, un restaurant ▶ **garçom 4** Ouvrier travaillant chez un artisan: *garçon boucher; garçon coiffeur*; employé subalterne: *garçon de bureau* ▶ **ajudante** ■ **garçon manqué:** se dit d'une fille qui a des comportements de garçon ▶ **moleca, machona** □ **vieux garçon** ou **garçon:** homme célibataire: *enterrer sa vie de garçon* ▶ **solteirão**

garçonne *nf* ▶ **mulher independente** ■ VIEILLI **à la garçonne:** se dit d'une coiffure féminine où les cheveux sont coupés court ▶ **joãozinho**

garçonnet *nm* Jeune garçon: *pantalon taille garçonnet* ▶ **rapazinho**

garçonnière *nf* Petit appartement de célibataire, de personne seule ▶ **quitinete**

garde[1] *nf* **1** Action de garder, de veiller, de surveiller: *faire bonne garde; tour de garde; droit de garde* ▶ **guarda 2** Groupe de soldats qui exercent une surveillance: *appeler la garde* ▶ **guarda 3** Rebord entre la poignée et la lame d'une arme blanche: *la garde d'une épée* ▶ **guarda 4** Position prise pour engager le combat et se protéger à l'escrime, en boxe, etc.: *se mettre en garde* ▶ **guarda** ■ **de garde:** qui assure une permanence: *médecin de garde* ▶ **de guarda, de plantão** □ **être, se tenir sur ses gardes:** se méfier ▶ **estar de sobreaviso** □ **garde à vous!:** commandement de se mettre au garde-à-vous ▶ **sentido!** □ DR **garde à vue:** maintien d'une personne dans les locaux de la police pendant une durée limitée ▶ **prisão preventiva** □ **mettre quelqu'un en garde:** l'avertir, le prévenir ▶ **prevenir alguém** □ **mise en garde:** avertissement ▶ **aviso** □ **monter la garde:** être de faction ▶ **montar guarda** □ **page de garde:** page vierge au commencement et à la fin d'un livre ▶ **página de guarda** □ **prendre garde:** faire attention ▶ **tomar cuidado** ◆ **gardes** *pl* Pièces de sûreté d'une serrure ▶ **guardas de fechadura**

garde[2] *nm* Personne qui garde, qui surveille ▶ **guarda** ■ **garde champêtre:** agent communal chargé de l'application des règlements de police ▶ **guarda rural** □ **garde du corps:** personne chargée de protéger la vie de quelqu'un ▶ **guarda-costas** □ **garde forestier:** agent préposé à la conservation des forêts ▶ **guarda-florestal** □ **garde des Sceaux:** ministre de la Justice ▶ **ministro da Justiça**

garde[3] *nf* Femme qui garde un malade, un enfant ▶ **cuidadora, babá**

garde-à-vous *nm inv* Position prise sur un commandement militaire prescrivant l'immobilité, talons serrés, bras le long du corps ▶ **posição de sentido**

ORTHOGRAPHE Pour obtenir un *garde-à-vous* (avec traits d'union), l'officier crie: *«garde à vous!»* (sans traits d'union)

garde-barrière (pl *gardes-barrière* ou *gardes-barrières*) *n* Agent préposé à la surveillance d'un passage à niveau ▶ **guarda-barreira**

garde-boue *nm inv* Plaque recourbée protégeant les roues d'un véhicule des projections de boue ▶ **para-lama**

garde-chasse (pl *gardes-chasse* ou *gardes-chasses*) *nm* Personne chargée de la protection et de la conservation du gibier ▶ **guarda-caça**

garde-chiourme (pl *gardes-chiourme* ou *gardes-chiourmes*) *nm* PÉJOR Personne sévère chargée de la surveillance ▶ **comitre**

garde-corps *nm inv* Barrière à hauteur d'appui, formant protection devant un vide; garde-fou ▶ **guarda-corpo**

garde-côte (pl *garde-côtes*) ou **garde-côtes** (pl inv) *nm* Bateau chargé de la surveillance des côtes ▶ **guarda-costas**

garde-feu *nm inv* Grille, plaque de protection posée devant une cheminée ▶ **guarda-fogo**

garde-fou (pl *garde-fous*) *nm* **1** Garde-corps ▶ **guarda-corpo 2** FIG Ce qui empêche de commettre des écarts, des erreurs: *ce règlement sert de garde-fou contre les abus* ▶ **barreira**

garde-malade (pl *gardes-malade* ou *gardes-malades*) *n* Qui prend soin d'un malade ▶ **enfermeiro**

garde-manger *nm inv* Petite armoire garnie de toile métallique, pour conserver les aliments ► **guarda-comida**

garde-meuble (pl *garde-meubles*) ou **garde-meubles** (pl inv) *nm* Lieu où l'on entrepose des meubles ► **guarda-móveis**

gardénia *nm* Plante ornementale à grandes fleurs (famille des rubiacées) ► **gardênia**

garden-party [gardenparti] (pl *garden-parties*) *nf* Réception mondaine dans un jardin ► ***garden-party***

garde-pêche (pl *gardes-pêche*) *nm* Préposé à la police de la pêche ► **agente da polícia de pesca**

garder *vt* **1** Veiller sur, prendre soin de: *garder un malade* ► **cuidar de 2** Surveiller pour empêcher de fuir: *garder un prisonnier* ► **vigiar 3** Conserver, maintenir en sa possession: *garder un document, un secret* ► **guardar 4** Retenir près de soi: *garder un ami à dîner*; continuer à fréquenter, à employer: *garder un collaborateur* ► **reter, manter 5** Conserver sur soi: *garder son foulard* ► **ficar com 6** Conserver une denrée périssable: *garder du lait au frais* ► **guardar 7** Surveiller pour empêcher l'appropriation par un tiers: *garder une place* ► **guardar ■ garder le silence:** se taire ► **guardar silêncio □ garder son sérieux:** s'empêcher de rire ► **manter-se sério ◆ se garder** *vpr* **1** [de] Prendre garde à, se méfier de: *gardez-vous des flatteurs!* ► **ter cuidado 2** [de] Éviter, s'abstenir de: *il s'est bien gardé de me prévenir* ► **evitar 3** Pouvoir se conserver ► **guardar-se**

garderie *nf* Garde, surveillance collective de jeunes enfants; lieu où elle s'effectue ► **creche**

garde-robe (pl *garde-robes*) *nf* **1** VX Placard, armoire où l'on range les vêtements ► **guarda-roupa 2** Ensemble des vêtements d'une personne ► **guarda-roupa**

garde-voie (pl *gardes-voie* ou *gardes-voies*) *nm* Agent chargé de la surveillance d'une voie ferrée ► **guarda-linha**

gardian *nm* Gardien de taureaux ou de chevaux en Camargue ► **vaqueiro**

gardien, enne *n* **1** Qui garde: *gardien de prison* ► **guarda 2** Protecteur, défenseur: *gardien des traditions* ► **guardião 3** Préposé à la garde d'un immeuble ► **porteiro ■ gardien de but:** au football, au hockey, au handball, etc., joueur chargé de défendre le but ► **goleiro □ gardien de la paix:** agent de police ► **policial**

gardiennage *nm* Emploi, service d'un gardien: *le gardiennage d'un immeuble* ► **vigilância**

gardois, e *adj et n* Du Gard ► **do Gard**

gardon *nm* Petit poisson d'eau douce ► **gobião**

gare[1] *nf* Lieu de départ et d'arrivée des trains: *entrer en gare* ► **estação de trem ■** PÉJOR **de gare:** se dit d'un roman, d'une littérature populaires faciles à lire ► **barato □ gare maritime:** gare aménagée sur les quais d'un port ► **terminal marítimo □ gare routière:** emplacement aménagé pour accueillir les véhicules routiers transportant des voyageurs ou des marchandises ► **rodoviária, terminal de caminhões**

gare[2] *interj* Sert à avertir: *gare à vous!* ► **cuidado ■ sans crier gare:** sans prévenir ► **sem mais nem menos**

garenne *nf* Lieu où vivent les lapins sauvages ► **bosque ◆** *nm* Lapin de garenne ► **coelho selvagem**

garer *vt* **1** Faire entrer, ranger un véhicule dans un endroit aménagé ou non à cette intention ► **estacionar 2** FAM Mettre hors d'atteinte, en lieu sûr: *garer sa fortune* ► **guardar ◆ se garer** *vpr* **1** Ranger sa voiture ► **estacionar 2** FIG Se mettre à l'écart, à l'abri: *se garer des coups* ► **resguardar-se**

gargantuesque *adj* Se dit d'un repas où l'on mange énormément ► **gargantuesco**

gargariser (se) *vpr* **1** Se rincer la bouche et l'arrière-bouche avec un liquide, sans l'avaler ► **gargarejar 2** FIG, FAM se délecter avec suffisance de: *il se gargarise de son titre ronflant* ► **deleitar-se**

gargarisme *nm* Liquide pour se gargariser ► **gargarejo**

gargote *nf* PÉJOR Restaurant bon marché ► **restaurante barato**

gargouille *nf* Gouttière saillante en forme d'animal fantastique dont la gueule éjecte les eaux de pluie à distance des murs ► **gárgula**

gargouillement *nm* Bruit provoqué par le passage d'un liquide ou d'un gaz dans la gorge, l'estomac, ou dans une canalisation ► **gorgolejo**

gargouiller *vi* Produire un gargouillement ► **gorgolejar**

gargouillis *nm* Gargouillement confus ► **gorgolejo**

gargoulette *nf* Récipient poreux où l'eau se conserve fraîche ► **moringa**

garibaldien, enne *n* HIST Partisan de Garibaldi ► **garibaldino**

gariguette *nf* Variété de fraise oblongue et parfumée ► **morango**

garnement *nm* Enfant insupportable ► **moleque**

garni, e *adj* **1** Muni: *garni de clous* ► **guarnecido 2** Décoré, agrémenté: *gâteau garni de raisins secs* ► **guarnecido ◆** *nm* VIEILLI Maison, chambre qui se loue meublée ► **casa mobiliada**

garnir *vt* **1** Orner: *garnir un chapeau* ▸ **guarnecer** **2** Pourvoir, équiper: *fenêtres garnies de rideaux* ▸ **guarnecer** **3** Occuper, remplir un lieu, un espace: *garnir le réfrigérateur* ▸ **guarnecer** **4** Rembourrer un fauteuil ▸ **estofar** ◆ **se garnir** *vpr* Se remplir ▸ **encher-se**

garnison *nf* Troupes stationnées dans une ville; cette ville: *changer de garnison* ▸ **guarnição**

garnissage *nm* Action de garnir ▸ **guarnecimento**

garniture *nf* **1** Ce qui garnit, complète, orne: *la garniture d'une robe*; ensemble d'objets assortis: *garniture de bureau* ▸ **guarnição, acessório** **2** Aliment qui accompagne l'élément principal d'un plat: *garniture de riz* ▸ **guarnição**

garrigue *nf* Végétation composée de chênes verts, de buissons et de plantes herbacées caractéristique des paysages méditerranéens ▸ **garriga**

garrot[1] *nm* Partie saillante de l'encolure d'un quadrupède au-dessus de l'épaule ▸ **cernelha**

garrot[2] *nm* **1** Bâton passé dans une corde pour la tendre: *garrot d'une scie* ▸ **garrote** **2** Lien servant à comprimer l'hémorragie d'une artère ▸ **garrote**

garrottage *nm* Action de garrotter ▸ **amarração**

garrotter *vt* Lier étroitement et fortement ▸ **amarrar**

gars [gɑ] *nm* FAM Garçon, jeune homme ▸ **cara**

gascon, onne *adj et n* De Gascogne ▸ **gascão** ◆ *nm* Dialecte de cette région ▸ **gascão**

gasoil [gazwal] ou **gazole** *nm* Produit pétrolier liquide, utilisé comme carburant et comme combustible ▸ ***diesel***

gaspacho [gaspato] *nm* Potage d'origine espagnole à base de légumes crus macérés, servi très frais avec des dés de pain ▸ **gaspacho**

gaspillage *nm* Action de gaspiller ▸ **desperdício**

gaspiller *vt* **1** Dépenser, dissiper de façon irréfléchie: *gaspiller sa fortune* ▸ **desperdiçar** **2** Gâcher, galvauder: *gaspiller son talent* ▸ **desperdiçar**

gaspilleur, euse *adj et n* Qui gaspille ▸ **desperdiçador**

gastéropode ou **gastropode** *nm* Mollusque qui rampe sur un large pied musculeux ventral (les gastéropodes forment une classe) ▸ **gastrópode**

gastralgie *nf* Douleur à l'estomac ▸ **gastralgia**

gastrectomie *nf* Ablation partielle ou totale de l'estomac ▸ **gastrectomia**

gastrique *adj* Relatif à l'estomac ▸ **gástrico** ■ **suc gastrique:** sécrété par l'estomac ▸ **suco gástrico**

gastrite *nf* Inflammation de l'estomac ▸ **gastrite**

gastro-entérite (pl *gastro-entérites*) *nf* Inflammation de l'estomac et des intestins ▸ **gastrenterite**

gastro-entérologie *nf* MÉD Spécialité consacrée aux maladies du tube digestif ▸ **gastrenterologia**

gastro-entérologue (pl *gastro-entérologues*) *n* Spécialiste de gastro-entérologie ▸ **gastrenterologista**

gastronome *n* Personne qui apprécie la bonne cuisine ▸ **gastrônomo**

gastronomie *nf* Connaissance de tout ce qui se rapporte à la cuisine, à l'ordonnancement des repas, à la dégustation et à l'appréciation des mets ▸ **gastronomia**

gastronomique *adj* Relatif à la gastronomie ▸ **gastronômico**

gastro-œsophagien, enne (pl *gastro-œsophagiens, ennes*) *adj* MÉD Se dit de ce qui concerne simultanément l'estomac et l'œsophage ▸ **gastresofagiano**

gastroplastie *nf* Traitement chirurgical de l'obésité grave, consistant à réduire la capacité de l'estomac, partic par cerclage à l'aide d'un anneau ▸ **gastroplastia**

gastropode *nm* → **gastéropode**

gâté, e *adj* Détérioré, pourri ▸ **estragado** ■ **enfant gâté:** élevé avec trop d'indulgence ▸ **criança mimada**

gâteau *nm* **1** Pâtisserie à base de farine, de beurre, d'œufs et de sucre ▸ **bolo** **2** Ce qui a la forme d'un gâteau: *gâteau de miel* ▸ **bolo** ■ FAM **c'est du gâteau:** c'est facile à réaliser ▸ **é sopa** □ **maman, papa gâteau:** qui gâte ses enfants ▸ **mãe, pai amimador** □ FAM **partager le gâteau** ou **avoir sa part du gâteau:** partager le profit d'une affaire ▸ **repartir o bolo**

gâter *vt* **1** Avarier, putréfier: *gelée qui gâte une récolte* ▸ **estragar** **2** Abîmer, endommager: *sucre qui gâte les dents* ▸ **estragar** **3** Nuire à, gâcher: *ses réflexions ont gâté la soirée* ▸ **estragar** **4** Combler de cadeaux, de choses agréables; traiter avec trop d'indulgence: *gâter un enfant* ▸ **mimar** ◆ **se gâter** *vpr* **1** Se couvrir, devenir pluvieux, en parlant du temps ▸ **piorar** **2** Se corrompre, prendre une mauvaise tournure ▸ **ir mal**

gâterie *nf* **1** Petit présent, friandise ▸ **mimo, guloseima** **2** LITT Indulgence excessive ▸ **mimo**

gâteux, euse *adj et n* **1** FAM Diminué physiquement ou intellectuellement ▸ **senil, gagá** **2** Qui manifeste avec naïveté et mièvrerie un attachement excessif: *être gâteux avec ses petits-enfants* ▸ **babão**

gâtisme *nm* État de quelqu'un qui est gâteux ▸ **senilidade**

gauche[1] *adj* **1** Situé du côté du cœur (par opposition à *droit*) ▸ **esquerdo** **2** Qui correspond à ce côté pour celui qui regarde: *l'aile gauche d'un monument* ► **esquerdo 3** FIG Embarrassé, maladroit: *attitude gauche* ► **desajeitado** ◆ *nm* En boxe, poing gauche ► **esquerda**

gauche[2] *nf* **1** Main gauche, côté gauche ► **esquerda 2** Côté gauche d'une assemblée par rapport au président; ensemble des personnes et des partis favorables au changement (par opposition à la *droite*) ► **esquerda** ■ **à gauche:** à main gauche, du côté gauche ► **à esquerda** □ **extrême gauche:** ensemble de ceux qui professent des idées révolutionnaires ► **extrema-esquerda**

gauchement *adv* Maladroitement ► **desajeitadamente**

gaucher, ère *adj et n* Qui est plus habile de la main gauche que de la main droite ► **canhoto**

gaucherie *nf* Maladresse ► **falta de jeito**

gauchir *vi* Se déformer: *porte qui gauchit* ► **deformar** ◆ *vt* Fausser, déformer: *l'humidité a gauchi cette planche* ► **deformar**

gauchisant, e *adj et n* Que ses opinions rapprochent de la gauche ou de l'extrême gauche ► **de esquerda**

gauchisme *nm* Courant politique se réclamant de l'extrême gauche ► **esquerdismo**

gauchissement *nm* Action, fait de gauchir; son résultat ► **deformação**

gauchiste *adj et n* Relatif au gauchisme; qui en est partisan ► **esquerdista**

gaucho [goʃo] ou [gawtʃo] *nm* Gardien de troupeaux dans la pampa argentine ► **gaúcho**

gaudriole *nf* FAM Plaisanterie légère; grivoiserie ► **gracejo**

gaufrage *nm* Action de gaufrer ► **gofragem**

gaufre *nf* **1** Pâtisserie légère cuite entre deux moules quadrillés ► ***waffle*** **2** Gâteau de cire des abeilles ► **favo de mel**

gaufrer *vt* Imprimer à chaud des figures sur des étoffes, du papier, du cuir ► **gofrar**

gaufrette *nf* Petit biscuit parfois fourré de crème ou de confiture ► **biscoito folhado**

gaufrier *nm* Ustensile pour cuire des gaufres ► **máquina de *waffles***

gaufroir *nm* Fer pour gaufrer les tissus, les cuirs ► **gofrador**

gaulage *nm* Action de gauler ► **varejo**

gaule *nf* **1** Longue perche ► **vara 2** Canne à pêche ► **vara de pesca**

gauler *vt* Secouer les branches d'un arbre avec une gaule pour faire tomber les fruits: *gauler un noyer* ► **varejar**

gaullisme *nm* Courant politique se réclamant du général de Gaulle ► **gaullismo**

gaulliste *adj et n* Relatif au gaullisme; qui en est partisan ► **gaullista**

gaulois, e *adj et n* De la Gaule, du peuple qui vivait dans ce pays ► **gaulês** ◆ *adj* D'une gaieté leste, un peu grasse ► **torpe** ◆ *nm* Langue parlée autrefois en Gaule ► **gaulês**

gauloisement *adv* Avec un humour un peu grossier ► **torpemente**

gauloiserie *nf* Plaisanterie grivoise, osée ► **brincadeira torpe**

gausser (se) *vpr* [de] LITT Se moquer de ► **zombar**

gavage *nm* Action de gaver ► **ceva**

gave *nm* Torrent des Pyrénées ► **gave**

gaver *vt* **1** Alimenter de force pour engraisser: *gaver des oies* ► **cevar 2** Faire manger avec excès: *gaver un enfant de sucreries* ► **empanturrar 3** FIG Proposer, donner avec excès: *gaver de publicité* ► **abarrotar** ◆ **se gaver** *vpr* [de] **1** Manger trop (de): *se gaver de bonbons* ► **empanturrar-se 2** FIG Absorber une grande quantité de: *se gaver de films* ► **fartar-se**

gavial (pl *gavials*) *nm* Crocodile d'Asie ► **gavial**

gavotte *nf* ANC Danse à deux temps ► **gavota**

gavroche *nm* VIEILLI Enfant malicieux et effronté ► **moleque**

gay *n et adj* Homosexuel ► ***gay***

gayal (pl *gayals*) *nm* Bœuf sauvage d'Asie ► **gaial**

gaz [gaz] *nm inv* **1** Tout corps à l'état de fluide, expansible et compressible ► **gás 2** Produit gazeux, naturel ou manufacturé, employé comme combustible ou carburant: *réchaud à gaz; gaz de ville* ► **gás** ■ FAM **il y a de l'eau dans le gaz:** quelque chose ne va pas, il y a un problème ► **vai fechar o tempo**

gaze *nf* **1** Bande d'étoffe légère stérilisée pour les compresses, les pansements ► **gaze 2** Étoffe fine et transparente de coton ou de soie: *des rideaux de gaze* ► **gaze**

gazé, e *adj et n* Qui a subi l'action de gaz nocifs ► **gaseado**

gazéification *nf* Action de gazéifier ► **gaseificação**

gazéifier *vt* **1** Faire passer à l'état gazeux ► **gaseificar 2** Dissoudre du gaz carbonique dans un liquide pour le rendre gazeux: *boisson gazéifiée* ► **gaseificar**

gazelle *nf* Antilope de petite taille, très rapide ► **gazela**

gazer *vt* Soumettre à l'action d'un gaz nocif ► **gasear** ■ FAM **ça gaze:** ça va bien ► **tudo bem**

gazette *nf* VIEILLI Journal périodique ► **gazeta**

gazeux, euse *adj* De la nature du gaz: *fluide gazeux* ► **gasoso** ■ **eau gazeuse:** qui contient du gaz carbonique dissous ► **água gasosa**

gazinière *nf* Cuisinière à gaz ▸ **fogão a gás**
gazoduc *nm* Canalisation pour le transport et la distribution du gaz à longue distance ▸ **gasoduto**
gazogène *nm* Appareil transformant le charbon ou le bois en gaz combustible ▸ **gasogênio**
gazomètre *nm* Réservoir pour emmagasiner et distribuer le gaz de ville ▸ **gasômetro**
gazon *nm* Herbe courte et fine; terrain qui en est couvert; pelouse ▸ **grama, gramado**
gazouillement *nm* **1** Bruit continu que font les oiseaux en chantant ▸ **chilreio 2** FIG Léger murmure ▸ **murmúrio**
gazouiller *vi* Émettre un chant doux et confus, en parlant d'un oiseau, d'un nourrisson, d'une eau courante ▸ **chilrear**
gazouillis *nm* Gazouillement léger ▸ **chilreio**
geai [ʒɛ] *nm* Passereau au plumage bigarré et au bec conique, commun dans les bois ▸ **gaio**
géant, e *adj et n* **1** Dont la taille est anormalement élevée ▸ **gigante 2** Qui dépasse tous les autres par son génie, sa puissance: *un géant de la littérature* ▸ **gigante** ■ FIG **à pas de géant:** très vite ▸ **a passos de gigante** ◆ *adj* Très grand: *ville géante* ▸ **gigante**
gecko *nm* Lézard des régions chaudes ▸ **geco**
geignard, e *adj et n* FAM Qui se plaint, pleurniche sans cesse ▸ **chorão**
geignement *nm* Gémissement ▸ **gemido**
geindre *vi (conj 55)* **1** Gémir, se plaindre, en particulier d'une douleur ▸ **gemer 2** FAM Se lamenter à tout propos ▸ **lamuriar-se**
geisha [geʃa] ou [gejʃa] *nf* Au Japon, chanteuse et danseuse professionnelle qui, dans les maisons de thé, joue le rôle d'hôtesse ou d'entraîneuse ▸ **gueixa**
gel *nm* **1** Gelée des eaux ▸ **congelamento 2** Temps où il gèle ▸ **tempo de gelo 3** FIG Arrêt, cessation: *le gel des importations* ▸ **congelamento 4** Produit de beauté de consistance molle pour la peau, les cheveux ▸ **gel**
gélatine *nf* Substance plus ou moins molle et transparente provenant des tissus osseux des animaux ▸ **gelatina**
gélatineux, euse *adj* De la nature ou qui a l'aspect de la gélatine ▸ **gelatinoso**
gelé, e *adj* **1** Transformé en glace: *rivière gelée* ▸ **congelado 2** Que l'on a interrompu: *crédits gelés* ▸ **congelado**
gelée *nf* **1** Abaissement de la température au-dessous de zéro: *gelées tardives* ▸ **frio abaixo de zero 2** Suc de viande solidifié: *œuf en gelée* ▸ **geleia 3** Jus de fruits cuits avec du sucre, qui se solidifie par refroidissement: *gelée de pomme, de groseille* ▸ **geleia** ■ **gelée blanche:** rosée congelée ▸ **geada**
geler *vt (conj 5)* **1** Transformer en glace ▸ **gelar 2** Durcir par le froid: *le froid lui a gelé les pieds* ▸ **gelar 3** FIG Interrompre une activité, mettre momentanément en réserve: *geler des négociations, des crédits* ▸ **congelar** ◆ *vi* **1** Avoir extrêmement froid ▸ **gelar 2** Se transformer en glace ▸ **gelar** ◆ *v impers* ■ **il gèle:** la température est au-dessous de zéro ▸ **está gelando**
gélifiant *nm* Additif donnant aux aliments la consistance d'une gelée ▸ **gelificante**
gelinotte *nf* Oiseau à plumage roux; SYN: *poule des bois* ▸ **tetraz**
gélose *nf* Suc gélifiant extrait d'une algue d'Extrême-Orient; SYN: *agar-agar* ▸ **ágar**
gélule *nf* Capsule de matière gélatineuse renfermant un produit médicamenteux ▸ **gélula**
gelure *nf* Action du froid sur les tissus vivants ▸ **queimadura do frio**
Gémeaux *nm pl* Constellation dont les deux principales étoiles sont Castor et Pollux; signe astrologique des personnes nées entre le 21 mai et le 21 juin ▸ **Gêmeos** ◆ *n et adj* Personne née sous le signe des Gémeaux; *être Gémeaux; une Gémeaux* ▸ **geminiano**
gémellaire *adj* Relatif à des jumeaux ▸ **gemelar**
géminé, e *adj* Se dit d'éléments groupés par deux; double: *colonnes géminées* ▸ **geminado**
gémir *vi* **1** Faire entendre des sons plaintifs provoqués par la douleur, le chagrin ▸ **gemer 2** FIG Émettre un bruit évoquant une plainte ▸ **gemer**
gémissant, e *adj* Qui gémit: *voix gémissante* ▸ **gemente**
gémissement *nm* **1** Plainte inarticulée ▸ **gemido 2** Bruit qui ressemble à une plainte: *le gémissement du vent* ▸ **gemido**
gemmation *nf* **1** Bourgeonnement; époque à laquelle il se produit ▸ **brotamento 2** Ensemble des bourgeons ▸ **brotamento**
gemme *nf* **1** Pierre précieuse ou fine ▸ **gema 2** Résine de pin ▸ **gema** ◆ *adj* ■ **sel gemme:** sel fossile ▸ **sal-gema**
gemmé, e *adj* Orné de pierres précieuses ou fines ▸ **gemado**
gemmer *vt* Inciser des pins pour en recueillir la résine ▸ **sangrar**
gemmule *nf* Bourgeon d'une plantule qui donnera la tige et les feuilles ▸ **plúmula**
gémonies *nf pl* ANTIQ ROM Escalier du Capitole où l'on exposait les cadavres des suppliciés ▸ **gemônias** ■ LITT **vouer aux gémonies:** poursuivre de sa haine, de son mépris ▸ **arrastar às gemônias**
gênant, e *adj* Qui gêne ▸ **constrangedor**

gencive *nf* Tissu recouvrant et protégeant la racine des dents ▸ **gengiva**

gendarme *nm* **1** Militaire appartenant à la gendarmerie ▸ **gendarme 2** Personne autoritaire ▸ **sargentão, gendarme 3** FIG Pays ou institution qui se veut le garant d'un certain équilibre ou joue un rôle régulateur: *le gendarme du monde* ▸ **mediador, gendarme 4** ZOOL Punaise des bois ▸ **maria-fedida**

gendarmer (se) *vpr* S'emporter, protester ▸ **rodar a baiana**

gendarmerie *nf* **1** Corps militaire chargé de maintenir la sûreté publique ▸ **gendarmaria 2** Caserne, bâtiments administratifs de ce corps militaire ▸ **gendarmaria**

gendre *nm* Mari de la fille par rapport aux parents de celle-ci ▸ **genro**

gène *nm* BIOL Élément du chromosome, conditionnant la transmission et la manifestation d'un caractère héréditaire ▸ **gene**

gêne *nf* Malaise physique, sentiment de contrainte, d'embarras ▸ **constrangimento ■ dans la gêne:** sans argent, avec peu d'argent ▸ **apertado** □ FAM **être sans gêne:** agir, prendre ses aises, sans se préoccuper des autres ▸ **ser folgado**

ORTHOGRAPHE Il ne faut pas confondre *la gêne* et *un gène*

gêné, e *adj* **1** Qui manifeste de la gêne: *sourire gêné* ▸ **constrangido 2** Dans une situation financière difficile: *je suis un peu gêné en ce moment* ▸ **apertado**

généalogie *nf* **1** Suite, dénombrement des membres d'une famille ▸ **genealogia 2** Science qui recherche l'origine et la filiation des familles ▸ **genealogia**

généalogique *adj* Relatif à la généalogie ▸ **genealógico ■ arbre généalogique:** filiation d'un individu ou d'une famille ▸ **árvore genealógica**

généalogiste *n* Personne qui dresse les généalogies ▸ **genealogista**

génépi *nm* **1** Plante aromatique des montagnes ▸ **genepi 2** Liqueur faite avec cette plante ▸ **genepi**

gêner *vt* **1** Causer une gêne physique; incommoder: *ces chaussures trop étroites me gênent; la fumée vous gêne?* ▸ **incomodar 2** Entraver, perturber le fonctionnement de: *gêner la circulation* ▸ **atrapalhar 3** Mettre à court d'argent: *cette dépense nous gêne ce mois-ci* ▸ **apertar 4** Causer une impression d'embarras, rendre confus: *son regard me gêne* ▸ **constranger ◆ se gêner** *vpr* (souvent à la forme négative) S'imposer une contrainte par discrétion ou timidité ▸ **constranger-se**

général[1] (pl *généraux*) *nm* **1** Officier de l'armée de terre ou de l'air qui commande une brigade, une division, un corps d'armée, une armée ▸ **general 2** Supérieur de certains ordres religieux ▸ **geral**

général[2], e, aux *adj* **1** Qui s'applique à un ensemble de personnes, de choses: *intérêt général* ▸ **geral 2** Du plus grand nombre: *consentement général; grève générale* ▸ **geral 3** Vague: *parler en termes généraux* ▸ **geral 4** Dont le domaine englobe toutes les spécialités: *culture, médecine générale* ▸ **geral 5** Qui coiffe l'ensemble d'un service, d'une administration: *inspecteur général* ▸ **geral ■ d'une manière générale:** ordinairement ▸ **em geral** □ **répétition générale:** dernière répétition avant la représentation d'une pièce de théâtre ▸ **ensaio geral ◆** *nm* Ensemble des principes, des cas généraux (par opposition au *particulier*): *distinguer le général du particulier* ▸ **geral ■ en général:** le plus souvent ▸ **em geral**

générale *nf* **1** Femme d'un général ▸ **generala 2** Répétition générale ▸ **ensaio geral**

généralement *adv* En général ▸ **geralmente**

généralisation *nf* Action de généraliser; fait d'être généralisé ▸ **generalização**

généralisé, e *adj* Qui implique la totalité d'un ensemble: *cancer généralisé* ▸ **generalizado**

généraliser *vt* **1** Rendre applicable à un ensemble de personnes, de choses: *généraliser une méthode* ▸ **generalizar 2** (sans complément) Conclure du particulier au général ▸ **generalizar ◆ se généraliser** *vpr* Devenir général; se répandre ▸ **generalizar-se**

généralissime *nm* Général en chef ▸ **generalíssimo**

généraliste *n* Médecin de médecine générale (par opposition à *spécialiste*) ▸ **clínico geral**

généralité *nf* **1** Qualité de ce qui est général ▸ **generalidade 2** Le plus grand nombre: *la généralité des cas* ▸ **generalidade ◆ généralités** *pl* Notions vagues et imprécises sur un sujet: *s'en tenir aux généralités* ▸ **generalidades**

générateur, trice *adj* Qui génère, produit, est la cause de ▸ **gerador ◆** *nm* Appareil produisant du courant électrique à partir d'autres sources d'énergie ▸ **gerador**

génération *nf* **1** Reproduction des êtres organisés ▸ **geração 2** Ensemble des individus, des machines, etc., du même âge, de la même époque ▸ **geração 3** Espace de temps séparant deux degrés de filiation ▸ **geração ■ de génération en génération:** de père en fils, sans interruption ▸ **de geração em geração**

générationnel, elle *adj* Propre à une génération; relatif aux rapports entre générations ▸ **geracional**

génératrice *nf* **1** ÉLECTR Générateur tournant, du type dynamo ou alternateur ▸ **gerador elétrico 2** GÉOM Ligne qui engendre une surface ▸ **geratriz**

générer *vt (conj 10)* Être la cause de, produire, induire ▸ **gerar**

généreusement *adv* Avec générosité ▸ **generosamente**

généreux, euse *adj* **1** Qui donne largement: *se montrer généreux* ▸ **generoso 2** Dévoué, désintéressé: *les idéaux généreux de la jeunesse* ▸ **generoso 3** LITT Fertile, fécond: *terre généreuse* ▸ **generoso 4** Abondant, copieux: *repas généreux* ▸ **generoso ■ formes généreuses:** rebondies, plantureuses ▸ **formas generosas □ vin généreux:** fort, de bonne qualité ▸ **vinho generoso**

générique *adj* **1** Qui appartient au genre, qui convient à un ensemble de personnes ou de choses: *caractère générique* ▸ **genérico 2** Relatif à un type de produit, sans considération de sa marque ▸ **genérico ■ médicament générique:** médicament dont la formule est tombée dans le domaine public et qui est vendu moins cher ▸ **medicamento genérico □ produit générique:** produit commercialisé sous la marque de son distributeur et non celle de son fabricant ▸ **produto genérico** ◆ *nm* **1** Partie d'un film ou d'une émission de télévision indiquant les noms de ceux qui ont participé à leur réalisation ▸ **créditos 2** Médicament générique ▸ **genérico**

générosité *nf* Qualité d'une personne généreuse ▸ **generosidade**

genèse *nf* Processus de développement de quelque chose; ensemble des faits ou des éléments qui ont concouru à la formation, la création de quelque chose: *la genèse d'un roman* ▸ **gênese**

genêt *nm* Arbrisseau à fleurs blanches ou jaunes ▸ **giesta**

généticien, enne *n* Spécialiste de génétique ▸ **geneticista**

génétique *nf* Science de l'hérédité, fondée sur la théorie des gènes ▸ **genética** ◆ *adj* Relatif à l'objet de cette science ▸ **genético ■ maladies génétiques:** maladies transmises héréditairement par suite d'anomalies dans le nombre ou la forme des chromosomes ▸ **doenças genéticas**

génétiquement *adv* Du point de vue génétique ▸ **geneticamente**

gêneur, euse *n* Personne qui gêne; importun ▸ **importuno**

genevois, e *adj et n* De Genève ▸ **genebrês**

genévrier *nm* Arbuste à feuilles épineuses et à baies violettes ▸ **zimbro**

génial, e, aux *adj* **1** Qui a du génie, qui dénote du génie: *savant génial; découverte géniale* ▸ **genial 2** FAM Formidable, sensationnel: *une soirée géniale* ▸ **genial**

génie *nm* **1** MYTH Être surnaturel ▸ **gênio 2** Aptitude à créer quelque chose de nouveau et de grand; personne douée d'une telle aptitude: *homme de génie; un génie méconnu* ▸ **gênio 3** Talent, goût pour quelque chose: *le génie des affaires* ▸ **talento 4** Caractère distinct: *le génie d'une langue* ▸ **essência 5** Corps de l'armée de terre affecté à l'aménagement des terrains et des voies de communication: *servir dans le génie* ▸ **engenharia ■ bon génie, mauvais génie:** être qui a une influence bonne ou mauvaise sur quelqu'un ▸ **boa, má influência □ génie civil:** art des constructions civiles ▸ **engenharia civil**

genièvre *nm* **1** Genévrier; son fruit ▸ **(baga de) zimbro 2** Eau-de-vie obtenue à l'aide de fruits du genévrier ▸ **genebra**

génique *adj* Relatif aux gènes ▸ **gênico ■ thérapie génique:** traitement de certaines maladies héréditaires par intervention sur le génome ▸ **terapia gênica (ou genética)**

génisse *nf* Jeune vache n'ayant pas encore vêlé ▸ **almalha**

génital, e, aux *adj* Relatif à la reproduction des animaux et des êtres humains ▸ **genital ■ organes génitaux:** organes sexuels ▸ **órgãos genitais**

géniteur, trice *adj et n* Qui engendre ▸ **genitor** ◆ **géniteurs** *nm pl* Parents ▸ **genitores**

génitif *nm* GRAMM Dans les langues à déclinaison, cas qui indique la dépendance, l'appartenance ▸ **genitivo**

génocide *nm* Extermination d'un groupe ethnique, social ou religieux ▸ **genocídio**

génois[1] *nm* MAR Grand foc utilisé sur un voilier ▸ **genoa**

génois[2], e *adj et n* De Gênes ▸ **genovês**

génoise *nf* Gâteau fait de farine, de sucre, d'œufs et d'amandes ▸ ***génoise***

génome *nm* Ensemble des gènes portés par les chromosomes de l'espèce ▸ **genoma**

génomique *adj* Relatif au génome ▸ **genômico** ◆ *nf* Science qui étudie le génome, les gènes ▸ **genômica**

génotype *nm* BIOL Ensemble des caractères héréditaires constitutionnels d'un individu ou d'une lignée (par opposition à *phénotype*) ▸ **genótipo**

genou *nm* **1** Articulation de la jambe à la cuisse ▸ **joelho 2** MÉCAN Joint articulé ▸ **joelho ■ à genoux:** les genoux sur le sol ▸ **ajoelhado □ être à genoux devant quelqu'un:** être en adoration devant lui ▸ **prostrar-se diante de alguém** ▫ FAM **être sur les genoux:** très fatigué ▸ **estar exausto**

genouillère *nf* Bande de tissu ou de cuir pour maintenir le genou ▸ **joelheira**

genre *nm* **1** Groupe d'êtres ou de choses caractérisés par des traits communs: *le genre humain* ▸ **gênero 2** Façon, manière: *genre de vie* ▸ **gênero 3** Catégorie à laquelle appartient une œuvre littéraire ou artistique: *le genre épique* ▸ **gênero 4** SC NAT Subdivision de la famille, elle-même composée d'espèces: *le loup est une espèce du genre chien* ▸ **gênero 5** GRAMM Catégorie grammaticale spécifiant si un mot est masculin, féminin ou neutre ▸ **gênero** ▪ **un genre de** (+ n): une espèce de ▸ **um tipo de**

GRAMMAIRE En français, la notion de genre (masculin/féminin) ne recouvre pas la notion de sexe (homme/femme). *La sentinelle* peut être un homme; *le président* peut être une femme

gens[1] *nm pl* Personnes en nombre indéterminé: *beaucoup de gens sont venus* ▸ **pessoas, gente** ▪ **gens de lettres:** écrivains ▸ **pessoas de letras** ▫ **gens de maison:** domestiques ▸ **criadagem** ▫ LITT **gens de robe:** magistrats, avocats ▸ **togados** ▫ **gens du voyage:** qui travaillent dans un cirque ambulant ▸ **artistas de circo**

GRAMMAIRE Avec un adjectif, *gens* se met au féminin si l'adjectif le précède, au masculin s'il le suit: *les vieilles gens, les gens heureux*

gens[2] [ʒɛ̃s] *nf* ANTIQ ROM Groupe composé de plusieurs familles portant le même nom ▸ ***gens***

gent *nf* LITT Race: *la gent canine* ▸ **raça**

gentiane [ʒɑ̃sjan] *nf* Plante des pays tempérés, dont la racine est apéritive et tonique; boisson faite avec cette racine ▸ **genciana, bebida de genciana**

gentil[1] [ʒɑ̃ti] *nm* **1** Pour les Hébreux, étranger ▸ **estrangeiro 2** Pour les chrétiens, païen ▸ **gentio**

gentil[2]**, ille** *adj* **1** Aimable, complaisant: *sois gentil avec elle* ▸ **gentil 2** Se dit d'un enfant qui se tient bien ▸ **gentil 3** Agréable, charmant: *un gentil sourire* ▸ **gentil 4** Dont on ne fait pas grand cas: *c'est gentil, sans plus* ▸ **legalzinho** ▪ FAM **une gentille somme:** une somme importante ▸ **uma bela quantia**

gentilhomme [ʒɑ̃tijɔm] (pl *gentilshommes*) *nm* **1** ANC Homme noble ▸ **gentil-homem 2** LITT Homme distingué, délicat ▸ **gentil-homem**

gentilhommière *nf* Habitation assez vaste et de caractère ancien, à la campagne ▸ **solar**

gentillesse *nf* **1** Qualité de quelqu'un de gentil, de doux ▸ **gentileza 2** Parole gracieuse; action, geste aimable ▸ **gentileza**

gentillet, ette *adj* Assez gentil ▸ **engraçadinho**

gentiment *adv* **1** Avec gentillesse ▸ **gentilmente 2** SUISSE Tranquillement ▸ **tranquilamente**

gentleman [dʒɛntləman] (pl *gentlemans* ou *gentlemen*) *nm* Homme qui connaît parfaitement les règles du savoir-vivre ▸ ***gentleman***

gentry [dʒɛntri] *nf* En Angleterre, ensemble des nobles non titrés ▸ ***gentry***

génuflexion *nf* Action de fléchir le ou les genoux en signe de respect, de soumission ▸ **genuflexão**

géode *nf* Pierre ou roche creuse, tapissée intérieurement de cristaux ▸ **geodo**

géodésie *nf* Science qui a pour objet l'étude de la forme et des dimensions de la Terre ▸ **geodesia**

géographe *n* Spécialiste de géographie ▸ **geógrafo**

géographie *nf* **1** Science qui a pour objet la description de la Terre: *géographie physique, humaine* ▸ **geografia 2** Ensemble des caractères physiques et humains d'une région, d'un pays ▸ **geografia**

géographique *adj* Relatif à la géographie: *revue géographique* ▸ **geográfico**

geôle [ʒol] *nf* LITT Prison, cachot ▸ **cárcere**

geôlier, ère *n* LITT Gardien d'une prison ▸ **carcereiro**

géolocalisation *nf* Technique de détermination de la situation géographique précise d'un lieu ou, à un instant donné, d'une personne, d'un véhicule, d'un objet, etc. ▸ **geolocalização**

géologie *nf* Science qui a pour objet la description des matériaux constituant le globe terrestre et l'étude des transformations actuelles et passées subies par la Terre ▸ **geologia**

géologique *adj* De la géologie ▸ **geológico**

géologue *n* Spécialiste de géologie ▸ **geólogo**

géomagnétisme *nm* Magnétisme terrestre ▸ **geomagnetismo**

géomancie *nf* Divination basée sur l'interprétation de figures obtenues en jetant du sable sur une surface plane ▸ **geomancia**

géomètre *n* **1** Spécialiste des opérations de levés de terrains ▸ **agrimensor 2** Spécialiste de géométrie ▸ **geômetra**

géométrie *nf* Discipline mathématique ayant pour objet l'étude rigoureuse de l'espace et des formes (figures et corps) ▸ **geometria**

géométrique *adj* **1** De la géométrie ▸ **geométrico 2** D'une forme régulière, simple: *forme, dessin géométriques* ▸ **geométrico**

géomorphologie *nf* Partie de la géographie physique qui a pour objet la description et l'explication du relief terrestre ▸ **geomorfologia**

géophysicien, enne *n* Spécialiste de géophysique ▸ **geofísico**
géophysique *nf* Étude de la structure d'ensemble du globe terrestre et des mouvements qui l'affectent ▸ **geofísica**
géopolitique *nf* Étude des rapports entre les données géographiques naturelles et la politique des États ▸ **geopolítica**
géorgien, enne *adj et n* De Géorgie: *les Géorgiens* ▸ **georgiano** ◆ *nm* Langue caucasienne parlée dans la république de Géorgie ▸ **georgiano**
géosphère *nf* Partie minérale, non vivante, de la Terre, qui sert de support à l'ensemble des êtres vivants (elle comprend l'atmosphère, l'hydrosphère et la partie externe de la lithosphère) ▸ **geosfera**
géostationnaire *adj* Se dit d'un satellite qui paraît immobile vu de la Terre ▸ **geoestacionário**
géosynclinal *nm* GÉOL Vaste fosse de l'écorce terrestre où s'entassent des sédiments ▸ **geossinclinal**
géothermie *nf* Chaleur interne de la Terre ▸ **geotermia**
géothermique *adj* Relatif à la géothermie ▸ **geotérmico**
géotropisme *nm* Orientation imposée à la croissance d'un organe végétal par la pesanteur ▸ **geotropismo**
gérance *nf* Fonction du gérant; durée de cette fonction ▸ **gerência, gestão**
géranium *nm* Plante ornementale à fleurs rouges ▸ **gerânio**
gérant, e *n* **1** Personne qui dirige une affaire commerciale dont il n'est pas le propriétaire ▸ **gerente 2** Personne responsable de l'administration d'immeubles ▸ **administrador**
gerbe *nf* **1** Botte de céréales liées et coupées ▸ **gavela 2** PAR EXT Bouquet de fleurs coupées ▸ **buquê 3** Ce qui évoque la forme d'un faisceau: *gerbe d'eau* ▸ **jorro**
gerbera [ʒɛrbera] *nm* Plante herbacée exploitée en horticulture pour ses fleurs ▸ **gérbera**
gerboise *nf* Mammifère rongeur et sauteur ▸ **gerbo**
gerce *nf* Fente dans une pièce de bois ▸ **lesim, fenda**
gercement *nm* Fait de se gercer ▸ **gretadura**
gercer *vt (conj 1)* Faire de petites crevasses ▸ **gretar** ◆ *vi* ou **se gercer** *vpr* Se couvrir de petites crevasses: *la peau (se) gerce à l'air sec* ▸ **gretar(-se)**
gerçure *nf* Fente, fissure de la peau provoquée par le froid ▸ **gretura**
gérer *vt (conj 10)* **1** Administrer en tant que gérant: *gérer une tutelle* ▸ **gerir 2** Assurer l'administration, l'organisation, le traitement d'un ensemble de marchandises, de données, etc.: *système qui gère une base de données* ▸ **administrar 3** Administrer au mieux malgré une situation difficile: *gérer la crise* ▸ **administrar**
gerfaut *nm* Faucon des régions arctiques ▸ **gerifalte**
gériatre *n* Spécialiste de gériatrie ▸ **geriatra**
gériatrie *nf* Partie de la médecine qui étudie les maladies dues au vieillissement ▸ **geriatria**
germain[1], e *adj* ▸ **coirmão** ■ **cousin germain:** issu du frère ou de la sœur du père ou de la mère ▸ **primo-irmão** □ **cousin issu de germains:** né de cousins germains ou descendant d'un(e) cousin(e) germain(e) ▸ **primo em segundo grau**
germain[2], e *adj et n* De Germanie ▸ **germânico**
germanique *adj* Relatif à la Germanie, à l'Allemagne, en particulier à sa langue ▸ **germânico** ◆ *nm* Langue parlée autrefois en Allemagne ▸ **germânico**
germanisation *nf* Action de germaniser; son résultat ▸ **germanização**
germaniser *vt* Rendre allemand ▸ **germanizar**
germanisme *nm* Tournure propre à la langue allemande ▸ **germanismo**
germaniste *n* Spécialiste de la langue, de la littérature germaniques ▸ **germanista**
germanium *nm* Métal analogue au silicium, utilisé dans la fabrication des transistors; symb: Ge ▸ **germânio**
germanophile *adj* Favorable aux Allemands ▸ **germanófilo**
germanophilie *nf* Sympathie pour l'Allemagne et les Allemands ▸ **germanofilia**
germanophobe *adj* Hostile aux Allemands ▸ **germanófobo**
germanophobie *nf* Hostilité à l'égard de l'Allemagne et des Allemands ▸ **germanofobia**
germanophone *adj et n* De langue allemande ▸ **germanófono**
germe *nm* **1** Élément primitif d'où dérive tout être vivant (œuf, jeune embryon, plantule, spore, etc.) ▸ **germe 2** FIG Principe, origine de quelque chose: *le germe d'une maladie, d'une erreur* ▸ **germe**
germer *vi* **1** Commencer à pousser ▸ **germinar 2** FIG Se profiler, apparaître: *idée qui germe* ▸ **germinar**
germinal *nm* Septième mois du calendrier républicain (du 21 ou 22 mars au 18 ou 19 avril) ▸ **germinal**
germination *nf* Action de germer ▸ **germinação**

germon *nm* Thon de l'Atlantique (appelé aussi: *thon blanc*) ▸ **albacora-branca**

gérondif *nm* GRAMM Forme verbale en *-ant* précédée de la préposition *en* (EX: *en se promenant*) ▸ **gerúndio**

gérontocratie *nf* Pouvoir politique exercé par des personnes âgées ▸ **gerontocracia**

gérontologie *nf* Étude des phénomènes de vieillissement ▸ **gerontologia**

gérontologue *n* Spécialiste de gérontologie ▸ **gerontologista**

gésier *nm* Dernière poche de l'estomac des oiseaux ▸ **moela**

gésir *vi (conj 32)* LITT Être couché: *il gisait sur le sol* ▸ **jazer** ■ LITT **ci-gît:** ici repose (formule d'épitaphe) ▸ **aqui jaz**

gesse *nf* Plante grimpante ▸ **cizirão** ■ **gesse odorante:** pois de senteur ▸ **ervilha-de-cheiro**

gestation *nf* **1** État d'une femelle de mammifère qui porte son petit, appelé *grossesse* dans l'espèce humaine ▸ **gestação 2** FIG Période d'élaboration d'une œuvre intellectuelle ou artistique ▸ **gestação**

geste[1] *nm* Mouvement du corps ou d'une partie du corps ▸ **gesto** ■ FIG **faire un geste:** une bonne action ▸ **fazer um gesto nobre** □ **joindre le geste à la parole:** faire de suite ce qu'on vient de dire ▸ **fazer o que diz**

geste[2] *nf* ▸ **gesta** ■ **chanson de geste:** poème épique du Moyen Âge ▸ **canção de gesta**

gesticulation *nf* Fait de gesticuler ▸ **gesticulação**

gesticuler *vi* **1** Faire beaucoup de gestes ▸ **gesticular 2** FIG S'agiter vainement, souvent par désarroi ▸ **gesticular**

gestion [ʒɛstjɔ̃] *nf* Action de gérer, d'administrer: *gestion habile* ▸ **gestão, administração**

gestionnaire *adj* Relatif à une gestion ▸ **administrativo** ◆ *n* Gérant ▸ **gestor** ◆ *nm* INFORM Logiciel permettant le traitement, l'élaboration et la manipulation de données ▸ **gerenciador**

gestuel, elle *adj* Réalisé avec des gestes: *langage gestuel* ▸ **gestual** ◆ *nf* Ensemble des gestes considérés sur le plan de leur signification ▸ **gestual**

geyser [ʒezɛr] *nm* Source jaillissante d'eau chaude ▸ **gêiser**

ghetto [gɛto] *nm* **1** AUTREF Quartier d'une ville où les Juifs étaient tenus de résider ▸ **gueto 2** Lieu où une minorité vit séparée du reste de la société ▸ **gueto 3** FIG Milieu refermé sur lui-même: *ghetto culturel* ▸ **gueto**

ghettoïsation *nf* Ségrégation morale ou sociale à l'égard d'une communauté, d'une minorité ▸ **guetização**

GI [dʒiaj] *nm inv* (sigle de *Government Issue*) Soldat de l'armée américaine ▸ **Ø**

gibbon *nm* Singe à bras très longs ▸ **gibão**

gibecière *nf* Sacoche que l'on porte en bandoulière ▸ **bornal**

gibelin, e *n et adj* HIST En Italie, partisan de l'empereur romain germanique (par opposition aux *guelfes*) ▸ **gibelino**

gibelotte *nf* Fricassée de lapin au vin blanc ▸ ***gibelotte*, fricassê de coelho**

giberne *nf* VX Poche à cartouches ▸ **cartucheira**

gibet *nm* Potence ▸ **forca**

gibier *nm* **1** Animal que l'on chasse afin de le manger: *gibier à poil, à plume* ▸ **animal de caça 2** Viande de l'animal chassé: *adorer le gibier* ▸ **carne de caça 3** FAM Personne poursuivie ou recherchée: *les policiers traquent leur gibier* ▸ **presa** ■ FIG **gibier de potence:** personne peu recommandable ▸ **mau-caráter**

giboulée *nf* Pluie, chute de grêle ou de neige soudaine et de peu de durée ▸ **chuvarada**

giboyeux, euse [ʒibwaj, z] *adj* Abondant en gibier: *plaine giboyeuse* ▸ **abundante em caça**

gibus [ʒibys] *nm et adj* ANC Chapeau haut-de-forme à ressort ▸ **claque**

giclée *nf* Jet d'un liquide qui gicle ▸ **esguicho**

giclement *nm* Action de gicler ▸ **esguicho**

gicler *vi* Jaillir en éclaboussant: *l'eau gicle du robinet* ▸ **esguichar**

gicleur *nm* Pièce d'un carburateur servant à limiter l'arrivée d'essence dans un moteur ▸ **injetor**

gifle *nf* Coup donné avec la main ouverte, sur la joue ▸ **tapa, bofetada**

gifler *vt* Donner une gifle à ▸ **esbofetear**

giga *nm* (abréviation) Gigaoctet ▸ **giga**

gigantesque *adj* **1** Extrêmement grand: *taille gigantesque* ▸ **gigantesco 2** FIG Qui dépasse la mesure: *erreur gigantesque* ▸ **gigantesco**

gigantisme *nm* **1** Développement anormal du corps ou de certaines de ses parties: *être atteint de gigantisme* ▸ **gigantismo 2** Développement excessif: *gigantisme d'une entreprise* ▸ **gigantismo**

gigaoctet *nm* Unité de mesure équivalant à 2^{30} octets ▸ ***gigabyte***

gigogne *adj* Se dit d'objets qui s'emboîtent les uns dans les autres: *des lits gigognes* ▸ **encaixável**

gigolo *nm* FAM Homme jeune se faisant entretenir par une personne plus âgée que lui ▸ **gigolô**

gigot *nm* Cuisse de mouton, d'agneau ou de chevreuil, préparée pour la table ▸ **pernil** ■ **manche gigot:** manche de vêtement dont la partie supérieure est bouffante ▸ **manga bufante**

gigotement *nm* FAM Action de gigoter ▶ **esperneio**
gigoter *vi* FAM Remuer les jambes, s'agiter beaucoup ▶ **espernear**
gigue[1] *nf* Musique et danse vives, d'origine anglaise ▶ **giga**
gigue[2] *nf* Cuisse de chevreuil ▶ **pernil** ■ FAM **grande de gigue:** fille grande et maigre ▶ **varapau**
gilet *nm* **1** Vêtement court et sans manches, boutonné sur le devant ▶ **colete 2** Tricot ouvert devant, à manches longues; SYN: *cardigan* ▶ **cardigã**
gin [dʒin] *nm* Eau-de-vie de grain anglaise ▶ **gim**
gin-fizz *nm inv* Cocktail composé de gin et de jus de citron ▶ ***gin-fizz***
gingembre *nm* Plante aromatique originaire d'Asie; rhizome de cette plante ▶ **gengibre**
gingival, e, aux *adj* Des gencives ▶ **gengival**
gingivite *nf* Inflammation des gencives ▶ **gengivite**
ginseng [ʒinsɑ̃g] *nm* Plante d'Asie dont la racine est utilisée pour ses vertus tonifiantes ▶ **ginseng**
giorno (a) [adʒjɔrno] *loc adv* Se dit d'un éclairage comparable à la lumière du jour ▶ ***a giorno***
girafe *nf* Mammifère ruminant d'Afrique, au cou très long ▶ **girafa**
girafeau ou **girafon** *nm* Petit de la girafe ▶ **girafinha**
girandole *nf* **1** Chandelier à plusieurs branches ▶ **candelabro 2** Gerbe tournante d'un feu d'artifice ▶ **girândola**
giratoire *adj* Se dit d'un mouvement circulaire ▶ **giratório** ■ **sens giratoire:** sens obligatoire des véhicules autour d'un rond-point ▶ **sentido circular**
girl [gœrl] *nf* (anglicisme) Danseuse faisant partie d'une troupe de music-hall, de revue, etc. ▶ ***girl***
girofle *nm* ▶ **cravo** ■ **clou de girofle:** bouton desséché du giroflier, utilisé comme condiment ▶ **cravo**
giroflée *nf* Plante vivace ornementale ▶ **goivo**
giroflier *nm* Arbre tropical fournissant le clou de girofle ▶ **craveiro**
girolle *nf* Champignon comestible à chapeau jaune d'or; SYN: *chanterelle* ▶ **chapéu-de-cobra**
giron *nm* VX Partie qui s'étend de la ceinture aux genoux, quand on est assis ▶ **colo** ■ FIG **dans le giron de:** au sein de, sous la protection de ▶ **no seio de**
girondin, e *adj et n* **1** De la Gironde ▶ **da Gironde 2** HIST Qui appartient au parti des Girondins ▶ **girondino**
girouette *nf* **1** Plaque mobile autour d'un axe vertical pour indiquer la direction du vent ▶ **grimpa 2** FIG Personne versatile dans ses choix, ses opinions ▶ **cata-vento**
gisant *nm* Statue funéraire représentant un mort couché ▶ **estátua jacente**
gisement *nm* Accumulation de minéraux susceptible d'être exploitée: *gisement d'uranium* ▶ **jazida**
gitan, e *n et adj* Tsigane ▶ **cigano** ◆ *adj* Qui appartient aux gitans ▶ **cigano**
gîte[1] *nm* **1** LITT Lieu où l'on demeure, où l'on loge: *rentrer à son gîte* ▶ **morada 2** Abri du lièvre ▶ **covil 3** BOUCH Morceau de la jambe ou de l'avant-bras du bœuf ▶ **garrão** ■ **gîte rural:** maison située à la campagne et aménagée selon certaines normes pour recevoir des vacanciers ▶ **pousada rural**
gîte[2] *nf* Inclinaison d'un navire sous l'effet du vent ▶ **adernação**
gîter[1] *vi* Avoir son gîte, en parlant d'un lièvre ▶ **encovilar-se**
gîter[2] *vi* MAR Donner de la gîte, de la bande, en parlant d'un bateau ▶ **adernar**
givrage *nm* Dépôt de givre sur un avion en vol ▶ **geada**
givrant, e *adj* Qui provoque la formation de givre ▶ **que causa geada**
givre *nm* Condensation de brouillard en couches de glace sur les arbres, les fils électriques, etc. ▶ **geada**
givré, e *adj* **1** Couvert de givre ▶ **coberto de geada 2** FAM Fou ▶ **biruta** ■ **citron, orange givrés:** dont l'intérieur est fourré de sorbet aromatisé avec la pulpe du fruit ▶ **sorvete de limão, de laranja servido na fruta**
givrer *vt* Couvrir de givre ▶ **cobrir de geada**
givreux, euse *adj* Défectueuse, en parlant d'une pierre précieuse ▶ **jaçado**
glabelle *nf* ANAT Espace nu compris entre les sourcils ▶ **glabela**
glabre *adj* SOUT Sans poils, sans barbe ▶ **glabro**
glaçage *nm* Action de glacer, de donner un aspect glacé, brillant à; couche brillante: *glaçage des photos; glaçage à base de sucre fondu* ▶ **lustração, glacê**
glaçant, e *adj* Qui glace, rebute par sa froideur ▶ **glacial**
glace[1] *nf* **1** Eau congelée ▶ **gelo 2** Crème sucrée, aromatisée et congelée: *glace au café* ▶ **sorvete** ■ **être, rester de glace:** insensible, imperturbable ▶ **ser uma geladeira** □ **rompre la glace:** faire cesser la contrainte, la gêne du premier contact ▶ **quebrar o gelo** □ **sucre glace:** très fin ▶ **açúcar de confeiteiro**
glace[2] *nf* **1** Plaque de verre poli transparente; vitre ▶ **vidro 2** Plaque de verre rendue réfléchissante par le dépôt d'une couche de tain; miroir ainsi obtenu ▶ **espelho**

glacé, e *adj* **1** Durci par le froid: *terre glacée* ► **congelado 2** Très froid: *mains glacées* ► **congelado 3** FIG Hostile, indifférent: *air, accueil glacé* ► **gélido 4** Qui a subi un glaçage; brillant: *papier glacé; marrons glacés* ► **glacê, glaçado**

glacer *vt (conj 1)* **1** Solidifier un liquide par le froid; abaisser beaucoup la température de ► **congelar 2** Causer une impression de froid: *le vent m'a glacé* ► **congelar 3** FIG Paralyser, intimider: *son aspect me glace* ► **congelar 4** Recouvrir d'une couche lisse et brillante: *glacer du papier, des étoffes; glacer des gâteaux avec du sucre* ► **lustrar, glaçar**

glaciaire *adj* Des glaciers: *érosion glaciaire* ► **glacial ■ période glaciaire:** période géologique caractérisée par le développement des glaciers ► **era glacial**

glacial, e, als ou **aux** *adj* Très froid ► **glacial**

glaciation *nf* Période durant laquelle une région a été recouverte par les glaciers ► **glaciação**

glacier[1] *nm* Accumulation de neige transformée en glace dans les montagnes ► **geleira**

glacier[2] *nm* Personne qui prépare ou vend des glaces, des sorbets ► **sorveteiro**

glacière *nf* **1** Garde-manger refroidi par de la glace ► **geladeira 2** FIG, FAM lieu très froid ► **geladeira**

glaciologie *nf* Étude scientifique des glaciers ► **glaciologia**

glacis *nm* **1** Pente pour l'écoulement des eaux pluviales ► **declive de escoamento 2** En peinture, couleur claire et transparente, appliquée par couches successives ► **verniz**

glaçon *nm* **1** Morceau de glace ► **pedaço de gelo 2** FAM Personne froide et distante ► **bloco de gelo, geladeira**

gladiateur *nm* ANTIQ ROM Celui qui combattait dans les jeux du cirque ► **gladiador**

glaïeul [glajl] *nm* Plante à bulbe, à fleurs ornementales ► **gladíolo**

glaire *nf* **1** Matière blanchâtre et gluante, sécrétée par les muqueuses ► **muco 2** Blanc d'œuf cru ► **clara**

glaireux, euse *adj* De la nature de la glaire; visqueux ► **mucoso, viscoso**

glaise *nf* Terre argileuse dont on fait les tuiles et la poterie ► **argila**

glaiseux, euse *adj* De la nature de la glaise: *sol glaiseux* ► **argiloso**

glaive *nm* Épée courte à deux tranchants ► **gládio ■** FIG **le glaive et la balance:** la justice et ses exécutants ► **o gládio e a balança**

glanage *nm* Action de glaner ► **respiga**

gland *nm* **1** Fruit du chêne ► **bolota 2** Passementerie en forme de gland ► **borla 3** Extrémité de la verge ► **glande**

glande *nf* **1** Organe dont la fonction est de produire une sécrétion ► **glândula 2** FAM Ganglion lymphatique ► **gânglio**

glander ou **glandouiller** *vi* TRÈS FAM Rester à ne rien faire ► **bestar**

glandulaire ou **glanduleux, euse** *adj* Relatif aux glandes: *maladie glandulaire* ► **glandular**

glaner *vt* Ramasser les épis qui restent sur le sol après la moisson ► **respigar**

glaneur, euse *n* Personne qui glane ► **respigador**

glapir *vi* **1** Pousser des cris aigus et brefs, en parlant du renard, du petit chien ► **ganir 2** FIG Crier d'une voix aiguë ► **ganir**

glapissant, e *adj* Qui glapit ► **esganiçado**

glapissement *nm* Cri aigu ► **ganido**

glas [gla] *nm* Tintement d'une cloche qui annonce la mort ou les obsèques de quelqu'un ► **dobre de finados**

glasnost *nf* HIST En URSS, politique de vérité et de transparence qui accompagnait la perestroïka ► ***glasnost***

glatir *vi* Pousser son cri, en parlant de l'aigle ► **gritar**

glaucome *nm* MÉD Maladie de l'œil caractérisée par une augmentation de la pression interne ► **glaucoma**

glauque *adj* **1** D'un vert tirant sur le bleu: *mer glauque* ► **glauco 2** FAM Lugubre, sinistre: *lumière glauque*; louche, sordide: *ambiance glauque* ► **lúgubre**

glèbe *nf* LITT Sol en culture ► **gleba**

glissade *nf* Action de glisser ► **escorregadela**

glissant, e *adj* Sur quoi l'on glisse facilement: *sol glissant* ► **escorregadio**

glisse *nf* Capacité d'un matériel ou d'un sportif à glisser sur une surface ► **deslizamento ■ sports de glisse:** sports où l'on glisse sur la neige, sur la glace ou sur l'eau ► **esportes de deslizamento**

glissement *nm* **1** Action de glisser ► **deslizamento 2** Mouvement de ce qui glisse: *glissement de terrain* ► **deslizamento 3** FIG Passage progressif d'un état à un autre ► **resvalamento**

glisser *vi* **1** Se déplacer d'un mouvement continu sur une surface lisse ► **deslizar 2** Perdre l'équilibre, déraper: *glisser sur du verglas* ► **escorregar ■ glisser des mains:** échapper des mains ► **escorregar das mãos □ glisser sur les détails:** ne pas s'attarder dessus ► **passar por cima dos detalhes ♦** *vt* **1** Introduire: *glisser une lettre sous la porte* ► **enfiar 2** Dire furtivement: *glisser quelques* *mots à quelqu'un* ▸ **soprar** ◆ **se glisser** *vpr* S'introduire subrepticement ▸ **insinuar-se**

glissière *nf* Rainure de glissement: *fermeture à glissière* ▸ **corrediça** ▪ **glissière de sécurité:** poutre métallique bordant une route ou une autoroute afin d'empêcher un véhicule d'en sortir ▸ ***guard-rail***, **mureta de proteção**

glissoire *nf* Chemin de glace sur lequel on s'amuse à glisser ▸ **superfície congelada**

global, e, aux *adj* **1** Considéré dans sa totalité, dans son ensemble: *prix global; vue globale* ▸ **global 2** ÉCON Relatif à une activité exercée à l'échelle planétaire ▸ **global**

globalement *adv* De façon globale; dans l'ensemble ▸ **globalmente**

globaliser *vt* Réunir en un tout, présenter d'une manière globale ▸ **globalizar**

globalité *nf* Caractère global de quelque chose ▸ **globalidade**

globe *nm* **1** Corps sphérique: *globe oculaire* ▸ **globo 2** Enveloppe en verre de forme sphérique: *globe d'une lampe* ▸ **globo** ▪ **globe terrestre, céleste:** sphère sur laquelle est dessinée une carte de la Terre, du ciel ▸ **globo terrestre, celeste** □ **le globe terrestre:** la Terre ▸ **globo** □ **mettre sous globe:** mettre à l'abri ▸ **colocar numa redoma**

globe-trotteur, euse (pl *globe-trotteurs, euses*) *n* Personne qui parcourt le monde ▸ ***globe-trotter***

globulaire *adj* ▸ **globular** ▪ **numération globulaire:** dénombrement des globules rouges et blancs du sang ▸ **contagem de glóbulos**

globule *nm* Cellule du sang et de la lymphe: *globule blanc, rouge* ▸ **glóbulo**

globuleux, euse *adj* ▸ **globuloso** ▪ **yeux globuleux:** dont le globe est très saillant ▸ **olho esbugalhado**

gloire *nf* **1** Renommée éclatante, célébrité: *chercher la gloire* ▸ **glória 2** Mérite: *la gloire en revient aux sauveteurs* ▸ **glória** ▪ **pour la gloire:** sans profit matériel ▸ **por prazer**

glorieusement *adv* Avec gloire ▸ **gloriosamente**

glorieux, euse *adj* **1** Qui s'est acquis de la gloire: *glorieux soldats* ▸ **glorioso 2** Qui procure de la gloire: *victoire glorieuse* ▸ **glorioso**

glorification *nf* Action de glorifier ▸ **glorificação**

glorifier *vt* Honorer, rendre gloire à: *on glorifie le succès* ▸ **glorificar** ◆ **se glorifier** *vpr* [de] Se faire gloire de, se vanter de ▸ **vangloriar-se**

gloriole *nf* Vanité ▸ **gloríola**

glose *nf* **1** Explication, commentaire d'un texte ▸ **glosa 2** (surtout au pluriel) Critique; commentaire oiseux: *des gloses de commère* ▸ **comentário maldoso**

gloser *vt ind* [sur] Commenter, critiquer quelqu'un, quelque chose ▸ **glosar** ◆ *vt* Éclaircir un texte par une glose, un commentaire ▸ **glosar**

glossaire *nm* Dictionnaire, lexique de mots peu connus, à la fin d'un ouvrage ▸ **glossário**

glotte *nf* Orifice du larynx ▸ **glote**

glouglou *nm* FAM Bruit d'un liquide s'écoulant d'une bouteille, d'un conduit ▸ **gluglu**

glouglouter *vi* **1** FAM Produire un bruit de glouglou: *l'eau coule en glougloutant* ▸ **gorgolejar 2** En parlant du dindon, pousser son cri ▸ **grugulejar**

gloussement *nm* Action de glousser ▸ **cacarejo**

glousser *vi* **1** Appeler ses petits, en parlant d'une poule ▸ **cacarejar 2** FAM Rire à petits cris: *enfants qui gloussent* ▸ **cacarejar**

glouton, onne *adj et n* Qui mange avec avidité ▸ **glutão** ◆ *nm* Mammifère carnivore des pays froids, voisin de la martre ▸ **glutão**

gloutonnement *adv* D'une manière gloutonne ▸ **vorazmente**

gloutonnerie *nf* Comportement d'une personne gloutonne ▸ **glutonaria**

glu *nf* Colle végétale qui sert à prendre les oiseaux ▸ **visco**

gluant, e *adj* **1** Qui a la consistance, l'aspect de la glu; visqueux ▸ **viscoso 2** Collant, poisseux: *mains gluantes* ▸ **melado**

glucide *nm* Substance organique énergétique constituée de carbone, d'hydrogène et d'oxygène (appelée aussi: *hydrate de carbone*) ▸ **glicídio**

glucose *nm* Sucre contenu dans certains fruits (raisin) et entrant dans la composition de presque tous les glucides ▸ **glicose**

glutamate *nm* Sel d'un acide aminé présent dans les tissus nerveux ▸ **glutamato**

gluten [glytɛn] *nm* Matière visqueuse azotée de la farine des céréales ▸ **glúten**

glycémie *nf* Présence de sucre dans le sang ▸ **glicemia**

glycérine *nf* Liquide incolore, sirupeux, extrait des corps gras ▸ **glicerina**

glycine *nf* Plante grimpante aux longues grappes de fleurs souvent mauves ▸ **glicínia**

glycoprotéine *nf* Substance constituée d'une protéine combinée à un glucide ▸ **glicoproteína**

glycosurie [glikɔzyri] *nf* Présence de sucre dans les urines, symptôme de diabète ▸ **glicosúria**

glyptique *nf* Art de graver les pierres fines ▸ **glíptica**

glyptodon ou **glyptodonte** *nm* Mammifère fossile gigantesque, à carapace osseuse ▸ **gliptodonte**

GMT (sigle de *Greenwich Mean Time*) Heure moyenne par rapport à la ville de Greenwich (Grande-Bretagne) ▸ **G.M.T.**
gnangnan *adj* FAM Mou, lent et pleurnichard ▸ **molenga**
gneiss [gnɛs] *nm* Roche composée de feldspath, de mica et de quartz ▸ **gnaisse**
gnocchi [ɔki] *nm* Boulette à base de semoule ou de pommes de terre, servie gratinée ou accompagnée de sauce tomate ▸ **nhoque**
gnognote ou **gnognotte** *nf* FAM ▸ **porcaria** ■ **c'est de la gnognote:** c'est sans valeur, négligeable ▸ **é uma porcaria**
gnôle ou **gniole** [ol] *nf* FAM Eau-de-vie ▸ **aguardente**
gnome [gnom] *nm* **1** Dans la tradition ésotérique, petit génie difforme qui habite à l'intérieur de la terre, dont il garde les richesses ▸ **gnomo 2** Homme de petite taille et difforme ▸ **gnomo**
gnomon [gnomɔ̃] *nm* Cadran solaire ▸ **gnômon**
gnon [ɔ̃] *nm* FAM Coup ▸ **sopapo**
gnose [gnoz] *nf* Doctrine religieuse ésotérique ▸ **gnose**
gnou [gnu] *nm* Antilope d'Afrique ▸ **gnu**
go (tout de) *loc adv* FAM Immédiatement, sans façon ▸ **diretamente**
GO *nf pl* (sigle) Grandes ondes ▸ **OL,** ***LW***
goal [gol] *nm* Gardien de but, au football, au polo, etc. ▸ **goleiro**
gobelet *nm* Verre de forme évasée, sans pied ▸ ***gobelet***
gobe-mouches *nm inv* Passereau se nourrissant d'insectes en vol ▸ **papa-moscas**
gober *vt* **1** Avaler sans mâcher: *gober un œuf, une huître* ▸ **engolir 2** FAM Croire naïvement: *elle gobe n'importe quoi* ▸ **engolir** ■ FAM **ne pas (pouvoir) gober quelqu'un:** ne pas pouvoir le supporter ▸ **não suportar alguém**
goberger (se) *vpr (conj 2)* FAM Se prélasser, prendre ses aises ▸ **refestelar-se**
godailler *vi* Faire des faux plis: *jupe, manteau qui godaille* ▸ **amarfanhar**
godasse *nf* FAM Chaussure ▸ **pisante**
godelureau *nm* FAM Jeune homme qui fait l'intéressant ▸ **mauricinho**
goder *vi* Faire des plis ou des faux plis ▸ **franzir**
godet *nm* Petit récipient servant à divers usages: *godet à peinture* ▸ **tigelinha, godê** ■ **à godets:** qui forme des plis: *jupe à godets* ▸ **godê**
godiche *adj et nf* FAM Benêt, maladroit ▸ **desastrado**
godille *nf* **1** Aviron à l'arrière d'une barque: *avancer à la godille* ▸ **ginga 2** Suite de virages rapprochés effectués à ski le long de la ligne de pente: *descendre en godille* ▸ **ziguezague**
godiller *vi* **1** Faire avancer une embarcation à la godille ▸ **gingar 2** À ski, descendre en godille ▸ **ziguezaguear**
godillot *nm* FAM Grosse chaussure de marche ▸ **calçado para caminhada**
goéland *nm* Oiseau palmipède des littoraux ▸ **gaivota**
goélette *nf* Voilier rapide et léger à deux mâts ▸ **goleta**
goémon *nm* Varech ▸ **fuco**
gogo *nm* FAM Personne facile à duper, crédule ▸ **bobo**
gogo (à) *loc adv* FAM À discrétion, abondamment ▸ **à vontade**
goguenard, e *adj et n* Moqueur, ironique ▸ **zombeteiro**
goguenardise *nf* Attitude moqueuse ▸ **zombaria**
goguette *nf* ■ FAM **en goguette: (a)** gai, un peu ivre ▸ **alegre (b)** décidé à faire la fête ▸ **alegre**
goï *adj et n* → **goy**
goinfre *adj et n* FAM Qui mange beaucoup, avidement et salement ▸ **lambão**
goinfrer (se) *vpr* FAM Manger comme un goinfre ▸ **alambazar-se**
goinfrerie *nf* FAM Comportement du goinfre ▸ **lambugem**
goitre *nm* Grosseur au cou due à une hypertrophie de la glande thyroïde ▸ **bócio**
goitreux, goitreuse *adj* De la nature du goitre ▸ **bocioso** ◆ *n* Qui a un goitre ▸ **portador de bócio**
golden [gɔldɛn] *nf* Pomme à chair farineuse et à peau jaune ▸ **maçã** ***golden delicious***
golf *nm* **1** Jeu qui consiste à envoyer une balle dans une série de trous répartis sur un terrain ▸ **golfe 2** Terrain de golf ▸ **campo de golfe** ■ **golf miniature:** jeu imitant le golf, pratiqué sur de petites aires semées d'obstacles; SYN: *minigolf* ▸ **minigolfe**
golfe *nm* Vaste avancée de mer à l'intérieur des terres ▸ **golfo**
golfeur, euse *n* Personne qui pratique le golf ▸ **golfista**
golmote ou **golmotte** *nf* Amanite rougeâtre ou vineuse ▸ **cogumelo comestível** ***Amanita rubescens***
Gomina *nf* (nom déposé) Pommade pour lisser les cheveux et leur donner un aspect brillant ▸ **Gumex** (marca registrada)
gominé, e *adj* Se dit de cheveux recouverts de Gomina ▸ **com brilhantina**
gommage *nm* Action de gommer ▸ **apagamento**

gomme *nf* **1** Petit bloc de caoutchouc servant à effacer l'encre, le crayon, etc. ▸ **borracha 2** Substance visqueuse et transparente qui suinte du tronc de certains arbres ▸ **goma** ■ FAM **à la gomme:** inintéressant, sans valeur ▸ **sem valor** □ **gomme arabique:** substance végétale utilisée pour coller ▸ **goma-arábica** □ FAM **mettre toute la gomme:** se dépêcher, forcer l'allure ▸ **pisar fundo**

gommé, e *adj* Enduit d'une couche de gomme adhésive qu'on mouille pour fermer ou coller: *enveloppe, papier gommés* ▸ **gomado**

gommer *vt* **1** Effacer avec une gomme ▸ **apagar 2** FIG Atténuer, tendre à faire disparaître ▸ **apagar**

gommette *nf* Petite pastille de couleur, en papier gommé, pour décorer ▸ **autoadesivo**

gommier *nm* Arbre produisant une gomme ▸ **árvore gumífera**

gonade *nf* Glande sexuelle qui produit les gamètes et sécrète des hormones ▸ **gônada**

gond *nm* Pièce sur laquelle pivote un battant de porte ou de fenêtre ▸ **gonzo** ■ FAM **sortir de ses gonds:** s'emporter ▸ **perder as estribeiras**

gondolage ou **gondolement** *nm* Action de gondoler; fait de se gondoler ▸ **empenamento, abaulamento**

gondole *nf* Long bateau plat, à un seul aviron, en usage à Venise ▸ **gôndola**

gondoler *vi* ou **se gondoler** *vpr* Se gonfler, se bomber: *plancher qui (se) gondole* ▸ **empenar, abaular(-se)** ◆ *vpr* FAM Se tordre de rire ▸ **morrer de rir**

gondolier *nm* Celui qui conduit une gondole: *les gondoliers vénitiens* ▸ **gondoleiro**

gonflable *adj* Qui prend sa forme par gonflage: *bateau gonflable* ▸ **inflável**

gonflage *nm* Action de gonfler ▸ **inflação, enchimento**

gonflant, e *adj* **1** Qui gonfle: *coiffure gonflante* ▸ **bufante 2** FAM Agaçant ▸ **irritante**

gonflé, e *adj* **1** Empli: *gonflé d'air* ▸ **inflado 2** Enflé, boursouflé: *main gonflée* ▸ **inchado 3** FAM Téméraire, culotté: *il est gonflé de dire ça!* ▸ **ousado**

gonflement *nm* État de ce qui est gonflé ▸ **inflação, enchimento**

gonfler *vt* **1** Distendre, faire enfler: *gonfler un ballon* ▸ **inflar 2** Grossir le volume de: *la pluie a gonflé le torrent* ▸ **aumentar 3** Grossir à dessein, exagérer: *gonfler des chiffres* ▸ **inflar, aumentar 4** TRÈS FAM Ennuyer, exaspérer: *tu me gonfles!* ▸ **encher** ◆ *vi* Augmenter de volume, enfler: *genou qui gonfle* ▸ **inchar** ◆ **se gonfler** *vpr* Se remplir, augmenter de volume: *ballon qui se gonfle* ▸ **inflar-se**

gonflette *nf* FAM (souvent péjoratif) Exercice de musculation visant à donner un important volume musculaire; musculature ainsi développée ▸ **modelagem muscular, músculo modelado**

gonfleur *nm* Appareil pour gonfler ▸ **bomba de ar**

gong [gɔ̃g] *nm* Disque de métal ou de bronze que l'on fait vibrer à l'aide d'un maillet ▸ **gongo**

goniomètre *nm* Instrument pour mesurer les angles sur le terrain ▸ **goniômetro**

gonocoque *nm* Microbe spécifique de la blennorragie ▸ **gonococo**

gonzesse *nf* FAM Femme, jeune fille ▸ **mina**

gordien *adj m* ▸ **górdio** ■ LITT **trancher le nœud gordien:** résoudre une difficulté de façon violente ou brutale ▸ **cortar o nó górdio**

goret *nm* **1** Jeune porc ▸ **leitão 2** FAM Enfant, personne malpropre ▸ **porco**

Gore-Tex *nm* (nom déposé) Fibre textile synthétique imperméable ▸ **Gore-Tex (marca registrada)**

gorge *nf* **1** Partie antérieure du cou: *couper la gorge* ▸ **garganta 2** Partie intérieure du cou, gosier: *avoir mal à la gorge* ▸ **garganta 3** LITT Buste, poitrine d'une femme ▸ **seio 4** Passage escarpé entre deux montagnes; vallée étroite et encaissée: *les gorges du Tarn* ▸ **garganta** ■ **faire des gorges chaudes de:** se moquer de ▸ **tirar sarro de** □ **prendre quelqu'un à la gorge:** (a) le faire suffoquer ▸ **agarrar alguém pelo pescoço** (b) FIG l'avoir à sa merci ▸ **pôr a faca no pescoço de alguém** □ **rendre gorge:** rendre par force ce qu'on a obtenu par des moyens douteux ou illicites ▸ **devolver na marra** □ **rire à gorge déployée:** bruyamment, sans retenue ▸ **rir a bandeiras despregadas**

gorgé, e *adj* Qui contient trop de quelque chose, qui déborde: *sol gorgé d'eau* ▸ **repleto**

gorge-de-pigeon *adv inv* Couleur à reflets changeants ▸ **furta-cor**

gorgée *nf* Petite quantité de liquide qu'on peut avaler en une seule fois: *gorgée de vin* ▸ **gole**

gorgone *nf* Animal des mers chaudes formant des colonies arborescentes de polypes ▸ **gorgônia**

gorgonzola *nm* Fromage italien à moisissures ▸ **gorgonzola**

gorille *nm* Singe anthropoïde de grande taille, originaire de l'Afrique équatoriale ▸ **gorila**

gosier *nm* **1** Partie interne du cou comprenant le pharynx et l'entrée du larynx ▸ **goela 2** FAM Gorge: *chanter à plein gosier* ▸ **garganta**

gospel *nm* Chant religieux des Noirs d'Amérique du Nord ▸ ***gospel***

gosse *n* FAM Enfant ▸ **criança**

gotha *n* Ensemble de personnalités de la politique, du spectacle, de la mode, très en vue dans les médias ▸ **celebridades**

gothique *adj* BX-ARTS Caractérisé par l'usage rationnel de la croisée d'ogives, l'élévation des voûtes et l'agrandissement des ouvertures; propre à ce style: *église gothique* ▸ **gótico** ◆ *nm* Art, architecture de style gothique (du XIIe s. à la Renaissance) ▸ **gótico** ◆ *adj et n* Se dit d'un mouvement à l'esthétique romantique et macabre, issu de la contre-culture punk; adepte de ce mouvement ▸ **gótico**

gotique *nm* Langue germanique orientale parlée jadis par les Goths ▸ **gótico**

gouache *nf* Peinture à l'eau: *portrait à la gouache* ▸ **guache**

gouaille *nf* FAM Attitude moqueuse et insolente; verve populaire: *repartie pleine de gouaille* ▸ **troça**

gouailleur, euse *adj* FAM Moqueur, railleur ▸ **trocista**

gouape *nf* ARG Voyou, vaurien ▸ **pilantra**

gouda *nm* Fromage de Hollande ▸ ***gouda***

goudron *nm* Résidu de la distillation du charbon, servant au revêtement des routes ▸ **piche, asfalto**

goudronnage *nm* Action de goudronner; son résultat ▸ **asfaltamento**

goudronner *vt* Enduire, recouvrir de goudron ▸ **asfaltar**

goudronneuse *nf* Machine à goudronner ▸ **máquina de asfaltar**

goudronneux, euse *adj* De la nature du goudron ▸ **asfáltico**

gouffre *nm* **1** Abîme, trou très profond ▸ **abismo** **2** FIG Ce qui engloutit de grandes sommes d'argent: *ce procès est un véritable gouffre* ▸ **buraco negro**

gouge *nf* Ciseau de menuisier, de sculpteur, etc., à lame creuse ▸ **goiva**

gougère *nf* Pâtisserie en pâte à chou salée additionnée d'œuf et de gruyère et cuite au four ▸ ***gougère***

gouine *nf* TRÈS FAM Homosexuelle ▸ **sapatão**

goujat *nm* Homme grossier, mal élevé ▸ **grosso**

goujaterie *nf* Caractère, action d'un goujat ▸ **grosseria**

goujon[1] *nm* TECHN Cheville de fer ▸ **cavilha**

goujon[2] *nm* Petit poisson de rivière: *friture de goujons* ▸ **gobião**

goujonner *vt* TECHN Fixer avec des goujons ▸ **cavilhar**

goulache ou **goulasch** *nm* Ragoût de bœuf d'origine hongroise, assaisonné au paprika ▸ **gulache**

goulag *nm* HIST Camp de travail forcé, en URSS ▸ ***gulag***

goule *nf* Démon femelle qui, dans les légendes orientales, suce le sang des vivants et dévore les cadavres ▸ **vampira**

goulet *nm* Entrée étroite d'un port, d'une rade: *le goulet de Brest* ▸ **barra**

gouleyant, e *adj* ▸ **agradável** ■ **vin gouleyant:** frais et léger ▸ **vinho guloso**

goulot *nm* **1** Col étroit d'un vase, d'une bouteille ▸ **gargalo** **2** FIG Lieu de passage encombré de personnes, de véhicules ▸ **gargalo**

goulu, e *adj et n* Qui mange avec avidité; glouton, goinfre ▸ **guloso**

goulûment *adv* De façon goulue ▸ **gulosamente**

goupil [gupi] ou [gupil] *nm* LITT Renard ▸ **raposa**

goupille *nf* Cheville ou broche métallique ▸ **lingueta, cavilha**

goupiller *vt* **1** Fixer avec des goupilles: *goupiller un axe* ▸ **cavilhar** **2** FAM Arranger quelque chose, combiner ▸ **organizar** ◇ *vpr*: *affaire qui se goupille mal* ▸ **desenrolar-se**

goupillon *nm* **1** Brosse cylindrique à long manche, pour nettoyer les bouteilles, les biberons ▸ **escova de cabo comprido** **2** Instrument liturgique pour asperger d'eau bénite ▸ **aspersório** ■ FAM **le sabre et le goupillon:** l'armée et l'Église ▸ **o exército e a Igreja**

gourbi *nm* FAM Habitation négligée, mal tenue ▸ **barraco**

gourd, e *adj* Engourdi par le froid: *avoir les doigts gourds* ▸ **entorpecido**

gourde[1] *nf* Récipient portatif pour conserver la boisson ▸ **cantil** ◆ *adj et nf* FAM Niais, sot: *ce qu'il peut avoir l'air gourde!* ▸ **parvo**

gourde[2] *nf* Unité monétaire d'Haïti ▸ **gurde**

gourdin *nm* Gros bâton court ▸ **cacete**

gourer (se) *vpr* FAM Se tromper ▸ **enganar-se**

gourgandine *nf* FAM, VX Femme de mauvaise vie ▸ **devassa**

gourmand, e *adj et n* Qui aime manger de bonnes choses et en grande quantité ▸ ***gourmand***

gourmandise *nf* **1** Caractère, défaut du gourmand ▸ **gulodice** **2** Sucrerie, friandise: *aimer les gourmandises* ▸ **guloseima**

gourme *nf* **1** MÉD, VX Impétigo ▸ **impetigo** **2** Maladie contagieuse des poulains ▸ **mormo** ■ FIG, VIEILLI **jeter sa gourme:** commencer à se dévergonder, à mener une vie de plaisirs ▸ **pagar tributo à mocidade**

gourmé, e *adj* LITT Affecté, guindé: *air gourmé* ▸ **afetado**

gourmet *nm* Personne qui apprécie les vins, la bonne cuisine: *fin gourmet* ▸ **gourmet**

gourmette *nf* Bracelet à mailles plus ou moins larges ▸ **pulseira de corrente**

gourou *nm* **1** Maître spirituel hindou ▸ **guru 2** PAR PLAIS Maître à penser ▸ **guru**

gousse *nf* Fruit des légumineuses, formé de deux cosses et de graines: *gousse de petits pois, de vanille* ▸ **vagem ■ gousse d'ail:** tête ou partie de tête d'ail ▸ **cabeça, dente de alho**

gousset *nm* **1** Petite poche placée dans la ceinture d'un pantalon ▸ **bolsinho 2** Poche du gilet ▸ **bolso do colete ■** FIG **avoir le gousset vide:** être sans argent ▸ **estar de bolso vazio**

goût *nm* **1** Sens qui permet de discerner les saveurs: *la langue est l'organe du goût* ▸ **paladar 2** Saveur d'un aliment, d'une boisson: *un goût sucré* ▸ **gosto 3** Élégance, raffinement: *être habillé avec goût* ▸ **gosto 4** Sentiment de ce qui est beau, esthétique: *homme de goût* ▸ **gosto 5** Attirance, penchant pour une activité: *avoir du goût pour la musique* ▸ **gosto ■ au goût du jour:** en accord avec la mode ▸ **na moda □** FAM **dans ce goût-là:** de cette sorte ▸ **dessa maneira □ de bon goût:** raffiné ▸ **de bom gosto □ de mauvais goût:** grossier ▸ **de mau gosto**

goûter[1] *vt* **1** Apprécier par le goût: *goûter un plat* ▸ **saborear 2** FIG, LITT aimer, apprécier: *goûter le silence* ▸ **saborear** ◆ *vt ind* [à] **1** Manger une petite quantité d'un plat afin de juger de son goût: *j'ai goûté à la soupe, elle est trop salée* ▸ **experimentar 2** Essayer, expérimenter: *goûter aux joies du ski* ▸ **experimentar** ◆ *vi* Faire un léger repas dans l'après-midi: *nous goûtons à cinq heures* ▸ **lanchar**

goûter[2] *nm* Collation dans l'après-midi ▸ **lanche**

goûteur, euse *n* Personne chargée de goûter un plat, une boisson ▸ **provador**

goûteux, euse *adj* Qui a du goût, ou qui a bon goût: *un plat goûteux* ▸ **saboroso**

goutte[1] *nf* **1** Petite quantité de liquide de forme sphérique: *gouttes de pluie* ▸ **gota 2** Petite quantité de boisson: *boire une goutte de vin* ▸ **gota 3** FAM Eau-de-vie: *un verre de goutte* ▸ **aguardente ■ se ressembler comme deux gouttes d'eau:** être identiques ▸ **parecerem-se como duas gotas d'água** ◆ **gouttes** *pl* Médicament à prendre sous forme de gouttes ▸ **remédio em gotas** ◆ **ne goutte** *loc adv* LITT Ne rien: *n'y voir goutte* ▸ **lhufas**

goutte[2] *nf* Affection caractérisée par des troubles articulaires, due à l'accumulation de l'acide urique dans l'organisme ▸ **gota**

goutte-à-goutte *nm inv* Appareil médical permettant de régler le débit d'une perfusion; cette perfusion ▸ **gotejador**

ORTHOGRAPHE Il ne faut pas confondre le *goutte-à-goutte* et s'écouler *goutte à goutte*

gouttelette *nf* Petite goutte ▸ **gotícula**

goutter *vi* Laisser tomber des gouttes ▸ **gotejar**

goutteux, euse *adj et n* MÉD Relatif à la goutte; atteint de la goutte ▸ **gotoso**

gouttière *nf* **1** Conduite placée à la base du toit pour recueillir les eaux de pluie ▸ **calha 2** Appareil pour immobiliser et soutenir un membre fracturé ▸ **gesso ■ chat de gouttière:** sans race ▸ **gato vira-lata**

gouvernable *adj* Que l'on peut gouverner ▸ **governável**

gouvernail *nm* Appareil à l'arrière d'un navire, d'un avion, d'un ballon et qui sert à le gouverner, à le diriger: *des gouvernails* ▸ **leme**

gouvernance *nf* Action, manière de gouverner, d'administrer ▸ **governo**

gouvernant, e *adj* Qui gouverne ▸ **governante** ◆ **gouvernants** *nm pl* Ceux qui gouvernent un État ▸ **governante**

gouvernante *nf* **1** Femme chargée de l'éducation d'un enfant ▸ **governanta 2** Femme qui s'occupe du ménage d'une personne seule ▸ **governanta**

gouverne *nf* Ensemble des organes d'un avion permettant de le diriger, de le gouverner ▸ **comando ■** LITT **pour ma (ta, sa) gouverne:** pour me (te, lui) servir de règle de conduite ▸ **para meu (seu) governo**

gouvernement *nm* **1** Action de gouverner, d'administrer ▸ **governo 2** Constitution politique: *gouvernement républicain* ▸ **governo 3** Organe dirigeant d'un État: *entrer au gouvernement* ▸ **governo**

gouvernemental, e, aux *adj* Du gouvernement ▸ **governamental**

gouverner *vt* **1** Exercer l'autorité politique: *gouverner un pays* ▸ **governar 2** Commander: *elle se laisse gouverner par ses enfants*; régir: *les mobiles qui gouvernent nos actes* ▸ **governar 3** Diriger à l'aide d'un gouvernail: *gouverner une barque* ▸ **governar** ◆ *vi* MAR Obéir au gouvernail ▸ **obedecer à ação do leme**

gouverneur *nm* Haut fonctionnaire chargé de gouverner un territoire, une province, etc. ▸ **governador**

goy [gɔj] (pl *goys* ou *goyim*) ou **goï** (pl *goïs* ou *goïm*) *adj et n* Terme par lequel les juifs désignent les non-juifs ▸ **gói**

goyave *nf* Fruit du goyavier ▸ **goiaba**

goyavier *nm* Arbre d'Amérique tropicale dont le fruit a la forme d'une poire ▸ **goiabeira**

GPRS *nm* (sigle de *general packet radio service*) Système de téléphonie mobile basé sur la norme GSM, mais à débit rapide et adapté à Internet ▸ **GPRS**

GPS *nm* (sigle de *global positioning system*) Appareil de géolocalisation par satellites ▸ **GPS**

GR *nm* (sigle de *grande randonnée*) Sentier de grande randonnée: *le GR20* ▸ **Ø**

grabat *nm* LITT Lit misérable, où l'on souffre ▸ **grabato**

grabataire *adj et n* Se dit d'un malade qui ne peut plus quitter son lit ▸ **entrevado, grabatário**

grabuge *nm* FAM Dispute bruyante; dégâts qui en résultent ▸ **arruaça**

grâce *nf* **1** Élégance dans les gestes, dans la démarche, charme: *avoir de la grâce* ▸ **graça** **2** Faveur: *faites-lui la grâce d'accepter* ▸ **graça** **3** Remise de peine: *obtenir sa grâce* ▸ **indulto, perdão** **4** RELIG Aide accordée par Dieu en vue du salut ▸ **graça** ■ **coup de grâce:** coup fatal ▸ **golpe de misericórdia** □ **de bonne grâce:** spontanément, de bon cœur ▸ **de bom grado** □ **de mauvaise grâce:** avec de la mauvaise volonté ▸ **de má vontade** □ **être dans les bonnes grâces de quelqu'un:** jouir de sa faveur ▸ **cair nas graças de alguém** □ **faire grâce de:** dispenser de ▸ **dispensar de** □ **grâce à:** par l'intervention heureuse de, avec l'aide de ▸ **graças a** □ **grâce à Dieu:** heureusement, par chance ▸ **graças a Deus** ◆ *interj* Pitié! ▸ **misericórdia!**

ORTHOGRAPHE Alors que *grâce* s'écrit avec un accent circonflexe, les dérivés *gracier, gracieux, gracieusement,* etc., s'écrivent sans accent

gracier *vt* Faire grâce, remettre la peine d'un condamné ▸ **perdoar**

gracieusement *adv* **1** Avec grâce ▸ **graciosamente** **2** Gratuitement ▸ **gratuitamente**

gracieuseté *nf* LITT Action, parole aimable ▸ **amabilidade**

gracieux, euse *adj* **1** Qui a de la grâce: *pose gracieuse* ▸ **gracioso** **2** Aimable, agréable: *accueil gracieux* ▸ **amável** **3** Gratuit: *à titre gracieux* ▸ **gratuito**

gracile *adj* LITT Mince, élancé et fragile ▸ **grácil**

gracilité *nf* LITT Caractère de ce qui est gracile; minceur ▸ **gracilidade**

gradation *nf* Passage progressif et par degrés d'une chose à une autre ▸ **gradação**

grade *nm* **1** Degré d'une hiérarchie: *monter en grade* ▸ **posto, grau** **2** Unité de mesure des angles ▸ **grado**

gradé, e *n et adj* Militaire non officier titulaire d'un grade supérieur à celui de soldat ou de matelot ▸ **graduado**

gradient *nm* Taux de variation d'un élément météorologique en fonction de la distance ▸ **gradiente**

gradin *nm* Marche d'un amphithéâtre ▸ **degrau**

graduation *nf* **1** Action de graduer ▸ **graduação** **2** Chacune des divisions établies en graduant; ensemble de ces divisions ▸ **graduação**

gradué, e *adj* **1** Divisé en degrés: *échelle graduée* ▸ **graduado** **2** Dont la difficulté croît progressivement; progressif: *exercices gradués* ▸ **gradativo** ◆ *adj et n* BELGIQUE Titulaire d'un diplôme de fin de cycle d'études techniques ▸ **técnico graduado**

graduel, elle *adj* Qui va par degrés: *diminution graduelle* ▸ **gradual**

graduellement *adv* Par degrés ▸ **gradualmente**

graduer *vt* **1** Diviser en degrés: *graduer un thermomètre* ▸ **graduar** **2** FIG Augmenter progressivement: *savoir graduer son effort* ▸ **graduar**

graff *nm* Composition picturale à base de caractères calligraphiques bombée sur un mur ▸ **grafite**

graffeur, euse *n* Personne qui dessine des graffs ▸ **grafiteiro**

graffiti (pl inv ou *graffitis*) *nm* Inscription, dessin griffonné sur un mur ▸ **grafite**

grailler *vi* Pousser un cri, en parlant de la corneille ▸ **gralhar**

graillon *nm* Odeur peu appétissante de graisse brûlée, de mauvaise cuisine ▸ **cheiro de gordura queimada**

grain *nm* **1** Fruit ou semence d'une céréale: *grains de blé* ▸ **grão** **2** Objet de petite taille et de forme sphérique: *grain de sable* ▸ **grão** **3** Aspect d'une surface plus ou moins marquée d'aspérités; texture: *grain de la peau* ▸ **textura** **4** Averse subite, coup de vent ▸ **pancada de chuva, rajada** ■ FAM **avoir un grain:** être un peu fou ▸ **ser pancada** □ **donner du grain à moudre à quelqu'un:** **(a)** lui apporter des arguments ▸ **oferecer argumentos a alguém** **(b)** lui donner matière à réflexion ▸ **dar o que pensar a alguém** □ **grain de beauté:** petite tache brune sur la peau ▸ **pinta** □ FAM **mettre son grain de sel:** s'immiscer dans une conversation ▸ **meter a colher** □ **veiller au grain:** surveiller, prendre garde à ▸ **ficar de olho**

graine *nf* Semence d'une plante ▸ **semente** ■ FAM **en prendre de la graine:** prendre modèle, exemple sur ▸ **seguir o exemplo de** □ FIG **graine de (voyou, etc.):** futur (voyou, etc.) ▸ **projeto de (arruaceiro)** □ **mauvaise graine:** personne dont il y a peu à attendre ▸ **pinta-brava**

graineterie *nf* Commerce du grainetier ▸ **comércio de sementes**

grainetier, ère *n* Personne qui vend des graines ► **vendedor de sementes**

graissage *nm* Action de graisser un moteur, un mécanisme ► **lubrificação**

graisse *nf* **1** Substance lipidique onctueuse qui se trouve dans les tissus de l'homme et des animaux ► **gordura 2** Corps gras d'origine végétale (huile, etc.) ou minérale (vaseline, etc.) utilisé dans la cuisine, l'industrie, etc. ► **gordura**

graisser *vt* **1** Enduire de graisse ► **besuntar 2** Tacher de graisse ► **engordurar** ■ FIG, FAM **graisser la patte:** donner de l'argent à quelqu'un pour en obtenir un service; corrompre ► **molhar a mão**

graisseur *nm* Ouvrier ou dispositif qui effectue le graissage d'appareils mécaniques ► **graxeiro, azeitador**

graisseux, euse *adj* **1** Qui contient de la graisse ► **gorduroso 2** Taché de graisse ► **engordurado**

graminacée ou **graminée** *nf* Plante monocotylédone, dont la tige est un chaume (blé, orge, avoine, etc.) [les graminacées forment une famille] ► **gramínea, graminácea**

grammaire *nf* **1** Ensemble des règles morphologiques et syntaxiques d'une langue; étude de ces règles ► **gramática 2** Livre, ouvrage enseignant ces règles ► **gramática**

grammairien, enne *n* Spécialiste de grammaire ► **gramático**

grammatical, e, aux *adj* Relatif à la grammaire ► **gramatical**

grammaticalement *adv* Selon les règles de la grammaire ► **gramaticalmente**

gramme *nm* Unité de masse valant un millième de kilogramme ► **grama**

ORTHOGRAPHE On écrit *gramme* en entier après un nombre écrit en lettres (*dix grammes*); on peut utiliser le symbole *g* (sans point) après un nombre écrit en chiffres (*10 g*)

grand, e *adj* **1** De dimensions importantes: *un grand appartement* ► **grande 2** De taille élevée: *un enfant très grand pour son âge* ► **grande 3** D'une taille, d'une intensité, d'une quantité supérieure à la moyenne: *grand vent; grand bruit* ► **grande 4** Qui a beaucoup de talent, dont le talent est reconnu: *un grand romancier; les grands hommes*; qui se distingue par sa fortune, sa naissance, son influence: *un grand personnage* ► **grande 5** Important, exceptionnel: *un grand moment* ► **grande 6** Qui a atteint une certaine maturité: *tu es grand, maintenant* ► **grande** ■ FIG **au grand jour:** sans rien dissimuler ► **às claras** □ **grand air:** air qu'on respire dans la nature ► **ar puro** □ **les grandes vacances:** les vacances d'été pour les écoliers, les lycéens et les étudiants ► **férias de verão** □ **grand frère, grande sœur:** frère, sœur aînés ► **irmão, irmã mais velho(a)** □ **grand jour:** pleine lumière ► **luz do dia** □ **monter sur ses grands chevaux:** se mettre en colère, s'indigner ► **subir nas tamancas** ♦ *adv* ■ **en grand:** dans de vastes proportions: *voir les choses en grand* ► **em grande (escala)** □ **voir grand:** avoir de grands projets ► **enxergar longe** ♦ *n* Personne adulte: *spectacle pour les petits et les grands* ► **adulto** ♦ *nm* Personne importante: *les grands de ce monde* ► **grande, personalidade**

grand-angle (pl *grands-angles*) ou **grand-angulaire** (pl *grands-angulaires*) *nm* Objectif d'un appareil photo couvrant un champ étendu ► **grande-angular**

grand-chose *pron indéf* ► **grande coisa** ■ **pas grand-chose:** presque rien: *il n'y a pas grand-chose à faire ici* ► **não muito** ♦ *n inv* ■ FAM **un, une pas grand-chose:** personne de peu de valeur ► **um, uma zé-ninguém**

grand-duc (pl *grands-ducs*) *nm* Souverain d'un grand-duché ► **grão-duque** ■ FAM **faire la tournée des grands-ducs:** aller d'un bar ou d'un restaurant à un autre pour boire et s'amuser ► **fazer o circuito dos bares, restaurantes**

grand-duché (pl *grands-duchés*) *nm* Territoire gouverné par un grand-duc: *le grand-duché de Luxembourg* ► **grão-ducado**

grande-duchesse (pl *grandes-duchesses*) *nf* Souveraine d'un grand-duché ► **grão-duquesa**

grandement *adv* **1** Généreusement: *faire les choses grandement* ► **generosamente 2** Beaucoup: *se tromper grandement* ► **enormemente 3** Largement, amplement: *en avoir grandement assez* ► **extremamente**

grandeur *nf* **1** Caractère de ce qui est grand, important, considérable: *la grandeur d'une entreprise, d'un projet* ► **grandiosidade 2** Étendue en hauteur, longueur, largeur; taille, dimension: *la grandeur d'une maison* ► **tamanho 3** Quantité mesurable: *grandeur mathématique; ordre de grandeur* ► **grandeza 4** Supériorité affirmée; importance, puissance: *la grandeur d'un pays* ► **grandiosidade 5** Élévation morale et intellectuelle; noblesse: *se conduire avec grandeur* ► **grandeza** ■ **avoir la folie des grandeurs:** avoir une ambition démesurée ► **ter mania de grandeza** □ FIG **grandeur d'âme:** générosité ► **grandeza de alma** □ **grandeur nature:** selon les dimensions réelles ► **em tamanho natural**

grand-guignol *nm inv* Mélodrame outré, de mauvais goût ► ***grand-guignol***

grand-guignolesque (pl *grand-guignolesques*) *adj* Qui relève du grand-guignol ▸ **grand-guignolesco**

grandiloquence *nf* Caractère d'un acte, d'un discours grandiloquent ▸ **grandiloquência**

grandiloquent, e *adj* Emphatique, pompeux ▸ **grandiloquente**

grandiose *adj* D'une grandeur imposante: *un spectacle grandiose* ▸ **grandioso**

grandir *vi* Devenir grand, plus grand ▸ **crescer** ◆ *vt* Faire paraître plus grand ▸ **aumentar**

grandissant, e *adj* Croissant ▸ **crescente**

grandissime *adj* FAM Très grand ▸ **grandíssimo**

grand-livre (pl *grands-livres*) *nm* Livre de commerce, registre où sont portés tous les comptes de l'entreprise ▸ **livro comercial**

grand-maman (pl *grand-mamans* ou *grands-mamans*) *nf* Grand-mère, dans le langage enfantin ▸ **vovó**

grand-mère (pl *grand-mères* ou *grands-mères*) *nf* Mère du père ou de la mère ▸ **avó**

grand-messe (pl *grand-messes* ou *grands-messes*) *nf* **1** Messe chantée ▸ **missa cantada 2** FIG Manifestation publique à laquelle on donne une solennité excessive: *la grand-messe du parti au pouvoir* ▸ **pompa**

grand-oncle (pl *grands-oncles*) *nm* Frère du grand-père ou de la grand-mère ▸ **tio-avô**

grand-papa (pl *grands-papas*) *nm* Grand-père, dans le langage enfantin ▸ **vovô**

grand-peine (à) *loc adv* Avec difficulté ▸ **a duras penas**

grand-père (pl *grands-pères*) *nm* Père du père ou de la mère ▸ **avô**

grand-rue (pl *grand-rues* ou *grands-rues*) *nf* Rue principale d'un village ▸ **rua principal**

grands-parents *nm pl* Le grand-père et la grand-mère ▸ **avós**

grand-tante (pl *grand-tantes* ou *grands-tantes*) *nf* Sœur du grand-père ou de la grand-mère ▸ **tia-avó**

grand-voile (pl *grand-voiles* ou *grands-voiles*) *nf* Voile du grand mât ▸ **(vela) grande**

grange *nf* Bâtiment rural pour abriter la paille, le foin, les récoltes ▸ **celeiro**

granit [granit] ou **granite** *nm* Roche cristalline formée de quartz, de mica et de feldspath ▸ **granito**

granité, e *adj* Qui présente des grains comme le granit ▸ **granitado** ◆ *nm* Étoffe de laine à gros grains ▸ **tecido de lã com trama grande**

graniteux, euse *adj* Qui contient du granit ▸ **granítico**

granitique *adj* De la nature du granit ▸ **granítico**

granivore *adj et n* Qui se nourrit de graines: *oiseau granivore* ▸ **granívoro**

granny-smith [granismis] *nf inv* Pomme d'une variété à peau verte et à chair ferme ▸ **maçã** ***granny smith***

granulaire *adj* Qui se compose de petits grains: *roche granulaire* ▸ **granular**

granulation *nf* Agglomération en petits grains ▸ **granulação**

granule *nm* Grain ou pilule de petite taille ▸ **grânulo**

granulé, e *adj* Qui présente des granulations: *superficie granulée* ▸ **granulado** ◆ *nm* Médicament en forme de grain ▸ **grânulo**

granuleux, euse *adj* Dont l'aspect évoque des petits grains ▸ **granuloso**

granulome *nm* MÉD Petite tumeur cutanée de forme arrondie ▸ **granuloma**

grape-fruit [grɛpfrut] (pl *grape-fruits*) *nm* Pomelo, pamplemousse ▸ **toranja**

graphe *nm* MATH Représentation d'une fonction ▸ **gráfico**

graphie *nf* Manière dont un mot est écrit ▸ **grafia**

graphique *adj* Relatif aux procédés d'impression: *les arts graphiques* ▸ **gráfico** ◆ *nm* Courbe ou tracé représentant les variations d'une grandeur mesurable ▸ **gráfico**

graphiquement *adv* Au moyen d'un graphique: *exposer graphiquement* ▸ **graficamente**

graphisme *nm* **1** Caractère particulier d'une écriture ▸ **grafismo 2** Manière de tracer un trait, un dessin ▸ **grafismo**

graphiste *n* Dessinateur dans les arts graphiques et la publicité ▸ **grafista**

graphite *nm* Carbone naturel ou artificiel cristallisé, presque pur, gris-noir, tendre et friable ▸ **grafita**

graphiteux, euse ou **graphitique** *adj* Qui contient du graphite ▸ **grafítico**

graphologie *nf* Étude de la personnalité de quelqu'un d'après son écriture, son graphisme ▸ **grafologia**

graphologique *adj* Relatif à la graphologie ▸ **grafológico**

graphologue *n* Spécialiste de graphologie ▸ **grafólogo**

grappe *nf* Ensemble des fleurs ou des fruits poussant sur une tige commune: *grappe de raisin* ▸ **cacho**

grappillage *nm* Action de grappiller ▸ **rebusco**

grappiller *vt et vi* **1** Cueillir ici et là sur une grappe, sur une branche ▸ **rebuscar 2** FIG Recueillir un peu partout, de façon éparse: *grappiller des* *renseignements* ▸ **rebuscar 3** FAM Réaliser de petits gains: *grappiller à droite et à gauche* ▸ **cavar**

grappilleur, euse *n* Qui grappille ▸ **rebuscador, cavador**

grappin *nm* **1** Petite ancre à plusieurs pointes ▸ **fateixa 2** Crochet d'abordage ▸ **arpéu** ■ FAM **mettre le grappin sur:** s'emparer de, accaparer ▸ **pôr a mão em**

gras, grasse *adj* **1** Formé de graisse ou qui en contient: *corps gras* ▸ **gordo, graxo 2** Taché de graisse: *des doigts gras* ▸ **gorduroso 3** Épais, large: *caractères d'imprimerie gras* ▸ **espesso 4** Grossier: *plaisanterie grasse* ▸ **grosseiro** ■ **acide gras:** constituant caractéristique des lipides, comprenant une chaîne d'atomes de carbone ▸ **ácido graxo** □ **crayon gras:** qui forme des traits épais ▸ **lápis litográfico** □ **toux grasse:** qui vient des bronches et qui est accompagnée d'expectorations ▸ **tosse solta** □ **plantes grasses:** à feuilles épaisses et charnues ▸ **plantas carnosas** □ FIG **faire la grasse matinée:** se lever tard ▸ **acordar tarde** ♦ *nm* Partie grasse d'une viande ▸ **gordura**

gras-double (pl *gras-doubles*) *nm* Membrane comestible de l'estomac du bœuf ▸ **dobradinha**

grassement *adv* Largement, généreusement: *payer grassement* ▸ **generosamente** ■ **rire grassement:** de façon bruyante ▸ **rir estrepitosamente**

grasseyement *nm* Action de grasseyer ▸ **pronúncia gutural dos erres**

grasseyer *vi (conj 4; conserve partout le y)* Prononcer les *r* du fond de la gorge ▸ **pronunciar os erres guturalmente**

grassouillet, ette *adj* FAM Potelé, dodu ▸ **gorducho**

gratifiant, e *adj* Qui procure une satisfaction psychologique ▸ **gratificante**

gratification *nf* Somme d'argent versée en plus de la somme convenue ▸ **gratificação**

gratifier *vt* Accorder une récompense, une faveur à ▸ **gratificar**

gratin *nm* Plat cuisiné recouvert de chapelure ou de fromage et doré au four: *gratin de chou-fleur* ▸ **gratinado** ■ FAM **le gratin:** les personnes les plus en vue d'un groupe, l'élite ▸ **a nata**

gratiné, e *adj* **1** Cuit, préparé, doré au four ▸ **gratinado 2** FAM, IRON Remarquable dans son genre ▸ **inacreditável**

gratinée *nf* Soupe à l'oignon saupoudrée de fromage râpé et gratinée au four ▸ **sopa de cebola,** ***gratinée***

gratiner *vt* Accommoder au gratin ▸ **gratinar** ♦ *vi* Former une croûte dorée, croustillante ▸ **gratinar**

gratis [gratis] *adv* FAM Gratuitement ▸ **grátis**

gratitude *nf* Reconnaissance d'un bienfait reçu: *exprimer sa gratitude* ▸ **gratidão**

grattage *nm* Action de gratter ▸ **raspagem**

gratte *nf* FAM **1** Guitare ▸ **guitarra 2** Petit profit illicite ▸ **ganho ilícito 3** BELGIQUE Égratignure ▸ **arranhão**

gratte-ciel *nm inv* Bâtiment, immeuble très élevé ▸ **arranha-céu**

gratte-cul *nm inv* Nom usuel du fruit de l'églantier ▸ **baga da rosa-canina**

grattement *nm* Bruit fait en grattant ▸ **raspação**

gratte-papier *nm inv* FAM, PÉJOR Employé de bureau à un poste subalterne ▸ **subalterno**

gratter *vt* **1** Frotter, racler une surface avec l'ongle, un instrument, etc.: *gratter une inscription, un mot; gratter le dos* ▸ **arranhar, coçar 2** Provoquer une démangeaison: *la laine me gratte* ▸ **coçar 3** FAM Réaliser un petit profit, souvent d'une manière indélicate; grapiller ▸ **cavar** ■ FAM **gratter un concurrent:** le rattraper, le dépasser ▸ **alcançar, superar um concorrente** ♦ *vi* ■ **gratter à la porte:** frapper discrètement ▸ **bater de leve na porta** ♦ **se gratter** *vpr* Se frotter avec les ongles ▸ **coçar-se**

grattoir *nm* Surface enduite de soufre d'une boîte d'allumettes ▸ **lixa**

gratuit, e *adj* **1** Qu'on donne sans faire payer ou qu'on reçoit sans payer: *consultation gratuite* ▸ **gratuito 2** FIG Sans motif: *crime gratuit* ▸ **gratuito**

gratuité *nf* Caractère de ce qui est gratuit: *la gratuité de l'enseignement* ▸ **gratuidade**

gratuitement *adv* De façon gratuite ▸ **gratuitamente**

grau *nm* Chenal d'un étang, dans le Midi ▸ **canal**

gravats *nm pl* Débris venant d'une démolition ▸ **entulho**

grave *adj* **1** Sérieux, austère: *homme grave* ▸ **grave 2** Important, dangereux: *maladie grave* ▸ **grave 3** Bas: *voix grave* ▸ **grave 4** FAM Stupide, idiot, nul: *il est grave* ▸ **idiota** ■ **accent grave:** descendant de gauche à droite (è) ▸ **acento grave** ♦ *adv* FAM Gravement: *elle délire grave* ▸ **gravemente**

graveleux, euse *adj* D'un humour grossier ▸ **indecoroso**

gravement *adv* De manière grave ▸ **gravemente**

graver *vt* **1** Tracer une figure, des caractères sur une matière dure ▸ **gravar 2** Inscrire des données à la surface d'un CD, d'un cédérom ou d'un DVD à l'aide d'un rayon laser ▸ **gravar 3** FIG Inscrire, rendre durable: *graver dans sa mémoire* ▸ **gravar**

graves *nf pl* Terrains caillouteux et sablonneux, dans le Bordelais ▸ ***graves*** ♦ *nm* Vin produit dans les Graves, région du Bordelais ▸ ***graves***

graveur, euse *n* **1** Artiste qui réalise des gravures ▶ **gravurista** **2** Professionnel dont le métier est de graver ▶ **gravador**

gravide *adj* MÉD Qui porte un fœtus ou un embryon, en parlant d'une femelle ou d'un utérus ▶ **grávido**

gravidique *adj* MÉD Relatif à la grossesse ▶ **gravídico**

gravier *nm* Petits cailloux dont on recouvre les allées, les chaussées ▶ **cascalho**

gravillon *nm* Gravier fin employé dans le revêtement des routes ▶ **brita**

gravillonnage *nm* Épandage de gravillon sur une chaussée ▶ **recobrimento com brita**

gravimétrie *nf* **1** Mesure de l'intensité de la pesanteur ▶ **gravimetria** **2** Analyse chimique effectuée par pesées ▶ **gravimetria**

gravir *vt et vi* Monter avec effort ▶ **escalar** ■ FIG **gravir les échelons (d'une hiérarchie):** progresser dans une hiérarchie, une carrière ▶ **galgar os degraus (de uma hierarquia)**

gravissime *adj* Très grave ▶ **gravíssimo**

gravitation *nf* Force par laquelle tous les corps s'attirent réciproquement en raison directe de leur masse et en raison inverse du carré de leur distance ▶ **gravitação**

gravitationnel, elle *adj* Qui concerne la gravitation ▶ **gravitacional**

gravité *nf* **1** Comportement grave: *regard empreint de gravité* ▶ **gravidade** **2** Caractère d'une chose importante ou dangereuse: *blessure sans gravité* ▶ **gravidade** **3** Pesanteur ▶ **gravidade** ■ PHYS **centre de gravité:** point sur lequel un corps se tient en équilibre dans toutes ses positions ▶ **centro de gravidade**

graviter *vi* **1** PHYS Décrire une trajectoire autour d'un point central, en vertu de la gravitation ▶ **gravitar** **2** FIG Évoluer autour de quelqu'un, de quelque chose: *graviter autour du pouvoir* ▶ **gravitar**

gravure *nf* **1** Art de graver; l'image ainsi réalisée: *gravure sur bois, sur cuivre* ▶ **gravura** **2** Image, illustration: *un livre avec des gravures* ▶ **gravura**

gré *nm* ▶ **grado** ■ **au gré de:** selon la volonté, le goût, la force de ▶ **ao sabor de** □ **de gré à gré:** à l'amiable ▶ **amigavelmente** □ **de gré ou de force** ou **bon gré mal gré:** volontairement ou par contrainte ▶ **por bem ou por mal, queira ou não** □ **de bon gré** ou **de son plein gré:** en acceptant volontiers ▶ **de bom grado** □ LITT **savoir bon gré ou mauvais gré à quelqu'un, de quelque chose:** en être satisfait ou mécontent ▶ **estar agradecido, descontente com alguém por alguma coisa**

grèbe *nm* Oiseau palmipède, au plumage blanc argenté ▶ **mergulhão**

grec, grecque *adj et n* De Grèce: *les Grecs* ▶ **grego** ■ **Église grecque:** Église d'Orient, non soumise au pape ▶ **Igreja grega** ◆ *nm* Langue grecque: *grec ancien, moderne* ▶ **grego**

grécité *nf* Caractère de ce qui est grec ▶ **grecismo**

gréco-latin, e (pl *gréco-latins, es*) *adj* Qui appartient au grec et au latin: *langues gréco-latines* ▶ **greco-latino**

gréco-romain, e (pl *gréco-romains, es*) *adj* Commun aux Grecs et aux Romains ▶ **greco--romano**

grecque *nf* **1** Ornement de lignes revenant sur elles-mêmes, à angle droit ▶ **grega** **2** Scie de relieur ▶ **serrote**

gredin, e *n* Individu malhonnête; bandit, canaille ▶ **vigarista**

gréement [gremɑ̃] *nm* Ensemble des éléments (cordages, poulies, etc.) qui servent à la manœuvre des voiles d'un navire ▶ **cordame**

green [grin] *nm* Espace gazonné ménagé autour de chaque trou du parcours d'un golf ▶ ***green***

gréer *vt* Garnir un bateau, un mât de son gréement ▶ **aparelhar**

greffage *nm* Action ou manière de greffer; son résultat ▶ **enxerto, modo de enxertar**

greffe[1] *nm* Lieu d'un tribunal où sont déposées les minutes des jugements, où se font les déclarations de procédure ▶ **cartório de justiça**

greffe[2] *nf* **1** Opération consistant à insérer une partie d'une plante, appelée *greffon*, dont on désire développer les caractères, sur une autre, appelée *sujet*; greffon ainsi inséré ▶ **enxerto** **2** Opération chirurgicale consistant à transférer sur un individu (homme ou animal) des parties prélevées sur lui-même ou sur un autre individu ▶ **enxerto, transplante**

greffé, e *n* Personne qui a subi une greffe d'organe ▶ **enxertado, transplantado**

greffer *vt* Faire une greffe: *greffer un pommier; greffer un rein* ▶ **enxertar, transplantar**

greffier, ère *n* Fonctionnaire préposé au greffe ▶ **cartorário**

greffoir *nm* Couteau pour greffer ▶ **enxertadeira**

greffon *nm* Bourgeon, jeune rameau ou tissu animal utilisé pour réaliser une greffe ▶ **enxerto, tecido transplantado**

grégaire [gregɛr] *adj* Qui vit en groupe ▶ **gregário** ■ **instinct grégaire:** qui pousse les hommes ou les animaux à s'assembler ▶ **instinto gregário**

grégarisme *nm* Instinct grégaire ▶ **gregarismo**

grège *adj* ■ **soie grège:** soie naturelle, au sortir du cocon ► **seda crua** ♦ *adj et nm* Qui tient du gris et du beige ► **bege acinzentado**

grégeois *adj m* ■ HIST **feu grégeois:** composition incendiaire à base de salpêtre et de bitume, brûlant même au contact de l'eau ► **fogo grego**

grégorien, enne *adj* ► **gregoriano** ■ **chant grégorien:** chant liturgique chrétien codifié sous le pape Grégoire Ier ► **canto gregoriano** □ **calendrier grégorien:** réformé par Grégoire XIII ► **calendário gregoriano**

grêle[1] *adj* **1** Long et menu: *jambes grêles* ► **fino** **2** Aigu et faible: *voix grêle* ► **fino** ■ **intestin grêle:** portion étroite de l'intestin ► **intestino delgado**

grêle[2] *nf* **1** Pluie congelée en grains ► **granizo** **2** FIG Chute abondante: *grêle de pierres* ► **saraivada**

grêlé, e *adj* **1** Abîmé par la grêle: *vignes, récoltes grêlées* ► **destruído pelo granizo** **2** Qui porte des marques de variole: *visage grêlé* ► **bexigoso**

grêler *v impers* Tomber, en parlant de la grêle ► **granizar**

grelin *nm* MAR Gros cordage ► **calabrote**

grêlon *nm* Grain de grêle ► **pedra de granizo**

grelot *nm* Boule métallique creuse contenant un morceau de métal qui la fait résonner ► **guizo**

grelottant, e *adj* Qui grelotte ► **tiritante**

grelottement *nm* Fait de grelotter ► **tiritação**

grelotter *vi* Trembler de froid ► **tiritar**

grenache *nm* Cépage du Midi; vin issu de ce cépage ► **grenache**

grenade *nf* **1** Fruit du grenadier à la saveur aigrelette ► **romã** **2** Projectile explosif, qu'on lance à la main ou au fusil ► **granada**

grenadier *nm* **1** Arbuste du Moyen-Orient, à fleur rouge vif, qui porte les grenades ► **romãzeira** **2** ANC Soldat qui lançait les grenades; soldat d'élite ► **granadeiro**

grenadin *nm* Tranche de filet de veau entourée de lard ► **fricandó**

grenadine *nf* Sirop de couleur rouge ► **granadina**

grenaille *nf* Métal en grains: *grenaille de plomb* ► **granalha** ♦ **grenailles** *pl* ■ BELGIQUE **grenailles errantes:** gravillons sur une chaussée ► **pedregulho**

grenat *nm* Pierre fine de couleur rouge sombre ► **granada** ♦ *adj inv* D'un rouge sombre ► **grená**

greneler [grənle] ou [grenle] *vt (conj 6)* Marquer de petits points: *greneler du papier* ► **pontilhar**

grenier *nm* **1** Partie d'un bâtiment rural destinée à conserver les grains, le foin, etc. ► **celeiro** **2** Partie supérieure d'une maison, d'un bâtiment, sous les combles ► **sótão** **3** FIG Pays, région fertile, notamment en blé: *la Beauce est le grenier de la France* ► **celeiro**

grenouillage *nm* FAM Intrigue politique douteuse, malhonnête ► **confabulação**

grenouille *nf* Batracien sauteur et nageur ► **rã** ■ FAM **manger, bouffer, faire sauter la grenouille:** s'approprier le fonds commun ► **roubar o dinheiro do caixa** □ FAM **grenouille de bénitier:** femme dévote ► **rata de sacristia**

grenouiller *vi* FAM Se livrer au grenouillage ► **confabular**

grenouillère *nf* Combinaison pour les nourrissons, avec jambes et chaussons ► **macacão com pé**

grenu, e *adj* Dont la texture présente de nombreux petits grains ► **granuloso**

grès *nm* **1** Roche très dure formée de grains de sable agglomérés: *pavé en grès* ► **arenito** **2** Céramique, poterie très dure ► **objetos de grés**

gréseux, euse *adj* De la nature du grès: *roche gréseuse* ► **arenítico, gresífero**

grésil [grezil] *nm* Grêle très fine ► **pedrisco**

grésillement *nm* Fait de grésiller; bruit ainsi produit ► **crepitação**

grésiller *vi* Produire de petits crépitements: *huile chaude qui grésille* ► **crepitar**

gressin *nm* Petit pain long et friable à base d'œufs ► ***grissin***

grève[1] *nf* Plage de sable et de gravier ► **praia**

grève[2] *nf* Interruption collective et concertée du travail par des salariés: *se mettre en grève; faire grève* ► **greve** ■ **grève de la faim:** refus de s'alimenter afin d'attirer l'attention sur une revendication ► **greve de fome** □ **grève sur le tas:** grève avec occupation du lieu de travail ► **greve de braços cruzados**

grever *vt (conj 9)* Soumettre à de lourdes charges: *grever son budget* ► **onerar**

gréviste *n* Qui participe à une grève ► **grevista**

gribouillage ou **gribouillis** *nm* Écriture ou peinture réalisée sans application, sans soin ► **garatuja**

gribouiller *vi et vt* Faire un, des gribouillages ► **garatujar**

gribouilleur, euse *n* Qui gribouille ► **rabiscador**

grief *nm* Plainte: *formuler ses griefs* ► **queixa** ■ **faire grief de:** reprocher ► **recriminar**

grièvement *adv* Gravement: *grièvement blessé* ► **gravemente**

griffade *nf* VX Coup de griffe ► **unhada**

griffe *nf* **1** Ongle crochu de certains animaux ► **garra, unha** **2** Signature: *apposer sa griffe* ► **assinatura** **3** Nom, marque ou sigle propre à un créateur: *la griffe d'un grand couturier* ► **grife** **4** BELGIQUE Éraflure ► **arranhão** ■ **montrer les griffes:** menacer ► **mostrar as garras** □ FIG **sous la griffe de:** au pouvoir de ► **nas garras de**

griffer *vt* **1** Donner un coup de griffe à, sur; égratigner: *griffer le visage* ▸ **unhar 2** Mettre une griffe à; signer: *vêtement griffé* ▸ **assinar**
griffon *nm* Chien d'arrêt, à poil long et rude ▸ ***griffon***
griffonnage *nm* **1** Action de griffonner ▸ **garatuja 2** Écriture peu lisible ▸ **garatuja**
griffonner *vt* Écrire peu lisiblement ▸ **garatujar**
griffu, e *adj* Armé de griffes ▸ **provido de garras**
griffure *nf* Coup de griffe ▸ **arranhão**
grignotage *nm* Action de grignoter ▸ **lambiscada, desgaste**
grignoter *vt* **1** Manger par petites quantités ▸ **lambiscar 2** FIG Consommer, détruire peu à peu: *grignoter son capital* ▸ **desgastar**
grigou *nm* FAM Homme avare ▸ **unha de fome**
gri-gri (pl *gris-gris*) ou **grigri** *nm* Amulette, porte-bonheur ▸ **amuleto**
gril [gril] *nm* Ustensile de cuisine ou élément d'un four permettant de griller la viande, le poisson ▸ **grelha** ■ FAM **être sur le gril:** anxieux ou impatient ▸ **estar em brasas**
grill ou **grill-room** [grilrum] (pl *grill-rooms*) *nm* Restaurant spécialisé dans les grillades ▸ **churrascaria**
grillade *nf* Viande grillée ▸ **carne grelhada**
grillage *nm* Treillis ou clôture de fil de fer ▸ **tela de arame**
grillager *vt (conj 2)* Fermer, munir d'un grillage ▸ **cercar com tela de arame**
grille *nf* **1** Clôture ou séparation constituée de barreaux assemblés: *la grille d'un parc* ▸ **grade 2** Élément du four, pour les grillades ▸ **grelha 3** Quadrillage: *grille de mots croisés* ▸ **grade 4** Moyen de décoder ou d'interpréter un message plus ou moins secret ▸ **grade** ■ **grille de loto:** formulaire pour jouer au Loto national et au Loto sportif ▸ **volante de loteria** □ **grille des programmes:** ensemble des programmes ▸ **grade de programação** □ **grille des salaires:** étagement des salaires, du plus bas au plus élevé ▸ **grade salarial**
grille-pain *nm inv* Appareil pour griller des tranches de pain ▸ **torradeira**
griller *vt* **1** Cuire, rôtir sur le gril; soumettre à un feu très vif: *griller une viande, un poisson; griller du café* ▸ **assar, torrar 2** Dessécher par un excès de chaleur ou de froid: *le soleil a grillé la végétation* ▸ **queimar 3** FAM Mettre hors d'usage par un échauffement excessif: *griller une lampe, un moteur* ▸ **queimar, fundir** ■ FAM **être grillé:** reconnu, démasqué ▸ **estar queimado** □ FAM **griller une cigarette:** la fumer ▸ **fumar um cigarro** □ FAM **griller un feu rouge:** ne pas s'y arrêter ▸ **passar com sinal vermelho** ◆ *vi* Être exposé à une forte chaleur ▸ **queimar** ■ **griller de** (+ inf): avoir très envie de ▸ **morrer de vontade de**
grilloir *nm* Dispositif d'un four destiné à cuire à feu vif ▸ **grelha**
grillon *nm* Insecte sauteur, de l'ordre des orthoptères ▸ **grilo**
grill-room → **grill**
grimaçant, e *adj* Qui grimace ▸ **careteiro**
grimace *nf* Déformation volontaire des traits du visage, afin d'amuser ou d'exprimer un sentiment ▸ **careta** ■ FIG **faire la grimace:** exprimer sa désapprobation, son refus, son mécontentement, etc. ▸ **torcer o nariz**
grimacer *vi (conj 1)* Faire une, des grimaces ▸ **fazer careta**
grimacier, ère *adj et n* Qui fait des grimaces ▸ **careteiro**
grimage *nm* Action de grimer ▸ **maquiagem**
grimer *vt* Maquiller afin de travestir ▸ **maquiar**
grimoire *nm* LITT Écrit, livre illisible ou incompréhensible ▸ **anfiguri**
grimpant, e *adj* Qui grimpe: *plante grimpante* ▸ **trepador**
grimper[1] *vi* **1** Gravir en s'agrippant: *grimper aux arbres* ▸ **trepar 2** Accéder à un lieu élevé; monter: *grimper au sixième étage* ▸ **subir 3** Monter le long d'une surface verticale, en parlant des plantes: *lierre qui grimpe le long d'un mur* ▸ **subir 4** S'élever en pente raide: *chemin qui grimpe* ▸ **subir 5** FIG S'élever rapidement: *valeurs boursières qui grimpent* ▸ **subir** ■ FAM **grimper aux rideaux:** se laisser aller à des débordements de joie ou d'indignation ▸ **subir pelas paredes** ◆ *vt* Gravir, monter: *grimper une côte* ▸ **escalar**
grimper[2] *nm* Exercice qui consiste à monter à une corde lisse ou à une corde à nœuds ▸ **subida na corda**
grimpette *nf* FAM Petit chemin en pente raide ▸ **caminho íngreme**
grimpeur *nm* Coureur cycliste qui excelle à monter les côtes ▸ **escalador**
grinçant, e *adj* **1** Qui grince ▸ **rangente 2** Discordant, aigu ▸ **estridente 3** Qui raille avec férocité, aigreur: *humour grinçant* ▸ **cáustico**
grincement *nm* Bruit désagréable produit par certains frottements ▸ **rangido**
grincer *vi (conj 1)* Produire un bruit strident ▸ **ranger** ■ **grincer des dents:** les frotter avec bruit les unes contre les autres ▸ **ranger os dentes**
grincheux, euse *adj et n* De mauvaise humeur; maussade, acariâtre ▸ **rabugento**

gringalet *nm* FAM Homme chétif ▸ **magricela**
gringue *nm* ▸ **lisonja** ▪ FAM **faire du gringue à quelqu'un:** chercher à le séduire ▸ **dar uma cantada em alguém**
griot *nm* Poète musicien ambulant en Afrique noire ▸ **griô**
griotte *nf* Cerise aigre à courte queue ▸ **ginja**
grippage ou **grippement** *nm* Blocage d'un mécanisme mal lubrifié ▸ **grimpagem**
grippal, e, aux *adj* Relatif à la grippe ▸ **gripal**
grippe *nf* Maladie contagieuse due à un virus ▸ **gripe** ▪ FIG **prendre en grippe:** se mettre à éprouver de l'antipathie pour quelqu'un ou quelque chose ▸ **embirrar com**
grippé, e *adj* Atteint de la grippe ▸ **gripado**
gripper *vi* Adhérer fortement au point de ne plus fonctionner: *mécanisme qui grippe* ▸ **grimpar**
grippe-sou (pl *grippe-sous*) *nm* FAM Avare ▸ **sovina**
gris, e *adj* **1** D'une couleur intermédiaire entre le blanc et le noir: *des chaussettes gris foncé* ▸ **cinza 2** FIG Plus ou moins ivre ▸ **tocado** ▪ FAM **matière grise:** le cerveau ▸ **massa cinzenta** ▫ **temps gris:** couvert ▸ **tempo encoberto** ♦ *nm* couleur grise ▸ **cinza**
grisaille *nf* **1** Peinture en tons gris ▸ **grisalha 2** Atmosphère triste, maussade: *la grisaille du quotidien* ▸ **cinza**
grisant, e *adj* Qui grise, exalte ▸ **inebriante**
grisâtre *adj* Qui tire sur le gris ▸ **acinzentado**
grisé *nm* Teinte grise dans un tableau, une gravure, un plan ▸ **grisê**
griser *vt* **1** Enivrer légèrement ▸ **inebriar 2** FIG Exalter, enthousiasmer: *se laisser griser par la réussite* ▸ **inebriar**
griserie *nf* Exaltation, excitation: *la griserie du succès* ▸ **inebriamento**
grisoller *vi* Chanter, en parlant d'une alouette ▸ **gazear**
grisonnant, e *adj* Qui grisonne ▸ **grisalho**
grisonner *vi* Devenir gris, en parlant des cheveux ▸ **ficar grisalho**
grisou *nm* Gaz inflammable qui se dégage dans les mines de houille ▸ **grisu** ▪ **coup de grisou:** explosion de grisou ▸ **explosão de grisu**
grive *nf* Oiseau du genre merle, au plumage mêlé de blanc et de brun ▸ **tordo**
grivèlerie *nf* Délit qui consiste à consommer dans un café, un restaurant, etc., sans avoir de quoi payer ▸ **calote**
grivois, e *adj* Licencieux, leste: *chanson grivoise* ▸ **licencioso**
grivoiserie *nf* Action ou parole grivoise ▸ **licenciosidade**
grizzli [grizzly] *nm* Ours de grande taille, des montagnes Rocheuses ▸ **urso *grizzly***
grœnendael [grənɛndal] *nm* Chien de berger, à poil long noir, d'une race belge ▸ **pastor-belga**
grog *nm* Boisson composée de rhum, d'eau chaude sucrée et de citron ▸ **grogue**
groggy *adj inv* Qui a perdu conscience pendant quelques instants, sans être knock-out, en parlant d'un boxeur; étourdi, assommé par un choc physique ou moral ▸ **grogue**
grognard *nm* HIST Soldat de la Vieille Garde, sous Napoléon Ier ▸ **soldado da Velha Guarda**
grogne *nf* Mécontentement, insatisfaction: *la grogne des commerçants* ▸ **descontentamento**
grognement *nm* **1** Cri du cochon, du sanglier, de l'ours, etc. ▸ **grunhido 2** FIG Murmure de mécontentement ▸ **resmungo**
grogner *vi* Émettre un bruit de ronflement menaçant, en parlant d'un animal ▸ **grunhir** ♦ *vi et vt* Exprimer son mécontentement d'une voix sourde et confuse ▸ **resmungar**
grognon, onne *adj et n* FAM (le féminin est rare) Qui grogne; bougon, maussade ▸ **resmungão**
groin *nm* Museau du cochon, du sanglier ▸ **focinho**
grolle ou **grole** *nf* FAM Chaussure ▸ **pisante**
grommeler *vt et vi (conj 6)* Se plaindre en murmurant des paroles indistinctes ▸ **resmungar**
grommellement *nm* Action de grommeler ▸ **resmungo**
grondement *nm* Bruit sourd et prolongé ▸ **bramido, estrondo**
gronder *vi* Faire entendre un bruit sourd et prolongé: *l'orage gronde*; FIG menacer, être sur le point d'éclater: *colère qui gronde* ▸ **rugir** ♦ *vt* Réprimander, faire des reproches à: *enfant qui se fait gronder* ▸ **repreender**
grondeur, euse *adj* Qui gronde: *voix grondeuse* ▸ **retumbante**
grondin *nm* Poisson marin à museau proéminent ▸ **ruivo**
groom [grum] *nm* Employé, généralement en livrée, préposé à l'accueil des clients, dans un hôtel, un restaurant ▸ **mensageiro**
gros, grosse *adj* **1** Qui a des dimensions importantes en volume, en épaisseur, en taille, en quantité, en intensité: *un gros arbre; une grosse somme; une grosse fièvre* ▸ **grande 2** Qui n'est pas fin; grossier: *gros drap* ▸ **grosseiro 3** Se dit d'une personne, d'une entreprise puissante: *gros industriel; grosse affaire* ▸ **grande** ▪ **avoir le cœur gros:** avoir du chagrin ▸ **estar com o coração pesado** ▫ **faire les gros yeux:** menacer silencieuse-

ment ▸ **fulminar com o olhar** □ **grosse mer:** mer agitée ▸ **mar bravo** □ **grosse voix:** voix menaçante ▸ **voz ameaçadora** ◆ *adv* Beaucoup: *gagner gros* ▸ **muito** ■ **écrire gros:** en gros caractères ▸ **escrever com letras grandes** □ **en gros: (a)** par grandes quantités: *acheter en gros* ▸ **em grosso (b)** sans entrer dans le détail: *voilà en gros ce qui a été dit* ▸ ***grosso modo*** □ **en avoir gros sur le cœur:** avoir beaucoup de peine ou de ressentiment ▸ **estar com um peso no coração** ◆ *n* Personne grosse ▸ **grosso** ◆ *nm* **1** La partie la plus considérable, le principal: *le gros de la troupe* ▸ **grosso 2** Vente ou achat par grandes quantités: *commerce de gros; vente en gros* ▸ **atacado** ■ **pêche au gros:** au gros poisson ▸ **pesca esportiva**

groseille *nf* Petit fruit, rouge ou blanc, qui pousse par grappes ▸ **groselha** ■ **groseille à maquereau:** variété de grosse groseille ▸ **groselha-espinhosa** ◆ *adj inv* De couleur rouge clair ▸ **groselha**

groseillier *nm* Arbuste cultivé pour son fruit, la groseille ▸ **groselheira**

gros-grain (pl *gros-grains*) *nm* Large ruban à grosses côtes verticales ▸ **gorgorão**

gros-plant (pl *gros-plants*) *nm* Cépage blanc de la région de Nantes; vin issu de ce cépage ▸ ***gros-plant***

gros-porteur (pl *gros-porteurs*) *nm* Avion de grande capacité ▸ **jumbo**

grosse *nf* **1** Douze douzaines: *grosse de boutons* ▸ **grosa 2** DR Copie d'un jugement, d'un acte authentique, revêtue de la formule exécutoire ▸ **pública-forma**

grossesse *nf* État d'une femme enceinte, entre la fécondation et l'accouchement ▸ **gravidez**

grosseur *nf* **1** Taille, dimension, en parlant d'un volume ▸ **grossura 2** Enflure d'une partie du corps ▸ **inchaço**

grossier, ère *adj* **1** Peu raffiné, de mauvaise qualité: *raccommodage grossier* ▸ **grosseiro 2** Impoli, indélicat: *des plaisanteries grossières* ▸ **grosseiro 3** Rudimentaire, sommaire: *description grossière* ▸ **grosseiro 4** Qui dénote un manque élémentaire d'intelligence, d'attention: *une faute grossière* ▸ **grosseiro**

grossièrement *adv* De façon grossière ▸ **grosseiramente**

grossièreté *nf* Parole ou action grossière ▸ **grosseria**

grossir *vt* Rendre ou faire paraître plus gros, plus important: *la loupe grossit les objets; imagination qui grossit les dangers* ▸ **aumentar, ampliar** ◆ *vi* Devenir ou paraître plus gros: *il a grossi de 5 kilos* ▸ **engordar**

grossissant, e *adj* Qui grossit ▸ **de aumento, ampliador**

grossissement *nm* Action de grossir; son résultat ▸ **aumento, ampliação**

grossiste *n* Qui vend en gros ou en demi-gros ▸ **atacadista**

grosso modo *loc adv* Sans entrer dans le détail ▸ ***grosso modo***

grotesque *adj* Ridicule, extravagant ▸ **grotesco**

grotte *nf* Caverne, excavation ▸ **gruta**

grouillant, e *adj* Qui grouille: *foule grouillante* ▸ **fervilhante**

grouillement *nm* Mouvement et bruit de ce qui grouille ▸ **fervilhamento**

grouiller *vi* Fourmiller: *grouiller de monde* ▸ **fervilhar** ◆ **se grouiller** *vpr* FAM Se hâter ▸ **apressar-se**

grouillot *nm* FAM Apprenti, jeune employé chargé de tâches subalternes ▸ **contínuo**

groupage *nm* Action de grouper des colis ayant une même destination ▸ **triagem**

groupe *nm* **1** Ensemble de personnes assemblées: *un groupe de curieux* ▸ **grupo 2** Ensemble de personnes qui partagent les mêmes opinions, la même activité: *groupe politique; groupe de travail* ▸ **grupo 3** Ensemble de choses: *un groupe de maisons* ▸ **grupo** ■ **groupe de presse:** ensemble de journaux qui appartiennent à un même propriétaire, à une même société ▸ **grupo de imprensa, jornalístico** □ **groupe industriel:** ensemble d'entreprises liées par une direction ou une production communes ▸ **grupo, conglomerado industrial** □ **groupe sanguin:** ensemble d'individus entre lesquels le sang peut être transfusé ▸ **grupo sanguíneo** □ **groupe scolaire:** ensemble des bâtiments d'une ou plusieurs écoles ▸ **complexo escolar**

groupement *nm* Groupe, organisation qui réunit un grand nombre de personnes ▸ **grupo**

grouper *vt* Mettre en groupe, rassembler, réunir ▸ **agrupar** ◇ *vpr: joueurs qui se groupent par cinq* ▸ **agrupar-se**

groupie *n* Partisan, admirateur inconditionnel d'un musicien, d'un chanteur, etc. ▸ **fã**

groupuscule *nm* PÉJOR Petit groupe de personnes de même tendance politique ▸ **grupelho**

grouse *nf* Lagopède d'Écosse ▸ **tetraz**

gruau *nm* ▸ **sêmola** ■ **farine de gruau:** farine de blé fine et très pure ▸ **farinha de trigo refinada**

grue *nf* **1** Gros oiseau échassier ▸ **grou 2** Machine pour soulever ou déplacer de lourdes charges ▸ **grua, guindaste** ■ FIG **faire le pied de grue:** attendre longtemps, debout ▸ **ficar plantado**

gruger *vt (conj 2)* LITT Duper en affaires ▸ **trapacear**
grume *nf* ▸ **casca da madeira** ▪ **bois de grume:** bois coupé couvert de son écorce ▸ **madeira com casca**
grumeau *nm* Petite portion de matière coagulée, agglutinée: *pâte qui fait des grumeaux* ▸ **grumo**
grumeleux, euse *adj* **1** Qui contient des grumeaux ▸ **grumoso 2** Qui a l'aspect de grumeaux ▸ **grumoso**
grunge [grʌndʒ] *adj* Se dit d'un style vestimentaire volontairement négligé et débraillé, adopté par certains jeunes dans les années 1990 ▸ ***grunge*** ♦ *nm* Style de rock mêlant l'influence punk au heavy metal ▸ ***grunge***
grutier *nm* Conducteur de grue ▸ **operador de grua, de guindaste**
gruyère *nm* Fromage cuit et pressé d'origine suisse ▸ ***gruyère***
GSM *nm* (sigle de *global system for mobile communication*) **1** Norme européenne de radiotéléphonie numérique ▸ **GSM 2** BELGIQUE Téléphone portable ▸ **telefone celular**
guacamole [gwakamɔl] *nm* Plat d'origine mexicaine à base d'avocat, de crème fraîche et d'épices ▸ **guacamole**
guano [gwano] *nm* Engrais à base d'excréments d'oiseaux de mer ▸ **guano**
guarani [gwarani] *adj et nm* **1** Langue indienne du Paraguay ▸ **guarani 2** Unité monétaire du Paraguay ▸ **guarani**
gué *nm* Endroit d'une rivière où l'on peut passer sans perdre pied ▸ **vau**
guelfe *nm* HIST En Italie, partisan des papes (par opposition à *gibelin*) ▸ **guelfo**
guenille *nf* (souvent au pluriel) Vêtement déchiré, haillon ▸ **andrajo**
guenon *nf* Femelle du singe ▸ **macaca**
guépard *nm* Mammifère carnassier d'Afrique et d'Asie, très rapide ▸ **guepardo**
guêpe *nf* Insecte social à abdomen annelé de jaune et de noir et à aiguillon ▸ **vespa** ▪ FIG **taille de guêpe:** très fine ▸ **cintura de vespa**
guêpier *nm* **1** Nid de guêpes ▸ **vespeiro 2** Piège, situation inextricable: *tomber dans un guêpier* ▸ **vespeiro**
guêpière *nf* Sous-vêtement féminin qui enserre le buste et la taille ▸ **espartilho**
guère *adv* (avec la négation *ne*) **1** Peu: *il n'est guère actif* ▸ **não muito 2** Presque exclusivement, pratiquement: *il n'y a guère que lui pour s'en soucier* ▸ **quase só**
guéridon *nm* Table ronde à pied central ▸ **gueridom**
guérilla [gerija] *nf* Guerre de harcèlement, d'embuscades ▸ **guerrilha**
guérillero [gerijero] *nm* Combattant de guérilla ▸ **guerrilheiro**
guérir *vt* Délivrer d'une maladie, d'un état ou d'un comportement qui handicape: *guérir un ulcère; guérir quelqu'un de sa timidité* ▸ **curar** ♦ *vi* Recouvrer la santé ▸ **sarar**
guérison *nf* Action de guérir; son résultat ▸ **cura**
guérissable *adj* Qu'on peut guérir ▸ **curável**
guérisseur, euse *n* Personne qui soigne par des méthodes non reconnues par la médecine légale ▸ **curandeiro**
guérite *nf* Petit abri pour une sentinelle, un gardien ▸ **guarita**
guerre *nf* **1** Lutte armée et organisée entre des États, des peuples, etc.: *être en guerre* ▸ **guerra 2** Lutte menée par des moyens autres que les armes: *guerre psychologique* ▸ **guerra** ▪ **guerre civile:** entre des groupes d'une même nation ▸ **guerra civil** ▫ **guerre sainte:** au nom d'un idéal religieux ▸ **guerra santa** ▫ **faire la guerre à:** combattre: *faire la guerre à l'alcoolisme* ▸ **combater** ▫ FIG **de bonne guerre:** légitime ▸ **legítimo** ▫ **de guerre lasse:** par lassitude ▸ **sem resistência**
guerrier, ère *adj* **1** Relatif à la guerre ▸ **guerreiro 2** Qui se plaît à faire la guerre: *nation guerrière* ▸ **guerreiro** ♦ *nm* Soldat, combattant ▸ **guerreiro**
guerroyer [gerwaje] *vi (conj 3)* LITT Faire la guerre ▸ **guerrear**
guet [gɛ] *nm* ▸ **espreita** ▪ **faire le guet:** guetter ▸ **ficar à espreita**
guet-apens [getapɑ̃] (pl *guets-apens*) *nm* Embûche, traquenard ▸ **emboscada**
guêtre *nf* Bande de cuir, de tissu, couvrant le bas de la jambe et le dessus de la chaussure ▸ **polaina**
guetter *vt* **1** Épier: *animal qui guette sa proie* ▸ **espreitar 2** Faire peser une menace imminente sur: *la maladie le guette* ▸ **espreitar 3** Attendre avec impatience: *guetter l'arrivée du courrier* ▸ **esperar com ansiedade**
guetteur *nm* Personne chargée de guetter; sentinelle ▸ **vigia**
gueulante *nf* TRÈS FAM Explosion de colère; clameur de protestation: *pousser une gueulante* ▸ **auê**
gueulard *nm* Ouverture supérieure d'un haut-fourneau ▸ **boca**
gueule *nf* **1** Bouche d'un animal ▸ **boca 2** TRÈS FAM Bouche, visage ▸ **boca, cara 3** FIG Ouverture béante de certains objets ▸ **boca** ▪ TRÈS FAM **avoir de la gueule:** de l'allure ▸ **ser boa-pinta** ▫ TRÈS

FAM **avoir la gueule de bois:** avoir la langue pâteuse, la tête lourde après des excès de boisson ▸ **estar de ressaca** □ TRÈS FAM **fine gueule:** gourmet ▸ ***gourmet***

gueule-de-loup (pl *gueules-de-loup*) *nf* Plante ornementale (appelée aussi *muflier*) ▸ **boca-de-leão**

gueuler *vi* TRÈS FAM Parler très fort; crier ▸ **urrar**

gueuleton *nm* FAM Repas copieux ▸ **comezaina**

gueuletonner *vi* FAM Faire un gueuleton ▸ **realizar uma comezaina**

gueux, euse *n* LITT Mendiant, vagabond ▸ **indigente**

gugusse *nm* FAM Personne peu sérieuse; guignol ▸ **palhaço**

gui *nm* Plante parasite de certains arbres ▸ **visco**

guibolle *nf* FAM Jambe ▸ **gâmbia**

guiche *nf* Accroche-cœur ▸ **pega-rapaz**

guichet *nm* **1** Comptoir d'un lieu public ▸ **balcão, guichê 2** VX Ouverture pratiquée dans une porte, un mur, afin de communiquer ▸ **guichê** ▪ **guichet automatique:** terminal permettant aux clients d'un établissement de crédit d'effectuer des opérations bancaires courantes (retrait d'espèces, demande de chéquiers, etc.) ▸ **caixa eletrônico** □ **jouer à guichets fermés:** en ayant vendu tous les billets (avant un match, une représentation) ▸ **apresentar-se com lotação esgotada**

guichetier, ère *n* Personne qui travaille derrière un guichet ▸ **funcionário do guichê, balconista**

guidage *nm* Action de guider, de diriger le mouvement d'un organe mobile ▸ **comando**

guide[1] *n* Personne qui accompagne pour montrer le chemin, pour faire visiter: *guide de haute montagne* ▸ **guia** ◆ *nm* **1** Personne qui conseille, qui apporte une aide morale: *guide spirituel* ▸ **guia 2** Ouvrage qui renseigne sur un sujet quelconque: *guide touristique* ▸ **guia**

guide[2] *nf* (surtout au pluriel) Lanière de cuir attachée au mors d'un cheval pour le diriger ▸ **guia**

guide[3] *nf* Jeune fille faisant partie d'un mouvement de scoutisme ▸ **guia**

guider *vt* **1** Accompagner pour montrer le chemin, diriger: *guider un aveugle* ▸ **guiar 2** Mener, pousser: *son instinct le guide* ▸ **guiar**

guidon *nm* Barre commandant la direction d'une bicyclette, d'une moto ▸ **guidão** ▪ FAM **le nez, la tête dans le guidon:** en plein effort et, de ce fait, sans vision globale de la situation; tête baissée ▸ **sem olhar para os lados**

guigne[1] *nf* Cerise douce à longue queue ▸ **cereja**

guigne[2] *nf* FAM Malchance: *porter la guigne* ▸ **azar**

guigner *vt* **1** Regarder du coin de l'œil, à la dérobée ▸ **olhar de soslaio 2** Convoiter ▸ **cobiçar**

guignol *nm* **1** Marionnette d'origine lyonnaise ▸ **guinhol 2** Théâtre de marionnettes ▸ **guinhol 3** FIG Personne ridicule, qui fait le clown ▸ **palhaço**

guignolet *nm* Liqueur de guignes ▸ **licor de cereja**

guilde *nf* Association qui vise à offrir à ses adhérents de meilleures conditions commerciales pour acheter des produits ▸ **associação**

guili-guili *nm inv* FAM Chatouillement ▸ **cosquinha**

guilledou *nm* ▪ FAM, VIEILLI **courir le guilledou:** chercher des aventures galantes ▸ **sair atrás de rabo de saia**

guillemet *nm* Signe typographique double (" ") qu'on emploie pour mettre un mot en valeur ou signaler une citation ▸ **aspas** ▪ FIG **entre guillemets:** se dit d'une expression, d'un mot qu'on ne prend pas à son compte ▸ **entre aspas**

guilleret, ette *adj* Vif et gai ▸ **jovial**

guillotine *nf* **1** Instrument qui servait à décapiter les condamnés à mort ▸ **guilhotina 2** Peine de mort ▸ **guilhotina** ▪ **fenêtre à guillotine:** à châssis glissant verticalement ▸ **(janela de) guilhotina**

guillotiner *vt* Décapiter au moyen de la guillotine ▸ **guilhotinar**

guimauve *nf* **1** Mauve dont la racine a des propriétés émollientes; racine de cette plante ▸ **malva-branca 2** FIG Ce qui est sentimental et mièvre: *quelle guimauve, ce film!* ▸ **água com açúcar** ▪ **pâte de guimauve:** confiserie molle et très sucrée ▸ ***marshmallow***

guimbarde *nf* **1** FAM Vieille voiture; tacot ▸ **calhambeque 2** Instrument de musique composé d'une languette d'acier qu'on fait vibrer ▸ **berimbau de boca**

guimpe *nf* **1** Toile qui entoure le visage des religieuses ▸ **touca 2** Petite chemisette, corsage très montant en tissu léger et sans manches qui se porte avec des robes très décolletées ▸ **bolero**

guindé, e *adj* Qui manque de naturel, qui témoigne d'une certaine raideur; affecté, pompeux ▸ **guindado**

guingois (de) *loc adv* FAM De travers ▸ **de través**

guinguette *nf* Bistrot, restaurant de quartier où l'on pouvait, autrefois, danser ▸ ***guinguette***

guiper *vt* Entourer d'isolant un fil électrique ▸ **isolar**

guipure *nf* **1** ANC Dentelle dont les motifs sont très en relief ▸ **guipura 2** Étoffe formant filet, imitant la dentelle: *rideaux en guipure* ▸ **rendado**

guirlande *nf* Ornement, décoration en forme de

ruban: *guirlandes de Noël* ▸ **guirlanda**

guise *nf* ▸ **guisa** ▪ **à ma (ta) guise:** comme je (tu) veux ▸ **a meu (seu) gosto** ▫ **en guise de:** à la place de ▸ **à guisa de**

guitare *nf* Instrument de musique à cordes qu'on pince avec les doigts ▸ **violão** ▪ **guitare électrique:** dont le son est amplifié par le courant électrique ▸ **guitarra elétrica**

guitariste *n* Joueur de guitare ▸ **violonista, guitarrista**

guitoune *nf* ARG Tente ▸ **barraca**

gus [gys] ou **gusse** *nm* FAM Individu quelconque; type ▸ **cara**

gustatif, ive *adj* Relatif au goût: *papilles gustatives* ▸ **gustativo**

gustation *nf* Perception des saveurs: *la langue est l'organe de la gustation* ▸ **paladar**

gutta-percha [gytaperka] (pl *guttas-perchas*) *nf* Substance gommeuse élastique qui ressemble au caoutchouc ▸ **guta-percha**

guttural, e, aux *adj* ▸ **gutural** ▪ **voix gutturale:** qui vient de la gorge ▸ **voz gutural** ♦ *nf et adj* Consonne qui se prononce de la gorge (comme *g, k, q*) ▸ **(consoante) gutural**

gym *nf* (abréviation) FAM Gymnastique ▸ **Ø**

gymkhana [ʒimkana] *nm* Série d'épreuves en automobile ou à moto où les concurrents doivent suivre un parcours compliqué de chicanes, de barrières, etc. ▸ **gincana**

gymnase *nm* Salle couverte où l'on pratique un sport, la gymnastique ▸ **ginásio**

gymnaste *n* Personne qui exécute des figures ou des exercices de gymnastique ▸ **ginasta**

gymnastique *nf* **1** Ensemble d'exercices physiques destinés à assouplir et à fortifier le corps ▸ **ginástica 2** FIG Effort intellectuel pour résoudre un problème, une difficulté ▸ **ginástica** ▪ **gymnastique aquatique:** gymnastique que l'on pratique dans l'eau ▸ **hidroginástica**

gymnique *adj* De gymnastique: *exercices gymniques* ▸ **ginástico**

gymnosperme *nf* Arbre ou arbrisseau à ovule et graine apparents, comme les conifères ▸ **gimnosperma**

gymnote *nm* Poisson des eaux douces de l'Amérique du Sud, dont une espèce paralyse ses proies en produisant des décharges électriques ▸ **gimnoto**

gynécée *nm* ANTIQ Appartement réservé aux femmes ▸ **gineceu**

gynéco *n* (abréviation) FAM Gynécologue ▸ **gineco**

gynécologie *nf* Spécialité médicale consacrée à l'organisme de la femme et à son appareil génital ▸ **ginecologia**

gynécologique *adj* Relatif à la gynécologie ▸ **ginecológico**

gynécologue *n* Spécialiste de gynécologie ▸ **ginecologista**

gypaète *nm* Oiseau rapace (communément appelé: *vautour barbu*) ▸ **abutre-barbudo**

gypse *nm* Roche utilisée pour fabriquer le plâtre ▸ **gipsita**

gyrophare *nm* Phare rotatif équipant les ambulances, les voitures de police, etc. ▸ **sinalizador giroflex (marca registrada)**

gyroscope *nm* Appareil fournissant une direction invariable ▸ **giroscópio**

Hh

h[1] *nm* Huitième lettre de l'alphabet et la sixième des consonnes: *h muet; h aspiré* ► **h**

PHONÉTIQUE Si le *h* est muet, il y a élision ou liaison: *l'homme, les hommes* [lɛzɔm]; si le *h* est aspiré (dans le dictionnaire, le mot est précédé d'un astérisque), il n'y a ni élision ni liaison: *le *héros, les *héros* [leero]

h[2] (symbole) Heure ► **h** ■ **heure H:** heure fixée à l'avance pour un rendez-vous ou une action quelconque ► **hora H**

H (symbole) Hydrogène ► **H**

ha[1] (symbole) Hectare ► **ha**

***ha**[2] *interj* Marque la surprise, le soulagement ► **ah**

habeas corpus [abeaskɔrpys] *nm* Principe de la loi anglaise qui garantit la liberté individuelle ► ***habeas corpus***

habile *adj* Qui agit avec adresse, avec ingéniosité ou avec ruse; qui dénote ces qualités: *un artisan habile; un scénario habile* ► **hábil** ■ **habile à:** qui excelle à ► **hábil em**

habilement *adv* De façon habile ► **habilmente**

habileté *nf* Qualité d'une personne habile; adresse, dextérité ► **habilidade**

habilitation *nf* DR Action d'habiliter ► **habilitação**

habiliter *vt* DR Rendre apte à accomplir un acte juridique ► **habilitar**

habillage *nm* Action d'habiller quelqu'un ou quelque chose ► **vestir**

habillé, e *adj* **1** Vêtu ► **vestido** **2** Élégant, chic: *robe habillée; soirée habillée* ► **elegante**

habillement *nm* **1** Action d'habiller: *habillement des troupes* ► **vestir** **2** Ensemble des vêtements dont on est vêtu; mise, tenue: *habillement d'hiver, d'été* ► **vestuário** **3** Ensemble des professions du vêtement: *syndicat de l'habillement* ► **vestuário**

habiller *vt* **1** Fournir des vêtements à; vêtir: *habiller un enfant; les compagnies aériennes habillent leur personnel* ► **vestir** **2** Aller bien, convenir, être seyant: *robe qui habille bien* ► **vestir** **3** Recouvrir, envelopper: *habiller un fauteuil d'une housse* ► **revestir** ♦ **s'habiller** *vpr* **1** Mettre ses vêtements sur soi ► **vestir-se** **2** Se fournir en vêtements: *il s'habille à Londres* ► **vestir-se** **3** Revêtir une toilette élégante: *soirée où il faut s'habiller* ► **vestir-se com elegância**

habilleur, euse *n* Personne qui aide les acteurs à revêtir leurs costumes de scène ► **camareiro**

habit *nm* **1** Vêtement masculin de cérémonie ► **fraque** **2** Vêtement ecclésiastique: *prendre l'habit* ► **hábito** **3** Tenue particulière à une époque, une activité, une fonction: *habit de cowboy; habit de gala* ► **traje** ■ **habit vert:** celui des académiciens ► **fardão** ♦ **habits** *pl* Ensemble des pièces de l'habillement; vêtements ► **roupas, trajes**

habitabilité *nf* Fait d'être habitable; qualité de ce qui est habitable ► **habitabilidade**

habitable *adj* Qui peut être habité ► **habitável**

habitacle *nm* Partie d'un avion, d'un engin spatial réservée à l'équipage ► **cabine**

habitant, e *n* Personne qui habite en un lieu ► **habitante**

habitat *nm* **1** Ensemble des conditions relatives à l'habitation, au logement: *amélioration de l'habitat* ► ***habitat*** **2** Lieu habité par une plante, un animal à l'état sauvage ► ***habitat***

habitation *nf* Lieu, maison où l'on habite: *habitation isolée* ► **habitação, moradia**

habité, e *adj* Occupé par des habitants ► **habitado**

habiter *vt et vi* **1** Demeurer: *habiter à Paris* ► **morar** **2** Avoir pour domicile: *habiter un pavillon* ► **morar**

habitude *nf* **1** Manière d'être, de se comporter, acquise par la répétition: *contracter de bonnes habitudes*; aptitude acquise par l'expérience: *l'habitude de conduire la nuit* ► **hábito** **2** Coutume: *les habitudes d'un pays* ► **costume** ■ **d'habitude:** ordinairement, habituellement ► **habitualmente**

habitué, e *n* Qui fréquente habituellement un lieu: *habitués d'un café* ► **frequentador, *habitué***

* devant le mot signifie que le *h* est aspiré

habituel, elle *adj* **1** Passé en habitude: *gestes habituels* ▸ **habitual 2** Très fréquent: *visites habituelles* ▸ **habitual**

habituellement *adv* **1** Par habitude ▸ **habitualmente 2** De façon presque constante ▸ **habitualmente**

habituer *vt* Faire prendre l'habitude de, accoutumer à: *habituer un enfant à se coucher tôt* ▸ **habituar ◆ s'habituer** *vpr* [à] S'accoutumer à: *s'habituer à un nouveau quartier* ▸ **habituar-se**

***hâblerie** *nf* LITT Vantardise, exagération ▸ **bazófia**

***hâbleur, euse** *adj et n* LITT Vantard, fanfaron ▸ **bazófio**

***hache** *nf* Instrument tranchant pour fendre, couper le bois, etc. ▸ **machado**

***haché, e** *adj* **1** Coupé en menus morceaux: *persil haché* ▸ **picado 2** FIG Heurté, saccadé: *paroles au débit haché* ▸ **entrecortado ◆** *nm* Viande hachée ▸ **picadinho**

***hacher** *vt* Couper en petits morceaux: *hacher de la viande*; déchiqueter ▸ **picar**

***hachette** *nf* Petite hache ▸ **machadinho**

***hache-viande** *nm inv* Ustensile pour hacher la viande ▸ **moedor de carne**

***hachis** *nm* Préparation culinaire à base d'aliments hachés ▸ **picadinho ■ hachis Parmentier:** préparation à base de viande de bœuf et de purée de pommes de terre ▸ **picadinho com purê de batata**

***hachisch** ou ***haschisch** *nm* Produit narcotique tiré du chanvre indien ▸ **haxixe**

***hachoir** *nm* **1** Table ou planche pour hacher des aliments ▸ **tábua 2** Ustensile pour hacher ▸ **moedor**

***hachure** *nf* Chacun des traits formant les ombres, les reliefs d'une carte, d'une gravure, etc. ▸ **hachura**

***hachurer** *vt* Rayer de hachures ▸ **hachurar**

hacienda [asjɛnda] *nf* Vaste exploitation agricole, en Amérique du Sud ▸ **fazenda**

hacker** [akr] *nm* Personne qui, par jeu ou défi, cherche à s'introduire frauduleusement dans un système ou un réseau informatique (recommandation officielle: *fouineur*) ▸ ***hacker

***haddock** *nm* Églefin fumé ▸ **hadoque defumado**

hadith** *nm pl* Recueil des actes et des paroles du prophète Mahomet ▸ ***hadith

***hagard, e** *adj* Hébété, effaré ▸ **espavorido**

hagiographie [aʒjɔgrafi] *nf* **1** Récit de la vie des saints ▸ **hagiografia 2** FIG Biographie excessivement embellie ▸ **hagiografia**

***haie** *nf* **1** Clôture d'arbustes alignés: *haie de troènes* ▸ **sebe 2** Rangée de personnes: *faire une haie d'honneur* ▸ **fila 3** Obstacle artificiel employé dans certaines courses ▸ **obstáculo, barreira**

***haillon** *nm* Vêtement qui tombe en lambeaux; guenille ▸ **molambo**

***haine** *nf* Sentiment de forte animosité ou de répugnance ▸ **ódio ■** FAM **avoir la haine:** éprouver un vif ressentiment mêlé d'animosité ▸ **sentir ódio**

***haineusement** *adv* Avec haine ▸ **odiosamente**

***haineux, euse** *adj* **1** Porté à la haine ▸ **odiento 2** Inspiré par la haine ▸ **odiento**

***haïr** *vt (conj 13)* **1** Vouloir du mal à quelqu'un; détester, exécrer ▸ **odiar 2** Avoir de la répugnance pour quelque chose ▸ **odiar**

***haïssable** *adj* Qui mérite la haine ▸ **odioso**

***halage** *nm* Action de haler ▸ **sirga ■ chemin de halage:** chemin réservé le long des cours d'eau et des canaux pour remorquer un bateau ▸ **caminho de sirga**

***halbran** *nm* Jeune canard sauvage ▸ **patinho selvagem**

***hâle** *nm* Brunissement provoqué par le soleil, le grand air ▸ **cresta**

***hâlé, e** *adj* Bruni, bronzé: *teint hâlé* ▸ **crestado**

haleine *nf* **1** Air qui sort des poumons pendant l'expiration ▸ **hálito 2** Respiration, souffle: *perdre haleine* ▸ **fôlego ■ être hors d'haleine:** très essoufflé après un effort ▸ **estar sem fôlego □ reprendre haleine:** s'arrêter pour se reposer ▸ **recuperar o fôlego □ tenir en haleine:** retenir l'attention ▸ **deixar na expectativa □** FIG **travail de longue haleine:** qui demande beaucoup de temps ▸ **trabalho de fôlego**

***haler** *vt* **1** Tirer pour amener à soi ou élever, en général avec effort ▸ **puxar 2** Remorquer un bateau à l'aide d'un câble à partir du rivage ▸ **sirgar**

***hâler** *vt* Brunir le teint, en parlant du soleil et du grand air ▸ **crestar**

***haletant, e** *adj* Essoufflé ▸ **ofegante**

***halètement** *nm* Fait de haleter; respiration forte et saccadée ▸ **respiração ofegante**

***haleter** *vi (conj 7)* Respirer avec difficulté ▸ **ofegar**

hall** [ol] *nm* **1** Salle de vastes dimensions: *le hall d'une gare* ▸ **saguão 2** Entrée, vestibule: *le hall d'un hôtel* ▸ ***hall

hallali *nm* Sonnerie annonçant que le cerf est aux abois ▸ **halali**

***halle** *nf* Lieu où se tient un marché en gros: *halle au blé, aux vins* ▸ **mercado**

***hallebarde** *nf* ANC Arme blanche à longue hampe, à fer tranchant d'un côté et pointu de l'autre ▸ **alabarda ■** FAM **il pleut des hallebardes:** il pleut très fort ▸ **está chovendo canivetes**

hallucinant, e *adj* Extraordinaire, incroyable: *une ressemblance hallucinante* ▸ **alucinante**

hallucination *nf* Perception imaginaire, illusion ▸ **alucinação**

hallucinatoire *adj* Qui tient de l'hallucination: *phénomène hallucinatoire* ▸ **alucinatório**

halluciné, e *adj et n* Qui a des hallucinations ▸ **alucinado**

hallucinogène *nm et adj* Se dit d'une substance qui crée artificiellement des hallucinations ▸ **alucinógeno**

***halo** *nm* **1** Zone circulaire diffuse autour d'un corps lumineux: *le halo des réverbères* ▸ **halo 2** FIG Rayonnement, aura: *un halo de gloire* ▸ **halo, aura**

halogène *nm et adj* Corps de la famille du chlore (le fluor, le brome, l'iode) ▸ **halogênio** ▪ **lampe à halogène** ou **halogène:** *nm* lampe à incandescence contenant un halogène ▸ **lâmpada halógena**

***halte** *nf* **1** Moment d'arrêt pendant une marche: *faire (une) halte* ▸ **alto 2** Lieu où l'on s'arrête; étape, station ▸ **parada**

***halte-garderie** (pl *haltes-garderies*) *nf* Lieu d'accueil de courte durée pour des enfants en bas âge ▸ **creche**

haltère *nm* Instrument de gymnastique formé de deux masses réunies par une barre ▸ **haltere**

haltérophile *n* Qui pratique l'haltérophilie ▸ **halterofilista**

haltérophilie *nf* Sport des poids et haltères ▸ **halterofilia**

halva** *nm* Confiserie orientale à base de graines de sésame et de sucre ▸ ***halvah

***hamac** *nm* Toile ou filet suspendu, servant de lit ▸ **rede**

***hamburger** [ɑ̃burgr] ou [ɑ̃brgr] *nm* Bifteck haché, souvent servi dans un petit pain rond ▸ **hambúrguer**

***hameau** *nm* Groupe de maisons situé en dehors de l'agglomération principale d'une commune ▸ **povoado**

hameçon *nm* Petit crochet pointu fixé à une ligne pour prendre du poisson ▸ **anzol** ▪ FIG **mordre à l'hameçon:** se laisser tenter, séduire ▸ **morder a isca**

***hammam** [amam] *nm* Établissement où l'on prend des bains de vapeur ▸ **sauna a vapor**

hampe** *nf* **1** Manche qui supporte un drapeau ▸ **haste 2** BOT Axe florifère ▸ **haste 3** BOUCH Morceau de viande situé autour du diaphragme du bœuf, du veau ▸ ***hampe

hamster** [amstɛr] *nm* Petit rongeur que l'on peut domestiquer ▸ ***hamster

***hanche** *nf* **1** Région qui correspond à la jonction de la jambe et du tronc ▸ **quadril, anca 2** Articulation du fémur avec l'os iliaque ▸ **quadril**

***handball** [ɑ̃dbal] *nm* Sport d'équipe qui se joue avec un ballon rond et uniquement avec les mains ▸ **handebol**

***handballeur, euse** *n* Joueur de handball ▸ **handebolista**

handicap** *nm* **1** Désavantage quelconque: *l'éloignement de son lieu de travail est un handicap* ▸ **desvantagem 2** Infirmité ou déficience, congénitale ou acquise, des capacités physiques ou mentales: *handicap moteur* ▸ **deficiência 3** Épreuve sportive dans laquelle on avantage certains concurrents pour égaliser les chances ▸ ***handicap* 4** Désavantage de poids, de distance, etc., imposé à un concurrent ▸ ***handicap

***handicapant, e** *adj* Qui handicape ▸ **incapacitante**

***handicapé, e** *n et adj* Personne atteinte d'un handicap physique ou mental ▸ **deficiente**

PHONÉTIQUE Le *h* de *handicapé* étant aspiré, il n'y a ni élision ni liaison. On écrit donc *le handicapé moteur*.

handicaper** *vt* **1** Désavantager: *il est handicapé par sa timidité* ▸ **prejudicar 2** Équilibrer les chances des concurrents dans un handicap ▸ **atribuir *handicap

***handisport** *adj* Relatif aux sports pratiqués par les handicapés physiques ▸ **paraesportivo** ◆ *nm* Ensemble des sports pratiqués par les handicapés ▸ **paraesporte**

***hangar** *nm* Abri ouvert sur les côtés et servant à divers usages: *hangar pour avions* ▸ **hangar**

***hanneton** *nm* Insecte coléoptère commun en Europe ▸ **besouro melolonta**

***hanse** *nf* Association commerciale entre villes d'Europe au Moyen Âge ▸ **hansa**

***hanter** *vt* Obséder, occuper l'esprit de quelqu'un: *hanté par le remords* ▸ **atormentar** ▪ **lieu hanté:** habité par l'idée de quelque chose ou de quelqu'un ▸ **lugar assombrado**

***hantise** *nf* Obsession, peur maladive ▸ **obsessão**

hapax *nm* LING Mot ou expression dont on n'a qu'un exemple dans un corpus donné ▸ **hápax**

haploïde *adj* BIOL Dont le noyau ne contient qu'un seul chromosome de chaque paire, en parlant d'une cellule ▸ **haploide**

happening** [apəni] ou [apni] *nm* (anglicisme) Manifestation artistique unique qui cherche à susciter la participation active du public ▸ ***happening

***happer** *vt* **1** Saisir brusquement avec la gueule, le bec, en parlant d'un animal ▸ **abocanhar 2** Accrocher, agripper: *voiture qui happe un piéton* ▸ **agarrar, atropelar**

***happy end** [apiɛnd] (pl *happy ends*) *nf* (anglicisme) Fin heureuse d'un film, d'un roman; dénouement heureux d'un événement ▸ ***happy end*, final feliz**

***hara-kiri** (pl *hara-kiris*) *nm* Au Japon, mode de suicide qui consiste à s'ouvrir le ventre avec un sabre ▸ **haraquiri**
***harangue** *nf* Discours prononcé devant une assemblée ▸ **arenga**
***haranguer** *vt* Adresser une harangue à: *haranguer la foule* ▸ **arengar**
***harangueur, euse** *n* Qui harangue ▸ **arengador**
***haras** [ara] *nm* Établissement où l'on élève des étalons et des juments ▸ **haras**
***harassant, e** *adj* Extrêmement fatigant, éreintant: *travail harassant* ▸ **exaustivo**
***harassé, e** *adj* Fourbu ▸ **exausto**
***harassement** *nm* Fatigue extrême, épuisement ▸ **exaustão**
***harasser** *vt* Fatiguer à l'excès; exténuer ▸ **exaurir**
***harcelant, e** *adj* Qui harcèle ▸ **importunador, assediador**
***harcèlement** *nm* Action de harceler ▸ **assédio** ■ **harcèlement sexuel:** fait d'abuser de sa supériorité hiérarchique pour tenter d'obtenir une faveur sexuelle ▸ **assédio sexual** □ **harcèlement moral:** agissements malveillants à l'égard d'un subordonné ou d'un collègue en vue de dégrader ses conditions de travail ▸ **assédio moral**
***harceler** *vt (conj 5)* **1** Soumettre à des attaques répétées ▸ **acossar 2** FIG Importuner par des demandes ou des critiques continuelles ▸ **assediar**
hard** [ard] *adj inv* **1** FAM Difficile à supporter; pénible: *c'est hard, ce qui t'arrive* ▸ **pesado 2** CIN Pornographie ▸ ***hardcore ◆ *nm inv* **1** cinéma pornographique ▸ **cinema pornô 2** INFORM Hardware ▸ ***hardware***
***harde** *nf* Troupe de bêtes sauvages: *harde de cerfs* ▸ **bando**
***hardes** *nf pl* LITT Vêtements déchirés, en mauvais état ▸ **trapos**
***hardi, e** *adj* **1** Courageux, audacieux: *alpiniste hardi* ▸ **audacioso 2** LITT Effronté, insolent: *vous êtes bien hardi de m'interrompre* ▸ **audacioso 3** Conçu, exécuté avec audace, imagination: *projet hardi* ▸ **ousado**
***hardiesse** *nf* Caractère d'une personne ou d'une chose hardie ▸ **ousadia**
***hardiment** *adv* Avec hardiesse ▸ **ousadamente**
hard rock** [ardrɔk] *nm inv* Courant de la musique pop caractérisé par un rythme simple et rapide, une grande puissance sonore et un chant presque hurlé ▸ ***hard rock
hardware** [ardwɛr] *nm* INFORM Ensemble des organes physiques d'un système (recommandation officielle: *matériel*) ▸ ***hardware
***harem** [arɛm] *nm* Appartement des femmes, dans les pays musulmans; ensemble des femmes du harem ▸ **harém**
***hareng** [arɑ̃] *nm* Poisson des mers tempérées ▸ **arenque** ■ **hareng saur:** fumé ▸ **arenque defumado**
***hargne** *nf* Mauvaise humeur, irritation accompagnée d'agressivité ▸ **irritação**
***hargneusement** *adv* Avec hargne ▸ **irritadamente**
***hargneux, euse** *adj* D'humeur méchante, agressive ▸ **irritado**
***haricot** *nm* Plante légumineuse cultivée pour ses fruits comestibles; fruit de cette plante consommé en gousse ou en grain: *haricots verts, blancs, rouges* ▸ **vagem, feijão** ■ **haricot de mouton:** ragoût fait avec du mouton, des navets et des pommes de terre ▸ **guisado de carneiro** □ FAM **la fin des haricots:** la fin de tout, la catastrophe finale ▸ **o fim da picada** □ FAM **pour des haricots:** pour rien ▸ **por uma mixaria**
***haridelle** *nf* VIEILLI Mauvais cheval, maigre et mal conformé ▸ **rocim**
***harissa** *nf* Sauce forte à base de piment ▸ **molho de pimentão**
harki** *nm* Militaire d'origine algérienne ayant servi comme supplétif dans l'armée française en Algérie (de 1954 à 1962) ▸ ***harki
harmattan *nm* Vent sec de l'Afrique occidentale ▸ **harmatão**
harmonica *nm* Instrument de musique composé de lames de métal qu'on fait vibrer en soufflant ▸ **gaita (de boca)**
harmonie *nf* **1** Accord ou suite de sons agréables à l'oreille: *l'harmonie d'un vers* ▸ **harmonia 2** Accord entre différents éléments: *harmonie des couleurs, des formes* ▸ **harmonia 3** Entente entre des personnes: *vivre en harmonie* ▸ **harmonia 4** MUS Science de la formation et de la succession des accords ▸ **harmonia 5** Orchestre composé d'instruments à vent et de percussions: *harmonie municipale* ▸ **harmonia**
harmonieusement *adv* Avec harmonie ▸ **harmoniosamente**
harmonieux, euse *adj* **1** Agréable à l'oreille: *mélodie harmonieuse* ▸ **harmonioso 2** Dont l'équilibre produit un effet agréable: *architecture harmonieuse* ▸ **harmonioso**
harmonique *adj* Qui utilise les lois de l'harmonie: *échelle harmonique* ▸ **harmônico**
harmonisation *nf* Action d'harmoniser; son résultat ▸ **harmonização**
harmoniser *vt* **1** Mettre en harmonie, en accord: *harmoniser des couleurs, des intérêts* ▸ **harmoni-**

zar 2 MUS Composer une harmonie sur: *harmoniser une mélodie* ▸ **harmonizar**

harmoniste *n* Qui connaît et met en pratique les règles de l'harmonie ▸ **harmonista**

harmonium *nm* Petit orgue portatif ▸ **harmônio**

***harnachement** *nm* 1 Action de harnacher ▸ **arreamento** 2 Ensemble des pièces composant le harnais ▸ **arreamento** 3 FIG, FAM accoutrement ridicule et encombrant ▸ **traje ridículo**

***harnacher** *vt* 1 Mettre le harnais ▸ **arrear** 2 FIG, FAM accoutrer de façon lourde, ridicule ▸ **vestir de modo ridículo**

***harnais** *nm* 1 Ensemble de l'équipement d'un cheval de trait ou de selle ▸ **arreio** 2 Ensemble des sangles entourant le torse de quelqu'un pour le protéger contre les chutes: *harnais de sécurité* ▸ **cinto, correia**

***haro** *nm* ▸ **socorro** ■ LITT **crier haro sur:** s'élever contre ▸ **insurgir-se contra**

harpagon *nm* LITT Avare ▸ **harpagão**

***harpe** *nf* Instrument de musique triangulaire à cordes inégales, que l'on pince des deux mains ▸ **harpa**

***harpie** *nf* 1 ANTIQ Monstre fabuleux ▸ **harpia** 2 FIG Femme acariâtre, méchante ▸ **megera**

***harpiste** *n* Personne qui joue de la harpe ▸ **harpista**

***harpon** *nm* Instrument muni d'un crochet recourbé, pour la pêche des gros poissons ▸ **arpão**

***harponnage** ou ***harponnement** *nm* Action de harponner ▸ **arpoação**

***harponner** *vt* 1 Accrocher avec un harpon ▸ **arpoar** 2 FIG, FAM saisir, arrêter quelqu'un au passage ▸ **arpoar**

haruspice *nm* ANTIQ ROM Prêtre pratiquant la divination ▸ **arúspice**

***hasard** *nm* 1 Événement heureux ou malheureux dû à une suite de circonstances imprévues: *profiter d'un hasard heureux; le hasard d'une rencontre* ▸ **acaso** 2 Sort, chance: *jeu de hasard; s'en remettre au hasard* ▸ **azar, sorte** ■ **à tout hasard:** en prévision d'un événement possible ▸ **por precaução, pelo sim pelo não** □ **au hasard:** à l'aventure: *marcher dans les rues au hasard* ▸ **ao acaso** □ **par hasard:** fortuitement ▸ **por acaso**

***hasarder** *vt* 1 Tenter, entreprendre témérairement: *hasarder une démarche, une opinion* ▸ **arriscar** 2 LITT Aventurer, risquer: *hasarder sa vie* ▸ **arriscar** ◆ **se hasarder** *vpr* [à] Se résoudre à faire quelque chose qui présente des risques ▸ **arriscar-se**

***hasardeux, euse** *adj* Risqué, aléatoire ▸ **arriscado**

***haschisch** *nm* → ***hachisch**

***hase** *nf* Femelle du lièvre ▸ **lebre fêmea**

hast [ast] *nm* ▸ **lança** ■ HIST **arme d'hast:** toute arme fixée au bout d'un manche ▸ **arma de haste**

***hâte** *nf* Empressement, rapidité: *se préparer avec hâte* ▸ **pressa** ■ **avoir hâte de, que:** être impatient de, que: *avoir hâte de partir* ▸ **estar ansioso para** □ **en hâte ou à la hâte:** promptement, avec précipitation ▸ **apressadamente**

***hâter** *vt* Presser, accélérer: *hâter le pas* ▸ **apressar** ◆ **se hâter** *vpr* Agir avec rapidité ou précipitation: *se hâter pour arriver à l'heure* ▸ **apressar-se** ■ **se hâter de:** ne pas perdre de temps pour: *se hâter de descendre du train* ▸ **apressar-se em**

***hâtif, ive** *adj* 1 Précoce: *fleurs hâtives* ▸ **precoce** 2 Exécuté trop vite, avec trop de hâte: *décision hâtive* ▸ **apressado, precipitado**

***hâtivement** *adv* Avec précipitation ▸ **precipitadamente**

***hauban** *nm* Cordage servant à étayer un mât, un poteau, etc. ▸ **ovém**

***haubaner** *vt* Fixer au moyen de haubans: *haubaner un mât* ▸ **fixar com ovéns**

***haubert** *nm* Cotte de mailles, au Moyen Âge ▸ **cota de malha**

***hausse** *nf* 1 Augmentation de quantité, de valeur, de degré, de prix: *la hausse des loyers; température en hausse* ▸ **alta** 2 Appareil pour le pointage des armes à feu ▸ **alça**

***haussement** *nm* ▸ **alçamento** ■ **haussement d'épaules:** mouvement des épaules pour marquer le mépris, l'indifférence ▸ **dar de ombros**

***hausser** *vt* 1 Rendre plus haut; mettre dans une position plus élevée: *hausser un mur; hausser un meuble* ▸ **levantar** 2 Augmenter, majorer: *hausser les prix* ▸ **elevar** ■ **hausser le ton, la voix:** les rendre plus forts, plus aigus ▸ **levantar a voz** □ **hausser les épaules:** les lever en signe de mépris, d'indifférence ▸ **encolher os ombros**

***haut, e** *adj* 1 Qui a une certaine dimension dans le sens vertical: *immeuble haut de dix étages* ▸ **alto** 2 Qui a une grande dimension dans le sens vertical, élevé: *hautes branches; la rivière est haute* ▸ **alto** 3 Qui a beaucoup d'intensité; fort, élevé: *parler à voix haute; hautes températures* ▸ **alto** 4 Aigu: *note haute* ▸ **alto** 5 Supérieur: *la haute bourgeoisie; haute précision* ▸ **alto** 6 Reculé dans le temps: *la haute antiquité* ▸ **alto** 7 Se dit d'une région située plus loin de la mer, d'un cours d'eau situé plus près de la source: *la haute Loire; la haute Normandie* ▸ **alto** ■ **crime de haute trahison:** relatif à la sûreté de l'État ▸ **crime de lesa-pátria**

□ **haut en couleur:** (a) aux couleurs vives ▸ **berrante** (b) FIG coloré, pittoresque ▸ **cheio de cor** □ **la haute mer:** la pleine mer ▸ **alto-mar** ◆ *adv* **1** À haute altitude: *voler haut* ▸ **alto** **2** À un degré élevé: *personnes haut placées*; dans les aigus: *prendre un chant trop haut* ▸ **alto** **3** À haute voix: *parler haut et fort* ▸ **alto** ■ **haut la main:** facilement, avec brio: *réussir un examen haut la main* ▸ **com um pé nas costas** ◆ *nm* **1** Partie haute, sommet: *le haut d'un arbre* ▸ **alto** **2** Hauteur, élévation: *dix mètres de haut* ▸ **alto, altura** ■ **avoir des hauts et des bas:** aller alternativement bien et mal ▸ **ter altos e baixos** □ **de haut:** (a) d'un endroit élevé ▸ **do alto** (b) FIG avec mépris, insolence: *regarder quelqu'un de haut* ▸ **de cima** □ **en haut:** sur un lieu élevé, à l'étage supérieur ▸ **em cima** □ **prendre de haut:** réagir avec beaucoup d'arrogance ▸ **reagir com arrogância** □ **tomber de (tout) son haut:** (a) de toute sa hauteur ▸ **estatelar-se** (b) FIG être très surpris ▸ **cair das pernas**

***hautain, e** *adj* Fier, méprisant ▸ **altivo**

***hautbois** *nm* Instrument de musique à vent, à anche double ▸ **oboé**

***hautboïste** [obɔist] *n* Joueur de hautbois ▸ **oboísta**

***haut-de-chausses** (pl *hauts-de-chausses*) *nm* HIST Culotte bouffant à mi-cuisses ou descendant à mi-mollets ▸ **calção, braga**

***haut-de-forme** (pl *hauts-de-forme*) *nm* Chapeau haut et cylindrique ▸ **cartola**

***haute** *nf* ▸ **alta** ■ FAM **la haute:** les hautes classes de la société ▸ **alta**

***haute-contre** (pl *hautes-contre*) *nf* MUS Voix masculine située dans le registre du ténor ▸ **contratenor** ◆ *nm* Chanteur qui a cette voix ▸ **contratenor**

***haute-fidélité** (pl *hautes-fidélités*) *nf* Technique de reproduction du son de grande qualité (abréviation: *hi-fi*) ▸ **alta-fidelidade**

***hautement** *adv* Ouvertement, nettement: *approuver hautement* ▸ **abertamente**

***hauteur** *nf* **1** Dimension de la base au sommet: *hauteur d'un arbre* ▸ **altura** **2** Élévation relative d'un corps: *hauteur d'un astre* ▸ **altura** **3** Lieu élevé: *grimper sur une hauteur* ▸ **elevação** **4** Degré d'acuité ou de gravité d'un son: *la hauteur d'un son, d'une note* ▸ **altura** **5** FIG Élévation: *hauteur d'âme* ▸ **nobreza** **6** Fierté, mépris: *parler avec hauteur* ▸ **altivez** **7** MATH Perpendiculaire abaissée du sommet à la base d'un triangle ▸ **altura de um triângulo** ■ **à la hauteur de:** au niveau de: *à la hauteur de la boulangerie* ▸ **na altura de** □ **être à la hauteur:** avoir les capacités nécessaires ▸ **estar à altura**

***haut-fond** (pl *hauts-fonds*) *nm* Endroit de la mer où l'eau est peu profonde ▸ **alto-fundo**

***haut-fourneau** (pl *hauts-fourneaux*) *nm* Construction destinée à effectuer la fusion et la réduction des minerais de fer en vue d'élaborer la fonte ▸ **alto-forno**

***haut-le-cœur** *nm inv* Nausée ▸ **náusea**

***haut-le-corps** *nm inv* Mouvement brusque et involontaire du corps, marquant la surprise, la répulsion, etc. ▸ **sobressalto**

***haut-parleur** (pl *haut-parleurs*) *nm* Appareil de transmission et d'amplification des sons ▸ **alto-falante**

***haut-relief** (pl *hauts-reliefs*) *nm* Sculpture dont les figures se détachent presque complètement du fond ▸ **alto-relevo**

***hauturier, ère** *adj* MAR Relatif à la navigation, à la pêche en haute mer ▸ **de alto-mar**

***havane** *nm* Tabac ou cigare de La Havane ▸ **havana** ◆ *adj inv* D'une couleur marron clair ▸ **havana**

***hâve** *adj* LITT Pâle, maigre: *visage hâve* ▸ **macilento**

***havre** *nm* LITT **1** Port abrité ▸ **porto** **2** Refuge contre l'adversité: *un havre de paix* ▸ **porto**

hawaiien, enne ou **hawaïen, enne** [awajẽ, ɛn] *adj et n* Des îles Hawaii: *les Hawaiiens* ▸ **havaiano**

hayon [ajɔ̃] *nm* Partie mobile à l'arrière d'un véhicule, s'ouvrant de bas en haut ▸ **porta traseira**

***hé** *interj* **1** Sert à appeler ▸ **ei** **2** Exprime la surprise, le regret et, répété, l'approbation, l'ironie, la moquerie ▸ **eh, ora**

***heaume** [om] *nm* Casque d'homme d'armes, au Moyen Âge ▸ **elmo**

heavy metal [evimetal] *nm inv* Version exacerbée du hard rock ▸ ***heavy metal***

hebdo *nm* (abréviation) Magazine hebdomadaire ▸ **Ø**

hebdomadaire *adj* De la semaine, de chaque semaine: *travail hebdomadaire* ▸ **semanal** ◆ *nm* Périodique qui paraît chaque semaine ▸ **semanário**

hebdomadairement *adv* Une fois par semaine ▸ **semanalmente**

hébergement *nm* Action d'héberger ▸ **hospedagem**

héberger *vt (conj 2)* **1** Recevoir, loger: *héberger des amis* ▸ **hospedar** **2** INFORM Accueillir un service ou des pages web sur un serveur ▸ **hospedar**

hébété, e *adj* Ahuri, qui est ou paraît stupide ▸ **hebetado, embotado**

hébétement *nm* État de celui qui est hébété ▸ **hebetismo, embotamento**

hébétude *nf* LITT Engourdissement des facultés

intellectuelles, hébétement ▶ **hebetude, torpor**

hébraïque *adj* Relatif aux Hébreux, à leur langue ▶ **hebraico**

hébreu *adj m* Relatif au peuple juif ▶ **hebreu** ◆ *nm* Langue des Hébreux, parlée aujourd'hui en Israël ▶ **hebraico** ■ FAM **c'est de l'hébreu:** c'est incompréhensible ▶ **isso é grego**

EMPLOI L'adjectif *hébreu* ne s'employant qu'au masculin, on utilise *hébraïque* au féminin

hécatombe *nf* **1** Massacre d'un grand nombre de personnes ou d'animaux: *les guerres provoquent d'atroces hécatombes* ▶ **hecatombe** **2** FIG Grand nombre de personnes atteintes ou éliminées: *c'est une hécatombe chez les candidats* ▶ **hecatombe**

hectare *nm* Mesure de superficie (100 ares, ou 10 000 mètres carrés); symb: ha ▶ **hectare**

hectique *adj* ▶ **héctico** ■ MÉD **fièvre hectique:** de longue durée ▶ **héctica**

hectogramme *nm* Masse de 100 grammes; symb: hg ▶ **hectograma**

hectolitre *nm* Volume de 100 litres; symb: hl ▶ **hectolitro**

hectomètre *nm* Longueur de 100 mètres; symb: hm ▶ **hectômetro**

hectopascal (pl *hectopascals*) *nm* Unité de mesure de la pression atmosphérique équivalant à cent pascals ▶ **hectopascal**

hédonisme *nm* Morale qui fait du plaisir le but de la vie ▶ **hedonismo**

hédoniste *adj et n* Relatif à l'hédonisme; qui pratique l'hédonisme ▶ **hedonista**

hégélien, enne [egeljɛ̃, ɛn] *adj et n* Relatif à Hegel et à sa philosophie ▶ **hegeliano**

hégémonie *nf* Suprématie, supériorité politique, sociale, etc. ▶ **hegemonia**

hégémonique *adj* Relatif à l'hégémonie ▶ **hegemônico**

hégémonisme *nm* Tendance d'un État à exercer une hégémonie politique sur d'autres États ▶ **hegemonismo**

hégire *nf* Ère de l'islam, qui commence en 622, date à laquelle Mahomet s'enfuit de La Mecque à Médine ▶ **hégira**

***hein** *interj* **1** FAM Sert à renforcer une question ou un ordre: *ne recommence pas, hein!; c'est joli, hein?* ▶ **hein** **2** Marque la surprise: *hein! il est mort?* ▶ **hein**

***hélas** *interj* Exprime le regret, une plainte ▶ ***hélas*, infelizmente**

***héler** *vt (conj 10)* Appeler, interpeller de loin: *héler un taxi* ▶ **chamar**

hélianthe *nm* BOT Grande plante herbacée, à grandes fleurs jaunes, dont les principales espèces sont le tournesol et le topinambour ▶ **helianto**

hélianthine *nf* CHIM Indicateur coloré ▶ **heliantina**

hélice *nf* Appareil de propulsion, de traction ou de sustentation d'un bateau, d'un avion, etc. ▶ **hélice**

hélico *nm* (abréviation) Hélicoptère ▶ **Ø**

héliciculture *nf* Élevage des escargots ▶ **helicicultura**

hélicoïdal, e, aux *adj* En forme d'hélice, de spirale ▶ **helicoidal**

hélicoptère *nm* Appareil d'aviation capable de s'élever verticalement au moyen d'hélices horizontales ▶ **helicóptero**

héliogravure *nf* Procédé d'obtention, par voie photomécanique, de formes d'impression gravées en creux ▶ **heliogravura**

héliomarin, e *adj* Qui associe l'héliothérapie et le séjour au bord de la mer ▶ **heliomarinho**

héliothérapie *nf* Traitement des maladies par la lumière solaire ▶ **helioterapia**

héliotrope *nm* Plante dont la fleur se tourne vers le soleil, comme l'hélianthe ▶ **heliotrópio**

héliport *nm* Aéroport pour hélicoptères ▶ **heliporto**

héliporté, e *adj* Transporté par hélicoptère: *troupes héliportées* ▶ **helitransportado**

hélitreuiller *vt* Hisser des personnes, des charges à bord d'un hélicoptère en vol stationnaire, au moyen d'un treuil: *hélitreuiller un alpiniste en difficulté* ▶ **içar**

hélium *nm* Gaz léger qui existe en petite quantité dans l'air; symb: He ▶ **hélio**

hélix *nm* **1** ANAT Repli de l'oreille externe ▶ **hélice** **2** ZOOL Escargot ▶ **hélice**

hellébore *nm* Plante vivace, de la famille des renonculacées (on écrit aussi *ellébore*) ▶ **heléboro**

hellène *adj et n* De la Grèce ancienne ▶ **heleno**

hellénique *adj* Relatif à la Grèce ▶ **helênico**

hellénisant, e ou **helléniste** *n* Spécialiste de la langue et de la civilisation grecques ▶ **helenizante, helenista**

helléniser *vt* Donner un caractère grec à ▶ **helenizar**

hellénisme *nm* **1** Civilisation grecque ▶ **helenismo** **2** Expression particulière à la langue grecque ▶ **helenismo**

hellénistique *adj* Se dit de la période de la civilisation grecque allant de la conquête d'Alexandre (IVe s. av. J.-C.) à la conquête romaine (IIe s. av. J.-C.) ▶ **helenístico**

***hello** *interj* Sert à saluer ou à appeler ▶ **oi**

helminthe *nm* MÉD Ver parasite ▶ **helminto**

helminthiase *nf* Maladie causée par des vers intestinaux ▸ **helmintíase**

helvète ou **helvétique** *adj et n* De la Suisse ▸ **helvécio, helvético**

helvétisme *nm* Mot ou expression particuliers au français parlé en Suisse romande ▸ **helvetismo**

***hem** *interj* Marque le doute ▸ **hum**

hématie [emasi] *nf* Globule rouge du sang, coloré par l'hémoglobine ▸ **hemácia**

hématite *nf* Oxyde ferrique naturel ▸ **hematita**

hématologie *nf* Étude scientifique du sang ▸ **hematologia**

hématologiste ou **hématologue** *n* Spécialiste d'hématologie ▸ **hematologista, hematólogo**

hématome *nm* Épanchement de sang dans une cavité naturelle ou sous la peau ▸ **hematoma**

hématose *nf* Transformation du sang veineux en sang artériel ▸ **hematose**

hématozoaire *nm* Parasite du sang, agent du paludisme ▸ **hematozoário**

hématurie *nf* MÉD Émission de sang par les voies urinaires ▸ **hematúria**

hémicycle *nm* **1** Tout espace disposé en demi-cercle ▸ **hemiciclo 2** Amphithéâtre semi-circulaire ▸ **hemiciclo ▪ l'Hémicycle**: l'hémicycle de l'Assemblée nationale ▸ **hemiciclo da Assembleia Nacional**

hémiplégie *nf* Paralysie d'une moitié du corps ▸ **hemiplegia**

hémiplégique *adj et n* Relatif à l'hémiplégie; atteint d'hémiplégie ▸ **hemiplégico**

hémiptère *nm* Insecte à élytres courts, parfois sans ailes, et à suçoir (cigale, puceron) ▸ **hemíptero**

hémisphère *nm* **1** Moitié d'une sphère, en particulier chacune des deux moitiés du globe terrestre ou de la sphère céleste, séparées par l'équateur ▸ **hemisfério 2** Chacune des deux moitiés du cerveau: *hémisphères cérébraux* ▸ **hemisfério**
GRAMMAIRE *Hémisphère* est masculin, malgré son radical féminin *sphère* et contrairement à *atmosphère*

hémisphérique *adj* En forme d'hémisphère ▸ **hemisférico**

hémistiche *nm* Moitié ou partie d'un vers séparé par la césure ▸ **hemistíquio**

hémocompatible *adj* MÉD Se dit d'une personne dont le groupe sanguin est compatible avec un autre ▸ **hemocompatível**

hémoculture *nf* Ensemencement d'un milieu de culture avec le sang d'un malade pour rechercher les microbes pathogènes ▸ **hemocultura**

hémoglobine *nf* Pigment rouge du sang ▸ **hemoglobina**

hémogramme *nm* Résultat de l'étude quantitative et qualitative des cellules sanguines ▸ **hemograma**

hémolyse *nf* Destruction des globules rouges du sang ▸ **hemólise**

hémophile *adj et n* Atteint d'hémophilie ▸ **hemofílico**

hémophilie *nf* Maladie héréditaire caractérisée par un retard ou une absence de coagulation du sang ▸ **hemofilia**

hémoptysie *nf* Crachement de sang ▸ **hemoptise**

hémorragie *nf* **1** MÉD Écoulement de sang important ▸ **hemorragia 2** FIG Fuite, perte: *une hémorragie de devises* ▸ **fuga, sorvedouro**

hémorragique *adj* MÉD Relatif à l'hémorragie ▸ **hemorrágico**

hémorroïde *nf* Varice des veines de l'anus ▸ **hemorroida**

hémostase *nf* MÉD Arrêt d'une hémorragie ▸ **hemóstase**

hémostatique *adj et nm* Propre à arrêter les hémorragies: *remède hémostatique* ▸ **hemostático**

hendécagone *nm* Polygone à onze côtés ▸ **hendecágono**

***henné** *nm* Plante d'Arabie dont les feuilles fournissent une teinture rouge; cette teinture utilisée sur les cheveux ▸ **hena**

***hennin** *nm* ANC Coiffure féminine, haute et conique, au Moyen Âge ▸ **chapéu cônico**

***hennir** *vi* Pousser son cri, en parlant du cheval ▸ **relinchar**

***hennissement** *nm* Cri du cheval ▸ **relincho**

***hep** *interj* Sert à appeler, à interpeller ▸ **ei**

héparine *nf* Substance anticoagulante extraite du foie ▸ **heparina**

hépatique *adj* Relatif au foie ▸ **hepático**

hépatite *nf* Inflammation du foie; SYN: *jaunisse* ▸ **hepatite**

heptaèdre *nm* MATH Solide à sept faces ▸ **heptaedro**

heptagonal, e, aux *adj* À sept côtés ▸ **heptagonal**

heptagone *nm* Polygone qui a sept angles ▸ **heptágono**

heptamètre *nm et adj* Vers de sept pieds ▸ **heptâmetro**

héraldique *nf* Étude des blasons et des armoiries ▸ **heráldica** ◆ *adj* Relatif au blason, aux armoiries ▸ **heráldico**

***héraut** *nm* LITT Personne chargée d'annoncer publiquement une nouvelle ▸ **arauto**

herbacé, e *adj* Qui a l'aspect, qui est de la nature de l'herbe: *plante herbacée* ▸ **herbáceo**

herbage *nm* Pâturage permanent ▸ **pasto**

herbe *nf* **1** Plante dont la tige verte et molle meurt chaque année: *herbes médicinales* ▸ **erva 2** Végétation naturelle composée de plantes herbacées: *s'allonger dans l'herbe* ▸ **relva 3** FAM Hachisch, marijuana: *fumer de l'herbe* ▸ **erva** ▪ FIG **couper l'herbe sous les pieds de quelqu'un:** le devancer, le supplanter ▸ **puxar o tapete de alguém** □ **en herbe:** en puissance: *artiste en herbe* ▸ **em potencial** □ **fines herbes:** plantes employées comme assaisonnement ▸ **ervas aromáticas** □ **mauvaise herbe: (a)** nuisible aux cultures ▸ **erva daninha (b)** FIG personne jeune dont on ne peut rien attendre de bon ▸ **erva daninha**

herbe-aux-chats *nf* **1** → **cataire 2** → **valériane**

herbeux, euse *adj* LITT Où l'herbe croît: *plaines herbeuses* ▸ **ervoso**

herbicide *adj et nm* Se dit d'un produit qui détruit les mauvaises herbes ▸ **herbicida**

herbier *nm* Collection de plantes desséchées et conservées entre des feuilles de papier ▸ **herbário**

herbivore *adj et nm* Qui se nourrit d'herbe: *les ruminants sont tous des herbivores* ▸ **herbívoro**

herborisation *nf* Action d'herboriser ▸ **herborização**

herboriser *vi* Recueillir des plantes pour les étudier, pour en faire un herbier, etc. ▸ **herborizar**

herboriste *n* Personne qui vend des herbes à usage médicinal ▸ **herborista**

herboristerie *nf* Commerce, boutique de l'herboriste ▸ **herbanário**

herbu, e *adj* Couvert d'herbe ▸ **ervoso**

hercule *nm* Homme très robuste ▸ **hércules**

herculéen, enne *adj* Digne d'Hercule, d'un hercule: *travail herculéen* ▸ **hercúleo**

hercynien, enne *adj* Relatif à un plissement géologique de l'ère primaire (Vosges, Bretagne, Massif central, etc.) ▸ **herciniano**

***hère** *nm* ▸ **miserável** ▪ LITT **pauvre hère:** homme misérable ▸ **miserável**

héréditaire *adj* Transmis par hérédité ▸ **hereditário**

héréditairement *adv* De façon héréditaire ▸ **hereditariamente**

hérédité *nf* **1** Transmission des caractères génétiques d'une génération aux suivantes: *les lois de l'hérédité* ▸ **hereditariedade 2** Transmission par succession: *l'hérédité de la couronne* ▸ **hereditariedade**

hérésiarque *nm* Auteur ou propagateur d'une hérésie ▸ **heresiarca**

hérésie *nf* Doctrine en opposition avec une doctrine officielle ou les opinions communément admises, notamment dans la religion chrétienne ▸ **heresia**

hérétique *adj* Qui tient de l'hérésie ▸ **herético** ◆ *n* Qui professe une hérésie ▸ **herege**

***hérissé, e** *adj* **1** Dressé: *cheveux hérissés* ▸ **arrepiado, eriçado 2** Qui présente des pointes, des piquants ▸ **espinhoso** ▪ FIG **hérissé de:** rempli, parsemé de: *hérissé de difficultés* ▸ **cheio de**

***hérissement** *nm* État de ce qui est hérissé ▸ **eriçamento**

***hérisser** *vt* **1** Garnir de pointes, de piquants: *hérisser un mur de tessons de bouteille* ▸ **guarnecer 2** Faire dresser: *un grincement qui hérisse le poil* ▸ **arrepiar, eriçar 3** FIG Irriter, indigner: *ces injustices la hérissent* ▸ **ouriçar** ◆ **se hérisser** *vpr* **1** Se dresser, en parlant des cheveux, du poil ▸ **arrepiar-se 2** FIG S'irriter, être sur la défensive: *il se hérisse à la moindre remarque* ▸ **ouriçar-se**

***hérisson** *nm* **1** Mammifère insectivore au corps couvert de piquants ▸ **ouriço 2** Brosse métallique sphérique pour ramoner les cheminées ▸ **escova para limpar chaminé**

héritage *nm* **1** Bien ou ensemble de biens transmis par succession ▸ **herança 2** FIG Ce qui est transmis par les parents, par les générations précédentes: *l'héritage culturel* ▸ **herança**

hériter *vt et vt ind* [de] **1** Recevoir par héritage: *hériter une maison de ses parents; hériter d'une fortune* ▸ **herdar 2** Recevoir par hérédité: *hériter des yeux bleus de sa mère* ▸ **herdar**

héritier, ère *n* **1** Personne qui hérite ou doit hériter ▸ **herdeiro 2** FIG Personne qui recueille et continue une tradition ▸ **herdeiro**

hermaphrodisme *nm* Présence, chez un même individu, des organes reproducteurs des deux sexes ▸ **hermafroditismo**

hermaphrodite *adj et n* Qui présente les organes reproducteurs des deux sexes; SYN: *bisexué* ▸ **hermafrodita**

herméneutique *nf* Science de la critique et de l'interprétation des textes bibliques ▸ **hermenêutica**

herméticité *nf* Qualité de ce qui est hermétique ▸ **hermeticidade, hermetismo**

hermétique *adj* **1** Qui ferme parfaitement: *couvercle, boîte hermétique* ▸ **hermético 2** Difficile à comprendre: *tenir un discours hermétique* ▸ **hermético**

hermétiquement *adv* D'une manière hermétique: *hermétiquement clos* ▸ **hermeticamente**

hermétisme *nm* Caractère de ce qui est hermétique, difficile à comprendre ▸ **hermetismo**

hermine *nf* Mammifère carnassier dont le pelage, fauve l'été, devient blanc l'hiver ▸ **arminho**

***herniaire** *adj* ▸ **herniário** ▪ **bandage herniaire:**

pour comprimer une hernie ▸ **funda para hérnia**
***hernie** *nf* Sortie d'un organe ou d'une partie d'organe hors de sa cavité naturelle: *hernie ombilicale* ▸ **hérnia**
héroï-comique (pl *héroï-comiques*) *adj* **1** Se dit d'une œuvre littéraire qui mêle l'héroïque et le comique, qui traite sur le ton épique un thème commun ou ridicule ▸ **herói-cômico 2** Qui comporte des épisodes à la fois tragiques et cocasses: *aventure héroï-comique* ▸ **tragicômico**
héroïne[1] *nf* → **héros**
héroïne[2] *nf* Stupéfiant dérivé de la morphine ▸ **heroína**
héroïnomane *n* Toxicomane à l'héroïne ▸ **heroinômano**
héroïque *adj* **1** Qui se conduit en héros: *soldat héroïque* ▸ **heroico 2** Digne d'un héros; empreint d'héroïsme: *action héroïque; une résolution héroïque* ▸ **heroico ▪ temps héroïques:** qui se rapportent au début, aux premiers temps de quelque chose: *les temps héroïques de l'aviation* ▸ **tempos heroicos**
héroïquement *adv* De façon héroïque ▸ **heroicamente**
héroïsme *nm* **1** Courage exceptionnel; grandeur d'âme hors du commun ▸ **heroísmo 2** Caractère héroïque d'une personne, d'une action ▸ **heroísmo**
***héron** *nm* Oiseau échassier à long bec, au cou long et grêle ▸ **garça**
[1] ***héros** *nm* MYTH Demi-dieu ▸ **herói**
[2] ***héros, héroïne** *n* **1** Personnage principal d'une œuvre de fiction; personne qui tient l'un des rôles les plus importants dans une action réelle ▸ **herói 2** Personne qui se distingue par ses actions éclatantes, son courage face au danger: *un héros de la Résistance* ▸ **herói**

PHONÉTIQUE *Héros* a un *h* aspiré qui interdit l'élision et la liaison, contrairement à *héroïne*, dont le *h* est muet. On dit par conséquent *le héros* mais *l'héroïne*.

herpès [ɛrpɛs] *nm* Éruption cutanée d'origine virale ▸ **herpes**
herpétique *adj* De la nature de l'herpès ▸ **herpético**
***hersage** *nm* Action de herser ▸ **gradagem**
***herse** *nf* **1** AGRIC Instrument comprenant plusieurs rangées de dents, pour travailler le sol en surface ▸ **grade 2** HIST Grille armée de pointes qu'on abaissait pour fermer les portes d'une place forte, d'un château ▸ **grade levadiça**
***herser** *vt* AGRIC Passer la herse ▸ **gradar**
hertz *nm* Unité de mesure de fréquence; symb: Hz ▸ **hertz**
hertzien, enne *adj* Relatif aux ondes et aux phénomènes radioélectriques ▸ **hertziano**
hésitant, e *adj* Qui hésite; qui traduit l'hésitation ▸ **hesitante**
hésitation *nf* Action d'hésiter ▸ **hesitação**
hésiter *vi* **1** Être indécis, irrésolu: *hésiter avant d'accepter* ▸ **hesitar 2** Marquer son indécision, son embarras: *parler en hésitant* ▸ **hesitar**
hétaïre [etair] *nf* ANTIQ GR Courtisane ▸ **hetera**
hétérochromosome *nm* Chromosome dont dépend le sexe de l'œuf fécondé ▸ **heterocromossomo**
hétéroclite *adj* Composé d'éléments disparates ▸ **heteróclito**
hétérodoxe *adj et n* Qui s'oppose à une doctrine ou à une opinion reçue considérée comme vraie ▸ **heterodoxo**
hétérodoxie *nf* **1** Caractère de ce qui est hétérodoxe ▸ **heterodoxia 2** Non-conformisme ▸ **heterodoxia**
hétérodyne *nf* Appareil permettant de produire des oscillations de haute fréquence, pures ou modulées ▸ **heteródino**
hétérogamie *nf* BIOL Fusion de deux gamètes plus ou moins dissemblables (cas le plus fréquent); CONTR: *isogamie* ▸ **heterogamia**
hétérogène *adj* Composé d'éléments de nature différente; disparate ▸ **heterogêneo**
hétérogénéité *nf* Caractère de ce qui est hétérogène ▸ **heterogeneidade**
hétérosexualité *nf* Attirance sexuelle pour le sexe opposé ▸ **heterossexualidade**
hétérosexuel, elle *adj et n* Qui est attiré par le sexe opposé ▸ **heterossexual**
hétérozygote *adj et n* Se dit des individus dont le patrimoine génétique comprend des gènes paternels et maternels à caractères différents ▸ **heterozigótico, heterozigoto**
***hêtre** *nm* Grand arbre à bois blanc dont les fruits sont les faines; bois de cet arbre ▸ **faia**
***heu** *interj* Marque l'étonnement, le doute, l'indifférence ▸ **hum**
heur *nm* ▸ **sorte ▪** LITT **n'avoir pas l'heur de:** ne pas avoir la chance de ▸ **não ter a sorte de**
heure *nf* **1** Vingt-quatrième partie du jour: *il part dans deux heures; en avion, Paris est à une heure de Londres; être payé à l'heure* ▸ **hora 2** Moment précis du jour déterminé par référence à un système conventionnel: *il est trois heures; heure de New York; heure d'été* ▸ **hora, horário 3** Moment du jour déterminé par une activité quelconque: *l'heure du dîner, du départ; heure de fermeture* ▸ **hora, horário 4** Période de la vie; moment: *connaître des heures difficiles* ▸ **hora ▪ à cette heure:** en ce moment précis ▸ **agora □ à la bonne heure:** voilà qui est bien ▸ **em boa hora □ à toute heure:** conti-

nuellement ▸ **o tempo todo** □ **de bonne heure:** tôt ▸ **cedo** □ **être à l'heure: (a)** donner l'heure juste, en parlant d'une montre ▸ **estar certo (b)** arriver à l'heure convenue, en parlant d'une personne ▸ **ser pontual** □ FAM **passer un mauvais quart d'heure:** un moment désagréable ▸ **passar um mau bocado** □ FAM **remettre les pendules à l'heure:** faire le point, réajuster un comportement, une attitude ▸ **acertar os ponteiros** □ **sur l'heure:** à l'instant même ▸ **imediatamente** □ **tout à l'heure:** dans un moment ▸ **daqui a pouco** ◆ **heures** *pl* ▸ **horas** ■ **livre d'heures:** recueil de prières, au Moyen Âge ▸ **livro de horas**

heureusement *adv* **1** Par bonheur: *heureusement, le train était en retard* ▸ **felizmente 2** De manière avantageuse, favorable, harmonieuse: *terminer heureusement une affaire; couleurs heureusement assorties* ▸ **bem**

heureux, euse *adj* **1** Qui jouit du bonheur, qui est satisfait de son sort: *un homme heureux* ▸ **feliz 2** Qui traduit le bonheur, le succès: *une issue heureuse* ▸ **feliz 3** Qui est favorisé par le sort; chanceux: *joueur heureux* ▸ **afortunado 4** Favorable, avantageux: *circonstance heureuse*; particulièrement réussi; juste, adéquat: *une heureuse alliance de classicisme et de modernisme* ▸ **feliz** ◆ *n* Personne heureuse: *cette décision va faire des heureux* ▸ **pessoa feliz**

***heurt** [[çʜ′`]r] *nm* **1** Choc, cahot ▸ **choque 2** FIG Désaccord ▸ **choque**

***heurté, e** *adj* FIG Qui présente des contrastes, des oppositions: *style heurté* ▸ **contrastante**

***heurter** *vt* **1** Choquer rudement: *sa tête a heurté le mur* ▸ **chocar(-se) contra 2** FIG Contrarier, déplaire: *ses manières heurtent son entourage* ▸ **chocar** ◆ **se heurter** *vpr* [à] **1** Buter contre: *se heurter à un lampadaire* ▸ **chocar-se 2** Rencontrer une difficulté: *se heurter à un refus, à l'incompréhension des autres* ▸ **esbarrar 3** Entrer en conflit avec: *se heurter continuellement à quelqu'un* ▸ **entrar em conflito 4** Contraster violemment: *couleurs qui se heurtent* ▸ **contrastar**

***heurtoir** *nm* **1** Marteau de porte ▸ **aldraba 2** CH DE F Butoir d'une voie en cul-de-sac ▸ **para-choque**

hévéa *nm* Arbre à caoutchouc ▸ **hévea**

hexachlorure [ɛgzaklɔryr] *nm* Chlorure dont la molécule contient six atomes de chlore ▸ **hexacloreto**

hexaèdre *nm* Solide à six faces ▸ **hexaedro**

hexagonal, e, aux *adj* À six côtés ▸ **hexagonal**

hexagone *nm* Polygone à six angles ▸ **hexágono** ■ **l'Hexagone:** la France métropolitaine ▸ **o hexágono francês**

hexamètre *nm* Vers de six syllabes ▸ **hexâmetro**

hexapode *adj* Qui a six pattes: *les insectes sont des hexapodes* ▸ **hexápode**

hiatus [jatys] *nm* **1** Juxtaposition de deux voyelles, à l'intérieur d'un mot (EX: *aorte*) ou entre deux mots (EX: *il alla à Amiens*) ▸ **hiato 2** FIG Discontinuité, interruption, décalage entre deux faits: *hiatus entre la théorie et les faits* ▸ **hiato**

hibernal, e, aux *adj* **1** Qui a lieu en hiver ▸ **hibernal 2** Relatif à l'hibernation: *sommeil hibernal* ▸ **hibernal**

hibernation *nf* Fait d'hiberner ▸ **hibernação** ■ **hibernation artificielle:** refroidissement artificiel du corps humain dans un but chirurgical ou thérapeutique ▸ **hibernação artificial**

hiberner *vi* **1** Passer l'hiver dans l'engourdissement, en parlant de certains animaux (marmotte, loir, etc.) ▸ **hibernar 2** FIG Rester chez soi sans voir personne; être dans un état d'inertie, d'improductivité ▸ **hibernar**

VOCABULAIRE Il faut distinguer *hiberner*, «passer l'hiver en sommeil, en inactivité», et *hiverner*, «passer l'hiver, la mauvaise saison, à l'abri»

hibiscus [ibiskys] *nm* Arbre tropical ▸ **hibisco**

***hibou** (pl *hiboux*) *nm* Oiseau de proie nocturne ▸ **bufo**

hic** *nm inv* FAM Nœud de la question, difficulté: *voilà le hic* ▸ ***hic

hidalgo *nm* LITT Noble espagnol, gentilhomme ▸ **fidalgo espanhol**

***hideusement** *adv* De façon hideuse ▸ **hediondamente**

***hideux, euse** *adj* **1** Horrible à voir: *spectacle hideux* ▸ **hediondo 2** Qui provoque un dégoût moral; ignoble: *guerre hideuse* ▸ **hediondo**

hidjab** [idʒab] *nm* Foulard que porte une femme musulmane pour respecter l'obligation de pudeur ▸ ***hidjab

hier [ijɛr] *adv* **1** Le jour précédant celui où l'on est: *je l'ai vu hier* ▸ **ontem 2** Dans un passé récent ▸ **ontem** ■ FAM **ne pas dater d'hier:** être ancien ▸ **não ser de ontem** □ FAM **ne pas être né d'hier:** avoir de l'expérience, savoir à quoi s'en tenir ▸ **não ter nascido ontem**

***hiérarchie** *nf* Ordre, classement à l'intérieur d'un groupe, d'un ensemble ▸ **hierarquia**

***hiérarchique** *adj* Qui relève de la hiérarchie, fondé sur la hiérarchie: *voie hiérarchique* ▸ **hierárquico**

***hiérarchiquement** *adv* De façon hiérarchique; selon une hiérarchie ▸ **hierarquicamente**

***hiérarchisation** *nf* Action de hiérarchiser ▸ **hie-**

rarquização
***hiérarchiser** *vt* Régler, organiser d'après un ordre hiérarchique ► **hierarquizar**
***hiérarque** *nm* Personne occupant une place importante dans un domaine quelconque ► **hierarca**
hiératique *adj* LITT D'une raideur solennelle, figée: *attitude hiératique* ► **hierático**
hiératisme *nm* Attitude, caractère hiératique ► **hieratismo**
***hiéroglyphe** *nm* **1** Caractère de l'écriture des anciens Égyptiens ► **hieróglifo 2** FIG Écriture difficile à déchiffrer ► **hieróglifo**
***hiéroglyphique** *adj* Formé de hiéroglyphes ► **hieroglífico**
hiérophante *nm* ANTIQ GR Prêtre présidant aux mystères d'Éleusis ► **hierofante**
hi-fi** *nf inv* (abréviation) Haute-fidélité ► ***hi-fi
hilarant, e *adj* Qui provoque le rire, l'hilarité ► **hilariante** ■ CHIM **gaz hilarant:** protoxyde d'azote ► **gás hilariante**
hilare *adj* Qui rit beaucoup, d'une grande gaieté ► **hílare**
hilarité *nf* Explosion de rire ► **hilaridade**
***hindi** [indi] *nm* Langue dérivée du sanskrit et parlée en Inde ► **hindi**
hindou, e *adj* Relatif à l'hindouisme ► **hinduísta** ◆ *n* Adepte de l'hindouisme ► **hinduísta**
hindouisme *nm* Religion polythéiste de l'Inde ► **hinduísmo**
hip-hop** *nm inv et adj inv* Mouvement socioculturel né aux États-Unis et s'exprimant dans des graffs, des tags et le rap ► ***hip-hop
hippie** (pl *hippies*) *n et adj* Adepte d'un mouvement des années 1960 fondé sur la non-violence et l'hostilité à la société de consommation, et prônant la vie en communauté et la liberté en tous domaines ► ***hippie
hippique *adj* Relatif à l'hippisme, à l'équitation ► **hípico**
hippisme *nm* Sport hippique ► **hipismo**
hippocampe *nm* Poisson de mer dit, à cause de la forme de sa tête, *cheval marin* ► **cavalo-marinho**
hippodrome *nm* Champ de courses hippiques ► **hipódromo**
hippogriffe *nm* ANTIQ Animal fabuleux ailé, moitié cheval, moitié griffon ► **hipogrifo**
hippologie *nf* Étude du cheval ► **hipologia**
hippomobile *adj* Mû par un ou plusieurs chevaux: *voiture hippomobile* ► **hipomóvel**
hippophagique *adj* ► **hipofágico** ■ **boucherie hippophagique:** où l'on vend de la viande de cheval ► **açougue de carne de cavalo**
hippopotame *nm* **1** Mammifère pachyderme vivant dans les fleuves d'Afrique ► **hipopótamo 2** FAM Personne énorme ► **hipopótamo**
hippurique *adj* ► **hipúrico** ■ **acide hippurique:** qui existe dans l'urine des herbivores et de l'homme ► **ácido hipúrico**
hircin, e *adj* Du bouc ► **hircino**
hirondelle *nf* Oiseau passereau migrateur, à bec large, à queue fourchue, aux ailes longues ► **andorinha** ■ **hirondelle de mer:** sterne ► **trinta-réis**
hirsute *adj* Dont les cheveux ou la barbe sont en désordre ► **hirsuto**
hispanique *adj* De l'Espagne ► **hispânico**
hispanisant, e ou **hispaniste** *n* Spécialiste de la langue et de la civilisation espagnoles ► **hispanista**
hispanisme *nm* Mot, locution propres à la langue espagnole ► **hispanismo**
hispano-américain, e (pl *hispano-américains, es*) *adj et n* De l'Amérique de langue espagnole: *les Hispano-Américains* ► **hispano-americano**
hispanophone *adj et n* De langue espagnole ► **hispanófono**
***hisser** *vt* Tirer vers le haut: *hisser les voiles* ► **içar**
histogenèse *nf* Formation et développement des différents tissus de l'embryon ► **histogênese**
histogramme *nm* Graphique représentant la distribution d'une variable statistique, au moyen de rectangles ► **histograma**
histoire *nf* **1** Ensemble des faits et des événements passés: *aimer l'histoire; l'histoire de France* ► **história 2** Science qui étudie le passé et notamment la période connue par des documents écrits: *histoire et préhistoire; licence d'histoire*; mémoire que la postérité garde du passé: *son nom est entré dans l'histoire* ► **história 3** Étude, récit du passé relatif à une période, à un thème ou à une personne en particulier: *histoire de l'aéronautique* ► **história 4** Récit de faits réels ou fictifs: *histoire triste, drôle* ► **história 5** Affaire, aventure: *il lui est arrivé une drôle d'histoire* ► **história** ◆ **histoires** *pl* Propos mensongers: *raconter des histoires* ► **história** ■ FAM **faire des histoires:** chercher des complications, faire des embarras ► **inventar moda**
histologie *nf* MÉD Étude des tissus constituant les êtres vivants ► **histologia**
histologique *adj* Relatif à l'histologie ► **histológico**
historicité *nf* Caractère historique de quelque chose: *l'historicité d'un récit* ► **historicidade**
historié, e *adj* Orné de scènes narratives avec des personnages ► **historiado**
historien, enne *n* Spécialiste d'histoire, auteur

d'ouvrages d'histoire ▸ **historiador**
historiette *nf* Anecdote; petit récit ▸ **historieta**
historiographe *nm* Écrivain chargé d'écrire l'histoire de son temps ou d'un souverain ▸ **historiógrafo**
historiographie *nf* **1** Travail de l'historiographe ▸ **historiografia 2** Ensemble des documents historiques relatifs à une question ▸ **historiografia**
historique *adj* **1** Relatif à l'histoire, à l'étude du passé: *recherches, travaux historiques* ▸ **histórico 2** Qui appartient à l'histoire; attesté par l'histoire: *fait historique* ▸ **histórico 3** Digne d'être conservé par l'histoire; célèbre: *mot historique* ▸ **histórico 4** Qui remonte aux origines d'une entreprise, d'un mouvement politique, etc.: *chef historique* ▸ **histórico** ◆ *nm* Narration, exposé chronologique: *faire un historique* ▸ **histórico**
historiquement *adv* Du point de vue historique ▸ **historicamente**
histrion *nm* LITT Personne bouffonne ▸ **histrião**
hit** [it] *nm* FAM Grand succès obtenu par un disque: *cette chanson est un hit* ▸ ***hit
hitlérien, enne *adj* Relatif à la doctrine de Hitler ▸ **hitlerista** ◆ *n* Partisan du régime instauré par Hitler ▸ **hitlerista**
hitlérisme *nm* Doctrine de Hitler; national-socialisme ▸ **hitlerismo**
***hit-parade** (pl *hit-parades*) *nm* Palmarès, cote de popularité obtenu par une chanson, une vedette, etc. ▸ ***hit parade*, parada de sucessos**
***hittite** *adj* Relatif aux Hittites ▸ **hitita**
HIV [aʃive] *nm* (sigle de *human immunodeficiency virus*) VIH ▸ **HIV**
hiver *nm* La plus froide des quatre saisons de l'année (21 ou 22 décembre-20 ou 21 mars, dans l'hémisphère Nord) ▸ **inverno**
hivernage *nm* **1** Saison des pluies, dans les régions tropicales ▸ **invernada 2** Temps de relâche pour les navires, en hiver ▸ **invernada 3** Séjour des troupeaux à l'étable pendant l'hiver ▸ **invernação**
hivernal, e, aux *adj* De l'hiver ▸ **invernal**
hivernale *nf* Ascension en haute montagne durant l'hiver ▸ **escalada de inverno**
hiverner *vi* Passer l'hiver à l'abri: *troupeaux qui hivernent* ▸ **invernar**

VOCABULAIRE Il faut bien distinguer *hiverner* et *hiberner*. Voir ce mot

HLM *nm ou nf* (sigle de *habitation à loyer modéré*) Immeuble construit sous l'impulsion des pouvoirs publics et dont les logements sont destinés à des familles aux revenus modestes ▸ **Ø**
***ho** *interj* Sert à appeler, à témoigner l'étonnement, l'admiration, etc. ▸ **ô, oh**
hobby** [ɔbi] (pl *hobbys* ou *hobbies*) *nm* Activité que l'on pratique pour son seul plaisir; passe-temps ▸ ***hobby
***hobereau** *nm* LITT Gentilhomme campagnard ▸ **fidalgo de província**
***hochement** *nm* Action de hocher la tête; ce mouvement ▸ **meneio de cabeça**
***hochepot** *nm* Ragoût de bœuf, d'oie, avec des marrons, des navets (spécialité flamande) ▸ ***hochepot*, guisado de carne ou ave**
***hochequeue** *nm* Bergeronnette ▸ **alvéloa**
***hocher** *vt* ▸ **menear** ▪ **hocher la tête:** la secouer de bas en haut ou de droite à gauche ▸ **menear a cabeça**
***hochet** *nm* Petit jouet à grelot, pour les bébés ▸ **chocalho**
***hockey** [ɔkɛ] *nm* Jeu de balle collectif pratiqué avec une crosse sur gazon ▸ **hóquei** ▪ **hockey sur glace:** jeu analogue pratiqué sur la glace par des patineurs ▸ **hóquei no gelo**
***hockeyeur, euse** *n* Joueur, joueuse de hockey ▸ **jogador de hóquei**
hoir *nm* DR, VX Héritier direct ▸ **herdeiro**
hoirie *nf* DR, VX Héritage ▸ **herança**
***holà** *interj* Sert pour appeler, pour arrêter, etc. ▸ **ei** ◆ *nm inv* ▪ **mettre le holà:** faire cesser quelque chose, rétablir l'ordre ▸ **dar um basta**
holding** [ɔldi] *nf ou nm* Société anonyme qui contrôle, grâce à ses participations financières, un groupe d'entreprises de même nature ▸ ***holding
***hold-up** [ɔldp] *nm inv* Attaque à main armée, organisée en vue de dévaliser une banque, un bureau de poste, etc. ▸ **assalto a mão armada**
***hollandais, e** *adj et n* De la Hollande: *les Hollandais* ▸ **holandês** ◆ **hollandaise** *nf et adj f* Frisonne ▸ **(gado) holandês**
***hollande** *nm* Fromage de Hollande, à croûte rouge ▸ **queijo holandês**
***hollywoodien, enne** *adj* De Hollywood: *le cinéma hollywoodien* ▸ **hollywoodiano**
holocauste *nm* Massacre d'un grand nombre de personnes, génocide ▸ **holocausto** ▪ **l'Holocauste:** extermination des Juifs par les nazis entre 1939 et 1945 ▸ **Holocausto**
hologramme *nm* Image obtenue par holographie ▸ **holograma**
holographie *nf* Méthode de photographie en relief utilisant les interférences produites par deux faisceaux lasers ▸ **holografia**
holothurie *nf* Échinoderme dont certaines espèces sont consommées en Orient ▸ **holotúria, pepino-do-mar**

***homard** *nm* Crustacé à chair très appréciée, à grosses pinces ▸ **lagosta**
***home** [om] *nm* ▸ **lar** ▪ **home d'enfants:** centre d'accueil pour enfants, en particulier durant les vacances ▸ **centro de acolhimento, colônia de férias**
homélie *nf* **1** RELIG Sermon, au cours de la messe ▸ **homilia 2** LITT Discours moralisateur ▸ **homilia**
homéopathe *n et adj* Médecin qui pratique l'homéopathie ▸ **homeopata**
homéopathie *nf* Système thérapeutique qui consiste à traiter les malades à l'aide d'agents qui déterminent une affection analogue à celle qu'on veut combattre; CONTR: *allopathie* ▸ **homeopatia**
homéopathique *adj* Propre à l'homéopathie ▸ **homeopático**
homérique *adj* **1** Relatif à Homère: *légende homérique* ▸ **homérico 2** FIG Inoubliable, fabuleux: *souvenir homérique* ▸ **homérico**
homicide *nm* Action de tuer, volontairement ou non, un être humain: *homicide involontaire* ▸ **homicídio** ◆ *n et adj* Personne qui tue quelqu'un ou qui cherche à le tuer: *intentions homicides* ▸ **homicida**
hominien *nm* Primate actuel ou fossile ▸ **hominídeo**
hommage *nm* Marque de courtoisie ou de respect ▸ **homenagem** ▪ **rendre hommage à:** témoigner son estime, son admiration pour: *rendre hommage à la loyauté de quelqu'un* ▸ **prestar homenagem a** ◆ **hommages** *pl* ▸ **cumprimentos** ▪ **présenter ses hommages:** saluer avec civilité ▸ **cumprimentar**
hommasse *adj f* PÉJOR Se dit d'une femme dont l'aspect, la voix, les manières évoquent ceux d'un homme ▸ **machona**
homme *nm* **1** L'être humain (par opposition aux *animaux*): *le rire est le propre de l'homme* ▸ **homem 2** Personne de sexe masculin (par opposition à *femme*): *profession autrefois réservée aux hommes; vêtement d'homme* ▸ **homem 3** Adulte de sexe masculin (par opposition à *enfant, adolescent*): *tu deviendras un homme, mon fils* ▸ **homem 4** Individu d'un groupe: *une armée de dix mille hommes* ▸ **homem 5** Personne de sexe masculin considérée du point de vue de ses qualités, de celles attribuées à son sexe ou de ses caractéristiques sociales ou professionnelles: *un brave homme; un homme d'affaires* ▸ **homem** ▪ **d'homme à homme:** en toute franchise: *parlons d'homme à homme* ▸ **de homem para homem** ▫ **grand homme:** dont la vie et les actions provoquent l'admiration, le respect (à ne pas confondre avec un *homme grand*, de grande taille) ▸ **grande homem** ▫ **homme de lettres:** écrivain ▸ **homem de letras** ▫ **homme de loi:** magistrat, avocat, etc. ▸ **homem da lei** ▫ **homme de main:** qui agit pour le compte d'un autre ▸ **pau-mandado, capanga** ▫ **homme de paille:** prête-nom dans une affaire malhonnête ▸ **testa de ferro** ▫ **homme d'État:** homme politique qui exerce ou a exercé des fonctions à la tête du pouvoir exécutif d'un État ▸ **estadista**
homme-grenouille (pl *hommes-grenouilles*) *nm* Plongeur muni d'un équipement spécial lui permettant de respirer et de travailler un certain temps sous l'eau ▸ **homem-rã**
homme-orchestre (pl *hommes-orchestres*) *nm* Personne aux compétences multiples ▸ **homem de sete instrumentos**
homme-sandwich (pl *hommes-sandwichs*) *nm* Homme qui promène sur lui deux panneaux publicitaires, l'un sur son dos, l'autre sur sa poitrine ▸ **homem-sanduíche**
***hommos** *nm* → ***houmous**
homogène *adj* **1** Formé d'éléments de même nature ▸ **homogêneo 2** FIG Qui présente une harmonie entre ses divers éléments: *une équipe homogène* ▸ **homogêneo**
homogénéisation *nf* Action de rendre homogène ▸ **homogeneização**
homogénéisé, e *adj* ▸ **homogeneizado** ▪ **lait homogénéisé:** dont on a réduit la dimension des globules gras, empêchant ainsi la séparation de la crème ▸ **leite homogeneizado**
homogénéiser *vt* Rendre homogène ▸ **homogeneizar**
homogénéité *nf* Caractère de ce qui est homogène ▸ **homogeneidade**
homographe *adj et nm* GRAMM Se dit d'un mot qui a la même orthographe qu'un autre mais un sens différent (EX: *bière*, «boisson», et *bière*, «cercueil») ▸ **homógrafo**
homographie *nf* Caractère des mots homographes ▸ **homografia**
homogreffe *nf* Greffe dans laquelle le greffon est pris sur un sujet de même espèce que le sujet greffé ▸ **homoenxerto**
homologation *nf* Action d'homologuer ▸ **homologação**
homologue *adj* **1** Qui correspond à; équivalent: *amiral est un grade homologue à celui de général* ▸ **homólogo 2** CHIM Se dit de corps organiques remplissant les mêmes fonctions ▸ **homólogo** ◆ *n* Personne qui est dans les mêmes condi-

tions de vie, de travail qu'une autre: *le ministre des Finances a parlé à son homologue allemand* ▸ **homólogo**

VOCABULAIRE *Homologue*, «équivalent», est à distinguer de *analogue*, «comparable, ressemblant»

homologuer *vt* **1** Confirmer, enregistrer officiellement ▸ **homologar** **2** SPORTS Reconnaître officiellement: *homologuer un record* ▸ **homologar**

homonyme *adj et nm* GRAMM Se dit d'un mot qui présente la même forme graphique (homographe) ou phonique (homophone) qu'un autre, mais qui en diffère par le sens (EX: *cousin*, «insecte», et *cousin*, «parent», ou, *saint, sein, seing, ceint*) ▸ **homônimo** ♦ *n* Personne qui porte le même nom qu'une autre ▸ **homônimo**

homonymie *nf* Qualité de ce qui est homonyme ▸ **homonímia**

homophone *adj et nm* GRAMM Se dit d'un mot qui a la même prononciation qu'un autre mais un sens différent (EX: *sceau, seau* et *sot*) ▸ **homófono**

homosexualité *nf* Sexualité tournée vers les personnes du même sexe ▸ **homossexualidade**

homosexuel, elle *adj et n* Qui éprouve une affinité sexuelle pour les personnes de son sexe ▸ **homossexual**

homozygote *adj et n* BIOL Se dit d'un être dont les cellules possèdent en double le gène d'un caractère donné ▸ **homozigoto**

***hongre** *n et adj m* Cheval châtré ▸ **capado**

***hongrois, e** *adj et n* De Hongrie: *les Hongrois* ▸ **húngaro** ♦ *nm* Langue des Hongrois ▸ **húngaro**

honnête *adj* **1** Probe, juste, intègre: *un commerçant honnête* ▸ **honesto** **2** Correct, convenable: *un prix honnête* ▸ **honesto**

honnêtement *adv* Avec honnêteté ▸ **honestamente**

honnêteté *nf* Qualité d'une personne honnête ▸ **honestidade**

honneur *nm* **1** Sentiment que l'on a de sa propre dignité: *sauver son honneur; c'est tout à ton honneur* ▸ **honra** **2** Personne ou chose dont on est fier: *c'est l'honneur de sa famille* ▸ **orgulho** **3** Démonstration d'estime, de respect: *donner une fête en l'honneur de quelqu'un* ▸ **honra** ■ **affaire d'honneur:** qui met en cause la réputation de quelqu'un ▸ **questão de honra** □ **demoiselle, garçon d'honneur:** qui accompagne un cortège nuptial ▸ **dama de honra, pajem** □ **faire honneur à:** se montrer digne de: *elle fait honneur à sa réputation* ▸ **honrar** □ FAM **faire honneur à (une boisson, un mets):** les déguster avec plaisir et sans en laisser ▸ **apreciar** □ **Légion d'honneur:** ordre national français ▸ **Legião de Honra** □ **parole d'honneur:** qui engage solennellement ▸ **palavra de honra** □ **point d'honneur:** sur lequel on joue sa réputation ▸ **ponto de honra** □ **rendre honneur à:** honorer, rendre hommage ▸ **homenagear** □ **tomber au champ d'honneur:** mourir lors d'un combat militaire ▸ **tombar no campo de batalha** ♦ **honneurs** *pl* Marques d'intérêt ou de distinction: *aspirer aux honneurs; avoir les honneurs de la presse* ▸ **honras**

***honnir** *vt* LITT Couvrir de honte, accabler de son mépris ▸ **execrar** ■ **honni soit qui mal y pense:** devise de l'ordre anglais de la Jarretière ▸ **ai de quem disto pensar mal**

honorabilité *nf* Qualité d'une personne honorable ▸ **honradez**

honorable *adj* **1** Digne d'être honoré; estimable ▸ **honorável** **2** Convenable, suffisant: *résultats honorables* ▸ **honroso** **3** Qui fait honneur, qui attire la considération: *action honorable* ▸ **honroso**

honorablement *adv* D'une manière honorable ▸ **honrosamente, honradamente**

honoraire *adj* Qui porte un titre honorifique sans exercer les fonctions correspondantes: *membre honoraire* ▸ **honorário** ♦ **honoraires** *nm pl* Rétribution des professions libérales: *honoraires d'un médecin* ▸ **honorários**

honoré, e *adj* Flatté et fier: *je suis très honoré de cette distinction* ▸ **honrado**

honorer *vt* **1** Témoigner de l'estime, de l'admiration pour: *honorer le talent d'un poète* ▸ **honrar** **2** Procurer de l'honneur, de la considération à: *ses scrupules l'honorent* ▸ **honrar** **3** Être présent, participer à: *honorer une réunion* ▸ **honrar** ■ **honorer sa signature:** remplir ses engagements financiers ▸ **honrar seus compromissos financeiros** □ FIG **honorer un chèque:** le payer ▸ **honrar um cheque**

honorifique *adj* Qui procure des honneurs: *fonctions honorifiques* ▸ **honorífico**

honoris causa** [ɔnɔriskoza] *loc adj inv* Conféré à titre honorifique, en parlant d'un grade universitaire ▸ ***honoris causa

***honte** *nf* **1** Sentiment de culpabilité, d'humiliation éprouvé à la suite d'une action ou d'une attitude répréhensible, malhonnête, etc.: *rougir de honte; avoir honte* ▸ **vergonha** **2** Chose ou personne qui provoque ce sentiment: *cette guerre est une honte* ▸ **vergonha** ■ **faire honte à:** être un sujet de déshonneur pour ▸ **envergonhar**

***honteusement** *adv* D'une façon honteuse: *agir honteusement* ▸ **envergonhadamente, vergonhosamente**

***honteux, euse** *adj* **1** Qui éprouve de la honte ▸ **envergonhado** **2** Qui cause de la honte ▸ **vergonhoso**

hooligan** [uligan] *nm* Supporter qui se livre à des actes de violence et de vandalisme lors d'une rencontre sportive ▸ ***hooligan

***hooliganisme** *nm* Comportement des hooligans ▸ **hooliganismo**

***hop** *interj* Sert à stimuler, à faire sauter ou à exprimer une action brusque ▸ **upa**

hôpital (pl *hôpitaux*) *nm* Établissement public ou privé où se pratiquent des actes médicaux et chirurgicaux ▸ **hospital** ▪ **hôpital de jour:** service hospitalier où les malades sont pris en traitement pendant la journée puis rentrent dormir chez eux ▸ **hospital-dia**

hoplite *nm* ANTIQ GR Fantassin ▸ **hoplita**

***hoquet** *nm* Contraction brusque du diaphragme: *avoir le hoquet* ▸ **soluço**

***hoqueter** *vi (conj 8)* Être secoué de hoquets, de sanglots, etc. ▸ **soluçar**

horaire *adj* **1** Relatif aux heures de la journée: *tableau horaire* ▸ **horário 2** Par heure: *fiche, salaire horaire* ▸ **horário** ♦ *nm* **1** Tableau, document indiquant des heures d'arrivée et de départ ▸ **tabela de horários 2** Répartition des heures de travail; emploi du temps ▸ **horário, agenda**

***horde** *nf* LITT Bande, groupe: *horde de brigands* ▸ **horda**

***horion** *nm* LITT Coup violent donné à quelqu'un ▸ **pancada**

horizon *nm* **1** Ligne circulaire dont l'observateur est le centre et où le ciel et la terre semblent se joindre; partie du ciel, de la terre que borne cette ligne ▸ **horizonte 2** FIG Perspective: *horizon social; ouvrir de nouveaux horizons* ▸ **horizonte**

horizontal, e, aux *adj* Perpendiculaire à un plan vertical donné ▸ **horizontal** ♦ **horizontale** *nf* Ligne horizontale ▸ **horizontal** ▪ **à l'horizontale:** en position horizontale, couchée ▸ **na horizontal**

horizontalement *adv* Parallèlement à l'horizon ▸ **horizontalmente**

horizontalité *nf* Caractère de ce qui est horizontal ▸ **horizontalidade**

horloge *nf* Appareil, avec ou sans sonnerie, qui indique les heures ▸ **relógio** ▪ **horloge biologique:** mécanismes internes qui déterminent les rythmes d'activité du corps humain ▸ **relógio biológico** ▫ **horloge parlante:** horloge et service donnant l'heure par téléphone, de façon continue ▸ **serviço de hora certa**

horloger, ère *adj* De l'horlogerie: *l'industrie horlogère* ▸ **relojoeiro** ♦ *n* Personne qui fabrique, vend, répare des horloges, des montres, etc. ▸ **relojoeiro**

horlogerie *nf* Magasin, commerce, industrie de l'horloger ▸ **relojoaria**

***hormis** *prép* SOUT À l'exception de: *hormis deux ou trois* ▸ **exceto**

hormonal, e, aux *adj* Relatif aux hormones: *insuffisance hormonale* ▸ **hormonal**

hormone *nf* Substance sécrétée par une glande et qui, transportée par le sang, agit sur les organes ou intervient dans des processus biochimiques ▸ **hormônio**

***hornblende** [ɔrnblɛ̃d] *nf* Silicate naturel d'aluminium, de calcium, etc. ▸ **hornblenda**

horodaté, e *adj* Qui porte l'indication de la date et de l'heure: *ticket horodaté* ▸ **com registro de data e hora** ▪ **stationnement horodaté:** stationnement payant qui se fait à l'aide d'horodateurs ▸ **estacionamento com parquímetro**

horodateur, trice *nm et adj* Appareil qui imprime la date et l'heure sur certains documents ▸ **horodator**

horoscope *nm* Ensemble des prédictions que les astrologues déduisent de la position des astres au moment de la naissance de quelqu'un ▸ **horóscopo**

horreur *nf* **1** Violente impression de répulsion, d'effroi, causée par quelque chose d'affreux: *être saisi d'horreur* ▸ **horror 2** Caractère de ce qui inspire ce sentiment: *l'horreur d'un crime* ▸ **horror 3** Ce qui inspire le dégoût: *cet article de journal est une horreur* ▸ **horror** ▪ **avoir horreur de:** détester ▸ **ter horror a** ▫ **faire horreur:** dégoûter ▸ **causar horror** ♦ **horreurs** *pl* Paroles, écrits obscènes, orduriers: *dire des horreurs* ▸ **indecências**

horrible *adj* **1** Qui provoque un sentiment d'horreur: *crime horrible* ▸ **horrível 2** PAR EXT Extrême, excessif: *bruit horrible* ▸ **horrível 3** Très mauvais: *temps horrible* ▸ **horrível**

horriblement *adv* **1** De façon horrible ▸ **horrivelmente 2** Extrêmement ▸ **horrivelmente**

horrifiant, e *adj* Qui horrifie ▸ **horrendo**

horrifier *vt* Remplir d'horreur ou d'effroi ▸ **horrorizar**

horripilant, e *adj* Qui horripile, très agaçant ▸ **horripilante**

horripiler *vt* Agacer, irriter: *ses manies m'horripilent* ▸ **horripilar**

hors** *prép* **1** Indique l'extériorité ou l'exclusion: *représentation hors festival; location hors saison; exemplaires hors commerce* ▸ **fora 2** Indique la supériorité: *hôtel hors catégorie* ▸ **excepcional 3** SOUT Sauf, excepté: *hors cela* ▸ **fora** ▪ **hors concours:** qui n'est plus autorisé à concourir en raison de sa supériorité ▸ ***hors-concours

◆ **hors de** *loc prép* À l'extérieur, à l'écart de: *habiter hors de la ville; objet hors de portée* ▶ **fora de** ■ **être hors de combat:** ne plus pouvoir combattre, être éliminé ▶ **estar fora de combate** □ **être hors de prix:** excessivement cher ▶ **custar uma fortuna** □ **hors de question:** que l'on ne peut envisager ▶ **fora de questão** □ **hors de soi:** dans un état de violente agitation ▶ **fora de si** □ **hors d'usage:** qui ne peut plus servir ▶ **quebrado**

***hors-bord** *nm inv* Bateau propulsé par un moteur placé hors de la coque ▶ **barco com motor de popa**

***hors-d'œuvre** *nm inv* **1** Plat servi au début d'un repas ▶ **aperitivo 2** FIG Ce qui annonce, donne une idée de ce qui va suivre ▶ **aperitivo**

***hors-jeu** *nm inv* Au football, au rugby, faute commise par un joueur, entraînant une sanction ▶ **impedimento**

***hors-la-loi** *n inv* Personne qui se met en dehors des lois; bandit ▶ **fora da lei**

***hors-piste** ou ***hors-pistes** *nm inv* Ski pratiqué en dehors des pistes balisées ▶ **esqui fora de pista**

***hors-texte** *nm inv* Illustration tirée à part et intercalée entre les pages d'un livre ▶ **extratexto**

hortensia *nm* Plante à fleurs en boules blanches, bleues ou roses ▶ **hortênsia**

horticole *adj* Relatif à l'horticulture ▶ **hortícola**

horticulteur, trice *n* Personne qui s'occupe d'horticulture ▶ **horticultor**

horticulture *nf* Culture des fruits, des légumes, des plantes d'ornement ▶ **horticultura**

hospice *nm* **1** Établissement qui accueille les vieillards ▶ **asilo 2** Maison religieuse destinée à héberger les pèlerins, les voyageurs ▶ **hospedaria**

hospitalier, ère *adj* **1** Propre à un hôpital: *services hospitaliers* ▶ **hospitalar 2** Qui exerce l'hospitalité, qui accueille volontiers: *peuple hospitalier* ▶ **hospitaleiro** ◆ *n et adj* Personne employée dans un hôpital ▶ **(funcionário) de hospital**

hospitalisation *nf* Admission dans un hôpital ▶ **hospitalização**

hospitaliser *vt* Admettre dans un hôpital ▶ **hospitalizar**

hospitalité *nf* Action d'accueillir, de recevoir chez soi avec bienveillance et cordialité ▶ **hospitalidade**

hospitalo-universitaire (pl *hospitalo-universitaires*) *adj* ▶ **hospitalar e universitário** ■ **centre hospitalo-universitaire (CHU):** Établissement hospitalier où s'effectue l'enseignement des étudiants en médecine ▶ **hospital universitário**

hostellerie *nf* Hôtel, restaurant de caractère, souvent situé à la campagne ▶ **hotel, restaurante campestre**

hostie *nf* Pastille de pain sans levain que le prêtre consacre à la messe, dans l'Église latine ▶ **hóstia**

hostile *adj* **1** Agressif: *attitude hostile* ▶ **hostil 2** Défavorable à: *se montrer hostile au progrès; milieu hostile à l'homme* ▶ **hostil**

hostilement *adv* Avec hostilité ▶ **hostilmente**

hostilité *nf* Agressivité, opposition; malveillance: *manifester son hostilité à un projet* ▶ **hostilidade** ◆ **hostilités** *pl* Opérations de guerre: *déclencher les hostilités* ▶ **hostilidades**

***hot dog** [ɔtdɔg] (pl *hot dogs*) *nm* Morceau de pain fourré d'une saucisse chaude ▶ **cachorro-quente**

hôte[1] *nm* Personne qui est reçue chez quelqu'un; invité ▶ **hóspede, convidado**

EMPLOI En ce sens (moins usité), il est préférable d'employer les synonymes *invité*, *client*, pour éviter toute confusion avec *hôte*, *hôtesse*

hôte[2]**, hôtesse** *n* Personne qui donne l'hospitalité, qui reçoit quelqu'un chez elle ▶ **anfitrião**

hôtel *nm* **1** Établissement commercial qui loue des chambres ou des appartements meublés pour un prix journalier ▶ **hotel 2** Édifice abritant certaines administrations: *hôtel de la monnaie; hôtel des impôts* ▶ **edifício** ■ **hôtel de ville:** siège de l'autorité municipale ▶ **prefeitura** □ **hôtel particulier:** en ville, maison construite pour un riche particulier et sa famille ▶ **palacete** □ **maître d'hôtel:** chef du service de la table dans une grande maison, un restaurant ▶ ***maître***

hôtelier, ère *n* Personne qui tient une hôtellerie, un hôtel ▶ **hoteleiro** ◆ *adj* Relatif à l'hôtellerie: *école hôtelière* ▶ **hoteleiro**

hôtellerie *nf* **1** Hôtel, restaurant élégant ▶ **hotel, restaurante chique 2** Métier, profession des hôteliers ▶ **hotelaria**

hôtesse[1] *nf* Femme chargée d'accueillir ou d'informer les visiteurs ou les clients: *hôtesse d'accueil* ▶ **recepcionista** ■ **hôtesse de l'air:** femme qui, dans un avion, accueille les passagers et veille à leur confort et à leur sécurité ▶ **aeromoça, comissária de bordo**

hôtesse[2] *nf* → **2 hôte**

***hotte** *nf* **1** Panier d'osier, long et large, porté sur le dos: *hotte de vendangeur* ▶ **cesto dorsal 2** Manteau de cheminée ▶ **pano de chaminé 3** Appareil électrique destiné à recueillir l'air chargé de vapeurs grasses dans une cuisine: *hotte aspirante* ▶ **coifa**

***hou** *interj* Sert à faire peur, à faire honte ou à conspuer ▶ **uh** ■ **hou! hou!:** sert à attirer l'attention de quelqu'un ▶ **uh-uuh!**

***houblon** *nm* Plante grimpante dont les cônes sont employés pour aromatiser la bière ▸ **lúpulo**
***houe** *nf* Instrument de labour à bras, à fer large et recourbé qui sert à ameublir le sol ▸ **enxada**
***houille** *nf* Charbon naturel fossile utilisé comme combustible ▸ **hulha** ▪ VIEILLI **houille blanche:** énergie obtenue par les chutes d'eau ▸ **hulha-branca**
***houiller, ère** *adj* **1** Qui renferme de la houille ▸ **hulhífero** **2** Relatif à la houille, à son exploitation ▸ **hulhífero**
***houillère** *nf* Mine de houille ▸ **hulheira**
***houle** *nf* Mouvement ondulatoire de la mer ▸ **onda**
***houlette** *nf* Bâton de berger ▸ **cajado** ▪ **être sous la houlette de quelqu'un:** sous sa direction ▸ **estar sob o cajado, sob a batuta de alguém**
***houleux, euse** *adj* **1** Agité par la houle ▸ **agitado** **2** FIG Agité de sentiments contraires, mouvementé: *débat houleux* ▸ **turbulento**
houmous** [umus] ou ***hommos** [ms] *nm* Purée de pois chiches à l'huile de sésame (spécialité du Moyen-Orient) ▸ ***homus
***houppe** *nf* **1** Touffe de brins de laine, de soie, de duvet: *houppe à poudre de riz* ▸ **borla** **2** Touffe de cheveux sur la tête ▸ **topete**
***houppelande** *nf* ANC Ample manteau sans manches ▸ **manto**
***houppette** *nf* Petite houppe ▸ **borleta**
***hourra** *interj et nm* Acclamation: *pousser des hourras* ▸ **hurra**
house music** [awsmjuzik] (pl *house musics*) ou **house** [aws] *nf* Style de musique de danse dont les airs sont composés à partir d'échantillons pris dans des mélodies de diverses origines et de sons électroniques ▸ ***house music
***houspiller** *vt* Gronder, faire de vifs reproches ▸ **descompor**
***housse** *nf* Enveloppe qui sert à recouvrir, à protéger des meubles, des vêtements, etc.: *housse de canapé, de couette* ▸ **fronha, capa**
***houx** *nm* Arbuste à feuilles luisantes, épineuses et persistantes ▸ **azevinho**
hovercraft [ɔvrkraft] *nm* Aéroglisseur ▸ **aerodeslizador**
HS *adj inv* (sigle de *hors service*) Hors d'usage: *la télé est HS*; FAM très fatigué: *je suis HS* ▸ **Ø**
HT *loc adj* (sigle) Hors taxes: *300 francs HT* ▸ **Ø**
***hublot** *nm* Fenêtre ronde dans la coque d'un navire ou le fuselage d'un avion ▸ **vigia, janela**
***huche** *nf* Coffre en bois qu'on utilisait autrefois pour pétrir la pâte et conserver le pain ▸ **masseira, ucha**
***hue** *interj* S'emploie pour faire avancer les chevaux ▸ **eia** ▪ **tirer à hue et à dia:** agir de façon désordonnée ▸ **dar uma no cravo e outra na ferradura**
***huée** *nf* (surtout au pluriel) Cri hostile: *s'enfuir sous les huées* ▸ **vaia, gritaria**
***huer** *vt* Accueillir par des huées; conspuer ▸ **vaiar** ◆ *vi* Crier, en parlant du hibou ▸ **piar**
***huguenot, e** *n et adj* Surnom donné jadis par les catholiques français aux protestants partisans de Calvin ▸ **huguenote** ◆ *adj* Relatif aux calvinistes ▸ **huguenote**
huilage *nm* Action d'huiler ▸ **untura, lubrificação**
huile *nf* Liquide gras qu'on extrait de diverses substances végétales ou animales: *huile d'olive, de foie de morue* ▸ **óleo** ▪ **faire tache d'huile:** se propager progressivement ▸ **alastrar-se** ▫ **huiles minérales:** hydrocarbures liquides (pétrole) ▸ **óleos minerais** ▫ FIG **jeter de l'huile sur le feu:** envenimer une querelle ▸ **botar lenha na fogueira** ▫ **mer d'huile:** très calme ▸ **mar de rosas** ▫ **peinture à l'huile:** avec des couleurs délayées à l'huile ▸ **pintura a óleo** ▫ **saintes huiles:** huiles utilisées pour les sacrements ▸ **santos óleos**
huilé, e *adj* Qui est imprégné ou enduit d'huile: *verser des œufs dans une poêle huilée* ▸ **oleado** ▪ FIG **bien huilé:** qui fonctionne parfaitement bien: *une équipe aux rouages bien huilés* ▸ **bem afinado**
huiler *vt* Enduire d'huile: *huiler une poêle* ▸ **olear**
huilerie *nf* Fabrique d'huile ▸ **olearia**
huileux, euse *adj* **1** De la nature de l'huile; qui en contient ▸ **oleoso** **2** Gras: *peau huileuse* ▸ **oleoso**
huilier *nm* Accessoire de table réunissant les burettes d'huile et de vinaigre ▸ **galheteiro**
***huis clos** *nm* Séance à laquelle le public n'est pas admis, dans un tribunal ▸ **sessão a portas fechadas** ▪ **à huis clos: (a)** sans que le public soit admis: *délibérer à huis clos* ▸ **a portas fechadas (b)** en secret: *conversation à huis clos* ▸ **em segredo**
huisserie *nf* Ensemble des pièces de bois encadrant une porte ▸ **alizar**
huissier *nm* **1** Gardien qui se tient à la porte d'un haut personnage pour annoncer et introduire les visiteurs ▸ **porteiro** **2** Employé chargé du service dans les assemblées, les administrations ▸ **contínuo** ▪ **huissier audiencier:** qui assiste les magistrats ▸ **porteiro dos auditórios** ▫ **huissier de justice** ou **huissier:** officier ministériel chargé de signifier les actes de justice, de mettre à exécution les jugements, etc. ▸ **oficial de justiça**

***huit** [it], [i] devant une consonne ou un *h* muet *adj num card* **1** Sept plus un ▸ **oito 2** Huitième: *Charles VIII* ▸ **oito** ◆ *nm inv* Chiffre, numéro, etc., qui représente ce nombre ▸ **oito ■ lundi, mardi, etc., en huit:** de la semaine prochaine ▸ **segunda, terça etc. da semana que vem**

***huitaine** *nf* **1** Espace de huit jours ▸ **oito dias 2** Groupe de huit unités ou environ: *une huitaine de francs* ▸ **(uns) oito**

***huitième** *adj num ord et n* Qui occupe un rang marqué par le numéro huit ▸ **oitavo** ◆ *adj et nm* Qui se trouve huit fois dans le tout ▸ **oitavo**

***huitièmement** *adv* En huitième lieu ▸ **em oitavo lugar**

huître *nf* Mollusque comestible à double coquille ▸ **ostra ■ huître perlière:** qui fournit des perles fines ▸ **ostra perlífera**

***hulotte** *nf* Oiseau rapace nocturne (appelé usuellement: *chat-huant*) ▸ **coruja-do-mato**

***hululement** *nm* → **ululement**

***hululer** *vi* → **ululer**

***hum** *interj* Marque le doute, l'impatience, la réticence ▸ **hum**

humain, e *adj* **1** Qui concerne l'homme: *corps humain; géographie humaine* ▸ **humano 2** Sensible, compatissant, compréhensif: *se montrer humain* ▸ **humano ■ le genre humain:** l'ensemble des hommes ▸ **a espécie humana** ◆ **humains** *nm pl* **■ les humains:** les hommes ▸ **os humanos**

humainement *adv* Avec humanité, avec bonté: *traiter quelqu'un humainement* ▸ **humanamente**

humanisation *nf* Action d'humaniser ▸ **humanização**

humaniser *vt* Donner un caractère plus humain; rendre plus supportable à l'homme: *humaniser les conditions de travail* ▸ **humanizar**

humanisme *nm* Position philosophique qui place la personne humaine et ses valeurs au-dessus de toute autre valeur ▸ **humanismo**

humaniste *n et adj* **1** Partisan de l'humanisme ▸ **humanista 2** VX Qui est versé dans la connaissance des langues et littératures anciennes ▸ **humanista** ◆ *adj* Relatif à l'humanisme ▸ **humanista**

humanitaire *adj* Qui intéresse l'humanité: *problème humanitaire* ▸ **humanitário** ◆ *adj et n* Qui s'efforce de venir en aide aux hommes: *organisation humanitaire* ▸ **humanitário ■ corridor, couloir humanitaire:** voie de communication établie pour acheminer des secours aux populations d'une région en guerre ▸ **corredor humanitário**

humanitarisme *nm* Attitude de ceux qui se montrent humanitaires ▸ **humanitarismo**

humanité *nf* **1** L'ensemble des êtres humains, la race humaine ▸ **humanidade 2** Caractère de ce qui est humain ▸ **humanidade 3** Bonté, bienveillance ▸ **humanidade** ◆ **humanités** *pl* BELGIQUE Cycle complet d'études secondaires ▸ **ensino médio**

humanoïde *nm* Dans le langage de la science-fiction, être ressemblant à l'homme ▸ **humanoide**

humble *adj* **1** Modeste, réservé: *un homme humble* ▸ **humilde 2** Sans éclat, sans prétention ou sans importance: *d'humbles travaux* ▸ **humilde**

humblement *adv* Avec humilité ▸ **humildemente**

humecter *vt* Rendre humide, mouiller légèrement ▸ **umedecer**

***humer** *vt* Respirer, aspirer par le nez ▸ **aspirar**

humérus [ymerys] *nm* Os du bras articulé à l'épaule et au coude ▸ **úmero**

humeur *nf* **1** Disposition d'esprit naturelle ou passagère: *bonne humeur* ▸ **humor 2** Mauvaise humeur: *mouvement d'humeur* ▸ **mau humor ■ être d'humeur à:** disposé à ▸ **estar com disposição para**

humide *adj* Chargé d'eau ou de vapeur ▸ **úmido**

humidificateur *nm* Appareil servant à maintenir un certain degré d'humidité dans un lieu ▸ **umidificador**

humidification *nf* Action d'humidifier ▸ **umidificação**

humidifier *vt* Rendre humide ▸ **umidificar**

humidité *nf* État de ce qui est humide ▸ **umidade**

humiliant, e *adj* Qui humilie ▸ **humilhante**

humiliation *nf* **1** Acte qui humilie; affront: *infliger une humiliation* ▸ **humilhação 2** Sentiment qui en résulte; honte: *pâlir d'humiliation* ▸ **humilhação**

humilier *vt* Abaisser, avilir ▸ **humilhar**

humilité *nf* Caractère d'une personne ou d'une chose humble ▸ **humildade ■ en toute humilité:** aussi humblement que possible ▸ **com toda a humildade**

humoriste *n et adj* Auteur de dessins ou d'écrits drôles, satiriques ▸ **humorista**

humoristique *adj* Qui est empreint d'humour; drôle, amusant: *dessins humoristiques* ▸ **humorístico**

humour *nm* Tournure d'esprit porté à l'ironie, à la raillerie sous une apparence sérieuse ou impassible ▸ **humor ■ humour noir:** humour grinçant porté jusqu'à l'absurde ▸ **humor negro**

humus [ymys] *nm* Terre végétale ▸ **húmus**

***hune** *nf* MAR Plate-forme en saillie fixée à l'extrémité supérieure d'un mât ▸ **(cesto da) gávea**

***hunier** *nm* MAR Voile carrée d'un mât de hune ► **gávea**

***huppe** *nf* Oiseau passereau portant une touffe de plumes sur la tête; cette touffe ► **poupa**

***huppé, e** *adj* **1** Qui a une huppe ► **cristado 2** FAM Riche ► **rico**

***hure** *nf* **1** Tête coupée de sanglier, de saumon, de brochet, etc. ► **cabeça 2** Préparation culinaire à base de tête de porc ► **charcutaria de cabeça de porco**

***hurlant, e** *adj* Qui hurle ► **uivante**

***hurlement** *nm* Cri aigu et prolongé d'un homme ou d'un animal ► **uivo**

***hurler** *vi* **1** Pousser des hurlements ► **uivar 2** Faire un bruit effrayant: *entendre le vent hurler* ► **uivar** ♦ *vt* Dire, chanter en criant très fort ► **uivar**

***hurleur** *nm et adj m* Singe d'Amérique du Sud dont les cris s'entendent très loin ► **bugio**

hurluberlu, e *n* Personne fantaisiste, extravagante ► **desmiolado**

***hussard** *nm* AUTREF Soldat de cavalerie légère ► **hussardo**

***hussarde** *nf* Danse d'origine hongroise ► **dança hussarda** ■ **à la hussarde:** sans délicatesse, avec brutalité ► **à bruta**

***hutte** *nf* Cabane faite de branchages, de paille, de terre, etc. ► **cabana**

hyacinthe *nf* Pierre fine d'une couleur jaune rouge ► **jacinto**

hyalin, e *adj* Qui a l'apparence du verre: *quartz hyalin* ► **hialino**

hybridation *nf* Croisement de deux plantes ou de deux animaux d'espèces différentes ► **hibridação**

hybride *adj et nm* **1** Se dit d'un animal ou d'une plante provenant de deux espèces différentes: *le mulet est un hybride de l'âne et de la jument* ► **híbrido 2** AUTOM Se dit de la motorisation d'un véhicule comportant un moteur thermique et un moteur électrique; se dit du véhicule lui-même ► **híbrido, *flex*** ♦ *adj* Composé d'éléments disparates; composite: *architecture hybride* ► **híbrido**

hydratant, e *adj* Qui hydrate: *lotion hydratante* ► **hidratante**

hydratation *nf* **1** Action d'hydrater ► **hidratação 2** CHIM Transformation en hydrate ► **hidratação**

hydrate *nm* Combinaison de l'eau avec un corps ► **hidrato** ■ **hydrate de carbone:** glucide ► **carboidrato**

hydrater *vt* Introduire de l'eau dans les tissus, dans un corps quelconque ► **hidratar**

hydraulique *nf* Science qui étudie l'écoulement des liquides et les problèmes posés par l'utilisation de l'eau ► **hidráulica** ♦ *adj* Qui fonctionne grâce à l'eau: *presse hydraulique* ► **hidráulico**

hydravion *nm* Avion muni de flotteurs, conçu pour prendre son départ sur l'eau et s'y poser ► **hidroavião**

hydre *nf* ► **hidra** ■ MYTH **hydre de Lerne:** serpent à sept têtes, qui repoussaient au fur et à mesure qu'on les tranchait, tué par Héraclès ► **hidra de Lerna**

hydrique *adj* Relatif à l'eau: *diète hydrique* ► **hídrico**

hydrocarbure *nm* Hydrogène carboné: *le pétrole et le gaz naturel sont des hydrocarbures* ► **hidrocarboneto**

hydrocéphale *adj et n* Dont la boîte crânienne a un volume anormalement important ► **hidrocéfalo**

hydrocéphalie *nf* Maladie de l'hydrocéphale ► **hidrocefalia**

hydrocution *nf* Syncope provoquée par le contact avec une eau froide et pouvant entraîner la mort par noyade ► **hidrocussão**

hydrodynamique *nf* Partie de la physique des fluides qui traite des liquides ► **hidrodinâmica**

hydroélectricité *nf* Énergie électrique obtenue par conversion de l'énergie hydraulique des rivières et des chutes d'eau ► **hidreletricidade**

hydroélectrique *adj* Relatif à l'hydroélectricité: *centrale hydroélectrique* ► **hidrelétrica**

hydrofoil [idrɔfɔjl] *nm* Embarcation rapide munie d'ailes immergées portantes ► **hidrofólio**

hydrogénation *nf* CHIM Fixation d'hydrogène sur un corps ► **hidrogenação**

hydrogène *nm* Corps simple, gazeux, qui avec l'oxygène forme l'eau; symb: H ► **hidrogênio**

hydrogéné, e *adj* **1** Combiné avec l'hydrogène ► **hidrogenado 2** Contenant de l'hydrogène ► **hidrogenado**

hydroglisseur *nm* Bateau propulsé par une hélice aérienne ou un réacteur, glissant sur l'eau ► **hidroplano**

hydrographe *n* Spécialiste d'hydrographie ► **hidrógrafo**

hydrographie *nf* **1** Étude scientifique des eaux marines et fluviales ► **hidrografia 2** Topographie maritime ► **hidrografia 3** Ensemble des eaux d'une région ► **hidrografia 4** Étude du régime des eaux ► **hidrografia**

hydrographique *adj* Relatif à l'hydrographie ► **hidrográfico**

hydrologie *nf* Science qui traite des propriétés mécaniques, physiques et chimiques des eaux marines et continentales ► **hidrologia**

hydrologiste ou **hydrologue** *n* Spécialiste d'hydrologie ▸ **hidrologista, hidrólogo**
hydrolyse *nf* Décomposition de certains composés chimiques par action de l'eau ▸ **hidrólise**
hydromel *nm* Boisson obtenue par fermentation du miel dans de l'eau ▸ **hidromel**
hydrophile *adj* Qui absorbe l'eau: *coton hydrophile* ▸ **hidrófilo**
hydrosphère *nf* Partie liquide de la croûte terrestre (par opposition à *atmosphère, lithosphère*) ▸ **hidrosfera**
hydrostatique *nf* Partie de la mécanique qui a pour objet les conditions d'équilibre des liquides ▸ **hidrostática** ◆ *adj* Relatif à l'hydrostatique ▸ **hidrostático**
hydrothérapie *nf* Traitement des maladies par l'eau ▸ **hidroterapia**
hyène *nf* Mammifère carnivore d'Asie et d'Afrique ▸ **hiena**
PHONÉTIQUE On dit *l'hyène*, le *h* étant muet; cependant, on omet la liaison au pluriel: *les hyènes* [lejɛn]
Hygiaphone *nm* (nom déposé) Plaque transparente et perforée dont on équipe, par souci d'hygiène, les guichets où les employés sont en contact constant avec le public ▸ **blindagem de guichê**
hygiène *nf* Ensemble de règles et de pratiques relatives à la conservation de la santé, à la propreté, etc.: *hygiène alimentaire* ▸ **higiene**
hygiénique *adj* **1** Relatif à l'hygiène, notamment celle du corps: *papier hygiénique* ▸ **higiênico** **2** Sain, bon pour la santé: *promenade hygiénique* ▸ **higiênico**
hygiéniste *n* Spécialiste de l'hygiène ▸ **higienista, sanitarista**
hygromètre *nm* Instrument mesurant l'humidité de l'air ▸ **higrômetro**
hygrométrie *nf* Détermination de l'état d'humidité de l'air ▸ **higrometria**
hygrométrique *adj* Relatif à l'hygrométrie ▸ **higrométrico**
hymen[1] [imɛn] *nm* Membrane qui ferme plus ou moins complètement l'entrée du vagin d'une jeune fille vierge ▸ **hímen**
hymen[2] [imɛn] ou **hyménée** *nm* LITT Mariage ▸ **himeneu**
hyménoptère *nm* Insecte aux ailes membraneuses (abeille, guêpe, etc.) [les hyménoptères forment un ordre] ▸ **himenóptero**
hymne *nm* Chant en l'honneur d'un dieu, d'un héros, etc. ▸ **hino** ■ **hymne national:** chant national ▸ **hino nacional**
hyoïde *nm et adj* Os en fer à cheval situé au-dessus du larynx ▸ **hioide**
hyoïdien, enne *adj* Relatif à l'os hyoïde ▸ **hióideo**
hyper *nm* (abréviation) FAM Hypermarché ▸ **Ø**
hyperactif, ive *adj* Qui déploie une activité excessive ▸ **hiperativo**
hyperactivité *nf* Comportement d'une personne qui passe sans jamais s'arrêter d'une activité à une autre ▸ **hiperatividade**
hyperbole *nf* **1** Procédé rhétorique qui consiste à exagérer l'expression pour produire une forte impression (EX: *un géant* pour *un homme de grande taille*) ▸ **hipérbole** **2** MATH Ensemble des points d'un plan dont la différence des distances à deux points fixes est constante ▸ **hipérbole**
hyperbolique *adj* **1** Emphatique, exagéré: *louanges hyperboliques* ▸ **hiperbólico** **2** MATH En forme d'hyperbole ▸ **hiperbólico**
hypercalcémie *nf* MÉD Augmentation pathologique du taux de calcium dans le sang ▸ **hipercalcemia**
hyperémotivité *nf* Émotivité excessive ▸ **hiperemotividade**
hyperglycémie *nf* MÉD Excès du taux de glucose dans le sang ▸ **hiperglicemia**
hypermarché *nm* Magasin exploité en libre-service et présentant une superficie consacrée à la vente supérieure à 2 500 m² ▸ **hipermercado**
hypermédia *nm* Technique qui permet de passer d'un document (texte, son ou image) à un autre dans la consultation d'un système multimédia ▸ **hipermídia**
hypermétrope *adj et n* Atteint d'hypermétropie ▸ **hipermetrope**
hypermétropie *nf* Anomalie de la vision due à un défaut de convergence du cristallin et dans laquelle l'image se forme en arrière de la rétine: *l'hypermétropie empêche de voir avec netteté les objets très proches* ▸ **hipermetropia**
hypernerveux, euse *adj* D'une nervosité excessive ▸ **hipernervoso**
hypersécrétion *nf* MÉD Sécrétion supérieure à la normale ▸ **hipersecreção**
hypersensibilité *nf* Sensibilité extrême ▸ **hipersensibilidade**
hypersensible *adj* Très sensible ▸ **hipersensível**
hypersonique *adj* AÉRON Se dit de vitesses qui dépassent 5 000 km/h et des avions se déplaçant à de telles vitesses ▸ **hipersônico**
hypertendu, e *adj et n* Atteint d'hypertension ▸ **hipertenso**
hypertension *nf* MÉD Tension artérielle excessive ▸ **hipertensão**

hypertexte *nm* Système qui permet de consulter une base documentaire de textes en sautant d'un document à un autre ▸ **hipertexto**
hypertrophie *nf* MÉD Accroissement anormal du tissu d'un organe: *hypertrophie du cœur* ▸ **hipertrofia**
hypertrophié, e *adj* Atteint d'hypertrophie ▸ **hipertrofiado**
hypnose *nf* Sommeil artificiel provoqué par suggestion ▸ **hipnose**
hypnotique *adj* Relatif à l'hypnose ▸ **hipnótico**
hypnotiser *vt* **1** Endormir par les procédés de l'hypnotisme: *mage qui hypnotise* ▸ **hipnotizar 2** Accaparer totalement l'esprit ou l'attention de: *professeur qui hypnotise son auditoire* ▸ **hipnotizar**
hypnotiseur, euse *n* Personne qui hypnotise ▸ **hipnotizador**
hypnotisme *nm* Ensemble des techniques propres à provoquer l'hypnose ▸ **hipnotismo**
hypoallergénique *adj* Qui diminue les risques de réactions allergiques ▸ **hipoalergênico**
hypocalcémie *nf* Insuffisance du taux de calcium dans le sang ▸ **hipocalcemia**
hypocalorique *adj* Se dit d'un régime alimentaire pauvre en calories ▸ **hipocalórico**
hypocondriaque *adj et n* **1** Atteint d'hypocondrie ▸ **hipocondríaco 2** FIG Inquiet, angoissé ▸ **hipocondríaco**
hypocondrie *nf* Anxiété pathologique au sujet de sa propre santé ▸ **hipocondria**
hypocrisie *nf* **1** Comportement d'une personne hypocrite ▸ **hipocrisia 2** Caractère d'une chose hypocrite: *l'hypocrisie d'un procédé, d'une réponse* ▸ **hipocrisia**
hypocrite *adj et n* Se dit d'une personne qui affecte des sentiments, des opinions qu'elle n'a pas ▸ **hipócrita** ♦ *adj* Qui dénote le manque de sincérité: *air hypocrite* ▸ **hipócrita**
hypocritement *adv* De façon hypocrite ▸ **hipocritamente**
hypodermique *adj* Sous-cutané: *injection hypodermique* ▸ **hipodérmico**
hypogée *nm* **1** Nom donné à des constructions souterraines de l'Antiquité ▸ **hipogeu 2** Tombeau souterrain: *les hypogées égyptiens* ▸ **hipogeu**
hypoglosse *nm et adj* Nerf placé sous la langue ▸ **hipoglosso**
hypoglycémie *nf* MÉD Insuffisance du taux de glucose dans le sang ▸ **hipoglicemia**
hypokhâgne *nf* ARG SCOL Classe de préparation à la khâgne ▸ **primeiro ano da *khâgne***
hypophyse *nf* Organe glandulaire à la base du crâne ▸ **hipófise**
hypotendu, e *adj et n* Atteint d'hypotension ▸ **hipotenso**
hypotenseur *nm* Médicament qui diminue la tension artérielle ▸ **hipotensor**
hypotension *nf* MÉD Tension artérielle insuffisante ▸ **hipotensão**
hypoténuse *nf* Côté opposé à l'angle droit dans un triangle rectangle: *le carré de l'hypoténuse est égal à la somme des carrés des deux autres côtés* ▸ **hipotenusa**

ORTHOGRAPHE Attention, *hypoténuse* s'écrit avec un seul *h* (initial)

hypothalamus [ipɔtalamys] *nm* Région du cerveau régulatrice de fonctions vitales ▸ **hipotálamo**
hypothécaire *adj* Relatif à l'hypothèque: *prêt hypothécaire* ▸ **hipotecário**
hypothèque *nf* **1** Droit dont est grevé un immeuble ou tout autre bien, en garantie d'une créance ▸ **hipoteca 2** FIG Ce qui entrave, ce qui cause préjudice ▸ **empecilho**
hypothéquer *vt (conj 10)* **1** Grever d'une hypothèque pour garantir une créance: *hypothéquer une terre* ▸ **hipotecar 2** FIG Engager, lier de façon souvent imprudente: *hypothéquer l'avenir* ▸ **comprometer**
hypothermie *nf* MÉD Température du corps inférieure à la normale ▸ **hipotermia**
hypothèse *nf* **1** Proposition initiale à partir de laquelle on construit un raisonnement ▸ **hipótese 2** Supposition, éventualité ▸ **hipótese**
hypothétique *adj* **1** Fondé sur une hypothèse ▸ **hipotético 2** Douteux, incertain ▸ **hipotético**
hypotonie *nf* MÉD Diminution de la force musculaire ▸ **hipotonia**
hystérectomie *nf* Ablation de l'utérus ▸ **histerectomia**
hystérie *nf* **1** Névrose caractérisée par des troubles divers de la sensibilité et un comportement très extraverti ▸ **histeria 2** Folie ▸ **histeria**
hystérique *adj* Relatif à l'hystérie ▸ **histérico** ♦ *adj et n* Qui souffre d'hystérie ▸ **histérico**
Hz (symbole) Hertz ▸ **Hz**

I

i *nm* Neuvième lettre de l'alphabet et la troisième des voyelles ▸ **i** ■ **droit comme un i:** très droit ▸ **aprumado** □ **mettre les points sur les i:** s'expliquer clairement pour éviter les ambiguïtés ▸ **pôr os pingos nos is**

ïambe *nm* Pied de vers anciens composé d'une brève et d'une longue ▸ **iambo** ◆ **ïambes** *pl* Pièce satirique, en alexandrins alternant avec des octosyllabes: *les ïambes d'André Chénier* ▸ **iambos**

ïambique *adj* Composé d'ïambes ▸ **iâmbico**

ibère *adj* Qui concerne les Ibères ▸ **ibero, ibérico**

ibérique *adj* Relatif à l'Espagne et au Portugal ▸ **ibérico**

ibid. (abréviation) Ibidem ▸ ***ibid.***

ibidem [ibidɛm] *adv* Au même endroit d'un texte ▸ ***ibidem***

ibis [ibis] *nm* Oiseau échassier ▸ **íbis**

iceberg [isbɛrg] ou [ajsbɛrg] *nm* Masse de glace flottante détachée d'un glacier polaire ▸ ***iceberg***

ichtyologie [iktjɔlɔʒi] *nf* Étude des poissons ▸ **ictiologia**

ichtyosaure [iktjɔzɔr] *nm* Reptile fossile à l'aspect de requin ▸ **ictiossauro**

ici *adv* **1** Dans le lieu où l'on se trouve ▸ **aqui** **2** Au moment présent: *d'ici à demain* ▸ **agora** ■ **ici-bas:** dans ce bas monde (par opposition à *là-haut*) ▸ **neste mundo** □ **par ici:** de ce côté-ci ▸ **por aqui**

icône *nf* **1** Image du Christ, de la Vierge et des saints dans les Églises d'Orient de tradition byzantine ▸ **ícone** **2** FIG Personne qui incarne une communauté, un courant, une mode: *une icône de la culture pop* ▸ **ícone** **3** INFORM Symbole graphique affiché sur un écran et correspondant, au sein d'un logiciel, à l'exécution d'une tâche particulière ▸ **ícone**

ORTHOGRAPHE *Icône* s'écrit avec un *ô*, mais pas ses dérivés (*iconographie, iconostase*, etc.)

iconoclaste *n et adj* **1** LITT Qui est sans respect pour les traditions, qui cherche à détruire tout ce qui se rattache au passé ▸ **iconoclasta** **2** Se dit des membres d'une secte religieuse du VIIIe s. qui proscrivait le culte des images ▸ **iconoclasta**

iconographe *n* Spécialiste d'iconographie ▸ **iconógrafo**

iconographie *nf* **1** Étude des sujets représentés dans les œuvres d'art ▸ **iconografia** **2** Ensemble de l'illustration d'une publication (livre, revue, etc.) ▸ **iconografia**

iconographique *adj* Relatif à l'iconographie ▸ **iconográfico**

iconostase *nf* Cloison couverte d'icônes séparant la nef du sanctuaire, dans les églises de rite byzantin ▸ **iconóstase**

ictère *nm* MÉD Jaunisse ▸ **icterícia**

ictus [iktys] *nm* MÉD Manifestation morbide brutale ▸ **icto**

id. (abréviation) Idem ▸ ***id.***

idéal, e, aux *adj* **1** Qui n'existe que dans l'esprit et non dans le réel: *monde idéal* ▸ **ideal** **2** Qui possède la suprême perfection: *beauté idéale* ▸ **ideal** ◆ (pl *idéal* ou *idéaux*) *nm* **1** Perfection conçue par l'esprit: *un idéal de beauté* ▸ **ideal** **2** Ce à quoi l'on aspire: *réaliser son idéal* ▸ **ideal**

idéalement *adv* De façon idéale ▸ **idealmente**

idéalisateur, trice *adj et n* Qui idéalise ▸ **idealizador**

idéalisation *nf* Action d'idéaliser ▸ **idealização**

idéaliser *vt* Donner un caractère, une perfection idéale à une personne, une chose ▸ **idealizar**

idéalisme *nm* **1** Philosophie qui subordonne toute réalité extérieure à la pensée ▸ **idealismo** **2** Attitude d'esprit de celui qui aspire à un idéal, souvent utopique: *l'idéalisme de la jeunesse* ▸ **idealismo**

idéaliste *adj et n* **1** PHILOS Qui défend l'idéalisme ▸ **idealista** **2** Qui poursuit un idéal parfois chimérique ▸ **idealista**

idéalité *nf* Caractère de ce qui est idéal ▸ **idealidade**

idée *nf* **1** Représentation abstraite d'un objet, d'un rapport: *idée du beau, du bien* ▸ **ideia** **2** Manière de voir, opinion, appréciation: *idées politiques* ► **ideia 3** Conception de l'esprit, inspiration: *une idée de génie; avoir l'idée d'un scénario* ► **ideia 4** Pensée, esprit: *cela m'est venu à l'idée* ► **ideia** ■ **avoir idée de quelque chose:** se le représenter approximativement: *avoir idée d'un prix* ► **ter ideia de algo** □ **avoir idée que** ou **avoir dans l'idée que:** avoir l'impression que: *avoir dans l'idée que tout est faux* ► **ter a impressão de (que)** ◆ **idées** *pl* ■ **se faire des idées:** imaginer des choses fausses ► **imaginar coisas**

idem [idɛm] *adv* De même (abréviation: *id.*) ► ***idem***

identifiable *adj* Qui peut être identifié ► **identificável**

identification *nf* **1** Action d'identifier ► **identificação 2** Fait de s'identifier ► **identificação**

identifier *vt* **1** Déterminer la nature d'une chose: *identifier une plante* ► **identificar 2** Établir l'identité de: *identifier un criminel* ► **identificar 3** Assimiler à autre chose: *identifier Hitler au nazisme* ► **identificar** ◆ **s'identifier** *vpr* [à, avec] Se pénétrer des sentiments d'un autre, s'assimiler ► **identificar-se**

identique *adj* Qui est parfaitement semblable à un autre: *deux vases identiques* ► **idêntico**

identiquement *adv* De façon identique ► **identicamente**

identitaire *adj* Qui concerne l'identité d'une personne, d'un groupe ► **identitário**

identité *nf* **1** Caractère de ce qui est identique: *identité de goûts* ► **identidade 2** Caractère permanent et fondamental d'une personne, d'un groupe: *crise d'identité* ► **identidade 3** Signalement exact d'une personne: *vérifier l'identité de quelqu'un* ► **identidade**

idéogramme *nm* Signe graphique qui représente le sens du mot et non les sons: *les idéogrammes chinois* ► **ideograma**

idéographie *nf* Représentation directe du sens des mots par des signes graphiques ► **ideografia**

idéographique *adj* Relatif à l'idéographie: *écriture idéographique* ► **ideográfico**

idéologie *nf* **1** Ensemble d'idées qui constitue une doctrine: *idéologies politiques* ► **ideologia 2** Ensemble des idées, des croyances, des doctrines, propres à une époque, une société ou une classe sociale: *idéologie bourgeoise, révolutionnaire* ► **ideologia 3** PÉJOR Système de pensée, d'idées vague et nébuleux ► **ideologia**

idéologique *adj* Relatif à l'idéologie ► **ideológico**

idéologue *n* Personne qui s'attache de manière systématique à une doctrine philosophique ou sociale ► **ideólogo**

ides *nf pl* Quinzième jour des mois de mars, mai, juillet et octobre, treizième jour des autres mois, dans le calendrier romain: *César fut assassiné aux ides de mars* ► **idos**

idiolecte *nm* Ensemble des habitudes langagières propres à un individu ► **idioleto**

idiomatique *adj* D'un idiome ► **idiomático**

idiome *nm* LING Langue propre à une communauté étendue (nation, peuple, région) ► **idioma**

idiosyncrasie *nf* SOUT Manière d'être propre à chaque individu ► **idiossincrasia**

idiot, e *adj et n* Stupide, dépourvu d'intelligence, de bon sens ► **idiota**

idiotie [idjɔsi] *nf* **1** Absence d'intelligence ► **idiotice 2** Acte, parole qui dénote un esprit borné; action inconsidérée: *faire, dire des idioties* ► **idiotice**

idiotisme *nm* LING Tournure propre à un idiome: *les idiotismes du français sont des gallicismes* ► **idiotismo**

idoine *adj* LITT Propre à quelque chose; convenable: *solution idoine* ► **idôneo**

idolâtre *adj et n* **1** Qui adore les idoles: *peuples idolâtres* ► **idólatra 2** FIG Qui aime avec excès: *une mère idolâtre de ses enfants* ► **idólatra**

idolâtrer *vt* Adorer, aimer avec passion ► **idolatrar**

idolâtrie *nf* **1** Adoration des idoles ► **idolatria 2** FIG Amour passionné, excessif ► **idolatria**

idole *nf* **1** Figure représentant une divinité ► **ídolo 2** Personne que l'on admire avec une sorte de culte ► **ídolo**

idylle [idil] *nf* **1** Amour tendre et naïf ► **idílio 2** LITT Petit poème du genre bucolique ou pastoral ► **idílio**

idyllique *adj* Merveilleux, idéal et naïf: *description idyllique* ► **idílico**

if *nm* Arbre conifère à feuillage persistant ► **teixo**

igloo [iglu] *nm* Habitation faite de blocs de neige: *certains Esquimaux habitent dans des igloos* ► **iglu**

igname [iam] *nf* Plante cultivée dans les régions tropicales pour ses tubercules riches en amidon ► **inhame**

ignare *adj* Très ignorant ► **ignaro**

igné, e [igne] ou [ie] *adj* **1** LITT En feu; incandescent ► **ígneo 2** Produit par l'action de la chaleur: *roches ignées* ► **ígneo**

ignifugation *nf* Action d'ignifuger ► **ignifugação**

ignifuge ou **ignifugeant, e** *adj et nm* Propre à rendre ininflammable ► **ignífugo, ignifugante**

ignifuger [ignifyʒe] ou [iifyʒe] *vt (conj 2)* Rendre ininflammable: *décors de théâtre ignifugés* ► **ignifugar**

ignoble *adj* **1** Bas, vil, infâme: *conduite ignoble* ► **ignóbil 2** Très laid, très mauvais ou très sale:

des bibelots ignobles; nourriture ignoble; un pull ignoble ▸ **ignóbil**

ignoblement *adv* De façon ignoble ▸ **ignobilmente**

ignominie *nf* **1** LITT Grand déshonneur; infamie ▸ **ignomínia 2** Action, parole infamante: *dire des ignominies* ▸ **ignomínia**

ignominieusement *adv* LITT Avec ignominie ▸ **ignominiosamente**

ignominieux, euse *adj* LITT Qui cause de l'ignominie, infamant ▸ **ignominioso**

ignorance *nf* **1** Défaut, manque général de connaissance, de savoir, d'instruction: *combattre l'ignorance* ▸ **ignorância 2** Défaut de connaissance d'une chose déterminée: *rester dans l'ignorance d'un fait* ▸ **ignorância**

ignorant, e *adj et n* **1** Dépourvu de savoir; illettré, inculte ▸ **ignorante 2** Qui n'a pas la connaissance d'une chose déterminée ▸ **ignorante**

ignoré, e *adj* Inconnu, méconnu ▸ **ignorado**

ignorer *vt* **1** Ne pas savoir, ne pas connaître: *nul n'est censé ignorer la loi* ▸ **ignorar 2** Ne pas avoir l'expérience de: *ignorer la peur* ▸ **ignorar 3** Ne pas tenir compte de: *ignorer un avertissement* ▸ **ignorar**

iguane [igwan] *nm* Reptile saurien d'Amérique tropicale, portant une crête dorsale d'écailles pointues et pouvant atteindre 1,50 m de long ▸ **iguana**

iguanodon [igwanɔdɔ̃] *nm* Reptile herbivore du crétacé, long de 10 m ▸ **iguanodonte**

ikebana [ikebana] *nm* Art floral japonais ▸ ***ikebana***

il, ils *pron pers m* Désigne la 3e personne du singulier et du pluriel en fonction de sujet ▸ **ele** ◆ *pron pers inv neutre* Sert de sujet aux verbes impersonnels: *il pleut* ▸ **Ø**

ilang-ilang (pl *ilangs-ilangs*) *nm* Arbre cultivé pour ses fleurs, utilisées en parfumerie (on écrit aussi *ylang-ylang*) ▸ **ilangue-ilangue**

île *nf* Terre entourée d'eau de tous côtés: *l'Irlande est une île* ▸ **ilha** ■ **île flottante:** œufs battus en neige et cuits au bain-marie, flottant sur une crème anglaise ▸ **ovos nevados**

iléon *nm* Portion de l'intestin grêle après le jéjunum ▸ **íleo**

iléus [ileys] *nm* MÉD Obstruction de l'intestin; SYN: *occlusion intestinale* ▸ **íleo**

iliaque *adj* Des flancs ▸ **ilíaco** ■ **os iliaque:** os de la hanche ▸ **osso ilíaco, osso do quadril**

îlien, enne *n et adj* Habitant d'une île ▸ **ilhéu**

illégal, e, aux *adj* Contraire à la loi: *ordonnance illégale* ▸ **ilegal**

illégalement *adv* De façon illégale ▸ **ilegalmente**

illégalité *nf* **1** Caractère de ce qui est illégal: *l'illégalité d'une convention* ▸ **ilegalidade 2** Acte illégal: *commettre une illégalité* ▸ **ilegalidade**

illégitime *adj* **1** Qui se situe hors des institutions établies par la loi: *union illégitime* ▸ **ilegítimo 2** Qui n'est pas fondé, justifié: *crainte illégitime* ▸ **infundado**

illégitimement *adv* De façon illégitime ▸ **ilegitimamente**

illégitimité *nf* Défaut de légitimité: *l'illégitimité d'un décret* ▸ **ilegitimidade**

illettré, e *n et adj* Personne qui ne sait ni lire ni écrire; analphabète ▸ **iletrado**

illettrisme *nm* État des personnes qui, ayant appris à lire et à écrire, en ont complètement perdu la pratique ▸ **iletrismo**

illicite *adj* Interdit par la morale ou par la loi: *trafic, commerce illicite* ▸ **ilícito**

illico *adv* FAM Sur-le-champ ▸ **imediatamente**

illimité, e *adj* Sans limites: *pouvoirs illimités* ▸ **ilimitado**

illisible *adj* **1** Non lisible, indéchiffrable: *écriture illisible* ▸ **ilegível 2** De lecture incompréhensible ou insupportable: *roman illisible* ▸ **ilegível**

illogique *adj* Qui n'est pas logique: *conclusion illogique; esprit illogique* ▸ **ilógico**

illogiquement *adv* De façon illogique ▸ **ilogicamente**

illogisme *nm* Caractère de ce qui est illogique; chose illogique ▸ **ilogismo**

illumination *nf* **1** Action d'illuminer; vif éclairage: *l'illumination d'un monument* ▸ **iluminação 2** Ensemble de lumières décoratives: *les illuminations d'une fête* ▸ **iluminação 3** Inspiration, idée soudaine, trait de génie: *avoir une illumination* ▸ **iluminação**

illuminé, e *n et adj* Visionnaire ▸ **iluminado**

illuminer *vt* **1** Éclairer d'une vive lumière: *des éclairs illuminent le ciel* ▸ **iluminar 2** FIG Donner un vif éclat à: *un sourire illumina son visage* ▸ **iluminar** ◆ **s'illuminer** *vpr* **1** S'éclairer vivement: *fenêtres qui s'illuminent* ▸ **iluminar-se 2** FIG Se mettre à briller: *regard, visage qui s'illumine* ▸ **iluminar-se**

illusion *nf* **1** Erreur de perception ou de l'esprit, qui fait prendre l'apparence pour la réalité: *le mirage est une illusion de la vue* ▸ **ilusão 2** Pensée chimérique, idée erronée: *se nourrir d'illusions* ▸ **ilusão** ■ **faire illusion:** tromper ▸ **iludir** □ **se faire des illusions:** s'abuser ▸ **iludir-se**

illusionner *vt* Tromper par une illusion ▸ **iludir** ◆ **s'illusionner** *vpr* Se faire des illusions, s'abuser: *s'illusionner sur ses capacités* ▸ **iludir-se**

illusionnisme *nm* Art de l'illusionniste ▸ **ilusionismo**
illusionniste *n* Prestidigitateur ▸ **ilusionista**
illusoire *adj* Trompeur ▸ **ilusório**
illusoirement *adv* LITT De façon illusoire ▸ **ilusoriamente**
illustrateur, trice *n* Artiste qui dessine des illustrations ▸ **ilustrador**
illustratif, ive *adj* Qui sert d'illustration, d'exemple ▸ **ilustrativo**
illustration *nf* **1** Image figurant dans le texte d'un livre, d'un journal ▸ **ilustração 2** Action d'illustrer, de rendre clair: *ceci peut servir d'illustration à sa thèse* ▸ **ilustração**
illustre *adj* D'un renom éclatant; célèbre: *écrivain illustre* ▸ **ilustre**
illustré *nm* Journal, revue composés de récits accompagnés de dessins ▸ **jornal, revista ilustrado(a)**
illustrer *vt* **1** Orner de gravures, d'images, de photographies: *illustrer un texte, un livre* ▸ **ilustrar 2** Rendre plus clair: *exemple qui illustre une définition* ▸ **ilustrar 3** LITT Rendre illustre: *le village d'Illiers, qu'a illustré Marcel Proust* ▸ **ilustrar** ◆ **s'illustrer** *vpr* LITT Se distinguer: *s'illustrer par une victoire éclatante* ▸ **ilustrar-se**
illustrissime *adj* **1** Très illustre ▸ **ilustríssimo 2** Titre donné à certains dignitaires ecclésiastiques ▸ **ilustríssimo**
îlot *nm* **1** Petite île ▸ **ilhota 2** Groupe de maisons dans une ville: *îlot insalubre* ▸ **quarteirão**
îlotage *nm* Division d'une ville en îlots dont la surveillance est confiée à des îlotiers; surveillance exercée par ces derniers ▸ **divisão em quarteirões, patrulhamento de quarteirão**
ilote *nm* **1** ANTIQ Esclave d'État, à Sparte ▸ **hilota 2** LITT Homme réduit au dernier degré de misère, de servilité, d'ignorance ▸ **hilota**
îlotier, ère *n* Agent de police chargé de la surveillance d'un îlot ▸ **inspetor de quarteirão**
ilotisme *nm* LITT État de servilité et d'ignorance ▸ **hilotismo**
image *nf* **1** Représentation d'un être ou d'une chose par les arts graphiques, la photographie, le film, etc.: *livre d'images* ▸ **imagem 2** Reproduction visuelle d'un objet par un miroir, un instrument d'optique: *image radiographique* ▸ **imagem 3** Représentation mentale: *cette image me poursuit* ▸ **imagem 4** Ce qui imite, reproduit, évoque: *cet enfant est l'image de son père; il est l'image du désespoir* ▸ **imagem 5** Métaphore: *langage rempli d'images* ▸ **imagem**
imagé, e *adj* Orné d'images, de métaphores: *style imagé* ▸ **figurado, metafórico**
imagerie *nf* **1** Ensemble d'images représentant des faits, des personnages, etc. ▸ **imaginária 2** Art, fabrication, commerce d'images: *l'imagerie d'Épinal* ▸ **imaginária** ■ **imagerie médicale:** ensemble des techniques d'examen médical aboutissant à la création d'images ▸ **exames por imagem**
imagier *nm* **1** Livre d'images ▸ **livro de imagens 2** Au Moyen Âge, peintre ou sculpteur: *les imagiers des cathédrales* ▸ **imaginário**
imaginable *adj* Qui peut être imaginé ▸ **imaginável**
imaginaire *adj* Sans réalité, fictif ▸ **imaginário** ■ **malade imaginaire:** qui se croit malade sans l'être ▸ **doente imaginário** ◆ *nm* Domaine de l'imagination, des choses imaginaires ▸ **imaginário**
imaginatif, ive *adj* Qui imagine aisément, inventif: *esprit imaginatif* ▸ **imaginativo**
imagination *nf* **1** Faculté de se représenter, par la pensée, des objets ou des faits: *revoir en imagination la maison de son enfance* ▸ **imaginação 2** Faculté d'inventer, de créer, de concevoir: *avec de l'imagination, on trouve des solutions* ▸ **imaginação 3** Chose imaginaire: *ce n'est que pure imagination* ▸ **imaginação**
imaginer *vt* **1** Se représenter dans l'esprit: *imaginer le monde futur* ▸ **imaginar 2** Inventer: *Torricelli imagina le baromètre* ▸ **inventar** ◆ **s'imaginer** *vpr* **1** Se représenter, concevoir: *elle se l'imaginait plus grand* ▸ **imaginar-se 2** Croire sans fondement, se figurer: *s'imaginer qu'on est malade* ▸ **imaginar**
imago [imago] *nm* Stade de l'insecte arrivé à son complet développement et capable de se reproduire ▸ **imago**
imam [imam] *nm* Chef religieux musulman ▸ **imame**
imamat *nm* Dignité d'imam ▸ **imamato**
imbattable *adj* **1** Qui ne peut être surpassé: *un champion imbattable* ▸ **imbatível 2** Très avantageux: *prix imbattables* ▸ **imbatível**
imbécile *adj et n* Dépourvu d'intelligence; sot, stupide ▸ **imbecil**
imbécillité *nf* Sottise, stupidité, bêtise: *dire des imbécillités* ▸ **imbecilidade**
imberbe *adj* Sans barbe ▸ **imberbe**
imbiber *vt* Mouiller, pénétrer d'un liquide: *imbiber d'eau une éponge* ▸ **embeber**
imbrication *nf* **1** État de choses imbriquées: *l'imbrication des tuiles* ▸ **imbricação 2** Liaison étroite, intime: *l'imbrication des conséquences* ▸ **imbricação**
imbriqué, e *adj* **1** Se dit de choses qui se chevauchent comme les tuiles d'un toit ▸ **imbricado 2** Entremêlé, enchevêtré ▸ **imbricado**

imbriquer *vt* Engager l'un dans l'autre, les uns dans les autres ▸ **imbricar** ◆ **s'imbriquer** *vpr* Être lié, mêlé d'une manière étroite ▸ **imbricar-se**

imbroglio [ɛ̃brɔljo] ou [ɛ̃brɔglijo] *nm* Situation confuse, embrouillée ▸ **imbróglio**

imbu, e *adj* Rempli, pénétré: *imbu de préjugés* ▸ **imbuído** ▪ **être imbu de soi-même: (a)** être vaniteux, prétentieux ▸ **ser cheio de si (b)** se croire supérieur aux autres ▸ **ser cheio de si**

imbuvable *adj* **1** Qui n'est pas buvable: *l'eau de mer est imbuvable* ▸ **imbebível 2** FAM Insupportable: *un acteur, un livre imbuvables* ▸ **intragável**

imitable *adj* Qui peut être imité ▸ **imitável**

imitateur, trice *n et adj* Personne qui imite ▸ **imitador**

imitatif, ive *adj* Qui imite le comportement, la mimique d'autrui ▸ **imitativo**

imitation *nf* **1** Action d'imiter; chose produite en imitant ▸ **imitação 2** PÉJOR Contrefaçon ▸ **imitação 3** Matière qui en simule une plus riche: *bijoux en imitation* ▸ **imitação**

imiter *vt* **1** Faire ou s'efforcer de faire ce que fait une personne: *imiter ses camarades* ▸ **imitar 2** Prendre pour modèle: *imiter ses parents* ▸ **imitar 3** Reproduire exactement, copier, contrefaire: *imiter une signature* ▸ **imitar 4** Avoir le même aspect que: *le cuivre doré imite l'or* ▸ **imitar**

immaculé, e *adj* **1** Sans tache ▸ **imaculado 2** FIG Sans souillure morale: *innocence immaculée* ▸ **imaculado** ▪ THÉOL **Immaculée Conception:** dogme catholique selon lequel la Vierge Marie a été préservée du péché originel ▸ **Imaculada Conceição**

immanence *nf* État de ce qui est immanent ▸ **imanência**

immanent, e *adj* Qui est contenu dans un être, qui résulte de la nature même de cet être (par opposition à *transcendant*) ▸ **imanente** ▪ **justice immanente:** qui découle naturellement des actes accomplis et se manifeste tôt ou tard ▸ **justiça imanente**

immangeable [ɛ̃mɑ̃ʒabl] *adj* Qui ne peut être mangé, très mauvais: *un rôti immangeable* ▸ **incomível, intragável**

immanquable [ɛ̃mɑ̃kabl] *adj* Qui ne peut manquer d'arriver ▸ **infalível**

immanquablement *adv* Infailliblement: *se tromper immanquablement* ▸ **infalivelmente**

immatérialité *nf* Qualité, état de ce qui est immatériel ▸ **imaterialidade**

immatériel, elle *adj* Sans consistance matérielle ▸ **imaterial**

immatriculation *nf* Action d'immatriculer; fait d'être immatriculé; numéro ainsi attribué ▸ **matrícula**

immatriculer *vt* Inscrire sur un registre public ▸ **matricular**

immature *adj* Qui n'a pas encore atteint la maturité: *fruit immature; adulte immature* ▸ **imaturo**

immaturité *nf* État de ce ou de celui qui est immature ▸ **imaturidade**

immédiat, e *adj* **1** Qui précède ou qui suit directement, sans intermédiaire: *successeur immédiat* ▸ **imediato 2** Instantané: *soulagement immédiat* ▸ **imediato** ◆ *nm* ▪ **dans l'immédiat:** pour le moment ▸ **por ora**

immédiatement *adv* **1** D'une manière immédiate: *venir immédiatement après quelqu'un* ▸ **imediatamente 2** À l'instant même: *sortez immédiatement!* ▸ **imediatamente**

immémorial, e, aux *adj* LITT Qui remonte à une époque très ancienne: *temps immémoriaux; usage immémorial* ▸ **imemorial**

immense *adj* D'une étendue, d'une grandeur, d'une importance, d'une valeur considérable: *un lac immense; des pieds immenses; un succès immense* ▸ **imenso**

immensément *adv* Très ▸ **imensamente**

immensité *nf* Caractère de ce qui est immense ▸ **imensidade**

immerger *vt (conj 2)* Plonger entièrement dans un liquide ▸ **imergir** ◆ **s'immerger** *vpr* Se plonger dans un milieu nouveau ▸ **imergir(-se)**

immérité, e *adj* Que l'on n'a pas mérité: *reproches immérités* ▸ **imerecido**

immersion *nf* **1** Action d'immerger ▸ **imersão 2** Action de s'immerger dans un milieu nouveau: *apprendre une langue étrangère en immersion* ▸ **imersão**

immettable [ɛ̃mɛtabl] *adj* Qui n'est pas mettable: *costume immettable* ▸ **impossível de vestir**

immeuble[1] *nm et adj* DR Bien qui ne peut être déplacé (*immeuble par nature*) ou que la loi considère comme tel (*immeuble par destination*) [par opposition à *meuble*] ▸ **imóvel**

immeuble[2] *nm* Bâtiment à plusieurs étages: *immeuble divisé en appartements* ▸ **prédio**

immigrant, e *n et adj* Personne qui immigre; CONTR: *émigrant* ▸ **imigrante**

immigration *nf* Action d'immigrer ▸ **imigração**

immigré, e *n et adj* Personne qui a immigré ▸ **imigrado** ▪ **travailleur immigré:** qui a immigré pour travailler dans un autre pays ▸ **trabalhador imigrante**

immigrer *vi* Venir dans un pays pour s'y fixer; CONTR: *émigrer* ▸ **imigrar**

imminence *nf* Caractère de ce qui est imminent: *l'imminence d'un danger* ▸ **iminência**
imminent, e *adj* Qui est sur le point de se produire: *ruine imminente* ▸ **iminente**
VOCABULAIRE *Imminent*, «très proche dans le temps», ne doit pas être confondu avec *éminent*, «supérieur»
immiscer (s') *vpr (conj 1)* Intervenir indiscrètement, se mêler: *s'immiscer dans les affaires d'autrui* ▸ **imiscuir-se**
immixtion *nf* LITT Action de s'immiscer; ingérence ▸ **imiscuição**
immobile *adj* Qui ne se meut pas, qui demeure fixe ▸ **imóvel**
immobilier, ère *adj* **1** Composé de biens immeubles: *patrimoine immobilier* ▸ **imobiliário** **2** Relatif à un, des immeubles; qui a pour objet un immeuble: *saisie immobilière* ▸ **imobiliário** ◆ *nm* Secteur d'activité concernant le commerce d'immeubles, la vente et la location de maisons et d'appartements ▸ **setor imobiliário**
immobilisation *nf* Action d'immobiliser ▸ **imobilização**
immobiliser *vt* **1** Empêcher d'agir, de bouger: *immobiliser quelqu'un, une voiture* ▸ **imobilizar** **2** Investir des disponibilités: *immobiliser des capitaux* ▸ **imobilizar**
immobilisme *nm* Opposition systématique à tout progrès, à toute innovation ▸ **imobilismo**
immobiliste *adj et n* Qui fait preuve d'immobilisme ▸ **imobilista**
immobilité *nf* État d'une personne, d'une chose qui ne bouge pas ▸ **imobilidade**
immodéré, e *adj* Excessif ▸ **imoderado**
immodérément *adv* Excessivement ▸ **imoderadamente**
immodeste *adj* LITT Qui manque de modestie, de pudeur ▸ **imodesto**
immodestie *nf* LITT Manque de modestie, de pudeur ▸ **imodéstia**
immolation *nf* Action d'immoler ▸ **imolação**
immoler *vt* **1** Offrir en sacrifice ▸ **imolar** **2** LITT Tuer, massacrer: *la guerre immole d'innombrables victimes* ▸ **imolar** **3** LITT Sacrifier ▸ **imolar**
immonde *adj* **1** D'une saleté qui soulève le dégoût: *taudis immonde* ▸ **imundo** **2** D'une bassesse ignoble: *propos immondes* ▸ **imundo**
immondices *nf pl* Ordures, saletés ▸ **imundície**
immoral, e, aux *adj* Contraire à la morale, aux bonnes mœurs ▸ **imoral**
VOCABULAIRE *Immoral*, «contraire à la morale», est à distinguer de *amoral*, «indifférent à la morale»
immoralisme *nm* Doctrine qui nie toute obligation morale ▸ **imoralismo**
immoralité *nf* Caractère de ce qui est immoral; acte immoral ▸ **imoralidade**
immortaliser *vt* Rendre immortel dans la mémoire des hommes ▸ **imortalizar**
immortalité *nf* **1** Qualité, état de ce qui est immortel: *l'immortalité de l'âme* ▸ **imortalidade** **2** Survivance éternelle dans la mémoire des hommes: *aspirer à l'immortalité* ▸ **imortalidade**
immortel, elle *adj* **1** Qui n'est pas sujet à la mort: *dieux immortels* ▸ **imortal** **2** Qui semble devoir durer toujours: *amour immortel* ▸ **imortal** **3** Qui vivra toujours dans la mémoire des hommes: *chef-d'œuvre immortel* ▸ **imortal** ◆ *n* FAM Membre de l'Académie française ▸ **imortal**
immortelle *nf* Plante dont les fleurs, à capitules serrés, persistent longtemps; fleur coupée de cette plante ▸ **sempre-viva**
immotivé, e *adj* Sans motif, injustifié ▸ **imotivado**
immuable *adj* Qui n'est pas sujet à changer ▸ **imutável**
immuablement *adv* De façon immuable ▸ **imutavelmente**
immunisation *nf* Action d'immuniser; fait d'être immunisé ▸ **imunização**
immuniser *vt* **1** Rendre réfractaire à une maladie ▸ **imunizar** **2** FIG Soustraire à une influence nocive ▸ **imunizar**
immunitaire *adj* Relatif à l'immunité d'un organisme ▸ **imunitário**
immunité *nf* **1** Résistance naturelle ou acquise d'un organisme vivant à un agent infectieux (microbe) ou toxique (venin, etc.) ▸ **imunidade** **2** Droit de ne pas être soumis à la loi commune; privilège: *immunité parlementaire* ▸ **imunidade**
immunodéficience *nf* MÉD Déficience des mécanismes immunitaires ▸ **imunodeficiência**
immunodéficitaire *adj* Relatif à l'immunodéficience ▸ **imunodeficiente**
immunodépresseur *nm* Médicament ou traitement qui diminue les réactions immunitaires d'un organisme vis-à-vis d'un antigène ▸ **imunossupressor**
immunologie *nf* Partie de la biologie et de la médecine qui étudie les phénomènes d'immunité ▸ **imunologia**
immunothérapie *nf* Traitement visant à provoquer ou à augmenter l'immunité de l'organisme ▸ **imunoterapia**
immutabilité *nf* DR Caractère des conventions juridiques qui ne peuvent être modifiées par la volonté des contractants ▸ **imutabilidade**
impact *nm* **1** Fait pour un corps, un projectile de venir en frapper un autre; choc ▸ **impacto** **2** Ef-

fet produit par quelque chose; influence: *impact de la publicité* ▶ **impacto** ■ **point d'impact:** où frappe un projectile ▶ **ponto de impacto**

impair[1] *nm* Maladresse: *commettre un impair* ▶ **mancada**

impair[2]**, e** *adj* **1** Non divisible exactement par deux: *chiffre impair* ▶ **ímpar 2** Exprimé par un nombre impair ▶ **ímpar**

impala [impala] *nm* Antilope d'Afrique dont le mâle porte des cornes en forme de lyre ▶ **impala**

impalpable *adj* Si fin, si ténu qu'on ne le sent pas au toucher: *poudre impalpable* ▶ **impalpável**

imparable *adj* Impossible à parer, à arrêter ▶ **irrefreável**

impardonnable *adj* Qui ne mérite pas de pardon: *erreur impardonnable* ▶ **imperdoável**

imparfait[1] *nm* GRAMM Temps passé du verbe, qui indique la répétition, l'habitude, ou qui marque une action qui n'était pas achevée quand une autre a eu lieu (EX: *je lisais quand vous êtes entré*) ▶ **imperfeito**

imparfait[2]**, e** *adj* Qui a des défauts ▶ **imperfeito**

imparfaitement *adv* De façon imparfaite ▶ **imperfeitamente**

imparisyllabique *adj* Se dit des noms grecs ou latins qui ont au génitif singulier une ou deux syllabes de plus qu'au nominatif ▶ **imparissílabo**

impartial, e, aux *adj* Non partial; équitable, objectif ▶ **imparcial**

impartialement *adv* De façon impartiale ▶ **imparcialmente**

impartialité *nf* Caractère impartial: *juger avec impartialité* ▶ **imparcialidade**

impartir *vt* DR, LITT Attribuer, accorder: *impartir un délai* ▶ **conceder**

impasse *nf* **1** Rue sans issue ▶ **beco sem saída 2** FIG Situation sans issue favorable ▶ **impasse** ■ **faire une impasse** ou **faire l'impasse sur:** ne pas étudier une partie du programme, en parlant d'un candidat à un examen ou à un concours ▶ **pular parte da matéria** □ **impasse budgétaire:** différence entre l'ensemble des dépenses publiques autorisées et la totalité des recettes dont la rentrée est considérée comme certaine ▶ **déficit orçamentário**

impassibilité *nf* Caractère ou état de celui qui est impassible ▶ **impassibilidade**

impassible *adj* Qui ne manifeste aucun trouble, aucune émotion, aucun sentiment; imperturbable ▶ **impassível**

impassiblement *adv* De façon impassible ▶ **impassivelmente**

impatiemment *adv* Avec impatience ▶ **impacientemente**

impatience *nf* Manque de patience; incapacité à supporter quelqu'un, quelque chose, à se contraindre ou à attendre ▶ **impaciência**

impatient, e *adj et n* Qui manque de patience; qui désire avec un empressement inquiet: *être impatient de partir* ▶ **impaciente**

impatiente ou **impatiens** [ɛ̃pasjɑ̃s] *nf* BOT Balsamine ▶ **impáciem**

impatienter *vt* Faire perdre patience à ▶ **impacientar** ◆ **s'impatienter** *vpr* Perdre patience ▶ **impacientar-se**

impavide *adj* LITT Sans peur, inébranlable ▶ **impávido**

impayable *adj* FAM Incroyablement comique: *aventure impayable* ▶ **impagável**

impayé, e *adj* Qui n'a pas été payé ▶ **não pago** ◆ *nm* Dette ▶ **dívida**

impeccable *adj* Sans défaut, irréprochable, parfait ▶ **impecável**

impeccablement *adv* De façon irréprochable ▶ **impecavelmente**

impécunieux, euse *adj* LITT Qui manque d'argent ▶ **impecunioso**

impédance *nf* PHYS Grandeur (exprimée en ohms) caractéristique d'un circuit en courant alternatif ▶ **impedância**

impedimenta [ɛ̃pedimɛ̃ta] *nm pl* LITT Ce qui entrave l'activité, le mouvement ▶ ***impedimenta***

impénétrabilité *nf* Caractère de ce qui ne peut être compris ▶ **impenetrabilidade**

impénétrable *adj* **1** Qui ne peut être pénétré, traversé: *forêt impénétrable* ▶ **impenetrável 2** FIG Inexplicable: *mystère impénétrable* ▶ **impenetrável 3** Dont on ne peut deviner les sentiments: *personne impénétrable* ▶ **impenetrável**

impénitent, e *adj* Qui persiste dans ses habitudes: *buveur impénitent* ▶ **impenitente**

impensable *adj* Qu'il est impossible d'imaginer, d'envisager; extraordinaire ▶ **impensável**

imper [ɛ̃pɛr] *nm* (abréviation) FAM Imperméable ▶ **Ø**

impératif[1] *nm* **1** Nécessité absolue ▶ **imperativo 2** GRAMM Mode et temps du verbe exprimant le commandement, l'exhortation, la prière ▶ **imperativo**

impératif[2]**, ive** *adj* **1** Qui a le caractère du commandement; qui exprime un ordre absolu: *ton impératif* ▶ **imperativo 2** Qui s'impose comme une nécessité absolue: *besoin impératif* ▶ **imperativo**

impérativement *adv* De façon impérative ▶ **imperativamente**

impératrice *nf* **1** Femme d'un empereur ▶ **imperatriz 2** Souveraine d'un empire: *Catherine II, impératrice de Russie* ▶ **imperatriz**

imperceptibilité *nf* Caractère de ce qui est imperceptible ► **imperceptibilidade**
imperceptible *adj* Qui échappe à nos sens, à notre attention: *progrès imperceptible* ► **imperceptível**
imperceptiblement *adv* De façon imperceptible ► **imperceptivelmente**
imperdable *adj* Qu'on ne peut perdre: *un pari imperdable* ► **imperdível**
imperfectible *adj* Qui n'est pas perfectible ► **imperfectível**
imperfection *nf* Caractère, détail imparfait; défaut ► **imperfeição**
impérial, e, aux *adj* **1** Qui appartient à un empereur ou à un empire: *couronne impériale* ► **imperial 2** Majestueux: *allure impériale* ► **imperial**
impériale *nf* Étage supérieur d'un wagon, d'un autobus, d'une diligence ► **imperial, andar superior**
impérialement *adv* De façon impériale ► **imperialmente**
impérialisme *nm* Politique d'expansion d'un État, visant à mettre d'autres États sous sa dépendance politique, économique, culturelle, militaire, etc. ► **imperialismo**
impérialiste *adj et n* Favorable à l'impérialisme ► **imperialista**
impérieusement *adv* De façon impérieuse: *exiger impérieusement* ► **imperiosamente**
impérieux, euse *adj* **1** Qui commande avec énergie; autoritaire ► **imperioso 2** Pressant, irrésistible: *nécessité impérieuse* ► **imperioso**
impérissable *adj* Qui ne saurait périr, qui dure très longtemps: *souvenir impérissable* ► **imperecível**
imperméabilisant, e *adj et nm* Se dit d'un produit qui imperméabilise ► **impermeabilizante**
imperméabilisation *nf* Action d'imperméabiliser ► **impermeabilização**
imperméabiliser *vt* Rendre imperméable: *tissu imperméabilisé* ► **impermeabilizar**
imperméabilité *nf* Qualité de ce qui est imperméable ► **impermeabilidade**
imperméable *adj* Qui ne se laisse pas traverser par l'eau: *l'argile est imperméable; toile imperméable* ► **impermeável ■ imperméable à:** inaccessible, indifférent à: *être imperméable à l'art abstrait* ► **impermeável a** ◆ *nm* Manteau de pluie en tissu imperméable ► **impermeável, capa de chuva**
impersonnel, elle *adj* **1** Qui n'appartient à personne en propre: *la loi est impersonnelle* ► **impessoal 2** Peu original; banal: *style impersonnel* ► **impessoal 3** GRAMM Se dit d'un verbe qui ne se conjugue qu'à la 3e personne du singulier (EX: *il pleut, il neige*) ► **impessoal ■ modes impersonnels:** l'infinitif et le participe ► **modos impessoais**
impersonnellement *adv* De façon impersonnelle ► **impessoalmente**
impertinence *nf* **1** Manière irrespectueuse de parler, d'agir ► **impertinência 2** Parole, action offensante ► **impertinência**
impertinent, e *adj et n* Qui parle, agit d'une manière blessante, par irrespect ou familiarité; effronté, déplacé, insolent ► **impertinente**
imperturbable *adj* Que rien ne peut troubler, émouvoir: *calme imperturbable* ► **imperturbável**
imperturbablement *adv* De façon imperturbable ► **imperturbavelmente**
impétigo *nm* MÉD Affection contagieuse de la peau caractérisée par l'éruption de pustules ► **impetigo**
impétrant, e *n* DR Qui obtient un titre, un diplôme, une charge, etc. ► **titulado**
impétueusement *adv* Avec impétuosité ► **impetuosamente**
impétueux, euse *adj* **1** Qui se manifeste avec violence et rapidité: *torrent, vent impétueux* ► **impetuoso 2** FIG Fougueux, bouillant, ardent: *jeune homme impétueux* ► **impetuoso**
impétuosité *nf* Caractère de ce qui est impétueux ► **impetuosidade**
impie *adj et n* LITT Qui méprise la religion; athée, incroyant ► **ímpio**
impiété *nf* LITT **1** Mépris pour les choses de la religion ► **impiedade 2** Action, parole impies ► **impiedade**
impitoyable *adj* Sans pitié ► **impiedoso**
impitoyablement *adv* De façon impitoyable ► **impiedosamente**
implacable *adj* SOUT Qui ne peut être apaisé, modéré: *haine implacable* ► **implacável**
implacablement *adv* De façon implacable ► **implacavelmente**
implant *nm* MÉD Pastille chargée de médicament, que l'on place dans le tissu cellulaire sous-cutané où elle se résorbe lentement ► **implante medicamentoso ■ implant dentaire:** infrastructure métallique destinée à soutenir une prothèse dentaire ► **implante dentário**
implantation *nf* **1** Action d'implanter, de s'implanter ► **implantação 2** Manière dont les cheveux sont plantés ► **implantação**
implanter *vt* **1** Installer, établir: *implanter une industrie dans une région; implanter un usage* ► **implantar 2** Introduire, fixer dans: *l'arbre implante profondément ses racines dans le sol* ► **implantar** ◆ **s'implanter** *vpr* Se fixer, s'installer ► **implantar-se**

implication *nf* **1** Action d'impliquer, fait d'être impliqué ▸ **implicação 2** Ce qui est impliqué, contenu dans quelque chose; conséquence ▸ **implicação**

implicite *adj* Contenu dans une proposition, dans un fait, sans être exprimé: *clause, condition implicite* ▸ **implícito**

implicitement *adv* De façon implicite ▸ **implicitamente**

impliquer *vt* **1** Engager dans une affaire fâcheuse, compromettre, mettre en cause: *être impliqué dans une escroquerie* ▸ **implicar 2** Avoir pour conséquence logique et inéluctable: *cela implique notre acceptation* ▸ **implicar** ◆ **s'impliquer** *vpr* S'engager à fond ▸ **implicar-se**

implorant, e *adj* LITT Qui implore: *un regard implorant* ▸ **implorante**

imploration *nf* Action d'implorer ▸ **imploração**

implorer *vt* Demander humblement: *implorer une grâce* ▸ **implorar**

imploser *vi* Faire implosion ▸ **implodir**

implosion *nf* **1** Irruption brutale d'un fluide dans une enceinte qui se trouve à une pression beaucoup plus faible que la pression du milieu extérieur ▸ **implosão 2** FIG Effondrement d'un système sous l'effet d'un processus interne pernicieux ▸ **implosão**

impluvium [ɛ̃plyvjɔm] *nm* Dans l'atrium des maisons romaines, bassin situé sous l'ouverture du toit, où étaient recueillies les eaux de pluie ▸ **implúvio**

impoli, e *adj et n* Qui manque de politesse, discourtois: *visiteur impoli* ▸ **impolido**

impoliment *adv* De façon impolie ▸ **impolidamente**

impolitesse *nf* **1** Manque de politesse ▸ **impolidez 2** Action, parole impolie ▸ **impolidez**

impondérable *adj* SOUT Difficile à évaluer, à prévoir ▸ **imponderável** ◆ *nm* SOUT Élément, circonstance imprévisible: *se méfier des impondérables* ▸ **imponderável**

impopulaire *adj* Qui n'est pas conforme aux désirs de la population, du plus grand nombre: *loi impopulaire* ▸ **impopular**

impopularité *nf* Caractère de ce qui est impopulaire ▸ **impopularidade**

import *nm* BELGIQUE Montant: *une facture d'un import de sept mille francs* ▸ **importe**

importable¹ *adj* Que l'on peut importer ▸ **importável**

importable² *adj* Se dit d'un vêtement que l'on ne peut ou que l'on n'ose pas porter ▸ **impossível de vestir**

importance *nf* **1** Caractère de ce qui est important, considérable; intérêt, portée ▸ **importância 2** Autorité, crédit: *acquérir de l'importance dans une société* ▸ **importância** ■ LITT **d'importance:** considérable ▸ **importante**

important, e *adj* **1** Qui importe, est de conséquence: *avis, investissement important; découverte importante* ▸ **importante 2** Qui a de l'influence, du crédit, de l'autorité: *personnage important* ▸ **importante 3** Considérable par ses proportions, sa quantité: *ville très importante* ▸ **importante** ◆ *adj et n* Suffisant: *air important; faire l'important* ▸ **importante** ◆ *nm* Ce qui est essentiel: *l'important, c'est de guérir* ▸ **importante**

importateur, trice *n et adj* Personne, pays qui fait le commerce d'importation ▸ **importador**

importation *nf* Action d'importer ▸ **importação** ◆ **importations** *pl* Marchandises importées ▸ **importação**

importer¹ *vt* **1** Introduire dans un pays des produits étrangers; CONTR: *exporter* ▸ **importar 2** FIG Introduire quelque chose qui vient d'ailleurs: *importer une théorie* ▸ **importar**

importer² *vi et vt ind* [à] (ne s'emploie qu'à l'inf et aux 3ᵉ pers) Avoir de l'importance, présenter de l'intérêt: *son âge importe peu* ▸ **importar** ◆ *v impers* ■ **il importe de, que:** il est nécessaire de, que ▸ **é importante (que)** □ **n'importe comment: (a)** d'une manière quelconque ▸ **de qualquer maneira (b)** sans aucun soin; mal: *écrire, s'habiller n'importe comment* ▸ **de qualquer jeito** □ **n'importe où, quand:** en un lieu, un temps quelconques ▸ **em qualquer lugar, a qualquer hora** □ **n'importe qui, quoi, lequel:** une personne ou une chose quelconque ▸ **qualquer um, qualquer coisa** □ **peu importe** ou **qu'importe:** cela n'a aucune importance ▸ **pouco importa**

GRAMMAIRE On écrit *peu importent/qu'importent les réprimandes* (le verbe s'accorde avec le sujet) ou, indifféremment, *peu importe/qu'importe les réprimandes* (le verbe fait partie d'une locution verbale invariable)

import-export (pl *imports-exports*) *nm* Commerce des marchandises importées et exportées ▸ **importação-exportação**

importun, e *adj et n* Qui arrive ou intervient mal à propos ▸ **importuno**

importuner *vt* Fatiguer, incommoder, ennuyer: *importuner quelqu'un par ses questions* ▸ **importunar**

imposable *adj* Soumis à l'impôt: *revenu imposable* ▸ **tributável**

imposant, e *adj* Qui impressionne par la grandeur, le nombre, la force ▸ **imponente**

imposé, e *adj* **1** Soumis à l'impôt: *revenus imposés* ► **tributado 2** Obligatoire: *figures imposées* ► **obrigatório**

imposer *vt* **1** Frapper d'un impôt, taxer: *imposer les contribuables; imposer les alcools* ► **tributar 2** Obliger à: *imposer de dures conditions* ► **impor** ■ LITURGIE **imposer les mains:** mettre les mains sur quelqu'un pour bénir, conférer un sacrement ► **impor as mãos** □ **imposer silence:** faire taire ► **impor silêncio** □ IMPR **imposer une page:** en faire l'imposition ► **impor uma página** ♦ *vt ind* ■ **en imposer:** inspirer le respect, la crainte ► **impor-se** ♦ **s'imposer** *vpr* **1** S'obliger à: *s'imposer une heure de sport par jour* ► **impor-se 2** Se faire accepter par sa valeur, par le respect qu'on inspire: *s'imposer comme le chef d'un mouvement* ► **impor-se 3** Se faire accepter de force: *on ne l'avait pas invité, il s'est imposé* ► **impor-se 4** Être nécessaire, obligatoire: *la plus grande prudence s'impose* ► **impor-se**

imposition *nf* **1** Contribution, impôt ► **tributação, imposto 2** IMPR Disposition des pages d'une feuille imprimée ► **imposição**

impossibilité *nf* Caractère de ce qui est impossible; chose impossible ► **impossibilidade**

impossible *adj* **1** Qui ne peut se produire, être fait: *tâche impossible* ► **impossível 2** FAM Bizarre, extravagant: *avoir un nom impossible* ► **impossível 3** Pénible, désagréable; insupportable: *enfant impossible; situation impossible* ► **impossível** ♦ *nm* Ce qui est impossible ou presque: *tenter l'impossible* ► **impossível**

imposte *nf* **1** ARCHIT Pierre en saillie, sur laquelle repose le cintre d'une arcade ► **imposta 2** En menuiserie, partie supérieure d'une porte, d'une croisée ► **imposta**

imposteur *nm* Personne qui trompe par de fausses apparences, qui se fait passer pour ce qu'il n'est pas ► **impostor**

imposture *nf* Tromperie d'un imposteur ► **impostura**

impôt *nm* Contribution exigée par l'État, par les collectivités locales; taxe ► **imposto**

impotence *nf* État d'une personne impotente ► **impotência**

impotent, e *adj et n* Qui se meut très difficilement: *vieillard impotent* ► **aleijado**

impraticabilité *nf* État de ce qui est impraticable ► **impraticabilidade**

impraticable *adj* **1** Irréalisable: *projet impraticable* ► **impraticável 2** Où l'on ne peut pas passer: *chemin impraticable* ► **impraticável**

imprécateur, trice *n* LITT Personne qui profère des imprécations ► **imprecador**

imprécation *nf* LITT Malédiction, souhait de malheur ► **imprecação**

imprécatoire *adj* LITT Qui a la forme d'une imprécation ► **imprecatório**

imprécis, e *adj* Sans précision, vague ► **impreciso**

imprécision *nf* Manque de précision ► **imprecisão**

imprédictible *adj* Qui échappe à la prévision ► **imprevisível**

imprégnation *nf* Action d'imprégner; son résultat ► **impregnação**

imprégner *vt (conj 10)* **1** Faire pénétrer une substance dans un corps: *imprégner d'huile un chiffon; vêtement imprégné d'un parfum* ► **impregnar 2** FIG Pénétrer profondément, marquer: *être imprégné d'une culture* ► **impregnar** ♦ **s'imprégner** *vpr* [de] **1** S'imbiber profondément de: *habit qui s'imprègne d'une odeur* ► **impregnar-se 2** FIG Faire pénétrer dans son esprit par un contact étroit et prolongé: *s'imprégner de littérature italienne* ► **impregnar-se**

imprenable *adj* Qui ne peut être pris: *citadelle imprenable* ► **inexpugnável**

impréparation *nf* LITT Manque de préparation ► **despreparação**

imprésario *nm* Personne qui s'occupe des intérêts d'un artiste ► **empresário**

imprescriptible *adj* Qui ne peut être caduc, dont on ne peut être privé: *les droits imprescriptibles de l'homme* ► **imprescritível**

impression *nf* **1** Action d'imprimer: *l'impression d'un livre* ► **impressão 2** Marque, empreinte: *l'impression du cachet sur la cire, des pas dans la neige* ► **impressão 3** Effet produit sur les organes par une action extérieure, sensation: *impression de froid* ► **impressão 4** Effet produit sur le cœur, l'esprit; sentiment: *ressentir une vive impression* ► **impressão**

impressionnable *adj* **1** Qui ressent vivement des impressions ► **impressionável 2** PHOT Qui peut être impressionné par un rayonnement, sensible ► **impressionável**

impressionnant, e *adj* Qui impressionne: *spectacle impressionnant* ► **impressionante**

impressionner *vt* **1** Produire une vive impression; émouvoir, frapper: *la nouvelle nous a impressionnés* ► **impressionar 2** PHOT Laisser une trace sur un support sensible: *impressionner une pellicule* ► **impressionar**

impressionnisme *nm* Tendance picturale qui consiste à traduire les impressions ressenties plutôt que l'aspect stable et conceptuel des choses ► **impressionismo**

impressionniste *adj et n* Qui relève de l'impressionnisme ► **impressionista**

imprévisible *adj* Qui ne peut être prévu: *événement imprévisible* ▸ **imprevisível**
imprévoyance *nf* Défaut, manque de prévoyance ▸ **imprevidência**
imprévoyant, e *adj* Qui manque de prévoyance ▸ **imprevidente**
imprévu, e *adj* Qui arrive sans avoir été prévu et qui déconcerte; inattendu: *incident imprévu* ▸ **imprevisto** ◆ *nm* Ce qui arrive sans avoir été prévu: *faire face aux imprévus* ▸ **imprevisto**
imprimable *adj* Qui peut être imprimé; qui mérite de l'être ▸ **imprimível**
imprimante *nf* Organe périphérique d'un ordinateur qui édite sur papier les résultats d'un traitement ▸ **impressora**
imprimatur *nm inv* Permission d'imprimer donnée par l'autorité ecclésiastique ▸ **imprimátur**
imprimé *nm* **1** Livre, papier imprimé: *recevoir des imprimés par la poste* ▸ **impresso 2** Étoffe imprimée: *un imprimé à fleurs* ▸ **estampado**
imprimer *vt* **1** Reporter sur un papier, un tissu, etc., des caractères ou des dessins: *imprimer un livre; imprimer des motifs, une lithographie* ▸ **imprimir, estampar 2** Faire paraître, publier: *un journal ne peut pas tout imprimer* ▸ **imprimir 3** Communiquer: *imprimer un mouvement* ▸ **imprimir 4** LITT Faire, laisser une empreinte: *imprimer ses pas dans la neige* ▸ **imprimir 5** LITT Faire impression dans l'esprit, dans le cœur, inspirer: *imprimer le respect* ▸ **imprimir**
imprimerie *nf* **1** Ensemble des techniques et métiers qui concourent à la fabrication d'ouvrages imprimés ▸ **tipografia 2** Établissement où l'on imprime ▸ **gráfica**
imprimeur *nm* **1** Personne qui dirige une imprimerie ▸ **impressor 2** Personne qui travaille dans une imprimerie ▸ **gráfico**
improbabilité *nf* Caractère de ce qui est improbable ▸ **improbabilidade**
improbable *adj* Qui a peu de chances de se réaliser ▸ **improvável**
improductif, ive *adj* Qui ne produit rien; stérile: *terres improductives* ▸ **improdutivo**
improductivité *nf* Caractère, état d'une personne, d'une chose improductive ▸ **improdutividade**
impromptu, e *adj* Fait sur-le-champ; improvisé: *festin impromptu* ▸ **improvisado** ◆ *adv* À l'improviste, sans préparation: *arriver impromptu chez des amis* ▸ **de improviso** ◆ *nm* Petite pièce de vers improvisée ▸ **improviso**
imprononçable *adj* Impossible à prononcer ▸ **impronunciável**
impropre *adj* Qui ne convient pas, inadéquat: *terme impropre* ▸ **impróprio**
improprement *adv* De façon impropre: *s'exprimer improprement* ▸ **impropriamente**
impropriété *nf* Caractère impropre; emploi impropre: *impropriété d'une locution* ▸ **impropriedade**
improuvable *adj* Qu'on ne peut prouver ▸ **improvável**
improvisateur, trice *n* Qui improvise ▸ **improvisador**
improvisation *nf* **1** Action, art d'improviser ▸ **improvisação 2** Ce qu'on improvise ▸ **improvisação**
improviser *vt et vi* Faire sans préparation: *improviser des vers* ▸ **improvisar**
improviste (à l') *loc adv* D'une façon inattendue: *arriver à l'improviste* ▸ **inesperadamente**
imprudemment *adv* De façon imprudente ▸ **imprudentemente**
imprudence *nf* **1** Manque de prudence ▸ **imprudência 2** Action imprudente: *commettre une imprudence* ▸ **imprudência**
imprudent, e *adj et n* Qui manque de prudence: *enfant imprudent* ▸ **imprudente** ◆ *adj* Qui dénote l'absence de prudence: *parole imprudente* ▸ **imprudente**
impubère *adj* Qui n'a pas atteint l'âge de la puberté ▸ **impúbere**
impubliable *adj* Qu'on ne peut publier ▸ **impublicável**
impudemment *adv* Avec impudence ▸ **impudentemente**
impudence *nf* **1** Effronterie insolente, cynique ▸ **impudência 2** Action, parole impudente ▸ **impudência**
impudent, e *adj et n* D'une insolence poussée jusqu'au cynisme ▸ **impudente**
impudeur *nf* Manque de pudeur, de retenue; indécence ▸ **impudor**
impudique *adj* Qui blesse la pudeur; indécent ▸ **impudico**
impuissance *nf* **1** Manque de force, de moyens, pour faire une chose ▸ **impotência 2** Incapacité physique à accomplir l'acte sexuel, pour l'homme ▸ **impotência**
impuissant, e *adj* Qui manque du pouvoir, de la force nécessaire pour faire quelque chose: *il a été impuissant à me persuader* ▸ **impotente** ◆ *adj et nm* Se dit d'un homme qui ne peut accomplir l'acte sexuel ▸ **impotente**
impulser *vt* Pousser dans un certain sens; donner de l'élan à: *impulser un mouvement de revendication* ▸ **impulsionar**

impulsif, ive *adj et n* Qui cède à ses impulsions ▶ **impulsivo**
impulsion *nf* **1** Force, penchant qui pousse à agir: *céder à une impulsion violente* ▶ **impulso 2** Force, poussée qui provoque le mouvement d'un corps; ce mouvement: *transmettre une impulsion à un mécanisme* ▶ **impulsão, impulso**
impulsivement *adv* De façon impulsive ▶ **impulsivamente**
impulsivité *nf* Caractère impulsif d'une personne, d'un comportement ▶ **impulsividade**
impunément *adv* **1** Sans être puni: *frauder impunément* ▶ **impunemente 2** Sans dommages, sans risques pour soi: *se fatiguer impunément* ▶ **impunemente**
impuni, e *adj* Qui demeure sans punition: *coupable, crime impuni* ▶ **impune**
impunité *nf* Absence de punition ▶ **impunidade** ▪ **en toute impunité:** impunément ▶ **impunemente**
impur, e *adj* **1** Qui n'est pas pur, qui est altéré par un mélange: *eau impure* ▶ **impuro 2** LITT, VIEILLI contraire à la chasteté: *désirs impurs* ▶ **impuro**
impureté *nf* **1** État de ce qui est impur, souillé, altéré, pollué: *l'impureté de l'air* ▶ **impureza 2** Ce qui salit, altère quelque chose: *filtrer des impuretés* ▶ **impureza**
imputable *adj* **1** Qui peut ou doit être attribué: *erreur imputable à l'étourderie* ▶ **imputável 2** Se dit d'une somme qui peut être prélevée sur un compte, un budget, etc.: *somme imputable sur le budget de fonctionnement* ▶ **imputável**
imputation *nf* **1** Accusation: *imputation calomnieuse* ▶ **imputação 2** Affectation d'une somme à un compte ▶ **imputação**
imputer *vt* **1** Attribuer à quelqu'un, quelque chose, la responsabilité de: *imputer un vol à quelqu'un* ▶ **imputar 2** Faire entrer dans le compte de: *imputer une dépense sur un chapitre du budget* ▶ **imputar**
imputrescible *adj* Qui ne peut se putréfier ▶ **imputrescível**
in [in] *adj inv* FAM À la mode; dans le vent ▶ *in*
inabordable *adj* **1** Que l'on ne peut aborder; inaccessible: *côte inabordable; personne inabordable* ▶ **inabordável 2** D'un prix excessif: *les fraises sont inabordables en cette saison* ▶ **proibitivo**
inaccentué, e *adj* GRAMM Qui n'est pas accentué; atone: *pronom inaccentué* ▶ **inacentuado**
inacceptable *adj* Qu'on ne peut accepter: *proposition inacceptable* ▶ **inaceitável**
inaccessibilité *nf* Caractère de ce qui est inaccessible ▶ **inacessibilidade**
inaccessible *adj* **1** D'accès impossible: *cime inaccessible* ▶ **inacessível 2** Qu'on ne peut comprendre, connaître: *poème inaccessible* ▶ **inacessível 3** Insensible: *inaccessible à la pitié* ▶ **inacessível**
inaccompli, e *adj* LITT Non accompli ▶ **incompleto**
inaccoutumé, e *adj* Inhabituel, insolite: *zèle inaccoutumé* ▶ **insólito**
inachevé, e *adj* Qui n'est pas achevé ▶ **inacabado**
inachèvement *nm* État de ce qui n'est pas achevé ▶ **inacabamento**
inactif, ive *adj* Qui n'a pas d'activité; désœuvré, oisif: *rester inactif* ▶ **inativo** ◆ *n* Personne n'appartenant pas à la population active ▶ **pessoa economicamente inativa**
inaction *nf* Absence d'action, de travail, d'activité: *cette inaction me pèse* ▶ **inação**
inactiver *vt* Supprimer les effets toxiques d'un produit microbien pour ne conserver que ses propriétés utiles à la médecine: *inactiver un virus* ▶ **inativar**
inactivité *nf* Absence d'activité: *l'inactivité forcée d'un malade* ▶ **inatividade**
inadaptable *adj* Qui n'est pas susceptible d'être adapté ▶ **inadaptável**
inadaptation *nf* Défaut d'adaptation, en particulier, d'adaptation aux exigences de la vie sociale ▶ **inadaptação**
inadapté, e *adj et n* Qui n'est pas adapté ▶ **inadaptado** ▪ **enfance inadaptée:** ensemble des enfants qui présentent des handicaps physiques ou intellectuels ▶ **crianças com dificuldade de adaptação**
inadéquat, e [inadekwa, at] *adj* Qui n'est pas adéquat; inapproprié ▶ **inadequado**
inadéquation *nf* Caractère de ce qui n'est pas adéquat ▶ **inadequação**
inadmissibilité *nf* Caractère de ce qui ne peut être admis ▶ **inadmissibilidade**
inadmissible *adj* Qu'on ne saurait admettre; inacceptable: *prétention inadmissible* ▶ **inadmissível**
inadvertance *nf* ▶ **inadvertência** ▪ **par inadvertance:** par inattention, par mégarde ▶ **por inadvertência**
inaliénable *adj* Qu'on ne peut vendre ou hypothéquer: *des propriétés inaliénables* ▶ **inalienável**
inaltérabilité *nf* Qualité de ce qui est inaltérable ▶ **inalterabilidade**
inaltérable *adj* Qui ne peut être altéré: *l'or est inaltérable; amitié inaltérable* ▶ **inalterável**
inaltéré, e *adj* Non altéré ▶ **inalterado**
inamical, e, aux *adj* Contraire à l'amitié; hostile ▶ **inamistoso**

inamovibilité *nf* Caractère inamovible: *l'inamovibilité des juges* ▸ **inamovibilidade**

inamovible *adj* **1** Qui ne peut être destitué ▸ **inamovível** **2** Dont on ne peut être destitué: *fonction inamovible* ▸ **inamovível**

inanimé, e *adj* **1** Qui n'est pas doué de vie: *objets inanimés* ▸ **inanimado** **2** Qui a perdu la vie ou semble privé de vie; inerte: *tomber inanimé* ▸ **inanimado** ◆ *adj et nm* GRAMM Se dit des noms désignant des choses ▸ **(substantivo) inanimado**

inanité *nf* LITT Caractère de ce qui est vain, inutile; vanité ▸ **inanidade**

inanition *nf* Privation de nourriture: *mourir d'inanition* ▸ **inanição**

inaperçu, e *adj* ▸ **despercebido** ▪ **passer inaperçu:** Échapper à l'attention, aux regards ▸ **passar despercebido**

inappétence *nf* LITT Manque d'appétit ▸ **inapetência**

inapplicable *adj* Qui ne peut être appliqué: *loi inapplicable* ▸ **inaplicável**

inapplication *nf* **1** Fait de ne pas mettre en application: *l'inapplication d'un plan* ▸ **não aplicação** **2** Manque d'application ▸ **falta de aplicação**

inappliqué, e *adj* Qui manque d'application: *élève inappliqué* ▸ **inaplicado**

inappréciable *adj* Dont on ne saurait estimer la valeur; inestimable, précieux ▸ **inapreciável**

inapproprié, e *adj* Qui n'est pas approprié; inadapté: *discours inapproprié aux circonstances* ▸ **inapropriado**

inapte *adj* Qui n'est pas apte à une activité: *personne inapte aux affaires* ▸ **inapto**

inaptitude *nf* Défaut d'aptitude; incapacité ▸ **inaptidão**

inarticulé, e *adj* Qui n'est pas ou qui est mal articulé; indistinct: *cris inarticulés* ▸ **inarticulado**

inassouvi, e *adj* LITT Non assouvi; insatisfait ▸ **insaciado**

inattaquable *adj* Qu'on ne peut attaquer: *argument inattaquable* ▸ **inatacável**

inattendu, e *adj* Qu'on n'attendait pas, imprévu: *visite inattendue* ▸ **inesperado**

inattentif, ive *adj* Qui ne prête pas attention; distrait, étourdi ▸ **desatento**

inattention *nf* Manque d'attention; distraction: *avoir un moment d'inattention; faire une faute d'inattention* ▸ **inatenção**

inaudible *adj* **1** Qui ne peut être perçu par l'ouïe: *vibrations inaudibles* ▸ **inaudível** **2** Dont l'audition est insupportable: *musique inaudible* ▸ **insuportável**

inaugural, e, aux *adj* Relatif à une inauguration: *séance inaugurale* ▸ **inaugural**

inauguration *nf* Cérémonie par laquelle on procède officiellement à la mise en service d'un bâtiment, à l'ouverture d'une exposition, etc.: *discours d'inauguration* ▸ **inauguração**

inaugurer *vt* **1** Procéder à l'inauguration de: *inaugurer un théâtre* ▸ **inaugurar** **2** Marquer le début de: *événement qui inaugure une ère de troubles* ▸ **inaugurar**

inavouable *adj* Qui ne peut être avoué ▸ **inconfessável**

inavoué, e *adj* Non avoué; secret ▸ **inconfessado**

inca *adj* Relatif aux Incas ▸ **inca**

incalculable *adj* **1** Impossible à calculer: *le nombre des étoiles est incalculable* ▸ **incalculável** **2** Difficile ou impossible à apprécier: *difficultés incalculables* ▸ **incalculável**

incandescence *nf* État d'un corps qu'une température élevée rend lumineux ▸ **incandescência** ▪ **lampe à incandescence:** dans laquelle l'émission de la lumière est produite par un filament porté à incandescence ▸ **lâmpada incandescente**

incandescent, e *adj* Qui est en incandescence: *braises incandescentes* ▸ **incandescente**

incantation *nf* Formule magique chantée ou récitée pour obtenir un effet surnaturel ▸ **encantamento**

incantatoire *adj* Relatif à l'incantation: *formule incantatoire* ▸ **encantatório**

incapable *adj et n* **1** Qui n'est pas capable de: *incapable de gouverner* ▸ **incapaz** **2** Qui manque de capacité, d'aptitude: *c'est un incapable* ▸ **incapaz** **3** DR Qui est frappé d'incapacité: *certains malades mentaux sont déclarés incapables* ▸ **incapaz**

incapacité *nf* **1** Manque de capacité; incompétence ▸ **incapacidade** **2** DR Inaptitude à jouir d'un droit ou à l'exercer ▸ **incapacidade** ▪ **être dans l'incapacité de:** ne pas pouvoir faire quelque chose ▸ **não estar em condições de**

GRAMMAIRE On dit *il est dans l'incapacité* de gouverner, mais *il a montré son incapacité* à gouverner

incarcération *nf* Emprisonnement ▸ **encarceramento**

incarcérer *vt (conj 10)* Mettre en prison ▸ **encarcerar**

incarnat, e *adj et nm* D'un rouge clair et vif ▸ **encarnado**

incarnation *nf* **1** Action de s'incarner ▸ **encarnação** **2** Représentation concrète d'une réalité abstraite; image, personnification: *il est l'incarnation du mal* ▸ **encarnação**

incarné *adj m* ▸ **encarnado** ■ **ongle incarné:** qui s'enfonce dans la chair ▸ **unha encravada**
incarner *vt* **1** Personnifier une réalité abstraite: *magistrat qui incarne la justice* ▸ **encarnar 2** Interpréter le rôle d'un personnage à la scène, à l'écran: *l'actrice qui incarne l'héroïne* ▸ **encarnar** ◆ **s'incarner** *vpr* Prendre un corps de chair, en parlant d'une divinité, d'un être spirituel ▸ **encarnar(-se)**
incartade *nf* Écart de conduite; extravagance: *incartades de jeunesse* ▸ **desvario**
incassable *adj* Qui ne peut se casser ▸ **inquebrável**
incendiaire *n* Auteur volontaire d'un incendie ▸ **incendiário** ◆ *adj* **1** Destiné à provoquer un incendie: *obus incendiaire* ▸ **incendiário 2** FIG Propre à enflammer les esprits; virulent: *écrit incendiaire* ▸ **incendiário**
incendie *nm* Grand feu qui se propage en faisant des ravages ▸ **incêndio**
incendier *vt* Brûler, consumer par le feu ▸ **incendiar**
incertain, e *adj* **1** Qui n'est pas certain; indéterminé, douteux, vague: *fait incertain* ▸ **incerto 2** Variable: *temps incertain* ▸ **incerto**
incertitude *nf* **1** État d'une personne, caractère d'une chose incertaine: *être dans l'incertitude* ▸ **incerteza, dúvida 2** Ce qui ne peut être établi avec exactitude et laisse place au doute: *un avenir plein d'incertitudes* ▸ **incerteza**
incessamment *adv* Sans délai, très bientôt: *il doit arriver incessamment* ▸ **incessantemente**
incessant, e *adj* Qui ne cesse pas; continuel, ininterrompu: *bavardage incessant* ▸ **incessante**
incessibilité *nf* DR Qualité de ce qui est incessible ▸ **incessibilidade**
incessible *adj* DR Qui ne peut être cédé ▸ **incessível**
inceste *nm* Relations sexuelles entre proches parents ▸ **incesto**
incestueux, euse *adj et n* Coupable d'inceste ▸ **incestuoso** ◆ *adj* **1** Entaché d'inceste: *union incestueuse* ▸ **incestuoso 2** Issu d'un inceste: *enfant incestueux* ▸ **incestuoso**
inchangé, e *adj* Qui n'a subi aucun changement ▸ **inalterado**
inchoatif, ive [ɛ̃kɔatif, iv] *adj* LING Se dit d'un verbe exprimant un commencement d'action (EX: *vieillir, s'endormir*) ▸ **incoativo**
incidemment [ɛ̃sidamɑ̃] *adv* De façon incidente, accessoirement ▸ **incidentalmente**
incidence *nf* Répercussion, conséquence: *les incidences de la hausse du pétrole* ▸ **repercussão**
incident[1] *nm* Événement, difficulté qui survient au cours d'une action, d'un processus: *incident technique; incident de parcours* ▸ **incidente**
incident[2], **e** *adj* **1** Qui se produit par hasard; accessoire, occasionnel: *remarque incidente* ▸ **incidental 2** PHYS Qui tombe sur une surface réfléchissante ou réfringente: *rayon incident* ▸ **incidente** ■ GRAMM **proposition incidente:** incise ▸ **oração incidente**
incinérateur *nm* Appareil servant à incinérer ▸ **incinerador**
incinération *nf* Action d'incinérer ▸ **incineração**
incinérer *vt* Réduire en cendres: *incinérer des ordures ménagères; incinérer un mort* ▸ **incinerar**
incise *nf* GRAMM Courte proposition insérée dans une autre (EX: *l'homme*, dit-on, *est raisonnable*) ▸ **inciso**
inciser *vt* Faire une incision ▸ **incisar**
incisif, ive *adj* Qui va droit au but; pénétrant, tranchant, mordant: *critique incisive* ▸ **incisivo**
incision *nf* Coupure allongée, fente, entaille faite avec un instrument tranchant ▸ **incisão**
incisive *nf* Chacune des dents de devant: *l'homme a huit incisives* ▸ **(dente) incisivo**
incitation *nf* Action d'inciter ▸ **incitação**
inciter *vt* Pousser: *inciter à la révolte* ▸ **incitar**
incivil, e *adj* LITT Qui manque de civilité; impoli ▸ **incivil**
incivilité *nf* **1** LITT Manque de civilité ▸ **incivilidade 2** Action, généralement violente, par laquelle une personne exprime son refus d'accepter les règles de la vie sociale ▸ **incivilidade**
incivique *adj* LITT Qui manque de civisme ▸ **sem civismo**
incivisme *nm* LITT Manque de civisme ▸ **incivismo**
inclassable *adj* Qu'on ne peut pas classer ▸ **inclassificável**
inclémence *nf* **1** LITT Manque de clémence ▸ **inclemência 2** Rigueur du temps ▸ **inclemência**
inclinable *adj* Qui peut s'incliner ▸ **inclinável**
inclinaison *nf* État de ce qui est incliné; pente: *inclinaison d'un plan* ▸ **inclinação** ■ **inclinaison magnétique:** angle que forme une aiguille aimantée avec le plan horizontal ▸ **inclinação (magnética)**
inclination *nf* **1** Action d'incliner, de pencher la tête ou le corps ▸ **inclinação 2** Penchant, tendance naturelle, disposition, goût: *inclination à la paresse* ▸ **inclinação**
incliner *vt* Pencher, baisser: *incliner la tête* ▸ **inclinar** ◆ *vt ind* [à] Avoir un penchant pour, être enclin à: *incliner à la sévérité; incliner à penser que* ▸ **inclinar** ◆ **s'incliner** *vpr* **1** Se pencher, se courber: *saluer en s'inclinant* ▸ **inclinar-se 2** Renoncer à la lutte en s'avouant vaincu: *s'incliner*

devant la force de l'adversaire ▸ **render-se 3** Être dominé dans une compétition; perdre: *champion qui s'incline en finale* ▸ **perder**

inclure *vt (conj 68)* Renfermer, insérer: *inclure une note dans une lettre* ▸ **incluir**

inclus, e *adj* Enfermé, contenu: *partir jusqu'au 20 inclus* ▸ **incluso, inclusive** ■ **dent incluse:** qui reste contenue dans le maxillaire ou dans les tissus environnants ▸ **dente incluso**

inclusif, ive *adj* Qui contient en soi quelque chose d'autre ▸ **inclusivo**

inclusion *nf* **1** Action d'inclure ▸ **inclusão 2** État d'une chose incluse ▸ **inclusão**

inclusivement *adv* Y compris ▸ **inclusive**

incoercible *adj* LITT Qu'on ne peut réprimer, contenir: *rire incoercible* ▸ **incoercível**

incognito [ɛ̃kɔito] *adv* Sans se faire connaître: *voyager incognito* ▸ **incógnito** ◆ *nm* Situation d'une personne qui garde son identité secrète: *garder l'incognito* ▸ **incógnito**

incohérence *nf* Caractère de ce qui est incohérent; parole, idée, action incohérente ▸ **incoerência**

incohérent, e *adj* **1** Qui manque de liaison: *assemblage incohérent* ▸ **incoerente 2** Qui manque de suite, de logique; décousu: *paroles incohérentes* ▸ **incoerente**

incollable *adj* **1** Qui ne colle pas pendant la cuisson: *riz incollable* ▸ **que não gruda, solto 2** FAM Qui peut répondre à toutes sortes de questions ▸ **imbatível**

incolore *adj* **1** Qui n'est pas coloré: *cirage incolore* ▸ **incolor 2** FIG Sans éclat: *style incolore* ▸ **incolor**

incomber *vt ind* [à] Revenir à: *cette tâche lui incombe* ▸ **incumbir**

incombustible *adj* Qui ne peut être brûlé: *l'amiante est incombustible* ▸ **incombustível**

incommensurable *adj* **1** D'une étendue, d'une grandeur telle qu'on ne peut l'évaluer ▸ **incomensurável 2** MATH Se dit de deux grandeurs dont le rapport est un nombre irrationnel: *le périmètre du cercle est incommensurable avec son diamètre* ▸ **incomensurável**

incommodant, e *adj* Qui incommode: *odeur incommodante* ▸ **incômodo**

incommode *adj* **1** Qu'on ne peut utiliser avec facilité: *outil incommode* ▸ **incômodo 2** Qui cause de la gêne, du désagrément: *horaire incommode* ▸ **incômodo**

incommoder *vt* Gêner, causer un malaise physique: *être incommodé par la fumée* ▸ **incomodar**

incommodité *nf* LITT Caractère de ce qui est incommode, peu pratique ▸ **incomodidade**

incommunicabilité *nf* Impossibilité de communiquer: *l'incommunicabilité des consciences* ▸ **incomunicabilidade**

incommunicable *adj* **1** Qu'on ne peut transmettre: *biens incommunicables* ▸ **incomunicável 2** Dont on ne peut faire part: *une joie incommunicable* ▸ **incomunicável**

incomparable *adj* À qui ou à quoi rien ne peut être comparé; inégalable, remarquable ▸ **incomparável**

incomparablement *adv* Sans comparaison possible ▸ **incomparavelmente**

incompatibilité *nf* Impossibilité de s'accorder: *incompatibilité d'humeur* ▸ **incompatibilidade**

incompatible *adj* **1** Qui n'est pas compatible; qui ne peut s'accorder, s'unir: *caractères incompatibles* ▸ **incompatível 2** Se dit d'un matériel, d'un ordinateur qui ne peut être connecté avec du matériel de marque différente ▸ **incompatível**

incompétence *nf* **1** Manque de compétence, de connaissances suffisantes; incapacité ▸ **incompetência 2** DR Inaptitude d'un juge, d'un tribunal à traiter une affaire ▸ **incompetência**

incompétent, e *adj et n* **1** Qui n'a pas les connaissances voulues: *un critique incompétent* ▸ **incompetente 2** DR Qui n'a pas qualité pour apprécier: *tribunal incompétent* ▸ **incompetente**

incomplet, ète *adj* Qui n'est pas complet; partiel: *ouvrage incomplet* ▸ **incompleto**

incomplètement *adv* De façon incomplète ▸ **incompletamente**

incompréhensible *adj* Qu'on ne peut comprendre; inintelligible ▸ **incompreensível**

incompréhensif, ive *adj* Qui ne comprend pas les autres ▸ **incompreensivo**

incompréhension *nf* Incapacité ou refus de comprendre quelqu'un ou quelque chose ▸ **incompreensão**

incompressible *adj* **1** Qu'on ne peut comprimer: *l'eau est incompressible* ▸ **incompressível 2** Qui ne peut être réduit: *dépenses incompressibles* ▸ **incompressível**

incompris, e *adj et n* Qui n'est pas compris, apprécié à sa juste valeur ▸ **incompreendido**

inconcevable *adj* Qu'on ne peut concevoir; inimaginable, extraordinaire: *méprise inconcevable* ▸ **inconcebível**

inconciliable *adj* Qu'on ne peut concilier avec quelque chose d'autre ▸ **inconciliável**

inconditionné, e *adj* PHILOS Qui n'est pas soumis à une condition; absolu ▸ **incondicionado**

inconditionnel, elle *adj* Qui n'admet aucune condition: *appui inconditionnel* ▸ **incondicional**

♦ *adj et n* Qui obéit sans discussion aux ordres d'un parti, d'un homme ► **partidário incondicional**
inconditionnellement *adv* De façon inconditionnelle ► **incondicionalmente**
inconduite *nf* Mauvaise conduite; dévergondage ► **mau comportamento**
inconfort *nm* **1** Manque de confort: *l'inconfort d'une vieille fermette* ► **desconforto 2** Situation morale ou intellectuelle embarrassante ► **desconforto**
inconfortable *adj* Qui n'est pas confortable ► **desconfortável**
inconfortablement *adv* De façon inconfortable ► **desconfortavelmente**
incongru, e *adj* Contraire à la bienséance; déplacé ► **incongruente**
incongruité *nf* **1** Caractère de ce qui est incongru ► **incongruência 2** Action ou parole incongrue ► **incongruência**
incongrûment *adv* De façon incongrue ► **incongruentemente**
inconnu, e *adj* **1** Qui n'est pas connu; étranger: *son visage m'est inconnu* ► **desconhecido 2** Qui n'a pas de notoriété: *artiste inconnu* ► **desconhecido 3** Pas encore éprouvé: *sensations inconnues* ► **desconhecido** ♦ *n* Personne inconnue ► **desconhecido** ♦ *nm* Ce qu'on ignore: *affronter l'inconnu* ► **desconhecido**
inconnue *nf* MATH Quantité cherchée dans un problème ► **incógnita**
inconsciemment [ɛ̃kɔ̃sjamɑ̃] *adv* De façon inconsciente ► **inconscientemente**
inconscience *nf* **1** Perte momentanée de la conscience ► **inconsciência 2** Absence de jugement, légèreté extrême ► **inconsciência**
inconscient, e *adj* **1** Qui a perdu connaissance: *un blessé inconscient* ► **inconsciente 2** Qui n'a pas conscience de ses actes ► **inconsciente 3** Dont on n'a pas conscience: *acte inconscient* ► **inconsciente** ♦ *adj et n* Qui n'a pas conscience de quelque chose; qui agit de façon inconsidérée: *être inconscient des difficultés* ► **inconsciente** ♦ *nm* Ensemble des phénomènes psychiques qui échappent à la conscience ► **inconsciente**
inconséquence *nf* **1** Manque de suite dans les idées, dans les actions; incohérence ► **inconsequência 2** Chose dite ou faite sans réflexion ► **inconsequência**
inconséquent, e *adj* **1** Qui parle, agit à la légère; irréfléchi ► **inconsequente 2** Fait ou dit à la légère; déraisonnable: *démarche inconséquente* ► **inconsequente**
inconsidéré, e *adj* Fait ou dit sans réflexion; irréfléchi ► **inconsiderado**
inconsidérément *adv* De façon inconsidérée ► **inconsideradamente**
inconsistance *nf* **1** Manque de consistance: *l'inconsistance d'une pâte* ► **inconsistência 2** Manque de logique, de fermeté; faiblesse ► **inconsistência**
inconsistant, e *adj* Sans consistance, faible: *personne, raisonnement inconsistants* ► **inconsistente**
inconsolable *adj* Qui ne peut se consoler ► **inconsolável**
inconsolé, e *adj* Qui n'est pas consolé ► **inconsolado**
inconsommable *adj* Qu'on ne peut consommer; immangeable ► **inconsumível**
inconstance *nf* **1** Manque de constance: *inconstance dans l'effort* ► **inconstância 2** Instabilité, mobilité: *inconstance du temps, de la fortune* ► **inconstância**
inconstant, e *adj et n* Sujet à changer; instable: *inconstant dans ses amitiés* ► **inconstante**
inconstitutionnel, elle *adj* Non conforme à la Constitution ► **inconstitucional**
inconstructible *adj* Où l'on ne peut construire: *zone inconstructible* ► **onde não é permitido construir**
incontestable *adj* Qui ne peut être mis en doute; indéniable ► **incontestável**
incontestablement *adv* De façon incontestable ► **incontestavelmente**
incontesté, e *adj* Qui n'est pas contesté, discuté: *droit incontesté* ► **incontestado**
incontinence *nf* **1** VX Manque de modération, de retenue: *incontinence verbale* ► **incontinência 2** MÉD Émission involontaire d'urine ou de matières fécales ► **incontinência**
incontinent, e *adj* **1** VX Sans modération dans ses propos, sa conduite ► **incontinente 2** MÉD Atteint d'incontinence ► **incontinente**
incontournable *adj* Qu'on ne peut éviter; dont on doit tenir compte ► **incontornável**
incontrôlable *adj* Qu'on ne peut contrôler ► **incontrolável**
incontrôlé, e *adj* Qui n'est pas contrôlé ► **descontrolado**
inconvenance *nf* **1** Caractère de ce qui est inconvenant ► **inconveniência 2** Action ou parole inconvenante ► **inconveniência**
inconvenant, e *adj* Qui blesse les convenances; déplacé, indécent: *propos inconvenants* ► **inconveniente**
inconvénient *nm* **1** Désavantage, défaut: *avantages et inconvénients d'une situation* ► **inconve-**

niente **2** Conséquence fâcheuse: *subir les inconvénients d'une situation* ▸ **inconveniente**

nconvertible *adj* Qui ne peut être échangé, remplacé: *monnaie inconvertible* ▸ **inconversível**

ncorporation *nf* Action d'incorporer; amalgame, intégration ▸ **incorporação**

ncorporel, elle *adj* **1** Qui n'a pas de corps; immatériel ▸ **incorpóreo 2** DR Se dit des biens qui n'ont pas d'existence matérielle (droit d'usufruit, droits d'auteur, etc.) ▸ **incorpóreo**

ncorporer *vt* **1** Faire entrer dans un tout, mêler intimement, intégrer: *incorporer des œufs à un mélange; incorporer un paragraphe dans un texte* ▸ **incorporar 2** Faire entrer dans un corps de troupes ▸ **incorporar**

ncorrect, e *adj* **1** Qui n'est pas correct; fautif ▸ **incorreto 2** Qui manque aux règles de la politesse; grossier ▸ **incorreto**

ncorrectement *adv* De façon incorrecte ▸ **incorretamente**

ncorrection *nf* **1** Manquement aux règles de la correction, de la bienséance ▸ **incorreção 2** Faute de grammaire ▸ **incorreção**

ncorrigible *adj* Qu'on ne peut corriger: *paresse incorrigible* ▸ **incorrigível**

ncorrigiblement *adv* De façon incorrigible ▸ **incorrigivelmente**

ncorruptibilité *nf* **1** Qualité de ce qui ne peut se corrompre ▸ **incorruptibilidade 2** Caractère d'une personne incorruptible; intégrité ▸ **incorruptibilidade**

ncorruptible *adj* **1** Qui ne se corrompt pas; imputrescible ▸ **incorruptível 2** Qui ne se laisse pas corrompre, acheter: *juge incorruptible* ▸ **incorruptível**

ncrédule *adj et n* **1** Qui se laisse difficilement convaincre; sceptique ▸ **incrédulo 2** Incroyant ▸ **incrédulo**

ncrédulité *nf* Manque de crédulité; scepticisme ▸ **incredulidade**

ncrément *nm* INFORM Quantité constante ajoutée à la valeur d'une variable à chaque boucle d'un programme ▸ **incremento**

ncrémenter *vt* INFORM Ajouter un incrément à ▸ **incrementar**

ncrevable *adj* **1** Qui ne peut être crevé: *pneu increvable* ▸ **imperfurável 2** FAM Résistant, infatigable: *ces enfants sont increvables* ▸ **incansável**

ncrimination *nf* Action d'incriminer ▸ **incriminação**

ncriminer *vt* Mettre en cause, rendre responsable d'un acte blâmable ▸ **incriminar**

ncrochetable *adj* Qu'on ne peut crocheter: *serrure incrochetable* ▸ **inviolável**

incroyable *adj* **1** Impossible ou difficile à croire: *histoire incroyable* ▸ **inacreditável, incrível 2** Étonnant; extraordinaire: *talent incroyable* ▸ **inacreditável, incrível**

incroyablement *adv* Extraordinairement, extrêmement ▸ **incrivelmente**

incroyance *nf* Absence de foi religieuse ▸ **descrença**

incroyant, e *adj et n* Non croyant ▸ **descrente**

incrustation *nf* **1** Action d'incruster; ce qui est incrusté: *incrustation d'or, de nacre, de dentelle* ▸ **incrustação 2** Dépôt que laisse une eau calcaire ▸ **incrustação 3** Insertion d'une image électronique dans une autre; image ainsi insérée ▸ **montagem, sobreimpressão**

incruster *vt* **1** Insérer dans une matière des fragments de matière différente, pour former un motif ornemental: *incruster de la nacre dans l'ébène* ▸ **incrustar 2** Couvrir d'un dépôt pierreux ▸ **incrustar** ◆ **s'incruster** *vpr* **1** Se graver ▸ **incrustar-se 2** FAM S'imposer durablement de façon importune ▸ **grudar**

incubateur *nm* **1** Couveuse ▸ **incubadora, chocadeira 2** ÉCON Structure financée par de grands groupes pour aider au lancement de start-up ▸ **incubadora**

incubation *nf* **1** Action de couver ▸ **incubação 2** MÉD Temps pendant lequel couve une maladie ▸ **incubação** ■ **incubation artificielle:** action de faire éclore des œufs par des procédés artificiels ▸ **incubação artificial**

incube *nm* Démon masculin censé abuser d'une femme pendant son sommeil ▸ **íncubo**

incuber *vt* Opérer l'incubation de ▸ **incubar**

inculpation *nf* Action d'inculper ▸ **indiciamento**

inculpé, e *n* Accusé ▸ **indiciado, inculpado**

inculper *vt* Ouvrir une procédure d'instruction contre une personne présumée coupable d'un crime ou d'un délit ▸ **indiciar**

inculquer *vt* Faire entrer durablement quelque chose dans l'esprit de quelqu'un: *inculquer les bonnes manières à quelqu'un* ▸ **inculcar**

inculte *adj* **1** Non cultivé: *terre inculte* ▸ **inculto 2** Qui n'a aucune culture intellectuelle: *esprit inculte* ▸ **inculto**

incultivable *adj* Qui ne peut être cultivé ▸ **incultivável**

inculture *nf* Manque total de culture intellectuelle; ignorance ▸ **incultura**

incunable *adj et nm* Se dit d'un ouvrage qui date de l'origine de l'imprimerie ▸ **incunábulo**

incurable *adj* Inguérissable ▸ **incurável**

incurie *nf* Grande négligence ▶ **incúria**
incuriosité *nf* LITT Absence totale de curiosité intellectuelle ▶ **incuriosidade**
incursion *nf* **1** Invasion en pays ennemi ▶ **incursão** **2** Arrivée soudaine dans un lieu ▶ **irrupção**
incurvation *nf* Action d'incurver; état qui en résulte ▶ **encurvamento**
incurver *vt* Courber de dehors en dedans ▶ **encurvar**
indéboulonnable *adj* FAM Qui paraît ne pouvoir être révoqué, destitué: *présentateur indéboulonnable* ▶ **inamovível**
indécemment *adv* De façon indécente ▶ **indecentemente**
indécence *nf* Caractère de ce qui est indécent; action, parole indécente ▶ **indecência**
indécent, e *adj* **1** Contraire à la décence, à la bienséance, à la pudeur: *tenue indécente* ▶ **indecente** **2** Déplacé, scandaleux: *gaspillage indécent* ▶ **indecente**
indéchiffrable *adj* Qu'on ne peut lire, déchiffrer, deviner: *écriture, code indéchiffrable; personne, intention indéchiffrable* ▶ **indecifrável**
indéchirable *adj* Qui ne peut être déchiré ▶ **impossível de rasgar**
indécis, e *adj et n* Qui ne sait pas se décider; irrésolu ▶ **indeciso** ◆ *adj* **1** Douteux, incertain: *victoire indécise* ▶ **indeterminado** **2** Vague: *formes indécises* ▶ **indeciso**
indécision *nf* État, caractère d'une personne indécise; incertitude, irrésolution ▶ **indecisão**
indéclinable *adj* GRAMM Qui ne se décline pas ▶ **indeclinável**
indécollable *adj* Qu'on ne peut décoller ▶ **impossível de descolar**
indécomposable *adj* Qu'on ne peut décomposer, analyser ▶ **indecomponível**
indécrottable *adj* FAM Impossible à améliorer; incorrigible ▶ **incorrigível**
indéfectible *adj* Qui ne peut cesser d'être: *amitié indéfectible* ▶ **indefectível**
indéfendable *adj* Qui ne peut être défendu ▶ **indefensável**
indéfini, e *adj* **1** Dont on ne peut fixer les limites: *espace indéfini* ▶ **indefinido** **2** Qu'on ne peut définir; vague, indéterminé: *sensation indéfinie* ▶ **indefinido** ■ **article indéfini:** qui présente l'être ou la chose en les distinguant de façon indéterminée du reste du groupe (*un, une, des*) ▶ **artigo indefinido** □ **adjectifs indéfinis:** ceux qui déterminent les noms d'une manière vague, générale, comme *aucun, autre, certain, chaque, maint, même, nul, plusieurs, quel, quelconque, quelque, tel, tout* ▶ **pronomes adjetivos indefinidos** □ **pronoms indéfinis:** ceux qui représentent les noms d'une manière générale, comme *on, chacun, personne, quiconque, quelqu'un, rien, autrui, l'un, l'autre, l'un et l'autre* ▶ **pronomes indefinidos**
indéfiniment *adv* De façon indéfinie; perpétuellement: *dire indéfiniment les mêmes choses* ▶ **indefinidamente**
indéfinissable *adj* Qu'on ne saurait définir; vague: *trouble indéfinissable* ▶ **indefinível**
indéformable *adj* Qui ne peut être déformé ▶ **indeformável**
indéfrichable *adj* Impossible à défricher ▶ **impossível de arrotear**
indéfrisable *nf* VIEILLI Permanente ▶ **permanente**
indéhiscent, e *adj* BOT Se dit d'un fruit sec qui ne s'ouvre pas mais se détache en entier de la plante mère ▶ **indeiscente**
indélébile *adj* Ineffaçable: *encre, souvenir indélébile* ▶ **indelével**
indélicat, e *adj* **1** Malhonnête: *procédé indélicat, un employé indélicat* ▶ **desonesto** **2** Grossier: *il serait indélicat d'insister* ▶ **indelicado**
indélicatesse *nf* **1** Manque de délicatesse ▶ **indelicadeza** **2** Acte, procédé indélicat ▶ **desonestidade**
indémaillable *adj* Dont les mailles ne peuvent se défaire ▶ **indesfiável**
indemne *adj* Qui n'a pas éprouvé de dommage à la suite d'un accident, d'une épreuve: *sortir indemne d'une chute* ▶ **ileso**
indemnisable *adj* Qui peut ou doit être indemnisé ▶ **indenizável**
indemnisation *nf* Dédommagement ▶ **indenização**
indemniser *vt* Dédommager ▶ **indenizar**
indemnité *nf* **1** Somme allouée pour dédommager d'un préjudice: *indemnité de licenciement* ▶ **indenização** **2** Allocation accordée en compensation de certains frais: *indemnité de déplacement* ▶ **subsídio, ajuda de custo** ■ **indemnité parlementaire:** émoluments des députés et des sénateurs ▶ **emolumentos aos parlamentares**
indémodable *adj* Qui ne risque pas de se démoder ▶ **que não sai de moda**
indémontable *adj* Qu'on ne peut démonter ▶ **indesmontável**
indémontrable *adj* Qu'on ne peut démontrer ▶ **indemonstrável**
indéniable *adj* Qu'on ne peut dénier; certain, incontestable: *preuve indéniable* ▶ **inegável**
indéniablement *adv* De façon indéniable ▶ **inegavelmente**

indénombrable *adj* Qu'on ne peut dénombrer ▶ **inumerável**

indépendamment *adv* De façon indépendante: *travailler indépendamment* ▶ **independentemente** ◆ **indépendamment de** *loc prép* **1** En faisant abstraction de: *étudier ce fait indépendamment des circonstances* ▶ **independentemente de 2** Outre, en plus de: *indépendamment de cela* ▶ **além**

indépendance *nf* **1** État d'une personne indépendante, autonome: *son salaire lui assure une totale indépendance* ▶ **independência 2** Caractère indépendant: *esprit d'indépendance* ▶ **independência 3** Autonomie politique, souveraineté nationale ▶ **independência**

indépendant, e *adj* **1** Qui ne dépend d'aucune autorité; libre, autonome: *travailleur indépendant; être indépendant financièrement* ▶ **independente 2** Qui jouit de l'autonomie politique: *pays indépendant* ▶ **independente 3** Qui refuse toute sujétion: *esprit indépendant* ▶ **independente 4** Qui n'a aucun rapport avec autre chose; qui n'est pas solidaire de quelque chose: *deux phénomènes indépendants* ▶ **independente 5** Se dit d'une chambre, d'un local qui a son entrée propre ▶ **independente**

indépendantisme *nm* Revendication d'indépendance ▶ **independentismo**

indépendantiste *adj et n* Partisan de l'indépendance politique ▶ **independentista**

indéracinable *adj* Qu'on ne peut déraciner: *préjugés indéracinables* ▶ **inerradicável**

indéréglable *adj* Qui ne peut se dérégler ▶ **impossível de desregular**

indescriptible *adj* Qui ne peut être décrit, exprimé ▶ **indescritível**

indésirable *adj et n* Qu'on n'accepte pas dans un milieu, un pays: *expulser un indésirable; sa présence est indésirable* ▶ **indesejável**

indestructible *adj* Qui ne peut être détruit ▶ **indestrutível**

indétectable *adj* Qu'on ne peut détecter ▶ **indetectável**

indéterminable *adj* Qui ne peut être déterminé ▶ **indeterminável**

indétermination *nf* **1** Caractère de ce qui est indéterminé ▶ **indeterminação 2** Manque de décision, de résolution; hésitation ▶ **indeterminação**

indéterminé, e *adj* Qui n'est pas déterminé, précisé, fixé ▶ **indeterminado**

index *nm* **1** Doigt le plus proche du pouce ▶ **(dedo) indicador 2** Table alphabétique d'un livre ▶ **índice 3** Aiguille mobile d'un cadran ▶ **ponteiro (indicador)** ■ **l'Index:** le catalogue des livres dont l'autorité pontificale défendait la lecture ▶ **o índex** □ FIG **mettre à l'index:** exclure, signaler comme dangereux ▶ **pôr no índex**

EMPLOI *Index alphabétique* est un pléonasme à éviter

indexation *nf* Action d'indexer ▶ **indexação**

indexer *vt* **1** Introduire dans un index; établir l'index de ▶ **indexar 2** Rattacher les variations d'une valeur à celles d'un élément de référence déterminé: *indexer une retraite sur le coût de la vie* ▶ **indexar**

indianisme *nm* Étude des langues et des civilisations de l'Inde ▶ **indianismo**

indianiste *n* Spécialiste de l'indianisme ▶ **indianista**

indic *nm* FAM Indicateur de police ▶ **Ø**

indicateur, trice *adj* Qui indique, fait connaître: *panneau indicateur* ▶ **indicador** ◆ *nm* **1** Livre qui sert de guide: *l'indicateur des rues de Paris* ▶ **guia 2** Appareil servant à indiquer: *indicateur de vitesse, de pression* ▶ **indicador 3** Individu qui renseigne la police ▶ **informante**

indicatif[1] *nm* **1** GRAMM Celui des cinq modes du verbe qui présente l'état, l'action comme une réalité ▶ **(modo) indicativo 2** Musique annonçant une émission de radio ou de télévision ▶ **vinheta** ■ **indicatif téléphonique:** chiffres à composer avant le numéro de téléphone et qui correspondent à une zone géographique ▶ **código de área**

indicatif[2]**, ive** *adj* Qui indique, annonce: *signal indicatif* ▶ **indicativo** ■ **à titre indicatif:** pour renseigner: *donner le prix d'une chose à titre indicatif* ▶ **a título de informação**

indication *nf* **1** Action d'indiquer ▶ **indicação 2** Renseignement: *fausse indication* ▶ **informação 3** MÉD Affection, cas pour lesquels un traitement est indiqué ▶ **indicação**

indice *nm* **1** Signe apparent et probable qu'une chose existe: *rechercher des indices* ▶ **indício 2** Nombre exprimant un rapport entre deux grandeurs; rapport entre des quantités ou des prix, qui en montre l'évolution: *indice des prix* ▶ **índice 3** MATH Signe attribué à une lettre représentant les différents éléments d'un ensemble: *A indice n s'écrit An* ▶ **índice** ■ **indice d'écoute:** pourcentage des personnes ayant écouté ou regardé une émission de radio, de télévision ▶ **índice de audiência**

indicible *adj* Qu'on ne saurait dire, exprimer: *joie indicible* ▶ **indizível**

indiciel, elle *adj* Qui a valeur d'indice: *courbe indicielle* ▶ **indicial, de índice**

indien, enne *adj et n* **1** De l'Inde: *les Indiens* ▸ **indiano, hindu 2** Relatif aux populations autochtones de l'Amérique ▸ **índio**

EMPLOI Il ne faut pas confondre *Indien*, «habitant de l'Inde», et *hindou*, «adepte de la religion hindouiste»

indienne *nf* Toile de coton peinte ou imprimée ▸ **chita indiana**

indifféremment [ɛ̃diferamɑ̃] *adv* Sans faire de différence; indistinctement ▸ **indiferentemente**

indifférence *nf* État d'une personne indifférente; détachement, froideur, insensibilité ▸ **indiferença**

indifférenciation *nf* État de ce qui est indifférencié ▸ **indiferenciação**

indifférencié, e *adj* Se dit d'une chose dans laquelle aucune différence n'est constatée ▸ **indiferenciado**

indifférent, e *adj* **1** Qui ne présente aucun motif de préférence: *choix indifférent* ▸ **indiferente 2** Sans intérêt, peu important: *parler de choses indifférentes* ▸ **insignificante** ◆ *adj et n* Que rien ne touche ni n'émeut ▸ **indiferente**

indifférer *vt (conj 10)* FAM Être indifférent à: *cela m'indiffère* ▸ **ser indiferente**

indigence *nf* Grande pauvreté, misère ▸ **indigência**

indigène *n et adj* Personne née dans le pays qu'elle habite; autochtone, aborigène ▸ **indígena** ◆ *adj* Originaire du pays: *plante indigène*; CONTR: *exotique* ▸ **indígena**

indigent, e *adj et n* Très pauvre ▸ **indigente**

indigeste *adj* **1** Difficile à digérer ▸ **indigesto 2** FIG Difficile à assimiler par l'esprit: *roman indigeste* ▸ **indigesto**

indigestion *nf* Indisposition provenant d'une mauvaise digestion ▸ **indigestão** ■ FAM **avoir une indigestion de quelque chose:** en avoir trop consommé, utilisé, au point d'en être dégoûté ▸ **estar com ojeriza de algo**

indignation *nf* Sentiment de colère ou de révolte que suscite un outrage, une action injuste ▸ **indignação**

indigne *adj* **1** Qui n'est pas digne de, qui ne mérite pas: *indigne de confiance* ▸ **indigno 2** Qui révolte, inspire la colère, le mépris: *conduite indigne* ▸ **indigno**

indigné, e *adj* Qui éprouve ou manifeste de l'indignation: *des regards indignés* ▸ **indignado**

indignement *adv* De façon indigne ▸ **indignamente**

indigner *vt* Exciter, provoquer l'indignation de ▸ **indignar** ◆ **s'indigner** *vpr* Éprouver de l'indignation ▸ **indignar-se**

GRAMMAIRE On dit *il s'indigne que* et non *de ce que*: *il s'indigne qu'on le punisse*

indignité *nf* **1** Caractère d'une personne, d'une chose indigne ▸ **indignidade 2** Action indigne, odieuse ▸ **indignidade**

indigo *nm* Colorant bleu violacé fourni par l'indigotier ▸ **anil** ◆ *adj inv* De couleur bleu violacé ▸ **índigo**

indigotier *nm* Plante des régions chaudes dont on extrait l'indigo ▸ **anileira**

indiqué, e *adj* Conseillé, recommandé: *l'usage de ce médicament n'est pas indiqué* ▸ **indicado**

indiquer *vt* **1** Montrer, désigner: *indiquer une chose du doigt* ▸ **indicar 2** Faire connaître à quelqu'un ce qu'il cherche: *indiquer une rue, un restaurant* ▸ **indicar 3** Dénoter, révéler: *cela indique du talent* ▸ **indicar** ■ **être indiqué:** conseillé, recommandé: *un voyage n'est pas indiqué dans votre état* ▸ **ser indicado**

indirect, e *adj* Qui n'est pas direct; détourné: *chemin indirect; critique indirecte* ▸ **indireto** ■ GRAMM **complément indirect:** introduit par une préposition ▸ **complemento indireto** □ **discours, style indirect, interrogation indirecte:** rapportant les paroles de quelqu'un dans une proposition subordonnée (EX: *il a dit qu'il viendrait; je me demande s'il viendra*) ▸ **discurso indireto, interrogação indireta** □ **verbe transitif indirect:** verbe suivi d'un complément d'objet indirect (EX: *il songe aux vacances*) ▸ **verbo transitivo indireto**

indirectement *adv* De façon indirecte ▸ **indiretamente**

indiscernable *adj* Qu'on ne peut discerner ▸ **indiscernível**

indiscipline *nf* Manque de discipline; désobéissance ▸ **indisciplina**

indiscipliné, e *adj* Rebelle à toute discipline ▸ **indisciplinado**

indiscret, ète *adj* **1** Qui manque de discrétion: *question indiscrète* ▸ **indiscreto 2** Qui révèle ce qu'on devrait taire: *parole indiscrète; ami indiscret* ▸ **indiscreto**

indiscrètement *adv* De façon indiscrète ▸ **indiscretamente**

indiscrétion *nf* **1** Manque de discrétion ▸ **indiscrição 2** Révélation d'un secret: *commettre une indiscrétion* ▸ **indiscrição**

indiscutable *adj* Qui n'est pas discutable; évident, incontestable ▸ **indiscutível**

indiscutablement *adv* De façon indiscutable ▸ **indiscutivelmente**

indiscuté, e *adj* Qui n'est pas mis en discussion ▸ **indiscutido**

indispensable *adj* Dont on ne peut se passer: *outil indispensable* ▸ **indispensável**

indisponibilité *nf* État d'une personne ou d'une chose indisponible ▸ **indisponibilidade**
indisponible *adj* **1** Dont on ne peut pas disposer: *argent, marchandise indisponibles* ▸ **indisponível** **2** Qui est occupé: *je suis indisponible aujourd'hui* ▸ **indisponível**
indisposé, e *adj* **1** Légèrement malade ▸ **indisposto** **2** Se dit d'une femme qui a ses règles ▸ **incomodada**
indisposer *vt* **1** Rendre un peu malade, incommoder ▸ **indispor** **2** Rendre peu favorable, prévenir contre: *on l'a indisposé contre moi* ▸ **indispor**
indisposition *nf* Léger malaise ▸ **indisposição**
indissociable *adj* **1** Qui ne peut être séparé en plusieurs éléments: *un tout indissociable* ▸ **indissociável** **2** Qu'on ne peut dissocier d'une autre chose, d'une autre personne: *élément indissociable* ▸ **indissociável**
indissolubilité *nf* Qualité de ce qui est indissoluble ▸ **indissolubilidade**
indissoluble *adj* Qui ne peut être délié, défait: *lien indissoluble* ▸ **indissolúvel**
indissolublement *adv* De façon indissoluble ▸ **indissoluvelmente**
indistinct, e *adj* Qui manque de netteté, confus: *voix, paroles indistinctes* ▸ **indistinto**
indistinctement *adv* De façon indistincte ▸ **indistintamente**
individu *nm* **1** Tout être formant une unité distincte dans son espèce: *le genre, l'espèce et l'individu* ▸ **indivíduo** **2** Personne considérée isolément, par rapport à une collectivité: *les droits de l'individu* ▸ **indivíduo** **3** FAM Homme quelconque ou dont on parle avec mépris: *un individu louche* ▸ **indivíduo**
individualisation *nf* Action d'individualiser; son résultat ▸ **individualização**
individualiser *vt* Rendre distinct des autres par des caractères propres ▸ **individualizar**
individualisme *nm* **1** Tendance à s'affirmer indépendamment des autres ▸ **individualismo** **2** Tendance à privilégier la valeur et les droits de l'individu par rapport à ceux de la société ▸ **individualismo**
individualiste *adj et n* Partisan de l'individualisme ▸ **individualista**
individualité *nf* **1** Ce qui constitue le caractère propre et original de quelque chose: *l'individualité d'une province, d'une espèce* ▸ **individualidade** **2** Originalité propre à une personne ▸ **individualidade** **3** Personne qui a une forte personnalité et se distingue des autres ▸ **individualidade**
individuel, elle *adj* **1** Qui appartient à l'individu; personnel: *caractère individuel* ▸ **individual** **2** Qui concerne une seule personne: *fiche individuelle d'état civil*; CONTR: *collectif* ▸ **individual** ▪ **maison individuelle:** destinée à loger une seule famille ▸ **moradia individual** ◆ *n* SPORTS Concurrent n'appartenant à aucun club, à aucune équipe ▸ **atleta avulso**
individuellement *adv* De façon individuelle ▸ **individualmente**
indivis, e *adj* DR **1** Qui n'est pas divisé: *succession indivise*; possédé par plusieurs: *biens indivis* ▸ **indiviso** **2** Qui possède en commun avec d'autres: *héritiers indivis* ▸ **indiviso** ▪ **par indivis:** en commun: *posséder un bien par indivis* ▸ **em comum**
indivisibilité *nf* Caractère indivisible ▸ **indivisibilidade**
indivisible *adj* Qui n'est pas divisible ▸ **indivisível**
indivision *nf* DR État d'un bien indivis; situation de quelqu'un possédant un tel bien ▸ **indivisão**
indocile *adj* Qui ne se laisse pas diriger; rebelle ▸ **indócil**
indocilité *nf* Caractère indocile ▸ **indocilidade**
indo-européen, enne (pl *indo-européens, ennes*) *adj et nm* Se dit d'un groupe de langues parlées actuellement en Europe et dans une partie des autres continents, auxquelles les linguistes ont donné une origine commune ▸ **indo-europeu**
indolemment *adv* LITT Avec indolence ▸ **indolentemente**
indolence *nf* Nonchalance, indifférence, mollesse: *vivre dans l'indolence* ▸ **indolência**
indolent, e *adj* Nonchalant, apathique ▸ **indolente**
indolore *adj* Qui ne cause aucune douleur: *piqûre indolore* ▸ **indolor**
indomptable [ɛ̃dɔ̃tabl] *adj* Qu'on ne peut dompter, maîtriser: *caractère indomptable* ▸ **indomável**
indompté, e [ɛ̃dɔ̃te] *adj* LITT Qu'on n'a pu encore maîtriser, réprimer: *orgueil indompté* ▸ **indomado**
indonésien, enne *adj et n* D'Indonésie: *les Indonésiens* ▸ **indonésio**
in-douze [induz] *nm inv et adj inv* Format d'une feuille d'impression pliée en 12 feuilles ou 24 pages; livre de ce format ▸ **in-doze**
indu, e *adj* ▸ **indevido** ▪ **heure indue:** heure à laquelle il ne convient pas de faire quelque chose ▸ **desoras** ◆ *nm* DR Ce qui n'est pas dû: *restitution de l'indu* ▸ **indébito**
indubitable *adj* Dont on ne peut douter; certain, incontestable ▸ **indubitável**
indubitablement *adv* Certainement, sans aucun doute ▸ **indubitavelmente**

inductance *nf* ÉLECTR Quotient du flux d'induction à travers un circuit, créé par le courant traversant ce circuit, par l'intensité de ce courant ▸ **indutância**
inducteur, trice *adj et nm* PHYS Qui induit: *courant inducteur* ▸ **indutor** ◆ *nm* Aimant ou électroaimant destiné à fournir le champ magnétique créateur de l'induction ▸ **indutor**
inductif, ive *adj* Qui procède par induction: *méthode inductive* ▸ **indutivo**
induction *nf* **1** Raisonnement qui va du particulier au général, des faits à la loi ▸ **indução 2** ÉLECTR Production d'un courant dans un circuit, sous l'influence d'un aimant ou d'un autre courant ▸ **indução**
induire *vt (conj 70)* **1** Amener, conduire, pousser à: *induire en erreur* ▸ **induzir 2** Avoir pour conséquence; entraîner, occasionner: *cette installation induira la création de nombreux emplois* ▸ **induzir 3** Établir par voie de conséquence, par induction; conclure: *de là j'induis que* ▸ **induzir 4** ÉLECTR Produire une induction ▸ **induzir**
induit, e *adj* Établi par induction; consécutif, résultant: *effets induits d'une décision politique* ▸ **oriundo** ■ **courant induit:** produit par induction ▸ **corrente induzida** ◆ *nm* Organe d'une machine dans lequel se produisent des courants induits ▸ **induzido**
indulgence *nf* **1** Facilité à pardonner, à excuser ▸ **indulgência 2** THÉOL Rémission des peines dues aux péchés ▸ **indulgência**
indulgent, e *adj* Porté à l'indulgence; clément: *se montrer indulgent* ▸ **indulgente**
indûment *adv* De manière indue, illégitime ▸ **indevidamente**
induration *nf* MÉD Durcissement anormal d'un tissu; partie indurée ▸ **induração**
induré, e *adj* Devenu dur: *lésion indurée* ▸ **indurado**
industrialisation *nf* Action d'industrialiser; son résultat ▸ **industrialização**
industrialiser *vt* **1** Exploiter sous forme industrielle: *industrialiser l'agriculture* ▸ **industrializar 2** Équiper en usines, en industries: *industrialiser une région* ▸ **industrializar**
industrie *nf* **1** Ensemble des activités, des métiers qui produisent des richesses par la mise en œuvre des matières premières, par l'exploitation des mines, des sources d'énergie; chacune de ces activités: *industrie automobile; industrie textile* ▸ **indústria 2** Toute activité économique organisée sur une grande échelle: *industrie du spectacle* ▸ **indústria** ■ **industrie légère:** celle qui transforme les produits de l'industrie lourde, issus des matières premières ▸ **indústria de consumo**
industriel, elle *adj* Qui concerne l'industrie: *richesse industrielle; centre industriel* ▸ **industrial** ◆ *nm* Chef d'entreprise transformant des matières premières ▸ **industrial**
industriellement *adv* De façon industrielle ▸ **industrialmente**
industrieux, euse *adj* LITT Adroit, habile dans son métier ▸ **industrioso**
inébranlable *adj* Qui ne peut être ébranlé: *fermeté inébranlable* ▸ **inabalável**
inédit, e *adj et nm* **1** Qui n'a pas été publié: *poème inédit* ▸ **inédito 2** Nouveau, original: *spectacle inédit* ▸ **inédito**
ineffable *adj* LITT Qui ne peut être exprimé; indicible: *joie ineffable* ▸ **inefável**
ineffaçable *adj* Qui ne peut être effacé: *encre ineffaçable; impression ineffaçable* ▸ **inapagável, indelével**
inefficace *adj* Qui n'est pas efficace; inopérant: *moyen, secrétaire inefficaces* ▸ **ineficaz**
inefficacement *adv* De façon inefficace ▸ **ineficazmente**
inefficacité *nf* Manque d'efficacité ▸ **ineficácia**
inégal, e, aux *adj* **1** Qui n'est pas égal à autre chose: *segments inégaux* ▸ **desigual 2** Qui n'est pas uni, raboteux: *terrain inégal* ▸ **desigual, irregular 3** Qui n'est pas régulier: *mouvement inégal* ▸ **desigual, irregular 4** Qui n'est pas constant; changeant: *style inégal; humeur inégale* ▸ **inconstante**
inégalable *adj* Qui ne peut être égalé ▸ **inigualável**
inégalé, e *adj* Qui n'a pas été égalé: *record inégalé* ▸ **inigualado**
inégalement *adv* De façon inégale ▸ **desigualmente**
inégalitaire *adj* Fondé sur l'inégalité politique ou sociale ▸ **inigualitário**
inégalité *nf* **1** Différence, disparité entre des personnes ou des choses: *inégalité des salaires; lutte contre les inégalités* ▸ **desigualdade 2** Défaut de régularité d'une surface, d'un rythme, etc.: *inégalité d'un terrain, d'un débit* ▸ **desigualdade 3** MATH Relation algébrique entre deux grandeurs inégales, notée par le signe > (plus grand que) ou < (plus petit que) ▸ **desigualdade**
inélégamment *adv* De façon inélégante ▸ **deselegantemente**
inélégance *nf* Manque d'élégance ▸ **deselegância**
inélégant, e *adj* **1** Qui manque d'élégance: *mise, personne inélégantes* ▸ **deselegante 2** Discourtois, incorrect: *procédé inélégant* ▸ **deselegante**

inéligible *adj* Qui n'est pas éligible ▸ **inelegível**
inéluctable *adj* Qu'on ne peut éviter: *malheur inéluctable* ▸ **inelutável**
inéluctablement *adv* Inévitablement ▸ **inelutavelmente**
inemployé, e *adj* Qui n'est pas employé ▸ **não utilizado**
inénarrable *adj* D'une bizarrerie, d'un comique extraordinaires: *aventure inénarrable* ▸ **inenarrável**
inepte *adj* Sot, stupide: *réflexion inepte* ▸ **inepto**
ineptie [inɛpsi] *nf* Absurdité, sottise ▸ **inépcia**
inépuisable *adj* Qu'on ne peut épuiser; intarissable ▸ **inesgotável**
inépuisablement *adv* De façon inépuisable ▸ **inesgotavelmente**
inéquation *nf* Inégalité entre deux expressions algébriques contenant des variables et qui n'est satisfaite que pour certaines valeurs de ces variables ▸ **inequação**
inéquitable *adj* Qui n'est pas équitable ▸ **inequitativo**
inertage *nm* Enrobage d'un déchet pour empêcher la dissémination de ses éléments toxiques dans l'environnement ▸ **inertagem**
inerte *adj* **1** Sans mouvement, immobile: *corps inerte* ▸ **inerte 2** Sans activité propre: *matière inerte* ▸ **inerte 3** Sans énergie, sans réaction; apathique: *rester inerte devant les difficultés* ▸ **inerte**
inertie [inɛrsi] *nf* **1** État de ce qui est inerte ▸ **inércia 2** Manque d'activité, d'énergie: *tirer quelqu'un de son inertie* ▸ **inércia** ■ **force d'inertie: (a)** résistance que les corps opposent au mouvement et qui résulte de leur masse ▸ **inércia (b)** FIG résistance passive de quelqu'un qui refuse d'obéir, de se soumettre ▸ **resistência passiva**
inespéré, e *adj* Qu'on n'espérait pas; inattendu ▸ **inesperado**
inesthétique *adj* Qui n'est pas esthétique; laid ▸ **inestético**
inestimable *adj* Dont on ne peut estimer la valeur: *trésor, chance inestimables* ▸ **inestimável**
inévitable *adj* Qu'on ne peut éviter: *accident inévitable* ▸ **inevitável**
inévitablement *adv* De façon inévitable ▸ **inevitavelmente**
inexact, e *adj* **1** Qui contient des erreurs; faux: *calcul inexact* ▸ **inexato 2** LITT Qui manque de ponctualité ▸ **impontual**
inexactement *adv* De façon inexacte ▸ **inexatamente**
inexactitude *nf* **1** Caractère de ce qui est inexact, erroné; faute, erreur ▸ **inexatidão 2** Manque de ponctualité ▸ **impontualidade**
inexcusable *adj* Qui ne peut être excusé: *faute inexcusable* ▸ **indesculpável**
inexécutable *adj* Qui ne peut être exécuté: *ordre inexécutable* ▸ **inexecutável, inexequível**
inexécution *nf* Absence ou défaut d'exécution: *inexécution d'un contrat* ▸ **inexecução**
inexercé, e *adj* Qui n'est pas exercé: *oreille inexercée* ▸ **inexperiente**
inexigible *adj* Qui ne peut être exigé ▸ **inexigível**
inexistant, e *adj* **1** Qui n'existe pas; imaginaire, fictif: *problèmes inexistants* ▸ **inexistente 2** Sans valeur, qui ne compte pas; négligeable, insignifiant: *rôle inexistant* ▸ **insignificante**
inexistence *nf* Défaut d'existence, de valeur: *l'inexistence d'un argument* ▸ **inexistência**
inexorable *adj* Qu'on ne peut fléchir, d'une fermeté implacable: *juge inexorable; volonté inexorable* ▸ **inexorável**
inexorablement *adv* De façon inexorable; inéluctablement ▸ **inexoravelmente**
inexpérience *nf* Manque d'expérience ▸ **inexperiência**
inexpérimenté, e *adj* Qui n'a pas d'expérience: *ouvrier inexpérimenté* ▸ **inexperiente**
inexpiable *adj* **1** Qui ne peut être expié: *crime inexpiable* ▸ **inexpiável 2** Sans merci, implacable: *lutte inexpiable* ▸ **implacável**
inexplicable *adj* Qu'on ne peut expliquer ▸ **inexplicável**
inexplicablement *adv* De façon inexplicable ▸ **inexplicavelmente**
inexpliqué, e *adj* Qui n'a pas reçu d'explication ▸ **inexplicado**
inexploitable *adj* Qui n'est pas susceptible d'être exploité: *gisement inexploitable* ▸ **inexplorável**
inexploité, e *adj* Qui n'est pas ou n'a pas été exploité: *ressource, idée inexploitées* ▸ **inexplorado**
inexplorable *adj* Qu'on ne peut explorer ▸ **inexplorável**
inexploré, e *adj* Que l'on n'a pas exploré ▸ **inexplorado**
inexpressif, ive *adj* Dépourvu d'expression: *visage inexpressif* ▸ **inexpressivo**
inexprimable *adj* Qui ne peut être exprimé; indicible: *joie inexprimable* ▸ **inexprimível**
inexprimé, e *adj* Qui n'a pas été exprimé ▸ **inexpresso**
inexpugnable *adj* Qu'on ne peut prendre par la force: *forteresse inexpugnable; vertu inexpugnable* ▸ **inexpugnável**
inextensible *adj* Qui n'est pas extensible ▸ **inextensível**

in extenso [inɛkstẽso] *loc adv* En entier: *publier un discours in extenso* ▸ ***in extenso***
inextinguible *adj* Qu'on ne peut apaiser, arrêter: *rire, soif inextinguibles* ▸ **inextinguível**
in extremis [inɛkstremis] *loc adv* Au dernier moment, à la dernière limite ▸ ***in extremis***
inextricable *adj* Qui ne peut être démêlé, très embrouillé: *situation inextricable* ▸ **inextricável**
inextricablement *adv* De façon inextricable ▸ **inextricavelmente**
infaillibilité *nf* Caractère infaillible ▸ **infalibilidade**
infaillible *adj* **1** Qui ne peut se tromper: *nul n'est infaillible* ▸ **infalível 2** Qui produit les résultats attendus, qui ne peut manquer d'arriver: *remède, succès infaillibles* ▸ **infalível**
infailliblement *adv* Immanquablement, inévitablement ▸ **infalivelmente**
infaisable [ɛ̃fəzabl] *adj* Qui ne peut être fait ▸ **irrealizável**
infalsifiable *adj* Qui ne peut être falsifié ▸ **infalsificável**
infamant, e *adj* Qui déshonore: *peine infamante* ▸ **infamante**
infâme *adj* **1** Avilissant, honteux: *acte infâme* ▸ **infame 2** Répugnant, sale: *infâme taudis* ▸ **infame**
infamie *nf* **1** Caractère de ce qui est infâme: *l'infamie d'un crime* ▸ **infâmia 2** LITT Grand déshonneur: *être couvert d'infamie* ▸ **infâmia 3** Action, propos vils, honteux: *commettre une infamie: écrire des infamies* ▸ **infâmia**
infant, e *n* Titre des enfants puînés des rois d'Espagne et de Portugal ▸ **infante**
infanterie *nf* Ensemble des troupes qui combattent à pied ▸ **infantaria**
infanticide *nm* Meurtre d'un enfant et, en particulier, d'un nouveau-né ▸ **infanticídio** ◆ *n et adj* Personne coupable d'infanticide ▸ **infanticida**
infantile *adj* **1** Relatif à l'enfant en bas âge: *maladies infantiles* ▸ **infantil 2** PÉJOR Comparable à un enfant, puéril: *comportement, mentalité infantiles* ▸ **infantil**
infantilisant, e *adj* Qui infantilise ▸ **infantilizante**
infantiliser *vt* Maintenir chez un adulte un état infantile ▸ **infantilizar**
infantilisme *nm* **1** Absence de maturité, comportement infantile; puérilité ▸ **infantilidade 2** MÉD Arrêt du développement d'un individu ▸ **infantilismo**
infarctus [ɛ̃farktys] *nm* MÉD Accident dû à l'oblitération d'un vaisseau ▸ **infarto** ■ **infarctus du myocarde:** lésion du cœur consécutive à l'oblitération d'une artère coronaire ▸ **infarto do miocárdio**

ORTHOGRAPHE Le *r* de *infarctus* se place après le *a*. Ne pas confondre avec l'orthographe de *fracture*

infatigable *adj* Que rien ne fatigue: *travailleur infatigable* ▸ **infatigável**
infatigablement *adv* Sans se lasser ▸ **infatigavelmente**
infatué, e *adj* LITT Qui est content de soi; fat: *un homme très infatué* ▸ **enfatuado**
infécond, e *adj* LITT Stérile ▸ **infecundo**
infécondité *nf* LITT Stérilité ▸ **infecundidade**
infect, e *adj* **1** LITT Qui exhale de mauvaises odeurs: *charogne infecte* ▸ **infecto 2** FAM Très mauvais: *nourriture infecte* ▸ **infecto 3** FAM Répugnant: *se montrer infect à l'égard de quelqu'un* ▸ **infecto**
infecter *vt* **1** Contaminer par des germes infectieux ▸ **infectar 2** LITT Remplir d'émanations puantes et malsaines; empester ▸ **infectar** ◆ **s'infecter** *vpr* Être contaminé par des germes: *plaie qui s'infecte* ▸ **infectar-se, infeccionar**
infectieux, euse *adj* **1** Qui produit ou communique l'infection: *germes infectieux* ▸ **infeccioso 2** Qui résulte ou s'accompagne d'une infection: *maladie infectieuse* ▸ **infeccioso**
infection *nf* **1** Pénétration et développement dans un organisme de micro-organismes pathogènes (dits *agents infectieux*), produisant des troubles d'intensité et de gravité variables ▸ **infecção 2** Grande puanteur ▸ **fedentina**
inféoder *vt* **1** HIST Donner en fief ▸ **enfeudar 2** Mettre sous la dépendance de: *pays inféodé à une grande puissance* ▸ **submeter** ◆ **s'inféoder** *vpr* Se donner entièrement à: *s'inféoder à un parti* ▸ **enfeudar-se**
inférer *vt* Induire, conclure, déduire ▸ **inferir**
inférieur, e *adj* **1** Placé au-dessous: *mâchoire inférieure* ▸ **inferior 2** Moindre en dignité, en valeur, etc.: *rang inférieur* ▸ **inferior** ◆ *n* Subalterne, subordonné ▸ **inferior**
inférioriser *vt* **1** Rendre inférieur: *sportif infériorisé par un handicap* ▸ **inferiorizar 2** Sous-estimer la valeur de: *inférioriser son mérite* ▸ **minimizar**
infériorité *nf* Désavantage dans le rang, la force, le mérite, etc. ▸ **inferioridade**
infernal, e, aux *adj* **1** LITT De l'enfer: *puissances infernales* ▸ **infernal 2** FIG Pervers, diabolique: *ruse infernale* ▸ **infernal 3** FAM Insupportable: *enfant infernal* ▸ **infernal** ■ **machine infernale:** engin explosif ▸ **máquina infernal**
infertile *adj* LITT Qui n'est pas fertile ▸ **infértil**
infertilité *nf* LITT Stérilité ▸ **infertilidade**
infester *vt* Envahir, abonder dans un lieu, en par-

lant d'animaux ou de plantes nuisibles: *les moustiques infestent la région* ▸ **infestar**
infeutrable *adj* Qui ne se feutre pas ▸ **que não feltra**
infichu, e *adj* FAM Incapable de: *infichu de trouver ses papiers* ▸ **incapaz**
infidèle *adj* **1** Qui manque à ses promesses, en particulier dans le mariage ▸ **infiel 2** Inexact: *récit infidèle* ▸ **infiel** ◆ *n* Celui qui ne professe pas la religion considérée comme vraie ▸ **infiel**
infidèlement *adv* De façon infidèle ▸ **infielmente**
infidélité *nf* Manque de fidélité ▸ **infidelidade**
infiltration *nf* Action de s'infiltrer ▸ **infiltração**
infiltrer (s') *vpr* **1** Passer à travers les pores d'un corps solide: *l'eau s'infiltre dans le sol* ▸ **infiltrar-se 2** FIG Pénétrer furtivement, s'insinuer: *s'infiltrer dans un parti* ▸ **infiltrar-se**
infime *adj* Très petit: *quantité infime; espoir infime* ▸ **ínfimo**
infini, e *adj* **1** Sans limites: *l'Univers est infini* ▸ **infinito 2** Très grand, considérable: *temps infini* ▸ **infinito** ◆ *nm* Ce qui est sans limites ▸ **infinito** ▪ **à l'infini:** sans fin ▸ **infinito, infinitamente**
infiniment *adv* Extrêmement ▸ **infinitamente**
infinité *nf* **1** Très grand nombre ▸ **infinidade 2** LITT Caractère de ce qui est infini ▸ **infinidade**
infinitésimal, e, aux *adj* Extrêmement petit: *quantité infinitésimale* ▸ **infinitesimal**
infinitif, ive *adj* GRAMM Caractérisé par l'emploi de l'infinitif ▸ **infinitivo** ▪ **proposition infinitive** ou **infinitive** *nf* subordonnée complétive dont le verbe est à l'infinitif ▸ **oração reduzida de infinitivo** ◆ *nm* Mode du verbe qui exprime l'état ou l'action d'une manière indéterminée; forme nominale du verbe ▸ **infinitivo**
infirme *adj et n* Atteint d'une infirmité ▸ **enfermo**
infirmer *vt* **1** Détruire la force, l'autorité de quelque chose; démentir: *infirmer un témoignage* ▸ **infirmar 2** DR Déclarer nul ▸ **infirmar**
infirmerie *nf* Local destiné aux malades, aux blessés, dans un établissement scolaire ou militaire, une entreprise, etc. ▸ **enfermaria**
infirmier, ère *n* Personne diplômée qui donne les soins prescrits par le médecin ▸ **enfermeiro**
infirmité *nf* **1** Affection particulière qui atteint d'une manière chronique quelque partie du corps ▸ **enfermidade 2** Incapacité de l'organisme à remplir telle ou telle fonction ▸ **deficiência**
inflammable *adj* Qui s'enflamme facilement ▸ **inflamável**
inflammation *nf* **1** Action par laquelle une matière combustible s'enflamme ▸ **inflamação 2** MÉD Réaction consécutive à une agression traumatique, chimique ou microbienne de l'organisme et caractérisée par certains symptômes (chaleur, rougeur, douleur, tuméfaction); ces symptômes ▸ **inflamação**
inflammatoire *adj* Caractérisé par une inflammation: *maladie inflammatoire* ▸ **inflamatório**
inflation *nf* **1** Émission excessive de papier-monnaie, accompagnée d'une forte hausse des prix ▸ **inflação 2** Augmentation excessive: *inflation verbale* ▸ **inflação**
inflationniste *adj* Qui est cause ou signe d'inflation: *politique inflationniste* ▸ **inflacionário**
infléchir *vt* Modifier l'orientation de; courber, incliner ▸ **inflectir** ◆ **s'infléchir** *vpr* Se courber, dévier ▸ **inflectir-se**
infléchissement *nm* Modification peu accusée d'un processus, d'une évolution ▸ **inflexão**
inflexibilité *nf* Caractère d'une personne ou d'une chose inflexible ▸ **inflexibilidade**
inflexible *adj* Que rien ne peut fléchir, ébranler, émouvoir; intraitable: *homme, caractère inflexibles* ▸ **inflexível**
inflexiblement *adv* Rigoureusement, inexorablement ▸ **inflexivelmente**
inflexion *nf* **1** Action de plier, d'incliner: *inflexion du corps* ▸ **inflexão 2** Changement, modification: *inflexion d'une politique* ▸ **inflexão 3** Modulation: *inflexion de voix* ▸ **inflexão**
infliger *vt (conj 2)* Imposer, faire subir quelque chose de pénible: *infliger un blâme; il nous a infligé le récit de ses exploits* ▸ **infligir** ▪ **infliger un démenti:** contredire catégoriquement: *les faits lui ont infligé un cruel démenti* ▸ **contradizer**
inflorescence *nf* Disposition générale des fleurs sur la tige ▸ **inflorescência**
influençable *adj* Qui se laisse influencer ▸ **influenciável**
influence *nf* **1** Action qu'une chose exerce sur une personne, sur une autre chose: *l'influence de l'alcool sur l'organisme* ▸ **influência 2** Ascendant, autorité: *subir l'influence de quelqu'un; avoir de l'influence dans certains milieux* ▸ **influência**
influencer *vt (conj 1)* Exercer une influence sur, agir sur: *influencer un juge* ▸ **influenciar**
influent, e *adj* Qui a de l'influence, de l'autorité ▸ **influente**
influer *vt ind* [sur] Exercer une action: *le climat influe sur la santé* ▸ **influir**
influx [ɛ̃fly] *nm* ▸ **influxo** ▪ **influx nerveux:** phénomène par lequel l'excitation d'une fibre nerveuse se propage dans le nerf ▸ **impulso nervoso**

Infographie *nf* (nom déposé) Application de l'informatique à la représentation graphique et au traitement de l'image ► **computação gráfica**

infographiste *n* Spécialiste de l'Infographie ► **profissional de computação gráfica**

in-folio [infɔljo] *nm inv et adj inv* Format d'une feuille d'impression pliée en 2 feuillets ou 4 pages; livre de ce format ► **in-fólio**

infondé, e *adj* Dénué de fondement: *soupçons infondés* ► **infundado**

informateur, trice *n* Qui donne des informations ► **informante**

informaticien, enne *n* Spécialiste d'informatique ► **profissional de informática**

informatif, ive *adj* Qui informe: *dépliant informatif* ► **informativo**

information *nf* **1** Action d'informer, fait de s'informer: *l'information des lecteurs* ► **informação 2** Renseignement: *obtenir des informations* ► **informação 3** Nouvelle donnée par un journal, la radio, la télévision, etc.: *nous n'avons aucune information sur l'accident d'avion* ► **informação 4** INFORM Élément de connaissance susceptible d'être codé pour être conservé, traité ou communiqué ► **informação 5** DR Instruction d'un procès criminel ► **inquérito** ♦ **informations** *pl* Bulletin d'information radiodiffusé ou télévisé: *écouter les informations* ► **notícias, noticiário**

informatique *nf* Science du traitement automatique de l'information ► **informática** ♦ *adj* Relatif à l'informatique ► **informático**

informatisation *nf* Action d'informatiser ► **informatização**

informatiser *vt* Doter de moyens informatiques ► **informatizar**

informe *adj* **1** Sans forme déterminée: *masse informe* ► **informe 2** Imparfait, incomplet: *ouvrage informe*; laid: *visage informe* ► **informe**

informé *nm* ► **informe** ■ **jusqu'à plus ample informé**: jusqu'à la découverte d'un fait nouveau ► **até maiores informações**

informel, elle *adj* Qui n'obéit pas à des règles précises; sans caractère officiel: *réunion informelle* ► **informal**

informer *vt* Mettre au courant; avertir, renseigner, instruire: *informer quelqu'un d'un changement* ► **informar** ♦ *vi* DR Faire une information: *informer contre quelqu'un* ► **informar** ♦ **s'informer** *vpr* [de] Interroger; recueillir des renseignements ► **informar-se**

informulé, e *adj* Qui n'est pas formulé ► **não formulado**

infortune *nf* LITT Malchance, adversité ► **infortúnio** ♦ **infortunes** *pl* LITT Événements malheureux, revers ► **infortúnio**

infortuné, e *adj et n* LITT Qui n'a pas de chance ► **infortunado**

infos *nf pl* (abréviation) FAM Informations ► **∅**

infra *adv* Plus bas dans le texte; ci-dessous ► ***infra***

infraction *nf* Violation d'une loi, d'un ordre, etc. ► **infração**

infranchissable *adj* Qu'on ne peut franchir: *obstacle infranchissable* ► **intransponível**

infrangible *adj* LITT Qu'on ne peut briser: *résistance infrangible* ► **infrangível**

infrarouge *adj et nm* PHYS Se dit des radiations calorifiques obscures, moins réfrangibles que le rouge ► **infravermelho**

infrason *nm* Vibration de fréquence inférieure aux fréquences audibles ► **infrassom**

infrastructure *nf* **1** Ensemble des travaux relatifs aux fondations d'un ouvrage (route, voie ferrée, etc.) ► **infraestrutura 2** Base matérielle d'une société (situation géographique, économique, etc.) [par opposition à *superstructure*] ► **infraestrutura**

infréquentable *adj* Qu'on ne peut pas fréquenter: *quartier, personne infréquentables* ► **infrequentável**

infroissable *adj* Qui ne se froisse pas: *tissu infroissable* ► **que não amarrota**

infructueusement *adv* Sans résultat ► **infrutiferamente**

infructueux, euse *adj* Qui ne donne pas de résultat utile; vain: *recherches infructueuses* ► **infrutífero**

infuse *adj f* ► **infusa** ■ **science infuse**: que l'on possède sans l'avoir acquise par l'étude ou l'expérience ► **ciência infusa**

infuser *vt* **1** Faire macérer dans un liquide bouillant: *infuser du thé* ► **infundir 2** LITT Communiquer à quelqu'un un sentiment: *infuser du courage; infuser le doute dans les esprits* ► **infundir** ♦ *vi* Communiquer à un liquide chaud ses sucs aromatiques: *attendre que le thé infuse* ► **infundir**

infusion *nf* **1** Action d'infuser; son résultat: *infusion de tilleul* ► **infusão 2** Tisane: *boire une infusion* ► **infusão, chá (de ervas)**

ingagnable *adj* Qu'on ne peut gagner: *pari ingagnable* ► **inganhável**

ingambe [ɛ̃gɑ̃b] *adj* LITT Alerte, dispos: *vieillard encore ingambe* ► **ágil**

ingénier (s') *vpr* [à] Chercher le moyen de, s'efforcer de: *s'ingénier à plaire* ► **empenhar-se**

ingénierie [ɛ̃ʒeniri] *nf* Ensemble des études faites

pour déterminer le meilleur mode de réalisation d'un projet industriel ▸ **engenharia**

ingénieriste *n* Spécialiste d'ingénierie ▸ **engenheiro**

ingénieur *nm* Personne apte à élaborer, organiser ou diriger des plans, des recherches ou des travaux techniques ▸ **engenheiro** ▪ **ingénieur système:** ingénieur informaticien spécialisé dans la conception, la production, l'utilisation et la maintenance de systèmes d'exploitation d'ordinateurs ▸ **engenheiro de sistemas**

VOCABULAIRE *Ingénieur* n'a pas de forme propre au féminin. On écrit *une femme ingénieur, elle est ingénieur agronome*

ingénieusement *adv* De façon ingénieuse ▸ **engenhosamente**

ingénieux, euse *adj* Plein d'esprit d'invention, d'adresse; subtil, habile ▸ **engenhoso**

ingéniosité *nf* Qualité de celui ou de ce qui est ingénieux ▸ **engenhosidade**

ingénu, e *adj et n* D'une innocence franche; candide, naïf: *air ingénu* ▸ **ingênuo**

ingénue *nf* THÉÂTRE Rôle de jeune fille naïve ▸ **ingênua**

ingénuité *nf* **1** Candeur, simplicité, naïveté ▸ **ingenuidade** **2** Parole, action ingénue ▸ **ingenuidade**

ingénument *adv* Avec ingénuité ▸ **ingenuamente**

ingérence *nf* Action de s'ingérer ▸ **ingerência**

ingérable[1] *adj* Impossible à gérer ▸ **inadministrável**

ingérable[2] *adj* Qui peut être ingéré ▸ **ingerível**

ingérer *vt (conj 10)* Introduire dans l'estomac: *ingérer les aliments* ▸ **ingerir** ◆ **s'ingérer** *vpr* S'immiscer: *s'ingérer dans une affaire* ▸ **ingerir-se**

ingestion *nf* Action d'ingérer ▸ **ingestão**

ingouvernable *adj* Qu'on ne peut gouverner ▸ **ingovernável**

ingrat, e *adj et n* Qui n'est pas reconnaissant: *fils ingrat* ▸ **ingrato** ◆ *adj* **1** Qui manque de grâce: *visage ingrat* ▸ **sem graça, desagradável** **2** Pénible et peu valorisant: *travail ingrat* ▸ **ingrato** ▪ **âge ingrat:** début de l'adolescence ▸ **idade ingrata**

ingratitude *nf* Manque de reconnaissance ▸ **ingratidão**

ingrédient [ɛ̃gredjɑ̃] *nm* Ce qui entre dans la composition d'un mélange: *ingrédients d'une sauce* ▸ **ingrediente**

inguérissable *adj* Qui ne peut être guéri ▸ **incurável**

inguinal, e, aux [ɛ̃ginal, o] *adj* ANAT De l'aine ▸ **inguinal**

ingurgitation *nf* Action d'ingurgiter ▸ **ingurgitação**

ingurgiter *vt* **1** Avaler: *ingurgiter une potion, de la nourriture* ▸ **ingurgitar** **2** FIG Acquérir massivement des connaissances, sans les assimiler ▸ **ingurgitar**

inhabile *adj* Qui manque d'habileté ▸ **inábil**

inhabileté *nf* Manque d'habileté; maladresse ▸ **inabilidade**

inhabilité *nf* DR Incapacité légale ▸ **incapacidade**

inhabitable *adj* Où l'on ne peut pas habiter: *maison, pays inhabitables* ▸ **inabitável**

inhabité, e *adj* Qui n'est pas habité ▸ **inabitado**

inhabituel, elle *adj* Qui n'est pas habituel ▸ **inabitual**

inhalateur *nm* Appareil qui sert à prendre des inhalations ▸ **inalador**

inhalation *nf* Absorption par les voies respiratoires d'un gaz, d'une vapeur ou d'un aérosol ▸ **inalação**

inhaler *vt* Aspirer par inhalation ▸ **inalar**

inharmonieux, euse *adj* LITT Qui n'est pas harmonieux ▸ **inarmônico**

inhérence *nf* Caractère inhérent ▸ **inerência**

inhérent, e *adj* Lié nécessairement à: *responsabilité inhérente à une fonction* ▸ **inerente**

inhiber *vt* Supprimer ou ralentir une réaction, une activité ▸ **inibir**

inhibiteur, trice ou **inhibitif, ive** *adj* PHYSIOL Qui peut ralentir ou arrêter une réaction, une fonction ▸ **inibidor**

inhibition *nf* Phénomène d'arrêt, de blocage, de ralentissement d'un processus chimique, psychologique ou physiologique ▸ **inibição**

inhospitalier, ère *adj* Qui n'est pas accueillant: *une côte inhospitalière* ▸ **inospitaleiro**

inhumain, e *adj* **1** Qui ne semble pas appartenir à la nature, à l'espèce humaine: *cri inhumain* ▸ **desumano** **2** Qui manque d'humanité, de générosité; barbare, cruel: *loi inhumaine* ▸ **desumano**

inhumainement *adv* De façon inhumaine ▸ **desumanamente**

inhumanité *nf* LITT Cruauté, barbarie ▸ **inumanidade, desumanidade**

inhumation *nf* Action d'inhumer ▸ **inumação**

inhumer *vt* Mettre un mort en terre avec certaines cérémonies ▸ **inumar**

inimaginable *adj* Qui dépasse l'imagination ▸ **inimaginável**

inimitable *adj* Qui ne peut être imité ▸ **inimitável**

inimité, e *adj* Qui n'a pas été imité ▸ **inimitado**

inimitié *nf* Aversion, hostilité, haine ▸ **inimizade**

ininflammable *adj* Qui ne peut pas s'enflammer: *liquide ininflammable* ► **ininflamável**
inintelligence *nf* Manque d'intelligence, de compréhension; stupidité ► **ininteligência**
inintelligent, e *adj* Qui manque d'intelligence ► **ininteligente**
inintelligible *adj* Qu'on ne peut comprendre; obscur ► **ininteligível**
inintéressant, e *adj* Sans intérêt ► **desinteressante**
ininterrompu, e *adj* Qui n'est pas interrompu dans l'espace ou le temps ► **ininterrupto**
inique *adj* SOUT D'une injustice grave: *juge inique; jugement inique* ► **iníquo**
iniquement *adv* SOUT De façon inique ► **iniquamente**
iniquité *nf* SOUT Injustice grave ► **iniquidade**
initial, e, aux [inisjal, o] *adj* Qui est au commencement: *lettre initiale* ► **inicial**
initiale *nf* Première lettre d'un mot, d'un nom ► **inicial**
initialement *adv* Au début, à l'origine ► **inicialmente**
initialisation *nf* INFORM Action d'initialiser ► **inicialização**
initialiser *vt* INFORM Charger dans la mémoire d'un ordinateur le programme nécessaire au système d'exploitation ► **inicializar**
initiateur, trice *n* Personne qui initie ► **iniciador**
initiation *nf* **1** Action d'initier: *initiation au latin* ► **iniciação** **2** Ensemble de cérémonies introduisant quelqu'un dans une société secrète ► **iniciação**
initiatique *adj* Qui relève de l'initiation, de pratiques secrètes: *rite initiatique* ► **iniciático**
initiative *nf* **1** Action de celui qui propose ou fait le premier une chose: *prendre l'initiative d'une mesure* ► **iniciativa** **2** Qualité d'une personne qui sait prendre les décisions nécessaires: *avoir de l'initiative, l'esprit d'initiative* ► **iniciativa**
EMPLOI On dit: *de sa propre initiative; sur l'initiative de*
initié, e *adj et n* Qui a reçu une initiation; instruit d'un secret, d'un art: *poésie réservée aux initiés* ► **iniciado** ■ DR **délit d'initié:** infraction commise par une personne qui, disposant d'informations privilégiées, réalise en Bourse des opérations bénéficiaires ► **crime de uso de informações privilegiadas**
initier [inisje] *vt* **1** Admettre à la connaissance ou au culte d'un mystère religieux, aux pratiques d'une secte, etc. ► **iniciar** **2** Enseigner les rudiments d'une science, d'un art, etc., à ► **iniciar** ◆ **s'initier** *vpr* [à] Commencer à s'instruire dans: *s'initier à un art, aux pratiques d'un métier* ► **iniciar-se**
injectable *adj* Qui peut être injecté: *médicament injectable* ► **injetável**
injecté, e *adj* Coloré par l'afflux du sang: *yeux injectés* ► **injetado**
injecter *vt* Introduire sous pression un liquide, un gaz dans un corps ► **injetar**
injection *nf* **1** Action d'injecter ► **injeção** **2** Introduction d'un liquide ou d'un gaz dans l'organisme; piqûre ► **injeção** **3** Liquide injecté: *injection de morphine* ► **injeção**
injoignable *adj* Qui ne peut être joint, contacté ► **inacessível**
injonction *nf* Ordre formel ► **injunção**
injouable *adj* Qui ne peut être joué ► **inviável, impossível de tocar, impossível de jogar**
injure *nf* Offense, insulte ► **injúria**
injurier *vt* Offenser par des injures; insulter ► **injuriar**
injurieux, euse *adj* Outrageant, offensant: *article injurieux* ► **injurioso**
injuste *adj* **1** Qui n'est pas conforme à la justice, à l'équité: *soupçon injuste* ► **injusto** **2** Qui n'agit pas avec équité: *être injuste avec quelqu'un* ► **injusto**
injustement *adv* De façon injuste ► **injustamente**
injustice *nf* Caractère de ce qui est injuste; acte injuste: *réparer une injustice* ► **injustiça**
injustifiable *adj* Que l'on ne peut pas justifier; indéfendable ► **injustificável**
injustifié, e *adj* Qui n'est pas ou n'a pas été justifié ► **injustificado**
inlandsis [inlɑ̃dsis] *nm* Glacier des régions polaires formant une vaste coupole masquant le relief sous-jacent ► **geleira continental**
inlassable *adj* Infatigable ► **incansável**
inlassablement *adv* Sans se lasser ► **incansavelmente**
inlay [inlɛ] *nm* Bloc métallique coulé, inclus dans la cavité dentaire qu'il sert à obturer, reconstituant la forme anatomique de la dent ► ***inlay***
inné, e *adj* **1** Qui existe dès la naissance: *un don inné* ► **inato** **2** Qui appartient au caractère fondamental de quelqu'un: *avoir le sens inné des affaires* ► **inato**
innervation *nf* Ensemble des nerfs d'un organe: *l'innervation de la main* ► **inervação**
innerver *vt* Atteindre un organe, en parlant d'un nerf ► **inervar**
innocemment *adv* Avec innocence; sans malice ► **inocentemente**

innocence *nf* **1** Absence de culpabilité: *prouver son innocence* ▸ **inocência 2** Pureté d'une personne qui ignore le mal: *l'innocence de l'enfant* ▸ **inocência 3** Naïveté, candeur: *abuser de l'innocence de quelqu'un* ▸ **inocência ▪ présomption d'innocence:** principe selon lequel une personne poursuivie est présumée innocente tant qu'elle n'a pas été condamnée ▸ **presunção de inocência**

innocent, e *adj et n* **1** Qui n'est pas coupable ▸ **inocente 2** Qui ignore le mal; pur et candide ▸ **inocente 3** Naïf, crédule ▸ **inocente** ♦ *adj* Bénin, inoffensif: *manie innocente* ▸ **inocente**

innocenter *vt* Déclarer innocent, établir l'innocence de: *innocenter un accusé* ▸ **inocentar**

innocuité *nf* Qualité, caractère de ce qui n'est pas nuisible ▸ **inocuidade**

innombrable *adj* Qui ne peut se compter; très nombreux ▸ **inumerável**

innommable *adj* Trop vil, trop détestable pour être nommé; inqualifiable: *crime innommable* ▸ **inominável**

innovateur, trice *adj et n* Qui innove ▸ **inovador**

innovation *nf* **1** Action d'innover: *l'innovation artistique* ▸ **inovação 2** Nouveauté, changement: *une heureuse innovation* ▸ **inovação**

innover *vt et vi* Introduire du nouveau dans un domaine ▸ **inovar**

inobservable *adj* Qui ne peut être observé ou exécuté ▸ **inobservável**

inobservance *nf* Non-observance d'une prescription morale ou religieuse ▸ **inobservância**

inobservation *nf* Fait de ne pas observer les lois, les règlements, ses engagements ▸ **inobservância**

inoccupation *nf* État d'une personne ou d'une chose inoccupée ▸ **desocupação**

inoccupé, e *adj* **1** Sans occupation; oisif: *ne reste pas inoccupé!* ▸ **desocupado 2** Qui n'est pas habité: *logement inoccupé* ▸ **desocupado**

in-octavo [inɔktavo] *nm inv et adj inv* Format d'une feuille d'impression pliée en 8 feuillets ou 16 pages; livre de ce format ▸ **in-oitavo**

inoculable *adj* Qui peut être inoculé: *la rage est inoculable* ▸ **inoculável**

inoculation *nf* Introduction dans l'organisme d'un germe, d'un virus ▸ **inoculação**

inoculer *vt* Communiquer par inoculation ▸ **inocular**

inodore *adj* Sans odeur ▸ **inodoro**

inoffensif, ive *adj* **1** Incapable de nuire: *animal inoffensif* ▸ **inofensivo 2** Sans danger: *médicament inoffensif* ▸ **inofensivo**

inondable *adj* Qui peut être inondé ▸ **inundável**

inondation *nf* **1** Débordement des eaux recouvrant une étendue de pays ▸ **inundação 2** Présence anormale d'une grosse quantité d'eau dans un local, due à une fuite, un incident ▸ **inundação 3** FIG Afflux considérable de choses: *une inondation de produits étrangers sur le marché* ▸ **inundação**

inondé, e *adj et n* Qui a souffert d'une inondation ▸ **inundado**

inonder *vt* **1** Couvrir d'eau: *inonder un terrain* ▸ **inundar 2** Mouiller beaucoup, tremper: *visage inondé de larmes* ▸ **inundar 3** FIG Envahir, répandre dans: *inonder un pays de produits étrangers* ▸ **inundar**

inopérable *adj* Qui ne peut être opéré: *malade inopérable* ▸ **inoperável**

inopérant, e *adj* Sans effet, inefficace ▸ **inoperante**

inopiné, e *adj* Imprévu; inattendu ▸ **inopinado**

inopinément *adv* De façon inopinée: *arriver inopinément* ▸ **inopinadamente**

inopportun, e *adj* Qui n'est pas opportun; importun: *avis inopportun* ▸ **inoportuno**

inopportunément *adv* De façon inopportune ▸ **inoportunamente**

inopportunité *nf* Caractère de ce qui n'est pas opportun ▸ **inoportunidade**

inorganique *adj* ▸ **inorgânico ▪ chimie inorganique:** chimie minérale ▸ **química inorgânica**

inorganisation *nf* Manque d'organisation ▸ **desorganização**

inorganisé, e *adj* Qui n'est pas organisé ▸ **desorganizado** ♦ *adj et n* Qui n'appartient pas à un parti, à un syndicat ▸ **inorganizado**

inoubliable *adj* Que l'on ne peut oublier: *souvenir inoubliable* ▸ **inesquecível**

inouï, e *adj* Tel qu'on n'a jamais entendu rien de pareil; incroyable, extraordinaire ▸ **inaudito, inusitado**

Inox *nm* (nom déposé) Acier, métal inoxydable ▸ **inox**

inoxydable *adj* Qui résiste à l'oxydation ▸ **inoxidável**

in petto [inpeto] *loc adv* À part soi, intérieurement ▸ ***in petto***

inqualifiable *adj* Que l'on ne peut qualifier; indigne: *comportement inqualifiable* ▸ **inqualificável**

in-quarto [inkwarto] *nm inv et adj inv* Format d'une feuille d'impression pliée en 4 feuillets ou 8 pages; livre de ce format ▸ **in-quarto**

inquiet, ète *adj et n* Agité par la crainte, l'incertitude, l'appréhension de l'avenir ▸ **inquieto** ♦ *adj*

Qui marque l'appréhension, la crainte, l'incertitude: *regard inquiet* ► **inquieto**

inquiétant, e *adj* Qui inquiète ► **inquietante**

inquiéter *vt (conj 10)* **1** Rendre inquiet, alarmer: *cette nouvelle m'inquiète* ► **inquietar 2** Troubler, tracasser: *être inquiété par la police* ► **perturbar** ♦ **s'inquiéter** *vpr* **1** S'alarmer: *elle s'inquiète quand il rentre tard* ► **inquietar-se 2** Se préoccuper, se soucier: *vous n'aurez pas à vous inquiéter de cela, je m'en charge* ► **preocupar-se**

inquiétude *nf* Trouble, état pénible causé par la crainte, l'appréhension; souci ► **inquietação**

inquisiteur, trice *adj* Qui cherche à découvrir ce qui est caché; qui marque une curiosité indiscrète: *regard inquisiteur* ► **inquisidor** ♦ *nm* Juge de l'Inquisition ► **inquisidor**

inquisition *nf* Recherche, perquisition, enquête arbitraire ► **inquérito, investigação** ■ HIST **l'Inquisition:** tribunal ecclésiastique chargé de réprimer l'hérésie ► **Inquisição**

inquisitoire *adj* DR Se dit d'une procédure dirigée par le juge ► **inquisitorial**

inracontable *adj* Qu'on ne peut raconter ► **inenarrável**

insaisissable *adj* **1** Qui ne peut être saisi: *biens insaisissables* ► **impenhorável 2** Difficile ou impossible à saisir, à comprendre; imperceptible: *nuance insaisissable* ► **inapreensível**

insalubre *adj* Malsain, nuisible à la santé ► **insalubre**

insalubrité *nf* État de ce qui est insalubre ► **insalubridade**

insanité *nf* Parole, action déraisonnable; sottise: *dire des insanités* ► **insanidade**

insatiable [ɛ̃sasjabl] *adj* Qui ne peut être rassasié, assouvi ► **insaciável**

insatisfaction *nf* État d'une personne insatisfaite ► **insatisfação**

insatisfaisant, e *adj* Qui ne satisfait pas; insuffisant ► **insatisfatório**

insatisfait, e *adj et n* Qui n'est pas satisfait ► **insatisfeito**

inscription *nf* **1** Caractères gravés ou peints sur la pierre, etc.: *déchiffrer une inscription* ► **inscrição 2** Action d'inscrire, de s'inscrire sur une liste, sur un registre: *inscription à l'université* ► **inscrição**

inscrire *vt (conj 71)* **1** Porter sur une liste, sur un registre: *inscrire un candidat* ► **inscrever 2** Écrire, graver sur le métal, la pierre, etc.: *inscrire une épitaphe sur une tombe* ► **inscrever 3** Noter, écrire: *inscrire une adresse dans un carnet* ► **anotar** ♦ **s'inscrire** *vpr* **1** Écrire, faire enregistrer son nom: *s'inscrire sur les listes électorales* ► **inscrever-se 2** Entrer dans un groupe, un organisme, etc.: *s'inscrire au cours de gymnastique* ► **inscrever-se 3** Se situer: *les négociations s'inscrivent dans le cadre de la diplomatie* ► **inscrever-se** ■ **s'inscrire en faux contre quelque chose:** soutenir qu'une chose est fausse ► **contestar algo**

inscrit, e *adj* MATH Se dit du polygone dont les sommets sont sur la circonférence d'un cercle qui l'entoure ► **inscrito** ♦ *n* Personne dont le nom est inscrit sur une liste, ou qui s'est inscrite dans une organisation ► **inscrito**

insécable *adj* Qui ne peut être coupé ou partagé ► **indivisível, insecável**

insecte *nm* Animal invertébré à trois paires de pattes respirant par des trachées et subissant des métamorphoses ► **inseto**

insecticide *adj et nm* Se dit d'un produit qui détruit les insectes: *poudre insecticide* ► **inseticida**

insectivore *adj* Qui se nourrit d'insectes: *oiseau insectivore* ► **insetívoro** ♦ *nm* Petit mammifère qui se nourrit notamment d'insectes, comme la taupe, le hérisson, la musaraigne (les insectivores forment un ordre) ► **insetívoro**

insécurité *nf* Manque de sécurité: *insécurité des banlieues; sentiment d'insécurité* ► **insegurança**

in-seize [insɛz] *nm inv et adj inv* Format d'une feuille d'impression pliée en 16 feuillets ou 32 pages; livre de ce format ► **in-dezesseis**

insémination *nf* Dépôt de la semence du mâle dans les voies génitales de la femelle ► **inseminação** ■ **insémination artificielle:** dépôt du sperme dans les voies génitales d'une femelle en dehors de tout rapport sexuel ► **inseminação artificial**

inséminer *vt* Procéder à l'insémination de ► **inseminar**

insensé, e *adj* Qui est contraire au bon sens; extravagant, fou: *propos insensés* ► **insensato**

insensibilisation *nf* Action d'insensibiliser; anesthésie locale ► **insensibilização**

insensibiliser *vt* Rendre insensible une partie du corps; anesthésier: *insensibiliser un malade* ► **insensibilizar**

insensibilité *nf* Manque de sensibilité physique ou morale ► **insensibilidade**

insensible *adj* **1** Qui n'a pas de sensibilité physique: *insensible au froid, à la chaleur, à la douleur* ► **insensível 2** Qui n'est pas accessible à la pitié; indifférent, dur ► **insensível 3** Imperceptible: *progrès insensible* ► **insensível**

insensiblement *adv* De façon insensible; peu à peu: *glisser insensiblement* ► **insensivelmente**

inséparable *adj* Qui ne peut être séparé; indissociable: *l'effet est inséparable de la cause* ► **inseparável** ◆ *adj et n* Se dit de personnes qui sont presque toujours ensemble ► **inseparável** ◆ **inséparables** *nm pl* Perruches qui vivent en couples permanents ► **agapornis**
inséparablement *adv* De façon à ne pouvoir être séparé ► **inseparavelmente**
insérer *vt (conj 10)* **1** Introduire, faire entrer: *insérer une annonce dans un journal* ► **inserir** **2** Intercaler, intégrer: *insérer une feuille dans un livre* ► **inserir** ◆ **s'insérer** *vpr* **1** Trouver place, se situer: *la fiction s'insère parfois dans la réalité* ► **inserir-se** **2** S'introduire, s'intégrer: *les nouveaux se sont bien insérés dans la classe* ► **inserir-se**
insermenté *adj m* Se dit des prêtres qui, sous la Révolution, refusèrent le serment à la Constitution civile du clergé ► **não ajuramentado**
insertion *nf* **1** Action d'insérer, d'intégrer: *insertion d'une annonce dans un journal* ► **inserção** **2** Action, manière de s'insérer dans un groupe: *l'insertion des immigrés* ► **inserção** **3** Attache d'une partie sur une autre: *insertion des feuilles sur la tige* ► **inserção**
insidieusement *adv* De façon insidieuse ► **insidiosamente**
insidieux, euse *adj* **1** Qui constitue un piège, qui trompe: *question insidieuse* ► **insidioso** **2** Qui se répand sournoisement: *maladie insidieuse* ► **insidioso**
insigne[1] *adj* LITT Remarquable, éclatant: *faveur insigne* ► **insigne**
insigne[2] *nm* Marque distinctive d'un grade, d'une dignité, de l'appartenance à un groupe ► **insígnia**
insignifiance *nf* Caractère de ce qui est insignifiant ► **insignificância**
insignifiant, e *adj* Sans importance, sans valeur; négligeable: *détail insignifiant; homme insignifiant* ► **insignificante**
insinuant, e *adj* Qui s'insinue, s'introduit, s'impose d'une manière souple, adroite et hypocrite: *une personne insinuante; manières, propos insinuants* ► **insinuante**
insinuation *nf* Ce qu'on laisse entendre en insinuant: *insinuation calomnieuse* ► **insinuação**
insinuer *vt* Faire entendre d'une manière détournée, adroitement, sans le dire expressément: *insinuer une calomnie* ► **insinuar** ◆ **s'insinuer** *vpr* **1** S'introduire avec adresse: *s'insinuer dans les bonnes grâces de quelqu'un* ► **insinuar-se** **2** S'infiltrer, pénétrer doucement: *l'eau s'est insinuée dans les fentes* ► **insinuar-se**
insipide *adj* **1** Sans saveur: *mets insipide* ► **insípido** **2** FIG Sans agrément; ennuyeux: *style insipide* ► **insípido**
insipidité *nf* Caractère insipide ► **insipidez**
insistance *nf* Action d'insister ► **insistência**
insistant, e *adj* Qui insiste; pressant ► **insistente**
insister *vi* **1** Continuer à demander quelque chose: *insister pour parler à quelqu'un* ► **insistir** **2** Continuer à faire, à agir sur quelque chose: *le mécanisme est coincé, n'insiste pas, tu vas tout casser* ► **insistir** ◆ *vt ind* [sur] FIG Appuyer, souligner avec force: *insister sur un point* ► **insistir**
in situ [insity] *loc adv* Dans son milieu naturel ► ***in situ***
insolation *nf* **1** Exposition aux rayons du soleil; ensoleillement ► **insolação** **2** État pathologique provoqué par une longue exposition au soleil ► **insolação** **3** Exposition d'une substance photographique à la lumière ► **exposição**
insolemment *adv* Avec insolence ► **insolentemente**
insolence *nf* **1** Effronterie; manque de respect: *répondre avec insolence* ► **insolência** **2** Parole, action insolente ► **insolência**
insolent, e *adj et n* Qui montre de l'insolence ► **insolente** ◆ *adj* Provocant: *chance insolente* ► **insolente**
insolite *adj* Contraire à l'usage, qui surprend; étrange, bizarre: *demande insolite; objets insolites* ► **insólito**
insolubilité *nf* État, caractère de ce qui est insoluble ► **insolubilidade**
insoluble *adj* **1** Qui ne peut être dissous: *la résine est insoluble dans l'eau* ► **insolúvel** **2** Qu'on ne peut résoudre: *problème, question insoluble* ► **insolúvel**
insolvabilité *nf* DR État de quelqu'un d'insolvable ► **insolvência**
insolvable *adj* Qui n'a pas de quoi payer: *débiteur insolvable* ► **insolvente**
insomniaque *adj et n* Qui souffre d'insomnie ► **insone**
insomnie *nf* Impossibilité de dormir: *avoir des insomnies* ► **insônia**
insondable *adj* **1** Qu'on ne peut sonder: *gouffre insondable* ► **insondável** **2** Impénétrable, incompréhensible: *mystère insondable* ► **insondável**
insonore *adj* **1** Qui ne produit aucun son: *appareil insonore* ► **insonoro** **2** Qui amortit les bruits: *cloison insonore* ► **antirruído** **3** Où l'on entend peu les bruits: *pièce, local insonore* ► **à prova de som**
insonorisation *nf* Action d'insonoriser ► **insonorização**

insonoriser *vt* Rendre moins sonore; protéger des bruits extérieurs ▸ **insonorizar**

insouciance *nf* Caractère insouciant: *insouciance d'enfant* ▸ **despreocupação**

insouciant, e *adj et n* Qui ne se soucie, ne s'affecte de rien ▸ **despreocupado**

insoucieux, euse *adj* LITT Qui n'a pas souci de: *insoucieux du lendemain* ▸ **despreocupado**

insoumis, e *adj* Qui refuse de se soumettre; rebelle ▸ **insubmisso** ◆ *nm et adj* MIL Personne qui refuse de satisfaire à ses obligations militaires ▸ **insubmisso**

insoumission *nf* **1** Fait de ne pas se soumettre à l'autorité; rébellion ▸ **insubmissão 2** MIL État d'une personne insoumise ▸ **insubmissão**

insoupçonnable *adj* Qu'on ne peut soupçonner: *caissier insoupçonnable* ▸ **insuspeito**

insoupçonné, e *adj* Qui n'est pas soupçonné ▸ **insuspeitado**

insoutenable *adj* Qu'on ne peut soutenir, maintenir, supporter ▸ **insustentável**

inspecter *vt* **1** Examiner, observer attentivement: *inspecter l'horizon* ▸ **inspecionar 2** Examiner avec soin pour surveiller, contrôler, vérifier: *inspecter une école, des travaux, des troupes* ▸ **inspecionar**

inspecteur, trice *n* Agent chargé de certaines fonctions de surveillance et de contrôle ▸ **inspetor**

inspection *nf* **1** Action d'inspecter: *l'inspection des bagages* ▸ **inspeção 2** Fonction d'inspecteur: *être candidat à une inspection* ▸ **inspeção 3** Corps d'inspecteurs: *être à l'inspection des Finances* ▸ **inspetoria**

inspirateur[1] *adj m* ▸ **inspiratório ■ muscles inspirateurs:** qui servent à inspirer ▸ **músculos inspiratórios**

inspirateur[2]**, trice** *n et adj* Personne qui inspire, suggère; instigateur ▸ **inspirador**

inspiration *nf* **1** Aspiration pulmonaire: *inspiration et expiration* ▸ **inspiração 2** Influence révélatrice: *inspiration divine* ▸ **inspiração 3** Enthousiasme créateur: *poète sans inspiration* ▸ **inspiração 4** Idée: *avoir une inspiration* ▸ **inspiração**

inspiré, e *adj* Animé par l'inspiration: *poète inspiré* ▸ **inspirado ■** FAM **bien, mal inspiré:** qui a eu raison ou tort de faire quelque chose ▸ **que tem a boa, a má ideia**

inspirer *vt* **1** Faire pénétrer dans les poumons: *inspirer de l'air* ▸ **inspirar 2** Faire naître une pensée, un sentiment chez autrui; susciter, provoquer: *inspirer de la pitié; inspirer confiance* ▸ **inspirar 3** Provoquer l'enthousiasme créateur: *Montmartre a inspiré de nombreux peintres* ▸ **inspirar ■** FAM **inspirer quelqu'un:** le tenter: *projet qui n'inspire personne* ▸ **atrair alguém** ◆ **s'inspirer** *vpr* [de] Prendre, tirer des idées de: *s'inspirer des Anciens* ▸ **inspirar-se**

instabilité *nf* Caractère de ce qui est instable ▸ **instabilidade**

instable *adj* Qui n'est pas stable; changeant, variable ▸ **instável** ◆ *adj et n* Qui n'a pas de suite dans les idées ▸ **inconstante**

installateur *nm* Spécialiste assurant l'installation d'un appareil ▸ **instalador**

installation *nf* **1** Action d'installer, de s'installer; son résultat ▸ **instalação 2** Mise en place d'un appareil, d'un réseau d'appareils; ces appareils: *installation électrique* ▸ **instalação**

installer *vt* **1** Mettre en possession d'une dignité, d'un emploi ▸ **instalar 2** Mettre en place, disposer, aménager: *installer une machine, un appartement* ▸ **instalar** ◆ **s'installer** *vpr* S'établir, se fixer ▸ **instalar-se**

instamment *adv* De façon instante ▸ **insistentemente**

instance *nf* **1** Prière, demande pressante: *céder aux instances de quelqu'un* ▸ **instância 2** Organisme, service qui a un pouvoir de décision: *instances dirigeantes d'un parti* ▸ **instância 3** DR Série des actes de procédure depuis la demande jusqu'au jugement ▸ **instância ■ en dernière instance:** en dernière analyse ▸ **em última instância □ en instance:** se dit d'une affaire en cours: *ratification d'un traité en instance* ▸ **pendente □ être en instance de:** sur le point de, près de: *être en instance de divorce* ▸ **estar em via de □ tribunal de grande instance:** juridiction de droit commun de première instance chargée de juger certains procès civils ▸ **tribunal de grande instância**

instant[1] *nm* Moment très court ▸ **instante ■ à chaque instant:** continuellement ▸ **o tempo todo □ à l'instant:** tout de suite ▸ **imediatamente □ dans un instant:** bientôt ▸ **daqui a pouco □ pour l'instant:** pour le moment ▸ **por enquanto**

VOCABULAIRE Il faut distinguer *dès l'instant où tu es entré* (dès que) et *dès l'instant que tu es entré* (puisque)

instant[2]**, e** *adj* LITT Pressant: *prières instantes* ▸ **instante**

instantané, e *adj* Qui se produit en un instant; immédiat: *effet instantané* ▸ **instantâneo ■ café instantané:** fait avec de la poudre de café soluble ▸ **café instantâneo** ◆ *nm* Cliché photographique obtenu par une exposition très brève ▸ **instantâneo**

instantanéité *nf* Caractère de ce qui est instantané ▸ **instantaneidade**

instantanément *adv* En un instant ▸ **instantaneamente**

instar de (à l') *loc prép* LITT À la manière de: *à l'instar des Anciens* ▸ **à semelhança de**

instauration *nf* Action d'instaurer ▸ **instauração**

instaurer *vt* Établir les bases de; fonder: *instaurer un régime, un usage* ▸ **instaurar**

instigateur, trice *n* Personne qui pousse à faire quelque chose: *l'instigateur d'un complot* ▸ **instigador**

instigation *nf* Incitation: *agir à l'instigation de quelqu'un* ▸ **instigação**

instillation [ɛ̃stilasjɔ̃] *nf* Action d'instiller ▸ **instilação**

instiller [ɛ̃stile] *vt* Verser goutte à goutte ▸ **instilar**

instinct [ɛ̃stɛ̃] *nm* Impulsion naturelle, intuition, sentiment spontané: *agir d'instinct, par instinct* ▸ **instinto**

instinctif, ive *adj* Qui naît de l'instinct: *geste instinctif* ▸ **instintivo** ◆ *adj et n* Qui agit par instinct ▸ **instintivo**

instinctivement *adv* Par instinct ▸ **instintivamente**

instit [ɛ̃stit] *n* (abréviation) FAM Instituteur, institutrice ▸ **Ø**

instituer *vt* **1** Établir, fonder, instaurer: *Richelieu institua l'Académie française* ▸ **instituir 2** DR Nommer un héritier par testament ▸ **instituir**

institut *nm* Établissement de recherche scientifique, d'enseignement, etc.: *l'Institut Pasteur* ▸ **instituto** ■ **institut de beauté:** établissement de soins esthétiques ▸ **instituto de beleza** □ **l'Institut de France** ou **l'Institut:** ensemble des cinq Académies (française, des inscriptions et belles-lettres, des sciences, des beaux-arts, des sciences morales et politiques) ▸ ***Institut de France***

instituteur, trice *n* Enseignant en maternelle ou dans les écoles primaires ▸ **professor de educação infantil ou do primário**

institution *nf* **1** Établissement d'enseignement privé ▸ **escola particular 2** Ensemble des règles établies en vue de la satisfaction d'intérêts collectifs; organisme visant à les maintenir ▸ **instituição** ◆ **institutions** *pl* Lois fondamentales d'un État: *ne pas respecter les institutions* ▸ **instituições**

institutionnalisation *nf* Action d'institutionnaliser ▸ **institucionalização**

institutionnaliser *vt* Donner un caractère institutionnel à ▸ **institucionalizar**

institutionnel, elle *adj* Relatif aux institutions de l'État ▸ **institucional**

instructeur, trice *n* Militaire chargé de l'instruction des jeunes soldats ▸ **instrutor** ◆ *adj m* DR Qui instruit un procès: *magistrat instructeur* ▸ **instrutor**

instructif, ive *adj* Qui instruit, apporte des connaissances: *lecture instructive* ▸ **instrutivo**

instruction *nf* **1** Action d'instruire; éducation, enseignement: *instruction primaire* ▸ **instrução 2** Savoir, connaissances, culture: *avoir de l'instruction* ▸ **instrução 3** INFORM Information exprimée en langage de programmation, indiquant à un ordinateur une action élémentaire à exécuter ▸ **instrução** ■ DR **instruction judiciaire:** procédure qui met une affaire en état d'être jugée ▸ **instrução judicial** □ **juge d'instruction:** juge qui instruit une cause ▸ **juiz de instrução** ◆ **instructions** *pl* Ordres, explications pour la conduite de quelque chose: *laisser des instructions* ▸ **instrução**

instruire *vt (conj 70)* **1** Donner des connaissances nouvelles à, former l'esprit de ▸ **instruir 2** SOUT Informer: *s'il y avait des ordres, je n'en ai pas été instruit* ▸ **instruir** ■ DR **instruire une affaire:** la mettre en état d'être jugée ▸ **instruir uma causa** ◆ **s'instruire** *vpr* Développer ses connaissances, étudier ▸ **instruir-se**

instruit, e *adj* Qui a de l'instruction ▸ **instruído**

instrument *nm* **1** Outil, machine, appareil servant à un travail: *instrument de mesure* ▸ **instrumento 2** FIG Ce qui permet d'atteindre un résultat; moyen: *être l'instrument du destin* ▸ **instrumento** ■ **instrument de musique** ou **instrument:** appareil propre à produire des sons: *instrument à vent, à cordes, à percussion* ▸ **instrumento (musical)**

instrumental, e, aux *adj* Écrit pour des instruments de musique: *musique instrumentale* ▸ **instrumental**

instrumentaliser *vt* Transformer qqn, qqch en simple instrument que l'on peut manipuler à des fins personnelles ▸ **manipular, instrumentalizar**

instrumentation *nf* Choix des instruments correspondant à chaque partie d'une œuvre musicale ▸ **instrumentação**

instrumenter *vi* DR Établir un acte authentique ▸ **instrumentar** ◆ *vt* MUS Orchestrer ▸ **instrumentar**

instrumentiste *n* **1** Musicien qui joue d'un instrument ▸ **instrumentista 2** Infirmier qui prépare et présente au chirurgien les instruments nécessaires pour une intervention ▸ **instrumentador**

insu de (à l') *loc prép* Sans qu'on le sache: *il est sorti à mon insu* ▸ **à revelia de**

insubmersible *adj* Qui ne peut pas couler ▸ **insubmergível**
insubordination *nf* Refus d'obéir ▸ **insubordinação**
insubordonné, e *adj* Indiscipliné ▸ **insubordinado**
insuccès *nm* Échec ▸ **insucesso**
insuffisamment *adv* De façon insuffisante ▸ **insuficientemente**
insuffisance *nf* **1** Manque de la quantité nécessaire; carence: *insuffisance de moyens* ▸ **insuficiência 2** Manque d'aptitudes; incapacité: *reconnaître son insuffisance* ▸ **insuficiência 3** MÉD Diminution du fonctionnement d'un organe: *insuffisance rénale* ▸ **insuficiência**
insuffisant, e *adj* Qui ne suffit pas: *salaire insuffisant* ▸ **insuficiente**
insufflation *nf* Action d'insuffler ▸ **insuflação**
insuffler *vt* **1** Souffler de l'air, un gaz, dans les poumons, une cavité du corps ▸ **insuflar 2** Communiquer, transmettre: *insuffler du courage à ses troupes* ▸ **insuflar**
insulaire *adj et n* Qui vit sur une île ▸ **insulano** ◆ *adj* Relatif à une île ▸ **insular**
insularité *nf* Caractère particulier d'un pays situé sur une ou des îles ▸ **insularidade**
insuline *nf* Hormone sécrétée par le pancréas et utilisée contre le diabète ▸ **insulina**
insultant, e *adj* Qui constitue une insulte; injurieux ▸ **insultante**
insulte *nf* Outrage en actes ou en paroles ▸ **insulto**
insulter *vt* Offenser par des insultes ▸ **insultar**
insupportable *adj* **1** Intolérable: *douleur insupportable* ▸ **insuportável 2** Très turbulent: *enfant insupportable* ▸ **insuportável**
insupporter *vt* FAM Irriter, exaspérer: *ce bruit m'insupporte* ▸ **ser insuportável**
insurgé, e *adj et n* Qui participe à une rébellion; révolté ▸ **insurreto**
insurger (s') *vpr* [contre] *(conj 2)* Se révolter, se soulever contre une autorité, un pouvoir ▸ **insurgir-se**
insurmontable *adj* Qui ne peut être surmonté: *difficulté insurmontable* ▸ **insuperável**
insurrection *nf* Soulèvement en armes contre le pouvoir établi ▸ **insurreição**
insurrectionnel, elle *adj* Qui tient de l'insurrection ▸ **insurrecional**
intact, e *adj* **1** À quoi l'on n'a pas touché; entier: *somme intacte* ▸ **intacto 2** Qui n'a souffert aucune atteinte: *réputation intacte* ▸ **intacto**
intangible *adj* Qui doit rester intact; sacré, inviolable: *droit intangible* ▸ **intangível**
intarissable *adj* **1** Qui ne peut être tari: *mine, source intarissable* ▸ **inexaurível 2** FIG Qui ne cesse pas de parler: *être intarissable sur un sujet* ▸ **inesgotável**
intarissablement *adv* De façon intarissable ▸ **incansavelmente**
intégral, e, aux *adj* Entier, complet ▸ **integral**
intégrale *nf* **1** Édition complète des œuvres d'un écrivain, d'un musicien ▸ **obra completa 2** MATH Fonction, solution d'une équation différentielle ▸ **integral**
intégralement *adv* En totalité ▸ **integralmente**
intégralité *nf* État de ce qui est intégral: *l'intégralité d'une somme* ▸ **integralidade**
intégrant, e *adj* ▸ **integrante** ▪ **partie intégrante (de)**: qui fait partie d'un tout ▸ **parte integrante (de)**
intégration *nf* Action d'intégrer, de s'intégrer ▸ **integração**
intègre *adj* D'une probité absolue; incorruptible ▸ **íntegro**
intégrer *vt (conj 10)* Faire entrer dans un ensemble, dans un groupe plus vaste; assimiler ▸ **integrar** ◆ **s'intégrer** *vpr* S'assimiler à un groupe ▸ **integrar-se**
intégrisme *nm* Attitude de certains croyants qui, au nom d'un respect intransigeant de la tradition, se refusent à toute évolution ▸ **integrismo**
intégriste *adj et n* **1** Relatif à l'intégrisme; qui en est partisan ▸ **integrista 2** FIG Qui fait preuve d'une intransigeance et d'un traditionalisme excessifs ▸ **integrista**
intégrité *nf* **1** État d'une chose complète, qui n'a pas subi d'altération: *intégrité d'un territoire; intégrité d'une somme* ▸ **integridade 2** FIG Qualité d'une personne intègre: *être d'une parfaite intégrité* ▸ **integridade**
intellect [ɛ̃telɛkt] *nm* Faculté de penser; intelligence, entendement ▸ **intelecto**
intellectualiser *vt* Donner un caractère intellectuel, abstrait à ▸ **intelectualizar**
intellectualisme *nm* Tendance à donner la primauté à l'intelligence et aux facultés intellectuelles ▸ **intelectualismo**
intellectualiste *adj et n* Relatif à l'intellectualisme ▸ **intelectualista**
intellectuel, elle *adj* Qui appartient à l'intelligence, à l'activité de l'esprit ▸ **intelectual** ◆ *n et adj* Personne dont la profession comporte une activité de l'esprit; personne qui a un goût affirmé pour les activités de l'esprit ▸ **intelectual**
intellectuellement *adv* Sur le plan intellectuel ▸ **intelectualmente**

intelligemment [ɛ̃teliʒamɑ̃] *adv* Avec intelligence: *répondre intelligemment* ► **inteligentemente**

intelligence *nf* **1** Faculté de connaître, de comprendre: *l'intelligence distingue l'homme de l'animal* ► **inteligência 2** Aptitude à s'adapter; capacité dans un domaine: *intelligence des affaires* ► **inteligência 3** Compréhension: *pour l'intelligence de ce qui va suivre* ► **inteligência 4** Accord de sentiments, connivence: *vivre en bonne intelligence avec ses voisins* ► **inteligência ■ intelligence artificielle (IA): (a)** intelligence humaine simulée par une machine ► **inteligência artificial (b)** ensemble des théories et des techniques mises en œuvre pour réaliser de telles machines ► **inteligência artificial ◆ intelligences** *pl* Entente, relations secrètes ► **inteligência**

intelligent, e *adj* **1** Doué d'intelligence ► **inteligente 2** Qui dénote l'intelligence: *regard intelligent* ► **inteligente 3** Se dit d'un appareil, d'un local dotés d'un système informatique automatisé capable de se substituer, dans certaines procédures de fonctionnement ou de maintenance, à l'intelligence humaine: *voiture dotée d'une suspension intelligente* ► **inteligente**

intelligentsia [ɛ̃teliʒɛ̃sja] ou [inteligentsja] *nf* Ensemble des intellectuels d'un pays ► ***intelligentsia***

intelligibilité *nf* Caractère d'une chose intelligible ► **inteligibilidade**

intelligible *adj* Qui peut être facilement entendu ou compris: *parler à haute et intelligible voix* ► **inteligível**

intelligiblement *adv* Clairement, de façon intelligible ► **inteligivelmente**

intello *adj et n* (abréviation) FAM, PÉJOR Intellectuel ► **Ø**

intempérance *nf* **1** LITT Manque de retenue, de modération ► **intemperança 2** Excès, manque de sobriété ► **intemperança**

intempérant, e *adj* Qui fait preuve d'intempérance ► **intemperante**

intempérie *nf* (souvent au pluriel) Mauvais temps, rigueur du climat: *redouter les intempéries* ► **intempérie**

intempestif, ive *adj* Qui est fait à contretemps; inopportun ► **intempestivo**

intemporel, elle *adj* Qui échappe au temps; éternel, immuable: *vérités intemporelles* ► **intemporal**

intenable *adj* **1** Que l'on ne peut tenir: *position intenable* ► **insustentável 2** Insupportable: *chaleur intenable* ► **insuportável**

intendance *nf* **1** Administration financière d'un établissement public ou d'enseignement; économat ► **departamento financeiro 2** Administration qui pourvoit aux besoins de l'armée ► **intendência**

intendant, e *n* **1** Personne chargée d'un service d'intendance ► **intendente 2** Personne chargée de régir des biens, une maison ► **administrador**

intense *adj* D'une grande puissance, très fort: *chaleur, activité intenses* ► **intenso**

intensément *adv* De façon intense ► **intensamente**

intensif, ive *adj* Qui met en œuvre des moyens importants, fait l'objet de gros efforts, pour accroître le rendement: *entraînement intensif; stage intensif* ► **intensivo ■** AGRIC **culture intensive:** qui a des rendements élevés; CONTR: *extensif* ► **cultura intensiva**

intensification *nf* Action d'intensifier; fait de s'intensifier ► **intensificação**

intensifier *vt* Rendre plus intense: *intensifier ses efforts* ► **intensificar** ◇ *vpr*: *tension qui s'est intensifiée* ► **intensificar-se**

intensité *nf* **1** Degré d'activité, de puissance: *intensité d'un feu* ► **intensidade 2** Quantité d'électricité que débite un courant pendant l'unité de temps ► **intensidade**

intensivement *adv* De façon intensive ► **intensivamente**

intenter *vt* DR Entreprendre contre quelqu'un: *intenter un procès* ► **intentar**

intention *nf* Dessein délibéré, volonté: *intention de nuire* ► **intenção ■ à l'intention de quelqu'un:** spécialement pour lui ► **dedicado a alguém**

intentionné, e *adj* ► **intencionado ■ bien, mal intentionné:** qui a de bonnes, de mauvaises intentions ► **bem-intencionado, mal-intencionado**

intentionnel, elle *adj* Qui est fait avec intention: *oubli intentionnel* ► **intencional**

intentionnellement *adv* Avec intention; exprès, volontairement ► **intencionalmente**

interactif, ive *adj* **1** Se dit de phénomènes qui agissent les uns sur les autres ► **interativo 2** INFORM Doué d'interactivité; conversationnel ► **interativo**

interaction *nf* Influence réciproque de deux phénomènes, de deux personnes ► **interação**

interactivité *nf* INFORM Faculté d'échange entre l'utilisateur d'un système informatique et la machine, par l'intermédiaire d'un terminal ► **interatividade**

interagir *vi* Exercer une interaction: *phénomènes qui interagissent* ► **interagir**

interallié, e *adj* Commun à plusieurs alliés ► **interaliado**

interarmées *adj* Qui est commun aux armées de terre, de mer ou de l'air ▸ **interarmas**
interbancaire *adj* Qui concerne les relations entre banques ▸ **interbancário**
intercalaire *adj* Inséré, ajouté ▸ **incluso** ▪ **jour intercalaire:** qui s'ajoute dans les années bissextiles (29 février) ▸ **dia intercalar** ♦ *nm* Feuille, feuillet intercalaires ▸ **folha intercalar**
intercaler *vt* Insérer parmi d'autres choses, dans un ensemble: *intercaler un mot dans un texte* ▸ **intercalar**
intercéder *vi (conj 10)* Intervenir: *intercéder pour, en faveur de quelqu'un* ▸ **interceder**
intercepter *vt* **1** Arrêter au passage: *les nuages interceptent les rayons du soleil; intercepter le ballon* ▸ **interceptar 2** S'emparer d'une chose destinée à autrui: *intercepter une lettre* ▸ **interceptar**
interception *nf* Action d'intercepter; fait d'être intercepté ▸ **interceptação**
intercesseur *nm* LITT Qui intercède ▸ **intercessor**
intercession *nf* Intervention, prière en faveur de quelqu'un ▸ **intercessão**
interchangeable *adj* Se dit de choses, de personnes qui peuvent être mises à la place les unes des autres ▸ **intercambiável**
interclasse *nm* Intervalle entre deux heures de cours ▸ **intervalo de aula**
interclubs *adj inv et nm inv* Se dit d'une compétition qui oppose les équipes de plusieurs clubs ▸ **(campeonato) interclubes**
intercommunal, e, aux *adj* Qui concerne plusieurs communes ▸ **intermunicipal**
intercommunautaire *adj* Qui concerne les relations entre plusieurs communautés ▸ **intercomunitário**
interconnecter *vt* ÉLECTR Mettre en relation deux ou plusieurs circuits ▸ **interligar**
interconnexion *nf* ÉLECTR Action d'interconnecter ▸ **conexão**
intercontinental, e, aux *adj* Qui a lieu entre des continents ▸ **intercontinental**
intercostal, e, aux *adj* Qui est situé entre les côtes: *douleur intercostale* ▸ **intercostal**
intercurrent, e *adj* MÉD Qui survient pendant la durée d'une autre maladie ▸ **intercorrente**
interdépendance *nf* Dépendance mutuelle, réciproque ▸ **interdependência**
interdépendant, e *adj* Se dit des choses qui dépendent les unes des autres ▸ **interdependente**
interdiction *nf* **1** Défense, prohibition: *interdiction de fumer* ▸ **proibição 2** Privation de l'exercice d'un droit, d'une fonction: *être frappé d'interdiction* ▸ **interdição**
interdire *vt (conj 72)* **1** Défendre, empêcher de faire, d'utiliser: *le médecin lui a interdit l'alcool* ▸ **proibir 2** Frapper d'interdiction: *interdire un prêtre* ▸ **interditar**
interdisciplinaire *adj* Qui établit des relations entre plusieurs sciences ou disciplines ▸ **interdisciplinar**
interdisciplinarité *nf* Caractère de ce qui est interdisciplinaire ▸ **interdisciplinaridade**
interdit[1] *nm* Impératif institué par un groupe ou une société, qui prohibe un acte ou un comportement: *transgresser un interdit* ▸ **interdito** ▪ **lever un interdit:** supprimer une censure, une interdiction ▸ **suspender uma proibição**
interdit[2], e *adj* Qui ne sait que répondre; déconcerté: *demeurer interdit* ▸ **perplexo** ♦ *adj et n* Sous le coup d'une interdiction: *interdit de séjour* ▸ **proibido, proibição**
interentreprises *adj inv* Qui concerne plusieurs entreprises ▸ **interempresarial**
intéressant, e *adj* **1** Qui présente de l'intérêt; captivant: *film intéressant; personne intéressante* ▸ **interessante 2** Avantageux: *prix intéressant* ▸ **interessante** ▪ **faire l'intéressant, son intéressant:** chercher à se faire remarquer ▸ **exibir-se**
intéressé, e *adj et n* Qui est concerné par une chose: *intéressé à une affaire; prévenir les intéressés* ▸ **interessado** ♦ *adj* **1** Qui s'intéresse; captivé: *écouter une histoire avec un air intéressé* ▸ **interessado 2** Qui ne cherche que son intérêt; inspiré par l'intérêt: *service intéressé* ▸ **interesseiro**
intéressement *nm* Participation aux bénéfices d'une entreprise ▸ **interesse**
intéresser *vt* **1** Inspirer de l'intérêt, de la curiosité à, retenir l'attention de: *le film l'intéresse* ▸ **interessar 2** Concerner, toucher: *loi qui intéresse les industriels* ▸ **interessar 3** Donner un intéressement à: *intéresser les salariés aux bénéfices* ▸ **interessar** ♦ **s'intéresser** *vpr* [à] Avoir de l'intérêt pour ▸ **interessar-se**
intérêt *nm* **1** Curiosité, attention, sollicitude: *avoir de l'intérêt pour quelqu'un; suivre un événement avec intérêt* ▸ **interesse 2** Originalité, importance: *nouvelle d'un grand intérêt* ▸ **interesse 3** Ce qui est important, utile, avantageux: *agir dans l'intérêt d'un ami* ▸ **interesse 4** Souci exclusif de ce qui est avantageux pour soi, désir de gain: *l'intérêt le guide* ▸ **interesse 5** Participation à un gain éventuel: *avoir des intérêts dans une entreprise* ▸ **interesse 6** Bénéfice tiré de l'argent prêté: *percevoir des intérêts* ▸ **juro** ▪ **avoir intérêt à faire quelque chose:** le faire pour son propre bien: *il a intérêt à partir* ▸ **ter interesse em fazer algo**

interface *nf* **1** Limite commune à deux systèmes, permettant des échanges entre ceux-ci: *l'interface production/distribution* ▸ **interface 2** INFORM Frontière conventionnelle entre deux systèmes ou deux unités, permettant des échanges d'informations ▸ **interface**

interférence *nf* **1** Rencontre, conjonction de deux séries de phénomènes distincts: *l'interférence des faits démographiques et politiques* ▸ **conjunção 2** PHYS Combinaison de mouvements vibratoires ▸ **interferência**

interférer *vi (conj 10)* **1** Se superposer en créant des renforcements ou des oppositions: *la crise agricole interfère avec d'autres problèmes économiques* ▸ **conjugar-se 2** PHYS Produire des interférences: *rayons qui interfèrent* ▸ **interferir**

intergalactique *adj* Qui est situé entre des galaxies ▸ **intergaláctico**

intergénérationnel, elle *adj* Qui concerne les relations entre les générations. *Solidarité intergénérationnelle* ▸ **intergeracional**

intergouvernemental, e, aux *adj* Qui concerne plusieurs gouvernements ▸ **intergovernamental**

intergroupe *nm* Réunion de parlementaires de divers groupes politiques pour étudier un problème déterminé ▸ **intergrupo**

intérieur, e *adj* **1** Qui est au-dedans: *cour intérieure* ▸ **interior, interno 2** Relatif à l'esprit, à la vie morale, psychologique de l'homme: *sentiment intérieur; vie intérieure* ▸ **íntimo, interior 3** Qui concerne un pays, un territoire: *politique intérieure; marché intérieur*; CONTR: *extérieur, étranger* ▸ **interno** ◆ *nm* **1** La partie intérieure, le dedans: *il y a une amande à l'intérieur du noyau* ▸ **interior 2** Partie centrale d'un pays ▸ **interior 3** Domicile privé: *intérieur coquet* ▸ **interior** ▪ **femme, homme d'intérieur:** qui aime s'occuper de sa maison ▸ **dona, dono de casa** ▫ **ministère de l'Intérieur:** chargé de la tutelle des collectivités locales, de la police d'un pays ▸ **Ministério do Interior**

intérieurement *adv* **1** Au-dedans: *palais décoré intérieurement de fresques anciennes* ▸ **internamente 2** En soi-même: *se révolter intérieurement* ▸ **interiormente**

intérim *nm* **1** Temps pendant lequel une fonction est remplie par un autre que par le titulaire ▸ **interinado 2** Activité des salariés intérimaires: *agence d'intérim* ▸ **trabalho temporário** ▪ **par intérim:** provisoirement ▸ **interinamente**

intérimaire *adj* Qui a lieu par intérim: *fonctions intérimaires* ▸ **interino** ◆ *n et adj* **1** Personne qui assure un intérim ▸ **interino 2** Salarié d'une société de travail temporaire, mis à la disposition d'une entreprise pour y occuper momentanément un emploi ▸ **trabalhador temporário**

intériorisation *nf* Action d'intérioriser ▸ **interiorização**

intérioriser *vt* **1** Garder pour soi, contenir: *intérioriser ses réactions* ▸ **interiorizar 2** Assimiler, faire siennes des opinions, des règles de conduite: *intérioriser les règles d'un parti* ▸ **interiorizar**

intériorité *nf* Caractère de ce qui est intérieur ▸ **interioridade**

interjection *nf* Mot qui exprime vivement un sentiment, un ordre, comme *hélas! chut!* ▸ **interjeição**

interjeter *vt (conj 8)* ▸ **interpor** ▪ DR **interjeter appel:** demander un second jugement ▸ **apelar**

interleukine *nf* BIOL Substance qui assure les interactions entre les leucocytes et joue un rôle dans la réaction immunitaire ▸ **interleucina**

interlignage *nm* Action ou manière d'interligner ▸ **entrelinhamento**

interligne *nm* Espace entre deux lignes écrites ▸ **entrelinha**

interligner *vt* Séparer par des interlignes ▸ **entrelinhar**

interlocuteur, trice *n* **1** Personne à qui ou avec qui on parle ▸ **interlocutor 2** Personne avec laquelle on engage des négociations, des pourparlers ▸ **interlocutor**

interlocutoire *adj et nm* DR Se dit d'un jugement qui, avant de statuer sur le fond, ordonne des mesures propres à préparer la solution de l'affaire ▸ **interlocutório**

interlope *adj* **1** Illégal: *commerce interlope* ▸ **entrelopo, ilícito 2** Équivoque, louche: *bar, personnage interlopes* ▸ **suspeito**

interloquer *vt* Décontenancer; surprendre: *cette réponse l'a interloqué* ▸ **desconcertar**

interlude *nm* Divertissement entre deux parties d'un spectacle, d'une émission ▸ **interlúdio, entreato**

intermède *nm* **1** Divertissement entre deux parties d'une représentation théâtrale ▸ **intermédio, entreato 2** Temps d'interruption ▸ **intervalo**

intermédiaire *adj* Qui est entre deux choses: *espace intermédiaire* ▸ **intermediário** ◆ *n* **1** Personne qui sert de lien entre deux autres ▸ **intermediário 2** Personne qui intervient dans un circuit de distribution commerciale ▸ **intermediário** ◆ *nm* Entremise, voie: *par l'intermédiaire de* ▸ **intermédio**

intermezzo [ɛ̃tɛrmedzo] *nm* MUS Divertissement intercalé entre les parties d'une œuvre théâtrale ▸ ***intermezzo***

interminable *adj* Qui dure très longtemps ▸ **interminável**

interminablement *adv* Sans fin ▸ **interminavelmente**

interministériel, elle *adj* Relatif à plusieurs ministres ou ministères ▸ **interministerial**

intermittence *nf* Caractère de ce qui est intermittent ▸ **intermitência** ▪ **par intermittence:** de façon discontinue ▸ **intermitentemente**

intermittent, e *adj* Qui s'arrête et reprend par intervalles; discontinu, irrégulier ▸ **intermitente** ◆ *n* Salarié dont l'activité comporte une alternance de périodes de travail et de chômage ▸ **trabalhador eventual**

intermodalité *nf* Utilisation de plusieurs modes de transport au cours d'un même trajet ▸ **intermodalidade**

internat *nm* **1** Situation d'un élève interne ▸ **internato 2** École où les élèves sont internes ▸ **internato 3** MÉD Fonction d'interne dans un hôpital, accessible par concours; ce concours ▸ **residência, internato**

international, e, aux *adj* Qui a lieu entre nations; qui concerne plusieurs nations: *droit international* ▸ **internacional** ◆ *n* Sportif qui représente son pays à des épreuves internationales ▸ **atleta internacional**

Internationale *nf* Association d'ouvriers de divers pays, pour la défense de leurs intérêts ▸ **Internacional**

internationalisation *nf* Action d'internationaliser ▸ **internacionalização**

internationaliser *vt* Rendre international; porter sur le plan international ▸ **internacionalizar**

internationalisme *nm* Doctrine selon laquelle les divers intérêts nationaux doivent être subordonnés à un intérêt général supranational ▸ **internacionalismo**

internationaliste *adj et n* Relatif à l'internationalisme; qui en est partisan ▸ **internacionalista**

internationalité *nf* Caractère, état de ce qui est international ▸ **internacionalidade**

internaute *n* Utilisateur du réseau Internet ▸ **internauta**

interne *adj* Qui est au-dedans, concerne le dedans de quelque chose; intérieur: *problème interne à l'entreprise* ▸ **interno** ▪ **médicament à usage interne:** à introduire dans l'organisme ▸ **medicamento de uso interno** ◆ *n* Élève logé et nourri dans un établissement scolaire ▸ **interno** ▪ **interne des hôpitaux:** étudiant(e) en médecine reçu(e) au concours de l'internat, qui seconde le chef de service ▸ **interno, residente**

interné, e *adj et n* **1** Enfermé dans un camp de concentration, une prison ▸ **prisioneiro 2** Placé en hôpital psychiatrique ▸ **internado**

internement *nm* Action d'interner; fait d'être interné ▸ **internação, reclusão**

interner *vt* **1** Enfermer dans un camp, une prison ▸ **internar 2** Placer en hôpital psychiatrique ▸ **internar**

Internet *nm* (abrév de l'anglais *international network*) Réseau télématique international, d'origine américaine, résultant de l'interconnexion de multiples réseaux utilisant un protocole de communication commun (web) ▸ **internet**

interocéanique *adj* Qui sépare ou relie deux océans: *isthme, canal interocéanique* ▸ **interoceânico**

interpellation *nf* **1** Action d'interpeller ▸ **interpelação 2** DR Sommation de dire, de faire quelque chose ▸ **intimação 3** Demande d'explication adressée à un ministre par un membre du Parlement ▸ **interpelação**

interpeller [ɛ̃tɛrpəle] *vt* **1** Adresser la parole à quelqu'un pour demander quelque chose ▸ **interpelar 2** Sommer quelqu'un de répondre, de s'expliquer sur un fait; vérifier son identité, l'arrêter ▸ **interpelar 3** Contraindre quelqu'un à regarder en face une situation; s'imposer à lui ▸ **interpelar**

ORTHOGRAPHE *Interpeller* prend deux *l*, mais un seul *p*, alors que *appeler* prend un seul *l*, mais deux *p*

interpénétration *nf* Pénétration mutuelle ▸ **interpenetração**

interpénétrer (s') *vpr (conj 10)* Se pénétrer mutuellement ▸ **interpenetrar-se**

Interphone *nm* (nom déposé) Téléphone permettant des communications à courte distance, en général à l'intérieur du même bâtiment: *Interphone à l'entrée d'un immeuble* ▸ **interfone**

interplanétaire *adj* ASTRON Situé entre les planètes du système solaire ▸ **interplanetário**

interpolation *nf* Action d'interpoler; passage intercalé: *interpolation explicative* ▸ **interpolação**

interpoler *vt* **1** Introduire dans un ouvrage des passages qui n'en font pas partie et qui en changent le sens ▸ **interpolar 2** MATH Intercalation, dans une suite de valeurs connues, d'une ou de plusieurs valeurs déterminées par le calcul ▸ **interpolar**

interposer *vt* Placer entre ▸ **interpor** ◆ **s'interposer** *vpr* Intervenir, s'entremettre, s'intercaler ▸ **interpor-se**

interposition *nf* Action d'interposer; fait de s'interposer ▸ **interposição**

interprétable *adj* Qui peut être interprété ▸ **interpretável**

interprétariat *nm* Métier, fonction d'interprète ▸ **profissão de intérprete**

interprétatif, ive *adj* Qui explique, contient une interprétation ▸ **interpretativo**

interprétation *nf* **1** Action d'interpréter ▸ **interpretação 2** Façon dont une œuvre dramatique, musicale ou chorégraphique est jouée ▸ **interpretação**

interprète *n* **1** Personne qui traduit oralement une langue dans une autre ▸ **intérprete 2** Personne qui parle au nom d'une autre ▸ **porta-voz 3** Personne qui interprète une œuvre artistique ▸ **intérprete**

EMPLOI Il ne faut pas confondre *interprète*, «qui fait des traductions orales», et *traducteur*, «qui fait des traductions écrites»

interpréter *vt (conj 10)* **1** Rendre compréhensible, traduire, donner un certain sens à: *interpréter une loi, un rêve; mal interpréter une intention* ▸ **interpretar 2** Jouer un rôle, exécuter un morceau de musique, danser une œuvre chorégraphique ▸ **interpretar**

interprofessionnel, elle *adj* Qui concerne plusieurs professions ▸ **interprofissional**

interracial, e, aux *adj* Qui concerne les relations entre personnes, communautés, distinguées selon l'origine, la couleur de la peau ▸ **inter-racial**

interrégional, e, aux *adj* Qui concerne plusieurs régions ▸ **inter-regional**

interrègne *nm* Intervalle pendant lequel un État est sans chef ▸ **interregno**

interrogateur, trice *adj et n* Qui interroge: *regard interrogateur* ▸ **interrogador**

interrogatif, ive *adj* Qui exprime une interrogation: *phrase interrogative* ▸ **interrogativo** ◆ *nf* Phrase interrogative ▸ **frase interrogativa**

interrogation *nf* Question, demande ▸ **interrogação** ■ GRAMM **interrogation directe:** posée directement à l'interlocuteur (EX: *qui est venu?*) ▸ **interrogação direta** □ **interrogation écrite:** contrôle écrit des connaissances fait en classe ▸ **prova escrita** □ GRAMM **interrogation indirecte:** posée par l'intermédiaire d'un verbe comme *demander, savoir*, etc. (EX: *je me demande qui est venu*) ▸ **interrogação indireta** □ **point d'interrogation:** qui marque l'interrogation (?) ▸ **ponto de interrogação**

interrogatoire *nm* Ensemble des questions qu'on adresse à un accusé, à un prévenu: *faire subir un interrogatoire* ▸ **interrogatório**

interrogeable *adj* Que l'on peut interroger à distance: *banque de données interrogeable de toute l'Europe* ▸ **acessível**

interroger *vt (conj 2)* **1** Adresser, poser des questions à; questionner: *interroger un inculpé, un candidat* ▸ **interrogar 2** Examiner avec attention: *interroger l'histoire* ▸ **interrogar 3** INFORM Consulter une base de données en utilisant la télématique: *interroger l'annuaire électronique* ▸ **acessar**

interrompre *vt (conj 53)* **1** Rompre la continuité de: *interrompre un courant* ▸ **interromper 2** Couper la parole à ▸ **interromper** ◆ **s'interrompre** *vpr* Cesser de faire quelque chose; s'arrêter au cours d'une action ▸ **interromper-se**

interrupteur *nm* Dispositif pour interrompre ou rétablir un courant électrique; commutateur ▸ **interruptor**

interruption *nf* **1** Action d'interrompre; suspension, arrêt ▸ **interrupção 2** Paroles prononcées pour interrompre quelqu'un ▸ **interrupção** ■ **interruption volontaire de grossesse (IVG):** avortement légal ▸ **interrupção voluntária da gravidez**

intersaison *nf* Période entre deux saisons commerciales, touristiques, sportives, etc. ▸ **baixa estação**

intersection *nf* Endroit où deux lignes, deux plans, deux solides se coupent ▸ **interseção**

intersession *nf* Temps qui s'écoule entre deux sessions d'une assemblée ▸ **intervalo entre duas sessões**

intersidéral, e, aux *adj* ASTRON Situé entre les astres ▸ **intersideral**

interspécifique *adj* BIOL Relatif aux rapports entre espèces ▸ **interespecífico**

interstellaire *adj* ASTRON Situé entre les étoiles d'une galaxie: *espace interstellaire* ▸ **interestelar**

interstice *nm* Petit intervalle entre les parties d'un tout ▸ **interstício**

interstitiel, elle *adj* Situé dans les interstices de quelque chose ▸ **intersticial**

intersyndical, e, aux *adj* Établi entre divers syndicats: *groupement intersyndical* ▸ **intersindical** ◆ *nf* Association constituée par plusieurs syndicats pour défendre certains objectifs communs ▸ **associação intersindical**

intertitre *nm* Titre secondaire annonçant un paragraphe dans un article ▸ **entretítulo**

intertrigo *nm* MÉD Dermatose siégeant dans les plis de la peau ▸ **intertrigem**

interurbain, e *adj* Entre villes différentes: *téléphone interurbain* ▸ **interurbano**

intervalle *nm* **1** Espace, distance (dans l'espace ou le temps): *intervalle entre deux murs; à six mois d'intervalle* ▸ **intervalo 2** MATH Ensemble des nombres *x* compris entre deux nombres *a* et *b* ▸ **intervalo**

3 MUS Distance qui sépare deux sons ▸ **intervalo** ▪ **par intervalles:** de temps à autre ▸ **a intervalos**

intervenant, e *n et adj* Personne qui intervient dans un procès, un débat, etc. ▸ **interveniente**

intervenir *vi (conj 22; auxil: être)* **1** Prendre part volontairement à une action afin d'en modifier le cours: *intervenir dans une querelle* ▸ **intervir 2** Se produire, avoir lieu: *un jugement est intervenu* ▸ **intervir 3** Prendre la parole dans une assemblée: *il interviendra à la fin du débat* ▸ **intervir**

intervention *nf* **1** Action d'intervenir ▸ **intervenção 2** Action d'un État s'ingérant dans la sphère de compétence d'un autre État ▸ **intervenção 3** MÉD Opération: *intervention chirurgicale* ▸ **cirurgia**

interventionnisme *nm* **1** Doctrine préconisant l'intervention de l'État dans les affaires économiques ▸ **intervencionismo 2** Doctrine préconisant l'intervention d'un État dans un conflit entre d'autres États ▸ **intervencionismo**

interventionniste *adj et n* Relatif à l'interventionnisme; qui en est partisan ▸ **intervencionista**

interversion *nf* Renversement de l'ordre habituel: *interversion de lettres dans un mot* ▸ **inversão**

intervertébral, e, aux *adj* Placé entre deux vertèbres ▸ **intervertebral**

intervertir *vt* Renverser l'ordre naturel ou habituel de: *intervertir les rôles* ▸ **inverter**

interview [ɛ̃tɛrvju] *nf* Entretien avec une personne pour l'interroger sur ses actes, ses idées, etc. ▸ **entrevista**

interviewé, e *adj et n* Se dit d'une personne soumise à une interview ▸ **entrevistado**

interviewer [ɛ̃tɛrvjuve] *vt* Soumettre à une interview ▸ **entrevistar**

intestat [ɛ̃tɛsta] *adj inv et n* Qui n'a pas fait de testament: *mourir intestat* ▸ **intestado**

intestin[1] *nm* ANAT Viscère creux allant de l'estomac à l'anus ▸ **intestino** ▪ **gros intestin:** partie de l'intestin comprenant le cæcum, le côlon et le rectum, et qui prolonge l'intestin grêle ▸ **intestino grosso** ▫ **intestin grêle:** partie de l'intestin comprenant le duodénum, l'iléon et le jéjunum ▸ **intestino delgado**

intestin[2]**, e** *adj* LITT Interne, intérieur: *divisions, guerres intestines* ▸ **intestino**

intestinal, e, aux *adj* De l'intestin ▸ **intestinal**

intimation *nf* DR Sommation ▸ **intimação**

intime *adj* **1** LITT Intérieur et profond: *la nature intime d'un être* ▸ **íntimo 2** Qui existe au plus profond de nous: *conviction intime* ▸ **íntimo 3** Qui est tout à fait privé, personnel; qui se passe entre amis: *journal intime; dîner intime* ▸ **íntimo** ♦ *adj et n* À qui on est lié par des relations profondes; proche: *repas entre intimes* ▸ **íntimo**

intimement *adv* Profondément ▸ **intimamente**

intimer *vt* **1** Signifier avec autorité ▸ **intimar 2** DR Assigner en appel ▸ **intimar**

intimidant, e *adj* Qui intimide ▸ **intimidante**

intimidateur, trice *adj* Propre à intimider ▸ **intimidador**

intimidation *nf* Action d'intimider; menace, pression: *paroles d'intimidation* ▸ **intimidação**

intimider *vt* Inspirer de la crainte à; rendre timide ▸ **intimidar**

intimisme *nm* Style, manière intimistes ▸ **intimismo**

intimiste *adj* Se dit d'un écrivain, d'un poète qui exprime ses sentiments les plus intimes, d'un peintre qui représente des scènes de caractère intime ou familier; se dit de leurs œuvres ▸ **intimista**

intimité *nf* **1** LITT Caractère de ce qui est intime, secret: *dans l'intimité de sa conscience* ▸ **intimidade 2** Relations étroites: *vivre dans la plus grande intimité avec quelqu'un* ▸ **intimidade 3** Vie privée: *préserver son intimité* ▸ **intimidade**

intitulé *nm* Titre (d'un livre, d'un chapitre, d'une loi, etc.) ▸ **título**

intituler *vt* Désigner par un titre ▸ **intitular** ♦ **s'intituler** *vpr* Avoir pour titre ▸ **intitular-se**

intolérable *adj* Qu'on ne peut supporter: *douleur intolérable* ▸ **intolerável**

intolérance *nf* **1** Attitude agressive à l'égard de ceux dont on ne partage pas les opinions: *faire preuve d'intolérance* ▸ **intolerância 2** MÉD Impossibilité, pour un organisme, de supporter certains médicaments ou aliments ▸ **intolerância**

intolérant, e *adj et n* Qui fait preuve d'intolérance ▸ **intolerante**

intonation *nf* Ton varié de la voix, que l'on prend en parlant; inflexion ▸ **entonação**

intouchable *n* En Inde, membre des castes les plus basses ▸ **intocável, pária** ♦ *adj* FAM Qui ne peut faire l'objet d'aucune critique, d'aucune sanction ▸ **intocável**

intox *nf* FAM Action, fait d'intoxiquer les esprits ▸ **lavagem cerebral**

intoxication *nf* Action d'intoxiquer; empoisonnement ▸ **intoxicação**

intoxiqué, e *adj et n* Qui use habituellement d'une substance toxique ▸ **intoxicado**

intoxiquer *vt* **1** Empoisonner: *être intoxiqué par des champignons, par du gaz carbonique* ▸ **intoxicar 2** FIG Influencer en faisant perdre tout sens critique ▸ **fazer lavagem cerebral**

intracellulaire *adj* BIOL Qui se trouve ou se produit dans une cellule ▸ **intracelular**
intradermique *adj* MÉD Relatif à l'intérieur de la peau; dans l'épaisseur du derme: *injection intradermique* ▸ **intradérmico**
intrados [ɛ̃trado] *nm* Intérieur d'une voûte, d'une aile d'avion; CONTR: *extrados* ▸ **intradorso**
intraduisible *adj* Qu'on ne peut traduire: *phrase intraduisible* ▸ **intraduzível**
intraitable *adj* Qui n'accepte aucun compromis; intransigeant ▸ **intransigente**
intra-muros [ɛ̃tramyros] *loc adv et adj inv* Dans les murs, dans l'intérieur de la ville ▸ **intramuros**
intramusculaire *adj* Qui est ou se fait à l'intérieur d'un muscle: *injection intramusculaire* ▸ **intramuscular**
Intranet *nm* Réseau télématique interne à une entreprise, qui utilise la technologie d'Internet ▸ **intranet**
intransigeance *nf* Caractère intransigeant ▸ **intransigência**
intransigeant, e *adj et n* Qui ne fait aucune concession, n'admet aucun compromis ▸ **intransigente**
intransitif, ive *adj* GRAMM Se dit des verbes qui ne sont pas suivis d'un complément d'objet direct ou indirect (EX: *dormir, dîner*) ▸ **intransitivo**
intransitivement *adv* À la façon d'un verbe intransitif; sans complément ▸ **intransitivamente**
intransmissibilité *nf* Caractère de ce qui est intransmissible ▸ **intransmissibilidade**
intransmissible *adj* Qui ne peut se transmettre: *héritage intransmissible* ▸ **intransmissível**
intransportable *adj* Qui ne peut être transporté ▸ **intransportável**
intra-utérin, e (pl *intra-utérins, es*) *adj* MÉD Qui est situé ou qui a lieu à l'intérieur de l'utérus: *dispositif intra-utérin* ▸ **intrauterino**
intraveineux, euse *adj* Qui est ou se fait à l'intérieur des veines: *injection intraveineuse* ▸ **intravenoso**
intrépide *adj et n* Qui ne craint pas le danger: *soldat intrépide* ▸ **intrépido**
intrépidement *adv* De façon intrépide ▸ **intrepidamente**
intrépidité *nf* Caractère d'une personne intrépide ▸ **intrepidez**
intrigant, e *adj et n* Qui recourt à l'intrigue pour parvenir à ses fins ▸ **intrigante**
intrigue *nf* **1** Manœuvre secrète ou déloyale: *déjouer une intrigue* ▸ **intriga 2** Trame d'une pièce de théâtre, d'un roman, d'un film: *intrigue passionnante* ▸ **intriga, enredo 3** VIEILLI Liaison amoureuse passagère ▸ **aventura**
intriguer *vi* Se livrer à des intrigues: *il a intrigué pour parvenir au sommet* ▸ **intrigar** ◆ *vt* Embarrasser, donner à penser: *sa conduite m'intrigue* ▸ **intrigar**
intrinsèque *adj* Qui appartient à l'objet lui-même, indépendamment des facteurs extérieurs; inhérent, essentiel: *valeur intrinsèque*; CONTR: *extrinsèque* ▸ **intrínseco**
intrinsèquement *adv* De façon intrinsèque, en soi ▸ **intrinsecamente**
introducteur, trice *n* Personne qui introduit: *servir d'introducteur à quelqu'un* ▸ **introdutor**
introductif, ive *adj* Qui sert à introduire, à commencer: *paragraphe introductif* ▸ **introdutório**
introduction *nf* **1** Action d'introduire: *introduction d'un nouveau produit sur le marché* ▸ **introdução 2** Ce qui introduit à la connaissance d'une science: *introduction à la chimie* ▸ **introdução 3** Texte, discours préliminaire; entrée en matière: *introduction, développement et conclusion* ▸ **introdução**
introduire *vt (conj 70)* **1** Faire entrer: *introduire un visiteur* ▸ **introduzir 2** Faire entrer une chose dans une autre: *introduire une vis dans un trou* ▸ **introduzir 3** FIG Faire adopter, admettre: *introduire une mode; introduire un ami dans la famille* ▸ **introduzir** ◆ **s'introduire** *vpr* Entrer, pénétrer: *s'introduire subrepticement quelque part* ▸ **introduzir-se**
introït [ɛ̃trɔit] *nm* Chant d'entrée de la messe ▸ **introito**
intromission *nf* Introduction ▸ **intromissão**
intronisation *nf* Action d'introniser ▸ **entronização**
introniser *vt* **1** Installer sur le trône: *introniser un roi, un pape, un évêque* ▸ **entronizar 2** FIG Faire régner, établir: *introniser une mode* ▸ **entronizar**
introspectif, ive *adj* Fondé sur l'introspection: *roman introspectif* ▸ **introspectivo**
introspection *nf* Étude de la conscience par elle-même, du sujet par lui-même ▸ **introspecção**
introuvable *adj* Qu'on ne peut trouver ▸ **inencontrável**
introversion *nf* PSYCHOL Fait de se replier sur soi-même, de ne pas faire part de ses réflexions ▸ **introversão**
introverti, e *adj et n* Qui est porté à l'introversion ▸ **introvertido**
intrus, e *n* Personne qui s'introduit quelque part sans avoir la qualité requise ▸ **intruso**
intrusion *nf* Action de s'introduire sans droit dans un lieu, un groupe ▸ **intrusão**
intubation *nf* MÉD Introduction, dans la trachée, d'un tube semi-rigide pour isoler les voies respiratoires des voies digestives ▸ **intubação**

intuber *vt* MÉD Pratiquer une intubation sur ▸ **intubar**

intuitif, ive *adj* Qui procède de l'intuition: *connaissance intuitive* ▸ **intuitivo** ♦ *adj et n* Doué d'intuition ▸ **intuitivo**

intuition *nf* **1** Connaissance directe, immédiate, sans intervention du raisonnement: *comprendre par intuition* ▸ **intuição 2** Pressentiment: *avoir une intuition* ▸ **intuição**

intuitivement *adv* Par intuition ▸ **intuitivamente**

intumescence *nf* Gonflement ▸ **intumescência**

intumescent, e *adj* Qui enfle ▸ **intumescente**

inuit [init] ou [ini] *adj inv* Relatif aux Inuit, aux Esquimaux ▸ **inuíte**

inusable *adj* Qui ne peut s'user ▸ **impossível de desgastar**

inusité, e *adj* Qui n'est pas ou plus usité ▸ **desusado**

in utero [inytero] *loc adv et adj inv* Qui se produit à l'intérieur de l'utérus ▸ ***in utero***

inutile *adj* Qui ne sert à rien ▸ **inútil**

inutilement *adv* De façon inutile; en vain: *chercher inutilement* ▸ **inutilmente**

inutilisable *adj* Impossible à utiliser ▸ **inutilizável**

inutilisé, e *adj* Qu'on n'utilise pas ▸ **inutilizado**

inutilité *nf* Manque d'utilité ▸ **inutilidade**

inv. (abréviation) Invariable ▸ **inv.**

invagination *nf* MÉD Repliement d'un organe creux sur lui-même ▸ **invaginação**

invaincu, e *adj* Qui n'a jamais été vaincu ▸ **invicto**

invalidant, e *adj* Se dit d'une maladie, d'un handicap entraînant une incapacité de travail ▸ **incapacitante**

invalidation *nf* Action d'invalider ▸ **invalidação**

invalide *adj et n* Non valide, infirme ▸ **inválido** ♦ *nm* Soldat devenu incapable de servir et entretenu aux frais de l'État ▸ **soldado inválido** ♦ *adj* DR Non valable, légalement nul ▸ **inválido**

invalider *vt* Déclarer nul ou non valable: *invalider un testament, une élection* ▸ **invalidar**

invalidité *nf* **1** État d'une personne invalide ▸ **invalidez 2** DR Manque de validité entraînant la nullité ▸ **invalidade**

Invar *nm* (nom déposé) Acier au nickel, peu sensible aux changements de température ▸ **invar**

invariabilité *nf* État, caractère de ce qui est invariable ▸ **invariabilidade**

invariable *adj* **1** Qui ne change pas: *l'ordre invariable des saisons* ▸ **invariável 2** GRAMM Se dit d'un mot dont la forme ne change jamais quels que soient sa fonction et son environnement ▸ **invariável**

invariablement *adv* De façon invariable ▸ **invariavelmente**

invariance *nf* **1** MATH Caractère de ce qui est invariant ▸ **invariância 2** PHYS Propriété de certaines grandeurs physiques régies par des lois de conservation ▸ **invariância**

invariant, e *adj* **1** MATH Se dit d'un point, d'une figure qui est sa propre image dans une transformation ponctuelle ▸ **invariante 2** CHIM ET PHYS Se dit d'un système en équilibre dont la variance est nulle ▸ **invariante**

invasif, ive *adj* MÉD **1** Qui peut provoquer des lésions: *techniques d'exploration invasives* ▸ **invasivo 2** Qui s'étend et envahit les tissus voisins: *tumeur invasive* ▸ **invasivo**

invasion *nf* **1** Irruption faite dans un pays par une force militaire: *repousser une invasion* ▸ **invasão 2** Arrivée soudaine et massive (d'êtres, de choses, d'idées, etc., jugés négatifs): *une invasion de sauterelles, de touristes* ▸ **invasão**

invective *nf* Parole violente, injurieuse: *lancer des invectives contre quelqu'un* ▸ **invectiva**

invectiver *vi et vt* Dire, lancer des invectives; injurier: *invectiver contre quelqu'un, invectiver quelqu'un* ▸ **invectivar**

invendable *adj* Qu'on ne peut vendre ▸ **invendável**

invendu, e *adj et nm* Qui n'a pas été vendu: *liquider des invendus* ▸ **(artigos) não vendidos**

inventaire *nm* **1** État des biens, meubles, titres d'une personne ou d'une collectivité: *faire l'inventaire d'une succession* ▸ **inventário 2** Évaluation des marchandises en magasin et des valeurs d'un commerçant: *fermeture pour inventaire* ▸ **inventário**

inventer *vt* **1** Trouver, créer le premier quelque chose: *Gutenberg inventa l'imprimerie* ▸ **inventar 2** Imaginer, donner comme réel: *inventer un mensonge* ▸ **inventar**

inventeur, trice *n* Personne qui invente ▸ **inventor**

inventif, ive *adj* Qui a le talent d'inventer: *esprit inventif* ▸ **inventivo**

invention *nf* **1** Action d'inventer, de créer; chose inventée: *l'invention de la roue* ▸ **invenção 2** Faculté d'inventer; imagination: *être à court d'invention* ▸ **imaginação 3** Mensonge: *c'est une pure invention!* ▸ **invenção 4** DR Découverte de choses cachées: *l'invention d'un trésor* ▸ **invenção**

inventivité *nf* Caractère d'une personne inventive ▸ **inventividade**

inventorier *vt* Faire l'inventaire de ▸ **inventariar**

invérifiable *adj* Qui ne peut être vérifié ▸ **inverificável**

inverse *adj* Opposé, contraire à la direction actuelle ou naturelle: *sens, ordre inverse* ▸ **inverso** ▪ MATH **nombres inverses l'un de l'autre:** dont le produit est égal à l'unité ▸ **números inversos** ▫ **en raison inverse:** se dit d'une comparaison entre objets qui varient en proportion inverse l'un de l'autre ▸ **em razão inversa** ♦ *nm* **1** Le contraire: *soutenir l'inverse* ▸ **inverso 2** MATH Élément ou nombre inverse d'un autre ▸ **inverso** ▪ **à l'inverse de:** à l'opposé de ▸ **ao contrário de**

inversement *adv* De façon inverse ▸ **inversamente**

inverser *vt* Renverser, changer le sens de: *inverser des rôles; inverser l'ordre des mots* ▸ **inverter**

inverseur *nm* Appareil inversant le courant électrique ▸ **inversor**

inversible *adj* PHOT Se dit d'un film dont le développement donne une image positive ▸ **reversível**

inversion *nf* **1** Action d'inverser, fait de s'inverser ▸ **inversão 2** GRAMM Construction où l'on donne aux mots un autre ordre que l'ordre habituel ▸ **inversão 3** MÉD Déviation d'un organe ▸ **inversão**

invertébré, e *adj et nm* Se dit des animaux sans colonne vertébrale ▸ **invertebrado**

inverti[1]**, e** *adj* ▸ **invertido** ▪ **sucre inverti:** se dit du saccharose ayant subi la transformation par hydrolyse en glucose et en lévulose ▸ **açúcar invertido**

inverti[2]**, e** *n* VX Homosexuel ▸ **invertido**

invertir *vt* Renverser symétriquement: *invertir le sens d'un courant électrique* ▸ **inverter**

investigateur, trice *n et adj* Personne qui fait des recherches, des investigations ▸ **investigador**

investigation *nf* Recherche attentive et suivie ▸ **investigação**

investiguer *vi* Procéder à des investigations ▸ **investigar**

investir *vt* **1** Mettre en possession d'un pouvoir, d'une autorité: *investir un président de tous les pouvoirs* ▸ **investir 2** Encercler une ville en coupant ses communications ▸ **sitiar 3** Placer des capitaux dans une entreprise: *investir sa fortune dans une affaire* ▸ **investir** ♦ *vi* ou **s'investir** *vpr* PSYCHOL Mettre toute son énergie dans une action, une activité ▸ **investir**

investissement *nm* **1** Action d'investir, de s'investir ▸ **investimento 2** Placement de fonds ▸ **investimento**

investisseur, euse *n et adj* Personne qui pratique un ou des investissements financiers ▸ **investidor**

investiture *nf* Mise en possession d'une dignité, d'un pouvoir ▸ **investidura**

invétéré, e *adj* **1** Fortifié, enraciné par le temps: *mal invétéré* ▸ **inveterado 2** Impénitent, endurci: *buveur invétéré* ▸ **inveterado**

invincibilité *nf* Caractère de quelqu'un, de quelque chose d'invincible ▸ **invencibilidade**

invincible *adj* **1** Qu'on ne peut vaincre: *héros invincible; force invincible* ▸ **invencível 2** FIG Qu'on ne peut réfuter: *argument invincible* ▸ **irrefutável**

invinciblement *adv* De façon invincible ▸ **invencivelmente, irrefutavelmente**

inviolabilité *nf* Qualité de ce qui est inviolable ▸ **inviolabilidade**

inviolable *adj* **1** Qu'on ne doit jamais enfreindre: *serment inviolable* ▸ **inviolável 2** Où l'on ne peut pénétrer; que l'on ne peut forcer: *citadelle, serrure inviolable* ▸ **inviolável 3** À l'abri de toute poursuite: *sous l'Ancien Régime, la personne du roi était inviolable* ▸ **inviolável**

inviolé, e *adj* Qui n'a pas été violé, outragé, enfreint: *sanctuaire inviolé; loi inviolée* ▸ **inviolado**

invisibilité *nf* État de ce qui est invisible ▸ **invisibilidade**

invisible *adj* **1** Non visible: *invisible à l'œil nu* ▸ **invisível 2** FIG Qu'on ne peut voir, rencontrer: *patron invisible* ▸ **invisível**

invitation *nf* Action d'inviter; son résultat: *refuser une invitation* ▸ **convite**

invite *nf* Ce qui invite à faire quelque chose; appel indirect, adroit: *céder aux invites de quelqu'un* ▸ **convite**

invité, e *n* Personne que l'on a invitée à un repas, une cérémonie, etc. ▸ **convidado**

inviter *vt* **1** Convier, prier de venir, d'assister à: *inviter des amis à dîner* ▸ **convidar 2** FIG Engager, inciter: *inviter à la rêverie* ▸ **convidar** ♦ **s'inviter** *vpr* FAM Venir sans être invité ▸ **convidar-se**

in vitro [invitro] *loc adv et adj inv* Qui se fait en dehors de l'organisme (dans des tubes, des éprouvettes, etc.): *fécondation in vitro*; CONTR: *in vivo* ▸ ***in vitro***

invivable *adj* Très difficile à supporter: *personne invivable*: *appartement invivable* ▸ **insuportável**

in vivo [invivo] *loc adv et adj inv* Qui se fait dans l'organisme; CONTR: *in vitro* ▸ ***in vivo***

invocation *nf* Action d'invoquer ▸ **invocação**

invocatoire *adj* Qui sert à invoquer: *formule invocatoire* ▸ **invocativo**

involontaire *adj* **1** Qui échappe à la volonté: *erreur involontaire* ▸ **involuntário 2** Qui fait quel-

que chose sans le vouloir: *témoin involontaire* ▸ **involuntário**
involontairement *adv* Sans le vouloir ▸ **involuntariamente**
involution *nf* BIOL ET MÉD Régression, décroissance d'un organe ▸ **involução**
invoquer *vt* **1** Appeler une puissance surnaturelle à l'aide par des prières: *invoquer Dieu, les saints* ▸ **invocar 2** FIG En appeler à: *invoquer un témoignage* ▸ **invocar**
invraisemblable *adj* **1** Qui n'est pas vraisemblable: *conte invraisemblable* ▸ **inverossímil 2** Bizarre, extraordinaire: *une coiffure invraisemblable* ▸ **esquisito**
invraisemblablement *adv* De façon invraisemblable ▸ **inverossimilmente, incrivelmente**
invraisemblance *nf* **1** Manque de vraisemblance ▸ **inverossimilhança 2** Chose, fait invraisemblables ▸ **absurdo**
invulnérabilité *nf* État de celui ou de ce qui est invulnérable ▸ **invulnerabilidade**
invulnérable *adj* Qui ne peut être blessé; qui résiste à toute atteinte ▸ **invulnerável**
iode *nm* Corps simple d'un gris bleuâtre; symb: I ▸ **iodo ■ teinture d'iode:** dissolution d'iode dans l'alcool à 90°, utilisée comme désinfectant ▸ **tintura de iodo**
iodé, e *adj* Qui contient de l'iode ▸ **iodado**
ion *nm* Particule électrisée formée d'un atome ou d'un groupe d'atomes ayant gagné ou perdu un ou plusieurs électrons ▸ **íon**
ionien, enne *adj et n* De l'Ionie ▸ **jônio**
ionique[1] *adj* Relatif aux ions ▸ **iônico**
ionique[2] *adj* Se dit d'un ordre d'architecture grecque ▸ **jônico**
ionisant, e *adj* Qui provoque l'ionisation: *radiations ionisantes* ▸ **ionizante**
ionisation *nf* Transformation d'atomes, de molécules neutres en ions ▸ **ionização**
ioniser *vt* Provoquer l'ionisation de ▸ **ionizar**
ionosphère *nf* Partie de la haute atmosphère où l'ionisation est forte ▸ **ionosfera**
iota *nm inv* Lettre grecque équivalant à notre *i* ▸ **iota ■** FIG **pas un iota:** rien du tout ▸ **absolutamente nada**
iourte *nf* → **yourte**
ipéca *nm* Racine d'un arbrisseau du Brésil, aux propriétés vomitives ▸ **ipecacuanha**
ipso facto *loc adv* Par le fait même ▸ ***ipso facto***
irakien, enne *adj et n* De l'Irak: *les Irakiens* ▸ **iraquiano**
iranien, enne *adj et n* De l'Iran: *les Iraniens* ▸ **iraniano**
irascibilité *nf* LITT Disposition à s'irriter ▸ **irascibilidade**
irascible *adj* Porté à la colère, irritable ▸ **irascível**
ire *nf* POÉT, VX Colère ▸ **ira**
iridacée *nf* Plante monocotylédone, comme l'iris ou le glaïeul (les iridacées forment une famille) ▸ **iridácea**
iridié *adj m* Qui contient de l'iridium: *platine iridié* ▸ **iridiado**
iridium *nm* Métal blanc extrêmement dur et résistant contenu dans certains minerais de platine; symb: Ir ▸ **irídio**
iris [iris] *nm* **1** Membrane colorée de l'œil ▸ **íris 2** Plante à fleurs ornementales ▸ **íris 3** Poudre parfumée tirée du rhizome de cette plante ▸ **pó de íris**
irisation *nf* Propriété qu'ont certains corps de disperser la lumière en rayons colorés comme l'arc-en-ciel; reflets ainsi produits ▸ **irisação**
irisé, e *adj* Qui a les couleurs de l'arc-en-ciel: *reflets irisés* ▸ **irisado**
iriser *vt* Produire l'irisation dans; donner les couleurs de l'arc-en-ciel à ▸ **irisar**
irish-coffee [ajriʃkɔfi] (pl *irish-coffees*) *nm* Café très chaud additionné de whisky et nappé de crème fraîche ▸ ***irish coffee***
irlandais, e *adj et n* De l'Irlande: *les Irlandais* ▸ **irlandês** ♦ *nm* Langue celtique parlée en Irlande ▸ **irlandês**
IRM *nf* (sigle de *imagerie par résonance magnétique*) Technique de radiologie utilisée en imagerie médicale ▸ **RM**
ironie *nf* **1** Raillerie qui consiste à dire le contraire de ce qu'on veut faire entendre ▸ **ironia 2** Contraste entre une réalité cruelle et ce qu'on pouvait attendre: *l'ironie du sort* ▸ **ironia**
ironique *adj* **1** Qui manifeste de l'ironie: *regard ironique* ▸ **irônico 2** Qui emploie l'ironie: *esprit ironique* ▸ **irônico**
ironiquement *adv* De façon ironique ▸ **ironicamente**
ironiser *vi et vt ind* [sur] Faire de l'ironie, railler ▸ **ironizar**
ironiste *n* Personne qui use habituellement d'ironie ▸ **ironista**
IRPP *nm* (sigle) Impôt sur le revenu des personnes physiques ▸ **IRPF**
irradiant, e *adj* Qui irradie ▸ **irradiante**
irradiation *nf* Action d'irradier; fait d'être irradié ▸ **irradiação**
irradié, e *adj* Qui a subi les effets néfastes de la radioactivité ▸ **exposto a radioatividade**
irradier *vi* ou **s'irradier** *vpr* Se propager en rayonnant: *lumière qui irradie de tous côtés*

▸ **irradiar(-se)** ♦ *vt* Exposer à certaines radiations (radiations ionisantes en particulier) ▸ **expor a radiação**

irraisonné, e *adj* Qui n'est pas raisonné ▸ **desarrazoado**

irrationalité *nf* Caractère de ce qui est irrationnel ▸ **irracionalidade**

irrationnel, elle *adj* **1** Contraire à la raison: *peur irrationnelle* ▸ **irracional 2** MATH Se dit d'un nombre qui n'est pas le quotient de deux nombres entiers ▸ **irracional**

irrattrapable *adj* Qu'on ne peut pas rattraper, réparer: *erreur irrattrapable* ▸ **irremediável**

irréalisable *adj* Qui ne peut être réalisé ▸ **irrealizável**

irréalisme *nm* Manque de réalisme ▸ **irrealismo**

irréaliste *adj* Qui ne tient pas compte de la réalité: *projet irréaliste* ▸ **irrealista**

irréalité *nf* Caractère de ce qui est irréel ▸ **irrealidade**

irrecevabilité *nf* Caractère de ce qui n'est pas recevable ▸ **inaceitabilidade**

irrecevable *adj* Qui ne peut être pris en considération; inacceptable: *demande irrecevable* ▸ **inaceitável**

irréconciliable *adj* Qui ne peut se réconcilier: *ennemis irréconciliables* ▸ **irreconciliável**

irrécouvrable *adj* Qui ne peut être recouvré: *créance irrécouvrable* ▸ **incobrável**

irrécupérable *adj* Qui n'est pas récupérable ▸ **irrecuperável**

irrécusable *adj* Qui ne peut être récusé: *preuve irrécusable* ▸ **irrecusável**

irrédentisme *nm* HIST Mouvement de revendication nationale en Italie, après 1870 ▸ **irredentismo**

irrédentiste *adj et n* HIST Relatif à l'irrédentisme; qui en est partisan ▸ **irredentista**

irréductibilité *nf* Caractère de ce qui est irréductible ▸ **irredutibilidade**

irréductible *adj* **1** Qui ne peut être réduit, simplifié ▸ **irredutível 2** FIG Qui ne transige pas: *ennemi, opposition irréductible* ▸ **irredutível**

irréductiblement *adv* De façon irréductible ▸ **irredutivelmente**

irréel, elle *adj* Qui n'est pas réel: *image irréelle* ▸ **irreal**

irréfléchi, e *adj* Qui n'est pas réfléchi: *homme irréfléchi; action irréfléchie* ▸ **irrefletido**

irréflexion *nf* Manque de réflexion; étourderie ▸ **irreflexão**

irréfragable *adj* LITT Qu'on ne peut récuser, contredire: *autorité irréfragable* ▸ **irrefragável**

irréfutabilité *nf* Caractère de ce qui est irréfutable ▸ **irrefutabilidade**

irréfutable *adj* Qui ne peut être réfuté: *argument irréfutable* ▸ **irrefutável**

irréfutablement *adv* De façon irréfutable ▸ **irrefutavelmente**

irrégularité *nf* **1** Manque de régularité: *irrégularité des résultats scolaires* ▸ **irregularidade 2** Caractère de ce qui n'est pas régulier, réglementaire; chose, action irrégulière: *irrégularités dans les comptes* ▸ **irregularidade 3** Surface irrégulière: *irrégularité d'un terrain* ▸ **irregularidade**

irrégulier, ère *adj* **1** Qui n'est pas régulier, uniforme, symétrique: *résultats irréguliers; polygone irrégulier* ▸ **irregular 2** Non conforme à l'usage, à la norme, à la loi: *situation, procédure irrégulière; pluriel irrégulier* ▸ **irregular**

irrégulièrement *adv* De façon irrégulière: *payer irrégulièrement* ▸ **irregularmente**

irréligieux, euse *adj* **1** Qui n'a pas de convictions religieuses ▸ **irreligioso 2** Irrespectueux envers la religion ▸ **antirreligioso**

irréligion *nf* Absence de convictions religieuses ▸ **irreligião**

irrémédiable *adj* À quoi on ne peut remédier; irréparable ▸ **irremediável**

irrémédiablement *adv* Sans remède, sans recours ▸ **irremediavelmente**

irrémissible *adj* LITT **1** Qui ne mérite pas de pardon: *faute irrémissible* ▸ **irremissível 2** Implacable, fatal: *le cours irrémissible du temps* ▸ **irremissível**

irremplaçable *adj* Qui ne peut être remplacé ▸ **insubstituível**

irréparable *adj* Qui ne peut être réparé ▸ **irreparável**

irréparablement *adv* De façon irréparable ▸ **irreparavelmente**

irrépressible *adj* Qu'on ne peut arrêter, retenir: *envie irrépressible* ▸ **irreprimível**

irréprochable *adj* Auquel on ne peut faire nul reproche ▸ **irrepreensível**

irréprochablement *adv* De façon irréprochable ▸ **irrepreensivelmente**

irrésistible *adj* À qui ou à quoi l'on ne peut résister: *force irrésistible* ▸ **irresistível**

irrésistiblement *adv* De façon irrésistible ▸ **irresistivelmente**

irrésolu, e *adj et n* Qui a du mal à se décider, à prendre parti ▸ **irresoluto** ♦ *adj* Qui n'a pas reçu de solution: *problème irrésolu* ▸ **irresoluto**

irrésolution *nf* Incertitude ▸ **irresolução**

irrespect *nm* Manque de respect ▸ **desrespeito**

irrespectueusement *adv* De façon irrespectueuse ▸ **desrespeitosamente**
irrespectueux, euse *adj* Qui manque de respect; qui blesse le respect ▸ **desrespeitoso**
irrespirable *adj* **1** Qui n'est pas respirable: *air pollué irrespirable* ▸ **irrespirável 2** Difficile à supporter: *ambiance irrespirable* ▸ **insuportável**
irresponsabilité *nf* **1** État de celui qui n'est pas responsable de ses actes: *plaider l'irresponsabilité d'un accusé* ▸ **irresponsabilidade 2** Caractère de quelqu'un qui agit à la légère; inconscience ▸ **irresponsabilidade**
irresponsable *adj et n* **1** Qui n'est pas responsable de ses actes ▸ **irresponsável 2** Qui agit avec une légèreté coupable ▸ **irresponsável**
irrétrécissable *adj* Qui ne peut rétrécir: *laine irrétrécissable* ▸ **que não encolhe**
irrévérence *nf* **1** Manque de respect ▸ **irreverência 2** Parole, action irrévérencieuse ▸ **irreverência**
irrévérencieusement *adv* De façon irrévérencieuse ▸ **irreverentemente**
irrévérencieux, euse *adj* Irrespectueux ▸ **irreverente**
irréversibilité *nf* Caractère irréversible ▸ **irreversibilidade**
irréversible *adj* **1** Qui n'est pas réversible: *mouvement irréversible* ▸ **irreversível 2** Qu'on ne peut suivre que dans une seule direction: *le temps est irréversible* ▸ **irreversível**
irréversiblement *adv* De façon irréversible ▸ **irreversivelmente**
irrévocable *adj* **1** Qui n'est pas révocable: *donation irrévocable* ▸ **irrevogável 2** Sur quoi il est impossible de revenir; définitif: *décision irrévocable* ▸ **irrevogável**
irrévocablement *adv* De façon irrévocable ▸ **irrevogavelmente**
irrigable *adj* Qui peut être irrigué: *terrain irrigable* ▸ **irrigável**
irrigation *nf* **1** Technique qui consiste, dans les régions sèches, à amener de l'eau par des procédés divers ▸ **irrigação 2** PHYSIOL Apport du sang dans les tissus par les vaisseaux sanguins ▸ **irrigação**
irriguer *vt* Arroser par irrigation ▸ **irrigar**
irritabilité *nf* **1** Caractère d'une personne irritable ▸ **irritabilidade 2** Caractère d'un tissu, d'un organe qui s'irrite facilement ▸ **irritabilidade**
irritable *adj* **1** Qui se met facilement en colère; irascible ▸ **irritável 2** MÉD Se dit d'un tissu, d'un organe qui s'irrite facilement: *gorge irritable* ▸ **irritável**
irritant, e *adj* **1** Qui met en colère ▸ **irritante 2** MÉD Qui détermine une irritation ▸ **irritante**
irritation *nf* **1** État de quelqu'un qui est irrité, en colère ▸ **irritação 2** MÉD Inflammation légère d'un tissu, d'un organe ▸ **irritação**
irriter *vt* **1** Mettre en colère, énerver ▸ **irritar 2** MÉD Causer de la douleur, de l'inflammation dans un organe ▸ **irritar**
irruption *nf* Entrée soudaine et violente ▸ **irrupção**
EMPLOI Il ne faut pas confondre *irruption*, «entrée», avec *éruption*, «sortie subite»
isabelle *adj inv et nm* Se dit d'un cheval d'une couleur jaune clair ▸ **(cavalo) isabel**
isard *nm* Chamois des Pyrénées ▸ **camurça**
isatis [izatis] *nm* Renard des régions arctiques ▸ **raposa do Ártico**
isba *nf* Habitation en bois des paysans russes ▸ **isbá**
ISBN *nm* (sigle de *international standard book number*) Numéro d'identification international attribué à chaque ouvrage publié ▸ **ISBN**
ischémie [iskemi] *nf* MÉD Arrêt de la circulation sanguine dans un organe, un tissu ▸ **isquemia**
ischion [iskjɔ̃] *nm* ANAT Un des trois os qui forment l'os iliaque ▸ **ísquio**
ISF *nm* (sigle de *impôt de solidarité sur la fortune*) Impôt sur les grandes fortunes institué en France en 1989 pour financer le revenu minimum d'insertion ▸ **Ø**
islam *nm* Religion musulmane ▸ **islã ■ l'Islam:** le monde musulman, la civilisation musulmane ▸ **islã**
islamique *adj* De l'islam ▸ **islâmico**
islamisation *nf* Action d'islamiser ▸ **islamização**
islamiser *vt* **1** Convertir à l'islam ▸ **islamizar 2** Appliquer la loi islamique à ▸ **islamizar**
islamisme *nm* **1** VIEILLI Religion musulmane ▸ **islamismo 2** Mouvement politique et religieux qui préconise l'islamisation totale des institutions des pays islamiques ▸ **islamismo**
islamiste *adj et n* Relatif à l'islamisme; qui en est partisan ▸ **islamita**
islamologie *nf* Étude historique, sociologique, théologique, etc., de l'islam ▸ **islamologia**
islandais, e *adj et n* D'Islande: *les Islandais* ▸ **islandês** ◆ *nm* Langue nordique parlée en Islande ▸ **islandês**
ismaélien, enne ou **ismaïlien, enne** *n* Membre d'une secte chiite qui admet Ismail comme dernier imam ▸ **ismaeliano**
ismaélisme *nm* Système religieux des ismaéliens ▸ **ismaelismo**
ismaélite *adj et n* Qui appartient aux tribus arabes que la Bible fait descendre d'Ismaël, fils d'Abraham ▸ **ismaelita**

isobare *adj* PHYS D'égale pression atmosphérique: *lignes isobares* ▸ **isóbare** ◆ *adj et nm* PHYS Se dit de noyaux ayant même nombre de masse mais des numéros atomiques différents ▸ **isóbaro**

isobathe *adj* De même profondeur: *lignes isobathes* ▸ **isobático**

isocèle *adj* GÉOM Qui a deux côtés égaux: *triangle isocèle* ▸ **isósceles**

isochrone [izɔkron] ou **isochronique** [izɔkrɔnik] *adj* De durée égale ▸ **isócrono**

isoclinal, e, aux *adj* ▸ **isoclinal** ■ GÉOL **pli isoclinal:** dont les deux flancs sont parallèles ▸ **dobra isoclinal**

isocline ou **isoclinique** *adj* De même inclinaison ▸ **isóclino**

isoédrique *adj* Se dit d'un cristal dont les facettes sont semblables ▸ **isoédrico**

isogamie *nf* Mode de reproduction sexuée dans lequel les deux gamètes sont semblables (algues, champignons); CONTR: *hétérogamie* ▸ **isogamia**

isogone *adj* Qui a des angles égaux ▸ **isógono**

isolant, e *adj et nm* Qui isole, qui est mauvais conducteur de la chaleur, de l'électricité ou du son ▸ **isolante**

isolateur, trice *adj* Qui a la propriété d'isoler ▸ **isolador** ◆ *nm* Support isolant d'un conducteur électrique ▸ **isolador**

isolation *nf* Action de réaliser un isolement électrique, thermique ou acoustique ▸ **isolamento**

isolationnisme *nm* Politique d'un État qui s'isole des États voisins ▸ **isolacionismo**

isolationniste *adj et n* Relatif à l'isolationnisme; qui en est partisan ▸ **isolacionista**

isolé, e *adj* **1** Seul, séparé des autres, à l'écart: *se sentir isolé; maison isolée; endroit isolé* ▸ **isolado 2** Pris à part, individuel, unique: *cas isolé* ▸ **isolado 3** Protégé de tout corps conducteur de l'électricité, de la chaleur ou du son: *fils isolés; appartement bien isolé* ▸ **isolado**

isolement *nm* **1** État d'une personne, d'un groupe isolés, seuls, à l'écart ▸ **isolamento 2** État d'un corps isolé du point de vue électrique, thermique ou phonique ▸ **isolamento**

isolément *adv* De façon isolée, individuellement ▸ **isoladamente**

isoler *vt* **1** Séparer, mettre à l'écart: *les inondations ont isolé le village; isoler un malade contagieux* ▸ **isolar 2** FIG Abstraire, considérer à part: *isoler une phrase de son contexte* ▸ **isolar 3** Protéger contre les influences thermiques ou phoniques: *isoler un local* ▸ **isolar 4** Empêcher la conduction électrique entre des corps conducteurs; déconnecter: *isoler des fils, un câble* ▸ **isolar 5** CHIM Dégager de ses combinaisons: *isoler un métal* ▸ **isolar** ◆ **s'isoler** *vpr* Se mettre à l'écart: *s'isoler pour réfléchir* ▸ **isolar-se**

isoloir *nm* Cabine où l'électeur prépare son bulletin de vote sans être vu ▸ **cabine de votação**

isomère *adj et nm* CHIM Qui a même composition chimique et même masse moléculaire, mais diffère par la structure atomique et les propriétés ▸ **isômero**

isométrique *adj* Se dit d'un cristal dont les dimensions sont égales ▸ **isométrico**

isomorphe *adj* CHIM Qui affecte la même forme cristalline ▸ **isomorfo**

isotherme[1] *nf* En météorologie, ligne qui joint les points de température moyenne identique pour une période donnée ▸ **isoterma**

isotherme[2] *adj* **1** De même température: *ligne, courbe isotherme* ▸ **isotérmico 2** Qui a lieu ou qui se maintient à une température constante: *camion isotherme* ▸ **isotérmico**

isotope *nm* PHYS Atome d'un élément chimique ne différant d'un autre atome du même élément que par le nombre de neutrons ▸ **isótopo**

isotrope *adj* PHYS Dont les propriétés physiques sont identiques dans toutes les directions ▸ **isotrópico**

israélien, enne *adj et n* De l'État d'Israël: *les Israéliens* ▸ **israelense**

israélite *adj et n* **1** Relatif à l'Israël biblique, à son peuple: *un Israélite* ▸ **israelita 2** Juif: *la communauté israélite* ▸ **israelita**

issu, e *adj* Venu, né de: *médecin issu d'une famille riche; révolution issue d'une longue crise* ▸ **oriundo, resultante**

issue *nf* **1** Ouverture, passage par où l'on peut sortir, s'échapper: *issue de secours; voie sans issue* ▸ **saída 2** FIG Moyen de sortir d'embarras: *se ménager une issue* ▸ **saída 3** Conclusion, résultat: *situation sans issue* ▸ **saída** ■ **à l'issue de:** au sortir de ▸ **na saída de**

IST *nf* (sigle) Infection sexuellement transmissible ▸ **DST**

isthme [ism] *nm* **1** Langue de terre entre deux mers ▸ **istmo 2** ANAT Partie rétrécie d'une région ou d'un organe ▸ **istmo**

italianisant, e *n* Spécialiste de la langue et de la littérature italiennes ▸ **italianista**

italianiser *vt* Donner un caractère, un aspect italien à ▸ **italianizar**

italianisme *nm* **1** Manière de parler propre à la langue italienne ▸ **italianismo 2** Goût des choses italiennes ▸ **italianismo**

italien, enne *adj et n* D'Italie: *les Italiens* ► **italiano** ◆ *nm* Langue romane parlée principalement en Italie ► **italiano**

italique *adj* Relatif à l'Italie ancienne ► **itálico** ◆ *nm et adj* IMPR Caractère d'imprimerie penché ► **itálico**

item[1] *adv* (s'emploie dans les comptes, les énumérations) En outre, de plus ► ***item***

item[2] *nm* **1** LING Élément d'un ensemble grammatical, lexical, etc. ► **item 2** PSYCHOL Question d'un test ► **questão**

itératif, ive *adj* Fait plusieurs fois; répété ► **iterativo** ◆ *adj et nm* GRAMM Fréquentatif ► **iterativo**

itération *nf* Action de répéter, de faire de nouveau ► **iteração**

itinéraire *nm* Route à suivre; parcours, trajet ► **itinerário** ■ **itinéraire bis:** itinéraire indirect qui permet d'éviter les grandes voies encombrées ► **rota alternativa** ◆ *adj* ■ **mesure itinéraire:** évaluation d'une distance ► **medida itinerária**

itinérant, e *adj et n* Qui se déplace dans l'exercice de ses fonctions, de son métier: *comédiens itinérants* ► **itinerante**

itou *adv* FAM Aussi, de même ► **também**

IUFM *nm* (sigle de *institut universitaire de formation des maîtres*) Établissement d'enseignement supérieur assurant la formation professionnelle des enseignants du primaire et du secondaire ► **Ø**

iule *nm* Mille-pattes ► **centopeia**

IUT *nm* (sigle de *institut universitaire de technologie*) Établissement d'enseignement supérieur assurant la formation des techniciens supérieurs en deux ans ► **Ø**

IVG *nf* (sigle) Interruption volontaire de grossesse ► **IVG**

ivoire *nm* **1** Substance osseuse qui constitue la plus grande partie des dents, les défenses d'éléphant, etc. ► **marfim 2** Objet sculpté en ivoire ► **marfim**

ivoirien, enne *adj et n* De la Côte d'Ivoire: *les Ivoiriens* ► **ebúrneo, marfinense**

ivoirin, e *adj* LITT Qui ressemble à l'ivoire: *blancheur ivoirine* ► **ebúrneo**

ivraie *nf* Graminée sauvage qui se mélange parfois aux céréales, dont elle gêne la croissance ► **joio** ■ **séparer le bon grain de l'ivraie:** séparer les bons des méchants, le bien du mal ► **separar o joio do trigo**

ivre *adj* **1** Qui a l'esprit troublé par l'alcool ► **bêbado, embriagado 2** FIG Exalté par une passion, un sentiment: *ivre de joie* ► **embriagado** ■ **ivre mort:** ivre au point d'avoir perdu connaissance ► **caindo de bêbado**

ivresse *nf* **1** État d'une personne ivre; ébriété ► **embriaguez 2** FIG Transport, excitation: *l'ivresse du plaisir* ► **embriaguez**

ivrogne, esse *n* Qui s'enivre souvent ► **bêbado**

ivrognerie *nf* Habitude de s'enivrer ► **bebedeira**

J j

j *nm* Dixième lettre de l'alphabet et la septième des consonnes ▸ **j**

J (symbole) Joule ▸ **J**

jabot *nm* **1** Renflement de l'œsophage des oiseaux, qui est la première poche digestive ▸ **papo 2** Mousseline, dentelle, sur le devant d'une chemise, d'un corsage ▸ **jabô**

jacassement *nm* Action de jacasser ▸ **grasnada, tagarelice**

jacasser *vi* **1** Crier, en parlant de la pie ▸ **grasnar 2** FAM Bavarder ▸ **tagarelar**

jacasseur, euse *adj et n* FAM Qui jacasse ▸ **grasnador, tagarela**

jachère *nf* État d'une terre cultivable laissée temporairement au repos; cette terre ▸ **pousio**

jacinthe *nf* Liliacée à fleurs ornementales ▸ **jacinto**

jackpot [dʒakpɔt] *nm* **1** Dans certaines machines à sous, combinaison qui permet de gagner le gros lot; la machine elle-même ▸ ***jackpot*, caça-níqueis 2** Somme gagnée ▸ **prêmio 3** FIG Grosse somme vite gagnée ▸ **bolada**

jacobin, e *n* VX Religieux, religieuse de la règle de saint Dominique ▸ **jacobino** ◆ *nm* **1** HIST (avec une majuscule) Sous la Révolution, membre d'une association politique, appelée le club des Jacobins ▸ **jacobino 2** Républicain partisan d'une démocratie centralisée ▸ **jacobino**

jacobinisme *nm* Doctrine des Jacobins ▸ **jacobinismo**

jacquard *nm* **1** Métier à tisser, inventé par Jacquard ▸ ***jacquard* 2** Tricot qui présente des dessins géométriques sur un fond de couleur différente ▸ ***jacquard***

jacquemart *nm* → **jaquemart**

jacquerie *nf* Révolte paysanne ▸ ***jacquerie***

jacquet *nm* Jeu analogue au trictrac ▸ **gamão**

jacquier *nm* → **jaquier**

jactance *nf* LITT Attitude arrogante d'une personne qui se vante avec emphase; suffisance ▸ **jactância**

jacter *vi* FAM Parler ▸ **falar**

jaculatoire *adj* ▸ **jaculatório** ■ **oraison jaculatoire:** prière courte et fervente ▸ **oração jaculatória**

Jacuzzi [ʒakuzi] *nm* (nom déposé) Baignoire ou bassin équipés de jets d'eau sous pression qui créent des remous qui massent et relaxent le corps des baigneurs ▸ ***Jacuzzi* (marca registrada), banheira de hidromassagem**

jade *nm* Pierre dure de couleur verdâtre; objet sculpté dans cette matière: *les jades de Chine* ▸ **jade**

jadis [ʒadis] *adv* Autrefois, dans le passé ▸ **outrora**

jaguar [ʒagwar] *nm* Mammifère carnassier d'Amérique du Sud, à taches noires ▸ **onça-pintada**

jaillir *vi* **1** Sortir impétueusement, en parlant d'un liquide, de la lumière ▸ **jorrar 2** LITT Se manifester soudainement ▸ **irromper**

jaillissant, e *adj* Qui jaillit: *eaux jaillissantes* ▸ **jorrante**

jaillissement *nm* Action de jaillir ▸ **jorro**

jais *nm* Minerai solide, d'un noir luisant ▸ **azeviche**

jalon *nm* **1** Piquet pour prendre des alignements ▸ **baliza 2** FIG Marque, point de repère: *poser les jalons d'un travail* ▸ **ponto de referência**

jalonnement *nm* Action de jalonner ▸ **demarcação**

jalonner *vi* Planter des jalons pour indiquer un tracé ▸ **balizar** ◆ *vt* **1** Déterminer la direction, les limites de: *bouées qui jalonnent un chenal* ▸ **demarcar 2** Se succéder le long de, au cours de: *succès qui jalonnent une carrière* ▸ **marcar**

jalousement *adv* De façon jalouse ▸ **ciosamente**

jalouser *vt* Être jaloux de ▸ **ter ciúme de, invejar**

jalousie[1] *nf* **1** Dépit envieux ressenti à la vue des avantages d'autrui ▸ **inveja 2** Amour exclusif provoquant la crainte douloureuse d'une éventuelle infidélité ▸ **ciúme**

jalousie[2] *nf* Persienne à lamelles mobiles ▸ **gelosia**

jaloux, ouse *adj et n* **1** Envieux ▸ **invejoso 2** Qui éprouve de la jalousie en amour ▸ **ciumento** ◆ *adj* Très attaché à, désireux de: *jaloux de sa* *liberté* ▸ **cioso**

jamaïquain, e ou **jamaïcain, e** *adj et n* De la Jamaïque: *les Jamaïquains* ▸ **jamaicano**

jamais *adv* **1** (avec *ne*) À aucun moment: *cela ne s'est jamais vu* ▸ **nunca** **2** (sans *ne*) À une époque quelconque: *si jamais je le revois; aujourd'hui plus que jamais* ▸ **jamais** ▪ **à jamais** ou **pour jamais:** toujours ▸ **para sempre**

jambage *nm* **1** Ligne droite des lettres *m, n, u*, etc. ▸ **perna** **2** ARCHIT Piédroit ou partie antérieure de piédroit ▸ **jamba**

jambe *nf* **1** Le membre inférieur tout entier ▸ **perna** **2** Partie du membre inférieur entre le genou et le pied ▸ **perna** **3** Chacune des deux parties d'un vêtement qui recouvrent les jambes ▸ **perna** ▪ **courir à toutes jambes:** très vite ▸ **dar às pernas** ▫ **prendre ses jambes à son cou:** s'enfuir ▸ **dar no pé**

jambière *nf* Morceau de tissu ou de cuir qui enveloppe et protège la jambe ▸ **perneira**

jambon *nm* Cuisse ou épaule salée ou fumée de cochon, de sanglier, consommée crue ou cuite ▸ **presunto**

jambonneau *nm* Partie inférieure de la jambe du porc ▸ **pernil**

jamboree [ʒɑ̃bɔri] *nm* Réunion internationale des scouts ▸ ***jamboree***

janissaire *nm* Soldat d'un ancien corps d'infanterie turque ▸ **janízaro**

jansénisme *nm* Doctrine de Jansénius ▸ **jansenismo**

janséniste *adj et n* **1** Qui appartient au jansénisme; qui en est partisan ▸ **jansenista** **2** Qui manifeste une vertu austère ▸ **jansenista**

jante *nf* Cercle qui constitue la périphérie d'une roue de véhicule ▸ **jante**

janvier *nm* Premier mois de l'année ▸ **janeiro**

japon *nm* Papier du Japon de couleur ivoire, qui servait aux tirages de luxe ▸ **papel do Japão**

japonais, e *adj et n* Du Japon: *les Japonais* ▸ **japonês** ◆ *nm* Langue parlée au Japon ▸ **japonês**

japonisant, e ou **japonologue** *n* Spécialiste de la langue et de la civilisation japonaises ▸ **japonólogo**

jappement *nm* Action de japper; cri produit en jappant ▸ **ladrido, ganido**

japper *vi* Aboyer, en parlant des petits chiens, du chacal ▸ **ladrar, ganir**

jaque *nm* Fruit du jaquier ▸ **jaca**

jaquemart ou **jacquemart** *nm* Automate qui frappe les heures avec un marteau sur la cloche d'une horloge ▸ ***jacquemart***

jaquette *nf* **1** Vêtement masculin de cérémonie à longs pans ▸ **fraque** **2** Veste de femme ajustée à la taille ▸ **casaquinha** **3** CANADA, FAM Chemise de nuit ▸ **camisola** **4** Chemise de protection d'un livre ▸ **sobrecapa**

jaquier ou **jacquier** *nm* Arbre de la famille des moracées, cultivé dans les régions tropicales pour ses fruits (jaques) riches en amidon ▸ **jaqueira**

jardin *nm* **1** Lieu, ordinairement enclos, où l'on cultive des fleurs (*parterre*), des légumes (*potager*), des arbres (*fruitier* ou *verger*), etc. ▸ **jardim** **2** LITT Pays fertile ▸ **jardim** ▪ **côté jardin** THÉÂTRE: côté de la scène à droite de l'acteur; CONTR: *côté cour* ▸ **direita** ▫ **jardin d'enfants:** établissement ou partie d'un établissement privé, correspondant à l'école maternelle dans le public ▸ **jardim de infância**

jardinage *nm* Art de cultiver les jardins ▸ **jardinagem**

jardiner *vi* Faire du jardinage ▸ **jardinar**

jardinet *nm* Petit jardin ▸ **jardinete**

jardinier, ère *n* Personne qui cultive les jardins ▸ **jardineiro**

jardinière *nf* **1** Meuble, bac, contenant des fleurs, des plantes en pot ▸ **jardineira** **2** Assortiment de légumes cuits coupés en petits cubes ▸ **jardineira** ▪ **jardinière d'enfants:** personne qui s'occupe de jeunes enfants dans un jardin d'enfants ▸ **jardineira**

jargon *nm* **1** Langage formé d'éléments disparates de provenances diverses, de mots altérés: *jargon franco-italien* ▸ **jargão** **2** FAM Langue incompréhensible; charabia ▸ **jargão** **3** Langage particulier à une profession, à une activité, et inconnu du profane: *le jargon médical* ▸ **jargão**

jarre *nf* Grand vase de grès ▸ **jarro**

jarret *nm* **1** Partie de la jambe derrière le genou ▸ **jarrete** **2** Pli de la jambe de derrière des quadrupèdes ▸ **jarrete**

jarretelle *nf* Ruban de caoutchouc servant à maintenir le bas attaché à la gaine ou au porte-jarretelles ▸ **liga**

jarretière *nf* **1** Bande de tissu élastique entourant le bas et le maintenant tiré ▸ **liga** **2** (avec une majuscule) Ordre de chevalerie en Angleterre ▸ **jarreteira**

jars *nm* Mâle de l'oie ▸ **ganso**

jaser *vi* **1** Bavarder sans fin pour le plaisir de parler ou de dire des médisances: *sa conduite fait jaser* ▸ **tagarelar** **2** Trahir un secret, en bavardant ▸ **tagarelar** **3** Gazouiller, en parlant d'un bébé ▸ **balbuciar**

jasmin *nm* Arbuste à fleurs odoriférantes; son

parfum ▸ **jasmim**
jaspe *nm* Pierre colorée par bandes, employée en bijouterie ▸ **jaspe**
jasper *vt* Bigarrer de diverses couleurs pour imiter le jaspe: *jasper la tranche d'un livre* ▸ **jaspear**
jaspure *nf* Aspect jaspé ▸ **jaspeado**
jatte *nf* Récipient rond et sans rebord; son contenu: *jatte de lait* ▸ **tigela**
jauge *nf* **1** Règle graduée pour mesurer la capacité d'un réservoir, d'un récipient ▸ **medidor 2** Capacité d'un récipient propre à mesurer un liquide ou des grains ▸ **medida 3** MAR Capacité d'un bateau exprimée en tonneaux ▸ **tonelagem**
jaugeage *nm* Action de jauger ▸ **medição**
jauger *vt (conj 2)* **1** Mesurer la capacité d'un tonneau, d'un navire, etc. ▸ **arquear 2** FIG Apprécier la valeur de quelqu'un: *jauger un candidat* ▸ **avaliar** ◆ *vi* MAR Avoir la capacité de: *navire qui jauge 1200 tonneaux* ▸ **comportar**
jaunâtre *adj* Qui tire sur le jaune ▸ **amarelado**
jaune *adj* Qui est d'une couleur entre le vert et l'orangé ▸ **amarelo** ■ **fièvre jaune:** affection gastro-intestinale infectieuse ▸ **febre amarela** ◆ *adj et n* (souvent péjoratif) Se dit des personnes de l'Asie orientale qui présentent une coloration jaune ou cuivrée de la peau ▸ **amarelo** ◆ *nm* **1** Couleur jaune ▸ **amarelo 2** Matière qui teint en jaune: *jaune de chrome* ▸ **amarelo** ■ **jaune d'œuf:** partie centrale de l'œuf des oiseaux ▸ **gema** ◆ *adv* ■ **rire jaune:** avec contrainte ▸ **rir amarelo**
jaunir *vt* Teindre en jaune; rendre jaune ▸ **amarelar** ◆ *vi* Devenir jaune ▸ **amarelar**
jaunissant, e *adj* Qui jaunit ▸ **amarelento**
jaunisse *nf* Affection hépatique aiguë caractérisée par la coloration jaune de la peau; SYN: *ictère* ▸ **icterícia**
jaunissement *nm* Action de jaunir, fait de devenir jaune ▸ **amarelecimento**
java *nf* Danse populaire à trois temps ▸ **java** ■ FAM **faire la java:** faire la fête ▸ **andar na gandaia**
javanais, e *adj et n* De Java: *les Javanais* ▸ **javanês** ◆ *nm* **1** Langue du groupe indonésien ▸ **javanês 2** Argot consistant à intercaler dans les mots les syllabes *-av-* ou *-va-* pour les rendre incompréhensibles aux non-initiés ▸ **Ø**
Javel ■ **eau de Javel** *nf*: mélange d'hypochlorite et de chlorure de potassium, utilisé comme désinfectant et décolorant ▸ **água sanitária**
javeline *nf* Lance longue et mince ▸ **dardo**
javelle *nf* Poignée de blé, d'orge, de seigle coupé, etc., laissée sur place pour être liée en gerbe ensuite ▸ **gavela**
javellisation *nf* Action de javelliser ▸ **cloração**
javelliser *vt* Stériliser l'eau par addition d'eau de Javel ▸ **clorar**
javelot *nm* Instrument de lancer employé en athlétisme ▸ **dardo**
jazz [dʒaz] *nm* Musique d'origine américaine, dont la mélodie syncopée contraste avec la permanence rythmique de la batterie ▸ ***jazz***
jazz-band [dʒazbɑ̃d] (pl *jazz-bands*) *nm* Orchestre de jazz ▸ ***jazz-band***
jazzman [dʒazman] (pl *jazzmen*) *nm* Musicien de jazz ▸ ***jazzman***
jazzy [dʒazi] *adj inv* Qui rappelle, évoque le jazz: *des mélodies jazzy* ▸ **jazzístico**
je *pron pers* Désigne la première personne du singulier représentant celui, celle qui parle, en fonction de sujet ▸ **eu**
jean [dʒin] ou **jeans** [dʒins] *nm* Tissu de coton très serré; pantalon taillé dans ce tissu ▸ ***jeans***
jean-foutre *nm inv* FAM, VIEILLI Homme incapable ▸ **banana**
jeannette *nf* **1** Planchette à repasser montée sur pied ▸ **passa-manga 2** Fillette faisant partie d'une association scoute catholique ▸ **fadinha**
Jeep [dʒip] *nf* (nom déposé) Voiture tout terrain ▸ **jipe**
jéjunum [ʒeʒynɔm] *nm* ANAT Partie de l'intestin grêle entre le duodénum et l'iléon ▸ **jejuno**
je-m'en-foutisme (pl *je-m'en-foutismes*) *nm* FAM Attitude d'une personne je-m'en-foutiste ▸ **indiferença**
je-m'en-foutiste (pl *je-m'en-foutistes*) *adj et n* FAM Qui ne se sent absolument pas concerné par ce qui se passe; indifférent ▸ **indiferente**
je-ne-sais-quoi *nm inv* Chose qu'on ne peut définir: *avoir un je-ne-sais-quoi d'irrésistible* ▸ **não sei quê**
jérémiade *nf* FAM Plainte, lamentation importune ▸ **jeremiada**
jerez *nm* → **xérès**
jerk [dʒɛrk] *nm* Danse moderne qui se fait sur un rythme saccadé ▸ ***jerk***
jéroboam *nm* Grosse bouteille de champagne d'une contenance de quatre bouteilles (soit plus de 3 litres) ▸ ***jéroboam***
jerrican [ʒerikan] ou **jerricane** *nm* Bidon de 20 litres environ: *jerrican d'essence* ▸ **bidão de 20 litros**
jersey [ʒɛrze] *nm* **1** Tissu à mailles: *jersey de laine, de soie* ▸ **jérsei 2** Point de tricot obtenu en alternant un rang à l'endroit et un rang à l'envers ▸ ***jersey***
jersiais, e *adj et n* De Jersey: *les Jersiais* ▸ **de Jersey**

jésuite *nm* Membre de la Compagnie de Jésus ▸ **jesuíta** ◆ *adj et n* PÉJOR Hypocrite ▸ **jesuíta**

jésuitique *adj* **1** Caractéristique des jésuites: *morale jésuitique* ▸ **jesuítico 2** PÉJOR Hypocrite: *raisonnement jésuitique* ▸ **jesuítico**

jésuitisme *nm* **1** Système moral, religieux des jésuites ▸ **jesuitismo 2** PÉJOR Hypocrisie ▸ **jesuitismo**

jésus *nm* Représentation du Christ enfant: *un jésus de cire* ▸ **menino Jesus** ■ **jésus de Lyon** ou **jésus:** gros saucisson sec ▸ **salsichão**

jet[1] *nm* **1** Action de jeter, de lancer: *arme de jet* ▸ **arremesso 2** Distance parcourue par une chose jetée: *à un jet de pierre* ▸ **distância 3** Émission vive d'un fluide ou d'un rayon lumineux; jaillissement: *jet de vapeur* ▸ **jato 4** BOT Poussée droite d'un végétal ▸ **rebento 5** TECHN Coulée de matière en fusion dans le moule ▸ **vazamento** ■ **à jet continu:** sans interruption: *parler à jet continu* ▸ **sem parar** □ **d'un seul jet:** d'un seul coup: *écrire un livre d'un seul jet* ▸ **de um só jato** □ **jet d'eau:** gerbe d'eau qui jaillit d'une fontaine et retombe dans le bassin ▸ **repuxo** □ **premier jet:** ébauche, esquisse: *ce n'est qu'un premier jet* ▸ **esboço**

jet[2] [dʒɛt] *nm* Avion à réaction ▸ **avião a jato**

jetable *adj* Destiné à être jeté après usage: *mouchoir, briquet jetable* ▸ **descartável**

jeté *nm* **1** Saut lancé exécuté d'une jambe sur l'autre ▸ ***jeté* 2** En haltérophilie, mouvement amenant la barre de l'épaule au bout des bras tendus verticalement ▸ **arremesso** ■ **jeté de lit:** couvre-lit ▸ **colcha**

jetée *nf* Digue qui s'avance dans la mer pour protéger un port ▸ **quebra-mar**

jeter *vt (conj 8)* **1** Envoyer loin en lançant: *jeter une pierre* ▸ **jogar 2** Pousser avec violence; précipiter: *jeter par terre* ▸ **jogar 3** Lancer hors de soi; émettre: *jeter un cri* ▸ **soltar 4** Mettre rapidement: *jeter un châle sur ses épaules* ▸ **jogar 5** Mettre en place; établir, poser: *jeter un pont sur une rivière* ▸ **lançar 6** Répandre, susciter: *jeter le trouble dans les esprits* ▸ **lançar 7** Se débarrasser de, mettre à la poubelle: *jeter des fruits gâtés* ▸ **jogar fora** ■ **jeter un coup d'œil sur:** regarder rapidement ▸ **dar uma olhada em** ◆ **se jeter** *vpr* **1** Se précipiter ▸ **jogar-se 2** En parlant d'un cours d'eau, déverser ses eaux ▸ **desaguar**

jeteur, euse *n* ■ **jeteur de sort:** personne qui lance des malédictions; sorcier ▸ **sortílego**

jeton *nm* **1** Pièce ronde et plate servant à divers usages: *jeton de jeu* ▸ **ficha 2** FAM Coup: *prendre un jeton* ▸ **sopapo** ◆ **jetons** *pl* ■ FAM **avoir les jetons:** avoir peur ▸ **estar com medo**

jet-set [dʒɛtsɛt] (pl *jet-sets) nf ou nm* Ensemble des personnalités riches ou célèbres qui parcourent la planète en avion ▸ ***jet-set***

Jet-Ski *nm* (nom déposé) Petite embarcation propulsée par le jet d'eau d'un moteur à turbine et se pilotant debout; sport ainsi pratiqué ▸ ***jet ski***

jet-stream [dʒɛtstrim] (pl *jet-streams) nm* Courant d'ouest très rapide, entre les 30e et 45e parallèles des deux hémisphères ▸ **corrente de jato**

jeu *nm* **1** Activité physique ou intellectuelle visant au plaisir, à la distraction; divertissement: *aimer les jeux de son âge* ▸ **jogo 2** Ce qui sert à jouer: *un jeu de cartes*; ensemble des cartes d'un joueur: *avoir un beau jeu* ▸ **jogo 3** Divertissement où l'on risque de l'argent: *dettes de jeu* ▸ **jogo 4** Divertissement public composé d'exercices sportifs: *les jeux Olympiques* ▸ **jogo 5** Au tennis, division d'un set: *perdre un jeu* ▸ ***game* 6** Manière de jouer d'un instrument, d'interpréter un rôle: *jeu brillant* ▸ **interpretação 7** Rôle, comédie que l'on joue: *être pris à son propre jeu* ▸ **jogo 8** Fonctionnement régulier: *le jeu d'une pompe* ▸ **jogo 9** Facilité à se mouvoir; manque de serrage: *donner du jeu à une porte; cet axe a du jeu* ▸ **jogo 10** Série d'objets de même nature: *jeu de clés* ▸ **jogo** ■ **avoir beau jeu de:** être dans des conditions favorables pour ▸ **ter o jogo na mão** □ **faire le jeu de quelqu'un:** agir dans son sens ▸ **fazer o jogo de alguém** □ **jeu décisif:** au tennis, jeu supplémentaire qui sert à départager deux joueurs ou deux équipes à égalité à six jeux partout ▸ ***tie-breaker*** □ **jeu de mots:** plaisanterie fondée sur la ressemblance des mots ▸ **jogo de palavras** □ **jeu d'enfant:** chose très facile: *ce problème est un jeu d'enfant* ▸ **brincadeira de criança** □ **jeu vidéo:** utilisant un écran de visualisation et une commande électronique ▸ ***videogame***

jeudi *nm* Quatrième jour de la semaine ▸ **quinta-feira**

jeun (à) [aʒ̃] *loc adv* ▸ **em jejum** ■ **être à jeun:** n'avoir rien mangé depuis le réveil ▸ **estar em jejum**

jeune [ʒ n] *adj* **1** Peu avancé en âge: *jeune homme; jeune fille* ▸ **jovem 2** Qui appartient à la jeunesse: *des traits jeunes* ▸ **jovem 3** Qui a encore la vigueur et le charme de la jeunesse: *il est resté jeune* ▸ **jovem 4** Nouveau, récent: *pays jeune* ▸ **jovem 5** Qui manque de maturité: *il est encore un peu jeune* ▸ **jovem 6** Moins âgé; cadet: *c'est sa jeune sœur* ▸ **caçula** ■ **faire jeune:** paraître jeune ▸ **parecer mais jovem** ◆ *n* **1** Personne jeune ▸ **jovem 2** Animal non encore adulte ▸ **filhote**

◆ *adv* À la manière des jeunes: *s'habiller jeune* ▸ **como um jovem**

jeûne [ʒøn] *nm* Abstinence d'aliments ▸ **jejum**

jeûner *vi* **1** S'abstenir d'aliments ▸ **jejuar 2** Observer un jeûne religieux ▸ **jejuar**

ORTHOGRAPHE *Jeûner* et *jeûnes* s'écrivent avec *û*, à la différence de *à jeun* et *déjeuner*

jeunesse *nf* **1** Partie de la vie de l'homme entre l'enfance et l'âge mûr: *l'éclat de la jeunesse* ▸ **juventude 2** Fait d'être jeune; ensemble des caractères physiques et moraux d'une personne jeune: *jeunesse de cœur, d'esprit* ▸ **juventude 3** Ensemble des personnes jeunes: *littérature pour la jeunesse* ▸ **juventude 4** État, caractère des choses nouvellement créées et qui n'ont pas encore atteint leur plénitude: *science encore dans sa jeunesse* ▸ **juventude**

jeunet, ette *adj* FAM Très ou trop jeune ▸ **jovenzinho**

jeûneur, euse *n* Qui jeûne ▸ **jejuador**

jeunisme *nm* Exaltation sans nuance des caractéristiques traditionnellement attribuées à la jeunesse ▸ **juvenismo**

jeunot, otte *adj et n* FAM Jeune et naïf ▸ **criançola**

jingle [dʒingl] *nm* Bref thème musical destiné à introduire une émission ou un message publicitaire (recommandation officielle: *sonal*) ▸ ***jingle***

jiu-jitsu [ʒjyʒitsy] *nm inv* Lutte japonaise qui a donné naissance au judo ▸ **jiu-jítsu**

JO [ʒio] *nm pl* (sigle) Jeux Olympiques ▸ **Ø**

joaillerie *nf* Art, commerce du joaillier ▸ **joalheria**

joaillier, ère [ʒɔaje, ɛr] *n et adj* Personne qui crée, fabrique ou vend des joyaux ▸ **joalheiro**

job [dʒɔb] *nm* FAM Emploi rémunéré, souvent provisoire ▸ **bico**

jobard, e *adj et n* FAM Niais, naïf ▸ **simplório**

jobarderie ou **jobardise** *nf* Crédulité ▸ **simploriedade**

jockey *n* Professionnel qui monte les chevaux de course ▸ **jóquei**

jocrisse *nm* VX Benêt ▸ **pateta**

jodhpurs [ʒɔdpur] *nm pl* Pantalon serré à partir du genou pour monter à cheval ▸ **culotes**

joggeur, euse [dʒɔgr, z] *n* Personne qui pratique le jogging ▸ ***jogger***

jogging [dʒɔgi] *nm* **1** Course à pied pratiquée pour l'entretien de la forme physique ▸ ***jogging* 2** Survêtement ▸ ***jogging***

joie *nf* **1** Sentiment de bonheur, de plénitude, éprouvé par une personne dont une aspiration, un désir sont satisfaits ▸ **alegria 2** Manifestation de gaieté, de bonne humeur ▸ **alegria ■ feu de joie:** feu allumé dans les réjouissances publiques ▸ **fogueira □ s'en donner à cœur joie:** profiter pleinement de l'agrément qui se présente ▸ **regozijar-se ◆ joies** *pl* Plaisirs, agréments; IRON ennuis, désagréments: *les joies du mariage* ▸ **prazeres, dissabores**

joignable *adj* Avec qui on peut entrer en contact, notamment par téléphone ▸ **acessível**

joindre *vt (conj 82)* **1** Rapprocher deux choses de manière qu'elles se touchent; unir: *joindre les mains* ▸ **juntar 2** Relier: *le canal du Centre joint la Saône à la Loire* ▸ **ligar 3** Ajouter, allier: *joindre l'utile à l'agréable* ▸ **unir 4** Entrer en rapport, en communication avec: *joindre quelqu'un par téléphone* ▸ **contatar ■** FAM **joindre les deux bouts:** équilibrer son budget ▸ **equilibrar as contas ◆** *vi* Être en contact étroit: *ces fenêtres ne joignent pas* ▸ **encaixar ◆ se joindre** *vpr* S'unir, s'associer, participer ▸ **juntar-se (a)**

joint[1] *nm* **1** Surface, ligne d'assemblage de deux éléments fixes: *masquer un joint avec du mastic* ▸ **junta 2** Garniture assurant l'étanchéité d'un assemblage: *joint de robinet* ▸ **junta 3** Articulation entre deux pièces: *joint de cardan* ▸ **junta 4** FIG Intermédiaire, liaison: *faire le joint entre deux personnes* ▸ **articulação 5** FIG, FAM Moyen de résoudre une difficulté: *chercher, trouver un joint* ▸ **saída 6** ARG Cigarette de haschisch ▸ **cigarro de haxixe**

joint[2], e *adj* Uni, lié, en contact: *sauter à pieds joints* ▸ **junto**

jointif, ive *adj* Qui joint étroitement: *lattes jointives* ▸ **ajustado**

jointoyer *vt (conj 3)* Remplir les joints d'une maçonnerie avec du mortier ▸ **emboçar**

jointure *nf* **1** Endroit où deux choses se joignent: *la jointure de deux pierres* ▸ **junção 2** Articulation: *faire craquer ses jointures* ▸ **junta**

jojo[1] *adj inv* FAM (surtout à la forme négative) Joli: *ce n'est pas jojo ce que tu as fait là* ▸ **bonito**

jojo[2] *nm* **■** FAM **un affreux jojo:** un enfant turbulent et impoli ▸ **diabrete**

jojoba *nm* Arbuste du désert mexicain dont les grains renferment une cire liquide utilisée dans l'industrie des cosmétiques ▸ **jojoba**

joker [ʒɔkɛr] *nm* **1** Dans certains jeux, carte qui prend la valeur que lui donne celui qui la possède ▸ **curinga 2** Personne, chose ou moyen insoupçonnés qui permettent à quelqu'un de se tirer d'une situation embarrassante ▸ **quebra-galho**

joli, e *adj* **1** Agréable à voir: *jolie fille* ▸ **lindo 2**

Avantageux: *toucher une jolie somme* ▸ **belo 3** IRON Laid, mauvais, peu recommandable: *c'est joli de dire du mal des autres!* ▸ **feio** ■ FAM **c'est bien joli, mais...:** c'est intéressant mais loin d'être essentiel ▸ **é muito bonito, mas...** ◆ *nm* ■ FAM, IRON **c'est du joli!:** c'est mal ▸ **bonito, hein?**

joliesse *nf* Qualité de ce qui est joli ▸ **lindeza**

joliment *adv* **1** D'une manière agréable, spirituelle ▸ **lindamente 2** FAM Beaucoup ▸ **muito**

jonc *nm* **1** Plante aquatique à tiges droites et flexibles ▸ **junco 2** Canne faite d'un jonc d'Inde ▸ **junco 3** Bague dont le cercle est partout de même grosseur ▸ **argola**

joncacée *nf* Plante monocotylédone herbacée, comme le jonc (les joncacées forment une famille) ▸ **juncácea**

jonchée *nf* **1** LITT Quantité d'objets qui jonchent le sol ▸ **entulhamento 2** Fromage fabriqué dans un panier de jonc ▸ **queijinho fresco**

joncher *vt* **1** Couvrir, être épars sur: *des feuilles jonchent le sol* ▸ **juncar 2** Étendre sur: *des cadavres jonchent le champ de bataille* ▸ **juncar**

jonchet *nm* Bâtonnet du jeu de jonchets ▸ **vareta** ◆ **jonchets** *pl* Jeu d'adresse consistant à prendre un à un dans un tas le maximum de bâtonnets sans faire bouger les autres ▸ **pega-varetas**

jonction *nf* Action de joindre, de se joindre; réunion, union: *point de jonction* ▸ **junção**

jongler *vi* Lancer en l'air, les uns après les autres, des objets que l'on relance à mesure qu'on les reçoit ▸ **fazer malabarismo** ◆ *vt ind* [avec] FIG Manier avec dextérité ▸ **fazer malabarismo**

jonglerie *nf* **1** Tour d'adresse ▸ **malabarismo 2** FIG Habile tromperie ▸ **impostura**

jongleur, euse *n* **1** Personne qui pratique l'art de jongler ▸ **malabarista 2** HIST Poète-musicien ambulant du Moyen Âge, ménestrel ▸ **jogral**

jonque *nf* Bateau à voiles d'Extrême-Orient ▸ **junco**

jonquille *nf* Variété de narcisse; sa fleur ▸ **junquilho** ◆ *adj inv et nm* De couleur jaune clair ▸ **amarelo vivo**

jordanien, enne *adj et n* De la Jordanie: *les Jordaniens* ▸ **jordaniano**

jota [xɔta] *nf* Chanson et danse populaires espagnoles ▸ ***jota***

jouable *adj* Qui peut être joué: *coup jouable* ▸ **viável**

joual *nm* Parler populaire québécois à base de français fortement anglicisé ▸ ***joual***

joubarbe *nf* Plante poussant sur les murs, les rochers ▸ **saião**

joue *nf* Partie latérale du visage, de la tête d'un animal ▸ **bochecha, faceira** ■ **mettre en joue:** viser ▸ **mirar**

jouer *vi* **1** Se divertir, s'amuser; se livrer à un jeu: *les enfants jouent dehors; jouer à la balle, aux échecs* ▸ **brincar, jogar 2** Interpréter un rôle: *acteur qui joue bien* ▸ **representar 3** Fonctionner correctement: *la clef joue dans la serrure* ▸ **funcionar 4** Ne plus joindre exactement: *boiserie qui a joué; porte qui joue par suite de l'humidité* ▸ **empenar** ◆ *vt ind* **1** [à] Se divertir avec un jouet, un jeu, ou en pratiquant un sport: *jouer au tennis, aux cartes* ▸ **brincar, jogar 2** [de] Tirer des sons d'un instrument de musique: *jouer du violon* ▸ **tocar 3** [de] Manier une arme, un instrument: *jouer du bâton* ▸ **usar 4** [de] Tirer parti de: *jouer de sa force* ▸ **tirar partido 5** [à] Chercher à paraître: *petite fille qui joue à la grande dame* ▸ **posar 6** [avec] Mettre en danger par insouciance: *jouer avec sa santé* ▸ **brincar** ■ **jouer de malheur, de malchance:** avoir une malchance persistante ▸ **estar em maré de azar** □ **jouer sur les mots:** user de mots à double sens ▸ **jogar com as palavras** ◆ *vt* **1** Faire une partie de jeu; lancer, avancer: *jouer une carte* ▸ **jogar 2** Mettre comme enjeu; hasarder: *jouer mille francs; jouer sa vie* ▸ **apostar 3** Exécuter: *jouer une valse* ▸ **executar 4** Représenter, interpréter au théâtre, au cinéma: *jouer la tragédie* ▸ **representar 5** Remplir une fonction: *jouer un rôle important* ▸ **desempenhar 6** Adopter telle stratégie pour atteindre un but donné: *jouer la baisse des taux d'intérêt* ▸ **especular com** ■ **jouer la montre:** chercher à gagner du temps ▸ **enrolar** □ FAM **la jouer** (+ adj): adopter tel type de comportement: *la jouer relax; la jouer efficace* ▸ **fazer-se de** ◆ **se jouer** *vpr* [de] **1** Se moquer de: *se jouer de quelqu'un* ▸ **zombar 2** Ignorer: *se jouer des difficultés* ▸ **não levar a sério**

jouet *nm* Objet destiné à amuser un enfant ▸ **brinquedo** ■ **être le jouet de:** être victime, être l'instrument de quelqu'un, d'une force supérieure, etc. ▸ **ser joguete de**

joueur, euse *n* **1** Qui joue à un jeu ▸ **jogador 2** Qui a la passion du jeu ▸ **jogador 3** Qui joue d'un instrument ▸ **tocador** ■ **beau joueur:** qui sait reconnaître sa défaite avec élégance ▸ **esportivo** ◆ *adj* Qui aime s'amuser ▸ **brincalhão**

joufflu, e *adj* Qui a de grosses joues ▸ **bochechudo**

joug [ʒu] *nm* **1** Pièce de bois qu'on place sur la tête des bœufs pour les atteler ▸ **jugo 2** Fléau d'une balance ▸ **fiel 3** LITT Sujétion, contrainte ▸ **jugo**

jouir *vt ind* [de] **1** Tirer un vif plaisir de: *jouir de sa victoire* ▸ **desfrutar 2** Avoir la possession avantageuse de: *jouir d'une bonne santé* ► **usufruir** ◆ *vi* Atteindre l'orgasme ► **gozar**

jouissance *nf* **1** Plaisir intense ► **regozijo 2** Libre usage, possession d'une chose ► **gozo**

jouisseur, euse *n* Qui recherche les plaisirs matériels ou sensuels ► **gozador**

jouissif, ive *adj* FAM Qui procure un plaisir intense ► **aprazível**

joujou (pl *joujoux*) *nm* Dans le langage enfantin, petit jouet ► **brinquedinho ■ faire joujou:** jouer ► **brincar**

joujouthèque *nf* CANADA Ludothèque ► **brinquedoteca**

joule *nm* PHYS Unité de mesure de travail, d'énergie et de quantité de chaleur; symb: J ► **joule**

jour *nm* **1** Clarté, lumière du soleil: *le jour brille à peine* ► **dia 2** Temps pendant lequel le Soleil éclaire l'horizon: *au lever du jour* ► **dia 3** Espace de temps réglé par la rotation de la Terre; espace de vingt-quatre heures: *l'année dure trois cent soixante-cinq jours un quart* ► **dia 4** Époque, moment, circonstance: *il attend le jour où il pourra se venger* ► **dia 5** Manière dont les objets sont éclairés: *faux jour* ► **luz 6** Ouverture, vide: *les jours d'une façade; draps à jours brodés* ► **abertura ■ à jour: (a)** en règle jusqu'au jour où l'on se trouve: *comptabilité à jour* ► **em dia (b)** en conformité avec le moment présent: *mettre à jour un dictionnaire* ► **em dia □ au grand jour:** ouvertement, sans se cacher ► **às claras □ au jour le jour:** en se limitant au jour présent, sans se soucier de l'avenir ► **dia a dia □ de jour:** pendant le jour: *voyager de jour* ► **de dia □ donner le jour à un enfant:** le mettre au monde ► **dar à luz um filho □ du jour:** d'aujourd'hui, de notre époque ► **hoje em dia □ mettre au jour:** dégager ce qui était enterré ► **revelar □ percer quelqu'un à jour:** découvrir sa nature cachée, ses intentions secrètes ► **desmascarar alguém □ voir le jour:** naître ► **ver o dia ◆ jours** *pl* LITT Vie humaine: *sauver les jours de quelqu'un* ► **dias ■ de nos jours:** dans le temps où nous vivons ► **nos dias de hoje**

VOCABULAIRE Il ne faut pas confondre *mettre au jour*, qui signifie «déterrer», et *mettre à jour*, qui signifie «actualiser»

journal *nm* **1** Écrit où l'on relate les faits jour par jour: *journal de bord; écrire son journal*; registre sur lequel un commerçant écrit ses opérations jour par jour (on dit aussi: *livre journal*) ► **diário 2** Publication périodique: *acheter le journal* ► **jornal 3** Bulletin d'informations transmis par la radio, la télévision: *journal télévisé* ► **jornal**

journalier, ère *adj* Qui se fait chaque jour; quotidien: *tâche journalière* ► **diário** ◆ *nm* Travailleur payé à la journée ► **diarista**

journalisme *nm* **1** Profession du journaliste ► **jornalismo 2** Ensemble des journaux, des journalistes ► **jornalismo**

journaliste *n* Professionnel qui travaille dans la presse écrite ou audiovisuelle ► **jornalista**

journalistique *adj* Relatif au journalisme ► **jornalístico**

journée *nf* **1** Espace de temps qui s'écoule depuis le lever jusqu'au coucher du soleil ► **dia 2** Travail qu'on fait pendant un jour; salaire de ce travail ► **jornada 3** Jour marqué par quelque événement: *la journée des Barricades* ► **jornada**

journellement *adv* **1** Chaque jour ► **todo dia 2** De façon fréquente, continue ► **diariamente**

joute *nf* **1** HIST Combat courtois à cheval, d'homme à homme, avec la lance ► **justa 2** LITT Lutte spectaculaire où l'on rivalise de talent: *joute oratoire* ► **justa**

jouter *vi* LITT Pratiquer la joute ► **justar**

jouteur, euse *n* LITT Qui prend part à une joute ► **justador**

jouvence *nf* LITT Jeunesse: *bain de jouvence* ► **juventude**

jouvenceau, elle *n* LITT Jeune homme, jeune fille ► **mocinho**

jouxter *vt* LITT Être situé à côté de, avoisiner ► **confinar**

jovial, e, als ou **aux** *adj* D'une gaieté franche, simple ► **jovial**

jovialement *adv* De façon joviale ► **jovialmente**

jovialité *nf* Humeur joviale ► **jovialidade**

joyau [ʒwajo] *nm* Bijou qui comporte des pierres précieuses ► **joia**

joyeusement *adv* Avec joie ► **alegremente**

joyeux, euse *adj* Qui a de la joie, qui l'inspire: *mine joyeuse* ► **alegre**

JT *nm* (sigle) Journal télévisé ► **TJ**

jubé *nm* Tribune en forme de galerie entre la nef et le chœur dans certaines églises ► **jubeu**

jubilaire *adj* Relatif au jubilé: *une année jubilaire* ► **jubilar**

jubilation *nf* Joie vive et expansive ► **júbilo**

jubilatoire *adj* FAM Qui suscite une joie intense ► **regozijante**

jubilé *nm* **1** Indulgence plénière accordée par le pape en certaines occasions ► **jubileu 2** Cinquantième année de mariage, d'exercice d'une fonction, etc. ► **jubileu**

jubiler *vi* Éprouver une joie intense ► **jubilar**

jucher *vi* Se mettre sur une branche, une perche, pour dormir, en parlant des poules, de quelques oiseaux ► **empoleirar** ◆ *vt* Placer en hauteur ▸ **encarapitar** ◆ **se jucher** *vpr* Se percher ▸ **encarapitar-se**

judaïque *adj* Des juifs ▸ **judaico**

judaïsme *nm* Religion des juifs ▸ **judaísmo**

judas *nm* **1** Petite ouverture dans un plancher, une porte, pour voir sans être vu ▸ **ralo 2** LITT Traître ▸ **judas**

judéo-chrétien, enne (pl *judéo-chrétiens, ennes*) *adj et n* Se dit des valeurs morales communes au judaïsme et au christianisme ▸ **judeu-cristão**

judiciaire *adj* **1** Relatif à la justice: *débats judiciaires* ▸ **judiciário 2** Fait par autorité de justice: *vente judiciaire* ▸ **judicial**

judiciairement *adv* Au point de vue judiciaire ▸ **judicialmente**

judiciariser *vt* Avoir recours aux tribunaux pour régler un litige qui pourrait l'être par d'autres voies ▸ **judiciarizar**

judicieusement *adv* De façon judicieuse ▸ **judiciosamente**

judicieux, euse *adj* **1** Qui a le jugement bon, sain ▸ **judicioso 2** Qui manifeste un bon jugement ▸ **judicioso**

judo *nm* Sport de combat d'origine japonaise ▸ **judô**

judoka *n* Personne qui pratique le judo ▸ **judoca**

juge *n* **1** Magistrat chargé de rendre la justice en appliquant les lois ▸ **juiz 2** Officiel chargé d'assurer la régularité d'un sport, d'une compétition ▸ **árbitro 3** Personne prise pour arbitre dans une contestation: *je vous fais juge de la situation* ▸ **juiz** ■ **juge d'instruction:** juge du tribunal de grande instance chargé de l'instruction préparatoire en matière pénale ▸ **juiz de instrução**

jugé *nm* → **juger**

jugement *nm* **1** Faculté de raisonner: *avoir le jugement sain* ▸ **juízo 2** Qualité de quelqu'un qui juge bien, qui a des opinions justes: *avoir du jugement* ▸ **juízo 3** Opinion, sentiment: *je m'en remets à votre jugement* ▸ **julgamento 4** Décision, sentence émanant d'un tribunal: *prononcer un jugement* ▸ **julgamento** ■ RELIG **jugement dernier:** jugement de l'humanité par le Christ à la fin du monde ▸ **juízo final**

jugeote *nf* FAM Jugement, bon sens ▸ **tino**

juger¹ *vt (conj 2)* **1** Décider, trancher en qualité de juge ou d'arbitre: *juger quelqu'un, une affaire* ▸ **julgar 2** Énoncer une opinion sur: *juger un livre* ▸ **julgar 3** Penser, estimer: *juger nécessaire* ▸ **julgar** ◆ *vt ind* [de] **1** Apprécier, avoir telle opinion, porter tel jugement sur: *juger de la distance; juger d'une personne* ▸ **avaliar 2** Se faire une idée de: *vous pouvez juger de ma joie* ▸ **julgar**

juger² ou **jugé** *nm* ■ **au juger** ou **au jugé:** d'après une estimation sommaire: *tirer au jugé* ▸ **por alto**

jugulaire¹ *adj* Qui concerne la gorge: *veine jugulaire* ▸ **jugular** ◆ *nf* Grosse veine du cou ▸ **jugular**

jugulaire² *nf* Courroie maintenant le casque ▸ **jugular**

juguler *vt* Arrêter dans son développement: *juguler l'inflation* ▸ **jugular**

juif, ive *n* **1** (avec une majuscule) Personne appartenant au peuple juif: *un Juif polonais* ▸ **judeu 2** Qui professe la religion judaïque; israélite ▸ **judeu** ◆ *adj* Relatif aux juifs: *religion juive* ▸ **judeu**

juillet *nm* Septième mois de l'année ▸ **julho** ■ **le 14 Juillet:** fête nationale française commémorant la prise de la Bastille en 1789 ▸ **o 14 de julho**

juillettiste *n* Personne qui prend ses vacances au mois de juillet ▸ **pessoa que tira férias em julho**

juin *nm* Sixième mois de l'année ▸ **junho**

jujube *nm* **1** Fruit sucré du jujubier ▸ **jujuba 2** Suc, pâte extraits du jujube ▸ **jujuba**

jujubier *nm* Arbre cultivé dans le Midi pour ses fruits (jujubes) ▸ **jujuba**

juke-box [dʒukbɔks] (pl inv ou *juke-boxes*) *nm* Électrophone automatique qui fonctionne avec des pièces de monnaie ▸ ***jukebox***

jules *nm* FAM Amoureux; amant; mari ▸ **amado**

julien, enne *adj* ▸ **juliano** ■ **année julienne:** année de 365, 25 jours ▸ **ano juliano** □ **calendrier julien:** que réforma Jules César en 46 av. J.-C. ▸ **calendário juliano**

juliénas *nm* Vin du Beaujolais ▸ ***juliénas***

julienne *nf* **1** Manière de couper les légumes en bâtonnets; potage de légumes ainsi coupés ▸ **juliana 2** Poisson de mer (appelé aussi: *lingue*) ▸ **juliana**

jumbo-jet [dʒmbodʒɛt] (pl *jumbo-jets*) *nm* Avion à réaction de très grande capacité ▸ **jumbo**

jumeau, elle *adj et n* Se dit de deux enfants nés d'un même accouchement ▸ **gêmeo** ◆ *adj* Se dit de deux objets semblables ou symétriques: *lits jumeaux* ▸ **gêmeo**

jumelage *nm* Action de jumeler ▸ **geminação**

jumelé, e *adj* Disposé par couples: *fenêtres jumelées; villes jumelées* ▸ **geminado, irmanado**

jumeler *vt (conj 6)* **1** Accoupler: *jumeler des poutres* ▸ **geminar 2** Associer par des liens, des échanges culturels: *jumeler des villes* ▸ **irmanar**

jumelles *nf pl* (s'emploie aussi au singulier) Instrument d'optique formé de deux lunettes identiques ▸ **binóculo**

jument *nf* Femelle du cheval ▸ **égua**

jumping [dʒmpi] *nm* Concours hippique comportant des sauts d'obstacles ▸ **prova de salto**

jungle [ʒgl] *nf* **1** Dans les pays de mousson, végétation très épaisse et exubérante ▸ **selva** **2** FIG Société humaine où règne la loi du plus fort ▸ **selva**

junior *adj inv en genre* **1** Cadet: *Durand junior* ▸ **júnior** **2** Qui concerne les jeunes, qui leur est destiné: *mode junior* ▸ **jovem** **3** Qui débute dans une carrière: *un avocat junior* ▸ **júnior** ◆ *adj et n* SPORTS ET JEUX Se dit de la catégorie intermédiaire entre senior et cadet (16-20 ans) ▸ **júnior**

junte [ʒt] *nf* **1** VX Assemblée dans les pays ibériques ▸ **junta** **2** Gouvernement d'origine insurrectionnelle ▸ **junta**

jupe *nf* **1** Vêtement féminin qui part de la taille et descend à mi-jambes, ou plus bas ▸ **saia** **2** TECHN Surface latérale d'un piston ▸ **saia**

jupe-culotte (pl *jupes-culottes*) *nf* Pantalon très ample ayant l'allure d'une jupe ▸ **saia-calça**

jupette *nf* Jupe très courte ▸ **minissaia**

jupon *nm* Pièce de lingerie qui se porte sous une jupe, une robe ▸ **saiote**

jurançon *nm* Vin des Pyrénées-Atlantiques ▸ ***jurançon***

jurande *nf* Sous l'Ancien Régime, groupement professionnel autonome composé de membres unis par un serment ▸ **corporação**

jurassien, enne *adj et n* Du Jura: *les Jurassiens* ▸ **do Jura** ▪ **relief jurassien:** type de relief propre au Jura ▸ **relevo jurássico**

jurassique *nm et adj* GÉOL Période de l'ère secondaire marquée par le dépôt d'épaisses couches calcaires, particulièrement dans le Jura ▸ **jurássico**

juré[1] *nm* Membre d'un jury ▸ **jurado**

juré[2]**, e** *adj* Qui a prêté serment: *expert juré* ▸ **juramentado** ▪ **ennemi juré:** adversaire acharné ▸ **inimigo jurado**

jurement *nm* VX Blasphème ▸ **jura**

jurer *vt* **1** Promettre par serment: *jurer fidélité à quelqu'un* ▸ **jurar** **2** Affirmer avec vigueur: *je te jure que c'est vrai!* ▸ **jurar** **3** LITT Prendre à témoin: *jurer ses grands dieux* ▸ **jurar** ▪ **je vous jure!** ou **je te jure!**: exprime la réprobation, l'énervement ▸ **vou te contar!** ◆ *vi* Blasphémer, proférer des jurons ▸ **xingar** ◆ *vt ind* Être mal assorti avec: *le vert jure avec le jaune* ▸ **destoar**

juridiction *nf* **1** Pouvoir de juger; territoire où s'exerce ce pouvoir ▸ **jurisdição** **2** Tribunal; ensemble des tribunaux de même nature: *juridiction criminelle, administrative* ▸ **jurisdição**

juridictionnel, elle *adj* Relatif à une juridiction ▸ **jurisdicional**

juridique *adj* Relatif au droit, à la justice ▸ **jurídico**

juridiquement *adv* De façon juridique; du point de vue du droit ▸ **juridicamente**

jurisconsulte *nm* Juriste qui donne des avis sur des questions de droit ▸ **jurisconsulto**

jurisprudence *nf* Ensemble des décisions des tribunaux ▸ **jurisprudência** ▪ **faire jurisprudence:** faire autorité et servir dans un cas déterminé ▸ **estabelecer jurisprudência**

juriste *n* Spécialiste du droit ▸ **jurista**

juron *nm* Exclamation grossière ou blasphématoire ▸ **xingamento**

jury *nm* **1** Commission de simples citoyens (jurés) appelés à titre temporaire à participer à l'exercice de la justice en cour d'assises ▸ **júri** **2** Commission d'examinateurs: *jury du prix Goncourt, de baccalauréat* ▸ **júri**

jus *nm* **1** Liquide tiré d'une substance animale ou végétale: *jus de viande, de citron* ▸ **suco** **2** FAM Courant électrique ▸ **corrente elétrica** **3** FAM Café noir ▸ **café**

jusant *nm* MAR Marée descendante; SYN: *reflux* ▸ **jusante**

jusqu'au-boutiste (pl *jusqu'au-boutistes*) *n* FAM Partisan des solutions extrêmes ▸ **extremista**

jusque *prép* Indique une limite spatiale ou temporelle, un point limite, un degré extrême: *de Paris jusqu'à Rome; il est allé jusqu'à le frapper; aimer jusqu'à ses ennemis* ▸ **até** ▪ **jusque-là, jusqu'ici:** jusqu'à ce lieu, jusqu'à ce moment ▸ **até aqui** ◆ **jusqu'à ce que** *loc conj* Jusqu'au moment où ▸ **até que**

ORTHOGRAPHE Le *e* de *jusque* s'élide devant une voyelle: *jusqu'à ce soir. Jusque* s'écrit aussi *jusques* en poésie pour des raisons de phonétique: *jusques à quand?*

justaucorps *nm* Maillot collant d'une seule pièce pour la danse et certains sports ▸ ***collant***

juste *adj* **1** Conforme à l'équité: *sentence juste* ▸ **justo** **2** Conforme à la raison, à la vérité, à la réalité: *raisonnement juste* ▸ **justo** **3** Qui est tel qu'il doit être: *note juste*; qui fonctionne avec précision: *balance juste* ▸ **justo** **4** Précis, réglé: *tir juste* ▸ **certo** **5** Qui suffit à peine: *deux minutes, ce sera juste* ▸ **apertado** **6** Étroit, court: *des chaussures un peu justes* ▸ **justo** ▪ **au juste:** exactement, précisément ▸ **exatamente** □ FAM **comme de juste:** comme il se doit ▸ **como se deve** ◆ *adj et n* Qui juge et agit selon l'équité, en respectant les règles de la morale ou de la religion: *dormir du sommeil du juste* ▸ **justo** ◆ *adv* **1** Avec justesse: *chanter juste* ▸ **direito** **2** Précisément: *le café est juste au coin* ▸ **exatamente** **3** De façon insuffisante: *calculer trop juste* ▸ **apertado** **4** Seulement: *j'ai juste mangé une pomme* ▸ **apenas**

justement *adv* **1** Légitimement: *être justement indigné* ▸ **justamente** **2** Précisément, par coïncidence: *avoir justement ce qu'il faut* ▸ **justamente** **3** D'une manière exacte: *comme on le dit si justement* ▸ **justamente**

justesse *nf* Qualité de ce qui est juste, exact, tel qu'il doit être: *chanter avec justesse* ▸ **exatidão** ■ **de justesse:** de très peu ▸ **por um triz**

justice *nf* **1** Vertu qui inspire le respect absolu du droit d'autrui: *avoir le sens de la justice* ▸ **justiça** **2** Caractère de ce qui est juste, équitable, conforme au droit, à la loi morale ou religieuse: *ce n'est que justice* ▸ **justiça** **3** Pouvoir de rendre le droit à chacun; exercice de ce pouvoir: *cour de justice* ▸ **justiça** **4** Ensemble des tribunaux, des magistrats: *la justice française; passer en justice* ▸ **justiça** ■ **rendre justice à quelqu'un:** reconnaître ses droits, ses mérites ▸ **fazer justiça a alguém** □ **se faire justice: (a)** se venger ▸ **fazer justiça com as próprias mãos (b)** se suicider pour se punir ▸ **suicidar-se**

justiciable *adj et n* Qui relève de la justice, des tribunaux ▸ **justiciável**

justicier, ère *n et adj* Personne qui agit en redresseur de torts ▸ **justiceiro**

justifiable *adj* Qu'on peut justifier ▸ **justificável**

justifiant, e *adj* ▸ **justificante** ■ THÉOL **grâce justifiante:** qui rétablit le pécheur en état de grâce ▸ **graça justificante**

justificateur, trice *adj* Qui justifie ▸ **justificador**

justificatif, ive *adj* Qui sert à justifier: *pièce justificative* ▸ **justificativo** ◆ *nm* Document servant à justifier ▸ **justificativa**

justification *nf* **1** Action de justifier, fait de se justifier: *avancer des arguments pour sa justification* ▸ **justificação** **2** Preuve: *produire la justification d'un paiement* ▸ **justificação** **3** IMPR Longueur d'une ligne pleine ▸ **justificação**

justifier *vt* **1** Prouver l'innocence de, mettre hors de cause: *sa conduite le justifie pleinement* ▸ **justificar** **2** Prouver le bien-fondé, le caractère légitime, nécessaire de: *justifier ses dépenses; rien ne justifie ses craintes* ▸ **justificar** **3** IMPR Mettre des débuts ou des fins de ligne à la même distance du bord de la feuille ▸ **justificar** ◆ *vt ind* [de] Fournir la preuve: *justifier d'un paiement* ▸ **justificar** ◆ **se justifier** *vpr* **1** Dégager sa responsabilité: *se justifier devant ses juges* ▸ **justificar-se** **2** Être fondé, légitime: *ses propos ne se justifient guère* ▸ **justificar-se**

jute *nm* Toile à sacs faite avec les fibres d'une plante cultivée en Inde et au Bangladesh; cette plante ▸ **juta**

juter *vi* FAM Rendre du jus ▸ **ressumar**

juteux, euse *adj* **1** Qui a du jus: *poire juteuse* ▸ **suculento** **2** FAM Fructueux, rentable: *affaire juteuse* ▸ **frutuoso**

juvénile *adj* Qui appartient à la jeunesse: *ardeur juvénile* ▸ **juvenil**

juvénilité *nf* LITT Caractère juvénile ▸ **juvenilidade**

juxtalinéaire *adj* Se dit d'une traduction qui présente, ligne par ligne, le texte et la version sur deux colonnes contiguës ▸ **justalinear**

juxtaposé, e *adj* GRAMM Se dit de propositions qui ne sont liées par aucune coordination ou subordination ▸ **justaposto**

juxtaposer *vt* Poser, placer côte à côte ▸ **justapor**

juxtaposition *nf* Action de juxtaposer ▸ **justaposição**

Kk

k *nm* Onzième lettre de l'alphabet et la huitième des consonnes ▸ **k**

K (symbole) Kelvin ▸ **K**

K7 [kasɛt] *nf* (symbole) Cassette ▸ **K7**

kabbale *nf* Interprétation juive ésotérique et symbolique de l'Ancien Testament ▸ **cabala**

kabuki [kabuki] *nm* Genre théâtral japonais ▸ **cabúqui**

kabyle *adj et n* De Kabylie ▸ **cabila** ♦ *nm* Langue berbère parlée en Kabylie ▸ **cabila**

kafkaïen, enne *adj* Dont l'absurdité, l'illogisme rappellent l'atmosphère des romans de Kafka ▸ **kafkiano**

kaiser [kajzɛr] *nm* Empereur d'Allemagne ▸ **cáiser**

kakatoès *nm* → **cacatoès.**

kakémono *nm* Peinture japonaise qui se déroule verticalement ▸ **caquemono**

kaki[1] *nm* Fruit comestible du plaqueminier ▸ **caqui**

kaki[2] *adj inv* D'une couleur brun-jaune ▸ **cáqui**

kalachnikov *nm* Fusil soviétique à chargeur circulaire ▸ ***kalachnicov***

kaléidoscope *nm* **1** Tube garni de plusieurs miroirs où de petits objets colorés produisent des dessins mobiles et variés ▸ **caleidoscópio 2** FIG Suite rapide de sensations vives et variées ▸ **caleidoscópio**

kamikaze [kamikaz] *nm* Pilote japonais volontaire pour écraser son avion bourré d'explosifs sur un objectif ennemi; cet avion ▸ **camicase** ♦ *n* Personne téméraire qui se sacrifie pour une cause ▸ **camicase**

kanak, e *adj et n* Se dit des Mélanésiens de Nouvelle-Calédonie: *les Kanaks* ▸ **canaque**

kangourou *nm* Grand mammifère marsupial sauteur d'Australie ▸ **canguru**

kantien, enne [kɑ̃sjɛ̃, ɛn] *adj* Relatif à la philosophie de Kant ▸ **kantiano**

kantisme *nm* Doctrine de Kant ▸ **kantismo**

kaolin *nm* Argile réfractaire blanche, qui entre dans la composition de la porcelaine dure ▸ **caulim**

kapok *nm* Bourre très légère du fruit de certains arbres ▸ **paina**

kappa *nm inv* Dixième lettre de l'alphabet grec, correspondant au *k* ▸ **capa**

karaoké *nm* Divertissement collectif consistant à chanter sur une musique préenregistrée ▸ **caraoquê**

karaté *nm* Méthode de combat d'origine japonaise ▸ **caratê**

karatéka *n* Personne qui pratique le karaté ▸ **carateca**

karité *nm* Arbre de l'Afrique tropicale, dont les graines fournissent une matière grasse, le *beurre de karité*, d'usage culinaire et cosmétique ▸ **carité**

karma ou **karman** *nm* Principe fondamental de l'hindouisme selon lequel la vie humaine est déterminée par les actes accomplis dans les vies antérieures ▸ **carma**

karstique *adj* ▸ **cárstico** ■ **relief karstique:** dans lequel les roches calcaires forment d'épaisses assises ▸ **relevo cárstico**

kart [kart] *nm* Petite automobile de compétition, à embrayage automatique, sans boîte de vitesses, ni carrosserie, ni suspension ▸ **carte**

karting [karti] *nm* Sport pratiqué avec le kart ▸ **cartismo**

kasher ou **casher** ou **cacher** [kaʃɛr] *adj inv* Se dit d'un aliment conforme aux prescriptions rituelles de la loi juive, ainsi que du lieu où il est préparé ou vendu ▸ ***kosher***

kayak *nm* Embarcation étanche et légère, manœuvrée à la pagaie double; sport pratiqué avec cette embarcation ▸ **caiaque**

kayakiste *n* Sportif pratiquant le kayak ▸ **caiaquista**

keffieh [kefje] *nm* Coiffure des Bédouins faite d'un morceau de tissu plié ▸ ***keffieh***

kelvin [kɛlvin] *nm* PHYS Unité de mesure de température thermodynamique; symb: k ▸ **kelvin**

kendo [kɛndo] *nm* Art martial japonais pratiqué avec un sabre ▸ **quendô**

kenyan, e *adj et n* Du Kenya: *les Kenyans* ▸ **queniano**

képhir [kefir] *nm* Boisson gazeuse fermentée, fabriquée avec du petit-lait ▸ **quefir**

képi *nm* Coiffure militaire à légère visière ▸ **quepe**
kératine *nf* Substance fondamentale des cheveux, des poils, des ongles, etc. ▸ **queratina**
kératite *nf* Inflammation de la cornée ▸ **ceratite**
kératose *nf* MÉD Épaississement de l'épiderme ▸ **ceratose**
kermès [kɛrmɛs] *nm* Cochenille nuisible ▸ **quermes** ▪ **chêne kermès:** chêne méditerranéen à feuilles persistantes et épineuses ▸ **carvalho-quermes**
kermesse *nf* **1** Fête de charité en plein air ▸ **quermesse** **2** Dans les Flandres, fête patronale et foire annuelle ▸ **quermesse**
kérosène *nm* Liquide pétrolier intermédiaire entre l'essence et le gasoil ▸ **querosene**
ketch [kɛtʃ] *nm* Voilier à deux mâts dont l'artimon est situé en avant de la barre ▸ **veleiro** ***ketch***
ketchup [kɛtʃp] *nm* Condiment à base de tomates ▸ ***ketchup***
keuf *nm* FAM Policier ▸ **tira**
kF *nm* (symbole) Kilofranc ▸ **kF**
kg (symbole) Kilogramme ▸ **kg**
khâgne *nf* ARG SCOL En lettres, classe préparatoire à l'École normale supérieure ▸ ***khâgne***
khâgneux, euse *n* ARG SCOL Élève de khâgne ▸ **aluno da** ***khâgne***
khalife *nm* → **calife**
khamsin ou **chamsin** [xamsin] *nm* Vent du sud, chaud et sec, en Égypte ▸ **cansim**
khan [kɑ̃] *nm* Titre princier turco-mongol ▸ **cã**
khédive *nm* Titre du vice-roi d'Égypte de 1867 à 1914 ▸ **quediva**
khi *nm inv* Vingt-deuxième lettre de l'alphabet grec, correspondant à *kh* ▸ **qui**
khmer, ère [kmɛr] *adj* Relatif aux Khmers, peuple du Cambodge: *art khmer* ▸ ***khmer***
khôl ou **kohol** *nm* Substance noirâtre utilisée pour le maquillage des yeux ▸ ***kohol***
kibboutz (pl inv ou *kibboutzim*) *nm* Ferme collective en Israël ▸ ***kibutz***
kick *nm* Dispositif de mise en marche d'un moteur de motocyclette, à l'aide du pied ▸ ***kick*** **de arranque**
kidnapper *vt* Enlever quelqu'un pour obtenir une rançon ▸ **sequestrar**
kidnappeur, euse *n* Qui commet un kidnapping ▸ **sequestrador**
kidnapping [kidnapi] *nm* Enlèvement d'une personne ▸ **sequestro**
kif *nm* Poudre de haschisch mêlée de tabac, en Afrique du Nord ▸ ***kif***
kif *adj inv* ▸ **igual** ▪ FAM **c'est kif-kif:** c'est pareil ▸ **tanto faz**
kilo *nm* (abréviation) Kilogramme ▸ **quilo**
kilofranc *nm* Unité de compte qui équivaut à 1000 francs; symb: kF ▸ **quilofranco**
kilogramme *nm* Unité de mesure de masse égale à 1000 grammes; symb: kg ▸ **quilograma**
kilométrage *nm* **1** Action de kilométrer ▸ **quilometragem** **2** Nombre de kilomètres parcourus ▸ **quilometragem**
kilomètre *nm* Unité pratique de distance valant 1000 mètres; symb: km ▸ **quilômetro** ▪ **kilomètre par heure** ou **kilomètre à l'heure** ou **kilomètre-heure:** unité pratique de mesure de vitesse; symb: km/h ▸ **quilômetro por hora**
kilométrer *vt (conj 10)* Marquer les distances kilométriques ▸ **quilometrar**
kilométrique *adj* Relatif au kilomètre ▸ **quilométrico**
kilo-octet *nm* Unité de mesure équivalant à 1024 octets ▸ **quilobyte**
kilowatt *nm* Unité de puissance qui équivaut à 1000 watts; symb: kW ▸ **quilowatt**
kilowattheure *nm* Unité d'énergie ou de travail égale au travail exécuté pendant une heure par une machine dont la puissance est de 1 kilowatt; symb: kWh ▸ **quilowatt-hora**
kilt [kilt] *nm* **1** Jupe courte traditionnelle en tartan, portée par les Écossais ▸ ***kilt*** **2** Jupe féminine ayant cette forme ▸ ***kilt***
kimono *nm* Tunique japonaise croisée devant et maintenue par une large ceinture ▸ **quimono** ◆ *adj inv* ▪ **manche kimono:** manche ample taillée d'une seule pièce avec le corsage ▸ **manga-quimono**
kiné *n* (abréviation) FAM Kinésithérapeute ▸ **Ø** ◆ *nf* FAM Kinésithérapie ▸ **Ø**
kinésithérapeute *n* Praticien exerçant la kinésithérapie ▸ **cinesioterapeuta**
kinésithérapie *nf* Ensemble des traitements qui utilisent le mouvement pour donner ou rendre au malade, au blessé, le geste et la fonction des différentes parties du corps ▸ **cinesioterapia**
kiosque *nm* **1** Abri pour la vente des journaux, des fleurs, etc., sur la voie publique ▸ **banca** **2** Pavillon ouvert de tous côtés, dans un jardin, un lieu public ▸ **quiosque** **3** Abri sur la passerelle d'un sous-marin ▸ **torre**
kiosquier, ère ou **kiosquiste** *n* Personne qui tient un kiosque à journaux ▸ **jornaleiro**
kippa *nf* Calotte portée par les juifs pratiquants ▸ **quipá**
kir *nm* Apéritif constitué de liqueur de cassis et de vin blanc ▸ ***kir*** ▪ **kir royal:** kir dans lequel le champagne remplace le vin blanc ▸ ***kir royal***

kirsch *nm* Eau-de-vie de cerise ▸ **quirche**
kit [kit] *nm* Ensemble d'éléments à monter soi-même (recomm. off.: *prêt-à-monter*) ▸ ***kit*** ▪ **kit main(s) libre(s):** dispositif qui, relié à un téléphone portable, permet à l'utilisateur de celui-ci de converser sans le tenir en main ▸ ***kit*** **mãos livres**
kitchenette *nf* Petite cuisine intégrée à une salle de séjour (recomm. off.: *cuisinette*) ▸ **quitinete**
kitesurf [kajtsrf] ou **kite** *nm* Planche à voile mue par un cerf-volant; sport ainsi pratiqué ▸ ***kitesurf***
kitsch [kitʃ] *adj inv* Se dit d'une œuvre d'art, d'un décor, au mauvais goût provocant ▸ ***kitsch***
kiwi [kiwi] *nm* **1** Fruit comestible d'un arbuste, à peau marron couverte de poils soyeux ▸ **quiuí 2** Aptéryx (oiseau) ▸ **quivi**
Klaxon [klaksɔn] *nm* (nom déposé) Avertisseur sonore pour véhicules ▸ ***Klaxon*** **(marca registrada), buzina**
klaxonner *vi et vt* Se servir d'un Klaxon ▸ **buzinar**
Kleenex [klinɛks] *nm* (nom déposé) Mouchoir jetable en ouate de cellulose ▸ ***Kleenex*** **(marca registrada), lenço de papel**
kleptomane ou **cleptomane** *n* Personne atteinte de kleptomanie ▸ **cleptomaníaco**
kleptomanie ou **cleptomanie** *nf* Impulsion pathologique qui pousse certaines personnes à voler ▸ **cleptomania**
km (symbole) Kilomètre ▸ **km**
km/h (symbole) Kilomètre-heure ▸ **km/h**
knickers [nikrs] *nm pl* Pantalon court serré au-dessous du genou ▸ **culotes**
knout *nm* Supplice du fouet, en Russie ▸ **cnute**
Ko (symbole) INFORM Kilo-octet ▸ **KB**
K-O *nm inv* (sigle de *knock-out*) Mise hors de combat d'un boxeur ▸ **K.O.** ◆ *adj inv* Assommé: *être K-O de fatigue* ▸ **nocaute**
koala *nm* Mammifère marsupial grimpeur d'Australie ▸ **coala**
Koch ▪ **bacille de Koch**: *nm* bacille de la tuberculose ▸ **bacilo de Koch**
kohol *nm* → **khôl**
koinè [kɔjnɛ] *nf* Langue commune du monde grec aux époques hellénistique et romaine ▸ **coiné**
kola ou **cola** *nm* Arbre d'Afrique; fruit de cet arbre (*noix de kola*), aux propriétés stimulantes ▸ **cola**
kolkhoze *nm* HIST En URSS, coopérative agricole de production ▸ **colcoz**
kolkhozien, enne *adj et n* Relatif à un kolkhoze; qui est membre d'un kolkhoze ▸ **membro de colcoz**
kopeck *nm* **1** Unité monétaire divisionnaire de la Russie, le centième du rouble ▸ **copeque 2** FAM *Pas un kopeck*: pas un sou ▸ **tostão**
korrigan, e *n* Nain ou fée des légendes bretonnes ▸ ***korrigan***
kouglof *nm* Gâteau alsacien en forme de couronne ▸ ***kouglof***
koulak *nm* En Russie, avant la collectivisation des terres, paysan riche ▸ ***gulag***
koweïtien, enne *adj et n* Du Koweït ▸ **kuwaitiano**
krach [krak] *nm* Effondrement du cours des valeurs de la Bourse, débâcle financière ▸ **craque**
kraft *nm* Papier d'emballage résistant ▸ ***kraft***
krill *nm* Banc de petits crustacés dont se nourrissent les baleines ▸ ***krill***
kriss ou **criss** *nm* Poignard malais dont la lame a la forme d'une flamme ▸ **cris**
krypton *nm* Gaz rare de l'atmosphère; symb: Kr ▸ **criptônio**
ksi ou **xi** *nm inv* Quatorzième lettre de l'alphabet grec, correspondant à *x* ▸ **xi**
kumquat [kumkwat] *nm* Agrume ressemblant à une petite orange, qui se mange souvent confit; arbuste qui le produit ▸ **cumquat**
kung-fu [kufu] *nm* Sport de combat d'origine chinoise ▸ ***kung fu***
kurde *adj et n* Du Kurdistan: *les Kurdes* ▸ **curdo** ◆ *nm* Langue du groupe iranien parlée par les Kurdes ▸ **curdo**
kW (symbole) Kilowatt ▸ **kW**
K-way [kawe] *nm* (nom déposé) Coupe-vent très léger qui peut être replié dans une de ses poches et se porter ainsi à la ceinture ▸ ***K-way***
kWh (symbole) Kilowattheure ▸ **kWh**
Kyrie ou **Kyrie eleison** [kirijeeleisɔn] *nm inv* **1** Invocation faite au commencement de la messe ▸ **quírie 2** Musique sur les paroles du Kyrie ▸ **quírie**
kyrielle *nf* Longue suite: *une kyrielle d'injures* ▸ **rosário**
kyste *nm* Tumeur dont le contenu est liquide ▸ **quisto**
kystique *adj* De la nature du kyste ▸ **quistoso**

Ll

l¹ *nm* Douzième lettre de l'alphabet et la neuvième des consonnes ▸ **l**

l² ou **L** (symbole) Litre ▸ **l**

L (symbole) Chiffre romain, valant cinquante ▸ **L**

la¹ *art f sing et pron f sing* → **le**

la² *nm inv* Sixième note de la gamme ▸ **lá**

là *adv* **1** Indique un lieu autre que celui où on se trouve (par opposition à *ici*), un lieu quelconque, un moment imprécis du temps, un renforcement: *prendre des informations ici et là; restez là; et là il se mit à pleuvoir; vous dites là des choses importantes* ▸ **lá, ali, aí 2** Se met à la suite des pronoms démonstratifs et des substantifs, pour préciser: *cet homme-là* ▸ **lá, ali, aí 3** Se met aussi avant quelques adverbes de lieu: *là-dessus, là-bas* ▸ **lá ■ çà et là:** de tous côtés ▸ **aqui e ali □ de là: (a)** de cet endroit ▸ **de lá, daí (b)** pour cette raison ▸ **daí □ par-ci, par-là: (a)** de côté et d'autre ▸ **por aqui e por ali (b)** de temps en temps ▸ **de vez em quando □ par là: (a)** par ce lieu ▸ **por aí, por ali (b)** dans les environs ▸ **por aí (c)** par ce moyen ▸ **com isso**

là–bas *adv* En un lieu situé plus loin ou plus bas ▸ **lá**

label *nm* **1** Marque apposée par certains syndicats professionnels sur un produit destiné à la vente ▸ **selo 2** Société éditrice de disques; marque déposée par cette société ▸ **selo**

labéliser ou **labelliser** *vt* Conférer un label à: *labéliser des poulets d'élevage* ▸ **certificar**

labeur *nm* LITT Travail pénible et long ▸ **labor**

labial, e, aux *adj* Relatif aux lèvres ▸ **labial**

labié, e *adj* BOT Se dit d'une corolle au limbe découpé en deux lobes principaux (lavande, menthe, etc.) ▸ **labiado**

labo *nm* (abréviation) FAM Laboratoire ▸ **Ø**

laborantin, e *n* Assistant, assistante de laboratoire ▸ **auxiliar de laboratório**

laboratoire *nm* Local équipé pour faire des recherches scientifiques, des analyses biologiques, des essais industriels, des travaux photographiques, etc. ▸ **laboratório**

laborieusement *adv* Avec beaucoup de peine et de travail ▸ **laboriosamente**

laborieux, euse *adj* **1** Qui travaille beaucoup: *homme laborieux* ▸ **laborioso 2** Long et difficile: *recherches laborieuses* ▸ **laborioso**

labour *nm* Façon donnée aux terres en les labourant ▸ **lavoura ◆ labours** *pl* Terres labourées ▸ **lavoura**

labourable *adj* Propre à être labouré ▸ **arável**

labourage *nm* Action, manière de labourer ▸ **lavra**

labourer *vt* **1** Ouvrir et retourner la terre avec la charrue, la bêche, etc. ▸ **lavrar 2** Marquer de raies profondes, creuser; entailler: *la balle lui a labouré le visage* ▸ **sulcar**

laboureur *nm* Celui qui laboure ▸ **lavrador**

labrador *nm* Race de grands chiens d'arrêt à poil ras ▸ **labrador**

labre *nm* Poisson marin (appelé aussi: *vieille*) ▸ **bodião**

labyrinthe *nm* **1** Édifice légendaire, attribué à Dédale, composé d'un grand nombre de pièces disposées de telle manière qu'on n'en trouvait que très difficilement l'issue ▸ **labirinto 2** Réseau compliqué; dédale: *un labyrinthe de ruelles* ▸ **labirinto 3** FIG Complication inextricable: *le labyrinthe de la procédure* ▸ **labirinto 4** ANAT Oreille interne ▸ **labirinto**

lac *nm* Grande étendue d'eau entourée de terres ▸ **lago**

laçage ou **lacement** *nm* Action ou manière de lacer ▸ **enlaçamento**

lacédémonien, enne *adj et n* De Lacédémone ▸ **lacedemônio**

lacer *vt (conj 1)* Serrer, fermer avec un lacet ▸ **laçar**

lacération *nf* Action de lacérer ▸ **laceração**

lacérer *vt (conj 10)* Déchirer, mettre en pièces, en lambeaux ▸ **lacerar**

lacertilien *nm* Reptile généralement muni de pattes, tels le lézard, le caméléon (les lacertiliens forment un ordre) ▸ **sáurio**

lacet *nm* **1** Cordon passé dans des œillets, pour serrer un vêtement, les chaussures ▸ **cordão 2** Série de zigzags: *route en lacet* ▸ **ziguezague 3** Nœud coulant pour prendre le gibier ▸ **laço**

lâchage *nm* **1** Action de lâcher ▸ **afrouxamento 2** FAM Action d'abandonner quelqu'un ▸ **desligamento**

lâche[1] *adj* **1** Qui n'est pas tendu, pas serré: *corde lâche* ▸ **frouxo 2** LITT Qui manque de précision, de densité: *style lâche* ▸ **frouxo**

lâche[2] *adj et n* **1** Qui manque de courage, d'énergie; peureux, poltron: *soldat lâche* ▸ **covarde 2** Qui manifeste de la cruauté, de la bassesse, en sachant qu'il n'en sera pas puni; méprisable: *un lâche qui ne s'attaque qu'aux faibles* ▸ **covarde**

lâchement *adv* Sans courage; avec bassesse ▸ **covardemente**

lâcher[1] *vt* **1** Détendre, desserrer: *lâcher un lien* ▸ **afrouxar 2** Cesser de tenir, de retenir: *lâcher sa proie* ▸ **soltar 3** Laisser échapper; lancer: *lâcher un coup de fusil; lâcher une sottise* ▸ **soltar 4** FAM Quitter brusquement, abandonner: *lâcher ses amis* ▸ **largar 5** FAM Cesser d'importuner: *lâche-moi un peu!* ▸ **largar 6** SPORTS Distancer nettement: *lâcher ses concurrents dans la ligne droite* ▸ **distanciar-se de** ◆ *vi* Céder, faire défaut: *la corde a lâché* ▸ **soltar**

lâcher[2] *nm* Action de laisser partir: *lâcher de ballons* ▸ **largar**

lâcheté *nf* **1** Manque de courage ▸ **covardia 2** Action basse, indigne: *commettre une lâcheté* ▸ **covardia**

lâcheur, euse *n* FAM Qui abandonne ceux avec qui il était engagé ▸ **amigo da onça**

lacis *nm* Réseau de fils, de vaisseaux, de routes, etc., entrelacés ▸ **rede**

laconique *adj* Concis, bref: *réponse laconique* ▸ **lacônico**

laconiquement *adv* En peu de mots ▸ **laconicamente**

laconisme *nm* Concision dans l'expression ▸ **laconismo**

lacrima-christi *nm inv* Vin muscat provenant de vignes situées au pied du Vésuve ▸ ***lacrima-christi***

lacrymal, e, aux *adj* Relatif aux larmes ▸ **lacrimal**

lacrymogène *adj* Qui fait pleurer: *gaz lacrymogène* ▸ **lacrimogêneo**

lacs [lɑ] *nm* **1** Nœud coulant pour chasser ▸ **laço 2** FIG, LITT Piège, traquenard ▸ **laço**

lactaire *nm* Champignon des bois dont la chair, brisée, laisse échapper un liquide blanc ou coloré ▸ **lactarius**

lactarium [laktarjɔm] *nm* Centre de collectage de lait maternel ▸ **lactário**

lactation *nf* Sécrétion du lait: *période de lactation* ▸ **lactação**

lacté, e *adj* **1** Relatif au lait: *sécrétion lactée* ▸ **lácteo 2** Qui ressemble au lait: *suc lacté* ▸ **lácteo 3** Qui est à base de lait: *régime lacté* ▸ **lácteo 4** Qui contient du lait: *farine lactée* ▸ **lácteo** ■ ASTRON **voie lactée:** bande blanchâtre dans le ciel, due aux étoiles qui constituent notre Galaxie ▸ **Via Láctea**

lactescent, e *adj* **1** BOT Qui contient un suc laiteux ▸ **lactescente 2** LITT D'un blanc laiteux ▸ **lactescente**

lactique *adj* Se dit d'un acide qui se trouve dans le petit-lait ▸ **láctico** ■ **ferments lactiques:** bactéries que renferme le lait non stérilisé ▸ **fermentos lácticos**

lactoflavine *nf* Vitamine B2 que l'on trouve dans le lait ▸ **lactoflavina**

lactose *nm* Sucre contenu dans le lait ▸ **lactose**

lactosérum [laktoserɔm] *nm* Petit-lait ▸ **soro de leite**

lacunaire *adj* Qui présente des lacunes, des vides; incomplet: *texte, connaissances lacunaires* ▸ **lacunar**

lacune *nf* **1** Interruption dans un texte: *les lacunes d'un manuscrit* ▸ **lacuna 2** Ce qui manque à une chose; insuffisance: *les lacunes d'une éducation* ▸ **lacuna**

lacustre *adj* Qui vit sur les bords ou dans les eaux d'un lac: *plante lacustre* ▸ **lacustre** ■ **cités lacustres:** villages préhistoriques bâtis sur pilotis en bordure des lacs ▸ **cidades lacustres**

lad [lad] *nm* Garçon d'écurie qui soigne les chevaux de course ▸ **cavalariço**

là-dessous *adv* **1** Sous quelque chose: *regardez là-dessous* ▸ **embaixo 2** Derrière les apparences: *un cadeau? Il y a quelque chose là-dessous* ▸ **por trás disso**

là-dessus *adv* **1** Sur cet objet: *pose ce livre là-dessus!* ▸ **em cima 2** Sur ce sujet: *il travaille là-dessus depuis un an* ▸ **em cima disso 3** Sur ces entrefaites: *là-dessus, il est parti* ▸ **nisso**

ladite (pl *lesdites*) *adj* → **dit**

ladre *adj et n* **1** LITT D'une avarice sordide ▸ **mesquinho 2** VX Lépreux ▸ **lazarento 3** Se dit d'un porc ou d'un bœuf atteint de ladrerie ▸ **(animal) cisticercótico**

ladrerie *nf* **1** LITT Avarice sordide ▸ **mesquinharia 2** Ancien nom de la *lèpre* ▸ **lazeira 3** Hôpital où l'on recevait les lépreux ▸ **lazareto 4** Maladie du porc ou du bœuf, produite par la présence de larves de ténias ▸ **cisticercose**

lagon *nm* Étendue d'eau à l'intérieur d'un atoll ► **laguna**
lagopède *nm* Oiseau des hautes montagnes d'Europe, qui a le tarse et les doigts couverts de plumes ► **lagópode**
lagune *nf* Étendue d'eau marine retenue derrière un cordon littoral ► **laguna**
là-haut *adv* **1** En un lieu plus haut, au-dessus ► **lá em cima 2** Au ciel (par opposition à *ici-bas*) ► **lá em cima**
lai[1] *nm* Petit poème du Moyen Âge, narratif ou lyrique ► **lai**
lai[2]**, e** *adj* ► **leigo ■ frère lai, sœur laie:** religieux non prêtre, religieuse non admise aux vœux solennels, qui assuraient des services matériels dans les couvents ► **irmão(ã) leigo(a)**
laïc [laik] *adj et n* → **laïque**
laïcisation *nf* Action de laïciser ► **laicização**
laïciser *vt* Donner un caractère laïque, éliminer tout principe de caractère religieux ► **laicizar**
laïcité *nf* **1** Caractère laïque ► **laicidade 2** Système qui exclut les Églises de l'exercice du pouvoir politique ou administratif, et notamment de l'organisation de l'enseignement ► **laicidade**
laid, e *adj* **1** Désagréable à la vue: *visage laid* ► **feio 2** FIG Contraire à la bienséance, au devoir: *il est laid de mentir* ► **feio**
laidement *adv* D'une façon laide ► **feiamente**
laideron *nm* Fille ou femme laide ► **feiosa**
laideur *nf* État de ce qui est laid ► **feiura**
laie[1] *nf* Femelle du sanglier ► **javalina**
laie[2] *nf* Sentier en forêt ► **vereda**
lainage *nm* **1** Étoffe de laine: *robe en lainage*; vêtement en laine: *mettre un lainage* ► **lã, roupa de lã 2** Toison des moutons ► **velo**
laine *nf* **1** Fibre épaisse provenant de la toison du mouton et d'autres ruminants ► **lã 2** FAM Vêtement de laine: *prendre une laine, une petite laine* ► **roupa de lã ■ laine de verre:** fibre de verre utilisée comme isolant thermique ► **lã de vidro**
laineux, euse *adj* **1** Fourni de laine: *mouton laineux*; riche en laine: *drap laineux* ► **lanoso 2** Qui rappelle la laine: *poil laineux* ► **lanoso**
lainier, ère *adj* Relatif à la laine: *industrie lainière* ► **lanígero**
laïque ou **laïc, ïque** *adj et n* Qui n'appartient pas au clergé ► **laico** ◆ *adj* Indépendant de toute opinion confessionnelle: *école laïque* ► **laico**
laisse[1] *nf* Corde pour mener un chien ► **trela**
laisse[2] *nf* LITTÉR Section d'un poème médiéval, d'une chanson de geste ► **estância**
laissé-pour-compte (pl *laissés-pour-compte*) *nm* Marchandise refusée ► **mercadoria recusada** ◆ **laissé(e)-pour-compte** (pl *laissé(e)s-pour-compte*) *n* Personne rejetée par un groupe social ► **rejeitado**
laisser *vt* **1** Ne pas prendre ce dont on pourrait disposer: *laisser la monnaie* ► **deixar 2** Ne pas emmener, ne pas emporter: *laisser son fils à la maison*; oublier: *laisser ses gants*; quitter, abandonner: *laisser sa famille, son pays* ► **deixar 3** Abandonner derrière soi quelque chose qui subsiste: *laisser une trace*; léguer: *laisser une grosse fortune* ► **deixar 4** Perdre: *y laisser sa vie* ► **deixar 5** Abandonner, réserver, confier: *laisser un pourboire; je vous laisse ce soin* ► **deixar 6** Maintenir dans le même état, la même situation, la même position: *laisser quelqu'un dehors; laisser un champ en friche* ► **deixar 7** Ne pas empêcher de, permettre: *laisser tomber un vase; laisser dire* ► **deixar ■ laisser à penser:** donner à réfléchir ► **dar o que pensar □** FAM **laisser tomber:** abandonner ► **deixar para lá □** LITT **ne pas laisser de:** ne pas cesser, ne pas manquer de ► **não deixar de** ◆ **se laisser** *vpr* ► **deixar-se ■ se laisser aller** ou **se laisser vivre:** se relâcher, ne pas faire d'effort ► **deixar-se levar □ se laisser dire:** entendre dire ► **ouvir dizer □ se laisser faire:** ne pas opposer de résistance ► **deixar-se manipular**
laisser-aller *nm inv* Négligence dans la tenue, les manières ► **relaxamento**
laissez-passer *nm inv* Permission écrite de passer, de circuler; sauf-conduit ► **salvo-conduto**
ORTHOGRAPHE Un *laissez-passer* consiste en une consigne donnée, d'où l'impératif *laissez*
lait *nm* **1** Liquide blanc d'une saveur douce, fourni par les femelles des mammifères; aliment à base de ce liquide: *lait de chèvre; lait demi-écrémé, en poudre* ► **leite 2** Tout ce qui ressemble au lait: *lait d'amande, de coco* ► **leite**
laitage *nm* Aliment à base de lait ► **laticínio**
laitance ou **laite** *nf* Sperme de poisson ► **leita**
laiterie *nf* **1** Industrie, commerce du lait ► **leiteria 2** Usine, lieu où l'on traite le lait pour la consommation et la fabrication des produits dérivés ► **leiteria**
laiteux, euse *adj* Qui a l'aspect du lait ► **leitoso**
laitier[1] *nm* Scorie de haut-fourneau ► **escória**
laitier[2]**, ère** *adj* Relatif au lait et à ses dérivés ► **leiteiro ■ vache laitière** ou **laitière:** *nf* élevée pour la production du lait ► **vaca leiteira** ◆ *n* Commerçant en produits laitiers ► **leiteiro**
laitière *nf* Pot à lait ► **leiteira**
laiton *nm* Alliage de cuivre et de zinc ► **latão**
laitue *nf* Plante composée qui se mange en salade; salade de cette plante ► **alface**

laïus [lajys] *nm* FAM Discours ▸ **discurso**
laize *nf* Largeur d'une étoffe; SYN: *lé* ▸ **festo**
lallation *nf* **1** Défaut de prononciation de la consonne *l* ▸ **lambdacismo 2** Émissions vocales des nourrissons ▸ **lalação**
lama[1] *nm* Moine bouddhiste tibétain ▸ **lama** ■ **grand lama** ou **dalaï-lama:** titre porté par le chef suprême du lamaïsme ▸ **dalai-lama**
lama[2] *nm* Mammifère ruminant des Andes ▸ **lhama**
lamaïsme *nm* Forme du bouddhisme ▸ **lamaísmo**
lamantin *nm* Mammifère cétacé herbivore d'Afrique et d'Amérique ▸ **peixe-boi**
lamaserie *nf* Couvent de lamas ▸ **lamaseria**
lambda *nm inv* Onzième lettre de l'alphabet grec, correspondant au *l* français ▸ **lambda** ■ FAM **individu lambda:** individu quelconque ▸ **indivíduo médio**
lambeau *nm* **1** Morceau de chair, d'étoffe, déchiré, arraché ▸ **tira 2** FIG Fragment, partie: *les lambeaux d'un empire* ▸ **pedaço**
lambic *nm* Bière forte belge ▸ **cerveja** ***Lambic***
lambin, e *adj et n* FAM Qui agit avec lenteur ▸ **molenga**
lambiner *vi* FAM Agir lentement, perdre son temps ▸ **lerdear**
lambourde *nf* **1** Chacune des pièces de bois servant à soutenir un parquet ▸ **barrote 2** Rameau terminé par des boutons à fruits ▸ **lamburda**
lambrequin *nm* Bande d'étoffe festonnée décorant un ciel de lit, une embrasure de fenêtre ▸ **lambrequim**
lambris *nm* Revêtement en bois des parois d'une pièce, d'un plafond, d'une voûte ▸ **lambris**
lambrisser *vt* Revêtir de lambris ▸ **lambrisar**
lambswool [lɑ̃bswul] *nm* Laine d'agneau ▸ **lã de cordeiro**
lame *nf* **1** Fer d'un instrument coupant: *lame de couteau, de rasoir* ▸ **lâmina 2** Morceau de métal ou d'une autre matière dure, plat et très mince: *lame de plomb; lame de verre* ▸ **lâmina 3** Vague de la mer ▸ **onda**
lamé, e *adj et nm* Se dit d'un tissu de fils de métal ou orné de lames métalliques: *lamé or, argent* ▸ **lamê**
lamellaire *adj* Dont la structure présente des lames, des lamelles ▸ **lameloso**
lamelle *nf* Petite lame ▸ **lamínula**
lamellibranche *nm* Mollusque à coquille bivalve ▸ **lamelibrânquio**
lamellicorne *nm* Insecte coléoptère à antennes en feuillets (hanneton, scarabée) ▸ **lamelicórneo**
lamelliforme *adj* En forme de lamelle ▸ **lameliforme**
lamellirostre *adj* Qui a le bec garni sur ses bords de lamelles transversales ▸ **lamelirrostro**
lamentable *adj* Navrant, pitoyable: *situation lamentable* ▸ **lamentável**
lamentablement *adv* De façon lamentable ▸ **lamentavelmente**
lamentation *nf* Plainte, gémissement ▸ **lamentação**
lamenter (se) *vpr* Se plaindre, gémir ▸ **lamentar-se**
lamento [lamɛnto] *nm* MUS Chant de tristesse et de douleur ▸ **lamento**
lamifié, e *adj* Stratifié ▸ **laminado**
laminage *nm* Action de laminer ▸ **laminação**
laminaire *nf* Algue très longue ▸ **laminária**
laminer *vt* **1** Aplatir un métal par compression entre deux rouleaux ▸ **laminar 2** FIG Diminuer progressivement, rogner: *la hausse des prix lamine le pouvoir d'achat* ▸ **corroer 3** Écraser, éprouver durement: *cet échec l'a laminé* ▸ **aniquilar**
lamineur *nm* Ouvrier qui lamine ▸ **laminador**
laminoir *nm* Machine à laminer composée de cylindres d'acier tournant en sens inverse ▸ **laminador**
lampadaire *nm* Support vertical qui porte un appareil d'éclairage ▸ **lampadário**
lampant, e *adj* Se dit d'une huile éclairante: *pétrole lampant* ▸ **de iluminação**
lamparo *nm* Lampe utilisée par les pêcheurs, surtout en Méditerranée, pour attirer le poisson ▸ **candeio**
lampe *nf* **1** Appareil producteur de lumière: *lampe à huile, électrique, de chevet* ▸ **lampião, lâmpada 2** Ampoule électrique: *lampe halogène* ▸ **lâmpada 3** Appareil produisant une flamme et utilisé comme source de chaleur: *lampe à souder* ▸ **lamparina**
lampée *nf* FAM Grande gorgée de liquide: *une lampée de vin* ▸ **golada**
lampion *nm* **1** Récipient contenant une matière combustible, utilisé pour les illuminations ▸ **lampião 2** Lanterne vénitienne ▸ **lanterna veneziana**
lampiste *nm* FAM Employé subalterne ▸ **subalterno**
lamproie *nf* Poisson vertébré de forme cylindrique et allongée ▸ **lampreia**
lampyre *nm* Insecte coléoptère dont la femelle est appelée couramment *ver luisant* ▸ **vaga-lume**
lance *nf* **1** Arme offensive à long manche et à fer pointu ▸ **lança 2** Tube métallique à l'extrémité d'un tuyau de pompe et servant à diriger le jet: *lance d'incendie* ▸ **agulheta**
lancé, e *adj* Qui a acquis une certaine célébrité: *acteur lancé* ▸ **conhecido**

lance-bombe (pl *lance-bombes*) ou **lance-bombes** (pl inv) *nm* Appareil ou dispositif pour le largage des bombes ▸ **lança-bombas**

ORTHOGRAPHE *lance* (étant un verbe) est toujours invariable, quelle que soit l'orthographe du deuxième élément du mot composé

lancée *nf* ▸ **impulso** ■ **sur sa lancée:** en profitant du mouvement donné par l'élan initial ▸ **aproveitando o impulso**

lance-flamme (pl *lance-flammes*) ou **lance-flammes** (pl inv) *nm* Appareil projetant des liquides enflammés ▸ **lança-chamas**

lance-grenade (pl *lance-grenades*) ou **lance-grenades** (pl inv) *nm* Arme qui sert à lancer des grenades ▸ **lança-granadas**

lancement *nm* **1** Action de lancer: *lancement du javelot, d'une fusée* ▸ **lançamento** **2** Mise à l'eau d'un navire ▸ **lançamento** **3** Publicité faite pour promouvoir un produit, faire connaître quelqu'un: *prix de lancement* ▸ **lançamento**

lance-missile (pl *lance-missiles*) ou **lance-missiles** (pl inv) *nm* Engin servant à lancer des missiles ▸ **lança-mísseis**

lancéolé, e *adj* En forme de lance: *feuille lancéolée* ▸ **lanceolado**

lance-pierre (pl *lance-pierres*) ou **lance-pierres** (pl inv) *nm* Jouet pour lancer des cailloux; SYN: *fronde* ▸ **estilingue** ■ FAM **être payé au lance-pierre:** recevoir une faible rémunération ▸ **receber uma mixaria** □ FAM **manger avec un lance-pierre:** manger rapidement ▸ **comer rapidamente**

lancer¹ *vt (conj 1)* **1** Jeter avec force: *lancer des pierres* ▸ **lançar** **2** Faire mouvoir rapidement une partie du corps: *lancer la jambe en avant* ▸ **lançar** **3** Émettre vivement: *lancer un cri, un appel, un ultimatum* ▸ **lançar** **4** Mettre en train, en action: *lancer un moteur; lancer une affaire* ▸ **pôr em marcha** **5** Faire parler quelqu'un de quelque chose qu'il aime: *lancer quelqu'un sur son sujet favori* ▸ **lançar** **6** Faire connaître d'un large public: *lancer un artiste, un produit* ▸ **lançar** **7** MAR Mettre à l'eau: *lancer un bateau* ▸ **lançar** ◆ **se lancer** *vpr* **1** Se précipiter: *se lancer dans le vide* ▸ **lançar-se** **2** S'engager avec hardiesse, avec fougue: *se lancer dans une folle entreprise* ▸ **lançar-se**

lancer² *nm* SPORTS Épreuve d'athlétisme consistant à projeter un poids, un disque, un javelot ou un marteau ▸ **lançamento** ■ **pêche au lancer:** mode de pêche qui consiste à envoyer l'appât au loin au moyen d'une canne ▸ **pesca de arremesso**

lance-roquette (pl *lance-roquettes*) ou **lance-roquettes** (pl inv) *nm* Arme tirant des roquettes ▸ **lança-mísseis**

lance-torpille (pl *lance-torpilles*) ou **lance-torpilles** (pl inv) *nm* Dispositif servant à tirer des torpilles ▸ **lança-torpedos**

lancette *nf* **1** Petit instrument de chirurgie ▸ **lanceta** **2** ARCHIT Arc allongé ▸ **arco lanceolado**

lanceur¹ *nm* **1** Véhicule propulsif capable d'envoyer une charge utile dans l'espace ▸ **lançador** **2** Sous-marin porteur de missiles stratégiques ▸ **submarino lançador**

lanceur², euse *n* Personne qui lance: *lanceur de javelot* ▸ **lançador**

lancier *nm* Cavalier armé d'une lance ▸ **lanceiro**

lancinant, e *adj* Qui lancine: *douleur lancinante; souvenir lancinant* ▸ **lancinante**

lancinement *nm* Élancement douloureux ▸ **lancinação**

lanciner *vi et vt* **1** Faire souffrir par des élancements répétés ▸ **lancinar** **2** FIG Tourmenter de façon continue, obséder ▸ **lancinar**

lançon *nm* ZOOL Équille ▸ **galeota**

Land (pl *Länder*) *nm* État de la République fédérale d'Allemagne; province d'Autriche ▸ ***Land***

landais, e *adj et n* Des Landes: *les Landais* ▸ **landês**

landau (pl *landaus*) *nm* **1** Voiture d'enfant ▸ **carrinho de bebê** **2** Voiture hippomobile à quatre roues et munie d'une capote à double soufflet ▸ **landau**

lande *nf* Formation végétale de bruyères, de genêts et d'ajoncs ▸ **lande, charneca**

landgrave *nm* HIST **1** Titre de quelques princes d'Allemagne ▸ **landgrave** **2** Magistrat qui rendait la justice au nom de l'empereur d'Allemagne ▸ **landgrave**

landtag [lɑ̃dtag] *nm* Assemblée délibérante dans certains États allemands et autrichiens ▸ ***Landtag*, assembleia deliberativa**

langage *nm* **1** Faculté propre à l'homme d'exprimer ou de communiquer sa pensée par un système de signes vocaux (parole) ou graphiques (écriture): *troubles du langage* ▸ **linguagem** **2** Tout système permettant de communiquer: *langage gestuel*; mode d'expression (symboles, formes artistiques, etc.): *langage des fleurs; le langage de la peinture* ▸ **linguagem** **3** Manière de parler propre à un groupe social ou professionnel, à une discipline, à un individu: *le langage administratif* ▸ **linguagem** **4** Mode de transmission de l'information chez certains animaux ▸ **linguagem** **5** Contenu du discours: *parler un double langage* ▸ **linguagem** **6** Expression propre à un sentiment, une attitude: *le langage de la raison* ▸ **linguagem** **7** INFORM Ensemble des règles permettant d'assembler des instructions élémentaires pour programmer un ordinateur ▸ **linguagem**

ORTHOGRAPHE On ne retrouve pas le *u* de *langue* dans *langage*

langagier, ère *adj* Relatif au langage ▸ **linguageiro**

lange *nm* Carré de tissu pour emmailloter un nourrisson ▸ **cueiro**

langer *vt (conj 2)* Envelopper dans un lange ou dans des couches; emmailloter ▸ **envolver em cueiro**

langoureusement *adv* De façon langoureuse ▸ **languidamente**

langoureux, euse *adj* Qui marque de la langueur; alangui: *une pose langoureuse* ▸ **langoroso**

langouste *nf* Crustacé décapode comestible, vivant sur les fonds rocheux des mers ▸ **lagosta**

langoustier *nm* Bateau équipé pour la pêche à la langouste ▸ **barco lagosteiro**

langoustine *nf* Petit crustacé voisin du homard ▸ **lagosta da Noruega, lagostim**

langue *nf* **1** Organe charnu, mobile, situé dans la bouche et servant, chez l'homme, à la déglutition et à la parole; cet organe chez certains animaux: *les muscles de la langue; langue braisée* ▸ **língua 2** Système de signes verbaux propre à une communauté d'individus: *langue française* ▸ **língua 3** Manière particulière de s'exprimer, langage: *la langue des poètes* ▸ **língua ■ donner sa langue au chat:** renoncer à deviner ▸ **entregar os pontos □ langue de bois:** manière stéréotypée de s'exprimer, reflétant une position dogmatique, particulièrement en politique ▸ **clichê □ langue maternelle:** celle du pays où on est né ▸ **língua materna □ langue morte:** langue qui n'est plus parlée ▸ **língua morta □ langue de terre:** péninsule étroite ▸ **língua de terra □ langue verte:** argot ▸ **gíria □ langue de vipère** ou **mauvaise langue:** personne médisante ▸ **cobra □ langue vivante:** actuellement parlée ▸ **língua viva □ se mordre la langue:** s'arrêter au moment de parler, se repentir d'avoir parlé ▸ **morder a língua □ tenir sa langue:** garder un secret ▸ **segurar a língua**

langue-de-bœuf (pl *langues-de-bœuf*) *nf* Champignon rouge comestible ▸ **tortulho vermelho**

langue-de-chat (pl *langues-de-chat*) *nf* Biscuit long et plat ▸ **língua de gato**

languedocien, enne *adj et n* Du Languedoc ▸ **languedociano**

languette *nf* **1** Objet en forme de petite langue ▸ **lingueta 2** Lame mobile vibrante d'un instrument à anche ▸ **lingueta 3** Tenon d'une planche, qui entre dans une rainure ▸ **lingueta**

langueur *nf* **1** Abattement physique ou moral, manque d'énergie, de dynamisme; dépression ▸ **languidez 2** Mélancolie douce et rêveuse; attendrissement ▸ **languidez**

languide *adj* LITT Langoureux, languissant: *un regard languide* ▸ **lânguido**

languir *vi* **1** LITT Se morfondre, dépérir ▸ **languescer 2** Traîner en longueur, manquer d'animation: *la conversation languit* ▸ **languescer 3** Attendre vainement: *ne me fais pas languir* ▸ **esperar ◆ se languir** *vpr* S'ennuyer ▸ **entediar-se**

languissant, e *adj* Qui languit ▸ **lânguido**

lanière *nf* Courroie étroite ▸ **correia**

lanifère ou **lanigère** *adj* Qui porte de la laine ou du duvet cotonneux: *plantes lanifères* ▸ **lanígero**

lanoline *nf* Graisse tirée du suint du mouton et employée comme excipient pour de nombreuses pommades ▸ **lanolina**

lansquenet *nm* Fantassin allemand mercenaire des XVe et XVIe s. ▸ **lansquenê**

lanterne *nf* Boîte à parois transparentes où l'on met une lumière à l'abri du vent ▸ **lanterna ■ éclairer la lanterne de quelqu'un:** le renseigner ▸ **esclarecer as ideias de alguém □ lanterne magique:** instrument d'optique pour projeter des images ▸ **lanterna mágica □ lanterne rouge:** dernier d'un classement ▸ **lanterninha ◆ lanternes** *pl* Feux de position d'un véhicule; SYN: *veilleuses* ▸ **lanterna**

lanterner *vi* FAM Flâner, perdre son temps ▸ **enrolar ■ faire lanterner:** faire attendre ▸ **enrolar**

lanthane *nm* Métal du groupe des terres rares ▸ **lantânio**

lanugineux, euse *adj* BOT Couvert de duvet ▸ **lanuginoso**

laotien, enne *adj et n* Du Laos: *les Laotiens* ▸ **laosiano ◆** *nm* Principale langue parlée par les Laotiens ▸ **laosiano**

lapalissade *nf* Vérité d'une évidence niaise ▸ **lapalissada**

laparotomie *nf* Ouverture chirurgicale de l'abdomen ▸ **laparotomia**

lapement *nm* Action de laper ▸ **lambidela**

laper *vt et vi* Boire avec la langue: *le chien lape l'eau* ▸ **lamber**

ORTHOGRAPHE Un petit chien *lape* (avec un *p*), mais il *jappe* (avec deux *p*)

lapereau *nm* Jeune lapin ▸ **láparo**

lapidaire *nm* Qui taille les pierres précieuses; qui en fait le commerce ▸ **lapidário, comerciante de pedras preciosas ◆** *adj* **1** Relatif aux pierres précieuses, aux objets de pierre, aux inscriptions gravées sur la pierre ▸ **lapidar 2** Bref et concis: *formule lapidaire* ▸ **lapidar**

lapidation *nf* Action de lapider ▸ **lapidação**

lapider *vt* Tuer, attaquer, poursuivre à coups de pierres ► **lapidar**

lapilli *nm pl* Petites projections volcaniques ► **lapíli**

lapin, e *n* Mammifère rongeur sauvage (lapin de garenne) ou domestique (élevé pour sa chair ou pour sa fourrure); chair, fourrure de cet animal ► **coelho** ■ FAM **chaud lapin:** homme avide de relations sexuelles ► **garanhão** □ FAM **coup du lapin:** coup brutal sur la nuque ► **pancada na nuca** □ FAM **poser un lapin:** ne pas venir à un rendez-vous ► **dar bolo**

lapiner *vi* Mettre bas, en parlant d'une lapine ► **parir**

lapis [lapis] ou **lapis-lazuli** [lapislazyli] *nm inv* Pierre fine opaque d'un bleu intense ► **lazurita**

lapon, e *adj et n* De la Laponie: *les Lapons* ► **lapão** ♦ *nm* Langue parlée par les Lapons ► **lapão**

laps [laps] *nm* ► **lapso** ■ **laps de temps:** espace de temps ► **lapso**

lapsus [lapsys] *nm* Faute commise en parlant (*lapsus linguae*) ou en écrivant (*lapsus calami*) et qui consiste à substituer au terme attendu un autre mot ► **lapso**

laquage *nm* Action de laquer ► **laqueação**

laquais *nm* **1** Valet en livrée ► **lacaio 2** LITT Homme d'un caractère servile ► **lacaio**

laque[1] *nf* **1** Gomme-résine rouge-brun de certains arbres de l'Inde; vernis noir ou rouge préparé, en Chine surtout, avec cette résine ► **laca 2** Matière qui contient de l'alumine, employée en peinture ► **laca 3** Produit que l'on vaporise sur les cheveux pour maintenir la coiffure ► **laquê**

laque[2] *nm* Objet d'Extrême-Orient recouvert de laque ► **objeto de laca**

laqué, e *adj* Se dit d'une volaille, d'une viande enduite, entre deux cuissons, d'une sauce aigre-douce: *canard, porc laqué* ► **laqueado**

laquer *vt* Couvrir de laque ► **laquear**

larbin *nm* FAM, PÉJOR **1** Domestique, valet ► **lacaio 2** Homme servile ► **lacaio**

larcin *nm* Petit vol ► **furto**

lard *nm* Tissu adipeux de certains animaux (en particulier du porc) ► **lardo, toucinho**

larder *vt* **1** Piquer de lardons: *larder une viande* ► **lardear 2** LITT Percer de coups, blesser; cribler: *victime au corps lardé de coups de couteau* ► **lardear**

lardon *nm* Petit morceau de lard ► **pedaço de toucinho**

lare *nm* ANTIQ ROM Dieu protecteur du foyer domestique ► **lares**

largage *nm* Action de larguer ► **largada**

large *adj* **1** Étendu dans le sens opposé à la longueur, à la hauteur: *la rivière est large à cet endroit* ► **largo 2** Qui n'est pas serré; ample: *vêtement large* ► **largo 3** Étendu, important, considérable: *larges concessions* ► **amplo 4** Qui n'est pas borné, sans préjugés: *esprit large* ► **aberto 5** Généreux: *se montrer large* ► **pródigo** ♦ *adv* ■ **voir large:** voir grand ► **pensar grande** ♦ *nm* **1** Largeur: *un mètre de large* ► **largura 2** Pleine mer: *gagner le large* ► **largo** ■ **être au large:** à l'aise ► **estar à vontade** □ **prendre le large:** s'enfuir ► **dar no pé**

largement *adv* **1** Abondamment: *gagner largement sa vie* ► **largamente 2** Au minimum: *il est largement onze heures* ► **pelo menos**

largesse *nf* LITT Libéralité, générosité: *profiter de la largesse de quelqu'un* ► **largueza** ♦ **largesses** *pl* Dons généreux ► **largueza**

largeur *nf* **1** Dimension opposée à la longueur, à la hauteur: *la largeur d'une rue* ► **largura 2** Caractère de ce qui n'est pas étroit, mesquin: *largeur de vues* ► **abertura**

larghetto [largɛto] *adv* MUS Indique un mouvement moins lent que le largo ► **largueto** ♦ *nm* Morceau de musique exécuté larghetto ► **largueto**

largo *adv* MUS Indique un mouvement ample et large ► **largo** ♦ *nm* Morceau de musique exécuté largo ► **largo**

largue *adj* MAR Non tendu ► **frouxo** ■ **vent largue:** oblique par rapport à la route du navire ► **vento largo** ♦ *nm* Allure d'un navire qui reçoit le vent largue ► **bolina** ■ **grand largue:** allure portante proche du vent arrière ► **vento quase em popa**

larguer *vt* **1** MAR Détacher, laisser aller: *larguer une voile, les amarres* ► **largar, soltar 2** Lâcher, laisser tomber: *avion qui largue des parachutistes, des bombes* ► **soltar, lançar 3** FAM Abandonner, se débarrasser de: *il a tout largué pour aller vivre sur une île déserte* ► **largar** ■ FAM **être largué:** être perdu, ne plus comprendre ► **boiar**

larigot *nm* Flûte ancienne ► **flauta pastoril**

larme *nf* **1** Humeur liquide sécrétée par l'œil: *ému jusqu'aux larmes* ► **lágrima 2** Petite quantité d'un liquide: *boire son café avec une larme de lait* ► **lágrima, gota**

larmier *nm* **1** ARCHIT Saillie d'une corniche, creusée en gouttière, pour faire tomber l'eau de la pluie ► **lacrimal 2** ANAT Angle interne de l'œil ► **lago lacrimal**

larmoiement *nm* **1** Écoulement involontaire de larmes ► **lacrimação 2** (surtout au pluriel) Plainte, pleurnicherie ► **choradeira**

larmoyant, e *adj* **1** Dont les yeux sont humides de larmes: *vieillard larmoyant* ► **lacrimoso 2** Qui cherche à attendrir: *ton larmoyant* ► **choroso**

larmoyer [larmwaje] *vi (conj 3)* **1** Être atteint de larmoiement ▸ **lacrimejar 2** Pleurnicher, se lamenter ▸ **choramingar**
larron *nm* LITT Voleur ▸ **ladrão** ▪ **l'occasion fait le larron:** les circonstances amènent à agir autrement qu'à l'ordinaire ▸ **a ocasião faz o ladrão** ▫ **s'entendre comme larrons en foire:** s'entendre à merveille ▸ **entender-se como tampa e panela**
larsen [larsɛn] *nm* Sifflement parasite dû à une interférence entre un micro et un haut-parleur ▸ **microfonia**
larvaire *adj* Relatif à la larve ▸ **larval**
larve *nf* Premier état des insectes, crustacés, batraciens, à leur sortie de l'œuf ▸ **larva**
larvé, e *adj* **1** MÉD Se dit d'une maladie qui n'est pas encore apparente ou qui ne se manifeste pas complètement ▸ **latente, incubado 2** Latent: *opposition larvée* ▸ **latente**
laryngé, e ou **laryngien, enne** *adj* Du larynx ▸ **laríngeo**
laryngite *nf* Inflammation du larynx ▸ **laringite**
laryngologie *nf* Étude du larynx et de ses affections ▸ **laringologia**
laryngologiste ou **laryngologue** *n* Spécialiste de la gorge ▸ **laringologista**
laryngoscope *nm* Appareil pour observer le larynx ▸ **laringoscópio**
laryngoscopie *nf* Examen visuel du larynx à l'aide d'un appareil ▸ **laringoscopia**
laryngotomie *nf* Ouverture chirurgicale du larynx ▸ **laringotomia**
larynx *nm* Organe de la phonation situé entre le pharynx et la trachée ▸ **laringe**
las[1] [las] *interj* LITT Hélas ▸ ***hélas*, infelizmente**
las[2]**, lasse** [la, las] *adj* **1** LITT Fatigué: *se sentir las* ▸ **cansado 2** Ennuyé, dégoûté: *je suis las de vos reproches* ▸ **farto**
lasagne (pl *lasagnes* ou inv) *nf* Pâte alimentaire en plaque ▸ **lasanha** ◆ **lasagnes** *pl* Plat gratiné fait de plaques de pâte alternant avec une couche de hachis de viande ▸ **lasanha**
lascar *nm* FAM Individu rusé, malin ▸ **malandro**
lascif, ive *adj* **1** Enclin aux plaisirs sexuels ▸ **lascivo 2** Qui les évoque; sensuel: *danse lascive* ▸ **lascivo**
lascivement *adv* Avec lascivité ▸ **lascivamente**
lascivité *nf* LITT Penchant, caractère lascif ▸ **lascívia**
laser [lazɛr] *nm* Appareil pouvant engendrer un faisceau de lumière très intense, susceptible de multiples applications ▸ ***laser***
lassant, e *adj* Qui lasse; ennuyeux ▸ **cansativo**
lasser *vt* Rendre las; ennuyer: *lasser ses lecteurs, son entourage* ▸ **cansar** ◆ **se lasser** *vpr* [de] Devenir las à force de: *un spectacle dont on ne se lasse pas* ▸ **cansar-se**
lassitude *nf* **1** Fatigue physique: *la lassitude due à l'âge* ▸ **lassidão 2** Ennui, découragement: *céder par lassitude* ▸ **lassidão**
lasso *nm* Forte corde terminée par un nœud coulant, utilisée pour capturer les animaux sauvages ▸ **laço**
lat. (abréviation) Latitude ▸ **lat.**
latence *nf* État de ce qui est latent ▸ **latência**
latent, e *adj* Qui n'est pas apparent, qui ne se manifeste pas au-dehors: *révolte latente* ▸ **latente**
latéral, e, aux *adj* De côté, sur le côté, relatif au côté de quelque chose: *porte latérale* ▸ **lateral**
latéralement *adv* Sur le côté ▸ **lateralmente**
latéralisation *nf* PSYCHOL Dominance de l'hémisphère cérébral droit ou gauche dans une activité ▸ **lateralização**
latéralisé, e *adj* ▸ **lateralizado** ▪ PSYCHOL **bien, mal latéralisé:** dont l'activité motrice correspond bien ou mal à la dominance d'un hémisphère cérébral sur l'autre ▸ **bem, mal lateralizado**
latéralité *nf* PSYCHOL Dominance fonctionnelle d'un côté du corps sur l'autre ▸ **lateralidade**
latérite *nf* Sol rougeâtre de la zone tropicale humide ▸ **laterita**
latex *nm* Suc de certains végétaux, d'aspect laiteux: *le caoutchouc est tiré du latex de l'hévéa* ▸ **látex**
laticlave *nm* Bande de pourpre sur la tunique des sénateurs romains ▸ **laticlavo**
latifundium [latifɔ̃djɔm] (pl *latifundiums* ou *latifundia*) *nm* Grande propriété rurale ▸ **latifúndio**
latin, e *adj et n* **1** Du Latium: *civilisation latine* ▸ **latino 2** D'un pays dont la langue a pour origine le latin: *Amérique latine* ▸ **latino** ◆ *adj* **1** Relatif au latin: *déclinaison latine* ▸ **latino 2** Relatif à l'Église romaine d'Occident: *rite latin* ▸ **latino** ◆ *nm* Langue des Latins ▸ **latim** ▪ FAM **y perdre son latin:** n'y rien comprendre ▸ **ser grego**
latinisation *nf* Action de latiniser ▸ **latinização**
latiniser *vt* **1** Donner une forme latine à un mot ▸ **latinizar 2** Donner le caractère latin à: *l'invasion romaine a latinisé la Gaule* ▸ **latinizar**
latinisme *nm* Mot, expression, construction propres au latin ▸ **latinismo**
latiniste *n* Spécialiste de la langue et de la littérature latines ▸ **latinista**
latinité *nf* Le monde latin, la civilisation latine ▸ **latinidade**

latino-américain, e (pl *latino-américains, es*) *adj et n* De l'Amérique latine: *musique latino-américaine* ▸ **latino-americano**
latitude *nf* **1** Position d'un lieu par rapport à sa distance de l'équateur: *latitude et longitude* ▸ **latitude 2** Lieu considéré sous le rapport du climat: *plante qui se plaît sous toutes les latitudes* ▸ **latitude 3** FIG Liberté d'agir: *laisser toute latitude à quelqu'un* ▸ **latitude**
lato sensu [latosɛ̃sy] *loc adv* Au sens large; CONTR: *stricto sensu* ▸ ***lato sensu***
latrie *nf* ▸ **latria** ▪ **culte de latrie:** dû à Dieu seul ▸ **latria**
latrines *nf pl* Lieux d'aisances ▸ **latrina**
lattage *nm* Action de garnir de lattes; ensemble de lattes, lattis ▸ **ripadura**
latte *nf* Planche de bois, longue et mince ▸ **ripa**
lattis *nm* Garniture de lattes ▸ **ripado**
laudanum [lodanɔm] *nm* Médicament à base d'opium ▸ **láudano**
laudateur, trice *n* LITT Personne qui fait des louanges ▸ **louvador**
laudatif, ive *adj* SOUT Qui loue; élogieux ▸ **laudatório**
laudes *nf pl* Prière liturgique du matin ▸ **laudes**
lauréat, e *adj et n* Qui a réussi un examen, a remporté un prix ▸ **laureado**
laurier *nm* Arbuste à feuilles persistantes utilisées comme condiment; feuille de cet arbuste: *assaisonner de thym et de laurier* ▸ **loureiro, louro** ♦ **lauriers** *pl* Gloire, succès: *se couvrir de lauriers* ▸ **louros**
laurier-rose (pl *lauriers-roses*) *nm* Arbuste ornemental et toxique ▸ **espirradeira**
laurier-sauce (pl *lauriers-sauce*) *nm* Laurier utilisé en cuisine ▸ **louro**
laurier-tin (pl *lauriers-tins*) *nm* Plante méditerranéenne aux feuilles persistantes rappelant celles du laurier ▸ **folhado**
lavable *adj* Qui peut être lavé: *lavable à la machine* ▸ **lavável**
lavabo *nm* **1** Appareil sanitaire en forme de cuvette et alimenté en eau ▸ **pia 2** (surtout au pluriel) Toilettes, dans un lieu public ▸ **banheiro 3** LITURGIE Prière du prêtre en lavant ses doigts pendant la messe ▸ **lavabo**
lavage *nm* Action de laver ▸ **lavagem** ▪ **lavage d'estomac:** procédé de vidage de l'estomac par introduction et évacuation immédiate d'un liquide ▸ **lavagem estomacal**
lavallière *nf* Cravate souple, nouée en deux boucles ▸ **gravata à Lavallière**
lavande *nf* **1** Plante aromatique à fleurs bleues en épi; fleurs séchées de cette plante ▸ **alfazema 2** Essence obtenue à partir de ces fleurs ▸ **lavanda**
lavandière *nf* **1** LITT Femme qui lave le linge à la main ▸ **lavadeira 2** Bergeronnette (oiseau) ▸ **alvéloa**
lavasse *nf* FAM Soupe, café, boisson dans lesquels il y a trop d'eau ▸ **lavadura**
lave *nf* Matière visqueuse émise par un volcan et formant une roche volcanique en se refroidissant ▸ **lava**
lavé, e *adj* Se dit d'une couleur d'un faible degré d'intensité ▸ **lavado**
lave-auto (pl *lave-autos*) *nm* CANADA Station de lavage automatique pour automobiles ▸ **lava-rápido**
lave-glace (pl *lave-glaces*) *nm* Dispositif envoyant un jet de liquide sur le pare-brise d'une automobile ▸ **lavador do vidro**
lave-linge *nm inv* Machine à laver le linge ▸ **lava-roupa**
lave-mains *nm inv* Petit lavabo ▸ **lavatório**
lavement *nm* Injection liquide dans l'intestin ▸ **clister**
laver *vt* **1** Nettoyer avec un liquide: *laver la vaisselle, le linge* ▸ **lavar 2** Disculper: *laver quelqu'un d'une accusation* ▸ **inocentar** ♦ **se laver** *vpr* Laver son corps ▸ **tomar banho** ▪ **se laver les mains de quelque chose:** décliner toute responsabilité ▸ **lavar as mãos de algo**
laverie *nf* Blanchisserie équipée de machines à laver individuelles ▸ **lavanderia automática**
lavette *nf* **1** Morceau de linge, carré de tissu pour laver la vaisselle ▸ **esponja para louça 2** FAM Personne veule ▸ **banana**
laveur, euse *n* Ouvrier qui lave: *laveur de carreaux, de voitures* ▸ **lavador**
lave-vaisselle *nm inv* Machine à laver la vaisselle ▸ **lava-louça**
lavis [lavi] *nm* Dessin recouvert de légers aplats d'encre de Chine, de sépia ou d'aquarelle étendus d'eau ▸ **aguada**
lavoir *nm* Lieu public destiné au lavage du linge ▸ **lavadouro**
laxatif, ive *adj et nm* Se dit d'un purgatif léger ▸ **laxante**
laxisme *nm* Indulgence, tolérance excessives ▸ **laxismo**
laxiste *adj et n* Qui manifeste du laxisme ▸ **laxista**
layette [lɛjɛt] *nf* Ensemble des vêtements d'un nouveau-né ▸ **enxoval de recém-nascido**
layon [lɛjɔ̃] *nm* Sentier forestier ▸ **vereda**
lazaret *nm* Établissement où l'on isole les arrivants d'un pays infecté par une maladie contagieuse ▸ **lazareto**

lazariste *nm* Missionnaire d'une congrégation fondée par saint Vincent de Paul ▸ **lazarista**
lazzi [ladzi] ou [lazi] *nm pl* Plaisanterie moqueuse, piquante ▸ **escárnio**
le, la, les *art défini* Détermine les noms dont il indique le genre et le nombre ▸ **o, a, os, as** ♦ *pron pers* Désigne la 3e personne représentant un être ou une chose, en fonction de complément d'objet direct ou d'attribut ▸ **o, a, os, as**
lé *nm* Largeur d'une étoffe; SYN: *laize* ▸ **festo**
leader [lidr] *nm* **1** Chef d'un parti politique, d'un groupe: *le leader de l'opposition* ▸ **líder 2** SPORTS Concurrent, équipe en tête dans une compétition ▸ **líder**
leadership [lidrʃip] *nm* Fonction de leader; position dominante ▸ **liderança**
leasing [lizi] *nm* Contrat de louage d'un bien, assorti d'une promesse unilatérale de vente en fin de contrat ▸ ***leasing***
léchage *nm* Action de lécher ▸ **lambida**
lèche *nf* ▸ **adulação** ▪ FAM **faire de la lèche à quelqu'un:** le flatter bassement ▸ **puxar o saco de alguém**
léché, e *adj* FAM Exécuté minutieusement: *portrait léché* ▸ **esmerado** ▪ **ours mal léché:** personne mal élevée ▸ **grosseiro**
lèche-bottes *n inv* FAM Flatteur obséquieux et servile ▸ **puxa-saco**
lèchefrite *nf* Ustensile placé sous la broche, pour recevoir la graisse ▸ **pingadeira**
lécher *vt (conj 10)* **1** Passer la langue sur, enlever avec la langue: *lécher un plat* ▸ **lamber 2** Effleurer: *léché par les flammes* ▸ **lamber 3** Finir avec un soin excessif: *lécher un tableau, un travail* ▸ **polir** ▪ FAM **lécher les bottes à quelqu'un:** le flatter servilement ▸ **lamber as botas de alguém**
lécheur, euse *n* FAM Personne qui fait de la lèche ▸ **lambedor, bajulador**
lèche-vitrines *nm inv* ▪ FAM **faire du lèche-vitrines:** flâner en regardant les vitrines des magasins ▸ **olhar vitrines**
leçon *nf* **1** Séance d'enseignement; cours: *leçon de danse, de math* ▸ **aula 2** Ce que le maître donne à apprendre par cœur: *réciter sa leçon* ▸ **lição 3** Enseignement tiré d'une faute, d'un événement: *les leçons de l'expérience* ▸ **lição 4** Avertissement, réprimande: *donner, recevoir une leçon; faire la leçon* ▸ **lição**
lecteur¹ *nm* Appareil qui transforme en impulsions électriques les signaux ou les données enregistrés sur un support mécanique, magnétique ou optique: *lecteur de cassettes; lecteur laser* ▸ **leitor**
lecteur², trice *n* **1** Qui lit: *courrier des lecteurs* ▸ **leitor 2** Professeur étranger chargé de travaux pratiques sur sa propre langue ▸ **leitor**
lectorat *nm* Ensemble des lecteurs d'un journal, d'un magazine ▸ **leitores**
lecture *nf* **1** Action de lire: *donner lecture d'une note; faire la lecture* ▸ **leitura 2** Fait de savoir lire: *livre de lecture* ▸ **leitura 3** Ce qu'on lit: *de mauvaises lectures* ▸ **leitura 4** Analyse, interprétation d'un texte, d'une partition, etc.: *une nouvelle lecture de Balzac* ▸ **leitura 5** Restitution, par un lecteur, de signaux enregistrés: *tête de lecture; lecture optique* ▸ **leitura 6** Discussion et vote d'un texte par une assemblée législative: *adopté en troisième lecture* ▸ **leitura**
ledit (pl *lesdits*) *adj* → **dit**
légal, e, aux *adj* Conforme à la loi, défini par la loi: *l'âge légal pour voter; dispositions légales* ▸ **legal**
légalement *adv* De façon légale ▸ **legalmente**
légalisation *nf* Action de légaliser ▸ **legalização, reconhecimento de firma**
légaliser *vt* **1** Rendre légal ▸ **legalizar 2** DR Certifier l'authenticité de ▸ **reconhecer firma**
légalisme *nm* Souci de respecter minutieusement la loi ▸ **legalismo**
légaliste *adj et n* Qui fait preuve de légalisme ▸ **legalista**
légalité *nf* **1** Caractère de ce qui est légal: *la légalité d'une mesure* ▸ **legalidade 2** Situation conforme à la loi: *rester dans la légalité* ▸ **legalidade**
légat *nm* Ambassadeur du pape ▸ **legado**
légataire *n* Bénéficiaire d'un legs ▸ **legatário**
légation *nf* Représentation diplomatique d'un gouvernement auprès d'un État où il n'y a pas d'ambassade ▸ **legação**
légendaire *adj* De la nature des légendes: *aventures légendaires* ▸ **lendário**
légende *nf* **1** Récit merveilleux où les faits historiques sont transformés par l'imagination populaire ou l'invention poétique ▸ **lenda 2** Explication jointe à un dessin, à une carte, à une photographie, etc. ▸ **legenda**
léger, ère *adj* **1** Qui a peu de poids, de densité, d'épaisseur: *métal léger* ▸ **leve 2** Qui a peu de force, de consistance: *dîner léger; sommeil léger* ▸ **leve 3** Vif, délicat, agile, peu appuyé: *danse légère; touche légère* ▸ **ligeiro 4** Peu important, peu grave: *légère différence; blessure légère* ▸ **leve 5** Libre de tout souci: *avoir le cœur léger* ▸ **leve 6** Qui manque de sérieux, de profondeur: *femme légère; propos léger* ▸ **leviano** ▪ **à la légère:** inconsidérément ▸ **levianamente**

légèrement *adv* **1** De façon légère: *s'habiller légèrement* ▸ **delicadamente, com roupas leves 2** Un peu: *il est légèrement blessé* ▸ **ligeiramente 3** Inconsidérément: *se conduire légèrement* ▸ **levianamente**

légèreté *nf* Propriété, caractère de ce qui est léger ▸ **leveza, ligeireza, leviandade**

légiférer *vi (conj 10)* Faire des lois ▸ **legiferar, legislar**

légion *nf* **1** HIST Corps de troupes romaines ▸ **legião 2** Appellation de certaines unités militaires ▸ **legião 3** Grand nombre d'êtres vivants: *une légion de solliciteurs* ▸ **legião ▪ être légion:** être très nombreux ▸ **serem muitos □ Légion étrangère:** formation militaire française composée de volontaires en majorité étrangers ▸ **Legião Estrangeira □ Légion d'honneur:** ordre honorifique français ▸ **Legião de Honra**

légionnaire *nm* **1** Soldat d'une légion ▸ **legionário 2** Membre de l'ordre de la Légion d'honneur ▸ **legionário**

législateur, trice *n et adj* Personne qui légifère ▸ **legislador ♦** *nm* **▪ le législateur:** la loi ▸ **o legislativo**

législatif, ive *adj* Relatif à la loi, au pouvoir de légiférer: *pouvoir législatif* ▸ **legislativo ▪ élections législatives:** pour élire les députés de l'Assemblée nationale ▸ **eleições legislativas**

législation *nf* Ensemble des lois concernant un pays ou un domaine particulier ▸ **legislação**

législature *nf* Durée du mandat d'une assemblée législative ▸ **legislatura**

légiste *nm* Spécialiste des lois ▸ **legista ♦** *adj* **▪ médecin légiste:** chargé d'expertises afin d'aider la justice dans les affaires criminelles ▸ **médico-legista**

légitimation *nf* Action de légitimer ▸ **legitimação**

légitime *adj* **1** Consacré, reconnu, admis par la loi: *union légitime* ▸ **legítimo 2** Juste, fondé: *demande légitime* ▸ **legítimo ▪ légitime défense:** droit de répondre à la violence par la violence pour protéger sa vie ou celle d'autrui; usage de ce droit ▸ **legítima defesa**

légitimement *adv* Conformément à la loi, à l'équité: *fortune légitimement acquise* ▸ **legitimamente**

légitimer *vt* **1** Reconnaître pour légitime: *légitimer un droit*; conférer la légitimité à un enfant naturel ▸ **legitimar 2** Justifier: *rien ne légitime sa colère* ▸ **legitimar**

légitimiste *adj et n* Qui défend le principe de la dynastie légitime ▸ **legitimista**

légitimité *nf* Qualité de ce qui est légitime ▸ **legitimidade**

Lego *nm* (nom déposé) Jeu de construction constitué de briques en plastique encastrables ▸ **Lego** (marca registrada)

legs [lɛ] ou [lɛg] *nm* **1** Don par testament: *recevoir un legs* ▸ **legado 2** LITT Héritage: *le legs du passé* ▸ **legado**

léguer *vt (conj 10)* **1** Donner par testament ▸ **legar 2** FIG Transmettre: *léguer son nom* ▸ **legar**

légume[1] *nm* Plante potagère dont les graines, les feuilles, les tiges ou les racines entrent dans l'alimentation: *légumes verts et légumes secs* ▸ **legume**

légume[2] *nf* **▪** FAM **grosse légume:** personnage important ▸ **medalhão**

légumier, ère *adj* Relatif aux légumes ▸ **leguminário ♦** *nm* Plat pour servir les légumes ▸ **travessa para legumes**

légumineuse *nf* Plante dont le fruit est une gousse, telle que pois, fève ou haricot (les légumineuses forment un ordre) ▸ **leguminosa**

leishmaniose *nf* Groupe de maladies des pays tropicaux affectant les globules blancs ▸ **leishmaniose**

leitmotiv [lajtmɔtif] ou [lɛtmɔtif] (pl *leitmotivs* ou *leitmotive*) *nm* **1** Phrase, formule qui revient à plusieurs reprises dans une œuvre littéraire, dans un discours, etc. ▸ ***leitmotiv* 2** MUS Motif musical conducteur ▸ ***leitmotiv***

lemming [lɛmi] *nm* Petit mammifère rongeur de Scandinavie ▸ **lemingue**

lémures *nm pl* ANTIQ ROM Fantômes des morts ▸ **lêmures**

lémurien *nm* Mammifère primate aux lobes olfactifs très développés ▸ **lêmure**

lendemain *nm* **1** Jour qui suit celui où l'on est, ou celui dont on parle: *le lendemain de son arrivée* ▸ **dia seguinte 2** Avenir plus ou moins immédiat: *penser au lendemain* ▸ **amanhã ▪ du jour au lendemain:** dans un court espace de temps ▸ **do dia para a noite**

lendit *nm* HIST Foire qui se tenait au Moyen Âge dans la plaine Saint-Denis ▸ **feira medieval do Lendit**

lénifiant, e *adj* Qui lénifie; amollissant: *climat lénifiant* ▸ **lenitivo**

lénifier *vt* LITT Adoucir, apaiser: *des paroles propres à lénifier* ▸ **lenir**

léninisme *nm* Doctrine de Lénine ▸ **leninismo**

léniniste *adj et n* Relatif au léninisme; qui en est partisan ▸ **leninista**

lent, e *adj* **1** Qui manque de rapidité: *marche lente; esprit lent* ▸ **lento 2** Qui tarde à agir, à s'accomplir: *poison lent; mort lente* ▸ **lento**

lente *nf* Œuf de pou ▸ **lêndea**

lentement *adv* D'une manière lente ▸ **lentamente**
lenteur *nf* Manque de rapidité, d'activité, de vivacité: *marcher avec lenteur; lenteur d'esprit* ▸ **lentidão**
lenticulaire *adj* En forme de lentille: *disque lenticulaire* ▸ **lentiforme**
lenticule *nf* Lentille d'eau ▸ **lentilha-d'água**
lentigo *nm* ou **lentigine** *nf* MÉD Grain de beauté ▸ **sarda**
lentille *nf* **1** Plante annuelle cultivée pour sa graine en forme de disque bombé, consommée comme légume sec; graine de cette plante ▸ **lentilha 2** Disque de verre taillé servant, dans les instruments d'optique, à grossir les images ▸ **lente ▪ lentille cornéenne:** verre de contact ▸ **lente de contato**
lento [lento] *adv* MUS Lentement ▸ **lento**
léonin, e *adj* **1** Propre au lion: *crinière léonine* ▸ **leonino 2** FIG Se dit d'un partage où une personne se réserve la plus grosse part: *contrat léonin* ▸ **leonino ▪ vers léonin:** dont les deux hémistiches riment ensemble ▸ **verso leonino**
léopard *nm* Mammifère carnassier d'Afrique au pelage tacheté ▸ **leopardo**
lépidoptère *nm* Insecte à métamorphoses complètes qui, à l'état adulte (papillon), a des ailes couvertes d'une poussière écailleuse ▸ **lepidóptero**
lépiote *nf* Champignon des bois et des prés au chapeau couvert d'écailles ▸ **lepiota**
lèpre *nf* **1** Maladie infectieuse qui couvre la peau de pustules et d'écailles ▸ **lepra 2** FIG, LITT Vice, mal qui s'étend comme la lèpre: *la lèpre du chômage* ▸ **lepra**
lépreux, euse *adj et n* Qui a la lèpre ▸ **leproso** ◆ *adj* Dont la surface est abîmée, sale: *murs lépreux* ▸ **escalavrado**
léproserie *nf* Hôpital pour les lépreux ▸ **leprosário**
lequel, laquelle, lesquels, lesquelles *pron rel* Représente une personne ou une chose dont on vient de parler et dont on va parler: *le stylo avec lequel j'écris* ▸ **o (a) qual, os (as) quais, que** ◆ *pron interr* (se contracte avec *à, de* pour donner *auquel, duquel, auxquels, auxquelles, desquels, desquelles*) Interroge sur l'élément à choisir dans un ensemble: *de ces deux hommes, auquel faire confiance?* ▸ **qual**
les *art et pron pl* → **le**
lès *prép* → **lez**
lesbienne *nf* Femme homosexuelle ▸ **lésbica**
lèse-majesté *nf inv* ▪ **crime de lèse-majesté:** attentat à la majesté souveraine ▸ **(crime de) lesa-majestade**
léser *vt (conj 10)* **1** Faire tort à: *léser quelqu'un, un héritier* ▸ **lesar 2** Produire une lésion à: *les émanations toxiques ont lésé les poumons* ▸ **lesar**
lésiner *vi* Agir avec une économie excessive ▸ **ratinhar ▪ ne pas lésiner sur:** ne pas hésiter à utiliser abondamment ▸ **não economizar em**
lésion *nf* **1** Plaie, contusion, atteinte morbide d'un organe, d'un tissu ▸ **lesão 2** DR Préjudice dans un contrat ▸ **lesão**
lessivable *adj* Que l'on peut lessiver: *papier peint lessivable* ▸ **lavável com sabão**
lessivage *nm* Action de lessiver ▸ **lavagem com sabão, lixiviação**
lessive *nf* **1** Solution alcaline servant à laver, à nettoyer; produit détersif ▸ **sabão 2** Action de laver le linge: *faire la lessive* ▸ **lavagem de roupa 3** Linge lavé ou à laver ▸ **roupa lavada, para lavar 4** FAM, FIG Épuration ▸ **limpeza**
lessiver *vt* **1** Nettoyer avec de la lessive: *lessiver les murs, du linge* ▸ **lavar com sabão, lixiviar 2** FAM Éliminer d'un groupe, d'une fonction; écraser, abattre un adversaire: *lessiver l'équipe adverse*; dépouiller, ruiner: *se faire lessiver au poker* ▸ **expurgar, limpar ▪** FAM **être lessivé:** épuisé ▸ **estar fora de combate**
lessiveuse *nf* Récipient pour faire bouillir le linge ▸ **lixiviador**
lessiviel, elle *adj* Relatif à la lessive, qui sert à faire la lessive: *produit lessiviel* ▸ **detergente**
lest *nm* Matière pesante qui charge un navire, un ballon ▸ **lastro ▪** FIG **jeter, lâcher du lest:** faire un sacrifice dans une situation compromise ▸ **largar o lastro**
lestage *nm* Action de lester ▸ **lastração**
leste *adj* **1** Léger, agile, souple: *marcher d'un pas leste* ▸ **lesto 2** Trop libre, grivois: *propos lestes* ▸ **atrevido**
lestement *adv* De manière leste ▸ **lestamente, atrevidamente**
lester *vt* Charger de lest ▸ **lastrar**
let [lɛt] *adj inv* Se dit d'une balle de service qui touche le filet (recommandation officielle: *filet*) ▸ **na rede**
létal, e, aux *adj* MÉD Qui entraîne une mort prématurée, précoce: *gène létal* ▸ **letal ▪ dose létale:** dose d'un produit toxique qui entraîne la mort ▸ **dose letal**
léthargie *nf* **1** Sommeil profond, anormalement continu, avec relâchement musculaire complet ▸ **letargia 2** FIG Torpeur, engourdissement ▸ **letargia**
léthargique *adj* Qui tient de la léthargie; atteint de léthargie ▸ **letárgico**

letton, onne *adj et n* De Lettonie: *les Lettons* ▸ **letão** ◆ *nm* Langue balte parlée en Lettonie ▸ **letão**

lettre *nf* **1** Chacun des signes graphiques constituant l'alphabet; ce signe, considéré dans sa forme, sa taille, etc.: *les vingt-six lettres de l'alphabet; lettre majuscule, minuscule* ▸ **letra 2** Caractère d'imprimerie: *les lettres sont rangées dans une casse* ▸ **tipo 3** Sens étroit et strict: *préférer l'esprit à la lettre* ▸ **letra 4** Message écrit; épître, missive: *poster une lettre* ▸ **carta 5** Document officiel ou privé: *lettre de change* ▸ **letra ▪ à la lettre** ou **au pied de la lettre:** au sens propre des mots, ponctuellement ▸ **à letra, ao pé da letra □ en toutes lettres:** avec des mots, sans abréviation ni chiffres ▸ **por extenso □ rester lettre morte:** sans effet ▸ **ser letra morta ◆ lettres** *pl* Ensemble des connaissances et des études littéraires: *licence ès lettres* ▸ **letras ▪ homme, femme de lettres:** écrivain ▸ **homem, mulher de letras**

lettré, e *adj et n* Qui a du savoir, de la culture littéraire ▸ **letrado**

lettrine *nf* Grande initiale, ornée ou non, au début d'un chapitre, d'un paragraphe ▸ **letrina**

lettrisme *nm* Mouvement littéraire qui fait consister la poésie dans la sonorité ou la disposition des lettres; école picturale faisant appel aux combinaisons visuelles des lettres et des signes ▸ **letrismo**

leu *nm* ▪ FAM **à la queue leu leu:** À la file ▸ **em fila**

leucémie *nf* Maladie marquée par une augmentation du nombre des globules blancs du sang ▸ **leucemia**

leucémique *adj et n* Relatif à la leucémie; atteint de leucémie ▸ **leucêmico**

leucocytaire *adj* Relatif au leucocyte ▸ **leucocitário**

leucocyte *nm* Globule blanc du sang ▸ **leucócito**

leucorrhée *nf* MÉD Écoulement blanchâtre provenant des voies génitales de la femme ▸ **leucorreia**

leur *adj poss* À eux, à elles, qui appartient à eux, à elles ▸ **deles, delas** ◆ *pron pers inv* Désigne la 3e personne du pluriel représentant des êtres ou des choses ayant fonction de complément d'objet indirect ou de complément d'attribution ▸ **lhes** ◆ *pron poss* ▪ **le leur, la leur, les leurs:** celui, celle, ceux, celles qui sont à eux, à elles ▸ **o(s), a(s) deles □ les leurs:** leurs parents, leurs amis, leurs proches ▸ **os seus (deles)**

GRAMMAIRE *Leur* en tant que pronom personnel est toujours invariable: *leurs* (adjectif possessif) *erreurs leur* (pronom personnel) *portent tort près des leurs* (pronom possessif)

leurre *nm* **1** Appât factice pour la pêche ▸ **isca 2** FIG Artifice, moyen d'attirer et de tromper: *ce projet merveilleux n'est qu'un leurre* ▸ **engodo**

leurrer *vt* Attirer par une espérance trompeuse ▸ **engodar ◆ se leurrer** *vpr* S'illusionner ▸ **iludir-se**

levage *nm* Action de lever ▸ **levantamento ▪ appareil de levage:** pour déplacer verticalement une charge ▸ **talha**

levain *nm* **1** Substance propre à produire la fermentation dans une préparation, notamment la pâte à pain ▸ **fermento 2** LITT Germe d'une passion, d'un sentiment, etc. ▸ **fermento**

levant *nm* Est, orient ▸ **levante** ◆ *adj m* ▪ **soleil levant:** soleil qui se lève ▸ **sol nascente**

levantin, e *adj et n* Du Levant ▸ **levantino**

levé¹ *nm* Lever d'un plan ▸ **levantamento**

levé², e *adj* **1** Soulevé, placé plus haut: *mains levées* ▸ **erguido 2** Sorti du lit, debout: *levée chaque jour à l'aube* ▸ **de pé 3** Dressé, vertical: *pierres levées* ▸ **levantado ▪ au pied levé:** sans préparation ▸ **de calças curtas**

levée *nf* **1** Action de lever, d'enlever: *levée des scellés* ▸ **retirada 2** Perception, collecte: *levée des impôts; levée du courrier* ▸ **coleta 3** Enrôlement: *levée des troupes* ▸ **alistamento 4** Clôture, fin: *levée d'une séance* ▸ **encerramento 5** Ensemble des cartes prises au jeu par une carte supérieure; pli ▸ **vaza 6** Digue, chaussée: *levée de terre* ▸ **dique**

lève-glace (pl *lève-glaces*) *nm* Lève-vitre ▸ **manivela reguladora**

lever¹ *vt (conj 9)* **1** Mettre plus haut, soulever: *lever un poids* ▸ **levantar 2** Redresser, diriger vers le haut: *lever la tête* ▸ **levantar 3** Relever: *lever un pont-levis* ▸ **levantar 4** Enlever, ôter, supprimer: *lever les scellés* ▸ **retirar 5** Prélever: *lever les filets d'un poisson* ▸ **tirar 6** Enrôler, recruter: *lever une armée* ▸ **recrutar 7** Percevoir: *lever des impôts* ▸ **arrecadar 8** Dessiner: *lever un plan* ▸ **levantar 9** Faire sortir un animal de son gîte ▸ **desentocar ▪ lever le siège: (a)** mettre fin au siège ▸ **levantar o cerco (b)** FIG s'en aller ▸ **ir embora □ lever la séance:** la clore ▸ **encerrar a sessão** ◆ *vi* **1** Commencer à pousser: *les blés lèvent* ▸ **germinar 2** Commencer à fermenter: *la pâte lève* ▸ **crescer ◆ se lever** *vpr* **1** Se mettre debout, sortir du lit ▸ **levantar-se 2** Apparaître: *le soleil se lève; le vent se lève* ▸ **levantar-se**

lever² *nm* **1** Moment où on se lève: *au lever du lit* ▸ **levantar 2** Moment où un astre se lève: *lever du soleil* ▸ **nascer ▪ lever de rideau: (a)** moment où on lève le rideau d'une scène théâtrale ▸ **levantar da cortina (b)** petite pièce en un acte commençant une soirée théâtrale ▸ **peça de abertura (c)** match préliminaire dans une réunion sportive ▸ **preliminar** □ **lever** ou **levé d'un plan:** sa représentation sur le papier ▸ **levantamento**

lève-vitre (pl *lève-vitres*) *nm* Mécanisme servant à ouvrir ou fermer les vitres d'une voiture; SYN: *lève-glace* ▸ **manivela reguladora**

levier *nm* **1** Barre basculant autour d'un point d'appui et servant à soulever des fardeaux ▸ **alavanca 2** Tige de commande d'un mécanisme: *levier de vitesse* ▸ **alavanca 3** FIG Moyen d'action: *l'intérêt est un puissant levier* ▸ **alavanca**

lévitation *nf* État d'un corps maintenu en équilibre au-dessus du sol sans appui matériel ▸ **levitação**

lévite *nm* Chez les israélites, membre de la tribu de Lévi ▸ **levita**

levraut *nm* Jeune lièvre ▸ **lebroto**

lèvre *nf* Chacune des parties externes de la bouche qui couvrent les dents ▸ **lábio** ▪ **du bout des lèvres: (a)** sans appétit ▸ **sem apetite (b)** avec dédain ▸ **com desdém** ♦ **lèvres** *pl* Bords d'une plaie ▸ **lábio**

levrette *nf* Femelle du lévrier ▸ **lebréu fêmea**

lévrier *nm* Chien propre à la chasse au lièvre, à la course ▸ **lebréu**

lévulose *nm* CHIM Sucre de la famille des glucoses ▸ **frutose**

levure *nf* Champignon provoquant la fermentation alcoolique des solutions sucrées ou qui fait lever les pâtes farineuses ▸ **levedura** ▪ **levure chimique:** mélange de produits chimiques servant à faire lever la pâte ▸ **fermento químico**

lexical, e, aux *adj* Qui concerne le lexique, le vocabulaire ▸ **lexical**

lexicalisation *nf* Fait d'être lexicalisé ▸ **lexicalização**

lexicalisé, e *adj* Qui fonctionne, qui est employé comme un mot (EX: *«petit déjeuner», «tout à fait» sont lexicalisés*) ▸ **lexicalizado**

lexicographe *n* Spécialiste de lexicographie, auteur de dictionnaires ▸ **lexicógrafo**

lexicographie *nf* Science de l'élaboration des dictionnaires ▸ **lexicografia**

lexicographique *adj* Relatif à la lexicographie ▸ **lexicográfico**

lexicologie *nf* Partie de la linguistique qui étudie le vocabulaire ▸ **lexicologia**

lexicologue *n* Spécialiste de lexicologie ▸ **lexicólogo**

lexique *nm* **1** Ensemble des mots formant la langue d'une communauté ▸ **léxico 2** Dictionnaire spécialisé; dictionnaire succinct, glossaire ▸ **léxico**

lez ou lès [lɛ] ou [lɛz] devant une voyelle *prép* (dans certains noms géographiques) Près de ▸ **perto de**

lézard *nm* **1** Reptile commun près des vieux murs ▸ **lagarto 2** Peau tannée des grands lézards tropicaux ▸ **pele de lagarto 3** FAM Difficulté imprévue; problème: *il n'y a pas de lézard* ▸ **grilo** ▪ FAM **faire le lézard:** se chauffer paresseusement au soleil ▸ **lagartear**

lézarde *nf* Crevasse dans un mur ▸ **fenda**

lézarder *vt* Crevasser ▸ **rachar** ♦ *vi* FAM Faire le lézard ▸ **lagartear** ♦ **se lézarder** *vpr* Se crevasser ▸ **rachar(-se)**

LGV *nf* (sigle de *ligne à grande vitesse*) Ligne ferroviaire construite spécialement pour permettre la circulation de trains à grande vitesse, à partir de 250km/h ▸ ***LGV***

liage *nm* Action de lier ▸ **ligação**

liaison [ljɛzɔ̃] *nf* **1** Union, jonction de plusieurs corps ▸ **ligação 2** Enchaînement des parties d'un tout: *liaison dans les idées; mots de liaison* ▸ **ligação 3** Relation, communication entre des personnes, des troupes, des services, etc.: *agent de liaison; rester en liaison* ▸ **ligação, contato 4** Communication assurée entre des points du globe: *liaison aérienne* ▸ **ligação 5** LITT Attachement, union: *liaison d'amitié* ▸ **ligação 6** Relation amoureuse suivie: *avoir une liaison* ▸ **ligação 7** CUIS Opération consistant à lier, épaissir une sauce en y incorporant un jaune d'œuf, de la farine, etc.; ingrédient qui sert à lier ▸ **liga 8** MUS Signe indiquant que l'on ne doit pas détacher les notes les unes des autres ▸ **ligadura 9** GRAMM Prononciation qui consiste à faire entendre la dernière consonne d'un mot avec la voyelle initiale du mot suivant (EX: *les oiseaux* [lɛzwazo]) ▸ **ligação 10** CHIM Interaction entre des éléments (ions, atomes, molécules), responsable de la cohésion et de la structure des corps composés ▸ **ligação**

liane *nf* Plante à tige grimpante des forêts tropicales ▸ **cipó**

liant[1] *nm* Matière ajoutée à une autre pour en agglomérer les parties composantes ▸ **ligante**

liant[2]**, e** *adj* Qui se lie facilement, sociable: *caractère liant* ▸ **dado**

lias [ljɑs] *nm* GÉOL Jurassique inférieur ▸ **lias**

liasse *nf* Paquet de papiers liés ensemble ▸ **maço**

libanais, e *adj et n* Du Liban: *les Libanais* ▸ **libanês**

libation *nf* ANTIQ Liquide (lait, huile, vin) répandu en offrande rituelle ▸ **libação** ◆ **libations** *pl* ▸ **libações** ■ **faire des libations:** boire copieusement ▸ **beber como uma esponja**

libelle *nm* LITT Écrit diffamatoire ▸ **libelo**

libellé *nm* Formulation d'un acte, d'un document, manière dont il est rédigé ▸ **redação**

libeller *vt* Rédiger dans les formes légales ou requises ▸ **redigir**

libellule *nf* Insecte à quatre longues ailes ▸ **libélula**

liber [libɛr] *nm* BOT Partie profonde de l'écorce du tronc et des branches ▸ **líber**

libérable *adj* Qui peut être libéré ▸ **passível de ser liberado**

libéral, e, aux *adj et n* **1** Favorable aux libertés individuelles, à la liberté de penser, à la liberté politique ▸ **liberal 2** Relatif au libéralisme économique ou politique; qui en est partisan ▸ **liberal** ◆ *adj* Indulgent, tolérant, permissif: *éducation libérale* ▸ **liberal** ■ **profession libérale:** profession indépendante, d'ordre intellectuel (avocats, médecins, etc.) et rémunérée sous forme d'honoraires ▸ **profissão liberal**

libéralement *adv* Avec libéralité; avec libéralisme ▸ **liberalmente**

libéralisation *nf* Action de libéraliser ▸ **liberalização**

libéraliser *vt* Rendre plus libre, plus libéral ▸ **liberalizar**

libéralisme *nm* **1** Doctrine économique des partisans de la libre entreprise ▸ **liberalismo 2** Doctrine politique visant à limiter les pouvoirs de l'État au regard des libertés individuelles ▸ **liberalismo 3** Fait d'être libéral, tolérant: *le libéralisme d'un directeur, d'un règlement* ▸ **liberalismo**

libéralité *nf* **1** Disposition à donner; générosité: *agir avec libéralité* ▸ **liberalidade 2** (surtout au pluriel) Don généreux: *les libéralités des amis* ▸ **liberalidade**

libérateur, trice *adj et n* Qui libère ▸ **libertador**

libération *nf* Action de libérer ▸ **libertação**

libératoire *adj* DR Qui libère d'une obligation ▸ **liberatório**

libéré, e *adj et n* Dégagé d'une obligation, d'une peine ▸ **liberado** ◆ *adj* Affranchi de contraintes sociales ou morales: *femme libérée* ▸ **liberado**

libérer *vt (conj 10)* **1** Mettre en liberté: *libérer un prisonnier*; laisser partir: *libérer les élèves après les cours* ▸ **libertar, liberar 2** Débarrasser de ce qui entrave, d'une contrainte: *libérer quelqu'un de ses liens, d'un souci; libérer les prix* ▸ **livrar, liberar 3** Délivrer de la domination, de l'occupation étrangère: *libérer un pays* ▸ **libertar 4** Décharger d'une obligation: *libérer d'une dette* ▸ **liberar 5** Rendre libre un mécanisme: *libérer le cran de sûreté* ▸ **liberar 6** Dégager de ce qui obstrue: *libérer le passage* ▸ **liberar 7** Rendre un lieu libre, disponible: *libérer un appartement* ▸ **liberar 8** PHYS Dégager une énergie, une substance: *réaction qui libère un gaz* ▸ **liberar** ◆ **se libérer** *vpr* **1** Se rendre libre: *j'essaierai de me libérer demain pour aller vous voir* ▸ **liberar-se 2** S'affranchir: *se libérer de la tutelle de ses parents* ▸ **libertar-se**

libérien, enne *adj et n* Du Liberia: *les Libériens* ▸ **liberiano**

libertaire *n et adj* Partisan de la liberté absolue; anarchiste ▸ **libertário**

liberté *nf* **1** État opposé à la captivité, à la servitude, à la contrainte: *mettre en liberté; rendre la liberté à un peuple; parler en toute liberté* ▸ **liberdade 2** Pouvoir d'agir ou de ne pas agir, de choisir: *liberté d'expression, d'opinion* ▸ **liberdade 3** État d'une personne qui n'est liée par aucun engagement, notamment professionnel ou conjugal: *célibataire qui préfère garder sa liberté* ▸ **liberdade 4** État de l'homme qui se gouverne selon sa raison en l'absence de tout déterminisme: *liberté de jugement* ▸ **liberdade** ■ **liberté surveillée:** mesure qui consiste à soumettre un mineur délinquant placé dans sa famille ou dans une institution spécialisée à un contrôle du juge ▸ **liberdade vigiada** □ **prendre la liberté de:** se permettre de ▸ **tomar a liberdade de** ◆ **libertés** *pl* **1** Immunités, franchises: *libertés municipales* ▸ **liberdades 2** Manières d'agir trop libres, trop hardies: *prendre des libertés* ▸ **liberdades**

libertin, e *adj et n* **1** LITT Qui est de mœurs très libres, qui mène une vie dissolue ▸ **libertino 2** HIST, LITT Libre-penseur, au XVIIe s. ▸ **libertino**

libertinage *nm* Manière de vivre dissolue du libertin; licence ▸ **libertinagem**

libidinal, e, aux *adj* PSYCHAN Relatif à la libido ▸ **libidinal**

libidineux, euse *adj* LITT Qui recherche sans cesse les plaisirs érotiques ▸ **libidinoso**

libido *nf* PSYCHAN Énergie de la pulsion sexuelle ▸ **libido**

libraire *n* Personne qui vend des livres, qui tient une librairie ▸ **livreiro**

librairie *nf* **1** Commerce des livres, activité du libraire ▸ **setor livreiro 2** Magasin où l'on vend des livres ▸ **livraria**

libre *adj* **1** Qui peut aller et venir à sa guise, qui n'est pas prisonnier: *l'accusé est libre* ▸ **livre 2** Qui a le pouvoir d'agir, de se déterminer à sa guise: *vous êtes libre de refuser* ▸ **livre 3** Qui ne subit pas de domination, qui jouit de la liberté politique: *pays libre* ▸ **livre 4** Qui est sans contrainte, sans souci des règles: *on est libre dans cette maison* ▸ **livre 5** Qui n'est pas lié par un engagement: *je suis libre ce soir* ▸ **livre 6** Qui n'est pas occupé, retenu: *le taxi est libre*; dégagé: *la voie est libre* ▸ **livre 7** Qui n'est pas limité par une autorité, une règle: *presse libre; libre de tout préjugé* ▸ **livre ■ école libre:** qui ne relève pas de l'enseignement public ▸ **escola particular □ temps libre:** dont on peut disposer à sa guise ▸ **tempo livre**

libre-échange (pl *libres-échanges*) *nm* Commerce sans prohibitions ni droits de douane (par opposition à *protectionnisme*) ▸ **livre-câmbio**

libre-échangiste (pl *libre-échangistes*) *adj et n* Relatif au libre-échange; qui en est partisan ▸ **livre-cambista**

librement *adv* En toute liberté ▸ **livremente**

libre-penseur (pl *libres-penseurs*) *nm* Personne qui s'est affranchie de toute sujétion religieuse, de toute croyance ▸ **livre-pensador**

libre-service (pl *libres-services*) *nm* Magasin où le client se sert lui-même ▸ ***self-service***

librettiste *n* Auteur d'un livret d'opéra ▸ **libretista**

libyen, enne *adj et n* De Libye: *les Libyens* ▸ **líbio**

lice[1] *nf* Champ clos pour des exercices en plein air ▸ **liça ■** FIG **entrer en lice:** entreprendre une lutte, une discussion ▸ **entrar na liça**

lice[2] *nf* Femelle du chien de chasse ▸ **cadela de caça**

lice[3] *nf* TECHN → **lisse**

licence *nf* **1** LITT Liberté excessive qui tend au dérèglement moral: *licence des mœurs* ▸ **licença 2** Liberté que prend un écrivain, un poète avec les règles de la grammaire: *licence poétique* ▸ **licença 3** Permis d'exercer une activité commerciale, sportive, etc.: *licence d'exploitation* ▸ **licença 4** Diplôme obtenu à bac + 3 et conférant le deuxième grade universitaire ▸ **graduação**

licence-master-doctorat *nm* Organisation des études universitaires reposant sur des diplômes obtenus à bac + 3 (licence), bac + 5 (master) et bac + 8 (doctorat); abrév: *LMD* ▸ **graduação-mestrado-doutorado**

licencié, e *n et adj* **1** Titulaire d'une licence universitaire ▸ **graduado, bacharel 2** Qui a été congédié, privé de son emploi ▸ **demitido**

licenciement *nm* Action de licencier ▸ **demissão**

licencier *vt* Priver d'emploi; congédier, renvoyer ▸ **demitir**

licencieusement *adv* De façon licencieuse ▸ **licenciosamente**

licencieux, euse *adj* Contraire à la décence, à la pudeur: *conduite licencieuse* ▸ **licencioso**

lichen [likɛn] *nm* Végétal vivant sur le sol, sur les arbres ou les pierres, formé d'un thalle où vivent associés un champignon et une algue ▸ **líquen**

lichette *nf* FAM Petite quantité d'un aliment ▸ **bocadinho**

licite *adj* Permis par la loi ▸ **lícito**

licitement *adv* De façon licite ▸ **licitamente**

licol ou **licou** *nm* Lien que l'on met au cou des bêtes ▸ **cabresto**

licorne *nf* Animal fabuleux, à corps de cheval, avec une corne au milieu du front ▸ **unicórnio**

licou *nm* → **licol**

licteur *nm* ANTIQ ROM Officier qui portait devant les magistrats une hache entourée de faisceaux ▸ **lictor**

lie *nf* **1** Dépôt qui se forme dans un liquide ▸ **lia 2** LITT Rebut, racaille: *la lie de la société* ▸ **escória**

lied [lid] (pl *lieds* ou *lieder*) *nm* Chant ou mélodie dans les pays germaniques ▸ ***lied***

lie-de-vin *adj inv* Rouge violacé ▸ **cor de vinho**

liège *nm* Tissu épais et léger de l'écorce de certains arbres, en particulier du chêne-liège ▸ **cortiça**

liégeois, e *adj et n* De Liège ▸ **de Liège ◆** *adj m* **■ café, chocolat liégeois:** glace au café ou au chocolat servie avec de la crème Chantilly ▸ **café, chocolate *liégeois***

lien *nm* **1** Ce qui sert à lier: *cheveux retenus par un lien* ▸ **tira, fita 2** Ce qui relie, établit un rapport logique ou de dépendance: *lien de cause à effet* ▸ **relação, vínculo 3** Ce qui unit des personnes; relation: *liens de parenté, d'amitié* ▸ **laço**

lier *vt* **1** Attacher: *lier une gerbe* ▸ **amarrar 2** Joindre, assembler, unir: *lier des notes; le ciment lie les pierres* ▸ **juntar, ligar 3** Unir par un intérêt, un goût, un rapport quelconque: *l'intérêt les lie* ▸ **ligar 4** Attacher par un engagement, enchaîner: *être lié par une promesse* ▸ **ligar 5** Engager avec quelqu'un, nouer: *lier amitié, conversation* ▸ **travar ■ lier une sauce:** l'épaissir, la rendre homogène avec une liaison ▸ **ligar um molho ◆ se lier** *vpr* S'unir par un lien d'affection ▸ **ligar-se**

lierre *nm* Plante à feuilles persistantes vivant fixée aux murs, aux arbres, par des racines crampons ▸ **hera**

liesse *nf* LITT Joie, réjouissance collective: *une foule en liesse* ▸ **júbilo**

lieu[1] (pl *lieux*) *nm* **1** Partie déterminée de l'espace; localité, pays, contrée: *un lieu charmant* ▸ **lugar 2**

Endroit, édifice, local, etc., considéré du point de vue de sa destination, de son usage: *lieu de travail* ▸ **local** ■ **au lieu de:** à la place de, plutôt que de ▸ **em vez de** □ **au lieu que** (+ subj): plutôt que ▸ **em vez de** □ **avoir lieu:** arriver, se produire, se dérouler ▸ **acontecer** □ **avoir lieu de:** avoir des bonnes raisons pour ▸ **ter motivo para** □ **donner lieu à:** fournir l'occasion de ▸ **ocasionar** □ **en dernier lieu:** enfin, finalement ▸ **em último lugar** □ **en haut lieu:** auprès des responsables, des dirigeants ▸ **nas altas esferas** □ **en premier lieu:** d'abord ▸ **em primeiro lugar** □ **en temps et lieu:** au moment et à l'endroit qui conviennent ▸ **em tempo e lugar oportunos** □ **haut lieu:** endroit rendu mémorable par les faits qui s'y sont déroulés ▸ **lugar memorável** □ **il y a lieu de:** il est opportun de, il est permis de ▸ **é conveniente** □ **lieu commun:** réflexion banale, sans originalité ▸ **lugar-comum** □ **lieu public:** où le public a accès librement ▸ **lugar público** □ **tenir lieu de:** remplacer ▸ **fazer as vezes de** ◆ **lieux** *pl* Locaux, propriété: *état des lieux* ▸ **imóvel** ■ VIEILLI **lieux d'aisances:** cabinets, toilettes ▸ **sanitário**

lieu² (pl *lieus*) *nm* Poisson marin comestible de la Manche et de la Méditerranée (appelé aussi: *colin*) ▸ **merluza**

lieu-dit (pl *lieux-dits*) *nm* Lieu qui porte un nom particulier: *au lieu-dit les Chênes* ▸ **local assim chamado**

lieue *nf* Ancienne mesure itinéraire (environ 4 km) ▸ **légua** ■ **être à cent, à mille lieues de:** être très éloigné de: *être à cent lieues de la solution* ▸ **estar muito longe de**

lieuse *nf* Dispositif d'une moissonneuse, pour lier les gerbes ▸ **enfardadeira**

lieutenant *nm* **1** Celui qui seconde et remplace le chef ▸ **tenente** **2** Officier au-dessous du capitaine ▸ **tenente**

lieutenant-colonel (pl *lieutenants-colonels*) *nm* Officier au-dessous du colonel ▸ **tenente-coronel**

lièvre *nm* Mammifère rongeur à longues pattes postérieures et à longues oreilles; chair de cet animal ▸ **lebre** ■ **courir, chasser deux lièvres à la fois:** mener plusieurs activités en même temps ▸ **fazer várias coisas ao mesmo tempo** □ FIG **lever un lièvre:** soulever une difficulté ▸ **levantar a lebre**

lift *nm* Au tennis, effet donné à la balle pour en augmenter le rebond ▸ ***lift***

lifter *vt et vi* Exécuter un lift ▸ **dar um *lift***

liftier *nm* Garçon d'ascenseur ▸ **ascensorista**

lifting [lifti] *nm* Intervention chirurgicale consistant à tendre la peau pour effacer les rides (recommandation officielle: *lissage*) ▸ ***lifting***

ligament *nm* Faisceau fibreux qui unit les os, les viscères ▸ **ligamento**

ligamentaire *adj* Relatif aux ligaments ▸ **ligamentar**

ligamenteux, euse *adj* De la nature du ligament ▸ **ligamentoso**

ligature *nf* **1** Action de serrer un lien, une bande, etc., autour d'une partie du corps ou d'objets divers; le lien lui-même ▸ **atadura, ligadura** **2** Ensemble de lettres liées qui forment un caractère unique (EX: œ) ▸ **ligatura**

ligaturer *vt* Serrer, lier avec une ligature: *ligaturer une artère* ▸ **ligar**

lige *adj* HIST Étroitement obligé envers son seigneur: *vassal lige* ▸ **lígio** ■ LITT **homme lige:** personne totalement dévouée à quelqu'un, à un groupe ▸ **homem lígio**

lignage *nm* Ensemble de personnes issues d'un ancêtre commun ▸ **linhagem** ■ **de haut lignage:** de haute noblesse ▸ **de alta estirpe**

ligne *nf* **1** Trait fin et continu: *tracer une ligne* ▸ **linha** **2** Ce qui forme une limite, une séparation: *ligne de démarcation* ▸ **linha** **3** Forme, contour, dessin, silhouette: *ligne d'une voiture* ▸ **linha** **4** Direction suivie: *aller en droite ligne* ▸ **linha** **5** Règle de vie, orientation: *ligne de conduite* ▸ **linha** **6** Suite, série continue, alignement, rangée: *ligne d'arbres; ligne de mots* ▸ **linha** **7** Service de transport, de communication entre deux points: *ligne de métro; ligne téléphonique* ▸ **linha** **8** Fil terminé par un hameçon: *pêche à la ligne* ▸ **linha** **9** Générations qui se succèdent: *en ligne directe; descendre en droite ligne de* ▸ **linha** **10** Disposition d'une armée prête à combattre: *les lignes ennemies* ▸ **linha** ■ FAM **avoir, garder la ligne:** avoir un corps mince, svelte ▸ **manter a linha** □ INFORM **en ligne:** **(a)** qui est relié à une unité centrale: *périphérique en ligne* ▸ ***on-line*** **(b)** accessible grâce à un micro-ordinateur relié à une ligne téléphonique ou à un réseau câblé: *services en ligne* ▸ ***on-line*** **(c)** qui navigue sur un réseau télématique: *message aux utilisateurs en ligne* ▸ ***on-line*** □ **entrer en ligne de compte:** être important ▸ **entrar em linha de conta** □ **être en ligne:** en communication téléphonique ▸ **estar ao telefone** □ **hors ligne:** **(a)** extraordinaire ▸ **fora de série** **(b)** INFORM qui n'est plus connecté à un ordinateur ▸ **desconectado, *off-line*** **(c)** INFORM que l'on obtient en puisant dans une mémoire locale et non en passant par une ligne téléphonique: *base d'informations hors ligne* ▸ ***off-line*** □ **les grandes lignes:** les points principaux d'un projet, d'un texte, etc.

► **grandes linhas** □ **lire entre les lignes:** comprendre ce qui n'est pas dit explicitement ► **ler nas entrelinhas** □ **sur toute la ligne:** tout à fait; complètement ► **completamente**

lignée *nf* Descendance ► **linhagem**

ligner *vt* Marquer de lignes ► **traçar linhas**

ligneux, euse *adj* De la nature du bois: *consistance ligneuse* ► **lenhoso**

lignicole *adj* Qui vit dans le bois des arbres: *insectes lignicoles* ► **lignícola**

lignification *nf* Phénomène par lequel les membranes de certaines cellules végétales prennent l'aspect du bois ► **lignificação**

lignifier (se) *vpr* Se changer en bois ► **lignificar-se**

lignine *nf* Matière organique, constituant principal du bois ► **lignina**

lignite *nm* Charbon fossile à faible valeur calorifique ► **linhito**

ligoter *vt* **1** Attacher étroitement ► **amarrar 2** Priver quelqu'un de sa liberté d'action, d'expression ► **amarrar**

ligue *nf* **1** Association fondée dans un but déterminé: *Ligue des droits de l'homme; Ligue contre le cancer* ► **liga 2** HIST Union formée entre plusieurs princes; confédération ► **Liga**

liguer *vt* Unir dans une même alliance ► **coligar** ◆ **se liguer** *vpr* Unir ses efforts contre quelqu'un, quelque chose ► **coligar-se**

ligueur, euse *n* **1** Membre d'une ligue ► **membro de uma liga 2** HIST Partisan de la Ligue, au XVIe s. ► **partidário da Liga**

ligule *nf* Petite lame saillante de certaines feuilles ► **lígula**

ligure ou **ligurien, enne** *adj et n* De Ligurie ► **lígure**

lilas *nm* Arbuste dont les fleurs forment des grappes; la fleur elle-même ► **lilás** ◆ *adj inv* D'une couleur mauve rosé ► **lilás**

liliacée *nf* Plante monocotylédone telle que le lis, la tulipe, le muguet (les liliacées forment une famille) ► **liliácea**

lilliputien, enne [lilipysjɛ̃, ɛn] *adj et n* Très petit ► **liliputiano**

limace *nf* Mollusque gastéropode sans coquille extérieure ► **lesma**

limaçon *nm* **1** Escargot ► **caracol 2** ANAT Partie de l'oreille interne en forme de coquille ► **caracol, cóclea**

limage *nm* Action de limer ► **limadura**

limaille *nf* Matière formée de parcelles de métal limé: *limaille de fer* ► **limalha**

limande *nf* Poisson plat dissymétrique, comestible, de la Manche et de l'Atlantique ► **linguado**

limbe *nm* **1** Bord extérieur et gradué d'un instrument de mesure ► **limbo 2** ASTRON Bord d'un astre ► **limbo 3** BOT Partie élargie de la feuille; partie étalée d'un pétale ou d'un sépale ► **limbo** ◆ **limbes** *pl* THÉOL Lieu où vont les âmes des enfants morts sans baptême ► **limbo**

lime[1] *nf* Outil d'acier couvert d'entailles utilisé pour tailler, polir une matière par frottement: *lime à ongles* ► **lima**

lime[2] ou **limette** *nf* Petit citron vert ► **lima**

limer *vt* Travailler, rogner, raccourcir avec la lime ► **limar**

limeur, euse *adj* Qui sert à limer ► **limador**

limier *nm* **1** Chien de chasse ► **sabujo 2** FAM Policier, détective: *un fin limier* ► **detetive**

liminaire *adj* Qui est au début d'un ouvrage, d'un débat: *déclaration liminaire* ► **preliminar**

limitatif, ive *adj* Qui limite ► **limitante**

limitation *nf* Détermination de limites; restriction: *limitation des armements, de vitesse* ► **limitação**

limite *nf* **1** Ligne séparant deux États, deux territoires contigus; frontière: *le Rhin marque la limite entre les deux pays* ► **limite 2** Ce qui marque le début ou la fin d'une étendue, d'une période; partie extrême: *limites d'une zone d'influence; limite d'âge; la dernière limite* ► **limite 3** Borne, point au-delà desquels ne peuvent aller ou s'étendre une action, une influence, un état: *ma patience a des limites* ► **limite** ■ **à la limite:** si on envisage le cas extrême ► **no limite** ◆ *adj* Qu'on ne peut dépasser, extrême: *date limite* ► **limite**

limité, e *adj* **1** Restreint: *confiance limitée* ► **limitado 2** FAM Sans grands moyens intellectuels ► **limitado**

limiter *vt* **1** Enfermer, constituer la limite de: *clôture qui limite un champ* ► **limitar 2** Restreindre: *limiter ses dépenses* ► **limitar** ◆ **se limiter** *vpr* [à] **1** S'imposer des limites, se contenter de: *se limiter à exposer les grandes lignes* ► **limitar-se 2** Avoir pour limites: *mes connaissances en anglais se limitent à quelques phrases* ► **limitar-se**

limitrophe *adj* Situé à la frontière d'un pays, d'une région: *pays limitrophe* ► **limítrofe**

limnologie *nf* Étude physique et biologique des lacs ► **limnologia**

limogeage *nm* Action de limoger ► **destituição**

limoger *vt (conj 2)* Priver un officier, un fonctionnaire, de son emploi, par révocation, déplacement, etc. ► **destituir**

limon[1] *nm* Roche sédimentaire détritique, constituant des sols légers et fertiles ► **lodo**

limon[2] *nm* Citron très acide ▸ **limão**

limon[3] *nm* **1** Bras d'un brancard, d'une voiture à cheval ▸ **varal 2** ARCHIT Pièce qui supporte les marches d'un escalier ▸ **banzo**

limonade *nf* **1** Boisson gazeuse acidulée ▸ **limonada 2** FAM Commerce des cafetiers ▸ **café, bar**

limonadier, ère *n* **1** Qui vend des boissons au détail; qui tient un café ▸ **botequineiro, cafeteiro 2** Fabricant de limonade ▸ **limonadeiro**

limonaire *nm* Orgue de Barbarie ▸ **realejo**

limoneux, euse *adj* Qui contient du limon ▸ **limoso**

limonier *nm* Citronnier qui produit les limons ▸ **limoeiro**

limousin, e *adj et n* Du Limousin ▸ **limusino**

limousine *nf* Grande automobile à quatre portes et six glaces latérales ▸ **limusine**

limpide *adj* **1** Clair et transparent: *eau limpide* ▸ **límpido 2** FIG Facile à comprendre: *explication limpide* ▸ **claro**

limpidité *nf* Qualité de ce qui est limpide ▸ **limpidez, clareza**

lin *nm* **1** Plante textile et oléagineuse à fleurs bleues ▸ **linho 2** Étoffe faite avec les fibres de cette plante ▸ **linho**

linacée *nf* Plante dicotylédone telle que le lin (les linacées forment une famille) ▸ **linácea**

linceul *nm* Toile dans laquelle on ensevelit un mort; SYN: *suaire* ▸ **mortalha**

linéaire *adj* **1** Relatif aux lignes ▸ **linear 2** Qui a l'aspect continu d'une ligne: *représentation linéaire* ▸ **linear 3** MATH Dont la variation peut être représentée par une ligne droite: *fonction linéaire* ▸ **linear 4** FIG D'une grande simplicité, sobre: *discours linéaire* ▸ **linear**

linéairement *adv* MATH De façon linéaire ▸ **linearmente**

linéament *nm* LITT Trait, ligne définissant un contour: *les linéaments du visage* ▸ **lineamento**

linéarité *nf* Caractère de ce qui est linéaire ▸ **linearidade**

linge *nm* **1** Ensemble des objets de tissu à usage vestimentaire ou domestique: *linge de corps; linge de maison* ▸ **roupa 2** Morceau d'étoffe, de toile ▸ **pano**

lingère *nf* Personne chargée de l'entretien du linge dans un hôtel, un hôpital ▸ **roupeiro**

lingerie *nf* **1** Fabrication et commerce du linge ▸ **confecção, loja de roupa 2** Pièce réservée à l'entretien du linge ▸ **lavanderia, rouparia 3** Sous-vêtements féminins ▸ ***lingerie***

lingette *nf* Petite serviette en ouate de cellulose imprégnée d'une substance nettoyante et utilisée pour les soins d'hygiène: *des lingettes pour bébé* ▸ **lenço umedecido**

lingot *nm* **1** Masse de métal ou d'alliage ayant conservé la forme du moule dans lequel elle a été coulée ▸ **lingote 2** Masse coulée d'un kilogramme d'or fin ▸ **lingote de ouro**

lingual, e, aux [lɛ̃gwal, o] *adj* Relatif à la langue: *muscles linguaux* ▸ **lingual** ♦ *adj f et nf* Se dit d'une consonne articulée avec la langue (*d, t, k, l, n, r*) ▸ **(consoante) lingual**

lingue *nf* Poisson de mer comestible des profondeurs de l'Atlantique nord; SYN: *julienne* ▸ **juliana**

linguiste [lɛ̃gɥist] *n* Spécialiste de linguistique ▸ **linguista**

linguistique [lɛ̃gɥistik] *nf* Science qui étudie le langage et les langues ▸ **linguística** ♦ *adj* **1** Qui concerne la langue comme moyen de communication: *communauté linguistique* ▸ **linguístico 2** Relatif à l'apprentissage d'une langue étrangère: *séjour linguistique* ▸ **linguístico 3** Relatif à la linguistique: *théorie linguistique* ▸ **linguístico**

liniment *nm* Préparation pharmaceutique liquide dont on se frictionne la peau ▸ **linimento**

links [liks] ou [links] *nm pl* Terrain de golf ▸ **campo de golfe**

lino *nm* (abréviation) FAM Linoléum ▸ **Ø**

linoléum [linɔleɔm] *nm* Revêtement de sol imperméable ▸ **linóleo**

linon *nm* Toile de lin fine ▸ **cambraia**

linotte *nf* Passereau à plumage gris ▸ **pintassilgo** ▪ FAM **tête de linotte:** étourdi ▸ **cabeça de vento**

Linotype *nf* (nom déposé) ANC Machine à composer et à fondre les caractères d'imprimerie par lignes ▸ **linotipo**

linotypie *nf* IMPR, ANC Composition à la Linotype ▸ **linotipia**

linotypiste *n* ANC Personne qui travaille sur une Linotype ▸ **linotipista**

linteau *nm* Traverse au-dessus d'une porte ou d'une fenêtre ▸ **dintel**

lion, onne *n* Grand mammifère carnassier de la famille des félidés à pelage fauve ▸ **leão** ▪ **lion de mer:** phoque à crinière ▸ **leão-marinho** ▫ **la part du lion:** la plus considérable ▸ **parte do leão** ♦ **Lion** *nm* Constellation zodiacale figurant un lion; signe astrologique des personnes nées entre le 23 juillet et le 22 août ▸ **Leão** ♦ *nm et adj* Personne née sous le signe du Lion ▸ **leonino**

lionceau *nm* Petit du lion ▸ **leãozinho**

lipide *nm* Substance organique grasse ▸ **lipídio**

lipidique *adj* Relatif aux lipides ▸ **lipídico**

lipome *nm* Tumeur bénigne graisseuse ▸ **lipoma**

lipoprotéine *nf* Combinaison d'une protéine et d'un lipide ▸ **lipoproteína**

liposome *nm* Vésicule artificielle microscopique utilisée pour l'introduction de substances dans les cellules ▸ **lipossomo**

liposuccion *nf* Suppression des surcharges adipeuses sous-cutanées par aspiration ▸ **lipoaspiração**

lipothymie *nf* MÉD Brève perte de connaissance avec conservation des mouvements respiratoires et cardiaques ▸ **lipotimia**

lippe *nf* Lèvre inférieure proéminente ▸ **beiça**

lippu, e *adj* Qui a de grosses lèvres ▸ **beiçudo**

liquéfaction *nf* **1** Transformation en liquide: *la liquéfaction d'un gaz* ▸ **liquefação 2** FIG, FAM Amollissement, abattement physique et intellectuel ▸ **esmorecimento**

liquéfiable *adj* Qu'on peut liquéfier: *corps facilement liquéfiable* ▸ **liquidificável**

liquéfier *vt* Rendre liquide: *liquéfier un gaz, un solide* ▸ **liquefazer** ◆ **se liquéfier** *vpr* **1** Devenir liquide: *le goudron se liquéfie sous l'action de la chaleur* ▸ **liquefazer-se 2** FAM S'amollir, perdre toute énergie: *il s'est liquéfié en entendant la nouvelle* ▸ **esmorecer**

liquette *nf* FAM Chemise ▸ **camisa**

liqueur *nf* Boisson à base d'alcool et de sirop ▸ **licor**

liquidateur, trice *n* DR Personne qui liquide une affaire, une société, un héritage ▸ **liquidante**

liquidation *nf* **1** Vente à bas prix de marchandises en vue d'un écoulement rapide: *liquidation totale* ▸ **liquidação 2** Opération qui a pour objet de régler des comptes financiers: *liquidation d'un impôt* ▸ **liquidação 3** DR Ensemble des opérations préliminaires à un partage de biens communautaires: *liquidation de société, de succession* ▸ **liquidação 4** FAM Assassinat ▸ **eliminação**

liquide¹ *adj* **1** Qui coule ou tend à couler: *substance liquide* ▸ **líquido 2** Peu épais, de faible consistance; fluide: *sauce trop liquide* ▸ **líquido** ■ **état liquide:** état présenté par les corps sans forme propre mais dont le volume est invariable ▸ **estado líquido** ◆ *nm* **1** Corps qui est à l'état liquide à la température et à la pression ordinaires (par opposition à *solide, gaz*) ▸ **líquido 2** Aliment ou boisson liquide ▸ **líquido**

liquide² *adj et nm* ▸ **líquido** ■ **le liquide, l'argent liquide:** l'argent disponible immédiatement, en espèces: *payer en liquide* ▸ **dinheiro vivo**

liquider *vt* **1** Régler, fixer: *liquider un compte, une affaire* ▸ **liquidar 2** Vendre à bas prix: *liquider des marchandises* ▸ **liquidar 3** FAM Consommer complètement un aliment, un repas; vider un contenant: *liquider les restes, son assiette* ▸ **liquidar 4** FAM Éliminer: *liquider un témoin gênant* ▸ **liquidar**

liquidités *nf pl* Argent liquide ▸ **liquidez**

liquoreux, euse *adj* Se dit d'une boisson alcoolisée sucrée: *vins liquoreux* ▸ **licoroso**

lire¹ *nf* Unité monétaire italienne jusqu'au 1ᵉʳ janvier 2002 ▸ **lira**

lire² *vt (conj 73)* **1** Identifier et assembler des lettres, former les sons qu'elles représentent et leur associer un sens: *apprendre à lire* ▸ **ler 2** Prendre connaissance du contenu d'un texte: *lire un journal* ▸ **ler 3** Énoncer à voix haute un texte écrit: *lire un conte à un enfant* ▸ **ler 4** Déchiffrer, comprendre: *lire une partition musicale, un graphique* ▸ **ler 5** Discerner, reconnaître: *lire de la tristesse sur un visage* ▸ **ler 6** Procéder à la lecture d'un signal, de données enregistrées ou stockées ▸ **ler** ■ **lu et approuvé:** mention qui précède une signature au bas d'un acte, pour en approuver les termes ▸ **lido e aprovado**

ORTHOGRAPHE Dans les expressions *lu et approuvé* et *lu les documents joints*, *lu* est invariable

lis ou **lys** [lis] *nm* Liliacée à fleurs blanches et odorantes; sa fleur ▸ **lírio** ■ **fleur de lis:** emblème héraldique de la royauté en France ▸ **flor de lis**

liseré ou **liséré** *nm* **1** Ruban étroit dont on borde une étoffe ▸ **debrum 2** Bordure étroite; raie ▸ **orla**

liseron *nm* Plante grimpante (appelée aussi: *volubilis*) ▸ **bons-dias**

liseur, euse *n* Personne qui aime lire ▸ **leitor**

liseuse *nf* **1** Coupe-papier servant de signet ▸ **corta-papel 2** Couvre-livre ▸ **sobrecapa 3** Vêtement féminin qui couvre le buste et les bras ▸ **casaquinho**

lisibilité *nf* Qualité de ce qui est lisible ▸ **legibilidade**

lisible *adj* **1** Facile à lire, à déchiffrer: *écriture lisible* ▸ **legível 2** Qui peut être lu sans fatigue, sans ennui: *ouvrage de vulgarisation lisible par tous* ▸ **legível 3** FIG Qui ne comporte pas d'élément opaque et peut être aisément compris: *politique économique lisible* ▸ **claro**

lisiblement *adv* D'une manière lisible: *écrire lisiblement* ▸ **legivelmente**

lisière *nf* **1** Bord qui termine de chaque côté la largeur d'une étoffe ▸ **orla 2** Limite, bord: *lisière d'un champ* ▸ **orla**

lissage *nm* **1** Action de lisser ▸ **alisamento 2** Lifting ▸ ***lifting***

lisse¹ *adj* Uni et poli: *peau lisse* ▸ **liso**

lisse² ou **lice** *nf* Fil de métal ou de lin portant un maillon dans lequel passe le fil de chaîne, sur un métier à tisser ▸ **liço**

lisser *vt* Rendre lisse ► **alisar**
lissier ou **licier** *nm* **1** Celui qui monte les lisses d'un métier à tisser ► **montador de liço 2** Celui qui exécute des tapisseries sur métier ► **tecelão**
lissoir *nm* Instrument pour lisser le linge, le papier, etc. ► **alisador**
listage *nm* **1** Action de lister ► **listagem 2** Listing ► **listagem**
liste *nf* Suite de noms, de signes numériques, etc.; énumération: *liste d'invités* ► **lista ■ liste civile:** somme allouée pour les dépenses personnelles du chef de l'État ► **lista civil □ liste de mariage:** ensemble de cadeaux, sélectionnés par de futurs époux, parmi lesquels parents et amis peuvent choisir pour les leur offrir ► **lista de casamento □ liste rouge:** liste des abonnés au téléphone dont le nom ne figure pas dans l'annuaire et dont le numéro ne peut être communiqué par les renseignements ► **lista de acesso restrito**
listel ou **listeau** ou **liston** *nm* Baguette pour encadrement ► **listel**
lister *vt* **1** Mettre en liste ► **listar 2** Imprimer des informations traitées par un ordinateur ► **listar**
listing [listiŋ] *nm* Sortie sur une imprimante du résultat d'un traitement par ordinateur; ce résultat imprimé (recommandation officielle: *listage [opération], liste [résultat]*) ► **listagem**
liston *nm* → **listel**
lit *nm* **1** Meuble sur lequel on se couche: *lit à une, deux places* ► **cama 2** Tout lieu où l'on peut se coucher: *lit de gazon* ► **leito 3** PAR EXT Mariage: *enfant du premier lit* ► **leito 4** Couche de matière ou d'objets quelconques: *lit de sable* ► **leito 5** Chenal creusé par un cours d'eau et dans lequel il s'écoule ► **leito ■ faire le lit de:** favoriser l'avènement d'une personne, d'un phénomène jugés néfastes: *faire le lit des populistes, de l'intégrisme* ► **fazer a cama para □ garder le lit** ou **être cloué au lit:** rester au lit pour cause de maladie ► **ficar de cama □** FAM **tomber du lit:** se lever plus tôt que d'habitude ► **cair da cama**
litanie *nf* FAM Longue et ennuyeuse énumération: *litanie de réclamations* ► **ladainha ♦ litanies** *pl* Suite d'invocations à Dieu, à la Vierge, aux saints ► **ladainha**
litchi ou **lychee** [litʃi] *nm* Arbre de Chine à fruit comestible; ce fruit ► **lechia**
liteau *nm* Raie colorée dans le linge de table ► **listra**
literie *nf* Ce qui compose l'équipement d'un lit ► **leito, componentes da cama**
lithiase *nf* MÉD Formation de calculs dans l'organisme: *lithiase biliaire* ► **litíase**
lithium *nm* Métal alcalin léger; symb: Li ► **lítio**
litho *nf* (abréviation) FAM Lithographie ► **lito**
lithographie *nf* **1** Impression de dessins tracés sur une pierre calcaire ► **litografia 2** Estampe imprimée par ce procédé ► **litografia**
lithographique *adj* Relatif à la lithographie: *pierre lithographique* ► **litográfico**
lithologie *nf* Nature des roches constituant une formation géologique ► **litologia**
lithosphère *nf* Couche externe du globe terrestre constituée par la croûte et le manteau supérieur ► **litosfera**
litière *nf* **1** Paille sur laquelle se couchent les animaux ► **cama 2** Mélange de particules absorbantes pour recueillir les déjections des chats ► **caixa de granulado higiênico 3** Lit couvert porté à l'aide de brancards ► **liteira**
litige *nm* **1** Contestation en justice ► **litígio 2** Discussion: *point de litige* ► **litígio**
litigieux, euse *adj* Contestable ► **litigioso**
litote *nf* Expression qui consiste à dire moins pour faire entendre plus (EX: *je ne vous hais pas* pour signifier *je vous aime beaucoup*) ► **lítotes**
litre *nm* **1** Unité de mesure de volume, valant 1 décimètre cube; symb: l ► **litro 2** Bouteille, récipient contenant un litre ► **litro**
litron *nm* FAM Litre de vin ► **litro de vinho**
littéraire *adj* **1** Relatif à la littérature, qui en a les qualités: *journal, style littéraire* ► **literário 2** Relatif aux lettres, par opposition aux sciences: *études littéraires* ► **literário ♦** *adj et n* Qui a des aptitudes pour les lettres plutôt que pour les sciences ► **literato**
littérairement *adv* Du point de vue littéraire ► **literariamente**
littéral, e, aux *adj* Selon le sens strict des mots: *traduction littérale* ► **literal**
littéralement *adv* **1** À la lettre: *traduire littéralement* ► **literalmente 2** FAM Absolument: *il est littéralement épuisé* ► **literalmente**
littérateur *nm* SOUVENT PÉJOR Qui s'occupe de littérature ► **literato**
littérature *nf* **1** Ensemble des œuvres écrites ou orales auxquelles on reconnaît une valeur esthétique ► **literatura 2** Ensemble des productions littéraires d'un pays, d'une époque, d'un genre: *la littérature latine; la littérature du Moyen Âge; la littérature policière* ► **literatura 3** Activité, travail de l'écrivain ► **literatura**
littoral, e, aux *adj* Du bord de la mer: *montagnes littorales* ► **litorâneo ♦** *nm* Étendue de pays qui borde la mer ► **litoral**
lituanien, enne *adj et n* De Lituanie: *les Lituaniens* ► **lituano**

liturgie *nf* Ensemble des règles fixant le déroulement des actes du culte ▸ **liturgia**
liturgique *adj* Relatif à la liturgie ▸ **litúrgico**
livarot *nm* Fromage fermenté du Calvados, à pâte molle ▸ ***livarot***
livide *adj* De couleur plombée, extrêmement pâle; blême, blafard: *teint livide* ▸ **lívido**
lividité *nf* LITT État de ce qui est livide: *lividité cadavérique* ▸ **lividez**
living-room [livirum] (pl *living-rooms*) ou **living** (pl *livings*) *nm* Pièce de séjour dans un appartement ▸ **sala de estar**
livrable *adj* Qui peut être livré ▸ **que pode ser entregue**
livraison *nf* **1** Action de livrer: *livraison à domicile* ▸ **entrega 2** Chose livrée ▸ **entrega**
livre[1] *nm* **1** Ensemble de feuilles imprimées et réunies en un volume: *ranger des livres dans une bibliothèque* ▸ **livro 2** Ouvrage en prose ou en vers considéré du point de vue de son contenu: *livre bien écrit* ▸ **livro 3** Registre sur lequel un commerçant inscrit ses opérations: *livre de comptes* ▸ **livro 4** Division d'un ouvrage: *les douze livres de «l'Énéide»* ▸ **livro** ▪ **à livre ouvert:** sans préparation, à la première lecture: *traduire à livre ouvert* ▸ **à primeira leitura** ▫ **grand(-)livre:** livre de commerce où l'on établit tous les comptes de l'entreprise ▸ **razão** ▫ **livre d'or:** registre sur lequel on peut apposer une signature ou consigner des commentaires ▸ **livro de ouro** ▫ **livre électronique:** e-book ▸ ***e-book*** ▫ **livres sacrés:** les Écritures saintes ▸ **livros sagrados**
livre[2] *nf* **1** Unité monétaire de divers États, dont la Grande-Bretagne: *livre sterling* ▸ **libra 2** Ancienne unité de poids, de valeur variable; demi-kilogramme: *une livre de beurre, de viande*; mesure de masse anglaise valant 453,592 g; symb: lb ▸ **libra**
livre-cassette (pl *livres-cassettes*) *nm* Cassette contenant l'enregistrement d'un ouvrage littéraire ▸ **livro-cassete**
livrée *nf* **1** Habits distinctifs que portent les domestiques d'une grande maison ▸ **uniforme, libré 2** VÉNER Pelage, plumage ▸ **pelagem, plumagem**
livrer *vt* **1** Remettre quelqu'un au pouvoir de; trahir, dénoncer: *livrer des malfaiteurs à la police; livrer son complice* ▸ **entregar 2** Abandonner à l'action de: *livrer une ville au pillage* ▸ **entregar 3** Remettre à un acheteur: *livrer une commande* ▸ **entregar 4** Apporter une marchandise à: *livrer un client* ▸ **fazer uma entrega a** ◆ **se livrer** *vpr* [à] **1** Se constituer prisonnier ▸ **entregar-se 2** S'abandonner sans réserve à: *se livrer à son activité favorite* ▸ **entregar-se 3** Se confier: *elle ne se livre pas facilement* ▸ **entregar-se**
livresque *adj* Qui provient des livres, et non de l'expérience: *science livresque* ▸ **livresco**
livret *nm* **1** Petit livre, carnet: *livret de caisse d'épargne* ▸ **caderneta 2** Texte d'une œuvre lyrique: *livret d'un opéra* ▸ **libreto** ▪ **livret de famille:** destiné à recevoir les actes de l'état civil d'une famille ▸ **caderneta de certidões** ▫ **livret militaire:** où sont inscrits les services du titulaire ▸ **caderneta militar** ▫ **livret scolaire:** livret mentionnant les notes et places d'un élève ▸ **caderneta escolar**
livreur, euse *n* Employé qui porte chez l'acheteur la marchandise vendue ▸ **entregador**
LMD *nm* (sigle) Licence-master-doctorat ▸ **Ø**
lob *nm* SPORTS Coup qui consiste à faire passer la balle ou le ballon au-dessus de l'adversaire, assez haut pour qu'il ne puisse pas l'intercepter ▸ ***lob*, bola alta**
lobby (pl *lobbys* ou *lobbies*) *nm* Groupe de pression ▸ ***lobby***
lobbying [lɔbii] ou **lobbysme** *nm* Action menée par un lobby ▸ ***lobby***
lobe *nm* **1** ANAT Partie arrondie d'un organe: *lobe du cerveau; lobe de l'oreille* ▸ **lobo 2** BOT Division profonde, arrondie, des feuilles ou des fleurs ▸ **lóbulo 3** ARCHIT Ornement formé de fragments de cercle ▸ **lóbulo**
lobé, e *adj* BOT Divisé en lobes ▸ **lobado**
lober *vi et vt* SPORTS Faire un lob ▸ **dar um *lob***
lobotomie *nf* Opération chirurgicale consistant à sectionner des fibres nerveuses du lobe frontal ▸ **lobotomia**
lobule *nm* ANAT **1** Petit lobe ▸ **lóbulo 2** Subdivision d'un lobe ▸ **lóbulo**
local[1] *nm* Lieu, partie d'un bâtiment qui a une destination déterminée ▸ **local**
local[2]**, e, aux** *adj* **1** Qui est particulier à un lieu (par opposition à *national, général*): *journal local; coutumes locales* ▸ **local 2** Qui n'affecte qu'une partie du corps: *anesthésie locale* ▸ **local** ▪ **couleur locale: (a)** traits caractéristiques d'un pays, d'une époque ▸ **cor local (b)** leur représentation pittoresque ▸ **cor local**
localement *adv* De façon locale ▸ **localmente**
localisable *adj* Qui peut être localisé ▸ **localizável**
localisation *nf* **1** Action de localiser: *la localisation d'une douleur, d'un conflit* ▸ **localização, circunscrição 2** Adaptation d'un produit commercial aux critères économiques, culturels et sociaux d'une région géographique: *localisation d'un DVD* ▸ **regionalização**
localiser *vt* **1** Déterminer la place de: *localiser une maladie* ▸ **localizar 2** Limiter, circonscrire: *localiser un incendie* ▸ **localizar, circunscrever**

localité *nf* Petite ville, bourg, village ► **localidade**

locataire *n* Qui prend à loyer un appartement, une maison, etc. ► **locatário**

locatif[1] *nm* GRAMM Cas des langues à déclinaisons indiquant le lieu où se passe l'action ► **locativo**

locatif[2], **ive** *adj* Qui concerne le locataire ou la chose louée ► **locativo**

location *nf* **1** Action de donner ou de prendre à loyer: *location d'un logement* ► **locação 2** Action de retenir à l'avance une place d'avion, de théâtre, etc.; réservation ► **reserva**

location-vente (pl *locations-ventes*) *nf* Contrat selon lequel un bien est loué à une personne qui, à l'expiration d'un délai fixé, peut en devenir propriétaire ► **locação com opção de compra**

loch [lɔk] *nm* Lac très allongé au fond d'une vallée, en Écosse ► ***loch*, lago**

loche *nf* **1** Petit poisson de rivière à corps allongé ► **verdemã 2** Petite limace ► **lesma**

lochies [lɔʃi] *nf pl* MÉD Écoulement utérin qui dure deux à trois semaines après l'accouchement ► **lóquios**

lock-out [lɔkaut] ou [lɔkawt] *nm inv* Fermeture d'une entreprise par l'employeur, destinée à répondre à une menace de grève ► **locaute**

locomoteur, trice *adj* **1** Qui sert à la locomotion: *organes locomoteurs* ► **locomotor 2** Relatif à la marche: *troubles locomoteurs* ► **locomotor**

locomotion *nf* Action de se transporter d'un lieu dans un autre; fonction qui assure ce mouvement: *moyen de locomotion* ► **locomoção**

locomotive *nf* **1** Machine pour remorquer des wagons sur une voie ferrée ► **locomotiva 2** FIG, FAM Personne ou élément qui joue un rôle moteur par son dynamisme, son talent, etc. ► **locomotiva**

locomotrice *nf* Engin de traction ferroviaire actionné par un moteur thermique ou électrique ► **locomotiva**

locuste *nf* Criquet migrateur ► **gafanhoto migrador**

locuteur, trice *n* **1** LING Personne qui parle, par opposition à celle qui écoute ► **locutor 2** Personne qui parle telle ou telle langue ► **falante**

locution *nf* **1** Expression, forme particulière du langage, proverbiale: *locution familière, proverbiale* ► **locução 2** GRAMM Groupe de mots figé constituant une unité sur le plan du sens: *locution adverbiale; «avoir peur» est une locution verbale* ► **locução**

loden [lɔdɛn] *nm* Lainage feutré; manteau de ce tissu ► **(casaco de) lã impermeável**

lœss [løs] *nm* Limon fin, très fertile ► **loess**

lof *nm* Côté d'un navire frappé par le vent ► **ló** ■ **aller au lof:** se rapprocher du sens du vent ► **meter de ló** □ **virer lof pour lof:** virer par vent arrière ► **virar em roda**

lofer *vi* Gouverner au plus près du vent ► **navegar à bolina**

loft *nm* Logement, atelier aménagé dans un ancien local à usage professionnel ► ***loft***

logarithme *nm* MATH Exposant de la puissance à laquelle il faut élever un nombre fixe (différent de 1) pour obtenir un nombre donné ► **logaritmo**

loge *nf* **1** Logement destiné au concierge ou au gardien d'un immeuble ► **cubículo 2** Dans une salle de spectacle, compartiment cloisonné à plusieurs places ► **camarote 3** Pièce des coulisses où se préparent les artistes ► **camarim 4** Réunion de francs-maçons; lieu où ils s'assemblent ► **loja (maçônica)** ■ FAM **être aux premières loges:** être bien placé pour assister à quelque chose ► **assistir de camarote**

logeable *adj* **1** Où l'on peut loger commodément: *pièce, appartement logeables* ► **habitável, espaçoso 2** Qui peut contenir pas mal d'objets: *sac très logeable* ► **espaçoso**

logement *nm* **1** Action de loger; fait de se loger: *crise du logement* ► **habitação 2** Lieu d'habitation; appartement ► **moradia 3** Lieu, cavité où se place une pièce mobile d'un mécanisme: *logement du pêne d'une serrure* ► **encaixe**

loger *vi (conj 2)* Habiter, avoir pour logement: *loger dans un immeuble* ► **morar** ◆ *vt* **1** Donner un logement à: *loger des amis* ► **hospedar 2** Faire entrer, faire pénétrer dans: *loger une balle dans la cible* ► **enfiar**

logeur, euse *n* Personne qui loue des chambres meublées ► **locador de quartos**

loggia [lɔdʒja] *nf* **1** Grand balcon fermé sur les côtés ► ***loggia* 2** Mezzanine ► **sobreloja**

logiciel *nm* Programme ou ensemble de programmes conçus pour le traitement informatique de données ► ***software***

logicien, enne *n* Spécialiste de logique ► **lógico**

logique *nf* **1** Manière de raisonner de façon juste, cohérente: *faire preuve de logique* ► **lógica 2** Cohérence, méthode de quelqu'un ou de quelque chose: *la logique d'un système* ► **lógica 3** Enchaînement de faits qui paraît devoir aboutir à une certaine situation: *soutenir la logique de paix* ► **lógica** ◆ *adj* Conforme à la logique: *raisonnement logique*; qui fait preuve de logique: *esprit logique* ► **lógico**

logiquement *adv* De façon logique ► **logicamente**

logis *nm* VX Habitation, logement ► **casa**

logisticien, enne *n* Spécialiste de logistique ▸ **especialista em logística**

logistique *nf* Ensemble des problèmes militaires relatifs aux transports et au ravitaillement ▸ **logística** ◆ *adj* Relatif à la logistique ▸ **logístico**

logo *nm* Représentation graphique propre à une marque industrielle ou commerciale ▸ **logo**

logomachie *nf* Assemblage de mots creux dans un discours, un raisonnement ▸ **logomaquia**

logorrhée *nf* Flot de paroles prononcées de façon rapide et ininterrompue ▸ **logorreia**

loi *nf* **1** Règle ou ensemble de règles établies par une autorité souveraine: *nul n'est censé ignorer la loi* ▸ **lei 2** Acte voté par cette autorité: *promulguer une loi* ▸ **lei 3** Convention, obligation sociale: *les lois de l'hospitalité* ▸ **lei 4** Énoncé d'une propriété d'un objet ou d'un phénomène physique: *loi de la gravitation universelle* ▸ **lei** ▪ **sans foi ni loi:** qui ne respecte rien ▸ **sem lei nem grei**

loi-cadre (pl *lois-cadres*) *nf* Loi qui définit des principes ou de grandes orientations et dont le champ d'application est défini ensuite par décret ▸ **lei de bases**

loin *adv* **1** À une grande distance dans l'espace ou dans le temps: *il habite très loin; le temps des vacances n'est pas si loin* ▸ **longe 2** Indique une grande différence de valeur: *il y a loin entre ses dires et ses actes* ▸ **grande distância** ▪ **aller loin:** avoir des conséquences importantes ▸ **ir longe** ▫ **aller loin** (au futur): avoir un bel avenir, en parlant de quelqu'un: *une jeune femme qui ira loin* ▸ **ir longe** ▫ **aller trop loin:** exagérer ▸ **ir longe demais** ▫ **au loin:** à une grande distance ▸ **ao longe** ▫ **de loin:** (a) d'une grande distance ▸ **de longe (b)** longtemps à l'avance ▸ **com muita antecedência (c)** de beaucoup ▸ **de longe** ▫ **de loin en loin:** à de grands intervalles ▸ **de longe em longe** ▫ **voir loin:** être doué d'une grande prévoyance ▸ **enxergar longe** ◆ **loin de** *loc prép* **1** À une grande distance de: *habiter loin de Lille* ▸ **longe de 2** Indique une négation renforcée: *être loin d'en vouloir à quelqu'un* ▸ **longe de** ▪ **loin de là:** bien au contraire ▸ **longe disso**

lointain, e *adj* **1** Éloigné dans l'espace ou dans le temps: *un pays lointain; une époque lointaine* ▸ **longínquo 2** Se dit d'un parent éloigné: *un cousin lointain* ▸ **distante** ◆ *nm* ▪ **au lointain** ou **dans le lointain:** au loin, à l'horizon ▸ **ao longe** ◆ **lointains** *pl* ▪ **les lointains:** (a) les parties éloignées mais visibles d'un paysage ▸ **fundo (b)** arrière-plan dans un tableau ▸ **longes**

loir *nm* Mammifère rongeur qui hiberne ▸ **arganaz** ▪ **dormir comme un loir:** longtemps et profondément ▸ **dormir como uma pedra**

loisible *adj* LITT ▸ **permitido** ▪ **il est loisible de:** il est permis, possible de: *il vous est loisible de refuser* ▸ **é possível**

loisir *nm* (souvent au pluriel) Distraction, activité pratiquée en dehors de son temps de travail ▸ **lazer** ▪ **à loisir** ou **tout à loisir:** en prenant tout son temps ▸ **à vontade** ▫ **avoir le loisir de:** avoir le temps disponible, la possibilité de ▸ **ter tempo para**

lombago *nm* → **lumbago**

lombaire *adj* Relatif aux lombes: *douleurs lombaires* ▸ **lombar**

lombalgie *nf* Douleur de la région lombaire ▸ **lombalgia**

lombard, e *adj et n* De Lombardie ▸ **lombardo**

lombes *nm pl* Régions symétriques en arrière de l'abdomen, de chaque côté de la colonne vertébrale ▸ **lombos**

lombric *nm* Ver annelé rougeâtre qui creuse des galeries dans le sol humide, dont il se nourrit ▸ **minhoca**

londonien, enne *adj et n* De Londres ▸ **londrino**

long, longue *adj* **1** Étendu dans l'espace ou dans le temps: *une longue file de voitures: un long voyage* ▸ **longo 2** Qui a telle mesure d'une extrémité à l'autre: *rue longue de cinquante mètres* ▸ **comprido** ▪ **syllabe, voyelle longue:** dont la durée d'émission est sensible à l'ouïe ▸ **sílaba, vogal longa** ◆ *nm* Longueur: *dix mètres de long* ▸ **comprimento** ▪ **au long** ou **tout au long:** complètement, en entier ▸ **completamente** ▫ **de long en large:** en tous sens ▸ **de um lado para outro** ▫ **en long et en large:** sous tous les angles, de toutes les manières ▸ **de tudo quanto é jeito** ▫ **le long de:** en longeant: *le long du canal* ▸ **ao longo de** ▫ **tomber de tout son long:** de toute sa longueur ▸ **estatelar-se** ◆ *adv* ▪ **en dire long:** être éloquent, significatif: *son visage en dit long* ▸ **dizer tudo** ▫ **en savoir long:** être parfaitement au courant de quelque chose ▸ **estar por dentro** ◆ *nf* Voyelle ou syllabe d'une durée plus grande qu'une voyelle ou une syllabe brève ▸ **longa** ◆ **à la longue** *loc adv* Avec le temps ▸ **com o tempo**

long. (abréviation) Longitude ▸ **long.**

longanimité *nf* LITT Grande patience ▸ **longanimidade**

long-courrier (pl *long-courriers*) *nm et adj* Avion, bateau qui fait des voyages sur de longues distances ▸ **(avião de) longa distância, transatlântico**

longe[1] *nf* Courroie pour attacher ou conduire un cheval ▸ **cabresto**

longe² *nf* Moitié de l'échine d'un veau, d'un chevreuil, d'un porc ▸ **lombo**
longer *vt (conj 2)* S'étendre ou marcher le long de: *longer une côte* ▸ **ladear, margear**
longeron *nm* Pièce maîtresse qui sert à maintenir certains assemblages ▸ **longarina**
longévité *nf* **1** Longue durée de vie ▸ **longevidade** **2** Durée de la vie, en général ▸ **longevidade**
longiligne *adj* Dont les membres sont longs et minces, en parlant d'une personne élancée ▸ **longilíneo**
longitude *nf* Angle que fait le plan méridien d'un point à la surface du globe avec un plan méridien d'origine ▸ **longitude**
longitudinal, e, aux *adj* Dans le sens de la longueur ▸ **longitudinal**
long-métrage (pl *longs-métrages*) *nm* Film dont la durée dépasse une heure ▸ **longa-metragem**
longtemps *adv* Pendant un long espace de temps: *il y a longtemps qu'on l'attend* ▸ **muito tempo**
longuement *adv* Pendant une longue durée: *parler longuement* ▸ **por muito tempo**
longuet, ette *adj* FAM Qui dure un peu trop longtemps ▸ **meio demorado**
longueur *nf* **1** Dimension d'un objet d'une extrémité à l'autre ▸ **comprimento** **2** Durée, étendue ▸ **duração** **3** SPORTS Unité qui sépare les concurrents d'une course à l'arrivée ▸ **corpo, cabeça** ▪ **à longueur de:** pendant toute la durée de ▸ **ao longo de** ▫ **en longueur:** dans le sens de la longueur ▸ **no comprimento** ▫ **tirer, traîner en longueur:** durer trop longtemps ▸ **arrastar-se** ♦ **longueurs** *pl* Développements longs et inutiles ▸ **partes arrastadas**
longue-vue (pl *longues-vues*) *nf* Lunette d'approche ▸ **luneta**
look [luk] *nm* (anglicisme) FAM Apparence, style de quelqu'un ou de quelque chose: *changer de look* ▸ ***look***
looping [lupi] *nm* Tour complet dans un plan vertical, exécuté par un avion ▸ ***looping***
lopin *nm* Petite parcelle de terrain: *lopin de terre* ▸ **lote**
loquace [lɔkas] *adj* Qui parle beaucoup; bavard ▸ **loquaz**
loquacité [lɔkasite] *nf* Fait d'être loquace, disposition à parler beaucoup ▸ **loquacidade**
loque *nf* **1** (surtout au pluriel) Lambeau d'une étoffe ▸ **trapo** **2** FIG Personne incapable de réagir, sans énergie ▸ **trapo**
loquet *nm* Lame métallique qui s'abaisse sur une pièce fixée au chambranle d'une porte et la ferme ▸ **loquete, ferrolho**
loqueteux, euse *adj* Vêtu de loques: *mendiant loqueteux*; en loques: *vêtements loqueteux* ▸ **esfarrapado**
lord [lɔrd] ou [lɔr] *nm* Pair du royaume, en Grande-Bretagne ▸ **lorde**
lordose *nf* Exagération pathologique de la courbure de la colonne vertébrale ▸ **lordose**
lorgner *vt* **1** Regarder du coin de l'œil avec une intention particulière: *lorgner une pâtisserie* ▸ **pôr o olho em** **2** FIG Convoiter secrètement: *lorgner une place, un héritage* ▸ **botar o olho grande em**
lorgnette *nf* Petite lunette d'approche portative ▸ **binóculo de teatro** ▪ **regarder par le petit bout de la lorgnette:** ne voir que les détails, que l'aspect accessoire d'une chose ▸ **prender-se apenas aos detalhes**
lorgnon *nm* Lunettes sans branches qu'on tient à la main ou qu'un ressort fait tenir sur le nez ▸ **lornhão**
loriot *nm* Passereau au chant sonore ▸ **papa-figo**
loris [lɔris] *nm* Mammifère de l'Inde, voisin du singe ▸ **lóris**
lorrain, e *adj et n* De Lorraine: *les Lorrains* ▸ **loreno**
lorry (pl *lorrys* ou *lorries*) *nm* Wagonnet plat ▸ **trole**
lors *adv* ▸ **então** ▪ **depuis lors:** depuis ce temps-là ▸ **desde então** ▫ **dès lors:** dès ce temps-là, par conséquent ▸ **a partir de então, por conseguinte** ▫ **pour lors:** en ce cas ▸ **nesse caso** ♦ **lors de** *loc prép* Au moment de: *lors de son arrivée* ▸ **quando de**
lorsque *conj* Quand, au moment où, tandis que: *lorsqu'il est en colère, cela s'entend; nous en parlerons lorsque vous viendrez* ▸ **quando**

ORTHOGRAPHE Le *e* de *lorsque* ne s'élide que devant *il* (*elle*); *on*; *en*; *un* (*une*): *lorsqu'il (elle), lorsqu'on, lorsqu'en, lorsqu'un (une)*

losange *nm* Parallélogramme dont les quatre côtés sont égaux ▸ **losango**
loser [luzr] *nm* FAM Personne qui se met en situation d'échec; perdant ▸ **fracassado**
lot *nm* **1** Portion qui revient à chaque personne dans un partage: *propriété partagée en plusieurs lots* ▸ **lote, quinhão** **2** Ce qui revient, dans une loterie, à chaque gagnant: *lot de consolation; gagner le gros lot* ▸ **prêmio** **3** Ensemble d'articles, d'objets assortis proposés à la vente: *verres par lot de six* ▸ **lote** **4** FIG, LITT Ce qui échoit à chacun par le sort: *la misère est son lot* ▸ **quinhão**
loterie *nf* **1** Jeu de hasard où, après distribution de billets numérotés, un tirage au sort désigne les billets qui ont droit à un lot, un prix, etc. ▸ **loteria** **2** FIG Ce qui est régi par le hasard: *l'affectation des postes est une loterie* ▸ **loteria**

loti, e *adj* ▸ **repartido** ▪ **être bien, mal loti:** favorisé, défavorisé par le sort ▸ **ser bem, mal aquinhoado**

lotion *nf* Produit de toilette liquide: *lotion capillaire* ▸ **loção**

lotir *vt* Partager en lots: *lotir un terrain* ▸ **lotear, repartir**

lotissement *nm* Parcelle de terrain vendue en vue de construire une ou des habitations ▸ **loteamento**

loto *nm* Jeu de hasard qui se joue avec des cartons numérotés et des numéros ▸ **bingo** ▪ **loto (national):** jeu de hasard fondé sur des combinaisons de numéros tirés au sort ▸ **loto** ▫ **loto sportif:** jeu fondé sur des pronostics concernant des rencontres sportives ▸ **loteria esportiva**

lotte *nf* Poisson d'eau douce à chair estimée ▸ **barboto** ▪ **lotte de mer:** baudroie ▸ **peixe-pescador**

lotus [lɔtys] *nm* Nénuphar d'une variété blanche ou bleue ▸ **lótus**

louable *adj* Dont on peut faire l'éloge: *effort louable* ▸ **louvável**

louage *nm* Cession ou acceptation de l'usage d'une chose, d'un service, pour un prix déterminé ▸ **aluguel**

louange *nf* Action de louer ▸ **louvor** ♦ **louanges** *pl* Paroles, discours, qui font l'éloge de quelqu'un, quelque chose ▸ **louvor**

louangeur, euse *adj* Qui loue; flatteur: *paroles louangeuses* ▸ **elogioso**

loubard ou **loubar** *nm* FAM Jeune voyou ▸ **delinquente**

louche[1] *adj* Équivoque, suspect: *conduite louche: bar louche* ▸ **suspeito**

louche[2] *nf* Grande cuiller à long manche ▸ **concha**

loucher *vi* Être atteint de strabisme ▸ **ser vesgo** ♦ *vt ind* [sur] FAM Convoiter, regarder avec envie ▸ **cobiçar**

louer[1] *vt* Faire l'éloge, vanter les mérites de ▸ **elogiar** ♦ **se louer** *vpr* [de] Se montrer satisfait de: *je n'ai eu qu'à me louer de lui* ▸ **tecer elogios a**

louer[2] *vt* **1** Donner ou prendre à loyer: *louer une maison; appartement à louer* ▸ **alugar 2** Réserver, retenir à l'avance: *louer une place de théâtre* ▸ **reservar**

loueur, euse *n* Qui donne en location: *loueur de voitures* ▸ **locador**

loufoque *adj et n* FAM Extravagant, original, un peu fou ▸ **biruta**

loufoquerie *nf* FAM Acte, propos loufoque ▸ **maluquice**

louis *nm* Pièce d'or française de 20 francs; SYN: *napoléon* ▸ **luís**

louise-bonne (pl *louises-bonnes*) *nf* Poire d'une variété douce et fondante ▸ **pera Louise Bonne**

loukoum *nm* Confiserie orientale faite de pâte sucrée parfumée aux amandes, à la pistache, etc. ▸ ***rahat-loukoum***

loulou *nm* Petit chien à long poil ▸ **lulu**

loup *nm* **1** Mammifère carnivore à pelage gris jaunâtre vivant en meutes dans les forêts (famille des canidés) ▸ **lobo 2** Nom donné à plusieurs poissons voraces, tel le bar ▸ **lobo-do-mar 3** Demi-masque de velours ou de satin noir qu'on porte à un bal masqué, au carnaval ▸ **mascarilha** ▪ **à pas de loup:** sans bruit, pour surprendre ▸ **nas pontas dos pés** ▫ **avoir une faim de loup:** avoir grand-faim ▸ **estar com uma fome de leão** ▫ **être connu comme le loup blanc:** être connu de tous ▸ **ser muito conhecido** ▫ **froid de loup:** très rigoureux ▸ **frio de rachar** ▫ FIG **vieux loup de mer:** marin qui a beaucoup navigué ▸ **velho lobo do mar**

loup-cervier (pl *loups-cerviers*) *nm* Lynx ▸ **lince**

loupe *nf* **1** Lentille de verre biconvexe qui grossit les objets ▸ **lupa 2** Kyste sébacé de la peau ▸ **lobinho 3** BOT Excroissance ligneuse sur le tronc de certains arbres ▸ **nó** ▪ FIG **à la loupe:** en détail, avec minutie ▸ **com lupa**

loupé *nm* FAM Erreur, ratage ▸ **erro**

louper *vt* FAM **1** Mal exécuter, ne pas réussir: *louper un examen* ▸ **fracassar em 2** Manquer: *louper un train* ▸ **perder**

loup-garou (pl *loups-garous*) *nm* Être imaginaire se transformant la nuit en loup afin de commettre des méfaits ▸ **lobisomem**

loupiot, e *n* FAM Enfant ▸ **garoto**

loupiote *nf* FAM Petite lampe ▸ **lamparina**

lourd, e *adj* **1** Dont le poids est élevé; pesant: *lourd fardeau* ▸ **pesado 2** FIG Difficile à faire, à supporter: *de lourdes responsabilités* ▸ **pesado 3** Qui manque de finesse, d'élégance: *style lourd* ▸ **pesado 4** Se dit d'un aliment difficile à digérer: *les plats en sauce sont lourds* ▸ **pesado 5** Qui met en œuvre des moyens techniques importants: *industrie lourde* ▸ **pesado 6** Se dit d'un temps orageux: *il fait lourd* ▸ **carregado 7** Se dit d'un sommeil profond: *il a le sommeil lourd* ▸ **pesado** ▪ **avoir la main lourde: (a)** frapper quelqu'un violemment ▸ **ter a mão pesada (b)** peser ou verser une chose en trop grande quantité ▸ **pôr demais** ♦ *adv* ▪ FAM **ne pas en savoir lourd:** être très ignorant ▸ **não saber nada** ▫ **peser lourd (dans la balance):** être d'une grande importance ▸ **pesar muito**

lourdaud, e *adj et n* Gauche, lent et maladroit ▸ **desastrado**

lourdement *adv* **1** Pesamment: *marcher lourdement* ► **pesadamente 2** FIG Grossièrement: *se tromper lourdement* ► **estupidamente**

lourdeur *nf* **1** Caractère de ce qui est lourd: *lourdeur d'une tâche* ► **peso 2** Impression de poids, douleur sourde: *avoir des lourdeurs d'estomac* ► **peso**

loustic *nm* FAM Plaisantin, individu peu sérieux: *joyeux loustic* ► **brincalhão**

loutre *nf* Mammifère carnivore aquatique, à fourrure soyeuse, mangeur de poissons; fourrure de cet animal et d'animaux à pelage semblable, comme l'ondatra ou l'otarie ► **lontra**

louve *nf* Femelle du loup ► **loba**

louveteau *nm* **1** Petit loup ► **lobinho 2** Jeune scout ► **lobinho**

louvoiement *nm* Action de louvoyer ► **bordejo, rodeio**

louvoyer *vi (conj 3)* **1** Naviguer contre le vent, tantôt sur un bord, tantôt sur l'autre ► **bordejar 2** FIG Avoir une attitude peu nette; manœuvrer, tergiverser, biaiser ► **rodear**

lover *vt* MAR Enrouler en spirale: *lover un cordage* ► **enrolar** ♦ **se lover** *vpr* S'enrouler sur soi-même ► **enrolar-se**

loyal, e, aux *adj* Sincère, franc, honnête ► **leal**

loyalement *adv* Avec loyauté ► **lealmente**

loyalisme *nm* Fidélité au régime, aux institutions établies: *loyalisme républicain* ► **lealismo**

loyaliste *adj et n* Qui a des sentiments de loyalisme ► **lealista**

loyauté *nf* Probité, droiture, honnêteté ► **lealdade**

loyer *nm* Prix auquel on loue quelque chose, en particulier un logement ► **aluguel**

LP *nm* (sigle) Lycée professionnel ► **Ø**

LSD *nm* (abréviation de *Lysergsäurediäthylamid*) Hallucinogène puissant ► **LSD**

lubie *nf* FAM Caprice, fantaisie soudaine ► **capricho**

lubricité *nf* Caractère lubrique de quelqu'un ou de quelque chose ► **lubricidade**

lubrifiant, e *adj et nm* Qui lubrifie ► **lubrificante**

lubrification *nf* Action de lubrifier ► **lubrificação**

lubrifier *vt* Graisser pour faciliter le fonctionnement: *lubrifier un moteur, un mécanisme* ► **lubrificar**

lubrique *adj* Qui a ou qui manifeste un penchant excessif pour les plaisirs sexuels, pour la luxure ► **lúbrico**

lucane *nm* Grand insecte coléoptère (appelé aussi: *cerf-volant*) ► **vaca-loira**

lucarne *nf* Ouverture dans le toit d'une maison ► **lucarna**

lucide *adj* En pleine possession de ses facultés intellectuelles; perspicace, clairvoyant ► **lúcido**

lucidement *adv* De façon lucide ► **lucidamente**

lucidité *nf* Caractère, qualité d'une personne lucide ► **lucidez**

lucilie *nf* Mouche verte qui vit sur les déchets organiques et peut pondre sur la viande ► **mosca-varejeira** ■ **lucilie bouchère:** espèce de lucilie, originaire d'Amérique, qui s'attaque au bétail ► **mosca-varejeira**

luciole *nf* Insecte lumineux voisin du ver luisant ► **vaga-lume**

lucratif, ive *adj* Qui rapporte de l'argent, du profit: *emploi lucratif* ► **lucrativo**

lucre *nm* LITT Recherche d'un profit important ► **lucro**

ludion *nm* Figurine lestée de façon à couler ou à émerger dans un liquide lorsque la pression à la surface du liquide varie ► **ludião**

ludique *adj* Relatif au jeu: *activité ludique* ► **lúdico**

ludo-éducatif, ive (pl *ludo-éducatifs, ives*) *adj* Se dit d'un logiciel ou d'un cédérom qui permet de s'instruire en s'amusant ► **ludoeducativo**

ludothèque *nf* Lieu, établissement mettant des jouets à la disposition des enfants ► **brinquedoteca**

luette *nf* Appendice charnu et mobile qui prolonge le voile du palais ► **úvula**

lueur *nf* **1** Clarté faible ou éphémère ► **luz fraca 2** Éclat fugitif du regard: *lueur de colère* ► **lampejo 3** Manifestation vive et soudaine d'un sentiment, d'une faculté: *lueur d'intelligence* ► **lampejo**

luge *nf* Petit traîneau pour glisser sur la neige ► **trenó**

lugubre *adj* Qui exprime ou provoque une grande tristesse; sinistre, funèbre ► **lúgubre**

lugubrement *adv* De façon lugubre ► **lugubremente**

lui *pron pers* **1** Désigne la 3e personne du singulier en fonction de complément d'objet indirect: *invite-la pour lui parler* ► **lhe 2** S'emploie comme sujet pour renforcer *il*, comme complément d'objet direct pour renforcer *le*, ou après une préposition: *lui, il peut le faire; aide-le, lui!; derrière lui* ► **ele, a ele, dele**

luire *vi (conj 69)* **1** Briller: *le soleil luit* ► **luzir, brilhar 2** FIG Apparaître, se manifester comme une lueur: *un faible espoir luit encore* ► **luzir, brilhar**

luisant, e *adj* Qui luit ► **luzidio, brilhante** ■ **ver luisant:** lampyre femelle ► **vaga-lume**

lumbago [lɔ̃bago] ou **lombago** *nm* Douleur lombaire ► **lumbago**

lumen [lymɛn] *nm* Unité de mesure de flux lumineux; symb: lm ▸ **lúmen**

lumière *nf* **1** Ce qui éclaire, naturellement ou artificiellement, les objets et les rend visibles: *lumière du jour*; source d'éclairage: *lumières électriques* ▸ **luz 2** LITT Ce qui éclaire l'esprit, aide à comprendre: *la lumière de la raison* ▸ **luz 3** (souvent en tournure négative) Personne brillante, intelligente: *ce n'est pas une lumière* ▸ **gênio** ▪ **à la lumière de:** en se référant à ▸ **à luz de** □ **faire la lumière sur quelque chose:** en dévoiler tous les éléments ▸ **lançar luz sobre algo** □ **mettre en lumière:** signaler, faire ressortir ▸ **realçar**

lumignon *nm* **1** Bout de la mèche d'une bougie allumée ▸ **morrão 2** Lampe diffusant une lumière faible ▸ **luzinha**

luminaire *nm* Appareil d'éclairage ▸ **luminária**

luminescence *nf* Émission de lumière qui ne résulte pas d'une température élevée ▸ **luminescência**

luminescent, e *adj* Qui émet des rayons lumineux par luminescence: *le radium est luminescent* ▸ **luminescente**

lumineusement *adv* De façon lumineuse ▸ **luminosamente**

lumineux, euse *adj* **1** Qui émet de la lumière: *corps lumineux* ▸ **luminoso 2** FIG Clair, lucide: *esprit lumineux; idée lumineuse* ▸ **luminoso 3** Radieux: *sourire, teint lumineux* ▸ **luminoso**

luminosité *nf* Caractère de ce qui est lumineux ▸ **luminosidade**

lump [lœ̃p] *nm* Poisson des mers froides apprécié pour ses œufs, qui ressemblent au caviar ▸ **lumpo**

lunaire *adj* De la Lune ▸ **lunar**

lunaison *nf* Temps compris entre deux nouvelles lunes consécutives ▸ **lunação**

lunatique *adj et n* Dont l'humeur est changeante, imprévisible ▸ **lunático**

lunch [lœ̃ʃ] ou [lœntʃ] (pl *lunchs* ou *lunches*) *nm* Repas léger servi en buffet à l'occasion d'une réception ▸ **coquetel**

lundi *nm* Premier jour de la semaine ▸ **segunda-feira**

lune *nf* Corps céleste tournant autour de la Terre et recevant la lumière du Soleil, qu'il reflète sur la Terre ▸ **Lua** ▪ **clair de lune:** clarté que la Lune envoie à la Terre ▸ **luar** □ **demander, promettre la lune:** demander, promettre l'impossible ▸ **pedir, prometer a lua** □ **être dans la lune:** être distrait, étourdi, rêveur ▸ **estar no mundo da lua** □ **lune de miel: (a)** premiers temps du mariage ▸ **lua de mel (b)** période de bonne entente entre des personnes ▸ **lua de mel** □ **pleine lune:** phase de la Lune dans laquelle celle-ci est visible de la Terre sous l'aspect d'un disque entier ▸ **Lua cheia**

ORTHOGRAPHE On écrit *la* L̲une *est le satellite de la Terre*, mais *la nouvelle* l̲une, la pleine l̲une (avec minuscule)

luné, e *adj* ▸ **em forma de meia-lua** ▪ FAM **bien, mal luné:** bien, mal disposé ▸ **bem-humorado, mal-humorado**

lunetier *nm* Fabricant, marchand de lunettes ▸ **óptico**

lunette *nf* **1** Instrument d'optique pour voir plus distinctement les objets éloignés ▸ **luneta 2** Ouverture de la cuvette des W-C ▸ **assento da privada** ▪ **lunette arrière:** vitre arrière d'une automobile ▸ **vidro traseiro** ◆ **lunettes** *pl* Paire de verres enchâssés dans une monture conçue pour être placée sur le nez, devant les yeux ▸ **óculos** ▪ **serpent à lunettes:** naja ▸ **naja**

lunetterie *nf* Commerce du lunetier ▸ **óptica**

lunule *nf* Tache blanche en forme de croissant à la base de l'ongle ▸ **lúnula**

lupanar *nm* LITT Maison de prostitution ▸ **lupanar**

lupin *nm* Légumineuse cultivée comme fourrage ou pour ses fleurs ornementales ▸ **tremoço**

lupus [lypys] *nm* Dermatose siégeant généralement sur les ailes du nez et les joues ▸ **lúpus**

lurette *nf* ▪ FAM **il y a belle lurette:** il y a bien longtemps ▸ **há muito tempo**

luron, onne *n* FAM Personne joyeuse, hardie et sans souci: *joyeux luron* ▸ **gaiato**

lusitanien, enne *adj et n* De la Lusitanie, du Portugal ▸ **lusitano**

lusophone *adj et n* De langue portugaise ▸ **lusófono**

lustrage *nm* Action de lustrer ▸ **lustração**

lustral, e, aux *adj* ▸ **lustral** ▪ RELIG **eau lustrale:** eau de purification ▸ **água lustral**

lustre[1] *nm* **1** Appareil d'éclairage suspendu au plafond ▸ **lustre 2** Éclat brillant, poli: *le vernis donne du lustre au bois*; FIG éclat, relief: *le festival a donné du lustre à cette petite ville* ▸ **lustro, brilho**

lustre[2] *nm* LITT Espace de cinq ans ▸ **lustro** ◆ **lustres** *pl* FAM Longue période: *absent depuis des lustres* ▸ **séculos**

lustrer *vt* Rendre brillant ▸ **lustrar**

lustrine *nf* Étoffe de coton apprêtée ▸ **lustrina**

luth [lyt] *nm* Instrument de musique à cordes ▸ **alaúde**

luthéranisme *nm* Doctrine de Luther ▸ **luteranismo**

lutherie *nf* Métier, commerce du luthier ▸ **luteria**

luthérien, enne *adj* De Luther, de sa doctrine ▸ **luterano** ◆ *n* Qui professe le luthéranisme ▸ **luterano**

luthier *nm* Qui fabrique des instruments de musique à cordes ▸ ***luthier***

luthiste *n* Joueur de luth ▸ **alaudista**

lutin[1] *nm* Petit génie malicieux ▸ **duende**

lutin[2]**, e** *adj* LITT Éveillé, espiègle ▸ **traquinas**

lutiner *vt* SOUT Harceler une femme de taquineries galantes ▸ **dar em cima**

lutrin *nm* Pupitre placé dans le chœur d'une église, pour porter les livres de chant liturgique ▸ **atril**

lutte *nf* **1** Combat, affrontement entre deux personnes ou deux groupes dont chacun s'efforce de triompher; FIG action de deux forces agissant en sens contraire; antagonisme: *lutte d'influences; lutte des classes* ▸ **luta 2** Sport de combat: *lutte gréco-romaine* ▸ **luta 3** Ensemble d'actions menées pour vaincre un mal, un obstacle: *lutte contre le cancer* ▸ **luta** ■ **de haute lutte:** par la force, l'autorité ▸ **pela força**

lutter *vi* **1** Combattre à la lutte ▸ **lutar 2** FIG Être en conflit, entrer en lutte avec quelqu'un, quelque chose ▸ **lutar 3** Rivaliser: *lutter d'ardeur* ▸ **rivalizar**

lutteur, euse *n* Qui lutte ▸ **lutador**

lux *nm* Unité d'éclairement; symb: lx ▸ **lux**

luxation *nf* Déboîtement d'un os ▸ **luxação**

luxe *nm* Somptuosité excessive; faste, richesse ▸ **luxo** ■ **de luxe:** de grand confort ▸ **de luxo** □ **un luxe de:** beaucoup de ▸ **uma profusão de**

luxembourgeois, e *adj et n* Du Luxembourg: *les Luxembourgeois* ▸ **luxemburguês**

luxer *vt* Provoquer une luxation ▸ **luxar** ◆ **se luxer** *vpr* Disloquer une de ses articulations: *se luxer une épaule* ▸ **luxar**

luxueusement *adv* Avec luxe ▸ **luxuosamente**

luxueux, euse *adj* Caractérisé par le luxe; somptueux ▸ **luxuoso**

luxure *nf* LITT Recherche sans retenue des plaisirs sensuels ▸ **luxúria**

luxuriance *nf* État de ce qui est luxuriant: *luxuriance du feuillage* ▸ **luxúria**

luxuriant, e *adj* Qui pousse avec abondance: *végétation luxuriante* ▸ **luxuriante**

luxurieux, euse *adj* Qui relève de la luxure; sensuel ▸ **luxurioso**

luzerne *nf* Légumineuse fourragère ▸ **alfafa**

lycée *nm* Établissement d'enseignement du second cycle du second degré ▸ **liceu** ■ **lycée professionnel (LP):** établissement d'enseignement professionnel préparant aux CAP, aux BEP et aux baccalauréats professionnels ▸ **escola profissionalizante**

ORTHOGRAPHE Bien que masculin, *lycée* s'écrit avec un *e* muet final, comme *apogée, athée, musée*

lycéen, enne *n* Élève d'un lycée ▸ **aluno de liceu**

lychee *nm* → **litchi**

Lycra *nm* (nom déposé) Fibre élastomère utilisée dans la confection de vêtements ▸ ***Lycra*** (marca registrada)

lydien, enne *adj et n* De Lydie ▸ **lídio**

lymphangite *nf* Inflammation des vaisseaux lymphatiques ▸ **linfagite**

lymphatique *adj* Relatif à la lymphe ▸ **linfático** ■ **vaisseaux lymphatiques:** où circule la lymphe ▸ **vasos linfáticos** ◆ *adj et n* Qui est mou, nonchalant ▸ **(indivíduo) linfático**

lymphe *nf* Liquide organique formé de plasma et de globules blancs ▸ **linfa**

lymphocyte *nm* Globule blanc de petite taille ▸ **linfócito**

lymphokine *nf* Substance libérée par les lymphocytes en présence de l'antigène au cours d'une réaction immunitaire ▸ **linfocina**

lynchage *nm* Action de lyncher ▸ **linchamento**

lyncher [lɛ̃ʃe] *vt* Exécuter sommairement, sans jugement, en parlant d'une foule, d'un groupe ▸ **linchar**

lynx *nm* Mammifère carnassier félidé ▸ **lince** ■ **yeux de lynx:** très perçants ▸ **olhos de lince**

lyonnais, e *adj et n* De Lyon ▸ **lionês**

lyophilisation *nf* Déshydratation à basse température et sous vide de certaines substances pour les conserver ▸ **liofilização**

lyophiliser *vt* Soumettre à la lyophilisation: *café lyophilisé* ▸ **liofilizar**

lyre *nf* Instrument de musique à cordes pincées ▸ **lira**

lyrique *adj* **1** Se dit d'une œuvre littéraire, poétique ou artistique où s'expriment avec une certaine passion les sentiments personnels de l'auteur ▸ **lírico 2** Qui est mis en scène et chanté: *théâtre lyrique* ▸ **lírico 3** FIG Plein d'enthousiasme, d'exaltation: *quand il parle de cinéma, il devient lyrique* ▸ **lírico** ■ **artiste lyrique:** chanteur d'opéra ou d'opéra-comique ▸ **artista lírico**

lyrisme *nm* Expression poétique ou exaltée de sentiments personnels, d'émotions, de passions ▸ **lirismo**

lys [lis] *nm* → **lis**

lysine *nf* Acide aminé indispensable à la croissance ▸ **lisina**

Mm

m[1] *nm* Treizième lettre de l'alphabet et la dixième des consonnes ▸ **m**
m[2] (symbole) Mètre ▸ **m**
M (symbole) Chiffre romain, valant mille ▸ **m**
M. (abréviation) Monsieur: *M. Dupont* ▸ **Sr.**
ma *adj poss f* → **mon**
MA [ɛma] *nm* (sigle) Maître auxiliaire ▸ **Ø**
maboul, e *adj et n* FAM Fou ▸ **tantã**
mac *nm* ARG Proxénète ▸ **cafetão**
macabre *adj* Qui a trait à la mort; funèbre, sinistre: *plaisanterie macabre* ▸ **macabro**
macadam [makadam] *nm* Revêtement d'une chaussée à base de pierre concassée agglomérée ▸ **macadame**
macadamiser *vt* Recouvrir de macadam ▸ **macadamizar**
macaque *nm* Singe d'Asie à corps trapu ▸ **macaca**
macareux *nm* Oiseau palmipède voisin du pingouin ▸ **papagaio-do-mar**
macaron *nm* **1** Gâteau rond, à base de pâte d'amandes, de blancs d'œufs et de sucre ▸ ***macaron*** **2** Décoration ou insigne de forme ronde ▸ **roseta, distintivo 3** Natte de cheveux roulée sur l'oreille ▸ **trança enrolada**
macaroni *nm* Pâte alimentaire de semoule de blé dur, moulée en tubes ▸ **macarrão**
maccartisme ou **maccarthysme** *nm* Politique anticommuniste en vigueur aux États-Unis dans les années 1950 ▸ **macarthismo**
macchabée [makabe] *nm* FAM Cadavre ▸ **cadáver**
macédoine *nf* Mélange de plusieurs fruits ou légumes, coupés en morceaux ▸ **macedônia**
macédonien, enne *adj et n* De Macédoine: *les Macédoniens* ▸ **macedônio**
macération *nf* Action de macérer ▸ **maceração**
macérer *vt et vi* Faire ou laisser tremper une substance dans un liquide: *faire macérer des cornichons dans du vinaigre, des cerises dans de l'eau-de-vie* ▸ **macerar**
machaon [makaõ] *nm* Papillon diurne ▸ **borboleta-rabo-de-andorinha**
mâche *nf* Plante potagère que l'on mange en salade ▸ **alface-de-cordeiro, *mache***
mâchefer [maʃfɛr] *nm* Résidu provenant de la combustion ou de la fusion des minéraux ▸ **escumalha, escória**
mâcher *vt* Broyer avec les dents ▸ **mastigar** ■ FIG **mâcher la besogne, le travail:** l'expliquer mot à mot, le préparer avec soin ▸ **dar mastigado** □ **ne pas mâcher ses mots:** parler sans complaisance, brutalement ▸ **não ter papas na língua**
machette *nf* Coutelas à lame épaisse ▸ **machete**
machiavélique [makjavelik] *adj* Perfide, déloyal, cynique: *plan, personne machiavéliques* ▸ **maquiavélico**
machiavélisme [makjavelism] *nm* **1** Système politique conforme aux principes de Machiavel ▸ **maquiavelismo 2** Conduite déloyale et perfide ▸ **maquiavelismo**
mâchicoulis *nm* Au Moyen Âge, balcon en maçonnerie, au sommet des fortifications ▸ **balestreiro**
machin *nm* FAM Personne ou chose que l'on ne veut ou ne peut nommer ▸ **coisa, troço**
machinal, e, aux *adj* Accompli sans l'intervention de la volonté: *geste machinal* ▸ **maquinal**
machinalement *adv* De façon machinale ▸ **maquinalmente**
machination *nf* Ensemble d'intrigues, de menées secrètes réalisées dans l'action de nuire ▸ **maquinação**
machine *nf* **1** Appareil capable de réaliser certaines tâches, de remplir une fonction donnée: *machine à laver; machine à air comprimé* ▸ **máquina 2** Véhicule quelconque comportant un mécanisme ou un moteur: *le cycliste descendit de sa machine* ▸ **máquina 3** FIG Organisation complexe et structurée: *la machine administrative* ▸ **máquina 4** Personne en apparence déshumanisée, qui agit par automatismes: *nous ne sommes pas des*

machines! ▶ **máquina** ▪ **faire machine arrière:** reculer, revenir sur ce qu'on a dit ▶ **voltar atrás** □ **machine à écrire:** machine qui permet d'établir des documents dactylographiés ▶ **máquina de escrever** □ **machine à sous:** appareil servant de support à un jeu de hasard, dans lequel on introduit des pièces et qui, en cas de gain, en redonne plus ▶ **caça-níqueis**

machine-outil (pl *machines-outils*) *nf* Machine destinée à façonner une matière et qui est mue mécaniquement ▶ **máquina-ferramenta**

machiner *vt* Préparer en secret, combiner, manigancer: *machiner une conspiration* ▶ **maquinar**

machinerie *nf* Ensemble des machines employées à un travail; endroit où elles se trouvent ▶ **maquinaria**

machinisme *nm* Emploi généralisé de machines substituées à la main-d'œuvre: *le machinisme a transformé l'industrie* ▶ **mecanização**

machiniste *n* **1** Personne chargée des accessoires et des décors, au théâtre et au cinéma ▶ **maquinista 2** Conducteur de métro, d'autobus ▶ **maquinista, condutor**

machisme [matʃism] ou [maʃism] *nm* Idéologie et comportement du macho ▶ **machismo**

machiste *adj et nm* Qui fait preuve de machisme ▶ **machista**

macho [matʃo] *nm et adj* Homme persuadé de sa supériorité sur les femmes; phallocrate ▶ **machão**

mâchoire *nf* **1** Pièce osseuse qui supporte les dents ▶ **maxilar 2** TECHN Pièce dont on peut rapprocher les parties pour saisir, maintenir: *mâchoires d'une pince* ▶ **haste**

mâchonnement *nm* Action de mâchonner ▶ **mastigação**

mâchonner *vt* Triturer avec les dents ▶ **mascar**

mâchouiller *vt* FAM Mâchonner ▶ **mascar**

maçon[1] *nm* Entrepreneur ou ouvrier qui réalise une construction en gros œuvre, ou de légers ouvrages d'enduits, de ravalement, etc. ▶ **pedreiro** ◆ *adj* Se dit d'un animal, d'un insecte qui construit son habitation avec de la terre, de la cire, etc.: *guêpe maçonne* ▶ **construtor**

maçon[2], onne *n* Franc-maçon ▶ **maçom**

maçonnage *nm* Action de maçonner; travail du maçon ▶ **maçonaria, alvenaria**

maçonner *vt* **1** Construire en maçonnerie: *maçonner un mur* ▶ **construir 2** Revêtir d'une maçonnerie: *maçonner les parois d'une citerne* ▶ **revestir 3** Obturer, boucher par une maçonnerie: *maçonner une fenêtre* ▶ **tapar**

maçonnerie *nf* **1** Ouvrage composé de pierres ou de briques unies par du mortier, du plâtre ou du ciment; partie des travaux d'un bâtiment qui s'y rapporte ▶ **alvenaria 2** Franc-maçonnerie ▶ **maçonaria**

maçonnique *adj* Qui appartient à la franc-maçonnerie: *loge maçonnique* ▶ **maçônico**

macramé *nm* Passementerie de ficelle tressée et nouée ▶ **macramê**

macreuse *nf* **1** Canard des régions boréales ▶ **pato 2** Morceau de bœuf constitué par les muscles de l'épaule ▶ **miolo de paleta**

macro *nf* (abréviation) FAM, INFORM Macro-instruction ▶ **macro**

macrobiotique *nf* Régime végétarien à base de céréales, de fruits et de légumes ▶ **macrobiótica** ◆ *adj* Qui s'y rapporte: *restaurant macrobiotique* ▶ **macrobiótico**

macroéconomie *nf* Partie de la science économique qui étudie les faits économiques globaux ▶ **macroeconomia**

macro-instruction (pl *macro-instructions*) *nf* INFORM Instruction complexe, définissant des opérations composées à partir des instructions de base d'un ordinateur ▶ **macroinstrução**

macromolécule *nf* Très grosse molécule ▶ **macromolécula**

macrophage *nm et adj* BIOL Cellule de grande taille qui intervient dans les processus immunitaires en phagocytant les cellules étrangères ▶ **macrófago, macrofágico**

macrophotographie *nf* Photographie de petits objets donnant une image grandeur nature ▶ **macrofotografia**

macroscopique *adj* Qu'on voit à l'œil nu (par opposition à *microscopique*) ▶ **macroscópico**

macroure *nm* Crustacé à abdomen très développé tel que le homard, la langouste, etc. (les macroures forment un sous-ordre) ▶ **macruro**

maculer *vt* Couvrir de taches: *chemise maculée de sang* ▶ **macular**

madame (pl *mesdames*) *nf* Titre donné à une femme mariée; PAR EXT titre donné à toute femme ▶ **senhora**

madeleine *nf* Gâteau en forme de coquille, fait de sucre, œufs, farine, etc. ▶ **madalena**

mademoiselle (pl *mesdemoiselles*) *nf* Titre donné aux jeunes filles et aux femmes non mariées ▶ **senhorita**

madère *nm* Vin de l'île de Madère ▶ **madeira** ▪ **sauce madère:** à laquelle est incorporé du madère ▶ **molho madeira**

madérisé, e *adj* Se dit d'un vin qui, ayant subi une oxydation, a pris le goût et la couleur du madère ▶ **madeirizado**

madone *nf* Image de la Vierge ▸ **madona**
madrague *nf* Grande enceinte de filets pour la pêche du thon ▸ **almadrava**
madras [madras] *nm* **1** Étoffe légère de soie et de coton aux couleurs vives ▸ **madras 2** Foulard de cette étoffe ▸ ***foulard* de madras**
madré, e *adj* Veiné, tacheté: *bois madré* ▸ **manchado** ◆ *adj et n* LITT Rusé, retors: *un paysan madré* ▸ **astuto**
madrépore *nm* Polype formant des récifs coralliens ou des atolls ▸ **madrépora**
madrier *nm* Planche de bois très épaisse utilisée en construction ▸ **tabuão**
madrigal (pl *madrigaux*) *nm* Petite pièce de vers fine, tendre ou galante ▸ **madrigal**
madrilène *adj et n* De Madrid ▸ **madrileno**
maelström ou **malstrom** [maɛlstrɔm] ou [malstrɔm] *nm* Gouffre, tourbillon ▸ **turbilhão**
maestria [maɛstrija] *nf* Maîtrise et vivacité dans l'exécution ou la réalisation de quelque chose; brio, virtuosité ▸ **mestria**
maestro [maɛstro] *nm* Nom donné à un compositeur de musique ou à un chef d'orchestre célèbre ▸ **maestro**
mafia ou **maffia** *nf* **1** Association secrète de malfaiteurs ▸ **máfia 2** FAM, PÉJOR Groupe de gens unis par des intérêts communs ▸ **máfia**
mafieux, euse ou **maffieux, euse** *adj* Relatif à la Mafia; FAM, PÉJOR relatif à une mafia ▸ **mafioso**
mafioso (pl *mafiosi*) ou **maffioso** (pl *maffiosi*) *nm* Membre d'une mafia ▸ **mafioso**
magasin *nm* **1** Établissement de commerce plus ou moins important: *magasin d'alimentation* ▸ **loja 2** Local préparé pour recevoir des marchandises, des provisions: *magasins à blé* ▸ **armazém, depósito 3** Partie d'une arme à répétition contenant l'approvisionnement en cartouches; PHOT ET CIN contenant où est enroulée, à l'abri de la lumière, la pellicule à impressionner ou à projeter ▸ **pente, magazine** ▪ **grand magasin:** magasin proposant un large assortiment de marchandises sur une grande surface, généralement sur plusieurs étages et dans le centre-ville ▸ **loja de departamentos**
magasinage *nm* **1** Action de mettre en magasin ▸ **armazenagem 2** Droits que l'on paie pour ce dépôt ▸ **armazenagem**
magasinier, ère *n* Personne chargée de garder et de gérer les stocks d'un magasin ▸ **estoquista**
magazine *nm* **1** Revue périodique, généralement illustrée ▸ **revista 2** Émission périodique radiodiffusée ou télévisée sur un sujet choisi ▸ **programa**
magdalénien, enne *nm et adj* Dernière période du paléolithique ▸ **magdaleniano**
mage *nm* Personne qui est versée dans les sciences occultes, la magie ▸ **mago** ▪ **les Rois mages:** personnages qui vinrent, guidés par une étoile, adorer Jésus à Bethléem ▸ **os Reis Magos**
magenta [maʒɛ̃ta] *adj inv et nm* D'un rouge violacé, une des trois couleurs primaires ▸ **magenta**
maghrébin, e *adj et n* Du Maghreb, de l'Afrique du Nord: *les Maghrébins* ▸ **magrebino**
magicien, enne *n* **1** Personne qui pratique la magie ▸ **mágico 2** FIG Personne qui réalise des choses étonnantes, extraordinaires ▸ **mágico**
magie *nf* **1** Ensemble des pratiques fondées sur la croyance en des forces surnaturelles: *magie noire* ▸ **magia 2** Art de l'illusionniste, du prestidigitateur ▸ **mágica 3** Puissance de séduction: *la magie du style* ▸ **magia**
magique *adj* **1** Qui tient de la magie: *pouvoir magique* ▸ **mágico 2** FIG Merveilleux: *spectacle magique d'un feu d'artifice* ▸ **mágico**
magiquement *adv* De façon magique ▸ **magicamente**
magistère *nm* **1** LITT Autorité intellectuelle, doctrinale ▸ **magistério 2** Diplôme de haut niveau décerné par les universités ▸ **diploma de nível de mestrado**
magistral, e, aux *adj* **1** Qui tient du maître; imposant: *ton magistral*; qui porte la marque de la supériorité, de l'éminence: *démonstration magistrale*; d'une force remarquable: *correction magistrale* ▸ **magistral 2** Donné par un maître, en chaire: *cours magistral* ▸ **magistral**
magistralement *adv* De façon magistrale ▸ **magistralmente**
magistrat *nm* (on rencontre le féminin *magistrate*) Officier civil, revêtu d'une autorité judiciaire, administrative ou politique ▸ **magistrado**
magistrature *nf* **1** Dignité, charge du magistrat; durée de cette charge ▸ **magistratura 2** Corps des magistrats ▸ **magistratura**
magma *nm* **1** GÉOL Masse fondue de température élevée qui, en refroidissant, forme les roches éruptives ▸ **magma 2** Mélange confus: *son article est un magma incohérent* ▸ **magma**
magmatique *adj* GÉOL Relatif au magma ▸ **magmático**
magnanerie *nf* Bâtiment destiné à l'élevage des vers à soie ▸ **local de criação de bicho-da-seda**
magnanime *adj* Qui a ou qui manifeste de la générosité, de la grandeur d'âme ▸ **magnânimo**
magnanimement *adv* De façon magnanime ▸ **magnanimamente**
magnanimité *nf* Caractère d'une personne ou d'une chose magnanime ▸ **magnanimidade**

magnat [maa] ou [magna] *nm* Personne importante, très puissante dans l'industrie, la finance, etc. ▸ **magnata**
magner (se) *vpr* FAM Se dépêcher ▸ **apressar-se**
magnésie *nf* Oxyde de magnésium ▸ **magnésia**
magnésien, enne *adj* Qui contient du magnésium ▸ **magnesiano**
magnésium *nm* Métal solide très léger, blanc d'argent, brûlant à l'air avec une flamme éblouissante; symb: Mg ▸ **magnésio**
magnétique *adj* **1** Doué des propriétés de l'aimant: *corps magnétique* ▸ **magnético 2** Qui concerne le magnétisme: *champ magnétique* ▸ **magnético 3** FIG Qui a une influence puissante et mystérieuse: *regard magnétique* ▸ **magnético**
magnétisation *nf* Action de magnétiser ▸ **magnetização**
magnétiser *vt* **1** Communiquer les propriétés de l'aimant à ▸ **magnetizar 2** FIG Exercer une action puissante et mystérieuse sur: *orateur qui magnétise les foules* ▸ **magnetizar**
magnétiseur, euse *n* Personne qui possède un fluide particulier, notamment pour guérir ▸ **hipnotizador**
magnétisme *nm* **1** Ensemble des phénomènes que présentent les matériaux aimantés ▸ **magnetismo 2** Partie de la physique dans laquelle on étudie les propriétés des aimants ▸ **magnetismo 3** FIG Attraction exercée par quelqu'un sur son entourage: *le magnétisme d'un comédien* ▸ **magnetismo**
magnéto¹ *nm* (abréviation) FAM Magnétophone ▸ **Ø**
magnéto² *nf* Génératrice de courant électrique ▸ **magneto**
magnétophone *nm* Appareil d'enregistrement et de restitution des sons, par aimantation rémanente d'une bande magnétique ▸ **gravador**
magnétoscope *nm* Appareil d'enregistrement et de lecture des images et du son sur bande magnétique ▸ **videocassete**
magnificat [maifikat] *nm inv* Cantique de la Vierge Marie; musique composée sur ce cantique ▸ ***magnificat***
magnificence *nf* **1** Qualité de ce qui est magnifique; éclat, splendeur ▸ **magnificência 2** LITT Générosité, prodigalité ▸ **magnificência**
magnifier *vt* Glorifier, exalter: *magnifier un héros, un exploit* ▸ **magnificar**
magnifique *adj* **1** Qui a de l'éclat, de la beauté, de la grandeur; grandiose: *spectacle magnifique* ▸ **magnífico 2** Très beau, très fort; superbe, splendide: *de magnifiques athlètes* ▸ **magnífico 3** Remarquable, admirable: *découverte magnifique* ▸ **magnífico**
magnifiquement *adv* De façon magnifique ▸ **magnificamente**
magnitude *nf* ASTRON Quantité caractérisant l'éclat apparent ou réel d'un astre ▸ **magnitude**
magnolia *nm* Arbre à belles et grandes fleurs d'odeur suave ▸ **magnólia**
magnum [magnɔm] *nm* Bouteille contenant environ 1,5 litre ▸ ***magnum***
magot¹ *nm* Singe sans queue, du genre macaque ▸ **macaco-de-gibraltar**
magot² *nm* FAM Somme d'argent mise en réserve: *se constituer un joli magot* ▸ **pé-de-meia**
magouille *nf* FAM Combine, procédé douteux, louche ▸ **mutreta**
magouiller *vi* FAM Se livrer à des magouilles ▸ **fazer mutretas**
magouilleur, euse *adj et n* FAM Qui magouille ▸ **mutreteiro**
magret *nm* CUIS Filet de canard ▸ **filé de peito de pato**
magyar, e [magjar] *adj et n* Hongrois ▸ **magiar, húngaro**
maharaja ou **maharadjah** [maaradʒa] *nm* Titre donné aux princes de l'Inde ▸ **marajá**
mahatma *nm* Personnalité spirituelle en Inde: *le mahatma Gandhi* ▸ ***mahatma***
mah-jong [maʒɔ̃] ou [maʒɔ̃g] *nm* Jeu chinois qui s'apparente aux dominos ▸ **majongue**
mahratte ou **marathe** *nm* Une des langues de l'Inde ▸ **marata**
mai *nm* Cinquième mois de l'année ▸ **maio ■ Premier Mai:** journée fériée pour la fête du travail ▸ **Primeiro de Maio**
maie *nf* Pétrin, huche ▸ **masseira, ucha**
maigre *adj et n* Qui a très peu de graisse, qui n'est pas gros: *enfant maigre* ▸ **magro ♦** *adj* **1** Qui contient peu ou pas de matières grasses: *fromage maigre* ▸ **magro 2** Peu abondant: *maigre végétation*; peu important, médiocre: *maigre salaire* ▸ **magro, minguado ♦** *nm* Partie maigre d'une viande ▸ **carne magra ■ faire maigre:** ne pas manger de viande ▸ **não comer carne**
maigrement *adv* De façon peu abondante ▸ **parcamente**
maigreur *nf* **1** État de quelqu'un, d'un animal qui est maigre ▸ **magreza 2** FIG Manque d'ampleur, de richesse: *la maigreur d'un sujet* ▸ **pobreza**
maigrichon, onne ou **maigrelet, ette** *adj et n* FAM Un peu trop maigre ▸ **magricela**
maigrir *vi* Devenir maigre ▸ **emagrecer ♦** *vt* Faire devenir maigre; faire paraître maigre ▸ **emagrecer**
mail [maj] *nm* Promenade publique ▸ **alameda**

mailing [mɛli] *nm* (anglicisme) Prospection d'un marché et vente par voie postale ▸ ***mailing***

maille[1] *nf* Chacune des boucles dont l'ensemble forme un tricot ou un filet ▸ **malha**

maille[2] *nf* ▸ **mealha** ▪ **avoir maille à partir avec quelqu'un:** avoir un démêlé, une dispute avec lui ▸ **ter contas para ajustar com alguém**

mailler *vt* Faire avec des mailles: *mailler un filet* ▸ **emalhar, tecer**

maillet *nm* Marteau à deux têtes, en bois très dur ▸ **malho**

mailloche *nf* **1** Gros maillet de bois ▸ **malho de madeira 2** MUS Baguette terminée par une boule garnie de matière souple, servant à battre certains instruments à percussion ▸ **maceta**

maillon *nm* Anneau d'une chaîne ▸ **elo** ▪ **être un maillon de la chaîne:** un élément d'un système organisé ▸ **ser um elo da cadeia**

maillot *nm* Vêtement en tissu souple couvrant le buste ou la totalité du corps et se portant à même la peau ▸ **camiseta** ▪ **maillot (de bain):** vêtement de bain ▸ **maiô, calção de banho** ▫ **maillot de corps:** sous-vêtement couvrant le buste ▸ **camiseta sem manga** ▫ **maillot jaune:** maillot de couleur jaune que porte le premier du classement général dans le Tour de France cycliste; le cycliste portant ce maillot ▸ **uniforme amarelo, líder**

main *nf* **1** Partie du corps humain, du poignet à l'extrémité des doigts ▸ **mão 2** FIG (suivi d'un adj) Symbole de l'aide ou de la puissance, etc.: *main secourable, sacrilège* ▸ **mão** ▪ **à main armée:** les armes à la main ▸ **à mão armada** ▫ **à pleines mains:** largement, abondamment ▸ **a mancheias** ▫ **avoir la haute main sur:** commander ▸ **ter o controle sobre** ▫ **avoir le cœur sur la main:** être très généreux ▸ **ter as mãos rotas** ▫ **changer de main(s):** passer d'un possesseur à un autre ▸ **trocar de mãos** ▫ **coup de main:** aide apportée à quelqu'un ▸ **mãozinha** ▫ **de main de maître:** avec habileté ▸ **com mãos de mestre** ▫ **demander la main de quelqu'un:** demander une jeune fille en mariage ▸ **pedir a mão de alguém** ▫ **de première main:** directement, sans intermédiaire ▸ **em primeira mão** ▫ **en venir aux mains:** commencer à se battre, devenir violent ▸ **chegar às vias de fato** ▫ **faire main basse sur:** piller, s'emparer de ▸ **fazer mão baixa em** ▫ **forcer la main:** contraindre ▸ **forçar a barra** ▫ **haut la main:** sans difficulté, avec brio ▸ **com o pé nas costas** ▫ **main courante:** partie supérieure d'une rampe d'escalier, d'une barre d'appui, etc. ▸ **corrimão** ▫ **main(s) libre(s):** se dit d'un téléphone conçu pour être utilisé sans être tenu en main ▸ **mãos livres** ▫ **mettre la main à la pâte:** participer à un travail ▸ **botar a mão na massa** ▫ **mettre la main sur quelque chose:** le découvrir, le retrouver ▸ **encontrar algo** ▫ **mettre la main sur quelqu'un:** l'arrêter ▸ **pôr as mãos em alguém** ▫ **ne pas y aller de main morte:** agir avec rudesse ou violence ▸ **pegar pesado** ▫ **passer la main:** renoncer à ses pouvoirs, les transmettre ▸ **passar o cetro** ▫ **perdre la main:** perdre l'habitude de faire quelque chose ▸ **perder a mão** ▫ **petite main (a)** AUTREF: apprentie couturière ▸ **aprendiz (b)** FIG simple exécutant que l'on charge de tâches parfois rebutantes mais essentielles ▸ **faz-tudo** ▫ **prendre quelque chose, quelqu'un en main:** s'en charger, s'en occuper ▸ **encarregar-se de algo, de alguém** ▫ **reprendre en main:** redresser une situation compromise ▸ **retomar as rédeas** ▫ FAM **se faire la main:** s'essayer à un travail ▸ **praticar** ▫ **se prendre par la main:** s'obliger à faire quelque chose ▸ **obrigar-se a** ▫ **sous la main:** à la disposition immédiate ▸ **à mão**

mainate *nm* Oiseau noir, au bec orangé, qui peut imiter la parole humaine ▸ **mainá**

main-d'œuvre (pl *mains-d'œuvre*) *nf* **1** Travail de l'ouvrier dans la confection d'un ouvrage ▸ **mão de obra 2** Ensemble des salariés d'une entreprise, d'un pays, etc.: *la main-d'œuvre immigrée* ▸ **mão de obra**

main-forte *nf sing* ▸ **auxílio** ▪ **prêter main-forte à quelqu'un:** lui venir en aide ▸ **dar mão forte a alguém**

mainlevée *nf* DR Acte qui met fin à une saisie, à une opposition ▸ **desembargo**

mainmise *nf* Action de mettre la main sur, de s'assurer une domination exclusive et souvent abusive sur: *la mainmise d'une société sur un secteur de l'économie* ▸ **domínio, controle**

mainmorte *nf* DR État des biens appartenant à des personnes morales ▸ **mão-morta**

maint, e *adj* LITT Un grand nombre indéterminé de: *en maintes occasions* ▸ **muito**

maintenance *nf* Entretien d'un matériel ▸ **manutenção**

maintenant *adv* À présent ▸ **agora** ♦ **maintenant que** *loc conj* À présent que, dès lors que ▸ **agora que**

maintenir *vt (conj 22)* **1** Tenir stable, dans la même position ou le même état: *poutre qui maintient la charpente* ▸ **manter 2** Affirmer avec persévérance, avec force: *maintenir une déclaration* ▸ **manter** ♦ **se maintenir** *vpr* Rester dans le même état, la même situation: *se maintenir dans la moyenne* ▸ **manter-se**

maintien *nm* **1** Action de maintenir, de faire durer: *maintien des prix* ► **manutenção 2** Contenance, attitude, tenue, allure: *maintien élégant* ► **porte**

maire *n* Membre du conseil municipal élu pour diriger les affaires de la commune ► **prefeito**

mairie *nf* **1** Fonction de maire: *aspirer à la mairie* ► **prefeitura 2** Bâtiment où s'administrent les affaires de la commune; hôtel de ville ► **prefeitura 3** Administration municipale: *employé de mairie* ► **prefeitura**

mais *conj* **1** Indique l'opposition ou la différence: *ce n'est pas vert mais bleu* ► **mas 2** Introduit une restriction, une objection, une précision: *bon, mais un peu sec* ► **mas 3** Indique une simple transition: *mais parlons d'autre chose* ► **mas 4** Renforce une réponse, une exclamation: *mais bien sûr!* ► **mas**

maïs [mais] *nm* Céréale cultivée pour ses gros grains en épi; grain de cette céréale ► **milho**

maison *nf* **1** Bâtiment, logement où l'on habite: *rester à la maison* ► **casa 2** Famille noble: *maison d'Autriche* ► **casa 3** Établissement servant à un usage particulier: *maison d'arrêt*: *maison de retraite* ► **casa 4** Entreprise commerciale ou industrielle: *avoir dix ans de maison* ► **casa ■ maison de campagne:** résidence secondaire ► **casa de campo □ maison des jeunes et de la culture (MJC):** établissement destiné à favoriser la diffusion et la pratique des activités culturelles ► **centro cultural da juventude** ♦ *adj inv* Fait à la maison, selon une recette traditionnelle: *tarte maison* ► **caseiro**

maisonnée *nf* Ensemble des personnes vivant dans la même maison ► **casa**

maisonnette *nf* Petite maison ► **casinha**

maître[1] *nm* **1** Titre donné aux avocats, notaires, huissiers, et aux personnes assumant certaines charges: *maître des requêtes* ► **doutor 2** Personne dont on est le disciple, qui est prise comme modèle: *se réclamer d'un maître* ► **mestre ■ maître d'hôtel:** qui préside au service de table d'un restaurant ou d'une grande maison ► ***maître*, mordomo □ maître d'œuvre:** personne ou organisme qui conçoit ou dirige la construction d'un édifice ► **mestre de obras, empreiteira**

maître[2]**, maîtresse** *n* **1** Personne qui exerce un pouvoir, une autorité sur quelqu'un ou sur quelque chose: *maîtresse de maison* ► **chefe, dono 2** Personne qui enseigne; professeur, instituteur: *maître d'école* ► **professor ■ maître auxiliaire (MA):** professeur assurant l'intérim d'un emploi vacant de professeur titulaire ► **professor substituto □ maître nageur:** professeur de natation ► **professor de natação**

maître[3]**, maîtresse** *adj* Qui a un rôle important, essentiel: *atout maître*: *idée maîtresse* ► **mestre ■ être maître de quelque chose, de faire quelque chose:** (a) en disposer librement ► **ser senhor de algo** (b) être libre de faire quelque chose ► **ter toda a liberdade para □ maîtresse femme:** qui agit avec énergie et détermination ► **mulher enérgica**

maître-autel (pl *maîtres-autels*) *nm* Autel principal d'une église ► **altar-mor**

maître-chien (pl *maîtres-chiens*) *nm* Responsable de l'emploi et du dressage d'un chien ► **adestrador de cães**

maîtresse *nf* Femme avec laquelle un homme a des relations sexuelles en dehors du mariage ► **amante**

maîtrisable *adj* Que l'on peut maîtriser ► **controlável**

maîtrise *nf* **1** Domination de soi; sang-froid: *conserver sa maîtrise devant un danger* ► **controle 2** Domination incontestée; supériorité ► **domínio 3** Perfection, sûreté dans la technique, excellence: *tableau exécuté avec maîtrise* ► **mestria 4** Anc. diplôme sanctionnant le deuxième cycle de l'enseignement supérieur: *maîtrise de lettres* ► **diploma de graduação 5** Ensemble des cadres, des contremaîtres et des chefs d'équipe: *agent de maîtrise* ► **superintendência 6** École où l'on forme les enfants au chant; l'ensemble de ces enfants ► **escola de canto, coro**

maîtriser *vt* **1** Se rendre maître d'éléments difficilement contrôlables: *maîtriser un incendie* ► **controlar 2** Soumettre, contenir par la force: *maîtriser un animal* ► **controlar 3** Dominer un sentiment, une passion: *maîtriser sa peur, son émotion* ► **controlar**

Maïzena [maizena] *nf* (nom déposé) Farine de maïs utilisée en cuisine ► **maisena**

majesté *nf* **1** Grandeur, dignité, noblesse: *la majesté des juges de la cour* ► **majestade 2** Titre particulier des empereurs et des rois: *Sa Majesté* ► **Majestade**

majestueusement *adv* Avec majesté ► **majestosamente**

majestueux, euse *adj* Qui a de la majesté: *démarche majestueuse* ► **majestoso**

majeur, e *adj* **1** Plus grand par le nombre, l'étendue, etc. ► **maior 2** D'une grande importance: *affaire majeure* ► **maior 3** Qui a atteint l'âge de la majorité: *fils majeur* ► **maior (de idade) ■ cas de force majeure:** événement qui empêche de faire quelque chose et dont on n'est pas responsable ► **caso de força maior □ en majeure partie:** pour la plus grande partie ▸ **na maioria** ♦ *nm* Doigt du milieu de la main; SYN: *médius* ▸ **dedo médio**

majeure *nf* Première proposition d'un syllogisme ▸ **premissa maior**

major *nm* **1** Grade le plus élevé des sous-officiers des armées ▸ **major 2** VX Officier chargé de l'administration d'un corps de troupes ▸ **comandante 3** ARG SCOL Premier d'un concours, d'une promotion ▸ **primeiro**

majoration *nf* Action de majorer; augmentation ▸ **majoração**

majordome *nm* Maître d'hôtel de grande maison ▸ **mordomo**

majorer *vt* Augmenter la valeur, le montant de: *majorer une facture, un prix, un salaire* ▸ **majorar**

majorette *nf* Jeune fille en uniforme qui parade dans les défilés ▸ **baliza**

majoritaire *adj* Qui appartient ou qui s'appuie sur une majorité (par opposition à *minoritaire*) ▸ **majoritário**

majoritairement *adv* En majorité ▸ **majoritariamente**

majorité *nf* **1** Âge auquel une personne acquiert la pleine capacité d'exercer ses droits ou est reconnue responsable de ses actes: *en France, la majorité est fixée à 18 ans* ▸ **maioridade 2** Le plus grand nombre, la plus grande partie: *la majorité des hommes* ▸ **maioria 3** Groupement de voix donnant à une personne ou un parti la supériorité sur ses concurrents: *obtenir la majorité* ▸ **maioria 4** Parti qui l'emporte par le nombre dans une assemblée (par opposition à *opposition*): *la majorité soutient le gouvernement* ▸ **maioria, situação** ■ **majorité absolue:** exigeant la moitié des suffrages exprimés plus un ▸ **maioria absoluta** □ **majorité relative:** obtenue par un candidat qui recueille plus de suffrages que ses concurrents ▸ **maioria relativa**

GRAMMAIRE On écrit *la majorité* «le plus grand nombre» *des Français a approuvé le projet*, mais *la majorité* «la plupart» *des Français passent leurs vacances en France*

majuscule *nf et adj* Lettre plus grande que les autres et de forme différente (par opposition à *minuscule*) ▸ **maiúscula**

maki *nm* Mammifère lémurien à longue queue de Madagascar ▸ **lêmure**

making of [mkif] *nm inv* Documentaire portant sur la genèse et le tournage d'un film; coulisses du tournage ▸ ***making of***

mal (pl *maux*) *nm* **1** Souffrance, douleur physique: *mal de gorge; mal de mer* ▸ **dor, mal 2** Dommage matériel, moral: *faire du mal à quelqu'un* ▸ **mal 3** Ce qui exige de la peine, du travail: *avoir du mal à courir* ▸ **dificuldade 4** Ce qui est contraire à la morale, à l'ordre, au bien ▸ **mal** ■ **avoir mal:** souffrir ▸ **ter dor** □ **être en mal de quelque chose:** souffrir de son absence ▸ **estar carente de algo** □ **mal du pays:** nostalgie ▸ **saudade** □ **mettre à mal:** abîmer ▸ **estragar** □ **prendre mal:** attraper une maladie, attraper froid ▸ **ficar doente** □ **prendre une chose en mal:** s'en offenser ▸ **levar algo a mal** ♦ *adj inv* Mauvais, funeste: *bon an, mal an; bon gré, mal gré* ▸ **ruim** ■ **ne pas être mal:** être assez beau, assez agréable, assez satisfaisant ▸ **não ser nada mau** ♦ *adv* D'une manière qui n'est pas satisfaisante: *être mal payé* ▸ **mal** ■ **au plus mal:** très malade ▸ **muito doente** □ **être mal avec quelqu'un:** être brouillé avec lui ▸ **estar de mal de alguém** □ FAM **pas mal de:** beaucoup de ▸ **bastante** □ **prendre mal quelque chose:** se vexer ▸ **levar algo a mal** □ **se sentir, se trouver mal:** avoir un malaise ▸ **sentir-se mal**

malabar *nm* FAM Homme grand et fort ▸ **fortão**

malachite [malakit] *nf* Carbonate de cuivre, d'un beau vert ▸ **malaquita**

malacologie *nf* Étude des mollusques ▸ **malacologia**

malade *adj et n* Dont la santé est altérée ▸ **doente** ♦ *adj* **1** Dont l'état, le fonctionnement est déréglé: *industrie malade* ▸ **doente 2** FAM Mentalement dérangé; fou ▸ **insano**

maladie *nf* **1** Trouble, dérangement de la santé physique, du comportement, etc. ▸ **doença 2** Altération, dégradation de quelque chose: *les maladies de la vigne* ▸ **doença**

maladif, ive *adj* **1** Sujet à être malade: *tempérament maladif* ▸ **doentio 2** Qui manifeste un état de maladie: *pâleur maladive* ▸ **doentio 3** Qui dénote un trouble mental, un comportement malsain; morbide: *curiosité maladive* ▸ **doentio**

maladivement *adv* De façon maladive ▸ **doentiamente**

maladresse *nf* **1** Manque d'adresse ▸ **desajeitamento 2** Action, parole maladroite ▸ **deslize**

maladroit, e *adj et n* Qui manque d'adresse, d'habileté, de diplomatie ▸ **desajeitado**

maladroitement *adv* De façon maladroite ▸ **desajeitadamente**

mal-aimé, e (pl *mal-aimés, es*) *n* Personne qui souffre du rejet des autres ▸ **mal-amado**

malais, e *adj et n* De la Malaisie: *les Malais* ▸ **malaio** ♦ *nm* Langue parlée en Malaisie et en Indonésie ▸ **malaio**

malaise *nm* **1** Trouble physiologique: *malaise cardiaque* ▸ **mal-estar 2** FIG État d'inquiétude, de trouble: *éprouver un sentiment de malaise*; début de crise: *malaise social, politique* ▸ **mal-estar**

malaisé, e *adj* Qui n'est pas facile à faire ▸ **difícil**

malaisément *adv* Difficilement ▸ **com dificuldade**

malandrin *nm* LITT Vagabond, voleur ▸ **malandro**

malappris, e *adj et n* Grossier, mal élevé ▸ **mal-criado**

malaria *nf* VIEILLI Paludisme ▸ **malária**

malavisé, e *adj* LITT Qui agit sans discernement, sans réflexion ▸ **imprudente**

malaxage *nm* Action de malaxer ▸ **amassadura**

malaxer *vt* **1** Pétrir pour ramollir: *malaxer du beurre* ▸ **malaxar, amassar 2** Masser ▸ **massagear**

malaxeur *nm* Appareil pour malaxer ▸ **mala-xador**

malchance *nf* Manque de chance: *être poursuivi par la malchance*; hasard malheureux: *j'ai eu la malchance de le rencontrer* ▸ **azar**

malchanceux, euse *adj et n* En butte à la malchance ▸ **azarado**

malcommode *adj* Qui n'est pas pratique: *un siège malcommode* ▸ **incômodo**

maldonne *nf* Erreur dans la distribution des cartes; fausse donne ▸ **erro na distribuição das cartas** ▪ FAM **il y a maldonne:** il y a un malentendu ▸ **há um mal-entendido**

mâle *adj* **1** BIOL Qui appartient, qui est propre au sexe fécondant (par opposition à *femelle*): *gamète mâle; souris mâle* ▸ **macho 2** Du sexe masculin: *descendants mâles* ▸ **homem 3** Qui a ou qui évoque des qualités considérées comme masculines: *voix mâle* ▸ **másculo 4** TECHN Se dit de la partie d'un instrument, d'un organe qui entre dans une autre: *prise mâle* ▸ **macho** ▪ **fleur mâle:** qui ne porte que des étamines ▸ **flor macho** ◆ *nm* **1** Animal ou végétal qui ne porte que les organes du sexe mâle (par opposition à *femelle*) ▸ **macho 2** Individu du sexe masculin (par opposition à *femme*) ▸ **homem**

malédiction *nf* **1** Action de maudire; paroles par lesquelles on maudit; imprécation ▸ **maldição 2** FIG Malheur, fatalité: *la malédiction est sur lui* ▸ **maldição**

maléfice *nm* LITT Sortilège, mauvais sort ▸ **malefício**

maléfique *adj* LITT Qui a une influence mauvaise, négative ▸ **maléfico**

malencontreusement *adv* D'une manière malencontreuse ▸ **inoportunamente**

malencontreux, euse *adj* Fâcheux, inopportun ▸ **inoportuno**

mal-en-point *adj inv* En mauvais état ▸ **em mau estado**

malentendant, e *adj et n* Qui entend mal ou pas du tout ▸ **deficiente auditivo**

malentendu *nm* Parole, action mal interprétée; méprise ▸ **mal-entendido**

mal-être *nm inv* Sentiment profond de malaise né d'une insatisfaction mêlée d'inquiétude ▸ **mal-estar**

malfaçon *nf* Défaut, défectuosité dans un ouvrage ▸ **defeito**

malfaisant, e *adj* Nuisible, qui cause du mal: *personne, influence malfaisante* ▸ **maléfico**

malfaiteur *nm* Individu qui commet des vols, des crimes ▸ **malfeitor**

malfamé, e *adj* De mauvaise réputation: *maison malfamée* ▸ **mal-afamado**

ORTHOGRAPHE *Malfamé* s'écrit généralement en un seul mot (l'adjectif *famé* n'étant plus usuel), mais on peut le trouver écrit en deux mots

malformation *nf* Altération morphologique congénitale d'une partie du corps humain: *malformation cardiaque* ▸ **malformação**

malfrat *nm* LITT Malfaiteur, truand ▸ **malfeitor**

malgache *adj et n* De Madagascar: *les Malgaches* ▸ **malgaxe** ◆ *nm* Langue parlée à Madagascar ▸ **malgaxe**

malgré *prép* **1** Contre le gré, la volonté de: *elle s'est mariée malgré ses parents* ▸ **contra a vontade de 2** En dépit de: *malgré la pluie* ▸ **apesar de** ◆ **malgré que** *loc conj* Indique une opposition, une concession; bien que, quoique: *malgré qu'il fasse froid* ▸ **apesar de**

EMPLOI Il n'est pas fautif de dire *malgré que nous soyons amis*, mais il est préférable d'employer *bien que nous soyons amis*

malhabile *adj* Maladroit, qui manque d'adresse ▸ **desajeitado**

malheur *nm* **1** Événement fâcheux, pénible: *il est arrivé un malheur* ▸ **desgraça 2** Sort douloureux, funeste (par opposition à *bonheur*): *montrer du courage dans le malheur* ▸ **infortúnio, infelicidade** ▪ FAM **faire un malheur: (a)** agir avec violence ▸ **fazer uma besteira (b)** remporter un grand succès ▸ **arrasar** ▫ **jouer de malheur:** être très malchanceux ▸ **estar com muito azar** ▫ **oiseau de malheur:** personne qui apporte la malchance ▸ **pé-frio** ▫ **par malheur:** malheureusement ▸ **infelizmente** ▫ **porter malheur:** avoir une influence néfaste, fatale ▸ **dar azar**

malheureusement *adv* Par malheur ▸ **infelizmente**

malheureux, euse *adj et n* Qui est dans une situation pénible, douloureuse: *de malheureux réfugiés* ▸ **infeliz** ◆ *adj* **1** Qui exprime le malheur:

air malheureux ▸ **infeliz 2** Qui manque de chance: *entreprise malheureuse* ▸ **infeliz 3** Insignifiant, sans valeur: *un malheureux coin de terre* ▸ **miserável**

malhonnête *adj et n* **1** Qui enfreint les règles de la probité, de l'honnêteté: *un employé malhonnête* ▸ **desonesto 2** Qui choque la décence, la pudeur: *proposition malhonnête* ▸ **desonesto**

malhonnêtement *adv* De façon malhonnête ▸ **desonestamente**

malhonnêteté *nf* **1** Caractère malhonnête: *la malhonnêteté d'une personne, d'une intention* ▸ **desonestidade 2** Action malhonnête: *commettre une malhonnêteté* ▸ **desonestidade**

malice *nf* **1** Penchant à taquiner; action ou parole ironique, moqueuse: *réponse pleine de malice* ▸ **malícia 2** Méchanceté, désir de nuire: *n'y voyez aucune malice* ▸ **malícia**

malicieusement *adv* Avec malice, espièglerie ▸ **maliciosamente**

malicieux, euse *adj et n* Qui a ou manifeste de la malice; taquin, coquin: *enfant malicieux* ▸ **malicioso**

malien, enne *adj et n* Du Mali: *les Maliens* ▸ **malinês**

malignement *adv* Avec malignité ▸ **malignamente**

malignité *nf* **1** Méchanceté mesquine ▸ **malignidade 2** Caractère dangereux, mortel d'une tumeur, d'un mal ▸ **malignidade**

malin, igne *adj et n* Qui a de la finesse d'esprit; astucieux, débrouillard ▸ **esperto, sagaz** ◆ *adj* **1** Malicieux, espiègle: *sourire malin* ▸ **esperto 2** Méchant: *éprouver un malin plaisir à critiquer*; pernicieux, dangereux: *fièvre maligne* ▸ **maligno**

malingre *adj* Chétif, faible ▸ **franzino**

malintentionné, e *adj* Qui a de mauvaises intentions ▸ **mal-intencionado**

malique *adj* ▪ **acide malique:** tiré des pommes ▸ **ácido málico**

malle *nf* Coffre servant pour le voyage ▸ **mala** ▪ FAM **se faire la malle:** partir sans prévenir; s'enfuir ▸ **cair fora**

malléabilité *nf* **1** Qualité d'un métal malléable ▸ **maleabilidade 2** FIG Caractère de quelqu'un qui est docile, influençable ▸ **maleabilidade**

malléable *adj* **1** TECHN Susceptible d'être réduit en feuilles: *l'or est malléable* ▸ **maleável 2** FIG Docile, influençable: *esprit malléable* ▸ **maleável**

malléole *nf* Chacune des parties du tibia (malléole interne) et du péroné (malléole externe) qui forment la cheville ▸ **maléolo**

mallette *nf* Petite valise ▸ **maleta**

mal-logé, e (pl *mal-logés, es*) *n* Personne dont les conditions d'habitation ne sont pas satisfaisantes ▸ **pessoa que mora mal**

malmener *vt (conj 9)* **1** Traiter brutalement ▸ **maltratar 2** SPORTS Mettre un adversaire dans une situation difficile ▸ **castigar**

malnutrition *nf* Alimentation insuffisante et inadaptée ▸ **subalimentação**

malodorant, e *adj* Qui a une mauvaise odeur ▸ **malcheiroso**

malotru, e *n* Personne grossière, mal élevée ▸ **grosseiro**

malpoli, e *adj et n* Mal élevé, grossier ▸ **mal-educado**

malpropre *adj et n* **1** Qui manque de propreté, sale ▸ **sujo 2** FIG Indécent, immoral ▸ **sujo**

malproprement *adv* Salement ▸ **porcamente**

malpropreté *nf* **1** Manque de propreté ▸ **sujeira 2** Indécence, malhonnêteté, indélicatesse ▸ **sujeira**

malsain, e *adj* Nuisible à la santé physique ou morale; dangereux: *climat malsain; idées, théories malsaines* ▸ **nocivo**

malséant, e *adj* LITT Contraire à la bienséance; déplacé, inconvenant ▸ **inconveniente**

malstrom *nm* → **maelström**

malt *nm* Orge germée, utilisée dans la fabrication de la bière ▸ **malte**

maltais, e *adj et n* De Malte: *les Maltais* ▸ **maltês**

maltaise *nf* Variété d'orange sucrée ▸ **laranja-da-china**

malthusianisme *nm* Limitation volontaire des naissances ▸ **malthusianismo**

malthusien, enne *adj et n* Relatif au malthusianisme, aux idées de Malthus ▸ **malthusiano**

maltraitance *nf* Mauvais traitements infligés à une personne qu'on a sous son autorité ou sous sa garde ▸ **maus-tratos**

maltraiter *vt* Traiter durement, avec violence ▸ **maltratar**

malus *nm inv* Majoration d'une prime d'assurance automobile en fonction des accidents dont l'assuré a été responsable; CONTR: *bonus* ▸ **malus**

malvacée *nf* Plante dicotylédone ayant pour type la mauve (les malvacées forment une famille) ▸ **malvácea**

malveillance *nf* **1** Caractère d'une personne malveillante ▸ **malevolência 2** Acte accompli dans l'intention de nuire ▸ **maldade**

malveillant, e *adj et n* Porté à vouloir, à souhaiter du mal à autrui; qui a des intentions hostiles ▸ **malévolo, maldoso**

malvenu, e *adj* ▸ **descabido** ▪ LITT **être malvenu**

à, de: peu fondé à, peu qualifié pour ▸ **não ter o direito de**

ORTHOGRAPHE On écrit généralement *malvenu* en un seul mot (comme *malfamé*), mais on peut aussi l'écrire en deux mots

malversation *nf* Détournement de fonds dans l'exercice d'une charge ▸ **malversação**

mal-vivre *nm inv* Souffrance morale éprouvée par une personne, un groupe insatisfaits de leur vie ▸ **desconforto**

malvoisie *nm* Vin grec doux et liquoreux ▸ **malvasia**

malvoyant, e *adj et n* Qui voit mal ou pas du tout ▸ **deficiente visual**

maman *nf* Mère, dans le langage affectif et enfantin ▸ **mamãe**

mamelle *nf* Organe de la sécrétion du lait chez les mammifères femelles ▸ **mama**

mamelon *nm* **1** Bout du sein, de la mamelle ▸ **mamilo 2** Colline arrondie ▸ **mamelão**

mamelonné, e *adj* En forme de mamelons: *plaines mamelonnées* ▸ **mamelonado**

mameluk ou **mamelouk** [mamluk] *nm* HIST Soldat esclave d'une milice turco-égyptienne qui fut maîtresse de l'Égypte et de la Syrie (1250-1517) ▸ **mameluco**

mamie ou **mamy** *nf* Grand-mère, dans le langage affectif et enfantin ▸ **vovó**

mammaire *adj* Relatif aux seins, aux mamelles: *glande mammaire* ▸ **mamário**

mammectomie ou **mastectomie** *nf* CHIR Ablation du sein ▸ **mastectomia**

mammifère *nm* Animal vertébré caractérisé par la présence de mamelles ▸ **mamífero**

mammographie *nf* Radiographie de la glande mammaire ▸ **mamografia**

mammouth [mamut] *nm* Éléphant fossile du quaternaire ▸ **mamute**

mamours *nm pl* FAM Câlins, caresses: *faire des mamours* ▸ **carinho**

mamy *nf* → **mamie**

management [manaʒmɛnt] ou [manadʒmɛnt] *nm* Technique de direction et de gestion de l'entreprise ▸ ***management*, administração**

manager [manadʒɛr] ou [manadʒr] *nm* **1** Spécialiste du management; dirigeant d'entreprise ▸ ***manager*, administrador 2** Personne qui gère les intérêts d'un sportif, qui entraîne une équipe ▸ ***manager*, empresário**

manant *nm* **1** HIST Paysan ou habitant d'un village ▸ **vilão 2** LITT Homme grossier ▸ **grosseiro**

manche[1] *nm* **1** Partie d'un outil, d'un instrument par laquelle on le tient ▸ **cabo 2** Os apparent des côtelettes et des gigots ▸ **osso**

manche[2] *nf* **1** Partie du vêtement qui couvre le bras: *manches courtes, longues* ▸ **manga 2** Au jeu, une des parties liées que l'on est convenu de jouer ▸ **rodada** ▪ **manche à air:** tube en toile qui, en haut d'un mât, indique la direction du vent ▸ **biruta**

manche[3] *nf* ▸ **coleta** ▪ FAM **faire la manche:** mendier ▸ **mendigar**

mancheron *nm* Poignée de charrue ▸ **rabiça**

manchette *nf* **1** Bande aux poignets d'une chemise: *boutons de manchette* ▸ **punho 2** Coup donné avec l'avant-bras ▸ **manchete 3** Titre de journal en gros caractères ▸ **manchete**

manchon *nm* **1** Fourrure en forme de rouleau creux, pour se protéger les mains du froid ▸ **regalo 2** Cylindre pour abouter deux tuyaux ▸ **luva**

manchot, e *adj et n* Privé ou estropié d'une main ou d'un bras ▸ **maneta** ◆ *nm* Palmipède qui utilise ses membres antérieurs comme nageoires ▸ **pinguim**

manchou, e *adj et n* → **mandchou**

mandant, e *n* Personne qui, par un mandat, donne pouvoir à un autre ▸ **mandante**

mandarin *nm* **1** HIST Haut fonctionnaire de la Chine impériale ▸ **mandarim 2** PÉJOR Personnage important et influent dans son milieu ▸ **mandachuva 3** LING Le plus important dialecte chinois ▸ **mandarim**

mandarinat *nm* HIST Fonction, dignité de mandarin ▸ **mandarinato**

mandarine *nf* Fruit du mandarinier ▸ **tangerina**

mandarinier *nm* Oranger d'une variété de petite taille ▸ **tangerineira**

mandat *nm* **1** Pouvoir qu'une personne donne à une autre d'agir en son nom: *s'acquitter de son mandat* ▸ **mandato 2** Fonction et obligations d'un membre élu d'une assemblée: *mandat de député* ▸ **mandato 3** (terme administratif) Ordre donné de comparaître, d'arrêter, etc.: *mandat d'arrêt* ▸ **mandado 4** Titre reçu par le service des postes pour faire parvenir une somme à un correspondant: *mandat postal* ▸ **vale 5** Effet de commerce invitant une personne à verser une certaine somme d'argent à une autre ▸ **ordem de pagamento**

mandataire *n* Qui a mandat pour agir ▸ **mandatário**

mandat-carte (pl *mandats-cartes*) *nm* Mandat postal payable en espèces ▸ **vale postal**

mandatement *nm* Action de mandater ▸ **emissão de ordem de pagamento, pagamento**

mandater *vt* **1** Investir quelqu'un d'un mandat ▸ **investir de mandato 2** Payer une somme par mandat ▸ **emitir ordem de pagamento**

mandat-lettre (pl *mandats-lettres*) *nm* Titre, encaissable dans un bureau de poste, adressé par l'émetteur au bénéficiaire ▸ **vale postal**
mandchou, e ou **manchou, e** *adj et n* De la Mandchourie ▸ **manchu**
mandement *nm* RELIG Instructions adressées par un évêque à ses diocésains ▸ **pastoral**
mander *vt* LITT Faire venir, appeler: *mander quelqu'un d'urgence* ▸ **convocar**
mandibule *nf* **1** Maxillaire inférieur de l'homme et des vertébrés ▸ **mandíbula 2** Pièce buccale paire des crustacés, des insectes ▸ **mandíbula**
mandoline *nf* Instrument de musique à cordes de la famille du luth ▸ **bandolim**
mandragore *nf* Plante à racine bifurquée, qu'on utilisait autrefois en sorcellerie ▸ **mandrágora**
mandrill [mɑ̃dʀil] *nm* Grand singe d'Afrique à museau rouge et bleu ▸ **mandril**
mandrin *nm* **1** Appareil servant à tenir, sur une machine-outil, une pièce à travailler ou un outil ▸ **mandril 2** Outil pour agrandir ou égaliser les trous ▸ **mandril**
manège *nm* **1** Lieu où l'on dresse les chevaux, où l'on apprend l'équitation ▸ **manejo 2** Jeu pour les enfants, formé d'un plateau animé d'un mouvement circulaire sur lequel sont figurés des animaux, des véhicules, etc. ▸ **carrossel 3** FIG Conduite rusée, manœuvre: *je me méfie de son manège* ▸ **manejos**
mânes *nm pl* ANTIQ ROM Âmes des morts ▸ **manes**
manette *nf* Levier, clef ou poignée qu'on manœuvre à la main ▸ **manete**
manga *nm* **1** Bande dessinée japonaise, décrivant souvent un univers de science-fiction ▸ **mangá 2** Dessin animé qui s'en inspire ▸ **mangá**
mangaka *n* Dessinateur ou auteur de mangas ▸ **desenhista, autor de mangá**
manganèse *nm* Métal grisâtre employé pour la fabrication d'aciers spéciaux, symb.: Mn ▸ **manganês**
mangeable *adj* Qu'on peut manger ▸ **comestível**
mangeoire *nf* Auge où mangent les animaux ▸ **manjedoura**
manger *vt (conj 2)* **1** Mâcher et avaler afin de se nourrir: *manger du pain, des fruits* ▸ **comer 2** Détruire, abîmer en rongeant: *vêtement mangé aux mites* ▸ **comer 3** Faire disparaître en absorbant, en utilisant, etc.: *moteur qui mange trop d'huile* ▸ **consumir ▪ manger des yeux:** regarder avidement ▸ **comer com os olhos** ♦ *vi* **1** Absorber des aliments: *manger peu* ▸ **comer 2** Prendre un repas: *manger au restaurant* ▸ **comer** ♦ *nm* Ce qu'on mange: *on peut apporter son manger* ▸ **comida**

mange-tout ou **mangetout** *nm inv et adj m inv* Haricot ou pois dont la cosse se mange ▸ **ervilha-torta**
mangeur, euse *n* ▸ **comedor ▪ grand, gros mangeur:** personne qui mange beaucoup ▸ **comilão**
mangoustan *nm* Fruit au goût délicat, originaire de Malaisie ▸ **mangostão**
mangouste *nf* Mammifère carnassier qui dévore des reptiles ▸ **mangusto**
mangrove *nf* Forêt des régions côtières tropicales ▸ **mangue**
mangue *nf* Fruit comestible du manguier ▸ **manga**
manguier *nm* Arbre des régions tropicales ▸ **mangueira**
maniabilité *nf* Caractère de ce qui est maniable ▸ **maneabilidade**
maniable *adj* **1** Aisé à manier, à manœuvrer: *outil, voiture maniables* ▸ **maneável 2** FIG Souple: *caractère maniable* ▸ **maneável**
maniaco-dépressif, ive *adj et n* Se dit d'une psychose caractérisée par une alternance d'accès maniaques et de dépressions mélancoliques; se dit d'un malade qui en est atteint ▸ **maníaco-depressivo**
maniaque *adj et n* **1** Qui a une manie, une idée fixe: *c'est un maniaque de la ponctualité* ▸ **maníaco 2** Qui a un goût et un soin excessifs pour des détails, pour la propreté; méticuleux: *un vieux garçon maniaque* ▸ **meticuloso**
maniaquerie *nf* FAM Caractère maniaque ▸ **mania**
manichéen, enne [manikeɛ̃, ɛn] *adj et n* Qui relève du manichéisme; qui le professe ▸ **maniqueísta**
manichéisme [manikeism] *nm* Attitude fondée sur l'opposition sans nuance du bien et du mal ▸ **maniqueísmo**
manie *nf* **1** Habitude, goût bizarre: *la manie de se ronger les ongles* ▸ **mania 2** Idée fixe, obsession: *la manie de la persécution* ▸ **mania**
maniement *nm* Action ou façon de manier ▸ **manuseio**
manier *vt* **1** Prendre quelque chose dans ses mains pour l'examiner; manipuler: *objet à manier avec précaution* ▸ **manusear 2** Utiliser un véhicule, un instrument avec adresse: *camion difficile à manier* ▸ **manejar ▪ manier des fonds:** les gérer ▸ **administrar fundos □ manier des idées, un groupe:** les manœuvrer, les utiliser habilement ▸ **manipular ideias, um grupo**
manière *nf* Façon particulière d'agir ou de se comporter: *une curieuse manière de parler* ▸ **maneira ▪ une manière de:** une sorte de ▸ **uma espécie de** ♦ *loc prép* **▪ à la manière de: (a)** Selon les

habitudes de ▶ **como (b)** à l'imitation de ▶ **como** □ **de manière à:** afin de ▶ **para** ◆ *loc conj* ■ **de manière (à ce) que:** de façon (à ce) que ▶ **de modo que** □ **de telle manière que** (+ ind): de telle sorte que ▶ **de tal forma que** □ **de toute manière:** quoi qu'il arrive ▶ **de qualquer modo** ◆ **manières** *pl* **1** Façon habituelle d'agir, de parler: *avoir des manières désinvoltes* ▶ **maneiras 2** Aisance et politesse dans la tenue: *manquer de manières* ▶ **modos** ■ **faire des manières:** adopter un comportement affecté ▶ **ser afetado** □ **sans manières:** en toute simplicité ▶ **sem frescura**

EMPLOI On dit *de manière que (nous réussissions)* de préférence à *de manière à ce que (nous réussissions)*

maniéré, e *adj* Affecté, précieux ▶ **amaneirado**

maniérisme *nm* Affectation et manque de naturel, en particulier dans le domaine artistique ou littéraire ▶ **maneirismo, amaneiramento**

manieur, euse *n* Personne qui manie, gère, dirige: *manieur d'hommes* ▶ **manejador, manipulador**

manif *nf* (abréviation) FAM Manifestation ▶ **Ø**

manifestant, e *n* Personne qui prend part à une manifestation ▶ **manifestante**

manifestation *nf* **1** Action de manifester un sentiment: *manifestation de tendresse*; fait de se manifester: *la manifestation d'une maladie* ▶ **manifestação 2** Rassemblement destiné à exprimer publiquement une opinion politique, une revendication sociale, etc. ▶ **manifestação 3** Événement organisé dans un but culturel, commercial, etc. ▶ **evento**

manifeste[1] *adj* Évident: *erreur manifeste* ▶ **manifesto**

manifeste[2] *nm* Déclaration collective écrite ▶ **manifesto**

manifestement *adv* De façon manifeste ▶ **manifestamente**

manifester *vt* Rendre manifeste, faire connaître, révéler: *manifester sa joie, son mécontentement* ▶ **manifestar** ◆ *vi* Faire une démonstration collective publique; participer à une manifestation ▶ **manifestar** ◆ **se manifester** *vpr* Apparaître au grand jour; donner des signes de son existence ▶ **manifestar-se**

manigance *nf* (surtout au pluriel) Manœuvre secrète qui a pour but de tromper, de cacher quelque chose: *je ne suis pas dupe de ses manigances* ▶ **manigância**

manigancer *vt* FAM Préparer secrètement; tramer, ourdir: *manigancer un mauvais coup* ▶ **maniganciar**

manille[1] *nf* Jeu de cartes où l'as et le dix sont les cartes maîtresses; le dix de chaque couleur, à ce jeu ▶ **manilha, dez**

manille[2] *nf* Étrier métallique en forme d'U, servant à relier deux tronçons de chaîne ▶ **manilha**

manillon *nm* L'as de chaque couleur, au jeu de la manille ▶ **ás**

manioc *nm* Plante tropicale dont la racine fournit une fécule qui sert à faire le tapioca ▶ **mandioca**

manip ou **manipe** *nf* (abréviation de *manipulation*) **1** FAM Série d'agissements visant à manipuler quelqu'un; manigance ▶ **manipulação 2** ARG SCOL Exercice de manipulation effectué pendant un cours de physique, de chimie, etc. ▶ **aula prática**

manipulateur, trice *n* Personne qui manipule ▶ **manipulador**

manipulation *nf* Action de manipuler ▶ **manipulação**

manipuler *vt* **1** Remuer, déplacer, faire fonctionner avec la main: *manipuler un appareil photo* ▶ **manipular 2** Modifier, transformer quelque chose de façon suspecte: *manipuler des statistiques* ▶ **manipular 3** Amener quelqu'un à agir dans le sens que l'on souhaite, s'en servir comme moyen pour arriver à ses fins; manœuvrer ▶ **manipular**

manitou *nm* FAM Personne puissante ou qui fait autorité dans un domaine ▶ **bambambã**

manivelle *nf* Pièce coudée pour tourner une roue, etc. ▶ **manivela**

manne *nf* LITT Aubaine, chose providentielle, avantage inespéré ▶ **maná**

mannequin *nm* **1** Forme humaine utilisée en couture pour les essayages ou les étalages; forme humaine articulée à l'usage des peintres et des sculpteurs ▶ **manequim 2** Personne chargée de présenter les modèles d'une maison de couture: *agence de mannequins* ▶ **manequim, modelo**

manœuvrable *adj* Facile à manœuvrer ▶ **manobrável**

manœuvre *nf* **1** Manière ou action de régler la marche d'une machine, d'un appareil, d'un véhicule: *manœuvre d'une pompe* ▶ **manobra 2** Exercice que l'on fait faire aux soldats: *grandes manœuvres* ▶ **manobra 3** FIG (souvent péjoratif) Ensemble de moyens employés pour parvenir à un résultat; intrigue: *manœuvres frauduleuses* ▶ **manobra** ■ **fausse manœuvre:** opération mal appropriée ou mal exécutée ▶ **manobra errada** ◆ *nm* Ouvrier affecté à des tâches non spécialisées ▶ **peão**

manœuvrer *vt* **1** Faire exécuter des manœuvres, des mouvements: *manœuvrer un levier, une grue* ▶ **manobrar 2** Amener à agir comme on souhaite;

manipuler: *manœuvrer quelqu'un* ▸ **manobrar** ◆ *vi* **1** Faire une manœuvre avec un véhicule ▸ **manobrar 2** Exécuter une, des manœuvres militaires ▸ **manobrar 3** FIG Agir de façon à obtenir quelque chose: *c'est bien manœuvré* ▸ **manobrar**

manœuvrier, ère *n* Qui manœuvre habilement ▸ **manobreiro, manipulador**

manoir *nm* Habitation de caractère d'une certaine importance, entourée de terres ▸ ***manoir***

manomètre *nm* Appareil servant à mesurer la pression des gaz ▸ **manômetro**

manouche *n et adj* Membre d'un des trois groupes dont l'ensemble forme les Tsiganes ▸ **manuche**

manquant, e *adj* Qui manque, qui est en moins: *la somme manquante* ▸ **faltante** ◆ *adj et n* Absent: *noter le nom des personnes manquantes* ▸ **ausente**

manque[1] *nm* Défaut, absence: *manque de sommeil* ▸ **falta, carência** ▪ **être en manque: (a)** avoir besoin de drogue, en parlant d'un toxicomane ▸ **estar em crise de abstinência (b)** être privé de ce qui est psychiquement indispensable ▸ **estar carente** ▫ **manque à gagner:** perte portant sur un bénéfice non réalisé ▸ **prejuízo** ◆ *loc prép* ▪ **par manque de:** faute de ▸ **por falta de**

manque[2] *nf* ▪ FAM **à la manque:** qui est mauvais, raté ou défectueux: *un bricoleur à la manque* ▸ **ruim**

manqué, e *adj* Qui n'est pas réussi: *une photo manquée* ▸ **fracassado** ▪ FAM **garçon manqué:** fille qui a des manières de garçon ▸ **moleca, machona** ▫ **acte manqué:** acte qui trahit un désir inconscient ▸ **ato falho**

manquement *nm* Action de manquer à un devoir, à une loi, à une règle; infraction: *manquement à la discipline* ▸ **falta**

manquer *vi* **1** Échouer, ne pas réussir: *l'attentat a manqué* ▸ **fracassar 2** Être en quantité insuffisante, faire défaut: *les vivres manquent* ▸ **faltar 3** Être absent: *trois élèves manquent* ▸ **faltar** ◆ *vt ind* **1** [de] Ne pas avoir en quantité suffisante: *manquer d'argent* ▸ **faltar 2** [de] (avec ou sans préposition) Être sur le point de: *il a manqué de se faire écraser* ▸ **estar a ponto de 3** [à] Faire défaut: *les forces lui manquent*: *il nous manque beaucoup* ▸ **faltar 4** [à] Se soustraire à, ne pas respecter: *manquer à sa parole* ▸ **faltar** ▪ **ne pas manquer de:** ne pas omettre, ne pas négliger ▸ **não deixar de** ◆ *vt* **1** Ne pas réussir: *manquer une photo*; laisser échapper: *manquer une affaire, une occasion* ▸ **perder 2** Ne pas atteindre: *manquer un lièvre, son but* ▸ **deixar escapar 3** Ne pas rencontrer quelqu'un comme prévu: *vous l'avez manqué de peu*; arriver trop tard pour prendre un moyen de transport: *manquer un train* ▸ **perder, não encontrar**

mansarde *nf* Pièce située sous un comble et dont un mur est incliné ▸ **mansarda**

mansardé, e *adj* Aménagé sous un comble ▸ **inclinado**

mansuétude *nf* LITT Douceur, indulgence: *parler avec mansuétude* ▸ **mansidão**

mante *nf* Insecte orthoptère (appelé usuellement: *mante religieuse*) ▸ **louva-a-deus**

manteau *nm* **1** Vêtement de dessus ample et à manches longues ▸ **casacão 2** Partie d'une cheminée en saillie au-dessus du foyer ▸ **pano da chaminé** ▪ FIG **sous le manteau:** clandestinement ▸ **por baixo do pano**

mantille *nf* Longue écharpe de dentelle que les femmes portent sur la tête ▸ **mantilha**

manucure *n* Personne chargée des soins esthétiques des mains, et en particulier des ongles ▸ **manicure**

manucurer *vt* Donner des soins de beauté aux mains et aux ongles de quelqu'un ▸ **fazer as unhas**

manuel, elle *adj* Qui se fait avec la main: *travail manuel* ▸ **manual** ◆ *adj et n* Qui est adroit de ses mains; qui travaille avec ses mains ▸ **(trabalhador) manual** ◆ *nm* Petit livre renfermant les notions essentielles d'une technique, d'une science: *manuel scolaire* ▸ **manual**

manuellement *adv* Avec la main ▸ **manualmente**

manufacture *nf* Vaste établissement industriel: *manufacture de tabac* ▸ **manufatura**

manufacturer *vt* Transformer industriellement des matières premières en produits finis ▸ **manufaturar**

manufacturier, ère *adj* Relatif à la fabrication, à l'industrie ▸ **manufatureiro**

manu militari *loc adv* Par la force des armes ▸ ***manu militari***

manuscrit, e *adj* Écrit à la main: *lettre manuscrite* ▸ **manuscrito** ◆ *nm* **1** Ouvrage écrit à la main ▸ **manuscrito 2** Texte original d'un ouvrage destiné à l'impression ▸ **manuscrito**

manutention *nf* Action de manipuler des marchandises; lieu où cette opération s'effectue ▸ **acondicionamento, depósito**

manutentionnaire *n* Personne chargée de la manutention ▸ **acondicionador**

manutentionner *vt* Soumettre à une opération de manutention ▸ **acondicionar**

maoïsme *nm* Doctrine qui s'inspire de la pensée de Mao Zedong ▸ **maoismo**
maoïste *adj et n* Relatif au maoïsme; qui en est partisan ▸ **maoista**
maori, e *adj* Relatif aux Maoris, population de la Nouvelle-Zélande ▸ **maori**
mappemonde *nf* Carte du globe divisé en deux hémisphères ▸ **mapa-múndi**
maquereau[1] *nm* Poisson de mer aux vives couleurs et à chair estimée ▸ **cavala**
maquereau[2]**, elle** *n* TRÈS FAM Personne qui vit de la prostitution ▸ **gigolô**
maquette *nf* **1** Reproduction à échelle réduite d'un décor, d'une construction, d'un appareil ▸ **maquete 2** Représentation schématique ou précise des divers éléments d'un imprimé, d'une mise en pages ▸ **boneco**
maquettiste *n* Personne qui exécute des maquettes ▸ **maquetista**
maquignon *nm* **1** Marchand de chevaux ▸ **negociante de cavalos 2** FIG Personne peu scrupuleuse en affaires ▸ **tratante**
maquignonnage *nm* **1** Métier de maquignon ▸ **comércio de cavalos 2** FIG Procédés indélicats, tromperies ▸ **tratantada**
maquillage *nm* **1** Action, manière de maquiller, de se maquiller ▸ **maquiagem 2** Ensemble des produits de beauté et de soin du visage ▸ **maquiagem 3** FIG Action de maquiller pour falsifier: *maquillage d'une voiture volée* ▸ **maquiagem**
maquiller *vt* **1** Modifier l'aspect du visage à l'aide de produits cosmétiques ▸ **maquiar 2** FIG Déguiser, truquer: *maquiller un meurtre en suicide* ▸ **maquiar**
maquilleur, euse *n* Personne qui maquille ▸ **maquiador**
maquis *nm* **1** Terrain broussailleux des régions méditerranéennes ▸ **maqui 2** Lieu retiré, sauvage où s'organise la résistance à une occupation militaire étrangère ▸ **maqui 3** FIG Réseau complexe, inextricable: *se perdre dans le maquis de la procédure* ▸ **labirinto**
maquisard *nm* Résistant d'un maquis ▸ **maqui**
marabout *nm* **1** Oiseau échassier au bec énorme ▸ **marabu 2** Saint religieux musulman ▸ **marabuto 3** En Afrique, personne réputée pour ses pouvoirs magiques; guérisseur ▸ **curandeiro**
maraîcher, ère *adj* Relatif à la culture des légumes ▸ **horticultura** ♦ *n* Cultivateur qui se livre à la production en grand des légumes, des primeurs ▸ **horticultor**
marais *nm* Région où s'accumulent des eaux stagnantes ▸ **pântano** ▪ **marais salant:** terrain où l'on fait évaporer l'eau de la mer pour recueillir le sel ▸ **salina**
marasme *nm* Arrêt de l'activité dans un domaine quelconque: *marasme économique* ▸ **marasmo**
marasquin *nm* Liqueur de cerise ▸ **marasquino**
marathe *nm* → **mahratte**
marathon *nm* **1** Course à pied de grand fond (42,195 km) ▸ **maratona 2** FIG Négociation longue et difficile: *le marathon budgétaire de Bruxelles* ▸ **maratona**
marathonien, enne *n* Coureur de marathon ▸ **maratonista**
marâtre *nf* **1** Seconde épouse du père, par rapport aux enfants nés d'un premier mariage ▸ **madrasta 2** PAR EXT Mère dénaturée, méchante ▸ **madrasta**
maraud, e *n* VX Scélérat, voleur ▸ **marau**
maraudage *nm* ou **maraude** *nf* Vol de récoltes, de fruits, de légumes encore sur pied, etc. ▸ **roubo** ▪ **taxi en maraude:** qui circule à vide en quête de clients, au lieu de stationner ▸ **táxi que circula**
marauder *vi* Se livrer au maraudage; être en maraude ▸ **roubar, circular**
maraudeur, euse *n* Qui maraude ▸ **ladrão, taxista sem ponto fixo**
marbre *nm* **1** Calcaire à grain fin, compact et dur ▸ **mármore 2** Objet de marbre: *des marbres antiques* ▸ **mármore 3** IMPR Table sur laquelle on place la composition pour l'impression ou la correction ▸ **mármore**
marbré[1]**, e** *adj* Marqué de veines ou de taches évoquant le marbre: *peau marbrée* ▸ **marmorizado**
marbré[2] *nm* Gâteau à pâte levée, moelleux, veiné de chocolat ▸ **bolo mármore**
marbrer *vt* **1** Décorer en imitant les veines du marbre ▸ **marmorizar 2** Marquer de marbrures: *les coups lui ont marbré le corps* ▸ **marmorizar**
marbrerie *nf* **1** Art, atelier du marbrier ▸ **marmoraria 2** Industrie du marbre ▸ **indústria do mármore**
marbrier, ère *adj* Relatif au marbre, à son industrie ▸ **marmóreo** ♦ *nm* Ouvrier qui travaille le marbre ▸ **marmorista**
marbrière *nf* Carrière de marbre ▸ **marmoreira**
marbrure *nf* **1** Décor imitant les veines du marbre ▸ **marmoreação 2** Marque ressemblant à une veine du marbre, qui se voit sur la peau ▸ **estria**
marc [mar] *nm* **1** Résidu d'une substance que l'on fait infuser, bouillir, etc.: *marc de café* ▸ **borra 2** Eau-de-vie obtenue en distillant le résidu des grains de raisin pressés pour en extraire le jus ▸ ***marc***

marcassin *nm* Jeune sanglier ▶ **filhote de javali**
marcel *nm* Tee-shirt décolleté et sans manches; débardeur ▶ **camiseta regata**
marchand, e *n* Qui fait profession d'acheter et de vendre ▶ **negociante, comerciante** ◆ *adj* ■ **marine marchande:** qui assure le transport des marchandises ▶ **marinha mercante** □ **valeur marchande d'un objet:** sa valeur dans le commerce ▶ **valor de mercado de um objeto**
marchandage *nm* Action de marchander ▶ **negociação**
marchander *vt* Débattre le prix de: *marchander un tableau* ▶ **negociar**
marchandisation *nf* Tendance à tirer un profit mercantile d'une activité non marchande: *la marchandisation de la culture* ▶ **mercantilização**
marchandise *nf* Ce qui se vend et s'achète: *marchandise de luxe* ▶ **mercadoria**
marche[1] *nf* **1** Action de marcher: *aimer la marche* ▶ **caminhada 2** Allure d'une personne qui marche: *marche lente, rapide* ▶ **marcha 3** Distance parcourue en marchant: *une longue marche* ▶ **caminhada 4** Déplacement d'un véhicule: *faire marche arrière* ▶ **movimento 5** Mouvement régulier, réglé, d'un corps, d'un mécanisme: *la marche d'une horloge* ▶ **marcha 6** FIG Cours, développement: *la marche d'une affaire* ▶ **andamento 7** Cortège, défilé: *marche pour la paix* ▶ **marcha 8** Musique destinée à régler le pas: *jouer une marche nuptiale* ▶ **marcha** ■ **être en marche:** se développer, fonctionner ▶ **estar em ação** □ **marche à suivre:** ensemble des démarches, des actions pour arriver à un but ▶ **procedimento** □ **mettre en marche:** faire fonctionner ▶ **acionar** □ **monter, descendre en marche:** monter, descendre d'un véhicule alors qu'il roule ▶ **subir, descer de veículo em movimento**
EMPLOI *Marche à pied* est un pléonasme à éviter
marche[2] *nf* Chacune des surfaces planes sur lesquelles on pose le pied pour monter ou descendre un escalier ▶ **degrau**
marché *nm* **1** Lieu public où l'on vend certaines marchandises: *marché couvert, en plein air* ▶ **mercado 2** Ville, région où se font principalement certaines transactions: *Anvers est l'un des principaux marchés de pierres précieuses* ▶ **mercado 3** Débouché économique: *il n'y a pas de marché pour ce type de produit* ▶ **mercado 4** Convention d'achat et de vente: *rompre un marché* ▶ **negócio 5** État de l'offre et de la demande: *le marché de l'emploi* ▶ **mercado 6** Ensemble de négociations boursières se tenant sur une place financière: *marché au comptant* ▶ **mercado** ■ **bon marché:** peu cher ▶ **barato** □ **faire bon marché de:** reconnaître peu de valeur à ▶ **dar pouca importância a** □ **faire son marché:** aller acheter ses provisions ▶ **fazer compras** □ **par-dessus le marché:** en plus, en outre ▶ **ainda por cima**
marchepied *nm* **1** Marche pour monter et descendre d'un véhicule ▶ **estribo 2** FIG Moyen de s'élever: *cet emploi lui a servi de marchepied* ▶ **trampolim 3** ANTILLES Paillasson ▶ **capacho**
marcher *vi* **1** Se déplacer, avancer à pied, en mettant un pied devant l'autre: *apprendre à marcher; marcher vite* ▶ **andar 2** Mettre le pied sur, dans: *marcher sur un papier, dans une flaque d'eau* ▶ **pisar 3** Fonctionner: *montre qui marche; ça marche* ▶ **funcionar 4** Prospérer: *affaire qui marche* ▶ **avançar 5** Tendre progressivement vers; aller: *marcher à sa ruine* ▶ **caminhar 6** FAM Consentir: *marcher dans la combine*; croire naïvement à: *il n'a pas marché dans cette histoire* ▶ **topar, embarcar** ■ FAM **faire marcher quelqu'un:** le tromper ▶ **pregar uma peça em alguém**
marcheur, euse *n* Qui marche, qui aime marcher ▶ **caminhante**
marcottage *nm* Action de marcotter ▶ **mergulhia**
marcotte *nf* AGRIC Branche tenant encore à la plante mère, que l'on enterre pour qu'elle prenne racine ▶ **mergulhão**
marcotter *vt* Coucher des rejetons en terre pour leur faire prendre racine ▶ **mergulhar**
mardi *nm* Deuxième jour de la semaine ▶ **terça-feira** ■ **Mardi gras:** dernier jour avant le carême et qui donne lieu à un carnaval ▶ **terça-feira gorda**
mare *nf* **1** Étendue d'eau dormante ▶ **charco 2** PAR EXT Flaque: *une mare de sang* ▶ **poça**
marécage *nm* Terrain humide couvert de marais ▶ **brejo**
marécageux, euse *adj* De la nature du marécage: *terrain marécageux* ▶ **brejoso, pantanoso**
maréchal (pl *maréchaux*) *nm* ▶ **marechal** ■ **maréchal de France:** officier général titulaire d'une dignité d'État, conférée à certains commandants en chef victorieux ▶ **marechal** □ **maréchal des logis:** sous-officier de cavalerie, d'artillerie ▶ **sargento de cavalaria, de artilharia**
maréchale *nf* Femme d'un maréchal ▶ **marechala**
maréchal-ferrant (pl *maréchaux-ferrants*) *nm* Artisan dont le métier est de ferrer les chevaux ▶ **ferrador**
maréchaussée *nf* FAM La gendarmerie, les gendarmes ▶ **polícia**

marée *nf* **1** Mouvement périodique des eaux de la mer: *marée montante, descendante* ▸ **maré 2** Toute espèce de poisson de mer frais destiné à la consommation ▸ **peixe fresco 3** FIG Masse, foule considérable en mouvement: *une marée humaine* ▸ **mar, maré** ▪ **marée noire:** arrivée sur le rivage de nappes de pétrole provenant d'un navire accidenté ▸ **maré negra**

marelle *nf* Jeu d'enfant qui consiste à pousser à cloche-pied un palet dans les cases d'une figure tracée sur le sol ▸ **amarelinha**

marémoteur, trice *adj* Qui utilise la force motrice des marées ▸ **maremotor**

marengo [marɛ̃go] *adj inv* Se dit d'une manière d'accommoder un poulet, du veau dans l'huile, avec des champignons et des tomates ▸ ***marengo***

mareyeur, euse *n* Marchand de poissons, de coquillages et de crustacés en gros ▸ **peixeiro**

margarine *nf* Corps gras comestible extrait d'huiles essentiellement végétales ▸ **margarina**

marge *nf* **1** Espace blanc autour d'une page imprimée ou écrite: *faire des annotations dans la marge* ▸ **margem 2** Intervalle de temps ou d'espace dont on dispose: *marge d'erreur; marge de sécurité* ▸ **margem 3** Différence entre le prix de vente et le prix d'achat d'une marchandise, évaluée en pourcentage du prix de vente: *marge bénéficiaire* ▸ **margem** ▪ **en marge (de):** en dehors, à l'écart de ▸ **à margem (de)**

margelle *nf* Rebord d'un puits ▸ **puteal**

marginal, e, aux *adj* **1** Écrit en marge: *notes marginales* ▸ **marginal 2** Accessoire, secondaire: *occupation marginale* ▸ **secundário** ♦ *n et adj* Personne qui vit en marge de la société ▸ **marginal**

marginalement *adv* De façon marginale ▸ **marginalmente**

marginalisation *nf* Action de marginaliser; fait d'être marginalisé ▸ **marginalização**

marginaliser *vt* Rendre marginal ▸ **marginalizar**

marginalité *nf* Caractère d'une personne marginale ▸ **marginalidade**

margoulin *nm* FAM Individu peu scrupuleux en affaires ▸ **trambiqueiro**

margrave *nm* HIST Chef de province frontière, en Allemagne ▸ **margrave**

margraviat *nm* HIST **1** Dignité de margrave ▸ **margraviato 2** Juridiction d'un margrave ▸ **margraviato**

marguerite *nf* Plante commune à fleurs blanches et à cœur jaune (famille des composées) ▸ **margarida**

mari *nm* Homme uni à une femme par le mariage ▸ **marido**

mariage *nm* **1** Union légale d'un homme et d'une femme; sa célébration ▸ **casamento 2** Situation de deux personnes mariées: *leur mariage a connu des hauts et des bas* ▸ **casamento 3** FIG Réunion, association harmonieuse: *mariage de deux couleurs* ▸ **casamento**

marié, e *n* Personne qui est sur le point de se marier ou qui vient de se marier: *jeunes mariés* ▸ **noivo**

marier *vt* **1** Unir par le lien conjugal: *être marié par le maire, par le prêtre* ▸ **casar 2** Donner en mariage: *marier sa fille* ▸ **casar 3** FIG Joindre, unir, associer; assortir: *marier des couleurs* ▸ **casar** ♦ **se marier** *vpr* **1** Contracter mariage: *se marier à* ou *avec quelqu'un* ▸ **casar-se 2** S'associer, se combiner: *ces couleurs se marient bien* ▸ **casar-se**

marieur, euse *n* VX Qui aime à faciliter des mariages ▸ **casamenteiro**

marigot *nm* Dans les pays tropicaux, bras de fleuve marécageux ▸ **esteiro**

marihuana [marirwana] ou **marijuana** [mariʒana] *nf* Stupéfiant voisin du chanvre indien ▸ **maconha**

marin, e *adj* **1** Qui appartient à la mer: *plante marine* ▸ **marinho 2** Qui sert à la navigation sur la mer: *carte marine* ▸ **marítimo** ♦ *nm* **1** Personne employée à la conduite et à l'entretien d'un navire ▸ **marinheiro 2** Homme habile dans l'art de la navigation: *les Hollandais, peuple de marins* ▸ **marinheiro**

marina *nf* Ensemble immobilier jumelé à un port de plaisance ▸ **marina**

marinade *nf* Mélange liquide aromatique où l'on fait tremper de la viande, du poisson pour les conserver ou leur donner un arôme ▸ **marinada**

marine[1] *nf* **1** Navigation maritime: *vocabulaire de la marine*; ce qui relève de l'art de la navigation sur mer: *le compas est un instrument de marine* ▸ **marinha 2** Ensemble des marins et des navires effectuant des transports commerciaux ou destinés à la guerre: *marine marchande* ▸ **marinha 3** Ensemble des navires d'un pays: *marine militaire* ▸ **marinha 4** Tableau qui représente une scène maritime ▸ **marinha** ♦ *adj inv* ▪ **bleu marine:** bleu foncé ▸ **azul-marinho**

marine[2] *nm* Soldat d'un corps spécialisé américain ▸ ***marine***

mariner *vt* Tremper dans une marinade ▸ **marinar** ♦ *vi* FAM Attendre longtemps: *laisser mariner quelqu'un* ▸ **esperar**

marinier, ère *n* Personne qui fait le transport des marchandises à bord d'une péniche ▸ **barqueiro**

marinière *nf* Blouse très ample, que l'on enfile par la tête ▸ **blusa de marinheiro** ▪ **moules (à la) marinière:** cuites dans leur jus et aromatisées au vin blanc ▸ **mariscos à *marinière***

mariol ou **mariole** ou **mariolle** *adj et n* ▸ **espertalhão** ▪ FAM **faire le mariole:** faire l'intéressant, se faire remarquer ▸ **dar uma de gostoso**

marionnette *nf* **1** Figurine articulée que l'on actionne à l'aide de fils ou de ses mains ▸ **marionete 2** FIG Personne sans caractère qu'on manœuvre facilement ▸ **fantoche**

marionnettiste *n* Montreur, manipulateur de marionnettes ▸ **marionetista**

marital, e, aux *adj* DR Du mari ▸ **marital**

maritalement *adv* Comme des époux: *vivre maritalement* ▸ **maritalmente**

maritime *adj* Relatif à la mer, fait par mer: *trafic maritime*; qui est près de la mer: *port maritime*: *pin maritime* ▸ **marítimo**

marivaudage *nm* LITT Action de marivauder; badinage ▸ **galanteio**

marivauder *vi* LITT Échanger des propos galants et précieux ▸ **galantear**

marjolaine *nf* Plante aromatique ▸ **manjerona**

mark *nm* Unité monétaire de l'Allemagne et de la Finlande jusqu'au 1er janvier 2002 ▸ **marco**

marketer [markete] *vt (conj 6)* Utiliser les méthodes du marketing pour positionner un produit, une entreprise dans leur environnement concurrentiel ▸ **fazer *marketing***

marketing [marketi] *nm* Ensemble des techniques destinées à promouvoir et à diffuser un produit (recomm off: *mercatique*) ▸ ***marketing***

marmaille *nf* FAM Troupe d'enfants souvent bruyants et désordonnés ▸ **criançada**

marmelade *nf* Compote de fruits écrasés et cuits avec du sucre ▸ **doce pastoso de fruta** ▪ FIG **en marmelade:** broyé, en bouillie ▸ **pastoso**

marmite *nf* Récipient de grande taille où l'on fait cuire les aliments; son contenu ▸ **caldeirão**

marmiton *nm* Jeune apprenti de cuisine ▸ **ajudante de cozinha, mirmidão**

marmonnement *nm* Action de marmonner; bruit fait en marmonnant ▸ **resmungo**

marmonner *vt* Parler entre ses dents, de façon indistincte ▸ **resmungar**

marmoréen, enne *adj* LITT Blanc, dur, froid comme le marbre: *blancheur marmoréenne* ▸ **marmóreo**

marmot *nm* FAM Petit enfant ▸ **criancinha**

marmotte *nf* Mammifère rongeur des Alpes, qui hiberne plusieurs mois ▸ **marmota**

marmottement *nm* Murmure d'une personne qui marmotte ▸ **resmungo**

marmotter *vt* Parler confusément entre ses dents: *marmotter des injures* ▸ **resmungar**

marmouset *nm* FAM Enfant ▸ **criança**

marne *nf* Terre calcaire mêlée d'argile, qui sert d'amendement ▸ **marga**

marner *vt* Ajouter de la marne ▸ **margar** ◆ *vi* FAM Travailler dur ▸ **ralar**

marneux, euse *adj* De la nature de la marne: *sol marneux* ▸ **margoso**

marocain, e *adj et n* Du Maroc: *les Marocains* ▸ **marroquino**

maroilles [marwal] *nm* Fromage fabriqué à Maroilles (Nord) ▸ ***maroilles***

maronite *adj et n* Catholique de rite syrien ▸ **maronita**

maronner *vi* FAM **1** Bougonner, rager sourdement ▸ **resmungar 2** Attendre ▸ **esperar**

maroquin *nm* Cuir de chèvre tanné; objet fait de cette matière ▸ **marroquim**

maroquinerie *nf* Fabrication et commerce des articles de cuir ▸ **marroquinaria**

maroquinier, ère *n et adj* Personne qui travaille le cuir ou qui vend des objets en cuir ▸ **marroquineiro**

marotte *nf* FAM Idée fixe, manie ▸ **obcecação**

marouflage *nm* Action de maroufler ▸ **maruflagem**

maroufler *vt* Coller une surface peinte sur une toile de renfort ▸ **colar com marufle**

marquage *nm* Action de marquer ▸ **marcação**

marquant, e *adj* Inoubliable, important: *événement marquant* ▸ **marcante**

marque *nf* **1** Trace laissée par qqch: *marques de doigts sur un verre; marques de coups* ▸ **marca 2** Empreinte ou signe servant à reconnaître, à distinguer: *faire une marque sur un livre* ▸ **marca 3** Preuve, témoignage: *donner des marques d'affection* ▸ **prova 4** Caractère propre, signe distinctif: *ce film porte la marque de son réalisateur* ▸ **marca 5** Signe distinctif d'une entreprise commerciale: *marque de fabrique; une grande marque de vêtements* ▸ **marca 6** Repère placé par un athlète pour faciliter un saut, un élan ▸ **marca 7** Décompte des points au cours d'une partie, d'un match: *quelle est la marque?* ▸ **placar** ▪ **de marque: (a)** important: *invité de marque* ▸ **eminente (b)** de qualité: *champagne de marque* ▸ **de qualidade** ▫ DR **marque déposée:** marque de fabrique ou de commerce ayant fait l'objet d'un dépôt légal, afin de bénéficier d'une protection juridique ▸ **marca registrada** ◆ **marques** *pl* Ensemble de repères délimitant un territoire, une zone d'influence: *chercher, perdre ses marques* ▸ **referências** ▪ **à vos marques!:** en athlétisme, ordre donné pour amener les athlètes sur la ligne de départ ▸ **em suas marcas!**

marqué, e *adj* **1** Accentué, très apparent: *différence marquée* ▸ **marcado 2** Se dit d'un visage ridé, aux traits accusés ▸ **marcado 3** Qui est engagé dans qqch ou dont on n'a pas oublié les agissements antérieurs: *il est marqué politiquement* ▸ **comprometido**

marque-page (pl inv ou *marque-pages) nm* Objet, le plus souvent en carton, permettant de retrouver une page dans un livre ▸ **marcador de livro**

marquer *vt* **1** Mettre une marque sur: *marquer du linge* ▸ **marcar 2** Noter, inscrire: *marquer ses dépenses* ▸ **anotar 3** FIG Être le signe de; dénoter: *voilà qui marque de la méchanceté* ▸ **manifestar 4** Signaler, souligner: *marquer sa désapprobation* ▸ **manifestar** ◆ *vi* **1** Laisser une marque: *ce composteur ne marque plus* ▸ **marcar 2** FIG Laisser son empreinte: *ces événements ont marqué dans sa vie* ▸ **marcar**

marqueter *vt (conj 8)* Orner de pièces de marqueterie ▸ **marchetar**

marqueterie *nf* Placage de pièces en bois, en marbre, en nacre, formant des dessins variés ▸ **marchetaria**

marqueteur, euse *n* Ouvrier qui réalise des travaux de marqueterie ▸ **marcheteiro**

marqueur *nm* Crayon-feutre épais ▸ **marca-texto** ▪ **marqueur génétique:** caractère héréditaire permettant de différencier les uns des autres des individus ou des groupes ▸ **marcador genético**

marquis *nm* Titre de noblesse entre celui de duc et celui de comte ▸ **marquês**

marquisat *nm* Dignité du marquis; sa terre ▸ **marquesado**

marquise *nf* **1** Femme d'un marquis ▸ **marquesa 2** Auvent vitré au-dessus d'une porte ▸ **alpendre envidraçado**

marraine *nf* **1** Femme qui présente un enfant au baptême ▸ **madrinha 2** Femme qui préside au baptême d'un navire, d'un ouvrage, etc. ▸ **madrinha**

marrane *nm* HIST Juif d'Espagne converti par contrainte au catholicisme ▸ **marrano**

marrant, e *adj et n* FAM Drôle, amusant ▸ **engraçado**

marre *adv* ▪ FAM **en avoir marre:** en avoir assez, être excédé ▸ **estar cheio**

marrer (se) *vpr* FAM Rire, s'amuser ▸ **divertir-se**

marri, e *adj* LITT Fâché, attristé ▸ **pesaroso**

marron¹ *nm* Variété cultivée de la châtaigne ▸ **castanha** ▪ **marron d'Inde:** fruit non comestible du marronnier d'Inde, utilisé en pharmacie ▸ **castanha-da-índia** ▫ **marron glacé:** marron confit dans du sucre et glacé au sirop ▸ **marrom-glacê** ▫ **tirer les marrons du feu:** courir des risques sans profit personnel ▸ **aquentar água para o mate dos outros** ◆ *adj inv* De couleur rouge-brun ▸ **castanho, marrom** ◆ *nm* Couleur rouge-brun ▸ **marrom**

marron², onne *adj* Qui exerce une profession libérale dans des conditions illégales; malhonnête: *avocat marron* ▸ **impostor**

marronnier *nm* Châtaignier qui produit le marron ▸ **castanheiro** ▪ **marronnier d'Inde:** grand arbre ornemental ▸ **castanheiro-da-índia**

mars *nm* Troisième mois de l'année ▸ **março**

marseillais, e *adj et n* De Marseille ▸ **marselhês** ▪ **la Marseillaise:** hymne national français ▸ **A Marselhesa**

marsouin *nm* Mammifère cétacé, voisin du dauphin ▸ **toninha**

marsupial (pl *marsupiaux) nm* Mammifère caractérisé par une poche ventrale, destinée à recevoir ses petits après la naissance (kangourou, koala, etc.) ▸ **marsupial**

marte *nf* → **martre**

marteau *nm* **1** Outil de métal, à manche, propre à cogner, à forger ▸ **martelo 2** Sphère métallique que lancent les athlètes ▸ **martelo 3** Heurtoir d'une porte ▸ **aldraba 4** Pièce qui frappe les cordes du piano ▸ **martelo 5** ANAT Un des osselets de l'oreille ▸ **martelo** ▪ **marteau piqueur:** appareil dans lequel se meut un piston qui frappe l'outil (fleuret, burin ou aiguille) sous l'effet d'un choc pneumatique, hydraulique ou électrique ▸ **perfuratriz**

marteau-pilon (pl *marteaux-pilons) nm* Gros marteau de forge, à vapeur, à air comprimé, hydraulique, etc. ▸ **martelo-pilão**

martel *nm* ▸ **martelo** ▪ FIG **se mettre martel en tête:** se faire du souci ▸ **pôr minhocas na cabeça**

martelage *nm* **1** Opération consistant à battre les métaux pour leur donner l'ébauche de leur forme définitive: *le martelage du cuivre* ▸ **martelagem 2** Marquage, à l'aide d'un marteau portant des lettres en relief, des arbres qui doivent être abattus ou non dans une forêt ▸ **marcação das árvores**

martèlement *nm* **1** Action de marteler; bruit qui en résulte ▸ **martelagem, martelada 2** Bruit cadencé: *le martèlement des pas d'une troupe en marche* ▸ **martelagem**

marteler *vt (conj 5)* **1** Frapper à coups de marteau ▸ **martelar 2** Frapper fort et à coups redoublés

▸ **martelar 3** Détacher les syllabes: *marteler les mots* ▸ **destacar**

martial, e, aux [marsjal, sjo] *adj* Décidé, volontaire, prêt au combat: *air martial* ▸ **marcial ▪ arts martiaux:** sports de combat d'origine japonaise (aïkido, judo, etc.) ▸ **artes marciais □ cour martiale:** tribunal militaire ▸ **corte marcial □ loi martiale:** qui autorise l'intervention de la force armée dans certains cas ▸ **lei marcial**

martien, enne *adj* De la planète Mars ▸ **marciano** ◆ *n* Habitant imaginaire de la planète Mars ▸ **marciano**

martin-chasseur (pl *martins-chasseurs*) *nm* Grand passereau terrestre qui chasse les insectes et les reptiles ▸ **alcíone**

martinet[1] *nm* Petit oiseau ressemblant à l'hirondelle ▸ **andorinhão**

martinet[2] *nm* Fouet formé de plusieurs lanières ▸ **chicote**

martingale *nf* **1** Demi-ceinture placée à la taille, dans le dos d'un vêtement ▸ **martingale 2** Procédé, basé sur le calcul des probabilités, qui prétend assurer un bénéfice dans les jeux de hasard ▸ **fórmula vencedora**

Martini *nm* (nom déposé) Vermouth rouge ou blanc de la marque de ce nom ▸ **martíni**

martiniquais, e *adj et n* De la Martinique: *les Martiniquais* ▸ **martinicano**

martin-pêcheur (pl *martins-pêcheurs*) *nm* Passereau au plumage brillant, vivant près des cours d'eau et qui plonge avec rapidité pour attraper des petits poissons ▸ **martim-pescador**

martre ou **marte** *nf* Petit mammifère carnassier à fourrure soyeuse; la fourrure de cet animal ▸ **marta**

martyr, e *n* Qui souffre, qui meurt pour ses croyances religieuses, politiques ▸ **mártir** ◆ *adj et n* Qui souffre de mauvais traitements systématiques: *enfant martyr* ▸ **mártir**

martyre *nm* **1** Tourments, mort endurés pour la foi ▸ **martírio 2** PAR EXT Grande douleur: *il souffre le martyre* ▸ **martírio**

ORTHOGRAPHE Il ne faut pas confondre la personne avec le supplice: *un martyr et une martyre subissent un martyre*

martyriser *vt* Faire endurer de cruels traitements ▸ **martirizar**

martyrologe *nm* **1** Liste des martyrs ou des saints ▸ **martirológio 2** PAR EXT Catalogue de victimes: *le martyrologe de la science* ▸ **martirológio**

marxisme *nm* Doctrine philosophique, politique et économique issue de Marx, fondée sur le matérialisme et la lutte des classes ▸ **marxismo**

marxisme-léninisme *nm* Théorie et pratique politiques s'inspirant de Marx et de Lénine ▸ **marxismo-leninismo**

marxiste *n* Partisan du marxisme ▸ **marxista** ◆ *adj* Qui a trait au marxisme ▸ **marxista**

marxiste-léniniste (pl *marxistes-léninistes*) *adj et n* Qui relève du marxisme-léninisme; qui en est partisan ▸ **marxista-leninista**

mas [ma] ou [mas] *nm* Maison de campagne, ferme dans le midi de la France ▸ **casa de campo**

mascara *nm* Produit de maquillage pour les cils ▸ **rímel**

mascarade *nf* **1** Réunion ou défilé de personnes déguisées et masquées ▸ **mascarada, baile de máscaras 2** Mise en scène trompeuse, hypocrite: *ce procès n'a été qu'une mascarade* ▸ **farsa**

mascaret *nm* Surélévation brusque des eaux, qui se produit dans certains estuaires à l'arrivée du flot et qui forme une vague déferlante ▸ **macaréu**

mascotte *nf* FAM Objet, personne, animal choisis comme des porte-bonheur, des fétiches ▸ **mascote**

masculin, e *adj* **1** Propre à l'homme, au mâle (par opposition à *féminin*): *voix masculine* ▸ **masculino 2** Composé d'hommes: *assemblée masculine* ▸ **masculino ▪** GRAMM **genre masculin:** qui désigne un être mâle ou tout objet regardé comme tel ▸ **gênero masculino □ rime masculine:** qui ne finit pas par un *e* muet ou une syllabe muette ▸ **rima masculina** ◆ *nm* GRAMM Le genre masculin ▸ **masculino**

masculiniser *vt* Rendre masculin ▸ **masculinizar**

masculinité *nf* Caractère masculin ▸ **masculinidade**

maso *adj et n* (abréviation) FAM Masochiste ▸ **masô**

masochisme *nm* Perversion qui fait rechercher le plaisir dans la douleur ▸ **masoquismo**

masochiste *adj et n* Qui relève du masochisme; qui en est atteint ▸ **masoquista**

masquage *nm* Action de masquer ▸ **mascaramento**

masque *nm* **1** Objet dont on se couvre le visage pour le dissimuler ou le protéger: *masque de carnaval; masque à gaz; masque de plongée* ▸ **máscara 2** Préparation utilisée en application pour les soins du visage: *masque de beauté* ▸ **máscara 3** Moulage du visage: *masque mortuaire* ▸ **máscara 4** PAR EXT Expression, physionomie de quelqu'un: *présenter un masque impénétrable* ▸ **máscara ▪ arracher son masque à quelqu'un:** révéler, dévoiler sa duplicité ▸ **desmascarar alguém □ lever, tomber le masque:** révéler sa vraie nature ▸ **cair a máscara**

masqué, e *adj* Qui porte un masque: *visage masqué* ▸ **mascarado** ▪ **bal masqué:** où l'on va déguisé ▸ **baile de máscaras**
masquer *vt* Cacher, dissimuler: *masquer une fenêtre; masquer ses projets* ▸ **mascarar**
massacrant, e *adj* ▸ **massacrante** ▪ FAM **humeur massacrante:** très désagréable, insupportable ▸ **humor de cão**
massacre *nm* **1** Carnage, tuerie de personnes ou d'animaux: *le massacre de la Saint-Barthélemy* ▸ **massacre 2** Travail exécuté maladroitement; gâchis ▸ **lambança** ▪ **jeu de massacre:** jeu consistant à renverser avec des balles des figures à bascule ▸ **pimpampum**
massacrer *vt* **1** Tuer en masse: *massacrer du gibier* ▸ **massacrar 2** Abîmer, défigurer par une exécution maladroite: *massacrer un travail* ▸ **massacrar**
massacreur, euse *n* Personne qui massacre ▸ **carniceiro, lambanceiro**
massage *nm* Action de masser ▸ **massagem**
masse[1] *nf* **1** Corps solide, compact: *masse de rocher, de plomb* ▸ **massa 2** PAR EXT Grande quantité: *masse d'air froid* ▸ **massa 3** Grand groupe humain: *masses paysannes* ▸ **massa 4** Silhouette massive: *la masse d'un navire* ▸ **massa** ▪ **comme une masse:** sans réagir ou de tout son poids: *tomber comme une masse* ▸ **como uma pedra** ▫ **de masse:** qui concerne ou qui s'adresse au plus grand nombre: *la culture de masse* ▸ **de massa** ▫ FAM **être à la masse:** être déphasé, dépassé par les événements ▸ **estar atordoado** ▫ **masse d'un corps:** rapport de la force appliquée à ce corps à l'accélération qu'elle lui communique ▸ **massa de um corpo** ▫ **masse salariale:** somme des rémunérations perçues par l'ensemble des salariés d'une entreprise ▸ **massa salarial** ▫ **une masse de:** une grande quantité, un grand nombre de ▸ **um monte de**
masse[2] *nf* Gros marteau ▸ **maço**
massepain *nm* Biscuit de pâte d'amandes ▸ **marzipã**
masser *vt* **1** Pétrir avec la main une partie du corps: *masser le cou* ▸ **massagear 2** Grouper, réunir: *masser des troupes* ▸ **reunir** ◆ **se masser** *vpr* Se grouper ▸ **reunir-se**
masseur, euse *n* Personne qui masse ▸ **massagista**
massicot *nm* Machine à couper le papier ▸ **guilhotina**
massicoter *vt* Couper, rogner au massicot ▸ **cortar com guilhotina**
massif[1] *nm* **1** Ensemble de hauteurs présentant un caractère montagneux: *le massif du Mont-Blanc* ▸ **maciço 2** Ensemble de fleurs, d'arbustes groupés sur un espace de terre ▸ **maciço**
massif[2]**, ive** *adj* **1** Épais, pesant: *corps massif* ▸ **maciço 2** Ni creux ni plaqué: *or massif* ▸ **maciço 3** En grande quantité: *dose massive de médicaments* ▸ **maciço**
massique *adj* PHYS **1** Qui concerne la masse ▸ **mássico 2** Se dit d'une grandeur caractéristique d'un corps divisée par la masse de celui-ci ▸ **mássico**
massivement *adv* De façon massive ▸ **maciçamente**
mass media *nm pl* Moyens de communication de masse (télévision, radio, presse, etc.) ▸ **meios de comunicação de massa**
massue *nf* Bâton noueux avec une extrémité plus grosse que l'autre ▸ **maça** ▪ **argument massue:** qui laisse l'interlocuteur sans réplique ▸ **argumento de peso** ▫ FIG **coup de massue: (a)** événement imprévu et accablant ▸ **cacetada (b)** facture très élevée ▸ **cacetada**
mastaba *nm* Monument funéraire trapézoïdal de l'Égypte ancienne ▸ **mastaba**
mastectomie *nf* → **mammectomie**
master [mastɛr] *nm* Diplôme obtenu à bac + 5 et conférant le troisième grade universitaire ▸ **mestrado**
mastic *nm* Composition pâteuse pour boucher des trous, fixer les vitres, etc. ▸ **mástique**
masticage *nm* Bouchage au mastic ▸ **vedação com mástique**
masticateur, trice *adj* Qui sert à la mastication ▸ **mastigatório**
mastication *nf* Action de mâcher ▸ **mastigação**
masticatoire *nm et adj* Substance qu'on mâche pour exciter la sécrétion de la salive ▸ **masticatório**
mastiquer[1] *vt* Coller avec du mastic: *mastiquer des carreaux* ▸ **vedar, colar com mástique**
mastiquer[2] *vt* Mâcher ▸ **mastigar**
mastoc *adj inv* FAM Lourd, épais ▸ **massudo**
mastodonte *nm* **1** Grand mammifère fossile voisin de l'éléphant ▸ **mastodonte 2** FAM Personne d'une énorme corpulence; chose d'un énorme volume ▸ **mastodonte**
mastoïdien, enne *adj* ANAT Relatif à une éminence de l'os temporal ▸ **mastoide**
mastoïdite *nf* MÉD Inflammation mastoïdienne ▸ **mastoidite**
masturbation *nf* Action de se masturber ▸ **masturbação**
masturber (se) *vpr* Obtenir une jouissance sexuelle par l'excitation manuelle de ses parties génitales ▸ **masturbar-se**

m'as-tu-vu *n inv* Personne vaniteuse ▶ **exibicionista**
masure *nf* Maison misérable, délabrée ▶ **casebre**
mat[1] [mat] *nm* Au jeu d'échecs, position du roi qui ne peut se soustraire à l'échec ▶ **xeque-mate** ◆ *adj inv* Se dit du joueur qui a perdu ▶ **derrotado**
mat[2]**, e** [mat] *adj* **1** Sans éclat, sans poli: *papier mat* ▶ **fosco 2** Sans résonance: *bruit mat* ▶ **abafado** ■ **peau mate, teint mat:** foncés, bistres ▶ **pele, tez mate**
mât [mɑ] *nm* Longue pièce de bois qui porte la voile d'un navire ▶ **mastro**
matador *nm* Celui qui, dans les courses de taureaux, est chargé de tuer l'animal ▶ **matador**
matamore *nm* Faux brave, fanfaron ▶ **mata-mouros**
match (pl *matches* ou *matchs*) *nm* Épreuve sportive disputée entre deux concurrents ou deux équipes: *match de tennis* ▶ **partida** ■ **faire match nul:** terminer à égalité ▶ **empatar**
maté *nm* Houx de l'Amérique du Sud, dont on fait des infusions ▶ **mate**
matelas *nm* **1** Pièce de literie rembourrée de laine, à ressorts ou en mousse, posée sur le sommier et sur laquelle on s'étend ▶ **colchão 2** Épaisse couche: *matelas de feuilles* ▶ **tapete** ■ **matelas pneumatique:** enveloppe de plastique ou de toile caoutchoutée gonflable, utilisée pour le camping, la plage, etc. ▶ **colchão inflável**
matelasser *vt* Garnir de laine, d'étoffe, etc.; rembourrer ▶ **acolchoar**
matelassier, ère *n* Personne qui confectionne les matelas ▶ **acolchoador**
matelot *nm* Homme de l'équipage d'un navire qui participe à sa manœuvre ▶ **marinheiro**
matelote *nf* Plat de poisson accommodé au vin et aux oignons ▶ **caldeirada**
mater *vt* Soumettre, dompter: *mater une révolte* ▶ **dominar**
matérialisation *nf* Action de matérialiser ▶ **materialização**
matérialiser *vt* **1** Donner une forme concrète, une réalité à: *la rivière matérialise la frontière* ▶ **materializar 2** Rendre concret, effectif; réaliser: *matérialiser un projet* ▶ **materializar** ◆ **se matérialiser** *vpr* Devenir réel; se concrétiser ▶ **materializar-se**
matérialisme *nm* Position philosophique, attitude de ceux qui considèrent la matière comme étant la seule réalité ▶ **materialismo**
matérialiste *adj et n* Qui relève du matérialisme; qui en est partisan ▶ **materialista**
matérialité *nf* Caractère de ce qui est matériel, réel: *établir la matérialité des faits* ▶ **materialidade**
matériau (pl *matériaux*) *nm* **1** Matière, substance destinée à être mise en œuvre: *matériaux naturels ou artificiels* ▶ **matéria 2** Matière de base: *cette enquête lui a fourni le matériau de sa thèse* ▶ **matéria** ◆ **matériaux** *pl* **1** Ensemble des matières qui entrent dans la construction d'un bâtiment, d'une machine, etc. ▶ **material 2** FIG Documents réunis pour la composition d'un ouvrage ▶ **material**
matériel, elle *adj* **1** Formé de matière (par opposition à *spirituel*) ▶ **material 2** Qui existe concrètement; réel, tangible: *preuves matérielles; être dans l'impossibilité matérielle de joindre quelqu'un* ▶ **material 3** Qui concerne les objets et non les personnes: *dégâts matériels*; relatif aux nécessités de la vie quotidienne, aux moyens financiers d'existence: *besoins matériels* ▶ **material** ◆ *nm* **1** Ensemble de l'équipement nécessaire à un travail, à l'exploitation de quelque chose: *matériel agricole* ▶ **material 2** INFORM Ensemble des éléments physiques d'un système informatique ▶ ***hardware*** ■ **matériel génétique:** support de l'information héréditaire dans les organismes, composé d'ADN ou d'ARN ▶ **material genético**
matériellement *adv* D'une manière matérielle ▶ **materialmente**
maternage *nm* Action de materner ▶ **maternação, maternagem**
maternel, elle *adj* **1** Propre à une mère: *tendresse maternelle* ▶ **maternal 2** Du côté de la mère: *parents maternels* ▶ **materno** ■ **école maternelle** ou **maternelle** *nf*: école pour les enfants de deux à six ans ▶ **escola de educação infantil** □ **langue maternelle:** première langue apprise par l'enfant ▶ **língua materna**
maternellement *adv* D'une façon maternelle: *soigner maternellement* ▶ **maternalmente**
materner *vt* Protéger, entourer de soins, souvent avec excès ▶ **maternar**
maternisé, e *adj* ■ **lait maternisé:** aliment d'une composition proche de celle du lait de la femme, obtenu industriellement à partir de lait de vache ▶ **leite tornado semelhante ao leite materno**
maternité *nf* **1** État, qualité de mère ▶ **maternidade 2** Établissement hospitalier où s'effectuent les accouchements ▶ **maternidade**
mathématicien, enne *n* Chercheur, enseignant spécialiste des mathématiques ▶ **matemático**
mathématique *adj* **1** Relatif aux mathématiques ▶ **matemático 2** FIG Rigoureux: *précision mathématique* ▶ **matemático** ◆ **mathématiques** *nf pl*

(s'emploie parfois au singulier) Science qui étudie les propriétés des nombres, des figures géométriques, etc. ► **matemática**

mathématiquement *adv* **1** Selon les règles mathématiques ► **matematicamente 2** Inévitablement, immanquablement ► **inevitavelmente**

matheux, euse *n* FAM Personne douée pour les mathématiques ► **fera em matemática**

maths *nf pl* (abréviation) Mathématiques ► **Ø**

matière *nf* **1** Substance qui constitue les corps: *matière vivante* ► **matéria 2** Ce dont une chose est faite: *la matière d'une statue* ► **matéria 3** Ce qui constitue le sujet d'un ouvrage, d'un discours: *il y a là la matière d'un roman* ► **matéria 4** Discipline enseignée: *matières scientifiques, littéraires* ► **matéria ■ en matière (de):** en ce qui concerne ► **em matéria de □ entrer en matière:** aborder son sujet ► **entrar no assunto □ être, donner matière à:** être l'occasion de, donner lieu à ► **dar ensejo a □ matière première:** produit destiné à être travaillé, transformé ► **matéria-prima □ matières grasses:** substances alimentaires grasses ► **matérias graxas □ table des matières:** liste indiquant ce qui a été traité dans un ouvrage ► **índice**

matin *nm* Temps entre minuit et midi, et, couramment, entre le lever du soleil et midi ► **manhã ■ de bon, de grand matin:** de très bonne heure ► **cedinho □ un beau matin:** un jour indéterminé ► **um belo dia ♦** *adv* **1** Dans la matinée: *tous les dimanches matin* ► **de manhã 2** LITT De bonne heure: *se lever matin* ► **cedo**

mâtin[1] *nm* VX Gros chien de garde ► **mastim**

mâtin[2]**, e** *n* FAM, VIEILLI Déluré, espiègle ► **maroto**

matinal, e, aux *adj* **1** Propre au matin: *gelées matinales* ► **matinal 2** Qui se lève tôt ► **madrugador**

mâtiné, e *adj* **1** Qui n'est pas de race pure: *épagneul mâtiné de dogue* ► **cruzado 2** Mêlé à autre chose: *parler un français mâtiné d'italien* ► **misturado**

matinée *nf* **1** Temps depuis le point du jour jusqu'à midi ► **manhã 2** Spectacle qui a lieu dans l'après-midi ► **matinê ■ faire la grasse matinée:** se lever tard ► **acordar tarde**

matines *nf pl* RELIG Premier office divin, chanté avant le lever du jour ► **matinas**

matité *nf* État de ce qui est mat, non brillant ► **embaciamento**

matois, e *adj et n* LITT Rusé, fin ► **finório**

maton, onne *n* ARG Gardien, gardienne de prison ► **carcereiro**

matou *nm* FAM Chat mâle ► **gato**

matraquage *nm* Action de matraquer ► **cacetada**

matraque *nf* Bâton de bois ou de caoutchouc dur servant d'arme ► **cacete**

matraquer *vt* **1** Frapper avec une matraque ► **cacetar 2** FAM Faire payer un prix excessif ► **enfiar a faca 3** Répéter avec insistance un slogan, une image publicitaire ► **martelar**

matriarcal, e, aux *adj* Relatif au matriarcat ► **matriarcal**

matriarcat *nm* Société dans laquelle les femmes donnent leur nom aux enfants et exercent une autorité prépondérante dans la famille ► **matriarcado**

matrice *nf* **1** Moule en creux ou en relief servant à reproduire les objets ► **matriz 2** VX Utérus ► **matriz**

matricule *nf* **1** Registre, rôle où sont inscrits ceux qui entrent dans une collectivité, un organisme, etc. ► **matrícula 2** Inscription sur ce registre ► **matrícula 3** Extrait de cette inscription ► **matrícula ♦** *nm* Numéro d'inscription ► **número de matrícula ♦** *adj* Qui relève du matricule: *numéro matricule* ► **de matrícula**

matrilinéaire *adj* Qui se fait par l'ascendance maternelle ► **matrilinear**

matrimonial, e, aux *adj* Relatif au mariage ► **matrimonial**

matrone *nf* **1** Femme d'âge mûr et d'allure respectable ► **matrona 2** PÉJOR Femme corpulente aux manières vulgaires ► **matrona**

matronyme *nm* Nom de famille formé d'après le nom de la mère ► **matronímico**

maturation *nf* Action de mûrir ► **maturação, amadurecimento**

mature *adj* Arrivé à maturité ► **maduro**

mâture *nf* Ensemble des mâts d'un navire ► **mastreação**

maturité *nf* **1** État de ce qui est mûr: *fruit cueilli à maturité* ► **maturidade, amadurecimento 2** FIG État de ce qui est parvenu à son complet développement: *talent en pleine maturité* ► **maturidade 3** Période de la vie comprise entre la jeunesse et la vieillesse; ensemble des qualités attribuées à cet âge: *manquer de maturité* ► **maturidade**

maudire *vt (conj 15)* **1** Prononcer une malédiction contre quelqu'un ou quelque chose ► **amaldiçoar 2** Détester, s'emporter contre: *maudire le sort* ► **amaldiçoar**

maudit, e *adj et n* **1** Frappé d'une malédiction ► **maldito 2** Très mauvais, désagréable: *maudit métier* ► **maldito**

maugréer *vi et vt* Exprimer sa mauvaise humeur à voix basse: *maugréer contre quelqu'un; maugréer des injures* ► **praguejar**

maure ou **more** *adj et n* **1** De la Mauritanie antique ▸ **mouro 2** Au Moyen Âge, du Maghreb ou de l'Espagne musulmane ▸ **mouro 3** Aujourd'hui, du Sahara occidental ▸ **mouro**
mauresque ou **moresque** *adj* Propre aux Maures ▸ **mourisco**
mauricien, enne *adj et n* De l'île Maurice: *les Mauriciens* ▸ **mauriciano**
mauritanien, enne *adj et n* De la Mauritanie: *les Mauritaniens* ▸ **mauritano**
mausolée *nm* Monument funéraire de grandes dimensions ▸ **mausoléu**
maussade *adj* Chagrin, hargneux ▸ **irritado ▪ temps maussade:** gris et pluvieux ▸ **tempo feio**
mauvais, e *adj* **1** Qui présente un défaut, une imperfection: *une mauvaise terre; parler un mauvais français* ▸ **ruim 2** Sans valeur, sans intérêt: *un mauvais livre*; qui rapporte peu, qui est insuffisant; faible: *mauvaise note; mauvaise récolte* ▸ **ruim 3** Sans agrément: *mauvais temps; mauvais repas* ▸ **ruim 4** Dangereux, nuisible: *climat très mauvais* ▸ **ruim 5** Qui n'a pas les qualités qu'il devrait avoir: *mauvais conducteur* ▸ **mau 6** Méchant, qui fait du mal: *personne mauvaise; mauvaise influence* ▸ **mau 7** Faux, erroné: *mauvais numéro* ▸ **errado ▪ être mauvais en:** être faible en: *elle est mauvaise en français* ▸ **ser ruim em** □ FAM **la trouver mauvaise:** être vexé de quelque chose ▸ **achar ruim** □ **mauvaise mine:** visage fatigué ▸ **aparência cansada** □ **mauvaise tête:** personne qui n'a pas bon caractère ▸ **criador de caso** □ **mer mauvaise:** très agitée ▸ **mar bravo** □ **trouver mauvais que:** considérer comme néfaste ▸ **achar ruim (que)** ♦ *adv* ▪ **il fait mauvais:** le temps n'est pas beau ▸ **o tempo está ruim** □ **sentir mauvais:** exhaler une odeur désagréable ▸ **cheirar mal**
mauve *nf* Plante à fleurs roses ou violacées ▸ **malva** ♦ *adj* Violet pâle ▸ **malva** ♦ *nm* La couleur mauve ▸ **malva**
mauviette *nf* FAM Personne fragile, chétive ▸ **alfenim**
max *nm* (abréviation) FAM Maximum: *gagner un max de fric* ▸ **Ø**
max. (abréviation) Maximum ▸ **máx.**
maxillaire *adj* Des mâchoires ▸ **maxilar** ♦ *nm* Os des mâchoires ▸ **maxilar**
maximal, e, aux *adj* À son plus haut degré: *une température maximale* ▸ **máximo**
maximaliser *vt* → **maximiser**
maximalisme *nm* Doctrine des maximalistes ▸ **maximalismo**
maximaliste *adj et n* Qui préconise des actions, des solutions extrêmes: *positions maximalistes d'un syndicat* ▸ **maximalista**
maxime *nf* Formule énonçant une règle de morale ▸ **máxima**
maximiser ou **maximaliser** *vt* Porter au maximum ▸ **maximizar**
maximum (pl *maximums* ou *maxima*) *nm* Le plus haut degré qu'une chose puisse atteindre: *maximum des prix* ▸ **máximo ▪ au maximum: (a)** au plus haut degré: *profiter au maximum de ses vacances* ▸ **ao máximo (b)** au plus: *il sera absent deux jours au maximum* ▸ **no máximo** ♦ *adj* maximal: *températures maximums* ▸ **máximo**
maya *adj* (inv en genre) Des Mayas ▸ **maia** ♦ *nm* Langue amérindienne ▸ **maia**
mayonnaise *nf* Sauce froide composée d'une émulsion de jaune d'œuf et d'huile ▸ **maionese**
mazagran *nm* Récipient épais en forme de verre à pied pour servir le café ▸ **copo para café**
mazdéisme *nm* Religion de l'Iran ancien, fondée sur les principes dualistes du Bien et du Mal ▸ **masdeísmo**
mazette *interj* VIEILLI Marque l'admiration, l'étonnement: *mazette! quel diamant!* ▸ **puxa**
mazout [mazut] *nm* Résidu combustible de la distillation des pétroles ▸ **mazute**
mazouté, e *adj* Souillé par le mazout ▸ **sujo de mazute**
mazurka *nf* **1** Danse d'origine polonaise ▸ **mazurca 2** Air de cette danse ▸ **mazurca**
me *pron pers* Désigne la 1re personne du singulier, représentant celui, celle qui parle en fonction de complément d'objet ou de complément d'attribution: *je m'inquiète; il me semble* ▸ **me**
Me (abréviation) Maître: *Me X, avocat* ▸ **Dr.**
mea culpa [meakylpa] *nm inv* ▸ **mea-culpa ▪ faire son mea culpa:** avouer, reconnaître sa faute, son erreur ▸ **fazer mea-culpa**
méandre *nm* **1** Sinuosité d'un cours d'eau ▸ **meandro 2** FIG Détour sinueux et tortueux: *les méandres de la pensée, de la diplomatie* ▸ **meandro**
méat [mea] *nm* ANAT Orifice d'un conduit ▸ **meato**
mec *nm* FAM Homme, individu ▸ **cara**
mécanicien, enne *n* Personne qui construit, répare ou conduit une machine, une locomotive, etc. ▸ **maquinista, mecânico**
mécanique[1] *adj* **1** Relatif aux lois du mouvement et de l'équilibre: *phénomènes mécaniques* ▸ **mecânico 2** Mis en mouvement par une machine, par un mécanisme: *escalier mécanique*; effectué, fabriqué à la machine: *tissage mécanique* ▸ **mecânico 3** Relatif à la mécanique: *ennuis mécaniques* ▸ **mecânico 4** Machinal: *geste mécanique* ▸ **mecânico**

mécanique² *nf* **1** Science qui a pour objet l'étude des forces et de leurs actions ▸ **mecânica** **2** Étude des machines, de leur construction et de leur fonctionnement ▸ **engenharia mecânica** **3** Combinaison d'organes propres à produire ou à transmettre des mouvements: *la mécanique d'une montre* ▸ **mecanismo**

mécaniquement *adv* De façon mécanique: *agir mécaniquement* ▸ **mecanicamente**

mécanisation *nf* Action de mécaniser ▸ **mecanização**

mécaniser *vt* Introduire l'emploi de machines quelque part: *mécaniser l'agriculture* ▸ **mecanizar**

mécanisme *nm* **1** Combinaison d'organes ou de pièces destinés à assurer un fonctionnement: *le mécanisme d'une montre* ▸ **mecanismo** **2** Mode de fonctionnement; processus: *mécanisme du raisonnement, du langage* ▸ **mecanismo**

mécano *nm* FAM Mécanicien ▸ **mecânico**

mécanographie *nf* Utilisation de machines (machines à écrire, comptables, à cartes ou à bandes perforées, duplicateurs) pour l'exécution du travail de bureau ▸ **mecanografia**

mécanographique *adj* Propre à la mécanographie ▸ **mecanográfico**

mécénat *nm* Protection, subvention accordée aux lettres, aux sciences, aux arts ▸ **mecenato**

mécène *n* Qui pratique le mécénat ▸ **mecenas**

méchamment *adv* Avec méchanceté ▸ **maldosamente**

méchanceté *nf* **1** Caractère d'une personne méchante ▸ **maldade** **2** Action ou parole qui vise à nuire ▸ **maldade**

méchant, e *adj* **1** Qui fait le mal, porté au mal: *chien méchant* ▸ **mau** **2** Qui exprime l'agressivité: *regard méchant* ▸ **malvado** **3** Qui occasionne des ennuis, des problèmes: *une méchante affaire*; dangereux: *cette blessure n'est pas méchante* ▸ **prejudicial** **4** Médiocre, insignifiant: *une méchante robe de coton* ▸ **medíocre** ◆ *n* Personne méchante ▸ **mau**

mèche¹ *nf* **1** Touffe de cheveux ▸ **mecha** **2** Tresse de coton, de fil, imprégnée de combustible et placée dans une lampe, une bougie, etc. ▸ **mecha, pavio** **3** Gaine de poudre noire pour mettre le feu à un explosif ▸ **mecha, pavio** **4** Extrémité d'une perceuse, d'une vrille, etc., pour percer des trous ▸ **broca** **5** Pièce de gaze qui, introduite dans une plaie, permet l'écoulement du pus ▸ **mecha** ■ FAM **vendre la mèche:** livrer un secret ▸ **entregar o ouro**

mèche² *nf* ■ FAM **être de mèche avec quelqu'un:** être son complice dans une affaire louche ▸ **estar de conluio com alguém**

méchoui *nm* Mouton entier cuit à la broche, généralement en plein air; repas où l'on mange ce plat ▸ **churrasco de carneiro**

mécompte *nm* LITT Déception, désillusion ▸ **decepção**

méconnaissable *adj* Difficile, impossible à reconnaître ▸ **irreconhecível**

méconnaissance *nf* LITT Action de méconnaître; ignorance ▸ **menosprezo, desconhecimento**

méconnaître *vt (conj 64)* Ne pas estimer quelqu'un ou quelque chose à sa juste valeur ▸ **menosprezar**

méconnu, e *adj et n* Qui n'est pas apprécié selon son mérite: *un écrivain méconnu* ▸ **menosprezado**

mécontent, e *adj et n* Qui n'est pas content ▸ **descontente**

mécontentement *nm* Insatisfaction ▸ **descontentamento**

mécontenter *vt* Rendre mécontent ▸ **descontentar**

mécréant, e *adj et n* Qui n'a pas la foi, pas de religion ▸ **descrente**

médaille *nf* **1** Pièce de métal frappée en mémoire d'une action mémorable ou d'un personnage illustre ▸ **medalha** **2** Pièce de métal donnée en prix ▸ **medalha** **3** Pièce de métal représentant des sujets divers ou sur laquelle sont gravés des renseignements ▸ **plaqueta** ■ **le revers de la médaille:** le côté déplaisant de quelque chose ▸ **reverso da medalha**

médaillé, e *adj et n* Décoré d'une médaille ▸ **condecorado**

médaillon *nm* **1** Bijou de forme circulaire, où l'on place un portrait, des cheveux, etc. ▸ **medalhão** **2** Bas-relief circulaire ▸ **medalhão** **3** Préparation culinaire de forme ronde ou ovale: *médaillon de foie gras* ▸ **medalhão**

médecin *nm* Titulaire du diplôme de docteur en médecine, qui exerce la médecine ▸ **médico** ■ **médecin de famille:** médecin qui soigne depuis longtemps plusieurs membres d'une même famille ▸ **médico de família**

médecine *nf* **1** Science qui a pour but la conservation et le rétablissement de la santé: *docteur en médecine* ▸ **medicina** **2** Profession du médecin: *l'exercice de la médecine* ▸ **medicina** ■ **médecine légale:** appliquée à différentes questions de droit et de criminologie ▸ **medicina legal**

média (pl *médias*) *nm* Support de diffusion de l'information, tel que la radio, la télévision, la

presse, etc. ▸ **mídia**
médian, e *adj* Placé au milieu ▸ **mediano**
médiane *nf* Dans un triangle, droite qui joint un sommet du triangle au milieu du côté opposé ▸ **mediana**
médiaplanning *nm* Choix et achat des supports qui serviront à une campagne de publicité ▸ **planejamento de mídia**
médiat, e *adj* Qui ne touche à une chose que par une autre; intermédiaire ▸ **mediato**
médiateur, trice *n* Personne qui s'entremet pour amener un accord ▸ **mediador**
médiathèque *nf* Organisme chargé de la conservation et de la mise à disposition du public d'une collection de documents présentés sur différents supports (bande magnétique, disque, papier, etc.) ▸ **midiateca**
médiation *nf* Entremise ▸ **mediação**
médiatique *adj* **1** Des médias ▸ **midiático 2** Rendu populaire grâce aux médias ▸ **midiático**
médiatisation *nf* Action de médiatiser ▸ **midiatização**
médiatiser *vt* Diffuser, faire connaître par les médias; donner une grande publicité à: *fait divers médiatisé* ▸ **midiatizar**
médiatrice *nf* MATH Perpendiculaire élevée sur le milieu d'un segment de droite ▸ **mediatriz**
médical, e, aux *adj* Qui concerne la médecine ▸ **médico**
médicalement *adv* Du point de vue médical ▸ **medicamente**
médicalisation *nf* Action de médicaliser ▸ **medicalização**
médicalisé, e *adj* Se dit d'un local d'habitation doté d'un équipement médical qui permet de dispenser à des personnes malades ou dépendantes les soins qui leur sont nécessaires ▸ **com instalações hospitalares**
médicaliser *vt* Faire relever de la médecine ▸ **medicalizar**
médicament *nm* Substance employée pour combattre une maladie ▸ **medicamento**
médicamenteux, euse *adj* Qui a les propriétés d'un médicament ▸ **medicamentoso**
médication *nf* Choix de moyens thérapeutiques, de médicaments pour combattre une maladie déterminée ▸ **medicação**
médicinal, e, aux *adj* Qui sert de remède: *plante médicinale* ▸ **medicinal**
médico-légal, e, aux *adj* Relatif à la médecine légale: *expertise médico-légale* ▸ **médico-legal**
médico-pédagogique (pl *médico-pédagogiques*) *adj* Se dit d'une institution à but thérapeutique et pédagogique pour des enfants présentant une déficience intellectuelle ou des troubles affectifs ▸ **médico-pedagógico**
médico-social, e, aux *adj* Qui concerne la médecine sociale ▸ **médico-social**
médiéval, e, aux *adj* Du Moyen Âge ▸ **medieval**
médiéviste *n* Spécialiste du Moyen Âge ▸ **medievalista**
médina *nf* Vieille ville, par opposition aux quartiers récents, dans les pays arabes et surtout au Maroc ▸ **medina**
médiocre *adj* Moyen, sans intérêt particulier: *livre médiocre* ▸ **medíocre** ♦ *adj et n* De peu de valeur: *un élève médiocre* ▸ **medíocre**
médiocrement *adv* De façon médiocre ▸ **mediocremente**
médiocrité *nf* Caractère, état de ce qui est médiocre ▸ **mediocridade**
médire *vi (conj 72)* Dire du mal ▸ **maldizer**
CONJUGAISON Bien que *médire* vienne du verbe *dire*, on dit vous *médisez* (mais vous *dites*)
médisance *nf* **1** Action de médire ▸ **maledicência 2** Propos malveillant ▸ **maledicência**
médisant, e *adj et n* Qui médit ▸ **maldizente**
méditatif, ive *adj et n* Porté à la méditation ▸ **meditativo** ♦ *adj* Qui exprime la méditation: *air méditatif* ▸ **meditativo**
méditation *nf* Action de méditer, profonde réflexion ▸ **meditação**
méditer *vt* **1** Soumettre à une profonde réflexion, à un examen: *méditer une vérité* ▸ **meditar 2** Projeter, combiner: *méditer une évasion* ▸ **planejar** ♦ *vi* Réfléchir profondément ▸ **meditar**
méditerranéen, enne *adj* De la Méditerranée ▸ **mediterrâneo ▪ climat méditerranéen:** climat aux étés chauds et secs et aux hivers doux et humides ▸ **clima mediterrâneo** ♦ *n* Originaire ou habitant des régions qui bordent la Méditerranée ▸ **mediterrâneo**
ORTHOGRAPHE Attention, *méditerranéen* a deux *r* (de *terre*) et un seul *n*
médium [medjɔm] *nm* **1** Personne prétendant servir d'intermédiaire entre les hommes et les esprits ▸ **médium 2** MUS Étendue vocale entre le grave et l'aigu ▸ **médio**
médius [medjys] *nm* Doigt du milieu de la main; SYN: *majeur* ▸ **dedo médio**
médullaire *adj* Relatif à la moelle épinière ou à la moelle osseuse: *substance médullaire* ▸ **medular**
médulleux, euse *adj* BOT Qui renferme de la moelle: *tige médulleuse* ▸ **meduloso**

méduse *nf* Animal marin à corps gélatineux ► **medusa**
méduser *vt* Frapper de stupeur ► **petrificar**
meeting [miti] *nm* Réunion de caractère politique, syndicaliste, sportif, etc. ► ***meeting***
méfait *nm* **1** Action nuisible, mauvaise; délit ► **malefício 2** Dégât: *les méfaits de la grêle* ► **malefício**
méfiance *nf* Manque de confiance ► **desconfiança**
méfiant, e *adj et n* Qui se méfie ► **desconfiado**
méfier (se) *vpr* **1** Ne pas se fier à: *se méfier de quelqu'un, de ses conseils* ► **desconfiar 2** Se tenir sur ses gardes: *ça glisse, méfie-toi!* ► **tomar cuidado**
méforme *nf* Mauvaise condition physique d'un sportif ► **má forma**
mégabit [megabit] *nm* Unité de mesure de la capacité d'une mémoire d'ordinateur, équivalant à 2^{20} bits ► ***megabit***
mégaflops [megaflɔps] *nm* Unité de mesure de la puissance d'un système informatique correspondant au traitement d'un million d'opérations par seconde (abrév: *mflops*) ► **megaflop**
mégahertz *nm* Un million de hertz; symb: mHz ► **megahertz**
mégalithe *nm* Monument préhistorique formé d'un ou de plusieurs blocs de pierre (menhir, dolmen, etc.) ► **megálito**
mégalithique *adj* Relatif aux mégalithes ► **megalítico**
mégalo *adj et n* (abréviation) FAM Mégalomane: *il est complètement mégalo* ► **Ø**
mégalomane *adj et n* Atteint de mégalomanie ► **megalomaníaco**
mégalomanie *nf* Surestimation de sa valeur, de sa puissance; délire, folie des grandeurs ► **megalomania**
mégalopole ou **mégapole** *nf* Grande agglomération urbaine ► **megalópole**
mégaoctet *nm* Unité de mesure de la capacité d'une mémoire d'ordinateur, équivalant à 2^{20} octets ► ***megabyte***
mégaphone *nm* Porte-voix ► **megafone**
mégapole *nf* → **mégalopole**
mégarde (par) *loc adv* Par erreur, par inadvertance ► **por engano**
mégatonne *nf* Unité servant à évaluer la puissance d'un projectile nucléaire ► **megaton**
mégère *nf* FAM Femme hargneuse, acariâtre ► **megera**
mégir ou **mégisser** *vt* Tanner une peau à l'alun ► **curtir**
mégisserie *nf* Industrie qui a pour objet le traitement des peaux et des cuirs ► **curtume**
mégot *nm* FAM Bout de cigarette ou de cigare que l'on a fini de fumer ► **guimba**
mégoter *vt ind* [sur] FAM Lésiner sur ► **ratinhar**
méhari *nm* Dromadaire domestique d'Afrique ► **dromedário**
meilleur, e *adj* **1** (comparatif de supériorité de *bon*) Plus favorable, plus clément, plus généreux: *le temps est meilleur qu'hier* ► **melhor 2** (superlatif de *bon*) Qui a un haut degré de qualité, de bonté: *les dix meilleurs films* ► **melhor 3** Très bon, excellent: *mes meilleurs vœux* ► **melhor** ♦ *n* Personne ou chose excellente, de grande qualité ► **melhor**
méiose *nf* BIOL Mode de division de la cellule vivante ► **meiose**
méjuger *vt (conj 2)* SOUT Juger de façon défavorable ou erronée ► **julgar mal**
mél *nm* (abrév de *messagerie électronique*) Service d'envoi de messages entre des personnes reliées à un réseau télématique; message ainsi délivré: *recevoir des méls* ► ***e-mail***
mélancolie *nf* État de dépression, de tristesse vague ► **melancolia**
mélancolique *adj et n* Qui éprouve de la mélancolie ► **melancólico** ♦ *adj* Qui manifeste ou inspire la mélancolie ► **melancólico**
mélancoliquement *adv* De façon mélancolique ► **melancolicamente**
mélanésien, enne *adj et n* De Mélanésie: *les Mélanésiens* ► **melanésio**
mélange *nm* **1** Action de mêler, de mélanger ► **mistura 2** Ensemble de choses différentes mêlées ► **mistura** ■ **sans mélange:** pur: *joie sans mélange* ► **puro**
mélanger *vt (conj 2)* **1** Mettre ensemble, réunir des choses ou des personnes diverses: *mélanger les genres* ► **misturar 2** Mettre en désordre ou dans un ordre différent: *tu as mélangé mes papiers!* ► **misturar 3** Confondre des choses, des idées: *mélanger les dates* ► **misturar**
mélangeur *nm* Appareil pour mélanger: *mélangeur d'eau chaude et d'eau froide* ► **misturador**
mélanine *nf* Pigment brun qui colore la peau, les cheveux ► **melanina**
mélanome *nm* Tumeur de la peau ► **melanoma**
mélasse *nf* Matière sirupeuse, résidu du raffinage du sucre ► **melaço**
Melba *adj inv* ■ **pêche, fraise, etc., Melba:** pochée au sirop, servie sur une couche de glace à la vanille ► **pêssego, morango Melba**
mêlée *nf* **1** Combat confus et acharné au corps à

corps entre deux ou plusieurs individus ▸ **brigaiada 2** FIG Lutte, conflit d'intérêts, de passions: *rester au-dessus de la mêlée politique* ▸ **contenda 3** Groupement formé au cours d'une partie de rugby par plusieurs joueurs de chaque équipe, pour la possession du ballon introduit au milieu d'eux ▸ ***scrum***

mêler *vt* **1** Mettre ensemble des choses diverses: *mêler de l'eau avec du vin* ▸ **misturar 2** Emmêler: *mêler une bobine de fil* ▸ **embaralhar 3** Impliquer: *mêler quelqu'un à une affaire* ▸ **envolver** ♦ **se mêler** *vpr* **1** Se confondre, se joindre: *se mêler au cortège* ▸ **misturar-se 2** FIG Participer à: *se mêler d'une affaire* ▸ **envolver-se**

mélèze *nm* Conifère des pays tempérés, à aiguilles caduques ▸ **lariço**

méli-mélo (pl *mélis-mélos*) *nm* FAM Mélange confus, désordonné ▸ **melê**

mélisse *nf* Plante aromatique ▸ **melissa**

mélo (abréviation) *nm* FAM Mélodrame ▸ **Ø** ♦ *adj* FAM Mélodramatique ▸ **Ø**

mélodie *nf* **1** Suite de sons formant un air ▸ **melodia 2** FIG Suite harmonieuse de sons, de phrases: *la mélodie d'un vers* ▸ **melodia 3** MUS Composition pour voix seule avec accompagnement ▸ **melodia**

mélodieusement *adv* De façon mélodieuse ▸ **melodiosamente**

mélodieux, euse *adj* Dont la sonorité est agréable à l'oreille: *chant mélodieux* ▸ **melodioso**

mélodique *adj* Qui relève de la mélodie ▸ **melódico**

mélodramatique *adj* Qui tient du mélodrame ▸ **melodramático**

mélodrame *nm* Drame où sont accumulées des situations pathétiques et des péripéties imprévues ▸ **melodrama**

mélomane *n et adj* Amateur de musique ▸ **melômano**

melon *nm* Plante dont le fruit, arrondi, possède une chair juteuse et sucrée, orangée ou vert clair; ce fruit ▸ **melão** ■ **chapeau melon** ou **melon:** *nm* chapeau rond et bombé ▸ **chapéu-coco** □ **melon d'eau:** pastèque ▸ **melancia**

mélopée *nf* **1** ANTIQ Chant rythmé, qui accompagnait une déclamation ▸ **melopeia 2** Chant monotone ▸ **melopeia**

melting-pot [mɛltipɔt] (pl *melting-pots*) *nm* **1** HIST Brassage et assimilation d'éléments démographiques divers, aux États-Unis ▸ ***melting-pot* 2** Endroit où se rencontrent des éléments d'origines diverses, des idées différentes ▸ ***melting-pot***

membrane *nf* Tissu mince et souple qui forme, enveloppe ou tapisse les organes ▸ **membrana**

membraneux, euse *adj* De la nature des membranes: *tissu membraneux* ▸ **membranoso**

membre *nm* **1** Partie du corps des vertébrés servant à la locomotion (jambes, pattes) ou à la préhension (bras) ▸ **membro 2** GRAMM Division d'une phrase ▸ **membro 3** MATH Chacune des expressions d'une égalité ou d'une inégalité ▸ **membro 4** FIG Personne, pays, groupe faisant partie d'un ensemble organisé: *les membres de l'Assemblée nationale* ▸ **membro** ■ **membre viril:** pénis ▸ **membro genital**

membrure *nf* **1** Ensemble des membres du corps humain ▸ **membros 2** Charpente d'un navire ▸ **cavername**

même *adj* **1** Exprime l'identité ou la parité: *ils ont les mêmes goûts* ▸ **mesmo 2** Placé immédiatement après les noms ou les pronoms, marque plus expressément la personne, l'objet dont on parle: *moi-même* ▸ **próprio, mesmo** ♦ *adv* **1** Marque un renforcement: *aujourd'hui même* ▸ **mesmo 2** Marque un renchérissement: *même lui ne sait pas* ▸ **até** ■ **à même:** directement: *boire à même la bouteille* ▸ **diretamente de, em** □ **de même:** de la même manière ▸ **do mesmo modo** □ **être à même de:** en état de, libre de ▸ **ter condições de** □ FAM **tout de même** ou **quand même: (a)** malgré tout, néanmoins ▸ **apesar de tudo (b)** exprime l'indignation ▸ **francamente** ♦ *pron indéf* Marque l'identité, la ressemblance: *ce pull, j'ai le même* ▸ **igual** ♦ **de même que** *loc conj* Ainsi que, comme ▸ **tal como**

mémé *nf* **1** Grand-mère, dans le langage enfantin ▸ **vovó 2** FAM, PÉJOR Ménagère âgée ▸ **velhota**

mémento [memɛ̃to] (pl *mémentos*) *nm* **1** Agenda où l'on inscrit ce dont on veut se souvenir ▸ **memento 2** Ouvrage résumant l'essentiel d'une ou de plusieurs matières ▸ **memento**

mémère *nf* FAM, PÉJOR Vieille dame ▸ **velha**

mémo *nm* FAM Note de service ▸ **nota**

mémoire[1] *nf* **1** Aptitude à se souvenir: *avoir une bonne, une mauvaise mémoire* ▸ **memória 2** Souvenir: *venger la mémoire de quelqu'un* ▸ **memória 3** INFORM Dispositif d'un ordinateur qui enregistre, conserve et restitue l'information nécessaire à l'exécution d'un programme ▸ **memória** ■ **à la mémoire de:** en l'honneur d'un mort ▸ **em memória de** □ **de mémoire:** en s'aidant de la mémoire, par cœur ▸ **de memória** □ **de mémoire d'homme:** du plus loin qu'on se souvienne ▸ **desde que o mundo é mundo** □ **devoir de mémoire:** obligation morale de témoigner d'événements dont la connaissance et la transmission sont jugées nécessaires pour tirer les leçons du passé ▸ **dever de memória** ▫ **lieu de mémoire:** œuvre, monument, site qu'un groupe humain considère comme un symbole de son passé commun, de son patrimoine culturel ▸ **memorial** ▫ INFORM **mémoire morte:** mémoire dont le contenu n'est accessible qu'en lecture ▸ **memória ROM** ▫ INFORM **mémoire vive:** mémoire dont le contenu peut être lu ou modifié ▸ **memória RAM** ▫ **pour mémoire:** à titre de renseignement ▸ **para informar**

mémoire² *nm* **1** Exposé écrit sur un sujet particulier ▸ **dissertação 2** Relevé de sommes dues à un fournisseur ▸ **conta, nota** ◆ **Mémoires** *pl* Souvenirs écrits par une personne sur sa vie publique ou privée ▸ **memórias**

mémorable *adj* Digne d'être conservé dans la mémoire ▸ **memorável**

mémorandum [memɔrãdɔm] (pl *mémorandums*) *nm* **1** Note diplomatique ▸ **memorando 2** Carnet de notes, mémento ▸ **memento**

mémorial (pl *mémoriaux*) *nm* **1** Recueil de faits mémorables ▸ **memorial 2** Monument commémoratif ▸ **memorial**

mémorialiste *n* Auteur de Mémoires ▸ **memorialista**

mémorisation *nf* Action de mémoriser ▸ **memorização**

mémoriser *vt* **1** Fixer dans sa mémoire ▸ **memorizar 2** INFORM Conserver une information dans une mémoire ▸ **memorizar**

menaçant, e *adj* Qui exprime une menace: *ton menaçant* ▸ **ameaçador**

menace *nf* **1** Parole, geste marquant l'intention de nuire ▸ **ameaça 2** Signe qui fait craindre quelque chose: *menace d'orage* ▸ **ameaça**

menacer *vt (conj 1)* **1** Faire des menaces, chercher à intimider par des menaces: *menacer quelqu'un de mort* ▸ **ameaçar 2** Mettre en danger: *menacer la vie de quelqu'un* ▸ **ameaçar 3** Laisser craindre, laisser présager: *la neige menace de tomber* ▸ **ameaçar**

ménage *nm* **1** Entretien de la maison, travaux domestiques: *les soins du ménage; faire le ménage* ▸ **trabalhos domésticos 2** Couple vivant en commun: *un jeune ménage* ▸ **casal** ▪ **faire bon ménage:** s'accorder, bien s'entendre ▸ **dar-se bem**

ménagement *nm* Égards, circonspection envers quelqu'un ▸ **deferência**

ménager¹ *vt (conj 2)* **1** Traiter avec égards, avec respect, avec délicatesse: *ménager un malade* ▸ **tratar com cuidado 2** User, employer avec économie: *ménager son temps* ▸ **poupar 3** Organiser, préparer avec soin: *ménager un entretien* ▸ **preparar** ◆ **se ménager** *vpr* Prendre soin de soi, de sa santé ▸ **poupar-se**

ménager², ère *adj* Qui concerne le ménage, l'entretien d'une maison: *enseignement ménager* ▸ **doméstico**

ménagère *nf* **1** Femme qui s'occupe de son ménage, de son intérieur ▸ **dona de casa 2** Service de couverts de table dans un coffret ▸ **faqueiro**

ménagerie *nf* Lieu où sont rassemblés des animaux sauvages ou rares ▸ **zoológico**

mendiant, e *n* Personne qui mendie ▸ **mendigo** ◆ *nm* ▪ **les quatre mendiants** ou **mendiant:** dessert composé de figues sèches, de raisins secs, d'amandes et de noisettes ▸ **biscoito de frutas secas**

mendicité *nf* **1** Action de mendier ▸ **mendicidade 2** Condition de celui qui mendie ▸ **mendicidade**

mendier *vt* **1** Demander comme une aumône: *mendier son pain* ▸ **mendigar 2** FIG Rechercher avec empressement et bassesse: *mendier des approbations* ▸ **mendigar** ◆ *vi* Demander l'aumône ▸ **mendigar**

meneau *nm* Montant qui divise les fenêtres en compartiments ▸ **pinázio**

menées *nf pl* Manœuvres secrètes et malveillantes pour faire réussir un projet ▸ **manobras**

mener *vt (conj 9)* **1** Conduire quelque part: *mener un enfant à l'école* ▸ **levar 2** Transporter, servir de voie de communication: *route qui mène au village* ▸ **levar 3** Faire arriver à un certain état, à une certaine situation: *entreprise qui mène à la ruine* ▸ **levar 4** Assurer le déroulement de: *mener une enquête* ▸ **realizar 5** Être en tête, diriger: *mener la partie* ▸ **conduzir** ▪ **mener à bien:** faire réussir ▸ **levar a bom termo** ▫ **mener loin:** avoir de graves conséquences ▸ **ter sérias consequências** ▫ FAM **ne pas en mener large: (a)** avoir peur ▸ **estar com medo (b)** être inquiet ▸ **estar inquieto** ◆ *vi* Avoir l'avantage; être en tête: *mener de deux points* ▸ **liderar**

ménestrel *nm* Au Moyen Âge, poète ou musicien ambulant ▸ **menestrel**

ménétrier *nm* AUTREF Dans les campagnes, musicien qui faisait danser ▸ **rabequista**

meneur, euse *n* Personne qui dirige, qui entraîne les autres: *les meneurs d'une grève* ▸ **líder** ▪ **meneur de jeu:** animateur d'un jeu collectif, radiophonique ou télévisé ▸ **animador, apresentador** ▫ **meneur d'hommes:** personne douée des qualités requises pour entraîner, diriger les

autres ▸ **líder**
menhir [menir] *nm* Monument mégalithique dressé verticalement ▸ **menir**
méninge *nf* Chacune des trois membranes enveloppant le cerveau et la moelle épinière ▸ **meninge**
méningé, e *adj* Relatif aux méninges, à la méningite ▸ **meníngeo, meningítico**
méningite *nf* Inflammation des méninges se traduisant par une raideur de la nuque, des céphalées et des vomissements ▸ **meningite**
ménisque *nm* **1** Lentille de verre convexe d'un côté et concave de l'autre: *ménisque divergent, convergent* ▸ **menisco 2** Lame de cartilage située entre les os, dans certaines articulations: *les ménisques du genou* ▸ **menisco**
ménopause *nf* Cessation de l'ovulation chez la femme, caractérisée par l'arrêt de la menstruation ▸ **menopausa**
menotte *nf* FAM Main d'enfant ▸ **mãozinha ♦ menottes** *pl* Bracelets métalliques avec lesquels on attache les poignets des prisonniers ▸ **algemas**
mensonge *nm* Affirmation contraire à la vérité ▸ **mentira**
mensonger, ère *adj* Faux, trompeur: *publicité mensongère* ▸ **mentiroso**
menstruation *nf* Phénomène physiologique caractérisé par un écoulement sanguin périodique, propre à la femme, de la puberté à la ménopause ▸ **menstruação**
menstruel, elle *adj* Relatif à la menstruation ▸ **menstrual**
menstrues *nf pl* VX Règles ▸ **menstruação**
mensualisation *nf* Action de mensualiser: *la mensualisation des impôts* ▸ **pagamento mensal**
mensualiser *vt* **1** Rendre mensuel un paiement, un salaire ▸ **tornar mensal 2** Payer au mois; faire passer à une rémunération mensuelle ▸ **pagar mensalmente**
mensualité *nf* Somme versée mensuellement ▸ **mensalidade**
mensuel, elle *adj* **1** Qu'on fait tous les mois: *rapport mensuel* ▸ **mensal 2** Qui paraît tous les mois: *magazine mensuel* ▸ **mensal ♦** *nm* Revue, magazine qui paraît chaque mois ▸ **mensário**
mensuellement *adv* Par mois ▸ **mensalmente**
mensuration *nf* Mesure des dimensions caractéristiques du corps humain ▸ **mensuração ♦ mensurations** *pl* Ces dimensions ▸ **medidas**
mental, e, aux *adj* Relatif au fonctionnement psychique: *maladie mentale* ▸ **mental ■ calcul mental:** par la pensée, sans écrire ▸ **cálculo mental ♦** *nm sing* Ensemble des dispositions mentales et psychiques de quelqu'un ▸ **cabeça**
mentalement *adv* Par la pensée ▸ **mentalmente**
mentalité *nf* **1** État d'esprit, comportement moral ▸ **mentalidade 2** Ensemble des croyances, des habitudes, des comportements caractéristiques d'un groupe, d'une société ▸ **mentalidade**
menteur, euse *adj et n* Qui ment; qui a l'habitude de mentir ▸ **mentiroso**
menthe *nf* Plante herbacée odorante; essence de cette plante ▸ **hortelã**
menthol [mɛ̃tɔl] ou [mãtɔl] *nm* Alcool extrait de l'essence de menthe ▸ **mentol**
mentholé, e *adj* Qui contient du menthol ▸ **mentolado**
mention *nf* **1** Indication, renseignement donnés sur quelque chose ▸ **menção, citação 2** Appréciation élogieuse donnée à la suite de certains examens ▸ **distinção ■ faire mention de:** signaler; citer ▸ **mencionar**
mentionner *vt* Faire mention de; citer ▸ **mencionar**
mentir *vi (conj 19)* Affirmer le faux ou nier le vrai ▸ **mentir ■ sans mentir:** en vérité, sans exagérer ▸ **sem exagero**
menton *nm* Partie saillante du visage, au-dessous de la bouche ▸ **queixo**
mentonnière *nf* **1** Bande de cuir qui, passant sous le menton, assujettit une coiffure, un casque ▸ **barbicacho 2** Accessoire épousant la forme du menton et servant à maintenir le violon pendant le jeu ▸ **queixeira**
mentor [mɛ̃tɔr] *nm* LITT Guide, conseiller sage et expérimenté ▸ **mentor**
menu[1] *nm* **1** Liste des plats composant un repas ▸ **cardápio 2** Repas à prix fixe servi dans un restaurant ▸ ***menu* 3** INFORM Liste d'actions exécutables par un ordinateur exploité en mode interactif ▸ ***menu***
menu[2], e *adj* **1** Mince, petit, frêle: *une petite fille menue* ▸ **miúdo 2** De peu d'importance: *la menue monnaie* ▸ **miúdo ♦** *adv* En petits morceaux: *hacher menu* ▸ **em pedacinhos ♦** *nm* **■ par le menu:** en détail: *raconter par le menu* ▸ **em pormenores**
menuet *nm* Danse du XVIIe s. ▸ **minueto**
menuiserie *nf* Métier, ouvrage, atelier du menuisier ▸ **marcenaria**
menuisier, ère *n* Artisan qui fait des meubles et autres ouvrages de bois ▸ **marceneiro**
méphitique *adj* Qui a une odeur répugnante ou toxique: *gaz méphitique* ▸ **mefítico**
méplat, e *adj* Plus large qu'épais ▸ **chato ♦** *nm*

1 Chacun des plans d'une surface ▸ **plano 2** Plan intermédiaire formant la transition entre deux surfaces ▸ **plano**

méprendre (se) *vpr (conj 54)* Prendre une personne ou une chose pour une autre ▸ **confundir-se ■ à s'y méprendre:** au point de se tromper ▸ **a ponto de se confundir**

mépris *nm* Action de mépriser ▸ **desprezo ■ au mépris de:** sans tenir compte de ▸ **a despeito de**

méprisable *adj* Digne de mépris ▸ **desprezível**

méprisant, e *adj* Qui a ou marque du mépris: *air méprisant* ▸ **de desprezo**

méprise *nf* Erreur de celui qui se méprend ▸ **equívoco**

mépriser *vt* **1** Juger indigne de considération, d'estime, d'attention, etc.: *mépriser les lâches, la lâcheté* ▸ **desprezar 2** Ne pas craindre, ne pas redouter, négliger: *mépriser le danger* ▸ **menosprezar**

mer *nf* **1** Vaste étendue d'eau salée qui couvre en partie le globe ▸ **mar 2** Portion définie de cette étendue: *la mer Méditerranée* ▸ **mar 3** Vaste superficie: *une mer de sable* ▸ **mar ■ ce n'est pas la mer à boire:** ce n'est pas très difficile ▸ **não é nada do outro mundo**

mercantile *adj* Qui est surtout préoccupé par le désir de gagner de l'argent, de faire du profit ▸ **mercantil**

mercantilisme *nm* Âpreté au gain ▸ **mercantilismo**

mercato *nm* Marché des transferts, dans les milieux du football et de l'audiovisuel; période où ces transferts ont lieu ▸ **(período de) transferências**

mercenaire *n et adj* Soldat qui sert un gouvernement étranger pour de l'argent ▸ **mercenário**

mercerie *nf* Commerce, marchandises, boutique de mercier ▸ **armarinho**

mercerisé, e *adj* ▸ **mercerizado ■ coton mercerisé:** coton traité de façon à donner un brillant soyeux ▸ **algodão mercerizado**

merci[1] *nm* Parole de remerciement: *un grand merci* ▸ **agradecimento** ◆ *interj* S'emploie pour remercier: *merci pour ce cadeau!* ▸ **obrigado**

merci[2] *nf* ▸ **mercê ■ être à la merci de:** dépendre de ▸ **estar à mercê de □ sans merci:** sans pitié ▸ **impiedoso**

mercier, ère *n* Personne qui vend des articles de couture ▸ **armarinheiro**

mercredi *nm* Troisième jour de la semaine ▸ **quarta-feira**

mercure *nm* Métal liquide et d'un blanc d'argent; symb: Hg ▸ **mercúrio**

mercuriale *nf* Liste des prix courants des denrées alimentaires vendues sur un marché ▸ **lista de preços**

Mercurochrome *nm* (nom déposé) Médicament antiseptique liquide de couleur rouge ▸ **mercurocromo**

merde *nf* TRÈS FAM **1** Excrément ▸ **merda 2** Ennui, difficulté ▸ **encheção 3** Être ou chose méprisable, sans valeur ▸ **merda** ◆ *interj* TRÈS FAM Exprime la colère, la surprise, l'indignation, etc.: *merde alors!* ▸ **merda**

merdier *nm* TRÈS FAM **1** Grand désordre ▸ **merda 2** Situation embrouillée ▸ **merda**

merdique *adj* TRÈS FAM Mauvais, sans valeur ▸ **de merda**

mère *nf* **1** Femme qui a mis au monde un ou plusieurs enfants ▸ **mãe 2** Femelle d'un animal qui a eu des petits: *la mère nourrit ses petits* ▸ **mãe 3** Supérieure d'un couvent ▸ **madre 4** FIG Source, cause, origine: *l'oisiveté est la mère de tous les vices* ▸ **mãe** ◆ *adj* **■ idée mère:** idée principale ▸ **ideia-mãe □ maison mère:** établissement principal dont dépendent des succursales ▸ **matriz**

merguez *nf inv* Saucisse pimentée ▸ ***merguez***

méridien[1] *nm* Grand cercle imaginaire de la surface terrestre ou de la sphère céleste passant par la ligne des pôles et dont le plan est perpendiculaire à celui de l'équateur ▸ **meridiano ■ méridien magnétique:** plan vertical du champ magnétique terrestre ▸ **meridiano magnético □ premier méridien** ou **méridien origine:** méridien par rapport auquel on compte les degrés de longitude ▸ **meridiano-origem**

méridien[2]**, enne** *adj* ASTRON Se dit du plan qui, en un lieu, comprend la verticale de ce lieu et l'axe du monde ▸ **meridiano**

méridienne *nf* Canapé à accoudoirs inégalement surhaussés qui permettent de maintenir le dos lorsque les jambes sont étendues ▸ **espreguiçadeira**

méridional, e, aux *adj* Situé au sud: *la côte méridionale de la Grande-Bretagne* ▸ **meridional** ◆ *adj et n* Du midi de la France: *accent méridional* ▸ **francês meridional**

meringue *nf* Pâtisserie à base de sucre et de blancs d'œufs battus ▸ **merengue, suspiro**

meringuer *vt* Garnir de meringue ▸ **cobrir de suspiros, de merengue**

mérinos [merinos] *nm* Mouton très répandu dans le monde, dont il existe plusieurs races; étoffe faite de sa laine ▸ **merino**

merise *nf* Fruit du merisier ▶ **cereja**
merisier *nm* Cerisier sauvage; bois de cet arbre ▶ **cerejeira**
méritant, e *adj* Qui a du mérite ▶ **merecedor**
mérite *nm* **1** Ce qui rend digne de récompense, d'estime: *le mérite de l'affaire lui en revient* ▶ **mérito 2** Qualité louable de quelqu'un ou de quelque chose: *un homme de mérite* ▶ **mérito**
mériter *vt* **1** Être digne ou passible de: *mériter des éloges, une punition* ▶ **merecer 2** Avoir droit à: *cela mérite une réponse* ▶ **merecer** ◆ *vt ind* [de] ■ **bien mériter de sa patrie:** s'illustrer en la servant ▶ **prestar serviços à pátria**
méritoire *adj* Digne d'estime, de récompense; louable ▶ **meritório**
EMPLOI *Méritoire* se dit d'une chose. Pour une personne, on emploie *méritant*
merlan *nm* Poisson comestible des mers d'Europe ▶ **badejo**
merle *nm* Oiseau à plumage sombre, voisin de la grive ▶ **melro** ■ FIG **merle blanc:** personne ou objet introuvable ▶ **ave rara**
merlu *nm* Poisson commercialisé sous le nom de *colin* ▶ **merluza**
merluche *nf* **1** Nom commercial de certains poissons, comme le merlu, la lingue ▶ **abrótea 2** Morue sèche, non salée ▶ **bacalhau seco sem sal**
mérou *nm* Gros poisson de mer comestible ▶ **garoupa**
mérovingien, enne *adj* De la dynastie des Mérovingiens ▶ **merovíngio**
merveille *nf* **1** Ce qui inspire une grande admiration par sa beauté, sa grandeur, sa valeur ▶ **maravilha 2** Pâtisserie faite de pâte frite saupoudrée de sucre ▶ **cueca virada** ■ **à merveille:** très bien ▶ **às mil maravilhas**
merveilleusement *adv* De façon merveilleuse ▶ **maravilhosamente**
merveilleux, euse *adj* Admirable, surprenant, exceptionnel ▶ **maravilhoso** ◆ *nm* Ce qui paraît merveilleux, miraculeux, surnaturel ▶ **maravilhoso**
mes *adj poss pl* → **mon**
mésalliance *nf* Action de se mésallier ▶ ***mésalliance***
mésallier (se) *vpr* Se marier à une personne appartenant à une classe jugée inférieure ▶ **contrair *mésalliance***
mésange *nf* Petit passereau insectivore ▶ **chapim**
mésaventure *nf* Aventure désagréable ▶ **desventura**
mescaline *nf* Alcaloïde hallucinogène extrait d'une cactacée mexicaine, le peyotl ▶ **mescalina**
mesclun [mɛsklˇ] *nm* Mélange de jeunes plants de salades et de plantes aromatiques ▶ **salada de folhas**
mesdames *nf pl* → **madame**
mesdemoiselles *nf pl* → **mademoiselle**
mésentente *nf* Manque d'entente; désaccord ▶ **desentendimento**
mésentère *nm* Repli du péritoine maintenant les intestins ▶ **mesentério**
mésestimer *vt* Ne pas apprécier à sa juste valeur ▶ **subestimar**
mésintelligence *nf* LITT Manque d'accord ▶ **desinteligência**
mésolithique *nm et adj* Période succédant au paléolithique, entre 10000 et 5000 av. J.-C. ▶ **mesolítico**
mésosphère *nf* Couche atmosphérique qui s'étend entre la stratosphère et la thermosphère ▶ **mesosfera**
mésothéliome *nm* Tumeur bénigne ou maligne du mésothélium (le plus fréquent est le *mésothéliome pleural*, cancer primitif de la plèvre, lié à l'exposition à l'amiante) ▶ **mesotelioma**
mésothélium [-ljm] *nm* BIOL Tissu tapissant la surface interne de certaines membranes séreuses ▶ **mesotélio**
mésothérapie *nf* Procédé thérapeutique consistant en des injections de doses minimes de médicaments le plus près possible du siège de la douleur ▶ **mesoterapia**
mesquin, e *adj* Qui manque de grandeur, de noblesse, de générosité: *un procédé mesquin* ▶ **mesquinho**
mesquinement *adv* De façon mesquine ▶ **mesquinhamente**
mesquinerie *nf* Caractère ou acte mesquin ▶ **mesquinharia**
mess [mɛs] *nm* Salle où mangent en commun les officiers ou les sous-officiers d'un régiment ▶ **refeitório**
message *nm* **1** Communication, nouvelle transmise à quelqu'un: *porter un message* ▶ **mensagem 2** FIG Signification, contenu transmis par quelqu'un ou par quelque chose: *le message d'un poète* ▶ **mensagem**
messager, ère *n* Personne chargée de transmettre un message ▶ **mensageiro**
messagerie *nf* Transport rapide par chemin de fer, route, eau ou air: *messageries maritimes* ▶ **serviço de transporte expresso** ■ **messagerie électronique:** service d'envoi de messages par

réseau télématique ▸ **correio eletrônico**

messe *nf* **1** RELIG Célébration catholique qui commémore le sacrifice de Jésus-Christ sur la croix ▸ **missa 2** Musique composée pour une grand-messe ▸ **missa** ■ FIG **messe basse:** entretien, aparté entre deux personnes ▸ **cochicho**

messianique *adj* Relatif au Messie, au messianisme ▸ **messiânico**

messianisme *nm* Croyance en l'avènement du royaume de Dieu sur terre ou en l'avènement d'un monde meilleur ▸ **messianismo**

messidor *nm* Dixième mois du calendrier républicain en France (du 20 juin au 19 juillet) ▸ **messidor**

messie *nm* **1** (avec une majuscule) Dans le judaïsme, envoyé de Dieu, rédempteur et libérateur futur d'Israël ▸ **Messias 2** (avec une majuscule) Chez les chrétiens, le Christ ▸ **Messias 3** Celui dont on attend le salut; personnage providentiel ▸ **messias** ■ **être attendu comme le Messie:** comme un sauveur, avec un grand espoir ▸ **ser esperado como um messias**

messieurs *nm pl* → **monsieur**

messire *nm* ANC Titre d'honneur des nobles ▸ **senhor**

mesurable *adj* Qui peut être mesuré ▸ **mensurável**

mesure *nf* **1** Évaluation d'une grandeur par comparaison avec une autre de la même espèce prise pour unité; grandeur, quantité ainsi déterminée: *appareil de mesure* ▸ **medição, medida 2** Unité servant à l'évaluation d'une grandeur: *le mètre est la mesure de longueur* ▸ **medida 3** MUS Division du temps musical en unités égales: *mesure à deux temps; battre la mesure* ▸ **compasso 4** Modération, retenue: *avoir le sens de la mesure* ▸ **medida 5** Moyen d'action, disposition: *prendre les mesures qui s'imposent* ▸ **medida** ■ **à la mesure de: (a)** proportionné à ▸ **à medida de (b)** qui correspond à: *un adversaire à sa mesure* ▸ **à altura de** □ **à mesure (que):** en même temps (que) et dans la même proportion (que) ▸ **à medida que** □ **dans la mesure du possible: (a)** autant qu'on le peut ▸ **na medida do possível (b)** si c'est possible ▸ **na medida do possível** □ **être en mesure de:** pouvoir faire, être à même de ▸ **estar em condições de** □ **outre mesure:** avec excès ▸ **além da conta** □ **passer, dépasser la mesure:** aller au-delà de ce qui est permis ou convenable ▸ **passar dos limites** □ **sur mesure(a)** se dit d'un vêtement confectionné d'après les mesures du commanditaire ▸ **sob medida (b)** FIG qui convient parfaitement: *un sujet sur mesure* ▸ **sob medida**

ORTHOGRAPHE On prend *des mesures* pour confectionner un vêtement *sur mesure* (au sing)

mesuré, e *adj* Modéré: *un ton mesuré* ▸ **comedido**

mesurer *vt* **1** Évaluer par rapport à une unité: *mesurer un tissu* ▸ **medir 2** Déterminer la valeur de: *savoir mesurer les risques* ▸ **medir 3** Régler avec modération ou parcimonie: *mesurer ses paroles* ▸ **medir** ◆ *vi* Avoir comme mesure: *cet arbre mesure dix mètres* ▸ **medir** ◆ **se mesurer** *vpr* ▸ **medir-se** ■ **se mesurer avec, à quelqu'un:** lutter, se battre avec lui ▸ **medir-se com alguém**

mesureur *nm* Appareil pour mesurer ▸ **medidor**

métabolique *adj* Qui relève du métabolisme ▸ **metabólico**

métabolisme *nm* Ensemble des transformations subies dans un organisme vivant par les substances qu'il absorbe ▸ **metabolismo**

métacarpe *nm* Partie du squelette de la main entre le carpe et les phalanges ▸ **metacarpo**

métacarpien, enne *adj* Du métacarpe ▸ **metacárpico**

métairie *nf* Domaine rural exploité en métayage; les bâtiments eux-mêmes ▸ **fazenda explorada em parceria**

métal *nm* Corps simple doué d'un éclat particulier, en général bon conducteur de la chaleur et de l'électricité, et qui possède en outre la propriété de donner des oxydes avec l'oxygène ▸ **metal** ■ **métaux précieux:** l'or, l'argent, le platine ▸ **metal precioso**

métalangage *nm* Langage utilisé pour décrire un autre langage ▸ **metalinguagem**

métallifère *adj* Qui renferme un métal ▸ **metalífero**

métallique *adj* **1** Constitué par du métal ▸ **metálico 2** Qui a le caractère ou l'apparence du métal: *éclat métallique* ▸ **metálico**

métallisé, e *adj* **1** Recouvert d'une légère couche de métal ▸ **metalizado 2** Qui a un éclat métallique: *voiture gris métallisé* ▸ **metalizado**

métalloïde *nm* VX Corps simple non métallique: *l'oxygène est un métalloïde* ▸ **metaloide**

métallurgie *nf* Ensemble des procédés et des techniques d'extraction et de traitement des métaux et des alliages ▸ **metalurgia**

métallurgique *adj* De la métallurgie: *industrie métallurgique* ▸ **metalúrgico**

métallurgiste *n* Personne qui travaille les métaux ▸ **metalúrgico**

métamorphique *adj* Qui résulte de la transformation d'une roche préexistante ▸ **metamórfico**

métamorphisme *nm* Dans la croûte terrestre, modification physique et chimique d'une roche sous l'effet de la chaleur et de la pression internes ▸ **metamorfismo**
métamorphose *nf* **1** Changement d'une forme en une autre ▸ **metamorfose 2** Ensemble des transformations que subissent certains animaux avant de parvenir à la forme adulte: *la métamorphose du têtard en grenouille* ▸ **metamorfose 3** FIG Changement complet dans le caractère d'une personne, dans l'aspect des choses ▸ **metamorfose**
métamorphoser *vt* Changer la forme de; transformer, modifier ▸ **metamorfosear**
métaphore *nf* Procédé d'expression qui consiste à donner à un mot la valeur d'un autre présentant avec le premier une analogie (EX: *une pluie de balles; la lumière d'un visage*) ▸ **metáfora**
métaphorique *adj* Qui tient de la métaphore: *style métaphorique* ▸ **metafórico**
métaphoriquement *adv* Par métaphore ▸ **metaforicamente**
métaphysicien, enne *n* Spécialiste de métaphysique ▸ **metafísico**
métaphysique *nf* **1** Partie de la réflexion philosophique qui a pour objet la connaissance des causes premières et des premiers principes ▸ **metafísica 2** Toute spéculation sur le sens du monde et la place de l'homme dans le monde ▸ **metafísica** ◆ *adj* Qui appartient à la métaphysique ▸ **metafísico**
métastase *nf* Apparition, en un point de l'organisme, d'un phénomène pathologique déjà présent ailleurs ▸ **metástase**
métastaser *vi* ou **se métastaser** *vpr* Produire des métastases ▸ **produzir metástase**
métatarse *nm* Partie du squelette du pied comprise entre le tarse et les orteils ▸ **metatarso**
métatarsien, enne *adj* Du métatarse: *os métatarsiens* ▸ **metatársico**
métayage *nm* Forme de bail où l'exploitant et le propriétaire se partagent les produits d'un domaine rural ▸ **parceria agrícola**
métayer, ère *n* Personne qui exploite un domaine rural en métayage ▸ **meeiro**
métazoaire *nm* Animal constitué de plusieurs cellules (par opposition à *protozoaire*) ▸ **metazoário**
métempsycose [metɑ̃psikoz] *nf* RELIG Réincarnation de l'âme après la mort dans un corps humain, dans celui d'un animal ou dans un végétal ▸ **metempsicose**
météo *nf* (abréviation de *météorologie*) **1** Bulletin météorologique ▸ **boletim meteorológico 2** Conditions atmosphériques: *si la météo le permet* ▸ **condições meteorológicas 3** Organisme qui s'occupe de la météorologie ▸ **instituto de meteorologia**
météore *nm* **1** Phénomène lumineux qui résulte de l'entrée d'un corps solide dans l'atmosphère terrestre; SYN: *étoile filante* ▸ **meteoro 2** FIG Personne ou chose qui brille d'un éclat vif mais passager ▸ **meteoro**
météorique *adj* Propre au météore ▸ **meteórico**
météorite *nf* Objet solide provenant de l'espace et qui atteint la surface de la Terre ▸ **meteorito**
météorologie *nf* Étude des phénomènes atmosphériques, notamment en vue de la prévision du temps; organisme chargé de cette étude ▸ **meteorologia, instituto de meteorologia**
météorologique *adj* Qui concerne la météorologie: *prévisions météorologiques* ▸ **meteorológico**
météorologiste ou **météorologue** *n* Spécialiste de météorologie ▸ **meteorologista**
métèque *nm* PÉJOR, RACISTE Étranger établi en France ▸ **meteco**
méthadone *nf* Substance de synthèse utilisée comme substitut de l'héroïne dans le sevrage des toxicomanes ▸ **metadona**
méthane *nm* Gaz incolore brûlant avec une flamme pâle ▸ **metano**
méthanier *nm* Navire conçu pour transporter le gaz naturel liquéfié ▸ **navio-tanque**
méthode *nf* **1** Démarche organisée et rationnelle de l'esprit pour arriver à un certain résultat: *travailler avec méthode* ▸ **método 2** Ouvrage qui contient les éléments d'une science, d'un art, etc.: *méthode de piano* ▸ **método**
méthodique *adj* **1** Qui a de la méthode, de l'ordre: *esprit méthodique* ▸ **metódico 2** Qui procède d'une méthode: *classement méthodique* ▸ **metódico**
méthodiquement *adv* Avec méthode ▸ **metodicamente**
méthodisme *nm* Mouvement religieux protestant ▸ **metodismo**
méthodiste *adj et n* Relatif au méthodisme; qui le professe ▸ **metodista**
méthodologie *nf* **1** Étude des méthodes propres à une science ▸ **metodologia 2** Manière de faire, de procéder; méthode ▸ **metodologia**
méthodologique *adj* Relatif à la méthodologie ▸ **metodológico**
méthylène *nm* Alcool méthylique ▸ **metileno** ■ **bleu de méthylène:** colorant et désinfectant

► **azul de metileno**

méticuleusement *adv* De façon méticuleuse ► **meticulosamente**

méticuleux, euse *adj* Qui a ou qui manifeste beaucoup de soin, de minutie ► **meticuloso**

méticulosité *nf* Caractère méticuleux ► **meticulosidade**

métier *nm* **1** Travail dont on tire ses moyens d'existence: *exercer un métier manuel, intellectuel* ► **trabalho 2** Expérience acquise, grande habileté: *avoir du métier* ► **experiência 3** Secteur d'activité dans lequel une firme a acquis un grand savoir-faire: *recentrer une entreprise sur son métier* ► **especialidade ▪ métier (à tisser):** machine pour la confection des tissus ► **tear**

métis, isse *adj et n* Qui est issu de l'union de deux personnes de couleur de peau différente ► **mestiço ▪ toile métisse** ou **métis:** *nm* toile dont la trame est en lin et la chaîne en coton ► **mescla de algodão e linho**

métissage *nm* Croisement de deux races animales ou végétales de même espèce ► **mestiçagem ▪** FIG **métissage culturel:** influence mutuelle de cultures en contact qui se révèle dans des œuvres littéraires, musicales, artistiques ► **miscigenação cultural**

métisser *vt* Croiser par métissage ► **mestiçar**

métonymie *nf* Procédé d'expression par lequel on exprime le tout par la partie, l'effet par la cause, le contenu par le contenant, etc. (EX: *toute la ville dort*, «ses habitants») ► **metonímia**

métonymique *adj* Relatif à la métonymie ► **metonímico**

métope *nf* ARCHIT Intervalle entre les triglyphes d'une frise ► **métopa**

métrage *nm* **1** Action de mesurer au mètre ► **metragem 2** Longueur en mètres d'un tissu, d'un film, etc. ► **metragem**

mètre[1] *nm* **1** Unité de mesure de longueur; symb: m ► **metro 2** Objet servant à mesurer et ayant la longueur d'un mètre ► **metro ▪ mètre carré:** unité de superficie équivalant à l'aire d'un carré d'un mètre de côté ► **metro quadrado □ mètre cube:** unité de volume équivalant au volume d'un cube d'un mètre de côté ► **metro cúbico**

mètre[2] *nm* **1** Dans la prosodie grecque et latine, groupe de syllabes comprenant deux temps marqués ► **pé métrico 2** Forme rythmique d'une poésie; vers ► **metro**

métré *nm* Mesure d'un terrain, d'une construction ► **medida**

métrer *vt (conj 10)* Mesurer en mètres ► **medir**

métreur, euse *n* Technicien chargé de faire le métré des constructions ► **medidor**

métrique[1] *adj* ► **métrico ▪ système métrique:** ensemble des mesures ayant pour base le mètre ► **sistema métrico**

métrique[2] *adj* Relatif à la mesure des vers ► **métrico ♦** *nf* Science qui étudie les éléments dont sont formés les vers; versification ► **métrica**

métro *nm* Chemin de fer urbain souterrain ou aérien ► **metrô**

métrologie *nf* Science des mesures ► **metrologia**

métronome *nm* Instrument pour marquer et contrôler le rythme d'exécution d'un morceau de musique ► **metrônomo**

métropole *nf* **1** État considéré par rapport à ses colonies, à ses territoires extérieurs ► **metrópole 2** Capitale politique ou économique d'une région, d'un État ► **metrópole**

métropolitain, e *adj et n* De la métropole ► **metropolitano**

métropolite *nm* Dignitaire de l'Église orthodoxe, entre le patriarche et les archevêques ► **metropolita**

mets *nm* Tout aliment préparé pour entrer dans la composition d'un repas ► **prato, iguaria**

mettable *adj* Que l'on peut mettre: *cet habit est encore mettable* ► **possível de vestir, de usar**

metteur, euse *n* ► **colocador ▪ metteur en pages:** typographe chargé de la mise en pages d'un ouvrage ► **paginador □ metteur en scène:** personne qui dirige une représentation de théâtre, un film, etc. ► **diretor**

mettre *vt (conj 57)* **1** Poser, placer quelque part: *mettre ses clés dans son sac* ► **pôr 2** Inclure, mêler, introduire: *mettre du sel dans une sauce* ► **pôr 3** Placer dans une certaine position, une certaine situation: *on l'a mis à la tête d'un groupe* ► **pôr 4** Revêtir, porter un vêtement, un accessoire: *mettre son manteau, ses lunettes* ► **pôr 5** Faire fonctionner, actionner: *mettre la radio, le chauffage, le contact* ► **ligar 6** Utiliser, employer: *mettre cent francs dans un achat; mettre deux heures pour arriver; mettre toute son énergie dans son travail* ► **gastar 7** Faire naître, provoquer: *mettre du désordre* ► **causar 8** Faire passer dans un état différent: *mettre en colère* ► **deixar ▪ y mettre du sien:** faire des concessions ► **fazer concessões ♦ se mettre** *vpr* **1** Se placer: *se mettre à table* ► **instalar-se 2** Prendre une certaine position: *se mettre debout* ► **ficar 3** S'habiller: *se mettre en uniforme; n'avoir rien à se mettre* ► **vestir(-se) 4** Commencer à être dans tel état: *se mettre en nage* ► **começar ▪ se mettre à:** commencer à: *se* *mettre à pleuvoir; se mettre au travail* ▸ **começar a** ▫ **se mettre en tête: (a)** s'imaginer ▸ **encasquetar (b)** vouloir absolument ▸ **encasquetar** ▫ **s'y mettre: (a)** commencer à travailler: *il faut s'y mettre* ▸ **pôr mãos à obra (b)** s'ajouter pour accentuer la difficulté: *si la pluie s'y met* ▸ **começar**

GRAMMAIRE Lorsque *mis à part* se trouve en tête de phrase, il reste invariable: *mis à part cette défaite, les résultats sont bons*

meuble *adj* **1** Qui se laboure facilement: *terre meuble* ▸ **móvel 2** Friable ▸ **móvel** ▪ DR **bien meuble:** susceptible d'être déplacé (par opposition à *bien immeuble*) ▸ **bem móvel** ♦ *nm* Objet mobile servant à l'aménagement ou à la décoration d'un lieu ▸ **móvel**

meublé, e *adj* Garni de meubles ▸ **mobiliado** ♦ *nm* Appartement loué avec le mobilier ▸ **apartamento mobiliado**

meubler *vt* **1** Garnir, équiper de meubles ▸ **mobiliar 2** FIG Remplir un vide; occuper une période de temps ▸ **preencher**

meuf *nf* FAM Jeune fille; femme ▸ **mina**

meuglement *nm* Beuglement ▸ **mugido**

meugler *vi* Beugler ▸ **mugir**

meule *nf* **1** Corps solide cylindrique servant à broyer, à aiguiser, à polir ▸ **mó 2** Tas de foin, de blé, etc., de forme généralement conique ▸ **meda 3** Grande pièce cylindrique de fromage: *meule de gruyère* ▸ **queijo cilíndrico**

meulière *nf* Roche siliceuse et calcaire, employée dans la construction ▸ **arenito**

meunerie *nf* **1** Usine pour la transformation des grains en farine ▸ **moinho 2** Commerce, industrie du meunier ▸ **comércio, indústria de moagem**

meunier, ère *n* Personne qui exploite un moulin à blé, une meunerie ▸ **moleiro**

meunière *nf* ▸ **moleira** ▪ **(à la) meunière:** se dit d'un poisson fariné et cuit au beurre à la poêle: *truite meunière* ▸ ***à la meunière***

meurtre *nm* Action de tuer volontairement un être humain ▸ **assassinato**

meurtrier, ère *n et adj* Personne qui commet un meurtre; assassin ▸ **assassino** ♦ *adj* Qui cause la mort de beaucoup de personnes ▸ **assassino**

meurtrière *nf* Fente dans les murs d'un ouvrage fortifié pour lancer des projectiles ▸ **seteira**

meurtrir *vt* **1** Contusionner; blesser physiquement ou moralement ▸ **machucar 2** Gâter des fruits par choc ou par contact ▸ **pisar, machucar**

meurtrissure *nf* **1** Contusion marquée par une tache bleuâtre ▸ **equimose 2** Partie endommagée d'un fruit ▸ **machucado**

meute *nf* **1** Troupe de chiens courants dressés pour la chasse ▸ **matilha 2** FIG Troupe acharnée contre quelqu'un ▸ **turba**

mévente *nf* Forte chute des ventes ▸ **queda das vendas**

mexicain, e *adj et n* Du Mexique: *les Mexicains* ▸ **mexicano**

mezzanine [mɛdzanin] *nf* Niveau intermédiaire ménagé dans une pièce haute de plafond ▸ **mezanino**

mezza voce [mɛdzavɔtʃe] *loc adv* À mi-voix ▸ **a meia-voz**

mezze [mɛdze] *nm pl* Assortiment de hors-d'œuvre, servis le plus souvent froids (spécialités du Moyen-Orient) ▸ ***mezze***

mezzo-soprano [mɛdzosɔprano] (pl *mezzo-sopranos*) *n* Voix de femme entre soprano et contralto; personne qui a cette voix ▸ **meio-soprano**

Mgr (abréviation) Monseigneur ▸ **Mons.**

mi *nm inv* Note de musique, troisième degré de la gamme de *do* ▸ **mi**

miam ou **miam-miam** *interj* Marque le plaisir que provoque un mets appétissant ▸ **nham**

miaou *nm* Cri du chat ▸ **miado**

miasme *nm* Émanation pestilentielle provenant de substances en décomposition ▸ **miasma**

miaulement *nm* Cri du chat ▸ **miado**

miauler *vi* Émettre des miaulements ▸ **miar**

mi-bas *nm inv* Bas ou longue chaussette s'arrêtant au-dessous du genou ▸ **meia três-quartos**

mica *nm* Minéral brillant et feuilleté ▸ **mica**

micacé, e *adj* Qui contient du mica ▸ **micáceo**

mi-carême (pl *mi-carêmes*) *nf* Le jeudi de la troisième semaine du carême ▸ ***mi-carême***

micaschiste *nm* Roche de mica et de quartz ▸ **micaxisto**

miche *nf* Gros pain rond ▸ **pão redondo**

micheline *nf* Autorail ▸ **automotriz**

mi-chemin (à) *loc adv* **1** Vers le milieu du chemin ▸ **a meio caminho 2** Entre deux choses, à une étape intermédiaire ▸ **a meio caminho**

mi-clos, e (pl *mi-clos, es*) *adj* À moitié fermé: *des yeux mi-clos* ▸ **semicerrado**

micmac *nm* FAM Situation suspecte et embrouillée; imbroglio ▸ **mutreta**

micocoulier *nm* Arbre du genre orme, dont le bois est employé en ébénisterie ▸ **lódão**

mi-corps (à) *loc adv* Au milieu du corps ▸ **até o meio do corpo**

mi-côte (à) *loc adv* À moitié de la côte ▸ **a meia encosta**

mi-course (à) *loc adv* Vers le milieu du trajet ▸ **no meio do caminho**

micro[1] *nm* (abréviation de *microphone*) Appareil qui transforme les vibrations sonores en oscillations électriques et permet l'enregistrement et l'amplification du son ▸ **microfone**
micro[2] (abréviation) *nm* Micro-ordinateur ▸ **micro** ◆ *nf* FAM Micro-informatique ▸ **Ø**
microbe *nm* Micro-organisme ▸ **micróbio**
microbien, enne *adj* Qui a rapport aux micro-organismes ▸ **microbiano**
microbiologie *nf* Ensemble des sciences qui étudient les micro-organismes ▸ **microbiologia**
microcéphale *adj et n* Dont la tête est anormalement petite ▸ **microcéfalo**
microchirurgie *nf* Chirurgie effectuée sous le contrôle du microscope, avec des instruments miniaturisés ▸ **microcirurgia**
microclimat *nm* Ensemble des conditions climatiques particulières à un petit espace homogène de faible étendue ▸ **microclima**
microcosme *nm* Image réduite du monde, de la société ▸ **microcosmo**
micro-cravate (pl *micros-cravates*) *nm* Micro miniature pouvant se fixer aux vêtements ▸ **microfone de lapela**
microcrédit *nm* Dans les pays en développement, prêt à taux très bas consenti à des personnes insolvables pour qu'elles créent une activité génératrice de revenus ▸ **microcrédito**
microéconomie *nf* Étude des comportements individuels des agents économiques ▸ **microeconomia**
microédition *nf* Publication assistée par ordinateur (PAO) ▸ **edição eletrônica**
microfibre *nf* Fibre textile synthétique très fine utilisée pour sa légèreté et sa solidité ▸ **microfibra**
microfiche *nf* Photographie reproduisant sur une surface très réduite un document d'archives ▸ **microficha**
microfilm *nm* Film composé d'une série d'images de dimensions très réduites ▸ **microfilme**
microfilmer *vt* Reproduire des documents sur microfilm ▸ **microfilmar**
micro-informatique (pl *micro-informatiques*) *nf* Domaine de l'informatique relatif à la fabrication et à l'utilisation des micro-ordinateurs ▸ **microinformática**
micromètre *nm* **1** Instrument servant à mesurer de petits objets ▸ **micrômetro 2** Unité de mesure de longueur égale à un millionième de mètre; symb: μm ▸ **micrômetro**
micron *nm* VX Micromètre, unité de mesure ▸ **mícron**
micro-ondes *nm inv* Four à ondes électromagnétiques permettant une cuisson très rapide ▸ **(forno de) micro-ondas**
micro-ordinateur (pl *micro-ordinateurs*) *nm* Petit ordinateur dont l'unité centrale de traitement est constituée d'un microprocesseur ▸ **microcomputador**
micro-organisme (pl *micro-organismes*) *nm* Être vivant microscopique généralement constitué d'une seule cellule ▸ **microrganismo**
microphone *nm* VIEILLI Micro ▸ **microfone**
microprocesseur *nm* Organe de traitement de l'information constitué de circuits électroniques intégrés ▸ **microprocessador**
microscope *nm* Instrument d'optique qui sert à observer des objets très petits ▸ **microscópio**
microscopique *adj* **1** Qui se fait au microscope: *étude microscopique* ▸ **microscópico 2** Qui ne peut être vu qu'avec un microscope: *particules microscopiques* ▸ **microscópico 3** Très petit, minuscule ▸ **microscópico**
microsillon *nm* Disque dont la gravure permet une audition de 25 minutes environ par face de 30 centimètres ▸ ***long-play***
micro-trottoir (pl *micros-trottoirs*) *nm* Enquête d'opinion effectuée dans la rue auprès de passants, pour une radio ou une télévision ▸ **pesquisa de rua**
miction *nf* Action d'uriner ▸ **micção**
midi *nm* **1** Heure correspondant au milieu du jour: *rendez-vous à midi* ▸ **meio-dia 2** La direction sud du Soleil: *appartement exposé au midi* ▸ **meio-dia, sul 3** (avec une majuscule) Région du sud de la France: *aller dans le Midi* ▸ **Sul** ■ **chercher midi à quatorze heures:** chercher des difficultés là où il n'y en a pas ▸ **procurar pelo em ovo** □ **démon de midi:** tentations, désirs sexuels qui s'emparent des êtres vers le milieu de leur vie ▸ **idade do lobo**
midinette *nf* FAM **1** VX À Paris, jeune ouvrière de la couture et de la mode ▸ **costureirinha 2** Jeune fille à la sentimentalité naïve ▸ **bobinha**
mi-distance (à) *loc adv* À la moitié du parcours ▸ **a meia distância**
mie *nf* Partie intérieure du pain ▸ **miolo**
miel *nm* Substance sucrée que les abeilles fabriquent avec les matières recueillies dans les fleurs ▸ **mel** ■ FIG **être tout miel:** d'une affabilité hypocrite ▸ **ser todo meloso**
miellé, e *adj* **1** Sucré avec du miel ▸ **melado 2** Qui rappelle le miel: *odeur miellée* ▸ **meloso**
mielleusement *adv* D'un ton mielleux ▸ **melosamente**

mielleux, euse *adj* D'une douceur hypocrite: *paroles mielleuses* ▶ **meloso**

mien, enne *pron poss* ▶ **meu** ■ **le mien, la mienne, les miens, les miennes:** désigne ce qui est à moi, celui, celle(s), ceux qui me sont proches affectivement ou spirituellement: *c'est votre opinion, ce n'est pas la mienne* ▶ **o(s) meu(s), a(s) minha(s)** ◆ **miens** *pl* ▶ **meus** ■ **les miens:** ma famille, mes proches ▶ **os meus** ◆ *adj poss* LITT Qui est à moi: *un mien parent* ▶ **meu**

miette *nf* **1** Petit fragment qui tombe du pain quand on le coupe ▶ **migalha 2** Parcelle, débris de quelque chose: *mettre un vase en miettes* ▶ **pedaço, caco**

mieux *adv* De façon meilleure, plus convenable, plus avantageuse, plus favorable ▶ **melhor** ■ **aimer mieux:** préférer ▶ **preferir** □ **aller, être mieux: (a)** être en meilleure santé ▶ **estar melhor (b)** être dans un état plus favorable ▶ **estar melhor** □ **à qui mieux mieux:** à l'envi, en rivalisant avec les autres ▶ **à porfia** □ **de mieux en mieux:** en s'améliorant ▶ **cada vez melhor** ◆ *nm* **1** Ce qui est préférable, le plus avantageux: *le mieux est d'y aller* ▶ **melhor 2** Amélioration, progrès: *il y a un léger mieux* ▶ **melhora** ■ **au mieux** ou **pour le mieux:** aussi bien que possible ▶ **o melhor possível** □ **de son mieux:** aussi bien que l'on peut ▶ **o seu melhor**

mieux-être [mjzetr] *nm inv* Amélioration de la situation matérielle ou physique ▶ **maior bem-estar**

mièvre *adj* D'une grâce affectée et fade; qui manque de vigueur ▶ **afetado, insípido**

mièvrerie *nf* **1** Caractère mièvre ▶ **afetação 2** Action, propos mièvre, insipide ▶ **sem-gracice**

mignardise *nf* **1** LITT Manque de naturel, grâce affectée ▶ **afetação 2** Œillet vivace très utilisé pour les bordures ▶ **cravina** ◆ **mignardises** *pl* Pâtisseries fraîches assorties, de la taille d'une bouchée ▶ **docinhos**

mignon, onne *adj* **1** Délicat, joli ▶ **gracioso 2** Gentil, aimable ▶ **encantador** ■ **filet mignon:** morceau de bœuf, de porc, de veau, coupé dans la pointe du filet ▶ **filé-mignon** □ **péché mignon:** petit défaut auquel on s'abandonne volontiers ▶ **pecadilho** ◆ *n* Terme de tendresse ▶ **docinho** ◆ *nm* HIST Nom donné aux favoris d'Henri III, très efféminés ▶ ***mignon*, favorito**

migraine *nf* Douleur violente qui n'affecte qu'un côté de la tête; PAR EXT mal de tête ▶ **enxaqueca, dor de cabeça**

migraineux, euse *adj* Relatif à la migraine ▶ **de enxaqueca, de dor de cabeça** ◆ *adj et n* Sujet aux migraines ▶ **que tem enxaqueca, dores de cabeça**

migrant, e *adj et n* Se dit d'une personne qui effectue une migration ▶ **migrante**

migrateur, trice *adj et nm* Se dit d'un animal qui effectue des migrations: *oiseaux migrateurs* ▶ **migrador**

migration *nf* **1** Déplacement en masse d'un peuple d'un pays dans un autre ▶ **migração 2** Déplacements périodiques de certains animaux ▶ **migração**

migratoire *adj* Relatif aux migrations: *un mouvement migratoire* ▶ **migratório**

migrer *vi* Effectuer une migration ▶ **migrar**

mihrab *nm* Niche dans la muraille d'une mosquée, où se place l'imam pour la prière et qui indique la direction de La Mecque ▶ ***mihrab***

mi-jambe (à) *loc adv* À la hauteur du milieu de la jambe ▶ **na metade da perna**

mijaurée *nf* Femme, jeune fille qui a des manières affectées et ridicules ▶ **lambisgoia**

mijoter *vt* **1** Faire cuire lentement et à petit feu ▶ **cozinhar em fogo brando 2** FIG Préparer de longue main et secrètement: *mijoter un complot* ▶ **tramar** ◆ *vi* Cuire lentement ▶ **cozinhar lentamente**

mikado *nm* **1** Empereur du Japon ▶ **micado 2** Jeu de bâtonnets proche du jeu de jonchets ▶ **pega-varetas**

mil¹ *adj num* → **mille**

mil² *nm* Céréale à petit grain telle que le millet et le sorgho; grain de cette céréale ▶ **milhete**

milan *nm* Oiseau rapace ▶ **milhafre**

milanais, e *adj et n* De Milan ▶ **milanês**

mildiou *nm* Maladie parasitaire de la vigne, de la pomme de terre, etc. ▶ **míldio**

mile [majl] *nm* Mesure anglo-saxonne valant 1 609 m ▶ **milha**

milice *nf* **1** HIST Avant 1789, troupe levée dans les communes pour renforcer l'armée régulière ▶ **milícia 2** Police auxiliaire paramilitaire, dans certains pays ▶ **milícia**

milicien *nm* Membre d'une milice ▶ **miliciano**

milieu *nm* **1** Lieu, point également éloigné des deux termes d'un espace ou d'un temps, d'un commencement et d'une fin: *le milieu d'une place, de la nuit, du siècle* ▶ **meio 2** Sphère sociale; cadre, entourage: *un milieu bourgeois* ▶ **meio 3** Circonstances, environnement physique, géographique, biologique qui entourent un être vivant et le conditionnent: *adaptation au milieu* ▶ **meio** ■ **au beau milieu de** ou **en plein milieu de: (a)** au centre de: *être en plein milieu de la route* ▶ **bem no meio de (b)** au moment le plus fort, le plus critique de: *arriver au beau milieu de la réunion* ▸ **bem no meio de** ▫ **au milieu de:** parmi ▸ **no meio de** ▫ **le milieu:** le monde de la pègre ▸ **a marginalidade**

militaire *adj* **1** Qui concerne l'armée, la guerre ▸ **militar 2** Fondé sur la force armée: *coup d'État militaire* ▸ **militar** ♦ *n* Membre des forces armées ▸ **militar**

militairement *adv* **1** De façon militaire ▸ **militarmente 2** Par la force armée ▸ **militarmente**

militant, e *adj* Qui lutte, combat pour une idée, un parti, une cause ▸ **militante** ♦ *n* Membre actif d'une organisation politique, syndicale, d'une association ▸ **militante**

militantisme *nm* Attitude, activité du militant ▸ **militância**

militarisation *nf* Action de militariser ▸ **militarização**

militariser *vt* **1** Donner une organisation, une structure militaire à ▸ **militarizar 2** Pourvoir de forces armées ▸ **militarizar**

militarisme *nm* Système politique qui s'appuie sur l'armée ▸ **militarismo**

militariste *adj et n* Relatif au militarisme; qui en est partisan ▸ **militarista**

militaro-industriel, elle (pl *militaro-industriels, elles*) *adj* ▸ **militar-industrial** ▪ **complexe militaro-industriel:** collectif constitué par des responsables politiques et militaires et des industriels chargés de fournir du matériel à l'armée ▸ **complexo militar-industrial**

militer *vi* Avoir une activité politique, syndicale, etc. ▸ **militar**

milk-shake [milkʃɛk] (pl *milk-shakes*) *nm* Boisson frappée, à base de lait aromatisé ▸ ***milk-shake***

mille[1] *adj num card inv* **1** Dix fois cent ▸ **mil 2** Nombre indéterminé, considérable: *courir mille dangers* ▸ **mil** ♦ *nm inv* **1** Quantité de mille unités ▸ **mil 2** Nombre composé de mille unités ▸ **mil** ▪ FAM **des mille et des cents:** des sommes considérables ▸ **rios de dinheiro** ▫ **taper dans le mille:** (a) deviner juste ▸ **acertar na mosca (b)** atteindre son objectif ▸ **acertar na mosca**

ORTHOGRAPHE Dans les dates, on utilise indifféremment les termes *mille* ou *mil*: *l'an mil* ou *mille huit cent*

mille[2] *nm* **1** Mesure itinéraire des Romains, qui valait mille pas, soit 1481,5 m ▸ **milha 2** Unité de mesure internationale pour les distances en navigation aérienne ou maritime: *le mille marin (ou mille nautique) vaut 1 852 mètres* ▸ **milha náutica, milha marítima**

mille-feuille (pl *mille-feuilles*) *nf* Plante aux feuilles très découpées ▸ **milefólio** ♦ *nm* Gâteau de pâte feuilletée garnie de crème pâtissière ▸ **mil-folhas**

millénaire *adj* Qui a mille ans au moins: *arbre millénaire* ▸ **milenar** ♦ *nm* Dix siècles ou mille ans ▸ **milênio**

mille-pattes *nm inv* Arthropode terrestre dont le corps, formé d'anneaux, porte de nombreuses pattes semblables ▸ **centopeia**

millepertuis *nm* Plante dont les feuilles semblent percées d'une infinité de trous ▸ **milfurada**

millésime *nm* Série de chiffres indiquant l'année d'émission d'une monnaie, d'un timbre, d'une récolte de vin, etc. ▸ **data**

millésimé, e *adj* Qui porte un millésime: *un vin millésimé* ▸ **com data (de fabricação, emissão)**

millet [mijɛ] *nm* Nom usuel de plusieurs graminées; graine de ces plantes ▸ **painço**

milliard *nm* **1** Mille millions ▸ **bilhão 2** Nombre extrêmement grand: *des milliards de petits insectes* ▸ **bilhão**

milliardaire *n et adj* Personne qui possède une fortune colossale ▸ **bilionário**

milliardième *adj num ord et n* Qui occupe un rang marqué par le nombre 10^9 ▸ **bilionésimo** ♦ *nm et adj* Quantité désignant le résultat d'une division par 10^9 ▸ **bilionésimo**

millibar *nm* Unité de mesure de pression atmosphérique, équivalant à un millième de bar (le millibar est remplacé aujourd'hui par l'hectopascal) ▸ **milibar**

millième *adj num ord et n* Qui occupe un rang marqué par le numéro mille ▸ **milésimo** ♦ *nm et adj* Partie d'un tout divisé en mille parties égales ▸ **milésimo**

millier *nm* **1** Mille, environ mille ▸ **milhar 2** Un très grand nombre: *des milliers d'étoiles* ▸ **milhar**

milligramme *nm* Millième partie du gramme; symb: mg ▸ **miligrama**

millilitre *nm* Millième partie du litre; symb: ml ▸ **mililitro**

millimètre *nm* Millième partie du mètre; symb: mm ▸ **milímetro**

millimétré, e *adj* Gradué en millimètres: *papier millimétré* ▸ **milimetrado**

million *nm* **1** Mille fois mille: *un million d'habitants* ▸ **milhão 2** Nombre considérable: *des millions de problèmes à résoudre* ▸ **milhão**

millionième *adj num ord et n* Qui occupe un rang marqué par le nombre de un million: *la millionième cliente* ▸ **milionésimo** ♦ *adj et nm* Qui se trouve un million de fois dans le tout: *le millionième du gros lot* ▸ **milionésimo**

millionnaire *n et adj* Personne très riche, dont les revenus dépassent un million ► **milionário**
mi-long (pl *mi-longs*) *adj* D'une taille intermédiaire entre court et long: *cheveux mi-longs* ► **médio**
milord [milɔr] *nm* VIEILLI Homme riche et élégant ► **milorde**
mi-lourd (pl *mi-lourds*) *adj m et nm* Se dit d'un sportif appartenant à une catégorie de poids inférieure à celle des lourds ► **(peso) meio-pesado**
mime *nm* Genre de comédie où l'acteur ne représente l'action ou les sentiments que par gestes ► **pantomima** ♦ *n* L'acteur lui-même ► **mímico**
mimer *vt* **1** Exprimer des sentiments, une action seulement par les gestes, sans utiliser la parole ► **mimar, mimicar 2** Imiter, singer ► **macaquear**
mimétique *adj* Relatif au mimétisme ► **mimético**
mimétisme *nm* **1** Ressemblance que prennent certains êtres vivants soit avec le milieu où ils vivent, soit avec les espèces mieux protégées ► **mimetismo 2** Reproduction machinale des gestes, des sentiments d'autrui ► **imitação**
mimique *adj* Qui s'exprime par le geste: *langage mimique* ► **mímico** ♦ *nf* **1** Expression de la pensée par le geste, les jeux de physionomie ► **mímica 2** Ensemble d'expressions du visage ► **mímica**
mimolette *nf* Fromage de Hollande à pâte sèche, en forme de boule ► ***mimolette***
mi-mollet (à) *loc adv* À la hauteur du milieu du mollet: *ourlet à mi-mollet* ► **na altura da panturrilha**
mimosa *nm* **1** Espèce d'acacia aux fleurs jaunes très odorantes ► **mimosa 2** Plante légumineuse, dont les feuilles se replient au moindre contact ► **dormideira**
min (symbole) Minute ► **min**
min. (abréviation) Minimum ► **mín.**
minable *adj* FAM Misérable, pitoyable, médiocre ► **lamentável**
minage *nm* Action de miner ► **minagem**
minaret *nm* Tour d'une mosquée ► **minarete**
minauder *vi* Affecter des manières pour séduire ► **fazer dengo**
minauderie *nf* Action de minauder; manières ► **denguice**
mince *adj* **1** Peu épais; fin: *tranche mince* ► **delgado 2** Qui a la taille fine; svelte: *jeune fille mince* ► **esguio 3** FIG De peu d'importance; insuffisant: *ses connaissances sont bien minces* ► **parco** ♦ *interj* FAM Marque la surprise ou le mécontentement ► **droga**
minceur *nf* État d'une personne, d'une chose mince ► **delgadeza, esguiez**
mincir *vi* Devenir plus mince ► **emagrecer** ♦ *vt* Amincir ► **emagrecer**
mine[1] *nf* **1** Aspect de la physionomie indiquant certains sentiments ou l'état de santé: *mine réjouie; avoir bonne, mauvaise mine* ► **aparência 2** Apparence, aspect extérieur: *juger quelqu'un sur la mine* ► **aparência** ■ **faire bonne, mauvaise, grise mine:** bon, mauvais accueil ► **fazer boa cara, cara feia** □ **faire mine de:** faire semblant de ► **fingir** □ FAM **mine de rien:** sans en avoir l'air ► **sem dar na vista** ♦ **mines** *pl* ► **trejeitos** ■ **faire des mines:** minauder ► **fazer dengo**
mine[2] *nf* **1** Gisement de substance minérale ou fossile: *mine de fer, de charbon* ► **mina 2** Cavité creusée dans le sol pour extraire le minerai ou le charbon: *descendre dans la mine* ► **mina 3** Ensemble des installations pour l'exploitation d'un gisement ► **mina 4** Petit bâton de graphite ou de toute autre matière, formant l'axe d'un crayon et qui laisse une trace sur le papier ► **mina, grafite 5** FIG Source très riche: *une mine de renseignements* ► **mina 6** Engin explosif, charge explosive, souterrains ou immergés ► **mina**
miner *vt* **1** Creuser lentement: *l'eau mine la pierre* ► **minar 2** Poser des mines, des charges explosives: *miner un pont* ► **minar 3** FIG Consumer peu à peu: *le chagrin le mine* ► **minar**
minerai *nm* Roche contenant beaucoup de minéraux utiles, qui demandent une élaboration pour être utilisés dans l'industrie ► **minério**
minéral[1] (pl *minéraux*) *nm* Corps inorganique, généralement solide, constituant les roches de l'écorce terrestre ► **mineral**
minéral[2]**, e, aux** *adj* Qui appartient aux minéraux ► **mineral** ■ **eau minérale:** qui contient des minéraux en dissolution ► **água mineral** □ VIEILLI **règne minéral:** ensemble des minéraux (par opposition à *règne animal, règne végétal*) ► **reino mineral**
minéralier *nm* Cargo pour le transport en vrac, notamment celui des minerais ► **cargueiro de minério**
minéralisation *nf* CHIM Transformation d'un métal en minerai par sa combinaison avec un autre corps ► **mineralização**
minéralisé, e *adj* Qui contient des matières minérales: *eau faiblement minéralisée* ► **mineralizado**
minéralogie *nf* GÉOL Science qui traite des minéraux ► **mineralogia**
minéralogique *adj* De la minéralogie ► **mineralógico** ■ **numéro minéralogique:** numéro d'immatriculation officielle d'un véhicule automobile ► **número da placa do carro** □ **plaque minéralo-**

gique: plaque portant le numéro minéralogique ▸ **placa do carro**

minéralogiste *n* Spécialiste de minéralogie ▸ **mineralogista**

minerve *nf* Appareil orthopédique pour maintenir la tête en cas de lésions des vertèbres cervicales ▸ **colete ortopédico**

minestrone *nm* Soupe italienne faite de légumes, de lard, de pâtes ▸ **minestrone**

minet, ette *n* **1** FAM Chat, chatte ▸ **bichano 2** Jeune homme, jeune fille à la mode, d'allure affectée ▸ **boyzinho, patricinha**

mineur[1] *nm* Ouvrier qui travaille à la mine ▸ **mineiro**

mineur[2]**, e** *adj* **1** D'une importance, d'un intérêt moindre; secondaire: *un problème mineur* ▸ **menor 2** MUS Se dit d'un accord, d'une gamme, d'un intervalle et d'un mode dont la tierce se compose d'un ton et d'un demi-ton ▸ **menor** ◆ *n et adj* Personne qui n'a pas atteint l'âge de la majorité légale ▸ **menor (de idade)**

mineure *nf* Seconde proposition d'un syllogisme ▸ **premissa menor**

mini *adj inv* Se dit d'un vêtement très court, qui couvre peu ▸ **míni**

miniature *nf* **1** Lettre ornementale peinte au minium sur les manuscrits enluminés ▸ **miniatura 2** Petite peinture de facture délicate, servant d'illustration ou de décoration; art de cette peinture ▸ **miniatura** ■ FIG **en miniature:** en réduction, en tout petit ▸ **em miniatura** ◆ *adj* Extrêmement petit; qui est la réduction de quelque chose: *autos miniatures* ▸ **miniatura**

miniaturisation *nf* Action de miniaturiser ▸ **miniaturização**

miniaturiser *vt* Donner de très petites dimensions à ▸ **miniaturar**

miniaturiste *n* Artiste qui fait des miniatures ▸ **miniaturista**

minibus ou **minicar** *nm* Petit car ▸ **micro-ônibus**

minicassette *nf* Cassette audio de petit format ▸ **minicassete**

minichaîne *nf* Chaîne haute-fidélité très compacte ▸ ***micro system***

minidisque *nm* Disque numérique à enregistrement magnétique et lecture optique, de format inférieur à celui d'un CD ▸ **minidisco**

minigolf *nm* Golf miniature ▸ **minigolfe**

minier, ère *adj* Relatif aux mines ▸ **mineiro**

minijupe *nf* Jupe très courte ▸ **minissaia**

minima (a) *loc adv* ■ DR **appel a minima:** appel interjeté par le ministère public quand il estime la peine insuffisante ▸ **recurso do Ministério Público**

minimal, e, aux *adj* Qui a atteint son minimum: *température minimale* ▸ **mínimo**

minimalisme *nm* Attitude des minimalistes ▸ **minimalismo**

minimaliste *adj et n* Qui vise à réaliser quelque chose en y consacrant le minimum d'efforts, de moyens ou en provoquant le minimum de bouleversements ▸ **minimalista**

minime *adj* Très petit, très peu important: *dépense minime* ▸ **mínimo**

minimessage *nm* TÉLÉCOM Bref message alphanumérique transmis dans un réseau de radiocommunication avec les mobiles; SYN: *SMS* ▸ **torpedo**

minimiser *vt* Réduire au minimum l'importance de quelque chose ▸ **minimizar**

minimum [minimɔm] (pl *minimums* ou *minima*) *nm* Le plus petit degré auquel une chose puisse être réduite: *prendre le minimum de risques* ▸ **mínimo** ■ **au minimum:** pour le moins ▸ **no mínimo** ◆ *adj* Minimal: *âge, salaire minimum* ▸ **mínimo**

mini-ordinateur (pl *mini-ordinateurs*) *nm* Ordinateur de faible volume, à mémoire de capacité moyenne ▸ **minicomputador**

minispace *nm* AUTOM Monospace très compact, partic. adapté à un usage urbain ▸ **minivan**

ministère *nm* **1** Fonction, charge de ministre ▸ **ministério 2** Ensemble des ministres qui composent le gouvernement d'un État ▸ **ministério 3** Administration dépendant d'un ministre; bâtiment où se trouvent ses services ▸ **ministério 4** RELIG Fonction, charge exercée par un prêtre ▸ **ministério** ■ **ministère public:** magistrature requérant l'application des lois au nom de la société ▸ **Ministério Público**

ministériel, elle *adj* Relatif au ministre ou au ministère: *fonctions ministérielles* ▸ **ministerial**

ministre *n* Membre du gouvernement d'un État chargé de la direction d'un ensemble de services publics ▸ **ministro** ■ **ministre d'État:** titre honorifique donné à un ministre en raison de sa personnalité ou de l'importance de sa mission ▸ **ministro de Estado** □ **ministre du culte:** prêtre ou pasteur chargé d'un service d'Église ▸ **ministro do culto** □ **ministre plénipotentiaire:** agent diplomatique de rang inférieur à celui d'ambassadeur ▸ **ministro plenipotenciário** □ **Premier ministre:** chef du gouvernement ▸ **primeiro-ministro**

Minitel *nm* (nom déposé) Terminal d'interrogation diffusé par l'administration des télécommunications ▸ ***Minitel* (marca registrada)**

minitéliste *n* Utilisateur du Minitel ▸ **usuário do** ***Minitel***

minium [minjɔm] *nm* Oxyde rouge de plomb ▸ **mínio**

minoen [minɔɛ̃] *nm* Période de l'histoire de la Crète, depuis le IIIe millénaire jusqu'à 1100 av. J.-C. ▸ **minoano**

minois *nm* Visage délicat et gracieux d'enfant ou de jeune fille ▸ **carinha**

minorer *vt* Réduire la valeur ou l'importance d'une chose ▸ **minorar**

minoritaire *adj et n* Qui appartient à la minorité ▸ **minoritário**

minorité *nf* **1** État d'une personne qui n'a pas atteint l'âge de la majorité; période qui y correspond ▸ **minoridade 2** Groupe qui a le moins de voix dans une élection, un vote ▸ **minoria 3** Personnes qui se différencient au sein d'un groupe, d'un courant politique, etc. (par opposition à *majorité*) ▸ **minoria ■ minorité nationale:** groupe de même langue ou de même religion qui appartient à un État dans lequel la majorité de la population est de langue ou de religion différente ▸ **minoria nacional**

minoterie *nf* Établissement où l'on prépare les farines ▸ **moinho**

minotier *nm* Exploitant d'une minoterie ▸ **moleiro**

minou *nm* **1** Chat, dans le langage enfantin ▸ **gatinho 2** Terme d'affection: *mon minou* ▸ **amorzinho**

minuit *nm* **1** Milieu de la nuit ▸ **meia-noite 2** Instant marqué par la vingt-quatrième heure de la journée, ou zéro heure ▸ **meia-noite**

minus [minys] *n* FAM Personne sans envergure ▸ **zero à esquerda**

minuscule[1] *adj* Très petit ▸ **minúsculo**

minuscule[2] *nf* Petite lettre; CONTR: *majuscule* ▸ **minúscula**

minutage *nm* Action de minuter ▸ **cronometragem**

minute[1] *nf* **1** Soixantième partie d'une heure; symb: min ▸ **minuto 2** Soixantième partie de chaque degré d'angle ▸ **minuto 3** FIG Court espace de temps ▸ **minuto ◆** *interj* Attendez!, doucement! ▸ **um minutinho**

minute[2] *nf* DR Original d'une lettre, d'un acte notarié, d'un jugement ▸ **minuta**

minuter *vt* Fixer de façon précise la durée d'un spectacle, d'un discours, etc. ▸ **cronometrar**

minuterie *nf* **1** Partie du mouvement d'une horloge qui sert à marquer les divisions de l'heure ▸ **maquinismo 2** Appareil électrique destiné à assurer un contact pendant un temps déterminé: *il n'y a plus de lumière, la minuterie s'est arrêtée* ▸ **minuteria**

minuteur *nm* Appareil permettant de régler la durée d'une opération ménagère ▸ ***timer***

minutie [minysi] *nf* Soin donné aux menus détails ▸ **minúcia**

minutieusement *adv* Avec minutie ▸ **minuciosamente**

minutieux, euse *adj* Qui s'attache aux détails; pointilleux: *examen minutieux* ▸ **minucioso**

miocène *nm et adj* Troisième période de l'ère tertiaire, qui a vu l'apparition des mammifères évolués ▸ **mioceno**

mioche *n* FAM Jeune enfant; gamin ▸ **fedelho, criancinha**

mirabelle *nf* Petite prune jaune; eau-de-vie faite avec ce fruit ▸ **mirabela, aguardente de mirabela**

mirabellier *nm* Prunier produisant les mirabelles ▸ **mirabela**

mirabilis [mirabilis] *nm* Plante cultivée pour ses grandes fleurs colorées qui s'ouvrent la nuit (nom usuel: *belle-de-nuit*) ▸ **maravilha**

miracle *nm* **1** Effet dont la cause échappe à la raison humaine et qu'on attribue au surnaturel: *les miracles de la nature* ▸ **milagre 2** Chose extraordinaire, chance exceptionnelle: *échapper par miracle à la mort* ▸ **milagre 3** (en apposition) D'une efficacité surprenante: *un médicament miracle* ▸ **milagroso**

miraculé, e *n et adj* Personne qui a été l'objet d'un miracle ▸ **miraculado**

miraculeusement *adv* D'une manière miraculeuse ▸ **milagrosamente**

miraculeux, euse *adj* **1** Qui tient du miracle: *apparition miraculeuse* ▸ **milagroso 2** Étonnant, extraordinaire par ses effets: *traitement miraculeux* ▸ **milagroso**

mirador *nm* Tour de surveillance ou d'observation ▸ **mirante**

mirage *nm* **1** Phénomène optique dans les pays chauds, consistant en ce que les objets éloignés semblent reflétés dans une nappe d'eau ▸ **miragem 2** FIG Illusion, apparence trompeuse ▸ **miragem**

miraud, e *adj et n* → **miro**

mire *nf* **1** Règle graduée ou signal fixe utilisés dans le nivellement en géodésie ou en topographie ▸ **mira 2** À la télévision, images géométriques très simples permettant de mettre au point l'appareil ▸ **mira ■ cran de mire:** échancrure dans la hausse d'une arme à feu ▸ **alça de mira □ ligne de mire:** ligne droite imaginaire déterminée par l'œil du tireur, le cran de mire et le guidon de l'arme ▸ **linha de mira** ▫ **point de mire: (a)** but visé ▸ **alvo (b)** personne sur laquelle convergent les regards ▸ **foco**

mirer *vt* Examiner un œuf à la lumière, par transparence, pour voir s'il est frais ▸ **examinar à luz** ◆ **se mirer** *vpr* **1** LITT Se refléter ▸ **mirar-se 2** Se regarder dans une surface réfléchissante ▸ **mirar-se**

mirettes *nf pl* FAM Yeux ▸ **olhos**

mirifique *adj* FAM Étonnant, surprenant, merveilleux ▸ **mirífico**

mirliton *nm* Flûte faite d'un roseau creusé et garni aux bouts d'une membrane ▸ **mirliton** ▪ FAM **de mirliton:** très médiocre, de mauvaise qualité: *vers de mirliton* ▸ **de segunda classe**

mirmillon *nm* ANTIQ Gladiateur romain armé d'un bouclier, d'une épée et d'un casque ▸ **mirmilão**

miro ou **miraud, e** *adj et n* FAM Qui voit mal ▸ **ceguеta**

mirobolant, e *adj* FAM Trop beau pour être réalisable: *promesses mirobolantes* ▸ **mirabolante**

miroir *nm* **1** Surface polie qui réfléchit la lumière et l'image des objets ▸ **espelho 2** FIG Ce qui est l'image, la représentation, le reflet d'une chose: *le visage est le miroir de l'âme* ▸ **espelho** ▪ **miroir aux alouettes: (a)** instrument tournant garni de petits morceaux de miroir, qu'on expose au soleil pour attirer les oiseaux ▸ **chamariz (b)** FIG ce qui fascine mais qui est trompeur ▸ **engodo**

miroité, e *adj* Se dit d'un cheval bai à croupe tachetée ▸ **rodado**

miroitement *nm* Éclat, reflet produit par ce qui miroite ▸ **reflexo, cintilação**

miroiter *vi* Jeter des reflets ondoyants, réfléchir la lumière avec scintillement ▸ **refletir, cintilar** ▪ **faire, laisser miroiter quelque chose:** faire entrevoir comme possible, pour séduire ▸ **acenar com algo**

miroiterie *nf* Commerce, fabrique de miroirs, de glaces ▸ **espelharia**

miroitier, ère *n* Personne qui coupe, pose ou vend des miroirs, des glaces ▸ **espelheiro**

miroton ou **mironton** *nm* Ragoût de viande assaisonné aux oignons ▸ ***miroton***

misaine *nf* ▸ **traquete** ▪ **mât de misaine:** mât situé entre le beaupré et le grand mât ▸ **mastro do traquete**

misandre *adj et n* LITT Qui éprouve de l'hostilité envers les hommes (par opposition à *misogyne*) ▸ **(indivíduo) misândrico**

misanthrope *n et adj* Personne qui est peu sociable, qui aime la solitude ▸ **misantropo**

misanthropie *nf* Caractère, comportement du misanthrope ▸ **misantropia**

miscible *adj* Qui peut former avec un autre corps un mélange homogène ▸ **miscível**

mise *nf* **1** Action de mettre, de placer quelque chose, quelqu'un dans un endroit particulier: *mise en bouteilles; mise en vente; mise en liberté* ▸ **colocação 2** Somme d'argent que l'on risque au jeu, dans une affaire: *perdre sa mise* ▸ **aposta 3** Manière de s'habiller: *mise élégante* ▸ **traje** ▪ **mise au point: (a)** opération qui consiste, dans un instrument d'optique, à rendre l'image nette ▸ **ajuste (b)** FIG explication destinée à éclaircir des questions restées jusque là dans le vague ▸ **esclarecimento** ▫ **mise en pages:** assemblage des compositions et des clichés d'un livre, d'un journal en vue de l'impression ▸ **paginação** ▫ **mise en plis:** modelage en boucles des cheveux mouillés en vue d'une coiffure après séchage ▸ ***mise-en-plis*** ▫ **mise en scène:** réalisation scénique ou cinématographique d'une œuvre, d'un scénario ▸ **encenação, realização** ▫ LITT **ne pas être de mise:** n'être pas opportun, n'être pas convenable ▸ **não ser conveniente**

miser *vt* Déposer (une mise); parier ▸ **apostar** ◆ *vt ind* [sur] **1** Parier sur quelqu'un, quelque chose ▸ **apostar 2** Compter sur la réussite de quelqu'un, sur l'existence de quelque chose ▸ **apostar**

misérabilisme *nm* Tendance à représenter systématiquement la réalité humaine sous ses aspects les plus misérables ▸ **miserabilismo**

misérabiliste *adj et n* Qui relève du misérabilisme ▸ **miserabilista**

misérable *adj* **1** Très pauvre ▸ **miserável 2** Triste, déplorable: *une fin misérable* ▸ **miserável 3** Très faible: *un salaire misérable* ▸ **miserável 4** Vil, méprisable ▸ **miserável** ◆ *n* **1** Personne pauvre, indigente ▸ **miserável 2** Personne vile, méprisable ▸ **miserável**

misérablement *adv* De manière misérable ▸ **miseravelmente**

misère *nf* **1** État d'extrême pauvreté, de faiblesse, d'impuissance ▸ **miséria 2** Événement douloureux, pénible ▸ **desgraça 3** FAM Chose sans importance: *se fâcher pour une misère* ▸ **miséria** ▪ FAM **faire des misères:** taquiner, tracasser ▸ **fazer misérias**

miserere [mizerere] *nm inv* Psaume de la pénitence qui commence par ce mot ▸ ***miserere***

miséreux, euse *n et adj* Personne sans ressources, très pauvre ▸ **miserável**

miséricorde *nf* Pitié qui pousse à pardonner; pardon accordé par pure bonté ▸ **misericórdia** ◆ *interj* Exprime la surprise, l'effroi ▸ **misericórdia**

miséricordieux, euse *adj* Enclin à la miséricorde, au pardon ▸ **misericordioso**

misogyne *adj et n* Qui est hostile ou méprisant à l'égard des femmes (par opposition à *misandre*) ▸ **misógino**
misogynie *nf* Hostilité, mépris à l'égard des femmes ▸ **misoginia**
miss [mis] *nf* **1** Femme couronnée pour sa beauté ▸ ***miss*** **2** FAM Jeune fille ▸ **moça**
missel *nm* Livre qui contient les prières de la messe ▸ **missal**
missile *nm* Projectile faisant partie d'un système d'arme, à propulsion automatique, guidé sur tout ou partie de sa trajectoire ▸ **míssil**
mission *nf* **1** Pouvoir, charge donnés à quelqu'un d'accomplir une chose définie ▸ **missão 2** Fonction temporaire et déterminée; ensemble des personnes ayant reçu cette fonction: *mission diplomatique, scientifique* ▸ **missão 3** Devoir essentiel que l'on se propose; rôle, fonction, vocation ▸ **missão 4** RELIG Établissement de missionnaires ▸ **missão**
missionnaire *n* Prêtre, religieux, pasteur, etc., envoyés pour évangéliser des populations non chrétiennes ▸ **missionário**
missive *nf* LITT Lettre: *envoyer une missive* ▸ **missiva**
mistigri *nm* FAM, VIEILLI Chat ▸ **gato**
mistral (pl *mistrals*) *nm* Vent violent, froid et sec, qui descend la vallée du Rhône vers le sud-est de la France ▸ **mistral**
mitaine *nf* **1** Gant ne couvrant que la première phalange des doigts ▸ **mitene 2** CANADA, SUISSE Moufle ▸ ***moufle***
mitard *nm* ARG Cachot d'une prison ▸ **xadrez**
mite *nf* Insecte dont la larve ronge les tissus de laine ▸ **traça**
mité, e *adj* Troué par les mites ▸ **traçado**
mi-temps[1] *loc adv* ■ **à mi-temps:** pendant la moitié de la durée normale du travail ▸ **meio período** ◆ *nm inv* Travail à mi-temps ▸ **trabalho de meio período**
mi-temps[2] *nf inv* Chacune des deux parties d'égale durée dans certains sports d'équipe; temps d'arrêt entre ces deux parties ▸ **meio-tempo**
miter (se) *vpr* Être attaqué par les mites ▸ **traçar-se**
miteux, euse *adj* Pitoyable, misérable ▸ **miserável**
mitigé, e *adj* **1** Plutôt défavorable: *recevoir un accueil mitigé* ▸ **moderado 2** FAM Mélangé, mêlé: *des éloges mitigés de critiques* ▸ **misturado**
mitigeur *nm* Appareil de robinetterie permettant un réglage de la température de l'eau ▸ **torneira temperadora**
mitonner *vi* Cuire doucement et longtemps ▸ **cozinhar em fogo brando** ◆ *vt* FIG Préparer lentement, soigneusement ▸ **planejar**
mitose *nf* Division de la cellule avec maintien du même nombre de chromosomes ▸ **mitose**
mitoyen, enne *adj* Qui appartient à deux personnes et sépare leurs propriétés: *mur mitoyen* ▸ **comum**
mitoyenneté *nf* État de ce qui est mitoyen ▸ **copropriedade**
mitraillade *nf* Décharge simultanée de nombreuses armes à feu ▸ **metralhada**
mitraillage *nm* Action de mitrailler ▸ **metralhagem**
mitraille *nf* **1** Ferraille dont on chargeait les canons, les obus ▸ **metralha 2** Décharge d'obus, de balles ▸ **metralha 3** FAM Menue monnaie ▸ **trocado**
mitrailler *vt* **1** Tirer par rafales sur ▸ **metralhar 2** FAM Photographier ou filmer sans arrêt et de tous côtés ▸ **fotografar e filmar de todos os ângulos** ■ **mitrailler quelqu'un de questions:** le soumettre à un grand nombre de questions ▸ **metralhar alguém de perguntas**
mitraillette *nf* Pistolet-mitrailleur ▸ **pistola automática**
mitrailleur *nm* Militaire affecté à une mitrailleuse ▸ **metralhador**
mitrailleuse *nf* Arme automatique à tir rapide, montée sur un affût ▸ **metralhadora**
mitre *nf* Coiffure liturgique des officiants dans les cérémonies pontificales ▸ **mitra**
mitron *nm* Apprenti boulanger ou pâtissier ▸ **aprendiz de padeiro, de confeiteiro**
mi-voix (à) *loc adv* En émettant un faible son de voix ▸ **a meia-voz**
mixage *nm* Mélange de plusieurs bandes de signaux sonores; adaptation de ces bandes magnétiques à un film, une émission de radio ou de télévision ▸ **mixagem**
mixer[1] *vt* **1** Procéder au mixage ▸ **mixar 2** Passer un aliment au mixeur ▸ **passar pelo *mixer***
mixer[2] [miksr] ou **mixeur** *nm* Appareil servant à broyer, à mélanger des denrées alimentaires ▸ ***mixer* de alimentos**
mixité *nf* Caractère d'un enseignement, d'une activité partagés entre garçons et filles, hommes et femmes ▸ **ensino, atividade misto(a)**
mixte *adj* **1** Formé d'éléments différents: *commission mixte* ▸ **misto 2** Qui comprend des personnes des deux sexes, ou appartenant à des origines ou à des formations différentes: *école mixte; mariage mixte* ▸ **misto**
mixtion [miksjõ] *nf* Action de mélanger ▸ **mistura**
mixture *nf* **1** Mélange de drogues pharmaceuti-

ques, de solutions alcooliques ► **mistura 2** Mélange quelconque, au goût plutôt désagréable ► **mixórdia**

Mlle (abréviation) Mademoiselle ► **Srta.**

MM. (abréviation) Messieurs ► **Srs.**

Mme (abréviation) Madame ► **Sra.**

MMS *nm* (sigle de *multimedia messaging service*) Message multimédia ► **MMS**

mnémotechnique *adj* Qui aide la mémoire par des associations mentales: *procédés mnémotechniques* ► **mnemotécnico**

mob *nf* (abréviation) Cyclomoteur ► **Ø**

mobile *adj* **1** Qui peut se mouvoir, être mû: *pont mobile* ► **móvel 2** Dont la date ou les caractéristiques peuvent varier: *fête mobile; échelle mobile des salaires* ► **móvel 3** D'aspect changeant: *visage mobile* ► **móvel, movente 4** INFORM, TÉLÉCOMM Nomade ► **móvel** ■ **téléphone mobile:** téléphone fonctionnant à l'aide d'ondes radioélectriques, que l'on utilise lors de déplacement ► **telefone celular** ◆ *nm* **1** Corps en mouvement ► **móvel 2** Objet d'art dont les éléments entrent en mouvement sous l'action de l'air, du vent ► **móbile 3** FIG Impulsion qui pousse à agir: *l'intérêt est le mobile de ses actions; le mobile d'un crime* ► **móbil, móvel 4** Téléphone mobile ► **celular**

mobilier, ère *adj* DR Qui concerne les biens meubles: *effets mobiliers* ► **mobiliário** ■ **saisie mobilière:** par laquelle on saisit les meubles ► **penhora de bens móveis** □ **vente mobilière:** vente de meubles par autorité de justice ► **venda de bens móveis** ◆ *nm* Ensemble des meubles: *du mobilier scolaire* ► **mobiliário**

mobilisable *adj* Qui peut être mobilisé: *classe mobilisable* ► **mobilizável**

mobilisateur, trice *adj* Qui mobilise ► **mobilizador**

mobilisation *nf* Action de mobiliser: *décréter la mobilisation* ► **mobilização**

mobiliser *vt* **1** Mettre (les forces militaires) sur le pied de guerre ► **mobilizar 2** Mettre en état d'alerte, requérir quelqu'un pour une action collective: *mobiliser les militants* ► **mobilizar 3** Faire appel à quelque chose: *mobiliser les bonnes volontés* ► **mobilizar** ◆ **se mobiliser** *vpr* Se préparer à l'action ► **mobilizar-se**

mobilité *nf* **1** Facilité à se mouvoir, à se déplacer ► **mobilidade 2** Inconstance, instabilité: *mobilité de caractère* ► **mobilidade**

Mobylette *nf* (nom déposé) Cyclomoteur ► **mobilete** (marca registrada), ciclomotor

mocassin *nm* Chaussure basse sans lacet ► **mocassim**

moche *adj* FAM **1** Laid: *un type, un tailleur très moche* ► **feio 2** Méprisable: *une attitude vraiment moche* ► **desprezível 3** Désagréable, pénible: *c'est moche ce qui lui arrive* ► **desagradável**

mocheté *nf* FAM, INJUR Personne ou chose laide ► **feiura**

modal, e, aux *adj* **1** GRAMM Relatif aux modes du verbe ► **modal 2** MUS Se dit d'une musique utilisant d'autres modes que le majeur et le mineur ► **modal**

modalité *nf* **1** Circonstance, condition, particularité qui accompagne un fait, un acte: *fixer les modalités d'un paiement* ► **modalidade 2** MUS Échelle modale d'un morceau ► **modalidade**

mode[1] *nf* **1** Manière passagère de vivre, d'agir, de penser, etc. ► **moda 2** Manière de s'habiller: *la mode parisienne* ► **moda 3** Industrie, commerce de l'habillement ► **moda** ■ **à la mode:** en vogue ► **na moda** □ **neveu, nièce à la mode de Bretagne:** enfant d'un cousin germain, d'une cousine germaine ► **primo em segundo grau**

mode[2] *nm* **1** Manière générale dont un phénomène se présente, dont une action se fait: *mode de vie* ► **modo 2** GRAMM Manière dont le verbe exprime l'état ou l'action (indicatif, conditionnel, impératif, subjonctif, infinitif, participe) ► **modo 3** MUS Disposition des intervalles (tons et demi-tons) sur une octave: *le mode majeur et le mode mineur* ► **modo** ■ **mode d'emploi:** notice explicative quant à la manière d'utiliser un appareil ► **modo de usar, instruções**

modelage *nm* Action de modeler un objet, une figure ► **modelagem**

modèle *nm* **1** Ce qui sert d'objet d'imitation ► **modelo 2** Personne qui pose pour un artiste ► **modelo 3** Personne ou chose qui possède à la perfection certaines caractéristiques: *un modèle de classicisme* ► **modelo 4** Prototype d'un objet ► **modelo** ■ **modèle réduit:** reproduction à petite échelle d'une machine, d'un véhicule, etc. ► **modelo reduzido** ◆ *adj* Parfait en son genre: *un écolier modèle* ► **modelo**

modelé *nm* Relief des formes en sculpture, en peinture ► **modelado**

modeler *vt (conj 5)* **1** Pétrir de la terre, de la cire, etc., pour obtenir une certaine forme ► **modelar 2** Donner une forme, un relief particuliers à: *relief modelé par l'érosion* ► **modelar 3** Régler quelque chose sur un modèle: *il modèle sa conduite sur celle de son frère* ► **modelar**

modeleur, euse *n* **1** Artiste qui modèle une statue, un bas-relief, etc. ► **modelador 2** Ouvrier qui fait des modèles de machines ► **modelador**

modélisme *nm* Activité de celui qui fabrique des modèles réduits ▸ **modelismo**
modéliste *n* **1** Dessinateur de mode ▸ **modelista 2** Personne qui fabrique des modèles réduits ▸ **modelista**
modem [mɔdɛm] *nm* Appareil électronique utilisé dans les installations de traitement de l'information à distance ▸ ***modem***
modérateur, trice *adj et n* Qui modère, freine, retient: *rôle modérateur* ▸ **moderador** ◆ *adj* ▪ **ticket modérateur:** quote-part du coût de soins à la charge de l'assuré social ▸ **parte não reembolsável de despesa médica**
modération *nf* **1** Qualité qui éloigne de tout excès; sagesse, retenue: *agir avec modération* ▸ **moderação 2** Réduction: *modération d'un impôt* ▸ **redução**
moderato [mɔderato] *adv* MUS D'un mouvement modéré ▸ ***moderato***
modéré, e *adj* **1** Éloigné de tout excès ▸ **moderado 2** Qui n'est pas exagéré ou excessif: *prix modéré* ▸ **moderado** ◆ *adj et n* Partisan d'une politique conservatrice éloignée des solutions extrêmes ▸ **moderado**
modérément *adv* Avec modération ▸ **moderadamente**
modérer *vt (conj 10)* Diminuer la force, l'intensité excessive de; tempérer, freiner, contenir: *modérer sa colère* ▸ **moderar** ◆ **se modérer** *vpr* Se contenir ▸ **moderar-se**
moderne *adj* **1** Qui appartient ou convient au temps présent ou à une époque récente ▸ **moderno 2** Qui bénéficie des progrès les plus récents: *machines très modernes* ▸ **moderno 3** Qui s'adapte à l'évolution des mœurs: *une grand-mère moderne* ▸ **moderno** ▪ **histoire moderne:** de la prise de Constantinople (1453) à la Révolution française (1789) ▸ **História Moderna** ◆ *nm* **1** Ce qui est moderne ▸ **moderno 2** Écrivain, artiste contemporains ▸ **escritor, artista moderno**
modernisation *nf* Action de moderniser ▸ **modernização**
moderniser *vt* Rajeunir, rendre plus moderne, mieux adapté aux techniques actuelles: *moderniser l'agriculture* ▸ **modernizar**
modernisme *nm* Recherche, goût de ce qui est moderne ▸ **modernismo**
moderniste *adj et n* Partisan du modernisme ▸ **modernista**
modernité *nf* Caractère de ce qui est moderne ▸ **modernidade**
modeste *adj* **1** Qui pense ou parle de soi sans orgueil: *savant modeste* ▸ **modesto 2** Qui manifeste cette absence d'orgueil: *un air modeste* ▸ **modesto 3** Modéré: *modeste dans ses prétentions* ▸ **modesto 4** Simple, sans faste: *repas modeste* ▸ **modesto 5** De peu d'importance: *revenu modeste* ▸ **modesto**
modestement *adv* De façon modeste ▸ **modestamente**
modestie *nf* Caractère modeste ▸ **modéstia**
modicité *nf* Caractère modique d'une valeur: *la modicité d'un prix* ▸ **modicidade**
modifiable *adj* Qui peut être modifié ▸ **modificável**
modificateur, trice *adj* Propre à modifier ▸ **modificador**
modification *nf* Action de modifier; son résultat ▸ **modificação**
modifier *vt* **1** Changer la forme, la qualité, etc.: *modifier une loi* ▸ **modificar 2** GRAMM Déterminer ou préciser le sens de: *l'adverbe modifie le verbe et l'adjectif* ▸ **modificar**
modique *adj* De peu d'importance, de faible valeur ▸ **módico**
modiste *n* Personne qui confectionne ou vend des chapeaux de femme ▸ **modista de chapéus**
modulable *adj* Qui peut être modulé ▸ **modulável**
modulaire *adj* **1** Relatif à un module ▸ **modular 2** Constitué d'un ensemble de modules ▸ **modular**
modulateur *nm* Dispositif servant à moduler un courant électrique ▸ **modulador**
modulation *nf* **1** Inflexion variée d'un son, de la voix ▸ **modulação 2** MUS Passage d'une tonalité à une autre au cours d'un morceau ▸ **modulação 3** Adaptation aux circonstances: *modulation des tarifs* ▸ **ajuste** ▪ **modulation de fréquence:** variation de la fréquence d'une oscillation électrique; bande de fréquence dans laquelle sont diffusées des émissions de radio selon ce procédé ▸ **modulação de frequência, frequência modulada**
module *nm* **1** ARCHIT Unité de convention pour régler les proportions des parties d'un édifice ▸ **módulo 2** Composant élémentaire permettant de réaliser un ensemble par juxtaposition ou combinaison ▸ **módulo 3** Élément autonome d'un vaisseau spatial ▸ **módulo**
moduler *vt* **1** Exécuter avec des inflexions variées: *moduler un chant* ▸ **modular 2** FIG Adapter d'une manière souple à diverses circonstances ▸ **ajustar** ◆ *vi* MUS Passer d'une tonalité à une autre au cours d'un morceau ▸ **modular**
modus vivendi [mɔdysvivɛ̃di] *nm inv* Accom-

modement, transaction, compromis ► ***modus vivendi***

moelle [mwal] *nf* Substance molle et graisseuse renfermée dans l'intérieur des os (on dit aussi: *moelle osseuse*) ► **medula óssea, tutano** ▪ **jusqu'à la moelle:** très profondément ► **até a medula** ▫ **moelle épinière:** partie du système cérébro-spinal contenue dans le canal vertébral ► **medula espinhal**

moelleux, euse *adj* **1** Doux et d'une mollesse agréable au toucher: *un lit moelleux* ► **macio 2** Agréable à goûter, à entendre, etc. ► **suave** ▪ **vin moelleux:** ni très doux ni très sec ► **vinho licoroso**

moellon [mwalɔ̃] *nm* Pierre de petite dimension pour construire un mur ► **cantaria**

mœurs [mr] ou [mrs] *nf pl* **1** Pratiques sociales, usages communs à un groupe, un peuple, une époque, etc.: *les mœurs des Romains* ► **costumes 2** Habitudes particulières à chaque espèce animale: *les mœurs des abeilles* ► **costumes 3** Habitudes de vie, comportements habituels: *avoir des mœurs simples* ► **costumes 4** Ensemble des règles codifiées par la morale sociale: *attentat aux mœurs* ► **(bons) costumes**

mofette *nf* **1** Émanation de gaz carbonique, dans les régions volcaniques ou dans les mines ► **mofeta 2** ZOOL → **moufette**

moghol, e *adj et n* Des Moghols ► **mongol**

mohair *nm* Poil de la chèvre angora; laine et étoffe faites avec ce poil ► ***mohair***

moi *pron pers* Désigne la 1re personne du singulier, représentant celui, celle qui parle, soit en fonction de sujet pour renforcer *je*, soit comme complément après une préposition ou un impératif, soit comme attribut ► **eu, me, mim** ▪ **à moi!:** au secours! ► **socorro!** ▫ **de vous à moi:** entre nous ► **cá entre nós** ♦ *nm inv* Ce qui constitue l'individualité ► **eu**

EMPLOI On dit *vous et moi; mon voisin, sa femme et moi, moi* étant toujours placé en dernier

moignon *nm* **1** Ce qui reste d'un membre coupé ► **cotoco 2** Membre rudimentaire: *les manchots n'ont qu'un moignon d'aile* ► **cotoco 3** Ce qui reste d'une branche cassée ► **toco**

moindre *adj* Plus petit en dimensions, en quantité, en intensité: *vitesse moindre; pas le moindre bruit* ► **menor, mínimo**

moindrement *adv* ► **minimamente** ▪ LITT **pas le moindrement:** pas le moins du monde ► **nem um pouco**

moine *nm* **1** Membre d'une communauté religieuse d'hommes ► **monge 2** Récipient servant à chauffer un lit ► **escalfeta de cama**

moineau *nm* Petit oiseau passereau très commun en France ► **pardal** ▪ FAM **manger comme un moineau:** très peu ► **comer como um passarinho**

moins *adv* Indique une infériorité de qualité, de quantité, de prix ► **menos** ▪ **à moins: (a)** pour un prix inférieur ► **por menos (b)** pour un motif d'importance inférieure: *on serait tenté à moins* ► **por menos** ▫ **à moins de** (+ adj num et nom): au-dessous de: *à moins de deux mètres* ► **a menos de** ▫ **à moins de, que:** indiquent une hypothèse restrictive: *à moins d'un orage, à moins qu'il ne pleuve, nous sortirons* ► **a menos que, a não ser que** ▫ **à tout le moins** ou **pour le moins** ou **tout au moins:** au minimum ► **no mínimo** ▫ **au moins:** si ce n'est davantage ► **pelo menos** ▫ **au moins** ou **du moins:** expriment une restriction ► **pelo menos** ▫ **de moins en moins:** indique une diminution graduelle ► **cada vez menos** ▫ **le moins:** au moindre degré, aussi peu que possible ► **o mínimo** ▫ **rien de moins que:** véritablement: *il n'est rien de moins qu'un héros* ► **nada menos que** ▫ **un(e) moins que rien:** une personne méprisable ► **um zero à esquerda** ♦ *prép* Avec soustraction de: *15 moins 8 égale 7; trois heures moins dix* ► **menos** ♦ *nm* Tiret horizontal () indiquant une soustraction ou une quantité négative ► **sinal de menos**

GRAMMAIRE Avec *moins de deux*, le verbe qui suit se met au pluriel: *moins de deux buts ont été marqués*

moins-perçu (pl *moins-perçus*) *nm* DR Ce qui est dû et n'a pas été perçu ► **o que ficou por receber**

moins-value (pl *moins-values*) *nf* Diminution de la valeur d'un objet appréciée à deux moments différents ► **menos-valia**

moirage *nm* Reflet moiré ► **reflexo ondeado**

moire *nf* Étoffe à reflet changeant; ce reflet ► ***moiré*, chamalote**

moiré, e *adj* Qui a les reflets de la moire ► **achamalotado** ♦ *nm* Effet de la moire ► **ondeado**

mois *nm* **1** Chacune des douze divisions de l'année civile ► **mês 2** Espace de temps d'environ trente jours ► **mês 3** Unité de travail et de salaire correspondant à un mois légal; ce salaire: *toucher son mois* ► **mês 4** Somme due pour un mois de location, de services, etc. ► **mensalidade**

moïse [mɔiz] *nm* Berceau portatif en osier capitonné ► **moisés**

moisi *nm* Partie moisie de quelque chose; moisissure ► **bolor**

moisir *vi* **1** Se couvrir de moisissure: *les confitures moisissent* ► **embolorar 2** FAM Attendre, rester longtemps au même endroit ► **mofar**

moisissure *nf* Champignons de très petite taille

qui se développent à la surface des substances organiques en décomposition; partie moisie de quelque chose ▸ **bolor**

moisson *nf* **1** Récolte des céréales; céréales récoltées ou à récolter: *rentrer la moisson* ▸ **ceifa** **2** Époque où se fait cette récolte ▸ **ceifa** **3** FIG Grande quantité de ▸ **monte**

moissonnage *nm* Action de moissonner ▸ **ceifa**

moissonner *vt* **1** Faire la moisson de ▸ **ceifar** **2** LITT Recueillir, amasser en quantité ▸ **colher**

moissonneur, euse *n* Personne qui fait la moisson ▸ **ceifador**

moissonneuse *nf* Machine à moissonner ▸ **ceifadeira**

moissonneuse-batteuse (pl *moissonneuses-batteuses*) *nf* Machine qui coupe les céréales, bat et trie les grains ▸ **ceifadeira debulhadora**

moite *adj* Légèrement humide ▸ **úmido**

moiteur *nf* Légère humidité ▸ **umidade**

moitié *nf* **1** Chacune des deux parties égales d'un tout ▸ **metade** **2** Une bonne partie: *la moitié du temps* ▸ **metade** **3** FAM Épouse, époux ▸ **cara-metade** ■ **à moitié:** en partie ▸ **meio** □ **de moitié:** dans la proportion de un à deux ▸ **pela metade** □ **être pour moitié dans quelque chose:** en être responsable pour une part ▸ **ser parcialmente responsável** □ **moitié, moitié:** en partie, en partie: *moitié bleu, moitié blanc* ▸ **meio... meio...**

moka *nm* **1** Variété de café; infusion de ce café: *une tasse de moka* ▸ **moca** **2** Gâteau fourré d'une crème au beurre au café ▸ **bolo de café**

mol, molle *adj* → **mou**

molaire *nf* Grosse dent latérale qui sert à broyer ▸ **molar**

molasse *nf* Grès tendre, se formant au pied des chaînes de montagnes ▸ **molasso**

mole *nf* PHYS Unité de mesure de quantité de matière; symb: mol ▸ **mol**

môle *nm* Jetée, digue pour protéger l'entrée d'un port ▸ **molhe**

moléculaire *adj* Relatif aux molécules ▸ **molecular**

molécule *nf* Groupement d'atomes qui représente, pour un corps pur, la plus petite quantité de matière existant à l'état libre ▸ **molécula**

moleskine *nf* Toile vernie, imitant le cuir ▸ **curvim**

molester *vt* Brutaliser ▸ **molestar**

molette *nf* **1** TECHN Outil muni d'un petit disque dur, servant à couper, broyer, travailler les corps durs, etc. ▸ **torno** **2** Rondelle de l'éperon, garnie de pointes pour piquer le cheval ▸ **roseta** **3** Roulette striée servant à actionner un mécanisme mobile ▸ **parafusos de ajuste**

mollah *nm* Dans l'islam, titre donné aux personnalités religieuses, aux docteurs de la loi coranique ▸ **mulá**

mollasse *adj* Mou, flasque ▸ **frouxo**

mollasson, onne *adj et n* FAM Mou, sans énergie, sans caractère ▸ **frouxo**

mollement *adv* **1** Avec nonchalance ▸ **indolentemente** **2** Sans conviction ▸ **sem convicção**

mollesse *nf* **1** État, nature de ce qui est mou ▸ **moleza** **2** FIG Faiblesse, manque de fermeté, de vigueur, d'énergie ▸ **indolência**

mollet[1] *nm* Saillie des muscles de la partie postérieure de la jambe ▸ **panturrilha**

mollet[2] *adj m* ▸ **mole** ■ **œuf mollet:** œuf cuit dans sa coque de telle sorte que le blanc est coagulé et le jaune à peine solidifié ▸ **ovo quente**

molletière *nf* ANC Bande de cuir, de toile, qui couvrait le mollet ▸ **greva**

molleton *nm* Étoffe épaisse, moelleuse, généralement de laine ou de coton ▸ **moletom**

molletonné, e *adj* Garni, doublé de molleton ▸ **forrado de moletom**

mollir *vi* Devenir mou, perdre de sa force, de son énergie ▸ **amolecer, enfraquecer**

mollo *adv* FAM Doucement: *y aller mollo* ▸ **devagar**

mollusque *nm* Animal invertébré à corps mou, souvent recouvert d'une coquille, comme l'escargot et l'huître (les mollusques forment un embranchement) ▸ **molusco**

molosse *nm* Gros chien de garde ▸ **cão de fila**

molybdène *nm* Métal blanc, dur, cassant et peu fusible; symb: Mo ▸ **molibdeno**

môme *n* FAM Enfant ▸ **criança** ◆ *nf* FAM Fille, jeune femme ▸ **mocinha**

moment *nm* **1** Espace de temps; instant plus ou moins bref: *je reviens dans un moment* ▸ **momento** **2** Occasion, circonstance: *le moment favorable* ▸ **momento** **3** Temps présent: *la mode du moment* ▸ **momento** ■ **à tout moment:** sans cesse ▸ **a toda hora** □ **d'un moment à l'autre:** très prochainement ▸ **a qualquer momento** □ **en ce moment** ou **pour le moment:** actuellement ▸ **neste momento, por ora** □ **en un moment:** en très peu de temps ▸ **num instante** □ **par moments:** par intervalles ▸ **de vez em quando** □ **sur le moment:** sur le coup ▸ **na mesma hora** □ **un moment!:** attendez!, écoutez! ▸ **um instante!** ◆ *loc prép* ■ **au moment de:** indique la simultanéité, la coïncidence ▸ **no momento de** ◆ *loc conj* ■ **au moment où:** lorsque ▸ **no momento em que** □ **du moment que:** puisque ▸ **uma vez que**

momentané, e *adj* Qui ne dure qu'un moment: *effort momentané* ▸ **momentâneo**

momentanément *adv* Pour un moment, pendant un moment; temporairement ▸ **momentaneamente**

momie *nf* Cadavre conservé au moyen de l'embaumement: *les momies égyptiennes* ▸ **múmia**

momification *nf* Action de momifier ▸ **mumificação**

momifier *vt* Transformer un corps en momie ▸ **mumificar** ◆ **se momifier** *vpr* Se dessécher ▸ **mumificar-se**

mon, ma, mes *adj poss* Indique un rapport d'appartenance, une relation d'ordre affectif ou social avec moi: *mon stylo; mes idées; mes parents; mon supérieur* ▸ **meu, minha, meus**

monacal, e, aux *adj* Des moines: *vie monacale* ▸ **monástico**

monade *nf* Dans la philosophie de Leibniz, substance indivisible, dont tous les êtres sont composés ▸ **mônada**

monarchie *nf* **1** Gouvernement d'un seul chef ▸ **monarquia 2** Régime politique dans lequel le chef de l'État est un roi héréditaire; État ainsi gouverné ▸ **monarquia**

monarchique *adj* De la monarchie: *pouvoir monarchique* ▸ **monárquico**

monarchisme *nm* Doctrine des partisans de la monarchie ▸ **monarquismo**

monarchiste *adj et n* Partisan de la monarchie ▸ **monarquista**

monarque *nm* Chef de l'État dans une monarchie; roi ▸ **monarca**

monastère *nm* Édifice habité par des moines ou des moniales ▸ **mosteiro**

monastique *adj* Relatif aux moines ou aux moniales ▸ **monástico**

monceau *nm* Grande quantité de choses accumulées en tas ▸ **monte**

mondain, e *adj* Relatif à la vie, aux habitudes sociales des gens riches ou en vue: *dîner mondain* ▸ **mundano** ◆ *adj et n* Qui aime les mondanités ▸ **mundano**

mondanité *nf* Caractère mondain ▸ **mundanidade** ◆ **mondanités** *pl* Habitudes de vie propres aux gens du monde; politesses conventionnelles: *faire des mondanités* ▸ **mundanidades**

monde *nm* **1** Ensemble de tout ce qui existe; univers ▸ **mundo 2** La Terre, le globe terrestre: *faire le tour du monde* ▸ **mundo 3** Ensemble des êtres humains vivant sur la terre: *cette guerre concerne le monde entier* ▸ **mundo 4** Milieu, groupe social déterminé: *le monde du spectacle* ▸ **mundo 5** Grand nombre ou nombre indéterminé de personnes: *il y a beaucoup de monde* ▸ **gente 6** Ensemble des personnes constituant les classes sociales les plus aisées, la haute société, qui se distingue par son luxe: *les gens du monde; femme du monde* ▸ **alta sociedade 7** Ensemble de choses ou d'êtres considérés comme formant un univers: *le monde des abeilles* ▸ **mundo 8** LITT Vie profane (par opposition à *vie religieuse*): *se retirer du monde* ▸ **vida mundana 9** Écart important, différence: *il y a un monde entre eux* ▸ **abismo** ■ **l'Ancien Monde:** l'Asie, l'Europe, l'Afrique ▸ **o Velho Mundo** □ **au bout du monde:** très loin ▸ **no fim do mundo** □ **courir le monde:** voyager beaucoup ▸ **correr o mundo** □ **le grand monde:** la haute société ▸ **a alta sociedade** □ **mettre au monde:** donner naissance à ▸ **trazer ao mundo** □ **le Nouveau Monde:** l'Amérique ▸ **o Novo Mundo** □ **passer dans l'autre monde:** mourir ▸ **ir para o além** □ **pour rien au monde:** en aucun cas ▸ **por nada no mundo** □ **se faire (tout) un monde de:** attribuer une importance exagérée à ▸ **fazer um bicho de sete cabeças de** □ **tout le monde: (a)** tous les gens ▸ **todo o mundo (b)** chacun ▸ **todos** □ **venir au monde:** naître ▸ **vir ao mundo**

monder *vt* Débarrasser les grains des céréales de leurs enveloppes adhérentes: *monder l'orge* ▸ **descascar**

mondial, e, aux *adj* Qui concerne le monde entier: *politique mondiale* ▸ **mundial**

mondialement *adv* Dans le monde entier ▸ **mundialmente**

mondialisation *nf* **1** Fait de devenir mondial, de concerner le monde entier ▸ **globalização 2** ÉCON Tendance des entreprises multinationales à concevoir des stratégies à l'échelle planétaire, conduisant à la mise en place d'un marché mondial unifié ▸ **globalização**

mondialiser *vt* Donner à quelque chose un caractère mondial, une extension qui intéresse le monde entier ▸ **globalizar**

mondovision *nf* Transmission par satellite d'images de télévision dans différentes parties du monde ▸ ***mondovision***

monégasque *adj et n* De Monaco: *les Monégasques* ▸ **monegasco**

monétaire *adj* Relatif aux monnaies: *système monétaire* ▸ **monetário**

mongol, e *adj et n* De Mongolie: *les Mongols* ▸ **mongol**

mongolien, enne *adj et n* VIEILLI Trisomique ▸ **mongólico**

mongolisme *nm* VIEILLI Trisomie 21 ▸ **mongolismo**

mongoloïde *adj* MÉD Qui évoque le mongolisme, la trisomie 21 ▸ **mongoloide**

moniale *nf* Religieuse cloîtrée ▸ **monja**

monisme *nm* Système philosophique selon lequel il n'y a qu'une seule sorte de réalité, selon lequel un seul principe explique tout ▸ **monismo**

moniteur[1] *nm* **1** MÉD Appareil électronique permettant l'enregistrement permanent des phénomènes physiologiques ▸ **monitor 2** INFORM Écran associé à un micro-ordinateur ▸ **monitor 3** INFORM Programme de contrôle permettant de surveiller l'exécution de plusieurs programmes n'ayant aucun lien entre eux ▸ **monitor**

moniteur[2]**, trice** *n* Personne chargée d'enseigner ou de faire pratiquer certains sports, certaines activités: *moniteur de ski, d'auto-école* ▸ **monitor**

monitorage ou **monitoring** [mɔnitɔri] *nm* Utilisation médicale du moniteur ▸ **monitoração**

monitorat *nm* Formation pour la fonction de moniteur; cette fonction ▸ **monitoria**

monnaie *nf* **1** Pièce de métal frappée pour servir aux échanges ▸ **moeda 2** Unité monétaire adoptée par un État: *la monnaie du Japon est le yen* ▸ **moeda 3** Équivalent de la valeur d'un billet ou d'une pièce, en billets ou pièces de moindre valeur: *faire de la monnaie* ▸ **troco 4** Pièces de faible valeur: *ne pas avoir de monnaie* ▸ **trocado 5** Différence entre la somme payée en espèces et la somme exacte due: *rendre la monnaie* ▸ **troco ▪ battre monnaie:** fabriquer de la monnaie ▸ **cunhar moeda □ c'est monnaie courante:** c'est fréquent ▸ **é moeda corrente □ payer en monnaie de singe:** faire des plaisanteries au lieu de payer ▸ **enrolar e não pagar □ rendre à quelqu'un la monnaie de sa pièce:** user de représailles ▸ **pagar alguém na mesma moeda □ servir de monnaie d'échange:** servir de moyen d'échange dans une négociation ▸ **servir de moeda de troca**

monnaie-du-pape (pl *monnaies-du-pape*) *nf* BOT Plante ornementale à fleurs odorantes et à fruits en forme de disques blanc argenté; fruit de cette plante ▸ **lunária**

monnayable *adj* Qui peut être monnayé ▸ **amoedável**

monnayer [mɔnɛje] *vt (conj 4)* **1** Convertir un métal en monnaie ▸ **amoedar 2** Tirer un profit, un avantage, de l'argent de quelque chose: *monnayer un service* ▸ **amoedar**

monnayeur *nm* Appareil qui fait la monnaie de la somme introduite ▸ **moedeiro**

monobloc *adj* D'une seule pièce, d'un seul bloc ▸ **monobloco**

monochrome [mɔnɔkrom] *adj* D'une seule couleur ▸ **monocromo**

monocle *nm* Verre correcteur unique que l'on insère dans l'arcade sourcilière ▸ **monóculo**

monocoque *nm* Voilier à une seule coque ▸ **monocasco**

monocorde *adj* Qui est émis sur une seule note et ne varie pas; monotone ▸ **monocórdio**

monocorps *nm et adj* AUTOM Voiture dont le profil ne présente aucune partie en retrait ▸ **veículo monocorpo**

monocotylédone *nf* Plante à fleurs dont la graine a un seul cotylédon (les monocotylédones forment une classe) ▸ **monocotiledônea**

monoculaire *adj* Relatif à un seul œil: *vision monoculaire* ▸ **monocular**

monoculture *nf* Culture unique d'une espèce végétale ▸ **monocultura**

monogame *adj* Qui pratique la monogamie ▸ **monógamo**

monogamie *nf* Système dans lequel l'homme ne peut être l'époux de plus d'une femme à la fois et la femme l'épouse de plus d'un homme à la fois ▸ **monogamia**

monogamique *adj* Relatif à la monogamie ▸ **monogâmico**

monogramme *nm* **1** Marque, signe formés de la lettre initiale ou de plusieurs lettres entrelacées d'un nom ▸ **monograma 2** Marque ou signature abrégée ▸ **monograma**

monographie *nf* Étude détaillée sur un point spécial d'histoire, de science, sur un personnage, etc. ▸ **monografia**

monographique *adj* Qui relève de la monographie ▸ **monográfico**

monoï [mɔnɔj] *nm inv* Huile parfumée tirée de la noix de coco et des fleurs d'une plante de Polynésie ▸ **óleo de monoi**

monoïque *adj* Se dit des plantes dont les fleurs mâles et femelles sont sur le même pied ▸ **monoico**

monokini *nm* Maillot de bain féminin réduit à un slip ▸ **monoquíni**

monolingue *adj et n* **1** Qui ne parle qu'une langue ▸ **monolíngue 2** Rédigé en une seule langue: *dictionnaire monolingue* ▸ **monolíngue**

monolinguisme *nm* État d'une personne, d'une région, d'un pays monolingues ▸ **monolinguismo**

monolithe *nm et adj* Ouvrage formé d'un seul bloc de pierre: *les obélisques sont des monolithes* ▸ **monolito**

monolithique *adj* **1** Formé d'un seul bloc de pierre ▸ **monolítico 2** FIG D'un dogmatisme inébranlable; rigide: *parti monolithique* ▸ **monolítico**

monolithisme *nm* FIG Caractère de ce qui forme un bloc, un ensemble rigide: *le monolithisme de certains partis* ▸ **monolitismo**

monologue *nm* **1** Dans une pièce de théâtre, scène où un personnage est seul et se parle à lui-même ▸ **monólogo 2** Discours de quelqu'un qui parle seul: *monologue intérieur* ▸ **monólogo**
monologuer *vi* Parler seul ▸ **monologar**
monôme *nm* **1** Expression algébrique formée d'un seul terme ▸ **monômio 2** Défilé de lycéens, d'étudiants, organisé notamment à la fin des examens ▸ **Ø**
monomère *adj et nm* CHIM Se dit d'un composé constitué de molécules simples ▸ **monômero**
monomoteur *adj et nm* Se dit d'un avion muni d'un seul moteur ▸ **monomotor**
mononucléaire *nm et adj* Globule blanc possédant un seul noyau ▸ **mononuclear**
mononucléose *nf* Excès de mononucléaires dans le sang ▸ **mononucleose**
monoparental, e, aux *adj* D'un seul des deux parents: *éducation monoparentale*; où il n'y a que le père ou la mère pour élever l'enfant ou les enfants: *famille monoparentale* ▸ **monoparental**
monophasé, e *adj* Se dit des tensions ou des courants alternatifs simples ▸ **monofásico**
monophonie *nf* Technique de transmission d'un signal musical au moyen d'une seule voie (par opposition à *stéréophonie*) ▸ **monofonia**
monoplace *nm et adj m* Avion à une seule place ▸ *monoplace* ♦ *nf et adj* Voiture de compétition à une seule place ▸ **monoposto**
monoplan *nm et adj* Avion à un seul plan de sustentation ▸ **monoplano**
monopole *nm* **1** Privilège exclusif de fabriquer, d'exploiter ou de vendre certaines choses, d'occuper certaines charges ▸ **monopólio 2** FIG Possession exclusive de quelque chose ▸ **monopólio**
monopoliser *vt* **1** Exercer son monopole sur une production, un secteur d'activité ▸ **monopolizar 2** FIG Accaparer pour son seul profit: *monopoliser la parole* ▸ **monopolizar**
monopolistique ou **monopoliste** *adj* ÉCON Relatif à un monopole ▸ **monopolístico**
Monopoly *nm* (nom déposé) Jeu de société consistant à acheter des terrains et des immeubles jusqu'à en obtenir le monopole ▸ **banco imobiliário**
monoski *nm* Ski nautique ou ski de neige sur lequel on pose les deux pieds; sport pratiqué avec ce type de ski ▸ **monoesqui**
monospace *nm* Voiture particulière monocorps et spacieuse ▸ **veículo monoespaço**
monosyllabe *adj et nm* Mot qui n'a qu'une syllabe ▸ **monossílabo** ▪ **répondre par monosyllabes:** sans faire de phrase ▸ **responder por monossílabos**
monosyllabique *adj* Qui n'a qu'une syllabe: *mot monosyllabique* ▸ **monossilábico**
monothéisme *nm* Doctrine, religion qui n'admet qu'un seul Dieu ▸ **monoteísmo**
monothéiste *adj et n* Relatif au monothéisme; qui en est partisan ▸ **monoteísta**
monotone *adj* **1** Qui est sur le même ton: *chant monotone* ▸ **monótono 2** FIG Qui ennuie par le peu de variété, la répétition, l'uniformité ▸ **monótono**
monotonie *nf* Caractère monotone de quelque chose ▸ **monotonia**
monotype *nm* Voilier faisant partie d'une série de bateaux identiques, tous construits sur le même plan ▸ **monótipo**
Monotype *nf* (nom déposé) Machine à composer en caractères mobiles ▸ **monotipo**
monovalent, e *adj* CHIM Auquel un seul atome d'une nature donnée peut se lier chimiquement; SYN: *univalent* ▸ **monovalente**
monoxyde *nm* ▸ **monóxido** ▪ **monoxyde d'azote:** gaz toxique dégagé par les industries ▸ **monóxido de azoto**
monozygote *adj* Se dit de jumeaux issus d'un même œuf ▸ **univitelino**
monseigneur (pl *messeigneurs*) *nm* Titre d'honneur donné aux princes, aux prélats ▸ **monsenhor**
monsieur (pl *messieurs*) *nm* **1** Titre donné, par civilité, à tout homme à qui l'on parle ou à qui l'on écrit ▸ **senhor 2** Appellation respectueuse donnée au maître de maison, à un client, etc. ▸ **senhor 3** (avec une majuscule) Titre qu'on donnait autrefois en France au frère cadet du roi ▸ ***Monsieur***
monstre *nm* **1** Être présentant une malformation importante ▸ **monstro 2** Être fantastique de la mythologie, des légendes ▸ **monstro 3** Personne d'une laideur repoussante ▸ **monstro 4** Objet, animal énorme, effrayant: *monstre marin* ▸ **monstro 5** FIG Personne dont les sentiments inhumains, pervers provoquent l'horreur ▸ **monstro** ▪ **monstre sacré: (a)** comédien très célèbre ▸ **monstro sagrado (b)** personnage hors du commun ▸ **monstro sagrado** ♦ *adj* FAM Prodigieux, colossal: *un chahut monstre* ▸ **monstruoso**
monstrueusement *adv* **1** D'une manière monstrueuse ▸ **monstruosamente 2** Excessivement ▸ **monstruosamente**
monstrueux, euse *adj* **1** Qui est atteint de graves malformations ▸ **monstruoso 2** Excessivement laid ▸ **monstruoso 3** Horrible, effroyable: *crime monstrueux* ▸ **monstruoso 4** FIG Prodigieux, excessif: *bruit monstrueux* ▸ **monstruoso**

monstruosité *nf* **1** Caractère de ce qui est monstrueux ▸ **monstruosidade 2** Chose monstrueuse ▸ **monstruosidade**

mont *nm* Grande élévation naturelle au-dessus du sol: *le mont Blanc* ▸ **monte ▪ par monts et par vaux:** de tous côtés ▸ **a torto e a direito** ▫ **promettre monts et merveilles:** faire des promesses exagérées ▸ **prometer mundos e fundos**

montage *nm* **1** Action d'assembler les éléments d'un ensemble: *montage d'une bibliothèque, d'un moteur* ▸ **montagem 2** Choix et assemblage des scènes tournées pour un film, des bandes enregistrées pour une émission de radio, etc. ▸ **montagem ▪ montage financier:** structuration des ressources nécessaires à une entreprise ▸ **montagem financeira**

montagnard, e *adj et n* Qui habite une région de montagnes; relatif à la montagne: *vie montagnarde* ▸ **montanhês**

montagne *nf* **1** Élévation naturelle du sol caractérisée par une forte dénivellation entre le sommet et le fond de la vallée ▸ **montanha 2** Région de forte altitude: *passer ses vacances à la montagne* ▸ **montanha 3** FIG Amoncellement: *montagne de livres* ▸ **montanha ▪ montagnes russes:** attraction foraine constituée de montées et de descentes abruptes sur lesquelles roulent très rapidement des rames de petites voitures ▸ **montanha-russa** ▫ **se faire une montagne de quelque chose:** en exagérer l'importance, les difficultés ▸ **fazer tempestade em copo d'água**

montagneux, euse *adj* Où il y a des montagnes: *pays montagneux* ▸ **montanhoso**

montant[1] *nm* **1** Pièce posée verticalement et servant de soutien ▸ **montante 2** Chacune des deux pièces latérales tenant les barreaux d'une échelle ▸ **montante 3** Total d'un compte: *le montant des dépenses* ▸ **montante**

montant[2]**, e** *adj* Qui monte: *marée montante* ▸ **montante**

mont-de-piété (pl *monts-de-piété*) *nm* VX Établissement où l'on prête de l'argent moyennant la mise en gage d'un objet ▸ **montepio**

monte *nf* **1** Action de monter à cheval ▸ **montaria 2** Accouplement de certains animaux domestiques ▸ **cobrição**

monté, e *adj* **1** Pourvu: *être bien monté en vaisselle* ▸ **suprido 2** À cheval: *soldat monté* ▸ **montado ▪ coup monté:** préparé à l'avance et en secret ▸ **complô** ▫ **être monté contre quelqu'un:** être en colère contre quelqu'un ▸ **estar exasperado com alguém**

monte-charge (pl *monte-charges* ou inv) *nm* Appareil servant à monter des fardeaux d'un étage à l'autre ▸ **monta-cargas**

montée *nf* **1** Action de monter ▸ **subida 2** Chemin montant; pente ▸ **subida**

monténégrin, e *adj et n* Du Monténégro: *les Monténégrins* ▸ **montenegrino**

monte-plats *nm inv* Petit monte-charge entre une cuisine et une salle à manger ▸ **monta-prato**

monter *vi* (auxil: *avoir* ou *être*) **1** Se transporter dans un lieu plus élevé: *monter sur un arbre* ▸ **subir 2** Accroître son niveau, gagner en hauteur: *le fleuve monte* ▸ **subir 3** Se placer dans, sur: *monter à cheval, en voiture* ▸ **subir, montar 4** S'élever en pente: *le chemin monte* ▸ **subir 5** FIG S'élever dans la hiérarchie: *monter en grade* ▸ **subir 6** Augmenter de prix: *le dollar monte* ▸ **subir 7** Atteindre telle grandeur, telle valeur: *les frais montent à mille francs* ▸ **montar** ♦ *vt* **1** Gravir, parcourir de bas en haut: *monter l'escalier* ▸ **subir 2** Transporter dans un lieu plus élevé: *monter une valise* ▸ **subir 3** Accroître la valeur, l'intensité de: *monter le son, le chauffage* ▸ **aumentar 4** Fournir du nécessaire: *monter son ménage* ▸ **montar 5** Assembler les parties d'un objet: *monter une machine* ▸ **montar 6** Enchâsser dans une monture: *monter un diamant* ▸ **montar 7** Créer, organiser: *monter une affaire* ▸ **montar 8** Exciter, exalter: *monter les employés contre leur directeur* ▸ **levantar 9** Effectuer le montage d'un film, d'une émission ▸ **montar ▪ monter un animal:** l'utiliser comme monture ▸ **montar num animal** ▫ **monter un spectacle:** en organiser la représentation ▸ **montar um espetáculo** ♦ **se monter** *vpr* [à] S'élever à un total de ▸ **montar**

EMPLOI Dire *monter en haut* est incorrect et pléonastique, mais on peut très bien dire *monter moins (plus, très, trop) haut*

monteur, euse *n* **1** Personne qui monte les pièces d'une machine ▸ **montador 2** Personne qui fait le montage d'un film ▸ **montador**

montgolfière *nf* Aérostat gonflé à l'air chaud ▸ **aeróstato**

monticule *nm* Petit mont; colline ▸ **montículo**

montmorency *nf* Cerise d'une variété acidulée ▸ **cereja *montmorency***

montrable *adj* Qu'on peut montrer ▸ **apresentável**

montre[1] *nf* Instrument portatif qui sert à indiquer l'heure ▸ **relógio (portátil) ▪ course contre la montre: (a)** épreuve cycliste consistant en un chronométrage individuel des coureurs ▸ **corrida contra o relógio (b)** FIG action à réaliser en un minimum de temps ▸ **corrida contra o tem-**

po ▫ **montre en main: (a)** en un temps précis ▸ **pontualmente (b)** sans dépasser le temps: *avoir dix minutes montre en main pour* ▸ **exatamente**

montre² ▸ **mostra** *nf* ▪ **faire montre de quelque chose:** le montrer, le manifester: *faire montre de prudence* ▸ **dar mostra de alguma coisa**

montre-bracelet (pl *montres-bracelets*) *nf* Montre qui se porte au poignet ▸ **relógio de pulso**

montrer *vt* **1** Faire voir: *montrer ses papiers* ▸ **mostrar 2** Manifester: *montrer du courage* ▸ **mostrar 3** Prouver, démontrer: *montrer qu'on a raison* ▸ **mostrar 4** Indiquer, désigner: *montrer du doigt* ▸ **mostrar** ◆ **se montrer** *vpr* **1** Apparaître à la vue: *ne pas se montrer nu* ▸ **mostrar-se 2** Se révéler sous tel aspect: *se montrer courageux* ▸ **mostrar-se**

montreur, euse *n* Personne qui présente un spectacle, une attraction: *montreur d'ours* ▸ **apresentador**

monture *nf* **1** Bête sur laquelle on monte ▸ **montaria 2** Partie d'un objet qui sert à fixer, à assembler l'élément principal: *monture de lunettes, d'une bague* ▸ **armação**

monument *nm* **1** Ouvrage d'architecture ou de sculpture destiné à perpétuer le souvenir d'un personnage, d'un événement: *monument aux morts* ▸ **monumento 2** Grand ouvrage d'architecture ▸ **monumento 3** Œuvre remarquable, digne de durer ▸ **monumento** ▪ **être un monument de:** présenter une certaine particularité à un degré extrême: *être un monument de sottise* ▸ **ser um monumento de**

monumental, e, aux *adj* **1** Qui a les proportions imposantes d'un monument ▸ **monumental 2** Grandiose, remarquable ▸ **monumental 3** FAM Énorme: *une erreur monumentale* ▸ **monumental**

moquer (se) *vpr* [de] **1** Railler, tourner en ridicule ▸ **zombar 2** Ne faire aucun cas de: *se moquer des réprimandes* ▸ **desdenhar 3** Prendre quelqu'un pour un sot ▸ **menosprezar**

moquerie *nf* Parole ou action moqueuse ▸ **zombaria**

moquette *nf* Tapis fixé au sol servant à recouvrir uniformément la surface d'une pièce ▸ **carpete**

moqueur, euse *adj et n* Qui se moque, aime à se moquer ▸ **zombador** ◆ *adj* Qui manifeste de la raillerie: *sourire moqueur* ▸ **zombeteiro**

moraine *nf* Ensemble de débris de roches transportés ou déposés par un glacier ▸ **moraina**

moral, e, aux *adj* **1** Qui concerne les règles de conduite en usage dans une société: *un jugement moral* ▸ **moral 2** Conforme à ces règles, admis comme honnête, juste, édifiant: *un livre moral* ▸ **moral 3** Intellectuel, spirituel (par opposition à *physique, matériel*): *les facultés morales* ▸ **mental** ◆ *nm* **1** Ensemble des facultés mentales: *le physique influe sur le moral* ▸ **mental 2** État psychologique: *avoir bon moral* ▸ **moral**

morale *nf* **1** Ensemble des règles d'action et des valeurs qui fonctionnent comme normes dans une société ▸ **moral 2** Conclusion morale d'une fable, d'un récit ▸ **moral** ▪ **faire la morale à quelqu'un:** le réprimander ▸ **dar lição de moral a alguém**

moralement *adv* **1** Conformément aux règles de la morale ▸ **moralmente 2** Du point de vue des sentiments, de la morale: *être moralement responsable* ▸ **moralmente 3** Quant au moral ▸ **moralmente**

moralisant, e *adj* Qui moralise ▸ **moralizador**

moralisateur, trice *adj et n* PÉJOR Qui donne des leçons de morale: *discours moralisateur* ▸ **moralizador**

moraliser *vt* **1** Rendre conforme à la morale: *moraliser la vie politique* ▸ **moralizar 2** Faire la morale à: *moraliser un enfant* ▸ **moralizar** ◆ *vi* Faire des réflexions morales ▸ **moralizar**

moralisme *nm* Attachement formaliste et étroit à une morale ▸ **moralismo**

moraliste *n et adj* Auteur qui écrit sur les mœurs, la nature humaine ▸ **moralista** ◆ *adj* Marqué de moralisme ▸ **moralista**

moralité *nf* **1** Rapport, conformité à la morale: *moralité douteuse* ▸ **moralidade 2** Attitude, conduite morale, principes: *homme sans moralité* ▸ **moral 3** Conclusion, enseignement moral que suggère une histoire ▸ **moral**

moratoire *nm* Suspension légale et provisoire de certaines actions: *moratoire nucléaire* ▸ **moratória**

morbide *adj* **1** Maladif: *état morbide* ▸ **mórbido 2** Qui a un caractère malsain, anormal: *curiosité morbide* ▸ **mórbido**

morbidité *nf* Caractère de ce qui est morbide ▸ **morbidez**

morbier *nm* Fromage au lait de vache fabriqué dans le Jura ▸ ***morbier***

morbleu *interj* VX Juron qui marque l'impatience, la colère ▸ **saco**

morceau *nm* **1** Partie d'un corps, d'un aliment, d'un tout, d'une matière: *morceau de pain, de bois* ▸ **pedaço 2** Fragment d'une œuvre écrite ou musicale: *morceaux choisis; interpréter un morceau de Bach* ▸ **trecho** ▪ FAM **manger, cracher, lâcher**

le morceau: parler, avouer ▸ **desembuchar**
morceler *vt (conj 6)* Diviser en morceaux, en parties ▸ **despedaçar**
morcellement *nm* Action de morceler; fait d'être morcelé ▸ **despedaçamento**
mordant, e *adj* **1** Qui entame en rongeant: *acide mordant* ▸ **mordente 2** FIG Incisif, caustique, satirique: *ton mordant* ▸ **mordaz** ♦ *nm* **1** Vivacité, énergie dans l'attaque ▸ **arroubo 2** FIG Causticité ▸ **mordacidade**
mordicus [mɔrdikys] *adv* FAM Avec ténacité: *soutenir mordicus une opinion* ▸ **ferrenhamente**
mordiller *vt* Mordre légèrement et à plusieurs reprises ▸ **mordiscar**
mordoré, e *adj* D'un brun chaud, à reflets dorés ▸ **castanho dourado**
mordre *vt (conj 52)* **1** Saisir, entamer ou blesser avec les dents ▸ **morder 2** Entamer, pénétrer dans quelque chose: *la lime mord l'acier* ▸ **cravar, corroer 3** S'accrocher, trouver prise ▸ **cravar 4** Empiéter sur: *la balle a mordu la ligne* ▸ **transpor, abocanhar** ♦ *vt ind* [à] Prendre goût à ▸ **ser pego por** ■ **ça mord:** le poisson mord à l'appât ▸ **o peixe está mordendo a isca** □ **mordre à l'appât:** s'en saisir, en parlant du poisson ▸ **morder a isca** ♦ **se mordre** *vpr* ▸ **morder-se** ■ FAM **se mordre les doigts de quelque chose:** s'en repentir ▸ **arrepender-se de alguma coisa**
mordu, e *adj et n* FAM Passionné: *un mordu de cinéma* ▸ **fanático**
more, moresque *adj et n* → **maure, mauresque**
morfler *vi* FAM Subir un coup dur, une punition ▸ **ser vítima**
morfondre (se) *vpr* S'ennuyer à attendre trop longtemps ▸ **mofar**
morganatique *adj* Se dit du mariage d'un prince avec une personne de condition inférieure ▸ **morganático**
morgue¹ *nf* Attitude hautaine et méprisante ▸ **soberba**
morgue² *nf* **1** Lieu où l'on dépose les cadavres non identifiés ▸ **necrotério 2** Salle où, dans un hôpital, on garde momentanément les morts ▸ **necrotério**
moribond, e *adj et n* Qui est près de mourir; agonisant ▸ **moribundo**
morigéner *vt (conj 10)* LITT Réprimander ▸ **admoestar**
morille *nf* Champignon comestible délicat, à chapeau alvéolé ▸ ***morille***
mormon, e *n et adj* Membre d'une secte religieuse américaine qui pratiqua la polygamie ▸ **mórmon**
morne¹ *adj* **1** Triste: *un regard morne* ▸ **sombrio 2** Qui, par sa monotonie, inspire la tristesse: *une vie morne* ▸ **monótono 3** Sans éclat, sans intérêt; terne: *un style morne* ▸ **morno**
morne² *nm* Hauteur, colline aux Antilles ▸ **morro**
morose *adj* **1** D'humeur maussade; triste, sombre: *vieillard, air morose* ▸ **sombrio 2** Se dit d'un secteur économique peu actif ▸ **moroso**
morosité *nf* Caractère de quelqu'un, de quelque chose qui est morose ▸ **tristeza, morosidade**
morphème *nm* LING Le plus petit élément significatif dans un énoncé ou un mot ▸ **morfema**
morphine *nf* Alcaloïde de l'opium, analgésique et hypnotique puissant ▸ **morfina**
morphing [mɔrfiŋ] *nm* CIN Procédé qui permet la transformation progressive et animée d'une image en une autre ▸ ***morphing***
morphinomane *n et adj* Toxicomane qui utilise la morphine ▸ **morfinômano**
morphologie *nf* **1** Étude de la forme et de la structure des êtres vivants ▸ **morfologia 2** Aspect général du corps humain: *la morphologie d'un athlète* ▸ **morfologia 3** LING Étude de la forme des mots ▸ **morfologia**
morphologique *adj* Relatif à la morphologie: *étude morphologique* ▸ **morfológico**
morphologiquement *adv* Du point de vue de la morphologie ▸ **morfologicamente**
morpion *nm* **1** TRÈS FAM Pou du pubis ▸ **chato 2** FAM Gamin ▸ **fedelho**
mors [mɔr] *nm* Levier de la bride qui passe dans la bouche du cheval et qui sert à le gouverner ▸ **freio** ■ **prendre le mors aux dents:** s'emporter ▸ **perder as estribeiras**
morse¹ *nm* Gros mammifère marin des régions arctiques ▸ **morsa**
morse² *nm* Code télégraphique utilisant un alphabet fait de points et de traits ▸ **código morse**
morsure *nf* **1** Action de mordre ▸ **mordida 2** Plaie, marque faite en mordant ▸ **mordida**
mort¹ *nf* **1** Cessation définitive de la vie: *mort violente* ▸ **morte 2** Cessation complète d'activité: *la mort du petit commerce* ▸ **morte** ■ **à mort: (a)** mortellement ▸ **mortalmente (b)** FAM de toutes ses forces ▸ **morrer de** □ **à la vie et à la mort:** pour toujours ▸ **para sempre** □ **la mort dans l'âme:** à regret ▸ **com a morte na alma** □ DR **peine de mort:** condamnation à la peine capitale ▸ **pena de morte**
mort², e *adj* **1** Qui a cessé de vivre ▸ **morto 2** Privé d'animation, d'activité: *ville morte* ▸ **morto 3** Hors d'usage: *le moteur est mort* ▸ **morto**

4 Qui éprouve une sensation ou un sentiment violents: *mort de faim, de peur* ► **morto** ■ **eau morte:** stagnante ► **água estagnada** □ **langue morte:** qui n'est plus parlée (par opposition à *langue vivante*) ► **língua morta** □ **nature morte:** peinture d'objets non animés ► **natureza-morta** □ **temps mort:** moment où il n'y a pas d'action ► **tempo morto** ♦ *n* Personne décédée; cadavre ► **morto** ■ **faire le mort:** ne donner aucun signe de vie ► **fazer-se de morto**

mortadelle *nf* Gros saucisson d'Italie ► **mortadela**

mortaise *nf* Entaille pratiquée dans l'épaisseur d'une pièce de bois ou de métal, pour recevoir le tenon d'une autre pièce assemblée ► **encaixe**

mortalité *nf* Nombre de décès survenus dans une population durant une période donnée ► **mortalidade**

mort-aux-rats [mɔrora] *nf inv* Préparation empoisonnée, destinée à détruire les rats, les rongeurs ► **mata-ratos**

morte-eau (pl *mortes-eaux*) *nf* Marée de faible amplitude ► **maré baixa**

mortel, elle *adj* **1** Sujet à la mort: *nous sommes tous mortels* ► **mortal 2** Qui cause la mort: *maladie mortelle* ► **mortal 3** Ennuyeux, pénible: *soirée mortelle* ► **mortal** ■ FIG **ennemi mortel:** que l'on hait profondément ► **inimigo mortal** ♦ *n* Être humain ► **mortal**

mortellement *adv* **1** À mort ► **mortalmente 2** FIG Extrêmement: *mortellement ennuyeux* ► **extremamente**

morte-saison (pl *mortes-saisons*) *nf* Période où l'activité est réduite ou très faible pour un commerce, une industrie, etc. ► **baixa estação**

mortier *nm* **1** Mélange de chaux, de sable et d'eau pour lier les pierres d'une construction ou faire des enduits ► **argamassa 2** Récipient où l'on broie des aliments, des substances pharmaceutiques, etc. ► **pilão 3** Canon à tir courbe ► **morteiro**

mortifiant, e *adj* Qui humilie ► **vexatório**

mortification *nf* **1** Action de mortifier son corps ► **mortificação 2** FIG Blessure d'amour-propre; humiliation ► **vexame 3** MÉD Nécrose ► **necrose 4** Commencement de décomposition du gibier ► **deterioração**

mortifier *vt* **1** Infliger à son corps une souffrance physique dans un but d'ascèse ► **mortificar 2** FIG Humilier, froisser ► **vexar**

mort-né, e (pl *mort-nés, mort-nées*) *adj et n* Mort en venant au monde ► **natimorto** ♦ *adj* FIG Qui échoue dès le début: *projet mort-né* ► **natimorto**

mortuaire *adj* Relatif aux décès, aux cérémonies funèbres: *chambre mortuaire* ► **mortuário**

morue *nf* Gros poisson des mers froides ► **bacalhau**

morutier *nm* **1** Bateau équipé pour la pêche à la morue ► **bacalhoeiro 2** Pêcheur de morue ► **bacalhoeiro**

morvandeau, elle *adj et n* Du Morvan (au masculin, on dit aussi: *morvandiau*) ► **do Morvan**

morve *nf* **1** Sécrétion des muqueuses du nez ► **ranho 2** Maladie contagieuse des chevaux ► **mormo**

morveux, euse *adj* **1** Se dit d'un cheval atteint de la morve ► **mormoso 2** Qui a la morve au nez: *enfant morveux* ► **ranhento** ♦ *n* FAM Jeune prétentieux ► **fedelho presunçoso**

mosaïque[1] *nf* **1** Assemblage de petits fragments multicolores incrustés dans un ciment et formant un dessin; art de cet assemblage ► **mosaico 2** FIG Ensemble d'éléments nombreux et disparates: *une mosaïque d'États* ► **mosaico**

mosaïque[2] *adj* Qui vient de Moïse ► **mosaico**

mosaïste *n* Artiste en mosaïque ► **mosaicista**

moscovite *adj et n* De Moscou ► **moscovita**

mosquée *nf* Édifice cultuel de l'islam ► **mesquita**

mot *nm* **1** Son ou groupe de sons ou de lettres formant une unité autonome, susceptibles d'être utilisés dans les divers énoncés d'une langue ► **palavra 2** Ce qu'on dit, ce qu'on écrit brièvement: *dire un mot à l'oreille* ► **recado 3** Sentence, parole mémorable ► **dito** ■ **au bas mot:** en évaluant au plus bas ► **no mínimo** □ **avoir des mots avec quelqu'un:** avoir une querelle ► **discutir com alguém** □ **avoir le dernier mot:** l'emporter dans une discussion ► **ter a última palavra** □ **avoir son mot à dire:** être en droit de donner son avis ► **ter o que dizer** □ **bon mot** ou **mot d'esprit:** parole spirituelle ► **tirada** □ **en un mot:** brièvement ► **em suma** □ **grand mot:** terme emphatique ► **expressão enfática** □ **gros mot:** parole grossière ► **palavrão** □ **jouer sur les mots:** employer des termes équivoques ► **jogar com as palavras** □ **le fin mot (de l'histoire):** le sens caché ► **o xis da questão** □ **mot à mot** ou **mot pour mot: (a)** littéralement, sans rien changer ► **literalmente (b)** en rendant chaque mot d'une langue par un mot équivalent dans une autre ► **literalmente** □ **mot d'ordre:** consigne d'action ► **palavra de ordem** □ **ne dire, ne souffler mot:** garder le silence ► **não dizer uma palavra** □ **prendre quelqu'un au mot:** accepter sur-le-champ sa proposition ► **pegar alguém pela palavra** □ **se donner le mot:** se mettre d'accord, s'entendre pour une action ► **entender-se** □ **se payer de mots:** parler au lieu d'agir ► **falar muito e fazer pouco**

mot-à-mot *nm* Traduction mot à mot ▸ **tradução literal**
motard, e *n* Personne qui fait de la moto ▸ **motoqueiro, motociclista** ◆ *nm* Agent de police, gendarme qui fait son service à moto ▸ **policial motorizado**
motel *nm* Hôtel situé à proximité d'un grand itinéraire routier, spécialement aménagé pour accueillir les automobilistes ▸ **hotel de estrada**
motet *nm* Pièce vocale religieuse ▸ **moteto**
moteur, trice *adj* Qui produit ou transmet le mouvement ▸ **motor** ◆ *nm* **1** Appareil qui transforme en énergie mécanique d'autres formes d'énergie ▸ **motor 2** FIG Instigateur: *être le moteur d'une entreprise* ▸ **motor 3** FIG Cause, motif déterminant: *le moteur de l'expansion* ▸ **motor** ■ INFORM **moteur de recherche:** logiciel qui facilite la recherche par thème sur le réseau Internet ▸ **motor de busca**
motif *nm* **1** Raison d'ordre intellectuel, affectif, qui porte à faire une chose: *se fâcher sans motif* ▸ **motivo 2** BX-ARTS Sujet, modèle de composition; ornement de décoration, le plus souvent répété ▸ **motivo 3** MUS Phrase musicale qui se reproduit dans un morceau ▸ **tema**
motion *nf* Texte soumis à l'approbation d'une assemblée par un de ses membres ou une partie de ses membres ▸ **moção**
motivant, e *adj* Qui pousse à agir, à réagir ▸ **motivador**
motivation *nf* Ce qui motive ▸ **motivação**
motivé, e *adj* **1** Déterminé à réussir: *élève motivé* ▸ **motivado 2** Justifié par des motifs: *sanction motivée* ▸ **justificado**
motiver *vt* **1** Fournir des motifs pour justifier un acte: *motiver un retard* ▸ **justificar 2** Provoquer quelque chose en le justifiant ▸ **motivar 3** Pousser à agir; stimuler ▸ **motivar**
moto *nf* Véhicule à deux roues actionné par un moteur à explosion de plus de 125 cm^3 ▸ **moto**
motocross *nm* Course à moto sur un terrain très accidenté ▸ ***motocross***
motoculteur *nm* Machine automotrice servant au jardinage, aux labours superficiels ▸ **motocultor**
motoculture *nf* Culture pratiquée à l'aide de machines motorisées ▸ **motocultura**
motocyclette *nf* VX Moto ▸ **motocicleta**
motocyclisme *nm* Ensemble des activités sportives disputées sur moto et side-car ▸ **motociclismo**
motocycliste *n* Personne qui conduit une moto ▸ **motociclista**
motonautisme *nm* Sport de la navigation sur des embarcations rapides à moteur ▸ **motonautismo**
motoneige *nf* CANADA Petit véhicule muni de skis à l'avant et de chenilles à l'arrière ▸ **moto de neve**
motopompe *nf* Pompe à moteur ▸ **motobomba**
motorisation *nf* Action de motoriser; fait d'être motorisé ▸ **mecanização, motorização**
motorisé, e *adj* Qui a une automobile à sa disposition pour se déplacer ▸ **motorizado**
motoriser *vt* Doter de moyens de transport automobiles, de moyens mécaniques: *motoriser l'agriculture* ▸ **motorizar, mecanizar**
motoriste *n* **1** Réparateur de moteurs ▸ **mecânico de motores 2** Fabricant de moteurs ▸ **fabricante de motores**
motrice *nf* Véhicule servant de tracteur pour d'autres voitures: *motrice de métro* ▸ **locomotiva**
motricité *nf* Ensemble des fonctions biologiques assurant le mouvement ▸ **motricidade**
mots-croisés ou **mots croisés** *nm pl* Jeu consistant à trouver des mots qui s'entrecroisent dans une grille, d'après des définitions ▸ **palavras cruzadas**
motte *nf* **1** Masse de terre compacte ▸ **torrão 2** Masse de beurre pour la vente au détail: *du beurre à la motte* ▸ **bloco de manteiga**
motus [mɔtys] *interj* FAM Silence!: *motus et bouche cousue* ▸ **quieto**
mou¹ *nm* Poumon de certains animaux de boucherie ▸ **bofe**
mou² ou **mol** (devant une voyelle ou un *h* muet), **molle** *adj* **1** Qui cède facilement au toucher, qui manque de fermeté: *beurre mou* ▸ **mole 2** FIG Qui manque de vivacité, de vigueur, d'énergie ▸ **frouxo** ◆ *n* FAM Personne sans énergie ▸ **frouxo**
moucharabieh [muʃarabje] ou [muʃarabjɛ] *nm* Grillage en bois, permettant de voir sans être vu, dans l'architecture arabe ▸ **muxarabiê**
mouchard, e *n* FAM Dénonciateur, délateur ▸ **delator** ◆ *nm* Appareil de contrôle, de surveillance ▸ **aparelho de controle**
mouchardage *nm* FAM Dénonciation ▸ **delação**
moucharder *vt et vi* FAM Dénoncer ▸ **delatar**
mouche *nf* **1** Nom de divers insectes diptères ▸ **mosca 2** Petite rondelle de taffetas noir que les femmes se collaient sur le visage ▸ **mosca 3** Point noir au centre d'une cible ▸ **mosca 4** Morceau de cuir dont on garnit la pointe du fleuret ▸ **botão 5** Leurre imitant un insecte, utilisé par les pêcheurs ▸ **isca** ■ **faire mouche:** atteindre son but ▸ **acertar na mosca** □ **fine mouche:** personne rusée ▸ **manhoso** □ **la mouche du coche:**

personne qui s'agite beaucoup mais qui n'est pas efficace ► **cão que ladra e não morde** □ **pattes de mouche:** écriture fine et peu lisible ► **garatuja** □ **prendre la mouche:** se vexer ► **zangar-se** □ FAM **tomber comme des mouches:** tomber malade, mourir en grand nombre ► **cair como moscas**

moucher *vt* **1** Débarrasser le nez de ses mucosités ► **assoar 2** Enlever la partie carbonisée d'une mêche de bougie ► **espevitar 3** FAM Réprimander ► **dar bronca** ♦ **se moucher** *vpr* Moucher son nez ► **assoar o nariz**

moucheron *nm* Petite mouche ► **mosquinha**

moucheté, e *adj* **1** Tacheté, en parlant des animaux ► **mosqueado 2** Garni d'une mouche, en parlant d'un fleuret ► **abotoado**

mouchetis *nm* Crépi à aspect granuleux ► **reboco granulado**

moucheture *nf* **1** Tache naturelle sur le corps de certains animaux ► **malha 2** Ornement d'une étoffe mouchetée ► **salpico**

mouchoir *nm* Pièce de tissu ou de papier pour se moucher ► **lenço**

mouclade *nf* Plat de moules au vin blanc et à la crème ► ***mouclade***

moudjahidin [mudʒaidin] ou **moudjahidine** [mudʒaidin] *nm pl* Combattants islamiques pour la libération nationale ► **mujaidim**

moudre *vt (conj 58)* Broyer, réduire en poudre avec un moulin ► **moer**

moue *nf* Grimace de mécontentement ► **beicinho**

mouette *nf* Oiseau palmipède vivant sur les côtes ► **gaivota**

moufette ou **mouffette** ou **mofette** *nf* Mammifère carnivore d'Amérique qui sécrète un liquide infect pour se défendre ► **tourão**

moufle *nf* **1** Gant où il n'y a de séparation que pour le pouce ► ***moufle* 2** Assemblage de poulies pour élever des fardeaux ► **cadernal**

mouflet, ette *n* FAM Enfant ► **fedelho**

mouflon *nm* Ruminant sauvage des montagnes, proche du mouton ► **muflão**

moufter ou **moufeter** *vi* FAM (s'emploie surtout aux temps composés et à l'infinitif, en tournure négative) Réagir, protester ► **bufar**

mouillage *nm* **1** Action de mouiller ► **molhadela 2** Action d'ajouter de l'eau aux boissons dans une intention frauduleuse ► **batismo 3** MAR Manœuvre pour jeter l'ancre; plan d'eau côtier favorable à l'ancrage des bateaux; lieu où l'on jette l'ancre ► **ancoragem, ancoradouro**

mouiller *vt* **1** Rendre humide, imbiber d'eau ou d'un autre liquide ► **molhar 2** Étendre d'eau: *mouiller du vin* ► **molhar 3** Ajouter un liquide à une préparation en cours de cuisson ► **acrescentar água 4** Immerger: *mouiller des mines, une ancre* ► **fundear,** imergir **5** FAM Compromettre ► **manchar** ♦ *vi* Jeter l'ancre: *mouiller dans une crique* ► **fundear** ♦ **se mouiller** *vpr* **1** Être touché par la pluie, par l'eau ► **molhar-se 2** FAM Se compromettre, prendre des risques ► **comprometer-se**

mouillette *nf* Morceau de pain qu'on trempe dans l'œuf à la coque ► **pão molhado no ovo**

mouilleur *nm* **1** MAR Appareil servant au mouillage des ancres ► **lançador de âncora 2** Appareil pour mouiller, humecter ► **molhador, umidificador** ■ **mouilleur de mines:** bâtiment de guerre aménagé pour la pose des mines ► **lança-minas**

mouillure *nf* Trace d'humidité ► **mancha de umidade**

mouise *nf* FAM Misère ► **penúria**

moujik *nm* Paysan russe ► **mujique**

moulage[1] *nm* **1** Action de verser dans des moules des métaux en fusion ► **moldagem 2** Action de prendre d'un objet une empreinte destinée à servir de moule; cette empreinte et sa reproduction ► **moldagem**

moulage[2] *nm* Action de moudre les grains ► **moagem**

moulant, e *adj* Qui moule le corps ► **justo**

moule[1] *nm* **1** Objet creusé pour donner une forme à une matière fondue ► **molde 2** Ustensile servant à la confection ou à la cuisson de certains plats: *moule à gâteau* ► **forma 3** FIG Type, modèle imposé: *être faits sur le même moule* ► **molde**

moule[2] *nf* **1** Mollusque lamellibranche comestible ► **mexilhão 2** FAM Personne sans énergie ► **molenga**

mouler *vt* **1** Exécuter le moulage de: *mouler un buste* ► **modelar 2** Prendre l'empreinte de ► **moldar 3** En parlant d'un vêtement, suivre exactement les contours du corps, d'une partie du corps ► **moldar**

mouleur *nm* Ouvrier qui exécute les moulages ► **moldador**

moulin *nm* **1** Machine à moudre le grain des céréales ► **moinho 2** Bâtiment où cette machine est installée: *moulin à vent* ► **moinho 3** Appareil servant à moudre des aliments: *moulin à café, à poivre, à légumes* ► **moedor** ■ FAM **moulin à paroles:** personne très bavarde ► **falador**

mouliner *vt* **1** Écraser un aliment avec un moulin à légumes ► **passar 2** FAM Traiter de grandes quantités de données informatiques: *ordinateurs qui moulinent les chiffres d'un recensement* ► **processar**

moulinet *nm* **1** Tourniquet ▸ **torniquete 2** Bobine fixée au manche d'une canne à pêche, sur laquelle s'enroule la ligne ▸ **molinete 3** Rotation rapide: *faire des moulinets avec un bâton, avec ses bras* ▸ **molinete**

Moulinette *nf* (nom déposé) Moulin électrique à couteaux utilisé pour broyer des aliments ▸ **processador de alimentos** ▪ FAM **passer à la moulinette:** analyser avec minutie et en détail; disséquer ▸ **peneirar**

moult [mult] *adv* VX Beaucoup, très ▸ **muito**

moulu, e *adj* **1** Réduit en poudre ▸ **moído 2** FIG, FAM Rompu de fatigue ▸ **moído**

moulure *nf* Ornement en relief ou en creux ▸ **moldura**

moulurer *vt* Orner de moulures ▸ **emoldurar**

moumoute *nf* FAM **1** Perruque ▸ **peruca 2** Veste en peau de mouton ▸ **casaco de pele**

mourant, e *adj et n* Qui se meurt, qui va mourir ▸ **moribundo** ◆ *adj* Qui s'affaiblit, va disparaître: *voix mourante* ▸ **débil**

mourir *vi (conj 25)* **1** Cesser de vivre ▸ **morrer 2** Dépérir: *plante qui meurt* ▸ **morrer 3** S'affaiblir progressivement, s'éteindre doucement: *laisser mourir un feu* ▸ **morrer 4** Disparaître, cesser d'exister: *civilisation qui meurt* ▸ **morrer 5** Ressentir profondément: *mourir de faim* ▸ **morrer** ▪ **mourir de rire:** rire aux éclats, sans s'arrêter ▸ **morrer de rir** ◆ **se mourir** *vpr* Être près de mourir: *le malade se meurt* ▸ **estar à beira da morte**

mouroir *nm* PÉJOR Établissement rassemblant des personnes en fin de vie ▸ **antessala da morte**

mouron *nm* Petite plante à fleurs rouges ou bleues ▸ **morrião** ▪ FAM **se faire du mouron:** se faire du souci ▸ **esquentar a cabeça**

mousquet *nm* Arme à feu portative employée aux XVIe et XVIIe s. ▸ **mosquete**

mousquetaire *nm* **1** AUTREF Soldat armé d'un mousquet ▸ **mosqueteiro 2** Gentilhomme d'une compagnie à cheval de la maison du roi ▸ **mosqueteiro** ▪ **poignet mousquetaire:** manchette ▸ **punho dobrado**

mousqueton *nm* **1** Fusil court et léger ▸ **mosquetão 2** Crochet maintenu fermé par un ressort ▸ **mosquetão**

moussaillon *nm* FAM Petit mousse ▸ **aprendiz de grumete**

moussaka *nf* Plat grec ou turc composé d'aubergines, de viande hachée, et cuit au four ▸ ***moussaka***

moussant, e *adj* Qui mousse: *bain moussant* ▸ **espumoso**

mousse¹ *nm* Très jeune marin ▸ **grumete**

mousse² *nf* **1** Écume à la surface de certains liquides ▸ **espuma 2** Produit de consistance onctueuse, aérée: *mousse au chocolat; mousse de foie; mousse à raser* ▸ **musse 3** Petite plante verte qui se développe en touffes ou en tapis sur le sol, les pierres, les arbres ▸ **musgo**

mousse³ *adj* Qui n'est pas aigu ou tranchant: *lame mousse* ▸ **rombo**

mousseline *nf* Tissu peu serré, souple, léger et transparent ▸ **musselina** ◆ *adj inv* ▪ **pommes mousseline:** purée de pommes de terre très légère ▸ **musseline de batata**

mousser *vi* Produire de la mousse ▸ **espumar** ▪ FAM **faire mousser qqn:** le faire valoir de façon exagérée ▸ **enaltecer** ◆ *vt* CANADA Promouvoir; faire valoir: *mousser la vente d'un produit; mousser la candidature de qqn* ▸ **promover**

mousseron *nm* Petit champignon comestible ▸ **agárico comestível**

mousseux, euse *adj* Qui produit de la mousse: *liquide mousseux* ▸ **espumoso** ◆ *nm* Vin mousseux autre que le champagne ▸ **espumante**

mousson *nf* Dans l'Asie du Sud-Est, vent saisonnier qui souffle alternativement en hiver vers la mer et en été vers la terre, apportant alors de fortes pluies ▸ **monção**

moussu, e *adj* Couvert de mousse: *une pierre moussue* ▸ **musgoso**

moustache *nf* Poils qu'on laisse pousser au-dessus de la lèvre supérieure ▸ **bigode** ◆ **moustaches** *pl* Poils de la gueule de certains animaux: *moustaches du chat* ▸ **bigodes**

moustachu, e *adj et n* Qui a de la moustache, qui porte une moustache ▸ **bigodudo**

moustiquaire *nf* **1** Rideau de mousseline pour se préserver des moustiques ▸ **mosquiteiro 2** Châssis en toile métallique placé aux fenêtres pour le même usage ▸ **mosquiteiro**

moustique *nm* Insecte diptère, dont la femelle pique la peau de l'homme et des animaux pour se nourrir de leur sang ▸ **mosquito**

moût *nm* Jus de raisin ou de pomme non fermenté ▸ **mosto**

moutard *nm* FAM Petit garçon; enfant ▸ **fedelho**

moutarde *nf* **1** Plante crucifère qui fournit le condiment du même nom; graine de cette plante: *farine de moutarde* ▸ **mostarda 2** Condiment préparé avec des graines de moutarde broyées avec de l'eau et du vinaigre ▸ **mostardeira** ▪ FAM **la moutarde lui monte au nez:** il commence à se fâcher ▸ **a mostarda está lhe subindo ao nariz** ◆ *adj inv* Jaune verdâtre ▸ **mostarda**

moutardier *nm* **1** Petit pot pour servir la moutarde sur la table ▸ **mostardeira 2** Fabricant de moutarde ▸ **mostardeiro**

mouton *nm* **1** Mammifère ruminant porteur d'une épaisse toison bouclée, qui fournit la laine; viande, cuir, fourrure de cet animal ▸ **carneiro 2** FIG Personne douce ou crédule ▸ **cordeiro ▪ revenons à nos moutons:** revenons à notre sujet ▸ **vamos voltar à vaca-fria ♦ moutons** *pl* **1** Petits nuages floconneux ▸ **carneirinhos 2** Écume sur la crête des vagues ▸ **espuma do mar 3** FAM Amas de poussière ▸ **cotão**

moutonné, e *adj* ▸ **encarneirado ▪ ciel moutonné:** couvert de petits nuages blancs ▸ **céu encarneirado**

moutonnement *nm* Fait de moutonner; aspect de la mer, du ciel qui moutonnent ▸ **encarneiramento**

moutonner *vi* **1** S'agiter en petites vagues blanches: *la mer moutonne* ▸ **encarneirar 2** Se couvrir de petits nuages blancs: *le ciel moutonne* ▸ **encarneirar**

moutonneux, euse *adj* Qui moutonne ▸ **encarneirado**

moutonnier, ère *adj* Qui suit aveuglément et stupidement l'exemple des autres: *la foule est moutonnière* ▸ **maria vai com as outras**

mouture *nf* **1** Action ou manière de moudre; produit ainsi obtenu ▸ **moagem, produto da moagem 2** FIG Nouvelle présentation d'un sujet déjà traité ▸ **nova versão ▪ première mouture:** premier état d'une œuvre littéraire, d'un projet ▸ **primeira versão**

mouvance *nf* **1** Sphère d'influence ▸ **esfera de influência 2** LITT Caractère de ce qui est fluctuant, changeant ▸ **mutabilidade**

mouvant, e *adj* Dont le fond n'est pas stable, où l'on s'enfonce: *sables mouvants* ▸ **móvel, movediço**

mouvement *nm* **1** Déplacement d'un corps: *le mouvement des astres* ▸ **movimento 2** Action ou manière de se mouvoir: *mouvements gracieux* ▸ **movimento 3** Circulation, déplacement: *le mouvement de la foule* ▸ **movimentação 4** Fluctuation; variation: *mouvement des valeurs* ▸ **variação 5** Animation; agitation: *quartier plein de mouvement* ▸ **movimento 6** Action collective visant à un changement: *mouvement de grève* ▸ **movimento 7** Organisation politique, sociale, syndicale, etc. ▸ **movimento 8** Inspiration; impulsion: *de son propre mouvement* ▸ **iniciativa 9** MUS Degré de vitesse de la mesure: *accélérer le mouvement*; partie d'une œuvre musicale ▸ **andamento, movimento 10** Pièce motrice d'un appareil: *mouvement de montre* ▸ **mecanismo ▪** FAM **en deux temps trois mouvements:** très rapidement ▸ **em três tempos □** FAM **être dans le mouvement:** suivre l'actualité ▸ **estar na onda □ faux mouvement:** mouvement du corps provoquant une douleur ▸ **movimento em falso □ mouvement de terrain:** accident du sol ▸ **movimentação de terreno**

mouvementé, e *adj* Troublé ou agité par des événements subits; animé ▸ **movimentado**

mouvoir *vt (conj 36)* **1** Mettre en mouvement; bouger ▸ **mover 2** FIG Faire agir; pousser: *mû par l'intérêt* ▸ **mover ♦ se mouvoir** *vpr* Se déplacer ▸ **deslocar-se**

moyen[1] [mwajɛ̃] *nm* **1** Procédé qui permet de parvenir à une fin: *la fin justifie les moyens* ▸ **meio 2** Ce qui permet de faire quelque chose: *moyen de communication* ▸ **meio ▪ au moyen de** ou **par le moyen de:** en faisant usage de, par l'entremise de ▸ **por meio de □ employer les grands moyens:** prendre des mesures énergiques, décisives ▸ **tomar medidas extremas □ il n'y a pas moyen de:** il est impossible de ▸ **não há meio de □ moyen de transport, de locomotion:** véhicule permettant de se déplacer ▸ **meio de transporte ♦ moyens** *pl* **1** Ressources: *vivre selon ses moyens* ▸ **meios 2** Capacités physiques, intellectuelles: *perdre tous ses moyens* ▸ **capacidade**

moyen[2], enne [mwajɛ̃, ɛn] *adj* **1** Qui se situe entre deux extrêmes: *taille moyenne* ▸ **médio 2** Ni bon ni mauvais: *élève moyen* ▸ **médio 3** Commun; ordinaire: *le Français moyen* ▸ **médio 4** Obtenu en calculant une moyenne: *prix moyen* ▸ **médio**

Moyen Âge *nm* Période comprise entre le début du Vᵉ s. et le milieu ou la fin du XVᵉ s. ▸ **Idade Média**

moyenâgeux, euse *adj* Du Moyen Âge ou qui évoque cette période ▸ **medieval**

moyen-courrier (pl *moyen-courriers*) *nm et adj* Avion de transport destiné à voler sur des distances moyennes ▸ **avião de média distância**

moyennant *prép* Par le moyen de; grâce à: *moyennant cette somme* ▸ **mediante ▪ moyennant quoi:** en échange de quoi ▸ **mediante o que**

moyenne *nf* **1** Chose, quantité, état qui tient le milieu entre plusieurs autres: *intelligence au-dessus de la moyenne* ▸ **média 2** Note égale à la moitié de la note maximale: *avoir la moyenne en histoire* ▸ **média 3** Nombre obtenu en divisant la somme de plusieurs quantités par leur nombre: *calculer, faire la moyenne* ▸ **média ▪ en moyenne:** en évaluant la moyenne ▸ **em média**

moyennement *adv* Ni peu ni beaucoup ▸ **mais ou menos**

moyeu [mwaj] *nm* Partie centrale de la roue d'une voiture ▸ **cubo**
mozarabe *adj et n* Se dit des chrétiens d'Espagne qui conservèrent leur religion sous la domination musulmane, mais adoptèrent la langue et les coutumes arabes ▸ **moçárabe**
mozzarelle *nf* Fromage italien à pâte molle ▸ **mozarela**
MP3 *nm* (de *moving pictures experts group Audio Layer 3*) Format de compression numérique dédié à la transmission rapide et au téléchargement de fichiers musicaux sur Internet ▸ **MP3**
MST[1] *nf* (sigle) Maladie sexuellement transmissible ▸ **DST**
MST[2] *nf* (sigle) Maîtrise de sciences et techniques
mu *nm inv* Lettre grecque (μ) correspondant à *m* ▸ **mi**
mucilage *nm* **1** Substance visqueuse de certains végétaux ▸ **mucilagem 2** Solution de gomme dans l'eau ▸ **mucilagem**
mucosité *nf* Sécrétion des muqueuses ▸ **mucosidade**
mucoviscidose *nf* Maladie héréditaire grave entraînant des troubles digestifs et respiratoires chroniques dus à la viscosité excessive des sécrétions ▸ **mucoviscidose**
mucus [mykys] *nm* Mucosité ▸ **muco**
mue *nf* **1** Changement dans le plumage, le poil, la peau chez les animaux à certaines époques; époque de ce changement ▸ **muda 2** Changement dans le timbre de la voix au moment de la puberté, chez les garçons ▸ **muda**
muer *vi* **1** Perdre périodiquement sa peau, son poil, son plumage, en parlant de certains animaux ▸ **estar na muda 2** Avoir la voix qui change, en parlant d'un garçon au moment de la puberté ▸ **mudar de voz** ◆ **se muer** *vpr* [en] Se transformer, se changer en ▸ **transformar-se**
muesli [myɛsli] ou [mysli] *nm* Mélange de flocons de céréales et de fruits secs ▸ ***müsli***
muet, ette *adj et n* Qui n'a pas ou plus l'usage de la parole ▸ **mudo** ◆ *adj* **1** Qui refuse de parler: *rester muet toute une soirée* ▸ **mudo 2** Qui ne peut proférer aucune parole sous l'effet d'un sentiment violent: *muet de terreur, d'admiration* ▸ **mudo 3** Qui ne se manifeste pas par des paroles: *douleur muette* ▸ **mudo 4** GRAMM Se dit d'une lettre, d'une syllabe qu'on ne prononce pas (EX: *le* b *dans «plomb»*) ▸ **mudo** ▪ **cinéma muet** ou **le muet** *nm*: cinéma sans sons enregistrés ▸ **cinema mudo**
muezzin [mɛdzin] *nm* Fonctionnaire religieux musulman qui annonce, du haut du minaret, l'heure de la prière ▸ **muezim**
mufle *nm* **1** Extrémité du museau de certains mammifères ▸ **beiço 2** FAM Individu grossier ▸ **grosseirão**
muflerie *nf* Indélicatesse; grossièreté ▸ **grosseria**
muflier *nm* Plante méditerranéenne à fleurs décoratives; SYN: *gueule-de-loup* ▸ **boca-de-leão**
mufti *nm* Interprète officiel de la loi musulmane ▸ **mufti**
muge *nm* → **2 mulet**
mugir *vi* **1** Pousser son cri, en parlant des bovidés ▸ **mugir 2** FIG Produire un bruit prolongé et sourd: *le vent mugit* ▸ **mugir**
mugissant, e *adj* Qui mugit ▸ **mugidor**
mugissement *nm* **1** Cri sourd et prolongé du bœuf, de la vache ▸ **mugido 2** FIG Bruit qui ressemble à ce cri: *le mugissement des flots* ▸ **mugido**
muguet *nm* **1** Liliacée à petites fleurs blanches d'une odeur douce ▸ **lírio-do-vale 2** Maladie des muqueuses due à un champignon ▸ **sapinho**
mulâtre, mulâtresse *adj et n* Né d'un Noir et d'une Blanche, ou d'une Noire et d'un Blanc ▸ **mulato**
mule[1] *nf* Hybride femelle produit par l'accouplement d'un âne et d'une jument ▸ **mula** ▪ FAM **tête de mule:** personne têtue, obstinée ▸ **cabeça-dura** □ **têtu comme une mule:** très entêté ▸ **teimoso como uma mula**
mule[2] *nf* Pantoufle laissant le talon découvert ▸ **chinelo**
mulet[1] *nm* **1** Hybride mâle, stérile, produit par l'accouplement d'un âne et d'une jument ▸ **burro 2** FAM Voiture de remplacement, dans une course automobile ▸ **carro reserva**
mulet[2] ou **muge** *nm* Poisson à chair estimée vivant près des côtes ▸ **tainha**
muleta [mulɛta] ou [mylɛta] *nf* Morceau d'étoffe rouge dont se sert le matador pour fatiguer le taureau ▸ **muleta**
muletier, ère *n* Conducteur de mulets ▸ **almocreve** ◆ *adj* ▪ **chemin muletier:** étroit et escarpé ▸ **caminho de cabras**
mulot *nm* Petit rat des champs ▸ **arganaz**
multicellulaire *adj* Formé de plusieurs cellules ▸ **multicelular**
multicolore *adj* Qui présente un grand nombre de couleurs: *vêtement multicolore* ▸ **multicor**
multiconfessionnel, elle *adj* Où coexistent plusieurs religions ▸ **multiconfissional**
multicoque *nm et adj* Voilier comportant plusieurs coques ▸ **multicasco**
multiculturalisme *nm* Coexistence de plusieurs cultures dans une société, un pays ▸ **multiculturalismo**

multiculturel, elle *adj* Se dit d'une société représentée par plusieurs cultures ▸ **multicultural**
multifenêtre *adj* INFORM Se dit d'un logiciel permettant l'utilisation simultanée de plusieurs fenêtres sur un écran ▸ **multijanelas**
multifonction ou **multifonctions** *adj* Se dit d'un appareil remplissant à lui seul plusieurs fonctions ▸ **multifunção**
multiforme *adj* Qui a plusieurs formes ▸ **multiforme**
multilatéral, e, aux *adj* Qui engage toutes les parties: *accord multilatéral* ▸ **multilateral**
multimédia *adj* **1** Qui concerne ou utilise plusieurs médias: *campagnes de promotion multimédias* ▸ **multimídia 2** Qui concerne ou utilise le multimédia ▸ **multimídia ▪ message multimédia:** message émis dans un réseau de radiocommunication avec des mobiles, pouvant contenir du texte, des images ou des sons; SYN: MMS ▸ **mensagem multimídia** ◆ *nm* Technique qui combine, pour une utilisation simultanée et interactive, textes, sons et images fixes ou animées; matériels et produits qui offrent cette combinaison ▸ **multimídia**
multimilliardaire *n et adj* Personne plusieurs fois milliardaire ▸ **multibilionário**
multimillionnaire *n et adj* Personne plusieurs fois millionnaire ▸ **multimilionário**
multimodal, e, aux *adj* Qui concerne l'utilisation combinée de plusieurs modes de transport au cours d'un même trajet ▸ **multimodal**
multinational, e, aux *adj* Relatif à plusieurs États ▸ **multinacional** ◆ *nf* Groupe industriel, commercial ou financier dont les activités et les capitaux se répartissent entre divers États ▸ **multinacional**
multipare *adj et nf* **1** Se dit d'une femme qui a enfanté plusieurs fois ▸ **multípara 2** Se dit d'un animal qui met bas plusieurs petits en une portée ▸ **multíparo**
multipartisme *nm* Système politique dans lequel coexistent plusieurs partis ▸ **pluripartidarismo**
multipartite *adj* Qui regroupe plusieurs partis politiques: *un accord multipartite* ▸ **pluripartidário**
multiple *adj* **1** Nombreux: *à de multiples reprises* ▸ **múltiplo 2** Composé de plusieurs parties: *prise multiple* ▸ **múltiplo** ◆ *nm* Nombre qui en contient un autre plusieurs fois: *9 est un multiple de 3* ▸ **múltiplo**
multiplex *adj inv et nm inv* Se dit d'un programme retransmis simultanément par plusieurs studios ▸ **multíplex**
multiplexe *nm* Vaste ensemble regroupant un grand nombre de salles de cinéma, un parking, des cafés, des restaurants, etc. ▸ *multiplex*
multiplicande *nm* Nombre à multiplier par un autre appelé *multiplicateur* ▸ **multiplicando**
multiplicateur *nm* Nombre par lequel on en multiplie un autre ▸ **multiplicador**
multiplicatif, ive *adj* Qui concerne la multiplication; qui multiplie ▸ **multiplicativo**
multiplication *nf* **1** Augmentation en nombre: *la multiplication des incidents* ▸ **multiplicação 2** MATH Opération qui a pour but, étant donné deux nombres, l'un appelé *multiplicande*, l'autre *multiplicateur*, d'en obtenir un troisième appelé *produit* ▸ **multiplicação ▪ table de multiplication:** tableau donnant les produits des dix premiers nombres l'un par l'autre ▸ **tabuada**
multiplicité *nf* Grand nombre, grande variété ▸ **multiplicidade**
multiplier *vt* **1** Augmenter la quantité, le nombre de: *multiplier les contacts* ▸ **multiplicar 2** MATH Faire une multiplication ▸ **multiplicar** ◆ **se multiplier** *vpr* **1** S'accroître en nombre, en quantité ▸ **multiplicar-se 2** Se reproduire ▸ **multiplicar-se**
multipolaire *adj* PHYS À plusieurs pôles ▸ **multipolar**
multiprise *nf* Prise de courant permettant de relier plusieurs appareils au réseau électrique ▸ **multicorrente**
multiprogrammation *nf* Mode d'exploitation d'un ordinateur permettant l'exécution, simultanément ou en alternance, de plusieurs programmes sur la même machine ▸ **multiprogramação**
multiprogrammé, e *adj* Se dit d'un ordinateur conçu pour la multiprogrammation; multitâche ▸ **multiprogramado**
multipropriété *nf* Formule de copropriété d'une résidence secondaire ▸ **multipropriedade**
multiracial, e, aux *adj* Où coexistent plusieurs races ▸ **multirracial**
multirisque *adj* ▸ **multirrisco ▪ assurance multirisque** ou **multirisque** *nf*: assurance couvrant plusieurs risques ▸ **seguro multirriscos**
multisalle ou **multisalles** *adj et nm* Se dit d'un cinéma à plusieurs salles de projection ▸ **multissalas**
multiservice *adj* Qui permet l'accès à plusieurs services de télécommunication: *carte à puce multiservice* ▸ **multifuncional**
multitâche *adj* Multiprogrammé ▸ **multitarefa**
multitude *nf* Très grand nombre: *une multitude de personnes* ▸ **multidão**
municipal, e, aux *adj* Relatif à l'administration d'une commune: *officiers municipaux* ▸ **municipal ▪ élections municipales** ou **municipales**

nf pl: élections du conseil municipal au suffrage universel ▸ **eleições municipais**

municipalité *nf* **1** Ville soumise à l'organisation municipale ▸ **município 2** Ensemble formé par le maire et ses adjoints ▸ **municipalidade**

munificence *nf* LITT Tendance à donner avec largesse et libéralité ▸ **munificência**

VOCABULAIRE Ne pas confondre avec *magnificence*, qui a un sens proche

munificent, e *adj* LITT Très généreux ▸ **munificente**

munir *vt* Pourvoir de ce qui est nécessaire ou utile ▸ **munir** ◆ **se munir** *vpr* [de] Prendre avec soi ▸ **munir-se**

munitions *nf pl* Ce qui est nécessaire au chargement des armes à feu ▸ **munição**

munster [m˜stɛr] *nm* Fromage au lait de vache fabriqué en Alsace ▸ ***munster***

muqueuse *nf* Membrane tapissant une cavité du corps humain et humectée de mucus ▸ **mucosa**

mur *nm* **1** Ouvrage de maçonnerie ou d'une autre matière pour enclore un espace, constituer les côtés ou les divisions d'un bâtiment, etc. ▸ **muro, parede 2** FIG Ce qui constitue un obstacle: *se heurter à un mur; un mur d'incompréhension* ▸ **parede** ■ FAM **aller dans le mur:** courir à l'échec, au désastre ▸ **dar com a cabeça na parede** □ **être au pied du mur:** face à ses responsabilités ▸ **não ter como fugir da responsabilidade** □ FAM **faire le mur:** sortir sans permission ▸ **pular o muro** □ **mur du son:** ensemble de phénomènes aérodynamiques se produisant à la vitesse voisine du son ▸ **barreira do som** ◆ **murs** *pl* Limites d'une ville, d'un immeuble; lieu circonscrit par ces limites ▸ **muros**

mûr, e *adj* **1** Se dit d'un fruit, d'une graine qui a atteint son complet développement ▸ **maduro 2** Se dit d'un bouton, d'un abcès près de percer ▸ **maduro 3** Qui a atteint son plein développement intellectuel: *l'âge mûr* ▸ **maduro 4** Se dit de ce qui, après avoir été bien médité, est amené à se réaliser: *projet mûr* ▸ **amadurecido**

murage *nm* Action de murer ▸ **emparedamento**

muraille *nf* **1** Mur épais, assez élevé, servant souvent de fortification ▸ **muralha 2** Obstacle qui s'élève comme un mur: *la muraille des montagnes à l'horizon* ▸ **muralha**

mural, e, aux *adj* Fixé, appliqué ou fait sur un mur: *carte, peinture murale* ▸ **mural**

mûre *nf* Fruit du mûrier ou de la ronce ▸ **amora**

mûrement *adv* Après de longues réflexions ▸ **amadurecidamente**

murène *nf* Poisson marin, très vorace, long et mince ▸ **moreia**

murer *vt* **1** Boucher par un mur: *murer une porte* ▸ **emparedar 2** Enfermer dans un lieu dont les issues sont bouchées: *l'éboulement a muré les mineurs* ▸ **emparedar** ◆ **se murer** *vpr* S'enfermer, rester à l'écart des autres ▸ **emparedar-se**

muret *nm* ou **murette** *nf* Petit mur ▸ **mureta**

murex *nm* Mollusque à coquille hérissée de pointes d'où les Anciens tiraient la pourpre ▸ **múrex**

mûrier *nm* Arbre dont l'une des espèces (mûrier blanc) donne des feuilles qui servent à nourrir le ver à soie ▸ **amoreira**

mûrir *vi* **1** Devenir mûr ▸ **amadurecer 2** FIG Évoluer; se développer ▸ **amadurecer 3** Acquérir de l'expérience, de la sagesse ▸ **amadurecer** ◆ *vt* **1** Rendre mûr ▸ **amadurecer 2** FIG Rendre sage, expérimenté ▸ **amadurecer 3** Méditer, préparer longuement: *mûrir un projet* ▸ **amadurecer**

mûrissage ou **mûrissement** *nm* Maturation de certains produits ▸ **amadurecimento**

mûrissant, e *adj* Qui est en train de mûrir ▸ **em amadurecimento**

mûrisserie *nf* Local où l'on fait mûrir les fruits, en particulier les bananes ▸ **madureiro**

murmure *nm* **1** Bruit sourd et confus de voix humaines ▸ **murmúrio 2** FIG Plainte de gens mécontents ▸ **murmúrio 3** LITT Bruissement léger: *murmure des eaux, du vent* ▸ **murmúrio**

murmurer *vi* Faire entendre un murmure ▸ **murmurar** ◆ *vt* Dire à voix basse: *murmurer un secret* ▸ **murmurar**

musaraigne *nf* Petit mammifère utile qui détruit les insectes et les vers ▸ **musaranho**

musarder *vi* Perdre son temps, s'amuser à des riens; flâner ▸ **folgazar**

musc *nm* Substance très odorante produite par certains mammifères, en particulier par un cervidé mâle, et utilisée en parfumerie ▸ **almíscar**

muscade *nf* **1** Fruit du muscadier dont la graine (noix muscade) est utilisée comme condiment ▸ **noz-moscada 2** Petite boule dont se servent les prestidigitateurs ▸ **bolinha de prestidigitador** ■ **passez muscade:** le tour est joué ▸ **e pronto**

muscadet *nm* Vin blanc sec de la région nantaise ▸ ***muscadet***

muscadier *nm* Arbrisseau ou arbre des pays chauds qui fournit la muscade ▸ **moscadeira**

muscadin *nm* HIST Nom donné en 1794 aux élégants royalistes, adversaires des Jacobins ▸ ***muscadin***

muscat *nm et adj* **1** Raisin à saveur musquée ▸ **moscatel 2** Vin qu'on en extrait ▸ **moscatel**

muscle *nm* Organe fibreux dont la contraction produit le mouvement ▸ **músculo** ▪ FAM **avoir du muscle:** avoir de la force ▸ **ser musculoso**

musclé, e *adj* **1** Qui a les muscles très développés ▸ **musculoso 2** FAM Énergique ou autoritaire: *politique musclée* ▸ **prepotente**

muscler *vt* **1** Développer les muscles ▸ **desenvolver os músculos 2** FIG Donner plus de puissance, plus d'énergie à un secteur: *muscler l'industrie du multimédia* ▸ **reforçar**

musculaire *adj* Relatif aux muscles ▸ **muscular**

musculation *nf* Ensemble d'exercices visant à développer la musculature ▸ **musculação**

musculature *nf* Ensemble des muscles du corps humain ▸ **musculatura**

musculeux, euse *adj* Très musclé: *bras musculeux* ▸ **musculoso**

musculo-squelettique (pl *musculo-squelettiques*) ▸ **musculoesqueletal** *adj* ▪ **trouble musculo-squelettique (TMS):** affection périarticulaire, souvent d'origine professionnelle, liée à une sollicitation excessive de l'articulation concernée ▸ **distúrbio** musculosqueletal

muse *nf* **1** (avec une majuscule) Chacune des neuf déesses grecques qui présidaient aux arts ▸ **musa 2** LITT Inspiratrice d'un artiste, d'un écrivain ▸ **musa**

museau *nm* **1** Partie saillante de la face de certains animaux ▸ **focinho 2** Charcuterie à base de mufle et de menton de porc ou de bœuf cuits, pressés et moulés ▸ **embutido de focinho 3** FAM Visage ▸ **rosto**

musée *nm* Établissement où sont rassemblées et présentées au public des collections d'œuvres d'art, de biens scientifiques ou techniques ▸ **museu** ▪ **pièce de musée:** objet rare et précieux ▸ **peça de museu**

ORTHOGRAPHE *Musée*, nom masculin, s'écrit avec un *e* muet final, comme *apogée, lycée*

museler *vt (conj 6)* **1** Mettre une muselière à ▸ **amordaçar 2** FIG Réduire au silence ▸ **amordaçar**

muselière *nf* Appareil pour empêcher les animaux de mordre ▸ **mordaça**

musellement *nm* Action de museler: *le musellement de la presse* ▸ **amordaçamento**

muséographie *nf* Ensemble des notions techniques nécessaires à la muséologie ▸ **museografia**

muséologie *nf* Science de l'organisation des musées, de la conservation et de la présentation de leurs collections ▸ **museologia**

muser *vi* LITT S'amuser à des riens; flâner ▸ **distrair-se**

muserolle *nf* Partie de la bride d'un cheval qui entoure son nez et l'empêche d'ouvrir la bouche ▸ **focinheira**

musette *nf* **1** Sac de toile porté en bandoulière ▸ **2 Instrument de musique proche de la cornemuse** ▸ **gaita de foles** ▪ **bal musette:** où l'on danse au son de l'accordéon ▸ **baile popular**

muséum [myzeɔm] *nm* Musée consacré aux sciences naturelles ▸ **museu de ciências naturais**

musical, e, aux *adj* **1** Relatif à la musique ▸ **musical 2** Qui comporte de la musique: *comédie musicale* ▸ **musical 3** Harmonieux; mélodieux ▸ **musical**

musicalement *adv* Du point de vue musical ▸ **musicalmente**

musicalité *nf* Qualité musicale: *la musicalité d'un vers* ▸ **musicalidade**

music-hall [myzikol] (pl *music-halls*) *nm* **1** Genre de spectacle de variétés composé de chansons, de divertissements, etc. ▸ ***music hall***, musical **2** Établissement spécialisé dans ce genre ▸ ***music hall***

musicien, enne *n* Personne qui compose ou exécute de la musique ▸ **músico** ◆ *adj et n* Qui a du goût, des aptitudes pour la musique ▸ **aficionado por música**

musicographe *n* Personne qui écrit sur la musique, sur les musiciens ▸ **musicógrafo**

musicographie *nf* Activité du musicographe ▸ **musicografia**

musicologie *nf* Science de l'histoire de la musique, de la théorie et de l'esthétique musicales ▸ **musicologia**

musicologue *n* Spécialiste de musicologie ▸ **musicólogo**

musicothérapie *nf* Thérapie par la musique ▸ **musicoterapia**

musique *nf* **1** Art de combiner les sons; ensemble des productions de cet art ▸ **música 2** Notation écrite d'airs musicaux ▸ **música 3** Orchestre, fanfare: *musique de régiment* ▸ **música** ▪ FAM **connaître la musique:** savoir de quoi il s'agit ▸ **entender do riscado** ▫ **musique de chambre:** écrite pour un petit nombre d'instruments ▸ **música de câmara**

musiquette *nf* Petite musique facile ▸ **musiqueta**

musqué, e *adj* **1** Parfumé de musc ou qui évoque son odeur ▸ **almiscarado 2** Qui rappelle le goût du muscat ▸ **almiscarado**

must [m[çʜ′ ‵]st] *nm* FAM (anglicisme) **1** Ce qu'il faut absolument faire ou avoir pour être à la mode ▸ ***must* 2** Ce qu'il y a de mieux ▸ ***must***

mustang [mystɑ̃g] *nm* Cheval sauvage d'Amérique du Nord ▸ **mustangue**
musulman, e *adj et n* Qui appartient à l'islam, qui professe la religion islamique ▸ **muçulmano**
mutabilité *nf* Aptitude à subir des changements ▸ **mutabilidade**
mutable *adj* **1** Susceptible d'être muté ▸ **mutável** **2** Qui peut subir des mutations ▸ **mutável**
mutagenèse *nf* BIOL Production d'une mutation ▸ **mutagênese**
mutant, e *n et adj* **1** Animal ou végétal présentant des caractères nouveaux ▸ **mutante** **2** Dans la science-fiction, être humain qui a subi une mutation ▸ **mutante**
mutation *nf* **1** Changement radical ▸ **mutação** **2** Changement d'affectation d'un fonctionnaire ▸ **transferência** **3** BIOL Apparition, dans une lignée animale ou végétale, de caractères héréditaires nouveaux ▸ **mutação** **4** DR Transfert d'un bien ou d'un droit d'une personne à une autre ▸ **transmissão**
muter *vt* Changer d'affectation, de poste ▸ **transferir, mudar** ◆ *vi* BIOL Être affecté d'une mutation génétique ▸ **sofrer mutação**
mutilant, e *adj* Qui entraîne une mutilation ▸ **mutilante**
mutilation *nf* Action de mutiler; fait d'être mutilé ▸ **mutilação**
mutilé, e *n* Personne qui a subi une mutilation ▸ **mutilado**
mutiler *vt* **1** Retrancher un membre ou un organe ▸ **mutilar** **2** Détériorer, détruire partiellement; dégrader ▸ **mutilar** **3** Tronquer quelque chose, notamment un texte: *mutiler la vérité* ▸ **mutilar**
mutin[1] *nm* Personne en révolte contre une autorité établie ▸ **rebelde**
mutin[2], e *adj* LITT Espiègle, malicieux: *air mutin* ▸ **travesso**
mutiner (se) *vpr* Se révolter collectivement contre l'autorité ▸ **amotinar-se**
mutinerie *nf* Révolte, rébellion contre l'autorité ▸ **motim**
mutisme *nm* Refus de parler, volontaire ou non ▸ **mutismo**
mutité *nf* Impossibilité pathologique de parler ▸ **mudez**
mutualiste *adj* ▸ **mutualista** ▪ **société mutualiste:** organisation de droit privé offrant à ses adhérents un système d'assurance et de protection sociale ▸ **sociedade mútua** ◆ *n* Membre d'une société mutualiste ▸ **mutualista**
mutualité *nf* Forme de prévoyance sociale fondée sur les mutuelles ▸ **mutualismo**
mutuel, elle *adj* Réciproque ▸ **mútuo** ▪ **assurance mutuelle:** société d'assurance à but non lucratif ▸ **companhia de seguros mutualista**
mutuelle *nf* Société mutualiste; assurance mutuelle ▸ **sociedade mútua, companhia de seguros mutualista**
mutuellement *adv* Réciproquement ▸ **mutuamente**
myasthénie *nf* Épuisement de la force musculaire ▸ **miastenia**
mycélium [miseljɔm] *nm* Partie végétative des champignons, formée de filaments souterrains ramifiés, généralement blancs ▸ **micélio**
mycénien, enne *adj et n* De Mycènes ▸ **micenense**
mycologie *nf* Étude scientifique des champignons ▸ **micologia**
mycologue *n* Spécialiste de mycologie ▸ **micólogo**
mycoplasme *nm* Bactérie responsable d'infections diverses, particulièrement pulmonaires et vénériennes ▸ **micoplasma**
mycose *nf* MÉD Affection provoquée par des champignons parasites ▸ **micose**
myéline *nf* Graisse phosphorée qui constitue la gaine des fibres du système nerveux central ▸ **mielina**
myélographie *nf* Radiographie de la moelle épinière ▸ **mielografia**
myélite *nf* Inflammation de la moelle épinière ▸ **mielite**
mygale *nf* Grosse araignée qui se nourrit de petits vertébrés et d'insectes, et dont la morsure est très douloureuse ▸ **mígala**
myocarde *nm* Muscle du cœur ▸ **miocárdio**
myogramme *nm* Tracé obtenu par un appareil qui enregistre les contractions musculaires ▸ **miograma**
myopathe *adj et n* Atteint de myopathie ▸ **miopático**
myopathie *nf* Atrophie musculaire grave ▸ **miopatia**
myope *adj et n* Qui voit troubles les objets éloignés ▸ **míope**
myopie *nf* Anomalie de la vue d'une personne myope ▸ **miopia**
myorelaxant, e *nm et adj* Médicament qui favorise la relaxation musculaire ▸ **miorrelaxante**
myosotis [mjɔzɔtis] *nm* Plante à petites fleurs bleues ▸ **miosótis**
myriade *nf* Grand nombre, quantité innombrable: *des myriades d'étoiles* ▸ **miríade**
myriapode *nm* Mille-pattes ▸ **miriápode**

myrrhe *nf* Résine odorante employée en parfumerie ► **mirra**
myrte *nm* Arbuste aromatique à feuillage toujours vert et à petites fleurs blanches ► **mirto**
myrtille *nf* Baie noire comestible produite par un sous-arbrisseau de montagne; cet arbrisseau ► **mirtilo**
mystère *nm* **1** Ce qui est obscur, inconnu, caché; secret ► **mistério 2** Question difficile; énigme ► **mistério 3** Ensemble de doctrines ou de pratiques religieuses que seuls doivent connaître les initiés: *les mystères d'Éleusis* ► **mistério 4** Dogme religieux inaccessible à la raison: *le mystère de la Trinité* ► **mistério 5** LITT Au Moyen Âge, pièce de théâtre à sujet religieux ► **mistério**
Mystère *nm* (nom déposé) Dessert fait de crème glacée fourrée de meringue et enrobée de praliné ► **merengue gelado com chocolate**
mystérieusement *adv* De façon mystérieuse ► **misteriosamente**
mystérieux, euse *adj* **1** Incompréhensible, inexplicable: *des signes mystérieux* ► **misterioso 2** Gardé secret: *un rendez-vous mystérieux* ► **misterioso 3** Dont l'identité est inconnue, ou dont le rôle est ambigu: *un personnage mystérieux* ► **misterioso**
mysticisme *nm* **1** Croyance selon laquelle l'homme peut, par la prière, l'extase, l'ascèse, communiquer directement avec Dieu ► **misticismo 2** Comportement dominé par des sentiments religieux et non par la raison ► **misticismo**
mysticité *nf* Caractère mystique ► **misticidade**
mystificateur, trice *adj et n* Qui mystifie ► **mistificador**
mystification *nf* **1** Action de mystifier, de tromper ► **mistificação 2** Chose vaine, trompeuse; imposture ► **mistificação**
mystifier *vt* Abuser de la crédulité de quelqu'un, le tromper ► **mistificar**

VOCABULAIRE Il ne faut pas confondre *mystifier*, «tromper», et *mythifier*, «rendre légendaire»

mystique *adj* **1** Qui a trait aux mystères divins ► **místico 2** Relatif au mysticisme: *expérience mystique* ► **místico** ◆ *adj et n* **1** Qui a une foi religieuse intense et pratique le mysticisme ► **místico 2** Qui défend un idéal avec exaltation ► **místico**
mystiquement *adv* Avec mysticisme ► **misticamente**
mythe *nm* **1** Récit mettant en scène des êtres surnaturels, des actions imaginaires, des fantasmes collectifs: *le mythe d'Œdipe* ► **mito 2** Allégorie philosophique: *le mythe de la caverne chez Platon* ► **mito 3** Construction de l'esprit dénuée de réalité: *cet héritage est un mythe* ► **mito 4** Représentation symbolique: *le mythe du progrès* ► **mito**
mythifier *vt* Considérer ou instaurer comme un mythe ► **mitificar**
mythique *adj* Propre aux mythes; légendaire ► **mítico**
mythologie *nf* **1** Ensemble des mythes et des légendes propres à un peuple, à une civilisation ► **mitologia 2** Étude des mythes ► **mitologia**
mythologique *adj* Relatif à la mythologie ► **mitológico**
mythologue *n* Spécialiste de mythologie ► **mitólogo**
mythomane *adj et n* Atteint de mythomanie ► **mitomaníaco**
mythomanie *nf* Tendance pathologique à altérer la vérité, à fabuler ► **mitomania**
mytiliculture *nf* Élevage des moules ► **mitilicultura**
myxomatose *nf* Maladie infectieuse du lapin ► **mixomatose**
myxomycète *nm* Champignon constituant des amas mous gélatineux (les myxomycètes forment une classe) ► **mixomiceto**

Nn

n *nm* Quatorzième lettre de l'alphabet et la onzième des consonnes ▸ **n**

N[1] (symbole) Newton ▸ **N**

N[2] (symbole) Nord ▸ **N**

n° ou **N°** (abréviation) Numéro ▸ **nº**

nabab [nabab] *nm* **1** Dans l'Inde musulmane, gouverneur ou grand dignitaire de la cour des empereurs moghols ▸ **nababo** **2** Homme très riche qui fait étalage de son opulence ▸ **nababo**

nabi *nm* **1** Prophète hébreu ▸ **nabi** **2** Artiste membre d'un groupe de peintres postimpressionnistes de la fin du XIXe s. ▸ **nabi**

nabot, e *n* PÉJOR Personne naine ▸ **nanico**

NAC [nak] *nm inv* (sigle de *nouvel animal de compagnie*) Espèce animale exotique ou sauvage (rongeur, reptile, oiseau, etc.), commercialisée pour vivre dans un entourage domestique ▸ **Ø**

nacelle *nf* **1** Partie d'un landau, d'une poussette où l'on installe le bébé ▸ **moisés** **2** Panier suspendu à un ballon, où prennent place les aéronautes ▸ **nacela** **3** LITT Petit bateau à rames ▸ **bote a remo**

nacre *nf* Substance dure, irisée, qui tapisse les coquilles de certains mollusques ▸ **nácar**

nacré, e *adj* Qui a l'apparence de la nacre ▸ **nacarado**

nacrer *vt* Donner l'éclat de la nacre ▸ **nacarar**

nadir *nm* ASTRON Point de la sphère céleste représentatif de la direction verticale descendante en un lieu donné (par oppos à *zénith*) ▸ **nadir**

nævus [nevys] (pl inv ou *nævi*) *nm* Tache naturelle de la peau, de couleur noire ou rose ▸ **nevo**

nage *nf* Action, manière de nager ▸ **nado** ■ **à la nage: (a)** en nageant ▸ **a nado** **(b)** mode de préparation de certains crustacés cuits dans un court-bouillon ▸ **em fervura rápida** □ **être en nage:** couvert de sueur ▸ **estar ensopado de suor**

nageoire *nf* Organe locomoteur de nombreux animaux aquatiques ▸ **nadadeira**

nager *vi (conj 2)* **1** Se déplacer sur ou dans l'eau par des mouvements appropriés ▸ **nadar** **2** Flotter: *le bois nage sur l'eau* ▸ **boiar, flutuar** **3** Être plongé dans un sentiment, un état: *nager dans le bonheur* ▸ **nadar** **4** FAM Ne pas comprendre: *nager dans un dossier* ▸ **boiar** **5** MAR Ramer ▸ **remar** ■ FAM **nager dans un vêtement:** y être très au large ▸ **dançar dentro de uma roupa** ◆ *vt* Pratiquer tel type de nage: *nager le crawl* ▸ **nadar**

nageur, euse *n* Personne qui nage, qui sait nager ▸ **nadador** ■ **maître nageur:** professeur de natation ▸ **professor de natação**

naguère *adv* LITT Il y a quelque temps ▸ **há pouco**
EMPLOI *Naguère* ne doit pas s'employer au sens de *jadis*, qui signifie «autrefois»

naïade *nf* MYTH Nymphe des eaux, des fontaines, des rivières ▸ **náiade**

naïf, naïve *adj et n* **1** Confiant, ingénu, par inexpérience ou par nature ▸ **ingênuo** **2** Trop crédule, trop candide; niais ▸ **ingênuo** ◆ *adj* **1** LITT Naturel, spontané, sincère: *gaieté naïve* ▸ **singelo** **2** Qui retrace la vérité, la nature: *style naïf* ▸ **natural**

nain, naine *n et adj* Personne de taille très inférieure à la moyenne ▸ **anão** ◆ *adj* Se dit d'un animal, d'une plante ou d'une chose de très petite taille ▸ **anão**

naissain *nm* Ensemble de larves nageuses d'huîtres ou de moules avant leur fixation ▸ **ovas de ostra, de molusco**

naissance *nf* **1** Venue au monde; mise au monde ▸ **nascimento** **2** Endroit ou moment où commence une chose: *la naissance d'un fleuve; naissance du jour* ▸ **nascimento** **3** FIG Fait d'apparaître; origine: *naissance d'une idée* ▸ **surgimento**

naissant, e *adj* Qui naît ▸ **nascente**

naître *vi (conj 65; auxil: être)* **1** Venir au monde ▸ **nascer** **2** Commencer à pousser: *les fleurs naissent au printemps* ▸ **nascer** **3** FIG Commencer à exister; apparaître: *voir naître une industrie* ▸ **nascer** ■ **faire naître:** provoquer, causer ▸ **originar**

naïvement *adv* Avec naïveté ▸ **ingenuamente**
naïveté *nf* **1** Ingénuité; candeur: *naïveté d'enfant* ▸ **ingenuidade 2** Excès de crédulité ▸ **ingenuidade 3** Propos naïf ▸ **ingenuidade**
naja *nm* Serpent venimeux d'Inde dont le capuchon dilaté fait apparaître deux cercles évoquant des lunettes; SYN: *serpent à lunettes* ▸ **naja**
nana *nf* FAM Jeune fille, jeune femme; femme ▸ **moça**
nandou *nm* Grand oiseau coureur d'Amérique ▸ **ema**
nanisme *nm* Infirmité des nains ▸ **nanismo**
nankin *nm* Tissu de coton de couleur jaune chamois ▸ **nanquim**
nanomètre *nm* Unité de mesure de longueur équivalant à un millième de micromètre; symb: nm ▸ **nanômetro**
nanotechnologie *nf* Application de la technologie des composants électroniques à la fabrication de dispositifs à l'échelle du nanomètre ▸ **nanotecnologia**
nanti, e *adj et n* Qui ne manque de rien; riche ▸ **abastado**
nantir *vt* **1** LITT Munir, pourvoir: *nantir d'argent* ▸ **prover 2** DR Affecter un bien en garantie d'une dette ▸ **dar como garantia** ◆ **se nantir** *vpr* [de] Prendre avec soi ▸ **munir-se**
naos [naɔs] ou [naos] *nm* Partie centrale d'un temple grec ▸ **naos, cela**
napalm *nm* Essence gélifiée, utilisée dans les projectiles incendiaires ▸ **napalm**
naphtaline *nf* Carbure tiré du goudron de houille, utilisé comme antimite ▸ **naftalina**
naphte *nm* Mélange de liquides inflammables issus de la décomposition des matières organiques sous l'effet de la chaleur ▸ **nafta**
napoléon *nm* Ancienne pièce d'or de 20 francs, à l'effigie de Napoléon ▸ **napoleão**
napoléonien, enne *adj* De Napoléon ▸ **napoleônico**
napolitain, e *adj et n* De Naples ▸ **napolitano**
nappage *nm* Action de napper ▸ **cobertura**
nappe *nf* **1** Linge dont on couvre la table pour les repas ▸ **toalha de mesa 2** Vaste étendue plane: *nappe d'eau* ▸ **camada**
napper *vt* Recouvrir un mets d'une sauce d'accompagnement ▸ **cobrir**
napperon *nm* Petite nappe ▸ **toalhinha**
narcisse *nm* **1** Plante bulbeuse à fleurs blanches ou jaunes ▸ **narciso 2** LITT Homme amoureux de sa propre image ▸ **narciso**
narcissique *adj et n* Relatif au narcissisme; qui s'y adonne ▸ **narcísico**, narcisista
narcissisme *nm* **1** Admiration de soi-même ▸ **narcisismo 2** PSYCHAN Amour que porte le sujet à lui-même ▸ **narcisismo**
narcodollars *nm pl* Profits réalisés grâce au trafic de drogue ▸ **narcodólares**
narcose *nf* Sommeil artificiel provoqué par un narcotique ▸ **narcose**
narcotique *adj et nm* Se dit d'une substance qui endort ▸ **narcótico**
narcotrafiquant, e *n* Trafiquant de drogue à l'échelle internationale ▸ **narcotraficante**
narguer *vt* FAM Braver avec insolence: *narguer l'ennemi* ▸ **provocar**
narguilé ou **narghilé** *nm* Pipe orientale dans laquelle la fumée traverse un flacon rempli d'eau ▸ **narguilé**
narine *nf* Chacune des deux ouvertures du nez ▸ **narina**
narquois, e *adj* Malicieux; moqueur, railleur: *un ton narquois* ▸ **zombeteiro**
narrateur, trice *n* Personne qui raconte ▸ **narrador**
narratif, ive *adj* Qui relève de la narration ▸ **narrativo**
narration *nf* **1** Récit, exposé détaillé d'une suite de faits ▸ **narração 2** Exercice scolaire de rédaction ▸ **redação**
narrer *vt* LITT Exposer, raconter: *narrer une bataille* ▸ **narrar**
narval (pl *narvals*) *nm* Mammifère cétacé des mers arctiques (appelé aussi: *licorne de mer* à cause de la dent de 2 à 3 m du mâle) ▸ **narval**
nasal, e, aux *adj* Du nez: *fosses nasales* ▸ **nasal**
nasale *nf* Phonème nasalisé (EX: [ɑ̃]) ▸ **fonema nasal**
nasalisation *nf* Action de nasaliser; fait d'être nasalisé ▸ **nasalização**
nasaliser *vt* Prononcer avec un timbre nasal: *voyelle nasalisée* ▸ **nasalizar**
nase ou **naze** *adj* FAM **1** Hors d'usage: *la télé est nase* ▸ **pifado 2** Très fatigué ▸ **pifado**
naseau *nm* Narine de certains animaux ▸ **venta**
nasillard, e *adj* Qui vient du nez: *voix nasillarde* ▸ **anasalado, fanhoso**
nasillement *nm* Action de nasiller ▸ **nasalização**
nasiller *vi* Parler du nez ▸ **nasalizar, fanhosear**
nasse *nf* **1** Panier pour prendre du poisson ▸ **nassa 2** Filet pour prendre les oiseaux ▸ **rede**
natal, e, als *adj* Où l'on est né: *pays natal* ▸ **natal**
nataliste *adj* Qui vise à développer la natalité: *une politique nataliste* ▸ **natalista**
natalité *nf* Rapport entre le nombre des naissances et la population d'un pays, d'une région pen-

dant un temps donné ▸ **natalidade**

natation *nf* Sport consistant à nager ▸ **natação**

natatoire *adj* Qui sert à la nage ▸ **natatório** ▪ **vessie natatoire:** poche remplie d'air, dans le corps de certains poissons, qui sert à leur équilibre dans l'eau ▸ **bexiga natatória**

natif, ive *adj et n* Né dans un lieu déterminé: *natif de Paris* ▸ **nativo** ◆ *adj* SOUT Naturel, inné: *une peur native des serpents* ▸ **inato**

nation *nf* Ensemble des êtres humains habitant un même territoire, ayant une communauté d'origine, d'histoire, de culture, de traditions, le plus souvent de langue, et constituant une entité politique ▸ **nação**

national, e, aux *adj* **1** D'une nation: *hymne national* ▸ **nacional** **2** Qui intéresse le pays tout entier: *passion nationale* ▸ **nacional** ▪ **route nationale** ou **nationale** *nf*: route construite et entretenue par l'État ▸ **estrada federal**

nationalisation *nf* Transfert à la collectivité de la propriété de certains moyens de production appartenant à des particuliers ▸ **nacionalização**

nationaliser *vt* Procéder à la nationalisation de ▸ **nacionalizar**

nationalisme *nm* **1** Doctrine qui se fonde sur l'exaltation de l'idée de nation ▸ **nacionalismo** **2** Mouvement politique d'individus qui veulent imposer la prédominance de la nation à laquelle ils appartiennent ▸ **nacionalismo**

nationaliste *adj et n* Qui appartient au nationalisme; qui en est partisan ▸ **nacionalista**

nationalité *nf* **1** Appartenance juridique d'une personne à un État ▸ **nacionalidade** **2** Groupement d'individus de même origine, de même histoire, mais ne formant pas un État ▸ **nacionalidade**

national-socialisme *nm sing* Doctrine nationaliste et raciste de Hitler; SYN: *nazisme* ▸ **nacional-socialismo**

national-socialiste (pl *nationaux-socialistes*) *adj et n* Du national-socialisme; SYN: *nazi* ▸ **nacional-socialista**

nationaux *nm pl* Citoyens d'une nation (par opposition à *étrangers*) ▸ **nacionais**

nativité *nf* Fête célébrant la naissance de Jésus-Christ, celle de la Vierge ou celle de Jean-Baptiste ▸ **natividade** ▪ **fête de la Nativité:** noël ▸ **Natividade**

natte *nf* **1** Tissu de paille, de joncs entrelacés ▸ **esteira** **2** Tresse de cheveux ▸ **trança**

natter *vt* Tresser en natte: *natter des cheveux* ▸ **trançar**

naturalisation *nf* Action de naturaliser; fait d'être naturalisé ▸ **naturalização, empalhamento**

naturalisé, e *adj et n* Qui a obtenu sa naturalisation ▸ **naturalizado**

naturaliser *vt* **1** Donner à un étranger le statut juridique et les droits attachés à une nationalité déterminée ▸ **naturalizar** **2** Empailler: *naturaliser des oiseaux* ▸ **empalhar**

naturalisme *nm* **1** PHILOS Doctrine qui affirme que rien n'existe en dehors de la nature ▸ **naturalismo** **2** École littéraire et artistique du XIXe s. qui visait à reproduire la réalité objective ▸ **naturalismo**

naturaliste *n* **1** Personne qui étudie les sciences naturelles ▸ **naturalista** **2** Empailleur; SYN: *taxidermiste* ▸ **empalhador** ◆ *adj et n* Qui relève du naturalisme; qui en est partisan ▸ **naturalista**

nature *nf* **1** Ensemble de ce qui existe; monde physique; réalité: *les trois règnes de la nature* ▸ **natureza** **2** Cet ensemble en tant que régi par des lois; la force qui le dirige: *les caprices de la nature* ▸ **natureza** **3** Ce qui, dans le monde physique, n'apparaît pas comme transformé par l'homme: *aimer la nature* ▸ **natureza** **4** Ensemble des caractères fondamentaux propres à un être ou à une chose: *la nature humaine; la nature d'une réforme* ▸ **natureza** **5** Tempérament: *nature enjouée* ▸ **natureza** **6** Modèle naturel: *peindre d'après nature* ▸ **original, realidade** ▪ **de nature à: (a)** susceptible de ▸ **suscetível de (b)** propre à ▸ **próprio para** ▫ **en nature:** en objets réels et non en argent: *cadeaux en nature* ▸ **em mercadoria** ▫ **nature morte:** peinture de choses inanimées ▸ **natureza-morta** ◆ *adj inv* **1** Au naturel, sans addition ni mélange: *omelette nature* ▸ **ao natural** **2** FAM Spontané, naturel: *elle est très nature* ▸ **natural** ▪ **grandeur nature:** dont les dimensions sont celles du modèle ▸ **em tamanho natural**

naturel, elle *adj* **1** Relatif, propre à la nature: *lois naturelles* ▸ **natural** **2** Issu de la nature: *gaz naturel* ▸ **natural** **3** Qui appartient à la nature physique de l'homme: *besoins naturels* ▸ **natural** **4** Inné: *dons naturels* ▸ **natural** **5** Conforme à l'usage, à la raison: *il est naturel que* ▸ **natural** **6** Sans recherche: *langage naturel* ▸ **natural** **7** Spontané, sincère: *rester naturel* ▸ **natural** **8** Non falsifié: *vin naturel* ▸ **autêntico** ▪ **enfant naturel:** né hors du mariage ▸ **filho natural** ◆ *nm* **1** Caractère, nature, tempérament: *être d'un naturel soupçonneux* ▸ **natural** **2** Absence d'affectation: *manque de naturel* ▸ **naturalidade** ▪ **au naturel:** sans apprêt ▸ **ao natural** ▫ **mort naturelle:** qui ne résulte ni d'un accident ni d'un meurtre (par opposition à *mort violente*) ▸ **morte natural** ◆ *n* Autochtone ▸ **natural**

naturellement *adv* **1** De façon naturelle: *être naturellement gai*; spontanément: *cette idée m'est venue naturellement* ▸ **naturalmente 2** D'une manière inévitable; bien sûr: *naturellement, il est en retard* ▸ **naturalmente 3** Aisément: *cela s'explique naturellement* ▸ **naturalmente**

naturisme *nm* **1** Tendance à suivre de près la nature ▸ **naturismo 2** Pratique du nudisme ▸ **naturismo**

naturiste *adj* Du naturisme ▸ **naturista** ◆ *n* Personne qui pratique le naturisme ▸ **naturista**

naturothérapie *nf* Méthode de soins médicaux fondée sur l'utilisation de moyens naturels (diététique, phytothérapie, etc.) ▸ **naturoterapia**

naufrage *nm* **1** Perte d'un bâtiment en mer ▸ **naufrágio 2** FIG Ruine complète ▸ **naufrágio** ▪ **faire naufrage:** couler ▸ **naufragar**

naufragé, e *adj et n* Qui a fait naufrage ▸ **náufrago**

nauséabond, e *adj* Qui cause des nausées; écœurant, fétide: *odeur nauséabonde* ▸ **nauseabundo**

nausée *nf* **1** Envie de vomir ▸ **náusea 2** FIG Dégoût profond; répugnance ▸ **náusea**

nauséeux, euse *adj* **1** Qui provoque des nausées ▸ **nauseante 2** Qui souffre de nausées ▸ **nauseado**

nautile *nm* Mollusque céphalopode des mers chaudes, à coquille cloisonnée en spirale ▸ **náutilo**

nautique *adj* Qui relève de la navigation, des sports de l'eau: *ski nautique* ▸ **náutico**

nautisme *nm* Ensemble des sports nautiques, en particulier la navigation de plaisance ▸ **esportes náuticos**

naval, e, als *adj* **1** Qui concerne la navigation: *chantier naval* ▸ **naval 2** Relatif à la marine de guerre: *combat naval* ▸ **naval**

navarin *nm* Ragoût de mouton ▸ **ragu de cordeiro**

navel *nf* Variété d'orange ▸ **laranja-baía**

navet *nm* **1** Plante potagère dont la racine est comestible; racine de cette plante ▸ **nabo 2** FAM Œuvre sans intérêt, sans valeur ▸ **lixo**

navette *nf* **1** Véhicule à court parcours et à trajet répété ▸ **veículo de** transporte circular **2** Instrument de tisserand pour faire passer les fils de la trame entre les fils de la chaîne ▸ **lançadeira** ▪ **faire la navette:** faire des allers et retours réguliers entre deux lieux ▸ **fazer vaivéns** □ **navette spatiale:** véhicule spatial réutilisable ▸ **ônibus espacial**

navigabilité *nf* **1** État d'une rivière navigable ▸ **navegabilidade 2** État d'un navire pouvant tenir la mer, d'un avion pouvant voler ▸ **navegabilidade**

navigable *adj* Où l'on peut naviguer ▸ **navegável**

navigant, e *adj et n* Qui navigue ▸ **navegador** ▪ **personnel navigant:** équipage d'un avion (par opposition à *personnel au sol*) ▸ **pessoal de bordo**

navigateur, trice *n* **1** Personne qui navigue, fait de longs voyages sur mer ▸ **navegante 2** Membre de l'équipage d'un navire ou d'un avion chargé de déterminer la position et la route à suivre ▸ **navegador**

navigation *nf* **1** Action de naviguer ▸ **navegação 2** Art du navigateur ▸ **náutica 3** INFORM Action de naviguer dans un système hypertexte ou un réseau télématique ▸ **navegação**

naviguer *vi* **1** Voyager sur l'eau ou dans les airs ▸ **navegar 2** Faire suivre à un navire ou un avion une route déterminée ▸ **navegar 3** Se comporter à la mer: *bateau qui navigue bien* ▸ **navegar 4** INFORM Passer d'un document à un autre dans un système hypertexte ou d'un site à un autre dans un réseau télématique ▸ **navegar**

navire *nm* Bateau d'assez fort tonnage, pour la navigation en haute mer ▸ **navio**

navire-école (pl *navires-écoles*) *nm* Navire conçu pour l'apprentissage de la navigation ▸ **navio-escola**

navire-hôpital (pl *navires-hôpitaux*) *nm* Navire aménagé pour le transport des malades et des blessés ▸ **navio-hospital**

navire-usine (pl *navires-usines*) *nm* Navire aménagé pour le conditionnement en mer de ce qui a été pêché ▸ **navio-fábrica**

navrant, e *adj* Attristant; déplorable, lamentable ▸ **consternador**

navrer *vt* Causer une grande peine à; désoler: *cette mort m'a navré* ▸ **consternar**

nazaréen, enne *adj et n* De Nazareth ▸ **nazareno** ◆ *nm* ▪ **le Nazaréen:** Jésus ▸ **o Nazareno**

naze *adj* **nase**

nazi, e *adj et n* National-socialiste ▸ **nazi**

nazisme *nm* National-socialisme ▸ **nazismo**

N.B. (abréviation) Nota bene ▸ **N.B.**

NBC *adj* (sigle de *nucléaire, biologique, chimique*) Se dit des armes nucléaires, biologiques ou chimiques et des mesures ou moyens pour s'en protéger ▸ **NBQ**

NDLR (sigle) Note de la rédaction ▸ **N. da R.**

NDT (sigle) Note du traducteur ▸ **N. do T.**

ne *adv* **1** Indique une négation dans le groupe verbal ▸ **não 2** SOUT S'emploie sans valeur négative dans des subordonnées comparatives ou dans celles qui dépendent d'un verbe exprimant la crainte, le doute, ou qui sont introduites par *à moins que, avant que* ▸ Ø

né, e *adj* **1** Issu de: *né d'un père lorrain et d'une mère gasconne* ▸ **nascido 2** (avec un trait d'union) De naissance: *orateur-né* ▸ **nato** ▪ VX **bien né:** noble ▸ **bem-nascido**

néanmoins *adv* Marque une opposition; pourtant ▸ **entretanto**

néant *nm* **1** Ce qui n'existe pas encore ou plus ▸ **nada 2** LITT Absence de valeur, d'importance: *avoir conscience de son néant* ▸ **nada** ▪ **réduire à néant:** détruire, anéantir ▸ **reduzir a nada** ▫ **tirer du néant:** créer ▸ **tirar do nada**

nébuleuse *nf* **1** Nuage de gaz et de poussières interstellaires ▸ **nebulosa 2** FIG Rassemblement d'éléments imprécis, confus ▸ **emaranhado**

nébuleux, euse *adj* **1** Obscurci par les nuages: *ciel nébuleux* ▸ **nebuloso 2** FIG Peu clair; vague, confus: *projet nébuleux* ▸ **nebuloso**

nébulosité *nf* Nuage léger ▸ **nebulosidade**

nécessaire *adj* **1** Dont on a absolument besoin; indispensable: *la respiration est nécessaire à la vie* ▸ **necessário 2** Inévitable; obligatoire: *conséquence nécessaire* ▸ **necessário 3** Exigé pour que quelque chose se produise ou réussisse: *moyens nécessaires au projet* ▸ **necessário 4** Très utile: *se rendre nécessaire* ▸ **necessário** ♦ *nm* **1** Ce qui est indispensable pour les besoins de la vie: *manquer du nécessaire* ▸ **necessário 2** Ce qui est essentiel, important: *faire le nécessaire* ▸ **necessário 3** Boîte, trousse qui renferme des objets utiles ou commodes: *nécessaire de toilette* ▸ ***nécessaire***

nécessairement *adv* **1** Absolument, forcément: *les billets doivent nécessairement être pris cette semaine* ▸ **necessariamente 2** Par une conséquence rigoureuse: *une telle situation aboutit nécessairement à une impasse* ▸ **necessariamente**

nécessité *nf* **1** Caractère de ce qui est nécessaire: *gagner sa vie est une nécessité* ▸ **necessidade 2** Besoin impérieux; exigence: *les nécessités de la vie* ▸ **necessidade** ▪ **par nécessité:** par l'effet d'une contrainte ▸ **por necessidade**

nécessiter *vt* Rendre nécessaire; exiger, réclamer ▸ **necessitar**

nécessiteux, euse *adj et n* Qui manque du nécessaire; indigent ▸ **necessitado**

nec plus ultra [nɛkplysyltra] *nm inv* Ce qu'il y a de mieux ▸ ***nec plus ultra***

nécrologie *nf* **1** Liste des personnes décédées au cours d'un certain espace de temps ▸ **necrologia 2** Écrit consacré à un défunt ▸ **necrológio 3** Avis de certains décès dans un journal; rubrique correspondante ▸ **necrológio**

nécrologique *adj* Relatif à la nécrologie: *article nécrologique* ▸ **necrológico**

nécromancie *nf* Évocation des morts pour apprendre d'eux l'avenir ▸ **necromancia**

nécromancien, enne *n* Personne qui pratique la nécromancie ▸ **necromante**

nécropole *nf* **1** Groupe de sépultures, dans l'Antiquité ▸ **necrópole 2** LITT Grand cimetière ▸ **necrópole**

nécrose *nf* Gangrène d'un tissu ▸ **necrose**

nécroser *vt* Produire la nécrose de ▸ **necrosar** ♦ **se nécroser** *vpr* Être atteint de nécrose ▸ **necrosar-se**

nectaire *nm* BOT Glande des fleurs qui distille le nectar ▸ **nectário**

nectar *nm* **1** MYTH Breuvage des dieux ▸ **néctar 2** LITT Boisson délicieuse ▸ **néctar 3** Jus de fruit avec pulpe ▸ **néctar 4** BOT Liquide sucré que sécrètent les nectaires ▸ **néctar**

nectarine *nf* Variété de pêche ▸ **nectarina**

néerlandais, e *adj et n* Des Pays-Bas: *les Néerlandais* ▸ **neerlandês** ♦ *nm* Langue germanique parlée aux Pays-Bas et dans le nord de la Belgique ▸ **neerlandês**

nef *nf* Partie d'une église, du portail au chœur ▸ **nave**

néfaste *adj* Fatal; funeste, nuisible ▸ **nefasto**

nèfle *nf* Fruit du néflier ▸ **nêspera**

néflier *nm* Arbuste épineux ▸ **nespereira**

négateur, trice *adj et n* LITT Qui nie, critique ▸ **negador, contestador**

négatif, ive *adj* **1** Qui marque la négation, le refus: *réponse négative* ▸ **negativo 2** Dépourvu d'éléments constructifs: *attitude négative* ▸ **negativo** ▪ **nombre négatif:** inférieur à zéro ▸ **número negativo** ♦ *nm* PHOT Cliché sur film où les valeurs des tons sont inversées ▸ **negativo**

négation *nf* **1** Action de nier ▸ **negação 2** LING Mot ou groupe de mots qui sert à nier (*ne, non,* etc.) ▸ **negação**

négative *nf* ▸ **negativa** ▪ **répondre par la négative:** par un refus ▸ **responder negativamente**

négativement *adv* De façon négative: *répondre négativement* ▸ **negativamente**

négativisme *nm* Attitude de refus systématique ▸ **negativismo**

négativité *nf* Caractère de ce qui est négatif ▸ **negatividade**

négligé *nm* **1** Absence d'apprêt, de recherche; laisser-aller ▸ **desleixo 2** LITT Léger vêtement d'intérieur ▸ ***négligé***

négligeable *adj* Peu important ► **negligenciável**
négligemment *adv* **1** Avec négligence ► **negligentemente 2** Avec indifférence: *répondre négligemment* ► **negligentemente**
négligence *nf* **1** Manque de soin, d'application ou de vigilance ► **negligência 2** Faute légère, manque de précision: *une négligence de style* ► **lapso**
négligent, e *adj* Qui montre de la négligence ► **negligente**
négliger *vt (conj 2)* **1** Ne pas prendre soin de: *négliger sa tenue* ► **negligenciar 2** Ne pas cultiver: *négliger ses talents* ► **negligenciar 3** Ne pas tenir compte de: *négliger les conseils* ► **desdenhar 4** Omettre; oublier: *négliger de répondre à une lettre* ► **esquecer 5** Délaisser: *négliger ses amis* ► **abandonar** ♦ **se négliger** *vpr* Ne pas prendre soin de sa personne ► **descuidar-se**
négoce *nm* Ensemble des opérations faites par un commerçant; activité commerciale ► **comércio**
négociable *adj* Qui peut être négocié ► **negociável**
négociant, e *n* Personne qui fait le commerce en gros ► **negociante**
négociateur, trice *n* **1** Agent diplomatique ► **negociador 2** Intermédiaire dans une affaire ► **negociador**
négociation *nf* **1** Discussions, pourparlers en vue d'un accord ► **negociação 2** Transmission des effets de commerce ► **negociação**
négocier *vt* **1** Traiter, discuter en vue d'un accord: *négocier la paix* ► **negociar 2** Monnayer un titre, une valeur ► **negociar** ■ **négocier un virage:** manœuvrer pour le prendre au mieux ► **fazer uma curva perfeita** ♦ *vi* Engager des pourparlers ► **negociar**
nègre, négresse *n* **1** AUTREF Esclave noir ► **negro 2** Terme péjoratif et raciste désignant une personne de race noire ► **preto** ♦ *nm* FAM Collaborateur occulte et anonyme d'un écrivain, d'un artiste, etc. ► ***nègre*** ■ **travailler comme un nègre:** sans relâche ► **trabalhar como um escravo** ♦ *adj* De la race noire: *art nègre* ► **negro**
négrier *nm* **1** Personne qui faisait la traite des Noirs ► **negreiro 2** Bâtiment qui servait à ce commerce ► **navio negreiro**
négrillon, onne *n* PÉJOR, FAM Enfant noir ► **pretinho**
négritude *nf* Ensemble des valeurs culturelles et spirituelles des Noirs ► **negritude**
négroïde *adj* Qui rappelle les caractéristiques morphologiques des Noirs ► **negroide**
negro spiritual [negrospiritol] (pl *negro spirituals*) *nm* Chant religieux des Noirs d'Amérique ► ***negro spiritual***
négus [negys] *nm* Titre des souverains d'Éthiopie ► **negus**
neige *nf* Eau congelée qui tombe en flocons blancs ► **neve** ■ **en neige:** se dit de blancs d'œufs battus en une mousse blanche consistante ► **em neve** □ **neige carbonique:** gaz carbonique solidifié ► **gelo-seco** □ **œufs à la neige:** dessert fait de blancs d'œufs montés en neige, cuits dans du lait bouillant et servis sur une crème anglaise ► **ovos nevados**
neiger *v impers (conj 2)* Tomber, en parlant de la neige ► **nevar**
neigeux, euse *adj* Couvert de neige ► **nevado**
nem [nm] *nm* Spécialité vietnamienne faite d'une crêpe de farine de riz fourrée de soja, de viande, etc., roulée et frite ► **rolinho primavera**
nénette *nf* FAM Jeune fille ► **broto** ■ FAM **se casser la nénette: (a)** se donner du mal ► **esquentar a cabeça (b)** réfléchir beaucoup ► **quebrar a cabeça**
nénuphar *nm* Plante aquatique aux larges feuilles et à fleurs blanches, jaunes ou rouges ► **nenúfar**
néo-calédonien, enne (pl *néo-calédoniens, ennes*) *adj et n* De la Nouvelle-Calédonie: *les Néo-Calédoniens* ► **neocaledônio**

ORTHOGRAPHE *Néo-calédonien* s'écrit en deux mots, avec trait d'union

néoclassicisme *nm* Tendance artistique de la fin du XVIIIe s. et du début du XIXe s. qui s'est appuyée sur les exemples de l'Antiquité classique et du classicisme du XVIIe s. ► **neoclassicismo**
néoclassique *adj* Qui appartient au néoclassicisme ► **neoclássico**
néocolonialisme *nm* Forme nouvelle du colonialisme, visant à la domination économique des pays sous-développés ► **neocolonialismo**
néocolonialiste *adj et n* Qui appartient au néocolonialisme ► **neocolonialista**
néolibéralisme *nm* Libéralisme économique moderne qui accepte une intervention limitée de l'État ► **neoliberalismo**
néolithique *nm et adj* Période de la préhistoire correspondant au polissage de la pierre et au début de l'agriculture ► **neolítico**
néologie *nf* Processus de formation des mots nouveaux ► **neologia**
néologisme *nm* Mot de création récente; acception nouvelle d'un mot existant déjà ► **neologismo**
néon *nm* **1** Gaz rare employé dans l'éclairage par tubes; symb: Ne ► **neônio 2** Éclairage par

tube fluorescent; le tube lui-même ▸ **luz, lâmpada de neon**
néonatal, e, als *adj* Relatif au nouveau-né ▸ **neonatal**
néonazi, e *adj et n* Relatif au néonazisme; qui en est partisan ▸ **neonazista**
néonazisme *nm* Mouvement d'extrême droite d'inspiration nazie ▸ **neonazismo**
néophyte *n* **1** Chrétien nouvellement baptisé ▸ **neófito 2** Adepte récent d'une doctrine, d'un parti ▸ **neófito**
néoplasme *nm* MÉD Tumeur cancéreuse ▸ **neoplasma maligno**
néoplatonicien, enne *adj et n* Qui appartient au néoplatonisme ▸ **neoplatônico**
néoplatonisme *nm* Courant philosophique né avec Plotin (IIIe s.) ajoutant des éléments mystiques au système platonicien ▸ **neoplatonismo**
néoréalisme *nm* **1** École cinématographique italienne qui, après 1945, a décrit la réalité quotidienne la plus humble ▸ **neorrealismo 2** BX-ARTS Tendance, du XXe s., à renouer avec la figuration réaliste ▸ **neorrealismo**
néoréaliste *adj et n* Qui appartient au néoréalisme ▸ **neorrealista**
néorural, e, aux *n* Personne qui a quitté la ville pour s'installer à la campagne et y exercer une activité professionnelle ▸ **neorrural**
néo-zélandais, e *adj et n* De la Nouvelle-Zélande: *les Néo-Zélandais* ▸ **neozelandês**
népalais, e *adj et n* Du Népal: *les Népalais* ▸ **nepalês** ◆ *nm* Langue parlée au Népal (on dit aussi *népali*) ▸ **nepali**
néphrétique *adj* Qui concerne les reins ▸ **renal**
néphrite *nf* Inflammation du rein ▸ **nefrite**
néphrologie *nf* Étude des reins, de leur physiologie et de leurs maladies ▸ **nefrologia**
néphrologue *n* Spécialiste de néphrologie ▸ **nefrologista**
népotisme *nm* **1** Attitude de certains papes qui accordaient des faveurs à leurs parents ▸ **nepotismo 2** PAR EXT Abus qu'un homme en place fait de son influence en faveur de sa famille ▸ **nepotismo**
néréide *nf* Ver marin qui s'enfonce dans le sable ▸ **nereida, nereis**
nerf [nɛr] *nm* **1** Cordon blanchâtre conducteur des messages moteurs du cerveau aux organes, et des messages sensitifs et sensoriels en sens inverse ▸ **nervo 2** FAM Tendon, ligament: *viande pleine de nerfs* ▸ **nervo 3** Force, vigueur: *il a du nerf* ▸ **nervo, energia 4** Ficelle au dos d'un livre relié ▸ **nervo** ▪ **nerf de bœuf:** matraque, cravache faite d'un ligament cervical du bœuf ou du cheval desséché industriellement ▸ **vergalho** ▫ **le nerf de la guerre:** l'argent ▸ **o dinheiro** ◆ **nerfs** *pl* Système nerveux considéré comme le siège de l'équilibre mental et de la capacité à garder son calme: *avoir les nerfs solides, des nerfs d'acier* ▸ **nervos** ▪ **à bout de nerfs:** épuisé ▸ **esgotado** ▫ **avoir ses nerfs** ou **avoir les nerfs en boule, en pelote:** être très agacé ▸ **ter nervos** ▫ **être sur les nerfs:** dans un état de tension permanente ▸ **estar uma pilha de nervos** ▫ **guerre des nerfs:** période de forte tension entre des nations ou des coalitions adverses ▸ **guerra de nervos** ▫ FAM **taper, porter sur les nerfs:** agacer ▸ **irritar**
nerprun *nm* Arbuste dont les fruits noirs donnent un colorant ▸ **amieiro-negro**
nervation *nf* Disposition des nervures d'une feuille, d'une aile d'insecte ▸ **nervação**
nerveusement *adv* Avec nervosité ▸ **nervosamente**
nerveux, euse *adj* **1** Relatif aux nerfs et au système nerveux: *maladie, cellule nerveuse* ▸ **nervoso 2** Qui concerne les nerfs comme siège de l'équilibre psychologique: *tension nerveuse* ▸ **nervoso 3** Qui est dû à la nervosité ou qui l'exprime: *un rire nerveux* ▸ **nervoso 4** Qui a de la vigueur, de la vivacité: *cheval nerveux; voiture nerveuse* ▸ **nervoso** ▪ **système nerveux:** ensemble des nerfs, ganglions et centres nerveux qui assurent la commande et la coordination des fonctions vitales ▸ **sistema nervoso** ◆ *adj et n* Qui a les nerfs irritables, qui est très émotif: *un grand nerveux* ▸ **nervoso**
nervi *nm* Homme de main ▸ **capanga**
nervosité *nf* Irritabilité, tension intérieure ▸ **nervosismo**
nervure *nf* **1** Filet saillant sur la surface des feuilles, sur l'aile des insectes ▸ **nervura 2** ARCHIT Moulure sur les arêtes d'une voûte gothique ▸ **nervura 3** Saillie des nerfs au dos d'un livre ▸ **nervura**
Nescafé *nm* (nom déposé) Café soluble de la marque de ce nom ▸ **Nescafé** (marca registrada)
n'est-ce pas *adv interr* **1** Appelle l'approbation de l'interlocuteur: *tu viens, n'est-ce pas?* ▸ **não é 2** S'emploie comme simple articulation ou pour insister: *l'idée, n'est-ce pas, n'est pas nouvelle; n'est-ce pas que c'est beau?* ▸ **(não)** *é verdade*
net, nette *adj* **1** Propre, sans tache: *une vitre nette* ▸ **limpo 2** Bien marqué, bien distinct: *cassure nette; photo nette* ▸ **nítido 3** Sensible, important: *une différence très nette* ▸ **claro 4** Précis: *idées nettes* ▸ **claro 5** Sans équivoque, qui ne prête à

aucun doute; clair: *réponse nette* ▸ **claro 6** Dont on a déduit tout élément étranger: *prix, salaire net* ▸ **líquido 7** Exempt de: *intérêts nets d'impôts* ▸ **isento** ▪ **en avoir le cœur net:** s'assurer d'un fait ▸ **tirar a limpo** ◆ *nm* ▪ **mettre au net:** sous une forme définitive et propre ▸ **passar a limpo** ◆ *adv* **1** Brutalement, tout d'un coup: *question tranchée net* ▸ **bruscamente 2** Franchement: *refuser net* ▸ **claramente**

nettement *adv* **1** De manière nette: *prendre nettement position* ▸ **claramente 2** Indiscutablement: *nettement plus grand* ▸ **nitidamente**

netteté *nf* Qualité de ce qui est net ▸ **nitidez**

nettoyage ou **nettoiement** *nm* Action de nettoyer ▸ **limpeza**

nettoyant *nm* Produit de nettoyage ▸ **produto de limpeza**

nettoyer *vt (conj 3)* **1** Rendre net, propre: *nettoyer une bouteille* ▸ **limpar 2** Débarrasser un lieu d'éléments indésirables: *la police a nettoyé le quartier* ▸ **limpar**

neuf[1] *adj num inv* **1** Huit et un ▸ **nove 2** Neuvième: *Louis IX* ▸ **nove** ◆ *nm inv* Chiffre ou nombre neuf ▸ **nove**

neuf[2]**, neuve** *adj* **1** Fait depuis peu et qui n'a pas ou presque pas servi: *maison neuve* ▸ **novo 2** Qui n'a pas encore été dit ou traité: *sujet neuf* ▸ **novo 3** Qui n'est pas influencé par l'expérience antérieure: *regard neuf* ▸ **novo** ◆ *nm* Ce qui est neuf, nouveau ▸ **novo** ▪ **à neuf:** comme neuf: *refaire une pièce à neuf* ▸ **como novo** ▫ **de neuf:** avec des choses neuves: *être habillé de neuf* ▸ **com coisas novas**

neurasthénie *nf* État durable d'abattement et de tristesse ▸ **neurastenia**

neurasthénique *adj et n* Relatif à la neurasthénie; qui en est atteint ▸ **neurastênico**

neurobiologie *nf* Discipline biologique qui étudie le système nerveux ▸ **neurobiologia**

neurochirurgical, e, aux *adj* Relatif à la neurochirurgie ▸ **neurocirúrgico**

neurochirurgie *nf* Chirurgie du système nerveux ▸ **neurocirurgia**

neurochirurgien, enne *n* Spécialiste de neurochirurgie ▸ **neurocirurgião**

neurodégénératif, ive *adj* MÉD Qui concerne la dégénérescence du système nerveux: *troubles neurodégénératifs* ▸ **neurodegenerativo**

neuroleptique *adj et nm* Se dit de médicaments ayant un effet sédatif sur le système nerveux, utilisés pour traiter les psychoses ▸ **neuroléptico**

neurologie *nf* **1** Science qui traite du système nerveux ▸ **neurologia 2** MÉD Spécialité qui s'occupe des maladies du système nerveux ▸ **neurologia**

neurologique *adj* Relatif à la neurologie ▸ **neurológico**

neurologue *n* Spécialiste de neurologie ▸ **neurologista**

neurone *nm* Cellule nerveuse ▸ **neurônio**

neuropsychiatre *n* Spécialiste de neuropsychiatrie ▸ **neuropsiquiatra**

neuropsychiatrie *nf* Spécialité regroupant la neurologie et la psychiatrie ▸ **neuropsiquiatria**

neurovégétatif *adj m* ▸ **neurovegetativo** ▪ **système neurovégétatif:** système nerveux qui règle la vie végétative, formé de ganglions et de nerfs et relié à l'axe cérébro-spinal, qui contient les centres réflexes ▸ **sistema nervoso vegetativo**

neutralisation *nf* Action de neutraliser ▸ **neutralização**

neutraliser *vt* **1** Empêcher d'agir; annihiler: *neutraliser la concurrence* ▸ **neutralizar 2** Atténuer la force, l'effet de: *neutraliser une solution* ▸ **neutralizar 3** Déclarer neutre un territoire, une ville, etc. ▸ **neutralizar 4** CHIM Rendre neutre: *neutraliser un acide* ▸ **neutralizar 5** Arrêter momentanément la circulation ▸ **bloquear**

neutralisme *nm* Pour un État, refus de s'intégrer à l'un des grands blocs politiques du monde ▸ **neutralismo**

neutraliste *adj et n* Partisan du neutralisme ▸ **neutralista**

neutralité *nf* **1** État de celui qui reste neutre ▸ **neutralidade 2** Situation d'un État qui reste à l'écart d'un conflit international ▸ **neutralidade**

neutre *adj* **1** Qui ne prend pas parti dans une discussion, dans un conflit entre des puissances belligérantes ▸ **neutro 2** Objectif, impartial ▸ **neutro 3** Qui n'est marqué par aucun accent, aucun sentiment: *ton neutre* ▸ **neutro 4** Se dit d'une couleur qui n'est ni franche, ni vive: *porter des couleurs neutres* ▸ **neutro 5** CHIM Ni acide ni basique ▸ **neutro 6** PHYS Qui ne présente aucun phénomène électrique ▸ **neutro 7** GRAMM Dans certaines langues, genre qui n'est ni masculin ni féminin ▸ **neutro** ◆ *nm* GRAMM Genre neutre ▸ **gênero neutro**

neutron *nm* Particule électriquement neutre, constituant, avec les protons, les noyaux des atomes ▸ **nêutron**

neuvième *adj num ord et n* **1** Qui occupe le rang marqué par le numéro neuf ▸ **nono 2** Qui se trouve neuf fois dans le tout ▸ **nono**

neuvièmement *adv* En neuvième lieu ▸ **em nono lugar**

névé *nm* Masse de neige durcie, à l'origine d'un glacier ▸ **nevado**

neveu *nm* Fils du frère ou de la sœur ▸ **sobrinho**
névralgie *nf* Douleur vive, sur le trajet d'un nerf ▸ **nevralgia**
névralgique *adj* De névralgie ▸ **nevrálgico** ▪ **point névralgique:** point sensible ▸ **ponto nevrálgico**
névrite *nf* Lésion inflammatoire des nerfs ▸ **neurite**
névropathe *adj et n* VX Qui souffre de troubles psychiques ▸ **neuropata**
névrose *nf* Affection caractérisée par des troubles affectifs et émotionnels qui n'altèrent pas les fonctions intellectuelles ▸ **neurose**
névrosé, e *adj et n* Atteint de névrose ▸ **neurótico**
névrotique *adj* Relatif à la névrose ▸ **neurótico**
new-look [njuluk] *adj inv et nm inv* (anglicisme) VIEILLI D'un aspect nouveau ▸ ***new-look***
newsmagazine [njuzmagazin] ou **news** [njuz] *nm* (anglicisme) Hebdomadaire d'actualité en couleurs ▸ **revista semanal de informação**
newton [njutɔn] *nm* PHYS Unité de mesure de force; symb: N ▸ **newton**
new-yorkais, e *adj et n* De New York ▸ **nova-iorquino**
ORTHOGRAPHE *New-yorkais* s'écrit avec un trait d'union, à la différence du nom de la ville
nez *nm* **1** Partie saillante du visage, entre la bouche et le front, organe de l'odorat ▸ **nariz** **2** Odorat, flair: *avoir du nez* ▸ **nariz** **3** Tête, visage: *mettre le nez à la fenêtre* ▸ **cara, nariz** **4** GÉOGR Cap, promontoire ▸ **cabo** **5** Avant d'un navire, d'un avion, d'une fusée: *piquer du nez* ▸ **nariz** ▪ **avoir du nez** ou **avoir le nez fin:** être clairvoyant, perspicace ▸ **ter faro** ▫ FAM **à vue de nez:** approximativement ▸ **a olho** ▫ **mettre, fourrer son nez quelque part:** se mêler indiscrètement de ▸ **meter o nariz em algum lugar** ▫ **mettre le nez dehors:** sortir ▸ **pôr o nariz para fora** ▫ **pied de nez:** geste de moquerie, fait en appuyant sur le bout de son nez le pouce d'une main, les doigts écartés ▸ **fiau** ▫ **se trouver nez à nez avec quelqu'un:** face à face ▸ **ficar cara a cara com alguém**
ni *conj* Coordonne deux éléments qui s'ajoutent ou s'excluent dans les phrases négatives: *n'avoir ni adresse ni téléphone; ni plus, ni moins* ▸ **nem**
niable *adj* Qui peut être nié ▸ **negável**
niais, e *adj et n* Simple, sot, naïf ▸ **bobo**
niaisement *adv* De façon niaise ▸ **bobamente**
niaiserie *nf* **1** Caractère niais ▸ **bobice** **2** Acte, parole niais, stupides ▸ **bobice**
nicaraguayen, enne *adj et n* Du Nicaragua: *les Nicaraguayens* ▸ **nicaraguense**
niche[1] *nf* **1** Enfoncement pratiqué dans un mur pour y placer un objet, un meuble, etc. ▸ **nicho** **2** Cabane pour chien ▸ **casinha de cachorro** **3** ÉCON Petit segment de marché, bien ciblé, encore peu exploité et susceptible de connaître un grand essor ▸ **nicho**
niche[2] *nf* FAM Farce: *faire des niches* ▸ **peça**
nichée *nf* **1** Ensemble des oiseaux d'une même couvée encore au nid ▸ **ninhada** **2** FAM Les enfants d'une famille nombreuse ▸ **filharada**
nicher *vi* **1** Faire son nid ▸ **nidificar** **2** FAM Habiter, loger ▸ **morar** ◆ **se nicher** *vpr* S'installer; se cacher, se blottir ▸ **aninhar-se**
nichon *nm* TRÈS FAM Sein de femme ▸ **teta**
nickel *nm* Métal blanc grisâtre, brillant, à cassure fibreuse; symb: ni ▸ **níquel** ◆ *adj inv* FAM Propre, impeccable ▸ **reluzente**
nickelé, e *adj* Recouvert de nickel ▸ **niquelado**
niçois, e *adj et n* De Nice ▸ **de Nice** ▪ **salade niçoise:** salade composée de tomates, poivrons, olives, thon, anchois, etc. ▸ **salada *niçoise***
nicotine *nf* Alcaloïde du tabac, violent excitant du système neurovégétatif ▸ **nicotina**
nid *nm* **1** Petit abri que se font les oiseaux, certains insectes et certains poissons pour pondre leurs œufs, les couver et élever leurs petits ▸ **ninho** **2** Habitation de certains animaux: *nid de guêpes* ▸ **ninho** **3** Habitation, logement: *un nid d'amoureux* ▸ **ninho** **4** Repaire: *un nid de brigands* ▸ **antro** ▪ **nid à poussière:** endroit propice à l'accumulation de la poussière ▸ **ninho de poeira** ▫ **nid d'abeilles:** cloisonnement en forme d'alvéoles ▸ **ninho de abelha**
nidation *nf* Implantation de l'œuf ou de l'embryon dans l'utérus des mammifères ▸ **nidação, implantação**
nid-de-poule (pl *nids-de-poule*) *nm* Trou dans une route défoncée ▸ **buraco**
nidification *nf* Construction d'un nid ▸ **nidificação**
nidifier *vi* Construire son nid ▸ **nidificar**
nièce *nf* Fille du frère ou de la sœur ▸ **sobrinha**
nielle *nf* **1** Plante parasite à fleurs mauves, commune dans les champs de céréales ▸ **nigela-dos-trigos** **2** Maladie des céréales ▸ **cecídio**
nieller *vt* Gâter par la nielle ▸ **empestar por cecídio**
nier *vt* Dire qu'une chose n'existe pas, n'est pas vraie, rejeter comme faux ▸ **negar**
nietzschéen, enne [nitʃeẽ, ɛn] *adj et n* Relatif à la philosophie de Nietzsche; qui en est adepte ▸ **nietzschiano**
nigaud, e *adj et n* Sot, niais ▸ **tolo**

nigérian, e *adj et n* Du Nigeria: *les Nigérians* ▸ **nigeriano**

nigérien, enne *adj et n* Du Niger: *les Nigériens* ▸ **nigerino**

night-club [najtklb] (pl *night-clubs*) *nm* Établissement de spectacle ouvert la nuit ▸ ***nightclub*, casa noturna**

nihilisme *nm* **1** Tendance révolutionnaire de l'intelligentsia russe à la fin du XIXe s., qui avait pour but la destruction radicale des structures sociales ▸ **niilismo 2** Négation des valeurs, refus de l'idéal collectif communs à un groupe social ▸ **niilismo**

nihiliste *adj et n* Partisan du nihilisme ▸ **niilista**

Nikkei ▪ **indice Nikkei** *nm* (nom déposé): indice boursier établi à partir du cours de 225 sociétés japonaises ▸ **índice Nikkei** (marca registrada)

nimbe *nm* Cercle lumineux autour de la tête d'un saint, dans une peinture, une sculpture, etc.; auréole ▸ **auréola**

nimber *vt* **1** Orner d'un nimbe ▸ **nimbar 2** LITT Entourer d'un halo: *étang nimbé de brume* ▸ **nimbar**

nimbo-stratus [nɛ̃bɔstratys] *nm inv* Nuage bas, d'un gris sombre, qui annonce la pluie ▸ **nimbo-estrato**

nimbus [nɛ̃bys] *nm* Nuage d'un gris sombre ▸ **nimbo**

nippes *nf pl* FAM, VIEILLI Vêtements usagés, fripes ▸ **trapos**

nipper *vt* FAM, VIEILLI Habiller ▸ **vestir**

nippon, e *adj et n* Du Japon ▸ **nipônico**

nique *nf* ▪ FAM **faire la nique à quelqu'un:** lui faire un signe de mépris ou le braver ▸ **tirar sarro de alguém**

nirvana *nm* Dans le bouddhisme, état de sérénité auquel on parvient en renonçant au désir humain, ce qui entraîne la fin du cycle des réincarnations ▸ **nirvana**

nitrate *nm* Sel de l'acide nitrique ▸ **nitrato**

nitrifier *vt* Transformer en nitrate ▸ **nitrificar**

nitrique *adj* ▸ **nítrico** ▪ **acide nitrique:** composé oxygéné dérivant de l'azote, utilisé par les graveurs sous le nom d'eau-forte ▸ **ácido nítrico**

nitroglycérine *nf* Explosif puissant dérivé de la glycérine, entrant dans la composition de la dynamite ▸ **nitroglicerina**

nival, e, aux *adj* Relatif à la neige; dû à la neige ▸ **niveal**

niveau *nm* **1** Hauteur d'un point, degré d'élévation par rapport à un plan de référence: *le niveau des eaux* ▸ **nível 2** Instrument pour vérifier ou établir l'horizontalité d'une surface ▸ **nível 3** Étage d'un bâtiment ▸ **andar 4** FIG Valeur de quelque chose, de quelqu'un, degré atteint dans un domaine: *niveau scolaire* ▸ **nível** ▪ **au niveau de:** **(a)** à la hauteur de: *au niveau du sol* ▸ **no nível de (b)** sur la même ligne que, aux environs de: *au niveau du carrefour* ▸ **no nível de (c)** en ce qui concerne: *au niveau de l'hygiène* ▸ **quanto a** □ **courbe de niveau:** sur une carte, ligne joignant les points situés à une même altitude ▸ **curva de nível** □ **être au niveau de quelque chose:** avoir les capacités pour ▸ **estar à altura de algo** □ **niveau de langue:** chacun des registres d'une langue (littéraire, familier, populaire, etc.) que l'on peut employer en fonction de la situation ou des personnes à qui l'on s'adresse ▸ **nível de uso** □ **niveau de vie:** évaluation du mode d'existence moyen d'une nation, d'un groupe social ▸ **nível de vida** □ **se mettre, être au niveau de quelqu'un:** **(a)** réussir à se faire comprendre de lui ▸ **entrar na de alguém (b)** l'égaler ▸ **colocar-se, estar no mesmo nível de alguém**

EMPLOI Il est plus correct de dire *en ce qui concerne l'écriture, ce roman est faible,* plutôt que *au niveau de l'écriture*

niveler *vt (conj 6)* **1** Rendre horizontal: *niveler un terrain* ▸ **nivelar 2** FIG Rendre égal: *niveler les salaires* ▸ **nivelar**

nivellement *nm* Action de niveler; fait d'être nivelé ▸ **nivelamento**

nivôse *nm* Quatrième mois de l'année républicaine (environ 21 décembre-environ 19 janvier) ▸ **nivoso**

nö *nm* Drame lyrique japonais, combinant la musique, la danse et la poésie ▸ **nô**

nobiliaire *adj* Qui appartient à la noblesse: *titre nobiliaire* ▸ **nobiliário**

noble *adj et n* Qui appartient à une classe de personnes jouissant de titres ou de privilèges héréditaires concédés par un souverain ▸ **nobre** ◆ *adj* **1** Propre à la noblesse: *sang noble* ▸ **nobre 2** FIG Qui indique de la grandeur, des qualités morales ou intellectuelles ▸ **nobre 3** Qui commande le respect par sa majesté ▸ **nobre 4** Qui est considéré comme supérieur: *l'or, l'argent sont des métaux nobles* ▸ **nobre**

noblement *adv* De façon noble ▸ **nobremente**

noblesse *nf* **1** Condition de noble ▸ **nobreza 2** Classe sociale des nobles: *la noblesse de l'Empire* ▸ **nobreza 3** FIG Grandeur, élévation, distinction: *la noblesse de son geste* ▸ **nobreza** ▪ **acquérir ses lettres de noblesse:** être reconnu officiellement ▸ **ser reconhecido**

noce *nf* Festin et réjouissances qui accompagnent

un mariage: *aller à la noce*; tous ceux qui s'y trouvent ▸ **casamento, convidados** ▪ FAM, VIEILLI **faire la noce:** mener une vie dissolue ▸ **andar na gandaia** ▫ **noces d'argent, d'or, de diamant:** 25e, 50e, 60e anniversaire de mariage ▸ **bodas de prata, de ouro, de diamante**

noceur, euse *n* FAM, VIEILLI Personne qui mène une vie de débauche ▸ **gandaieiro**

nocher *nm* LITT Homme chargé de conduire une barque ▸ **barqueiro** ▪ **le nocher des Enfers:** Charon ▸ **o barqueiro dos Infernos**

nocif, ive *adj* Nuisible ▸ **nocivo**

nocivité *nf* Caractère nocif ▸ **nocividade**

noctambule *adj et n* Qui aime sortir tard le soir, se divertir la nuit ▸ **noctívago**

noctuelle *nf* Papillon de nuit ▸ **mariposa**

nocturne[1] *adj* **1** Qui a lieu pendant la nuit: *tapage nocturne* ▸ **noturno 2** Qui veille la nuit et dort le jour: *oiseau nocturne* ▸ **noturno** ◆ *nm* Morceau musical d'un caractère tendre et mélancolique ▸ **noturno**

nocturne[2] *nf* Ouverture en soirée d'un magasin ▸ **abertura noturna**

nodosité *nf* **1** Nœud, renflement: *les nodosités d'un arbre* ▸ **nodosidade 2** Petite tumeur: *nodosités rhumatismales* ▸ **gânglio**

nodule *nm* **1** Petite nodosité: *avoir un nodule sur les cordes vocales* ▸ **nódulo 2** GÉOL Concrétion arrondie dans une roche de nature différente ▸ **nódulo**

Noël *nm* **1** Fête de la nativité du Christ, célébrée le 25 décembre; période autour de cette fête ▸ **Natal 2** (avec une minuscule) Cantique de Noël: *un noël* ▸ **natal** ▪ **croire au père Noël:** se faire des illusions ▸ **acreditar em Papai Noel** ▫ **père Noël:** personnage légendaire chargé de distribuer des cadeaux aux enfants à Noël ▸ **Papai Noel** ◆ *nf* ▪ **la Noël: (a)** la fête de Noël ▸ **o Natal (b)** la période de Noël ▸ **o Natal**

nœud *nm* **1** Enlacement serré de ruban, de fil, de corde, etc.: *faire un nœud* ▸ **nó 2** Ornement en forme de nœud: *nœud de cravate; nœud papillon* ▸ **nó 3** Ce qui constitue la difficulté d'un problème ▸ **nó 4** LITTÉR Moment d'une pièce de théâtre où l'intrigue est arrivée à son point essentiel ▸ **nó 5** Croisement de plusieurs voies de communication: *nœud ferroviaire* ▸ **entroncamento 6** Point de la tige où s'insère une feuille ▸ **nó 7** Partie dure et plus sombre dans le bois ▸ **nó 8** ANAT Amas tissulaire globuleux ▸ **gânglio 9** MAR Unité de vitesse équivalant à 1 852 m/h ▸ **nó** ▪ FAM **sac de nœuds:** affaire très embrouillée ▸ **embrulhada**

noir, e *adj* **1** D'une couleur foncée analogue à celle du charbon: *de l'encre noire; des yeux noirs* ▸ **preto 2** Sombre, obscur: *nuit noire* ▸ **escuro 3** FIG Triste, sombre: *humeur noire* ▸ **negro, sombrio 4** Hostile, haineux: *regard noir* ▸ **hostil 5** Clandestin, illégal: *marché noir; travail au noir* ▸ **negro, ilegal 6** Se dit d'un groupe humain caractérisé entre autres par une pigmentation très foncée de la peau; qui relève de ce groupe: *l'Afrique noire* ▸ **negro** ◆ *n* (avec une majuscule) Personne à la peau noire ▸ **negro** ◆ *nm* **1** Couleur noire: *un noir de jais* ▸ **preto 2** Étoffe noire, vêtement de deuil: *le noir est très seyant* ▸ **preto 3** Obscurité ▸ **escuro** ▪ **broyer du noir:** être déprimé ▸ **estar na fossa** ▫ **noir sur blanc:** par écrit, formellement ▸ **preto no branco** ▫ FAM **un petit noir:** tasse de café sans lait ▸ **um cafezinho** ▫ **voir tout en noir:** être très pessimiste ▸ **ver tudo pelo lado negativo**

noirâtre *adj* Qui tire sur le noir ▸ **enegrecido**

noiraud, e *adj et n* PÉJOR Qui a les cheveux noirs et le teint brun ▸ **moreno**

noirceur *nf* **1** Qualité, état de ce qui est noir ▸ **negrura 2** FIG Perfidie, méchanceté: *noirceur de l'âme* ▸ **negrura**

noircir *vt* **1** Rendre noir: *les monuments de la ville sont noircis par la pollution* ▸ **escurecer 2** Peindre sous des couleurs inquiétantes: *noircir la situation* ▸ **fazer parecer pior** ◆ *vi* ou **se noircir** *vpr* Devenir noir: *le ciel (se) noircit* ▸ **enegrecer(-se), escurecer**

noircissement *nm* Action de noircir; fait d'être noirci ▸ **escurecimento**

noircissure *nf* Tache noire ▸ **mancha negra**

noire *nf* MUS Note qui vaut la moitié d'une blanche ▸ **semínima**

noise *nf* ▸ **briga** ▪ **chercher noise, des noises à quelqu'un:** lui chercher querelle ▸ **procurar briga com alguém**

noisetier *nm* Arbre dont le fruit est la noisette ▸ **aveleira**

noisette *nf* **1** Fruit du noisetier ▸ **avelã 2** Petite quantité d'une matière, de la grosseur d'une noisette ▸ **pingo 3** FAM Café mêlé d'un peu de lait ▸ **pingado** ◆ *adj inv* Marron clair tirant sur le roux: *des yeux noisette* ▸ **avelã**

noix *nf* **1** Fruit du noyer ▸ **noz 2** Fruit de divers arbres à enveloppe ligneuse: *noix de coco; noix de muscade* ▸ **noz** ▪ FAM **à la noix:** sans valeur ▸ **insignificante** ▫ **noix de beurre:** petite quantité de beurre de la grosseur d'une noix ▸ **bocado de manteiga** ▫ **noix de veau:** morceau de boucherie venant du dessus de la cuisse de l'animal ▸ ***noix* de vitela**

nom *nm* **1** Mot qui sert à désigner une personne, une chose: *nom de famille; le nom de cette fleur* ▸ **nome 2** Personne connue: *un grand nom du théâtre* ▸ **nome 3** GRAMM Catégorie grammaticale des mots qui désignent un représentant d'une espèce (noms communs) ou un individu particulier (noms propres); substantif ▸ **substantivo ▪ appeler les choses par leur nom:** s'exprimer clairement, sans détour ▸ **dar nome aos bois □ au nom de: (a)** en lieu et place de ▸ **em nome de (b)** en considération de ▸ **em nome de □ de nom:** par le nom seulement: *connaître quelqu'un de nom* ▸ **de nome □ nom commun:** qui convient à tous les êtres de la même espèce ▸ **substantivo comum** □ FAM **nom de...:** juron d'indignation, de surprise: *nom d'un chien!* ▸ **com mil diabos □ nom de jeune fille:** nom de famille d'une femme avant son mariage ▸ **sobrenome de solteira □ nom propre:** nom d'un individu particulier ▸ **nome próprio □ petit nom:** prénom usuel ▸ **(primeiro) nome □ traiter quelqu'un de tous les noms:** l'insulter ▸ **xingar alguém de tudo quanto é nome**

nomade *n et adj* **1** Personne qui n'a pas d'habitation fixe ▸ **nômade 2** Personne qui n'a pas de lieu de travail fixe et qui se déplace fréquemment ▸ **nômade** ◆ *adj* **1** INFORM TÉLÉCOMM Se dit d'un matériel qui peut s'utiliser lors de déplacements sans nécessité de branchement; SYN: *mobile* ▸ **nômade 2** Se dit d'une activité qui peut être pratiquée avec un matériel de ce type: *travail nomade* ▸ **nômade**

nomadisme *nm* Vie nomade ▸ **nomadismo**

no man's land [nomanslɑ̃d] *nm inv* Territoire inoccupé entre deux zones ennemies ▸ **terra de ninguém**

nombre *nm* **1** Unité, réunion de plusieurs unités ou fraction d'unité: *le nombre 8* ▸ **número 2** Collection, ensemble de personnes ou de choses: *un grand nombre de participants* ▸ **número 3** GRAMM Catégorie grammaticale qui permet l'opposition entre le singulier et le pluriel ▸ **número ▪ au nombre de:** parmi ▸ **entre □ en nombre** ou **sans nombre:** en grande quantité ▸ **inúmeros □ être du nombre:** faire partie du groupe ▸ **pertencer ao grupo □ le plus grand nombre:** la majorité ▸ **a maioria □ nombre de** ou **bon nombre de:** beaucoup de ▸ **muitos**

nombreux, euse *adj* **1** En grand nombre ▸ **numeroso 2** Qui comprend un grand nombre d'éléments: *famille nombreuse* ▸ **numeroso**

nombril [nɔ̃bri] ou [nɔ̃bril] *nm* Cicatrice du cordon ombilical, au milieu du ventre; SYN: *ombilic* ▸ **umbigo**

nombrilisme *nm* FAM Attitude de quelqu'un qui ramène tout à soi ▸ **egocentrismo**

nome *nm* Division administrative de l'ancienne Égypte et de la Grèce actuelle ▸ **nomo**

nomenclature *nf* **1** Ensemble des termes propres à une science ou à une technique ▸ **nomenclatura 2** Ensemble des entrées d'un dictionnaire ▸ **nomenclatura**

nomenklatura [nɔmɛnklatura] *nf* Ensemble de personnes jouissant de privilèges ▸ **nomenclatura**

nominal, e, aux *adj* **1** Qui sert à nommer; relatif au nom d'une personne: *erreur nominale* ▸ **nominal 2** Qui n'existe que de nom: *chef nominal d'un parti* ▸ **nominal ▪ valeur nominale:** inscrite sur une monnaie, un effet de commerce, etc. ▸ **valor nominal**

nominalement *adv* De façon nominale ▸ **nominalmente**

nominatif[1] *nm* Dans les langues à déclinaisons, cas qui désigne le sujet ▸ **nominativo**

nominatif[2], ive *adj* Qui comporte expressément le ou les noms: *carte nominative* ▸ **nominativo**

nomination *nf* Action de nommer à un emploi; fait d'être nommé ▸ **nomeação**

nominativement *adv* En spécifiant le nom ▸ **nominalmente**

nominer *vt* (emploi critiqué) Sélectionner comme lauréat possible d'une distinction ▸ **indicar**

nommé, e *adj* Appelé: *Louis XII, nommé le Père du peuple* ▸ **nomeado, chamado de ▪ à point nommé:** à propos ▸ **em boa hora** ◆ *n* La personne qui porte le nom de: *le nommé Jean* ▸ **chamado**

nommément *adv* En désignant ou en étant désigné par le nom ▸ **nomeadamente, nominalmente**

nommer *vt* **1** Désigner quelqu'un ou quelque chose par un nom, les qualifier d'un nom: *nommer un enfant* ▸ **nomear 2** Dire ou écrire le nom de: *nommer ses complices* ▸ **nomear 3** Choisir, désigner, élire: *nommer un maire* ▸ **nomear** ◆ **se nommer** *vpr* **1** Avoir pour nom ▸ **chamar-se 2** Se faire connaître par son nom ▸ **dizer seu nome**

non *adv* **1** Équivaut à une proposition négative: *viendrez-vous? non; il part, moi non* ▸ **não 2** Précède l'adjectif ou le nom pour en constituer la négation, le contraire: *non solvable; non-réussite* ▸ **não 3** N'est-ce pas?: *c'est ce qu'il demande, non?* ▸ **não 4** Marque l'étonnement, l'indignation: *il n'est pas arrivé non?; ah, non! Vous ne sortez pas!* ▸ **não ▪ non moins:** pas moins, tout autant ▸ **não menos □ non pas:** introduit ce que l'on exclut, ce que l'on pourrait supposer: *élevé* *non pas par ses parents, mais par ses grands-parents* ▸ **não** ▫ **non plus:** indique ce qui est exclu au même titre qu'autre chose: *pas de lait, de sucre non plus d'ailleurs* ▸ **tampouco** ▫ **non que** ou **non pas que:** ce n'est pas que ▸ **não que** ▫ **non seulement:** pas seulement cela ▸ **não apenas** ◆ *nm inv* Refus net: *un non ferme* ▸ **não**

non-activité *nf* État d'un officier, d'un fonctionnaire temporairement sans emploi ▸ **disponibilidade**

nonagénaire *n et adj* Personne qui a entre quatre-vingt-dix et quatre-vingt-dix-neuf ans ▸ **nonagenário**

non-agression *nf* Fait ou intention de ne pas attaquer: *pacte de non-agression* ▸ **não agressão**

non-aligné, e *adj et n* Se dit des États pratiquant le non-alignement ▸ **não alinhado**

non-alignement *nm* Attitude des pays qui refusent de suivre systématiquement la politique de l'un des deux grands blocs politiques à l'époque de la guerre froide ▸ **não alinhamento**

nonante *adj num card* BELGIQUE, SUISSE Quatre-vingt-dix ▸ **noventa**

non-assistance *nf* Abstention volontaire de porter assistance ▸ **não assistência**

non-belligérance *nf* État d'un pays qui, sans être neutre, ne participe pas à un conflit ▸ **não beligerância**

non-belligérant, e *adj et n* Qui ne participe pas à un conflit ▸ **não beligerante**

nonce *nm* Ambassadeur du pape ▸ **núncio**

nonchalamment *adv* Avec nonchalance ▸ **indolentemente**

nonchalance *nf* Caractère, comportement nonchalant ▸ **indolência**

nonchalant, e *adj* **1** Qui manque d'ardeur, de vivacité; indolent ▸ **indolente 2** Dont les gestes lents dénotent l'insouciance ou l'affectation ▸ **indolente**

non-combattant, e *n et adj* **1** Militaire qui ne prend pas une part effective au combat ▸ **não combatente 2** Personne qui, dans un pays en guerre, ne porte pas les armes ▸ **não combatente**

non-conciliation *nf* DR Défaut de conciliation en justice ▸ **não conciliação**

non-conformisme *nm* Tendance à ne pas se conformer aux usages courants, aux idées les plus répandues ▸ **não conformismo**

non-conformiste *adj et n* Qui ne se conforme pas à la tradition, aux usages établis ▸ **não conformista**

non-conformité *nf* Défaut de conformité ▸ **não conformidade**

non-croyant, e *adj et n* Qui n'appartient à aucune religion ▸ **incréu**

non directif, ive *adj* Qui cherche à éviter toute directivité: *un entretien non directif* ▸ **não dirigido**

non-directivité *nf* Attitude, méthode non directive ▸ **não dirigismo**

non-dit *nm inv* SOUT Ce que l'on tait ▸ **não dito**

non-droit *nm* Absence de droit, de règles juridiques concernant une situation, une question ▸ **não direito** ▪ **zone de non-droit:** espace, quartier où des groupes s'opposent par des actes délictueux à l'application de la loi ▸ **terra sem lei**

non-engagé, e *adj et n* Qui a une attitude de non-engagement: *les pays non-engagés* ▸ **não engajado**

non-engagement *nm* Attitude de celui qui reste libre à l'égard de toute position politique ▸ **não engajamento**

non-exécution *nf* DR Défaut d'exécution: *la non-exécution d'un contrat* ▸ **não execução**

non-existence *nf* Fait de ne pas exister ▸ **não existência**

non-fumeur, euse *n* Personne qui ne fume pas ▸ **não fumante**

non-ingérence *nf* Attitude qui consiste à ne pas s'ingérer dans les affaires d'autrui ▸ **não ingerência**

non-initié, e *n et adj* Profane en un domaine: *émission pour les non-initiés* ▸ **não iniciado**

non-inscrit, e *adj et n* Ni affilié ni apparenté à un groupe politique ▸ **independente**

non-intervention *nf* Attitude qui consiste à ne pas intervenir dans les affaires des pays étrangers ▸ **não intervenção**

non-interventionniste *adj et n* Partisan de la non-intervention ▸ **não intervencionista**

non-lieu *nm* DR Décision du juge d'instruction constatant qu'il n'y a pas lieu à poursuivre ▸ **improcedência**

nonne *nf* Religieuse ▸ **freira**

nonobstant *prép* SOUT, VIEILLI Malgré: *nonobstant les remontrances* ▸ **não obstante**

non-partant, e *adj et n* Se dit d'un cheval qui ne prend pas le départ lors d'une course ▸ **refugador**

non-paiement *nm* Défaut de paiement ▸ **não pagamento**

non-prolifération *nf* Politique visant à interdire la possession d'armes aux pays n'en disposant pas ▸ **não proliferação**

non-recevoir *nm* ▪ **fin de non-recevoir:** refus catégorique ▸ **recusa sumária**

non-résident *nm* Personne ayant sa résidence habituelle à l'étranger ▸ **não residente**

non-respect *nm* Fait de ne pas respecter une obligation légale, réglementaire ▸ **não respeito**

non-retour *nm inv* ▪ **point de non-retour:** moment à partir duquel on ne peut plus revenir sur une décision ▸ **ponto sem volta**

non-sens *nm inv* Chose dépourvue de sens, de signification; absurdité ▸ **contrassenso**

non-spécialiste *adj et n* Qui n'est pas spécialiste de quelque chose ▸ **leigo**

non-stop [nɔnstɔp] *adj inv* (anglicisme) Continu, sans interruption: *une offensive non-stop* ▸ **contínuo**

non-viable *adj* **1** Se dit d'un fœtus qui n'est pas viable ▸ **inviável** **2** Se dit d'un nouveau-né ayant des lésions incompatibles avec la vie ▸ **inviável**

non-violence *nf* Attitude politique de ceux qui refusent tout recours à la violence ▸ **não violência**

non-violent, e *n* Partisan de la non-violence ▸ **partidário da não violência** ◆ *adj* Qui a trait à la non-violence ▸ **não violento**

non-voyant, e *n* Personne qui ne voit pas; aveugle ▸ **cego**

nopal (pl *nopals*) *nm* Figuier de Barbarie, à feuilles grasses ▸ **figueira-da-barbária**

nord *nm inv et adj inv* Un des quatre points cardinaux; zone située vers ce point: *l'aiguille aimantée se tourne vers le nord* ▸ **norte** ▪ **le Grand Nord:** zone proche du pôle Nord ▸ **extremo norte** ▫ FAM **perdre le nord:** ne plus savoir où l'on en est ▸ **ficar desnorteado**

ORTHOGRAPHE On écrit: *dans le Nord* (région), mais *au nord, au nord de l'Italie, vers le nord* (orientation)

nord-africain, e *adj et n* De l'Afrique du Nord: *les Nord-Africains* ▸ **norte-africano**

nord-américain, e *adj et n* De l'Amérique du Nord: *les Nord-Américains* ▸ **norte-americano**

nord-coréen, enne *adj et n* De la Corée du Nord: *les Nord-Coréens* ▸ **norte-coreano**

nord-est [nɔrɛst] ou [nɔrdɛst] *nm inv et adj inv* Point de l'horizon entre le nord et l'est ▸ **nordeste**

nordique *adj et n* Du nord de l'Europe ▸ **nórdico** ◆ *adj* CANADA Du Nord canadien ▸ **do norte do Canadá**

nordiste *n et adj* Aux États-Unis, partisan du gouvernement fédéral pendant la guerre de Sécession ▸ **nortista**

nord-ouest [nɔrwɛst] ou [nɔrdwɛst] *nm inv et adj inv* Point de l'horizon entre le nord et l'ouest ▸ **noroeste**

noria *nf* **1** Machine hydraulique formée d'une chaîne à godets, pour irriguer ▸ **nora** **2** Va-et-vient ininterrompu de véhicules: *la noria des cars de touristes* ▸ **vaivém**

normal, e, aux *adj* **1** Conforme à la norme; ordinaire, régulier: *taille normale* ▸ **normal** **2** Qui ne présente pas de trouble pathologique: *le bébé est normal*; CONTR: *anormal* ▸ **normal** ▪ ANC **École normale:** école de formation des instituteurs ▸ **Escola Normal** ▫ **École normale supérieure:** école de formation des professeurs de l'enseignement secondaire et de l'enseignement supérieur ▸ ***École normale supérieure***

normale *nf* État habituel: *retour à la normale* ▸ **normal**

normalement *adv* **1** De façon normale ▸ **normalmente** **2** En principe, selon ce qui est prévu: *normalement, il devrait rentrer à 19 h* ▸ **normalmente**

normalien, enne *n* Élève d'une école normale ▸ **normalista**

normalisation *nf* Assujettissement à une norme, à un type ▸ **normalização**

normaliser *vt* **1** Soumettre à une norme ▸ **normalizar, normatizar** **2** Faire revenir à une situation normale: *normaliser des relations diplomatiques* ▸ **normalizar**

normalité *nf* Caractère de ce qui est normal ▸ **normalidade**

normand, e *adj et n* De Normandie: *les Normands* ▸ **normando**

normatif, ive *adj* Dont on dégage des règles ou des préceptes; qui établit une norme: *grammaire normative* ▸ **normativo**

norme *nf* **1** État conforme à la moyenne et considéré comme la règle: *rester dans la norme* ▸ **norma** **2** Critère auquel on se réfère: *norme esthétique* ▸ **norma** **3** Règle, principe: *normes de fabrication* ▸ **norma**

noroît ou **norois** *nm* Vent du nord-ouest ▸ **noroeste**

norvégien, enne *adj et n* De Norvège: *les Norvégiens* ▸ **norueguês** ◆ *nm* Langue parlée en Norvège ▸ **norueguês**

nos *adj poss* **notre**

nosocomial, e, aux *adj* Se dit d'une maladie contractée lors d'une hospitalisation ▸ **hospitalar**

nosologie *nf* Classification des maladies ▸ **nosologia**

nostalgie *nf* **1** Tristesse, mélancolie ▸ **nostalgia** **2** Mal du pays ▸ **saudade**

nostalgique *adj et n* Qui ressent de la nostalgie

▸ **nostálgico, saudoso** ◆ *adj* Qui exprime et provoque la nostalgie: *chanson nostalgique* ▸ **nostálgico**

nota ou **nota bene** [nɔtabene] *nm inv* Note mise dans la marge ou au bas d'un écrit ▸ **nota, *nota bene***

notabilité *nf* Personne notable ▸ **notabilidade**

notable *adj* Digne d'être noté, remarqué; important ▸ **notável** ◆ *n* Personne qui a une situation sociale de premier rang dans une ville, une région ▸ **notável**

notablement *adv* D'une manière appréciable; beaucoup ▸ **notavelmente**

notaire *nm* Officier ministériel qui reçoit et rédige les actes, les contrats, pour les rendre authentiques ▸ **notário**

notamment *adv* Spécialement, en particulier ▸ **principalmente**

notarial, e, aux *adj* Du notaire ▸ **notarial**

notariat *nm* **1** Fonction de notaire ▸ **notariado** **2** Ensemble des notaires ▸ **notariado**

notarié, e *adj* Passé devant notaire: *acte notarié* ▸ **feito em cartório**

notation *nf* **1** Action ou manière de noter: *notation algébrique* ▸ **notação** **2** Action de mettre une note: *la notation de copies d'examen* ▸ **atribuição de notas**

note *nf* **1** Remarque écrite, commentaire rédigé: *note de l'auteur* ▸ **nota** **2** Observation écrite: *prendre des notes* ▸ **nota** **3** Communication écrite faite dans un service, une entreprise, etc.: *note de service* ▸ **nota** **4** Appréciation chiffrée de quelqu'un ou de quelque chose: *avoir de bonnes notes* ▸ **nota** **5** Détail d'un compte à payer: *demander la note d'hôtel* ▸ **nota** **6** Marque distinctive; nuance: *donner une note personnelle* ▸ **nota** **7** MUS Signe figurant un son et sa durée; ce son lui-même ▸ **nota** ■ **donner la note:** indiquer le ton, ce qui convient ▸ **dar o tom** □ **être dans la note:** en accord avec le style de quelqu'un ou de quelque chose ▸ **estar nos conformes** □ **forcer la note:** exagérer ▸ **forçar a barra**

ORTHOGRAPHE On écrit *prendre des notes*, mais *prendre note, prendre en note* (sans *s*)

noter *vt* **1** Faire une marque sur ce qu'on veut retenir: *noter un passage* ▸ **assinalar** **2** Mettre par écrit: *noter un rendez-vous* ▸ **registrar** **3** Prendre garde à: *notez bien ce que je vous dis* ▸ **prestar atenção em** **4** Apprécier le travail, la valeur de quelqu'un: *noter une copie* ▸ **dar nota a** **5** Écrire de la musique avec des notes: *noter un air* ▸ **escrever**

notice *nf* Écrit succinct sur un sujet: *notice explicative* ▸ **nota**

notification *nf* Action de notifier; fait d'être notifié ▸ **notificação**

notifier *vt* **1** DR Faire savoir dans les formes légales: *notifier un acte* ▸ **notificar** **2** Informer, faire part de ▸ **notificar**

notion *nf* **1** Idée qu'on a d'une chose ▸ **noção** **2** (surtout au pluriel) Connaissance élémentaire ▸ **noções**

notionnel, elle *adj* PHILOS ET LING Relatif à une notion ▸ **nocional**

notoire *adj* Connu de tous; célèbre ▸ **notório**

notoirement *adv* De façon notoire, avérée; manifestement ▸ **notoriamente**

notoriété *nf* Caractère d'une personne ou d'un fait notoire ▸ **notoriedade**

notre (pl *nos*) *adj poss* Qui nous concerne, qui est à nous: *notre quartier* ▸ **nosso**

nôtre *pron poss* (précédé de l'article défini) Ce qui est à nous, a un lien affectif ou social avec nous: *cette maison est la nôtre* ▸ **nosso** ◆ **nôtres** *pl* ■ **être des nôtres:** faire partie de notre groupe, être avec nous ▸ **ser dos nossos** □ **les nôtres:** **(a)** nos parents ▸ **os nossos** **(b)** nos amis, nos alliés ▸ **os nossos**

notule *nf* SOUT Remarque sur un point de détail ▸ **nótula**

nouage *nm* Action de nouer ▸ **atadura**

nouba *nf* ▸ **nuba** ■ FAM **faire la nouba:** s'amuser, faire la fête ▸ **farrear**

nouer *vt* **1** Lier, serrer avec un nœud: *nouer ses cheveux* ▸ **prender, atar** **2** Faire un nœud à: *nouer une cravate* ▸ **dar nó** **3** FIG Former: *nouer une amitié* ▸ **travar** ■ **nouer la conversation:** l'engager ▸ **entabular a conversa**

noueux, euse *adj* Qui a des nodosités ou des nœuds: *des bras noueux; bâton noueux* ▸ **nodoso**

nougat *nm* Confiserie faite d'amandes et de caramel ou de miel ▸ **nugá**

nougatine *nf* Nougat dur, fait d'amandes broyées et de caramel ▸ ***nougatine***

nouille *nf* Pâte alimentaire à base de semoule de blé dur, découpée en lanières ▸ **macarrão**

nounou *nf* FAM Nourrice ▸ **babá**

nounours *nm* Ours en peluche, dans le langage enfantin ▸ **ursinho**

nourri, e *adj* ▸ **alimentado** ■ **feu, tir nourri:** intense ▸ **fogo cerrado, tiroteio**

nourrice *nf* Femme qui garde des enfants à son domicile contre rémunération ▸ **babá**

nourricier, ère *adj* Qui assure la nutrition d'un organisme: *suc nourricier* ▸ **nutritivo** ■ **père nourricier:** père adoptif ▸ **pai adotivo**

nourrir *vt* **1** Fournir des aliments; faire vivre en donnant des aliments: *nourrir un enfant, des bestiaux* ▸ **alimentar 2** Servir à la nutrition: *le sang nourrit le corps* ▸ **nutrir 3** FIG Former: *la lecture nourrit l'esprit* ▸ **alimentar 4** Entretenir, faire durer: *nourrir l'espoir* ▸ **alimentar** ◆ **se nourrir** *vpr* absorber des aliments ▸ **alimentar-se**

nourrissant, e *adj* Qui nourrit beaucoup ▸ **nutritivo**

nourrisson *nm* Enfant en bas âge ▸ **lactente**

nourriture *nf* **1** Action de nourrir un être vivant ▸ **alimentação 2** Toute substance qui sert à l'alimentation ▸ **alimento 3** FIG, LITT Ce qui nourrit l'esprit ▸ **alimento**

nous *pron pers* **1** Désigne la 1re personne du pluriel, représentant un groupe dont fait partie la personne qui parle ▸ **nós, nos 2** Remplace *je* dans le style officiel ▸ **nós**

nouveau ou **nouvel** (devant une voyelle ou un *h* muet), **nouvelle** *adj* **1** Qui n'existe que depuis peu de temps: *livre nouveau* ▸ **novo 2** Qui vient après quelqu'un ou quelque chose de même espèce: *la saison nouvelle* ▸ **novo 3** Original, jamais vu ou dit auparavant: *techniques nouvelles; rien de nouveau* ▸ **novo 4** Qui est tel depuis peu de temps: *nouveaux riches* ▸ **novo** ■ **nouvelle vague:** génération de cinéastes des années 60 qui prônaient le cinéma d'auteur ▸ ***nouvelle vague*** ◆ *adj et n* Qui est depuis peu dans un groupe, dans un lieu ▸ **novato** ◆ *nm* Ce qui est original, inattendu ▸ **novidade** ■ **à nouveau** ou **de nouveau:** une fois de plus, en recommençant ▸ **de novo**

nouveau-né, e (pl *nouveau-nés, es*) *adj et n* Qui vient de naître ▸ **recém-nascido**

nouveauté *nf* **1** Caractère, qualité de ce qui est nouveau ▸ **novidade 2** Chose nouvelle: *lire les nouveautés* ▸ **novidade**

nouvelle *nf* **1** Annonce d'une chose, d'un événement arrivé récemment ▸ **notícia 2** Court récit ou roman ▸ **novela** ◆ **nouvelles** *pl* **1** Renseignements fournis sur quelqu'un ou quelque chose: *demander des nouvelles* ▸ **notícia 2** Informations diffusées par les médias ▸ **notícia**

nouvellement *adv* Depuis peu ▸ **recentemente**

nouvelliste *n* Auteur de nouvelles ▸ **novelista**

nova (pl *novae*) *nf* Étoile qui, augmentant brusquement d'éclat, semble constituer une étoile nouvelle ▸ **estrela nova**

novateur, trice *adj et n* Qui innove ▸ **inovador**

novélisation *nf* Adaptation romanesque d'un scénario de film ou de téléfilm ▸ **romanceação**

novembre *nm* Onzième mois de l'année ▸ **novembro**

novice *n et adj* Personne qui débute dans un métier, une activité ▸ **principiante** ◆ *n* RELIG Personne qui, avant de prononcer ses vœux, s'initie à la vie religieuse ▸ **noviço**

noviciat *nm* RELIG État de novice; sa durée ▸ **noviciado**

noyade *nf* Action de noyer; fait de se noyer ▸ **afogamento**

noyau *nm* **1** Partie dure qui renferme l'amande, dans certains fruits ▸ **núcleo, caroço 2** BIOL Partie centrale d'une cellule ▸ **núcleo 3** PHYS Partie centrale d'un atome ▸ **núcleo 4** FIG Premiers éléments ou éléments principaux d'un groupe, d'un ensemble: *le verbe est le noyau de la phrase* ▸ **núcleo 5** Petit groupe de personnes qui constitue l'élément essentiel d'un groupe plus vaste ▸ **núcleo**

noyautage *nm* Action de noyauter ▸ **infiltração**

noyauter *vt* Introduire une ou des personnes dans un groupement afin de le désorganiser, d'en perturber le fonctionnement, etc. ▸ **infiltrar**

noyé, e *n* Personne morte par noyade ▸ **afogado**

noyer¹ *vt (conj 3)* **1** Asphyxier par immersion ▸ **afogar 2** Recouvrir d'eau; mouiller abondamment: *noyer un feu; yeux noyés de larmes* ▸ **inundar, afogar 3** FIG Plonger dans la confusion: *il vous noie dans les détails* ▸ **afundar** ■ **noyer dans le sang:** réprimer sauvagement ▸ **afogar em sangue** □ FAM **noyer le poisson:** se répandre en explications pour détourner l'attention et éluder la réponse ▸ **ficar enrolando** ◆ **se noyer** *vpr* Mourir asphyxié dans l'eau ▸ **afogar-se** ■ FIG **se noyer dans un verre d'eau:** éprouver de grandes difficultés devant un très petit obstacle ▸ **afogar-se em pouca água**

noyer² *nm* Arbre au bois dur qui porte les noix; bois de cet arbre ▸ **nogueira**

nu, e *adj* **1** Non vêtu, sans vêtements, sans protection: *pieds nus* ▸ **nu 2** Dépourvu d'ornements: *murs nus* ▸ **nu 3** Sans accessoires: *se battre à mains nues* ▸ **nu** ■ **à l'œil nu:** sans instrument optique ▸ **a olho nu** □ **dire la vérité toute nue:** sans artifice, sans déguisement ▸ **dizer a verdade nua e crua** □ **mettre à nu:** (a) dénuder ▸ **desnudar** (b) FIG dévoiler ▸ **expor** ◆ *nm* Représentation artistique d'un corps humain nu ▸ **nu**

ORTHOGRAPHE On écrit *marcher pieds nus* mais *marcher nu-pieds; se promener tête nue*, mais *se promener nu-tête*

nuage *nm* **1** Masse de vapeur d'eau suspendue dans l'air ▸ **nuvem 2** Masse de matière quelconque qui empêche de voir: *nuage de poussière*

▶ **nuvem 3** FIG Menace qui trouble la sérénité: *avenir chargé de nuages* ▶ **nuvem ■ être dans les nuages:** distrait ▶ **estar nas nuvens**
nuageux, euse *adj* Couvert de nuages ▶ **nublado**
nuance *nf* **1** Degré d'une couleur ▶ **nuança 2** Différence légère, subtile: *saisir toutes les nuances d'un raisonnement* ▶ **nuança**
nuancer *vt (conj 1)* Exprimer quelque chose en tenant compte des nuances: *nuancer son jugement* ▶ **nuançar**
nuancier *nm* Support de présentation des coloris d'un produit ▶ **mostruário de cor**
nubien, enne *adj et n* De Nubie: *les Nubiens* ▶ **núbio**
nubile *adj* LITT Dont la puberté a commencé ▶ **núbil**
nubuck [nybyk] *nm* Cuir de bovin d'aspect velouté semblable au daim ▶ ***nobuck***
nucléaire *adj* Relatif au noyau de l'atome et à l'énergie qui en est issue ▶ **nuclear ■ arme nucléaire:** qui utilise l'énergie nucléaire ▶ **arma nuclear** ♦ *nm* Ensemble des techniques, des industries qui concourent à la mise en œuvre de l'énergie nucléaire ▶ **tecnologia nuclear**
nucléariser *vt* Doter un pays d'armes nucléaires ▶ **nuclearizar**
nucléique *adj* ▶ **nucleico ■ acides nucléiques:** constituants fondamentaux du noyau de la cellule ▶ **ácidos nucleicos**
nucléole *nm* Corps sphérique du noyau des cellules ▶ **nucléolo**
nucléon *nm* Particule constituant le noyau d'un atome ▶ **núcleon**
nudisme *nm* Pratique de la vie au grand air et dans un état de nudité complète; SYN: *naturisme* ▶ **nudismo**
nudiste *adj et n* Relatif au nudisme; qui le pratique ▶ **nudista**
nudité *nf* État d'une personne, d'une chose nue ▶ **nudez**
nuée *nf* **1** LITT Gros nuage: *nuée chargée de grêle* ▶ **nuvem 2** FIG Multitude: *nuée d'oiseaux* ▶ **nuvem ■ nuée ardente:** expulsion brutale de gaz à haute pression et à haute température, chargé de fragments de lave ▶ **nuvem ardente**
nue-propriété (pl *nues-propriétés*) *nf* DR Propriété d'un bien dont un autre perçoit l'usufruit ▶ **nua propriedade**
nues *nf pl* ▶ **nuvens ■ mettre, porter aux nues:** louer excessivement ▶ **pôr nas nuvens □ tomber des nues:** être très surpris ▶ **cair das nuvens**
nuire *vt ind* [à] *(conj 69)* **1** Faire du tort: *nuire à autrui* ▶ **prejudicar 2** Constituer un danger, un obstacle: *nuire à la santé* ▶ **prejudicar**
nuisance *nf* Élément de gêne, d'inconfort, danger pour la santé, l'environnement: *le bruit, la fumée, la pollution sont des nuisances* ▶ **coisas prejudiciais**
nuisette *nf* Chemise de nuit très courte ▶ ***baby-doll***
nuisible *adj* Qui nuit; nocif ▶ **prejudicial**
nuit *nf* **1** Temps qui s'écoule entre le coucher et le lever du soleil ▶ **noite 2** Obscurité: *il fait nuit* ▶ **escuro ■ bonne nuit!:** souhait de sommeil paisible ▶ **boa noite □ de nuit:** pendant la nuit ▶ **de noite □ la nuit des temps:** les temps très reculés ▶ **a noite dos tempos □ nuit blanche:** passée sans dormir ▶ **noite em claro □ nuit et jour:** sans arrêt, continuellement ▶ **noite e dia**
nuitamment *adv* LITT De nuit ▶ **de noite**
nuitée *nf* Nuit d'hôtel ▶ **pernoite**
nul, nulle *adj indéf* Aucun, pas un: *sans nul doute* ▶ **nenhum** ♦ *adj* **1** Sans valeur: *devoir nul* ▶ **nulo 2** Qui se réduit à rien: *différence nulle*; qui reste sans résultat: *élection nulle* ▶ **nulo** ♦ *adj et n* Se dit de quelqu'un de bête, de maladroit ou d'incompétent ▶ **inútil** ♦ *pron indéf* Personne: *nul n'est prophète en son pays* ▶ **ninguém**
nullard, e *adj et n* FAM Sans valeur, sans aucune compétence ▶ **nulidade**
nullement *adv* Aucunement ▶ **de jeito nenhum**
nullité *nf* **1** Caractère de ce qui est nul, sans valeur ▶ **nulidade 2** Personne sans mérite: *c'est une nullité* ▶ **nulidade**
numéraire *nm* Toute monnaie ayant un cours légal ▶ **numerário**
numéral, e, aux *adj* Qui désigne ou exprime une idée de nombre: *adjectif numéral* ▶ **numeral**
numérateur *nm* Terme d'une fraction indiquant combien elle contient de parties de l'unité ▶ **numerador**
numération *nf* Action ou façon d'énoncer et d'écrire les nombres ▶ **numeração**
numérique *adj* **1** Qui se fait sur des nombres donnés: *calcul numérique* ▶ **numérico 2** Qui est évalué ou se traduit par le nombre: *force numérique; supériorité numérique* ▶ **numérico** ♦ *adj et nm* Qui se fait au moyen de ou emploie des chiffres ou des signaux discontinus: *affichage, son numérique; télévision numérique* ▶ **(sistema) digital**
numériquement *adv* Du point de vue du nombre ▶ **numericamente**
numériser *vt* INFORM Représenter une information (son, texte, image) sous forme numérique ▶ **digitalizar**

numéro *nm* **1** Chiffre, nombre qui indique la place d'un objet dans une série ▸ **número 2** Billet portant un nombre et qui donne droit au tirage d'une loterie ▸ **número 3** Partie d'un ouvrage périodique ▸ **número 4** Partie du programme d'un spectacle ▸ **número 5** FAM Personne singulière: *un drôle de numéro* ▸ **figura** ■ FIG **faire son numéro**: se faire remarquer volontairement ▸ **dar seu showzinho** □ **numéro (de téléphone)**: ensemble de chiffres à composer pour entrer en ligne avec un poste: *faire un faux numéro* ▸ **número (de telefone)**

numérologie *nf* Pratique divinatoire fondée sur l'analyse numérique du nom d'une personne, de son prénom, de sa date de naissance, etc. ▸ **numerologia**

numérotage *nm* ou **numérotation** *nf* Action, manière de numéroter ▸ **numeração**

numéroter *vt* Mettre un numéro d'ordre à: *numéroter des objets* ▸ **numerar**

numéroteur *nm* Instrument pour numéroter ▸ **numerador**

numerus clausus [nymerysklozys] *nm inv* Quantité limitée de personnes admises à une fonction, à un examen, etc. ▸ ***numerus clausus***

numide *adj et n* De Numidie ▸ **númida**

numismate *n* Spécialiste en numismatique ▸ **numismata**

numismatique *nf* Science des monnaies et des médailles ▸ **numismática**

nuoc-mâm [nɔkmam] *nm inv* Condiment d'origine vietnamienne à base de saumure de poisson ▸ ***nuoc mam*, molho de peixe**

nu-pieds *nm inv* Chaussure à semelle mince retenue au pied par des lanières ▸ **chinelo de dedo, sandália rasteira**

nuptial, e, aux *adj* Relatif au mariage: *bénédiction nuptiale* ▸ **nupcial**

nuptialité *nf* Proportion des mariages dans un pays ▸ **nupcialidade**

nuque *nf* Partie postérieure du cou, au-dessous de l'occiput ▸ **nuca**

nurse [nrs] *nf* VX Bonne d'enfant; gouvernante ▸ ***nurse***

nursery [nrsəri] (pl *nurserys* ou *nurseries*) *nf* **1** Salle réservée aux nouveau-nés dans une maternité, un hôpital ▸ **berçário 2** Local où l'on peut changer les bébés dans une station d'essence, un aéroport, etc. ▸ **fraldário**

nutriment *nm* BIOL Substance alimentaire pouvant être assimilée directement sans transformations digestives ▸ **nutrimento**

nutritif, ive *adj* **1** Qui nourrit: *substance nutritive*; qui contient en abondance des éléments qui nourrissent: *aliment nutritif* ▸ **nutritivo 2** Relatif à la nutrition: *valeur nutritive* ▸ **nutritivo**

nutrition *nf* Fonction de l'organisme qui assure la digestion et l'assimilation des aliments ▸ **nutrição**

nutritionnel, elle *adj* Relatif à la nutrition, à l'apport alimentaire ▸ **nutricional**

nutritionniste *n* Spécialiste de la nutrition, de la diététique ▸ **nutricionista**

Nylon *nm* (nom déposé) Fibre textile artificielle ▸ ***nylon*** (marca registrada)

nymphe *nf* **1** MYTH Divinité féminine des fleuves, des fontaines, etc. ▸ **ninfa 2** ZOOL Forme que présentent certains insectes à l'issue de leur développement larvaire ▸ **ninfa**

nymphéa *nm* Nénuphar blanc ▸ **ninfeia**

nymphette *nf* Très jeune fille au comportement aguichant ▸ **ninfeta**

nymphomane *adj et nf* Atteinte de nymphomanie ▸ **ninfomaníaco**

nymphomanie *nf* Exagération des besoins sexuels chez la femme ▸ **ninfomania**

nymphose *nf* État de nymphe chez les insectes ▸ **ninfose**

Oo

o *nm* Quinzième lettre de l'alphabet et la quatrième des voyelles ▸ **o**
O[1] (symbole) Ouest ▸ **O.**
O[2] (symbole) Oxygène ▸ **O**
ô *interj* Exprime l'apostrophe, l'invocation ▸ **ô, ó**
oasis [ɔazis] *nf* **1** Terrain rendu fertile par la présence d'un point d'eau, dans un désert ▸ **oásis 2** FIG Lieu de repos physique ou moral: *une oasis de calme* ▸ **oásis**
obédience *nf* Obéissance à une autorité spirituelle, philosophique ou politique ▸ **obediência**
obéir *vt ind* [à] **1** Se soumettre à la volonté de quelqu'un, à un règlement: *obéir à un supérieur, à la loi* ▸ **obedecer 2** Céder à: *obéir à ses instincts* ▸ **obedecer 3** Être soumis à: *les corps obéissent à la pesanteur* ▸ **obedecer**
obéissance *nf* Action d'obéir ▸ **obediência**
obéissant, e *adj* Qui obéit; discipliné, soumis ▸ **obediente**
obélisque *nm* Monument quadrangulaire, en forme d'aiguille ▸ **obelisco**
obérer *vt (conj 10)* LITT **1** Endetter fortement ▸ **oberar 2** PAR EXT Compromettre pour l'avenir ▸ **comprometer**
obèse *adj et n* Atteint d'obésité ▸ **obeso**
obésité *nf* Excès de poids important ▸ **obesidade**
obi *nf* Large ceinture portée sur le kimono ▸ ***obi***
obier *nm* Arbrisseau à fleurs blanches en boules (appelé aussi: *boule-de-neige*) ▸ **bola-de-neve**
objecter *vt* Opposer une objection ▸ **objetar**
objecteur *nm* ▸ **quem opõe objeção ▪ objecteur de conscience:** celui qui refuse d'accomplir le service militaire pour des motifs philosophiques ou religieux ▸ **objetor de consciência**
objectif[1] *nm* **1** But à atteindre ▸ **objetivo 2** PHOT Système optique permettant de former l'image sur un support sensible ▸ **objetiva**
objectif[2]**, ive** *adj* **1** Qui existe hors de l'esprit (par opposition à *subjectif*) ▸ **objetivo 2** Sans parti pris; impartial ▸ **objetivo ▪ allié objectif:** personne, groupe dont l'attitude sert les intérêts de quelqu'un avec qui il n'a pas nécessairement d'affinités: *ce vote fait de lui l'allié objectif de l'opposition* ▸ **aliado objetivo**
objection *nf* Argument opposé à une affirmation ▸ **objeção**
objectivement *adv* De manière objective; CONTR: *subjectivement* ▸ **objetivamente**
objectiver *vt* Rendre objectif, concret: *objectiver une pensée* ▸ **objetivar**
objectivité *nf* Qualité de quelqu'un ou de ce qui est objectif, impartial ▸ **objetividade**
objet *nm* **1** Chose concrète perceptible par les sens: *objets personnels* ▸ **objeto 2** But, matière d'une activité, d'une action: *objet d'une discussion* ▸ **objeto ▪ objet d'art:** produit de la création artistique ▸ **objeto de arte □ (bureau des) objets trouvés:** lieu de recueil des objets trouvés ▸ **achados e perdidos □ sans objet:** sans fondement réel ▸ **sem fundamento**
objurgation *nf* LITT Vive remontrance ▸ **objurgação**
obligataire *n* Propriétaire d'obligations boursières ▸ **debenturista**
obligation *nf* **1** Devoir, engagement qu'imposent la loi, la morale, les convenances, etc.: *avoir de nombreuses obligations* ▸ **obrigação 2** Nécessité, caractère inévitable et contraignant d'une situation: *être dans l'obligation de partir* ▸ **obrigação 3** VIEILLI Sentiment ou devoir de reconnaissance envers quelqu'un ▸ **obrigação 4** Titre représentant un prêt de capitaux donnant droit à intérêts ▸ **debênture**
obligatoire *adj* Imposé, auquel on ne peut échapper ni déroger ▸ **obrigatório**
obligatoirement *adv* D'une façon obligatoire ▸ **obrigatoriamente**
obligé, e *adj* Nécessaire: *conséquence obligée* ▸ **inevitável ▪** FAM **c'est obligé:** c'est forcé, obli-

gatoire ▸ **é inevitável** ♦ *adj et n* Reconnaissant; redevable: *je vous serais très obligé de; je suis votre obligé* ▸ **reconhecido, devedor**

obligeamment *adv* Avec obligeance ▸ **obsequiosamente**

obligeance *nf* Disposition à rendre service ▸ **obséquio**

obligeant, e *adj* **1** Qui aime à faire plaisir, à rendre service: *voisine obligeante* ▸ **obsequioso** **2** Aimable: *paroles obligeantes* ▸ **obsequioso**

obliger *vt (conj 2)* **1** Imposer une obligation à; lier, engager: *le contrat oblige les deux parties signataires* ▸ **obrigar** **2** Contraindre, forcer, mettre dans la nécessité de: *obliger quelqu'un à parler; je suis obligé de partir* ▸ **obrigar** **3** LITT Rendre service à: *obliger ses amis* ▸ **obsequiar**

oblique *adj* Incliné, de biais par rapport à une ligne, à un plan ▸ **oblíquo** ♦ *nf* Ligne oblique ▸ **oblíqua**

obliquement *adv* De façon oblique ▸ **obliquamente**

obliquer *vi* Aller en oblique ▸ **obliquar**

obliquité [ɔblikite] *nf* Inclinaison d'une ligne, d'une surface sur une autre: *l'obliquité d'un plan* ▸ **obliquidade**

oblitérateur, trice *adj* Qui oblitère ▸ **obliterador**

oblitération *nf* Action d'oblitérer ▸ **obliteração**

oblitérer *vt (conj 10)* **1** Marquer d'une empreinte: *oblitérer un timbre* ▸ **obliterar** **2** MÉD Obstruer: *veine oblitérée* ▸ **obliterar**

oblong, ongue *adj* De forme allongée: *un visage oblong* ▸ **oblongo**

obnubiler *vt* Obséder: *être obnubilé par la mort* ▸ **obcecar**

obole *nf* Petite offrande en argent ▸ **óbolo**

obscène *adj* Qui choque la pudeur ▸ **obsceno**

obscénité *nf* Caractère de ce qui est obscène; parole, image, action obscènes ▸ **obscenidade**

obscur, e *adj* **1** Sombre: *cave obscure* ▸ **obscuro** **2** FIG Peu clair; inintelligible: *style obscur* ▸ **obscuro** **3** Caché, sans éclat: *vie obscure* ▸ **obscuro**

obscurantisme *nm* Attitude de ceux qui sont opposés au progrès, à l'instruction, etc. ▸ **obscurantismo**

obscurantiste *adj et n* Qui relève de l'obscurantisme; qui en est partisan ▸ **obscurantista**

obscurcir *vt* Rendre obscur ▸ **obscurecer** ♦ **s'obscurcir** *vpr* Devenir obscur ▸ **obscurecer-se**

obscurcissement *nm* Action d'obscurcir; fait d'être obscurci ▸ **obscurecimento**

obscurément *adv* De façon obscure ▸ **obscuramente**

obscurité *nf* **1** État de ce qui est obscur: *les chats voient dans l'obscurité* ▸ **escuridão** **2** Manque de clarté, d'intelligibilité ▸ **obscuridade** **3** État, situation d'une personne sans notoriété; anonymat ▸ **obscuridade**

obsédant, e *adj* Qui obsède ▸ **obsedante, obsessivo**

obsédé, e *adj et n* Dont l'esprit est dominé par une idée fixe ▸ **obcecado**

obséder *vt (conj 10)* Occuper totalement l'esprit ▸ **obsedar**

obsèques *nf pl* Cérémonie des funérailles ▸ **obséquias**

obséquieusement *adv* Avec obséquiosité ▸ **obsequiosamente**

obséquieux, euse *adj* Poli, empressé avec excès; servile ▸ **obsequioso**

obséquiosité *nf* Caractère obséquieux de quelqu'un; politesse, respect exagérés ▸ **obsequiosidade**

observable *adj* Qui peut être observé ▸ **observável**

observance *nf* Action d'observer une règle, de s'y conformer ▸ **observância**

observateur, trice *n* **1** Personne qui regarde, qui observe quelque chose sans y participer: *assister à un débat en simple observateur* ▸ **observador** **2** Personne qui observe les phénomènes d'un point de vue scientifique ou pour en rendre compte: *journaliste envoyé comme observateur dans une zone de combat* ▸ **observador** ♦ *adj* Qui sait regarder avec attention: *esprit observateur* ▸ **observador**

observation *nf* **1** Action d'observer ▸ **observação** **2** Objection; réprimande: *faire une observation à quelqu'un* ▸ **observação**

observatoire *nm* **1** Établissement pour les observations astronomiques et météorologiques ▸ **observatório** **2** Lieu quelconque d'où l'on observe ▸ **observatório, mirante**

observer *vt* **1** Suivre les prescriptions d'une règle, d'un usage, etc.: *observer le Code de la route; observer un moment de silence* ▸ **observar** **2** Considérer avec attention, scientifiquement: *observer le cours des astres* ▸ **observar** **3** Épier: *observer les faits et gestes de ses voisins* ▸ **observar** **4** Remarquer; constater: *observer un mieux chez un convalescent* ▸ **observar**

obsession *nf* Idée fixe ▸ **obsessão**

obsessionnel, elle *adj* Relatif à l'obsession: *névrose obsessionnelle* ▸ **obsessivo**

obsidienne *nf* Verre volcanique de couleur sombre, très cassant ▸ **obsidiana**

obsolète *adj* LITT Sorti de l'usage; désuet, périmé ▸ **obsoleto**

obstacle *nm* **1** Ce qui empêche d'avancer: *éviter, contourner un obstacle* ▸ **obstáculo** **2** FIG Ce qui empêche ou retarde une action: *faire obstacle à un mariage* ▸ **obstáculo** **3** Difficulté qu'on place sur la piste pour les courses de haies ou les steeple-chases ▸ **obstáculo**

obstétrical, e, aux *adj* Relatif à l'obstétrique ▸ **obstétrico**

obstétricien, enne *n et adj* Spécialiste d'obstétrique ▸ **obstetra**

obstétrique *nf* Partie de la médecine relative aux accouchements ▸ **obstetrícia**

obstination *nf* Ténacité; acharnement ▸ **obstinação**

obstiné, e *adj et n* Opiniâtre; entêté ▸ **obstinado** ◆ *adj* assidu; acharné: *travail obstiné* ▸ **obstinado**

obstinément *adv* Avec obstination ▸ **obstinadamente**

obstiner (s') *vpr* S'attacher avec ténacité; s'entêter: *s'obstiner dans un projet* ▸ **obstinar-se**

obstruction *nf* **1** MÉD Engorgement d'un conduit ▸ **obstrução** **2** Tactique d'une minorité qui, dans une assemblée, une réunion, etc., entrave la marche des travaux: *faire de l'obstruction* ▸ **obstrução**

obstructionnisme *nm* Obstruction systématique dans une assemblée ▸ **obstrucionismo**

obstructionniste *adj et n* Qui fait systématiquement de l'obstruction ▸ **obstrucionista**

obstruer *vt* Boucher par un obstacle ▸ **obstruir**

obtempérer *vi (conj 10)* Obéir: *obtempérer à un ordre* ▸ **obtemperar**

obtenir *vt (conj 22)* **1** Recevoir ce qu'on désire: *obtenir une permission, un délai* ▸ **obter** **2** Atteindre un but, un résultat: *quelle somme obtenez-vous?* ▸ **conseguir**

obtention *nf* Action d'obtenir; fait d'être obtenu ▸ **obtenção**

obturateur, trice *adj* Qui sert à obturer ▸ **obturador** ◆ *nm* Dispositif mécanique qui sert à obturer: *obturateur photographique* ▸ **obturador**

obturation *nf* Action d'obturer ▸ **obturação**

obturer *vt* **1** Boucher hermétiquement ▸ **obturar** **2** Combler avec un amalgame les cavités d'une dent cariée ▸ **obturar**

obtus, e *adj* Qui manque de finesse; borné ▸ **obtuso** ■ GÉOM **angle obtus:** plus grand qu'un angle droit ▸ **ângulo obtuso**

obus *nm* Projectile creux, rempli d'une substance explosive, lancé par une bouche à feu ▸ **obus**

obvier *vt ind* [à] LITT Parer, remédier à: *obvier à un oubli* ▸ **obviar**

oc *adv* ■ **langue d'oc:** ensemble des dialectes du midi de la France, d'origine latine (par opposition à *langue d'oïl*) ▸ **língua *d'oc***

ocarina *nm* Instrument de musique à vent de forme ovoïde et percé de trous ▸ **ocarina**

occasion *nf* **1** Circonstance et, en particulier, circonstance qui vient à propos: *occasion favorable; profiter de l'occasion* ▸ **ocasião** **2** Cause; sujet: *il m'a donné des occasions de le détester* ▸ **ocasião, motivo** **3** Objet qui n'est pas neuf; achat, vente de tels objets: *marché de l'occasion* ▸ **(venda de)** *objetos usados* ■ **à l'occasion:** si cela se présente, le cas échéant ▸ **se necessário** □ **à l'occasion de:** lors de ▸ **por ocasião de** □ **d'occasion:** qui n'est pas neuf ▸ **usado**

occasionnel, elle *adj* Qui se produit par hasard ou de temps en temps ▸ **ocasional**

occasionnellement *adv* Par occasion ▸ **ocasionalmente**

occasionner *vt* Causer; provoquer, entraîner ▸ **ocasionar**

occident *nm* **1** Côté de l'horizon où le soleil se couche; ouest, couchant ▸ **ocidente** **2** (avec une majuscule) Ensemble des États du pacte de l'Atlantique Nord ▸ **Ocidente**

occidental, e, aux *adj et n* De l'Occident: *les Occidentaux* ▸ **ocidental**

occidentalisation *nf* Fait de s'occidentaliser ▸ **ocidentalização**

occidentaliser (s') *vpr* Prendre les caractères des civilisations occidentales ▸ **ocidentalizar-se**

occipital, e, aux *adj* De l'occiput ▸ **occipital** ◆ *nm* Os postérieur du crâne ▸ **(osso) occipital**

occiput [ɔksipyt] *nm* Partie inférieure et postérieure de la tête ▸ **occipício**

occire [ɔksir] *vt* (seulement à l'infinitif et au participe passé *occis, e*) VX Tuer ▸ **matar**

occitan, e *adj* De l'Occitanie ▸ **occitano** ◆ *nm* Ensemble des dialectes de la langue d'oc ▸ **occitano**

occlure *vt* MÉD Fermer un orifice ▸ **ocluir**

occlusif, ive *adj* Qui bouche ▸ **oclusivo**

occlusion *nf* MÉD Fermeture pathologique d'un conduit, d'un orifice: *occlusion intestinale* ▸ **oclusão**

occlusive *nf* Consonne produite par une fermeture momentanée de la bouche (EX: *p, k, g, d, b, t*) ▸ **(consoante) oclusiva**

occultation *nf* **1** Action d'occulter, de cacher quelque chose ▸ **ocultação** **2** ASTRON Disparition passagère d'un astre ▸ **ocultação**

occulte *adj* Caché; secret, mystérieux: *cause occulte* ▸ **oculto** ■ **sciences occultes:** concernant des faits qui échappent à l'explication rationnelle (l'alchimie, la magie, la nécromancie, etc.) ▸ **ciências ocultas**

occulter *vt* Passer sous silence; dissimuler: *occulter certains aspects d'un problème* ▸ **ocultar**

occultisme *nm* Pratique des sciences occultes ▸ **ocultismo**

occultiste *adj et n* Qui pratique l'occultisme ▸ **ocultista** ♦ *adj* Qui relève de l'occultisme ▸ **ocultista**

occupant, e *adj et n* Qui occupe un lieu, un pays ▸ **ocupante**

occupation *nf* **1** Action de s'occuper; ce à quoi on occupe son temps; activité: *avoir de nombreuses occupations* ▸ **ocupação 2** Fait d'occuper un lieu: *occupation d'un local; occupation d'un pays* ▸ **ocupação** ■ HIST **l'Occupation:** période (1940-1944) pendant laquelle la France a été occupée par les troupes allemandes ▸ **a Ocupação alemã**

occupé, e *adj* **1** Absorbé par un travail, par une occupation ▸ **ocupado 2** Utilisé par quelqu'un: *place, ligne occupée* ▸ **ocupado 3** Sous occupation ennemie: *zone occupée* ▸ **ocupado**

occuper *vt* **1** Remplir un espace, une durée: *ce meuble occupe trop de place; la séance a occupé tout l'après-midi* ▸ **ocupar 2** Habiter: *occuper un studio* ▸ **ocupar 3** S'emparer militairement, par la force de: *occuper un pays* ▸ **ocupar 4** Remplir; exercer: *occuper un emploi* ▸ **ocupar 5** Consacrer: *occuper ses loisirs à* ▸ **ocupar 6** Remplir le temps, l'activité, la pensée de: *ses études l'occupent beaucoup* ▸ **ocupar 7** Donner du travail à; employer: *l'usine occupe une centaine d'ouvriers* ▸ **ocupar** ♦ **s'occuper** *vpr* Travailler, consacrer son temps à ▸ **ocupar-se**

occurrence *nf* LING Apparition d'un élément de la langue dans un texte ▸ **ocorrência** ■ **en l'occurrence:** dans la circonstance présente ▸ **neste caso**

ORTHOGRAPHE Attention, *occurrence* s'écrit avec deux *r*, comme *concurrence*, mais aussi avec deux *c*

océan *nm* **1** Vaste étendue d'eau salée qui couvre la plus grande partie du globe terrestre ▸ **oceano 2** (avec une majuscule) L'océan Atlantique: *les plages de l'Océan* ▸ **oceano Atlântico 3** PAR EXT Vaste étendue: *océan de verdure* ▸ **oceano, mar**

océanien, enne *adj et n* D'Océanie ▸ **oceânico**

océanique *adj* De l'océan ▸ **oceânico** ■ **climat océanique:** doux et humide en hiver, relativement frais en été ▸ **clima oceânico**

océanographe ou **océanologue** *n* Spécialiste d'océanographie ou océanologie ▸ **oceanógrafo, oceanólogo**

océanographie ou **océanologie** *nf* Étude scientifique du milieu marin et de la vie dans les océans ▸ **oceanografia, oceanologia**

océanographique ou **océanologique** *adj* Relatif à l'océanographie ou océanologie ▸ **oceanográfico, oceanológico**

ocelle *nm* **1** Œil simple des insectes ▸ **estema, ocelo 2** Tache ronde sur un plumage, un pelage ▸ **ocelo**

ocellé, e *adj* Qui porte des ocelles: *ailes ocellées* ▸ **ocelado**

ocelot *nm* Mammifère carnassier de l'Amérique du Sud, à la robe tachetée de points fauves cerclés de noir ▸ **jaguatirica**

ocre *nf* Argile jaune ou rouge utilisée comme colorant ▸ **ocra** ♦ *adj inv* Jaune-brun ou jaune-rouge ▸ **ocre**

ocrer *vt* Colorer en ocre ▸ **pintar de ocre**

octaèdre *nm* Solide à huit faces ▸ **octaedro**

octane *nm* Hydrocarbure saturé existant dans l'essence de pétrole ▸ **octano** ■ **indice d'octane:** indice mesurant la résistance d'un carburant à la détonation ▸ **octanagem**

octant *nm* ANC Instrument qui servait à observer, en mer, la hauteur des astres ▸ **oitante**

octante *adj num* SUISSE Quatre-vingts ▸ **oitenta**

octave *nf* MUS Intervalle de huit degrés ▸ **oitava**

octet *nm* INFORM Groupe comprenant huit éléments binaires ▸ ***byte*, octeto**

octobre *nm* Dixième mois de l'année ▸ **outubro**

octogénaire *n et adj* Personne qui a entre quatre-vingts et quatre-vingt-neuf ans ▸ **octogenário**

octogonal, e, aux *adj* Qui a la forme d'un octogone ▸ **octogonal**

octogone *nm* Polygone qui a huit angles ▸ **octógono**

octosyllabe *adj et nm* Se dit d'un vers qui a huit syllabes ▸ **octossílabo**

octosyllabique *adj* Relatif à un octosyllabe ▸ **octossilábico**

octroi *nm* **1** Action d'octroyer, d'accorder: *l'octroi d'un passeport* ▸ **outorga 2** HIST Droit que payaient certaines denrées à leur entrée en ville; administration percevant ce droit ▸ **imposto de barreira, alfândega**

octroyer *vt (conj 3)* Concéder, accorder ▸ **outorgar**

octuor *nm* Groupe de huit instrumentistes ou chanteurs ▸ **octeto**

oculaire *adj* De l'œil: *nerf oculaire* ▸ **ocular** ■ FIG **témoin oculaire:** qui a vu ce dont il témoigne ▸ **testemunha ocular** ♦ *nm* Système, dans un instrument d'optique, devant lequel se place l'œil ▸ **ocular**

oculiste *n* Médecin spécialisé dans les troubles de la vision; SYN: *ophtalmologiste* ▸ **oculista**

odalisque *nf* LITT Courtisane ▸ **odalisca**

ode *nf* Petit poème lyrique divisé en strophes semblables entre elles ▸ **ode**

odelette *nf* Petite ode ▸ **ode curta**

odeur *nf* Émanation qui affecte l'odorat ▸ **odor, cheiro** ■ **ne pas être en odeur de sainteté:** être peu apprécié, mal vu ▸ **não ser visto com bons olhos**

odieusement *adv* De façon odieuse ▸ **odiosamente**

odieux, euse *adj* **1** Qui excite la haine, l'indignation: *crime odieux* ▸ **odioso 2** Très désagréable; exécrable, insupportable: *enfant odieux* ▸ **odioso**

odontologie *nf* Étude des dents, de leurs maladies et du traitement de celles-ci ▸ **odontologia**

odontologiste *n* Spécialiste d'odontologie ▸ **odontologista**

odontostomatologie *nf* Discipline constituée par l'odontologie et la stomatologie; chirurgie dentaire ▸ **odontoestomatologia**

odorant, e *adj* Qui répand une odeur ▸ **cheiroso, odorante**

odorat *nm* Sens qui perçoit les odeurs ▸ **olfato**

odoriférant, e *adj* LITT Qui répand une odeur agréable ▸ **odorante**

odyssée *nf* Voyage riche en aventures, en péripéties ▸ **odisseia**

œcuménique [ekymenik] *adj* Relatif à l'œcuménisme ▸ **ecumênico** ■ **concile œcuménique:** qui rassemble, intéresse l'ensemble des Églises ▸ **concílio ecumênico**

œcuménisme [ekymenism] *nm* Tendance à l'union de toutes les Églises chrétiennes en une seule ▸ **ecumenismo**

œdémateux, euse [edemat, z] ou [demat, z] *adj* De la nature d'un œdème ▸ **edematoso**

œdème [edɛm] ou [dɛm] *nm* Gonflement pathologique de certains tissus ou organes ▸ **edema**

œdipien, enne [edipjɛ̃, ɛn] ou [dipjɛ̃, ɛn] *adj* Relatif aux sentiments éprouvés par un enfant ou un individu pour son parent de sexe opposé ▸ **edipiano**

œil (pl *yeux*) *nm* **1** Organe de la vue; cet organe considéré comme indice du caractère, des émotions, des sentiments; regard: *avoir l'œil méchant* ▸ **olho 2** Manière de voir; attention: *avoir l'œil à tout* ▸ **olho 3** Trou rond ▸ **olho 4** Lentille de graisse à la surface du bouillon ▸ **olho 5** Cœur d'un cyclone tropical où les vents sont faibles et le temps peu nuageux ▸ **olho do furacão** ■ FAM **à l'œil:** gratuitement ▸ **de graça** □ **avoir l'œil:** veiller, prendre garde ▸ **ter cuidado** □ **avoir l'œil sur quelqu'un** ou **avoir, tenir quelqu'un à l'œil:** le surveiller ▸ **ter alguém debaixo de olho** □ **coup d'œil:** regard ▸ **olhada** □ **entre quatre yeux:** en tête à tête ▸ **a sós** □ **fermer les yeux sur quelque chose:** faire comme si on ne l'avait pas vu ▸ **fechar os olhos a algo** □ FAM **mon œil!:** exprime l'incrédulité ▸ **que besteira!** □ **ne pas avoir froid aux yeux:** n'avoir peur de rien ▸ **ser destemido** □ **ne pas avoir les yeux dans sa poche:** être très observateur ▸ **estar de olho em tudo** □ **ouvrir l'œil:** **(a)** s'éveiller ▸ **abrir os olhos (b)** être attentif ▸ **abrir o olho**

œil-de-bœuf (pl *œils-de-bœuf*) *nm* Lucarne à fenêtre ronde ou ovale ▸ **olho de boi**

œil-de-perdrix (pl *œils-de-perdrix*) *nm* Cor entre les doigts de pied ▸ **olho de perdiz**

œillade *nf* Clin d'œil amoureux ▸ **piscadela**

œillère *nf* Pièce de la bride qui empêche un cheval de voir de côté ▸ **antolho** ♦ **œillères** *pl* ■ FIG **avoir des œillères:** ne pas voir ou refuser de voir quelque chose ▸ **ser tapado**

[1] **œillet** *nm* Plante à fleurs odorantes; la fleur même ▸ **craveiro, cravo**

[2] **œillet** *nm* Trou de forme circulaire, destiné à recevoir un lacet, un cordage ▸ **ilhó**

œilleton *nm* **1** Rejeton au collet de certaines plantes ▸ **broto 2** Petit viseur sur une arme ▸ **mira**

œillette *nf* Pavot cultivé pour ses graines, dont on tire une huile comestible et utilisée en peinture; cette huile ▸ **papoula**

œnologie [enɔlɔʒi] *nf* Science qui traite de la fabrication et de la conservation des vins ▸ **enologia**

œnologique *adj* Relatif à l'œnologie ▸ **enológico**

œnologue *n* Spécialiste d'œnologie ▸ **enólogo**

œnométrie *nf* Détermination de la richesse des vins en alcool ▸ **enometria**

œsophage [ezɔfaʒ] *nm* Canal qui conduit les aliments dans l'estomac ▸ **esôfago**

œsophagien, enne ou **œsophagique** *adj* Relatif à l'œsophage ▸ **esofagiano, esofágico**

œstre [ɛstr] ou [ɛstrə] *nm* Mouche parasite des moutons et des chèvres ▸ **bicho da cabeça**

œstrogène [ɛstrɔʒɛn] *adj et nm* Se dit des hormones qui permettent le développement de l'œuf fécondé ▸ **estrógeno**

œuf [f], au pluriel [] *nm* **1** Corps arrondi, protégé par une coquille, que produisent les femelles des oiseaux et qui, s'il est fécondé, donne naissance à un jeune; produit de la ponte des femelles des reptiles, des insectes, des poissons, des batraciens ▸ **ovo 2** Cellule initiale d'un être vivant et, en particulier, d'un être humain, avant la formation d'un embryon ► **ovo 3** Ce qui a la forme d'un œuf: *œuf de Pâques* ► **ovo** ■ **dans l'œuf:** dès l'origine, au début ► **no ovo** □ **marcher sur des œufs:** agir, parler avec précaution ► **pisar sobre ovos** □ **œuf sur le plat** ou **œuf au plat:** mets fait du contenu d'un œuf cuit dans une poêle graissée ► **ovo estrelado**

œuvre *nf* **1** Travail, activité ► **obra 2** Ce qui résulte d'un travail: *faire œuvre utile* ► **obra 3** Production artistique ou littéraire: *une œuvre d'art* ► **obra** ■ **mettre en œuvre:** employer, mettre en action ► **executar, fazer funcionar** ♦ *nm* Ensemble de la production d'un artiste, d'un écrivain: *l'œuvre complet de Rembrandt* ► **obra** ■ **gros œuvre:** fondations d'un bâtiment ► **alicerces, estrutura**

ORTHOGRAPHE *Maître d'œuvres* s'écrit sans trait d'union, à la différence de *chef-d'œuvre*

œuvrer *vi* Travailler: *œuvrer pour le bien public* ► **obrar**

off *adj inv* **1** CIN Se dit d'une voix, d'un son dont la source n'est pas visible sur l'écran; hors champ ► ***off*** **2** Se dit d'un spectacle organisé en marge d'une manifestation culturelle officielle: *festival off* ► **paralelo**

offensant, e *adj* Qui offense; blessant ► **ofensivo**

offense *nf* Parole ou action blessante ► **ofensa**

offensé, e *adj et n* Qui a subi une offense ► **ofendido**

offenser *vt* Blesser par des paroles ou des actes ► **ofender** ♦ **s'offenser** *vpr* [de] Se vexer ► **ofender-se**

offenseur *nm* Celui qui offense ► **ofensor**

offensif, ive *adj* Qui sert à attaquer: *arme offensive* ► **ofensivo**

offensive *nf* Action entreprise en vue d'attaquer: *prendre l'offensive* ► **ofensiva**

offertoire *nm* Partie de la messe pendant laquelle le prêtre offre à Dieu le pain et le vin ► **ofertório**

office *nm* **1** Charge; fonction: *remplir son office* ► **função 2** Charge civile (avoué, notaire, commissaire-priseur, etc.) ► **ofício, cargo 3** Bureau; agence: *office du tourisme* ► **escritório 4** Service liturgique: *office des morts* ► **ofício 5** Envoi périodique de livres par un éditeur aux libraires ► **reparte 6** Pièce attenante à la cuisine, où l'on dispose ce qui sert au service de la table ► **copa** ■ **bons offices:** assistance occasionnelle prêtée par quelqu'un ► **bons ofícios** □ **d'office:** par voie d'autorité, sans demande préalable: *commis d'office* ► **de ofício** □ **faire office de:** jouer le rôle de ► **fazer as vezes de**

officialisation *nf* Action d'officialiser ► **oficialização**

officialiser *vt* Rendre officiel ► **oficializar**

officiant *nm et adj m* Personne qui officie à l'église ► **oficiante**

officiel, elle *adj* **1** Qui émane du gouvernement, d'une autorité: *texte officiel* ► **oficial 2** Qui concerne une cérémonie publique: *voiture officielle* ► **oficial** ♦ *nm* Personne qui a une autorité reconnue, publique ► **autoridade**

officiellement *adv* De façon officielle ► **oficialmente**

officier[1] *vi* Célébrer un office religieux ► **oficiar**

officier[2] *nm* **1** Titulaire d'une charge: *officier de justice* ► **oficial 2** Militaire de grade au moins égal à celui de sous-lieutenant ► **oficial 3** Grade de certains ordres: *officier de la Légion d'honneur* ► **oficial** ■ **officier ministériel:** notaire, huissier, commissaire-priseur, etc. ► **oficial ministerial**

officieusement *adv* De façon officieuse ► **oficiosamente**

officieux, euse *adj* Non officiel ► **oficioso**

officinal, e, aux *adj* Utilisé en pharmacie: *plantes officinales* ► **oficinal**

officine *nf* **1** Pharmacie ► **laboratório 2** PÉJOR Endroit où se trame quelque chose: *officine d'espionnage* ► **oficina**

offrande *nf* **1** Don offert à Dieu ou déposé avec une intention religieuse ou charitable ► **oferenda 2** Présent; cadeau ► **oferenda**

offrant *nm* ► **oferecedor** ■ **au plus offrant:** à l'acheteur qui propose le prix le plus élevé ► **a quem der mais**

offre *nf* Action d'offrir: *l'offre et la demande*; la chose offerte: *accepter une offre* ► **oferta** ■ **offre publique d'achat (OPA):** offre par laquelle une société fait connaître au public son intention d'acheter des titres d'une autre société ► **oferta pública de compra**

offrir *vt* **1** Donner en cadeau: *offrir un bouquet* ► **oferecer 2** Proposer pour aider: *offrir ses services* ► **oferecer 3** Proposer comme prix: *offrir cent francs pour le déplacement* ► **oferecer 4** Présenter, comporter: *offrir de nombreux avantages* ► **oferecer** ♦ **s'offrir** *vpr* **1** Se proposer: *s'offrir pour aider* ► **oferecer-se 2** S'accorder comme plaisir: *s'offrir un pull* ► **oferecer-se 3** Se présenter, apparaître: *saisir une occasion qui s'offre* ► **oferecer-se**

offset [ɔfsɛt] *nm inv* Procédé d'impression par transfert au moyen d'un rouleau de caoutchouc ► **ofsete**

offshore [ɔfʃɔr] *adj inv et nm inv* **1** Se dit de la prospection, du forage et de l'exploitation des gisements de pétrole effectués au large des côtes

► *offshore* **2** Se dit de courses de bateaux à moteur à très grande vitesse et de ces bateaux ► ***offshore***
offusquer *vt* Choquer, déplaire à ► **chocar**
ogival, e, aux *adj* De l'ogive ► **ogival**
ogive *nf* **1** Arc ou voûte formés de deux courbes qui se coupent en un angle: *croisée d'ogives* ► **ogiva 2** Ce qui présente la forme d'une ogive: *ogive d'obus* ► **ogiva**
OGM *nm* (sigle d'*organisme génétiquement modifié*) Organisme transgénique ► **OGM**
ogre, ogresse *n* Dans les contes de fées, géant qui mange les enfants ► **ogro**
oh *interj* Marque la surprise ► **oh**
ohé *interj* Sert à appeler ► **ei**
ohm *nm* Unité de résistance électrique ► **ohm**
oïdium [ɔidjɔm] *nm* Maladie produite sur certaines plantes par un champignon ► **oídio**
oie *nf* Oiseau palmipède sauvage ou domestique ► **ganso** ■ FIG **oie blanche:** jeune fille sotte et naïve ► **bobinha**
oignon [ɔɲɔ̃] *nm* **1** Plante potagère à bulbe comestible; ce bulbe: *soupe à l'oignon* ► **cebola 2** Bulbe de certaines plantes: *oignon de tulipe* ► **cebola 3** Callosité du pied, à la naissance du gros orteil ► **joanete 4** Grosse montre bombée de gousset ► **cebolão** ■ FAM **aux petits oignons: (a)** préparé avec soin ► **com esmero (b)** parfait ► **da pontinha da orelha** □ FAM **en rang d'oignons:** sur une seule ligne ► **em fileira** □ FAM **s'occuper, se mêler de ses oignons:** de ce qui concerne sa propre personne ► **cuidar da própria vida**
oïl [ɔjl] *adv* ■ **langue d'oïl:** ensemble des dialectes romans parlés dans la moitié nord de la France (par opposition à *langue d'oc*) ► **língua *d'oïl***
oindre *vt (conj 82)* **1** Frotter d'huile ou d'une substance grasse ► **untar 2** LITURGIE Consacrer avec les saintes huiles ► **ungir**
oing ou **oint** *nm* Graisse pour oindre ► **unto**
oint, e *adj et n* Qui a été consacré par l'onction ► **untado, ungido**
oiseau *nm* Vertébré ovipare, couvert de plumes, dont les membres postérieurs servent à la marche, et les membres antérieurs, ou ailes, au vol ► **pássaro, ave** ■ FIG **à vol d'oiseau:** en ligne droite ► **em linha reta** □ **oiseau rare:** personne aux qualités peu communes ► **ave rara** □ FAM **un drôle d'oiseau:** un individu bizarre ► **um tipo estranho**
oiseau-lyre (pl *oiseaux-lyres*) *nm* Oiseau passereau ► **ave-lira**
oiseau-mouche (pl *oiseaux-mouches*) *nm* Colibri ► **colibri, beija-flor**
oiselet *nm* Jeune oiseau ► **passarinho**
oiseleur *nm* Celui qui prend des oiseaux au filet ou au piège ► **caçador de pássaros**
oiselier, ère *n* Personne qui élève et vend des oiseaux ► **passarinheiro**
oisellerie *nf* Lieu où l'on élève, où l'on vend des oiseaux ► **aviário**
oiseux, euse *adj* Inutile, qui ne sert à rien: *discussion oiseuse* ► **ocioso**
oisif, ive *adj et n* Qui ne travaille pas ou qui a beaucoup de loisirs ► **ocioso** ◆ *adj* Caractérisé par le désœuvrement: *mener une vie oisive* ► **ocioso**
oisillon *nm* Jeune oiseau ► **passarinho**
oisivement *adv* De façon oisive ► **ociosamente**
oisiveté *nf* État d'une personne oisive ► **ociosidade**
oison *nm* Petit de l'oie ► **gansinho**
O.K. [ɔke] *interj* FAM D'accord, c'est entendu ► **O.K.**
okapi *nm* Mammifère d'Afrique, voisin de la girafe ► **ocapi**
okoumé *nm* Arbre d'ébénisterie de l'Afrique équatoriale ► ***okoumé***
ola *nf* Ovation du public d'un stade qui consiste à se lever et à s'asseoir, travée après travée, ce qui crée un mouvement semblable à celui de la mer ► **ola**
olé *interj* Souligne un geste ample, un exploit, notamment lors d'une corrida ► **olé**
oléacée *nf* Arbre ou arbuste à fleurs gamopétales tel que l'olivier, le jasmin, le lilas, le frêne (les oléacées forment une famille) ► **oleácea**
oléagineux, euse *adj* **1** De la nature de l'huile: *liquide oléagineux* ► **oleaginoso 2** Dont on tire de l'huile: *plante oléagineuse* ► **oleaginoso** ◆ *nm* Plante oléagineuse ► **planta oleaginosa**
oléicole *adj* Relatif à l'oléiculture ► **oleícola**
oléiculteur, trice *n* Qui pratique l'oléiculture ► **oleicultor**
oléiculture *nf* Culture de l'olivier ► **oleicultura**
oléifère *adj* Dont on extrait de l'huile: *fruits oléifères* ► **oleífero**
oléine *nf* Liquide qui entre dans la composition des huiles végétales ► **oleína**
oléoduc *nm* Pipe-line pour le transport du pétrole brut ► **oleoduto**
olé olé *adj inv* FAM Se dit d'un propos, d'un comportement osé, coquin ► **descarado**
olfactif, ive *adj* Qui a trait à l'odorat: *sens olfactif* ► **olfativo**
olfaction *nf* Fonction par laquelle les odeurs sont perçues ► **olfato**
olibrius [ɔlibrijys] *nm* FAM Individu excentrique, bizarre ► **excêntrico**

olifant ou **oliphant** *nm* HIST Petit cor d'ivoire des chevaliers médiévaux ▸ **olifante**
oligarchie *nf* Pouvoir, de nature souvent politique, exercé par un petit nombre de personnes ▸ **oligarquia**
oligarchique *adj* Qui relève de l'oligarchie ▸ **oligárquico**
oligocène *nm et adj* GÉOL Période de l'ère tertiaire ▸ **oligoceno**
oligoélément *nm* Élément chimique nécessaire en très petite quantité au fonctionnement des organismes vivants ▸ **oligoelemento**
oligothérapie *nf* Traitement des maladies par les oligoéléments ▸ **oligoterapia**
oliphant *nm* **olifant**
olivaie ou **oliveraie** *nf* Plantation d'oliviers ▸ **olival**
olivaison *nf* Récolte des olives ▸ **colheita de azeitonas**
olivâtre *adj* Verdâtre ▸ **oliváceo**
olive *nf* **1** Fruit à noyau, dont on tire une huile alimentaire ▸ **azeitona 2** Objet ou ornement en forme d'olive ▸ **oliva** ◆ *adj inv* Vert clair jaunâtre ▸ **verde-oliva**
oliveraie *nf* **olivaie**
olivette *nf* **1** Variété de tomate à fruit allongé, oblong ▸ **tomatinho italiano 2** Variété de raisin de table ▸ ***olivette***
olivier *nm* Arbre des pays méditerranéens qui fournit l'olive ▸ **oliveira**
olographe *adj* ■ **testament olographe:** écrit en entier de la main du testateur ▸ **testamento hológrafo**
olympe *nm* **1** MYTH (avec une majuscule) Séjour et ensemble des dieux ▸ **Olimpo 2** POÉT Le ciel ▸ **olimpo**
olympiade *nf* Espace de 4 ans entre deux jeux Olympiques ▸ **olimpíada** ◆ **olympiades** *pl* Jeux Olympiques ▸ **Olimpíadas**
olympien, enne *adj* **1** De l'Olympe ▸ **olimpiano, olímpico 2** FIG Noble; majestueux ▸ **olímpico**
olympique *adj* ▸ **olímpico** ■ **jeux Olympiques:** épreuves sportives internationales qui se disputent tous les quatre ans; relatif à ces jeux: *piscine olympique* ▸ **Jogos Olímpicos, olímpico**
ombelle *nf* BOT Mode d'inflorescence en parasol ▸ **umbela**
ombellifère *nf* Plante dicotylédone, à fleurs en ombelles (les ombellifères forment une famille comprenant le fenouil, le cerfeuil, la ciguë) ▸ **umbelífera**
ombilic *nm* ANAT Nombril ▸ **umbigo**
ombilical, e, aux *adj* De l'ombilic ▸ **umbilical**
omble *nm* Poisson d'eau douce voisin du saumon, à chair délicate ▸ **salvelino**
ombrage *nm* Ensemble de branches et de feuilles qui donnent de l'ombre ▸ **ramagem** ■ FIG **porter ombrage:** causer préjudice ▸ **fazer sombra**
ombragé, e *adj* Couvert d'ombrages: *un site ombragé* ▸ **sombreado**
ombrager *vt (conj 2)* Donner de l'ombre ▸ **sombrear**
ombrageux, euse *adj* Méfiant; susceptible: *caractère ombrageux* ▸ **ressabiado**
ombre[1] *nf* Obscurité produite par un corps qui intercepte la lumière: *l'ombre d'un arbre* ▸ **sombra** ■ **ombre à paupières:** fard à paupières ▸ **sombra** □ **ombre chinoise:** silhouette fortement éclairée par-derrière et apparaissant sur un écran transparent ▸ **sombra chinesa** □ **terre d'ombre** ou **ombre:** ocre brune et rougeâtre utilisée en peinture; SYN: *terre de Sienne* ▸ **terra de siena**
ombre[2] *nm* Poisson du genre saumon ▸ **peixe-sombra**
ombrelle *nf* Petit parasol portatif ▸ **sombrinha**
ombrer *vt* Mettre des ombres à un dessin, un tableau ▸ **sombrear**
ombreux, euse *adj* LITT Où il y a de l'ombre ▸ **umbroso**
ombrien, enne *adj et n* De l'Ombrie ▸ **úmbrio**
oméga *nm inv* **1** Dernière lettre de l'alphabet grec, notant un *o* long ▸ **ômega 2** Famille d'acides gras présents dans certains aliments (poissons gras, soja, etc.) ou dans des suppléments nutritionnels, bénéfiques pour le système cardio-vasculaire ▸ **ômega ácido** ■ FIG **l'alpha et l'oméga:** le commencement et la fin ▸ **alfa e ômega**
omelette *nf* Œufs battus et cuits dans une poêle ▸ **omelete** ■ **omelette norvégienne:** entremets fait d'une glace enrobée d'un soufflé chaud ▸ **sorvete quente**
omerta *nf* **1** Loi du silence qui règne dans les milieux proches de la Mafia ▸ ***omertà* 2** Silence qui s'impose dans toute communauté d'intérêts: *briser l'omerta familiale* ▸ **silêncio**
omettre *vt (conj 57)* Négliger de faire ou de dire ▸ **omitir**
omicron [ɔmikrɔn] *nm inv* Lettre de l'alphabet grec notant un *o* bref ▸ **ômicron**
omission *nf* Action d'omettre; la chose omise ▸ **omissão**
omnibus [ɔmnibys] *nm et adj* Train qui dessert toutes les stations ▸ **(trem) parador**
omnipotence *nf* LITT Toute-puissance ▸ **onipotência**
omnipotent, e *adj* LITT Tout-puissant ▸ **onipotente**

omnipraticien, enne *n* Médecin généraliste ► **clínico geral**
omniprésence *nf* LITT Présence constante en tous lieux ► **onipresença**
omniprésent, e *adj* LITT Dont la présence se fait sentir en tous lieux ► **onipresente**
omniscient, e *adj* LITT Qui sait tout ► **onisciente**
omnisports *adj inv* Où l'on pratique plusieurs sports: *club omnisports* ► **poliesportivo**
omnivore *adj* Qui se nourrit indifféremment d'animaux et de végétaux ► **onívoro**
omoplate *nf* Os plat de l'épaule ► **omoplata, escápula**
on *pron indéf* Désigne d'une manière vague une ou plusieurs personnes ► **a gente** ♦ *pron pers* FAM **1** Désigne celui qui parle; je: *on fait ce qu'on peut* ► **eu 2** Désigne le groupe auquel appartient celui qui parle; nous: *on y va?* ► **nós**
onagre *nm* Mammifère d'Asie, intermédiaire entre le cheval et l'âne ► **onagro**
onanisme *nm* LITT Masturbation ► **onanismo**
once[1] *nf* **1** Ancienne mesure de poids française valant 30,594 g ► **onça 2** Unité de poids anglo-saxonne valant 28,35 g; symb: oz ► **onça** ■ FAM **une once de:** une petite quantité de ► **um tiquinho de**
once[2] *nf* Grand félin du nord de l'Asie ► **leopardo--das-neves**
oncle *nm* Frère du père ou de la mère ► **tio**
onction *nf* **1** LITURGIE Cérémonie qui consiste à appliquer de l'huile sainte sur une personne pour la consacrer ► **unção 2** FIG, LITT Douceur hypocrite ► **unção**
onctueux, euse *adj* **1** Velouté, crémeux ► **untuoso 2** FIG D'une douceur excessive; hypocrite ► **untuoso**
onctuosité *nf* Qualité de ce qui est onctueux ► **untuosidade**
ondatra *nm* Mammifère rongeur de l'Amérique du Nord; SYN: *rat musqué* ► **ondatra**
onde *nf* **1** LITT Eau de la mer, d'un lac, etc. ► **onda 2** Mouvement de la surface de l'eau formant des rides concentriques ► **onda 3** PHYS Mouvement vibratoire à fonction périodique ► **onda** ■ FAM **être sur la même longueur d'onde:** se comprendre, parler le même langage ► **estar em sintonia** □ **onde de choc: (a)** brusque augmentation de pression et de température de l'air causée par un mobile qui se déplace à une vitesse supersonique ► **onda de choque (b)** FIG répercussion, souvent néfaste, d'un événement ► **onda de choque** □ **sur les ondes:** à la radio ► **no ar**
ondée *nf* Pluie subite et passagère ► **aguaceiro**
on-dit *nm inv* Rumeur, nouvelle qui se propage ► **boato**
ondoiement *nm* **1** SOUT Mouvement d'ondulation ► **ondulação 2** LITURGIE CATH Baptême administré en cas de danger de mort ► **batismo de emergência, sumário**
ondoyant, e *adj* LITT **1** Qui ondoie ► **ondulante 2** Variable, inconstant: *caractère ondoyant* ► **inconstante**
ondoyer *vi (conj 3)* Flotter par ondes; onduler ► **ondular, ondear** ♦ *vt* Baptiser par ondoiement ► **batizar às pressas**
ondulant, e *adj* Qui ondule ► **ondulante**
ondulation *nf* **1** Mouvement d'un liquide qui s'abaisse et s'élève alternativement ► **ondulação 2** Mouvement qui rappelle celui des ondes ► **ondulação 3** Mouvement souple des cheveux qui frisent ► **ondulação**
ondulatoire *adj* Qui a la forme d'une onde: *mouvement ondulatoire* ► **ondulatório**
ondulé, e *adj* Qui présente des ondulations: *cheveux ondulés* ► **ondulado**
onduler *vi* Avoir un mouvement sinueux ► **ondear, ondular** ♦ *vt* Rendre ondulé: *onduler les cheveux* ► **ondear, ondular**
one-man-show [wanmanʃo] *nm inv* Spectacle de variétés où un artiste est seul en scène ► ***one--man show***
onéreux, euse *adj* SOUT Qui occasionne des dépenses, des frais; cher ► **oneroso** ■ **à titre onéreux:** en payant (par opposition à *à titre gracieux*) ► **a título oneroso**

EMPLOI Il faut éviter de parler de *dépense onéreuse* (c'est un pléonasme), mais on peut, pour insister, parler de *dépense très onéreuse*

ONG *nf* (sigle de *organisation non gouvernementale*) Organisme dont le financement est assuré essentiellement par des dons privés et qui se voue à l'aide humanitaire ► **ONG**
ongle *nm* **1** Partie cornée qui couvre le dessus des doigts ► **unha 2** Griffe de certains animaux ► **garra** ■ FIG **jusqu'au bout des ongles: (a)** à un degré extrême ► **até a raiz dos cabelos (b)** à la perfection ► **perfeitamente**
onglée *nf* Engourdissement douloureux au bout des doigts, causé par le froid ► **enregelamento**
onglet *nm* **1** Petite entaille à la surface d'un objet, permettant de l'ouvrir avec l'ongle: *l'onglet d'une lame de canif* ► **ranhura 2** TECHN Extrémité d'une pièce de bois formant un angle de 45 degrés: *assemblage à onglet* ► **meia-esquadria 3** Morceau de bœuf de boucherie tiré des muscles du diaphragme ► **lombelo**

onguent [ɔ̃gɑ̃] *nm* Pommade à base de corps gras ▸ **unguento**
onguiculé, e *adj et nm* ZOOL Se dit d'un mammifère pourvu d'ongles plats ou de griffes (par opposition à *ongulé*) ▸ **unguiculado**
ongulé, e *adj et nm* ZOOL Se dit d'un mammifère dont les doigts sont terminés par des sabots ▸ **ungulado**
onguligrade *adj et nm* ZOOL Qui marche sur des sabots ▸ **ungulígrado**
onirique *adj* Relatif au rêve; inspiré par le rêve ▸ **onírico**
oniromancie *nf* Divination par les rêves ▸ **oniromancia**
onomastique *nf* LING Étude des noms propres ▸ **onomástica**
onomatopée *nf* Mot dont le son imite celui de la chose qu'il représente (EX: *tic-tac* pour une horloge, *teuf-teuf* pour un train, etc.) ▸ **onomatopeia**
ontogenèse *nf* BIOL Série de transformations subies par l'individu depuis la fécondation ▸ **ontogenia**
ontologie *nf* PHILOS Science de l'être en soi ▸ **ontologia**
onusien, enne *adj* Relatif à l'ONU ▸ **da ONU**
onyx *nm* Agate d'une variété caractérisée par des zones concentriques de diverses couleurs ▸ **ônix**
onze *adj num card* **1** Dix et un ▸ **onze** **2** Onzième: *Louis XI* ▸ **onze** ♦ *nm inv* **1** Chiffre, numéro représentant le nombre onze ▸ **onze** **2** Au football, équipe de onze joueurs ▸ **onze**
onzième *adj num ord et n* **1** Qui occupe un rang marqué par le numéro onze ▸ **décimo primeiro** **2** Qui se trouve onze fois dans le tout ▸ **onze avos**
onzièmement *adv* En onzième lieu ▸ **em décimo primeiro lugar**
oogone *nf* BOT Cellule où se forment les éléments femelles, chez certains végétaux ▸ **oogônio**
oosphère *nf* BOT Gamète femelle correspondant à l'ovule des animaux ▸ **oosfera**
op. (abréviation) Opus ▸ ***op.***
OP [ope] *n* (sigle) Ouvrier, ouvrière professionnel(le) ▸ **Ø**
OPA [opea] *nf* (sigle) Offre publique d'achat ▸ **OPA, OPC**
opacifier *vt* Rendre opaque ▸ **opacificar**
opacité *nf* État de ce qui est opaque ▸ **opacidade**
opale *nf* Pierre fine à reflets irisés, d'un blanc laiteux ▸ **opala**
opalescence *nf* LITT Reflet, teinte d'opale ▸ **opalescência**
opalescent, e *adj* LITT Qui prend une teinte, un reflet d'opale: *liquide opalescent* ▸ **opalescente**
opalin, e *adj* Qui a l'aspect de l'opale: *reflets opalins* ▸ **opalino**
opaline *nf* Verre opalin blanc ou coloré; objet fait avec cette matière ▸ **opalina**
opaque *adj* **1** Qui ne se laisse pas traverser par la lumière: *corps opaque* ▸ **opaco** **2** Sombre, impénétrable: *nuit opaque* ▸ **opaco** **3** FIG Dont on ne peut pénétrer le sens: *texte opaque* ▸ **opaco**
op. cit. (abréviation de *opus citatum*) Dans un texte, notation qui renvoie à un ouvrage déjà cité ▸ ***op. cit.***
ope *nf ou nm* ARCHIT Ouverture ménagée dans un mur, en particulier pour recevoir un boulin ▸ **agulheiro**
opéable *adj* Se dit d'une entreprise qui peut faire l'objet d'une OPA ▸ **sujeito a oferta pública de compra**
open [ɔp n] ou [ɔpɛn] *adj inv* Se dit d'une compétition qui réunit amateurs et professionnels ▸ **aberto** ■ **billet d'avion open:** non daté ▸ **passagem aérea em aberto**
opéra *nm* Œuvre dramatique mise en musique et chantée; théâtre où on la joue ▸ **ópera** ■ **opéra bouffe:** dont le thème est un sujet léger ou comique ▸ **ópera-bufa**
opérable *adj* Qu'on peut opérer: *malade opérable* ▸ **operável**
opéra-comique (pl *opéras-comiques*) *nm* Opéra dans lequel le chant alterne avec le dialogue parlé ▸ **ópera-cômica**
opérateur, trice *n* **1** Personne qui fait fonctionner des appareils: *opérateur radio* ▸ **operador** **2** CIN Technicien responsable de la prise de vues; cadreur ▸ **cinegrafista** ♦ *nm* **1** Entreprise qui exploite un réseau de télécommunication ▸ **operadora** **2** Entreprise ou personne qui organise une opération financière ▸ **operador**
opération *nf* **1** Processus mathématique de nature définie, permettant de trouver un nombre nouveau à partir de nombres constants: *opération arithmétique* ▸ **operação** **2** Intervention chirurgicale ▸ **operação** **3** Série d'actions visant à obtenir un résultat: *opération de sauvetage* ▸ **operação** **4** Action d'un pouvoir, d'une faculté, d'un agent qui produit son effet: *les opérations intellectuelles* ▸ **operação** **5** Manœuvre, combat, etc.: *opération militaire* ▸ **operação** **6** Affaire dont on évalue le profit financier: *opération commerciale* ▸ **operação**

ORTHOGRAPHE On écrit *une salle, une table d'opération* (sans s), mais *un théâtre d'opérations* (avec s)

opérationnel, elle *adj* **1** Qui permet d'effectuer certaines opérations ► **operacional 2** Qui peut immédiatement entrer en action ou en fonction ► **operacional**

opératoire *adj* Relatif à une opération chirurgicale: *choc opératoire* ► **operatório**

opercule *nm* **1** BOT Organe servant de couvercle ► **opérculo 2** Lamelle de cire couvrant les cellules d'un rayon de miel ► **opérculo 3** TECHN Pièce servant de couvercle ► **opérculo, tampo**

operculé, e *adj* Muni d'un opercule ► **operculado**

opéré, e *adj et n* Qui a subi une opération chirurgicale ► **operado**

opérer *vt (conj 10)* **1** Accomplir une action: *opérer des prises de vues* ► **operar, executar 2** Soumettre à une intervention chirurgicale: *opérer un malade* ► **operar 3** Produire un effet: *opérer un changement* ► **operar** ♦ *vi* **1** Agir d'une certaine manière: *opérer avec méthode* ► **operar 2** Produire un effet; agir: *son charme a opéré* ► **operar** ♦ **s'opérer** *vpr* Se produire, avoir lieu ► **operar-se**

opérette *nf* Œuvre théâtrale de caractère léger où se mêlent des parties chantées et parlées ► **opereta**

ophidien *nm* Reptile (les ophidiens forment un sous-ordre comprenant tous les serpents) ► **ofídio**

ophiure *nf* Animal marin ressemblant à une étoile de mer aux bras longs et souples ► **ofiúro**

ophtalmie *nf* Affection inflammatoire de l'œil ► **oftalmia**

ophtalmique *adj* Des yeux ► **oftálmico**

ophtalmologie *nf* Partie de la médecine qui étudie et traite les maladies des yeux ► **oftalmologia**

ophtalmologique *adj* Relatif à l'ophtalmologie ► **oftalmológico**

ophtalmologiste ou **ophtalmologue** *n* Médecin spécialisé en ophtalmologie; oculiste ► **oftalmologista**

opiacé, e *adj* Qui contient de l'opium ► **opiáceo**

Opinel *nm* (nom déposé) Couteau pliant à manche de bois, de la marque de ce nom ► **canivete Opinel**

opiner *vi* VX, DR Donner son avis ► **opinar** ■ FAM **opiner de la tête, du bonnet:** acquiescer en hochant la tête ► **dizer que sim com a cabeça**

opiniâtre *adj* Tenace, obstiné ► **obstinado**

opiniâtrement *adv* Obstinément ► **obstinadamente**

opiniâtreté *nf* Volonté tenace ► **obstinação**

opinion *nf* **1** Avis, manière de penser: *donner son opinion* ► **opinião 2** (au pluriel) Croyances, convictions religieuses ou politiques ► **opinião** ■ **l'opinion publique:** la façon de penser la plus répandue dans une société donnée ► **opinião pública**

opiomane *n et adj* Toxicomane qui prend de l'opium ► **opiômano**

opium [ɔpjɔm] *nm* **1** Suc de pavot qui a une propriété narcotique ► **ópio 2** FIG Cause d'engourdissement moral et intellectuel ► **ópio**

opossum [ɔpɔsɔm] *nm* Mammifère marsupial d'Amérique; sa fourrure ► **gambá, pele de gambá**

oppidum [ɔpidɔm] (pl *oppidums* ou *oppida*) *nm* ANTIQ ROM Ville fortifiée située sur un lieu élevé ► **ópido**

opportun, e *adj* Qui arrive à propos: *secours opportun* ► **oportuno**

opportunément *adv* Avec opportunité ► **oportunamente**

opportunisme *nm* Attitude de celui qui cherche à tirer le meilleur parti des circonstances en transigeant avec ses principes ► **oportunismo**

opportuniste *n* Personne qui agit avec opportunisme ► **oportunista**

opportunité *nf* **1** Qualité de ce qui est opportun: *discuter de l'opportunité d'une décision* ► **oportunidade 2** Occasion favorable: *avoir l'opportunité de changer* ► **oportunidade**

opposable *adj* Qui peut s'opposer à ► **oponível**

opposant, e *n et adj* Personne qui s'oppose à une décision, un gouvernement, etc. ► **opositor, oponente**

opposé, e *adj* **1** Placé vis-à-vis: *rives opposées* ► **oposto 2** Contradictoire, de nature différente: *intérêts opposés* ► **oposto 3** Qui s'oppose à, qui est défavorable à: *être opposé à la violence* ► **contrário** ♦ *nm* Chose contraire; inverse: *le bien est l'opposé du mal* ► **oposto** ■ **à l'opposé (de):** (a) du côté opposé (à) ► **do lado oposto (a) (b)** au contraire (de) ► **ao contrário (de)**

opposer *vt* **1** Placer de manière à faire obstacle: *opposer une digue aux flots* ► **opor 2** Mettre face à face pour le combat: *match qui oppose deux équipes* ► **opor 3** Mettre en parallèle, faire s'affronter: *opposer deux théories* ► **opor 4** Objecter: *opposer des arguments valables* ► **opor** ♦ **s'opposer** *vpr* **1** Ne pas accepter, faire obstacle à: *s'opposer à un mariage* ► **opor-se 2** Contraster, être incompatible: *opinions qui s'opposent* ► **opor-se**

opposite (à l') *loc adv* VX Vis-à-vis, à l'opposé ► **em frente, do lado oposto**

opposition *nf* **1** Contraste: *opposition de couleurs* ► **oposição 2** Différence extrême, contradiction:

opposition de caractères ► **oposição 3** Obstacle légal mis à une chose: *faire opposition à un jugement, à un paiement* ► **oposição 4** Fait de faire obstacle à, de lutter contre: *faire de l'opposition systématique* ► **oposição 5** Ensemble des adversaires d'un gouvernement: *membre de l'opposition* ► **oposição**

oppressant, e *adj* Qui oppresse ► **opressivo**

oppresser *vt* **1** Gêner la respiration de ► **oprimir 2** FIG Tourmenter, accabler: *ce souvenir l'oppresse* ► **oprimir**

oppresseur *nm* Celui qui opprime ► **opressor**

oppressif, ive *adj* Qui vise à l'oppression: *mesures oppressives* ► **opressivo**

oppression *nf* **1** Gêne respiratoire; malaise psychique sourd, angoisse qui étreint ► **opressão 2** FIG Action d'opprimer; fait d'être opprimé: *l'oppression d'un peuple* ► **opressão**

opprimant, e *adj* Qui opprime ► **opressor, opressivo**

opprimé, e *adj et n* Qu'on opprime ► **oprimido**

opprimer *vt* Imposer une autorité tyrannique et violente à ► **oprimir**

opprobre *nm* LITT Honte, humiliation ► **opróbrio**

optatif *nm* Mode du verbe qui exprime le souhait ► **optativo**

opter *vi* Choisir entre plusieurs solutions ► **optar**

opticien, enne *n* Fabricant ou marchand d'instruments d'optique, de lunettes ► **óptico**

optimal, e, aux *adj* Se dit de l'état le plus favorable ► **ótimo**

optimalisation ou **optimisation** *nf* Action d'optimaliser; fait d'être optimalisé ► **otimização**

optimaliser ou **optimiser** *vt* Donner à quelque chose le rendement optimal ► **otimizar**

optimisme *nm* **1** Attitude de ceux qui ont tendance à prendre les choses du bon côté ► **otimismo 2** Confiance dans l'avenir ► **otimismo**

optimiste *adj et n* Qui fait preuve d'optimisme ► **otimista**

optimum [ɔptimɔm] (pl *optimums* ou *optima*) *nm* État le plus favorable de quelque chose ► **ótimo**

option *nf* **1** Faculté, action d'opter; chose choisie ► **opção 2** Accessoire facultatif non prévu sur le modèle d'origine, à payer en sus: *autoradio en option* ► **opcional 3** Promesse d'achat ou de vente: *prendre une option sur un studio* ► **opção 4** Droit de choisir entre plusieurs situations juridiques ► **opção** ■ **option sur titres:** stock-option ► **preferência de subscrição de ações**

optionnel, elle *adj* Qui donne lieu à un choix, à une option: *crédits optionnels* ► **opcional**

optique¹ *adj* Relatif à l'œil, à la vision: *nerf optique* ► **óptico**

optique² *nf* **1** Partie de la physique qui traite de la lumière et de la vision ► **óptica 2** Fabrication et commerce d'instruments utilisant des lentilles et des miroirs (lunettes, jumelles, etc.) ► **óptica 3** Partie d'un appareil formé de lentilles et de miroirs: *l'optique d'une caméra* ► **ocular 4** FIG Point de vue, manière de voir ► **óptica**

opulence *nf* **1** Abondance de biens ► **opulência 2** Caractère de ce qui est opulent ► **opulência**

opulent, e *adj* **1** Très riche ► **opulento 2** Dont les formes corporelles sont développées: *poitrine opulente* ► **opulento**

opuntia [ɔpɔ̃sja] *nm* Plante grasse à rameaux épineux (appelée aussi: *figuier de Barbarie*) ► **opúncia**

opus [ɔpys] *nm* **1** Ordre d'un morceau de musique dans la production d'un compositeur; morceau correspondant: *adagio de l'opus 28* (abrév: *op.*) ► ***opus* 2** Production artistique ou littéraire (disque, film, roman, etc.): *le dernier opus d'un chanteur, d'un cinéaste* ► **obra**

opuscule *nm* Petit ouvrage, petit livre ► **opúsculo**

or¹ *nm* **1** Métal précieux d'une couleur jaune et brillante; symb: Au ► **ouro 2** Monnaie d'or ► **ouro** ■ **âge d'or:** époque de prospérité, de bonheur ► **época áurea** □ **c'est de l'or en barre:** c'est une valeur sûre ► **é dinheiro certo** □ **l'or** (+ adj): toute ressource naturelle génératrice de richesse ► **ouro** □ **l'or bleu:** l'eau ► **ouro azul** □ **l'or noir:** le pétrole ► **ouro negro** □ **l'or vert:** l'ensemble des ressources végétales ► **riqueza agrícola** □ **règle d'or:** principe qu'il convient de respecter absolument ► **regra de ouro** □ **rouler sur l'or:** être très riche ► **nadar em ouro** □ **une affaire en or:** excellente ► **negócio da China**

or² *conj* Marque une transition d'une idée à une autre; introduit une circonstance particulière dans un récit ► **ora, mas**

oracle *nm* **1** ANTIQ Réponse qu'on supposait faite par les dieux aux questions des hommes; la divinité consultée ► **oráculo 2** Décision émanant d'une autorité; cette autorité ► **oráculo**

orage *nm* **1** Perturbation atmosphérique violente, accompagnée d'averses, de tonnerre, d'éclairs ► **temporal 2** FIG Lutte, agitation entre des personnes ou des groupes humains ► **tumulto**

orageux, euse *adj* **1** Qui caractérise l'orage: *temps orageux* ► **tempestuoso 2** FIG Agité, violent: *vie, discussion orageuse* ► **tumultuoso**

oraison *nf* Prière liturgique ► **oração** ■ **oraison**

funèbre: discours en l'honneur d'un personnage décédé ▸ **oração fúnebre**

oral, e, aux *adj* **1** Qui se transmet par la parole; qui est exprimé de vive voix: *tradition orale* ▸ **oral 2** Qui concerne la bouche: *par voie orale* ▸ **oral** ◆ *nm* **1** Partie orale d'un examen ou d'un concours (par opposition à *écrit*) ▸ **(prova) oral 2** Le fait de parler: *s'exprimer facilement à l'oral* ▸ **oral**

oralement *adv* En paroles, de vive voix ▸ **oralmente**

orange *nf* Fruit de l'oranger ▸ **laranja** ◆ *adj inv et nm* D'une couleur jaune mêlée de rouge ▸ **laranja**

orangé, e *adj* Qui tire sur la couleur orange ▸ **alaranjado** ◆ *nm* Couleur orangée ▸ **alaranjado**

orangeade *nf* Jus d'orange additionné de sucre et d'eau ▸ **laranjada**

oranger *nm* Arbre du genre citronnier qui produit les oranges ▸ **laranjeira** ■ **eau de fleur d'oranger:** essence de fleurs du bigaradier ▸ **água de flor de laranjeira**

orangeraie *nf* Plantation d'orangers ▸ **laranjal**

orangerie *nf* Serre où l'on met les orangers en hiver ▸ **estufa para cultivo de laranjas**

orang-outan [ɔʀɑ̃utɑ̃] (pl *orangs-outans*) ou **orang-outang** [ɔʀɑ̃utɑ̃] (pl *orangs-outangs*) *nm* Grand singe anthropoïde de Sumatra et de Bornéo ▸ **orangotango**

orateur, trice *n* **1** Personne qui prononce un discours devant une assemblée, un groupe ▸ **orador 2** Personne éloquente ▸ **orador**

oratoire *adj* De l'orateur: *art oratoire* ▸ **oratório** ◆ *nm* Petite chapelle ▸ **oratório**

oratorio *nm* Drame lyrique sur un sujet religieux ▸ **oratório**

orbe[1] *adj* Se dit d'un mur sans ouverture ▸ **sem abertura**

orbe[2] *nm* LITT Surface circulaire, cercle ▸ **orbe**

orbital, e, aux *adj* Relatif à une orbite ▸ **orbital** ■ **station orbitale:** station spatiale placée sur orbite ▸ **estação orbital**

orbite *nf* **1** Courbe d'une planète, d'une comète autour du Soleil, d'un satellite autour de la planète ▸ **órbita 2** Cavité de l'œil ▸ **órbita 3** FIG Zone d'action, sphère d'influence: *être dans l'orbite d'une personnalité politique* ▸ **órbita**

orbiter *vi* Être en orbite autour d'un astre, d'une planète ▸ **orbitar**

orchestral, e, aux *adj* De l'orchestre ▸ **orquestral**

orchestration *nf* **1** Répartition des différentes parties d'une composition musicale entre les instruments de l'orchestre ▸ **orquestração 2** FIG Organisation concertée d'une action, d'un événement ▸ **orquestração, organização**

orchestre [ɔʀkɛstʀ] *nm* **1** Groupe de musiciens qui exécutent une œuvre ▸ **orquestra 2** Au théâtre, espace entre la scène et le public, où se placent les instrumentistes ▸ **orquestra 3** Ensemble des places au rez-de-chaussée d'une salle de spectacle, face à la scène ▸ **plateia**

orchestrer *vt* **1** Combiner pour l'orchestre les diverses parties d'une composition musicale ▸ **orquestrar 2** FIG Diriger, organiser en vue d'obtenir un certain résultat ▸ **orquestrar**

orchidacée [ɔʀkidase] *nf* Plante monocotylédone remarquable par ses belles fleurs (les orchidacées forment une famille) ▸ **orquidácea**

orchidée [ɔʀkide] *nf* Plante à fleurs ornementales de la famille des orchidacées ▸ **orquídea**

ordalie *nf* HIST Épreuve judiciaire, au Moyen Âge, qui consistait à faire dépendre de Dieu la culpabilité ou l'innocence d'un accusé ▸ **ordálio**

ordinaire *adj* **1** Qui se fait, qui a lieu habituellement: *événement très ordinaire* ▸ **habitual, trivial 2** Commun, répandu, médiocre: *esprit ordinaire* ▸ **banal** ◆ *nm* **1** Ce qui se fait habituellement ▸ **hábito 2** Menu habituel: *cela améliore l'ordinaire* ▸ **alimentação habitual** ■ **d'ordinaire:** généralement, le plus souvent ▸ **em geral**

ordinairement *adv* D'habitude, le plus souvent ▸ **geralmente**

ordinal, e, aux *adj* ▸ **ordinal** ■ **adjectif numéral ordinal:** qui marque le rang, l'ordre (EX: *cinquième, treizième*) ▸ **numeral ordinal** □ **nombre ordinal:** nombre entier qui indique l'ordre ▸ **(número) ordinal**

ordinateur *nm* Machine automatique de traitement de l'information, obéissant à des programmes formés par des suites d'opérations arithmétiques et logiques ▸ **computador**

ordination *nf* RELIG **1** Acte par lequel est administré le sacrement de l'ordre à un laïc chrétien ▸ **ordenação 2** Acte par lequel l'Église protestante confère à une personne la charge d'un ministère ▸ **consagração**

ordonnance *nf* **1** Arrangement, ordre, disposition: *l'ordonnance d'un repas* ▸ **organização 2** Loi, règlement: *ordonnance de police* ▸ **ordem 3** Prescription médicale: *rédiger une ordonnance* ▸ **receita médica** ■ **officier d'ordonnance:** officier qui remplit les fonctions d'aide de camp ▸ **ordenança**

ordonnancement *nm* Action d'ordonnancer ▸ **organização**

ordonnancer *vt (conj 1)* Disposer dans un certain ordre, agencer ▸ **organizar**

ordonnancier *nm* Bloc de papier à en-tête utilisé par un praticien pour rédiger ses ordonnances ▸ **receituário**

ordonnateur, trice *n et adj* Personne qui ordonne, dispose: *l'ordonnateur de la cérémonie* ▸ **organizador**

ordonné, e *adj* Qui a de l'ordre ▸ **ordenado**

ordonnée *nf* Coordonnée verticale caractérisant un point dans un plan (par opposition à *abscisse*) ▸ **ordenada**

ordonner *vt* **1** Commander, donner l'ordre de ▸ **ordenar 2** Mettre en ordre: *ordonner ses idées* ▸ **ordenar 3** Prescrire comme ordonnance: *ordonner des antibiotiques* ▸ **receitar 4** RELIG Consacrer par ordination ▸ **ordenar**

ordre *nm* **1** Commandement: *recevoir un ordre; jusqu'à nouvel ordre* ▸ **ordem 2** Manière dont les éléments d'un ensemble sont placés les uns par rapport aux autres: *ordre alphabétique* ▸ **ordem 3** Action, fait de ranger, d'être rangé: *mettre de l'ordre dans une pièce*; qualité d'une personne qui sait ranger: *avoir de l'ordre* ▸ **ordem 4** Catégorie, rang, classe: *ordre d'idées; de premier ordre* ▸ **ordem 5** Stabilité d'une société, absence de troubles: *le maintien de l'ordre* ▸ **ordem 6** HIST Chacune des trois classes (clergé, noblesse, tiers état) qui composaient la société sous l'Ancien Régime ▸ **ordem 7** Association professionnelle: *l'ordre des médecins* ▸ **ordem 8** Compagnie religieuse: *ordre monastique* ▸ **ordem 9** Sacrement qui confère le pouvoir d'exercer les fonctions ecclésiastiques ▸ **ordem 10** Institution par laquelle l'État reconnaît le mérite de quelqu'un: *l'ordre de la Légion d'honneur* ▸ **ordem 11** Endossement d'un effet de commerce: *billet à ordre; à l'ordre de* ▸ **ordem 12** SC NAT Groupe de plantes, d'animaux entre la classe et la famille: *l'ordre des orthoptères* ▸ **ordem 13** Style architectural antique: *ordre dorique* ▸ **ordem ▪ à l'ordre du jour:** d'actualité ▸ **na ordem do dia □ entrer dans les ordres:** se faire prêtre, religieux ou religieuse ▸ **ordenar-se □ mot d'ordre:** consigne donnée en vue d'une action précise ▸ **palavra de ordem □ ordre du jour:** liste des questions qu'une assemblée doit examiner tour à tour ▸ **ordem do dia**

ordure *nf* **1** Propos, écrit obscène ▸ **obscenidade 2** FAM Personne abjecte ▸ **canalha ◆ ordures** *pl* Déchets, saletés ▸ **lixo ▪ boîte à ordures:** poubelle ▸ **lata de lixo**

ordurier, ère *adj* Qui contient, dit ou écrit des obscénités ▸ **indecente**

orée *nf* LITT Bord, lisière d'un bois ▸ **orla**

oreillard *nm* Chauve-souris aux grandes oreilles ▸ **morcego-orelhudo**

oreille *nf* **1** Organe de l'ouïe; partie externe de cet organe, placée de chaque côté de la tête ▸ **orelha, ouvido 2** Ouïe: *avoir l'oreille fine; avoir de l'oreille* ▸ **orelha, ouvido 3** Objet ayant quelque ressemblance avec l'oreille, partie saillante de certains objets: *oreilles d'une marmite* ▸ **asa, orelha ▪ échauffer les oreilles:** irriter ▸ **encher a paciência □ faire la sourde oreille:** faire semblant de ne pas entendre ▸ **fazer ouvidos moucos □ tendre l'oreille:** écouter attentivement ▸ **aplicar o ouvido □ se faire tirer l'oreille:** céder avec peine ▸ **fazer-se de rogado**

oreiller *nm* Coussin pour soutenir la tête quand on est couché ▸ **travesseiro**

oreillette *nf* **1** Chacune des deux cavités supérieures du cœur ▸ **aurícula 2** Écouteur miniaturisé adapté à l'oreille, destiné à la communication téléphonique, à l'écoute musicale, etc. ▸ **fone de ouvido**

oreillons *nm pl* Maladie contagieuse qui se manifeste par un gonflement et une inflammation des glandes parotides ▸ **caxumba**

ores *adv* ▸ **agora ▪ d'ores et déjà:** dès maintenant ▸ **de agora em diante**

orfèvre *n* Personne qui fait ou vend des ouvrages d'or et d'argent ▸ **ourives ▪ être orfèvre en la matière:** être expert dans un domaine ▸ **ser craque no assunto**

orfèvrerie *nf* Métier, ouvrage de l'orfèvre ▸ **ourivesaria**

orfraie *nf* Oiseau de proie diurne ▸ **águia-pescadora ▪ pousser des cris d'orfraie:** des cris épouvantables ▸ **gritar como uma maritaca**

organdi *nm* Mousseline légère ▸ **organdi**

organe *nm* **1** Partie d'un corps vivant qui remplit une fonction utile à la vie: *l'œil est l'organe de la vue* ▸ **órgão 2** La voix humaine: *avoir un bel organe* ▸ **voz 3** Publication qui est le porte-parole, le représentant officiel d'un parti, d'un organisme, etc. ▸ **órgão 4** Chacun des éléments essentiels d'un appareil, d'une machine, etc. ▸ **órgão 5** FIG Ce qui sert d'intermédiaire, d'instrument: *les organes politiques* ▸ **órgão**

organigramme *nm* Graphique de la structure d'une entreprise, d'une organisation ▸ **organograma**

organique *adj* **1** Relatif aux organes ou aux êtres organisés: *la vie organique* ▸ **orgânico 2** Qui provient de tissus vivants (par opposition à *chimique*): *engrais organique* ▸ **orgânico ▪ chimie organique:** partie de la chimie qui étudie le carbone et ses composés ▸ **química orgânica**

organiquement *adv* De façon organique ▸ **or-**

ganicamente

organisateur, trice *n et adj* Personne qui organise ▸ **organizador**

organisation *nf* **1** Action d'organiser, d'arranger; qualité d'une personne organisée: *manquer d'organisation* ▸ **organização 2** Manière dont un ensemble ou un groupe sont structurés, agencés ▸ **organização 3** Association qui se propose des buts déterminés: *organisation syndicale* ▸ **organização**

organisé, e *adj* **1** Qui sait aménager sa vie, ses affaires: *personne très organisée* ▸ **organizado 2** Qui est constitué, aménagé d'une certaine façon: *cuisine bien organisée* ▸ **organizado 3** BIOL Pourvu d'organes correspondant à diverses fonctions de la vie ▸ **organizado**

organiser *vt* **1** Préparer dans un but et selon un plan précis: *organiser un voyage* ▸ **organizar 2** Donner une structure en vue de faire fonctionner: *organiser un service* ▸ **organizar ♦ s'organiser** *vpr* **1** Arranger son travail, ses affaires de façon efficace ▸ **organizar-se 2** Prendre forme ▸ **organizar-se**

organiseur *nm* **1** Agenda à feuillets mobiles ▸ **agenda 2** Agenda électronique ▸ **agenda eletrônica**

organisme *nm* **1** Ensemble des organes qui constituent un être vivant ▸ **organismo 2** Être vivant doté ou non d'organes: *organisme pluricellulaire* ▸ **organismo 3** Ensemble, groupe organisé: *organisme semi-public* ▸ **organismo**

organiste *n* Personne qui joue de l'orgue ▸ **organista**

organologie *nf* Étude des instruments de musique, de leur histoire, de leur classification, etc. ▸ **organologia**

organsin *nm* Fils de soie grège tordus réunis par un doublage, utilisés en chaîne dans le tissage de la soie ▸ **organsim**

orgasme *nm* Point culminant du plaisir sexuel ▸ **orgasmo**

orge *nf* Céréale dont les épis portent de longues barbes; graine de cette céréale ▸ **cevada ▪ sucre d'orge:** sucre cuit avec une décoction d'orge et coloré ▸ **rebuçado**

orgeat *nm* Sirop préparé avec une émulsion d'amandes ▸ **orchata**

orgelet *nm* Petite tumeur inflammatoire au bord de la paupière ▸ **terçol**

orgiaque *adj* Qui tient de l'orgie ▸ **orgíaco**

orgie *nf* **1** Débauche ▸ **orgia 2** LITT Surabondance, profusion: *une orgie de couleurs* ▸ **orgia**

orgue *nm* Instrument de musique à vent et à tuyaux, à claviers et pédales ▸ **órgão ▪ orgue de Barbarie:** orgue mécanique à manivelle ▸ **realejo** □ MUS **point d'orgue:** repos plus ou moins long sur une note quelconque ▸ ***fermata***

GRAMMAIRE *Orgue* est féminin au pluriel dans la langue littéraire: *les grandes orgues*

orgueil *nm* **1** Estime excessive de soi ▸ **orgulho 2** Sentiment de sa propre dignité, fierté légitime ▸ **orgulho 3** Objet de fierté: *cet enfant est l'orgueil de ses parents* ▸ **orgulho**

orgueilleusement *adv* Avec orgueil ▸ **orgulhosamente**

orgueilleux, euse *adj et n* Qui a de l'orgueil, qui le manifeste ▸ **orgulhoso**

orient *nm* **1** L'un des points cardinaux, où le Soleil se lève; levant, est ▸ **oriente 2** (avec une majuscule) Ensemble des pays d'Asie par rapport à l'Europe ▸ **Oriente ▪ Grand Orient:** loge maçonnique centrale ▸ **Grande Oriente**

orientable *adj* Que l'on peut orienter ▸ **orientável**

oriental, e, aux *adj* Qui se situe à l'est: *côte orientale* ▸ **oriental ♦** *adj et n* De l'Orient: *les Orientaux* ▸ **oriental**

orientalisme *nm* Étude des cultures, des langues orientales ▸ **orientalismo**

orientaliste *n* Spécialiste des cultures, des langues orientales ▸ **orientalista**

orientation *nf* **1** Action d'orienter; fait de s'orienter: *avoir le sens de l'orientation* ▸ **orientação 2** Position par rapport aux points cardinaux: *orientation d'une chambre* ▸ **orientação 3** FIG Direction, tendance donnée à quelqu'un ou à quelque chose: *orientation des élèves, d'une recherche* ▸ **orientação**

orienté, e *adj* Qui a une tendance doctrinale ou politique nettement marquée ▸ **tendencioso**

orienter *vt* **1** Disposer par rapport aux points cardinaux: *orienter une maison* ▸ **orientar 2** FIG Guider, diriger: *orienter vers une carrière* ▸ **orientar ♦ s'orienter** *vpr* **1** Reconnaître sa position par rapport aux points cardinaux; retrouver son chemin ▸ **orientar-se 2** FIG Se diriger: *s'orienter vers les sciences* ▸ **orientar-se**

orifice *nm* Ouverture, trou ▸ **orifício**

oriflamme *nf* Drapeau ou bannière d'apparat ▸ **auriflama**

origami *nm* Art traditionnel japonais du papier plié ▸ ***origami***

origan *nm* Plante aromatique (appelée aussi: *marjolaine*) ▸ **orégano**

originaire *adj* Qui vient de, qui tire son origine de: *originaire d'Afrique* ▸ **originário**

originairement *adv* À l'origine ▸ **originariamente**
original, e, aux *adj* **1** Qui émane directement de l'auteur, de la source: *texte original* ▸ **original 2** Unique en son genre, qui ne ressemble à rien d'autre: *pensée originale* ▸ **original 3** Singulier; bizarre: *décor original* ▸ **original** ♦ *nm* Texte, ouvrage, modèle primitif: *copie conforme à l'original* ▸ **original** ♦ *n* Personne excentrique, singulière ▸ **original**
originalement *adv* De façon originale ▸ **originalmente**
originalité *nf* **1** Caractère de ce qui est original ▸ **originalidade 2** Bizarrerie, nouveauté, excentricité ▸ **originalidade**
origine *nf* **1** Commencement, début: *l'origine du monde* ▸ ***origem*** **2** Cause, source: *l'origine d'un bruit* ▸ ***origem*** **3** Provenance, extraction: *d'origine anglaise* ▸ ***origem*** ■ **à l'origine:** au début ▸ **no começo** □ **d'origine: (a)** qui vient directement du lieu de production: *vin d'origine* ▸ ***original*** **(b)** qui est là depuis le début: *pièces d'origine* ▸ ***original***
originel, elle *adj* Qui remonte à l'origine ▸ **original** ■ **péché originel:** celui que tous les hommes, dans la croyance chrétienne, ont contracté en la personne d'Adam ▸ **pecado original**
originellement *adv* Dès l'origine ▸ **originalmente**
orignal (pl *orignaux*) *nm* Élan du Canada ▸ **alce**
oripeaux *nm pl* LITT Vêtements usés ▸ **frangalho**
ORL (sigle) *n* Oto-rhino-laryngologiste ▸ **ORL** ♦ *nf* Oto-rhino-laryngologie ▸ **ORL**
orléaniste *n et adj* HIST Personne qui soutenait les revendications au trône de France de la maison d'Orléans ▸ **orleanista**
orme *nm* Arbre à feuilles dentelées et au bois solide et souple; bois de cet arbre ▸ **olmo**
ormeau¹ *nm* Jeune orme ▸ **olmo pequeno**
ormeau² *nm* Mollusque comestible à coquille plate ▸ **abalone**
orne *nm* Frêne du sud de l'Europe ▸ **freixo**
ornemaniste *n* BX-ARTS Sculpteur ou peintre d'ornements ▸ **ornamentista**
ornement *nm* **1** Ce qui orne, décore: *les ornements d'une église* ▸ **ornamento 2** Détail destiné à la décoration, à l'embellissement d'une composition artistique ▸ **ornamento** ■ **d'ornement:** purement décoratif: *plante d'ornement* ▸ **ornamental**
ornemental, e, aux *adj* Qui concerne les ornements; qui sert à l'ornement ▸ **ornamental**
ornementation *nf* Action, art, manière d'orner, de décorer; chose qui orne ▸ **ornamentação**
ornementer *vt* Enrichir d'ornements ▸ **ornamentar**
orner *vt* Parer, décorer ▸ **ornar**
ornière *nf* Trace creusée dans le sol par les roues des voitures ▸ **carril** ■ **sortir de l'ornière: (a)** se dégager de la routine ▸ **sair da rotina (b)** sortir d'une situation difficile ▸ **sair de uma situação difícil**
ornithologie *nf* Partie de la zoologie qui traite des oiseaux ▸ **ornitologia**
ornithologique *adj* Relatif à l'ornithologie ▸ **ornitológico**
ornithologiste ou **ornithologue** *n* Spécialiste d'ornithologie ▸ **ornitólogo**
ornithomancie *nf* Divination par le vol ou le chant des oiseaux ▸ **ornitomancia**
ornithorynque *nm* Mammifère d'Australie dont le bec corné ressemble à celui du canard ▸ **ornitorrinco**
orogenèse *nf* GÉOL Formation des chaînes de montagnes ▸ **orogenia**
orogénique *adj* Relatif à l'orogenèse ▸ **orogênico**
orographie *nf* Étude du relief terrestre ▸ **orografia**
oronge *nf* Champignon comestible d'un rouge doré ▸ **amanita dos césares** ■ **fausse oronge:** champignon vénéneux dit *amanite tue-mouches* ▸ **amanita mata-moscas**
orpailleur *nm* Homme qui recherche les paillettes d'or dans le lit de cours d'eau ▸ **garimpeiro**
orphelin, e *n et adj* Enfant qui a perdu son père et sa mère, ou l'un d'eux ▸ **órfão** ♦ *adj* ■ **maladie orpheline:** maladie héréditaire rare pour laquelle il n'existe pas de traitement ▸ **doença órfã, doença rara**
orphelinat *nm* Établissement où l'on élève les enfants orphelins ▸ **orfanato**
orphéon *nm* Chorale de voix d'hommes ou de voix mixtes d'enfants; fanfare ▸ **orfeão, banda**
orphéoniste *n* Membre d'un orphéon ▸ **orfeonista, músico de banda**
orphie *nf* Poisson à bec fin et pointu (dit aussi: *aiguille de mer*) ▸ **peixe-agulha**
orphique *adj* Relatif au mythe grec d'Orphée ▸ **órfico**
orphisme *nm* Courant religieux initiatique de la Grèce antique rattaché à Orphée, prônant l'ascèse pour libérer l'âme ▸ **orfismo**
orpiment *nm* Sulfure d'arsenic ▸ **ouro-pigmento**
orque *nf* Mammifère marin (dit aussi: *épaulard*) ▸ **orca**

ORSEC [orsɛk] *adj* (sigle de *organisation des secours*) ▪ **plan ORSEC:** programme d'organisation des secours déclenché par le préfet en cas de catastrophe ▸ **plano *ORSEC***

orteil *nm* Doigt de pied ▸ **dedo do pé**

orthodontie [ɔrtɔdɔ̃si] *nf* Correction des anomalies de position des dents ▸ **ortodontia**

orthodontiste *n* Spécialiste d'orthodontie ▸ **ortodontista**

orthodoxe *adj* Conforme à un dogme religieux, à une doctrine (par opposition à *hérétique*) ▸ **ortodoxo** ◆ *adj et n* Qui concerne les Églises chrétiennes d'Orient ▸ **ortodoxo**

orthodoxie *nf* Caractère de ce qui est orthodoxe ▸ **ortodoxia**

orthogonal, e, aux *adj* À angle droit ▸ **ortogonal**

orthographe *nf* Manière d'écrire correctement les mots ▸ **ortografia**

orthographier *vt* Écrire suivant les règles de l'orthographe ▸ **ortografar** ◇ *vpr: «carotte» s'orthographie avec deux t* ▸ **escrever-se**

orthographique *adj* Relatif à l'orthographe ▸ **ortográfico**

orthopédie *nf* Traitement des affections du squelette, des articulations, de l'appareil locomoteur ▸ **ortopedia**

orthopédique *adj* Relatif à l'orthopédie ▸ **ortopédico**

orthopédiste *n et adj* Spécialiste d'orthopédie ▸ **ortopedista**

orthophonie *nf* Rééducation du langage écrit et oral ▸ **ortofonia**

orthophoniste *n* Spécialiste d'orthophonie ▸ **ortofonista**

orthoptère *nm* Insecte dont les ailes membraneuses ont des plis droits, comme le criquet, la sauterelle, le grillon (les orthoptères forment un ordre) ▸ **ortóptero**

orthoptie [ɔrtɔpsi] ou **orthoptique** *nf* Branche de l'ophtalmologie qui traite les défauts de la vue par la gymnastique oculaire ▸ **ortóptica**

orthoptiste *n* Spécialiste d'orthoptie ▸ **ortóptico**

ortie *nf* Plante couverte de poils irritants ▸ **urtiga**

ortolan *nm* Espèce de bruant de l'Europe à la chair délicate ▸ **sombria**

orvet *nm* Reptile proche des lézards, sans pattes ▸ **cobra-de-vidro**

orviétan *nm* VX Remède supposé guérir ▸ **elixir** ▪ LITT **marchand d'orviétan:** charlatan ▸ **charlatão**

os [ɔs], au pluriel [o] *nm* Partie dure et solide de la charpente du corps de l'homme et des animaux vertébrés ▸ **osso** ▪ FIG **en chair et en os:** en personne ▸ **em carne e osso** □ FAM **tomber sur un os:** sur une difficulté imprévue ▸ **esbarrar em uma dificuldade**

OS [oɛs] *n* (sigle) Ouvrier spécialisé ▸ **Ø**

oscar *nm* Haute récompense cinématographique attribuée chaque année à Hollywood ▸ **óscar**

oscillant, e *adj* Qui oscille ▸ **oscilante**

oscillation *nf* **1** Mouvement d'un corps qui va et vient de part et d'autre de sa position d'équilibre: *les oscillations du pendule* ▸ **oscilação 2** FIG Fluctuation, changement: *les oscillations de l'opinion publique* ▸ **oscilação**

oscillatoire *adj* De la nature de l'oscillation ▸ **oscilante**

osciller [ɔsile] *vi* **1** Exécuter des oscillations ▸ **oscilar 2** FIG Varier, hésiter ▸ **oscilar**

oscillographe *nm* Appareil permettant d'enregistrer les variations d'un courant électrique ▸ **oscilógrafo**

osé, e *adj* Hardi, audacieux; grivois ▸ **ousado, atrevido**

oseille *nf* **1** Plante potagère d'un goût acide ▸ **azeda 2** FAM Argent ▸ **grana**

oser *vt* Avoir la hardiesse, le courage de: *ne pas oser se plaindre* ▸ **ousar, atrever-se**

osier *nm* Rameau jaune et flexible d'une sorte de saule; saule donnant ces rameaux ▸ **vime, vimeiro**

osmium [ɔsmjɔm] *nm* Métal très lourd, voisin du platine; symb: Os ▸ **ósmio**

osmose *nf* **1** Phénomène de diffusion d'une solution à travers une membrane semi-perméable ▸ **osmose 2** FIG, SOUT Interpénétration, influence réciproque: *vivre en osmose* ▸ **interpenetração**

ossature *nf* **1** L'ensemble des os ▸ **esqueleto 2** FIG Armature, charpente: *ossature d'un roman* ▸ **ossatura, estrutura**

osselet *nm* Petit os, en particulier de l'oreille ▸ **ossículo** ◆ **osselets** *pl* ▸ **ganizes** ▪ **jouer aux osselets:** lancer et rattraper sur le dos de la main de petits objets de matière quelconque en forme de petits os ▸ **jogar cinco-marias**

ossements *nm pl* Os décharnés ▸ **ossada**

osseux, euse *adj* **1** De la nature de l'os: *tissu osseux* ▸ **ósseo 2** Dont les os sont saillants ▸ **ossudo 3** Qui a des os: *poisson osseux* ▸ **ósseo**

ossification *nf* Transformation d'un tissu en tissu osseux ▸ **ossificação**

ossifier (s') *vpr* Se transformer en tissu osseux ▸ **ossificar-se**

ossuaire *nm* Lieu où sont conservés des ossements humains ▸ **ossário**

ostéalgie *nf* MÉD Douleur osseuse ► **ostealgia**
ostéite *nf* Inflammation du tissu osseux ► **osteíte**
ostensible *adj* Qu'on ne cache pas, qu'on cherche à montrer ► **ostensivo**
ostensiblement *adv* De façon ostensible ► **ostensivamente**
ostensoir *nm* Pièce d'orfèvrerie où l'on expose l'hostie consacrée ► **ostensório**
ostentation *nf* Étalage excessif d'une qualité, d'un avantage: *agir avec ostentation* ► **ostentação**
ostentatoire *adj* Qui manifeste de l'ostentation ► **ostentatório**
ostéodensitométrie *nf* Mesure de la densité osseuse par évaluation du contenu minéral des os (elle permet le dépistage de l'ostéoporose) ► **densitometria óssea**
ostéomyélite *nf* Inflammation des os et de la moelle osseuse ► **osteomielite**
ostéopathe *n* Personne qui soigne par des manipulations articulaires ► **osteopata**
ostéopathie *nf* **1** Maladie des os en général ► **osteopatia 2** Pratique de l'ostéopathe ► **osteopatia**
ostéoplastie *nf* CHIR Restauration d'un os à l'aide de fragments osseux ► **osteoplastia**
ostéoporose *nf* Raréfaction pathologique du tissu osseux ► **osteoporose**
ostéotomie *nf* Action de couper un os ► **osteotomia**
ostraciser *vt* Tenir à l'écart, isoler: *ostraciser un pays* ► **ostracizar**
ostracisme *nm* LITT Exclusion d'un groupe quelconque: *être frappé d'ostracisme* ► **ostracismo**
ostréicole *adj* Relatif à l'ostréiculture ► **ostreícola**
ostréiculteur, trice *n* Personne qui pratique l'ostréiculture ► **ostreicultor**
ostréiculture *nf* Élevage des huîtres ► **ostreicultura**
ostrogoth, e ou **ostrogot, e** *adj* Relatif à un ancien peuple germanique ► **ostrogodo** ♦ *nm* FAM Individu bourru ou bizarre ► **esquisitão**
otage *n* Personne prise ou livrée en garantie de l'exécution de certaines promesses ou certaines conventions ► **refém**
ORTHOGRAPHE On écrit: *il les a retenus en otage* (locution adverbiale, invariable), mais *il les a retenus comme otages* (nom, variable)
otarie *nf* Mammifère marin voisin du phoque; peau, fourrure de ce mammifère ► **leão-marinho, pele de leão-marinho**
ôté *prép* LITT En ôtant, si l'on ôte, excepté ► **exceto**
ôter *vt* **1** Tirer, enlever quelqu'un, quelque chose de l'endroit où il est ► **retirar** ♦ *vpr* FAM: *ôte-toi de là!* ► **retirar-se 2** Enlever, se débarrasser de: *ôter son manteau* ► **tirar 3** Retirer, déposséder de: *ôter ses illusions à quelqu'un* ► **tirar 4** Retrancher, soustraire ► **tirar**
otite *nf* Inflammation de l'oreille ► **otite**
oto-rhino *n* (abrév) Oto-rhino-laryngologiste ► **otorrino**
oto-rhino-laryngologie *nf* Étude des maladies des oreilles, du nez et de la gorge ► **otorrinolaringologia**
oto-rhino-laryngologiste *n* Spécialiste d'oto-rhino-laryngologie (sigle: *ORL*) ► **otorrinolaringologista**
ottoman, e *adj et n* Relatif à l'Empire turc des Ottomans (début du XIVe s. à 1922) ► **otomano**
ou *conj* **1** Indique l'alternative, un choix ou une indifférence entre deux possibilités: *vaincre ou mourir* ► **ou 2** Indique l'équivalence, l'explication en d'autres termes: *Constantinople ou Istanbul* ► **ou**
où *adv et pron relat* **1** Marque le lieu: *où est-il?; la maison où il habite* ► **onde 2** Marque le moment: *le jour où* ► **em que 3** Marque un état, une situation, un degré: *au prix où c'est* ► **a que 4** Interroge sur le but: *où cela nous mènera-t-il?* ► **aonde** ■ **d'où: (a)** de quel endroit: *d'où vient-il?* ► **de onde (b)** indique la conséquence: *je ne l'ai pas vu, d'où mon accident* ► **donde, daí** □ **là où:** au lieu dans lequel ► **no lugar onde** □ **par où:** par quel endroit ► **por onde**
ouailles *nf pl* LITT Ensemble des paroissiens d'un prêtre ou d'un pasteur ► **ovelhas**
ouais *interj* FAM Oui ► **sim**
ouate *nf* Coton étalé en nappe et préparé pour servir de doublure à un vêtement, ou de pansement: *ouate hydrophile* ► **algodão**
EMPLOI On dit aussi bien *de l'ouate* que *de la ouate*
ouaté, e *adj* Qui donne une impression de douceur: *atmosphère ouatée* ► **suave**
ouater *vt* Garnir d'ouate ► **algodoar**
ouatiné, e *adj* Doublé d'une nappe de fibre textile cousue entre deux tissus légers ► **acolchoado**
oubli *nm* **1** Fait d'oublier: *l'oubli d'un détail* ► **esquecimento 2** Défaillance ponctuelle de la mémoire ou de l'attention; étourderie ► **esquecimento 3** Manquement à des règles ou à des convenances: *l'oubli de ses devoirs* ► **falta** ■ **oubli de soi:** fait de ne pas tenir compte de son intérêt ou de ses sentiments ► **abnegação**

oublier *vt* **1** Perdre le souvenir de: *oublier une date* ▸ **esquecer 2** Laisser par inadvertance: *oublier ses gants* ▸ **esquecer 3** Omettre par défaut d'attention: *oublier (d'ajouter de) la moutarde* ▸ **esquecer 4** Ne plus se préoccuper de: *oublier ses amis, ses soucis* ▸ **esquecer 5** Pardonner: *oublier une injure* ▸ **perdoar** ▪ **oublier l'heure:** ne pas faire attention à l'heure et se mettre en retard ▸ **perder a hora**

oubliette *nf* Cachot souterrain où l'on jetait les prisonniers condamnés à la détention perpétuelle ▸ **masmorra**

oublieux, euse *adj* Qui oublie facilement ▸ **esquecido**

oued [wɛd] *nm* **1** Rivière, en Afrique du Nord ▸ **uádi 2** Cours d'eau intermittent dans les régions arides ▸ **uádi**

ouest [wɛst] *nm* **1** Partie de l'horizon où le soleil se couche; couchant, occident ▸ **oeste 2** Pays ou région situés de ce côté: *l'ouest de la France* ▸ **oeste**

ORTHOGRAPHE On écrit: *dans l'Ouest* (région), mais *à, vers l'ouest* (orientation)

ouest-allemand, e (pl *ouest-allemands, es*) *adj et n* Relatif à la République fédérale d'Allemagne avant la réunification de l'Allemagne ▸ **alemão-ocidental**

ouf *interj* Marque le soulagement ▸ **ufa**

ougandais, e *adj et n* De l'Ouganda: *les Ougandais* ▸ **ugandense**

oui *adv* **1** Marque une réponse affirmative; équivaut à une proposition affirmative (par opposition à *non*): *je crois que oui* ▸ **sim 2** Marque l'impatience: *tu te décides, oui?* ▸ **sim** ◆ *nm inv* Approbation, accord ▸ **sim** ▪ **pour un oui ou pour un non:** très souvent, sans motif ▸ **por qualquer coisinha**

ouï-dire *nm inv* Ce qu'on sait par la rumeur publique: *ce ne sont que des ouï-dire* ▸ **boato**

ouïe [wi] *nf* Sens par lequel on perçoit les sons ▸ **audição** ◆ **ouïes** *pl* **1** Branchies des poissons ▸ **brânquias 2** Ouvertures en forme de S pratiquées à la table supérieure d'un violon ▸ **ouvidos**

ouille ou **ouïe** [uj] *interj* Cri poussé pour exprimer une douleur ▸ **ui**

ouïr *vt* (seulement à l'infinitif et au participe passé: *ouï, e*) LITT Entendre: *j'ai ouï dire que* ▸ **ouvir**

ouistiti *nm* Singe d'Amérique de petite taille ▸ **sagui**

oukase ou **ukase** [ukaz] *nm* SOUT Décision autoritaire et arbitraire ▸ **ucasse**

ouléma ou **uléma** [ulema] *nm* Docteur de la loi, théologien musulman ▸ **ulemá**

ouolof ou **wolof** [wɔlɔf] *nm* Une des langues nationales au Sénégal ▸ **uolofe**

ouragan *nm* **1** Tempête violente ▸ **furacão 2** FIG Déchaînement impétueux: *ouragan politique* ▸ **furacão**

ourdir *vt* **1** Disposer sur l'ourdissoir les fils de la chaîne d'une étoffe ▸ **urdir 2** LITT Tramer, organiser: *ourdir une conspiration* ▸ **urdir**

ourdissage *nm* Action d'ourdir ▸ **urdidura**

ourdissoir *nm* Pièce sur laquelle le tisserand ourdit la chaîne ▸ **urdideira**

ourdou *nm* Une des deux langues nationales du Pakistan ▸ **urdu**

ourler *vt* Faire un ourlet ▸ **embainhar**

ourlet *nm* Repli cousu au bord d'une étoffe ▸ **bainha**

ours [urs] *nm* **1** Grand mammifère carnivore, lourd, à fourrure épaisse ▸ **urso 2** FIG Homme bourru, peu communicatif ▸ **urso 3** Jouet en peluche ressemblant à un ourson ▸ **ursinho de pelúcia**

ourse *nf* Femelle de l'ours ▸ **ursa** ▪ **Grande, Petite Ourse:** nom de deux constellations de l'hémisphère boréal ▸ **Ursa Maior, Menor**

oursin *nm* Animal marin couvert de piquants mobiles, et dont les glandes reproductrices sont comestibles ▸ **ouriço-do-mar**

ourson *nm* Petit de l'ours ▸ **ursinho**

oust [ust] ou **ouste** *interj* FAM S'emploie pour mettre dehors ou accélérer une action ▸ **vai**

out [awt] *adv et adj inv* Hors des limites du terrain; hors de combat ▸ **fora,** ***out*** ◆ *adj inv* FAM Dépassé par le progrès, par la situation: *matériel out* ▸ ***out***

outarde *nf* Oiseau échassier à la chair savoureuse ▸ **abetarda**

outil [uti] *nm* **1** Instrument manuel de travail: *outil de coupe* ▸ **ferramenta 2** Tout instrument de travail: *ce livre est un bon outil* ▸ **ferramenta, instrumento**

outillage *nm* Assortiment d'outils, de machines: *l'outillage d'une usine* ▸ **equipamento**

outillé, e *adj* Muni des outils nécessaires à un travail: *bien, mal outillé* ▸ **equipado**

outiller *vt* Munir des outils, du matériel nécessaires ▸ **equipar, aparelhar**

outlaw [awtlo] *nm* Individu hors la loi ▸ **fora da lei**

outrage *nm* Injure, offense ▸ **ultraje**

outrageant, e *adj* Qui outrage; insultant ▸ **ultrajante**

outrager *vt (conj 2)* Offenser gravement ▸ **ultrajar**

outrageusement *adv* Excessivement: *outrageusement fardée* ▸ **exageradamente**

outrance *nf* Excès, exagération ▸ **exagero** ▪ **à outrance:** à l'excès ▸ **exageradamente**

outrancier, ère *adj* Excessif ▸ **exagerado**

outre[1] *nf* Sac en peau de bouc pour conserver et transporter des liquides ▸ **odre**

outre[2] *prép* En plus de ▸ **além de** ▪ **outre mesure:** à l'excès ▸ **desmedidamente** ♦ *adv* ▪ **passer outre:** ne pas tenir compte de ▸ **passar por cima de** ♦ **en outre** *loc adv* De plus ▸ **além disso** ♦ **outre que** *loc conj* En plus du fait que ▸ **além de**

outré, e *adj* **1** Exagéré: *paroles outrées* ▸ **exagerado** **2** Indigné: *j'en suis outré* ▸ **indignado**

outre-Atlantique *adv* De l'autre côté de l'Atlantique par rapport à l'Europe, c'est-à-dire aux États-Unis ▸ **do outro lado do Atlântico**

outrecuidance *nf* LITT Présomption, impertinence ▸ **presunção**

outrecuidant, e *adj* LITT Présomptueux, impertinent, arrogant ▸ **presunçoso**

outre-Manche *adv* Au-delà de la Manche, par rapport à la France ▸ **do outro lado do canal da Mancha**

outremer *nm* Pierre fine d'un beau bleu ▸ **lápis-lazúli** ♦ *adj inv et nm* De la couleur de cette pierre ▸ **ultramarino, ultramar**

outre-mer *loc adv* Au-delà des mers, par rapport à la France: *départements et territoires d'outre-mer* ▸ **ultramar**

outrepasser *vt* Aller au-delà de: *outrepasser ses droits* ▸ **exceder**

outrer *vt* **1** Exagérer: *outrer la vérité* ▸ **exagerar** **2** Irriter, indigner: *outrer quelqu'un* ▸ **indignar**

outre-Rhin *loc adv* Au-delà du Rhin ▸ **do outro lado do rio Reno**

outre-tombe *loc adv* Après la mort: *Mémoires d'outre-tombe* ▸ **além-túmulo**

outsider [awtsajdr] *nm* Concurrent dont les chances de gagner sont faibles ▸ **azarão**

ouvert, e *adj* **1** Qui n'est pas fermé: *ouvert au public* ▸ **aberto** **2** Franc, sincère, accueillant: *caractère ouvert* ▸ **aberto**

ouvertement *adv* Sans cacher ses intentions ▸ **abertamente**

ouverture *nf* **1** Action d'ouvrir: *ouverture d'un coffre*; fait d'être ouvert: *ouverture des magasins; ouverture d'esprit*; état de ce qui est ouvert: *horaires d'ouverture* ▸ **abertura** **2** Fente, trou, orifice: *faire une ouverture* ▸ **abertura** **3** Début officiel d'une manifestation, d'une séance: *ouverture de la chasse* ▸ **abertura** **4** MUS Préface instrumentale d'un opéra ▸ **abertura** ♦ **ouvertures** *pl* Propositions, premières négociations: *ouvertures de paix* ▸ **propostas**

ouvrable *adj* ▸ **que pode ser trabalhado** ▪ **jour ouvrable:** jour de travail (par opposition à *jour férié*) ▸ **dia útil**

ouvrage *nm* **1** Livre: *publier un ouvrage* ▸ **obra** **2** Travail: *avoir de l'ouvrage* ▸ **trabalho** **3** Objet produit par un travail quelconque: *ouvrage de couture* ▸ **trabalho, obra**

ouvragé, e *adj* Finement travaillé, décoré ▸ **trabalhado**

ouvrant, e *adj* Qui peut être ouvert: *toit ouvrant* ▸ **que se pode abrir, móvel**

ouvré, e *adj* TECHN Façonné, travaillé avec soin ▸ **trabalhado** ▪ **jour ouvré:** où l'on travaille effectivement ▸ **dia de trabalho**

ouvre-boîtes *nm inv* Instrument pour ouvrir les boîtes de conserve ▸ **abridor de latas**

ouvre-bouteilles *nm inv* Instrument pour décapsuler les bouteilles ▸ **abridor de garrafas**

ouvrer *vt* TECHN Travailler, façonner ▸ **trabalhar**

ouvreur, euse *n* (surtout au féminin) Personne chargée de placer les spectateurs dans un cinéma, un théâtre ▸ **lanterninha**

ouvrier, ère *n* Salarié qui effectue un travail manuel ou mécanique pour gagner sa vie ▸ **operário, trabalhador** ▪ **ouvrier qualifié:** ouvrier ayant au minimum un certificat d'aptitude professionnelle ▸ **operário qualificado** ▫ **ouvrier spécialisé (OS):** dont le travail ne nécessite aucune formation spécifique ▸ **operário especializado** ♦ *adj* Relatif aux ouvriers: *classe ouvrière* ▸ **operário**

ouvrière *nf* Individu stérile chez les abeilles, les fourmis, etc., assurant notamment la nutrition et la construction du nid ▸ **operária**

ouvriérisme *nm* Tendance à donner la priorité aux revendications ouvrières; tendance à exalter la classe ouvrière ▸ **trabalhismo**

ouvriériste *adj et n* Qui relève de l'ouvriérisme ▸ **trabalhista**

ouvrir *vt (conj 16)* **1** Défaire une fermeture: *ouvrir une fenêtre* ▸ **abrir** **2** Permettre un accès: *ouvrir une route, les frontières* ▸ **abrir** **3** Déplier: *ouvrir le journal, les bras* ▸ **abrir** **4** Allumer, faire fonctionner: *ouvrir la radio* ▸ **ligar** **5** Commencer: *ouvrir des négociations* ▸ **abrir** ♦ *vi* **1** Être ouvert: *magasin qui ouvre le dimanche* ▸ **abrir** **2** Donner accès: *ouvrir sur un jardin* ▸ **abrir** ♦ **s'ouvrir** *vpr* **1** Présenter une ouverture: *la porte s'ouvre; le pays s'ouvre au tourisme* ▸ **abrir-se** **2** Se développer, s'épanouir: *les fleurs, les esprits s'ouvrent* ▸ **abrir-se** **3** Se couper: *s'ouvrir la lèvre* ▸ **abrir**

4 Commencer: *la fête s'ouvre sur un discours* ▸ **abrir-se 5** [à] Se confier à ▸ **abrir-se**
ouzbek, e ou **uzbek, e** [uzbɛk] *adj et n* De l'Ouzbékistan: *les Ouzbeks*; d'une civilisation turque d'Asie centrale ▸ **uzbeque** ♦ *nm* Langue turque parlée par les Ouzbeks ▸ **uzbeque**
ouzo *nm* Liqueur grecque parfumée à l'anis ▸ ***ouzo***
ovaire *nm* **1** Glande génitale femelle où se forment les ovules ▸ **ovário 2** BOT Partie renflée du pistil qui contient les ovules ▸ **ovário**
ovale *adj* Qui a la forme d'une courbe fermée et allongée comme l'ellipse ▸ **oval** ♦ *nm* Figure ovale: *tracer un ovale* ▸ **oval**
ovalie *nf* ▪ FAM **l'ovalie:** l'ensemble des régions et des pays où l'on joue au rugby; le monde du rugby ▸ **o mundo do *rugby***
ovarien, enne *adj* De l'ovaire ▸ **ovariano**
ovation *nf* Acclamation ▸ **ovação**
ovationner *vt* Saluer par une ovation ▸ **ovacionar**
overdose [ɔvərdoz] *nf* (anglicisme) **1** Dose mortelle de drogue; surdose ▸ **overdose 2** Quantité excessive de quelque chose ▸ **overdose**
ovin, e *adj* Qui concerne les moutons et les brebis ▸ **ovino** ♦ *nm* Individu de l'espèce ovine ▸ **ovino**
ovipare *adj et n* Qui se reproduit par des œufs ▸ **ovíparo**
OVNI [ɔvni] *nm* (sigle de *objet volant non identifié*) Objet ou phénomène fugitif observé dans l'atmosphère et dont la nature n'est pas identifiée ▸ **óvni**
ovocyte *nm* Cellule femelle des animaux qui n'a pas encore subi les deux phases de la méiose ▸ **oócito**
ovoïde *adj* Dont la forme ressemble à celle d'un œuf ▸ **ovoide**
ovovivipare *n et adj* Se dit d'un animal chez lequel l'œuf est conservé, jusqu'à éclosion, dans les voies génitales de la mère (vipère, par exemple) ▸ **ovovivíparo**
ovulation *nf* Production et rejet périodique d'ovules par l'ovaire ▸ **ovulação**
ovule *nm* **1** Cellule femelle destinée à être fécondée ▸ **óvulo 2** Petit solide ovoïde médicamenteux destiné à être placé dans le vagin ▸ **óvulo**
ovuler *vi* Avoir une ovulation ▸ **ovular**
oxacide *nm* CHIM Acide contenant de l'oxygène ▸ **oxiácido**
oxalique *adj* ▪ **acide oxalique:** tiré de l'oseille ▸ **ácido oxálico**
oxford [ɔksfɔrd] *nm* Tissu de coton rayé ou quadrillé ▸ ***oxford***
oxhydrique *adj* À hydrogène et oxygène: *chalumeau oxhydrique* ▸ **oxídrico**
oxydable *adj* Qui peut être oxydé ▸ **oxidável**
oxydant, e *adj et nm* Qui a la propriété d'oxyder ▸ **oxidante**
oxydation *nf* Action d'oxyder; fait de s'oxyder ▸ **oxidação**
oxyde *nm* Composé résultant de la combinaison d'un corps simple avec l'oxygène ▸ **óxido**
oxyder *vt* Transformer en oxyde ▸ **oxidar** ♦ **s'oxyder** *vpr* Se couvrir d'oxyde ▸ **oxidar-se**
oxygénation *nf* Action d'oxygéner; fait de s'oxygéner ▸ **oxigenação**
oxygène *nm* Corps simple gazeux, formant la partie respirable de l'air; symb: O ▸ **oxigênio**
oxygéné, e *adj* ▸ **oxigenado** ▪ **eau oxygénée:** solution aqueuse employée comme antiseptique ▸ **água oxigenada**
oxygéner *vt (conj 10)* Combiner avec l'oxygène ▸ **oxigenar** ♦ **s'oxygéner** *vpr* Respirer de l'air pur: *s'oxygéner à la campagne* ▸ **oxigenar-se**
oxyton *nm* Mot ayant l'accent tonique sur la finale ▸ **palavra oxítona**
oxyure *nm* Ver parasite de l'intestin de l'homme ▸ **oxiúro**
oyat *nm* Plante utilisée pour fixer les dunes ▸ **arenária**
Ozalid [ɔzalid] *nm* (nom déposé) IMPR Épreuve positive tirée sur papier ▸ **ozalid** (marca registrada)
ozone *nm* Corps simple gazeux dont la molécule est formée de trois atomes d'oxygène; symb: O_3 ▸ **ozônio** ▪ **trou d'ozone:** zone de l'atmosphère terrestre où l'on observe une diminution de la couche d'ozone ▸ **buraco na camada de ozônio**
ozoniser ou **ozoner** *vt* Faire agir l'ozone sur un corps pour le stériliser ou le transformer ▸ **ozonizar**
ozonosphère *nf* Couche de l'atmosphère terrestre, située entre 15 et 40 km d'altitude, qui contient de l'ozone ▸ **ozonosfera**

Pp

p *nm* Seizième lettre de l'alphabet, et la douzième des consonnes ► **p**

pacage *nm* Action de faire paître le bétail; lieu où on le mène ► **apascentamento, pasto**

pacager *vt (conj 2)* Faire paître des troupeaux ► **apascentar**

pacemaker [pɛsmɛkr] *nm* (anglicisme) Stimulateur cardiaque ► **marca-passo**

pacha *nm* **1** Titre du chef de province dans l'Empire ottoman ► **paxá 2** FAM Homme qui aime ses aises et se laisser servir ► **paxá**

pachto ou **pachtou** *nm* Langue indo-européenne, officielle en Afghanistan ► **pachto**

pachyderme [paʃidɛrm] *nm* Mammifère à peau épaisse dont les pieds sont terminés par des sabots, tel que l'hippopotame, le rhinocéros, etc. ► **paquiderme**

pacificateur, trice *adj et n* Qui pacifie ► **pacificador**

pacification *nf* Action de pacifier ► **pacificação**

pacifier *vt* **1** Rétablir la paix, le calme dans un pays, parmi une population ► **pacificar 2** SOUT Apaiser le trouble dans un esprit ► **apaziguar**

pacifique *adj* **1** Qui désire vivre en paix ► **pacífico 2** Qui est fait dans une intention de paix ► **pacífico**

pacifiquement *adv* De façon pacifique ► **pacificamente**

pacifisme *nm* Doctrine des pacifistes ► **pacifismo**

pacifiste *adj et n* Qui est partisan de la paix ► **pacifista**

pack *nm* (anglicisme) Emballage qui réunit plusieurs bouteilles ou pots pour en faciliter le stockage et le transport ► **pacote**

packager [pakadʒr] ou **packageur** *nm* Sous-traitant qui effectue la réalisation partielle ou totale d'un livre pour un éditeur ► **editor terceirizado**

packaging [pakadʒi] *nm* **1** Technique de l'emballage et du conditionnement des produits commerciaux ► **acondicionamento, empacotamento 2** Activité du packager ► **editoração terceirizada**

pacotille *nf* Marchandise de peu de valeur ► **pacotilha**

pacs [paks] *nm* (sigle de *pacte civil de solidarité*) Contrat conclu entre deux personnes célibataires de même sexe ou de sexe différent pour donner un cadre légal à leur vie commune ► **pacto civil de solidariedade**

pacsé *adj et n* FAM Se dit de deux personnes ayant contracté un pacs ► **(pessoa) que fez pacto civil de solidariedade**

pacser *vi* ou **pacser (se)** *vpr* FAM Conclure un pacs avec quelqu'un ► **fazer pacto civil de solidariedade**

pacte *nm* Convention, accord solennels ► **pacto**

pactiser *vi* **1** Faire un pacte ► **pactuar 2** FIG Transiger: *pactiser avec sa conscience* ► **pactuar**

pactole *nm* Source de richesses ► **pactolo**

paddock *nm* **1** Enceinte où les chevaux sont promenés en main, avant une course ► ***paddock* 2** FAM Lit ► **cama**

paddy *nm* Riz non décortiqué ► **arroz com casca**

paella [paela] ou [paelja] *nf* Plat espagnol à base de riz mélangé avec de la viande, des crustacés, du poisson, du chorizo, etc. ► **paelha**

paf *interj* Indique le bruit d'un coup, d'une chute, etc. ► **pof** ◆ *adj inv* FAM Ivre ► **mamado**

PAF [paf] *nm* (sigle de *paysage audiovisuel français*) Ensemble des chaînes de télévision et de radiodiffusion autorisées à émettre sur le territoire national ► **Ø**

pagaie *nf* Aviron court qu'on manie sans le fixer sur l'embarcation ► **pangaio**

pagaille ou **pagaïe** *nf* FAM Précipitation, désordre ► **barafunda** ■ **en pagaille:** en grande quantité ► **a rodo**

paganisme *nm* Pour les chrétiens, religion des païens, culte polythéiste ► **paganismo**

pagayer [pagɛje] *vi (conj 4)* Diriger une embarcation à la pagaie ▸ **pangaiar**

pagayeur, euse *n* Personne qui pagaie ▸ **remador**

page[1] *nf* **1** Côté d'un feuillet de papier ▸ **página** **2** Ce qui est tracé, imprimé sur la page: *copier une page* ▸ **página 3** FIG Passage d'une œuvre littéraire ou musicale ▸ **página, trecho** ▪ FAM **à la page:** au courant de la dernière mode ▸ **por dentro**

page[2] *nm* Jeune noble autrefois au service d'un prince, d'un seigneur ▸ **pajem**

page-écran (pl *pages-écrans*) *nf* INFORM Quantité d'informations susceptibles d'être visualisées sur un seul écran ▸ **página**

pagel *nm* Poisson de mer de couleur gris rosé dont une espèce est commercialisée sous le nom de *daurade rose* ▸ **goraz**

pagination *nf* Numérotation des pages d'un livre, des feuillets d'un manuscrit, etc. ▸ **paginação**

paginer *vt* Numéroter des pages; folioter ▸ **paginar**

pagne *nm* Morceau d'étoffe drapé autour de la taille et qui couvre le corps des hanches aux cuisses ▸ **tanga**

pagode *nf* Édifice religieux bouddhique en Extrême-Orient ▸ **pagode**

pagre *nm* Poisson de mer voisin de la daurade ▸ **pargo**

pagure *nm* Bernard-l'ermite ▸ **paguro**

paie [pɛ] ou **paye** [pɛj] *nf* **1** Action de payer: *jour de paie* ▸ **pagamento 2** Salaire, somme touchée: *dépenser toute sa paie* ▸ **pagamento** ▪ **bulletin, feuille** ou **fiche de paie:** document détaillant les éléments de calcul du salaire, du traitement ▸ **contracheque**

paiement [pɛmɑ̃] ou **payement** [pɛjmɑ̃] *nm* **1** Action de payer: *suspendre ses paiements* ▸ **pagamento 2** Somme payée ▸ **pagamento** ▪ **paiement électronique:** transaction financière qui s'opère via Internet; SYN: télépaiement ▸ **pagamento eletrônico**

païen, enne [pajɛ̃, ɛn] *adj et n* Adepte d'une religion polythéiste ▸ **pagão**

paierie *nf* Bureau d'un trésorier-payeur ▸ **tesouraria, pagadoria**

paillard, e *adj et n* Qui aime les plaisirs sensuels ▸ **libertino** ◆ *adj* Grivois, égrillard ▸ **licencioso**

paillardise *nf* Comportement, mot ou récit paillard, grivois ▸ **libertinagem**

paillasse *nf* **1** Sac de paille, de feuilles de maïs, etc., servant de matelas ▸ **enxergão 2** Plan de travail d'un évier, à côté de la cuve; plan de travail carrelé dans un laboratoire ▸ **bancada**

paillasson *nm* Natte en fibres dures posée au seuil d'un lieu quelconque et utilisée pour s'essuyer les pieds ▸ **capacho**

paille *nf* **1** Tige de céréale dépouillée de son grain; matière formée par ces tiges ▸ **palha 2** Tige creuse servant à aspirer un liquide ▸ **canudinho** ▪ **homme de paille:** prête-nom dans une affaire malhonnête ▸ **laranja, testa de ferro** ▫ **paille de fer:** tampon formé de copeaux métalliques, servant à nettoyer les parquets ▸ **palha de aço** ▫ **sur la paille:** ruiné ▸ **na pindaíba** ▫ **tirer à la courte paille:** tirer au sort avec des brins de paille de longueurs différentes ▸ **tirar no palitinho** ▫ **vin de paille:** vin blanc fait avec des raisins séchés sur la paille ▸ **vinho de palha** ◆ *adj inv* D'une couleur jaune pâle ▸ **amarelo-palha**

pailler *vt* Couvrir ou garnir de paille: *pailler des semis* ▸ **empalhar**

pailleté, e *adj* Couvert de paillettes: *tulle pailleté* ▸ **com paetê**

paillette *nf* **1** Parcelle d'or mêlée au sable de certaines rivières ▸ **pepita de ouro 2** Lamelle de matière brillante qu'on applique sur une étoffe ▸ **lantejoula** ▪ **savon, lessive en paillettes:** en petites lamelles ▸ **sabão em flocos**

paillon *nm* Enveloppe de paille pour les bouteilles ▸ **liaça**

paillote *nf* Hutte à toit de paille, dans les pays chauds ▸ **palhoça**

pain *nm* **1** Aliment fait de farine pétrie, fermentée et cuite au four ▸ **pão 2** CUIS Préparation moulée en forme de pain: *pain de poisson* ▸ **pão 3** Masse de matière de forme allongée: *pain de savon* ▸ **pão 4** FAM Coup: *coller un pain à quelqu'un* ▸ **bifa** ▪ **arbre à pain:** jaquier, arbre des pays chauds ▸ **fruta-pão** ▫ **avoir du pain sur la planche:** beaucoup de travail ▸ **estar cheio de trabalho** ▫ **gagner son pain:** gagner sa vie, pourvoir à ses besoins ▸ **ganhar o pão** ▫ **long comme un jour sans pain:** très long ▸ **muito comprido** ▫ **pain de campagne:** pain de farine bise, à croûte farinée ▸ **pão rústico** ▫ **pain de mie:** pain à croûte fine et molle ▸ **pão de miga** ▫ **pain d'épice(s):** gâteau de farine de seigle au sucre, au miel et aux aromates ▸ **pão de especiarias** ▫ **pain de sucre:** **(a)** amas de sucre de canne en forme de cône ▸ **pão de açúcar (b)** piton granitique au sommet arrondi ▸ **pão de açúcar** ▫ **pain perdu:** entremets fait d'une tranche de pain ou de brioche rassise trempée dans du lait, sucrée et frite à la poêle ▸ **rabanada** ▫ **retirer à quelqu'un le pain de la bouche:** lui ôter les moyens de gagner sa vie ▸ **tirar o pão da boca de alguém**

pair[1] *nm* Membre de la Chambre des lords, en Angleterre ▸ **par**

pair[2]**, e** *adj* Exactement divisible par deux: *nombre pair* ▸ **par** ◆ *nm* Égal d'une personne: *être jugé par ses pairs* ▸ **par** ■ **au pair:** logé et nourri en échange de certains services ▸ **trabalho em troca de casa e comida,** ***au pair*** □ **de pair:** sur le même rang ▸ **em pé de igualdade** □ **hors pair:** sans rival, exceptionnel ▸ **ímpar**

paire *nf* **1** Couple de personnes, d'animaux, d'objets ▸ **par 2** Objet composé de deux parties: *paire de ciseaux* ▸ **par**

pairie *nf* Titre et dignité de pair ▸ **pariato**

paisible *adj* Tranquille, pacifique, calme: *mener une vie paisible* ▸ **tranquilo**

paisiblement *adv* De façon paisible ▸ **tranquilamente**

paître *vt (conj 80)* Manger en broutant: *paître l'herbe* ▸ **pastar** ◆ *vi* Manger de l'herbe en broutant: *faire paître les troupeaux* ▸ **pastar** ■ FAM **envoyer paître:** congédier, éconduire ▸ **mandar pastar**

paix *nf* **1** Situation d'un pays, d'un peuple, qui n'est pas en guerre: *maintenir la paix* ▸ **paz 2** Traité mettant fin à l'état de guerre: *signer la paix* ▸ **paz 3** Calme, quiétude: *la paix des champs; avoir la paix; laisser en paix* ▸ **paz 4** Tranquillité, sérénité: *en paix avec sa conscience* ▸ **paz** ■ **faire la paix:** se réconcilier ▸ **fazer as pazes**

pakistanais, e *adj et n* Du Pakistan: *les Pakistanais* ▸ **paquistanês**

pal (pl *pals*) *nm* **1** Pieu aiguisé ▸ **estaca 2** Bande verticale du blason ▸ **pala**

PAL [pal] ou **Pal** *adj inv* (sigle de *phase alternating line*) ▸ ***PAL*** ■ **système Pal:** standard de télévision en couleurs ▸ **sistema** ***PAL***

palabre *nf* (surtout au pluriel) Discussion longue et oiseuse ▸ **blá-blá-blá**

palabrer *vi* Parler, discuter longuement ▸ **palavrear**

palace *nm* Hôtel de grand luxe ▸ **hotel de luxo**

paladin *nm* Chevalier errant ▸ **paladino**

palais[1] *nm* **1** Résidence d'un chef d'État, d'une personne importante, etc. ▸ **palácio 2** Édifice public destiné à un usage d'intérêt général: *palais des sports* ▸ **palácio** ■ **palais de justice:** affecté aux services de la justice ▸ **Palácio da Justiça**

palais[2] *nm* **1** ANAT Partie supérieure du dedans de la bouche ▸ **palato 2** FIG Sens du goût: *palais délicat* ▸ **paladar**

palan *nm* Appareil de levage utilisant un système de poulies ▸ **cábrea, talha**

palanche *nf* Morceau de bois concave, pour porter deux seaux sur l'épaule ▸ **canga**

palanquin *nm* En Orient, chaise ou litière portée à bras d'hommes ou installée sur le dos de certains animaux comme l'éléphant ▸ **palanquim**

palatal, e, aux *adj et nf* Se dit d'une voyelle ou d'une consonne dont le point d'articulation est dans la région du palais ▸ **(vogal, consoante) palatal**

palatin[1]**, e** *adj* **1** Du Palatinat ▸ **palatino 2** Qui dépend d'un palais ▸ **palaciano**

palatin[2]**, e** *adj* ANAT Du palais ▸ **palatino**

pale *nf* **1** Partie d'un aviron, d'une roue à aubes, qui entre dans l'eau ▸ **pá 2** Branche d'une hélice ▸ **pá**

pâle *adj* **1** Blême, blafard, sans couleurs ▸ **pálido 2** D'une tonalité atténuée: *bleu pâle* ▸ **pálido 3** FIG Terne, sans éclat: *un pâle imitateur* ▸ **pálido**

palefrenier *nm* Personne qui panse, soigne les chevaux ▸ **palafreneiro**

palefroi *nm* Au Moyen Âge, cheval de parade ▸ **palafrém**

paléochrétien, enne *adj* Des premiers chrétiens: *art paléochrétien* ▸ **paleocristão**

paléographe *n et adj* Spécialiste de paléographie ▸ **paleógrafo**

paléographie *nf* Science du déchiffrement des écritures anciennes ▸ **paleografia**

paléolithique *nm et adj* Première époque de la préhistoire, caractérisée par l'industrie de la pierre taillée, et divisée en trois phases (inférieure, moyenne et supérieure) selon les degrés de complexité de l'outillage ▸ **paleolítico**

paléontologie *nf* Science des fossiles ▸ **paleontologia**

paléontologue ou **paléontologiste** *n* Spécialiste de paléontologie ▸ **paleontólogo**

paleron *nm* Partie charnue près de l'omoplate du bœuf ▸ **raquete**

palestinien, enne *adj et n* De Palestine: *les Palestiniens* ▸ **palestino**

palestre *nf* ANTIQ GR Lieu public pour les exercices physiques, en particulier la lutte ▸ **palestra**

palet *nm* Disque qu'on jette le plus près possible d'un but: *palet de marelle* ▸ **pedra, disco**

paletot *nm* **1** Veste trois-quarts qu'on porte pardessus les autres vêtements ▸ **paletó 2** BELGIQUE Pardessus ▸ **sobretudo**

palette *nf* **1** Plaque de bois sur laquelle les peintres étalent et mélangent leurs couleurs ▸ **paleta 2** Ensemble des couleurs propres à un peintre ▸ **paleta 3** FIG Gamme, éventail: *toute la palette de son génie* ▸ **leque 4** Petit instrument large, aplati, servant à divers usages ▸ **palheta 5** Plateau conçu pour permettre la manutention des marchandises par chariots élévateurs; charge de ce plateau ▸ **palete 6** Viande de mouton, de porc, autour de l'omoplate ▸ **paleta ▪ palette graphique ou électronique:** système de création d'images utilisant l'écran d'un ordinateur ▸ **paleta gráfica**

palétuvier *nm* Arbre des mangroves aux racines aériennes en arceaux ▸ **mangue**

pâleur *nf* État, aspect de ce qui est pâle: *la pâleur d'un visage* ▸ **palidez**

pâlichon, onne *adj* FAM Un peu pâle ▸ **um pouco pálido**

palier *nm* **1** Plate-forme ménagée à chaque étage, dans un escalier ▸ **patamar 2** Portion horizontale d'une route, d'une voie ferrée ▸ **patamar 3** FIG Étape, tranche: *dégrèvement par paliers* ▸ **nível 4** MÉCAN Organe supportant et guidant un arbre de transmission ▸ **mancal**

palière *adj f* ▪ **marche palière:** de plain-pied avec le palier ▸ **degrau do patamar □ porte palière:** qui ouvre sur un palier ▸ **porta do patamar**

palimpseste *nm* Manuscrit sur parchemin dont on a effacé le texte pour y écrire de nouveau ▸ **palimpsesto**

palindrome *nm* Mot, phrase qu'on peut lire dans les deux sens (EX: *Ésope reste ici et se repose*) ▸ **palíndromo**

palinodie *nf* SOUT Rétractation, brusque changement d'opinion: *les palinodies d'un homme politique* ▸ **palinódia**

pâlir *vi* **1** Devenir pâle: *pâlir de colère* ▸ **empalidecer 2** S'affaiblir, perdre de son éclat: *couleur qui pâlit* ▸ **desbotar** ♦ *vt* LITT Rendre pâle: *la maladie a pâli ses traits* ▸ **empalidecer**

palis [pali] *nm* Chacun des pieux enfoncés en terre d'une clôture continue ▸ **estaca**

palissade *nf* Clôture de pieux ou de planches: *franchir une palissade* ▸ **paliçada**

palissage *nm* Action de palisser ▸ **enlatamento**

palissandre *nm* Bois lourd et dur, d'un brun sombre violacé, à l'aspect veiné ▸ **jacarandá**

palisser *vt* Attacher les branches d'un arbre, d'un arbuste, contre un mur, un treillage ▸ **enlatar**

palladium [paladjɔm] *nm* Métal blanc très ductile et très dur; symb: Pd ▸ **paládio**

palliatif, ive *adj et nm* Qui agit sur les symptômes d'une maladie sans s'attaquer à sa cause: *remède palliatif* ▸ **paliativo ▪ soins palliatifs:** qui sont destinés à aider un malade à passer le moins mal possible les derniers moments de sa vie ▸ **cuidados paliativos** ♦ *nm* Moyen provisoire, expédient pour détourner un danger ou écarter un obstacle ▸ **paliativo**

pallier *vt* Remédier provisoirement ou incomplètement à: *pallier un défaut de matériel* ▸ **paliar** GRAMMAIRE *Pallier* n'admet qu'un complément direct. On doit donc dire *il faut pallier ce défaut*

palmaire *adj* Relatif à la paume de la main ▸ **palmar**

palmarès [palmarɛs] *nm* **1** Liste des lauréats d'un concours, d'une compétition, etc. ▸ **lista de premiados 2** Liste des victoires remportées par quelqu'un, par un club sportif, etc. ▸ **lista de títulos 3** Classement de chansons à succès ▸ **parada de sucessos**

palme *nf* **1** Feuille de palmier: *le vent agite les palmes* ▸ **palma 2** Insigne, décoration en forme de palme: *palmes académiques* ▸ **palma 3** Symbole de la victoire, de la réussite: *remporter la palme* ▸ **palma, prêmio 4** Nageoire en caoutchouc qui s'adapte au pied d'un nageur ▸ **pé de pato ▪ huile de palme:** huile tirée de la pulpe du fruit d'une espèce de palmier ▸ **dendê □ vin de palme:** boisson fermentée obtenue à partir de la sève de certains palmiers ▸ **vinho de palma**

palmé, e *adj* **1** BOT Semblable à une main ouverte: *feuille palmée* ▸ **palmado 2** ZOOL Se dit des pattes d'une oie, d'un canard, etc., dont les doigts sont réunis par une membrane ▸ **palmado**

palmeraie *nf* Lieu planté de palmiers ▸ **palmeiral**

palmier *nm* **1** Arbre dont le tronc est couronné par un bouquet de feuilles et dont certaines espèces portent des fruits (noix de coco, dattes) ▸ **palmeira 2** Gâteau sec plat, en pâte feuilletée ▸ ***palmier***

palmipède *nm* Oiseau aux pieds palmés tel que l'oie ou le canard (les palmipèdes forment un ordre) ▸ **palmípede**

palmiste *nm* Palmier à bourgeon comestible ▸ **palmiteiro**

palmure *nf* Membrane reliant les doigts des palmipèdes ▸ **pálamo**

palombe *nf* Pigeon ramier ▸ **pombo-torcaz**

pâlot, otte *adj* FAM Un peu pâle ▸ **um pouco pálido**

palourde *nf* Mollusque comestible; clovisse ▸ **amêijoa**

palpable *adj* **1** Qu'on peut palper ▸ **palpável 2** FIG Clair, évident: *vérité palpable* ▸ **palpável**

palper *vt* **1** Toucher avec la main afin d'examiner: *le médecin palpe le malade* ▸ **apalpar 2** FIG, FAM Toucher, recevoir de l'argent ▸ **receber dinheiro**

palpitant, e *adj* **1** Qui palpite ▸ **palpitante 2** FIG Passionnant: *roman palpitant* ▸ **palpitante**

palpitation *nf* (souvent au pluriel) Mouvement violent et déréglé du cœur ▸ **palpitação**

palpiter *vi* **1** Battre, avoir des mouvements brusques, convulsifs, en parlant du cœur ▸ **palpitar** **2** LITT Être agité d'un léger frémissement: *flamme qui palpite* ▸ **palpitar** **3** Frémir convulsivement, en parlant de la chair d'un animal qui vient d'être tué ▸ **latejar, tremer**

paltoquet *nm* VX Homme grossier ▸ **grosseiro**

palu *nm* (abréviation) Paludisme ▸ **Ø**

paluche *nf* FAM Main ▸ **pata**

paludéen, enne *adj* ▸ **palúdico** ▪ **fièvre paludéenne:** paludisme ▸ **malária**

paludier, ère *n* Personne qui travaille dans les marais salants ▸ **salineiro**

paludisme *nm* Fièvre qui se contracte dans certains pays chauds et humides ▸ **malária**

palus [paly] *nm* Terre d'alluvions, dans le Bordelais ▸ **pântano**

palustre *adj* Qui vit dans un marais: *plante palustre* ▸ **palustre**

palynologie *nf* Étude paléontologique des pollens ▸ **palinologia**

pâmer (se) *vpr* VIEILLI Être sur le point de défaillir sous l'effet d'une émotion vive ▸ **desmaiar**

pâmoison *nf* VIEILLI, LITT Évanouissement: *tomber en pâmoison* ▸ **desmaio**

pampa *nf* Vaste plaine herbeuse de l'Amérique du Sud ▸ **pampa**

pamphlet *nm* Écrit satirique et violent ▸ **panfleto**

pamphlétaire *n* Auteur de pamphlets: *un violent pamphlétaire* ▸ **panfletário** ◆ *adj* Qui a les caractères du pamphlet ▸ **panfletário**

pamplemousse *nm* Fruit du pamplemoussier, à goût acide, de couleur jaune, plus gros que l'orange ▸ **toranja**

pampre *nm* Rameau de vigne chargé de feuilles et de fruits ▸ **parra**

pan[1] *nm* **1** Partie tombante d'un vêtement, d'une tenture: *pan de chemise* ▸ **aba, fralda** **2** Partie d'un mur ▸ **face** **3** FIG Partie de quelque chose: *un pan de vie* ▸ **pedaço** **4** Face d'un corps polyédrique: *écrou à six pans* ▸ **face** ▪ **pan coupé:** surface oblique qui remplace l'angle à la rencontre de deux murs ▸ **chanfro**

pan[2] *interj* Onomatopée qui exprime un bruit soudain, un coup, un éclatement ▸ **bam, blam**

panacée *nf* Remède prétendu universel contre tous les maux ▸ **panaceia**

EMPLOI Parler de *panacée universelle*, c'est faire un pléonasme

panachage *nm* Action de panacher ▸ **mistura**

panache *nm* **1** Plumes flottantes servant d'ornement; ce qui ondoie comme ces plumes: *panache de fumée* ▸ **penacho** **2** FIG Ce qui a de l'éclat, du brio: *aimer le panache* ▸ **verve** **3** CANADA Bois caducs des cervidés: *panache d'orignal* ▸ **galhada**

panaché, e *adj* **1** De diverses couleurs ▸ **matizado** **2** FAM Composé d'éléments différents: *glace panachée; liste panachée* ▸ **misto** ▪ **demi panaché** ou **panaché:** *nm* mélange de bière et de limonade ▸ **cerveja com refrigerante de limão**

panacher *vt* **1** Orner de couleurs variées ▸ **matizar** **2** Composer d'éléments divers ▸ **mesclar** **3** Mettre sur un même bulletin de vote les noms de candidats appartenant à des listes différentes: *scrutin qui offre la possibilité de panacher* ▸ **misturar**

panade *nf* ▸ **caldo de pão** ▪ FAM **être, tomber dans la panade:** dans la misère ▸ **estar na miséria**

panafricanisme *nm* Doctrine qui tend à développer l'unité et la solidarité des peuples africains ▸ **pan-africanismo**

panais *nm* Plante à fleurs jaunes dont la variété potagère possède une racine comestible; cette racine ▸ **pastinaca**

panama *nm* Chapeau large et très souple, tressé avec la feuille d'un arbuste d'Amérique centrale ▸ **panamá**

panaméen, enne *adj et n* De la République du Panamá: *les Panaméens* ▸ **panamenho**

panaméricanisme *nm* Mouvement qui tend à améliorer les relations entre les divers États d'Amérique ▸ **pan-americanismo**

panarabisme *nm* Mouvement qui tend à développer et à renforcer les relations entre les différentes nations arabes ▸ **pan-arabismo**

panard, e *adj* Se dit d'un cheval qui a les pieds tournés en dehors ▸ **zambro** ◆ *nm* FAM Pied ▸ **pata**

panaris [panari] *nm* Inflammation près de l'ongle d'un doigt ▸ **paroníquia**

panathénées *nf pl* ANTIQ GR Fêtes célébrées à Athènes en l'honneur d'Athéna ▸ **panateneias**

pan-bagnat [pɑ̃baa] (pl *pans-bagnats*) *nm* Sandwich rond garni de tomates, de salade, d'œuf dur, de thon, d'anchois, et arrosé d'huile d'olive ▸ ***pan bagnat***

pancarte *nf* Panneau, plaque portant une inscription ou un avis destinés au public ▸ **cartaz**

pancetta [pɑ̃tʃeta] *nf* Charcuterie faite de poitrine de porc salée, roulée et séchée ▸ ***pancetta***

panchen-lama [panʃɛnlama] (pl *panchen-lamas*) *nm* Second personnage de la hiérarchie du bouddhisme tibétain ▸ **Panchen Lama**

panchromatique [pɑ̃krɔmatik] *adj* PHOT Sensible à toutes les couleurs ▸ **pancromático**

pancrace *nm* ANTIQ GR Combat combinant lutte et pugilat ▸ **pancrácio**

pancréas [pɑ̃kreas] *nm* Glande située en arrière de l'estomac, dans l'abdomen ▸ **pâncreas**

pancréatique *adj* Du pancréas ▸ **pancreático**

panda *nm* Mammifère proche de l'ours, qui habite l'Himalaya ▸ **panda**

pandémie *nf* Épidémie qui s'étend sur un ou plusieurs continents ▸ **pandemia**

pandore *nm* FAM, VX Gendarme ▸ **tira**

pané, e *adj* Couvert de chapelure: *poisson pané* ▸ **panado**

panégyrique *nm* Éloge, apologie ▸ **panegírico**

panégyriste *n* Personne qui prononce ou rédige un éloge ▸ **panegirista**

panel *nm* Groupe de personnes régulièrement interrogées pour des enquêtes, des études de marché ▸ **painel**

paner *vt* Couvrir de chapelure avant de faire frire ▸ **panar**

panetière *nf* Sac ou meuble pour conserver le pain ▸ **guarda-pão**

paneton *nm* Petit panier où les boulangers mettent la pâte nécessaire pour un pain ▸ **forma**

pangermanisme *nm* Système qui cherche l'union des populations d'origine germanique ▸ **pangermanismo**

pangolin *nm* Mammifère édenté d'Afrique et d'Asie, à corps écailleux, qui se nourrit de termites et de fourmis ▸ **pangolim**

panhellénisme *nm* Système politique qui tend à réunir tous les peuples d'origine grecque ▸ **pan-helenismo**

panicaut *nm* Plante épineuse des terres incultes et des littoraux sablonneux; chardon bleu ▸ **língua-de-tucano**

panier *nm* **1** Ustensile à anse ou poignées, souvent fait d'osier ou de jonc, pour transporter ou contenir des provisions, des marchandises, des objets; ce qu'il contient: *panier de fruits* ▸ **cesta** **2** Au basket-ball, but formé d'un filet sans fond monté sur une armature circulaire; tir au but réussi ▸ **cesta** ■ **le dessus du panier:** le meilleur ▸ **a nata** □ FAM **panier de crabes:** groupement de personnes qui cherchent à se nuire les unes aux autres ▸ **ninho de cobras** □ **panier percé:** personne dépensière ▸ **mão-aberta** □ ANC **robe à panier:** jupon bouffant garni de baleines ▸ **saia-balão**

panière *nf* Grande corbeille d'osier à deux anses ▸ **cesta**

panier-repas (pl *paniers-repas*) *nm* Repas froid que l'on emporte lors d'un voyage, d'un déplacement ▸ **lanche**

panification *nf* Ensemble des opérations nécessaires pour transformer la farine en pain ▸ **panificação**

panifier *vt* Transformer en pain ▸ **panificar**

panini (pl *paninis* ou inv) *nm* Sandwich italien fait avec un petit pain mi-cuit que l'on passe au grille-pain après l'avoir garni ▸ ***panini***

panique *nf* Terreur subite de caractère collectif ▸ **pânico** ◆ *adj* ■ **peur panique:** effroi violent, peur soudaine et irraisonnée ▸ **pavor**

paniquer *vi* ou **se paniquer** *vpr* Prendre peur, être affolé ▸ **apavorar(-se)** ◆ *vt* Affoler ▸ **entrar em pânico**

panislamisme *nm* Mouvement visant à rapprocher tous les pays musulmans ▸ **pan-islamismo**

panne¹ *nf* Arrêt accidentel d'une machine quelconque: *tomber en panne* ▸ **avaria** ■ FAM **être en panne de quelque chose:** en manquer ▸ **estar sem algo** □ **panne sèche:** due à un manque de carburant ▸ **pane seca**

panne² *nf* Graisse englobant les rognons de porc ▸ **banha**

panneau *nm* **1** Plaque de bois ou de métal servant de support à des inscriptions: *panneau de signalisation* ▸ **placa** **2** Surface pleine et unie encadrée ou ornée de moulures ▸ **painel** ■ FIG **tomber dans le panneau:** se laisser prendre au piège ▸ **cair na rede**

panneton *nm* Partie d'une clef qui fait mouvoir le mécanisme d'une serrure ▸ **palhetão**

panonceau *nm* Enseigne, plaque qui signale une raison sociale ▸ **tabuleta**

panoplie *nf* **1** Déguisement pour enfant présenté sur un carton fort: *panoplie de cow-boy* ▸ **fantasia** **2** Collection d'armes disposées sur un panneau ▸ **panóplia** **3** Ensemble d'objets, d'éléments semblables; ensemble des moyens d'action dont on dispose: *panoplie des sanctions* ▸ **panóplia**

panorama *nm* **1** Vaste paysage qu'on voit d'une hauteur ▸ **panorama, vista** **2** FIG Vue d'ensemble ▸ **panorama**

panoramique *adj* Qui offre l'aspect d'un panorama: *vue panoramique* ▸ **panorâmico** ◆ *nm* CIN Procédé qui consiste à faire pivoter la caméra pendant la prise de vues ▸ **panorâmica**

pansage *nm* Action de panser un animal ▸ **limpeza**

panse *nf* **1** Première poche de l'estomac des ruminants ▸ **rúmen** **2** Partie renflée d'un récipient ▸ **bojo** **3** FAM Ventre ▸ **pança**

pansement *nm* Action de panser une plaie; ce qui est appliqué sur la plaie: *pansement adhésif* ▸ **curativo**

panser *vt* **1** Appliquer une compresse, un coton, etc., sur une plaie ▸ **fazer um curativo** **2** Brosser, étriller, etc., un animal domestique ▸ **limpar, cuidar de**

panslavisme *nm* Système politique visant à réunir tous les Slaves ▸ **pan-eslavismo**

pansu, e *adj* **1** Qui est renflé ▸ **bojudo** **2** Qui a un gros ventre ▸ **pançudo**

pantagruélique *adj* Digne de Pantagruel: *appétit pantagruélique* ▸ **pantagruélico**

pantalon *nm* Vêtement qui va de la ceinture aux pieds et qui enveloppe chaque jambe séparément ▸ **calças**

pantalonnade *nf* Farce burlesque, bouffonnerie ▸ **pantalonada**

pantelant, e *adj* VX, LITT Haletant ▸ **ofegante** ▪ **chair pantelante:** qui palpite encore, en parlant d'un être qui vient d'être tué ▸ **carne palpitante**

panthéisme *nm* **1** Système religieux ou philosophique qui identifie Dieu et le monde ▸ **panteísmo** **2** Divinisation de la nature ▸ **panteísmo**

panthéiste *adj* Relatif au panthéisme: *conception panthéiste* ▸ **panteísta** ◆ *n* Partisan de cette doctrine ▸ **panteísta**

panthéon *nm* **1** Ensemble des dieux d'une religion ▸ **panteão** **2** Édifice consacré aux grands hommes d'un pays ▸ **panteão**

panthère *nf* Mammifère carnivore d'Afrique et d'Asie, au pelage jaune tacheté de noir ▸ **leopardo**

pantin *nm* **1** Jouet composé d'une figure burlesque dont on agite les membres à l'aide de fils ▸ **marionete** **2** FIG Personne sans volonté personnelle, influençable et versatile ▸ **marionete**

pantois, e *adj* FAM Stupéfait, interdit: *rester pantois* ▸ **estupefato**

pantomime *nf* Action ou art de s'exprimer, sans parler, par des mimiques; spectacle utilisant ce mode d'expression ▸ **pantomima**

pantouflard, e *adj et n* FAM Casanier ▸ **caseiro**

pantoufle *nf* Chaussure d'intérieur ▸ **chinelo, pantufa**

panure *nf* Chapelure ▸ **farinha de rosca**

PAO [peao] *nf* (sigle) Publication assistée par ordinateur ▸ Ø

paon [pɑ̃] *nm* Oiseau gallinacé dont le mâle porte une livrée bleutée et une traîne de plumes ocellées ▸ **pavão** ▪ FIG **se parer des plumes du paon:** tirer vanité des mérites d'autrui ▸ **ficar com os louros de alguém** □ **se rengorger comme un paon:** faire le vaniteux ▸ **pavonear-se**

paonne [pan] *nf* Femelle du paon ▸ **pavoa**

papa *nm* Père, dans le langage affectif et enfantin ▸ **papai** ▪ FAM **à la papa:** sans hâte, tranquillement: *conduire à la papa* ▸ **tranquilamente**

papal, e, aux *adj* Du pape ▸ **papal**

paparazzi [paparadzi] (pl inv ou *paparazzis*) *nm* PÉJOR Photographe de presse cherchant à photographier des célébrités sans leur consentement ▸ ***paparazzo***

papauté *nf* Fonction, administration d'un pape ▸ **papado**

papavéracée *nf* Plante à pétales séparés et caducs, comme le pavot, le coquelicot, etc. (les papavéracées forment une famille) ▸ **papaverácea**

papaye [papaj] *nf* Fruit comestible du papayer ▸ **mamão**

papayer [papaje] *nm* Arbre à fruits de l'Amérique tropicale ▸ **mamoeiro**

pape *nm* Chef de l'Église catholique romaine ▸ **papa**

papelard, e *adj et n* LITT Hypocrite ▸ **hipócrita**

paperasse *nf* Papier sans valeur, inutile; écrits administratifs ▸ **papelada**

paperasserie *nf* Grande quantité de papiers administratifs ▸ **papelada, papelório**

paperassier, ère *n et adj* Personne qui multiplie à plaisir les formalités écrites ▸ **burocrata**

papesse *nf* Femme pape, selon une légende: *Jeanne la papesse* ▸ **papisa**

papeterie *nf* **1** Magasin où l'on vend du papier, des articles de bureau, etc. ▸ **papelaria** **2** Fabrique de papier ▸ **fábrica de papel**

papetier, ère *n et adj* **1** Personne qui tient une papeterie ▸ **papeleiro** **2** Personne qui fabrique du papier ▸ **papeleiro**

papi *nm* → **papy**

papier *nm* **1** Feuille sèche et mince, faite de substances végétales réduites en pâte, pour écrire, imprimer, envelopper, essuyer, absorber: *papier à lettres; papier peint; papier cadeau; papier hygiénique* ▸ **papel** **2** Feuille écrite ou imprimée; article de journal ▸ **papel, artigo** **3** Feuille très mince de métal: *papier d'aluminium, d'argent* ▸ **papel** ▪ **papier de verre:** papier enduit d'une substance abrasive et servant à polir, en particulier le bois ▸ **lixa** □ **sur le papier:** en principe: *sur le papier, ça paraît facile, en réalité, ça l'est moins* ▸ **no papel** ◆ **papiers** *pl* Documents, pièces d'identité ▸ **papéis** ▪ FIG **être dans les petits papiers de quelqu'un:** être bien vu de lui ▸ **estar nas boas graças de alguém**

papier-calque (pl *papiers-calque*) *nm* Papier translucide permettant de recopier un dessin ▸ **papel vegetal**
papier-émeri (pl *papiers-émeri*) *nm* Papier recouvert d'une couche de produit abrasif, pour polir, en particulier le métal ▸ **lixa**
papier-monnaie (pl *papiers-monnaies*) *nm* Papier créé pour tenir lieu d'argent ▸ **papel-moeda**
papille *nf* Petite éminence sur la peau, en particulier sur la langue ▸ **papila**
papillon *nm* **1** Insecte aux ailes couvertes de fines écailles, souvent colorées: *le papillon provient de la métamorphose d'une chenille* ▸ **borboleta 2** Petite feuille de papier contenant un avis, en particulier une contravention ▸ **notificação 3** Écrou à ailettes qu'on peut desserrer à la main ▸ **borboleta** ◆ *adj* Qui évoque la forme d'un papillon: *nœud papillon* ▸ **borboleta** ■ **brasse papillon:** style de brasse dans laquelle les bras sont ramenés en avant au-dessus de l'eau ▸ **nado borboleta**
papillonner *vi* Aller d'une activité, d'une personne à une autre sans jamais se fixer ▸ **borboletear**
papillote *nf* **1** Papier ou feuille d'aluminium dont on enveloppe certains aliments pour la cuisson au four ou à la vapeur ▸ **papelote 2** Ornement de papier dont on entoure le manche d'un gigot, de côtelettes ▸ ***papillote* 3** Papier roulé pour envelopper un bonbon, etc. ▸ **papel de bala**
papilloter *vi* **1** Cligner, en parlant des yeux ▸ **pestanejar 2** Miroiter: *une surface qui papillote* ▸ **cintilante**
papisme *nm* PÉJOR, VX Catholicisme romain, pour les protestants ▸ **papismo**
papiste *n* PÉJOR, VX Catholique romain, pour les protestants ▸ **papista**
papotage *nm* (surtout au pluriel) FAM Bavardage futile ▸ **tagarelice**
papoter *vi* FAM Bavarder, parler de choses sans importance ▸ **tagarelar**
papou, e *adj* Relatif aux Papous ▸ **papua**
papouille *nf* FAM Chatouille ▸ **cócega**
paprika *nm* Piment rouge en poudre ▸ **páprica**
papule *nf* MÉD Pustule sur la peau ▸ **pápula**
papy ou **papi** *nm* Grand-père, dans le langage affectif et enfantin ▸ **vovô**
papyrologie *nf* Étude des papyrus ▸ **papirologia**
papyrologue *n* Spécialiste de papyrologie ▸ **papirólogo**
papyrus [papirys] *nm* **1** Plante des bords du Nil ▸ **papiro 2** Feuille pour écrire faite à partir de sa tige, qui servait de papier aux Égyptiens; le manuscrit lui-même: *déchiffrer un papyrus* ▸ **papiro**
pâque *nf* Fête annuelle des juifs, en mémoire de leur sortie d'Égypte: *célébrer la pâque* ▸ ***Pessach*, páscoa**
paquebot *nm* Grand navire qui transporte des passagers ▸ **navio**
pâquerette *nf* Petite marguerite blanche ▸ **bela-margarida** ■ FAM **au ras des pâquerettes:** à un niveau très élémentaire, bassement matériel ▸ **num nível elementar**
pâques *nf pl* La fête de Pâques: *joyeuses pâques* ▸ **Páscoa** ■ **faire ses pâques:** communier à Pâques ▸ **comungar na Páscoa**
Pâques *nm* Fête annuelle mobile des chrétiens, qui commémore la résurrection du Christ ▸ **Páscoa**
paquet *nm* **1** Réunion de choses enveloppées ou attachées ensemble; ensemble de choses de même nature: *paquet de linge; paquet de cartes* ▸ **maço 2** Emballage, contenant pour faciliter le transport, protéger ou cacher le contenu; cet emballage et son contenu: *envoyer un paquet par la poste; paquet-cadeau* ▸ **pacote** ■ FAM **faire ses paquets:** s'en aller ▸ **fazer a trouxa** □ FAM **mettre le paquet:** fournir un gros effort ▸ **ir com tudo** □ **un paquet de:** beaucoup de ▸ **um monte de**
paquetage *nm* Ensemble des effets et objets militaires d'un soldat ▸ **equipamento**
par *prép* **1** Indique l'espace traversé, la direction, la position: *passer par Caen; par la gauche* ▸ **por 2** Indique les circonstances: *comme par le passé* ▸ **em 3** Indique le moyen, la manière: *par ordre croissant* ▸ **em 4** Indique la cause, l'origine: *agir par intérêt* ▸ **por 5** Indique l'agent: *réparé par un garagiste* ▸ **por 6** Indique la distribution: *un ticket par personne* ▸ **por** ■ **de par:** du fait de, par l'ordre de ▸ **por causa de** □ **par conséquent:** en conséquence ▸ **por conseguinte**
para *nm* (abréviation) Parachutiste ▸ **Ø**
parabellum [-belɔm] *nm* Pistolet automatique utilisé naguère par l'armée allemande ▸ **parabélum**
paraben [parabɛn] ou **parabène** *nm* CHIM Substance utilisée comme conservateur dans des produits alimentaires, cosmétiques ou pharmaceutiques (les parabens sont allergisants et seraient cancérigènes) ▸ **parabeno**
parabole *nf* **1** Allégorie développée dans un récit écrit ou oral: *les paraboles du Christ* ▸ **parábola 2** GÉOM Ligne courbe, dont chacun des points est équidistant d'un point fixe appelé *foyer* et d'une droite fixe appelée *directrice* ▸ **parábola 3** Antenne parabolique ▸ **parabólica**

parabolique *adj* En forme de parabole: *ligne parabolique* ▸ **parabólico** ▪ **antenne parabolique:** en forme de parabole, servant à capter les programmes de télévision transmis par satellite ▸ **antena parabólica**

paracentèse [parasɛ̃tɛz] *nf* MÉD Ponction dans une cavité pleine de liquide: *paracentèse du tympan* ▸ **paracentese**

paracétamol *nm* Médicament analgésique et antipyrétique ▸ **paracetamol**

parachèvement *nm* Fait de parachever ▸ **aperfeiçoamento, remate**

parachever *vt (conj 9)* Mener à son achèvement complet avec le plus grand soin ▸ **aperfeiçoar, rematar**

parachutage *nm* Action de parachuter ▸ **lançamento em paraquedas**

parachute *nm* Appareil destiné à ralentir la chute de quelqu'un ou de quelque chose tombant d'une grande hauteur ▸ **paraquedas** ▪ **parachute doré:** prime considérable perçue par un dirigeant d'entreprise lors de son licenciement ou de son départ ▸ **gorda gratificação**

parachuter *vt* **1** Lancer par parachute ▸ **lançar de paraquedas** **2** FAM Désigner pour une fonction, envoyer dans un lieu à l'improviste ▸ **lançar de paraquedas**

parachutisme *nm* Sport du saut en parachute ▸ **paraquedismo**

parachutiste *n* Personne qui pratique le parachutisme ▸ **paraquedista**

parade *nf* **1** Geste, action par lesquels on pare une agression physique, une accusation, etc.: *trouver la parade* ▸ **esquiva** **2** Défilé des artistes d'un cirque, d'un spectacle de music-hall, etc. ▸ **parada, desfile** **3** Revue de troupes, évolution militaire ▸ **revista de tropas, parada** ▪ **de parade:** destiné à être vu, à servir d'ornement: *habit de parade* ▸ **de gala** ▫ **faire parade de:** étaler, montrer avec ostentation ▸ **ostentar**

parader *vi* Se pavaner, se mettre en valeur ▸ **exibir-se**

paradigme *nm* **1** GRAMM Ensemble des formes diverses d'un mot pris comme modèle (déclinaison ou conjugaison) ▸ **paradigma** **2** LING Ensemble des unités qui peuvent être substituées les unes aux autres dans un contexte donné ▸ **paradigma**

paradis *nm* **1** RELIG Lieu de séjour des âmes des justes après la mort ▸ **céu** **2** FIG Lieu enchanteur ▸ **paraíso** **3** Galerie supérieure d'un théâtre; poulailler ▸ **torrinha** ▪ **oiseau de paradis:** paradisier ▸ **ave-do-paraíso** ▫ **Paradis terrestre:** jardin de délices où Dieu plaça Adam et Ève ▸ **paraíso terrestre**

paradisiaque *adj* Qui évoque le paradis ▸ **paradisíaco**

paradisier *nm* Oiseau d'Océanie au beau plumage; SYN: *oiseau de paradis* ▸ **ave-do-paraíso**

paradoxal, e, aux *adj* **1** Qui tient du paradoxe; bizarre ▸ **paradoxal** **2** Qui a le goût du paradoxe ▸ **paradoxal**

paradoxalement *adv* De façon paradoxale ▸ **paradoxalmente**

paradoxe *nm* Opinion, fait contraire à la logique ou à la raison ▸ **paradoxo**

parafe *nm* → **paraphe**

parafer *vt* → **parapher**

paraffine *nf* Substance solide blanche, utilisée dans la fabrication des bougies ▸ **parafina**

paraffiner *vt* Enduire de paraffine: *papier paraffiné* ▸ **parafinar**

parafiscalité *nf* Ensemble des taxes et cotisations perçues au profit d'organismes autonomes ▸ **parafiscalidade**

parages *nm pl* MAR Zone maritime proche de la côte ▸ **paragem** ▪ **dans les parages:** aux alentours, dans le voisinage immédiat ▸ **nas proximidades**

paragraphe *nm* Subdivision d'un texte en prose marquée par un retour à la ligne au début et à la fin; signe typographique (§) indiquant cette division ▸ **parágrafo**

paraguayen, enne [paragwɛjɛ̃, ɛn] *adj et n* Du Paraguay: *les Paraguayens* ▸ **paraguaio**

paraître *vi (conj 64; auxil: avoir)* **1** Sembler, avoir l'apparence de: *paraître heureux, souffrant* ▸ **parecer** **2** Apparaître, se présenter à la vue: *sourire qui paraît sur le visage* ▸ **aparecer** **3** Se montrer avec vanité: *désir de paraître* ▸ **aparecer** **4** Être publié: *livre qui paraît à la rentrée* ▸ **ser publicado** ◆ *v impers* ▪ **il paraît que** ou **il paraîtrait que** ou **paraît-il:** le bruit court que ▸ **parece que** ▫ **sans qu'il y paraisse:** sans que cela se voie ▸ **sem dar na vista**

parallaxe *nf* **1** PHOT Angle formé par les axes optiques de l'objectif et du viseur d'un appareil photo, et qui fausse la visée ▸ **paralaxe** **2** ASTRON Angle formé par deux droites allant respectivement du centre d'un astre, l'une au centre de la Terre, l'autre à sa circonférence ▸ **paralaxe**

parallèle *adj* **1** Se dit de deux lignes ou de deux surfaces également distantes l'une de l'autre sur toute leur longueur ▸ **paralelo** **2** FIG Qui se développe dans la même direction ou en même temps: *des actions parallèles* ▸ **paralelo** **3** Qui existe en dehors d'un cadre légal ou officiel: *police parallèle* ▸ **paralelo** ◆ *nf* Ligne parallèle à une autre ▸ **paralela** ♦ *nm* **1** GÉOGR Cercle imaginaire parallèle à l'équateur ▸ **paralelo 2** FIG Comparaison: *parallèle entre deux écrivains* ▸ **paralelo**

parallèlement *adv* De façon parallèle ▸ **paralelamente**

parallélépipède *nm* Volume à six faces parallèles deux à deux ▸ **paralelepípedo**

parallélisme *nm* **1** État de deux lignes, de deux plans parallèles ▸ **paralelismo 2** FIG Ressemblance de faits, de choses que l'on compare ▸ **paralelismo**

parallélogramme *nm* Quadrilatère dont les côtés sont parallèles deux à deux ▸ **paralelogramo**

paralogisme *nm* Raisonnement faux, fait de bonne foi (par opposition à *sophisme*) ▸ **paralogismo**

paralympique *adj* ▸ **paraolímpico** ▪ **jeux Paralympiques:** compétitions pour handicapés qui se déroulent quelques jours après les jeux Olympiques ▸ **Jogos Paraolímpicos**

paralysant, e *adj* Qui paralyse ▸ **paralisante**

paralysé, e *adj et n* Atteint, frappé de paralysie ▸ **paralisado**

paralyser *vt* **1** Frapper de paralysie ▸ **paralisar 2** FIG Arrêter, neutraliser: *paralyser toute initiative* ▸ **paralisar**

paralysie *nf* **1** Privation ou diminution considérable de la fonction motrice ▸ **paralisia 2** FIG Impossibilité d'agir; arrêt complet: *paralysie de l'économie* ▸ **paralisia**

paralytique *adj et n* Atteint de paralysie ▸ **paralítico**

paramécie *nf* Protozoaire commun dans les eaux douces stagnantes ▸ **paramécio**

paramédical, e, aux *adj* Qui est en rapport avec les activités relatives à la santé (orthophonie, kinésithérapie, par exemple) sans faire partie des professions médicales: *professions, disciplines paramédicales* ▸ **paramédico**

paramètre *nm* **1** STAT Grandeur mesurable permettant de présenter de façon simple les caractéristiques d'un ensemble statistique ▸ **parâmetro 2** FIG Élément important à prendre en compte pour évaluer une situation, comprendre le détail d'un phénomène ▸ **parâmetro 3** INFORM Variable dont la valeur et l'adresse ne sont précisées qu'à l'exécution du programme ▸ **parâmetro**

paramétrer *vt (conj 10)* INFORM Remplacer certaines informations d'un programme par des paramètres ▸ **configurar**

paramilitaire *adj* Qui imite la structure et la discipline de l'armée: *formation paramilitaire* ▸ **paramilitar**

parangon *nm* LITT Modèle, type: *un parangon de vertu* ▸ **modelo**

parano *adj et n* (abréviation) FAM Paranoïaque ▸ **Ø**

paranoïa *nf* Maladie mentale caractérisée par la méfiance vis-à-vis des autres, la surestimation de soi et la tendance au délire de persécution ▸ **paranoia**

paranoïaque *adj et n* Atteint de paranoïa ▸ **paranoico**

paranormal, e, aux *adj* Se dit de phénomènes étudiés par la parapsychologie, qui sont en marge de la normalité ▸ **paranormal**

parapente *nm* Parachute conçu pour s'élancer d'une hauteur; sport pratiqué avec ce type de parachute ▸ **parapente**

parapentiste *n* Personne qui pratique le parapente ▸ **parapentista**

parapet *nm* Mur à hauteur d'appui, pour servir de garde-fou, d'abri: *le parapet d'un pont* ▸ **parapeito**

parapharmacie *nf* Ensemble des produits d'hygiène et de soins courants dont la vente n'est pas réservée aux pharmacies ▸ **produtos de higiene e beleza**

paraphe ou **parafe** *nm* **1** Trait soulignant une signature ▸ **floreado 2** Signature, réduite aux initiales, pour interdire toute substitution sur un document officiel ▸ **rubrica**

parapher ou **parafer** *vt* Signer d'un paraphe ▸ **rubricar**

paraphrase *nf* **1** Développement explicatif d'un texte ▸ **paráfrase 2** PÉJOR Développement verbeux et diffus ▸ **paráfrase 3** LING Énoncé ayant le même sens qu'un autre moins long: *la phrase passive et la paraphrase active qui lui correspond* ▸ **paráfrase**

paraphraser *vt* Développer, amplifier par une paraphrase ▸ **parafrasear**

paraplégie *nf* Paralysie des membres inférieurs ▸ **paraplegia**

paraplégique *adj et n* Atteint de paraplégie ▸ **paraplégico**

parapluie *nm* Accessoire portatif formé d'un manche et d'une étoffe fixée sur une armature, pour se protéger de la pluie ▸ **guarda-chuva**

parapsychologie *nf* Étude des phénomènes psychiques non encore élucidés par les sciences: *la télépathie intéresse la parapsychologie* ▸ **parapsicologia**

parascolaire *adj* Qui est en relation avec, qui complète l'enseignement donné à l'école ▸ **paraescolar**

parasitaire *adj* **1** Dû ou relatif à un parasite ▸ **parasitário 2** Qui se développe à la façon d'un parasite ▸ **parasitário**

parasite *nm et adj* **1** Animal, plante qui vit aux dépens d'un autre animal, d'une autre plante ▸ **parasita 2** Personne qui vit dans l'oisiveté, aux dépens des autres ▸ **parasita** ◆ *adj* Inutile et gênant: *construction, bruit parasites* ▸ **incômodo** ◆ **parasites** *nm pl* Perturbations dans la réception radiophonique ou télévisuelle ▸ **interferências**

parasiter *vt* **1** Vivre en parasite aux dépens de ▸ **parasitar 2** Perturber par des bruits parasites ▸ **dar interferência**

parasitisme *nm* État, mode de vie du parasite ▸ **parasitismo**

parasol [parasɔl] *nm* Objet en forme de parapluie destiné à protéger du soleil ▸ **guarda-sol**

parasympathique *adj et nm* Se dit de l'un des deux systèmes nerveux neurovégétatifs ▸ **parassimpático**

paratonnerre *nm* Appareil destiné à préserver de la foudre ▸ **para-raios**

paravent *nm* Meuble composé de panneaux verticaux articulés, servant à isoler ▸ **biombo**

parbleu *interj* Exprime l'approbation ou souligne une évidence ▸ **claro**

parc *nm* **1** Enclos boisé, d'une certaine étendue, pour la promenade, la chasse, l'agrément ▸ **parque 2** Grand jardin public ▸ **parque 3** MIL Lieu clos où sont entreposés des munitions, du matériel militaire: *parc d'artillerie* ▸ **parque 4** Ensemble des machines, des véhicules d'une entreprise, d'un pays: *parc automobile* ▸ **parque 5** Petit enclos pour les enfants en bas âge ▸ **parquinho** ■ **parc à huîtres:** bassin pour l'élevage des huîtres ▸ **ostreira** □ **parc d'attractions** ou **parc de loisirs:** vaste terrain comportant diverses installations destinées à la détente, aux jeux ▸ **parque de diversões** □ **parc de stationnement** ou **parc:** emplacement aménagé pour le stationnement des véhicules ▸ **estacionamento** □ **parc national** ou **parc naturel régional:** où la faune et la flore sont protégées ▸ **parque nacional**

parcage *nm* Action de parquer ▸ **recolhimento, estacionamento**

parcellaire *adj* Divisé par parcelles: *plan parcellaire* ▸ **parcelar, parcelado**

parcellarisation ou **parcellisation** *nf* Action de parcellariser, de parcelliser ▸ **parcelamento**

parcellariser ou **parcelliser** *vt* Diviser en petits éléments; fractionner, morceler ▸ **parcelar**

parcelle *nf* **1** Petite partie de quelque chose: *parcelle de granit; parcelle de vérité* ▸ **parcela 2** Terrain constituant une unité cadastrale ▸ **lote**

parce que *loc conj* **1** Introduit la cause, le motif; étant donné que, puisque ▸ **porque 2** Employé seul, marque le refus ou l'impossibilité de répondre: *pourquoi mens-tu? parce que* ▸ **porque sim**

parchemin *nm* Peau d'animal préparée pour l'écriture ou la reliure ▸ **pergaminho**

parcheminé, e *adj* Qui a l'aspect du parchemin: *peau parcheminée* ▸ **apergaminhado**

parcimonie *nf* ▸ **parcimônia** ■ **avec parcimonie:** avec une économie rigoureuse et mesquine; au compte-gouttes ▸ **com parcimônia**

parcimonieusement *adv* Avec parcimonie ▸ **parcimoniosamente**

parcimonieux, euse *adj* Qui fait preuve de parcimonie ▸ **parcimonioso**

parcmètre *nm* Appareil mesurant le temps de stationnement autorisé pour un véhicule ▸ **parquímetro**

parcourir *vt (conj 29)* **1** Traverser, visiter dans toute son étendue ou dans tous les sens: *parcourir un pays* ▸ **percorrer 2** Accomplir un trajet dans un temps déterminé: *parcourir une distance* ▸ **percorrer 3** FIG Examiner, lire rapidement: *parcourir un roman* ▸ **percorrer**

parcours *nm* **1** Trajet suivi par quelqu'un, par un véhicule, etc. ▸ **percurso 2** Ensemble des dix-huit trous au golf ▸ **percurso** ■ **incident de parcours:** difficulté imprévue qui retarde un projet sans l'empêcher ▸ **incidente de percurso** □ **parcours du combattant: (a)** exercice militaire consistant à parcourir un terrain sur lequel ont été amenagés des obstacles divers ▸ **exercícios de campanha (b)** FIG série de difficultés rencontrées dans la réalisation d'un projet ▸ **série de obstáculos** □ **parcours de soins coordonné:** obligation faite à un assuré social de plus de 16 ans de consulter d'abord son médecin traitant, qui l'orientera, si nécessaire, vers un spécialiste ▸ **Ø**

par-delà *loc prép* De l'autre côté de ▸ **para além de**

par-derrière *loc adv et loc prép* **1** Par la partie postérieure: *attaquer par-derrière* ▸ **por trás (de) 2** FIG Secrètement, sournoisement: *se moquer par-derrière* ▸ **por trás (de)**

par-dessous *loc adv et loc prép* Dans l'espace situé plus bas: *passer par-dessous* ▸ **por baixo (de)**

pardessus *nm* Manteau d'homme ▸ **sobretudo**

par-dessus *loc adv et loc prép* Situé dans l'espace plus haut, sur la face externe: *lire par-dessus l'épaule de quelqu'un* ▸ **por cima (de)** ■ **par-dessus tout:** surtout ▸ **acima de tudo**

par-devant *loc adv* Par l'avant: *passer par-devant* ▶ **pela frente (de)** ♦ *loc prép* DR En présence de: *par-devant notaire* ▶ **perante**

par-devers *loc prép* DR En présence de: *se pourvoir par-devers le juge* ▶ **perante** ■ SOUT **par-devers soi:** (a) en sa possession ▶ **em seu poder** (b) pour soi ▶ **no seu íntimo**

pardi *interj* Pour renforcer un énoncé, souligner une évidence ▶ **óbvio**

pardon *nm* **1** Fait de ne pas tenir rigueur d'une faute, d'une offense: *refuser son pardon* ▶ **perdão 2** Formule de politesse employée quand on dérange quelqu'un ▶ **com licença 3** Pèlerinage et fête populaire en Bretagne ▶ **romaria**

pardonnable *adj* Qui peut être pardonné ▶ **perdoável**

pardonner *vt* Faire rémission de, excuser: *pardonner une faute* ▶ **perdoar** ♦ *vt ind* [à] Cesser d'entretenir à l'égard de quelqu'un de la rancune ou de l'hostilité pour ses fautes: *pardonner à ses ennemis* ▶ **perdoar** ♦ *vi* ■ **ne pas pardonner:** avoir des conséquences fatales: *cette maladie, ça ne pardonne pas* ▶ **não perdoar**

pare-balles *adj inv et nm inv* Se dit d'un vêtement ou d'un dispositif protégeant des projectiles ▶ **(traje) à prova de balas**

pare-brise *nm inv* Plaque de verre spécial, à l'avant d'un véhicule ▶ **para-brisa**

pare-chocs *nm inv* Dispositif de protection à l'avant et à l'arrière d'un véhicule ▶ **para-choque**

pare-feu *nm inv* Dispositif pour empêcher la progression des incendies ▶ **guarda-fogo, (dispositivo) corta-fogo**

parégorique *adj* ▶ **paregórico** ■ **élixir parégorique:** antispasmodique à base d'opium destiné à calmer les douleurs de ventre ▶ **elixir paregórico**

pareil, eille *adj* **1** Qui présente une ressemblance ou une similitude: *des robes pareilles* ▶ **parecido 2** Tel, semblable: *une pareille fatigue* ▶ **semelhante** ♦ *n* Personne égale, semblable: *vous et vos pareils* ▶ **semelhante** ■ **n'avoir pas son pareil pour:** être seul capable de ▶ **não ter igual para** □ **sans pareil:** exceptionnel ▶ **sem igual** ♦ *adv* FAM De la même façon ▶ **do mesmo modo**

EMPLOI On dit *il est pareil à nous* et non pas *il est pareil que nous*

pareille *nf* ■ **rendre la pareille à qqn:** lui faire subir le traitement qu'on a reçu de lui ▶ **pagar alguém na mesma moeda**

pareillement *adv* **1** De la même manière ▶ **do mesmo modo 2** Aussi, également ▶ **também**

parement *nm* **1** Revers des manches de certains vêtements ▶ **punho 2** Revêtement en pierres de taille d'une construction ▶ **paramento**

parenchyme [parɑ̃ʃim] *nm* ANAT Tissu spongieux de divers organes vivants ▶ **parênquima**

parent *n et adj* Personne qui a des liens familiaux plus ou moins étroits avec quelqu'un ▶ **parente** ♦ *nm* Le père ou la mère ▶ **pai, mãe** ♦ *adj* Qui a des traits communs avec qqn, qqch d'autre: *des langues parentes* ▶ **aparentado** ♦ **parents** *pl* **1** Le père et la mère ▶ **pais 2** LITT Les ancêtres ▶ **antepassado**

parental, e, aux *adj* Qui concerne le père ou la mère considérés comme un tout: *l'autorité parentale* ▶ **parental**

parenté *nf* **1** Lien de consanguinité ou d'alliance ▶ **parentesco 2** Ensemble des parents ▶ **parentela 3** FIG Ressemblance, analogie: *parenté de deux opinions* ▶ **parentesco**

parenthèse *nf* **1** Remarque incidente insérée dans une phrase ▶ **parêntese 2** Signe [()] qui indique l'intercalation d'un élément dans une phrase ▶ **parêntese 3** FIG Digression: *ouvrir une parenthèse* ▶ **parêntese** ■ **entre parenthèses** ou **par parenthèse:** incidemment ▶ **entre parênteses**

paréo *nm* Pagne d'étoffe tahitien ▶ **pareô**

parer *vt* **1** Orner, embellir: *parer un autel* ▶ **paramentar 2** CUIS Préparer pour la cuisson: *parer une volaille* ▶ **preparar 3** Détourner, éviter: *parer un coup* ▶ **esquivar-se de** ♦ *vt ind* [à] Remédier à, se prémunir contre: *parer à un défaut; parer à toute éventualité* ▶ **remediar, prevenir** ♦ **se parer** *vpr* [de] **1** Se vêtir ▶ **vestir-se 2** LITT S'attribuer de façon plus ou moins méritée: *se parer d'un titre* ▶ **arrogar-se**

pare-soleil *nm inv* Dispositif de protection contre le soleil ▶ **para-sol**

paresse *nf* **1** Répugnance à l'effort, au travail; goût pour l'inaction ▶ **preguiça 2** MÉD Lenteur anormale dans le fonctionnement d'un organe ▶ **preguiça**

paresser *vi* Se laisser aller à la paresse ▶ **preguiçar**

paresseusement *adv* Avec paresse ▶ **preguiçosamente**

paresseux, euse *adj et n* Qui montre, manifeste de la paresse ▶ **preguiçoso** ♦ *nm* Mammifère arboricole de l'Amérique du Sud, aux mouvements très lents ▶ **preguiça**

parfaire *vt (conj 76)* Achever, compléter, mener à la perfection ▶ **aperfeiçoar, rematar**

parfait, e *adj* **1** Sans défaut, excellent: *bonheur parfait; vin parfait* ▶ **perfeito 2** Accompli, qui représente un modèle du genre: *un parfait imbécile* ▶ **perfeito** ♦ *nm* **1** Crème glacée: *parfait au café*

► **sorvete 2** GRAMM Temps du verbe, notamment en latin et en grec, qui marque un état présent résultant d'une action passée ► **perfeito**

parfaitement *adv* **1** De façon parfaite; totalement: *parfaitement réussi* ► **perfeitamente 2** Oui, certainement ► **perfeitamente**

parfois *adv* Quelquefois, de temps à autre ► **às vezes**

parfum *nm* **1** Odeur agréable: *le parfum des fleurs* ► **perfume 2** Substance, mélange de substances aromatiques utilisé pour donner à la peau, aux vêtements une odeur agréable: *flacon de parfum* ► **perfume 3** Arôme donné à certains aliments: *glaces à différents parfums* ► **sabor** ■ ARG **au parfum:** au courant d'un secret ► **a par**

parfumer *vt* **1** Remplir, imprégner de parfum ► **perfumar 2** Aromatiser ► **aromatizar**

parfumerie *nf* **1** Commerce, industrie du parfumeur ► **perfumaria 2** Magasin où l'on vend des parfums et des produits de beauté ► **perfumaria 3** Ensemble des produits de toilette ► **perfumaria**

parfumeur, euse *n et adj* Personne qui fabrique ou vend des parfums ► **perfumista**

pari *nm* Action de parier; chose, somme pariée ► **aposta** ■ **pari mutuel urbain (PMU):** organisme qui a le monopole d'organiser et d'enregistrer les paris sur les courses de chevaux ► **PMU**

paria *nm* **1** En Inde, individu hors caste; SYN: *intouchable* ► **pária 2** Homme méprisé, mis au ban d'un groupe ► **pária**

parier *vt* Convenir d'un enjeu que gagnera celui qui aura raison dans une chose discutée ► **apostar** ■ **je l'aurais parié:** j'en étais sûr ► **eu seria capaz de apostar**

pariétaire *nf* Plante herbacée qui pousse sur les murailles ► **parietária**

pariétal, e, aux *adj* ► **parietal** ■ **os pariétal:** chacun des deux os qui forment les côtés et la voûte du crâne ► **(osso) parietal** □ **peinture pariétale:** gravée ou peinte sur les parois et les voûtes des grottes préhistoriques ► **pintura rupestre**

parieur, euse *n* Personne qui parie ► **apostador**

paris-brest *nm inv* Gâteau en pâte à choux fourrée d'une crème pralinée ► ***paris-brest***

parisianisme *nm* Usage, habitude, langage propres aux Parisiens ► **parisianismo**

parisien, enne *adj et n* De Paris ► **parisiense**

parisyllabique *adj* GRAMM Se dit des mots latins ayant le même nombre de syllabes au nominatif et au génitif singulier ► **parissílabo**

paritaire *adj* Où toutes les parties sont également représentées: *commission paritaire* ► **paritário**

parité *nf* **1** Égalité parfaite: *parité des salaires* ► **paridade 2** Équivalence des cours du change de deux monnaies ► **paridade**

parjure *nm* Faux serment: *commettre un parjure* ► **perjúrio** ◆ *adj et n* Coupable de parjure: *punir un parjure* ► **perjuro**

parjurer (se) *vpr* Commettre un parjure, violer son serment ► **perjurar**

parka *nm ou nf* Manteau court à capuche, en tissu imperméable ► **parca**

parking [parki] *nm* Parc de stationnement automobile ► **estacionamento**

parlant, e *adj* **1** Expressif, suggestif: *portrait parlant* ► **expressivo 2** Convaincant, éloquent: *comparaison parlante* ► **convincente 3** Qui reproduit ou enregistre la parole: *horloge parlante; cinéma parlant* ► **falante, falado**

parlé, e *adj* Exprimé par la parole; qui relève de l'expression orale: *l'anglais parlé* ► **falado**

Parlement *nm* Assemblée exerçant le pouvoir législatif (le Parlement français se compose du Sénat et de l'Assemblée nationale) ► **parlamento, congresso**

parlementaire *adj* Relatif au Parlement: *usages parlementaires* ► **parlamentar** ■ **régime parlementaire:** régime politique dans lequel les ministres sont responsables devant le Parlement ► **parlamentarismo** ◆ *n* **1** Membre d'un Parlement ► **parlamentar 2** Personne chargée, en temps de guerre, d'ouvrir ou de poursuivre des négociations avec le camp adverse ► **parlamentário**

parlementarisme *nm* Régime parlementaire ► **parlamentarismo**

parlementer *vi* **1** Discuter longuement en vue d'un accommodement ► **parlamentar 2** Entrer en pourparlers avec un adversaire ► **parlamentar**

parler[1] *vi* **1** Articuler des paroles: *parler à voix haute* ► **falar 2** S'exprimer, par la parole ou de toute autre façon: *parler par gestes* ► **falar 3** Prononcer un discours, une allocution: *parler en public* ► **falar 4** Avouer: *l'accusé a parlé* ► **falar 5** Être révélateur: *les faits parlent d'eux-mêmes* ► **falar** ■ FAM **tu parles!: (a)** marque l'approbation ► **nem me diga! (b)** marque le doute, l'incrédulité ► **você está brincando!** ◆ *vt ind* **1** Communiquer avec quelqu'un: *parler à, avec un ami* ► **falar 2** Donner son avis sur: *parler de quelqu'un* ► **falar 3** Annoncer son désir de: *parler de partir* ► **falar** ◆ *vt* **1** S'exprimer dans une langue: *parler anglais* ► **falar 2** S'entretenir de: *parler affaires* ► **falar**

parler[2] *nm* **1** Langage, manière de s'exprimer: *un parler truculent* ► **falar, fala 2** Langue particulière à une région: *le parler wallon* ► **falar**

parleur, euse *n* ▸ **falador** ▪ PÉJOR **beau parleur:** qui s'exprime de façon séduisante ▸ **bom de bico**
parloir *nm* Salle où l'on reçoit les visiteurs, dans certains établissements ▸ **parlatório**
parlote ou **parlotte** *nf* FAM Conversation oiseuse, sans objet précis ▸ **papo**
parme *adj inv et nm* D'un mauve soutenu ▸ **malva**
parmesan *nm* Fromage italien à pâte dure, granuleuse ▸ **parmesão**
parmi *prép* **1** Au milieu de: *se frayer un chemin parmi la foule* ▸ **entre 2** Au nombre de: *compter quelqu'un parmi ses amis* ▸ **entre**
parnassien, enne *adj et n* LITT Qui appartient à un groupe de poètes qui, à la fin du XIXe s. et en réaction au lyrisme romantique, cultivèrent une poésie d'une facture très soignée ▸ **parnasiano**
parodie *nf* **1** Imitation plaisante d'une œuvre artistique ou littéraire ▸ **paródia 2** Imitation grossière: *une parodie de procès* ▸ **paródia**
parodier *vt* **1** Faire la parodie de ▸ **parodiar 2** Imiter, contrefaire; singer ▸ **parodiar**
parodique *adj* Qui tient de la parodie ▸ **paródico**
parodontologie *nf* Partie de l'odontologie qui étudie les tissus de soutien de la dent et leur pathologie ▸ **periodontia**
paroi *nf* **1** Mur, cloison de séparation: *parois d'une cabine* ▸ **parede 2** Surface latérale, face interne de quelque chose: *les parois d'un tuyau* ▸ **parede 3** Surface de rocher presque verticale ▸ **paredão**
paroisse *nf* Territoire sur lequel s'exerce le ministère d'un curé, d'un pasteur; église principale de ce territoire ▸ **paróquia**
paroissial, e, aux *adj* De la paroisse ▸ **paroquial**
paroissien, enne *n* Fidèle d'une paroisse ▸ **paroquiano** ▪ FAM **drôle de paroissien:** drôle d'individu ▸ **pessoa esquisita**
parole *nf* **1** Faculté de parler: *être doué de parole* ▸ **fala, palavra 2** Fait de parler; droit de parler: *silence plus éloquent que des paroles; demander la parole* ▸ **palavra 3** Mot prononcé, phrase: *des paroles mémorables* ▸ **palavra 4** Assurance donnée, engagement: *donner sa parole* ▸ **palavra** ▪ **couper la parole à quelqu'un:** commencer à parler alors qu'il n'a pas fini de s'exprimer ▸ **cortar a palavra a alguém** □ **prendre la parole:** commencer à parler devant autrui ▸ **tomar a palavra** □ **sur parole:** sur une simple affirmation: *croire sur parole* ▸ **com base na palavra** ◆ **paroles** *pl* Texte d'une chanson: *la musique et les paroles* ▸ **letra**
parolier, ère *n* Auteur des paroles d'une chanson ▸ **letrista**
paronyme *nm* Mot proche d'un autre par sa forme, son orthographe (EX: *conjecture* et *conjoncture*) ▸ **parônimo**
paronymie *nf* Caractère des paronymes ▸ **paronímia**
parotide *nf et adj f* Glande salivaire, située en avant de l'oreille ▸ **parótida**
parotidite *nf* Inflammation des parotides ▸ **parotidite**
paroxysme *nm* Extrême intensité, le plus haut degré d'un sentiment, d'une douleur ▸ **paroxismo**
paroxysmique ou **paroxystique** *adj* Qui tient du paroxysme ▸ **paroxistíco**
paroxyton *nm* PHON Mot accentué sur l'avant-dernière syllabe ▸ **paroxítono**
parpaillot, e *n* PAR PLAIS Protestant ▸ **protestante**
parpaing [parpɛ̃] *nm* Aggloméré moulé et comprimé utilisé en maçonnerie ▸ **bloco**
parquer *vt* **1** Mettre dans un lieu clos ou un espace étroit: *parquer des réfugiés* ▸ **amalhar, recolher 2** Mettre en stationnement, garer ▸ **estacionar**
parquet *nm* **1** Assemblage de lames de bois formant le plancher d'une pièce ▸ **assoalho 2** DR Ensemble des magistrats du ministère public ▸ **magistratura pública**
parqueter *vt (conj 8)* Garnir d'un parquet: *parqueter une chambre* ▸ **assoalhar**
parrain *nm* **1** Celui qui présente un enfant au baptême et se porte garant de sa fidélité ▸ **padrinho 2** Celui qui présente qqn dans un club, une société, etc., pour l'y faire entrer ▸ **padrinho 3** Chef d'une mafia, d'une bande de malfaiteurs ▸ **chefão, padrinho**
parrainage *nm* **1** Qualité, fonction de parrain ou de marraine ▸ **apadrinhamento 2** En France, soutien écrit apporté par un élu au candidat de son choix, en vue de l'élection présidentielle ▸ **apoio**
parrainer *vt* Servir de parrain, de répondant, de garant ▸ **apadrinhar, patrocinar**
parricide *n et adj* Personne qui tue son père, sa mère ou tout autre ascendant légitime ▸ **parricida** ◆ *nm* Crime de parricide ▸ **parricídio**
parsemer *vt (conj 9)* **1** Répandre çà et là: *parsemer un chemin de fleurs* ▸ **espalhar 2** LITT Être répandu sur ▸ **recobrir**
part *nf* Portion d'un tout divisé entre plusieurs personnes: *faire des parts égales* ▸ **parte** ▪ **à part:** **(a)** excepté: *à part cela, rien à signaler* ▸ **à parte (b)** séparément: *j'ai rangé vos affaires à part* ▸ **à parte (c)** différent des autres: *cas à part* ▸ **à parte** □ **à part moi:** en moi-même ▸ **comigo mesmo** □ **avoir part à:** profiter de, participer à ▸ **par-**

ticipar de □ **de la part de quelqu'un:** en son nom: *saluez-le de ma part* ▶ **da parte de alguém** □ **de part en part:** en traversant ▶ **de lado a lado** □ **de part et d'autre:** des deux côtés ▶ **de ambos os lados** □ **d'une part..., d'autre part...:** d'un côté, d'un point de vue..., de l'autre... ▶ **por um lado..., por outro lado...** □ **faire part de quelque chose à quelqu'un:** le lui communiquer, l'en informer ▶ **participar algo a alguém** □ **nulle part:** en aucun lieu ▶ **em nenhum lugar** □ **pour ma part:** quant à moi ▶ **de minha parte** □ **prendre en bonne, en mauvaise part:** interpréter bien ou mal ▶ **levar a bem, a mal** □ **prendre part à:** s'intéresser, collaborer à ▶ **participar de**

partage *nm* Action de diviser en parts: *faire le partage d'une succession* ▶ **partilha, divisão** ■ **sans partage:** exclusif, sans réserve ▶ **sem restrição**

partageable *adj* Qui peut se partager ▶ **divisível, partilhável**

partager *vt (conj 2)* **1** Diviser en parts: *partager un gâteau entre les invités* ▶ **dividir 2** Avoir en commun: *partager un sentiment, la responsabilité d'un accident avec l'autre conducteur* ▶ **partilhar** ■ **être partagé:** animé de tendances contradictoires ▶ **estar dividido** ◆ **se partager** *vpr* **1** Diviser entre soi: *se partager les tâches, le gros lot* ▶ **dividir entre si 2** Être divisé en parts: *les tablettes de chocolat se partagent facilement* ▶ **dividir-se**

partance (en) *loc adv* Sur le point de partir ▶ **de partida**

partant[1] *conj* VX, LITT Par conséquent ▶ **portanto**

partant[2], e *adj* ▶ **que parte** ■ FAM **être partant (pour):** être disposé, prêt à ▶ **estar pronto para** ◆ *nm* Concurrent qui se présente à une course ▶ **corredor**

partenaire *n* Personne avec qui l'on est associé dans une action quelconque ▶ **parceiro**

partenarial, e, aux *adj* Relatif au partenariat: *accord partenarial* ▶ **de parceria**

partenariat *nm* Système associant des partenaires sociaux ou économiques ▶ **parceria**

parterre *nm* **1** Partie d'un jardin ornée de gazon, de fleurs ▶ **canteiro 2** Partie d'une salle de théâtre située derrière les fauteuils d'orchestre; ensemble des spectateurs qui y sont placés ▶ **plateia**

parthénogenèse *nf* BIOL Reproduction à partir d'un ovule ou d'une oosphère non fécondés ▶ **partenogênese**

parti *nm* **1** Groupe de personnes réunies par une communauté d'opinions ou d'intérêts: *parti politique* ▶ **partido 2** Ensemble de personnes ayant des tendances, des affinités communes: *le parti des mécontents* ▶ **partido 3** LITT Solution, résolution adoptée: *hésiter entre deux partis* ▶ **resolução** ■ **esprit de parti:** aveuglement dans le choix d'une opinion, sectarisme ▶ **partidarismo** □ **faire un mauvais parti à quelqu'un:** le malmener, le maltraiter ▶ **maltratar alguém** □ **parti pris:** opinion préconçue ▶ ***parti pris*, opinião preconcebida** □ **prendre son parti de:** se résigner à ▶ **conformar-se com** □ **tirer parti de:** tirer profit, avantage de ▶ **tirar partido de**

partial, e, aux [parsjal, o] *adj* Qui fait preuve d'un parti pris injuste ▶ **parcial**

partialement *adv* Avec partialité: *juger partialement* ▶ **parcialmente**

partialité *nf* Préférence injuste ▶ **parcialidade**

participant, e *n et adj* Personne qui participe ▶ **participante**

participatif, ive *adj* **1** Qui correspond à une participation financière ▶ **participativo 2** Qui fait appel à la participation de chacun; contributif: *encyclopédie participative* ▶ **participativo**

participation *nf* Action, fait de participer: *participation à une loterie, aux frais* ▶ **participação**

participe *nm* Forme adjective du verbe qui a le rôle tantôt d'un adjectif (variable), tantôt d'un verbe suivi d'un complément (invariable): *participe passé, présent* ▶ **particípio**

participer *vt ind* **1** [à] Prendre part à: *participer à une manifestation* ▶ **participar 2** [à] Payer sa part de: *participer à un achat* ▶ **contribuir 3** [à] Avoir part à: *participer aux bénéfices* ▶ **participar 4** [de] Présenter certains caractères de ▶ **fazer parte**

participial, e, aux *adj* Du participe: *forme participiale* ▶ **participial**

particulariser *vt* Différencier par des caractères particuliers ▶ **particularizar**

particularisme *nm* Tendance d'un groupe à revendiquer et à chercher à préserver ses traits particuliers ▶ **particularismo**

particularité *nf* Caractère particulier de quelqu'un ou de quelque chose ▶ **particularidade**

particule *nf* **1** Petite partie, parcelle ▶ **partícula 2** PHYS Chacun des constituants de l'atome ▶ **partícula 3** Petit mot invariable qui ne peut s'employer seul: *particule négative, affirmative* ▶ **partícula 4** Préposition (*de*) précédant certains noms propres (dans la noblesse en particulier): *nom à particule* ▶ **partícula**

particulier, ère *adj* **1** Propre à certaines personnes, à certaines choses (par opposition à *général*): *plat particulier à une région* ▶ **particular 2** Qui concerne spécialement un individu: *l'in-*

térêt général et les intérêts particuliers; leçon particulière ▶ **particular 3** Spécial, caractéristique: *avoir un talent particulier* ▶ **particular** ◆ *nm* **1** Caractéristique d'un élément, détail ▶ **particular 2** Personne privée ▶ **particular** ■ **en particulier: (a)** à part, séparément: *je l'ai vu en particulier* ▶ **em particular (b)** spécialement, notamment ▶ **em particular**

particulièrement *adv* Spécialement, en particulier ▶ **particularmente**

partie *nf* **1** Portion, élément d'un tout: *les différentes parties d'un roman* ▶ **parte 2** MUS Rôle de chaque musicien participant à une exécution d'ensemble: *partie d'alto* ▶ **parte 3** DR Chacune des personnes qui plaident l'une contre l'autre: *partie adverse*; chaque personne prenant part à une négociation ▶ **parte 4** Totalité des coups qu'il faut jouer pour gagner: *partie de cartes* ▶ **partida 5** Activité de loisir en commun: *partie de campagne, de pêche* ▶ **passeio, excursão 6** FAM Spécialité, profession: *être fort dans sa partie* ▶ **área** ■ **en partie:** pas totalement, partiellement ▶ **em parte** □ **faire partie de:** appartenir à ▶ **fazer parte de** □ **prendre à partie:** attaquer, physiquement ou verbalement ▶ **atacar**

partiel, elle [parsjɛl] *adj* Qui ne constitue qu'une partie d'un tout; incomplet: *résultats partiels* ▶ **parcial**

partiellement *adv* En partie ▶ **parcialmente**

partir *vi (conj 26; auxil: être)* **1** S'en aller, quitter un lieu ▶ **partir 2** Prendre le départ: *partir au signal* ▶ **partir 3** Avoir pour point de départ: *les nerfs partent du cerveau* ▶ **partir 4** Se mettre à fonctionner: *le moteur ne part pas* ▶ **pegar 5** S'enlever, se détacher: *la tache est partie au lavage; un bouton est parti* ▶ **sair** ■ **à partir de:** à dater de, en commençant à ▶ **a partir de** □ FAM **être mal parti:** commencer dans des conditions qui compromettent la réussite ▶ **começar mal**

EMPLOI Il est plus correct d'écrire *je pars* pour *Lyon* que *je pars* à *Lyon* (fréquent à l'oral)

partisan, e *adj* **1** Favorable à: *elle est partisane de ce projet* ▶ **partidário 2** De parti pris, peu objectif: *des querelles partisanes* ▶ **partidário** ◆ *n* Personne attachée à une cause, à un parti, etc. ▶ **partidário**

partitif, ive *nm et adj* GRAMM Article qui désigne une partie d'un tout (EX: *du* chocolat, *de la* confiture) ▶ **partitivo**

partition *nf* **1** Division, séparation: *la partition de l'Allemagne* ▶ **divisão 2** Ensemble des parties formant une composition musicale; feuille ou cahier où est imprimée une œuvre musicale ▶ **partitura**

partout *adv* En tout lieu, n'importe où ▶ **por toda parte**

parure *nf* **1** LITT Ce qui pare, embellit ▶ **enfeite 2** Ensemble de bijoux assortis; ensemble de pièces de linge assorties ▶ **adereço**

parution *nf* Publication d'un ouvrage, d'une revue, etc.; date, moment de cette publication ▶ **publicação, data de publicação**

parvenir *vi* [à] *(conj 22; auxil: être)* **1** Arriver, venir à ▶ **chegar 2** FIG Atteindre, réussir à ▶ **conseguir**

parvenu, e *n* PÉJOR Personne arrivée à une condition supérieure à sa condition première, sans avoir acquis les manières, la culture qui conviendraient à sa nouvelle position ▶ **novo-rico**

parvis *nm* Place devant l'entrée principale d'une église, d'un grand bâtiment public ▶ **adro**

pas¹ *nm* **1** Mouvement des pieds pour marcher, se déplacer: *entendre un bruit de pas; avancer pas à pas* ▶ **passo 2** Longueur d'une enjambée: *à deux pas d'ici* ▶ **passo 3** Manière de marcher: *accélérer, ralentir le pas* ▶ **passo 4** Empreinte des pieds d'une personne qui marche ▶ **pegada 5** Mouvement de pieds d'un danseur ▶ **passo 6** Allure la plus lente du cheval (par opposition à *trot, galop*) ▶ **passo 7** FIG Progrès, cheminement ▶ **passo** ■ **de ce pas:** à l'instant ▶ **imediatamente** □ **faire les cent pas:** aller et venir pour tromper l'attente ▶ **andar de um lado para outro** □ **faire un faux pas:** trébucher ▶ **dar um passo em falso** □ **mauvais pas:** situation critique ▶ **enrascada** □ **pas d'une porte:** seuil de la porte ▶ **soleira de uma porta** □ **pas de vis, d'écrou:** distance entre deux filets d'une vis, d'un écrou ▶ **passo (de parafuso, de porca)** □ **prendre, avoir le pas sur:** prendre, avoir la prééminence sur ▶ **prevalecer sobre** □ **rouler au pas:** lentement ▶ **ir devagar**

pas² *adv* **1** S'emploie avec (ou familièrement sans) *ne* pour indiquer une négation dans le groupe verbal: *je ne veux pas* ▶ **Ø 2** Indique une négation dans une réponse, une exclamation, devant un adjectif ou un adverbe: *pas si vite*; indique une absence devant un nom: *pas un bruit* ▶ **não, nem**

pascal¹ (pl *pascals*) *nm* Unité mécanique de contrainte et de pression; symb: Pa ▶ **pascal**

pascal² (pl *pascals*) *nm* INFORM Langage de programmation ▶ **pascal**

pascal³, e, als ou **aux** *adj* Qui concerne la pâque juive ou la fête chrétienne de Pâques: *mouton pascal* ▶ **pascal**

pas-de-porte *nm inv* Somme que paie un commerçant afin d'obtenir la jouissance d'un local ▶ **luvas**

paso doble [pasodɔbl] *nm inv* Danse de rythme vif, d'origine espagnole ► ***paso doble***

passable *adj* Acceptable, d'une qualité moyenne: *notes passables* ► **razoável**

passablement *adv* De façon passable, assez bien ► **razoavelmente**

passade *nf* **1** Aventure amoureuse de courte durée ► **aventura 2** Caprice, goût passager ► **coqueluche**

passage *nm* **1** Action de passer: *attendre le passage du train* ► **passagem 2** Lieu où l'on passe: *marcher sur le passage clouté; laisser, obstruer le passage* ► **passagem 3** Galerie couverte pour les piétons: *passage Choiseul* ► **passagem 4** Traversée d'un voyageur sur un navire; droit payé pour cette traversée ► **travessia, passagem 5** Court fragment d'une œuvre littéraire ou musicale ► **passagem 6** FIG Transition, étape intermédiaire: *passage de l'enfance à l'adolescence* ► **passagem ■ avoir un passage à vide:** un moment de fatigue, de perte d'efficacité ► **ter um esgotamento □ de passage:** qui reste peu de temps en un lieu: *être de passage à Paris* ► **de passagem □ passage à niveau:** endroit où une voie ferrée est coupée par une route au même niveau ► **passagem de nível □ passage obligé:** condition nécessaire à la réalisation de quelque chose, à la réussite d'un projet ► **pré-requisito □ passage protégé:** croisement où la priorité est accordée à la voie principale et non à la voie de droite ► **cruzamento com prioridade**

passager, ère *adj* **1** Qui ne fait que passer: *hôte passager* ► **passageiro 2** De peu de durée: *beauté passagère* ► **passageiro ♦** *n* Personne qui emprunte un moyen de transport ► **passageiro**

passagèrement *adv* En passant, pour peu de temps ► **de modo passageiro**

passant[1] *nm* Bande étroite de tissu fixée à un vêtement pour y glisser une ceinture ► **passador**

passant[2]**, e** *adj* Où il passe beaucoup de monde: *rue passante* ► **passageiro ♦** *n* Personne qui passe dans un lieu, une rue: *arrêter les passants* ► **passante**

passation *nf* DR Action de rédiger dans les formes juridiques ► **escritura ■ passation des pouvoirs:** acte, cérémonie officialisant la transmission des pouvoirs ► **transmissão de poderes**

passe *nf* **1** Action de passer le ballon à un partenaire, dans un jeu d'équipe: *faire une passe* ► **passe 2** Chenal étroit ouvert à la navigation ► **canal ■ en passe de:** en situation de, sur le point de ► **em via de □ être dans une bonne, une mauvaise passe:** dans une situation avantageuse, difficile ► **estar em boa, má situação □ maison, hôtel de passe:** de prostitution ► **casa de tolerância □ mot de passe:** de reconnaissance ► **senha**

passé[1] *prép* Après: *passé 10 heures* ► **depois de**

passé[2]**, e** *adj* **1** Relatif à un temps écoulé: *événements passés* ► **passado 2** Qui a perdu son éclat: *couleurs passées* ► **esmaecido ♦** *nm* **1** Temps écoulé: *songer au passé* ► **passado 2** La vie passée d'un individu: *je ne sais rien de son passé* ► **passado 3** GRAMM Temps du verbe représentant l'action dans un temps écoulé: *passé simple, composé* ► **passado**

passe-crassane *nf inv* Poire d'hiver ► **pera *passe-crassane***

passe-droit (pl *passe-droits*) *nm* Faveur accordée contre le droit ► **privilégio ilícito**

passéisme *nm* Attachement excessif au passé ► **passadismo**

passéiste *adj et n* Qui s'attache au retour au passé, à la conservation des traditions et des pratiques d'autrefois: *une architecture passéiste* ► **passadista**

passement *nm* Galon plat et étroit, pour garnir, orner ► **passamane**

passementerie *nf* **1** Ensemble des garnitures tissées ou tressées utilisées surtout dans l'ameublement ► **passamanaria 2** Commerce, industrie du passementier ► **passamanaria**

passementier, ère *n et adj* Personne qui fabrique ou vend des passements ► **passamaneiro**

passe-montagne (pl *passe-montagnes*) *nm* Bonnet, cagoule qui couvre le cou et les oreilles ► **balaclava**

passe-partout *nm inv* Clef qui peut ouvrir plusieurs serrures ► **chave mestra ♦** *adj inv* D'un emploi très large, très étendu: *réponse passe-partout* ► **multiuso**

passe-passe *nm inv* **■ tour de passe-passe:** (a) tour d'adresse des prestidigitateurs ► **passe de mágica** (b) FIG tromperie adroite ► **passe de mágica**

passe-plat (pl *passe-plats*) *nm* Ouverture dans une cloison, permettant de passer les plats ► **passa-prato**

passepoilé, e *adj* Garni d'un liseré pris dans la couture ou la bordant ► **debruado**

passeport *nm* Document délivré à ses ressortissants par une autorité administrative nationale en vue de certifier leur identité au regard des autorités étrangères ► **passaporte**

passer *vi* (auxil: *être*) **1** Aller d'un lieu à un autre: *regarder passer les gens* ► **passar 2** Traverser: *passer* *par Toulouse* ▸ **passar 3** Aller dans un lieu pour un court moment: *passer chez l'épicier* ▸ **passar 4** Être admis, accepté: *passer en terminale* ▸ **passar 5** Devenir: *passer capitaine* ▸ **virar, tornar-se 6** Mourir, disparaître: *beauté qui passe* ▸ **passar 7** Être transmis: *passer à un successeur* ▸ **passar 8** Se produire en public; être représenté, projeté: *passer à la télévision* ▸ **passar 9** S'écouler: *comme le temps passe!* ▸ **passar 10** Enclencher une vitesse: *passer en seconde* ▸ **engatar, colocar** ◆ *vt* (auxil: *avoir*) **1** Traverser: *passer la rivière* ▸ **passar 2** Donner: *passez-moi le sel!* ▸ **passar 3** Introduire: *passer de la contrebande* ▸ **passar 4** Filtrer, tamiser: *passer le café* ▸ **passar 5** Enclencher: *passer la quatrième* ▸ **engatar 6** Faire lire à un appareil: *passer un disque*; retransmettre: *passer un film* ▸ **reproduzir 7** Inscrire: *passer un article en compte* ▸ **registrar 8** Dépasser, devancer: *passer le but, un concurrent* ▸ **superar 9** Utiliser en bougeant, en étalant sur une surface: *passer l'aspirateur; passer une couche de peinture* ▸ **passar 10** Employer: *passer son temps* ▸ **passar 11** Subir: *passer un examen* ▸ **fazer 12** Omettre: *passer un fait* ▸ **omitir** ■ **en passant:** incidemment ▸ **de passagem,** ***en passant*** □ **en passer par:** se résigner à ▸ **aceitar** □ **passer outre:** continuer ▸ **continuar** □ **passer par les armes:** fusiller ▸ **passar pelas armas** □ **passer pour:** être considéré comme ▸ **passar por** □ **passer sur:** ne pas tenir compte de ▸ **passar sobre** □ **passons!:** changeons de sujet! ▸ **mudemos de assunto!** □ **y passer:** **(a)** subir une épreuve, un désagrément ▸ **sofrer (b)** FAM mourir ▸ **morrer** ◆ **se passer** *vpr* **1** Avoir lieu, se dérouler: *la scène se passe à Rome; tout se passe bien* ▸ **passar-se, acontecer 2** S'écouler: *un mois s'est passé* ▸ **passar-se 3** [de] s'abstenir de: *se passer de vin*; ne pas nécessiter de: *ça se passe de commentaire* ▸ **privar-se, dispensar 4** Mettre sur sa peau: *se passer un peu d'eau sur le visage* ▸ **passar**

GRAMMAIRE *Passer*, verbe intransitif, se conjugue avec *être*: *il est passé contremaître*; *passer*, verbe transitif, se conjugue avec *avoir*: *il a passé son examen avec succès*

passereau *nm* Petit oiseau (les passereaux forment un ordre comprenant les moineaux, les merles, les alouettes, etc.) ▸ **pássaro**

passerelle *nf* **1** Pont étroit réservé aux piétons ▸ **passarela 2** Plan incliné, escalier permettant l'accès à un avion, à un bateau ▸ **escada, prancha de embarque e desembarque 3** FIG Passage, communication: *établir des passerelles entre des formations universitaires* ▸ **ponte**

passerose *nf* Rose trémière ▸ **rosa-marinha**

passe-temps *nm inv* Activité qui distrait, détend ▸ **passatempo**

passeur, euse *n* **1** Personne qui conduit un bac, un bateau pour passer un cours d'eau ▸ **barqueiro 2** Celui qui fait passer illégalement une frontière ou qui passe quelque chose en fraude ▸ **contrabandista**

passible *adj* ▸ **passível** ■ **passible de:** qui mérite (une peine) ▸ **passível de**

passif, ive *adj* Qui subit quelque chose sans réagir; qui assiste à quelque chose sans y participer: *rester passif devant un événement* ▸ **passivo** ■ GRAMM **forme passive:** forme que prend le verbe quand il exprime une action subie par le sujet (EX: *être aimé, être averti*) ▸ **voz passiva** ◆ *nm* **1** Ensemble des dettes, charges et obligations (par opposition à *actif*) ▸ **passivo 2** GRAMM Forme passive (par opposition à *actif*) ▸ **passiva**

passiflore *nf* Plante herbacée ou arbrisseau des régions tropicales dont les fleurs par leurs organes évoquent les instruments de la Passion; SYN: *fleur de la Passion* ▸ **maracujá**

passing-shot [pasiʃɔt] (pl *passing-shots*) *nm* Au tennis, balle rapide et liftée évitant un adversaire monté à la volée ▸ **passada**

passion *nf* **1** Forte inclination, intérêt très vif; objet de cet intérêt: *la passion du jeu; écrire avec passion* ▸ **paixão 2** Inclination d'ordre affectif ou amoureux ▸ **paixão** ■ RELIG **la Passion du Christ:** ses souffrances et son supplice ▸ **a Paixão de Cristo** □ **fleur de la Passion:** passiflore ▸ **maracujá**

passionnant, e *adj* Qui passionne ▸ **apaixonante**

passionné, e *adj et n* Animé par la passion: *débat passionné; passionné de cinéma* ▸ **apaixonado**

passionnel, elle *adj* Inspiré par la passion amoureuse: *crime passionnel* ▸ **passional**

passionnellement *adv* De façon passionnelle ▸ **passionalmente**

passionnément *adv* Avec passion ▸ **apaixonadamente**

passionner *vt* **1** Donner un caractère violent, animé à: *passionner un débat* ▸ **esquentar 2** Intéresser vivement: *roman qui passionne* ▸ **apaixonar** ◆ **se passionner** *vpr* [pour] S'enthousiasmer pour: *se passionner pour l'étude* ▸ **apaixonar-se**

passivement *adv* De façon passive ▸ **passivamente**

passivité *nf* État, nature d'une personne passive ▸ **passividade**

passoire *nf* Ustensile percé de trous pour passer, filtrer ▸ **coador, peneira**

pastel *nm* **1** Crayon fait d'une pâte colorée ▸ **pastel 2** Dessin exécuté au pastel ▸ **pastel** ◆ *adj inv* ■ **teintes, tons pastel:** doux et assez clairs ▸ **tons pastéis**

pastelliste *n* Peintre qui travaille au pastel ► **pastelista**

pastèque *nf* Plante des régions chaudes cultivée pour son gros fruit à pulpe rouge très juteux; ce fruit; SYN: *melon d'eau* ► **melancia**

pasteur *nm* **1** Ministre du culte protestant ► **pastor** **2** LITT Berger ► **pastor** ■ **le Bon Pasteur:** Jésus-Christ ► **o Bom Pastor**

pasteurisation *nf* Action de pasteuriser ► **pasteurização**

pasteuriser *vt* Porter un liquide ou un produit alimentaire à haute température afin d'en détruire les microbes et de le conserver ► **pasteurizar**

pastiche *nm* Œuvre littéraire ou artistique qui imite la manière d'un auteur ► **pastiche**

pasticher *vt* Imiter le style de ► **pastichar**

pasticheur, euse *n* Auteur de pastiches ► **autor de pastiche**

pastille *nf* **1** Petit morceau de pâte à sucer, de forme généralement ronde, en confiserie ou en pharmacie ► **pastilha** **2** Petit motif décoratif de forme ronde ► **bolinha**

pastis [pastis] *nm* **1** Boisson alcoolisée, parfumée à l'anis ► ***pastis*** **2** FAM Situation embrouillée, confuse ► **zona**

pastoral, e, aux *adj* **1** LITT Relatif aux bergers, à la campagne, etc. ► **pastoral** **2** Propre aux pasteurs protestants ► **pastoral**

pastorale *nf* Ouvrage littéraire ou musical dont les thèmes évoquent la vie champêtre ► **pastoral**

pastoureau, elle *n* LITT Jeune berger, jeune bergère ► **pastorzinho**

pat [pat] *nm et adj inv* Aux échecs, neutralisation du roi ► **empate**

patachon *nm* ■ FAM **mener une vie de patachon:** mener une vie de plaisirs, d'amusements ► **levar uma vida desregrada**

patapouf *nm* FAM Enfant, homme lourd et embarrassé de son corps ► **gorducho**

pataquès [patakɛs] *nm* **1** Faute de liaison; faute de langage grossière ► **erro grosseiro** **2** Discours confus; situation confuse ► **trapalhada**

patate *nf* FAM Pomme de terre ► **batata** ■ FAM **patate chaude:** problème embarrassant que personne ne veut assumer et dont chacun renvoie la responsabilité ► **batata quente** □ **patate douce:** plante cultivée dans les pays chauds pour ses tubercules comestibles ► **batata-doce**

patati, patata *interj* Évoque ou résume de longs bavardages ► **patati, patatá**

patatras [patatra] *interj* Évoque une chute bruyante ► **catapum**

pataud, e *n et adj* FAM Personne lourde, lente, maladroite ► **grandalhão**

Pataugas [patogas] *nm* (nom déposé) Chaussure montante, pour la marche, la randonnée ► ***Pataugas*** (marca registrada), calçado para caminhada

pataugeoire *nf* Bassin peu profond d'une piscine réservé aux jeunes enfants ► **parte rasa da piscina**

patauger *vi (conj 2)* **1** Jouer, s'amuser dans peu d'eau ► **patinhar** **2** Marcher dans la boue, dans un sol détrempé ► **patinhar** **3** FIG S'embarrasser dans des difficultés; ne rien comprendre: *patauger dans des explications compliquées* ► **atolar** **4** Ne pas avancer; s'enliser: *l'enquête patauge* ► **arrastar-se**

patch *nm* (anglicisme) Autocollant enduit de principes actifs qui se place sur la peau ► **emplastro**

patchouli *nm* Parfum très prononcé extrait d'une plante aromatique d'Asie et d'Océanie; cette plante ► **patchuli**

patchwork [patʃwrk] *nm* **1** Ouvrage fait de morceaux de tissu disparates cousus les uns aux autres: *un couvre-lit en patchwork* ► ***patchwork*** **2** FIG Assemblage hétérogène: *un patchwork de nationalités* ► **colcha de retalhos**

pâte *nf* **1** Préparation culinaire à base de farine délayée avec de l'eau ou du lait et pétrie: *pâte sablée, feuilletée* ► **massa** **2** Produit alimentaire à base de semoule de blé: *manger des pâtes* ► **massa** **3** Préparation de composition variable, de consistance intermédiaire entre le liquide et le solide: *pâte d'amandes; pâte à papier; fromage à pâte molle* ► **pasta** **4** FIG, FAM Constitution, tempérament d'une personne: *une bonne pâte* ► **caráter** ■ **comme un coq en pâte:** heureux, à l'aise ► **como um pinto no lixo** □ **mettre la main à la pâte:** aider matériellement à la réalisation de quelque chose ► **colocar a mão na massa**

pâté *nm* **1** Hachis de viande ou de poisson cuit dans une pâte feuilletée ou en terrine: *pâté en croûte; pâté de foie* ► **patê** **2** FIG Tache d'encre sur du papier ► **borrão** ■ **pâté de maisons:** groupe de maisons formant un bloc ► **quarteirão** □ **pâté de sable:** tas de sable humide moulé dans un seau ► **bolo de areia**

pâtée *nf* Aliments réduits en bouillie pour nourrir ou engraisser les animaux ► **lavagem** ■ FAM **prendre la pâtée:** se faire battre largement ► **levar uma surra**

patelin[1] *nm* FAM Petite ville, village ► **povoado**

patelin[2], e *adj* LITT Souple et insinuant, enjôleur: *air patelin* ► **adulador**

patelle *nf* Mollusque comestible (couramment appelé: *bernique*) ▶ **lapa**

patène *nf* LITURGIE Petit plat rond destiné à recevoir l'hostie ▶ **pátena**

patenôtres *nf pl* FAM, PÉJOR Prières inintelligibles ▶ **alanzoados**

patent, e *adj* Évident, manifeste: *vérité patente* ▶ **patente**

patente *nf* Taxe annuelle payée autrefois par les commerçants, les industriels, remplacée aujourd'hui par la taxe professionnelle ▶ **imposto direto anual**

patenté, e *adj* **1** AUTREF Qui payait une patente ▶ **sujeito a imposto 2** Attitré, confirmé: *défenseur patenté* ▶ **patenteado**

Pater [patɛr] *nm inv* Prière chrétienne commençant par les mots latins *Pater noster* ▶ **pai-nosso**

patère *nf* Support fixé à un mur pour accrocher des vêtements ▶ **cabideiro**

paternalisme *nm* Attitude de bienveillance autoritaire et condescendante d'un directeur, d'un supérieur, envers ses employés ▶ **paternalismo**

paternaliste *adj* Qui fait preuve ou qui témoigne de paternalisme ▶ **paternalista**

paterne *adj* LITT Doucereux, hypocrite: *ton paterne* ▶ **melífluo**

paternel, elle *adj* **1** Du père: *autorité paternelle* ▶ **paternal 2** Du côté du père: *grand-mère paternelle* ▶ **paternal 3** Protecteur, indulgent: *ton paternel* ▶ **paternal**

paternellement *adv* Avec bonté, bienveillance ▶ **paternalmente**

paternité *nf* **1** État, qualité de père ▶ **paternidade 2** Qualité d'auteur, de créateur, d'inventeur ▶ **paternidade**

pâteux, euse *adj* Qui a la consistance d'une pâte ▶ **pastoso ■ bouche, langue pâteuse:** lourde, empâtée ▶ **boca, língua pastosa**

pathétique *adj* Qui émeut, bouleverse ▶ **patético**

pathétiquement *adv* De façon pathétique ▶ **pateticamente**

pathétisme *nm* LITT Caractère de ce qui est pathétique ▶ **pateticismo**

pathogène *adj* Qui provoque les maladies: *microbe pathogène* ▶ **patogênico**

pathologie *nf* Étude des causes et des symptômes des maladies ▶ **patologia**

pathologique *adj* **1** Relatif à la pathologie ▶ **patológico 2** Révélateur d'une maladie; anormal: *réaction pathologique* ▶ **patológico**

pathos [patos] *nm* PÉJOR Style emphatique, d'un pathétisme affecté ▶ **patos**

patibulaire *adj* ▶ **patibular ■ mine, air patibulaire:** qui suscite la crainte, la méfiance ▶ **fisionomia, expressão patibular**

patiemment [pasjamɑ̃] *adv* Avec patience ▶ **pacientemente**

patience [pasjɑ̃s] *nf* **1** Qualité de celui qui supporte une situation avec calme, modération: *perdre patience* ▶ **paciência 2** Persévérance, obstination dans l'action: *la patience d'une dentellière* ▶ **paciência 3** Jeu de cartes, pour une personne seule, consistant à combiner toutes les cartes dans un ordre déterminé; SYN: *réussite* ▶ **paciência ■ prendre son mal en patience:** attendre, supporter sans se plaindre ▶ **aguentar a barra**

patient, e *adj* Qui a ou manifeste de la patience ▶ **paciente ◆** *n* Personne qui subit des soins médicaux, une opération chirurgicale, etc. ▶ **paciente**

patienter *vi* Prendre patience, attendre calmement ▶ **ter paciência**

patin *nm* Pièce qui frotte sur une surface, sur un élément, pour freiner un mécanisme ▶ **sapata ■ patin à glace:** chaussure sous laquelle est fixée une lame de fer pour glisser sur la glace ▶ **patim de gelo □ patin à roulettes:** semelle munie de roulettes pour glisser sur un sol uni ▶ **patim de rodas □ patin en ligne:** patin à roulettes, dont les roulettes sont alignées à l'imitation de la lame du patin à glace ▶ **patim *in line***

patinage *nm* **1** Action de patiner ▶ **patinação, derrapagem 2** Sport pratiqué avec des patins: *patinage artistique, de vitesse* ▶ **patinação 3** Action de donner une patine à; fait de se patiner ▶ **patinagem**

patine *nf* Coloration, aspect que prennent certains objets avec le temps ▶ **pátina**

patiner *vi* **1** Glisser avec des patins ▶ **patinar 2** Glisser par manque d'adhérence, en parlant d'un véhicule ▶ **patinar, derrapar 3** Donner de la patine à un objet, un meuble ▶ **patinar ◆ se patiner** *vpr* Se couvrir de patine ▶ **oxidar-se**

patinette *nf* Trottinette ▶ **patinete**

patineur, euse *n* Personne qui patine ▶ **patinador**

patinoire *nf* **1** Lieu aménagé pour patiner sur la glace ▶ **rinque de patinação no gelo 2** Endroit glissant ▶ **lugar escorregadio**

patio [patjo] ou [pasjo] *nm* Cour intérieure d'une maison ▶ **pátio**

pâtir *vi* LITT Souffrir, subir un dommage à cause de quelque chose: *pâtir de l'incompétence de quelqu'un* ▶ **pagar**

pâtisserie *nf* **1** Préparation de pâte sucrée, garnie de façons diverses et cuite au four ▶ ***pâtisserie***

2 Profession, commerce, magasin du pâtissier ▸ **confeitaria, *pâtisserie***

pâtissier, ère *n et adj* Personne qui fait ou vend de la pâtisserie ▸ **confeiteiro** ▪ **crème pâtissière:** crème cuite, assez épaisse, pour garnir certains gâteaux ▸ **creme de confeiteiro**

pâtisson *nm* Courge de couleur crème, semi-sphérique avec un rebord en festons ▸ **abóbora**

patois *nm* Parler propre à une région ▸ **patoá**

patoisant, e *adj et n* Qui parle patois ▸ **falante de patoá**

patraque *adj* FAM Fatigué, souffrant ▸ **arrebentado**

pâtre *nm* LITT Berger ▸ **pastor**

patriarcal, e, aux *adj* De patriarche ▸ **patriarcal**

patriarcat *nm* Organisation familiale caractérisée par la prédominance du père ▸ **patriarcado**

patriarche *nm* Chef de famille, généralement âgé, qui vit entouré de sa descendance ▸ **patriarca**

patricien, enne *n et adj* ANTIQ ROM Citoyen noble ▸ **patrício**

patrie *nf* **1** Pays où l'on est né, dont on est citoyen ▸ **pátria 2** Ville, village, région dont on est originaire ▸ **pátria**

patrimoine *nm* **1** Ensemble des biens hérités du père et de la mère ▸ **patrimônio 2** Héritage commun d'un groupe, d'une collectivité: *patrimoine artistique* ▸ **patrimônio**

patrimonial, e, aux *adj* Qui fait partie, qui relève du patrimoine ▸ **patrimonial**

patriote *n et adj* Personne qui aime sa patrie ▸ **patriota**

patriotique *adj* Qui exprime le patriotisme ▸ **patriótico**

patriotisme *nm* Amour de la patrie ▸ **patriotismo**

patron[1] *nm* Modèle d'après lequel on fabrique un objet, un vêtement ▸ **padrão**

patron[2], onne *n* **1** Chef d'une entreprise industrielle ou commerciale ▸ **patrão 2** Supérieur hiérarchique, en général ▸ **chefe 3** Saint, sainte dont on porte le nom, à qui une église est dédiée, etc.: *sainte Cécile, patronne des musiciens* ▸ **padroeiro**

patronage *nm* **1** Appui, soutien accordé par un personnage influent, une organisation, etc. ▸ **patrocínio 2** Organisation destinée à accueillir les jeunes pendant les jours de congé ▸ **centro de recreação**

patronal, e, aux *adj* **1** Relatif au patronat: *syndicat patronal* ▸ **patronal 2** Qui concerne le saint patron: *fête patronale* ▸ **do padroeiro**

patronat *nm* Ensemble des patrons, des chefs d'entreprise ▸ **patronato**

patronner *vt* Apporter le soutien de son autorité, de son influence ▸ **patrocinar**

patronnesse *adj f* ▪ **dame patronnesse:** qui organise, dirige une œuvre de bienfaisance ▸ ***patronnesse***

patronyme *nm* Nom de famille (par opposition à *prénom*) ▸ **patronímico**

patronymique *adj* ▸ **patronímico** ▪ **nom patronymique:** nom de famille ▸ **sobrenome**

patrouille *nf* Petit détachement militaire ou policier de surveillance; cette mission de surveillance ▸ **patrulha**

patrouiller *vi* Effectuer une patrouille ▸ **patrulhar**

patrouilleur *nm* Militaire, navire chargé d'une surveillance ▸ **patrulheiro**

patte *nf* **1** Membre articulé du corps des animaux, assurant la marche, la préhension ▸ **pata 2** FAM Jambe, pied de l'homme: *ne plus tenir sur ses pattes*; main: *avoir les pattes sales* ▸ **pata 3** Style personnel, original d'un artiste, d'un créateur; griffe ▸ **marca 4** Pièce longue et plate servant à fixer, à maintenir ▸ **presilha 5** Languette de cuir, d'étoffe servant à fermer, à maintenir un vêtement: *patte boutonnée* ▸ **lingueta** ▪ **coup de patte:** petite critique ironique, malveillante ▸ **alfinetada** □ **montrer patte blanche:** présenter toutes les garanties nécessaires pour entrer dans un lieu, dans une fonction ▸ **dar as garantias necessárias** ◆ **pattes** *pl* Cheveux qui descendent sur les tempes et le long des oreilles ▸ **costeletas** ▪ **pattes de mouche:** écriture très fine, souvent illisible ▸ **letra de formiga** □ **tirer dans les pattes de quelqu'un:** lui causer des ennuis, des difficultés, chercher à lui nuire ▸ **criar dificuldades para alguém**

patte-d'oie (pl *pattes-d'oie*) *nf* **1** Point de réunion de plusieurs routes ▸ **encruzilhada 2** Ride à l'angle extérieur de l'œil ▸ **pé de galinha**

pattemouille *nf* Linge mouillé utilisé pour repasser à la vapeur ▸ **pano úmido**

pâturage *nm* Lieu où le bétail pâture: *un gras pâturage* ▸ **pasto**

pâture *nf* **1** Action de pâturer ▸ **apascentamento 2** Pâturage ▸ **pasto 3** Ce sur quoi peut s'exercer une activité: *incident donné en pâture aux journalistes* ▸ **alimento** ▪ **vaine pâture:** droit de laisser paître les animaux après l'enlèvement des récoltes ▸ **compáscuo**

pâturer *vt et vi* Paître ▸ **pastar**

paturon *nm* Bas de la jambe du cheval, entre le boulet et le sabot ▸ **quartela**

paulownia [polɔnja] *nm* Arbre originaire d'Extrême-Orient, à fleurs mauves odorantes ▸ **paulównia**
paume *nf* **1** Creux de la main ▸ **palma 2** Jeu de balle qui se joue avec une raquette ▸ **pela**
paumé, e *adj et n* FAM Qui n'arrive pas à s'adapter à une situation, à des événements; qui vit en dehors de la réalité ▸ **desajustado**
paumelle *nf* Ferrure double permettant le pivotement d'une porte, d'une fenêtre autour d'un gond ▸ **dobradiça**
paumer *vt* FAM Perdre, égarer ▸ **perder**
paupérisation *nf* Appauvrissement progressif et continu d'une population ou d'une classe sociale ▸ **pauperização**
paupériser *vt* Appauvrir, frapper de paupérisation ▸ **pauperizar**
paupérisme *nm* État de grande pauvreté d'un groupe humain ▸ **pauperismo**
paupière *nf* Voile membraneux, au-devant du globe oculaire ▸ **pálpebra**
paupiette *nf* Tranche de viande de veau roulée et farcie ▸ **bife enrolado**
pause *nf* **1** Suspension momentanée d'une action ▸ **pausa 2** MUS Silence équivalant à une mesure ▸ **pausa**
pause-café (pl *pauses-café*) *nf* FAM Pause pour prendre le café ▸ **intervalo para o café**
pauvre *adj et n* Qui a peu de ressources, peu de biens ▸ **pobre** ◆ *adj* **1** Dépourvu de biens, de ressources: *pays pauvre* ▸ **pobre 2** Qui produit peu, qui est peu fécond: *sol pauvre* ▸ **pobre 3** Qui dénote la pauvreté: *de pauvres habits* ▸ **pobre 4** Médiocre, insuffisant: *vocabulaire pauvre* ▸ **pobre 5** Qui suscite la pitié: *un pauvre homme* ▸ **pobre** ■ **pauvre en:** qui contient peu, qui manque de: *région pauvre en eau* ▸ **carente de**

GRAMMAIRE La place de l'adjectif *pauvre* est importante pour le sens: *malgré sa richesse, quel pauvre homme!* («quel homme pitoyable!»); *c'est un homme pauvre* («sans ressources»)

pauvrement *adv* De façon pauvre ▸ **pobremente**
pauvresse *nf* VX Femme pauvre; mendiante ▸ **pobre, mendiga**
pauvret, ette *adj et n* FAM Malheureux ▸ **pobrezinho**
pauvreté *nf* État d'une personne ou d'une chose pauvre ▸ **pobreza**
pavage *nm* **1** Action de paver ▸ **pavimentação 2** Revêtement à l'aide de pavés ▸ **pavimentação**
pavane *nf* Danse et musique de caractère lent et majestueux ▸ **pavana**
pavaner (se) *vpr* **1** Marcher, se tenir en prenant des poses; parader ▸ **pavonear-se 2** Faire l'important ▸ **pavonear-se**
pavé *nm* **1** Bloc de pierre dure dont on garnit les chaussées; partie pavée d'une rue ▸ **pavimento 2** FAM Livre très épais ▸ **tijolo 3** Texte isolé par un encadré, dans un journal, une revue: *pavé publicitaire* ▸ **quadro 4** Bifteck très épais ▸ **medalhão** ■ **être sur le pavé:** sans domicile, sans emploi ▸ **estar na rua** □ **pavé dans la mare:** vérité, révélation brutale qui jette la perturbation ▸ **bomba** □ INFORM **pavé numérique:** ensemble séparé de touches numériques et de touches d'opérations sur un clavier d'ordinateur ▸ **teclado numérico** □ **tenir le haut du pavé:** bénéficier d'une situation avantageuse ▸ **cantar de galo**
pavement *nm* Pavage ▸ **pavimentação**
paver *vt* Revêtir un sol de pavés: *paver une rue* ▸ **pavimentar, calçar**
paveur, euse *n* Ouvrier qui pave ▸ **calceteiro**
pavillon *nm* **1** Maison particulière de petite ou de moyenne dimension ▸ **casa 2** ANAT Oreille externe ▸ **pavilhão 3** Extrémité évasée d'un instrument à vent ▸ **pavilhão 4** MAR Drapeau indiquant la nationalité d'un bateau ▸ **bandeira** ■ FIG **baisser pavillon:** céder, capituler ▸ **entregar os pontos**
pavillonnaire *adj* Bâti de pavillons d'habitation: *zone pavillonnaire* ▸ **residencial popular**
pavlovien, enne *adj* Relatif aux réflexes conditionnés étudiés par Pavlov ▸ **pavloviano**
pavois *nm* MAR Ensemble des pavillons d'un navire, disposés dans un ordre donné ▸ **pavês** ■ **élever sur le pavois:** mettre en honneur ▸ **pôr nas nuvens**
pavoiser *vt* Garnir de pavillons, de drapeaux: *pavoiser un monument* ▸ **empavesar** ◆ *vi* FAM Manifester sa fierté par une grande joie ▸ **regozijar-se**
pavot *nm* Plante voisine du coquelicot, dont on extrait l'opium ▸ **papoula**
payable *adj* Qui doit ou peut être payé ▸ **pagável**
payant, e *adj* **1** Qui paie: *hôte payant* ▸ **pagante 2** Que l'on paie: *spectacle payant* ▸ **pago 3** FAM Qui rapporte, rentable: *entreprise payante* ▸ **rentável**
paye [pɛj] *nf* → **paie**
payement *nm* → **paiement**
payer *vt (conj 4)* **1** Donner l'argent dû: *payer des achats, ses ouvriers* ▸ **pagar 2** Acquitter une dette, un droit, un impôt: *payer une cotisation* ▸ **pagar 3** Récompenser: *ce succès me paie de tous mes efforts* ▸ **pagar 4** FAM Offrir à quelqu'un en se chargeant de la dépense: *payer une tournée* ▸ **pagar 5** Expier:

payer une faute, un crime ▸ **pagar** ▪ **payer d'audace, d'effronterie:** faire preuve d'audace, d'effronterie ▸ **ter audácia, descaramento** ▫ **payer de sa personne:** s'engager personnellement ▸ **comprometer-se pessoalmente** ▫ **payer de retour:** rendre la pareille ▸ **pagar na mesma moeda** ◆ *vi* FAM Être profitable, rentable ▸ **render**

payeur, euse *n et adj* Personne qui paie ▸ **pagador** ▪ **mauvais payeur:** qui rembourse mal ses dettes ▸ **mau pagador**

pays¹ *nm* **1** Territoire d'une nation: *un pays étranger*; État: *défendre son pays* ▸ **país 2** Région, contrée: *un pays montagneux* ▸ **região 3** Patrie, lieu d'origine: *avoir le mal du pays* ▸ **pátria 4** Village, localité: *un petit pays* ▸ **vilarejo** ▪ **de pays:** produit par une région, un terroir déterminés: *vin, jambon de pays* ▸ **regional** ▫ FAM **en pays de connaissance:** au milieu de gens que l'on connaît ▸ **entre conhecidos**

pays², e *n* FAM Personne de la même région, du même village ▸ **conterrâneo**

paysage *nm* **1** Vue d'ensemble d'une région, d'un site ▸ **paisagem 2** Tableau représentant un site champêtre ▸ **paisagem 3** FIG Aspect d'ensemble, situation: *paysage politique* ▸ **panorama**

paysager, ère *adj* Composé de façon à donner l'illusion d'un paysage naturel: *jardin paysager* ▸ **paisagístico**

paysagiste *n et adj* **1** Artiste qui représente des paysages ▸ **paisagista 2** Architecte ou jardinier qui établit les plans de parcs, de jardins ▸ **paisagista**

paysan, anne *n* **1** Homme, femme de la campagne, qui vit du travail de la terre ▸ **camponês 2** PÉJOR Personne peu raffinée, rustre: *des manières de paysan* ▸ **caipira** ◆ *adj* De la campagne, des gens qui y travaillent: *vie paysanne* ▸ **campestre**

paysannat *nm* ÉCON Ensemble des agriculteurs d'une région, d'un État ▸ **campesinato**

paysannerie *nf* Ensemble des paysans ▸ **campesinato**

PC¹ *nm* (sigle de *personal computer*) Ordinateur individuel ▸ **PC**

PC² *nm* (sigle) Poste de commandement ▸ **PC**

PCV *nm* (sigle de *à percevoir*) Communication téléphonique payée par l'abonné qui la reçoit, avec son accord préalable: *appeler en PCV* ▸ **DDC**

PDF *nm* (nom déposé, sigle de *portable document format*) Format de fichier informatique qui préserve en toutes circonstances la mise en forme du document original ▸ **PDF**

P-DG *nm* (sigle) Président-directeur général ▸ **Ø**

PEA [pea] *nm* (sigle) Plan d'épargne en actions ▸ **Ø**

péage *nm* Droit que l'on paie pour emprunter un pont, une autoroute; lieu où est perçu ce droit: *autoroute à péage* ▸ **pedágio**

péagiste *n* Employé qui perçoit le péage ▸ **funcionário do pedágio**

peau *nf* **1** Membrane qui recouvre le corps de l'homme et de beaucoup d'animaux ▸ **pele 2** Cuir de l'animal: *un sac en peau* ▸ **couro 3** Enveloppe de fruits: *peau d'orange* ▸ **casca 4** FAM La vie de quelqu'un: *défendre sa peau* ▸ **pele** ▪ **faire peau neuve:** changer complètement de conduite, d'opinion, etc. ▸ **mudar completamente** ▫ **peau de chamois:** peau de mouton, de chèvre, assouplie ▸ **camurça**

peaufinage *nm* Action de peaufiner ▸ **retoque**

peaufiner *vt* Mettre au point dans les moindres détails: *peaufiner un travail* ▸ **retocar**

peausserie *nf* Commerce, industrie du peaussier ▸ **pelaria, peleteria**

peaussier *nm* Personne qui prépare les peaux, ou qui en fait le commerce ▸ **peleteiro**

pécan *nm* ▪ **noix de pécan:** noix ovale comestible à coque mince ▸ **(noz-)pecã**

pécari *nm* Cochon sauvage d'Amérique du Sud; cuir de cet animal ▸ **caititu, queixada**

peccadille *nf* Faute légère, sans gravité ▸ **pecadilho**

pechblende [pɛʃblɛ̃d] *nf* Minerai d'uranium ▸ **pechblenda**

pêche¹ *nf* Fruit du pêcher ▸ **pêssego** ▪ FAM **avoir la pêche:** avoir de l'énergie, du dynamisme ▸ **estar com todo o gás**

pêche² *nf* **1** Action de pêcher ▸ **pesca 2** Poisson pêché ▸ **pesca 3** Endroit où l'on pêche ▸ **pesqueiro**

péché *nm* RELIG Transgression de la loi divine: *péché véniel, mortel; péché originel* ▸ **pecado**

pécher *vi (conj 10)* **1** RELIG Commettre un péché ▸ **pecar 2** Commettre une faute, faillir: *pécher par ignorance* ▸ **pecar 3** Présenter un défaut: *devoir qui pèche par sa longueur* ▸ **pecar**

pêcher¹ *nm* Arbre dont le fruit est la pêche ▸ **pessegueiro**

pêcher² *vt* **1** Prendre ou chercher à prendre du poisson: *pêcher le gardon* ▸ **pescar 2** FAM Trouver, dénicher: *où avez-vous pêché cette nouvelle?* ▸ **pescar**

pêcherie *nf* **1** Lieu où l'on pêche ▸ **pesqueiro 2** Lieu où le poisson pêché est traité ▸ **pesqueiro**

pécheur, eresse *n* Personne qui commet des péchés, qui est en état de péché: *pécheur impénitent* ▸ **pecador**

pêcheur, euse *n* Qui pêche ou qui fait profession de pêcher ▸ **pescador**
pêchu, e *adj* FAM Qui a la pêche; en forme, dynamique: *un retraité pêchu* ▸ **em forma**
pécore[1] *n* FAM, PÉJOR Paysan, paysanne ▸ **caipira**
pécore[2] *nf* FAM Femme stupide, prétentieuse ▸ **estúpida**
pectine *nf* Substance gélifiante contenue dans les fruits ▸ **pectina**
pectoral, e, aux *adj* **1** De la poitrine: *muscles pectoraux* ▸ **peitoral 2** Contre la toux: *un sirop pectoral* ▸ **peitoral ♦ pectoraux** *nm pl* Muscles de la poitrine ▸ **peitorais**
pécule *nm* Somme d'argent, petit capital économisé peu à peu ▸ **pecúlio**
pécuniaire *adj* **1** Relatif à l'argent: *embarras pécuniaire* ▸ **pecuniário 2** Qui consiste en argent: *aide pécuniaire* ▸ **pecuniário**
ORTHOGRAPHE *Pécuniaire* se termine en *-aire*, au masculin et au féminin. Il faut se garder de l'écrire comme le féminin *financière*
pécuniairement *adv* Au point de vue pécuniaire ▸ **pecuniariamente**
pédagogie *nf* **1** Science ou méthode d'éducation et d'instruction des enfants ▸ **pedagogia 2** Qualité du pédagogue: *manquer de pédagogie* ▸ **pedagogia**
pédagogique *adj* Relatif à la pédagogie: *méthode pédagogique* ▸ **pedagógico**
pédagogue *n* Enseignant, éducateur ▸ **pedagogo ♦** *adj* Qui a le sens, le don de l'enseignement ▸ **pedagógico**
pédale *nf* **1** Organe de transmission ou de commande d'une machine, d'un véhicule, etc., que l'on actionne avec le pied: *pédale du frein* ▸ **pedal 2** TRÈS FAM, INJUR Homosexuel ▸ **bicha ■** FAM **perdre les pédales:** perdre le fil de son discours, perdre son sang-froid ▸ **perder o fio, a linha**
pédaler *vi* **1** Actionner les pédales d'une bicyclette ▸ **pedalar 2** Rouler à bicyclette ▸ **pedalar**
pédalier *nm* **1** Ensemble des pédales et du grand pignon d'un cycle ▸ **pedaleiro 2** Clavier actionné par les pieds de l'organiste; système de pédales du piano ▸ **pedaleira**
Pédalo *nm* (nom déposé) Embarcation légère mue par des pédales ▸ **pedalinho**
pédant, e *adj et n* Qui fait étalage de sa science, de son savoir ▸ **pedante ♦** *adj* Prétentieux, suffisant: *discours pédant* ▸ **pedante**
pédanterie *nf* ou **pédantisme** *nm* Caractère d'une personne ou d'une chose pédante ▸ **pedantismo**
pédéraste *nm* Homme qui s'adonne à la pédérastie ▸ **pederasta**
pédérastie *nf* **1** Attirance sexuelle d'un homme pour les jeunes garçons ▸ **pederastia 2** Homosexualité masculine ▸ **pederastia**
pédérastique *adj* De la pédérastie ▸ **pederástico**
pédestre *adj* Qui se fait à pied: *randonnée pédestre* ▸ **a pé**
pédiatre *n* Spécialiste de pédiatrie ▸ **pediatra**
pédiatrie *nf* Spécialité médicale consacrée à l'enfance et à ses maladies ▸ **pediatria**
pédicule *nm* BOT Support ou pied de certaines plantes, des champignons ▸ **pedículo**
pédicure *n* Auxiliaire médical qui soigne les pieds et les ongles des pieds ▸ **pedicuro**
pedigree [pedigre] *nm* Généalogie d'un animal de race ▸ ***pedigree***
pédologie *nf* Science qui étudie les caractères physiques, chimiques et biologiques des sols ▸ **pedologia**
pédologue *n* Spécialiste de pédologie ▸ **pedólogo**
pédoncule *nm* Queue d'une fleur ou d'un fruit ▸ **pedúnculo**
pédophile *n et adj* Personne qui éprouve une attirance sexuelle pour les enfants ▸ **pedófilo**
pédophilie *nf* Attirance sexuelle d'un adulte pour les enfants ▸ **pedofilia**
pédopsychiatrie *nf* Psychiatrie de l'enfant et de l'adolescent ▸ **pedopsiquiatria**
peeling [pilij] *nm* Intervention dermatologique qui consiste à faire desquamer la peau du visage ▸ ***peeling***
PEGC *n* (sigle) Professeur d'enseignement général de collège ▸ **Ø**
pègre *nf* Milieu des voleurs, des escrocs ▸ **submundo**
peigne *nm* **1** Instrument denté qui sert à démêler ou à maintenir les cheveux ▸ **pente 2** Instrument pour apprêter la laine, le chanvre, etc. ▸ **pente**
peigner *vt* **1** Démêler, coiffer avec un peigne ▸ **pentear** ◇ *vpr*: *elle s'est peignée ce matin; elle s'est peigné les cheveux* ▸ **pentear-se 2** TECHN Apprêter des fibres textiles, les démêler, les épurer, les trier: *laine peignée* ▸ **cardar**
peignoir *nm* **1** Vêtement en tissu-éponge qu'on met lorsqu'on sort du bain ▸ **roupão de banho 2** Robe de chambre qui se ferme par une ceinture ▸ **roupão**
peinard, e *adj* FAM **1** Tranquille: *rester peinard* ▸ **tranquilo 2** Sans fatigue: *travail peinard* ▸ **leve, mole**
peinardement *adv* FAM De façon peinarde ▸ **calmamente**

peindre *vt (conj 55)* **1** Représenter quelque chose par des lignes, des couleurs: *peindre un paysage* ▸ **pintar 2** Couvrir de peinture: *peindre un mur* ▸ **pintar 3** FIG Décrire: *peindre une scène avec humour* ▸ **pintar**

peine *nf* **1** Punition légale infligée à quelqu'un: *purger une peine de prison* ▸ **pena 2** Douleur morale, tristesse, chagrin: *avoir de la peine* ▸ **sofrimento 3** Effort pour venir à bout d'un travail, d'une difficulté: *se donner de la peine; valoir la peine* ▸ **esforço ■ à grand-peine:** avec beaucoup de mal ▸ **com muita dificuldade □ à peine: (a)** presque pas ▸ **mal (b)** depuis peu ▸ **há pouco □ ce n'est pas la peine:** c'est inutile ▸ **não vale a pena □ sous peine de: (a)** sous la menace de telle peine ▸ **com o risco de (b)** pour éviter tel risque ▸ **para evitar o risco de**

peiner *vt* Causer du chagrin à; attrister, désoler ▸ **penalizar** ♦ *vi* Éprouver de la difficulté ou de la fatigue: *peiner à la tâche* ▸ **penar**

peintre *n* **1** Artiste qui fait des tableaux ▸ **pintor 2** Professionnel qui peint les murs, les plafonds: *peintre en bâtiment* ▸ **pintor**

peinture *nf* **1** Matière colorante liquide propre à recouvrir une surface ▸ **tinta 2** Action de recouvrir une surface avec un produit colorant; surface ainsi recouverte ▸ **pintura 3** Art et technique du peintre: *peinture à l'huile; peinture au pistolet* ▸ **pintura 4** Œuvre réalisée par un peintre; tableau: *galerie de peintures* ▸ **pintura 5** Ensemble des œuvres picturales d'un peintre, d'une époque, d'un pays ▸ **pintura 6** FIG Description, évocation: *une peinture des mœurs* ▸ **pintura**

peinturer *vt* Barbouiller de peinture ▸ **cobrir de tinta**

peinturlurer *vt* FAM Peindre grossièrement, barbouiller ▸ **pinturilar**

péjoratif, ive *adj* Qui comporte une idée défavorable, qui déprécie ▸ **pejorativo**

péjorativement *adv* De façon péjorative ▸ **pejorativamente**

pékan *nm* Martre du Canada ▸ **marta norte-americana**

pékinois, e *adj et n* De Pékin ▸ **pequinês** ♦ *nm* Petit chien à tête arrondie et à poil long ▸ **pequinês**

PEL [pɛl] *nm* (sigle) Plan d'épargne logement ▸ **Ø**

pelade *nf* Maladie qui provoque la chute des poils et des cheveux ▸ **pelada, alopecia**

pelage *nm* Ensemble des poils d'un animal ▸ **pelagem**

pélagique *adj* LITT Relatif à la mer: *faune pélagique* ▸ **pelágico**

pelé, e *adj* **1** Dont on a enlevé la peau: *fruits pelés* ▸ **descascado 2** Qui a perdu ses poils: *cou pelé d'un cheval* ▸ **pelado 3** FIG Sans végétation: *campagne pelée* ▸ **calvo**

pêle-mêle *loc adv* Confusément, sans ordre, en vrac ▸ **confusamente**

peler *vt (conj 5)* Ôter la peau d'un fruit, d'un légume ▸ **descascar** ♦ *vi* Perdre sa peau par plaques: *avoir le nez qui pèle* ▸ **descascar**

pèlerin *nm* **1** Personne qui accomplit un pèlerinage ▸ **peregrino 2** Requin inoffensif pour l'homme ▸ **tubarão-frade 3** Faucon au vol très rapide, employé pour la fauconnerie ▸ **falcão-peregrino**

pèlerinage *nm* **1** Voyage dans un lieu saint pour un motif religieux ▸ **peregrinação 2** Voyage, visite entrepris en souvenir de quelqu'un, quelque chose ▸ **peregrinação**

pèlerine *nf* Manteau sans manches ▸ **pelerine**

pélican *nm* Oiseau palmipède des régions chaudes, à large bec doté d'une poche extensible ▸ **pelicano**

pelisse *nf* Manteau garni de fourrure ▸ **peliça**

pellagre *nf* Maladie infectieuse à manifestations cutanées due à une carence en vitamine PP ▸ **pelagra**

pelle *nf* Outil à plaque ajustée au bout d'un manche, servant notamment à creuser ▸ **pá ■ pelle mécanique:** engin automoteur à bras articulé ▸ **pá mecânica □** FAM **ramasser une pelle: (a)** tomber ▸ **cair (b)** échouer ▸ **fracassar**

pelletée *nf* Contenu d'une pelle ▸ **pazada**

pelleter *vt (conj 8)* Remuer ou déplacer à la pelle ▸ **padejar**

pelleterie *nf* Préparation, commerce des fourrures ▸ **peleteria**

pelleteur *nm* Ouvrier qui travaille à la pelle; terrassier ▸ **padejador**

pelleteuse *nf* Pelle mécanique pour évacuer des matériaux ▸ **escavadeira**

pelletier, ère *n* Personne qui prépare, travaille ou vend des fourrures ▸ **peleteiro**

pellicule *nf* **1** Bande de film sensible utilisée en photographie, en cinématographie ▸ **película 2** Lamelle de peau qui se détache du cuir chevelu ▸ **caspa 3** Mince couche d'une matière solide: *pellicule de givre* ▸ **película**

pelotari *nm* Joueur de pelote basque ▸ **pelotário**

pelote *nf* **1** Boule formée de fil, de laine, etc., enroulés sur eux-mêmes ▸ **novelo 2** Balle du jeu de pelote basque ▸ **bola 3** Coussinet pour piquer des aiguilles, des épingles ▸ **pregadeira ■ pelote basque:** sport traditionnel du Pays basque dans lequel le pelotari lance la balle contre un fronton ▸ **pelota basca**

peloter *vt* FAM Toucher, caresser en palpant ▸ **apalpar**

peloton *nm* **1** Petite unité militaire ▸ **pelotão** **2** SPORTS Groupe compact de concurrents, dans une course ▸ **pelotão** **3** Petite pelote: *peloton de laine* ▸ **pelote, pelota** ▪ **peloton d'exécution:** groupe de soldats chargés de fusiller un condamné ▸ **pelotão de fuzilamento**

pelotonner *vt* Mettre en pelote, en peloton ▸ **enrodilhar** ◆ **se pelotonner** *vpr* Se recroqueviller ▸ **enrodilhar-se**

pelouse *nf* **1** Terrain couvert d'une herbe épaisse et courte ▸ **gramado** **2** Partie gazonnée d'un stade, d'un champ de courses ▸ **gramado**

peluche *nf* **1** Étoffe à poils longs ▸ **pelúcia** **2** Animal, jouet confectionné dans cette étoffe ▸ **brinquedo de pelúcia**

pelucher *vi* Prendre l'aspect de la peluche, en parlant d'un tissu qui s'use ▸ **felpar**

pelucheux, euse *adj* Qui peluche, qui a l'aspect de la peluche: *tissu pelucheux* ▸ **pelucioso**

pelure *nf* Peau des fruits, légumes, etc.: *pelure d'oignon* ▸ **casca**

pelvien, enne *adj* ANAT Du bassin ▸ **pélvico**

pénal, e, aux *adj* Relatif aux infractions et aux peines: *le Code pénal* ▸ **penal**

pénalisant, e *adj* Qui désavantage, constitue un handicap ▸ **penalizante**

pénalisation *nf* **1** SPORTS Désavantage infligé à un concurrent qui a commis une faute ▸ **penalização** **2** Fait d'être pénalisé, désavantagé ▸ **penalização**

pénaliser *vt* **1** Infliger une pénalisation, une pénalité à ▸ **penalizar** **2** Constituer un handicap pour; désavantager: *mesure qui pénalise les petites entreprises* ▸ **penalizar**

pénaliste *n* DR Spécialiste de droit pénal ▸ **penalista**

pénalité *nf* Peine, sanction ▸ **penalidade**

penalty [penalti] (pl *penaltys* ou *penalties*) *nm* Au football, sanction prise contre une équipe pour une faute commise par un de ses membres dans la surface de réparation ▸ **pênalti**

pénates *nm pl* FAM Maison, foyer: *regagner ses pénates* ▸ **penates**

penaud, e *adj* Embarrassé, confus, honteux: *rester tout penaud* ▸ **embaraçado**

pence [pɛns] *nm pl* → **penny**

penchant *nm* Inclination, tendance: *les mauvais penchants* ▸ **propensão**

pencher *vt* Incliner: *pencher la tête* ▸ **inclinar** ◆ *vi* Ne pas être d'aplomb: *ce mur penche* ▸ **inclinar** ▪ **pencher pour, vers:** préférer ▸ **inclinar-se a, para** ◆ **se pencher** *vpr* **1** S'incliner: *se pencher au-dehors* ▸ **debruçar-se, inclinar-se** **2** [sur] S'intéresser à: *se pencher sur la question* ▸ **debruçar-se**

pendable *adj* ▸ **condenável** ▪ **tour pendable:** farce, plaisanterie de mauvais goût ▸ **brincadeira de mau gosto**

pendaison *nf* Action de pendre quelqu'un ou quelque chose: *condamné à la pendaison; pendaison de crémaillère*; action de se pendre ▸ **enforcamento**

pendant[1] *nm* Objet ou personne symétrique d'un autre, notamment par sa place, sa fonction: *un masque accroché à un mur et son pendant sur le mur d'en face; être le pendant du directeur dans son secteur* ▸ ***pendant*, equivalente**

pendant[2] *prép* Introduit la période au cours de laquelle se déroule une action: *pendant l'été, le voyage, la semaine* ▸ **durante** ◆ **pendant que** *loc conj* Indique la concomitance avec l'action principale, notamment en opposition avec celle-ci; tandis que: *se taire pendant que l'autre parle* ▸ **enquanto**

pendant[3]**, e** *adj* Qui pend ▸ **pendente**

pendeloque *nf* Ornement de verre ou de cristal suspendu à un lustre ▸ **pingente**

pendentif *nm* Bijou en sautoir ▸ **pingente**

penderie *nf* Meuble, pièce où l'on suspend les vêtements ▸ **cabideiro, guarda-roupa**

pendiller *vi* FAM Être suspendu en oscillant légèrement ▸ **balançar**

pendouiller *vi* FAM Pendre de façon désordonnée, disgracieuse ▸ **balançar**

pendre *vt* **1** Fixer en haut, la partie inférieure restant libre; suspendre: *pendre un lustre, des rideaux* ▸ **pendurar** **2** Faire mourir en suspendant par le cou: *pendre un assassin* ▸ **enforcar** ▪ **dire pis que pendre de quelqu'un:** en dire le plus grand mal ▸ **dizer cobras e lagartos de alguém** ◆ *vi* **1** Être suspendu: *les fruits pendent aux arbres* ▸ **estar pendurado** **2** Tomber trop bas: *robe qui pend d'un côté* ▸ **pender** ▪ FAM **cela lui pend au nez:** cela le menace ▸ **isso paira sobre ele** ◆ **se pendre** *vpr* **1** Se suicider en se suspendant par le cou ▸ **enforcar-se** **2** S'accrocher: *il se pend à la branche pour secouer l'arbre* ▸ **pendurar-se**

pendu, e *n* Personne qui s'est ou que l'on a pendue ▸ **enforcado**

pendulaire *adj* Du pendule: *mouvement pendulaire* ▸ **pendular**

pendule[1] *nm* Corps suspendu à un point fixe et oscillant régulièrement ▸ **pêndulo**

pendule[2] *nf* Petite horloge d'appartement ▸ **pêndula, relógio de pêndulo**

pendulette *nf* Petite pendule ▸ **relógio de pêndulo pequeno**
pêne *nm* Pièce d'une serrure qui entre dans la gâche ▸ **lingueta**
pénéplaine *nf* Dans la théorie du cycle d'érosion, état final du relief, caractérisé par des formes très douces et des vallées très évasées ▸ **peneplanície**
pénétrant, e *adj* **1** Qui pénètre: *pluie pénétrante* ▸ **penetrante 2** FIG Perspicace, fin: *esprit pénétrant* ▸ **penetrante**
pénétration *nf* **1** Action de pénétrer ▸ **penetração 2** FIG Faculté de comprendre, de deviner; sagacité ▸ **penetração**
pénétré, e *adj* Convaincu de: *pénétré d'une opinion* ▸ **compenetrado ■ ton, air pénétré:** grave, affecté ▸ **tom, ar compenetrado**
pénétrer *vt (conj 10)* **1** Entrer dans: *balle qui pénètre les chairs* ▸ **penetrar 2** FIG Découvrir, percer: *pénétrer un secret* ▸ **penetrar 3** Toucher profondément: *aveu qui pénètre le cœur* ▸ **penetrar** ◆ *vi* Entrer, s'introduire dans: *pénétrer dans la forêt; l'écharde a pénétré profondément* ▸ **penetrar** ◆ **se pénétrer** *vpr* [de] S'imprégner profondément de: *se pénétrer d'une vérité* ▸ **imbuir-se**
pénible *adj* **1** Qui fatigue: *travail pénible* ▸ **penoso 2** Qui afflige: *nouvelle pénible* ▸ **penoso 3** Désagréable, difficile à supporter: *enfant pénible* ▸ **insuportável**
péniblement *adv* Avec peine; difficilement ▸ **dificilmente, penosamente**
péniche *nf* Bateau de transport fluvial à fond plat ▸ **barca**
pénicilline *nf* Antibiotique puissant isolé à partir d'une espèce du pénicillium ▸ **penicilina**
pénicillium [penisiljɔm] *nm* Champignon qui se développe sous la forme d'une moisissure verte dans certains fromages, sur les fruits ▸ **penicílio**
péninsulaire *adj* Relatif à une péninsule ▸ **peninsular**
péninsule *nf* Presqu'île, terre qui s'avance dans la mer ▸ **península**
pénis [penis] *nm* Organe mâle de la copulation; SYN: *verge* ▸ **pênis**
pénitence *nf* RELIG Peine, châtiment, punition infligés en expiation d'une faute: *faire pénitence* ▸ **penitência**
pénitencier *nm* ANC Prison pour les longues peines ▸ **penitenciária**
pénitent, e *n* Personne qui confesse ses péchés à un prêtre ▸ **penitente**
pénitentiaire *adj* Relatif aux prisons ou aux détenus: *régime pénitentiaire* ▸ **penitenciário**
ORTHOGRAPHE Il ne faut pas confondre l'orthographe de *pénitentiaire*, avec un *t*, et celle de *pénitencier*, avec un *c*
penne *nf* Plume longue des oiseaux ▸ **rêmige**
penné, e *adj* BOT Disposé comme les barbes d'une plume, en parlant des feuilles et des folioles ▸ **penado**
penny [peni] (pl *pence* ou *pennies*) *nm* Monnaie anglaise valant le centième de la livre ▸ **pêni**
pénombre *nf* Lumière faible, demi-jour ▸ **penumbra**
pensable *adj* (dans des phrases négatives) Que l'on peut concevoir, imaginer: *une erreur à peine pensable* ▸ **imaginável, pensável**
pensant, e *adj* Qui pense ▸ **pensante ■ tête pensante:** cerveau d'une organisation ▸ **cabeça**
pense-bête (pl *pense-bêtes*) *nm* Liste, indication quelconque rappelant une tâche à accomplir ▸ **lista de tarefas**
pensée[1] *nf* **1** Action, faculté de penser; activité de l'esprit ▸ **pensamento 2** Idée, réflexion sur un objet particulier: *s'absorber dans ses pensées* ▸ **pensamento 3** Jugement porté sur quelqu'un ou sur quelque chose: *déguiser sa pensée* ▸ **pensamento 4** Esprit: *chasser une idée de sa pensée* ▸ **pensamento**
pensée[2] *nf* Fleur ornementale rose, jaune ou violette, voisine de la violette ▸ **amor-perfeito**
penser *vi* **1** Former des idées dans son esprit; réfléchir, méditer: *il faut penser avant d'agir* ▸ **pensar 2** Avoir telle ou telle opinion: *je pense comme vous* ▸ **pensar** ◆ *vt* **1** Avoir dans l'esprit, avoir pour opinion: *dire ce qu'on pense* ▸ **pensar 2** Croire: *penser qu'il va pleuvoir* ▸ **achar 3** Avoir l'intention de: *il pense partir* ▸ **pensar 4** Concevoir pour la réalisation: *penser l'architecture d'un bâtiment* ▸ **planejar** ◆ *vt ind* [à] **1** Avoir comme objet de réflexion: *penser à autre chose* ▸ **pensar 2** Se souvenir à temps de: *penser à prévenir quelqu'un* ▸ **pensar 3** Prendre en considération, envisager: *penser à l'avenir* ▸ **pensar**
penseur, euse *n* Qui s'applique à penser, à réfléchir ▸ **pensador**
pensif, ive *adj* Absorbé dans ses pensées ▸ **pensativo**
pension *nf* **1** Somme d'argent versée à quelqu'un par un organisme, un particulier, l'État, pour subvenir à ses besoins, l'indemniser, etc.: *toucher une pension* ▸ **pensão 2** Internat, dans un établissement public ou privé: *être en pension; mettre un enfant en pension* ▸ **pensionato 3** Somme que l'on verse pour être logé, nourri; fait d'être logé,

nourri en échange de ce paiement: *prendre pension; pension complète* ▸ **pensão** ▪ **pension de famille:** hôtel modeste aux conditions d'hébergement rappelant la vie familiale ▸ **pensão**

pensionnaire *n* **1** Interne dans un établissement scolaire ▸ **interno 2** Personne qui paie une pension dans un hôtel, chez un particulier, etc. ▸ **pensionista 3** Acteur qui reçoit un traitement fixe: *pensionnaire de la Comédie-Française* ▸ **contratado**

pensionnat *nm* Internat; ensemble de ses élèves ▸ **pensionato**

pensionné, e *adj et n* **1** Qui reçoit une pension ▸ **pensionista 2** BELGIQUE Retraité ▸ **aposentado**

pensionner *vt* Verser une pension à ▸ **pagar pensão a**

pensivement *adv* De façon pensive ▸ **pensativamente**

pensum [pɛ̃sɔm] (pl *pensums*) *nm* **1** Travail imposé, en punition, à un élève ▸ **exercício punitivo 2** Travail ennuyeux ▸ **bucha**

pentagone [pɛ̃tagɔn] *nm* Polygone à cinq angles et cinq côtés ▸ **pentágono**

pentamètre [pɛ̃tamɛtr] *nm* Vers de cinq syllabes ▸ **pentâmetro**

pentathlon [pɛ̃tatlɔ̃] *nm* **1** ANTIQ GR Ensemble de cinq épreuves d'athlétisme (lutte, course, saut, disque et javelot) ▸ **pentatlo 2** Discipline olympique associant l'équitation, l'escrime, le tir, la natation et le cross ▸ **pentatlo**

pente *nf* Inclinaison d'une surface par rapport à l'horizontale; surface ainsi inclinée ▸ **ladeira** ▪ FIG **être sur la mauvaise pente:** se laisser aller à des tendances jugées mauvaises ou fâcheuses ▸ **estar no mau caminho**

Pentecôte *nf* **1** Fête juive en mémoire du jour où Dieu remit à Moïse les tables de la Loi ▸ **Pentecostes 2** Fête chrétienne en mémoire de la descente du Saint-Esprit sur les Apôtres ▸ **Pentecostes**

pentu, e *adj* Qui est en pente; incliné ▸ **inclinado**

pénultième *nf et adj* Avant-dernière syllabe d'un mot, d'un vers ▸ **penúltima sílaba** ♦ *adj et n* Avant-dernier ▸ **penúltimo**

pénurie *nf* Manque de ce qui est nécessaire: *pénurie de main-d'œuvre* ▸ **penúria**

PEP [pɛp] *nm* (sigle) Plan d'épargne populaire ▸ **Ø**

pépé *nm* **1** Grand-père, dans le langage enfantin ▸ **vovô 2** FAM Homme âgé ▸ **vovô**

pépère *adj* FAM Tranquille, paisible ▸ **pacato**

pépie *nf* ▸ **pevide** ▪ FAM **avoir la pépie:** avoir très soif ▸ **estar morto de sede**

pépiement *nm* Cri des jeunes oiseaux ▸ **pio**

pépier *vi* Crier, en parlant des petits oiseaux ▸ **piar**

pépin *nm* **1** Graine de certains fruits: *pépins d'une pomme* ▸ **semente 2** FAM Désagrément, ennui: *avoir un pépin* ▸ **pepino**

pépinière *nf* Lieu où l'on cultive de jeunes arbres destinés à être transplantés ▸ **alfobre, viveiro** ▪ FIG **une pépinière de:** un lieu qui fournit des personnes propres à une profession, à une activité ▸ **um celeiro de**

pépiniériste *n* Qui cultive des plants en pépinière ▸ **viveirista**

pépite *nf* Masse de métal natif, notamment d'or ▸ **pepita**

péplum [peplɔm] *nm* **1** ANTIQ Tunique ▸ **peplo 2** Film à grand spectacle s'inspirant de l'histoire ou de la mythologie antique ▸ **filme épico**

pepsine *nf* Principe actif du suc gastrique ▸ **pepsina**

PER [pɛr] *nm* (sigle) Plan d'épargne retraite ▸ **Ø**

percale *nf* Tissu de coton très fin ▸ **percal**

percaline *nf* Toile de coton utilisée pour les doublures ▸ **percalina**

perçant, e *adj* **1** Qui pénètre profondément: *froid perçant* ▸ **penetrante 2** D'une grande acuité: *yeux perçants* ▸ **penetrante 3** Aigu et puissant: *voix perçante* ▸ **estridente**

perce *nf* ▸ **furador, perfuração** ▪ **mettre un tonneau en perce:** pratiquer une ouverture dans un tonneau pour en tirer le vin ▸ **fazer uma abertura num tonel**

percée *nf* **1** Ouverture, trouée, dégagement ▸ **perfuração 2** Franchissement de la défense adverse, dans les sports collectifs ▸ **infiltração, penetração 3** FIG Avancée rapide: *percée technologique* ▸ **arrancada**

percement *nm* Action de percer: *percement d'un tunnel* ▸ **perfuração**

perce-neige *nf inv* Plante des prés et des bois, dont les fleurs blanches s'épanouissent à la fin de l'hiver, quand le sol est encore recouvert de neige ▸ **fura-neve**

perce-oreille (pl *perce-oreilles*) *nm* Insecte portant une pince sur l'abdomen ▸ **lacrainha**

percepteur *nm* Fonctionnaire du Trésor chargé de recouvrer les impôts directs ▸ **recebedor**

perceptibilité *nf* Qualité, caractère de ce qui est perceptible ▸ **perceptibilidade**

perceptible *adj* Qui peut être perçu, saisi: *perceptible à l'œil nu* ▸ **perceptível**

perceptif, ive *adj* Qui concerne la perception: *faculté perceptive* ▸ **perceptivo**

perception *nf* **1** Action, faculté de percevoir par les sens, par l'esprit ▸ **percepção 2** Action de percevoir, de recouvrer les impôts; bureau du percepteur ▸ **percepção, recebedoria**

percer *vt (conj 1)* **1** Faire un trou dans: *percer un mur* ▸ **perfurar 2** Pratiquer une ouverture, ouvrir un passage dans: *percer une rue* ▸ **perfurar, abrir 3** Traverser, passer au travers de: *percer la foule* ▸ **atravessar 4** FIG Découvrir: *percer un mystère* ▸ **penetrar** ◆ *vi* **1** Apparaître, poindre, être perceptible: *soleil qui perce à travers les nuages* ▸ **transparecer 2** Se manifester: *la haine perce dans ses écrits* ▸ **transparecer 3** Se faire connaître, acquérir de la notoriété: *auteur qui commence à percer* ▸ **aparecer**

perceur, euse *n* Personne qui perce ▸ **perfurador**

perceuse *nf* Machine pour percer ▸ **perfuradora**

percevable *adj* Qui peut être perçu ▸ **perceptível**

percevoir *vt (conj 34)* **1** Saisir par les sens ou par l'esprit: *percevoir un son* ▸ **perceber 2** Toucher, encaisser: *percevoir un impôt; somme perçue* ▸ **perceber**

perche¹ *nf* Poisson d'eau douce à chair estimée ▸ **perca**

perche² *nf* **1** Bâton long et mince ▸ **vara 2** SPORTS Longue tige qui aide à franchir une haute barre horizontale, en athlétisme ▸ **vara 3** CIN ET TÉLÉV support mobile auquel est suspendu le micro ▸ **girafa 4** FAM Personne très grande et mince ▸ **varapau** ■ **tendre la perche à quelqu'un:** lui venir en aide ▸ **dar uma mão para alguém**

percher *vi* Se poser sur une branche ▸ **empoleirar-se** ◆ *vt* Placer à un endroit élevé ▸ **empoleirar** ◆ **se percher** *vpr* Se poser à un endroit élevé, en parlant d'un oiseau ▸ **empoleirar-se**

percheron, onne *adj et n* Se dit d'une race de chevaux de trait de la région du Perche ▸ **percherão**

perchiste *n* **1** SPORTS Sauteur à la perche ▸ **saltador com vara 2** CIN ET TÉLÉV Technicien chargé du maniement de la perche ▸ **operador de girafa**

perchoir *nm* Lieu où perchent les volailles, les oiseaux ▸ **poleiro** ■ FAM **le perchoir:** le siège du président, à l'Assemblée nationale, en France ▸ **tribuna do presidente**

perclus, e *adj* Privé de la faculté de se mouvoir: *perclus de froid, de rhumatismes* ▸ **tolhido**

percolateur *nm* Appareil à vapeur servant à faire du café ▸ **cafeteira**

percussion *nf* Choc résultant de l'action brusque d'un corps sur un autre ▸ **percussão** ■ **arme à percussion:** dont la charge est enflammée par un choc sur une capsule détonante ▸ **arma de percussão** □ MUS **instruments à percussion:** dont on joue en les frappant, comme le tambour par exemple ▸ **instrumentos de percussão**

percussionniste *n* Musicien utilisant des instruments à percussion ▸ **percussionista**

percutané, e *adj* MÉD Qui se fait à travers la peau: *absorption percutanée d'un médicament* ▸ **percutâneo**

percutant, e *adj* **1** Qui produit un choc, une percussion ▸ **percuciente 2** FIG Qui frappe l'esprit: *argument percutant* ▸ **percuciente** ■ **obus percutant:** qui éclate à l'impact ▸ **granada de percussão**

percuter *vt* Frapper, heurter avec force ▸ **percutir** ◆ *vi* FAM Comprendre: *il a du mal à percuter* ▸ **compreender**

percuteur *nm* Mécanisme d'une arme à feu qui frappe l'amorce ▸ **percussor**

perdant, e *n et adj* Personne qui perd à un jeu, à une loterie, etc. ▸ **perdedor** ◆ *adj* Qui perd ou fait perdre: *billet, numéro perdant* ▸ **perdedor**

perdition *nf* ▸ **perdição** ■ **en perdition: (a)** en danger de faire naufrage: *navire en perdition* ▸ **em risco de naufragar (b)** sur le point de faire faillite, d'être ruiné ▸ **em risco de naufragar**

perdre *vt (conj 52)* **1** Cesser d'avoir: *perdre sa place; perdre la raison* ▸ **perder 2** Égarer: *perdre son mouchoir* ▸ **perder 3** Être séparé par la mort: *perdre ses parents* ▸ **perder 4** Avoir le dessous dans: *perdre la partie, une bataille* ▸ **perder 5** Ne pas profiter de: *perdre son temps* ▸ **perder 6** Abandonner: *perdre une habitude* ▸ **perder** ■ **ne rien perdre pour attendre:** ne pas échapper à une punition, une revanche ▸ **não perder por esperar** □ **perdre la tête:** la raison, son sang-froid ▸ **perder a cabeça** □ **perdre la vie:** mourir ▸ **perder a vida** □ **perdre de vue:** oublier, négliger ▸ **perder de vista** ◆ *vi* **1** Avoir le dessous, être vaincu, battu: *elle déteste perdre* ▸ **perder 2** Avoir moins de valeur: *actions qui ont beaucoup perdu* ▸ **perder 3** Faire une perte: *perdre dans une vente* ▸ **perder** ◆ **se perdre** *vpr* **1** S'égarer: *se perdre dans un bois* ▸ **perder-se 2** Disparaître: *se perdre dans la foule; coutume qui se perd* ▸ **perder-se 3** Rester inutilisé, se gâter: *marchandises qui se perdent* ▸ **perder-se, estragar**

perdreau *nm* Perdrix de l'année ▸ **perdigoto**

perdrix *nf* Oiseau au plumage roux ou gris, recherché comme gibier ▸ **perdiz**

perdu, e *adj* **1** Égaré: *objet perdu* ▸ **perdido 2** Devenu inutile ou inutilisable: *temps perdu* ▸ **perdido 3** Éloigné, isolé: *un village perdu* ▸ **perdido 4** Dont le cas est désespéré: *malade perdu* ▸ **per-**

dido ■ **à corps perdu:** avec impétuosité ▸ **impetuosamente** □ **à fonds perdus:** sans espoir de récupérer le capital ▸ **a fundo perdido**

perdurer *vi* LITT Se prolonger, se perpétuer: *usage qui perdure* ▸ **perdurar**

père *nm* **1** Celui qui a un ou plusieurs enfants: *père de famille* ▸ **pai 2** Créateur d'une œuvre, initiateur d'une doctrine, d'un courant d'idées: *Auguste Comte, le père du positivisme* ▸ **pai 3** Religieux, prêtre: *un père dominicain* ▸ **padre** ■ **de père en fils:** par transmission du père aux enfants ▸ **de pai para filho** □ **les Pères de l'Église:** les écrivains de l'Antiquité chrétienne dont les écrits font règle, en matière de foi ▸ **os Padres da Igreja** □ **père spirituel:** personne dont on se réclame intellectuellement, moralement ▸ **pai espiritual**

pérégrination *nf* LITT Voyage lointain, exploration ▸ **peregrinação** ◆ **pérégrinations** *pl* Allées et venues, déplacements en de nombreux endroits ▸ **peregrinações**

péremption *nf* DR État de ce qui est périmé ▸ **perempção**

péremptoire *adj* Décisif, qui n'admet pas la discussion: *argument péremptoire* ▸ **peremptório**

péremptoirement *adv* De façon péremptoire ▸ **peremptoriamente**

pérennisation *nf* Action de pérenniser ▸ **perenização**

pérenniser *vt* Rendre durable, perpétuel: *la négligence a pérennisé cet abus* ▸ **perenizar**

pérennité *nf* Caractère de ce qui dure toujours ou très longtemps ▸ **perenidade**

péréquation *nf* Répartition au prorata des possibilités: *la péréquation de l'impôt* ▸ **perequação**

perestroïka [perestrɔjka] *nf* HIST En URSS, politique de restructuration économique lancée en 1985 et s'appuyant sur la glasnost ▸ **perestroica**

perfectibilité *nf* Caractère de ce qui est perfectible ▸ **perfectibilidade**

perfectible *adj* Qui peut être perfectionné ou se perfectionner ▸ **perfectível**

perfection *nf* **1** Qualité, état de ce qui est parfait ▸ **perfeição 2** Personne ou chose parfaite ▸ **perfeição** ■ **à la perfection:** d'une manière parfaite ▸ **perfeitamente**

perfectionné, e *adj* De grande qualité; doté des éléments les plus modernes ▸ **sofisticado**

perfectionnement *nm* Action de perfectionner, de se perfectionner; amélioration ▸ **aperfeiçoamento**

perfectionner *vt* Rapprocher de la perfection, améliorer: *perfectionner une invention* ▸ **aperfeiçoar** ◆ **se perfectionner** *vpr* Progresser, améliorer ses performances ▸ **aperfeiçoar-se**

perfectionnisme *nm* Recherche excessive de la perfection en toute chose ▸ **perfeccionismo**

perfectionniste *adj et n* Qui fait preuve de perfectionnisme ▸ **perfeccionista**

perfide *adj* Déloyal, trompeur: *ami perfide; paroles perfides* ▸ **pérfido**

perfidement *adv* Avec perfidie ▸ **perfidamente**

perfidie *nf* Déloyauté, trahison ▸ **perfídia**

perforateur, trice *adj* Qui perfore, sert à perforer ▸ **perfurador** ◆ *nf* Machine à perforer ▸ **perfuratriz**

perforation *nf* Action de perforer; ouverture ainsi pratiquée ▸ **perfuração**

perforer *vt* Pratiquer un ou plusieurs trous dans; percer en traversant ▸ **perfurar**

performance *nf* **1** Résultat obtenu par un sportif, un acteur, etc. ▸ ***performance*** **2** Réussite remarquable, exploit ▸ **feito 3** BX-ARTS Œuvre éphémère, dans l'art contemporain ▸ ***performance*** ◆ **performances** *pl* Possibilités optimales, en données chiffrées, d'un matériel, d'un véhicule, etc. ▸ **rendimento, *performance***

performant, e *adj* Compétitif ▸ **competitivo**

performeur, euse *n* **1** Sportif qui a obtenu un résultat exceptionnel, notamm en athlétisme: *le meilleur performeur mondial* ▸ **atleta de ponta 2** BX-ARTS Artiste qui réalise une performance ▸ **artista performático**

perfusion *nf* Introduction lente d'une substance médicamenteuse ou de sang dans un organisme ▸ **perfusão**

pergola *nf* Petite construction légère, dans un jardin, destinée à servir de support à des plantes grimpantes ▸ **pérgula**

périarticulaire *adj* MÉD Qui siège autour d'une articulation: *affection périarticulaire* ▸ **periarticular**

péricarde *nm* ANAT Membrane qui enveloppe le cœur ▸ **pericárdio**

péricarpe *nm* BOT Enveloppe de la graine, des semences ▸ **pericarpo**

péricliter *vi* Décliner, aller à la ruine: *entreprise qui périclite* ▸ **periclitar**

péridurale *nf* Anesthésie locale du bassin, pratiquée surtout en obstétrique ▸ **anestesia peridural**

périgée *nm* ASTRON Point de l'orbite d'une planète le plus rapproché de la Terre; CONTR: *apogée* ▸ **perigeu**

ORTHOGRAPHE *Périgée*, nom masculin, se termine par un *e* muet, comme *apogée*, *athée*

périglaciaire *adj* Relatif aux régions proches des glaciers: *érosion périglaciaire* ▸ **periglacial**
périhélie *nm* ASTRON Point de l'orbite d'une planète le plus rapproché du Soleil; CONTR: *aphélie* ▸ **periélio**
péri-informatique *nf* Ensemble des équipements et des activités concernant les périphériques des systèmes informatiques ▸ **ambiente computacional**
péril [peril] *nm* Danger, risque: *être, mettre en péril* ▸ **perigo** ▪ **au péril de:** au risque de perdre: *au péril de sa vie, de sa santé* ▸ **arriscando** ▫ **à ses risques et périls:** en portant l'entière responsabilité ▸ **por sua conta e risco**
périlleux, euse *adj* Où il y a du péril; dangereux: *entreprise périlleuse* ▸ **perigoso**
périmé, e *adj* **1** Qui n'est plus valable: *passeport périmé* ▸ **vencido 2** Dépassé, désuet: *conception périmée* ▸ **ultrapassado**
périmer (se) *vpr* Perdre sa valeur, sa validité, passé un certain délai ▸ **vencer, prescrever**
périmètre *nm* **1** Ligne qui délimite un espace; pourtour ▸ **perímetro 2** Zone proche, alentours: *l'explosion a tout détruit dans un vaste périmètre* ▸ **perímetro**
périnatal, e, als ou **aux** *adj* MÉD Relatif à la période qui précède ou suit immédiatement la naissance ▸ **perinatal**
périnée *nm* ANAT Région du corps entre l'anus et les parties génitales ▸ **períneo**
période *nf* **1** Espace de temps plus ou moins long; époque: *période révolutionnaire* ▸ **período 2** ASTRON Temps nécessaire à la révolution d'une planète ▸ **período 3** MÉD Phase d'une maladie: *période d'incubation* ▸ **período** ▪ **période bleue, rouge, blanche:** dans les transports, plages de temps délimitées en fonction de l'affluence et correspondant à un certain tarif des billets ▸ **período de meia tarifa, de tarifa cheia, de 25% de desconto**
périodicité *nf* Caractère de ce qui est périodique; fréquence ▸ **periodicidade**
périodique *adj* **1** Qui revient à intervalles réguliers: *fièvre périodique* ▸ **periódico 2** Se dit des protections que les femmes utilisent pendant leurs règles: *serviette périodique* ▸ **absorvente higiênico** ◆ *nm* Journal, revue qui paraît à des époques déterminées ▸ **periódico**
périodiquement *adv* De façon périodique ▸ **periodicamente**
périoste *nm* Membrane qui entoure les os ▸ **periósteo**
péripatéticienne *nf* LITT Prostituée qui racole dans la rue ▸ **meretriz**
péripétie [peripesi] *nf* Événement imprévu, rebondissement dans une action ▸ **peripécia**
périphérie *nf* Ensemble des quartiers situés sur le pourtour d'une ville ▸ **periferia**
périphérique *adj* Situé dans la périphérie: *un quartier périphérique* ▸ **periférico** ▪ **boulevard périphérique** ou **périphérique:** *nm* voie rapide entourant une ville ▸ **anel viário** ◆ *adj et nm* Se dit d'un système informatique qui n'appartient ni à l'unité de traitement ni à la mémoire centrale ▸ **periférico**
périphlébite *nf* MÉD Inflammation du tissu entourant une veine ▸ **periflebite**
périphrase *nf* Expression, groupe de mots équivalant à un mot simple (EX: *la Ville Lumière*, pour *Paris*) ▸ **perífrase**
périple *nm* Long voyage ▸ **périplo**
périr *vi* LITT **1** Mourir ▸ **perecer 2** Disparaître, tomber dans l'oubli: *souvenir qui ne périra pas* ▸ **perecer**
périscolaire *adj* Qui s'ajoute à l'enseignement scolaire et le complète ▸ **extracurricular**
périscope *nm* Tube équipé d'un système optique, qui permet à un sous-marin en plongée d'observer la surface de l'eau ▸ **periscópio**
périssable *adj* Sujet à s'altérer, à se corrompre: *denrées périssables* ▸ **perecível**
périssoire *nf* Embarcation étroite manœuvrée à la pagaie ▸ **canoa**
péristyle *nm* Ensemble des colonnes formant une galerie devant la façade d'un monument ▸ **peristilo**
Péritel ▪ **prise Péritel** *nf* (nom déposé): prise permettant de relier un téléviseur à un magnétoscope, un jeu vidéo ou un micro-ordinateur ▸ **conector**
péritoine *nm* ANAT Membrane qui tapisse l'abdomen ▸ **peritônio**
péritonite *nf* Inflammation du péritoine ▸ **peritonite**
perle *nf* **1** Corps brillant nacré et rond, qui se forme à l'intérieur de certains coquillages ▸ **pérola 2** Petite boule de verre, de métal, etc., percée d'un trou: *enfiler des perles pour faire un collier* ▸ **pérola 3** Goutte de liquide limpide: *les perles de la rosée* ▸ **pérola 4** Personne ou chose remarquable, parfaite: *la perle des maris* ▸ **pérola 5** FAM Faute, erreur grossière: *relever des perles dans des copies d'élèves* ▸ **pérola**
perlé, e *adj* Qui rappelle l'éclat ou la forme de la perle ▸ **perlado**
perler *vi* Se former en gouttelettes ▸ **gotejar**
perlier, ère *adj* Qui produit des perles: *huître perlière* ▸ **perlífero**

perlimpinpin *nm* ▶ **perlimpimpim** ■ **poudre de perlimpinpin:** remède sans effet réel ▶ **pó de perlimpimpim**
perlingual, e, aux [pɛrlɛ̃gwal, o] *adj* MÉD Sublingual ▶ **sublingual**
permanence *nf* **1** Caractère de ce qui est permanent: *la permanence d'une coutume* ▶ **permanência** **2** Service permanent; lieu où il se tient: *permanence électorale* ▶ **(serviço de) plantão** **3** Salle où sont rassemblés et surveillés les élèves qui n'ont pas classe: *aller en permanence; salle de permanence* ▶ **sala de estudos** ■ **en permanence:** sans interruption, constamment ▶ **constantemente**
permanent, e *adj* **1** Qui dure sans discontinuer ni changer: *un souci permanent* ▶ **permanente** **2** Qui ne cesse pas: *spectacle permanent* ▶ **contínuo** ◆ *n* Membre d'un groupe quelconque, rémunéré pour se consacrer à son administration ▶ **funcionário remunerado**
permanente *nf* Traitement que l'on fait subir aux cheveux pour les onduler de façon durable ▶ **permanente**
permanganate *nm* Sel d'un acide dérivé du manganèse ▶ **permanganato**
perméabilité *nf* Caractère de ce qui est perméable ▶ **permeabilidade**
perméable *adj* **1** Qui se laisse traverser notamment par des liquides: *terrain perméable; roches perméables* ▶ **permeável** **2** Qui se laisse influencer: *perméable aux influences* ▶ **permeável**
permettre *vt (conj 57)* **1** Donner la liberté, le pouvoir, le droit de faire, de dire, d'employer: *permettre à un adolescent de sortir le soir* ▶ **permitir** **2** Donner le moyen, le loisir, l'occasion de: *emploi du temps qui permet d'aller au cinéma* ▶ **possibilitar** ◆ **se permettre** *vpr* Prendre la liberté de, oser: *se permettre une critique* ▶ **permitir-se** ■ **pouvoir se permettre quelque chose, de** (+ inf): avoir les moyens financiers, physiques, etc., de s'accorder de faire quelque chose: *pouvoir se permettre les sucreries; pouvoir se permettre de voyager* ▶ **poder dar-se o luxo de algo**
permis *nm* Autorisation officielle écrite: *permis de chasse, de conduire* ▶ **licença**
permissif, ive *adj* Qui permet, tolère facilement: *société, éducation permissive* ▶ **permissivo**
permission *nf* **1** Autorisation: *avoir la permission de sortir* ▶ **permissão** **2** Congé de courte durée accordé à un militaire: *soldat en permission* ▶ **licença**
permissionnaire *n* Militaire qui a une permission ▶ **militar licenciado**
permissivité *nf* Fait d'être permissif ▶ **permissividade**
permutable *adj* Susceptible de permutation ▶ **permutável**
permutation *nf* Action, fait de permuter, en particulier un emploi, une fonction ▶ **permutação**
permuter *vt et vi* Échanger, intervertir ▶ **permutar**
pernicieusement *adv* De façon pernicieuse ▶ **perniciosamente**
pernicieux, euse *adj* Très nuisible, dangereux: *fièvre pernicieuse* ▶ **pernicioso**
péroné *nm* Os long de la jambe parallèle au tibia ▶ **perônio, fíbula**
péronnelle *nf* FAM Femme, fille sotte et bavarde ▶ **desmiolada**
péroraison *nf* **1** Conclusion d'un discours ▶ **peroração** **2** PÉJOR Discours ennuyeux, pédant ▶ **lenga-lenga**
pérorer *vi* PÉJOR Discourir longuement, avec emphase ▶ **perorar**
peroxyde *nm* Oxyde à grande proportion d'oxygène ▶ **peróxido**
perpendiculaire *adj* Qui fait un angle droit avec une droite, un plan: *droite perpendiculaire à une autre* ▶ **perpendicular** ◆ *nf* Ligne perpendiculaire ▶ **perpendicular**
perpendiculairement *adv* De façon perpendiculaire ▶ **perpendicularmente**
perpétration *nf* Action de perpétrer ▶ **perpetração**
perpétrer *vt (conj 10)* Commettre, exécuter un acte criminel ▶ **perpetrar**
perpette (à) ou **perpète (à)** *loc adv* FAM **1** À perpétuité: *être condamné à perpette* ▶ **para o resto da vida** **2** Très loin: *il est à perpette, ton resto* ▶ **nos quintos**
perpétuation *nf* LITT Action de perpétuer, de se perpétuer ▶ **perpetuação**
perpétuel, elle *adj* **1** Qui ne cesse jamais; continuel: *mouvement perpétuel* ▶ **perpétuo** **2** Très fréquent, habituel: *combats perpétuels* ▶ **perpétuo** **3** Qui dure toute la vie: *rente perpétuelle* ▶ **perpétuo**
perpétuellement *adv* Toujours ▶ **perpetuamente**
perpétuer *vt* LITT Faire durer: *perpétuer un souvenir* ▶ **perpetuar** ◆ **se perpétuer** *vpr* LITT Continuer, durer ▶ **perpetuar-se**
perpétuité *nf* ▶ **perpetuidade** ■ **à perpétuité:** pour toujours: *être condamné à perpétuité; réclusion à perpétuité* ▶ **para sempre, para o resto da vida**
perplexe *adj* Embarrassé, indécis ▶ **perplexo**
perplexité *nf* Embarras, irrésolution ▶ **perplexidade**
perquisition *nf* Recherche faite par la police dans un lieu déterminé, dans le but de trouver

des documents utiles à la découverte de la vérité ▸ **busca**

perquisitionner *vi* Faire une perquisition ▸ **perquirir** ◆ *vt* Fouiller au cours d'une perquisition ▸ **revistar**

perron *nm* Escalier en saillie sur une façade ▸ **escada**

perroquet *nm* **1** Oiseau de la famille des psittacidés, qui peut répéter des sons articulés ▸ **papagaio 2** FIG Personne qui répète, parle sans réfléchir, sans comprendre ▸ **papagaio 3** MAR Mât, voile, vergue qui se grée au-dessus d'un mât de hune ▸ **joanete**

perruche *nf* **1** Femelle du perroquet ▸ **papagaia 2** Petit perroquet à longue queue pointue ▸ **periquito 3** MAR Gréement supérieur de l'artimon ▸ **joanete da mezena**

perruque *nf* Coiffure postiche de cheveux naturels ou artificiels ▸ **peruca**

perruquier *nm* Fabricant, vendeur de perruques, de postiches ▸ **peruqueiro**

pers, e *adj* D'une couleur entre le vert et le bleu: *étoffe perse; yeux pers* ▸ **garço**

persan, e *adj et n* De Perse ▸ **persa** ◆ *nm* Langue du groupe iranien ▸ **persa** ◆ *nm et adj m* Chat à poils longs et soyeux ▸ **(gato) persa**

perse[1] *adj et n* De la Perse ancienne ▸ **persa**

perse[2] *nf* Toile de l'Inde ▸ **chita estampada**

persécuté, e *n et adj* Personne en butte à une persécution ▸ **perseguido**

persécuter *vt* **1** Poursuivre, tourmenter, opprimer par des traitements cruels, injustes, tyranniques ▸ **perseguir 2** Importuner, harceler: *être persécuté par des créanciers* ▸ **perseguir**

persécuteur, trice *adj et n* Qui persécute ▸ **perseguidor**

persécution *nf* Action de persécuter; fait d'être persécuté ▸ **perseguição**

persévérance *nf* Qualité de celui qui persévère ▸ **perseverança**

persévérant, e *adj* Qui persévère ▸ **perseverante**

persévérer *vi (conj 10)* Persister, demeurer ferme et constant dans une décision, une action entreprise ▸ **perseverar**

persienne *nf* Châssis de bois à lames en abat-jour, qui s'ouvre comme un contrevent ▸ **persiana**

persiflage *nm* Raillerie ironique ▸ **zombaria**

persifler *vt* LITT Se moquer par des paroles ironiques ▸ **zombar**

ORTHOGRAPHE Attention, *persifler* s'écrit avec un seul *f*, alors que *siffler* s'écrit avec deux *f*

persifleur, euse *adj et n* Qui persifle ▸ **zombador**

persil [pɛrsi] *nm* Plante potagère aromatique ▸ **salsa**

persillade *nf* Accommodement culinaire à base de persil haché ▸ ***persillade***

persillé, e *adj* Accompagné de persil haché: *sauce persillée* ▸ **de salsa** ■ **fromage persillé:** avec des moisissures dans la pâte ▸ **queijo com veios** □ **viande persillée:** parsemée de petits filaments de graisse ▸ **carne entremeada de gordura**

persistance *nf* **1** Action de persister; obstination, opiniâtreté: *nier avec persistance* ▸ **persistência 2** Fait de persister, de durer: *la persistance du beau temps* ▸ **persistência**

persistant, e *adj* **1** Qui persiste, qui dure: *fièvre persistante* ▸ **persistente 2** BOT Qui subsiste pendant toutes les saisons (par opposition à *caduc*): *feuilles persistantes* ▸ **persistente**

persister *vi* **1** Continuer d'exister: *froid qui persiste* ▸ **persistir 2** S'obstiner, persévérer: *persister dans sa résolution, dans son erreur* ▸ **persistir**

persona grata *loc inv* **1** Agréé dans ses fonctions diplomatiques ▸ ***persona grata* 2** En faveur auprès d'une personne, dans un groupe ▸ ***persona grata***

personnage *nm* **1** Personne importante, illustre: *les grands personnages de l'État* ▸ **personagem 2** Personne considérée du point de vue de son comportement: *un triste personnage* ▸ **personagem 3** Personne mise en action dans une œuvre littéraire, dans un film, etc.; rôle joué par un acteur ▸ **personagem 4** Manière de se comporter comparée à un rôle: *elle prend des poses, cela fait partie de son personnage* ▸ **personagem**

personnalisation *nf* Action de personnaliser ▸ **personalização**

personnaliser *vt* Donner un caractère personnel original à quelque chose ▸ **personalizar**

personnalité *nf* **1** Ensemble des traits de caractère, des comportements, des aptitudes, etc., qui individualisent quelqu'un: *respecter la personnalité humaine* ▸ **personalidade 2** Caractère, originalité propre à quelqu'un: *forte personnalité* ▸ **personalidade 3** Personne connue ou influente: *de hautes personnalités* ▸ **personalidade**

personne *nf* **1** Être humain en général: *rencontrer de nombreuses personnes* ▸ **pessoa 2** Individu considéré en lui-même: *être content de sa personne* ▸ **pessoa 3** DR Entité représentant une ou plusieurs personnes, à qui la capacité d'être sujet de droit est reconnue: *personne civile, juridique, morale* ▸ **pessoa 4** GRAMM Forme du verbe et du pronom qui permet de distinguer la ou les personnes qui parlent, à qui on parle, dont on parle ▸ **pessoa**

■ **en personne:** soi-même, sans se faire représenter par quelqu'un d'autre: *préfet qui se déplace en personne* ► **em pessoa** □ **grande personne:** adulte, considéré dans ses rapports avec les enfants ► **adulto** ◆ *pron indéf m sing* **1** (avec la négation *ne*) Aucun être, nul: *personne ne le sait* ► **ninguém** **2** (sans la négation) Quiconque, quelqu'un: *il le sait mieux que personne* ► **qualquer um**

personnel, elle *adj* **1** Propre à quelqu'un, à une personne: *voiture personnelle* ► **pessoal** **2** Qui porte la marque de quelqu'un: *des goûts très personnels* ► **pessoal** **3** GRAMM Relatif aux personnes grammaticales: *pronom personnel*: *mode personnel* ► **pessoal** ◆ *nm* Ensemble des personnes employées par une entreprise, un service public ou un particulier ► **pessoal**

personnellement *adv* En personne: *dire personnellement* ► **pessoalmente**

personnification *nf* Action de personnifier; incarnation, modèle ► **personificação**

personnifié, e *adj* Qui représente le type même d'un caractère, d'une qualité: *il est l'honnêteté personnifiée* ► **em pessoa**

personnifier *vt* Représenter une notion abstraite ou une chose sous les traits d'une personne ► **personificar**

perspectif, ive *adj* En perspective: *dessin perspectif* ► **perspectivo**

perspective *nf* **1** Art de représenter sur une surface plane les objets tels qu'ils apparaissent à une certaine distance et dans une position donnée: *lois de la perspective* ► **perspectiva** **2** Aspect que présentent les objets vus de loin ou considérés comme un tout: *une vaste, une belle perspective* ► **perspectiva** **3** Manière de voir, point de vue, angle: *perspective historique* ► **perspectiva** **4** FIG Espérance ou crainte d'une chose probable: *avoir la perspective d'une belle situation* ► **perspectiva** ■ **en perspective:** dans l'avenir, en vue ► **em perspectiva**

perspicace *adj* Doué d'un esprit pénétrant et subtil ► **perspicaz**

perspicacité *nf* Clairvoyance, sagacité ► **perspicácia**

persuader *vt* Porter à croire, à faire; convaincre ► **persuadir** ◆ **se persuader** *vpr* Croire, s'imaginer: *ils se sont persuadé(s) qu'on les trompait* ► **persuadir-se**

persuasif, ive *adj* Qui persuade: *éloquence persuasive* ► **persuasivo**

persuasion *nf* **1** Action de persuader: *recourir à la persuasion plutôt qu'à la force* ► **persuasão** **2** Fait d'être persuadé, conviction ► **persuasão**

perte *nf* **1** Privation, action de perdre: *perte de sang; perte de cheveux* ► **perda** **2** Ce qui est perdu: *subir une grosse perte d'argent* ► **perda** **3** Gaspillage, mauvais emploi de quelque chose: *perte de temps* ► **perda** **4** Mort de quelqu'un: *perte d'un proche* ► **perda** **5** Ruine matérielle ou morale: *courir, aller à sa perte* ► **perda** ■ **à perte:** en perdant de l'argent ► **com prejuízo** □ **à perte de vue:** très loin: *champ qui s'étend à perte de vue* ► **a perder de vista** □ **en pure perte:** inutilement ► **para nada**

pertinemment [pertinamã] *adv* D'une façon pertinente ► **com pertinência** ■ **savoir pertinemment:** savoir parfaitement ► **saber perfeitamente**

pertinence *nf* Caractère de ce qui est pertinent ► **pertinência**

pertinent, e *adj* Qui s'applique tout à fait à ce dont il est question: *réponse pertinente* ► **pertinente**

perturbateur, trice *adj et n* Qui perturbe, cause du désordre ► **perturbador**

perturbation *nf* **1** Action de perturber; ce qui en résulte ► **perturbação** **2** MÉTÉOR Modification de l'état de l'atmosphère caractérisée par des pluies, du vent ► **perturbação**

perturber *vt* Empêcher le déroulement normal de; troubler ► **perturbar**

péruvien, enne *adj et n* Du Pérou: *les Péruviens* ► **peruano**

pervenche *nf* Plante herbacée à fleurs bleu clair ou mauves ► **congorsa, pervinca** ◆ *adj inv* De couleur bleu pâle ► **azul pervinca**

pervers, e *adj et n* Qui se plaît à accomplir des actes cruels ou immoraux, spécialement dans le domaine sexuel ► **perverso** ◆ *adj* Fait par perversité: *crime pervers* ► **perverso**

perversion *nf* Action de pervertir; fait d'être perverti ► **perversão**

perversité *nf* **1** Tendance à vouloir faire le mal, souvent avec un certain plaisir ► **perversidade** **2** Action perverse ► **perversidade**

pervertir *vt* **1** Corrompre, porter au mal ► **perverter** **2** Dénaturer, altérer: *pervertir le goût* ► **perverter**

pesage *nm* **1** Action de peser ► **pesagem** **2** Endroit où l'on pèse les jockeys, avant et après chaque course ► **pesagem**

pesamment *adv* D'une manière pesante, lourde ► **pesadamente**

pesant, e *adj* **1** Lourd: *pesant fardeau* ► **pesado** **2** FIG Sans grâce: *démarche pesante* ► **pesado** ◆ *nm* ■ **valoir son pesant d'or:** avoir une grande valeur ► **valer seu peso em ouro**

pesanteur *nf* **1** Force qui attire les corps vers le centre de la Terre ▸ **gravidade 2** État de ce qui est lourd, pesant ▸ **peso**

pèse-bébé (pl *pèse-bébés* ou inv) *nm* Balance pour peser les nourrissons ▸ **balança de pesar bebê**

pesée *nf* **1** Action de peser; ce qu'on a pesé en une fois ▸ **pesagem, pesada 2** Effort fait sur un levier ▸ **pressão**

pèse-lettre (pl *pèse-lettres* ou inv) *nm* Petite balance pour peser les lettres ▸ **pesa-cartas**

pèse-personne (pl *pèse-personnes* ou inv) *nm* Petite balance automatique pour peser les personnes ▸ **balança**

peser *vt (conj 9)* **1** Déterminer le poids de: *peser un pain* ▸ **pesar 2** FIG Examiner attentivement, évaluer, mesurer: *peser le pour et le contre* ▸ **pesar** ◆ *vi* **1** Avoir un certain poids: *le platine pèse plus que l'or* ▸ **pesar 2** Avoir telle importance; représenter telle valeur: *groupe de presse qui pèse trois milliards* ▸ **valer 3** FIG Être difficile à supporter: *leur absence lui pèse* ▸ **pesar** ◆ *vt ind* [sur] Exercer une pression sur; FIG concerner, influer sur ▸ **pesar**

peseta [peseta] ou [pezeta] *nf* Unité monétaire espagnole jusqu'au 1er janvier 2002 ▸ **peseta**

peso [peso] ou [pezo] *nm* Unité monétaire de plusieurs pays d'Amérique latine ▸ **peso**

pessimisme *nm* Tendance à considérer les choses sous leur aspect le plus fâcheux ▸ **pessimismo**

pessimiste *adj et n* Qui fait preuve de pessimisme ▸ **pessimista**

peste *nf* **1** Maladie infectieuse et contagieuse ▸ **peste 2** FIG Personne, chose pernicieuse: *petite peste!* ▸ **peste**

pester *vi* Manifester son irritation, sa mauvaise humeur: *pester contre le mauvais temps* ▸ **praguejar**

pesticide *nm et adj* Produit destiné à lutter contre les parasites animaux et végétaux des cultures ▸ **pesticida**

pestiféré, e *adj et n* Atteint de la peste ▸ **pestífero**

pestilence *nf* Odeur infecte et putride ▸ **pestilência**

pestilentiel, elle [pɛstilɑ̃sjɛl] *adj* Qui répand une odeur infecte ▸ **pestilento**

pet [pɛ] *nm* FAM Gaz intestinal qui sort de l'anus avec bruit ▸ **pum**

pétale *nm* Chacune des pièces de la corolle d'une fleur ▸ **pétala** ■ **pétales de maïs:** céréale présentée sous forme de copeaux, de lamelles ▸ **flocos de milho**

pétanque *nf* Jeu de boules originaire du midi de la France ▸ **petanca**

pétant, e *adj* FAM Se dit de l'heure exacte: *à midi pétant* ▸ **em ponto**

pétarade *nf* Suite de détonations ▸ **estampidos**

pétarader *vi* Produire une, des pétarades ▸ **produzir estampidos**

pétard *nm* **1** Pièce d'artifice qui éclate avec bruit ▸ **petardo 2** Charge d'explosif généralement utilisée dans la démolition ▸ **petardo 3** FAM Tapage, bruit, scandale ▸ **barulheira 4** FAM Pistolet ▸ **revólver**

pétaudière *nf* FAM Lieu, groupe où règnent le désordre, la confusion ▸ **tumulto, zona**

petchi *nm* SUISSE Grand désordre, confusion inextricable: *semer le petchi.* Quel petchi! ▸ **zona**

pet-de-nonne (pl *pets-de-nonne*) *nm* Beignet soufflé ▸ **bolinho de chuva**

péter *vi* FAM *(conj 10)* **1** Faire un, des pets ▸ **peidar 2** Faire entendre un bruit sec et bref ▸ **estourar 3** Se casser ▸ **estourar** ◆ *vt* FAM Briser, casser ▸ **estourar** ■ **péter les plombs** ou **les boulons:** perdre la tête ▸ **perder a cabeça**

pète-sec *n inv et adj inv* FAM Personne autoritaire, qui commande sèchement ▸ **mandão**

péteux, euse *n et adj* FAM Poltron, lâche ▸ **cagão** ◆ *adj* Penaud, déconfit ▸ **envergonhado**

pétillant, e *adj* Qui pétille ▸ **crepitante**

pétillement *nm* Action de pétiller: *le pétillement du bois vert* ▸ **crepitação**

pétiller [petije] *vi* **1** Éclater avec des petits bruits secs, répétés ▸ **crepitar 2** Dégager des bulles de gaz: *le champagne pétille* ▸ **borbulhar 3** FAM Briller d'un vif éclat: *des yeux qui pétillent* ▸ **cintilar**

pétiole [pesjɔl] *nm* BOT Queue de la feuille ▸ **pecíolo**

petiot, e *adj et n* FAM Tout petit ▸ **pequenininho**

petit, e *adj* **1** De faibles dimensions: *petit jardin* ▸ **pequeno 2** Très jeune: *quand j'étais petit* ▸ **pequeno 3** FIG De peu d'importance, de peu de valeur: *petit fonctionnaire; petit capital* ▸ **pequeno 4** Mesquin, borné ▸ **pequeno** ■ **en petit:** sur une petite échelle, en petites dimensions: *la même ville mais en petit; le même, en plus petit* ▸ **em menor escala, reduzido** □ **petit à petit:** peu à peu ▸ **pouco a pouco** ◆ *n* Petit enfant ▸ **criancinha** ◆ **petits** *nm pl* **1** Les enfants les plus jeunes, dans un groupe, une collectivité ▸ **crianças menores 2** Progéniture des animaux ▸ **filhotes**

petit-beurre (pl *petits-beurre*) *nm* Petit biscuit sec fait de farine et de beurre ▸ **amanteigado,** ***petit-beurre***

petit-bourgeois, petite-bourgeoise (pl petits-bourgeois, petites-bourgeoises) *adj et n* Qui appartient à la petite bourgeoisie; PÉJOR qui a des idées étroites, étriquées, conformistes ▸ **pequeno-burguês**

petit(-)déjeuner (pl *petits-déjeuners* ou *petits déjeuners*) *nm* Premier repas pris le matin ▸ **café da manhã**

petite-fille (pl *petites-filles*) *nf* Fille du fils ou de la fille, par rapport au grand-père, à la grand-mère ▸ **neta**

petitement *adv* De façon basse, mesquine: *se venger petitement* ▸ **mesquinhamente** ▪ **être logé petitement:** à l'étroit ▸ **morar num lugar apertado**

petite-nièce (pl *petites-nièces*) *nf* Fille du neveu, de la nièce ▸ **sobrinha-neta**

petitesse *nf* Caractère d'une personne ou d'une chose petite ▸ **pequenez**

petit-fils (pl *petits-fils*) *nm* Fils du fils ou de la fille, par rapport au grand-père, à la grand-mère ▸ **neto**

petit-four (pl *petits-fours*) *nm* Petite pâtisserie que l'on mange d'une bouchée ▸ ***petit-four***

petit-gris (pl *petits-gris*) *nm* **1** Écureuil de Sibérie; fourrure de cet animal ▸ **petigris 2** Escargot à coquille brunâtre ▸ ***escargot petit gris***

pétition [petisjɔ̃] *nf* Écrit adressé à une autorité pour formuler une plainte ou une demande ▸ **petição** ▪ **pétition de principe:** raisonnement qui consiste à supposer vrai ce qui est en question ▸ **petição de princípio**

pétitionnaire *n* Personne qui présente ou signe une pétition ▸ **peticionário**

pétitionner *vi* Adresser une pétition ▸ **peticionar**

petit-lait (pl *petits-laits*) *nm* Liquide qui se sépare du lait caillé ▸ **soro**

petit-neveu (pl *petits-neveux*) *nm* Fils du neveu, de la nièce ▸ **sobrinho-neto**

petit pois (pl *petits pois*) *nm* Pois écossé vert ▸ **ervilha**

petits-enfants [pətizɑ̃fɑ̃] *nm pl* Les enfants du fils ou de la fille ▸ **netos**

petit-suisse (pl *petits-suisses*) *nm* Fromage frais, de lait de vache, moulé en forme de petit cylindre ▸ ***petit-suisse***

pétoche *nf* FAM Peur ▸ **cagaço**

pétoire *nf* FAM Mauvais fusil ▸ **espingarda ruim**

peton *nm* FAM Petit pied ▸ **pezinho**

pétoncle *nm* Mollusque bivalve comestible ▸ **vieira**

pétrel *nm* Oiseau palmipède de mer ▸ **petrel**

pétrifiant, e *adj* Qui pétrifie ▸ **petrificante**

pétrification *nf* Action de pétrifier; son résultat ▸ **petrificação**

pétrifier *vt* **1** Changer en pierre ▸ **petrificar 2** FIG Stupéfier, paralyser de peur, d'étonnement, etc. ▸ **petrificar**

pétrin *nm* **1** Appareil destiné à pétrir la pâte à pain ▸ **amassadeira 2** FAM Embarras, situation pénible: *être dans le pétrin* ▸ **encrenca, apuros**

pétrir *vt* **1** Malaxer, travailler (une pâte) ▸ **amassar 2** Presser une matière quelconque pour lui donner une forme: *pétrir de l'argile* ▸ **modelar** ▪ FIG **être pétri d'orgueil, de contradictions, etc.:** en être rempli ▸ **estar repleto de orgulho, de contradições**

pétrissage *nm* Action de pétrir ▸ **amassadura**

pétrochimie *nf* Chimie des produits dérivés du pétrole ▸ **petroquímica**

pétrochimique *adj* De la pétrochimie: *industrie pétrochimique* ▸ **petroquímico**

pétrodollar *nm* Dollar résultant de la commercialisation du pétrole brut ▸ **petrodólar**

pétrographie *nf* Partie de la géologie qui étudie la formation et la composition des roches ▸ **petrografia**

pétrole *nm* Huile minérale naturelle combustible, de couleur très foncée, formée d'hydrocarbures ▸ **petróleo** ◆ *adj inv* ▪ **bleu pétrole:** bleu tirant légèrement sur le vert ▸ **azul petróleo**

pétroleuse *nf* HIST Femme du peuple qui, pendant la Commune de 1871, aurait utilisé du pétrole pour hâter les incendies ▸ ***pétroleuse***

pétrolier, ère *adj* Relatif au pétrole: *industrie pétrolière* ▸ **petroleiro** ◆ *nm* Navire pour le transport du pétrole ▸ **petroleiro**

pétrolifère *adj* Qui contient du pétrole ▸ **petrolífero**

pétulance *nf* Vivacité, exubérance ▸ **impetuosidade**

pétulant, e *adj* Vif, dynamique ▸ **impetuoso**

pétunia *nm* Plante ornementale aux fleurs blanches, violettes ou mauves ▸ **petúnia**

peu *adv* Pas beaucoup: *travailler peu; manger peu* ▸ **pouco** ▪ **à peu près** ou **à peu de chose près:** presque, environ ▸ **cerca de** ▫ **avant peu** ou **dans peu** ou **sous peu:** bientôt ▸ **daqui a pouco** ▫ **de peu:** tout juste: *l'emporter de peu* ▸ **por pouco** ▫ **depuis peu:** récemment ▸ **há pouco** ▫ **peu à peu:** lentement ▸ **pouco a pouco** ▫ **(un) tant soit peu:** à peine ▸ **um pouquinho** ◆ *nm* ▪ **un peu (de):** une petite quantité, un petit nombre de: *un peu, un tout petit peu de soupe; il nous reste un peu de fruits; un peu plus* ▸ **um pouco (de)** ▫ **pour un peu:** il suffirait, il aurait suffi d'un rien pour que: *pour un peu, il réussissait tout* ▸ **por pouco** ◆ *pron indéf pl* Un petit nombre de personnes: *peu le savent; peu de gens viendront* ▸ **pouco(s)** ◆

pour peu que *loc conj* Introduit une condition qui semble facile à remplir; pourvu que, à condition que: *il travaille bien, pour peu qu'il s'en donne la peine* ▸ **desde que**

peuchère *interj* (dans le Midi) Exprime l'attendrissement, la pitié; renchérit sur ce que l'on vient de dire ▸ **coitado**

peuplade *nf* Groupement humain de petite ou moyenne importance, ne constituant pas une société structurée ▸ **tribo**

peuple *nm* **1** Ensemble des hommes formant une communauté nationale ou culturelle: *le peuple français; les peuples hispanophones* ▸ **povo 2** Ensemble des citoyens en tant qu'ils exercent des droits politiques: *élu par le peuple* ▸ **povo 3** FAM Foule: *quel peuple!* ▸ **povo ▪ le peuple:** la masse de ceux qui ne jouissent d'aucun privilège et ne vivent que de leur travail ▸ **o povo, a plebe**

peuplé, e *adj* Où vit une population plus ou moins nombreuse ▸ **povoado**

peuplement *nm* **1** Action de peupler ▸ **povoação 2** État de ce qui est peuplé: *le peuplement d'une colonie* ▸ **povoação**

peupler *vt* **1** Établir, installer des hommes, une espèce animale ou végétale, dans un lieu ▸ **povoar 2** Occuper un lieu, y vivre en grand nombre ▸ **povoar**

peuplier *nm* Arbre des régions tempérées et humides, au tronc long et étroit, et dont le bois est utilisé en menuiserie et en papeterie; bois de cet arbre ▸ **choupo**

peur *nf* Sentiment d'inquiétude, en présence ou à la pensée d'un danger ▸ **medo ▪ avoir peur:** craindre ▸ **ter medo ▫ de peur de, de peur que:** dans la crainte de, dans la crainte que ▸ **de medo de, que ▫ faire peur à quelqu'un:** lui faire éprouver de la crainte, de l'angoisse: *film qui fait peur* ▸ **dar medo em alguém**

GRAMMAIRE *Avoir peur que* est suivi du subjonctif, avec ou sans *ne*: *tu as peur qu'il ne vienne* (langue soutenue) ou *qu'il vienne*

peureusement *adv* De façon peureuse ▸ **medrosamente**

peureux, euse *adj et n* Qui a souvent peur, qui manque de courage ▸ **medroso**

peut-être *adv* **1** Marque la possibilité, le doute: *il viendra peut-être; peut-être neigera-t-il* ▸ **talvez 2** FAM En réponse à un sous-entendu, à une provocation, exprime l'indignation: *je n'écris pas bien, peut-être?* ▸ **por acaso**

peyotl [pejɔtl] *nm* Plante cactacée du Mexique, dont un alcaloïde, la mescaline, provoque des hallucinations visuelles ▸ **peiote**

pèze *nm* FAM Argent ▸ **grana**

pfennig [pfɛnig] (pl *pfennigs* ou *pfennige*) *nm* Unité monétaire allemande équivalant au centième du mark ▸ **fênigue**

pff ou **pfft** ou **pfut** *interj* Exprime le dédain, l'indifférence: *pff! Tant pis!* ▸ **pff**

pH *nm* (abréviation de *potential of hydrogen*) CHIM Indice caractérisant l'acidité ou la basicité d'un milieu; mesure de celui-ci (*une solution est acide si son pH est inférieur à 7, basique s'il est supérieur à 7*) ▸ **pH**

phacochère *nm* Mammifère d'Afrique proche du sanglier, à défenses incurvées ▸ **javali africano**

phagocyte *nm* Cellule de l'organisme capable d'absorber et de digérer d'autres cellules ▸ **fagócito**

phagocyter *vt* **1** MÉD Détruire par phagocytose ▸ **fagocitar 2** FIG Absorber et neutraliser à la façon des phagocytes: *parti politique qui phagocyte un groupuscule* ▸ **destruir**

phagocytose *nf* Phénomène par lequel certaines cellules absorbent puis digèrent d'autres cellules ▸ **fagocitose**

phalange *nf* **1** ANAT Chacun des petits os qui composent les doigts et les orteils ▸ **falange 2** ANTIQ GR Formation de combat ▸ **falange 3** HIST Groupement politique et paramilitaire d'inspiration souvent fasciste ▸ **falange**

phalangette *nf* ANAT Dernière phalange des doigts ▸ **falangeta, falange distal**

phalangiste *n* HIST Membre d'une phalange ▸ **falangista**

phalanstère *nm* Dans le système de Fourier, association de production, au sein de laquelle les travailleurs vivent en communauté ▸ **falanstério**

phalène *nf* Papillon nocturne ou crépusculaire ▸ **falena**

phallique *adj* Relatif au phallus ▸ **fálico**

phallocrate *n et adj* Personne qui considère l'homme comme supérieur à la femme ▸ **falocrata**

phallocratie *nf* Attitude dominatrice de l'homme par rapport à la femme ▸ **falocracia**

phalloïde *adj* Se dit d'une espèce d'amanite à chapeau jaunâtre ou verdâtre ▸ **faloide**

phallus [falys] *nm* Membre viril en érection ▸ **falo**

phanérogame *nm ou nf et adj* Plante se reproduisant par des fleurs ou des graines ▸ **fanerógamo(a)**

pharaon *nm* Souverain de l'Égypte ancienne ▸ **faraó**

pharaonique *adj* Des pharaons; de leur époque ▸ **faraônico**

phare *nm* **1** Tour portant un puissant foyer lumineux, établie le long des côtes pour guider les navires ▸ **farol 2** Dispositif d'éclairage placé à l'avant d'un véhicule ▸ **farol ♦ phares** *pl* Feux de route ▸ **faróis altos**
pharisien *nm* **1** Membre d'une secte juive du IIe s. av. J.-C. ▸ **fariseu 2** LITT Homme orgueilleux et hypocrite ▸ **fariseu**
pharmaceutique *adj* Qui relève de la pharmacie ▸ **farmacêutico**
pharmacie *nf* **1** Technique de préparation de remèdes, médicaments ▸ **farmácia 2** Profession de pharmacien; laboratoire, boutique du pharmacien ▸ **farmácia 3** Petit meuble ou petite trousse portative pour ranger les médicaments ▸ **farmácia**
pharmacien, enne *n* Qui exerce la pharmacie ▸ **farmacêutico**
pharmacologie *nf* Science des médicaments et de leur emploi ▸ **farmacologia**
pharmacopée *nf* **1** Ensemble de remèdes, de médicaments: *pharmacopée extrême-orientale* ▸ **farmácia 2** (avec majuscule) Recueil officiel contenant la nomenclature des médicaments, leur composition, leurs effets ▸ **farmacopeia**
pharyngé, e ou **pharyngien, enne** *adj* Du pharynx ▸ **faríngeo**
pharyngite *nf* Inflammation du pharynx ▸ **faringite**
pharynx *nm* ANAT Gosier, arrière-gorge ▸ **faringe**
phase *nf* Chacun des changements, des aspects successifs d'un phénomène, d'une action en évolution ▸ **fase**
phasme *nm* Insecte ressemblant aux tiges sur lesquelles il vit ▸ **bicho-pau**
phénicien, enne *adj et n* De Phénicie ▸ **fenício**
phénix *nm* **1** Oiseau fabuleux de la mythologie antique qui se brûlait lui-même pour renaître de ses cendres ▸ **fênix 2** LITT Personne exceptionnelle ▸ **fênix**
phénobarbital (pl *phénobarbitals*) *nm* Médicament barbiturique, sédatif et hypnotique ▸ **fenobarbital**
phénol *nm* Composé dérivé du benzène, utilisé comme désinfectant ▸ **fenol**
phénoménal, e, aux *adj* Prodigieux, extraordinaire ▸ **fenomenal**
phénomène *nm* **1** Ce qui est perçu par les sens ou par la conscience: *chercher les causes d'un phénomène* ▸ **fenômeno 2** Fait, événement qui frappe l'imagination ▸ **fenômeno 3** Chose ou être extraordinaire: *un phénomène de foire* ▸ **fenômeno**
phénoménologie *nf* **1** Étude descriptive des phénomènes ▸ **fenomenologia 2** Philosophie s'appuyant sur la conscience pour comprendre l'essence des choses, des êtres ▸ **fenomenologia**
phénotype *nm* BIOL Ensemble des caractères somatiques apparents d'un individu, qui expriment l'interaction du génotype et du milieu ▸ **fenótipo**
phi *nm inv* Lettre de l'alphabet grec, correspondant à *ph* ▸ **fi**
philanthrope *n* Personne d'une générosité désintéressée ▸ **filantropo**
philanthropie *nf* **1** Caractère du philanthrope ▸ **filantropia 2** Bienfaisance, générosité, altruisme ▸ **filantropia**
philanthropique *adj* Qui relève de la philanthropie ▸ **filantrópico**
philatélie *nf* **1** Étude, collection des timbres-poste ▸ **filatelia 2** Commerce des timbres-poste ▸ **filatelia**
philatéliste *n* Collectionneur de timbres-poste ▸ **filatelista**
philharmonie *nf* Association musicale qui donne des concerts publics ▸ **filarmônica**
philharmonique *adj* Se dit de certaines associations musicales ▸ **filarmônico**
philippin, e *adj et n* Des Philippines: *les Philippins* ▸ **filipino**
philistin *nm* LITT Personne à l'esprit vulgaire et étroit ▸ **filisteu**
philo *nf* FAM Philosophie ▸ **Ø**
philodendron [filɔdɛ̃drɔ̃] *nm* Plante aux feuilles digitées, aux racines aériennes ▸ **filodendro**
philologie *nf* **1** Étude d'une langue d'après ses documents écrits: *philologie grecque, latine* ▸ **filologia 2** Étude des textes et de leur transmission ▸ **filologia**
philologique *adj* De la philologie ▸ **filológico**
philologue *n* Spécialiste de philologie ▸ **filólogo**
philosophale *adj f* ▸ **filosofal ■ pierre philosophale: (a)** pierre qui, d'après les alchimistes, changeait les métaux en or ▸ **pedra filosofal (b)** FIG ce qui est impossible à trouver ▸ **pedra filosofal**
philosophe *n* Spécialiste de philosophie ▸ **filósofo ♦** *adj et n* Qui fait preuve de calme et de sagesse; qui prend la vie du bon côté ▸ **filósofo**
philosopher *vi* (souvent péjoratif) Raisonner, argumenter sur un sujet quelconque ▸ **filosofar**
philosophie *nf* **1** Science qui étudie les êtres, les principes et les causes d'un point de vue général, abstrait ▸ **filosofia 2** Système d'un philosophe, d'une école, d'une époque, etc. ▸ **filosofia 3** Fermeté, calme devant des événements imprévus ▸ **filosofia**

philosophique *adj* Qui relève de la philosophie ▸ **filosófico**

philosophiquement *adv* De façon philosophique ▸ **filosoficamente**

philtre *nm* LITT Breuvage magique propre à inspirer l'amour ▸ **filtro**

phimosis [fimozis] *nm* MÉD Étroitesse du prépuce qui empêche de découvrir le gland ▸ **fimose**

phlébite *nf* MÉD Inflammation de la membrane interne des veines ▸ **flebite**

phlébologue *n* Médecin spécialisé dans les maladies des veines ▸ **flebologista**

phlegmon *nm* MÉD Inflammation du tissu cellulaire sous-cutané ▸ **flegmão**

phobie *nf* Peur, aversion instinctive et souvent angoissante ▸ **fobia**

phobique *adj* Qui relève d'une phobie ▸ **fóbico** ◆ *adj et n* Atteint de phobie ▸ **fóbico**

phocéen, enne *adj et n* De Marseille: *la cité phocéenne* ▸ **marselhês**

phonateur, trice ou **phonatoire** *adj* Relatif à la production des sons vocaux ▸ **fonador**

phonation *nf* Production des sons de la parole ▸ **fonação**

phonème *nm* LING Élément sonore d'une langue, se définissant par ses propriétés distinctives ▸ **fonema**

phonéticien, enne *n* Spécialiste de phonétique ▸ **foneticista**

phonétique *adj* Qui concerne les sons du langage: *transcription phonétique* ▸ **fonético** ■ **écriture phonétique:** où les signes graphiques correspondent à des sons du langage ▸ **escrita fonética** ◆ *nf* Étude des sons composant le langage humain ▸ **fonética**

phonétiquement *adv* **1** Du point de vue de la phonétique ▸ **foneticamente** **2** En écriture phonétique ▸ **foneticamente**

phonique *adj* Relatif au son ou à la voix ▸ **fônico**

phonographe *nm* ANC Appareil qui reproduit les sons ▸ **fonógrafo**

phonologie *nf* Étude scientifique des systèmes de sons, ainsi que des principes ou règles qui les déterminent dans telle ou telle langue naturelle ▸ **fonologia**

phonothèque *nf* Lieu où sont rassemblés les documents sonores constituant des archives de la parole ▸ **fonoteca**

phoque *nm* Mammifère des régions polaires ▸ **foca**

phosphate *nm* Sel de l'acide phosphorique utilisé comme engrais ▸ **fosfato**

phosphaté, e *adj* Qui contient du phosphate ▸ **fosfatado**

phosphore *nm* Corps chimique employé autrefois dans la fabrication des allumettes; symb: P ▸ **fósforo**

phosphorescence *nf* Propriété qu'ont certains corps d'émettre de la lumière dans l'obscurité ▸ **fosforescência**

phosphorescent, e *adj* Doué de phosphorescence ▸ **fosforescente**

phosphoreux, euse *adj* Qui contient du phosphore ▸ **fosforoso**

phosphorique *adj m* ▸ **fosfórico** ■ **acide phosphorique:** acide du phosphore ▸ **ácido fosfórico** □ **anhydride phosphorique:** combinaison de phosphore et d'oxygène, formée par combustion vive ▸ **anidrido fosfórico**

photo *nf* Photographie: *prendre une photo d'un paysage* ▸ **foto** ■ **photo d'identité:** représentant le visage de quelqu'un et destinée à figurer sur un document officiel ▸ **foto para documento** ◆ *adj inv* Photographique: *appareil photo* ▸ **fotográfico**

photochimie *nf* Étude des effets chimiques dus à la lumière ▸ **fotoquímica**

photocomposer *vt* Composer un texte par photocomposition ▸ **fotocompor**

photocomposeur ou **photocompositeur** *nm* Industriel spécialisé dans la photocomposition ▸ **fotocompositor**

photocomposeuse *nf* Machine de photocomposition ▸ **fotocompositora**

photocomposition *nf* IMPR Procédé de composition fournissant directement des textes sur films photographiques ▸ **fotocomposição**

photocopie *nf* Reproduction d'un document par le développement instantané d'un négatif photographique; le document ainsi obtenu ▸ **fotocópia**

photocopier *vt* Reproduire par photocopie ▸ **fotocopiar**

photocopieur *nm* ou **photocopieuse** *nf* Appareil de photocopie ▸ **fotocopiadora**

photocopillage *nm* DR Action de photocopier un livre, partiellement ou en totalité, et qui constitue une infraction ▸ **fotocópia pirata**

photoélectrique *adj* Qui produit de l'électricité sous l'action de la lumière ▸ **fotelétrico**

photo-finish (pl *photos-finish*) *nf* Appareil enregistrant automatiquement l'ordre des concurrents à l'arrivée d'une course; photographie ainsi obtenue ▸ **olho mecânico,** ***photo-finish***

photogénique *adj* Dont le visage, l'aspect se prête bien à la photographie, au cinéma ▸ **fotogênico**

photographe *n* **1** Personne qui prend des photos, en amateur ou à titre professionnel ▸ **fotógrafo** **2** Artisan, commerçant qui développe, tire des clichés ▸ **fotógrafo**

photographie *nf* **1** Technique permettant de fixer sur une surface sensible à la lumière les images obtenues à l'aide d'une chambre noire ▸ **fotografia** **2** Image obtenue par cette technique ▸ **fotografia**

photographier *vt* Obtenir par la photographie l'image de ▸ **fotografar**

photographique *adj* Relatif à la photographie: *appareil photographique* ▸ **fotográfico**

photograveur *nm* Professionnel spécialiste de la photogravure ▸ **fotogravador**

photogravure *nf* IMPR Ensemble des procédés photographiques et chimiques qui permettent d'obtenir des clichés d'impression ▸ **fotogravura**

photolyse *nf* CHIM Décomposition chimique par la lumière ▸ **fotólise**

Photomaton *nm* (nom déposé) Appareil qui prend et développe automatiquement des photos d'identité ▸ **fotomática** (marca registrada)

photomécanique *adj* Se dit de tout procédé d'impression dans lequel le cliché a été obtenu par photographie ▸ **fotomecânico**

photomètre *nm* Instrument qui mesure l'intensité de la lumière ▸ **fotômetro**

photomontage *nm* Montage ou collage réalisé à partir de plusieurs photographies ▸ **fotomontagem**

photophore *nm* Vase en verre destiné à abriter une bougie ▸ **fotóforo**

photoreportage *nm* Reportage constitué essentiellement de documents photographiques ▸ **fotorreportagem**

photosensible *adj* Sensible aux rayonnements lumineux ▸ **fotossensível**

photosphère *nf* Couche supérieure lumineuse du Soleil ▸ **fotosfera**

photosynthèse *nf* Processus par lequel une plante verte, sous l'action de la lumière, élabore des matières organiques en absorbant le gaz carbonique de l'eau et en rejetant l'oxygène; SYN: *assimilation chlorophyllienne* ▸ **fotossíntese**

photothèque *nf* **1** Collection d'archives photographiques ▸ **fototeca** **2** Lieu où une telle collection est rassemblée ▸ **fototeca**

phototropisme *nm* Mouvement de croissance d'une plante, orienté sous l'influence de la lumière ▸ **fototropismo**

phototype *nm* Image photographique obtenue après exposition et traitement d'une couche sensible ▸ **clichê**

phrase *nf* **1** Groupe de mots ou mot formant un message complet ▸ **frase** **2** MUS Suite de notes formant une unité mélodique expressive ▸ **frase** ■ FIG **faire des phrases:** parler d'une manière prétentieuse ▸ **fazer frases** □ **petite phrase:** formule concise et apte à frapper l'esprit, utilisée par un homme politique dans un discours, et que les médias reprennent abondamment ▸ **frase de efeito**

phrasé *nm* MUS Art d'interpréter une phrase musicale en respectant la ligne mélodique ▸ **fraseado**

phraséologie *nf* **1** Ensemble des constructions et expressions propres à une langue, un milieu, une spécialité, une époque: *phraséologie judiciaire* ▸ **fraseologia** **2** PÉJOR Assemblage de formules pompeuses ▸ **frasismo**

phraseur, euse *n* Qui tient des propos emphatiques, vides de sens ▸ **frasista**

phratrie *nf* **1** ANTIQ GR Subdivision de la tribu ▸ **fratria** **2** Dans une société archaïque, réunion de plusieurs clans ▸ **fratria**

phréatique *adj* ▸ **freático** ■ **nappe phréatique:** nappe d'eau située à l'intérieur du sol et alimentant des sources ▸ **lençol freático**

phrygien, enne *adj* ▸ **frígio** ■ **bonnet phrygien:** bonnet rouge adopté en France, sous la Révolution, comme emblème de la liberté ▸ **barrete frígio**

phtisie *nf* VX Tuberculose pulmonaire ▸ **tísica**

phtisique *adj et n* VX Tuberculeux ▸ **tísico**

phylactère *nm* Bulle, dans une bande dessinée ▸ **balão**

phylloxéra *nm* **1** Insecte hémiptère dont une espèce s'attaque à la vigne ▸ **filoxera** **2** Maladie de la vigne causée par ce parasite ▸ **filoxera**

physicien, enne *n* Spécialiste de physique ▸ **físico**

physico-chimique (pl *physico-chimiques*) *adj* Relatif à la physique et à la chimie ▸ **físico-químico**

physiologie *nf* Science qui a pour objet l'étude du fonctionnement des organismes vivants ▸ **fisiologia**

physiologique *adj* Relatif à la physiologie ▸ **fisiológico**

physiologiste *n* Spécialiste de physiologie ▸ **fisiologista**

physionomie *nf* **1** Ensemble des traits du visage ▸ **fisionomia** **2** FIG Caractère, aspect particulier de quelqu'un ou de quelque chose ▸ **fisionomia**

physionomiste *adj et n* Qui est capable de reconnaître immédiatement une personne déjà rencontrée ▸ **fisionomista**

physiothérapie *nf* Traitement médical par des agents physiques ▸ **fisioterapia**
physique[1] *nf* Science qui a pour objet l'étude des propriétés des corps et des lois qui tendent à modifier leur état ou leur mouvement sans modifier leur nature ▸ **física**
physique[2] *adj* **1** Qui appartient à la nature, à la matière: *propriétés physiques d'un corps* ▸ **físico** **2** Qui concerne le corps humain: *exercices physiques* ▸ **físico** ◆ *nm* **1** Aspect général de quelqu'un: *avoir un physique agréable* ▸ **físico** **2** Constitution du corps, état de santé: *le physique influe sur le moral* ▸ **físico**
physiquement *adv* **1** Selon les lois de la physique ▸ **fisicamente** **2** Sur le plan physique ▸ **fisicamente**
phytophage *adj et nm* Qui se nourrit de matières végétales ▸ **fitófago**
phytothérapie *nf* Traitement des maladies par les plantes ▸ **fitoterapia**
pi *nm inv* **1** Lettre de l'alphabet grec, correspondant au *p* ▸ **pi** **2** MATH Symbole représentant le rapport constant du périmètre d'un cercle à son diamètre, soit approximativement 3,1416 ▸ **pi**
piaf *nm* FAM Moineau, petit oiseau ▸ **pardal**
piaffant, e *adj* Qui piaffe ▸ **pateante**
piaffement *nm* Action de piaffer ▸ **pateada**
piaffer *vi* **1** Frapper le sol des pieds de devant, en parlant du cheval ▸ **piafar, patear** **2** FIG S'agiter, trépigner: *piaffer d'impatience* ▸ **sapatear, patear**
piaillement *nm* Action de piailler ▸ **pio, estrilo**
piailler *vi* **1** Pousser des cris aigus, en parlant d'un oiseau ▸ **piar** **2** Crier sans cesse, d'une voix aiguë ▸ **estrilar**
pian *nm* Maladie infectieuse et contagieuse des régions tropicales, provoquant des lésions cutanées ▸ **bouba**
pianissimo *adv* MUS Très doucement ▸ **pianíssimo**
pianiste *n* Personne qui joue du piano ▸ **pianista**
piano[1] *nm* Instrument de musique, à clavier et à cordes ▸ **piano**
piano[2] *adv* MUS Doucement ▸ **piano**
piano-bar (pl *pianos-bars*) *nm* Bar dans lequel un pianiste entretient une ambiance musicale ▸ **piano-bar**
pianoter *vi* **1** Jouer du piano maladroitement ▸ **martelar** **2** Tapoter sur quelque chose avec les doigts ▸ **tamborilar**
piastre *nf* Unité monétaire de divers pays ▸ **piastra**
piaule *nf* FAM Chambre ▸ **quarto**
piaulement *nm* Action de piauler; cri aigu ▸ **pio**
piauler *vi* Pousser des cris aigus, en parlant des petits oiseaux, des poulets, etc. ▸ **piar**
PIB [peibe] *nm* (sigle) Produit intérieur brut ▸ **PIB**
pic[1] *nm* **1** Instrument de fer courbé, pointu et à long manche, pour creuser la terre ▸ **picareta** **2** Montagne élevée, isolée et pointue; le sommet de cette montagne: *le pic du Midi* ▸ **pico** **3** FIG Maximum d'intensité atteint par un phénomène: *pic de pollution* ▸ **pico** ◆ **à pic** *loc adv* **1** Verticalement: *couler à pic* ▸ **a pique** **2** FAM À propos: *cela tombe à pic* ▸ **a propósito**

ORTHOGRAPHE On écrit: *la falaise tombe à pic* (adverbe, sans trait d'union), mais *c'est un à-pic impressionnant* (nom, avec trait d'union)

pic[2] *nm* Oiseau grimpeur, qui frappe avec le bec sur l'écorce des arbres pour en faire sortir les larves ▸ **pica-pau**
picador *nm* Cavalier qui, dans une corrida, fatigue le taureau avec une pique ▸ **picador**
picard, e *adj et n* De Picardie: *les Picards* ▸ **picardo** ◆ *nm* Dialecte parlé en Picardie ▸ **picardo**
picaresque *adj* Se dit d'une œuvre littéraire dont l'action se situe dans le milieu des voleurs et des truands ▸ **picaresco**
piccolo *nm* Petite flûte traversière ▸ **flautim**
pichenette *nf* FAM Chiquenaude ▸ **piparote**
pichet *nm* Petit broc à vin, à eau, etc. ▸ **jarro**
pickles [pikls] *nm pl* Condiments végétaux au vinaigre ▸ **picles**
pickpocket [pikpɔkɛt] *nm* Voleur à la tire ▸ **batedor de carteira, trombadinha**
pick-up [pikp] *nm inv* VX Électrophone ▸ ***pick-up*, toca-discos**
picoler *vi et vt* FAM Boire du vin, de l'alcool ▸ **bebericar**
picorer *vi* Saisir de la nourriture avec le bec, en parlant des oiseaux ▸ **ciscar** ◆ *vt* Prendre çà et là (des aliments); grignoter ▸ **beliscar**
picotement *nm* Sensation de piqûre légère et répétée ▸ **formigamento, ardor**
picoter *vt* **1** Causer des picotements à: *la fumée picote les yeux* ▸ **causar ardor** **2** Becqueter, picorer ▸ **bicar, beliscar**
picotin *nm* VX Mesure d'avoine pour un cheval ▸ **ração**
picrate *nm* **1** CHIM Sel de l'acide picrique ▸ **picrato** **2** FAM Vin de mauvaise qualité ▸ **jeropiga**
picrique *adj m* ▸ **pícrico** ■ CHIM **acide picrique:** obtenu par action de l'acide nitrique sur le phénol ▸ **ácido pícrico**
pictogramme *nm* Dessin, signe d'une écriture pictographique ▸ **pictograma**
pictographique *adj* ▸ **pictográfico** ■ **écriture**

pictographique: où les concepts sont représentés par des scènes figurées ou par des symboles complexes ▸ **escrita pictográfica**

pictural, e, aux *adj* Qui se rapporte à l'art de la peinture ▸ **pictórico**

pic-vert (pl *pics-verts*) *nm* → **pivert**

pie[1] *nf* **1** Oiseau passereau à plumage blanc et noir ▸ **pega 2** FAM Personne bavarde ▸ **matraca** ◆ *adj inv* Se dit du poil ou du plumage blanc et noir: *cheval pie* ▸ **malhado**

pie[2] *adj* ▸ **pio** ■ LITT **œuvre pie:** œuvre pieuse ▸ **obra pia**

pièce *nf* **1** Chaque partie, chaque élément séparé d'un tout: *les pièces d'une collection; une pièce détachée* ▸ **peça 2** Morceau de tissu réparant une déchirure, un accroc, etc.: *coudre une pièce au coude* ▸ **remendo 3** Morceau de métal plat servant de monnaie: *pièce de 10 francs* ▸ **moeda 4** Chacun des espaces habitables d'un logement: *appartement de quatre pièces* ▸ **cômodo 5** Ouvrage dramatique: *pièce de théâtre; pièce en cinq actes* ▸ **peça 6** Document écrit servant à établir un droit, la réalité d'un fait, etc.: *pièces d'identité* ▸ **documento** ■ **à la pièce** ou **aux pièces:** en proportion du travail fait ▸ **por trabalho** □ **de toutes pièces:** entièrement, sans utiliser d'éléments existant auparavant ▸ **completamente** □ **mettre en pièces: (a)** détruire ▸ **despedaçar (b)** mettre en déroute ▸ **massacrar** □ **pièce montée:** grande pâtisserie d'effet décoratif souvent formée de petits choux disposés en pyramide ▸ **doce decorativo** □ **tout d'une pièce:** d'un bloc, sans détour ▸ **inteiriço, franco** □ **une (deux, trois) pièce(s):** se dit d'un vêtement composé d'un ou de plusieurs éléments: *maillot de bain une pièce; costume trois pièces* ▸ **peça única, duas-peças, traje de três peças**

piécette *nf* Petite pièce de monnaie ▸ **moedinha**

pied *nm* **1** Extrémité de la jambe, qui sert pour marcher: *la plante du pied* ▸ **pé 2** Partie d'un objet servant de support: *pied d'une lampe* ▸ **pé 3** Partie inférieure: *pied d'une montagne, d'un mur* ▸ **sopé 4** Arbre, plante: *un pied de vigne* ▸ **pé 5** Syllabe d'un vers ▸ **pé** ■ **à pied:** en marchant ▸ **a pé** □ **à pied d'œuvre:** prêt à agir ▸ **estar preparado** □ **au petit pied:** en raccourci ▸ **em miniatura** □ **avoir pied:** dans l'eau, pouvoir tenir debout, les pieds au sol et la tête dehors ▸ **dar pé** □ FAM **ça te (lui, vous, etc.) fera les pieds:** cela te (lui, vous, etc.) servira de leçon ▸ **isso lhe servirá de lição** □ FAM **c'est le pied!:** c'est très agréable ▸ **é formidável** □ FAM **comme un pied:** très mal: *chanter comme un pied* ▸ **pessimamente** □ **de pied en cap:** des pieds à la tête ▸ **dos pés à cabeça** □ **de pied ferme:** sans reculer, avec résolution: *attendre de pied ferme* ▸ **a pé firme** □ **être sur pied:** être debout, remis d'une maladie ▸ **estar de pé, recuperado** □ **faire des pieds et des mains:** se démener, employer tous les moyens ▸ **mover mundos e fundos** □ **lâcher pied:** reculer ▸ **perder terreno, largar mão** □ **mettre à pied:** licencier ▸ **pôr na rua** □ **mettre sur pied:** organiser ▸ **pôr de pé** □ FAM **prendre son pied:** éprouver un vif plaisir, sexuel notamment ▸ **gozar** □ FAM **se lever du pied gauche:** de mauvaise humeur ▸ **acordar com o pé esquerdo** □ **sur pied:** avant la récolte ▸ **no pé**

ORTHOGRAPHE On écrit, au singulier, *camper* au pied *des montagnes*, mais, au pluriel, *se jeter* aux pieds *de quelqu'un*

pied-à-terre [pjetatɛr] *nm inv* Petit logement qu'on n'occupe qu'occasionnellement ▸ **cantinho**

pied-bot (pl *pieds-bots*) *nm* Personne atteinte d'un pied bot ▸ **manco**

pied-de-biche (pl *pieds-de-biche*) *nm* Petit levier à tête fendue ▸ **pé de cabra**

pied-de-mouton (pl *pieds-de-mouton*) *nm* Champignon comestible ▸ **pé-de-carneiro**

pied-de-poule (pl *pieds-de-poule*) *nm et adj inv* Tissu formé de deux couleurs en damier ▸ ***pied-de-poule***

piédestal (pl *piédestaux*) *nm* Support isolé sur lequel on place un objet ▸ **pedestal** ■ FIG **mettre quelqu'un sur un piédestal:** lui vouer une grande admiration ▸ **colocar alguém num pedestal**

pied-noir (pl *pieds-noirs*) *n et adj* FAM Français d'origine européenne installé en Afrique du Nord, en particulier en Algérie, jusqu'à l'époque de l'indépendance ▸ ***pied-noir***

piédroit *nm* **1** Partie du jambage d'une porte ou d'une fenêtre ▸ **ombreira 2** Mur vertical, pilier soutenant une voûte, une arcade ▸ **pé-direito**

piège *nm* **1** Dispositif pour attirer ou prendre les animaux ▸ **armadilha 2** FIG Embûche, traquenard: *tomber dans le piège*; difficulté cachée: *dictée pleine de pièges* ▸ **armadilha**

piéger *vt (conj 2 et 10)* **1** Chasser au moyen de pièges: *piéger un renard* ▸ **pegar em armadilha 2** Dissimuler un engin explosif en un endroit ▸ **emboscar 3** FIG Faire tomber dans un piège; prendre, attraper: *se faire piéger* ▸ **apanhar, cair na rede**

pie-grièche (pl *pies-grièches*) *nf* Oiseau passereau ▸ **picanço**

pie-mère (pl *pies-mères*) *nf* ANAT La plus interne des trois membranes du cerveau ▸ **pia-máter**

piéride *nf* Papillon dont la chenille se nourrit des feuilles du chou ► **borboleta-branca-da-couve**
pierraille *nf* Étendue parsemée de petites pierres ► **cascalho**
pierre *nf* **1** Corps minéral, dur et solide: *pierre à chaux* ► **pedra 2** Morceau de cette matière, façonné ou non: *pierre de taille; lancer une pierre* ► **pedra ■ la pierre:** l'immobilier: *investir dans la pierre* ► **imóveis □ pierre à fusil:** silex ► **pederneira □ pierre à plâtre:** gypse ► **gipsita □** FIG **pierre de touche:** moyen d'éprouver quelque chose ou quelqu'un ► **pedra de toque □ pierre fine:** toute pierre utilisée en bijouterie, autre que les pierres précieuses (topaze, améthyste, etc.) ► **pedra fina □ pierre levée:** menhir ► **menir □ pierre ponce:** pierre volcanique poreuse ► **pedra-pomes □ pierre précieuse:** pierre utilisée en joaillerie (diamant, rubis, émeraude et saphir) ► **pedra preciosa**
pierreries *nf pl* Pierres fines, pierres précieuses taillées ► **pedraria**
pierreux, euse *adj* **1** De la nature de la pierre: *masse pierreuse* ► **pétreo 2** Couvert de pierres: *chemin pierreux* ► **pedregoso**
pierrot *nm* **1** Homme déguisé en Pierrot, personnage des pantomimes habillé de blanc ► **pierrô 2** FAM Moineau ► **pardal**
pietà [pjeta] *nf* Peinture ou sculpture représentant la Vierge portant le Christ sur ses genoux après la descente de la croix ► **pietá**
piétaille *nf* FAM, PÉJOR Ensemble de subalternes, de gens sans importance ► **gentalha**
piété *nf* Dévotion religieuse ► **piedade ■ piété filiale:** attachement à ses parents ► **piedade filial**
piétinement *nm* Action de piétiner ► **pisoteio, imobilismo**
piétiner *vt* Fouler avec les pieds: *piétiner le sol* ► **pisotear** ◆ *vi* **1** Remuer les pieds, trépigner: *piétiner de rage* ► **bater o pé 2** Avancer très peu ou ne pas avancer du tout: *le convoi piétinait* ► **marcar passo 3** FIG Ne faire aucun progrès: *l'enquête piétine* ► **marcar passo**
piéton, onne *n* Personne qui circule à pied ► **pedestre** ◆ *adj* Piétonnier: *voie piétonne* ► **de pedestre**
piétonnier, ère *adj* Réservé aux piétons: *rues piétonnières* ► **de, para pedestres**
piètre *adj* SOUT Médiocre, sans valeur: *piètre habit; un piètre juge* ► **pífio**
piètrement *adv* LITT Médiocrement ► **pifiamente**
pieu¹ *nm* Pièce de bois pointue ► **estaca**
pieu² *nm* FAM Lit ► **cama**
pieusement *adv* Avec piété ► **piedosamente**
pieuter (se) *vpr* FAM Se mettre au lit ► **enfiar-se na cama**
pieuvre *nf* Poulpe ► **polvo**
pieux, euse *adj* **1** Qui a de la piété; qui marque la piété ► **piedoso 2** Qui marque un sentiment tendre et respectueux: *pieux souvenir* ► **piedoso**
pif *nm* FAM Nez ► **faro ■ au pif:** au hasard, en suivant son intuition ► **pelo faro**
pifer ou **piffer** *vt* ► **suportar ■** FAM **ne pas pifer** ou **ne pas pouvoir pifer quelqu'un:** ne pas le supporter ► **não suportar alguém**
pifomètre *nm* FAM Intuition, flair ► **faro ■** FAM **au pifomètre: (a)** à vue de nez ► **a olho (b)** au hasard ► **pelo faro**
pige *nf* Pour un journaliste, rémunération à l'article ► **pagamento por matéria ■** FAM **faire la pige à quelqu'un:** aller plus vite, faire mieux que lui ► **dar um baile em alguém**
pigeon *nm* **1** Oiseau dont plusieurs espèces sont domestiques ► **pombo 2** FAM Naïf qui se laisse tromper, voler ► **pato ■ pigeon voyageur:** dressé à porter des messages au loin ► **pombo-correio**
pigeonnant, e *adj* Se dit d'un soutien-gorge qui relève les seins; se dit des seins ainsi mis en valeur ► ***push-up*, empinado e volumoso**
pigeonne *nf* Femelle du pigeon ► **pomba**
pigeonneau *nm* Jeune pigeon ► **pombinho**
pigeonner *vt* FAM Tromper, duper ► **enganar**
pigeonnier *nm* **1** Petit bâtiment destiné aux pigeons domestiques ► **pombal 2** FAM Habitation élevée ► **pombal**
piger *vt* **1** FAM Comprendre: *ne rien piger* ► **captar 2** CANADA Tirer, piocher: *piger un numéro* ► **tirar**
pigiste *n* Personne payée à la pige ► **jornalista *free-lancer***
pigment *nm* **1** Substance colorée produite par un organisme vivant ► **pigmento 2** Couleur en poudre ► **pigmento**
pigmentation *nf* **1** Formation de pigments, en particulier dans la peau ► **pigmentação 2** Coloration par un pigment ► **pigmentação**
pigmenter *vt* Colorer avec un pigment ► **pigmentar**
pignon *nm* **1** Partie supérieure et triangulaire d'un mur ► **frontão 2** Roue dentée s'engrenant sur une plus grande ► **pinhão 3** Graine de pomme de pin; pin méditerranéen fournissant ces graines ► **pinhão ■** FIG **avoir pignon sur rue:** une situation bien établie ► **estar bem de vida**
pilaf *nm* Riz au gras assaisonné, accompagné de viande, de coquillages, etc. ► **pilafe**
pilaire *adj* Relatif aux poils, aux cheveux; SYN: *pileux* ► **capilar, piloso**

pilastre *nm* Pilier encastré dans un mur ▶ **pilastra**

pile[1] *nf* **1** Amas d'objets entassés les uns sur les autres: *pile de bois* ▶ **pilha 2** Massif de maçonnerie formant pilier: *pile de pont* ▶ **pilar 3** PHYS Appareil transformant en courant électrique l'énergie développée dans une réaction chimique: *pile de Volta* ▶ **pilha**

pile[2] *nf* Côté d'une pièce de monnaie opposé à la face ▶ **coroa**

pile[3] *adv* FAM Très exactement, de façon précise: *neuf heures pile* ▶ **em ponto, precisamente** ■ **s'arrêter pile:** brusquement ▶ **parar de repente** □ **tomber pile:** survenir au bon moment ▶ **vir a calhar**

piler[1] *vt* Broyer, réduire en fragments ▶ **pisar, pilar**

piler[2] *vi* FAM Freiner brutalement ▶ **frear bruscamente**

pileux, euse *adj* Relatif aux poils, aux cheveux: *système pileux peu fourni* ▶ **capilar, piloso**

pilier *nm* **1** Massif de maçonnerie ou colonne servant de support ▶ **pilar 2** FIG Personne, chose qui assure la stabilité de quelque chose: *c'est un des piliers du syndicat* ▶ **pilar** ■ FAM **pilier de bar, de bistrot:** personne qui y passe son temps; habitué ▶ **freguês assíduo**

pillage *nm* Action de piller; dégât qui en résulte ▶ **pilhagem, plágio**

pillard, e *n* Personne qui se livre au pillage ▶ **saqueador, plagiador**

piller *vt* **1** Dépouiller, voler: *piller un magasin* ▶ **pilhar 2** FIG S'approprier par plagiat: *piller un auteur* ▶ **plagiar**

pilleur, euse *n* Personne qui pille: *pilleurs de trésors* ▶ **saqueador, plagiador**

pilon *nm* **1** Instrument pour piler ▶ **pilão 2** Partie inférieure d'une cuisse de volaille cuite ▶ **coxa de galinha** ■ **mettre au pilon:** détruire les exemplaires invendus d'un livre, d'une revue ▶ **mandar para o triturador**

pilonnage *nm* Action de pilonner ▶ **pilagem, bombardeio**

pilonner *vt* **1** Soumettre à un bombardement intensif ▶ **bombardear 2** Mettre au pilon ▶ **pilar, triturar**

pilori *nm* ▶ **pelourinho** ■ **mettre, clouer au pilori:** signaler à l'indignation, à la réprobation de tous ▶ **levar ao pelourinho**

pilosité *nf* Revêtement pileux de la peau ▶ **pilosidade**

pilotage *nm* Action de piloter ▶ **pilotagem**

pilote *n* **1** Personne qui conduit un navire, un avion, une voiture, etc.: *pilote de ligne, d'essai* ▶ **piloto 2** LITT Guide ▶ **piloto** ◆ *nm* **1** Petit poisson des mers chaudes qui suit les navires ▶ **peixe-piloto 2** Prototype d'un journal, d'un magazine, d'une émission télévisée ▶ **piloto** ◆ *adj* Qui sert d'exemple, de modèle: *classes(-)pilotes* ▶ **piloto**

piloter *vt* **1** Conduire un navire, un avion, etc. ▶ **pilotar 2** FAM Guider quelqu'un dans un lieu ▶ **pilotar 3** Avoir la charge, la direction de: *piloter une enquête, une entreprise* ▶ **dirigir**

pilotis *nm* Ensemble de pieux pouvant soutenir une construction ▶ ***pilotis***

pilou *nm* Tissu de coton pelucheux ▶ **flanela**

pilule *nf* **1** Médicament en forme de petite boule ▶ **comprimido, pílula 2** Médicament anticonceptionnel ▶ **pílula** ■ FAM **dorer la pilule:** présenter une chose fâcheuse sous un aspect favorable ▶ **dourar a pílula**

ORTHOGRAPHE *Pilule* n'a aucun *l* doublé, à la différence de *cellule* ou de *(il) pullule*

pimbêche *nf* FAM Femme prétentieuse ▶ **metida**

piment *nm* **1** Plante cultivée pour ses fruits, le piment rouge et le piment doux ou poivron; fruit de cette plante ▶ **pimenta, pimentão 2** FIG Ce qui ajoute une note piquante à quelque chose ▶ **pimenta**

pimenter *vt* **1** Assaisonner de piment: *pimenter une sauce* ▶ **apimentar 2** FIG Rendre piquant, excitant: *pimenter un récit d'anecdotes* ▶ **apimentar**

pimpant, e *adj* Élégant, gracieux ▶ **elegante**

pin *nm* Conifère à feuillage persistant et à feuilles en aiguilles; bois de cet arbre ▶ **pinheiro, pinho**

pinacle *nm* Partie la plus élevée d'un édifice ▶ **pináculo** ■ FIG **porter quelqu'un au pinacle:** le mettre au-dessus de tous ▶ **pôr alguém nas nuvens**

pinacothèque *nf* Musée de peinture ▶ **pinacoteca**

pinaillage *nm* FAM Action de pinailler ▶ **esmiuçamento**

pinailler *vi* FAM S'appesantir sur des détails; ergoter ▶ **esmiuçar**

pinailleur, euse *adj et n* FAM Qui pinaille ▶ **esmiuçador**

pinard *nm* FAM Vin ▶ **vinho**

pinasse *nf* Bateau de pêche à fond plat ▶ **pinaça**

pince *nf* **1** Outil à branches articulées pour saisir, tenir ▶ **tenaz 2** Dispositif à deux branches pour pincer: *pince à linge; pince à épiler* ▶ **pinça 3** Barre métallique aplatie à un bout qui sert de levier ▶ **alavanca 4** Extrémité des grosses pattes de certains crustacés ▶ **pinça 5** FAM Main: *se serrer la pince* ▶ **mão, garra 6** Pli cousu sur l'envers d'un vêtement, pour l'ajuster ▶ **pence**

pincé, e *adj* Qui manifeste du dédain, de la froideur ▸ **desdenhoso**
pinceau *nm* Instrument fait de poils attachés à un manche pour peindre, coller ▸ **pincel** ▪ FAM **s'emmêler les pinceaux: (a)** trébucher ▸ **trançar as pernas (b)** s'embrouiller ▸ **meter os pés pelas mãos**
pincée *nf* Quantité qu'on peut prendre avec deux ou trois doigts: *pincée de sel* ▸ **pitada**
pincement *nm* **1** Action de pincer ▸ **beliscão 2** Suppression des bourgeons ou de l'extrémité des rameaux d'un arbre ▸ **desmoche**
pince-monseigneur (pl *pinces-monseigneur*) *nf* Levier court dont se servent les cambrioleurs pour forcer les portes ▸ **pé de cabra**
pince-nez *nm inv* ANC Lorgnon tenant sur le nez par un ressort ▸ **pincenê**
pincer *vt (conj 1)* **1** Serrer avec les doigts, avec une pince, etc. ▸ **pinçar 2** Serrer étroitement, coincer: *pincer son doigt dans une porte* ▸ **beliscar 3** FIG, FAM Saisir, arrêter, surprendre: *pincer un voleur* ▸ **pegar 4** MUS Faire vibrer avec les doigts: *pincer les cordes d'une guitare* ▸ **dedilhar** ◆ *vi* ▪ FAM **ça pince:** il fait froid ▸ **está frio**
pince-sans-rire *n inv* Personne qui raille en gardant son sérieux ▸ ***pince-sans-rire***
pincette *nf* Petite pince ▸ **pinça pequena** ◆ **pincettes** *pl* Longue pince pour arranger le feu ▸ **tenaz**
pinçon *nm* Marque qui reste sur la peau pincée ▸ **marca de beliscão**
pineau *nm* Vin de liqueur préparé dans les Charentes ▸ ***pineau***
pinède *nf* Bois de pins ▸ **pinhal**
pingouin *nm* Oiseau palmipède à ailes très courtes des régions arctiques ▸ **pinguim**
ping-pong [piŋpɔ̃g] (pl *ping-pongs*) *nm* Sport voisin du tennis, où le court est remplacé par une table; SYN: *tennis de table* ▸ **pingue-pongue**
pingre *n et adj* FAM Avare ▸ **mão de vaca**
pingrerie *nf* Avarice sordide ▸ **sovinice**
pinnipède *nm* Mammifère carnivore aquatique tel que le phoque, le morse, l'otarie (les pinnipèdes forment un ordre) ▸ **pinípede**
pinot *nm* Cépage de Bourgogne ▸ ***pinot***
pin-pon *interj* Imite le bruit de la sirène des pompiers ▸ **uó**
pin's [pins] *nm* Petite broche portée comme un badge (recommandation officielle: *épinglette*) ▸ **broche**
pinson *nm* Oiseau passereau, bon chanteur ▸ **tentilhão** ▪ **gai comme un pinson:** très gai ▸ **alegre como um passarinho**
pintade *nf* Oiseau de basse-cour élevé pour sa chair; chair de cet oiseau ▸ **galinha-d'angola**
pintadeau *nm* Jeune pintade ▸ **pinto**
pinte *nf* **1** Unité de mesure anglo-saxonne de capacité ▸ **quartilho 2** SUISSE Débit de boissons ▸ **bar**
pin-up [pinp] *nf inv* Jolie fille au charme sensuel ▸ ***pin-up***
pinyin [pinjin] *nm* Système de transcription phonétique des idéogrammes chinois ▸ **pinyin**
piochage *nm* Action de piocher ▸ **enxadada**
pioche *nf* Outil formé d'un manche de bois et d'un fer à une ou deux pointes pour creuser la terre ▸ **alvião, enxada**
piocher *vt* **1** Creuser avec une pioche: *piocher le sol* ▸ **enxadar 2** Prendre au hasard dans un tas: *piocher des cartes; piocher dans la réserve* ▸ **extrair**
piolet *nm* Canne d'alpiniste ferrée à un bout et munie d'un petit fer de pioche à l'autre ▸ **picareta de alpinismo**
pion[1] *nm* **1** Chacune des huit petites pièces d'un jeu d'échecs ▸ **peão 2** Pièce du jeu de dames ▸ **pedra**
pion[2]**, pionne** *n* FAM Surveillant dans un établissement d'enseignement ▸ **bedel**
pioncer *vi (conj 1)* FAM Dormir ▸ **dormir**
pionnier, ère *n* **1** Personne qui s'engage dans une voie nouvelle, qui effectue les premières recherches ▸ **pioneiro 2** Personne qui part défricher des contrées inhabitées: *pionniers américains du* XIXe *s.* ▸ **pioneiro**
pipe *nf* Appareil formé d'un fourneau et d'un tuyau, pour fumer: *pipe de bruyère* ▸ **cachimbo**
pipeau *nm* Petite flûte à six trous ▸ **flauta pastoril** ▪ FAM **c'est du pipeau:** ce n'est pas sérieux, ce n'est qu'un leurre ▸ **é papo-furado**
pipelet, ette *n* FAM **1** Personne très bavarde ▸ **matraca 2** VIEILLI Concierge ▸ **porteiro**
pipe-line (pl *pipe-lines*) ou **pipeline** [piplin] ou [pajplajn] *nm* Canalisation pour le transport du gaz, du pétrole ▸ ***pipeline***
piper *vt* FAM ▸ **piar** ▪ **ne pas piper (mot):** ne rien dire, garder le silence ▸ **não dar um pio** ▫ **piper les dés, les cartes:** les préparer pour tricher ▸ **marcar os dados, as cartas**
piperade [piperad] *nf* Spécialité basque composée de tomates, de poivrons cuits et d'œufs battus en omelette ▸ ***piperade***
pipette *nf* Tube à transvaser les liquides ▸ **pipeta**
pipi *nm* FAM Urine ▸ **xixi** ▪ **faire pipi:** uriner ▸ **fazer xixi**
pipistrelle *nf* Petite chauve-souris, commune en France ▸ **pipistrelo**

piquage *nm* Action de piquer, de coudre ▸ **perfuração, costura**

piquant, e *adj* **1** Qui pique: *barbe piquante* ▸ **picante 2** Qui produit une impression de piqûre, de brûlure: *froid piquant; goût piquant* ▸ **cortante, picante 3** LITT Mordant: *mots piquants* ▸ **picante 4** Qui excite l'intérêt: *détail piquant* ▸ **picante ▪ sauce piquante:** à base de câpres, d'échalotes, de cornichons, de vin blanc et de vinaigre ▸ **molho picante** ♦ *nm* **1** Aiguillon, épine ▸ **espinho, ferrão 2** FIG Ce qu'il y a de curieux, d'intéressant, de cocasse dans quelque chose: *le piquant de l'histoire*; charme, attrait: *avoir du piquant* ▸ **atrativo**

pique *nf* **1** Arme formée d'une hampe terminée par une pointe de fer ▸ **lança 2** FIG Parole blessante, moqueuse: *lancer des piques à quelqu'un* ▸ **alfinetada** ♦ *nm* Une des deux couleurs noires, aux cartes; carte de cette figure ▸ **espadas**

piqué[1] *nm* **1** Étoffe formée de deux tissus piqués ensemble ▸ **piquê 2** Vol d'un avion en descente verticale ▸ **voo picado**

piqué[2], e *adj* **1** Cousu par un, des points de couture ▸ **costurado 2** Marqué de petits trous, de petites taches ▸ **perfurado, salpicado 3** FAM Timbré, un peu fou ▸ **tantã**

pique-assiette (pl *pique-assiettes* ou inv) *n* FAM Personne qui a l'habitude de se faire nourrir, de s'inviter chez les autres ▸ **papa-jantares**

pique-feu (pl *pique-feux* ou inv) *nm* Tisonnier ▸ **atiçador**

pique-fleurs *nm inv* Objet servant à maintenir en place les fleurs dans un vase ▸ **ouriço**

pique-nique (pl *pique-niques*) *nm* Repas pris en plein air ▸ **piquenique**

pique-niquer *vi* Faire un pique-nique ▸ **fazer piquenique**

piquer *vt* **1** Percer d'un ou de plusieurs petits trous: *c'est cette épingle qui m'a piqué* ▸ **perfurar, picar 2** Enfoncer par la pointe: *piquer une épingle dans une cravate* ▸ **espetar 3** Faire une injection à: *piquer un malade*; faire à un animal une piqûre entraînant la mort: *faire piquer un chien mourant* ▸ **dar injeção 4** Enfoncer son dard, son aiguillon dans la peau, en parlant d'un insecte, d'un scorpion: *une guêpe m'a piqué* ▸ **picar 5** Coudre l'une sur l'autre les parties d'un tissu, d'un vêtement ▸ **costurar 6** Marquer de points, de taches: *l'humidité pique le linge; ciel piqué d'étoiles* ▸ **salpicar 7** Provoquer une sensation de piqûre, de brûlure: *la moutarde pique la langue* ▸ **pinicar 8** Éveiller, intéresser: *piquer la curiosité de quelqu'un* ▸ **atiçar 9** FAM Voler: *se faire piquer son portefeuille* ▸ **surrupiar 10** Attraper, prendre sur le fait: *se faire piquer à tricher* ▸ **pegar** ♦ *vi* **1** Être très relevé, pimenté, en parlant d'un aliment ▸ **picar 2** Commencer à aigrir, en parlant d'une boisson: *vin qui pique* ▸ **azedar 3** Brûler légèrement, en parlant de la peau, de la gorge, des yeux, etc. ▸ **arder 4** Effectuer brusquement une descente rapide, en parlant d'un avion ▸ **picar-se** ♦ **se piquer** *vpr* **1** Se faire une piqûre, une blessure avec quelque chose de pointu ▸ **espetar-se 2** FAM S'injecter de la drogue ▸ **picar-se ▪ se piquer de:** se flatter de ▸ **gabar-se de**

piquet *nm* Petit pieu: *piquet de tente* ▸ **estaca** ▪ VIEILLI **mettre au piquet:** au coin, en punition ▸ **pôr de castigo □ piquet de grève:** groupe de grévistes veillant, sur le lieu de travail, à l'exécution des consignes de grève ▸ **piquete □ piquet d'incendie:** détachement de soldats formés pour la lutte contre le feu ▸ **brigada de incêndio**

piqueter *vt (conj 8)* Parsemer de points, de taches ▸ **salpicar**

piquette *nf* FAM Vin de qualité médiocre ▸ **zurrapa**

piqûre *nf* **1** Petite blessure faite par un instrument aigu ou par certains insectes: *piqûre de guêpe* ▸ **picada 2** Injection médicamenteuse: *piqûre antitétanique* ▸ **injeção 3** Série de points serrés réunissant deux tissus: *piqûre à la machine* ▸ **costura**

EMPLOI Pour un insecte, on parle de *piqûre* (avec *û*), pour un serpent, de *morsure*

piranha [pirana] *nm* Poisson carnassier très vorace des eaux douces d'Amazonie ▸ **piranha**

piratage *nm* Action de pirater ▸ **pirataria**

pirate *nm* **1** Bandit qui parcourait les mers pour piller ▸ **pirata 2** (en apposition) Illicite, clandestin: *radio pirate; des enregistrements pirates* ▸ **pirata 3** INFORM Recommandation officielle pour *cracker* ▸ ***hacker*** ▪ **pirate de l'air:** personne qui, sous la menace, détourne un avion en vol ▸ **pirata aéreo**

pirater *vt* **1** Reproduire une œuvre sans payer les droits de reproduction ▸ **piratear 2** Imiter frauduleusement ▸ **piratear 3** INFORM Accéder frauduleusement à un système informatique; reproduire frauduleusement un logiciel, un jeu ▸ **hackear, piratear**

piraterie *nf* Acte commis par un pirate ▸ **pirataria**

pire *adj* Plus mauvais, plus nuisible: *il est pire qu'avant; dans le pire des cas; sa pire ennemie* ▸ **pior** ♦ *nm* ▪ **le pire:** ce qui est le plus mauvais: *pour le meilleur et pour le pire* ▸ **o pior**

pirogue *nf* Embarcation légère et de forme allongée ▸ **piroga**
piroguier *nm* Conducteur de pirogue ▸ **condutor de piroga**
pirouette *nf* **1** Tour entier qu'on fait sur la pointe ou le talon d'un seul pied ▸ **pirueta** **2** FIG Changement brusque d'opinion ▸ **reviravolta**
pirouetter *vi* Faire une pirouette, tourner ▸ **fazer pirueta**
pis[1] *nm* Mamelle de la vache, de la brebis, de la chèvre, etc. ▸ **teta**
pis[2] *adv et adj inv* SOUT Plus mal, plus mauvais; pire: *pis que jamais* ▸ **pior** ■ **de mal en pis:** de plus en plus mal ▸ **de mal a pior**
pis-aller [pizale] *nm inv* Chose à laquelle on se résout faute de mieux ▸ **quebra-galho**
piscicole *adj* Relatif à la pisciculture ▸ **piscícola**
pisciculteur, trice *n* Spécialiste de pisciculture ▸ **piscicultor**
pisciculture *nf* Élevage des poissons ▸ **piscicultura**
piscine *nf* Grand bassin artificiel pour la natation: *piscine couverte, découverte* ▸ **piscina**
piscivore *adj et n* Qui se nourrit de poissons ▸ **piscívoro**
pisé *nm* Maçonnerie de terre argileuse ▸ **adobe**
pissat *nm* Urine de certains animaux ▸ **urina de animais**
pisse-froid *nm inv* FAM Homme d'humeur glaciale ou chagrine ▸ **insensível**
pissenlit *nm* Plante vivace à feuilles dentelées qui se mange en salade; feuille de cette plante ▸ **dente-de-leão**
pisser *vt et vi* TRÈS FAM Uriner ▸ **mijar**
pisseux, euse *adj* **1** Imprégné d'urine ▸ **mijado** **2** FAM De couleur terne, jaunie ▸ **amarelado**
pissotière *nf* FAM Urinoir public ▸ **mictório**
pistache *nf* Graine du pistachier, utilisée en confiserie et en cuisine ▸ **pistache** ◆ *adj inv* D'une couleur vert clair ▸ **verde pistache**
pistachier *nm* Arbre des régions chaudes qui produit les pistaches ▸ **pistache**
piste *nf* **1** Trace laissée par un animal et, par extension, par une personne: *suivre à la piste* ▸ **pista, pegada** **2** Direction prise pour découvrir une personne ou une chose, élément qui guide une recherche: *suivre une piste* ▸ **pista** **3** Chemin dans un bois, une région ou un endroit quelconques: *piste cavalière, cyclable* ▸ **pista, trilha** **4** Emplacement, souvent circulaire, servant de scène: *piste de danse; piste de cirque* ▸ **pista** **5** Terrain aménagé pour les épreuves d'athlétisme, les courses de chevaux, etc. ▸ **pista** **6** Pente aménagée pour la pratique du ski ▸ **pista** **7** Bande de terrain aménagée pour le décollage et l'atterrissage des avions ▸ **pista**
pister *vt* Suivre à la piste ▸ **seguir a pista**
pisteur *nm* Personne qui entretient et surveille les pistes de ski ▸ **encarregado de cuidar das pistas de esqui**
pistil [pistil] *nm* Organe femelle des plantes à fleurs ▸ **pistilo**
pistolet *nm* **1** Arme à feu de petite dimension, qui se tient d'une main ▸ **pistola** **2** Pulvérisateur de peinture, de vernis, etc. ▸ **pistola**
pistolet-mitrailleur (pl *pistolets-mitrailleurs*) *nm* Pistolet tirant par rafales ▸ **pistola metralhadora**
piston *nm* **1** Cylindre mobile qui entre dans le corps d'une pompe ou dans le cylindre d'un moteur ▸ **pistão** **2** MUS Cornet à pistons ▸ **pistom** **3** FAM Recommandation, protection, appui: *trouver un emploi par piston* ▸ **pistolão**
pistonner *vt* FAM Recommander, appuyer pour une place, un avantage, etc. ▸ **recomendar, indicar**
pistou *nm* Soupe provençale de légumes, liée avec de l'ail et du basilic pilés ▸ ***pistou***
pitance *nf* FAM Nourriture, repas ▸ **comida**
pitbull ou **pit-bull** [pitbul] (pl *pit-bulls*) *nm* Chien issu de divers croisements et utilisé à l'origine dans des combats de chiens ▸ ***pit bull***
pitch *nm* Bref résumé accrocheur destiné à promouvoir un film, un livre, etc. ▸ **sinopse**
pitchoun, e [pitʃun] *n* (dans le Midi) Terme d'affection pour désigner un petit enfant ▸ **chuchuzinho** ◆ *adj* Petit: *il est pitchoun pour son âge* ▸ **pequeno**
pitchpin [pitʃpɛ̃] *nm* Pin résineux de l'Amérique du Nord; bois de ce pin ▸ **pinheiro, pinho**
piteusement *adv* De façon piteuse ▸ **lastimavelmente**
piteux, euse *adj* **1** Minable, misérable: *en piteux état* ▸ **lastimável** **2** Triste, confus: *mine piteuse* ▸ **triste**
pithécanthrope *nm* Primate fossile ▸ **pitecantropo**
pithiviers *nm* Gâteau de pâte feuilletée fourré à la frangipane ▸ ***pithiviers***
pitié *nf* Sentiment qui porte à plaindre, à compatir: *faire pitié* ▸ **pena**
piton *nm* **1** Anneau ou crochet muni d'une queue à vis ▸ **pitão** **2** Pointe d'une montagne élevée: *piton rocheux* ▸ **pico**
pitoyable *adj* **1** Qui provoque la pitié: *aspect, spectacle pitoyable* ▸ **lamentável** **2** De qualité très médiocre: *roman, acteur pitoyable* ▸ **lastimável**

pitoyablement *adv* De façon pitoyable ▸ **lastimosamente, deploravelmente**
pitre *nm* Personne qui fait des facéties, des bouffonneries ▸ **palhaço**
pitrerie *nf* Farce, facétie ▸ **palhaçada**
pittoresque *adj* **1** Qui frappe l'attention par sa beauté, son originalité: *village pittoresque* ▸ **pitoresco 2** Original, vivant, coloré: *récit pittoresque* ▸ **pitoresco**
pituite *nf* MÉD Vomissement glaireux ▸ **pituíta**
pityriasis [pitirjazis] *nm* MÉD Dermatose consistant en une desquamation de la peau ▸ **pitiríase**
pivert ou **pic-vert** (pl *pics-verts*) *nm* Oiseau à plumage jaune et vert, du genre des pics ▸ **pica-pau-verde**
pivoine *nf* Plante à bulbe qui donne de grosses fleurs rouges, roses ou blanches ▸ **peônia**
pivot *nm* **1** Pièce arrondie qui s'enfonce dans une autre et sur laquelle tourne un corps solide ▸ **eixo 2** Support d'une dent artificielle, enfoncé dans la racine ▸ **pivô 3** FIG Agent, élément principal de quelque chose: *être le pivot d'une entreprise* ▸ **pivô**
pivotant, e *adj* Qui pivote ▸ **pivotante** ▪ **racine pivotante:** qui s'enfonce perpendiculairement en terre ▸ **raiz pivotante**
pivotement *nm* Action de pivoter ▸ **giro**
pivoter *vi* Tourner sur un pivot, un axe ▸ **girar**
pixel *nm* TECHN Le plus petit point de teinte homogène dans une image enregistrée ▸ ***pixel***
pizza [pidza] *nf* Spécialité italienne consistant en une tarte en pâte à pain garnie de tomates, d'anchois, d'olives, de fromage, etc. ▸ ***pizza***
pizzeria [pidzerja] *nf* Restaurant où l'on sert des pizzas ▸ **pizzaria**
pizzicato [pidzikato] (pl *pizzicatos* ou *pizzicati*) *nm* Passage de musique exécuté en pinçant les cordes d'un instrument ▸ ***pizzicato***
p.j. (abréviation) Pièce(s) jointe(s) ▸ **Ø**
PJ *nf* (sigle) Police judiciaire ▸ **PJ**
placage *nm* **1** Revêtement en bois précieux de la surface de certains meubles ▸ **folheado 2** Action de plaquer un adversaire au rugby ▸ ***tackle***
placard *nm* **1** Armoire aménagée dans ou contre un mur ▸ **armário 2** Affiche, avis ▸ **cartaz 3** IMPR Épreuve en colonnes, pour les corrections ▸ **prova tipográfica** ▪ **mettre quelqu'un au placard:** le cantonner dans un poste sans responsabilités ▸ **colocar alguém na prateleira**
placarder *vt* Afficher sur les murs ▸ **afixar**
place *nf* **1** Espace occupé par quelqu'un ou par quelque chose: *meuble qui prend beaucoup de place* ▸ **lugar 2** Emplacement occupé par un voyageur: *réserver une place dans le train* ▸ **lugar 3** Rang obtenu dans un classement: *avoir une bonne place dans une épreuve* ▸ **colocação 4** Charge, fonction occupée: *perdre sa place* ▸ **emprego 5** Large espace découvert dans une agglomération: *faire le tour d'une place* ▸ **praça** ▪ **faire place à:** être remplacé par ▸ **ser substituído por** □ **faire place nette:** débarrasser complètement ▸ **fazer uma limpeza** □ **remettre quelqu'un à sa place:** le rappeler aux égards qu'il doit ▸ **colocar alguém no seu devido lugar** □ **sur place:** à l'endroit même dont il est question: *rester sur place* ▸ **ali mesmo** □ **tenir sa place:** remplir convenablement son rang, son rôle, sa fonction ▸ **cumprir suas obrigações**
placebo [plasebo] *nm* Substance inactive substituée à un médicament ▸ **placebo**
placement *nm* **1** Action de placer de l'argent ou de procurer un emploi ▸ **colocação 2** DR Décision d'un juge confiant un mineur en danger à une famille d'accueil ou à un organisme spécialisé ▸ **determinação de custódia**
placenta [plasẽta] *nm* **1** Organe reliant l'embryon à l'utérus maternel pendant la gestation ▸ **placenta 2** BOT Région de l'ovaire où sont fixés les ovules ▸ **placenta**
placentaire *adj* Relatif au placenta ▸ **placentário**
placer *vt (conj 1)* **1** Mettre à une certaine place, à un endroit déterminé: *placer des invités* ▸ **instalar 2** Procurer un emploi à quelqu'un: *l'école place ses élèves à la fin de leurs études* ▸ **colocar 3** FIG Introduire dans une conversation: *placer une anecdote* ▸ **proferir** ▪ **placer de l'argent:** l'investir pour le faire fructifier ▸ **investir dinheiro** ♦ **se placer** *vpr* **1** Se mettre à une certaine place: *se placer par ordre de taille* ▸ **colocar-se 2** Occuper un certain rang: *se placer dans les premiers* ▸ **colocar-se 3** FAM Se mettre en bonne position pour réussir: *elle a su se placer* ▸ **colocar-se**
placeur, euse *n* Personne qui place les spectateurs dans une salle de spectacles ▸ **lanterninha**
placide *adj* Calme, paisible, serein ▸ **plácido**
placidement *adv* De façon placide ▸ **placidamente**
placidité *nf* Caractère placide ▸ **placidez**
placier *nm* **1** Représentant de commerce qui propose ses marchandises aux particuliers ▸ **representante de vendas 2** Personne qui loue les places d'un marché public aux commerçants, aux forains ▸ **locador de barracas, de estandes**
plafond *nm* **1** Surface plane qui forme la partie supérieure d'un lieu couvert ▸ **teto 2** Limite supérieure d'une vitesse, d'un salaire, etc.:

prix plafond ► **teto** ■ **plafond de verre:** barrière sociale ou professionnelle implicite, empêchant l'ascension d'une personne, d'un groupe ► **barreira invisível**

plafonnement *nm* État de ce qui a atteint son maximum: *plafonnement des prix* ► **maximização**

plafonner *vi* Atteindre sa hauteur, sa valeur, sa vitesse maximale ► **atingir o teto**

plafonnier *nm* Appareil d'éclairage fixé au plafond ► **lustre, lâmpada de teto**

plage *nf* **1** Rivage de mer plat et découvert ► **praia** **2** Station balnéaire ► **praia** **3** Surface délimitée d'un objet, d'un lieu ► **área** **4** Laps de temps, durée limitée ► **lapso** ■ **plage arrière d'une voiture:** tablette située sous la lunette arrière ► **tampa do porta-malas**

plagiaire *n* Personne qui plagie ► **plagiário**

plagiat *nm* Action du plagiaire ► **plágio**

plagier *vt* Piller les ouvrages d'auteurs en donnant pour siennes les parties copiées ► **plagiar**

plagiste *n* Personne chargée de la gestion de divers services sur une plage payante ► **responsável por balneário**

plaid [plɛd] *nm* Couverture de voyage à carreaux ► **manta**

plaider *vi* **1** Défendre sa cause ou celle d'une partie devant les juges ► **defender** **2** Témoigner, parler en faveur de: *son passé plaide pour lui* ► **depor a favor** ◆ *vt* Défendre en justice: *plaider une cause* ► **defender**

plaider-coupable *nm inv* Procédure permettant à un prévenu d'obtenir un allégement de peine en échange d'une reconnaissance de culpabilité ► **confissão premiada**

plaideur, euse *n* Personne qui plaide en justice ► **litigante**

plaidoirie *nf* **1** Action de plaider; discours prononcé à l'audience: *la plaidoirie suit le réquisitoire* ► **arrazoado** **2** Exposé oral visant à défendre un accusé, à soutenir une cause ► **arrazoado**

plaidoyer *nm* **1** Discours prononcé au tribunal pour défendre une cause; plaidoirie ► **arrazoado** **2** Défense en faveur de ► **defesa**

plaie *nf* **1** Déchirure des chairs causée par une blessure, une brûlure, un abcès ► **chaga** **2** Personne désagréable, événement fâcheux: *il pleut encore, quelle plaie!* ► **praga**

plaignant, e *n et adj* Personne qui porte plainte en justice ► **queixoso**

plain-chant (pl *plains-chants*) *nm* Chant d'Église médiéval à une voix ► **cantochão**

plaindre *vt (conj 55)* Avoir, témoigner de la compassion pour ► **ter pena de** ◆ **se plaindre** *vpr* **1** Gémir, exprimer sa souffrance ► **queixar-se** **2** Manifester son mécontentement: *se plaindre du bruit* ► **queixar-se**

plaine *nf* Étendue de pays plat ► **planície**

plain-pied (de) *loc adv* Au même niveau: *deux pièces de plain-pied*; sur un plan d'égalité: *se sentir de plain-pied avec son interlocuteur* ► **no mesmo nível, em pé de igualdade**

plainte *nf* **1** Gémissement, lamentation ► **queixa** **2** Déclaration en justice pour se plaindre: *déposer une plainte; porter plainte* ► **queixa**

plaintif, ive *adj* Qui exprime une plainte: *ton plaintif* ► **queixoso**

plaintivement *adv* D'une voix plaintive ► **queixosamente**

plaire *vi et vt ind* [à] *(conj 77)* Être agréable, flatter l'esprit ou les sens ► **agradar** ◆ *v impers* Être conforme au souhait, au désir de: *je ferai comme il vous plaira* ► **agradar** ■ **s'il te plaît** ou **s'il vous plaît:** formule de politesse pour demander quelque chose ► **por favor** ◆ **se plaire** *vpr* **1** Prendre plaisir à: *se plaire à faire le mal* ► **comprazer-se** **2** Se trouver bien quelque part: *plante qui se plaît à l'ombre* ► **gostar de**

plaisamment *adv* De façon plaisante ► **agradavelmente**

plaisance *nf* ► **lazer** ■ **de plaisance:** que l'on utilise ou que l'on pratique pour l'agrément: *bateau, navigation de plaisance* ► **de, para lazer**

plaisancier, ère *n* Qui pratique la navigation de plaisance ► **velejador, iatista**

plaisant, e *adj* **1** Amusant: *conte plaisant* ► **divertido** **2** Agréable: *site plaisant* ► **agradável** ◆ *nm* Le côté amusant d'une chose ► **engraçado** ■ **mauvais plaisant:** personne qui aime jouer de mauvais tours ► **quem faz brincadeiras de mau gosto**

plaisanter *vi* **1** Dire ou faire une chose pour amuser: *Elle aime plaisanter* ► **brincar** **2** Ne pas parler sérieusement: *je dis cela pour plaisanter* ► **brincar** ◆ *vt* Se moquer gentiment: *plaisanter un ami* ► **brincar com**

plaisanterie *nf* Chose dite ou faite pour plaisanter ► **brincadeira**

plaisantin *nm* **1** Personne qui aime plaisanter, faire rire ► **brincalhão** **2** PÉJOR Personne peu sérieuse, qu'on ne peut prendre au sérieux ► **engraçadinho**

plaisir *nm* **1** Sensation, sentiment agréables; joie, contentement: *lire un livre avec plaisir* ► **prazer** **2** Ce qui plaît, divertit: *les plaisirs de la vie* ► **prazer** **3** Satisfaction sexuelle, jouissance ► **prazer** ■ **à plaisir:** sans motif sérieux ► **sem motivo**

□ **avec plaisir:** volontiers ▸ **com prazer** □ **bon plaisir:** volonté arbitraire ▸ **bel-prazer** □ **faire plaisir à quelqu'un:** lui être agréable ▸ **ser gentil com alguém**

plan[1] *nm* **1** Surface plane: *un plan horizontal* ▸ **plano 2** Représentation d'un objet par sa projection: *le plan d'une ville, d'une maison* ▸ **planta 3** Éloignement relatif des objets dans la perception visuelle, dans un tableau, sur une photo: *au premier plan* ▸ **plano 4** Fragment d'un film tourné en une seule fois; façon de cadrer une scène de film: *gros plan* ▸ **plano 5** Projet: *dresser des plans* ▸ **plano** ■ FAM **laisser en plan: (a)** laisser en suspens ▸ **interromper (b)** abandonner ▸ **deixar de lado** □ **plan d'eau:** étendue d'eau sur laquelle on peut, notamment, pratiquer les sports nautiques ▸ **extensão de água** □ **plan de travail:** surface horizontale formant table, dans une cuisine ▸ **bancada** □ **sur le même plan:** au même niveau ▸ **no mesmo nível** □ **sur le plan de** (+ nom): du point de vue de: *sur le plan des équipements sportifs* ▸ **do ponto de vista de**

plan[2]**, e** *adj* Plat, uni: *surface plane* ▸ **plano**

planant, e *adj* FAM Qui provoque le bien-être, la détente: *musique planante* ▸ **enlevador**

planche *nf* **1** Pièce de bois longue, large et peu épaisse ▸ **prancha 2** Page de dessins, d'illustrations, dans un livre ▸ **estampa** ■ **faire la planche:** se maintenir étendu sur le dos à la surface de l'eau sans bouger ▸ **boiar de costas** □ **planche à dessin:** plateau de bois parfaitement plan, sur lequel les dessinateurs fixent leur papier ▸ **prancheta** □ **planche à repasser:** planche recouverte de tissu molletonné, utilisée pour repasser le linge ▸ **tábua de passar roupa** □ **planche à roulettes:** planche montée sur quatre roues avec laquelle on se déplace en exécutant des figures ▸ ***skate*** □ **planche à voile:** flotteur plat muni d'une voile fixée à un mât articulé pour glisser sur l'eau; sport ainsi pratiqué ▸ **prancha de windsurfe, windsurfe** □ **planche de bord:** élément d'habillage placé dans l'habitacle d'une automobile et qui supporte les organes de contrôle du véhicule ainsi que les appareils d'aide à la conduite ▸ **painel** □ FIG **planche de salut:** dernière ressource, dernier espoir ▸ **tábua de salvação** □ **les planches:** le théâtre, la scène ▸ **o palco**

plancher[1] *nm* **1** Assemblage de planches sur solives séparant les étages d'une maison ▸ **soalho 2** Face supérieure de cette séparation, constituant le sol d'un étage ▸ **soalho, pavimento 3** FIG (souvent en apposition) Niveau minimal, seuil inférieur: *prix plancher* ▸ **mínimo**

plancher[2] *vt ind* [sur] FAM Travailler sur, réfléchir à quelque chose ▸ **trabalhar**

planchette *nf* Petite planche ▸ **prancheta**

planchiste *n* Personne qui pratique la planche à voile ▸ **windsurfista**

plancton *nm* Ensemble des animaux microscopiques en suspension dans la mer ▸ **plâncton**

plané, e *adj* ▸ **planado** ■ FAM **vol plané:** chute par-dessus quelque chose: *faire un vol plané* ▸ **queda**

planer *vi* **1** Se soutenir dans l'air sans mouvement apparent ▸ **planar 2** Flotter dans l'air: *un épais nuage planait au-dessus de la maison incendiée* ▸ **planar 3** FIG S'exercer, peser d'une manière plus ou moins menaçante: *danger qui plane* ▸ **pairar 4** FAM Être en dehors des réalités, en parlant d'une personne; rêver ▸ **viajar 5** FAM Être dans un état euphorique, en particulier sous l'effet d'une drogue ▸ **viajar**

planétaire *adj* **1** Des planètes: *système planétaire* ▸ **planetário 2** Qui concerne la Terre entière; mondial: *un retentissement planétaire* ▸ **planetário**

planétarium [planetarjɔm] *nm* Installation représentant les mouvements des corps célestes sur une voûte ▸ **planetário**

planète *nf* **1** Corps céleste qui gravite autour du Soleil ▸ **planeta 2** La Terre, le monde entier ▸ **planeta 3** Le petit monde, le domaine de: *la planète football* ▸ **mundo** ■ **la planète bleue:** la Terre ▸ **o planeta azul** □ **la planète rouge:** Mars ▸ **o planeta vermelho** □ **planète naine:** astre analogue à une planète, mais de masse insuffisante pour avoir éliminé tout corps susceptible de se déplacer sur une orbite proche ▸ **planeta anão**

planeur *nm* Avion sans moteur qui vole en utilisant les courants atmosphériques ▸ **planador**

planificateur, trice *adj et n* Qui s'occupe de planification ▸ **planificador**

planification *nf* **1** Action de planifier ▸ **planificação 2** Science qui a pour objet l'établissement de programmes économiques ▸ **planejamento, planificação**

planifier *vt* Organiser, diriger suivant un plan déterminé: *économie planifiée* ▸ **planejar, planificar**

planisphère *nm* Carte représentant les deux moitiés du globe céleste ou terrestre en plan ▸ **planisfério**

plan-masse (pl *plans-masses*) *nm* ARCHIT Plan à petite échelle ne montrant que le périmètre d'une construction ▸ **plano de massa**

planning [plani] *nm* Plan de travail détaillé; fonction ou service de préparation du travail ▸ **planejamento** ■ **planning familial:** moyens mis en œuvre pour la régulation des naissances ▸ **planejamento familiar**

planque *nf* FAM **1** Cachette ▸ **esconderijo 2** Situation bien rémunérée et où le travail est facile ▸ **mamata**

planqué, e *adj et n* FAM Qui s'est trouvé une planque ▸ **escondido**

planquer *vt* FAM Mettre à l'abri en cachant ▸ **esconder**

plant *nm* Jeune plante nouvellement plantée ou propre à être plantée ou repiquée ▸ **muda**

plantain *nm* Plante dont la semence sert à la nourriture des oiseaux ▸ **tanchagem**

plantaire *adj* De la plante du pied: *verrue, voûte plantaire* ▸ **plantar**

plantation *nf* **1** Action de planter ▸ **plantação 2** Ensemble de végétaux plantés; lieu où on les a plantés ▸ **plantação 3** Grande exploitation agricole dans les pays tropicaux ▸ **plantação, *plantation***

plante[1] *nf* **1** Tout végétal fixé au sol par des racines ▸ **planta 2** Végétal de petite taille (par opposition à *arbre*) ▸ **planta**

plante[2] *nf* Face inférieure du pied de l'homme et des animaux ▸ **planta**

planter *vt* **1** Mettre une plante en terre pour qu'elle prenne racine ▸ **plantar 2** Enfoncer dans une surface quelconque: *planter une borne* ▸ **plantar 3** Garnir de végétaux: *avenue plantée d'arbres* ▸ **plantar, semear 4** Dresser, installer: *planter une tente* ▸ **plantar** ■ FAM **planter là quelqu'un** le quitter brusquement ▸ **deixar alguém falando sozinho** ♦ **se planter** *vpr* **1** Rester debout et immobile ▸ **plantar-se 2** FAM Se tromper: *se planter de rue*; subir un échec: *se planter à un examen* ▸ **enganar-se, sair-se mal**

planteur *nm* Propriétaire d'une plantation dans les pays tropicaux ▸ **fazendeiro**

plantigrade *adj et nm* Qui marche sur la plante des pieds: *l'ours est un animal plantigrade* ▸ **plantígrado**

plantoir *nm* Outil pour planter ▸ **cavadeira**

planton *nm* Soldat assurant des liaisons entre différents services ▸ **ordenança** ■ FAM **faire le planton:** attendre debout un long moment ▸ **ficar plantado**

plantureux, euse *adj* **1** Abondant, copieux: *repas plantureux* ▸ **planturoso 2** Fertile: *terre plantureuse* ▸ **fértil 3** Bien en chair: *formes plantureuses* ▸ **planturoso**

plaquage *nm* **1** Action de recouvrir d'un placage ▸ **folheado 2** Au rugby, placage ▸ ***tackle***

plaque *nf* **1** Feuille d'une matière rigide: *plaque de cuivre, de cheminée* ▸ **placa 2** Objet de cette forme, de cet aspect: *plaque d'égout, de chocolat* ▸ **placa 3** Couche peu épaisse de quelque chose: *plaque de verglas* ▸ **placa 4** Pièce de métal gravée portant certaines indications: *plaque d'immatriculation d'une automobile*; insigne de certaines professions, de certains grades: *plaque de notaire, de médecin* ▸ **placa** ■ FAM **être, répondre à côté de la plaque:** se tromper ▸ **dar nota fora** □ **plaque chauffante:** foyer de cuisson d'une cuisinière électrique ▸ **chapa** □ **plaque dentaire:** substance visqueuse et collante à la surface des dents ▸ **placa bacteriana** □ **plaque tournante:** centre important qui détermine une situation ▸ **centro nervoso**

plaqué, e *adj* Recouvert d'une feuille de métal précieux: *plaqué or* ▸ **folheado**

plaquer *vt* **1** Appliquer fortement, étroitement contre quelque chose: *plaquer de l'or sur du cuivre; plaquer quelqu'un au sol* ▸ **aplicar, pregar 2** Appliquer de manière à rendre plat et lisse: *plaquer les cheveux* ▸ **alisar 3** Couvrir d'une feuille de métal précieux; appliquer une feuille de bois précieux sur du bois commun ▸ **folhear 4** Au rugby, faire tomber un adversaire en le saisissant par les jambes, pour récupérer le ballon ▸ **tacklear 5** FAM Abandonner: *plaquer son mari, son travail* ▸ **largar** ■ **plaquer un accord:** en jouer simultanément toutes les notes ▸ **manter um acorde**

plaquette *nf* **1** Petite plaque de certaines substances, notamment alimentaires: *plaquette de beurre* ▸ **tablete 2** Petit livre peu épais: *plaquette de vers* ▸ **plaqueta 3** Conditionnement à alvéoles pour les gélules et les comprimés: *plaquette de pilules* ▸ ***blister*, cartela** ■ **plaquette sanguine:** élément du sang, intervenant dans sa coagulation ▸ **plaqueta sanguínea**

plasma *nm* Liquide clair où baignent les globules du sang et de la lymphe ▸ **plasma** ■ INFORM, TÉLÉV **écran à plasma:** dispositif d'affichage d'images ou de données fondé sur la luminescence d'un gaz enfermé sous faible pression (cette technologie permet la réalisation d'écrans plats de grandes dimensions) ▸ **tela de plasma**

plastic ou **plastique** *nm* Explosif d'une consistance proche de celle du mastic de vitrier, qui ne détone qu'avec un dispositif d'amorçage ▸ **explosivo plástico**

plasticage ou **plastiquage** *nm* Action de plastiquer; résultat de cette action ▸ **explosão**

plasticien, enne *n* **1** Artiste qui se consacre aux arts plastiques ► **artista plástico 2** Spécialiste de la chirurgie plastique ► **cirurgião plástico**

plasticité *nf* Qualité de ce qui est plastique, malléable: *plasticité de l'argile, d'un caractère* ► **plasticidade**

plastification *nf* Action de plastifier ► **plastificação**

plastifier *vt* Recouvrir d'une pellicule de matière plastique transparente ► **plastificar**

plastique[1] *adj* **1** Propre à être modelé: *l'argile est plastique* ► **plástico 2** Relatif aux formes du corps humain considérées sous leur aspect esthétique: *beauté plastique* ► **plástico ■ arts plastiques:** la sculpture et la peinture ► **artes plásticas □ chirurgie plastique:** destinée à restaurer les formes normales en cas d'accident, de malformation, etc. ► **cirurgia plástica ♦** *nf* **1** Art de modeler des figures ► **plástica 2** Conformation physique: *la belle plastique d'un athlète* ► **plástica**

plastique[2] *adj* ► **plástico ■ matière plastique** ou **plastique:** *nm* substance d'origine organique ou synthétique susceptible d'être modelée ou moulée à chaud et sous pression ► **matéria plástica**

plastique[3] *nm* → **plastic**

plastiquer *vt* Faire sauter avec du plastic ► **explodir**

plastiqueur, euse *n* Auteur d'un attentat au plastic ► **autor da explosão**

plastron *nm* **1** Pièce rembourrée, dont les escrimeurs se couvrent la poitrine ► **plastrão 2** Devant de chemise ► **plastrão**

plastronner *vi* Prendre une attitude fière, assurée ► **empertigar-se**

plat, e *adj* **1** Qui a peu de relief; plan: *pays plat; mer plate* ► **plano 2** Dont le creux est peu accusé: *assiette plate; pieds plats* ► **raso, chato 3** Qui a peu d'épaisseur, peu de hauteur: *os plat; talons plats* ► **baixo 4** FIG Qui manque de saveur, de caractère: *style plat* ► **chão 5** Humble, servile: *plates excuses* ► **servil ■ angle plat:** angle de 180° ► **ângulo raso □ à plat:** sur la surface large ► **no chão □ eau plate:** eau non gazeuse ► **água sem gás □ être à plat: (a)** dégonflé ou déchargé, en parlant d'un objet: *pneu, batterie à plat* ► **estar arriado (b)** FAM très fatigué, en parlant d'une personne ► **estar arriado ♦** *nm* **1** Partie plate de quelque chose: *plat de la main* ► **parte plana 2** Pièce de vaisselle plus grande que l'assiette; son contenu: *un plat garni* ► **travessa, prato 3** Chacun des éléments d'un repas, d'un menu ► **prato ■** FAM **faire du plat à quelqu'un:** chercher à le séduire, à le flatter ► **dar em cima de alguém □** FAM **mettre les pieds dans le plat:** intervenir de façon maladroite ► **meter os pés pelas mãos**

platane *nm* Arbre ornemental à larges feuilles et à écorce mince ► **plátano**

plat-bord (pl *plats-bords*) *nm* Latte de bois entourant le pont d'un navire ► **amurada**

plateau *nm* **1** Support plat pour transporter les aliments, la vaisselle ► **bandeja 2** Partie d'une balance recevant les poids ou les matières à peser ► **prato 3** Scène d'un studio de cinéma, de télévision, d'un théâtre ► **tablado, palco 4** Étendue de terrain peu accidentée, mais élevée par rapport aux régions environnantes ► **planalto ■ plateau technique:** ensemble des équipements dont dispose un établissement hospitalier ► **equipamento médico**

plateau-repas (pl *plateaux-repas*) *nm* Plateau compartimenté pouvant recevoir les différents éléments d'un repas ► **bandeja com divisões**

plate-bande (pl *plates-bandes*) *nf* Bordure d'un parterre destinée à recevoir des fleurs ► **platibanda ■** FAM **marcher sur les plates-bandes de quelqu'un:** empiéter sur ses attributions ► **invadir seara alheia**

platée *nf* Contenu d'un plat ► **pratada**

plate-forme (pl *plates-formes*) *nf* **1** Support plat, de dimensions très variables, destiné à recevoir différents matériels: *plate-forme de chargement d'un entrepôt* ► **plataforma 2** Installation de forage du pétrole en mer ► **plataforma 3** Partie d'un autobus où les voyageurs sont debout ► **plataforma 4** FIG Ensemble d'idées sur lesquelles on appuie un raisonnement, un programme politique, etc.: *plate-forme électorale* ► **plataforma**

platement *adv* **1** De façon plate, banale: *s'exprimer platement* ► **banalmente 2** De façon basse, servile: *s'excuser platement* ► **servilmente**

platine[1] *nf* Plaque sur laquelle sont fixées les pièces d'un mécanisme: *platine de fusil, de montre; platine d'électrophone* ► **platina**

platine[2] *nm* Métal précieux, blanc, le plus lourd et le plus inaltérable de tous les métaux; symb: Pt ► **platina**

platiné, e *adj* ► **platinado ■ cheveux platinés:** cheveux d'un blond très pâle ► **cabelo platinado □ vis platinée:** chacune des pastilles de contact, au tungstène, des allumeurs d'un moteur à explosion ► **platinado**

platitude *nf* **1** Absence d'originalité, d'imprévu; banalité ► **platitude 2** Parole sans originalité: *dire des platitudes* ► **banalidade**

platonicien, enne *adj et n* Qui relève de Platon et de sa philosophie; adepte de cette philosophie ► **platônico**

platonique *adj* Purement idéal, dénué de toute sensualité: *amour platonique* ▸ **platônico**
platonisme *nm* Système philosophique de Platon et de ses disciples ▸ **platonismo**
plâtrage *nm* Action de plâtrer ▸ **estucagem, engessamento**
plâtras *nm* Débris de matériaux de construction ▸ **entulho**
plâtre *nm* **1** Gypse cuit et réduit en poudre, servant de matériau de construction ▸ **gesso** **2** Ouvrage moulé en plâtre; sculpture en plâtre ▸ **gesso** **3** CHIR Appareil d'immobilisation des membres fracturés ▸ **gesso** ◆ **plâtres** *pl* ■ FIG **essuyer les plâtres:** subir les inconvénients d'une nouveauté ▸ **ser a primeira vítima**
plâtrer *vt* **1** Couvrir, enduire de plâtre ▸ **estucar** **2** CHIR Immobiliser avec un plâtre ▸ **engessar**
plâtreux, euse *adj* Qui a l'aspect du plâtre, ou qui en contient ▸ **gessoso**
plâtrier *nm* Personne qui prépare, vend ou travaille le plâtre ▸ **gesseiro**
plausible *adj* Qui peut passer pour vrai; admissible: *excuse plausible* ▸ **plausível**
play-back [plɛbak] *nm inv* Interprétation mimée accompagnant la diffusion d'un enregistrement sonore effectué préalablement ▸ ***playback***
play-boy [plɛbɔj] (pl *play-boys*) *nm* Homme élégant, au physique avantageux, qui recherche les succès féminins et la vie facile ▸ ***playboy***
plèbe *nf* **1** ANTIQ ROM Classe populaire ▸ **plebe** **2** LITT, PÉJOR Le peuple; populace ▸ **plebe**
plébéien, enne *adj* De la plèbe ▸ **plebeu**
plébiscitaire *adj* Du plébiscite ▸ **plebiscitário**
plébiscite *nm* Consultation électorale par laquelle un homme ayant accédé au pouvoir demande à l'ensemble des citoyens de lui manifester leur confiance en votant par oui ou par non sur un texte donné ▸ **plebiscito**
plébisciter *vt* Élire, ratifier, approuver à une forte majorité ▸ **aprovar por maioria**
pléiade *nf* Grand nombre de personnes, généralement célèbres: *une pléiade d'artistes* ▸ **plêiade**
plein, e *adj* **1** Tout à fait rempli: *verre plein* ▸ **cheio** **2** Sans cavité ni vide: *mur plein* ▸ **maciço, cheio** **3** Qui contient en grande quantité: *plein de fautes* ▸ **cheio** **4** Entier, complet: *pleins pouvoirs; pleine lune* ▸ **cheio, pleno** **5** Rond, gras: *visage plein* ▸ **cheio** **6** Se dit d'une femelle qui porte des petits ▸ **prenhe** ■ **en plein** (+ nom): au milieu de: *en plein jour; en pleine rue* ▸ **em pleno** □ **en plein air:** à l'air libre ▸ **ao ar livre** □ **en plein milieu:** exactement au milieu ▸ **bem no meio** ◆ *nm* **1** Espace complètement occupé par la matière: *des pleins et des vides* ▸ **cheio** **2** Partie forte et large d'une lettre calligraphiée: *des pleins et des déliés* ▸ **grosso** **3** Contenu total d'un réservoir: *faire le plein d'essence* ▸ **tanque cheio** ■ **battre son plein:** être en pleine activité, en plein éclat: *fête qui bat son plein* ▸ **estar no auge** □ **faire le plein de quelque chose:** atteindre le maximum ▸ **conseguir o máximo de algo** ◆ *prép et adv* FAM Indique une grande quantité: *avoir des idées plein la tête; il y avait plein de monde* ▸ **muitos** ■ FAM **en avoir plein le dos, plein les bottes** être fatigué, excédé ou dégoûté ▸ **estar cheio** □ FAM **tout plein:** très, extrêmement: *il est gentil tout plein* ▸ **muito**
pleinement *adv* Entièrement ▸ **completamente**
plein(-)emploi [plɛnɑ̃plwa] *nm sing* Emploi de toute la main-d'œuvre disponible dans un pays ▸ **pleno emprego**
plein-temps (pl *pleins-temps*) *nm* Activité professionnelle absorbant la totalité du temps de travail: *travailler à plein-temps* ▸ **período integral**
plénier, ère *adj* Où tous les membres sont convoqués: *assemblée, réunion plénière* ▸ **plenário, geral**
plénipotentiaire *nm et adj* Agent diplomatique muni des pleins pouvoirs ▸ **plenipotenciário**
plénitude *nf* **1** LITT Totalité, intégralité: *garder la plénitude de ses facultés* ▸ **plenitude** **2** Plein épanouissement: *sentiment de plénitude* ▸ **plenitude**
plénum [plenɔm] *nm* Réunion plénière d'une assemblée ▸ **plenário**
pléonasme *nm* Emploi simultané de deux termes ayant le même sens (EX: *monter en haut*) ▸ **pleonasmo**
pléonastique *adj* Qui tient du pléonasme: *locution pléonastique* ▸ **pleonástico**
plésiosaure *nm* Grand reptile marin fossile de l'ère secondaire ▸ **plesiossauro**
pléthore *nf* Surabondance ▸ **pletora**
pléthorique *adj* Surabondant ▸ **pletórico**
pleur *nm* LITT (surtout au pluriel) Larme: *répandre des pleurs* ▸ **choro**
pleural, e, aux *adj* Qui se rapporte à la plèvre ▸ **pleural**
pleurant *nm* Sculpture funéraire figurant un personnage affligé ▸ **estátua chorosa**
pleurard, e *adj* FAM Plaintif: *voix pleurarde* ▸ **choroso**
pleurer *vi* **1** Verser des larmes ▸ **chorar** **2** Se lamenter, s'apitoyer sur: *pleurer sur son sort* ▸ **chorar** ◆ *vt* Déplorer la disparition, la perte de: *pleurer un ami* ▸ **chorar**
pleurésie *nf* Inflammation de la plèvre ▸ **pleurisia**

pleureur, euse *adj* Se dit de certains arbres à feuillage retombant: *saule pleureur* ▸ **chorão**

pleureuse *nf* Femme qu'on paie pour pleurer les morts, dans certains pays ▸ **carpideira**

pleurnicher *vi* FAM **1** Pleurer souvent et sans raison ▸ **choramingar 2** Se lamenter d'un ton larmoyant ▸ **choramingar**

pleurnicherie *nf* ou **pleurnichement** *nm* Habitude, fait de pleurnicher ▸ **choramingação**

pleurnicheur, euse ou **pleurnichard, e** *adj et n* FAM Qui pleurniche ▸ **choramingão**

pleurote *nm* Champignon comestible à lames qui pousse sur le tronc des arbres ▸ **pleuroto**

pleutre *nm et adj* LITT Homme sans courage ni dignité ▸ **covarde**

pleutrerie *nf* LITT Lâcheté ▸ **covardia**

pleuvasser ou **pleuviner** ou **pleuvoter** *v impers* FAM Pleuvoir légèrement ▸ **chuviscar**

pleuvoir *v impers (conj 47)* Tomber, en parlant de la pluie ▸ **chover** ♦ *vi* Tomber en abondance: *les critiques, les injures pleuvent* ▸ **chover**

plèvre *nf* ANAT Membrane séreuse qui tapisse le thorax et enveloppe les poumons ▸ **pleura**

Plexiglas [plɛksiglas] *nm* (nom déposé) Résine synthétique ayant la transparence du verre ▸ **Plexiglas (marca registrada)**

plexus [plɛksys] *nm* ANAT Réseau de filets nerveux ou vasculaires ▸ **plexo** ■ **plexus solaire:** centre du système sympathique, situé dans l'abdomen, entre l'estomac et la colonne vertébrale ▸ **plexo solar**

pleyon *nm* AGRIC Rameau servant à faire des liens ▸ **vincilho**

pli *nm* **1** Partie repliée d'une étoffe, d'un papier, etc.: *pli d'un rideau* ▸ **dobra 2** Marque qui résulte d'une pliure: *effacer un pli avec un fer à repasser* ▸ **vinco 3** Enveloppe de lettre; lettre: *pli chargé; mettre sous pli* ▸ **envelope, carta 4** Ride: *les plis du front* ▸ **ruga 5** Au jeu de cartes, levée: *ramasser un pli* ▸ **vaza 6** GÉOL Ondulation des couches de terrain dont la partie en saillie est appelée *anticlinal*, et la partie en creux *synclinal* ▸ **dobra 7** FIG Habitude: *finir par prendre le pli; mauvais pli* ▸ **hábito** ■ **faux pli:** pli fait à une étoffe là où il ne devrait pas y en avoir ▸ **vinco**

pliable *adj* Facile à plier, flexible ▸ **dobrável**

pliage *nm* Action, manière de plier ▸ **dobramento**

pliant, e *adj* Se dit d'un objet qui peut se replier sur soi: *lit pliant* ▸ **dobrável** ♦ *nm* Siège pliant ▸ **assento dobrável**

plie *nf* Poisson plat à chair estimée ▸ **solha**

plier *vt* **1** Mettre en double une ou plusieurs fois: *plier du linge* ▸ **dobrar 2** Rapprocher, rassembler les éléments d'un objet articulé: *plier une tente, un éventail* ▸ **fechar 3** Courber, fléchir: *plier les genoux* ▸ **dobrar 4** FIG Assujettir, faire céder: *plier quelqu'un à la discipline* ▸ **curvar** ♦ *vi* **1** Se courber: *le roseau plie* ▸ **dobrar-se 2** FIG Céder, reculer, se soumettre: *plier devant l'autorité* ▸ **curvar-se**

plieuse *nf* Machine à plier, en particulier le papier ▸ **dobradeira**

plinthe *nf* Bande, saillie au bas d'un mur, à la base d'une colonne ▸ **plinto**

pliocène *nm* GÉOL Partie la plus récente du tertiaire ▸ **Plioceno**

plissage *nm* Action de plisser ▸ **plissagem**

plissé *nm* **1** Série de plis ▸ **plissê 2** Type de plissage ▸ **plissê**

plissement *nm* **1** Action de plisser ▸ **plissagem 2** GÉOL Déformation des couches géologiques; ensemble de plis ▸ **dobra**

plisser *vt* **1** Marquer de plis un matériau: *plisser un papier, une étoffe* ▸ **plissar, preguear 2** Contracter en faisant apparaître de petites rides: *plisser le front, les yeux, le nez* ▸ **franzir** ♦ *vi* Présenter ou faire des plis ▸ **ter pregas, franzir**

pliure *nf* **1** Marque d'une chose pliée ▸ **marca de dobra 2** IMPR Action ou manière de plier les feuilles d'un livre ▸ **dobradura**

ploiement *nm* LITT Action de ployer ▸ **vergadura**

plomb *nm* **1** Métal dense, d'un gris bleuâtre; symb: Pb ▸ **chumbo 2** Projectile de plomb pour armes à feu ▸ **chumbo 3** Petit sceau de plomb que l'on fixe aux attaches d'un colis ▸ **lacre de chumbo 4** Caractère, composition d'imprimerie ▸ **tipo 5** Fil de plomb servant de fusible électrique ▸ **fusível** ■ **à plomb:** perpendiculairement ▸ **a prumo** □ **mine de plomb:** plombagine ▸ **grafite de chumbo**

plombage *nm* **1** Action de plomber ▸ **chumbagem 2** Amalgame qui sert à obturer une dent ▸ **obturação**

plombagine *nf* Graphite dont on fait des mines de crayon; SYN: *mine de plomb* ▸ **plumbagina**

plombé, e *adj* **1** Garni de plomb ▸ **chumbado, obturado 2** Scellé par des plombs: *wagon plombé* ▸ **lacrado 3** Couleur de plomb: *ciel plombé* ▸ **chumbo**

plomber *vt* **1** Garnir de plomb ▸ **chumbar 2** Attacher un sceau de plomb à: *plomber un colis, un wagon* ▸ **lacrar 3** Obturer une dent avec un amalgame ▸ **obturar**

plomberie *nf* **1** Métier, ouvrage du plombier ▸ **encanação 2** Ensemble d'installations et de canalisations d'eau et de gaz ▸ **encanamento**

plombier *nm* Entrepreneur, ouvrier qui installe, entretient et répare les canalisations de distribution d'eau et de gaz ▸ **encanador**
plombières *nf* Glace aux fruits confits ▸ **cassata**
plonge *nf* ▸ **lavagem de pratos** ▪ **faire la plonge:** laver la vaisselle dans un restaurant, un café ▸ **lavar pratos**
plongeant, e *adj* Dirigé de haut en bas: *tir plongeant* ▸ **de cima para baixo**
plongée *nf* **1** Action de plonger ▸ **mergulho** **2** Point de vue de haut en bas; vue plongeante ▸ **vista aérea** ▪ **plongée sous-marine:** activité consistant à descendre sous la surface de l'eau, muni d'appareils qui permettent de respirer ▸ **mergulho submarino**
plongeoir *nm* Plate-forme, tremplin d'où l'on plonge ▸ **trampolim**
plongeon[1] *nm* Action de plonger ▸ **mergulho** ▪ FAM **faire le plongeon:** subir un échec ou faire faillite ▸ **afundar**
plongeon[2] *nm* Oiseau palmipède aquatique ▸ **mergulhão**
plonger *vt (conj 2)* **1** Immerger dans un liquide ▸ **mergulhar** **2** Enfoncer, introduire: *plonger un poignard dans le cœur* ▸ **enfiar** **3** Mettre quelqu'un dans un certain état, d'une manière complète ou brutale: *plonger quelqu'un dans l'embarras* ▸ **meter** ◆ *vi* **1** S'enfoncer entièrement dans l'eau: *sous-marin qui plonge* ▸ **afundar** **2** Sauter dans l'eau, la tête et les bras en avant ▸ **mergulhar** **3** Avoir une direction de haut en bas, descendre brusquement: *rapace qui plonge sur sa proie* ▸ **mergulhar** **4** Pénétrer profondément: *racines qui plongent dans le sol* ▸ **afundar** ◆ **se plonger** *vpr* S'adonner entièrement, s'absorber: *se plonger dans la lecture* ▸ **mergulhar**
plongeur, euse *n* **1** Personne qui plonge ou pratique la plongée sous-marine ▸ **mergulhador** **2** Laveur de vaisselle dans un restaurant, un café ▸ **lavador de pratos**
plot *nm* **1** ÉLECTR Pièce métallique faisant contact ▸ **contato** **2** Dans une piscine, cube numéroté qui sert pour le départ des compétitions ▸ **baliza**
plouc *n et adj inv* FAM, PÉJOR Personne fruste: *une vraie plouc!* ▸ **grosso**
plouf *interj* Onomatopée du bruit que fait un objet en tombant dans un liquide ▸ **ploft**
ploutocratie *nf* Gouvernement exercé par les riches ▸ **plutocracia**
ployer [plwaje] *vt (conj 3)* LITT Courber: *ployer une branche* ▸ **vergar** ◆ *vi* LITT **1** Fléchir, plier: *charpente qui ploie* ▸ **vergar** **2** FIG Céder devant quelque chose, en être accablé: *ployer sous le joug* ▸ **vergar**
pluches *nf pl* FAM Épluchures de légumes ▸ **cascas**
pluie *nf* **1** Eau qui tombe du ciel par gouttes: *pluie d'orage* ▸ **chuva** **2** Chute d'objets, de matières: *pluie de cendres* ▸ **chuva** **3** Ce qui est répandu en abondance; avalanche: *pluie de cadeaux* ▸ **chuva** ▪ **faire la pluie et le beau temps:** être influent, puissant ▸ **mandar e desmandar** ▫ **parler de la pluie et du beau temps:** dire des banalités ▸ **jogar conversa fora** ▫ **pluies acides:** pluies chargées d'ions acides d'origine industrielle, très nuisibles aux forêts ▸ **chuvas ácidas**
plumage *nm* Ensemble des plumes d'un oiseau ▸ **plumagem**
plumard *nm* FAM Lit ▸ **cama**
plume *nf* **1** Tige garnie de duvet, qui couvre le corps des oiseaux ▸ **pena** **2** Plume d'oiseau dont on se servait pour écrire ▸ **pena** **3** Morceau de métal taillé en bec et qui, adapté à un porte-plume, à un stylo, sert à écrire ▸ **pena** ▪ **prendre la plume:** écrire ▸ **escrever** ▫ FAM **voler dans les plumes:** attaquer brusquement ▸ **voar no pescoço**
plumeau *nm* Ustensile de ménage fait de plumes assemblées, pour épousseter ▸ **espanador**
plumer *vt* **1** Arracher les plumes de: *plumer une volaille* ▸ **depenar** **2** FIG, FAM Voler, dépouiller de son argent: *se faire plumer* ▸ **depenar**
plumet *nm* Bouquet de plumes qui orne un chapeau ▸ **penacho**
plumier *nm* Boîte pour ranger porte-plume, crayons, etc. ▸ **porta-lápis**
plumitif *nm* FAM, PÉJOR Écrivain médiocre, gratte-papier ▸ **escrevinhador**
plupart ▪ **la plupart** *nf*: la plus grande partie, le plus grand nombre ▸ **a maioria**

GRAMMAIRE Lorsque *la plupart* est sujet (employé seul ou avec un complément, généralement au pluriel), le verbe se met au pluriel: *la plupart le savent, la plupart des personnes étaient satisfaites*

plural, e, aux *adj* Qui contient plusieurs unités ▸ **plural** ▪ **vote plural:** suffrage qui attribue plusieurs voix à un même électeur ▸ **voto plural**
pluralisme *nm* Conception politique, sociale, économique, syndicale, qui admet la pluralité, la diversité des opinions, des tendances, etc. ▸ **pluralismo**
pluraliste *adj et n* Relatif au pluralisme; qui en est partisan ▸ **pluralista**
pluralité *nf* Fait d'être plusieurs ▸ **pluralidade**
pluridimensionnel, elle *adj* Qui a plusieurs dimensions ▸ **pluridimensional**
pluridisciplinaire *adj* Qui concerne plusieurs disciplines: *un groupe de recherches pluridisciplinaire* ▸ **pluridisciplinar**

pluriel, elle *adj* Qui marque la pluralité ▸ **plural** ♦ *nm* GRAMM Forme particulière d'un mot indiquant un nombre supérieur à l'unité ▸ **plural**

pluripartisme *nm* Système politique admettant l'existence de plusieurs partis ▸ **pluripartidarismo**

plus[1] [plys] ou [ply], devant une voyelle ou un *h* muet [plyz] *adv* En plus grande quantité, à un degré supérieur: *plus de mille; plus loin; beaucoup, un peu, bien plus* ▸ **mais** ▪ **au plus** ou **tout au plus:** au maximum ▸ **no máximo** ▫ **bien plus** ou **de plus:** en outre ▸ **e mais, além disso** ▫ **d'autant plus:** à plus forte raison ▸ **ainda mais** ▫ **de plus en plus:** toujours davantage ▸ **cada vez mais** ▫ **le plus, la plus:** marque le degré supérieur à tous les autres: *elle est la plus belle* ▸ **o(a) mais** ▫ **plus d'un:** un certain nombre: *plus d'un village a été détruit* ▸ **alguns** ▫ **plus ou moins: (a)** indique une variation de degré selon les cas: *plus ou moins bien, selon les jours* ▸ **mais ou menos (b)** à peu près: *plus ou moins identique* ▸ **mais ou menos** ▫ **tant et plus:** beaucoup, abondamment ▸ **muito** ♦ *prép* **1** Introduit ce qui s'ajoute: *trois plus quatre; mille francs, plus la TVA* ▸ **mais 2** Indique un nombre positif: *il fait plus deux degrés* ▸ **mais**

plus[2] [ply] *adv de négation* **1** (avec la négation *ne*) Indique la cessation d'un état ou d'une action: *cela ne marche plus* ▸ **já não 2** (avec ou sans *ne*) Indique la disparition, la privation: *n'avoir plus de place; plus un arbre à l'horizon* ▸ **já não (haver) 3** (avec *ne que*) Indique la restriction: *il ne manque plus que lui* ▸ **só**

plus[3] [plys] *nm* **1** La plus grande quantité, le plus grand nombre: *qui peut le plus peut le moins* ▸ **mais 2** MATH Signe de l'addition (+) ▸ **sinal de mais** ▪ **un plus:** quelque chose de mieux, un progrès, une amélioration ▸ **uma vantagem**

plusieurs *adj et pron indéf pl* Un nombre indéterminé de personnes ou de choses; plus d'un, un certain nombre de: *plusieurs personnes sont venues; plusieurs réponses possibles; en voir plusieurs* ▸ **vários**

plus-que-parfait *nm* Temps du verbe qui exprime une action passée antérieure à une autre action passée (EX: *j'avais fini quand il vint*) ▸ **mais-que-perfeito**

plus-value (pl *plus-values*) *nf* Augmentation de valeur d'un bien, de prix, etc. ▸ **mais-valia**

plutonium [plytɔnjɔm] *nm* Métal très toxique, obtenu dans les réacteurs nucléaires à uranium; symb: Pu ▸ **plutônio**

plutôt *adv* **1** De préférence: *plutôt un stylo qu'un feutre* ▸ **antes 2** Assez, passablement: *il est plutôt bavard* ▸ **um tanto** ▪ **ou plutôt:** plus précisément, pour mieux dire: *elle est partie, ou plutôt s'est enfuie* ▸ **ou melhor** ▫ **plutôt que de:** au lieu de: *écouter plutôt que de bavarder* ▸ **em vez de**

pluvial, e, aux *adj* Qui provient de la pluie: *eaux pluviales* ▸ **pluvial** ▪ **régime pluvial:** régime des cours d'eau où domine l'alimentation par les pluies ▸ **regime pluvial**

pluvier *nm* Oiseau échassier ▸ **maçarico**

pluvieux, euse *adj* Caractérisé par l'abondance des pluies: *région pluvieuse* ▸ **chuvoso**

pluviomètre *nm* Instrument pour mesurer la pluviosité d'un lieu ▸ **pluviômetro**

pluviométrie *nf* Mesure de la quantité des pluies ▸ **pluviometria**

pluviôse *nm* Cinquième mois du calendrier républicain (20, 21 ou 22 janvier-19, 20 ou 21 février) ▸ **pluvioso**

pluviosité *nf* Quantité de pluie tombée en un lieu déterminé pendant un temps donné ▸ **pluviosidade**

PLV *nf* (sigle de *publicité sur le lieu de vente*) Promotion publicitaire au moyen d'affichettes, de présentoirs, etc., installés chez le détaillant; ce matériel ▸ **PLV**

PME *nf* (sigle de *petite et moyenne entreprise*) Entreprise employant moins de 500 salariés ▸ **PME**

PMI[1] *nf* (sigle de *petite et moyenne industrie*) PME relevant du secteur de l'industrie ▸ **PMI**

PMI[2] *nf* (sigle de *protection maternelle et infantile*) Organisme départemental chargé de la protection sanitaire et sociale des femmes enceintes ainsi que des jeunes enfants ▸ **Ø**

PMU *nm* (sigle de *pari mutuel urbain*) Pari sur les courses de chevaux; lieu où sont enregistrés ces paris ▸ **Ø**

PNB *nm* (sigle) Produit national brut ▸ **PNB**

pneu (pl *pneus*) *nm* Bandage déformable et élastique fixé à la jante des roues de certains véhicules, qui enveloppe et protège la chambre à air: *pneu avant; pneu arrière* ▸ **pneu**

pneumatique *adj* **1** Qui fonctionne à l'air comprimé: *marteau pneumatique* ▸ **pneumático 2** Qui prend sa forme quand on le gonfle d'air: *canot pneumatique* ▸ **inflável** ♦ *nm* VX Pneu ▸ **pneumático**

pneumocoque *nm* Bactérie, agent de la pneumonie ▸ **pneumococo**

pneumogastrique *adj et nm* Se dit du nerf crânien partant du bulbe et innervant les bronches, le cœur, l'appareil digestif, les reins ▸ **(nervo) pneumogástrico, (nervo) vago**

pneumologie *nf* Partie de la médecine qui traite des maladies du poumon ▸ **pneumologia**

pneumologue *n* Spécialiste de pneumologie ▸ **pneumologista**
pneumonie *nf* Inflammation aiguë du poumon ▸ **pneumonia**
pneumothorax *nm* Épanchement de gaz dans la cavité pleurale ▸ **pneumotórax**
p.o. (abréviation) Par ordre ▸ **p.o.**
PO (sigle) Petites ondes ▸ **OC,** ***SW***
pochade *nf* **1** Peinture exécutée en quelques coups de pinceau ▸ **esboço 2** LITT Œuvre sans prétention, rapidement écrite ▸ **esboço**
pochard, e *n et adj* FAM Ivrogne ▸ **bebum**
poche *nf* **1** Partie d'un vêtement en forme de sac où l'on peut mettre des objets ▸ **bolso 2** Fluide contenu dans une cavité souterraine: *poche de gaz* ▸ **bolsão 3** Cavité de l'organisme, normale ou pathologique ▸ **bolsa 4** Boursouflure sous les yeux ▸ **bolsa ■ de poche:** que l'on peut porter sur soi: *livre, lampe de poche* ▸ **de bolso**
pocher *vt* **1** Exécuter rapidement une peinture ▸ **esboçar 2** Cuire quelque chose dans un liquide frémissant: *viande, poisson pochés* ▸ **escaldar ■ pocher l'œil à quelqu'un:** lui faire une contusion près de l'œil par un coup violent ▸ **deixar alguém com o olho roxo**
pochette *nf* **1** Enveloppe servant d'emballage léger ▸ **saco 2** Mouchoir de fantaisie ▸ **lencinho 3** Sac à main plat et sans poignée ▸ **bolsa de mão, carteira**
pochette-surprise (pl *pochettes-surprises*) *nf* Cornet de papier contenant des objets inattendus, pour les enfants ▸ **saquinho surpresa**
pochoir *nm* Feuille de carton ou de métal découpée servant à dessiner la forme évidée ▸ **molde**
pochothèque *nf* Librairie ou rayon de librairie où l'on vend des livres de poche ▸ **livraria, seção de livros de bolso**
podagre *adj et n* VX Atteint de la goutte ▸ **gotoso**
podcasting [pɔdcasti] *nm* Mode de diffusion sur Internet de fichiers audio ou vidéo, qui permet de les télécharger et de les transférer sur un baladeur numérique ▸ ***podcasting***
podestat *nm* Premier magistrat des villes d'Italie, au Moyen Âge ▸ **podestade**
podium [pɔdjɔm] *nm* **1** ANTIQ ROM Mur qui séparait l'arène des gradins ▸ **pódio 2** Plate-forme où se placent les vainqueurs d'une épreuve sportive, les participants à un jeu, à un récital; estrade ▸ **pódio**
podologie *nf* Étude de la physiologie et de la pathologie du pied ▸ **podologia**
podologue *n* Spécialiste de podologie ▸ **podólogo**
podomètre *nm* Appareil mesurant le nombre de pas d'un piéton ▸ **podômetro**
podotactile *adj* Se dit d'un revêtement de sol en saillie, près du bord d'un trottoir, d'un quai, etc., perceptible par les déficients visuels et destiné à attirer leur attention ▸ **tátil**
podzol *nm* Sol acide, peu fertile, des régions froides et humides ▸ **podzol**
poêle[1] [pwal] *nm* Drap mortuaire couvrant le cercueil pendant les funérailles ▸ **pano mortuário**
poêle[2] [pwal] *nm* Appareil de chauffage ▸ **estufa, aquecedor**
poêle[3] [pwal] *nf* Ustensile de cuisine peu profond, à long manche, pour frire ▸ **frigideira**
poêlée *nf* Contenu d'une poêle ▸ **frigideira**
poêler *vt* Cuire à la poêle ▸ **fritar**
poêlon *nm* Ustensile de cuisine en matériau épais, à bord haut et manche creux ▸ **tacho**
poème *nm* Ouvrage en vers ou en prose, de caractère poétique ▸ **poema**
poésie *nf* **1** Art d'évoquer, de suggérer les sensations, les émotions, par un emploi particulier de la langue, par l'union intense des sons, des rythmes, des harmonies, des images, etc. ▸ **poesia 2** Genre poétique: *poésie lyrique, épique* ▸ **poesia 3** FIG Ce qui touche la sensibilité, l'imagination: *la poésie de la mer* ▸ **poesia 4** Œuvre, poème en vers: *réciter une poésie* ▸ **poesia**
poète *nm et adj* **1** Personne qui écrit, s'exprime en vers ▸ **poeta 2** Personne sensible à ce qui est beau, émouvant ▸ **poeta 3** Rêveur, idéaliste ▸ **poeta**
poétesse *nf* Femme poète ▸ **poetisa**
poétique *adj* **1** Propre à la poésie: *style poétique* ▸ **poético 2** Plein de poésie; qui touche, émeut: *un sujet poétique* ▸ **poético ◆** *nf* Art de la poésie ▸ **poética**
poétiquement *adv* Avec poésie ▸ **poeticamente**
poétiser *vt* Rendre poétique, idéaliser ▸ **poetizar, idealizar**
pognon *nm* FAM Argent ▸ **bufunfa**
pogrom [pɔgrɔm] *nm* **1** HIST Massacre des juifs, en particulier à la fin du XIXe s. dans l'Empire russe ▸ ***pogrom*** **2** Agression meurtrière d'une communauté ethnique ou religieuse ▸ ***pogrom***
poids *nm* **1** Caractère, effet d'un corps pesant: *un poids très lourd* ▸ **peso 2** Résultante de l'action de la pesanteur sur un corps, qui varie avec sa masse; mesure de cette résultante: *un poids de deux kilos* ▸ **peso 3** Morceau de métal de masse déterminée, servant à peser d'autres corps: *une série de poids en laiton* ▸ **peso 4** Corps pesant suspendu aux chaînes d'une horloge, pour lui donner le mouvement ▸ **peso 5** En athlétisme, sphère métallique qu'on lance d'un bras le plus

loin possible ► **peso 6** FIG Force, importance, influence: *donner du poids à un argument* ► **peso, importância 7** Ce qui fatigue, oppresse, accable: *le poids des ans* ► **peso** ■ FAM **faire le poids** avoir les qualités requises ► **ter as qualidades necessárias** □ **poids lourd: (a)** camion ► **caminhão (b)** FIG personne, groupe, institution, occupant une place prépondérante dans un domaine: *les poids lourds de l'électronique* ► **peso-pesado**

poignant, e *adj* **1** Qui fait très mal: *émotion, douleur poignante* ► **pungente 2** Qui émeut fortement, déchirant: *adieux poignants* ► **pungente**

poignard *nm* Arme courte, pointue et tranchante ► **punhal**

poignarder *vt* Frapper avec un poignard ► **apunhalar**

poigne *nf* **1** Force de la main, du poignet ► **força 2** FIG Énergie mise à se faire obéir: *homme à poigne* ► **pulso**

poignée *nf* **1** Quantité de matière que la main fermée peut contenir: *poignée de sel* ► **punhado 2** Partie d'un objet par laquelle on le saisit: *poignée de valise* ► **maçaneta, punho, alça 3** FIG Petit nombre: *une poignée de spectateurs* ► **punhado** ■ **poignée de main:** geste de serrer la main de quelqu'un pour le saluer ► **aperto de mão**

ORTHOGRAPHE On écrit *des poignées de main* (*main* toujours au singulier); *par poignées* (au pluriel); *prendre des bonbons à poignées* ou *à poignée* (de préférence au singulier)

poignet *nm* **1** Articulation qui joint la main et l'avant-bras ► **punho 2** Extrémité de la manche d'un vêtement ► **punho**

poil *nm* **1** Production filiforme sur la peau de certains animaux et de l'homme: *chien à poil ras* ► **pelo 2** Pelage: *cheval de poil noir* ► **pelo 3** Partie velue des étoffes: *tissu qui perd ses poils* ► **fiapo 4** BOT Filament ► **pelo** ■ FAM **à poil:** tout nu ► **em pelo** □ FAM **au poil:** parfaitement: *machine qui fonctionne au poil* ► **com perfeição**

poilant, e *adj* FAM Très amusant ► **engraçadíssimo**

poil-de-carotte *adj inv* FAM Roux ► **ruivo**

poiler (se) *vpr* FAM S'amuser beaucoup ► **morrer de rir**

poilu, e *adj* Couvert de poils ► **peludo** ◆ *nm* Surnom donné au soldat français pendant la Première Guerre mondiale ► ***poilu***

poinçon *nm* **1** Tige d'acier pointue, pour percer ou graver ► **punção, buril 2** Morceau d'acier gravé pour frapper des monnaies et des médailles ► **punção 3** Marque qu'on applique sur les ouvrages d'or et d'argent pour en garantir le titre ► **punção**

poinçonnage ou **poinçonnement** *nm* Action de poinçonner ► **punção**

poinçonner *vt* **1** Marquer ou percer au poinçon ► **pungir 2** Perforer un titre de transport pour attester un contrôle ► **picotar, perfurar**

poinçonneuse *nf* Machine pour poinçonner ► **perfuradora, obliterador**

poindre *vi (conj 82)* Commencer à paraître, en parlant du jour, ou à pousser, en parlant des plantes ► **despontar**

poing *nm* Main fermée: *recevoir un coup de poing* ► **punho** ■ **dormir à poings fermés:** profondément ► **dormir como uma pedra**

point[1] *nm* **1** Signe de l'écriture ou de ponctuation: *mettre un point sur un «i»; point-virgule; points d'interrogation, d'exclamation, de suspension* ► **ponto, pingo 2** Piqûre faite avec une aiguille et du fil: *coudre à petits points; points de suture*; manière de piquer, d'entrelacer les fils dans les divers travaux d'aiguille: *point d'Alençon* ► **ponto 3** Unité de compte dans un match, un jeu; unité de notation d'un travail scolaire, d'une épreuve, etc. ► **ponto 4** Endroit déterminé qui permet de situer quelque chose ou qui sert de point de repère: *point de départ, d'intersection* ► **ponto 5** État, situation: *en être au même point* ► **ponto 6** Niveau, seuil, degré où quelque chose change d'état: *point d'ébullition* ► **ponto 7** Question, sujet: *point litigieux* ► **questão, ponto 8** Douleur vive et localisée: *avoir un point dans le dos, un point de côté* ► **dor, pontada** ■ **à point: (a)** à propos: *chèque qui arrive à point* ► **em boa hora (b)** au degré de cuisson convenable: *steak cuit à point* ► **ao ponto** □ **à point nommé:** à l'instant fixé ► **no momento exato** □ **au point:** prêt à fonctionner ► **no ponto** □ **de point en point:** exactement ► **exatamente** □ **en tout point:** entièrement ► **em tudo** □ **faire le point: (a)** déterminer la position d'un bateau, d'un avion ► **determinar a posição (b)** régler un appareil optique pour que l'image soit nette ► **ajustar (c)** FIG chercher à savoir où l'on en est ► **fazer um balanço** □ **mal en point:** en mauvais état, en mauvaise santé ► **mal** □ **marquer un point:** prendre un avantage ► **marcar um ponto** □ **mettre au point:** régler, préparer, arranger: *mettre au point une machine, un projet* ► **fazer ajustes em** □ **mise au point: (a)** réglage d'éléments mécaniques, électroniques ou optiques ► **ajuste (b)** explication destinée à régler des questions en suspens ► **esclarecimento** □ **point de départ:** commencement ► **ponto de partida** □ **point d'honneur:** question d'honneur ► **questão de honra** □ **point du jour:** aube ► **au-**

rora □ **point mort: (a)** dans une voiture, position du levier de changement de vitesse quand il n'est enclenché dans aucune vitesse ► **ponto morto (b)** dans un processus, moment où il est arrêté: *négociations au point mort* ► **ponto morto** □ **point noir: (a)** amas de sébum qui bouche un pore de la peau; comédon ► **cravo (b)** FIG difficulté ► **dificuldade** □ **point(-)presse:** brève réunion au cours de laquelle une personnalité fait une annonce à la presse ► **coletiva de imprensa** ♦ **sur le point de** *loc prép* Près de ► **a ponto de** ♦ **au point que** ou **à tel point que** *loc conj* Tellement que ► **a ponto de**

point² *adv* VIEILLI Indique une négation, une absence; pas: *il n'a point d'argent* ► **não**

pointage *nm* Action de pointer ► **apontamento**

point de vue (pl *points de vue*) *nm* **1** Endroit d'où l'on domine un paysage ► **ponto de vista 2** Manière d'envisager, de voir, de juger une chose ► **ponto de vista**

pointe *nf* **1** Bout aigu, piquant: *pointe d'aiguille* ► **ponta 2** Extrémité fine, pointue: *la pointe d'un clocher* ► **ponta 3** Instrument servant à piquer, percer, tracer: *pointe d'un graveur*; petit clou mince ► **ponta, preguinho 4** Petite quantité de: *une pointe d'ail* ► **pitada 5** FIG Allusion ironique, pique: *lancer des pointes* ► **chiste 6** Moment où une activité, un phénomène atteint son maximum d'intensité, d'évolution: *heure de pointe* ► **pico** ■ **de pointe:** qui est à l'avant-garde du progrès: *industrie de pointe* ► **de ponta** □ **en pointe:** dont l'extrémité va en s'amincissant ► **pontudo** □ **être à la pointe de:** être très avancé par rapport aux autres ► **estar na vanguarda de** □ **pointe d'asperge:** bourgeon terminal de l'asperge ► **ponta de aspargo** □ **pointe des pieds:** les orteils ► **ponta dos pés** □ **pointe sèche:** outil de graveur ► **ponta-seca** ♦ **pointes** *pl* Attitude d'une danseuse dressée en équilibre sur l'extrémité de ses chaussons; pas ainsi exécutés ► **ponta**

pointeau *nm* **1** Petit poinçon ► **punção 2** Tige mobile obturant un orifice ► **válvula**

pointer¹ [pwɛ̃tɛr] *nm* Chien d'arrêt ► ***pointer***

pointer² *vt* **1** Marquer d'un point pour contrôler, compter, etc.: *pointer des noms sur une liste* ► **apontar 2** Vérifier, contrôler les heures d'entrée et de sortie du personnel: *pointer des ouvriers* ► **controlar o ponto 3** Diriger quelque chose vers; braquer: *pointer son index vers quelqu'un; pointer une arme* ► **apontar 4** Dresser en pointe: *pointer les oreilles* ► **levantar 5** Attirer l'attention sur; dénoncer: *pointer la responsabilité du ministère* ► **apontar** ♦ *vi* **1** Enregistrer son heure d'arrivée ou de départ sur une pointeuse ► **bater ponto 2** À la pétanque, lancer sa boule aussi près que possible du cochonnet ► **lançar a bola 3** Se dresser: *clocher qui pointe* ► **elevar-se 4** Commencer à pousser, à paraître: *blé, jour qui pointe* ► **despontar** ♦ **se pointer** *vpr* FAM Arriver, se présenter à un endroit ► **aparecer**

pointeur *nm* INFORM Curseur qui suit sur l'écran les mouvements de la souris ► **ponteiro do *mouse***

pointeuse *nf* Machine servant à enregistrer l'heure d'arrivée et de départ d'un salarié ► **relógio de ponto**

pointillé *nm* Alignement de petits points formant une ligne ► **linha pontilhada**

pointilleux, euse *adj* Susceptible, exigeant ► **melindroso**

pointillisme *nm* Technique des pointillistes ► **pontilhismo**

pointilliste *adj et n* Se dit d'un peintre qui peint par petites touches séparées ► **pontilhista**

pointu, e *adj* **1** Qui se termine en pointe: *poignard pointu* ► **pontudo 2** FIG Qui présente un degré très élevé, très poussé de spécialisation: *formation pointue* ► **altamente especializado**

pointure *nf* **1** Dimension des chaussures, des gants, des chapeaux ► **tamanho 2** FAM Personne d'une grande valeur dans tel domaine: *c'est une pointure comme elle qu'il nous faut* ► **sumidade**

point-virgule (pl *points-virgules*) *nm* Signe de ponctuation (;) indiquant une pause intermédiaire entre la virgule et le point ► **ponto e vírgula**

poire *nf* **1** Fruit du poirier; alcool fait avec ce fruit ► **pera, aguardente de pera 2** Objet en forme de poire: *poire électrique* ► **pera 3** FAM Personne naïve, dupe ► **pateta**

poiré *nm* Boisson faite de jus de poire fermenté ► **perada**

poireau *nm* Plante potagère formée de longues feuilles vertes et d'un cylindre blanc enterré; pied de cette plante ► **alho-poró** ■ FAM **faire le poireau:** poireauter ► **ficar plantado esperando**

poireauter *vi* FAM Attendre longtemps ► **ficar plantado esperando**

poirier *nm* Arbre fruitier dont le fruit est la poire; bois rouge et dur de cet arbre ► **pereira**

pois *nm* **1** Plante grimpante cultivée pour ses graines; graine de cette plante ► **ervilha 2** Motif en forme de petit disque: *robe, cravate à pois* ► **bolinha** ■ **pois chiche** → **chiche** □ **pois de senteur:** plante grimpante ornementale ► **ervilha-de-cheiro**

poison *nm* **1** Substance qui détruit ou altère les

fonctions vitales: *le curare est un poison violent* ▸ **veneno 2** FIG Tout ce qui est pernicieux, dangereux: *cette doctrine est un poison pour la démocratie* ▸ **veneno 3** FAM Personne méchante ou insupportable; chose désagréable, ennuyeuse ▸ **veneno**

poissard, e *adj* VIEILLI Qui imite le langage du bas peuple: *style poissard* ▸ **chulo**

poissarde *nf* VIEILLI Femme grossière ▸ **regateira**

poisse *nf* FAM Malchance ▸ **azar**

poisser *vt* **1** Enduire de poix ▸ **enviscar 2** Salir, coller, en parlant d'une matière gluante: *les bonbons poissent les mains* ▸ **melecar**

poisseux, euse *adj* Qui poisse; collant ▸ **viscoso**

poisson *nm* Vertébré aquatique, à corps fuselé couvert d'écailles, se déplaçant dans l'eau à l'aide de nageoires ▸ **peixe** ■ **être comme un poisson dans l'eau:** parfaitement à son aise ▸ **sentir-se como peixe na água** ◆ **Poissons** *pl* Constellation zodiacale ayant la forme de poissons; signe astrologique des personnes nées entre le 19 février et le 20 mars ▸ **Peixes** ◆ *n et adj* Personne née sous le signe des Poissons: *elle est Poissons* ▸ **pisciano**

poisson-chat (pl *poissons-chats*) *nm* Poisson d'eau douce à longs barbillons; SYN: *silure* ▸ **bagre**

poissonnerie *nf* Lieu où l'on vend le poisson et les produits de la mer ▸ **peixaria**

poissonneux, euse *adj* Qui abonde en poissons: *étang poissonneux* ▸ **piscoso**

poissonnier, ère *n* Personne qui vend du poisson ▸ **peixeiro**

poissonnière *nf* Récipient pour faire cuire le poisson au court-bouillon ▸ **recipiente para cozinhar peixe**

poitevin, e *adj et n* Du Poitou: *les Poitevins* ▸ **poitevino**

poitrail *nm* **1** Devant du corps du cheval ▸ **peito 2** Partie du harnais du cheval placée sur le poitrail ▸ **peitoral 3** FAM Buste, torse ▸ **peito**

poitrinaire *adj et n* VX Tuberculeux ▸ **tuberculoso**

poitrine *nf* **1** Partie du tronc, entre le cou et l'abdomen ▸ **peito 2** Seins d'une femme ▸ **peitos 3** BOUCH Partie inférieure de la cage thoracique (les côtes avec leur chair) ▸ **peito**

poivrade *nf* Sauce au poivre ▸ **molho de pimenta**

poivre *nm* Condiment piquant, fruit du poivrier ▸ **pimenta** ■ **poivre blanc:** moulu à partir de grains décortiqués ▸ **pimenta-branca** □ **poivre gris:** moulu à partir de grains non décortiqués ▸ **pimenta-do-reino (moída)** □ **poivre noir:** grains séchés du poivrier ▸ **pimenta-do-reino** ◆ *loc adj inv* ■ **poivre et sel:** grisonnant: *cheveux poivre et sel* ▸ **grisalho**

poivrer *vt* Assaisonner de poivre ▸ **apimentar**

poivrier *nm* **1** Arbuste grimpant des régions tropicales qui produit le poivre ▸ **pimenta 2** Ustensile de table contenant du poivre ▸ **pimenteiro**

poivrière *nf* **1** Plantation de poivriers ▸ **pimental 2** Ustensile de table contenant du poivre ▸ **pimenteiro 3** Échauguette ronde au toit conique, à l'angle d'une fortification ▸ **guarita cônica**

poivron *nm* Fruit du piment doux: *poivron rouge, vert, jaune* ▸ **pimentão**

poivrot, e *n* FAM Ivrogne ▸ **bêbado**

poix *nf* Substance résineuse, agglutinante, tirée de la résine et de goudrons végétaux ▸ **visco**

poker [pɔkɛr] *nm* Jeu de cartes ▸ **pôquer** ■ **coup de poker:** tentative hasardeuse ▸ **jogada arriscada** □ **poker d'as:** jeu de dés ▸ **pôquer de dados**

polaire *adj* **1** Relatif à un pôle, aux pôles, aux régions proches des pôles ▸ **polar 2** ÉLECTR Relatif aux pôles d'un aimant ou d'un électroaimant ▸ **polar** ■ **cercle polaire:** cercle parallèle à l'équateur, qui marque la limite des zones polaires ▸ **círculo polar**

polar *nm* FAM Film, roman policier ▸ **filme, romance policial**

polarisation *nf* **1** Propriété que présente un rayon lumineux réfléchi ou réfracté dans certaines conditions ▸ **polarização 2** FIG Action de polariser, d'être polarisé ▸ **polarização**

polariser *vt* **1** Faire subir la polarisation à: *polariser une pile* ▸ **polarizar 2** Attirer, concentrer l'attention sur soi: *ce scandale polarise l'opinion* ▸ **polarizar** ■ FAM **être polarisé sur quelque chose:** être intéressé, préoccupé par ce seul sujet ▸ **estar absorvido por algo**

polarité *nf* Propriété qu'a un corps de présenter deux pôles opposés ▸ **polaridade**

Polaroid [-rɔid] *nm* (nom déposé) Appareil photographique à développement instantané; photographie prise avec cet appareil ▸ **Polaroide (marca registrada)**

polder [pɔldɛr] *nm* Terre gagnée sur la mer, endiguée, drainée et mise en valeur ▸ **pôlder**

pôle *nm* **1** Chacune des deux extrémités de l'axe imaginaire autour duquel la sphère céleste semble tourner ▸ **polo 2** Chacun des deux points de la surface terrestre situés sur l'axe de rotation de la Terre ▸ **polo 3** ÉLECTR Point d'un générateur servant de départ (pôle positif) ou d'arrivée (pôle négatif) au courant ▸ **polo 4** FIG Chose en opposition avec une autre ▸ **polo** ■ FIG **pôle d'attraction:** ce qui attire, retient l'attention, l'intérêt ▸ **foco de atenção** □ **pôle magnétique:** lieu du globe terrestre où l'inclinaison magnétique est de

90º ▸ **polo geomagnético** □ **pôles d'un aimant:** extrémités de l'aimant où la force d'attraction est à son maximum ▸ **polos de um ímã**

polémique *nf* Controverse, débat plus ou moins violent mené le plus souvent par écrit ▸ **polêmica** ◆ *adj* Qui relève de la polémique ▸ **polêmico**

polémiquer *vi* Faire de la polémique ▸ **polemizar**

polémiste *n* Personne qui polémique ▸ **polemista**

polenta [pɔlɛnta] *nf* Bouillie de farine de maïs, ou de châtaignes ▸ **polenta**

pole position (pl *pole positions*) *nf* (anglicisme) Position en première ligne et à la corde, au départ d'une course automobile ▸ ***pole-position***

poli[1], e *adj* Uni, lisse: *marbre poli* ▸ **polido** ◆ *nm* Lustre, éclat ▸ **polimento**

poli[2], e *adj* Qui observe les règles de la politesse; affable, courtois ▸ **polido**

police[1] *nf* **1** Ensemble des règlements qui maintiennent la sécurité publique ▸ **polícia 2** Administration, force publique qui veille à leur observation; ensemble des agents de cette administration ▸ **polícia** ■ **police secours:** service affecté aux secours d'urgence ▸ **serviço de resgate** □ **police technique et scientifique:** service chargé de recueillir puis d'interpréter les indices matériels laissés sur la scène d'un crime ▸ **polícia técnica e científica** □ **tribunal de police:** tribunal qui ne connaît que des contraventions ▸ **tribunal de polícia**

police[2] *nf* Contrat d'assurance ▸ **apólice** ■ IMPR **police de caractères:** fonte ▸ **fonte**

policé, e *adj* LITT Parvenu à un certain degré de civilité, d'éducation ▸ **policiado**

polichinelle *nm* **1** (avec une majuscule) Personnage comique des théâtres de marionnettes, à deux bosses ▸ **polichinelo 2** FAM Personne en qui l'on n'a pas confiance, pantin ▸ **polichinelo** ■ **secret de polichinelle:** connu de tous ▸ **segredo de polichinelo**

policier, ère *adj* **1** Qui relève de la police: *enquête policière* ▸ **policial 2** Qui s'appuie sur la police: *régime policier* ▸ **policial** ■ **film, roman policier:** dont l'intrigue repose sur une enquête criminelle ▸ **filme, romance policial** ◆ *n* Membre de la police ▸ **policial**

policlinique *nf* Établissement où l'on traite les malades sans les hospitaliser ▸ **ambulatório**

ORTHOGRAPHE *Policlinique* (du grec *polis*, «ville») ne doit pas être confondu avec *polyclinique* (du grec *poly-*, «plusieurs»)

poliment *adv* D'une manière polie ▸ **polidamente**

polio (abréviation) *nf* FAM Poliomyélite ▸ **pólio** ◆ *n* Poliomyélitique ▸ **Ø**

poliomyélite *nf* Maladie virale de la moelle épinière, provoquant des paralysies ▸ **poliomielite**

poliomyélitique *n et adj* Personne atteinte de poliomyélite ▸ **pessoa com poliomielite**

polir *vt* **1** Rendre uni, lisse, luisant: *polir un métal* ▸ **polir 2** LITT Parachever avec soin; parfaire: *polir ses phrases* ▸ **polir**

polissage *nm* Action de polir ▸ **polimento**

polisseur, euse *n* Personne spécialisée dans le polissage ▸ **polidor**

polisseuse *nf* Machine à polir ▸ **máquina de polir**

polisson, onne *n* Enfant espiègle, désobéissant ▸ **traquinas** ◆ *adj* Licencieux, grivois: *chanson polissonne* ▸ **obsceno**

polissonnerie *nf* Action, propos licencieux ▸ **obscenidade**

politesse *nf* Ensemble des règles de courtoisie, de bienséance; respect de ces règles ▸ **polidez**

politicard, e *n et adj* PÉJOR Politicien sans envergure et sans scrupules ▸ **politiqueiro**

politicien, enne *n* Personne qui fait de la politique ▸ **político**

politique[1] *nf* **1** Science et art de gouverner un État: *les rapports de la politique et de la morale* ▸ **política 2** Ensemble des affaires d'un État; manière de les conduire: *politique extérieure; politique libérale* ▸ **política 3** Manière de diriger une affaire; stratégie: *avoir une politique des prix* ▸ **política 4** FIG, LITT Manière prudente, habile d'agir; diplomatie: *ménager quelqu'un par politique* ▸ **política**

politique[2] *adj* **1** Relatif à l'organisation et à l'exercice du pouvoir dans l'État ▸ **político 2** LITT Habile, intéressé: *une invitation toute politique* ▸ **político** ■ **homme politique:** qui s'occupe des affaires de l'État ▸ **político** ◆ *nm* Homme politique ▸ **político**

politiquement *adv* **1** Sur le plan politique ▸ **politicamente 2** FIG Finement, avec habileté ▸ **politicamente**

politisation *nf* Action de politiser; son résultat: *la politisation d'un débat* ▸ **politização**

politiser *vt* **1** Donner un caractère politique à: *politiser un débat* ▸ **politizar 2** Donner une conscience politique à, entraîner dans une action politique ▸ **politizar**

politologue *n* Spécialiste des problèmes politiques ▸ **cientista político**

polka *nf* Danse à deux temps, d'origine polonaise; air sur lequel on la danse ▸ **polca**

pollen [pɔlɛn] *nm* Poussière fécondante des fleurs ▶ **pólen**

pollinisation *nf* Fécondation d'une fleur par le pollen ▶ **polinização**

polluant, e *adj* Qui pollue ▶ **poluente** ◆ *nm* Produit responsable d'une pollution ▶ **poluente**

polluer *vt* Dégrader, rendre malsain ou dangereux: *polluer une rivière* ▶ **poluir**

pollueur, euse *n et adj* Qui pollue, contribue à accroître la pollution ▶ **poluidor**

pollution *nf* Action de polluer; son résultat: *pollution atmosphérique* ▶ **poluição**

polo *nm* **1** Sport de balle qui se pratique à cheval, avec un maillet ▶ **polo 2** Chemise en tricot, à col rabattu, portée surtout dans les moments de loisir ▶ **camisa polo**

polochon *nm* FAM Traversin ▶ **travesseiro**

polonais, e *adj et n* De Pologne: *les Polonais* ▶ **polonês** ◆ *nm* Langue slave parlée en Pologne ▶ **polonês**

polonaise *nf* Danse nationale des Polonais ▶ **polonesa**

poltron, onne *adj et n* Qui manque de courage; peureux, couard ▶ **poltrão**

poltronnerie *nf* Manque de courage, lâcheté ▶ **poltronaria**

polyamide *nm* Composé chimique utilisé dans la fabrication des fibres textiles ▶ **poliamida**

polyandrie *nf* Fait, pour une femme, d'avoir simultanément plusieurs maris ▶ **poliandria**

polyarthrite *nf* Rhumatisme atteignant simultanément plusieurs articulations ▶ **poliartrite**

polychrome [pɔlikrom] *adj* De plusieurs couleurs ▶ **policromático**

polychromie [pɔlikromi] *nf* Caractère de ce qui est polychrome ▶ **policromia**

polyclinique *nf* Clinique où l'on soigne des maladies diverses ▶ **policlínica**

polycopie *nf* Procédé de reproduction en plusieurs exemplaires d'un texte écrit ▶ **policópia**

polycopié *nm* Texte, cours polycopié ▶ **texto policopiado, apostila**

polycopier *vt* Reproduire par polycopie ▶ **policopiar**

polyculture *nf* Système d'exploitation du sol, qui consiste à pratiquer des cultures d'espèces différentes ▶ **policultura**

polyèdre *nm* MATH Solide à plusieurs faces ▶ **poliedro**

polyédrique *adj* Qui a plusieurs faces ▶ **poliédrico**

polyester [pɔliɛstɛr] *nm* Matière synthétique ▶ **poliéster**

polygame *adj et nm* Se dit d'un homme simultanément marié à plusieurs femmes ▶ **polígamo** ◆ *adj* **1** Se dit des plantes qui portent sur le même pied des fleurs mâles et femelles ▶ **polígamo 2** Se dit d'une société qui autorise le mariage de ses membres à plusieurs conjoints à la fois ▶ **polígamo**

polygamie *nf* État d'une personne ou d'une plante polygame ▶ **poligamia**

polyglotte *adj et n* Qui parle plusieurs langues ▶ **poliglota**

polygonal, e, aux *adj* Qui a plusieurs angles ▶ **poligonal**

polygone *nm* MATH Surface plane, limitée par des lignes droites ▶ **polígono**

polymère *adj et nm* Se dit d'un corps formé par polymérisation ▶ **polímero**

polymérisation *nf* CHIM Union de plusieurs molécules identiques pour former une nouvelle molécule plus grosse ▶ **polimerização**

polymorphe *adj* Qui affecte diverses formes ▶ **polimorfo**

polymorphisme *nm* Caractère polymorphe ▶ **polimorfismo**

polynésien, enne *adj et n* De Polynésie: *les Polynésiens* ▶ **polinésio**

polynévrite *nf* MÉD Atteinte simultanée de plusieurs nerfs, par intoxication ou infection ▶ **polineurite**

polynôme *nm* Somme algébrique de monômes ▶ **polinômio**

polynucléaire *adj* BIOL Se dit d'une cellule formée de plusieurs noyaux ▶ **polinuclear** ◆ *nm* Globule blanc polynucléaire ▶ **granulócito**

polype *nm* **1** ZOOL Forme fixée des cœlentérés, composée d'un corps cylindrique à deux parois, creusé d'une cavité digestive ▶ **pólipo 2** MÉD Tumeur bénigne, molle, dans les cavités d'une muqueuse ▶ **pólipo**

polyphasé, e *adj* Qui comporte plusieurs phases: *courant polyphasé* ▶ **polifásico**

polyphonie *nf* MUS Assemblage de voix ou d'instruments ▶ **polifonia**

polyphonique *adj* Qui constitue une polyphonie ▶ **polifônico**

polypier *nm* Squelette calcaire des colonies de polypes ▶ **polipeiro**

polyptyque *nm* Ensemble de panneaux peints ou sculptés liés entre eux ▶ **políptico**

ORTHOGRAPHE Attention, *polyptyque* ne comporte que des *y*, à la différence de *triptyque*

polysémie *nf* Propriété d'un mot qui présente plusieurs sens ▶ **polissemia**

polysémique *adj* Qui présente plusieurs sens ► **polissêmico**
polystyrène *nm* Matière plastique ► **poliestireno**
polysyllabe *adj et nm* Qui a plusieurs syllabes ► **polissílabo**
polysyllabique *adj* Qui a plusieurs syllabes ► **polissilábico**
polytechnicien, enne *n* Élève, ancien élève de l'École polytechnique ► **politécnico**
polytechnique *adj* Qui concerne plusieurs sciences ► **politécnico** ■ **École polytechnique** ou **Polytechnique** *nf*: école supérieure formant des ingénieurs ► **Escola Politécnica**
polythéisme *nm* Religion qui admet l'existence de plusieurs dieux ► **politeísmo**
polythéiste *adj et n* Relatif au polythéisme; qui le professe ► **politeísta**
polytoxicomanie *nf* Usage simultané ou alterné de deux ou plusieurs drogues ► **politoxicomania**
polytransfusé, e *adj et n* MÉD Qui a subi plusieurs transfusions ► **politransfundido**
polytraumatisé, e *adj et n* Se dit d'un blessé présentant plusieurs lésions traumatiques ► **politraumatizado**
polyuréthanne ou **polyuréthane** *nm* Matière plastique employée dans l'industrie des peintures et des vernis, ou servant à faire des mousses ► **poliuretano**
polyvalence *nf* Caractère polyvalent ► **polivalência**
polyvalent, e *adj* Qui a plusieurs fonctions différentes: *vaccin polyvalent; salle polyvalente* ► **polivalente** ◆ *n* Agent du fisc chargé de vérifier les bilans et comptes d'exploitation des entreprises ► **fiscal fazendário**
pomelo *nm* Pamplemousse ► **toranja**
pommade *nf* Corps gras médicamenteux, destiné à être appliqué sur la peau ou les muqueuses ► **pomada** ■ FAM **passer de la pommade à quelqu'un:** le flatter ► **lamber as botas de alguém**
pommader *vt* Enduire de pommade ► **passar pomada em**
pommard *nm* Vin de Bourgogne ► ***pommard***
pomme *nf* **1** Fruit du pommier ► **maçã** **2** Ornement, objet de forme arrondie: *la pomme d'une canne* ► **maçã, esfera** ■ **pomme d'Adam:** saillie à la partie antérieure du cou de l'homme, formée par le cartilage thyroïde ► **pomo de adão** □ **pomme d'arrosoir:** renflement percé de trous qui termine le tuyau d'un arrosoir ► **ralo de regador** □ FIG **pomme de discorde:** sujet de division ► **pomo da discórdia** □ **pomme de pin:** fruit du pin ► **pinha** □ FAM **pour ma (ta, etc.) pomme:** pour moi (toi, etc.) ► **para mim (você, etc.)** □ FAM **tomber dans les pommes:** s'évanouir ► **desmaiar**
pommé, e *adj* Arrondi comme une pomme: *chou pommé* ► **em forma de pomo**
pommeau *nm* **1** Petite boule au bout de la poignée d'une épée, d'un sabre, d'un parapluie, etc. ► **maçã, castão** **2** Partie antérieure de l'arçon d'une selle ► **maçaneta**
pomme de terre (pl *pommes de terre*) *nf* Plante à tubercules alimentaires riches en amidon; tubercule de cette plante ► **batata**
pommelé, e *adj* **1** Marqué de gris et de blanc: *cheval pommelé* ► **malhado** **2** Couvert de petits nuages: *ciel pommelé* ► **encarneirado**
pommeler (se) *vpr (conj 6)* Se couvrir de petits nuages ► **encarneirar-se**
pommer *vi* Se former en pomme, en parlant des choux, des laitues, etc. ► **repolhar**
pommeraie *nf* Verger de pommiers ► **pomar de macieiras**
pommette *nf* Partie saillante de la joue, sous l'œil ► **maçã do rosto**
pommier *nm* Arbre fruitier de la famille des rosacées produisant la pomme ► **macieira**
pompage *nm* Action de pomper ► **bombeamento**
pompe[1] *nf* LITT Cérémonial somptueux, déploiement de faste ► **pompa** ■ **en grande pompe:** avec beaucoup d'éclat ► **com toda a pompa** ◆ **pompes** *pl* ■ **les pompes funèbres:** service chargé de l'organisation des funérailles ► **pompas fúnebres**
pompe[2] *nf* **1** Appareil pour aspirer, comprimer ou refouler les fluides: *pompe à vélo* ► **bomba** **2** Distributeur de carburants: *pompe à essence* ► **bomba** **3** FAM Chaussure ► **sapato** ■ FAM **à toute pompe:** très vite ► **a todo vapor** □ FAM **coup de pompe:** fatigue soudaine ► **prego** ◆ **pompes** *pl* Exercice de gymnastique qui consiste à soulever le corps, à plat ventre sur le sol, en poussant sur les bras ► **flexão de braço**
pompéien, enne *adj et n* De Pompéi ► **pompeano**
pomper *vt* **1** Puiser avec une pompe: *pomper de l'eau* ► **bombear** **2** Absorber: *l'éponge a pompé toute l'eau* ► **chupar, absorver** **3** FAM Fatiguer, épuiser: *ce travail m'a pompé* ► **pregar** **4** ARG SCOL Copier ► **copiar**
pompette *adj* FAM Un peu ivre ► **tocado**
pompeusement *adv* Avec emphase ► **pomposamente**
pompeux, euse *adj* Empreint d'une solennité excessive ou déplacée: *discours pompeux* ► **pomposo**

pompier[1] *nm* Homme qui fait partie d'un corps organisé pour combattre les incendies et intervenir en cas de sinistre ▸ **bombeiro**

pompier[2]**, ère** *adj* D'un académisme emphatique: *style pompier* ▸ **acadêmico**

pompiste *n* Préposé au fonctionnement d'un appareil de distribution de carburants ▸ **frentista**

pompon *nm* Petite houppe qui sert d'ornement dans le costume et l'ameublement ▸ **pompom** ■ FAM **avoir, tenir le pompon:** l'emporter sur les autres ▸ **levar a melhor**

pomponner *vt* Arranger la toilette avec beaucoup de soin ▸ **empetecar** ♦ **se pomponner** *vpr* S'apprêter avec soin, coquetterie ▸ **empetecar-se**

ponant *nm* **1** LITT Occident ▸ **poente** **2** Vent d'ouest, dans le Midi ▸ **ponente**

ponçage *nm* Action de poncer ▸ **polimento**

ponce *adj* ■ **pierre ponce** ou **ponce** *nf*: roche volcanique, légère, très poreuse et très dure, utilisée pour polir ▸ **pedra-pomes**

poncer *vt (conj 1)* Polir, lisser avec la pierre ponce ou une substance abrasive ▸ **polir**

ponceuse *nf* Machine à poncer ▸ **máquina de polir**

poncho [pɔ̃ʃo] *nm* Manteau fait d'une couverture fendue au milieu pour passer la tête ▸ **poncho**

poncif *nm* Formule banale, sans originalité; cliché, lieu commun ▸ **clichê**

ponction *nf* **1** CHIR Introduction d'une aiguille dans une cavité, un organe, pour l'explorer, y faire un prélèvement ou en évacuer un liquide ▸ **punção** **2** Prélèvement, notamment d'argent ▸ **retirada**

ponctionner *vt* Faire une ponction ▸ **puncionar**

ponctualité *nf* Qualité d'une personne ponctuelle ▸ **pontualidade**

ponctuation *nf* Art, manière de ponctuer ▸ **pontuação** ■ **signes de ponctuation:** signes graphiques servant à noter les pauses entre phrases ou éléments de phrases, ainsi que les rapports syntaxiques ▸ **sinais de pontuação**

ponctuel, elle *adj* **1** Qui arrive à l'heure; exact ▸ **pontual** **2** Qui exécute à point nommé ce qu'il doit faire: *un collaborateur ponctuel* ▸ **pontual** **3** Qui porte sur un détail, un point, un moment: *opération ponctuelle* ▸ **pontual** **4** OPT Constitué par un point: *image ponctuelle* ▸ **pontual**

ponctuellement *adv* De façon ponctuelle ▸ **pontualmente**

ponctuer *vt* **1** Marquer des signes de ponctuation: *ponctuer une phrase* ▸ **pontuar** **2** Marquer, accentuer d'un geste, d'une exclamation: *ponctuer son discours de coups frappés sur la table* ▸ **pontuar**

pondaison *nf* Époque de la ponte des oiseaux ▸ **postura**

pondérable *adj* Qui peut être pesé ▸ **ponderável**

pondéral, e, aux *adj* Relatif au poids ▸ **ponderal**

pondérateur, trice *adj* LITT Qui a un effet modérateur ▸ **ponderador, moderador**

pondération *nf* **1** Caractère pondéré; mesure, modération: *s'exprimer avec pondération* ▸ **ponderação** **2** Juste équilibre de tendances contraires dans le domaine politique ou social: *pondération des pouvoirs* ▸ **ponderação, moderação**

pondéré, e *adj* Bien équilibré, calme, modéré ▸ **ponderado**

pondérer *vt (conj 10)* Équilibrer quelque chose par autre chose qui l'atténue ▸ **ponderar**

pondeur, euse *adj* ▸ **poedeiro** ■ **poule pondeuse** ou **pondeuse** *nf*: poule élevée pour la production d'œufs ▸ **galinha poedeira**

pondre *vt (conj 51)* **1** Produire des œufs ▸ **pôr ovos** **2** FAM Écrire, produire: *pondre un article* ▸ **produzir**

poney *nm* Petit cheval à crinière épaisse ▸ **pônei**

pongiste *n* Joueur de ping-pong ▸ **jogador de pingue-pongue, mesa-tenista**

pont *nm* **1** Construction faisant communiquer deux points séparés par un cours d'eau ou une dépression de terrain ▸ **ponte** **2** MAR Plancher qui ferme la cavité de la coque d'un bateau ▸ **tombadilho** **3** Essieu arrière d'une automobile ▸ **eixo traseiro** **4** Jour chômé entre deux jours fériés: *faire le pont* ▸ **ponte, emenda** ■ FIG **couper les ponts:** rompre avec quelqu'un ▸ **cortar relações** □ **pont aérien:** liaison aérienne entre deux points séparés par un espace dans lequel les transports maritimes ou terrestres sont trop lents ou inutilisables ▸ **ponte aérea** □ **pont suspendu:** dont le tablier est retenu par des chaînes ou des câbles ▸ **ponte pênsil** □ **pont tournant:** qui tourne sur un pivot ▸ **ponte giratória** ♦ **ponts** *pl* ■ **Ponts et Chaussées:** corps d'ingénieurs chargés de tous les travaux qui se rapportent aux routes, aux ponts et aux canaux ▸ **departamento de obras**

pontage *nm* Implantation chirurgicale d'un greffon ou d'un tube permettant le contournement de la zone obstruée ou rétrécie d'un canal anatomique ▸ ***by-pass***

ponte[1] *nm* FAM Personnage important ▸ **figurão**

ponte[2] *nf* **1** Action de pondre ▸ **postura** **2** Saison où les oiseaux pondent ▸ **postura** **3** Quantité d'œufs pondus ▸ **postura**

ponté, e *adj* Se dit d'une embarcation couverte par un pont: *canot ponté* ▸ **com coberta**

pontet *nm* Pièce qui protège la détente d'une arme à feu portative ▸ **guarda-mato**

pontife *nm* **1** ANTIQ Dignitaire ecclésiastique ▸ **pontífice 2** FAM Personne qui se donne des airs d'importance ▸ **mandão ▪ souverain pontife:** le pape ▸ **sumo pontífice**

pontifiant, e *adj* FAM Qui pontifie ▸ **pontificante**

pontifical, e, aux *adj* **1** ANTIQ Du pontife ▸ **pontifical 2** Du pape ▸ **papal**

pontificat *nm* Dignité, fonction de pontife, de pape; durée de cette fonction ▸ **pontificado**

pontifier *vi* FAM Prendre des airs importants, parler avec emphase ▸ **pontificar**

pont-l'évêque *nm inv* Fromage de vache à pâte molle ▸ ***pont-l'évêque***

pont-levis (pl *ponts-levis*) *nm* Pont qui protégeait l'entrée des châteaux forts en se levant et se rabaissant ▸ **ponte levadiça**

ponton *nm* Plate-forme flottante, ou fixée sur pilotis ▸ **pontão**

pontonnier *nm* Militaire employé à la construction des ponts ▸ **pontoneiro**

pool [pul] *nm* **1** Groupement ou syndicat de producteurs ▸ ***pool*** **2** Groupe de personnes travaillant en commun à des tâches identiques: *un pool de dactylos* ▸ **grupo, *pool***

pop [pɔp] *nm ou nf et adj inv* Forme musicale d'origine anglo-américaine dérivée du rock ▸ ***pop (music)***

pop art [pɔpart] *nm* Tendance artistique qui transpose l'environnement de la civilisation contemporaine au moyen d'assemblages d'objets quotidiens ▸ ***pop art***

pop-corn *nm inv* Grains de maïs soufflés et éclatés ▸ **pipoca**

pope *nm* Prêtre de l'Église orthodoxe ▸ **pope**

popeline *nf* Étoffe dont la chaîne est de soie, et la trame de laine, de lin ou de coton ▸ **popelina**

popote *nf* FAM Cuisine: *faire la popote* ▸ **rango** ◆ *adj* FAM Terre à terre, prosaïque, pantouflard ▸ **doméstico**

popotin *nm* FAM Fesses ▸ **popô**

populace *nf* PÉJOR Le bas peuple ▸ **populacho**

populacier, ère *adj* PÉJOR Propre à la populace; vulgaire ▸ **ordinário**

populaire *adj* **1** Relatif au peuple: *origines, milieux, classes populaires* ▸ **popular 2** Propre au peuple: *expression populaire* ▸ **popular 3** Qui a la faveur du plus grand nombre: *chanteur très populaire* ▸ **popular 4** Qui s'adresse au peuple, au public le plus nombreux: *roman populaire* ▸ **popular**

populairement *adv* De façon populaire ▸ **popularmente**

popularisation *nf* Action de populariser; son résultat ▸ **popularização**

populariser *vt* Rendre populaire, faire connaître au grand public ▸ **popularizar**

popularité *nf* Fait d'être connu, aimé du plus grand nombre ▸ **popularidade**

population *nf* **1** Ensemble des habitants d'un pays ▸ **população 2** Ensemble d'êtres d'une catégorie particulière: *la population scolaire* ▸ **população**

populationniste *adj et n* Favorable à un accroissement de la population ▸ **populacionista**

populeux, euse *adj* Très peuplé: *quartier populeux* ▸ **populoso**

populisme *nm* **1** Doctrine littéraire et artistique qui s'attache à l'expression de la vie et des sentiments des milieux populaires ▸ **populismo 2** Doctrine politique démagogique qui prône la défense des intérêts du peuple contre les classes dirigeantes au pouvoir ▸ **populismo**

populiste *adj et n* Qui relève du populisme; qui s'en recommande ▸ **populista**

populo *nm* FAM Peuple, foule ▸ **povaréu**

porc [pɔr] *nm* **1** Mammifère omnivore au museau terminé par un groin ▸ **porco 2** Viande, peau tannée du porc ▸ **carne de porco 3** FIG Homme sale, grossier, débauché ▸ **porco**

porcelaine *nf* **1** Produit céramique à pâte fine, translucide ▸ **porcelana 2** Objet de porcelaine ▸ **porcelana**

porcelet *nm* Jeune porc ▸ **leitão**

porc-épic [pɔrkepik] (pl *porcs-épics*) *nm* Mammifère rongeur au corps armé de piquants ▸ **porco-espinho**

porche *nm* Espace couvert en avant de l'entrée d'un édifice ▸ **pórtico**

porcher, ère *n* Personne qui garde les porcs ▸ **porqueiro**

porcherie *nf* **1** Bâtiment où on élève les porcs ▸ **chiqueiro 2** FAM Local très sale ▸ **chiqueiro**

porcin, e *adj* **1** Relatif au porc: *élevage porcin* ▸ **suíno 2** Qui évoque le porc: *yeux porcins* ▸ **porcino, de porco** ◆ *nm* Ongulé à quatre doigts par patte (les porcins forment un groupe) ▸ **suíno**

pore *nm* **1** Très petite ouverture à la surface de la peau, par où s'écoulent la sueur, le sébum ▸ **poro 2** Interstice qui sépare les molécules d'une matière solide ▸ **poro**

poreux, euse *adj* Qui présente des pores: *l'argile sèche est poreuse* ▸ **poroso**

porno *adj* FAM Pornographique ▸ **pornô** ◆ *nm* FAM Genre pornographique ▸ **pornô**

pornographie *nf* Représentation complaisante

de scènes obscènes, dans une œuvre littéraire, artistique ou cinématographique ▸ **pornografia**

pornographique *adj* Qui relève de la pornographie ▸ **pornográfico**

porosité *nf* État de ce qui est poreux ▸ **porosidade**

porphyre *nm* Roche caractérisée par ses grands cristaux de feldspath ▸ **pórfiro**

porridge *nm* Bouillie de flocons d'avoine ▸ **mingau de aveia**

port¹ *nm* **1** Abri naturel ou artificiel pour les navires; ville bâtie auprès, autour d'un tel abri: *port maritime, fluvial; Toulon est un port militaire* ▸ **porto 2** LITT Refuge ▸ **porto ■ arriver à bon port:** sans accident ▸ **chegar a bom porto**

port² *nm* **1** Action de porter: *permis de port d'armes* ▸ **porte 2** Fait de porter sur soi: *port de la barbe, de l'uniforme* ▸ **uso 3** LITT Manière de se tenir, maintien habituel: *avoir un port majestueux* ▸ **porte 4** Prix de transport d'une lettre, d'un colis: *port dû* ▸ **porte ■ port d'armes: (a)** action ou droit de porter des armes ▸ **porte de armas (b)** attitude du soldat qui présente les armes ▸ **apresentação de armas □ port de tête:** manière dont on tient la tête ▸ **postura da cabeça □** MAR **port en lourd:** maximum de charge d'un navire ▸ **carga máxima**

port³ *nm* Col, dans les Pyrénées ▸ **porta**

portabilité *nf* Caractère d'un matériel ou d'un programme portable ▸ **portabilidade**

portable *adj* **1** Qu'on peut porter: *téléphone portable* ▸ **portátil 2** INFORM Se dit d'un programme capable de fonctionner sur des ordinateurs de types différents ▸ **multicompatível** ◆ *nm* Appareil portable, en particulier micro-ordinateur et téléphone ▸ ***notebook*, telefone sem fio, celular**

EMPLOI C'est l'usage qui détermine souvent l'emploi de *portable* ou de *portatif*. On parle ainsi de *téléphone portable*, mais de *machine à écrire portative*

portage *nm* Transport à dos d'homme ▸ **carrego**

portail *nm* Entrée monumentale d'une église, d'un édifice, à une ou plusieurs portes ▸ **portal**

portant¹ *nm* **1** Tringle à vêtements soutenue par des montants ▸ **arara 2** THÉÂTRE Montant qui soutient les décors ou les appareils d'éclairage ▸ **vara**

portant², e *adj* TECHN Qui soutient, supporte: *mur portant* ▸ **de arrimo, de sustentação ■ bien, mal portant:** en bonne, en mauvaise santé ▸ **bem, mal de saúde □ tirer à bout portant:** de très près ▸ **atirar à queima-roupa**

portatif, ive *adj* Conçu pour être transporté avec soi: *téléviseur portatif* ▸ **portátil**

porte¹ *nf* **1** Ouverture pour entrer et sortir: *ouvrir, fermer la porte; porte de secours*; ce qui clôt cette ouverture; battant: *porte de fer; porte vitrée* ▸ **porta 2** Lieu situé à la périphérie d'une ville, correspondant à une ouverture autrefois aménagée dans un mur d'enceinte: *porte de Versailles (à Paris)* ▸ **porta 3** Espace délimité par deux piquets et entre lesquels un skieur doit passer, dans un slalom ▸ **porta, *gate* ■ mettre à la porte:** renvoyer ▸ **pôr na rua □ opération, journée porte(s) ouverte(s):** possibilité offerte au public de visiter librement une entreprise, un service public, etc. ▸ **dia de visitação pública**

porte² *adj* ▸ **porta ■** ANAT **veine porte:** qui conduit le sang au foie ▸ **(veia) porta**

porté, e *adj* ▸ **levado ■ porté à:** enclin à ▸ **dado a □ porté sur:** qui a un goût très vif pour ▸ **aficionado por**

porte-à-faux *nm inv* Partie d'ouvrage qui n'est pas à l'aplomb ▸ **saliência ■ en porte à faux:** dans une situation fausse, périlleuse ▸ **instável**

porte-à-porte *nm inv* Démarchage à domicile: *faire du porte-à-porte* ▸ **porta a porta**

porte-avions *nm inv* Navire servant de base aux avions de combat ▸ **porta-aviões**

porte-bagages *nm inv* Dispositif pour fixer des bagages sur un véhicule ▸ **porta-bagagem**

porte-bébé (pl inv ou *porte-bébés*) *nm* Petit siège à poignées ou sorte de harnais en toile pour transporter un bébé ▸ **bêbe conforto, canguru**

porte-billet (pl *porte-billets*) ou **porte-billets** (pl inv) *nm* Petit portefeuille pour billets de banque ▸ **carteira**

porte-bonheur *nm inv* Objet censé porter chance ▸ **amuleto**

porte-bouteille (pl *porte-bouteilles*) ou **porte-bouteilles** (pl inv) *nm* Casier pour transporter les bouteilles debout ▸ **porta-garrafas**

porte-carte (pl *porte-cartes*) ou **porte-cartes** (pl inv) *nm* Portefeuille pour cartes de visite, pièces d'identité, etc. ▸ **porta-documentos**

porte-cigarette (pl *porte-cigarettes*) ou **porte-cigarettes** (pl inv) *nm* Étui à cigarettes ▸ **cigarreira**

porte-clefs ou **porte-clés** *nm inv* Anneau ou étui pour porter les clefs ▸ **chaveiro**

porte-couteau (pl inv ou *porte-couteaux*) *nm* Ustensile de table servant à poser l'extrémité du couteau ▸ **descanso de talheres**

porte-document (pl *porte-documents*) ou **porte-documents** (pl inv) *nm* Grande pochette plate ▸ **pasta de documentos**

porte-drapeau (pl inv ou *porte-drapeaux*) *nm* **1** Celui qui porte le drapeau ▸ **porta-bandeira 2** Chef actif et reconnu d'une doctrine, d'un mouvement ▸ **líder**

portée *nf* **1** Totalité des petits qu'une femelle met bas en une fois ▸ **ninhada 2** Distance à laquelle une arme peut lancer un projectile: *fusil qui a une portée de 800 m* ▸ **alcance 3** Endroit jusqu'où la main, la vue, la voix, l'ouïe, peuvent arriver: *à portée de main* ▸ **alcance 4** FIG Capacité intellectuelle: *c'est hors de ma portée* ▸ **alcance 5** Force, efficacité, importance de quelque chose; retentissement: *mesurer la portée de ses actes* ▸ **alcance, repercussão 6** Distance séparant les points d'appui consécutifs d'une construction: *portée d'un pont, d'une poutre* ▸ **tramo 7** Série de cinq lignes parallèles et horizontales pour écrire la musique ▸ **pauta**

portefaix *nm* ANC Homme dont le métier était de porter des fardeaux ▸ **carregador**

porte-fenêtre (pl *portes-fenêtres*) *nf* Porte vitrée, souvent à deux battants, qui ouvre sur une terrasse, un jardin, etc. ▸ **porta-janela**

portefeuille *nm* **1** Étui muni de compartiments où l'on met ses billets de banque, ses papiers, etc. ▸ **carteira 2** Ensemble des effets de commerce, des valeurs mobilières appartenant à une personne ou à une entreprise ▸ **carteira 3** FIG Titre, fonction de ministre; département ministériel: *convoiter le portefeuille des Affaires étrangères* ▸ **pasta**

porte-greffe (pl inv ou *porte-greffes*) *nm* Sujet sur lequel on fixe le greffon ▸ **cavalo**

porte-hélicoptères *nm inv* Bâtiment de guerre équipé pour recevoir les hélicoptères ▸ **porta-helicópteros**

porte-jarretelles *nm inv* Ceinture supportant les jarretelles qui retiennent les bas ▸ **cinta-liga**

porte-malheur *nm inv* Personne, objet censés porter malheur ▸ **pessoa, coisa azarenta**

portemanteau *nm* Support auquel on suspend les vêtements ▸ **cabideiro**

portement *nm* ▸ **carregamento ▪ portement de croix:** représentation de Jésus portant sa croix ▸ **cena de Jesus carregando a cruz**

portemine *nm* Tube de métal ou de plastique contenant une mine de crayon ▸ **lapiseira**

porte-monnaie *nm inv* Étui, pochette pour les pièces de monnaie ▸ **porta-moedas**

porte-parapluie (pl inv ou *porte-parapluies*) *nm* Ustensile pour recevoir les parapluies ▸ **bengaleiro**

porte-parole *nm inv* **1** Personne qui parle au nom des autres ▸ **porta-voz 2** Journal qui se fait l'interprète de quelqu'un, d'un groupe ▸ **órgão**

porte-plume (pl inv ou *porte-plumes*) *nm* Petite tige à laquelle s'adaptent les plumes métalliques pour écrire ou dessiner ▸ **caneta**

porter *vt* **1** Soutenir un poids, une charge: *porter une valise* ▸ **carregar 2** Transporter: *porter à domicile* ▸ **levar 3** Avoir sur soi comme vêtement, comme ornement: *porter une montre, des lunettes* ▸ **usar 4** Présenter à la vue: *ville qui porte les marques des bombardements; lettre qui porte la date du 10 janvier* ▸ **carregar 5** Tenir une partie du corps de telle ou telle manière: *porter la tête haute* ▸ **manter 6** Diriger: *porter son regard sur quelque chose* ▸ **dirigir 7** Produire: *arbre qui porte beaucoup de fruits* ▸ **produzir 8** Avoir en gestation: *la chatte porte trois chatons* ▸ **carregar 9** Inciter, pousser à: *porter au mal* ▸ **levar 10** Causer: *porter malheur* ▸ **causar 11** Supporter: *porter le poids d'une faute* ▸ **carregar ▪ porter la main sur:** frapper ▸ **bater em □ porter les armes, la robe, la soutane:** être soldat, magistrat, prêtre ▸ **ser soldado, magistrado, padre □ porter un nom, un titre:** se faire appeler ainsi ▸ **ter um nome, um título ◆** *vi* **1** Atteindre son objectif ▸ **dar resultado 2** Avoir telle portée: *cette arme porte loin* ▸ **alcançar ◆** *vt ind* **1** [sur] reposer sur: *poids qui porte sur une jambe* ▸ **apoiar-se 2** [sur] Avoir pour objet: *sur quoi porte ce projet?* ▸ **referir-se ▪ porter à faux:** ne pas être d'aplomb ▸ **estar fora de prumo, ser infundado □ porter à la tête:** étourdir ▸ **inebriar □ porter sur les nerfs:** énerver ▸ **dar nos nervos ◆ se porter** *vpr* **1** Aller, se diriger: *se porter au-devant de quelqu'un* ▸ **ir 2** Avoir tel état de santé: *je me porte bien* ▸ **passar 3** Se présenter, se constituer: *se porter candidat, volontaire* ▸ **apresentar-se como**

porte-revues *nm inv* Accessoire de mobilier conçu pour le rangement des revues, des journaux ▸ **porta-revistas**

porterie *nf* Loge du portier, dans une communauté religieuse ▸ **portaria**

porte-savon (pl inv ou *porte-savons*) *nm* Support, récipient pour le savon ▸ **saboneteira**

porte-serviette (pl *porte-serviettes*) *nm* Support pour suspendre les serviettes de toilette ▸ **porta-toalhas**

porteur, euse *adj* Qui porte ou supporte quelque chose: *mur porteur* ▸ **de arrimo, de sustentação ▪ mère porteuse:** femme qui porte dans son utérus un ovule d'une autre femme fécondé in vitro ▸ **mãe de aluguel ◆** *n* **1** Personne dont le métier est de porter, en particulier les bagages ▸ **carregador, portador 2** Celui qui est chargé de remettre une lettre, un télégramme ▸ **portador 3** Personne qui présente un effet de commerce: *payable au porteur*; détenteur d'une valeur mobilière ▸ **portador 4** Personne qui porte sur soi, qui est en possession de quelque chose: *porteur d'une arme* ► **portador** ■ **porteur de germes:** sujet apparemment sain qui porte en lui des germes infectieux ► **portador de germes**

porte-voix *nm inv* Instrument conique pour amplifier le son de la voix ► **megafone**

portfolio [pɔrtfoljo] *nm* Ensemble de photographies ou d'estampes réunies sous une couverture rigide ► **portfólio**

portier *nm* Personne qui garde l'entrée d'un hôtel, d'un établissement public ► **porteiro**

portière *nf* Porte d'une automobile, d'un wagon ► **porta de carro**

portillon *nm* Petite porte à battant ► **cancela**

portion *nf* **1** Partie d'un tout: *portion d'héritage* ► **porção 2** Quantité, part de nourriture servie à quelqu'un ► **porção**

portique *nm* **1** Galerie à voûte soutenue par des colonnes ► **pórtico 2** Poutre horizontale à laquelle on accroche les agrès de gymnastique ► **pórtico**

porto *nm* Vin récolté au Portugal ► **(vinho do) Porto**

portoricain, e *adj et n* De Porto Rico ► **porto-riquenho**

portrait *nm* **1** Image d'une personne reproduite par la peinture, le dessin, la photographie, etc. ► **retrato 2** FIG Description orale ou écrite d'une personne ► **retrato** ■ **être le portrait de quelqu'un:** lui ressembler fortement ► **ser a cara de alguém**

portraitiste *n* Artiste qui fait des portraits ► **retratista**

portrait-robot (pl *portraits-robots*) *nm* Portrait d'une personne recherchée par la police, effectué d'après la description de témoins ► **retrato falado**

portraiturer *vt* Faire le portrait de quelqu'un ► **retratar**

Port-Salut *nm inv* (nom déposé) Fromage au lait de vache ► ***Port-Salut*** (marca registrada)

portuaire *adj* Relatif à un port ► **portuário**

portugais, e *adj et n* Du Portugal: *les Portugais* ► **português** ♦ *nm* Langue romane parlée au Portugal et au Brésil ► **português**

portugaise *nf* Variété d'huître ► **ostra-portuguesa**

portulan *nm* Carte marine de la fin du Moyen Âge et de la Renaissance, indiquant la position des ports et le contour des côtes ► **portulano**

POS [pɔs] *nm* (sigle de *plan d'occupation des sols*) Document d'urbanisme fixant les conditions d'affectation et d'utilisation des sols dans une commune ► **POS**

pose *nf* **1** Action de poser: *la pose d'une moquette* ► **colocação 2** Attitude du corps: *une pose indolente* ► **pose 3** Action de poser pour un artiste: *séance de pose* ► **pose 4** Durée d'exposition d'une photographie: *temps de pose* ► **pose, exposição**

posé, e *adj* Calme, mesuré: *homme posé* ► **calmo**

posément *adv* Calmement ► **calmamente**

posemètre *nm* PHOT Appareil servant à mesurer le temps de pose nécessaire ► **fotômetro**

poser *vt* **1** Placer, mettre: *poser un livre sur la table* ► **colocar 2** Installer: *poser des rideaux* ► **colocar, instalar 3** Établir: *poser les fondements de* ► **estabelecer 4** Adresser, formuler: *poser une question* ► **formular 5** Écrire un nombre selon les règles de l'arithmétique: *poser une opération* ► **escrever 6** Mettre en valeur: *ce succès le pose* ► **projetar** ■ **poser (un) problème:** soulever une difficulté: *sa venue pose problème* ► **criar um problema** ♦ *vi* **1** Prendre appui: *les solives posent sur le mur* ► **apoiar-se 2** Garder une attitude: *poser pour un peintre* ► **posar 3** Se comporter de façon affectée: *poser pour la galerie* ► **posar 4** PHOT Observer un temps de pose ► **expor** ♦ **se poser** *vpr* **1** Se donner pour: *se poser en justicier* ► **posar 2** Atterrir: *l'avion s'est posé* ► **pousar 3** Exister: *le problème se pose* ► **colocar-se**

poseur, euse *n et adj* **1** Personne qui pose, installe quelque chose: *poseur de moquette* ► **colocador, instalador 2** FIG Personne affectée, prétentieuse: *quelle poseuse!* ► ***poseur*, presumido**

positif, ive *adj* **1** Certain, réel, qui relève de l'expérience concrète: *fait positif* ► **positivo 2** Qui fait preuve de réalisme, qui a le sens pratique: *esprit positif* ► **positivo 3** Qui a un effet favorable, qui marque un progrès: *des efforts positifs* ► **positivo 4** Qui montre la présence de l'élément ou de l'effet recherché: *test positif; cuti positive* ► **positivo** ■ **électricité positive:** celle que l'on obtient en frottant un morceau de verre ► **eletricidade positiva** □ PHOT **épreuve positive:** épreuve tirée d'un négatif, après développement et tirage ► **positivo** □ MATH **nombre positif:** supérieur ou égal à 0 ► **número positivo** □ **réponse positive:** affirmative ► **resposta positiva** ♦ *nm* **1** Ce qui est sûr, concret, positif: *cette information, voilà du positif!* ► **positivo 2** PHOT Épreuve positive ► **positivo**

position *nf* **1** Situation d'une chose dans l'espace: *la position d'un navire* ► **posição 2** Attitude, posture du corps: *changer de position* ► **posição 3** MIL Terrain occupé par des troupes ► **posição 4** FIG Emploi, situation sociale: *avoir une position élevée* ► **posição 5** Place relative dans un classement: *candidat en bonne position* ▸ **posição 6** Circonstances dans lesquelles on se trouve: *être en position difficile* ▸ **posição 7** Opinion, parti adoptés sur un problème donné: *avoir une position nette* ▸ **posição ▪ rester, camper sur ses positions:** ne pas changer d'avis ▸ **manter-se firme**

positionnement *nm* Action de positionner ▸ **posicionamento**

positionner *vt* **1** Indiquer les coordonnées géographiques d'un navire, l'emplacement exact d'une troupe, etc. ▸ **posicionar 2** Déterminer la situation d'un produit sur le marché ▸ **posicionar**

positivement *adv* De façon positive ▸ **positivamente**

positivisme *nm* Système de philosophie fondé par Auguste Comte, qui n'admet que les vérités constatées par l'observation et l'expérience ▸ **positivismo**

positiviste *adj et n* Qui relève du positivisme; qui le professe ▸ **positivista**

positron ou **positon** *nm* Électron de charge positive ▸ **pósitron, pósiton**

posologie *nf* **1** Quantité et rythme d'administration d'un médicament prescrit ▸ **posologia 2** Étude du dosage et des modalités d'administration des médicaments ▸ **posologia**

possédant, e *adj et n* Qui possède des biens, de la fortune ▸ **possuidor**

possédé, e *n* Personne en proie à une puissance démoniaque ▸ **possuído**

posséder *vt (conj 10)* **1** Avoir à soi, comme bien: *posséder une maison* ▸ **possuir 2** Avoir à sa disposition: *posséder une armée puissante* ▸ **possuir 3** FIG Connaître parfaitement: *posséder l'anglais* ▸ **dominar 4** FAM Tromper, duper: *se faire posséder* ▸ **enrolar**

possesseur *nm* Celui qui possède quelque chose ▸ **possuidor**

possessif, ive *adj et nm* GRAMM Se dit des mots qui expriment la possession, l'appartenance: *adjectif, pronom possessif* ▸ **possessivo** ◆ *adj* Qui éprouve un besoin de possession, de domination ▸ **possessivo**

possession *nf* **1** Fait de posséder; chose possédée ▸ **posse 2** Territoire possédé par un État; colonie ▸ **possessão 3** État d'une personne possédée par une force démoniaque ▸ **possessão**

possessivité *nf* Caractère d'une personne possessive ▸ **possessividade**

possibilité *nf* **1** Caractère de ce qui est possible ▸ **possibilidade 2** Chose possible ▸ **possibilidade** ◆ **possibilités** *pl* Moyens dont on dispose ▸ **possibilidades**

possible *adj* Qui peut exister, se produire: *une erreur est possible* ▸ **possível** ◆ *adj inv* Renforce un superlatif: *faire le moins de fautes possible* ▸ **possível** ◆ *nm* Ce que l'on peut: *faire son possible* ▸ **possível ▪ au possible:** extrêmement: *avare au possible* ▸ **até não poder mais**

GRAMMAIRE Lorsque *possible* est précédé de *le plus, le moins*, il reste invariable: *faites le moins de fautes possible*

postal, e, aux *adj* De la poste ▸ **postal**

postclassique *adj* Postérieur à l'époque classique ▸ **pós-clássico**

postcommunisme *nm* Situation résultant de l'abandon de l'idéologie communiste dans certains pays ▸ **pós-comunismo**

postcure *nf* Période de repos après une cure, de soins ambulatoires après une hospitalisation ▸ **pós-convalescença**

postdater *vt* Apposer une date postérieure à la date réelle ▸ **pós-datar**

poste[1] *nf* **1** Administration chargée du transport du courrier, d'opérations financières, etc.; bureau, local où s'effectuent ces opérations ▸ **correio 2** AUTREF Relais de chevaux pour le service des voyageurs; distance entre deux relais ▸ **posta**

poste[2] *nm* **1** Local, lieu affecté à une destination particulière, où quelqu'un, un groupe remplit une fonction déterminée: *poste de douane* ▸ **posto 2** Emploi, fonction: *occuper un poste élevé* ▸ **posto 3** Emplacement aménagé pour recevoir certaines installations techniques: *poste d'essence, d'incendie* ▸ **posto 4** Endroit où se trouvent des soldats: *poste de combat* ▸ **posto 5** Appareil récepteur de radio, de télévision, de téléphone ▸ **aparelho ▪ poste (de police)**: locaux d'un commissariat ▸ **delegacia (de polícia)**

posté, e *adj* Se dit d'un travail où les équipes se succèdent pour assurer une production continue ▸ **por turnos**

poste-frontière (pl *postes-frontières*) *nm* Endroit de passage entre deux pays, où s'effectue le contrôle douanier ▸ **posto de fronteira**

poster[1] *vt* Placer à un poste: *poster des chasseurs* ▸ **colocar**

poster[2] *vt* Mettre à la poste: *poster son courrier* ▸ **postar**

poster[3] [pɔstɛr] *nm* Affiche illustrée ou photo de grand format ▸ **pôster**

postérieur, e *adj* **1** Qui vient après: *fait postérieur à un événement* ▸ **posterior 2** Placé derrière: *partie postérieure de la tête* ▸ **posterior** ◆ *nm* FAM Derrière, fesses ▸ **traseiro**

postérieurement *adv* Après ▸ **posteriormente**
postériorité *nf* État d'une chose postérieure à une autre ▸ **posterioridade**
postérité *nf* **1** Descendance: *mourir sans laisser de postérité* ▸ **posteridade 2** Ensemble des générations à venir: *la postérité jugera* ▸ **posteridade**
postface *nf* Avertissement à la fin d'un livre ▸ **posfácio**
posthume *adj* **1** Né après la mort de son père ▸ **póstumo 2** Publié après le décès de l'auteur ▸ **póstumo 3** Qui n'existe qu'après la mort de la personne: *gloire posthume* ▸ **póstumo**
postiche *adj* **1** Fait et ajouté après coup: *ornement postiche* ▸ **postiço 2** Qui remplace artificiellement la nature: *cheveux postiches* ▸ **postiço** ◆ *nm* **1** Faux cheveux ▸ **aplique postiço 2** Fausse barbe, fausse moustache ▸ **barba, bigode postiço**
postier, ère *n* Employé de la poste ▸ **funcionário do correio**
postillon *nm* **1** AUTREF Conducteur des chevaux d'une voiture de poste ▸ **postilhão 2** FAM Goutte de salive projetée en parlant ▸ **perdigoto**
postillonner *vi* FAM Projeter des postillons en parlant ▸ **lançar perdigotos**
postimpressionnisme *nm* Courant artistique (fin XIXe-début XXe s.), qui diverge de l'impressionnisme ou s'y oppose ▸ **pós-impressionismo**
postimpressionniste *adj et n* Qui appartient au postimpressionnisme ▸ **pós-impressionista**
postnatal, e, aux *adj* Qui suit immédiatement la naissance ▸ **pós-natal**
postopératoire *adj* Qui suit une opération: *complications postopératoires* ▸ **pós-operatório**
postposer *vt* GRAMM Placer après un autre mot ▸ **pospor**
post-scriptum [pɔstskriptɔm] *nm inv* Ajout fait à une lettre après la signature (abréviation: *P.-S.*) ▸ ***post-scriptum***
postsynchronisation *nf* CIN Enregistrement des dialogues d'un film en synchronisme avec les images déjà tournées ▸ **dublagem**
postsynchroniser *vt* Effectuer la postsynchronisation de ▸ **dublar**
postulant, e *n* Personne qui postule une place: *postuler un emploi* ▸ **postulante**
postulat *nm* Principe dont l'admission est nécessaire pour établir une démonstration: *le postulat d'Euclide* ▸ **postulado**
postuler *vt et vi* Demander, solliciter: *postuler une place; postuler pour un poste, à un poste* ▸ **postular**
posture *nf* **1** Position du corps; attitude, maintien ▸ **postura 2** FIG Situation: *être en bonne posture* ▸ **situação**
pot *nm* **1** Récipient de terre, de métal, etc.: *pot de fleurs; pot à lait* ▸ **pote, vaso 2** FAM Verre d'une boisson quelconque; cette boisson: *prendre, boire un pot*; réunion où on boit, cocktail ▸ **copo, coquetel** ■ **à la fortune du pot:** sans cérémonie ▸ **sem cerimônia** □ FAM **avoir du pot:** de la chance ▸ **ter sorte** □ **le pot aux roses:** le secret d'une affaire ▸ **segredo** □ FAM **payer les pots cassés:** réparer les dommages causés ▸ **pagar o pato** □ **petit pot:** conserve alimentaire destinée aux nourrissons ▸ **potinho de alimento para bebês** □ **pot catalytique:** pot d'échappement antipollution utilisant la catalyse ▸ **catalisador** □ **pot de chambre:** petit récipient destiné aux besoins naturels ▸ **penico** □ **pot d'échappement:** dans une automobile, appareil cylindrique par lequel s'échappent les gaz brûlés sortant du moteur ▸ **escapamento** □ **poule au pot:** poule bouillie ▸ **frango cozido**
potable *adj* **1** Qui peut être bu sans danger: *eau potable* ▸ **potável 2** FAM Dont on peut se contenter, passable: *vin potable* ▸ **aceitável**
potache *nm* FAM Lycéen, collégien ▸ **estudante**
potage *nm* Préparation plus ou moins épaisse dans laquelle on a mis des légumes, de la viande, etc. ▸ **sopa cremosa**
potager, ère *adj* Se dit des plantes utilisées pour la cuisine ▸ **leguminosa** ◆ *nm* Jardin où l'on cultive des légumes ▸ **horta**
potasse *nf* Hydroxyde de potassium ▸ **potassa**
potasser *vt* FAM Étudier avec application ▸ **estudar com afinco**
potassique *adj* Se dit des dérivés du potassium ▸ **potássico**
potassium [pɔtasjɔm] *nm* Corps simple métallique, extrait de la potasse; symb: K ▸ **potássio**
pot-au-feu [pɔtof] *nm inv* **1** Plat composé de viande de bœuf bouillie avec des légumes ▸ **cozido 2** Viande avec laquelle on prépare ce mets ▸ **carne para cozido**
pot-de-vin (pl *pots-de-vin*) *nm* Somme payée en sus du prix convenu pour obtenir un marché, pour gagner l'influence de quelqu'un ▸ **suborno**
pote *nm* FAM Camarade, ami ▸ **amigo**
poteau *nm* **1** Pièce de charpente fixée verticalement: *poteau télégraphique* ▸ **poste 2** Pièce fixée verticalement dans le sol, servant de repère, de signalisation, de support: *poteau indicateur* ▸ **poste**
potée *nf* Plat composé de légumes accompagnés de viande bouillie et de charcuterie ▸ **cozido**

potelé, e *adj* Qui a des formes rondes et pleines; dodu ▸ **rechonchudo**
potelet *nm* Petit poteau fixé sur un trottoir ou une chaussée, pour empêcher le stationnement ou canaliser la circulation des véhicules ▸ **baliza**
potence *nf* Instrument de supplice servant à la pendaison; ce supplice ▸ **forca**
potentat *nm* **1** Souverain absolu d'un État puissant ▸ **potentado** **2** FIG Homme qui dirige de façon tyrannique ▸ **ditador**
potentialité *nf* Caractère potentiel ▸ **potencialidade**
potentiel, elle *adj* Qui existe virtuellement, en puissance: *qualité potentielle* ▸ **potencial** ♦ *nm* **1** PHYS Différence de niveau électrique entre deux conducteurs ▸ **potencial** **2** Force, puissance, ressources dont on peut disposer: *le potentiel militaire d'un État* ▸ **potencial** **3** LING Forme verbale indiquant l'action qui se réaliserait dans l'avenir si telle condition était remplie ▸ **condicional**
potentiellement *adv* Virtuellement ▸ **potencialmente**
potentiomètre *nm* ÉLECTR Rhéostat ▸ **potenciômetro**
poterie *nf* **1** Art du potier ▸ **cerâmica** **2** Fabrication de vases, d'ustensiles divers en grès, en terre cuite ▸ **cerâmica** **3** Objet, vaisselle en terre cuite ▸ **cerâmica**
poterne *nf* Porte de fortification donnant sur le fossé ▸ **poterna**
potiche *nf* **1** Grand vase en porcelaine, souvent à couvercle ▸ **potiche** **2** FIG Personne qui a un rôle de représentation, sans pouvoir réel ▸ **fantoche**
potier, ère *n* Personne qui fabrique ou vend de la poterie ▸ **ceramista**
potimarron *nm* Potiron dont la chair parfumée a un léger goût de châtaigne ▸ **abóbora**
potin *nm* FAM **1** (surtout au pluriel) Petit commérage; cancan ▸ **fofoca** **2** Tapage, vacarme: *faire du potin* ▸ **barulheira**
potion *nf* Remède à boire ▸ **poção**
potiron *nm* Plante potagère voisine de la courge; gros fruit à chair orangée de cette plante ▸ **abóbora-menina**
pot-pourri (pl *pots-pourris*) *nm* **1** Mélange de plusieurs airs, de couplets ou refrains de chansons diverses ▸ ***pot-pourri*** **2** Mélange de choses diverses ▸ ***pot-pourri*** **3** Mélange de fleurs séchées odorantes, utilisé pour parfumer une pièce, le linge ▸ ***pot-pourri***
potron-jacquet ou **potron-minet** *nm* ▸ **raiar do dia** ▪ VX **dès potron-jacquet** ou **dès potron-minet:** dès la pointe du jour ▸ **desde o raiar do dia**
pou (pl *poux*) *nm* Insecte qui vit en parasite sur le corps de l'homme et de certains animaux ▸ **piolho**
pouah *interj* Exprime le dégoût ▸ **eca**
poubelle *nf* Boîte à ordures ▸ **lata de lixo**
pouce *nm* **1** Le plus gros et le plus court des doigts de la main ▸ **polegar** **2** Gros orteil ▸ **dedão do pé** **3** Ancienne mesure de longueur (0,027 m) ▸ **polegada** **4** FIG Très petite parcelle: *ne pas céder un pouce de territoire* ▸ **dedo** ▪ **manger sur le pouce:** à la hâte ▸ **engolir a comida** ▫ **mettre les pouces:** céder après avoir longtemps résisté ▸ **entregar os pontos** ▫ **se tourner les pouces:** rester sans rien faire ▸ **ficar de braços cruzados**
pouding *nm* → **pudding**
poudingue *nm* Agglomérat de cailloux réunis par un ciment naturel ▸ **pudingue**
poudrage *nm* Action de poudrer ▸ **empoamento**
poudre *nf* **1** Substance pulvérisée: *sucre en poudre* ▸ **pó** **2** Mélange de produits minéraux, utilisé comme fard: *se mettre de la poudre* ▸ **pó de arroz** **3** Substance explosive solide pouvant être utilisée au lancement d'un projectile par une arme à feu ou à la propulsion d'un engin ▸ **pólvora** ▪ FIG **jeter de la poudre aux yeux:** chercher à faire illusion ▸ **jogar poeira nos olhos** ▫ **mettre le feu aux poudres:** déclencher un conflit ▸ **atiçar o fogo** ▫ **n'avoir pas inventé la poudre:** n'être pas intelligent, pas très fin ▸ **não ter inventado a pólvora** ▫ **poudre à canon:** mélange inflammable de salpêtre, de charbon et de soufre ▸ **pólvora** ▫ **se répandre comme une traînée de poudre:** se propager très rapidement ▸ **espalhar-se como um rastilho de pólvora**
poudrer *vt* Couvrir de poudre ▸ **empoar**
poudrerie *nf* Fabrique d'explosifs ▸ **fábrica de pólvora**
poudreux, euse *adj* Qui a l'aspect ou la consistance de la poudre ▸ **pulverulento** ♦ *nf* Neige poudreuse ▸ **neve fofa**
poudrier *nm* Boîte à poudre pour maquillage ▸ **caixa de pó de arroz**
poudrière *nf* **1** VX Dépôt de munitions ou d'explosifs ▸ **paiol** **2** Région, endroit dangereux, sources de conflits ▸ **barril de pólvora**
poudroiement *nm* Caractère de ce qui poudroie ▸ **pulverização**
poudroyer [pudrwaje] *vi (conj 3)* LITT S'élever en poussière; être couvert de poussière: *la route poudroie* ▸ **pulverizar, empoeirar-se**
pouf[1] *interj* Exprime le bruit d'un choc, d'une chute ▸ **pof**

pouf[2] *nm* Siège bas, rembourré ▶ **pufe**

pouffer *vi* Éclater de rire ▶ **gargalhar**

pouilleux, euse *n et adj* **1** Personne qui a des poux ▶ **piolhento 2** Personne misérable ou très sale ▶ **piolhento** ◆ *adj* Sordide: *quartier pouilleux* ▶ **piolhento**

poulailler *nm* **1** Bâtiment où l'on élève les poules, les poulets ▶ **galinheiro 2** FAM Galerie la plus élevée d'un théâtre ▶ **galinheiro**

poulain *nm* **1** Jeune cheval de moins de trente mois ▶ **potro 2** Débutant à carrière prometteuse, appuyé par une personnalité influente ▶ **afilhado 3** Assemblage de madriers pour descendre des tonneaux ▶ **prancha de descarga**

poularde *nf* Jeune poule engraissée ▶ **franga cevada**

poule[1] *nf* **1** Femelle du coq ▶ **galinha 2** Femelle de divers oiseaux: *poule faisane* ▶ **fêmea** ■ **avoir la chair de poule:** frissonner, trembler de froid ou de peur ▶ **ficar arrepiado** □ **mère poule:** mère qui couve trop ses enfants ▶ **mãe galinha** □ **poule d'eau:** oiseau aquatique ▶ **frango d'água** □ **poule des bois:** gelinotte ▶ **tetraz** □ FAM **poule mouillée:** personne pusillanime ▶ **galinha choca**

poule[2] *nf* Épreuve sportive dans laquelle chaque concurrent, chaque équipe rencontre chacun de ses adversaires ▶ **todos contra todos**

poulet *nm* **1** Petit de la poule ▶ **frango 2** Poule ou coq non encore adulte, élevé pour sa viande; viande de poulet ▶ **frango 3** FAM Policier ▶ **tira**

poulette *nf* **1** Jeune poule ▶ **franga 2** FAM Jeune femme, jeune fille ▶ **franga**

pouliche *nf* Jument non adulte ▶ **potra**

poulie *nf* Roue tournant sur un axe, et dont le tour, creusé d'une gorge, reçoit un lien flexible pour élever les fardeaux ▶ **polia**

pouliner *vi* Mettre bas, en parlant d'une jument ▶ **parir**

poulinière *adj f et nf* Se dit d'une jument destinée à la reproduction ▶ **(égua) reprodutora**

poulpe *nm* Grand mollusque céphalopode à longs tentacules; SYN: *pieuvre* ▶ **polvo**

pouls [pu] *nm* Battement des artères ▶ **pulso** ■ **prendre le pouls:** compter le nombre de pulsations ▶ **medir o pulso** □ FIG **tâter le pouls:** sonder les intentions de quelqu'un ou la façon dont quelque chose se présente ▶ **tomar o pulso**

poumon *nm* Viscère contenu dans le thorax et qui est le principal organe de la respiration ▶ **pulmão**

poupe *nf* Arrière d'un navire (par opposition à *proue*) ▶ **popa** ■ FIG **avoir le vent en poupe:** être dans une période favorable ▶ **ir de vento em popa**

poupée *nf* **1** Figurine humaine qui sert de jouet aux enfants ▶ **boneca 2** Mannequin des modistes et des tailleurs ▶ **manequim 3** FAM Pansement entourant un doigt ▶ **curativo 4** FAM Jeune femme ▶ **boneca 5** Chacune des deux pièces qui servent à maintenir le morceau de bois que travaille le tourneur ▶ **cabeçote** ■ **de poupée:** très petit: *maison de poupée* ▶ **de boneca, pequenininho**

poupin, e *adj* Qui a les traits rebondis, le visage rond ▶ **rechonchudo**

poupon *nm* **1** Bébé ▶ **bebê 2** Poupée représentant un bébé ▶ **boneca**

pouponner *vi* S'occuper d'un bébé, le dorloter ▶ **cuidar de nenê**

pouponnière *nf* Établissement public accueillant des nourrissons ▶ **creche**

pour *prép* **1** Indique l'équivalence, la capacité à se substituer à: *employer un mot pour un autre; signez pour moi; donnez-m'en pour 500 F* ▶ **por 2** Indique le lieu où l'on va: *partir pour Paris* ▶ **para 3** Introduit la destination, le but, l'attribution, le bénéficiaire d'une action: *crème pour les mains; pour s'instruire; voter, travailler pour quelqu'un* ▶ **para 4** Capable de: *il n'y a personne pour me le dire* ▶ **para 5** Par rapport à: *il est grand pour son âge* ▶ **para 6** À cause de: *condamné pour vol* ▶ **para 7** Introduit le point de vue, l'objet ou la personne concernés; quant à: *pour moi, je n'y crois pas; pour ce qui est de* ▶ **quanto a 8** Introduit la conséquence: *pour son malheur* ▶ **para 9** Introduit le moment où une chose doit se faire, le terme d'un délai, la durée: *c'est pour demain; pour deux ans* ▶ **para 10** Introduit la circonstance: *pour cette fois* ▶ **por, de 11** Introduit la valeur donnée à une chose, la fonction, la qualité attribuée à une personne: *avoir pour titre; laisser pour mort* ▶ **como** ◆ *adv* **1** Indique la destination, le but: *c'est fait, étudié, prévu pour* ▶ **para 2** Indique l'adhésion: *être, voter pour* ▶ **por, para** ◆ *nm* ■ **le pour et le contre:** les avantages et les inconvénients ▶ **os prós e os contras** ◆ **pour que** *loc conj* **1** Introduit le but; afin que: *viens tôt pour que nous parlions* ▶ **para que 2** Introduit la conséquence: *il est trop égoïste pour qu'on l'aide* ▶ **para que**

pourboire *nm* Gratification donnée par un client à un garçon de café, un chauffeur de taxi, etc. ▶ **gorjeta**

pourceau *nm* LITT Porc ▶ **porco**

pourcentage *nm* Proportion d'une quantité, d'une grandeur par rapport à une autre, évaluée en général sur la centaine ▶ **porcentagem**

pourchasser *vt* Poursuivre, rechercher avec ardeur et obstination ▶ **perseguir**

pourfendeur, euse *n* LITT, SOUVENT IRON Qui pourfend, attaque: *un pourfendeur des abus* ▶ **ferrabrás**
pourfendre *vt* LITT Attaquer, critiquer ▶ **atacar**
pourlécher (se) *vpr (conj 10)* FAM Passer sa langue sur ses lèvres en signe de gourmandise ▶ **lamber os beiços**
pourparlers *nm pl* Discussions, entretiens: *engager des pourparlers* ▶ **negociação**
pourpier *nm* Plante alimentaire à feuilles charnues ▶ **beldroega**
pourpoint *nm* ANC Vêtement ajusté d'homme (XIIe-XVIIe s.), qui couvrait le buste ▶ **gibão**
pourpre *nf* **1** Matière colorante rouge foncé, que les Anciens tiraient d'un coquillage ▶ **púrpura** **2** Étoffe teinte en pourpre ▶ **púrpura** **3** LITT Dignité souveraine dont la pourpre était la marque; dignité de cardinal ▶ **púrpura** ◆ *nm* Rouge foncé tirant sur le violet ▶ **púrpura** ◆ *adj* Rouge violacé ▶ **púrpura**
pourpré, e *adj* LITT De couleur pourpre ▶ **purpúreo**
pourquoi *adv interr* Pour quelle raison: *pourquoi partez-vous?; se fâcher sans savoir pourquoi* ▶ **por que** ■ **pourquoi pas?:** indique que l'on relève le défi ▶ **por que não?** ◆ *nm inv* **1** Cause, raison: *nous ne connaissons pas le pourquoi de sa décision* ▶ **porquê** **2** Question: *répondre à tous les pourquoi* ▶ **pergunta**
pourri, e *adj* **1** Gâté, avarié: *fruit pourri* ▶ **podre** **2** Corrompu: *milieu pourri* ▶ **podre** ■ **temps pourri:** mauvais temps ▶ **tempo feio** ◆ *nm* Partie pourrie de quelque chose ▶ **podre**
pourrir *vi* **1** Se gâter par la décomposition: *fruits qui pourrissent* ▶ **apodrecer** **2** Se détériorer, se dégrader: *situation qui pourrit* ▶ **deteriorar-se** **3** FIG Rester (trop) longtemps: *pourrir en prison* ▶ **apodrecer** ◆ *vt* Corrompre, gâter: *eau qui pourrit le bois; pourrir un enfant* ▶ **estragar**
ORTHOGRAPHE *Pourrir* s'écrit avec deux *r*, comme *nourrir*, à la différence de *courir* et *mourir*
pourrissant, e *adj* Qui pourrit ▶ **putrefato**
pourrissement *nm* Fait de pourrir; dégradation, détérioration ▶ **apodrecimento, deterioração**
pourriture *nf* **1** État d'un corps en décomposition ▶ **putrefação** **2** FIG Corruption morale ▶ **podridão**
poursuite *nf* **1** Action de poursuivre: *se lancer à la poursuite de quelqu'un* ▶ **perseguição** **2** DR Procédure pour se faire rendre justice: *engager des poursuites contre un débiteur* ▶ **ação judicial**
poursuivant, e *n* Personne qui poursuit ▶ **perseguidor, demandante**
poursuivre *vt (conj 62)* **1** Courir après pour atteindre: *poursuivre l'ennemi* ▶ **perseguir** **2** FIG Chercher à obtenir, à réaliser: *poursuivre un idéal* ▶ **perseguir** **3** Continuer ce que l'on a commencé: *poursuivre une entreprise, un exposé* ▶ **prosseguir** **4** DR Agir en justice contre quelqu'un: *poursuivre un débiteur* ▶ **processar** **5** Tourmenter, obséder: *le remords le poursuit* ▶ **perseguir** **6** (sans complément) Continuer à parler: *veuillez poursuivre* ▶ **prosseguir** ◆ **se poursuivre** *vpr* Continuer sans interruption: *guerre qui se poursuit* ▶ **prosseguir**
pourtant *adv* Marque une opposition, une restriction; cependant, toutefois: *incroyable, et pourtant vrai* ▶ **no entanto**
pourtour *nm* Ligne qui fait le tour d'un lieu, d'un objet ▶ **contorno**
pourvoi *nm* DR Attaque devant une juridiction supérieure de la décision d'un tribunal ▶ **apelação, recurso** ■ **pourvoi en cassation:** pourvoi porté par un plaideur devant la Cour de cassation ou le Conseil d'État ▶ **recurso** □ **pourvoi en grâce:** demande au chef de l'État pour obtenir une remise de peine ▶ **pedido de clemência**
pourvoir *vt ind* [à] *(conj 43)* Fournir à quelqu'un ce qui est nécessaire: *pourvoir aux besoins de ses enfants* ▶ **prover** ◆ *vt* Munir, garnir, doter: *pourvoir sa maison de toutes les commodités; femme pourvue de toutes les qualités* ▶ **prover** ◆ **se pourvoir** *vpr* **1** Se munir: *se pourvoir d'argent* ▶ **prover-se** **2** DR Former un pourvoi: *se pourvoir en cassation* ▶ **apelar, recorrer**
pourvoyeur, euse *n* Personne, organisme qui fournit, approvisionne en quelque chose: *pourvoyeur de fonds* ▶ **provedor**
pourvu que *loc conj* **1** À condition que: *il réussira pourvu qu'il travaille un peu* ▶ **contanto que** **2** En tête de phrase, introduit un souhait, une inquiétude: *pourvu qu'il fasse beau!* ▶ **oxalá**
pousse *nf* **1** Développement des graines et bourgeons des végétaux: *la pousse des végétaux* ▶ **crescimento** **2** Développement, croissance: *la pousse des cheveux* ▶ **crescimento** **3** Jeune branche ou jeune plante: *pousse de bambou* ▶ **rebento** **4** Maladie des chevaux, caractérisée par une sorte d'essoufflement ▶ **pulmoeira** ■ **jeune pousse:** recommandation officielle pour *start-up* ▶ ***start-up*, nova empresa**
poussé, e *adj* Porté à un certain degré d'achèvement: *recherches très poussées* ▶ **avançado, profundo**
pousse-café *nm inv* FAM Petit verre d'alcool après le café ▶ **digestivo**
poussée *nf* **1** Action de pousser; son résultat

► **impulso 2** MÉD Manifestation brusque d'un mal: *poussée de fièvre* ► **surto**

pousse-pousse *nm inv* **1** En Extrême-Orient, voiture légère tirée par un homme ► **riquixá 2** SUISSE Poussette ► **carrinho de bebê**

pousser *vt* **1** Déplacer avec effort ou en exerçant une pression: *pousser une voiture* ► **empurrar 2** Faire avancer: *pousser son cheval* ► **incitar 3** Écarter ou faire perdre l'équilibre en heurtant; bousculer: *pousser son voisin* ► **empurrar 4** Stimuler: *pousser un élève* ► **estimular 5** Faire fonctionner vivement: *pousser un moteur* ► **acelerar 6** Faire agir, exhorter, inciter: *l'intérêt le pousse* ► **incitar 7** Émettre, faire entendre: *pousser des cris* ► **soltar** ◆ *vi* **1** Croître, se développer: *fleurs qui poussent* ► **crescer 2** Poursuivre son chemin: *pousser jusqu'à Rome* ► **prosseguir 3** FAM Exagérer ► **exagerar** ◆ *vt ind* [sur] Exercer une pression continue sur: *pousser sur une porte* ► **pressionar** ◆ **se pousser** *vpr* Se déplacer pour laisser la place: *poussez-vous!* ► **afastar-se**

poussette *nf* Voiture d'enfant que l'on pousse devant soi ► **carrinho de bebê**

poussier *nm* Poussière de charbon ► **cisco**

poussière *nf* **1** Terre ou toute autre matière réduite en poudre fine ► **poeira 2** Très petite particule de matière: *avoir une poussière dans l'œil* ► **poeira, cisco** ■ FAM **et des poussières:** et un peu plus: *partir trois mois et des poussières* ► **e pouco** □ LITT **mordre la poussière:** être jeté à terre, dans un combat ► **beijar a terra**

poussiéreux, euse *adj* Couvert de poussière: *meubles poussiéreux* ► **empoeirado**

poussif, ive *adj* **1** Qui manque de souffle: *un vieillard poussif* ► **ofegante 2** FAM Qui fonctionne avec peine: *voiture poussive* ► **engasgado 3** FAM Sans inspiration, sans élan: *style poussif* ► **sem inspiração 4** Se dit d'un cheval atteint de la pousse ► **com pulmoeira**

poussin *nm* Poulet nouvellement éclos ► **pinto**

poussivement *adv* De façon poussive ► **de modo resfolegante**

poussoir *nm* Bouton qu'on pousse pour actionner un mécanisme ► **botão**

poutre *nf* **1** Pièce de charpente horizontale, en bois, en métal ou en béton armé, supportant une construction ► **trave 2** Agrès de gymnastique ► **trave**

poutrelle *nf* Petite poutre ► **vigota**

pouvoir[1] *vt (conj 38)* **1** Avoir la faculté, le moyen, le droit, la permission, la possibilité de ► **poder 2** Indique l'éventualité, la probabilité: *il peut pleuvoir demain* ► **poder** ◆ **se pouvoir** *vpr impers* Être possible: *il se peut qu'il vienne* ► **ser possível**

pouvoir[2] *nm* **1** Autorité, puissance, gouvernement d'un pays: *parvenir au pouvoir* ► **poder 2** Crédit, influence, possibilité d'action: *abuser de son pouvoir* ► **poder 3** Mandat, procuration: *donner un pouvoir à quelqu'un* ► **poder 4** Propriété d'une substance, d'un instrument; grandeur la caractérisant: *pouvoir calorifique d'un combustible; pouvoir grossissant d'une loupe* ► **poder 5** Ensemble des personnes investies d'une autorité: *pouvoir législatif* ► **poder** ■ **le quatrième pouvoir:** la presse ► **o quarto poder** □ **pouvoir d'achat:** ensemble des biens et des services que le revenu courant de la période permet d'acquérir ► **poder de compra** ◆ **pouvoirs** *pl* Droit d'exercer certaines fonctions: *les pouvoirs d'un ambassadeur* ► **poderes** ■ **pouvoirs publics:** ensemble des autorités qui détiennent le pouvoir dans l'État ► **poder público**

pouzzolane *nf* Roche volcanique siliceuse, à structure alvéolaire, recherchée en construction ► **pozolana**

p.p. (abréviation) Par procuration ► **p.p.**

Pr (abréviation) Professeur ► **prof.**

praesidium ou **présidium** [prezidjɔm] *nm* HIST Présidence du Conseil suprême des Soviets, en URSS ► **presidium**

pragmatique *adj* Fondé sur l'action, la pratique ► **pragmático**

pragmatisme *nm* **1** PHILOS Doctrine qui prend pour critère de la vérité la valeur pratique ► **pragmatismo 2** Attitude de quelqu'un orienté vers l'action pratique ► **pragmatismo**

pragois, e ou **praguois, e** *adj et n* De Prague ► **(natural de) de Praga**

praire *nf* Mollusque bivalve comestible, dont la coquille porte de fortes côtes ► **pé-de-burro**

prairial (pl *prairials*) *nm* Neuvième mois du calendrier républicain (du 20 mai au 18 juin) ► **prairial**

prairie *nf* Terrain qui produit de l'herbe ou du foin ► **prado** ■ **prairie artificielle:** prairie où l'on a semé du trèfle, du sainfoin, de la luzerne, etc. ► **prado artificial**

praline *nf* **1** Amande grillée enrobée de sucre ► **pralina 2** BELGIQUE Bonbon au chocolat ► **bombom de chocolate**

praliné *nm* Mélange de chocolat et de pralines écrasées ► **pralinê**

praticable *adj* **1** Qui peut être appliqué; réalisable: *moyen praticable* ► **praticável 2** Où l'on peut circuler: *chemin praticable* ► **praticável** ◆

nm **1** Partie des décors, des accessoires qui ne sont pas peints mais qui existent réellement, et que l'acteur peut utiliser matériellement ▸ **praticável 2** Plate-forme amovible pour placer la caméra et les projecteurs ▸ **grua**

praticien, enne *n* **1** Médecin, dentiste, etc., qui pratique son métier (par opposition notamment à *chercheur*) ▸ **clínico 2** BX-ARTS Ouvrier qui dégrossit l'ouvrage de sculpture ▸ **desbastador**

pratiquant, e *adj et n* **1** Qui observe les pratiques de sa religion ▸ **praticante 2** Qui pratique habituellement un sport, une activité ▸ **praticante**

pratique[1] *adj* **1** Qui s'attache à la réalité, aux faits, à l'action: *avoir le sens pratique* ▸ **prático 2** Commode, efficace: *instrument pratique* ▸ **prático**

pratique[2] *nf* **1** Application, mise en action des règles et des principes d'un art ou d'une science (par opposition à *théorie*): *passer à la pratique* ▸ **prática 2** Fait d'exercer une activité concrète: *la pratique d'un sport* ▸ **prática 3** Expérience, habitude approfondie: *avoir la pratique des affaires; manquer de pratique* ▸ **prática 4** Manière d'agir, de se comporter; usage, coutume: *de curieuses pratiques* ▸ **prática 5** Observation des devoirs d'une religion, d'une morale: *pratique religieuse* ▸ **prática ■ mettre en pratique:** appliquer, exécuter ▸ **pôr em prática ◆ pratiques** *pl* Actes de piété ▸ **práticas religiosas**

pratiquement *adv* **1** En réalité; dans la pratique ▸ **praticamente 2** À peu près ▸ **praticamente**

pratiquer *vt* **1** Mettre en pratique, exercer: *pratiquer la médecine* ▸ **praticar 2** Exécuter, faire: *pratiquer un trou dans un mur* ▸ **fazer ◆** *vi* Observer les prescriptions, les rites d'une religion ▸ **praticar**

pré *nm* Petite prairie ▸ **prado**

préadolescent, e *n* Jeune qui va entrer dans l'adolescence ▸ **pré-adolescente**

préalable *adj* Qui doit être fait, dit, examiné d'abord ▸ **prévio ■ au préalable:** auparavant ▸ **previamente**

préalablement *adv* Au préalable ▸ **previamente**

préalpin, e *adj* Des Préalpes ▸ **pré-alpino**

préambule *nm* Exorde, avant-propos ▸ **preâmbulo**

préau *nm* **1** Partie couverte de la cour d'une école ▸ **pátio coberto 2** Cour du cloître d'un couvent ▸ **pátio interno 3** Cour d'une prison ▸ **pátio**

préavis *nm* Avertissement préalable ▸ **pré-aviso**

prébende *nf* **1** Revenu attaché à un titre ecclésiastique ▸ **prebenda 2** LITT Revenu attaché à une situation lucrative ▸ **prebenda**

précaire *adj* **1** Instable, mal assuré: *santé précaire* ▸ **precário 2** Incertain, provisoire: *emploi précaire* ▸ **precário**

précairement *adv* De façon précaire ▸ **precariamente**

précambrien *nm* Première ère de l'histoire de la Terre, dont on évalue la durée à 4 milliards d'années ▸ **Pré-Cambriano**

précancéreux, euse *adj* Qui précède certains cancers ▸ **pré-canceroso**

précarité *nf* **1** Caractère précaire ▸ **precariedade 2** Situation d'une personne qui n'est pas assurée de conserver son emploi, ses revenus, son logement ▸ **precariedade**

précaution *nf* **1** Disposition prise par prévoyance: *prenez vos précautions* ▸ **precaução 2** Circonspection, prudence: *agir avec précaution* ▸ **precaução**

précautionneusement *adv* LITT Avec précaution ▸ **precavidamente**

précautionneux, euse *adj* LITT Qui prend des précautions: *voyageur précautionneux* ▸ **precavido**

précédemment *adv* Auparavant ▸ **anteriormente**

précédent, e *adj* Qui est immédiatement avant: *le jour précédent* ▸ **anterior ◆** *nm* Fait, acte antérieur invoqué comme référence ou comme justificatif: *s'appuyer sur un précédent* ▸ **precedente**

précéder *vt (conj 10)* **1** Marcher devant: *l'avant-garde précède l'armée* ▸ **preceder 2** Être placé, situé avant dans l'espace ou dans le temps: *l'exemple qui précède* ▸ **preceder 3** Arriver, se trouver en un lieu avant quelqu'un ▸ **preceder**

précepte *nm* Règle de conduite, enseignement ▸ **preceito**

précepteur, trice *n* Personne chargée de l'éducation d'un enfant à domicile ▸ **preceptor**

préceptorat *nm* Fonction de précepteur ▸ **preceptoria**

préchauffer *vt* Chauffer à l'avance ▸ **preaquecer**

prêche *nm* Sermon, notamment d'un ministre protestant ▸ **prece**

prêcher *vt* **1** Annoncer la parole de Dieu sous la forme de sermon ▸ **pregar 2** Recommander: *prêcher la patience* ▸ **pregar ◆** *vi* Prononcer un, des sermons ▸ **pregar**

prêcheur, euse *adj et n* FAM Qui aime sermonner, faire la morale ▸ **pregador**

prêchi-prêcha *nm inv* FAM Discours moralisateur et ennuyeux ▸ **sermão**

précieuse *nf* LITTÉR Au XVIIe s., femme affectée dans ses manières et son langage ▸ **pedante**

précieusement *adv* **1** Avec grand soin ▸ **esmera-**

damente **2** Avec préciosité ▸ **preciosamente**

précieux, euse *adj* **1** De grand prix: *meubles précieux* ▸ **precioso 2** Très utile: *conseils précieux* ▸ **precioso** ◆ *adj et n* Affecté dans son langage, ses manières ▸ **preciosista**

préciosité *nf* Affectation dans les manières, le langage, le style ▸ **preciosismo**

précipice *nm* Lieu profond et escarpé, gouffre, ravin ▸ **precipício**

précipitamment *adv* Avec précipitation ▸ **precipitadamente**

précipitation *nf* **1** Extrême vitesse: *parler, s'enfuir avec précipitation* ▸ **precipitação 2** Trop grand empressement excluant la réflexion: *dans la précipitation, il oublia l'essentiel* ▸ **precipitação 3** CHIM Phénomène par lequel un corps se sépare du liquide où il était dissous ▸ **precipitação** ◆ **précipitations** *pl* Chute de pluie, de neige, de grêle, etc. ▸ **precipitação**

précipité[1] *nm* CHIM Dépôt formé dans un liquide par une précipitation ▸ **precipitado**

précipité[2]**, e** *adj* Fait à la hâte, plus tôt que prévu: *départ précipité* ▸ **precipitado**

précipiter *vt* **1** Jeter d'un lieu élevé: *précipiter une voiture dans un ravin* ▸ **precipitar 2** Accélérer: *précipiter sa marche* ▸ **precipitar 3** Pousser, faire tomber: *précipiter un pays dans le chaos* ▸ **precipitar** ◆ *vi* CHIM Former un précipité ▸ **precipitar** ◆ **se précipiter** *vpr* **1** Se jeter du haut de quelque chose ▸ **precipitar-se 2** S'élancer vivement ▸ **precipitar-se 3** S'accélérer: *les événements se précipitent* ▸ **precipitar-se 4** Agir dans la hâte: *mieux vaut ne pas se précipiter* ▸ **precipitar-se**

précis, e *adj* **1** Net, exact, juste: *idée précise* ▸ **preciso 2** Fixé, déterminé rigoureusement: *heure précise; ordre précis* ▸ **preciso 3** Qui fait preuve d'exactitude; ponctuel: *être précis à un rendez-vous* ▸ **pontual 4** Adroit: *geste, tireur précis* ▸ **preciso 5** Concis, rigoureux: *style précis* ▸ **preciso** ◆ *nm* Abrégé: *précis de chimie* ▸ **compêndio**

précisément *adv* **1** Avec précision ▸ **precisamente 2** Exactement, justement ▸ **precisamente**

préciser *vt* Déterminer, définir d'une manière précise: *préciser un fait* ▸ **precisar** ◆ **se préciser** *vpr* Devenir plus précis ou plus concret: *projet qui se précise* ▸ **delinear-se**

précision *nf* **1** Qualité de ce qui est précis, exact ▸ **precisão 2** Détail précis, information complémentaire ▸ **detalhe**

précité, e *adj* Cité précédemment ▸ **precitado**

préclassique *adj* Antérieur à une période classique ▸ **pré-clássico**

précoce *adj* **1** Mûr avant la saison: *fruit précoce* ▸ **precoce 2** Qui survient plus tôt que normalement ou d'ordinaire: *calvitie précoce* ▸ **precoce 3** Dont le développement physique ou intellectuel correspond à un âge supérieur: *enfant précoce* ▸ **precoce**

précocement *adv* De façon précoce ▸ **precocemente**

précocité *nf* Caractère d'une personne ou d'une chose précoce ▸ **precocidade**

précolombien, enne *adj* Antérieur à la venue de Christophe Colomb en Amérique ▸ **pré-colombiano**

préconçu, e *adj* Imaginé, pensé sans examen critique: *idée préconçue* ▸ **preconcebido**

préconiser *vt* Recommander vivement: *préconiser un remède* ▸ **preconizar**

précontraint, e *adj* Soumis à la précontrainte: *béton précontraint* ▸ **reforçado**

précontrainte *nf* Technique de mise en œuvre du béton consistant à le soumettre à des compressions permanentes pour augmenter sa résistance ▸ **reforço**

précuit, e *adj* Qui a subi une première cuisson avant d'être conditionné: *riz précuit* ▸ **pré-cozido**

précurseur *adj m* Qui annonce; avant-coureur: *signes précurseurs* ▸ **precursor** ◆ *nm* Personne qui, par son action, ouvre la voie à des idées, un mouvement, etc. ▸ **precursor**

prédateur, trice *adj et nm* **1** Qui vit de proies animales ou végétales ▸ **predador 2** Homme préhistorique qui vivait de la chasse et de la cueillette ▸ **predador** ◆ *nm* Groupe financier ou personne qui prend le contrôle d'entreprises en difficulté, en lançant des OPA, et qui les revend plus cher après les avoir renflouées ▸ **predador**

prédation *nf* Mode de nutrition des prédateurs ▸ **predação**

prédécesseur *nm* Celui qui a précédé quelqu'un dans une fonction, un emploi ▸ **predecessor**

prédécoupé, e *adj* Découpé à l'avance ▸ **pré-cortado**

prédélinquant, e *n* Mineur en danger moral et susceptible de devenir délinquant ▸ **pré-delinquente**

prédestination *nf* **1** Détermination immuable des événements futurs ▸ **predestinação 2** Caractère fatal du destin individuel ▸ **predestinação**

prédestiné, e *adj et n* Dont le destin, heureux ou malheureux, est fixé à l'avance ▸ **predestinado**

prédestiner *vt* **1** THÉOL Destiner de toute éternité au salut ou à la damnation ▸ **predestinar 2** Destiner, vouer d'avance à une chose ▸ **predestinar**

prédéterminer *vt* Déterminer à l'avance ▸ **pre-determinar**

prédicat *nm* LING Attribut d'un mot, d'une proposition (EX: dans la phrase *l'homme est mortel, «mortel»* est le prédicat) ▸ **predicado**

prédicateur, trice *n* Personne qui prêche ▸ **pregador**

prédication *nf* Action de prêcher; sermon ▸ **pregação**

prédictibilité *nf* Caractère prévisible d'un phénomène ▸ **previsibilidade**

prédictible *adj* Se dit d'un phénomène dont on peut prévoir l'évolution ▸ **previsível**

prédiction *nf* **1** Action de prédire ▸ **predição 2** Chose prédite ▸ **predição**

prédilection *nf* Préférence marquée ▸ **predileção**

prédire *vt (conj 72)* Annoncer d'avance ce qui doit arriver: *prédire l'avenir* ▸ **predizer**

EMPLOI *Prédire à l'avance* est un pléonasme à éviter. En revanche, on peut dire: *vous prédisez longtemps (bien, peu) à l'avance*

prédisposer *vt* Mettre par avance dans certaines dispositions: *prédisposer à la maladie* ▸ **predispor**

prédisposition *nf* Aptitude, tendance, disposition naturelle ▸ **predisposição**

prédominance *nf* Caractère prédominant; prépondérance ▸ **predominância**

prédominant, e *adj* Qui prédomine ▸ **predominante**

prédominer *vi* **1** Avoir le plus d'influence, prévaloir: *son avis prédomine* ▸ **predominar 2** Être en plus grande quantité: *le maïs prédomine dans cette région* ▸ **predominar**

préélectoral, e, aux *adj* Qui précède les élections ▸ **pré-eleitoral**

préemballé, e *adj* Se dit d'un produit, notamment alimentaire, emballé avant d'être mis en vente ▸ **embalado**

prééminence *nf* Supériorité, suprématie ▸ **preeminência**

prééminent, e *adj* LITT Supérieur ▸ **preeminente**

préemption *nf* Droit préférentiel d'achat ▸ **preempção**

préencollé, e *adj* Se dit d'un matériau enduit dès sa fabrication d'un produit permettant de le coller ▸ **autocolante**

préenregistré, e *adj* **1** Enregistré avant sa diffusion: *émission préenregistrée* ▸ **pré-gravado 2** Qui contient déjà un enregistrement: *cassette préenregistrée* ▸ **gravado**

préétabli, e *adj* Établi d'avance ▸ **preestabelecido**

préétablir *vt* Établir à l'avance ▸ **preestabelecer**

préexistant, e *adj* Qui préexiste ▸ **preexistente**

préexistence *nf* Existence antérieure ▸ **preexistência**

préexister *vi* Exister avant ▸ **preexistir**

préfabrication *nf* Système de construction utilisant des éléments standardisés, fabriqués d'avance ▸ **pré-fabricação**

préfabriqué, e *adj* **1** Fabriqué à l'avance et destiné à être assemblé sur place ▸ **pré-fabricado 2** Composé par un assemblage d'éléments préfabriqués: *maison préfabriquée* ▸ **pré-fabricado** ♦ *nm* Construction préfabriquée ▸ **pré-fabricado**

préface *nf* Texte préliminaire en tête d'un livre ▸ **prefácio**

préfacer *vt (conj 1)* Écrire une préface: *préfacer un livre* ▸ **prefaciar**

préfacier, ère *n* Auteur d'une préface ▸ **prefaciador**

préfectoral, e, aux *adj* Du préfet: *arrêté préfectoral* ▸ **prefeitoral**

préfecture *nf* **1** HIST Fonction de préfet dans l'Empire romain ▸ **prefeitura 2** En France, circonscription administrative d'un préfet ▸ **departamento 3** Fonction de préfet; sa durée ▸ **prefeitura de departamento 4** Édifice et ensemble des services de l'administration préfectorale ▸ **prefeitura de departamento 5** Ville où réside un préfet ▸ **capital de departamento**

préférable *adj* Qui mérite d'être préféré: *solution préférable* ▸ **preferível**

préféré, e *adj et n* Que l'on préfère ▸ **preferido**

préférence *nf* **1** Fait de préférer; prédilection ▸ **preferência 2** Ce que l'on préfère: *indiquer ses préférences* ▸ **preferência** ▪ **de préférence:** plutôt ▸ **de preferência**

préférentiel, elle *adj* Qui établit une préférence: *tarif préférentiel* ▸ **preferencial**

préférer *vt (conj 10)* Aimer mieux, estimer davantage ▸ **preferir**

préfet *nm* **1** HIST À Rome, haut fonctionnaire qui exerçait une charge dans l'armée ou l'administration ▸ **prefeito 2** En France, représentant de l'État dans le département ▸ **dirigente de departamento** ▪ **préfet de police:** magistrat chargé de la police, en particulier à Paris ▸ **chefe de polícia**

préfète *nf* **1** Femme d'un préfet ▸ **primeira-dama 2** Femme préfet (la langue administrative dit *Mme X, préfet*) ▸ **prefeita**

préfiguration *nf* Ce qui préfigure, annonce ▸ **prefiguração**

préfigurer *vt* Présenter les caractères d'une chose future, annoncer par avance ▸ **prefigurar**

préfixe *nm* GRAMM Élément qui se place à l'initiale d'un mot et en modifie le sens ► **prefixo**
préfixé, e *adj* GRAMM Pourvu d'un préfixe ► **que tem prefixo**
préfixer *vt* DR Fixer d'avance un délai ► **prefixar**
préglaciaire *adj* GÉOL Antérieur à la période glaciaire du quaternaire ► **pré-glacial**
préhenseur *adj m* Qui sert à la préhension: *organes préhenseurs* ► **preensor**
préhensile *adj* Qui a la faculté de saisir: *patte préhensile* ► **preênsil**
préhension *nf* Action de saisir: *la trompe est l'organe de préhension de l'éléphant* ► **preensão**
préhistoire *nf* Période chronologique de la vie de l'humanité depuis l'apparition de l'homme jusqu'à celle de l'écriture ► **pré-história**
préhistorien, enne *n* Spécialiste de la préhistoire ► **pré-historiador**
préhistorique *adj* Relatif à la préhistoire ► **pré-histórico**
préjudice *nm* Atteinte aux droits, aux intérêts de quelqu'un; tort, dommage: *causer un préjudice, porter préjudice à quelqu'un* ► **prejuízo**
préjudiciable *adj* Qui porte ou peut porter préjudice: *préjudiciable à la santé* ► **prejudicial**
préjugé *nm* Opinion préconçue, jugement porté par avance ► **preconceito, prejulgamento**
préjuger *vt (conj 2)* LITT Juger d'avance, avant d'avoir tous les éléments nécessaires: *il ne faut rien préjuger* ► **prejulgar** ◆ *vt ind* [de] Prévoir par conjecture: *préjuger de l'avenir* ► **prejulgar**
prélasser (se) *vpr* Se reposer, s'abandonner nonchalamment ► **refestelar-se**
prélat *nm* Dignitaire ecclésiastique ► **prelado**
prélatin, e *adj* Antérieur à la civilisation latine ► **pré-latino**
prélavage *nm* Lavage préliminaire, dans le cycle d'une machine ► **pré-lavagem**
prêle ou **prèle** *nf* Plante cryptogame des lieux humides ► **cavalinha**
prélèvement *nm* Action de prélever; quantité, somme prélevée ► **retirada** ■ **prélèvement automatique:** règlement d'une somme, d'une redevance retenues directement et selon une périodicité régulière sur le compte bancaire ou postal du débiteur ► **débito automático**
prélever *vt (conj 9)* **1** Prendre préalablement une certaine portion sur un total: *prélever une taxe sur une recette* ► **deduzir** **2** Extraire une partie d'un tout, en particulier pour l'analyser: *prélever du sang* ► **retirar**
préliminaire *adj* Qui précède: *discours préliminaire* ► **preliminar** ◆ **préliminaires** *nm pl* Négociations qui préparent un accord, un traité, etc.: *préliminaires de paix* ► **preliminares**
prélude *nm* **1** Introduction à une œuvre musicale ► **prelúdio** **2** FIG Ce qui annonce, précède, fait présager quelque chose ► **prelúdio**
préluder *vt ind* [à] Annoncer, marquer le début de quelque chose ► **preludiar**
prématuré, e *adj et n* Né avant terme, mais viable: *un enfant prématuré* ► **prematuro** ◆ *adj* **1** Qui se fait avant le temps convenable: *démarche prématurée* ► **prematuro** **2** Qui vient, se manifeste avant le temps normal: *vieillesse prématurée* ► **prematuro**
prématurément *adv* Trop tôt ► **prematuramente**
préméditation *nf* Action de préméditer: *vol avec préméditation* ► **premeditação**
préméditer *vt* Préparer avec soin et calcul: *préméditer un crime* ► **premeditar**
prémices *nf pl* LITT Premières manifestations, commencement ► **primícias**
premier, ère *adj* **1** Qui précède les autres dans le temps ou l'espace: *le premier homme; le premier jour* ► **primeiro** **2** Qui est classé avant les autres pour son importance, sa valeur: *être premier en classe* ► **primeiro** **3** Originel, primitif: *l'état premier d'un manuscrit* ► **primeiro** ■ **en premier:** d'abord ► **em primeiro lugar** □ **matières premières:** non encore travaillées, transformées ► **matérias-primas** □ MATH **nombre premier:** divisible seulement par lui-même ou par l'unité ► **número primo** ◆ *nm* Premier étage ► **primeiro andar** ◆ *n* ■ **jeune premier, jeune première:** acteurs qui jouent les rôles d'amoureux ► **galã, mocinha**

ORTHOGRAPHE On abrège *premier* en 1er (avec *er*) et *première* en 1re (avec *re* et non *ère*)

première *nf* **1** Place de la catégorie la plus chère dans un moyen de transport ► **primeira classe** **2** Classe qui précède la terminale ► **penúltima série da escola** **3** Première représentation d'une pièce, première projection d'un film ► **estreia** **4** En montagne, première ascension ou premier parcours d'un itinéraire nouveau; performance nouvelle: *ce genre d'expérience est une grande première dans notre pays* ► **viagem inaugural, estreia** **5** Vitesse la plus démultipliée, sur une automobile: *passer la première* ► **primeira marcha**
premièrement *adv* En premier lieu ► **em primeiro lugar**
premier-né, première-née (pl *premiers-nés, premières-nées*) *n* Premier enfant qui naît dans une famille ► **primogênito**
prémisse *nf* **1** Chacune des premières propositions d'un syllogisme ► **premissa** **2** Fait ou

proposition d'où découle une conséquence ▸ **premissa**

prémolaire *nf* Dent située entre la canine et les molaires ▸ **pré-molar**

prémonition *nf* Intuition qu'un événement, généralement malheureux, va se produire ▸ **premonição**

prémonitoire *adj* Qui relève de la prémonition: *rêve prémonitoire* ▸ **premonitório**

prémunir *vt* Protéger, mettre à l'abri d'un mal, d'un danger ▸ **premunir** ◆ **se prémunir** *vpr* [contre] Se garantir contre ▸ **prevenir-se**

prenable *adj* Qui peut être pris: *citadelle difficilement prenable* ▸ **expugnável**

prenant, e *adj* **1** Qui prend, qui captive: *livre prenant*; qui émeut ▸ **cativante 2** Qui occupe beaucoup: *travail, enfants prenants* ▸ **absorvente** ▪ **partie prenante:** personne, organisme directement concernés par quelque chose ▸ **parte interessada**

prénatal, e, als ou **aux** *adj* Qui précède la naissance ▸ **pré-natal**

prendre *vt (conj 54)* **1** Saisir, attraper, tenir: *prendre un livre* ▸ **pegar 2** Emporter avec soi, se munir de: *prendre ses papiers* ▸ **levar 3** S'emparer de: *prendre une ville* ▸ **tomar 4** Aller chercher: *je passerai vous prendre* ▸ **pegar 5** Engager: *prendre une secrétaire* ▸ **contratar 6** Accepter: *prenez ce qu'on vous offre* ▸ **aceitar 7** Choisir: *prendre le premier sujet* ▸ **escolher 8** Acheter, se procurer: *prendre de l'essence* ▸ **comprar 9** Emprunter ou voler: *on lui a pris tous ses bijoux* ▸ **tomar, roubar 10** Recevoir: *prendre des coups* ▸ **levar 11** Recueillir: *prendre des renseignements* ▸ **colher 12** Faire usage de, emprunter: *prendre l'avion* ▸ **pegar 13** Manger, boire: *prendre un apéritif* ▸ **comer, tomar 14** Demander: *prendre cher* ▸ **cobrar, exigir** ▪ FAM **prendre la tête à quelqu'un: (a)** l'irriter, l'agacer ▸ **encher a paciência de alguém (b)** être pour lui un véritable casse-tête ▸ **fundir a cabeça de alguém** ◆ *vi* **1** S'enraciner, croître: *cet arbre prend bien* ▸ **pegar 2** Suivre telle direction: *prendre à gauche* ▸ **pegar, ir 3** FIG Réussir: *le vaccin a pris* ▸ **pegar 4** Épaissir, se figer: *la confiture prend* ▸ **engrossar, congelar 5** S'enflammer: *le feu prend* ▸ **pegar** ◆ **se prendre** *vpr* **1** S'accrocher: *sa jupe s'est prise à un clou* ▸ **prender-se 2** LITT Se mettre à: *se prendre à espérer* ▸ **pôr-se** ▪ **s'en prendre à quelqu'un, quelque chose: (a)** le considérer comme responsable ▸ **culpar alguém, algo (b)** l'attaquer ▸ **soltar os cachorros em cima de alguém, de algo** □ **se prendre au jeu:** s'investir de plus en plus dans quelque chose ▸ **envolver-se com algo** □ **se prendre d'amitié pour:** concevoir de l'amitié pour ▸ **sentir amizade por** □ **se prendre pour:** se croire ▸ **tomar-se por** □ **s'y prendre bien, mal:** être plus ou moins adroit ▸ **agir bem, mal**

preneur, euse *n* **1** Personne qui offre d'acheter: *trouver preneur* ▸ **comprador 2** Personne qui prend quelque chose, quelqu'un: *preneur d'otages* ▸ **apanhador, tomador** ▪ **preneur de son:** technicien chargé de la prise de son ▸ **sonoplasta**

prénom *nm* Nom joint au patronyme ▸ **(primeiro) nome**

prénommé, e *adj et n* Qui a pour prénom ▸ **chamado**

prénommer *vt* Donner un prénom à ▸ **nomear**

prénuptial, e, aux *adj* Qui précède le mariage ▸ **pré-nupcial**

préoccupant, e *adj* Qui préoccupe, inquiète ▸ **preocupante**

préoccupation *nf* Inquiétude, souci ▸ **preocupação**

préoccupé, e *adj* Inquiet ▸ **preocupado**

préoccuper *vt* Occuper fortement l'esprit: *ce mystère m'a longtemps préoccupé*; causer du souci, inquiéter, tourmenter: *son état de santé me préoccupe beaucoup* ▸ **preocupar** ◆ **se préoccuper** *vpr* [de] S'inquiéter, s'occuper sérieusement de: *se préoccuper de l'avenir de ses enfants* ▸ **preocupar-se**

préopératoire *adj* Qui précède une opération chirurgicale ▸ **pré-operatório**

prépa *nf* (abréviation) FAM Classe préparatoire ▸ **Ø**

préparateur, trice *n* Personne qui prépare quelque chose ▸ **preparador** ▪ **préparateur en pharmacie:** personne qui aide le pharmacien dans son officine ▸ **auxiliar de laboratório**

préparatif *nm* (surtout au pluriel) Mesure, disposition prise pour préparer quelque chose ▸ **preparativo**

préparation *nf* **1** Action, manière de préparer, de se préparer ▸ **preparação 2** Chose préparée: *une préparation chimique* ▸ **preparado**

préparatoire *adj* Qui prépare: *phase préparatoire* ▸ **preparatório** ▪ **classe préparatoire:** classe qui, après le baccalauréat, prépare aux concours d'entrée aux grandes écoles ▸ **preparatórios**

préparer *vt* **1** Disposer, apprêter: *préparer un repas* ▸ **preparar 2** Méditer, réfléchir à: *préparer sa réponse* ▸ **preparar 3** Étudier, travailler: *préparer un examen* ▸ **preparar-se para 4** Entraîner: *préparer un élève au baccalauréat* ▸ **preparar 5** Ménager, réserver: *préparer une surprise* ▸ **preparar** **6** Amener avec ménagement: *préparer quelqu'un à une mauvaise nouvelle* ▸ **preparar** ♦ **se préparer** *vpr* **1** S'apprêter, faire sa toilette: *il met un temps fou à se préparer* ▸ **aprontar-se 2** [à] S'apprêter, se disposer à: *se préparer à sortir* ▸ **preparar-se** **3** Être imminent: *un grand changement se prépare* ▸ **preparar-se**

prépondérance *nf* Supériorité ▸ **preponderância**

prépondérant, e *adj* Qui a plus d'importance, d'autorité; capital, primordial ▸ **preponderante**

préposé, e *n* **1** Personne chargée d'une fonction spéciale: *les préposés de la douane* ▸ **encarregado** **2** Facteur, factrice des postes ▸ **carteiro**

préposer *vt* Placer quelqu'un à la garde, à la surveillance, à la direction de quelque chose ▸ **encarregar**

prépositif, ive ou **prépositionnel, elle** *adj* Relatif à une préposition; introduit par une préposition ▸ **prepositivo, preposicional**

préposition *nf* GRAMM Mot invariable qui en unit d'autres en exprimant le rapport qui les unit (tel que: *à, de, par, en, chez, sur*, etc.) ▸ **preposição**

prépuce *nm* Repli de peau qui recouvre le gland de la verge ▸ **prepúcio**

préraphaélisme *nm* Doctrine esthétique de la fin du XIXe s. qui place l'apogée de la peinture chez les prédécesseurs de Raphaël ▸ **pré-rafaelismo**

préraphaélite *adj et n* Partisan du préraphaélisme ▸ **pré-rafaelita**

préréglage *nm* TECHN Présélection d'un appareil ou d'un circuit sur plusieurs fréquences ou canaux distincts ▸ **pré-seleção**

prérégler *vt (conj 10)* Effectuer un réglage préliminaire ▸ **pré-selecionar**

prérentrée *nf* Rentrée des enseignants, précédant celle des élèves ▸ **volta ao trabalho do corpo docente**

prérequis *nm* Ensemble de conditions à remplir pour entreprendre une formation, exercer une fonction, etc.; préalable ▸ **pré-requisito**

préretraite *nf* Retraite anticipée ▸ **aposentadoria antecipada**

préretraité, e *n* Personne en préretraite ▸ **aposentado antecipadamente**

prérogative *nf* Avantage, privilège attachés à certaines fonctions, à certains titres ▸ **prerrogativa**

près *adv* À une faible distance, non loin, dans l'espace et dans le temps ▸ **perto** ■ **à beaucoup près:** il s'en faut de beaucoup ▸ **longe disso** □ **à cela près:** excepté cela ▸ **fora isso** □ **à peu de chose près** ou **à peu près:** presque ▸ **quase** □ **de près: (a)** à une faible distance: *voir mal de près* ▸ **de perto (b)** à peu de temps d'intervalle: *coups qui se suivent de près* ▸ **imediatamente (c)** à ras: *rasé de près* ▸ **curto (d)** avec grand soin: *surveiller de près* ▸ **atentamente** ♦ *prép* DR Auprès de: *près les tribunaux* ▸ **em** ♦ **près de** *loc prép* Dans le voisinage de: *habiter tout près d'une église*; sur le point de: *près de finir*; presque: *près de cent euros; près de minuit* ▸ **perto de**

présage *nm* Signe d'après lequel on préjuge l'avenir; conjecture tirée de ce signe: *cet échec est un présage; tirer un présage d'un événement* ▸ **presságio**

présager *vt (conj 2)* Prévoir ce qui va arriver ▸ **pressagiar**

pré-salé (pl *prés-salés*) *nm* Mouton engraissé dans des prés voisins de la mer; viande de ce mouton ▸ **carneiro de pasto litorâneo**

presbyte *adj et n* Atteint de presbytie ▸ **presbita**

presbytère *nm* Habitation du curé, du pasteur, dans une paroisse ▸ **presbitério**

presbytérianisme *nm* **1** Système établi par Calvin, dans lequel le gouvernement de l'Église est exercé par des assemblées de laïques et de pasteurs et non par des évêques ▸ **presbiterianismo** **2** Ensemble des Églises réformées ayant adopté ce système ▸ **presbiterianismo**

presbytérien, enne *adj et n* Qui appartient au presbytérianisme ▸ **presbiteriano**

presbytie [prɛsbisi] *nf* Inaptitude à distinguer nettement les objets rapprochés ▸ **presbiopia**

prescience *nf* Connaissance de l'avenir ▸ **presciência**

préscolaire *adj* Relatif à la période qui précède la scolarité obligatoire ▸ **pré-escolar**

prescripteur *nm* Personne qui a une influence sur le choix d'un produit ▸ **influenciador**

prescriptible *adj* DR Sujet à la prescription ▸ **prescritível**

prescription *nf* **1** Ordre formel et détaillé: *prescriptions de la loi, de la morale* ▸ **prescrição** **2** Ordonnance d'un médecin ▸ **prescrição, receita médica 3** DR Délai au terme duquel une situation de fait prolongée devient source de droit; délai au terme duquel l'action publique s'éteint en matière de poursuites ou de sanctions pénales ▸ **prescrição**

prescrire *vt (conj 71)* **1** Ordonner ▸ **prescrever** **2** Préconiser un traitement médical ▸ **prescrever, receitar 3** DR Acquérir ou libérer par prescription ▸ **prescrever** ♦ **se prescrire** *vpr* DR S'acquérir ou se perdre par prescription ▸ **prescrever**

préséance *nf* Droit d'être placé avant les autres

ou de les précéder dans l'ordre honorifique ▸ **precedência**

présélection *nf* Sélection préalable ▸ **pré-seleção**

présélectionner *vt* Choisir par présélection ▸ **pré-selecionar**

présence *nf* **1** Fait, pour une personne, une chose, de se trouver dans un lieu: *faire acte de présence* ▸ **presença 2** Fait de s'imposer par son talent, sa personnalité: *avoir de la présence* ▸ **presença ■ en présence (de quelqu'un, de quelque chose):** ceux-ci étant présents ▸ **na presença (de alguém, de algo)** □ **présence d'esprit:** promptitude à dire ou à faire ce qu'il faut ▸ **presença de espírito**

présent[1] *nm* LITT Don, cadeau ▸ **presente**

présent[2]**, e** *adj* **1** Qui est dans le lieu dont on parle: *être présent à une réunion* ▸ **presente 2** Qui se situe, existe dans le temps où l'on parle; actuel: *le moment présent* ▸ **presente 3** Que l'on tient, que l'on montre: *le présent ouvrage* ▸ **presente ■ la présente lettre** ou **la présente:** la lettre que l'on a sous les yeux ▸ **a presente carta** ◆ *nm* **1** Le temps actuel: *ne songer qu'au présent* ▸ **presente 2** GRAMM Temps du verbe qui indique que l'action se passe au moment actuel ▸ **presente ■ à présent:** actuellement, maintenant ▸ **atualmente** ◆ **à présent que** *loc conj* Dès lors que ▸ **agora que**

présentable *adj* Que l'on peut montrer, présenter ▸ **apresentável**

présentateur, trice *n* **1** Personne qui présente au public un programme, une émission, un spectacle ▸ **apresentador 2** Journaliste chargé du journal télévisé ▸ **apresentador**

présentation *nf* Action, manière de présenter, de se présenter ▸ **apresentação**

présentement *adv* Maintenant, à présent ▸ **agora**

présenter *vt* **1** Tendre, offrir: *présenter un bouquet* ▸ **oferecer 2** Faire connaître, introduire une personne auprès d'une autre ▸ **apresentar 3** Faire connaître au public par un petit texte d'introduction: *présenter un écrivain* ▸ **apresentar 4** Faire connaître par une manifestation exceptionnelle: *grand couturier qui présente sa nouvelle collection* ▸ **apresentar 5** Proposer en vue d'une sélection, d'une élection: *présenter un élève à un concours; présenter un film au festival de Cannes* ▸ **inscrever, apresentar 6** Animer une émission de radio, de télévision: *présenter le journal* ▸ **apresentar 7** Montrer, laisser voir: *présenter des symptômes graves* ▸ **apresentar 8** Offrir, comporter: *présenter des avantages* ▸ **apresentar** ◆ **se présenter** *vpr* **1** Paraître devant quelqu'un et se faire connaître: *se présenter à ses nouveaux collègues* ▸ **apresentar-se 2** Apparaître, survenir: *une difficulté se présente* ▸ **apresentar-se 3** Se mettre sur les rangs, être candidat: *se présenter aux élections* ▸ **apresentar-se, candidatar-se 4** Paraître, se rendre quelque part: *se présenter à un rendez-vous* ▸ **aparecer ■ se présenter bien, mal:** s'annoncer bien, mal: *affaire qui se présente bien* ▸ **parecer bom, ruim**

présentoir *nm* Dans un magasin, dispositif mettant en valeur un produit ▸ ***display***

préservateur, trice *adj* Propre à préserver ▸ **protetor**

préservatif *nm* Dispositif en matière souple utilisé comme contraceptif et dans un but prophylactique ▸ **preservativo**

préservation *nf* Action de préserver ▸ **preservação**

préserver *vt* Garantir, mettre à l'abri de, protéger: *préserver du froid* ▸ **preservar**

présidence *nf* **1** Fonction de président; temps pendant lequel on l'exerce ▸ **presidência 2** Bureaux, résidence d'un président ▸ **presidência**

président, e *n* **1** Personne qui préside une assemblée ▸ **presidente 2** Chef de l'État, dans une république ▸ **presidente ■ président-directeur général (P-DG):** président du conseil d'administration d'une société anonyme, assumant également les fonctions de directeur général **diretor presidente**

présidentiable [prezidɑ̃sjabl] *adj et n* Susceptible de devenir président de la République ▸ **presidenciável**

présidentiel, elle *adj* Du président ▸ **presidencial ■ régime présidentiel:** régime fondé sur la séparation des pouvoirs exécutif et législatif et dans lequel le président, chef de l'État et du gouvernement, jouit de prérogatives importantes ▸ **presidencialismo** ◆ **présidentielle** *nf* Élection désignant le président de la République ▸ **eleição presidencial**

présider *vt* **1** Être à la tête de, diriger: *présider une assemblée* ▸ **presidir 2** Occuper la place d'honneur dans une réunion, une manifestation, un repas ▸ **presidir** ◆ *vt ind* [à] Diriger: *présider aux préparatifs* ▸ **presidir**

présidium *nm* → **praesidium**

présocratique [presɔkratik] *adj et n* Se dit des philosophes grecs qui ont précédé Socrate, à l'exclusion des sophistes ▸ **pré-socrático**

présomptif, ive *adj* ▸ **presuntivo ■ héritier présomptif:** celui qui est appelé à hériter ▸ **herdeiro presuntivo**

présomption *nf* **1** Jugement fondé sur de simples indices; supposition ▸ **presunção 2** Opinion trop favorable de soi-même; prétention ▸ **presunção**

présomptueux, euse *adj et n* Qui a une opinion trop favorable de soi ▸ **presunçoso**

presque *adv* À peu près, pas tout à fait: *avoir presque 30 ans* ▸ **quase**

ORTHOGRAPHE Le *e* final de *presque* ne s'élide que devant *île*: *la presqu'île*

presqu'île *nf* Portion de terre entourée d'eau sauf à un endroit qui la relie au continent ▸ **península**

pressage *nm* Action de presser ▸ **prensagem**

pressant, e *adj* **1** Qui insiste vivement: *demande pressante* ▸ **insistente 2** Urgent: *besoin pressant* ▸ **premente**

press-book [prɛsbuk] (pl *press-books*) *nm* (anglicisme) Documentation réunie par un mannequin, un artiste ou tout autre professionnel sur sa carrière pour promouvoir ses activités; album contenant cette documentation ▸ ***press-book*, portfólio**

presse *nf* **1** Machine destinée à opérer une compression: *presse hydraulique* ▸ **prensa 2** Machine à imprimer: *ouvrage sous presse* ▸ **prensa 3** Ensemble des journaux; activité, monde du journalisme: *la liberté de la presse* ▸ **imprensa ▪ avoir bonne, mauvaise presse:** avoir bonne, mauvaise réputation ▸ **ter boa, má fama □ dossier de presse:** dossier regroupant les articles parus dans la presse sur une personne, un sujet donné, etc. ▸ **dossiê de imprensa**

pressé, e *adj* **1** Urgent: *travail pressé* ▸ **urgente 2** Qui a hâte: *être pressé de finir* ▸ **apressado ▪ orange, citron pressés:** jus extrait de ces fruits ▸ **suco de laranja, de limão**

presse-citron (pl inv ou *presse-citrons*) *nm* Appareil pour extraire le jus des citrons et autres agrumes ▸ **espremedor de laranja**

pressentiment *nm* Sentiment vague, instinctif de ce qui doit arriver ▸ **pressentimento**

pressentir *vt* **1** Avoir un pressentiment ▸ **pressentir 2** Sonder les dispositions de quelqu'un avant de l'affecter à certaines fonctions: *on l'a pressenti pour un poste de direction* ▸ **sondar**

presse-papiers *nm inv* **1** Objet lourd pour maintenir des papiers ▸ **peso de papel 2** INFORM Zone de mémoire qui sert à stocker temporairement des informations afin de les réutiliser par la suite ▸ **área de transferência**

presse-purée *nm inv* Ustensile pour réduire des légumes en purée ▸ **espremedor de legumes**

presser *vt* **1** Comprimer, serrer avec plus ou moins de force: *presser une éponge; presser quelqu'un dans ses bras* ▸ **apertar 2** Soumettre à l'action d'une presse ou d'un pressoir: *presser du raisin; presser des disques* ▸ **prensar 3** Appuyer fortement sur quelque chose: *presser un bouton de sonnette* ▸ **apertar, pressionar 4** Hâter, accélérer: *presser son départ* ▸ **apressar 5** Pousser instamment quelqu'un à: *presser quelqu'un d'agir* ▸ **pressionar 6** LITT Poursuivre: *presser l'ennemi* ▸ **perseguir ♦** *vi* Être urgent: *rien ne presse* ▸ **urgir ▪ le temps presse:** il faut agir vite ▸ **o tempo urge ♦ se presser** *vpr* **1** Se dépêcher ▸ **apressar-se 2** Venir en grand nombre ▸ **apinhar-se**

pressing [presi] *nm* **1** Repassage à la vapeur ▸ **passagem (de roupa) a vapor 2** Établissement où s'exécute ce travail, où se fait le nettoyage du linge, des vêtements ▸ **lavanderia**

pression *nf* **1** Action de presser ▸ **pressão 2** Force exercée par un corps sur une surface; mesure de cette force ▸ **pressão 3** FIG Influence qui contraint: *céder à des pressions* ▸ **pressão ▪ bière pression** ou **bière à la pression:** dans les cafés, bière servie directement à partir de récipients où elle est mise sous pression ▸ **chope □ groupe de pression:** structure dont se dote une communauté pour influencer les pouvoirs publics à son avantage ▸ **grupo de pressão □ pression artérielle:** poussée produite par le sang sur la paroi des artères ▸ **pressão arterial □ pression atmosphérique:** pression que l'air exerce au niveau du sol ▸ **pressão atmosférica**

pressoir *nm* Machine pour presser certains fruits; lieu où se trouve cette machine ▸ **lagar**

pressurage *nm* Action de pressurer ▸ **prensagem**

pressurer *vt* **1** Soumettre à l'action du pressoir ▸ **prensar 2** FIG Tirer de quelqu'un tout l'argent qu'il peut fournir: *pressurer les contribuables* ▸ **espoliar**

pressurisation *nf* Action de pressuriser ▸ **pressurização**

pressuriser *vt* Maintenir une pression atmosphérique normale à l'intérieur d'un avion volant à haute altitude ▸ **pressurizar**

prestance *nf* Maintien fier et élégant ▸ **distinção**

prestataire *n* **1** Bénéficiaire d'une prestation ▸ **pensionista 2** Personne qui fournit une prestation ▸ **contribuinte ▪ prestataire de services:** personne, entreprise qui vend des services à une clientèle ▸ **prestador de serviços**

prestation *nf* **1** Service fourni; fourniture: *prestation de services* ▸ **prestação 2** Action de se produire en public, pour un acteur, un chanteur, un sportif, etc.: *prestation télévisée* ▸ **atuação 3** Somme versée au titre d'une législation sociale: *prestations familiales; prestations vieillesse* ▸ **pensão** ▪ **prestation de serment:** action de prêter serment ▸ **prestação de juramento**

preste *adj* Adroit, agile, leste ▸ **presto**

prestement *adv* Rapidement, vivement ▸ **prestamente**

prestesse *nf* LITT Agilité, vivacité ▸ **presteza**

prestidigitateur, trice *n* Personne qui fait des tours de prestidigitation ▸ **prestidigitador**

prestidigitation *nf* Art de produire des illusions par des manipulations, des artifices, des trucages ▸ **prestidigitação**

prestige *nm* Qualité de quelque chose, de quelqu'un qui séduit ou impose l'admiration par son éclat ou sa valeur: *prestige d'une grande actrice; professeur qui jouit d'un grand prestige* ▸ **prestígio**

prestigieux, euse *adj* Qui a de l'éclat, du prestige: *orateur prestigieux* ▸ **prestigioso**

prestissimo *adv* MUS Très vite ▸ **prestíssimo**

presto *adv* MUS Vite ▸ **presto**

présumé, e *adj* Estimé tel par supposition: *présumé innocent* ▸ **presumido**

présumer *vt* Conjecturer, supposer ▸ **presumir** ◆ *vt ind* [de] Avoir trop bonne opinion de: *présumer de son talent* ▸ **presumir**

présupposé *nm* Ce qui est supposé vrai préalablement à quelque chose ▸ **pressuposto**

présupposer *vt* Supposer, admettre préalablement ▸ **pressupor**

présure *nf* Lait aigri extrait de l'estomac des jeunes ruminants et qui sert à faire cailler le lait ▸ **coalheira**

prêt[1] *nm* **1** Action de prêter ▸ **empréstimo 2** Chose, somme prêtée ▸ **empréstimo 3** Solde des sous-officiers et des soldats accomplissant leur service militaire légal ▸ **soldo**

prêt[2]**, e** *adj* **1** Disposé à, en état de, décidé à: *prêt à partir* ▸ **pronto 2** Dont la préparation est terminée; disponible: *le repas est prêt* ▸ **pronto**

prétantaine ou **prétentaine** *nf* ▪ VX **courir la prétantaine:** chercher les aventures galantes ▸ **viver na farra**

prêt-à-porter (pl *prêts-à-porter*) *nm* Ensemble des vêtements coupés selon des mesures normalisées; fabrication de ces vêtements ▸ ***prêt-à-porter***

prêté *nm* ▪ **c'est un prêté pour un rendu:** c'est une juste revanche ▸ **são elas por elas**

prétendant, e *n* Personne qui prétend avoir des droits à un trône ▸ **pretendente** ◆ *nm* Celui qui veut épouser une femme ▸ **pretendente**

prétendre *vt (conj 50)* **1** Vouloir, avoir l'intention de: *que prétendez-vous faire?* ▸ **pretender 2** Avoir la prétention, se flatter de: *je ne prétends pas vous convaincre* ▸ **pretender 3** Affirmer, soutenir: *je prétends que oui* ▸ **garantir** ◆ *vt ind* [à] LITT Aspirer à: *prétendre aux honneurs* ▸ **aspirar**

prétendu, e *adj* Supposé: *un prétendu médecin* ▸ **pretenso**

prétendument *adv* Faussement ▸ **pretensamente**

prête-nom (pl *prête-noms*) *nm* Celui qui figure dans un contrat à la place du véritable contractant ▸ **testa de ferro**

prétensionneur *nm* AUTOM Dispositif qui, en cas de choc, tend immédiatement une ceinture de sécurité, augmentant ainsi son efficacité ▸ **sistema de travamento do cinto de segurança**

prétentaine *nf* → **prétantaine**

prétentieusement *adv* De manière prétentieuse, avec recherche ▸ **pretensiosamente**

prétentieux, euse *adj et n* Qui cherche à en imposer, à se mettre en valeur pour des qualités qu'il n'a pas; présomptueux ▸ **pretensioso**

prétention *nf* **1** Exigence, revendication ▸ **pretensão 2** Complaisance vaniteuse envers soi-même ▸ **pretensão** ▪ **sans prétention:** modeste, modestement ▸ **sem pretensões**

prêter *vt* **1** Céder pour un temps: *prêter de l'argent à un ami* ▸ **emprestar 2** Accorder, offrir spontanément: *prêter secours* ▸ **prestar 3** Attribuer: *prêter un sentiment à quelqu'un* ▸ **atribuir** ▪ **prêter attention:** être attentif ▸ **prestar atenção** ▫ **prêter la main:** aider ▸ **dar uma mão** ▫ **prêter le flanc à:** donner prise à: *prêter le flanc aux critiques* ▸ **dar o flanco para** ▫ **prêter l'oreille:** écouter ▸ **dar ouvidos** ▫ **prêter serment:** jurer ▸ **prestar juramento** ◆ *vt ind* [à] Donner matière à: *son attitude prête à rire* ▸ **prestar-se** ◆ **se prêter** *vpr* [à] Consentir à: *se prêter à un jeu* ▸ **consentir**

prétérit [preterit] *nm* Forme verbale exprimant le passé, en particulier en anglais et en allemand ▸ **pretérito**

préteur *nm* ANTIQ Magistrat romain ▸ **pretor**

prêteur, euse *adj et n* Qui prête: *enfant qui n'est pas très prêteur; prêteur sur gages* ▸ **emprestador**

prétexte *nm* Raison apparente pour cacher le vrai motif ▸ **pretexto** ▪ **sous prétexte de, que:** en prenant pour prétexte ▸ **com o pretexto de**

prétexter *vt* Alléguer comme prétexte: *prétexter un voyage pour éviter une visite ennuyeuse* ▸ **pretextar**

prétoire *nm* **1** ANTIQ ROM Tribunal du préteur ▸ **pretório 2** Salle d'audience d'un tribunal ▸ **sala de audiências**

prétorien, enne *adj* ANTIQ ROM Du préteur ▸ **pretório** ◆ *nm et adj* Soldat de la garde impériale romaine ▸ **pretoriano**

prétraité, e *adj* Qui a subi un traitement préalable: *riz prétraité* ▸ **pré-tratado**

prêtre *nm* **1** Ministre d'un culte religieux: *les prêtres de Cybèle, à Rome* ▸ **padre, sacerdote 2** Celui qui a reçu le sacrement de l'ordre dans l'Église catholique et les Églises orientales ▸ **padre, sacerdote**

prêtresse *nf* ANTIQ Femme attachée au culte d'une divinité ▸ **sacerdotisa**

prêtrise *nf* Fonction et dignité de prêtre ▸ **sacerdócio**

préture *nf* Dignité, charge de préteur ▸ **pretoria**

preuve *nf* **1** Ce qui démontre la vérité d'une chose: *fournir les preuves de son innocence* ▸ **prova 2** Marque, témoignage: *preuve d'affection* ▸ **prova 3** Vérification de l'exactitude d'un calcul: *preuve par neuf* ▸ **prova** ■ **faire preuve de:** montrer ▸ **dar mostra de** □ **faire ses preuves:** manifester sa valeur ▸ **mostrar sua capacidade**

preux *adj m et nm* LITT Vaillant, brave ▸ **bravo**

prévaloir *vi (conj 40)* LITT Avoir, remporter l'avantage: *son opinion a prévalu* ▸ **prevalecer** ◆ **se prévaloir** *vpr* [de] S'enorgueillir, tirer avantage de: *se prévaloir de sa naissance* ▸ **prevalecer-se**

prévaricateur, trice *adj et n* Qui manque, par intérêt ou mauvaise foi, aux devoirs de sa charge ▸ **prevaricador**

prévarication *nf* LITT Action du prévaricateur ▸ **prevaricação**

prévenance *nf* Manière obligeante d'aller au-devant de ce qui peut plaire à quelqu'un ▸ **gentileza**

prévenant, e *adj* Plein de sollicitude, d'attention à l'égard de quelqu'un ▸ **gentil**

prévenir *vt (conj 22)* **1** Aller au-devant de quelque chose, prendre des dispositions pour l'empêcher de se produire: *prévenir un malheur* ▸ **prevenir 2** Satisfaire par avance: *prévenir un désir* ▸ **prevenir 3** Avertir, informer: *prévenir les pompiers qu'une maison est en feu* ▸ **prevenir, avisar** ■ **être prévenu contre quelqu'un:** être mal disposé à son égard ▸ **estar prevenido contra alguém**

préventif, ive *adj* Qui a pour effet d'empêcher un mal prévisible: *médecine préventive* ▸ **preventivo**

prévention *nf* **1** Ensemble des dispositions prises pour prévenir un danger ▸ **prevenção 2** Opinion défavorable préconçue ▸ **prevenção 3** DR Incarcération précédant un jugement ▸ **prisão preventiva** ■ **prévention routière:** visant à réduire le nombre et la gravité des accidents de la route ▸ **prevenção de acidentes**

préventivement *adv* De façon préventive ▸ **preventivamente**

préventorium [prevɑ̃tɔrjɔm] *nm* Établissement où l'on soignait les malades atteints de primo-infection tuberculeuse ▸ **preventório**

prévenu, e *n* Personne qui doit répondre d'une infraction devant la justice pénale ▸ **réu**

préverbe *nm* LING Préfixe qui se place devant un verbe ▸ **prevérbio**

prévisible *adj* Qui peut être prévu ▸ **previsível**

prévision *nf* **1** Action de prévoir ▸ **previsão 2** Ce que l'on prévoit; hypothèse ▸ **previsão** ◆ **en prévision de** *loc prép* En prévoyant quelque chose: *prendre un parapluie en prévision de la pluie* ▸ **prevendo**

prévisionnel, elle *adj* Qui fait l'objet d'un calcul antérieur à un événement ▸ **de previsões**

prévoir *vt (conj 42)* **1** Concevoir, envisager par avance: *prévoir un événement* ▸ **prever 2** Organiser à l'avance: *prévoir un repas froid* ▸ **prever**

EMPLOI *Prévoir à l'avance* est un pléonasme, mais on peut dire: *nous avions prévu cet événement longtemps à l'avance*

prévôt *nm* **1** HIST Titre de différents magistrats sous l'Ancien Régime ▸ **preboste 2** Officier de gendarmerie exerçant un commandement dans une prévôté ▸ **preboste**

prévôté *nf* **1** HIST Fonction, juridiction de prévôt ▸ **prebostado 2** Détachement de gendarmerie affecté, en opérations, à une grande unité ▸ **polícia prebostal**

prévoyance *nf* Qualité de quelqu'un qui sait prévoir ▸ **previdência**

prévoyant, e *adj* Qui montre de la prévoyance ▸ **previdente**

prie-Dieu *nm inv* Meuble sur lequel on s'agenouille pour prier ▸ **genuflexório**

prier *vt* **1** Conjurer ou honorer Dieu, une divinité par des paroles; supplier: *prier Dieu*; (sans complément): *prier pour la paix dans le monde* ▸ **rezar 2** Demander avec instance ou avec humilité; inviter, convier: *je vous prie de me laisser* ▸ **suplicar** ■ **je vous en prie:** sert à répondre poliment à un remerciement, une excuse ▸ **não tem de quê** □ **se faire prier:** faire des manières ▸ **fazer-se de rogado**

prière *nf* **1** Action de prier; supplication adressée à Dieu, à une divinité ▸ **rogo 2** Demande instante: *céder aux prières de quelqu'un* ▸ **súplica**

▪ **prière de:** il est demandé de ▸ **é favor**

prieur, e *n et adj* Supérieur, supérieure de certaines communautés religieuses ▸ **prior**

prieuré *nm* **1** Communauté gouvernée par un prieur, une prieure ▸ **priorado 2** Église ou maison de cette communauté ▸ **priorado**

prima donna (pl inv ou *prime donne*) *nf* Première chanteuse dans un opéra ▸ **prima-dona**

primaire *adj* **1** Qui appartient à l'enseignement du premier degré: *école primaire* ▸ **primário 2** PÉJOR Simpliste, peu cultivé: *raisonnement primaire* ▸ **primário** ▪ **ère primaire:** période géologique d'environ 350 millions d'années caractérisée par le plissement hercynien ▸ **era primária, era paleozoica** □ ÉCON **secteur primaire:** ensemble des activités économiques productrices de matières premières ▸ **setor primário** ◆ *nm* **1** Enseignement primaire ▸ **primário 2** ÉCON Secteur primaire ▸ **setor primário 3** GÉOL Ère primaire ▸ **Primário, Paleozoico**

primat *nm* Titre purement honorifique attaché à un siège épiscopal en vertu d'une tradition: *l'archevêque de Lyon est primat des Gaules* ▸ **primaz**

primate *nm* Mammifère tel que le singe et l'homme (les primates forment un ordre) ▸ **primata**

primauté *nf* Prééminence, supériorité de rang ▸ **primazia**

prime[1] *nf* **1** Somme donnée pour prix d'une assurance ▸ **prêmio 2** Somme versée à un salarié en plus de son salaire: *prime d'intéressement* ▸ **comissão 3** Somme, objet, avantage alloués à titre d'encouragement, de récompense, d'incitation ▸ **gratificação, brinde**

prime[2] *adj* **1** LITT Premier: *de prime abord; prime jeunesse* ▸ **primeiro 2** MATH Se dit d'une lettre affectée d'un accent analogue à l'apostrophe: *b' s'énonce «b prime»* ▸ **linha**

primer[1] *vt et vt ind* [sur] L'emporter, surpasser, dominer: *la qualité prime (sur) la quantité* ▸ **primar**

primer[2] *vt* Accorder un prix, une récompense: *primer un animal dans un concours; film primé au festival* ▸ **premiar**

primerose *nf* Rose trémière ▸ **rosa-marinha**

primesautier, ère *adj* Vif, alerte, spontané: *esprit primesautier* ▸ **impulsivo**

prime time [prajmtajm] (pl *prime times*) *nm* À la télévision, tranche horaire du début de soirée qui représente l'heure de plus grande écoute ▸ **horário nobre**

primeur *nf* Caractère de ce qui est nouveau ▸ **começo, novidade** ▪ **avoir la primeur de quelque chose:** être le premier à le connaître ou à en jouir ▸ **ser o primeiro a saber, a aproveitar** algo □ **vin de primeur** ou **vin primeur:** vin de l'année qui est mis en vente le troisième jeudi de novembre ▸ **vinho *primeur*** ◆ **primeurs** *pl* Fruits, légumes obtenus avant l'époque normale de leur maturité ▸ **fruta, legume temporão**

primevère *nf* Plante à fleurs dont l'éclosion se produit au printemps ▸ **primavera**

primipare *adj et nf* Qui accouche ou qui met bas pour la première fois ▸ **primíparo**

primitif, ive *adj* **1** Qui appartient au premier état des choses; initial, originel: *forme primitive* ▸ **primitivo 2** Qui constitue l'élément premier, fondamental: *couleurs primitives* ▸ **primitivo 3** Grossier, fruste, rudimentaire: *mœurs primitives* ▸ **primitivo 4** Se dit des sociétés restées à l'écart de la civilisation moderne et industrielle; SYN: *archaïque* ▸ **primitivo** ◆ *nm* Peintre qui a précédé la Renaissance ▸ **primitivo**

primitivement *adv* À l'origine ▸ **primitivamente**

primitivisme *nm* Affinité d'un art occidental avec les arts primitifs ▸ **primitivismo**

primo *adv* Premièrement ▸ ***primo***

primo-accédant, e (pl *primo-accédants, es*) *n et adj* Personne qui accède pour la première fois à la propriété de sa résidence principale ▸ **proprietário pela primeira vez**

primo-infection (pl *primo-infections*) *nf* MÉD Première atteinte de l'organisme par un germe ▸ **primoinfecção**

primordial, e, aux *adj* Capital, fondamental ▸ **primordial**

prince *nm* **1** Celui qui possède une souveraineté ou qui appartient à une famille souveraine ▸ **príncipe 2** Titre de noblesse le plus élevé ▸ **príncipe 3** LITT Le premier par son talent: *prince des poètes* ▸ **príncipe** ▪ **être bon prince:** se montrer accommodant ▸ **ser generoso, conciliador** □ **fait du prince:** acte arbitraire ▸ **arbitrariedade** □ **princes de l'Église:** les cardinaux et les évêques ▸ **príncipes da Igreja**

prince-de-galles *nm inv et adj inv* Tissu à fines raies croisées ▸ **príncipe de gales**

princeps [prɛ̃sɛps] *adj inv* ▪ **édition princeps:** première édition d'un ouvrage ▸ **edição *princeps***

princesse *nf* **1** Fille ou femme de prince, de roi ▸ **princesa 2** Souveraine d'un pays ▸ **princesa**

princier, ère *adj* **1** De prince: *famille princière* ▸ **principesco 2** Somptueux, digne d'un prince ▸ **principesco**

princièrement *adv* Somptueusement ▸ **principescamente**

principal, e, aux *adj* Qui est le plus important; essentiel ▸ **principal** ▪ GRAMM **proposition principale** ou **principale:** *nf* proposition qui a sous sa dépendance une ou plusieurs subordonnées ▸ **oração principal** ◆ *nm* **1** Ce qu'il y a de plus important ▸ **principal 2** Premier clerc d'une étude ▸ **principal 3** Capital d'une dette: *principal et intérêts* ▸ **principal** ◆ *n* Directeur, directrice d'un collège ▸ **diretor de escola**

principalement *adv* Surtout ▸ **principalmente**

principauté *nf* Petit État indépendant dont le chef a le titre de prince: *la principauté de Monaco* ▸ **principado**

principe *nm* **1** Loi à caractère général: *principe d'Archimède* ▸ **princípio 2** Proposition admise comme base d'une science, d'un art ou d'un raisonnement ▸ **princípio 3** Règle générale théorique qui guide la conduite: *fidèle à ses principes* ▸ **princípio 4** Élément constitutif de quelque chose: *principes nutritifs* ▸ **princípio 5** LITT Origine, cause première: *remonter au principe de toute chose* ▸ **princípio** ▪ **en principe: (a)** selon la règle générale ▸ **em princípio (b)** selon toute vraisemblance ▸ **em princípio**

printanier, ère *adj* Du printemps ▸ **primaveril**

printemps *nm* **1** Saison qui suit l'hiver et précède l'été (21 mars-21 juin) ▸ **primavera 2** LITT Jeunesse: *être au printemps de sa vie* ▸ **primavera 3** LITT Année: *avoir seize printemps* ▸ **primavera**

prion *nm* BIOL Particule protéinique infectieuse qui serait à l'origine de l'encéphalopathie spongiforme ▸ **príon**

prioritaire *adj et n* Qui jouit d'une priorité sur les autres ▸ **prioritário, pessoa que tem prioridade**

prioritairement *adv* En priorité ▸ **prioritariamente**

priorité *nf* **1** Droit de passer avant les autres: *laisser la priorité aux conducteurs qui viennent de droite; ne pas avoir la priorité* ▸ **prioridade 2** Préférence: *donner la priorité à la lutte contre le chômage* ▸ **prioridade 3** Antériorité: *priorité de date* ▸ **prioridade** ▪ **en priorité:** avant toute autre chose ▸ **prioritariamente**

pris, e *adj* **1** Atteint, saisi soudain: *pris de fièvre* ▸ **atacado 2** FIG Occupé, accaparé par de nombreuses tâches ▸ **ocupado**

prise *nf* **1** Action de saisir, de tenir serré: *maintenir la prise* ▸ **tomada, preensão 2** Manière de saisir: *prise de judo* ▸ **pegada 3** Aspérité, creux qui sert de point d'appui: *n'avoir pas de prise* ▸ **apoio 4** Action de prendre, de s'emparer de; chose, personne prise: *prise d'otages; prise de guerre* ▸ **captura 5** Action de recueillir quelque chose: *prise de sang* ▸ **coleta 6** Action d'absorber, en particulier un médicament; quantité de médicament administrée en une seule fois ▸ **ingestão, dose 7** Pincée de tabac inspirée par le nez ▸ **pitada 8** Coagulation, solidification: *la prise du ciment* ▸ **endurecimento 9** MÉCAN Engrenage: *prise directe* ▸ **prise** ▪ FIG **donner prise à:** s'exposer à ▸ **dar brecha para** ▫ **être aux prises avec:** lutter contre ▸ **lutar contra** ▫ **prise d'eau:** installation permettant de disposer d'eau en un point d'une conduite ▸ **torneira** ▫ **prise de conscience:** fait de devenir conscient de quelque chose ▸ **tomada de consciência** ▫ **prise (de courant):** dispositif de branchement électrique relié à une ligne d'alimentation ▸ **tomada** ▫ **prise de possession:** entrée en possession ▸ **tomada de posse** ▫ **prise de son:** ensemble des opérations permettant un enregistrement sonore ▸ **gravação** ▫ **prise de terre:** conducteur servant à établir une liaison avec la terre; prise de courant comportant un tel conducteur ▸ **fio terra** ▫ **prise de vues:** enregistrement des images d'un film ▸ **tomadas**

priser[1] *vt* LITT Estimer, apprécier ▸ **prezar**

priser[2] *vt* Aspirer par le nez: *priser du tabac* ▸ **aspirar**

prismatique *adj* En forme de prisme: *cristal prismatique* ▸ **prismático**

prisme *nm* **1** Polyèdre dont les bases sont deux polygones égaux à côtés parallèles, les faces latérales étant des parallélogrammes ▸ **prisma 2** PHYS Prisme en cristal, qui décompose la lumière ▸ **prisma**

prison *nf* **1** Lieu où l'on détient les personnes condamnées ou en instance de jugement ▸ **prisão 2** Emprisonnement: *mériter la prison* ▸ **prisão 3** FIG Lieu ou situation où l'on se sent séquestré, enfermé ▸ **prisão**

prisonnier, ère *n et adj* **1** Personne détenue en prison ▸ **prisioneiro 2** Personne privée de liberté: *prisonnier de guerre* ▸ **prisioneiro** ◆ *adj* Dont la liberté est entravée par une habitude, un vice, etc. ▸ **escravo**

privatif, ive *adj* **1** Privé: *jardin privatif* ▸ **privativo 2** Qui prive: *peine privative de liberté* ▸ **privativo 3** LING Se dit des préfixes marquant la privation, l'absence, le manque ▸ **privativo**

privation *nf* Action de priver, de se priver; fait d'être privé de quelque chose ▸ **privação** ◆ **privations** *pl* Manque des choses nécessaires et notamment de nourriture ▸ **privações**

privatisation *nf* Action de faire tomber dans le domaine de l'entreprise privée ce qui était du ressort de l'État ▸ **privatização**

privatiser *vt* Procéder à la privatisation de ► **privatizar**
privautés *nf pl* Familiarité excessive, liberté déplacée qu'un homme se permet avec une femme ► **liberdades**
privé, e *adj* **1** Qui ne dépend pas de l'État, qui n'appartient pas à la collectivité: *école privée; secteur privé* ► **privado 2** Qui n'est pas ouvert à tout public: *projection privée* ► **privado 3** Qui appartient en propre à un ou plusieurs individus: *propriété privée* ► **privado 4** Strictement personnel, intime: *la vie privée* ► **privado** ◆ *nm* Secteur privé ► **setor privado** ▪ **dans le privé:** dans l'intimité, hors de la vie professionnelle: *se tutoyer dans le privé et non au travail* ► **entre si** □ **en privé:** à l'écart des autres, sans témoins: *souhaiter parler à quelqu'un en privé* ► **em particular**
priver *vt* Ôter, refuser la possession, la jouissance de quelque chose à ► **privar** ◆ **se priver** *vpr* **1** S'abstenir de quelque chose: *se priver de vin* ► **privar-se 2** S'imposer des privations: *se priver pour ses enfants* ► **privar-se**
privilège *nm* Droit, avantage personnel, exclusif ► **privilégio**
privilégié, e *adj et n* Qui jouit d'un privilège, de privilèges: *classes privilégiées* ► **privilegiado**
privilégier *vt* Accorder un privilège à; avantager, favoriser ► **privilegiar**
prix [pri] *nm* **1** Valeur d'une chose, exprimée en monnaie ► **preço 2** Ce qu'il en coûte pour obtenir qqch: *le prix de la liberté* ► **preço 3** Récompense: *recevoir un prix* ► **prêmio 4** Personne qui a obtenu un prix: *le Prix Nobel* ► **prêmio, premiado** ▪ **à prix d'or:** très cher ► **a preço de ouro** □ **à tout prix:** coûte que coûte ► **a qualquer preço**
pro *n et adj* (abréviation) FAM Professionnel: *c'est une vraie pro* ► **Ø**
probabilité *nf* Caractère de ce qui est probable, vraisemblable ► **probabilidade**
probable *adj* Qui a beaucoup de chances de se produire; vraisemblable ► **provável**

GRAMMAIRE On dit: *il est probable qu'il viendra* (ind; c'est une affirmation), mais *il est peu probable qu'il vienne* (subj; il y a doute)

probablement *adv* Vraisemblablement ► **provavelmente**
probant, e *adj* Qui convainc; concluant ► **convincente**
probation *nf* DR Suspension de la peine d'un condamné assortie d'une mise à l'épreuve et de mesures d'assistance et de contrôle ► **liberdade condicional**
probatoire *adj* Propre à prouver ► **probatório** ▪ **examen probatoire:** qui teste les connaissances d'un candidat ► **teste de conhecimento**
probe *adj* LITT Très honnête ► **probo**
probiotique *adj et nm* BIOL Micro-organisme vivant (bactérie ou levure) qui, ingéré en quantité suffisante, a un effet bénéfique sur la santé en améliorant l'équilibre de la flore intestinale ► **probiótico**
probité *nf* Honnêteté scrupuleuse, rigoureuse ► **probidade**
problématique *adj* Douteux, hasardeux, incertain: *succès problématique* ► **problemático** ◆ *nf* Ensemble des questions qu'une science ou une philosophie se pose dans un domaine particulier ► **problemática**
problème *nm* **1** Question à résoudre par des procédés scientifiques: *problème d'algèbre* ► **problema 2** Ce qui est difficile à expliquer, à résoudre ► **problema**
procédé *nm* **1** Manière d'agir, de se conduire avec les autres ► **conduta 2** Méthode à suivre pour une opération: *simplifier un procédé* ► **procedimento**
procéder *vi (conj 10)* Agir de telle ou telle façon: *procéder avec ordre* ► **proceder** ◆ *vt ind* [à] Faire qqch, l'exécuter selon un certain ordre: *procéder au recensement de la population* ► **proceder** ◆ *vt ind* [de] LITT Provenir, tirer son origine de ► **proceder**
procédure *nf* **1** Méthode utilisée pour obtenir un certain résultat ► **procedimento 2** DR Ensemble des formalités, des règles judiciaires: *Code de procédure civile* ► **procedimento**
procédurier, ère *adj et n* PÉJOR Qui aime la procédure, la chicane, les procès ► **chicaneiro**
procès *nm* Instance en justice ► **processo**
processeur *nm* INFORM Organe capable d'assurer le traitement complet d'une série d'informations ► **processador**
procession *nf* **1** Marche solennelle d'un caractère religieux, accompagnée de chants et de prières ► **procissão 2** FAM Longue suite de personnes, de véhicules; défilé ► **desfile**
processionnaire *adj et nf* Se dit de certaines chenilles qui se déplacent en file indienne ► **processionária**
processus [prɔsesys] *nm* **1** Enchaînement ordonné de faits, d'événements aboutissant à un résultat déterminé; mécanisme, marche, développement: *processus inflationniste* ► **processo 2** Suite continue d'opérations, procédé technique: *processus de fabrication* ► **processo**
procès-verbal (pl *procès-verbaux*) *nm* **1** Acte d'un officier de justice, d'un agent assermenté,

constatant un fait, un délit ▸ **auto de infração** **2** Compte rendu d'une délibération ▸ **ata**

prochain[1] *nm* Tout homme ou l'ensemble des hommes, par rapport à l'un d'entre eux ▸ **próximo**

prochain[2], e *adj* Proche dans le temps ou l'espace: *semaine prochaine; le prochain village* ▸ **próximo**

prochainement *adv* Bientôt ▸ **brevemente**

proche *adj* **1** Qui est près, qui n'est pas éloigné dans l'espace ou dans le temps: *proche voisin; l'heure est proche* ▸ **próximo 2** Peu différent, approchant: *un mensonge proche de la vérité* ▸ **próximo 3** Qui a d'étroites relations de parenté, ou d'amitié: *proche parent* ▸ **próximo** ♦ *nm* Proche parent, ami intime ▸ **próximo**

proclamation *nf* **1** Action de proclamer ▸ **proclamação 2** Texte proclamé ▸ **proclamação**

proclamer *vt* **1** Faire connaître publiquement, avec solennité: *proclamer un verdict* ▸ **proclamar 2** Divulguer, révéler: *proclamer la vérité* ▸ **proclamar**

proclitique *adj et nm* LING Se dit d'un mot privé d'accent tonique qui, dans la prononciation, fait corps avec le mot suivant ▸ **proclítico, próclise**

proconsul *nm* ANTIQ ROM Consul sorti de charge et prorogé dans ses pouvoirs ▸ **procônsul**

procrastination *nf* Tendance à ajourner, à remettre au lendemain ▸ **procrastinação**

procréateur, trice *adj et n* LITT Qui procrée ▸ **procriador**

procréation *nf* Action de procréer ▸ **procriação** ■ **procréation médicalement assistée:** ensemble des méthodes qui permettent la procréation, lorsque celle-ci ne peut se réaliser dans des conditions naturelles ▸ **reprodução assistida**

procréer *vt* Engendrer, donner la vie ▸ **procriar**

procurateur *nm* **1** ANTIQ ROM Fonctionnaire de l'ordre équestre ▸ **procurador 2** HIST Magistrat des anciennes Républiques d'Italie ▸ **procurador**

procuration *nf* Pouvoir qu'une personne donne à une autre pour agir en son nom ▸ **procuração**

procurer *vt* **1** Faire obtenir: *procurer un emploi* ▸ **arranjar 2** Apporter, occasionner: *procurer beaucoup de bonheur* ▸ **proporcionar** ♦ **se procurer** *vpr* Obtenir pour soi: *se procurer des marchandises* ▸ **arranjar**

procureur, e *n* DR ▸ **procurador** ■ **procureur général:** magistrat qui exerce les fonctions du ministère public près la Cour de cassation, etc. ▸ **procurador-geral** □ **procureur de la République:** qui exerce les fonctions du ministère public près les tribunaux ▸ **procurador da República**

prodigalité *nf* Caractère, comportement d'une personne prodigue ▸ **prodigalidade** ♦ **prodigalités** *pl* Dépenses excessives ▸ **prodigalidades**

prodige *nm* **1** Événement extraordinaire, de caractère magique ou surnaturel: *tenir du prodige* ▸ **prodígio 2** Chose surprenante: *les prodiges de la science* ▸ **prodígio 3** Personne exceptionnellement douée: *enfant prodige* ▸ **prodígio**

prodigieusement *adv* De façon prodigieuse ▸ **prodigiosamente**

prodigieux, euse *adj* Extraordinaire, remarquable ▸ **prodigioso**

prodigue *adj et n* **1** Qui fait des dépenses excessives, inconsidérées ▸ **pródigo 2** Qui donne sans compter: *prodigue de son temps* ▸ **pródigo** ■ **enfant, fils prodigue:** qui revient au domicile paternel après avoir dissipé son bien ▸ **filho pródigo**

prodiguer *vt* Donner généreusement: *prodiguer des éloges* ▸ **prodigalizar**

prodrome *nm* **1** MÉD Symptôme précurseur d'une maladie ▸ **pródromo 2** LITT Signe avant-coureur: *les prodromes d'une révolution* ▸ **pródromo**

producteur, trice *n et adj* **1** Personne, pays, activité qui produit des biens, des services: *pays producteur de pétrole* ▸ **produtor 2** CIN Personne qui finance un film et rassemble les éléments nécessaires à sa réalisation ▸ **produtor 3** Personne qui conçoit une émission et, éventuellement, la réalise ▸ **produtor**

productif, ive *adj* Qui produit, rapporte: *terre productive* ▸ **produtivo**

production *nf* **1** Action de produire; fait de se produire, de se former ▸ **produção 2** Bien produit: *les productions du sol* ▸ **produção 3** Création d'un film, d'une émission, leur réalisation matérielle; le film, l'émission eux-mêmes ▸ **produção**

productivité *nf* **1** Caractère de ce qui est productif ▸ **produtividade 2** Quantité produite en considération du travail fourni et des dépenses engagées ▸ **produtividade**

produire *vt (conj 70)* **1** Fournir certains biens ou services: *région qui produit du vin* ▸ **produzir 2** Porter: *les arbres produisent des fruits* ▸ **produzir 3** Rapporter, donner du profit: *placement qui produit un joli bénéfice* ▸ **produzir 4** Provoquer, causer: *produire de bons résultats* ▸ **produzir 5** Présenter, montrer: *produire des titres* ▸ **produzir 6** Donner naissance, créer: *produire des romans* ▸ **produzir 7** Être le producteur de; réaliser: *produire un film, une émission* ▸ **produzir** ♦ **se produire** *vpr* **1** Arriver, survenir: *un accident s'est produit près d'ici* ▸ **produzir-se 2** Se montrer, se faire connaître: *se produire sur scène* ▸ **apresentar-se**

produit *nm* **1** Richesse, bien économique issus de la production: *produit du sol, de l'industrie* ▸ **produto 2** Objet, article manufacturé: *lancement d'un nouveau produit* ▸ **produto 3** Bénéfice, résultat; somme obtenue: *produit d'une vente* ▸ **produto 4** MATH Résultat de la multiplication ▸ **produto ▪ produit financier:** recette dégagée par des activités financières (intérêts, agios, etc.) ▸ **rendimento □ produit intérieur brut (PIB):** somme des valeurs ajoutées réalisées annuellement par les entreprises d'un pays ▸ **produto interno bruto □ produit national brut (PNB):** somme totale du PIB et du solde des revenus des facteurs de production transférés par l'étranger ou à l'étranger, souvent retenue pour caractériser la puissance économique d'un pays ▸ **produto nacional bruto □ produits blancs:** appareils électroménagers (réfrigérateur, lave-linge, etc.) ▸ **linha branca □ produits bruns:** matériel audiovisuel (téléviseur, chaîne hi-fi, etc.) ▸ **linha marrom**

proéminence *nf* Saillie ▸ **proeminência**

proéminent, e *adj* En relief par rapport à ce qui est autour; saillant ▸ **proeminente**

prof *n* (abréviation) FAM Professeur ▸ **Ø**

profanateur, trice *adj et n* Qui profane ▸ **profanador**

profanation *nf* Action de profaner ▸ **profanação**

profane *n et adj* **1** Personne étrangère à une religion, non initiée à un culte ▸ **profano 2** Personne qui ignore les usages, les règles de quelque chose: *être profane en la matière* ▸ **profano** ◆ *nm* Ensemble des choses qui ne relèvent pas de la religion, qui ne sont pas sacrées ▸ **profano**

profaner *vt* Violer le caractère sacré d'un lieu, d'un objet de culte: *profaner une tombe* ▸ **profanar**

proférer *vt (conj 10)* Prononcer: *proférer des injures* ▸ **proferir**

professer *vt* Déclarer ouvertement: *professer une opinion* ▸ **professar**

professeur, e *n* **1** Personne qui enseigne une matière, une discipline, un art ▸ **professor 2** Enseignant du second degré ou du supérieur ▸ **professor**

profession *nf* **1** Activité, métier, emploi: *exercer une profession* ▸ **profissão 2** Ensemble des personnes qui exercent le même métier: *congrès qui rassemble toute la profession* ▸ **profissão ▪ de profession: (a)** de métier: *traducteur de profession* ▸ **profissional (b)** par habitude: *escroc de profession* ▸ **profissional □ faire profession de:** déclarer ouvertement une opinion personnelle ▸ **professar**

professionnaliser *vt* **1** Donner à une activité le caractère d'une profession: *professionnaliser un sport* ▸ **profissionalizar 2** Rendre quelqu'un professionnel ▸ **profissionalizar** ◆ **se professionnaliser** *vpr* Prendre un caractère professionnel; devenir professionnel ▸ **profissionalizar-se**

professionnalisme *nm* Qualité d'une personne qui fait une chose professionnellement, avec une grande compétence; CONTR: *amateurisme* ▸ **profissionalismo**

professionnel, elle *adj* Relatif à une profession: *enseignement professionnel* ▸ **profissional** ◆ *n et adj* **1** Personne qui exerce régulièrement un métier ▸ **profissional 2** Personne qui a une expérience particulière dans un métier, une activité ▸ **profissional 3** Sportif de profession; CONTR: *amateur* ▸ **profissional**

professionnellement *adv* En professionnel ▸ **profissionalmente**

professoral, e, aux *adj* De professeur ▸ **professoral**

professorat *nm* Fonction de professeur ▸ **magistério, professorado**

profil *nm* **1** Contour, aspect du visage vu de côté ▸ **perfil 2** Aspect extérieur de quelque chose vu de côté ▸ **perfil 3** Ligne que dessine la section perpendiculaire d'un objet; coupe ▸ **perfil 4** Ensemble des traits qui caractérisent quelqu'un par rapport à son aptitude à un emploi ▸ **perfil ▪ de profil:** vu de côté: *dessiner quelqu'un de profil* ▸ **de perfil**

profilage *nm* En criminologie, établissement, à partir des indices recueillis, du profil psychologique d'un individu recherché ▸ **elaboração de perfil psicológico**

profiler *vt* **1** Donner un profil déterminé à un objet ▸ **moldar 2** En criminologie, établir le profil psychologique d'un individu recherché: *profiler un tueur en série* ▸ **traçar perfil psicológico** ◆ **se profiler** *vpr* **1** Se présenter de profil, en silhouette: *nuages qui se profilent à l'horizon* ▸ **delinear-se 2** S'ébaucher, apparaître: *une solution se profilait enfin* ▸ **delinear-se**

profileur, euse *n* Criminologue spécialisé dans le profilage ▸ **elaborador de perfil psicológico**

profit *nm* **1** Gain, bénéfice ▸ **lucro 2** Avantage, bénéfice intellectuel ou moral ▸ **proveito ▪ au profit de:** au bénéfice de ▸ **em proveito de □ mettre à profit:** employer utilement ▸ **tirar proveito**

profitable *adj* Avantageux, utile ▸ **proveitoso**

profiter *vt ind* **1** [de] Tirer profit de: *profiter des circonstances* ▸ **aproveitar 2** [à] Être utile à: *vos* *conseils lui ont profité* ▸ **servir** ◆ *vi* FAM Croître, se développer: *cet enfant profite bien* ▸ **crescer**

profiterole *nf* Petit chou fourré de glace, nappé de chocolat chaud ▸ **profiterole**

profiteur, euse *adj et n* Qui tire profit de toute occasion, souvent aux dépens des autres ▸ **aproveitador**

profond, e *adj* **1** Dont la profondeur est grande: *puits profond* ▸ **profundo 2** Qui pénètre loin: *racines profondes* ▸ **profundo 3** Intense, extrême: *profonde douleur* ▸ **profundo 4** Caché, difficile à atteindre: *profond mystère* ▸ **profundo** ◆ *adv* À une grande profondeur: *creuser profond* ▸ **fundo**

profondément *adv* **1** À une grande profondeur ▸ **profundamente 2** Extrêmement: *profondément triste* ▸ **profundamente**

profondeur *nf* **1** Distance du fond à la surface, à l'orifice: *profondeur d'un gouffre, d'une boîte* ▸ **profundidade 2** FIG Pénétration d'esprit: *profondeur de vues* ▸ **profundidade**

profusion *nf* Grande abondance ▸ **profusão**

progéniture *nf* Enfants, descendance ▸ **progênie**

progestatif, ive *adj et nm* MÉD Se dit d'une substance qui favorise la nidation de l'œuf et la gestation ▸ **progestágeno, progestacional**

progestérone *nf* Hormone progestative ▸ **progesterona**

progiciel *nm* INFORM Programme conçu pour plusieurs utilisateurs et destiné à une même application ▸ **pacote de programas**

prognathe [prɔgnat] *adj et n* Qui a les mâchoires allongées en avant ▸ **prognata**

prognathisme *nm* Saillie en avant des mâchoires ▸ **prognatismo**

programmable *adj* Que l'on peut programmer ▸ **programável**

programmateur, trice *n* Personne qui établit un programme de cinéma, de radio, etc. ▸ **programador** ◆ *nm* Dispositif qui commande automatiquement l'exécution des différentes opérations à effectuer: *programmateur d'un lave-linge* ▸ **programador**

programmation *nf* Établissement d'un programme ▸ **programação**

programme *nm* **1** Ensemble des thèmes d'une discipline dont l'étude est prévue dans une classe ou sur lesquels doit porter un examen ▸ **programa 2** Ensemble des activités prévues dans l'emploi du temps de quelqu'un: *avoir un programme chargé* ▸ **programação 3** Liste des émissions de radio, de télévision indiquant les horaires, les sujets, etc.; présentation des détails d'un spectacle, d'une fête ▸ **programação, programa 4** Projet, intention d'action: *un programme de réformes* ▸ **programa 5** INFORM Ensemble d'instructions nécessaires à l'exécution d'une suite d'opérations demandées à un ordinateur, à un appareillage automatique ▸ **programação**

programmer *vt* **1** Prévoir, inscrire au programme d'un cinéma, d'une chaîne de radio, de télévision ▸ **programar 2** Établir à l'avance, planifier: *programmer la visite d'un site* ▸ **programar 3** Préparer une machine, un ordinateur pour l'exécution d'un programme: *programmer un four, un magnétoscope* ▸ **programar**

programmeur, euse *n* Spécialiste chargé de la mise au point de programmes d'ordinateurs ▸ **programador**

progrès *nm* **1** Évolution, progression ▸ **progresso 2** Développement de la civilisation: *croire au progrès* ▸ **progresso**

progresser *vi* **1** Faire des progrès, aller de l'avant: *élève qui a progressé* ▸ **progredir 2** Se développer, s'amplifier: *le feu progresse* ▸ **progredir**

progressif, ive *adj* Qui avance par degrés: *marche progressive* ▸ **progressivo**

progression *nf* **1** Mouvement, marche en avant: *progression d'une troupe* ▸ **progressão 2** Développement, accroissement, propagation: *progression d'une idée, d'une maladie* ▸ **progresso 3** MATH Suite de nombres tels que chacun d'eux est égal au précédent, augmenté ou diminué (*progression arithmétique*) d'un nombre constant appelé *raison*, ou multiplié ou divisé (*progression géométrique*) par un tel nombre ▸ **progressão**

progressisme *nm* Doctrine progressiste ▸ **progressismo**

progressiste *adj et n* Qui a ou manifeste des idées politiques et sociales avancées ▸ **progressista**

progressivement *adv* Peu à peu ▸ **progressivamente**

progressivité *nf* Caractère de ce qui est progressif ▸ **progressividade**

prohibé, e *adj* DR Défendu par la loi: *port d'armes prohibé* ▸ **proibido** ▪ **temps prohibé:** pendant lequel certains actes sont interdits par la loi: *chasse en temps prohibé* ▸ **defeso**

prohiber *vt* SOUT Interdire légalement ▸ **proibir**

prohibitif, ive *adj* **1** Qui interdit: *une loi prohibitive* ▸ **proibitivo 2** Trop élevé, excessif: *prix prohibitifs* ▸ **proibitivo**

prohibition *nf* Interdiction légale ▸ **proibição** ▪ **la prohibition:** période (entre 1919 et 1933) où il était interdit de consommer de l'alcool aux États-Unis ▸ **lei seca**

proie *nf* **1** Être vivant capturé par un animal ▸ **presa 2** Ce dont on s'empare avec rapacité, par la violence ▸ **presa 3** Victime: *être la proie d'un escroc* ▸ **presa ▪ en proie à:** victime de, sujet à ▸ **à mercê de □ être la proie de:** être détruit, ravagé par: *la maison était la proie des flammes* ▸ **ser vítima de □ oiseau de proie:** oiseau carnassier ▸ **ave de rapina**

projecteur *nm* Appareil pour projeter un faisceau lumineux, des images sur un écran ▸ **projetor**

projectile *nm* **1** Corps lancé vers une cible avec force ▸ **projétil 2** Corps lancé par une arme de jet ou une arme à feu ▸ **projétil**

projection *nf* **1** Action de projeter, de lancer ▸ **projeção 2** Action de projeter un film; image projetée ▸ **projeção 3** GÉOM Représentation plane d'un corps suivant certaines règles ▸ **projeção**

projectionniste *n* Professionnel chargé de la projection des films ▸ **projecionista**

projet *nm* **1** Ce que l'on projette de faire: *projet hardi* ▸ **projeto 2** Première rédaction d'un texte: *projet de loi* ▸ **projeto 3** Étude d'une construction avec dessins et devis ▸ **projeto**

projeter *vt (conj 8)* **1** Lancer, jeter: *projeter une pierre* ▸ **projetar 2** Émettre: *projeter une ombre* ▸ **projetar 3** Former le dessein de: *projeter de venir* ▸ **planejar 4** Faire apparaître sur un écran un film, des photos, grâce à un dispositif lumineux ▸ **projetar 5** GÉOM Effectuer une projection ▸ **projetar**

projeteur *nm* Technicien qui établit les projets dans une entreprise ▸ **projetista**

prolapsus [prɔlapsys] *nm* MÉD Chute d'un organe ▸ **prolapso**

prolégomènes *nm pl* Introduction ▸ **prolegômenos**

prolétaire *n et adj* Personne qui n'a pour vivre que le produit de son travail ▸ **proletário**

prolétariat *nm* Classe des prolétaires ▸ **proletariado**

prolétarien, enne *adj* Relatif au prolétariat ▸ **proletário**

prolétarisation *nf* Action de prolétariser; fait de se prolétariser ▸ **proletarização**

prolétariser *vt* Faire passer à la condition de prolétaire ▸ **proletarizar**

prolifération *nf* **1** Développement rapide ▸ **proliferação 2** Multiplication d'une cellule par division ▸ **proliferação**

prolifère *adj* BOT Qui se multiplie ▸ **prolífero**

proliférer *vi* **1** Se reproduire en grand nombre et rapidement ▸ **proliferar 2** FIG Foisonner, se multiplier: *les magasins de vidéos prolifèrent dans la ville* ▸ **proliferar**

prolifique *adj* **1** Qui se multiplie vite, fécond: *le lapin est prolifique* ▸ **prolífico 2** Qui produit beaucoup, en parlant d'un écrivain, d'un artiste ▸ **prolífico**

prolixe *adj* Diffus, trop long, bavard: *discours prolixe* ▸ **prolixo**

prolixité *nf* Caractère prolixe ▸ **prolixidade**

prologue *nm* **1** Avant-propos d'un roman, d'un texte ▸ **prólogo 2** FIG Préliminaire, prélude ▸ **preâmbulo 3** SPORTS Brève épreuve disputée avant le départ réel d'une compétition cycliste ou automobile importante ▸ **prólogo**

prolongateur *nm* Rallonge électrique ▸ **extensão**

prolongation *nf* Action de prolonger; délai accordé ▸ **prorrogação ◆ prolongations** *pl* SPORTS Période de jeu ajoutée au temps réglementaire d'un match pour départager les équipes: *jouer les prolongations* ▸ **prorrogação**

prolongement *nm* Action d'augmenter la longueur de quelque chose; ce qui prolonge quelque chose; extension: *prolongement de la rue, des travaux* ▸ **prolongamento ▪ dans le prolongement de quelque chose:** dans l'alignement, dans la direction de: *boulangerie dans le prolongement de la rue* ▸ **na extensão de algo ◆ prolongements** *pl* Suites, conséquences ▸ **desdobramentos**

prolonger *vt (conj 2)* Accroître la longueur, la durée ▸ **prolongar, prorrogar ◆ se prolonger** *vpr* **1** S'étendre dans l'espace: *rue qui se prolonge au-delà d'une place* ▸ **prolongar-se 2** Durer plus longtemps: *soirée qui se prolonge* ▸ **prolongar-se**

promenade *nf* **1** Action de se promener ▸ **passeio 2** Lieu où l'on se promène ▸ **passeio**

promener *vt (conj 9)* **1** Conduire en divers lieux pour l'agrément, le plaisir, donner de l'exercice ▸ **passear 2** FIG Porter, diriger sans but précis: *promener son regard* ▸ **passear ◆ se promener** *vpr* Aller çà et là pour se distraire, prendre de l'exercice ▸ **passear**

promeneur, euse *n* Personne qui se promène ▸ **passeador**

promenoir *nm* **1** Partie d'une salle de spectacle où l'on peut circuler ▸ **deambulatório 2** Lieu couvert destiné à la promenade ▸ **passeio coberto**

promesse *nf* Assurance donnée ▸ **promessa**

prometteur, euse *adj* Plein de promesses ▸ **promissor**

promettre *vt (conj 57)* **1** S'engager à faire, à donner: *promettre de payer* ▸ **prometer 2** FIG Annoncer, prédire: *le temps promet de la pluie* ▸ **prometer ◆** *vi* Donner des espérances: *enfant qui promet*

► prometer ■ FAM **ça promet!**: l'affaire s'engage mal ► **já começou mal!** ◆ **se promettre** *vpr* [de] Prendre la ferme résolution de: *se promettre de travailler* ► **decidir**

promis, e *adj* **1** Dont on a fait la promesse: *chose promise* ► **prometido 2** Voué à: *promis à un brillant avenir* ► **prometido** ■ **terre promise:** lieu où la vie est heureuse et facile ► **terra prometida**

promiscuité *nf* Proximité choquante, voisinage désagréable ► **promiscuidade**

promontoire *nm* Cap élevé ► **promontório**

promoteur, trice *n* LITT Personne qui donne la première impulsion à quelque chose; initiateur: *le promoteur d'une réforme* ► **promotor** ◆ *nm* Personne ou société qui finance et organise la construction d'immeubles ► **incorporador(a)**

promotion *nf* **1** Nomination, élévation à un grade, à une dignité supérieurs; ensemble des personnes bénéficiant en même temps d'une telle nomination ► **promoção, pessoas promovidas 2** Ensemble des élèves entrés la même année dans une école ► **turma 3** Accession à un niveau de vie supérieur ► **ascensão social** ■ **en promotion:** en réclame ► **em promoção** □ **promotion des ventes:** technique propre à accroître le chiffre d'affaires d'une entreprise ► **promoção de vendas**

promotionnel, elle *adj* Qui favorise l'accroissement des ventes ► **promocional**

promouvoir *vt (conj 36)* **1** Élever à une dignité supérieure ► **promover 2** FIG Favoriser le développement, la diffusion de quelque chose: *promouvoir une politique de progrès* ► **promover**

prompt, e [prɔ̃, prɔ̃t] *adj* **1** LITT Qui ne tarde pas: *prompte guérison* ► **pronto 2** Qui va, agit vite: *esprit prompt* ► **rápido**

promptement *adv* SOUT Avec promptitude, rapidité ► **prontamente**

prompteur *nm* Appareil sur lequel défilent les textes lus par le présentateur à la télévision ► ***teleprompter***

promptitude *nf* LITT Caractère de quelqu'un qui agit vite, de ce qui est rapide ► **prontidão**

promu, e *n et adj* Personne qui a reçu une promotion ► **promovido**

promulgation *nf* Action de promulguer ► **promulgação**

promulguer *vt* Rendre applicable une loi régulièrement adoptée par le Parlement, en la signant et en la faisant publier: *le chef de l'État promulgue les lois* ► **promulgar**

prôner *vt* Vanter, louer, recommander: *prôner la modération* ► **pregar**

pronom *nm* Mot qui peut remplacer un nom, un adjectif, une phrase, et qui a toutes les fonctions du nom (il y a six sortes de pronoms: *personnels, possessifs, démonstratifs, relatifs, interrogatifs, indéfinis)* ► **pronome**

pronominal, e, aux *adj* Propre au pronom ► **pronominal** ■ **verbe pronominal** ou **pronominal:** *nm* verbe qui se conjugue avec deux pronoms de la même personne (EX: *nous nous avançons)* ► **verbo pronominal**

pronominalement *adv* En fonction de pronom ou de verbe pronominal: *adjectif, adverbe, verbe employés pronominalement* ► **pronominalmente**

prononçable *adj* Qui peut être prononcé: *mot à peine prononçable* ► **pronunciável**

prononcé, e *adj* Marqué, accentué: *traits prononcés* ► **pronunciado** ◆ *nm* DR Lecture d'une décision d'un tribunal ► **leitura da sentença**

prononcer *vt (conj 1)* **1** Articuler: *prononcer les mots* ► **pronunciar 2** Dire, débiter: *prononcer un discours* ► **pronunciar 3** Déclarer avec autorité: *prononcer un arrêt* ► **pronunciar** ◆ *vi* Rendre un arrêt, un jugement ► **pronunciar** ◆ **se prononcer** *vpr* **1** Manifester sa pensée: *le médecin ne s'est pas prononcé* ► **pronunciar-se 2** Prendre parti: *les ouvriers se sont prononcés pour la grève* ► **pronunciar-se**

prononciation *nf* Action, manière de prononcer ► **pronunciamento, pronúncia**

pronostic *nm* **1** Prévision ► **prognóstico 2** MÉD Jugement porté sur l'évolution d'une maladie ► **prognóstico**

pronostiquer *vt* Prévoir, prédire ► **prognosticar**

pronostiqueur, euse *n* Personne qui fait des pronostics, notamment sportifs ou hippiques ► **prognosticador**

propagande *nf* Tout ce qu'on fait pour répandre une opinion, une doctrine ► **propaganda**

propagandiste *adj et n* Qui fait de la propagande ► **propagandista**

propagateur, trice *n* Qui propage ► **propagador**

propagation *nf* **1** Fait de s'étendre de proche en proche: *la propagation du feu* ► **propagação 2** FIG Action de propager, de répandre une idée, une nouvelle, etc.: *la propagation des idées* ► **propagação 3** PHYS Transmission du son, de la lumière, des ondes électriques ► **propagação**

propager *vt (conj 2)* Répandre, diffuser dans le public: *propager une nouvelle* ► **propagar** ◆ **se propager** *vpr* Se répandre, s'étendre: *l'incendie se propage* ► **propagar-se**

propane *nm* Hydrocarbure gazeux, employé comme combustible ► **propano**

propension *nf* Tendance naturelle; penchant: *propension à la paresse* ► **propensão**

propergol *nm* Produit composé d'un ou de plusieurs ergols fournissant l'énergie de propulsion d'un moteur-fusée ► **propergol**

prophète *nm* **1** Dans la Bible, homme qui parle au nom de Dieu ► **profeta 2** Personne qui annonce un événement futur ► **profeta** ■ **le Prophète:** Mahomet ► **o Profeta**

prophétie [prɔfesi] *nf* Prédiction ► **profecia**

prophétique *adj* Propre à un prophète, à la prophétie ► **profético**

prophétiser *vt* **1** Annoncer, par inspiration divine, ce qui va se passer ► **profetizar 2** Prévoir, prédire ► **profetizar**

prophylactique *adj* Relatif à la prophylaxie ► **profilático**

prophylaxie *nf* Ensemble des moyens propres à prévenir les maladies ► **profilaxia**

propice *adj* **1** Qui convient bien, opportun: *le moment propice* ► **propício 2** Favorable: *les dieux nous sont propices* ► **propício**

propitiatoire [prɔpisjatwar] *adj* RELIG, LITT qui rend propice: *sacrifice propitiatoire* ► **propiciatório**

proportion *nf* **1** Rapport des parties entre elles et avec l'ensemble ► **proporção 2** MATH Égalité de deux rapports ► **proporção** ■ **en proportion:** en rapport ► **em proporção, proporcionalmente** ◆ **proportions** *pl* **1** Dimensions ► **proporções 2** Importance, étendue: *l'incident a pris des proportions considérables* ► **proporções** ■ **toutes proportions gardées:** sans perdre de vue les différences entre les choses ou les personnes comparées ► **guardadas as devidas proporções**

ORTHOGRAPHE On écrit *hors de proportion, sans proportion* au singulier. En revanche, on peut écrire *toute proportion gardée* au singulier (langue plus soutenue) ou au pluriel, *toutes proportions gardées* (plus couramment)

proportionnalité *nf* Caractère proportionnel ► **proporcionalidade**

proportionné, e *adj* **1** Qui a telles proportions: *un garçon élancé et bien proportionné* ► **proporcionado 2** Qui est en rapport: *le résultat est proportionné à l'effort* ► **proporcional**

proportionnel, elle *adj* En proportion avec d'autres quantités, avec d'autres grandeurs ► **proporcional** ■ **représentation proportionnelle** ou **proportionnelle** *nf*: système électoral accordant aux divers partis des représentants proportionnellement aux suffrages obtenus ► **representação proporcional**

proportionnellement *adv* En proportion ► **proporcionalmente**

proportionner *vt* Mettre en proportion: *proportionner ses dépenses à ses ressources* ► **proporcionar**

propos *nm* **1** Discours tenu dans la conversation: *propos de table* ► **conversa, fala 2** Ce qu'on se propose de faire; résolution, intention: *ferme propos* ► **propósito** ■ **à propos!:** marque une transition dans un dialogue, entre deux idées différentes ► **a propósito!** □ **à propos:** opportunément ► **a propósito** □ **à propos de:** à l'occasion, au sujet de ► **a propósito de** □ **à tout propos:** à chaque instant, en toute occasion ► **a todo momento** □ **hors de propos** ou **mal à propos:** à contretemps ► **fora de propósito**

proposer *vt* **1** Présenter, offrir au choix, à l'appréciation: *proposer un avis, un candidat* ► **apresentar, propor 2** Offrir comme prix ► **oferecer** ◆ **se proposer** *vpr* **1** Offrir ses services ► **oferecer-se 2** Avoir l'intention de: *se proposer de sortir* ► **propor-se**

proposition *nf* **1** Action de proposer; chose proposée: *faire une proposition* ► **proposta 2** Condition qu'on propose pour arriver à un arrangement: *proposition de paix* ► **proposta 3** GRAMM Unité syntaxique élémentaire de la phrase, composée en général d'un verbe et d'un ou de plusieurs groupes nominaux ► **oração** ■ **proposition de loi:** texte de loi soumis par un parlementaire au vote du Parlement ► **proposta de lei**

propre *adj* **1** Qui n'est pas sali, taché ► **limpo 2** Qui se lave souvent ► **limpo 3** Convenable, soigné: *travail propre* ► **esmerado 4** Qui respecte l'environnement, qui ne pollue pas: *des produits propres* ► **verde 5** FIG Honnête: *son passé n'est pas très propre* ► **limpo 6** Qui appartient exclusivement à: *caractère propre* ► **próprio 7** De la personne même dont il est question: *de sa propre main* ► **próprio 8** Qui est rigoureusement conforme à ce qui a été dit, fait: *ses propres paroles* ► **próprio 9** Juste, exact, approprié: *employer le mot propre* ► **apropriado** ■ DR **bien propre** bien qui fait partie du patrimoine personnel d'un des époux ► **bem próprio** □ GRAMM **nom propre:** désigne un être, un objet uniques ► **nome próprio** □ **propre à: (a)** spécifique à ► **próprio a (b)** qui convient pour ► **próprio para** □ **remettre quelque chose en main(s) propre(s):** à la personne même ► **entregar algo em mãos** □ **sens propre:** sens primitif (par opposition à *sens figuré*) ► **sentido próprio** ◆ *nm* Qualité particulière: *le propre de l'homme est de penser* ► **próprio** ■ **au propre:** au sens propre ► **no sentido próprio** □ **en propre:** en propriété particulière ► **exclusivamente**

□ **mettre au propre:** rédiger proprement ce qui n'était qu'un brouillon ▸ **passar a limpo**

propre-à-rien (pl *propres-à-rien*) *n* FAM Personne sans aucune capacité ▸ **inútil**

proprement *adv* **1** Avec propreté ▸ **asseadamente** **2** Exactement, précisément ▸ **propriamente** ■ **proprement dit:** pris au sens le plus exact: *la ville proprement dite, sans compter la banlieue* ▸ **propriamente dito**

propret, ette *adj* Propre, pimpant ▸ **limpinho**

propreté *nf* **1** Qualité de ce qui est propre ▸ **limpeza** **2** Qualité de quelqu'un qui est propre ▸ **asseio**

propriétaire *n* **1** Personne à qui une chose appartient ▸ **proprietário** **2** Bailleur d'immeuble (par opposition à *locataire*) ▸ **proprietário**

propriété *nf* **1** Possession en propre, exclusive ▸ **propriedade** **2** Bien, terrain, domaine, maison: *une propriété plantée d'arbres* ▸ **propriedade** **3** Caractère, qualité propre: *les propriétés d'un corps* ▸ **propriedade** **4** Convenance exacte d'un mot à l'idée à exprimer ▸ **propriedade**

proprio *n* (abréviation) FAM Propriétaire ▸ **Ø**

propulser *vt* **1** Faire avancer à l'aide d'un propulseur ▸ **propulsar** **2** FAM Projeter en avant ▸ **propulsar**

propulseur *nm* Mécanisme de propulsion ▸ **propulsor**

propulsif, ive *adj* Qui produit la propulsion: *force propulsive* ▸ **propulsor**

propulsion *nf* Mise en mouvement d'un corps, obtenue en produisant une poussée; production de cette force ▸ **propulsão**

propylée *nm* ANTIQ GR Porte monumentale d'un palais, d'un temple ▸ **propileu**

prorata *nm inv* ▸ ***pro rata*** ■ **au prorata de:** en proportion de: *avoir part aux bénéfices au prorata de la mise de fonds* ▸ ***pro rata***

prorogatif, ive *adj* Qui proroge ▸ **prorrogativo**

prorogation *nf* Action de proroger; prolongation ▸ **prorrogação**

proroger *vt (conj 2)* Prolonger ou reporter à une date ultérieure: *proroger une échéance* ▸ **prorrogar**

prosaïque *adj* Qui manque de noblesse, d'idéal; terre à terre, vulgaire, banal: *goûts prosaïques* ▸ **prosaico**

prosaïquement *adv* De façon prosaïque ▸ **prosaicamente**

prosaïsme *nm* Caractère prosaïque ▸ **prosaísmo**

prosateur *nm* Auteur qui écrit en prose ▸ **prosador**

proscenium [prɔsenjɔm] *nm* ANTIQ Devant de la scène d'un théâtre ▸ **proscênio**

proscription *nf* Action de proscrire; fait d'être proscrit ▸ **proscrição**

proscrire *vt* **1** LITT Condamner au bannissement, à l'exil ▸ **proscrever** **2** Rejeter, interdire ▸ **proscrever**

proscrit, e *adj et n* LITT Se dit d'une personne frappée de proscription ▸ **proscrito**

prose *nf* Forme ordinaire du discours, non assujettie à un rythme ou à une mesure régulière: *faire de la prose; poème en prose* ▸ **prosa**

prosélyte *nm* **1** Nouveau converti ▸ **prosélito** **2** Nouvel adepte ▸ **prosélito**

prosélytisme *nm* Zèle ardent pour recruter des adeptes: *faire du prosélytisme* ▸ **proselitismo**

prosodie *nf* LITTÉR Ensemble des règles relatives à la quantité des voyelles qui régissent la composition des vers ▸ **prosódia**

prosodique *adj* Relatif à la prosodie ▸ **prosódico**

prospect [prɔspɛ] *nm* Distance minimale imposée entre deux bâtiments ▸ **distância mínima entre duas edificações**

prospecter *vt* **1** Examiner un terrain pour y rechercher des richesses minérales ▸ **prospectar** **2** Étudier les possibilités d'extension d'une clientèle ▸ **prospectar**

prospecteur, trice *adj et n* Qui prospecte ▸ **prospector**

prospectif, ive *adj* Orienté vers l'avenir: *étude prospective* ▸ **prospectivo**

prospection *nf* Action de prospecter ▸ **prospecção**

prospective *nf* Science ayant pour objet l'étude des causes qui accélèrent l'évolution du monde moderne, et la prévision des situations qui en découlent ▸ **prospectiva**

prospectus [prɔspɛktys] *nm* Imprimé diffusé à des fins publicitaires ▸ **prospecto**

prospère *adj* Qui est dans une période de réussite, de succès ▸ **próspero**

prospérer *vi (conj 10)* Avoir du succès; devenir florissant: *entreprise qui prospère* ▸ **prosperar**

prospérité *nf* État prospère ▸ **prosperidade**

prostate *nf* Corps glandulaire propre au sexe masculin, qui entoure le col vésical et une partie de l'urètre ▸ **próstata** ■ **antigène spécifique de la prostate:** glycoprotéine du sérum sanguin, synthétisée exclusivement par la prostate et dont la concentration augmente en cas de prostatite, d'adénome ou de cancer de la prostate; SYN: *PSA* ▸ **antígeno específico da próstata**

prostatique *adj et nm* Relatif à la prostate; atteint d'une maladie de la prostate ▸ **prostático**

prostatite *nf* Inflammation de la prostate ▸ **prostatite**

prosternation *nf* ou **prosternement** *nm* Action de se prosterner; état d'une personne prosternée ▸ **prosternação**

prosterner (se) *vpr* Se courber jusqu'à terre en signe d'adoration, de respect, d'humilité ▸ **prosternar-se**

prostitué, e *n* Personne qui se prostitue ▸ **prostituta**

prostituer *vt* **1** Livrer qqn à la prostitution ▸ **prostituir 2** LITT Avilir: *prostituer son talent* ▸ **prostituir** ♦ **se prostituer** *vpr* Se livrer à la prostitution ▸ **prostituir-se**

prostitution *nf* **1** Acte par lequel une personne consent à des rapports sexuels contre de l'argent ▸ **prostituição 2** LITT Avilissement ▸ **prostituição**

prostration *nf* Abattement profond ▸ **prostração**

prostré, e *adj* Très abattu, accablé ▸ **prostrado**

protagoniste *n* **1** Personne qui joue le rôle principal dans une affaire ▸ **protagonista 2** Personnage important d'une pièce, d'un film, d'un roman ▸ **protagonista**

protecteur, trice *adj et n* **1** Qui protège ▸ **protetor 2** Qui marque un désir de protection condescendante: *ton protecteur* ▸ **protetor**

protection *nf* **1** Action de protéger ▸ **proteção 2** Ce qui protège; personne qui protège ▸ **proteção** ▪ **protection rapprochée:** moyens mis en œuvre pour protéger une personnalité de toute agression qui pourrait être commise contre elle par les gens qui l'approchent ▸ **escolta** ▫ **protection sociale:** ensemble des régimes qui assurent ou complètent une couverture sociale ainsi que diverses prestations à caractère familial ou social ▸ **proteção social**

protectionnisme *nm* Système consistant à protéger l'économie d'un pays contre la concurrence étrangère; CONTR: *libre-échange* ▸ **protecionismo**

protectionniste *adj et n* Relatif au protectionnisme; qui en est partisan ▸ **protecionista**

protectorat *nm* Situation juridique qui place un État sous la dépendance d'un autre; cet État lui-même ▸ **protetorado**

protégé, e *n* Personne qui jouit de la faveur, du soutien de qqn ▸ **protegido**

protège-cahier (pl *protège-cahiers*) *nm* Couverture souple servant à protéger un cahier ▸ **capa para caderno**

protège-dents *nm inv* Appareil de protection pour les dents des boxeurs ▸ **protetor bucal**

protéger *vt (conj 2 et 10)* **1** Mettre à l'abri d'un dommage, d'un danger: *protéger les cultures du soleil: vaccin qui protège contre la grippe* ▸ **proteger 2** Appuyer, favoriser qqn: *protéger un candidat* ▸ **proteger 3** Encourager, favoriser qqch: *protéger les arts* ▸ **proteger** ♦ **se protéger** *vpr* Se mettre à l'abri d'un danger, d'un risque: *se protéger du soleil* ▸ **proteger-se**

protège-slip (pl *protège-slips*) *nm* Bande absorbante adhésive qui se fixe à l'intérieur d'un slip de femme ▸ **protetor diário (de calcinha)**

protéine *nf* Substance du groupe des protides ▸ **proteína**

protéinique ou **protéique** *adj* Qui concerne les protéines ▸ **proteico**

protestant, e *adj et n* Qui appartient au protestantisme; qui le pratique, le professe ▸ **protestante**

protestantisme *nm* Ensemble des Églises et des communautés chrétiennes issues de la Réforme; la religion réformée ▸ **protestantismo**

protestataire *adj et n* Qui proteste ▸ **protestatário**

protestation *nf* **1** Action de protester: *cris de protestation* ▸ **protesto 2** (souvent au pluriel) Déclaration vigoureuse de bons sentiments: *protestations d'amitié, de dévouement* ▸ **declaração**

protester *vi* S'élever contre: *protester contre une injustice* ▸ **protestar** ♦ *vt ind* [de] LITT Donner l'assurance de: *protester de son innocence* ▸ **protestar**

protêt *nm* DR Acte par lequel le porteur d'un effet de commerce fait constater le refus de paiement ▸ **protesto**

prothèse *nf* Remplacement chirurgical d'un organe; la pièce ou l'appareil de remplacement: *prothèse dentaire* ▸ **prótese**

prothésiste *n* Fabricant de prothèses ▸ **protético**

prothrombine *nf* Substance contenue dans le sang et qui participe à sa coagulation ▸ **protrombina**

protide *nm* VX Nom générique des substances organiques azotées ▸ **protídeo**

protiste *nm* BIOL Être vivant unicellulaire à noyau distinct ▸ **protista**

protocolaire *adj* **1** Conforme au protocole: *visite protocolaire* ▸ **protocolar 2** PÉJOR Qui manifeste un attachement au protocole ▸ **protocolar**

protocole *nm* **1** Ensemble des règles établies en matière d'étiquette, d'honneur et de préséances dans les cérémonies officielles ▸ **protocolo 2** Procès-verbal relatant les résolutions d'une assemblée: *protocole d'accord* ▸ **protocolo 3** MÉD Ensemble des règles à respecter au cours de certains traitements et lors des essais thérapeutiques

► **protocolo 4** DR Formulaire pour la rédaction des actes publics ► **protocolo**
protohistoire *nf* Période chronologique intermédiaire entre la préhistoire et l'histoire ► **proto-história**
proton *nm* Particule élémentaire chargée d'électricité positive entrant avec le neutron dans la composition des noyaux ► **próton**
protoplasme *nm* Substance qui constitue la cellule vivante ► **protoplasma**
prototype *nm* **1** Modèle original ► **protótipo 2** Premier exemplaire d'un appareil, destiné à l'expérimentation ► **protótipo**
protozoaire *nm* Être vivant unicellulaire (les protozoaires forment un embranchement) ► **protozoário**
protubérance *nf* Saillie, excroissance ► **protuberância**
protubérant, e *adj* Saillant ► **protuberante**
prou *adv* ► **muito** ■ LITT **peu ou prou:** plus ou moins ► **mais ou menos**
proue *nf* Partie avant d'un navire (par opposition à *poupe*) ► **proa**
prouesse *nf* **1** Action d'éclat; exploit: *prouesse sportive* ► **proeza 2** LITT Acte d'héroïsme ► **proeza**
prouvable *adj* Qu'on peut prouver ► **comprovável**
prouver *vt* **1** Établir indéniablement la vérité de quelque chose ► **provar 2** Témoigner: *prouver sa gratitude* ► **demonstrar 3** Indiquer, révéler: *ce succès prouve le bien-fondé de l'orientation adoptée* ► **comprovar**
provenance *nf* Origine: *marchandises de provenance étrangère* ► **procedência** ■ **en provenance de:** venant de: *train en provenance de Rome* ► **procedente de**
provençal, e, aux *adj et n* De Provence: *les Provençaux* ► **provençal** ♦ *nm* Groupe de dialectes occitans parlés en Provence ► **provençal**
provenir *vt ind* [de] *(conj 22)* **1** Venir de ► **provir 2** Résulter, tirer son origine de ► **provir**
proverbe *nm* Maxime brève devenue populaire ► **provérbio**
proverbial, e, aux *adj* **1** Qui tient du proverbe: *expression proverbiale* ► **proverbial 2** Cité comme exemple, connu de tous: *honnêteté proverbiale* ► **proverbial**
proverbialement *adv* De façon proverbiale ► **proverbialmente**
providence *nf* **1** THÉOL (avec une majuscule) Dieu ► **Providência 2** Action constante de la sagesse divine ► **Providência 3** FIG Personne qui veille, qui protège: *il est la providence des sans-logis* ► **providência 4** Chance, bonheur inespérés: *votre présence est une providence* ► **providência**
providentiel, elle *adj* **1** Envoyé par la Providence ► **providencial 2** Qui arrive par un heureux hasard ► **providencial**
providentiellement *adv* De façon providentielle ► **providencialmente**
province *nf* Division territoriale dans certains pays: *le Québec est une province du Canada* ► **província** ■ **la province:** ensemble de toutes les régions de France, à l'exception de Paris ► **província francesa**
provincial, e, aux *adj* Qui a les caractères de la province: *accent provincial* ► **provincial** ♦ *n* Habitant de la province ► **provinciano**
provincialisme *nm* **1** Mot, tournure propres à une province ► **provincianismo 2** Comportement propre aux provinciaux ► **provincianismo**
proviseur, e *n* Fonctionnaire chargé de l'administration d'un lycée ► **diretor**
provision *nf* **1** Ensemble de choses nécessaires ou utiles; réserve: *provision de blé* ► **provisão 2** Somme déposée en banque destinée à couvrir des paiements ultérieurs: *chèque sans provision* ► **provisão, fundos 3** Somme qu'un tribunal attribue provisoirement ou qu'un client dépose à titre d'acompte: *verser une provision* ► **adiantamento** ♦ **provisions** *pl* Produits alimentaires ou d'entretien nécessaires à la vie courante: *faire ses provisions; panier à provisions* ► **provisão**
provisionnel, elle *adj* Qui constitue une provision: *acompte provisionnel* ► **provisional**
provisionner *vt* Créditer un compte bancaire ou postal ► **fazer depósito**
provisoire *adj* **1** Temporaire ► **provisório 2** DR Prononcé en attendant: *jugement provisoire* ► **provisório** ♦ *nm* Ce qui est transitoire, solution d'attente: *s'installer dans le provisoire* ► **provisório**
provisoirement *adv* En attendant ► **provisoriamente**
provocant, e *adj* Qui provoque ► **provocante**
provocateur, trice *adj et n* Qui cherche à provoquer une réaction violente ► **provocador**
provocation *nf* Action de provoquer; fait ou geste destiné à provoquer: *répondre à une provocation* ► **provocação**
provoquer *vt* **1** Produire, occasionner: *provoquer une catastrophe* ► **provocar 2** Inciter quelqu'un, le défier de façon à obtenir une réaction violente ► **provocar 3** Exciter le désir sexuel ► **provocar**
proxénète *n* Personne qui se livre au proxénétisme ► **proxeneta**

proxénétisme *nm* Activité délictueuse consistant à favoriser la prostitution ou à en tirer profit ► **proxenetismo**

proximité *nf* Voisinage ► **proximidade ■ à proximité de:** près de ► **perto de □ de proximité: (a)** qui est situé dans le proche voisinage: *commerce de proximité* ► **local (b)** qui est proche des préoccupations des gens: *un syndicalisme de proximité* ► **local**

prude *adj et nf* D'une pudeur affectée ► **puritano**

prudemment [prydamɑ̃] *adv* Avec prudence ► **prudentemente**

prudence *nf* Attitude qui consiste à agir de manière à éviter tout danger, tout risque inutile, toute erreur ► **prudência**

prudent, e *adj et n* Qui agit avec prudence, qui dénote de la prudence; sage, avisé: *réponse prudente* ► **prudente**

pruderie *nf* Attitude prude ► **puritanismo**

prud'homal, e, aux *adj* Relatif aux conseils de prud'hommes ► **da justiça do trabalho**

ORTHOGRAPHE L'adjectif s'écrit avec un seul *m*, alors que le nom s'écrit avec deux *m*. L'un et l'autre ont une apostrophe après le *d*

prud'homme *nm* Membre d'un tribunal électif (*conseil de prud'hommes*), composé paritairement de représentants des salariés et des employeurs, en vue de trancher les conflits professionnels ► **membro da justiça do trabalho**

prune *nf* Fruit du prunier à pulpe molle, juteuse et sucrée; eau-de-vie faite avec ce fruit ► **ameixa, aguardente de ameixa** ♦ *adj inv* D'une couleur violet foncé ► **cor de ameixa**

pruneau *nm* Prune séchée ► **ameixa-preta**

prunelle[1] *nf* Fruit du prunellier; eau-de-vie faite avec ce fruit ► **abrunho, aguardente de abrunho**

prunelle[2] *nf* Pupille de l'œil ► **pupila ■ tenir à quelque chose comme à la prunelle de ses yeux:** y être attaché par-dessus tout ► **ser a menina dos olhos de alguém**

prunellier *nm* Prunier sauvage épineux ► **abrunheiro**

prunier *nm* Arbre cultivé pour son fruit comestible, la prune ► **ameixeira**

prunus [prynys] *nm* Prunier à feuilles pourpres cultivé comme arbre d'ornement ► **abrunheiro**

prurigineux, euse *adj* MÉD Qui provoque une démangeaison ► **pruriginoso**

prurigo *nm* Maladie de peau caractérisée par des démangeaisons ► **prurigo**

prurit [pryrit] *nm* MÉD Vive démangeaison ► **prurido**

prussien, enne *adj et n* De Prusse ► **prussiano**

P.-S. (sigle) Post-scriptum ► **P.S.**

PSA *nm* (sigle de *prostate specific antigene*) Antigène spécifique de la prostate ► **PSA**

psalliote *nf* Champignon comestible à lames et à anneau ► **cogumelo-de-chapéu**

psalmodie *nf* **1** RELIG Manière de chanter les psaumes ► **salmodia 2** LITT Façon monocorde de réciter, de chanter ► **salmodia**

psalmodier *vt et vi* **1** Réciter des psaumes, sans inflexion de voix ► **salmodiar 2** Débiter d'une manière monotone, sur un ton uniforme ► **salmodiar**

psaume *nm* Chant sacré, cantique de la liturgie chrétienne et juive ► **salmo**

psautier *nm* Recueil de psaumes ► **livro de salmos**

pseudonyme *nm* Nom d'emprunt choisi par un auteur, un artiste, etc. ► **pseudônimo**

pseudopode *nm* Saillie du cytoplasme de certaines cellules, permettant leur déplacement et la préhension des aliments ► **pseudópode**

psi *nm inv* Vingt-troisième lettre de l'alphabet grec, qui correspond au son [ps] ► **psi**

psitt ou **pst** *interj* Pour appeler, faire signe ► **psiu, psst**

psoriasis [psɔrjazis] *nm* Affection cutanée chronique ► **psoríase**

psy *n* (abréviation) FAM Psychologue, psychiatre, psychanalyste ► **Ø**

psychanalyse [psikanaliz] *nf* Investigation psychologique inventée par Freud, ayant pour but de ramener à la conscience des sentiments obscurs ou refoulés et d'élucider la signification inconsciente des conduites ► **psicanálise**

psychanalyser *vt* Soumettre à un traitement psychanalytique ► **psicanalisar**

psychanalyste *n* Spécialiste de psychanalyse ► **psicanalista**

psychanalytique *adj* Qui relève de la psychanalyse ► **psicanalítico**

psyché [psiʃe] *nf* Grand miroir mobile sur châssis, qu'on peut incliner à volonté ► **psichê**

psychédélique [psikedelik] *adj* Propre à l'état de rêve éveillé provoqué par certains hallucinogènes ► **psicodélico**

psychiatre [psikjatr] *n* Médecin spécialiste des maladies mentales ► **psiquiatra**

psychiatrie *nf* Étude et traitement des maladies mentales ► **psiquiatria**

psychiatrique *adj* Qui relève de la psychiatrie: *traitement psychiatrique* ► **psiquiátrico**

psychique [psiʃik] *adj* Qui concerne l'esprit, la vie mentale: *phénomène psychique* ► **psíquico**

psychisme *nm* Ensemble des caractères psychiques d'une personne ▸ **psiquismo**
psychodrame [psikɔdram] *nm* Psychothérapie de groupe qui consiste en une improvisation théâtrale à partir de scènes réelles ou imaginaires; situation qui y fait penser ▸ **psicodrama**
psycholinguistique [psikolɛ̃gɥistik] *nf* Étude scientifique des facteurs psychiques qui permettent la production et la compréhension du langage ▸ **psicolinguística**
psychologie [psikɔlɔʒi] *nf* **1** Étude scientifique des faits psychiques: *psychologie de l'enfant* ▸ **psicologia 2** Ensemble des sentiments, des façons de penser ou d'agir; caractère: *psychologie des héros de bande dessinée* ▸ **psicologia 3** Intuition: *manquer de psychologie* ▸ **psicologia**
psychologique *adj* Qui relève de la psychologie: *roman psychologique* ▸ **psicológico**
psychologiquement *adv* D'un point de vue psychologique ▸ **psicologicamente**
psychologue *n et adj* **1** Spécialiste de psychologie ▸ **psicólogo 2** Personne qui comprend intuitivement les autres: *il n'est pas très psychologue* ▸ **psicólogo**
psychomoteur, trice *adj* **1** Qui relève à la fois des fonctions psychologiques et des fonctions motrices: *développement psychomoteur* ▸ **psicomotor 2** Qui se rapporte aux troubles de la motricité sans support organique ▸ **psicomotor**
psychopathe *n* Malade mental ▸ **psicopata**
psychose [psikoz] *nf* **1** Maladie mentale caractérisée par la perte du contact avec la réalité ▸ **psicose 2** Obsession, panique collective: *la psychose des attentats* ▸ **psicose**
psychosomatique *adj* Qui concerne à la fois le corps et l'esprit ▸ **psicossomático**
psychothérapeute *n* Spécialiste de psychothérapie ▸ **psicoterapeuta**
psychothérapie *nf* Traitement par des méthodes psychologiques, fondé sur la relation du patient et du thérapeute ▸ **psicoterapia**
psychotique *adj et n* Propre à la psychose; atteint de psychose ▸ **psicótico**
psychotonique *nm et adj* Substance douée d'une action stimulante sur le psychisme ▸ **psicotônico**
psychotrope *nm et adj* Substance chimique agissant sur le psychisme ▸ **psicotrópico**
ptérodactyle *nm* Reptile volant du secondaire ▸ **pterodáctilo**
ptôse *nf* MÉD Chute, descente d'un organe, due au relâchement des muscles qui le maintiennent ▸ **ptose**
puant, e *adj* **1** Qui exhale une odeur fétide ▸ **fedido 2** FAM D'une grande fatuité; prétentieux ▸ **nojento**
puanteur *nf* Odeur très désagréable ▸ **fedor**
pub[1] [pyb] *nf* (abréviation) FAM Publicité ▸ **Ø**
pub[2] [pb] *nm* En Grande-Bretagne, établissement où l'on sert des boissons alcoolisées ▸ ***pub***
pubère *adj et n* Qui a atteint l'âge de la puberté ▸ **púbere**
puberté *nf* Période de la vie humaine, entre l'enfance et l'adolescence, caractérisée par le début de l'activité des glandes reproductrices ▸ **puberdade**
pubien, enne *adj* Relatif au pubis ▸ **pubiano**
pubis [pybis] *nm* Partie inférieure et médiane du bas-ventre, de forme triangulaire et qui se couvre de poils au moment de la puberté ▸ **púbis**
publiable *adj* Qui peut être publié ▸ **publicável**
public, ique *adj* **1** Commun à un groupe, à un grand nombre de personnes: *opinion publique* ▸ **público 2** Accessible à tous: *école publique* ▸ **público 3** Notoire, connu de tous ▸ **público 4** Qui relève de l'État, de l'administration d'un pays: *fonction publique; autorité publique* ▸ **público** ◆ *nm* **1** Les gens en général, la population: *s'adresser au public* ▸ **público 2** Ensemble des personnes qui lisent un livre, assistent à un spectacle, etc.: *un public de connaisseurs* ▸ **público** ■ **en public:** en présence de nombreuses personnes ▸ **em público** □ FAM **être bon public:** être prompt à s'enthousiasmer pour une histoire drôle, un spectacle, etc., même de qualité médiocre ▸ **ser fácil de agradar** □ **grand public:** qui s'adresse à tous et non aux spécialistes: *livre grand public* ▸ **para o grande público** □ **le public:** la fonction publique: *les postes dans le public* ▸ **setor público**
publication *nf* Action de publier; ouvrage publié ▸ **publicação** ■ INFORM **publication assistée par ordinateur (PAO):** ensemble des techniques utilisant la micro-informatique pour la saisie de textes, leur préparation typographique et leur mise en pages; SYN: *édition électronique, microédition* ▸ **edição eletrônica**
publiciste *n* Publicitaire ▸ **publicitário**
publicitaire *adj* Relatif à la publicité ▸ **publicitário** ◆ *n* Personne travaillant dans la publicité ▸ **publicitário**
publicité *nf* **1** Activité et secteur professionnel ayant pour but de faire connaître un produit et d'en accroître la vente; message écrit ou visuel conçu à cet effet ▸ **publicidade, propaganda 2** Caractère de ce qui est public: *la publicité des*

débats ▸ **publicidade** ▪ **publicité comparative:** dans laquelle on compare le produit à vendre à tel autre nommément désigné ▸ **publicidade comparativa**

publier *vt* **1** Faire paraître un ouvrage, le mettre en vente: *publier un roman* ▸ **publicar 2** Faire connaître légalement: *publier une loi* ▸ **publicar**

publi-information (pl *publi-informations*) *nf* Annonce publicitaire présentée dans un journal ou un magazine sous la forme d'un article, d'un reportage ▸ **informe publicitário**

Publiphone *nm* (nom déposé) Cabine téléphonique à carte ▸ **telefone público**

publipostage *nm* Envoi d'un message publicitaire sous pli fermé ▸ **mala direta**

publiquement *adv* En public ▸ **publicamente**

publireportage *nm* Publicité insérée dans un journal, une revue et présentée sous forme de reportage ▸ **publirreportagem**

puce *nf* **1** Insecte sauteur, pouvant atteindre 4 mm de long, parasite de l'homme et des mammifères ▸ **pulga 2** Dans un circuit électronique, petite surface supportant un microprocesseur ▸ ***chip*** ▪ INFORM **carte à puce:** carte qui contient un microprocesseur et une mémoire électronique: *acquitter le péage avec une carte à puce* ▸ **cartão com *chip*** □ **marché aux puces:** où l'on vend des objets d'occasion ▸ **mercado das pulgas** □ FAM **mettre la puce à l'oreille:** éveiller les doutes ▸ **deixar com a pulga atrás da orelha** ◆ *adj inv* D'un rouge brun foncé: *de la soie puce* ▸ **castanho avermelhado**

puceau *nm et adj m* FAM Garçon vierge ▸ **virgem**

pucelage *nm* FAM Virginité ▸ **virgindade**

pucelle *nf et adj f* FAM Fille vierge ▸ **pucela**

puceron *nm* Insecte qui vit en parasite sur les plantes ▸ **pulgão**

pudding ou **pouding** [pudi] *nm* Entremets à base de farine, de sucre et de beurre, garni de fruits ▸ **pudim**

pudeur *nf* Attitude de réserve, de délicatesse qui empêche de dire ou de faire ce qui peut blesser la décence, spécialement en ce qui concerne les questions sexuelles ▸ **pudor**

pudibond, e *adj* Qui manifeste une pudeur excessive, ridicule ▸ **pudico**

pudibonderie *nf* Caractère pudibond ▸ **pudicícia**

pudique *adj* Qui manifeste de la pudeur ▸ **pudico**

pudiquement *adv* Avec pudeur ▸ **pudicamente**

puer *vi* Sentir très mauvais ▸ **feder** ◆ *vt* Exhaler l'odeur désagréable de: *puer le tabac* ▸ **feder**

puéricultrice *nf* (on rencontre le masculin *puériculteur*) Spécialiste de puériculture ▸ **puericultor(a)**

puériculture *nf* Ensemble des connaissances et des techniques nécessaires aux soins des tout-petits ▸ **puericultura**

puéril, e *adj* **1** Qui appartient à l'enfance ▸ **pueril 2** PÉJOR Enfantin, immature ▸ **pueril**

puérilement *adv* De façon puérile ▸ **puerilmente**

puérilité *nf* **1** Caractère puéril ▸ **puerilidade 2** Enfantillage ▸ **puerilidade**

puerpéral, e, aux *adj* MÉD Propre aux femmes en couches: *fièvre puerpérale* ▸ **puerperal**

pugilat *nm* Combat, rixe à coups de poing ▸ **pugilato**

pugiliste *nm* LITT Boxeur ▸ **pugilista**

pugnace [pygnas] *adj* LITT Combatif ▸ **pugnaz**

pugnacité [pygnasite] *nf* Combativité; intérêt pour la lutte, la compétition ▸ **pugnacidade**

puîné, e *adj* VIEILLI Né après, par rapport à un autre; cadet: *frère puîné* ▸ **mais novo**

puis *adv* Ensuite, après: *devenir grave, puis très inquiet* ▸ **depois** ▪ **et puis:** après cela, d'ailleurs, au reste ▸ **e além disso**

puisage *nm* Action de puiser ▸ **extração**

puisard *nm* Égout vertical fermé qui absorbe les eaux usées et les eaux de pluie ▸ **fossa**

puisatier *nm* Terrassier spécialisé dans le forage des puits de faible diamètre ▸ **poceiro**

puiser *vt* **1** Prendre un liquide avec un récipient ▸ **extrair 2** FIG Prendre: *puiser dans la cagnotte* ▸ **pegar**

puisque *conj* Marque la cause, le motif connus ou évidents; comme, attendu que: *partons, puisqu'il le faut* ▸ **já que**

ORTHOGRAPHE La voyelle finale de *puisque* est élidée devant *il (ils), elle (elles), en, on, un (une)*, comme pour *lorsque*

puissamment *adv* Fortement: *puissamment aidé* ▸ **extremamente**

puissance *nf* **1** Autorité, pouvoir de commander, de dominer: *puissance militaire* ▸ **poder 2** État souverain: *les grandes puissances* ▸ **potência 3** Qualité de ce qui peut fournir de l'énergie: *puissance d'un moteur* ▸ **potência 4** MATH Nombre de fois qu'un nombre est multiplié par lui-même: *le cube est la puissance trois* ▸ **potência** ▪ **en puissance:** virtuellement ▸ **potencialmente**

puissant, e *adj* **1** Qui a de l'influence, du pouvoir ▸ **poderoso 2** D'une grande force physique ▸ **forte** ◆ *nm* Personne haut placée, influente ▸ **poderoso**

puits *nm* Trou profond en terre pour tirer de l'eau, pour exploiter une mine: *puits de pétrole* ▸ **poço**

■ FIG **puits de science:** personne très savante ▸ **poço de sabedoria**

pullman [pulman] *nm* Autocar très confortable ▸ **ônibus confortável**

pull-over [pylɔvɛr] (pl *pull-overs*) ou **pull** *nm* Tricot, avec ou sans manches, qu'on enfile par la tête ▸ **pulôver**

pullulement *nm* ou **pullulation** *nf* Fait de pulluler ▸ **pululação**

pulluler *vi* **1** Se multiplier, se reproduire vite: *les rats pullulent* ▸ **pulular 2** Se répandre avec profusion, être en grand nombre: *le gibier pullule* ▸ **pulular**

pulmonaire *adj* Du poumon ▸ **pulmonar**

pulpe *nf* **1** Partie charnue des fruits ▸ **polpa 2** Tissu mou de la cavité dentaire ▸ **polpa dentária**

pulpeux, euse *adj* LITT Formé de pulpe; qui a l'aspect, la consistance de la pulpe ▸ **polposo** ■ **lèvres pulpeuses:** lèvres charnues et sensuelles ▸ **lábios carnudos**

pulsation *nf* Battement du cœur, des artères ▸ **pulsação**

pulsion *nf* **1** Impulsion ▸ **impulso 2** PSYCHAN Poussée inconsciente des tendances organiques: *pulsion sexuelle* ▸ **pulsão**

pulsionnel, elle *adj* Relatif à une pulsion ▸ **pulsional**

pulvérisateur *nm* Instrument pour projeter un liquide en fines gouttelettes ▸ **pulverizador**

pulvérisation *nf* Action de pulvériser; son résultat ▸ **pulverização**

pulvériser *vt* **1** Projeter un liquide en fines gouttelettes ▸ **pulverizar 2** Réduire en poudre, en menus morceaux ▸ **pulverizar 3** FIG Détruire, anéantir ▸ **pulverizar** ■ FIG **pulvériser un record:** le battre ▸ **bater um recorde**

pulvérulent, e *adj* À l'état de poussière; réduit en poudre: *le plâtre est une substance pulvérulente* ▸ **pulverulento**

puma *nm* Mammifère carnassier d'Amérique ▸ **suçuarana**

punaise *nf* **1** Insecte plat, malodorant ▸ **percevejo 2** Petit clou à tête large, à pointe courte et fine ▸ **percevejo** ■ **punaise des lits:** insecte qui pique l'homme pour se nourrir de son sang ▸ **percevejo-de-cama**

punaiser *vt* Fixer à l'aide de punaises ▸ **prender com percevejos**

punch[1] [põʃ] (pl *punchs*) *nm* Boisson à base de rhum, de sucre de canne et de citron vert ▸ **ponche**

punch[2] [pnʃ] *nm inv* Efficacité, dynamisme: *avoir du punch* ▸ **energia**

puncheur [pnʃr] *nm* Boxeur dont le punch est la principale qualité ▸ ***puncher***

punching-ball [pnʃibol] (pl *punching-balls*) *nm* Ballon maintenu verticalement par des supports élastiques, et servant à s'entraîner à la boxe ▸ ***punching-ball***

puni, e *adj et n* Qui subit une punition ▸ **punido**

punique *adj* De Carthage; des Carthaginois: *les guerres puniques* ▸ **púnico**

punir *vt* **1** Infliger une peine, frapper d'une sanction ▸ **punir 2** Infliger un désagrément à quelqu'un pour ce qu'il a fait: *le voilà bien puni de sa curiosité* ▸ **punir**

punissable *adj* Qui mérite une punition ▸ **punível**

punitif, ive *adj* Qui a pour objet de punir: *expédition punitive* ▸ **punitivo**

punition *nf* Action de punir; peine infligée ▸ **punição**

punk [pnk] *adj inv et n* Se dit d'un mouvement musical et culturel caractérisé par une attitude de provocation et de dérision à l'égard de la société; adepte de ce mouvement ▸ ***punk***

pupille[1] *n* Orphelin mineur, placé sous la direction d'un tuteur ▸ **pupilo** ■ **pupille de la Nation:** orphelin de guerre bénéficiant d'une tutelle particulière de l'État ▸ **órfão de guerra** □ **pupille de l'État: (a)** enfant, orphelin ou abandonné, élevé par l'Assistance publique ▸ **menor institucionalizado (b)** incapable majeur dont la tutelle est déférée à l'État ▸ **incapaz tutelado pelo Estado**

pupille[2] *nf* Orifice central de l'iris de l'œil ▸ **pupila**

pupitre *nm* **1** Petit meuble pour poser un livre, une partition, etc. ▸ **estante 2** INFORM Organe d'un ordinateur qui réunit toutes les commandes manuelles de fonctionnement ▸ **console**

pupitreur, euse *n* Technicien travaillant au pupitre d'un ordinateur ▸ **operador de computador**

pur, e *adj* **1** Sans mélange: *vin pur*: *joie pure* ▸ **puro 2** Qui est ni altéré, ni vicié, ni pollué: *air pur*: *ciel pur* ▸ **puro 3** Sans défaut moral: *cœur pur* ▸ **puro 4** (avant le nom) Qui est seulement, totalement tel: *un pur hasard* ▸ **puro 5** Qui se développe en vertu de ses seules exigences internes: *sciences pures* (par opposition à *sciences appliquées*) ▸ **puro 6** Qui présente une harmonie dépouillée et sans défaut: *ligne pure* ▸ **puro** ■ **en pure perte:** sans résultat ▸ **em vão** □ **pur et dur:** qui défend une doctrine avec intransigeance ▸ **linha-dura** □ **pur et simple:** sans condition ▸ **puro e simples**

purée *nf* Préparation culinaire à base de légumes cuits à l'eau et écrasés: *purée de pommes de terre,* *de carottes* ▸ **purê** ▪ FAM **purée de pois** brouillard ▸ **nevoeiro cerrado**

purement *adv* Uniquement ▸ **puramente** ▪ **purement et simplement:** sans réserve ni condition ▸ **pura e simplesmente**

pureté *nf* **1** Qualité de ce qui est pur: *la pureté d'un liquide* ▸ **pureza** **2** Qualité d'une personne moralement pure ▸ **pureza**

purgatif, ive *adj et nm* Se dit d'un remède qui purge; laxatif ▸ **purgante**

purgatoire *nm* **1** RELIG Lieu où les âmes des morts achèvent d'expier leurs fautes ▸ **purgatório** **2** FIG Période d'épreuve transitoire ▸ **purgatório**

purge *nf* **1** Action de purger ▸ **purgação** **2** Remède de purgatif ▸ **purgante** **3** Élimination d'un pays, d'un groupe des personnes jugées indésirables ou dangereuses ▸ **expurgo**

purger *vt (conj 2)* **1** MÉD Traiter par un purgatif ▸ **purgar** **2** Nettoyer en vidant, en vidangeant ▸ **purgar** **3** Procéder à une purge ▸ **expurgar** ▪ **purger les hypothèques:** remplir les formalités nécessaires pour qu'un bien ne soit plus hypothéqué ▸ **resgatar hipoteca** □ **purger une peine de prison:** la subir ▸ **cumprir pena de prisão**

purgeur *nm* Robinet pour purger ▸ **purgador**

purificateur, trice *adj* Qui purifie ▸ **purificador**

purification *nf* Action de purifier; son résultat ▸ **purificação** ▪ **purification ethnique:** élimination, par une population dominante, des autres groupes ethniques vivant sur le même territoire ▸ **limpeza étnica**

purificatoire *adj* Qui purifie: *cérémonie purificatoire* ▸ **purificatório**

purifier *vt* Rendre pur ▸ **purificar**

purin *nm* Liquide du fumier ▸ **purina**

purisme *nm* **1** Souci exagéré de la pureté du langage ▸ **purismo** **2** PAR EXT Tendance au perfectionnisme dans la pratique d'un art, d'un métier ▸ **perfeccionismo**

puriste *adj et n* Propre au purisme; qui en est partisan ▸ **purista**

puritain, e *adj et n* D'une moralité sévère, rigide ▸ **puritano** ♦ *n* Membre d'une communauté de presbytériens anglais rigoristes dont beaucoup émigrèrent en Amérique à cause des persécutions ▸ **puritano**

puritanisme *nm* **1** Doctrine des puritains ▸ **puritanismo** **2** Attitude puritaine ▸ **puritanismo**

purpura *nm* MÉD Éruption de taches rougeâtres sur la peau ▸ **púrpura**

purpurin, e *adj* LITT D'une couleur pourpre ▸ **purpúreo**

pur-sang *nm inv* Cheval de race pure, issu de races anglaise, arabe ou anglo-arabe ▸ **puro-sangue**

purulence *nf* État de ce qui est purulent ▸ **purulência**

purulent, e *adj* Qui contient ou produit du pus ▸ **purulento**

pus [py] *nm* Liquide jaunâtre qui se forme aux points d'infection de l'organisme ▸ **pus**

pusillanime [pyzilanim] *adj* LITT Qui manque d'audace, de courage ▸ **pusilânime**

pusillanimité *nf* LITT Manque de courage ▸ **pusilanimidade**

pustule *nf* Petite tumeur inflammatoire suppurante ▸ **pústula**

pustuleux, euse *adj* Couvert de pustules: *visage pustuleux* ▸ **pustulento**

putain ou **pute** *nf* TRÈS FAM Prostituée ▸ **puta**

putatif, ive *adj* DR Qui est supposé avoir une existence légale ▸ **putativo** ▪ **enfant putatif:** supposé le fils de, la fille de ▸ **filho putativo**

putois *nm* Petit mammifère carnassier, du groupe des belettes, à l'odeur désagréable ▸ **tourão**

putréfaction *nf* Décomposition du corps après la mort ▸ **putrefação**

putréfier *vt* Corrompre; pourrir ▸ **putrefazer**

putrescible *adj* Sujet à la putréfaction ▸ **putrescível**

putride *adj* Produit par la putréfaction ▸ **pútrido**

putsch [putʃ] *nm* Coup d'État ou soulèvement organisé par un groupe armé en vue de s'emparer du pouvoir ▸ ***putsch***

putschiste *adj et n* Relatif à un putsch; qui y participe ▸ **putschista**

putt [pt] ou **putting** [pti] *nm* Au golf, coup joué sur le green pour faire rouler doucement la balle vers le trou ▸ ***putt***

puzzle [pzl] *nm* **1** Jeu de patience fait de fragments découpés qu'il faut rassembler pour reconstituer une image ▸ ***puzzle***, **quebra-cabeça** **2** FIG Problème compliqué, situation confuse ▸ **quebra-cabeça**

P.-V. *nm* (sigle de *procès-verbal*) FAM Contravention ▸ **AI**

PVC *nm* (sigle de *polyvinylchloride*) Matière plastique utilisée notamment dans le bâtiment, l'industrie de l'emballage, la confection, etc. ▸ **PVC**

pyjama *nm* Vêtement de nuit, composé d'un pantalon et d'une veste ▸ **pijama**

pylône *nm* Poteau en ciment ou support métallique destiné à porter des câbles électriques aériens, des antennes, etc. ▸ **torre**

pylore *nm* Orifice inférieur de l'estomac ▸ **piloro**

pyralène *nm* Composé organique liquide, dont la décomposition accidentelle provoque des dégagements toxiques de dioxine ► **piraleno**

pyramidal, e, aux *adj* En forme de pyramide ► **piramidal** ▪ **vente pyramidale:** technique de vente fondée sur le recrutement, parrainé en cascade, de vendeurs dont la rémunération est liée aux commandes des nouveaux vendeurs qu'ils ont eux-mêmes recrutés (cette pratique est interdite en France) ► **venda piramidal**

pyramide *nf* **1** Polyèdre qui a pour base un polygone et pour faces latérales des triangles réunis en un point appelé sommet ► **pirâmide 2** Grand monument ayant la forme d'une pyramide: *les pyramides d'Égypte* ► **pirâmide 3** Entassement d'objets ou objet ayant cette forme: *une pyramide de fruits* ► **pirâmide**

pyrénéen, enne *adj et n* Des Pyrénées: *les Pyrénéens* ► **pireneu**

Pyrex *nm* (nom déposé) Verre très résistant pouvant supporter la chaleur ► **pirex**

pyrite *nf* Sulfure de certains métaux ► **pirita**

pyrogravure *nf* Décoration du bois, du cuir à l'aide d'une pointe métallique portée au rouge ► **pirogravura**

pyrolyse *nf* Décomposition chimique obtenue par chauffage ► **pirólise**

pyromane *n* Personne poussée, par une pulsion irrépressible, à allumer des incendies ► **piromaníaco**

pyrotechnie [pirɔtɛkni] *nf* Fabrication et emploi des pièces explosives servant dans les feux d'artifice ► **pirotecnia**

pyrotechnique *adj* Relatif à la pyrotechnie ► **pirotécnico**

pythagoricien, enne *n* Partisan de la doctrine de Pythagore ► **pitagórico** ◆ *adj* Relatif à cette doctrine ► **pitagórico**

pythie *nf* ANTIQ GR Prophétesse qui rendait des oracles au nom d'Apollon, à Delphes ► **pítia**

python *nm* Serpent d'Asie et d'Afrique, non venimeux, de grande taille, qui étouffe ses proies (le python, qui mesure de 7 à 10 m, est le plus grand serpent actuellement vivant) ► **píton**

Qq

q *nm* Dix-septième lettre de l'alphabet et la treizième des consonnes ▸ **q**

QCM *nm* (sigle de *questionnaire à choix multiple*) Questionnaire d'examen proposant, pour chaque question posée, plusieurs réponses ▸ **QME**

QG *nm* (sigle) Quartier général ▸ **Q.G.**

QI *nm* (sigle) Quotient intellectuel ▸ **Q.I.**

qi gong [tʃikɔ̃g] *nm inv* Gymnastique traditionnelle chinoise, fondée sur la connaissance et la maîtrise de l'énergie vitale ▸ **qi gong**

quadra [ka-] ou [kwa-] *n* FAM Quadragénaire ▸ **quarentão** ♦ *adj* FAM Relatif aux quadras: *mode quadra* ▸ **de quarentão**

quadragénaire [kwadraʒenɛr] ou [kadra-] *n et adj* Personne qui a entre quarante et quarante-neuf ans ▸ **quadragenário**

quadrangulaire [kwadrɑ̃gylɛr] ou [kadra-] *adj* Qui a quatre angles ▸ **quadrangular**

quadrant *nm* Quart de la circonférence du cercle ▸ **quadrante**

quadrature [kwadratyr] ou [kadra-] *nf* GÉOM Construction d'un carré ayant même aire que celle de l'intérieur d'un cercle donné ▸ **quadratura** ■ FIG **quadrature du cercle:** problème insoluble ▸ **quadratura do círculo**

quadrichromie [kwa-] ou [ka-] *nf* Impression en quatre couleurs (jaune, rouge, bleu et noir) ▸ **quadricromia**

quadriennal, e, aux [kwa-] ou [ka-] *adj* Qui dure quatre ans, revient tous les quatre ans ▸ **quadrienal**

quadrige [kadriʒ] ou [kwadriʒ] *nm* ANTIQ Char attelé de quatre chevaux de front ▸ **quadriga**

quadrilatéral, e, aux [kwadrilateral, o] ou [kadrilateral, o] *adj* Qui a quatre côtés ▸ **quadrilateral**

quadrilatère [kwadrilatɛr] ou [kadrilatɛr] *nm* GÉOM Polygone à quatre côtés ▸ **quadrilátero**

quadrillage *nm* **1** Ensemble des lignes entrecroisées qui divisent une surface en carrés contigus ▸ **quadrícula** **2** Opération militaire ou policière visant à assurer le contrôle d'une zone ▸ **quadriculagem**

quadrille *nm* **1** Groupe de quatre cavaliers dans un carrousel ▸ **quadrilha** **2** Danse exécutée par quatre couples de danseurs; ce groupe de danseurs ▸ **quadrilha**

quadriller *vt* **1** Diviser au moyen d'un quadrillage ▸ **quadricular** **2** Procéder à un quadrillage militaire ou policier ▸ **quadrilhar**

quadrimoteur [kwadrimɔtr] ou [kadrimɔtr] *nm et adj m* Avion muni de quatre moteurs ▸ **quadrimotor**

quadriparti, e [kwadriparti] ou **quadripartite** [kwadripartit] *adj* Composé de quatre éléments, de quatre parties, etc. ▸ **quadripartido**

quadriphonie [kwadrifɔni] ou [kadri-] *nf* Procédé d'enregistrement et de reproduction des sons sur quatre canaux ▸ **quadrifonia**

quadriréacteur [kwadrireaktr] ou [kadrireaktr] *nm et adj m* Avion muni de quatre moteurs à réaction ▸ **quadrirreator**

quadrumane [kwadryman] ou [kadryman] *adj et nm* Qui a quatre mains: *les singes sont quadrumanes* ▸ **quadrúmano**

quadrupède [kadrypɛd] *adj et nm* Qui a quatre pieds ▸ **quadrúpede**

quadruple [kadrypl] ou [kwadrypl] *adj et nm* Qui vaut quatre fois autant ▸ **quádruplo**

quadrupler *vt* Multiplier par quatre ▸ **quadruplicar** ♦ *vi* Être multiplié par quatre ▸ **quadruplicar**

quadruplés, ées *n pl* Enfants nés au nombre de quatre d'un même accouchement ▸ **quádruplos**

quai *nm* **1** Ouvrage en maçonnerie qui, le long d'un cours d'eau, empêche les inondations, et dans un port permet le chargement et le déchargement des bateaux ▸ **cais** **2** Trottoir ou plate-forme dans les gares, le long des voies ▸ **plataforma**

quaker, eresse [kwɛkr, krɛs] *n* Membre d'un mouvement religieux protestant répandu en

Écosse et aux États-Unis ▸ **quacre**

qualifiable *adj* Qui peut être qualifié ▸ **qualificável**

qualificatif, ive *adj* Qui qualifie: *épreuve qualificative* ▸ **de qualificação ▪ adjectif qualificatif:** qui indique une qualité ▸ **qualificativo** ◆ *nm* Mot qui exprime une qualité, bonne ou mauvaise, dont on se sert pour caractériser quelqu'un ▸ **qualificativo**

qualification *nf* **1** Attribution d'une qualité, d'un titre; fait d'être qualifié: *qualification professionnelle* ▸ **qualificação 2** Conditions requises pour pouvoir participer à une épreuve, à la phase ultérieure d'une compétition ▸ **qualificação**

qualifié, e *adj* Qui a la qualité nécessaire pour: *être qualifié pour critiquer* ▸ **qualificado** ▪ DR **vol qualifié:** avec circonstances aggravantes ▸ **roubo qualificado**

qualifier *vt* **1** Exprimer la qualité de; attribuer une qualité à ▸ **qualificar 2** Donner à un concurrent, une équipe le droit de participer à une autre épreuve ▸ **qualificar** ◆ **se qualifier** *vpr* Obtenir sa qualification ▸ **qualificar-se**

EMPLOI Dans le sens 1, *qualifier* se construit avec *de: il qualifie sa conduite de prudente, il m'a qualifié d'idiot.*

qualitatif, ive *adj* Relatif à la qualité, à la nature des choses (par opposition à *quantitatif*) ▸ **qualitativo**

qualitativement *adv* Du point de vue de la qualité ▸ **qualitativamente**

qualité *nf* **1** Manière d'être, bonne ou mauvaise, de quelque chose: *la qualité d'une étoffe, d'une terre* ▸ **qualidade 2** Supériorité, excellence en quelque chose ▸ **qualidade 3** Talent, ce qui fait le mérite de quelqu'un: *cet enfant a toutes les qualités* ▸ **qualidade 4** Condition sociale, juridique, etc.: *agir en qualité de maire* ▸ **qualidade** ▪ **qualité de vie:** ce qui contribue à de meilleures conditions de vie; ensemble de ces conditions ▸ **qualidade de vida**

qualiticien, enne *n* Dans une entreprise, personne chargée d'impulser et de coordonner les actions nécessaires pour que les objectifs de qualité de la production soient atteints ▸ **controlador de qualidade**

quand *adv* À quelle époque: *quand partez-vous?* ▸ **quando** ◆ *conj* **1** Au moment où, chaque fois que: *quand vous serez vieux* ▸ **quando 2** Marque l'opposition; alors que: *elle sort quand elle doit rester au lit* ▸ **ao passo que** ▪ **quand bien même:** même si ▸ **ainda que** ▫ **quand même:** **(a)** marque l'opposition; malgré tout: *il ne travaille pas, mais il réussit quand même* ▸ **mesmo assim (b)** marque l'impatience, la réprobation: *vous voilà quand même!* ▸ **afinal de contas**

quanta [kwɑ̃ta] ou [kɑ̃ta] *nm pl* → **quantum**

quant (à) [kɑ̃ta] *loc prép* À l'égard de; pour ce qui est de: *quant à moi* ▸ **quanto a**

quant-à-soi *nm inv* FAM Réserve, attitude distante: *rester sur son quant-à-soi* ▸ **reticência**

quantième *nm* ▪ (terme administratif) **quantième du mois:** numéro du jour dans le mois: *indiquer sur le procès-verbal le quantième du mois* ▸ **dia do mês**

quantifiable *adj* Qui peut être quantifié ▸ **quantificável**

quantification *nf* Action de quantifier ▸ **quantificação**

quantifier *vt* **1** Déterminer la quantité de ▸ **quantificar 2** PHYS Appliquer à un phénomène la théorie des quanta ▸ **quantizar**

quantique [kɑ̃tik] ou [kwɑ̃tik] *adj* Relatif aux quanta: *mécanique quantique* ▸ **quântico**

quantitatif, ive *adj* Relatif à la quantité (par opposition à *qualitatif*) ▸ **quantitativo**

quantitativement *adv* Du point de vue de la quantité ▸ **quantitativamente**

quantité *nf* **1** Propriété de ce qui peut être mesuré ou compté ▸ **quantidade 2** Poids, volume, nombre ainsi déterminés ▸ **quantidade 3** Un grand nombre: *quantité de gens disent* ▸ **grande quantidade** ▪ **en quantité:** en grand nombre ▸ **em quantidade**

quantum [kwɑ̃tɔm] (pl *quanta*) *nm* **1** Quantité afférente à chacun dans une répartition ▸ **cota 2** PHYS Quantité minimale d'une grandeur quantifiée, en particulier de l'énergie ▸ ***quantum***

quarantaine *nf* **1** Nombre de quarante ou d'environ quarante ▸ **quarentena 2** Âge d'environ quarante ans ▸ **(os) quarenta 3** Isolement imposé à des personnes, des animaux ou des marchandises en provenance d'une région où règne une épidémie ▸ **quarentena** ▪ FIG **mettre en quarantaine:** exclure d'un groupe ▸ **pôr de quarentena**

quarante *adj num card* **1** Quatre fois dix ▸ **quarenta 2** Quarantième: *page quarante* ▸ **quarenta** ◆ *nm inv* Chiffre, numéro qui représente ce nombre ▸ **quarenta**

quarante-huitard, e (pl *quarante-huitards, es*) *adj et n* HIST Propre à la révolution, aux révolutionnaires de 1848 ▸ **revolucionário de 1848**

quarantième *adj num ord et n* **1** Qui occupe un rang marqué par le numéro quarante ▸ **quadragésimo 2** Qui se trouve quarante fois dans le tout ▸ **quadragésimo**

quart *nm* **1** La quatrième partie d'une unité ▸ **quarto 2** Quantité correspondant à 125 grammes; volume correspondant à un quart de litre ▸ **quarto de litro 3** Petit gobelet de fer-blanc, contenant environ un quart de litre ▸ **quarto 4** MAR Service de veille à bord, de quatre heures consécutives ▸ **quarto** ▪ **au quart de tour:** immédiatement ▸ **na mesma hora** ▫ **aux trois quarts:** presque complètement ▸ **quase tudo** ▫ FAM **passer un mauvais quart d'heure:** éprouver, dans un court espace de temps, quelque chose de fâcheux ▸ **passar um mau bocado** ▫ **quart d'heure:** quatrième partie d'une heure, soit quinze minutes ▸ **quarto de hora**

quarte *nf* MUS Intervalle de quatre degrés ▸ **quarta**

quarté *nm* Pari dans lequel il faut prévoir les quatre premiers arrivants d'une course hippique ▸ **quadrifeta**

quarteron, onne *n* Métis dont un seul grand-parent est noir, les trois autres étant blancs ▸ **quadrarão** ♦ *nm* PÉJOR Petit nombre: *un quarteron de mécontents* ▸ **punhado**

quartette [kwartɛt] *nm* Groupe de quatre musiciens ▸ **quarteto**

quartier *nm* **1** Portion d'un objet divisé en quatre ou plus de quatre parties: *quartier de pomme* ▸ **quarto 2** Masse importante détachée d'un ensemble: *quartier de viande* ▸ **quarto 3** Chacune des phases de la Lune: *premier, dernier quartier* ▸ **quarto 4** Division administrative; partie d'une ville: *quartier commerçant* ▸ **bairro 5** Casernement ou cantonnement militaire ▸ **quartel** ▪ **avoir quartier libre:** être libre de faire ce que l'on veut ▸ **ter liberdade** ▫ **ne pas faire de quartier:** n'épargner personne ▸ **não dar trégua** ▫ **quartier chaud:** partie d'une ville où s'exerce le commerce du sexe ▸ **zona** ▫ **quartier général:** **(a)** poste de commandement d'une armée ▸ **quartel-general (b)** FAM lieu habituel de réunion (abréviation: *QG*) ▸ **quartel-general**

quartier-maître (pl *quartiers-maîtres*) *nm* MAR Grade immédiatement supérieur à celui de matelot ▸ **cabo-marinheiro**

quart(-)monde (pl *quarts[-]mondes*) *nm* Partie la plus défavorisée du tiers-monde, d'une population ▸ **Quarto Mundo**

quarto [kwarto] *adv* Quatrièmement ▸ **em quarto lugar**

quartz [kwarts] *nm* Silice cristallisée ▸ **quartzo** ▪ **montre, horloge à quartz:** dont le résonateur est un cristal de quartz entretenu électroniquement ▸ **relógio de quartzo**

quasar [kwazar] ou [kazar] *nm* Astre très lointain d'une grande luminosité ▸ **quasar**

quasi[1] *nm* Partie de la cuisse du veau, du bœuf ▸ **ganso**

quasi[2] ou **quasiment** *adv* LITT presque: *Quasi mort* ▸ **quase**

ORTHOGRAPHE Lorsque *quasi* précède un nom, il se lie à ce dernier par un trait d'union: *quasi-cécité.*

quaternaire [kwatɛrnɛr] *nm et adj* Période géologique actuelle ▸ **quaternário**

quatorze *adj num card* **1** Treize plus un ▸ **quatorze 2** Quatorzième: *Louis XIV* ▸ **quatorze** ♦ *nm inv* Chiffre qui représente ce nombre ▸ **quatorze**

quatorzième *adj num ord et n* **1** Qui occupe un rang marqué par le numéro quatorze ▸ **décimo quarto 2** Qui se trouve quatorze fois dans le tout ▸ **quatorze avos**

quatorzièmement *adv* En quatorzième lieu ▸ **em décimo quarto lugar**

quatrain *nm* Strophe ou petite poésie de quatre vers ▸ **quadra**

quatre *adj num card* **1** Trois plus un ▸ **quatro 2** Quatrième: *tome quatre* ▸ **quatro** ♦ *nm inv* Chiffre, numéro qui représente le nombre quatre ▸ **quatro** ▪ **à quatre pattes:** sur les mains, les genoux et les pointes de pied ▸ **de quatro** ▫ **comme quatre:** beaucoup: *manger comme quatre* ▸ **por quatro** ▫ **monter, descendre les escaliers quatre à quatre:** précipitamment ▸ **de quatro em quatro** ▫ **ne pas y aller par quatre chemins:** aller droit au but ▸ **não fazer rodeios** ▫ FIG **se mettre en quatre:** faire tout son possible ▸ **desdobrar-se**

quatre-quarts *nm inv* Gâteau dans lequel la farine, le beurre, le sucre, les œufs sont à poids égal ▸ **quatro-quartos**

quatre-quatre *nf inv ou nm inv* Voiture à quatre roues motrices ▸ **quatro por quatro**

quatre-saisons *nf inv* ▪ **marchand(e) des quatre-saisons:** marchand(e) qui vend dans une voiture à bras, sur la voie publique, des fruits et des légumes ▸ **verdureiro**

quatre-vingt-dix *adj num et nm inv* Quatre-vingts plus dix ▸ **noventa**

quatre-vingtième *adj num ord et n* Qui occupe un rang marqué par le numéro quatre-vingts ▸ **octogésimo** ♦ *adj et nm* Qui se trouve quatre-vingts fois dans le tout ▸ **octogésimo**

quatre-vingts ou **quatre-vingt** (quand il est suivi d'un autre nombre) *adj num et nm inv* Quatre fois vingt: *quatre-vingts ans; quatre-vingt-deux* ▸ **oitenta**

quatrième[1] *adj num ord et n* Qui occupe un

rang marqué par le numéro quatre ▸ **quarto** ◆ *adj et nm* qui se trouve quatre fois dans le tout ▸ **quarto**

quatrième[2] *nf* **1** Troisième année du premier cycle de l'enseignement secondaire ▸ **quarta série** **2** Quatrième vitesse d'un véhicule automobile ▸ **quarta marcha**

quatrièmement *adv* En quatrième lieu ▸ **em quarto lugar**

quattrocento [kwatrɔtʃɛnto] *nm* Le XVe siècle italien, surtout littéraire et artistique ▸ **século XV**

quatuor [kwatɔr] *nm* **1** Morceau de musique à quatre parties; groupe de quatre musiciens ou de quatre chanteurs ▸ **quarteto** **2** Groupe de quatre personnes ▸ **quarteto**

que[1] *pron rel* Représente, comme complément d'objet direct de la subordonnée, la chose ou la personne dont on vient de parler ou dont on va parler: *la leçon que j'étudie* ▸ **que** ◆ *pron interr* Quelle chose: *que dit-il?; ne plus savoir que faire* ▸ **que**

que[2] *conj* **1** Sert à unir deux membres de phrase pour marquer que le second est subordonné au premier: *je veux que vous veniez* ▸ **que** **2** Marque le souhait, l'imprécation: *qu'il parte à l'instant* ▸ **que** **3** Reprend la conjonction (*si ce n'est, comme, quand, puisque, si*) dans une proposition subordonnée coordonnée: *puisqu'il l'aime et qu'il est heureux* ▸ **Ø** **4** Sert de corrélatif à *tel, quel, même*, et aux comparatifs ▸ **que** **5** Sert à former des locutions conjonctives: *avant que* ▸ **que** ■ **ne... que:** seulement ▸ **apenas** ◆ *adv* Combien: *que c'est bon!* ▸ **como**

ORTHOGRAPHE Le *e* de *que* s'élide devant une voyelle ou un *h* muet: *je ne vois qu'elle; plus qu'habituellement*.

québécisme *nm* Fait de langue propre au français parlé au Québec ▸ **próprio de Quebec**

québécois, e *adj et n* Du Québec: *les Québécois* ▸ **quebequense**

quechua [ketʃwa] *nm* Langue indienne du Pérou et de la Bolivie ▸ **quíchua**

quel, quelle *adj interr* Interroge sur la nature ou l'identité d'une personne ou d'une chose, sur le degré, la mesure d'une chose: *quelle heure est-il?; savoir à quel chapitre on en est* ▸ **que, qual** ◆ *adj excl* Dans les phrases exclamatives, exprime l'intensité de la qualité, l'admiration ou l'indignation: *quel malheur!* ▸ **que** ◆ *pron interr* Interroge sur un élément à choisir dans un ensemble; désigne cet élément de façon indéterminée: *quel est le plus grand des deux?; savoir quelle est la plus belle* ▸ **qual** ◆ **quel que, quelle que** *adj rel* De quelque nature que; si grand que ▸ **qualquer que**

GRAMMAIRE Il ne faut pas confondre *quel que* et *quelque*. Devant le verbe *être*, on écrit toujours en deux mots: *quels que soient les avis*.

quelconque *adj indéf* **1** N'importe quel: *une raison quelconque* ▸ **qualquer** **2** FAM Tout à fait médiocre, sans valeur: *un livre tout à fait quelconque* ▸ **qualquer**

quelque[1] *adj indéf sing* SOUT Indique une quantité, une durée, une valeur, un degré indéterminés, généralement faibles: *il y a quelque temps* ▸ **algum** ◆ **quelques** *adj indéf pl* Indique un petit nombre, une petite quantité: *il y a quelques mois; quelques personnes* ▸ **alguns** ■ **et quelques (après un nom de nombre):** et un peu plus, un peu plus de: *dix ans et quelques* ▸ **e tanto**

quelque[2] *adv* **1** Environ, à peu près: *il y a quelque trois ans* ▸ **mais ou menos** **2** Si: *quelque habiles que vous soyez* ▸ **por mais**

GRAMMAIRE Devant un nombre, *quelque* a toujours fonction d'adverbe et est donc invariable.

quelque chose *pron indéf* **1** Indique une chose d'une manière vague: *vous prendrez bien quelque chose* ▸ **algo** **2** Indique un événement, une situation, etc., dont on n'ose pas dire ou dont on ignore la nature: *il se passe quelque chose* ▸ **algo**

quelquefois *adv* Parfois ▸ **às vezes**

quelque part *adv* **1** Indique un lieu quelconque, autre que celui où l'on est; indique un endroit, un point abstrait difficile à définir: *il y a toujours un problème quelque part* ▸ **em algum lugar** **2** FAM Fesses: *je vais lui flanquer mon pied quelque part* ▸ **na bunda** ■ **aller quelque part:** aller aux toilettes ▸ **ir ao banheiro**

quelques-uns, quelques-unes *pron indéf pl* Indique un petit nombre indéterminé dans un groupe: *quelques-uns parmi eux riaient;* indique un petit nombre indéterminé; certains: *pour quelques-uns, ce livre a été une révélation* ▸ **alguns**

quelqu'un *pron indéf m* **1** Une personne: *quelqu'un m'a dit* ▸ **alguém** **2** La personne en question: *c'est quelqu'un de bien* ▸ **alguém** **3** Une personne importante: *se croire quelqu'un* ▸ **alguém**

quémander *vt* Solliciter avec insistance, quitte à être importun ▸ **suplicar**

quémandeur, euse *adj et n* Qui quémande ▸ **suplicante**

qu'en-dira-t-on *nm inv* FAM Propos tenus sur quelqu'un; opinion des gens: *ne pas se soucier du qu'en-dira-t-on* ▸ **diz que diz que**

quenelle *nf* Rouleau de poisson ou de viande hachés, lié à l'œuf, la farine, etc. ▸ **croquete**

quenotte *nf* FAM Dent d'enfant ▸ **dente de leite**
quenouille *nf* Bâton entouré de chanvre, de lin, etc., destinés à être filés ▸ **roca**
querelle *nf* Contestation, dispute, démêlé: *chercher querelle* ▸ **briga**
quereller *vt* LITT Réprimander, faire des reproches à quelqu'un ▸ **repreender** ◆ **se quereller** *vpr* SOUT Se disputer ▸ **brigar**
querelleur, euse *adj et n* Qui aime à se quereller ▸ **briguento**
quérir *vt* (seulement à l'infinitif) LITT Chercher: *aller, envoyer, faire, quérir le médecin* ▸ **chamar**
questeur *nm* **1** ANTIQ ROM Magistrat chargé de fonctions financières ▸ **questor 2** Membre élu du bureau d'une assemblée parlementaire chargé de l'administration intérieure et de la gestion financière ▸ **gestor**
question *nf* **1** Demande, interrogation: question indiscrète: *le candidat a répondu à toutes les questions* ▸ **pergunta 2** Point à discuter, difficulté à résoudre: *question philosophique* ▸ **questão** ■ **en question:** dont il s'agit, dont on parle ▸ **em questão** □ **faire question:** être discutable, douteux ▸ **ser questionável** □ **il est question de:** il s'agit de ▸ **trata-se de** □ **(il n'en est) pas question** ou **c'est hors de question:** marque le refus catégorique ▸ **fora de questão** □ **remettre en question:** reconsidérer ▸ **reconsiderar**
questionnaire *nm* Liste de questions auxquelles on doit répondre ▸ **questionário**
questionner *vt* Poser des questions, interroger ▸ **interrogar**
questionneur, euse *adj et n* Qui questionne ▸ **interrogador**
questure *nf* **1** Bureau des questeurs d'une assemblée parlementaire ▸ **questura 2** ANTIQ ROM Charge de questeur; durée de ses fonctions ▸ **questorado**
quête *nf* **1** LITT Action de quêter, de rechercher: *la quête de la vérité* ▸ **busca 2** Action de demander ou de recueillir des aumônes; somme recueillie ▸ **coleta** ■ **en quête de:** à la recherche de ▸ **em busca de**
quêter *vt* Rechercher, demander: *quêter des compliments* ▸ **pedir** ◆ *vi* Recueillir des aumônes ▸ **esmolar**
quêteur, euse *n* Personne qui quête ▸ **esmoler**
quetsche [kwɛtʃ] *nf* Grosse prune ovale et violette ▸ **ameixa**; eau-de-vie faite avec cette prune ▸ **aguardente de ameixa**
queue *nf* **1** Partie terminale, flexible, de la colonne vertébrale chez certains animaux: *queue de chien* ▸ **rabo 2** Extrémité du corps opposée à la tête chez diverses espèces animales: *queue de scorpion, de serpent* ▸ **cauda 3** Pédoncule de fleur, de fruit ▸ **cabo 4** Partie d'un objet, servant à le saisir: *queue de poêle* ▸ **cabo 5** Partie d'un vêtement qui traîne: *queue d'une robe* ▸ **cauda 6** Bâton servant à jouer au billard ▸ **taco 7** Ce qui est à la fin, ce qui constitue le bout de quelque chose: *la queue du cortège; wagon de queue* ▸ **cauda 8** Suite de personnes qui attendent: *faire la queue* ▸ **fila** ■ **à la queue leu leu:** l'un derrière l'autre ▸ **em fila indiana** □ **en queue:** à l'arrière ▸ **no fim da fila** □ **faire une queue de poisson:** se rabattre brusquement après avoir dépassé un véhicule ▸ **dar uma fechada** □ **finir en queue de poisson:** se terminer brusquement ▸ **dar com os burros n'água** □ FAM **sans queue ni tête:** incohérent ▸ **sem pé nem cabeça**
queue-de-cheval (pl *queues-de-cheval*) *nf* Coiffure aux cheveux resserrés en arrière par un nœud ou une barrette et retombant sur la nuque ▸ **rabo de cavalo**
queue-de-pie (pl *queues-de-pie*) *nf* FAM Habit de cérémonie aux basques en pointe ▸ **fraque**
queuter *vi* Au billard, pousser d'un seul coup deux billes qui sont très rapprochées ▸ **fazer carrão**
queux *nm* ■ LITT **maître queux:** cuisinier ▸ **cozinheiro**
qui *pron rel* **1** Représente quelqu'un ou quelque chose comme sujet de la subordonnée: *la personne à qui je parle; faire ce qui nous plaît* ▸ **quem, que 2** Celui qui, quiconque: *aimez qui vous aime* ▸ **quem** ■ **qui plus est:** en outre, par-dessus le marché ▸ **além do mais** □ **qui...que:** quel que soit l'homme que ▸ **quem quer que** □ **qui..., qui... :** l'un… , l'autre… ▸ **um... o outro...** ◆ *pron interr* Quelle personne: *qui est là?* ▸ **quem**
quia (à) [akɥija] *loc adv* ■ LITT **être, mettre à quia:** être réduit, réduire à ne pas pouvoir répondre ▸ **ficar sem ter o que dizer**
quiche *nf* Tarte salée garnie de petits morceaux de lard que l'on recouvre d'un mélange de crème et d'œufs battus ▸ ***quiche***
quiconque *pron relat indéf* Toute personne qui ▸ **quem quer que** ◆ *pron indéf* N'importe qui ▸ **qualquer um**
quid [kwid] *adv interr* ■ FAM **quid de:** qu'en est-il de?: *quid de ton projet de vacances en Asie?* ▸ **que é feito de?**
quidam [kidam] *nm* Personne dont on ignore ou dont on ne dit pas le nom ▸ **fulano**
quiétude *nf* SOUT Calme, tranquillité: *en toute quiétude* ▸ **quietude**

quignon *nm* FAM Morceau de pain ▶ **naco de pão**

quille¹ *nf* **1** Morceau de bois long et rond, posé sur le sol verticalement, et que l'on doit abattre avec une boule ▶ **pino 2** ARG Fin du service militaire ▶ **baixa**

quille² *nf* Partie inférieure de la coque d'un navire, sur laquelle repose toute la charpente ▶ **quilha**

quincaillerie *nf* Ensemble d'ustensiles, d'objets en métal servant au ménage, à l'outillage, etc ▶ **ferragem**; commerce de ces objets; magasin où on les vend ▶ **loja de ferragem**

quincaillier, ère *n* Marchand ou fabricant de quincaillerie ▶ **ferrageiro**

ORTHOGRAPHE Dans *quincaillier*, il ne faut pas oublier le *i* après les deux *l*. La terminaison en *ier* indique le métier, comme dans *charcutier*.

quinconce [kɛ̃kɔ̃s] *nm* ■ **en quinconce:** disposé en groupe de cinq (quatre en carré et un au milieu) ▶ **quincunce**

quinine *nf* Substance contenue dans l'écorce de quinquina et employée contre la fièvre, le paludisme ▶ **quinino**

quinquagénaire [kɛ̃kaʒenɛr] ou [kɛ̃kwaʒenɛr] *n et adj* Personne qui a entre cinquante et cinquante-neuf ans ▶ **quinquagenário**

quinquennal, e, aux *adj* Qui dure cinq ans ou qui revient tous les cinq ans ▶ **quinquenal**

quinquennat *nm* Durée d'un mandat de cinq ans ▶ **quinquênio**

quinquina *nm* **1** Arbre originaire du Pérou, cultivé pour son écorce riche en quinine ▶ **quina 2** Vin apéritif préparé avec l'écorce de cet arbre ▶ **quinado**

quintal (pl *quintaux*) *nm* Unité de mesure de masse, correspondant à 100 kilogrammes ▶ **quintal**

quinte *nf* **1** MUS Intervalle de cinq notes consécutives ▶ **quinta 2** Série de cinq cartes de même couleur ▶ **quina** ■ **quinte de toux:** accès de toux violent ▶ **acesso de tosse**

quintessence *nf* LITT Ce qu'il y a de meilleur, de plus fin, de plus précieux dans quelque chose ▶ **quintessência**

quintette [kɛ̃tɛt] ou [kɛ̃tɛt] *nm* **1** Morceau de musique à cinq parties ▶ **quinteto 2** Ensemble de cinq instruments ou de cinq chanteurs ▶ **quinteto**

quintuple *adj* Cinq fois plus grand ▶ **quíntuplo** ◆ *nm* Nombre quintuple ▶ **quíntuplo**

quintupler *vt* Multiplier par cinq ▶ **quintuplicar**

quintuplés, ées *n pl* Enfants nés au nombre de cinq d'un même accouchement ▶ **quíntuplos**

quinzaine *nf* **1** Groupe de quinze ou d'environ quinze ▶ **quinzena 2** Deux semaines ▶ **quinzena**

quinze *adj num card* **1** Quatorze plus un ▶ **quinze 2** Quinzième: *tome quinze* ▶ **quinze** ◆ *nm inv* Chiffre, numéro qui représente le nombre quinze ▶ **quinze**

quinzième *adj num ord et n* **1** Qui occupe un rang marqué par le numéro quinze ▶ **décimo quinto 2** Qui se trouve quinze fois dans le tout ▶ **quinze avos**

quinzièmement *adv* En quinzième lieu ▶ **em décimo quinto lugar**

quiproquo [kiprɔko] *nm* Méprise qui fait prendre une personne, une chose pour une autre ▶ **quiproquó**

quittance *nf* Écrit par lequel un créancier déclare un débiteur quitte envers lui: *quittance de loyer* ▶ **quitação**

quitte *adj* Libéré d'une obligation morale, d'une dette pécuniaire ▶ **quite** ■ **en être quitte pour:** n'avoir à subir que l'inconvénient de ▶ **ter apenas que** □ **jouer à quitte ou double:** le tout pour le tout ▶ **jogar tudo** □ **quitte à:** au risque de ▶ **sob pena de** □ **tenir quitte:** dispenser: *tenir quelqu'un quitte de la fin de sa punition* ▶ **desobrigar**

quitter *vt* **1** Laisser quelqu'un provisoirement ou définitivement: *quitter ceux qu'on aime* ▶ **deixar 2** Abandonner un lieu, une activité: *quitter ses fonctions; quitter Paris* ▶ **deixar 3** Ôter: *quitter ses habits* ▶ **tirar** ■ **ne pas quitter des yeux: (a)** avoir toujours le regard fixé sur ▶ **não tirar os olhos de (b)** surveiller étroitement ▶ **não perder de vista** □ **ne quitte(z) pas!:** ne raccroche(z) pas (le téléphone)! ▶ **aguarde um momento**

quitus [kitys] *nm* ■ **donner quitus à quelqu'un:** reconnaître que sa gestion est exacte et régulière ▶ **avalizar**

qui-vive *nm inv* ■ **sur le qui-vive:** sur ses gardes ▶ **alerta**

quoi *pron interr* Quelle chose: *à quoi pensez-vous?* ▶ **que** ■ **à quoi bon!:** exprime le découragement ▶ **o que adianta?** □ **quoi de:** qu'y a-t-il de: *quoi de neuf?* ▶ **o que há de** ◆ *pron rel* Renvoie comme complément d'objet indirect ou comme complément de l'adjectif à une proposition: *ce à quoi je réfléchis* ▶ **que** ■ FAM **c'est quoi?** qu'est-ce que c'est? ▶ **que** □ **de quoi:** ce qui est suffisant pour: *avoir de quoi vivre* ▶ **do que** □ **quoi que:** quelle que soit la chose que: *quoi que vous fassiez* ▶ **o que quer que** □ **quoi qu'il en soit:** en tout état de cause ▶ **seja como for** □ **sans quoi:** ou sinon ▶ **senão** ◆ *pron exclam* **1** Exprime la surprise, l'indignation, l'impatience: *décide-toi, quoi!* ▶ **ora 2** FAM Comment? ▶ **Como?** ■ FAM **ou quoi?:** marque l'impatience: *tu te décides, ou quoi?* ▶ **ou não?**

quoique *conj* **1** Marque l'opposition, la concession; encore que, bien que: *quoiqu'il se taise* ▸ **embora 2** Marque ou introduit une restriction: *c'est formidable! quoique. il faut se méfier* ▸ **no entanto**

ORTHOGRAPHE Le *e* muet final ne s'élide que devant *il (ils)*, *elle (elles)*, *on* et *un (une)* ; il ne s'élide pas devant *en*: *quoiqu'il se taise* ; *quoique en ce moment il se taise.*

quolibet [kɔlibɛ] *nm* Plaisanterie, raillerie ▸ **gracejo**

quorum [kɔrɔm] ou [kwɔrɔm] *nm* Nombre de votants nécessaire dans une assemblée pour qu'un vote soit valable ▸ **quórum**

quota [kɔta] ou [kwɔta] *nm* Pourcentage déterminé au préalable ▸ **cota**

quote-part (pl *quotes-parts*) *nf* Part que chacun doit payer ou recevoir, dans une répartition ▸ **cota-parte**

quotidien, enne *adj* Qui se fait ou revient tous les jours ▸ **cotidiano** ◆ *nm* **1** La vie quotidienne ▸ **cotidiano 2** Journal qui paraît chaque jour ▸ **cotidiano**

quotidiennement *adv* Tous les jours ▸ **cotidianamente**

quotidienneté *nf* Caractère quotidien ▸ **cotidianidade**

quotient *nm* MATH Résultat de la division ▸ **quociente** ■ **quotient familial:** résultat de la division du revenu net imposable d'une famille en un nombre de parts ▸ **quociente familiar** □ **quotient intellectuel (QI):** rapport de l'âge mental de quelqu'un, évalué par des tests, à son âge réel multiplié par 100 ▸ **quociente intelectual**

quotité *nf* DR Somme fixe à laquelle monte chaque quote-part ▸ **cotidade**

Rr

r *nm* Dix-huitième lettre de l'alphabet et la quatorzième des consonnes ▸ **r**
R (symbole) Röntgen ▸ **R**
rab *nm* (abréviation) FAM Rabiot ▸ **Ø**
rabâchage *nm* FAM Redite, radotage ▸ **repisamento**
rabâcher *vt et vi* FAM Redire sans cesse et de manière lassante la même chose ▸ **martelar**
rabâcheur, euse *adj et n* FAM Qui rabâche ▸ **martelador**
rabais *nm* Diminution faite sur le prix d'une marchandise, le montant d'une facture ▸ **abatimento** ▪ **travailler au rabais:** en étant mal payé ▸ **trabalhar por uma ninharia**
rabaisser *vt* **1** Mettre plus bas; diminuer l'autorité, l'influence de ▸ **rebaixar 2** FIG Déprécier ▸ **rebaixar**
rabane *nf* Tissu de fibre de raphia ▸ **tecido de ráfia**
rabat *nm* **1** Partie d'un objet qui se rabat, se replie ▸ **aba 2** Morceau d'étoffe blanche, noire ou bleue, que portent au cou les magistrats, les avocats, etc. ▸ **estola**
rabat-joie *n inv et adj inv* Personne qui trouble la joie des autres par son attitude chagrine ▸ **desmancha-prazeres**
rabattage *nm* Action de rabattre le gibier ▸ **batida**
rabattement *nm* Action de rabattre ▸ **rebatida, rebatimento**
rabatteur, euse *n* Personne qui rabat le gibier vers les chasseurs ▸ **batedor**
rabattre *vt (conj 56)* **1** Aplatir, replier contre: *rabattre son col* ▸ **dobrar 2** Ramener à un niveau plus bas: *rabattre une balle au tennis* ▸ **rebater 3** Retrancher du prix d'une chose: *rabattre cinq pour cent* ▸ **abater 4** Rassembler, pousser le gibier vers les chasseurs ▸ **bater 5** FIG Rabaisser: *rabattre l'orgueil* ▸ **abater** ▪ **en rabattre:** diminuer ses prétentions ▸ **baixar a crista** ♦ **se rabattre** *vpr* Quitter brusquement une direction pour en prendre une autre ▸ **dar uma guinada** ▪ FIG **se rabattre sur quelqu'un, quelque chose:** les choisir faute de mieux ▸ **acabar recorrendo a alguém, a algo**
rabbin *nm* Chef spirituel d'une communauté israélite ▸ **rabino**
rabbinique *adj* ▸ **rabínico** ▪ **école rabbinique:** école où se forment les rabbins ▸ **escola rabínica**
rabelaisien, enne *adj* Qui rappelle la démesure, la verve de Rabelais ▸ **rabelaisiano**
rabibocher *vt* FAM Réconcilier ▸ **reconciliar**
rabiot *nm* FAM **1** Nourriture qui reste après la distribution ▸ **excedente, sobejo 2** Quantité supplémentaire de quelque chose ▸ **extra**
rabioter *vt* FAM Prendre sur la part d'autrui ou en supplément ▸ **apropriar-se, cavar**
rabique *adj* De la rage: *virus rabique* ▸ **rábico**
râble *nm* Partie du lièvre et du lapin, qui va du bas des épaules à la queue ▸ **lombo** ▪ FAM **tomber sur le râble à quelqu'un:** l'attaquer ▸ **pular no pescoço de alguém**
râblé, e *adj* **1** Qui a le râble épais: *un lièvre bien râblé* ▸ **robusto 2** Trapu, de forte carrure, en parlant de quelqu'un ▸ **troncudo**
rabot *nm* Outil de menuisier pour aplanir le bois ou le moulurer ▸ **plaina**
rabotage *nm* Action de raboter ▸ **aplainamento**
raboter *vt* Aplanir avec un rabot ▸ **aplainar**
raboteur *nm* Ouvrier qui rabote: *raboteur de parquets* ▸ **aplainador**
raboteuse *nf* **1** Machine servant à raboter le bois ▸ **máquina de aplainar 2** Machine-outil servant à usiner des pièces métalliques ▸ **fresa, máquina de polir**
raboteux, euse *adj* Couvert d'aspérités, inégal: *un chemin raboteux* ▸ **irregular**
rabougri, e *adj* Petit, chétif: *arbuste rabougri* ▸ **mirrado**

rabougrir *vt* Retarder la croissance de ► **definhar** ◆ **se rabougrir** *vpr* Se recroqueviller sous l'effet de la sécheresse, de l'âge, etc. ► **definhar-se**

rabouter *vt* Assembler bout à bout deux pièces de bois, de métal, etc. ► **emendar as pontas**

rabrouer *vt* Traiter, repousser avec rudesse ► **tratar mal**

racaille *nf* PÉJOR Groupe de personnes jugées viles et méprisables ► **canalha**

raccommodable *adj* Qui peut être raccommodé ► **reparável, reconciliável**

raccommodage *nm* Action de raccommoder; son résultat ► **reparação, reconciliação**

raccommodement *nm* Réconciliation après une brouille ► **reconciliação**

raccommoder *vt* **1** Réparer en cousant, à l'aide d'une aiguille ► **remendar, costurar 2** FIG Réconcilier ► **reconciliar**

raccompagner *vt* Reconduire: *raccompagner à la porte* ► **acompanhar**

raccord *nm* **1** Accord, ajustement de deux parties d'un ouvrage ► **junção 2** TECHN Pièce destinée à ajuster deux tuyaux ► **conexão 3** CIN Manière dont deux plans, deux séquences s'ajustent; plan tourné pour assurer l'enchaînement ► **continuidade, sequência**

raccordement *nm* **1** Action d'unir par un raccord ► **conexão 2** Voie reliant deux voies ferrées distinctes ► **entroncamento**

raccorder *vt* **1** Joindre par un raccord: *raccorder deux canalisations* ► **conectar 2** Servir de raccord: *des ponts raccordent les deux rives* ► **ligar**

raccourci *nm* Chemin plus court ► **atalho** ■ **en raccourci:** en abrégé, en petit ► **em resumo, em miniatura** □ INFORM **raccourci clavier:** combinaison particulière de touches qui active directement une commande ► **tecla de atalho**

raccourcir *vt* Rendre plus court ► **encurtar** ■ **à bras raccourcis:** de toutes ses forces ► **com toda a força** ◆ *vi* Devenir plus court, diminuer ► **diminuir**

raccourcissement *nm* Action de raccourcir; son résultat ► **encurtamento, diminuição**

raccroc *nm* ► **acaso** ■ **par raccroc:** d'une manière heureuse et inattendue ► **por sorte**

raccrocher *vt* **1** Accrocher de nouveau, relier une chose à une autre ► **religar 2** FAM Rattraper ce qu'on croyait presque perdu: *raccrocher une affaire* ► **recuperar** ◆ *vi* Interrompre une conversation téléphonique ► **desligar** ◆ **se raccrocher** *vpr* [à] Se cramponner à quelqu'un ou à quelque chose pour se sauver d'un danger ► **agarrar-se**

race *nf* **1** Subdivision de l'espèce humaine en Jaunes, Noirs et Blancs, selon le critère apparent de la couleur de la peau ► **raça 2** Subdivision d'une espèce animale: *race bovine* ► **raça 3** LITT Ensemble des ascendants et des descendants d'une famille ► **raça 4** Catégorie de gens ayant une profession, des caractères communs: *la race des poètes* ► **raça** ■ **de race:** se dit d'un animal non métissé: *chien de race* ► **de raça**

racé, e *adj* **1** Qui possède les qualités propres à sa race, en parlant d'un animal ► **de raça 2** Distingué, élégant ► **distinto**

rachat *nm* Action de racheter ► **recompra**

racheter *vt (conj 7)* **1** Acheter ce qu'on a vendu: *racheter un objet* ► **recomprar 2** Acheter de nouveau: *racheter du pain* ► **comprar mais 3** Obtenir le pardon: *racheter ses péchés* ► **remir 4** FIG Compenser, faire oublier: *racheter ses défauts* ► **compensar 5** Redonner des points à un candidat pour qu'il soit reçu ► **reajustar nota 6** Se libérer à prix d'argent de: *racheter une rente* ► **resgatar**

rachidien, enne *adj* Relatif au rachis: *nerfs rachidiens* ► **raquidiano**

rachis [raʃis] *nm* Colonne vertébrale ou épine dorsale ► **raque**

rachitique *adj et n* Atteint de rachitisme ► **raquítico**

rachitisme *nm* Maladie de la croissance, caractérisée par une insuffisance de calcification des os et du cartilage ► **raquitismo**

racial, e, aux *adj* Relatif à la race: *haine raciale* ► **racial**

racine *nf* **1** Partie d'un végétal par laquelle il tient au sol et se nourrit ► **raiz 2** Partie par laquelle un organe est implanté dans un tissu: *racine des cheveux* ► **raiz 3** FIG Lien, attache à un groupe, à un lieu, etc.: *retrouver ses racines* ► **raiz 4** FIG Principe, origine: *la racine du mal* ► **raiz 5** GRAMM Partie d'un mot qu'on détermine en enlevant les désinences, les préfixes et les suffixes ► **raiz** ■ **prendre racine:** s'installer quelque part sans en bouger ► **criar raiz** □ MATH **racine carrée, cubique d'un nombre:** nombre qui, élevé au carré, au cube, reproduit le nombre proposé ► **raiz quadrada, cúbica de um número**

racisme *nm* Idéologie qui attribue une supériorité à une race, à un groupe ethnique; comportement qui en résulte ► **racismo**

raciste *adj et n* Qui relève du racisme; qui en est partisan, qui en fait preuve ► **racista**

racket [rakɛt] *nm* Extorsion d'argent par intimidation et violence ► **extorsão**

racketter *vt* Soumettre à un racket ► **extorquir**

racketteur, euse *n* Malfaiteur qui exerce un racket ► **extorsionário**

raclage *nm* Action de racler ▶ **raspagem**
raclée *nf* FAM Volée de coups ▶ **surra**
raclement *nm* Action de racler; son résultat: *raclement de gorge* ▶ **raspagem**
racler *vt* Enlever les aspérités d'une surface en grattant ▶ **raspar** ■ FAM **racler les fonds de tiroirs:** rassembler ses dernières économies ▶ **raspar as economias** ◆ **se racler** *vpr* ■ **se racler la gorge:** s'éclaircir la voix ▶ **pigarrear**
raclette[1] *nf* Fondue faite avec un morceau de fromage dont on racle la partie ramollie à la flamme; fromage qui sert à cette préparation ▶ ***raclette***
raclette[2] *nf* ou **racloir** *nm* Outil servant à racler ▶ **raspador**
raclure *nf* Partie enlevée en raclant; déchet ▶ **raspa, apara**
racolage *nm* Action de racoler ▶ **aliciamento**
racoler *vt* **1** Attirer par des moyens plus ou moins honnêtes: *racoler des clients* ▶ **aliciar 2** Accoster dans un but de prostitution ▶ **abordar cliente**
racoleur, euse *adj et n* Qui racole ▶ **aliciador, prostituta**
racontar *nm* FAM Bavardage, cancan ▶ **fofoca**
raconter *vt* **1** Faire le récit de: *raconter ce qui s'est passé* ▶ **relatar 2** Dire des choses ridicules ou mensongères: *croire tout ce qu'on raconte* ▶ **contar**
raconteur, euse *n* LITT Personne qui aime raconter ▶ **contador de história**
racornir *vt* Rendre dur et sec comme de la corne ▶ **encoscorar** ◆ **se racornir** *vpr* Devenir dur, sec ▶ **encarquilhar-se**
racornissement *nm* Fait de se racornir ▶ **endurecimento, encarquilhamento**
radar *nm* Dispositif permettant de déterminer la position et la distance d'un obstacle (avion, navire, etc.) par réflexion d'ondes radioélectriques ▶ **radar**
rade *nf* Grand bassin naturel ou artificiel ayant issue libre vers la mer: *la rade de Cherbourg* ▶ **enseada** ■ FAM **être en rade:** en panne ▶ **estar emperrado** □ FAM **laisser en rade:** laisser tomber, abandonner ▶ **deixar na mão**
radeau *nm* Petite embarcation plate d'appoint ou de sauvetage ▶ **jangada**
radial, e, aux *adj* **1** Relatif au rayon ▶ **radial 2** ANAT relatif au radius ▶ **radial**
radiale *nf* Grande voie de circulation reliant le centre d'une ville à sa périphérie ▶ **radial**
radian *nm* Unité de mesure de l'angle égale à 57° 17' 44"; symb: rad ▶ **radiano**
radiant, e *adj* Qui émet des radiations, qui se propage par radiations ▶ **radiante**
radiateur *nm* Appareil servant au chauffage des appartements, au refroidissement des moteurs ▶ **radiador**
radiation *nf* **1** Action de radier, de rayer d'une liste ▶ **supressão 2** Émission de rayons, de particules, d'énergie ▶ **radiação**
radical, e, aux *adj* **1** Qui concerne la nature profonde de quelqu'un ou de quelque chose: *changement radical* ▶ **radical 2** Énergique, d'une efficacité certaine: *prendre des mesures radicales* ▶ **radical** ◆ *adj et n* Partisan du radicalisme, qui appartient au parti radical ▶ **radical** ◆ *nm* **1** GRAMM Chacune des formes prises par la racine d'un mot ▶ **radical 2** CHIM Groupement d'atomes qui se comporte comme un corps simple dans les combinaisons ▶ **radical 3** MATH Signe (√) indiquant une extraction de racine ▶ **radical**
radicalement *adv* D'une manière radicale: *guérir radicalement d'une envie* ▶ **radicalmente**
radicalisation *nf* Action de radicaliser; son résultat ▶ **radicalização**
radicaliser *vt* Rendre plus intransigeant, plus dur ▶ **radicalizar** ◆ **se radicaliser** *vpr* Devenir plus intransigeant, plus dur ▶ **radicalizar-se**
radicalisme *nm* **1** Courant politique qui prône la transformation des institutions d'un pays ▶ **radicalismo 2** Attitude d'esprit d'une intransigeance absolue ▶ **radicalismo**
radicelle *nf* Racine secondaire ▶ **radicela**
radicule *nf* Partie de la plantule qui fournit la racine ▶ **radícula**
radier[1] *nm* TECHN Construction sur laquelle sont établies les piles d'un pont, etc. ▶ **soleira**
radier[2] *vt* Rayer sur un registre, une liste ▶ **riscar**
radiesthésie *nf* **1** Sensibilité hypothétique des êtres vivants à certaines radiations connues ou inconnues ▶ **radioestesia 2** Méthode de détection utilisant cette sensibilité ▶ **radioestesia**
radiesthésiste *n* Personne qui pratique la radiesthésie ▶ **radioestesista**
radieux, euse *adj* **1** Brillant, lumineux: *journée radieuse* ▶ **radioso 2** FIG Heureux, rayonnant de joie: *visage radieux* ▶ **radioso, radiante**
radin, e *adj et n* FAM Avare ▶ **sovina**
radiner *vi* ou **se radiner** *vpr* FAM Arriver, venir ▶ **chegar**
radinerie *nf* FAM Avarice ▶ **sovinice**
radio[1] *nf* (abréviation) Radiorécepteur, radiodiffusion, radiographie ▶ **rádio, raio X**
radio[2] *nm* (abréviation) Radiotélégraphiste, radiotéléphoniste ▶ **Ø**
radioactif, ive *adj* Doué de radioactivité ▶ **radioativo**

radioactivité *nf* Propriété de certains éléments chimiques (radium, uranium, etc.) de se transformer spontanément en d'autres éléments, avec émission de divers rayonnements ► **radioatividade**

radioamateur *nm* Personne qui pratique l'émission et la réception sur ondes courtes ► **radioamador**

radioastronomie *nf* Branche de l'astronomie qui a pour objet l'étude du rayonnement radioélectrique des astres ► **radioastronomia**

radiobalisage *nm* Signalisation d'une route aérienne ou maritime par un procédé radioélectrique ► **radiobalizagem**

radiocassette *nf* Appareil constitué d'un poste de radio associé à un lecteur-enregistreur de cassettes ► **radiocassete**

radiocommunication *nf* Télécommunication effectuée à l'aide d'ondes électromagnétiques ► **radiocomunicação**

radiodiffuser *vt* Transmettre au moyen de la radio ► **radiodifundir**

radiodiffusion *nf* Transmission par ondes hertziennes ► **radiodifusão**

radioélectricité *nf* Technique permettant la transmission à distance de messages et de sons à l'aide des ondes électromagnétiques ► **radioeletricidade**

radioélectrique *adj* Qui concerne la radioélectricité ► **radioelétrico**

radioélément *nm* Élément chimique radioactif ► **radioelemento**

radiogoniométrie *nf* Détermination de la direction et de la position d'un poste radioélectrique émetteur ► **radiogoniometria**

radiogramme *nm* vx Message transmis par radiotélégraphie ► **radiograma**

radiographie *nf* Utilisation médicale de la propriété qu'ont les rayons X d'impressionner une pellicule sensible; image ainsi obtenue ► **radiografia**

radiographier *vt* Effectuer une radiographie ► **radiografar**

radioguidage *nm* **1** Guidage d'un mobile par ondes radioélectriques ► **radioguia** **2** Information radiophonique sur le trafic routier ► **radioguia**

radio-isotope (pl *radio-isotopes*) *nm* Isotope radioactif d'un élément naturel ► **nuclídeo radioativo**

radiolaire *nm* Protozoaire des mers chaudes, formé d'un squelette siliceux autour duquel rayonnent de fins pseudopodes (les radiolaires forment une classe) ► **radiolário**

radiologie *nf* Application médicale des rayons X et des radiations lumineuses et calorifiques à des fins diagnostiques ou thérapeutiques ► **radiologia**

radiologique *adj* Relatif à la radiologie ► **radiológico**

radiologue ou **radiologiste** *n* Spécialiste de radiologie ► **radiologista**

radiomessagerie *nf* Service de radiocommunication destiné à la transmission de messages vers des terminaux mobiles ► **serviço de radiomensagem**

radionavigant *nm* Opérateur de radio faisant partie de l'équipage d'un navire ou d'un avion ► **radionavegador**

radiophonie *nf* Système de transmission des sons utilisant les propriétés des ondes électromagnétiques ► **radiofonia**

radiophonique *adj* Relatif à la radiophonie, à la radiodiffusion: *jeux radiophoniques* ► **radiofônico**

radiorécepteur *nm* Poste récepteur de radiocommunication ► **radiorreceptor**

radioreportage *nm* Reportage diffusé par le moyen de la radiodiffusion ► **radiorreportagem**

radioreporter [radjorəpɔrtɛr] *n* Journaliste spécialisé dans les radioreportages ► **radiorrepórter**

radioréveil ou **radio-réveil** (pl *radios-réveils*) *nm* Appareil de radio associé à un réveil électronique ► **rádio-relógio**

radioscopie *nf* Examen d'un objet ou d'un organe d'après leur ombre portée sur une surface fluorescente au moyen des rayons X ► **radioscopia**

radio-taxi (pl *radio-taxis*) *nm* Taxi en liaison téléphonique avec un centre d'appel ► **radiotáxi**

radiotélégraphie *nf* Télégraphie sans fil ► **radiotelegrafia**

radiotélégraphiste *n* Spécialiste de radiotélégraphie ► **radiotelegrafista**

radiotéléphone *nm* Téléphone placé dans un véhicule et utilisant des ondes radioélectriques ► **radiotelefone**

radiotéléphonie *nf* Téléphonie sans fil ► **radiotelefonia**

radiotéléphoniste *n* Spécialiste de radiotéléphonie ► **radiotelefonista**

radiotélescope *nm* Appareil récepteur utilisé en radioastronomie ► **radiotelescópio**

radiotélévisé, e *adj* Transmis à la fois par la radiodiffusion et la télévision ► **radiotelevisado**

radiotélévision *nf* Ensemble des installations, services et programmes de la radio et de la télévision ► **radiotelevisão**

radiothérapie *nf* Traitement médical par les rayons X ▸ **radioterapia**
radis *nm* Plante potagère cultivée pour sa racine comestible; racine de cette plante ▸ **rabanete** ▪ FAM **n'avoir plus un radis:** ne pas avoir d'argent ▸ **não ter nem um tostão**
radium [radjɔm] *nm* Élément métallique radioactif; symb: Ra ▸ **rádio**
radius [radjys] *nm* Le plus externe des deux os de l'avant-bras ▸ **rádio**
radotage *nm* Action de radoter; propos de quelqu'un qui radote ▸ **tresvario, repisamento**
radoter *vi* Tenir des propos dénués de sens; se répéter ▸ **tresvariar, repisar**
radoteur, euse *n* Personne qui radote ▸ **tresvariado, martelador**
radoub [radu] *nm* MAR Réparation de la coque d'un navire ▸ **reparação do casco** ▪ **bassin, cale de radoub:** bassin pour les réparations des navires ▸ **dique seco**
radouber *vt* Réparer un navire ▸ **radobar**
radoucir *vt* Rendre plus doux, plus conciliant ▸ **abrandar** ◆ **se radoucir** *vpr* Devenir plus doux: *le temps se radoucit* ▸ **acalmar, melhorar**
radoucissement *nm* Fait de se radoucir ▸ **abrandamento**
rafale *nf* **1** Coup de vent violent ▸ **rajada de vento 2** Succession rapide de coups de feu ▸ **rajada**
raffermir *vt* Rendre plus ferme, plus stable: *raffermir les gencives* ▸ **fortalecer** ◆ **se raffermir** *vpr* **1** Devenir plus stable: *le temps se raffermit* ▸ **firmar-se 2** SOUT Retrouver son assurance ▸ **fortalecer-se**
raffermissement *nm* Fait de se raffermir ▸ **fortalecimento**
raffinage *nm* Action de raffiner le sucre, le pétrole, etc. ▸ **refinação**
raffiné, e *adj* **1** Débarrassé de ses impuretés: *sucre raffiné* ▸ **refinado 2** Délicat, fin, subtil ▸ **refinado** ◆ *adj et n* D'une grande finesse et délicatesse de goût, d'esprit ▸ **refinado**
raffinement *nm* **1** Caractère d'une personne ou d'une chose raffinée, délicate ▸ **refinamento 2** Subtilité excessive ▸ **requinte**
raffiner *vt* **1** Rendre plus fin, plus pur ▸ **refinar 2** LITT Rendre plus subtil, plus délicat ▸ **refinar, requintar** ◆ *vi* Chercher des subtilités: *inutile de raffiner!* ▸ **requintar**
raffinerie *nf* Usine où l'on effectue le raffinage ▸ **refinaria**
raffoler *vt ind* [de] FAM Aimer beaucoup, être passionné par: *raffoler de musique* ▸ **ser louco**
raffut *nm* FAM Vacarme, bruit ▸ **algazarra**
rafiot *nm* FAM Petit bateau, navire qui ne tient pas la mer ▸ **barquinho**
rafistolage *nm* FAM Réparation grossière ▸ **remendo**
rafistoler *vt* FAM Raccommoder, réparer tant bien que mal ▸ **remendar**
rafle *nf* **1** Action de rafler, de tout emporter ▸ **saque 2** Arrestation massive faite à l'improviste par la police ▸ **batida policial, *blitz***
rafler *vt* FAM Emporter rapidement tout ce que l'on trouve ▸ **saquear, limpar**
rafraîchir *vt* **1** Rendre frais ou plus frais ▸ **refrescar 2** Réparer, remettre en état: *rafraîchir des peintures* ▸ **restaurar, reformar 3** FIG, FAM raviver, activer: *rafraîchir la mémoire* ▸ **refrescar** ▪ **rafraîchir les cheveux:** les couper légèrement ▸ **aparar o cabelo** ◆ *vi* Devenir frais: *on a mis le vin à rafraîchir* ▸ **esfriar** ◆ **se rafraîchir** *vpr* **1** Devenir plus frais ▸ **refrescar-se 2** Boire une boisson rafraîchissante, se désaltérer ▸ **matar a sede**
rafraîchissant, e *adj* **1** Qui donne de la fraîcheur: *brise rafraîchissante* ▸ **refrescante 2** Qui désaltère: *boisson rafraîchissante* ▸ **refrigerante**
rafraîchissement *nm* **1** Action de rendre ou fait de devenir plus frais: *rafraîchissement des températures* ▸ **refrescamento 2** Action de réparer, de rajeunir: *le rafraîchissement d'un mobilier* ▸ **reforma 3** Boisson fraîche servie dans une fête, une réunion, etc. ▸ **refresco**
raft ou **rafting** *nm* Radeau pneumatique utilisé pour le rafting ▸ **bote de *rafting***
rafting *nm* Sport consistant à descendre en raft des cours d'eau coupés de rapides ▸ ***rafting***
ragaillardir *vt* FAM Redonner des forces, de la gaieté ▸ **reanimar**
rage *nf* **1** Maladie virale, transmissible des animaux à l'homme ▸ **raiva 2** FIG Mouvement violent de colère, d'irritation ▸ **raiva** ▪ **faire rage:** se déchaîner, atteindre une grande violence ▸ **causar estragos** ▫ **rage de dents:** douleur violente provoquée par un mal de dents ▸ **dor de dente**
rageant, e *adj* FAM Qui fait rager, qui met en colère ▸ **enraivecedor**
rager *vi (conj 2)* FAM Être vivement irrité ▸ **enraivecer-se**
rageur, euse *adj* Sujet à des accès de colère; qui dénote cet état: *ton rageur* ▸ **raivoso**
rageusement *adv* Avec rage ▸ **raivosamente**
raglan *nm et adj inv* Vêtement dont les manches droites sont rattachées par des coutures en biais ▸ **raglã**
ragondin *nm* Mammifère rongeur de l'Amérique du Sud ▸ **ratão-do-banhado**

ragot *nm* FAM Commérage malveillant ▸ **mexerico**

ragoût *nm* Plat de viande, de légumes ou de poisson, coupés en morceaux et cuits dans une sauce: *ragoût de mouton* ▸ **ragu**

ragoûtant, e *adj* (surtout négativement) Appétissant: *mets peu ragoûtants* ▸ **apetitoso**

ragtime [ragtajm] *nm* Style musical très syncopé, qui fut une des sources du jazz ▸ ***ragtime***

rahat-loukoum *nm* → **loukoum**

rai *nm* LITT Rayon: *rai de lumière* ▸ **raio**

raï [raj] *nm inv* Style de musique populaire contemporaine née en Algérie ▸ ***raï***

raid [rɛd] *nm* **1** Incursion rapide en territoire ennemi ▸ **reide 2** Vol à longue distance destiné à tester la résistance du matériel et l'endurance des hommes ▸ **reide**

raide *adj* **1** Rigide, difficile à plier: *jambe raide* ▸ **rígido 2** Difficile à monter ou à descendre: *escalier raide* ▸ **íngreme 3** Sans souplesse, sans grâce: *attitude raide* ▸ **rígido 4** FIG Peu accommodant; inflexible: *caractère raide* ▸ **rígido** ♦ *adv* Tout d'un coup: *tomber raide mort* ▸ **bruscamente**

raider [rɛdɛr] *nm* (anglicisme) Boursier qui cherche systématiquement à prendre le contrôle de sociétés en rachetant leurs titres ▸ **predador**

raideur *nf* **1** État d'une chose raide: *raideur du bras* ▸ **rigidez 2** Manque de souplesse: *danser avec raideur* ▸ **rigidez**

raidillon *nm* Petit chemin ou partie de chemin en pente raide ▸ **ladeira**

raidir *vt* Rendre raide, tendre avec force ▸ **retesar** ♦ **se raidir** *vpr* **1** Devenir raide ▸ **retesar-se 2** FIG Résister en rassemblant son courage: *se raidir contre les difficultés* ▸ **resistir**

raidissement *nm* **1** Action de raidir; fait de se raidir ▸ **retesamento 2** Tension entre deux groupes, deux partis ▸ **tensão**

raie[1] *nf* **1** Ligne tracée sur une surface avec une substance colorante ou un instrument ▸ **risco, traço 2** Ligne ou bande étroite quelconque ▸ **linha 3** Séparation des cheveux ▸ **risca**

raie[2] *nf* Poisson de mer plat et cartilagineux ▸ **raia**

raifort *nm* Plante cultivée pour sa racine, que l'on utilise comme condiment ▸ **raiz-forte**

rail [raj] *nm* **1** Barre d'acier servant à supporter et à guider les roues d'un train ▸ **trilho 2** Transport par voie ferrée: *le rail et la route* ▸ **ferrovia**

railler *vt* Tourner en dérision, se moquer, ridiculiser ▸ **troçar**

raillerie *nf* Action de railler; plaisanterie moqueuse ▸ **troça**

railleur, euse *adj et n* Porté à la raillerie; moqueur: *ton railleur* ▸ **trocista**

rainer *vt* TECHN Creuser d'une rainure: *rainer une planche* ▸ **ranhurar**

rainette *nf* Petite grenouille verte arboricole: *la rainette ne va dans l'eau que pour pondre* ▸ **perereca, raineta**

ORTHOGRAPHE *Rainette*, la petite grenouille, s'écrit avec *ai*, alors que la pomme, *reinette*, s'écrit avec *ei*

rainurage *nm* Ensemble de rainures creusées sur certaines chaussées pour les rendre moins glissantes aux véhicules ▸ ***grooving*, ranhuragem**

rainure *nf* Entaille longue et étroite ▸ **ranhura**

raiponce *nf* Campanule dont la racine et les feuilles se mangent en salade ▸ **rapôncio**

raire *vi* → **réer**

raïs [rais] *nm* Chef de l'État, dans les pays arabes (surtout en Égypte) ▸ ***raïs***

raisin *nm* **1** Fruit de la vigne ▸ **uva 2** Format de papier (50 x 64 cm) ▸ **formato 50 x 64 cm** ■ **raisins secs:** grains de raisin après dessiccation ▸ **uva-passa**

raisiné *nm* Confiture faite avec du jus de raisin et d'autres fruits ▸ **arrobe**

raison *nf* **1** Faculté de connaître, de juger ▸ **razão 2** Faculté intellectuelle opposée à l'intuition, aux sentiments: *se laisser guider par la raison* ▸ **razão 3** Ce qui explique un acte, un fait; motif, argument: *raison convaincante; avoir ses raisons* ▸ **razão** ■ **âge de raison:** où l'on est censé avoir conscience de ses actes ▸ **idade da razão** □ **à raison de: (a)** sur la base de ▸ **à razão de (b)** à proportion de ▸ **à razão de** □ **avoir raison:** être dans le vrai ▸ **ter razão** □ **comme de raison:** comme il est juste ▸ **como é justo** □ **demander raison:** demander réparation ▸ **tirar satisfação** □ **faire entendre raison à quelqu'un:** l'amener à une attitude plus raisonnable ▸ **trazer alguém à razão** □ **perdre la raison:** devenir fou ▸ **perder o juízo** □ **plus que de raison:** plus qu'il n'est raisonnable ▸ **mais do que razoável** □ **raison sociale:** nom adopté par une société commerciale ▸ **razão social** □ **se faire une raison:** se résigner ▸ **resignar-se**

ORTHOGRAPHE On écrit *avec raison*, *non sans raison*, au singulier. On dit *pour raison de santé* (mais *pour cause de maladie*)

raisonnable *adj* **1** Doué de raison ▸ **racional 2** Conforme à la raison, à la sagesse ▸ **razoável 3** Convenable, suffisant ▸ **razoável**

raisonnablement *adv* De manière raisonnable ▸ **racionalmente, razoavelmente**

raisonnement *nm* **1** Faculté, manière de raisonner: *raisonnement bien fondé* ▸ **raciocínio 2** Suite de propositions déduites les unes des autres; argumentation ▸ **raciocínio**

raisonner *vi* **1** Se servir de sa raison pour connaître, pour juger: *raisonner juste* ▸ **raciocinar 2** Discuter afin de convaincre ▸ **argumentar 3** Alléguer des raisons, répliquer ▸ **argumentar** ◆ *vt* Chercher à faire entendre raison à quelqu'un, à le convaincre: *raisonner un enfant* ▸ **chamar à razão**

raisonneur, euse *adj et n* Qui raisonne sur tout, qui aime à discuter, à s'opposer ▸ **argumentador**

raja ou **rajah** ou **radjah** *nm* Roi, dans les pays hindous ▸ **rajá**

rajeunir *vt* **1** Ramener à l'état de jeunesse ▸ **rejuvenescer 2** Faire paraître plus jeune: *coiffure qui rajeunit* ▸ **rejuvenescer 3** Abaisser l'âge moyen d'un groupe en y incluant des éléments jeunes ▸ **rejuvenescer, renovar** ◆ *vi* Retrouver la vigueur de la jeunesse ▸ **rejuvenescer** ◆ **se rajeunir** *vpr* Se prétendre plus jeune qu'on ne l'est ▸ **querer parecer mais novo, mentir a idade**

rajeunissement *nm* Fait de rajeunir ▸ **rejuvenescimento**

rajout *nm* Action de rajouter; chose rajoutée ▸ **acrescentamento, acréscimo**

rajouter *vt* Ajouter de nouveau ▸ **acrescentar** ■ FAM **en rajouter:** exagérer, ajouter à la vérité ▸ **exagerar**

rajustement ou **réajustement** *nm* Action de rajuster; nouvel ajustement: *un rajustement de salaire* ▸ **reajuste**

rajuster ou **réajuster** *vt* **1** Ajuster de nouveau; remettre en ordre: *rajuster sa cravate* ▸ **reajustar, ajustar 2** FIG Modifier, relever: *rajuster les prix* ▸ **reajustar**

râle[1] *nm* Oiseau échassier recherché comme gibier ▸ **saracura**

râle[2] *nm* **1** Bruit anormal perçu à l'auscultation des poumons ▸ **chiado, ralo 2** Respiration des agonisants ▸ **estertor**

ralenti *nm* **1** Faible régime de rotation d'un moteur ▸ **marcha lenta 2** CIN Artifice de prise de vues, donnant l'illusion de mouvements plus lents que dans la réalité ▸ **câmera lenta** ■ **au ralenti:** en diminuant la vitesse, l'énergie, le rythme ▸ **devagar**

ralentir *vt* Rendre plus lent ou moins intense ▸ **desacelerar** ◆ *vi* Aller plus lentement ▸ **desacelerar**

ralentissement *nm* Diminution de mouvement, de vitesse, d'activité ▸ **desaceleração**

ralentisseur *nm* Dos-d'âne artificiel, destiné à contraindre les véhicules à ralentir ▸ **lombada, sonorizador**

râler *vi* **1** Faire entendre un bruit rauque en respirant, en particulier au moment de l'agonie ▸ **estertorar 2** FAM Grogner, protester ▸ **resmungar**

râleur, euse *adj et n* FAM Qui râle, proteste à tout propos ▸ **resmungão**

ralingue *nf* MAR Cordage cousu à une voile pour la renforcer ▸ **relinga**

ralliement *nm* Fait de se rallier ▸ **reunião** ■ **point de ralliement:** lieu où des personnes doivent se retrouver ▸ **local de concentração**

rallier *vt* **1** Rassembler, réunir des personnes dispersées: *rallier ses troupes* ▸ **reunir 2** Rejoindre: *rallier son poste* ▸ **juntar-se a, alcançar 3** FIG Faire adhérer à une cause, à une opinion: *elle a rallié les opposants* ▸ **aliar-se a 4** Mettre d'accord: *solution qui rallie tous les suffrages* ▸ **congregar** ◆ **se rallier** *vpr* [à] Se joindre, donner son adhésion à: *se rallier à un parti* ▸ **aliar-se a, juntar-se a**

rallonge *nf* **1** Pièce mobile qu'on ajoute à un objet pour en augmenter la longueur: *table à rallonges* ▸ **extensão, prolongamento 2** CANADA Annexe, aile ajoutée à un bâtiment pour l'agrandir ▸ **puxada 3** Conducteur souple permettant le raccordement d'un appareil électrique à une prise de courant trop éloignée ▸ **extensão 4** FAM Augmentation, accroissement d'un salaire, d'un crédit, etc. ▸ **aumento**

rallongement *nm* Action de rallonger; son résultat ▸ **extensão, alongamento**

rallonger *vt (conj 2)* Rendre plus long: *rallonger un manteau* ▸ **alongar** ◆ *vi* Devenir plus long: *au printemps, les jours rallongent* ▸ **alongar**

rallumer *vt* **1** Allumer de nouveau ▸ **reacender 2** FIG Donner une nouvelle ardeur, raviver ▸ **reanimar**

rallye *nm* **1** Compétition où les concurrents motorisés doivent rallier un point déterminé après certaines épreuves ▸ **rali 2** Course automobile comportant des épreuves chronométrées sur routes fermées: *rallye Monte-Carlo* ▸ **rali**

RAM [ram] *nf* (sigle de *random access memory*) INFORM Mémoire vive ▸ ***RAM***

ramadan *nm* Neuvième mois lunaire du calendrier islamique, période de jeûne et de privations du lever au coucher du soleil ▸ **ramadã**

ramage *nm* **1** Chant des oiseaux ▸ **gorjeio 2** (surtout au pluriel) Motif de broderie formant arabesque ▸ **ramagem**

ramassage *nm* Action de ramasser ▸ **recolha** ■ **ramassage scolaire:** transport d'écoliers de leur domicile à leur école et vice versa ▸ **transporte escolar**

ramasse *nf* FAM ▪ **être à la ramasse:** être totalement dépassé; être épuisé ou en piteux état: *après le match, j'étais à la ramasse* ► **estar acabado**

ramassé, e *adj* **1** Dense et concis: *texte ramassé* ► **condensado 2** Trapu ► **atarracado**

ramasse-miettes *nm inv* Ustensile pour ramasser les miettes laissées sur une table ► **apanhadeira**

ramasser *vt* **1** Rassembler ce qui est épars: *ramasser du bois mort* ► **juntar 2** Relever ce qui est à terre, recueillir ► **recolher 3** Condenser, résumer: *une expression ramassée* ► **condensar 4** FAM Recevoir, attraper: *ramasser une gifle* ► **levar, receber** ▪ **ramasser ses forces:** les réunir pour un effort ► **reunir suas forças** □ FAM **se faire ramasser: (a)** se faire brutalement réprimander ► **levar uma bronca (b)** subir un échec ► **fracassar**

ramasseur, euse *n* Personne qui ramasse quelque chose par terre: *ramasseur de balles* ► **apanhador, catador**

ramassis *nm* Réunion de choses de peu de valeur, de personnes peu estimables ► **amontoado, corja**

rambarde *nf* Rampe légère formant un garde-fou ► **balaustrada**

ramdam [ramdam] *nm* FAM Vacarme, remue-ménage ► **barulheira**

rame[1] *nf* Perche servant de tuteur aux plantes grimpantes ► **empa**

rame[2] *nf* Pièce de bois aplatie à une extrémité utilisée pour faire avancer et diriger une barque ► **remo**

rame[3] *nf* **1** Réunion de cinq cents feuilles de papier ► **resma 2** Convoi de wagons: *rame de métro* ► **composição**

rameau *nm* **1** Petite branche d'arbre ► **ramo 2** Subdivision d'une artère, d'une veine, d'un nerf, d'une chose qui se partage ► **ramo** ▪ **dimanche des Rameaux:** dernier dimanche du carême ► **domingo de Ramos**

ramée *nf* VX, LITT Branches coupées avec leurs feuilles vertes ► **rama**

ramener *vt (conj 9)* **1** Amener de nouveau dans un endroit ► **reconduzir 2** Reconduire, raccompagner ► **reconduzir 3** Remettre en place, dans une certaine position: *ramener ses cheveux sur son front* ► **recolocar 4** FIG Faire revenir à un certain état: *ramener à la raison; ramener la paix* ► **restabelecer 5** Diminuer la valeur de: *ramener les prix à un niveau plus bas* ► **diminuir** ▪ FAM **la ramener: (a)** faire l'important ► **bancar o importante (b)** intervenir dans la conversation ► **intrometer-se** □ FAM **ramener sa fraise: (a)** faire l'important ► **bancar o importante (b)** venir ► **vir**

ramequin *nm* Récipient en porcelaine ou en verre résistants, utilisé pour la cuisson au four ► **pirex**

ramer[1] *vt* Soutenir des plantes grimpantes avec des rames ► **empar**

ramer[2] *vi* **1** Manœuvrer les rames pour faire avancer une embarcation ► **remar 2** FIG, FAM avoir beaucoup de mal à faire quelque chose ► **ralar**

ramette *nf* **1** Paquet de 125 feuilles de papier ► **pacote com 125 folhas de papel 2** IMPR Rame de papier de petit format ► **rama pequena**

rameur, euse *n* Personne qui rame ► **remador**

rameuter *vt* Rassembler, regrouper ► **juntar**

rami *nm* Jeu de cartes, de 2 à 5 joueurs, dans lequel le but est d'étaler son jeu selon des combinaisons données ► ***rummy*, pontinho**

ramier *nm* Pigeon sauvage ► **pombo-torcaz**

ramification *nf* **1** Division d'une branche de végétal, d'une artère, d'une veine, etc., en parties plus petites ► **ramificação 2** FIG Subdivision de ce qui se partage dans des directions différentes, souvent secondaires: *des ramifications de la mafia* ► **ramificação**

ramifier (se) *vpr* Se partager en plusieurs branches; se diviser et se subdiviser ► **ramificar-se**

ramilles *nf pl* Petits rameaux ► **raminho**

ramolli, e *adj et n* FAM Dont les facultés intellectuelles sont faibles, lentes ► **pateta**

ramollir *vt* Rendre mou ► **amolecer** ♦ **se ramollir** *vpr* **1** Devenir mou ► **amolecer 2** FAM Perdre peu à peu ses facultés mentales ► **apatetar-se**

ramollissement *nm* **1** État de ce qui est ramolli ► **amolecimento 2** MÉD Altération de certains organes qui se ramollissent ► **amolecimento**

ramonage *nm* Action de ramoner ► **limpeza de chaminé**

ramoner *vt* Nettoyer l'intérieur d'une cheminée ► **limpar chaminé**

ramoneur *nm* Personne dont le métier est de ramoner les cheminées ► **limpa-chaminés**

rampant, e *adj* **1** Qui rampe ► **rastejante 2** FIG Servile, bassement soumis: *caractère rampant* ► **rastejante 3** ARCHIT Qui va en pente: *arc rampant* ► **inclinado** ♦ *nm* FAM Membre du personnel au sol, dans l'aviation ► **membro do pessoal de terra**

rampe *nf* **1** Balustrade qui longe un escalier pour empêcher de tomber et pour servir d'appui ► **corrimão 2** Plan incliné par lequel on monte et on descend ► **rampa 3** THÉÂTRE Rangée de lumières sur le devant de la scène ► **ribalta** ■ **passer la rampe:** toucher le public ► **tocar, comover o público** □ **rampe de lancement:** dispositif destiné au lancement de certains projectiles autopropulsés, missiles, etc. ► **rampa de lançamento**

ramper *vi* **1** Progresser par des mouvements du corps qui prend appui par sa face ventrale ou inférieure, en parlant de certains animaux ► **rastejar** **2** Avancer en se traînant sur le ventre, en parlant de quelqu'un ► **rastejar** **3** FIG S'abaisser, se soumettre: *ramper devant un supérieur* ► **rastejar**

ramure *nf* **1** Ensemble des branches et des rameaux d'un arbre ► **rama** **2** Bois du cerf, du daim ► **galhada**

rancard ou **rencard** *nm* **1** FAM Rendez-vous ► **encontro** **2** ARG Renseignement ► **informação confidencial**

rancarder ou **rencarder** *vt* **1** FAM Donner rendez-vous ► **marcar encontro** **2** ARG Renseigner ► **informar**

rancart *nm* ■ FAM **mettre, jeter au rancart:** mettre à l'écart, jeter ► **jogar fora**

rance *adj* Se dit d'un corps gras qui a contracté une odeur forte et une saveur âcre: *beurre rance* ► **rançoso** ♦ *nm* Odeur rance ► **ranço**

ranch [rɑ̃ʃ] ou [rɑ̃tʃ] (pl *ranchs* ou *ranches*) *nm* Grande ferme d'élevage aux États-Unis ► **rancho**

rancir *vi* Devenir rance ► **rançar**

rancissement *nm* État de ce qui est rance ► **rancidez**

rancœur *nf* Rancune, ressentiment, amertume ► **rancor**

rançon *nf* **1** Somme d'argent exigée pour la libération d'un otage, d'un captif ► **resgate** **2** FIG Contrepartie, inconvénient: *la rançon de la gloire* ► **preço**

rançonner *vt* Exiger de force ce qui n'est pas dû ► **extorquir**

rancune *nf* Ressentiment tenace ► **rancor** ■ FAM **sans rancune!:** formule de réconciliation ► **sem ressentimentos!**

rancunier, ère *adj et n* Qui garde rancune ► **rancoroso**

randomiser *vt* STAT Introduire un élément aléatoire dans un calcul ou un raisonnement ► **randomizar**

randonnée *nf* Promenade assez longue à pied, à cheval, à skis, etc. ► **passeio, caminhada**

randonneur, euse *n* Personne qui fait une randonnée ► **excursionista, caminhante**

rang *nm* **1** Suite de personnes ou de choses disposées sur une même ligne: *rang de spectateurs*: *rang de perles*: *les mailles d'un rang de tricot* ► **fileira, carreira** **2** Place, position dans un classement ordonné ou hiérarchisé ► **posição** ■ **au rang de:** au nombre de, parmi ► **entre** □ **être, se mettre sur les rangs:** parmi ceux qui sollicitent quelque chose ► **postular** □ **rentrer dans le rang:** renoncer à ses prérogatives ► **resignar-se** □ **sortir du rang:** en parlant d'un officier, avoir gagné ses galons sans être passé par une école militaire ► **ser promovido**

rangé, e *adj* Qui mène une vie régulière ► **ordeiro** ■ **bataille rangée:** rixe généralisée ► **batalha campal**

rangée *nf* Suite de personnes, de choses disposées sur une ligne ► **fileira**

rangement *nm* **1** Action de ranger ► **enfileiramento, ordenação** **2** Endroit où l'on range ► **depósito, armário**

ranger[1] *vt (conj 2)* **1** Mettre en rang ► **enfileirar** **2** Mettre en ordre ► **ordenar, arrumar** ♦ **se ranger** *vpr* **1** Se placer en ordre, en rang ► **enfileirar-se** **2** S'écarter pour faire de la place ► **afastar-se** **3** FAM S'assagir ► **ajuizar-se** ■ FIG **se ranger à un avis:** l'adopter ► **adotar a opinião**

ranger[2] [rɑ̃dʒr] *nm* Aux États-Unis, garde dans un parc national ► **guarda-florestal**

rangers [rɑ̃dʒrs] *nm pl* (anglicisme) Gros brodequins en cuir pourvus d'une courte guêtre ► **coturno**

ranidé *nm* Batracien (les ranidés forment une famille qui comprend les grenouilles) ► **ranídeo**

ranimer *vt* **1** Faire revenir à soi, à la vie; réanimer ► **reanimar** **2** Redonner de la force, de l'activité à: *ranimer le feu* ► **reanimar**

rap *nm* Musique soutenant un chant scandé sur un rythme très martelé ► ***rap***

rapace *nm* Oiseau de proie ► **rapace, ave de rapina** ♦ *adj* FIG, LITT Avide de gain, cupide: *usurier rapace* ► **rapace**

rapacité *nf* Avidité, cupidité ► **rapacidade**

rapatrié, e *n et adj* Personne ramenée dans sa patrie: *un convoi de rapatriés* ► **repatriado**

rapatriement *nm* Action de rapatrier ► **repatriação**

rapatrier *vt* Ramener dans son pays d'origine ► **repatriar**

râpe *nf* **1** Ustensile culinaire pour réduire en poudre, en petits morceaux ► **ralador** **2** Lime à grosses entailles ► **lima grossa** **3** SUISSE, FAM avare ► **pão-duro**

râpé, e *adj* **1** Pulvérisé, réduit en miettes: *gruyère râpé* ► **ralado** **2** Usé jusqu'à la corde: *vêtement râpé* ► **surrado** ■ FAM **c'est râpé:** c'est raté ► **já era** ♦ *nm* Fromage râpé ► **queijo ralado**

râper *vt* **1** Réduire en poudre, en petits morceaux avec une râpe ▸ **ralar 2** User une surface avec une râpe: *râper du bois* ▸ **limar**

rapetassage *nm* FAM Raccommodage grossier ▸ **remendo**

rapetasser *vt* FAM Raccommoder grossièrement ▸ **remendar**

rapetissement *nm* Action de rapetisser; son résultat ▸ **encolhimento, diminuição**

rapetisser *vt* Rendre ou faire paraître plus petit ▸ **encolher, diminuir** ◆ *vi* Devenir plus petit: *tissu qui rapetisse* ▸ **encolher, diminuir**

râpeux, euse *adj* **1** Rude au toucher: *langue râpeuse* ▸ **áspero 2** Qui a une saveur âpre: *vin râpeux* ▸ **áspero**

raphia *nm* Palmier fournissant une fibre très solide que l'on emploie en horticulture pour les ligatures et en vannerie; cette fibre ▸ **ráfia**

rapiat, e *adj* FAM Avare ▸ **muquirana**

rapide *adj* **1** Qui parcourt beaucoup d'espace en peu de temps ▸ **rápido 2** Qui agit vite, qui comprend facilement: *esprit rapide* ▸ **rápido 3** Qui s'accomplit très vite: *guérison rapide* ▸ **rápido 4** Où l'on circule rapidement: *voie rapide* ▸ **rápido, expresso 5** Très incliné: *pente rapide* ▸ **íngreme** ◆ *nm* **1** Partie d'un fleuve où le courant est très rapide ▸ **rápido 2** Train ne s'arrêtant qu'à quelques gares importantes ▸ **rápido**

rapidement *adv* Avec rapidité, vite ▸ **rapidamente**

rapidité *nf* Caractère de ce qui est rapide; célérité, vitesse ▸ **rapidez**

rapiècement ou **rapiéçage** *nm* Action de rapiécer ▸ **remendagem**

rapiécer *vt (conj 1 et 10)* Raccommoder au moyen d'une pièce ▸ **remendar**

rapière *nf* ANC Épée à longue lame ▸ **espadagão**

rapine *nf* LITT Vol, larcin ▸ **rapina**

raplapla *adj inv* FAM **1** Fatigué, déprimé ▸ **acabado 2** Très plat ou aplati ▸ **chato**

rapparier *vt* Réunir deux choses de façon à refaire une paire; réassortir ▸ **emparelhar**

rappel *nm* **1** Action de rappeler ▸ **chamamento, convocação 2** Procédé de descente d'une paroi verticale à l'aide d'une corde double ▸ **rapel 3** Action de rappeler à la mémoire: *rappel des consignes* ▸ **lembrança 4** Paiement d'une portion d'appointements demeurée en suspens ▸ **pagamento em atraso 5** Nouvelle injection d'un vaccin ▸ **reforço** ■ **battre le rappel:** rassembler, réunir les personnes, les ressources nécessaires ▸ **reunir** □ **rappel à l'ordre:** réprimande pour un acte interdit, une parole déplacée ▸ **chamamento à ordem**

rappelé, e *adj et n* Convoqué de nouveau sous les drapeaux ▸ **(soldado) reconvocado**

rappeler *vt* **1** Appeler de nouveau: *il vous rappellera ce soir* ▸ **telefonar de novo 2** Faire revenir: *rappeler le médecin: rappeler un ambassadeur* ▸ **chamar 3** Faire revenir à la mémoire: *rappeler un souvenir* ▸ **lembrar 4** Présenter une ressemblance avec: *il me rappelle sa mère* ▸ **lembrar** ■ **rappeler à l'ordre:** réprimander ▸ **chamar à ordem** □ **rappeler quelqu'un à la vie:** lui faire reprendre connaissance ▸ **fazer alguem voltar a si** ◆ **se rappeler** *vpr* Se souvenir: *se rappeler une chose: je me le rappelle* ▸ **lembrar-se**

GRAMMAIRE On dit *je me rappelle cet événement, je me le rappelle*, mais *je me souviens de cet événement, je m'en souviens*

rappeur, euse *n* Chanteur de rap ▸ **cantor de *rap***

rappliquer *vi* FAM Venir ou revenir dans un lieu ▸ **vir, voltar**

rapport *nm* **1** Revenu, produit: *rapport d'une terre: terre en plein rapport* ▸ **rendimento 2** Compte rendu: *rapport fidèle* ▸ **relatório, relato 3** Analogie: *rapports entre deux couleurs* ▸ **relação 4** Relation sexuelle ▸ **relação sexual 5** MATH Quotient de deux grandeurs divisées l'une par l'autre ▸ **razão** ■ **mettre en rapport:** en communication ▸ **colocar em contato** □ **par rapport à:** en comparaison avec ▸ **em comparação a** ◆ **rapports** *pl* Relations: *entretenir de bons rapports* ▸ **relações** ■ **sous tous (les) rapports:** à tous égards ▸ **sob todos os aspectos**

rapporter *vt* **1** Apporter de nouveau: *rapporter un livre* ▸ **devolver 2** Apporter avec soi en revenant d'un lieu: *rapporter des souvenirs* ▸ **trazer 3** Ajouter pour compléter: *rapporter un morceau à une planche* ▸ **acrescentar, completar 4** Procurer un gain, un bénéfice: *terre qui rapporte beaucoup de blé* ▸ **render, produzir 5** Raconter: *rapporter des faits* ▸ **relatar 6** Redire par malice, intérêt ou indiscrétion: *enfant qui rapporte tout* ▸ **contar, repetir 7** Faire un rapport pour un projet, une proposition de loi, etc. ▸ **relatar 8** DR Annuler: *rapporter un décret* ▸ **anular 9** Rattacher à une cause, attribuer: *rapporter tout à soi* ▸ **atribuir 10** Apporter un objet lancé, le gibier tué, en parlant d'un chien ▸ **apanhar** ◆ **se rapporter** *vpr* [à] Avoir rapport à ▸ **referir-se** ■ **s'en rapporter à quelqu'un:** s'en remettre à sa décision ▸ **confiar-se a alguém**

rapporteur, euse *n* Personne qui rapporte, répète ▸ **linguarudo** ◆ *nm* **1** Personne qui fait un rapport: *rapporteur du budget* ▸ **relator 2** Demi-cercle gradué, pour mesurer les angles ▸ **transferidor**

rapprendre ou **réapprendre** *vt* Apprendre de nouveau ▸ **reaprender**

rapprochement *nm* **1** Action de rapprocher ▸ **aproximação 2** Réconciliation: *rapprochement de deux nations* ▸ **aproximação 3** Comparaison: *rapprochement de textes* ▸ **comparação**

rapprocher *vt* **1** Mettre, faire venir plus près: *rapprocher deux planches disjointes* ▸ **aproximar 2** Rendre plus proche dans l'espace ou dans le temps: *rapprocher la date de la réunion* ▸ **aproximar 3** Réunir, réconcilier: *rapprocher deux personnes* ▸ **aproximar 4** Comparer: *rapprocher deux témoignages* ▸ **comparar ♦ se rapprocher** *vpr* **1** Venir plus près ▸ **aproximar-se 2** Avoir des relations plus étroites ▸ **aproximar-se 3** Avoir certaines ressemblances avec: *son style se rapproche de celui des plus grands* ▸ **aproximar-se**

rapprovisionner ou **réapprovisionner** *vt* Approvisionner de nouveau ▸ **reaprovisionar**

rapsode *nm* → **rhapsode**

rapsodie *nf* → **rhapsodie**

rapt [rapt] *nm* Enlèvement illégal d'une personne ▸ **rapto**

raquer *vt* FAM Payer ▸ **pagar**

raquette *nf* **1** Cadre ovale garni de cordes tendues et terminé par un manche, pour jouer au tennis, etc. ▸ **raquete 2** Lame de bois pour jouer au ping-pong ▸ **raquete 3** Large semelle pour marcher sur la neige molle ▸ **raquete**

rare *adj* **1** Qui se rencontre peu souvent: *une espèce, un mot rares* ▸ **raro 2** Peu fréquent: *de rares visites* ▸ **raro 3** Peu commun: *une rare énergie* ▸ **raro 4** Clairsemé: *cheveux rares* ▸ **ralo 5** FIG De grand mérite: *un homme rare* ▸ **raro**

raréfaction *nf* Fait de se raréfier ▸ **rarefação**

raréfier *vt* Rendre rare ▸ **rarear ♦ se raréfier** *vpr* devenir plus rare, moins dense, moins fréquent ▸ **rarefazer-se**

rarement *adv* Peu souvent ▸ **raramente**

rareté *nf* Caractère de ce qui est rare; LITT fait, chose rares ▸ **raridade**

rarissime *adj* Très rare ▸ **raríssimo**

ras, e *adj* **1** Coupé jusqu'à la racine: *cheveux ras* ▸ **rente, raso 2** Très court: *poil ras* ▸ **rente 3** Rempli: *mesure rase*; se dit d'un niveau atteint: *à ras bord* ▸ **cheio ▪ faire table rase:** négliger tout ce qui précède ▸ **fazer tábua rasa □ rase campagne:** pays plat et découvert ▸ **(campo) raso ♦** *adv* De très près: *couper ras* ▸ **rente ♦** *nm* **▪ à, au ras de:** au niveau de, au plus près de ▸ **rente a ♦ ras du cou** ou **ras-du-cou** *adj inv et nm inv* Se dit d'un vêtement dont l'encolure se situe à la naissance du cou ▸ **com gola careca**

RAS (sigle) Rien à signaler ▸ **Ø**

rasade *nf* Contenu d'un verre plein jusqu'au bord ▸ **copo cheio**

rasage *nm* Action de raser, de se raser ▸ **barbeação, demolição**

rasant, e *adj* **1** Qui rase: *tir rasant* ▸ **rasante 2** FAM ennuyeux: *livre rasant* ▸ **enfadonho**

rascasse *nf* Poisson de la Méditerranée couvert d'épines, à chair très estimée ▸ **rascasso**

rase-mottes *nm inv* ▸ **rasante ▪ vol en rase-mottes:** effectué très près du sol ▸ **(voo) rasante**

raser *vt* **1** Couper au rasoir la barbe, les cheveux ▸ **barbear 2** Abattre à ras de terre: *raser un édifice* ▸ **demolir 3** Passer tout près; effleurer: *raser les murs* ▸ **rasar 4** FAM Importuner, ennuyer ▸ **enfadar ♦ se raser** *vpr* **1** Se couper la barbe, les poils ▸ **barbear-se 2** FAM S'ennuyer ▸ **enfadar-se**

raseur, euse *n* FAM Personne ennuyeuse ▸ **chato**

ras-le-bol *nm inv* FAM Fait d'être excédé, exaspération ▸ **saco cheio**

rasoir *nm* Instrument tranchant dont on se sert pour raser, se raser: *rasoir mécanique, électrique* ▸ **barbeador ♦** *adj* FAM Ennuyeux: *film rasoir* ▸ **chato**

rassasiement *nm* LITT État de satiété ▸ **saciedade**

rassasier *vt* **1** Apaiser, contenter la faim ▸ **saciar 2** Satisfaire complètement les désirs, les passions ▸ **saciar**

rassemblement *nm* **1** Action de rassembler ▸ **agrupamento 2** Attroupement: *interdire les rassemblements* ▸ **aglomeração 3** Union de groupements politiques ▸ **aliança**

rassembler *vt* **1** Réunir, mettre ensemble des personnes ou des choses ▸ **agrupar, reunir 2** FIG Concentrer: *rassembler ses idées* ▸ **congregar ♦ se rassembler** *vpr* Se réunir, se grouper ▸ **reunir-se**

rassembleur, euse *adj et n* Qui rassemble, réunit ▸ **unificador**

rasseoir *vt (conj 44)* Asseoir de nouveau ▸ **reassentar ♦ se rasseoir** *vpr* S'asseoir de nouveau ▸ **sentar-se de novo**

rasséréner *vt (conj 10)* Rendre la sérénité, le calme à: *cette bonne nouvelle l'a rasséréné* ▸ **acalmar ♦ se rasséréner** *vpr* Retrouver son calme ▸ **acalmar-se**

rassir *vi* (auxil: *avoir* ou *être*) Devenir rassis, en parlant d'un aliment ▸ **endurecer, passar**

rassis, e *adj* ▸ **passado, calmo ▪ pain rassis:** qui n'est plus frais ▸ **pão dormido □** FIG **esprit rassis:** calme, posé, réfléchi ▸ **pessoa ponderada**

rassortiment *nm* → **réassortiment**
rassortir *vt* → **réassortir**
rassurant, e *adj* Qui rassure ▸ **tranquilizante**
rassurer *vt* Rendre la confiance, la tranquillité; dissiper les craintes ▸ **tranquilizar**
rasta ou **rastafari** *adj inv et n* Se dit d'un mouvement mystique, politique et culturel propre aux Noirs de la Jamaïque et des Antilles anglophones; qui en est partisan ▸ **rasta, rastafári**
rat *nm* **1** Petit mammifère rongeur très nuisible ▸ **rato 2** FIG Jeune danseur ou danseuse de l'Opéra ▸ **bailarino principiante** ▪ FAM **être fait comme un rat:** être pris, dupé ▸ **cair na ratoeira** ▫ FAM **rat de bibliothèque:** personne qui passe son temps à consulter des livres ▸ **rato de biblioteca** ▫ **rat d'égout:** surmulot ▸ **ratazana** ▫ **rat d'hôtel:** voleur qui dévalise les hôtels ▸ **rato de hotel** ▫ **rat musqué:** ondatra ▸ **ondatra**
ratafia *nm* Liqueur d'eau-de-vie et de fruits ▸ **ratafia**
ratage *nm* Échec ▸ **fracasso**
ratatiné, e *adj* Flétri, ridé: *des pommes ratatinées* ▸ **enrugado**
ratatiner (se) *vpr* Se tasser, se recroqueviller ▸ **encolher-se**
ratatouille *nf* Mélange d'aubergines, de courgettes, d'oignons, de poivrons et de tomates, cuits dans l'huile d'olive ▸ ***ratatouille***
rate[1] *nf* Glande située en arrière de l'estomac ▸ **baço** ▪ FAM **dilater la rate:** faire rire ▸ **desopilar o fígado**
rate[2] *nf* Rat femelle ▸ **rata**
raté[1] *nm* **1** Fonctionnement défectueux de quelque chose ▸ **falha 2** Légère détonation qui se produit à l'échappement d'un moteur à explosion lorsque l'allumage est défectueux ▸ **estouro**
raté[2], e *n et adj* FAM Personne qui n'a pas réussi dans sa vie, dans sa carrière: *un poète raté* ▸ **fracassado**
râteau *nm* Instrument de jardinage à long manche muni de dents ▸ **rastelo**
râteler *vt (conj 6)* Ramasser avec le râteau: *râteler le foin* ▸ **rastelar**
râtelier *nm* **1** Assemblage à claire-voie de barres de bois pour mettre le fourrage qu'on donne aux animaux ▸ **manjedoura 2** FAM Dentier ▸ **dentadura** ▪ FAM **manger à tous les râteliers:** servir avec profit deux causes opposées ▸ **jogar em dois times**
rater *vi* **1** Ne pas partir, en parlant du coup d'une arme à feu ▸ **falhar 2** FIG Échouer ▸ **fracassar, falhar** ◆ *vt* Manquer: *rater un lièvre; rater un train, un rendez-vous* ▸ **perder** ▪ FIG **ne pas en rater une:** commettre toutes les gaffes possibles ▸ **não dar uma dentro**
ratiboiser *vt* FAM **1** Couper ras les cheveux de quelqu'un ▸ **cortar curto 2** Ruiner, détruire: *si vous ne me prêtez pas cet argent, je suis ratiboisé* ▸ **arruinar**
ratière *nf* Petit piège à rats ▸ **ratoeira**
ratification *nf* Action de ratifier; acte qui ratifie ▸ **ratificação**
ratifier *vt* **1** DR Confirmer ce qui a été fait ou promis: *le gouvernement a ratifié l'accord* ▸ **ratificar 2** LITT Approuver, reconnaître comme vrai ▸ **ratificar**
ratine *nf* Étoffe de laine au poil tiré et frisé ▸ **ratina**
ratio [rasjo] *nm* ÉCON Rapport, exprimé en pourcentage, entre deux grandeurs économiques ou financières ▸ **razão**
ratiociner [rasjɔsine] *vi* LITT Raisonner d'une façon subtile et pédante ▸ **raciocinar**
ration *nf* **1** Quantité de nourriture donnée à un homme, à un animal, pour une durée déterminée: *ration quotidienne* ▸ **ração 2** FAM Ce qui est donné par le sort à quelqu'un; lot ▸ **quinhão**
rationalisation *nf* Action de rationaliser ▸ **racionalização**
rationaliser *vt* **1** Rendre rationnel: *rationaliser l'alimentation* ▸ **racionalizar 2** Organiser une production, une technique, etc., de façon à les rendre plus efficaces, plus rentables: *rationaliser une fabrication* ▸ **racionalizar**
rationalisme *nm* Philosophie fondée sur la raison: *le rationalisme cartésien* ▸ **racionalismo**
rationaliste *adj et n* Relatif au rationalisme; qui en est partisan ▸ **racionalista**
rationalité *nf* Caractère de ce qui est rationnel ▸ **racionalidade**
rationnel, elle *adj* **1** Fondé sur la raison; déduit par le raisonnement ▸ **racional 2** Conforme à la raison, à la logique, au bon sens ▸ **racional**
rationnellement *adv* De façon rationnelle ▸ **racionalmente**
rationnement *nm* Action de rationner ▸ **racionamento**
rationner *vt* Limiter des personnes en nourriture ou réduire la consommation de quelque chose: *rationner la population; rationner l'essence* ▸ **racionar**
ratissage *nm* Action de ratisser ▸ **limpeza, esquadrinhamento**
ratisser *vt* **1** Nettoyer avec un râteau ▸ **rastelar 2** Fouiller méthodiquement un lieu pour rechercher une ou plusieurs personnes: *ratisser un*

quartier ▸ **esquadrinhar** ◆ *vi* ▪ FAM **ratisser large:** chercher à rassembler le plus grand nombre de personnes ou de choses, sans véritable sélection ▸ **arrebanhar a rodo**

raton *nm* Petit rat ▸ **ratinho** ▪ **raton laveur:** mammifère carnassier d'Amérique ▸ **guaxinim**

ratonnade *nf* FAM, PÉJOR Expédition punitive de type raciste ▸ ***ratonnade***, **ataque racista**

rattachement *nm* Action de rattacher; son résultat ▸ **vínculo**

rattacher *vt* **1** Attacher de nouveau ▸ **reatar 2** Faire dépendre une chose d'une autre; établir un lien entre: *rattacher une commune à un département* ▸ **vincular** ◆ **se rattacher** *vpr* [à] Être lié à ▸ **vincular-se**

rattachiste *n et adj* BELGIQUE Partisan du rattachement à la France de tout ou partie des régions francophones de Belgique ▸ ***rattachiste***, **anexionista**

rattrapable *adj* Qui peut être rattrapé: *un retard rattrapable* ▸ **remediável**

rattrapage *nm* Action de rattraper, de se rattraper: *rattrapage d'une erreur; oral de rattrapage* ▸ **recuperação, correção**

rattraper *vt* **1** Attraper de nouveau ▸ **recuperar, pegar 2** Saisir pour empêcher de tomber ▸ **pegar 3** Rejoindre une personne, une chose qui a de l'avance: *partez! je vous rattrape!* ▸ **alcançar 4** Atténuer, compenser ▸ **recuperar, remediar** ◆ **se rattraper** *vpr* **1** Se retenir de justesse: *se rattraper à une branche* ▸ **agarrar-se 2** Combler une perte, un retard: *se rattraper au dernier trimestre* ▸ **recuperar-se 3** Corriger une erreur ▸ **corrigir-se**

raturage *nm* Action de raturer ▸ **rasura**

rature *nf* Trait tracé sur ce qu'on a écrit pour le rayer ▸ **rasura**

raturer *vt* Annuler par une rature: *raturer un mot* ▸ **rasurar**

rauque *adj* Rude, guttural: *voix rauque* ▸ **rouco**

ravage *nm* (surtout au pluriel) **1** Violent dommage, grand dégât: *ravages de la guerre* ▸ **devastação 2** FIG Effet désastreux: *ravages de l'alcoolisme* ▸ **estrago** ▪ FAM **faire des ravages:** provoquer des passions amoureuses ▸ **arrasar corações**

ravager *vt (conj 2)* Causer des destructions: *ravager un vignoble*; LITT troubler: *amour qui ravage* ▸ **devastar**

ravageur, euse *adj et n* Qui ravage: *sanglier ravageur de cultures; sourire ravageur* ▸ **devastador**

ravalement *nm* Remise à neuf de la façade d'une construction, d'un immeuble ▸ **recuperação da fachada**

ravaler *vt* **1** Avaler de nouveau: *ravaler sa salive* ▸ **tornar a engolir 2** Se retenir de manifester: *ravaler sa colère* ▸ **engolir 3** Faire le ravalement de ▸ **recuperar a fachada 4** FIG Déprécier: *ravaler le mérite d'autrui* ▸ **rebaixar**

ravaleur *nm* Ouvrier qui effectue un ravalement ▸ **recuperador de fachada**

ravaudage *nm* VX Raccommodage ▸ **remendo**

ravauder *vt* VX Raccommoder à l'aiguille ▸ **remendar**

rave[1] *nf* Plante potagère, voisine du navet ▸ **rábano**

rave[2] [rɛv] *nf* Rassemblement dansant d'amateurs de techno ▸ ***rave***

ravenelle *nf* **1** Moutarde des champs ▸ **mostardeira-dos-campos 2** Radis sauvage ▸ **nabiça**

ravi, e *adj* Très content; enchanté ▸ **radiante, encantado**

ravier *nm* Petit plat dans lequel on sert des hors-d'œuvre ▸ **prato para acepipes**

ravigotant, e *adj* FAM Qui ravigote ▸ **revigorante**

ravigote *nf* Vinaigrette relevée à l'échalote, aux fines herbes et aux câpres ▸ **molho *ravigote***

ravigoter *vt* FAM Redonner de la vigueur, de la force ▸ **revigorar**

ravin *nm* **1** Terrain creusé profondément par un torrent ▸ **ravina 2** Vallée sauvage et encaissée ▸ **barranco**

ravine *nf* Rigole creusée par les eaux de ruissellement ▸ **ravina, barranco**

ravinement *nm* Formation de ravines ▸ **ravinamento**

raviner *vt* Creuser une ravine dans le sol: *l'orage ravine les chemins* ▸ **ravinar**

raviole *nf* Spécialité dauphinoise faite d'un petit carré de pâte alimentaire farci: *des ravioles au fromage, au saumon, à la pintade* ▸ **ravióli**

ravioli (pl *raviolis* ou inv) *nm* Petit carré de pâte farci de viande hachée, de légumes, etc. ▸ **ravióli**

ravir *vt* **1** Enchanter, procurer un vif plaisir: *ce chant me ravit* ▸ **encantar 2** LITT Enlever de force: *ravir le bien d'autrui* ▸ **roubar 3** LITT Arracher quelqu'un à l'affection de ses proches: *la maladie lui a ravi son fils* ▸ **arrancar** ▪ **à ravir:** admirablement: *sa robe lui va à ravir* ▸ **maravilhosamente**

raviser (se) *vpr* Changer d'avis, revenir sur une résolution ▸ **reconsiderar**

ravissant, e *adj* Très joli, charmant ▸ **encantador**

ravissement *nm* Charme, enchantement ▸ **encanto**

ravisseur, euse *n* Personne qui a commis un rapt ▸ **sequestrador**
ravitaillement *nm* Action de ravitailler; denrées nécessaires à la consommation ▸ **abastecimento**
ravitailler *vt* Fournir les produits nécessaires à la vie, à l'activité, au fonctionnement: *ravitailler des troupes, un avion* ▸ **abastecer** ♦ **se ravitailler** *vpr* Se procurer ce dont on a besoin: *se ravitailler au supermarché* ▸ **abastecer-se**
ravitailleur *nm* Navire ou avion chargé du ravitaillement pendant une opération ▸ **navio, avião abastecedor**
ravivage *nm* Action de raviver ▸ **reavivamento**
raviver *vt* **1** Rendre plus vif: *raviver la flamme* ▸ **reavivar 2** Redonner de l'éclat, de la fraîcheur: *raviver un tissu* ▸ **avivar 3** LITT Faire revivre, ranimer: *raviver les haines* ▸ **reavivar**
ravoir *vt* (seulement à l'infinitif) Avoir de nouveau ▸ **voltar a ter**
rayé, e *adj* Qui porte des raies ou des rayures ▸ **listrado, riscado**
rayer *vt (conj 4)* **1** Faire des rayures à: *rayer du verre* ▸ **riscar 2** Annuler en raturant: *rayer un mot* ▸ **riscar 3** FIG Éliminer, exclure: *rayer quelqu'un d'une liste* ▸ **riscar**
rayon[1] *nm* **1** Trait, ligne qui part d'un centre lumineux: *rayons du soleil* ▸ **raio 2** Ligne allant du centre d'un cercle à la circonférence ▸ **raio 3** Pièce de bois ou de métal qui relie le moyeu à la jante d'une roue: *rayons de bicyclette* ▸ **raio 4** FIG Ce qui fait naître l'espoir, la joie: *rayon d'espoir* ▸ **raio** ▪ **rayon d'action:** zone d'influence, d'activité ▸ **raio de ação** ♦ **rayons** *pl* Rayonnements particuliers: *rayons alpha, bêta, gamma, X* ▸ **raios, radiação**
rayon[2] *nm* **1** Tablette de bibliothèque, d'armoire ▸ **prateleira 2** Ensemble des comptoirs d'un magasin affectés à un même type de marchandises ▸ **seção 3** Gâteau de cire des abeilles, divisé en alvéoles ▸ **favo**
rayonnage *nm* Ensemble de rayons d'une armoire, d'une bibliothèque, etc. ▸ **prateleiras**
rayonnant *adj* Qui rayonne ▸ **radiante**
rayonne *nf* Textile artificiel ▸ **raiom**
rayonnement *nm* **1** Ensemble des radiations émises par un corps ▸ **radiação 2** Influence, renommée de quelqu'un ou de quelque chose: *le rayonnement culturel d'une ville* ▸ **influência, prestígio**
rayonner *vi* **1** Émettre des rayons ▸ **irradiar 2** Être disposé en forme de rayons ▸ **irradiar 3** Se déplacer à partir d'un lieu donné: *rayonner autour de Paris* ▸ **irradiar 4** FIG Faire sentir son action au loin ▸ **irradiar 5** S'éclairer sous l'effet du bonheur: *visage qui rayonne* ▸ **brilhar**
rayure *nf* **1** Ligne, bande tracée sur une surface: *étoffe à rayures* ▸ **listra, risco 2** Trace laissée sur un objet par un corps pointu ou coupant: *faire une rayure sur le parquet* ▸ **risco**
raz de marée ou **raz-de-marée** *nm inv* **1** Soulèvement soudain des eaux de mer dû à un tremblement de terre ou à une éruption volcanique ▸ ***tsunami* 2** FIG Phénomène brutal et massif ▸ **terremoto**
ORTHOGRAPHE On écrit parfois *raz-de-marée* comme *rez-de-chaussée*, mais il est préférable de garder à *raz de marée* son orthographe, sans traits d'union
razzia [razja] ou [radzja] *nf* Action d'emporter quelque chose par surprise ou par violence: *faire une razzia dans le réfrigérateur* ▸ **razia**
razzier *vt* Faire une razzia; piller ▸ **raziar**
RDS *nm* (sigle de *remboursement de la dette sociale*) Prélèvements effectués en France sur différentes catégories de revenus et destinés à combler le déficit de la Sécurité sociale ▸ **Ø**
ré *nm inv* Seconde note de la gamme de *do* ▸ **ré**
réabonnement *nm* Action de (se) réabonner; nouvel abonnement ▸ **renovação de assinatura, nova assinatura**
réabonner *vt* Abonner de nouveau ▸ **renovar a assinatura** ♦ **se réabonner** *vpr* S'abonner de nouveau ▸ **renovar a assinatura**
réac *adj et n* (abréviation) FAM, PÉJOR Réactionnaire ▸ **reaça**
réaccoutumer *vt* LITT Accoutumer de nouveau ▸ **reacostumar**
réacteur *nm* Propulseur aérien fonctionnant par réaction directe sans entraîner d'hélice ▸ **reator** ▪ **réacteur nucléaire:** partie d'une centrale nucléaire dans laquelle l'énergie est libérée par fission du combustible ▸ **reator nuclear**
réactif, ive *adj* Qui réagit: *force réactive* ▸ **reativo** ♦ *nm* Substance employée en chimie, en vue des réactions qu'elle produit ▸ **reagente**
réaction *nf* **1** Force qu'exerce en retour un corps soumis à l'action d'un autre corps ▸ **reação 2** CHIM Transformation se produisant entre des corps chimiques mis en contact et donnant naissance à de nouvelles substances ▸ **reação 3** Attitude d'une personne, d'un groupe en réponse à une situation, à un événement, etc. ▸ **reação 4** Mouvement d'opinion qui s'oppose à celui qui l'a précédé ▸ **reação 5** Tendance politique qui s'oppose au progrès social ▸ **reação** ▪ **avion à réaction:** propulsé par un moteur éjectant un flux de gaz à très grande réaction *(moteur à réaction)* ▸ **avião a jato**

réactionnaire *adj et n* Qui s'oppose à tout progrès politique ou social ▸ **reacionário**
réactiver *vt* Donner une nouvelle vigueur à: *réactiver le feu; réactiver des négociations* ▸ **reativar**
réactualisation *nf* Action de réactualiser; fait d'être réactualisé ▸ **atualização**
réactualiser *vt* Remettre à jour ▸ **atualizar**
réadaptation *nf* Action de réadapter; fait de se réadapter ▸ **readaptação**
réadapter *vt* Adapter à une nouvelle situation, à un nouvel état ▸ **readaptar** ◆ **se réadapter** *vpr* S'adapter de nouveau ▸ **readaptar-se**
réadmettre *vt (conj 57)* Admettre de nouveau ▸ **readmitir**
ready-made [redimed] (pl inv ou *ready-mades*) *nm* BX-ARTS Objet manufacturé promu par un artiste au rang d'œuvre d'art: *les ready-made de Marcel Duchamp* ▸ ***ready-made***
réaffirmer *vt* Affirmer de nouveau: *réaffirmer une déclaration* ▸ **reafirmar**
réagir *vi* **1** Se modifier en fonction d'un effet extérieur: *réagir à la lumière* ▸ **reagir 2** CHIM Entrer en réaction ▸ **reagir 3** Répondre à une action, à un événement: *bien réagir à une critique* ▸ **reagir 4** S'opposer à, lutter contre: *contre le racisme, il faut réagir* ▸ **reagir 5** Avoir des répercussions: *l'attitude du public réagit sur l'orateur* ▸ **repercutir**
réajustement *nm* → **rajustement**
réajuster *vt* → **rajuster**
réaléser *vt (conj 10)* Augmenter le diamètre d'un cylindre pour faire disparaître l'usure inégale des parois ▸ **retificar**
réalisable *adj* Qui peut être réalisé: *projet réalisable* ▸ **realizável**
réalisateur, trice *n* **1** Personne qui réalise ce qu'elle a conçu ▸ **realizador 2** Personne qui assure la réalisation d'un film ou le montage et la direction d'une émission de radio, de télévision ▸ **diretor, produtor**
réalisation *nf* **1** Action de réaliser, de concrétiser; son résultat ▸ **realização 2** Ensemble des opérations nécessaires pour faire un film, une émission; film, émission ainsi réalisés ▸ **produção**
réaliser *vt* **1** Procéder à la réalisation de quelque chose: *réaliser un barrage, un film* ▸ **realizar, dirigir 2** Rendre réel et effectif: *réaliser ses promesses* ▸ **realizar 3** Comprendre, se rendre compte de ▸ **realizar** ◆ **se réaliser** *vpr* **1** Devenir réel: *rêve qui se réalise* ▸ **realizar-se 2** Rendre effectives ses potentialités: *elle se réalise dans son travail* ▸ **realizar-se**
réalisme *nm* **1** Disposition à voir les choses comme elles sont et à agir en conséquence ▸ **realismo 2** Tendance littéraire et artistique de la seconde moitié du XIXe s. à représenter la nature et la vie telles qu'elles sont ▸ **realismo**
réaliste *adj et n* **1** Qui a l'esprit pratique, qui voit les choses comme elles sont ▸ **realista 2** Partisan du réalisme ▸ **realista**
réalité *nf* **1** Caractère de ce qui est réel ▸ **realidade 2** Ce qui est réel, qui a une existence effective (par opposition à ce qui est imaginé, rêvé) ▸ **realidade** ▪ **en réalité:** réellement, en fait ▸ **na realidade**
réaménagement *nm* Action de réaménager ▸ **rearranjo**
réaménager *vt* Aménager de nouveau, sur de nouvelles bases ▸ **rearranjar**
réanimation *nf* Ensemble des techniques propres à rétablir les fonctions vitales ▸ **reanimação**
réanimer *vt* Soumettre à la réanimation ▸ **reanimar**
réapparaître *vi (conj 64)* Apparaître de nouveau ▸ **reaparecer**
réapparition *nf* Action de réapparaître; nouvelle apparition ▸ **reaparecimento**
réapprendre *vt* → **rapprendre**
réapprovisionner *vt* → **rapprovisionner**
réarmement *nm* Action de réarmer ▸ **rearmamento**
réarmer *vt* Armer de nouveau ▸ **rearmar**
réassortiment ou **rassortiment** *nm* Action de réassortir ▸ **reabastecimento**
réassortir ou **rassortir** *vt* Assortir de nouveau ▸ **reabastecer**
réassurance *nf* Opération par laquelle un assureur se couvre d'une partie du risque en se faisant assurer lui-même par un autre assureur ▸ **resseguro**
rébarbatif, ive *adj* Dur, rebutant; ennuyeux: *mine, émission rébarbative* ▸ **rebarbativo**
rebâtir *vt* Bâtir de nouveau ▸ **reconstruir**
rebattre *vt (conj 56)* Battre de nouveau: *rebattre les cartes* ▸ **bater de novo** ▪ FIG **rebattre les oreilles:** répéter à satiété ▸ **martelar nos ouvidos**
rebattu, e *adj* Souvent traité, sans originalité: *sujet rebattu* ▸ **batido**
rebelle *adj et n* **1** Qui refuse d'obéir à l'autorité: *le gouvernement va négocier avec les rebelles* ▸ **rebelde 2** Qui résiste; indocile: *enfant rebelle à la discipline* ▸ **rebelde** ◆ *adj* **1** Difficile à guérir: *maladie rebelle* ▸ **rebelde 2** Qui ne se laisse pas facilement manier: *cheveux rebelles* ▸ **rebelde**
rebeller (se) *vpr* Refuser de se soumettre; se révolter, résister ▸ **rebelar-se**

rébellion *nf* **1** Révolte violente ▸ **rebelião 2** Ensemble des rebelles ▸ **rebeldes**
ORTHOGRAPHE Attention, on écrit *rébellion*, mais *rebelle*
rebelote *interj* FAM Souligne la répétition d'une action, d'un fait ▸ **de novo**
rebiffer (se) *vpr* FAM Refuser d'obéir avec brusquerie ▸ **rebelar-se**
rebiquer *vi* FAM Se dresser, se retrousser: *cheveux qui rebiquent* ▸ **arrebitar**
reblochon *nm* Fromage de vache fabriqué en Savoie ▸ ***reblochon***
reboisement *nm* Action de reboiser; son résultat ▸ **reflorestamento**
reboiser *vt* Planter de nouveau des arbres sur un terrain déboisé ▸ **reflorestar**
rebond *nm* Fait de rebondir ▸ **salto, ressalto**
rebondi, e *adj* Arrondi, en parlant d'une partie du corps: *joues rebondies* ▸ **redondo**
rebondir *vi* **1** Faire un ou plusieurs bonds ▸ **saltar, ressaltar 2** FIG Avoir des conséquences imprévues, des développements nouveaux: *l'affaire rebondit* ▸ **ter uma reviravolta 3** FIG Prendre un nouvel essor après une crise grave, un échec cuisant ▸ **ganhar novo impulso**
rebondissement *nm* **1** Fait de rebondir ▸ **ressalto 2** Développement nouveau et imprévu ▸ **reviravolta, novo impulso**
rebord *nm* **1** Bord en saillie: *le rebord d'une fenêtre* ▸ **rebordo 2** Bord replié: *le rebord de l'oreille* ▸ **borda**
reboucher *vt* Boucher de nouveau ▸ **tampar de novo**
rebours (à) *loc adv* À contre-pied, à contresens ▸ **ao contrário ▪ compte à rebours:** horaire des opérations de lancement qui précèdent la mise à feu d'un engin spatial ▸ **contagem regressiva**
rebouteux, euse *n* FAM Personne qui fait métier de guérir les fractures, foulures, etc., par des moyens empiriques ▸ **endireita**
reboutonner *vt* Boutonner de nouveau ▸ **reabotoar**
rebrousse-poil (à) *loc adv* Dans le sens opposé à la direction des poils ▸ **a contrapelo ▪** FAM **prendre quelqu'un à rebrousse-poil:** le mettre en colère, le vexer ▸ **tratar alguém de modo desastrado**
rebrousser *vt* Relever en sens contraire du sens naturel ▸ **eriçar ▪** FIG **rebrousser chemin:** revenir sur ses pas ▸ **arrepiar caminho**
rebuffade *nf* Mauvais accueil; refus brutal: *essuyer une rebuffade* ▸ **patada**
rébus [rebys] *nm* **1** Jeu d'esprit, qui consiste à exprimer des mots ou des phrases par des figures dont le nom offre une analogie phonétique avec ce qu'on veut faire entendre: *rébus de Voltaire: «Ga» (= g grand, a petit = j'ai grand appétit)* ▸ **rébus 2** Chose difficile à comprendre ▸ **enigma**
rebut *nm* Ce qui est rejeté, laissé de côté ▸ **refugo ▪ mettre au rebut:** se débarrasser d'une chose sans valeur ou inutilisable ▸ **descartar**
rebutant, e *adj* Qui rebute: *travail rebutant* ▸ **desagradável**
rebuter *vt* **1** Décourager, lasser: *la moindre chose le rebute* ▸ **cansar 2** Choquer, répugner: *ses manières me rebutent* ▸ **repugnar**
récalcitrant, e *adj et n* Qui résiste avec opiniâtreté; rebelle ▸ **recalcitrante**
recalculer *vt* Calculer de nouveau ▸ **recalcular**
recalé, e *adj et n* FAM Qui a été refusé à un examen ▸ **reprovado**
recaler *vt* FAM Refuser à un examen ▸ **reprovar**
récapitulatif, ive *adj* Qui récapitule: *tableau récapitulatif* ▸ **recapitulativo**
récapitulation *nf* Action de récapituler ▸ **recapitulação**
récapituler *vt* **1** Résumer, redire: *récapituler les consignes* ▸ **recapitular 2** Rappeler: *récapituler les événements du mois* ▸ **recapitular**
recaser *vt* FAM Caser de nouveau quelqu'un qui a perdu sa place, une chose qui a été déplacée ▸ **recolocar**
recéder *vt (conj 10)* Rétrocéder, revendre ▸ **devolver, revender**
recel *nm* Action de receler: *le recel est une infraction* ▸ **receptação**
receler *vt (conj 5)* **1** Garder et cacher une chose volée par un autre: *receler des bijoux* ▸ **receptar 2** Cacher quelqu'un pour le soustraire à la justice: *receler un meurtrier* ▸ **encobrir, esconder 3** SOUT Renfermer, contenir: *grotte qui recèle des trésors* ▸ **encerrar**
receleur, euse *n* Personne qui recèle des objets volés ou une personne en fuite ▸ **encobridor**
récemment *adv* Depuis peu: *mariés récemment*; à une époque récente: *étoile récemment découverte* ▸ **recentemente**
recensement *nm* **1** Action de recenser; son résultat ▸ **recenseamento 2** Dénombrement, effectué par les mairies, des jeunes gens atteignant l'âge du service militaire l'année suivante ▸ **recenseamento (militar)**
recenser *vt* **1** Faire le dénombrement de la population d'un État, d'une ville, des suffrages d'un vote, etc. ▸ **recensear 2** Dénombrer, inventorier: *recenser les volontaires* ▸ **recensear**

recenseur, euse *n* Personne chargée d'un recensement ▸ **recenseador**
récent, e *adj* Nouvellement fait ou arrivé: *livre récent* ▸ **recente**
recentrage *nm* Action de recentrer ▸ **centramento, foco, realinhamento**
recentrer *vt* **1** Déplacer vers le centre ▸ **centrar** **2** Ramener à ce qui est fondamental, essentiel: *recentrer une entreprise sur son métier* ▸ **focalizar** **3** Regrouper autour d'un nouvel objectif: *recentrer un syndicat sur l'emploi* ▸ **realinhar**
récépissé *nm* Écrit par lequel on reconnaît avoir reçu quelque chose ▸ **recibo**
réceptacle *nm* **1** LITT Lieu où sont rassemblées des choses, des personnes: *cet hôtel est le réceptacle de la pègre* ▸ **receptáculo** **2** BOT Extrémité du pédoncule d'une fleur ▸ **receptáculo** **3** Bassin qui recueille les eaux pour les redistribuer ▸ **receptáculo**
récepteur, trice *adj* Propre à recevoir un courant, un signal: *poste récepteur* ▸ **receptor** ◆ *nm* Appareil recevant un signal de télécommunication et le transformant en sons, en images ▸ **receptor**
réceptif, ive *adj* Susceptible d'ouvrir son esprit aux impressions, aux suggestions ▸ **receptivo**
réception *nf* **1** Action de recevoir: *accuser réception* ▸ **recebimento** **2** Réunion mondaine: *donner une réception* ▸ **recepção** **3** Manière d'accueillir: *réception glaciale* ▸ **recepção** **4** Action d'admettre quelqu'un dans une assemblée: *discours de réception* ▸ **admissão** **5** Service d'un hôtel, d'une entreprise, où l'on accueille les voyageurs, les visiteurs; personnel affecté à ce service: *s'adresser à la réception* ▸ **recepção** **6** Manière de retomber au sol après un saut ou de recevoir un ballon, une balle ▸ **recepção**
réceptionnaire *n* Personne chargée de la réception des marchandises ▸ **encarregado do recebimento de mercadorias**
réceptionner *vt* **1** Vérifier une livraison lors de sa réception ▸ **receber mercadoria** **2** Recevoir la balle ou le ballon dans un jeu ▸ **receber**
EMPLOI On *réceptionne* des choses, des marchandises; on *reçoit* des personnes, des clients, des invités
réceptionniste *n* Personne chargée d'accueillir les voyageurs, dans un hôtel ▸ **recepcionista**
réceptivité *nf* **1** Caractère d'une personne réceptive ▸ **receptibilidade** **2** MÉD Aptitude d'un organisme à contracter les maladies, notamment infectieuses ▸ **suscetibilidade**
récessif, ive *adj* BIOL Se dit d'un caractère héréditaire qui ne se manifeste qu'en l'absence du caractère opposé, dit *dominant* ▸ **recessivo**
récession *nf* Ralentissement de l'activité économique ▸ **recessão**
recette *nf* **1** Ce qui est reçu en argent: *recettes et dépenses* ▸ **receita** **2** Fonction du receveur des contributions; local où il exerce son emploi: *apporter son argent à la recette* ▸ **recebedoria** **3** Description de la préparation d'un plat culinaire ▸ **receita** **4** Procédé pour réussir quelque chose ▸ **receita** ■ **faire recette: (a)** rapporter beaucoup d'argent ▸ **dar dinheiro (b)** FIG avoir du succès ▸ **fazer sucesso**
recevabilité *nf* Caractère de ce qui est recevable ▸ **admissibilidade**
recevable *adj* Qui peut être reçu, admis: *cette excuse n'est pas recevable* ▸ **admissível**
receveur, euse *n* **1** Personne chargée du recouvrement des recettes publiques: *receveur des contributions* ▸ **recebedor** **2** Employé qui perçoit l'argent des voyageurs dans les transports publics ▸ **cobrador** **3** Administrateur d'un bureau de poste ▸ **gerente de agência do correio** **4** Malade transfusé ou greffé ▸ **receptor** ■ **receveur universel:** individu du groupe sanguin AB, susceptible de recevoir du sang de n'importe quel groupe ▸ **receptor universal**
recevoir *vt (conj 34)* **1** Accepter ce qui est donné, ce qui est envoyé, ce qui est dû: *recevoir de l'argent* ▸ **receber** **2** Accueillir: *recevoir un ami* ▸ **receber** **3** Subir, éprouver: *recevoir un bon accueil, des coups* ▸ **receber** **4** Admettre: *recevoir un candidat* ▸ **aprovar** **5** Laisser entrer; recueillir: *recevoir les eaux de pluie* ▸ **receber** ◆ *vi* Avoir des visites; donner des repas, des soirées: *aimer recevoir* ▸ **receber** ◆ **se recevoir** *vpr* Reprendre contact avec le sol après un saut ▸ **cair**
réchampir ou **rechampir** *vt* BX-ARTS Faire ressortir une moulure, un ornement du fond, particulièrement par un contraste de couleurs ▸ **realçar**
rechange (de) *loc adj* **1** Qui peut remplacer un autre objet semblable: *roue de rechange* ▸ **sobressalente** **2** Que l'on peut adopter en remplacement: *solution de rechange* ▸ **alternativo**
rechapage *nm* Action de rechaper ▸ **recauchutagem**
rechaper *vt* Reconstituer la bande de roulement d'un pneu usagé ▸ **recauchutar**
réchapper *vi et vt ind* [à, de] Échapper par chance à un danger, à un accident, etc. ▸ **escapar**
recharge *nf* **1** Remise en état de fonctionnement: *recharge d'une batterie d'accumulateurs* ▸ **recarga** **2** Ce qui permet de recharger: *recharge de stylo* ▸ **recarga**
rechargeable *adj* Qui peut être rechargé ▸ **recarregável**

recharger *vt (conj 2)* **1** Charger de nouveau ▸ **recarregar** **2** Approvisionner de nouveau pour mettre en état de fonctionner ▸ **recarregar**

réchaud *nm* Appareil de cuisson portatif ▸ **fogareiro**

réchauffage *nm* Action de réchauffer ▸ **reaquecimento**

réchauffé *nm* Nourriture réchauffée: *goût de réchauffé* ▸ **comida requentada** ■ FAM **c'est du réchauffé:** se dit de ce qui est vieux, connu, mais que l'on présente comme neuf ▸ **essa é velha**

réchauffement *nm* Fait de se réchauffer: *le réchauffement de la planète* ▸ **aquecimento**

réchauffer *vt* **1** Chauffer de nouveau ce qui s'est refroidi ▸ **reaquecer** **2** FIG Ranimer, raviver: *réchauffer l'ardeur* ▸ **reacender** ◆ **se réchauffer** *vpr* **1** Redonner de la chaleur à son corps ▸ **aquecer-se** **2** Devenir plus chaud ▸ **aquecer-se**

rechausser *vt* Chausser de nouveau ▸ **calçar de novo**

rêche *adj* **1** Rude au toucher ▸ **áspero** **2** Âpre au goût: *vin rêche* ▸ **áspero**

recherche *nf* **1** Action de rechercher ▸ **busca, procura** **2** Travail scientifique ▸ **pesquisa** **3** Souci de se distinguer; élégance, raffinement: *recherche dans le style; s'habiller avec recherche* ▸ **rebuscamento**

recherché, e *adj* **1** Peu commun, rare ▸ **raro** **2** Qui dénote du raffinement ou un excès de recherche et un manque de naturel ▸ **rebuscado**

rechercher *vt* **1** Chercher avec soin: *rechercher la cause d'un phénomène* ▸ **pesquisar, procurar** **2** Tenter de retrouver par une enquête: *rechercher un criminel* ▸ **investigar** **3** Chercher à établir des liens: *rechercher les gens influents; rechercher l'amitié, la compagnie de quelqu'un* ▸ **ir atrás de, procurar**

rechigner *vi et vt ind* [à] Montrer de la mauvaise volonté à faire quelque chose ▸ **torcer o nariz**

rechute *nf* Réapparition d'une maladie ▸ **recaída**

rechuter *vi* Faire une rechute ▸ **ter recaída**

récidive *nf* **1** DR Action de commettre un délit, un crime pour lequel on a déjà été condamné (par opposition à *réitération*) ▸ **reincidência** **2** Réapparition d'une maladie, d'un mal ▸ **recidiva**

récidiver *vi* **1** Faire une récidive ▸ **reincidir** **2** MÉD Recommencer, réapparaître ▸ **recidivar**

récidiviste *n et adj* DR Personne en état de récidive ▸ **reincidente**

récif *nm* Rocher ou groupe de rochers à fleur d'eau ▸ **recife**

récipiendaire *n* SOUT Personne reçue officiellement dans une assemblée, une société savante, etc. ▸ **recipiendário**

récipient *nm* Ustensile creux pour recevoir, contenir un liquide, un fluide ▸ **recipiente**

réciprocité *nf* Caractère de ce qui est réciproque ▸ **reciprocidade**

réciproque *adj* Qui marque une action équivalente à celle qui est reçue; mutuel: *amitié réciproque* ▸ **recíproco** ◆ *nf* ■ **la réciproque:** la pareille: *elle ne l'aime pas, la réciproque est vraie* ▸ **a recíproca**

réciproquement *adv* De façon réciproque ▸ **reciprocamente**

récit *nm* Relation, narration d'un fait: *récit touchant* ▸ **relato**

récital (pl *récitals*) *nm* Concert, spectacle donné par un seul artiste, un seul groupe, ou consacré à un seul genre ▸ **recital**

récitant, e *n* Personne qui récite, dit un texte, spécialement un récitatif ▸ **recitante**

récitatif *nm* Fragment narratif déclamé, dans un opéra, une cantate, etc. ▸ **recitativo**

récitation *nf* **1** Action, manière de réciter ▸ **recitação** **2** Texte à apprendre par cœur et à réciter ▸ **texto para recitar**

réciter *vt* Dire par cœur ▸ **recitar**

réclamation *nf* Action de réclamer, de protester: *faire une réclamation* ▸ **reclamação**

réclame *nf* VIEILLI Publicité commerciale par voie d'affiche, de prospectus, etc.: *faire de la réclame* ▸ **reclame** ■ **en réclame:** vendu à prix réduit ▸ **em oferta**

réclamer *vt* **1** Demander avec insistance: *réclamer la parole, son dû* ▸ **reclamar** **2** FIG Demander, avoir besoin de: *réclamer des soins* ▸ **necessitar** ◆ *vi* LITT Protester, s'élever contre: *réclamer contre une injustice* ▸ **reclamar** ◆ **se réclamer** *vpr* [de] Invoquer la caution de: *se réclamer d'un ami commun* ▸ **recorrer a**

reclassement *nm* Action de reclasser; son résultat: *le reclassement de la fonction publique* ▸ **reclassificação, recolocação**

reclasser *vt* **1** Classer de nouveau ▸ **reclassificar** **2** Rétablir les traitements, les salaires, par référence à ceux d'autres catégories ▸ **reclassificar** **3** Placer dans une activité nouvelle des personnes qui ont dû abandonner leur précédente activité ▸ **recolocar**

reclus, e *adj et n* Enfermé, isolé du monde: *vivre comme un reclus* ▸ **recluso**

réclusion *nf* État de quelqu'un qui vit reclus ▸ **reclusão** ■ DR **réclusion criminelle:** peine consistant dans une privation de la liberté avec assujettissement au travail ▸ **prisão**

récognitif *adj m* ▸ **recognitivo** ▪ DR **acte récognitif:** acte par lequel on reconnaît une obligation ▸ **ato recognitivo**

recoiffer *vt* Coiffer de nouveau; réparer le désordre d'une coiffure ▸ **recolocar o chapéu, tornar a pentear** ◇ *vpr*: *se recoiffer après le match* ▸ **recolocar o chapéu, pentear-se outra vez**

recoin *nm* **1** Coin caché, retiré ▸ **recanto 2** FIG Partie cachée, secrète: *les recoins de la mémoire* ▸ **recôndito**

recollage ou **recollement** *nm* Action de recoller ▸ **recolagem**

recoller *vt* Coller de nouveau; raccommoder en collant ▸ **recolar, colar**

récoltant, e *adj et n* Qui récolte: *propriétaire récoltant* ▸ **que faz a colheita**

récolte *nf* **1** Action de recueillir les produits de la terre; ces produits: *faire une bonne récolte* ▸ **colheita 2** FIG Ce qu'on recueille à la suite de recherches: *récolte de documents* ▸ **coleta**

récolter *vt* **1** Faire une récolte: *récolter du blé* ▸ **colher 2** FIG Recueillir: *récolter des informations* ▸ **colher**

recommandable *adj* Qu'on peut recommander; estimable: *un individu peu recommandable* ▸ **recomendável**

recommandation *nf* **1** Conseil, avis: *recommandation paternelle* ▸ **recomendação 2** Action de recommander quelqu'un ▸ **recomendação 3** Opération par laquelle la poste assure la remise en main propre d'une lettre, d'un paquet, moyennant une taxe spéciale ▸ **registro**

recommandé, e *adj et nm* Qui a fait l'objet d'une recommandation postale ▸ **registrado** ▪ **en recommandé:** sous recommandation postale ▸ **por postagem registrada**

recommander *vt* **1** Exhorter, conseiller vivement: *recommander la prudence* ▸ **recomendar 2** Signaler à l'attention, à la bienveillance de: *recommander un candidat* ▸ **recomendar 3** Poster une lettre, un paquet sous recommandation ▸ **registrar** ♦ **se recommander** *vpr* **1** [de] Invoquer l'appui de quelqu'un: *se recommander du directeur* ▸ **invocar o apoio 2** SUISSE Insister pour obtenir quelque chose ▸ **insistir**

recommencement *nm* Action de recommencer: *l'histoire est un éternel recommencement* ▸ **recomeço**

recommencer *vt et vi (conj 1)* Commencer de nouveau; refaire ▸ **recomeçar**

récompense *nf* Ce qui est donné à quelqu'un ou reçu par lui, pour un service rendu, une bonne action, etc. ▸ **recompensa**

récompenser *vt* Accorder une récompense à: *récompenser un bon élève* ▸ **recompensar**

recomposé, e *adj* ▸ **recomposto** ▪ **famille recomposée:** famille où les enfants de chaque conjoint sont issus d'une union antérieure ▸ **família recomposta**

recomposer *vt* Composer de nouveau: *recomposer un texte, sa coiffure, un numéro* ▸ **recompor**

recomposition *nf* Action de recomposer ▸ **recomposição**

recompter *vt* Compter de nouveau ▸ **recontar**

réconciliation *nf* Action de (se) réconcilier; son résultat ▸ **reconciliação**

réconcilier *vt* **1** Remettre d'accord des personnes fâchées ▸ **reconciliar 2** Faire revenir sur une opinion défavorable: *ce film me réconcilie avec le cinéma* ▸ **reconciliar** ♦ **se réconcilier** *vpr* Se remettre d'accord avec quelqu'un ▸ **reconciliar-se**

reconductible *adj* Qui peut être reconduit, renouvelé: *mandat reconductible* ▸ **renovável**

reconduction *nf* Renouvellement d'une location, d'un bail, etc. ▸ **recondução** ▪ **tacite reconduction:** qui se fait sans formalité ▸ **recondução tácita**

reconduire *vt (conj 70)* **1** Accompagner quelqu'un dont on a reçu la visite ▸ **acompanhar 2** Continuer ce qui a été entrepris, établi: *reconduire une option politique, un crédit* ▸ **manter 3** DR Renouveler: *reconduire un bail* ▸ **renovar**

reconduite *nf* ▸ **recondução** ▪ **reconduite à la frontière:** procédure utilisée pour expulser de France des étrangers en situation irrégulière ▸ **deportação**

réconfort *nm* Consolation, soutien ▸ **reconforto**

réconfortant, e *adj* Qui réconforte ▸ **reconfortante**

réconforter *vt* **1** Redonner de la force, de la vigueur: *ce potage m'a réconforté* ▸ **fortalecer 2** Aider à supporter une épreuve; redonner du courage, de l'espoir ▸ **reconfortar**

reconnaissable *adj* Facile à reconnaître ▸ **reconhecível**

reconnaissance *nf* **1** Sentiment qui incite à se considérer comme redevable envers la personne de qui on a reçu un bienfait; gratitude: *témoigner sa reconnaissance à quelqu'un* ▸ **reconhecimento 2** Action de reconnaître comme vrai, comme légitime, comme sien: *reconnaissance d'un droit* ▸ **reconhecimento 3** Exploration, examen d'un lieu inconnu: *partir en reconnaissance* ▸ **reconhecimento 4** DR Acte déclarant l'existence d'une chose: *reconnaissance de dette* ▸ **declaração**

■ **signe de reconnaissance:** objet, geste, parole permettant à d'autres d'identifier une ou plusieurs personnes ▸ **sinal identificador**

reconnaissant, e *adj* Qui a de la reconnaissance ▸ **reconhecido**

reconnaître *vt (conj 64)* **1** Se rappeler, identifier: *reconnaître un ami; reconnaître à la voix* ▸ **reconhecer 2** Avouer, confesser: *reconnaître ses torts* ▸ **reconhecer 3** Avoir de la gratitude: *reconnaître un bienfait* ▸ **reconhecer 4** Admettre comme légitime: *reconnaître un État* ▸ **reconhecer 5** Explorer: *reconnaître le terrain* ▸ **reconhecer** ■ **reconnaître un enfant:** s'en déclarer le père ou la mère ▸ **reconhecer um filho** ♦ **se reconnaître** *vpr* **1** Se retrouver: *se reconnaître dans ses enfants* ▸ **reconhecer-se 2** Savoir où l'on est et pouvoir se retrouver ▸ **situar-se 3** Se retrouver, comprendre: *je commence à m'y reconnaître* ▸ **situar-se 4** S'avouer: *se reconnaître coupable* ▸ **reconhecer-se**

reconnu, e *adj* Que l'on reconnaît comme vrai, comme ayant une vraie valeur: *un écrivain reconnu* ▸ **reconhecido**

reconquérir *vt (conj 21)* **1** Conquérir de nouveau ▸ **reconquistar 2** FIG Recouvrer: *reconquérir l'estime* ▸ **reconquistar**

reconquête *nf* Action de reconquérir ▸ **reconquista**

reconsidérer *vt* Reprendre l'examen d'une question en vue d'une nouvelle décision ▸ **reconsiderar**

reconstituant *nm* Médicament qui fortifie ▸ **reconstituinte**

reconstituer *vt* **1** Constituer, former de nouveau: *reconstituer un décor 1900* ▸ **reconstituir 2** Rétablir la chronologie des faits au moyen de renseignements ▸ **reconstituir**

reconstitution *nf* Action de reconstituer: *reconstitution d'un crime; reconstitution historique* ▸ **reconstituição**

reconstruction *nf* Action de reconstruire ▸ **reconstrução**

reconstruire *vt (conj 70)* **1** Construire de nouveau ▸ **reconstruir 2** Rétablir, reconstituer ▸ **reconstruir**

reconversion *nf* Action de reconvertir; fait de se reconvertir ▸ **reconversão, recapacitação**

reconvertir *vt* **1** Adapter un secteur économique à de nouveaux besoins ▸ **reconverter 2** Affecter à un nouvel emploi, donner une nouvelle formation à ▸ **recapacitar** ♦ **se reconvertir** *vpr* Changer d'activité, de profession ▸ **recapacitar-se**

recopier *vt* Copier un texte déjà écrit ▸ **copiar**

record *nm* Performance, niveau surpassant ce qui a été atteint antérieurement: *record sportif* ▸ **recorde** ♦ *adj inv* Jamais réalisé: *chiffres record* ▸ **recorde** ■ **en un temps record:** très vite ▸ **em tempo recorde**

recordman [rəkɔrdman] (pl *recordmans* ou *recordmen* [rəkɔrdmɛn]) *nm* Détenteur d'un ou de plusieurs records ▸ **recordista**

recordwoman [rəkɔrdwuman] (pl *recordwomans* ou *recordwomen* [rəkɔrdwumɛn]) *nf* Détentrice d'un ou de plusieurs records ▸ **recordista**

recorriger *vt (conj 2)* Corriger de nouveau ▸ **recorrigir**

recoucher *vt* Coucher de nouveau ▸ **voltar a deitar** ♦ **se recoucher** *vpr* Se remettre au lit ▸ **voltar para a cama**

recoudre *vt (conj 59)* Coudre ce qui est décousu ▸ **recoser**

recoupement *nm* Vérification d'un fait au moyen de sources différentes ▸ **confrontação**

recouper *vt* **1** Couper de nouveau ▸ **cortar de novo 2** Coïncider avec, apporter une confirmation à: *témoignage qui en recoupe un autre* ▸ **confirmar**

recourber *vt* **1** Courber de nouveau ▸ **recurvar 2** Courber par le bout: *recourber une branche* ▸ **recurvar**

recourir *vt et vi (conj 29)* Courir de nouveau ▸ **voltar a correr** ♦ *vt ind* [à] Faire appel, avoir recours à: *recourir à un charlatan; recourir à la force* ▸ **recorrer**

recours *nm* **1** Action de recourir à quelqu'un ou à quelque chose; personne ou chose à laquelle on recourt: *vous êtes mon dernier recours* ▸ **recurso 2** DR Action en garantie contre quelqu'un ▸ **recurso 3** DR Pourvoi: *recours en cassation, en grâce* ▸ **recurso**

recouvrable *adj* Qui peut être recouvré ▸ **recobrável**

recouvrement[1] *nm* **1** Action de recouvrer ce qui était perdu: *recouvrement de l'ouïe* ▸ **recuperação 2** Perception de sommes dues ▸ **recebimento**

recouvrement[2] *nm* Action de recouvrir ▸ **recobrimento**

recouvrer *vt* **1** Retrouver, rentrer en possession de: *recouvrer la vue* ▸ **recobrar, recuperar 2** Percevoir une somme due: *recouvrer l'impôt* ▸ **receber**

recouvrir *vt (conj 16)* **1** Couvrir de nouveau ou complètement: *recouvrir un enfant; la neige recouvre la plaine* ▸ **recobrir 2** Refaire à neuf: *recouvrir un canapé* ▸ **revestir 3** Correspondre, se superposer: *le sens de ce mot recouvre en partie celui d'un autre* ▸ **abranger**

recracher *vt et vi* Cracher ce qu'on a mis dans la bouche ► **cuspir**
récré *nf* (abréviation) FAM Récréation ► **Ø**
récréatif, ive *adj* Qui récrée, divertit ► **recreativo**
récréation *nf* **1** Détente, délassement ► **descanso** **2** Temps accordé aux enfants dans les écoles pour jouer ► **recreio**
recréer *vt* Créer de nouveau ► **recriar**
récréer *vt* LITT Délasser, divertir ► **recrear**
récrier (se) *vpr* **1** LITT S'exclamer: *se récrier d'admiration* ► **exclamar** **2** Protester, s'offusquer ► **protestar**
récrimination *nf* Critique amère, réclamation ► **recriminação**
récriminer *vi* Trouver à redire; critiquer amèrement ► **recriminar**
récrire ou **réécrire** *vt (conj 71)* Écrire ou rédiger de nouveau ► **reescrever**
recroqueviller (se) *vpr* **1** Se rétracter, se replier sous l'action de la chaleur, du froid, etc. ► **encarquilhar-se** **2** Se replier sur soi, se ramasser ► **encolher-se**
recru, e *adj* ► **exausto** ■ LITT **recru de fatigue:** harassé ► **morto de cansaço**
recrudescence *nf* **1** Brusque réapparition avec augmentation d'intensité: *recrudescence des combats* ► **recrudescimento** **2** Aggravation d'une maladie ► **recrudescência**
recrudescent, e *adj* LITT Qui reprend en s'intensifiant ► **recrudescer**
recrue *nf* **1** Jeune homme qui vient d'être appelé au service militaire ► **recruta** **2** Nouveau membre d'un groupe, d'une société ► **recruta**
recrutement *nm* Action de recruter ► **recrutamento**
recruter *vt* **1** Appeler des recrues ► **recrutar** **2** Engager du personnel ► **recrutar** **3** Attirer dans une société, dans un parti: *recruter des associés* ► **recrutar**
recruteur, euse *n* Personne qui recrute ► **recrutador**
recta *adv* FAM Ponctuellement, très exactement: *payer recta* ► **pontualmente**
rectal, e, aux *adj* Du rectum ► **retal**
rectangle *nm* Quadrilatère dont les angles sont droits ► **retângulo** ◆ *adj* ■ **triangle rectangle:** qui a un angle droit ► **triângulo retângulo**
rectangulaire *adj* **1** Qui a la forme d'un rectangle ► **retangular** **2** Qui forme un angle droit ► **retangular**
recteur *nm* Fonctionnaire de l'Éducation nationale placé à la tête d'une académie ► **reitor**
rectificatif, ive *adj* Qui rectifie ► **retificativo** ◆ *nm* Document apportant une rectification: *le journal a fait paraître un rectificatif* ► **retificação**
rectification *nf* Action de rectifier; texte, paroles qui rectifient ► **retificação**
rectifier *vt* **1** Modifier pour rendre adéquat: *rectifier le tracé d'une route* ► **retificar** **2** Rendre exact, correct: *rectifier un calcul, une erreur* ► **retificar**
rectiligne *adj* En ligne droite ► **retilíneo**
rectitude *nf* **1** Caractère de ce qui est en ligne droite ► **retidão** **2** FIG Conformité à la raison, au devoir, à la justice: *rectitude de jugement* ► **retidão**
recto *nm* Première page d'un feuillet; CONTR: *verso* ► **reto** ■ **recto verso:** des deux côtés de la feuille ► **frente e verso**
rectoral, e, aux *adj* Du recteur ► **reitoral**
rectorat *nm* Charge de recteur; bureaux du recteur ► **reitoria**
rectum [rɛktɔm] *nm* Dernière partie du côlon, qui aboutit à l'anus ► **reto**
reçu[1] *nm* Écrit par lequel on reconnaît avoir reçu quelque chose ► **recibo**
reçu[2]**, e** *adj* Admis couramment, établi: *idée reçue* ► **aceito** ◆ *n* Admis à un examen ► **aprovado**
recueil *nm* Ouvrage où sont réunis des écrits, des documents, etc. ► **coletânea**
recueillement *nm* État de quelqu'un qui se recueille ► **recolhimento**
recueilli, e *adj* Qui est dans le recueillement ► **recolhido**
recueillir *vt (conj 24)* **1** Rassembler, réunir: *recueillir des dons* ► **recolher** **2** Retirer un avantage: *recueillir le fruit de son travail* ► **colher** **3** Acquérir par héritage: *recueillir une succession* ► **receber** **4** Donner l'hospitalité à, accueillir chez soi ► **acolher** ◆ **se recueillir** *vpr* Réfléchir, méditer ► **recolher-se**
recuire *vi et vt (conj 70)* Cuire de nouveau ► **recozer** ◆ *vt* Procéder au recuit d'un métal, du verre ► **recozer**
recuit *nm* Action de recuire du métal, du verre pour en améliorer les qualités ► **recozimento**
recul *nm* **1** Mouvement en arrière, vers l'arrière: *recul des manifestants; recul du pistolet au départ de la balle* ► **recuo** **2** Espace nécessaire pour reculer ► **recuo** **3** FIG Éloignement dans l'espace ou dans le temps pour juger d'un événement: *prendre, avoir du recul* ► **distanciamento**
reculade *nf* Action de reculer, de céder, de revenir à une position antérieure ► **recuo**
reculé, e *adj* Éloigné, isolé: *région reculée*; ancien: *époque reculée* ► **remoto**

reculer *vt* **1** Tirer, pousser en arrière: *reculer sa chaise* ► **recuar 2** Reporter plus loin; ajourner, retarder: *reculer une échéance* ► **postergar** ♦ *vi* **1** Se porter en arrière ► **recuar 2** FIG Renoncer, céder devant une difficulté ► **recuar**
reculons (à) *loc adv* En reculant ► **recuando**
ORTHOGRAPHE On écrit *à reculons* avec un s final, comme *à croupetons, à tâtons* (à la différence de *à califourchon*)
récupérable *adj* Qui peut être récupéré ► **recuperável**
récupérateur, trice *adj* Qui permet de récupérer: *sommeil récupérateur* ► **recuperador** ♦ *adj et n* Qui récupère des matériaux usagés ► **reciclador** ♦ *nm* Appareil qui permet de récupérer la chaleur ou l'énergie ► **recuperador (de calor, de energia)**
récupération *nf* Action de récupérer; son résultat ► **recuperação**
récupérer *vt (conj 10)* **1** Rentrer en possession de: *récupérer de l'argent* ► **recuperar 2** Recueillir des matériaux usagés: *récupérer de la ferraille* ► **reciclar 3** Reprendre des idées, un mouvement en les détournant de leur but premier ► **resgatar 4** Fournir un temps de travail en remplacement de celui qui a été perdu ► **compensar** ♦ *vi* Retrouver ses forces ► **recuperar-se**
récurage *nm* Action de récurer ► **areação**
récurer *vt* Nettoyer en frottant ► **arear**
récurrence *nf* Caractère de ce qui est récurrent ► **recorrência**
récurrent, e *adj* Qui réapparaît, se reproduit: *phénomène récurrent* ► **recorrente** ♦ *adj et n* Se dit d'un personnage de fiction qui réapparaît d'œuvre en œuvre: *héros récurrent* ► **(personagem) recorrente**
récusable *adj* Qui peut être récusé ► **recusável**
récusation *nf* Action de récuser ► **recusa**
récuser *vt* Refuser de reconnaître la compétence, la valeur de: *récuser un juge, un témoignage* ► **recusar** ♦ **se récuser** *vpr* **1** Se déclarer incompétent pour décider d'une question ► **recusar-se 2** Refuser une mission, un poste, etc. ► **recusar**
recyclable *adj* Que l'on peut recycler ► **reciclável**
recyclage *nm* **1** Formation complémentaire donnée à des travailleurs pour leur permettre de s'adapter aux progrès industriels et scientifiques ► **reciclagem 2** Action de réutiliser tout ou partie d'un produit industriel: *recyclage du papier* ► **reciclagem**
recycler *vt* Effectuer un recyclage ► **reciclar** ♦ **se recycler** *vpr* Acquérir une formation complémentaire ► **reciclar-se**
rédacteur, trice *n* Personne qui rédige un texte, qui participe à la rédaction d'un journal, d'un livre ► **redator**
rédaction *nf* **1** Action de rédiger; texte rédigé ► **redação 2** Exercice scolaire destiné à apprendre à rédiger ► **redação 3** Ensemble des rédacteurs d'un journal, d'une maison d'édition, etc.; locaux où ils travaillent ► **redação**
rédactionnel, elle *adj* Relatif à la rédaction ► **redacional**
reddition *nf* Action de se rendre, de capituler: *reddition d'une ville* ► **rendição**
redécoupage *nm* Action de modifier l'organisation d'un ensemble; son résultat ► **remodelação**
redécouvrir *vt* Découvrir de nouveau ► **redescobrir**
redéfinir *vt* Définir de nouveau ► **redefinir**
redéfinition *nf* Action de redéfinir: *redéfinition d'un poste* ► **redefinição**
redemander *vt* Demander de nouveau ► **voltar a pedir**
redémarrer *vi* Démarrer de nouveau ► **arrancar de novo, começar a se recuperar**
rédempteur, trice *adj et n* RELIG Qui rachète ► **redentor** ♦ *nm* ■ **le Rédempteur:** Jésus-Christ ► **o Redentor**
rédemption *nf* RELIG Salut du genre humain par Jésus-Christ ► **redenção**
redéploiement *nm* Réorganisation d'une activité économique, d'un secteur de l'administration, d'un dispositif militaire ► **reestruturação**
redescendre *vt et vi (conj 50)* Descendre de nouveau ou après être monté, ou après avoir monté quelque chose ► **(voltar a) descer**
redevable *adj* Qui n'a pas tout payé, qui reste débiteur envers quelqu'un: *je vous suis redevable de la vie* ► **devedor**
redevance *nf* Taxe, charge que l'on acquitte à termes fixes ► **prestação**
redevenir *vi (conj 22; auxil: être)* Revenir à un état antérieur: *ils sont redevenus amis* ► **voltar a ser**
rédhibition *nf* DR Annulation d'une vente, lorsque la chose vendue est entachée d'un vice dit *rédhibitoire* ► **redibição**
rédhibitoire *adj* Qui constitue un obstacle radical: *un prix rédhibitoire* ► **impeditivo** ■ **vice rédhibitoire:** défaut irrémédiable qui peut motiver l'annulation d'une vente ► **vício redibitório**
rediffuser *vt* Diffuser une nouvelle fois ► **retransmitir**
rediffusion *nf* Action de rediffuser; émission rediffusée ► **retransmissão**

rédiger *vt (conj 2)* Écrire un texte selon une forme et un ordre voulus: *rédiger un article* ► **redigir**
redingote *nf* **1** Manteau de femme ajusté à la taille ► **redingote** **2** ANC Vêtement d'homme à longues basques ► **sobrecasaca**
redire *vt (conj 72)* Répéter ce qui a déjà été dit ► **repetir** ■ **avoir, trouver à redire à:** à critiquer ► **criticar**
rediscuter *vt* Discuter de nouveau ► **rediscutir**
redistribuer *vt* Distribuer de nouveau, ou selon des principes nouveaux, plus équitables: *redistribuer les richesses* ► **redistribuir**
redistributif, ive *adj* Qui vise à une meilleure répartition des revenus: *fiscalité redistributive* ► **redistributivo**
redistribution *nf* Action de redistribuer: *redistribution des revenus* ► **redistribuição**
redite *nf* Répétition inutile ► **repetição inútil**
redondance *nf* Répétition inutile de phrases, de mots dans un texte ► **redundância**
redondant, e *adj* **1** Superflu: *des épithètes redondantes* ► **redundante** **2** Où il y a de la redondance: *style redondant* ► **redundante**
redonner *vt* **1** Donner de nouveau la même chose ► **restituir** **2** Rendre, procurer de nouveau: *redonner des forces* ► **restituir**
redorer *vt* Dorer de nouveau ► **redourar** ■ **redorer son blason: (a)** épouser une riche roturière, en parlant d'un noble ruiné ► **casar por dinheiro** **(b)** FIG recouvrer de son prestige ► **recuperar o prestígio**
redoublant, e *n* Élève qui redouble une classe ► **repetente**
redoublé, e *adj* Répété, réitéré ► **repetido** ■ **à coups redoublés:** précipités, répétés, avec violence: *frapper à la porte à coups redoublés* ► **com mais e mais violência**
redoublement *nm* Action de redoubler ► **duplicação, redobramento**
redoubler *vt* **1** Rendre double ► **duplicar, dobrar** **2** Accroître en quantité, en intensité: *redoubler ses cris* ► **redobrar** **3** Faire une seconde année dans la même classe ► **repetir** ♦ *vt ind* [de] Montrer beaucoup plus de: *redoubler de prudence* ► **redobrar** ♦ *vi* Augmenter, s'accroître: *froid qui redouble* ► **redobrar**
redoutable *adj* Qui est à redouter ► **temível**
redoute *nf* ANC Petit ouvrage de fortification isolé ► **reduto**
redouter *vt* Craindre vivement ► **temer**
redoux *nm* Radoucissement de la température au cours de la saison froide ► **amenização da temperatura**
redressement *nm* Action de redresser: *redressement de la situation* ► **endireitamento, correção** ■ **redressement fiscal:** correction aboutissant à une majoration des impôts ► **reajuste fiscal** □ **redressement judiciaire:** procédure judiciaire permettant de sauvegarder l'entreprise, l'activité et l'emploi, et de rembourser les dettes ► **recuperação judicial**
redresser *vt* **1** Remettre droit, debout ► **endireitar** **2** Remettre dans la bonne voie, dans un état satisfaisant: *redresser une situation* ► **corrigir** ♦ *vi* **1** Remettre les roues d'un véhicule automobile dans le même alignement ► **alinhar** **2** Faire reprendre de la hauteur à un avion ► **endireitar** ♦ **se redresser** *vpr* **1** Se remettre droit, debout ► **endireitar-se, levantar-se** **2** FIG Prendre une attitude fière ► **empertigar-se** **3** Reprendre son essor, son développement: *l'économie se redresse* ► **recuperar-se**
redresseur *nm* ► **retificador** ■ **redresseur de torts:** personne qui prétend réparer les injustices, qui se pose en justicier ► **defensor dos fracos e oprimidos**
réducteur, trice *adj* Qui réduit, diminue: *analyse trop réductrice de la situation* ► **redutor**
réductible *adj* Qui peut être réduit ► **redutível**
réduction *nf* **1** Action de réduire ► **redução** **2** Diminution d'un prix; rabais ► **redução** **3** Copie réduite: *réduction d'un dessin* ► **redução** **4** MATH Conversion d'une quantité en une autre équivalente: *réduction d'une fraction* ► **redução** **5** CHIR Action de remettre à leur place les os fracturés ► **redução**
réduire *vt (conj 70)* **1** Diminuer, rendre moindre: *réduire ses dépenses* ► **reduzir** **2** Reproduire en plus petit: *réduire une photo* ► **reduzir** **3** Ramener à un état, à une forme plus simple: *réduire en poudre* ► **reduzir** **4** Concentrer par ébullition: *réduire une sauce* ► **concentrar** **5** MATH Transformer, simplifier: *réduire une fraction* ► **reduzir** **6** CHIR Remettre en place un os fracturé: *réduire une fracture* ► **reduzir** **7** Contraindre, obliger: *réduire au silence* ► **reduzir** **8** Vaincre, anéantir: *réduire les poches de résistance* ► **reduzir** ♦ *vi* Diminuer de volume à la cuisson ► **concentrar-se** ♦ **se réduire** *vpr* [à] Se limiter à, se ramener à: *se réduire à peu de chose* ► **limitar-se**
réduit[1] *nm* Pièce de petites dimensions ► **quartinho**
réduit[2]**, e** *adj* Qui a subi une réduction: *tarif réduit: modèle réduit* ► **reduzido**
rééchelonnement *nm* Allongement de la durée de remboursement d'une dette ► **reescalonamento**

réécouter *vt* Écouter de nouveau ▸ **voltar a escutar**
réécrire *vt* → **récrire**
réécriture *nf* Action de remanier, de réécrire un texte ▸ **reescrita**
rééditer *vt* **1** Faire une nouvelle édition: *rééditer un ouvrage* ▸ **reeditar 2** FIG Recommencer: *rééditer un exploit* ▸ **reeditar**
réédition *nf* **1** Nouvelle édition ▸ **reedição 2** Répétition d'un fait, d'un phénomène ▸ **repetição**
rééducation *nf* Action de rééduquer ▸ **reeducação**
rééduquer *vt* **1** Soumettre une partie du corps à un nouvel apprentissage afin de lui rendre sa fonction, son état primitif ▸ **reeducar 2** Réadapter socialement ▸ **reeducar**
réel, elle *adj* **1** Qui existe effectivement: *besoins réels* ▸ **real 2** Authentique, véritable: *son mérite est réel* ▸ **real** ◆ *nm* Ce qui existe effectivement: *perdre le contact avec le réel*; SYN: *réalité* ▸ **real**
réélection *nf* Action de réélire ▸ **reeleição**
rééligible *adj* Qui peut être réélu ▸ **reelegível**
réélire *vt (conj 73)* Élire de nouveau ▸ **reeleger**
réellement *adv* Effectivement, véritablement ▸ **realmente**
réembaucher *vt* Embaucher de nouveau ▸ **recontratar**
réemploi *nm* → **remploi**
réemployer *vt* → **remployer**
réemprunter *vt* → **remprunter**
réengager *vt* → **rengager**
rééquilibrage *nm* Action de rééquilibrer: *rééquilibrage des pneus* ▸ **reequilíbrio**
rééquilibrer *vt* Rétablir l'équilibre: *rééquilibrer le budget* ▸ **reequilibrar**
réer ou **raire** *vi (conj 79)* VX Crier, bramer, en parlant du cerf ▸ **bramir**
réescompte *nm* Acte par lequel une banque fait escompter par une autre banque un effet de commerce acquis par voie d'escompte ▸ **redesconto**
réessayer *vt* → **ressayer**
réévaluation *nf* **1** Action de réévaluer ▸ **reavaliação 2** Relèvement de la parité d'une monnaie ▸ **revalorização**
réévaluer *vt* **1** Évaluer de nouveau ▸ **reavaliar 2** Procéder à une réévaluation ▸ **revalorizar**
réexaminer *vt* Examiner de nouveau ou sur des bases nouvelles ▸ **reexaminar**
réexpédier *vt* Expédier de nouveau: *réexpédier des marchandises* ▸ **reexpedir** ■ **réexpédier une lettre, le courrier: (a)** les faire suivre ▸ **reenviar uma carta, a correspondência (b)** les renvoyer à l'expéditeur ▸ **devolver uma carta, a correspondência ao remetente**
réexporter *vt* Exporter des marchandises importées ▸ **reexportar**
refaire *vt (conj 76)* **1** Faire à nouveau ce qu'on a déjà fait: *refaire un voyage* ▸ **voltar a fazer 2** Remettre en état: *refaire une toiture* ▸ **refazer 3** FAM Tromper, duper: *se laisser refaire de mille francs* ▸ **burlar** ◆ **se refaire** *vpr* FAM Rétablir sa situation financière ▸ **recuperar-se**
réfection *nf* Action de remettre à neuf: *la réfection d'une route* ▸ **reparação**
réfectoire *nm* Lieu où l'on prend des repas en commun ▸ **refeitório**
refend *nm* ■ **bois de refend:** scié en long ▸ **tábua** □ **mur de refend:** gros mur intérieur d'un bâtiment, destiné à soutenir et à séparer ▸ **parede interna**
refendre *vt (conj 50)* **1** Fendre de nouveau ▸ **voltar a rachar 2** Fendre ou scier en long ▸ **serrar, rachar de comprido**
référé *nm* DR Recours d'urgence au président du tribunal pour régler un litige ▸ **medida cautelar**
référence *nf* **1** Texte auquel on se réfère: *citer ses références* ▸ **referência 2** Indication placée en tête d'une lettre, à rappeler dans la réponse ▸ **referência** ■ **faire référence à: (a)** s'y rapporter en parlant de quelque chose ▸ **referir-se a (b)** en faire mention, le prendre comme base de comparaison ▸ **referir-se a** □ **ouvrage de référence: (a)** ouvrage consulté pour trouver les informations fondamentales ▸ **obra de referência (b)** ouvrage qui fait autorité ▸ **obra de referência** ◆ **références** *pl* Attestation servant de recommandation: *avoir de bonnes références* ▸ **referências**
référencer *vt (conj 1)* Pourvoir d'une référence: *référencer un produit* ▸ **pôr referência em**
référendaire *adj* ▸ **do referendo** ■ **conseiller référendaire:** magistrat à la Cour des comptes, chargé d'examiner les pièces de la comptabilité publique et d'instruire les affaires contentieuses ▸ **conselheiro referendário**
référendum [referɛ̃dɔm] *nm* **1** Consultation directe des citoyens sur une question d'intérêt général ▸ **referendo 2** Consultation des membres d'un groupe, d'une collectivité ▸ **referendo**
référer *vt ind* [à] *(conj 10)* Faire rapport, en appeler à: *il faut en référer aux supérieurs* ▸ **referir** ◆ **se référer** *vpr* [à] S'en rapporter à quelqu'un, à quelque chose ▸ **referir-se**
refermer *vt* Fermer de nouveau ▸ **tornar a fechar**
refiler *vt* FAM Donner, vendre, écouler quelque chose dont on veut se débarrasser ▸ **passar adiante**

réfléchi, e *adj* **1** Fait ou dit avec réflexion ▸ **refletido 2** Qui agit avec réflexion ▸ **refletido** ■ GRAMM **verbes, pronoms réfléchis:** indiquant qu'une action concerne le sujet de la proposition ▸ **verbo, pronome reflexivo**
réfléchir *vt* Renvoyer dans une autre direction la lumière, le son, etc. ▸ **refletir** ♦ *vi* Penser, méditer: *réfléchir avant d'agir* ▸ **refletir** ♦ **se réfléchir** *vpr* Donner une image par réflexion: *l'église se réfléchissait dans l'eau de la rivière* ▸ **refletir-se**
réfléchissant, e *adj* Qui réfléchit la lumière, le son ▸ **refletor**
réflecteur *nm* Appareil qui réfléchit la lumière, la chaleur, les ondes ▸ **refletor**
reflet *nm* **1** Rayon lumineux ou image d'un corps apparaissant sur une surface réfléchissante ▸ **reflexo 2** Nuance de couleur changeant selon l'éclairage: *des cheveux noirs aux reflets bleus* ▸ **reflexo 3** FIG Ce qui reproduit l'image de quelqu'un, d'un groupe ▸ **reflexo**
refléter *vt (conj 10)* **1** Renvoyer la lumière, la couleur sur un corps voisin ▸ **refletir 2** FIG Reproduire, exprimer ▸ **refletir** ♦ **se refléter** *vpr* Se réfléchir: *sa joie se reflète dans ses yeux* ▸ **refletir-se**
refleurir *vi* Fleurir de nouveau ▸ **reflorescer**
reflex *adj inv* PHOT Se dit d'un système de visée caractérisé par le renvoi de l'image sur un verre dépoli au moyen d'un miroir incliné à 45° ▸ ***reflex*** ♦ *nm inv* Appareil muni de ce système ▸ **câmera *reflex***
réflexe *nm* **1** Réaction rapide en présence d'un événement soudain: *avoir de bons réflexes* ▸ **reflexo 2** PHYSIOL Réaction nerveuse involontaire ▸ **reflexo**
réflexion *nf* **1** Changement de direction des ondes lumineuses ou sonores qui tombent sur une surface réfléchissante ▸ **reflexão 2** FIG Action de réfléchir, de méditer; pensée, parole qui en résulte ▸ **reflexão 3** Observation critique ▸ **reflexão** ■ **toute réflexion faite:** après avoir mûrement réfléchi ▸ **pensando bem**
refluer *vi* Revenir vers le point de départ; reculer ▸ **refluir**
reflux [rəfly] *nm* **1** Mouvement de la mer qui s'éloigne du rivage ▸ **refluxo 2** FIG Mouvement en arrière ▸ **refluxo**
refonder *vt* Reconstruire sur des bases nouvelles avec des objectifs nouveaux: *refonder un parti politique* ▸ **reestruturar**
refondre *vt (conj 51)* **1** Fondre de nouveau: *refondre un métal* ▸ **refundir 2** FIG Refaire entièrement: *refondre un dictionnaire* ▸ **refundir**
refonte *nf* Action de refondre ▸ **refundição**
réformateur, trice *n* Personne qui propose une, des réformes ▸ **reformador** ♦ *adj* Qui vise à réformer ▸ **reformador**
réforme *nf* Changement en vue d'une amélioration: *réforme de l'enseignement* ▸ **reforma**
réformé, e *adj et n* Protestant calviniste ▸ **reformado** ■ **religion réformée:** protestantisme ▸ **religião reformada** ♦ *nm* Militaire qui a été réformé ▸ **reformado**
reformer *vt* Former de nouveau: *reformer les rangs* ▸ **formar de novo**
réformer *vt* **1** Changer en mieux; corriger: *réformer les institutions* ▸ **reformar 2** Déclarer inapte à servir dans l'armée ▸ **reformar**
réformisme *nm* Doctrine ou attitude politique visant à faire évoluer les institutions existantes vers plus de justice sociale par des réformes légales ▸ **reformismo**
réformiste *adj et n* Partisan du réformisme; relatif au réformisme ▸ **reformista**
refoulé, e *adj et n* PSYCHAN Se dit d'une personne qui empêche ses désirs, en particulier sexuels, de se manifester, de se réaliser ▸ **recalcado**
refoulement *nm* **1** Action de refouler ▸ **rechaço, recalque 2** PSYCHAN Opposition inconsciente à la réalisation de désirs qui subsistent ensuite dans l'esprit de façon latente ▸ **recalque**
refouler *vt* **1** Faire reculer, empêcher de passer ▸ **rechaçar 2** Empêcher de se manifester, de s'extérioriser: *refouler ses larmes, sa colère* ▸ **recalcar 3** PSYCHAN Soumettre au refoulement; censurer ▸ **recalcar**
réfractaire *adj* **1** Qui refuse de se soumettre ▸ **refratário 2** Qui résiste à certaines influences physiques ou chimiques: *brique réfractaire* ▸ **refratário** ■ **réfractaire à:** insensible à: *réfractaire à l'opéra* ▸ **refratário a** ♦ *nm* Matériau résistant à de très hautes températures ▸ **refratário**
réfracter *vt* Produire une réfraction: *réfracter un rayon* ▸ **refratar**
réfracteur, trice *adj* Qui réfracte ▸ **refrator**
réfraction *nf* Déviation de la lumière passant d'un milieu dans un autre ▸ **refração**
refrain *nm* **1** Phrase répétée à la fin de chaque couplet d'une chanson ▸ **refrão 2** FIG Paroles sans cesse répétées par quelqu'un; rengaine ▸ **refrão**
réfrangible *adj* Susceptible de réfraction ▸ **refrangível**
refréner ou **réfréner** *vt (conj 10)* Mettre un frein; retenir: *refréner sa colère* ▸ **refrear**

ORTHOGRAPHE Bien que le verbe soit dérivé de *frein*, on écrit *refréner* ou *réfréner*

réfrigérant, e *adj* **1** Qui abaisse la température: *mélange réfrigérant* ▸ **refrigerante 2** FIG Qui glace: *un accueil réfrigérant* ▸ **gelado**
réfrigérateur *nm* Appareil de conservation par le froid ▸ **geladeira**
réfrigération *nf* Abaissement artificiel de la température ▸ **refrigeração**
réfrigéré, e *adj* **1** Qui a subi la réfrigération; qui sert à réfrigérer ▸ **refrigerado 2** FAM Qui a très froid ▸ **gelado**
réfrigérer *vt (conj 10)* **1** Soumettre à la réfrigération ▸ **refrigerar 2** FIG Mettre mal à l'aise par la froideur manifestée ▸ **gelar**
réfringence *nf* Propriété de réfracter la lumière ▸ **refringência**
réfringent, e *adj* Qui réfracte la lumière: *milieu réfringent* ▸ **refrangente**
refroidir *vt* **1** Rendre froid ou plus froid ▸ **esfriar 2** FIG diminuer l'ardeur, l'activité de: *ce refus l'a refroidi* ▸ **esfriar** ♦ *vi* Devenir froid ou plus froid ▸ **esfriar** ♦ **se refroidir** *vpr* **1** Devenir plus froid ▸ **esfriar(-se) 2** Prendre froid ▸ **tomar friagem 3** FIG Diminuer d'ardeur, d'intérêt ▸ **esfriar(-se)**
refroidissement *nm* **1** Abaissement de la température ▸ **resfriamento 2** Indisposition causée par le froid ▸ **resfriado 3** FIG Diminution de vivacité, d'ardeur, d'affection ▸ **arrefecimento**
refuge *nm* **1** Lieu pour se mettre à l'abri ▸ **refúgio 2** Abri en haute montagne ▸ **refúgio**
réfugié, e *n et adj* Personne qui a quitté son pays pour éviter des persécutions, une condamnation, etc. ▸ **refugiado**
réfugier (se) *vpr* **1** Se retirer en un lieu pour y être en sûreté ▸ **refugiar-se 2** FIG, SOUT avoir recours à une activité pour échapper à des difficultés: *se réfugier dans le travail* ▸ **refugiar-se**
refus *nm* Action de refuser ▸ **recusa**
refuser *vt* **1** Ne pas accepter: *refuser un présent* ▸ **recusar 2** Ne pas accorder: *refuser une grâce* ▸ **recusar 3** Ne pas laisser entrer: *refuser du monde* ▸ **mandar embora, impedir a entrada 4** Ne pas recevoir à un examen: *refuser un candidat* ▸ **reprovar 5** Ne pas reconnaître: *refuser une qualité à quelqu'un* ▸ **negar** ♦ **se refuser** *vpr* **1** Se priver de: *se refuser le nécessaire* ▸ **rejeitar 2** Ne pas consentir à: *se refuser à parler* ▸ **recusar-se**
réfutable *adj* Qui peut être réfuté ▸ **refutável**
réfutation *nf* Action de réfuter; raison alléguée pour réfuter ▸ **refutação**
réfuter *vt* Démontrer la fausseté d'une affirmation ▸ **refutar**
refuznik [rəfyznik] *n* Citoyen soviétique auquel on refusait le droit d'émigrer ▸ ***refuznik***
regagner *vt* **1** Retrouver ce qu'on avait perdu ▸ **recuperar 2** Rejoindre, revenir vers: *regagner son pays* ▸ **voltar** ▪ FIG **regagner du terrain:** reprendre le dessus, l'avantage ▸ **recuperar o terreno perdido**
regain *nm* **1** Herbe qui repousse après la fauche ▸ **restolho 2** FIG Retour, renouveau: *regain d'intérêt* ▸ **ressurgimento**
régal (pl *régals*) *nm* **1** Mets qui plaît beaucoup ▸ **delícia 2** FIG Vif plaisir ▸ **regalo**
régalade *nf* ▸ **regalão** ▪ **boire à la régalade:** en versant la boisson dans sa bouche sans que le récipient touche les lèvres ▸ **beber sem encostar o recipiente nos lábios**
régaler *vt* Offrir un bon repas à quelqu'un; offrir à boire ou à manger: *régaler ses amis d'une tourte; aujourd'hui, c'est moi qui régale!* ▸ **regalar** ♦ **se régaler** *vpr* **1** Prendre un vif plaisir à boire ou à manger ▸ **regalar-se 2** FIG Éprouver un grand plaisir: *se régaler d'un bon film* ▸ **regalar-se**
régalien, enne *adj* ▸ **realengo** ▪ HIST **droit régalien:** attaché à la souveraineté royale ▸ **direito real**
regard *nm* **1** Action ou manière de regarder: *regard distrait* ▸ **olhar 2** TECHN Ouverture pour faciliter la visite d'un conduit ▸ **abertura** ▪ **au regard de:** en comparaison de, par rapport à ▸ **em relação a** ▫ **droit de regard:** possibilité d'exercer un contrôle ▸ **direito de fiscalização** ▫ **en regard:** vis-à-vis, en face ▸ **em frente**
regardant, e *adj* FAM Qui a peur de trop dépenser ▸ **econômico**
regarder *vt* **1** Porter la vue sur: *regarder les gens qui passent* ▸ **olhar 2** Considérer, envisager: *regarder les faits* ▸ **considerar 3** Concerner: *ce problème ne regarde que moi* ▸ **dizer respeito a** ♦ *vi* Être orienté vers: *maison qui regarde vers le sud* ▸ **estar voltado** ♦ *vt ind* [à] Donner toute son attention à ▸ **cuidar** ▪ **regarder à la dépense:** ne dépenser qu'avec regret ▸ **medir as despesas** ▫ **y regarder à deux fois:** bien réfléchir avant de se décider ▸ **pensar duas vezes** ♦ **se regarder** *vpr* **1** Examiner ses propres traits: *se regarder dans la glace* ▸ **olhar-se 2** S'observer, se dévisager ▸ **olhar-se 3** Être en face l'un de l'autre: *les immeubles se regardent* ▸ **estar frente a frente** ▪ FAM **tu ne t'es pas regardé:** on peut te faire les mêmes reproches que ceux que tu adresses aux autres ▸ **olha quem fala**
regarnir *vt* Garnir de nouveau ▸ **tornar a guarnecer**
régate *nf* Course de bateaux à voile ▸ **regata**
regel *nm* Gelée nouvelle ▸ **nova geada**

régence *nf* Fonction de régent; durée de cette fonction ▶ **regência** ◆ *adj inv* Qui rappelle les mœurs, le style de la régence de Philippe d'Orléans ▶ **regência**

régénérateur, trice *adj* Qui régénère ▶ **regenerador**

régénération *nf* BIOL Rétablissement de ce qui était détruit: *régénération des tissus cellulaires* ▶ **regeneração**

régénérer *vt (conj 10)* **1** Reconstituer ce qui était détruit ▶ **regenerar 2** Rendre à une substance ses propriétés initiales ▶ **regenerar**

régent, e *n* Chef du gouvernement pendant la minorité, l'absence ou la maladie du souverain ▶ **regente**

régenter *vt* Diriger de façon autoritaire: *il veut régenter tout le monde* ▶ **mandar em**

reggae [rege] *nm* Musique d'origine jamaïquaine, au rythme syncopé ▶ ***reggae***

régicide *n* Assassin d'un roi ▶ **regicida** ◆ *nm* Assassinat d'un roi ▶ **regicídio**

régie *nf* **1** Administration chargée de la perception de certaines taxes ▶ **administração fazendária 2** Entreprise industrielle ou commerciale de caractère public: *Régie autonome des transports parisiens (RATP)* ▶ **empresa pública 3** Organisation matérielle d'un spectacle, d'une production audiovisuelle, etc.; local d'un studio de radio ou de télévision où est supervisée la réalisation d'une émission ▶ **produção, sala de controle**

regimber *vi* **1** Résister en se cabrant, en ruant, en parlant d'un cheval, d'un âne ▶ **escoicear 2** Résister, se montrer récalcitrant: *regimber contre l'autorité* ▶ **recalcitrar**

régime *nm* **1** Forme de gouvernement d'un État: *régime parlementaire* ▶ **regime 2** Ensemble des dispositions légales qui régissent l'administration de certains établissements: *régime général de la Sécurité sociale* ▶ **regime 3** Ensemble de prescriptions concernant l'alimentation: *suivre un régime* ▶ **regime 4** SOUT Manière de vivre, règle de conduite qu'on se donne: *régime monacal* ▶ **regime 5** Vitesse de rotation d'un moteur ▶ **regime 6** Mode de fonctionnement normal d'une machine ▶ **marcha 7** Ensemble des variations saisonnières du débit d'un cours d'eau, des précipitations, des températures ▶ **regime 8** Grappe de certains fruits: *régime de bananes* ▶ **cacho** ■ **Ancien Régime:** gouvernement qui existait en France avant 1789 ▶ **Antigo Regime** □ **régime matrimonial:** statut réglant les intérêts pécuniaires des époux ▶ **regime matrimonial**

régiment *nm* **1** Unité militaire composée de plusieurs formations; service militaire ▶ **regimento 2** FIG, FAM grand nombre: *avoir un régiment de cousins* ▶ **batalhão**

régimentaire *adj* Propre au régiment ▶ **regimental**

région *nf* **1** Étendue de pays qui doit son unité à des causes physiques (climat, relief, etc.) ou humaines (économie, etc.) ▶ **região 2** Étendue de pays autour d'une ville: *la région bordelaise* ▶ **região 3** (avec une majuscule) En France, collectivité territoriale ▶ **região 4** Zone, partie du corps: *la région du cœur* ▶ **região**

régional, e, aux *adj* Qui concerne une région ▶ **regional** ■ **élections régionales:** élections des membres du conseil régional, organe exécutif d'une Région ▶ **eleições reginais** ◆ **régionales** *nf pl* Élections régionales ▶ **eleições regionais**

régionalisation *nf* Action de transférer aux régions des compétences qui appartenaient au pouvoir central ▶ **regionalização**

régionaliser *vt* Procéder à la régionalisation de ▶ **regionalizar**

régionalisme *nm* **1** Doctrine qui affirme l'existence d'entités régionales et revendique leur reconnaissance ▶ **regionalismo 2** LING Mot, tournure propres à une région ▶ **regionalismo**

régionaliste *adj* De la région; partisan du régionalisme: *écrivain régionaliste* ▶ **regionalista**

régir *vt* **1** Déterminer le mouvement, l'organisation, l'action de: *les lois qui régissent l'économie* ▶ **reger 2** Commander, gouverner: *elle régit tout à la maison* ▶ **reger**

régisseur *nm* **1** Personne qui gère, qui administre: *régisseur d'une propriété* ▶ **administrador 2** Personne chargée de la régie d'un spectacle, d'un film, etc. ▶ **diretor**

registre *nm* **1** Tout livre public ou particulier où l'on inscrit certains faits dont on veut conserver le souvenir ▶ **registro 2** Étendue de l'échelle musicale ou vocale: *registre du grave, de l'aigu* ▶ **registro 3** FIG Compétence, talent propres à quelqu'un ▶ **competência 4** Ton, caractère particulier d'une œuvre, d'un discours ▶ **tom**

réglable *adj* Qui peut être réglé ▶ **regulável**

réglage *nm* Action de régler ▶ **ajuste**

règle *nf* **1** Instrument droit et plat, pour tracer des lignes: *règle graduée* ▶ **régua 2** Principe de conduite; exemple, modèle: *les règles de la politesse* ▶ **regra 3** Principe, convention propres à un enseignement, à une discipline: *règle grammaticale; règle de trois* ▶ **regra 4** Ensemble des statuts d'un ordre religieux ▶ **regra 5** Ce qui se produit généralement dans une situation donnée: *fait qui n'échappe pas à la règle*

▸ **regra** ▪ **en bonne règle:** suivant l'usage ▸ **via de regra** ▫ **en règle** ou **dans les règles:** suivant la conformité ou les prescriptions légales ▸ **segundo as regras** ▫ **en règle générale:** dans la plupart des cas ▸ **via de regra** ▫ **règle à calculer:** instrument utilisé pour les calculs rapides ▸ **régua de cálculo** ♦ **règles** *pl* Écoulement sanguin qui se produit chaque mois chez la femme; menstrues ▸ **regras**

réglé, e *adj* **1** Rayé: *papier réglé* ▸ **pautado 2** Discipliné, modéré: *vie réglée* ▸ **regrado 3** Terminé, résolu: *affaire réglée* ▸ **resolvido** ▪ **bien, mal réglé:** bien, mal mis au point ▸ **bem, mal ajustado** ♦ *adj f* Qui a ses règles ▸ **menstruada**

règlement *nm* **1** Action de régler, de fixer de manière définitive: *le règlement d'un conflit* ▸ **solução 2** Action d'acquitter, de payer une somme due: *règlement par chèque* ▸ **pagamento 3** Ensemble des prescriptions, des règles relatives à un groupe: *règlement intérieur* ▸ **regulamento** ▪ **règlement de comptes:** action de faire justice soi-même ▸ **ajuste de contas**

réglementaire *adj* **1** Qui concerne le règlement ▸ **regulamentar 2** Conforme au règlement ▸ **regulamentar**

réglementairement *adv* En vertu des règlements ▸ **segundo o regulamento**

réglementation *nf* Action de fixer par des règlements; ensemble de ces règlements ▸ **regulamentação**

réglementer *vt* Soumettre à un règlement ▸ **regulamentar**

régler *vt (conj 10)* **1** Tirer à la règle des lignes sur du papier ▸ **pautar 2** Soumettre à certaines règles, à un ordre: *régler l'emploi de son temps* ▸ **regular 3** Donner une solution, mettre en ordre: *régler un différend*: *régler une affaire* ▸ **resolver 4** Payer: *régler une facture* ▸ **pagar 5** Mettre au point le fonctionnement d'une machine: *régler un moteur* ▸ **ajustar** ▪ FAM **régler son compte à quelqu'un:** (a) le punir sévèrement ▸ **ajustar contas com alguém** (b) le tuer par vengeance ▸ **ajustar contas com alguém**

réglette *nf* Petite règle ▸ **reguinha**

régleur, euse *n* Spécialiste chargé du réglage de certains appareils, d'une machine ▸ **ajustador**

réglisse *nf* Plante dont la racine est utilisée en pharmacie, en confiserie ▸ **alcaçuz**

réglo *adj inv* FAM Régulier, correct, loyal ▸ **ponta firme**

régnant, e *adj* Qui règne: *prince régnant* ▸ **reinante**

règne *nm* **1** Gouvernement d'un souverain: *règne glorieux* ▸ **reinado 2** Domination, influence de quelqu'un ou de quelque chose: *le règne de la mode* ▸ **reinado 3** SC NAT Grande division de la nature: *règne végétal* ▸ **reino**

régner *vi (conj 10)* **1** Gouverner comme roi ▸ **reinar 2** Dominer: *la mode qui règne aujourd'hui* ▸ **reinar 3** S'établir, s'imposer: *le silence règne* ▸ **reinar** ♦ *v impers* Exister: *il règne un bon esprit au sein du groupe* ▸ **reinar**

regonfler *vt* Gonfler de nouveau: *regonfler un ballon* ▸ **voltar a encher**

regorgement *nm* LITT Fait de regorger: *regorgement de richesses* ▸ **transbordamento**

regorger *vt ind* [de] *(conj 2)* Avoir en surabondance: *regorger de marchandises* ▸ **transbordar**

régresser *vi* Subir une régression; reculer: *l'épidémie régresse; chiffre d'affaires qui régresse* ▸ **regredir**

régressif, ive *adj* Qui constitue une régression ▸ **regressivo**

régression *nf* Retour en arrière; recul, diminution ▸ **regressão**

regret *nm* Peine causée par la perte de quelqu'un, l'absence de quelque chose ▸ **saudade** ▪ **à regret:** à contrecœur ▸ **a contragosto**

regrettable *adj* Qui cause du regret; fâcheux: *une erreur regrettable* ▸ **lamentável**

regretter *vt* Être affligé de ne pas avoir ou de ne plus avoir, d'avoir fait ou de ne pas avoir fait une chose: *regretter une erreur* ▸ **lamentar**

regrimper *vi et vt* Grimper de nouveau ▸ **voltar a subir**

regroupement *nm* Action de regrouper ▸ **agrupamento**

regrouper *vt* Grouper, rassembler ce qui était dispersé ▸ **agrupar, reunir** ♦ *vpr: se regrouper en association* ▸ **reunir-se**

régularisation *nf* Action de régulariser: *régularisation d'une situation administrative* ▸ **regularização**

régulariser *vt* **1** Rendre régulier: *régulariser un cours d'eau* ▸ **regularizar 2** Rendre conforme aux règles: *faire régulariser un passeport* ▸ **regularizar**

régularité *nf* Caractère de ce qui est régulier, de ce qui est conforme aux règles ▸ **regularidade**

régulateur, trice *adj* Qui règle, régularise ▸ **regulador** ♦ *nm* Appareil, mécanisme qui établit la régularité du mouvement, du fonctionnement d'une machine ▸ **regulador**

régulation *nf* Action de régler, d'assurer un rythme régulier ▸ **regulação, regulagem**

réguler *vt* Assurer la régulation de ▸ **regular**

régulier, ère *adj* **1** Conforme aux dispositions

légales, aux règles sociales: *gouvernement régulier; vie régulière* ▸ **regular 2** Qui respecte les règles, les usages, les conventions: *être régulier en affaires* ▸ **correto 3** D'un rythme, d'un niveau constant: *travail régulier* ▸ **regular 4** Qui a lieu à intervalles, à dates fixes: *visites régulières* ▸ **regular 5** Exact, ponctuel: *employé régulier* ▸ **regular 6** Conforme aux règles de la poésie, de la grammaire: *verbe régulier* ▸ **regular 7** Qui a des proportions symétriques, harmonieuses: *triangle régulier; visage régulier* ▸ **regular**

régulièrement *adv* De façon régulière ▸ **regularmente**

régurgitation *nf* Action de régurgiter ▸ **regurgitação**

régurgiter *vt* Faire revenir involontairement dans la bouche ce qui vient d'être avalé ▸ **regurgitar**

réhabilitation *nf* Action de réhabiliter ▸ **reabilitação**

réhabiliter *vt* **1** Rétablir dans son premier état, dans ses droits: *réhabiliter un condamné* ▸ **reabilitar 2** Aider à la réinsertion sociale d'un individu ▸ **reabilitar 3** FIG Rétablir dans l'estime d'autrui ▸ **reabilitar 4** Remettre en état un immeuble délabré; réaménager un vieux quartier ▸ **restaurar, recuperar**

réhabituer *vt* Faire reprendre une habitude à: *réhabituer au travail* ▸ **reabituar**

rehaussement *nm* Action de rehausser; fait d'être rehaussé ▸ **elevação, realçamento**

rehausser *vt* **1** Placer plus haut ▸ **realçar 2** FIG Donner plus de valeur, de force ▸ **realçar 3** BX-ARTS Embellir, relever par des rehauts ▸ **realçar**

rehausseur *nm et adj m* AUTOM Siège amovible destiné à rehausser un enfant assis dans une automobile, afin qu'il soit efficacement protégé par une ceinture de sécurité ▸ **assento de elevação, *booster***

rehaut *nm* BX-ARTS Retouche destinée à faire ressortir certains détails ▸ **realce**

réhydrater *vt* Hydrater ce qui a été desséché ▸ **reidratar**

réimplanter *vt* **1** Implanter de nouveau: *réimplanter une industrie* ▸ **reimplantar 2** Remettre chirurgicalement en place un organe, une partie du corps ▸ **reimplantar**

réimporter *vt* Importer de nouveau ▸ **reimportar**

réimposer *vt* Établir une nouvelle imposition, une nouvelle taxe ▸ **instituir novo imposto**

réimpression *nf* Impression nouvelle d'un ouvrage ▸ **reimpressão**

réimprimer *vt* Imprimer de nouveau: *réimprimer un dictionnaire* ▸ **reimprimir**

rein *nm* Organe qui sécrète l'urine ▸ **rim** ◆ **reins** *pl* Partie inférieure de l'épine dorsale; lombes ▸ **rins** ■ FIG **avoir les reins solides:** pouvoir résister à une épreuve ▸ **ter costas largas** □ FIG **casser les reins à quelqu'un:** le ruiner, briser sa carrière ▸ **ferrar alguém**

réincarnation *nf* Nouvelle incarnation ▸ **reencarnação**

réincarner (se) *vpr* Revivre sous une autre forme, sous une nouvelle apparence ▸ **reencarnar(-se)**

reine *nf* **1** Souveraine d'un royaume ▸ **rainha 2** Femme d'un roi ▸ **rainha 3** FIG La première, la plus belle: *la reine du bal* ▸ **rainha 4** Ce qui domine, s'impose: *la lâcheté est reine ici* ▸ **soberano 5** Aux échecs et aux cartes, pièce, carte la plus importante après le roi ▸ **rainha, dama 6** Femelle féconde, chez les insectes sociaux (abeilles, fourmis, etc.) ▸ **rainha**

reine-claude (pl *reines-claudes*) *nf* Prune à peau vert-jaune ▸ **rainha-cláudia**

reine-marguerite (pl *reines-marguerites*) *nf* Plante voisine de la marguerite ▸ **rainha-margarida**

reinette *nf* Pomme dont il existe plusieurs variétés ▸ **maçã-reineta**

ORTHOGRAPHE *Reinette* s'écrit avec *ei*, alors que *rainette*, la grenouille, s'écrit avec *ai*

réinscriptible *adj* Se dit d'un support d'enregistrement dont le contenu peut être modifié par l'utilisateur: *disquette réinscriptible* ▸ **regravável**

réinscription *nf* Nouvelle inscription sur une liste ▸ **reinscrição**

réinscrire *vt (conj 71)* Inscrire de nouveau ▸ **reinscrever**

réinsérer *vt (conj 10)* Réintégrer dans un groupe social, professionnel ▸ **reinserir**

réinsertion *nf* Action de réinsérer ▸ **reinserção**

réinstaller *vt* Installer de nouveau ▸ **reinstalar**

réintégration *nf* Action de réintégrer ▸ **reintegração**

réintégrer *vt (conj 10)* **1** Revenir dans un lieu après l'avoir quitté: *réintégrer son domicile* ▸ **reintegrar 2** DR Rendre la possession intégrale de ses droits, de ses biens à: *réintégrer un salarié licencié* ▸ **reintegrar**

réintroduire *vt (conj 70)* Introduire de nouveau ▸ **reintroduzir**

réinventer *vt* Inventer de nouveau, ou en donnant une nouvelle dimension à quelque chose qui existe déjà ▸ **reinventar**

réinvestir *vt et vi* Investir de nouveau ▸ **reinvestir**

réitération *nf* **1** LITT Action de réitérer ▸ **reiteração 2** DR Action de commettre une infraction, après une première condamnation pour des faits de nature différente (par opposition à *récidive*) ▸ **reiteração**

réitérer *vt (conj 10)* SOUT Faire, dire de nouveau; répéter: *réitérer une offre* ▸ **reiterar**

rejaillir *vi* **1** Jaillir avec force ▸ **jorrar 2** FIG Retomber sur, atteindre en retour ▸ **recair, repercutir**

rejaillissement *nm* Mouvement de ce qui rejaillit ▸ **jorro, repercussão**

rejet *nm* **1** Action de rejeter ▸ **rejeição 2** MÉD Après une greffe d'organe, réaction de défense des organes anticorps qui détruisent le greffon ▸ **rejeição 3** AGRIC Nouvelle pousse; rejeton ▸ **rebento 4** LITTÉR Enjambement ▸ ***enjambement***

rejeter *vt (conj 8)* **1** Renvoyer: *rejeter une balle* ▸ **jogar de volta 2** Jeter hors de: *débris rejetés par la mer* ▸ **lançar 3** FIG Faire retomber: *rejeter la faute sur autrui* ▸ **jogar 4** Repousser, refuser: *rejeter un avis* ▸ **rejeitar** ♦ *vi* AGRIC Produire des rejets ▸ **rebentar**

rejeton *nm* **1** Nouvelle pousse au pied d'une plante ▸ **rebento 2** FAM Enfant ▸ **rebento**

rejoindre *vt (conj 82)* **1** Réunir des parties séparées ▸ **juntar 2** Aller retrouver ▸ **juntar-se a, ir ao encontro de 3** Aboutir à un endroit ▸ **dar em**

rejouer *vt et vi* Jouer de nouveau ▸ **voltar a brincar, a jogar**

réjoui, e *adj* Qui manifeste la joie, la gaieté: *une mine réjouie* ▸ **alegre**

réjouir *vt* Donner de la joie ▸ **alegrar** ♦ **se réjouir** *vpr* Éprouver de la joie ▸ **alegrar-se**

réjouissance *nf* Amusement, divertissement ▸ **diversão** ♦ **réjouissances** *pl* Fêtes publiques ▸ **festividade**

réjouissant, e *adj* Qui réjouit: *une nouvelle réjouissante* ▸ **alegre**

relâche *nf* **1** LITT Interruption dans un travail, un exercice: *prendre un peu de relâche* ▸ **descanso, folga 2** Suspension momentanée des représentations d'une salle de spectacle: *faire relâche le lundi* ▸ **pausa 3** MAR Action de relâcher; lieu où l'on relâche ▸ **escala** ▪ **sans relâche:** sans interruption ▸ **sem trégua** ♦ **relâches** *pl* SUISSE Vacances scolaires, spécialement vacances de février ▸ **férias**

relâché, e *adj* Qui n'est pas assez rigoureux: *une morale relâchée* ▸ **frouxo**

relâchement *nm* **1** Distension: *relâchement musculaire* ▸ **relaxamento 2** Diminution d'activité, d'effort: *relâchement dans le travail* ▸ **relaxamento**

relâcher *vt* **1** Détendre: *relâcher une corde* ▸ **afrouxar 2** Libérer: *relâcher un prisonnier* ▸ **soltar 3** Rendre moins rigoureux: *relâcher la discipline* ▸ **relaxar** ♦ *vi* MAR Faire escale ▸ **fazer escala** ♦ **se relâcher** *vpr* **1** Se détendre ▸ **relaxar 2** Perdre de son zèle, de sa rigueur ▸ **relaxar**

relais *nm* **1** Ce qui sert d'intermédiaire, d'étape ▸ **intermediário, etapa 2** Hôtel, auberge: *relais routier* ▸ **pousada 3** Dispositif émetteur servant à transmettre, à relayer ▸ **relé** ▪ **course de relais** ou **relais:** épreuve sportive dans laquelle les coureurs d'une même équipe se remplacent alternativement ▸ **corrida de revezamento** ▫ **prendre le relais:** assurer la continuation de quelque chose ▸ **levar adiante**

relance *nf* Action de donner une nouvelle activité, une nouvelle vigueur à quelque chose: *relance de l'économie* ▸ **reativação**

relancer *vt (conj 1)* **1** Lancer de nouveau ▸ **tornar a lançar 2** Donner un nouvel essor ▸ **reativar** ▪ **relancer qqn**: l'importuner pour obtenir qqch de lui ▸ **importunar alguém**

relaps, e *adj et n* RELIG, ANC Se dit d'un chrétien retombé dans l'hérésie ▸ **relapso**

relater *vt* Raconter d'une manière précise, en détail ▸ **relatar**

relatif, ive *adj* **1** Qui se rapporte à: *études relatives à l'histoire* ▸ **relativo 2** Qui n'a rien d'absolu, qui dépend d'autre chose; incomplet: *toute connaissance humaine est relative* ▸ **relativo** ♦ *adj et nm* GRAMM Se dit d'un mot qui établit une relation entre un nom ou un pronom qu'il représente (*antécédent*) et une proposition dite (*subordonnée*) *relative* ▸ **(pronome) relativo**

relation *nf* **1** Rapport, lien: *relation de cause à effet* ▸ **relação 2** Personne avec laquelle on est en rapport: *avoir de nombreuses relations* ▸ **relações 3** SOUT Action de relater; récit: *relation de voyage* ▸ **relação**

relationnel, elle *adj* PSYCHOL Relatif aux relations entre les individus ▸ **relacional**

relativement *adv* **1** Par rapport à ▸ **relativamente 2** D'une manière relative ▸ **relativamente**

relativiser *vt* Considérer par rapport à un ensemble; faire perdre son caractère absolu à ▸ **relativizar**

relativisme *nm* Théorie philosophique fondée sur la relativité de la connaissance ▸ **relativismo**

relativiste *adj* **1** Qui concerne le relativisme; qui en fait preuve ▸ **relativista 2** PHYS Qui concerne la théorie de la relativité ▸ **relativístico**

relativité *nf* Caractère relatif ▸ **relatividade** ▪ PHYS **théories de la relativité:** ensemble de théories selon lesquelles tout ou partie des lois de la physique sont invariantes à l'intérieur d'une classe

donnée de repères ▸ **teoria da relatividade**
relaver *vt* Laver de nouveau ▸ **lavar de novo**
relax ou **relaxe** *adj* FAM Décontracté ▸ ***relax***
relaxant, e *adj* Qui décontracte ▸ **relaxante**
relaxation *nf* Action de se relaxer; état de détente ▸ **relaxamento**
relaxe *nf* DR Décision d'un tribunal déclarant un prévenu non coupable ▸ **libertação**
relaxer *vt* **1** Détendre, décontracter, reposer ▸ **relaxar 2** DR Libérer un détenu ▸ **libertar** ◆ **se relaxer** *vpr* Détendre ses muscles, son esprit ▸ **relaxar**
relayer *vt (conj 4)* **1** Remplacer, prendre le relais de: *relayer un collègue, un coéquipier* ▸ **substituir 2** Retransmettre une émission, un programme par émetteur, par satellite ▸ **retransmitir** ◆ **se relayer** *vpr* Se remplacer, alterner pour assurer la continuité d'une tâche ▸ **revezar-se**
relayeur, euse *n* SPORTS Participant d'une course de relais ▸ **corredor de corrida de revezamento**
relecture *nf* **1** Nouvelle lecture ▸ **releitura 2** Lecture faite pour corriger: *relecture des épreuves d'un livre* ▸ **revisão**
reléguer *vt (conj 10)* Mettre à l'écart; éloigner: *reléguer un meuble au grenier* ▸ **relegar**
relent *nm* **1** Mauvaise odeur qui persiste: *un relent de moisi* ▸ **relento 2** LITT Trace, reste: *un relent de jansénisme* ▸ **resquício**
relève *nf* Remplacement d'une troupe, d'une équipe, etc., par une autre; cette équipe, cette troupe: *assurer la relève* ▸ **substituição, grupo substituto**
relevé[1] *nm* Action de relever, de noter par écrit ou par un dessin; son résultat: *relevé d'un compteur* ▸ **levantamento, leitura ▪ relevé d'identité bancaire (RIB):** document permettant d'identifier un compte bancaire ▸ **cartão com dados de conta bancária**
relevé[2]**, e** *adj* **1** Épicé: *sauce relevée* ▸ **condimentado 2** LITT Qui est hors du commun, se distingue par sa qualité: *s'exprimer dans une langue choisie, relevée* ▸ **requintado**
relèvement *nm* **1** Action de relever: *relèvement d'un mur, des impôts* ▸ **elevação 2** Redressement: *le relèvement d'un pays* ▸ **restabelecimento**
relever *vt (conj 9)* **1** Remettre debout ▸ **reerguer 2** Diriger vers le haut, remettre plus haut: *relever la tête; relever les manches* ▸ **levantar 3** Rétablir: *relever une industrie* ▸ **restabelecer 4** Augmenter: *relever les prix* ▸ **elevar 5** Donner plus de goût à; rehausser: *relever une sauce* ▸ **condimentar 6** Consigner, noter par écrit une position, une date, etc.: *relever un croquis, une cote, un compteur* ▸ **anotar 7** Remarquer ou faire remarquer: *relever une faute; ne pas relever une impertinence* ▸ **notar 8** Ramasser, collecter: *relever des exemples* ▸ **colher 9** Remplacer: *relever la garde* ▸ **substituir 10** SOUT délier d'un engagement: *relever d'un vœu* ▸ **desobrigar 11** Révoquer: *relever quelqu'un de ses fonctions* ▸ **dispensar** ◆ *vt ind* [de] **1** Dépendre: *cela relève de sa compétence* ▸ **depender 2** Sortir de: *relever de maladie* ▸ **sair, restabelecer-se 3** Être le fait de: *cela relève de l'inconscience* ▸ **decorrer** ◆ **se relever** *vpr* **1** Se remettre debout; sortir de nouveau de son lit ▸ **levantar-se 2** Sortir d'une situation pénible; se remettre ▸ **restabelecer-se**
releveur, euse *n* Employé qui relève les compteurs d'eau, de gaz, d'électricité ▸ **leiturista**
relief *nm* **1** Ce qui fait saillie: *carte en relief* ▸ **relevo 2** Ensemble des inégalités de la surface terrestre, d'un pays: *relief accidenté* ▸ **relevo 3** Sculpture dont le motif se détache en saillie sur un fond ▸ **relevo 4** Éclat né du contraste ▸ **relevo ▪ mettre en relief: (a)** faire ressortir ▸ **realçar (b)** mettre en évidence ▸ **destacar** ◆ **reliefs** *pl* LITT Restes d'un repas ▸ **sobras**

ORTHOGRAPHE D'une sculpture, on peut dire qu'elle est *en bas relief* ou *en haut relief* (sans trait d'union)

relier *vt* **1** Lier, réunir, joindre: *relier des points* ▸ **ligar 2** Établir un lien entre; unir: *relier le passé au présent* ▸ **ligar 3** Faire communiquer: *pont qui relie deux rives* ▸ **ligar 4** Coudre ensemble les feuillets d'un livre et y mettre une couverture rigide ▸ **encadernar**
relieur, euse *n* Spécialiste de la reliure ▸ **encadernador**
religieuse *nf* Gâteau fait de pâte à choux fourrée à la crème pâtissière ▸ **bolinho recheado com creme, *religieuse***
religieusement *adv* **1** D'une manière religieuse ▸ **religiosamente 2** Scrupuleusement ▸ **religiosamente**
religieux, euse *adj* **1** Qui concerne la religion: *chant religieux* ▸ **religioso 2** Qui se fait selon les rites d'une religion: *mariage religieux*; qui a la religion pour fondement: *école religieuse* ▸ **religioso 3** Pieux: *sentiments religieux* ▸ **sagrado 4** Empreint de gravité, de respect: *silence religieux* ▸ **religioso** ◆ *n* Membre d'un ordre, d'une congrégation ou d'un institut religieux ▸ **religioso**
religion *nf* **1** Ensemble de croyances, de dogmes et de pratiques établissant les rapports de l'homme avec le divin, le sacré ▸ **religião 2** Foi, croyance: *homme sans religion* ▸ **religião 3** Culte

à l'égard de certaines valeurs: *la religion de la science, du progrès* ► **religião**

religiosité *nf* Attitude religieuse sans engagement dans une religion précise ► **religiosidade**

reliquaire *nm* Boîte, coffret destinés à contenir des reliques ► **relicário**

reliquat [rəlika] *nm* **1** Ce qui reste ► **resto 2** DR Ce qui reste dû après un arrêté de comptes ► **resíduo**

relique *nf* **1** Ce qui reste du corps d'un martyr, d'un saint, conservé dans un but de vénération ► **relíquia 2** FAM Vieil objet sans valeur, si ce n'est sentimentale ► **relíquia**

relire *vt (conj 73)* Lire de nouveau ► **reler** ♦ **se relire** *vpr* Lire ce qu'on a écrit pour se corriger ► **reler**

reliure *nf* Art de relier un livre; couverture d'un livre relié ► **encadernação, capa**

relogement *nm* Action de reloger; fait d'être relogé ► **reinstalação**

reloger *vt (conj 2)* Donner un nouveau logement à ► **reinstalar**

relouer *vt* Louer de nouveau ► **voltar a alugar**

reluire *vi (conj 69, sauf part passé relui)* Luire en reflétant la lumière; briller ► **reluzir**

reluisant, e *adj* Qui reluit ► **reluzente** ■ **peu reluisant:** médiocre: *situation peu reluisante* ► **pouco atraente**

reluquer *vt* TRÈS FAM Lorgner avec curiosité ou convoitise ► **secar**

rem [rɛm] *nm* Unité d'évaluation de l'effet biologique d'un rayonnement radioactif ► **rem**

remâcher *vt* **1** Mâcher une seconde fois, en parlant des ruminants ► **remastigar 2** FIG Repasser dans son esprit des sentiments d'amertume, de colère: *remâcher un échec* ► **remoer**

remaillage ou **remmaillage** *nm* Action ou manière de remailler ► **cerzidura, remendo**

remailler ou **remmailler** *vt* Reconstituer les mailles d'un tricot, d'un filet ► **cerzir, remendar**

remake [rimɛk] *nm* Nouvelle version d'un film, d'une œuvre, d'un thème ► ***remake***

rémanence *nf* PSYCHOL Propriété que possèdent une sensation, un effet de persister après la disparition de ce qui les a provoqués ► **remanência**

rémanent, e *adj* PSYCHOL Se dit d'une perception qui subsiste: *image rémanente* ► **remanente**

remaniement *nm* Action de remanier; changement, modification: *remaniement ministériel* ► **remanejamento**

remanier *vt* Changer la composition de; modifier ► **remanejar**

remaquiller (se) *vpr* Se maquiller de nouveau ► **maquiar-se de novo**

remariage *nm* Nouveau mariage ► **novo casamento**

remarier (se) *vpr* Se marier de nouveau ► **casar-se de novo**

remarquable *adj* Digne d'être remarqué; extraordinaire, éminent ► **notável**

remarquablement *adv* De façon remarquable ► **notavelmente**

remarque *nf* **1** Observation: *remarque judicieuse* ► **observação 2** Note, observation écrite ► **observação**

remarquer *vt* **1** Observer, constater: *tu ne remarques rien?* ► **observar, notar 2** Distinguer parmi d'autres: *remarquer une vedette dans la foule* ► **reparar em** ■ PÉJOR **se faire remarquer:** se singulariser ► **chamar atenção** ♦ **se remarquer** *vpr* Être apparent, se voir: *ça ne se remarque pas trop?* ► **notar-se**

remballage *nm* Action de remballer ► **nova embalagem**

remballer *vt* Emballer de nouveau ► **embalar de novo**

rembarquement *nm* Action de rembarquer ou de se rembarquer ► **novo embarque**

rembarquer *vt* Embarquer de nouveau ► **reembarcar** ♦ *vi* ou **se rembarquer** *vpr* S'embarquer de nouveau ► **reembarcar(-se)**

rembarrer *vt* FAM Reprendre vivement quelqu'un, le remettre à sa place ► **descompor**

remblai *nm* Masse de terre rapportée pour surélever un terrain ou combler un creux ► **aterro**

remblaiement *nm* Action de l'eau qui dépose tout ou partie des matériaux qu'elle transporte ► **aluviamento**

remblayage *nm* Action de remblayer ► **terraplenagem**

remblayer *vt (conj 4)* Remettre des matériaux pour hausser ou combler ► **terraplenar**

rembobiner *vt* Remettre sur la bobine; enrouler de nouveau ► **rebobinar**

remboîter *vt* Remettre en place ce qui est déboîté ► **reencaixar**

rembourrage *nm* Action de rembourrer; matière servant à rembourrer ► **estofamento**

rembourrer *vt* Garnir de bourre, de crin, de laine: *rembourrer un fauteuil* ► **estofar**

remboursable *adj* Qui peut, qui doit être remboursé ► **reembolsável**

remboursement *nm* Action de rembourser; paiement d'une somme due ► **reembolso** ■ **envoi contre remboursement:** envoi d'une marchandise délivrable contre paiement de sa valeur ► **entrega contra pagamento**

rembourser *vt* Rendre à quelqu'un l'argent qu'il a déboursé ou avancé: *rembourser un achat, un prêt; rembourser un ami* ▸ **reembolsar**
rembrunir (se) *vpr* LITT Devenir sombre, triste ▸ **entristecer-se**
remède *nm* **1** VX Médicament ▸ **remédio 2** Moyen, mesure propres à combattre une souffrance morale, à pallier un inconvénient, à résoudre une difficulté ▸ **remédio**
remédiable *adj* À quoi l'on peut remédier ▸ **remediável**
remédier *vt ind* [à] Apporter un remède à: *remédier à un inconvénient* ▸ **remediar**
remembrement *nm* Réunion, regroupement de parcelles pour mettre fin au morcellement excessif de la propriété rurale ▸ **remembramento**
remembrer *vt* Effectuer un remembrement ▸ **remembrar**
remémorer *vt* LITT Remettre en mémoire, rappeler ▸ **rememorar**
remerciement *nm* **1** Action de remercier ▸ **agradecimento 2** Paroles par lesquelles on remercie ▸ **agradecimento**
remercier *vt* **1** Exprimer sa gratitude à quelqu'un pour quelque chose: *je vous remercie de, pour vos conseils* ▸ **agradecer 2** Congédier, renvoyer: *remercier un employé* ▸ **demitir ▪ je vous remercie:** expression de refus poli ▸ **não, obrigado**
réméré *nm* DR Clause de rachat: *vente à réméré* ▸ **retrovenda**
remettre *vt (conj 57)* **1** Mettre de nouveau: *remettre un manteau; remettre en usage* ▸ **voltar a usar 2** Replacer: *remettre en place* ▸ **recolocar 3** Donner, confier, mettre en dépôt: *remettre une lettre; je remets mon sort entre vos mains; remettre des fonds à un banquier* ▸ **entregar 4** Rétablir la santé de: *l'air de la campagne l'a remis* ▸ **restabelecer 5** Reconnaître: *je ne vous remets pas* ▸ **reconhecer 6** Faire grâce de: *remettre les péchés; remettre une peine* ▸ **perdoar 7** Différer: *remettre au lendemain* ▸ **adiar ▪** FAM **en remettre:** exagérer ▸ **exagerar** ▫ FAM **remettre ça:** recommencer ▸ **recomeçar** ▫ **remettre quelque chose en état:** le réparer, le restaurer ▸ **consertar algo** ▫ FAM **remettre quelqu'un à sa place:** lui faire comprendre, par une parole désobligeante, qu'il exagère ▸ **colocar alguém em seu devido lugar ◆ se remettre** *vpr* **1** Se replacer: *se remettre à table* ▸ **tornar a colocar-se 2** Recommencer: *se remettre à jouer* ▸ **recomeçar 3** Revenir à un meilleur état de santé, de calme: *se remettre d'une émotion* ▸ **restabelecer-se ▪ s'en remettre à quelqu'un:** s'en rapporter à lui, lui faire confiance ▸ **remeter-se a alguém**
remeubler *vt* Regarnir de meubles ou garnir de nouveaux meubles ▸ **remobiliar**
rémige *nf* Grande plume de l'aile d'un oiseau ▸ **rêmige**
réminiscence *nf* Souvenir imprécis ▸ **reminiscência**
remisage *nm* Action de remiser ▸ **recolhimento**
remise *nf* **1** Local servant d'abri à des véhicules, du matériel ▸ **garagem, depósito 2** Action de remettre, de livrer, de déposer: *remise d'un paquet; remise de chèque* ▸ **entrega, depósito 3** Rabais accordé par un commerçant; réduction ▸ **desconto 4** DR Délai, renvoi à plus tard: *remise d'une audience* ▸ **adiamento ▪ remise de peine:** grâce accordée à un condamné de tout ou partie de sa peine ▸ **redução da pena**
remiser *vt* **1** Placer dans une remise ▸ **guardar 2** Mettre à l'écart ce dont on ne se servira pas tout de suite: *remiser une malle au grenier* ▸ **guardar**
rémissible *adj* LITT Pardonnable: *péché rémissible* ▸ **remissível**
rémission *nf* **1** Pardon: *rémission des péchés* ▸ **remissão 2** MÉD Atténuation momentanée d'un mal ▸ **remissão ▪ sans rémission:** sans indulgence, implacablement ▸ **implacavelmente**
rémittent, e *adj* MÉD Qui diminue d'intensité par intervalles: *fièvre rémittente* ▸ **remitente**
remmaillage *nm* → **remaillage**
remmailler *vt* → **remailler**
remmener *vt (conj 9)* Emmener après avoir amené ▸ **levar de volta**
remodelage *nm* **1** Action de remodeler ▸ **remodelação 2** Remaniement, rénovation effectués sur de nouvelles bases: *remodelage des circonscriptions électorales* ▸ **remodelação**
remodeler *vt (conj 5)* Modifier la forme, l'aspect de quelque chose ▸ **remodelar**
rémois, e *adj et n* De Reims ▸ **remense**
remontage *nm* Action de remonter ▸ **remontagem, remonte**
remontant[1] *nm* Aliment, boisson, médicament qui redonne des forces ▸ **fortificante**
remontant[2], e *adj* **1** Qui remonte ▸ **revigorante 2** BOT Qui refleurit à diverses époques: *fraisiers remontants* ▸ **poliântico**
remontée *nf* Action de remonter ▸ **subida ▪ remontée mécanique:** toute installation utilisée par les skieurs pour remonter les pentes ▸ **teleférico**
remonte-pente (pl *remonte-pentes*) *nm* Appareil à câble permettant aux skieurs de gagner un point élevé sans quitter leurs skis; SYN: *téléski* ▸ **telesqui**

remonter *vi* **1** Monter de nouveau: *remonter en voiture* ▸ **voltar a subir 2** S'élever, faire un mouvement de bas en haut: *remonter du fond de la mine* ▸ **subir 3** Augmenter de valeur après une baisse ▸ **subir 4** Aller vers la source; retourner plus au nord: *remonter vers Paris* ▸ **subir 5** Se reporter au début, à la cause: *remonter aux origines* ▸ **remontar** ♦ *vt* **1** Gravir de nouveau ▸ **voltar a escalar 2** Relever: *remonter un mur, son col* ▸ **subir 3** Aller vers l'amont, à contre-courant ▸ **remontar 4** Retendre un ressort, un mécanisme: *remonter une montre* ▸ **dar corda 5** Redonner de l'énergie ▸ **fortificar 6** Remettre des éléments en place: *remonter un moteur* ▸ **remontar** ■ FAM **être remonté contre quelqu'un, quelque chose:** être furieux contre quelqu'un, être fortement opposé à quelque chose: *les étudiants sont remontés contre la réforme* ▸ **revoltar-se contra alguém, algo** □ **remonter la pente:** réagir, se sortir d'un mauvais pas ▸ **sair do sufoco** □ **remonter le moral:** redonner du courage ▸ **levantar o moral** ♦ **se remonter** *vpr* Reprendre des forces ▸ **recuperar forças**

remontoir *nm* Dispositif servant à remonter un mécanisme ▸ **corda**

remontrance *nf* SOUT Avertissement, reproche ▸ **admoestação**

remontrer *vt* Montrer de nouveau ▸ **mostrar de novo** ■ **en remontrer à quelqu'un:** lui prouver qu'on est supérieur, lui faire la leçon ▸ **mostrar a alguém com quantos paus se faz uma canoa**

rémora *nm* Poisson marin à la tête munie d'une ventouse qui lui permet de se faire transporter par d'autres animaux ou par des bateaux ▸ **rêmora**

remords *nm* Douleur morale causée par la conscience d'avoir mal agi ▸ **remorso**

ORTHOGRAPHE Même au singulier, *remords* s'écrit avec un *s* final

remorquage *nm* Action de remorquer ▸ **reboque**

remorque *nf* **1** Traction exercée par un véhicule sur un autre véhicule: *prendre en remorque* ▸ **reboque 2** Véhicule sans moteur remorqué par un autre ▸ **reboque 3** Câble servant au remorquage ▸ **reboque** ■ **être à la remorque:** rester en arrière ▸ **ficar para trás** □ **être à la remorque de quelqu'un:** le suivre aveuglément ▸ **ir a reboque de alguém**

remorquer *vt* Traîner à sa suite une voiture, un bateau, etc. ▸ **rebocar**

remorqueur, euse *adj* Qui remorque ▸ **rebocador** ♦ *nm* Bâtiment de navigation conçu pour remorquer d'autres bâtiments ▸ **rebocador**

remouiller *vt* Mouiller de nouveau ▸ **molhar de novo**

rémoulade *nf* Mayonnaise additionnée de fines herbes et de moutarde: *céleri rémoulade* ▸ **molho remoulade**

rémouleur *nm* Personne qui aiguise les couteaux et les instruments tranchants ▸ **amolador**

remous *nm* **1** Tourbillon qui se forme à l'arrière d'un bateau en marche ▸ **remoinho 2** Tourbillon provoqué par le refoulement de l'eau au contact d'un obstacle ▸ **remoinho 3** FIG Mouvement, agitation: *les remous de la foule* ▸ **rebuliço**

rempaillage *nm* Action de rempailler; ouvrage du rempailleur ▸ **empalhação**

rempailler *vt* Garnir de paille le siège des chaises, des fauteuils, etc. ▸ **empalhar**

rempailleur, euse *n* Personne qui rempaille des sièges ▸ **empalhador**

rempaqueter *vt (conj 8)* Empaqueter de nouveau ▸ **empacotar de novo**

rempart *nm* **1** Levée de terre ou forte muraille entourant un château fort ou une ville fortifiée ▸ **muralha 2** LITT Ce qui sert de défense ▸ **muralha**

rempiler *vi* FAM Se rengager dans l'armée; reprendre un engagement auprès d'une entreprise ▸ **reengajar-se, ser recontratado**

remplaçable *adj* Que l'on peut remplacer ▸ **substituível**

remplaçant, e *n* Personne qui en remplace une autre ▸ **substituto**

remplacement *nm* Action de remplacer; substitution ▸ **substituição**

remplacer *vt (conj 1)* **1** Mettre à la place de: *remplacer de vieux meubles* ▸ **substituir 2** Prendre la place de quelqu'un ou de quelque chose d'une manière temporaire ou définitive; succéder à, relayer ▸ **substituir**

remplir *vt* **1** Rendre plein un contenant en y mettant quelque chose: *remplir une bouteille* ▸ **encher 2** Occuper entièrement: *ce fait divers remplit les journaux; cela remplit mon temps* ▸ **encher 3** Combler de: *cette nouvelle me remplit de joie* ▸ **encher 4** Accomplir, effectuer, réaliser: *remplir un devoir, une fonction, une promesse* ▸ **cumprir 5** Répondre à: *remplir l'attente* ▸ **corresponder 6** Compléter: *remplir une fiche* ▸ **preencher** ♦ **se remplir** *vpr* Recevoir comme contenu: *se remplir d'eau; la salle se remplit de spectateurs* ▸ **encher-se**

remplissage *nm* **1** Action de remplir ▸ **enchimento 2** FIG développement inutile ou étranger au sujet: *ce paragraphe, c'est du remplissage* ▸ **en-**

cheção de linguiça 3 Matériau de construction non portant ► **enchimento**

remploi ou **réemploi** *nm* DR Achat d'un bien avec le produit de la vente d'un autre bien; placement nouveau d'un capital ► **compra casada, reinvestimento**

remployer ou **réemployer** *vt (conj 3)* Employer de nouveau ► **reutilizar**

remplumer (se) *vpr* **1** Se couvrir de nouvelles plumes, en parlant des oiseaux ► **cobrir-se de novas penas 2** FAM Reprendre des forces, du poids; rétablir sa situation financière ► **restabelecer-se**

rempocher *vt* FAM Remettre dans sa poche ► **voltar a colocar no bolso**

rempoissonner *vt* Repeupler de poissons ► **repovoar de peixes**

remporter *vt* **1** Reprendre, emporter ce qu'on avait apporté ► **levar de volta 2** Gagner, obtenir: *remporter une victoire* ► **ganhar, conseguir**

rempotage *nm* Action de rempoter ► **mudança de vaso**

rempoter *vt* Changer de pot: *rempoter des fleurs* ► **mudar de vaso**

remprunter ou **réemprunter** *vt* Emprunter de nouveau ► **voltar a pedir emprestado**

remuant, e *adj* Qui remue beaucoup; turbulent: *enfant remuant* ► **irrequieto**

remue-ménage *nm inv* **1** Déplacement bruyant de meubles, d'objets divers ► **desordem 2** Agitation bruyante et confuse ► **rebuliço**

remue-méninges *nm inv* Brainstorming ► ***brainstorming***

remuement *nm* LITT Action, mouvement de ce qui remue: *le remuement des lèvres* ► **movimento**

remuer *vt* **1** Déplacer, bouger: *remuer la tête: remuer un meuble* ► **mexer, mover 2** Agiter: *remuer une sauce* ► **mexer 3** FIG Émouvoir ► **comover** ■ **remuer ciel et terre:** mettre tout en œuvre pour réussir ► **mover céus e terras** ♦ *vi* **1** Changer de place, bouger: *cet enfant ne cesse de remuer* ► **mexer 2** Être ébranlé: *dent qui remue* ► **mover-se** ♦ **se remuer** *vpr* **1** Se mouvoir ► **mover-se 2** FIG Se donner de la peine pour réussir ► **esforçar-se**

remugle *nm* VX, LITT Odeur de renfermé ► **bafio**

rémunérateur, trice *adj* Qui procure un gain, un profit: *travail rémunérateur* ► **remunerador, remunerado**

rémunération *nf* Prix d'un travail, d'un service rendu ► **remuneração**

rémunérer *vt (conj 10)* Rétribuer, payer ► **remunerar**

renâcler *vi* Faire du bruit en reniflant, en parlant d'un animal ► **bufar** ♦ *vt ind* [à] FAM Témoigner de son manque d'empressement à faire quelque chose: *renâcler à la besogne* ► **relutar**

renaissance *nf* Action de renaître; renouvellement, retour: *la renaissance des lettres, des arts* ► **renascimento** ♦ *adj inv* (avec une majuscule) Qui appartient à la Renaissance: *décor Renaissance* ► **renascença**

renaissant, e *adj* Qui renaît ► **renascente**

renaître *vi (conj 65)* **1** Naître de nouveau; repousser: *les fleurs renaissent au printemps* ► **renascer 2** Reparaître, recouvrer sa force, sa vigueur: *l'espoir renaît* ► **renascer** ♦ *vt ind* [à] LITT Être rendu à, animé de nouveau par: *renaître à l'espérance* ► **renascer**

rénal, e, aux *adj* Relatif aux reins ► **renal**

renard *nm* **1** Mammifère carnivore à queue touffue et à museau pointu; fourrure de cet animal ► **raposa 2** FIG Homme rusé ► **raposa** ■ **renard des sables:** fennec ► **feneco**

renarde *nf* Renard femelle ► **raposa fêmea**

renardeau *nm* Jeune renard ► **raposinho**

renardière *nf* Tanière du renard ► **toca de raposa**

rencard *nm* → **rancard**

rencarder *vt* → **rancarder**

renchérir *vi* **1** Devenir plus cher: *les loyers ont renchéri* ► **encarecer 2** Faire une enchère supérieure ► **cobrir um lanço 3** Aller plus loin que d'autres en actes ou en paroles: *renchérir sur une histoire inventée* ► **exagerar**

renchérissement *nm* Augmentation de prix ► **aumento de preço**

rencontre *nf* **1** Fait de se trouver en présence, en contact; entrevue: *rencontre fortuite; rencontre entre chefs d'État* ► **encontro 2** Compétition sportive: *rencontre amicale* ► **encontro** ■ **aller à la rencontre de:** au-devant de ► **ir ao encontro de** □ **de rencontre:** de hasard ► **fortuito**

rencontrer *vt* **1** Se trouver fortuitement en présence de quelqu'un, de quelque chose ► **encontrar 2** Faire la connaissance de quelqu'un, entrer en relation avec lui ► **encontrar 3** Affronter en compétition ► **encontrar 4** GÉOM Avoir une intersection avec ► **intersectar** ♦ **se rencontrer** *vpr* **1** Se trouver en même temps au même endroit ► **encontrar-se 2** Faire connaissance ► **encontrar-se 3** Se trouver, exister: *cela ne se rencontre guère* ► **encontrar-se**

rendement *nm* **1** Production, rapport: *le rendement d'une terre* ► **rendimento 2** Efficacité de quelqu'un dans le travail ► **rendimento**

rendez-vous *nm inv* **1** Accord pris entre deux ou plusieurs personnes de se trouver à la même heure en un même lieu; lieu où l'on doit se trouver: *avoir rendez-vous avec quelqu'un; donner rendez-vous à quelqu'un; prendre rendez-vous chez le médecin* ▸ **encontro (marcado), consulta 2** Lieu où l'on a l'habitude de se réunir: *le rendez-vous des poètes* ▸ **local de reunião**

rendormir *vt (conj 18)* Endormir de nouveau ▸ **voltar a dormir ♦ se rendormir** *vpr* S'endormir de nouveau ▸ **voltar a dormir**

rendre *vt (conj 50)* **1** Restituer: *rendre un livre* ▸ **devolver 2** Renvoyer, rapporter ce qu'on a reçu et qu'on ne veut pas garder: *rendre un cadeau* ▸ **devolver 3** Faire recouvrer: *rendre la vue* ▸ **devolver 4** Donner en échange, en retour: *rendre la monnaie* ▸ **devolver 5** FAM Rejeter, vomir: *rendre son repas* ▸ **devolver 6** Exprimer, traduire: *cela ne rend pas ma pensée* ▸ **exprimir 7** Prononcer: *rendre un arrêt* ▸ **pronunciar 8** Faire entendre: *rendre un son harmonieux* ▸ **emitir 9** Faire devenir: *rendre un chemin praticable; rendre heureux* ▸ **tornar ♦** *vi* Rapporter, produire: *ce champ rend beaucoup* ▸ **render ♦ se rendre** *vpr* **1** Se transporter; aller: *se rendre chez quelqu'un, à Berlin* ▸ **ir 2** Se soumettre, capituler; admettre: *se rendre à l'ennemi; se rendre à l'évidence* ▸ **render-se 3** Agir de façon à être, à devenir tel: *se rendre utile* ▸ **tornar-se, fazer-se ▪ se rendre maître de quelque chose, de quelqu'un:** s'en emparer ▸ **subjugar algo, alguém**

rendu, e *adj* Arrivé à destination: *nous voilà rendus* ▸ **chegado ♦** *nm* **1** FAM Action de rendre la pareille: *un prêté pour un rendu* ▸ **devolução 2** Qualité expressive de l'exécution dans une œuvre d'art: *le rendu de la lumière* ▸ **expressão**

rêne *nf* Courroie fixée au mors du cheval, et que le cavalier tient pour le guider ▸ **rédea ▪** FIG **tenir les rênes de:** diriger ▸ **tomar as rédeas de**

renégat, e *n* **1** Personne qui a renié sa religion ▸ **renegado 2** Personne qui abjure ses opinions, trahit son parti, etc. ▸ **renegado**

renégocier *vt* Négocier de nouveau ▸ **renegociar**

reneiger *v impers* Neiger de nouveau ▸ **voltar a nevar**

renfermé[1] *nm* Odeur désagréable d'une pièce longtemps fermée: *cette chambre sent le renfermé* ▸ **mofo**

renfermé[2], e *adj* FAM Peu communicatif ▸ **fechado**

renfermement *nm* Action de renfermer quelqu'un ▸ **encerramento**

renfermer *vt* **1** Enfermer de nouveau: *renfermer un prisonnier évadé* ▸ **voltar a prender 2** Contenir: *ce livre renferme de grandes vérités* ▸ **encerrar ♦ se renfermer** *vpr* Se replier sur soi; être secret, dissimulé: *se renfermer dans le silence* ▸ **fechar-se ▪ se renfermer en, sur soi-même:** se replier sur soi ▸ **fechar-se em copas**

renfiler *vt* Enfiler de nouveau ▸ **enfiar de novo**

renflé, e *adj* Dont le diamètre est plus grand vers la partie médiane ▸ **inchado**

renflement *nm* **1** État de ce qui est renflé ▸ **inchaço 2** Partie renflée ▸ **inchaço**

renfler *vt* Rendre convexe, bombé ▸ **inflar, abaular**

renflouage ou **renflouement** *nm* Action de renflouer ▸ **desencalhe**

renflouer *vt* Remettre à flot ▸ **desencalhar ▪ renflouer une entreprise:** lui fournir les fonds nécessaires pour rétablir sa situation ▸ **recuperar uma empresa**

renfoncement *nm* Partie en creux, en retrait ▸ **reentrância**

renfoncer *vt (conj 1)* Enfoncer de nouveau ou plus avant ▸ **enfiar mais, de novo**

renforçateur *nm* Bain qui renforce une image photographique ▸ **reforçador**

renforcement *nm* Action de renforcer ▸ **reforço**

renforcer *vt (conj 1)* Rendre plus fort, plus intense ▸ **reforçar**

renfort *nm* **1** Effectif ou matériel supplémentaire destiné à renforcer ▸ **reforço 2** Ce qui sert à renforcer, à consolider ▸ **reforço ▪ à grand renfort de:** au moyen d'une grande quantité de ▸ **à custa de muitos ...**

renfrogner (se) *vpr* Manifester son mécontentement par une expression maussade ▸ **ficar de cara feia**

rengagé *nm* Militaire qui, son temps achevé, reprend volontairement du service ▸ **reengajado**

rengagement ou **réengagement** *nm* Fait de se rengager ▸ **reengajamento**

rengager ou **réengager** *vt (conj 2)* Engager de nouveau ▸ **reengajar ♦ rengager** *vi* ou **se rengager** *vpr* Contracter un nouvel engagement dans l'armée ▸ **reengajar-se**

rengaine *nf* FAM **1** Refrain populaire ▸ **cantilena 2** Suite de paroles répétées à tout propos ▸ **bordão**

rengainer *vt* **1** Remettre dans la gaine, dans le fourreau: *rengainer une épée* ▸ **voltar a embainhar 2** FAM Garder pour soi ou ne pas achever ce qu'on allait dire ▸ **calar**

rengorger (se) *vpr (conj 2)* **1** Avancer la gorge en ramenant la tête un peu en arrière ▸ **empertigar-se 2** FIG Faire l'important, se gonfler d'orgueil ▸ **enfatuar-se**

reniement *nm* Action de renier ► **renegação**

renier *vt* **1** Déclarer de façon mensongère qu'on ne connaît pas ► **negar 2** Désavouer: *renier sa famille* ► **renegar 3** Abjurer: *renier sa religion* ► **renegar**

reniflement *nm* Action de renifler; bruit fait en reniflant ► **fungadela**

renifler *vi* Aspirer fortement par le nez en faisant du bruit ► **fungar** ♦ *vt* **1** Sentir ► **cheirar 2** FAM Flairer: *renifler une bonne affaire* ► **farejar**

renne *nm* Ruminant de la famille des cervidés, vivant dans les régions froides ► **rena**

renom *nm* Bonne réputation: *comédien de renom* ► **renome**

renommé, e *adj* Célèbre, réputé ► **renomado**

renommée *nf* Renom, réputation, célébrité ► **renome**

renommer *vt* Nommer, élire de nouveau ► **renomear, reeleger**

renonce *nf* Action de ne pas fournir la couleur demandée, à certains jeux de cartes ► **renúncia**

renoncement *nm* **1** Action de renoncer ► **renúncia 2** Abnégation, sacrifice complet de soi-même ► **abnegação**

renoncer *vt ind* [à] *(conj 1)* **1** Abandonner la possession de: *renoncer à une succession* ► **renunciar 2** Quitter, abandonner: *renoncer au monde* ► **desistir 3** Cesser d'envisager, de considérer comme possible: *je renonce à la convaincre* ► **desistir** ♦ *vi* À certains jeux de cartes, mettre une carte d'une couleur autre que la couleur demandée ► **renunciar**

renonciation *nf* Acte par lequel on renonce à quelque chose ► **renúncia**

renonculacée *nf* Plante à pétales séparés (les renonculacées forment une famille dont le type est la renoncule) ► **ranunculácea**

renoncule *nf* Petite plante à fleurs généralement jaunes dont le bouton-d'or est une espèce ► **ranúnculo**

renouer *vt* **1** Nouer une chose dénouée ► **reatar 2** Reprendre après une interruption: *renouer la conversation* ► **reatar** ♦ *vi* [avec] **1** Se lier de nouveau: *renouer avec quelqu'un* ► **reatar 2** FIG Rétablir une situation favorable qui avait disparu: *entreprise qui renoue avec les bénéfices* ► **reconciliar-se**

renouveau *nm* **1** Renouvellement: *mode qui connaît un renouveau* ► **renovação 2** LITT Retour du printemps ► **primavera**

renouvelable *adj* Qui peut être renouvelé ► **renovável** ■ **énergie renouvelable:** qui fait appel à des sources inépuisables ► **energia renovável**

renouveler *vt (conj 6)* **1** Substituer une personne ou une chose à une autre qui ne convient plus: *renouveler sa garde-robe* ► **renovar 2** Refaire, recommencer: *renouveler un bail, une promesse* ► **renovar 3** Rendre nouveau en transformant: *renouveler une mode* ► **renovar** ♦ **se renouveler** *vpr* **1** Changer, être remplacé: *les générations se renouvellent* ► **renovar-se 2** Recommencer: *que cela ne se renouvelle pas!* ► **renovar-se 3** Prendre une forme nouvelle: *écrivain qui ne sait pas se renouveler* ► **renovar**

renouvellement *nm* Action de renouveler; fait de se renouveler ► **renovação**

rénovateur, trice *adj et n* **1** Qui rénove; partisan de la rénovation ► **renovador 2** Qui est partisan d'une évolution au sein d'une organisation ► **renovador**

rénovation *nf* Remise à neuf; transformation, modernisation ► **renovação**

rénover *vt* **1** Remettre à neuf: *rénover un appartement ancien* ► **restaurar 2** Donner une nouvelle forme, une nouvelle existence à: *rénover les institutions politiques* ► **reformar**

renseignement *nm* **1** Indication, information, éclaircissement ► **informação 2** (souvent au pluriel) Ensemble de connaissances de tous ordres sur un adversaire potentiel, utiles aux pouvoirs publics et au commandement militaire ► **informações** ♦ **renseignements** *pl* Bureau, service chargé d'informer le public: *les renseignements téléphoniques* ► **serviço de informações**

renseigner *vt* Donner un, des renseignements à: *renseigner un passant* ► **informar** ♦ **se renseigner** *vpr* S'informer, obtenir des renseignements ► **informar-se**

rentabilisable *adj* Que l'on peut rentabiliser ► **rentabilizável**

rentabilisation *nf* Action de rentabiliser ► **rentabilização**

rentabiliser *vt* Rendre rentable ► **rentabilizar**

rentabilité *nf* Caractère de ce qui est rentable ► **rentabilidade**

rentable *adj* Qui procure un bénéfice, un revenu satisfaisant; fructueux ► **rentável**

rente *nf* **1** Revenu fourni par un capital: *vivre de ses rentes* ► **renda 2** Somme d'argent versée périodiquement à quelqu'un: *toucher une rente* ► **renda 3** Emprunt de l'État, représenté par un titre qui donne droit à un intérêt ► **renda**

rentier, ère *n* Personne qui a des rentes, qui vit de revenus non professionnels ► **rentista**

rentoiler *vt* Renforcer la toile usée d'un tableau en la collant sur une toile neuve ► **pôr nova tela**

rentrant, e *adj* ► **reentrante** ■ **angle rentrant:** angle supérieur à 180°; CONTR: *saillant* ► **ângulo reentrante**

rentré, e *adj* **1** Cave, creux: *yeux rentrés* ► **fundo** **2** Qui ne se manifeste pas extérieurement: *colère rentrée* ► **contido** ◆ *nm* COUT Repli du tissu sur l'envers d'un vêtement ► **dobra**

rentrée *nf* **1** Action de rentrer ► **volta** **2** Action de reprendre ses fonctions, ses activités après des vacances; période de retour après les vacances: *rentrée des classes* ► **volta das férias** **3** Recouvrement de fonds; somme recouvrée: *attendre une rentrée importante* ► **percepção**

rentrer *vi* **1** Entrer de nouveau ► **reentrar** **2** Revenir chez soi: *rentrer de voyage* ► **voltar para casa** **3** S'introduire, s'insérer: *l'eau rentre par les fissures; la vis rentre dans le bois* ► **entrar** **4** Percuter: *rentrer dans un arbre* ► **enfiar(-se)** **5** Être compris, contenu dans: *rentrer dans une énumération* ► **inserir** **6** Reprendre ses fonctions après un arrêt: *les tribunaux sont rentrés* ► **reabrir** **7** Être perçu, payé: *fonds qui rentrent mal* ► **ser pago** **8** Recouvrer: *rentrer dans ses fonds, dans ses droits* ► **recuperar** ■ LITT **rentrer en soi-même:** faire un retour sur soi, réfléchir ► **ensimesmar-se** ◆ *vt* **1** Mettre à l'intérieur, à l'abri: *rentrer les foins* ► **guardar** **2** Faire pénétrer: *rentrer la clé dans la serrure, sa chemise dans son pantalon* ► **enfiar** **3** Cacher, refouler: *rentrer ses larmes* ► **conter**

renversant, e *adj* FAM Qui étonne profondément ► **espantoso**

renverse *nf* ■ **à la renverse:** sur le dos, en arrière ► **de costas**

renversé, e *adj* **1** En position contraire à la normale ► **invertido** **2** FIG Stupéfait, déconcerté ► **espantado**

renversement *nm* Action de renverser; fait de se renverser ► **inversão**

renverser *vt* **1** Mettre à l'envers, sens dessus dessous; inverser: *renverser un sablier*: *renverser la vapeur* ► **inverter, virar** **2** Faire tomber: *renverser un verre*: *se faire renverser par une voiture* ► **derrubar, atropelar** **3** Éliminer: *renverser des obstacles* ► **vencer** **4** Provoquer la chute de: *renverser le gouvernement* ► **derrubar** **5** Étonner profondément: *cette nouvelle nous a renversés* ► **espantar** ◆ **se renverser** *vpr* **1** Pencher le corps en arrière ► **inclinar-se para trás** **2** Se retourner: *la voiture s'est renversée* ► **capotar, virar**

renvoi *nm* **1** Action de renvoyer ► **devolução, demissão** **2** Indication par laquelle le lecteur est invité à se reporter à un autre endroit du texte, du livre ► **remissão** **3** Ajournement: *renvoi d'un procès* ► **adiamento** **4** Émission par la bouche de gaz provenant de l'estomac ► **arroto**

renvoyer *vt (conj 11)* **1** Envoyer de nouveau ou en retour, faire retourner: *renvoyer la balle, un compliment* ► **devolver** **2** Ne pas accepter: *renvoyer un présent* ► **devolver** **3** Congédier, destituer: *renvoyer un domestique* ► **demitir** **4** Répercuter, réfléchir: *renvoyer le son, la lumière* ► **refletir** **5** Ajourner: *renvoyer à demain* ► **adiar** **6** Inviter quelqu'un à consulter quelqu'un, quelque chose: *renvoyer à des notes en bas de page* ► **remeter**

réopérer *vt (conj 10)* Opérer de nouveau ► **operar de novo**

réorganisateur, trice *adj et n* Qui réorganise ► **reorganizador**

réorganisation *nf* Action de réorganiser; son résultat ► **reorganização**

réorganiser *vt* Organiser de nouveau, sur de nouvelles bases ► **reorganizar**

réorientation *nf* Action de réorienter ► **reorientação**

réorienter *vt* Orienter dans une nouvelle direction ► **reorientar**

réouverture *nf* Action de rouvrir ► **reabertura**

repaire *nm* Lieu de refuge des bêtes sauvages; lieu de refuge pour des malfaiteurs ► **covil**

repaître *vt (conj 80)* LITT Nourrir, rassasier ► **repastar** ◆ **se repaître** *vpr* [de] LITT Assouvir sa faim, ses désirs: *se repaître de vengeance* ► **saciar-se**

répandre *vt (conj 50)* **1** Verser, laisser couler: *répandre du vin*: *répandre des larmes* ► **verter** **2** Produire, dégager, émettre: *le soleil répand sa lumière; répandre une odeur* ► **espalhar** **3** Propager: *répandre une nouvelle* ► **espalhar** **4** Donner, distribuer avec profusion: *répandre des bienfaits* ► **distribuir** ◆ **se répandre** *vpr* **1** S'écouler ► **escoar-se** **2** Se propager ► **espalhar-se** ■ **se répandre en:** en dire beaucoup ► **desfazer-se em**

ORTHOGRAPHE *Répandre* s'écrit avec un *a*, comme *épandre*, alors que *étendre* s'écrit avec un *e*

répandu, e *adj* Communément admis: *opinion répandue* ► **corrente**

réparable *adj* Qui peut être réparé ► **reparável**

reparaître *vi (conj 64)* Paraître, se manifester de nouveau ► **reaparecer**

réparateur, trice *adj et n* **1** Qui répare ► **reparador** **2** Qui redonne des forces: *sommeil réparateur* ► **reparador**

réparation *nf* Action de réparer; son résultat: *réparation d'un pont; demander la réparation d'une offense* ► **reparo, reparação** ■ **surface de réparation:** au football, aire rectangulaire devant la ligne de but ► **grande área**

réparer *vt* **1** Remettre en bon état de fonctionnement: *réparer une montre* ► **consertar 2** Corriger; effacer, expier: *réparer une négligence, une offense* ► **reparar**

reparler *vi et vt ind* Parler de nouveau ► **falar de novo**

repartie [reparti] ou [rəparti] *nf* Réplique vive et spirituelle ► **retruque**

repartir[1] *vi (conj 26; auxil: être)* Partir de nouveau; retourner ► **partir de novo, voltar**

repartir[2] [repartir] ou [rəpartir] *vt (conj 26; auxil: avoir)* LITT Répliquer promptement: *il ne lui a reparti que des impertinences* ► **retrucar**

répartir *vt* Partager, distribuer selon certaines règles ► **repartir**

répartition *nf* Partage, distribution ► **repartição**

reparution *nf* Fait de reparaître ► **reaparecimento**

repas *nm* Nourriture prise chaque jour à certaines heures ► **refeição**

repassage *nm* **1** Action de repasser du linge ► **passagem de roupa 2** Action d'aiguiser un couteau ► **amolação**

repasser *vi* Passer de nouveau, revenir ► **repassar** ◆ *vt* **1** Défriper avec un fer chaud: *repasser du linge* ► **passar a ferro 2** Passer, franchir de nouveau: *repasser un col* ► **repassar 3** Aiguiser: *repasser un couteau* ► **amolar 4** Remettre en mémoire; relire, redire: *repasser ses leçons* ► **repassar**

repasseuse *nf* Femme ou machine électrique qui repasse le linge ► **passadeira**

repavage *nm* Action de repaver ► **repavimentação**

repaver *vt* Paver de nouveau ► **repavimentar**

repayer *vt (conj 4)* Payer de nouveau ► **pagar de novo**

repêchage *nm* Action de repêcher ► **retirada da água**

repêcher *vt* Retirer de l'eau ce qui y est tombé ► **tirar da água** ■ FAM **repêcher un candidat:** lui donner une chance supplémentaire ► **passar um candidato**

repeindre *vt (conj 55)* Peindre de nouveau ► **repintar**

repenser *vt ind* [à] Penser de nouveau: *repenser à ses vacances* ► **repensar** ◆ *vt* Examiner différemment; concevoir autrement: *repenser une installation* ► **repensar**

repentant, e *adj* Qui se repent ► **arrependido**

repenti, e *adj et n* Qui s'est repenti ► **arrependido**

repentir[1] *nm* **1** Vif regret d'avoir fait ou de n'avoir pas fait quelque chose ► **arrependimento 2** BX-ARTS Trace d'un changement apporté à une œuvre durant son exécution ► **retoque**

repentir[2] **(se)** *vpr (conj 19)* Regretter: *se repentir de ses fautes* ► **arrepender-se**

repérable *adj* Qui peut être repéré ► **discernível**

repérage *nm* **1** Action de repérer ► **identificação 2** Reconnaissance des lieux en vue du tournage d'un film en décors naturels ► **reconhecimento**

repercer *vt (conj 1)* Percer de nouveau ► **perfurar de novo**

répercussion *nf* **1** Action de répercuter; fait de se répercuter ► **repercussão 2** Conséquence: *les répercussions d'un scandale* ► **repercussão**

répercuter *vt* **1** Réfléchir, renvoyer: *répercuter un son* ► **repercutir 2** Faire en sorte que quelque chose soit transmis: *répercuter les consignes* ► **repercutir 3** Faire supporter par d'autres personnes la charge d'un impôt, d'une taxe, etc. ► **refletir** ◆ **se répercuter** *vpr* Avoir des conséquences directes ► **afetar**

reperdre *vt (conj 52)* Perdre de nouveau ► **voltar a perder**

repère *nm* **1** Tout ce qui permet de retrouver quelque chose dans un ensemble ► **referência 2** Marque faite pour indiquer ou retrouver un alignement, un niveau, une hauteur, etc. ► **referência** ■ **point de repère: (a)** marque, objet ou endroit déterminé qui permet de s'orienter ► **ponto de referência (b)** tout indice qui permet de situer un événement dans le temps ► **referência**

ORTHOGRAPHE Il ne faut pas confondre *repère*, «marque», avec *repaire*, «lieu»

repérer *vt (conj 10)* **1** Localiser: *repérer un sous-marin* ► **localizar 2** Apercevoir, distinguer parmi d'autres: *repérer un ami dans la foule* ► **discernir 3** Marquer de repères: *repérer un alignement* ► **marcar** ◆ **se repérer** *vpr* **1** S'orienter: *se repérer par rapport au Soleil* ► **orientar-se 2** Se remarquer, se distinguer: *le drapeau se repère facilement* ► **distinguir-se**

répertoire *nm* **1** Table, recueil où les matières sont rangées en ordre: *répertoire alphabétique* ► **repertório 2** INFORM Élément de la structure d'organisation des fichiers dans un disque; ensemble des instructions de commande d'un ordinateur ► **diretório, instruções 3** Liste des œuvres qui forment le fonds d'un théâtre, d'une compagnie de ballet ► **repertório 4** Ensemble des œuvres habituellement interprétées par un comédien, un musicien, un chanteur ► **repertório 5** Ensemble, liste de connaissances, d'anecdotes,

etc.: *un vaste répertoire d'injures* ▸ **repertório**
répertorier *vt* Inscrire dans un répertoire, faire une liste de ▸ **repertoriar**
répéter *vt (conj 10)* **1** Redire ce qu'on a déjà dit ou ce qu'un autre a dit ▸ **repetir 2** Refaire, recommencer: *répéter une expérience* ▸ **repetir 3** Reproduire: *répéter un motif* ▸ **repetir** ◆ *vt et vi* Étudier une pièce, un morceau de musique, etc., en vue de son exécution, de sa représentation en public ▸ **ensaiar** ◆ **se répéter** *vpr* **1** Redire les mêmes choses sans nécessité ▸ **repetir-se 2** Se reproduire ▸ **repetir-se**
répétiteur, trice *n* VIEILLI Personne qui donne des leçons particulières à des élèves ▸ **professor particular**
répétitif, ive *adj* Qui se reproduit de façon monotone, qui se répète sans cesse ▸ **repetitivo**
répétition *nf* **1** Retour de la même idée, du même mot; redite: *évitez les répétitions inutiles* ▸ **repetição 2** Réitération d'une même action: *la répétition d'un geste* ▸ **repetição 3** Séance de travail, de mise au point d'une œuvre musicale, dramatique, etc., destinée à être présentée au public ▸ **ensaio 4** VX Leçon particulière ▸ **aula particular**
répétitivité *nf* Caractère de ce qui est répétitif ▸ **repetitividade**
repeuplement *nm* Action de repeupler: *le repeuplement d'un étang* ▸ **repovoamento**
repeupler *vt* **1** Peupler une région dépeuplée ▸ **repovoar 2** Regarnir d'espèces animales ou végétales: *repeupler un étang, une forêt* ▸ **repovoar**
repiquage *nm* Action de repiquer ▸ **transplantação**
repiquer *vt* **1** Piquer de nouveau ▸ **recosturar, pegar de novo 2** Copier un enregistrement ▸ **copiar uma gravação 3** AGRIC Transplanter des jeunes plants provenant de semis: *repiquer des salades* ▸ **transplantar**
répit *nm* **1** Arrêt momentané de quelque chose qui accable: *ses crises ne lui laissent aucun répit* ▸ **descanso 2** Temps de repos, de détente: *s'accorder un moment de répit* ▸ **descanso** ■ **sans répit:** sans cesse ▸ **sem trégua**
replacement *nm* Action de replacer ▸ **recolocação**
replacer *vt (conj 1)* **1** Remettre en place ▸ **recolocar 2** Placer, situer: *replacer un événement dans son contexte* ▸ **colocar**
replanter *vt* Planter de nouveau ▸ **replantar**
replat *nm* Adoucissement très prononcé de la pente d'un versant ▸ **socalco**
replâtrage *nm* **1** Réparation superficielle faite avec du plâtre ▸ **rebocadura 2** Arrangement sommaire et imparfait: *ce remaniement ministériel n'est qu'un replâtrage* ▸ **maquiagem**
replâtrer *vt* **1** Recouvrir de plâtre: *replâtrer un mur* ▸ **rebocar 2** FAM Réparer d'une manière précaire: *replâtrer un ménage* ▸ **maquiar**
replet, ète *adj* Qui a de l'embonpoint ▸ **gorducho**
repleuvoir *v impers (conj 47)* Pleuvoir de nouveau ▸ **voltar a chover**
repli *nm* **1** Double pli ▸ **prega 2** Fait de revenir à une position, à une valeur qui marque une régression: *repli des valeurs boursières* ▸ **recuo 3** MIL Retraite volontaire d'une troupe ▸ **retirada** ◆ **replis** *pl* **1** Sinuosités, ondulations: *replis d'un terrain* ▸ **sinuosidades 2** Ce qu'il y a de plus caché, de plus intime: *les replis du cœur humain* ▸ **recôndito**
repliable *adj* Qui peut être replié ▸ **dobrável**
repliement *nm* Action de replier; fait de se replier ▸ **dobra, retraimento**
replier *vt* Plier de nouveau ▸ **dobrar de novo** ◆ **se replier** *vpr* **1** Se plier, se courber une ou plusieurs fois ▸ **curvar-se 2** Reculer en bon ordre: *l'armée se replie* ▸ **retirar-se** ■ **se replier sur soi-même:** s'isoler du monde extérieur ▸ **retrair-se**
réplique *nf* **1** Réponse vive; objection ▸ **réplica 2** Partie d'un dialogue théâtral dite par un acteur ▸ **deixa 3** Copie d'une œuvre d'art ▸ **réplica** ■ **donner la réplique:** servir de partenaire à ▸ **contracenar**
répliquer *vt et vi* Répondre avec vivacité, en s'opposant ▸ **replicar**
replonger *vt et vi (conj 2)* Plonger de nouveau ▸ **remergulhar**
repolir *vt* Polir de nouveau ▸ **repolir**
repolissage *nm* Action de repolir ▸ **repolimento**
répondant, e *n* Caution, garant: *être le répondant de quelqu'un* ▸ **fiador** ◆ *nm* ■ FAM **avoir du répondant:** avoir des capitaux servant de garantie ▸ **ter dinheiro**
répondeur *nm* Dispositif relié à un téléphone, qui permet de communiquer un message aux correspondants ▸ **secretária eletrônica** ■ **répondeur-enregistreur:** répondeur permettant aussi d'enregistrer les appels et les messages ▸ **secretária eletrônica**
répondre *vt et vi* **1** Dire ou écrire en réponse ▸ **responder 2** Répliquer avec insolence: *répondre à sa mère* ▸ **responder** ◆ *vt ind* **1** [à] Fournir la ou les réponses demandées: *répondre à un questionnaire* ▸ **responder 2** [à] Envoyer une lettre

en réponse à une autre ▶ **responder 3** [à] Apporter des raisons contre: *répondre à une objection* ▶ **responder 4** [à] Être conforme à, correspondre: *le résultat répond à l'effort* ▶ **corresponder 5** [à] Payer de retour: *répondre à une politesse* ▶ **retribuir 6** (sans complément) Produire l'effet attendu: *les freins ne répondent plus* ▶ **responder 7** [de] Être garant, responsable: *répondre de quelqu'un* ▶ **responder**

répons [repɔ̃] *nm* Chant alterné dans l'office liturgique romain ▶ **responso**

réponse *nf* **1** Ce qu'on dit ou écrit à la suite d'une question ▶ **resposta 2** Explication, solution apportée à une question ▶ **resposta 3** Réaction: *réponse à un stimulus* ▶ **resposta** ▪ **droit de réponse:** droit d'exiger l'insertion gratuite d'un texte ou de parler à l'antenne pour une personne désignée ou mise en cause publiquement ▶ **direito de resposta**

repopulation *nf* Augmentation de la population après un dépeuplement ▶ **repovoamento**

report *nm* **1** Action de reporter; total, somme reportés ▶ **transporte 2** Action de remettre à un autre moment: *le report d'une question* ▶ **adiamento**

reportage *nm* Enquête retransmise par la presse, la radio ou la télévision sur un sujet précis ▶ **reportagem**

reporter[1] [rəpɔrtɛr] *n* Journaliste chargé d'un reportage ▶ **repórter**

reporter[2] *vt* **1** Porter une chose au lieu où elle était auparavant ▶ **devolver 2** Réinscrire ailleurs: *reporter une somme à une autre page* ▶ **transpor 3** Appliquer quelque chose à une autre destination: *reporter ses voix sur un autre candidat* ▶ **transferir 4** Remettre à un autre moment: *reporter un rendez-vous* ▶ **transferir** ♦ **se reporter** *vpr* **1** Se transporter en pensée: *se reporter en arrière, au temps de sa jeunesse* ▶ **remeter-se 2** Se référer à: *se reporter à un document* ▶ **referir-se**

repos *nm* **1** Absence de mouvement: *se tenir en repos* ▶ **repouso 2** Fait de cesser son activité: *prenez un peu de repos* ▶ **descanso 3** LITT Sommeil: *respectez le repos des autres* ▶ **repouso 4** LITT Tranquillité, quiétude: *avoir la conscience en repos* ▶ **repouso** ▪ **de tout repos:** qui procure une complète tranquillité ▶ **garantido** □ **repos!:** commandement militaire indiquant l'abandon de la position du garde-à- vous ▶ **descansar!**

reposant, e *adj* Qui repose ▶ **repousante**

repose *nf* Action de remettre en place: *facturer la repose d'un appareil* ▶ **reposição**

reposé, e *adj* Qui ne présente plus de traces de fatigue ▶ **descansado** ▪ **à tête reposée:** à loisir, avec réflexion ▶ **com a cabeça fria**

repose-pieds *nm inv* ou **repose-pied** (pl repose-pieds) *nm* Appui pour les pieds ▶ **escabelo**

reposer *vt* **1** Poser de nouveau; remettre en place: *reposer une serrure* ▶ **recolocar 2** Délasser, soulager: *reposer ses membres fatigués; reposer l'esprit* ▶ **descansar** ♦ *vt ind* [sur] **1** Être posé sur: *le plancher repose sur des poutres* ▶ **repousar 2** Être établi, fondé sur: *sur quoi repose votre soupçon?* ▶ **repousar** ♦ *vi* Être étendu, enterré: *ici repose X* ▶ **jazer** ▪ **laisser reposer:** laisser au repos, sans mouvement: *laisser reposer une pâte, la terre* ▶ **deixar descansar** ♦ **se reposer** *vpr* **1** Se poser de nouveau ▶ **colocar-se de novo 2** Cesser de travailler pour éliminer la fatigue ▶ **descansar** ▪ **se reposer sur quelqu'un:** s'en remettre à lui ▶ **contar com alguém**

repose-tête *nm inv* Appuie-tête ▶ **apoio para cabeça**

repositionner *vt* Positionner de nouveau ▶ **reposicionar**

reposoir *nm* Dans un hôpital, salle où est exposé le corps d'un défunt avant les funérailles ▶ **câmara-ardente**

repoussage *nm* Modelage des métaux au marteau ▶ **cinzelamento**

repoussant, e *adj* Qui inspire du dégoût, de la répulsion ▶ **repugnante**

repousse *nf* Action de repousser, en parlant des cheveux, des plantes ▶ **crescimento**

repousser *vt* **1** Pousser en arrière, faire reculer: *repousser l'ennemi* ▶ **repelir 2** Ne pas céder, résister à: *repousser la tentation* ▶ **repelir 3** Ne pas accepter: *repousser une proposition* ▶ **rejeitar 4** TECHN Réaliser une forme par repoussage ▶ **cinzelar** ♦ *vi* Pousser de nouveau: *sa barbe repousse* ▶ **voltar a crescer**

repoussoir *nm* **1** Chose ou personne qui en fait valoir une autre par contraste ▶ **contraste 2** Personne très laide ▶ **monstro**

répréhensible *adj* Blâmable ▶ **repreensível**

reprendre *vt (conj 54)* **1** Prendre de nouveau: *reprendre du pain, du personnel* ▶ **pegar de novo 2** Rentrer en possession de ce qui avait été perdu ou donné: *reprendre un cadeau* ▶ **recuperar 3** Retrouver un état, une faculté: *reprendre des forces, son souffle* ▶ **recuperar 4** Aller chercher: *je passerai vous reprendre* ▶ **buscar 5** Continuer une chose interrompue: *reprendre un travail* ▶ **retomar 6** Redire, répéter: *reprendre les mêmes arguments* ▶ **repetir 7** Apporter des modifications à: *reprendre le projet d'un article; reprendre un* *vêtement* ▸ **modificar 8** Réprimander: *reprendre un enfant* ▸ **repreender** ◆ *vi* **1** Se rétablir, retrouver sa vigueur, son activité: *cet arbre reprend bien; les affaires reprennent* ▸ **recuperar-se 2** Se manifester à nouveau, recommencer: *le froid reprend* ▸ **recomeçar** ◆ **se reprendre** *vpr* **1** Redevenir maître de soi, se ressaisir: *se reprendre après un moment de dépression* ▸ **restabelecer-se 2** Se rétracter, rectifier ses propos: *il se reprit à temps* ▸ **corrigir-se**

repreneur *nm* Personne qui reprend une entreprise en difficulté ▸ **resgatador**

représailles *nf pl* Mesures répressives infligées à un adversaire pour se venger du mal qu'il a causé ▸ **represália**

représentant, e *n* Personne qui représente une autre personne ou un groupe et qui agit en son nom ▸ **representante** ▪ **représentant de commerce:** commis voyageur, courtier ▸ **representante comercial**

représentatif, ive *adj* **1** Qui représente une collectivité et peut parler en son nom: *syndicat représentatif* ▸ **representativo 2** Considéré comme le modèle, le type d'une catégorie: *échantillon représentatif* ▸ **representativo** ▪ **gouvernement représentatif:** où le peuple délègue à ses représentants l'exercice du pouvoir législatif ▸ **governo representativo**

représentation *nf* **1** Action de représenter: *l'écriture est la représentation de la langue parlée* ▸ **representação 2** Idée qu'une société, une personne se fait du monde ou d'un objet donné ▸ **representação 3** Image graphique, picturale, etc., d'un phénomène, d'une idée: *le bonnet phrygien est la représentation de la République* ▸ **representação 4** Action de représenter par le moyen de l'art; œuvre artistique figurant quelque chose, quelqu'un ▸ **representação 5** Action de donner un spectacle devant un public; ce spectacle ▸ **representação 6** Action de représenter une personne ou une collectivité; ensemble des personnes qui en sont chargées ▸ **representação 7** Action de traiter des affaires pour le compte d'une maison de commerce ▸ **representação**

représentativité *nf* Caractère représentatif ▸ **representatividade**

représenter *vt* **1** Présenter de nouveau ▸ **reapresentar 2** Faire apparaître d'une manière concrète: *représenter l'évolution des salaires par un graphique* ▸ **representar 3** Correspondre à: *ceci représente le progrès* ▸ **representar 4** Figurer par un moyen artistique, par le langage; décrire, évoquer: *représenter un naufrage* ▸ **representar 5** Jouer en public une pièce de théâtre: *troupe qui représente «Phèdre»* ▸ **representar 6** Tenir la place de quelqu'un, d'un groupe, agir en son nom: *les ambassadeurs représentent les chefs d'État; représenter une société* ▸ **representar 7** Être le symbole, l'incarnation, le type de: *ils représentent la classe moyenne* ▸ **representar 8** LITT Faire observer: *représenter les inconvénients d'une action* ▸ **apontar** ◆ **se représenter** *vpr* **1** Se présenter de nouveau: *se représenter à un examen* ▸ **reapresentar-se 2** Se figurer, imaginer ▸ **imaginar**

répressif, ive *adj* Qui réprime ▸ **repressivo**

répression *nf* Action de réprimer ▸ **repressão**

réprimande *nf* Blâme exprimé avec autorité ▸ **repreensão**

réprimander *vt* Faire une réprimande, gronder ▸ **repreender**

réprimer *vt* **1** Contenir, refouler: *réprimer un mouvement de colère* ▸ **reprimir 2** Empêcher par la force le développement d'une action jugée dangereuse: *réprimer une révolte* ▸ **reprimir**

repris *nm* ▪ **repris de justice:** personne qui a déjà été condamnée et qu'on arrête de nouveau ▸ **pessoa fichada**

reprisage *nm* Action de repriser ▸ **cerzidura**

reprise *nf* **1** Action de reprendre: *la reprise des hostilités* ▸ **retomada 2** Nouvel essor: *la reprise économique* ▸ **retomada 3** Fait de jouer de nouveau une pièce, un film ▸ **reprise 4** Continuation d'une chose interrompue: *la reprise du travail* ▸ **retomada 5** Raccommodage: *faire une reprise à un drap* ▸ **cerzidura 6** Rachat d'un objet, d'un matériel usagé ▸ **recompra 7** SPORTS Chacune des parties d'un assaut d'escrime, d'un combat de boxe ▸ **assalto, *round* 8** En équitation, ensemble de figures exécutées par un cavalier ▸ **reprise 9** MUS Répétition d'une partie d'un morceau, d'un air ▸ **repetição 10** Dans un moteur, passage rapide d'un bas régime à un régime supérieur ▸ **retomada, aceleração** ◆ **reprises** *pl* DR Ce que chacun des époux a le droit de prélever, avant partage, sur la masse des biens de la communauté ▸ **bens retomados** ▪ **à plusieurs reprises:** plusieurs fois ▸ **várias vezes**

repriser *vt* Faire une reprise, raccommoder: *repriser des chaussettes* ▸ **cerzir**

réprobateur, trice *adj* Qui réprouve: *geste réprobateur* ▸ **reprovador**

réprobation *nf* Action de réprouver, de rejeter; blâme ▸ **reprovação**

reproche *nm* Blâme que l'on adresse à quelqu'un pour lui exprimer son mécontentement ou pour lui faire honte ▸ **recriminação**

reprocher *vt* **1** Faire des reproches à quelqu'un au sujet de quelque chose: *reprocher sa paresse à un écolier* ▸ **recriminar 2** Trouver un défaut à quelque chose, critiquer: *que reprochez-vous à cette voiture?* ▸ **criticar** ◆ **se reprocher** *vpr* Se blâmer, se considérer comme responsable de: *se reprocher sa faiblesse* ▸ **recriminar-se**

reproducteur, trice *adj* Qui sert à la reproduction ▸ **reprodutor** ◆ *nm* Animal employé à la reproduction ▸ **reprodutor**

reproductible *adj* Qui peut être reproduit ▸ **reproduzível**

reproductif, ive *adj* Relatif à la reproduction ▸ **reprodutivo**

reproduction *nf* **1** Fonction par laquelle les êtres vivants perpétuent leur espèce ▸ **reprodução 2** Action de reproduire un texte, une illustration, des sons: *autoriser la reproduction d'un article* ▸ **reprodução 3** Copie ou imitation d'une œuvre artistique: *acheter une reproduction de Chardin* ▸ **reprodução**

reproduire *vt (conj 70)* **1** Restituer un phénomène aussi fidèlement que possible, imiter: *reproduire les sons avec un magnétophone; artiste qui reproduit la nature* ▸ **reproduzir 2** Publier de nouveau: *reproduire un article de journal* ▸ **republicar** ◆ **se reproduire** *vpr* **1** Se produire de nouveau ▸ **voltar a acontecer 2** Donner naissance à des êtres de son espèce ▸ **reproduzir-se**

reprogrammer *vt* Programmer de nouveau ▸ **reprogramar**

reprographie *nf* Ensemble des techniques permettant de reproduire un document ▸ **reprografia**

réprouvé, e *adj et n* **1** Rejeté par la société ▸ **réprobo 2** THÉOL Damné: *les justes et les réprouvés* ▸ **réprobo**

réprouver *vt* **1** Rejeter en condamnant, désapprouver ▸ **reprovar 2** THÉOL Condamner aux peines éternelles ▸ **reprovar**

reps [rɛps] *nm* Étoffe d'ameublement à côtes ▸ **repes**

reptation *nf* Action de ramper ▸ **rastejadura**

reptile *nm* Vertébré rampant, avec ou sans pattes, comme le serpent, le lézard, la tortue, etc. (les reptiles forment une classe) ▸ **réptil**

reptilien, enne *adj* Relatif aux reptiles ▸ **reptiliano**

repu, e *adj* Rassasié ▸ **saciado**

républicain, e *adj* Qui appartient à une république ou à la république ▸ **republicano** ◆ *adj et n* Partisan de la république ▸ **republicano**

républicanisme *nm* Ensemble des sentiments, des opinions des républicains ▸ **republicanismo**

république *nf* Gouvernement dans lequel le peuple exerce la souveraineté directement ou par l'intermédiaire de délégués élus ▸ **república**

répudiation *nf* Action de répudier ▸ **repúdio**

répudier *vt* **1** Renvoyer sa femme suivant les formalités légales ▸ **repudiar 2** FIG Rejeter, repousser: *répudier une croyance* ▸ **repudiar**

répugnance *nf* Aversion pour quelqu'un ou quelque chose; dégoût, répulsion ▸ **repugnância**

répugnant, e *adj* Qui inspire de la répugnance ▸ **repugnante**

répugner *vt ind* [à] **1** Éprouver de l'aversion, du dégoût pour; rechigner, renâcler: *répugner à mentir* ▸ **repugnar 2** Inspirer de la répugnance: *cet homme me répugne* ▸ **repugnar**

répulsif, ive *adj* Qui repousse ▸ **repulsivo** ◆ Produit, procédé destiné à éloigner les animaux indésirables ▸ **repelente**

répulsion *nf* **1** Vive répugnance, aversion, dégoût ▸ **repulsa 2** PHYS Force en vertu de laquelle certains corps se repoussent mutuellement ▸ **repulsão**

réputation *nf* **1** Opinion favorable ou défavorable: *avoir une bonne réputation* ▸ **reputação 2** Manière d'être considéré: *il a la réputation d'être honnête* ▸ **reputação** ▪ **de réputation:** seulement d'après ce qu'on en dit: *je le connais de réputation* ▸ **de ouvir falar**

réputé, e *adj* **1** Qui jouit d'un grand renom: *médecin réputé* ▸ **reputado 2** Considéré comme: *homme réputé égoïste* ▸ **considerado**

requérant, e *adj et n* DR Qui requiert ▸ **requerente**

requérir *vt (conj 21)* **1** DR Demander en justice: *requérir l'application d'une peine*; réclamer en vertu d'un droit légal: *le maire a requis les propriétaires de ravaler leurs façades* ▸ **requerer 2** En parlant d'une chose, demander, nécessiter: *cela requiert un effort* ▸ **requerer**

requête *nf* **1** Demande écrite ou verbale, supplique: *présenter une requête* ▸ **requerimento 2** DR Demande effectuée auprès d'une autorité ayant pouvoir de décision ▸ **petição** ▪ **maître des requêtes:** magistrat qui fait office de rapporteur au Conseil d'État ▸ **referendário**

requiem [rekijɛm] *nm inv* Prière de l'Église catholique pour les morts; musique composée sur ce texte ▸ **réquiem**

requin *nm* **1** Grand poisson marin appelé aussi *squale*, dont certaines espèces sont carnivores ▸ **tubarão 2** FIG Homme d'affaires impitoyable, sans scrupule ▸ **tubarão**

requinquer *vt* FAM Redonner des forces, de l'entrain ► **levantar o ânimo**

requis, e *adj* Exigé, nécessaire ► **necessário** ♦ *nm* Civil mobilisé pour un travail obligatoire ► **convocado**

réquisition *nf* Procédure qui autorise l'Administration à contraindre un particulier à lui céder un bien ou à effectuer une prestation ► **requisição** ♦ **réquisitions** *pl* DR Réquisitoire ► **requisitório**

réquisitionner *vt* Se procurer quelque chose, utiliser les services de quelqu'un par acte de réquisition ► **requisitar**

réquisitoire *nm* **1** DR Discours par lequel le procureur de la République (ou son substitut) demande au juge d'appliquer la loi envers un inculpé ► **requisitório** **2** Discours où l'on accumule les accusations, les reproches violents ► **ataque**

RER *nm* (sigle de *réseau express régional*) Métro régional desservant Paris et sa banlieue ► **trem urbano, trem metropolitano**

resaler [rəsale] *vt* Saler de nouveau ce qui manque de sel ► **pôr mais sal**

resalir [rəsalir] *vt* Salir de nouveau ce qui a été nettoyé ► **voltar a sujar**

rescapé, e *adj et n* Sorti sain et sauf d'un accident, d'une catastrophe ► **sobrevivente**

rescousse (à la) *loc adv* En renfort, pour porter assistance ► **em auxílio**

réseau *nm* **1** Ensemble de lignes, de fils entrecroisés, entrelacés ► **rede** **2** Ensemble de voies ferrées, de routes, de lignes téléphoniques, de postes radiophoniques, d'ordinateurs et de terminaux interconnectés ► **rede** **3** Ensemble de personnes en liaison les unes avec les autres pour une action clandestine: *réseau de résistance* ► **rede** ■ **réseau numérique à intégration de service (RNIS):** réseau de télécommunication qui permet d'acheminer sous forme numérique des textes, des images et des sons ► **rede digital de serviços integrados (RDSI)**

résection [resɛksjɔ̃] *nf* CHIR Action de couper, de retrancher une portion d'organe, en rétablissant la continuité de sa fonction ► **resseção**

réséda *nm* Plante herbacée dont on cultive une espèce pour ses fleurs odorantes et une autre, la *mignonnette*, pour la teinture jaune que l'on en extrait ► **resedá**

réséquer [reseke] *vt (conj 10)* CHIR Pratiquer une résection ► **ressecar**

réservataire *adj et n* DR Se dit de l'héritier qui ne peut être légalement écarté d'une succession ► **(herdeiro) reservatário**

réservation *nf* Action de retenir une place dans un moyen de transport, un lieu d'hébergement, un restaurant ou pour assister à un spectacle; ticket l'attestant ► **reserva, comprovante de reserva**

réserve *nf* **1** Action de mettre de côté: *garder en réserve* ► **reserva** **2** Chose réservée: *faire des réserves de sucre* ► **reserva** **3** Local où l'on entrepose des marchandises ► **depósito** **4** Prudence, retenue dans les actes et les propos: *parler avec réserve* ► **reserva** **5** Restriction: *l'amitié n'admet point de réserve* ► **reserva** **6** MIL Troupe maintenue disponible pour être envoyée en renfort; période faisant suite au service actif ► **reserva** ■ **en réserve:** à part, de côté: *mettre en réserve* ► **de lado** □ **réserve amérindienne** ou **indienne:** en Amérique du Nord, territoire réservé aux Indiens ► **reserva indígena** □ **réserve naturelle:** territoire réglementé pour la sauvegarde des espèces animales et végétales qui y ont élu domicile ► **reserva natural** □ **sans réserve:** sans restriction ► **sem reservas** □ **sous toute réserve:** sans garantie, sans engagement formel ► **sem garantia** ♦ **réserves** *pl* DR Clauses restrictives ► **ressalvas** ■ **faire, émettre des réserves:** ne pas donner son approbation entière ► **ter algumas reservas**

réservé, e *adj* **1** Qui fait preuve de réserve, de retenue; discret ► **reservado** **2** Dont l'accès ou l'usage est destiné exclusivement à une personne, à un groupe: *chasse réservée* ► **reservado**

réserver *vt* **1** Mettre à part, de côté, garder: *réserver quelques bouteilles pour des amis* ► **reservar** **2** Affecter exclusivement à: *local réservé aux réunions* ► **reservar** **3** Destiner: *nul ne sait ce que l'avenir nous réserve* ► **reservar** **4** Faire la réservation de ► **reservar** ♦ **se réserver** *vpr* **1** Garder quelque chose pour soi ► **reservar para si** **2** Attendre: *se réserver pour la fin* ► **reservar-se**

réserviste *n* MIL Personne qui appartient à la réserve des forces armées ► **reservista**

réservoir *nm* **1** Récipient destiné à recevoir un liquide: *réservoir d'essence* ► **reservatório** **2** Lieu aménagé pour y tenir certaines choses en réserve ► **depósito**

résidant, e *adj et n* Qui réside dans un lieu ► **residente**

résidence *nf* **1** Demeure habituelle en un lieu déterminé ► **residência** **2** Séjour effectif et obligatoire au lieu où l'on exerce une fonction ► **residência** **3** Groupe d'habitations d'un certain confort: *résidence privée et gardée* ► **condomínio** ■ **résidence secondaire:** maison de vacances ou de week-end ► **residência secundária**

résident, e *n* Personne qui réside dans un autre endroit que son pays d'origine ▸ **residente**

résidentiel, elle *adj* **1** Se dit d'un quartier réservé aux habitations privées ▸ **residencial 2** Qui offre un haut niveau de confort, de luxe ▸ **de luxo**

résider *vi* **1** Demeurer, être établi en un lieu ▸ **residir 2** Être, consister en: *là réside la difficulté* ▸ **residir**

résidu *nm* **1** Ce qui subsiste après une opération physique ou chimique ▸ **resíduo 2** Rebut, déchet ▸ **resíduo**

résiduel, elle *adj* Qui provient d'un reste ▸ **residual ■ relief résiduel:** massif qui a été préservé de l'érosion ▸ **relevo residual**

résignation *nf* **1** Fait de se résigner ▸ **resignação 2** DR Action de résigner ▸ **resignação**

résigné, e *adj* Qui supporte un mal sans révolte: *malade résigné* ▸ **resignado**

résigner *vt* DR Renoncer volontairement à une charge, à une fonction ▸ **resignar ◆ se résigner** *vpr* Se soumettre sans protestation ▸ **resignar-se**

résiliable *adj* Qui peut être résilié ▸ **resilível**

résiliation *nf* DR Annulation d'un contrat ▸ **resilição, rescisão**

résilier *vt* Mettre fin à une convention, à un contrat: *résilier un bail* ▸ **resilir, rescindir**

résille *nf* Filet dont on enveloppe les cheveux ▸ **rede**

résine *nf* Substance visqueuse produite par certains végétaux ▸ **resina**

résiné *adj m* ▸ **resinado ■ vin résiné** ou **résiné:** *nm* vin légèrement additionné de résine ▸ **vinho resinoso**

résiner *vt* **1** Extraire la résine de: *résiner un pin* ▸ **resinar 2** Enduire de résine ▸ **resinar**

résineux, euse *adj* Qui produit de la résine ▸ **resinoso ◆** *nm* Arbre forestier riche en matières résineuses dont les principaux représentants sont les conifères (les résineux s'opposent aux feuillus) ▸ **resinosa**

résinier, ère *n* Personne employée à la récolte de la résine de pin ▸ **resineiro ◆** *adj* Relatif à la résine, aux produits résineux ▸ **resineiro**

résipiscence *nf* RELIG Regret d'une faute: *venir à résipiscence* ▸ **resipiscência**

résistance *nf* **1** Action de résister, de s'opposer à quelqu'un, à une autorité: *se laisser arrêter sans résistance* ▸ **resistência 2** Capacité à résister à une épreuve physique ou morale; endurance ▸ **resistência 3** Propriété d'un corps de résister aux effets d'un agent extérieur; solidité ▸ **resistência 4** PHYS Force qui s'oppose au mouvement d'un corps dans un fluide ▸ **resistência 5** ÉLECTR Difficulté plus ou moins grande qu'un conducteur oppose au passage d'un courant (mesurée en *ohms*); conducteur dans lequel l'énergie du courant électrique est transformée en chaleur ▸ **resistência ■ plat de résistance:** mets principal d'un repas ▸ **prato de resistência**

résistant, e *adj* Qui supporte bien les épreuves physiques; robuste ▸ **resistente ◆** *adj et n* Qui s'oppose à une occupation ennemie; membre de la Résistance pendant la Seconde Guerre mondiale ▸ **resistente**

résister *vt ind* [à] **1** Ne pas céder sous l'action d'un choc, d'une force: *le plancher ne résistera pas à ce poids* ▸ **resistir 2** S'opposer à la force, à la violence: *résister à un agresseur* ▸ **resistir 3** Lutter contre ce qui attire, ce qui est dangereux: *résister à un désir*; supporter sans faiblir: *résister à la fatigue* ▸ **resistir**

résolu, e *adj* Ferme dans ses projets, déterminé ▸ **resoluto**

résoluble *adj* DR Qui peut être annulé ▸ **rescindível**

résolument *adv* De manière résolue ▸ **resolutamente**

résolutif, ive *adj* MÉD Qui fait disparaître une inflammation ▸ **resolutivo**

résolution *nf* **1** Décision prise avec la volonté de s'y tenir ▸ **resolução 2** Moyen par lequel on tranche un cas douteux, un problème ▸ **resolução 3** Fait de se résoudre, de se réduire: *résolution d'un nuage en pluie* ▸ **resolução 4** DR Dissolution d'un contrat pour inexécution des engagements ▸ **resolução 5** MÉD Disparition progressive d'une tumeur ▸ **resolução**

résolutoire *adj* DR Qui provoque la résolution d'un acte ▸ **resolutório**

résonance *nf* **1** Propriété d'accroître la durée ou l'intensité du son: *la résonance d'une salle; caisse de résonance* ▸ **ressonância 2** Effet produit dans l'esprit, le cœur: *ce poème éveille des résonances profondes* ▸ **impressão**

ORTHOGRAPHE *Résonance* s'écrit avec un seul *n*, alors qu'on écrit avec deux *n* le verbe *résonner* (qu'il ne faut pas confondre avec *raisonner*)

résonateur *nm* PHYS Appareil qui vibre par résonance ▸ **ressoador**

résonnant, e ou **résonant, e** *adj* Qui résonne ▸ **ressoante**

résonner *vi* **1** Renvoyer le son en augmentant sa durée ou son intensité: *cette salle résonne trop* ▸ **ressoar 2** Produire un son: *cette cloche résonne faiblement* ▸ **ressoar**

résorber *vt* **1** Faire disparaître peu à peu ▸ **resol-**

ver 2 MÉD Opérer la résorption d'une tumeur, d'un abcès, etc. ► **reabsorver, resolver** ◆ **se résorber** *vpr* Disparaître progressivement ► **resolver-se**

résorption *nf* Disparition progressive, totale ou partielle ► **reabsorção**

résoudre *vt (conj 61)* **1** Prendre une décision: *il a résolu d'agir* ► **resolver 2** Trouver la solution de: *résoudre un problème* ► **resolver 3** Décomposer un corps en ses éléments constituants: *le temps résout les corps en poussière* ► **resolver 4** DR Annuler ► **resolver 5** MÉD Résorber, faire disparaître ► **resolver** ◆ **se résoudre** *vpr* [à] **1** Se décider à: *se résoudre à partir* ► **resolver-se 2** Consister en, se réduire à: *tout ceci se résout à presque rien* ► **resumir-se**

GRAMMAIRE *Résoudre* donne *résolu* au participe passé: *un problème résolu*, alors que *absoudre* et *dissoudre* donnent *absous* et *dissous*

respect *nm* Sentiment qui porte à traiter quelqu'un, quelque chose avec égard, à ne pas porter atteinte à quelque chose: *respect filial; respect des lois* ► **respeito** ■ **respect humain:** crainte du jugement d'autrui ► **respeito humano** □ **tenir quelqu'un en respect: (a)** le contenir, lui en imposer ► **impor respeito a alguém (b)** le menacer avec une arme ► **acuar com arma** ◆ **respects** *pl* Hommages, civilités: *présenter ses respects* ► **respeitos**

respectabilité *nf* Caractère d'une personne respectable ► **respeitabilidade**

respectable *adj* **1** Digne de respect ► **respeitável 2** Qui mérite d'être pris en compte: *une somme respectable* ► **respeitável**

respecter *vt* **1** Traiter avec respect, déférence ► **respeitar 2** Ne pas porter atteinte à quelque chose: *respecter le bien d'autrui*; ne pas troubler: *respecter le repos des habitants* ► **respeitar** ◆ **se respecter** *vpr* Se comporter avec la décence qui convient ► **dar-se ao respeito**

respectif, ive *adj* Qui concerne chaque personne, chaque chose, par rapport aux autres ► **respectivo**

respectivement *adv* Chacun en ce qui le concerne ► **respectivamente**

respectueusement *adv* Avec respect ► **respeitosamente**

respectueux, euse *adj* Qui témoigne, qui marque du respect: *ton respectueux* ► **respeitoso**

respirable *adj* Qu'on peut respirer: *un air respirable* ► **respirável**

respirateur *nm* MÉD Appareil destiné à assurer une ventilation pulmonaire artificielle ► **respirador**

respiration *nf* Fonction commune à tous les êtres vivants, qui consiste à absorber de l'oxygène et à rejeter du gaz carbonique et de l'eau ► **respiração** ■ **respiration artificielle:** manœuvres destinées à suppléer, à rétablir chez un asphyxié la respiration naturelle ► **respiração artificial**

respiratoire *adj* Relatif à la respiration; qui sert à respirer: *appareil respiratoire* ► **respiratório**

respirer *vi* **1** Absorber et rejeter l'air pour entretenir la vie: *les végétaux respirent* ► **respirar 2** Vivre: *il respire encore* ► **respirar 3** Prendre un moment de répit: *laissez-moi respirer* ► **respirar** ◆ *vt* **1** Absorber en aspirant: *respirer de l'air frais* ► **respirar 2** Manifester, exprimer: *respirer la santé, la joie* ► **respirar**

resplendir *vi* Briller avec un grand éclat ► **resplandecer**

resplendissant, e *adj* Qui resplendit ► **resplandecente**

resplendissement *nm* LITT Vif éclat ► **resplendor**

responsabilisation *nf* Action de responsabiliser; fait d'être responsabilisé ► **responsabilização**

responsabiliser *vt* Rendre responsable ► **responsabilizar**

responsabilité *nf* **1** Obligation de réparer une faute, de remplir une charge, un engagement: *responsabilité civile* ► **responsabilidade 2** Capacité de prendre une décision sans en déférer préalablement à une autorité supérieure ► **responsabilidade**

responsable *adj* **1** Qui doit répondre de ses actes ou de ceux des personnes dont il a la charge: *les parents sont responsables de leurs enfants mineurs* ► **responsável 2** Qui pèse les conséquences de ses actes; réfléchi: *agir en homme responsable* ► **responsável** ◆ *adj et n* **1** Qui est à l'origine d'un mal, d'une erreur: *être responsable d'un accident; le vrai responsable, c'est l'alcool* ► **responsável 2** Qui a un pouvoir de décision: *responsable syndical; voir une personne responsable* ► **responsável**

resquille *nf* FAM Action de resquiller ► **cavação**

resquiller *vt et vi* **1** FAM S'attribuer un avantage auquel on n'a pas droit ► **cavar 2** Entrer sans payer à des spectacles, dans des moyens de transport, etc. ► **filar, entrar sem pagar**

resquilleur, euse *n* FAM Personne qui resquille ► **cavador**

ressac *nm* Retour violent des vagues frappant un obstacle ► **ressaca**

ressaisir *vt* Saisir de nouveau ► **recapturar, retomar** ◆ **se ressaisir** *vpr* Redevenir maître de soi ► **recompor-se**

ressasser *vt* Répéter sans cesse ▸ **repisar**

ressaut *nm* **1** Rupture d'alignement d'un mur; saillie ▸ **ressalto 2** Changement de niveau brusque ▸ **desnível**

ressayer ou **réessayer** *vt (conj 4)* Essayer de nouveau ▸ **experimentar de novo**

ressemblance *nf* Conformité, analogie de forme, de physionomie, etc. ▸ **semelhança**

ressemblant, e *adj* Qui ressemble à son modèle: *portrait ressemblant* ▸ **semelhante**

ressembler *vt ind* [à] Avoir des traits communs avec quelqu'un, quelque chose ▸ **parecer ◆ se ressembler** *vpr* Offrir une ressemblance mutuelle ▸ **parecerem-se**

ressemelage *nm* Action de ressemeler ▸ **colocação de nova sola**

ressemeler *vt (conj 6)* Mettre une semelle neuve à ▸ **pôr sola nova**

ressemer *vt (conj 9)* Semer de nouveau ▸ **ressemear**

ressentiment *nm* Souvenir d'un mal, d'une injure avec le désir de se venger ▸ **ressentimento**

ressentir *vt (conj 19)* Sentir, éprouver: *ressentir une douleur* ▸ **sentir ◆ se ressentir** *vpr* [de] Éprouver les suites de: *se ressentir d'une maladie* ▸ **ressentir-se**

resserre *nf* Endroit où l'on met à l'abri, où l'on range certaines choses; remise

resserré, e *adj* Enfermé dans des limites étroites ▸ **apertado, estreito**

resserrement *nm* Action de resserrer; fait d'être resserré ▸ **estreitamento**

resserrer *vt* **1** Serrer davantage: *resserrer un cordon* ▸ **apertar 2** Rendre plus étroit: *resserrer des liens d'amitié* ▸ **estreitar ◆ se resserrer** *vpr* Devenir plus étroit ▸ **estreitar-se**

resservir *vt (conj 20)* Servir de nouveau ou en plus ▸ **resservir ◆** *vpr*: *se resservir d'un plat* ▸ **servir-se de novo ◆** *vi* Être réutilisé ▸ **ser reutilizado**

ressort[1] *nm* **1** Pièce élastique qui réagit après avoir été pliée ou comprimée ▸ **mola 2** LITT Ce qui meut, ce qui fait agir: *l'argent est le ressort de bien des conflits* ▸ **mola 3** Force, énergie: *avoir du ressort* ▸ **energia**

ressort[2] *nm* **1** Pouvoir, compétence: *ce n'est pas de son ressort* ▸ **alçada 2** DR Étendue, limite d'une juridiction: *ressort d'un tribunal* ▸ **alçada ■ en dernier ressort:** sans appel ▸ **em última instância**

ressortir[1] *vi (conj 28; auxil: être)* **1** Sortir de nouveau ▸ **sair de novo 2** Apparaître par contraste: *faire ressortir des défauts* ▸ **ressaltar ◆** *v impers* Résulter: *il ressort de ses déclarations que* ▸ **resultar**

ressortir[2] *vt ind* [à] (auxil: *avoir*; se conjugue comme *finir*) SOUT Être de la compétence, du domaine de: *question qui ressortit à l'économie* ▸ **dizer respeito**

EMPLOI Il ne faut pas confondre *ressortir* (conjugué comme *sortir*) et *ressortir à* (conjugué comme *finir*), auquel correspond le substantif *ressortissant*: *un vieux film qui ressort; cette affaire ressortit à une autre juridiction*

ressortissant, e *n* Personne protégée par les représentants diplomatiques ou consulaires d'un pays donné, lorsqu'elle réside dans un autre pays ▸ **nacional, cidadão**

ressouder *vt* Souder de nouveau ▸ **ressoldar**

ressource *nf* Ce qui peut fournir un moyen de se tirer d'embarras ▸ **recurso ◆ ressources** *pl* **1** Moyens d'existence d'une personne; éléments de la richesse ou de la puissance d'une nation: *ressources naturelles* ▸ **recursos 2** Moyens dont on dispose, possibilités d'action: *déployer toutes les ressources de son talent pour convaincre quelqu'un* ▸ **recursos ■ ressources humaines:** ensemble du personnel d'une entreprise ▸ **recursos humanos**

ressourcer (se) *vpr* Revenir à ses sources, à ses racines ▸ **voltar às origens**

ressouvenir (se) *vpr (conj 22)* Se souvenir de nouveau ▸ **recordar-se de novo**

ressusciter *vt* **1** Ramener de la mort à la vie ▸ **ressuscitar 2** Produire un effet énergique: *ce médicament l'a ressuscité* ▸ **ressuscitar 3** Faire réapparaître: *ressusciter une mode* ▸ **ressuscitar ◆** *vi* (auxil: *être*) Revenir de la mort à la vie ▸ **ressuscitar**

ressuyer *vt (conj 3)* Essuyer de nouveau ▸ **voltar a enxugar**

restant, e *adj* Qui reste ▸ **restante ■ poste restante:** mention indiquant qu'une lettre doit rester au bureau de poste où son destinataire viendra la réclamer ▸ **posta restante ◆** *nm* Ce qui reste ▸ **resto**

restaurant *nm* Établissement public où l'on sert des repas moyennant paiement ▸ **restaurante**

restaurateur, trice *n* **1** Personne qui tient un restaurant ▸ ***restaurateur*, dono de restaurante 2** Personne qui restaure une œuvre d'art ▸ **restaurador**

restauration *nf* **1** Métier de restaurateur; ensemble des restaurants et de leur administration ▸ **setor de restaurantes 2** Réparation, réfection: *restauration d'un tableau* ▸ **restauração 3** Nouvelle vigueur; rétablissement: *restauration de la santé de quelqu'un* ▸ **restauração 4** Rétablissement sur le trône d'une dynastie déchue: *restauration des Bourbons* ▸ **restauração ■ res-**

tauration rapide: fast-food ▸ ***fast-food***

restaurer *vt* **1**] ▸ **restaurar 2** LITT Remettre en vigueur, en honneur: *restaurer un usage* ▸ **restaurar 3** Remettre sur le trône ▸ **restaurar ◆ se restaurer** *vpr* Prendre de la nourriture ▸ **comer**

reste *nm* **1** Ce qui demeure d'un tout dont on a retranché ou dont on considère à part une partie ▸ **resto 2** Ce qui est encore à faire ou à dire ▸ **resto 3** Petite quantité, trace: *un reste d'espoir* ▸ **resto 4** Différence entre deux quantités ▸ **resto ■ au reste** ou **du reste:** au surplus, d'ailleurs ▸ **de resto □ être en reste avec quelqu'un:** lui devoir quelque chose ▸ **estar em dívida com alguém □ ne pas demander son reste:** se retirer rapidement, sans insister ▸ **retirar-se rapidamente ◆ restes** *pl* **1** Ce qui reste d'un plat, d'un repas ▸ **sobras 2** Cadavre, ossements ▸ **restos mortais 3** Vestiges ▸ **restos**

rester *vi* (auxil: *être*) **1** Subsister: *voilà ce qui reste de sa fortune* ▸ **restar 2** Continuer à être dans un lieu ▸ **permanecer, ficar 3** Se maintenir dans un état: *rester jeune* ▸ **ficar ■ en rester là:** ne pas aller plus avant, se borner à ▸ **parar por ali □ il reste que** ou **il n'en reste pas moins que:** on ne peut cependant pas nier que ▸ **não se pode negar que □** FAM **y rester:** mourir ▸ **morrer**

restituable *adj* Qui peut ou doit être restitué ▸ **restituível**

restituer *vt* **1** Rendre ce qui a été pris ou ce qui est possédé indûment: *restituer un objet volé* ▸ **restituir 2** Rétablir, remettre en son premier état: *restituer un texte* ▸ **restituir 3** Reproduire un son enregistré ▸ **reproduzir**

restitution *nf* Action de restituer; chose restituée ▸ **restituição**

resto *nm* (abréviation) FAM Restaurant ▸ **Ø**

Restoroute *nm* (nom déposé) Restaurant au bord d'une grande route, d'une autoroute ▸ ***Restoroute*** **(marca registrada), restaurante de estrada**

resto-U *nm* (abréviation) FAM Restaurant universitaire ▸ **restaurante universitário**

restreindre *vt (conj 55)* Réduire, limiter ▸ **restringir ◆ se restreindre** *vpr* Réduire ses dépenses ▸ **restringir-se**

restrictif, ive *adj* Qui restreint ▸ **restritivo**

restriction *nf* **1** Condition qui restreint; réserve: *cette mesure a été adoptée sans restriction* ▸ **restrição 2** Action de réduire la quantité, l'importance de: *restriction des crédits* ▸ **restrição ◆ restrictions** *pl* Mesures de rationnement en période de pénurie ▸ **racionamento**

restructuration *nf* Action de restructurer ▸ **reestruturação**

restructurer *vt* Réorganiser en donnant de nouvelles structures ▸ **reestruturar**

resucée *nf* FAM Chose déjà vue, faite, entendue; reprise, répétition ▸ **repetição**

résultante *nf* Résultat de l'action conjuguée de plusieurs facteurs ▸ **resultante**

résultat *nm* Ce qui résulte d'une action, d'un fait, d'un principe, d'un calcul: *le résultat d'une soustraction, d'une démarche, d'un examen* ▸ **resultado ◆ résultats** *pl* **1** Réalisations concrètes: *obtenir des résultats* ▸ **resultado 2** Bénéfices ou pertes; bilan: *les résultats d'une entreprise* ▸ **resultado**

résulter *vi et v impers* (auxil: *être* ou *avoir*) S'ensuivre, être la conséquence logique de ▸ **resultar**

résumé *nm* Forme condensée d'un texte; abrégé, sommaire ▸ **resumo ■ en résumé:** en résumant, en récapitulant; en bref ▸ **em resumo**

résumer *vt* Rendre en peu de mots: *résumer un texte* ▸ **resumir ◆ se résumer** *vpr* Reprendre brièvement ce qu'on a dit ▸ **resumir-se ■ se résumer à:** consister essentiellement en ▸ **resumir-se a**

résurgence *nf* **1** Réapparition à l'air libre, sous forme de grosse source, d'une nappe d'eau souterraine ▸ **ressurgência 2** Fait de réapparaître: *résurgence d'une doctrine* ▸ **ressurgimento**

résurgent, e *adj* Se dit des eaux qui réapparaissent à l'air libre après un trajet souterrain ▸ **ressurgente**

resurgir [rəsyrʒir] *vi* Surgir de nouveau ▸ **ressurgir**

résurrection *nf* **1** Retour de la mort à la vie ▸ **ressurreição 2** FIG Retour inattendu à la santé ▸ **ressurreição 3** Réapparition, nouvel essor ▸ **ressurreição**

retable *nm* Dans une église, construction verticale peinte ou sculptée, placée sur ou derrière l'autel ▸ **retábulo**

rétablir *vt* **1** Remettre en son premier état ou en meilleur état; redresser: *rétablir la situation* ▸ **restabelecer 2** Remettre en vigueur: *rétablir l'ordre* ▸ **restabelecer 3** Redonner des forces à; guérir: *sa cure l'a rétabli* ▸ **restabelecer ◆ se rétablir** *vpr* Recouvrer la santé ▸ **restabelecer-se**

rétablissement *nm* **1** Action de rétablir: *rétablissement de l'ordre* ▸ **restabelecimento 2** Retour à la santé: *souhaiter un prompt rétablissement à quelqu'un* ▸ **restabelecimento 3** Mouvement consistant à se redresser en prenant appui sur les mains ▸ **parada de mão**

retailler *vt* Tailler de nouveau ▸ **voltar a cortar, a afiar**

rétamage *nm* Action de rétamer ▸ **nova estanhagem**

rétamer *vt* Étamer de nouveau une surface métallique ▸ **voltar a estanhar** ▪ FAM **être rétamé:** être épuisé, fatigué ▸ **estar um bagaço** ▫ FAM **se faire rétamer: (a)** se faire battre au jeu ▸ **ser derrotado (b)** échouer à un examen ▸ **levar bomba**

rétameur *nm* Ouvrier qui rétame ▸ **estanhador**

retape *nf* TRÈS FAM **1** Racolage ▸ **aliciamento 2** Publicité tapageuse ▸ **propaganda ruidosa**

retaper *vt* FAM **1** Réparer sommairement ▸ **atamancar 2** Remettre quelqu'un d'aplomb, en forme ▸ **pôr em forma** ▪ **retaper un lit:** le faire superficiellement en tendant draps et couvertures ▸ **dar uma esticada nos lençóis**

retard *nm* **1** Fait d'arriver, d'agir trop tard: *avoir du retard* ▸ **atraso 2** Différence entre l'heure indiquée par une horloge qui retarde et l'heure légale ▸ **atraso 3** État de quelqu'un, de quelque chose qui n'est pas aussi développé, avancé qu'il devrait: *retard de croissance* ▸ **atraso** ▪ **en retard:** plus tard que prévu, plus lentement que la normale ▸ **atrasado** ▫ **être, mettre en retard:** avoir perdu, faire perdre du temps ▸ **estar atrasado, atrasar**

retardataire *adj et n* Qui est en retard ▸ **retardatário**

retardateur, trice *adj* Qui ralentit une action, un mouvement ▸ **retardador**

retardé, e *adj et n* FAM Qui est en retard dans son développement intellectuel ▸ **retardado**

retardement (à) *loc adv ou loc adj* Après un délai, avec retard: *rire à retardement* ▸ **com atraso** ▪ **bombe à retardement: (a)** bombe munie d'un dispositif qui en retarde l'explosion jusqu'à un moment déterminé ▸ **bomba-relógio (b)** FIG ce qui risque de provoquer à terme un scandale, une catastrophe ▸ **bomba-relógio**

retarder *vt* **1** Différer: *retarder un paiement* ▸ **atrasar 2** Mettre en retard: *la pluie nous a retardés* ▸ **atrasar 3** Ralentir: *retarder la guérison* ▸ **retardar** ◆ *vi* **1** Marquer une heure moins avancée que l'heure réelle: *ta montre retarde* ▸ **atrasar 2** FAM Ignorer une nouvelle que tout le monde connaît ▸ **estar por fora**

retendre *vt (conj 50)* Tendre de nouveau ce qui était détendu ▸ **esticar de novo**

retenir *vt (conj 22)* **1** Garder le bien d'autrui: *retenir des bagages à la douane* ▸ **reter 2** Prélever, déduire: *retenir les cotisations sociales* ▸ **descontar 3** MATH Reporter une retenue: *poser 5 et retenir 2* ▸ **ir 4** Réserver: *retenir sa place* ▸ **reservar 5** Considérer comme digne d'intérêt: *retenir une proposition* ▸ **considerar 6** Maintenir, contenir, empêcher d'aller, d'agir, de tomber: *retenir un cheval; retenir ses larmes; retenir quelqu'un à dîner* ▸ **segurar 7** Garder dans sa mémoire: *retenir une adresse* ▸ **recordar** ◆ **se retenir** *vpr* **1** S'accrocher à quelque chose ▸ **agarrar-se 2** Se contenir: *se retenir de rire, de dépenser* ▸ **conter-se**

rétention *nf* **1** Action de conserver ce qui doit circuler: *rétention de marchandises, d'informations* ▸ **retenção 2** MÉD Accumulation excessive dans l'organisme de produits devant normalement être éliminés ▸ **retenção**

retentir *vi* **1** Produire, renvoyer un son éclatant ▸ **retinir 2** Avoir des répercussions ▸ **repercutir**

retentissant, e *adj* Qui retentit: *son retentissant: scandale retentissant* ▸ **estrondoso**

retentissement *nm* Répercussion: *cette nouvelle a eu un grand retentissement* ▸ **repercussão**

retenue *nf* **1** Somme qu'un employeur retient sur le salaire de ses employés: *retenue pour la Sécurité sociale* ▸ **desconto 2** MATH Dans une opération, chiffre reporté ▸ **número que vai 3** Privation de récréation ou de sortie, dans les établissements scolaires ▸ **retenção 4** Modération, discrétion: *manquer de retenue* ▸ **comedimento 5** Ralentissement de la circulation routière ▸ **congestionamento** ▪ **retenue d'eau:** eau emmagasinée derrière un barrage, dans un réservoir, un bief ▸ **água armazenada**

réticence *nf* **1** Omission volontaire de ce qu'on devrait ou pourrait dire: *parler sans réticence* ▸ **reticência 2** Hésitation à dire, à faire quelque chose ▸ **reticência**

réticent, e *adj* Qui manifeste de la réticence ▸ **reticente**

réticulaire *adj* En forme de réseau; relatif à un réseau ▸ **reticulado, reticular**

réticulé, e *adj* Qui figure un réseau ▸ **reticulado**

rétif, ive *adj* **1** Qui s'arrête ou recule au lieu d'avancer: *cheval rétif* ▸ **recalcitrante 2** FIG Indocile, récalcitrant ▸ **recalcitrante**

rétine *nf* Membrane située au fond de l'œil, sur laquelle se forment les images des objets ▸ **retina**

rétinien, enne *adj* Relatif à la rétine ▸ **retiniano**

retirage *nm* Nouveau tirage d'un livre, d'une photo, etc. ▸ **nova tiragem**

retiré, e *adj* **1** Se dit d'un lieu isolé et peu fréquenté ▸ **retirado 2** Se dit d'une personne qui a cessé toute activité professionnelle ▸ **retirado, aposentado**

retirer *vt* **1** Tirer à soi, ramener en arrière: *retirer sa main* ▸ **retirar, tirar 2** Faire sortir quelqu'un, quelque chose de l'endroit où il était: *retirer un* *enfant d'une école; retirer un clou d'une planche* ▸ **tirar 3** Reprendre, ôter: *retirer à quelqu'un sa place; retirer de l'argent à la banque; retirer ses gants* ▸ **tirar 4** Obtenir: *retirer un bénéfice* ▸ **obter 5** Dégager, renoncer à: *retirer sa parole, sa candidature* ▸ **retirar** ◆ **se retirer** *vpr* **1** S'en aller, s'éloigner: *se retirer discrètement*; se réfugier: *se retirer dans sa chambre* ▸ **retirar-se 2** Quitter: *se retirer de la compétition*; prendre sa retraite ▸ **retirar-se, aposentar-se 3** Être dans son reflux, en parlant de la mer ▸ **refluir**

retombée *nf* Ce qui retombe: *des retombées radioactives* ▸ **precipitação** ◆ **retombées** *pl* Conséquences, répercussions: *les retombées politiques d'un scandale* ▸ **consequências**

retomber *vi* (auxil: *être*) **1** Tomber de nouveau; tomber après avoir été élevé ou après s'être élevé: *la vapeur retombe en pluie* ▸ **voltar a cair 2** Se trouver de nouveau dans une situation: *retomber malade* ▸ **recair 3** Rejaillir: *cela retombera sur lui* ▸ **recair**

retondre *vt (conj 51)* Tondre de nouveau ▸ **tosquiar de novo**

retordage *nm* Action de retordre ▸ **retorção**

retordre *vt (conj 52)* Tordre de nouveau ▸ **retorcer** ▪ **donner du fil à retordre à quelqu'un:** lui créer des difficultés ▸ **causar transtornos a alguém**

rétorquer *vt* Répondre vivement, répliquer ▸ **retorquir**

retors, e *adj* **1** Tordu plusieurs fois: *soie retorse* ▸ **retorcido 2** FIG Rusé, malin ▸ **esperto**

rétorsion *nf* ▸ **retorsão** ▪ **mesure de rétorsion:** acte qui consiste, pour quelqu'un, un État, à employer à l'égard d'un autre les mesures dont ce dernier s'est servi contre lui; représailles ▸ **medida de retorsão**

retouche *nf* Action de retoucher ▸ **retoque**

retoucher *vt* Corriger, perfectionner, rectifier: *retoucher un ouvrage, une photo, un vêtement* ▸ **retocar**

retoucheur, euse *n* Personne qui retouche ▸ **retocador**

retour *nm* **1** Action, fait de revenir: *le retour des hirondelles; retour au calme; retour en arrière* ▸ **volta, retorno 2** Titre de transport permettant de faire en sens inverse le voyage effectué à l'aller ▸ **passagem de volta 3** Répétition: *retour d'une phrase musicale* ▸ **repetição 4** Fait de rendre, de renvoyer; chose rendue ▸ **devolução 5** Coude, angle d'une ligne, d'une surface ▸ **ângulo 6** Mouvement imprévu en sens opposé; changement brusque: *retour de manivelle; les retours de la fortune* ▸ **reviravolta** ▪ **en retour:** en échange ▸ **em troca** ▫ **être de retour:** être revenu ▸ **estar de volta** ▫ **être sur le retour: (a)** être sur le point de repartir ▸ **estar prestes a voltar (b)** commencer à vieillir ▸ **começar a envelhecer** ▫ **par retour du courrier:** aussitôt après l'avoir reçu ▸ **pela volta do correio** ▫ **retour en arrière:** flash-back ▸ ***flashback*, regressão** ▫ **sans retour:** pour toujours ▸ **definitivamente**

retourne *nf* Carte qu'on retourne pour déterminer l'atout ▸ **trunfo**

retournement *nm* Changement brusque et complet: *retournement de la situation* ▸ **reviravolta**

retourner *vt* **1** Tourner dans un autre sens; mettre à l'envers ▸ **virar 2** Renvoyer: *retourner une lettre* ▸ **devolver 3** Tourner, examiner en tous sens: *retourner un problème* ▸ **ruminar 4** Faire changer d'avis ▸ **fazer mudar de opinião 5** Troubler: *il est tout retourné* ▸ **transtornar** ◆ *vi* (auxil: *être*) Aller de nouveau ▸ **voltar** ◆ *vt ind* [à] **1** Se rendre de nouveau dans un lieu: *retourner à la mer*; revenir à l'endroit d'où l'on est parti: *retourner à son domicile* ▸ **voltar 2** Revenir dans un état, une situation antérieurs: *retourner à l'état sauvage* ▸ **voltar 3** Être restitué: *retourner à son propriétaire* ▸ **voltar** ◆ *v impers* ▪ **savoir de quoi il retourne:** de quoi il s'agit, ce qui se passe ▸ **saber de que se trata** ◆ **se retourner** *vpr* **1** Se tourner dans un autre sens; regarder derrière soi ▸ **virar-se 2** Se renverser ▸ **virar-se** ▪ **s'en retourner:** repartir vers le lieu d'où l'on est venu ▸ **regressar** ▫ **se retourner contre quelqu'un:** lui devenir hostile ▸ **virar-se contra alguém**

retracer *vt (conj 1)* **1** Tracer de nouveau ▸ **retraçar 2** Raconter, exposer: *retracer un événement* ▸ **relatar**

rétractation *nf* Fait de se dédire ▸ **retratação**

rétracter *vt* **1** Faire revenir en arrière, contracter: *l'escargot rétracte ses cornes* ▸ **retrair 2** SOUT Retirer, désavouer: *rétracter ce qu'on a dit* ▸ **retratar** ◆ **se rétracter** *vpr* **1** Se contracter ▸ **retrair-se 2** Se dédire, revenir sur ce qu'on a dit ▸ **retratar-se**

rétractile *adj* Qui a la faculté de se rétracter: *les griffes du chat sont rétractiles* ▸ **retrátil**

rétraction *nf* Contraction, raccourcissement ▸ **retração**

retraduire *vt (conj 70)* Traduire de nouveau ou en partant d'une traduction ▸ **retraduzir**

retrait *nm* **1** Action de retirer: *retrait bancaire* ▸ **retirada 2** Fait de se retirer: *retrait des troupes* ▸ **retirada 3** TECHN diminution de volume ▸ **retração** ▪ **en retrait: (a)** en arrière ▸ **recuado (b)** qui montre des prétentions moindres ▸ **abaixo**

retraite *nf* **1** État d'une personne qui a cessé son activité professionnelle et reçoit une pension; cette pension: *être à la retraite; prendre sa retraite* ► **aposentadoria 2** Éloignement momentané de la société pour se recueillir, pour se préparer à un acte religieux; lieu où l'on se retire ► **retiro 3** Action de se retirer ► **retiro 4** Marche en arrière d'une armée ► **retirada**

retraité, e *n et adj* Personne qui est à la retraite ► **aposentado**

retraitement *nm* Traitement des déchets chimiques dangereux ou du combustible nucléaire irradié ► **reprocessamento**

retraiter *vt* Pratiquer le retraitement de ► **reprocessar**

retranchement *nm* Obstacle naturel ou artificiel qui sert à se protéger contre les attaques de l'ennemi ► **trincheira** ■ **pousser quelqu'un dans ses derniers retranchements:** le pousser à bout, l'acculer ► **encurralar alguém**

retrancher *vt* Ôter quelque chose d'un tout ► **subtrair** ◆ **se retrancher** *vpr* Se mettre à l'abri derrière des défenses ► **entrincheirar-se** ■ **se retrancher derrière quelque chose:** l'invoquer comme moyen de défense, comme excuse ► **esconder-se atrás de algo**

retranscription *nf* Nouvelle transcription ► **retranscrição**

retranscrire *vt (conj 71)* Transcrire de nouveau; transcrire ce qui a été dit ► **retranscrever**

retransmettre *vt (conj 57)* **1** Transmettre de nouveau ou à d'autres ► **retransmitir 2** Diffuser une émission radiophonique ou télévisée: *retransmettre un concert* ► **retransmitir**

retransmission *nf* Action de retransmettre; émission retransmise ► **retransmissão**

retravailler *vt et vi* Travailler de nouveau ► **trabalhar de novo**

rétrécir *vt* Rendre plus étroit ► **encolher** ◆ *vi* Devenir plus étroit: *ce drap a rétréci* ► **encolher** ◆ **se rétrécir** *vpr* Devenir de plus en plus étroit ► **estreitar-se**

rétrécissement *nm* **1** Action de rétrécir; fait de se rétrécir ► **encolhimento, estreitamento 2** MÉD Diminution du diamètre d'un orifice, d'un vaisseau, d'un canal ► **estenose**

retremper *vt* **1** Tremper de nouveau ► **voltar a molhar 2** Donner une nouvelle trempe: *retremper une lame d'acier* ► **retemperar** ◆ **se retremper** *vpr* [dans] Reprendre contact avec quelque chose ► **voltar a entrar em contato**

rétribuer *vt* Payer pour un travail: *rétribuer un employé; rétribuer un service* ► **retribuir**

rétribution *nf* Somme d'argent donnée en échange d'un travail, d'un service ► **retribuição**

rétro[1] *adj inv et nm inv* FAM Se dit d'une mode, d'un style s'inspirant d'un passé récent (en particulier des années 1920 à 1960) ► **retrô**

rétro[2] *nm* (abréviation) FAM Rétroviseur ► **Ø**

rétroactif, ive *adj* Qui rejaillit sur des faits antérieurs: *effet rétroactif* ► **retroativo**

rétroaction *nf* Effet rétroactif ► **retroação**

rétroactivement *adv* De façon rétroactive ► **retroativamente**

rétroactivité *nf* Caractère rétroactif: *rétroactivité d'une mesure* ► **retroatividade**

rétrocéder *vt (conj 10)* Céder ce qui nous a été cédé auparavant ou ce qu'on a acheté pour soi-même ► **retroceder**

rétrocession *nf* Action de rétrocéder ► **retrocessão**

rétrofusée *nf* Fusée de freinage d'un engin spatial ► **retrofoguete**

rétrogradation *nf* **1** Action de rétrograder ► **retrogradação 2** MIL Mesure disciplinaire par laquelle un gradé est placé à un grade inférieur ► **rebaixamento**

rétrograde *adj* **1** Qui va en arrière: *marche rétrograde* ► **retrógrado 2** Opposé au progrès, réactionnaire: *esprit rétrograde* ► **retrógrado**

rétrograder *vi* **1** Revenir en arrière ► **retrogradar 2** Régresser ► **retroceder 3** AUTOM Passer la vitesse inférieure ► **diminuir** ◆ *vt* MIL Soumettre à la rétrogradation ► **rebaixar**

rétroprojecteur *nm* Appareil permettant de projeter des documents sans obscurcir la salle ► **retroprojetor**

rétropropulsion *nf* Freinage d'un véhicule spatial par fusée ► **retropropulsão**

rétrospectif, ive *adj* **1** Qui se rapporte au passé ► **retrospectivo 2** Qui se manifeste après coup: *une peur rétrospective* ► **retrospectivo**

rétrospective *nf* Exposition présentant de façon récapitulative les œuvres d'un artiste, d'une école, d'une époque ► **retrospectiva**

rétrospectivement *adv* De façon rétrospective; après coup ► **retrospectivamente**

retroussé, e *adj* ► **arregaçado** ■ **nez retroussé:** dont le bout est un peu relevé ► **nariz arrebitado**

retrousser *vt* Relever: *retrousser ses manches* ► **arregaçar**

retrouvailles *nf pl* Fait de retrouver des personnes dont on était séparé ► **reencontro**

retrouver *vt* **1** Trouver ce qui avait disparu, qui était égaré, oublié: *retrouver ses lunettes*; être à nouveau dans un état, jouir de nouveau d'une faculté: *retrouver son calme* ▸ **encontrar, recuperar 2** Découvrir la personne recherchée: *retrouver les voleurs* ▸ **encontrar 3** Rejoindre: *j'irai vous retrouver* ▸ **encontrar** ◆ **se retrouver** *vpr* **1** Se trouver de nouveau réunis après une séparation; se réunir ▸ **reencontrar-se 2** Être soudainement ou finalement dans telle situation: *se retrouver seul* ▸ **acabar 3** S'orienter ▸ **localizar-se** ■ FAM **s'y retrouver: (a)** équilibrer ses dépenses et ses recettes ▸ **equilibrar as contas (b)** faire un profit ▸ **sair no lucro**

rétroversion *nf* MÉD Position d'un organe basculé en arrière ▸ **retroversão**

rétrovirus *nm* Virus à ARN, comme le VIH ▸ **retrovírus**

rétroviseur *nm* Petit miroir qui permet au conducteur d'un véhicule de voir ce qui se passe derrière lui ▸ **retrovisor**

rets [rɛ] *nm* LITT Filet, piège ▸ **rede, armadilha**

réunification *nf* Action de réunifier; son résultat: *la réunification de l'Allemagne* ▸ **reunificação**

réunifier *vt* Rétablir l'unité d'un pays, d'un parti, etc. ▸ **reunificar**

réunion *nf* **1** Action de réunir des choses ▸ **reunião 2** Fait de rassembler des personnes; groupe de personnes rassemblées ▸ **reunião 3** Temps pendant lequel on se réunit ▸ **reunião**

réunionnais, e *adj et n* De la Réunion: *les Réunionnais* ▸ **de Reunião**

réunir *vt* **1** Rassembler, grouper: *réunir des papiers*: *réunir des amis* ▸ **reunir 2** Rapprocher, rejoindre ce qui était séparé ▸ **reunir 3** Faire communiquer: *couloir réunissant deux appartements* ▸ **ligar** ◆ **se réunir** *vpr* S'assembler ▸ **reunir-se**

EMPLOI *Réunir ensemble* est un pléonasme; *il les a tous réunis* suffit à exprimer qu'ils sont ensemble

réussi, e *adj* **1** Exécuté avec succès: *un dessert réussi* ▸ **bem-sucedido 2** Parfait en son genre: *une fête réussie* ▸ **notável**

réussir *vi* **1** Avoir un résultat heureux: *il réussit en tout* ▸ **ter êxito 2** S'acclimater: *la vigne ne réussit pas ici* ▸ **aclimatar-se** ◆ *vt ind* [à] **1** Parvenir: *j'ai réussi à le voir* ▸ **conseguir 2** Être bénéfique: *l'air de la mer lui réussit* ▸ **fazer bem** ◆ *vt* Faire avec succès: *réussir un portrait* ▸ **realizar**

réussite *nf* **1** Résultat favorable ▸ **sucesso 2** Œuvre parfaite en son genre: *ce film est une réussite* ▸ **sucesso 3** Jeu de cartes auquel ne participe qu'une personne; SYN: *patience* ▸ **paciência**

réutilisable *adj* Que l'on peut utiliser à nouveau ▸ **reutilizável**

réutilisation *nf* Action de réutiliser; nouvelle utilisation ▸ **reutilização**

réutiliser *vt* Utiliser de nouveau ▸ **reutilizar**

revacciner *vt* Vacciner de nouveau ▸ **revacinar**

revaloir *vt (conj 40)* Rendre la pareille, en bien ou en mal: *je lui revaudrai cela!* ▸ **retribuir**

revalorisation *nf* Action de revaloriser ▸ **revalorização**

revaloriser *vt* Rendre son ancienne valeur ou une valeur plus grande à: *revaloriser une monnaie, la fonction publique* ▸ **revalorizar**

revanchard, e *adj et n* FAM Dominé par le désir de revanche, en particulier militaire ▸ **revanchista**

revanche *nf* **1** Action de rendre la pareille pour un mal que l'on a subi: *j'aurai ma revanche* ▸ **revanche 2** Seconde partie que l'on joue après avoir perdu la première ▸ **revanche** ■ **en revanche:** au contraire ▸ **ao contrário**

rêvasser *vi* Se laisser aller à la rêverie ▸ **devanear**

rêvasserie *nf* Fait de rêvasser; pensée vague ▸ **devaneio**

rêve *nm* **1** Suite d'images qui se présentent à l'esprit pendant le sommeil: *faire de beaux rêves* ▸ **sonho 2** Désir plus ou moins chimérique: *réaliser un rêve* ▸ **sonho** ■ **de rêve:** idéal ▸ **de sonho**

rêvé, e *adj* Qui convient tout à fait, idéal ▸ **ideal**

revêche *adj* Peu accommodant, rébarbatif: *personne, humeur revêche* ▸ **intratável**

réveil *nm* **1** Passage de l'état de sommeil à l'état de veille ▸ **despertar 2** FIG Retour à l'activité: *le printemps marque le réveil de la nature* ▸ **despertar 3** Petite pendule à sonnerie, pour réveiller à une heure déterminée ▸ **despertador 4** Sonnerie de clairon pour éveiller les soldats ▸ **alvorada**

réveiller *vt* **1** Tirer du sommeil ▸ **acordar, despertar 2** Susciter de nouveau, faire renaître: *réveiller l'appétit* ▸ **despertar** ◆ **se réveiller** *vpr* **1** Cesser de dormir ▸ **acordar 2** Se ranimer: *la douleur se réveille* ▸ **despertar**

réveillon *nm* Repas qui se fait au cours de la nuit de Noël ou du 31 décembre; fête qui l'accompagne ▸ **ceia, *réveillon***

réveillonner *vi* Prendre part à un réveillon ▸ **cear, festejar o *réveillon***

révélateur, trice *adj* Qui indique, révèle ▸ **revelador** ◆ *nm* **1** Ce qui révèle, indique, manifeste ▸ **revelador 2** Composition chimique qui transforme l'image latente d'une photographie en image visible ▸ **revelador**

révélation *nf* **1** Action de révéler: *révélation d'un secret*; ce qui est révélé: *faire des révélations* ▸ **revelação 2** Personne qui manifeste tout à coup un grand talent ▸ **revelação 3** RELIG Manifestation d'un mystère ou dévoilement d'une vérité par Dieu ou par une personne inspirée de Dieu ▸ **revelação**

révélé, e *adj* Communiqué par révélation divine: *religion révélée* ▸ **revelado**

révéler *vt (conj 10)* **1** Découvrir, faire connaître ce qui était inconnu ▸ **revelar 2** Être la marque de: *ce roman révèle un grand talent* ▸ **revelar 3** RELIG Faire connaître par révélation ▸ **revelar** ◆ **se révéler** *vpr* Se manifester: *son génie se révéla tout à coup* ▸ **revelar-se**

revenant, e *n* **1** Esprit, âme d'un mort qu'on suppose revenir de l'autre monde ▸ **espectro 2** FAM Personne qui revient après une longue absence ▸ **ressuscitado**

revendeur, euse *n* Personne qui achète pour revendre ▸ **revendedor**

revendicateur, trice *n et adj* Personne qui exprime une revendication ▸ **reivindicador**

revendicatif, ive *adj* Qui exprime ou comporte une revendication ▸ **reivindicativo**

revendication *nf* Action de revendiquer; réclamation ▸ **reivindicação**

revendiquer *vt* **1** Réclamer ce qui nous appartient et dont on est privé: *revendiquer un héritage* ▸ **reivindicar 2** Demander comme un dû: *revendiquer une augmentation de salaire* ▸ **reivindicar 3** Assumer: *revendiquer la responsabilité de ses actes* ▸ **reivindicar**

revendre *vt (conj 50)* **1** Vendre ce qu'on a acheté: *revendre son four* ▸ **revender 2** Vendre de nouveau: *revendre des voitures d'occasion* ▸ **revender** ▪ FAM **avoir de quelque chose à revendre:** en avoir en abondance ▸ **ter para dar e vender**

revenez-y *nm inv* ▸ **boa recordação** ▪ FAM **avoir un goût de revenez-y:** avoir un goût agréable qui incite à en reprendre ▸ **ser de comer e repetir**

revenir *vi (conj 22; auxil: être)* **1** Venir de nouveau ▸ **voltar 2** Se rendre au lieu d'où l'on était parti: *revenir à Paris* ▸ **voltar 3** Reparaître, se produire de nouveau ▸ **voltar a acontecer 4** Se représenter à la mémoire: *son nom ne me revient pas* ▸ **vir à memória 5** Se livrer de nouveau à: *revenir à ses études* ▸ **voltar 6** Retrouver un état antérieur: *revenir à soi, à la vie* ▸ **voltar 7** Quitter un état, abandonner une manière de penser: *revenir d'une erreur* ▸ **abandonar 8** Échoir, appartenir: *cela lui revient de droit* ▸ **pertencer 9** Coûter: *cela revient cher* ▸ **custar 10** Équivaloir, aboutir: *cela revient au même* ▸ **equivaler 11** FAM Plaire, inspirer confiance: *sa tête ne me revient pas* ▸ **agradar 12** SPORTS Rattraper, se rapprocher de: *revenir au score; revenir sur le leader* ▸ **alcançar** ▪ CUIS **faire revenir:** faire se colorer un aliment dans un corps gras chaud ▸ **dourar** ▫ FAM **ne pas en revenir:** être très étonné ▸ **não acreditar** ▫ **revenir de loin:** avoir échappé à un grand danger ▸ **escapar de boa** ▫ **revenir sur sa décision:** en prendre une autre ▸ **mudar de ideia** ▫ **revenir sur ses pas:** rebrousser chemin ▸ **fazer meia-volta**

revente *nf* Action de vendre ce qu'on a acheté ▸ **revenda**

revenu *nm* Somme annuelle perçue soit à titre de rente, soit à titre de rémunération d'une activité ▸ **renda** ▪ **impôt sur le revenu:** impôt calculé d'après le revenu des contribuables ▸ **imposto de renda** ▫ **revenu minimum d'insertion (RMI):** revenu garanti par la loi aux personnes les plus démunies, et destiné à faciliter leur insertion sociale ▸ **renda mínima** ▫ **revenu national:** valeur nette des biens économiques produits par la nation ▸ **renda nacional**

rêver *vi* **1** Faire des rêves ▸ **sonhar 2** Laisser aller son imagination ▸ **sonhar 3** Dire des choses déraisonnables: *vous rêvez!* ▸ **delirar** ◆ *vt ind* [à] Songer à, méditer sur ▸ **pensar** ◆ *vt et vt ind* [de] **1** Voir en rêve: *je rêve toutes les nuits la même chose; j'ai rêvé de vous* ▸ **sonhar 2** Imaginer, désirer: *il n'a pas la situation qu'il avait rêvée* ▸ **sonhar**

réverbération *nf* **1** Réflexion de la lumière ou de la chaleur ▸ **reverberação 2** Écho ▸ **reverberação**

réverbère *nm* Appareil destiné à l'éclairage des rues ▸ **revérbero**

réverbérer *vt (conj 10)* Réfléchir, renvoyer la lumière, la chaleur, le son ▸ **reverberar**

reverdir *vt* Rendre de nouveau vert: *le printemps reverdit les bois* ▸ **reverdecer** ◆ *vi* Redevenir vert ▸ **reverdecer**

révérence *nf* **1** SOUT Respect, vénération ▸ **reverência 2** Mouvement du corps pour saluer ▸ **reverência** ▪ FAM **tirer sa révérence:** s'en aller ▸ **despedir-se**

révérencieux, euse *adj* SOUT Qui marque la révérence, le respect ▸ **reverencioso**

révérend, e *n et adj* **1** Titre d'honneur donné aux religieux et aux religieuses ▸ **reverendo 2** Titre des pasteurs anglicans ▸ **reverendo**

révérer *vt (conj 10)* SOUT Honorer, traiter avec un profond respect ▸ **reverenciar**

rêverie *nf* État de l'esprit qui s'abandonne à des idées, des images vagues ▸ **devaneio**

revers *nm* **1** Côté d'une chose opposé au côté principal: *revers d'une tapisserie* ▸ **avesso 2** Côté d'une médaille, d'une pièce (par opposition à *avers)* ▸ **reverso 3** Partie repliée d'un vêtement: *revers d'un pantalon* ▸ **avesso 4** Retournement fâcheux de situation; échec: *revers de fortune* ▸ **reverso 5** SPORTS Coup de raquette effectué à gauche par un droitier et vice-versa ▸ ***backhand*** ▪ **à revers:** par-derrière ▸ **por trás** ▫ **revers de la main:** dos de la main ▸ **dorso da mão** ▫ **revers de la médaille:** mauvais côté d'une chose, inconvénient ▸ **reverso da medalha**

reversement *nm* Transfert de fonds d'une caisse à une autre ▸ **transferência**

reverser *vt* **1** Verser de nouveau ▸ **verter de novo 2** Transporter, reporter sur: *reverser un titre de propriété* ▸ **transferir**

réversibilité *nf* Qualité de ce qui est réversible ▸ **reversibilidade**

réversible *adj* **1** Qui peut revenir en arrière, en sens inverse: *l'histoire n'est pas réversible* ▸ **reversível 2** Se dit d'un phénomène dans lequel l'effet et la cause peuvent être intervertis ▸ **reversível 3** Se dit d'un vêtement qui peut être porté à l'envers comme à l'endroit ▸ **reversível, *double face***

réversion *nf* ▸ **reversão** ▪ **pension de réversion:** retraite versée au conjoint survivant d'une personne décédée qui avait acquis des droits à la retraite ▸ **pensão por morte**

revêtement *nm* Tout ce qui sert à recouvrir pour protéger, garnir, consolider: *revêtement de sol, de chaussée, de façade* ▸ **revestimento**

revêtir *vt (conj 27)* **1** Mettre sur soi un vêtement: *revêtir l'uniforme* ▸ **vestir 2** Prendre tel ou tel aspect: *revêtir une allure officielle* ▸ **revestir 3** Recouvrir, enduire d'un revêtement: *revêtir de plâtre* ▸ **revestir**

rêveur, euse *adj et n* Qui se laisse aller à la rêverie ▸ **sonhador**

rêveusement *adv* De manière rêveuse ▸ **distraidamente**

revient *nm* ▪ **prix de revient:** coût de fabrication et de distribution d'un produit ▸ **preço de custo**

revigorer *vt* Redonner de la vigueur à ▸ **revigorar**

revirement *nm* Changement brusque et complet: *revirement de l'opinion, de situation* ▸ **reviravolta**

révisable *adj* Qui peut être révisé ▸ **revisável**

réviser *vt* **1** Revoir, examiner de nouveau, pour modifier s'il y a lieu: *réviser son jugement* ▸ **revisar, rever 2** Remettre en bon état de marche, vérifier: *réviser un moteur* ▸ **revisar 3** Revoir, étudier de nouveau en vue d'un examen: *réviser ses leçons* ▸ **revisar**

réviseur, euse *n* Personne qui revoit, vérifie ▸ **revisor**

révision *nf* **1** Action de réviser: *révision d'un procès, d'une voiture* ▸ **revisão 2** Action de revoir un sujet, un programme en vue d'un examen: *faire des révisions* ▸ **revisão**

révisionnisme *nm* **1** Attitude de ceux qui remettent en cause les bases fondamentales d'une doctrine, d'une constitution ▸ **revisionismo 2** Négation ou minimisation du génocide des Juifs par les nazis pendant la Seconde Guerre mondiale ▸ **revisionismo do Holocausto, negacionismo**

révisionniste *adj et n* Qui relève du révisionnisme; qui en est partisan ▸ **revisionista, negacionista**

revisser *vt* Visser de nouveau ce qui est dévissé ▸ **voltar a parafusar**

revitalisant, e *adj* Qui revitalise: *shampooing revitalisant* ▸ **revitalizante**

revitaliser *vt* Donner une vitalité nouvelle à ▸ **revitalizar**

revivifier *vt* Vivifier de nouveau ▸ **revivificar**

reviviscence *nf* **1** Propriété de certains organismes qui peuvent, après avoir été desséchés, reprendre vie à l'humidité ▸ **revivescência 2** LITT Réapparition d'un état de conscience déjà éprouvé ▸ **revivescência**

revivre *vi (conj 63)* **1** Revenir à la vie ▸ **reviver 2** Reprendre des forces ▸ **reviver 3** Renaître, se renouveler ▸ **reviver** ◆ *vt* Vivre de nouveau: *revivre une époque* ▸ **reviver**

révocabilité *nf* État de celui ou de ce qui est révocable ▸ **revogabilidade**

révocable *adj* Qui peut être révoqué ▸ **revogável**

révocation *nf* Action de révoquer ▸ **revogação**

revoici *prép* Voici de nouveau ▸ **eis (aqui) de novo**

revoilà *prép* Voilà de nouveau ▸ **eis (ali) de novo**

revoir[1] *vt (conj 41)* **1** Voir de nouveau: *revoir un ami* ▸ **rever 2** Revenir dans, auprès de: *revoir sa patrie* ▸ **rever 3** Examiner de nouveau, réviser: *revoir un manuscrit* ▸ **rever** ◆ **se revoir** *vpr* Être de nouveau en présence l'un de l'autre ▸ **rever-se**

revoir[2] *nm* ▪ **au revoir:** formule de politesse pour prendre congé ▸ **até logo**

révoltant, e *adj* Qui révolte, indigne ▸ **revoltante**

révolte *nf* **1** Rébellion, soulèvement ▸ **revolta 2** Refus d'obéissance, opposition à une autorité ▸ **revolta**

révolté, e *adj et n* Qui est en révolte ▸ **revoltado**

révolter *vt* Indigner ▸ **revoltar** ◆ **se révolter** *vpr* **1** Se soulever contre une autorité ▸ **revol-**

tar-se **2** S'indigner: *se révolter contre l'injustice* ► **revoltar-se**
révolu, e *adj* **1** Achevé, complet: *avoir vingt ans révolus* ► **completo 2** Qui n'existe plus: *une époque révolue* ► **passado**
révolution *nf* **1** Rotation périodique d'un mobile autour d'un corps central ou de son axe: *la révolution de la Terre autour du Soleil* ► **revolução 2** Changement brusque et violent dans la structure sociale ou politique d'un État, souvent d'origine populaire ► **revolução 3** Bouleversement profond ► **revolução 4** FAM Agitation soudaine et passagère ► **revolução**
révolutionnaire *adj* **1** Relatif à la révolution: *idées révolutionnaires* ► **revolucionário 2** Radicalement nouveau: *découverte révolutionnaire* ► **revolucionário** ◆ *adj et n* Partisan d'une révolution ► **revolucionário**
révolutionner *vt* **1** Modifier profondément: *révolutionner l'automobile* ► **revolucionar 2** FAM Troubler, bouleverser: *la nouvelle a révolutionné le village* ► **revolucionar**
revolver [revɔlvɛr] *nm* Arme à feu de poing, à répétition, approvisionnée par un barillet ► **revólver**

ORTHOGRAPHE Malgré la prononciation, *revolver* s'écrit sans accent

révoquer *vt* **1** Retirer ses fonctions, son pouvoir à quelqu'un: *révoquer un ministre* ► **destituir 2** DR Déclarer nul, annuler: *révoquer un testament* ► **revogar**
revoter *vi et vt* Voter de nouveau ► **votar novamente**
revoyure *nf* ■ FAM **à la revoyure:** au revoir ► **tchau**
revue *nf* **1** Inspection, examen détaillé: *passer en revue* ► **revista 2** Parade militaire: *revue du 14 juillet* ► **desfile 3** Publication périodique: *revue scientifique* ► **revista 4** Spectacle de music-hall comportant une succession de tableaux fastueux ► **variedades 5** Spectacle comique ou satirique sur l'actualité ► **revista** ■ **revue de presse:** compte rendu comparatif d'articles de journaux sur le même sujet ou du contenu des journaux parus le même jour ► **revista de imprensa**
révulsé, e *adj* Retourné, bouleversé: *avoir les yeux révulsés* ► **transtornado**
révulser *vt* **1** FAM Dégoûter, écœurer ► **nausear 2** MÉD Produire une révulsion ► **revulsar**
révulsif, ive *adj et nm* MÉD Se dit d'un médicament qui produit une révulsion ► **revulsivo**
révulsion *nf* MÉD Irritation locale destinée à faire cesser un état congestif ► **revulsão**
rewriter [rərajte] *vt* (anglicisme) Réécrire un texte afin de l'adapter à une nouvelle publication ► **adaptar**
rewriting [rərajti] ou [rirajti] *nm* (anglicisme) Nouvelle rédaction d'un texte, souvent pour l'adapter à une certaine catégorie de lecteurs ► **adaptação**
rez-de-chaussée *nm inv* Partie d'un bâtiment située au niveau du sol ► **térreo**
rez-de-jardin *nm inv* Partie d'un bâtiment de plain-pied avec un jardin ► **nível do jardim**
Rh (symbole) Rhésus: *Rh⁺*, *Rh⁻* ► **Rh**
rhabillage *nm* Action de rhabiller; fait de se rhabiller ► **conserto, vestir-se**
rhabiller *vt* **1** Habiller de nouveau ► **vestir de novo 2** Réparer: *rhabiller une montre* ► **consertar** ◆ **se rhabiller** *vpr* Remettre ses vêtements ► **voltar a se vestir**
rhapsode *nm* ANTIQ GR Chanteur qui allait de ville en ville en récitant des poèmes ► **rapsodo**
rhapsodie *nf* Composition musicale de forme libre sur un thème populaire ► **rapsódia**
rhénan, e *adj* Relatif au Rhin, à la Rhénanie ► **renano**
rhénium [renjɔm] *nm* Métal blanc analogue au manganèse; symb: Re ► **rênio**
rhéologie *nf* PHYS Science des lois qui régissent les déformations des matériaux ► **reologia**
rhéostat *nm* ÉLECTR Résistance variable qui, placée dans un circuit, permet de modifier l'intensité du courant; SYN: *potentiomètre* ► **reostato**
Rhésus [rezys] *adj inv* (nom déposé) ■ **facteur Rhésus ou Rhésus:** *nm* antigène des globules rouges qui détermine deux systèmes de groupes sanguins incompatibles; ce système, appelé, selon les cas, *Rhésus positif* ou *Rhésus négatif* ► **(fator) Rh**
rhéteur *nm* **1** ANTIQ Personne qui enseignait l'éloquence ► **rétor 2** LITT Orateur emphatique ► **retórico**
rhétoricien, enne *n* Spécialiste de rhétorique ► **retórico**
rhétorique *nf* **1** Ensemble de procédés constituant l'art de bien parler ► **retórica 2** PÉJOR Affectation d'éloquence ► **retórica** ■ **figure de rhétorique:** tournure de style qui rend plus vive l'expression de la pensée ► **figura de retórica**
rhinencéphale *nm* Ensemble des formations nerveuses situées à la face interne et inférieure de chaque hémisphère cérébral ► **rinencéfalo**
rhingrave *nm* HIST Titre de princes allemands de Rhénanie ► **príncipe da Renânia**
rhinite *nf* MÉD Inflammation de la muqueuse nasale ► **rinite**

rhinocéros [rinɔserɔs] *nm* Grand mammifère des régions chaudes, portant une ou deux cornes médianes sur le museau ► **rinoceronte**
rhino-pharyngite (pl *rhino-pharyngites*) *nf* MÉD Inflammation du rhino-pharynx; rhume ► **rinofaringite**
rhino-pharynx *nm inv* ANAT Partie du pharynx située en arrière des fosses nasales ► **rinofaringe**
rhizome *nm* BOT Tige souterraine ► **rizoma**
rhô [ro] *nm inv* Lettre de l'alphabet grec correspondant au *r* ► **rô**
rhodanien, enne *adj* Du Rhône ► **rodaniano**
rhodium [rɔdjɔm] *nm* Métal blanc, dur et cassant, analogue au chrome et au cobalt; symb: Rh ► **ródio**
rhododendron [rɔdɔdɛ̃drɔ̃] *nm* Arbrisseau de montagne, cultivé pour ses fleurs ornementales ► **rododendro**
Rhodoïd *nm* (nom déposé) Matière thermoplastique à base d'acétate de cellulose ► **rhodoid** (marca registrada)
rhomboèdre *nm* Parallélépipède dont les six faces sont des losanges égaux ► **romboedro**
rhomboïde *nm* ANAT Muscle de la région dorsale, en forme de losange ► **músculo romboide**
Rhovyl *nm* (nom déposé) Fibre synthétique à base de chlorure de vinyle ► **Rhovyl** (marca registrada)
rhubarbe *nf* Plante vivace à larges feuilles; tige comestible de cette plante ► **ruibarbo**
rhum [rɔm] *nm* Eau-de-vie obtenue à partir du jus de la canne à sucre ou des mélasses ► **rum**
rhumatisant, e *adj et n* Atteint de rhumatismes ► **reumático**
rhumatismal, e, aux *adj* Relatif au rhumatisme: *douleur rhumatismale* ► **reumatismal**
rhumatisme *nm* Maladie caractérisée par des douleurs dans les muscles ou les articulations ► **reumatismo**
rhumatologie *nf* Partie de la médecine qui traite des affections rhumatismales ► **reumatologia**
rhumatologue *n* Spécialiste de rhumatologie ► **reumatologista**
rhume *nm* Inflammation de la muqueuse des voies respiratoires ► **resfriado** ■ **rhume de cerveau:** coryza ► **coriza** □ **rhume des foins:** irritation de la muqueuse des yeux et du nez, d'origine allergique ► **febre do feno**
rhumerie [rɔmri] *nf* Distillerie de rhum ► **fábrica de rum**
ria [rija] *nf* Partie en aval d'une vallée encaissée, envahie par la mer ► **ria**
riad [rjad] *nm* Au Maroc, demeure urbaine traditionnelle, disposant d'un patio ou d'un jardin intérieur ► **casa com pátio ou jardim interno**
riant, e *adj* **1** Qui exprime la gaieté: *visage riant* ► **risonho** **2** Agréable: *campagne riante* ► **risonho**
RIB [rib] *nm* (sigle) Relevé d'identité bancaire ► **Ø**
ribambelle *nf* FAM Grande quantité de choses; longue suite de personnes: *une ribambelle d'enfants* ► **enfiada, fila**
riboflavine *nf* Vitamine B2 ► **riboflavina**
ribonucléique *adj* ► **ribonucleico** ■ **acide ribonucléique (ARN):** acide jouant un rôle essentiel dans le transport du message génétique et la synthèse des protéines ► **ácido ribonucleico (RNA)**
ricanement *nm* Action de ricaner ► **risinho de escárnio**
ricaner *vi* Rire à demi, sottement ou avec une intention moqueuse ► **rir com escárnio**
ricaneur, euse *adj et n* Qui ricane ► **escarnecedor**
RICE [ris] *nm* (sigle de *relevé d'identité de caisse d'épargne*) Document permettant d'identifier un compte de caisse d'épargne ► **cartão com dados de conta de poupança**
richard, e *n* FAM, PÉJOR Personne très riche ► **ricaço**
riche *adj et n* Qui possède des biens importants, de la fortune, des richesses: *riche propriétaire; un nouveau riche* ► **rico** ♦ *adj* **1** Qui a des ressources abondantes et variées; fertile, fécond: *sol riche; langue riche; aliment riche* ► **rico** **2** Abondamment pourvu: *minerai riche en argent; expérience riche d'enseignements* ► **rico** ■ **rimes riches:** rimes qui ont trois éléments communs ► **rima rica**
richement *adv* D'une manière riche ► **ricamente**
richesse *nf* **1** Abondance de biens, fortune: *vivre dans la richesse* ► **riqueza** **2** Fertilité: *la richesse du sol* ► **riqueza** **3** Éclat, magnificence ► **riqueza** ♦ **richesses** *pl* **1** Ressources naturelles d'un pays ► **riqueza** **2** Produits de l'activité économique d'une collectivité ► **riqueza**
richissime *adj* FAM Très riche ► **riquíssimo**
ricin *nm* Plante oléagineuse aux grandes feuilles palmées et aux graines toxiques ► **rícino** ■ **huile de ricin:** huile extraite des graines de ricin, aux vertus laxatives ► **óleo de rícino**
ricocher *vi* Faire un ou des ricochets: *pierre qui ricoche* ► **ricochetear**
ricochet *nm* Rebond que fait une pierre jetée obliquement sur la surface de l'eau, ou un projectile rencontrant un obstacle ► **ricochete**

▪ **par ricochet:** indirectement, par contrecoup ▸ **de ricochete**

ric-rac *loc adv* FAM **1** Avec exactitude: *payer ric-rac* ▸ **à risca 2** De façon juste suffisante: *réussir ric-rac* ▸ **à risca**

rictus [riktys] *nm* Contraction de la bouche qui donne au visage l'expression d'un rire forcé ▸ **ricto**

ride *nf* **1** Pli de la peau qui s'accentue avec l'âge ▸ **ruga 2** Ondulation sur une surface ▸ **ondulação** ▪ **ne pas avoir (pris) une ride:** en parlant d'un roman, d'un film, être toujours d'actualité ▸ **não envelhecer**

ridé, e *adj* Couvert de rides ▸ **enrugado**

rideau *nm* **1** Voile, draperie destinés à intercepter le jour, à masquer, à couvrir quelque chose ▸ **cortina 2** Ligne d'objets formant un obstacle à la vue: *rideau de peupliers* ▸ **cortina 3** Grande draperie placée devant la scène d'une salle de spectacle ▸ **cortina**

ridelle *nf* Châssis formant chacun des côtés d'un chariot, d'un camion découvert ▸ **taipal**

rider *vt* Marquer de rides ▸ **enrugar** ♦ **se rider** *vpr* Se couvrir de rides ▸ **enrugar-se**

ridicule *adj* **1** Propre à exciter le rire, la moquerie: *un chapeau ridicule* ▸ **ridículo 2** Insignifiant, minime: *une somme ridicule* ▸ **ridículo** ♦ *nm* Ce qui est ridicule: *tomber dans le ridicule* ▸ **ridículo** ▪ **tourner en ridicule:** se moquer de ▸ **ridicularizar**

ridiculement *adv* De façon ridicule ▸ **ridiculamente**

ridiculiser *vt* Tourner en ridicule ▸ **ridicularizar**

ridule *nf* Petite ride ▸ **ruguinha**

rien *pron indéf* **1** (avec *ne* ou précédé de *sans*) Aucune chose: *il ne fait rien; sans rien faire* ▸ **nada 2** (sans *ne*) A une valeur négative dans des réponses ou des phrases sans verbe: *à quoi penses-tu? - à rien; rien à l'horizon* ▸ **nada 3** (sans *ne*) Quelque chose: *est-il rien de plus stupide?* ▸ **algo** ▪ **cela ne fait rien:** cela importe peu ▸ **não tem importância** □ **cela n'est rien:** c'est peu de chose ▸ **não é nada** □ **comme si de rien n'était:** comme si la chose n'était pas arrivée ▸ **como se nada tivesse acontecido** □ **de rien:** réponse polie à un remerciement ▸ **de nada** □ **de rien ou de rien du tout:** sans importance ▸ **sem importância** □ **pour rien: (a)** inutilement ▸ **por nada (b)** gratuitement, pour très peu d'argent ▸ **por nada** □ **rien que:** seulement ▸ **apenas** ♦ *nm* Chose sans importance, bagatelle: *un rien lui fait peur* ▸ **nada** ▪ **en un rien de temps:** en très peu de temps ▸ **num piscar de olhos** □ **un rien de:** un petit peu de ▸ **um pouquinho de**

riesling [risli] *nm* Vin blanc d'Alsace et de Rhénanie ▸ *riesling*

rieur, euse *adj et n* Qui rit ou aime à rire ▸ **risonho**

rififi *nm* ARG Bagarre ▸ **rolo**

riflard *nm* **1** Rabot à deux poignées, pour dégrossir le bois ▸ **garlopa 2** Palette de plâtrier ▸ **colher de pedreiro 3** Grosse lime à dégrossir les métaux ▸ **grosa**

rifle *nm* Carabine ou pistolet à long canon: *22 long rifle* ▸ **rifle**

rigaudon ou **rigodon** *nm* ANC Air et danse vifs à deux temps, d'origine provençale ▸ **rigodão**

rigide *adj* **1** Raide: *barre de fer rigide* ▸ **rígido 2** Inflexible: *morale rigide* ▸ **rígido**

rigidement *adv* Avec rigidité ▸ **rigidamente**

rigidité *nf* **1** Raideur ▸ **rigidez 2** Sévérité, rigueur ▸ **rigidez**

rigolade *nf* FAM **1** Plaisanterie, amusement ▸ **brincadeira 2** Chose peu sérieuse, sans importance ▸ **brincadeira 3** Chose faite sans effort, comme par jeu ▸ **brincadeira**

rigolard, e *adj et n* FAM Qui aime à rire ▸ **brincalhão**

rigole *nf* **1** Canal étroit et en pente pour l'écoulement des eaux ▸ **rego 2** Petite tranchée ▸ **vala**

rigoler *vi* FAM **1** S'amuser, rire ▸ **brincar 2** Ne pas parler sérieusement ▸ **brincar**

rigolo, ote *adj* FAM **1** Plaisant, amusant ▸ **divertido 2** Curieux, étrange: *c'est rigolo comme tu as changé* ▸ **engraçado** ♦ *n* FAM **1** Personne qui fait rire ▸ **brincalhão 2** Personne qu'on ne peut pas prendre au sérieux ▸ **brincalhão**

rigorisme *nm* Attachement rigoureux aux règles morales ou religieuses ▸ **rigorismo**

rigoriste *adj et n* Qui fait preuve de rigorisme ▸ **rigorista**

rigoureusement *adv* **1** Avec rigueur ▸ **rigorosamente 2** Absolument: *c'est rigoureusement vrai* ▸ **rigorosamente**

rigoureux, euse *adj* **1** Sévère: *moraliste rigoureux* ▸ **rigoroso 2** Dur, difficile à supporter: *froid rigoureux* ▸ **rigoroso 3** Précis, exact, strict: *examen rigoureux; chercheur rigoureux* ▸ **rigoroso**

rigueur *nf* **1** Sévérité, dureté ▸ **rigor 2** Violence, âpreté: *rigueur du froid* ▸ **rigor 3** Grande exactitude: *la rigueur d'une démonstration* ▸ **rigor** ▪ **à la rigueur:** au pis aller ▸ **na pior das hipóteses** □ **de rigueur:** imposé par les usages, les règlements ▸ **de praxe** □ **tenir rigueur à quelqu'un de quelque chose:** ne pas le lui pardonner ▸ **não perdoar algo a alguém**

rikiki *adj inv* → **riquiqui**

rillettes *nf pl* Viande de porc ou d'oie hachée menu et cuite dans la graisse ▸ **carne picada e frita, *rillettes***

Rilsan *nm* (nom déposé) Fibre textile synthétique de la famille des polyamides ▸ **Rilsan** (marca registrada)

rimailler *vt et vi* VIEILLI Faire de mauvais vers ▸ **versejar**

rimailleur, euse *n* FAM, VX Poète sans talent ▸ **versejador**

rime *nf* Retour du même son à la fin de deux ou plusieurs vers ▸ **rima** ▪ **n'avoir ni rime ni raison:** n'avoir pas de sens ▸ **não ter pé nem cabeça**

rimer *vi* Se terminer par une rime, en parlant des finales des mots ▸ **rimar** ▪ **ne rimer à rien:** être dépourvu de sens ▸ **não fazer sentido** ◆ *vt* Mettre en vers ▸ **rimar**

Rimmel *nm* (nom déposé) Fard pour les cils ▸ **rímel**

rinçage *nm* Action de rincer ▸ **enxágue**

rinceau *nm* BX-ARTS Ornement en forme de feuillages disposés en enroulement ▸ **folhagem**

rince-bouteille (pl *rince-bouteilles*) ou **rince-bouteilles** (pl inv) *nm* Appareil pour rincer les bouteilles ▸ **lavador de garrafas**

rince-doigts *nm inv* Bol d'eau tiède pour se rincer les doigts à table ▸ **lavanda**

rincer *vt (conj 1)* **1** Nettoyer à l'eau: *rincer un verre* ▸ **enxaguar 2** Passer dans une eau nouvelle ce qui a déjà été lavé, pour retirer toute trace des produits de lavage ▸ **enxaguar** ◆ **se rincer** *vpr* Se passer le corps, une partie du corps sous l'eau ▸ **molhar-se** ▪ **se rincer la bouche:** se laver la bouche avec un liquide que l'on recrache ▸ **bochechar** □ FAM **se rincer l'œil:** regarder avec plaisir une personne attrayante, un spectacle érotique ▸ **ficar vidrado**

rincette *nf* FAM Petite quantité d'eau-de-vie qu'on verse dans son verre ou dans sa tasse à café vide ▸ **fundinho de aguardente**

ring[1] [ri] *nm* Estrade entourée de cordes pour les combats de boxe, de catch ou de lutte ▸ **ringue**

ring[2] [ri] *nm* BELGIQUE Rocade ▸ **anel viário**

ringard, e *adj et n* FAM Bon à rien ▸ **inútil** ◆ *adj* FAM Médiocre, dépassé, démodé ▸ **medíocre, ultrapassado**

ripaille *nf* FAM Excès de table: *faire ripaille* ▸ **empanturramento**

ripailler *vi* FAM Faire ripaille ▸ **empanturrar-se**

riper *vt* MAR Faire glisser ▸ **deslizar** ◆ *vi* Déraper, glisser ▸ **deslizar**

riposte *nf* **1** Repartie prompte ▸ **réplica 2** Contre-attaque vigoureuse ▸ **contra-ataque 3** En escrime, attaque qui suit une parade ▸ **resposta**

riposter *vt* Répondre vivement: *il m'a riposté que j'avais tort* ▸ **replicar** ◆ *vt ind* [à] **1** Répondre vivement à: *riposter à une injure* ▸ **replicar 2** Contre-attaquer ▸ **contra-atacar**

ripou (pl *ripoux* ou *ripous*) *adj et n* FAM Se dit d'une personne corrompue: *politicien ripou* ▸ **vendido**

riquiqui ou **rikiki** *adj inv* FAM Petit, étriqué ▸ **mísero**

rire[1] *vi (conj 67)* **1** Marquer un sentiment de gaieté soudaine par un mouvement des lèvres, de la bouche, accompagné de sons plus ou moins saccadés et bruyants: *rire aux éclats* ▸ **rir 2** Prendre une expression de gaieté: *yeux qui rient* ▸ **rir 3** S'amuser, prendre du bon temps: *bien rire à une soirée* ▸ **rir 4** Agir, parler sans intention sérieuse: *j'ai dit cela pour rire; tu veux rire?* ▸ **brincar** ◆ *vt ind* ou **se rire** *vpr* [de] SOUT Se moquer de; ne pas tenir compte de: *se rire des critiques* ▸ **rir-se, não fazer caso**

rire[2] *nm* Action de rire; hilarité ▸ **riso**

ris[1] *nm* Thymus du veau et de l'agneau ▸ **moleja**

ris[2] *nm* MAR Partie d'une voile destinée à être serrée pour en diminuer la surface au vent: *prendre un ris* ▸ **riz**

ris[3] *nm pl* LITT Rires, plaisirs: *les jeux et les ris* ▸ **risos**

risée *nf* **1** Moquerie collective: *s'exposer à la risée du public* ▸ **risada 2** MAR Petite brise subite et passagère ▸ **pé de vento** ▪ **être la risée de:** être un objet de moquerie pour ▸ **ser alvo da zombaria de**

risette *nf* FAM Sourire d'un enfant ▸ **sorrisinho**

risible *adj* Qui provoque le rire ou la moquerie ▸ **risível**

risotto *nm* Plat italien à base de riz au gras, d'oignons et de bouillon ▸ **risoto**

risque *nm* **1** Danger, inconvénient possible: *courir un risque* ▸ **risco 2** Préjudice, sinistre éventuel: *assurance tous risques* ▸ **risco** ▪ **à risque(s): (a)** prédisposé ou exposé à un danger: *population à risques* ▸ **de risco (b)** qui présente un danger: *une construction à risque* ▸ **de risco** □ **à ses risques et périls:** en assumant la responsabilité de ▸ **por sua conta e risco** □ **au risque de:** en s'exposant à ▸ **arriscando**

risqué, e *adj* Qui comporte un risque, dangereux, hasardeux ▸ **arriscado**

risquer *vt* **1** Hasarder, exposer à un risque: *risquer sa vie: risquer gros* ▸ **arriscar 2** S'exposer à: *risquer la mort* ▸ **correr o risco de 3** Tenter: *risquer* *une démarche* ▸ **arriscar** ■ **risquer le coup:** tenter une entreprise hasardeuse ▸ **arriscar** ♦ *vt ind* [de] **1** Être en danger de: *risquer de tomber* ▸ **arriscar** **2** Courir le risque de, pouvoir: *risquer d'être déçu* ▸ **correr o risco** ♦ **se risquer** *vpr* [à] **1** Aller dans un lieu où l'on court un risque ▸ **arriscar-se** **2** Se hasarder (à) ▸ **arriscar-se**

EMPLOI *On risque de perdre*, mais *on a des chances de réussir*. *Risquer* ne s'emploie que dans le contexte d'une issue malheureuse

risque-tout *n inv* FAM Personne audacieuse ▸ **pessoa temerária**

rissole *nf* Petit pâté frit de viande ou de poisson ▸ **rissole**

rissoler *vt et vi* Cuire en dorant ▸ **corar**

ristourne *nf* Remise, avantage pécuniaire consenti par un commerçant ▸ **abatimento**

ristourner *vt* Consentir une ristourne de tant: *ristourner cent francs* ▸ **fazer abatimento**

rite *nm* **1** Ensemble des règles qui fixent le déroulement d'une cérémonie, d'un culte religieux: *le rite de l'Église romaine* ▸ **rito** **2** Cérémonial quelconque ▸ **rito** **3** Ce qui se fait, s'accomplit selon une coutume immuable ▸ **ritual**

ritournelle *nf* **1** Courte phrase musicale qui précède ou suit un chant ▸ **ritornelo** **2** FAM Ce que l'on répète souvent ▸ **ritornelo**

ritualiser *vt* Régler, codifier à la manière d'un rite ▸ **ritualizar**

rituel[1] *nm* **1** Mise en œuvre des rites d'une religion; livre contenant ces rites ▸ **ritual** **2** Ensemble de règles, d'habitudes immuables: *le rituel monotone de la vie quotidienne* ▸ **ritual**

rituel[2]**, elle** *adj* Conforme aux rites, réglé par un rite ▸ **ritual**

rituellement *adv* De façon rituelle ▸ **ritualmente**

rivage *nm* Bande de terre qui borde une étendue d'eau marine ▸ **margem**

rival, e, aux *n et adj* Personne qui dispute quelque chose à une autre, qui désire l'égaler ou la surpasser ▸ **rival**

rivaliser *vi* Chercher à égaler ou à surpasser: *rivaliser d'efforts avec quelqu'un* ▸ **rivalizar**

rivalité *nf* Concurrence de personnes qui prétendent à la même chose; antagonisme ▸ **rivalidade**

rive *nf* **1** Bord d'une étendue d'eau, d'un cours d'eau ▸ **margem** **2** Quartier d'une ville qui borde un cours d'eau: *habiter rive gauche* ▸ **margem**

river *vt* Rabattre et aplatir la pointe d'un clou sur l'autre côté de l'objet qu'il traverse ▸ **arrebitar** ■ **être rivé à quelque chose:** ne pas pouvoir s'en détacher, le quitter: *être rivé à son fauteuil* ▸ **estar grudado em algo** □ **river ses yeux, son regard sur:** fixer étroitement et longtemps ▸ **não tirar os olhos de** □ FAM **river son clou à quelqu'un:** lui répondre vertement, le réduire au silence ▸ **calar a boca de alguém**

riverain, e *adj et n* Qui habite, qui est situé le long d'une rivière, d'une forêt, d'une voie de communication, près d'un aéroport ▸ **ribeirinho, marginal**

rivet *nm* Tige cylindrique munie d'une tête et dont on écrase la pointe pour assembler des pièces plates ▸ **rebite**

riveter *vt (conj 8)* TECHN Assembler au moyen de rivets ▸ **rebitar**

rivière *nf* Cours d'eau naturel qui se jette dans un autre cours d'eau ▸ **rio** ■ **rivière de diamants:** collier sur lequel sont enchâssés des diamants ▸ **colar de diamantes**

rixe *nf* Querelle accompagnée d'injures et de coups; bagarre ▸ **rixa**

riz *nm* Graminée cultivée dans les terrains humides des pays chauds, et dont le grain farineux est un aliment nutritif; grain de cette plante ▸ **arroz** ■ **poudre de riz:** poudre fine parfumée pour le maquillage ▸ **pó de arroz** □ **riz cantonais:** accompagnement fait de riz cuit à l'eau puis sauté avec des œufs, des légumes et du jambon ▸ **arroz à grega** □ **riz au lait:** entremets fait de riz cuit dans du lait sucré ▸ **arroz-doce**

rizerie *nf* Usine où l'on traite le riz ▸ **usina de beneficiamento de arroz**

riziculture *nf* Culture du riz ▸ **rizicultura**

rizière *nf* Champ de riz ▸ **arrozal**

RMI *nm* (sigle) Revenu minimum d'insertion ▸ **RM**

RMIste ou **RMiste** [ɛʀɛmist] *n* Érémiste ▸ **beneficiário do programa de renda mínima**

RN *nf* (sigle) Route nationale: *la RN4* ▸ **Ø**

RNIS *nm* (sigle) Réseau numérique à intégration de services ▸ **RSDI**

robe *nf* **1** Vêtement féminin composé d'un corsage et d'une jupe d'un seul tenant ▸ **vestido** **2** Vêtement long et ample que portent les juges, les avocats dans l'exercice de leurs fonctions; LITT la magistrature ▸ **toga** **3** Enveloppe: *robe d'une fève, d'un oignon* ▸ **casca** **4** Pelage du cheval, des bovins, considéré du point de vue de sa couleur: *robe isabelle* ▸ **pelagem** **5** Couleur d'un vin ▸ **cor do vinho** ■ **pommes de terre en robe des champs, en robe de chambre:** cuites dans leur peau ▸ **batatas cozidas com casca** □ **robe de chambre:** vêtement d'intérieur tombant jusqu'aux pieds ▸ **roupão**

robinet *nm* Appareil placé sur le tuyau d'une

canalisation et qui permet d'établir ou de suspendre l'écoulement d'un liquide ou d'un gaz; clé de cet appareil: *tourner le robinet* ▸ **torneira, registro**

robinetterie *nf* **1** Ensemble des robinets d'une installation ▸ **sistema de torneiras 2** Industrie, commerce des robinets ▸ **fábrica, comércio de torneiras**

robinier *nm* Arbre épineux d'Amérique du Nord, aux grappes de fleurs blanches et parfumées; bois jaunâtre et durable de cet arbre; SYN: *faux acacia* ▸ **acácia-para-sol**

roboratif, ive *adj* SOUT Fortifiant ▸ **roborativo**

robot *nm* **1** Appareil automatique pouvant se substituer à l'homme pour exécuter diverses actions ▸ **robô 2** Bloc-moteur électrique combinable avec divers accessoires, utilisé pour faire la cuisine ▸ **processador de alimentos 3** Personne agissant comme un automate ▸ **robô**

robotique *nf* Science et technique de la conception et de la construction des robots ▸ **robótica**

robotisation *nf* Action de robotiser ▸ **robotização**

robotiser *vt* **1** Introduire l'emploi de robots industriels dans ▸ **robotizar 2** Réduire un travail à une tâche automatique ▸ **automatizar**

robusta *nm* Variété de caféier; café à forte teneur en caféine produit par ce caféier ▸ **robusta**

robuste *adj* Solidement constitué; fort, résistant ▸ **robusto**

robustesse *nf* Force, vigueur ▸ **robustez**

roc *nm* Masse de pierre très dure, solidaire du sous-sol ▸ **rocha** ■ **solide comme un roc:** inébranlable ▸ **sólido como uma rocha**

rocade *nf* Voie de communication destinée à détourner la circulation, ou qui relie deux voies principales ▸ **anel viário**

rocaille[1] *nf* **1** Terrain rempli de cailloux ▸ **seixal 2** Ouvrage ornemental imitant les rochers et les pierres naturelles ▸ **rocalha**

rocaille[2] *nf et adj inv* Tendance des arts décoratifs en vogue sous Louis XV, caractérisée par des formes contournées évoquant concrétions minérales, coquillages et sinuosités végétales ▸ **rocalha**

rocailleux, euse *adj* **1** Couvert, rempli de cailloux ▸ **seixoso 2** FIG Dur, heurté ▸ **duro** ■ **voix rocailleuse:** rauque ▸ **voz rouca**

rocambolesque *adj* Rempli de péripéties extraordinaires, invraisemblables ▸ **rocambolesco**

roche *nf* Masse minérale présentant une homogénéité de composition et de structure ▸ **rocha** ■ **clair comme de l'eau de roche:** extrêmement clair; évident ▸ **claro como água** □ **il y a anguille sous roche:** il y a quelque chose de secret dont on soupçonne l'existence ▸ **tem caroço nesse angu**

rocher *nm* **1** Grande masse de pierre dure, souvent escarpée ▸ **rochedo 2** ANAT Partie massive de l'os temporal ▸ **rochedo 3** Gâteau ou bouchée au chocolat ayant la forme et l'aspect rugueux de certains rochers ▸ **bolo, bolacha que lembram um rochedo,** ***rocher***

rocheux, euse *adj* Couvert, formé de roches, de rochers ▸ **rochoso**

rock ou **rock and roll** [rɔkɛnrɔl] *nm* **1** Style musical né aux États-Unis dans les années 1950, caractérisé par l'utilisation de la guitare électrique et de la batterie dans des chansons très rythmées ▸ ***rock, rock-and-roll*** **2** Danse sur cette musique ▸ ***rock, rock-and-roll***

rocker [rɔkr] ou **rockeur, euse** *n* Chanteur de rock ▸ **roqueiro**

rocket *nf* → **roquette**

rocking-chair [rɔkitʃɛr] (pl *rocking-chairs*) *nm* Fauteuil à bascule ▸ **cadeira de balanço**

rococo *nm et adj inv* Style artistique en vogue au XVIIIe s. (en Allemagne et en Espagne, particulièrement), inspiré du baroque italien et du décor rocaille français ▸ **rococó** ◆ *adj inv* Démodé, tarabiscoté ▸ **rococó**

rodage *nm* Action de roder ▸ **amaciamento, preparação**

rodéo *nm* **1** Fête donnée à l'occasion du marquage des bêtes, dans certaines régions d'Amérique ▸ **rodeio 2** Jeu américain qui consiste, pour un cavalier, à maîtriser un cheval sauvage ou un taureau ▸ **rodeio 3** FAM Course bruyante de voitures, de motos ▸ **corrida**

roder *vt* **1** Faire fonctionner un moteur neuf à vitesse réduite, de telle manière que les pièces puissent s'ajuster les unes aux autres ▸ **amaciar 2** FAM Mettre progressivement au point: *roder une équipe, une méthode de travail* ▸ **preparar** ■ **être rodé:** avoir acquis de l'expérience, être au point ▸ **estar preparado**

rôder *vi* Errer çà et là, souvent avec de mauvaises intentions ▸ **rondar, perambular**

rôdeur, euse *n* Personne qui rôde; vagabond ▸ **vagabundo**

rodomontade *nf* LITT Fanfaronnade ▸ **fanfarrice**

rœsti ou **rösti** [rʃti] *nm pl* SUISSE Pommes de terre émincées dorées à la poêle ▸ ***rösti***

rogations *nf pl* RELIG CATH Prières publiques et processions faites pour attirer sur les récoltes et les animaux la bénédiction de Dieu ▸ **rogações**

rogatoire *adj* DR Qui concerne une demande ▸ **ro-**

gatório ■ **commission rogatoire:** commission qu'un tribunal adresse à un autre pour le charger d'un acte de procédure ou d'instruction qu'il ne peut faire lui-même ▸ **(carta) rogatória**

rogaton *nm* (souvent au pluriel) FAM Reste d'un repas, morceau d'un aliment ▸ **sobra**

rogne *nf* FAM Colère, mauvaise humeur ▸ **mau humor**

rogner *vt* **1** Retrancher sur les bords ▸ **aparar 2** Diminuer légèrement pour faire un petit profit: *rogner les revenus de quelqu'un* ▸ **reduzir** ◆ *vt ind* [sur] Prendre sur: *rogner sur ses loisirs* ▸ **reduzir**

rognon *nm* CUIS Rein de certains animaux ▸ **rim**

rognure *nf* Ce qui tombe, se détache de ce qu'on rogne ▸ **apara**

rogomme *nm* FAM, VX Liqueur forte ▸ **bebida alcoólica forte** ■ **voix de rogomme:** enrouée par l'abus d'alcool ▸ **voz engrolada**

rogue *adj* Arrogant, dédaigneux ▸ **arrogante**

roi *nm* **1** Détenteur du pouvoir exécutif dans un État monarchique ▸ **rei 2** Le plus grand dans un domaine particulier, celui qui domine: *le lion est le roi des animaux; le roi des imbéciles* ▸ **rei 3** Principale pièce aux échecs ▸ **rei 4** Première figure de chaque couleur d'un jeu de cartes ▸ **rei** ■ **le jour des Rois:** l'Épiphanie ▸ **Dia de Reis**

roitelet *nm* **1** PÉJOR Roi d'un très petit État ▸ **reizinho 2** Petit passereau insectivore, dont le mâle porte une huppe sur la tête ▸ **estrelinha**

rôle *nm* **1** Ce que doit dire et faire un acteur, un danseur; le personnage ainsi représenté: *savoir son rôle; tenir le premier rôle* ▸ **papel 2** Fonction, influence que l'on exerce: *avoir un rôle important dans une affaire* ▸ **papel 3** Fonction assumée par un organisme, une force, un élément quelconque: *le rôle du verbe dans la phrase* ▸ **função 4** Liste, catalogue: *inscrire sur un rôle* ▸ **rol 5** DR Feuillet sur lequel est transcrit un acte juridique ▸ **registro** ■ **à tour de rôle:** chacun à son tour ▸ **cada um por sua vez** □ **avoir le beau rôle: (a)** se montrer à son avantage ▸ **fazer boa figura (b)** avoir la tâche facile ▸ **ficar com a parte fácil** □ **jouer un rôle:** tenir tel ou tel rang, tel ou tel emploi ▸ **desempenhar um papel** □ **rôle nominatif:** document administratif portant le nom des contribuables d'une commune et le montant de leur impôt ▸ **lista de contribuintes**

rôle-titre (pl *rôles-titres*) *nm* Rôle homonyme du titre de l'œuvre interprétée ▸ **papel-título**

roller [rɔlr] *nm* Sorte de patin à roulettes fixé sur une chaussure de sport et dont les roulettes sont alignées ▸ **patim** ***in line***

rolleur, euse *n* Personne qui pratique le roller, le patin à roulettes ▸ **patinador**

rollmops [rɔlmɔps] *nm* Hareng cru roulé autour d'un cornichon et mariné dans du vinaigre ▸ **arenque marinado**

rom [rɔm] *adj inv et n* Relatif aux Roms, peuple tsigane ▸ **rom**

ROM [rɔm] *nf* (sigle de *read only memory*) INFORM Mémoire morte ▸ **ROM**

romain, e *adj et n* **1** Qui appartient à l'ancienne Rome: *art romain* ▸ **romano 2** Qui appartient à la Rome actuelle: *les commerçants romains* ▸ **romano** ■ **chiffres romains:** lettres numérales I, V, X, L, C, D, M, qui valent respectivement 1, 5, 10, 50, 100, 500, 1 000, et qui, diversement combinées, servaient aux Romains à former tous les nombres (par opposition à *chiffres arabes*) ▸ **algarismos romanos** □ **l'Église romaine:** l'Église catholique ▸ **Igreja Romana** ◆ *adj et nm* Se dit d'un caractère d'imprimerie droit (par opposition à *italique*) ▸ **redondo**

romaine[1] *adj f et nf* Se dit d'une balance formée d'un fléau à bras inégaux (sur le bras le plus long, qui est gradué, coulisse un poids) ▸ **romana**

romaine[2] *nf* Laitue à longues feuilles croquantes ▸ **alface-romana**

roman[1] *nm* **1** AUTREF Récit en langue romane: *le «Roman de la Rose»* ▸ **romance 2** Œuvre d'imagination en prose dont l'intérêt réside dans la narration d'aventures, l'étude de mœurs ou de caractères, l'analyse de sentiments ou de passions ▸ **romance 3** Récit invraisemblable, mensonger ▸ **romance**

roman[2]**, e** *adj* **1** Se dit des langues dérivées du latin ▸ **românico 2** Se dit de l'art qui s'est épanoui en Europe aux XIe et XIIe s. ▸ **românico** ◆ *nm* **1** Langue dérivée du latin, qui a précédé historiquement le français ▸ **românico 2** Art ou style roman ▸ **românico**

romance *nf* Chanson sur un sujet tendre et touchant ▸ **romança**

romancer *vt (conj 1)* Présenter sous forme de roman: *biographie romancée* ▸ **romancear**

romancero [rɔmɑ̃sero] *nm* Recueil de vieux poèmes espagnols à sujet historique ▸ **romanceiro**

romanche *nm* Langue romane parlée en Suisse, dans les Grisons ▸ **romanche**

romancier, ère *n* Auteur de romans ▸ **romancista**

romand, e *adj et n* Se dit de la partie de la Suisse où l'on parle le français, de ses habitants ▸ **romando**

romanesque *adj* **1** Propre au roman; qui tient du roman ▸ **romanesco 2** Exalté, rêveur: *esprit* *romanesque* ▸ **romanesco**

roman-feuilleton (pl *romans-feuilletons*) *nm* Roman publié en feuilleton dans un journal et caractérisé par des rebondissements répétés de l'action ▸ **(romance de) folhetim**

roman-fleuve (pl *romans-fleuves*) *nm* Roman très long mettant en scène de nombreux personnages ▸ **romance-rio**

romani *nm* Langue des Rom; tsigane ▸ **romani**

romanichel, elle *n* PÉJOR **1** Tsigane ▸ **cigano 2** Vagabond ▸ **vagabundo**

romaniste *n* Spécialiste des langues romanes ▸ **romanista**

roman-photo (pl *romans-photos*) *nm* Intrigue romanesque racontée sous forme de photos accompagnées de textes ▸ **fotonovela**

romantique *adj* **1** Propre au romantisme: *littérature romantique* ▸ **romântico 2** Qui touche à la sensibilité, invite à l'émotion: *histoire romantique* ▸ **romântico** ◆ *adj et n* **1** Qui se réclame du romantisme, au XIXe s. ▸ **romântico 2** Chez qui la sensibilité et l'imagination l'emportent sur la rationalité ▸ **romântico**

romantisme *nm* **1** École littéraire et artistique du début du XIXe s., qui fit prévaloir le sentiment et l'imagination sur la raison et l'analyse critique ▸ **romantismo 2** Caractère, comportement d'une personne romantique ▸ **romantismo**

romarin *nm* Arbuste aromatique de la Méditerranée, à fleurs bleues; jeune pousse, fleur de cet arbuste ▸ **alecrim**

rombière *nf* PÉJOR, FAM Femme un peu ridicule et prétentieuse: *une vieille rombière* ▸ **lambisgoia**

rompre *vt (conj 53)* **1** LITT Briser, casser ▸ **quebrar 2** Faire céder sous l'effet d'une forte pression: *le fleuve a rompu ses digues* ▸ **romper 3** Faire cesser, mettre fin à: *rompre le silence, le combat; rompre un marché, une liaison* ▸ **romper** ■ **à tout rompre:** très fort, à grand bruit ▸ **estrondosamente** □ **rompre la glace:** mettre fin à la gêne du premier contact ▸ **quebrar o gelo** ◆ *vi* **1** LITT Se briser ▸ **quebrar 2** Mettre fin à une relation amoureuse, se séparer: *ils ont rompu* ▸ **romper** ◆ *vt ind* [avec] Renoncer à; s'opposer à: *rompre avec la tradition* ▸ **romper** ◆ **se rompre** *vpr* LITT Se briser ▸ **quebrar-se**

rompu, e *adj* Très fatigué ▸ **quebrado** ■ **à bâtons rompus: (a)** sur des sujets divers ▸ **sobre diversos assuntos (b)** de manière discontinue ▸ **intermitente** □ **être rompu à:** être expérimenté, habile dans: *rompu aux affaires* ▸ **ser craque em**

romsteck [rɔmstɛk] ou **rumsteck** [rɔmstɛk] *nm* BOUCH Partie du bœuf correspondant à la croupe ▸ **alcatra**

ronce *nf* **1** Arbuste épineux aux baies noires (mûres) ▸ **rubo 2** Partie de certains bois aux veines enchevêtrées: *ronce de noyer* ▸ **nó**

ronceraie *nf* Lieu couvert de ronces ▸ **sarçal**

ronchon, onne *adj et n* FAM Grincheux, grognon ▸ **ranzinza**

ronchonnement *nm* FAM Action de ronchonner ▸ **ranzinzice**

ronchonner *vi* FAM Manifester sa mauvaise humeur, son mécontentement par des bougonnements ▸ **ranzinzar**

ronchonneur, euse *adj et n* FAM Qui ronchonne ▸ **ranzinza**

roncier *nm* ou **roncière** *nf* Buisson de ronces ▸ **silvas**

rond[1] *nm* **1** Cercle, figure circulaire ▸ **círculo 2** Anneau: *rond de serviette* ▸ **argola 3** FAM Sou, argent ▸ **grana** ■ **en rond:** circulairement ▸ **em círculo** □ FIG **tourner en rond:** ne pas progresser ▸ **andar em círculos**

rond[2], e *adj* **1** Qui a la forme d'un cercle, d'une sphère, d'un cylindre ▸ **redondo 2** Arrondi, courbe: *dos rond* ▸ **curvo 3** Charnu, bien rempli: *joues rondes* ▸ **redondo 4** FAM Court et corpulent: *fillette toute ronde* ▸ **redondo 5** Franc et décidé: *rond en affaires* ▸ **franco 6** Se dit d'une quantité qui ne comporte pas de fraction: *chiffre, compte rond* ▸ **redondo 7** TRÈS FAM Ivre ▸ **de pileque** ◆ *adv* ■ **avaler tout rond:** sans mâcher ▸ **engolir sem mastigar** □ FAM **il, ça ne tourne pas rond:** il, ça va mal ▸ **não bater bem, ter algo errado** □ FAM **tourner rond: (a)** tourner régulièrement, en parlant d'un moteur ▸ **estar redondo (b)** se dérouler convenablement ▸ **ir bem**

rond-de-cuir (pl *ronds-de-cuir*) *nm* VIEILLI, PÉJOR Employé de bureau ▸ **manga de alpaca**

ronde *nf* **1** Inspection pour s'assurer que tout est en ordre ▸ **ronda 2** Danse où les danseurs se tiennent par la main et tournent en rond; air, chanson sur lesquels elle s'exécute ▸ **roda, cantiga de roda 3** Écriture en caractères ronds ▸ **letra redonda 4** MUS Note qui vaut deux blanches ▸ **semibreve** ■ **à la ronde: (a)** alentour: *à dix lieues à la ronde* ▸ **ao redor (b)** chacun à son tour: *boire à la ronde* ▸ **cada um por sua vez**

rondeau *nm* **1** Poème à forme fixe sur deux rimes et un refrain ▸ **rondó 2** MUS Rondo ▸ **rondó**

ronde-bosse (pl *rondes-bosses*) *nf* Ouvrage de sculpture en plein relief ▸ **alto-relevo**

ORTHOGRAPHE On écrit une *ronde-bosse*, mais *en ronde bosse* (sans trait d'union), comme on écrit *un bas-relief* et *en bas relief*

rondelet, ette *adj* FAM Qui présente un certain embonpoint ▸ **gordinho** ■ **somme rondelette:** assez importante ▸ **quantia considerável**

rondelle *nf* **1** Petite tranche mince et ronde: *rondelle de saucisson* ▸ **rodela 2** Petit disque percé au milieu: *rondelle d'écrou* ▸ **anilha 3** CANADA Palet de hockey sur glace ▸ **disco**

rondement *adv* **1** Promptement: *affaire rondement menée* ▸ **prontamente 2** Franchement: *s'expliquer rondement* ▸ **claramente**

rondeur *nf* **1** État de ce qui est rond, sphérique: *la rondeur d'une pomme* ▸ **redondeza 2** Chose, forme ronde, arrondie: *avoir des rondeurs* ▸ **curva**

rondin *nm* **1** Bois à brûler, rond et court ▸ **tora 2** Bille de bois non équarrie ▸ **tora**

rondo ou **rondeau** *nm* MUS Forme instrumentale ou vocale caractérisée par l'alternance d'un refrain et de couplets ▸ **rondó**

rondouillard, e *adj* FAM Qui a de l'embonpoint ▸ **gorducho**

rond-point (pl *ronds-points*) *nm* Carrefour, place circulaire ou semi-circulaire ▸ **rotatória, rotunda**

Ronéo *nf* (nom déposé) Machine servant à reproduire un document exécuté au stencil ▸ ***Ronéo*** (marca registrada), mimeógrafo

ronéoter ou **ronéotyper** *vt* Reproduire à la Ronéo ▸ **mimeografar**

ronflant, e *adj* **1** Qui produit un son sourd et continu ▸ **roncador 2** Emphatique et creux: *phrases ronflantes* ▸ **bombástico**

ronflement *nm* **1** Bruit qu'on fait en ronflant ▸ **ronco 2** Sonorité sourde et prolongée: *le ronflement d'un moteur* ▸ **ronco**

ronfler *vi* **1** Faire, en respirant pendant le sommeil, un bruit sonore venant de la gorge ▸ **roncar 2** Produire un bruit sourd et prolongé: *moteur qui ronfle* ▸ **roncar**

ronfleur, euse *n* Personne qui ronfle ▸ **roncador** ◆ *nm* Appareil à lame vibrante produisant un ronflement de basse fréquence ▸ **vibrador**

ronger *vt (conj 2)* **1** Couper, manger progressivement avec les dents ou le bec ▸ **roer 2** User lentement, corroder, attaquer: *la rouille ronge le fer* ▸ **corroer 3** Miner, tourmenter: *rongé par le remords* ▸ **roer** ■ **ronger son frein:** supporter avec impatience l'attente, la contrainte, etc. ▸ **segurar-se** ◆ **se ronger** *vpr* ▸ **roer-se** ■ **se ronger les ongles:** les mordiller ▸ **roer as unhas**

rongeur, euse *adj* Qui ronge ▸ **roedor** ◆ *nm* Mammifère à longues incisives, sans canines tel que le rat, l'écureuil, le lièvre (les rongeurs forment un ordre) ▸ **roedor**

ronron *nm* **1** Ronflement du chat qui manifeste son contentement ▸ **ronrom 2** Bruit sourd et continu ▸ **ronrom 3** Monotonie, routine: *le ronron quotidien* ▸ **ramerrão**

ronronnement *nm* Fait de ronronner; bruit de ce qui ronronne, du chat qui ronronne ▸ **ronronar, ronco**

ronronner *vi* **1** Faire entendre des ronrons ▸ **ronronar 2** Émettre un bruit sourd et régulier: *le moteur ronronne* ▸ **roncar**

röntgen [rœntgɛn] ou **roentgen** [rœntgɛn] *nm* Unité d'exposition de rayonnement X ou γ ▸ **roentgen**

roof *nm* → **rouf**

roque *nm* Coup par lequel on roque ▸ **roque**

roquefort *nm* Fromage à moisissures internes fabriqué avec du lait de brebis ▸ ***roquefort***

roquer *vi* Au jeu d'échecs, placer l'une de ses tours auprès de son roi et faire passer le roi de l'autre côté de la tour en un seul mouvement ▸ **rocar**

roquet *nm* **1** Petit chien qui aboie sans cesse ▸ **cachorrinho escandaloso 2** FAM, PÉJOR individu hargneux ▸ **mequetrefe**

roquette ou **rocket** *nf* Projectile autopropulsé et non guidé employé dans les tirs d'artillerie et antichars ▸ **míssil**

rorqual [rɔrkwal] *nm* Mammifère voisin de la baleine mais possédant une nageoire dorsale ▸ **rorqual**

rosace *nf* ARCHIT **1** Ornement en forme de rose ou d'étoile ▸ **rosácea 2** Grand vitrail rond ▸ **rosácea**

rosacé, e *adj* De couleur rose ▸ **rosado**

rosacée *nf* Plante à nombreuses étamines dont les types sont le rosier et la plupart des arbres fruitiers d'Europe (les rosacées forment une vaste famille) ▸ **rosácea**

rosaire *nm* **1** Grand chapelet ▸ **rosário 2** Ensemble des prières récitées en égrenant un chapelet ▸ **rosário**

rosâtre *adj* Qui a une teinte rose sale ▸ **rosado**

rosbif [rɔsbif] ou [rɔzbif] *nm* Pièce de bœuf ou de cheval destinée à être rôtie ▸ **peça de carne**

rose[1] *nf* **1** Fleur du rosier ▸ **rosa 2** Diamant taillé plat en dessous ▸ **diamante-rosa 3** ARCHIT Vitrail circulaire d'église; SYN: *rosace* ▸ **rosácea** ■ **rose des sables:** agglomération de cristaux de gypse ▸ **rosa do deserto** □ MAR **rose des vents:** étoile à trente-deux branches indiquant les aires de vent ▸ **rosa dos ventos** □ **rose trémière:** plante (guimauve) à tige élevée et grandes fleurs colorées (appelée aussi: *primerose, passerose*) ▸ **rosa-marinha**

rose[2] *adj* **1** D'une couleur rouge pâle semblable à celle de la rose commune ▸ **cor-de-rosa 2** FAM Socialiste ▸ **vermelho 3** Qui a trait aux relations sexuelles tarifées, à l'érotisme ou à la pornographie: *messageries roses* ▸ **erótico, pornô** ◆ *nm* La couleur rose: *aimer le rose* ▸ **cor-de-rosa** ▪ **voir la vie en rose**: voir le bon côté des choses ▸ **ver tudo cor-de-rosa**

rosé, e *adj* Teinté de rose ▸ **rosado** ◆ *nm* Vin de couleur rosée ▸ ***rosé***

roseau *nm* Plante du bord des étangs, à tige droite, lisse et pourvue d'un épi de fleurs ▸ **cana-de-vassoura**

rosé-des-prés (pl *rosés-des-prés*) *nm* Champignon des prés comestible, à lames rosées ▸ ***champignon***

rosée *nf* Condensation de la vapeur d'eau atmosphérique qui se dépose en fines gouttelettes ▸ **orvalho**

roséole *nf* MÉD Éruption de taches rosées ▸ **roséola**

roseraie *nf* Terrain, jardin planté de rosiers ▸ **roseiral**

rosette *nf* **1** Nœud de ruban en forme de rose ▸ **roseta 2** Insigne de certains ordres ▸ **roseta 3** Saucisson cru de Lyon ▸ **salame lionês**

rosier *nm* Arbuste épineux de la famille des rosacées cultivé pour ses fleurs ▸ **roseira**

rosière *nf* ANC Jeune fille vertueuse à laquelle on décernait solennellement une récompense ▸ **donzela**

rosir *vt* Donner une teinte rose à ▸ **rosar** ◆ *vi* Devenir rose ▸ **rosar-se**

rosse *nf* **1** VX Cheval sans force, sans vigueur ▸ **bucéfalo 2** FAM Personne méchante ▸ **sacana** ◆ *adj* **1** D'une ironie mordante ▸ **mordaz 2** Sévère: *un professeur rosse* ▸ **severo**

rosser *vt* FAM Battre violemment, rouer de coups ▸ **espancar**

rosserie *nf* FAM Méchanceté ▸ **sacanagem**

rossignol *nm* **1** Oiseau passereau dont le mâle est un chanteur remarquable ▸ **rouxinol 2** Crochet pour ouvrir les serrures ▸ **gazua 3** FAM Objet sans valeur ou démodé ▸ **alcaide**

rossinante *nf* LITT Cheval maigre ▸ **rocim**

rostre *nm* **1** Éperon des navires anciens ▸ **rostro 2** ZOOL Partie saillante et pointue qui prolonge la mâchoire supérieure: *rostre d'espadon* ▸ **rostro 3** Ensemble des pièces buccales piqueuses de certains insectes ▸ **rostro 4** Pointe antérieure de la carapace de certains crustacés ▸ **rostro**

rot [ro] *nm* FAM Émission par la bouche, et avec un bruit rauque, de gaz stomacaux ▸ **arroto**

rôt *nm* VX Rôti ▸ **assado**

rotang [rɔtɑ̃g] *nm* Palmier d'Inde et de Malaisie à tige grêle dont une espèce fournit le rotin ▸ **ratã**

rotateur, trice *adj* Qui fait tourner ▸ **rotador** ◆ *adj et nm* Se dit d'un muscle permettant la rotation des parties auxquelles il est attaché ▸ **rotador**

rotatif, ive *adj* Qui agit en tournant: *machine rotative* ▸ **rotativo**

rotation *nf* **1** Mouvement d'un corps autour d'un axe fixe, matériel ou non ▸ **rotação 2** Emploi méthodique et successif de matériel, de procédés, etc.; alternance périodique d'activités, de fonctions, de services ▸ **rodízio 3** Succession de diverses cultures sur un sol; SYN: *assolement* ▸ **afolhamento 4** Fréquence des voyages effectués par un moyen de transport affecté à une ligne régulière ▸ **periodicidade**

rotative *nf* Presse à forme imprimante cylindrique, qui est animée d'un mouvement rotatif continu ▸ **(prensa) rotativa**

rotatoire *adj* Qui tourne, circulaire: *mouvement rotatoire* ▸ **rotatório**

rote *nf* Tribunal ordinaire du Saint-Siège, qui instruit principalement les causes matrimoniales ▸ **rota**

roter *vi* FAM Éructer ▸ **arrotar**

rôti *nm* Viande rôtie ▸ **assado**

rôtie *nf* Tranche de pain grillée ▸ **torrada**

rotin *nm* Tige de rotang servant à faire des cannes, des sièges, etc. ▸ **ratã**

rôtir *vt* Faire cuire à sec, à la broche, sur le gril ou au four ▸ **assar** ◆ *vi* ou **se rôtir** *vpr* FAM Être exposé à une grande chaleur, au soleil ▸ **assar**

rôtissage *nm* Action de rôtir ▸ **assadura**

rôtisserie *nf* **1** Boutique du rôtisseur ▸ **churrascaria 2** Restaurant où l'on fait rôtir les viandes ▸ **churrascaria**

rôtisseur, euse *n* Commerçant qui vend des viandes rôties ▸ **churrasqueiro**

rôtissoire *nf* **1** Ustensile pour rôtir la viande ▸ **churrasqueira 2** Four électrique équipé d'une broche tournante ▸ **assadeira**

rotonde *nf* Bâtiment de forme ronde ▸ **rotunda**

rotondité *nf* **1** État de ce qui est rond ▸ **rotundidade 2** FAM Rondeur, embonpoint ▸ **rotundidade**

rotor *nm* Partie tournante d'un moteur, d'une turbine ▸ **rotor**

rotule *nf* **1** Os mobile du genou ▸ **rótula, patela 2** MÉCAN Articulation de forme sphérique ▸ **rótula**

roture *nf* **1** Condition d'une personne qui n'est pas noble ▸ **plebe 2** Ensemble des roturiers ▸ **plebe**

roturier, ère *adj et n* Qui n'est pas noble ▸ **plebeu**

rouage *nm* **1** Chacune des roues d'un mécanisme ▸ **roda** **2** FIG Chaque élément d'un organisme, considéré dans sa participation au fonctionnement de l'ensemble: *les rouages de l'Administration* ▸ **engrenagem**

rouan, anne *adj et n* Se dit d'un cheval, d'une vache dont la robe se compose de poils blancs, alezans et noirs ▸ **ruão**

roublard, e *adj et n* FAM Rusé, roué, retors ▸ **espertalhão**

roublardise *nf* FAM Ruse, astuce ▸ **esperteza**

rouble *nm* Unité monétaire principale de la Russie, de l'Ukraine et de la Biélorussie ▸ **rublo**

roucoulade *nf* **1** Bruit que font entendre les pigeons, les tourterelles ▸ **arrulho** **2** Échange de propos tendres ▸ **arrulho**

roucoulant, e *adj* Qui roucoule ▸ **arrulhante**

roucoulement *nm* Cri des pigeons et des tourterelles; roucoulade ▸ **arrulho**

roucouler *vi* **1** Faire entendre un roucoulement ▸ **arrulhar** **2** Tenir des propos tendres et langoureux ▸ **arrulhar** ◆ *vt* Dire ou chanter langoureusement: *roucouler un air* ▸ **arrulhar**

roudoudou *nm* FAM Caramel coloré coulé dans une boîte en bois ou dans une coquille ▸ **bala**

roue *nf* **1** Organe circulaire tournant autour d'un axe passant par son centre: *roue de voiture, de secours; roue hydraulique* ▸ **roda** **2** Supplice qui consistait à laisser mourir sur une roue un condamné dont on avait rompu les membres ▸ **roda** ■ **grande roue:** attraction foraine constituée d'une roue dressée à laquelle sont accrochées des nacelles ▸ **roda-gigante**

roué, e *adj et n* Habile, rusé, sans scrupule ▸ **finório** ◆ *nm* HIST Débauché élégant, sous la Régence ▸ **libertino**

rouelle *nf* Tranche épaisse tirée du cuisseau de veau ▸ **bife de chã**

rouer *vt* ▸ **supliciar na roda** ■ **rouer de coups:** battre violemment ▸ **espancar**

rouerie *nf* LITT Ruse, fourberie ▸ **astúcia**

rouet *nm* Instrument à roue qui servait à filer la laine, le chanvre et le lin ▸ **roda de fiar**

rouf ou **roof** *nm* Petite construction élevée sur le pont d'un navire ▸ **camarote de convés**

rouflaquette *nf* FAM Patte de cheveux descendant sur la joue ▸ **pega-rapaz, costeleta**

rouge *adj* **1** De la couleur du sang, l'une des sept couleurs du spectre ▸ **vermelho** **2** Qui a le visage coloré par l'émotion, l'effort, le froid ▸ **corado** **3** Qui a été chauffé et porté à incandescence: *fer rouge* ▸ **incandescente** ■ **vin rouge:** obtenu à partir de cépages rouges ▸ **vinho tinto** ◆ *adj et n* Se dit des partisans de l'action révolutionnaire; FAM Communiste ▸ **vermelho** ◆ *adv* ■ **se fâcher tout rouge:** très violemment ▸ **ficar roxo de raiva** □ **voir rouge:** avoir un vif accès de colère ▸ **enfurecer-se** ◆ *nm* **1** Couleur rouge ▸ **vermelho** **2** Fard rouge: *rouge à lèvres* ▸ **ruge, batom** **3** Couleur que prend un métal porté à incandescence: *barre de fer portée au rouge* ▸ **vermelho** **4** Couleur caractéristique des signaux d'arrêt ou de danger: *passer au rouge* ▸ **vermelho** **5** Rougeur due à la honte, la confusion: *le rouge lui monte au visage* ▸ **rubor** **6** FAM Vin rouge ▸ **vinho tinto**

rougeâtre *adj* Tirant sur le rouge ▸ **avermelhado**

rougeaud, e *adj et n* FAM Qui a le visage rouge ▸ **corado**

rouge-gorge (pl *rouges-gorges*) *nm* Oiseau passereau à gorge et à poitrine rouge vif ▸ **pintarroxo**

rougeoiement [ruʒwamɑ̃] *nm* Lueur, reflet rouge ▸ **vermelhidão**

ORTHOGRAPHE Il ne faut pas oublier les deux *e* muets que comporte *rougeoiement*

rougeole *nf* MÉD Maladie contagieuse caractérisée par une éruption de taches rouges sur la peau ▸ **sarampo**

rougeoyant, e *adj* Qui rougeoie ▸ **avermelhado**

rougeoyer [ruʒwaje] *vi (conj 3)* Prendre une teinte rouge ▸ **avermelhar, enrubescer**

rouget *nm* Poisson marin appelé aussi *rouget barbet* ou *surmulet* en raison de ses barbillons au menton et de la couleur rouge qu'il prend après sa mort ▸ **salmonete** ■ **rouget grondin:** grondin rouge ou rose ▸ **ruivo**

rougeur *nf* **1** Couleur rouge ▸ **vermelho** **2** Teinte rouge passagère du visage, qui révèle une émotion ▸ **rubor** ◆ **rougeurs** *pl* Taches rouges sur la peau ▸ **mancha vermelha**

rougir *vt* Rendre rouge: *fer rougi au feu* ▸ **avermelhar** ◆ *vi* **1** Devenir rouge ▸ **avermelhar-se, corar** **2** Éprouver de la honte, de la confusion ▸ **envergonhar-se** **3** Devenir rouge sous l'effet d'une émotion, d'un sentiment ▸ **ruborizar-se**

rougissant, e *adj* Qui rougit ▸ **corado**

rougissement *nm* Fait de rougir ▸ **rubor**

rouille *nf* **1** Oxyde de fer, d'un rouge foncé, qui altère les métaux ferreux exposés à l'humidité ▸ **ferrugem** **2** BOT Maladie des céréales se manifestant par des taches brunes ou jaunes ▸ ***ferrugem*** **3** CUIS Aïoli relevé de piments rouges ▸ ***rouille*** ◆ *adj inv* De la couleur de la rouille ▸ **ferrugem**

rouiller *vt* **1** Produire de la rouille sur ▸ **enferrujar** **2** FIG Émousser, faute d'exercice: *la paresse rouille* *l'esprit* ► **enferrujar** ♦ *vi* ou **se rouiller** *vpr* **1** Se couvrir de rouille ► **enferrujar(-se) 2** FIG Perdre sa force, son efficacité par manque d'exercice ► **enferrujar(-se)**

rouir *vt* Pratiquer le rouissage ► **macerar**

rouissage *nm* Opération permettant d'éliminer les fibres textiles des tiges du lin, du chanvre, ou de certaines plantes alimentaires ► **maceração**

roulade *nf* **1** Roulé-boulé ► **rolamento 2** CUIS Tranche de viande roulée autour d'une farce cylindrique ► **rolo 3** MUS Vocalise brillante sur une seule syllabe ► **trinado**

roulant, e *adj* Qui roule: *table roulante: escalier, tapis roulant* ► **rolante** ■ FIG **feu roulant:** suite ininterrompue: *un feu roulant de questions* ► **enfiada** □ **personnel roulant** ou FAM **roulant** *nm* employé à bord de véhicules de transport en commun ► **empregado em transporte coletivo**

roulé, e *adj* Enroulé, mis en rond: *col roulé* ► **rolê** ■ TRÈS FAM **bien roulé:** bien proportionné, surtout en parlant d'une femme ► **ajeitado** ♦ *nm* Gâteau roulé en forme de bûche ► **rocambole**

rouleau *nm* **1** Objet cylindrique: *rouleau de papier* ► **rolo 2** Cylindre destiné à rouler sur une surface pour étendre, écraser: *rouleau compresseur; peinture au rouleau; rouleau à pâtisserie* ► **rolo 3** Vague déferlante ► **vagalhão 4** Bigoudi ► **bobe 5** SPORTS Saut en hauteur exécuté en passant la barre sur le ventre ► **rolamento** ■ FAM **être au bout du rouleau: (a)** avoir épuisé tous ses moyens ► **ter esgotado todos os recursos (b)** être à bout de forces ► **estar esgotado (c)** être près de mourir ► **estar nas últimas** □ **rouleau de printemps:** rouleau fait d'une crêpe de riz farcie de viande ou de crevettes, de légumes et de germes de soja, typique de la cuisine sino-vietnamienne ► **rolinho primavera**

rouleauté, e *adj et nm* → **roulotté**

roulé-boulé (pl *roulés-boulés*) *nm* Action de se rouler en boule lors d'une chute pour amortir le choc; SYN: *roulade* ► **rolamento**

roulement *nm* **1** Mouvement de ce qui roule ► **rolamento 2** Mécanisme qui facilite ce mouvement: *roulement à billes* ► **rolamento 3** Bruit, son sourd et continu évoquant un objet, un véhicule qui roule: *roulement de tambour, de tonnerre* ► **ressoar 4** Remplacement successif: *le roulement des équipes* ► **rodízio 5** Circulation et utilisation de l'argent pour les paiements, les transactions: *fonds de roulement* ► **giro**

rouler *vt* **1** Déplacer quelque chose en le faisant tourner sur lui-même: *rouler un fût* ► **rolar 2** Mettre en rouleau: *rouler un papier* ► **enrolar 3** Enrouler, envelopper: *rouler quelqu'un dans une couverture* ► **enrolar 4** Faire tourner: *rouler les yeux* ► **revirar 5** Aplanir à l'aide d'un rouleau: *rouler le gazon* ► **passar o rolo 6** FAM Duper: *rouler un client* ► **enrolar** ■ **rouler les «r»:** les faire vibrer ► **vibrar os "r"** ♦ *vi* **1** En parlant d'un objet, avancer en tournant sur soi-même ► **rodar 2** Se déplacer sur des roues ► **rodar 3** MAR Avoir un mouvement de roulis ► **arfar** ■ FAM **ça roule:** tout va bien ► **tudo bem** □ FAM **rouler pour:** agir pour le compte de ► **correr por conta de** □ **rouler sur l'or:** être très riche ► **nadar em dinheiro** ♦ **se rouler** *vpr* Se tourner; s'enrouler ► **girar**

roulette *nf* **1** Petite roue ► **rodinha 2** Jeu de casino qui consiste à parier sur le numéro que la bille, lancée sur un plateau tournant, détermine en s'arrêtant ► **roleta 3** FAM Fraise de dentiste ► **broca de dentista** ■ FAM **aller, marcher comme sur des roulettes:** ne rencontrer aucun obstacle ► **correr às mil maravilhas**

roulis *nm* Mouvement d'oscillation latérale d'un véhicule, et en particulier d'un bateau ► **balanço**

roulotte *nf* Grande voiture où logent certaines personnes qui voyagent (forains, nomades, etc.) ► ***trailer*** ■ FAM **vol à la roulotte:** dans une voiture en stationnement ► **furto em veículo estacionado**

roulotté, e ou **rouleauté, e** *adj et nm* COUT Se dit d'un ourlet fait en roulant le bord du tissu ► **rolotê**

roulure *nf* TRÈS FAM, INJUR Femme dépravée ► **puta**

roumain, e *adj et n* De Roumanie: *les Roumains* ► **romeno** ♦ *nm* Langue romane parlée en Roumanie ► **romeno**

round [rawnd] ou [rund] *nm* (anglicisme) Reprise, dans un combat de boxe ► ***round***

roupie[1] *nf* ► **ranho** ■ FAM **de la roupie de sansonnet:** une chose insignifiante, sans valeur ► **ninharia**

roupie[2] *nf* Unité monétaire principale de l'Inde, du Népal, du Pakistan, de l'île Maurice et des Seychelles ► **rupia**

roupiller *vi* FAM Dormir ► **tirar uma soneca**

roupillon *nm* FAM Petit somme ► **soneca**

rouquin, e *adj et n* FAM Roux ► **ruivo**

rouscailler *vi* FAM Réclamer, protester ► **reclamar**

rouspétance *nf* FAM Action de rouspéter; protestation ► **rabugice**

rouspéter *vi* FAM Protester ► **rabujar**

rouspéteur, euse *adj et n* FAM Qui a l'habitude de protester; grincheux ► **rabugento**

roussâtre *adj* Tirant sur le roux ▸ **arruivado**

roussette *nf* **1** Petit requin inoffensif des eaux littorales ▸ **cação-pinto 2** Grande chauve-souris rouge d'Asie, d'Afrique et d'Océanie ▸ **raposa voadora**

rousseur *nf* Couleur rousse ▸ **cor ruiva** ▪ **tache de rousseur:** petite tache à la surface de la peau ▸ **sarda**

roussi *nm* Odeur d'une chose brûlée superficiellement ▸ **cheiro de queimado** ▪ FAM **sentir le roussi:** prendre une mauvaise tournure ▸ **não cheirar bem**

roussir *vt* **1** Rendre roux ▸ **arruivar, avermelhar 2** Brûler superficiellement ▸ **dourar** (culinária), chamuscar ◆ *vi* Devenir roux ▸ **arruivar, avermelhar**

roussissement *nm* Action de roussir; état de ce qui est roussi ▸ **douramento, douradura**

routage *nm* Triage par lieu de destination d'imprimés, de journaux, de prospectus, etc., effectué par l'entreprise éditrice ou la messagerie ▸ **triagem por destinatário**

routard, e *n* FAM Personne qui voyage à pied ou en auto-stop à peu de frais ▸ **estradeiro**

route *nf* **1** Voie carrossable aménagée hors agglomération; moyen de communication utilisant ce genre de voie: *route nationale; transport par route* ▸ **estrada 2** Direction qu'on suit, itinéraire: *changer de route* ▸ **rota 3** Ligne de conduite, direction de vie ▸ **rumo** ▪ **faire fausse route:** se tromper ▸ **seguir o caminho errado** ▫ **mettre en route:** (a) faire fonctionner ▸ **pôr para funcionar** (b) commencer à réaliser ▸ **iniciar** ▫ **se mettre en route:** (a) commencer à partir ▸ **pôr o pé na estrada** (b) s'habituer à une activité ▸ **entrar nos trilhos**

router *vt* Effectuer le routage de ▸ **fazer a triagem por destinatário**

routier[1] *nm* **1** Conducteur de camion sur longues distances ▸ **caminhoneiro 2** Cycliste qui dispute des épreuves sur route ▸ **ciclista de estrada** ▪ FAM **vieux routier:** homme devenu habile par une longue pratique ▸ **homem experiente**

routier[2]**, ère** *adj* Relatif aux routes: *carte routière* ▸ **rodoviário**

routière *nf* Automobile, motocyclette performante sur les longs trajets ▸ **veículo de estrada**

routine[1] *nf* Ce qui est fait par habitude, toujours de la même manière ▸ **rotina**

routine[2] *nf* INFORM Sous-programme ▸ **rotina**

routinier, ère *adj et n* Qui agit par routine, qui en a le caractère ▸ **rotineiro**

rouvre *nm* Chêne des forêts plutôt sèches, à glands pourvus d'un long pédoncule ▸ **roble**

rouvrir *vt (conj 16)* Ouvrir de nouveau ▸ **reabrir** ▪ FIG **rouvrir une blessure:** ranimer un chagrin ▸ **tocar na ferida** ◆ *vi* ou **se rouvrir** *vpr* Être de nouveau ouvert ▸ **reabrir(-se)**

roux, rousse *adj* D'une couleur entre le jaune et le rouge ▸ **ruivo** ◆ *adj et n* Qui a les cheveux, les poils roux ▸ **ruivo** ◆ *nm* **1** Couleur rousse ▸ **ferrugem 2** Préparation de base pour les sauces, faite de farine roussie dans du beurre ▸ ***roux***

royal, e, aux *adj* **1** Du roi: *palais royal: ordonnance royale* ▸ **real 2** Digne d'un roi; magnifique, grandiose ▸ **régio** ▪ **tigre, aigle royal:** de la plus grande espèce ▸ **tigre real (de bengala), águia-real** ▫ **voie royale:** moyen le plus glorieux pour parvenir à quelque chose ▸ **melhor caminho**

royalement *adv* Avec magnificence ▸ **regiamente**

royalisme *nm* Attachement à la monarchie ▸ **monarquismo**

royaliste *adj et n* Partisan du roi, de la royauté ▸ **monarquista**

royalties [rwajalti] *nf pl* Redevance due au titulaire d'un droit de propriété industrielle ▸ ***royalties***

royaume *nm* État gouverné par un roi ▸ **reino** ▪ **royaume des cieux:** paradis ▸ **reino dos céus**

royauté *nf* **1** Dignité de roi ▸ **realeza 2** Régime monarchique ▸ **monarquia**

RSVP (sigle) Répondez s'il vous plaît ▸ ***RSVP***

ru *nm* LITT Petit ruisseau ▸ **regato**

RU [ry] *nm* (sigle) Restaurant universitaire ▸ **Ø**

ruade *nf* Action de ruer; mouvement d'un quadrupède qui rue ▸ **coice**

ruban *nm* **1** Bande de tissu mince et étroite ▸ **fita 2** Fragment plat et long comme un ruban: *ruban d'acier; ruban adhésif* ▸ **fita 3** Bout de ruban qui sert d'insigne; décoration ▸ **galão**

rubéfaction *nf* MÉD Rougeur cutanée ▸ **rubefação**

rubéfier *vt* Irriter la peau, la rendre rouge ▸ **rubificar**

rubéole *nf* MÉD Maladie virale éruptive et contagieuse ▸ **rubéola**

rubiacée *nf* Plante gamopétale telle que le caféier, la garance, le quinquina (les rubiacées forment une famille) ▸ **rubiácea**

rubicond, e *adj* Se dit d'un visage rouge ▸ **rubicundo**

rubidium *nm* Métal alcalin analogue au potassium; symb: Rb ▸ **rubídio**

rubigineux, euse *adj* Couvert de rouille ▸ **rubiginoso**

rubis *nm* **1** Pierre précieuse, variété de corindon d'un rouge vif ▸ **rubi 2** Pierre dure servant de support à un pivot de rouage d'horlogerie ▸ **rubi ▪ payer rubis sur l'ongle:** payer immédiatement et complètement ce qu'on doit ▸ **liquidar as contas**

rubrique *nf* **1** Indication de la matière d'un article, d'un développement: *sous la rubrique «Histoire»* ▸ **rubrica 2** Dans un journal, article paraissant régulièrement et traitant d'un sujet précis: *la rubrique gastronomique* ▸ **coluna 3** Catégorie, dans un classement: *rubrique «dépenses»* ▸ **rubrica**

ruche *nf* **1** Habitation préparée pour les abeilles; essaim qui l'habite ▸ **colmeia 2** Endroit où règne une grande activité ▸ **colmeia 3** Ornement plissé de tulle ou de dentelle ▸ **casa de abelha**

rucher *nm* **1** Endroit où sont placées les ruches ▸ **colmeal 2** Ensemble de ruches ▸ **colmeal**

rude *adj* **1** Dur au toucher: *peau rude* ▸ **áspero 2** Qui manque de finesse, de délicatesse: *voix rude; manières rudes* ▸ **rude 3** Pénible, dur à supporter, à vaincre: *rude métier; hiver rude; rude adversaire* ▸ **duro 4** Sévère et brutal: *se montrer rude avec quelqu'un* ▸ **rude 5** FAM Remarquable en son genre: *un rude appétit* ▸ **incrível**

rudement *adv* **1** De façon rude, brutale: *être rudement éprouvé* ▸ **brutalmente 2** FAM Très: *il fait rudement froid* ▸ **brutalmente**

rudesse *nf* **1** Caractère de ce qui est dur à supporter: *rudesse d'un climat* ▸ **rudeza 2** Caractère de ce qui manque de délicatesse: *rudesse de langage* ▸ **rudeza 3** Dureté, brutalité: *traiter avec rudesse* ▸ **rudeza**

rudiment *nm* Organe animal ou végétal inachevé ▸ **rudimento ◆ rudiments** *pl* Notions élémentaires: *rudiments de la grammaire* ▸ **rudimentos**

rudimentaire *adj* Élémentaire, peu développé: *connaissances, organe rudimentaires* ▸ **rudimentar**

rudoiement *nm* LITT Action de rudoyer ▸ **brutalidade**

rudoyer *vt (conj 3)* Traiter durement, brutaliser ▸ **maltratar**

rue *nf* Voie publique aménagée dans une agglomération; ensemble des habitants des maisons qui la bordent ▸ **rua ▪ être à la rue:** sans abri ▸ **estar na rua □ l'homme de la rue:** le citoyen moyen ▸ **o homem do povo □ la rue:** les masses populaires susceptibles de s'insurger et de manifester: *céder à la pression de la rue* ▸ **o povo**

ruée *nf* Action de se ruer; mouvement impétueux d'une foule ▸ **avalanche**

ruelle *nf* **1** Petite rue étroite ▸ **ruela 2** Espace entre le lit et le mur ▸ **vão entre a cama e a parede 3** Au XVIe et au XVIIe s., partie de la chambre à coucher où les dames recevaient leurs visiteurs ▸ **alcova**

ruer *vi* Jeter en l'air avec force les pieds de derrière, en parlant d'un quadrupède ▸ **escoicear ◆ se ruer** *vpr* [sur, vers, dans] Se jeter avec violence: *se ruer sur quelqu'un*; se précipiter en masse: *se ruer dans les magasins* ▸ **precipitar-se**

ruffian *nm* Aventurier ▸ **bandido**

rugby [rygbi] *nm* Sport d'équipe qui se joue à la main et au pied avec un ballon ovale ▸ ***rugby***

rugbyman (pl *rugbymans* ou *rugbymen*) *nm* Joueur de rugby ▸ **jogador de *rugby***

rugir *vi* **1** Pousser des rugissements: *le lion rugit* ▸ **rugir 2** FIG Pousser des cris de fureur ▸ **rugir**

rugissant, e *adj* Qui rugit ▸ **que ruge**

rugissement *nm* **1** Cri du lion et de certains animaux féroces ▸ **rugido 2** Cri, bruit violent: *les rugissements de la tempête* ▸ **rugido**

rugosité *nf* **1** État d'une surface rugueuse ▸ **rugosidade 2** Aspérité sur une surface, sur la peau ▸ **rugosidade**

rugueux, euse *adj* Qui a des aspérités: *écorce rugueuse* ▸ **rugoso**

ruine *nf* **1** Écroulement, destruction d'un bâtiment; bâtiment délabré: *tomber en ruine* ▸ **ruína 2** Chute, destruction: *la ruine d'un empire* ▸ **ruína 3** Effondrement: *la ruine d'une théorie* ▸ **desmoronamento 4** Perte de la fortune ▸ **ruína 5** FAM Personne usée physiquement ou intellectuellement ▸ **ruína ◆ ruines** *pl* Débris, décombres ▸ **ruínas**

ORTHOGRAPHE *Ruine* est singulier dans l'expression *en ruine*: *une maison en ruine*

ruiner *vt* **1** Causer la ruine, la perte de la fortune de quelqu'un: *le jeu l'a ruiné* ▸ **arruinar 2** Infirmer, détruire: *ruiner un raisonnement* ▸ **desmontar ◆ se ruiner** *vpr* **1** Perdre sa fortune ▸ **arruinar-se 2** Dépenser trop ▸ **arruinar-se**

ruineux, euse *adj* Qui entraîne des dépenses excessives: *entreprise ruineuse* ▸ **ruinoso**

ruisseau *nm* **1** Petit cours d'eau ▸ **riacho 2** ANC Caniveau ▸ **sarjeta 3** LITT Ce qui coule en abondance: *des ruisseaux de larmes* ▸ **rio**

ruisselant, e *adj* Qui ruisselle ▸ **que escorre**

ruisseler *vi (conj 6)* **1** Couler sans arrêt: *l'eau ruisselle le long du mur* ▸ **escorrer 2** Être couvert de gouttes: *ruisseler de sueur* ▸ **respingar**

ruissellement *nm* **1** Fait de ruisseler ▸ **escorrimento 2** Écoulement des eaux après une averse ou la fonte des neiges ▸ **escoamento**

ruisselet *nm* LITT Petit ruisseau ▸ **riachinho**

rumba [rumba] *nf* Danse cubaine, aux pas chaloupés, exécutée en couple ▸ **rumba**
rumen [rymɛn] *nm* ZOOL Panse ▸ **rúmen**
rumeur *nf* **1** Bruit de voix confus ▸ **rumor 2** Nouvelle qui se répand dans la population: *rumeur publique* ▸ **rumor**
ruminant, e *adj* Qui rumine ▸ **ruminante** ◆ *nm* Mammifère ongulé muni d'un estomac à trois ou quatre poches et pratiquant la rumination (les ruminants forment un très important sous-ordre) ▸ **ruminante**
rumination *nf* Action de ruminer ▸ **ruminação**
ruminer *vt et vi* **1** Remâcher les aliments ramenés de la panse dans la bouche: *la brebis, le chameau ruminent* ▸ **ruminar 2** FIG Retourner une chose dans son esprit: *ruminer un projet* ▸ **ruminar**
rumsteck *nm* → **romsteck**
rune *nf* Caractère de l'ancien alphabet utilisé par les peuples germaniques du nord de l'Europe ▸ **runa**
runique *adj* Relatif aux runes ▸ **rúnico**
rupestre *adj* **1** Qui croît dans les rochers: *plante rupestre* ▸ **rupestre 2** Réalisé sur des rochers: *art rupestre*; taillé dans la roche: *temples rupestres* ▸ **rupestre**
rupin, e *adj et n* FAM Riche, luxueux ▸ **grã-fino**
rupteur *nm* ÉLECTR Dispositif servant à interrompre un courant ▸ **ruptor**
rupture *nf* **1** Action de rompre; fait de se rompre: *rupture d'une digue; rupture des relations diplomatiques, d'un contrat* ▸ **ruptura 2** Séparation brutale entre des personnes qui étaient liées ▸ **ruptura** ■ **rupture de stock:** niveau d'un stock de marchandises devenu insuffisant pour satisfaire la demande ▸ **ruptura de estoque**
rural, e, aux *adj* Relatif aux champs, à la campagne ▸ **rural** ◆ **ruraux** *nm pl* Habitants de la campagne ▸ **rurícolas**
rurbain *adj* Relatif à la rurbanisation ▸ **rurbano** ◆ *n* Habitant d'une zone rurbaine ▸ **rurbano**
rurbanisation *nf* Développement des villages proches des grandes villes dont ils deviennent les banlieues ▸ **rurbanização**
ruse *nf* **1** Procédé habile destiné à tromper ▸ **artimanha 2** Habileté à tromper ▸ **astúcia**
rusé, e *adj et n* Qui agit avec ruse; qui dénote la ruse ▸ **ardiloso**
ruser *vi* Agir avec ruse ▸ **agir ardilosamente**
rush [rʃ] (pl *rushs* ou *rushes*) *nm* **1** Effort final impétueux, assaut ▸ **ímpeto 2** Afflux d'une foule: *le rush des vacanciers* ▸ ***rush***
rushes [rʃ] *nm pl* Prises de vues cinématographiques telles qu'elles apparaissent avant le montage ▸ ***rushes***
russe *adj et n* De la Russie: *les Russes* ▸ **russo** ◆ *nm* Langue slave parlée en Russie ▸ **russo**
russification *nf* Action de russifier; fait d'être russifié ▸ **russificação**
russifier *vt* Faire adopter les institutions ou la langue russe à ▸ **russificar**
russule *nf* Champignon des bois ressemblant au lactaire ▸ **rússula**
rustaud, e *adj et n* FAM Grossier, rustre ▸ **grosseirão**
rusticité *nf* **1** Caractère de ce qui est rustique; simplicité, absence de raffinement ▸ **rusticidade 2** AGRIC Caractère d'une plante, d'un animal rustique ▸ **rusticidade**
Rustine *nf* (nom déposé) Rondelle de caoutchouc pour réparer une chambre à air de bicyclette ▸ ***Rustine* (marca registrada), manchão**
rustique *adj* **1** De la campagne: *travaux rustiques* ▸ **rústico 2** Simple: *outils, meubles rustiques* ▸ **rústico 3** AGRIC Se dit d'une plante, d'un animal, qui résiste à des conditions de vie défavorables ▸ **rústico**
rustre *adj et n* Grossier, qui manque d'éducation ▸ **grosso**
rut [ryt] *nm* Période d'activité sexuelle des mammifères mâles ▸ **cio**
rutabaga *nm* Chou-navet à tige renflée au-dessus du sol, improprement appelée *racine*; tige comestible de cette plante ▸ **rutabaga**
ruthénium *nm* Métal du groupe du platine; symb: Ru ▸ **rutênio**
rutilant, e *adj* **1** LITT D'un rouge vif ▸ **rutilante 2** Qui brille d'un vif éclat ▸ **rutilante**
rutiler *vi* Briller d'un vif éclat ▸ **rutilar**
rythme *nm* **1** Cadence, mouvement régulier d'une phrase poétique, musicale ▸ **ritmo 2** Fréquence d'un phénomène physiologique périodique: *rythme cardiaque*; retour régulier d'un fait: *rythme des saisons* ▸ **ritmo 3** Cadence, allure: *film au rythme trépidant; rythme de production* ▸ **ritmo**
rythmer *vt* Donner du rythme à ▸ **ritmar**
rythmique *adj* Relatif au rythme; qui a du rythme ▸ **rítmico**

Ss

s¹ *nm* Dix-neuvième lettre de l'alphabet et la quinzième des consonnes ► **s**

s² (symbole) Seconde ► **s**

S (symbole) Sud ► **S**

sa *adj poss* → **son**

SA [ɛsa] *nf* (sigle) Société anonyme ► **S.A.**

sabayon *nm* Entremets liquide à base de jaunes d'œufs, de sucre et de vin aromatisé ► ***zabaione***

sabbat *nm* **1** Repos sacré hebdomadaire que les juifs observent du vendredi soir au samedi soir ► **sabá 2** Assemblée nocturne de sorciers et sorcières sous la présidence du diable ► **sabá**

sabbatique *adj* Relatif au sabbat ► **sabático** ▪ **année sabbatique:** année de congé ► **ano sabático**

sabir *nm* **1** Langage mêlé d'arabe, de français, d'italien, d'espagnol, et qui était en usage dans les ports méditerranéens ► **língua franca, sabir 2** Langage incompréhensible ► **algaravia**

sablage *nm* Action de sabler ► **areação**

sable¹ *nm* Roche sédimentaire meuble formée de menus grains souvent quartzeux ► **areia** ▪ FAM **être sur le sable:** être sans argent, sans travail ► **estar na lona, estar sem trabalho** ▫ **sables mouvants:** sables qui s'enfoncent sous le pied ► **areia movediça** ♦ *adj inv* D'une couleur beige clair ► **areia**

sable² *nm* En héraldique, couleur noire ► **sable**

sablé, e *adj* Couvert de sable ► **areado** ▪ **pâte sablée:** pâte friable dans laquelle entre une forte proportion de beurre et de sucre ► **massa amanteigada** ♦ *nm* Gâteau sec fait avec de la pâte sablée ► **biscoito amanteigado**

sabler *vt* Couvrir de sable ► **arear** ▪ **sabler le champagne:** boire du champagne à l'occasion d'une réjouissance ► **brindar com champanhe**

sableuse *nf* **1** Appareil tracté pour le sablage des chaussées ► **máquina de jato de areia 2** Machine à décaper, à dépolir par projection de sable ► **máquina de jato de areia**

sableux, euse *adj* Mêlé de sable ► **arenoso**

sablier *nm* Appareil mesurant le temps par l'écoulement du sable d'un petit compartiment dans un autre ► **ampulheta**

sablière *nf* **1** Carrière de sable ► **areal 2** Pièce de bois horizontale dans la charpente d'une toiture ► **frechal**

sablonner *vt* Couvrir une surface de sable ► **arear**

sablonneux, euse *adj* Où il y a beaucoup de sable ► **arenoso**

sabord *nm* Ouverture pratiquée dans la muraille d'un navire ► **portinhola**

sabordage *nm* Action de saborder; fait de saborder ► **naufrágio proposital, sabotagem**

saborder *vt* **1** Percer un navire au-dessous de la flottaison pour le faire couler ► **afundar propositalmente 2** Ruiner, détruire volontairement une entreprise, un projet ► **sabotar** ♦ **se saborder** *vpr* **1** Couler volontairement son navire ► **afundar propositalmente 2** Mettre fin à ses activités ► **encerrar atividades**

sabot *nm* **1** Chaussure faite d'une pièce de bois creusée; chaussure de même forme en caoutchouc ► **tamanco 2** Corne du pied de plusieurs animaux ► **casco 3** Partie d'un frein qui presse sur le bandage d'une roue ► **sapata** ▪ **baignoire sabot:** conçue pour être utilisée en position assise ► **banheira pequena** ▫ **sabot de Denver:** dispositif, utilisé par la police, bloquant une roue d'un véhicule en stationnement illicite ► **trava jacaré**

sabotage *nm* Action de saboter ► **sabotagem**

saboter *vt* **1** Exécuter vite et mal ► **atamancar 2** Détériorer ou détruire volontairement: *saboter un avion; saboter une entreprise* ► **sabotar**

saboteur, euse *n* Personne qui sabote ► **sabotador**

sabotier, ère *n* Artisan qui fait des sabots ► **tamanqueiro**

sabre *nm* **1** Arme blanche ne tranchant que d'un côté ▶ **sabre 2** SPORTS Arme légère à coquille prolongée sur le dessus de la main; discipline utilisant cette arme ▶ **sabre, esgrima de sabre**

sabrer *vt* **1** Frapper à coups de sabre ▶ **acutilar com sabre 2** Faire de larges coupures dans: *sabrer un manuscrit* ▶ **cortar 3** FAM Bâcler un travail ▶ **atamancar 4** FAM Refuser à un poste, à un examen, etc. ▶ **recusar, reprovar ■ sabrer le champagne:** ouvrir la bouteille de champagne en tranchant le goulot ▶ **cortar o gargalo da garrafa de champanhe**

EMPLOI *Sabrer le champagne* (ou *la bouteille de champagne*), c'est ouvrir la bouteille; *sabler le champagne*, c'est le boire

sabreur *nm* Escrimeur spécialiste du sabre ▶ **esgrimista (de sabre)**

sac[1] *nm* **1** Contenant ouvert par le haut: *un sac en toile; sac de voyage; sac à main, à dos* ▶ **saco, bolsa 2** Contenu d'un sac: *sac de blé* ▶ **saco 3** Enveloppe en forme de sac: *sac de couchage* ▶ **saco 4** ANAT Cavité formée par une membrane: *sac lacrymal* ▶ **saco, bolsa ■** FAM **avoir plus d'un tour dans son sac:** être rusé, habile ▶ **ter mais de uma carta na manga □ prendre quelqu'un la main dans le sac:** sur le fait ▶ **pegar alguém com a boca na botija □** FAM **vider son sac:** dire ce qu'on a sur le cœur ▶ **desabafar**

sac[2] *nm* Pillage: *le sac de Rome* ▶ **saque ■ mettre à sac:** piller, dévaster ▶ **saquear**

saccade *nf* Secousse, mouvement brusque et irrégulier ▶ **solavanco ■ par saccades:** par à-coups ▶ **aos solavancos**

saccadé, e *adj* Brusque, irrégulier: *mouvements saccadés* ▶ **brusco**

saccader *vt* Rendre irrégulier, haché ▶ **entrecortar**

saccage *nm* Action de saccager ▶ **saque**

saccager *vt (conj 2)* **1** Mettre à sac, au pillage: *saccager une ville* ▶ **saquear 2** Dévaster, mettre en désordre ▶ **saquear**

saccageur, euse *n* Personne qui saccage ▶ **saqueador**

saccharine [sakarin] *nf* Substance blanche utilisée comme succédané du sucre ▶ **sacarina**

saccharose [sakaroz] *nm* Glucide tiré de la canne à sucre et de la betterave, constituant le sucre alimentaire ▶ **sacarose**

sacerdoce *nm* **1** Dignité et fonction des ministres d'un culte ▶ **sacerdócio 2** Fonction qui présente un caractère respectable en raison du dévouement qu'elle exige ▶ **sacerdócio**

sacerdotal, e, aux *adj* Relatif aux prêtres, au sacerdoce ▶ **sacerdotal**

sachem [saʃɛm] *nm* Chef de tribu chez les Indiens d'Amérique ▶ **sachém**

sachet *nm* Petit sac ▶ **saquinho**

sacoche *nf* Sac de toile ou de cuir munie d'une courroie: *sacoche de bicyclette* ▶ **bolsa com alça**

sac-poubelle (pl *sacs-poubelle*) *nm* Sac de plastique destiné aux ordures ménagères ▶ **saco de lixo**

sacquer ou **saquer** *vt* FAM Chasser, renvoyer; punir sévèrement ▶ **mandar embora, punir severamente ■ ne pas pouvoir sacquer quelqu'un:** le détester ▶ **não suportar alguém**

sacral, e, aux *adj* Relatif au sacré; qui a un caractère sacré ▶ **sacro**

sacralisation *nf* Action de sacraliser ▶ **sacralização**

sacraliser *vt* Attribuer un caractère sacré à une chose profane ▶ **sacralizar**

sacramentel, elle *adj* Qui concerne un sacrement ▶ **sacramental**

sacre *nm* Cérémonie par laquelle on consacre un roi, un évêque ▶ **sagração**

sacré[1]**, e** *adj* **1** Qui a rapport au religieux, au divin (par opposition à *profane*): *les vases sacrés* ▶ **sagrado 2** Qui doit inspirer un respect absolu, inviolable: *un engagement sacré* ▶ **sagrado 3** FAM Renforce un terme injurieux ou admiratif: *sacré menteur!* ▶ **dos diabos ■ art sacré:** art religieux ▶ **arte sacra □ le feu sacré: (a)** sentiment exalté, passionné ▶ **fogo sagrado (b)** inspiration ▶ **fogo sagrado □ le Sacré Collège:** le collège des cardinaux ▶ **sacro colégio □ Livres sacrés:** l'Ancien et le Nouveau Testament, pour les chrétiens ▶ **Livros sagrados □ ordres sacrés:** la prêtrise, le diaconat et le sous-diaconat ▶ **ordens sagradas ◆** *nm* Ce qui est sacré: *le sacré et le profane* ▶ **sagrado**

sacré[2]**, e** *adj* Qui appartient au sacrum: *vertèbres sacrées* ▶ **sacro, sacral**

sacrebleu *interj* VIEILLI, FAM Juron marquant l'impatience, la surprise ▶ **que diabo**

sacrement *nm* RELIG Acte rituel sacré institué par Jésus-Christ pour donner ou affermir la grâce ▶ **sacramento ■ le saint sacrement:** l'eucharistie ▶ **o santo sacramento □ les sept sacrements:** le baptême, la confirmation, l'eucharistie, la pénitence, le sacrement des malades (l'extrême-onction), l'ordre et le mariage ▶ **os sete sacramentos**

sacrément *adv* FAM Extrêmement ▶ **extremamente**

sacrer *vt* Conférer un caractère sacré au moyen de cérémonies religieuses ▶ **sagrar**

sacrificateur *nm* ANTIQ Prêtre qui offrait les sacrifices ▸ **sacrificador**

sacrifice *nm* **1** Offrande faite à une divinité ▸ **sacrifício 2** Renoncement volontaire ou forcé ▸ **sacrifício ▪ le saint sacrifice:** la messe ▸ **o santo sacrifício ♦ sacrifices** *pl* Privations: *s'imposer de lourds sacrifices* ▸ **sacrifício**

sacrificiel, elle *adj* Propre à un sacrifice religieux ▸ **sacrifical**

sacrifié, e *adj et n* Qui se sacrifie ou que l'on sacrifie ▸ **sacrificado ▪ prix sacrifiés:** prix très bas de marchandises que l'on veut écouler ▸ **preço arrasador**

sacrifier *vt* **1** Offrir en sacrifice ▸ **sacrificar 2** Faire le sacrifice de: *sacrifier ses intérêts* ▸ **sacrificar ♦** *vt ind* [à] **1** Offrir un sacrifice à: *sacrifier aux dieux* ▸ **sacrificar 2** Se conformer à: *sacrifier à la mode* ▸ **sujeitar(-se) ♦ se sacrifier** *vpr* Faire le sacrifice de sa vie, de ses intérêts ▸ **sacrificar-se**

sacrilège *nm* **1** Profanation de personnes, de lieux ou de choses sacrés ▸ **sacrilégio 2** Action qui porte atteinte à quelqu'un, à quelque chose de respectable, de vénérable ▸ **sacrilégio ♦** *adj et n* Qui commet un sacrilège ▸ **sacrílego ♦** *adj* Qui a le caractère d'un sacrilège ▸ **sacrílego**

sacripant *nm* Vaurien, fripon ▸ **sacripanta**

sacristain *nm* Préposé à l'entretien d'une église et des objets du culte ▸ **sacristão**

sacristie *nf* Partie annexe d'une église, où l'on conserve les objets du culte ▸ **sacristia**

sacristine *nf* Femme, religieuse ou laïque, qui a soin d'une sacristie ▸ **sacristã**

sacro-iliaque (pl *sacro-iliaques*) *adj* Relatif au sacrum et à l'os iliaque ▸ **sacroilíaco**

sacro-saint, e (pl *sacro-saints, es*) *adj* IRON Qui est l'objet d'un respect quasi religieux ▸ **sacrossanto**

sacrum [sakrɔm] *nm* Os du bas de la colonne vertébrale ▸ **sacro**

sadique *adj* Qui a le caractère du sadisme ▸ **sádico ♦** *adj et n* Qui se plaît à faire souffrir ▸ **sádico**

sadisme *nm* Plaisir malsain à voir ou à faire souffrir autrui ▸ **sadismo**

sadomasochisme *nm* PSYCHAN Perversion sexuelle qui associe des pulsions sadiques et masochistes ▸ **sadomasoquismo**

sadomasochiste *adj et n* Relatif au sadomasochisme; qui en fait preuve ▸ **sadomasoquista**

safari *nm* Expédition de chasse en Afrique noire ▸ **safári**

safari-photo (pl *safaris-photos*) *nm* Excursion dans une réserve naturelle, destinée à filmer ou à photographier les animaux sauvages ▸ **safári fotográfico**

safran[1] *nm* Crocus cultivé pour ses fleurs, dont le stigmate fournit une teinture jaune et une poudre qui sert d'assaisonnement; teinture, poudre tirées de cette plante ▸ **açafrão ♦** *adj et nm inv* Jaune-orangé ▸ **amarelo alaranjado**

safran[2] *nm* MAR Pièce plate constituant la partie essentielle du gouvernail ▸ **safrão, porta do leme**

saga *nf* **1** Ancien récit ou légende scandinaves ▸ **saga 2** Épopée familiale se déroulant sur plusieurs générations ▸ **saga**

sagace *adj* Fin, perspicace ▸ **sagaz**

sagacité *nf* Perspicacité, finesse d'esprit ▸ **sagacidade**

sagaie *nf* Arme de jet utilisée dans certaines ethnies ▸ **azagaia**

sage *adj et n* Prudent, circonspect: *agir en homme sage; c'est un sage* ▸ **sensato ♦** *adj* **1** Qui n'est pas turbulent; calme, docile: *enfant sage* ▸ **obediente 2** Pudique, chaste ▸ **casto 3** Conforme à la raison, à la morale: *une sage décision* ▸ **ajuizado ♦** *nm* **1** Homme dont la vie repose sur l'application d'une philosophie ▸ **sábio 2** Conseiller appelé par un gouvernement pour examiner une question ▸ **conselheiro**

sage-femme (pl *sages-femmes*) *nf* Praticienne spécialisée dans le diagnostic, la surveillance de la grossesse et l'accouchement ▸ **parteira**

sagement *adv* De façon sage ▸ **sensatamente, ajuizadamente**

sagesse *nf* **1** Caractère de ce qui est sage ▸ **sensatez 2** Conduite réfléchie et modérée, prudence, circonspection: *agir avec sagesse* ▸ **discernimento 3** Docilité, en parlant des enfants ▸ **obediência 4** PHILOS Connaissance spéculative du monde, qui cherche à en expliquer l'ordre ▸ **sabedoria**

sagittaire[1] *nm* ANTIQ ROM Archer ▸ **sagitário ♦ Sagittaire** *nm* Constellation zodiacale ayant l'apparence d'un centaure armé d'un arc; signe astrologique des personnes nées entre le 22 novembre et le 20 décembre ▸ **Sagitário ♦** *n et adj* Personne née sous le signe du Sagittaire: *elle est Sagittaire* ▸ **sagitariano**

sagittaire[2] *nf* Plante d'eau douce à feuilles en forme de fer de flèche ▸ **sagitária**

sagittal, e, aux *adj* **1** En forme de flèche ▸ **sagital, sagitado 2** Suivant le plan de symétrie: *coupe sagittale* ▸ **sagital**

sagouin[1] *nm* Petit singe d'Amérique du Sud ▸ **sagui**

sagouin[2]**, e** *n* FAM Personne, enfant malpropre, grossier ▸ **porcalhão**

saharien, enne *adj* Du Sahara ▸ **saariano**

saharienne *nf* Veste de toile ceinturée ▶ **jaqueta safári**

sahraoui, e *adj et n* Du Sahara occidental ▶ **saaráui**

saie *nf* Manteau court des Romains et des Gaulois, que l'on attachait sur les épaules au moyen d'une broche ▶ **saio**

saïga [saiga] *nm* Antilope des steppes entre la mer Caspienne et l'Oural, au museau allongé en courte trompe ▶ **saiga**

saignant, e *adj* Qui dégoutte de sang: *blessure saignante* ▶ **ensanguentado** ▪ **viande saignante:** viande peu cuite ▶ **carne malpassada**

saignée *nf* **1** Ouverture d'une veine pour tirer du sang; sang ainsi tiré: *abondante saignée* ▶ **sangria 2** Pli du bras avec l'avant-bras ▶ **sangradouro 3** Rigole d'écoulement dans un terrain humide ▶ **sangria 4** Entaille, rainure ▶ **entalhe 5** FIG Sacrifice d'argent ▶ **sangria 6** LITT Nombre important de pertes humaines au cours d'une guerre ▶ **carnificina**

saignement *nm* Écoulement de sang ▶ **sangramento**

saigner *vt* **1** Évacuer du sang à des fins thérapeutiques ▶ **sangrar 2** Tuer par effusion de sang: *saigner un poulet* ▶ **sangrar 3** Exiger de quelqu'un des sommes importantes; rançonner ▶ **sangrar** ◆ *vi* Perdre du sang: *saigner du nez* ▶ **sangrar** ◆ **se saigner** *vpr* S'imposer de lourdes dépenses ▶ **sangrar** ▪ FAM **se saigner aux quatre veines:** se priver de tout au profit de quelqu'un ▶ **dar o sangue por alguém**

saillant, e *adj* **1** Qui avance, qui sort: *corniche saillante* ▶ **saliente 2** Remarquable, frappant: *trait saillant* ▶ **marcante** ▪ **angle saillant:** inférieur à 180°; CONTR: *rentrant* ▶ **ângulo convexo** ◆ *nm* Partie en saillie ▶ **saliência**

saillie[1] *nf* **1** Partie qui dépasse, avancée: *toit en saillie* ▶ **saliência 2** LITT Trait d'esprit vif, brillant et imprévu ▶ **dito espirituoso**

saillie[2] *nf* Accouplement des animaux domestiques ▶ **acasalamento**

saillir[1] *vi (conj 33; ne s'emploie qu'à l'infinitif et aux 3es pers)* S'avancer en dehors, dépasser ▶ **sobressair**

saillir[2] *vt* (se conjugue comme *finir*) Couvrir, s'accoupler à ▶ **acasalar-se com**

sain, e *adj* **1** En bonne santé, qui fonctionne normalement: *un esprit sain dans un corps sain; économie saine* ▶ **são, saudável 2** Non gâté, non altéré: *ce bois est encore sain* ▶ **são 3** Salubre, salutaire, bon pour la santé: *air sain* ▶ **saudável 4** Conforme à la raison, à la morale; sensé, juste: *jugement sain* ▶ **são** ▪ **sain et sauf:** sorti indemne d'un danger, d'un accident ▶ **são e salvo**

saindoux *nm* Graisse de porc fondue ▶ **banha**

sainement *adv* De façon saine ▶ **sadiamente, sãmente**

sainfoin *nm* Plante fourragère vivace à fleurs roses ▶ **esparzeta**

saint, e *n et adj* **1** Personne canonisée ou béatifiée en raison d'une vie exemplaire et à qui on rend un culte public universel: *les saints martyrs* ▶ **santo 2** Personne qui mène une vie exemplaire: *un saint homme* ▶ **santo** ◆ *adj* **1** Se dit de Dieu en tant qu'il est souverainement pur, parfait ▶ **santo 2** Conforme à la loi divine: *vie sainte* ▶ **santo 3** Qui appartient à la religion ▶ **santo 4** Se dit des jours et de la semaine qui précèdent le dimanche de Pâques: *Vendredi saint; Semaine sainte* ▶ **santo** ▪ **avoir une sainte horreur de:** détester au plus haut point ▶ **ter horror a**

> ORTHOGRAPHE On écrit *saint* (avec minuscule) quand on parle de la personne elle-même. On écrit *Saint* (avec majuscule et trait d'union) quand il s'agit du nom d'une fête, d'un monument, d'une ville: *on fête saint Pierre; on célèbre la Saint-Jean; on visite l'église Saint-Paul*

saint-bernard *nm inv* Grand chien blanc et fauve, dressé pour le sauvetage en montagne ▶ **são-bernardo**

saintement *adv* D'une manière sainte; avec sainteté ▶ **santamente**

sainte-nitouche (pl *saintes-nitouches*) *nf* FIG, PÉJOR Fille, femme qui affecte la sagesse, l'innocence, la pruderie ▶ **santa do pau oco**

Saint-Esprit *nm* Troisième personne de la Trinité ▶ **Espírito Santo**

sainteté *nf* Qualité de celui ou de ce qui est saint ▶ **santidade** ▪ **Sa Sainteté:** titre donné au pape ▶ **sua santidade**

saint-frusquin *nm inv* FAM Ensemble d'affaires personnelles sans grande valeur ▶ **trastes** ▪ FAM **et tout le saint-frusquin:** et tout le reste ▶ **e tudo o mais**

saint-glinglin (à la) *loc adv* FAM À une date indéterminée; jamais ▶ **no dia de são Nunca**

saint-honoré *nm inv* Gâteau bordé de petits choux à la crème et garni de crème Chantilly ▶ ***saint-honoré***

saint-nectaire *nm inv* Fromage fabriqué en Auvergne avec du lait de vache ▶ ***saint-nectaire***

saint-père (pl *saints-pères*) *nm* Nom par lequel on désigne le pape ▶ **Santo Padre**

saint-pierre *nm inv* Poisson comestible des mers tempérées ▶ **peixe-de-são-pedro**

Saint-Siège *nm* Gouvernement de l'Église catholique ▸ **Santa Sé**
saint-simonien, enne (pl *saint-simoniens, ennes*) *adj et n* Qui concerne le saint-simonisme; qui en est partisan ▸ **sansimonista**
saint-simonisme *nm* Doctrine sociale du comte de Saint-Simon ▸ **sansimonismo**
Saint-Sylvestre *nf* **1** Veille du Premier Janvier ▸ **véspera de ano-novo 2** Réveillon du Nouvel An ▸ ***réveillon***
saint-synode *nm* Conseil suprême de l'Église russe (1721-1917) ▸ **Santo Sínodo**
Saint-Valentin *nf* Jour de la fête des amoureux, le 14 février ▸ **dia dos namorados**
saisi[1], e *adj* Frappé subitement par une sensation ▸ **tomado**
saisi[2], e *n* DR Personne dont on saisit un bien ▸ **devedor que sofreu penhora dos bens**
saisie *nf* **1** DR Mesure par laquelle l'administration fiscale, la douane ou la justice retire à une personne l'usage ou la possibilité de disposer d'un bien dont elle est propriétaire: *pratiquer une saisie immobilière* ▸ **penhora 2** INFORM Transcription d'une information en vue de son traitement ou de sa mémorisation ▸ **digitalização**
saisie-arrêt (pl *saisies-arrêts*) *nf* DR Saisie effectuée par un créancier ▸ **arresto**
saisine *nf* DR Fait de saisir une juridiction ▸ **acionamento da Justiça**
saisir *vt* **1** Prendre et retenir fermement: *saisir quelqu'un aux épaules* ▸ **segurar 2** Prendre quelque chose en main pour le déplacer, s'en servir: *saisir son manteau* ▸ **pegar 3** Mettre à profit quelque chose qui se présente: *saisir l'occasion* ▸ **aproveitar 4** S'emparer brusquement de quelqu'un; surprendre: *le froid l'a saisi* ▸ **apanhar, surpreender 5** Comprendre, discerner: *saisir une allusion* ▸ **apreender 6** DR Opérer la saisie de ▸ **embargar 7** DR Porter un litige devant une juridiction ▸ **acionar a Justiça 8** INFORM Effectuer une saisie ▸ **digitalizar 9** Faire cuire un aliment à feu vif: *saisir une viande* ▸ **grelhar ♦ se saisir** *vpr* [de] S'emparer de: *se saisir du pouvoir* ▸ **tomar**
saisissable *adj* **1** Qui peut être saisi, compris ▸ **apreensível 2** DR Qui peut faire l'objet d'une saisie ▸ **embargável**
saisissant, e *adj* **1** Qui surprend: *un froid saisissant* ▸ **surpreendente 2** FIG Qui émeut vivement: *spectacle saisissant* ▸ **impressionante**
saisissement *nm* Impression subite et violente, vive surprise: *être muet de saisissement* ▸ **emoção**
saison *nf* **1** Chacune des quatre grandes divisions de l'année; activité de la nature pendant cette période: *la saison des pluies* ▸ **estação 2** Période correspondant au maximum d'activité d'un secteur donné: *saison théâtrale, touristique; hors saison* ▸ **temporada ■ être de saison:** venir à propos ▸ **ser oportuno □ haute saison, basse saison:** période correspondant au maximum, au minimum d'affluence dans une région touristique ▸ **alta temporada, baixa temporada □ saison creuse:** période où l'activité est réduite ▸ **baixa estação**
saisonnier, ère *adj* Propre à une saison; qui ne dure qu'une saison ▸ **sazonal ♦** *nm* Ouvrier qui loue ses services pour des travaux saisonniers ▸ **trabalhador temporário**
sajou ou **sapajou** *nm* Singe de l'Amérique tropicale à longue queue ▸ **macaco-prego**
saké *nm* Boisson japonaise alcoolisée à base de riz fermenté ▸ **saquê**
salace *adj* **1** LITT Porté aux plaisirs sexuels, lubrique ▸ **salaz 2** Se dit de propos obscènes ▸ **obsceno**
salade *nf* **1** Plat composé de légumes crus ou cuits, de viande ou de poisson, d'œufs assaisonnés avec une vinaigrette ▸ **salada 2** Plante potagère feuillue; plat composé des feuilles de cette plante, crues et assaisonnées ▸ **salada ■ en salade:** servi froid avec de la vinaigrette ▸ **salada □ salade de fruits:** assortiment de fruits coupés ▸ **salada de frutas □ salade mixte:** plat composé de salade verte et de tomates ▸ **salada mista ♦ salades** *pl* FAM Mensonges, histoires ▸ **invencionice**
saladier *nm* Récipient où l'on prépare et sert la salade; son contenu ▸ **saladeira**
salage *nm* Action de saler; son résultat ▸ **salgamento**
salaire *nm* **1** Rémunération d'un travail, d'un service, versée régulièrement en vertu d'un contrat de travail ▸ **salário 2** FIG Récompense: *toute peine mérite salaire* ▸ **recompensa ■ salaire brut** ou **salaire réel:** salaire avant retenue des cotisations sociales (par opposition à *salaire net*) ▸ **salário bruto □ salaire de base:** salaire mensuel fixé suivant un coefficient ou des points, qui correspond à une fonction et sert au calcul de prestations ou de cotisations ▸ **salário-base**
salaison *nf* Action de saler certains aliments pour assurer leur conservation ▸ **salga ♦ salaisons** *pl* Denrées conservées dans du sel et du nitrate ou dans du nitrate de calcium ▸ **alimento salgado**
salamalecs *nm pl* FAM Révérences, politesses exagérées: *faire des salamalecs* ▸ **salamaleque**
salamandre *nf* Amphibien ressemblant à un lézard ▸ **salamandra**

salami *nm* Gros saucisson sec ▸ **salame**
salangane *nf* Oiseau passereau d'Asie dont on consomme, sous le nom de *nids d'hirondelles*, les nids faits d'algues agglomérées ▸ **salangana**
salant *adj m* Qui produit ou contient du sel: *marais salant* ▸ **salino**
salarial, e, aux *adj* Relatif au salaire ▸ **salarial**
salariat *nm* **1** Condition de salarié; mode de rémunération par un salaire ▸ **salariado 2** Ensemble des salariés (par opposition au *patronat*) ▸ **assalariados**
salarié, e *n et adj* Personne qui reçoit un salaire ▸ **assalariado**
salarier *vt* **1** Donner un salaire à ▸ **assalariar 2** Conférer à quelqu'un le statut de salarié ▸ **assalariar**
salaud *nm* TRÈS FAM, INJUR Homme déloyal, malhonnête ▸ **sacana**
sale *adj* **1** Malpropre, souillé: *du linge sale* ▸ **sujo 2** Qui n'est pas soigneux: *être sale dans son travail* ▸ **descuidado 3** Qui salit: *travail sale* ▸ **sujo 4** Se dit d'une couleur qui manque d'éclat: *jaune sale* ▸ **fosco 5** Contraire au bon goût, à la délicatesse: *histoires sales* ▸ **sujo 6** FAM (avant le nom) Très désagréable, détestable: *sale temps; sale coup* ▸ **desgraçado ▪ argent sale:** provenant d'activités illégales ▸ **dinheiro sujo**
salé[1] *nm* **1** Nourriture salée ▸ **comida salgada 2** Chair de porc salée ▸ **salgado ▪ petit salé:** salé provenant de la poitrine, cuit dans un bouillon aromatisé ▸ **carne de porco salgada**
salé[2]**, e** *adj* **1** Conservé dans du sel ▸ **salgado 2** Qui a le goût du sel ▸ **salgado 3** FAM Grivois: *conte salé* ▸ **salgado 4** FAM Exagéré, excessif: *des prix salés* ▸ **salgado**
salement *adv* **1** De façon sale ▸ **porcamente 2** FAM Très: *il est salement malade* ▸ **extremamente**
saler *vt* **1** Assaisonner avec du sel: *saler un ragoût* ▸ **salgar 2** Imprégner une denrée de sel pour la conserver: *saler du porc* ▸ **salgar 3** Répandre du sel sur: *saler une route* ▸ **espalhar sal 4** FAM Demander un prix excessif: *saler la note* ▸ **salgar**
saleté *nf* **1** État de ce qui est sale ▸ **sujeira 2** Chose malpropre: *enlever une saleté* ▸ **sujeira 3** FAM Parole obscène: *raconter des saletés* ▸ **sujeira**
salicorne *nf* Plante des marais salants dont on extrayait la soude ▸ **salicórnia**
salicylique *adj* Se dit d'un acide doué de propriétés antiseptiques et anti-inflammatoires ▸ **salicílico**
salière *nf* **1** Petit récipient pour présenter le sel sur la table ▸ **saleiro 2** FAM Creux en arrière des clavicules chez les personnes maigres ▸ **saboneteira**
salifier *vt* CHIM Convertir en sel ▸ **salificar**
saligaud, e *n* TRÈS FAM Personne qui agit de façon ignoble ou méprisable ▸ **escroto**
salin, e *adj* Qui contient du sel ▸ **salino ◆** *nm* Marais salant ▸ **salina**
saline *nf* Établissement industriel dans lequel on produit du sel ▸ **salina**
salinité *nf* Teneur en sel ▸ **salinidade**
salique *adj* HIST Des Francs Saliens ▸ **sálico ▪ loi salique:** excluant les femmes de l'héritage foncier ▸ **lei sálica**
salir *vt* **1** Rendre sale ▸ **sujar 2** FIG Déshonorer, porter atteinte à: *salir la réputation de quelqu'un* ▸ **sujar ◆ se salir** *vpr* **1** Devenir sale: *vêtement qui se salit rapidement* ▸ **sujar-se 2** Rendre sales ses vêtements, son corps ▸ **sujar-se**
salissant, e *adj* **1** Qui se salit facilement: *couleur salissante* ▸ **que se suja fácil 2** Qui salit: *travail salissant* ▸ **sujo**
salissure *nf* Saleté, souillure ▸ **sujeira**
salivaire *adj* De la salive: *glandes salivaires* ▸ **salivar**
salivation *nf* Sécrétion de la salive ▸ **salivação**
salive *nf* Liquide qui humecte la bouche et qui facilite la déglutition des aliments ▸ **saliva ▪** FAM **dépenser beaucoup de salive (pour rien):** parler beaucoup, souvent en vain ▸ **gastar muita saliva (para nada)**
saliver *vi* **1** Sécréter de la salive ▸ **salivar 2** Avoir très envie de quelque chose ▸ **ficar com água na boca**
salle *nf* **1** Pièce d'une habitation destinée à un usage particulier: *salle à manger; salle de bains* ▸ **sala 2** Lieu couvert destiné à un usage collectif: *salle de classe; salle des fêtes; salle d'attente* ▸ **sala 3** Public qui remplit une salle: *toute la salle applaudit* ▸ **sala**

ORTHOGRAPHE On écrit, avec le complément au singulier, *salle d'audience, de bal, de classe, d'étude, d'opération, de rédaction, de spectacle*; avec le complément au pluriel, *salle d'armes, de concerts, de conférences, de jeux*

salmigondis [salmigɔ̃di] *nm* Écrit, discours composé de choses disparates ▸ **mixórdia**
salmis [salmi] *nm* Ragoût de pièces de gibier ou de volaille déjà rôties ▸ **guisado de caça**
salmonelle *nf* Bactérie responsable des salmonelloses ▸ **salmonela**
salmonellose *nf* Maladie infectieuse, due à la salmonelle, responsable d'intoxications alimentaires ▸ **salmonelose**
salmonidé *nm* Poisson osseux à deux nageoires dorsales, tels le saumon et la truite (les salmonidés forment une famille) ▸ **salmonídeo**

saloir *nm* Récipient pour mettre les viandes, les poissons à saler ▸ **salgadeira**
salon *nm* **1** Pièce d'une habitation destinée à recevoir des visiteurs; mobilier propre à cette pièce ▸ **sala de estar 2** Salle de certains établissements commerciaux: *salon de thé, de coiffure* ▸ **salão 3** (avec une majuscule) Exposition annuelle d'œuvres d'artistes vivants: *Salon d'automne* ▸ **salão 4** (avec une majuscule) Manifestation commerciale périodique: *Salon de l'agriculture* ▸ **salão 5** LITT Société mondaine: *fréquenter les salons* ▸ **salão**
salonnard, e *n* FAM, PÉJOR Personne qui fréquente les salons, les gens du monde ▸ **mundano**
saloon [salun] *nm* Bar du Far West ▸ ***saloon***
salopard *nm* TRÈS FAM Individu malfaisant, sans scrupule ▸ **sacana**
salope *nf* TRÈS FAM Femme sans scrupule, garce ▸ **sacana**
saloper *vt* TRÈS FAM **1** Faire très mal un travail ▸ **avacalhar 2** Salir, couvrir de taches ▸ **emporcalhar**
saloperie *nf* TRÈS FAM **1** Saleté ▸ **porcaria 2** Chose de très mauvaise qualité ▸ **porcaria 3** Action ou parole basse et vile ▸ **sacanagem**
salopette *nf* Vêtement constitué d'un pantalon et d'un plastron à bretelles ▸ **jardineira**
salpêtre *nm* Nitrate de potassium ▸ **salitre**
salpingite *nf* MÉD Inflammation d'une trompe utérine ▸ **salpingite**
salsepareille *nf* Plante à racine naguère d'usage médicinal ▸ **salsaparrilha**
salsifis *nm* Plante potagère à longue racine charnue comestible; racine de cette plante ▸ **salsifi**
ORTHOGRAPHE *Salsifis* s'écrit avec *is* à la fin, comme *radis*, mais à la différence de *céleri*
saltimbanque *nm* Personne exécutant des tours d'adresse, des acrobaties sur les places publiques, dans les foires ▸ **saltimbanco**
salubre *adj* Sain: *appartement salubre* ▸ **salubre**
salubrité *nf* Caractère de ce qui est salubre ▸ **salubridade ▪ salubrité publique:** ensemble des mesures d'hygiène prises par l'Administration ▸ **saúde pública**
saluer *vt* **1** Donner une marque extérieure d'attention, de respect: *saluer un ami; saluer le drapeau* ▸ **saudar 2** Acclamer, rendre hommage à: *saluer le courage de quelqu'un* ▸ **saudar 3** Accueillir: *saluer par des sifflets* ▸ **saudar**
salure *nf* **1** Caractère de ce qui est salé ▸ **salgado 2** Teneur en sel ▸ **salinidade**
salut *nm* **1** Fait d'échapper à un danger, à un mal ▸ **salvação 2** Action ou manière de saluer; marque d'attention, de respect ▸ **saudação 3** RELIG Accession à la vie éternelle: *travailler à son salut* ▸ **salvação ▪ Armée du salut:** association protestante charitable ▸ **Exército de Salvação ♦** *interj* FAM Formule dont on se sert pour aborder quelqu'un ou le quitter ▸ **oi, tchau**
salutaire *adj* **1** Propre à conserver la santé physique ou morale ▸ **salutar 2** D'un effet bénéfique sur la conduite de quelqu'un ▸ **salutar**
salutation *nf* (surtout au pluriel) Action de saluer; geste ou parole de salut ▸ **saudação ▪ mes salutations dévouées, distinguées, respectueuses:** formules de politesse en fin de lettre ▸ **cordiais saudações**
salutiste *n* Membre de l'Armée du salut ▸ **salvacionista**
salvateur, trice *adj* SOUT Qui sauve: *des mesures salvatrices* ▸ **salvador**
salve *nf* Décharge simultanée d'armes à feu ▸ **salva ▪ salve d'applaudissements:** applaudissements qui éclatent tous en même temps ▸ **salva de palmas**
samaritain, e *adj et n* De Samarie ▸ **samaritano ▪ le bon Samaritain: (a)** dans les Évangiles, personnage présenté par Jésus comme un modèle de charité discrète et désintéressée ▸ **o bom samaritano (b)** personne charitable qui se dévoue volontiers ▸ **o bom samaritano**
samba [sɑ̃ba] *nf* Danse populaire brésilienne à deux temps, de rythme syncopé ▸ **samba**
samedi *nm* Sixième jour de la semaine ▸ **sábado**
samizdat [samizdat] *nm* HIST En URSS, ouvrage interdit par la censure et diffusé clandestinement ▸ ***samizdat***
samouraï *nm* Guerrier japonais, à l'époque des shogouns ▸ **samurai**
samovar *nm* Bouilloire à robinet ▸ **samovar**
sampan *nm* Embarcation orientale à fond plat ▸ **sampana**
sampler [sɑ̃plœr] *nm* Appareil électronique utilisé pour découper des extraits de musiques de variété afin de les insérer dans d'autres morceaux ▸ **sampleador, *sampler***
SAMU ou **Samu** [samy] *nm* (sigla) Service d'aide médicale d'urgence ▸ **SAMU**
sana *nm* (abréviation) FAM Sanatorium ▸ **Ø**
sanatorium [sanatɔrjɔm] *nm* Établissement de cure pour les tuberculeux ▸ **sanatório**
sanctifiant, e *adj* Qui sanctifie: *grâce sanctifiante* ▸ **santificador**
sanctificateur, trice *adj et n* Qui sanctifie ▸ **santificador**

sanctification *nf* Action de sanctifier; son résultat ▸ **santificação**
sanctifier *vt* **1** Rendre saint ▸ **santificado 2** Révérer comme saint: *que votre nom soit sanctifié* ▸ **santificar 3** Célébrer suivant la loi religieuse: *sanctifier le dimanche* ▸ **santificar**
sanction *nf* **1** Mesure répressive: *prendre des sanctions; sanction économique* ▸ **sanção 2** Conséquence, bonne ou mauvaise, d'un acte ▸ **resultado 3** Approbation, confirmation: *la sanction de l'usage* ▸ **sanção**
sanctionner *vt* **1** Infliger une sanction, une peine ▸ **sancionar 2** Approuver ▸ **sancionar**
sanctuaire *nm* **1** Édifice consacré aux cérémonies d'une religion ▸ **santuário 2** FIG Lieu d'asile inviolable ▸ **santuário**
sandale *nf* Chaussure formée d'une simple semelle retenue au pied par des courroies ou des lacets ▸ **sandália**
sandalette *nf* Sandale légère ▸ **sandália leve**
Sandow [sɑ̃do] *nm* (nom déposé) Câble élastique en caoutchouc ▸ **Sandow (marca registrada), extensor**
sandre *nm ou nf* Poisson voisin de la perche, à chair estimée ▸ **lúcio**
sandwich [sɑ̃dwitʃ] (pl *sandwichs* ou *sandwiches*) *nm* Mets fait de tranches de pain entre lesquelles on place du fromage, du jambon, etc. ▸ **sanduíche ■** FIG **en sandwich:** étroitement serré entre deux personnes ou deux choses ▸ **ensanduichado**
sang *nm* **1** Liquide rouge qui circule dans les veines et les artères ▸ **sangue 2** Vie: *payer de son sang* ▸ **sangue 3** Race, famille, extraction ▸ **sangue ■ avoir le sang chaud:** être ardent, dynamique ▸ **ter o sangue quente □ avoir quelque chose dans le sang:** être très doué ou passionné pour quelque chose ▸ **algo estar no sangue □ liens du sang:** liens entre personnes de la même famille ▸ **laços de sangue □ se faire du mauvais sang, un sang d'encre:** s'inquiéter ▸ **esquentar a cabeça**
sang-froid *nm inv* Maîtrise de soi, calme: *perdre son sang-froid* ▸ **sangue-frio ■ de sang-froid:** consciemment, de façon délibérée ▸ **a sangue -frio**
sanglant, e *adj* **1** Taché, souillé de sang ▸ **ensanguentado 2** Où il y a beaucoup de sang répandu; meurtrier: *combat sanglant* ▸ **sangrento 3** FIG Très offensant: *affront sanglant* ▸ **atroz**
sangle *nf* Bande large et plate, qui sert à ceindre, à serrer, etc. ▸ **cilha, faixa ■ sangle abdominale:** ensemble des muscles de la paroi abdominale ▸ **músculos abdominais**
sangler *vt* **1** Serrer avec une sangle ▸ **cilhar 2** Serrer fortement à la taille ▸ **cilhar**
sanglier *nm* Porc sauvage; chair de cet animal (la femelle du sanglier est la *laie*, et son petit, le *marcassin*) ▸ **javali**
sanglot *nm* Contraction spasmodique du diaphragme, sous l'effet de la douleur ou de la peine, accompagnée de larmes: *éclater en sanglots* ▸ **soluço**
sangloter *vi* Pleurer en poussant des sanglots ▸ **soluçar**
sang-mêlé *n inv* VX Métis, métisse ▸ **mestiço**
sangria [sɑ̃grija] *nf* Boisson d'origine espagnole faite de vin sucré où macèrent des morceaux de fruits ▸ **sangria**
sangsue [sɑ̃sy] *nf* **1** Ver d'eau douce, dont le corps est terminé par une ventouse à chaque extrémité ▸ **sanguessuga 2** FIG Personne avide d'argent ▸ **sanguessuga**
sanguin, e *adj* Relatif au sang: *vaisseau sanguin* ▸ **sanguíneo ■ orange sanguine:** sanguine ▸ **laranja sanguínea ◆** *n* Personne au tempérament impulsif ▸ **sanguíneo**
sanguinaire *adj* **1** Qui se plaît à répandre le sang humain: *tyran sanguinaire* ▸ **sanguinário 2** LITT Où le sang coule beaucoup: *bataille sanguinaire* ▸ **sangrento 3** FIG Cruel: *lois sanguinaires* ▸ **sanguinário**
sanguine *nf* **1** Dessin exécuté avec un crayon ocre rouge ▸ **sanguina 2** Orange d'une variété à chair rouge ▸ **laranja sanguínea**
sanguinolent, e *adj* **1** Teinté ou mêlé de sang ▸ **sanguinolento 2** De la couleur du sang ▸ **vermelho-sangue**
sanhédrin [sanedrɛ̃] *nm* Tribunal des anciens juifs, à Jérusalem ▸ **sinédrio**
Sanisette *nf* (nom déposé) Édicule abritant des toilettes publiques automatisées ▸ ***Sanisette*, cabine de banheiro público pago**
sanitaire *adj* Relatif à la santé, à l'hygiène: *règlement sanitaire* ▸ **sanitário ◆ sanitaires** *nm pl* Dans un local, ensemble formé par les lavabos, la baignoire, les W-C ▸ **sanitário**
sans *prép* **1** Marque la privation, l'absence, l'exclusion: *sans argent; sans effort* ▸ **sem 2** Marque la condition négative: *sans vous, il aurait perdu* ▸ **sem ■ non sans:** avec ▸ **não sem □ sans cela, sans quoi:** autrement, sinon ▸ **senão □ sans plus:** et pas plus ▸ **e nada mais □ sans que** (+ subj): indique une circonstance non réalisée ▸ **sem (que)**
GRAMMAIRE On dit *il part sans sa femme* ni ses enfants ou *il part sans sa femme* et sans ses enfants

sans-abri *n inv* Personne qui n'a pas de logement; sans-logis ▸ **sem-teto**
sans-cœur *adj inv et n inv* FAM Insensible ▸ **sem coração**
sanscrit, e *nm et adj* → **sanskrit**
sans-culotte (pl *sans-culottes*) *nm* Révolutionnaire du tiers état sous la Convention ▸ ***sans-culotte***
sans-emploi *n inv* Chômeur ▸ **desempregado**
sans-faute *nm inv* Épreuve réalisée sans faute, sans erreur ▸ **prova impecável**
sans-fil *adj inv et nm inv* Se dit des télécommunications sans liaison matérielle, ainsi que des technologies ou des appareils qui les autorisent: *réseau, alarme sans-fil* ▸ **sem fio**
sans-gêne *nm inv* Manière d'agir sans politesse ▸ **falta de educação** ♦ *n inv* Personne qui agit ainsi ▸ **sem educação**
sanskrit, e ou **sanscrit, e** *nm et adj* Langue sacrée et littéraire de l'Inde ancienne ▸ **sânscrito**
sans-le-sou *n inv* FAM Personne qui n'a pas d'argent ▸ **pé-rapado**
sans-logis *n inv* Sans-abri ▸ **sem-teto**
sansonnet *nm* Étourneau (oiseau) ▸ **estorninho**
sans-papiers *nm* Personne qui ne possède pas de papiers d'identité ni de documents justifiant de la régularité de sa situation en France ▸ **imigrante ilegal**
sans-plomb *nm inv* Essence dans laquelle le plomb a été remplacé par d'autres additifs moins polluants ▸ **gasolina sem chumbo**
santal (pl *santals*) *nm* Arbre d'Asie employé en ébénisterie et en parfumerie; bois, essence extraits de cet arbre ▸ **sândalo**
santé *nf* **1** État de quelqu'un dont l'organisme fonctionne normalement: *ménager sa santé* ▸ **saúde 2** État de l'organisme, bon ou mauvais: *être de santé délicate* ▸ **saúde 3** État sanitaire d'une collectivité ▸ **saúde 4** FIG État d'un système, d'une branche d'activités: *la santé des finances* ▸ **saúde** ▪ **(à ta) santé!, à votre santé!**: formule de vœux à la personne en l'honneur de laquelle on lève son verre ▸ **saúde!**
santiag [sɑ̃tjag] *nf* FAM Botte à bout effilé et talon oblique ▸ **bota de vaqueiro**
santon *nm* Figurine d'origine provençale qui décore les crèches à Noël ▸ **figura de presépio**
saoudien, enne *adj et n* De l'Arabie saoudite: *les Saoudiens* ▸ **saudita**
saoul, e [su, sul] *adj* → **soûl**
saouler [sule] *vt* → **soûler**
sapajou *nm* → **sajou**
sape *nf* Tranchée creusée sous un mur, un ouvrage, etc., pour le faire tomber ▸ **sapa** ▪ FIG **travail de sape:** activité secrète pour détruire ▸ **trabalho de sapa**
sapement *nm* Action de saper ▸ **sapa**
saper[1] *vt* **1** Creuser une sape sous une construction: *saper un mur* ▸ **sapar 2** FIG Détruire, ébranler: *saper le moral de quelqu'un* ▸ **solapar**
saper[2] *vt* FAM Habiller ▸ **vestir** ♦ **se saper** *vpr* FAM S'habiller ▸ **vestir-se**
saperlipopette *interj* Juron familier ▸ **diacho**
sapes *nf pl* FAM Vêtements ▸ **roupas**
sapeur *nm* Soldat du génie ▸ **sapador**
sapeur-pompier (pl *sapeurs-pompiers*) *nm* Pompier ▸ **bombeiro**
saphir *nm* **1** Pierre précieuse bleue et transparente ▸ **safira 2** Petite pointe en corindon qui lit le disque dans la tête de lecture d'un électrophone ▸ **safira**
sapide *adj* Qui a de la saveur (par opposition à *insipide*) ▸ **sápido**
sapidité *nf* Caractère de ce qui est sapide ▸ **sapidez**
sapin *nm* Grand arbre résineux à feuillage persistant; bois de cet arbre ▸ **abeto** ▪ **sapin de Noël:** sapin coupé et décoré à Noël ▸ **árvore de Natal**
sapine *nf* **1** Planche, solive de sapin ▸ **tábua de pinho 2** Grue pour élever des matériaux de construction ▸ **monta-cargas**
sapinière *nf* Lieu planté de sapins ▸ **floresta de abetos**
saponacé, e *adj* De la nature du savon ▸ **saponáceo**
saponaire *nf* Plante dont la tige et la racine contiennent un glucoside qui fait mousser l'eau ▸ **saponária**
saponification *nf* Transformation des corps gras en savon ▸ **saponificação**
saponifier *vt* Transformer un corps gras en savon ▸ **saponificar**
sapote ou **sapotille** *nf* Fruit comestible du *sapotillier*, arbre d'Amérique centrale ▸ **sapota**
sapristi *interj* FAM Exprime la surprise ▸ **céus**
saprophyte *nm et adj* Végétal se nourrissant de substances organiques en décomposition ▸ **saprófito**
saquer *vt* → **sacquer**
sarabande *nf* **1** Danse à trois temps des XVIIe et XVIIIe s. ▸ **sarabanda 2** FAM Vacarme dû à des jeux bruyants ▸ **algazarra**
sarbacane *nf* Long tuyau qui sert à lancer, en soufflant, de petits projectiles ▸ **zarabatana**
sarcasme *nm* Raillerie acerbe ▸ **sarcasmo**

sarcastique *adj* Moqueur et méchant ▸ **sarcástico**
sarcelle *nf* Canard sauvage de petite taille ▸ **marreca**
sarclage *nm* Action de sarcler ▸ **escardeagem**
sarcler *vt* Arracher les mauvaises herbes à l'aide d'un sarcloir ▸ **escardilhar, escardear**
sarcloir *nm* Outil pour sarcler ▸ **escardilho**
sarcomateux, euse *adj* Relatif au sarcome ▸ **sarcomatoso**
sarcome *nm* Tumeur maligne d'un tissu conjonctif, osseux ou musculaire ▸ **sarcoma**
sarcophage *nm* **1** ANTIQ Cercueil de pierre ▸ **sarcófago 2** Enceinte étanche en béton ▸ **sarcófago**
sarcopte *nm* Acarien provoquant la gale ▸ **ácaro-da-sarna**
sardane *nf* Danse populaire de Catalogne ▸ **sardana**
sarde *adj et n* De Sardaigne: *les Sardes* ▸ **sardo**
sardine *nf* Poisson voisin du hareng, commun dans la Méditerranée et l'Atlantique ▸ **sardinha**
sardinerie *nf* Usine où l'on prépare les conserves de sardines ▸ **fábrica de sardinha em lata**
sardinier, ère *n* **1** Pêcheur de sardines ▸ **sardinheiro 2** Personne qui travaille à la fabrication des conserves de sardines ▸ **funcionário de fábrica de sardinha em lata** ◆ *nm* Bateau pour pêcher la sardine ▸ **barco sardinheiro**
sardonique *adj* Qui exprime une ironie méchante: *rire sardonique* ▸ **sardônico**
sardoniquement *adv* De façon sardonique ▸ **sardonicamente**
sargasse *nf* Algue brune flottante, dont l'accumulation au large des côtes de Floride donne son nom à la *mer des Sargasses* ▸ **sargaço**
sari *nm* Vêtement des femmes de l'Inde, fait d'une pièce de tissu drapée ▸ **sári**
sarigue *nf* Mammifère marsupial d'Amérique ▸ **gambá**
SARL [ɛsaɛrɛl] *nf* (sigle) Société à responsabilité limitée ▸ **S.A.R.L.**
sarment *nm* **1** Jeune rameau de vigne de l'année ▸ **sarmento 2** Tige ou branche ligneuse grimpante ▸ **sarmento**
saroual (pl *sarouals*) ou **sarouel** (pl *sarouels*) *nm* Pantalon traditionnel d'Afrique du Nord à jambes bouffantes ▸ **calça saruel**
sarrasin *nm* Céréale cultivée pour ses graines alimentaires; farine de cette céréale; SYN: *blé noir* ▸ **trigo-sarraceno, farinha de trigo-sarraceno**
sarrau (pl *sarraus*) *nm* Blouse de travail à manches longues, boutonnée dans le dos ▸ **jaleco**
sarriette *nf* Plante aromatique ▸ **segurelha**
sas [sas] ou [sa] *nm* **1** Local étanche permettant le passage dans des milieux de pression différente ▸ **câmara de compressão 2** Espace de sécurité entre deux portes interdisant leur ouverture simultanée ▸ **gaiola 3** Partie d'un canal entre deux portes d'écluse ▸ **caldeira de eclusa 4** Tamis de crin, de soie ▸ **peneira**
sassafras [sasafra] *nm* Lauracée d'Amérique, dont les feuilles sont employées comme condiment ▸ **sassafrás**
satané, e *adj* FAM Incroyable, sacré: *un satané farceur* ▸ **dos diabos**
satanique *adj* Diabolique, très méchant: *ruse satanique* ▸ **satânico**
satellisation *nf* Action de satelliser ▸ **satelitização**
satelliser *vt* **1** Placer un mobile sur une orbite fermée autour de la Terre, d'un astre ▸ **satelitizar 2** FIG Mettre un pays sous la dépendance étroite d'un autre ▸ **satelitizar**
satellitaire *adj* Relatif aux satellites artificiels: *téléphone, télévision satellitaires* ▸ **por satélite**
satellite *nm* **1** ASTRON Planète secondaire qui tourne autour d'une planète principale ▸ **satélite 2** Bâtiment annexe d'une aérogare ▸ **satélite** ▪ **satellite artificiel:** engin placé sur une orbite elliptique dont le centre de la Terre est l'un des foyers ▸ **satélite artificial** ◆ *adj et nm* Qui dépend d'un autre sur un plan politique ou économique: *pays satellite* ▸ **satélite**
satiété [sasjete] *nf* ▸ **saciedade** ▪ **à satiété: (a)** Jusqu'à être rassasié: *boire, manger à satiété* ▸ **à saciedade (b)** jusqu'à la lassitude: *répéter à satiété* ▸ **à saciedade**
satin *nm* Étoffe de soie, de laine ou de coton, fine, moelleuse et brillante ▸ **cetim**
satiné, e *adj* Qui a l'apparence du satin ▸ **acetinado** ▪ **peau satinée:** douce comme du satin ▸ **pele de pêssego**
satiner *vt* Donner à une étoffe, à du papier, etc., un aspect satiné ▸ **acetinar**
satinette *nf* Étoffe de coton, ou de coton et de soie, offrant l'aspect du satin ▸ **cetineta**
satire *nf* **1** LITT Pièce en vers où l'auteur attaque les vices et les ridicules de son temps ▸ **sátira 2** Discours, écrit piquants ou médisants: *une satire du monde politique* ▸ **sátira**
satirique *adj* **1** LITTÉR Qui tient de la satire: *la poésie satirique* ▸ **satírico 2** Enclin à la satire: *esprit satirique; dessinateur satirique* ▸ **satírico**
satiriste *n* Auteur de satires ▸ **satirista**

satisfaction *nf* **1** Action de satisfaire, de contenter ▸ **satisfação 2** État de contentement, de joie qui résulte de l'accomplissement de ce qu'on attendait ▸ **satisfação**
satisfaire *vt (conj 76)* **1** Contenter quelqu'un: *on ne peut pas satisfaire tout le monde* ▸ **satisfazer 2** Contenter un désir, assouvir un besoin ▸ **satisfazer** ◆ *vt ind* [à] Faire ce qui est exigé par quelque chose: *satisfaire à la mode* ▸ **satisfazer, atender** ◆ **se satisfaire** *vpr* [de] Se contenter ▸ **satisfazer-se**
satisfaisant, e *adj* Qui satisfait: *un résultat satisfaisant* ▸ **satisfatório**
satisfait, e *adj* **1** Content de ce qui a été fait ou dit ▸ **satisfeito 2** Assouvi, rempli: *désirs satisfaits* ▸ **satisfeito**
satisfecit [satisfesit] *nm inv* LITT Témoignage de satisfaction, d'approbation ▸ **aprovação**
satrape *nm* LITT Personnage vivant dans le luxe et exerçant une autorité despotique ▸ **sátrapa**
saturant, e *adj* Qui sature ▸ **saturador**
saturateur *nm* Récipient plein d'eau, qui s'adapte aux radiateurs et sert à humidifier l'air d'une pièce ▸ **umidificador**
saturation *nf* Action de saturer; état de ce qui est saturé ▸ **saturação**
saturé, e *adj* **1** Rempli, imprégné à l'excès, encombré: *sol saturé de sel; autoroute saturée* ▸ **saturado 2** Se dit d'une solution qui ne peut dissoudre une quantité supplémentaire de la substance dissoute ▸ **saturado** ■ **couleur saturée:** pure ▸ **cor saturada**
saturer *vt* **1** Remplir à l'excès; rassasier: *saturer de publicité* ▸ **saturar 2** Amener une solution à contenir le plus possible de corps dissous: *saturer un liquide* ▸ **saturar** ◆ *vi* FAM Ne plus supporter quelque chose: *j'ai trop lu cet auteur, je sature* ▸ **estar saturado**
saturnales *nf pl* ANTIQ ROM Fêtes en l'honneur de Saturne ▸ **saturnais**
saturnien, enne *adj* De Saturne ▸ **saturnal**
saturnin, e *adj* Relatif au plomb ▸ **saturnino**
saturnisme *nm* Intoxication par le plomb ▸ **saturnismo**
satyre *nm* **1** MYTH Demi-dieu rustique à jambes de bouc ▸ **sátiro 2** Exhibitionniste ▸ **sátiro**
sauce *nf* Assaisonnement liquide d'un mets: *sauce à la tomate* ▸ **molho** ■ **en sauce:** accompagné de ou cuit dans une sauce ▸ **com molho** □ FIG, FAM **mettre à toutes les sauces:** utiliser de toutes sortes de façons ▸ **fazer gato e sapato**
saucée *nf* FAM Averse ▸ **toró**
saucer *vt* **1** VIEILLI Tremper dans la sauce: *saucer du pain* ▸ **molhar 2** Essuyer la sauce avec du pain: *saucer son assiette* ▸ **limpar o molho com pão** ■ FAM **se faire saucer:** se faire mouiller par une pluie abondante ▸ **ensopar-se**
saucier *nm* **1** Cuisinier qui prépare les sauces ▸ **preparador de molhos 2** Appareil électroménager pour faire les sauces ▸ **aparelho para fazer molhos**
saucière *nf* Récipient pour servir les sauces ▸ **molheira**
saucisse *nf* Boyau rempli de chair hachée de porc, de bœuf, etc. ▸ **linguiça**
saucisson *nm* Grosse saucisse, crue ou cuite ▸ **salame**
saucissonner *vi* FAM Manger du saucisson, de la charcuterie sur le pouce ▸ **lanchar** ◆ *vt* FAM **1** Diviser en tranches, en petites parties: *saucissonner un film* ▸ **fatiar 2** Ficeler, attacher comme un saucisson ▸ **amarrar**
sauf[1] *prép* **1** À la réserve de, à moins de: *sauf erreur* ▸ **salvo 2** Excepté: *tout, sauf cela* ▸ **salvo** ■ LITT **sauf à:** en excluant telle éventualité ▸ **exceto** □ **sauf que:** à part le fait que ▸ **exceto por** □ PAR PLAIS **sauf votre respect** ou **sauf le respect que je vous dois:** sans vouloir vous choquer, vous offenser ▸ **com todo o respeito**
sauf, sauve[2] *adj* **1** Tiré de danger: *avoir la vie sauve* ▸ **salvo 2** Qui n'est pas atteint: *l'honneur est sauf* ▸ **salvo**
sauf-conduit (pl *sauf-conduits*) *nm* Permis d'aller en un lieu, d'y séjourner et de s'en retourner librement ▸ **salvo-conduto**
sauge *nf* Plante aromatique et officinale à fleurs rouges ou violettes; feuille de cette plante, utilisée en cuisine ▸ **salva, sálvia**
saugrenu, e *adj* Absurde, bizarre: *question saugrenue* ▸ **estapafúrdio**
saulaie ou **saussaie** *nf* Lieu planté de saules ▸ **salgueiral**
saule *nm* Arbre vivant près de l'eau ▸ **salgueiro** ■ **saule pleureur:** dont les branches et le feuillage retombent ▸ **salgueiro-chorão**
saumâtre *adj* **1** D'une saveur amère et salée comme celle de l'eau de mer ▸ **salobro 2** FIG Amer, difficile à accepter: *trouver la plaisanterie saumâtre* ▸ **desagradável**
saumon *nm* Poisson voisin de la truite, à chair estimée, pouvant atteindre 1,50 m de long ▸ **salmão** ◆ *adj inv* D'une teinte rose-orangé: *un chemisier rose saumon* ▸ **salmão**
saumoné, e *adj* À chair rosée comme celle du saumon: *truite saumonée* ▸ **salmonado**
saumoneau *nm* Petit saumon ▸ **salmonete**

saumurage *nm* Action de saumurer ▸ **salmouragem**
saumure *nf* Préparation liquide salée, où l'on conserve des viandes ou des légumes: *anchois conservés dans la saumure* ▸ **salmoura**
saumurer *vt* Soumettre à l'action de la saumure: *saumurer des harengs* ▸ **salmourar**
sauna *nm* **1** Bain de chaleur sèche et de vapeur, d'origine finlandaise ▸ **sauna 2** Établissement où l'on prend ces bains ▸ **sauna**
saunage *nm* ou **saunaison** *nf* Fabrication et vente de sel ▸ **extração e venda de sal**
sauner *vi* **1** Extraire le sel ▸ **extrair sal 2** Produire du sel, en parlant des bassins des marais salants ▸ **produzir sal**
saunier *nm* Ouvrier qui recueille le sel ou qui le vend ▸ **salineiro** ▪ AUTREF **faux saunier:** sous l'Ancien Régime, contrebandier du sel ▸ **contrabandista de sal**
saupiquet *nm* Sauce piquante à l'échalote ▸ **molho picante**
saupoudrage *nm* Action de saupoudrer ▸ **salpicadura, polvilhamento**
saupoudrer *vt* **1** Poudrer de sel, de farine, de sucre, etc. ▸ **salpicar, polvilhar 2** FIG Parsemer: *saupoudrer de citations* ▸ **salpicar**
saupoudreuse *nf* Ustensile pour saupoudrer ▸ **polvilhador**
saur *adj m* ▸ **defumado** ▪ **hareng saur:** salé et séché à la fumée ▸ **arenque defumado**
saurien *nm* Reptile d'un groupe comprenant les lézards, les orvets, les caméléons; SYN: *lacertilien* ▸ **sáurio**
saussaie *nf* → **saulaie**
saut *nm* **1** Action de sauter: *saut en longueur*; action de sauter vers le bas: *saut en parachute* ▸ **salto 2** Chute d'eau dans le courant d'une rivière: *le saut du Doubs* ▸ **queda-d'água 3** FIG Passage brusque, changement subit: *un saut dans l'inconnu* ▸ **salto** ▪ **au saut du lit:** au sortir du lit ▸ **ao levantar da cama** ▫ **faire le saut:** se décider à faire quelque chose qui faisait difficulté ▸ **bater o martelo** ▫ **faire un saut quelque part:** y passer un court moment ▸ **dar um pulo em algum lugar** ▫ **le saut à la perche** ou **la perche:** sport consistant à passer au-dessus d'une barre en se propulsant à l'aide d'une perche ▸ **salto com vara** ▫ **saut périlleux:** saut consistant en une rotation complète du corps dans l'espace ▸ **salto mortal**
saut-de-lit (pl *sauts-de-lit*) *nm* Peignoir léger féminin ▸ **penhoar**
saute *nf* Changement brusque: *une saute de vent, d'humeur* ▸ **guinada**
sauté *nm* Aliment cuit à feu vif avec un corps gras dans une sauteuse ou une poêle: *sauté de porc, de veau* ▸ **salteado**
saute-mouton *nm inv* Jeu dans lequel les joueurs sautent alternativement les uns par-dessus les autres ▸ **pula-sela**
sauter *vi* **1** S'élever de terre avec effort; s'élancer d'un lieu dans un autre; s'élancer d'un lieu élevé vers le bas ▸ **saltar, pular 2** S'élancer pour saisir: *sauter à la gorge* ▸ **saltar, pular 3** Être projeté ou déplacé soudainement: *chaîne de vélo qui a sauté* ▸ **saltar 4** FIG Passer brusquement d'une chose à une autre: *sauter d'un sujet à l'autre* ▸ **saltar, pular 5** Voler en éclats: *l'arsenal a sauté* ▸ **explodir 6** Être omis, effacé, annulé: *un mot a sauté dans la phrase* ▸ **ser saltado 7** Fondre, en parlant de fusibles ▸ **queimar** ▪ FAM **et que ça saute!:** vite ▸ **e rápido!** ▫ **faire sauter un aliment:** le faire revenir à feu vif dans un corps gras, en l'empêchant d'attacher ▸ **saltear uma comida** ▫ **sauter aux yeux:** être évident ▸ **saltar aos olhos** ▫ FAM **se faire sauter la cervelle:** se tuer d'un coup de pistolet à la tête ▸ **estourar os miolos** ♦ *vt* **1** Franchir d'un saut: *sauter un mur* ▸ **saltar, pular 2** FIG Omettre: *sauter une page* ▸ **pular**
sauterelle *nf* Insecte sauteur jaune ou vert ▸ **gafanhoto**
sauterie *nf* FAM Petite réunion dansante ▸ **festa**
sauternes *nm* Vin blanc de Bordeaux liquoreux ▸ ***sauternes***
sauteur, euse *n et adj* **1** Athlète spécialisé dans les épreuves de saut ▸ **saltador 2** Insecte qui a les pattes postérieures propres au saut ▸ **saltador**
sauteuse *nf* Casserole plate pour faire sauter les aliments ▸ **frigideira**
sautillant, e *adj* Qui sautille: *une allure sautillante* ▸ **saltitante**
sautillement *nm* Petit saut ▸ **saltinho**
sautiller *vi* Avancer par petits sauts ▸ **saltitar**
sautoir *nm* **1** Collier féminin très long ▸ **corrente 2** Figure formée par deux objets croisés en X: *deux épées en sautoir sur un cercueil* ▸ **aspa** ▪ **en sautoir:** autour du cou, en collier tombant sur la poitrine ▸ **em volta do pescoço**
sauvage *adj* **1** Qui vit en liberté dans la nature: *animaux sauvages* ▸ **selvagem 2** Qui pousse sans être cultivé: *plante sauvage* ▸ **selvagem, silvestre 3** Désert, inculte: *lieu sauvage* ▸ **selvagem 4** Qui s'organise spontanément, en dehors des règlements: *grève sauvage* ▸ **selvagem** ♦ *adj et n* **1** Qui vit loin de la civilisation ▸ **selvagem 2** Qui fuit la société ▸ **selvagem 3** Cruel, inhumain ▸ **selvagem**

sauvagement *adv* Avec sauvagerie ▸ **selvagemente**

sauvageon, onne *n* Enfant farouche, sauvage ▸ **selvagem** ♦ *nm* Jeune arbre qui a poussé sans être cultivé ▸ **muda silvestre**

sauvagerie *nf* **1** Caractère de celui qui fuit la société ▸ **selvageria 2** Férocité, cruauté ▸ **selvageria**

sauvagine *nf* Gibier d'eau au goût et à l'odeur particuliers ▸ **ave selvagínea**

sauvegarde *nf* **1** Garantie, protection accordée par une autorité: *se mettre sous la sauvegarde de la justice* ▸ **salvaguarda 2** Garantie, défense: *les lois sont la sauvegarde de la liberté* ▸ **salvaguarda 3** INFORM Copie de sécurité ▸ ***backup***

sauvegarder *vt* **1** Protéger, défendre: *sauvegarder son indépendance* ▸ **salvaguardar 2** INFORM Effectuer une sauvegarde ▸ **fazer *backup***

sauve-qui-peut *nm inv* Fuite, panique où chacun se sauve comme il peut ▸ **salve-se quem puder**

sauver *vt* **1** Tirer du danger, du malheur, de la mort: *sauver un malade* ▸ **salvar 2** Préserver de la perte, de la destruction: *sauver un navire en perdition* ▸ **salvar 3** Pallier, masquer ce qui est défectueux: *c'est la distribution qui sauve ce film* ▸ **salvar 4** RELIG Procurer le salut éternel ▸ **salvar 5** INFORM Sauvegarder ▸ **fazer *backup*** ♦ **se sauver** *vpr* **1** Fuir, s'échapper: *se sauver à toutes jambes* ▸ **fugir 2** FAM S'en aller très vite: *je me sauve, il est tard* ▸ **raspar-se**

sauvetage *nm* Action de tirer quelqu'un ou quelque chose d'un danger, d'une situation critique ▸ **salvamento** ▪ **de sauvetage:** destiné à porter secours: *canot, gilet de sauvetage* ▸ **salva-vidas**

sauveteur *nm* Personne qui prend part à un sauvetage ▸ **salvador**

sauvette (à la) *loc adv* À la hâte et en essayant de rester discret ▸ **furtivamente e às pressas** ▪ **vente à la sauvette:** vente sur la voie publique sans autorisation ▸ **camelotagem**

sauveur *nm* Personne qui sauve ▸ **salvador** ▪ RELIG **le Sauveur:** Jésus-Christ ▸ **Salvador**

SAV [ɛsave] *nm* (sigle) Service après-vente ▸ **SAT**

savamment *adv* De façon savante ▸ **sabiamente**

savane *nf* Dans les régions tropicales, prairie de hautes herbes, souvent parsemée d'arbres ▸ **savana**

savant, e *adj et n* Qui a des connaissances étendues dans divers domaines ou dans une discipline particulière: *un savant helléniste* ▸ **erudito** ♦ *adj* **1** Où il y a de la science, de l'érudition: *livre savant* ▸ **erudito 2** Qui dénote de l'habileté: *le savant désordre d'une coiffure* ▸ **engenhoso 3** Se dit d'un animal dressé à certains tours: *une chèvre savante* ▸ **amestrado** ♦ *nm* Personne qui a une compétence exceptionnelle dans une discipline scientifique ▸ **cientista**

EMPLOI *Un savant* (nom masculin) se dit aussi bien pour une femme que pour un homme: *elle est un savant renommé*

savarin *nm* Gâteau en forme de couronne, imbibé de rhum ▸ ***savarin***

savate *nf* Vieille pantoufle, vieille chaussure ▸ **chinelo** ▪ FAM **traîner la savate: (a)** être dans l'indigence ▸ **viver na miséria (b)** ne rien faire ▸ **não fazer nada, zanzar**

savetier *nm* VX Cordonnier ▸ **sapateiro**

saveur *nf* **1** Sensation produite sur la langue par certains corps ▸ **sabor 2** FIG Charme, piquant: *une poésie pleine de saveur* ▸ **sabor**

savoir[1] *vt (conj 39)* **1** Connaître, être instruit dans quelque chose: *savoir l'anglais* ▸ **saber 2** Être exercé à: *savoir commander* ▸ **saber 3** Avoir dans la mémoire: *savoir sa leçon* ▸ **saber 4** Être informé de: *savoir un secret; je n'en sais rien* ▸ **saber** ▪ **à savoir** ou **savoir:** annonce une précision, une énumération ▸ **a saber** ▫ **que je sache:** à ma connaissance ▸ **que eu saiba** ▫ **qui sait?:** ce n'est peut-être pas impossible ▸ **quem sabe?** ▫ FAM **reste à savoir si:** exprime un doute, une incertitude ▸ **resta saber se**

EMPLOI Noter que *vous n'êtes pas sans savoir* signifie «vous savez très bien», «vous n'ignorez pas»

savoir[2] *nm* Ensemble de connaissances: *un savoir encyclopédique* ▸ **saber**

savoir-faire *nm inv* **1** Habileté ▸ ***savoir-faire*** **2** Compétence professionnelle ▸ ***know-how***

savoir-vivre *nm inv* Connaissance et pratique des règles de la politesse ▸ ***savoir-vivre***

savon *nm* **1** Mélange d'une matière grasse et d'un alcali qui sert à nettoyer, à dégraisser, à blanchir; morceau moulé de ce produit ▸ **sabão 2** FAM Réprimande: *passer un savon à quelqu'un* ▸ **sabão**

savonnage *nm* Lavage au savon ▸ **ensaboada**

savonner *vt* Laver avec du savon; frotter de savon ▸ **ensaboar**

savonnerie *nf* Fabrique de savon ▸ **saboaria**

savonnette *nf* Petit savon parfumé ▸ **sabonete**

savonneux, euse *adj* Qui contient du savon ▸ **saponáceo**

savonnier, ère *adj* Relatif au savon, à sa fabrication ou à son commerce ▸ **de sabão** ♦ *nm* **1** Fabricant de savon ▸ **saboeiro 2** Arbre des régions chaudes d'Asie et d'Amérique, dont l'écorce est dite *bois de Panama* ▸ **sabonete**

savourer *vt* **1** Goûter lentement, avec attention et plaisir: *savourer son café* ▸ **saborear 2** FIG Jouir de quelque chose avec délices: *savourer sa victoire* ▸ **saborear**

savoureux, euse *adj* **1** Qui a une saveur agréable ▸ **saboroso 2** FIG Que l'on goûte avec grand plaisir: *histoire savoureuse* ▸ **saboroso**

savoyard, e *adj et n* De Savoie: *les Savoyards* ▸ **saboiano**

saxe *nm* Porcelaine de Saxe ▸ **saxe**

saxhorn *nm* Instrument à vent en cuivre, avec embouchure et pistons: *le tuba est de la famille des saxhorns* ▸ **saxorne**

saxifrage *nf* Plante qui croît au milieu des pierres ▸ **saxífraga**

saxo (abréviation) *nm* Saxophone ▸ **sax** ♦ *n* Saxophoniste ▸ **sax**

saxon, onne *adj et n* De Saxe ou du peuple germanique des Saxons ▸ **saxão**

saxophone *nm* Instrument à vent en cuivre, muni d'un bec de clarinette et de clés ▸ **saxofone**

saxophoniste *n* Joueur de saxophone ▸ **saxofonista**

saynète *nf* Courte comédie à deux ou trois personnages ▸ **sainete**

sbire *nm* PÉJOR Homme de main ▸ **capanga**

scabreux, euse *adj* **1** LITT Dangereux: *entreprise scabreuse* ▸ **escabroso 2** Indécent, trop libre: *sujet scabreux* ▸ **escabroso**

scaferlati [skafɛrlati] *nm* Tabac à pipe ou à rouler, coupé en fines lanières ▸ ***scaferlati***

scalaire[1] *adj* ▸ **escalar** ■ MATH **produit scalaire de deux vecteurs:** produit de leurs longueurs et du cosinus de leur angle ▸ **produto escalar de dois vetores**

scalaire[2] *nm* Poisson d'Amérique du Sud à corps aplati, souvent élevé en aquarium ▸ **acará-bandeira**

scalène *adj* ▸ **escaleno** ■ MATH **triangle scalène:** dont les trois côtés sont inégaux ▸ **triângulo escaleno**

scalp *nm* Chevelure détachée du crâne avec la peau, trophée de guerre des anciens Indiens d'Amérique ▸ **escalpo**

scalpel *nm* Instrument de chirurgie pour inciser et disséquer ▸ **escalpelo**

scalper *vt* Détacher la peau du crâne avec un instrument tranchant ▸ **escalpar**

scampi [skɑ̃pi] *nm pl* Langoustines ou grosses crevettes frites ▸ ***scampi***

scandale *nm* **1** Indignation soulevée par un acte estimé contraire à la morale et aux usages: *craindre le scandale* ▸ **escândalo 2** Affaire malhonnête ou immorale: *scandale financier* ▸ **escândalo 3** Fait qui heurte la conscience, suscite l'émotion: *faire scandale; le scandale de la faim dans le monde* ▸ **escândalo 4** Querelle bruyante, tapage: *faire du scandale* ▸ **escândalo**

scandaleusement *adv* D'une manière scandaleuse ▸ **escandalosamente**

scandaleux, euse *adj* Qui cause du scandale; honteux, révoltant ▸ **escandaloso**

scandaliser *vt* Soulever l'indignation, choquer ▸ **escandalizar** ♦ **se scandaliser** *vpr* [de] Ressentir de l'indignation ▸ **escandalizar-se**

scander *vt* **1** LITT Prononcer un vers grec ou latin en marquant la quantité ou la mesure des syllabes ▸ **escandir 2** Prononcer en séparant les syllabes: *scander un slogan, des groupes de mots* ▸ **escandir**

scandinave *adj et n* De Scandinavie: *les Scandinaves* ▸ **escandinavo**

scanner[1] [skanɛr] *nm* **1** Appareil détectant par balayage les radiations émises par des surfaces étendues ▸ ***scanner* 2** MÉD Appareil qui reconstitue des images des diverses parties de l'organisme en coupes fines; examen effectué avec cet appareil ▸ **tomógrafo, tomografia 3** INFORM Appareil servant à numériser un document ▸ ***scanner***

scanner[2] [skane] *vt* Numériser à l'aide d'un scanner: *scanner des images* ▸ **escanear**

scansion *nf* LITT Action ou façon de scander des mots ▸ **escansão**

scaphandre *nm* Appareil hermétiquement fermé que revêtent les plongeurs pour travailler sous l'eau ▸ **escafandro**

scaphandrier *nm* Plongeur muni d'un scaphandre ▸ **escafandrista**

scapulaire *adj* ANAT Relatif à l'épaule: *muscle scapulaire* ▸ **escapular** ♦ *nm* Vêtement à capuchon et deux pans d'étoffe de certains ordres religieux catholiques ▸ **escapulário**

scarabée *nm* Insecte coléoptère à antennes en lamelles ▸ **escaravelho-sagrado**

scarificateur *nm* **1** Instrument de chirurgie pour scarifier ▸ **escarificador 2** Instrument agricole pour ameublir la terre sans la retourner ▸ **escarificador**

scarification *nf* Incision superficielle de la peau ▸ **escarificação**

scarifier *vt* Faire des incisions sur ▸ **escarificar**

scarlatine *nf* Maladie fébrile contagieuse, caractérisée par des plaques écarlates sur la peau, qui atteint surtout les enfants ▸ **escarlatina**

scarole *nf* Chicorée à larges feuilles, mangée en salade ▸ **escarola**

scatologie *nf* Propos ou écrits relatifs aux excréments ▸ **escatologia**
scatologique *adj* Relatif à la scatologie: *plaisanterie scatologique* ▸ **escatológico**
sceau [so] *nm* **1** Cachet qui rend un acte authentique; son empreinte: *le sceau de l'État* ▸ **chancela** **2** FIG, LITT Caractère distinctif: *cet ouvrage porte le sceau du génie* ▸ **marca** ■ **sous le sceau du secret:** à la condition que le secret soit bien gardé ▸ **no mais absoluto sigilo**
ORTHOGRAPHE *Sceau* a deux homonymes avec lesquels il ne faut pas le confondre, *seau* et *sot*. On écrira ainsi: *ce sot a laissé tomber le sceau dans le seau*
scélérat, e *adj et n* LITT Coupable ou capable de crimes ▸ **celerado** ◆ *adj* Perfide: *conduite scélérate* ▸ **celerado**
scélératesse *nf* LITT Perfidie, méchanceté ▸ **celeradez**
scellement *nm* Action de fixer une pièce dans un trou, à l'aide d'un liant qui s'y durcit ▸ **chumbagem**
sceller *vt* **1** Appliquer un sceau, des scellés sur ▸ **selar** **2** Effectuer un scellement: *sceller un anneau à une porte* ▸ **chumbar** **3** FIG Affermir: *sceller une amitié* ▸ **selar**
scellés *nm pl* Bande fixée aux deux bouts par un cachet de cire revêtu du sceau officiel: *apposer les scellés sur une porte; le bris de scellés est un délit* ▸ **lacre**
scénario *nm* **1** Rédaction détaillée des diverses scènes dont un film sera composé ▸ **roteiro** **2** FIG Déroulement programmé d'une action ▸ **roteiro**
scénariser *vt* Adapter sous forme de scénario; doter d'un scénario: *scénariser un fait-divers; scénariser un documentaire* ▸ **roteirizar**
scénariste *n* Auteur d'un scénario ▸ **roteirista**
scène *nf* **1** Partie du théâtre où jouent les acteurs ▸ **palco** **2** Lieu où est supposée se dérouler l'action: *la scène est à Rome* ▸ **palco** **3** Lieu où se passe une action: *la scène d'un crime* ▸ **palco** **4** Art dramatique ▸ **cena** **5** Subdivision d'un acte: *troisième scène du second acte* ▸ **cena** **6** FIG Spectacle: *une scène affligeante* ▸ **cena** **7** FAM Emportement, querelle violente: *scène de ménage; faire une scène à quelqu'un* ▸ **cena** ■ **mettre en scène:** assurer la réalisation d'un film, d'une pièce de théâtre ▸ **encenar**
scénique *adj* De la scène, du théâtre: *indication scénique* ▸ **cênico**
scénographe *n* Spécialiste de scénographie ▸ **cenógrafo**
scénographie *nf* Art de l'organisation de la scène et de l'espace théâtral ▸ **cenografia**
scepticisme *nm* **1** Disposition au doute ▸ **ceticismo** **2** PHILOS Doctrine qui soutient que la vérité absolue n'existe pas et qu'il convient donc de suspendre son jugement ▸ **ceticismo**
sceptique *adj et n* **1** Qui manifeste du scepticisme; incrédule ▸ **cético** **2** Qui relève de la doctrine philosophique du scepticisme; qui en est partisan ▸ **cético**
sceptre [sɛptr] *nm* Bâton de commandement, insigne de la royauté ▸ **cetro**
schako *nm* → **shako**
schéma [ʃema] *nm* **1** Figure représentant les éléments essentiels d'un objet, d'un mécanisme, d'une organisation ▸ **esquema** **2** Plan d'un ouvrage littéraire, d'un projet ▸ **esquema**
schématique *adj* **1** Sous forme de schéma: *tracé schématique* ▸ **esquemático** **2** Réduit à l'essentiel; simplifié à l'excès ▸ **esquemático**
schématiquement *adv* De façon schématique ▸ **esquematicamente**
schématisation *nf* Généralisation, présentation simplifiée ▸ **esquematização**
schématiser *vt* Représenter d'une manière schématique ▸ **esquematizar**
schématisme *nm* SOUT Caractère schématique souvent excessif de quelque chose ▸ **esquematismo**
scherzo [skɛrtso] ou [skɛrdzo] *nm* Morceau de musique de mesure ternaire, d'un style vif et léger ▸ ***scherzo***
schilling [ʃiliŋ] *nm* Unité monétaire autrichienne jusqu'au 1er janvier 2002 ▸ **xelim**
schismatique *adj* Qui provoque un schisme ▸ **cismático** ◆ *adj et n* Qui adhère à un schisme ▸ **cismático**
schisme *nm* **1** Séparation au sein d'une Église ▸ **cisma** **2** Division dans un groupe, un parti ▸ **cisma**
schiste *nm* Roche feuilletée sédimentaire ou métamorphique ▸ **xisto**
schisteux, euse *adj* De la nature du schiste ▸ **xistoso**
schizo [skizo] *adj et n* (abréviation) FAM Schizophrène ▸ **Ø**
schizophrène [skizɔfrɛn] *n* Malade atteint de schizophrénie ▸ **esquizofrênico**
schizophrénie [skizɔfreni] *nf* Maladie mentale caractérisée par la rupture du contact avec le monde extérieur ▸ **esquizofrenia**
schizophrénique [skizɔfrenik] *adj* Relatif à la schizophrénie ▸ **esquizofrênico**
schlinguer *vi* FAM Puer ▸ **feder**
schlittage *nm* Transport du bois par une schlitte ▸ **transporte de madeira por trenó**

schlitte *nf* AUTREF Traîneau servant à descendre le bois des montagnes ► **trenó para transportar madeira**
schnaps [ʃnaps] *nm* FAM Eau-de-vie ► *schnaps*
schnock ou **schnoque** ou **chnoque** *nm* FAM ■ **du schnock:** appellatif méprisant pour une personne dont on ignore le nom ► **idiota** □ **vieux schnock:** vieil imbécile ► **imbecil**
schuss [ʃus] *nm* À skis, descente directe dans le sens de la plus grande pente ► **descida direta** ■ FAM **tout schuss:** très vite, à tombeau ouvert ► **a toda**
sciable *adj* Qui peut être scié ► **que se pode serrar**
sciage *nm* Action de scier; bois des troncs sciés ► **serração, tora**
Scialytique [sjalitik] *nm* (nom déposé) Dispositif d'éclairage qui ne projette pas d'ombre, utilisé en chirurgie ► **lâmpada cialítica**
sciatique *adj* Relatif à la hanche ► **isquiático** ■ **nerf sciatique:** qui innerve les muscles de la cuisse et de la hanche ► **nervo ciático** ♦ *nf* Affection très douloureuse du nerf sciatique ► **ciática**
scie *nf* **1** Lame d'acier taillée à dents aiguës, servant à scier ► **serra 2** FAM Rengaine, répétition fastidieuse ► **serrazina**
sciemment [sjamɑ̃] *adv* En connaissance de cause: *parler sciemment* ► **cientemente**
science *nf* **1** Ensemble cohérent de connaissances concernant des catégories de phénomènes obéissant à des lois, et vérifiées par les méthodes expérimentales ► **ciência 2** Utilisation habile de ses connaissances: *la science des couleurs* ► **ciência** ♦ **sciences** *pl* Disciplines où le calcul et l'observation ont la plus grande part (par opposition aux *lettres*) ► **ciências** ■ **sciences humaines:** disciplines ayant pour objet l'homme et ses comportements individuels et collectifs ► **ciências humanas** □ **sciences naturelles:** étude scientifique des objets rencontrés dans la nature ► **ciências naturais**
science-fiction (pl *sciences-fictions*) *nf* Genre romanesque et cinématographique faisant appel aux thèmes du voyage dans le temps et dans l'espace extra-terrestre ► **ficção científica**
scientifique *adj* **1** Qui concerne les sciences ► **científico 2** Qui a la rigueur de la science: *méthode scientifique* ► **científico** ■ **nom scientifique d'une plante, d'un animal:** nom donné par les spécialistes (par opposition à *nom vulgaire*) ► **nome científico de uma planta, de um animal** ♦ *n* Spécialiste des sciences, d'une science ► **cientista**
scientifiquement *adv* D'une manière scientifique ► **cientificamente**
scientisme *nm* Attitude de certains scientifiques qui considèrent qu'il n'y a de vérité que dans la science ► **cientificismo**
scientiste *adj et n* Relatif au scientisme; qui en est partisan ► **cientificista**
scier *vt* Couper à la scie: *scier du bois* ► **serrar**
scierie [siri] *nf* Usine où l'on débite le bois ► **serraria**
scieur *nm* Ouvrier dont le métier est de scier ► **serrador**
scinder *vt* Diviser, fractionner: *le parti est scindé en deux groupes* ► **cindir**
scintigraphie *nf* MÉD Technique de repérage des rayons gamma émis par une substance radioactive précédemment administrée ► **cintilografia**
scintillant, e *adj* Qui scintille ► **cintilante**
scintillation *nf* ou **scintillement** *nm* Éclat de ce qui scintille: *scintillation d'une étoile* ► **cintilação**
scintiller *vi* Briller en jetant par intervalles des éclats de lumière ► **cintilar**
scion *nm* **1** Pousse de l'année ► **rebento 2** Branche destinée à être greffée ► **ramo para enxerto**
scission *nf* Division dans un groupe, une assemblée ► **cisão**
scissionniste *adj et n* Qui tend à provoquer une division; dissident ► **divisionista**
scissipare *adj* Qui se multiplie par scissiparité ► **cissíparo**
scissiparité *nf* Mode de multiplication des êtres unicellulaires dans lequel l'organisme se divise en deux parties: *la paramécie se reproduit par scissiparité* ► **cissiparidade**
scissure *nf* ANAT Fente ► **cesura**
sciure *nf* Déchet d'une matière sciée qui tombe en poussière: *sciure de bois* ► **serragem, pó**
sciuridé *nm* Mammifère rongeur (les sciuridés forment une famille comprenant les écureuils) ► **ciurídeo**
sclérose *nf* **1** MÉD Durcissement pathologique d'un tissu ► **esclerose 2** FIG Impossibilité de s'adapter à une situation nouvelle ► **conservadorismo** ■ **sclérose en plaques:** affection de la substance blanche du système nerveux entraînant divers troubles nerveux ► **esclerose múltipla**
sclérosé, e *adj* **1** Se dit d'un organe, d'un tissu envahi par la sclérose ► **esclerosado 2** FIG Incapable d'évoluer: *administration sclérosée* ► **retrógrado**
scléroser *vt* Provoquer la sclérose ► **esclerosar** ♦ **se scléroser** *vpr* Perdre toute souplesse, se figer: *se scléroser dans ses habitudes* ► **imobilizar-se**

sclérotique *nf* Membrane externe du globe oculaire, formant en avant le blanc de l'œil ▸ **esclerótica, esclera**

scolaire *adj* **1** Relatif à l'école, à l'enseignement: *année scolaire* ▸ **escolar 2** Laborieux et sans originalité ▸ **primário ■ âge scolaire:** période de la vie durant laquelle la loi fait une obligation d'aller à l'école ▸ **idade escolar** ◆ *nm* Enfant d'âge scolaire ▸ **criança em idade escolar**

scolarisable *adj* Susceptible d'être scolarisé ▸ **escolarizável**

scolarisation *nf* Action de scolariser; fréquentation des écoles: *taux de scolarisation* ▸ **escolarização**

scolariser *vt* **1** Pourvoir d'établissements scolaires: *scolariser un pays* ▸ **dotar de escolas 2** Inscrire, admettre à l'école: *scolariser les enfants* ▸ **escolarizar**

scolarité *nf* **1** Durée des études ▸ **escolaridade 2** Études scolaires: *faire sa scolarité* ▸ **estudos**

scolastique *adj* Relatif aux écoles au Moyen Âge; de la scolastique: *philosophie scolastique* ▸ **escolástico** ◆ *nf* Enseignement philosophique et théologique propre au Moyen Âge, fondé sur la tradition aristotélicienne ▸ **escolástica**

scoliose *nf* Déviation latérale de la colonne vertébrale ▸ **escoliose**

scolopendre *nf* **1** Fougère à feuilles en fer de lance ▸ **escolopêndrio 2** Mille-pattes venimeux dont la morsure est douloureuse ▸ **lacraia**

sconse [skɔ̃s] ou **skunks** [skɔ̃s] *nm* Moufette; fourrure provenant d'un carnassier du genre moufette ▸ **cangambá, pele de cangambá**

scoop [skup] *nm* Nouvelle donnée en exclusivité par un journaliste ou une agence de presse; FAM nouvelle sensationnelle ▸ **furo**

scooter [skutœr] ou [skutɛr] *nm* Véhicule à moteur à deux roues, à cadre ouvert ▸ ***scooter*** **■ scooter des mers:** moto carénée, à skis en guise de roues ▸ ***jet ski***

scorbut [skɔrbyt] *nm* Maladie due à une carence en vitamine C, caractérisée par des hémorragies, la chute des dents, l'altération des articulations ▸ **escorbuto**

scorbutique *adj et n* Relatif au scorbut; atteint du scorbut ▸ **escorbútico**

score [skɔr] *nm* Nombre de points acquis par chaque équipe ou par chaque adversaire dans un match ▸ **escore, placar**

scoriacé, e *adj* De la nature des scories ▸ **escoriáceo**

scorie *nf* Résidu provenant de la fusion des minerais métalliques, de l'affinage des métaux ▸ **escória**

scorpion *nm* Arachnide des pays chauds, portant en avant une paire de pinces, et dont l'abdomen se termine par un aiguillon venimeux ▸ **escorpião** ◆ **Scorpion** *nm* Constellation zodiacale figurant un scorpion; signe astrologique des personnes nées entre le 23 octobre et le 21 novembre ▸ **Escorpião** ◆ *n et adj* personne née sous le signe du Scorpion: *elle est Scorpion* ▸ **escorpiano**

scorsonère *nf* Salsifis noir ▸ **escorcioneira**

scotch [skɔtʃ] *nm* Whisky écossais ▸ ***scotch***

Scotch *nm* (nom déposé) Ruban adhésif transparent ▸ **durex** (marca registrada)

scotcher *vt* Coller avec du Scotch ▸ **colar com durex**

scottish-terrier (pl *scottish-terriers*) *nm* Chien terrier à poil dur originaire d'Écosse ▸ ***scottish terrier***

scout, e [skut] *n* Jeune garçon, jeune fille faisant partie d'une association de scoutisme ▸ **escoteiro** ◆ *adj* Relatif au scoutisme: *l'esprit scout* ▸ **escoteiro**

scoutisme *nm* Organisation créée par Baden-Powell, ayant pour but le développement des qualités physiques et morales des jeunes gens ▸ **escotismo**

Scrabble *nm* (nom déposé) Jeu de société consistant à former des mots au moyen de jetons portant des lettres ▸ **palavras cruzadas**

scribe *nm* **1** Dans l'Antiquité égyptienne, personnage faisant fonction de secrétaire ou, parfois, d'écrivain public ▸ **escriba 2** Dans l'Évangile, docteur juif interprète officiel des Saintes Écritures ▸ **escriba**

scribouillard *nm* FAM, PÉJOR Employé aux écritures ▸ **escriturário**

script [skript] *nm* **1** CIN Scénario de film découpé en scènes et accompagné de dialogues ▸ ***script*****, roteiro 2** Type d'écriture manuscrite simplifiée ▸ **cursivo**

scripte *n* Collaborateur du réalisateur d'un film, qui note tous les détails relatifs à la prise de vues ▸ **continuísta**

scriptural, e, aux *adj* ▸ **escritural ■ monnaie scripturale:** moyen de paiement autre que les billets de banque et les pièces de monnaie (chèques bancaires, effets de commerce) ▸ **moeda escritural**

scrofulaire *nf* Plante vivant de préférence au bord de l'eau (appelée également: *herbe aux écrouelles*) ▸ **escrofulária**

scrofule *nf* Affection due à des troubles nutritifs qui prédisposent à la tuberculose; SYN ANC: *humeurs froides, écrouelles* ▸ **escrófula**

scrotum [skʀɔtɔm] *nm* Enveloppe cutanée des testicules; SYN: *bourses* ▸ **escroto**

scrupule *nm* Inquiétude de conscience, hésitation due à une grande délicatesse morale ▸ **escrúpulo**

scrupuleusement *adv* D'une manière scrupuleuse ▸ **escrupulosamente**

scrupuleux, euse *adj* **1** Sujet aux scrupules ▸ **escrupuloso 2** Minutieux, exact ▸ **escrupuloso**

scrutateur, trice *adj* Qui scrute ▸ **escrutador** ◆ *n* Personne qui participe au dépouillement ou à la vérification d'un scrutin ▸ **escrutinador**

scruter *vt* Examiner attentivement: *scruter le ciel; scruter les intentions d'une personne* ▸ **escrutar**

scrutin *nm* Ensemble des opérations qui constituent un vote ou une élection ▸ **escrutínio**

sculpter [skylte] *vt* Tailler dans la pierre, le bois, etc., dans un but artistique ▸ **esculpir**

sculpteur *nm* Artiste qui sculpte ▸ **escultor**

EMPLOI *Un sculpteur* (nom masculin) se dit aussi bien pour une femme que pour un homme: *elle est un grand sculpteur*, mais on rencontre aussi le féminin *sculptrice*

sculptural, e, aux *adj* **1** Relatif à la sculpture ▸ **escultural 2** FIG Digne d'être sculpté: *beauté sculpturale* ▸ **escultural**

sculpture [skyltyʀ] *nf* **1** Art du sculpteur ▸ **escultura 2** Ouvrage sculpté; ensemble d'œuvres sculptées ▸ **escultura**

SDF *n* (sigle de *sans domicile fixe*) Personne sans lieu d'habitation déterminé; personne sans toit et sans travail ▸ **SDF**

se *pron pers* Désigne le sujet de la 3e personne et s'emploie comme complément d'objet direct ou indirect, ou comme complément d'attribution: *il se peigne; ils se sont combattus; elles se sont donné un délai* ▸ **se**

séance *nf* **1** Réunion d'une assemblée pour délibérer; temps que dure cette réunion: *ouvrir la séance* ▸ **sessão 2** Temps passé à une chose: *faire un portrait en trois séances* ▸ **sessão 3** Chacune des projections du programme d'un cinéma: *aller à la séance de 18 h 30* ▸ **sessão** ▪ **séance tenante:** immédiatement ▸ **ato contínuo**

séant[1] *nm* ▸ **traseiro** ▪ LITT **être, se mettre sur son séant:** être assis, s'asseoir ▸ **estar sentado, sentar-se**

séant[2], e *adj* LITT Décent, convenable ▸ **decoroso**

seau *nm* Récipient cylindrique à anse, généralement utilisé pour puiser ou transporter des liquides; son contenu: *seau à champagne, à charbon; un seau d'eau* ▸ **balde**

sébacé, e *adj* Relatif au sébum: *glande sébacée* ▸ **sebáceo**

sébile *nf* LITT Coupe plate avec laquelle les mendiants demandaient l'aumône ▸ **pires**

séborrhée *nf* MÉD Sécrétion anormale de sébum ▸ **seborreia**

sébum [sebɔm] *nm* Sécrétion grasse produite par les glandes sébacées ▸ **sebo**

sec, sèche *adj* **1** Sans humidité; aride: *climat sec* ▸ **seco 2** Qui a perdu son humidité naturelle: *feuilles sèches: légume sec* ▸ **seco 3** Qui n'est pas humecté: *avoir la bouche sèche* ▸ **seco 4** Sans addition d'eau: *un whisky sec* ▸ **puro 5** Maigre, décharné: *homme grand et sec* ▸ **seco 6** Qui ne se prolonge pas: *bruit sec* ▸ **seco 7** FIG Sans ornement, sans agrément: *style sec* ▸ **seco 8** Brusque: *réponse sèche* ▸ **seco 9** Peu sensible: *cœur sec* ▸ **seco** ▪ **coup sec:** donné vivement ▸ **pancada seca** ▫ **vin sec:** peu sucré ▸ **vinho seco** ◆ *nm* Ce qui n'est pas humide: *mettre au sec* ▸ **seco** ▪ **à sec: (a)** sans eau: *mettre un étang à sec* ▸ **seco (b)** FIG sans argent ▸ **liso** ◆ *adv* D'une manière brusque, rude: *démarrer sec* ▸ **bruscamente** ▪ **boire sec:** beaucoup d'alcool ▸ **ser um bom copo** ▫ FAM **rester sec:** rester court, incapable de répondre ▸ **ficar sem resposta**

sécable *adj* Qui peut être coupé: *un comprimé sécable* ▸ **divisível**

SECAM ou **Secam** [sekam] *adj* (sigle de *[procédé] séquentiel à mémoire*) ▸ ***SECAM*** ▪ **système Secam:** standard de télévision en couleurs ▸ **sistema *SECAM***

sécant, e *adj* MATH Qui coupe une ligne, une surface, un volume ▸ **secante** ◆ *nf* Droite sécante ▸ **secante**

sécateur *nm* Outil pour couper, tailler des rameaux, des arbustes ▸ **podadeira**

sécession *nf* Action de se séparer d'un groupe, d'une collectivité: *faire sécession* ▸ **secessão**

sécessionniste *adj et n* Qui se sépare, fait sécession ▸ **secessionista**

séchage *nm* Action de sécher ▸ **secagem**

sèche-cheveux *nm inv* Appareil électrique pour sécher les cheveux; SYN: *séchoir* ▸ **secador de cabelos**

sèche-linge *nm inv* Machine à sécher le linge ▸ **secadora de roupas**

sèche-mains *nm inv* Dispositif à air pulsé pour sécher les mains ▸ **secador de mãos**

sèchement *adv* **1** Brusquement: *démarrer sèchement* ▸ **bruscamente 2** De façon brève et brutale: *répondre sèchement* ▸ **secamente**

sécher *vt (conj 10)* **1** Rendre sec: *le vent a séché le linge* ▸ **secar 2** FAM Ne pas assister à un cours: *sécher le lycée* ▸ **cabular** ▪ FIG **sécher les larmes**

de quelqu'un: le consoler ► **enxugar as lágrimas de alguém** ◆ *vi* **1** Devenir sec: *ces fleurs ont séché* ► **secar 2** FAM Ne pas savoir répondre à une question ► **não saber responder**

sécheresse *nf* **1** État de ce qui est sec ► **secura 2** Absence de pluie ► **seca 3** FIG Manque de sentiment, froideur ► **secura**

séchoir *nm* **1** Appareil ou support pour faire sécher le linge ► **secadora, varal 2** Sèche-cheveux ► **secador de cabelos**

second, e [səgɔ̃, ɔ̃d] *adj* **1** Qui est immédiatement après le premier: *seconde année* ► **segundo 2** Autre, nouveau: *une seconde jeunesse* ► **segundo 3** Qui vient après dans l'ordre de la valeur, du rang: *voyager en seconde classe* ► **segundo ■ complément d'objet second:** complément d'attribution ► **complemento atributivo** ◆ *nm* **1** Personne ou chose qui est au second rang ► **segundo 2** Le deuxième étage d'un immeuble ► **segundo andar 3** Personne qui en aide une autre dans un emploi, une fonction ► **segundo 4** Officier venant aussitôt après le commandant d'un navire ► **imediato ■ en second:** sous les ordres d'un autre: *capitaine en second* ► **assistente**

EMPLOI *Second* s'emploie lorsqu'il n'y a que deux éléments, *deuxième* lorsqu'il y en a plus de deux: *la Seconde Guerre mondiale*; *le deuxième étage*

secondaire *adj* Qui ne vient qu'en un second temps: *effets secondaires*; de moindre importance: *rôle secondaire* ► **secundário ■ enseignement secondaire:** entre l'enseignement primaire et l'enseignement supérieur ► **ensino médio, ensino secundário □ ère secondaire:** période géologique de 165 millions d'années, caractérisée notamment par l'apparition des mammifères et des oiseaux ► **era mesozoica □ secteur secondaire:** ensemble des activités économiques correspondant à la transformation des matières premières en biens de consommation ou en biens de production ► **setor secundário** ◆ *nm* **1** Enseignement secondaire ► **ensino médio, secundário 2** Ère secondaire ► **Secundário, Mesozoico 3** ÉCON Secteur secondaire ► **setor secundário**

secondairement *adv* D'une manière secondaire ► **secundariamente**

seconde *nf* **1** Soixantième partie d'une minute; symb: s ► **segundo 2** Temps très court: *attendez une seconde!* ► **segundo 3** GÉOM Unité de mesure d'angle valant 1/60 de minute ► **segundo 4** Classe qui constitue la cinquième année de l'enseignement secondaire ► ***seconde*, segundo ano do ensino médio 5** Deuxième vitesse d'un moteur ► **segunda 6** Seconde classe dans les transports en commun ► **segunda 7** MUS Intervalle de deux degrés conjoints de la gamme ► **segunda**

secondement *adv* En second lieu ► **em segundo lugar**

seconder *vt* Aider, assister ► **secundar**

secouer *vt* **1** Agiter fortement et à plusieurs reprises: *secouer un arbre; secouer la tête en signe de dénégation* ► **sacudir 2** Faire tomber en agitant: *secouer la poussière* ► **sacudir 3** FIG Ne pas ménager, inciter à l'effort: *secouer un paresseux* ► **chacoalhar, sacudir 4** Donner un choc physique ou moral: *cette maladie l'a secoué* ► **sacudir** ◆ **se secouer** *vpr* FAM Ne pas se laisser aller au découragement, à l'inertie ► **mexer-se**

secourable *adj* SOUT Qui porte secours, obligeant: *tendre une main secourable* ► **prestativo**

secourir *vt (conj 29)* Porter secours à, aider ► **socorrer, ajudar**

secourisme *nm* Méthode de premiers soins pour les personnes en danger ► **socorrismo**

secouriste *n* Personne capable de pratiquer les gestes et les méthodes du secourisme en cas d'accident, de catastrophe ► **socorrista**

secours *nm* **1** Aide, assistance à quelqu'un qui est en danger: *appeler au secours*; ensemble des moyens utilisés, des soins prodigués pour porter assistance: *premiers secours* ► **socorro 2** Renfort en hommes, en matériel: *les secours arrivent*; aide financière, matérielle ► **socorro 3** Ce qui est utile; aide: *avec le secours d'un dictionnaire* ► **ajuda ■ de secours:** destiné à servir en cas de nécessité: *roue de secours* ► **de emergência**

secousse *nf* **1** Ébranlement: *donner une secousse* ► **sacudida 2** Chacune des oscillations du sol dans un tremblement de terre: *secousse sismique* ► **abalo 3** FIG Mouvement violent: *les secousses d'une révolution* ► **abalo 4** Choc psychologique ► **abalo**

secret, ète *adj* **1** Caché, non divulgué: *tiroir secret*: *négociations secrètes*: *code secret* ► **secreto 2** Peu manifeste, peu apparent: *charme secret* ► **secreto 3** SOUT Peu expansif: *homme secret* ► **reservado** ◆ *nm* **1** Ce qui doit être caché: *confier un secret* ► **segredo 2** Discrétion qui entoure quelque chose: *promettre le secret* ► **segredo 3** Mécanisme, ressort caché: *coffre-fort à secret* ► **segredo 4** Moyen particulier pour réussir: *le secret du bonheur* ► **segredo ■ dans le secret de son cœur:** dans son for intérieur ► **no seu íntimo □ en secret:** sans témoin ► **em segredo □ mettre quelqu'un au secret:** l'emprisonner en le privant de toute communication avec l'extérieur ► **colocar alguém na solitária □ mettre**

quelqu'un dans le secret: lui confier un secret ▸ **contar um segredo a alguém** ▫ **secret d'État:** chose dont la divulgation nuirait aux intérêts du pays ▸ **segredo de Estado** ▫ **secret professionnel:** interdiction légale de divulguer un secret dont on a eu connaissance dans l'exercice de ses fonctions ▸ **sigilo profissional**

secret-défense *adj inv et nm inv* Se dit d'informations intéressant la défense nationale ou la sûreté de l'État et auxquelles ne peuvent avoir accès qu'un nombre restreint de personnes ▸ **segredo militar**

secrétaire[1] *n* **1** Personne chargée de tenir la correspondance, de répondre au téléphone, etc. ▸ **secretário 2** Nom de divers fonctionnaires: *secrétaire d'ambassade* ▸ **secretário**

secrétaire[2] *nm* Meuble à tiroirs comportant une tablette pour écrire ▸ **secretária**

secrétariat *nm* **1** Fonctions, métier de secrétaire ▸ **secretariado 2** Bureau des secrétaires ▸ **secretariado, secretaria 3** Ensemble des tâches concernant la gestion, l'organisation: *assurer le secrétariat d'une association* ▸ **secretariado**

secrètement *adv* En secret ▸ **secretamente**

sécréter *vt (conj 10)* Opérer la sécrétion de: *le foie sécrète la bile* ▸ **secretar**

ORTHOGRAPHE *Sécréter* et ses dérivés ont deux accents aigus (*é*) dans leur radical

sécréteur, euse ou **sécréteur, trice** *adj* Qui sécrète: *organe sécréteur* ▸ **secretor**

sécrétion *nf* Fonction par laquelle une cellule ou un tissu émet une substance qui intervient ensuite dans la physiologie de l'organisme; cette substance ▸ **secreção**

sectaire *adj et n* Qui témoigne d'une grande étroitesse d'esprit: *esprit sectaire* ▸ **sectário** ♦ *adj* Relatif aux sectes religieuses ▸ **sectário**

sectarisme *nm* Caractère d'une personne sectaire ▸ **sectarismo**

sectateur *nm* **1** LITT, VX Partisan déclaré d'une opinion, d'un système: *les sectateurs de Platon* ▸ **sectário 2** Membre d'une secte ▸ **sectário**

secte *nf* **1** Groupe de personnes qui professent la même doctrine, souvent de caractère religieux: *la secte d'Épicure* ▸ **seita 2** Groupe de personnes rassemblées autour d'un leader charismatique, fortement endoctrinées et professant un ésotérisme parfois inquiétant ▸ **seita**

secteur *nm* **1** Division de l'activité économique et sociale dans un État, une institution, etc.: *secteur primaire, secondaire, tertiaire; secteur public, semi-public, privé* ▸ **setor 2** Division d'une ville, d'une zone particulière, d'un réseau de distribution électrique: *une panne de secteur* ▸ **setor 3** FAM Environs: *habiter dans le secteur* ▸ **vizinhança, área 4** Aspect particulier d'un ensemble; domaine: *secteur de pointe* ▸ **setor, área** ▪ MATH **secteur circulaire:** partie d'un cercle comprise entre deux rayons et l'arc qu'ils renferment ▸ **setor circular**

section *nf* **1** Action de couper; endroit de la coupure: *section nette* ▸ **seção 2** Catégorie dans un classement ▸ **seção 3** TECHN Dessin de la coupe d'un édifice ▸ **seção 4** Partie d'une voie de communication: *section d'autoroute* ▸ **trecho 5** Subdivision d'un parcours d'autobus ▸ **seção 6** Division d'un groupement: *section syndicale; sections littéraires d'un lycée; section électorale* ▸ **seção 7** Unité élémentaire de l'infanterie ▸ **pelotão** ▪ MATH **section plane d'un volume:** intersection de ce volume avec un plan ▸ **seção plana de um volume**

sectionnement *nm* Action de sectionner; fait d'être sectionné ▸ **secionamento**

sectionner *vt* **1** Diviser par sections ▸ **secionar 2** Couper, trancher ▸ **secionar**

sectoriel, elle *adj* Relatif à un secteur, à une catégorie professionnelle: *une revendication sectorielle* ▸ **setorial**

sectorisation *nf* Répartition en plusieurs secteurs géographiques ▸ **setorização**

sectoriser *vt* Procéder à la sectorisation ▸ **setorizar**

Sécu *nf sing* (abréviation) FAM Sécurité sociale ▸ **Ø**

séculaire *adj* **1** Âgé d'un siècle au moins: *arbres séculaires* ▸ **secular 2** Qui revient tous les siècles ▸ **secular**

sécularisation *nf* Action de séculariser ▸ **secularização**

séculariser *vt* Rendre à la vie laïque ce qui appartenait à l'état ecclésiastique ▸ **secularizar**

séculier, ère *adj* **1** Se dit d'un prêtre qui ne vit pas en communauté: *clergé séculier* (par opposition à *régulier*) ▸ **secular 2** HIST Se disait de la justice laïque, temporelle ▸ **secular** ▪ **le bras séculier:** la puissance temporelle ▸ **braço secular**

secundo [səgɔ̃do] *adv* En second lieu ▸ **segundo**

sécurisant, e *adj* Qui procure un sentiment de sécurité ▸ **tranquilizante**

sécuriser *vt* Donner un sentiment de sécurité; enlever la crainte, l'anxiété ▸ **assegurar, tranquilizar**

sécuritaire *adj* **1** Relatif à la sécurité publique ▸ **de segurança 2** Qui privilégie la sécurité des citoyens aux dépens des libertés démocratiques: *politique sécuritaire* ▸ **de segurança**

sécurité *nf* Situation objective dans laquelle il n'y a aucun risque, aucun danger: *sécurité maximale d'un appareil*; situation d'une personne qui se sent à l'abri du danger: *impression de sécurité* ▸ **segurança** ▪ **de sécurité:** destiné à prévenir un danger: *ceinture de sécurité* ▸ **de segurança** ▫ **en sécurité:** à l'abri du danger ▸ **em segurança** ▫ **sécurité routière:** ensemble des règles et des services visant à la protection des usagers de la route ▸ **segurança rodoviária** ▫ **Sécurité sociale:** ensemble des législations qui ont pour objet de garantir les individus et les familles contre certains risques dits sociaux ▸ **seguridade social**

sédatif, ive *adj* Se dit d'une substance qui agit contre la douleur, l'anxiété, l'insomnie, qui calme l'organisme ▸ **sedativo**

sédentaire *adj et n* **1** Dont l'habitat est fixe (par opposition à *nomade*) ▸ **sedentário 2** Qui sort peu de chez soi; casanier ▸ **sedentário** ◆ *adj* Qui ne comporte ou n'exige pas de déplacements: *emploi sédentaire* ▸ **sedentário**

sédentarisation *nf* Passage de l'état nomade à l'état sédentaire ▸ **sedentarização**

sédentariser *vt* Rendre sédentaire ▸ **sedentarizar**

sédentarité *nf* État d'une personne, d'une société sédentaire ▸ **sedentarismo**

sédiment *nm* Dépôt naturel laissé par les mers, les eaux courantes, le vent, etc. ▸ **sedimento**

sédimentaire *adj* De la nature du sédiment: *roche sédimentaire* ▸ **sedimentar**

sédimentation *nf* Formation d'un sédiment ▸ **sedimentação**

séditieux, euse *adj et n* SOUT **1** Qui prend part à une sédition: *des officiers séditieux* ▸ **sedicioso 2** Qui appelle à la sédition: *propos séditieux* ▸ **sedicioso**

sédition *nf* SOUT Soulèvement, révolte concertée: *fomenter une sédition* ▸ **sedição**

séducteur, trice *adj et n* Qui charme, fait des conquêtes ▸ **sedutor**

séduction *nf* **1** Action de séduire, de plaire, d'envoûter ▸ **sedução 2** Pouvoir de séduire ▸ **sedução**

séduire *vt (conj 70)* Plaire, charmer, attirer ▸ **seduzir**

séduisant, e *adj* Qui séduit ▸ **sedutor**

séfarade *n et adj* Juif des pays méditerranéens (par opposition à *ashkénaze*) ▸ **sefardi**

segment *nm* **1** Portion détachée d'un ensemble ▸ **segmento 2** GÉOM Portion de cercle comprise entre un arc et sa corde ▸ **segmento** ▪ GÉOM **segment de droite:** portion de droite limitée par deux points ▸ **segmento de reta**

segmentaire *adj* Formé de segments ▸ **segmentar, segmentado**

segmentation *nf* **1** Division en segments; fragmentation ▸ **segmentação 2** BIOL Ensemble des premières divisions de l'œuf après la fécondation ▸ **segmentação**

segmenter *vt* Partager en segments; diviser, fractionner ▸ **segmentar**

ségrégatif, ive *adj* Qui relève de la ségrégation ▸ **segregatício**

ségrégation *nf* Action de séparer les personnes d'origines, de mœurs, de religions différentes à l'intérieur d'un pays: *ségrégation raciale* ▸ **segregação**

ségrégationnisme *nm* Politique de ségrégation raciale ▸ **segregacionismo**

ségrégationniste *adj et n* Partisan de la ségrégation raciale ▸ **segregacionista**

séguedille *nf* Chanson et danse populaires espagnoles à trois temps ▸ **seguidilha**

seiche *nf* Mollusque marin voisin du calmar, dont la tête porte dix tentacules à ventouses et qui projette un liquide noir lorsqu'il est attaqué ▸ **siba**

séide [seid] *nm* LITT Homme d'un dévouement aveugle et fanatique ▸ **sectário**

seigle *nm* Céréale rustique cultivée sur les terres pauvres et froides; farine faite à partir du grain de cette plante ▸ **centeio, farinha de centeio**

seigneur *nm* **1** Au Moyen Âge, possesseur d'un fief, d'une terre importante ▸ **senhor 2** Sous l'Ancien Régime, personne de la noblesse ▸ **senhor** ▪ **en grand seigneur: (a)** avec luxe, magnificence ▸ **como um príncipe (b)** avec noblesse ▸ **com nobreza** ▫ **être grand seigneur:** dépenser sans compter ▸ **gastar dinheiro como água** ▫ **le Seigneur:** Dieu ▸ **o Senhor**

seigneurial, e, aux *adj* Du seigneur ▸ **senhorial**

seigneurie *nf* **1** Autorité du seigneur ▸ **senhoria 2** Territoire soumis au seigneur ▸ **senhoria**

sein *nm* **1** Mamelle: *donner le sein à un enfant* ▸ **seio 2** LITT Poitrine: *serrer un enfant contre son sein* ▸ **peito 3** LITT Partie interne: *le sein de la terre* ▸ **seio 4** LITT Refuge que constituent l'écoute, la tendresse d'une personne: *s'épancher dans le sein d'un ami* ▸ **colo** ▪ **au sein de:** au milieu de ▸ **no cerne de**

seine ou **senne** *nf* Filet de pêche utilisé sur les fonds sableux ▸ **rede de arrasto**

seing [sɛ̃] *nm* DR Signature attestant l'authenticité d'un acte ▸ **firma** ▪ **acte sous seing privé:** qui n'a pas été signé devant un notaire ▸ **ato sem firma reconhecida, contrato particular**

séisme *nm* Tremblement de terre ▸ **sismo**
séismique *adj* → **sismique**
séismographe *nm* → **sismographe**
seize *adj num card* **1** Dix plus six ▸ **dezesseis 2** Seizième: *Louis XVI* ▸ **dezesseis** ♦ *nm inv* Chiffre, numéro qui représente ce nombre ▸ **dezesseis**
seizième *adj num ord et n* **1** Qui occupe un rang marqué par le nombre seize ▸ **décimo sexto 2** Qui se trouve seize fois dans le tout ▸ **dezesseis avos**
seizièmement *adv* En seizième lieu ▸ **em décimo sexto lugar**
séjour *nm* **1** Action de séjourner; durée pendant laquelle on séjourne ▸ **estada 2** LITT Lieu où l'on séjourne ▸ **morada** ■ **salle de séjour** ou **séjour:** pièce où l'on se tient habituellement ▸ **sala de estar**
séjourner *vi* Demeurer quelque temps dans un lieu ▸ **passar temporada**
sel *nm* **1** Chlorure de sodium, employé comme assaisonnement et que l'on trouve à l'état de roche (*sel gemme*) ou dans la mer (*sel marin*) ▸ **sal 2** CHIM Composé résultant de la substitution d'un métal à l'hydrogène d'un acide: *sel de potassium* ▸ **sal 3** FIG Ce qu'il y a de piquant, de savoureux: *le sel d'une conversation* ▸ **sal** ■ FAM **mettre son grain de sel:** se mêler de ce qui ne vous regarde pas ▸ **dar pitaco** ♦ **sels** *pl* ANC Ce que l'on faisait respirer pour ranimer ▸ **sais** ■ **sels de bain:** mélange parfumé de sels minéraux pour l'eau du bain ▸ **sais de banho**
sélacien *nm* Poisson marin à squelette cartilagineux (les sélaciens forment une famille comprenant notamment les requins et les raies) ▸ **seláquio**
sélect, e *adj* FAM De premier ordre; choisi, distingué: *un restaurant sélect* ▸ **seleto**
sélecteur *nm* **1** Dispositif de sélection: *sélecteur de programmes* ▸ **seletor 2** Pédale actionnant le changement de vitesse sur une motocyclette ▸ **pedal de câmbio**
sélectif, ive *adj* Fondé sur un choix ou qui opère une sélection: *une épreuve sélective* ▸ **seletivo** ■ **collecte sélective:** ramassage des déchets ménagers triés selon leur nature et déposés par les consommateurs dans des poubelles ou des conteneurs différents, à des fins de recyclage ▸ **coleta seletiva**
sélection *nf* **1** Action de choisir des objets, des personnes; objets, personnes ainsi choisis: *faire une sélection parmi les candidats; une sélection de grands crus* ▸ **seleção 2** Choix d'animaux ou de végétaux en vue de la reproduction ▸ **seleção** ■ BIOL **sélection naturelle:** survivance des animaux ou des végétaux les mieux adaptés ▸ **seleção natural**
sélectionné, e *adj* Choisi pour représenter un club ou un pays ▸ **seleção**
sélectionner *vt* Faire une sélection ▸ **selecionar**
sélectionneur, euse *n* Personne qui procède à une sélection ▸ **selecionador**
sélectivement *adv* D'une manière sélective ▸ **seletivamente**
sélénium *nm* Métalloïde de la famille du soufre; symb: Se ▸ **selênio**
sélénologie *nf* Étude de la Lune ▸ **selenologia**
self *nm* (abréviation) FAM Self-service ▸ **Ø**
self-control (pl *self-controls*) *nm* (anglicisme) Maîtrise de soi ▸ **autocontrole**
self-induction (pl *self-inductions*) *nf* PHYS Induction d'un courant électrique sur lui-même ▸ **autoindução**
self-made-man [sɛlfmɛdman] (pl *self-made-mans* ou *self-made-men*) *nm* homme qui est l'artisan de sa propre réussite ▸ ***self-made man***
self-service (pl *self-services*) *nm* Restaurant où l'on se sert soi-même ▸ ***self-service***
selle *nf* **1** Siège que l'on place sur un cheval que l'on monte; siège de bicyclette, etc. ▸ **sela, selim 2** Petite table mobile sur laquelle travaille le sculpteur ▸ **torno 3** CUIS Partie du mouton, du chevreuil, etc., située entre les premières côtes et le gigot ▸ **sela** ■ **aller à la selle:** expulser les matières fécales ▸ **dar de corpo** ♦ **selles** *pl* Matières fécales ▸ **fezes**
seller *vt* Mettre une selle: *seller un cheval* ▸ **selar**
sellerie *nf* **1** Commerce, industrie du sellier ▸ **selaria 2** Ensemble des selles, des harnais; lieu où on les range ▸ **selaria**
sellette *nf* Petit siège pour divers usages ▸ **tamborete** ■ **être sur la sellette:** être mis en cause ▸ **ser questionado** □ **mettre quelqu'un sur la sellette:** le presser de questions ▸ **bombardear alguém com perguntas**
sellier *nm* Artisan qui fabrique, répare et vend des selles, des harnachements ▸ **seleiro**
selon *prép* **1** Conformément à: *agir selon les désirs de quelqu'un* ▸ **segundo 2** Indique une relation proportionnelle; en fonction de, à proportion de: *dépenser selon ses moyens; selon les cas* ▸ **segundo 3** Du point de vue de: *selon vous*; si l'on juge d'après tel critère; d'après: *selon toute apparence* ▸ **segundo 4** Indique une adaptation au terme de l'alternative; suivant: *choisir tel chemin selon l'état des routes* ▸ **de acordo com, dependendo de** ■ FAM **c'est selon:** cela dépend ▸ **de-**

pende ◆ **selon que** *loc conj* Indique une alternative: *selon qu'il pleuvra ou pas* ► **conforme**

semailles *nf pl* Action de semer; époque où l'on sème ► **semeadura, época da semeadura**

semaine *nf* **1** Période de sept jours: *il viendra dans trois semaines* ► **semana 2** Ensemble des jours ouvrables dans la semaine: *semaine de trente-neuf heures* ► **semana 3** Salaire, argent de poche reçu par semaine ► **semanada** ■ **à la petite semaine:** au jour le jour ► **dia a dia** □ **en semaine:** pendant les cinq premiers jours de la semaine, et non pendant le week-end ► **durante a semana**

semainier *nm* **1** Agenda de bureau qui regroupe les jours par semaine ► **agenda semanal 2** Meuble haut à sept tiroirs ► **móvel com sete gavetas**

sémantique *nf* Étude scientifique du sens des mots et de leurs combinaisons ► **semântica** ◆ *adj* Qui relève de la sémantique ► **semântico**

sémaphore *nm* Appareil servant à transmettre des signaux optiques ► **semáforo**

semblable *adj* **1** Pareil, qui ressemble à; similaire ► **parecido 2** PÉJOR De cette nature; tel ► **tal** ◆ *n* Pareil: *il n'a pas son semblable* ► **semelhante** ◆ *nm* Homme, animal, par rapport aux autres hommes, aux autres animaux de même espèce: *rechercher la compagnie de ses semblables* ► **semelhante**

semblant *nm* ► **semblante** ■ **faire semblant:** feindre ► **fingir** □ **un semblant de:** une apparence de ► **uma aparência de**

sembler *vi* Avoir l'apparence, avoir l'air: *cela semble facile* ► **parecer** ◆ *v impers* Il paraît, on dirait: *il semble qu'il va pleuvoir* ► **parecer** ■ **ce me semble:** à mon avis ► **a meu ver** □ LITT **que vous en semble?:** qu'en pensez-vous? ► **o que você acha?**

GRAMMAIRE *Sembler que* se construit avec l'indicatif ou avec le subjonctif. On écrira: *il semble que tout va bien* (on constate); *il semble qu'il y ait du nouveau* (on croit sans en être certain); *il ne semble pas que tout aille bien* (la principale est négative)

semelle *nf* **1** Dessous d'une chaussure ► **sola 2** Pièce de garniture placée à l'intérieur d'une chaussure: *semelle de liège* ► **palmilha 3** FAM Viande coriace ► **sola** ■ **ne pas bouger, ne pas avancer d'une semelle:** demeurer sur place ► **não sair do lugar** □ **ne pas quitter quelqu'un d'une semelle:** le suivre partout ► **não largar do pé de alguém**

semence *nf* **1** Graine que l'on sème ► **semente 2** Sperme ► **sêmen, esperma 3** Petit clou à tête plate ► **tacha**

semer *vt (conj 9)* **1** Mettre une graine en terre: *semer des haricots* ► **semear 2** LITT Propager: *semer la discorde* ► **semear 3** FAM Laisser tomber, perdre: *semer sa monnaie* ► **deixar cair 4** FAM Fausser compagnie: *semer un importun* ► **livrar-se de 5** FAM Distancer: *semer un concurrent* ► **distanciar-se de**

semestre *nm* **1** Période de six mois ► **semestre 2** Rente, traitement payé tous les six mois: *toucher son semestre* ► **semestralidade**

semestriel, elle *adj* **1** Qui a lieu, qui paraît chaque semestre ► **semestral 2** Qui dure six mois ► **semestral** ◆ *nm* Magazine semestriel ► **revista semestral**

semeur, euse *n* Personne qui sème ► **semeador**

semi-automatique (pl *semi-automatiques*) *adj* Dont le fonctionnement fait se succéder des phases automatiques et des interventions manuelles ► **semiautomático**

semi-circulaire (pl *semi-circulaires*) *adj* Qui est en demi-cercle ► **semicircular**

semi-conducteur, trice (pl *semi-conducteurs, trices*) *adj et nm* Se dit d'un corps non métallique qui conduit imparfaitement l'électricité ► **semicondutor**

semi-conserve (pl *semi-conserves*) *nf* Conserve alimentaire rapidement périssable, qui doit être gardée au frais ► **semiconserva**

semi-consonne (pl *semi-consonnes*) *nf* Semi-voyelle ► **semivogal**

semi-fini (pl *semi-finis*) *adj m* ► **semiacabado** ■ **produit semi-fini:** produit industriel intermédiaire entre la matière première et le produit fini ► **produto semiacabado**

semi-liberté (pl *semi-libertés*) *nf* DR Régime pénitentiaire permettant à un détenu de sortir pour exercer une activité professionnelle, suivre un traitement médical, etc. ► **regime semiaberto**

sémillant, e *adj* LITT Très vif, très gai ► **animado**

séminaire *nm* **1** Établissement où l'on instruit les jeunes gens se destinant à l'état ecclésiastique ► **seminário 2** Groupe de travail; série de conférences dans un domaine quelconque ► **seminário**

séminal, e, aux *adj* **1** De la semence ► **seminal 2** SOUT Fondamental: *notion séminale* ► **fundamental**

séminariste *nm* Élève d'un séminaire ► **seminarista**

séminifère *adj* ANAT Qui conduit le sperme ► **seminífero**

sémiologie *nf* Science des systèmes de signes de communication entre individus ou collectivités ► **semiologia**

semi-public, ique (pl *semi-publics, iques*) *adj* Se dit d'un organisme relevant du droit public et du droit privé; se dit d'un secteur de l'économie régi par le droit privé mais contrôlé par l'État ► **semipúblico, misto**

semi-remorque (pl *semi-remorques*) *nm ou nf* Poids lourd formé d'un véhicule qui tracte et d'une remorque dépourvue de roues avant ► **carreta, semirreboque**

semis *nm* **1** Action de semer dans un terrain préparé; terrain ensemencé ► **semeadura 2** Plant de végétaux semés en graine: *semis d'œillets* ► **sementeira** ■ SOUT **un semis de:** petits motifs décoratifs parsemant une surface ► **salpicos**

sémite *adj et n* Des peuples qui parlent ou ont parlé une langue sémitique ► **semita**

sémitique *adj* ► **semítico** ■ **langues sémitiques:** parlées dans l'Asie occidentale et l'Afrique du Nord (hébreu, arabe, etc.) ► **línguas semíticas**

semi-voyelle (pl *semi-voyelles*) *nf* Son du langage intermédiaire entre les voyelles et les consonnes (EX: [j], [w], [ɥ] dans *yeux, oui, huit*); SYN: *semi-consonne* ► **semivogal**

semnopithèque *nm* Grand singe des forêts d'Asie ► **semnopiteco**

semoir *nm* Machine pour semer ► **semeador**

semonce *nf* Avertissement, réprimande ► **advertência** ■ **coup de semonce:** avertissement brutal ► **dura advertência**

semoule *nf* Produit alimentaire granuleux, extrait des blés durs ► **sêmola**

sempiternel, elle *adj* Qui ne cesse pas, qui se répète indéfiniment: *il raconte ses sempiternelles histoires* ► **sempiterno**

sempiternellement *adv* Toujours, sans cesse ► **sempiternamente**

sénat *nm* **1** (avec une majuscule) Assemblée qui, avec l'Assemblée nationale, constitue le Parlement français ► **Senado 2** Lieu où se réunissent les sénateurs ► **senado 3** Seconde chambre dans les régimes à caractère parlementaire ► **Senado 4** Dans l'Antiquité, nom donné à diverses assemblées politiques ► **Senado**

sénateur, trice *n* Membre du Sénat ► **senador**

sénatorial, e, aux *adj* De sénateur ► **senatorial**

sénatus-consulte [senatyskɔ̃sylt] (pl *sénatus-consultes*) *nm* Dans l'Antiquité romaine, avis du sénat; décret, décision émanant du Sénat sous le premier et le second Empire ► **senátus-consulto**

séné *nm* Plante à feuilles purgatives ► **sene**

sénéchal (pl *sénéchaux*) *nm* ANC Officier de la justice royale ► **senescal**

sénéchaussée *nf* Juridiction d'un sénéchal; son tribunal ► **senescalia**

séneçon *nm* Plante de la famille des composées ► **senécio**

sénégalais, e *adj et n* Du Sénégal: *les Sénégalais* ► **senegalês**

sénescence *nf* Vieillissement de l'organisme ► **senescência**

senestre [sənɛstr] *adj* VX Gauche (par opposition à *dextre*) ► **sinistro**

sénevé *nm* Moutarde sauvage ► **mostarda silvestre**

sénile *adj* **1** Relatif à la vieillesse ► **senil 2** Qui donne des marques de sénilité ► **senil**

sénilité *nf* Affaiblissement physique et surtout intellectuel causé par la vieillesse ► **senilidade**

senior *adj et n* **1** Se dit d'un sportif âgé de vingt ans et plus ► **sênior 2** Qui concerne les plus de cinquante ans: *un magazine senior* ► **para pessoas com mais de cinquenta anos**

senne *nf* → **seine**

sens [sɑ̃s] *nm* **1** Fonction par laquelle l'homme et les animaux reçoivent l'impression des objets extérieurs: *il y a cinq sens: la vue, l'ouïe, l'odorat, le goût et le toucher* ► **sentido 2** Faculté de comprendre, de juger: *avoir le sens des réalités* ► **senso 3** Avis, opinion: *j'abonde dans votre sens* ► **opinião 4** Raison d'être: *donner un sens à sa vie* ► **sentido 5** Signification: *sens propre et sens figuré* ► **sentido 6** Direction: *dans le sens de la longueur; sens interdit* ► **sentido** ■ **bon sens** ou **sens commun:** capacité d'agir raisonnablement ► **bom senso** □ **en dépit du bon sens:** n'importe comment ► **de qualquer jeito** □ **sens dessus dessous:** (a) en désordre ► **de pernas para o ar** (b) dans un grand trouble ► **transtornado** □ **sens unique:** voie sur laquelle la circulation ne s'effectue que dans une seule direction ► **mão única** □ **sixième sens:** intuition ► **sexto sentido** □ **tomber sous le sens:** être évident ► **estar na cara** ◆ *pl* Sensualité: *plaisirs des sens* ► **sentidos**

sensation *nf* Impression reçue par les sens: *sensation visuelle; aimer les sensations fortes; sensation de bien-être* ► **sensação** ■ **à sensation:** qui cause de l'émotion, attire l'attention: *nouvelle, presse à sensation* ► **sensacionalista** □ **faire sensation:** produire une grande impression ► **causar sensação**

sensationnel, elle *adj* **1** Qui fait sensation: *révélation sensationnelle* ► **sensacional 2** FAM Remarquable, d'une valeur exceptionnelle: *une montre sensationnelle* ► **sensacional**

sensé, e *adj* Qui a du bon sens ► **sensato**

sensément *adv* LITT D'une façon sensée ▶ **sensatamente**

sensibilisateur, trice *adj* Qui sensibilise ▶ **sensibilizador**

sensibilisation *nf* Action de sensibiliser ▶ **sensibilização**

sensibiliser *vt* **1** Rendre sensible, réceptif à quelque chose: *sensibiliser l'opinion publique* ▶ **sensibilizar 2** Rendre sensible à une action physique, chimique, etc.; en particulier, en photographie, rendre impressionnable ▶ **sensibilizar 3** MÉD Provoquer des réactions de défense ou des réactions allergiques contre un antigène ▶ **sensibilizar**

sensibilité *nf* **1** Aptitude à s'émouvoir, à éprouver de la pitié, de la tendresse, un sentiment esthétique ▶ **sensibilidade 2** Aptitude d'un organisme à réagir à des excitations externes ou internes ▶ **sensibilidade 3** Opinion, courant politique ▶ **tendência 4** Aptitude d'un instrument de mesure à percevoir de très petites variations: *balance d'une grande sensibilité* ▶ **sensibilidade**

sensible *adj* **1** Doué de sensibilité ▶ **sensível 2** Facilement affecté: *avoir la gorge sensible*: *sensible aux ultrasons*; facilement ému, touché: *un cœur sensible; être sensible à un compliment* ▶ **sensível 3** Immédiatement perceptible: *le monde sensible* ▶ **sensível 4** Très délicat, qui risque de provoquer des réactions: *point sensible; dossier sensible; les quartiers sensibles* ▶ **sensível 5** Qu'on remarque aisément: *progrès sensible* ▶ **sensível 6** Qui indique les plus légères variations: *baromètre sensible* ▶ **sensível** ■ MUS **note sensible:** d'un demi-ton au-dessous de la tonique ▶ **nota sensível**

sensiblement *adv* **1** D'une manière très perceptible ▶ **sensivelmente 2** Presque: *sensiblement égal* ▶ **quase**

sensiblerie *nf* PÉJOR Sensibilité outrée ▶ **sentimentalismo**

sensitif, ive *adj* Relatif à la sensibilité: *nerf sensitif* ▶ **sensitivo** ◆ *adj et n* Se dit d'une personne d'une sensibilité excessive ▶ **sensitivo**

sensoriel, elle *adj* Des sens: *les phénomènes sensoriels* ▶ **sensorial**

sensualisme *nm* PHILOS Système philosophique d'après lequel les idées proviennent des sensations ▶ **sensacionismo**

sensualité *nf* Attachement aux plaisirs sensuels ▶ **sensualidade**

sensuel, elle *adj* Qui flatte les sens: *plaisirs sensuels* ▶ **sensual** ◆ *adj et n* Qui est porté vers les plaisirs des sens, les plaisirs érotiques ▶ **sensual**

sente *nf* Petit sentier ▶ **vereda**

sentence *nf* **1** Jugement, décision: *sentence de mort* ▶ **sentença 2** Maxime, pensée générale, précepte de morale ▶ **sentença**

sentencieusement *adv* D'une manière sentencieuse ▶ **sentenciosamente**

sentencieux, euse *adj* D'une gravité affectée; solennel, pompeux ▶ **sentencioso**

senteur *nf* LITT Odeur agréable, parfum ▶ **aroma**

senti, e *adj* ▶ **sentido** ■ **bien senti:** exprimé avec force et sincérité ▶ **certeiro, apropriado**

sentier *nm* Chemin étroit ▶ **vereda**

sentiment *nm* **1** Connaissance plus ou moins claire de quelque chose; sensation: *avoir le sentiment de sa force* ▶ **sentimento 2** État affectif durable lié à certaines émotions ou représentations: *sentiment de fierté* ▶ **sentimento 3** Manifestation d'un état, d'une tendance: *sentiment de tendresse; mes sentiments dévoués, respectueux* ▶ **sentimento 4** Disposition à être ému, touché ▶ **sentimento 5** SOUT opinion, point de vue: *donner son sentiment* ▶ **opinião**

sentimental, e, aux *adj* Propre aux sentiments tendres, à l'amour: *vie sentimentale* ▶ **sentimental** ◆ *adj et n* Qui a une sensibilité un peu romanesque et mièvre ▶ **sentimental**

sentimentalement *adv* D'une manière sentimentale ▶ **sentimentalmente**

sentimentalisme *nm* Tendance à se complaire dans la manifestation des sentiments ▶ **sentimentalismo**

sentimentalité *nf* Caractère d'une personne ou d'une chose sentimentale ▶ **sentimentalidade**

sentinelle *nf* **1** Soldat qui fait le guet ▶ **sentinela 2** FIG Personne qui guette ▶ **sentinela**

sentir *vt (conj 19)* **1** Recevoir une impression physique: *sentir la chaleur* ▶ **sentir 2** Percevoir par l'odorat: *sentir une odeur bizarre* ▶ **sentir 3** Avoir une saveur particulière: *vin qui sent le terroir* ▶ **saber a 4** Répandre une odeur de: *cela sent la violette* ▶ **cheirar 5** Avoir conscience de, connaître par intuition; prévoir: *je sens que ce livre vous plaira* ▶ **sentir 6** Révéler, dénoter: *cela sent l'effort* ▶ **mostrar** ■ **ne pouvoir sentir quelqu'un:** le détester ▶ **não poder ver alguém nem pintado** ◆ *vi* **1** Exhaler une odeur: *ça sent bon* ▶ **cheirar 2** Répandre une mauvaise odeur: *ce poisson sent* ▶ **feder** ◆ **se sentir** *vpr* **1** Éprouver une disposition intérieure: *je ne me sens pas bien*: *se sentir du courage* ▶ **sentir(-se) 2** Être perceptible: *il est tendre, et cela se sent* ▶ **sentir-se** ■ **se faire sentir:** se manifester ▶ **manifestar-se**

seoir *vi (conj 46)* Être convenable; convenir: *ce chapeau vous sied* ▶ **convir, assentar** ◆ *v impers* ■ **il sied de:** il convient de ▶ **convém**

sep *nm* Pièce où s'emboîte le soc de la charrue ► **cepo**

sépale *nm* BOT Foliole de calice ► **sépala**

séparable *adj* Qu'on peut séparer ► **separável**

séparateur, trice *adj* Qui sépare ► **separador** ■ **pouvoir séparateur:** qualité de l'œil qui permet de distinguer deux points rapprochés ► **poder separador**

séparation *nf* Action de séparer; fait d'être séparé ► **separação** ■ **séparation de biens:** régime matrimonial dans lequel chaque époux garde la gestion de ses biens ► **separação de bens** □ **séparation de corps:** droit pour les époux de ne plus vivre en commun ► **separação de corpos**

séparatisme *nm* Tendance des habitants d'un territoire à séparer celui-ci de l'État dont il fait partie: *séparatisme basque* ► **separatismo**

séparatiste *adj et n* Qui relève du séparatisme; qui en est partisan ► **separatista**

séparé, e *adj* Distinct: *envoi par pli séparé* ► **separado**

séparément *adv* À part: *agir séparément* ► **separadamente**

séparer *vt* **1** Éloigner des personnes, des choses l'une de l'autre: *séparer des enfants de leurs familles* ► **separar 2** Trier, ranger à part: *séparer les bons des mauvais* ► **separar 3** Partager, diviser: *séparer une pièce en deux par un mur* ► **separar, dividir 4** Être placé entre: *la Manche sépare la France de l'Angleterre* ► **separar** ◆ **se séparer** *vpr* **1** Cesser de vivre ensemble, de vivre avec: *se séparer de son mari* ► **separar-se 2** Cesser d'être en relations avec, d'être réunis: *se séparer d'un employé; se séparer pour quelques heures* ► **separar-se 3** Ne plus conserver avec soi: *se séparer de sa poupée* ► **separar-se 4** Se diviser en plusieurs éléments: *fleuve qui se sépare en plusieurs bras* ► **separar-se**

sépia *nf* **1** Matière colorante d'un rouge brun ► **sépia 2** Dessin, lavis exécuté à la sépia ► **sépia** ◆ *adj inv* De la couleur de la sépia ► **sépia**

sept [sɛt] *adj num card et nm inv* **1** Nombre valant six plus un ► **sete 2** Septième: *chapitre sept: le 7 mai* ► **sete**

septante *adj num* SUISSE, BELGIQUE Soixante-dix ► **setenta**

septembre *nm* Neuvième mois de l'année ► **setembro**

septembriseur *nm* HIST Personne qui prit part aux massacres dans les prisons de Paris, en septembre 1792 ► ***septembriseur***

septennal, e, aux *adj* Qui arrive tous les sept ans; qui dure sept ans ► **septenal, septenário**

septennat *nm* Durée d'un mandat de sept ans ► **septenato**

septentrion *nm* LITT Nord ► **setentrião**

septentrional, e, aux *adj* Du nord ► **setentrional**

septicémie *nf* Infection générale produite par la présence de bactéries dans le sang ► **septicemia**

septicémique *adj* Relatif à la septicémie ► **septicêmico**

septicité *nf* MÉD Caractère de ce qui est septique ► **septicidade**

septième [sɛtjɛm] *adj num ord et n* Qui occupe un rang marqué par le nombre sept ► **sétimo** ■ **le septième art:** le cinéma ► **a sétima arte** ◆ *adj et nm* Qui se trouve sept fois dans le tout ► **sétimo**

septièmement *adv* En septième lieu ► **em sétimo lugar**

septique *adj* Causé par une infection microbienne ► **séptico** ■ **fosse septique:** fosse d'aisances où les matières fécales subissent une fermentation rapide ► **fossa séptica**

septuagénaire *n et adj* Personne qui a entre soixante-dix et soixante-dix-neuf ans ► **septuagenário**

septuor *nm* MUS Composition pour sept voix ou instruments ► **septeto**

septuple *adj* Qui vaut sept fois autant ► **séptuplo** ◆ *nm* Quantité sept fois plus grande ► **séptuplo**

septupler *vt* Rendre sept fois plus grand ► **septuplicar** ◆ *vi* Devenir septuple ► **septuplicar**

sépulcral, e, aux *adj* LITT Du sépulcre; qui évoque les sépulcres: *silence sépulcral* ► **sepulcral** ■ **voix sépulcrale:** caverneuse ► **voz sepulcral**

sépulcre *nm* LITT Tombeau ► **sepulcro** ■ **le Saint-Sépulcre:** le tombeau de Jésus-Christ, à Jérusalem ► **o Santo Sepulcro**

sépulture *nf* Lieu où l'on enterre: *violation de sépulture* ► **sepultura**

séquelle *nf* (surtout au pluriel) Trouble, conséquence fâcheuse qui subsiste après une maladie ou qui est le contrecoup d'un événement ► **sequela**

séquençage *nm* Ordre dans lequel se succèdent les quatre bases de l'ADN ► **sequenciamento** ■ **séquençage du génome humain:** localisation des gènes humains sur leurs chromosomes et détermination de la fonction exercée par chacun d'eux ► **sequenciamento do genoma humano**

séquence *nf* **1** Suite ordonnée d'opérations, d'éléments, de mots, etc. ► **sequência 2** CIN Suite d'images ou de scènes formant un ensemble ► **sequência**

séquentiel, elle *adj* Relatif à une séquence ▸ **sequencial**
séquestration *nf* Action de séquestrer; fait d'être séquestré ▸ **sequestro**
séquestre *nm* DR Dépôt provisoire, entre les mains d'un tiers, d'un objet litigieux; dépositaire de ce bien: *mettre les meubles d'un débiteur sous séquestre* ▸ **sequestro, depositário**
séquestrer *vt* **1** Enfermer illégalement une personne ▸ **sequestrar 2** DR Mettre sous séquestre ▸ **sequestrar**
séquoia [sekɔja] *nm* Conifère de Californie qui atteint 140 m de haut et vit plus de 2000 ans ▸ **sequoia**
sérac *nm* Amoncellement de blocs de glace sur un glacier ▸ **seraco**
sérail *nm* **1** ANC Palais d'un prince turc; harem de ce palais ▸ **serralho 2** SOUT Milieu restreint et fermé sur lui-même: *élevé dans le sérail* ▸ **círculo fechado**
séraphin *nm* RELIG Ange de la première hiérarchie angélique, qui se tient devant le trône de Yahvé ▸ **serafim**
séraphique *adj* **1** Propre aux séraphins ▸ **seráfico 2** LITT Angélique, éthéré: *amour séraphique* ▸ **seráfico**
serbe *adj et n* De Serbie: *les Serbes* ▸ **sérvio**
serbo-croate (pl *serbo-croates*) *adj* Qui relève à la fois de la Serbie et de la Croatie ▸ **servo-croata** ◆ *nm* Langue slave parlée par la majorité des populations de l'anc Yougoslavie ▸ **servo-croata**
serein, e *adj* **1** Tranquille, paisible: *une vie sereine* ▸ **sereno 2** LITT Clair, pur et calme ▸ **sereno 3** Qui marque la tranquillité d'esprit: *visage serein* ▸ **sereno**
sereinement *adv* Avec sérénité ▸ **serenamente**
sérénade *nf* **1** Concert donné sous les fenêtres de quelqu'un ▸ **serenata 2** FAM Tapage, bruit ▸ **algazarra**
sérénissime *adj* Titre honorifique donné à quelques hauts personnages: *son Altesse sérénissime* ▸ **sereníssimo** ■ **la sérénissime République:** l'ancienne république de Venise ▸ **Sereníssima República de Veneza**
sérénité *nf* Calme, tranquillité ▸ **serenidade**
séreux, euse *adj* MÉD Qui sécrète une sérosité: *otite séreuse* ▸ **seroso**
serf, serve [sɛr, sɛrv] *n* HIST Personne attachée à une terre et dépendant d'un seigneur ▸ **servo**
serfouette *nf* Outil de jardinage, composé d'une lame et d'une houe ou d'une fourche à deux dents ▸ **sacho**
serfouir *vt* Sarcler, biner avec une serfouette ▸ **sachar**
serge *nf* Étoffe légère de laine ▸ **sarja**
sergé *nm* Tissu croisé et uni ▸ **sarja**
sergent *n* Sous-officier titulaire du grade le moins élevé dans l'infanterie, le génie et l'armée de l'air ▸ **sargento** ◆ *nm* ANC **sergent de ville:** gardien de la paix ▸ **guarda**
sergent-chef, sergente-chef (pl *sergents-chefs, sergentes-chefs*) *n* Sous-officier des armées de terre et de l'air dont le grade est compris entre ceux de sergent et d'adjudant ▸ **primeiro-sargento**
séricicole *adj* Relatif à l'élevage des vers à soie ▸ **sericícola**
sériciculteur, trice *n* Éleveur de vers à soie ▸ **sericicultor**
sériciculture *nf* Élevage des vers à soie ▸ **sericicultura**
séricigène *adj* ZOOL Se dit des insectes, des organes qui produisent de la soie ▸ **sericígeno**
série *nf* **1** Suite, succession: *une série de questions* ▸ **série 2** Ensemble d'objets analogues: *une série de casseroles* ▸ **série 3** Catégorie, classification: *numéro de série* ▸ **série** ■ **de série:** fabriqué à la chaîne (par opposition à *prototype*) ▸ **de série** □ **en série:** qui se succèdent ▸ **em série** □ **hors série:** remarquable, exceptionnel ▸ **fora de série** □ **série noire:** suite d'accidents, de malheurs ▸ **maré de azar** □ **série télévisée:** ensemble de téléfilms ayant chacun leur unité et où l'on retrouve les mêmes personnages principaux ▸ **série de TV**

GRAMMAIRE Lorsque *série* a un complément au pluriel, le verbe s'accorde avec *série* ou avec le complément selon le sens. On écrira: *une nouvelle série de modèles a été lancée sur le marché; une série d'accidents ont eu lieu; toute une série d'accidents a eu lieu*

sériel, elle *adj* Relatif à une série ▸ **serial** ■ **musique sérielle:** qui applique les principes du dodécaphonisme à d'autres critères que celui de la hauteur des sons ▸ **música serial**
sérier *vt* Classer par séries: *sérier les questions* ▸ **seriar**
sérieusement *adv* Avec sérieux ▸ **seriamente**
sérieux, euse *adj* **1** Qui agit avec réflexion, application; qui inspire confiance: *élève, commerçant, travail sérieux* ▸ **sério 2** Grave, qui ne plaisante pas: *air sérieux*: *film sérieux* ▸ **sério 3** Sur quoi on peut se fonder: *promesse sérieuse* ▸ **sério 4** Important: *une maladie sérieuse* ▸ **sério** ◆ *nm* **1** Air grave: *garder son sérieux* ▸ **seriedade 2** Qualité d'une personne posée, réfléchie: *travailler avec sérieux* ▸ **seriedade 3** Caractère de ce qui est important, grave: *le sérieux de la situation* ▸ **serie-**

dade, gravidade ■ **prendre au sérieux:** considérer comme réel, important ► **levar a sério**
sérigraphie *nf* Procédé d'impression à travers un écran de tissu ► **serigrafia**
serin, e *n* **1** Petit oiseau à plumage jaune ► **canário 2** VIEILLI, FAM étourdi, naïf ► **parvo**
seriner *vt* FAM Répéter souvent quelque chose à quelqu'un ► **martelar**
serinette *nf* Boîte à musique utilisée pour apprendre à chanter aux oiseaux ► **serineta**
seringa ou **seringat** *nm* Arbuste cultivé pour ses fleurs blanches odorantes ► **silindra**
seringue *nf* Instrument servant à injecter ou prélever un liquide dans les tissus, formé d'un piston et d'un corps de pompe muni d'un embout où l'on adapte une aiguille ► **seringa**
serment *nm* Affirmation, promesse solennelle: *prêter serment* ► **juramento** ■ FAM **serment d'ivrogne:** sur lequel il ne faut pas compter ► **promessa de bêbado**
sermon *nm* **1** Discours religieux prononcé dans une église ► **sermão 2** Remontrance longue et ennuyeuse ► **sermão**
sermonner *vt* Faire des remontrances ► **passar sermão**
sermonneur, euse *n* Personne qui aime à sermonner, à gronder ► **pregador**
séroconversion *nf* MÉD Apparition d'une séropositivité chez un sujet ► **soroconversão**
sérodiagnostic *nm* Diagnostic des maladies infectieuses ► **sorodiagnóstico**
sérologie *nf* Étude des sérums, de leurs propriétés, de leurs applications ► **sorologia**
sérologique *adj* Relatif à la sérologie ► **sorológico**
séronégatif, ive *adj et n* Qui présente un sérodiagnostic négatif ► **soronegativo**
séropositif, ive *adj et n* Qui présente un sérodiagnostic positif, en particulier pour le virus du sida ► **soropositivo**
séropositivité *nf* Caractère séropositif ► **soropositividade**
sérosité *nf* Liquide sécrété par les membranes séreuses ou constituant certains épanchements ► **serosidade**
sérothérapie *nf* Traitement thérapeutique par les sérums ► **soroterapia**
serpe *nf* Outil pour couper le bois, tailler les arbres, etc. ► **podão**
serpent *nm* Reptile sans membres, parfois venimeux, qui se déplace en rampant ► **cobra** ■ FAM **serpent de mer:** histoire qui redevient périodiquement un sujet de conversation ► **lugar-comum**
serpentaire *nm* Grand oiseau rapace d'Afrique qui se nourrit surtout de serpents ► **serpentário**
serpenteau *nm* Jeune serpent ► **cobrinha**
serpenter *vi* Suivre un trajet sinueux: *ruisseau qui serpente* ► **serpentear**
serpentin *nm* Bande de papier coloré enroulée sur elle-même et qui se déroule quand on la lance ► **serpentina**
serpentine *nf* Pierre fine, de couleur vert sombre ► **serpentina**
serpette *nf* Petite serpe ► **serpete**
serpillière *nf* Grosse toile servant à laver les sols ► **serapilheira**
serpolet *nm* Plante aromatique du genre du thym ► **serpão**
serrage *nm* Action de serrer: *vis de serrage* ► **aperto**
serran *nm* Poisson des côtes rocheuses, voisin du mérou ► **serrano**
serre *nf* **1** Griffe d'oiseau de proie ► **garra 2** Local vitré destiné à abriter des plantes ► **estufa** ■ **effet de serre:** réchauffement de l'atmosphère terrestre, accéléré par l'émission de certains gaz ► **efeito estufa**
serré, e *adj* **1** Très ajusté: *pantalon serré* ► **apertado 2** Dont les parties constituantes sont très rapprochées: *tissu serré*: *en rangs serrés* ► **cerrado 3** FIG Rigoureux: *un raisonnement serré* ► **rigoroso 4** Qui offre peu de possibilités: *budget serré*; qui se tient de très près: *score très serré* ► **apertado** ■ **café serré:** fort ► **café curto** ♦ *adv* ■ **jouer serré:** agir avec prudence ► **pisar em ovos**
serre-file (pl *serre-files*) *nm* Officier ou sous-officier placé derrière un peloton dans une troupe en marche ► **cerra-fila**
serre-fils *nm inv* ÉLECTR Instrument pour réunir deux fils électriques ► **borne de união**
serre-joint (pl *serre-joints*) *nm* TECHN Instrument pour serrer des assemblages ► **gastalho**
serre-livres *nm inv* Objet servant à maintenir des livres serrés verticalement ► **aperta-livros**
serrement *nm* ► **aperto** ■ **serrement de cœur:** oppression causée par une vive émotion ► **aperto no coração** □ **serrement de main: (a)** action de serrer la main de quelqu'un ► **aperto de mão (b)** poignée de main ► **aperto de mão**
serrer *vt* **1** Maintenir fixe: *serrer une pièce dans un étau* ► **apertar, fixar 2** Presser, étreindre: *serrer la main* ► **apertar 3** Rapprocher: *serrer les bagages dans le coffre* ► **cerrar, apertar** ◇ *vpr*: *se serrer contre quelqu'un* ► **apertar-se 4** Tirer sur les extrémités d'un lien: *serrer un nœud* ► **apertar 5** Agir sur un dispositif de fixation, une commande mécanique:

serrer une vis ▸ **apertar 6** Pousser contre un obstacle; passer au plus près: *serrer le mur* ▸ **acuar, passar rente 7** Comprimer le corps: *ces gants me serrent* ▸ **apertar 8** VX; ANTILLES, CANADA Ranger, remiser; enfermer, ranger en lieu sûr: *serrer ses économies dans un coffre* ▸ **guardar ■ serrer le cœur, la gorge:** oppresser ▸ **apertar o coração, dar nó na garganta □ serrer les dents:** résister à la douleur ▸ **cerrar os dentes □ serrer les voiles:** les attacher ▸ **ferrar as velas □ serrer le vent:** gouverner le plus près possible de la direction d'où vient le vent ▸ **navegar próximo à direção do vento**

serre-tête *nm inv* Bandeau qui maintient la chevelure en place ▸ **faixa para a cabeça**

serriste *n* AGRIC Exploitant de serres ▸ **estufeiro**

serrure *nf* Appareil qui ferme au moyen d'une clef, d'un ressort ▸ **fechadura**

serrurerie *nf* Métier, ouvrage du serrurier ▸ **serralheria**

serrurier *nm* Artisan qui fabrique, répare ou vend des serrures ▸ **serralheiro**

sertir *vt* **1** Enchâsser dans une monture: *sertir un diamant* ▸ **engastar 2** TECHN Fixer des pièces de métal mince en en rabattant les bords ▸ **encaixar**

sertissage *nm* Action de sertir ▸ **engaste, encaixe**

sertisseur, euse *n et adj* Personne qui sertit ▸ **engastador**

sertissure *nf* Manière dont une pierre est sertie ▸ **engaste**

sérum [serɔm] *nm* **1** Partie liquide du sang, qui se sépare après coagulation ▸ **soro 2** Préparation à base de sérum extrait du sang d'un animal et utilisée comme vaccin: *sérum antitétanique* ▸ **soro ■ sérum physiologique:** solution de chlorure de sodium de même concentration moléculaire que le plasma sanguin ▸ **soro fisiológico**

servage *nm* État de serf ▸ **servidão**

serval (pl *servals*) *nm* Grand chat sauvage d'Afrique ▸ **serval**

servant *nm* Militaire affecté au fonctionnement d'une arme ▸ **servente ◆** *adj m* ▸ **servente ■ chevalier servant:** homme dévoué à une femme, qui lui fait la cour ▸ **fiel admirador**

servante *nf* VX Fille ou femme employée comme domestique ▸ **criada**

serveur¹, euse *n* Personne qui sert la clientèle dans un café, un restaurant, etc. ▸ **garçom**

serveur² *nm* INFORM Système informatique présentant des informations consultables ou utilisables à distance au moyen d'un ordinateur ▸ **servidor**

serviabilité *nf* Caractère d'une personne serviable ▸ **serviçalismo**

serviable *adj* Qui aime à rendre service ▸ **serviçal**

service *nm* **1** Action de servir; ensemble des obligations envers quelqu'un ou une collectivité: *se mettre au service de l'État; faire son service militaire* ▸ **serviço 2** Organisme chargé d'une fonction administrative; ensemble des bureaux, des personnes assurant cette fonction: *service du contentieux, du personnel* ▸ **setor, departamento 3** Fonctionnement d'une machine, d'un appareil: *mettre une ligne de métro en service* ▸ **funcionamento 4** Activité professionnelle: *avoir trente ans de service* ▸ **serviço 5** Expédition, distribution d'une publication: *service des dépêches; service de presse* ▸ **distribuição 6** Action, manière de servir, de se servir: *service gratuit, rapide* ▸ **serviço 7** Ensemble des repas servis en même temps: *premier service* ▸ **serviço 8** Pourcentage d'une note d'hôtel, de restaurant, affecté au personnel: *service compris* ▸ **serviço 9** Assortiment de vaisselle, de linge de table: *service à thé* ▸ **serviço 10** Action, manière de mettre la balle en jeu ▸ **serviço, saque 11** Ce qu'on fait pour être utile à quelqu'un: *rendre service* ▸ **serviço 12** Messe célébrée pour un défunt: *service funèbre* ▸ **serviço ■ hors service:** hors d'usage ▸ **quebrado □ service public:** activité d'intérêt général, assurée par un organisme; organisme public ou privé assurant cette activité ▸ **serviço público ◆ services** *pl* Travail rémunéré effectué pour un employeur: *offrir ses services* ▸ **serviço**

serviette *nf* **1** Linge pour la table ou la toilette ▸ **guardanapo, toalha de mão 2** Sac à compartiments pour transporter des livres, des documents ▸ **pasta ■ serviette hygiénique:** bande absorbante utilisée comme protection externe pendant les règles ▸ **absorvente higiênico**

serviette-éponge (pl *serviettes-éponges*) *nf* Serviette de toilette en tissu-éponge ▸ **toalha felpuda**

servile *adj* **1** ANC Relatif à l'état de serf ▸ **servil 2** Obséquieux, soumis: *esprit servile* ▸ **servil 3** Qui imite un modèle de trop près: *copie servile* ▸ **servil**

servilement *adv* De façon servile ▸ **servilmente**

servilité *nf* Esprit servile; basse soumission ▸ **servilismo**

servir *vt (conj 20)* **1** Être au service de quelqu'un, d'une collectivité: *servir son pays* ▸ **servir 2** Vendre, fournir des marchandises: *servir les clients* ▸ **servir 3** Placer sur la table, dans un repas: *servir* *le potage*; présenter à quelqu'un pour consommer: *servir les invités* ► **servir 4** Favoriser, être utile à: *les circonstances l'ont bien servi* ► **favorecer ▪ servir la messe:** assister le prêtre qui la célèbre ► **servir a missa □ servir l'État: (a)** exercer un emploi public ► **trabalhar para o Estado (b)** être militaire ► **servir ◆** *vt ind* **1** Être utile à quelqu'un: *ce stylo me sert beaucoup* ► **ser útil 2** Être bon, propre à: *à quoi sert cet instrument?* ► **servir 3** Être utilisé comme, en tant que: *servir de guide* ► **servir ◆** *vi* **1** Être militaire ► **servir 2** SPORTS Mettre la balle en jeu ► **servir, sacar ◆ se servir** *vpr* **1** Prendre d'un mets ► **servir-se 2** S'approvisionner chez un fournisseur ► **fazer compras 3** Utiliser, faire usage de: *se servir de ses relations* ► **servir-se**

serviteur *nm* Personne qui est au service de quelqu'un; domestique ► **empregado**

servitude *nf* **1** État de dépendance; esclavage ► **servidão 2** Contrainte, assujettissement: *servitudes d'un métier* ► **sujeição**

servofrein *nm* Frein à serrage automatique ► **servofreio**

servomoteur *nm* Engin régulateur d'un moteur ► **servomotor**

ses *adj poss pl* Représente un possesseur de la 3e personne du singulier pour indiquer un rapport d'appartenance, un rapport d'ordre affectif ou social de plusieurs personnes ou choses avec lui; à lui, à elle: *ses livres; ses parents; ses collègues* ► **seus, suas**

sésame[1] *nm* Plante oléagineuse cultivée pour ses graines; graine de cette plante ► **sésamo, gergelim**

sésame[2] *nm* Moyen infaillible pour se faire ouvrir toutes les portes ► **chave, sésamo**

session *nf* **1** Période pendant laquelle siège un corps délibérant: *session parlementaire* ► **sessão 2** Période pendant laquelle a lieu un examen: *session de juin* ► **época de provas**

ORTHOGRAPHE La *session*, pendant laquelle on *siège*, ne doit pas être confondue avec la *cession*, l'action de *céder*

sesterce *nm* ANTIQ Monnaie romaine ► **sestércio**

set [sɛt] *nm* **1** Manche d'un match de tennis, de tennis de table ou de volley-ball ► ***set* 2** Napperon individuel, pour un repas (on dit aussi: *set de table*) ► **peça de jogo americano**

setter [setɛr] *nm* Race de chiens d'arrêt à poil long ► ***setter***

seuil *nm* **1** Pierre ou traverse de bois au bas de l'ouverture d'une porte ► **soleira 2** Entrée d'une maison ► **entrada 3** FIG Début: *au seuil de la vie* ► **limiar 4** Limite au-delà de laquelle les conditions sont modifiées: *franchir un seuil* ► **limite**

seul, e *adj* **1** Qui est sans compagnie, isolé: *un homme seul: voyager seul* ► **só, sozinho 2** Unique: *une seule fois; être seul coupable* ► **único 3** À l'exclusion des autres: *lui seul réussira* ► **somente, apenas ▪ parler tout seul:** à soi-même ► **falar sozinho □ seul à seul:** en tête à tête ► **a sós □ tout seul:** sans aide, sans secours ► **sozinho**

GRAMMAIRE *Seul à seul* est toujours au singulier. L'expression ne peut s'écrire au féminin que si elle concerne deux noms féminins. Ainsi, on écrit: *ils se sont parlé seul à seul, elles se sont parlé seule à seule; l'institutrice a parlé à son élève seule à seule; le médecin a parlé à sa patiente seul à seul*

seulement *adv* **1** Sans rien ou personne de plus: *être deux seulement* ► **apenas, somente 2** Pas plus tôt que: *seulement hier* ► **só 3** Exclusivement: *manger seulement pour se nourrir* ► **apenas 4** Cependant, toutefois: *seulement, elle refusera* ► **mas ▪ pas seulement:** pas même ► **nem sequer □ si seulement:** si au moins ► **se ao menos**

sève *nf* Liquide nourricier qui circule dans les végétaux ► **seiva**

sévère *adj* **1** Sans indulgence; dur: *magistrat sévère* ► **severo 2** Strict et rigoureux: *règle sévère* ► **severo 3** Qui a peu d'ornements: *décor sévère* ► **austero 4** Grave par son importance; considérable: *des pertes sévères* ► **severo**

sévèrement *adv* Avec sévérité ► **severamente**

sévérité *nf* Caractère d'une personne ou d'une chose sévère ► **severidade**

sévices *nm pl* Mauvais traitements: *exercer des sévices sur un enfant* ► **sevícias**

sévir *vi* **1** Punir avec sévérité: *sévir contre un coupable* ► **punir severamente 2** Exercer des ravages: *la peste a sévi dans le pays* ► **assolar**

sevrage *nm* **1** Action de sevrer ► **desmame 2** Privation progressive d'alcool ou de drogue lors d'une cure de désintoxication ► **desintoxicação**

sevrer *vt (conj 9)* **1** Cesser d'allaiter un enfant, un animal ► **desmamar 2** Priver, désaccoutumer quelqu'un de quelque chose, en particulier d'alcool ou de drogue ► **provar, desintoxicar 3** FIG Priver: *sevrer d'affection* ► **privar**

sèvres *nm* Porcelaine de Sèvres ► **sevres**

sexagénaire *n et adj* Personne qui a entre soixante et soixante-neuf ans ► **sexagenário**

sexagésimal, e, aux *adj* Relatif au nombre soixante ► **sexagesimal**

sex-appeal [sɛksapil] *nm sing* Charme sensuel, attrait physique (surtout d'une femme) ► ***sex appeal***

sexe *nm* **1** Ensemble des caractères qui permettent de distinguer le genre mâle et le genre femelle ► **sexo 2** Organes génitaux de l'homme et de la femme ► **sexo 3** Ensemble des personnes du même sexe ► **sexo 4** FAM Sexualité ► **sexo** ■ FAM **le beau sexe:** les femmes ► **o belo sexo** □ FAM **le sexe fort:** les hommes ► **o sexo forte**

sexisme *nm* Attitude discriminatoire à l'égard du sexe féminin ► **sexismo**

sexiste *adj et n* Relatif au sexisme; qui en est partisan ► **sexista**

sexologie *nf* Étude scientifique de la sexualité ► **sexologia**

sexologue *n* Spécialiste de sexologie ► **sexólogo**

sex-shop (pl *sex-shops*) *nm* Magasin spécialisé dans la vente de revues, de films, d'objets, etc., érotiques et pornographiques ► ***sex shop***

sextant *nm* Instrument qui permet de mesurer des hauteurs d'astres et de déterminer la latitude ► **sextante**

sexto *adv* Sixièmement ► **em sexto lugar**

sextuor *nm* Morceau de musique pour six voix ou instruments ► **sexteto**

sextuple *adj* Qui vaut six fois autant ► **sêxtuplo** ♦ *nm* Nombre sextuple ► **sêxtuplo**

sextupler *vt* Multiplier par six ► **sextuplicar**

sexualité *nf* **1** BIOL Ensemble des caractères spéciaux déterminés par le sexe ► **sexualidade 2** Ensemble des phénomènes relatifs à l'instinct sexuel et à sa satisfaction ► **sexualidade**

sexué, e *adj* Pourvu d'organes sexuels différenciés: *animaux sexués* ► **sexuado**

sexuel, elle *adj* **1** Qui caractérise le sexe ► **sexual 2** Relatif au sexe, à la sexualité: *relations sexuelles* ► **sexual**

sexuellement *adv* Du point de vue de la sexualité ► **sexualmente** ■ **infection** ou **maladie sexuellement transmissible (IST** ou **MST):** pouvant être transmise au cours d'un rapport sexuel ► **doença sexualmente transmissível (DST)**

sexy [sɛksi] *adj inv* FAM Qui inspire ou évoque le désir sexuel ► ***sexy***

seyant, e *adj* Qui sied, qui va bien: *coiffure très seyante* ► **que fica bem**

sforzando [sfɔrzãdo] *adv* MUS En renforçant progressivement l'intensité du son ► ***sforzando***

shah *nm* → **chah**

shaker [ʃɛkœr] *nm* Double gobelet fermé pour préparer les cocktails ► **coqueteleira**

shakespearien, enne [ʃɛkspirjɛ̃, ɛn] *adj* Propre à Shakespeare; qui rappelle son style ► **shakespeariano**

shako ou **schako** *nm* Coiffure des gardes républicains et des saint-cyriens ► **barretina**

shampooing ou **shampoing** [ʃɑ̃pwɛ̃] *nm* **1** Produit de toilette pour laver les cheveux; lavage des cheveux avec ce produit ► **xampu 2** Produit pour laver certains textiles (tapis) ► **xampu**

shampouiner *vt* Laver avec un shampooing ► **lavar com xampu**

shampouineur, euse *n* Employé qui fait les shampooings dans un salon de coiffure ► **lavador de cabelos**

shampouineuse *nf* Appareil pour nettoyer tapis et moquettes ► **limpador de tapete**

shérif *nm* Aux États-Unis, officier d'administration élu, ayant un pouvoir judiciaire limité ► **xerife**

sherpa [ʃɛrpa] *nm* **1** Porteur ou guide des expéditions d'alpinistes, dans l'Himalaya ► **xerpa 2** FAM Conseiller d'un chef d'État, chargé de préparer les sommets internationaux ► **conselheiro**

shetland [ʃɛtlɑ̃d] *nm* **1** Laine des moutons d'Écosse; lainage fait avec cette laine ► ***shetland* 2** Race de petits poneys originaire d'Écosse ► ***shetland***

shiitaké [ʃiitake] *nm* Champignon japonais, cultivé pour ses qualités médicinales et gastronomiques ► ***shitake***

shilling [ʃili] *nm* **1** Ancienne unité monétaire divisionnaire anglaise qui valait 1/20 de livre ► **xelim 2** Unité monétaire du Kenya, de l'Ouganda, de la Somalie et de la Tanzanie ► **xelim**

shinto [ʃinto] ou **shintoïsme** [ʃintɔism] *nm* Religion japonaise antérieure au bouddhisme ► **xintoísmo**

shintoïste *adj et n* Relatif au shinto; qui en est adepte ► **xintoísta**

shipchandler [ʃipʃɑ̃dlœr] *nm* Marchand d'articles de marine ► **fornecedor de artigos para navios**

shirting [ʃœrtiŋ] *nm* Tissu de coton, utilisé pour la lingerie et la chemiserie ► **tecido de algodão**

shogun [ʃɔgun] ou **shogoun** *nm* Chef militaire et civil du Japon, de 1192 à 1867 ► **xogum**

shogunal, e, aux ou **shogounal, e, aux** *adj* Relatif aux shoguns ► **xogunal**

shoot [ʃut] *nm* Au football, coup de pied vers les buts adverses; SYN: *tir* ► **chute**

shooter[1] [ʃute] *vi* Au football, tirer ► **chutar**

shooter[2] **(se)** [ʃute] *vpr* FAM S'injecter de la drogue ► **picar-se**

shopping [ʃɔpiŋ] *nm* Action d'aller dans les magasins, de faire des achats ► **passeio para fazer compras**

short [ʃɔrt] *nm* Culotte courte couvrant le haut des cuisses ► ***shorts***

short-track [ʃɔrttrak] (pl *short-tracks*) *nm* Course en patins à glace qui se pratique sur une piste courte de 111 mètres ▸ ***short track*, corrida de patinação em pista curta**

show [ʃo] *nm* **1** Spectacle de variétés centré sur une vedette ▸ ***show*** **2** Prestation d'un homme politique: *show télévisé* ▸ ***performance***

show-business [ʃobiznɛs] *nm inv* Industrie, ensemble des métiers du spectacle ▸ ***show business***

shunt [ʃœt] *nm* Dérivation d'une partie du courant qui traverse un circuit électrique ▸ ***shunt***

si[1] *conj* **1** Indique l'hypothèse, la condition: *si j'avais de l'argent, je vous en prêterais* ▸ **se 2** Marque le vœu, la proposition, le regret: *si nous y allions?* ▸ **(e) se 3** Introduit le résultat dont l'explication est donnée dans la principale: *si je me répète, c'est parce que tu n'obéis pas* ▸ **se ▪ si ce n'est: (a)** introduit une rectification à un niveau supérieur: *une heure, si ce n'est deux* ▸ **se não (b)** introduit une restriction; sauf, excepté: *tout, si ce n'est un détail* ▸ **a não ser □ si ce n'est que:** excepté que ▸ **a não ser que ◆** *nm inv* Hypothèse, supposition: *avec des si, on mettrait Paris en bouteille* ▸ **se**

si[2] *adv* **1** Marque l'intensité: *ne parle pas si fort; ce n'est pas si facile que ça* ▸ **tão 2** Contredit une négation: *ça n'a pas d'importance si, ça en a; vous ne l'avez pas vue? si* ▸ **sim 3** Introduit une interrogation indirecte: *je me demande s'il viendra* ▸ **se ▪ si bien que:** indique une conséquence; de sorte que ▸ **de tal modo que**

si[3] *nm inv* MUS Septième note de la gamme de *do* ▸ **si**

sialagogue *adj et nm* MÉD Se dit d'une substance qui augmente la production de salive ▸ **sialagogo**

siamois, e *adj et n* Du Siam ▸ **siamês ▪ chat siamois** ou **siamois:** *nm* chat à la robe crème et aux yeux bleus ▸ **gato siamês □ frères siamois, sœurs siamoises:** jumeaux soudés l'un à l'autre ▸ **irmãos siameses, irmãs siamesas**

sibérien, enne *adj et n* De Sibérie ▸ **siberiano ▪ un froid sibérien:** une température très basse ▸ **um frio siberiano**

sibilant, e *adj* MÉD Sifflant ▸ **sibilante**

sibylle [sibil] *nf* ANTIQ Prophétesse ▸ **sibila**

sibyllin, e *adj* SOUT Obscur, énigmatique: *propos sibyllins* ▸ **sibilino**

sic [sik] *adv* Se met entre parenthèses après un mot, une expression, pour indiquer que l'on cite textuellement ▸ ***sic***

sicav [sikav] *nf inv* (sigle de *société d'investissement à capital variable*) Société dont le rôle est de gérer un portefeuille de valeurs dont chaque porteur de titre détient une fraction; cette fraction ▸ **Sicav**

siccatif, ive *adj et nm* Propre à accélérer le séchage des peintures, des vernis, des encres ▸ **sicativo**

sicilien, enne *adj et n* De Sicile: *les Siciliens* ▸ **siciliano**

sicilienne *nf* Danse ou musique au rythme balancé ▸ **siciliana**

sida [sida] *nm* (sigle de *syndrome immunodéficitaire acquis*) Maladie infectieuse transmissible par voie sexuelle ou sanguine, qui se traduit par une disparition des réactions de défense de l'organisme ▸ **aids**

side-car [sidkar] (pl *side-cars*) *nm* Véhicule à une seule roue, accouplé latéralement à une motocyclette ▸ ***sidecar***

sidéen, enne *adj et n* Atteint du sida ▸ **portador do vírus da aids**

sidéral, e, aux *adj* Relatif aux astres ▸ **sideral**

sidérant, e *adj* Qui frappe de stupeur ▸ **siderante**

sidéré, e *adj* Stupéfait, abasourdi ▸ **siderado**

sidérer *vt* Frapper de stupeur, stupéfier ▸ **siderar**

sidérose *nf* MÉD Infiltration des tissus par des particules de fer ▸ **siderose**

sidérurgie *nf* Ensemble des techniques permettant de produire et de travailler le fer, les fontes et les aciers ▸ **siderurgia**

sidérurgique *adj* Relatif à la sidérurgie ▸ **siderúrgico**

sidérurgiste *n* Personne qui travaille dans la sidérurgie ▸ **siderúrgico**

siècle *nm* **1** Durée de cent ans ▸ **século 2** Période de cent ans, comptée à partir d'une date fixe: *le seizième siècle* ▸ **século 3** Époque, temps où l'on vit: *être de son siècle* ▸ **século 4** Époque caractérisée par un grand homme, une grande découverte, etc.: *le siècle de Périclès, de l'atome* ▸ **século 5** FAM Longue durée: *il y a un siècle que je ne l'ai pas vu* ▸ **século**

siège *nm* **1** Meuble ou tout objet fait pour s'asseoir; partie horizontale de ce meuble, de cet objet, sur laquelle on s'assied ▸ **assento 2** Place, mandat d'un membre d'une assemblée: *perdre son siège* ▸ **assento 3** Lieu de résidence principal d'une autorité: *siège d'un tribunal; siège social* ▸ **sede 4** Endroit où naît et se développe quelque chose: *siège d'une douleur* ▸ **foco 5** Postérieur, fesses: *bain de siège* ▸ **assento 6** Opération militaire menée contre une ville, une place forte ► **cerco** ■ **état de siège:** suspension du pouvoir civil remplacé par un régime militaire ► **estado de sítio**

siéger *vi (conj 2 et 10)* **1** Faire partie d'une assemblée, d'un tribunal ► **ter assento 2** Tenir ses séances ► **deliberar, reunir-se 3** Se trouver, être dans tel ou tel endroit ► **localizar-se**

sien, enne *adj poss* SOUT Qui est à lui, à elle: *faire sienne une idée* ► **seu** ◆ *pron poss* ■ **le sien, la sienne:** ce qui est à lui, à elle: *ce sont mes affaires, pas les siennes* ► **o seu, a sua** ◆ *nm* ■ **y mettre du sien:** se donner de la peine ► **colaborar** ◆ **siens** *nm pl* ■ **les siens:** ses parents, amis, partisans ► **os seus** ◆ **siennes** *nf pl* ■ **faire des siennes:** des folies, des bêtises ► **fazer das suas**

sierra *nf* Chaîne de montagnes, dans les pays de langue espagnole: *la sierra Nevada* ► **serra**

sieste *nf* Repos que l'on prend après le déjeuner ► **sesta**

sieur *nm* DR Monsieur: *le sieur X* ► **senhor**

sifflant, e *adj* Qui produit un sifflement: *prononciation sifflante* ► **sibilante**

sifflement *nm* **1** Bruit fait en sifflant ► **assobio, sibilo 2** Bruit aigu produit par un rapide déplacement d'air: *sifflement du vent, d'une balle* ► **assobio, sibilo**

siffler *vi* **1** Produire un son aigu soit avec la bouche, soit avec un instrument ► **assobiar 2** Produire un son aigu qui évoque un sifflement: *le train siffle* ► **apitar 3** Crier, en parlant du serpent ou de certains oiseaux ► **sibilar** ◆ *vt* **1** Moduler en sifflant: *siffler un air* ► **assobiar 2** Appeler en sifflant: *siffler un chien; siffler les filles* ► **chamar assobiando 3** Manifester de la désapprobation par des sifflements ► **assobiar 4** Signaler par un coup de sifflet: *siffler une faute* ► **apitar**

ORTHOGRAPHE *Siffler* s'écrit avec deux *f*, alors que *persifler* s'écrit avec un seul *f*

sifflet *nm* Instrument avec lequel on siffle ► **apito** ◆ **sifflets** *pl* Sifflements de désapprobation: *accueilli par des sifflets* ► **assobiada**

sifflotement *nm* Action de siffloter; son ainsi produit ► **assobio baixo**

siffloter *vi et vt* Siffler doucement, négligemment ► **assobiar baixinho**

sigillé, e *adj* Marqué d'un sceau ► **sigilado**

sigillographie *nf* Étude des sceaux ► **sigilografia**

sigle *nm* Lettre initiale ou groupe de lettres initiales constituant l'abréviation de mots fréquemment employés (EX: *ONU, SNCF)* ► **sigla**

siglé, e *adj* Qui est orné d'un sigle: *tee-shirt siglé* ► **com logotipo**

sigma *nm inv* Lettre de l'alphabet grec, correspondant à *s* ► **sigma**

signal *nm* **1** Signe convenu pour avertir: *signal sonore* ► **sinal 2** Appareil, panneau qui produit ou porte ce signe: *signal d'alarme; signaux routiers* ► **sinal, sinalização 3** Ce qui annonce, provoque quelque chose ► **sinal** ■ **donner le signal de:** provoquer, annoncer ► **sinalizar**

signalé, e *adj* LITT Remarquable: *rendre un signalé service* ► **notável**

signalement *nm* **1** Description détaillée d'une personne ► **sinais 2** DR Information relative à un mineur, victime ou auteur d'une infraction, donnée aux autorités administratives ou judiciaires ► **sinais, dados**

signaler *vt* **1** Annoncer par un signal: *signaler un danger* ► **sinalizar 2** Attirer l'attention sur: *signaler un fait* ► **assinalar** ◆ **se signaler** *vpr* Se distinguer, se faire remarquer ► **assinalar-se**

signalétique *adj* Qui donne le signalement, la description de: *fiche signalétique* ► **sinalético**

signalisation *nf* Installation, utilisation de signaux ► **sinalização**

signaliser *vt* Munir d'une signalisation ► **sinalizar**

signataire *n et adj* Personne qui a signé un acte, une pièce quelconque ► **signatário**

signature *nf* **1** Nom, marque personnelle que l'on met en bas d'un écrit, d'une œuvre pour attester qu'on en est bien l'auteur ou qu'on en approuve le contenu ► **assinatura 2** Action de signer ► **assinatura**

signe *nm* **1** Indice, marque: *signe de pluie: signe particulier* ► **sinal 2** Mot, geste, mimique permettant de faire connaître, de communiquer: *faire signe de venir; faire un signe de croix* ► **sinal 3** Marque matérielle distinctive ► **sinal 4** Représentation matérielle conventionnelle: *signes de ponctuation* ► **sinal** ■ **c'est bon, mauvais signe:** cela annonce quelque chose de bon, de mauvais ► **é bom, mau sinal** □ **ne pas donner signe de vie: (a)** sembler mort ► **não dar sinal de vida (b)** ne pas donner de ses nouvelles ► **não dar sinal de vida** □ **signes du zodiaque** → **zodiaque** □ **sous le signe de:** sous l'influence de ► **sob o signo de**

signer *vt* Apposer sa signature sur ► **assinar** ◆ **se signer** *vpr* Faire le signe de la croix ► **benzer-se**

signet *nm* Petit ruban attaché à un livre qu'on insère entre deux pages pour les retrouver ► **marcador**

signifiant, e *adj* Qui signifie, est porteur de sens ► **significante**

significatif, ive *adj* Qui marque clairement une pensée, une intention ► **significativo**

signification *nf* **1** Ce que signifie une chose: *la signification d'un mot* ▸ **significado 2** Notification d'un acte, d'un jugement par voie judiciaire ▸ **intimação**

signifier *vt* **1** Vouloir dire, avoir le sens de ▸ **significar 2** Déclarer, faire connaître: *signifier sa volonté* ▸ **declarar 3** Notifier par voie judiciaire ▸ **intimar**

sikh *n et adj* Adepte d'une religion de l'Inde ▸ ***sikh***

silence *nm* **1** Fait de se taire, de ne pas parler ▸ **silêncio 2** Absence de bruit, d'agitation: *le silence de la nuit* ▸ **silêncio 3** Absence de mention d'un sujet dans un écrit ▸ **silêncio 4** MUS Interruption plus ou moins longue d'une phrase musicale; le signe qui la marque ▸ **pausa** ■ **en silence: (a)** sans faire de bruit ▸ **em silêncio (b)** sans parler ▸ **em silêncio** □ **passer sous silence:** ne pas parler de ▸ **silenciar**

silencieusement *adv* En silence ▸ **silenciosamente**

silencieux, euse *adj* **1** Qui garde le silence ▸ **silencioso 2** Où l'on n'entend aucun bruit: *un bois silencieux* ▸ **silencioso 3** Qui se fait sans bruit: *manifestation silencieuse*; qui produit un minimum de bruit: *moteur silencieux* ▸ **silencioso** ◆ *nm* Dispositif pour amortir le bruit d'un moteur, d'une arme à feu ▸ **silencioso, silenciador**

silène *nm* Plante herbacée des champs à calice en forme d'outre ▸ **silene**

silex *nm* Roche siliceuse très dure, formant des rognons dans certaines roches calcaires (le silex fut utilisé par les hommes préhistoriques comme arme et comme outil) ▸ **sílex**

silhouette *nf* Allure, contour du corps: *avoir une silhouette élégante*; forme, dessin aux contours schématiques ▸ **silhueta**

silhouetter *vt* Tracer la silhouette ▸ **silhuetar**

silicate *nm* Minéral comportant un atome de silicium et quatre atomes d'oxygène ▸ **silicato**

silice *nf* Oxyde de silicium ▸ **sílica**

siliceux, euse *adj* De la nature du silex, de la silice ▸ **silicioso, silicoso**

silicium *nm* Métalloïde de la famille du carbone, abondant dans la nature sous forme de silice et de silicates ▸ **silício**

silicone *nm* Polymère formé d'enchaînements alternés d'oxygène et de silicium, auxquels se substituent des groupes organiques ▸ **silicone**

silicose *nf* Maladie due à l'inhalation de poussière de silice ▸ **silicose**

sillage *nm* Perturbation à la surface de l'eau provoquée par un navire en mouvement ▸ **esteira** ■ **marcher dans le sillage de:** suivre l'exemple de ▸ **seguir a esteira de**

sillet [sijɛ] *nm* MUS Fine baguette surélevant les cordes d'un instrument ▸ **rastilho**

sillon *nm* **1** Trace faite dans la terre par le soc de la charrue ▸ **sulco 2** Rainure que présente la surface d'un disque phonographique ▸ **sulco**

sillonner *vt* Parcourir un lieu en tous sens ▸ **atravessar, cruzar**

silo *nm* Réservoir de grande capacité pour stocker les récoltes ▸ **silo**

silure *nm* **1** Poisson à peau sans écailles et à six barbillons ▸ **siluro 2** Poisson-chat ▸ **bagre**

silurien, enne *nm et adj* GÉOL Période de l'ère primaire s'étendant de 435 à 410 millions d'années ▸ **siluriano**

simagrées *nf pl* Manières affectées, minauderies ▸ **afetação**

simien, enne *adj* Relatif au singe ▸ **símio**

simiesque *adj* Qui rappelle le singe: *visage simiesque* ▸ **simiesco**

similaire *adj* Qui peut être assimilé à un autre: *objets similaires* ▸ **similar**

similarité *nf* Caractère similaire ▸ **similaridade**

simili *nm* Imitation d'une autre matière: *bijou en simili* ▸ **imitação**

similicuir *nm* Toile plastifiée imitant le cuir ▸ **couro sintético**

similigravure *nf* Photogravure à partir d'originaux en demi-teintes ▸ **similigravura, autotipia**

similitude *nf* **1** Ressemblance, analogie ▸ **semelhança 2** MATH Propriété de deux figures semblables ▸ **semelhança**

simonie *nf* RELIG Trafic d'objets sacrés, vente de biens spirituels ▸ **simonia**

simoun *nm* Vent chaud et violent du désert ▸ **simum**

simple *adj* **1** Formé d'un seul élément: *feuille de copie simple* ▸ **simples 2** CHIM Formé d'atomes d'un seul élément: *l'or, l'oxygène sont des corps simples* ▸ **simples 3** Facile à employer, à comprendre: *méthode, solution simple* ▸ **simples 4** Sans recherche ni affectation: *robe toute simple; des gens simples* ▸ **simples 5** Qui se suffit à lui seul: *un simple geste* ▸ **simples 6** Facile à tromper, naïf, crédule ▸ **simples 7** Qui est seulement ce que son nom indique: *simple soldat* ▸ **simples** ■ FAM **simple comme bonjour:** très simple ▸ **muito simples** □ GRAMM **temps simples:** temps du verbe qui se conjuguent sans auxiliaire ▸ **tempo simples** ◆ *nm* **1** Ce qui est simple ▸ **simples 2** Partie de tennis ou de tennis de table entre deux joueurs ▸ **jogo de simples** ■ **simple d'esprit:** débile mental ▸ **palerma** ◆ **simples** *nm pl* BOT Plantes médicinales ▸ **simples**

simplement *adv* **1** Sans prétention, sans recherche: *parler simplement* ▸ **simplesmente 2** Seulement: *simplement pour voir* ▸ **simplesmente** ■ **purement et simplement: (a)** sans réserve ▸ **pura e simplesmente (b)** sans ménagement: *renvoyer purement et simplement* ▸ **pura e simplesmente**

simplet, ette *adj* Un peu simple, niais ▸ **simplório**

simplicité *nf* Caractère de celui ou de ce qui est simple ▸ **simplicidade**

simplificateur, trice *adj et n* Qui simplifie ▸ **simplificador**

simplification *nf* Action de simplifier ▸ **simplificação**

simplifier *vt* Rendre plus simple, moins compliqué ▸ **simplificar**

simplisme *nm* Tendance à simplifier de façon excessive ▸ **simplismo**

simpliste *adj* D'une simplicité excessive; qui simplifie de façon exagérée ▸ **simplista**

simulacre *nm* Ce qui n'a que l'apparence de ce qu'il prétend être: *simulacre de procès* ▸ **simulacro**

simulateur, trice *n* Personne qui simule une maladie ▸ **pessoa que se finge de doente** ◆ *nm* Appareil destiné à simuler un phénomène ▸ **simulador**

simulation *nf* **1** Action de simuler ▸ **simulação 2** Reproduction artificielle ou représentation figurée d'un phénomène ▸ **simulação**

simuler *vt* **1** Faire paraître comme réelle une chose qui ne l'est pas; feindre: *simuler une maladie* ▸ **simular 2** Reproduire le comportement d'un appareil dont on désire étudier le fonctionnement ou enseigner l'utilisation ▸ **simular 3** Reproduire le comportement d'un corps dont on veut suivre l'évolution ▸ **simular**

simultané, e *adj* Qui se produit, a lieu en même temps: *mouvements simultanés* ▸ **simultâneo**

simultanéité *nf* Caractère de ce qui est simultané ▸ **simultaneidade**

simultanément *adv* En même temps ▸ **simultaneamente**

sinanthrope *nm* Fossile présentant des caractères simiens et hominiens ▸ **sinantropo**

sinapisme *nm* ANC Cataplasme à base de farine de moutarde ▸ **sinapismo**

sincère *adj* **1** Qui s'exprime sans déguiser sa pensée: *homme sincère* ▸ **sincero 2** Qui est senti, éprouvé réellement: *regrets sincères* ▸ **sincero**

sincèrement *adv* De façon sincère ▸ **sinceramente**

sincérité *nf* Caractère d'une personne ou d'une chose sincère; franchise, loyauté ▸ **sinceridade**

sinécure *nf* Emploi où l'on est bien payé pour faire peu de travail ▸ **sinecura** ■ **ce n'est pas une sinécure:** ce n'est pas de tout repos ▸ **não é mole**

sine die [sinedje] *loc adv* DR Sans fixer de jour ▸ ***sine die***

sine qua non [sinekwanɔn] *loc adv* Indispensable, nécessaire: *condition sine qua non* ▸ ***sine qua non***

singe *nm* **1** Mammifère de l'ordre des primates, à face nue, à mains et pieds préhensiles et terminés par des ongles ▸ **macaco 2** FIG Personne qui contrefait, imite les actions des autres ▸ **macaco** ■ **payer en monnaie de singe:** en belles paroles ▸ **pagar com promessas vãs**

singer *vt (conj 2)* Imiter, contrefaire ▸ **macaquear**

singerie *nf* **1** Ménagerie de singes ▸ **jaula de macacos 2** Imitation gauche et ridicule ▸ **macaquice** ◆ **singeries** *pl* Contorsions, pitreries ▸ **macaquices**

single [singəl] *nm* **1** Disque ne comportant qu'un seul morceau par face ▸ **compacto simples 2** Chambre d'hôtel individuelle ▸ **quarto individual 3** Compartiment de voiture-lit à une seule place ▸ **cabine, compartimento individual**

singulariser *vt* Distinguer par quelque chose d'inhabituel ▸ **singularizar** ◆ **se singulariser** *vpr* Se faire remarquer par quelque singularité ▸ **singularizar-se**

singularité *nf* Caractère singulier; bizarrerie, étrangeté ▸ **singularidade**

singulièrement *adv* **1** En particulier, notamment ▸ **singularmente 2** Beaucoup: *être singulièrement affecté* ▸ **singularmente**

siniser *vt* Marquer des caractères de la civilisation chinoise ▸ **sinizar**

sinistre *adj* **1** Qui présage le malheur: *bruit sinistre* ▸ **sinistro 2** Sombre, effrayant, terrifiant: *regards sinistres* ▸ **sinistro 3** Triste et ennuyeux: *réunion sinistre* ▸ **sombrio** ◆ *nm* **1** Événement catastrophique qui entraîne de grandes pertes matérielles et humaines ▸ **sinistro 2** DR Fait dommageable de nature à mettre en jeu la garantie d'un assureur ▸ **sinistro**

sinistré, e *n et adj* Victime d'un sinistre ▸ **sinistrado** ◆ *adj* Qui subit une crise grave: *secteur industriel sinistré* ▸ **em crise**

sinistrose *nf* FAM Pessimisme systématique ▸ **sinistrose**

sinologie *nf* Étude de l'histoire, de la langue et de la civilisation chinoises ▸ **sinologia**
sinologue *n* Spécialiste de sinologie ▸ **sinólogo**
sinon *conj* **1** Autrement, sans quoi, faute de quoi: *obéissez, sinon gare!* ▸ **senão** **2** Si ce n'est: *ne rien désirer, sinon la paix; une des rares, sinon la seule; sinon une guérison, du moins une rémission* ▸ **senão, se não** ▪ **sinon que:** si ce n'est que: *je ne sais rien, sinon qu'il est venu* ▸ **exceto que**
sinueux, euse *adj* **1** Qui fait des courbes, des détours: *chemin sinueux* ▸ **sinuoso** **2** FIG Tortueux: *pensée sinueuse* ▸ **sinuoso**
sinuosité *nf* Ligne sinueuse ▸ **sinuosidade**
sinus [sinys] *nm* **1** ANAT Cavité de certains os de la tête ▸ **seio** **2** GÉOM Perpendiculaire menée d'une des extrémités de l'arc au diamètre qui passe par l'autre extrémité ▸ **seno**
sinusite *nf* Inflammation des sinus osseux de la face ▸ **sinusite**
sinusoïdal, e, aux *adj* Dont la forme rappelle celle d'une sinusoïde ▸ **senoidal**
sinusoïde *nf* Courbe plane représentant les variations du sinus ou du cosinus quand l'arc varie ▸ **senoide**
sionisme *nm* Mouvement dont l'objet fut l'établissement en Palestine d'un État juif ▸ **sionismo**
sioniste *adj et n* Qui relève du sionisme; qui en est partisan ▸ **sionista**
siphoïde *adj* En forme de siphon ▸ **sifonoide**
siphon *nm* **1** Tube recourbé à deux branches inégales pour transvaser les liquides ▸ **sifão** **2** Conduit à double courbure servant à évacuer les eaux usées ▸ **sifão** **3** Bouteille fermée par une soupape à levier, pour obtenir l'écoulement d'un liquide sous pression ▸ **sifão**
siphonné, e *adj* FAM Fou ▸ **maluco**
siphonner *vt* Transvaser un liquide ou vider un récipient à l'aide d'un siphon ▸ **sifonar**
sire *nm* Titre donné aux empereurs et aux rois ▸ **sire** ▪ FAM **triste sire:** individu peu recommandable ▸ **pessoa de má reputação**
sirène *nf* **1** MYTH Être fabuleux à torse de femme et à queue de poisson ▸ **sereia** **2** Appareil avertisseur destiné à émettre des signaux sonores ▸ **sirene** ◆ *pl* Propositions, arguments qui semblent ouvrir des perspectives alléchantes mais recèlent en fait un danger ▸ **canto de sereia**
sirénien *nm* Mammifère herbivore marin ou fluvial, à nageoires (les siréniens forment un ordre) ▸ **sirênio**
sirocco ou **siroco** *nm* Vent brûlant qui souffle du Sahara vers le littoral ▸ **siroco**
sirop *nm* Liquide très sucré, aromatique ou médicamenteux ▸ **xarope** ▪ **sirop d'érable:** solution concentrée de sève d'érable et d'eau ▸ **xarope de bordo**
siroter *vt et vi* FAM Boire en dégustant, à petites gorgées ▸ **bebericar**
sirupeux, euse *adj* De la nature, de la consistance du sirop ▸ **xaroposo**
sis, e *adj* DR Situé: *maison sise à Paris* ▸ **sito**
sisal (pl *sisals*) *nm* Agave du Mexique; fibre tirée des feuilles de cette plante ▸ **sisal**
sismique ou **séismique** *adj* Relatif aux tremblements de terre ▸ **sísmico**
sismographe ou **séismographe** *nm* Appareil qui enregistre les ondes sismiques ▸ **sismógrafo**
sismologie *nf* Étude des séismes ▸ **sismologia**
sismologue *n* Spécialiste de sismologie ▸ **sismólogo**
sistre *nm* ANTIQ Instrument de musique à percussion, chez les Égyptiens ▸ **sistro**
sitar *nm* Instrument de musique indien, à cordes pincées ▸ **sitar**
sitariste *n* Joueur de sitar ▸ **sitarista**
sitcom *nm ou nf* Série télévisée présentant des scènes de la vie quotidienne d'une famille, sur le mode de la comédie ▸ ***sitcom***
site *nm* **1** Paysage considéré du point de vue de son aspect pittoresque: *protection du site* ▸ **sítio** **2** Lieu géographique considéré du point de vue de son activité: *site industriel* ▸ **zona** **3** INFORM Serveur d'informations dans un réseau télématique ▸ ***site*, sítio** ▪ **site web** ou **site:** *nm* ensemble de pages web accessibles par Internet sur un serveur identifié par une adresse ▸ ***web site, site***
sit-in [sitin] *nm inv* Manifestation consistant à s'asseoir en groupe sur la voie publique ▸ ***sit-in***
sitôt *adv* Aussitôt ▸ **logo** ▪ **de sitôt:** prochainement ▸ **tão logo** ◆ **sitôt que** *loc conj* Dès que ▸ **assim que**
situation *nf* **1** Position géographique, emplacement de quelque chose ▸ **situação** **2** État, fonction de quelqu'un par rapport aux autres ▸ **situação** **3** Emploi rémunéré ▸ **emprego** **4** État d'une nation, d'une collectivité, etc., dans un domaine particulier: *situation économique* ▸ **situação** **5** Moment d'une œuvre littéraire caractérisé par un climat particulier: *situation comique* ▸ **situação**
situé, e *adj* Se dit d'une ville, d'une construction par rapport à ses environs, à son exposition au soleil: *maison bien située* ▸ **situado**
situer *vt* Déterminer la place, la situation de, dans l'espace, le temps ou au sein d'un ensemble ▸ **situar** ◆ **se situer** *vpr* **1** Avoir sa place dans l'espace

ou dans le temps: *se situer au deuxième rang; l'action se situe en 2006* ▸ **situar-se 2** Déterminer sa place: *se situer politiquement* ▸ **posicionar-se**

six *adj num card* **1** Cinq plus un ▸ **seis 2** Sixième: *chapitre six* ▸ **seis** ♦ *nm inv* Chiffre, numéro qui représente le nombre six: *le 6 a gagné* ▸ **seis**

sixain *nm* → **sizain**

six-huit *nm inv* MUS Mesure à deux temps qui a la noire pointée pour unité de temps ▸ **seis por oito**

sixième[1] *adj num ord et n* Qui occupe un rang marqué par le nombre six ▸ **sexto** ♦ *adj et nm* Qui se trouve six fois dans le tout ▸ **sexto**

sixième[2] *nf* Première classe de l'enseignement secondaire ▸ ***sixième*, sétimo ano**

sixièmement *adv* En sixième lieu ▸ **em sexto lugar**

six-quatre-deux (à la) *loc adv* FAM Négligemment, très vite ▸ **atabalhoadamente**

sixte *nf* MUS Intervalle compris entre six notes ▸ **sexta**

sizain ou **sixain** *nm* **1** Strophe, poème de six vers ▸ **sextilha 2** Paquet de six jeux de cartes ▸ **pacote com seis baralhos**

Skaï [skaj] *nm* (nom déposé) Matériau synthétique imitant le cuir ▸ **couro Skai**

skateboard [skɛtbɔrd] ou **skate** [skɛt] *nm* Planche à roulettes; sport pratiqué avec cette planche ▸ ***skate***

skeleton [skəlɛtɔn] *nm* Engin de glisse que l'on utilise allongé sur le ventre; sport pratiqué avec cette planche ▸ ***skeleton***

sketch [skɛtʃ] (pl *sketchs* ou *sketches*) *nm* Courte scène, au théâtre, au cinéma ▸ **esquete**

ski *nm* Long patin pour glisser sur la neige ou sur l'eau; sport pratiqué sur ces patins ▸ **esqui**

skiable *adj* Où l'on peut skier ▸ **esquiável**

skier *vi* Pratiquer le ski ▸ **esquiar**

skieur, euse *n* Personne qui skie ▸ **esquiador**

skiff ou **skif** *nm* Canot long, étroit et léger, à un seul rameur ▸ **esquife**

skinhead [skinɛd] ou **skin** [skin] *nm* Jeune marginal au crâne rasé adoptant un comportement de groupe violent, notamment à l'égard des étrangers ▸ ***skinhead***

skippeur, euse *n* **1** Barreur, sur un bateau à voile ▸ **timoneiro 2** Commandant de bord d'un yacht ▸ **capitão**

skunks *nm* → **sconse**

slalom [slalɔm] *nm* **1** Descente à skis consistant en une succession de virages ▸ ***slalom* 2** Parcours sinueux ▸ **ziguezague**

slalomer *vi* Effectuer un parcours en slalom ▸ **fazer *slalom*, ziguezaguear**

slalomeur, euse *n* Spécialiste de slalom ▸ **esquiador de *slalom***

slam *nm* Poésie urbaine, orale, déclamée dans un lieu public, sur un rythme scandé ▸ ***slam***

slameur, euse *n* Personne qui interprète, compose du slam ▸ **declamador, compositor de *slam***

slave *adj et n* De la branche des Slaves ▸ **eslavo** ♦ *nm* Langue des Slaves ▸ **eslavo**

slip *nm* Culotte moulante à taille basse échancrée aux cuisses et servant de sous-vêtement ▸ **calcinha, cueca ■ slip de bain:** culotte de la forme d'un slip pour la baignade ▸ **sunga, calção de banho, tanga**

slogan *nm* Formule brève et frappante, utilisée en particulier en publicité ▸ ***slogan***

sloop [slup] *nm* Navire à voiles à un mât, n'ayant qu'un seul foc à l'avant ▸ **chalupa**

slovaque *adj et n* De Slovaquie: *les Slovaques* ▸ **eslovaco**

slovène *adj et n* De Slovénie: *les Slovènes* ▸ **esloveno**

slow [slo] *nm* Danse lente ▸ **dança lenta**

smala ou **smalah** *nf* **1** Ensemble des équipages et de la maison d'un chef arabe ▸ **esmala 2** FAM Famille nombreuse et encombrante ▸ **parentaiada**

smash [smaʃ] (pl *smashs* ou *smashes*) *nm* SPORTS Coup par lequel on rabat violemment la balle ou le ballon ▸ ***smash***

smasher [smaʃe] *vi et vt* SPORTS Faire un smash ▸ **dar um *smash***

SMIC [smik] *nm* (sigle de *salaire minimum interprofessionnel de croissance*) Salaire minimal audessous duquel aucun salarié ne peut, en principe, être rémunéré ▸ ***SMIC*, salário mínimo**

smicard, e *n* FAM Personne payée au SMIC ▸ **trabalhador que ganha salário mínimo**

smiley [smajlɛ] *nm* Dans un message électronique, association de caractères typographiques évoquant un visage expressif (recommandation officielle: *frimousse*) ▸ ***emoticon***

smocks [smɔk] *nm pl* COUT Fronces rebrodées sur l'endroit ▸ **franzido**

smoking [smɔkiŋ] *nm* Costume de soirée à revers de soie ▸ ***smoking***

SMS *nm* (sigle de *short message service*) TÉLÉCOMM Minimessage ▸ **SMS**

snack-bar [snakbar] ou **snack** *nm* Restaurant servant rapidement des plats simples à toute heure ▸ **lanchonete**

sniff ou **snif** *interj* Évoque un bruit de reniflement ▸ **snif**

sniffer *vt* FAM Absorber une drogue en la prisant ▸ **cheirar**

snob *adj et n* Qui fait preuve de snobisme ▸ **esnobe**
snober *vt* Traiter quelqu'un ou quelque chose de haut, avec mépris ▸ **esnobar**
snobisme *nm* Admiration pour tout ce qui est en vogue dans les milieux qui passent pour distingués ▸ **esnobismo**
snow-boot [snobut] (pl *snow-boots*) *nm* Chaussure de caoutchouc mince ▸ **galocha**
soap opera [sɔpɔpera] (pl *soap operas*) *nm* Feuilleton télévisé à l'intrigue très simple et qui s'étend sur de multiples épisodes ▸ ***soap opera***
sobre *adj* **1** Qui mange et boit avec modération ▸ **sóbrio** **2** Sans excès, sans luxe: *dessin sobre* ▸ **sóbrio** **3** Modéré: *sobre dans ses déclarations* ▸ **sóbrio**
sobrement *adv* Avec sobriété ▸ **sobriamente**
sobriété *nf* Caractère d'une personne ou d'une chose sobre ▸ **sobriedade**
sobriquet *nm* Surnom ▸ **apelido**
soc *nm* Fer de charrue ▸ **relha**
soccer [sɔkœr] *nm* CANADA Football ▸ **futebol**
sociabilité *nf* Caractère d'une personne sociable ▸ **sociabilidade**
sociable *adj* **1** Capable de vivre en société ▸ **sociável** **2** Avec qui il est facile de vivre ▸ **sociável**
social, e, aux *adj* **1** Qui concerne la société: *ordre social* ▸ **social** **2** Qui vit en société: *animal social* ▸ **social** **3** Qui concerne l'amélioration des conditions de vie: *des avantages sociaux considérables; service social* ▸ **social** **4** Relatif à une société industrielle ou commerciale: *raison sociale* ▸ **social** ■ **sciences sociales:** disciplines qui étudient les groupes humains, leur comportement, leur évolution ▸ **ciências sociais**
social-démocrate, sociale-démocrate (pl *sociaux-démocrates, sociales-démocrates*) *adj et n* Partisan de la social-démocratie ▸ **social-democrata**
social-démocratie (pl *social-démocraties*) *nf* Ensemble des organisations et des hommes politiques qui se rattachent au socialisme parlementaire et réformiste ▸ **social-democracia**
socialement *adv* Sur le plan social ▸ **socialmente**
socialisation *nf* Action de socialiser ▸ **socialização**
socialiser *vt* Rendre sociable ▸ **socializar**
socialisme *nm* Doctrine économique, sociale et politique caractérisée par la condamnation de la propriété privée des moyens de production et d'échange ▸ **socialismo**
socialiste *adj et n* Qui relève du socialisme; qui en est partisan ▸ **socialista**
sociétaire *n et adj* Membre d'une société d'acteurs, d'une mutuelle, etc. ▸ **associado**
sociétal, e, aux *adj* Qui concerne la société et la vie sociale des hommes ▸ **social**
sociétariat *nm* Qualité de sociétaire ▸ **societariado**
société *nf* **1** Ensemble d'hommes ou d'animaux vivant sous des lois communes: *sociétés primitives* ▸ **sociedade** **2** Association de personnes qui mettent en commun soit des biens, soit leur activité, en vue de réaliser des bénéfices ou pour profiter d'une économie: *société de bienfaisance* ▸ **sociedade** **3** Milieu humain dans lequel chaque personne est intégrée: *aimer la vie en société* ▸ **sociedade** **4** Réunion de personnes; les personnes ainsi réunies: *une société choisie* ▸ **sociedade** **5** Fréquentation: *rechercher la société des femmes* ▸ **companhia** ■ **jeu de société:** qui se joue à plusieurs et à l'aide d'un support matériel ▸ **jogo de salão** □ **la société civile:** l'ensemble des citoyens, par opposition à l'ensemble des hommes politiques ▸ **sociedade civil** □ **société anonyme (SA):** société dont le capital est divisé en actions négociables ▸ **sociedade anônima (S.A.)** □ **société à responsabilité limitée (SARL):** société dont le capital est divisé en parts sociales non librement cessibles ▸ **sociedade de responsabilidade limitada (S.A.R.L.)**
socioculturel, elle *adj* Relatif aux structures sociales et à la culture qui contribue à les caractériser ▸ **sociocultural**
socio-économique (pl *socio-économiques*) *adj* Relatif aux problèmes sociaux dans leur relation avec les problèmes économiques ▸ **socioeconômico**
socio-éducatif (pl *socio-éducatifs*) *adj* Relatif aux problèmes sociaux dans leur relation avec l'éducation, l'enseignement ▸ **socioeducativo**
sociologie *nf* Étude des phénomènes sociaux ▸ **sociologia**
sociologique *adj* Relatif à la sociologie ▸ **sociológico**
sociologue *n* Spécialiste de sociologie ▸ **sociólogo**
socioprofessionnel, elle *adj* Relatif à un groupe social déterminé par la profession de ses membres ▸ **socioprofissional**
socle *nm* Base sur laquelle repose une colonne, un buste, etc. ▸ **plinto**
socque *nm* Chaussure à semelle de bois ▸ **tamanco**
socquette *nf* Chaussette basse s'arrêtant à la cheville ▸ **soquete**

socratique *adj* Relatif à Socrate et à sa philosophie ▸ **socrático**
soda *nm* Boisson gazeuse sucrée ▸ **soda**
sodé, e *adj* Qui contient de la soude ▸ **sodado**
sodique *adj* Qui contient du sodium: *sel sodique* ▸ **sódico**
sodium *nm* Corps simple métallique, très répandu dans la nature à l'état de chlorure tel que le sel marin et le sel gemme, et à l'état de nitrate; symb: Na ▸ **sódio**
sodomie *nf* Pratique du coït anal ▸ **sodomia**
sodomiser *vt* Pratiquer la sodomie sur ▸ **sodomizar**
sœur *nf* **1** Fille née du même père et de la même mère qu'une autre personne ▸ **irmã 2** Femme qui a prononcé des vœux religieux; titre qu'on lui donne ▸ **irmã 3** Ce qui est apparenté à autre chose: *l'envie est la sœur de la calomnie* ▸ **irmã**
sœurette *nf* FAM Petite sœur ▸ **irmãzinha, maninha**
sofa *nm* Canapé rembourré, sans bois apparent ▸ **sofá**
soft *adj inv* **1** FAM Qui ne heurte personne, édulcoré: *habillage soft d'une réforme* ▸ ***soft* 2** CIN Qui est plus érotique que pornographique ▸ ***soft-core*** ◆ *nm inv* **1** Cinéma érotique ▸ **cinema *soft-core*** **2** INFORM Software ▸ ***soft***
software *nm* (anglicisme) INFORM Logiciel ▸ ***software***
soi *pron pers* Après une préposition, désigne, en qualité de pronom réfléchi, la 3e personne du singulier et représente sa propre personne de façon indéterminée, la chose en elle-même ou une personne déterminée en cas d'ambiguïté: *chacun travaille pour soi; avoir quelque chose à soi; il lui reproche de parler trop de soi* ▸ **si ▪ cela va de soi:** c'est évident, naturel ▸ **é evidente □ chez soi:** à son domicile ▸ **em casa □ en soi:** de par sa nature même ▸ **em si**
soi-disant *adj inv* Qui se prétend tel: *un soi-disant docteur* ▸ ***soi-disant*, pretenso** ◆ *adv* À ce qu'on prétend: *ils sont partis, soi-disant pour aller le chercher* ▸ **pretensamente**
soie *nf* **1** Fil fin et brillant produit par une chenille dite *ver à soie; étoffe fabriquée avec cette matière*: *robe de soie* ▸ **seda 2** Fil sécrété par l'araignée ▸ **seda 3** Poil dur du porc, du sanglier ▸ **sedas**
soierie *nf* **1** Étoffe de soie ▸ **seda 2** Industrie, commerce de la soie ▸ **serigaria, comércio de seda**
soif *nf* **1** Désir, besoin de boire ▸ **sede 2** FIG Vif désir: *la soif du pouvoir* ▸ **sede**
soiffard, e *n* FAM Personne qui aime boire, qui boit trop d'alcool ▸ **beberrão**
soignant, e *adj et n* Qui donne des soins ▸ **cuidador**
soigné, e *adj* **1** Qui prend soin de sa personne, élégant ▸ **cuidado 2** Exécuté avec soin: *travail soigné* ▸ **caprichado 3** FAM Fort, important: *un rhume soigné* ▸ **forte**
soigner *vt* **1** Donner les soins nécessaires à la guérison de: *soigner un rhume* ▸ **tratar de 2** S'occuper, avoir soin de: *soigner ses invités; soigner les plantes* ▸ **cuidar de 3** S'appliquer à: *soigner son style* ▸ **apurar**
soigneur *nm* Personne qui soigne un sportif lors d'une compétition, d'un match ▸ **treinador**
soigneusement *adv* Avec soin ▸ **cuidadosamente**
soigneux, euse *adj* **1** Qui apporte du soin à: *soigneux de sa personne* ▸ **zeloso 2** Fait avec soin: *un travail soigneux* ▸ **cuidadoso 3** Qui veille à ne pas abîmer les objets ▸ **cuidadoso**
soin *nm* **1** Attention, application à quelque chose: *travail effectué avec soin* ▸ **esmero 2** Charge, devoir de veiller à quelque chose: *je te confie le soin de mes plantes* ▸ **cuidado ▪ avoir, prendre soin de:** être attentif à, veiller sur ▸ **cuidar de** ◆ **soins** *pl* Moyens par lesquels on traite un malade: *les premiers soins; soins intensifs* ▸ **cuidados ▪ aux bons soins de:** formule épistolaire pour demander au destinataire d'une lettre de la faire parvenir à quelqu'un d'autre ▸ **aos cuidados de □ être aux petits soins pour quelqu'un:** avoir pour lui des attentions délicates ▸ **tratar alguém na palma da mão**
soir *nm* **1** Dernière partie du jour; soirée ▸ **noite 2** FIG Déclin: *le soir de la vie* ▸ **ocaso** ◆ *adv* En soirée: *lundi soir* ▸ **à noite**
soirée *nf* **1** Temps depuis le déclin du jour jusqu'au moment où l'on se couche ▸ **noite 2** Réunion, spectacle qui a lieu le soir ▸ ***soirée***
soit *conj* **1** Marque une alternative; ou: *soit l'un, soit l'autre* ▸ **seja 2** Introduit une explication, une précision; c'est-à-dire: *un mètre, soit cent centimètres* ▸ **ou seja 3** En supposant, étant donné: *soit un triangle rectangle* ▸ **seja, suponha** ◆ *adv* D'accord; admettons: *soit, j'accepte* ▸ **seja ▪ un tant soit peu:** très peu ▸ **muito pouco**

GRAMMAIRE *Soit que* entraîne le subjonctif: *soit que vous restiez, soit que vous partiez* (à comparer avec *ou vous restez, ou vous partez*)

soixantaine *nf* **1** Soixante ou environ ▸ **sessentena 2** Âge d'environ soixante ans: *avoir la soixantaine* ▸ **(os) sessenta**
soixante *adj num card* **1** Six fois dix ▸ **sessenta 2** Soixantième ▸ **sessenta** ◆ *nm inv* Chiffre, nu-

méro qui représente le nombre 60 ▸ **sessenta**

soixante-dix *adj num card et nm inv* Soixante plus dix ▸ **setenta**

soixante-dixième *adj num ord et n* Qui occupe le rang marqué par le nombre soixante-dix ▸ **septuagésimo**

soixante-huitard, e *adj et n* FAM Relatif aux événements de mai 1968; qui y a participé, reste marqué par leur esprit ▸ **de maio de 68, participante de maio de 68**

soixantième *adj num ord et n* Qui occupe un rang marqué par le nombre soixante ▸ **sexagésimo** ◆ *adj et nm* Qui se trouve soixante fois dans le tout ▸ **sexagésimo**

soja *nm* **1** Légumineuse originaire d'Asie, cultivée pour ses graines: *huile de soja* ▸ **soja 2** Haricot à petit grain originaire d'Extrême-Orient: *germe, pousse de soja* ▸ **soja**

sol[1] *nm* **1** Surface de la terre; terrain ▸ **terra, chão 2** Terre, du point de vue de sa nature, de ses qualités productives ▸ **solo 3** Surface d'un plancher: *sol carrelé* ▸ **piso**

sol[2] *nm inv* Cinquième note de la gamme de *do* ▸ **sol**

solaire *adj* Relatif au Soleil ▸ **solar ■ crème, huile solaires:** destinées à protéger du soleil ▸ **protetor solar, óleo bronzeador □ énergie solaire:** fournie par le soleil ▸ **energia solar**

solanacée *nf* Plante dicotylédone (les solanacées forment une famille comprenant notamment la pomme de terre, la tomate, le tabac) ▸ **solanácea**

solarium [sɔlarjɔm] *nm* Emplacement aménagé pour les bains de soleil ▸ **solário**

soldat *nm* **1** Tout homme qui appartient à la profession militaire ▸ **soldado 2** Militaire non gradé: *simple soldat* ▸ **soldado**

soldatesque *nf* Troupe de soldats indisciplinés et brutaux ▸ **soldadesca**

solde[1] *nf* Paie des militaires: *toucher sa solde* ▸ **soldo ■** PÉJOR **être à la solde de:** être acheté pour défendre les intérêts de ▸ **estar a soldo de alguém**

solde[2] *nm* **1** Différence entre le débit et le crédit d'un compte: *solde créditeur, débiteur* ▸ **saldo 2** Reliquat d'une somme à payer ▸ **saldo 3** (souvent au pluriel) Marchandise vendue au rabais; vente de ces marchandises: *robe en solde* ▸ **saldo**

solder *vt* **1** Acquitter une dette, régler un compte ▸ **saldar 2** Vendre au rabais: *solder des marchandises* ▸ **liquidar** ◆ **se solder** *vpr* [par] Avoir pour résultat: *se solder par un échec* ▸ **resultar**

solderie *nf* Magasin vendant des marchandises soldées ▸ **ponta de estoque**

soldeur, euse *n* Personne qui vend en solde des marchandises achetées à bas prix ▸ **comerciante de saldos**

sole[1] *nf* Partie d'une terre soumise à l'assolement ▸ **folha**

sole[2] *nf* **1** Plaque cornée sous le sabot d'un animal ▸ **palma 2** Charpente horizontale soutenant le bâti d'une machine ▸ **base 3** Partie horizontale de certains fours ▸ **soleira**

sole[3] *nf* Poisson de mer plat à la chair délicate ▸ **linguado**

solécisme *nm* Faute de syntaxe ▸ **solecismo**

soleil *nm* **1** (avec une majuscule) Astre lumineux autour duquel gravitent la Terre et les autres planètes du système solaire ▸ **Sol 2** Lumière, chaleur du Soleil: *il fait un beau soleil; rester au soleil* ▸ **sol 3** Tournesol ▸ **girassol 4** Pièce d'artifice tournante ▸ **rodinha 5** En gymnastique, tour arrière complet autour d'une barre fixe ▸ **cambalhota para trás ■ coup de soleil:** brûlure de la peau causée par les rayons du soleil ▸ **queimadura de sol □ sous le soleil:** sur la terre, dans le monde ▸ **no mundo**

ORTHOGRAPHE *Soleil* prend une majuscule lorsqu'on parle de l'astre même. Il s'écrit avec une minuscule dans les expressions comme *les rayons du soleil, un chaud soleil, un coup de soleil, rien de neuf sous le soleil*

solennel, elle [sɔlanɛl] *adj* **1** Célébré avec éclat, apparat: *messe solennelle* ▸ **solene 2** Grave, majestueux: *air solennel* ▸ **solene 3** Accompagné de formalités qui lui donnent un caractère de gravité ▸ **solene**

solennellement *adv* Avec solennité ▸ **solenemente**

solennité [sɔlanite] *nf* **1** Caractère d'une chose ou d'une personne solennelle ▸ **solenidade 2** Fête, cérémonie d'apparat ▸ **solenidade**

Solex *nm* (de *Vélosolex*, nom déposé) Cyclomoteur de conception simple ▸ ***Solex*, ciclomotor**

solfatare *nf* Terrain d'où se dégagent des vapeurs sulfureuses ▸ **solfatara**

solfège *nm* **1** Discipline portant sur la reconnaissance des sons que représentent les signes de la notation musicale ▸ **solfejo 2** Recueil d'exercices musicaux ▸ **solfejo**

solfier *vt* Chanter en nommant les notes ▸ **solfejar**

solidaire *adj* **1** Lié à une ou plusieurs personnes par une responsabilité, des intérêts communs: *être solidaire des grévistes* ▸ **solidário 2** Se dit de choses qui dépendent l'une de l'autre ▸ **interdependente, solidário**

solidairement *adv* D'une manière solidaire: *solidairement responsables* ▸ **solidariamente**
solidariser (se) *vpr* [avec] Se déclarer solidaire de ▸ **solidarizar-se**
solidarité *nf* **1** Dépendance mutuelle: *la solidarité humaine* ▸ **solidariedade 2** Sentiment qui pousse les hommes à s'entraider: *défiler par solidarité* ▸ **solidariedade**
solide *adj* **1** Qui a de la consistance (par opposition à *fluide*): *corps solide* ▸ **sólido 2** Robuste: *un solide gaillard* ▸ **sólido 3** Ferme, résistant: *bâtiment solide* ▸ **sólido 4** FIG Important: *de solides raisons* ▸ **sólido** ♦ *nm* Corps solide ▸ **sólido** ■ FAM **c'est du solide:** c'est une chose sérieuse ▸ **é coisa séria**
solidement *adv* Avec solidité ▸ **solidamente**
solidification *nf* Passage à l'état solide ▸ **solidificação**
solidifier *vt* Rendre solide ▸ **solidificar** ♦ **se solidifier** *vpr* Devenir solide ▸ **solidificar-se**
solidité *nf* Caractère de ce qui est solide ▸ **solidez**
soliflore *nm* Vase destiné à ne contenir qu'une seule fleur ▸ **solitário**
soliloque *nm* Monologue ▸ **solilóquio**
soliloquer *vi* Se parler à soi-même ▸ **soliloquiar**
soliste *n* Artiste qui exécute un solo ▸ **solista**
solitaire *adj et n* Qui aime être seul, qui vit, agit seul: *navigateur solitaire* ▸ **solitário** ♦ *adj* **1** Placé dans un lieu écarté, désert ▸ **solitário 2** Qui se fait, se passe dans la solitude ▸ **solitário** ♦ *nm* **1** Vieux sanglier sans compagnie ▸ **javali velho e solitário 2** Diamant monté seul ▸ **solitário**
solitairement *adv* D'une manière solitaire: *vivre solitairement* ▸ **solitariamente**
solitude *nf* **1** État d'une personne seule ▸ **solidão 2** Caractère d'un lieu isolé, désert ▸ **solidão**
solive *nf* Pièce de charpente destinée à soutenir un plancher ▸ **viga**
soliveau *nm* Petite solive ▸ **vigota**
sollicitation *nf* Action de solliciter; demande instante ▸ **solicitação**
solliciter *vt* **1** Demander avec déférence: *solliciter une audience* ▸ **solicitar 2** Tenter d'obtenir de quelqu'un une faveur, un avantage: *le ministre est souvent sollicité* ▸ **solicitar 3** Attirer, provoquer: *solliciter l'attention, l'intérêt* ▸ **atrair 4** Faire fonctionner un appareil, un mécanisme ▸ **acionar**
solliciteur, euse *n* Personne qui sollicite une place, une faveur ▸ **solicitador**
sollicitude *nf* Attention affectueuse, intérêt: *montrer de la sollicitude* ▸ **solicitude**
solo[1] (pl *solos* ou *soli*) *nm* Morceau de musique joué ou chanté par un seul artiste ▸ **solo** ♦ *adj* Qui joue seul: *violon solo* ▸ **solo**
solo[2] *n* Célibataire ▸ **solteiro**
solognot, e *adj et n* De la Sologne ▸ **de Sologne**
solstice *nm* Époque de l'année où le Soleil est le plus éloigné de l'équateur et qui correspond à une durée maximale ou minimale du jour ▸ **solstício** ■ **solstice d'été:** 21 ou 22 juin ▸ **solstício de verão (de inverno, no hemisfério sul)** □ **solstice d'hiver**: 21 ou 22 décembre ▸ **solstício de inverno (de verão, no hemisfério sul)**
solubiliser *vt* Rendre soluble ▸ **solubilizar**
solubilité *nf* Qualité de ce qui est soluble ▸ **solubilidade**
soluble *adj* **1** Qui peut se dissoudre: *le sucre est soluble* ▸ **solúvel 2** FIG Qui peut être résolu ▸ **solúvel**
soluté *nm* Dissolution aqueuse utilisée comme médicament ▸ **soluto, solução**
solution *nf* **1** Dénouement d'une difficulté; réponse à un problème: *la solution d'une affaire* ▸ **solução 2** État d'un corps dissous; liquide contenant ce corps: *solution sucrée* ▸ **solução** ■ **solution de continuité:** interruption ▸ **solução de continuidade**
solutionner *vt* FAM Trouver une solution à, résoudre ▸ **solucionar**
solutréen, enne *nm et adj* Période préhistorique du paléolithique supérieur, située environ 18 000 ans av. J.-C. ▸ **solutreano**
solvabilité *nf* Fait d'être solvable ▸ **solvibilidade**
solvable *adj* Qui peut payer ce qu'il doit ▸ **solvível**
solvant *nm* Substance capable de dissoudre quelque chose ▸ **solvente**
somatique *adj* Qui concerne le corps (par opposition à *psychique*): *affection somatique* ▸ **somático**
somatiser *vt* PSYCHOL Traduire par une réaction somatique un conflit psychique ▸ **somatizar**
sombre *adj* **1** Peu éclairé: *maison sombre* ▸ **escuro 2** Foncé: *couleur sombre* ▸ **escuro 3** Taciturne, morne: *caractère sombre* ▸ **sombrio 4** FIG Inquiétant: *un avenir sombre* ▸ **sombrio**
sombrer *vi* **1** Couler, être englouti ▸ **afundar 2** FIG S'anéantir, se perdre: *sombrer dans l'alcoolisme* ▸ **afundar-se**
sombrero [sɔ̃brero] *nm* Chapeau à larges bords, dans les pays hispaniques ▸ **sombreiro**
sommaire *adj* **1** Court, abrégé: *exposé sommaire* ▸ **sumário 2** Réduit au plus simple: *repas, logement, justice sommaires* ▸ **sumário** ♦ *nm* **1** Liste des chapitres d'un ouvrage ▸ **sumário 2** Résumé, abrégé d'un ouvrage ▸ **sumário**

sommairement *adv* D'une manière sommaire: *juger sommairement* ▸ **sumariamente**
sommation *nf* **1** Appel fait par une autorité militaire ou policière, enjoignant à une ou plusieurs personnes de s'arrêter ou de se disperser: *sommations réglementaires* ▸ **intimação 2** MATH Addition ▸ **soma**
somme[1] *nf* **1** Résultat d'une addition ▸ **soma 2** Quantité d'argent: *grosse somme* ▸ **soma 3** FIG Ensemble, réunion de choses: *une somme de connaissances* ▸ **soma** ▪ **somme toute** ou **en somme:** finalement, en résumé ▸ **em suma**
somme[2] *nf* ▪ **bête de somme:** employée à porter des fardeaux ▸ **besta de carga, burro de carga**
somme[3] *nm* Court moment de sommeil: *faire un somme* ▸ **soneca**
sommeil *nm* **1** État d'une personne, d'un animal qui dort ▸ **sono 2** Envie de dormir: *avoir sommeil* ▸ **sono 3** FIG État d'inactivité ou d'inertie: *mettre en sommeil* ▸ **sono** ▪ **maladie du sommeil:** maladie contagieuse transmise par la mouche tsé-tsé ▸ **doença do sono** ▫ LITT **le sommeil éternel:** la mort ▸ **o sono eterno**
sommeiller *vi* **1** Dormir d'un sommeil léger ▸ **dormitar 2** FIG Exister à l'état latent: *réveiller les démons qui sommeillent* ▸ **estar adormecido**
sommelier, ère *n* Professionnel(elle) chargé(e) du service des vins et liqueurs dans un restaurant ▸ ***sommelier***
sommer *vt* Signifier à quelqu'un, dans les formes établies, qu'il a quelque chose à faire; mettre en demeure de: *sommer quelqu'un de partir* ▸ **intimar**
sommet *nm* **1** Partie la plus élevée, cime, faîte ▸ **cume, topo 2** Degré suprême d'une hiérarchie: *être au sommet de sa carrière* ▸ **topo** ▪ **conférence au sommet** ou **sommet:** conférence internationale qui réunit des chefs d'État ou de gouvernement ▸ **(conferência de) cúpula** ▫ GÉOM **sommet d'un angle:** point de rencontre de ses deux côtés ▸ **vértice de um ângulo**
sommier *nm* **1** Partie du lit constituée d'un cadre muni de ressorts ou de lattes et supportant le matelas ▸ **estrado 2** Pierre qui reçoit la retombée d'une voûte; pièce de charpente qui sert de linteau ▸ **saimel, someiro**
sommité *nf* Personne éminente dans un domaine particulier: *une sommité médicale* ▸ **sumidade**
somnambule *n et adj* Personne qui marche, agit dans l'état de sommeil ▸ **sonâmbulo**
somnambulisme *nm* État d'une personne somnambule ▸ **sonambulismo**
somnifère *nm et adj* Médicament qui provoque le sommeil ▸ **sonífero**
somnolence *nf* **1** État intermédiaire entre le sommeil et la veille ▸ **sonolência 2** FIG Manque d'activité; mollesse ▸ **sonolência**
somnolent, e *adj* Relatif à la somnolence: *état somnolent* ▸ **sonolento**
somnoler *vi* Dormir à demi ▸ **cochilar**
somptuaire *adj* ▸ **suntuário** ▪ **dépenses somptuaires:** excessives, faites pour le superflu, le luxe ▸ **despesas extravagantes**
somptueusement *adv* D'une manière somptueuse ▸ **suntuosamente**
somptueux, euse *adj* **1** Dont le luxe suppose une grande dépense; fastueux: *festin somptueux* ▸ **suntuoso 2** SOUT Superbe, splendide: *un paysage somptueux* ▸ **magnífico**
somptuosité *nf* Caractère somptueux; magnificence ▸ **suntuosidade**
son[1] *nm* **1** Sensation auditive, bruit: *son aigu; son grave; le son des cloches* ▸ **som 2** Volume, intensité sonore d'un appareil: *baisser le son* ▸ **som 3** Ensemble des techniques de l'enregistrement, de la reproduction et de la diffusion des sons: *ingénieur du son* ▸ **som** ▪ **au son de:** en suivant la musique, les rythmes de ▸ **ao som de** ▫ **son de cloche:** opinion d'une ou de plusieurs personnes ▸ **versão** ▫ **son et lumière:** spectacle comprenant l'illumination d'un monument et l'évocation sonore et musicale de son histoire ▸ **espetáculo de som e luz**
son[2] *nm* Enveloppe des graines de céréales, séparée par l'action de la mouture ▸ **farelo** ▪ **tache de son:** tache de rousseur ▸ **sarda**
son[3]**, sa, ses** *adj poss* Représente un possesseur de la 3e personne du singulier pour indiquer un rapport d'appartenance, un rapport d'ordre affectif ou social: *son livre; une radio et ses piles; sa sœur; son supérieur* ▸ **seu**
sonar *nm* Appareil de détection sous-marine utilisant la réflexion des ultrasons ▸ **sonar**
sonate *nf* Pièce de musique instrumentale, composée de plusieurs morceaux de caractère différent: *sonate pour flûte et clavecin* ▸ **sonata**
sonatine *nf* Petite sonate ▸ **sonatina**
sondage *nm* Action de sonder ▸ **sondagem** ▪ **sondage (d'opinion):** procédé d'étude d'une opinion publique, qui consiste à rapporter à la totalité d'une population les résultats obtenus par l'interview d'un petit nombre de personnes représentatives de cette population ▸ **sondagem (de opinião)**
sonde *nf* **1** Instrument pour connaître la profondeur de l'eau et la nature du fond ▸ **sonda**

2 Tout instrument qui permet de sonder, d'explorer ▸ **sonda 3** CHIR Instrument destiné à explorer une plaie, une cavité ou à en évacuer le contenu ▸ **sonda ▪ sonde spatiale:** engin d'exploration spatiale non habité ▸ **sonda espacial**

sondé, e *n* Personne qui répond à un sondage d'opinion ▸ **entrevistado**

sonder *vt* **1** Déterminer la profondeur de l'eau, la nature d'un terrain, etc., à l'aide d'une sonde ▸ **sondar 2** MÉD Introduire une sonde dans une cavité pour en évacuer le contenu ou pour en étudier le calibre, les lésions ▸ **sondar 3** FIG Chercher à connaître: *sonder les dispositions de quelqu'un; sonder le terrain* ▸ **sondar**

sondeur, euse *n* Personne qui sonde, effectue des sondages ▸ **sondador, pesquisador** ◆ *nm* Appareil de sondage ▸ **sonda**

songe *nm* LITT Rêve ▸ **sonho**

songe-creux *nm inv* LITT Personne qui nourrit son esprit de chimères ▸ **sonhador**

songer *vt ind* [à] *(conj 2)* **1** Penser à: *songer à venir* ▸ **pensar 2** Avoir l'intention de: *songer à se marier* ▸ **pensar**

songerie *nf* SOUT Pensée vague et rêveuse ▸ **devaneio**

songeur, euse *adj* Absorbé dans une rêverie, pensif: *un air songeur* ▸ **sonhador, pensativo**

sonnaille *nf* Clochette attachée au cou des bêtes en montagne; son produit par ces clochettes ▸ **chocalho, tilintada**

sonnant, e *adj* Qui sonne: *monnaie sonnante et trébuchante* ▸ **sonante ▪ à huit heures sonnantes:** précises ▸ **às oito horas em ponto**

sonné, e *adj* **1** Annoncé par une cloche, une sonnerie: *il est midi sonné* ▸ **anunciado 2** FAM Révolu, accompli: *cinquante ans sonnés* ▸ **completo 3** FAM Qui a perdu conscience; étourdi ▸ **zonzo 4** FAM qui a perdu la raison ▸ **tantã**

sonner *vi* **1** Produire un son; faire retentir une sonnette ou une sonnerie: *le réveil a sonné; sonner à la porte* ▸ **soar, tocar 2** Être annoncé par une sonnerie: *récréation qui sonne* ▸ **tocar, bater 3** Tirer des sons de: *sonner du clairon* ▸ **tocar 4** Arriver: *l'heure de la revanche a sonné* ▸ **chegar ▪ sonner bien (mal):** être agréable (désagréable) à entendre, en parlant d'un mot ▸ **soar bem (mal) ▫ sonner juste (faux):** donner une impression de vérité (de fausseté), en parlant d'une opinion, d'un discours ▸ **soar sincero (falso)** ◆ *vt* **1** Faire résonner: *sonner la cloche* ▸ **tocar 2** Appeler au moyen d'une sonnette, d'une sonnerie: *sonner l'infirmière* ▸ **chamar 3** Annoncer par une sonnerie: *sonner la retraite* ▸ **anunciar 4** ANTILLES, BELGIQUE Appeler au téléphone ▸ **telefonar**

sonnerie *nf* **1** Son de cloches, d'une pendule, d'un réveil, d'un téléphone, d'une sonnette ▸ **toque 2** Mécanisme servant à faire sonner une pendule, un appareil d'alarme ou de contrôle ▸ **alarme 3** Air que sonnent les trompettes, les clairons, les cors de chasse: *sonnerie aux morts* ▸ **toque**

sonnet *nm* Pièce de poésie de quatorze vers composée de deux quatrains et deux tercets ▸ **soneto**

sonnette *nf* Clochette ou timbre pour appeler ou avertir ▸ **campainha ▪ serpent à sonnette:** crotale ▸ **cascavel**

sonneur *nm* **1** Personne chargée de sonner les cloches ▸ **sineiro 2** Personne qui joue du cor, du clairon, etc. ▸ **tocador**

sono *nf* (abréviation) FAM Sonorisation ▸ **som**

sonomètre *nm* Instrument destiné à comparer les sons et intervalles musicaux ▸ **sonômetro**

sonore *adj* **1** Qui produit des sons: *signal sonore* ▸ **sonoro 2** Qui a un son éclatant: *voix sonore* ▸ **sonoro 3** Qui renvoie bien ou trop bien les sons: *local sonore* ▸ **sonoro 4** Relatif aux sons: *ondes sonores* ▸ **sonoro**

sonorisation *nf* **1** Action de sonoriser; fait d'être sonorisé: *la sonorisation d'une salle* ▸ **sonorização 2** Ensemble des équipements permettant l'amplification des sons ▸ **sistema de som**

sonoriser *vt* **1** Ajouter des éléments sonores aux images d'un film ▸ **sonorizar 2** Munir d'une installation destinée à l'amplification des sons: *sonoriser un piano* ▸ **sonorizar**

sonorité *nf* Qualité spécifique d'un son: *une sonorité douce; la sonorité d'un violon* ▸ **sonoridade**

sophisme *nm* Raisonnement qui n'est logique qu'en apparence ▸ **sofisma**

sophiste *n* **1** Chez les Grecs, philosophe rhéteur ▸ **sofista 2** Personne qui use de sophismes ▸ **sofista**

sophistication *nf* Manque de naturel ▸ **sofisticação**

sophistique *adj* De la nature du sophisme: *argument sophistique* ▸ **sofístico**

sophistiqué, e *adj* **1** Raffiné jusqu'à l'affectation, étudié: *tenue sophistiquée* ▸ **sofisticado 2** D'une subtilité extrême: *raisonnement sophistiqué* ▸ **sofisticado 3** Très perfectionné: *mécanisme sophistiqué* ▸ **sofisticado**

sophistiquer *vt* Perfectionner à l'extrême un appareil, une étude, etc. ▸ **sofisticar**

sophrologie *nf* Méthode de psychothérapie ou de relaxation proche de l'hypnose ▸ **sofrologia**

soporifique *adj et nm* VIEILLI Qui provoque le sommeil ▸ **soporífero** ◆ *adj* FIG Ennuyeux; endormant: *un livre soporifique* ▸ **soporífero**

soprano (pl *sopranos* ou *soprani*) *nm* Voix aiguë de femme ou de jeune garçon ▸ **soprano** ◆ Personne qui a cette voix ▸ **soprano**

sorbe *nf* Fruit comestible du sorbier ▸ **sorva**

sorbet *nm* Glace à base de sucre et d'eau ▸ ***sorbet*, sorvete**

sorbetière *nf* Appareil pour préparer les sorbets ▸ **sorveteira**

sorbier *nm* Arbre dont certaines espèces produisent des fruits comestibles ▸ **sorveira**

sorcellerie *nf* **1** Série d'opérations magiques du sorcier ▸ **bruxaria, feitiçaria 2** FAM Ce qui produit l'effet attendu sans qu'on comprenne comment: *c'est de la sorcellerie!* ▸ **mágica**

sorcier, ère *n* Personne qui se livre à des pratiques magiques, le plus souvent maléfiques ▸ **bruxo, feiticeiro** ◆ *adj m* ■ **ce n'est pas sorcier:** ce n'est pas difficile à comprendre, à expliquer ▸ **não é nada do outro mundo**

sordide *adj* **1** Sale, repoussant: *logement sordide* ▸ **sórdido 2** D'une mesquinerie répugnante: *avarice sordide* ▸ **sórdido 3** D'une grande bassesse morale: *crime sordide* ▸ **sórdido**

sordidement *adv* De façon sordide ▸ **sordidamente**

sorgho *nm* Plante alimentaire d'Afrique et d'Asie ▸ **sorgo**

sornette *nf* (surtout au pluriel) Discours frivole; baliverne ▸ **balela**

sort *nm* **1** LITT Destin, hasard: *être le jouet du sort; conjurer le mauvais sort* ▸ **destino, sorte 2** Condition, situation matérielle: *se plaindre de son sort* ▸ **sorte 3** Décision, choix remis au hasard: *tirer au sort* ▸ **sorte 4** Effet malfaisant: *jeter un sort* ▸ **sortilégio** ■ **le sort en est jeté:** le parti en est pris ▸ **a sorte está lançada**

sortable *adj* FAM (surtout en tournure négative) Que l'on peut montrer en public: *il n'est vraiment pas sortable!* ▸ **apresentável**

sortant, e *adj* Qui sort: *numéro sortant* ▸ **sorteado** ◆ *adj et nm* **1** Qui sort d'un lieu ▸ **quem sai 2** Dont le mandat arrive à expiration: *députés sortants* ▸ **quem está de saída**

sorte *nf* Espèce, genre: *toutes sortes de bêtes* ▸ **espécie, tipo** ■ **de sorte que** ou **en sorte que:** si bien que ▸ **de modo que** □ **de telle sorte que:** de telle façon que ▸ **de tal modo que** □ **en quelque sorte:** pour ainsi dire ▸ **de certo modo** □ **faire en sorte de, que:** tâcher de, que ▸ **fazer com que** □ **une sorte de:** une chose ou une personne qui ressemble à ▸ **uma espécie de**

GRAMMAIRE *De (telle) sorte que* est suivi de l'indicatif lorsqu'il exprime une conséquence: *il a rangé les dossiers de (telle) sorte (en sorte) que nous les avons trouvés aisément*; il est suivi du subjonctif lorsqu'il exprime une intention: *il a rangé les documents de (telle) sorte que nous les trouvions aisément*

sortie *nf* **1** Action de sortir: *sortie des bureaux: les sorties le fatiguent* ▸ **saída 2** Issue, endroit pour sortir: *sortie de secours* ▸ **saída 3** FIG Moyen d'échapper à une situation embarrassante: *se ménager une sortie* ▸ **saída 4** Mise en vente d'un objet commercial: *sortie d'un livre* ▸ **lançamento 5** FIG, FAM invective, emportement: *une sortie intempestive* ▸ **ataque, acesso 6** INFORM Transfert d'une information de l'unité centrale vers l'extérieur; ensemble des informations ainsi transférées: *sortie papier* ▸ **saída, *output***

sortie-de-bain (pl *sorties-de-bain*) *nf* Peignoir en tissu-éponge que l'on porte après le bain ▸ **saída de banho**

sortilège *nm* **1** Maléfice ▸ **sortilégio 2** SOUT Charme irrésistible qui paraît magique ▸ **sortilégio**

sortir[1] *vi (conj 28; auxil: être)* **1** Aller hors de, quitter un lieu: *sortir de sa maison* ▸ **sair 2** Aller hors de chez soi pour: *sortir dîner* ▸ **sair para 3** Commencer à paraître, à pousser: *le blé sort de terre* ▸ **sair 4** Faire saillie: *pierre qui sort du mur*; se répandre au dehors: *fumée qui sort* ▸ **projetar-se, emanar 5** Quitter un état; cesser d'être dans une période donnée, un milieu, un endroit particulier: *sortir de l'hiver; sortir de prison; sortir de l'ENA* ▸ **sair 6** S'écarter: *sortir du sujet* ▸ **mudar, desviar 7** Être commercialisé, présenté au public: *livre qui sort demain* ▸ **sair 8** Être tiré au sort: *sujet qui sort à un examen* ▸ **sair, cair** ■ **en sortir, s'en sortir: (a)** se tirer d'affaire ▸ **sair-se bem (b)** guérir ▸ **curar-se** ◆ *vt* (auxil: avoir) **1** Conduire dehors; mettre quelque chose dehors ▸ **levar para fora 2** Mettre en vente un article nouveau ▸ **lançar, produzir 3** FAM Dire: *sortir des âneries* ▸ **falar**

sortir[2] *nm* ▸ **saída** ■ **au sortir de:** au moment où l'on sort de ▸ **na saída de, no fim de**

SOS *nm* (sigle de *save our souls*) **1** Signal de détresse transmis par radio ▸ **S.O.S. 2** Appel à l'aide: *lancer un SOS à ses amis* ▸ **S.O.S.**

sosie [sɔzi] *nm* Personne qui ressemble parfaitement à une autre ▸ **sósia**

sot, sotte *adj* **1** Dénué de jugement ▸ **tolo 2** Embarrassé, confus: *réponse sotte* ▸ **bobo, tolo** ◆ *n* Personne sans jugement ni esprit ▸ **bobo, tolo**

sotie *nf* → **sottie**

sot-l'y-laisse *nm inv* Morceau délicat au-dessus du croupion d'une volaille ▸ **uropígio**

sottement *adv* D'une manière sotte ▸ **tolamente**

sottie ou **sotie** *nf* Ouvrage dramatique, satire sociale et politique, aux XIVe et XVe s. ▸ **sotia**

sottise *nf* **1** Manque de jugement, d'intelligence ▸ **tolice 2** Parole, action sotte: *dire des sottises* ▸ **tolice**

sottisier *nm* Recueil d'erreurs comiques, de phrases ridicules ▸ **coletânea de tolices**

sou *nm* VX Monnaie valant la vingtième partie du franc ou 5 centimes ▸ **soldo ■ n'avoir pas le sou** ou **être sans le sou:** être sans argent ▸ **estar sem um tostão ◆ sous** *pl* Argent: *compter ses sous* ▸ **dinheiro ■** FAM **être près de ses sous:** peu dépensier ▸ **gastar com parcimônia**

souahéli, e [swaeli] ou **swahili, e** [swaili] *nm et adj* Langue bantoue parlée dans l'est de l'Afrique ▸ **suaíli**

soubassement *nm* Partie inférieure d'une construction ▸ **embasamento**

soubresaut *nm* Tressaillement brusque, convulsif ▸ **sobressalto**

soubrette *nf* Servante de comédie ▸ **criada de comédia**

souche *nf* **1** Partie du tronc de l'arbre qui reste dans la terre après que l'arbre a été coupé; cette partie arrachée avec les racines ▸ **cepo 2** FIG Celui de qui descend une famille ▸ **cepa, linhagem 3** Source, origine: *mot de souche indo-européenne* ▸ **origem 4** Partie d'une feuille qui reste fixée à un registre et sert à vérifier l'authenticité de la partie détachée: *carnet à souches* ▸ **canhoto ■** FAM **dormir comme une souche:** profondément ▸ **dormir como uma pedra**

souci[1] *nm* Préoccupation relative à une personne ou à une chose à laquelle on porte intérêt; personne ou chose à l'origine de cette préoccupation: *se faire du souci pour son avenir* ▸ **preocupação ■ avoir le souci de:** être préoccupé de, se soucier de ▸ **preocupar-se com, em**

souci[2] *nm* Plante à fleurs jaunes ou orangées ▸ **calêndula**

soucier (se) *vpr* [de] S'inquiéter de quelque chose, y attacher de l'importance: *se soucier du qu'en-dira-t-on* ▸ **preocupar-se**

soucieux, euse *adj* **1** Qui se fait du souci; inquiet, pensif: *père soucieux*: *air soucieux* ▸ **preocupado 2** Attentif à: *soucieux de son avenir* ▸ **preocupado**

soucoupe *nf* Petite assiette sous une tasse ▸ **pires ■ soucoupe volante:** objet mystérieux, lenticulaire, supposé être un vaisseau spatial et qui serait le signe de l'existence des extraterrestres ▸ **disco voador**

soudage *nm* Action de souder ▸ **solda**

soudain, e *adj* Qui se produit, se fait tout à coup: *bruit soudain* ▸ **repentino ◆** *adv* Dans le même instant, tout d'un coup ▸ **de repente**

soudainement *adv* D'une façon soudaine, subitement ▸ **repentinamente**

soudaineté *nf* Caractère soudain ▸ **repentinidade**

soudanais, e *adj et n* Du Soudan: *les Soudanais* ▸ **sudanês**

soudard *nm* LITT Soldat grossier et brutal ▸ **soldado brutamontes**

soude *nf* CHIM Carbonate de sodium ▸ **soda**

souder *vt* **1** Joindre par soudure ▸ **soldar 2** FIG Unir étroitement ▸ **soldar**

soudeur, euse *n* Personne qui soude ▸ **soldador**

soudier, ère *adj* De la soude: *industrie soudière* ▸ **sódico, da soda**

soudière *nf* Usine où l'on fabrique de la soude ▸ **fábrica de soda**

soudoyer [sudwaje] *vt (conj 3)* S'assurer le concours de quelqu'un en le payant: *soudoyer des assassins* ▸ **contratar**

soudure *nf* **1** Assemblage permanent exécuté par voie thermique; technique d'exécution de cet assemblage: *apprendre la soudure* ▸ **soldadura 2** Endroit où deux pièces ont été soudées: *soudure nette* ▸ **soldadura ■** FIG **faire la soudure:** assurer la transition ▸ **fazer a ponte**

soufflage *nm* Action de souffler ▸ **assopradura**

soufflant, e *adj* **1** Qui envoie de l'air chaud ▸ **ventilador 2** FAM Qui stupéfie ▸ **espantoso**

souffle *nm* **1** Agitation de l'air dans l'atmosphère: *souffle de vent* ▸ **sopro 2** Air produit en soufflant par la bouche; bruit ainsi produit: *écouter le souffle d'un malade* ▸ **sopro 3** Capacité à emmagasiner de l'air dans ses poumons: *avoir du souffle* ▸ **fôlego 4** FIG, LITT inspiration: *le souffle du génie* ▸ **inspiração 5** Déplacement d'air brutal, provoqué par une explosion ▸ **deslocamento de ar ■ être à bout de souffle: (a)** avoir une respiration courte et fréquente ▸ **estar sem fôlego (b)** s'affaiblir, être proche de sa fin ▸ **estar nas últimas**

soufflé *nm* Entremets qui gonfle en cuisant: *soufflé au fromage* ▸ **suflê**

souffler *vi* **1** Agiter, déplacer l'air: *le mistral souffle* ▸ **soprar 2** Envoyer de l'air par la bouche: *souffler sur ses doigts* ▸ **soprar 3** Respirer avec effort: *souffler comme un bœuf* ▸ **arquejar 4** Reprendre haleine: *laisser souffler quelqu'un* ▸ **tomar fô-**

lego ■ **souffler dans le ballon:** être soumis à un Alcootest ► **fazer o teste do bafômetro** ♦ *vt* **1** Éteindre: *souffler une bougie* ► **soprar 2** Projeter au moyen du souffle: *souffler la fumée de sa cigarette* ► **soprar 3** Détruire par un souffle violent: *l'explosion a soufflé l'immeuble* ► **fazer ir pelos ares 4** Dire discrètement: *souffler son rôle à un acteur* ► **soprar 5** Enlever: *souffler un pion au jeu de dames; se faire souffler sa place* ► **soprar, tomar 6** FAM Étonner vivement ► **espantar** ■ **ne pas souffler mot:** ne rien dire ► **não dizer uma palavra** □ **souffler le verre:** faire des objets en envoyant de l'air avec un tube dans du verre en fusion ► **soprar o vidro**

ORTHOGRAPHE *Souffler* s'écrit avec deux *f*, à la différence de *boursoufler*

soufflerie *nf* **1** Machine destinée à produire le vent nécessaire à la marche d'une installation métallurgique, à l'aération d'une mine, etc. ► **sistema de ventilação 2** Ensemble des soufflets d'un orgue, d'une forge, etc. ► **foles**

soufflet *nm* **1** Instrument pour souffler ► **fole 2** Couloir de communication entre deux wagons de chemin de fer ► **corredor de comunicação 3** LITT Coup du plat ou du revers de la main appliqué sur la joue ► **bofetada**

souffleter *vt (conj 8)* LITT Donner un soufflet à ► **esbofetear**

souffleur, euse *n* Personne qui souffle leur rôle aux acteurs ► **ponto** ♦ *nm* Ouvrier qui souffle le verre ► **soprador de vidro**

soufflure *nf* Cavité pleine de gaz qui se forme dans l'intérieur d'une pièce de métal ou de verre ► **falha, bolha**

souffrance *nf* Malaise, douleur, peine ► **sofrimento** ■ **en souffrance: (a)** en suspens ► **em suspenso (b)** non distribué ou non réclamé ► **não reclamado, não retirado**

souffrant, e *adj* Légèrement malade; indisposé ► **adoentado, indisposto**

souffre-douleur *nm inv* Personne sur qui convergent les tracasseries, les mauvais traitements ► **vítima**

souffreteux, euse *adj* De faible santé; chétif ► **enfermiço**

souffrir *vt (conj 16)* **1** Ressentir, endurer, subir: *souffrir la soif* ► **sentir, sofrer 2** LITT Supporter, tolérer: *souffrez que je vous parle* ► **suportar 3** SOUT Admettre: *cela ne souffre aucun retard* ► **sofrer** ■ **ne pas pouvoir souffrir:** avoir de l'antipathie, de l'aversion pour ► **não suportar** ♦ *vi et vt ind* **1** Sentir de la douleur ► **sofrer 2** Être tourmenté: *je souffre de le voir ainsi* ► **sofrer** ♦ **se souffrir** *vpr* (surtout en tournure négative) Se supporter mutuellement ► **suportar-se**

soufisme ou **sufisme** [sufism] *nm* Courant mystique de l'islam ► **sufismo**

soufrage *nm* Action d'imprégner de soufre: *le soufrage de la vigne* ► **enxoframento**

soufre *nm* Corps simple solide, d'une couleur jaune citron; symb: S ► **enxofre** ■ **sentir le soufre:** avoir des relents d'hérésie ► **cheirar a heresia**

soufrer *vt* **1** Enduire de soufre ► **enxofrar 2** AGRIC Traiter les plantes avec du soufre; exposer le moût, le tonneau aux vapeurs sulfureuses ► **enxofrar**

soufreur, euse *n* Personne chargée de soufrer ► **enxofrador**

soufreuse *nf* Appareil employé pour soufrer les végétaux ► **enxofradeira**

soufrière *nf* Mine de soufre ► **mina de enxofre**

souhait *nm* Désir que quelque chose s'accomplisse ► **desejo** ■ SOUT **à souhait:** selon ses désirs: *réussir à souhait* ► **satisfatoriamente** □ **à vos souhaits:** formule de politesse adressée à une personne qui éternue ► **saúde**

souhaitable *adj* Que l'on peut souhaiter ► **desejável**

souhaiter *vt* **1** Désirer: *je souhaite qu'il vienne* ► **desejar 2** Exprimer sous forme de vœu: *souhaiter le bonjour, la bonne année* ► **desejar**

souille *nf* Lieu bourbeux où se vautre le sanglier ► **chafurda**

souiller *vt* **1** LITT Salir: *souiller de boue* ► **sujar 2** FIG Déshonorer, flétrir: *souiller sa réputation* ► **sujar, manchar**

souillon *n* FAM Personne malpropre ► **porcalhão**

souillure *nf* LITT Tache: *la souillure du péché* ► **nódoa**

souk *nm* **1** Marché couvert, dans les pays arabes ► ***souk*, mercado 2** FAM Désordre ► **açougue**

soûl, e [su, sul] ou **saoul, e** [su, sul] *adj* ivre ► **bêbado** ■ LITT **être soûl de quelque chose:** en être rassasié jusqu'au dégoût ► **estar farto de algo** ♦ *nm* ■ FAM **tout son soûl:** autant qu'on veut: *dormir tout son soûl* ► **até se fartar**

soulagement *nm* Diminution, allégement d'un mal; impression qui en résulte ► **consolo, alívio**

soulager *vt (conj 2)* **1** Diminuer, supprimer une souffrance physique ou morale ► **aliviar, consolar 2** Débarrasser d'un fardeau, d'une charge ► **aliviar 3** Aider, décharger: *soulager les entreprises en baissant les taxes* ► **aliviar 4** TECHN Diminuer l'effort de: *soulager une poutre* ► **escorar** ♦ **se soulager** *vpr* **1** Se décharger d'un souci ► **desabafar 2** FAM satisfaire un besoin naturel ► **aliviar-se**

soûlant, e *adj* FAM Qui fatigue, étourdit ▸ **chato**

soûlaud, e ou **soûlot, e** *n* FAM Ivrogne, ivrognesse ▸ **bebum**

soûler ou **saouler** *vt* **1** FAM Enivrer ▸ **embebedar** **2** FIG Griser: *les succès l'ont soûlé* ▸ **inebriar** **3** Fatiguer quelqu'un par un excès quelconque: *soûler de paroles* ▸ **encher** ◆ **se soûler** ou **se saouler** *vpr* FAM S'enivrer ▸ **embebedar-se**

soûlerie *nf* Ivresse, beuverie ▸ **bebedeira**

soulèvement *nm* **1** Mouvement de ce qui se soulève ▸ **sublevação** **2** FIG Mouvement de révolte, d'insurrection ▸ **sublevação**

soulever *vt (conj 9)* **1** Élever à une petite hauteur: *soulever un fardeau* ▸ **sublevar** **2** Relever: *soulever un rideau* ▸ **levantar** **3** Provoquer la colère, l'indignation, etc.: *soulever des protestations*; pousser à la révolte: *soulever le peuple* ▸ **sublevar** **4** Faire naître, susciter: *soulever une question* ▸ **suscitar** ▪ **soulever le cœur:** causer du dégoût ▸ **repugnar** ◆ **se soulever** *vpr* **1** Se lever légèrement ▸ **levantar-se** **2** Se révolter ▸ **sublevar-se**

soulier *nm* Chaussure ▸ **sapato** ▪ FAM **être dans ses petits souliers:** embarrassé ▸ **estar constrangido**

soulignement ou **soulignage** *nm* Action de souligner ▸ **sublinhamento**

souligner *vt* **1** Tirer un trait, une ligne sous ▸ **sublinhar** **2** FIG Accentuer, attirer l'attention sur: *souligner l'importance d'un fait* ▸ **salientar**

soumettre *vt (conj 57)* **1** Ramener à l'obéissance: *soumettre des rebelles* ▸ **submeter** **2** Astreindre à une loi, un règlement: *revenu soumis à l'impôt* ▸ **sujeitar** **3** Proposer au jugement, à la critique: *soumettre un projet* ▸ **submeter** **4** Faire subir: *soumettre à une analyse; soumettre à des tests* ▸ **submeter** ◆ **se soumettre** *vpr* Consentir à ne plus résister, accepter de reconnaître une autorité ▸ **submeter-se**

soumis, e *adj* **1** Disposé à l'obéissance ▸ **submisso** **2** Qui annonce la soumission: *air soumis* ▸ **submisso**

soumission *nf* **1** Action de mettre, fait de se mettre sous l'autorité de ▸ **submissão** **2** Disposition à obéir: *esprit de soumission* ▸ **submissão**

soupape *nf* Obturateur qui règle le mouvement d'un fluide ▸ **válvula** ▪ **soupape de sécurité, de sûreté:** **(a)** qui, dans une chaudière, s'ouvre d'elle-même sous une forte pression pour empêcher l'explosion ▸ **válvula de segurança** **(b)** FIG ce qui sert d'exutoire ▸ **válvula de escape**

soupçon *nm* **1** Doute sans preuve objective à l'égard d'une personne: *de graves soupçons pèsent sur lui* ▸ **desconfiança, suspeita** **2** Idée vague, simple conjecture ▸ **desconfiança** ▪ **un soupçon de:** une petite quantité de ▸ **um bocadinho de**

soupçonnable *adj* Qui peut être soupçonné ▸ **suspeito**

soupçonner *vt* **1** Porter ses soupçons sur; suspecter ▸ **suspeitar** **2** Conjecturer, présumer: *je ne soupçonnais pas la difficulté de ce travail* ▸ **desconfiar**

soupçonneux, euse *adj* Défiant ▸ **desconfiado**

soupe *nf* **1** Potage, bouillon épaissi ▸ **sopa** **2** FAM Repas: *aller à la soupe* ▸ **rango** **3** FAM Neige fondante ▸ **neve semiderretida** ▪ FAM **servir la soupe:** agir dans l'intérêt de quelqu'un, par complaisance ou par maladresse ▸ **dar de bandeja** □ **soupe au lait:** qui se met facilement en colère ▸ **pavio curto** □ **soupe populaire:** institution charitable distribuant des repas aux indigents ▸ **sopão, sopa solidária** □ **trempé comme une soupe:** très mouillé ▸ **ensopado**

soupente *nf* Réduit pratiqué dans la partie haute d'une pièce ou sous un escalier ▸ **desvão**

souper[1] *nm* **1** Repas qu'on fait à une heure tardive de la nuit ▸ **ceia** **2** BELGIQUE, SUISSE, CANADA repas du soir; dîner ▸ **jantar**

souper[2] *vi* Prendre le souper ▸ **cear** ▪ FAM **en avoir soupé:** en avoir assez ▸ **estar cheio**

soupeser *vt (conj 9)* **1** Lever quelque chose avec la main pour en évaluer le poids ▸ **sopesar** **2** FIG Évaluer: *soupeser le pour et le contre* ▸ **sopesar**

soupière *nf* Récipient creux dans lequel on sert la soupe ▸ **sopeira**

soupir *nm* **1** Respiration forte et prolongée, occasionnée par la fatigue, l'émotion, le plaisir, etc.: *pousser des soupirs* ▸ **suspiro** **2** MUS Silence qui vaut une noire ▸ **pausa de semínima** ▪ LITT **rendre le dernier soupir:** mourir ▸ **dar o último suspiro**

soupirail (pl *soupiraux*) *nm* Ouverture pour éclairer, aérer une cave, un sous-sol ▸ **respiradouro**

soupirant *nm* Celui qui fait la cour à une femme ▸ **pretendente**

soupirer *vi* Pousser des soupirs: *soupirer de plaisir, d'ennui* ▸ **suspirar** ◆ *vt ind* [après] LITT Désirer ardemment: *soupirer après le bonheur* ▸ **suspirar**

souple *adj* **1** Qui se plie aisément, flexible: *cuir souple* ▸ **flexível** **2** Agile à se mouvoir, à se plier: *corps souple* ▸ **ágil** **3** FIG Accommodant, capable de s'adapter: *caractère souple* ▸ **maleável** **4** Dont l'application n'est pas rigide: *réglementation souple* ▸ **flexível**

souplement *adv* Avec souplesse ▸ **agilmente, de modo flexível**

souplesse *nf* Caractère d'une personne ou d'une chose souple ▸ **maleabilidade**

souquer *vt* MAR Raidir fortement un amarrage, un nœud ▸ **apertar com força** ◆ *vi* Tirer sur les avirons ▸ **remar com força**

sourate *nf* → **surate**

source *nf* **1** Lieu où l'eau sort de terre ▸ **fonte** **2** Endroit d'où provient une énergie, des particules: *source de chaleur, de lumière* ▸ **fonte** **3** FIG Principe, cause, origine: *remonter à la source du mal* ▸ **origem, fonte** **4** Document original; origine d'une information: *ne pas révéler ses sources* ▸ **fonte**

sourcer *vt* Établir ou mentionner l'origine de; authentifier: *sourcer une information* ▸ **determinar a fonte, autenticar**

sourcier *nm* Personne qui découvre les sources avec une baguette, un pendule ▸ **vedor**

sourcil [sursi] *nm* Saillie arquée, revêtue de poils, au-dessus de l'œil ▸ **sobrancelha** ■ **froncer les sourcils:** témoigner du mécontentement ▸ **franzir as sobrancelhas**

sourcilier, ère [sursilje, ɛr] *adj* Qui concerne les sourcils: *arcade sourcilière* ▸ **superciliar**

sourciller *vi* Remuer les sourcils en signe de mécontentement, de surprise: *écouter sans sourciller* ▸ **superciliar, franzir as sobrancelhas**

sourcilleux, euse *adj* Exigeant, minutieux: *un magistrat sourcilleux* ▸ **minucioso**

sourd, e *adj et n* Qui ne perçoit pas ou qui perçoit difficilement les sons ▸ **surdo** ■ **dialogue de sourds:** dans lequel chacun reste sur ses positions ▸ **diálogo de surdos** □ **frapper comme un sourd:** de toutes ses forces ▸ **bater com toda a força** ◆ *adj* **1** Peu éclatant: *voix sourde, couleur sourde* ▸ **surdo** **2** Insensible, inexorable: *sourd aux prières* ▸ **surdo** **3** Qui ne se manifeste pas nettement: *douleur sourde* ▸ **surdo** **4** Clandestin, secret: *lutte sourde* ▸ **surdo** ■ FAM **faire la sourde oreille:** faire semblant de ne pas entendre ▸ **fazer ouvidos moucos**

sourdement *adv* LITT De manière sourde: *grogner sourdement; intriguer sourdement* ▸ **surdamente**

sourdine *nf* Dispositif permettant d'assourdir le son de certains instruments de musique ▸ **surdina** ■ **en sourdine:** sans bruit: *radio en sourdine* ▸ **em, na surdina** □ **mettre une sourdine à:** mettre un frein à, modérer ▸ **moderar**

sourd-muet, sourde-muette (pl *sourds-muets, sourdes-muettes*) *n* Personne privée de l'ouïe et de la parole ▸ **surdo-mudo**

sourdre *vi (conj 51)* LITT Sortir de terre, en parlant de l'eau; jaillir, en parlant de la lumière, d'un son, d'un sentiment, etc. ▸ **surdir**

souriant, e *adj* Qui sourit souvent, qui est aimable et accueillant ▸ **sorridente**

souriceau *nm* Petit d'une souris ▸ **ratinho**

souricière *nf* **1** Piège pour prendre les souris ▸ **ratoeira** **2** FIG Piège tendu par la police à des malfaiteurs ▸ **ratoeira, armadilha**

sourire[1] *vi (conj 67)* Exprimer le contentement, l'amusement par un léger mouvement de la bouche et des yeux: *sourire malicieusement* ▸ **sorrir** ◆ *vt ind* [à] Être agréable, favorable à: *cette perspective ne me sourit guère; la chance lui sourit* ▸ **sorrir**

sourire[2] *nm* Action de sourire: *un sourire approbateur* ▸ **sorriso**

souris *nf* **1** Petit rongeur au pelage gris ou blanc ▸ **camundongo** **2** INFORM Dispositif permettant de désigner, à l'aide d'un curseur, une zone sur un écran ▸ ***mouse*** **3** Petit muscle qui tient au manche du gigot ▸ ***souris*** ■ **gris souris:** gris clair ▸ **cinza-claro**

sournois, e *adj et n* Dissimulé, hypocrite ▸ **dissimulado** ◆ *adj* SOUT Insidieux: *un mal sournois* ▸ **sorrateiro**

sournoisement *adv* De façon sournoise, hypocritement ▸ **dissimuladamente, sorrateiramente**

sournoiserie *nf* Caractère sournois; dissimulation ▸ **dissimulação**

sous *prép* **1** Localise une position inférieure: *sous la table* ▸ **sob** **2** À l'intérieur de: *mettre sous enveloppe* ▸ **dentro de, em** **3** Indique la cause, le moyen, le point de vue: *sous le coup de la surprise; vu sous cet angle* ▸ **sob** **4** Indique la dépendance: *sous ses ordres; sous cortisone; sous condition; sous Word* ▸ **sob** **5** Indique la situation par rapport à une époque: *sous Louis XIV* ▸ **sob** **6** Indique le délai: *sous huitaine; sous peu* ▸ **em** **7** Indique la façon dont se présente une chose ou une personne, l'étiquette donnée à quelque chose: *sous une forme agréable; sous un mauvais jour; sous tel numéro; publié sous tel titre* ▸ **de, em, com**

sous-alimentation (pl *sous-alimentations*) *nf* Alimentation insuffisante en quantité ou en qualité ▸ **subalimentação**

sous-alimenté, e *adj* Qui souffre de sous-alimentation ▸ **subalimentado**

sous-alimenter *vt* Alimenter insuffisamment ▸ **subalimentar**

sous-bois *nm inv* Végétation sous les arbres d'une forêt ▸ **mato**

sous-chef (pl *sous-chefs*) *nm* Personne qui vient immédiatement après le chef ▸ **subchefe**

sous-comité (pl *sous-comités*) *nm* Subdivision d'un comité chargée d'étudier une question particulière ▸ **subcomissão**

sous-commission (pl *sous-commissions*) *nf* Groupe de membres d'une commission chargés de préparer un dossier ▸ **subcomissão**
sous-continent (pl *sous-continents*) *nm* Sous-ensemble d'un continent: *le sous-continent indien* ▸ **subcontinente**
sous-couche (pl *sous-couches*) *nf* **1** Première couche de peinture ▸ **subcamada 2** Couche de neige inférieure ▸ **substrato**
souscripteur *nm* **1** Personne qui souscrit un effet de commerce ▸ **subscritor 2** Personne qui prend part à une souscription: *les souscripteurs à un emprunt* ▸ **subscritor**
souscription *nf* **1** Engagement de s'associer à une entreprise, d'acheter un ouvrage en cours de publication, etc. ▸ **subscrição, assinatura 2** DR Signature au-dessous d'un acte pour l'approuver ▸ **subscrição 3** Somme versée par le souscripteur ▸ **subscrição**
souscrire *vt (conj 71)* **1** S'engager à payer pour quelque chose: *souscrire un abonnement à une revue* ▸ **subscrever, assinar 2** DR Signer au bas d'un acte pour l'approuver ▸ **subscrever** ◆ *vt ind* [à] **1** Donner son adhésion à: *souscrire à ce qui vient d'être dit* ▸ **subscrever 2** Prendre l'engagement de payer, de participer pour une part à une entreprise ▸ **subscrever**
sous-cutané, e (pl *sous-cutanés, es*) *adj* Sous la peau ▸ **subcutâneo**
sous-développé, e (pl *sous-développés, es*) *adj* ▸ **subdesenvolvido** ▪ **pays sous-développé:** dont le développement industriel, agricole, etc., est faible (on dit aussi: *pays en développement*) ▸ **país subdesenvolvido**
sous-développement (pl *sous-développements*) *nm* État d'un pays sous-développé ▸ **subdesenvolvimento**
sous-directeur, trice (pl *sous-directeurs, trices*) *n* Personne qui dirige en second ▸ **subdiretor**
sous-emploi (pl *sous-emplois*) *nm* Emploi d'une partie seulement de la main-d'œuvre disponible ▸ **subemprego**
sous-employer *vt (conj 3)* Employer au-dessous de ses capacités, de ses possibilités ▸ **subaproveitar**
sous-ensemble (pl *sous-ensembles*) *nm* Partie d'un ensemble ▸ **subconjunto**
sous-entendre *vt (conj 50)* Ne pas exprimer franchement sa pensée; suggérer ▸ **subentender**
sous-entendu, e (pl *sous-entendus, es*) *adj* Se dit d'un mot ou de quelque chose qui n'est pas exprimé mais peut être rétabli facilement ▸ **subentendido** ◆ *nm* Ce qu'on fait comprendre sans le dire et dont l'intention est souvent perfide ou parfois grivoise; allusion ▸ **subentendido**
sous-équipé, e (pl *sous-équipés, es*) *adj* Dont l'équipement est insuffisant: *une usine sous-équipée en matériel* ▸ **subequipado**
sous-équipement (pl *sous-équipements*) *nm* Fait d'être sous-équipé ▸ **subequipamento**
sous-estimer *vt* Apprécier au-dessous de sa valeur réelle: *sous-estimer un adversaire, le danger* ▸ **subestimar**
sous-évaluer *vt* Évaluer quelque chose au-dessous de sa valeur: *sous-évaluer un stock* ▸ **subavaliar**
sous-exploitation (pl *sous-exploitations*) *nf* ÉCON Exploitation insuffisante ▸ **subexploração**
sous-exploiter *vt* ÉCON Exploiter insuffisamment: *sous-exploiter un gisement* ▸ **subexplorar**
sous-exposer *vt* PHOT Exposer insuffisamment une émulsion photographique à la lumière ▸ **subexpor**
sous-exposition (pl *sous-expositions*) *nf* Fait d'être sous-exposé ▸ **subexposição**
sous-fifre (pl *sous-fifres*) *nm* FAM, PÉJOR Personne qui occupe un emploi secondaire; sous-ordre ▸ **empregadinho**
sous-jacent, e (pl *sous-jacents, es*) *adj* **1** Placé dessous: *muscles sous-jacents* ▸ **subjacente 2** FIG Qui existe sans se manifester clairement: *idée sous-jacente* ▸ **subjacente**
sous-lieutenant (pl *sous-lieutenants*) *nm* Premier grade de la hiérarchie des officiers des armées de terre et de l'air ▸ **subtenente, suboficial**
sous-locataire (pl *sous-locataires*) *n* Occupant d'un local en sous-location ▸ **sublocatário**
sous-location (pl *sous-locations*) *nf* Action de sous-louer; lieu sous-loué ▸ **sublocação**
sous-louer *vt* Louer ce dont on est locataire; louer ce dont un autre est locataire ▸ **sublocar**
sous-main *nm inv* Accessoire de bureau qui sert d'appui à la feuille de papier sur laquelle on écrit, destiné à protéger la table ▸ **forro** ▪ **en sous-main:** en cachette ▸ **em segredo**
sous-marin, e (pl *sous-marins, es*) *adj* **1** Qui est sous la mer: *plante sous-marine* ▸ **submarino 2** Qui s'effectue sous la mer: *chasse sous-marine* ▸ **submarino** ◆ *nm* Navire qui navigue sous l'eau ▸ **submarino**
sous-marinier, ère (pl *sous-mariniers, ères*) *n* Membre de l'équipage d'un sous-marin ▸ **submarinista**
sous-marque (pl *sous-marques*) *nf* Marque utilisée par un fabricant qui exploite par ailleurs une marque plus connue ▸ **submarca**

sous-multiple (pl *sous-multiples) nm et adj* Nombre contenu un nombre entier de fois dans un autre: *3 est le sous-multiple de 9* ▸ **submúltiplo, divisor**
sous-officier (pl *sous-officiers) nm* Militaire d'un corps intermédiaire entre celui des officiers et la troupe ▸ **oficial subalterno**
sous-ordre (pl *sous-ordres) nm* **1** SC NAT Subdivision d'un ordre ▸ **subordem 2** Employé subalterne; subordonné ▸ **subordinado ■ en sous-ordre:** au second rang ▸ **subordinadamente**
sous-payer *vt (conj 4)* Payer au-dessous du taux normal ▸ **pagar mal**
sous-peuplé, e (pl *sous-peuplés, es) adj* Peuplé insuffisamment ▸ **subpovoado**
sous-peuplement (pl *sous-peuplements) nm* Peuplement insuffisant, eu égard aux ressources exploitées ou potentielles d'un pays ▸ **subpovoamento**
sous-préfecture (pl *sous-préfectures) nf* **1** Subdivision de préfecture, administrée par un sous-préfet ▸ **subprefeitura 2** Ville où réside le sous-préfet ▸ **subprefeitura 3** Fonction, demeure, bureau du sous-préfet ▸ **subprefeitura**
sous-préfet (pl *sous-préfets) nm* Fonctionnaire représentant l'État dans un arrondissement ▸ **subprefeito**
sous-préfète (pl *sous-préfètes) nf* **1** Femme de sous-préfet ▸ **mulher de subprefeito 2** Femme sous-préfet ▸ **subprefeita**
sous-pression (pl *sous-pressions) nf* Pression dirigée du bas vers le haut ▸ **subpressão**
sous-produit (pl *sous-produits) nm* **1** Produit dérivé d'un autre ▸ **subproduto 2** Mauvaise imitation, produit de qualité médiocre ▸ **arremedo**
sous-programme (pl *sous-programmes) nm* INFORM Séquence particulière d'instructions, conçue pour être utilisée dans différents programmes ▸ **sub-rotina**
sous-pull (pl *sous-pulls) nm* Pull-over fin, à col roulé, destiné à être porté sous un autre pull-over ▸ **pulôver leve**
soussigné, e *adj et n* Qui a mis son nom au bas d'un acte: *je soussigné X déclare*: *le soussigné déclare* ▸ **abaixo assinado**
sous-sol (pl *sous-sols) nm* **1** Ce qui se trouve sous la terre végétale, à plus ou moins grande profondeur ▸ **subsolo 2** Construction au-dessous du rez-de-chaussée ▸ **subsolo**
sous-tasse (pl *sous-tasses) nf* Soucoupe ▸ **pires**
sous-tendre *vt (conj 50)* Être à la base, à l'origine de quelque chose ▸ **sustentar**
sous-titrage (pl *sous-titrages) nm* CIN Action de sous-titrer ▸ **legendagem**
sous-titre (pl *sous-titres) nm* **1** Titre placé après le titre principal d'un livre ▸ **subtítulo 2** CIN Traduction projetée des dialogues d'un film en version originale ▸ **legenda**
sous-titrer *vt* Mettre un, des sous-titres ▸ **legendar**
soustraction *nf* Opération par laquelle on retranche un nombre d'un autre ▸ **subtração**
soustraire *vt (conj 79)* **1** Retrancher une quantité d'une autre, faire une soustraction ▸ **subtrair 2** Enlever, prendre avec adresse ou par fraude: *soustraire un dossier* ▸ **subtrair 3** LITT Faire échapper à, préserver de: *soustraire à un danger* ▸ **subtrair**
sous-traitance (pl *sous-traitances) nf* Exécution, par un entrepreneur, d'un travail pour le compte d'un entrepreneur principal ▸ **subempreitada**
sous-traitant (pl *sous-traitants) nm* Entrepreneur qui fait de la sous-traitance ▸ **subempreiteiro**
sous-traiter *vt* Confier à un sous-traitant ▸ **subempreitar**
sous-ventrière (pl *sous-ventrières) nf* Courroie attachée aux deux brancards d'une charrette et qui passe sous le ventre du cheval ▸ **barrigueira**
sous-verre *nm inv* Encadrement consistant en une plaque de verre et un carton, entre lesquels on place une gravure, une photographie, etc. ▸ **enquadramento sob vidro**
sous-vêtement (pl *sous-vêtements) nm* Pièce de lingerie que l'on porte sous les vêtements ▸ **roupa íntima, roupa de baixo**
soutane *nf* Vêtement long en forme de robe, porté par certains ecclésiastiques ▸ **batina**
soute *nf* Partie d'un bateau ou d'un avion destinée à recevoir les marchandises, les bagages, etc. ▸ **compartimento de cargas**
soutenable *adj* **1** Qui peut être soutenu: *opinion soutenable* ▸ **sustentável 2** (en tournure négative) Qui peut être supporté, enduré: *le voir pleurer, ce n'était pas soutenable* ▸ **suportável**
soutenance *nf* Action de soutenir une thèse, un mémoire ▸ **sustentação**
soutènement *nm* ▸ **sustentação ■ mur de soutènement:** destiné à contenir la poussée des terres ou des eaux ▸ **muro de contenção**
souteneur *nm* Individu vivant aux dépens d'une prostituée; proxénète ▸ **rufião**
soutenir *vt (conj 22)* **1** Supporter, servir d'appui, de soutien: *soutenir une poutre*: *soutenir une personne pour marcher* ▸ **sustentar 2** FIG Aider, empêcher de faiblir: *soutenir le moral, une conversation*

▸ **manter 3** Appuyer, défendre: *soutenir une position, un droit*: *soutenir le gouvernement* ▸ **apoiar 4** Affirmer: *je soutiens qu'il a raison* ▸ **sustentar 5** Résister à: *soutenir une attaque, une épreuve* ▸ **suportar** ▪ **soutenir une thèse, un mémoire:** l'exposer devant un jury ▸ **defender uma tese** ◆ **se soutenir** *vpr* **1** Se maintenir en équilibre: *se soutenir dans l'eau grâce à une bouée* ▸ **sustentar-se, manter-se 2** Se prêter une mutuelle assistance; s'entraider ▸ **apoiar-se 3** Être valable, se tenir: *son point de vue se soutient* ▸ **sustentar-se 4** FIG Se maintenir: *l'intérêt du film se soutient jusqu'à la fin* ▸ **manter-se**

soutenu, e *adj* **1** Qui ne se relâche pas: *attention soutenue* ▸ **constante 2** D'un ton assez intense: *couleur soutenue* ▸ **intenso 3** Caractérisé par une certaine recherche dans le vocabulaire et la syntaxe (par opposition à *familier*): *langue, style soutenus* ▸ **formal**

souterrain, e *adj* **1** Sous terre: *abri souterrain* ▸ **subterrâneo 2** FIG Secret, clandestin: *menées souterraines* ▸ **subterrâneo** ◆ *nm* Passage creusé sous la terre ▸ **subterrâneo**

soutien *nm* **1** Ce qui sert à soutenir quelque chose; support ▸ **apoio 2** FIG Ce qui aide, défend, protège: *soutien scolaire; accorder son soutien à une cause* ▸ **apoio 3** Personne, groupe qui soutient: *c'est le plus sûr soutien de ses parents* ▸ **apoio**

soutien-gorge (pl *soutiens-gorge*) *nm* Pièce de lingerie féminine servant à soutenir la poitrine ▸ **sutiã**

soutier *nm* Matelot chargé d'alimenter les chaufferies d'un bateau ▸ **fornalheiro**

soutirage *nm* Action de soutirer ▸ **trasfega**

soutirer *vt* **1** Transvaser un liquide d'un récipient dans un autre ▸ **trasfegar, transvasar 2** Obtenir par adresse, par ruse: *soutirer de l'argent* ▸ **arranjar**

souvenance *nf* ▸ **lembrança** ▪ LITT **avoir souvenance de:** se souvenir de ▸ **lembrar-se de**

souvenir *nm* **1** Rappel, volontaire ou non, par la mémoire, d'un événement, d'une idée, d'une sensation passés ▸ **lembrança 2** Ce qui rappelle la mémoire de quelqu'un ou de quelque chose ▸ **lembrança, recordação 3** Objet vendu aux touristes sur des lieux particulièrement visités ▸ ***souvenir***

souvenir (se) *vpr (conj 22)* Avoir mémoire de ▸ **lembrar-se**

souvent *adv* **1** Fréquemment: *aller souvent au cinéma* ▸ **frequentemente 2** Dans de nombreux cas; d'ordinaire: *c'est souvent ce qui arrive* ▸ **com frequência**

souverain, e *adj* **1** LITT Suprême: *bonheur souverain* ▸ **soberano 2** Qui s'exerce sans contrôle: *pouvoir souverain* ▸ **soberano 3** SOUT Extrême: *souverain mépris* ▸ **soberano** ▪ **remède souverain:** infaillible ▸ **remédio soberano** ◆ *n* Personne qui exerce le pouvoir suprême dans un État; monarque, roi ▸ **soberano**

souverainement *adv* **1** SOUT Au plus haut point: *souverainement ennuyeux* ▸ **extremamente 2** Avec un pouvoir souverain: *décider souverainement* ▸ **soberanamente**

souveraineté *nf* **1** Autorité suprême ▸ **soberania 2** Caractère du pouvoir d'un État qui n'est soumis au contrôle d'aucun autre État: *souveraineté nationale* ▸ **soberania**

souverainisme *nm* Doctrine des défenseurs d'une Europe constituée de nations souveraines ▸ **soberanismo**

souverainiste *n et adj* **1** Partisan du souverainisme ▸ **soberanista 2** CANADA Partisan de l'accession d'une province au statut d'État souverain ▸ **soberanista**

soviet [sɔvjɛt] *nm* HIST Assemblée des délégués élus, en URSS ▸ **soviete** ▪ **soviet suprême:** organe principal du pouvoir d'État en URSS jusqu'en 1991, et, encore aujourd'hui, dans certaines républiques ▸ **Soviete Supremo**

soviétique *adj et n* De l'URSS: *les Soviétiques* ▸ **soviético**

soviétologue *n* Spécialiste de l'URSS ▸ **sovietólogo**

sovkhoze [sɔvkoz] *nm* HIST Grande exploitation agricole d'État, en URSS ▸ **sovcoz**

soyeux, euse *adj* De la nature, de l'aspect de la soie: *une chevelure soyeuse* ▸ **sedoso** ◆ *nm* Industriel de la soierie: *les soyeux lyonnais* ▸ **industrial da seda**

spacieusement *adv* De façon spacieuse ▸ **espaçosamente**

spacieux, euse *adj* Vaste, de grande étendue: *logement spacieux* ▸ **espaçoso**

spadassin *nm* **1** VX Amateur de duels ▸ **espadachim 2** LITT Tueur à gages ▸ **matador profissional**

spaghetti (pl inv ou *spaghettis*) *nm* Pâte alimentaire présentée sous forme de longs bâtonnets pleins ▸ **espaguete**

spahi *nm* Cavalier de l'armée française appartenant à un corps créé en Algérie en 1834, dissous en 1962 ▸ ***spahi***

spam *nm* Courrier électronique non sollicité, envoyé en grand nombre dans un but publicitaire ou commercial ▸ ***spam***

sparadrap *nm* Tissu adhésif servant à maintenir en place de petits pansements ▸ **esparadrapo**
spart [spart] ou **sparte** *nm* Alfa (graminée) ▸ **alfa**
spartakisme *nm* Mouvement socialiste, puis communiste, d'Allemagne (1914-1919) ▸ **espartacismo**
spartakiste *adj et n* Qui appartient au spartakisme ▸ **espartacista**
spartiate[1] *adj et n* ANTIQ De Sparte; qui en évoque l'austérité: *une éducation spartiate* ▸ **espartano** ▪ FIG **à la spartiate:** sévèrement ▸ **espartanamente**
spartiate[2] *nf* Sandale à lanières ▸ **sandália de tiras**
spasme *nm* Contraction involontaire et convulsive des muscles ▸ **espasmo**
spasmodique *adj* Relatif au spasme: *toux spasmodique* ▸ **espasmódico**
spasmophile *adj et n* Atteint de spasmophilie ▸ **espasmofílico**
spasmophilie *nf* Affection bénigne caractérisée par un excès d'excitabilité neuromusculaire ▸ **espasmofilia**
spath [spat] *nm* MINÉR, VX minerai à structure lamellaire et cristalline ▸ **espato**
spatial, e, aux [spasjal, sjo] *adj* Relatif à l'espace, et spécialement à l'espace intersidéral: *recherches spatiales* ▸ **espacial**
ORTHOGRAPHE *Spatial* s'écrit avec un *t*, alors que *spacieux* s'écrit avec un *c*
spationaute *n* Astronaute ▸ **espaçonauta**
spatio-temporel, elle (pl *spatio-temporels, elles*) *adj* Relatif à la fois à l'espace et au temps ▸ **espaçotemporal**
spatule *nf* **1** Instrument en forme de petite pelle aplatie ▸ **espátula 2** Partie antérieure et recourbée du ski ▸ **ponta do esqui 3** Oiseau échassier à bec élargi ▸ **colhereiro**
speaker, speakerine [spikœr, spikrin] *n* VIEILLI Présentateur à la radio, à la télévision ▸ **locutor**
spécial, e, aux *adj* **1** Particulier à une espèce de personnes ou de choses, approprié à un but: *formation spéciale* ▸ **especial 2** Qui constitue une exception: *faveur spéciale* ▸ **especial 3** Bizarre, pas commun: *un voisin très spécial* ▸ **esquisito**
spéciale *nf* **1** Épreuve sur parcours imposé, dans un rallye automobile ▸ **prova de rali 2** Huître grasse ▸ **ostra especial**
spécialement *adv* Particulièrement ▸ **especialmente**
spécialisation *nf* Action de spécialiser; fait de se spécialiser ▸ **especialização**
spécialisé, e *adj* Limité à une spécialité: *revue spécialisée*; affecté à un travail déterminé: *ouvrier spécialisé* ▸ **especializado**
spécialiser *vt* Rendre apte à une technique particulière, à un travail déterminé ▸ **especializar** ♦ **se spécialiser** *vpr* Adopter une spécialité: *se spécialiser en cardiologie* ▸ **especializar-se**
spécialiste *n et adj* **1** Personne qui a des compétences dans un domaine précis ▸ **especialista 2** Médecin qui se consacre à une branche particulière de la médecine (par opposition à *généraliste*) ▸ **especialista**
spécialité *nf* **1** Activité à laquelle on se consacre particulièrement ▸ **especialidade 2** Produit caractéristique d'une marque, d'une région, etc. ▸ **especialidade 3** FAM Manie propre à quelqu'un ▸ **especialidade**
spécieusement *adv* LITT D'une manière spécieuse ▸ **especiosamente**
spécieux, euse *adj* SOUT Qui n'a que l'apparence de la vérité; sans valeur: *argument spécieux* ▸ **especioso**
spécification *nf* Action de spécifier; précision ▸ **especificação**
spécificité *nf* Caractère de ce qui est spécifique: *spécificité d'un microbe* ▸ **especificidade**
spécifier *vt* Déterminer, exprimer de façon précise; préciser ▸ **especificar**
spécifique *adj* Propre à une espèce, à une chose: *caractère spécifique* ▸ **específico**
spécifiquement *adv* D'une manière spécifique ▸ **especificamente**
spécimen [spesimɛn] *nm* Échantillon, modèle; exemplaire offert gratuitement ▸ **amostra**
spectacle *nm* **1** Ce qui attire le regard, l'attention: *le spectacle d'un coucher de soleil* ▸ **espetáculo 2** Représentation théâtrale, cinématographique, etc.: *aller au spectacle* ▸ **espetáculo 3** Ensemble des activités du théâtre, du music-hall, du cinéma: *le monde du spectacle* ▸ **espetáculo 4** PÉJOR (en apposition, avec ou sans trait d'union) Qui est organisé ou présenté comme un spectacle: *l'information-spectacle* ▸ **espetáculo** ▪ **à grand spectacle:** se dit d'un film, d'une pièce, d'une revue qui mettent en œuvre d'importants moyens et dont la mise en scène est somptueuse ▸ **espetacular** ▫ **se donner, s'offrir en spectacle:** attirer l'attention sur soi ▸ **chamar a atenção** ▫ **spectacle vivant:** spectacle qui se déroule en direct devant un public (pièces de théâtre, opéras, ballets, spectacles de cirque ou de cabaret) ▸ **espetáculo ao vivo**

spectaculaire *adj* Remarquable, qui fait sensation; frappant: *il s'est remis de façon spectaculaire* ▸ **espetacular**

spectateur, trice *n* **1** Témoin oculaire d'un événement ▸ **espectador 2** Personne qui assiste à un spectacle, une manifestation sportive, etc. ▸ **espectador**

spectral, e, aux *adj* **1** LITT Relatif à un spectre, un fantôme: *figure spectrale* ▸ **espectral 2** PHYS Relatif à un spectre lumineux ▸ **espectral**

spectre *nm* **1** Fantôme ▸ **espectro 2** FIG Représentation effrayante de quelque chose: *le spectre de la guerre* ▸ **espectro 3** PHYS Ensemble des rayons colorés résultant de la décomposition de la lumière par un prisme ▸ **espectro**

spéculateur, trice *n* Personne qui fait des spéculations commerciales ou financières ▸ **especulador**

spéculatif, ive *adj* **1** Relatif à une spéculation commerciale ou financière ▸ **especulativo 2** PHILOS Qui s'attache à la théorie sans se soucier de la pratique: *un esprit spéculatif* ▸ **especulativo**

spéculation *nf* **1** Opération de banque, de commerce, etc., en vue d'obtenir un gain d'argent ▸ **especulação 2** PHILOS Recherche abstraite, théorique (par opposition à *pratique*) ▸ **especulação**

spéculer *vi* **1** Faire des combinaisons, des opérations financières ou commerciales ▸ **especular 2** Compter sur quelque chose pour en tirer parti: *spéculer sur la crédulité humaine* ▸ **contar 3** PHILOS Se livrer à la spéculation ▸ **especular**

spéculoos [spekylos] ou **spéculaus** [spekylos] *nm* BELGIQUE Biscuit sec très sucré confectionné dans les Flandres belges pour la Saint-Nicolas (en France, on écrit aussi *spéculos*) ▸ ***spéculoos*, biscoito com especiarias**

spéculum [spekylɔm] (pl *spéculums*) *nm* MÉD Instrument pour élargir certaines cavités du corps et en faciliter l'examen ▸ **espéculo**

speech [spitʃ] (pl *speechs* ou *speeches*) *nm* FAM Petit discours de circonstance ▸ ***speech***

speeder [spide] *vi* FAM Aller vite, se dépêcher: *on speede tout le temps ici* ▸ **correr**

spéléologie *nf* Science et sport qui ont pour objet l'exploration et l'étude des cavités naturelles du sol ▸ **espeleologia**

spéléologique *adj* Relatif à la spéléologie ▸ **espeleológico**

spéléologue *n* Spécialiste en spéléologie ▸ **espeleólogo**

spencer [spɛnsɛr] ou [spɛnsœr] *nm* Veste courte ouverte et à revers, s'arrêtant à la taille ▸ ***spencer***

spermatozoïde *nm* Gamète mâle de l'homme et des animaux, qui peut féconder l'ovule féminin ▸ **espermatozoide**

sperme *nm* Liquide émis par les glandes reproductrices mâles et contenant les spermatozoïdes ▸ **esperma**

spermicide *nm et adj* Contraceptif féminin détruisant les spermatozoïdes ▸ **espermicida**

sphénoïde *nm* ANAT Un des os de la tête, à la base du crâne ▸ **esfenoide**

sphère *nf* **1** Corps limité par une surface dont tous les points sont à égale distance d'un point intérieur appelé *centre* ▸ **esfera 2** FIG Milieu, domaine dans lequel s'exerce l'action ou l'influence de quelqu'un ou de quelque chose: *sphère d'influence* ▸ **esfera**

sphéricité *nf* État de ce qui est sphérique ▸ **esfericidade**

sphérique *adj* En forme de sphère: *figure sphérique* ▸ **esférico**

sphéroïde *nm* GÉOM Solide dont la forme est proche de celle de la sphère: *la surface de la terre est un sphéroïde* ▸ **esferoide**

sphincter [sfɛ̃ktɛr] *nm* Muscle annulaire fermant ou resserrant un orifice naturel ▸ **esfíncter**

sphinx [sfɛ̃ks] *nm* **1** ANTIQ Monstre mythique à corps de lion et à tête humaine ▸ **esfinge 2** FIG Personne énigmatique ▸ **esfinge 3** Papillon nocturne ▸ **esfinge**

spi *nm* → **spinnaker**

spinal, e, aux *adj* Qui concerne la moelle épinière ▸ **espinhal**

spinnaker [spinekœr] ou **spi** *nm* MAR Foc de grande surface, léger et creux, utilisé dans la marche au vent arrière ▸ ***spinnaker*, vela balão**

spiral, e, aux *adj* Qui a la forme d'une spirale: *ressort spiral* ▸ **espiral** ◆ *nm* Petit ressort de montre ▸ **espiral**

spirale *nf* **1** MATH Courbe plane décrivant des révolutions autour d'un point fixe en s'en éloignant ▸ **espiral 2** Suite de circonvolutions: *spirales d'un tire-bouchon* ▸ **espiral 3** Fil métallique hélicoïdal qui sert à assembler les feuilles d'un carnet, d'un cahier ▸ **espiral 4** Montée rapide et irrésistible d'un phénomène: *la spirale de la violence* ▸ **espiral** ■ **en spirale:** qui fait un mouvement d'enroulement autour d'un axe: *escalier en spirale* ▸ **em espiral**

spire *nf* Chacun des tours d'une spirale, d'une hélice ▸ **espira**

spirille *nm* Bactérie en forme de filament en spirale ▸ **espirilo**

spirite *n* Adepte du spiritisme ▸ **espírita** ◆ *adj* Relatif au spiritisme ▸ **espírita**

spiritisme *nm* Doctrine, pratique qui prétend entrer en communication avec les esprits par l'intermédiaire d'un médium ▸ **espiritismo**

spiritualisme *nm* Philosophie qui affirme que l'esprit est une réalité supérieure à la matière et antérieure à elle ▸ **espiritualismo**

spiritualité *nf* **1** Caractère de ce qui est dégagé de toute matérialité ▸ **espiritualidade 2** Ce qui concerne la vie spirituelle ▸ **espiritualidade**

spirituel, elle *adj* **1** Qui appartient à l'esprit, à l'âme: *vie spirituelle* ▸ **espiritual 2** Relatif à la religion, à l'Église: *pouvoir spirituel* ▸ **espiritual 3** Qui a de la vivacité d'esprit, de la finesse, de l'intelligence: *réponse spirituelle* ▸ **espirituoso** ◆ *nm* Pouvoir religieux: *le spirituel et le temporel* ▸ **espiritual**

spirituellement *adv* **1** Avec esprit: *répondre spirituellement* ▸ **espirituosamente 2** En esprit: *s'unir spirituellement* ▸ **espiritualmente**

spiritueux *nm* Liqueur forte en alcool ▸ **bebida espirituosa, espírito**

spirographe *nm* Ver marin construisant un tube, d'où sort son panache branchial ▸ **espirógrafo**

spiroïdal, e, aux *adj* En forme de spirale ▸ **espiralado**

spiromètre *nm* Instrument servant à mesurer la capacité respiratoire des poumons ▸ **espirômetro**

spirorbe *nm* Petit ver marin qui construit un petit tube calcaire blanc, en forme de spirale ▸ ***spirorbis***

spleen [splin] *nm* LITT Mélancolie, vague à l'âme ▸ **esplim**

splendeur *nf* **1** Grand éclat, magnificence ▸ **esplendor 2** Chose magnifique ▸ **esplendor**

splendide *adj* **1** D'un éclat lumineux: *temps splendide* ▸ **esplêndido 2** Magnifique, somptueux: *paysage splendide* ▸ **esplêndido**

splendidement *adv* SOUT Avec splendeur; magnifiquement ▸ **esplendidamente**

splénique *adj* ANAT Relatif à la rate ▸ **esplênico**

spoliateur, trice *adj et n* SOUT Qui spolie ▸ **espoliador**

spoliation *nf* SOUT Action de spolier ▸ **espoliação**

spolier *vt* SOUT Déposséder, dépouiller ▸ **espoliar**

spondée *nm* ANC En métrique, pied composé de deux syllabes longues ▸ **espondeu**

spongiaire *nm* Animal aquatique (les spongiaires, ou *éponges*, forment un embranchement du règne animal) ▸ **espongiário**

spongieux, euse *adj* Qui s'imbibe de liquide comme l'éponge: *sol spongieux* ▸ **esponjoso**

spongiforme *adj* MÉD Se dit d'un tissu malade dont la structure évoque celle d'une éponge ▸ **esponjoso**

sponsor *nm* Commanditaire qui finance tout ou partie d'un spectacle, d'une exposition, etc., à des fins publicitaires ▸ **patrocinador**

sponsoring [spɔ̃sɔriŋ] ou **sponsorat** *nm* Activité d'un sponsor; (recommandation officielle: *parrainage*) ▸ **patrocínio**

sponsoriser *vt* Financer dans un but publicitaire; (recommandation officielle: *commanditer, parrainer*) ▸ **patrocinar**

spontané, e *adj* **1** Qui se produit de soi-même: *déclaration spontanée* ▸ **espontâneo 2** Qui agit, se produit sans calcul, sans arrière-pensée: *un enfant spontané* ▸ **espontâneo**

spontanéité *nf* Caractère spontané ▸ **espontaneidade**

spontanément *adv* De façon spontanée ▸ **espontaneamente**

sporadique *adj* **1** Qui existe çà et là, de temps en temps, isolément: *résistance sporadique* ▸ **esporádico 2** MÉD Se dit d'une maladie qui n'atteint que quelques individus isolément (par opposition à *épidémique*) ▸ **esporádico**

sporadiquement *adv* De façon sporadique ▸ **esporadicamente**

sporange *nm* BOT Sac qui renferme les spores de certains végétaux: *les sporanges des fougères* ▸ **esporângio**

spore *nf* BOT Organe reproducteur des végétaux ▸ **esporo**

sport *nm* Activité physique pratiquée sous forme de jeux, d'exercices individuels ou collectifs, en observant certaines règles: *faire du sport; sports de combat* ▸ **esporte** ■ FAM **il va y avoir du sport:** on risque d'en venir aux mains ▸ **vai haver pancadaria** □ **sports d'hiver:** vacances d'hiver en montagne ▸ **férias para prática de esportes de inverno** ◆ *adj inv* **1** Décontracté: *costume sport* ▸ **esporte 2** Conforme à l'esprit généreux et loyal du sport: *se montrer sport* ▸ **esportivo**

sportif, ive *adj* **1** Qui concerne les sports ▸ **esportivo 2** Loyal, régulier ▸ **esportivo** ◆ *adj et n* Qui pratique un, des sports ▸ **esportista**

sportivement *adv* De façon sportive, loyale ▸ **esportivamente**

sportivité *nf* Caractère sportif; loyauté, fair-play ▸ **esportiva, esportividade**

sporulation *nf* BOT ET BIOL Reproduction par spores; émission de spores par une bactérie, une moisissure ▸ **esporulação**

spot [spɔt] *nm* **1** Petit projecteur orientable assurant un éclairage localisé ▸ ***spot*** **2** Film publicitaire de courte durée ▸ **comercial**

sprat [sprat] *nm* Petit poisson de la famille des harengs ▸ **espadilha**

spray [sprɛ] *nm* Aérosol obtenu avec une bombe de liquide sous pression ▸ ***spray***

springbok [spriŋbɔk] *nm* Antilope commune en Afrique du Sud ▸ ***springbok*, cabra de leque**

sprint [sprint] *nm* **1** Accélération d'un coureur à l'approche du but ▸ ***sprint*** **2** Épreuve de vitesse sur une courte distance ▸ ***sprint*** ■ FAM **piquer un sprint**: courir à toute allure sur une petite distance ▸ **dar um *sprint*, uma arrancada**

sprinter[1] [sprintœr] *nm* Coureur de vitesse ▸ ***sprinter***

sprinter[2] [sprinte] *vi* Augmenter sa vitesse en arrivant près du but ▸ **dar um *sprint***

spumeux, euse *adj* MÉD Qui a l'apparence de l'écume ▸ **espumoso**

squale [skwal] *nm* Requin ▸ **esqualo**

squame [skwam] *nf* MÉD Lamelle qui se détache de la peau ▸ **escama**

squameux, euse *adj* MÉD Couvert de squames ▸ **escamoso**

square [skwar] *nm* Jardin public, généralement clos ▸ **parque**

squash [skwaʃ] *nm* Sport pratiqué en salle par deux joueurs qui se renvoient une balle en la faisant rebondir sur les quatre murs ▸ ***squash***

squat [skwat] *nm* Logement occupé par un, des squatters ▸ **imóvel invadido**

squatter [skwate] ou **squattériser** *vt* Occuper illégalement un logement vide ▸ **invadir imóvel abandonado**

squatteur, euse [skwatœr, øz] *n* Personne sans abri qui occupe illégalement un logement vacant ou destiné à la destruction ▸ **sem-teto que invade imóvel abandonado**

squelette *nm* **1** Charpente osseuse du corps ▸ **esqueleto** **2** FIG Charpente d'une construction ▸ **esqueleto** **3** Plan, ossature d'une œuvre, d'un discours ▸ **esqueleto**

squelettique *adj* **1** Du squelette ▸ **esquelético** **2** D'une maigreur extrême ▸ **esquelético** **3** FIG Très réduit, non développé ▸ **esquemático**

sras [sras] *nm* (sigle de *syndrome respiratoire aigu sévère*) MÉD Infection pulmonaire grave, contagieuse, due à un coronavirus ▸ **Sars**

stabat mater [stabatmater] *nm inv* Chant religieux catholique qui retrace les douleurs de la mère du Christ au pied de la croix ▸ ***stabat mater***

stabilisateur, trice *adj et nm* Qui stabilise ▸ **estabilizador**

stabilisation *nf* Action de stabiliser; son résultat ▸ **estabilização**

stabiliser *vt* Rendre stable: *stabiliser son poids* ▸ **estabilizar** ◆ **se stabiliser** *vpr* Devenir stable ▸ **estabilizar-se**

stabilité *nf* Caractère de ce qui est stable; état stable ▸ **estabilidade**

stable *adj* **1** Qui est dans un état, dans une situation ferme, solide; qui ne risque pas de tomber: *échafaudage stable* ▸ **estável** **2** Qui se maintient durablement: *gouvernement, monnaie stable* ▸ **estável** **3** Dont le caractère est constant, équilibré: *personne, humeur stable* ▸ **estável**

staccato *adv et nm* MUS Terme indiquant qu'un passage doit être joué en détachant nettement chacune des notes ▸ ***staccato***

stade *nm* **1** Terrain aménagé pour la pratique des sports ▸ **estádio** **2** FIG Degré, partie distincte d'un développement: *stades d'une maladie* ▸ **estágio**

staff[1] *nm* (anglicisme) **1** FAM Groupe des dirigeants et des cadres supérieurs d'une entreprise ▸ ***staff*** **2** Équipe ▸ ***staff***

staff[2] *nm* Mélange de plâtre et de fibres végétales utilisé pour la décoration intérieure ▸ **estafe**

stage *nm* **1** Période d'études pratiques obligatoire, notamment avant d'exercer une profession libérale ▸ **estágio** **2** Période pendant laquelle quelqu'un exerce une activité temporaire dans une entreprise, en vue de sa formation ▸ **estágio** **3** Cette activité temporaire ou toute autre activité de courte durée exercée à des fins de loisirs: *stage de voile* ▸ **estágio**

stagiaire *adj et n* Qui fait un stage: *avocat stagiaire* ▸ **estagiário**

stagnant, e [stagnɑ̃, ɑ̃t] *adj* **1** Qui ne coule pas: *eaux stagnantes* ▸ **estagnado** **2** FIG Qui ne progresse pas: *affaires stagnantes* ▸ **estagnado**

stagnation [stagnasjɔ̃] *nf* État de ce qui est stagnant: *stagnation économique* ▸ **estagnação**

stagner [stagne] *vi* **1** Ne pas couler, en parlant d'un fluide ▸ **estagnar** **2** FIG Ne faire aucun progrès ▸ **estagnar**

stakhanovisme *nm* HIST Dans les pays d'économie socialiste, méthode fondée sur l'émulation des travailleurs pour augmenter le rendement ▸ **stakhanovismo**

stakhanoviste *adj et n* Qui concerne ou pratique le stakhanovisme ▸ **stakhanovista**

stalactite *nf* Concrétion calcaire qui descend de la voûte d'une grotte ▸ **estalactite**

stalag *nm* Camp de sous-officiers et de soldats prisonniers en Allemagne, pendant la Seconde Guerre mondiale ▸ ***stalag***

stalagmite *nf* Colonne partant du sol d'une grotte, formée de concrétions calcaires ▸ **estalagmite**

stalinien, enne *adj et n* Relatif au stalinisme; qui en est partisan ▸ **stalinista**

stalinisme *nm* Doctrine, pratiques de Staline et de ses partisans ▸ **stalinismo**

stalle *nf* **1** Chacun des sièges disposés autour du chœur d'une église ▸ **estala 2** Dans une écurie, compartiment réservé à un cheval ▸ **baia**

staminé, e *adj* ▸ **estaminado** ▪ BOT **fleur staminée:** qui possède des étamines, mais pas de pistil ▸ **flor estaminada**

stance *nf* VX Groupe de vers offrant un sens complet et suivi d'un repos ▸ **estância** ◆ **stances** *pl* Poème lyrique composé d'un nombre de strophes variable et de même structure ▸ **estância**

stand [stɑ̃d] *nm* **1** Espace réservé à chacun des participants d'une exposition ▸ **estande 2** Poste de ravitaillement d'un véhicule sur piste (auto, moto): *stand de ravitaillement* ▸ **boxe 3** Endroit clos aménagé pour le tir à la cible ▸ **estande**

standard *nm* **1** Norme, modèle, étalon ▸ ***standard*** **2** Appareil permettant la desserte de nombreux postes téléphoniques ▸ **PBX 3** MUS Thème classique de jazz sur lequel on peut improviser ▸ ***standard*** ◆ *adj* Conforme à une norme, à une moyenne, à un type: *prix standards; français standard* ▸ **padrão**

standardisation *nf* Action de standardiser ▸ **padronização**

standardiser *vt* Ramener à une norme, à un standard; uniformiser, simplifier ▸ **padronizar**

standardiste *n* Personne affectée au service d'un standard téléphonique ▸ **telefonista**

stand-by [stɑ̃dbaj] *adj inv et n inv* Se dit d'un passager sans réservation qui ne peut embarquer que s'il reste des places ▸ ***stand-by***

standing [stɑ̃diŋ] *nm* **1** Position sociale: *avoir un haut standing* ▸ **posição 2** Niveau de confort, de luxe d'un immeuble, d'un appartement: *appartement de grand standing* ▸ **luxo**

stannifère *adj* Qui contient de l'étain ▸ **estanífero**

staphylin *nm* Insecte coléoptère carnassier ▸ **besouro-de-rabo-empinado**

staphylocoque *nm* Bactérie à l'origine de nombreuses affections (furoncle, septicémie, etc.) ▸ **estafilococo**

star *nf* Vedette de cinéma, de music-hall ou dans un domaine quelconque: *une star du football* ▸ **astro, *star***

starlette *nf* Jeune actrice, de cinéma cherchant à devenir une star ▸ ***starlet***

starter [startɛr] *nm* **1** Dispositif de mise en marche d'un moteur ▸ **motor de arranque, *starter*** **2** Personne qui, dans les courses, donne le signal du départ ▸ **árbitro de partida**

starting-block [startiŋblɔk] (pl *starting-blocks*) *nm* Cale de départ pour les coureurs à pied ▸ **bloco de partida**

start-up [startœp] *nf inv* Jeune entreprise innovatrice dans le secteur de l'information et de la communication (recommandation officielle: *jeune pousse*) ▸ ***start-up*, nova empresa**

stase *nf* MÉD Arrêt ou ralentissement de la circulation d'un liquide organique ▸ **estase**

station *nf* **1** Façon de se tenir: *station verticale* ▸ **posição 2** Pause, séjour de peu de durée: *faire une station au café* ▸ **estação, parada 3** Lieu où s'arrêtent les véhicules de transport en commun pour prendre ou laisser des voyageurs: *station de métro* ▸ **estação 4** Établissement de recherches scientifiques: *station météorologique* ▸ **estação 5** Installation remplissant une ou plusieurs missions déterminées: *station d'épuration des eaux* ▸ **estação 6** Ensemble des installations d'un émetteur de radio ou de télévision ▸ **estação 7** Lieu de séjour pour faire une cure, se reposer ou pratiquer certains sports: *station thermale, balnéaire; station de sports d'hiver* ▸ **estação** ▪ INFORM **station de travail:** ensemble formé d'un ordinateur et de divers périphériques, qui est connecté par réseau à un puissant ordinateur central ▸ **estação de trabalho** □ **station orbitale** ou **station spatiale:** véhicule spatial, non récupérable, satellisé autour de la Terre, disposant d'équipements de recherche et pouvant abriter des astronautes ▸ **estação espacial**

stationnaire *adj* Qui ne change pas, qui reste au même point: *état stationnaire* ▸ **estacionário**

stationnement *nm* **1** Action de stationner: *stationnement interdit* ▸ **estacionamento 2** CANADA Parc de stationnement ▸ **estacionamento**

stationner *vi* S'arrêter momentanément en un lieu ▸ **estacionar**

station-service (pl *stations-service*) *nf* Poste d'essence offrant aux automobilistes toutes les ressources nécessaires à la bonne marche de leur véhicule ▸ **posto de gasolina**

statique[1] *adj* **1** Qui reste au même point, sans mouvement (par opposition à *dynamique*) ▸ **es-**

tático **2** PHYS Relatif à l'équilibre des forces ▸ **estático**
statique² *nf* Partie de la mécanique qui étudie l'équilibre des forces ▸ **estática**
statisticien, enne *n* Spécialiste de statistique ▸ **estatístico**
statistique *nf* **1** Science qui a pour objet le groupement méthodique des faits qui se prêtent à une évaluation numérique ▸ **estatística 2** (souvent au pluriel) Ensemble de données d'observation relatives à un groupe d'individus ou d'unités: *statistiques démographiques* ▸ **estatística** ◆ *adj* Relatif à cette science ▸ **estatístico**
statistiquement *adv* Sur le plan statistique ▸ **estatisticamente**
stator *nm* Partie fixe d'une dynamo (par opposition au *rotor*) ▸ **estator**
statuaire *n* LITT Sculpteur qui fait des statues ▸ **estatuário** ◆ *nf* **1** Art de faire des statues ▸ **estatuária 2** Ensemble des statues d'une époque, d'un pays, etc.: *la statuaire grecque classique* ▸ **estatuaria** ◆ *adj* Relatif aux statues ▸ **estatuário**
statue *nf* Ouvrage de sculpture représentant une figure isolée ▸ **estátua**
statuer *vi* Régler avec autorité, décider ▸ **estatuir**
statuette *nf* Petite statue ▸ **estatueta**
statufier *vt* **1** Élever une statue ▸ **estatuar** à **2** FIG Faire un éloge excessif et prématuré de quelqu'un ▸ **colocar num pedestal**
statu quo [statykwo] *nm inv* État actuel des choses ▸ ***status quo***
stature *nf* **1** Taille d'une personne ▸ **estatura 2** FIG Envergure, importance de quelqu'un: *avoir la stature d'un homme d'État* ▸ **estatura**
statut *nm* **1** Texte ou ensemble de textes fixant les garanties fondamentales d'une collectivité ▸ **estatuto 2** Position de fait par rapport à la société: *le statut de la femme* ▸ ***status*, estatuto** ◆ **statuts** *pl* Suite d'articles définissant légalement les règles de fonctionnement d'une société, d'une association ▸ **estatuto**
statutaire *adj* Conforme aux statuts ▸ **estatutário**
steak [stɛk] *nm* Bifteck ▸ **bife**
steamer [stimœr] *nm* VX Navire à vapeur ▸ **navio a vapor**
stéarate *nm* Sel dérivé de l'acide stéarique ▸ **estearato**
stéarine *nf* Corps gras, principal constituant des graisses animales ▸ **estearina**
stéarique *adj* Se dit d'un acide contenu dans les graisses animales et servant surtout à fabriquer des bougies ▸ **esteárico**
steeple-chase [stipəltʃɛz] (pl *steeple-chases*) ou **steeple** [stipəl] (pl *steeples*) *nm* Course à pied ou à cheval, comportant le franchissement d'obstacles variés ▸ ***steeplechase***
stégomyie *nf* Moustique des pays chauds, qui propage la fièvre jaune ▸ **estegomia, mosquito**
stèle *nf* Pierre, colonne placée verticalement et destinée à recevoir une inscription: *stèle funéraire* ▸ **estela**
stellaire *adj* **1** Relatif aux étoiles ▸ **estelar 2** Rayonné en étoile ▸ **esteliforme**
stem ou **stemm** *nm* En ski, virage qui utilise le transfert du poids du corps d'un ski sur l'autre ▸ ***stem***
stencil [stɛ̃sil] ou [stɛnsil] *nm* Support d'écriture permettant la reproduction d'un grand nombre de copies à l'aide d'un duplicateur ▸ **estêncil**
sténo (abréviation) *n* Sténographe ▸ **Ø** ◆ *nf* Sténographie ▸ **Ø**
sténodactylo *n* Personne qualifiée en sténodactylographie ▸ **estenodatilógrafo**
sténodactylographie *nf* Emploi combiné de la sténographie et de la dactylographie ▸ **estenodatilografia**
sténographe *n* Personne qui prend en dictée un texte à l'aide de signes sténographiques ▸ **estenógrafo**
sténographie *nf* Écriture abrégée et rapide, au moyen de signes conventionnels ▸ **estenografia**
sténographier *vt* Prendre en dictée au moyen de la sténographie ▸ **estenografar**
sténographique *adj* Relatif à la sténographie ▸ **estenográfico**
sténose *nf* MÉD Rétrécissement d'un conduit ou d'un orifice naturel ▸ **estenose**
sténotype *nf* Machine pour transcrire à la vitesse de la parole des textes sous une forme simplifiée ▸ **estenótipo**
sténotypie *nf* Technique d'écriture à l'aide d'une sténotype ▸ **estenotipia**
sténotypiste *n* Personne qui sténographie à l'aide d'une sténotype ▸ **estenotipista**
stentor [stɑ̃tɔr] *nm* ▸ **estentor** ■ **voix de stentor:** forte et retentissante ▸ **(voz de) estentor**
steppe *nf* Grande plaine semi-aride, couverte d'une végétation assez pauvre ▸ **estepe**
steppique *adj* Formé de steppes ▸ **estépico**
stercoraire *nm* Oiseau palmipède des mers arctiques ▸ **mandrião**
stère *nm* Quantité de bois correspondant à un mètre cube ▸ **estéreo**

stéréo (abréviation) *nf* Stéréophonie: *émission diffusée en stéréo* ▸ **estéreo** ◆ *adj inv* Stéréophonique: *chaîne stéréo* ▸ **estéreo**
stéréométrie *nf* Partie de la géométrie qui étudie la mesure des volumes ▸ **estereometria**
stéréophonie *nf* Technique de la reproduction des sons enregistrés ou transmis par radio, caractérisée par la reconstitution spatiale des sources sonores ▸ **estereofonia**
stéréophonique *adj* Relatif à la stéréophonie ▸ **estereofônico**
stéréoscope *nm* Instrument d'optique dans lequel deux images, superposées par vision binoculaire, apparaissent en relief ▸ **estereoscópio**
stéréoscopie *nf* OPT Procédé donnant l'impression du relief à l'aide de deux images; vision de ce relief ▸ **estereoscopia**
stéréoscopique *adj* Qui concerne le stéréoscope ▸ **estereoscópico**
stéréotomie *nf* Science traditionnelle de la taille et de la coupe des matériaux employés dans la construction (pierre, bois) ▸ **estereotomia**
stéréotype *nm* Formule banale, opinion dépourvue d'originalité; cliché ▸ **estereótipo**
stéréotypé, e *adj* Qui apparaît sous une forme figée, sans signification véritable: *gestes, formules stéréotypés* ▸ **estereotipado**
stérile *adj* **1** Qui ne porte pas de fruits, qui ne produit pas: *sol stérile* ▸ **estéril** **2** Inapte à la reproduction: *femelle stérile* ▸ **estéril** **3** FIG Qui produit peu: *auteur stérile* ▸ **estéril** **4** Qui est sans résultat, vain, inutile: *discussion stérile* ▸ **estéril** **5** MÉD Exempt de germe microbien: *chambre stérile* ▸ **estéril**
stérilement *adv* De façon stérile ▸ **esterilmente**
stérilet *nm* Dispositif contraceptif qui se place dans la cavité utérine ▸ **DIU**
stérilisant, e *adj* Qui stérilise ▸ **esterilizante**
stérilisateur *nm* Appareil pour stériliser ▸ **esterilizador**
stérilisation *nf* Action de stériliser ▸ **esterilização**
stériliser *vt* **1** Rendre stérile ▸ **esterilizar** **2** Débarrasser des microbes, des ferments: *stériliser une plaie* ▸ **esterilizar**
stérilité *nf* **1** Impossibilité pour un être vivant de se reproduire ▸ **esterilidade** **2** Absence de micro-organismes sur ou dans quelque chose: *la stérilité d'une seringue* ▸ **esterilidade** **3** SOUT Caractère stérile de quelqu'un ou de quelque chose: *la stérilité de tous ces efforts* ▸ **esterilidade**
sterlet *nm* Esturgeon ▸ **esturjão** ***sterlet***
sterling [stɛrliŋ] *nm inv* Livre sterling ▸ **esterlino**
sterne *nf* Oiseau palmipède à tête noire et à dos gris (communément appelé: *hirondelle de mer*) ▸ **trinta-réis**
sternum [stɛrnɔm] *nm* Os plat, situé au milieu et en avant de la poitrine ▸ **esterno**
stéroïde *adj* ■ **hormone stéroïde** ou **stéroïde:** *nm* hormone produite par synthèse des aliments ou sécrétée par les glandes endocrines ▸ **hormônio esteroide**
stéthoscope *nm* MÉD Instrument pour ausculter ▸ **estetoscópio**
steward [stjuward] ou [stiwart] *nm* Serveur à bord des paquebots, des avions ▸ **comissário de bordo**
stibine *nf* Sulfure naturel d'antimoine ▸ **estibina, estibinita**
stick [stik] *nm* **1** Canne flexible ▸ **vara** **2** Conditionnement d'un produit solidifié sous forme de bâtonnet: *de la colle en stick* ▸ **bastão, *stick*** **3** MIL Équipe de parachutistes largués par le même avion ▸ **grupo de paraquedistas**
stigmate *nm* **1** Marque que laisse une plaie, une maladie ▸ **estigma** **2** LITT Marque, trace qui révèle une dégradation: *les stigmates de l'alcoolisme* ▸ **estigma** ◆ **stigmates** *pl* Plaies identiques à celles du Christ, chez certains mystiques ▸ **estigmas**
stigmatiser *vt* SOUT Flétrir, blâmer publiquement: *stigmatiser l'incompétence* ▸ **estigmatizar**
stilligoutte *nm* MÉD Compte-gouttes ▸ **conta-gotas**
stimulant, e *adj* **1** Propre à accroître l'activité physique, intellectuelle: *climat stimulant* ▸ **estimulante** **2** FIG Ce qui augmente l'ardeur, le zèle: *succès stimulant* ▸ **estimulante** ◆ *nm* Produit stimulant: *le café est un stimulant* ▸ **estimulante**
stimulateur *nm* ▸ **estimulador** ■ **stimulateur cardiaque:** appareil électrique destiné à provoquer la contraction cardiaque ▸ **marca-passo**
stimulation *nf* Action de stimuler ▸ **estimulação**
stimuler *vt* **1** MÉD Exciter l'activité d'un organe ▸ **estimular** **2** FIG Exciter, aiguillonner ▸ **estimular**
stimulus [stimylys] (pl inv ou *stimuli*) *nm* PHYSIOL Excitation brève d'un organe ▸ **estímulo**
stipendier *vt* LITT, PÉJOR Payer quelqu'un pour accomplir une tâche méprisable; acheter, soudoyer ▸ **estipendiar**
stipulation *nf* Clause, convention dans un contrat ▸ **estipulação**
stipule *nf* BOT Petit appendice situé au point d'origine des feuilles ▸ **estípula**

stipuler *vt* **1** DR Énoncer dans un contrat une clause, une convention: *stipuler une garantie* ▸ **estipular 2** Faire savoir expressément; spécifier ▸ **estipular**
stock *nm* **1** Quantité de marchandises disponibles sur un marché, dans un magasin, etc.: *avoir une marchandise en stock* ▸ **estoque 2** Ensemble de choses gardées en réserve ▸ **estoque**
stockage *nm* Action de stocker ▸ **estocagem**
stock-car [stɔkkar] (pl *stock-cars*) *nm* Voiture automobile engagée dans une course où les obstructions et les carambolages sont de règle; la course elle-même ▸ ***stock-car***
stocker *vt* Mettre en stock, en dépôt: *stocker des marchandises; stocker une énergie* ▸ **estocar**
stockfisch *nm* **1** Morue séchée à l'air libre ▸ **bacalhau seco 2** Le poisson séché en général ▸ **peixe seco**
stock-option (pl *stock-options*) *nf* Action boursière à prix réduit qu'une société propose à ses cadres (recommandation officielle: *option sur titres*) ▸ **opção de compra de ações**
stoïcien, enne *adj* Relatif au stoïcisme ▸ **estoico** ◆ *n* Adepte du stoïcisme ▸ **estoico**
stoïcisme *nm* **1** Doctrine philosophique qui fait de la vertu le seul bonheur et prône l'indifférence à l'égard de la passion, du plaisir et de la douleur ▸ **estoicismo 2** Impassibilité, fermeté: *supporter ses malheurs avec stoïcisme* ▸ **estoicismo**
stoïque *adj* Qui supporte la douleur, le malheur avec courage ▸ **estoico**
stoïquement *adv* De façon stoïque ▸ **estoicamente**
stolon *nm* BOT Tige rampante qui, de place en place, produit des racines adventives, point de départ de nouveaux pieds, comme chez le fraisier ▸ **estolho**
stomacal, e, aux *adj* De l'estomac ▸ **estomacal**
stomachique *adj et nm* Propre à rétablir les fonctions de l'estomac ▸ **estomáquico**
stomate *nm* BOT Pore de l'épiderme des végétaux servant aux échanges gazeux ▸ **estômato**
stomatite *nf* Inflammation de la muqueuse buccale ▸ **estomatite**
stomatologie *nf* Branche de la médecine consacrée à l'étude et aux soins des affections de la bouche ▸ **estomatologia**
stomatologiste ou **stomatologue** *n* Spécialiste de stomatologie ▸ **estomatologista**
stop *nm* **1** Panneau de signalisation intimant l'ordre de s'arrêter ▸ **pare 2** Signal lumineux placé à l'arrière d'un véhicule et qui s'allume quand on freine ▸ **luz de freio 3** FAM Auto-stop: *faire du stop* ▸ **carona** ◆ *interj* Ordre de s'arrêter ▸ **pare**
stoppage *nm* Réfection de la trame et de la chaîne d'un tissu pour réparer une déchirure ▸ **cerzidura**
stopper[1] *vt* Faire un stoppage à: *donner sa veste à stopper* ▸ **cerzir**
stopper[2] *vt et vi* **1** Arrêter la marche d'un véhicule, d'une machine, etc. ▸ **parar 2** FIG Empêcher d'avancer, de progresser: *stopper une offensive* ▸ **deter**
stoppeur, euse *n* **1** FAM Auto-stoppeur ▸ **carona 2** Personne qui fait le stoppage ▸ **cerzidor 3** Au football, joueur placé au centre de la défense ▸ **zagueiro**
store *nm* Rideau qui se lève et se baisse ▸ **store**
stoupa *nm* → **stupa**
strabisme *nm* Anomalie de la vision qui consiste dans l'impossibilité de fixer un même point avec les deux yeux ▸ **estrabismo**
stradivarius *nm* Violon, violoncelle ou alto fabriqué par Antonio Stradivari ▸ **estradivário**
strangulation *nf* Action d'étrangler ▸ **estrangulação**
strapontin *nm* Siège repliable, dans une salle de spectacle, dans le métro, etc. ▸ **assento dobrável**
stras [stras] ou **strass** *nm* Verre coloré imitant le diamant, les pierres précieuses ▸ ***strass***
stratagème *nm* Ruse, feinte ▸ **estratagema**
strate *nf* **1** Couche géologique d'un terrain stratifié ▸ **estrato 2** FIG Couche: *les strates de la société* ▸ **estrato**
stratège *nm* **1** Personne qui dirige avec compétence un certain nombre d'opérations: *un fin stratège politique* ▸ **estrategista 2** ANTIQ Chef d'armée ▸ **estratego**
stratégie *nf* **1** Art de coordonner l'action des forces militaires d'un pays ▸ **estratégia 2** Art de coordonner des actions et de manœuvrer pour atteindre un but: *stratégie politique* ▸ **estratégia**
stratégique *adj* Intéressant, du point de vue d'une stratégie; crucial ▸ **estratégico**
stratification *nf* Disposition de roches par couches superposées ▸ **estratificação**
stratifié, e *adj* Disposé par couches superposées: *roches stratifiées* ▸ **estratificado**
stratigraphie *nf* Partie de la géologie qui étudie les couches de l'écorce terrestre en vue d'établir l'ordre de superposition et l'âge relatif ▸ **estratigrafia**
strato-cumulus [stratokymylys] *nm inv* Nuage sombre situé à une altitude moyenne de 2 000 m ▸ **estrato-cúmulo**

stratosphère *nf* Région de l'atmosphère située entre douze et quarante kilomètres d'altitude ▸ **estratosfera**

stratus [stratys] *nm inv* Nuage bas qui se présente en couche uniforme grise ▸ **estrato**

streptocoque *nm* Microbe responsable d'affections graves (septicémie, méningite, scarlatine, etc.) ▸ **estreptococo**

streptomycine *nf* Antibiotique actif contre certaines bactéries, dont le bacille de la tuberculose ▸ **estreptomicina**

stress [strɛs] *nm inv* **1** Tension nerveuse causée par les contraintes du travail, des transports, etc. ▸ **tensão 2** Perturbation biologique et physique d'un organisme due à une agression quelconque; cette agression ▸ **estresse**

stressant, e *adj* Qui stresse ▸ **estressante**

stresser *vt* Provoquer un stress ▸ **estressar**

strict, e *adj* **1** Rigoureux, qui ne laisse aucune latitude: *obligation stricte* ▸ **estrito 2** Sévère, qui ne tolère aucune négligence: *strict en affaires* ▸ **estrito 3** Sobre, sans ornement: *tenue stricte* ▸ **austero ■ le strict nécessaire:** le minimum ▸ **o estritamente necessário**

strictement *adv* De façon stricte ▸ **estritamente**

striction *nf* MÉD Constriction, ligature ▸ **constrição**

stricto sensu [striktosɛ̃sy] *loc adv* Au sens étroit, strict ▸ ***stricto sensu***

strident, e *adj* Qui rend un son aigu, perçant ▸ **estridente**

stridulation *nf* Crissement aigu que produisent certains insectes, en particulier la cigale ▸ **estridulação**

strie *nf* Chacun des petits sillons, chacune des fines lignes parallèles que présente une surface ▸ **estria**

strié, e *adj* Dont la surface présente des stries ▸ **estriado**

strier *vt* Marquer de stries, de raies ▸ **estriar**

string [striŋ] *nm* Maillot de bain qui laisse les fesses nues ▸ **fio dental**

strip-tease [striptiz] (pl *strip-teases*) *nm* Spectacle de cabaret au cours duquel une ou plusieurs femmes se déshabillent de façon lente et suggestive ▸ ***striptease***

strip-teaseur, euse (pl *strip-teaseurs, euses*) *n* Personne exécutant un numéro de strip-tease ▸ ***stripteaser, stripper***

striure *nf* Strie ▸ **estria**

stroboscope *nm* Instrument permettant, grâce à des éclairs réguliers, d'analyser au ralenti un mouvement périodique rapide ▸ **estroboscópio**

strontium [strɔ̃sjɔm] *nm* Métal jaune, utilisé en pyrotechnie; symb: Sr ▸ **estrôncio**

strophe *nf* Division régulière d'un poème, d'une œuvre lyrique ▸ **estrofe**

structural, e, aux *adj* Relatif à la structure ou au structuralisme ▸ **estrutural**

structuralisme *nm* Méthode des sciences humaines qui définit et étudie son objet par les rapports que ses éléments entretiennent entre eux ▸ **estruturalismo**

structuraliste *adj et n* Qui appartient au structuralisme; qui en est partisan ▸ **estruturalista**

structurant, e *adj* Qui détermine ou opère une structuration ▸ **estruturante**

structuration *nf* Action de structurer ▸ **estruturação**

structure *nf* **1** Manière dont les parties d'un ensemble sont arrangées entre elles; disposition: *structure d'un discours* ▸ **estrutura 2** Organisation des parties d'un système, qui lui donne sa cohérence: *structure d'une entreprise* ▸ **estrutura 3** Ensemble organisé considéré dans ses éléments fondamentaux: *les structures administratives* ▸ **estrutura**

structuré, e *adj* Se dit de ce qui a telle ou telle structure ▸ **estruturado**

structurel, elle *adj* Qui relève d'une structure; qui est déterminé par elle ▸ **estrutural**

structurer *vt* Donner une structure à ▸ **estruturar**

strychnine [striknin] *nf* Poison violent extrait de la noix vomique ▸ **estricnina**

stuc *nm* Enduit imitant le marbre ▸ **estuque**

stud-book [stœdbuk] (pl *stud-books*) *nm* Registre où sont inscrites la généalogie et les performances des chevaux de race ▸ ***studbook***

studette *nf* Petit studio ▸ **pequena quitinete**

studieusement *adv* Avec application ▸ **estudiosamente**

studieux, euse *adj* **1** Qui aime l'étude, appliqué: *écolier studieux* ▸ **estudioso 2** Consacré à l'étude: *vacances studieuses* ▸ **de estudos**

studio *nm* **1** Petit appartement comportant une seule pièce principale ▸ **quitinete 2** Atelier de photographe ▸ **estúdio 3** Local où l'on tourne les scènes cinématographiques, les émissions télévisées, etc. ▸ **estúdio 4** Salle de répétition de danse ▸ **estúdio**

stupa [stupa] ou **stoupa** *nm* Monument commémoratif d'origine indienne et caractéristique du bouddhisme ▸ **estupa**

stupéfaction *nf* Étonnement profond ▸ **estupefação**

stupéfait, e *adj* Interdit, immobilisé par la surprise ► **estupefato**
stupéfiant[1] *nm* Drogue provoquant l'accoutumance, et dont l'usage répété conduit à la toxicomanie ► **estupefaciente**
stupéfiant[2]**, e** *adj* Qui stupéfie ► **estupefaciente**
stupéfier *vt* Causer une grande surprise, un grand étonnement ► **estupeficar**
stupeur *nf* Étonnement profond ► **estupor**
stupide *adj* **1** Dépourvu d'intelligence, de finesse ► **estúpido 2** Dénué de sens, absurde ► **estúpido**
stupidement *adv* D'une manière stupide ► **estupidamente**
stupidité *nf* **1** Caractère stupide ► **estupidez 2** Parole, action stupide: *dire des stupidités* ► **estupidez**
stupre *nm* LITT Luxure ► **depravação**
stups *nm pl* (abréviation de *stupéfiants*) FAM ■ **la brigade des stups** ou **les stups:** corps de police chargé de la répression du trafic de drogue ► **divisão de combate a entorpecentes**
style *nm* **1** Manière particulière d'écrire, d'exprimer sa pensée: *travailler son style* ► **estilo 2** Forme de langage propre à une activité, à un milieu: *style administratif* ► **estilo 3** Manière d'exécuter propre à un artiste, à une époque: *style roman* ► **estilo 4** Façon personnelle de se comporter, d'exécuter un mouvement: *style de vie; style d'une nageuse* ► **estilo 5** Qualité de quelque chose ou de quelqu'un qui présente des caractéristiques esthétiques originales: *manquer de style* ► **estilo** ■ **de style:** qui appartient à un style bien caractérisé: *meuble de style* ► **de estilo**
stylé, e *adj* Qui exécute son service dans les règles: *maître d'hôtel stylé* ► **consumado**
stylet *nm* Poignard à lame effilée ► **estilete**
stylisation *nf* Action de styliser ► **estilização**
styliser *vt* Simplifier dans un but décoratif ► **estilizar**
styliste *n* **1** Personne dont le métier est de concevoir des formes nouvelles dans le domaine de l'habillement, de l'ameublement, etc. ► **estilista 2** Écrivain qui accorde toute son attention au style ► **estilista**
stylistique *adj* Relatif au style ► **estilístico** ◆ *nf* Étude du style d'une langue, de l'œuvre d'un écrivain, etc. ► **estilística**
stylo *nm* Instrument pour écrire muni d'un réservoir d'encre: *stylo (à) bille, (à) plume* ► **caneta**
stylo-feutre (pl *stylos-feutres*) *nm* Stylo dont la mine en feutre est imprégnée d'encre ► **caneta com ponta de feltro**
Stylomine *nm* (nom déposé) Portemine ► ***Stylomine*, lapiseira**
styrax *nm* Arbuste exotique qui fournit le benjoin ► **benjoeiro**
styrène ou **styrolène** *nm* Hydrocarbure benzénique servant de matière première pour de nombreuses matières plastiques ► **estireno**
su *nm* ► **sabido** ■ **au vu et au su de tous, de tout le monde:** sans se cacher; ouvertement ► **à vista de todos**
suaire *nm* LITT Linceul ► **sudário**
suave *adj* SOUT Doux, agréable: *parfum, musique suaves* ► **suave**
suavement *adv* De façon suave ► **suavemente**
suavité *nf* Caractère suave ► **suavidade**
subaigu, ë *adj* MÉD Se dit d'un état pathologique moins accusé que l'état aigu ► **subagudo**
subalpin, e *adj* Situé en bordure des Alpes: *région subalpine* ► **subalpino**
subalterne *adj et n* Subordonné ► **subalterno** ◆ *adj* D'un rang, d'une importance secondaire: *emploi subalterne* ► **subalterno**
subconscient *nm* État psychique à la limite de la conscience, mais qui influe sur le comportement du sujet ► **subconsciente**
subdésertique *adj* Proche du désert: *région subdésertique* ► **subdesértico**
subdiviser *vt* Diviser un tout déjà divisé ► **subdividir**
subdivision *nf* Division d'une chose déjà divisée ► **subdivisão**
subéreux, euse *adj* BOT Qui a la nature du liège ► **suberoso**
subir *vt* **1** Supporter, être soumis à: *subir des tortures* ► **sofrer 2** Supporter à contrecœur, se résigner à: *subir sa destinée* ► **tolerar 3** Être soumis à, être l'objet de: *subir une hausse* ► **sofrer, submeter-se a**

GRAMMAIRE Le participe passé de *subir* est *subi, subie*; il ne doit pas être confondu avec l'orthographe de l'adjectif *subit*

subit, e *adj* Soudain, brusque ► **súbito**
subitement *adv* De façon subite ► **subitamente**
subito *adv* FAM Subitement ► **subitamente**
subjectif, ive *adj* **1** Qui varie avec la personnalité de chacun; individuel: *les goûts sont subjectifs* ► **subjetivo 2** PHILOS Relatif au sujet défini comme un être pensant (par opposition à *objectif*) ► **subjetivo**
subjectivement *adv* De façon subjective ► **subjetivamente**
subjectivité *nf* Caractère ou domaine de ce qui est subjectif ► **subjetividade**

subjonctif *nm* Mode du verbe employé soit dans des propositions subordonnées, soit pour exprimer le doute, l'incertitude, la volonté, etc. ▸ **subjuntivo**

subjuguer *vt* Séduire, exercer un puissant ascendant sur ▸ **subjugar**

sublimation *nf* **1** CHIM Passage d'un corps de l'état solide à l'état gazeux ▸ **sublimação 2** PSYCHAN Action de déplacer l'énergie d'une pulsion sexuelle ou agressive vers des buts socialement valorisés ▸ **sublimação**

sublime *adj* **1** Le plus élevé, le plus haut, en parlant des choses morales, intellectuelles ou esthétiques: *sublime abnégation* ▸ **sublime 2** Grand, élevé: *une personne sublime dans son dévouement* ▸ **sublime** ◆ *nm* Ce qui est sublime ▸ **sublime**

sublimé *nm* CHIM Produit d'une sublimation ▸ **sublimado**

sublimer *vt* **1** CHIM Faire passer un corps solide à l'état gazeux ▸ **sublimar 2** LITT Transposer en quelque chose de pur, d'idéal ▸ **sublimar**

subliminal, e, aux *adj* Se dit d'une perception à la limite de la conscience ▸ **subliminar**

sublimité *nf* LITT Caractère de ce qui est sublime ▸ **sublimidade**

sublingual, e, aux *adj* Placé sous la langue: *glandes sublinguales* ▸ **sublingual**

sublunaire *adj* Qui est entre la Terre et la Lune ▸ **sublunar**

submerger *vt (conj 2)* **1** Inonder, recouvrir entièrement d'eau ▸ **submergir 2** Déborder, envahir complètement: *être submergé de travail* ▸ **submergir**

submersible[1] *adj* Qui peut être submergé; inondable ▸ **submergível**

submersible[2] *nm* **1** Sous-marin ▸ **submarino 2** Véhicule autonome et habité, destiné à l'observation des fonds marins ▸ **navio submarino**

submersion *nf* Action de submerger; état de ce qui est submergé ▸ **submersão**

subodorer *vt* FAM Pressentir, se douter de; flairer, soupçonner ▸ **farejar**

subordination *nf* **1** Dépendance d'une personne ou d'une chose par rapport à une autre ▸ **subordinação 2** GRAMM Mode de rattachement d'une proposition à une autre ▸ **subordinação**

subordonnant *nm* GRAMM Mot ou locution qui institue un rapport de subordination ▸ **subordinante**

subordonné, e *adj et n* Qui est sous la dépendance de ▸ **subordinado**

subordonnée *nf et adj f* GRAMM Proposition qui, dans une phrase, dépend d'une autre proposition qu'elle complète ou détermine ▸ **(oração) subordinada**

subordonner *vt* **1** Établir un ordre de dépendance entre des personnes ou des choses ▸ **subordinar 2** Faire dépendre de: *subordonner une commande à l'obtention de crédits* ▸ **subordinar**

subornation *nf* Action de suborner ▸ **suborno**

suborner *vt* **1** Inciter un témoin à faire un faux témoignage ▸ **subornar 2** LITT Séduire: *suborner une femme* ▸ **seduzir**

subreptice *adj* LITT Furtif; déloyal ▸ **sub-reptício**

subrepticement *adv* De façon subreptice; à la dérobée: *dérober subrepticement* ▸ **sub-repticiamente**

subrogation *nf* DR Substitution d'une personne ou d'une chose à une autre ▸ **sub-rogação**

subrogatoire *adj* DR Qui subroge ▸ **sub-rogante**

subrogé, e *n* DR Personne substituée à une autre pour succéder à ses droits ou pour agir à sa place ▸ **sub-rogado**

subroger *vt (conj 2)* DR Substituer par subrogation ▸ **sub-rogar**

subséquent, e *adj* VX, LITT Qui suit ▸ **subsequente**

subside *nm* Somme d'argent versée à titre de secours ▸ **subsídio**

subsidiaire *adj* Donné accessoirement pour venir à l'appui de quelque chose de principal: *raison subsidiaire* ▸ **subsidiário ■ question subsidiaire:** question supplémentaire destinée à départager des concurrents ex aequo ▸ **questão para desempate**

subsistance *nf* Nourriture et entretien: *assurer la subsistance de sa famille* ▸ **subsistência**

subsister *vi* **1** Exister encore, continuer d'être: *rien ne subsiste plus de cette maison* ▸ **subsistir 2** Pourvoir à ses besoins, à son entretien: *travailler pour subsister* ▸ **subsistir**

subsonique *adj* Dont la vitesse est inférieure à celle du son; CONTR: *supersonique* ▸ **subsônico**

substance *nf* **1** Matière dont une chose est formée: *substance dure, molle* ▸ **substância 2** Ce qu'il y a d'essentiel: *la substance d'un entretien* ▸ **substância ■ en substance:** en ne retenant que l'essentiel ▸ **em substância**

substantiel, elle *adj* **1** Nourrissant: *aliment substantiel* ▸ **substancial 2** Appréciable, considérable: *augmentation substantielle* ▸ **substancial 3** Essentiel, capital ▸ **substancial**

substantif *nm* GRAMM Nom ▸ **substantivo**

substantivement *adv* Comme substantif: *adjectif employé substantivement* ▸ **como substantivo**

substituer *vt* Mettre à la place de; remplacer par ▸ **substituir** ◆ **se substituer** *vpr* [à] Prendre la place d'un autre ou d'autre chose ▸ **substituir**
substitut *nm* **1** Ce qui peut remplacer quelque chose en jouant le même rôle; succédané ▸ **substituto 2** DR Magistrat chargé de suppléer le procureur général ou le procureur de la République ▸ **promotor de justiça substituto**
substitutif, ive *adj* Se dit d'une chose qui a été substituée à une autre: *médication substitutive* ▸ **substitutivo**
substitution *nf* Action de substituer: *substitution de noms* ▸ **substituição**
substrat [sypstra] *nm* Ce qui sert de base, d'infrastructure à quelque chose ▸ **substrato**
subterfuge *nm* Moyen détourné, ruse: *user de subterfuges* ▸ **subterfúgio**
subtil, e *adj* **1** Qui est capable de percevoir des nuances délicates; ingénieux, perspicace: *esprit subtil* ▸ **sutil 2** Qui exige beaucoup de finesse, de sagacité: *question subtile* ▸ **sutil**
subtilement *adv* De façon subtile ▸ **sutilmente**
subtilisation *nf* Action de subtiliser ▸ **sutilização**
subtiliser *vt* Dérober adroitement ▸ **sutilizar**
subtilité *nf* **1** Caractère de ce qui est subtil ▸ **sutileza 2** Finesse, raffinement excessif de la pensée, de l'expression, etc. ▸ **sutileza**
subtropical, e, aux *adj* Situé près des tropiques ▸ **subtropical** ■ **climat subtropical:** climat chaud à longue saison sèche ▸ **clima subtropical**
suburbain, e *adj* À la périphérie immédiate d'une ville ▸ **suburbano**
subvenir *vt ind* [à] *(conj 22; auxil: avoir)* Venir en aide à; pourvoir à: *subvenir aux besoins de quelqu'un* ▸ **acudir, prover**
subvention *nf* Secours financier, subside fourni par l'État, etc., pour favoriser une activité d'intérêt général ▸ **subvenção**
subventionner *vt* Donner une subvention à: *subventionner un théâtre* ▸ **subvencionar**
subversif, ive *adj* Propre à bouleverser, à renverser l'ordre établi: *doctrine subversive* ▸ **subversivo**
subversion *nf* Action visant à saper les lois, les principes, l'ordre établi ▸ **subversão**
suc *nm* **1** Liquide organique imprégnant un tissu animal ou végétal ▸ **humor, seiva 2** BIOL Sécrétion d'un organe de l'appareil digestif: *suc gastrique* ▸ **suco 3** LITT Le meilleur, la substance de quelque chose ▸ **suco**
succédané *nm* Produit qu'on peut substituer à un autre: *les succédanés du sucre* ▸ **sucedâneo**
succéder *vt ind* [à] *(conj 10)* **1** Venir après ▸ **suceder 2** Remplacer dans un emploi, une fonction, etc. ▸ **suceder** ◆ **se succéder** *vpr* Venir l'un après l'autre: *les visiteurs se sont succédé toute l'après-midi* ▸ **suceder-se**

GRAMMAIRE Le participe passé de *se succéder* est toujours invariable. On écrit: *elles se sont succédé* à la tête de l'organisation

succès *nm* **1** Issue heureuse, réussite: *le succès d'une entreprise* ▸ **êxito 2** Approbation du public: *le succès d'un film* ▸ **sucesso**
successeur *nm* Personne qui succède à une autre: *nommer son successeur* ▸ **sucessor**
successif, ive *adj* Qui succède à d'autres: *les générations successives* ▸ **sucessivo**
succession *nf* **1** Suite non interrompue de personnes ou de choses: *succession de rois, d'idées* ▸ **sucessão 2** Transmission de biens qui s'opère, par des voies légales, entre une personne décédée et une ou plusieurs personnes survivantes; ensemble des biens transmis ▸ **sucessão**
successivement *adv* L'un après l'autre; tour à tour ▸ **sucessivamente**
successoral, e, aux *adj* DR Relatif aux successions: *loi successorale* ▸ **sucessório**
succinct, e [syksɛ̃, ɛ̃t] *adj* **1** Dit en peu de mots; bref, concis, laconique: *discours succinct* ▸ **sucinto 2** FIG Peu abondant: *repas succinct* ▸ **parco**

ORTHOGRAPHE *Succinct* s'écrit toujours avec trois *c*. Il ne faut pas oublier le dernier *c*, qui ne se prononce ni au masculin ni au féminin

succinctement *adv* De façon succincte; brièvement ▸ **sucintamente**
succion [sysjɔ̃] ou [syksjɔ̃] *nf* Action de sucer ▸ **sucção**
succomber *vi* **1** Mourir: *le malade a succombé* ▸ **sucumbir 2** Être vaincu: *succomber sous le nombre* ▸ **sucumbir 3** LITT Être accablé, anéanti par quelque chose: *succomber sous un fardeau* ▸ **sucumbir** ◆ *vt ind* [à] Ne pas résister à: *succomber à la fatigue* ▸ **sucumbir**
succube *nm* Démon femelle ▸ **súcubo**
succulence *nf* LITT Qualité de ce qui est succulent: *la succulence d'un mets* ▸ **suculência**
succulent, e *adj* Savoureux, qui flatte le goût: *viande succulente* ▸ **suculento**
succursale *nf* Établissement commercial ou financier qui dépend d'un autre: *succursale d'une banque* ▸ **sucursal**
succursalisme *nm* Forme de commerce concentré disposant d'un réseau composé d'un grand nombre de petits magasins ▸ **sucursalismo**
sucement *nm* Action de sucer; succion ▸ **sucção**

sucer *vt (conj 1)* **1** Faire fondre dans sa bouche: *sucer un bonbon* ▸ **chupar 2** Porter, garder un objet à la bouche et y exercer un mouvement d'aspiration: *sucer son crayon, son pouce* ▸ **chupar 3** Aspirer avec la bouche: *sucer la moelle d'un os* ▸ **chupar 4** En parlant de certains animaux, aspirer avec un organe spécial: *les sangsues sucent le sang* ▸ **sugar, chupar**

sucette *nf* **1** Bonbon en sucre cuit aromatisé, fixé à l'extrémité d'un bâtonnet ▸ **pirulito 2** Morceau de caoutchouc à sucer, en forme de tétine ▸ **chupeta**

suceur, euse *adj* ZOOL Se dit des organes propres à exercer une succion; se dit des animaux possédant de tels organes ▸ **sugador**

suçoir *nm* **1** ZOOL Organe de certains insectes qui sert à sucer ▸ **sugadouro 2** BOT Organe fixant une plante parasite à son hôte et y prélevant la sève ▸ **haustório**

suçon *nm* FAM Marque faite à la peau en la suçant ▸ **chupão**

suçoter *vt* Sucer du bout des lèvres ▸ **chupar**

sucrage *nm* Action de sucrer ▸ **açucaramento**

sucrant, e *adj* Qui sucre ▸ **açucarador**

sucre *nm* **1** Aliment de saveur douce extraite de divers végétaux: *sucre de canne, de betterave* ▸ **açúcar 2** Morceau de sucre ▸ **torrão de açúcar** ■ FAM **casser du sucre sur le dos de quelqu'un:** dire du mal de lui ▸ **descer a lenha em alguém** □ **en pain de sucre:** de forme conique ▸ **cônico** □ FAM **pur sucre:** qui ne s'écarte pas de la doctrine, de la ligne; authentique, orthodoxe ▸ **autêntico** □ **sucre glace:** sucre en poudre extrêmement fin obtenu par un broyage très poussé ▸ **açúcar de confeiteiro**

sucré, e *adj* **1** Qui contient du sucre et en a la saveur: *poire sucrée* ▸ **açucarado 2** Additionné de sucre: *café bien sucré* ▸ **doce** ◆ *nm* Saveur sucrée ▸ **doce** ◆ *adj et n* Se dit d'une personne qui affecte des manières doucereuses: *ton sucré; faire sa sucrée* ▸ **meloso**

sucrer *vt* **1** Ajouter du sucre à ▸ **açucarar 2** FAM Supprimer ▸ **suprimir** ◆ **se sucrer** *vpr* FAM S'octroyer la plus grande part ▸ **privilegiar-se**

sucrerie *nf* **1** Usine où l'on fabrique le sucre ▸ **usina de açúcar 2** (souvent au pluriel) Confiserie à base de sucre: *aimer les sucreries* ▸ **doce**

Sucrette *nf* (nom déposé) Petit comprimé de sucre de synthèse ▸ ***Sucrette*, adoçante em comprimido**

sucrier, ère *adj* Relatif au sucre: *industrie sucrière* ▸ **açucareiro** ◆ *nm* **1** Récipient où l'on garde le sucre ▸ **açucareiro 2** Fabricant de sucre; ouvrier qui travaille à sa fabrication ▸ **açucareiro**

sud *nm* **1** Un des quatre points cardinaux, opposé au nord ▸ **sul 2** Contrées situées au sud: *le Nord et le Sud* ▸ **sul** ◆ *adj inv* Situé au sud: *le pôle Sud* ▸ **sul**

ORTHOGRAPHE On écrit: *dans le Sud* (région), mais *au sud, vers le sud* (orientation)

sud-africain, e (pl *sud-africains, es*) *adj et n* De la république d'Afrique du Sud: *les Sud-Africains* ▸ **sul-africano**

sud-américain, e (pl *sud-américains, es*) *adj et n* De l'Amérique du Sud: *les Sud-Américains* ▸ **sul-americano**

sudation *nf* Production de sueur; transpiration ▸ **sudorese**

sud-est *nm* **1** Point de l'horizon situé entre le sud et l'est ▸ **sudeste 2** Contrées situées dans cette direction: *le sud-est de la France* ▸ **sudeste** ◆ *adj inv* Qui est au sud-est ▸ **sudeste**

sudiste *n et adj* Partisan des États du Sud, dans la guerre de Sécession des États-Unis (1861-1865) ▸ **sulista**

sudorifique *adj* MÉD Qui provoque la sudation: *tisane sudorifique* ▸ **sudorífero**

sudoripare *adj* Qui sécrète la sueur: *glandes sudoripares* ▸ **sudoríparo**

sud-ouest *nm* **1** Point de l'horizon situé entre le sud et l'ouest ▸ **sudoeste 2** Contrées situées au sud-ouest ▸ **sudoeste** ◆ *adj inv* Qui est au sud-ouest ▸ **sudoeste**

suède *nm* Peau d'agneau, au côté chair à l'extérieur, utilisée en ganterie ▸ **suede**

suédois, e *adj et n* De Suède: *les Suédois* ▸ **sueco** ◆ *nm* Langue scandinave parlée en Suède ▸ **sueco**

suée *nf* FAM Transpiration abondante, en particulier après un effort ▸ **suadeira**

suer *vi* **1** Sécréter la sueur par les pores de la peau ▸ **suar 2** Suinter: *un mur qui sue par temps humide* ▸ **suar 3** FAM Se donner beaucoup de peine, de fatigue ▸ **suar** ■ FAM **faire suer quelqu'un:** l'exaspérer ▸ **atormentar alguém** □ FAM **se faire suer:** s'ennuyer ▸ **aborrecer-se** ◆ *vt* LITT Exhaler: *suer l'ennui* ▸ **exalar** ■ FAM **suer sang et eau:** se donner une peine extrême ▸ **suar sangue**

sueur *nf* Sécrétion incolore exhalée par les pores de la peau; transpiration: *être en sueur* ▸ **suor** ■ **à la sueur de son front:** en se donnant beaucoup de mal ▸ **com o suor do rosto** □ **avoir des sueurs froides:** avoir très peur ▸ **suar frio**

suffire *vt ind* [à] *(conj 72)* **1** Pouvoir satisfaire à: *suffire à ses obligations* ▸ **satisfazer 2** Être en assez grande quantité pour: *cette somme lui suffira pour payer ses dettes* ▸ **bastar** ■ **cela suffit:**

c'est assez ▸ **basta** □ **il suffit de, que:** il n'est besoin que de: *il suffit de prévenir, qu'il soit prévenu* ▸ **basta (que)** ◆ **se suffire** *vpr* [à] N'avoir pas besoin du secours des autres: *il se suffit à lui-même* ▸ **bastar-se**

suffisamment *adv* De façon suffisante: *avoir suffisamment de courage* ▸ **bastante**

suffisance *nf* Très grande satisfaction de soi; prétention, vanité ▸ **empáfia** ■ LITT **en suffisance:** suffisamment ▸ **suficiente**

suffisant, e *adj* En quantité assez grande ▸ **suficiente** ◆ *adj et n* PÉJOR Prétentieux, vaniteux ▸ **presumido**

suffixation *nf* LING Dérivation par des suffixes ▸ **sufixação**

suffixe *nm* LING Élément qui s'ajoute à la racine d'un mot pour former un mot nouveau ▸ **sufixo**

suffocant, e *adj* **1** Qui provoque une suffocation; étouffant: *chaleur suffocante* ▸ **sufocante 2** FIG Étonnant, stupéfiant, renversant ▸ **sufocante**

suffocation *nf* Oppression, gêne dans la respiration; étouffement ▸ **sufocação**

suffoquer *vt* **1** Étouffer, faire perdre la respiration ▸ **sufocar 2** FIG Causer une émotion violente: *la joie le suffoquait* ▸ **sufocar** ◆ *vi* Perdre le souffle: *suffoquer de colère* ▸ **sufocar**

suffrage *nm* **1** Vote, voix dans une élection: *refuser son suffrage* ▸ **sufrágio 2** LITT Approbation: *obtenir les suffrages du public* ▸ **sufrágio** ■ **suffrage direct:** système dans lequel l'électeur vote lui-même pour le candidat à élire ▸ **sufrágio direto** □ **suffrage indirect:** système dans lequel le candidat à élire est élu par des délégués choisis par les électeurs ▸ **sufrágio indireto** □ **suffrage universel:** système dans lequel le corps électoral est constitué par tous les citoyens qui ont la capacité électorale ▸ **sufrágio universal**

suffragette *nf* HIST Militante qui réclamait le droit de vote pour les femmes, en Grande-Bretagne, à partir de 1865 ▸ **sufragista**

suggérer [sygʒere] *vt (conj 10)* **1** Inspirer, conseiller: *suggérer une solution* ▸ **sugerir 2** SOUT Faire naître une idée, une image; évoquer: *que vous suggère ce tableau?* ▸ **sugerir**

suggestif, ive *adj* **1** Qui suggère des idées, des images; évocateur: *une musique suggestive* ▸ **sugestivo 2** Qui inspire des idées érotiques: *un regard suggestif* ▸ **sugestivo**

suggestion *nf* **1** Action de suggérer ▸ **sugestão 2** Chose, pensée suggérée sans être imposée: *ce n'est qu'une simple suggestion* ▸ **sugestão**

suggestionner *vt* Faire penser ou faire agir quelqu'un dans le sens que l'on a choisi et sans qu'il en soit conscient ▸ **sugestionar**

suicidaire *adj et n* Qui tend vers le suicide: *comportement suicidaire*; prédisposé au suicide ▸ **suicida**

suicidant, e *adj et n* Qui a fait une tentative de suicide et qui est susceptible de récidiver ▸ **suicida em potencial**

suicide *nm* **1** Action de se donner la mort ▸ **suicídio 2** FIG Action d'exposer gravement sa vie, son autorité, de se nuire soi-même, etc. ▸ **suicídio**

suicidé, e *n* Personne qui s'est donné la mort ▸ **suicida**

suicider (se) *vpr* Se donner volontairement la mort ▸ **suicidar-se**

suie *nf* Matière noire et épaisse produite par la combustion et déposée par la fumée ▸ **fuligem**

suif *nm* Graisse des ruminants ▸ **sebo**

sui generis [sɥiʒeneris] *loc adj* Propre à la personne ou à la chose dont il est question: *odeur sui generis* ▸ ***sui generis***

suint *nm* Graisse qui imprègne la toison des moutons ▸ **suarda**

suintement *nm* Fait de suinter ▸ **ressumação**

suinter *vi* **1** S'écouler insensiblement: *eau qui suinte des rochers* ▸ **ressumar 2** Laisser s'écouler un liquide: *mur qui suinte* ▸ **ressumar 3** FIG, LITT transparaître, se manifester: *l'ennui suintait de ce bureau* ▸ **ressumar**

suisse *adj et n* (le féminin du nom est parfois *Suissesse*) De Suisse: *les Suisses* ▸ **suíço** ■ **boire, manger en suisse:** tout seul, sans inviter personne ▸ **beber, comer sozinho** ◆ *nm* ANC Employé d'église en uniforme ▸ **bedel de igreja**

suite *nf* **1** Série: *une suite de mots*: *une suite d'événements* ▸ **sequência 2** Ordre, liaison logique: *paroles sans suite* ▸ **sequência, nexo 3** Ce qui vient après: *attendons la suite* ▸ **sequência 4** Conséquence: *cela aura de graves suites* ▸ **consequência 5** Continuation d'une œuvre littéraire, artistique: *la suite d'un feuilleton* ▸ **continuação 6** Ensemble de ceux qui accompagnent un haut personnage: *le souverain et sa suite* ▸ **séquito 7** Appartement dans un hôtel de luxe ▸ **suíte** ■ **à la suite:** en suivant: *on a vu deux films à la suite* ▸ **em seguida** □ **à la suite de: (a)** après: *à la suite du voyage* ▸ **depois de (b)** derrière: *marcher à la suite les uns des autres* ▸ **atrás de** □ **avoir de la suite dans les idées:** être persévérant ▸ **ser perseverante** □ **de suite: (a)** sans interruption ▸ **de seguida (b)** tout de suite ▸ **imediatamente** □ **donner suite à:** continuer ▸ **continuar** □ **et ainsi de suite:** et de même en continuant ▸ **e assim por diante** □ **par la suite:** plus tard ▸ **mais tarde** □ **par suite**

(de): par une conséquence naturelle ou logique (de) ▸ **em consequência (de)** □ **tout de suite:** immédiatement, sans délai ▸ **imediatamente**

EMPLOI *Suite à* est une expression à réserver au langage commercial *(suite à votre commande)* ou au style administratif

suivant[1] *prép* **1** Dans la direction de: *suivant un axe* ▸ **segundo 2** À proportion de; en fonction de: *suivant le mérite* ▸ **segundo 3** Selon l'opinion de: *suivant Bossuet* ▸ **segundo ◆ suivant que** *loc conj* Selon que ▸ **conforme**

suivant[2], e *adj* Qui est après: *au chapitre suivant* ▸ **seguinte ◆** *adj et n* Qui vient immédiatement après un autre: *à la personne suivante; au suivant!* ▸ **seguinte**

suiveur, euse *n* **1** Personne qui escorte une course cycliste ▸ **batedor, escolta 2** FIG Personne qui suit sans esprit critique ▸ **seguidor ◆** *adj* ■ **voiture suiveuse:** qui accompagne une course cycliste sur route ▸ **carro de apoio**

suivi, e *adj* **1** Qui a lieu de façon continue: *relations suivies* ▸ **contínuo, constante 2** Fréquenté: *cours suivi* ▸ **acompanhado 3** Où il y a de la logique: *raisonnement suivi* ▸ **lógico ◆** *nm* Contrôle permanent sur une période prolongée: *le suivi d'une affaire* ▸ **acompanhamento**

suivisme *nm* Tendance à suivre les idées ou les actions des autres sans jamais les remettre en question ▸ **subserviência**

suivre *vt (conj 62)* **1** Aller, venir après ▸ **seguir 2** Accompagner: *suivre quelqu'un en voyage* ▸ **acompanhar 3** Marcher derrière pour surveiller: *suivre un malfaiteur* ▸ **seguir 4** Longer: *suivre le cours du fleuve* ▸ **seguir 5** Marcher sur: *suivre un chemin* ▸ **seguir 6** Se conformer à; imiter: *suivre une méthode; suivre la mode* ▸ **seguir 7** FIG Être attentif, s'intéresser à: *suivre l'actualité, un match, un élève* ▸ **acompanhar 8** Comprendre: *suivre un raisonnement* ▸ **seguir 9** Penser, agir comme quelqu'un: *tous vous suivront* ▸ **seguir** ■ **à suivre:** formule indiquant que le récit n'est pas terminé ▸ **continua ◆ se suivre** *vpr* **1** Se succéder: *les jours se suivent* ▸ **seguir-se 2** S'enchaîner: *raisonnements qui se suivent* ▸ **encadear-se**

sujet[1] *nm* **1** Matière dont on parle, sur laquelle on écrit, on compose: *sujet d'examen; hors sujet* ▸ **assunto 2** Cause, raison, motif: *sujet de mécontentement* ▸ **motivo 3** GRAMM Fonction grammaticale exercée par un groupe nominal, un pronom, etc., qui confère au verbe ses catégories de genre et de nombre ▸ **sujeito 4** Être humain que l'on soumet à des observations ▸ **cobaia** ■ **au sujet de:** à propos de ▸ **a respeito de** □ **avoir sujet de:** avoir un motif légitime de ▸ **ter motivo de, para** □ **bon, mauvais sujet:** personne dont on approuve, désapprouve la conduite ▸ **boa, má pessoa** □ **sans sujet:** sans raison ▸ **sem motivo**

sujet[2], ette *adj* **1** Exposé, soumis à: *sujet à la migraine; sujet à l'impôt* ▸ **sujeito 2** Enclin à: *sujet à la colère* ▸ **sujeito** ■ **sujet à caution:** à qui ou à quoi on ne peut se fier ▸ **sob suspeita ◆** *n* Personne soumise à l'autorité d'un souverain ▸ **súdito**

sujétion *nf* **1** Dépendance: *vivre dans la sujétion* ▸ **sujeição 2** Assujettissement, contrainte: *certaines habitudes deviennent des sujétions* ▸ **obrigação**

sulfamide *nm* Composé organique azoté et soufré, base de plusieurs groupes de médicaments anti-infectieux, antidiabétiques et diurétiques ▸ **sulfamida**

sulfatage *nm* Action de sulfater ▸ **sulfatagem**

sulfate *nm* Sel de l'acide sulfurique ▸ **sulfato**

sulfater *vt* AGRIC Asperger des végétaux de sulfate de cuivre pour les traiter contre les maladies parasitaires ▸ **sulfatar**

sulfateuse *nf* Machine servant à sulfater ▸ **sulfatador**

sulfhydrique *adj m* ▸ **sulfídrico** ■ **acide sulfhydrique:** composé de soufre et d'hydrogène ▸ **ácido sulfídrico**

sulfite *nm* CHIM Sel de l'acide sulfureux ▸ **sulfito**

sulfurage *nm* Action de sulfurer ▸ **sulfetação**

sulfure *nm* Combinaison du soufre et d'un élément ▸ **sulfeto**

sulfuré, e *adj* CHIM À l'état de sulfure ▸ **sulfurado** ■ **hydrogène sulfuré:** acide sulfhydrique ▸ **hidrogênio sulfurado**

sulfurer *vt* AGRIC Introduire dans le sol du sulfure de carbone pour détruire les insectes ▸ **enxofrar**

sulfureux, euse *adj* **1** De la nature du soufre ▸ **sulfúreo 2** FIG Qui sent le soufre, l'hérésie: *discours sulfureux* ▸ **demoníaco**

sulfurique *adj m* ▸ **sulfúrico** ■ **acide sulfurique:** acide oxygéné dérivé du soufre ▸ **ácido sulfúrico**

sulfurisé, e *adj* ▸ **sulfurizado** ■ **papier sulfurisé:** traité par l'acide sulfurique pour le rendre imperméable ▸ **papel sulfurizado**

sulky [sylki] (pl *sulkys*) *nm* Voiture très légère, sans caisse, à deux roues, utilisée pour les courses de trot attelé ▸ ***sulky*, aranha**

sultan *nm* HIST Titre de l'empereur des Turcs et de certains princes musulmans ▸ **sultão**

sultanat *nm* Dignité, règne d'un sultan; État placé sous l'autorité d'un sultan ▸ **sultanato**

sultane *nf* Femme du sultan ▶ **sultana**

sumac *nm* Arbre des régions chaudes, fournissant des vernis, des laques, des tanins ▶ **sumagre**

sumérien, enne *adj* Relatif à Sumer ▶ **sumério** ◆ *nm* Langue des Sumériens (le sumérien est la plus ancienne langue écrite au monde) ▶ **sumério**

summum [sɔmmɔm] *nm* Le plus haut degré: *le summum de la gloire* ▶ **sumo**

sumo *nm* Lutte traditionnelle pratiquée au Japon ▶ **sumô**

sunlight [sœnlajt] *nm* Projecteur de forte puissance pour les prises de vues cinématographiques ▶ **holofote**

sunna *nf* Ensemble des préceptes de l'orthodoxie musulmane ▶ **suna**

sunnite *n et adj* Musulman qui appartient à l'une des deux grandes branches de l'islam ▶ **sunita**

super[1] *nm* (abréviation) FAM Supercarburant ▶ **Ø**

super[2] *adj inv* FAM Formidable ▶ **sensacional** ◆ *adv* FAM Très: *il est super bien ce film* ▶ **super**

superbe[1] *adj* Très beau; somptueux: *palais superbe*: *temps superbe* ▶ **soberbo**

superbe[2] *nf* LITT Orgueil ▶ **soberba**

superbement *adv* De façon superbe ▶ **soberbamente**

supercalculateur *nm* Ordinateur de grande puissance adapté aux calculs scientifiques ▶ **supercalculador**

supercarburant *nm* Essence de qualité supérieure ▶ **gasolina especial**

supercherie *nf* Fraude, tromperie; mystification ▶ **embuste**

supérette *nf* Magasin d'alimentation en libre-service d'une surface de 120 à 400 m^2 ▶ **pequeno supermercado**

superfétatoire *adj* LITT Inutile, superflu ▶ **supérfluo**

superficie *nf* Étendue, surface: *mesurer la superficie d'un champ* ▶ **superfície**

superficiel, elle *adj* **1** Qui est limité à la surface: *brûlure superficielle* ▶ **superficial 2** Léger, futile: *esprit superficiel*; sommaire: *connaissances superficielles* ▶ **superficial**

superficiellement *adv* De façon superficielle ▶ **superficialmente**

superflu, e *adj* Qui est de trop; inutile: *dépenses, regrets superflus* ▶ **supérfluo** ◆ *nm* Ce qui n'est pas nécessaire ▶ **supérfluo**

superforme *nf* FAM Excellente condition physique et morale ▶ **grande forma**

supergrand *nm* FAM Superpuissance ▶ **superpotência**

super-huit *nm inv et adj inv* Format de film amateur, supérieur au modèle courant de 8 millimètres ▶ **super-oito, super-8**

supérieur, e *adj* **1** Situé au-dessus: *étage supérieur* ▶ **superior 2** D'un degré plus élevé: *température supérieure à la normale* ▶ **superior 3** FIG Qui surpasse les autres: *talent supérieur* ▶ **superior 4** Qui témoigne d'un sentiment de supériorité: *air supérieur* ▶ **superior** ◆ *n* **1** Personne qui commande à d'autres en vertu d'une hiérarchie ▶ **superior 2** Personne à la tête d'une communauté religieuse ▶ **superior**

supérieurement *adv* D'une manière supérieure: *supérieurement intelligent* ▶ **superiormente**

supériorité *nf* **1** Caractère de ce qui est supérieur en qualité, en valeur: *supériorité d'une marque de lessive* ▶ **superioridade 2** Situation dominante, suprématie: *supériorité militaire* ▶ **superioridade 3** Arrogance: *air de supériorité* ▶ **superioridade**

superlatif, ive *adj* Qui exprime une qualité au plus haut degré ▶ **superlativo** ◆ *nm* GRAMM Degré de comparaison de l'adjectif ou de l'adverbe, qui exprime une qualité portée soit à un très haut degré: *superlatif absolu* (EX: *très grand*), soit au plus haut degré: *superlatif relatif de supériorité* (EX: *le plus grand*), ou encore au plus faible degré: *superlatif relatif d'infériorité* (EX: *le moins grand*) ▶ **superlativo**

super-léger (pl *super-légers*) ou **superléger** *nm* SPORTS Catégorie de poids inférieure aux légers; sportif appartenant à cette catégorie ▶ **meio-médio ligeiro**

supermarché *nm* Magasin de grande surface offrant des produits très variés vendus en libre-service ▶ **supermercado**

supernova *nf* Étoile massive qui, lors de son explosion, devient momentanément très lumineuse ▶ **supernova**

superphosphate *nm* Phosphate acide de chaux ▶ **superfosfato**

superposable *adj* Qui peut être superposé: *figures superposables* ▶ **sobreponível**

superposer *vt* Poser, placer l'un sur l'autre: *superposer des briques*: *des lits superposés* ▶ **sobrepor** ◆ **se superposer** *vpr* [à] S'ajouter à: *dans son souvenir, les images récentes se superposent aux anciennes* ▶ **sobrepor-se**

superposition *nf* Action de superposer; fait de se superposer: *la superposition des images* ▶ **sobreposição**

superproduction *nf* Film à grand spectacle produit et lancé à grands frais ▶ **superprodução**

superpuissance *nf* Grande puissance mondiale (États-Unis, URSS jusqu'en 1991) ▸ **superpotência**
supersonique *adj* Dont la vitesse est supérieure à celle du son; CONTR: *subsonique* ▸ **supersônico**
superstar *nf* Vedette très célèbre ▸ ***superstar***
superstitieusement *adv* D'une manière superstitieuse ▸ **supersticiosamente**
superstitieux, euse *adj et n* Qui croit à des influences occultes et en redoute les effets ▸ **supersticioso** ◆ *adj* Entaché de superstition: *craintes superstitieuses* ▸ **supersticioso**
superstition *nf* Croyance au pouvoir surnaturel de forces occultes, à divers présages tirés d'événements fortuits ▸ **superstição**
superstructure *nf* **1** Partie d'une construction située au-dessus du sol ▸ **superestrutura 2** Partie d'un navire au-dessus du pont ▸ **superestrutura 3** FIG Dans l'analyse marxiste, ensemble des institutions, de la culture d'une société (par opposition à *infrastructure*) ▸ **superestrutura**
superviser *vt* Contrôler et réviser un travail fait, sans entrer dans le détail ▸ **supervisionar**
superviseur *nm* Personne qui supervise ▸ **supervisor**
supervision *nf* Action de superviser ▸ **supervisão**
supin *nm* GRAMM Forme nominale du verbe latin ▸ **supino**
supination *nf* PHYSIOL Mouvement de rotation de l'avant-bras, et position de la main, la paume en dessus, qui en résulte ▸ **supinação**
supion *nm* CUIS Petite seiche ▸ **lula pequena**
supplanter *vt* Évincer, prendre la place de: *supplanter un rival; l'automobile n'a pas supplanté le train* ▸ **suplantar**
suppléance *nf* Fonction de suppléant; durée de cette fonction ▸ **suplência**
suppléant, e *adj et n* Qui supplée, remplace quelqu'un dans ses fonctions sans être titulaire ▸ **suplente**
suppléer *vt* Remplacer dans ses fonctions: *suppléer un professeur* ▸ **substituir, suprir** ◆ *vt ind* [à] Remédier à: *suppléer à une insuffisance* ▸ **suprir**
supplément *nm* **1** Ce qu'on ajoute pour compléter, améliorer: *apporter un supplément d'information* ▸ **suplemento 2** Somme payée en plus pour obtenir quelque chose qui n'était pas compris dans le prix initial: *payer un supplément de 10 francs* ▸ **suplemento 3** Publication qui complète un journal, un ouvrage: *supplément littéraire* ▸ **suplemento ■ en supplément:** en plus ▸ **extra**
supplémentaire *adj* **1** Qui constitue un supplément: *délai supplémentaire*; fait en supplément: *heures supplémentaires* ▸ **suplementar, extra 2** Qui vient en plus et en trop: *fatigue supplémentaire* ▸ **suplementar**
supplétif, ive *adj et nm* Se dit de militaires engagés temporairement en complément de troupes régulières ▸ **reservista mobilizado**
suppliant, e *adj et n* Qui supplie ▸ **suplicante**
supplication *nf* LITT Prière faite avec insistance et soumission ▸ **súplica**
supplice *nm* **1** HIST Punition corporelle autrefois ordonnée par la justice ▸ **suplício 2** Ensemble de sévices corporels, torture ▸ **suplício 3** Violente douleur physique ▸ **suplício 4** Souffrance morale: *passer un examen est pour lui un supplice* ▸ **suplício ■ être au supplice:** souffrir terriblement ▸ **sofrer muito □ supplice de Tantale:** tourment de celui qui ne peut atteindre une chose qui reste cependant à sa portée ▸ **suplício de Tântalo**
supplicié, e *n* Personne qui subit ou qui a subi un supplice ▸ **supliciado**
supplicier *vt* LITT **1** Faire subir la torture ou la peine de mort à ▸ **supliciar 2** FIG Mettre moralement au supplice: *les remords le suppliciaient* ▸ **supliciar**
supplier *vt* Demander instamment: *je vous supplie de me croire* ▸ **suplicar**
supplique *nf* LITT Requête écrite pour demander une faveur ▸ **súplica**
support *nm* Appui, soutien ▸ **suporte ■ support publicitaire:** média quelconque considéré dans son utilisation pour la publicité ▸ **veículo de propaganda**
supportable *adj* Qu'on peut supporter: *chaleur supportable* ▸ **suportável**
supporter[1] *vt* **1** Porter, soutenir: *pilier qui supporte une voûte* ▸ **suportar 2** Endurer avec courage, patience: *supporter une épreuve* ▸ **suportar 3** Tolérer la présence, l'attitude de quelqu'un: *il est difficile à supporter en ce moment* ▸ **suportar 4** Avoir, prendre en charge: *supporter des frais de justice* ▸ **arcar com 5** Résister à: *supporter le froid* ▸ **suportar**
supporter[2] [sypɔrtɛr] ou **supporteur, trice** *n* Partisan d'un concurrent ou d'une équipe qu'il encourage exclusivement: *supporter d'un candidat aux élections* ▸ **apoiador, torcedor**
supposé, e *adj* **1** Admis, posé comme hypothèse: *vitesse supposée constante*; présumé tel: *le nombre supposé de victimes* ▸ **suposto 2** Donné comme vrai, bien que faux: *sous un nom supposé* ▸ **suposto**

supposer *vt* **1** Poser par hypothèse une chose comme établie: *supposons qu'il ait raison* ▸ **supor** **2** Faire présumer comme nécessaire: *les droits supposent les devoirs* ▸ **pressupor** **3** Juger probable, croire: *vous lui supposez des défauts qu'il n'a pas* ▸ **creditar, pressupor**

supposition *nf* Proposition admise par hypothèse ▸ **suposição**

suppositoire *nm* Médicament solide, de forme conique, qu'on introduit dans le rectum ▸ **supositório**

suppôt *nm* LITT Complice des mauvais desseins de quelqu'un ▸ **cúmplice** ▪ **suppôt de Satan:** être malfaisant, démon ▸ **demônio**

suppression *nf* Action de supprimer ▸ **supressão**

supprimer *vt* **1** Faire disparaître, enlever: *supprimer la douleur* ▸ **suprimir** **2** Mettre un terme à: *supprimer des emplois* ▸ **suprimir** **3** Se débarrasser de quelqu'un en le tuant: *supprimer un témoin gênant* ▸ **apagar** ◆ **se supprimer** *vpr* Se donner la mort ▸ **suicidar-se**

suppurant, e *adj* Qui suppure ▸ **supurante**

suppuration *nf* Production de pus ▸ **supuração**

suppurer *vi* Laisser écouler du pus ▸ **supurar**

supputation *nf* SOUT Évaluation, supposition ▸ **suputação**

supputer *vt* SOUT Essayer, d'après certaines données, de prévoir l'évolution d'une situation, la probabilité d'un événement: *supputer les chances d'aboutir* ▸ **suputar**

supra *adv* S'emploie dans un texte pour renvoyer plus haut; ci-dessus; CONTR: *infra* ▸ ***supra***

supranational, e, aux *adj* Qui appartient à un organisme, à un pouvoir placé au-dessus des gouvernements de chaque nation ▸ **supranacional**

suprématie *nf* Situation qui permet de dominer dans un domaine; prédominance: *avoir la suprématie militaire* ▸ **supremacia**

suprême[1] *adj* **1** Au-dessus de tout: *dignité suprême* ▸ **supremo** **2** Qui vient en dernier: *suprême effort* ▸ **supremo** ▪ **au suprême degré:** au plus haut point ▸ **no mais alto grau** ▫ **cour suprême:** tribunal qui tranche en dernier ressort ▸ **suprema corte, supremo tribunal** ▫ LITT **l'instant suprême:** l'instant de la mort ▸ **o momento supremo**

suprême[2] *nm* Filets de poisson ou de volaille servis avec un velouté à la crème ▸ **supremo**

suprêmement *adv* De façon suprême, extrêmement ▸ **supremamente**

sur[1] *prép* **1** Marque la position par rapport à ce qui est plus bas: *le ciel est sur nos têtes* ▸ **sobre** **2** À la surface de: *flotter sur l'eau* ▸ **sobre** **3** Indique le point de destination, l'espace couvert, la chose atteinte: *ouragan sur la ville*: *vue sur la rue* ▸ **em, para** **4** Indique la direction: *sur la gauche*: *rentrer sur Paris* ▸ **a** **5** Indique l'approximation, la proximité temporelle: *sur le soir*: *être sur le départ*: *gaffe sur gaffe* ▸ **por volta de, em cima de** **6** Introduit une mesure de distance, de surface, de durée: *virages sur 3 km* ▸ **por** **7** Introduit le paramètre d'évaluation: *noter sur 20* ▸ **com base em** **8** Introduit le point considéré, ce à quoi s'applique quelque chose: *taxes sur l'essence*: *travailler sur tel sujet*: *avoir autorité sur* ▸ **sobre** **9** Introduit la cause, le critère: *juger sur les apparences; agir sur l'ordre de* ▸ **por** **10** Indique le moyen: *choisir sur catalogue* ▸ **em** **11** Indique la manière, l'état: *être sur ses gardes, sur le qui-vive* ▸ **em** ▪ **sur ce:** cela dit ou fait ▸ **dito isso, feito isso**

sur[2]**, e** *adj* Acide et aigre: *pomme sure* ▸ **azedo**

sûr, e *adj* **1** Assuré: *chose sûre* ▸ **certo, garantido** **2** Qui doit arriver, infaillible: *bénéfice sûr* ▸ **certo** **3** En qui l'on peut se fier: *ami sûr* ▸ **de confiança** **4** Sans danger: *route sûre* ▸ **seguro** **5** Qui ne se trompe pas: *goût sûr* ▸ **infalível, certo** ▪ **à coup sûr** ou FAM **pour sûr:** infailliblement ▸ **com certeza** ▫ **bien sûr:** c'est évident ▸ **é claro** ▫ **être sûr de quelqu'un:** avoir confiance en lui ▸ **confiar em alguém**

surabondamment *adv* Plus que suffisamment: *démontrer surabondamment* ▸ **mais do que o suficiente**

surabondance *nf* Grande abondance ▸ **superabundância**

surabondant, e *adj* Abondant jusqu'à l'excès: *récolte surabondante* ▸ **superabundante**

surabonder *vi* Être très ou trop abondant: *les détails surabondent* ▸ **superabundar**

suractivé, e *adj* Qui a une action accrue ▸ **superativado**

suractivité *nf* Activité intense ▸ **superatividade**

suraigu, ë *adj* Très aigu: *son suraigu* ▸ **superagudo**

surajouter *vt* Ajouter par surcroît ▸ **acrescentar**

suralimentation *nf* Alimentation supérieure à la ration d'entretien ▸ **superalimentação**

suralimenté, e *adj* Qui se nourrit trop; qui est trop nourri ▸ **superalimentado**

suralimenter *vt* Soumettre à une suralimentation ▸ **superalimentar**

suranné, e *adj* Qui n'est plus en usage; démodé: *robe surannée* ▸ **ultrapassado**

surarmement *nm* Fait, pour un État, d'acquérir un armement excédant les besoins de sa défense ▸ **superarmamento**

surate ou **sourate** *nf* Chapitre du Coran ▸ **sura**

surbaissé, e *adj* Qui est notablement abaissé: *carrosserie d'automobile surbaissée* ▸ **muito baixo**

surbaisser *vt* Réduire au minimum la hauteur de quelque chose: *surbaisser un plafond* ▸ **rebaixar**

surcharge *nf* **1** Charge, poids supplémentaire ou excessif ▸ **sobrecarga 2** Surcroît de peine, de travail ▸ **sobrecarga 3** Inscription faite par-dessus une autre qui reste visible ▸ **emenda** ■ MÉD **surcharge pondérale:** excès de poids ▸ **excesso de peso**

surcharger *vt (conj 2)* **1** Imposer une charge nouvelle ou excessive: *barque surchargée; surcharger de travail* ▸ **sobrecarregar 2** Faire une surcharge sur un texte: *manuscrit surchargé* ▸ **emendar**

surchauffe *nf* **1** État d'un appareil, d'un moteur qui chauffe excessivement ▸ **superaquecimento 2** ÉCON État d'une économie en expansion menacée d'inflation ▸ **superaquecimento**

surchauffer *vt* Chauffer avec excès ▸ **superaquecer**

surchoix *nm* Première qualité d'une marchandise ▸ **qualidade superior**

surclasser *vt* Présenter des qualités supérieures à quelqu'un ou à quelque chose: *surclasser tous les concurrents* ▸ **ser superior a**

surcomposé, e *adj* GRAMM Se dit d'un temps passé conjugué avec deux auxiliaires (EX: *j'ai eu fini*) ▸ ***surcomposé***

surconsommation *nf* Consommation supérieure aux besoins ▸ **consumo excessivo**

surcontrer *vt* Aux cartes, confirmer une annonce contrée par un adversaire ▸ **redobrar**

surcoupe *nf* Action de surcouper ▸ **jogada de trunfo mais alto**

surcouper *vt* Aux cartes, couper avec un atout supérieur à celui qu'on vient de jeter ▸ **jogar trunfo mais alto**

surcoût *nm* Coût supplémentaire ▸ **custo adicional**

surcroît *nm* Augmentation, accroissement: *surcroît de travail* ▸ **aumento** ■ **de surcroît** ou **par surcroît:** en plus ▸ **ainda por cima**

surdimensionné, e *adj* Qui a des dimensions supérieures à celles qui sont nécessaires: *des adolescents en vêtements surdimensionnés* ▸ **superdimensionado**

surdi-mutité (pl *surdi-mutités*) ou **surdimutité** *nf* État du sourd-muet ▸ **surdo-mudez**

surdité *nf* Perte ou diminution du sens de l'ouïe ▸ **surdez**

surdos *nm* Bande de cuir sur le dos du cheval, pour soutenir les traits ▸ **baixeiro**

surdosage *nm* Dosage excessif ▸ **superdosagem**

surdose *nf* Overdose ▸ **overdose**

surdoué, e *adj et n* Se dit d'un enfant dont l'intelligence est supérieure à celle des enfants du même âge ▸ **superdotado**

sureau *nm* Arbuste à fleurs blanches et à fruits acides rouges ou noirs: *confiture de sureau* ▸ **sabugueiro**

sureffectif *nm* Effectif en surnombre ▸ **excesso de pessoal**

surélévation *nf* Action de surélever; augmentation de la hauteur de quelque chose ▸ **sobrelevação**

surélever *vt (conj 9)* Donner un surcroît de hauteur ▸ **sobrelevar**

sûrement *adv* Certainement, à coup sûr ▸ **certamente**

surenchère *nf* **1** Enchère faite au-dessus d'une autre ▸ **lanço maior 2** FIG Action de rivaliser de promesses: *surenchère électorale* ▸ **disputa de promessas**

surenchérir *vi* **1** Faire une surenchère ▸ **cobrir o lanço 2** Promettre, faire plus qu'un rival: *surenchérir de cynisme* ▸ **sobrepujar**

surendetté, e *adj* Qui a contracté des dettes excessives ▸ **superendividado**

surendettement *nm* Dettes en excès: *surendettement des ménages* ▸ **superendividamento**

surentraîné, e *adj* Qui a subi un surentraînement ▸ **excessivamente treinado**

surentraînement *nm* SPORTS Entraînement excessif qui fait perdre la forme ▸ **excesso de treino**

suréquipé, e *adj* Dont l'équipement est supérieur aux besoins réels ▸ **com excesso de equipamento**

surestimation *nf* Estimation exagérée ▸ **superestima**

surestimer *vt* Estimer au-delà de son prix, de sa valeur; surévaluer ▸ **superestimar**

suret, ette *adj* Un peu sur, acide ▸ **azedinho**

sûreté *nf* **1** Qualité de ce qui est sûr: *sûreté d'un renseignement; sûreté du goût* ▸ **certeza 2** État de quelqu'un, de quelque chose à l'abri du danger; sécurité: *être en sûreté* ▸ **segurança** ■ **de sûreté:** muni d'un dispositif tel qu'il assure une protection: *épingle de sûreté* ▸ **de segurança** □ HIST **Sûreté (nationale):** direction générale du ministère de l'Intérieur, chargée de la police ▸ **Conselho de Segurança Nacional**

surévaluation *nf* Surestimation ▸ **superavaliação**

surévaluer *vt* Surestimer ▸ **superavaliar**

surexcitation *nf* Très vive excitation ▸ **superexcitação**

surexciter *vt* Exciter à l'excès ▶ **superexcitar**
surexploiter *vt* Exploiter de façon excessive ▶ **superexplorar**
surexposer *vt* PHOT Soumettre à une trop longue exposition à la lumière ▶ **superexpor**
surexposition *nf* PHOT Exposition trop prolongée d'une surface sensible à la lumière ▶ **superexposição**
surf [sœrf] *nm* Sport consistant à se maintenir en équilibre sur une planche portée par une vague déferlante ▶ **surfe**
surface *nf* **1** Partie extérieure d'un corps: *la surface de la Terre* ▶ **superfície 2** Aire: *la surface d'un polygone* ▶ **superfície 3** FIG Aspect extérieur, apparence: *une gaieté toute de surface* ▶ **aparência** ■ **faire surface: (a)** émerger ▶ **emergir (b)** remonter à l'air libre pour respirer ▶ **voltar à superfície** □ **grande surface:** magasin de plus de 400 m^2 exploité en libre-service ▶ **loja de departamentos**
surfacturation *nf* Action de surfacturer ▶ **superfaturamento**
surfacturer *vt* Gonfler frauduleusement la facturation de biens ou de prestations: *surfacturer des équipements téléphoniques* ▶ **superfaturar**
surfait, e *adj* Estimé au-dessus de sa valeur, de son mérite: *réputation surfaite* ▶ **inflado**
surfaix *nm* Large bande qui retient la couverture, les quartiers de la selle d'un cheval ▶ **sobrecilha**
surfer [sœrfe] *vi* Pratiquer le surf ▶ **surfar** ◆ *vt ind* [sur] FIG Adapter, avec opportunisme, sa stratégie aux circonstances: *surfer sur une victoire électorale, sur le sentiment d'insécurité* ▶ **tirar proveito**
surfeur, euse [sœrfœr, øz] *n* Personne qui pratique le surf ▶ **surfista**
surfil *nm* Surjet très lâche, exécuté sur les bords d'une couture pour éviter qu'elle ne s'effiloche ▶ **chuleio**
surfiler *vt* Faire un point de surfil ▶ **chulear**
surfin, e *adj* Très fin: *des chocolats surfins* ▶ **superfino**
surgélation *nf* Congélation rapide à très basse température d'un produit alimentaire ▶ **ultracongelamento**
surgelé, e *adj et nm* Se dit d'un produit alimentaire conservé à très basse température (18°C) ▶ **congelado**
surgeler *vt (conj 5)* Congeler rapidement à très basse température ▶ **congelar**
surgénérateur *nm* Réacteur nucléaire qui produit plus de combustible qu'il n'en consomme en brûlant l'uranium ▶ **reator super-regenerador**
surgeon *nm* Rejeton qui pousse au pied d'un arbre ▶ **broto**
surgir *vi* **1** Apparaître brusquement: *une voiture surgit sur la droite* ▶ **surgir 2** Se révéler brusquement: *des difficultés surgissent sans cesse* ▶ **surgir**
surhausser *vt* Augmenter la hauteur de; surélever: *surhausser un mur* ▶ **sobrelevar**
surhomme *nm* Homme doté de grandes qualités physiques ou intellectuelles ▶ **super-homem**
surhumain, e *adj* Au-dessus des forces humaines: *effort surhumain* ▶ **sobre-humano**
surimi *nm* Chair de poisson broyée et aromatisée au crabe: *des bâtonnets de surimi* ▶ **kani-kama**
surimposer *vt* Frapper d'un surcroît d'impôt ▶ **sobretaxar**
surimposition *nf* Surcroît d'imposition ▶ **sobretaxa**
surimpression *nf* PHOT Impression de deux ou de plusieurs images sur la même surface sensible ▶ **sobreimpressão**
surin[1] *nm* Jeune pommier non encore greffé ▶ **macieira nova**
surin[2] *nm* ARG Couteau ▶ **faca**
suriner *vt* ARG Donner un coup de couteau ▶ **esfaquear**
surinfection *nf* Infection survenant chez un sujet déjà atteint d'une maladie ▶ **infecção secundária**
surinformation *nf* Action de surinformer; fait d'être surinformé ▶ **excesso de informação**
surinformer *vt* Donner trop d'informations, surcharger le public d'informations ▶ **informar em excesso**
surintendance *nf* Charge, fonction de surintendant ▶ **superintendência**
surintendant *nm* HIST Officier chargé de la surveillance des intendants d'une administration ▶ **superintendente** ■ **surintendant des finances:** administrateur général des finances (XVIe-XVIIe s.) ▶ **superintendente de finanças**
surir *vi* Devenir sur, aigre ▶ **azedar**
surjet *nm* Couture faite à deux morceaux d'étoffe appliqués bord à bord ▶ **sobrecostura**
surjeter *vt (conj 8)* Coudre en surjet ▶ **sobrecoser**
sur-le-champ *loc adv* Aussitôt, immédiatement, sans délai ▶ **imediatamente**
ORTHOGRAPHE Attention, dans cette locution, il ne faut pas omettre les traits d'union
surlendemain *nm* Jour qui suit le lendemain ▶ **dois dias depois**
surligner *vt* Marquer un texte à l'aide d'un surligneur ▶ **grifar com marca-texto**

surligneur *nm* Feutre à pointe large et à encre lumineuse ▸ **marca-texto**
surmédicalisation *nf* Action de surmédicaliser ▸ **medicalização excessiva**
surmédicaliser *vt* Faire un usage excessif des techniques médicales ▸ **medicalizar em excesso**
surmenage *nm* Ensemble de troubles résultant d'une fatigue excessive ▸ **estafa**
surmener *vt (conj 9)* Imposer à quelqu'un un effort physique ou intellectuel excessif ▸ **esgotar**
surmontable *adj* Que l'on peut surmonter ▸ **superável**
surmonter *vt* **1** Être placé au-dessus de ▸ **encimar** **2** FIG Avoir le dessus, vaincre: *surmonter sa timidité* ▸ **superar**
surmortalité *nf* Excès d'un taux de mortalité par rapport à un autre pris comme terme de comparaison ▸ **supermortalidade**
surmulet *nm* Poisson marin côtier (appelé aussi: *rouget barbet*) ▸ **salmonete**
surmulot *nm* Gros rat (appelé aussi: *rat d'égout*) ▸ **ratazana**
surnager *vi (conj 2)* **1** Flotter à la surface d'un fluide ▸ **boiar** **2** FIG, SOUT subsister, durer au milieu de ce qui tombe dans l'oubli: *une image surnageait de son passé* ▸ **subsistir**
surnatalité *nf* Natalité trop importante par rapport à la production et aux biens de consommation ▸ **supernatalidade**
surnaturel, elle *adj* **1** Qui dépasse les forces ou les lois de la nature: *pouvoir surnaturel* ▸ **sobrenatural** **2** Qui est du domaine de la foi religieuse: *vérités surnaturelles* ▸ **sobrenatural** **3** LITT Qui est trop merveilleux pour être naturel: *beauté surnaturelle* ▸ **sobrenatural** ◆ *nm* Ce qui est surnaturel ▸ **sobrenatural**
surnom *nm* Nom ajouté ou substitué au nom ou au prénom de quelqu'un et souvent tiré d'un trait caractéristique de sa personnalité ou de sa vie ▸ **apelido**
surnombre *nm* Excédent: *être en surnombre* ▸ **excesso**
surnommer *vt* Donner un surnom à ▸ **apelidar**
surnuméraire *adj et n* Qui dépasse le nombre fixé, qui est en surnombre: *employé surnuméraire* ▸ **supranumerário**
suroît *nm* **1** MAR Vent du sud-ouest ▸ **sudoeste** **2** Chapeau de marin en toile imperméable ▸ **sueste**
surpassement *nm* SOUT Action de de surpasser, de se surpasser ▸ **superação**
surpasser *vt* Être au-dessus de, supérieur à: *cet élève surpasse ses camarades* ▸ **superar** ◆ **se surpasser** *vpr* Faire encore mieux qu'à l'ordinaire ▸ **superar-se**
surpayer *vt (conj 4)* Payer trop cher: *des cadres surpayés* ▸ **pagar caro**
surpeuplé, e *adj* Peuplé à l'excès ▸ **superpovoado**
surpeuplement *nm* Peuplement excessif par rapport au développement, à l'équipement d'un pays ▸ **superpovoamento**
surpiqûre *nf* Piqûre apparente sur un tissu ▸ **pesponto**
surplace *nm* ■ **faire du surplace: (a)** Ne pas avancer, rester immobile, en particulier en vélo ou en voiture ▸ **ficar parado (b)** FIG, FAM ne pas évoluer ▸ **marcar passo**
surplis *nm* RELIG Courte tunique blanche portée par le prêtre sur la soutane ▸ **sobrepeliz**
surplomb *nm* Partie qui est en saillie par rapport à la base ▸ **saliência** ■ **en surplomb:** en avant de l'aplomb ▸ **projetado**
surplomber *vt et vi* **1** Être en surplomb ▸ **sobressair** **2** Dépasser l'aplomb de: *les rochers surplombent le ravin* ▸ **projetar-se sobre**
surplus *nm* **1** Ce qui est en plus; excédent ▸ **excedente** **2** Magasin qui vend des vêtements, des articles d'importation américaine ▸ ***surplus*** ■ **au surplus: (a)** au reste ▸ **de resto (b)** en outre ▸ **além disso**
surpopulation *nf* Population excessive dans un pays, une ville, etc., par rapport aux moyens de subsistance et à l'espace disponible ▸ **superpopulação**
surprenant, e *adj* Qui surprend ▸ **surpreendente**
surprendre *vt (conj 54)* **1** Prendre sur le fait: *surprendre un voleur* ▸ **surpreender** **2** Prendre à l'improviste: *la pluie m'a surpris* ▸ **surpreender** **3** FIG Étonner, déconcerter: *cette nouvelle l'a surpris* ▸ **surpreender** **4** SOUT Découvrir: *surprendre un secret* ▸ **descobrir**
surpression *nf* Pression plus forte que la normale ▸ **pressão excessiva**
surprise *nf* **1** Étonnement: *montrer de la surprise* ▸ **surpresa** **2** Événement inattendu: *se dérouler sans surprise* ▸ **surpresa** **3** Cadeau ou plaisir inattendu que l'on fait à quelqu'un: *faire une surprise agréable* ▸ **surpresa** ■ **par surprise:** à l'improviste, en prenant au dépourvu ▸ **de surpresa**
surprise-partie (pl *surprises-parties*) *nf* VIEILLI Réunion privée où l'on danse ▸ **festa**
surproduction *nf* Production excessive par rapport aux besoins: *surproduction industrielle* ▸ **superprodução**

surprotéger *vt* Protéger quelqu'un à l'excès sur le plan psychologique ▸ **superproteger**

surréalisme *nm* Mouvement littéraire et artistique né après la Première Guerre mondiale, caractérisé en particulier par l'utilisation de l'écriture automatique et des images oniriques ▸ **surrealismo**

surréaliste *adj et n* Qui appartient au surréalisme; qui s'en réclame ▸ **surrealista** ♦ *adj* Qui, par son étrangeté, évoque les œuvres surréalistes: *une bureaucratie surréaliste* ▸ **surreal**

surrénal, e, aux *adj* Situé au-dessus des reins: *glandes surrénales* ▸ **suprarrenal**

surréservation *nf* Fait d'accepter plusieurs réservations pour une même place ▸ ***overbooking***

sursaturer *vt* Rassasier jusqu'au dégoût: *être sursaturé de films de violence* ▸ **supersaturar**

sursaut *nm* **1** Mouvement brusque ▸ **sobressalto** **2** Action de se ressaisir: *sursaut d'énergie* ▸ **impulso, explosão** ▪ **en sursaut:** brusquement: *être réveillé en sursaut* ▸ **bruscamente**

sursauter *vi* Avoir un sursaut ▸ **sobressaltar-se**

surseoir *vt ind* [à] *(conj 45)* DR Suspendre, remettre, différer: *surseoir à l'exécution d'un arrêt* ▸ **suspender, adiar**

sursis *nm* **1** Remise de quelque chose à une date ultérieure; ajournement: *bénéficier d'un sursis pour payer ses dettes* ▸ **prorrogação** **2** DR Suspension de l'exécution d'une peine ▸ ***sursis*** ▪ **en sursis:** se dit d'une personne bénéficiant d'un répit avant un événement inéluctable ▸ **em *sursis***

sursitaire *n* Personne qui bénéficie d'un sursis, en particulier pour faire son service militaire ▸ **beneficiário de um *sursis***

surtaxe *nf* Taxe supplémentaire ▸ **sobretaxa**

surtaxer *vt* Frapper d'une surtaxe: *surtaxer une marchandise* ▸ **sobretaxar**

surtension *nf* ÉLECTR Tension électrique supérieure à la normale; survoltage ▸ **sobretensão**

surtitre *nm* Titre complémentaire placé au-dessus du titre principal d'un article de journal ▸ **sobretítulo**

surtitrer *vt* Afficher la traduction simultanée des paroles, à l'opéra, au théâtre ▸ **exibir tradução simultânea**

surtout *adv* Par-dessus tout, principalement ▸ **sobretudo** ▪ FAM **surtout que:** d'autant plus que ▸ **ainda mais que**

surveillance *nf* Action de surveiller ▸ **vigilância** ▪ **sous la surveillance de:** surveillé par: *jouer sous la surveillance d'un maître nageur* ▸ **sob a supervisão de**

surveillant, e *n* Personne chargée de surveiller ▸ **vigilante**

surveiller *vt* **1** Veiller particulièrement sur: *surveiller des élèves* ▸ **tomar conta** **2** Prendre soin de: *surveiller sa santé, sa ligne* ▸ **cuidar** **3** Observer attentivement pour contrôler: *surveiller un suspect* ▸ **vigiar**

survenir *vi (conj 22; auxil: être)* Arriver inopinément ▸ **sobrevir**

survêtement *nm* Vêtement chaud que l'on met par-dessus une tenue de sport ▸ ***training***

survie *nf* **1** Fait de survivre, de se maintenir en vie: *chances de survie* ▸ **sobrevivência** **2** Prolongement de l'existence au-delà d'un certain terme ▸ **sobrevida**

survivance *nf* Ce qui subsiste après une disparition, une perte: *survivance d'une époque révolue* ▸ **sobrevivência**

survivant, e *n et adj* Personne qui survit à quelqu'un, à un événement: *les survivants d'un accident* ▸ **sobrevivente**

survivre *vi (conj 63)* **1** Demeurer en vie après un autre: *elle a survécu à son fils*; réchapper à une catastrophe: *il a survécu à l'accident* ▸ **sobreviver** **2** FIG Continuer à exister: *mode qui survit* ▸ **sobreviver**

survol *nm* Action de survoler ▸ **sobrevoo**

survoler *vt* **1** Voler au-dessus de: *survoler Paris* ▸ **sobrevoar** **2** FIG Examiner rapidement: *survoler une question* ▸ **passar os olhos por**

survoltage *nm* **1** Surtension ▸ **sobretensão** **2** Fait d'être survolté, très excité ▸ **superexcitação**

survolter *vt* **1** Augmenter la tension électrique au-delà de la valeur assignée ▸ **aumentar a voltagem** **2** Mettre au paroxysme de l'excitation: *public survolté* ▸ **superexcitar**

sus [sys] ou [sy] *adv* ▸ **sobre** ▪ LITT **courir sus à quelqu'un:** le poursuivre avec des intentions hostiles ▸ **perseguir alguém** ▫ **en sus (de):** en outre, en plus (de) ▸ **além de**

susceptibilité *nf* Disposition à se vexer, à s'offenser aisément ▸ **suscetibilidade**

susceptible *adj* **1** Qui se froisse, s'offense facilement ▸ **suscetível** **2** Capable de se modifier, d'accomplir un acte, de produire un effet: *élève susceptible de faire des progrès* ▸ **suscetível**

susciter *vt* Faire naître, provoquer l'apparition de: *susciter une querelle, l'intérêt* ▸ **suscitar**

susdit, e *adj et n* (terme administratif) Nommé ci-dessus ▸ **supracitado**

sushi [suʃi] *nm* Spécialité japonaise faite d'une boulette de riz couronnée d'une petite tranche de poisson cru ▸ ***sushi***

susmentionné, e *adj* (terme administratif) Mentionné précédemment ▸ **supracitado**
susnommé, e *adj et n* (terme administratif) Nommé plus haut ▸ **supracitado**
suspect, e [syspɛ, ɛkt] *adj* **1** Qui prête au soupçon; à qui, à quoi l'on ne peut se fier: *témoignage suspect* ▸ **suspeito 2** D'une qualité douteuse: *vin suspect* ▸ **suspeito ▪ suspect de:** soupçonné de ▸ **suspeito de** ◆ *nm* Personne soupçonnée de quelque chose ▸ **suspeito**
suspecter *vt* Tenir pour suspect: *suspecter un employé* ▸ **suspeitar de**
suspendre *vt (conj 50)* **1** Fixer en haut et laisser pendre: *suspendre un lustre* ▸ **pendurar, suspender 2** Différer, interrompre momentanément: *suspendre un projet* ▸ **suspender 3** Interdire pour un temps: *suspendre un journal* ▸ **suspender 4** Priver pour un temps de ses fonctions: *suspendre un fonctionnaire* ▸ **suspender 5** Faire dépendre directement de: *mon avenir est suspendu à cette décision* ▸ **depender**
suspendu, e *adj* **1** Maintenu par le haut: *lampe suspendue au plafond* ▸ **pendurado, suspenso 2** En suspens: *la séance est suspendue* ▸ **suspenso 3** Qui semble accroché sur une pente: *chalet suspendu au-dessus de la vallée* ▸ **suspenso ▪ être suspendu aux lèvres de quelqu'un:** boire ses paroles ▸ **estar suspenso da boca de alguém** ▫ **pont suspendu:** dont le tablier est soutenu par des câbles ou par des chaînes ▸ **ponte pênsil** ▫ **voiture bien, mal suspendue:** dont la suspension est bonne, mauvaise ▸ **carro com boa suspensão, com suspensão ruim**
suspens (en) [syspɑ̃] *loc adv* Non résolu, non terminé: *laisser un problème en suspens* ▸ **em suspenso**
suspense [syspɛns] *nm* **1** Passage d'une œuvre littéraire, d'un film, etc., qui tient en haleine ▸ **suspense 2** Toute situation dont on attend l'issue avec inquiétude ▸ **suspense**
suspensif, ive *adj* DR Qui suspend l'exécution d'un jugement, d'un contrat ▸ **suspensivo**
suspension *nf* **1** Action de suspendre; état d'une chose suspendue ▸ **suspensão 2** Ensemble des organes d'un véhicule qui amortissent les chocs ▸ **suspensão 3** Système d'éclairage suspendu au plafond ▸ **lustre 4** CHIM État d'un corps très divisé, mêlé à la masse d'un fluide sans être dissous par lui ▸ **suspensão 5** Fait d'interrompre ou d'interdire temporairement: *suspension de séance; suspension de paiement* ▸ **suspensão**
suspente *nf* **1** Chacune des cordes rattachant la nacelle au filet d'un ballon ▸ **corda 2** Chacune des tresses assurant la liaison entre le parachute et le harnais ▸ **corda**
suspicieux, euse *adj* SOUT Qui manifeste de la suspicion: *regard suspicieux* ▸ **desconfiado**
suspicion *nf* SOUT Opinion défavorable, défiance, soupçon: *jeter la suspicion* ▸ **suspeição**
sustentation *nf* AÉRON État d'équilibre d'un aéronef ▸ **sustentação**
sustenter (se) *vpr* FAM Se nourrir, prendre des aliments ▸ **sustentar-se**
susurrement *nm* Murmure, bruissement ▸ **sussurro**
susurrer *vt et vi* Murmurer doucement ▸ **sussurrar**
suture *nf* Couture chirurgicale des lèvres d'une plaie ▸ **sutura**
suturer *vt* Faire une suture ▸ **suturar**
suzerain, e *n* HIST Seigneur qui possédait un fief dont dépendaient d'autres fiefs ▸ **suserano** ◆ *adj* Qui appartenait au suzerain; qui le concernait ▸ **suserano**
suzeraineté *nf* **1** HIST Qualité de suzerain ▸ **suserania 2** Droit d'un État sur un autre ▸ **suserania**
svastika *nm* Symbole religieux hindou en forme de croix à branches coudées (croix gammée) ▸ **suástica**
svelte *adj* De forme mince, élancée ▸ **esbelto**
sveltesse *nf* Caractère svelte ▸ **esbelteza**
SVP (abréviation) S'il vous plaît ▸ **P.F.**
swahili, e *adj et nm* → **souahéli**
sweat-shirt [switʃœrt] (pl *sweat-shirts*) *nm* Pullover ou polo en jersey de coton ou en tissu-éponge molletonné ▸ **moletom**
sweepstake [swipstɛk] *nm* Loterie consistant à tirer au sort les chevaux engagés dans une course dont le résultat fixe les gagnants ▸ ***sweepstake***
swing [swiŋ] *nm* **1** En boxe, coup porté latéralement ▸ ***swing*, soco lateral 2** Balancement rythmique, vivant et souple, de la musique de jazz ▸ **suingue**
swinguer [swiŋge] *vi* Chanter ou jouer avec swing; avoir le swing ▸ **suingar, ter suingue**
sybarite *n et adj* LITT Personne qui mène une vie facile et voluptueuse ▸ **sibarita**
sycomore *nm* Érable d'une variété appelée aussi *faux platane* ▸ **sicômoro**
syllabaire *nm* **1** Livre pour l'apprentissage de la lecture ▸ **cartilha, silabário 2** LING Système d'écriture dans lequel chaque signe représente une syllabe ▸ **silabário**
syllabe *nf* Groupe formé de consonnes et de voyelles qui se prononcent d'une seule émission de voix: *«Paris» a deux syllabes* ▸ **sílaba**

syllabique *adj* Relatif aux syllabes ▸ **silábico**
syllogisme *nm* Figure logique de raisonnement à trois propositions (EX: *tous les hommes sont mortels, Socrate est un homme, Socrate est mortel*) ▸ **silogismo**
sylphe *nm* MYTH Génie de l'air pour les Celtes et les Germains ▸ **silfo**
sylphide *nf* **1** Sylphe femelle ▸ **sílfide 2** LITT Femme gracieuse et légère ▸ **sílfide**
sylvaner *nm* Cépage blanc de l'est de la France, d'Allemagne, de Suisse et d'Autriche; vin produit par ce cépage ▸ ***sylvaner***
sylvestre *adj* Relatif aux forêts ▸ **silvestre**
sylvicole *adj* Relatif à la sylviculture ▸ **da silvicultura**
sylviculteur, trice *n* Personne qui fait de la sylviculture ▸ **silvicultor**
sylviculture *nf* Entretien et exploitation des forêts ▸ **silvicultura**
symbiose *nf* BIOL Association de deux ou plusieurs organismes ▸ **simbiose** ■ **en symbiose:** en étroite communauté d'idées et d'intérêts ▸ **em simbiose**
symbole *nm* **1** Ce qui représente une réalité abstraite: *la colombe est le symbole de la paix* ▸ **símbolo 2** Tout signe conventionnel abréviatif: *symbole chimique* ▸ **símbolo**

ORTHOGRAPHE Les symboles conventionnels ne sont pas suivis du point abréviatif (*h, min, km*), à la différence des abréviations courantes (*env., av.*)

symbolique *adj* **1** Qui a le caractère d'un symbole ▸ **simbólico 2** Qui n'a pas de valeur, d'efficacité en soi, mais qui est significatif d'une intention: *geste symbolique* ▸ **simbólico** ♦ *nm* Ce qui est symbolique ▸ **simbólico** ♦ *nf* Ensemble des symboles relatifs à un domaine, à une époque ▸ **simbólica**
symboliquement *adv* D'une manière symbolique ▸ **simbolicamente**
symboliser *vt* Exprimer au moyen d'un symbole; être le symbole de: *l'olivier symbolise la paix* ▸ **simbolizar**
symbolisme *nm* **1** Système de symboles destiné à interpréter des faits ou à exprimer des croyances ▸ **simbolismo 2** Mouvement littéraire et artistique de la fin du XIXe s. qui, attaché à l'essence spirituelle des êtres et des choses, cherche à donner des «équivalents plastiques» de la nature et de la pensée ▸ **simbolismo**
symboliste *adj et n* Qui appartient au symbolisme; qui s'en réclame ▸ **simbolista**
symétrie *nf* Correspondance de mesure, de position, etc., entre les parties d'un ensemble; harmonie en résultant: *symétrie des fenêtres sur une façade; un visage qui manque de symétrie* ▸ **simetria**
symétrique *adj* **1** Qui a de la symétrie: *positions symétriques* ▸ **simétrico 2** Se dit de deux choses semblables et opposées; se dit de l'une de ces choses par rapport à l'autre: *les deux parties du visage ne sont pas symétriques* ▸ **simétrico** ♦ *n* Tout élément symétrique d'un autre ▸ **simétrico**
symétriquement *adv* De façon symétrique ▸ **simetricamente**
sympa *adj* (abréviation) FAM Sympathique ▸ **Ø**
sympathie *nf* **1** Inclination, penchant instinctif qui attire deux personnes l'une vers l'autre ▸ **simpatia 2** SOUT Participation à la joie ou à la douleur d'autrui: *témoignages de sympathie* ▸ **simpatia 3** Disposition favorable envers quelque chose: *avoir de la sympathie pour un projet* ▸ **simpatia**
sympathique[1] *adj* **1** Qui inspire, qui marque la sympathie ▸ **simpático 2** Agréable, plaisant ▸ **simpático**
sympathique[2] *nm et adj* Partie du système nerveux régulateur de la vie végétative dont le rôle est de préparer l'organisme à l'activité ▸ **simpático**
sympathisant, e *n et adj* Personne qui manifeste de la sympathie envers une doctrine, un parti, etc. ▸ **simpatizante**
sympathiser *vi* [avec] Avoir de la sympathie pour quelqu'un, s'entendre avec ▸ **simpatizar**
symphonie *nf* **1** Grande composition musicale pour orchestre ▸ **sinfonia 2** LITT Ensemble harmonieux: *symphonie de couleurs* ▸ **sinfonia**
symphonique *adj* De la symphonie ▸ **sinfônico** ■ **œuvre, orchestre symphoniques:** dans lesquels il y a des instruments très variés et de nombreux exécutants ▸ **obra, orquestra sinfônica**
symphoniste *n* Personne qui compose ou exécute des symphonies ▸ **sinfonista**
symphyse *nf* ANAT Articulation peu mobile, formée de tissu conjonctif élastique et de cartilage fibreux ▸ **sínfise**
symposium [sɛ̃pozjɔm] *nm* Réunion de spécialistes sur un sujet déterminé ▸ **simpósio**
symptomatique *adj* **1** MÉD Qui est le symptôme d'une maladie ▸ **sintomático 2** Qui révèle un certain état de choses, un état d'esprit particulier ▸ **sintomático**
symptôme *nm* **1** MÉD Phénomène qui révèle un trouble fonctionnel ou une lésion ▸ **sintoma 2** FIG Indice, présage: *symptômes de crise* ▸ **sintoma**

ORTHOGRAPHE *Symptôme* s'écrit avec un *ô*, à l'inverse de son dérivé, *symptomatique*

synagogue *nf* Édifice consacré au culte israélite ▸ **sinagoga**

synapse *nf* ANAT Région de contact entre deux neurones ▸ **sinapse**

synchrone [sɛ̃kron] *adj* Se dit des mouvements qui se font dans le même temps: *oscillations synchrones* ▸ **sincrônico**

synchronie *nf* **1** LING État de la langue à un moment déterminé (par opposition à *diachronie*) ▸ **sincronia** **2** Simultanéité d'événements, de faits ▸ **sincronia**

synchronique *adj* Qui se passe dans le même temps ▸ **sincrônico**

synchroniquement *adv* De façon synchronique ▸ **sincronicamente**

synchronisation *nf* **1** Action de synchroniser ▸ **sincronização** **2** CIN Mise en concordance des images et des sons dans un film ▸ **sincronização**

synchroniser *vt* **1** Rendre synchrone; faire se produire des choses en même temps, les coordonner ▸ **sincronizar** **2** Faire la synchronisation d'un film ▸ **sincronizar**

synchronisme *nm* **1** État de ce qui est synchrone ▸ **sincronismo** **2** Coïncidence de date: *le synchronisme de découvertes scientifiques* ▸ **sincronismo**

synclinal (pl *synclinaux*) *nm* GÉOL Pli dont la convexité est tournée vers le bas (par opposition à *anticlinal*) ▸ **sinclinal**

syncope *nf* **1** MÉD Perte momentanée de la sensibilité et du mouvement ▸ **síncope** **2** MUS Note émise sur un temps faible et continuée sur un temps fort ▸ **síncope**

syncopé, e *adj* MUS Se dit d'un rythme qui comporte des syncopes ▸ **sincopado**

syncrétisme *nm* Système philosophique ou religieux qui tend à fondre plusieurs doctrines différentes ▸ **sincretismo**

syndic *nm* Personne élue ou désignée par le syndicat des copropriétaires d'un immeuble pour prendre soin de leurs intérêts: *syndic d'un immeuble* ▸ **síndico**

syndical, e, aux *adj* Relatif à un syndicat, au syndicalisme ▸ **sindical**

syndicalisme *nm* Activité exercée dans un syndicat ▸ **sindicalismo**

syndicaliste *n* Personne qui milite dans un syndicat ▸ **sindicalista** ◆ *adj* Relatif au syndicalisme ▸ **sindicalista**

syndicat *nm* Groupement pour la défense d'intérêts économiques et professionnels communs à ses adhérents: *syndicat ouvrier, patronal* ▸ **sindicato** ▪ **syndicat d'initiative:** organisme dont l'objet est de favoriser le tourisme dans une localité ou dans une région ▸ **posto de informações turísticas**

syndicataire *n* Personne qui fait partie d'un syndicat de propriétaires ou d'un syndicat financier ▸ **sindicatório**

syndiqué, e *adj et n* Qui fait partie d'un syndicat ▸ **sindicalizado**

syndiquer *vt* Organiser des personnes en syndicat ▸ **sindicalizar** ◆ **se syndiquer** *vpr* Adhérer à un syndicat ▸ **sindicalizar-se**

syndrome *nm* **1** Ensemble de symptômes caractérisant une maladie ▸ **síndrome** **2** FIG Ensemble de comportements observés dans un groupe humain ayant été soumis à une même expérience plus ou moins traumatisante: *le syndrome de la pollution urbaine* ▸ **síndrome**

ORTHOGRAPHE *Syndrome* s'écrit avec un *o* sans accent, à la différence de *symptôme*

synecdoque *nf* Procédé de style par lequel on prend la partie pour le tout ou le tout pour la partie, le genre pour l'espèce, etc. (EX: *à tant par tête* «par personne»; *coiffé d'un feutre* «d'un chapeau de feutre») ▸ **sinédoque**

synergie *nf* **1** PHYSIOL Association d'organes concourant à une action ▸ **sinergia** **2** FIG, SOUT mise en commun de moyens pour aboutir à un effet unique ▸ **sinergia**

syngnathe [sɛ̃gnat] *nm* Poisson marin à corps filiforme et museau très allongé ▸ **peixe-cachimbo**

synodal, e, aux *adj* Du synode ▸ **sinodal**

synode *nm* **1** Assemblée ecclésiastique de l'Église catholique ▸ **sínodo** **2** Réunion de pasteurs et de délégués paroissiaux, chez les protestants réformés ▸ **sínodo**

synonyme *adj et nm* Se dit des mots qui ont à peu près le même sens (EX: *briser* et *casser*); CONTR: *antonyme* ▸ **sinônimo**

synonymie *nf* Qualité des mots synonymes ▸ **sinonímia**

synonymique *adj* Qui concerne la synonymie ▸ **sinonímico**

synopsis [sinɔpsis] *nm* Bref exposé d'un sujet de film, constituant l'ébauche d'un scénario ▸ **sinopse**

synoptique *adj* Qui permet de voir d'un coup d'œil tout un ensemble: *tableaux synoptiques* ▸ **sinóptico**

synovial, e, aux *adj* De la synovie ▸ **sinovial**

synovie *nf* ANAT Liquide organique qui lubrifie les articulations: *épanchement de synovie* ▸ **sinóvia**

synovite *nf* MÉD Inflammation d'une membrane synoviale ▸ **sinovite**

syntagme *nm* LING Groupe d'éléments formant une unité ▸ **sintagma**
syntaxe *nf* Partie de la grammaire qui traite de la fonction et de la disposition des mots et des propositions dans la phrase ▸ **sintaxe**
syntaxique *adj* De la syntaxe, qui se rapporte aux relations entre les mots ▸ **sintático**
synthé *nm* (abréviation) FAM Synthétiseur ▸ **Ø**
synthèse *nf* **1** Opération intellectuelle par laquelle on réunit en un tout cohérent, structuré et homogène, divers éléments concernant un domaine particulier: *la synthèse est le contraire de l'analyse* ▸ **síntese 2** Exposé d'ensemble: *synthèse historique* ▸ **síntese 3** CHIM Formation artificielle d'un corps composé: *la synthèse de l'ammoniac* ▸ **síntese**
synthétique *adj* Qui résulte d'une synthèse; qui présente une synthèse: *raisonnement synthétique* ▸ **sintético** ◆ *adj et nm* CHIM Fabriqué par synthèse pour remplacer un produit naturel: *caoutchouc, tissu synthétique* ▸ **(produto) sintético**
synthétiser *vt* **1** Réunir par synthèse: *synthétiser des idées* ▸ **sintetizar 2** Obtenir par synthèse chimique ▸ **sintetizar**
synthétiseur *nm* Instrument électronique capable de reproduire un son à partir de ses constituants ▸ **sintetizador**
syphilis [sifilis] *nf* Maladie vénérienne chronique, infectieuse et contagieuse ▸ **sífilis**
syphilitique *adj et n* Atteint de syphilis ▸ **sifilítico**
syriaque *nm et adj* Langue sémitique parlée autrefois en Syrie ▸ **siríaco**
syrien, enne *adj et n* De Syrie: *les Syriens* ▸ **sírio**
systématique *adj* **1** Combiné d'après un système; fait avec méthode: *vérification systématique* ▸ **sistemático 2** Qui agit de façon rigide, sans tenir compte des circonstances; qui manifeste ce comportement; dogmatique: *opposition systématique* ▸ **sistemático**
systématiquement *adv* De façon systématique ▸ **sistematicamente**
systématisation *nf* Action de systématiser; fait d'être systématisé ▸ **sistematização**
systématiser *vt* Organiser, ordonner en système: *systématiser des recherches* ▸ **sistematizar**
système *nm* **1** Ensemble ordonné de principes formant un corps de doctrine: *le système de Descartes* ▸ **sistema 2** Combinaison de parties qui se coordonnent pour former un ensemble: *système solaire; système mécanique* ▸ **sistema 3** Mode de gouvernement: *système républicain* ▸ **sistema 4** Classification: *système de poids et mesures* ▸ **sistema 5** Mode d'organisation, structure: *système alphabétique* ▸ **sistema 6** Ensemble de méthodes, de procédés destinés à assurer une fonction, à produire un résultat: *système d'éducation; système de défense* ▸ **sistema 7** Moyen ingénieux: *système pour faire fortune* ▸ **sistema** ■ **système D:** habileté à se tirer d'affaire ▸ **expediência** □ INFORM **système d'exploitation:** logiciel gérant un ordinateur, indépendant des programmes d'application mais indispensable à leur mise en œuvre ▸ **sistema operacional** □ INFORM **système expert:** programme élaboré pour résoudre des problèmes spécifiques en exploitant les connaissances accumulées dans un domaine spécialisé et en canalisant la recherche des solutions ▸ **sistema especialista** □ INFORM **système informatique:** ensemble de moyens matériels et logiciels mis en œuvre pour des applications données: *le système informatique d'une entreprise* ▸ **sistema de processamento de dados, sistema computacional**
systémique *adj* Relatif à un système pris dans son ensemble ▸ **sistêmico**
systole *nf* Contraction du cœur et des artères ▸ **sístole**

Tt

t¹ *nm* Vingtième lettre de l'alphabet et la seizième des consonnes ▸ **t**
t² (symbole) Tonne ▸ **t**
ta *adj poss fém* → **ton**
tabac *nm* **1** Plante originaire d'Amérique, dont les feuilles se fument, se prisent ou se mâchent; feuilles de cette plante séchées et préparées: *tabac blond, brun* ▸ **tabaco, fumo 2** Débit de tabac ▸ **tabacaria ■** FAM **faire un tabac:** avoir un grand succès ▸ **fazer sucesso □** FAM **passer à tabac:** rouer de coups ▸ **encher de porrada**
tabagie *nf* **1** Endroit plein de fumée et d'odeur de tabac ▸ **fumaria 2** CANADA Bureau de tabac ▸ **tabacaria**
tabagisme *nm* Intoxication due à l'abus du tabac ▸ **tabagismo**
tabasser *vt* FAM Rouer de coups, passer à tabac ▸ **espancar**
tabatière *nf* Petite boîte pour le tabac à priser ▸ **caixa de rapé ■ fenêtre à tabatière** ou **tabatière:** petite fenêtre à charnière sur un toit ▸ **lucarna**
tabellion *nm* VX Notaire ▸ **tabelião**
tabernacle *nm* **1** Chez les Hébreux, sanctuaire itinérant contenant l'arche d'alliance où étaient déposées les Tables de la Loi avant la construction du Temple ▸ **tabernáculo 2** RELIG CATH Petite armoire, sur l'autel, dans laquelle on renferme le ciboire ▸ **tabernáculo**
tabès [tabɛs] *nm* Forme de syphilis qui détruit la coordination des mouvements ▸ **tabes**
tablature *nf* Notation musicale à l'aide de chiffres et de lettres indiquant l'emplacement des doigts sur l'instrument ▸ **tablatura**
table *nf* **1** Meuble composé d'un plateau posé sur un ou plusieurs pieds; meuble de ce genre sur lequel on sert les repas ▸ **mesa 2** Mets servis sur la table: *table abondante* ▸ **mesa 3** Plateau, plaque d'une matière quelconque: *table de marbre* ▸ **placa 4** Tableau présentant méthodiquement divers renseignements: *table de multiplication* ▸ **quadro, tabela ■ table de chevet, de nuit:** petit meuble à compartiments placé à côté du lit ▸ **mesa de cabeceira, criado-mudo □ table des matières:** liste des chapitres, des questions traitées dans un ouvrage ▸ **índice □ table d'hôte:** dans un restaurant, une auberge, etc., table où l'on sert à heure et prix fixes des repas pris en commun ▸ **mesa comum □ table d'opération:** table articulée sur laquelle on place le patient pour les interventions chirurgicales ▸ **mesa de operação □ table ronde:** réunion pour discuter de questions d'intérêt commun ▸ **mesa-redonda**
tableau *nm* **1** Œuvre picturale sur bois, toile, etc.: *collectionner les tableaux* ▸ **quadro 2** Spectacle qui frappe la vue: *charmant tableau* ▸ **cena 3** Description: *un tableau intéressant de la situation* ▸ **quadro 4** Panneau mural sur lequel on écrit à la craie: *aller au tableau* ▸ **lousa 5** Panneau, plan destiné à recevoir des annonces, des renseignements: *tableau d'affichage* ▸ **quadro 6** Liste des membres d'un ordre professionnel: *tableau des avocats* ▸ **quadro 7** Série d'informations, de données présentées en colonnes: *tableau des conjugaisons* ▸ **quadro, tabela 8** Division d'une pièce de théâtre marquée par un changement de décor: *pièce en sept tableaux* ▸ **quadro ■ jouer sur tous les tableaux:** se ménager des avantages auprès des deux parties adverses, quel que soit le vainqueur ▸ **jogar nos dois times □ tableau de bord:** ensemble des appareils de contrôle placés devant le conducteur d'un véhicule ▸ **painel**
tableautin *nm* Petit tableau, en peinture ▸ **quadrinho**
tablée *nf* Ensemble de personnes réunies à la même table ▸ **comensais**
tabler *vt ind* [sur] Compter sur ▸ **contar**
tablette *nf* **1** Planche horizontale pour recevoir divers objets ▸ **prateleira 2** Plaque de marbre,

de pierre, de bois, etc., sur le chambranle d'une cheminée, l'appui d'une balustrade, etc. ▸ **placa 3** Préparation alimentaire de forme aplatie: *tablette de chocolat* ▸ **tablete** ▪ **mettre sur ses tablettes:** prendre bonne note de ▸ **tomar nota** ▫ **rayer de ses tablettes:** ne plus compter sur ▸ **não contar com**

tabletterie *nf* Ensemble de petits objets en ivoire, en nacre, en ébène, etc. ▸ **miudezas de marcenaria**

tableur *nm* INFORM Programme de création et de manipulation interactives de tableaux ▸ **planilha eletrônica**

tablier *nm* **1** Pièce d'étoffe ou de cuir qu'on attache devant soi pour se protéger ▸ **avental 2** Rideau de tôle devant une cheminée pour en régler le tirage ▸ **avental 3** Plate-forme horizontale d'un pont ▸ **tabuleiro** ▪ FIG, FAM **rendre son tablier:** se démettre de ses fonctions ▸ **pedir as contas**

tabloïd ou **tabloïde** *nm et adj* Publication dont le format est la moitié du format habituel des journaux ▸ **tabloide**

tabou[1] *nm* **1** Interdit de caractère religieux ▸ **tabu 2** Sujet dont on évite de parler ▸ **tabu**

tabou[2]**, e** *adj* Qui est l'objet d'un tabou, d'un interdit ▸ **tabu**

taboulé *nm* Préparation culinaire libanaise faite d'un hachis de persil et de menthe, d'oignons, de tomates et de blé concassé ▸ **tabule**

tabouret *nm* Petit siège à quatre pieds, sans bras ni dossier ▸ **tamborete**

tabulaire *adj* En forme de table; plat: *relief tabulaire* ▸ **plano, tabular**

tabulateur *nm* Dispositif d'une machine à écrire permettant d'avoir automatiquement les mêmes zones d'arrêt à chaque ligne ▸ **tabulador**

tabulation *nf* INFORM Positionnement d'un curseur dans des colonnes définies au préalable ▸ **tabulação**

tabulatrice *nf* Machine servant à exploiter les cartes perforées ▸ **classificadora**

tac *nm* ▪ **répondre du tac au tac:** rendre vivement la pareille ▸ **responder na mesma moeda**

tache *nf* **1** Marque salissante: *tache de graisse* ▸ **mancha 2** Marque naturelle sur la peau de l'homme ou le poil des animaux ▸ **mancha, pinta 3** Marque de couleur, de lumière, d'ombre ▸ **mancha 4** FIG Souillure morale: *une tache sur la réputation de quelqu'un* ▸ **mancha** ▪ FIG **faire tache d'huile:** se propager: *mécontentement qui fait tache d'huile* ▸ **alastrar-se**

tâche *nf* **1** SOUT Travail qui doit être fait dans un temps fixé: *achever sa tâche* ▸ **tarefa 2** Ce que l'on a à faire; mission, rôle ▸ **dever** ▪ **à la tâche:** en étant payé selon le travail exécuté ▸ **pago por tarefa**

tachéomètre [takeɔmɛtʀ] *nm* Théodolite destiné aux levés de plans et aux mesures d'altitude ▸ **taqueômetro**

tacher *vt* **1** Faire une tache ▸ **manchar 2** LITT Souiller, ternir: *tacher sa réputation* ▸ **manchar**

tâcher *vt ind* [de] Faire des efforts pour venir à bout de: *tâchez de terminer ce devoir* ▸ **esforçar-se, tratar** ▪ **tâcher que:** faire en sorte que ▸ **fazer com que**

tâcheron *nm* PÉJOR Personne qui exécute une tâche ingrate et sans éclat ▸ **burro de carga**

tacheter *vt (conj 8)* Marquer de petites taches ▸ **salpicar**

tachisme *nm* BX-ARTS Tendance de la peinture abstraite des années 1950, caractérisée par la projection de taches et de coulures ▸ **tachismo**

tachycardie [takikardi] *nf* Accélération du rythme cardiaque ▸ **taquicardia**

tacite *adj* Sous-entendu, implicite: *accord tacite* ▸ **tácito**

tacitement *adv* De manière tacite ▸ **tacitamente**

taciturne *adj* Qui parle peu; silencieux ▸ **taciturno**

tacle *nm* Au football, fait de bloquer avec le pied l'action de l'adversaire pour le déposséder du ballon; le geste lui-même ▸ **desarme, carrinho**

tacler *vi et vt* **1** Faire un tacle ▸ **desarmar, dar carrinho 2** FIG, FAM Attaquer qqn verbalement, de manière parfois déloyale: *tacler un adversaire politique* ▸ **atacar**

taco *nm* Spécialité mexicaine faite d'une crêpe de farine de maïs garnie de viande, de fromage et de sauce piquante ▸ **taco**

tacot *nm* FAM Vieux véhicule; guimbarde ▸ **calhambeque**

tact *nm* Perception délicate des nuances, des convenances: *agir avec tact* ▸ **tato**

tacticien, enne *n* SOUT Personne habile dans la tactique; stratège ▸ **tático** ♦ *nm* Spécialiste de la tactique militaire ▸ **tático**

tactile *adj* Relatif au toucher ▸ **tátil** ▪ **écran tactile:** réagissant au simple contact du doigt ▸ ***touch screen*****, tela sensível ao toque**

tactique *nf* **1** Art de diriger une bataille ▸ **tática 2** Moyens qu'on emploie pour réussir; méthode, stratégie ▸ **tática** ♦ *adj* Relatif à la tactique ▸ **tático**

tadorne *nm* Canard à bec rouge et à plumage multicolore ▸ **tadorna**

tænia *nm* → **tênia**

taffetas *nm* Étoffe de soie ▸ **tafetá**
tafia *nm* Eau-de-vie de canne à sucre ▸ **tafiá**
tag *nm* Graffiti constituant un signe de reconnaissance ▸ **grafite**
tagine *nm* → **tajine**
tagliatelle *nf* Pâte alimentaire en forme de mince lanière ▸ **talharim**
taguer *vt et vi* Tracer des tags: *taguer un mur* ▸ **grafitar**
tagueur, euse *n* Personne qui trace des tags ▸ **grafiteiro**
taïaut ou **tayaut** *interj* Dans la chasse à courre, cri du veneur pour signaler un animal ▸ **halali**
taï-chi-chuan [tajʃiʃwan] ou **taï-chi** *nm* Gymnastique chinoise ▸ ***tai chi chuan, tai chi***
taie *nf* **1** Enveloppe de tissu pour un oreiller ou un traversin ▸ **fronha 2** Tache blanchâtre sur la cornée ▸ **albugem**
taïga *nf* Forêt de conifères du nord de l'Europe, de l'Asie et de l'Amérique ▸ **taiga**
taïkonaute *n* Occupant d'un vaisseau spatial chinois ▸ **taikonauta**
taillable *adj* HIST Sujet à l'impôt de la taille ▸ **sujeito à talha** ■ FIG, SOUT **être taillable et corvéable à merci:** être celui qui doit toujours être de corvée, payer partout, etc. ▸ **ser pau para toda a obra**
taillade *nf* **1** Coupure dans les chairs ▸ **talho 2** Incision: *taillade dans le bois* ▸ **talho**
taillader *vt* Faire une taillade, une incision ▸ **talhar**
taillanderie *nf* Métier, ouvrage de taillandier ▸ **cutelaria**
taillandier *nm* Fabricant d'outils propres à tailler, à couper, d'outils de terrassement ▸ **cuteleiro**
taillant *nm* Tranchant d'une lame ▸ **fio, gume**
taille *nf* **1** Hauteur du corps humain ▸ **altura 2** Grandeur et grosseur d'un animal ▸ **tamanho 3** Dimension standard d'un vêtement, de chaussures ▸ **tamanho 4** Partie du corps humain située à la jonction du thorax et de l'abdomen ▸ **cintura 5** Partie du vêtement qui marque la taille ▸ **cintura 6** Action de tailler, de couper: *taille de la vigne* ▸ **corte 7** Incision au burin de la planche qui servira à tirer une estampe ▸ **talha 8** Tranchant d'une épée, d'une arme blanche ▸ **fio, gume 9** HIST Impôt direct levé sur les roturiers, en France, sous l'Ancien Régime ▸ **talha** ■ **de taille:** d'importance: *erreur de taille* ▸ **importante** □ **être de taille à:** capable de ▸ **ser capaz de** □ **pierre de taille:** taillée pour être employée en construction ▸ **(pedra de) cantaria**
taillé, e *adj* Qui a telle taille, telle carrure: *taillé en hercule* ▸ **talhado** ■ **taillé pour:** fait pour, apte à ▸ **talhado para**
taille-crayon (pl *taille-crayons* ou inv) *nm* Petit outil pour tailler les crayons ▸ **apontador de lápis**
taille-douce (pl *tailles-douces*) *nf* Procédé de gravure qui fait usage du burin sans eau-forte; estampe obtenue avec une planche ainsi gravée: *graver en taille-douce* ▸ **talho-doce**
taille-haie (pl *taille-haies*) *nm* Appareil électrique de jardinage pour tailler les arbres et les arbustes ▸ **podadeira**
tailler *vt* **1** Couper, retrancher quelque chose pour lui donner une certaine forme: *tailler une pierre, une haie* ▸ **talhar 2** Couper dans une étoffe les pièces nécessaires à un vêtement: *tailler un pantalon* ▸ **talhar** ◆ **se tailler** *vpr* **1** S'attribuer quelque chose: *se tailler un empire; se tailler un succès* ▸ **obter 2** FAM Partir ▸ **raspar-se**
taillerie *nf* **1** Art de tailler les cristaux et les pierres fines ▸ **lapidação 2** Atelier où se fait ce travail ▸ **lapidaria**
tailleur *nm* **1** Artisan qui fait des vêtements sur mesure ▸ **alfaiate 2** Ouvrier spécialisé dans la taille de certains matériaux: *tailleur de pierre(s)* ▸ **talhador, lapidador 3** Costume féminin composé d'une veste et d'une jupe assorties ▸ ***tailleur*** ■ **s'asseoir en tailleur:** les jambes repliées et les genoux écartés ▸ **sentar na posição de alfaiate**
tailleur-pantalon (pl *tailleurs-pantalons*) *nm* Costume féminin composé d'une veste et d'un pantalon assortis ▸ **terninho**
taillis *nm* Bois que l'on coupe à intervalles rapprochés ▸ **mata de corte**
tailloir *nm* Plateau pour découper la viande ▸ **talhador**
tain *nm* Amalgame d'étain qu'on applique derrière une glace pour la rendre réfléchissante ▸ **aço**
taire *vt (conj 78)* SOUT Ne pas dire, passer sous silence: *taire le nom d'une personne* ▸ **calar** ◆ **se taire** *vpr* **1** Garder le silence; cesser de s'exprimer ▸ **calar-se 2** Cesser de se faire entendre: *le canon s'est tu* ▸ **calar-se 3** Ne pas divulguer un secret ▸ **guardar segredo** ■ **faire taire:** imposer silence, faire cesser ▸ **calar**
tajine ou **tagine** *nm* Plat de mouton, de volaille, de légumes cuits à l'étouffée, d'origine marocaine ▸ **tagine, tajine**
talc *nm* Poudre blanche pour les soins de la peau ▸ **talco**
talé, e *adj* Meurtri, en parlant des fruits: *poires talées* ▸ **pisado, machucado**

talent *nm* **1** Aptitude, capacité naturelle ou acquise ▸ **talento** **2** Personne qui excelle en son genre ▸ **talento**

talentueux, euse *adj* Qui a du talent ▸ **talentoso**

taleth ou **talith** *nm* Châle rituel dont se couvrent les juifs pour la prière ▸ **talit**

talion *nm* En droit ancien, punition identique à l'offense ▸ **talião** ▪ **loi du talion:** qui exige qu'une offense soit réparée par une peine du même ordre ▸ **lei de talião**

talisman *nm* Objet marqué de signes cabalistiques, qui est censé porter bonheur ou communiquer un pouvoir magique ▸ **talismã**

talkie-walkie [tɔkiwɔki] (pl *talkies-walkies*) *nm* Petit appareil de radio portatif, émetteur et récepteur, de faible portée ▸ ***walkie-talkie***

talmudique *adj* Du Talmud ▸ **talmúdico**

talmudiste *n* Spécialiste juif de l'étude du Talmud ▸ **talmudista**

taloche *nf* **1** Planchette pour étendre le plâtre, le ciment ▸ **desempenadeira** **2** FAM Coup donné sur la tête ou la figure avec le plat de la main ▸ **tabefe**

talon *nm* **1** Partie postérieure du pied de l'homme ▸ **calcanhar** **2** Partie postérieure d'une chaussure, d'un bas, etc.: *chaussures à talons plats* ▸ **salto** **3** Dernier morceau, reste de quelque chose d'entamé: *talon de jambon* ▸ **resto** **4** Ce qui reste des cartes, après distribution aux joueurs ▸ **monte** **5** Partie non détachable d'un carnet à souches ▸ **canhoto** ▪ **être, marcher sur les talons de quelqu'un: (a)** le suivre de très près ▸ **ficar nos calcanhares de alguém (b)** l'imiter ▸ **imitar alguém** ▫ **montrer, tourner les talons:** s'enfuir ▸ **dar aos calcanhares** ▫ **talon aiguille:** haut et très fin ▸ **salto agulha** ▫ **talon d'Achille:** point vulnérable, côté faible de quelqu'un ▸ **calcanhar de aquiles**

talonnade *nf* SPORTS Coup de pied donné dans le ballon avec le talon, au football ▸ **jogada de calcanhar**

talonnage *nm* Au rugby, action de diriger le ballon vers son camp, dans une mêlée ▸ ***hooking***

talonner *vt* **1** Presser du talon ou de l'éperon: *talonner sa monture* ▸ **esporear** **2** Poursuivre de près: *talonner l'ennemi* ▸ **seguir de perto** **3** FIG Presser vivement, tourmenter: *l'inquiétude le talonnait* ▸ **importunar** **4** Au rugby, pratiquer le talonnage ▸ **hookear**

talonnette *nf* Plaque de liège placée sous le talon, à l'intérieur de la chaussure ▸ **talonete**

talonneur *nm* Au rugby, joueur qui talonne le ballon ▸ ***hooker***

talquer *vt* Enduire de talc ▸ **passar talco**

talus *nm* **1** Pente d'un terrassement, du revêtement d'un mur, d'un fossé ▸ **talude** **2** Terrain en pente ▸ **talude**

talweg [talvɛg] ou **thalweg** [talvɛg] *nm* GÉOGR Ligne joignant les points les plus bas du fond d'une vallée ▸ **talvegue**

tamanoir *nm* Mammifère édenté d'Amérique du Sud (appelé aussi: *grand fourmilier*) ▸ **tamanduá-bandeira**

tamarin *nm* Singe d'Amérique du Sud, voisin du ouistiti ▸ **mico**

tamarinier *nm* Arbre cultivé dans les régions tropicales pour la pulpe comestible de son fruit ▸ **tamarindo**

tamaris [tamaris] *nm* Arbrisseau à très petites feuilles et à grappes de fleurs blanches ou roses ▸ **tamarisco**

tambouille *nf* ▸ **gororoba** ▪ FAM **faire la tambouille:** faire la cuisine ▸ **cozinhar**

tambour *nm* **1** Instrument de musique formé d'une caisse cylindrique que l'on frappe avec des baguettes; personne qui en joue ▸ **tambor** **2** Cylindre rotatif d'un treuil, d'une machine: *le tambour de la machine à laver* ▸ **tambor** ▪ **mener tambour battant:** avec vivacité, avec résolution ▸ **fazer a toque de caixa** ▫ FAM **partir sans tambour ni trompette:** sans bruit, en secret ▸ **partir na moita** ▫ **tambour de frein:** pièce circulaire sur laquelle s'exerce le frottement du segment de frein ▸ **tambor de freio**

tambourin *nm* **1** Petit cercle de bois muni ou non de sonnailles et sur lequel est tendue une peau ▸ **pandeiro** **2** Tambour long et étroit, qu'on bat avec une seule baguette ▸ **tamborim**

tambourinage *nm* Action de tambouriner ▸ **tamborilação, rufo**

tambourinaire *nm* Joueur de tambourin, en Provence ▸ **tamborileiro**

tambouriner *vi* Frapper à coups répétés: *tambouriner à la porte* ▸ **tamborilar** ♦ *vt* **1** Annoncer au son du tambour ▸ **anunciar ao som de tambores** **2** FIG Répandre partout: *tambouriner une nouvelle* ▸ **difundir**

tambourineur, euse *n* Joueur de tambour ou de tambourin ▸ **tamborileiro, tocador de tambor**

tambour-major (pl *tambours-majors*) *nm* Sous-officier, chef des tambours et clairons d'un régiment ▸ **tambor-mor**

tamil *nm* → **tamoul**

tamis *nm* **1** Instrument qui sert à passer des matières pulvérulentes ou des liquides épais ▸ **pe-**

neira, coador 2 Surface de cordage d'une raquette de tennis ▸ **encordoamento**
tamisage *nm* Action de tamiser ▸ **peneiração, coadura**
tamiser *vt* **1** Passer au tamis: *tamiser de la farine* ▸ **peneirar, coar 2** Laisser passer en adoucissant: *tamiser la lumière* ▸ **filtrar**
tamoul[1] ou **tamil** *nm* Langue parlée principalement dans le sud de l'Inde et au Sri Lanka ▸ **tâmil**
tamoul[2]**, e** *adj* Des Tamouls ▸ **tâmil**
tampico *nm* Fibre d'une variété d'agave employée en matelasserie et en brosserie ▸ **pita**
tampon *nm* **1** Plaque de métal ou de caoutchouc gravée, et qui, imprégnée d'encre, permet d'imprimer le timbre d'une administration, d'une société, etc.; timbre ainsi imprimé ▸ **carimbo 2** Morceau de coton, de gaze, etc., pour étancher le sang, nettoyer une plaie ▸ **tampão 3** Gros bouchon de matière quelconque servant à obturer ▸ **tampão 4** Cheville de bois, de métal, etc., enfoncée dans un mur afin d'y placer une vis ou un clou ▸ **bucha, tampão 5** CH DE F Plateau métallique placé à l'extrémité des cadres d'une voiture pour amortir les chocs ▸ **bomba ▪ État tampon:** qui, par sa situation géographique, se trouve entre deux États puissants et hostiles ▸ **estado-tampão □ servir de tampon:** chercher à limiter les heurts entre deux personnes ▸ **servir de amortecedor**
tamponnement *nm* Collision de deux véhicules, de deux convois circulant dans le même sens ▸ **colisão**
tamponner *vt* **1** Étancher avec un tampon: *tamponner ses yeux avec un mouchoir* ▸ **tamponar 2** Apposer un cachet: *tamponner un visa* ▸ **carimbar 3** Heurter, rencontrer avec violence: *train qui en tamponne un autre* ▸ **colidir 4** Percer un mur pour y introduire un tampon ▸ **furar e colocar bucha**
tamponneuse *adj f* ▪ **auto tamponneuse:** petit véhicule de fête foraine conçu pour se heurter à d'autres, sur une piste fermée ▸ **carrinho bate-bate**
tam-tam (pl *tam-tams*) *nm* **1** Tambour de bois africain ▸ **tantã 2** Gong chinois ▸ **tantã 3** FAM Publicité tapageuse; vacarme ▸ **propaganda ruidosa, barulho**
tan *nm* Écorce du chêne, du châtaignier, etc., réduite en poudre, utilisée en tannerie ▸ **casca de carvalho, de castanheiro**
tanagra *nm* Figurine en terre cuite, simple et gracieuse ▸ **tânagra**
tancer *vt (conj 1)* LITT Réprimander ▸ **admoestar**
tanche *nf* Poisson comestible des étangs, au corps trapu, à peau épaisse et visqueuse ▸ **tenca**
tandem *nm* **1** Bicyclette à deux places ▸ **tandem 2** FIG Association de deux personnes, de deux groupes qui travaillent ensemble ▸ **dupla**
tandis que *loc conj* **1** Pendant que: *partir tandis qu'il dort* ▸ **enquanto 2** Marque le contraste, l'opposition; alors que: *elle aime l'opéra, tandis que lui préfère le jazz* ▸ **ao passo que, enquanto**
tandoori [tɑ̃duri] *nm* Spécialité indienne faite de morceaux de viande marinés, épicés et cuits dans un four en terre ▸ ***tandoori***
tangage *nm* Mouvement d'oscillation d'un bateau d'avant en arrière ▸ **arfagem**
tangent, e *adj* **1** Qui touche une surface, une ligne en un point: *droite tangente à un cercle* ▸ **tangente 2** FAM Qui est à la limite du niveau nécessaire ▸ **limítrofe**
tangente *nf* ▸ **tangente ▪** GÉOM **tangente à un cercle:** ligne droite qui n'a qu'un point commun avec ce cercle ▸ **tangente a um círculo □** FAM **prendre la tangente:** s'esquiver, se tirer d'affaire habilement ▸ **sair pela tangente**
tangible *adj* **1** Perceptible par le toucher ▸ **tangível 2** Manifeste: *preuve tangible* ▸ **tangível**
tango *nm* Danse populaire originaire d'Argentine ▸ **tango ◆** *adj inv* D'une couleur rouge-orangé ▸ **alaranjado**
tanguer *vi* Être soumis au tangage, en parlant d'un bateau ▸ **arfar**
tanière *nf* Abri d'un animal sauvage ▸ **toca, covil**
tanin ou **tannin** *nm* Substance de certains végétaux tels que le chêne, le châtaignier, utilisée en tannerie, et qui rend les peaux imputrescibles ▸ **tanino**
tank [tɑ̃k] *nm* **1** Char de combat ▸ **tanque 2** Réservoir, citerne: *les tanks d'un pétrolier* ▸ **tanque**
tanker [tɑ̃kœr] *nm* Navire destiné au transport de produits pétroliers ▸ **navio-tanque**
tannage *nm* Action de tanner les cuirs ▸ **curtimento**
tannant, e *adj* **1** Propre au tannage: *écorces tannantes* ▸ **taninoso 2** FAM Importun, fatigant ▸ **pentelho**
tanné, e *adj* **1** Préparé par tannage ▸ **curtido 2** D'une couleur brun-roux; hâlé ▸ **curtido**
tannée *nf* FAM Correction, volée de coups; VIEILLI défaite ▸ **sova**
tanner *vt* **1** Préparer les cuirs avec du tanin ▸ **curtir 2** FAM Importuner, harceler ▸ **pentelhar**

tannerie *nf* Lieu où l'on tanne les cuirs ► **curtume**

tanneur, euse *n et adj* Personne qui tanne ou vend les cuirs ► **curtidor**

tannin *nm* → **tanin**

tannique *adj* Qui contient du tanin ► **tânico**

tant *adv* **1** En si grande quantité, en si grand nombre: *avoir tant d'amis que* ► **tanto(s) 2** À tel point: *le jour tant attendu* ► **tão 3** Marque l'égalité, l'équivalence d'intensité; autant: *plaire tant aux uns qu'aux autres* ► **tanto 4** Indique une quantité indéterminée, à titre d'exemple: *gagner tant par mois* ► **tanto** ▪ **en tant que:** en qualité de ► **como** □ **si tant est que:** à supposer que ► **se é que** □ **tant bien que mal:** (a) avec difficulté ► **com dificuldade** (b) de façon médiocre ► **nem bem nem mal** □ **tant et plus:** énormément ► **muitíssimo** □ **tant mieux:** c'est une bonne nouvelle ► **tanto melhor** □ **tant pis:** c'est dommage: *tant pis pour lui!* ► **azar** □ **tant qu'à:** s'il faut: *tant qu'à partir, partons maintenant* ► **já que é para** □ **tant qu'à faire:** puisqu'on en est là ► **já que é para** □ **tant que:** (a) autant que: *lis-en tant que tu veux!* ► **tanto quanto** (b) aussi longtemps que: *tant que je pourrai* ► **tanto quanto** (c) pendant que: *sortir tant qu'il fait beau* ► **enquanto** □ **tant s'en faut:** loin de là ► **longe disso** □ **tant soit peu** ou **un tant soit peu:** si peu que ce soit ► **por pouco que seja**

tantale *nm* **1** CHIM Métal lourd et peu fusible, de couleur noirâtre ► **tântalo 2** Oiseau d'Afrique, d'Amérique et d'Asie, voisin de la cigogne ► **jaburu**

tante *nf* Sœur du père, de la mère, ou femme de l'oncle ► **tia**

tantine *nf* Tante, dans le langage enfantin ► **titia**

tantinet (un) *loc adv* FAM Un peu: *un tantinet pénible* ► **um tantinho**

tantôt *adv* FAM Cet après-midi ► **esta tarde** ▪ **tantôt..., tantôt...:** une fois..., une autre fois...: *des yeux tantôt bleus, tantôt verts; tantôt elle pleure, tantôt elle rit* ► **ora..., ora...**

TAO [teao] *nf* (sigle) Traduction assistée par ordinateur ► **TAC**

taoïsme *nm* Religion populaire de la Chine ► **taoismo**

taoïste *adj et n* Relatif au taoïsme; adepte du taoïsme ► **taoista**

taon [tã] *nm* Grosse mouche dont la femelle pique l'homme et le bétail ► **mutuca**

tapage *nm* **1** Bruit tumultueux et confus: *tapage nocturne* ► **barulheira, algazarra 2** Grand bruit fait à propos de quelqu'un ou de quelque chose ► **auê**

tapageur, euse *adj* **1** Qui fait du tapage ► **barulhento 2** FIG Qui aime l'éclat, cherche à attirer l'attention: *publicité, toilette tapageuse* ► **espalhafatoso**

tapant, e *adj* FAM Juste à l'heure indiquée: *il est arrivé à deux heures tapant(es)* ► **em ponto**

tapas [tapas] *nf pl* Assortiment de petites entrées espagnoles servies à l'apéritif ► ***tapas***

tape *nf* Coup donné avec la main ► **tapa**

tapé, e *adj* Blet, taché par endroits: *pommes tapées* ► **pisado, tocado** ▪ FAM **bien tapé:** exprimé vigoureusement et avec justesse ► **bem dado**

tape-à-l'œil *adj inv* FAM Frappant, voyant: *bijou tape-à-l'œil* ► **vistoso** ♦ *nm inv* FAM Apparence brillante mais trompeuse ► **fogo de artifício**

tapecul [tapky] *nm* **1** FAM Voiture mal suspendue ► **veículo chacoalhador 2** Balançoire constituée d'une longue pièce de bois basculant de part et d'autre de son axe ► **gangorra**

tapée *nf* FAM Grande quantité ► **batelada**

tapement *nm* Action de taper ► **estapeamento**

tapenade *nf* Condiment provençal fait d'olives noires, de câpres et d'anchois écrasés avec de l'huile d'olive et des aromates ► ***tapenade***

taper *vt* **1** Donner une, des tapes à ► **estapear 2** Écrire à la machine à écrire ou avec un ordinateur: *taper son texte; taper son code secret* ► **datilografar, digitar 3** FAM Emprunter de l'argent ► **dar facada** ♦ *vi* Frapper: *taper du pied; taper dans le ballon* ► **bater** ▪ **le soleil tape:** il fait très chaud ► **o sol está de rachar** □ FAM **taper dans l'œil:** plaire ► **encher os olhos**

tapette *nf* **1** Petite tape ► **tapinha 2** Piège à souris ► **ratoeira**

tapeur, euse *n* FAM Personne qui emprunte souvent de l'argent ► **facadista**

tapinois (en) *loc adv* SOUT En cachette ► **na surdina**

tapioca *nm* Fécule de manioc servant à faire des potages, des bouillies ► **tapioca**

tapir *nm* Mammifère d'Amérique et d'Asie au museau allongé en trompe ► **tapir**

tapir (se) *vpr* Se cacher en se blottissant ► **acaçapar-se**

tapis *nm* **1** Ouvrage textile, en général à face veloutée, dont on recouvre le sol ► **carpete 2** Pièce de tissu ou d'un autre matériau, posée sur le sol et amovible: *tapis de bain* ► **tapete 3** Pièce de tissu ou d'un autre matériau dont on recouvre un meuble, une table: *tapis de jeu* ► **toalha 4** Ce qui recouvre entièrement une surface: *tapis de verdure* ► **tapete** ▪ FAM **dérouler le tapis rouge:** traiter quelqu'un avec les honneurs dus à un grand personnage ▸ **estender o tapete vermelho** □ **envoyer au tapis:** dans un combat de boxe, envoyer son adversaire au sol ▸ **levar à lona** □ **mettre quelque chose sur le tapis:** le proposer pour l'examiner ▸ **colocar algo em discussão** □ **revenir sur le tapis:** être de nouveau le sujet de la discussion ▸ **voltar à baila** □ **tapis de sol:** toile qui isole l'intérieur d'une tente de l'humidité du sol ▸ **forro impermeável** □ INFORM **tapis de souris:** support antidérapant dont la surface plane facilite les déplacements de la souris d'un ordinateur ▸ ***mouse pad*** □ **tapis roulant:** dispositif à mouvement continu qui transporte des personnes, des marchandises ▸ **esteira rolante**

tapis-brosse (pl *tapis-brosses*) *nm* Paillasson ▸ **capacho**

tapisser *vt* **1** Revêtir des murs de tissu ou de papier peint ▸ **forrar 2** Couvrir une surface: *tapisser une chambre de photos* ▸ **forrar**

tapisserie *nf* **1** Tissu ou papier dont on tapisse les murs ▸ **tapeçaria, papel de parede 2** Ouvrage textile exécuté à l'aiguille sur un canevas en suivant un dessin ▸ **tapeçaria 3** Ouvrage textile décoratif tissé manuellement sur un métier avec de la laine, de la soie, etc. ▸ **tapeçaria 4** Métier du tapissier ▸ **tapeçaria** ■ **faire tapisserie:** dans un bal, ne pas être invitée à danser, en parlant d'une femme ▸ **tomar chá de cadeira**

tapissier, ère *n* Personne qui fabrique, vend ou pose les tapis et les tentures servant à décorer les appartements ▸ **tapeceiro, colocador de papel de parede**

tapotement *nm* Action de tapoter ▸ **pancadinha**

tapoter *vt* Donner de petites tapes ▸ **dar pancadinhas**

tapuscrit *nm* IMPR Texte dactylographié ▸ **texto datilografado**

taquet *nm* **1** Petit morceau de bois taillé, qui sert à tenir en place un objet, un meuble, une armoire ▸ **calço 2** Petite pièce mobile servant de butée, de verrou ▸ **tranca, taramela 3** MAR Pièce de bois ou de fer servant à amarrer des cordages ▸ **cunho**

taquin, e *adj et n* Qui aime à taquiner ▸ **irritante, implicante**

taquiner *vt* S'amuser, sans méchanceté, à contrarier, à agacer ▸ **irritar**

taquinerie *nf* Tendance à taquiner; action, parole d'une personne taquine ▸ **implicância**

tarabiscoté, e *adj* **1** Embrouillé, compliqué, alambiqué: *style tarabiscoté* ▸ **rebuscado 2** Chargé d'ornements excessifs, compliqués ▸ **rebuscado**

tarabuster *vt* FAM **1** Importuner, gronder ▸ **atazanar 2** Troubler, préoccuper vivement: *cette idée m'a tarabustée toute la journée* ▸ **atazanar**

tarama *nm* Plat grec à base d'œufs de cabillaud pilés avec de l'huile d'olive et du citron ▸ ***tarama***

tarare *nm* AGRIC Instrument pour vanner les grains ▸ **tarara**

taratata *interj* FAM Marque l'incrédulité, le doute: *taratata! tu ne m'auras pas!* ▸ **ora, ora, ora**

taraud *nm* Outil pour tarauder ▸ **tarraxa**

tarauder *vt* **1** Creuser en hélice la pièce qui doit recevoir la vis, faire le filetage de ▸ **filetar 2** FIG, LITT Tourmenter, obséder: *un souci qui taraude* ▸ **atormentar**

tarbouch ou **tarbouche** *nm* Bonnet oriental rouge, orné d'un gland de soie ▸ **tarbuche**

tard *adv* **1** Après un temps long ou relativement long ▸ **tarde 2** Vers la fin de la journée; dans la nuit: *se coucher tard* ▸ **tarde** ■ **au plus tard:** en prévoyant le délai le plus long ▸ **o mais tardar** ◆ *nm* ■ **sur le tard: (a)** à la fin de la journée ▸ **à tardinha (b)** vers la fin de la vie ▸ **no fim da vida**

tarder *vi* Être lent à faire quelque chose: *perdre une affaire parce qu'on a trop tardé* ▸ **demorar** ■ **sans tarder:** immédiatement ▸ **sem mais tardar** ◆ *vt ind* [à] Être lent à: *réponse qui tarde à venir* ▸ **demorar** ■ **ne pas tarder à:** être sur le point de ▸ **não tardar a** ◆ *v impers* ■ **il me tarde de:** c'est avec impatience que j'attends de ▸ **estou ansioso para**

tardif, ive *adj* **1** Qui vient tard: *regrets tardifs* ▸ **tardio 2** Qui a lieu tard dans la journée: *heure tardive* ▸ **tardio**

tardivement *adv* D'une manière tardive ▸ **tardiamente**

tare *nf* **1** Poids placé sur le plateau d'une balance pour équilibrer ce qu'on pèse ▸ **tara 2** Poids de l'emballage vide d'une marchandise qu'on déduit du poids brut pour avoir le poids net ▸ **tara 3** Défaut physique ou psychique généralement héréditaire chez l'homme ou l'animal ▸ **tara 4** LITT Vice inhérent à: *tares d'un système* ▸ **vício**

taré, e *adj et n* **1** Atteint d'une tare ▸ **tarado 2** FAM Imbécile ▸ **imbecil**

tarentelle *nf* Danse et air vifs d'Italie du Sud ▸ **tarantela**

tarentule *nf* Grosse araignée de l'Europe méridionale ▸ **tarântula**

tarer *vt* COMM Peser l'emballage d'une marchandise avant de le remplir, pour pouvoir en déduire le poids ▸ **tarar**

targette *nf* Petit verrou plat ▸ **tarjeta**
targuer(se) *vpr* [de] SOUT Se vanter de ▸ **jactar-se**
targui, e *adj et n* → **touareg**
tarière *nf* **1** Grande vrille pour faire des trous dans le bois ▸ **trado 2** Organe qui sert aux insectes à percer les substances dures ▸ **oviscapto**
tarif *nm* **1** Tableau de prix ▸ **tabela de preços 2** Montant du prix d'un service, d'un travail ▸ **tarifa ▪ plein tarif:** tarif sans réduction ▸ **tarifa cheia**
tarifaire *adj* Relatif au tarif ▸ **tarifário**
tarifer *vt* Établir le tarif de ▸ **tarifar**
tarification *nf* Action de tarifer; fait d'être tarifé ▸ **tarifação**
tarin *nm* **1** Petit oiseau passereau jaune verdâtre rayé de noir ▸ **pintassilgo 2** FAM Nez ▸ **napa**
tarir *vt* Mettre à sec, épuiser: *la sécheresse tarit les cours d'eau* ▸ **esgotar** ◆ *vi* **1** Être à sec: *la source a tari* ▸ **secar 2** Cesser de couler ▸ **estancar** ◆ *vt ind* ▪ **ne pas tarir d'éloges sur quelqu'un:** ne pas cesser d'en prononcer ▸ **não economizar elogios a alguém** ▫ **ne pas tarir sur:** parler sans cesse de: *il ne tarit pas sur ce sujet* ▸ **não parar de falar sobre**
tarissable *adj* Qui peut se tarir ▸ **esgotável**
tarissement *nm* Fait de tarir; dessèchement: *le tarissement d'un puits* ▸ **esgotamento**
tarlatane *nf* Mousseline de coton légère et apprêtée, servant à faire des patrons ▸ **tarlatana**
tarot *nm* ou **tarots** *nm pl* **1** Ensemble de soixante-dix-huit cartes, plus longues et comportant plus de figures que les cartes ordinaires, servant au jeu et à la divination ▸ **tarô 2** Jeu qu'on joue avec ces cartes ▸ **tarô**
tarpon *nm* Grand poisson des régions chaudes de l'Atlantique (Floride), objet d'une pêche sportive ▸ **tarpão**
tarse *nm* **1** Région postérieure du squelette du pied ▸ **tarso 2** Dernière partie de la patte des insectes ▸ **tarso**
tarsien, enne *adj* Du tarse ▸ **tarsiano**
tarsier *nm* Mammifère nocturne de Malaisie ▸ **társio**
tartan *nm* Étoffe de laine, à larges carreaux de diverses couleurs, d'origine écossaise; vêtement de cette étoffe ▸ **(roupa de) tartã**
Tartan *nm* (nom déposé) Agglomérat d'amiante, de matières plastiques et de caoutchouc utilisé pour revêtir les pistes d'athlétisme ▸ ***Tartan*** (marca registrada), revestimento de pista de atletismo
tartane *nf* Bateau à voile en usage en Méditerranée ▸ **tartana**
tartare *adj* ▸ **tártaro ▪ sauce tartare:** mayonnaise fortement épicée ▸ **molho tártaro** ▫ **steak tartare** ou **tartare:** *nm* viande hachée crue assaisonnée et servie avec un jaune d'œuf et des câpres ▸ **bife tártaro**
tarte *nf* **1** Pâtisserie plate garnie de crème, de confiture, de fruits, de légumes: *tarte aux pommes, aux poireaux* ▸ **torta 2** FAM Gifle ▸ **bifa ▪** FAM **c'est pas de la tarte:** c'est difficile ▸ **não é bolinho** ▫ FAM **tarte à la crème:** idée très banale ▸ **chavão**
tartelette *nf* Petite tarte ▸ **tortinha**
tartine *nf* **1** Tranche de pain recouverte de beurre, de confiture, etc. ▸ **fatia de pão (com manteiga, geleia, etc.) 2** FAM Long développement oral ou écrit ▸ **longa exposição**
tartiner *vt* Étaler du beurre, de la confiture, etc., sur du pain, une biscotte ▸ **barrar**
tartre *nm* **1** Dépôt calcaire à l'intérieur des chaudières, des canalisations d'eau, etc. ▸ **tártaro 2** Sédiment jaunâtre autour des dents ▸ **tártaro 3** Dépôt que laisse le vin dans un tonneau ▸ **tártaro**
tartrique *adj* ▸ **tartárico ▪** CHIM **acide tartrique:** acide extrait du tartre ▸ **ácido tartárico**
tartufe ou **tartuffe** *nm* Fourbe, hypocrite ▸ **tartufo**
tartuferie ou **tartufferie** *nf* Hypocrisie ▸ **tartufice**
tas *nm* Monceau d'objets mis ensemble et les uns sur les autres: *un tas d'ordures* ▸ **monte ▪ dans le tas:** parmi: *elle en a pris un dans le tas* ▸ **no meio** ▫ FAM **sur le tas:** sur le lieu même du travail: *apprendre sur le tas* ▸ ***in loco*** ▫ FAM **un tas de:** beaucoup de ▸ **um monte de**
tasse *nf* Petit récipient à anse, servant à boire; son contenu: *tasse à café, à thé* ▸ **xícara ▪** FAM **boire la tasse: (a)** avaler involontairement de l'eau en se baignant ▸ **engolir água (b)** subir de grosses pertes d'argent ▸ **perder muito dinheiro** ▫ FAM **ce n'est pas ma tasse de thé:** je n'aime pas cela ▸ **não faz meu gênero**
tassé, e *adj* ▸ **amontoado ▪** FAM **bien tassé: (a)** Servi avec peu d'eau: *pastis bien tassé* ▸ **forte (b)** servi avec abondance ▸ **bem servido (c)** se dit d'un âge largement dépassé: *la trentaine bien tassée* ▸ **bem emplacados**
tasseau *nm* Petite pièce de bois qui soutient, fixe, cale une autre pièce ▸ **suporte**
tassement *nm* **1** Action de tasser, de se tasser: *tassement de vertèbres; tassement du sol* ▸ **compressão, prensagem 2** Baisse lente: *tassement des cours de la Bourse* ▸ **diminuição**
tasser *vt* **1** Réduire de volume par pression: *tasser du foin* ▸ **comprimir, prensar 2** Resserrer dans

un petit espace: *tasser les bagages dans le coffre* ▸ **apertar** ◆ **se tasser** *vpr* **1** S'affaisser sur soi-même: *le mur se tasse* ▸ **vergar-se 2** Se voûter: *se tasser avec l'âge* ▸ **curvar-se 3** Se serrer: *tassez-vous, il y a encore de la place* ▸ **apertar-se 4** Perdre son caractère de gravité, se calmer: *avec le temps, les choses vont se tasser* ▸ **acomodar-se**

tassili *nm* Plateau de grès, au Sahara ▸ ***tassili***

taste-vin *nm inv* → **tâte-vin**

tata *nf* Tante, surtout dans le langage enfantin ▸ **titia**

tatami *nm* Tapis épais de paille de riz servant à la pratique des arts martiaux ▸ **tatame**

tatane *nf* FAM Soulier ▸ **sapato**

tâter *vt* **1** Explorer, éprouver à l'aide du toucher: *tâter un fruit; tâter l'eau* ▸ **tocar 2** FIG Essayer de connaître, de sonder les intentions de quelqu'un: *tâter l'opinion* ▸ **sondar, sentir** ■ **tâter le terrain:** s'assurer de l'état des choses, des esprits ▸ **sondar o terreno** ◆ *vi* ■ **tâter de, à:** goûter à, faire l'expérience de ▸ **experimentar** ◆ **se tâter** *vpr* FAM Hésiter ▸ **hesitar**

tâte-vin ou **taste-vin** *nm inv* Petite tasse plate dans laquelle on examine le vin qu'on va goûter ▸ **tambuladeira**

tatillon, onne *adj et n* FAM Trop minutieux, scrupuleux ▸ **minucioso**

ORTHOGRAPHE *Tatillon* est le seul dérivé de *tâter* à s'écrire sans accent circonflexe

tâtonnement *nm* **1** Action de tâtonner ▸ **tateio 2** FIG Mode de recherche empirique par essais renouvelés; ces essais ▸ **tentativa**

tâtonner *vi* **1** Avancer, chercher en tâtant: *tâtonner dans le noir* ▸ **tatear 2** FIG Procéder par tâtonnements: *tâtonner dans ses recherches* ▸ **tatear**

tâtons (à) *loc adv* **1** En tâtonnant: *avancer à tâtons dans l'obscurité* ▸ **às cegas 2** FIG Sans véritable méthode, à l'aveuglette: *avancer à tâtons dans un projet* ▸ **às cegas**

ORTHOGRAPHE *À tâtons* s'écrit avec un *s* final comme *à reculons*, mais à la différence de *à califourchon*

tatou *nm* Mammifère d'Amérique tropicale, au corps couvert de plaques cornées et pouvant s'enrouler en boule ▸ **tatu**

tatouage *nm* Action de tatouer; son résultat ▸ **tatuagem**

tatouer *vt* Imprimer sur la peau des dessins indélébiles ▸ **tatuar**

tatoueur, euse *n* Personne qui tatoue ▸ **tatuador**

tau *nm inv* **1** Dix-neuvième lettre de l'alphabet grec correspondant au *t* ▸ **tau 2** Figure héraldique en forme de T ▸ **tau**

taudis *nm* Logement misérable ou mal tenu ▸ **pardieiro**

taule *nf* → **tôle**

taupe *nf* **1** Petit mammifère insectivore presque aveugle, vivant sous terre; fourrure de cet animal ▸ **toupeira 2** Engin servant à creuser des tunnels ▸ **tatuzão 3** FAM Espion infiltré dans un organisme, une institution ▸ **araponga 4** ARG SCOL Classe de mathématiques spéciales ▸ **curso preparatório de matemática** ■ **myope comme une taupe:** très myope ▸ **míope como uma toupeira**

taupinière *nf* Amas de terre qu'une taupe élève en creusant une galerie ▸ **montículo de terra**

taureau *nm* Mâle de la vache, apte à la reproduction ▸ **touro** ■ **prendre le taureau par les cornes:** affronter résolument une difficulté ▸ **pegar o touro pelos chifres** ◆ **Taureau** *nm* Constellation zodiacale figurant un taureau; signe astrologique des personnes nées entre le 21 avril et le 20 mai ▸ **Touro** ◆ *n et adj* Personne née sous le signe du Taureau: *elle est Taureau* ▸ **taurino**

taurillon *nm* Jeune taureau ▸ **novilho**

taurin, e *adj* Relatif aux taureaux ou aux courses de taureaux ▸ **taurino**

tauromachie *nf* Art de combattre les taureaux dans une arène ▸ **tauromaquia**

tauromachique *adj* Relatif à la tauromachie ▸ **tauromáquico**

tautologie *nf* Répétition d'une même idée sous une autre forme ▸ **tautologia**

tautologique *adj* Relatif à la tautologie ▸ **tautológico**

taux *nm* **1** Prix réglé par une convention ou par l'usage: *taux de change* ▸ **taxa 2** Grandeur exprimée en pourcentage: *taux de natalité; taux de cholestérol* ▸ **taxa** ■ **taux d'intérêt:** pourcentage du capital d'une somme prêtée, qui en détermine le revenu annuel ▸ **taxa de juros**

tauzin *nm* Chêne à feuilles cotonneuses, de l'ouest et du sud-ouest de la France ▸ **carvalho-pardo-da-beira**

taveler *vt (conj 6)* Marquer quelque chose de taches, de crevasses: *fruit tavelé* ▸ **salpicar**

tavelure *nf* **1** Bigarrure d'une peau tavelée ▸ **mancha 2** Maladie des arbres fruitiers dont les fruits se crevassent ▸ **sarna**

taverne *nf* **1** AUTREF Cabaret ▸ **taberna 2** Café, restaurant au décor rustique ▸ **café, restaurante rústico**

taxation *nf* Action de taxer ▸ **taxação**

taxe *nf* Prélèvement fiscal, impôt: *taxe sur le chiffre d'affaires* ▸ **taxa** ■ **prix hors taxes:** sans les taxes ▸ **preço sem impostos** □ **taxe foncière:** impôt annuel qui frappe les propriétés bâties ou non ▸ **imposto sobre bens imóveis** ▫ **taxe professionnelle:** impôt local dû par les commerçants, les industriels et les personnes exerçant certaines professions libérales ▸ **imposto sobre serviço** ▫ **taxe sur la valeur ajoutée (TVA):** impôt général de consommation, payé par chaque intermédiaire ▸ **imposto sobre valor agregado (IVA)**

taxer *vt* **1** Frapper d'un impôt: *taxer les objets de luxe* ▸ **taxar 2** Accuser: *taxer quelqu'un d'incompétence* ▸ **taxar 3** FAM Extorquer quelque chose à quelqu'un: *il m'a taxé cent francs*; voler quelqu'un: *on m'a taxé mon portefeuille* ▸ **extorquir, roubar**

taxi *nm* **1** Voiture munie d'un taximètre et conduite par un chauffeur professionnel, qu'on utilise pour de courts trajets ▸ **táxi 2** FAM Chauffeur de taxi ▸ **taxista**

taxidermie *nf* Art d'empailler les animaux vertébrés ▸ **taxidermia**

taxidermiste *n* Personne dont le métier est la taxidermie; empailleur, naturaliste ▸ **taxidermista**

taximètre *nm* Compteur qui établit le montant d'une course en voiture en fonction du temps et de la distance parcourue ▸ **taxímetro**

taxinomie ou **taxonomie** *nf* Science des lois de la classification; cette classification: *taxinomie zoologique* ▸ **taxonomia**

Taxiphone *nm* (nom déposé) Cabine téléphonique automatique ▸ **orelhão, telefone público**

taxiway [taksiwɛ] *nm* Voie d'accès à la piste pour les avions ▸ **pista de taxiamento**

tayaut *interj* → **taïaut**

taylorisation *nf* Application du taylorisme ▸ **taylorização**

taylorisme *nm* Système d'organisation rationnelle du travail dans les usines ▸ **taylorismo**

tchador *nm* Voile couvrant la tête et le corps des femmes musulmanes, surtout en Iran ▸ **xador**

tchatche *nf* FAM Grande volubilité ▸ **tagarelice**

tchèque *adj et n* **1** De Bohême, de Moravie ▸ **tcheco 2** De la République tchèque: *les Tchèques* ▸ **tcheco** ◆ *nm* Langue slave parlée dans l'ouest de la République tchèque ▸ **tcheco**

tchernozem [tʃɛrnɔzɛm] ou **tchernoziom** [tʃɛrnɔzjɔm] *nm* En Ukraine et en Russie, terre noire très fertile ▸ ***tchernoziom***

tchin-tchin [tʃintʃin] ou **tchin** *interj* FAM Ponctue un toast: *tchin-tchin! à votre santé!* ▸ **tintim**

TD *nm* (sigle de *travaux dirigés*) Ensemble des exercices écrits ou des exposés faits par les étudiants en application d'un cours magistral ▸ **TD**

te *pron pers* Désigne la 2e personne du singulier représentant celui, celle à qui l'on parle, en fonction de complément d'objet ou de complément d'attribution: *je te regarde; ce film te plaira; il te le donne* ▸ **te, o, lhe**

té *nm* Règle ou équerre en forme de T ▸ **tê, régua-tê**

technicien, enne *n* Personne qui connaît et pratique une technique particulière ▸ **técnico**

technicité *nf* Caractère de ce qui est technique ▸ **tecnicidade**

technico-commercial, e, aux *n et adj* Vendeur qui possède des connaissances techniques sur ce qu'il vend ▸ **técnico de vendas**

Technicolor *nm* (nom déposé) Procédé de films en couleurs ▸ **tecnicolor**

technique [tɛknik] *adj* **1** Qui appartient en propre à un art, à une science, à un métier: *termes techniques* ▸ **técnico 2** Relatif au fonctionnement d'une machine: *panne technique* ▸ **técnico** ◆ *nf* **1** Ensemble des procédés d'un art, d'une science, d'un métier: *la technique du bois* ▸ **técnica 2** Méthode, moyen: *trouver la bonne technique* ▸ **técnica**

techniquement *adv* Sur le plan technique ▸ **tecnicamente**

techno *nf et adj* Style de musique utilisant les nouvelles technologies pour créer des morceaux au tempo rapide et au rythme répétitif ▸ **tecno**

technocrate *n* (souvent péjoratif) Partisan de la technocratie ▸ **tecnocrata**

technocratie *nf* (souvent péjoratif) Système politique dans lequel la prise de décisions appartient aux techniciens et aux fonctionnaires au détriment des responsables politiques ▸ **tecnocracia**

technocratique *adj* Relatif à la technocratie ▸ **tecnocrático**

technologie *nf* Étude des outils, des procédés et des méthodes employés dans les diverses branches de l'industrie ▸ **tecnologia**

technologique *adj* Relatif à la technologie ▸ **tecnológico**

technopole *nf* Grand centre urbain disposant d'un fort potentiel d'enseignement et de recherche ▸ **tecnópole**

technopôle *nm* Site aménagé pour accueillir les entreprises de haute technologie ou pour en favoriser l'implantation ▸ **tecnopolo**

technoscience *nf* Ensemble de recherches et d'applications qui mettent en jeu certaines sciences et certaines techniques ▸ **tecnociência**

teck ou **tek** *nm* Arbre de l'Asie tropicale, fournissant un bois dur, imputrescible ▸ **teca**

teckel *nm* Chien terrier allongé, bas sur pattes, à poil ras, dur, ou à poil long ▸ ***teckel***
tectonique *nf* Partie de la géologie qui étudie les déformations des terrains, sous l'effet des forces internes: *tectonique des plaques* ▸ **tectônica**
tectrice *nf et adj f* Plume recouvrant les rémiges, dans l'aile des oiseaux ▸ **tectriz**
Te Deum [tedeɔm] *nm inv* Cantique latin d'action de grâces de l'Église catholique ▸ **te-déum**
tee [ti] *nm* Au golf, cheville fixée en terre servant à surélever la balle ▸ ***tee***
teen-ager [tinɛdʒœr] (pl *teen-agers*) *n* FAM Adolescent ▸ ***teen***
tee-shirt [tiʃœrt] (pl *tee-shirts*) ou **t-shirt** [tiʃœrt] (pl *t-shirts*) *nm* Maillot en coton à manches courtes et en forme de T ▸ ***T-shirt*, camiseta**
Téflon *nm* (nom déposé) Matière plastique fluorée, résistant à la chaleur et à la corrosion ▸ **Teflon** (marca registrada)
tégénaire *nf* Araignée des maisons ▸ **aranha doméstica**
tégument *nm* **1** BIOL Ensemble des tissus qui couvrent le corps des animaux ▸ **tegumento 2** BOT Enveloppe de la graine ▸ **tegumento**
tégumentaire *adj* Du tégument ▸ **tegumentar**
teigne *nf* **1** Petit papillon dont les larves rongent les étoffes et certaines plantes ▸ **traça 2** Maladie du cuir chevelu ▸ **tinha 3** FAM Personne méchante ▸ **peste**
teigneux, euse *adj et n* **1** Atteint de la teigne ▸ **tinhoso 2** FAM Hargneux ▸ **maldoso**
teille ou **tille** *nf* Écorce du chanvre ▸ **tasco**
teindre *vt (conj 55)* Imbiber d'une substance colorante: *cheveux teints*; colorer: *teindre en vert* ▸ **tingir** ◆ **se teindre** *vpr* Donner à ses cheveux une couleur artificielle ▸ **tingir o cabelo**
teint, e *adj* Qui a reçu une teinture ▸ **tingido** ◆ *nm* **1** Coloris du visage: *teint bronzé* ▸ **tez 2** Couleur donnée à une étoffe par la teinture et qui ne disparaît pas au lavage ▸ **cor firme** ■ **bon teint, grand teint:** teinte résistant au lavage et à la lumière ▸ **cor firme** □ **bon teint:** se dit d'une personne tout à fait orthodoxe dans ses opinions: *un socialiste bon teint* ▸ **convicto**
teinte *nf* **1** Couleur nuancée ▸ **tom 2** FIG Apparence légère, petite dose: *une teinte d'humour* ▸ **laivos**
teinter *vt* **1** Couvrir d'une teinte ▸ **tingir 2** Donner une légère couleur à ▸ **colorir 3** FIG Ajouter une nuance à: *indifférence teintée d'ironie* ▸ **dar um toque de**
teinture *nf* **1** Action de teindre ▸ **tintura 2** Liquide propre à teindre ▸ **tintura 3** Couleur que prend la chose teinte ▸ **cor 4** Alcool chargé des principes actifs d'une substance, utilisé en pharmacie: *teinture d'iode* ▸ **tintura 5** Connaissance superficielle: *avoir une teinture de psychologie* ▸ **tintura(s)**
teinturerie *nf* Commerce du teinturier ▸ **tinturaria**
teinturier, ère *n* Personne qui se charge de la teinture ou du nettoyage des vêtements ▸ **tintureiro**
tek *nm* → **teck**
tel, telle *adj* **1** Pareil, semblable: *de tels hommes* ▸ **tal 2** Comme cela: *tel est mon avis* ▸ **tal** ■ **tel que: (a)** indique une comparaison: *voir les hommes tels qu'ils sont* ▸ **tal como (b)** exprime l'intensité: *son pouvoir est tel que tout lui obéit* ▸ **tal que (c)** introduit une énumération: *des fleurs telles que la rose, la tulipe* ▸ **tal como** □ **tel quel:** comme il est, sans changement: *prenez-le tel quel* ▸ **sem tirar nem pôr** □ **tel..., tel...:** comme..., ainsi...: *tel père, tel fils* ▸ **tal..., tal...**
tél. (abréviation) Téléphone ▸ **tel.**
télé *nf* (abréviation) FAM Télévision ▸ **tevê**
téléachat *nm* Achat par téléphone, par Minitel ou par Internet d'articles présentés lors d'émissions de télévision ▸ **telecompra**
télécabine *nf* Téléphérique monocâble aménagé pour le transport de personnes par de petites cabines ▸ **telecabine**
Télécarte *nf* (nom déposé) Carte à mémoire utilisable dans les cabines téléphoniques à carte ▸ ***Télécarte*** (marca registrada), cartão telefônico
téléchargement *nm* Action de télécharger ▸ ***downloading***
télécharger *vt (conj 2)* INFORM Utiliser un réseau de télécommunications pour transférer, à distance, des données ou des programmes dans la mémoire vive d'un ordinateur ▸ **fazer *download*, baixar**
télécommande *nf* Système permettant de commander à distance une manœuvre quelconque ▸ **telecomando, controle remoto**
télécommander *vt* **1** Commander à distance: *télécommander l'ouverture d'une porte de garage* ▸ **telecomandar 2** FIG Influencer, diriger de loin: *une action télécommandée de Paris* ▸ **comandar de longe**
télécommunication *nf* Ensemble des moyens de communication à distance ▸ **telecomunicação**
téléconseiller, ère *n* Personne qui fournit une assistance téléphonique à la clientèle d'une entreprise ▸ **atendente de *call center***

télécopie *nf* Transmission à distance de documents graphiques, de dessins, etc., en fac-similé; SYN: *fax* ▸ **telecópia, fax**
télécopieur *nm* Appareil transmettant à distance un document graphique; SYN: *fax* ▸ **telecopiador, fax**
télédétection *nf* Technique d'étude de la surface terrestre par analyse et traitement d'images aériennes ▸ **teledetecção**
télédiffuser *vt* Diffuser par télévision ▸ **televisionar**
télédiffusion *nf* Action de télédiffuser ▸ **teledifusão**
télédistribution *nf* Diffusion de programmes de télévision à des abonnés dont l'appareil est relié par câble à la tête de réseau ▸ **televisão a cabo, teledistribuição**
télé-enseignement (pl *télé-enseignements*) *nm* Enseignement utilisant la radio et la télévision ▸ **teleducação**
téléfilm *nm* Film réalisé pour la télévision ▸ **telefilme**
télégénique *adj* Dont le physique produit un effet agréable à la télévision ▸ **telegênico, fotogênico**
télégramme *nm* Message télégraphique ▸ **telegrama**
télégraphe *nm* Système de télécommunication qui permet de communiquer par écrit, rapidement, à grande distance ▸ **telégrafo**
télégraphier *vt* Faire parvenir au moyen du télégraphe ▸ **telegrafar**
télégraphique *adj* Relatif au télégraphe; expédié par télégraphe ▸ **telegráfico** ■ **style télégraphique:** réduit à l'essentiel ▸ **estilo telegráfico**
télégraphiste *n et adj* Employé au service du télégraphe ▸ **telegrafista**
téléguidage *nm* Action de téléguider ▸ **teleguiagem**
téléguider *vt* **1** Diriger à distance l'évolution d'un mobile (char, avion, jouet, etc.) ▸ **teleguiar 2** FIG Influencer de façon secrète ou lointaine: *téléguider une action* ▸ **teleguiar, comandar**
téléimprimeur *nm* Appareil télégraphique permettant l'envoi direct d'un texte ou sa réception, au moyen d'un clavier alphanumérique ▸ **teletipo**
télématique *nf* Technique qui associe les télécommunications et l'informatique ▸ **telemática** ◆ *adj* Relatif à la télématique ▸ **telemático**
télémédecine *nf* Informations et conseils médicaux prodigués par l'intermédiaire d'un réseau télématique ▸ **telemedicina**
télémètre *nm* Instrument pour mesurer la distance qui sépare un observateur d'un point éloigné ▸ **telêmetro**
téléobjectif *nm* Objectif pour la photographie des objets éloignés ou pour le portrait ▸ **teleobjetiva**
téléopérateur, trice *n* Personne assurant des actions commerciales ou de marketing par téléphone pour le compte d'une entreprise ▸ **operador de *telemarketing***
télépaiement *nm* Paiement électronique ▸ **pagamento eletrônico**
télépathe *n* Qui pratique la télépathie ▸ **telepata**
télépathie *nf* Phénomène de transmission de pensée entre deux personnes éloignées dans l'espace ▸ **telepatia**
télépathique *adj* Relatif à la télépathie ▸ **telepático**
téléphérique *nm* Moyen de transport par cabine suspendue à des câbles aériens ▸ **teleférico**
téléphone *nm* Installation de téléphonie; appareil qui permet la transmission de la parole ▸ **telefone** ■ FAM **téléphone arabe:** information qui se propage de bouche à oreille ▸ **divulgação boca a boca**
téléphoner *vi* Se servir du téléphone ▸ **telefonar** ◆ *vt* Transmettre par téléphone ▸ **telefonar**
téléphonie *nf* Système de télécommunication établi en vue de la transmission de la parole ▸ **telefonia** ■ **téléphonie sans fil:** transmission par ondes électromagnétiques ▸ **radiotelefonia**
téléphonique *adj* Qui appartient, se rapporte au téléphone: *cabine téléphonique*; qui se fait par téléphone: *appel téléphonique* ▸ **telefônico**
téléphoniste *n* Personne chargée du service d'un téléphone; standardiste ▸ **telefonista**
téléport *nm* Ensemble de moyens de télécommunication mis à la disposition des entreprises qui s'installent sur un site donné ▸ **teleporto, porto de telecomunicações**
télé-réalité (pl *télé-réalités*) *nf* Émission télévisée où est filmée la vie quotidienne de gens sélectionnés pour y participer ▸ ***reality show***
téléroman *nm* CANADA Feuilleton télévisé ▸ **novela**
télescopage *nm* Action de télescoper; fait de se télescoper: *télescopage de trains* ▸ **choque**
télescope *nm* Instrument pour observer les astres, dont l'objectif est un miroir concave ▸ **telescópio**
télescoper *vt* Heurter violemment, entrer en collision avec ▸ **chocar-se contra** ◆ **se télescoper** *vpr*

1 Entrer en collision: *voitures qui se télescopent* ▸ **chocar-se 2** FIG S'interpénétrer: *événements qui se télescopent* ▸ **interpenetrar-se**

télescopique *adj* **1** Fait à l'aide du télescope; qu'on ne voit qu'à l'aide du télescope ▸ **telescópico 2** Dont les éléments s'emboîtent les uns dans les autres: *antenne télescopique* ▸ **telescópico**

téléscripteur *nm* Téléimprimeur ▸ **teletipo**

télésiège *nm* Téléphérique le long duquel sont répartis des sièges accrochés par des suspentes ▸ **teleférico de cadeira**

téléski *nm* Remonte-pente ▸ **telesqui**

téléspectateur, trice *n* Personne qui regarde la télévision ▸ **telespectador**

télésurveillance *nf* Surveillance à distance par un procédé de télécommunication ▸ **vigilância eletrônica**

télétravail *nm* Organisation décentralisée des tâches grâce à la télématique, qui permet de travailler à distance ▸ **teletrabalho**

Télétype *nm* (nom déposé) Téléimprimeur de la marque de ce nom ▸ **teletipo**

télévente *nf* Vente, sur commande passée par téléphone, par Minitel ou par Internet, d'articles présentés à la télévision ▸ **televenda**

téléviser *vt* Transmettre par télévision ▸ **televisionar**

téléviseur *nm* Appareil récepteur de télévision ▸ **televisor**

télévision *nf* **1** Transmission à distance par ondes radioélectriques de l'image d'un objet ▸ **televisão 2** Ensemble des services assurant la transmission d'émissions télévisées ▸ **televisão 3** Téléviseur ▸ **televisão ▪ télévision par câble:** télédistribution ▸ **televisão a cabo**

télévisuel, elle *adj* Relatif à la télévision ▸ **televisual, televisivo**

télex *nm* Service télégraphique, permettant d'échanger des messages écrits au moyen de téléimprimeurs; message ainsi transmis ▸ **telex**

télexer *vt* Transmettre par télex ▸ **telexar**

tell *nm* Au Proche-Orient, colline artificielle formée par les ruines d'une ville ancienne ▸ ***tell***

tellement *adv* **1** Marque l'intensité, la grande quantité: *elle est tellement gentille!; personne ne l'invite plus, tellement il est ennuyeux* ▸ **tão, tanto 2** (suivi de *que*) Marque la conséquence: *il a tellement mangé qu'il est tombé malade* ▸ **tanto ▪ pas tellement:** modérément ▸ **não muito**

tellure *nm* Corps chimique blanc bleuâtre de la famille du soufre, lamellaire et fragile ▸ **telúrio**

tellurique ou **tellurien, enne** *adj* Qui vient de la Terre, du sol: *secousse tellurique* ▸ **telúrico**

téméraire *adj et n* D'une hardiesse inconsidérée ▸ **temerário ▪ jugement téméraire:** porté sans preuves suffisantes ▸ **juízo temerário**

témérairement *adv* Avec témérité ▸ **temerariamente**

témérité *nf* Hardiesse imprudente et présomptueuse ▸ **temeridade**

témoignage *nm* **1** Action de témoigner: *témoignage décisif* ▸ **testemunho 2** Marque, preuve: *témoignage d'affection* ▸ **testemunho, prova ▪ faux témoignage:** témoignage mensonger ▸ **falso testemunho**

témoigner *vt* **1** Montrer, faire paraître par ses paroles, ses actions: *témoigner de la joie* ▸ **testemunhar 2** Être signe de: *geste qui témoigne la surprise* ▸ **testemunhar** ♦ *vi* Révéler ce qu'on sait; faire une déposition: *témoigner en justice* ▸ **testemunhar** ♦ *vt ind* [de] Servir de preuve à: *témoigner de sa sincérité* ▸ **testemunhar**

témoin *nm* **1** Personne qui a vu ou entendu quelque chose et peut le certifier: *être le témoin d'un accident* ▸ **testemunha 2** Personne qui dépose en justice: *témoin à charge, à décharge* ▸ **testemunha 3** Personne qui atteste l'exactitude d'un acte, d'une déclaration: *les témoins d'un mariage* ▸ **testemunha 4** Personne chargée de régler les conditions d'un duel ▸ **testemunha 5** Œuvre ou artiste qui atteste de son époque: *les gravures rupestres, témoins de l'art préhistorique* ▸ **testemunha 6** SPORTS Bâton que les coureurs se passent dans une course de relais ▸ **bastão ▪ prendre quelqu'un à témoin:** lui demander l'appui de son témoignage ▸ **tomar alguém por testemunha** ♦ *adj* Qui sert de modèle, de repère: *appartement témoin; lampe témoin* ▸ **piloto**

GRAMMAIRE On écrit: *il les a prises à témoin* (expression invariable), mais *il les a prises comme (pour) témoins* (attribut, s'accorde en nombre)

tempe *nf* Partie latérale du crâne ▸ **têmpora**

tempera [tɑ̃pera] *nf* BX-ARTS Détrempe dont le liant est généralement un jaune d'œuf: *peindre à la tempera ou a tempera* ▸ **têmpera**

tempérament *nm* Ensemble des dispositions physiques d'un individu qui détermineraient son caractère: *tempérament robuste, violent* ▸ **temperamento ▪ avoir du tempérament:** avoir une forte personnalité ▸ **ser temperamental □ vente à tempérament:** payable par versements échelonnés ▸ **venda a prazo**

tempérance *nf* Modération, sobriété dans l'usage des aliments et des boissons ▸ **temperança**

tempérant, e *adj* VIEILLI Qui fait preuve de tempérance; sobre ▸ **temperante**

température *nf* **1** Degré de chaleur ou de froid dans un lieu ou dans l'atmosphère ▸ **temperatura** **2** Degré de chaleur d'un lieu, d'une substance, d'un corps: *la température d'un four* ▸ **temperatura** **3** Fièvre: *avoir de la température* ▸ **febre**

tempéré, e *adj* De température moyenne: *climat tempéré* ▸ **temperado**

tempérer *vt (conj 10)* Modérer, atténuer l'excès de quelque chose: *tempérer son enthousiasme* ▸ **temperar**

tempête *nf* **1** Perturbation atmosphérique violente; ouragan ▸ **tempestade** **2** FIG Explosion violente: *tempête d'injures, d'applaudissements* ▸ **explosão**

tempêter *vi* Manifester bruyamment sa colère, son mécontentement; fulminer ▸ **enfurecer-se**

tempétueux, euse *adj* LITT Qui cause ou qui est le signe d'une tempête: *vent tempétueux* ▸ **tempestuoso**

temple *nm* **1** Édifice antique consacré au culte d'une divinité ▸ **templo** **2** Édifice du culte protestant ▸ **igreja**

templier *nm* Chevalier de l'ordre du Temple ▸ **templário**

tempo [tɛ̃po] ou [tɛmpo] *nm* **1** MUS Vitesse d'exécution d'une œuvre ▸ **andamento** **2** LITT Rythme de déroulement d'une action quelconque ▸ **tempo, ritmo**

temporaire *adj* Qui ne dure qu'un temps; provisoire: *emploi temporaire* ▸ **temporário**

temporairement *adv* De façon temporaire ▸ **temporariamente**

temporal, e, aux *adj* De la tempe ▸ **temporal** ◆ *nm* Os du crâne situé dans la région de la tempe ▸ **temporal**

temporalité *nf* Caractère de ce qui existe dans le temps ▸ **temporalidade**

temporel, elle *adj* **1** Qui a lieu dans le temps (par opposition à *éternel*): *déroulement temporel* ▸ **temporal** **2** Qui concerne les choses matérielles (par opposition à *spirituel*): *biens temporels* ▸ **temporal** **3** GRAMM Qui indique le temps: *subordonnée temporelle* ▸ **temporal** ■ **pouvoir temporel:** pouvoir des papes en tant que souverains de leur territoire ▸ **poder temporal**

temporisateur, trice *adj* Qui temporise ▸ **temporizador**

temporisation *nf* Fait de temporiser; retard ▸ **temporização**

temporiser *vi* Retarder, différer dans l'attente d'un moment plus propice ▸ **temporizar**

temps *nm* **1** Durée dans laquelle se succèdent les événements, les jours, les nuits, etc.: *le temps passe vite* ▸ **tempo** **2** Durée mesurable: *combien de temps reste-t-il?* ▸ **tempo** **3** Moment, période considérés par rapport à quelque chose de particulier: *en temps de paix, de guerre* ▸ **tempo** **4** Durée dont une personne dispose: *être avare de son temps* ▸ **tempo** **5** Chacune des phases d'une action: *programme en trois temps* ▸ **tempo, fase** **6** Époque: *du temps de César* ▸ **tempo** **7** Moment propice, occasion: *chaque chose en son temps* ▸ **tempo** **8** Période propre à telle ou telle chose: *le temps des vacances* ▸ **tempo** **9** État de l'atmosphère: *quel temps fait-il?* ▸ **tempo** **10** MUS Division de la mesure: *mesure à deux temps* ▸ **tempo** **11** GRAMM Forme verbale exprimant la localisation dans le temps ▸ **tempo** ■ **à temps:** juste assez tôt, au moment voulu ▸ **a tempo** □ **avec le temps:** peu à peu ▸ **com o tempo** □ **dans le temps:** autrefois ▸ **antigamente** □ **de temps en temps** ou **de temps à autre:** quelquefois ▸ **de vez em quando** □ **de tout temps:** toujours ▸ **sempre** □ **en même temps:** simultanément ▸ **ao mesmo tempo** □ **en temps réel:** se dit du mode de fonctionnement d'un ordinateur qui permet le traitement des données au fur et à mesure de leur introduction dans le système ▸ **em tempo real** □ **il est temps de** (+ inf): il devient urgent de ▸ **já é hora de** □ **il est temps que** (+ subj): il devient urgent que ▸ **já é hora de** □ **temps partiel:** temps de travail inférieur à la durée légale hebdomadaire ▸ **meio expediente** □ **tout le temps:** toujours, continuellement ▸ **o tempo todo**

tenable *adj* (surtout en tournure négative) **1** Où l'on peut tenir, résister: *la situation n'est plus tenable* ▸ **sustentável** **2** À qui on peut imposer une discipline: *les enfants ne sont pas tenables* ▸ **controlável**

tenace *adj* **1** Très attaché à ses idées, à ses projets; opiniâtre ▸ **tenaz** **2** FIG Difficile à détruire, à extirper: *préjugé tenace* ▸ **tenaz** **3** Qui adhère fortement: *colle tenace* ▸ **tenaz**

ténacité *nf* Caractère tenace ▸ **tenacidade**

tenaille *nf* ou **tenailles** *nf pl* Pince pour tenir ou arracher quelque chose ▸ **tenaz**

tenailler *vt* Faire souffrir: *faim qui tenaille*; LITT causer une vive douleur morale: *être tenaillé par le remords* ▸ **torturar**

tenancier, ère *n* (souvent péjoratif) Personne qui dirige un hôtel, un bar, etc. ▸ **gerente**

tenant[1] *nm* Celui qui soutient une opinion, une institution; partisan: *tenants du syndicalisme traditionnel* ▸ **defensor** ■ **connaître les tenants et les aboutissants d'une affaire:** en connaître toutes les circonstances, tous les détails ▸ **conhe-**

cer todos os pormenores de um negócio □ **d'un seul tenant:** d'un seul morceau: *propriété d'un seul tenant* ▸ **de um pedaço indivisível** □ **tenant du titre:** sportif, joueur ou équipe qui détient un titre ▸ **detentor do título**

tenant², e *adj* ▸ **contínuo** ■ **séance tenante:** sur-le-champ, immédiatement ▸ **ato contínuo**

tendance *nf* **1** Force qui pousse quelqu'un à, vers: *avoir tendance à exagérer* ▸ **tendência 2** Évolution, orientation de quelque chose: *tendances de l'art moderne* ▸ **tendência 3** Fraction organisée d'un mouvement syndical ou politique: *la tendance dure du parti* ▸ **tendência, linha** ■ **procès de tendance:** fait contre quelqu'un en raison des idées qu'on lui prête ▸ **julgamento de intenção**

tendanciel, elle *adj* Qui indique une tendance: *baisse tendancielle* ▸ **tendencial**

tendancieusement *adv* De façon tendancieuse ▸ **tendenciosamente**

tendancieux, euse *adj* Qui manifeste une tendance, un parti pris qui n'est pas objectif: *propos tendancieux* ▸ **tendencioso**

tendeur *nm* Courroie élastique servant à maintenir quelque chose en place ▸ **correia elástica**

tendineux, euse *adj* ANAT Qui se rapporte au tendon ▸ **tendinoso** ■ BOUCH **viande tendineuse:** qui contient des fibres coriaces ▸ **carne com nervos**

tendinite *nf* MÉD Inflammation d'un tendon ▸ **tendinite**

tendon *nm* Faisceau fibreux à l'extrémité d'un muscle qui le relie aux os ▸ **tendão** ■ **tendon d'Achille:** tendon du talon ▸ **tendão de Aquiles, tendão calcâneo**

tendre¹ *adj* **1** Qui n'est pas dur: *viande tendre* ▸ **tenro 2** Qui manifeste de l'affection, de l'attachement: *paroles tendres* ▸ **terno 3** Clair, délicat: *couleur tendre* ▸ **suave** ■ **âge tendre:** petite enfance ▸ **tenra idade** ◆ *adj et n* Affectueux, facile à émouvoir: *mère tendre; un grand tendre* ▸ **sensível** ■ **ne pas être tendre pour quelqu'un:** être sévère ▸ **ser duro com alguém**

tendre² *vt (conj 50)* **1** Tirer et tenir quelque chose en état d'allongement: *tendre un arc, une corde* ▸ **esticar 2** Avancer, porter en avant: *tendre la main* ▸ **estender 3** Disposer en étendant: *tendre une tapisserie* ▸ **estender** ■ **tendre un piège: (a)** le disposer pour prendre du gibier ▸ **preparar uma armadilha (b)** FIG chercher à tromper ▸ **armar uma cilada** ◆ *vt ind* [à, vers] Se diriger vers, avoir pour but: *tendre à la perfection* ▸ **tender** ◆ **se tendre** *vpr* Se détériorer, en parlant de relations entre personnes ▸ **ficar tenso**

tendrement *adv* Avec tendresse ▸ **ternamente**

tendresse *nf* Sentiment tendre d'amitié, d'amour ▸ **ternura**

tendreté *nf* Qualité d'une viande tendre ▸ **maciez**

tendron *nm* **1** BOUCH Partie cartilagineuse de la viande de bœuf ou de veau ▸ **músculo mole 2** FAM Très jeune fille ▸ **brotinho**

tendu, e *adj* **1** Très appliqué: *esprit tendu* ▸ **aplicado 2** Difficile: *rapports tendus* ▸ **tenso**

ténèbres *nf pl* LITT **1** Obscurité profonde: *la ville était plongée dans les ténèbres* ▸ **trevas 2** FIG Domaine de ce qui est obscur, difficile à comprendre: *les ténèbres de l'ignorance* ▸ **trevas** ■ **le prince des ténèbres:** Satan ▸ **o príncipe das trevas**

ténébreux, euse *adj* **1** LITT Plongé dans les ténèbres, sombre, noir: *gouffre ténébreux* ▸ **tenebroso 2** FIG Difficile à comprendre: *affaire ténébreuse* ▸ **tenebroso** ◆ *adj et n* LITT Mélancolique ▸ **melancólico** ■ **beau ténébreux:** bel homme à l'expression sombre et romantique ▸ **belo tenebroso**

teneur *nf* **1** Contenu essentiel d'un propos, d'un texte, d'un acte juridique: *quelle est la teneur de cet article?* ▸ **teor 2** Ce qu'un mélange contient d'un corps déterminé: *teneur en eau* ▸ **teor**

ténia ou **tænia** *nm* Ver parasite de l'intestin des mammifères ▸ **tênia, solitária**

tenir *vt (conj 22)* **1** Avoir avec soi, garder à la main, près de soi: *tenir un enfant dans ses bras; tenir son chapeau à la main* ▸ **segurar 2** Faire rester près de soi, retenir: *tenir des coupables* ▸ **segurar 3** Garder, maintenir dans un certain état: *tenir une porte ouverte* ▸ **deixar, manter 4** Avoir la charge d'une fonction, d'une profession: *tenir un rôle; tenir un hôtel* ▸ **dirigir, exercer 5** Diriger, maîtriser: *tenir une classe* ▸ **dirigir 6** Observer fidèlement, respecter: *tenir sa parole, une promesse* ▸ **manter 7** Considérer comme: *tenir pour vrai* ▸ **considerar 8** Avoir reçu ou obtenu de quelqu'un: *de qui tenez-vous cette information?* ▸ **obter** ■ **tenir compte de:** prendre en considération ▸ **levar em conta** □ **tenir conseil:** délibérer ▸ **deliberar** □ **tenir des propos:** parler ▸ **falar** □ **tenir en haleine:** ne pas dire tout de suite, faire durer une attente ▸ **deixar na expectativa** □ **tenir sa langue:** se taire ▸ **segurar a língua** □ **tenir son rang:** l'occuper avec dignité ▸ **fazer jus a sua posição** □ **tenir tête:** affronter, résister ▸ **resistir** ◆ *vi* **1** Être fixé, attaché à: *branche qui tient à l'arbre* ▸ **estar preso 2** Être contenu dans un certain espace: *on tient à huit à cette table* ▸ **caber 3** Demeurer, subsister, durer: *couple qui n'a pas tenu* ▸ **durar** ■ **tenir bon:** résister ▸ **aguentar firme** □ **tiens!, tenez!:**

(a) sert à marquer la surprise: *tiens, vous êtes déjà là!* ▸ **ora!** (b) sert à attirer l'attention de celui à qui l'on parle: *tenez, prenez* ▸ **ei!** ◆ *vt ind* **1** [à] Être attaché à quelqu'un ou à quelque chose: *tenir à ses enfants* ▸ **amar, gostar de 2** [à] Désirer, vouloir: *il tient à venir* ▸ **querer 3** [à] Avoir pour cause: *cela tient à plusieurs raisons* ▸ **dever-se 4** [de] Ressembler à: *enfant qui tient de son père* ▸ **puxar** ◆ **se tenir** *vpr* **1** Demeurer dans un certain état, dans une certaine attitude: *se tenir prêt* ▸ **manter-se, estar 2** Être unis l'un à l'autre: *se tenir par la main* ▸ **segurar-se 3** S'appuyer sur: *se tenir à une branche* ▸ **apoiar-se 4** Avoir lieu: *marché qui se tient le jeudi* ▸ **acontecer** ▪ **s'en tenir à quelque chose:** ne rien faire de plus: *s'en tenir à l'essentiel* ▸ **ater-se a algo**

tennis [tenis] *nm* **1** Sport qui consiste, pour deux ou quatre joueurs, munis de raquettes, à envoyer une balle par-dessus un filet dans les limites du court; le terrain où l'on joue: *tennis couvert* ▸ **tênis 2** Chaussure de toile à semelle de caoutchouc ▸ **tênis** ▪ **tennis de table:** ping-pong ▸ **tênis de mesa**

tennisman [tenisman] (pl *tennismans ou tennismen*) *nm* Joueur de tennis ▸ **tenista**

tennistique *adj* Relatif au tennis ▸ **tenístico**

tenon *nm* Extrémité d'une pièce de bois ou de métal qui entre dans la cavité (ou *mortaise*) d'une autre pièce avec laquelle elle doit être assemblée ▸ **respiga, macho**

ténor *nm* **1** Voix d'homme la plus élevée; chanteur qui la possède ▸ **tenor 2** FAM Personne qui tient un rôle de premier plan: *les ténors de la politique* ▸ **protagonista**

tenseur *nm et adj m* Muscle propre à produire une tension ▸ **tensor**

tensiomètre *nm* Appareil à mesurer la tension mécanique ▸ **tensiômetro**

tension *nf* **1** Action de tendre; état de ce qui est tendu: *tension d'un muscle* ▸ **tensão 2** État d'une personne tendue, contractée, nerveuse ▸ **tensão 3** Situation tendue entre deux personnes, deux groupes ▸ **tensão 4** Différence de potentiel électrique entre deux points d'un circuit ▸ **tensão, voltagem** ▪ FAM **avoir, faire de la tension:** de l'hypertension ▸ **ter pressão alta** ▫ **tension artérielle ou tension:** pression du sang sur les parois des artères ▸ **pressão arterial** ▫ **tension d'esprit:** effort intense et soutenu de l'esprit ▸ **contensão do espírito**

tentaculaire *adj* SOUT Qui s'étend dans toutes les directions à la manière des tentacules: *ville tentaculaire* ▸ **tentacular**

tentacule *nm* Appendice mobile dont les mollusques, les actinies, etc., sont pourvus, et qui leur sert d'organe du toucher ou de la préhension, parfois à la respiration ▸ **tentáculo**

GRAMMAIRE *Tentacule* est du genre masculin: *les grands tentacules de la pieuvre*

tentant, e *adj* Propre à exciter le désir, l'envie ▸ **tentador**

tentateur, trice *adj et n* Qui tente, sollicite ▸ **tentador**

tentation *nf* **1** Attrait vers une chose défendue par une loi morale ou religieuse ▸ **tentação 2** Tout ce qui tente, attire, porte à faire quelque chose: *résister à la tentation de fumer* ▸ **tentação**

tentative *nf* **1** Action par laquelle on essaie de réussir quelque chose; essai: *faire une dernière tentative* ▸ **tentativa 2** DR Commencement d'exécution d'un crime ou d'un délit: *tentative de meurtre* ▸ **tentativa**

tente *nf* Abri portatif démontable, le plus souvent en toile serrée, que l'on dresse en plein air ▸ **tenda, barraca** ▪ **tente à oxygène:** parois plastiques transparentes derrière lesquelles on place le malade pour le soumettre à l'action de l'oxygène pur ▸ **tenda de oxigênio**

tenter *vt* **1** Entreprendre, chercher à faire réussir: *tenter une démarche* ▸ **tentar 2** Se proposer de faire quelque chose de difficile: *tenter un sauvetage* ▸ **tentar 3** Séduire, attirer: *ce fruit me tente; laissez-vous tenter!* ▸ **tentar 4** Inciter quelqu'un à faire le mal en éveillant son envie, son désir ▸ **tentar** ◆ *vt ind* [de] Essayer, s'efforcer de: *tenter de battre un record* ▸ **tentar**

tenture *nf* Tapisserie, papier peint, etc., qui tapissent les murs d'une habitation ▸ **tapeçaria, papel de parede**

tenu, e *adj* Maintenu dans un certain état de propreté: *maison bien, mal tenue* ▸ **cuidado**

ténu, e *adj* Mince, de très faible épaisseur; à peine perceptible ▸ **tênue**

tenue *nf* **1** Action ou manière de tenir, de diriger: *tenue d'une maison* ▸ **administração 2** Fait de se réunir, de siéger: *tenue d'un congrès* ▸ **realização 3** Attitude du corps, maintien: *bonne, mauvaise tenue* ▸ **porte 4** Manière de se vêtir: *en tenue de soirée*; habillement propre à une profession, à une activité, à une circonstance: *tenue de sport* ▸ **traje 5** Manière de se conduire: *manquer de tenue* ▸ **maneiras** ▪ **en petite tenue:** peu vêtu ▸ **em trajes sumários**

ténuité *nf* LITT État d'une chose ténue; petitesse ▸ **tenuidade**

tequila [tekila] *nf* Alcool d'agave, fabriqué au Mexique ▸ **tequila**

ter [tɛr] *adv* **1** Désigne le troisième élément d'une suite portant le même numéro: *habiter au 2 ter* ▸ **Ø 2** Indique qu'on doit dire, jouer, chanter un passage trois fois ▸ **três vezes**

tératogène *adj* MÉD Qui produit des malformations congénitales ▸ **teratogênico**

tératologie *nf* Science des malformations congénitales ▸ **teratologia**

tercet *nm* LITTÉR Groupe de trois vers unis par le sens et les rimes ▸ **terceto**

térébenthine *nf* Résine semi-liquide, tirée du térébinthe, du mélèze, du sapin, du pin maritime ▸ **terebintina** ▪ **essence de térébenthine:** utilisée pour dissoudre des corps gras, fabriquer des vernis, de la peinture à l'huile ▸ **essência de terebintina**

térébinthe *nm* Pistachier méditerranéen dont l'écorce fournit une térébenthine ▸ **terebinto**

Tergal *nm* (nom déposé) Fil ou fibre synthétique de polyester ▸ **tergal** (marca registrada)

tergiversation *nf* Action de tergiverser; hésitation, détour ▸ **tergiversação**

tergiverser *vi* LITT User de détours, de fauxfuyants pour retarder une décision ▸ **tergiversar**

terme[1] *nm* **1** Lieu où se termine un déplacement: *au terme de ce voyage* ▸ **fim, termo 2** Limite fixée dans le temps: *délai qui parvient à son terme* ▸ **termo 3** Date, époque où l'on paie la location d'un lieu d'habitation; prix de cette location: *payer son terme* ▸ **termo, aluguel** ▪ **à court terme, à long terme:** sur une période brève, longue ▸ **a curto prazo, a longo prazo** ▫ **à terme:** dans un délai plus ou moins long, mais à coup sûr ▸ **cedo ou tarde** ▫ **enfant né à terme:** à la date prévue ▸ **criança nascida a termo**

terme[2] *nm* **1** Mot, expression: *terme précis; terme technique* ▸ **termo 2** MATH Quantité qui compose un rapport, une proportion ▸ **termo 3** GRAMM Élément d'une proposition ▸ **termo** ◆ **termes** *pl* Manière de dire quelque chose: *s'exprimer en termes clairs* ▸ **termo** ▪ **aux termes de:** selon ce qui est stipulé ▸ **nos termos de** ▫ **en bons, en mauvais termes:** en entretenant de bonnes, de mauvaises relations ▸ **em bons, em maus termos** ▫ **en d'autres termes:** autrement dit ▸ **em outras palavras**

terminaison *nf* Élément final d'un mot ▸ **terminação**

terminal, e, aux *adj* **1** Qui marque la fin de quelque chose: *phase terminale* ▸ **terminal 2** BOT Qui occupe l'extrémité: *bourgeon terminal* ▸ **terminal** ◆ *nm* **1** Gare, aérogare urbaine servant de point de départ et d'arrivée des passagers ▸ **terminal 2** INFORM Appareil permettant l'accès à distance à un système informatique ▸ **terminal**

terminale *nf* Classe terminant l'enseignement secondaire, où l'on prépare le baccalauréat ▸ **última série da escola**

terminer *vt* **1** Achever, finir quelque chose qui a été commencé: *terminer son travail* ▸ **terminar 2** Constituer la fin de quelque chose: *glace qui termine un repas* ▸ **finalizar 3** Passer la fin de: *terminer la soirée chez des amis* ▸ **terminar** ◆ **se terminer** *vpr* Arriver à sa fin; finir de telle ou telle façon ▸ **acabar, terminar**

terminologie *nf* Ensemble des termes propres à une technique, à une science, etc. ▸ **terminologia**

terminus [tɛrminys] *nm* Dernière station d'une ligne de transports en commun ▸ **ponto final, terminal**

termite *nm* Insecte vivant en société, surtout dans les régions chaudes, et qui ronge le bois ▸ **cupim**

termitière *nf* Nid de termites ▸ **cupinzeiro**

ternaire *adj* Composé de trois éléments: *nombre ternaire; rythme ternaire* ▸ **ternário**

terne *adj* **1** Qui manque d'éclat: *couleurs ternes* ▸ **embaciado 2** FIG Dépourvu d'intérêt, monotone: *style terne* ▸ **monótono**

ternir *vt* **1** Rendre terne, ôter ou diminuer l'éclat, la couleur: *le soleil a terni les rideaux* ▸ **deslustrar 2** FIG Rendre moins pur, salir: *ternir sa réputation* ▸ **deslustrar**

ternissure *nf* État de ce qui est terni; endroit terni ▸ **deslustre**

terrain *nm* **1** Modelé, relief de la surface terrestre: *terrain plat* ▸ **terreno 2** Sol considéré du point de vue de sa nature: *terrain calcaire* ▸ **terreno 3** Surface du sol du point de vue de son utilisation: *terrain à bâtir; terrain militaire; terrain de sport* ▸ **área 4** Lieu où se déroulent un événement, des opérations: *le terrain des opérations* ▸ **campo, área 5** FIG Situation réelle, état des choses et des esprits: *tâter le terrain; terrain d'entente* ▸ **terreno** ▪ **céder du terrain: (a)** reculer ▸ **ceder terreno (b)** FIG faire des concessions ▸ **ceder terreno** ▫ **gagner du terrain:** avancer, prendre l'avantage ▸ **ganhar terreno** ▫ **homme de terrain:** personne en contact direct avec les gens, les circonstances ▸ **homem de ação**

terrasse *nf* **1** Levée de terre horizontale maintenue par un mur: *cultures en terrasses* ▸ **socalco**

2 Plate-forme aménagée à un étage ou sur le toit d'une maison ▶ **terraço 3** Prolongement d'un café, d'un restaurant, etc., sur une partie du trottoir ▶ **terraço 4** Espace plat aménagé au pied d'un immeuble, d'une construction ▶ **pátio**

terrassement *nm* Action de creuser et de transporter des terres; masse de terre ainsi transportée ▶ **terraplenagem, aterro**

terrasser *vt* **1** SOUT Jeter à terre: *terrasser un adversaire* ▶ **derrubar 2** FIG Vaincre ▶ **vencer 3** FIG Abattre physiquement ou moralement: *terrassé par la fièvre* ▶ **derrubar**

terrassier *nm* Ouvrier qui travaille aux terrassements ▶ **trabalhador em terraplenagem**

terre *nf* **1** (avec une majuscule) Planète habitée par l'homme: *parcourir la Terre* ▶ **Terra 2** Partie solide de la surface terrestre (par opposition à *mer*) ▶ **terra 3** Ensemble des hommes, de l'humanité: *être connu de la terre entière* ▶ **mundo 4** Séjour des vivants (par opposition à *l'au-delà*): *être sur terre* ▶ **terra 5** Couche superficielle du globe, qui produit les végétaux: *les fruits de la terre* ▶ **terra 6** Terrain cultivé; domaine rural: *acheter une terre* ▶ **terra 7** LITT Pays, région, contrée: *terres arctiques; terre natale* ▶ **terra 8** Matière pulvérulente que l'on trouve dans le sol et qui sert à fabriquer des objets: *pot en terre* ▶ **terra** ■ **avoir les pieds sur terre:** agir toujours en tenant compte de la réalité ▶ **ter os pés na terra** □ **la terre ferme:** le sol ▶ **a terra firme** □ **mettre, porter en terre:** enterrer ▶ **enterrar** □ **par terre:** sur le sol: *tomber par terre* ▶ **no chão** □ **remuer ciel et terre:** se donner beaucoup de mal ▶ **mover céus e terras** □ **sciences de la Terre:** qui étudient l'origine, la nature et l'évolution du globe terrestre ▶ **ciências da Terra, geociências** □ **terre à terre:** prosaïque: *esprit terre à terre* ▶ **terra a terra**

terreau *nm* **1** Terre végétale mêlée de produits de décomposition ▶ **húmus 2** FIG Situation qui favorise le développement de quelque chose: *le chômage, terreau de la délinquance* ▶ **terreno fértil**

terre-neuvas [tɛrnœva] *nm inv* ou **terre-neuvier** (pl *terre-neuviers*) *nm* Bateau équipé pour la pêche sur les bancs de Terre-Neuve; pêcheur sur ce bateau ▶ **pesqueiro, pescador de Terra Nova**

terre-neuve *nm inv* Gros chien de sauvetage originaire de Terre-Neuve ▶ **terra-nova**

terre-plein (pl *terre-pleins*) *nm* Amas de terres rapportées formant une surface unie ▶ **terrapleno** ■ **terre-plein central:** bande de terrain séparant deux chaussées de sens opposé ▶ **canteiro central**

terrer (se) *vpr* **1** Se cacher sous terre, en parlant d'un animal ▶ **esconder-se sob a terra 2** Se cacher en s'isolant ▶ **esconder-se**

terrestre *adj* **1** Qui appartient à notre planète: *globe terrestre* ▶ **terrestre 2** Relatif à la partie solide du globe; qui y vit: *animaux terrestres* ▶ **terrestre 3** FIG Qui concerne la vie matérielle: *plaisirs terrestres* ▶ **terrestre**

terreur *nf* **1** Épouvante, frayeur ▶ **terror 2** Personne ou chose que l'on redoute ▶ **terror**

terreux, euse *adj* **1** De la nature de la terre: *matière terreuse* ▶ **terroso 2** Sali de terre: *mains terreuses* ▶ **sujo de terra 3** Pâle, grisâtre: *visage terreux* ▶ **terroso**

terrible *adj* **1** Qui inspire la terreur: *un terrible accident* ▶ **terrível 2** D'une grande violence, d'une grande intensité: *coup terrible* ▶ **terrível 3** FAM Porté au plus haut point; extraordinaire: *un terrible bavard* ▶ **terrível 4** FAM Remarquable, formidable: *un type terrible* ▶ **formidável** ■ FAM **pas terrible:** médiocre ▶ **nada de mais**

terriblement *adv* Très, beaucoup, extrêmement: *terriblement ennuyeux* ▶ **terrivelmente**

terrien, enne *adj et n* Qui habite la Terre ▶ **terráqueo** ◆ *adj* Relatif à la vie rurale ▶ **campestre** ■ **propriétaire terrien:** qui possède des terres ▶ **proprietário de terras, terra-tenente**

terrier *nm* **1** Trou dans la terre, où s'abritent certains animaux ▶ **toca 2** Chien propre à chasser les animaux qui habitent des terriers ▶ ***terrier***

terrifiant, e *adj* Qui terrifie ▶ **aterrorizante**

terrifier *vt* Frapper de terreur ▶ **aterrorizar**

terril [teril] ou **terri** *nm* Entassement des déblais extraits d'une mine ▶ **monte de escória**

terrine *nf* Récipient ovale ou rectangulaire de terre ou de porcelaine pour la cuisson et la conservation des pâtés; préparation froide de viande de poisson, de légumes, moulés dans ce récipient ▶ **terrina**

territoire *nm* **1** Étendue de terre appartenant à un État ou sur laquelle s'exerce une autorité ▶ **território 2** ZOOL Zone occupée par un animal et défendue contre l'accès de congénères ▶ **território** ■ **territoire d'outre-mer (TOM):** collectivité territoriale de la République française créée en 1946 et supprimée en 2003 ▶ **território ultramarino**

territorial, e, aux *adj* Qui concerne le territoire ▶ **territorial** ■ DR **eaux territoriales:** zone maritime fixée par chaque État riverain (12 milles pour la France) et sur laquelle il exerce sa souveraineté (on dit aussi: *mer territoriale*) ▶ **águas territoriais**

territorialité *nf* Caractère de ce qui fait partie du territoire d'un État ► **territorialidade**
terroir *nm* **1** Terre considérée par rapport aux produits agricoles: *terroir fertile* ► **solo 2** Province, campagne considérée du point de vue de ses traditions (par opposition à la *ville*): *mots, produits du terroir* ► **campo, região**
terroriser *vt* **1** Frapper de terreur: *film qui terrorise les enfants* ► **aterrorizar 2** Maintenir dans la peur: *professeur qui terrorise ses élèves* ► **aterrorizar**
terrorisme *nm* Emploi de la violence à des fins politiques ► **terrorismo**
terroriste *adj et n* Qui relève du terrorisme; qui le met en pratique ► **terrorista**
tertiaire *adj* ► **terciário** ■ GÉOL **ère tertiaire:** période géologique d'une durée de 65 millions d'années, marquée par le plissement alpin et la diversification des mammifères ► **Terciário** □ **secteur tertiaire:** partie de la population active employée dans les services tels que la banque, le commerce, l'administration ► **setor terciário**
tertio [tɛrsjo] *adv* Troisièmement ► **em terceiro lugar**
tertre *nm* Petite éminence de terrain ► **outeiro**
tes *adj poss pl* → **ton**
tessiture *nf* Registre, ensemble des sons qu'une voix ou un instrument de musique produisent sans difficulté ► **tessitura**
tesson *nm* Débris d'un objet en verre ou en poterie: *tessons de bouteille* ► **caco**
test [tɛst] *nm* **1** Épreuve permettant soit de mesurer les aptitudes d'un sujet, soit d'explorer sa personnalité ► **teste 2** Épreuve d'examen sous forme de questionnaire ► **teste 3** MÉD Épreuve biologique ou chimique pratiquée à des fins diagnostiques: *test de grossesse* ► **teste 4** Épreuve en général qui permet de juger qqch ou qqn ► **teste** ■ **test de discrimination:** recomm. off. pour *testing* ► **teste de discriminação**
testament *nm* **1** DR Acte par lequel on déclare ses dernières volontés ► **testamento 2** Dernière œuvre, message ultime d'un écrivain, d'un artiste, d'une personnalité quelconque: *testament littéraire* ► **legado**
testamentaire *adj* Qui concerne le testament: *dispositions testamentaires* ► **testamental** ■ DR **exécuteur testamentaire:** chargé de l'exécution d'un testament ► **testamenteiro**
testateur, trice *n* DR Personne qui a fait un testament ► **testador**
tester[1] *vi* DR Faire son testament ► **testar**
tester[2] *vt* Soumettre à un test ► **testar**
testeur *nm* Appareil servant à tester les composants électroniques, les microprocesseurs ► **aparelho de testagem, testador**
testicule *nm* Glande génitale mâle ► **testículo**
testimonial, e, aux *adj* ► **testemunhal** ■ DR **preuve testimoniale:** qui repose sur un témoignage ► **prova testemunhal**
testing [tɛstiŋ] *nm* Pratique légale consistant à faire constater, afin qu'elle soit sanctionnée, toute forme de discrimination liée au sexe, à l'origine ou au handicap d'une personne (recomm. off.: *test de discrimination*) ► **teste de discriminação**
têt [tɛ] *nm* CHIM Récipient en terre réfractaire, utilisé dans les laboratoires ► **cadinho**
tétanie *nf* État pathologique caractérisé par des crises de contractions musculaires spasmodiques ► **tetania**
tétanique *adj et n* Relatif au tétanos ou à la tétanie; qui en est atteint ► **(paciente) tetânico**
tétaniser *vt* **1** MÉD Provoquer des contractions musculaires ► **tetanizar 2** FIG Paralyser d'étonnement ► **petrificar**
tétanos [tetanos] *nm* Maladie infectieuse grave, caractérisée par la rigidité des muscles ► **tétano**
têtard *nm* Larve des amphibiens comme la grenouille ► **girino**
tête *nf* **1** Extrémité supérieure du corps de l'homme; partie antérieure du corps de l'animal ► **cabeça 2** Boîte crânienne: *avoir mal à la tête* ► **cabeça 3** Visage: *une tête connue* ► **rosto 4** Hauteur, longueur de la tête: *cheval qui gagne d'une tête* ► **cabeça 5** Esprit, ensemble des facultés mentales: *perdre la tête* ► **cabeça 6** Unité, par personne ou par animal: *payer tant par tête* ► **cabeça 7** Personne ou ensemble de personnes qui dirigent, commandent ► **cabeça 8** Action de frapper une balle aérienne avec le front, au football ► **cabeçada, cabeceio 9** Partie supérieure de quelque chose: *tête d'un arbre* ► **cimo, cabeça 10** Partie terminale la plus grosse de quelque chose: *tête d'épingle* ► **cabeça 11** Partie qui se présente la première; commencement: *tête de train, de chapitre* ► **frente, cabeça** ■ **à la tête de:** se dit de quelqu'un qui possède ou dirige quelque chose: *à la tête d'une immense fortune; à la tête d'une entreprise* ► **à frente de** □ **avoir la tête de l'emploi:** avoir l'allure qui correspond à ce que l'on fait ► **ter a cara do que faz** □ **coup de tête:** action soudaine et spontanée ► **cabeçada** □ **de tête:** mentalement: *calculer de tête* ► **de cabeça** □ **en avoir par-dessus la tête:** être excédé ► **estar de saco cheio** □ **en tête de:** **(a)** au début de: *mot en tête de phrase* ► **no início de (b)** à la première place

de: *coureur en tête de course* ▸ **à frente de** □ **faire la tête:** bouder ▸ **fechar a cara** □ **monter à la tête** ou **tourner la tête:** troubler l'esprit ▸ **virar a cabeça** □ **sans queue ni tête:** incohérent: *récit sans queue ni tête* ▸ **sem pé nem cabeça** □ **se mettre en tête de:** décider, projeter de ▸ **meter na cabeça** □ **tenir tête à quelqu'un:** lui résister ▸ **fazer frente a alguém** □ **tête baissée:** sans réfléchir ▸ **às cegas** □ **tête de pont (a)** MIL: zone occupée par l'avant-garde d'une armée en territoire ennemi pour y préparer l'arrivée du gros des troupes ▸ **cabeça de ponte (b)** FIG implantation d'une entreprise à l'étranger pour y frayer la voie à un développement ultérieur ▸ **base** □ **voix de tête:** voix de fausset ▸ **voz de cabeça**

tête-à-queue *nm inv* Pivotement brusque d'un véhicule sur lui-même ▸ **cavalo de pau**

tête-à-tête *nm inv* Entretien particulier de deux personnes ▸ ***tête-à-tête*, conversa particular** ◆ *loc adv* ■ **en tête(-)à(-)tête:** seul à seul ▸ **a sós**

tête-bêche *loc adv* Dans la position de deux personnes ou deux choses placées à côté l'une de l'autre mais en sens inverse ▸ **pés com cabeça**

tête-de-nègre *nm inv et adj inv* Couleur marron foncé ▸ **castanho-escuro**

tétée *nf* **1** Action de téter ▸ **mamada 2** Quantité de lait qu'un nouveau-né tète en une fois ▸ **mamada**

téter *vt (conj 10)* Sucer le lait au sein, au biberon ou à la mamelle ▸ **mamar**

têtière *nf* Partie de la bride d'un cheval qui passe derrière les oreilles ▸ **cabeçada**

tétine *nf* **1** Mamelle d'un mammifère ▸ **teta 2** Embouchure en caoutchouc percée de trous que l'on adapte au biberon; sucette en caoutchouc pour nourrissons ▸ **bico de mamadeira, chupeta**

téton *nm* FAM Sein ▸ **seio**

tétrachlorure [tetraklɔryr] *nm* ▸ **tetracloreto** ■ **tétrachlorure de carbone:** liquide incolore employé comme solvant ininflammable ▸ **tetracloreto de carbono**

tétraèdre *nm* Solide à quatre faces triangulaires ▸ **tetraedro**

tétralogie *nf* Ensemble de quatre œuvres littéraires ou musicales ▸ **tetralogia**

tétraplégie *nf* Paralysie des quatre membres ▸ **tetraplegia**

tétraplégique *adj et n* Atteint de tétraplégie ▸ **tetraplégico**

tétrapode *nm et adj* Vertébré ayant deux paires de membres ▸ **tetrápode, quadrúpede**

tétras [tetra] *nm* Oiseau gallinacé de grande taille (appelé aussi: *coq de bruyère*) ▸ **tetraz**

tétrasyllabe *adj et nm* Se dit d'un vers qui a quatre syllabes ▸ **tetrassílabo**

tétrasyllabique *adj* Relatif à un tétrasyllabe ▸ **tetrassilábico**

têtu, e *adj et n* Qui a un attachement excessif à ses décisions, à ses opinions; obstiné ▸ **teimoso**

teufeur, euse *n* FAM Personne qui fait la fête; fêtard ▸ **festeiro**

teuf-teuf (pl *teufs-teufs*) *nm ou nf* FAM Vieille voiture ▸ **calhambeque**

teuton, onne *adj et n* De l'ancienne Germanie ▸ **teutão**

teutonique *adj* Des Teutons ▸ **teutônico**

texan, e *adj et n* Du Texas: *les Texans* ▸ **texano**

texte *nm* **1** Ensemble des termes d'un écrit, d'une œuvre ▸ **texto 2** Œuvre ou document authentique qui constitue la source d'une culture, d'une discipline ▸ **texto 3** Œuvre ou fragment d'œuvre: *textes du* XXe *s.* ▸ **texto 4** Partie de la page écrite, dactylographiée ou imprimée ▸ **texto** ■ **dans le texte:** dans la langue d'origine ▸ **no original**

textile *adj* **1** Susceptible d'être tissé: *fibre, matière textile* ▸ **têxtil 2** Qui se rapporte à la fabrication des tissus: *industrie textile* ▸ **têxtil** ◆ *nm* **1** Matière textile ▸ **tecido 2** Industrie textile ▸ **tecelagem**

textuel, elle *adj* **1** Relatif au texte écrit: *analyse textuelle* ▸ **textual 2** Conforme au texte: *traduction textuelle* ▸ **textual 3** Qui reproduit exactement ce qui a été dit: *réponse textuelle* ▸ **textual**

textuellement *adv* Sans changer un mot de ce qui a été écrit ou dit ▸ **textualmente**

texture *nf* **1** Mode d'entrecroisement des fils de tissage ▸ **textura 2** Consistance d'une substance ▸ **textura 3** FIG Disposition des parties d'un corps, d'une œuvre ▸ **textura, estrutura**

TGV *nm* (sigle) Train à grande vitesse ▸ **TAV, *TGV***

thaï, thaïe [taj] *adj* Relatif aux Thaïs ▸ **tai** ◆ *nm* Principale langue parlée en Thaïlande ▸ **tai**

thaïlandais, e *adj et n* De Thaïlande: *les Thaïlandais* ▸ **tailandês**

thalamus [talamys] *nm* ANAT Partie de l'encéphale située à la base du cerveau ▸ **tálamo**

thalasso *nf* (abréviation) FAM Thalassothérapie ▸ **talasso**

thalassothérapie *nf* Traitement médical par l'eau de mer ▸ **talassoterapia**

thalle *nm* BOT Appareil végétatif des cryptogames ▸ **talo**

thallophyte *nf* Végétal dont l'appareil végétatif est réduit à un thalle, tel que les algues, les champignons, les lichens ▸ **talófita**

thalweg *nm* → **talweg**

thanatologie *nf* Étude des signes, des conditions et des causes de la mort ▸ **tanatologia**

thaumaturge *n* Personne qui fait ou prétend faire des miracles ▸ **taumaturgo**

thaumaturgie *nf* Pouvoir, action du thaumaturge ▸ **taumaturgia**

thé *nm* **1** Feuilles torréfiées du théier; infusion que l'on en fait ▸ **chá 2** Collation que l'on prend l'après-midi, en buvant du thé ▸ **chá**

théâtral, e, aux *adj* **1** Relatif au théâtre ▸ **teatral 2** Qui vise à l'effet; emphatique: *attitude théâtrale* ▸ **teatral**

théâtralement *adv* D'une façon théâtrale ▸ **teatralmente**

théâtraliser *vt* Rendre théâtral ▸ **teatralizar**

théâtre *nm* **1** Lieu destiné à la représentation d'un spectacle: *bâtir un nouveau théâtre* ▸ **teatro 2** Représentation théâtrale: *aimer le théâtre* ▸ **teatro 3** Art dramatique; profession du comédien ou du metteur en scène: *se destiner au théâtre* ▸ **teatro 4** Ensemble des pièces d'un pays, d'un auteur, d'une époque: *le théâtre de Racine* ▸ **teatro 5** FIG Lieu où se déroulent un ou plusieurs événements: *le théâtre de la guerre* ▸ **teatro ■ coup de théâtre:** événement inattendu ▸ **peripécia**

théier *nm* Arbuste originaire de la Chine méridionale et cultivé dans toute l'Asie du Sud-Est pour ses feuilles, qui donnent le thé ▸ **chá-da-índia**

théière *nf* Récipient pour faire infuser du thé ▸ **chaleira**

théine *nf* Principal alcaloïde de la feuille de thé ▸ **teína**

théisme *nm* Doctrine qui admet l'existence d'un Dieu ▸ **teísmo**

théiste *n* Partisan du théisme ▸ **teísta**

thématique[1] *adj* Par thème, par sujet: *cartographie thématique* ▸ **temático**

thématique[2] *nf* Ensemble des thèmes développés par un écrivain, une œuvre, etc. ▸ **temática**

thème *nm* **1** Sujet, matière d'un discours, d'une œuvre, etc. ▸ **tema 2** Exercice de traduction de la langue maternelle dans la langue étrangère (par opposition à *version*) ▸ **versão ■ thème astral:** en astrologie, représentation symbolique de l'état du ciel à la naissance de quelqu'un ▸ **mapa astral**

théocratie *nf* Société où l'autorité est exercée par les ministres de la religion ▸ **teocracia**

théocratique *adj* Relatif à la théocratie: *gouvernement théocratique* ▸ **teocrático**

théodolite *nm* Instrument de topographie servant à mesurer des angles ▸ **teodolito**

théogonie *nf* **1** Généalogie des dieux ▸ **teogonia 2** Ensemble des divinités d'une mythologie donnée ▸ **teogonia**

théologal, e, aux *adj* Relatif à la théologie ▸ **teologal ■ vertus théologales:** la foi, l'espérance et la charité ▸ **virtudes teologais**

théologie *nf* **1** Science de la religion, des choses divines ▸ **teologia 2** Doctrine religieuse ▸ **teologia**

théologien, enne *n* Spécialiste de théologie ▸ **teólogo**

théologique *adj* Qui concerne la théologie: *discussion théologique* ▸ **teológico**

théorème *nm* Proposition qui peut être démontrée logiquement ▸ **teorema**

théoricien, enne *n* **1** Personne qui étudie la théorie d'un art, d'une science, etc. ▸ **teórico 2** Personne qui formule ou professe une théorie ▸ **teórico**

théorie *nf* **1** Connaissance purement spéculative, abstraite (par opposition à la *pratique*) ▸ **teoria 2** Ensemble de lois, de règles propres à un domaine: *théorie quantique* ▸ **teoria 3** Ensemble d'opinions touchant un domaine particulier: *bâtir une théorie* ▸ **teoria ■ en théorie:** en spéculant de façon abstraite ▸ **na teoria**

théorique *adj* **1** Qui concerne une théorie ▸ **teórico 2** Du domaine de la spéculation ▸ **teórico**

théoriquement *adv* **1** En raisonnant sans tenir compte de la réalité: *théoriquement, cet agrégé doit pouvoir enseigner* ▸ **teoricamente 2** Selon toute prévision; normalement: *théoriquement, il devrait rentrer bientôt* ▸ **teoricamente**

théoriser *vt* Émettre sur un sujet des jugements énoncés sous une forme théorique ▸ **teorizar**

thérapeute *n* **1** Médecin ▸ **terapeuta 2** Psychothérapeute ▸ **terapeuta**

thérapeutique *adj* Relatif au traitement des maladies ▸ **terapêutico** ◆ *nf* Art de traiter telle ou telle maladie ▸ **terapêutica**

thérapie *nf* Traitement d'une maladie, en particulier d'une maladie mentale ▸ **terapia**

thermal, e, aux *adj* Se dit des eaux de source utilisées pour traiter une maladie; se dit de la station, de l'établissement où elles sont exploitées ▸ **termal**

thermalisme *nm* Exploitation et utilisation des eaux thermales ▸ **termalismo**

thermes *nm pl* **1** ANTIQ Bains publics ▸ **termas 2** Établissement thermal ▸ **termas**

thermidor *nm* Onzième mois du calendrier républicain, allant du 19 ou 20 juillet au 17 ou 18 août ▸ **termidor**

thermidorien, enne *adj* Relatif aux événements du 9 thermidor an II ▸ **termidoriano** ♦ *adj et n* Se dit des responsables de la chute de Robespierre, le 9 thermidor ▸ **termidoriano**
thermie *nf* Unité de quantité de chaleur ▸ **termia**
thermique *adj* Relatif à la chaleur: *variations thermiques* ▸ **térmico** ▪ **centrale thermique:** usine de production d'énergie électrique, à partir de l'énergie thermique ▸ **(usina) termelétrica**
thermodynamique *nf et adj* Partie de la physique qui traite des relations entre la mécanique et la chaleur ▸ **termodinâmica, termodinâmico**
thermoélectricité *nf* Électricité fournie par la chaleur ▸ **termeletricidade**
thermoélectrique *adj* De la nature de la thermoélectricité ▸ **termelétrico**
thermomètre *nm* **1** Instrument pour mesurer la température ▸ **termômetro 2** FIG Ce qui permet d'évaluer l'importance d'une chose ▸ **termômetro**
thermonucléaire *adj* Se dit des réactions nucléaires entre noyaux d'atomes légers, portés à très haute température ▸ **termonuclear**
thermorégulation *nf* **1** Fonction assurant la constance de la température du corps ▸ **termorregulação 2** Réglage automatique de la température d'un lieu ▸ **regulagem automática de temperatura**
thermorésistant, e *adj* Qui résiste à la chaleur ▸ **termorresistente**
Thermos [tɛrmos] *nf* (nom déposé) Bouteille isolante permettant de conserver un liquide à sa température ▸ ***Thermos*** (marca registrada), garrafa térmica
thermosphère *nf* Couche atmosphérique s'étendant au-dessus de la mésosphère, et où la température croît régulièrement avec l'altitude ▸ **termosfera**
thermostat *nm* Appareil servant à maintenir la température constante ▸ **termostato**
thésard, e *n* FAM Personne qui prépare une thèse ▸ **pessoa que prepara uma tese**
thésaurisation *nf* Action de thésauriser ▸ **tesaurização**
thésauriser *vi* Amasser de l'argent, le mettre de côté ▸ **tesaurizar**
thésauriseur, euse *n et adj* Personne qui thésaurise ▸ **tesaurizador**
thésaurus ou **thesaurus** [tezorys] *nm* Répertoire alphabétique de termes normalisés utilisés pour le classement documentaire ▸ **tesauro**
thèse *nf* **1** Opinion, proposition que l'on avance et que l'on soutient ▸ **tese 2** Ensemble de travaux présentés dans une université en vue du doctorat ▸ **tese** ▪ **pièce, roman à thèse:** destinés à démontrer la vérité d'une théorie ▸ **peça, romance de tese**
thêta *nm inv* Huitième lettre de l'alphabet grec (θ), qui correspond à *th* ▸ **teta**
thomisme *nm* Ensemble des doctrines de saint Thomas d'Aquin ▸ **tomismo**
thomiste *adj et n* Relatif au thomisme; qui en est partisan ▸ **tomista**
thon *nm* Poisson marin de très grande taille, comestible, migrant en bancs en Méditerranée et dans l'Atlantique ▸ **atum** ▪ **thon blanc:** germon ▸ **albacora-branca**
thonier *nm* Bateau pour la pêche au thon ▸ **atuneiro**
thoracique *adj* Du thorax ▸ **torácico**
thorax *nm* Cavité des vertébrés contenant les organes de la respiration ▸ **tórax**
thorium [tɔrjɔm] *nm* Métal blanc rare servant dans la fabrication des manchons à incandescence; symb: Th ▸ **tório**
thriller [srilœr] ou [trilœr] *nm* Film ou roman policier à suspense ▸ ***thriller***
thrombose *nf* MÉD Formation de caillots dans un vaisseau sanguin ▸ **trombose**
thune ou **tune** *nf* FAM argent ▸ **grana** ▪ **n'avoir pas une thune:** être sans le sou ▸ **estar sem um tostão**
thuriféraire *nm* LITT Flatteur ▸ **turibulário**
thuya [tyja] *nm* Conifère au feuillage ornemental ▸ **tuia**
thym [tɛ̃] *nm* Plante vivace à très petites feuilles odoriférantes, utilisée comme aromate ▸ **tomilho**
thymique *adj* Du thymus ▸ **tímico**
thymol *nm* Phénol de l'essence de thym ▸ **timol**
thymus [timys] *nm* Glande de la partie inférieure du cou ▸ **timo**
thyroïde *nf et adj* Glande endocrine située en avant du larynx ▸ **tireoide**
thyroïdien, enne *adj* Relatif à la thyroïde ▸ **tireoidiano, tireóideo**
tiare *nf* Mitre à trois couronnes que porte le pape ▸ **tiara**
tibétain, e *adj et n* Du Tibet: *les Tibétains* ▸ **tibetano** ♦ *nm* Langue parlée au Tibet ▸ **tibetano**
tibia *nm* **1** Os long situé en avant du péroné ▸ **tíbia 2** Partie antérieure de la jambe ▸ **tíbia, canela**
tic *nm* **1** Contraction convulsive de certains muscles ▸ **tique 2** FIG Habitude fâcheuse ou ridicule par sa fréquence ▸ **tique**

ticket *nm* Billet donnant droit à l'admission dans un transport en commun, une salle de spectacle, attestant un paiement, etc.: *ticket de métro*: *ticket de caisse* ▸ **bilhete, ingresso, tíquete**

tic-tac *nm inv* Bruit occasionné par un mouvement régulier: *le tic-tac d'une pendule* ▸ **tique-taque**

tie-break [tajbrɛk] (pl *tie-breaks*) *nm* Jeu décisif servant à départager deux joueurs à égalité, au tennis ▸ ***tiebreaker***

tiédasse *adj* D'une tiédeur désagréable ▸ **tépido**

tiède *adj* **1** Entre le chaud et le froid: *un bain tiède* ▸ **morno 2** FIG Qui manque d'ardeur, de ferveur: *des relations tièdes* ▸ **morno** ◆ *adv* ▪ **boire tiède:** prendre des boissons tièdes ▸ **beber algo morno**

tièdement *adv* Avec tiédeur ▸ **tibiamente**

tiédeur *nf* **1** État de ce qui est tiède ▸ **tepidez 2** FIG Manque d'ardeur, de ferveur: *la tiédeur des sentiments* ▸ **tepidez**

tiédir *vi* Devenir tiède ▸ **amornar, arrefecer** ◆ *vt* Rendre tiède ▸ **amornar**

tiédissement *nm* Fait de tiédir ▸ **amornamento, arrefecimento**

tien, enne *pron poss* ▸ **teu, seu** ▪ **le tien, la tienne, les tiens, les tiennes:** désigne ce qui appartient ou se rapporte à un possesseur de la 2e personne du singulier: *j'ai mes problèmes et tu as les tiens* ▸ **o teu, o seu** □ FAM **à la tienne!:** à ta santé! ▸ **à sua saúde** ◆ *adj poss* SOUT Qui est à toi: *cette qualité qui est tienne* ▸ **teu, seu** ◆ **tiens** *nm pl* ▪ **les tiens:** tes parents, tes proches, tes partisans ▸ **os teus, os seus**

tierce *nf* **1** MUS Intervalle de trois degrés ▸ **terça 2** JEUX Série de trois cartes de même couleur ▸ **trinca**

tiercé *nm* Pari dans lequel il faut prévoir les trois premiers chevaux dans une course ▸ **trifeta combinada**

tiercelet *nm* Mâle d'oiseaux de proie, un tiers plus petit que la femelle ▸ **treçó**

tiers, tierce *adj* Qui vient en troisième lieu: *tierce personne* ▸ **terceiro** ▪ **tiers état:** partie de la nation française qui, sous l'Ancien Régime, n'appartenait ni à la noblesse ni au clergé ▸ **terceiro estado** ◆ *nm* **1** Chaque partie d'un tout divisé en trois parties égales: *le tiers d'une pomme* ▸ **terço 2** Personne étrangère à un groupe: *ne pas se disputer devant des tiers* ▸ **terceiro** ▪ **tiers provisionnel:** acompte versé en février et en mai par le contribuable, et qui est en principe égal au tiers de l'imposition de l'année précédente ▸ **imposto sobre a renda**

tiers-monde (pl *tiers-mondes*) *nm* Ensemble des pays économiquement peu développés ou en développement ▸ **Terceiro-Mundo**

tiers-mondisme (pl *tiers-mondismes*) *nm* Tendance, opinion, doctrine des tiers-mondistes ▸ **terceiro-mundismo**

tiers-mondiste (pl *tiers-mondistes*) *adj et n* Relatif au tiers-monde; qui est solidaire du tiers-monde ▸ **terceiro-mundista**

tif *nm* FAM Cheveu ▸ **madeixa**

tige *nf* **1** Axe du végétal qui porte des feuilles ▸ **caule 2** Partie de la botte qui enveloppe la jambe ▸ **cano 3** Partie mince et allongée de quelque chose: *la tige d'une plume* ▸ **haste**

tiglon ou **tigron** *nm* Hybride des espèces tigre et lion ▸ **ligre**

tignasse *nf* FAM Chevelure abondante et mal peignée ▸ **grenha**

tigre, tigresse *n* Grand quadrupède carnassier du genre chat, au pelage rayé, vivant en Asie du Sud-Est ▸ **tigre** ▪ **jaloux comme un tigre:** extrêmement jaloux ▸ **ciumento como um tigre**

tigré, e *adj* Moucheté, rayé comme la peau du tigre: *cheval, chat tigré* ▸ **tigrado**

tigron *nm* → **tiglon**

tilbury [tilbyri] *nm* Cabriolet hippomobile léger, à deux places ▸ **tílburi**

tilde [tild] *nm* **1** Accent en forme de *s* couché, qui se trouve sur la lettre *n* de l'alphabet espagnol, notant un son équivalant à *n* mouillé [ɲ] en français (EX: *les cañons du Colorado*) ▸ **til 2** Signe phonétique en forme de *s* couché indiquant la nasalisation ▸ **til**

tillandsia [tijɑ̃dsja] *nm* Plante tropicale cultivée en serre pour ses fleurs ornementales ▸ **tilândsia**

tille *nf* → **teille**

tilleul *nm* Arbre fournissant un bois blanc, et dont les fleurs odorantes donnent une infusion calmante; infusion de fleurs de cet arbre ▸ **tília, chá de tília**

tilt *nm* ▪ FAM **faire tilt:** avoir une idée, la compréhension soudaine de quelque chose ▸ **ter um estalo**

timbale *nf* **1** Gobelet cylindrique en métal ▸ **timbale 2** Moule de cuisine haut et rond; préparation culinaire cuite dans ce moule ▸ **timbale 3** MUS Tambour à bassin hémisphérique en cuivre ▸ **timbale** ▪ FAM **décrocher la timbale:** remporter un prix, réussir ▸ **levar o prêmio**

timbalier *nm* Musicien qui joue des timbales ▸ **timbaleiro**

timbrage *nm* Action de timbrer ▸ **timbragem**

timbre[1] *nm* **1** Cloche ou clochette métallique que frappe un marteau; son que rend une cloche de ce genre ▶ **timbre 2** Qualité du son de la voix ou d'un instrument ▶ **timbre**

timbre[2] *nm* **1** Cachet officiel sur le papier destiné aux actes publics, judiciaires, etc. ▶ **timbre 2** Marque d'une administration, d'une maison de commerce; instrument servant à apposer ces marques: *un timbre en caoutchouc* ▶ **timbre 3** Timbre-poste ▶ **selo ■ timbre fiscal:** marque imprimée ou vignette apposée sur certains actes et qui représente le paiement de la taxe perçue au profit du Trésor ▶ **selo fiscal**

timbré[1]**, e** *adj* **1** MUS Se dit de la voix qui résonne bien ▶ **sonoro 2** FAM Un peu fou ▶ **abilolado**

timbré[2]**, e** *adj* ▶ **timbrado ■ papier timbré:** marqué d'un timbre officiel et obligatoire pour la rédaction de certains actes ▶ **papel timbrado**

timbre-poste (pl *timbres-poste*) *nm* Vignette qu'on colle sur les lettres pour les affranchir ▶ **selo**

timbre-quittance (pl *timbres-quittances*) *nm* Timbre qu'on colle sur les quittances ▶ **selo de recibo**

timbrer *vt* Affranchir avec un timbre: *timbrer une enveloppe* ▶ **selar**

timide *adj et n* Qui manque d'assurance, de hardiesse: *enfant, réponse timides* ▶ **tímido**

timidement *adv* Avec timidité ▶ **timidamente**

timidité *nf* Caractère timide ▶ **timidez**

timing [tajmiŋ] *nm* Chronologie d'un processus ▶ ***timing***

timon *nm* Pièce du train de devant d'une voiture, aux deux côtés de laquelle on attelle les chevaux ▶ **timão**

timonerie *nf* Partie du navire où sont les appareils de navigation; service des timoniers ▶ **casa do leme, governo**

timonier *nm* Matelot ou gradé chargé de la barre, de la veille et des signaux ▶ **timoneiro**

timoré, e *adj et n* Qui n'ose rien entreprendre; craintif, pusillanime ▶ **timorato**

tin *nm* MAR Pièce de bois pour soutenir la quille d'un bâtiment ▶ **picadeiro**

tinctorial, e, aux *adj* **1** Qui sert à teindre ▶ **tintorial 2** Relatif à la teinture ▶ **tintorial**

tinette *nf* Fosse d'aisances mobile ▶ **cuba**

tintamarre *nm* Grand bruit discordant; vacarme ▶ **balbúrdia**

tintement *nm* Son ou succession de sons d'un objet qui tinte ▶ **tinido ■ tintement d'oreilles:** bourdonnement d'oreilles ▶ **zumbido no ouvido**

tinter *vt* Faire sonner lentement une cloche par coups espacés ▶ **repicar ◆** *vi* **1** Résonner lentement ▶ **ressoar 2** Produire des sons aigus ▶ **tinir**

tintin *interj* FAM ▶ **tintim ■ faire tintin:** être privé de quelque chose ▶ **ficar a ver navios □ tintin!:** n'y comptez pas! ▶ **neca!**

tintinnabuler *vi* Produire le son d'un grelot ▶ **tilintar**

tintouin *nm* FAM **1** Embarras, souci ▶ **inquietação 2** Vacarme ▶ **barulheira**

TIP [tip] *nm* (sigle de *titre interbancaire de paiement*) Ordre de prélèvement sur un compte bancaire ou postal, signé par le débiteur, pour effectuer un paiement précis ▶ **Ø**

tipi *nm* Haute tente conique des Indiens d'Amérique du Nord ▶ **tipi**

tique *nf* Acarien parasite du chien, des ruminants, parfois de l'homme ▶ **carrapato**

tiquer *vi* FAM Avoir l'attention arrêtée par quelque chose qui surprend, déplaît ▶ **desconcentrar-se**

tiqueté, e *adj* Marqué de points colorés: *oiseau tiqueté* ▶ **sarapintado**

tir *nm* **1** Action ou manière de lancer, au moyen d'un instrument, d'une arme, un projectile vers un but ▶ **tiro 2** Ensemble des projectiles envoyés dans une même direction ▶ **tiro 3** Endroit où l'on s'exerce à tirer ▶ **estande de tiro, campo de tiro 4** SPORTS Action de lancer un ballon, une flèche, une boule vers un but ▶ **tiro ■ tirs au but:** au football, série de tirs effectuée pour essayer de départager deux équipes à égalité à la fin de la partie ▶ **disputa de pênaltis**

tirade *nf* **1** Morceau écrit ou parlé développant une même idée ▶ **tirada 2** Au théâtre, long monologue ininterrompu ▶ **monólogo**

tirage *nm* **1** Ensemble des exemplaires d'un ouvrage, d'un journal, imprimés en une fois ▶ **tiragem 2** Exemplaire positif d'un cliché photographique ▶ **cópia 3** Reproduction définitive d'une gravure ▶ **tiragem 4** Action de prélever au hasard un élément dans un ensemble: *tirage d'une loterie; tirage au sort* ▶ **extração, sorteio 5** Action d'émettre une traite, un chèque ▶ **emissão 6** Différence de pression à l'entrée et à la sortie d'une cheminée ▶ **tiragem ■** FAM **il y a du tirage:** des difficultés: *il y a du tirage entre eux* ▶ **há atritos**

tiraillement *nm* **1** Contraction douloureuse, spasmodique ▶ **repuxão 2** FIG Déchirement moral ▶ **conflito**

tirailler *vt* **1** Tirer à diverses reprises ▶ **repuxar 2** Entraîner dans des sens différents: *être tiraillé* *entre le devoir et l'intérêt* ▶ **dilacerar** ◆ *vi* Tirer avec une arme à feu, souvent et sans ordre ▶ **disparar**

tiraillerie *nf* (surtout au pluriel) Conflit continuel ou répété ▶ **brigas**

tirailleur *nm* Soldat détaché qui tire à volonté ▶ **atirador** ■ **marcher en tirailleurs:** progresser en ordre dispersé ▶ **avançar de modo disperso**

tiramisu [tiramisu] *nm* Entremets italien fait de couches alternées de fromage et de génoise imbibée de café et saupoudrée de cacao ▶ ***tiramisu***

tirant *nm* **1** Lanière fixée à la tige d'une botte et servant à l'enfiler ▶ **puxadeira 2** Cordon servant à fermer une bourse, un sac ▶ **cordão** ■ MAR **tirant d'eau:** distance verticale dont un bateau s'enfonce dans l'eau ▶ **calado**

tire[1] *nf* ■ **vol à la tire:** qui consiste à tirer des poches les objets qu'on dérobe ▶ **punga**

tire[2] *nf* ARG Automobile ▶ **carango**

tiré, e *adj* Fatigué, amaigri: *traits tirés* ▶ **abatido** ■ **tiré à quatre épingles:** mis avec recherche ▶ **nos trinques** □ **tiré par les cheveux:** qui manque de logique ▶ **extravagante** ◆ *nm* Taillis bas permettant la chasse au fusil ▶ **terreno de caça** ■ **tiré à part:** reproduction séparée d'un article de revue ▶ **separata**

tire-au-flanc *nm inv* FAM Personne qui s'arrange pour se soustraire au travail, aux corvées ▶ **folgado**

tire-botte (pl *tire-bottes*) *nm* **1** Crochet qu'on passe dans le tirant de la botte et qui permet de la tirer avec plus de force pour la chausser ▶ **gancho 2** Planche dotée d'une entaille pour coincer le talon de la botte à ôter ▶ **descalçadeira**

tire-bouchon (pl *tire-bouchons*) *nm* Vis métallique servant à tirer les bouchons des bouteilles ▶ **saca-rolhas** ■ **en tire-bouchon:** en spirale ▶ **em espiral**

tire-bouchonner *vt* Enrouler, tordre en spirale ▶ **espiralar**

tire-clou (pl *tire-clous*) *nm* Outil pour arracher les clous ▶ **torquês**

tire-d'aile (à) *loc adv* À coups d'ailes rapides: *s'envoler à tire-d'aile* ▶ **com rápido bater de asas**

tire-fesses *nm inv* FAM Remonte-pente ▶ **telesqui**

tire-fond *nm inv* **1** CH DE F Grosse vis pour fixer le rail sur ses traverses ▶ **tira-fundo 2** Anneau fixé au plafond pour suspendre un lustre ▶ **suspensão**

tire-lait *nm inv* Appareil pour aspirer le lait du sein de la mère ▶ **bomba de leite**

tire-larigot (à) *loc adv* FAM En grande quantité: *dépenser à tire-larigot* ▶ **à farta**

tire-ligne (pl *tire-lignes*) *nm* Instrument pour tracer des lignes ▶ **tira-linhas**

tirelire *nf* Récipient muni d'une fente par laquelle on introduit l'argent qu'on veut économiser ▶ **mealheiro**

tirer *vt* **1** Amener vers soi, entraîner derrière soi: *tirer une valise; tirer quelqu'un par la manche* ▶ **puxar 2** Faire sortir: *tirer son mouchoir de sa poche; tirer la langue* ▶ **tirar 3** Obtenir un avantage: *tirer un bénéfice* ▶ **obter, tirar 4** Déduire logiquement: *tirer une conclusion* ▶ **tirar 5** Prendre au hasard dans un ensemble: *tirer un numéro au sort* ▶ **sortear, tirar 6** Imprimer: *tirer une estampe* ▶ **tirar 7** Réaliser une épreuve photographique: *tirer un négatif* ▶ **tirar 8** Tracer: *tirer un trait* ▶ **traçar 9** Lancer un projectile: *tirer une flèche* ▶ **atirar** ■ **tirer au clair:** éclaircir: *tirer une affaire au clair* ▶ **esclarecer** □ **tirer parti de:** utiliser ▶ **tirar partido de** □ **tirer son origine de:** être issu de ▶ **provir de** □ **tirer un chèque:** donner ordre de la somme indiquée ▶ **emitir um cheque** ◆ *vi* **1** Exercer une traction: *tirer sur une corde* ▶ **puxar 2** Faire usage d'une arme ▶ **atirar 3** Avoir du tirage, en parlant d'un conduit: *cheminée qui tire mal* ▶ **puxar 4** SPORTS Effectuer un tir au football, au basket-ball, etc.; aux boules, lancer directement sa boule sur une autre pour la déplacer ▶ **chutar, arremessar 5** Avoir une ressemblance avec: *rouge qui tire sur le brun* ▶ **puxar 6** Être imprimé à tant d'exemplaires: *journal qui tire beaucoup* ▶ **tirar** ■ **tirer à conséquence:** avoir des conséquences, des suites ▶ **ter consequências** □ **tirer à sa fin:** en approcher ▶ **chegar ao fim** □ **tirer en longueur:** se prolonger ▶ **demorar** ◆ **se tirer** *vpr* FAM S'en aller, s'enfuir ▶ **cair fora** ■ **se tirer de** ou **s'en tirer:** sortir heureusement d'une maladie, d'une difficulté ▶ **restabelecer-se, arranjar-se**

tiret *nm* Petit trait horizontal dans un texte ▶ **hífen, travessão**

tirette *nf* **1** Tablette mobile prolongeant latéralement un meuble ▶ **tábua móvel 2** Dispositif de commande d'un appareil, d'un mécanisme ▶ **alavanca, botão 3** BELGIQUE Fermeture à glissière ▶ **zíper**

tireur, euse *n* **1** Personne qui tire avec une arme à feu ▶ **atirador 2** Personne qui tire un chèque ▶ **sacador 3** SPORTS Aux boules, celui qui tire; en escrime, celui qui dispute un combat; au football, joueur qui expédie le ballon vers le but adverse ▶ **arremessador, esgrimista, finalizador** ■ **tireur, tireuse de cartes:** personne qui prétend annoncer l'avenir d'après les cartes à jouer ▶ **cartomante**

tiroir *nm* Petite caisse emboîtée dans un meuble et qui coulisse à volonté ▸ **gaveta** ▪ **pièce, roman à tiroirs:** formés d'épisodes sans lien entre eux ▸ **peça, romance em episódios**

tiroir-caisse (pl *tiroirs-caisses*) *nm* Tiroir contenant la caisse d'un commerçant ▸ **caixa registradora**

tisane *nf* Infusion ou décoction de plantes dans de l'eau ▸ **tisana**

tisanière *nf* Récipient pour faire infuser une tisane ▸ **chaleira**

tison *nm* Reste d'un morceau de bois brûlé ▸ **tição**

tisonner *vt* Remuer les tisons d'un feu pour l'attiser ▸ **atiçar**

tisonnier *nm* Tige de fer pour tisonner, attiser le feu ▸ **atiçador**

tissage *nm* **1** Action de tisser ▸ **tecelagem 2** Usine où l'on tisse ▸ **tecelagem**

tisser *vt* **1** Entrelacer des fils pour faire une étoffe: *tisser le lin* ▸ **tecer 2** Construire, confectionner en réseau: *araignée qui tisse sa toile* ▸ **tecer**

tisserand, e *n* Artisan qui tisse à la main ou sur machine ▸ **tecelão**

tisserin *nm* Oiseau passereau qui construit un nid suspendu, doté d'un accès vertical ▸ **tecelão**

tisseur, euse *n* Personne qui fait du tissage ▸ **tecelão**

tissu *nm* **1** Matériau obtenu par l'assemblage de fils entrelacés: *un tissu imperméable* ▸ **tecido 2** Manière dont sont assemblés les fils d'une étoffe: *un tissu serré* ▸ **textura 3** ANAT Ensemble de cellules concourant à la même fonction: *tissu osseux* ▸ **tecido 4** FIG Ensemble enchevêtré de choses: *tissu de contradictions* ▸ **tecido 5** Ensemble d'éléments constituant un tout homogène: *le tissu social* ▸ **tecido** ▪ **tissu urbain: (a)** disposition de l'habitat et des activités dans une ville ▸ **tecido urbano (b)** répartition des villes sur un territoire donné ▸ **tecido urbano**

tissu-éponge (pl *tissus-éponges*) *nm* Étoffe spongieuse dont la surface est formée de bouclettes ▸ **tecido felpudo**

tissulaire *adj* ANAT Relatif à un tissu ▸ **tissular**

tissure *nf* Entrecroisement de fils tissés ▸ **textura**

titan *nm* LITT Personne d'une puissance colossale: *travail de titan* ▸ **titã**

titane *nm* Métal blanc qui se rapproche du silicium et de l'étain; symb: Ti ▸ **titânio**

titanesque *adj* Qui surpasse la mesure de l'homme; gigantesque: *œuvre titanesque* ▸ **titânico**

titi *nm* FAM Gamin effronté et gouailleur ▸ **moleque**

titillation *nf* Chatouillement léger ▸ **titilação**

titiller *vt* **1** Chatouiller légèrement ▸ **titilar 2** FIG Exciter agréablement; préoccuper, énerver ▸ **excitar, irritar**

titisme *nm* HIST Forme de socialisme pratiquée par Tito en Yougoslavie ▸ **titoísmo**

titiste *adj et n* Relatif au titisme; partisan de Tito ▸ **titoísta**

titrage *nm* **1** Action de titrer un film, un article, etc. ▸ **titulação 2** Mesure des matières contenues dans un composé chimique: *titrage d'un alcool* ▸ **titulação**

titre *nm* **1** Inscription en tête d'un livre, d'un chapitre, pour en indiquer le contenu ▸ **título 2** Dans un journal, texte en gros caractères annonçant le contenu d'un article ▸ **título 3** Subdivision d'une loi ▸ **título 4** Qualification honorifique: *le titre de champion* ▸ **título 5** Qualification exprimant une relation sociale, une fonction: *le titre de père* ▸ **título 6** Acte authentique établissant un droit: *titre de rente* ▸ **título 7** Richesse d'un alliage, d'un minerai, d'un sel, en un métal ou en un corps déterminé ▸ **título** ▪ **à juste titre:** avec raison ▸ **com razão** □ **à titre de:** en qualité de, comme: *être reçu à titre d'expert; à titre d'exemple* ▸ **a título de** □ **en titre:** comme titulaire: *professeur en titre* ▸ **titular** □ **titre de transport:** pièce donnant droit d'utiliser un moyen régulier de transport ▸ **bilhete** □ **titre d'une solution:** rapport de la masse du corps dissous à la masse de la solution ▸ **título de uma solução**

titré, e *adj* **1** Qui possède un titre nobiliaire ou honorifique: *personnage titré* ▸ **titulado 2** CHIM Se dit d'une solution dont le titre est connu ▸ **titulado**

titrer *vt* **1** Donner un titre à ▸ **intitular, titular 2** CHIM Déterminer le titre d'une solution ▸ **titular** ◆ *vi* CHIM Avoir tant de degrés, en parlant d'une solution, d'un alcool ▸ **ter a graduação de**

titubant, e *adj* Qui avance en vacillant ▸ **titubeante**

tituber *vi* Marcher d'un pas hésitant; vaciller, chanceler ▸ **titubear**

titulaire *adj et n* **1** Qui occupe un poste en vertu d'un titre: *professeur titulaire* ▸ **titular 2** Qui possède juridiquement: *le titulaire du bail* ▸ **titular**

titularisation *nf* Action de titulariser; fait d'être titularisé ▸ **nomeação**

titulariser *vt* Rendre titulaire d'un emploi ▸ **nomear**

TMS *nm* (sigla) MÉD Trouble musculo-squelettique ▸ **LER**

TNT[1] *nm* (abrév de *trinitrotoluène*) Explosif puissant ▸ **TNT**

TNT[2] *nf* (sigla) Télévision numérique terrestre ▸ **TDT**

toast [tost] *nm* **1** Invitation à boire à la santé de quelqu'un, au succès d'une entreprise: *porter un toast* ▸ **brinde 2** Tranche de pain grillée: *un toast beurré* ▸ **torrada**

toasteur [tostœr] ou **toaster** [tostœr] *nm* Appareil pour faire griller le pain ▸ **torradeira**

toboggan *nm* **1** Piste glissante, utilisée comme jeu ▸ **escorregador 2** Dispositif pour acheminer les marchandises d'un étage à un autre ▸ **esteira**

Toboggan *nm* (nom déposé) Viaduc routier ▸ ***Toboggan*** (marca registrada), **viaduto**

toc *nm* FAM Imitation d'un métal précieux, d'un objet de valeur: *bijou en toc* ▸ **imitação**

TOC *nm inv* (sigle) Trouble obsessionnel compulsif ▸ **TOC**

tocard[1], **e** *adj* FAM Laid, sans goût, sans valeur ▸ **feio, tosco**

tocard[2] ou **toquard** *nm* FAM **1** Cheval de course médiocre ▸ **bucéfalo 2** Sportif de peu de valeur ▸ **perdedor 3** Personne incapable ▸ **bucéfalo**

toccata *nf* Composition musicale pour instruments à clavier ▸ **tocata**

tocsin *nm* Bruit d'une cloche qui tinte à coups pressés et redoublés, pour donner l'alarme ▸ **rebate**

tofu [tɔfu] *nm* Pâte de suc de soja pochée ou grillée ▸ ***tofu***

toge *nf* **1** Manteau ample et long des anciens Romains ▸ **toga 2** Robe de magistrat, d'avocat, de professeur ▸ **toga**

togolais, e *adj et n* Du Togo: *les Togolais* ▸ **togolês**

tohu-bohu *nm inv* Confusion, désordre ▸ **barafunda**

toi *pron pers* Désigne la 2e personne du singulier représentant celui, celle à qui l'on parle en fonction de sujet pour renforcer *tu*, comme complément après une préposition ou un impératif, ou comme attribut: *toi, tu rêves; sans toi; lève-toi!; c'est toi qui l'as fait* ▸ **tu, te, ti, você, se**

EMPLOI Il est plus correct d'écrire *toi et moi, toi et ton père*, en plaçant toujours *toi* en tête, que l'inverse

toilage *nm* Fond sur lequel se détache le dessin d'une dentelle ▸ **fundo**

toile *nf* **1** Tissu de lin, de chanvre ou de coton: *draps de toile* ▸ **tecido 2** Tissu de fils résistants d'une matière quelconque: *toile métallique* ▸ **tela 3** Tissu tendu sur lequel on peint; tableau exécuté sur ce tissu ▸ **tela ▪ la Toile:** le réseau Internet ▸ **a rede □ toile d'araignée:** ensemble de fils constitués par la soie que sécrètent les araignées ▸ **teia de aranha □ toile de fond: (a)** rideau sur lequel sont représentés les derniers plans d'un décor de théâtre ▸ **pano de fundo (b)** FIG contexte sur lequel se détachent des événements ▸ **pano de fundo**

toilerie *nf* Fabrique, commerce de toile ▸ **tecelagem, fancaria**

toilettage *nm* Action de toiletter ▸ **limpeza, higienização**

toilette *nf* **1** Ensemble des soins de propreté du corps: *faire sa toilette* ▸ **toalete, higiene 2** Ensemble des vêtements et des accessoires utilisés par une femme: *changer de toilette* ▸ **toalete 3** Action de nettoyer quelque chose ▸ **limpeza ◆ toilettes** *pl* Cabinets d'aisances, lavabos ▸ **banheiro**

toiletter *vt* Entretenir le pelage d'un animal domestique ▸ **limpar, higienizar**

toise *nf* Instrument pour mesurer la taille humaine ▸ **craveira**

toiser *vt* **1** Mesurer à la toise ▸ **medir 2** Regarder avec dédain, avec bravade ▸ **medir**

toison *nf* **1** Poil, laine d'un animal: *toison d'un mouton* ▸ **tosão 2** FAM Chevelure très abondante ▸ **cabeleira**

toit *nm* **1** Couverture d'un bâtiment: *toit de tuiles* ▸ **teto 2** FIG Lieu où l'on habite: *le toit paternel* ▸ **teto 3** Paroi supérieure d'un véhicule ▸ **teto ▪ toit ouvrant:** partie mobile de la paroi supérieure d'une voiture, réalisant une ouverture partielle ▸ **teto solar**

toiture *nf* Ensemble des pièces qui constituent le toit d'un bâtiment ▸ **telhado**

tôlard, e ou **taulard, e** *n* FAM Détenu ▸ **detento**

tôle[1] *nf* Fer ou acier laminé, en feuilles: *tôle ondulée* ▸ **chapa**

tôle[2] ou **taule** *nf* FAM Prison ▸ **gaiola**

tolérable *adj* Qu'on peut tolérer, supporter ▸ **tolerável**

tolérance *nf* **1** Respect de la liberté d'autrui, de ses opinions ▸ **tolerância 2** Écart admis par rapport à une norme ▸ **tolerância 3** Capacité de l'organisme à supporter une substance donnée ▸ **tolerância ▪** VX **maison de tolérance:** de prostitution ▸ **casa de tolerância**

tolérant, e *adj* Qui fait preuve de tolérance; indulgent ▸ **tolerante**

tolérer *vt (conj 10)* **1** Supporter avec indulgence: *tolérer les caprices d'une star* ▸ **tolerar 2** Permettre tacitement: *tolérer les abus* ▸ **tolerar 3** MÉD Supporter sans réaction pathologique ▸ **tolerar**

tôlerie *nf* **1** Fabrication de la tôle; atelier où on la travaille ▸ **fábrica de chapas 2** Partie d'un véhicule constituée par de la tôle ▸ **chaparia**
tôlier[1] *nm* Ouvrier qui travaille la tôle ▸ **funileiro**
tôlier[2]**, ère** ou **taulier, ère** *n* FAM **1** Patron, patronne d'un hôtel médiocre ▸ **dono de espelunca 2** Patron, patronne d'une entreprise ▸ **dono, chefe**
tollé *nm* Clameur générale d'indignation, de protestation ▸ **brado**
toluène *nm* Hydrocarbure liquide, analogue au benzène, utilisé notamment comme solvant ▸ **tolueno**
TOM *nm* (sigle) Territoire d'outre-mer ▸ **Ø**
tomahawk [tɔmaok] *nm* Hache de guerre des Indiens d'Amérique du Nord ▸ ***tomahawk***
tomaison *nf* IMPR Indication du numéro du tome sur les volumes d'un ouvrage ▸ **tomação**
tomate *nf* Plante herbacée potagère dont on consomme le fruit, rouge et charnu; fruit de cette plante ▸ **tomateiro, tomate**
tombac *nm* Laiton d'une variété couramment utilisée en bijouterie ▸ **pechisbeque**
tombal, e, als ou **aux** *adj* Relatif à la tombe: *pierre tombale* ▸ **tumular**
tombant, e *adj* Qui pend ▸ **pendente ▪ à la nuit tombante:** au crépuscule ▸ **ao cair da noite**
tombe *nf* Fosse, recouverte ou non d'une dalle, où l'on enterre un mort ▸ **tumba ▪** FIG **avoir un pied dans la tombe:** être près de mourir ▸ **estar com um pé na cova □ être muet comme une tombe:** rester totalement silencieux ▸ **ser um túmulo □ se retourner dans sa tombe:** se dit d'un mort qu'on imagine bouleversé par ce qui vient d'être dit ou fait ▸ **revirar-se no túmulo**
tombeau *nm* Monument élevé sur une tombe ▸ **túmulo ▪ à tombeau ouvert:** à toute allure, à une vitesse propre à provoquer un accident mortel ▸ **no maior pau**
tombée *nf* ▸ **queda ▪ à la tombée de la nuit** ou **à la tombée du jour:** au moment où la nuit arrive; au crépuscule ▸ **ao entardecer**
tomber *vi* (auxil: *être*) **1** Perdre l'équilibre, être entraîné au sol par son poids: *tomber à la renverse; tomber de cheval; livre qui tombe* ▸ **cair 2** Descendre vers le sol: *la pluie tombe* ▸ **cair 3** Être, rester pendant: *cheveux qui tombent sur les yeux* ▸ **cair 4** Se détacher de l'organe qui porte, en parlant de cheveux, de feuilles, etc.: *dents qui tombent* ▸ **cair 5** Perdre de son intensité, cesser: *enthousiasme qui tombe* ▸ **cair 6** Perdre le pouvoir, être renversé: *faire tomber le gouvernement* ▸ **cair 7** Périr, être tué: *tomber au champ d'honneur* ▸ **cair 8** Devenir: *tomber malade; tomber amoureux* ▸ **cair 9** Arriver, survenir: *fête qui tombe un jeudi* ▸ **cair 10** Être précipité vers, dans: *tomber dans un piège, dans le ridicule* ▸ **cair ▪** FIG, FAM **laisser tomber quelqu'un, quelque chose:** ne plus s'en occuper, ne plus s'y intéresser ▸ **deixar alguém, algo para lá □** FIG, FAM **tomber à l'eau:** échouer: *le projet est tombé à l'eau* ▸ **ir por água abaixo □ tomber bien, mal:** arriver au bon, au mauvais moment ▸ **chegar na hora certa, errada □ tomber d'accord:** s'accorder sur ▸ **chegar a um acordo □ tomber dans l'erreur:** se tromper ▸ **cometer um erro □ tomber du ciel: (a)** arriver à l'improviste et au bon moment ▸ **cair do céu (b)** être stupéfait ▸ **cair das nuvens □ tomber en ruine:** s'écrouler ▸ **desmoronar □** FIG, FAM **tomber sur: (a)** rencontrer ▸ **topar com (b)** se précipiter sur ▸ **ir para cima de ◆** *vt* (auxil: *avoir*) **▪** FAM **tomber la veste:** la retirer ▸ **tirar o casaco □** FAM **tomber une femme:** la séduire ▸ **conquistar uma mulher**
tombereau *nm* Camion ou charrette à caisse basculante; son contenu ▸ **caminhão, carroça basculante; caminhão, carroça**
tombeur, euse *n* **1** Sportif, sportive ayant éliminé tel adversaire ▸ **algoz 2** FIG, FAM séducteur, séductrice ▸ **conquistador**
tombola *nf* Loterie où chaque gagnant reçoit un lot en nature ▸ **tômbola**
tome *nm* Division d'un livre correspondant généralement à la division en volumes: *un ouvrage en trois tomes* ▸ **tomo**
tomme *nf* Fromage de Savoie ▸ ***tomme***
tommette *nf* Petit carreau de terre cuite pour le dallage des sols ▸ **lajota**
ton[1] *nm* **1** Degré de hauteur de la voix ou du son d'un instrument: *ton grave* ▸ **tom 2** Inflexion de la voix: *ton humble* ▸ **tom 3** Caractère du style: *ton noble, soutenu* ▸ **tom 4** Façon de s'exprimer, de se présenter ▸ **tom 5** MUS Gamme dans laquelle un air est composé ▸ **tom 6** BX-ARTS Degré d'éclat des teintes ▸ **tom ▪ de bon ton:** en accord avec les bonnes manières, avec le bon goût ▸ **de bom tom □ donner le ton:** régler la mode, les usages ▸ **dar o tom □ être, ne pas être dans le ton:** s'accorder, ne pas s'accorder avec le milieu, le groupe où l'on est ▸ **afinar-se, destoar**
ton[2]**, ta, tes** *adj poss* Désigne un possesseur de la 2e personne du singulier pour indiquer un rapport d'appartenance, une relation d'ordre affectif ou social: *ton histoire; tes livres; ta mère; ton chef* ▸ **teu, seu**

tonal, e, als *adj* MUS Relatif au ton, à la tonalité ▸ **tonal**

tonalité *nf* **1** Qualité d'un morceau musical écrit dans un ton déterminé ▸ **tonalidade 2** Qualité d'un récepteur radioélectrique qui restitue avec autant de fidélité les tons graves que les tons aigus ▸ **tonalidade 3** Son que produit un téléphone qu'on décroche ▸ **sinal 4** PEINT Ensemble des teintes, des nuances d'un tableau ▸ **tonalidade**

tondaison *nf* Époque de la tonte ▸ **tosquia**

tondeur, euse *n* Personne qui tond les animaux, les étoffes ▸ **tosador**

tondeuse *nf* Instrument servant à tondre les cheveux, le poil, les étoffes, à faucher le gazon ▸ **cortador**

tondre *vt (conj 51)* **1** Couper à ras les cheveux, le poil, le gazon, etc. ▸ **tosquiar, tosar 2** FIG, FAM dépouiller de son argent, exploiter ▸ **depenar**

tondu, e *adj* Dont on a coupé les cheveux, le poil, l'herbe ▸ **tosado, tosquiado**

tong [tɔ̃g] *nf* Sandale de plage en plastique, formée d'une semelle et d'une bride en V qui s'insère entre les deux premiers orteils ▸ **chinelo de dedo**

tonicardiaque *adj et nm* Se dit d'un médicament qui stimule le cœur ▸ **cardiotônico**

tonicité *nf* Propriété tonique, fortifiante ▸ **tonicidade**

tonifiant, e *adj* Qui tonifie ▸ **tonificante**

tonifier *vt* Donner de la vigueur à, avoir un effet tonique ▸ **tonificar**

tonique[1] *adj* **1** Qui fortifie ou stimule l'activité de l'organisme ▸ **tônico 2** FIG Qui stimule l'énergie, le moral: *lecture tonique* ▸ **tonificante 3** Qui reçoit l'accent: *syllabe tonique* ▸ **tônico ■ accent tonique:** accent d'intensité ▸ **acento de intensidade □ lotion tonique:** qui raffermit la peau ▸ **loção tônica ♦** *nm* **1** Médicament tonique ▸ **tônico 2** Lotion tonique ▸ **tônico**

tonique[2] *nf* Première note de la gamme du ton dans lequel est composé un morceau de musique ▸ **tônica**

tonitruant, e *adj* Bruyant comme le tonnerre: *voix tonitruante* ▸ **tonitruante**

tonkinois, e *adj et n* Du Tonkin ▸ **tonquinês**

tonnage *nm* Capacité de transport d'un navire, d'un camion ▸ **tonelagem**

tonnant, e *adj* Qui tonne: *voix tonnante* ▸ **tonante**

tonne *nf* **1** Unité de mesure de masse équivalant à 1 000 kg ▸ **tonelada 2** Grand tonneau; son contenu ▸ **tonel ■** FAM **des tonnes de:** beaucoup de: *des tonnes de paperasses* ▸ **toneladas de**

ORTHOGRAPHE *Tonne* s'abrège par son symbole *t* (sans point) mais uniquement après un nombre écrit en chiffres: *cent tonnes, 100 t*

tonneau *nm* **1** Récipient de bois formé de douves assemblées, serrées par des cercles, et fermé par deux fonds plats; son contenu ▸ **barril, pipa 2** ANC Unité de capacité de transport d'un navire, valant 2,83 m³ ▸ **tonelada 3** Culbute accidentelle, tour complet d'une voiture autour de son axe longitudinal ▸ **capotamento 4** Figure de voltige aérienne ▸ **salto mortal ■** FAM **du même tonneau:** de la même valeur, du même acabit ▸ **da mesma laia**

tonnelet *nm* Petit tonneau ▸ **barrica**

tonnelier *nm* Celui qui fait ou répare des tonneaux ▸ **tanoeiro**

tonnelle *nf* Treillage sur lequel on fait grimper de la vigne, des plantes, et qui sert d'abri ▸ **caramanchão**

tonnellerie *nf* Métier du tonnelier; atelier de tonnelier ▸ **tanoaria**

tonner *v impers* Faire du bruit, en parlant du tonnerre ▸ **tonar, trovejar ♦** *vi* **1** Produire un bruit semblable à celui du tonnerre: *le canon tonne* ▸ **trovejar 2** FIG Parler avec véhémence contre: *tonner contre les abus* ▸ **trovejar**

tonnerre *nm* **1** Bruit accompagnant une décharge électrique, dont l'éclair est la manifestation lumineuse ▸ **trovão 2** Bruit assourdissant de quelque chose: *un tonnerre d'applaudissements* ▸ **trovão, trovoada ■** FAM **c'est du tonnerre:** c'est merveilleux, formidable ▸ **é de arrasar □ coup de tonnerre: (a)** bruit de la foudre ▸ **trovão (b)** FIG événement imprévu et brutal ▸ **bomba**

tonsure *nf* Surface circulaire rasée au sommet de la tête des ecclésiastiques ▸ **tonsura**

tonsuré *adj m et nm* Qui porte la tonsure ▸ **tonsurado**

tonte *nf* **1** Action de tondre la laine des moutons, le gazon ▸ **tosquia, corte 2** Laine que l'on tond ▸ **lã tosquiada 3** Tondaison ▸ **tosquia**

tontine *nf* Association dans laquelle chaque associé verse une somme pour constituer un capital qui sera réparti à une époque déterminée entre les survivants ▸ **tontina**

tonton *nm* Oncle, dans le langage enfantin ▸ **titio**

tonus [tɔnys] *nm* Énergie, dynamisme ▸ **energia**

top[1] [tɔp] *nm* Signal sonore bref ▸ ***top***

top[2] [tɔp] *nm* FAM Ce qui existe de mieux ▸ ***top***

topaze *nf* Pierre fine jaune, transparente ▸ **topázio**

top-case [tɔpkɛz] (pl *top-cases*) *nm* Mallette fixée sur le porte-bagages d'un deux-roues motorisé ► **baú**

toper *vi* Se taper mutuellement dans la main en signe d'accord: *tope là!* ► **tocar**

topinambour *nm* Plante cultivée pour ses tubercules comestibles ► **tupinambo**

topique *adj et nm* Se dit d'un médicament qui agit à l'endroit où il est introduit ou appliqué ► **tópico**

top model [tɔpmɔdɛl] (pl *top models*) ou **top modèle** (pl *top modèles*) *nm* Mannequin de haute couture de renommée internationale ► ***top model***

top niveau (pl *top niveaux*) *nm* FAM Niveau le plus élevé ► **nível superior**

topo *nm* FAM Exposé sur un sujet donné ► **exposição**

topographe *n* Spécialiste de topographie ► **topógrafo**

topographie *nf* **1** Description et représentation graphique d'un terrain avec son relief ► **topografia** **2** Disposition, relief d'un lieu ► **topografia**

topographique *adj* Relatif à la topographie ► **topográfico**

toponymie *nf* Étude des noms de lieux ► **toponímia**

top secret *adj inv* Strictement secret ► **ultrassecreto**

toquade ou **tocade** *nf* FAM Caprice, goût vif et passager pour quelqu'un ou pour quelque chose ► **paixonite, gosto passageiro**

toquante ou **tocante** *nf* FAM Montre ► **relógio**

toque *nf* Coiffure cylindrique, sans bords: *toque de cuisinier* ► **touca**

toqué, e *adj et n* FAM Un peu fou ► **biruta**

toquer (se) *vpr* [de] FAM S'éprendre de, avoir un engouement pour ► **cair de amores**

torche *nf* Flambeau grossier enduit de résine ou de cire ► **tocha** ■ **torche électrique:** lampe de poche cylindrique, de forte puissance ► **lanterna**

torcher *vt* FAM **1** Essuyer pour nettoyer ► **limpar** **2** Exécuter à la hâte et mal ► **acochambrar**

torchère *nf* Candélabre porté par une tige ou une applique ► **tocheira, castiçal**

torchis *nm* Mortier de terre et de paille ► **taipa**

torchon *nm* **1** Rectangle de toile pour essuyer ► **pano de prato, pano de pó** **2** FAM Texte, devoir mal présenté ► **lixo** **3** FAM Journal méprisable ► **jornaleco** ■ FIG **coup de torchon:** épuration radicale, coup de balai ► **limpeza**

tordant, e *adj* FAM Drôle, amusant ► **engraçadíssimo**

tord-boyaux *nm inv* FAM Eau-de-vie très forte et de qualité médiocre ► **zurrapa**

tordre *vt (conj 52)* **1** Tourner en sens contraire un corps par ses deux extrémités: *tordre du linge* ► **torcer** **2** Tourner violemment: *tordre le bras* ► **torcer** ■ **tordre le cou:** étrangler ► **torcer o pescoço** ◆ **se tordre** *vpr* **1** Se plier dans des contorsions sous l'effet d'une sensation, d'une émotion: *se tordre de douleur* ► **torcer-se** **2** Se faire une entorse à: *se tordre la cheville* ► **torcer** ■ FAM **se tordre de rire:** rire convulsivement ► **rolar de rir**

tordu, e *adj* **1** De travers ► **torto** **2** FAM Extravagant, bizarre, compliqué: *avoir l'esprit tordu* ► **esquisito**

tore *nm* **1** ARCHIT Grosse moulure ronde à la base d'une colonne ► **toro** **2** GÉOM Surface engendrée par un cercle tournant autour d'une droite ne passant pas par son centre; solide en forme d'anneau limité par cette surface ► **toro**

toréador *nm* VX Torero ► **toureiro**

toréer *vi* Exercer le métier de torero ► **tourear**

torero [tɔrero] *nm* Celui qui combat les taureaux dans l'arène ► **toureiro**

ORTHOGRAPHE Le nom a gardé sa forme espagnole, avec un *e* sans accent (*torero*), alors que le verbe a adopté la forme française, avec un *é* (*toréer*)

torgnole *nf* FAM Coup violent; gifle ► **bofetão**

toril [tɔril] *nm* Lieu où l'on tient les taureaux enfermés avant le combat ► **touril**

tornade *nf* Coup de vent tourbillonnant très violent ► **tornado**

toron *nm* Assemblage de plusieurs gros fils tordus ensemble ► **cabo**

torpédo *nf* VX Automobile découverte à profil allongé ► **carro esporte**

torpeur *nf* **1** Engourdissement profond: *tirer un homme de sa torpeur* ► **torpor** **2** Ralentissement général des activités ► **torpor**

torpide *adj* LITT Qui provoque la torpeur; qui en a les caractères ► **torpente**

torpillage *nm* Action de torpiller; son résultat ► **torpedeamento**

torpille *nf* **1** Poisson plat possédant un organe électrique qui lui permet d'engourdir ses victimes ► **raia-elétrica** **2** Engin de guerre pouvant provoquer une explosion sous-marine ► **torpedo** **3** Bombe d'avion à ailettes ► **torpedo**

torpiller *vt* **1** Attaquer, atteindre au moyen de torpilles ► **torpedear** **2** FIG Faire échouer quelque chose ► **torpedear**

torpilleur *nm* **1** Bateau destiné à porter, à lancer des torpilles ► **torpedeiro** **2** Marin chargé de la manipulation des torpilles ► **torpedeiro**

torque *nm* Collier celtique, métallique et rigide ▸ **torque(s)**

torréfacteur *nm* **1** Appareil de torréfaction ▸ **torrefator 2** Commerçant qui torréfie du café et le vend ▸ **torrefador**

torréfaction *nf* Action de torréfier: *torréfaction du café* ▸ **torrefação**

torréfier *vt* Griller des grains de: *torréfier du café* ▸ **torrificar**

torrent *nm* Violent cours d'eau de montagne ▸ **torrente** ■ **il pleut à torrents:** la pluie tombe très fort ▸ **chove torrencialmente** □ FIG **un torrent de:** un grand écoulement de: *un torrent de larmes* ▸ **uma torrente de**

torrentiel, elle *adj* **1** Du torrent ▸ **torrencial 2** Qui tombe à torrents: *pluie torrentielle* ▸ **torrencial**

torrentueux, euse *adj* LITT Qui a l'impétuosité d'un torrent ▸ **torrencial**

torride *adj* **1** Excessivement chaud: *climat torride* ▸ **tórrido 2** FAM D'un érotisme intense ▸ **tórrido**

tors, e *adj* **1** Contourné, difforme: *des jambes torses* ▸ **torto 2** Tordu en spirale: *une colonne torse* ▸ **torcido, retorcido**

torsade *nf* **1** Frange tordue en spirale, employée en passementerie ▸ **franja retorcida 2** Motif décoratif imitant un câble, un cordon tordu ▸ **torçal**

torsader *vt* Disposer en torsade ▸ **retorcer**

torse *nm* **1** Partie du corps comprenant les épaules et la poitrine jusqu'à la taille: *être torse nu* ▸ **tronco 2** Sculpture représentant un tronc humain sans tête ni membres ▸ **torso**

torsion *nf* Action ou manière de tordre; déformation produite en tordant ▸ **torção**

tort *nm* **1** Ce qui est contraire au droit, à la justice, à la raison ▸ **erro 2** Préjudice, dommage ▸ **mal** ■ **à tort:** injustement ▸ **sem razão** □ **à tort et à travers:** sans discernement ▸ **a torto e a direito** □ **à tort ou à raison:** avec ou sans raison ▸ **com ou sem razão** □ **avoir tort:** ne pas avoir raison, se tromper ▸ **não ter razão** □ **donner tort à quelqu'un:** déclarer qu'il se trompe ou qu'il a commis une faute ▸ **não dar razão a alguém** □ **être en tort, dans son tort:** dans la situation de quelqu'un qui a commis une infraction ou une faute ▸ **estar errado** □ **faire du tort à quelqu'un:** lui nuire ▸ **prejudicar alguém**

torticolis *nm* Douleur du cou qui empêche tout mouvement de la tête ▸ **torcicolo**

tortilla [tɔrtilja] *nf* Spécialité mexicaine consistant en une crêpe de farine de maïs salée ▸ **tortilha**

tortillage *nm* Action de tortiller ▸ **retorção**

tortillard *nm* Chemin de fer secondaire qui fait de nombreux détours ▸ **ferrovia sinuosa**

tortillement *nm* Action de tortiller, de se tortiller; aspect d'une chose tortillée ▸ **retorção**

tortiller *vt* Tordre en tous sens ▸ **retorcer** ◆ *vi* ■ FAM **il n'y a pas à tortiller:** il est inutile de chercher des détours, des subterfuges ▸ **não tem o que pensar** □ **tortiller des hanches:** balancer les hanches en marchant ▸ **rebolar** ◆ **se tortiller** *vpr* Se tourner sur soi-même de différentes façons ▸ **retorcer-se**

tortillon *nm* **1** Bourrelet pour porter un fardeau sur la tête ▸ **rodilha 2** Chose tortillée ▸ **rolo**

tortionnaire *n* Personne qui torture quelqu'un pour lui arracher des aveux ou par sadisme ▸ **torturador**

tortue *nf* Reptile au corps entouré d'une carapace osseuse ▸ **tartaruga** ■ FIG **à pas de tortue:** lentement ▸ **a passos de tartaruga**

tortueusement *adv* D'une manière tortueuse ▸ **tortuosamente**

tortueux, euse *adj* **1** Qui fait de nombreux détours ▸ **tortuoso 2** FIG Qui manque de franchise: *manœuvres tortueuses* ▸ **tortuoso**

torturant, e *adj* Qui torture ▸ **torturante**

torture *nf* **1** Supplice physique que l'on fait subir à quelqu'un ▸ **tortura 2** Souffrance physique ou morale extrême ▸ **tortura** ■ **se mettre l'esprit à la torture:** faire de grands efforts pour trouver ou se rappeler quelque chose ▸ **dar tratos à bola**

torturer *vt* **1** Faire subir la torture à ▸ **torturar 2** Faire souffrir physiquement ▸ **torturar 3** FIG Tourmenter vivement ▸ **torturar** ◆ **se torturer** *vpr* ▸ **torturar-se** ■ **se torturer l'esprit:** réfléchir longuement et intensément ▸ **dar tratos à bola**

torve *adj* Se dit d'un regard oblique et menaçant ▸ **torvo**

tory (pl *torys* ou *tories*) *nm et adj* Membre du parti conservateur anglais ▸ **tóri**

toscan, e *adj et n* De Toscane: *les Toscans* ▸ **toscano** ◆ *nm* Dialecte italien de Toscane ▸ **toscano**

tôt *adv* Avant un moment qui sert de point de repère: *se lever tôt* ▸ **cedo** ■ **au plus tôt:** en prévoyant le délai le plus court ▸ **quanto antes, não antes de** □ **tôt ou tard:** un jour ou l'autre ▸ **mais cedo ou mais tarde**

total, e, aux *adj* Complet, entier ▸ **total** ◆ *nm* **1** Assemblage de plusieurs parties formant un tout ▸ **total 2** Somme obtenue par addition ▸ **total** ■ **au total:** tout considéré ▸ **em suma**

totale *nf* FAM Ablation de l'utérus et des ovaires ▸ **histerectomia total** ■ FAM **(c'est) la totale!:**

tous les désagréments se produisent en même temps: *la grève des trains et la pluie, (c'est) la totale!* ▸ **só faltava essa!**

totalement *adv* Entièrement, tout à fait ▸ **totalmente**

totalisateur ou **totaliseur** *nm* Appareil qui donne le total d'une série d'opérations ▸ **totalizador**

totalisation *nf* Action de faire un total; son résultat ▸ **totalização**

totaliser *vt* **1** Faire le total de ▸ **totalizar 2** Arriver à un total de ▸ **totalizar**

totalitaire *adj* ▸ **totalitário ▪ régime, État totalitaire:** où tous les pouvoirs sont aux mains d'un parti unique et où l'opposition est interdite ▸ **regime, Estado totalitário**

totalitarisme *nm* **1** Système politique des régimes totalitaires ▸ **totalitarismo 2** Autoritarisme ▸ **autoritarismo**

totalité *nf* Tout, total ▸ **totalidade ▪ en totalité:** complètement ▸ **totalmente**

GRAMMAIRE Avec *totalité*, le verbe s'accorde généralement au singulier: *la totalité des copies a été corrigée*

totem [tɔtɛm] *nm* **1** Animal ou végétal considéré comme l'ancêtre et le protecteur d'un clan à l'intérieur d'une tribu ▸ **totem 2** Représentation de cet animal, de ce végétal ▸ **totem**

totémique *adj* Relatif au totem ▸ **totêmico**

totémisme *nm* Croyance aux totems ▸ **totemismo**

touareg, ègue ou **targui, e** *adj et n* Qui appartient à un peuple nomade du Sahara ▸ **tuaregue**

toubib *nm* FAM Médecin ▸ **galeno, médico**

toucan *nm* Oiseau frugivore grimpeur à bec énorme et vivement coloré ▸ **tucano**

touchant[1] *prép* LITT Relativement à; concernant ▸ **referente a**

touchant[2]**, e** *adj* Qui touche, qui émeut ▸ **tocante**

touche *nf* **1** Pièce d'une machine, d'un instrument, sur laquelle on appuie pour commander un mécanisme ▸ **tecla 2** FIG Manière de peindre, d'écrire: *une touche délicate* ▸ **estilo 3** Élément personnel, note particulière: *touche de fantaisie* ▸ **toque 4** FAM Allure de quelqu'un: *avoir une drôle de touche* ▸ **jeito 5** Action du poisson qui mord à l'hameçon: *avoir une touche* ▸ **fisgada 6** Limite latérale d'un terrain de football, de rugby ▸ **lateral ▪** FIG, FAM **botter, dégager en touche:** éluder une question gênante afin de gagner du temps ou de se soustraire à ses responsabilités ▸ **enrolar** □ FAM **être sur la touche:** être tenu à l'écart d'une activité, d'une entreprise ▸ **ficar de fora**

touche-à-tout *n inv* FAM Personne qui touche à tout, qui se mêle de tout ou qui se disperse en toutes sortes d'activités ▸ **mexelhão, dispersivo**

toucher[1] *vt* **1** Entrer en contact avec: *toucher des fruits* ▸ **tocar 2** Recevoir, percevoir: *toucher de l'argent* ▸ **receber 3** Atteindre: *toucher un but, un adversaire* ▸ **atingir, tocar 4** Concerner: *cela ne me touche en rien* ▸ **tocar 5** Émouvoir: *ses larmes m'ont touché* ▸ **tocar** ◆ *vt ind* [à] **1** Porter la main sur: *défense de toucher au tableau* ▸ **tocar 2** Modifier: *toucher à une loi* ▸ **mexer 3** Être proche de, contigu: *maison qui touche à l'église* ▸ **tocar 4** Être sur le point d'atteindre: *toucher au port* ▸ **alcançar 5** Aborder un sujet: *toucher à un point crucial* ▸ **tocar 6** Prendre une partie de; entamer: *toucher à ses économies; ne pas toucher à son repas* ▸ **tocar ▪ toucher à sa fin:** être sur le point de se terminer ▸ **chegar ao fim** ◆ **se toucher** *vpr* Être en contact: *deux maisons qui se touchent* ▸ **tocar-se**

toucher[2] *nm* **1** Sens grâce auquel on connaît la forme et l'état extérieur des corps par contact ▸ **tato 2** Manière de toucher ▸ **toque**

touffe *nf* Bouquet, assemblage de fils, de brins, de poils: *touffe d'herbe, de cheveux* ▸ **tufo**

touffeur *nf* LITT Chaleur étouffante ▸ **calor sufocante**

touffu, e *adj* **1** Épais, serré: *bois touffu* ▸ **denso 2** FIG Abondant en détails: *roman trop touffu* ▸ **denso**

touiller *vt* FAM Remuer, agiter, mélanger ▸ **chacoalhar**

toujours *adv* **1** Sans cesse, sans fin: *nourrisson qui pleure toujours* ▸ **sempre 2** En tout temps: *l'hypocrisie a toujours existé* ▸ **sempre 3** Encore à présent: *je l'aime toujours malgré ses défauts* ▸ **ainda 4** De toute façon: *c'est toujours mieux que rien* ▸ **sempre ▪ pour toujours:** pour tout le temps à venir; définitivement ▸ **para sempre** □ **toujours est-il que...:** néanmoins, cependant ▸ **o caso é que...**

toundra [tundra] *nf* Dans les régions de climat froid, formation végétale discontinue ▸ **tundra**

toupet *nm* **1** Petite touffe de poils, de crins ou de cheveux ▸ **topete 2** Audace, effronterie ▸ **topete**

toupie *nf* **1** Jouet d'enfant, formé d'une masse ronde munie d'une pointe, sur laquelle elle pivote ▸ **pião 2** Machine pour le travail du bois ▸ **torno**

toupiller *vt* TECHN Travailler le bois à l'aide d'une toupie ▸ **moldar, tornear**

touque *nf* Récipient métallique pour le transport de certains produits ▶ **bidão**

tour¹ *nf* **1** Bâtiment nettement plus haut que large, de forme ronde ou carrée ▶ **torre 2** Construction en hauteur: *la tour Eiffel* ▶ **torre 3** Pièce du jeu d'échecs en forme de tour crénelée ▶ **torre ■ tour de contrôle:** bâtiment qui domine un aérodrome et d'où se fait le contrôle des envols et des atterrissages ▶ **torre de controle □ tour d'ivoire:** isolement ▶ **torre de marfim**

tour² *nm* **1** Mouvement d'un corps qui tourne sur lui-même: *tour de manivelle* ▶ **volta, giro 2** Mouvement plus ou moins circulaire autour de quelqu'un ou de quelque chose: *faire le tour de la ville* ▶ **volta 3** Contour, limite, circonférence: *tour de poitrine* ▶ **volta, contorno 4** Rang dans une succession: *parler à son tour* ▶ **vez 5** Exercice exigeant de l'adresse, de l'habileté: *tour de passe-passe* ▶ **truque 6** Manière de présenter une idée: *tour original* ▶ **construção 7** MÉCAN Machine-outil servant à façonner une pièce montée sur un arbre animé d'un mouvement de rotation ▶ **torno 8** Dispositif actionné au pied, comportant un plateau rotatif horizontal sur lequel le potier dispose la motte d'argile à tourner (on dit aussi: *tour de potier*) ▶ **torno ■ à tour de bras:** de toute la force du bras ▶ **com toda a força □ à tour de rôle:** en respectant un ordre de succession: *prendre la parole à tour de rôle* ▶ **cada um por sua vez □ en un tour de main:** en un instant ▶ **num abrir e fechar de olhos □ faire un tour:** une promenade ▶ **dar uma volta □ tour à tour:** l'un après l'autre; alternativement ▶ **alternadamente □ tour de chant:** programme de chansons présentées par un chanteur sur scène ▶ **recital □ tour de reins:** lumbago ▶ **lumbago**

tourangeau, elle *adj et n* De la Touraine ou de Tours: *les Tourangeaux* ▶ **da Touraine, turonense**

tourbe *nf* Combustible de qualité médiocre issu de la décomposition des végétaux ▶ **turfa**

tourbeux, euse *adj* Qui contient de la tourbe ▶ **turfoso**

tourbière *nf* **1** Marécage où se forme la tourbe ▶ **turfeira 2** Gisement de tourbe ▶ **turfeira**

tourbillon *nm* **1** Vent impétueux qui souffle en tournoyant ▶ **turbilhão 2** Masse d'eau qui tournoie rapidement ▶ **turbilhão 3** Masse quelconque qui tournoie: *tourbillon de poussière* ▶ **turbilhão 4** FIG Mouvement rapide de personnes ou de choses ▶ **turbilhão**

tourbillonnant, e *adj* Qui tourbillonne ▶ **turbilhonante**

tourbillonnement *nm* Mouvement en tourbillon ▶ **turbilhonamento**

tourbillonner *vi* **1** Former des tourbillons ▶ **turbilhonar 2** Tournoyer rapidement ▶ **turbilhonar**

tourelle *nf* **1** Petite tour attenante à un bâtiment ▶ **torrinha 2** Abri orientable destiné à protéger un tireur sur un engin blindé, dans un avion ▶ **torre**

tourillon *nm* **1** Partie cylindrique autour de laquelle une pièce reçoit un mouvement de rotation ▶ **perno 2** Cheville cylindrique servant à assembler des pièces de bois, des panneaux ▶ **cavilha**

tourisme *nm* **1** Action de voyager pour son agrément ▶ **turismo 2** Ensemble des activités, des techniques mises en œuvre pour les voyages et les séjours d'agrément ▶ **turismo ■ de tourisme:** à usage privé et non collectif: *avion de tourisme* ▶ **de turismo**

touriste *n* Personne qui voyage pour son agrément ▶ **turista ■ classe touriste:** classe à tarif réduit, en avion ▶ **classe turística, classe econômica**

touristique *adj* **1** Relatif au tourisme: *guide touristique* ▶ **turístico, de turismo 2** Qui attire les touristes: *ville touristique* ▶ **turístico**

tourmaline *nf* Pierre fine de couleur variée ▶ **turmalina**

tourment *nm* SOUT Violente douleur physique ou morale ▶ **tormento**

tourmente *nf* **1** SOUT Tempête violente ▶ **tormenta 2** FIG Troubles violents: *tourmente politique* ▶ **tormenta**

tourmenté, e *adj* **1** En proie aux tourments, à l'angoisse: *visage tourmenté* ▶ **atormentado 2** Qui a des irrégularités brusques et nombreuses: *un sol tourmenté* ▶ **acidentado**

tourmenter *vt* SOUT **1** Causer une souffrance physique ou morale à: *son procès le tourmente* ▶ **atormentar 2** Importuner par une insistance excessive ▶ **atormentar ♦ se tourmenter** *vpr* Se faire beaucoup de souci ▶ **atormentar-se**

tournage *nm* **1** Action d'usiner au tour ▶ **torneamento 2** CIN Action de filmer: *tournage d'un film* ▶ **filmagem**

tournailler *vi* FAM Aller et venir sans but ▶ **zanzar**

tournant, e *adj* **1** Qui tourne, qui pivote: *fauteuil, pont tournant* ▶ **giratório 2** Qui contourne, prend à revers: *manœuvre tournante* ▶ **contornante ■ grève tournante:** qui paralyse successivement les différents secteurs d'une activité économique, les divers services d'une entreprise ▶ **greve rotativa** ◆ *nm* **1** Coude d'un chemin, d'une rivière, d'une voie ▶ **cotovelo 2** FIG Moment où les événements prennent une tournure différente: *un tournant de cette histoire* ▶ **reviravolta** ■ FAM **avoir, attendre quelqu'un au tournant:** se venger dès que l'occasion se présente ▶ **pegar alguém na curva**

tourné, e *adj* **1** Fait d'une certaine façon: *phrase bien tournée* ▶ **torneado, construído 2** Aigri, altéré: *vin, lait tourné* ▶ **azedo** ■ **avoir l'esprit mal tourné:** interpréter les choses de mauvaise manière, en particulier d'une façon licencieuse ▶ **ter a mente suja**

tournebouler *vt* FAM Troubler, perturber l'esprit de quelqu'un ▶ **atarantar**

tournebroche *nm* Mécanisme faisant tourner une broche à rôtir ▶ **espeto giratório**

tourne-disque (pl *tourne-disques*) *nm* Appareil qui sert à écouter des disques; SYN: *électrophone* ▶ **toca-discos**

tournedos *nm* Tranche de filet de bœuf ronde et épaisse ▶ **turnedô**

tournée *nf* **1** Voyage à itinéraire déterminé et à caractère professionnel: *tournée théâtrale: tournée du facteur: tournée électorale* ▶ **ronda, turnê, viagem 2** FAM Ensemble des boissons offertes par un consommateur à d'autres, dans un café ▶ **rodada 3** FAM, VIEILLI volée de coups ▶ **sova**

tournemain *nm* ■ **en un tournemain:** en un instant ▶ **num abrir e fechar de olhos**

tourner *vt* **1** Imprimer un mouvement de rotation à: *tourner une roue, une broche* ▶ **girar 2** Changer de position, de direction: *tourner la tête* ▶ **virar 3** Faire changer de position, mettre dans un autre sens: *tourner une lampe* ▶ **virar 4** Remuer en rond un aliment, un liquide, pour les mélanger: *tourner la salade, une sauce* ▶ **mexer 5** Orienter, diriger: *tourner les yeux vers quelqu'un* ▶ **virar 6** Éluder, se soustraire à: *tourner une difficulté* ▶ **contornar 7** Interpréter: *tourner un projet en bien, en mal* ▶ **interpretar 8** Présenter, exprimer d'une certaine façon: *tourner un compliment; bien tourner ses phrases* ▶ **fazer, construir 9** TECHN Façonner au tour ▶ **tornear 10** CIN Réaliser le tournage d'un film ▶ **rodar** ■ **tourner bride:** revenir sur ses pas, en parlant d'un cavalier ▶ **dar meia-volta** □ **tourner casaque:** changer de parti, d'avis ▶ **virar a casaca** □ **tourner en ridicule:** ridiculiser ▶ **ridicularizar** □ **tourner la page: (a)** ne plus se préoccuper du passé ▶ **virar a página (b)** changer de sujet, d'activité ▶ **virar a página** □ **tourner la tête à quelqu'un:** lui faire perdre la raison ▶ **virar a cabeça de alguém** □ **tourner le dos à: (a)** s'éloigner de ▶ **dar as costas para (b)** FIG traiter avec mépris ▶ **virar as costas para** □ **tourner les talons:** s'en aller ▶ **virar as costas** ◆ *vi* **1** Se mouvoir, se déplacer circulairement: *manège qui tourne* ▶ **girar 2** S'altérer, devenir aigre: *lait qui tourne* ▶ **azedar, estragar 3** Être en fonctionnement, en parlant d'une machine: *moteur qui tourne régulièrement* ▶ **funcionar 4** Changer de direction: *tourner à gauche, à droite* ▶ **virar 5** Suivre une ligne courbe: *route qui tourne* ▶ **virar 6** Participer au tournage d'un film ▶ **filmar 7** Avoir pour centre d'intérêt: *problème qui tourne autour de deux questions* ▶ **girar 8** Évoluer de telle ou telle façon: *tourner au ridicule* ▶ **tornar-se 9** Finir, s'achever: *affaire qui tourne mal* ▶ **acabar 10** Se succéder pour assurer un service, en parlant de plusieurs personnes ▶ **revezar** ■ **avoir la tête qui tourne:** le vertige ▶ **estar com tontura** □ **tourner court:** finir brusquement ▶ **acabar de repente** □ FAM **tourner de l'œil:** s'évanouir ▶ **desmaiar** ◆ **se tourner** *vpr* [vers] **1** Changer de position pour se trouver face à: *acteur qui se tourne vers le public* ▶ **virar-se 2** S'orienter vers, en parlant des yeux, du regard ▶ **virar-se 3** S'engager dans: *se tourner vers les études scientifiques* ▶ **voltar-se 4** Avoir recours à: *se tourner vers une autre solution; se tourner vers quelqu'un* ▶ **voltar-se**

tournesol [turnəsɔl] *nm* Plante dont la fleur jaune se tourne vers le soleil et dont les graines fournissent une huile comestible ▶ **girassol**

tourneur, euse *n* Ouvrier, ouvrière qui travaille sur un tour ▶ **torneiro**

tournevis [turnəvis] *nm* Outil pour visser ou dévisser des vis ▶ **chave de fenda**

tournicoter *vi* FAM Tourner dans tous les sens ▶ **rodar**

tourniquet *nm* **1** Appareil pivotant à l'entrée d'une voie ou d'un bâtiment qui ne laisse passer qu'une personne à la fois ▶ **catraca, torniquete 2** Dispositif d'arrosage pivotant en son centre ▶ **aspersor 3** Présentoir rotatif ▶ ***display* giratório**

tournis *nm* ▶ **tontura** ■ **avoir, donner le tournis:** le vertige ▶ **estar com tontura, dar tontura**

tournoi *nm* **1** Compétition sportive: *tournoi de tennis* ▶ **torneio 2** Compétition amicale, sans attribution d'un titre: *tournoi de bridge* ▶ **torneio 3** HIST Au Moyen Âge, fête où les chevaliers combattaient à cheval ▶ **torneio**

tournoiement *nm* Action de tournoyer; mouvement de ce qui tournoie ▶ **rodopio**

tournoyer *vi (conj 3)* Tourner sur soi, décrire des cercles; tourbillonner ▶ **rodopiar**

tournure *nf* **1** Aspect, allure que présente quelqu'un, quelque chose, une situation: *prendre une bonne, une mauvaise tournure* ▸ **feição 2** Agencement des mots dans une phrase: *tournure incorrecte* ▸ **construção** ▪ **tournure d'esprit:** manière de voir les choses, de les présenter ▸ **estado de espírito**

tour-opérateur (pl *tour-opérateurs*) *nm* Personne qui commercialise des voyages à forfait; SYN: *voyagiste* ▸ **operador de turismo**

tourte *nf* Préparation constituée d'une tarte en pâte feuilletée ou brisée, garnie de viande, de poisson, de fruits ou de légumes, et recouverte d'une couche de la même pâte ▸ **empadão**

tourteau[1] *nm* Résidu de graines, de fruits oléagineux, utilisé comme aliment pour les bestiaux ▸ **bagaço**

tourteau[2] *nm* Gros crabe à large carapace (on dit aussi: *crabe dormeur, dormeur*) ▸ **caranguejola**

tourtereau *nm* Jeune tourterelle ▸ **rolinha** ♦ **tourtereaux** *pl* Jeunes amoureux ▸ **pombinhos**

tourterelle *nf* Oiseau voisin du pigeon, mais plus petit ▸ **rola**

tourtière *nf* Ustensile pour faire cuire des tourtes ou des tartes ▸ **torteira**

Toussaint *nf* Fête de tous les saints, le 1er novembre ▸ **Dia de Todos os Santos**

tousser *vi* **1** Avoir un accès de toux; se râcler la gorge ▸ **tossir 2** FAM Évoquer le bruit d'une toux: *moteur qui tousse* ▸ **engasgar**

toussotement *nm* Action de toussoter; bruit ainsi produit ▸ **tossidela**

toussoter *vi* Tousser souvent, mais faiblement ▸ **tossicar**

tout [tu] devant une consonne, [tut] devant une voyelle ou un *h* muet, **toute, tous** [tu] devant une consonne, [tuz] devant une voyelle ou un *h* muet, **toutes** *adj* **1** Chaque, n'importe quel: *tout homme est sujet à l'erreur; toute peine mérite salaire; tous les jours* ▸ **todo 2** Indique la totalité d'une durée, d'un ensemble, l'intégralité d'une chose: *toute la nuit; tous les deux* ▸ **todo 3** Exprime l'intensité; complet, sans réserve: *en toute simplicité; à toute vitesse* ▸ **todo 4** Indique une restriction sur la valeur, sur l'intensité; seul, unique: *toute la difficulté; pour toute réponse* ▸ **único** ♦ *pron indéf* (au pluriel, se prononce [tus]) **1** Toute chose, chaque chose: *il sait tout faire* ▸ **tudo 2** Tout le monde: *ils sont tous venus* ▸ **todos** ▪ **après tout:** en fin de compte ▸ **no fim das contas** ▫ **à tout prendre:** en somme ▸ **em suma** ▫ **en tout et pour tout:** uniquement ▸ **apenas** ♦ *nm* **1** La totalité, l'ensemble: *livres qui forment un tout* ▸ **todo 2** L'essentiel, le principal: *le tout est de partir* ▸ **importante** ▪ **changer du tout au tout:** complètement ▸ **mudar de cabo a rabo** ▫ **jouer le tout pour le tout:** risquer totalement ▸ **apostar tudo** ▫ **pas du tout** ou **du tout:** nullement ▸ **de jeito nenhum** ▫ **plus du tout:** absolument plus ▸ **nada mais** ▫ **rien du tout:** absolument rien ▸ **absolutamente nada** ♦ *adv* Marque l'intensité, le degré absolu; entièrement, très: *il est tout content; tout là-bas; c'est tout le contraire* ▸ **bem** ▪ **tout à fait:** entièrement ▸ **totalmente** ▫ **tout de même: (a)** néanmoins: *il est malade; il y va tout de même* ▸ **mesmo assim (b)** marque l'impatience, la réprobation: *tout de même, te voilà!* ▸ **francamente, caramba**

> GRAMMAIRE On distinguera bien *tout* adjectif indéfini et *tout* adverbe: *toute autre demande sera rejetée* (*tout* équivaut à «n'importe quelle», il s'accorde) mais *c'est une tout autre demande* (*tout* équivaut à «totalement», il est invariable)

tout-à-l'égout *nm inv* Système de vidange envoyant directement à l'égout les eaux usées ▸ **sistema de esgoto**

toutefois *adv* Néanmoins ▸ **todavia**

toute-puissance (pl *toutes-puissances*) *nf* Puissance absolue ▸ **onipotência**

toutou *nm* FAM Chien, dans le langage enfantin ▸ **au-au**

tout-petit (pl *tout-petits*) *nm* Très jeune enfant ▸ **bebê**

tout-puissant, toute-puissante (pl *tout-puissants, toutes-puissantes*) *adj* Qui a un pouvoir sans bornes ▸ **todo-poderoso, onipotente** ♦ *nm* ▪ **le Tout-Puissant:** Dieu ▸ **o Todo-Poderoso**

tout-terrain ou **tout terrain** *nm inv et adj inv* Véhicule conçu pour rouler sur n'importe quel terrain ▸ **(veículo) todo-terreno**

tout-venant *nm inv* **1** Chose ou personne qui n'a pas fait l'objet d'un choix ▸ **misturada, massa 2** Matériau extrait d'une mine ou d'une carrière, non trié ▸ **extração bruta**

toux *nf* Expiration brusque et sonore de l'air contenu dans les poumons ▸ **tosse**

toxicité *nf* Caractère toxique ▸ **toxicidade**

toxicologie *nf* Étude des substances toxiques ▸ **toxicologia**

toxicologue *n* Spécialiste de toxicologie ▸ **toxicólogo**

toxicomane *n et adj* Personne qui s'adonne à la toxicomanie ▸ **toxicômano**

toxicomaniaque *adj* Relatif à la toxicomanie ▸ **toxicomaníaco**

toxicomanie *nf* Habitude d'absorber des substances susceptibles d'engendrer un état de dépendance psychique ou physique ▸ **toxicomania**
toxine *nf* **1** Substance toxique élaborée par un organisme vivant ▸ **toxina 2** Déchet de l'organisme ▸ **toxina**
toxique *adj et nm* Se dit d'une substance nocive pour les organes vivants ▸ **tóxico**
toxoplasmose *nf* Maladie provoquée par un protozoaire, dangereuse pour le fœtus chez une femme enceinte ▸ **toxoplasmose**
TP *nm pl* (sigle) Travaux pratiques ▸ **TP**
trac *nm* FAM Peur que l'on éprouve au moment de paraître en public, d'entreprendre une action ▸ **cagaço**
traçabilité *nf* **1** Possibilité de remonter la filière de fabrication d'un produit et de suivre les voies de sa distribution ▸ **rastreabilidade 2** Possibilité de suivre un objet aux différentes étapes de son acheminement ▸ **rastreabilidade**
traçage *nm* Action de tracer ▸ **traçamento**
traçant, e *adj* Se dit d'un projectile conçu pour laisser derrière lui un sillage lumineux ▸ **traçante**
tracas *nm* Souci, inquiétude momentanés ▸ **aflição**
tracasser *vt* Causer du souci, inquiéter ▸ **afligir** ◆ **se tracasser** *vpr* S'inquiéter vivement ▸ **afligir-se**
tracasserie *nf* Ennui causé à quelqu'un pour des choses peu importantes ▸ **aborrecimento**
tracassier, ère *adj* Qui suscite des tracas, des difficultés pour des riens ▸ **implicante**
trace *nf* **1** Empreinte du passage de quelqu'un, d'un animal, d'un véhicule ▸ **rastro 2** Cicatrice, marque qui reste d'une chose ▸ **cicatriz 3** FIG Impression dans l'esprit, la mémoire ▸ **marca** ■ **à la trace:** en suivant les traces ▸ **no rastro** □ FIG **suivre les traces de quelqu'un:** suivre son exemple ▸ **seguir os passos de alguém**
tracé *nm* **1** Dans un dessin, un plan, représentation des contours ▸ **traçado 2** Ligne suivie, parcours: *tracé d'un chemin de fer* ▸ **traçado**
tracement *nm* Action de tracer ▸ **traçamento**
tracer *vt (conj 1)* **1** Représenter par des lignes et des points ▸ **traçar 2** Indiquer par l'écriture ▸ **traçar 3** Dépeindre, décrire: *tracer un tableau sinistre* ▸ **traçar 4** Marquer, déterminer la voie à suivre ▸ **traçar**
trachéal, e, aux [trakeal, o] *adj* De la trachée ▸ **traqueal**
trachée [traʃe] ou **trachée-artère** [traʃeartɛr] (pl *trachées-artères*) *nf* Canal qui fait communiquer le larynx avec les bronches ▸ **traqueia**
trachéite [trakeit] *nf* Inflammation de la trachée ▸ **traqueíte**
trachéotomie [trakeɔtɔmi] *nf* Opération chirurgicale qui consiste à ouvrir la trachée au niveau du cou pour permettre la respiration en cas d'asphyxie ▸ **traqueostomia**
trachome [trakom] *nm* MÉD Conjonctivite contagieuse ▸ **tracoma**
traclet *nm* SUISSE FAM Petit train, spécialement petit train de montagne ▸ **trenzinho**
tract [trakt] *nm* Feuille ou brochure imprimée distribuée à des fins de propagande ▸ **panfleto**
tractation *nf* (surtout au pluriel) Négociation secrète difficile ▸ **negociação**
tracter *vt* Tirer au moyen d'un véhicule ou d'un dispositif mécanique ▸ **rebocar**
tracteur *nm* Véhicule motorisé servant à remorquer des véhicules sans moteur ou à tirer des instruments agricoles ▸ **trator**
traction *nf* **1** Action de tirer, de mouvoir quand la force est placée en avant de la résistance ▸ **tração, puxão 2** Action d'une force agissant sur un corps suivant son axe et tendant à l'allonger ▸ **tração** ■ **traction avant** ou **traction:** automobile dont les roues avant sont motrices ▸ **tração dianteira**
trade-union [trɛdjunjɔn] ou [trɛdynjɔn] (pl *trade-unions*) *nf* Syndicat ouvrier en pays anglo-saxon ▸ ***trade-union***
tradition *nf* **1** Transmission de doctrines religieuses ou morales, de légendes, de coutumes, par la parole ou par l'exemple; ce qui est transmis ▸ **tradição 2** Manière d'agir ou de penser transmise de génération en génération ▸ **tradição** ■ **de tradition:** habituel ▸ **tradicional**
traditionalisme *nm* Attachement aux idées, aux coutumes transmises par la tradition ▸ **tradicionalismo**
traditionaliste *adj et n* Relatif au traditionalisme; qui en est partisan ▸ **tradicionalista**
traditionnel, elle *adj* **1** Fondé sur la tradition ▸ **tradicional 2** Passé dans les habitudes ▸ **tradicional**
traditionnellement *adv* De façon traditionnelle ▸ **tradicionalmente**
traducteur, trice *n* Auteur d'une traduction ▸ **tradutor**
traduction *nf* **1** Action de transposer dans une autre langue; ouvrage traduit ▸ **tradução 2** Manière d'exprimer d'une autre façon; manifestation ▸ **tradução 3** Fait de traduire qqn en justice ▸ **citação**

traduire *vt (conj 70)* **1** Faire passer un texte, un discours, d'une langue dans une autre: *traduire du latin en français* ▸ **traduzir 2** Exprimer, manifester, révéler: *visage qui traduit un sentiment d'anxiété* ▸ **traduzir ▪ traduire en justice:** citer, appeler devant un tribunal ▸ **citar ◆ se traduire** *vpr* Être exprimé, se manifester: *sa douleur se traduisait par des cris* ▸ **traduzir-se**

traduisible *adj* Qui peut être traduit: *mot difficilement traduisible* ▸ **traduzível**

trafic[1] *nm* **1** Commerce clandestin, illégal: *faire le trafic des stupéfiants* ▸ **tráfico 2** FAM Ensemble d'activités plus ou moins mystérieuses et compliquées ▸ **traficância ▪** DR **trafic d'influence:** infraction commise par une personne de pouvoir qui se fait rémunérer pour jouer de son influence auprès de l'autorité publique ▸ **tráfico de influência**

trafic[2] *nm* **1** Mouvement, fréquence de la circulation des trains, des voitures, des avions: *trafic aérien, routier* ▸ **tráfego 2** Circulation des marchandises ▸ **tráfego**

traficoter *vi* FAM Se livrer à de petits trafics ▸ **trapacear ◆** *vt* FAM Manigancer ▸ **maquinar**

trafiquant, e *n* Personne qui se livre à un commerce malhonnête ▸ **traficante**

trafiquer *vi* Se livrer à des opérations commerciales clandestines et illégales ▸ **traficar ◆** *vt* FAM **1** Falsifier, frelater quelque chose: *trafiquer du vin* ▸ **falsificar 2** Manigancer: *que trafiques-tu?* ▸ **maquinar**

tragédie *nf* **1** Pièce de théâtre représentant une ou des actions de caractère passionnel et à l'issue généralement dramatique: *les tragédies shakespeariennes* ▸ **tragédia 2** Événement funeste, catastrophe ▸ **tragédia**

tragédien, enne *n* Acteur, actrice qui interprète surtout des tragédies ▸ **trágico**

tragi-comédie (pl *tragi-comédies*) *nf* **1** Tragédie mêlée d'incidents comiques ▸ **tragicomédia 2** FIG Mélange de choses sérieuses et comiques ▸ **tragicomédia**

tragi-comique (pl *tragi-comiques*) *adj* Qui tient du tragique et du comique ▸ **tragicômico**

tragique *adj* **1** Qui appartient à la tragédie ▸ **trágico 2** Terrible, funeste, sanglant: *fin tragique* ▸ **trágico ◆** *nm* **1** Le genre tragique ▸ **tragédia 2** Auteur de tragédies ▸ **trágico 3** Caractère de ce qui est terrible: *le tragique d'une situation* ▸ **trágico**

tragiquement *adv* De façon tragique ▸ **tragicamente**

trahir *vt* **1** Livrer, abandonner quelqu'un ou quelque chose à qui ou à quoi l'on doit fidélité: *trahir son pays* ▸ **trair 2** FIG Manquer à: *trahir son serment* ▸ **trair 3** Révéler: *trahir un secret* ▸ **trair 4** Ne pas répondre à: *trahir la confiance* ▸ **trair 5** Ne pas exprimer exactement: *trahir la pensée de quelqu'un* ▸ **deturpar ◆ se trahir** *vpr* Laisser involontairement deviner ses pensées, ses sentiments: *se trahir par un geste* ▸ **trair-se**

trahison *nf* Action de trahir ▸ **traição**

train *nm* **1** Convoi de wagons ou de voitures traînés par une locomotive: *voyager en train: train express* ▸ **trem 2** File de véhicules, d'objets traînés ou avançant ensemble: *train de péniches* ▸ **fila 3** Ensemble d'organes mécaniques, d'objets qui fonctionnent ensemble: *train d'atterrissage* ▸ **trem, jogo 4** Enchaînement de choses diverses; série: *train de mesures fiscales* ▸ **série, pacote 5** Partie antérieure ou postérieure d'un quadrupède ▸ **quarto 6** Allure, vitesse d'une personne, d'un animal, d'un véhicule: *aller bon train* ▸ **marcha, passo ▪ être en train:** en forme ▸ **estar em forma □ être en train de:** occupé à: *être en train de lire* ▸ **estar (+ verbo no gerúndio) □ mettre qqch en train:** commencer à le faire ▸ **pôr algo em marcha □ train de vie:** manière de vivre d'une personne par rapport aux revenus, aux ressources dont elle dispose ▸ **estilo de vida**

traînage *nm* Action de traîner ▸ **arrastamento**

traînailler *vi* → **traînasser**

traînant, e *adj* **1** Qui traîne ▸ **rastejante 2** FIG Monotone, lent: *voix traînante* ▸ **arrastado**

traînard, e *n* FAM **1** Personne qui reste en arrière, dans une marche ▸ **retardatário 2** Personne qui agit avec lenteur ▸ **lesma**

traînasser ou **traînailler** *vi* FAM **1** Agir avec beaucoup de lenteur ▸ **arrastar-se 2** Se promener sans but précis ▸ **perambular**

traîne *nf* Partie d'un vêtement qui traîne à terre ▸ **cauda ▪ à la traîne: (a)** à l'abandon, en désordre: *dossiers à la traîne* ▸ **desarrumado (b)** en retard: *élève à la traîne* ▸ **atrasado**

traîneau *nm* Véhicule muni de patins, que l'on fait glisser sur la glace et la neige ▸ **trenó**

traînée *nf* Longue trace laissée dans l'espace ou sur une surface par une chose en mouvement: *une traînée de sang* ▸ **rastro ▪ se répandre comme une traînée de poudre:** très rapidement ▸ **espalhar-se como um rastilho de pólvora**

traîner *vt* **1** Tirer derrière soi: *traîner un filet* ▸ **arrastar, puxar 2** Déplacer péniblement: *traîner les pieds* ▸ **arrastar 3** Emporter, amener partout avec soi: *traîner son vieux sac* ▸ **carregar 4** Emmener de force: *traîner quelqu'un au cinéma* ▸ **arrastar 5** Supporter une chose pénible qui dure: *traîner* *une grippe* ► **carregar** ▪ **traîner dans la boue:** diffamer ► **jogar na lama** ▫ **traîner en longueur:** **(a)** différer la conclusion de ► **protelar** **(b)** tarder à finir ► **arrastar-se** ♦ *vi* **1** Pendre jusqu'à terre: *manteau qui traîne* ► **arrastar(-se)** **2** Perdre du temps, s'attarder: *traîner en chemin* ► **demorar (-se)** **3** Durer trop longtemps: *procès qui traîne* ► **arrastar-se** **4** Ne pas être en ordre: *tout traîne dans cette maison* ► **estar espalhado, desarrumado** **5** Errer par désœuvrement: *traîner dans les rues* ► **perambular** **6** Se trouver partout: *légende qui traîne dans tous les livres* ► **espalhar-se** ♦ **se traîner** *vpr* **1** Ramper ► **arrastar-se** **2** Marcher avec difficulté ou lenteur ► **arrastar-se** **3** Se prolonger inutilement ► **arrastar-se**

traîne-savates *n inv* FAM Personne oisive, qui n'agit qu'en traînant ► **lesma, preguiçoso**

training [treniŋ] *nm* **1** Tennis à semelle de caoutchouc ► **tênis** **2** VIEILLI Survêtement ► ***training***

train-train *nm inv* FAM Répétition monotone des actes de la vie quotidienne ► **ramerrão**

traire *vt (conj 79)* Tirer le lait des mamelles: *traire une vache* ► **ordenhar**

trait *nm* **1** Ligne tracée sur une surface quelconque: *trait de plume* ► **traço** **2** Manière d'exprimer, de décrire: *peindre une scène en traits précis* ► **traço** **3** LITT Propos blessant, raillerie: *trait satirique* ► **tirada** **4** Élément caractéristique de quelqu'un, de quelque chose: *traits communs de deux personnes* ► **traço** **5** Action révélatrice: *trait de génie* ► **rasgo** ▪ **à grands traits:** sans se préoccuper des détails: *dépeindre une scène à grands traits* ► **a traços largos** ▫ **animal, bête de trait:** propre à tirer une charge ► **animal de tiro** ▫ **avoir trait à:** se rapporter à ► **ter relação com** ▫ **d'un trait** ou **d'un seul trait:** en une fois: *boire son verre d'un trait* ► **de uma só vez** ▫ **tirer un trait sur:** renoncer à ► **passar uma borracha em** ▫ **trait d'union:** **(a)** petit tiret placé entre les éléments d'un mot composé ou entre le verbe et un pronom personnel postposé ► **hífen** **(b)** FIG intermédiaire ► **ponte, ligação** ▫ **trait pour trait:** avec une parfaite ressemblance ► **traço por traço** ♦ **traits** *pl* lignes caractéristiques du visage: *avoir les traits fins* ► **traços** ▪ **sous les traits de:** sous l'aspect de ► **com o aspecto de**

traitant, e *adj* Qui traite, soigne: *shampooing traitant* ► **revitalizante, medicinal** ▪ **médecin traitant:** médecin, généraliste ou spécialiste, libéral ou hospitalier, choisi par un assuré social pour être son médecin habituel, celui qui le suivra tout au long de son parcours de soins coordonné ► **médico de família**

traite *nf* **1** Action de traire ► **ordenha** **2** Lettre de change: *payer, accepter une traite* ► **letra de câmbio** **3** Trafic, commerce de personnes: *traite des Noirs* ► **tráfico** ▪ **d'une seule traite:** sans s'arrêter ► **de uma assentada**

traité *nm* **1** Ouvrage relatif à une matière particulière: *traité de chimie* ► **tratado** **2** Convention écrite entre deux ou plusieurs États ► **tratado**

traitement *nm* **1** Manière d'agir, de se comporter envers quelqu'un ► **tratamento** **2** Ensemble des moyens employés pour prévenir ou guérir une maladie: *suivre un traitement* ► **tratamento** **3** Ensemble des opérations que l'on fait subir à des matières brutes ► **processamento, manipulação** **4** Action, manière de traiter une question ► **abordagem** **5** Rémunération d'un fonctionnaire ► **ordenado** ▪ INFORM **traitement de texte(s):** ensemble des techniques informatiques qui permettent la saisie, la mémorisation, la correction, l'actualisation, la mise en pages et l'impression de textes ► **processamento de texto**

traiter *vt* **1** Agir bien ou mal envers quelqu'un: *traiter durement un prisonnier* ► **tratar** **2** Recevoir, accueillir à sa table: *il nous a traités splendidement* ► **receber** **3** Appliquer à quelqu'un un qualificatif dépréciatif: *traiter quelqu'un d'imbécile* ► **tratar** **4** Exposer: *traiter une question* ► **tratar** **5** Conclure, négocier: *traiter un marché* ► **tratar** **6** Soigner: *traiter un malade* ► **tratar** **7** Faire subir un traitement: *traiter un minerai* ► **manipular, processar** ♦ *vt ind* **1** [de] Écrire, discourir sur: *traiter de la paix* ► **tratar** **2** [avec] Négocier, conduire un accord ► **tratar**

traiteur *nm* Commerçant qui prépare des plats cuisinés sur commande ou les porte à domicile ► **fornecedor de refeições, banqueteiro**

traître, esse *adj et n* Qui trahit: *homme traître à sa patrie* ► **traidor** ▪ **prendre quelqu'un en traître:** d'une façon perfide ► **pegar alguém desprevenido** ♦ *adj* Qui trompe; dangereux, sournois: *ce vin est traître* ► **traiçoeiro** ▪ **ne pas dire un traître mot:** ne rien dire du tout ► **não abrir a boca**

GRAMMAIRE On écrit: *ils se sont conduits en traîtres* («comme des traîtres»; attribut qui s'accorde) mais *ils nous ont pris en traître* («traîtreusement»; adverbe invariable)

traîtreusement *adv* En traître ► **traiçoeiramente**

traîtrise *nf* **1** Caractère traître de quelqu'un ► **caráter traiçoeiro** **2** Acte déloyal, perfide ► **perfídia**

trajectoire *nf* Ligne que décrit un projectile lancé par une arme ► **trajetória**

trajet *nm* **1** Distance à parcourir ▸ **trajeto 2** Fait de parcourir cette distance; temps mis à la parcourir ▸ **trajeto, percurso**

tralala *nm* FAM Affectation, manières recherchées; SYN: *chichi* ▸ **frescurite**

tram [tram] *nm* (abréviation) Tramway ▸ **Ø**

tramage *nm* Action de tramer; état de ce qui est tramé ▸ **tramação**

trame *nf* **1** Ensemble des fils passés dans le sens de la largeur entre les fils de la chaîne pour constituer le tissu ▸ **trama 2** Support transparent intercalé entre l'original et la couche sensible, en photogravure ▸ **retícula 3** Ensemble des lignes horizontales qui constituent l'image de télévision ▸ **linhas horizontais 4** FIG Fond sur lequel se détachent des événements ▸ **pano de fundo**

tramer *vt* **1** Entrelacer les fils de la trame avec ceux de la chaîne ▸ **tramar 2** Produire une image avec une trame ▸ **reticular 3** FIG Comploter: *tramer une conspiration* ▸ **tramar ◆ se tramer** *vpr* Être ourdie, en parlant d'une conspiration ▸ **tramar-se**

tramontane *nf* Vent du nord-ouest, dans le Languedoc et le Roussillon ▸ **tramontana**

trampoline *nm* Grande toile tendue sur des ressorts et sur laquelle on saute; sport ainsi pratiqué ▸ **cama elástica**

tramway [tramwɛ] (pl *tramways*) *nm* Chemin de fer urbain à traction électrique ▸ **bonde**

tranchant, e *adj* **1** Qui coupe: *couteau tranchant* ▸ **cortante 2** Qui décide de façon péremptoire, impérieuse: *ton tranchant* ▸ **categórico ◆** *nm* Côté affilé d'un instrument coupant ▸ **fio ■ à double tranchant:** qui peut avoir deux effets opposés: *argument à double tranchant* ▸ **de dois gumes**

tranche *nf* **1** Morceau coupé fin: *tranche de jambon* ▸ **fatia 2** Surface unie que présente l'épaisseur des feuillets d'un livre broché ou relié: *doré sur tranches* ▸ **rebordo 3** BOUCH Partie moyenne de la cuisse du bœuf ▸ **coxão mole 4** Ensemble de chiffres consécutifs dans un nombre ▸ **série, bloco 5** Chacun des tirages successifs d'une émission financière, des lots d'une loterie ▸ **sorteio 6** Ensemble des revenus soumis à un même taux pour le calcul de l'impôt progressif ▸ **faixa 7** Un des éléments constituant une série quelconque: *la première tranche des travaux* ▸ **bloco 8** Subdivision d'un programme de radio ou de télévision ▸ **bloco**

tranché, e *adj* FIG Bien marqué, distinct: *couleurs bien tranchées* ▸ **distinto**

tranchée *nf* **1** Excavation longitudinale à ciel ouvert, pour poser les fondations d'un mur, planter des arbres, etc. ▸ **vala 2** MIL Fossé permettant la circulation et le tir à couvert ▸ **trincheira**

trancher *vt* **1** Séparer en coupant: *trancher la tête* ▸ **cortar 2** FIG Décider, résoudre: *trancher une difficulté* ▸ **resolver ◆** *vi* **1** Décider de façon catégorique: *trancher sur tout* ▸ **decidir 2** FIG Ressortir, former un contraste: *couleurs qui tranchent vivement* ▸ **contrastar**

tranchoir *nm* **1** Couteau pour trancher ▸ **trinchante 2** Planche à découper ▸ **trinchante**

tranquille *adj* **1** Sans agitation: *mer tranquille* ▸ **tranquilo 2** Sans inquiétude: *avoir l'esprit tranquille* ▸ **tranquilo ■ laisser tranquille: (a)** cesser d'importuner: *laisser un malade tranquille* ▸ **deixar em paz (b)** cesser de manipuler: *laisse ce vase tranquille!* ▸ **parar de mexer**

tranquillement *adv* Avec tranquillité; paisiblement ▸ **tranquilamente**

tranquillisant, e *adj* Qui tranquillise: *nouvelle tranquillisante* ▸ **tranquilizador ◆** *nm* Médicament propre à combattre l'angoisse, l'anxiété ▸ **tranquilizante**

tranquilliser *vt* Rendre tranquille, rassurer ▸ **tranquilizar**

tranquillité *nf* **1** État de ce qui est sans mouvement, sans agitation ▸ **tranquilidade 2** État de quelqu'un sans inquiétude ▸ **tranquilidade ■ en toute tranquillité:** sans la moindre inquiétude ▸ **com toda a tranquilidade**

transaction *nf* **1** Accord conclu sur la base de concessions réciproques ▸ **transação 2** Opération commerciale ou boursière ▸ **transação**

transactionnel, elle *adj* Qui a le caractère d'une transaction: *règlement transactionnel* ▸ **transacional**

transalpin, e *adj* Qui est au-delà des Alpes ▸ **transalpino**

transat[1] [trɑ̃zat] *nm* Chaise longue pliante recouverte de toile ▸ **espreguiçadeira**

transat[2] [trɑ̃zat] *nf* Course transatlantique ▸ **regata transatlântica**

transatlantique *adj* Qui est au-delà de l'océan Atlantique ▸ **transatlântico ■ course transatlantique** ou **transatlantique:** *nf* course en solitaire à bord de voiliers effectuant la traversée de l'océan Atlantique ▸ **regata transatlântica ◆** *nm* Paquebot qui traverse l'Atlantique ▸ **transatlântico**

transbahuter *vt* FAM Transporter d'un lieu à un autre ▸ **transportar**

transbordement *nm* Action de transborder ▸ **transbordo**

transborder *vt* Transporter la cargaison d'un bateau ou les voyageurs d'un véhicule dans un autre bateau ou un autre véhicule ▸ **baldear**

transbordeur *nm et adj m* Appareil, pont servant à transborder ▸ **plataforma para transbordo** ▪ **navire transbordeur** ou **transbordeur:** ferry-boat ▸ ***ferryboat*, balsa**

transcendance *nf* Caractère de ce qui est transcendant ▸ **transcendência**

transcendant, e *adj* **1** Qui excelle en son genre, supérieur ▸ **transcendente 2** PHILOS Hors de portée de l'action ou de la connaissance ▸ **transcendente**

transcender *vt* Dépasser un certain niveau de connaissance ▸ **transcender**

transcoder *vt* Traduire dans un autre code ▸ **transcodificar**

transcontinental, e, aux *adj* Qui traverse un continent ▸ **transcontinental**

transcription *nf* **1** Action de transcrire un écrit, une œuvre musicale; état de ce qui est transcrit ▸ **transcrição 2** Copie officielle de certains actes ou de certains jugements relatifs à l'état des personnes ▸ **transcrição**

transcrire *vt (conj 71)* **1** Reproduire exactement ou avec des caractères d'écriture différents ▸ **transcrever 2** Adapter une œuvre musicale pour un autre instrument que celui d'origine ▸ **transcrever**

transcutané, e ou **transdermique** *adj* Se dit d'un médicament qui agit en traversant la peau ▸ **transcutâneo, transdérmico**

transe *nf* **1** (souvent au pluriel) Très vive angoisse: *être dans des transes épouvantables à l'idée de partir* ▸ **transe 2** État du médium en communication avec les esprits ▸ **transe** ▪ FAM **être, entrer en transe:** être très excité ▸ **estar, entrar em transe**

transept [trɑ̃sɛpt] *nm* Galerie transversale qui, dans une église catholique, sépare le chœur de la nef et forme les bras de la croix ▸ **transepto**

transférer *vt (conj 10)* **1** Faire passer d'un lieu dans un autre ▸ **transferir 2** Transmettre légalement des biens ▸ **transferir**

transfert *nm* **1** Action de transférer ▸ **transferência 2** SPORTS Changement de club d'un joueur professionnel ▸ **transferência** ▪ **transfert d'appel:** manœuvre qui permet de renvoyer les appels téléphoniques arrivant à un poste sur un autre ▸ **redirecionamento de chamada**

transfiguration *nf* Changement complet de l'expression du visage, de l'apparence ▸ **transfiguração**

transfigurer *vt* **1** Changer l'aspect, la nature de ▸ **transfigurar 2** Donner au visage un éclat inaccoutumé ▸ **transfigurar**

transfo *nm* (abréviation) FAM Transformateur ▸ **Ø**

transformable *adj* Qui peut être transformé: *siège transformable* ▸ **transformável**

transformateur, trice *adj* Qui transforme ▸ **transformador** ◆ *nm* ÉLECTR Appareil qui transforme un courant alternatif en un autre courant alternatif, de même fréquence mais de tension différente ▸ **transformador**

transformation *nf* Action de transformer ▸ **transformação**

transformer *vt* **1** Donner à une personne ou à une chose une autre forme que celle qu'elle avait précédemment ▸ **transformar 2** Améliorer le caractère, la santé de quelqu'un ▸ **transformar** ◆ **se transformer** *vpr* **1** Se métamorphoser ▸ **transformar-se 2** Changer de forme, d'aspect, de caractère ▸ **transformar-se**

transformisme *nm* Théorie biologique suivant laquelle les espèces animales et végétales se transforment et donnent naissance à de nouvelles espèces ▸ **transformismo**

transformiste *adj et n* Qui appartient au transformisme; qui en est partisan ▸ **transformista**

transfrontalier, ère *adj* Qui concerne les relations entre des pays limitrophes ▸ **transfronteiriço**

transfuge *nm* Militaire qui déserte et passe à l'ennemi ▸ **trânsfuga** ◆ *n* Personne qui change de parti ▸ **trânsfuga**

transfuser *vt* Opérer une transfusion sur ▸ **transfundir**

transfusion *nf* Injection, dans la veine d'un malade, de son propre sang ou de sang prélevé sur un donneur ▸ **transfusão**

transgénérationnel, elle *adj* Qui concerne toutes les générations, tous les âges: *succès transgénérationnel* ▸ **transgeracional**

transgénique *adj* BIOL Se dit d'un être vivant dont on a modifié les caractères génétiques par introduction d'un fragment d'ADN: *maïs transgénique* ▸ **transgênico**

transgénose *nf* Modification du génome d'un animal, d'une plante ▸ **transgenia**

transgresser *vt* Enfreindre, violer: *transgresser la loi* ▸ **transgredir**

transgression *nf* Action de transgresser ▸ **transgressão**

transhumance [trɑ̃zymɑ̃s] *nf* Migration estivale des troupeaux vers les pâturages de montagne ▸ **transumância**

transhumant, e *adj* Qui effectue une transhumance ► **transumante**
transhumer *vi* Effectuer la transhumance ► **transumar**
transi, e [trɑ̃zi] *adj* Engourdi par le froid ► **transido**
transiger [trɑ̃ziʒe] *vi (conj 2)* Faire des concessions réciproques ► **transigir** ♦ *vt ind* [sur, avec] Abandonner une partie de sa rigueur au sujet de: *ne pas transiger sur la politesse* ► **transigir** ▪ **transiger avec sa conscience:** manquer à ce qu'exigerait strictement la conscience ► **ir contra sua consciência**
transir *vt* LITT Pénétrer et engourdir de froid ► **transir**
transistor *nm* **1** Récepteur de radio portatif équipé de transistors ► **rádio de pilha, transistor 2** Dispositif à semi-conducteur, remplaçant un tube électronique ► **transistor**
transit [trɑ̃zit] *nm* Action de passer par un lieu sans y séjourner: *voyageurs en transit* ► **trânsito** ▪ **transit intestinal:** déplacement du contenu du tube digestif depuis le pylore jusqu'au rectum ► **trânsito intestinal**
transitaire *nm* Commissionnaire en marchandises qui s'occupe de leur importation et de leur exportation ► **transitário**
transiter *vt* Passer en transit ► **passar em trânsito** ♦ *vi* Être en transit: *transiter par la Suisse* ► **estar em trânsito**
transitif, ive *adj* GRAMM Se dit d'un verbe qui admet un complément d'objet direct (*transitif direct*) ou indirect (*transitif indirect*) ► **transitivo**
transition *nf* **1** Degré, stade intermédiaire: *passer sans transition du rire aux larmes* ► **transição 2** Manière de passer d'un raisonnement à un autre ► **transição 3** Passage d'un état à un autre ► **transição** ▪ **de transition:** qui constitue un état intermédiaire ► **de transição** ▫ **sans transition:** brusquement ► **bruscamente**
transitivement *adv* GRAMM D'une manière transitive ► **transitivamente**
transitoire *adj* Qui ne dure pas ► **transitório**
translatif, ive *adj* DR Qui opère le transfert d'une chose, d'un droit ► **translativo**
translation *nf* MATH Déplacement d'un corps dont toutes les parties gardent une direction constante ► **translação**
translucide *adj* Qui laisse passer la lumière, sans permettre toutefois de distinguer nettement l'objet vu à travers ► **translúcido**
transmettre *vt (conj 57)* **1** Faire parvenir, communiquer ce qu'on a reçu: *transmettre un message* ► **transmitir 2** Permettre le passage, agir comme intermédiaire: *l'arbre moteur transmet le mouvement aux roues* ► **transmitir 3** DR Faire passer par mutation ► **transmitir 4** Faire passer dans un autre organisme: *transmettre une maladie, un virus, un microbe* ► **transmitir** ♦ **se transmettre** *vpr* Se propager ► **transmitir-se**
transmigration *nf* Passage d'un corps dans un autre, en parlant de l'âme; métempsycose ► **metempsicose**
transmigrer *vi* Passer d'un corps dans un autre, en parlant de l'âme ► **transmigrar**
transmissible *adj* Qui peut être transmis: *maladie transmissible* ► **transmissível**
transmission *nf* **1** Action de transmettre: *transmission d'un droit* ► **transmissão 2** MÉCAN Communication du mouvement d'un organe à un autre ► **transmissão** ▪ **transmission de pensée:** télépathie ► **transmissão de pensamento** ▫ **transmission des pouvoirs:** opération par laquelle un chef d'État, un ministre, etc., transfère ses pouvoirs à son successeur ► **transmissão de poderes** ♦ **transmissions** *pl* Arme ou service chargés de la mise en œuvre des moyens de liaison à l'intérieur des forces armées ► **arma de comunicações**
transmuable ou **transmutable** *adj* Qui peut être transmué ► **transmutável**
transmuer ou **transmuter** *vt* Effectuer une transmutation ► **transmudar**
transmutation *nf* **1** En alchimie, changement des métaux vulgaires en métaux nobles, en particulier en or ► **transmutação 2** LITT Transformation totale ► **transmutação**
transocéanique *adj* **1** Qui est situé au-delà de l'océan ► **transoceânico 2** Qui traverse l'océan ► **transoceânico**
transparaître *vi (conj 64)* **1** SOUT Se montrer, apparaître à travers quelque chose ► **transparecer 2** FIG Se manifester: *intention qui transparaît* ► **transparecer**
transparence *nf* Propriété de ce qui est transparent ► **transparência**
transparent, e *adj* **1** Se dit d'un corps à travers lequel les objets sont nettement distingués: *le verre est transparent* ► **transparente 2** FIG Se dit de choses qui se laissent aisément comprendre ou deviner: *allusion transparente* ► **transparente 3** FIG Qui ne cherche pas à dissimuler ses revenus, son fonctionnement: *une gestion transparente* ► **transparente** ♦ *nm* Document sur support transparent, destiné à la projection ► **transparência**

transpercer *vt (conj 1)* **1** Percer de part en part ▸ **transpassar 2** Passer au travers: *être transpercé par la pluie* ▸ **transpassar**

transpiration *nf* Élimination de la sueur par les pores de la peau ▸ **transpiração**

transpirer *vi* **1** Exhaler de la sueur; suer ▸ **transpirar 2** FIG, LITT commencer à être divulgué, connu: *secret qui transpire* ▸ **transpirar**

transplant *nm* MÉD Organe à transplanter ou qui a été transplanté ▸ **órgão para transplante, órgão transplantado**

transplantation *nf* **1** Action de transplanter ▸ **transplantação, transplante 2** BIOL Greffe d'un organe ▸ **enxerto**

transplanté, e *adj et n* Qui a subi une transplantation d'organe ▸ **transplantado**

transplanter *vt* **1** Planter en un autre endroit ▸ **transplantar 2** Installer ailleurs: *transplanter des populations d'un pays dans un autre* ▸ **transplantar 3** BIOL Transférer sur un individu un organe entier prélevé sur un autre individu; SYN: *greffer* ▸ **transplantar**

transport *nm* **1** Action de porter d'un lieu dans un autre: *transport des bagages en avion* ▸ **transporte 2** LITT (souvent au pluriel) Forte émotion: *des transports de joie* ▸ **transporte, arroubo** ◆ **transports** *pl* Ensemble des moyens d'acheminement des marchandises ou des personnes: *transports en commun* ▸ **transportes**

transportable *adj* Qui peut être transporté: *malade transportable* ▸ **transportável**

transporter *vt* **1** Porter d'un lieu dans un autre ▸ **transportar 2** Faire passer d'un milieu, d'un contexte, dans un autre: *transporter sur la scène un événement historique* ▸ **transportar 3** FIG, LITT mettre hors de soi: *être transporté de colère* ▸ **enlouquecer** ◆ **se transporter** *vpr* **1** Se rendre en un lieu ▸ **transportar-se 2** LITT Se porter par la pensée, par l'imagination ▸ **transportar-se**

transporteur, euse *adj* Qui transporte: *benne transporteuse* ▸ **transportador** ◆ *nm* Personne qui effectue des transports par profession: *transporteur routier* ▸ **transportador**

transposable *adj* Qui peut être transposé ▸ **transponível**

transposer *vt* **1** Mettre une chose à une place autre que celle qu'elle occupe ou qu'elle doit occuper ▸ **transpor, mudar de lugar 2** Placer dans un autre décor, une autre époque, etc., un thème littéraire ou artistique ▸ **transpor 3** MUS Écrire ou exécuter un morceau dans un ton différent de celui dans lequel il a été composé ▸ **transpor**

transposition *nf* Action de transposer; son résultat ▸ **transposição**

transsaharien, enne *adj* Qui traverse le Sahara ▸ **transaariano**

transsexuel, elle *adj et n* **1** Qui est convaincu d'appartenir à l'autre sexe et étaie cette conviction par son attitude, son habillement, etc. ▸ **transexual 2** Qui a changé de sexe ▸ **transexual**

transsibérien, enne *adj* Se dit d'une voie, d'un train qui traverse la Sibérie ▸ **transiberiano**

transsubstantiation *nf* THÉOL CATH Changement de la substance du pain et du vin en celle du corps et du sang de Jésus-Christ, dans l'eucharistie ▸ **transubstanciação**

transvasement *nm* Action de transvaser ▸ **transvasamento**

transvaser *vt* Verser un liquide d'un récipient dans un autre ▸ **transvasar**

transversal, e, aux *adj* **1** Qui est disposé en travers, qui coupe quelque chose en travers: *vallée transversale* ▸ **transversal 2** Perpendiculaire à l'axe: *coupe transversale* ▸ **transversal 3** FIG Qui met en rapport plusieurs disciplines, plusieurs secteurs ▸ **interdisciplinar**

transversale *nf* **1** Ligne, barre horizontale ▸ **transversal 2** Itinéraire routier ou voie ferrée qui relie directement deux villes, deux régions, sans passer par le centre du réseau ▸ **via vicinal**

transversalement *adv* En travers ▸ **transversalmente**

transverse *adj* ANAT Placé dans une direction transversale par rapport à l'axe du corps ▸ **transverso**

trapèze *nm* **1** GÉOM Quadrilatère dont deux côtés, appelés *bases*, sont parallèles mais de longueur inégale ▸ **trapézio 2** Appareil de gymnastique formé de deux cordes verticales réunies en bas par une barre ▸ **trapézio**

trapéziste *n* Équilibriste, acrobate qui fait du trapèze ▸ **trapezista**

trapézoïdal, e, aux *adj* En forme de trapèze ▸ **trapezoidal**

trappe *nf* **1** Panneau qui ferme une ouverture horizontale au niveau du plancher ▸ **alçapão 2** Piège de chasse disposé au-dessus d'une fosse ▸ **trápola**

trappeur *nm* Chasseur de bêtes à fourrure, en Amérique du Nord ▸ **caçador**

trappiste, trappistine *n* Religieux, religieuse cisterciens d'un couvent de la Trappe ▸ **trapista**

trapu, e *adj* **1** Court et large, qui donne une impression de force: *un homme trapu* ▸ **atarracado**

2 LITT Bas et massif, en parlant d'un objet: *une maison trapue* ► **atarracado 3** FAM Très fort dans une matière: *être trapu en grec* ► **fera 4** FAM Ardu, difficile: *problème trapu* ► **cabeludo**

traque *nf* Action de traquer ► **cerco, perseguição**

traquenard *nm* **1** Piège pour prendre les animaux nuisibles ► **armadilha 2** Piège tendu à quelqu'un ► **armadilha**

traquer *vt* **1** Rabattre le gibier vers la ligne de tir: *traquer un cerf* ► **cercar 2** Poursuivre quelqu'un, le serrer de près, le harceler: *traquer des voleurs, une vedette* ► **perseguir**

traumatique *adj* Relatif à un traumatisme ► **traumático**

traumatisant, e *adj* Qui provoque un choc moral: *une expérience traumatisante* ► **traumatizante**

traumatiser *vt* Provoquer un trouble, un choc psychique ► **traumatizar**

traumatisme *nm* **1** Trouble occasionné par une blessure ► **traumatismo 2** Choc psychique ► **traumatismo**

traumatologie *nf* Partie de la chirurgie qui traite des blessures, des plaies ► **traumatologia**

travail[1] (pl *travaux*) *nm* **1** Activité d'un homme ou d'un groupe d'hommes accomplie en vue d'un résultat utile: *travail manuel, intellectuel* ► **trabalho 2** Ouvrage réalisé ou à réaliser; tâche: *achever un travail* ► **trabalho 3** Manière dont un ouvrage est exécuté: *le fin travail d'une dentelle* ► **trabalho 4** Technique permettant de travailler une matière: *apprendre le travail du bois* ► **manejo 5** Activité professionnelle; lieu où elle s'exerce: *chercher du travail: partir pour le travail* ► **trabalho 6** Population active: *le monde du travail* ► **trabalho 7** Action progressive et continue de quelque chose; effet de cette action: *travail de l'érosion* ► **trabalho 8** Étude, publication sur un sujet donné: *travail sur la démographie* ► **trabalho 9** Ensemble des phénomènes qui préparent et produisent l'accouchement ► **trabalho de parto** ◆ **travaux** *pl* **1** Ensemble des opérations propres à un domaine déterminé: *travaux agricoles* ► **atividade 2** Ensemble des opérations destinées à la construction, l'aménagement ou la remise en état d'édifices, de voies, etc.: *faire des travaux dans un appartement* ► **obras 3** Discussions, débats au sein d'un groupe: *travaux d'une commission* ► **trabalhos** ■ **travaux pratiques (TP):** ensemble des expérimentations, des exercices faits par les étudiants en application d'un cours ► **trabalhos práticos (TP)** □ **travaux publics:** construction, réparation, entretien de bâtiments, de routes, etc., effectués pour le compte de l'Administration ► **obras públicas**

travail[2] (pl *travails*) *nm* Appareil pour immobiliser les grands animaux domestiques pendant qu'on les ferre ou qu'on les soigne ► **tronco**

travaillé, e *adj* Où l'on remarque l'effort, le soin: *style travaillé* ► **trabalhado**

travailler *vi* **1** Fournir un travail; exercer une activité professionnelle: *travailler dans l'imprimerie* ► **trabalhar 2** Agir de manière à produire un effet, un résultat: *le temps travaille pour nous* ► **trabalhar 3** Fonctionner activement: *muscles qui travaillent* ► **trabalhar 4** Produire un revenu: *argent qui travaille* ► **render 5** Subir un effet qui entraîne certaines modifications: *bois vert qui travaille* ► **deformar-se, desgastar-se** ◆ *vt* **1** Soumettre à une action, façonner: *travailler le bois* ► **trabalhar 2** Étudier, s'exercer à: *travailler le piano* ► **estudar, treinar 3** Causer du souci, tourmenter: *ce problème le travaille* ► **atormentar 4** Faire souffrir: *ses dents travaillent le bébé* ► **atormentar**

travailleur, euse *adj et n* Qui aime le travail, qui travaille de telle ou telle manière: *travailleur acharné* ► **trabalhador** ◆ *n* Personne salariée, spécialement dans l'industrie ► **trabalhador**

travaillisme *nm* Doctrine des travaillistes ► **trabalhismo**

travailliste *adj et n* Du Parti travailliste ► **trabalhista** ■ **Parti travailliste:** parti socialiste britannique ► **Partido Trabalhista**

travée *nf* **1** Rangée de bancs ou de tables ► **bancada, fileira 2** ARCHIT Partie comprise entre deux points d'appui principaux: *une travée de pont* ► **tramo**

traveller's cheque [travlœrsʃɛk] (pl *traveller's cheques*) *nm* Chèque de voyage payable en espèces dans le pays où l'on se rend ► ***traveler's check*, cheque de viagem**

travelling [travliŋ] *nm* CIN Déplacement de la caméra sur des rails; dispositif permettant ce mouvement ► ***travelling, dolly***

travelo *nm* FAM, PÉJOR Homosexuel travesti en femme; travesti ► **traveco**

travers *nm* Petit défaut un peu ridicule ► **defeitinho** ■ **travers de porc:** extrémité des côtes de porc ► **costeleta de porco** ◆ *loc prép et loc adv* ■ **aller de travers:** mal se passer: *affaires qui vont de travers* ► **enviesar** □ **à travers:** en traversant quelque chose de part en part ► **através de** □ **à travers champs:** en traversant les champs ► **através dos campos** □ **au travers de:** **(a)** en passant d'un bout à l'autre de (peut souvent remplacer *à travers*): *passer au travers de graves dangers* ▸ **por (b)** par l'intermédiaire de: *faire comprendre quelque chose au travers d'une allégorie* ▸ **por** ▫ **avaler de travers:** en laissant pénétrer des aliments ou de la boisson dans la trachée ▸ **engasgar** ▫ **de travers: (a)** de manière oblique, irrégulièrement: *planter un clou de travers* ▸ **de viés (b)** de manière fausse, inexacte: *interpréter des paroles de travers* ▸ **de modo errado** ▫ **en travers (de):** transversalement: *scier une planche en travers*: *être couché en travers de la porte* ▸ **transversalmente** ▫ **regarder quelqu'un de travers:** le regarder avec antipathie ▸ **olhar torto para alguém**

traversable *adj* Que l'on peut traverser ▸ **atravessável**

traverse *nf* Sur une voie de chemin de fer, pièce d'appui posée sur le ballast, perpendiculairement aux rails qu'elle supporte ▸ **dormente** ▪ **chemin de traverse:** plus court que la voie normale ▸ **atalho**

traversée *nf* **1** Action de traverser de bout en bout un espace: *la traversée de la ville* ▸ **travessia 2** Action de traverser la mer, une étendue d'eau: *il a été malade pendant la traversée* ▸ **travessia**

traverser *vt* **1** Passer à travers, d'un côté à l'autre: *traverser une forêt* ▸ **atravessar 2** Pénétrer de part en part: *la pluie a traversé mes vêtements* ▸ **atravessar 3** Être en travers de quelque chose: *des allées traversent le jardin* ▸ **atravessar 4** Passer par: *traverser des temps difficiles* ▸ **atravessar 5** Se présenter à l'esprit d'une façon inopinée et fugitive: *idée qui traverse l'esprit* ▸ **passar**

traversière *adj f* ▸ **transversal** ▪ **flûte traversière:** qu'on tient sur le côté ▸ **flauta transversal**

traversin *nm* Oreiller long, qui occupe toute la largeur du lit; SYN: *polochon* ▸ **travesseiro**

travertin *nm* Roche calcaire présentant des cavités garnies de cristaux, employée en construction ▸ **travertino**

travesti *nm* **1** Personne revêtue d'un déguisement ▸ **travesti 2** Homosexuel qui adopte des vêtements, des attitudes de femme ▸ **travesti**

travestir *vt* **1** Déguiser avec les vêtements d'un autre sexe, d'une autre condition ▸ **travestir 2** Transformer, rendre méconnaissable: *travestir sa pensée* ▸ **travestir** ▪ VIEILLI **bal travesti:** où les danseurs sont déguisés ▸ **baile a fantasia** ◆ **se travestir** *vpr* Revêtir un déguisement ▸ **fantasiar-se**

travestissement *nm* Déguisement ▸ **disfarce**

traviole (de) *loc adv* FAM De travers ▸ **atravessado, errado**

trayeuse *nf* Machine à traire ▸ **ordenhadeira**

trayon *nm* Extrémité du pis d'une vache, d'une chèvre, etc. ▸ **bico da teta**

trébuchant, e *adj* Qui trébuche, hésite: *démarche trébuchante* ▸ **cambaleante, hesitante**

trébucher *vi* **1** Faire un faux pas, perdre l'équilibre ▸ **cambalear 2** FIG Être arrêté par une difficulté: *trébucher sur un mot* ▸ **hesitar**

tréfilage *nm* Action de tréfiler ▸ **trefilação**

tréfiler *vt* Réduire le diamètre d'un fil métallique en le faisant passer par le trou d'une filière ▸ **trefilar**

trèfle *nm* **1** Plante herbacée, dont la feuille est divisée en trois folioles, et dont plusieurs espèces constituent des fourrages ▸ **trevo 2** Une des quatre couleurs du jeu de cartes ▸ **paus**

tréfonds *nm* LITT Ce qui est au plus profond de quelqu'un ou de quelque chose: *les tréfonds de son être* ▸ **profundeza**

treillage *nm* Assemblage de lattes posées parallèlement ou croisées ▸ **latada**

treille *nf* Ceps de vigne élevés contre un mur ou contre un treillage ▸ **parreira** ▪ **le jus de la treille:** le vin ▸ **o vinho**

treillis *nm* **1** Ouvrage de métal ou de bois qui imite les mailles d'un filet: *clôture en treillis* ▸ **rede, grade 2** Vêtement de travail ou d'exercice très résistant; tenue de combat des militaires ▸ **uniforme**

treize *adj num card* **1** Douze plus un ▸ **treze 2** Treizième: *chapitre treize* ▸ **treze** ▪ **treize à la douzaine:** en grande quantité, tant qu'on veut ▸ **às dúzias** ◆ *nm inv* Chiffre, numéro qui représente ce nombre ▸ **treze**

treizième *adj num ord et n* Qui occupe un rang marqué par le numéro treize: *interroger la treizième candidate* ▸ **décimo terceiro** ◆ *adj et nm* Qui se trouve treize fois dans le tout: *se réserver la treizième partie* ▸ **décimo terceiro, treze avos**

treizièmement *adv* En treizième lieu ▸ **em décimo terceiro lugar**

trekking [trɛkiŋ] *nm* Randonnée pédestre en haute montagne ▸ ***trekking***

tréma *nm* Double point qu'on met en français sur les voyelles *e, i, u,* pour indiquer qu'on doit prononcer séparément la voyelle qui les précède (EX: *naïf* [naif], *Noël* [nɔɛl]) ▸ **trema**

tremblant, e *adj* Qui tremble ▸ **trêmulo**

tremble *nm* Peuplier dont les feuilles sont extrêmement mobiles ▸ **choupo-tremedor**

tremblé, e *adj* **1** Qui est ou semble exécuté par une main qui tremble: *écriture tremblée* ▸ **tremi-**

do 2 Dont l'intensité varie rapidement et faiblement: *sons tremblés* ▸ **tremido, trêmulo**

tremblement *nm* **1** Agitation continue du corps d'un être vivant: *tremblements de froid* ▸ **tremor** **2** Oscillations, mouvements rapides d'un objet: *le tremblement des feuilles sous la brise* ▸ **tremor** ▪ **tremblement de terre:** secousse qui ébranle le sol sur une plus ou moins grande étendue; SYN: *séisme* ▸ **terremoto**

trembler *vi* **1** Être agité de petits mouvements saccadés: *trembler de fièvre* ▸ **tremer 2** Présenter de brusques variations de ton, d'intensité: *voix qui tremble* ▸ **tremer 3** FIG Avoir peur: *je tremble qu'on ne m'accuse* ▸ **tremer 4** Être ébranlé: *terre qui tremble* ▸ **tremer**

tremblotant, e *adj* Qui tremblote: *lumière tremblotante* ▸ **tremelicoso, tremulante**

tremblote *nf* ▸ **tremor** ▪ FAM **avoir la tremblote:** trembler de froid ou de peur ▸ **ter tremores**

tremblotement *nm* Fait de trembloter ▸ **tremelicação**

trembloter *vi* Trembler légèrement: *trembloter de froid* ▸ **tremelicar**

trémie *nf* Grand entonnoir en forme de pyramide renversée où l'on déverse des substances qui doivent subir un traitement: *trémie à blé* ▸ **tremonha**

trémolo *nm* **1** MUS Répétition rapide de notes qui donne l'impression d'un tremblement ▸ ***tremolo*, trêmulo 2** Tremblement de la voix dénotant une émotion souvent feinte: *avoir des trémolos dans la voix* ▸ **tremor**

trémoussement *nm* Action de se trémousser ▸ **saracoteio**

trémousser (se) *vpr* Bouger son corps, en particulier les hanches et les épaules, en tous sens; gigoter ▸ **saracotear**

trempage *nm* Immersion dans un liquide ▸ **embebição, imersão**

trempe *nf* **1** Opération industrielle par laquelle on trempe un métal, préalablement chauffé à haute température, dans un bain froid afin de le durcir ▸ **têmpera 2** FIG Caractère, force d'âme; envergure: *ils sont de la même trempe* ▸ **têmpera 3** FAM Volée de coups, correction: *recevoir une trempe* ▸ **coça**

trempé, e *adj* **1** Se dit d'un métal qui a subi l'opération de la trempe ▸ **temperado 2** Mouillé, imbibé par l'eau, par la pluie ▸ **encharcado 3** FIG Qui a de la trempe, de l'énergie: *caractère bien trempé* ▸ **enérgico** ▪ FAM **trempé comme une soupe:** très mouillé ▸ **ensopado**

tremper *vt* **1** Mouiller en plongeant dans un liquide ▸ **molhar, encharcar 2** Soumettre un produit métallurgique à la trempe: *tremper l'acier* ▸ **temperar** ▪ FIG **tremper ses mains dans le sang:** commettre un meurtre ▸ **banhar as mãos no sangue** ◆ *vi* **1** Rester plongé dans un liquide: *le linge trempe* ▸ **estar de molho 2** FIG Être complice: *tremper dans un crime* ▸ **ser cúmplice**

trempette *nf* ▸ **pão molhado na comida** ▪ FAM **faire trempette:** prendre un bain de courte durée ou dans une eau peu profonde ▸ **tomar um banho de gato**

tremplin *nm* **1** Planche inclinée et élastique sur laquelle un sauteur ou un plongeur prend son élan ▸ **trampolim 2** FIG Ce dont on se sert pour arriver à un résultat: *tremplin politique* ▸ **trampolim**

trench-coat [trɛnʃkot] (pl *trench-coats*) ou **trench** [trɛnʃ] (pl *trenchs*) *nm* Manteau imperméable croisé à revers et rabats ▸ ***trench coat***

trentaine *nf* **1** Nombre de trente ou d'environ trente ▸ **trintena 2** Âge d'à peu près trente ans: *avoir la trentaine* ▸ **(os) trinta**

trente *adj num card* **1** Trois fois dix ▸ **trinta 2** Trentième: *les années trente* ▸ **trinta** ◆ *nm inv* Chiffre, numéro qui représente ce nombre ▸ **trinta**

trente-six *adj num card et nm inv* FAM Indique une grande quantité, un grand nombre: *elle fait trente-six choses à la fois* ▸ **um monte de** ▪ FAM **tous les trente-six du mois:** très rarement, presque jamais ▸ **de vez em nunca**

trentième *adj num ord et n* Qui occupe un rang marqué par le numéro trente: *interroger le trentième candidat* ▸ **trigèsimo** ◆ *adj et nm* Qui se trouve trente fois dans le tout: *se réserver la trentième part* ▸ **trigésimo, trinta avos**

trépan *nm* **1** Outil de forage utilisé pour percer les roches dures ▸ **trépano 2** Instrument de chirurgie avec lequel on perce les os, spécialement ceux du crâne ▸ **trépano**

trépanation *nf* CHIR Ouverture de la boîte crânienne avec un trépan; fait d'être trépané ▸ **trepanação**

trépaner *vt* Faire une trépanation ▸ **trepanar**

trépas *nm* LITT Décès, mort ▸ **falecimento** ▪ FAM **passer de vie à trépas:** mourir ▸ **ir desta para melhor**

trépassé, e *n* LITT Personne décédée ▸ **falecido**

trépasser *vi* LITT Mourir ▸ **falecer**

trépidant, e *adj* Agité de secousses brusques, de trépidations: *danse trépidante* ▸ **trepidante** ▪ **vie trépidante:** pleine d'agitation, d'occupations ▸ **vida trepidante**

trépidation *nf* Tremblement saccadé et continu: *trépidations du métro* ▶ **trepidação**
trépider *vi* Être agité de petites secousses rapides ▶ **trepidar**
trépied *nm* Meuble ou support à trois pieds ▶ **tripé**
trépignement *nm* Action de trépigner ▶ **esperneio**
trépigner *vi* Frapper vivement des pieds contre terre: *enfant qui trépigne* ▶ **espernear**
tréponème *nm* Bactérie en forme de spirale, dont une espèce est responsable de la syphilis ▶ **treponema**
très *adv* Indique un degré élevé: *il est très riche; elle se lève très tôt* ▶ **muito**
trésor *nm* **1** Amas d'or, d'argent, de choses précieuses mises en réserve: *découvrir un trésor* ▶ **tesouro 2** SOUT Chose jugée très précieuse ▶ **tesouro 3** FAM Personne gentille, agréable; terme d'affection ▶ **tesouro** ▪ **le Trésor public** ou **le Trésor:** service du ministère des Finances qui a pour rôle d'assurer à l'État les disponibilités financières dont il a besoin ▶ **Tesouro Público** □ **un, des trésors de:** une abondance précieuse de: *déployer des trésors d'ingéniosité* ▶ **abundância**
trésorerie *nf* **1** Administration du Trésor public ▶ **Ministério da Fazenda 2** Ensemble des capitaux liquides d'une entreprise: *demander une avance de trésorerie* ▶ **fundos**
trésorier, ère *n* Personne chargée de détenir, de comptabiliser les finances d'une collectivité ▶ **tesoureiro** ▪ **trésorier-payeur général:** fonctionnaire supérieur chargé d'assurer, dans un département, le service public du Trésor ▶ **funcionário fazendário**
tressage *nm* Action de tresser; manière dont un objet est tressé ▶ **trançado**
tressaillement *nm* Brusque secousse du corps ▶ **estremecimento, sobressalto**
tressaillir *vi (conj 23)* Sursauter, sous le coup d'une émotion, d'une surprise: *tressaillir de joie* ▶ **sobressaltar-se, vibrar**

CONJUGAISON La forme usuelle du futur est *tu tressailliras* (avec *i* dans la désinence)

tressautement *nm* LITT Action de tressauter; sursaut ▶ **sobressalto**
tressauter *vi* LITT Sursauter vivement ▶ **sobressaltar**
tresse *nf* **1** Cheveux entrelacés; natte ▶ **trança 2** Entrelacement de brins, de fils, servant de lien ou d'élément décoratif ▶ **trançado**
tresser *vt* Arranger en tresse: *cheveux tressés* ▶ **trançar**
tréteau *nm* Pièce de bois longue et étroite, portée par quatre pieds, et servant à soutenir une table, une estrade, etc. ▶ **cavalete** ▪ VIEILLI **monter sur les tréteaux:** devenir comédien ▶ **tornar-se ator**
treuil *nm* Cylindre horizontal mobile sur lequel s'enroule une corde servant à élever des fardeaux ▶ **sarilho**
treuillage *nm* Action de treuiller ▶ **içamento**
treuiller *vt* Soulever au moyen d'un treuil ▶ **içar**
trêve *nf* **1** Suspension temporaire d'hostilités: *conclure une trêve* ▶ **trégua 2** FIG Relâche, répit: *travailler sans trêve* ▶ **trégua** ▪ **trêve de:** assez de: *trêve de plaisanteries* ▶ **chega de**
tri *nm* Action de trier des lettres, des documents, etc. ▶ **triagem** ▪ **bureau de tri:** où s'effectue le tri postal ▶ **centro de triagem postal**
triade *nf* **1** Groupe de trois choses ou de trois personnes ▶ **tríade 2** Mafia chinoise qui opère en Chine et dans la diaspora chinoise ▶ **tríade**
triage *nm* Action de trier, de répartir en choisissant ▶ **triagem, seleção**
trial (pl *trials*) *nm* Sport motocycliste sur tous terrains ▶ ***trial***
triangle *nm* **1** Polygone à trois côtés ▶ **triângulo 2** Instrument de musique à percussion composé d'une tige d'acier en forme de triangle ▶ **triângulo**
triangulaire *adj* **1** En forme de triangle ▶ **triangular 2** Dont la base est un triangle: *pyramide triangulaire* ▶ **triangular 3** Qui intéresse trois personnes, trois groupes; qui met en jeu trois éléments: *élection triangulaire* ▶ **triangular**
triangulation *nf* Opération trigonométrique au moyen de laquelle on lève le plan d'un terrain en le divisant en triangles ▶ **triangulação**
trias [trijas] *nm* Première période de l'ère secondaire, d'une durée approximative de 35 millions d'années ▶ **Triássico**
triathlète *n* Athlète spécialiste du triathlon ▶ **triatleta**
triathlon *nm* Compétition regroupant trois épreuves sportives (natation, course à pied, course cycliste sur route) ▶ **triatlo**
tribal, e, aux *adj* Qui appartient à la tribu ▶ **tribal**
tribalisme *nm* Organisation sociale fondée sur la tribu ▶ **tribalismo**
tribord *nm* Côté droit d'un navire, quand on regarde vers l'avant (par opposition à *bâbord*) ▶ **estibordo**
tribu *nf* **1** Groupement de familles sous l'autorité d'un même chef ▶ **tribo 2** FAM Famille nombreuse ▶ **tribo**

tribulations *nf pl* Mésaventures, épreuves ▸ **atribulações**

tribun *nm* **1** Orateur populaire qui sait haranguer avec éloquence ▸ **tribuno 2** ANTIQ ROM Magistrat exerçant des fonctions politiques ou militaires ▸ **tribuno**

tribunal (pl tribunaux) *nm* **1** Juridiction composée d'un ou de plusieurs magistrats qui rendent des jugements ▸ **tribunal 2** Ensemble des magistrats qui composent cette juridiction ▸ **tribunal 3** Lieu où siègent les magistrats ▸ **tribunal 4** LITT Ce que l'on considère comme un juge: *le tribunal de l'histoire* ▸ **tribunal**

tribune *nf* **1** Emplacement, généralement élevé, réservé à quelqu'un qui parle en public ▸ **tribuna 2** Galerie réservée au public dans une église, une grande salle d'assemblée, etc. ▸ **tribuna 3** Espace muni de gradins: *les tribunes d'un champ de courses, d'un stade* ▸ **tribuna, arquibancada**

tribut *nm* Contribution imposée à un peuple, un État; impôt forcé ▸ **tributo** ▪ LITT **payer un lourd tribut à:** subir de graves pertes, de grands désagréments ▸ **pagar um preço muito alto por**

tributaire *adj* **1** Dépendant: *être tributaire de l'étranger pour le charbon* ▸ **dependente 2** Se dit d'un cours d'eau qui se jette dans un autre ou dans la mer ▸ **tributário**

tricentenaire *nm* Troisième centenaire ▸ **tricentenário**

tricéphale *adj* Qui a trois têtes: *monstre tricéphale* ▸ **tricéfalo**

triceps [trisɛps] *nm et adj* Muscle ayant trois faisceaux à une de ses extrémités ▸ **tríceps**

triche *nf* FAM Action de tricher ▸ **trapaça**

tricher *vi* **1** Ne pas respecter les règles d'un jeu: *tricher aux cartes* ▸ **roubar 2** Ne pas respecter certaines règles, certaines conventions: *tricher aux examens* ▸ **fraudar, colar** ◆ *vt ind* [sur] **1** Tromper, mentir sur la valeur, la quantité de quelque chose: *tricher sur le poids* ▸ **mentir 2** Dissimuler un défaut: *tricher un peu sur les raccords* ▸ **disfarçar**

tricherie *nf* Fait de tricher ▸ **trapaça**

tricheur, euse *adj et n* Qui triche ▸ **trapaceiro**

trichine [trikin] *nf* Ver parasite, vivant à l'état adulte dans l'intestin de l'homme et du porc, et à l'état larvaire dans leurs muscles ▸ **triquina**

trichinose [trikinoz] *nf* Maladie provoquée par les trichines ▸ **triquinose**

trichloréthylène [triklɔretilɛn] *nm* Liquide inflammable employé comme solvant, notamment dans le nettoyage à sec ▸ **tricloroetileno**

trichomonas [trikɔmɔnas] *nm* Protozoaire flagellé, parasite vaginal et intestinal ▸ **tricômona**

trichrome [trikrom] *adj* Se dit d'une image obtenue par trichromie ▸ **tricrômico**

trichromie [trikrɔmi] *nf* Procédé d'impression ou de photographie en couleurs, par superposition des trois couleurs fondamentales (bleu, jaune, rouge), dont les mélanges produisent un grand nombre de teintes ▸ **tricromia**

tricolore *adj* De trois couleurs ▸ **tricolor** ▪ **le drapeau tricolore:** le drapeau français ▸ **bandeira francesa** ◆ *adj et n* Qui porte les couleurs de la France: *équipe tricolore* ▸ **francês**

tricorne *nm* Chapeau à bords repliés en trois pointes ▸ **tricórnio**

tricot *nm* **1** Action de tricoter ▸ **tricô 2** Tissu à mailles tricotées; vêtement fait de ce tissu ▸ **tricô 3** Vêtement, généralement en laine, couvrant le haut du corps; chandail ▸ **pulôver**

tricotage *nm* Action de tricoter ▸ **tricotagem**

tricoter *vt* Exécuter un tissu en mailles entrelacées, avec des aiguilles spéciales ou une machine: *tricoter un chandail* ▸ **tricotar**

tricoteur, euse *n* Personne qui tricote ▸ **tricoteiro** ◆ *nf* Machine à tricoter ▸ **máquina de tricô**

trictrac *nm* Jeu qui se joue avec des dames et des dés, sur un tableau divisé en deux compartiments, ancêtre du jacquet ▸ **trique-traque, gamão**

tricycle *nm* Vélo d'enfant à trois roues, dont deux à l'arrière ▸ **triciclo**

tridactyle *adj* ZOOL À trois doigts ▸ **tridáctilo**

trident *nm* Fourche à trois pointes ou dents pour harponner les poissons ▸ **tridente**

tridimensionnel, elle *adj* Qui comporte trois dimensions ▸ **tridimensional**

trièdre *adj* À trois faces ▸ **triedro**

triennal, e, aux *adj* **1** Qui dure trois ans ▸ **trienal 2** Qui revient tous les trois ans ▸ **trienal**

trier *vt* **1** Choisir parmi des personnes, des choses, en éliminant celles qui ne conviennent pas; sélectionner ▸ **triar, selecionar 2** Répartir des objets suivant certains critères: *trier des lettres* ▸ **classificar** ▪ **trier sur le volet:** choisir après un examen attentif ▸ **escolher a dedo**

trière ou **trirème** *nf* ANTIQ GR Vaisseau de guerre, à trois rangs de rameurs superposés ▸ **trirreme**

trieur, euse *n* Personne qui trie ▸ **selecionador, classificador**

trieuse *nf* Machine de bureau permettant de classer à grande vitesse des cartes perforées ▸ **classificadora**

trifolié, e *adj* À feuilles groupées par trois ▸ **trifoliado**

trifouiller *vi* FAM Fouiller en tous sens, mettre en désordre ▸ **vasculhar, bagunçar**
triglycéride *nm* Lipide présent dans le sang ▸ **triglicerídio**
trigone *adj* À trois angles ▸ **trígono**
trigonométrie *nf* MATH Étude des propriétés des fonctions circulaires des angles et des arcs ▸ **trigonometria**
trigonométrique *adj* Relatif à la trigonométrie ▸ **trigonométrico**
trijumeau *nm* Nerf crânien qui se divise en trois branches ▸ **trigêmeo**
trilatéral, e, aux *adj* À trois côtés ▸ **trilátero**
trilingue *adj et n* Qui parle trois langues ▸ **trilíngue** ◆ *adj* Écrit en trois langues ▸ **trilíngue**
trille *nm* MUS Ornement qui consiste dans le battement très rapide et plus ou moins prolongé d'une note avec la note qui lui est immédiatement supérieure ▸ **trilo**
trilobé, e *adj* À trois lobes ou en forme de trèfle ▸ **trilobado**
trilogie *nf* Ensemble de trois œuvres sur un même thème: *«l'Orestie» d'Eschyle est une trilogie* ▸ **trilogia**
trim. (abréviation) Trimestre ▸ **trim.**
trimaran *nm* Voilier comportant trois coques parallèles ▸ **trimarã**
trimbaler ou **trimballer** *vt* FAM Traîner, porter partout avec soi ▸ **carregar** ◆ **se trimbaler** ou **se trimballer** *vpr* FAM Se déplacer, aller et venir ▸ **zanzar**
trimer *vi* FAM Travailler dur, peiner ▸ **camelar**
trimestre *nm* **1** Période de trois mois ▸ **trimestre** **2** Somme payée ou reçue à la fin de cette période ▸ **trimestre**
trimestriel, elle *adj* Qui se produit, revient tous les trois mois ▸ **trimestral**
trimestriellement *adv* Tous les trois mois; par trimestre ▸ **trimestralmente**
trimoteur *nm et adj m* Avion à trois moteurs ▸ **trimotor**
tringle *nf* Tige métallique ronde ou plate, destinée à soutenir une draperie, un rideau, etc. ▸ **trilho, varão**
Trinité *nf* Dans la religion chrétienne, union de trois personnes distinctes (Père, Fils et Saint-Esprit) ne formant qu'un seul Dieu; fête chrétienne en l'honneur de ce mystère (on dit aussi: *la Sainte-Trinité*) ▸ **Trindade** ■ FAM **à Pâques ou à la Trinité:** jamais ▸ **quando as galinhas criarem dentes**
trinôme *nm* MATH Polynôme composé de trois termes ▸ **trinômio**

trinquer *vi* **1** Choquer son verre contre celui d'une autre personne, avant de boire à sa santé ▸ **brindar** **2** FAM Subir un désagrément, un préjudice ▸ **prejudicar-se**
trinquet *nm* MAR Mât de misaine des bâtiments à voiles latines ▸ **traquete**
trio *nm* **1** Groupe de trois personnes ▸ **trio** **2** Groupe de trois musiciens **3** Morceau de musique pour trois voix ▸ **trio**
triode *nf* Tube électronique à trois électrodes ▸ **tríodo**
triolet *nm* MUS Groupe de trois notes d'égale valeur, surmonté du chiffre 3, à exécuter dans le même temps que deux notes de même figure ▸ **tresquiáltera**
triomphal, e, aux *adj* **1** Qui se fait avec éclat: *accueil triomphal* ▸ **triunfal** **2** Qui excite l'admiration, l'enthousiasme: *succès triomphal* ▸ **triunfal**
triomphalement *adv* De façon triomphale ▸ **triunfalmente**
triomphalisme *nm* Attitude de quelqu'un qui est sûr de son succès, qui est persuadé d'avoir raison ▸ **triunfalismo**
triomphaliste *adj et n* Qui fait preuve de triomphalisme ▸ **triunfalista**
triomphant, e *adj* **1** Qui triomphe: *sortir triomphant de l'épreuve* ▸ **triunfante** **2** Qui marque la joie, la fierté: *air triomphant* ▸ **triunfante**
triomphateur, trice *adj et n* Qui a obtenu la victoire, un succès complet ▸ **triunfador**
triomphe *nm* **1** Victoire éclatante, succès qui déchaîne l'admiration du public: *remporter un triomphe sur son adversaire* ▸ **triunfo** **2** Joie qui résulte d'une victoire, d'un succès: *air de triomphe; cri de triomphe* ▸ **triunfo** ■ **porter quelqu'un en triomphe:** le porter à bras d'hommes, pour lui faire honneur ▸ **carregar alguém triunfalmente**
triompher *vi* **1** Remporter un triomphe ▸ **triunfar** **2** Manifester sa joie, sa fierté d'avoir obtenu un succès ▸ **triunfar** **3** S'imposer définitivement: *faire triompher la justice* ▸ **triunfar** ◆ *vt ind* [de] **1** Remporter un avantage, un succès définitif sur: *triompher d'un adversaire* ▸ **triunfar** **2** FIG, SOUT Surmonter, maîtriser: *triompher de ses passions* ▸ **dominar**
triparti, e ou **tripartite** *adj* **1** Constitué de trois éléments: *feuille tripartite* ▸ **tripartido** **2** Qui intervient entre trois parties: *accord tripartite* ▸ **tríplice** ■ **gouvernement tripartite:** où sont représentés trois partis politiques associés ▸ **governo tripartite**

tripatouillage *nm* FAM Action de tripatouiller ▸ **adulteração**

tripatouiller *vt* FAM **1** Manier, manipuler n'importe comment, sans soin ▸ **adulterar 2** Modifier, fausser de façon malhonnête, frauduleuse ▸ **adulterar**

tripe *nf* Boyau d'un animal de boucherie ▸ **tripa** ♦ **tripes** *pl* **1** Mets constitué par l'estomac et les entrailles des ruminants, diversement accommodé ▸ **dobradinha 2** FAM Ce qu'il y a de plus intime, de plus profond dans quelqu'un: *chanter avec ses tripes* ▸ **entranha**

triperie *nf* **1** Lieu où l'on vend des tripes, des abats ▸ **triparia 2** Commerce du tripier; abats, tripes qu'il vend ▸ **(comércio de) tripas e miúdos**

tripette *nf* ▸ **tripinha** ▪ FAM **ça ne vaut pas tripette:** cela ne vaut rien ▸ **isso não vale um caracol**

triphasé, e *adj* ÉLECTR Se dit d'un système de courant à trois phases ▸ **trifásico**

tripier, ère *n* Personne qui vend des tripes, des abats ▸ **bucheiro**

triple *adj* **1** Constitué de trois éléments: *triple croche* ▸ **triplo 2** Trois fois plus grand qu'un autre: *triple portion* ▸ **triplo 3** FAM Sert à marquer un degré élevé: *au triple galop*: *triple idiot* ▸ **grandississimo** ♦ *nm* Quantité trois fois plus grande qu'une autre: *neuf est le triple de trois* ▸ **triplo** ▪ **en triple:** en trois exemplaires ▸ **em três vias**

triplé *nm* Triple succès, notamment dans le domaine sportif ▸ **vitória tripla**

triplement[1] *adv* Trois fois autant ▸ **triplamente**

triplement[2] *nm* Action de tripler ▸ **triplicação**

tripler *vt* Multiplier par trois ▸ **triplicar** ▪ **tripler une classe:** la suivre pour la troisième fois ▸ **repetir duas vezes uma série** ♦ *vi* Devenir triple ▸ **triplicar**

triplés, ées *n pl* Groupe de trois enfants nés d'un même accouchement ▸ **trigêmeos**

triplex *nm* Appartement sur trois niveaux ▸ **tríplex**

triporteur *nm* Cycle à trois roues, dont deux à l'avant, muni d'une caisse pour porter des marchandises ▸ **triciclo**

tripot *nm* PÉJOR Maison de jeu ▸ **espelunca**

tripotage *nm* FAM **1** Action de tripoter, de toucher sans cesse ▸ **remeximento 2** Opération plus ou moins honnête: *des tripotages politiques* ▸ **armação**

tripotée *nf* FAM **1** Correction, volée de coups ▸ **sova 2** Grande quantité ▸ **monte**

tripoter *vt* FAM Toucher sans cesse: *tripoter ses cheveux* ▸ **remexer** ♦ *vi* FAM Faire des opérations malhonnêtes ▸ **armar**

triptyque *nm* **1** Tableau sur trois panneaux, dont les deux extérieurs se rabattent sur celui du milieu ▸ **tríptico 2** PAR EXT Œuvre littéraire, artistique, musicale, composée de trois parties, de trois scènes ▸ **trilogia**

ORTHOGRAPHE *Triptyque* s'écrit avec un *i* (au préfixe) et un *y* (au radical) comme *diptyque*, mais à la différence de *polyptyque*

trique *nf* FAM Gros bâton ▸ **cacete**

trirème *nf* → **trière**

trisaïeul, e *n* Le père, la mère du bisaïeul ou de la bisaïeule ▸ **trisavô**

trisannuel, elle *adj* Qui a lieu tous les trois ans; qui dure trois ans ▸ **trisanual**

trisection *nf* MATH Division en trois parties égales ▸ **trissecção**

trisomie *nf* Anomalie congénitale caractérisée par la présence d'un chromosome en surnombre dans une paire ▸ **trissomia** ▪ **trisomie 21:** due à la présence de trois chromosomes n° 21, et caractérisée par un faciès typique et des déficiences ▸ **trissomia do 21**

trisomique *adj et n* Atteint de trisomie ▸ **trissômico**

triste *adj* **1** Qui éprouve du chagrin: *il est triste de partir* ▸ **triste 2** Mélancolique, morose ▸ **triste 3** Qui évoque le chagrin, la douleur: *air triste* ▸ **triste 4** Qui afflige; pénible: *triste nouvelle* ▸ **triste 5** Obscur, sombre, sans éclat: *couleurs tristes* ▸ **triste 6** (avant le nom) Méprisable: *un triste individu* ▸ **triste** ▪ **avoir triste mine:** avoir mauvaise mine ▸ **estar com aparência ruim** □ **faire triste mine, triste figure:** avoir l'air chagrin ▸ **estar com uma cara triste** □ **faire triste mine à quelqu'un:** lui faire mauvais accueil ▸ **receber alguém friamente**

tristement *adv* **1** Avec tristesse ▸ **tristemente 2** Pour des raisons regrettables: *Tristement célèbre* ▸ **tristemente**

tristesse *nf* **1** État accidentel ou naturel d'une personne qui éprouve du chagrin, de la mélancolie ▸ **tristeza 2** Caractère d'une chose triste: *la tristesse d'un tableau* ▸ **tristeza**

tristounet, ette *adj* FAM Un peu triste ▸ **tristonho**

trisyllabe *adj et nm* Se dit d'un vers qui a trois syllabes ▸ **trissílabo**

trisyllabique *adj* Relatif à un trisyllabe ▸ **trissílabo**

trithérapie *nf* Emploi simultané de trois techniques thérapeutiques, notamment dans le cas du sida ▸ **terapia tripla**

triton *nm* **1** Petit amphibien très commun dans les étangs ▸ **tritão 2** Grand mollusque gastropode marin, dont la coquille, ou *conque*, peut atteindre 30 cm de long ▸ **búzio 3** MYTH GR Divinité marine à tête d'homme et queue de poisson ▸ **Tritão 4** MUS Intervalle de trois tons ▸ **trítono**

trituration *nf* Action de triturer ▸ **trituração**

triturer *vt* **1** Broyer, réduire en éléments très menus: *les dents triturent les aliments* ▸ **triturar 2** Manier en tordant dans tous les sens: *triturer son mouchoir* ▸ **retorcer** ▪ FAM **se triturer la cervelle:** faire des efforts intellectuels intenses ▸ **dar tratos à bola**

triumvir [trijɔmvir] *nm* ANTIQ ROM Membre d'un collège de trois magistrats ▸ **triúnviro**

triumvirat *nm* **1** ANTIQ ROM Fonction de triumvir ▸ **triunvirato 2** Association de trois personnes qui exercent un pouvoir, une influence ▸ **triunvirato**

trivial, e, aux *adj* **1** Vulgaire, grossier: *expression triviale* ▸ **trivial 2** LITT D'une évidence banale et sans intérêt: *réalité triviale* ▸ **trivial**

trivialement *adv* De façon triviale ▸ **trivialmente**

trivialité *nf* **1** Caractère de ce qui est trivial ▸ **trivialidade 2** Pensée ou expression triviale: *dire des trivialités* ▸ **trivialidade**

troc *nm* **1** Échange direct d'un objet contre un autre ▸ **troca, permuta 2** Système économique n'employant pas la monnaie ▸ **sistema de trocas**

trochée [trɔʃe] *nm* Pied de la métrique grecque et latine qui se compose d'une longue et d'une brève ▸ **troqueu**

troène *nm* Arbuste à fleurs blanches, odorantes, souvent cultivé en haies ▸ **alfeneiro**

troglodyte *nm* **1** Habitant d'une grotte, d'une caverne creusée dans la roche ▸ **troglodita 2** Passereau insectivore qui niche dans les trous des arbres et des murs, dans les buissons ▸ **cambaxirra**

troglodytique *adj* Relatif aux troglodytes ▸ **troglodítico, troglodita**

trogne *nf* FAM Visage rougeaud, épanoui, d'une personne qui a bien mangé ou bien bu ▸ **cara satisfeita**

trognon *nm* Cœur d'un fruit ou d'un légume dépouillé de sa partie comestible: *trognon de chou* ▸ **caroço, talo** ◆ *adj* (inv en genre) FAM Mignon, attendrissant ▸ **encantador**

troïka *nf* En Russie, véhicule traîné par trois chevaux attelés de front ▸ ***troika***

trois *adj num card* **1** Deux plus un: *trois hommes* ▸ **três 2** Troisième: *chapitre trois* ▸ **três** ▪ **règle de trois:** règle arithmétique permettant de calculer une valeur proportionnelle ▸ **regra de três** ▫ FAM **trois francs six sous:** très peu d'argent: *ça nous a coûté trois francs six sous* ▸ **uma ninharia** ◆ *nm inv* Chiffre, numéro qui représente ce nombre ▸ **três**

trois-étoiles *adj et nm inv* ▸ **três estrelas** ▪ **hôtel, restaurant trois-étoiles:** hôtel, restaurant luxueux, de grande réputation ▸ **hotel cinco estrelas, restaurante três estrelas**

trois-huit *nm inv* ▸ **compasso de três por oito** ▪ **faire les trois-huit:** travailler, par rotation, dans l'une des trois équipes qui se relaient toutes les huit heures au cours d'une journée ▸ **trabalhar em turnos de oito horas**

troisième[1] *adj num ord et n* Qui occupe un rang marqué par le numéro trois ▸ **terceiro** ◆ *adj et nm* Qui est contenu trois fois dans le tout: *la troisième partie de 21 est 7* ▸ **terço**

troisième[2] *nf* **1** Classe qui termine le premier cycle de l'enseignement secondaire ▸ ***troisième*, primeiro ano do ensino médio 2** Troisième vitesse d'un véhicule ▸ **terceira marcha**

troisièmement *adv* En troisième lieu ▸ **em terceiro lugar**

trois-mâts *nm inv* Navire à trois mâts ▸ **embarcação com três mastros**

trois-quarts *nm inv* **1** Manteau court arrivant à mi-cuisse ▸ **casaco três-quartos 2** Au rugby, joueur de la ligne d'attaque ▸ **três-quartos**

troll *nm* Lutin du folklore scandinave ▸ ***troll*, duende**

trolleybus ou **trolley** *nm* Véhicule électrique de transport en commun, monté sur pneus, utilisé dans certaines villes ▸ **trólebus**

trombe *nf* Masse nuageuse ou liquide, mue en tourbillon par un vent violent ▸ **tromba (d'água)** ▪ **en trombe:** de façon brusque et soudaine ▸ **como um furacão** ▫ **trombe d'eau:** averse particulièrement brutale ▸ **tromba d'água**

trombine *nf* FAM Visage ▸ **fuça**

trombinoscope *nm* FAM Ensemble de photos individuelles de chaque membre d'une assemblée, d'un groupe, etc. ▸ **álbum de fotos**

trombone *nm* Petite agrafe servant à réunir des papiers ▸ **clipe** ▪ **trombone à coulisse:** instrument à vent à embouchure, de la catégorie des cuivres, dont on allonge le corps grâce à une coulisse pour modifier la hauteur des sons ▸ **trombone de vara** ▫ **trombone à pistons:** trombone dans lequel des pistons remplacent le jeu de la coulisse ▸ **trombone de pistons**

tromboniste ou **trombone** *n* Personne qui joue du trombone ▸ **trombonista**

trompe *nf* **1** Partie buccale ou nasale allongée de l'éléphant et de certains insectes ▸ **tromba**

2 Instrument à vent, ordinairement en cuivre et recourbé ▸ **trompa** ▪ **trompe d'Eustache:** canal de communication, pour l'air extérieur, entre la bouche et le tympan de l'oreille ▸ **trompa de Eustáquio, tuba auditiva**

trompe-l'œil *nm inv* **1** Peinture qui, à distance, donne l'illusion de la réalité ▸ ***trompe-l'oeil*** **2** FIG Apparence trompeuse; façade ▸ **aparência enganosa**

ORTHOGRAPHE À la différence de *en bas relief*, on écrit *en trompe-l'œil*, avec un trait d'union, la locution ne pouvant se dissocier

tromper *vt* **1** Induire en erreur: *tromper un acheteur* ▸ **enganar 2** Être infidèle en amour: *tromper son mari, sa femme* ▸ **enganar 3** Échapper à: *tromper une surveillance* ▸ **burlar 4** Distraire, faire oublier: *tromper la faim* ▸ **enganar 5** Décevoir, ne pas répondre à un espoir: *tromper les attentes* ▸ **frustrar** ◆ **se tromper** *vpr* Commettre une erreur ▸ **enganar-se** ▪ **se tromper de:** prendre une personne ou une chose pour une autre: *se tromper de rue* ▸ **enganar-se de**

tromperie *nf* Action faite pour tromper ▸ **embuste**

trompeter [trɔ̃pete] *vi (conj 8)* Crier, en parlant de l'aigle, du cygne ▸ **arensar, guinchar**

trompette *nf* Instrument à vent, de la famille des cuivres ▸ **trompete** ▪ FAM **nez en trompette:** nez relevé, retroussé ▸ **nariz arrebitado**

trompette-de-la-mort (pl *trompettes-de-la-mort*) ou **trompette-des-morts** (pl *trompettes-des-morts*) *nf* Nom usuel de la *craterelle*, champignon comestible noir ▸ **cogumelo comestível preto**

trompettiste ou **trompette** *n* Personne qui joue de la trompette ▸ **trompetista**

trompeur, euse *adj et n* Qui trompe: *apparences trompeuses* ▸ **enganador**

trompeusement *adv* De façon trompeuse ▸ **enganosamente**

tronc *nm* **1** Partie d'un arbre depuis la naissance des racines jusqu'à celle des branches ▸ **tronco 2** Corps humain ou animal considéré sans la tête ni les membres ▸ **tronco 3** Boîte pour les aumônes, dans une église ▸ **caixa de esmolas 4** Souche d'une famille ▸ **tronco** ▪ GÉOM **tronc de pyramide, de cône:** partie d'une pyramide, d'un cône, entre la base et un plan parallèle à la base ▸ **tronco de pirâmide, de cone**

tronche *nf* FAM Tête ▸ **coco**

tronçon *nm* **1** Partie d'un objet qui a été coupée: *tronçon d'épée* ▸ **pedaço 2** Portion d'une ligne, d'une voie: *tronçon d'autoroute* ▸ **trecho**

tronconique *adj* En forme de tronc de cône ▸ **troncônico**

tronçonnage ou **tronçonnement** *nm* Action de tronçonner; son résultat ▸ **corte em pedaços**

tronçonner *vt* Couper par tronçons: *tronçonner un arbre* ▸ **cortar em pedaços**

tronçonneuse *nf* Scie à lame circulaire pour tronçonner le bois ▸ **serra**

trône *nm* **1** Siège de cérémonie des rois, des empereurs ▸ **trono 2** LITT Puissance souveraine ▸ **trono** ▪ **monter sur le trône:** devenir roi ▸ **subir ao trono**

trôner *vi* **1** Être à une place d'honneur ▸ **ocupar lugar de honra 2** Être mis en valeur, attirer les regards: *photo qui trône sur le buffet* ▸ **dominar**

tronqué, e *adj* ▸ **truncado** ▪ **citation tronquée:** séparée de son contexte et prise dans un sens différent ▸ **citação truncada** ▫ **colonne tronquée:** fût de colonne dont on a retiré le chapiteau ▸ **coluna truncada**

tronquer *vt* Retrancher une partie importante de: *tronquer un récit* ▸ **truncar**

trop *adv* Plus qu'il ne faudrait: *trop de travail; trop soucieux* ▸ **demais** ▪ **de trop:** en excès, en surplus: *donner 10 francs de trop* ▸ **a mais, de mais** ▫ FAM **en trop:** en excès ▸ **a mais** ▫ **par trop:** réellement trop ▸ **realmente muito** ▫ **se sentir de trop:** en surnombre, gênant, pas à sa place ▸ **sentir-se deslocado** ▫ **trop peu:** pas assez ▸ **muito pouco**

trophée *nm* **1** Objet, marque qui témoigne d'un succès, d'une victoire, en particulier dans le domaine sportif ▸ **troféu 2** Partie d'un animal tué à la chasse ▸ **troféu**

ORTHOGRAPHE Bien que masculin, *trophées'*écrit avec un *e* muet final, comme *apogée, lycée, musée*

tropical, e, aux *adj* Des tropiques: *région tropicale* ▸ **tropical** ▪ **chaleur tropicale:** très élevée, analogue à celle des tropiques ▸ **calor tropical**

tropique *nm* Chacun des deux parallèles de la sphère terrestre, de latitude + 23° 26′ et 23° 26′, limitant les régions du globe dans lesquelles le Soleil passe deux fois par an au zénith ▸ **trópico** ▪ **tropique du Cancer:** tropique de l'hémisphère Nord ▸ **trópico de Câncer** ▫ **tropique du Capricorne:** tropique de l'hémisphère Sud ▸ **trópico de Capricórnio** ◆ **tropiques** *pl* Régions situées entre les tropiques, caractérisées par un climat chaud et humide ▸ **trópicos**

tropisme *nm* **1** BIOL Réaction d'un organisme vivant qui s'oriente vers une source d'excitation extérieure: *le tropisme du tournesol vers le soleil* ▸ **tropismo 2** FIG Force obscure qui pousse à agir d'une certaine façon ▸ **impulso**

troposphère *nf* Couche de l'atmosphère la plus voisine de la Terre, dont l'épaisseur augmente du pôle à l'équateur ▸ **troposfera**

trop-perçu (pl *trop-perçus*) *nm* Somme perçue en trop: *restituer le trop-perçu* ▸ **valor recebido a mais**

trop-plein (pl *trop-pleins*) *nm* **1** Ce qui excède la capacité d'un récipient: *le trop-plein d'un réservoir* ▸ **excedente 2** Dispositif d'évacuation de l'excédent: *l'eau s'écoule par le trop-plein* ▸ **ladrão 3** FIG Excès, surabondance ▸ **excesso**

troque *nm* Mollusque gastropode à coquille conique ▸ **tróquio**

troquer *vt* Échanger ▸ **trocar**

troquet *nm* FAM Café, bistrot ▸ **bar**

trot *nm* Allure du cheval et de certains quadrupèdes, intermédiaire entre le pas et le galop ▸ **trote** ▪ FAM **au trot:** vivement, rapidement ▸ **depressa**

trotskisme *nm* Doctrine des partisans de Trotski ▸ **trotskismo**

trotskiste *adj et n* Relatif aux idées de Trotski; qui en est partisan ▸ **trotskista**

trotte *nf* FAM Distance assez longue à parcourir ▸ **caminhada**

trotter *vi* **1** FAM Marcher rapidement, à petits pas ▸ **trotar 2** Aller au trot: *cheval qui trotte bien* ▸ **trotar** ▪ FAM **idée, air, etc., qui trotte dans la tête:** qu'on a sans cesse à l'esprit ▸ **ideia, música, etc. que não sai da cabeça**

trotteur, euse *n et adj* Cheval dressé pour le trot ▸ **trotador**

trotteuse *nf* Aiguille des secondes dans une pendule, une montre ▸ **ponteiro dos segundos**

trottiner *vi* FAM Marcher vite et à petits pas ▸ **trotar**

trottinette *nf* Jouet d'enfant ou moyen de transport urbain individuel consistant en une planchette montée sur deux roues et munie d'une tige de direction articulée; SYN: *patinette* ▸ **patinete**

trottoir *nm* Partie latérale d'une rue, surélevée par rapport à la chaussée, réservée aux piétons ▸ **calçada** ▪ FAM **faire le trottoir:** se livrer à la prostitution sur la voie publique ▸ **rodar bolsinha**

trou *nm* **1** Ouverture, cavité naturelle ou artificielle dans un corps, dans un objet ▸ **buraco 2** Vide, lacune, ce qui manque: *un trou dans son emploi du temps* ▸ **lacuna 3** Déficit financier, perte d'argent ▸ **buraco 4** FAM, PÉJOR Petite localité à l'écart des villes ▸ **buraco** ▪ FAM **avoir un, des trous de mémoire:** des absences, des oublis ▸ **ter um lapso, lapsos de memória** □ **faire son trou:** se faire une situation sociale quelque part ▸ **conseguir uma boa situação** □ **trou d'air:** courant d'air descendant qui fait perdre de l'altitude à un avion ▸ **vácuo**

troubadour *nm* Poète lyrique des XIIe et XIIIe s., qui composait ses œuvres dans une des langues d'oc ▸ **trovador**

troublant, e *adj* **1** Qui trouble, rend perplexe: *détail troublant* ▸ **perturbador 2** Qui suscite le désir ▸ **perturbador**

trouble[1] *nm* **1** État d'une personne troublée, émue; désarroi ▸ **perturbação 2** Mauvais fonctionnement d'un organe, d'une fonction physiologique: *trouble nerveux* ▸ **distúrbio, transtorno 3** Agitation confuse, tumultueuse: *semer le trouble* ▸ **desordem, confusão** ▪ **trouble obsessionnel compulsif (TOC):** trouble névrotique caractérisé par des idées et des fantasmes récurrents, des impulsions et des actes répétitifs ▸ **transtorno obsessivo-compulsivo** ◆ **troubles** *pl* Soulèvement populaire: *troubles politiques; fauteur de troubles* ▸ **tumulto**

trouble[2] *adj* **1** Qui n'est pas clair, limpide: *eau trouble* ▸ **turvo 2** Qui n'est pas net: *vue trouble* ▸ **turvo 3** Qui comporte des éléments équivoques, suspects: *affaire trouble* ▸ **confuso, obscuro** ◆ *adv* ▪ **voir trouble:** voir d'une manière indistincte ▸ **não ver direito**

trouble-fête *n inv* Personne importune, dont la présence empêche de se réjouir ▸ **desmancha-prazeres**

troubler *vt* **1** Altérer la limpidité, la transparence de quelque chose: *fumée qui trouble l'atmosphère* ▸ **turvar 2** Altérer la qualité, l'acuité de: *troubler la vue, l'audition* ▸ **perturbar 3** Inquiéter, tourmenter, mettre du désordre dans ▸ **perturbar 4** Interrompre, modifier le cours de: *troubler un entretien* ▸ **atrapalhar 5** Faire perdre sa lucidité, son sang-froid; intimider: *troubler un candidat* ▸ **perturbar, desconcertar** ◆ **se troubler** *vpr* **1** Devenir trouble ▸ **turvar-se 2** Perdre contenance ▸ **perturbar-se**

trouée *nf* **1** Ouverture naturelle ou artificielle: *faire une trouée dans un bois* ▸ **abertura 2** MIL Percée ▸ **brecha**

trouer *vt* Percer un trou dans ▸ **esburacar, furar**

troufion *nm* FAM Simple soldat ▸ **reco**

trouillard, e *adj et n* FAM Qui a peur; poltron ▸ **cagão**

trouille *nf* FAM Peur: *avoir la trouille* ▸ **cagaço**

trouillomètre *nm* ▪ FAM **avoir le trouillomètre à zéro:** avoir très peur ▸ **cagar de medo**

troupe *nf* **1** Rassemblement de personnes, d'animaux non domestiques ▸ **bando 2** Groupe de comédiens, d'artistes qui se produisent ensemble ▸ **trupe 3** Groupement de militaires ▸ **tropa** ▪ **en troupe:** se dit de personnes ou d'animaux en groupe, qui se déplacent ensemble ▸ **em bando** ▫ **homme de troupe:** simple soldat ▸ **soldado**

troupeau *nm* **1** Réunion d'animaux domestiques qu'on élève ensemble: *troupeau de moutons* ▸ **rebanho 2** PÉJOR Grand nombre de personnes rassemblées sans ordre ▸ **bando**

troupier *nm* FAM Militaire ▸ **soldado** ◆ *adj m* ▪ **comique troupier:** genre comique lourd et grossier, semé de sous-entendus grivois, qui se rattache à la vie de caserne ▸ **comédia de caserna**

trousse *nf* Pochette à compartiments, dans laquelle on réunit les instruments, les outils dont on se sert: *trousse de toilette; trousse d'écolier* ▸ **estojo** ◆ **trousses** *pl* ▪ FAM **aux trousses de:** à la poursuite de: *avoir la police à ses trousses* ▸ **na cola de**

trousseau *nm* **1** Linge, lingerie, vêtements qu'on donne à une jeune fille qui se marie ▸ **enxoval 2** Ensemble des affaires qu'emporte un enfant en pension ou en colonie ▸ **enxoval** ▪ **trousseau de clefs:** clefs attachées ensemble par un anneau ▸ **molho de chaves**

trousser *vt* VX Retrousser, relever: *trousser sa robe pour entrer dans l'eau* ▸ **arregaçar** ▪ LITT **trousser un article, un compliment:** les composer rapidement, avec aisance ▸ **rabiscar um artigo, cumprimentar rapidamente** ▫ **trousser une volaille:** la préparer pour la mettre à la broche ▸ **amarrar uma ave**

trouvaille *nf* Découverte heureuse: *faire une trouvaille* ▸ **achado**

trouvé, e *adj* ▸ **encontrado** ▪ **bien trouvé:** bien imaginé, bien dit ▸ **boa ideia** ▫ **tout trouvé:** évident, qui se présente de soi-même ▸ **ideal, pronto**

trouver *vt* **1** Rencontrer par hasard ou après recherche: *trouver un portefeuille; trouver ses lunettes* ▸ **encontrar 2** Découvrir, inventer: *trouver la solution d'un problème* ▸ **encontrar 3** FIG Éprouver, sentir: *trouver du plaisir, des difficultés* ▸ **sentir 4** Estimer, juger: *trouver un plat trop salé* ▸ **achar** ▪ **trouver à:** découvrir, inventer des raisons de: *trouver à redire* ▸ **encontrar** ◆ **se trouver** *vpr* **1** Être, se situer dans tel ou tel lieu; exister: *l'Etna se trouve en Sicile* ▸ **situar-se 2** Se présenter, être dans tel ou tel état: *se trouver très embarrassé par une question* ▸ **encontrar-se, estar** ◆ *v impers* ▪ **il se trouve que:** le hasard fait que ▸ **acontece que**

trouvère *nm* Poète lyrique des XIIe et XIIIe s., qui composait ses œuvres dans la langue du nord de la France, dite «langue d'oïl» ▸ **troveiro**

truand *nm* FAM Bandit, malfaiteur ▸ **bandido**

truander *vt* FAM Voler, tromper ▸ **roubar**

trublion *nm* Individu qui sème le trouble, le désordre ▸ **encrenqueiro**

truc *nm* FAM **1** Moyen habile d'agir, procédé, combinaison qui réussit: *connaître les trucs du métier* ▸ **truque 2** S'emploie pour désigner un objet dont on ignore le nom ou qu'on ne veut pas nommer, etc.: *comment ça s'appelle, ce truc-là?* ▸ **troço**

trucage ou **truquage** *nm* **1** Moyen par lequel on falsifie quelque chose ▸ **falsificação 2** CIN Procédé employé au cinéma pour créer l'impression de la réalité ▸ **trucagem**

truchement *nm* ▸ **intérprete** ▪ **par le truchement de quelqu'un:** par son intermédiaire ▸ **por intermédio de alguém**

trucider *vt* FAM Tuer ▸ **trucidar**

truculence *nf* Caractère de ce qui est truculent ▸ **pitoresco**

truculent, e *adj* **1** Haut en couleur, pittoresque: *personnage truculent* ▸ **pitoresco 2** Qui exprime les choses avec crudité et réalisme: *langage truculent* ▸ **cru**

truelle *nf* Outil de maçon pour étaler du mortier, de l'enduit ▸ **desempoladeira**

truffe *nf* **1** Champignon souterrain comestible très estimé ▸ **trufa 2** Nez d'un chien ▸ **focinho** ▪ **truffe en chocolat:** friandise à base de beurre et de chocolat ▸ **trufa de chocolate**

truffer *vt* Garnir de truffes: *truffer une volaille* ▸ **rechear com trufas** ▪ FAM **truffer un texte, un discours de:** les remplir, les bourrer de ▸ **rechear um texto, um discurso com**

truffier, ère *adj* **1** Relatif aux truffes: *région truffière* ▸ **trufeiro 2** Dressé à la recherche des truffes: *chien truffier* ▸ **trufeiro**

truffière *nf* Terrain où poussent des truffes ▸ **trufeira**

truie *nf* Femelle du porc ▸ **porca**

truisme *nm* Vérité banale, évidente ▸ **truísmo**

truite *nf* Poisson voisin du saumon, carnassier, à chair fine et estimée ▸ **truta**

trumeau *nm* **1** Panneau de glace, de lambris ou de peinture occupant le dessus d'une cheminée ou l'espace entre deux fenêtres ▸ **tremó, painel 2** Pilier central divisant en deux le portail d'une église ▸ **pilastra**

truquage *nm* → **trucage**

truquer *vt* Falsifier, modifier par fraude: *truquer des dés, des élections* ▸ **fraudar**

truqueur, euse *n* Au cinéma, spécialiste des trucages ▸ **técnico de trucagem**

trust [trœst] *nm* ÉCON Entreprise ou ensemble d'entreprises qui exerce un monopole dans un secteur donné ou sur un produit particulier ▸ **truste**

truster [trœste] *vt* **1** ÉCON Accaparer au moyen d'un trust: *truster un marché* ▸ **trustear 2** FAM Monopoliser: *truster les postes politiques* ▸ **monopolizar**

tsar ou **tzar** [tsar] *nm* Titre des anciens empereurs de Russie et de Bulgarie ▸ **czar**

tsarévitch *nm* Fils du tsar ▸ **czaréviche**

tsarine *nf* Femme du tsar ▸ **czarina**

tsarisme *nm* Régime politique de la Russie, au temps des tsars ▸ **czarismo**

tsariste *adj* Relatif au tsar: *régime tsariste* ▸ **czarista**

tsé-tsé *nf inv* Mouche d'Afrique qui propage la maladie du sommeil ▸ **tsé-tsé**

t-shirt *nm* → **tee-shirt**

tsigane [tsigan] ou **tzigane** [dzigan] *n et adj* Membre d'un peuple originaire du nord de l'Inde, qui mène généralement une vie nomade ▸ **cigano**

tsunami *nm* Raz de marée d'origine tellurique, résultant d'un séisme, d'une éruption volcanique ou d'un glissement de terrain ▸ ***tsunami***

TSVP (abréviation) Tournez s'il vous plaît ▸ **vide verso**

TTC (sigle) Toutes taxes comprises ▸ **Ø**

tu *pron pers* Désigne la 2e personne du singulier en fonction de sujet ▸ **tu, você** ■ FAM **être à tu et à toi avec quelqu'un:** être intime avec lui ▸ **ser unha e carne com alguém**

TU [tey] *nm* (sigle de *temps universel*) Temps civil du méridien de Greenwich ▸ **TU**

tuant, e *adj* FAM Pénible, fatigant ▸ **extenuante**

tuba *nm* **1** Instrument de musique à vent en cuivre ▸ **tuba 2** Tube pour respirer sous l'eau ▸ ***snorkel*, respiradouro**

tubage *nm* MÉD Introduction d'un tube dans l'estomac, dans la trachée, etc., pour opérer une exploration, faire des analyses ou faciliter la respiration ▸ **entubação**

tube *nm* **1** Tuyau cylindrique ▸ **tubo 2** Cylindre creux en verre, rempli de gaz sous basse pression, pour l'éclairage ▸ **lâmpada 3** Récipient allongé de forme cylindrique ou fait de matière malléable: *tube d'aspirine; tube de dentifrice* ▸ **tubo 4** Canal ou conduit naturel: *tube digestif* ▸ **tubo 5** FAM Chanson très en vogue ▸ ***hit*** ■ FAM **à pleins tubes:** à pleine puissance ▸ **a todo gás**

tubercule *nm* **1** BOT Excroissance se développant sur une tige souterraine (pomme de terre, igname, patate douce, etc.) ▸ **tubérculo 2** MÉD Lésion élémentaire de la tuberculose ▸ **tubérculo**

tuberculeux, euse *adj* Relatif à la tuberculose ▸ **tuberculoso** ◆ *adj et n* Atteint de la tuberculose ▸ **tuberculoso**

tuberculose *nf* Maladie infectieuse et contagieuse des hommes et des animaux, qui se localise le plus souvent dans les poumons ▸ **tuberculose**

tubéreuse *nf* Plante cultivée pour ses belles fleurs blanches ▸ **angélica**

tubulaire *adj* **1** En forme de tube ▸ **tubular 2** Formé de tubes: *échaffaudage tubulaire* ▸ **tubular**

tubulure *nf* **1** Ouverture aménagée pour recevoir un tube ▸ **tubuladura 2** Ensemble des tubes d'une installation; chacun de ces tubes ▸ **tubulação**

tué, e *n* Personne qui a trouvé la mort dans un accident, un attentat, etc. ▸ **morto**

tue-mouches *adj inv* ▸ **mata-moscas** ■ **amanite tue-mouches:** autre nom de la fausse oronge ▸ **amanita mata-moscas** □ **papier tue-mouches:** enduit d'un produit vénéneux et de colle, et dont on se sert pour attraper les mouches ▸ **(papel) mata-moscas**

tuer *vt* **1** Causer la mort de: *tuer un lapin* ▸ **matar 2** Être la cause de la mort de quelqu'un: *fumer tue* ▸ **matar 3** Épuiser, accabler physiquement ou moralement: *son métier le tue* ▸ **matar 4** Détruire: *la gelée tue les plantes* ▸ **matar 5** FIG Faire cesser, faire disparaître: *l'égoïsme tue l'amour* ▸ **matar** ■ FIG **tuer le temps:** faire des choses en attendant que le temps passe, pour ne pas s'ennuyer ▸ **matar o tempo** ◆ **se tuer** *vpr* **1** Se donner la mort ▸ **matar-se 2** Compromettre sa santé: *se tuer au travail* ▸ **matar-se** ■ FAM **se tuer à:** répéter sans cesse, ne pas cesser de ▸ **não parar de**

tuerie *nf* Massacre, carnage ▸ **matança**

tue-tête (à) *loc adv* ▸ **a plenos pulmões** ■ **crier à tue-tête:** de toute la force de sa voix ▸ **gritar a plenos pulmões**

tueur, euse *n* Personne qui tue: *tueur à gages* ▸ **matador** ◆ *nm* Celui qui tue les animaux dans un abattoir ▸ **abatedor**

tuf [tyf] *nm* Roche poreuse: *tuf volcanique* ▸ **tufo**

tuile *nf* **1** Carreau de terre cuite pour couvrir les toits ▸ **telha 2** FAM Événement imprévu et fâcheux ▸ **contratempo 3** Petit four sec, mince et recourbé comme certaines tuiles: *tuile aux amandes* ▸ ***tuile***

tuilerie *nf* Fabrique de tuiles ▸ **telheira**

tuilier, ère *adj* Relatif à la fabrication des tuiles ▸ **de telhas** ◆ *n* Personne qui fabrique ou qui vend des tuiles ▸ **telheiro**

tulipe *nf* Plante bulbeuse à belle fleur solitaire ▸ **tulipa**

tulipier *nm* Arbre originaire d'Amérique, cultivé dans les jardins ▸ **tulipeiro**

tulle *nm* Tissu léger, de coton ou de soie, formé d'un réseau de mailles fines ▸ **tule**

tuméfaction *nf* Fait d'être tuméfié, de se tuméfier ▸ **tumefação**

tuméfié, e *adj* Enflé, gonflé, en parlant d'une partie du corps ▸ **tumefato**

tumescence *nf* Gonflement d'un organe ▸ **tumefação**

tumescent, e *adj* En état de tumescence ▸ **tumescente**

tumeur *nf* Augmentation pathologique du volume d'un tissu ou d'un organe, due à une prolifération cellulaire formant un nouveau tissu ▸ **tumor**

tumoral, e, aux *adj* Relatif à une tumeur ▸ **tumoral**

tumulte *nm* **1** Grand désordre accompagné de bruit, de confusion ▸ **tumulto 2** Grande agitation: *le tumulte des affaires* ▸ **tumulto**

tumultueusement *adv* De façon tumultueuse ▸ **tumultuosamente**

tumultueux, euse *adj* Plein de tumulte: *séance tumultueuse* ▸ **tumultuoso**

tumulus [tymylys] *nm inv* Éminence formée par l'accumulation de terre ou de pierres au-dessus d'une sépulture, à l'âge du bronze ▸ **túmulo, *tumulus***

tune *nf* → **thune**

tuner [tynɛr] ou [tjunœr] *nm* Récepteur radio pour les émissions en modulation de fréquence ▸ **sintonizador**

tungstène [tœ̃kstɛn] *nm* Métal assez lourd, de couleur noirâtre, utilisé pour les filaments des lampes; symb: W ▸ **tungstênio**

tunique *nf* **1** Vêtement droit, plus ou moins long, porté sur une jupe ou un pantalon ▸ **túnica 2** Longue vareuse d'uniforme ▸ **túnica 3** ANTIQ Vêtement de dessous, court ou mi-long, resserré à la taille ▸ **túnica**

tunisien, enne *adj et n* De Tunisie: *les Tunisiens* ▸ **tunisiano** ◆ *nm* Dialecte arabe parlé en Tunisie ▸ **tunisiano**

tunnel *nm* **1** Galerie souterraine pratiquée pour donner passage à une voie de communication: *le tunnel du Mont-Blanc* ▸ **túnel 2** FIG Longue période marquée d'épreuves et de difficultés: *sortir du tunnel* ▸ **túnel**

tupi *nm* Langue indienne parlée au Brésil et au Paraguay ▸ **tupi**

tupi-guarani [typigwarani] *nm* Famille de langues indiennes d'Amérique du Sud ▸ **tupi-guarani**

turban *nm* Coiffure orientale formée d'une longue pièce d'étoffe enroulée autour de la tête ▸ **turbante**

turbin *nm* FAM Travail rémunéré ▸ **trabalho**

turbine *nf* Roue motrice munie d'aubes, d'ailettes, etc., sur lesquelles agit l'eau, la vapeur ou le gaz ▸ **turbina**

turbiner *vi* FAM Travailler dur ▸ **dar duro**

turbo *adj inv* Se dit d'un moteur suralimenté par un turbocompresseur et d'un véhicule équipé d'un tel moteur ▸ **turbo** ◆ *nf* Voiture munie d'un moteur turbo ▸ **turbo**

turboalternateur *nm* Groupe générateur d'électricité, composé d'une turbine et d'un alternateur montés sur le même axe ▸ **turboalternador**

turbocompresseur *nm* Compresseur entraîné par une turbine ▸ **turbocompressor**

turbomoteur *nm* Moteur actionné par une turbine à gaz ▸ **turbomotor**

turbopropulseur *nm* AÉRON Propulseur dont la turbine à gaz entraîne des hélices ▸ **turbopropulsor**

turboréacteur *nm* Turbine à gaz utilisée dans l'aéronautique et fonctionnant par réaction directe dans l'atmosphère ▸ **turborreator**

turbot *nm* Grand poisson marin plat à chair très estimée ▸ **rodovalho**

turbotrain *nm* CH DE F Rame automotrice dont l'énergie est fournie par une ou plusieurs turbines à gaz ▸ **turbotrem**

turbulence *nf* **1** Caractère d'une personne turbulente; LITT agitation bruyante ▸ **turbulência 2** (surtout au pluriel) Difficultés qui perturbent un secteur d'activité: *turbulences financières* ▸ **agitação 3** Mouvement de l'air qui s'écoule en formant des tourbillons ▸ **turbulência**

turbulent, e *adj* Qui s'agite bruyamment; remuant: *enfant turbulent* ▸ **turbulento**

turc, turque *adj et n* De Turquie: *les Turcs* ▸ **turco** ■ **à la turque:** se dit de W-C sans siège ▸ **turco** □ **fort comme un Turc:** très vigoureux ▸ **forte como um touro** □ **tête de Turc:** personne qui est la cible habituelle de critiques, de railleries ▸ **bode expiatório** ◆ *nm* Langue parlée en Turquie et dans certains pays d'Asie centrale ▸ **turco**

ORTHOGRAPHE La forme féminine de *turc* est *turque* (sans *c*) alors que *grec* donne *grecque*

turf [tœrf] ou [tyrf] *nm* Le sport hippique et les activités qui s'y rattachent ▸ **turfe**

turfiste *n* Amateur de courses de chevaux; parieur ▸ **turfista**

turgescence *nf* Gonflement d'un organe; tumescence ▸ **inturgescência**

turgescent, e *adj* En état de turgescence ▸ **turgescente**

turkmène *adj et n* Du Turkménistan: *les Turkmènes* ▸ **turcomeno**

turlupiner *vt* FAM Tracasser, tourmenter: *idée qui turlupine* ▸ **atormentar**

turlututu *interj* S'emploie ironiquement pour refuser ou se moquer ▸ **bravata**

turne *nf* FAM Chambre ▸ **quarto**

turpitude *nf* LITT **1** Conduite ignominieuse ▸ **torpeza 2** Action honteuse ▸ **torpeza**

turquoise *nf* Pierre fine opaque de couleur bleu ciel à bleu-vert ▸ **turquesa** ♦ *adj inv et nm* D'une couleur bleu-vert ▸ **turquesa**

tussilage *nm* Plante composée à grandes feuilles polygonales ▸ **tussilagem**

tutélaire *adj* **1** LITT Qui protège; favorable: *puissance tutélaire* ▸ **tutelar 2** DR Relatif à la tutelle: *gestion tutélaire* ▸ **tutelar**

tutelle *nf* **1** Surveillance, dépendance gênante: *se débarrasser de la tutelle de quelqu'un* ▸ **tutela 2** Mandat donné à quelqu'un pour veiller sur la personne et les biens d'un mineur, d'un incapable majeur ▸ **tutela 3** LITT Protection, sauvegarde: *la tutelle des lois* ▸ **tutela**

tuteur, trice *n* Personne à qui est confiée la tutelle d'enfants mineurs ou d'incapables majeurs ▸ **tutor** ♦ *nm* Perche, armature qui soutient une jeune plante ▸ **tutor**

tutoiement *nm* Action de tutoyer ▸ **tratamento por *tu***

tutoyer *vt (conj 3)* User de la deuxième personne du singulier en parlant à quelqu'un ▸ **tratar por *tu***

tutti quanti [tutikwɑ̃ti] *loc adv* ▪ (à la fin d'une énumération) **et tutti quanti:** et tous les gens, toutes les choses du même genre ▸ ***e tutti quanti***

tutu *nm* Jupe faite de plusieurs épaisseurs de gaze ou de tulle qui forme le costume de scène des danseuses classiques ▸ ***tutu***

tuyau [tɥijo] *nm* **1** Canal, conduit généralement cylindrique, servant au passage de l'eau, du gaz, etc.: *tuyau d'arrosage* ▸ **cano, conduto 2** FAM Renseignement confidentiel: *tuyau pour le tiercé* ▸ **dica** ▪ **dire dans le tuyau de l'oreille:** à voix basse et en secret ▸ **dizer ao pé do ouvido**

tuyauter *vt* FAM Donner des conseils utiles, des renseignements confidentiels ▸ **dar dicas, informações confidenciais**

tuyauterie *nf* Ensemble de tuyaux, de canalisations ▸ **encanamento**

tuyère [tɥijɛr] ou [tyjɛr] *nf* Conduit terminal d'une turbine à gaz ▸ **tubeira**

TV *nf* (abréviation) Télévision ▸ **TV**

TVA *nf* (sigle) Taxe sur la valeur ajoutée ▸ **IVA**

TVHD *nf* (sigle) Télévision à haute définition ▸ ***HDTV***

tweed [twid] *nm* Étoffe de laine d'origine écossaise ▸ ***tweed***

twist [twist] *nm* Danse fortement déhanchée, apparue dans les années 1960 ▸ ***twist***

tympan *nm* **1** Membrane du conduit auditif, qui transmet les vibrations sonores ▸ **tímpano 2** ARCHIT Espace entre les trois corniches d'un fronton ou entre plusieurs arcs ▸ **tímpano**

type *nm* **1** Modèle abstrait présentant les traits caractéristiques communs à plusieurs individus ou à plusieurs choses de même nature: *avoir le type méditerranéen; aimer un certain type de voiture* ▸ **tipo 2** (en apposition) Caractéristique, exemplaire: *une phrase type* ▸ **típico 3** FAM Individu quelconque de sexe masculin: *un drôle de type* ▸ **tipo** ▪ **du troisième type:** qui ne ressemble à rien de connu, qui constitue une innovation: *le télétravail annonce les entreprises du troisième type* ▸ **revolucionário**

typé, e *adj* Qui présente à un haut degré les caractères du type dans lequel on le range: *personnage fortement typé* ▸ **estereotipado**

typer *vt* Représenter de façon caractéristique ▸ **tipificar**

typhoïde *adj* ▸ **tifoide** ▪ **fièvre typhoïde** ou **typhoïde** *nf*: maladie infectieuse, contagieuse, à localisation intestinale ▸ **febre tifoide**

typhon *nm* Violent ouragan des mers de Chine et du Japon ▸ **tufão**

typhus [tifys] *nm* Maladie contagieuse épidémique ▸ **tifo**

typique *adj* Caractéristique, qui distingue une personne ou une chose ▸ **típico**

typiquement *adv* De façon typique ▸ **tipicamente**

typographe *n* Ouvrier d'imprimerie qui compose des textes à l'aide de caractères mobiles ▸ **tipógrafo**

typographie *nf* **1** Procédé d'impression à partir de caractères en relief: *typographie en couleurs* ▸ **impressão tipográfica 2** Manière dont un texte est imprimé: *une belle typographie* ▸ **tipografia**

typographique *adj* Relatif à la typographie ▸ **tipográfico**

typologie *nf* Étude des traits caractéristiques dans un ensemble de données en vue d'y déterminer des types, des systèmes ▸ **tipologia**

typologique *adj* Relatif à une typologie ▸ **tipológico**

tyran *nm* **1** Souverain despotique, injuste et cruel ▸ **tirano** **2** FIG Personne qui abuse de son pouvoir, de son autorité ▸ **tirano**

EMPLOI *Tyran*, nom masculin, s'emploie aussi pour une femme: *cette femme est un vrai tyran*

tyrannie *nf* **1** Gouvernement autoritaire qui ne respecte pas les libertés individuelles ▸ **tirania** **2** LITT Fait d'abuser de son autorité; contrainte, pouvoir irrésistible: *tyrannie des passions* ▸ **tirania**

tyrannique *adj* Qui a le caractère d'une tyrannie, qui agit en tyran: *lois tyranniques; père tyrannique* ▸ **tirânico**

tyranniser *vt* Exercer une autorité tyrannique: *tyranniser un enfant* ▸ **tiranizar**

tyrolien, enne *adj et n* Du Tyrol ▸ **tirolês**

tyrolienne *nf* Air qui s'exécute à l'aide de certaines notes de poitrine et de tête qui se succèdent rapidement ▸ **tirolesa**

tzar *nm* → **tsar**

tzatziki *nm* Salade de concombre au yaourt et à l'ail (cuisine grecque) ▸ ***tzatziki***

tzigane *n et adj* → **tsigane**

Uu

u *nm* Vingt et unième lettre de l'alphabet et la cinquième des voyelles ▸ **u**
U (symbole) Uranium ▸ **U**
ubac *nm* Côté exposé à l'ombre, dans les montagnes (par opposition à *adret*) ▸ **umbria**
ubiquité [ybikite] *nf* LITT Faculté d'être présent en plusieurs lieux à la fois ▸ **ubiquidade**
ubuesque *adj* Digne du *père Ubu*, personnage poltron et cruel créé par Alfred Jarry ▸ **ubuesco**
uchronie *nf* Reconstruction fictive de l'histoire, relatant les faits tels qu'ils auraient pu se passer ▸ **ucronia**
UFR *nf* (sigle de *unité de formation et de recherche*) Structure de base de l'enseignement universitaire en France ▸ **Ø**
UHT *nf* (sigle de *ultra-haute température*) ▸ **UHT** ▪ **lait UHT:** lait stérilisé à très haute température qui peut être conservé plusieurs mois ▸ **leite UHT**
ukase [ykaz] ou **oukase** [ukaz] *nm* **1** Décision autoritaire et impérative ▸ **ucasse 2** HIST Édit des anciens tsars de Russie ▸ **ucasse**
ukrainien, enne *adj et n* D'Ukraine: *les Ukrainiens* ▸ **ucraniano** ♦ *nm* Langue slave parlée en Ukraine ▸ **ucraniano**
ulcération *nf* Formation d'ulcère; l'ulcère lui-même ▸ **ulceração**
ulcère *nm* Plaie persistante d'un revêtement cutané ou muqueux: *ulcère de l'estomac* ▸ **úlcera**
ulcérer *vt (conj 10)* **1** MÉD Produire un ulcère ▸ **ulcerar 2** SOUT Causer un ressentiment profond ▸ **ulcerar**
ulcéreux, euse *adj* De la nature de l'ulcère ▸ **ulceroso** ♦ *adj et n* Atteint d'un ulcère ▸ **ulceroso**
uléma [ylema] ou **ouléma** [ulema] *nm* Docteur de la loi musulmane ▸ **ulemá**
ULM *nm* (sigle de *ultra-léger motorisé*) Petit avion sans coque, monoplace ou biplace ▸ **ULM**
ultérieur, e *adj* Qui vient après, succède à ▸ **ulterior**
ultérieurement *adv* Plus tard ▸ **ulteriormente**
ultimatum [yltimatɔm] *nm* **1** Dernière proposition qu'une puissance fait à une autre avant de déclarer la guerre ▸ **ultimato 2** Proposition précise qui n'admet aucune contestation ▸ **ultimato**
ultime *adj* Dernier, final ▸ **último** ▪ **déchets ultimes:** déchets qui ne peuvent plus subir de traitement et qui doivent donc être stockés ▸ **dejetos finais**
ultra *nm* **1** HIST Ultraroyaliste, partisan de l'Ancien Régime ▸ **ultra 2** Personne qui professe des opinions extrêmes ▸ **ultra**
ultramarin, e *adj et n* De la France d'outre-mer: *les Ultramarins* ▸ **ultramarino** ♦ *adj inv et nm* D'un bleu intense; outremer ▸ **(azul) ultramarino**
ultramoderne *adj* Très moderne ▸ **ultramoderno**
ultrasensible *adj* Extrêmement sensible ▸ **ultrassensível**
ultrason *nm* Vibration d'une fréquence très élevée, inaudible pour l'oreille humaine ▸ **ultrassom**
ultraviolet, ette *adj et nm* Se dit des radiations invisibles placées dans le spectre au-delà du violet ▸ **ultravioleta**
ululation *nf* ou **ululement** *nm* ou **hululement** *nm* Cri des rapaces nocturnes ▸ **ululação**
ululer ou **hululer** *vi* Crier, en parlant des rapaces nocturnes ▸ **ulular**
UMTS *nm* (sigle de *universal mobile telecommunications system*) Norme européenne de transmission à haut débit destinée à la troisième génération de téléphones mobiles ▸ **UMTS**
un, une[1] *adj num card* **1** Le premier des nombres, pris comme base de la numération, désignant une quantité égale à l'unité: *un euro* ▸ **um 2** Premier: *page un* ▸ **um 3** Seul, unique: *en un jour* ▸ **um** ▪ **ne faire ni une ni deux:** ne pas hésiter ▸ **não pensar duas vezes** ▫ **ne faire qu'un avec:** être tout à fait semblable ou parfaitement uni ▸ **confundir-se com** ▫ **pas un:** aucun, nul ▸ **nem um** ▫ **un à un** ou **un par un:** l'un succédant à l'autre ▸ **um por um** ♦ *adj* Qui n'admet pas de division: *la vérité est une* ▸ **uno** ▪ **c'est tout un** ou **ce n'est qu'un:** c'est la même chose ▸ **dar na mesma** ♦ *nm inv* Chiffre, numéro qui exprime l'unité ▸ **um**

GRAMMAIRE On ne fait pas l'élision devant l'adj num *un*: *une pièce* de un euro

un, une, des² *art indéf* Désigne une personne ou une chose de manière indéterminée: *donne-moi un livre* ▸ **um** ◆ *pron indéf* ▪ **l'un:** un des deux nommés (par opposition à *l'autre*) ▸ **um** ▫ **l'un et l'autre:** tous les deux ▸ **ambos** ▫ **l'un l'autre:** réciproquement ▸ **um ao outro** ▫ **ni l'un ni l'autre:** aucun des deux ▸ **nem um nem outro**

unanime *adj* **1** Qui marque un accord complet: *avis unanime* ▸ **unânime 2** (au pluriel) Qui sont du même avis: *être unanimes* ▸ **unânime**

unanimement *adv* De façon unanime ▸ **por unanimidade**

unanimité *nf* Accord complet des opinions, des suffrages: *voter à l'unanimité* ▸ **unanimidade**

underground [ndrgrawnd] *adj inv* Se dit de spectacles d'avant-garde, réalisés en dehors des circuits commerciaux habituels ▸ ***underground***

une *nf* ▪ **la une:** la première page d'un journal: *être à la une* ▸ **primeira página**

uni, e *adj* **1** Sans inégalités, sans aspérités: *sol uni* ▸ **liso 2** D'une seule couleur: *robe unie* ▸ **unicolor 3** Qui vit dans la bonne entente: *famille unie; couple uni* ▸ **unido** ◆ *nm* Tissu d'une seule couleur: *porter de l'uni* ▸ **tecido liso**

unicellulaire *adj* BIOL Formé d'une seule cellule ▸ **unicelular**

unicité *nf* SOUT Caractère de ce qui est unique ▸ **unicidade**

unième *adj num ord* Ne s'emploie qu'à la suite des dizaines, des centaines, etc.: *le vingt et unième siècle* ▸ **... primeiro**

unièmement *adv* (seulement dans les nombres composés) En vingt, trente, etc., et unième position: *vingt et unièmement* ▸ **em ... primeiro lugar**

unifamilial, e, aux *adj* ▸ **unifamiliar** ▪ BELGIQUE, CANADA **maison unifamiliale,** ou **unifamiliale** *nf*: maison individuelle ▸ **habitação unifamiliar**

unificateur, trice *adj et n* Qui unifie ▸ **unificador**

unification *nf* Action d'unifier ▸ **unificação**

unifier *vt* **1** Amener ou ramener à l'unité ▸ **unificar 2** Rendre uniforme, standardiser ▸ **unificar**

uniforme *adj* **1** Qui a la même forme, le même aspect: *rues uniformes* ▸ **uniforme 2** Semblable dans ses parties ou dans son déroulement: *vie uniforme; mouvement uniforme* ▸ **uniforme** ◆ *nm* **1** Vêtement qui est le même pour toute une catégorie d'individus ▸ **uniforme 2** Habit militaire ▸ **farda**

uniformément *adv* De façon uniforme ▸ **uniformemente**

uniformisation *nf* Action d'uniformiser ▸ **uniformização**

uniformiser *vt* Rendre de même forme, de même nature; standardiser ▸ **uniformizar**

uniformité *nf* Caractère uniforme ▸ **uniformidade**

unijambiste *adj et n* Qui a été amputé d'une jambe ▸ **que tem uma perna só**

unilatéral, e, aux *adj* **1** Situé d'un seul côté: *stationnement unilatéral* ▸ **unilateral 2** Qui n'engage qu'une des parties en présence ▸ **unilateral**

unilatéralement *adv* De façon unilatérale ▸ **unilateralmente**

unilatéralisme *nm* Politique d'un État, d'une organisation qui ne prend en considération que ses seuls intérêts ▸ **unilateralismo**

unilingue *adj* **1** Qui parle une seule langue; monolingue ▸ **monolíngue 2** Qui est écrit, rédigé en une seule langue: *dictionnaire unilingue* ▸ **unilíngue**

uniment *adv* ▸ **uniformemente** ▪ LITT **tout uniment:** tout simplement; franchement ▸ **simplesmente**

uninominal, e, aux *adj* Qui ne contient qu'un nom; où l'on n'indique qu'un seul nom: *scrutin uninominal* ▸ **uninominal**

union *nf* **1** Association de plusieurs choses, de plusieurs personnes ou de plusieurs groupes de manière qu'ils ne forment qu'un tout ▸ **união 2** Conformité d'efforts ou de pensées: *l'union fait la force* ▸ **união 3** Association ▸ **união 4** Mariage ▸ **união** ▪ **union libre:** concubinage ▸ **união livre**

unique *adj* **1** Seul en son genre: *fille unique* ▸ **único 2** Qui est le même pour plusieurs choses: *commandement unique* ▸ **único 3** Exceptionnel, incomparable: *un talent unique* ▸ **único**

uniquement *adv* Exclusivement ▸ **unicamente**

unir *vt* **1** Joindre, de manière à ne former qu'un tout: *unir deux communes* ▸ **unir 2** Établir une communication entre ▸ **unir 3** Lier par l'intérêt, l'amitié: *unis par l'affection* ▸ **unir 4** Marier ▸ **unir** ◆ **s'unir** *vpr* **1** S'associer ▸ **unir-se 2** Se lier par les liens de l'amour, du mariage ▸ **unir-se**

unisexe *adj* Qui convient aussi bien aux hommes qu'aux femmes: *vêtements unisexes* ▸ **unissex**

unisson *nm* MUS Accord de plusieurs voix ou de plusieurs instruments qui font entendre des sons de même hauteur ou à l'octave ▸ **uníssono** ▪ FIG **à l'unisson:** en accord parfait, en totale conformité ▸ **em uníssono**

unitaire *adj* **1** De l'unité: *prix unitaire* ▸ **unitário 2** Qui recherche ou manifeste l'unité sur le plan politique ou syndical: *manifestation unitaire* ▸ **unitário**

unité *nf* **1** Caractère de ce qui est un, unique, de ce qui forme un tout: *unité d'un pays* ▸ **unidade** **2** Grandeur prise comme terme de comparaison avec des grandeurs de même espèce: *ramener à l'unité* ▸ **unidade** **3** Quantité correspondant au nombre un: *vendre des assiettes à l'unité* ▸ **unidade** **4** Harmonie d'ensemble d'une œuvre: *roman sans unité* ▸ **unidade** **5** Accord, entente entre des personnes: *unité de vues* ▸ **unidade** **6** Formation militaire permanente: *unité blindée* ▸ **unidade** **7** Structure organisée au sein d'un ensemble plus vaste: *unité de production* ▸ **unidade** **8** INFORM Partie d'un ordinateur effectuant une tâche donnée ▸ **unidade** ■ **unité centrale:** destinée à exécuter le programme d'un ordinateur ▸ **unidade central de processamento** □ **unité d'enseignement (UE):** dans une université française, enseignement annuel ou semestriel correspondant à une discipline et sanctionné par un contrôle des connaissances (les UE ont remplacé les unités de valeur, ou UV) ▸ **módulo**

univalent *adj* Monovalent ▸ **monovalente**

univers *nm* **1** (avec une majuscule) Ensemble des divers systèmes de planètes et d'étoiles ▸ **universo** **2** Le monde habité; l'ensemble des hommes ▸ **universo** **3** Milieu dans lequel on vit; champ d'activité, domaine de quelqu'un ▸ **universo**

universalisation *nf* Action d'universaliser ▸ **universalização**

universaliser *vt* Rendre universel: *universaliser un principe; répandre partout* ▸ **universalizar**

universalité *nf* SOUT Caractère de ce qui est universel ▸ **universalidade**

universel, elle *adj* **1** Qui concerne l'Univers, le cosmos: *gravitation universelle* ▸ **universal** **2** Général, qui s'étend à tout ou à tous: *loi universelle* ▸ **universal** **3** Qui a des connaissances, des aptitudes en tout: *esprit universel* ▸ **universal**

universellement *adv* De façon universelle ▸ **universalmente**

universitaire *adj* De l'université: *études universitaires* ▸ **universitário** ◆ *n* Professeur d'université ▸ **professor universitário**

université *nf* Ensemble d'établissements scolaires qui dispensent l'enseignement supérieur; les bâtiments eux-mêmes ▸ **universidade**

univoque *adj* SOUT Qui a un seul sens: *mot univoque* ▸ **unívoco**

untel, unetelle *n* Sert à désigner une personne que l'on ne sait pas ou ne veut pas nommer ▸ **fulano**

uppercut [ypɛrkyt] *nm* En boxe, coup de poing porté de bas en haut, sous le menton ▸ ***uppercut***

upsilon [ypsilɔn] *nm inv* Vingtième lettre de l'alphabet grec, correspondant au *u* ▸ **ípsilon**

uranium *nm* Métal très lourd et radioactif; symb: U ▸ **urânio**

urbain, e *adj et n* De la ville (par opposition à *rural*): *population urbaine* ▸ **urbano**

urbanisation *nf* **1** Action d'urbaniser ▸ **urbanização** **2** Concentration croissante de la population dans les villes ▸ **urbanização**

urbaniser *vt* Donner le caractère urbain, citadin à: *urbaniser une région* ▸ **urbanizar**

urbanisme *nm* Science se rapportant à la construction et à l'aménagement harmonieux des agglomérations, villes et villages ▸ **urbanismo**

urbaniste *n* Spécialiste de l'urbanisme ▸ **urbanista** ◆ *adj* Relatif à l'aménagement des zones d'habitation ▸ **urbanístico**

urbanité *nf* LITT Politesse raffinée, courtoisie ▸ **urbanidade**

urbi et orbi [urbiɛtɔrbi] *loc adv* En s'adressant au monde entier: *bénédiction papale urbi et orbi* ▸ ***urbi et orbi***

urée *nf* Substance azotée présente dans le sang et l'urine ▸ **ureia**

urémie *nf* Augmentation anormale du taux d'urée dans le sang ▸ **uremia**

uretère *nm* Chacun des deux canaux qui portent l'urine des reins dans la vessie ▸ **ureter**

urètre *nm* Canal qui conduit l'urine hors de la vessie ▸ **uretra**

urgence *nf* **1** Caractère de ce qui est urgent ▸ **urgência** **2** Nécessité d'agir vite: *il y a urgence* ▸ **urgência** **3** MÉD Cas urgent nécessitant une intervention médicale ou chirurgicale rapide ▸ **emergência** ■ **d'urgence:** sur-le-champ: *appelé d'urgence* ▸ **com urgência** □ **service des urgences** ou **urgences** *nf pl*: service d'un hôpital où sont dirigés les blessés et les malades à soigner sans délai ▸ **serviço de emergência**

urgent, e *adj* Qui ne peut être différé ▸ **urgente**

urgentiste *n et adj* Médecin membre du personnel des urgences hospitalières; médecin qui se déplace sur le lieu d'une urgence médicale ▸ **emergencista**

urger *v impers (conj 2)* FAM Être urgent; presser: *vite, ça urge!* ▸ **urgir**

uricémie *nf* Taux de l'acide urique dans le sang ▸ **uricemia**

urinaire *adj* Relatif à l'urine: *voies urinaires* ▸ **urinário**

urinal (pl *urinaux*) *nm* Récipient qui permet de faire uriner un homme alité ▸ **urinol**

urine *nf* Liquide sécrété par les reins et émis par la vessie ▸ **urina**
uriner *vi* Évacuer l'urine ▸ **urinar** ♦ *vt* Évacuer dans l'urine: *uriner du sang* ▸ **urinar**
urinoir *nm* Lieu ou édicule aménagé pour permettre aux hommes d'uriner ▸ **mictório**
urique *adj* ▸ **úrico** ▪ **acide urique:** acide qui se trouve dans le sang et qui est éliminé par l'urine ▸ **ácido úrico**
urne *nf* Boîte qui sert à recueillir les bulletins de vote ▸ **urna** ▪ **urne funéraire:** vase pour conserver les cendres des morts ▸ **urna funerária**
urographie *nf* Radiographie des voies urinaires ▸ **urografia**
urologie *nf* Partie de la médecine qui a trait à l'étude des maladies des voies urinaires ▸ **urologia**
urologue *n* Spécialiste en urologie ▸ **urologista**
urticaire *nf* Éruption cutanée entraînant de vives démangeaisons ▸ **urticária**
urticant, e *adj* Dont le contact provoque une réaction inflammatoire de la peau: *filaments urticants d'une méduse* ▸ **urticante**
urubu *nm* Vautour d'Amérique tropicale au plumage noir ▸ **urubu**
uruguayen, enne [yrygwɛjɛ̃, ɛn] *adj et n* D'Uruguay: *les Uruguayens* ▸ **uruguaio**
us [ys] *nm pl* ▸ **usos** ▪ SOUT **us et coutumes:** usages, traditions d'un pays, d'une région ▸ **usos e costumes**
usage *nm* **1** Action de se servir de quelque chose: *perdre l'usage de la parole* ▸ **uso 2** Fonction, emploi: *trouver quel est l'usage d'un appareil* ▸ **uso 3** Coutume commune à un groupe: *aller contre l'usage établi* ▸ **uso** ▪ **à l'usage de:** à l'intention de: *informations à l'usage des abonnés* ▸ **para uso de** □ **à usage:** destiné à être utilisé de telle ou telle façon: *à usage externe* ▸ **para uso** □ **en usage:** actuellement employé: *méthode encore en usage* ▸ **em uso** □ **faire usage de:** utiliser, employer ▸ **usar** □ **hors d'usage:** dont on ne peut plus se servir ▸ **fora de uso**
usagé, e *adj* Qui a déjà servi; défraîchi, usé ▸ **usado**
usager *nm* Personne qui utilise un service public: *les usagers du rail, de la route* ▸ **usuário**
usant, e *adj* Qui fatigue à l'extrême: *travail usant* ▸ **desgastante**
usé, e *adj* **1** Qui a subi une certaine détérioration due à l'usure: *vêtement usé* ▸ **gasto 2** FIG Affaibli: *homme usé* ▸ **acabado 3** Banal, pour avoir été trop répété ou employé: *sujet usé* ▸ **batido**
user *vt ind* [de] SOUT Se servir de, avoir recours à: *user de son influence, de ses charmes* ▸ **usar** ♦ *vt* **1** Détériorer par l'usage: *user un vêtement* ▸ **gastar 2** Consommer, utiliser une certaine quantité de: *voiture qui use peu d'essence* ▸ **usar 3** FIG Détruire progressivement: *user sa santé* ▸ **minar** ♦ **s'user** *vpr* Se détériorer à l'usage: *vêtements qui s'usent vite* ▸ **desgastar-se**
usinage *nm* Action d'usiner ▸ **usinagem**
usine *nf* **1** Établissement industriel où on transforme des matières premières, où on produit de l'énergie, etc. ▸ **usina 2** FAM Lieu qui est le siège d'une intense activité ▸ **fábrica** ▪ FAM **usine à gaz: (a)** construction hétéroclite et biscornue ▸ **construção estapafúrdia (b)** projet, programme constitué d'apports divers qui le rendent incohérent et impraticable ▸ **colcha de retalhos**
usiner *vt* Soumettre une pièce brute à l'action d'une machine-outil ▸ **usinar**
usité, e *adj* LING Qui est en usage dans la langue: *mot très usité* ▸ **usado**
ustensile *nm* Objet de petites dimensions et de conception simple, servant à divers travaux domestiques: *ustensiles de cuisine* ▸ **utensílio**
usuel, elle *adj* Dont on se sert ordinairement: *objets, mots usuels* ▸ **usual**
usuellement *adv* De façon usuelle ▸ **usualmente**
usufruit *nm* DR Jouissance d'un bien dont la nue-propriété appartient à un autre ▸ **usufruto**
usufruitier, ère *n* Personne qui a l'usufruit ▸ **usufrutuário**
usuraire *adj* DR Entaché d'usure: *prêt usuraire* ▸ **usurário**
usure[1] *nf* **1** Détérioration produite par l'usage, par le temps ▸ **usura 2** FIG, SOUT affaiblissement ▸ **desgaste** ▪ FAM **avoir quelqu'un à l'usure:** arriver à ses fins en le fatiguant ▸ **vencer alguém pelo cansaço**
usure[2] *nf* DR Intérêt perçu au-dessus du taux légal ▸ **usura**
usurier, ère *n* Personne qui prête de l'argent en prenant un bénéfice illégitime ▸ **usurário**
usurpateur, trice *n* Personne qui usurpe ▸ **usurpador**
usurpation *nf* **1** DR Action d'usurper: *usurpation d'état civil* ▸ **usurpação 2** Objet usurpé ▸ **usurpação**
usurpatoire *adj* DR Qui a le caractère d'une usurpation; illégitime, abusif ▸ **usurpatório**
usurper *vt* **1** S'emparer par violence ou par ruse, s'approprier sans droit ▸ **usurpar 2** FIG Obtenir de façon injustifiée: *usurper sa réputation* ▸ **usurpar**
ut [yt] *nm inv* MUS Première note de la gamme de *do*; signe qui la représente ▸ **ut, dó**

utérin, e *adj et n* Né, née de la même mère, mais non du même père ▸ **uterino** ◆ *adj* Relatif à l'utérus ▸ **uterino**
utérus [yterys] *nm* Organe de la gestation chez la femme et chez les femelles des mammifères ▸ **útero**
utile *adj* Qui sert, rend service: *travaux utiles* ▸ **útil** ■ **en temps utile**: en temps opportun ▸ **no momento oportuno**
utilement *adv* De façon utile ▸ **utilmente**
utilisable *adj* Que l'on peut utiliser ▸ **utilizável**
utilisateur, trice *n* Personne qui fait usage de quelque chose ▸ **usuário**
utilisation *nf* Action d'utiliser ▸ **utilização**
utiliser *vt* **1** Recourir à quelque chose pour un usage précis: *utiliser la salle de bains* ▸ **utilizar** **2** Tirer parti de quelqu'un ou de quelque chose: *savoir utiliser les compétences de quelqu'un* ▸ **utilizar**
utilitaire *adj* Qui vise essentiellement à l'utilité: *démarche utilitaire* ▸ **utilitário** ■ **véhicule utilitaire**: véhicule destiné au transport des marchandises ou au transport collectif des personnes ▸ **(veículo) utilitário**
utilité *nf* Fait d'être utile ou utilisable; caractère de ce qui est utile ▸ **utilidade** ◆ **utilités** *pl* Au théâtre, au cinéma, emploi subalterne; acteur qui le remplit: *ne jouer que les utilités* ▸ **ponta**
utopie *nf* **1** PHILOS Construction imaginaire et rigoureuse d'une société idéale: *l'utopie de Fourier* ▸ **utopia** **2** Projet chimérique dont la réalisation est impossible ▸ **utopia**
utopique *adj* Qui relève de l'utopie ▸ **utópico**
utopiste *adj et n* **1** Qui est l'auteur d'une utopie ▸ **utopista** **2** Qui forme des projets utopiques ▸ **utopista**
UV[1] [yve] *nf* (sigle) Unité de valeur ▸ **Ø**
UV[2] [yve] *nm pl* (sigle de *ultraviolets*) Rayons ultraviolets ▸ **UV**
uval, e, aux *adj* Relatif au raisin: *cuve uvale* ▸ **uval**

Vv

v *nm* Vingt-deuxième lettre de l'alphabet et la dix-septième des consonnes ▶ **v**

V (symbole) Volt ▶ **V**

va *interj* S'emploie pour confirmer, encourager, menacer, etc.: *courage, va!; allez, va, c'est d'accord* ▶ **vai** ■ FAM **va pour:** c'est d'accord pour ▶ **tudo bem quanto a**

vacance *nf* État d'une place, d'une charge vacante ▶ **vacância** ◆ **vacances** *pl* **1** Période de fermeture des établissements scolaires ▶ **férias** **2** Période de congé des travailleurs ▶ **férias** ■ **les grandes vacances:** congé scolaire d'été ▶ **férias longas**

vacancier, ère *n* Personne qui est en vacances dans un lieu de villégiature ▶ **pessoa de férias**

vacant, e *adj* Libre, non occupé par un titulaire ▶ **vacante** ■ DR **succession vacante:** non réclamée par les héritiers ▶ **sucessão vacante**

vacarme *nm* Bruit tumultueux et assourdissant; tapage ▶ **barulheira**

vacataire *n et adj* Personne employée pour un temps déterminé à une fonction précise ▶ **trabalhador temporário**

vacation *nf* **1** Temps consacré à l'examen d'une affaire ou à l'accomplissement d'une fonction déterminée par la personne qui en a été chargée ▶ **sessão** **2** Rémunération de ce temps ▶ **honorários**

vaccin [vaksɛ̃] *nm* Substance d'origine microbienne qui, inoculée à une personne ou à un animal, lui confère l'immunité contre une maladie: *vaccin antipoliomyélitique* ▶ **vacina**

vaccinal, e, aux *adj* Relatif au vaccin ▶ **vacínico**

vaccination *nf* Action de vacciner ▶ **vacinação**

vaccine *nf* Maladie de la vache, qui, transmise à l'homme, le préserve de la variole ▶ **vacina**

vacciner *vt* **1** Immuniser contre une maladie à l'aide d'un vaccin ▶ **vacinar** **2** FAM Guérir quelqu'un d'une habitude, d'une tentation: *être vacciné contre la peur* ▶ **vacinar**

vache *nf* Femelle de l'espèce bovine; peau de cet animal ▶ **vaca, couro de vaca** ■ FAM **maladie de la vache folle:** encéphalopathie spongiforme bovine ▶ **doença da vaca louca** □ FAM **manger de la vache enragée:** endurer des privations ▶ **comer o pão que o diabo amassou** □ FAM **vache à lait:** personne ou chose dont on tire un profit continuel ▶ **galinha dos ovos de ouro** ◆ *adj* FAM **1** Dur, sévère: *institutrice très vache* ▶ **rigoroso** **2** Fâcheux, imprévu: *c'est vache ce qui lui arrive* ▶ **azar**

vachement *adv* FAM Très, beaucoup: *un film vachement bien* ▶ **muito**

vacher, ère *n* Personne qui s'occupe des vaches ▶ **vaqueiro**

vacherie *nf* FAM Parole ou acte méchant ▶ **sacanagem**

vacherin *nm* **1** Pâte meringuée garnie de glace et de crème Chantilly ▶ **torta de suspiro** **2** Fromage au lait de vache à pâte molle et onctueuse fabriqué en Suisse et dans le Jura français ▶ ***vacherin***

vachette *nf* **1** Jeune vache ▶ **novilha** **2** Cuir de jeune vache ▶ **vaqueta**

vacillant, e *adj* Qui vacille ▶ **vacilante**

vacillation *nf* ou **vacillement** *nm* Mouvement de ce qui vacille ▶ **vacilação**

vaciller *vi* **1** Chanceler, être instable: *vaciller sur ses jambes* ▶ **vacilar** **2** Trembloter: *lumière qui vacille* ▶ **vacilar** **3** FIG, LITT Hésiter, manquer d'assurance: *mémoire, raison qui vacille* ▶ **vacilar**

vacuité *nf* **1** État de ce qui est vide ▶ **vacuidade** **2** LITT Absence de valeur, de signification ▶ **vazio**

vacuole *nf* BIOL Cavité du cytoplasme des cellules, renfermant diverses substances en solution dans l'eau ▶ **vacúolo**

vade-mecum [vademekɔm] *nm inv* LITT Livre, manuel, etc., que l'on porte ordinairement avec soi pour pouvoir le consulter ▶ **vade-mécum**

vadrouille *nf* FAM Promenade sans but défini: *être, partir en vadrouille* ▸ **vagueação**

vadrouiller *vi* FAM Se promener sans but précis ▸ **vaguear**

va-et-vient *nm inv* **1** Mouvement de ce qui va et vient alternativement: *le va-et-vient d'un balancier* ▸ **vaivém 2** Circulation de personnes ou de choses entre deux points opposés ▸ **vaivém 3** Dispositif de communication entre deux points et dans les deux sens ▸ **vaivém 4** Dispositif permettant d'éteindre ou d'allumer une lampe électrique de plusieurs endroits ▸ **comutador**

vagabond, e *adj* **1** Qui est instable, change sans cesse: *vie vagabonde* ▸ **volúvel 2** FIG Qui erre, qui ne se fixe sur rien de précis: *idées vagabondes* ▸ **errante** ◆ *n* Personne sans domicile fixe ni profession ▸ **vagabundo**

vagabondage *nm* **1** Fait de vagabonder ▸ **vagabundagem 2** LITT Divagation de l'esprit, rêverie ▸ **divagação**

vagabonder *vi* **1** Aller sans but, errer ici et là ▸ **vagabundear 2** LITT Passer sans cesse d'un sujet à un autre: *pensée qui vagabonde* ▸ **vaguear**

vagin *nm* Organe génital interne de la femme, qui va de l'utérus à la vulve ▸ **vagina**

vaginal, e, aux *adj* Relatif au vagin ▸ **vaginal**

vaginite *nf* Inflammation de la muqueuse du vagin ▸ **vaginite**

vagir *vi* **1** Pousser des vagissements, en parlant du nouveau-né ▸ **vagir 2** Crier, en parlant de certains animaux (lièvre, crocodile) ▸ **guinchar**

vagissant, e *adj* Qui vagit ▸ **que vage**

vagissement *nm* Cri du nouveau-né et de certains animaux ▸ **vagido, guincho**

vague¹ *adj* **1** Qui est sans précision, mal déterminé: *vague silhouette* ▸ **vago 2** Qui laisse place au doute, obscur: *une vague promesse* ▸ **vago 3** Ample, en parlant d'un vêtement ▸ **largo, solto** ▪ **terrain vague:** terrain à proximité d'une agglomération, et qui n'est ni cultivé ni construit ▸ **terreno baldio** ◆ *nm* Ce qui est imprécis, mal défini ▸ **vago** ▪ **rester dans le vague:** ne pas donner d'informations précises ▸ **ser vago** □ **vague à l'âme:** mélancolie, tristesse sans raison ▸ **vazio na alma**

vague² *nf* **1** Mouvement ondulatoire de l'eau, généralement dû à l'action du vent ▸ **onda, vaga 2** Masse importante: *vague de touristes* ▸ **onda 3** FIG Phénomène subit qui apparaît en masse et se propage: *vague de protestations; vague de froid* ▸ **onda**

vaguelette *nf* Petite vague ▸ **onda pequena**

vaguement *adv* De façon vague ▸ **vagamente**

vaguemestre *nm* Sous-officier chargé du service postal ▸ **vagomestre**

vaguer *vi* LITT Errer çà et là au hasard: *laisser vaguer son imagination* ▸ **vagar, vaguear**

vahiné *nf* Femme de Tahiti ▸ **taitiana**

vaillamment *adv* Avec vaillance ▸ **valentemente**

vaillance *nf* Caractère d'une personne brave, courageuse ▸ **valentia**

vaillant, e *adj* **1** LITT Qui a de la bravoure, du courage: *vaillant soldat* ▸ **valente 2** En bonne santé, vigoureux: *se sentir vaillant* ▸ **em forma**

vain, e *adj* **1** Sans résultat: *vains efforts* ▸ **vão 2** Illusoire: *vain espoir* ▸ **vão** ▪ **en vain:** inutilement ▸ **em vão**

vaincre *vt (conj 84)* **1** Avoir l'avantage, l'emporter sur: *vaincre l'ennemi, un rival* ▸ **vencer 2** Venir à bout de, surmonter, triompher de: *vaincre sa peur* ▸ **vencer**

ORTHOGRAPHE Dans *je vaincs, il vainc*, le *c* n'est pas prononcé, mais il ne doit pas être omis à l'écrit

vaincu, e *adj et n* Qui a subi une défaite ▸ **vencido, derrotado**

vainement *adv* Inutilement, en vain ▸ **em vão**

vainqueur *adj m et nm* **1** Qui remporte une victoire, qui a l'avantage sur ▸ **vencedor 2** Qui exprime la victoire: *air vainqueur* ▸ **vencedor, triunfante**

vairon¹ *adj m* ▪ **yeux vairons:** de couleur différente ▸ **olhos de cores diferentes**

vairon² *nm* Petit poisson de ruisseau dont la chair est peu estimée ▸ **vairão**

vaisseau¹ *nm* LITT Navire d'une certaine importance: *vaisseau de guerre* ▸ **navio** ▪ LITT **brûler ses vaisseaux:** se couper la retraite ▸ **queimar os seus navios** □ **vaisseau spatial:** engin interplanétaire ▸ **nave espacial**

vaisseau² *nm* Canal de circulation du sang ou de la lymphe chez les animaux, de la sève chez les végétaux ▸ **vaso**

vaisselier *nm* Meuble pour ranger la vaisselle ▸ **guarda-louça**

vaisselle *nf* **1** Ensemble des récipients qui servent à préparer les aliments et à les présenter sur la table ▸ **louça 2** Action de laver les plats et les ustensiles qui ont servi au repas: *faire la vaisselle* ▸ **lavagem de louça**

val (pl *vals* ou *vaux*) *nm* Vallée large ▸ **vale** ▪ **par monts et par vaux:** de tous côtés ▸ **por vales e montanhas**

valable *adj* **1** Qui a, qui garde sa valeur: *ticket valable trois mois; monnaie encore valable* ▸ **válido 2** Fondé, acceptable, admissible: *excuse valable* ▸ **aceitável 3** Qui a une certaine valeur: *œuvre* *valable* ▶ **válido 4** Qui a les qualités requises pour accomplir quelque chose: *interlocuteur valable* ▶ **legítimo**

valablement *adv* De façon valable ▶ **legitimamente**

valdinguer *vi* FAM Tomber brutalement ▶ **levar um tombo** ■ FAM **envoyer valdinguer quelqu'un:** (a) le faire tomber brutalement ▶ **derrubar alguém** (b) FIG l'éconduire sans ménagement ▶ **mandar alguém às favas**

valence *nf* CHIM Nombre d'atomes d'hydrogène susceptibles de se combiner avec un atome d'un corps (*mono-, bi-, trivalent*, etc.) ▶ **valência**

valériane *nf* Plante médicinale à fleurs roses, blanches ou jaunâtres, appelée aussi *herbe-aux-chats*; racine de cette plante ▶ **valeriana**

valet *nm* **1** Domestique masculin: *valet de chambre* ▶ **criado 2** FIG, PÉJOR Homme d'une complaisance servile ▶ **lacaio 3** Figure du jeu de cartes représentant un écuyer ▶ **valete** ■ **valet de nuit:** grand cintre monté sur pieds, pour suspendre les costumes ▶ **cabide *valet***

valetaille *nf* PÉJOR Ensemble des domestiques ▶ **criadagem**

valétudinaire *adj et n* LITT Maladif, de santé chancelante ▶ **valetudinário**

valeur *nf* **1** Ce que vaut une personne ou une chose: *terrain qui double sa valeur; écrivain de valeur* ▶ **valor 2** Équivalent d'une quantité: *boire la valeur d'une cuillerée à soupe* ▶ **equivalente 3** Mesure conventionnelle d'un signe dans une série: *valeur d'une carte à jouer* ▶ **valor 4** Validité: *s'il n'est pas signé, un chèque n'a aucune valeur* ▶ **valor 5** Importance accordée à quelque chose: *valeur d'un argument* ▶ **valor 6** Ce qui est posé comme vrai, beau, bien ▶ **valor 7** Titre de vente, action, effet de commerce, etc.: *valeurs mobilières* ▶ **título 8** Mesure d'une grandeur, d'un nombre: *valeur arithmétique* ▶ **valor 9** MUS Durée d'une note ▶ **valor 10** Qualité particulière d'une couleur, d'un mot, etc. ▶ **valor** ■ **mettre en valeur:** faire paraître à son avantage ▶ **realçar** □ ÉCON **valeur ajoutée:** différence entre la valeur des produits à traiter et leur valeur après transformation ▶ **valor agregado**

valeureusement *adv* Avec courage ▶ **valorosamente**

valeureux, euse *adj* LITT Vaillant, brave, courageux ▶ **valoroso**

validation *nf* Action de valider ▶ **validação**

valide *adj* **1** En bonne santé: *se sentir valide* ▶ **em boa forma 2** Qui satisfait aux conditions légales requises; valable: *billet valide* ▶ **válido**

valider *vt* Rendre ou déclarer valide, valable: *valider un titre de transport; valider une élection* ▶ **validar**

validité *nf* **1** Caractère de ce qui est valide, valable ▶ **validade 2** Durée pendant laquelle un document peut être utilisé valablement: *validité d'un passeport* ▶ **validade**

valise *nf* Bagage à main de forme rectangulaire ▶ **mala** ■ **faire sa valise, ses valises:** (a) y mettre ce qu'on veut emporter ▶ **fazer a mala, as malas** (b) se préparer à partir ▶ **fazer as malas**

vallée *nf* Dépression allongée, plus ou moins évasée, creusée par un cours d'eau ou un glacier ▶ **vale**

vallon *nm* Petite vallée ▶ **depressão, pequeno vale**

vallonné, e *adj* Qui présente des vallons: *région vallonnée* ▶ **ondulado**

vallonnement *nm* Relief d'un terrain vallonné ▶ **ondulação**

valoche *nf* FAM Valise ▶ **valise**

valoir *vi (conj 40)* **1** Avoir un certain prix: *article qui vaut dix francs* ▶ **valer 2** Avoir une certaine utilité, une certaine qualité, un certain intérêt, un certain mérite: *livre qui ne vaut rien* ▶ **valer 3** Être valable: *ma remarque vaut pour tout le monde* ▶ **valer** ■ **à valoir:** se dit d'une somme d'argent dont on tiendra compte ultérieurement ▶ **a descontar** □ **faire valoir:** mettre en avant, mettre en valeur ▶ **fazer valer** □ **vaille que vaille:** tant bien que mal ▶ **custe o que custar** ♦ *vt* **1** Équivaloir à quelque chose, égaler: *carte qui vaut trois points* ▶ **valer 2** Procurer, rapporter: *recherche qui vaut bien des soucis* ▶ **render 3** Justifier, légitimer: *restaurant qui vaut le détour* ▶ **valer** ■ **valoir la peine:** être assez intéressant pour justifier la peine qu'on se donne ▶ **valer a pena** ♦ *v impers* ■ **il vaut mieux:** il est préférable de ▶ **é melhor** ♦ **se valoir** *vpr* Avoir la même valeur ▶ **equivaler-se**

GRAMMAIRE Au sens propre (verbe intransitif), on écrit *la somme qu'ont valu ces tableaux*; au sens figuré (verbe transitif), on écrit *les efforts qu'a valus* cette démarche

valorisant, e *adj* Qui valorise ▶ **valorizador**

valorisation *nf* Action de valoriser ▶ **valorização**

valoriser *vt* **1** Donner une plus grande valeur à: *valoriser un terrain* ▶ **valorizar 2** Augmenter la valeur, le mérite: *savoir valoriser ses diplômes* ▶ **valorizar**

valse *nf* Danse tournante à trois temps; musique qui accompagne cette danse ▶ **valsa**

valse-hésitation (pl *valses-hésitations*) *nf* Comportement d'une personne qui hésite à prendre une décision ▶ **indecisão**

valser *vi* Danser la valse ▸ **valsar** ▪ FAM **faire valser ou envoyer valser:** envoyer loin de soi, se débarrasser de ▸ **mandar passear**

valseur, euse *n* Personne qui valse ▸ **valsista**

valve *nf* **1** Moitié de certaines coquilles, de certaines enveloppes de fruits ▸ **valva 2** Système de régulation d'un courant de liquide ou de gaz dans une conduite; clapet de fermeture: *la valve d'une chambre à air* ▸ **válvula**

valvule *nf* ANAT Repli élastique sur la paroi du cœur ou d'un vaisseau ▸ **válvula**

vamp *nf* FAM Femme fatale, en particulier au cinéma ▸ **vampe**

vampire *nm* **1** Mort qui, suivant certaines superstitions, sort du tombeau pour sucer le sang des vivants ▸ **vampiro 2** FIG, LITT Personne qui s'enrichit aux dépens d'autrui ▸ **vampiro 3** Grande chauve-souris d'Amérique ▸ **vampiro**

vampiriser *vt* FAM Mettre sous sa totale dépendance ▸ **vampirizar**

vampirisme *nm* **1** Croyance aux vampires ▸ **vampirismo 2** Avidité de ceux qui s'enrichissent du travail d'autrui ▸ **vampirismo**

van[1] [vɑ̃] *nm* Plateau d'osier, pour agiter et nettoyer le grain ▸ **joeira**

van[2] [vɑ̃] *nm* Voiture fermée pour le transport des chevaux de course ▸ ***van***

vanadium [vanadjɔm] *nm* Métal blanc, léger; symb: V ▸ **vanádio**

vandale *nm* Personne qui mutile, détruit les monuments, les œuvres d'art ou les objets de valeur ▸ **vândalo**

vandalisme *nm* Caractère, acte d'un vandale ▸ **vandalismo**

vanille *nf* Fruit du vanillier; gousse ou extrait de ce fruit utilisés pour parfumer les pâtisseries et les confiseries: *crème à la vanille* ▸ **baunilha**

vanillé, e *adj* Parfumé à la vanille: *sucre vanillé* ▸ **abaunilhado**

vanillier [vanije] *nm* Plante grimpante des régions tropicales, dont le fruit (vanille) est très parfumé ▸ **baunilheira**

vanilline [vanilin] *nf* Principe odorant de la vanille utilisé en pâtisserie et en parfumerie ▸ **vanilina**

vanité *nf* **1** Défaut d'une personne très satisfaite d'elle-même et qui étale cette satisfaction ▸ **vaidade 2** LITT Caractère de ce qui est vain, vide de sens ▸ **vanidade** ▪ **tirer vanité de:** s'enorgueillir de ▸ **envaidecer-se de**

vaniteusement *adv* Avec vanité ▸ **vaidosamente**

vaniteux, euse *adj et n* Qui a de la vanité ▸ **vaidoso**

vanity-case [vanitikez] (pl *vanity-cases*) *nm* Mallette rigide conçue pour le rangement et le transport des objets de toilette ▸ **frasqueira**

vannage *nm* Action de vanner ▸ **joeiramento**

vanne[1] *nf* Dispositif servant à régler l'écoulement de l'eau d'une écluse, d'un barrage, etc. ▸ **comporta**

vanne[2] *nf* FAM Remarque désobligeante: *envoyer des vannes à quelqu'un* ▸ **insulto**

vanné, e *adj* FAM Très fatigué ▸ **exausto**

vanneau *nm* Oiseau échassier des marais, dont la chair est estimée ▸ **abibe**

vanner *vt* **1** Trier, nettoyer le grain au moyen d'un van ▸ **joeirar 2** FAM Fatiguer excessivement ▸ **exaurir**

vannerie *nf* **1** Fabrication des objets en osier, en rotin, etc. ▸ **cestaria 2** Objet fabriqué ou tressé dans ces matières ▸ **cesto**

vanneur, euse *n et adj* Personne qui vanne le grain ▸ **joeireiro**

vannier *nm* Personne qui fabrique des objets en rotin, en osier, etc. ▸ **cesteiro**

vantail (pl *vantaux*) *nm* Châssis ouvrant d'une porte; battant ▸ **batente**

vantard, e *adj et n* Qui aime à se vanter, à se faire valoir ▸ **gabola**

vantardise *nf* **1** Caractère d'une personne vantarde ▸ **gabolice 2** Acte, parole par lesquels on se vante ▸ **gabolice**

vanter *vt* Louer beaucoup, exalter: *vanter les mérites d'une personne* ▸ **gabar** ◆ **se vanter** *vpr* S'attribuer des qualités, des mérites qu'on n'a pas ▸ **gabar-se** ▪ **se vanter de: (a)** tirer vanité de ▸ **gabar-se de (b)** se déclarer capable de ▸ **gabar-se de**

va-nu-pieds *n inv* PÉJOR Misérable, gueux ▸ **maltrapilho**

vapes *nf pl* FAM ▸ **vapores** ▪ **être dans les vapes: (a)** être hébété, abruti ▸ **estar grogue (b)** avoir perdu conscience ▸ **estar sem sentidos** □ **tomber dans les vapes:** s'évanouir ▸ **perder os sentidos**

vapeur[1] *nf* **1** Gaz provenant du changement d'état physique d'un liquide ou d'un solide: *vapeur d'eau* ▸ **vapor 2** Énergie obtenue par l'eau amenée à l'état gazeux: *machine à vapeur* ▸ **vapor 3** Masse gazeuse qui se dégage de l'eau portée à ébullition: *légumes cuits à la vapeur* ▸ **vapor 4** Gaz qui se dégage d'une substance liquide ou solide et s'exhale dans l'atmosphère: *vapeurs d'essence* ▸ **vapor** ▪ FAM **à toute vapeur:** à toute vitesse ▸ **a todo vapor** □ FAM **avoir des vapeurs:** des bouffées de chaleur, un malaise ▸ **ter um mal-estar**

vapeur[2] *nm* Bateau mû par la vapeur ▸ **vapor**

vaporeux, euse *adj* **1** Léger, flou, qui a l'apparence de la vapeur: *tissu vaporeux* ▸ **vaporoso 2** Dont l'éclat est voilé: *lumière vaporeuse* ▸ **diáfano**

vaporisateur *nm* Appareil pour vaporiser en fines gouttelettes ▸ **vaporizador**

vaporisation *nf* Action de vaporiser ▸ **vaporização**

vaporiser *vt* **1** Faire passer de l'état liquide à l'état gazeux ▸ **vaporizar 2** Disperser et projeter un liquide en fines gouttelettes ▸ **vaporizar**

vaquer *vi* (terme administratif) Cesser pour un temps ses fonctions ▸ **suspender as atividades temporariamente** ◆ *vt ind* [à] S'occuper, s'appliquer à: *vaquer à ses occupations* ▸ **dedicar-se**

varan *nm* Grand lézard des régions chaudes ▸ **varano**

varangue *nf* MAR Pièce à deux branches, formant la partie inférieure d'un couple ▸ **caverna**

varappe *nf* Escalade de parois rocheuses ▸ **escalada de paredes rochosas**

varappeur, euse *n* Personne qui fait de la varappe ▸ **escalador**

varech [varɛk] *nm* Algues brunes qu'on recueille sur les côtes; goémon ▸ **algaço**

vareuse *nf* **1** Veste assez ample ▸ **blusão 2** Veste d'uniforme, dans la Marine nationale ▸ **dólmã**

variabilité *nf* Caractère de ce qui est variable ▸ **variabilidade**

variable *adj* **1** Qui peut varier: *temps variable* ▸ **variável 2** Divers, différent: *résultats variables* ▸ **variável 3** GRAMM Se dit d'un mot dont la terminaison varie selon le genre, le nombre, la fonction ▸ **variável** ◆ *nf* MATH Élément qui peut prendre des valeurs différentes à l'intérieur d'un ensemble, d'un système, d'une relation ▸ **variável**

variante *nf* **1** Chose qui diffère légèrement d'une autre de la même espèce ▸ **variante 2** Version d'un texte qui diffère de celle qui est communément éditée ▸ **variante**

variateur *nm* Dispositif servant à faire varier une intensité lumineuse et utilisé notamment dans les lampes à halogène ▸ **variador**

variation *nf* **1** Changement de degré ou d'aspect de quelque chose: *variations du climat* ▸ **variação 2** Suite de morceaux musicaux composés sur le même thème ▸ **variação**

varice *nf* Dilatation permanente d'une veine, en particulier aux jambes ▸ **variz**

varicelle *nf* Maladie éruptive contagieuse, sans gravité ▸ **catapora**

varié, e *adj* **1** Qui présente de la diversité: *répertoire varié* ▸ **variado 2** (au pluriel) Se dit de choses très différentes entre elles: *hors-d'œuvre variés* ▸ **variados**

varier *vt* Rendre divers; diversifier: *varier son travail* ▸ **variar** ◆ *vi* **1** Présenter des différences, des aspects divers: *prix qui varient* ▸ **variar 2** Changer d'opinion, d'attitude: *avis qui varient* ▸ **variar**

variété *nf* **1** Diversité, différence: *variété d'avis* ▸ **variedade 2** Subdivision d'une espèce animale ou végétale ▸ **variedade** ◆ **variétés** *pl* **1** Spectacle composé de différents numéros sans lien entre eux (chansons, danses, etc.) ▸ **variedades 2** Musique légère: *disque de variétés* ▸ **variedades**

variole *nf* Maladie infectieuse grave et contagieuse; SYN: *petite vérole* ▸ **varíola**

variolique *adj* Relatif à la variole ▸ **variólico**

variqueux, euse *adj* Relatif, dû aux varices: *ulcère variqueux* ▸ **varicoso**

varlope *nf* Grand rabot à poignée pour aplanir le bois ▸ **garlopa**

vasculaire *adj* Relatif aux vaisseaux, en particulier aux vaisseaux sanguins: *troubles vasculaires* ▸ **vascular**

vascularisé, e *adj* Se dit d'un organe, d'un tissu irrigué par des vaisseaux sanguins ▸ **vascularizado**

vase[1] *nf* Boue qui se dépose au fond des eaux ▸ **lodo**

vase[2] *nm* Récipient de matière, de forme, d'usage variables ▸ **vaso** ▪ **en vase clos:** sans contact avec l'extérieur ▸ **isolado** ▫ **vases communicants:** vases réunis par un tube et dans lesquels l'eau s'élève au même niveau, quelle que soit la forme de chacun d'eux ▸ **vasos comunicantes**

vasectomie *nf* CHIR Résection des canaux d'excrétion du sperme ▸ **vasectomia**

vaseline *nf* Graisse minérale tirée du pétrole, utilisée en pharmacie et en parfumerie ▸ **vaselina**

vaseux, euse *adj* **1** Où il y a de la vase: *fond vaseux* ▸ **lodoso 2** FAM Obscur, difficile à comprendre: *raisonnement vaseux* ▸ **turvo 3** FAM Fatigué, mal en point: *se sentir vaseux* ▸ **estafado**

vasistas [vazistas] *nm* Ouverture, munie d'un petit vantail mobile, d'une porte ou d'une fenêtre ▸ **claraboia**

vasoconstricteur, trice *adj* MÉD Qui diminue le calibre des vaisseaux sanguins ▸ **vasoconstritor**

vasoconstriction *nf* MÉD Diminution du calibre des vaisseaux sanguins ▸ **vasoconstrição**

vasodilatateur, trice *adj* MÉD Qui augmente le calibre des vaisseaux sanguins ▸ **vasodilatador**

vasodilatation *nf* MÉD Augmentation du calibre des vaisseaux sanguins ▸ **vasodilatação**

vasomoteur, trice *adj* MÉD Se dit des nerfs qui déterminent la contraction ou le relâchement des vaisseaux ▸ **vasomotor**

vasouiller *vi* FAM S'empêtrer dans ses propos: *répondre en vasouillant* ▸ **hesitar**

vasque *nf* **1** Bassin d'une fontaine ▸ **bacia 2** Coupe large et peu profonde, pour décorer une table ▸ **salva**

vassal, e, aux *adj et n* Qui est en état de dépendance par rapport à un autre: *État vassal* ▸ **vassalo** ◆ *n* HIST Personne liée à un suzerain par l'obligation de foi et hommage ▸ **vassalo**

vassalisation *nf* Action de vassaliser ▸ **avassalamento**

vassaliser *vt* Réduire à la condition de vassal ▸ **avassalar**

vassalité *nf* **1** HIST Système féodal reposant sur les liens entre suzerains et vassaux ▸ **vassalagem 2** LITT État de sujétion, de dépendance ▸ **vassalagem**

vaste *adj* **1** Qui a une grande étendue: *vaste plaine* ▸ **vasto 2** Spacieux, de grandes dimensions: *vaste placard* ▸ **vasto 3** FIG De grande ampleur, de grande envergure: *vastes projets* ▸ **vasto**

va-t-en-guerre *adj inv et n inv* FAM, PÉJOR Belliciste ▸ **belicista**

vaticination *nf* LITT, PÉJOR Prophétie pompeuse et oiseuse ▸ **vaticínio**

vaticiner *vi* LITT, PÉJOR Prophétiser; tenir des discours pompeux et confus, comme dans un délire prophétique ▸ **vaticinar**

va-tout *nm inv* Aux cartes, ou aux dés, coup où l'on joue tout l'argent qu'on a devant soi ▸ **última cartada** ■ **jouer son va-tout:** tout hasarder, jouer le tout pour le tout ▸ **jogar a última cartada**

vaudeville *nm* Comédie légère fondée sur l'intrigue et le quiproquo ▸ **vaudevile**

vaudevillesque *adj* Qui relève du vaudeville: *intrigue vaudevillesque* ▸ **vaudevilesco**

vaudevilliste *n* Auteur de vaudevilles ▸ **vaudevilista**

vaudou *nm* Aux Antilles et en particulier à Haïti, culte animiste qui emprunte certains éléments au rituel catholique ▸ **vodu**

vau-l'eau (à) *loc adv* Au gré du courant, de l'eau ▸ **rio abaixo** ■ FIG **aller à vau-l'eau:** péricliter peu à peu ▸ **ir rio abaixo**

Vaurien *nm* (nom déposé) Voilier monotype dériveur ▸ **veleiro *Vaurien***

vaurien, enne *n et adj* **1** VIEILLI Mauvais sujet ▸ **patife 2** Enfant qui fait des sottises; chenapan ▸ **vadio**

vautour *nm* **1** Grand oiseau rapace des montagnes dont la tête et le cou sont dénudés ▸ **abutre 2** FIG, FAM Personne dure et rapace ▸ **abutre** ■ **vautour barbu:** gypaète ▸ **abutre-barbudo**

vautrer (se) *vpr* S'étendre, se rouler dans ou sur quelque chose: *se vautrer dans un fauteuil* ▸ **refestelar-se**

va-vite (à la) *loc adv* FAM Rapidement, avec une grande hâte ▸ **às pressas**

veau *nm* **1** Petit de la vache; chair, peau de cet animal ▸ **vitelo, vitela 2** FAM, PÉJOR Personne lente et molle ▸ **molenga 3** FAM Véhicule sans reprise ▸ **carroça**

vecteur *nm* **1** MATH Segment de droite orienté sur lequel on distingue une origine et une extrémité ▸ **vetor 2** MIL Véhicule capable de transporter une charge nucléaire ▸ **vetor 3** Animal, plante, etc., qui sert de support à la transmission de maladies épidémiques ▸ **vetor**

vectoriel, elle *adj* Relatif aux vecteurs ▸ **vetorial**

vécu, e *adj* Qui s'est passé ou semble s'être passé réellement: *histoire vécue* ▸ **vivido** ◆ *nm* L'expérience telle qu'on l'a vécue ▸ **vivência**

vedettariat *nm* Fait d'être une vedette, de le devenir ▸ **estrelato**

vedette *nf* **1** Petite embarcation à moteur ▸ **vedeta 2** Artiste en vue ▸ **estrela 3** Personne de premier plan ▸ **vedete** ■ **avoir, garder, perdre la vedette:** le premier rôle, un rang important ▸ **ter, manter, perder o cartaz** □ **en vedette:** au premier plan ▸ **em destaque**

végétal[1] *nm* Être vivant, généralement chlorophyllien et fixé au sol, qui se nourrit principalement ou exclusivement des sels minéraux et du gaz carbonique dissous dans l'eau, l'air et le sol ▸ **vegetal**

végétal[2]**, e, aux** *adj* **1** Qui appartient aux végétaux: *règne végétal* ▸ **vegetal 2** Fabriqué à partir de végétaux: *graisse végétale* ▸ **vegetal**

végétalien, enne ou **végétaliste** *adj et n* Qui se nourrit exclusivement de végétaux ▸ **vegetariano**

végétarien, enne *adj et n* Relatif au végétarisme; qui le pratique ▸ **vegetarista, vegetarianista**

végétarisme *nm* Pratique diététique qui exclut de l'alimentation la chair des animaux ▸ **vegetarismo, vegetarianismo**

végétatif, ive *adj* **1** Relatif à la vie des plantes, des végétaux ▸ **vegetativo 2** MÉD Qui concerne le fonctionnement des viscères ▸ **vegetativo 3** Qui est réduit à la satisfaction des besoins essentiels sans intervention des facultés intellectuelles: *vie végétative* ▸ **vegetativo ▪ appareil végétatif:** racines, tige et feuilles des plantes supérieures, thalle des végétaux inférieurs, qui assurent la nutrition ▸ **aparelho vegetativo**

végétation *nf* Ensemble des végétaux d'un lieu ou d'une région: *végétation tropicale* ▸ **vegetação ◆ végétations** *pl* MÉD Excroissances qui apparaissent sur les muqueuses, et spécialement qui obstruent les fosses nasales: *être opéré des végétations* ▸ **amígdalas**

végéter *vi (conj 10)* **1** Croître, pousser avec difficulté: *arbre qui végète* ▸ **crescer com dificuldade 2** Stagner, ne pas évoluer: *entreprise qui végète* ▸ **vegetar**

véhémence *nf* SOUT Mouvement violent et passionné: *parler avec véhémence* ▸ **veemência**

véhément, e *adj* SOUT Ardent, impétueux: *discours véhément* ▸ **veemente**

véhémentement *adv* LITT Avec véhémence ▸ **veementemente**

véhiculaire *adj* ▸ **veicular ▪ langue véhiculaire:** langue de communication entre des populations qui ne parlent pas la même langue (par opposition à *langue vernaculaire*) ▸ **língua veicular**

véhicule *nm* **1** Moyen de transport par terre ou par air ▸ **veículo 2** FIG, SOUT Ce qui sert à propager, à transmettre: *journal qui devient le véhicule d'idées nouvelles* ▸ **veículo**

véhiculer *vt* **1** Transporter dans un véhicule ▸ **veicular 2** FIG Transmettre, propager ▸ **veicular**

veille *nf* **1** Fait de ne pas dormir aux heures réservées au sommeil ▸ **vigília 2** État de celui qui est éveillé ▸ **vigília 3** Jour qui précède: *la veille du départ* ▸ **véspera 4** Action de monter la garde de nuit: *tour de veille* ▸ **vigília ▪** FIG **à la veille de: (a)** juste avant de ▸ **às vésperas de (b)** sur le point de ▸ **prestes a □ veille technologique:** dans une entreprise, un organisme, etc., activité de dépouillement des publications pour se tenir informé des innovations dans un secteur donné ▸ **vigília tecnológica**

veillée *nf* **1** Temps qui s'écoule entre le repas du soir et le coucher; réunion de personnes qui passent ce temps ensemble ▸ **serão 2** Action de veiller un malade ou un mort: *se relayer pour la veillée; veillée funèbre* ▸ **velada, velório**

veiller *vi* **1** Rester éveillé ▸ **ficar em vigília 2** Exercer une surveillance ▸ **vigiar ◆** *vt ind* [à, sur] Surveiller; prendre garde à: *veiller sur ses enfants; veiller à ne pas laisser le feu s'éteindre* ▸ **cuidar ◆** *vt* Passer la nuit auprès de: *veiller un mort, un malade* ▸ **velar**

GRAMMAIRE Lorsque *veiller à* est suivi d'un verbe conjugué, il se construit avec *ce que* et le subjonctif: *tu veilleras à ce que la porte soit bien fermée*

veilleur *nm* ▸ **vigia ▪ veilleur de nuit:** personne chargée de la surveillance d'un bâtiment pendant la nuit ▸ **vigia noturno**

veilleuse *nf* **1** Petite lampe de faible intensité qu'on laisse allumée pendant la nuit ▸ **luz de presença 2** Petite flamme d'un appareil à gaz qui brûle en permanence et permet un allumage instantané ▸ **piloto ▪** FIG **en veilleuse:** au ralenti ▸ **em marcha lenta ◆ veilleuses** *pl* Feux de position d'une automobile ▸ **luzes de posição**

veinard, e *adj et n* FAM Qui a de la veine, de la chance ▸ **sortudo**

veine *nf* **1** Vaisseau sanguin qui ramène le sang au cœur ▸ **veia 2** Ligne, forme sinueuse visible sur un bloc de bois ou de pierre ▸ **veio 3** Nervure saillante d'une feuille ▸ **veia 4** Filon d'un minerai ▸ **veio 5** Inspiration d'un écrivain, d'un artiste ▸ **veia 6** FAM Chance ▸ **sorte ▪ être en veine:** être inspiré ▸ **estar de veia □ être en veine de:** être disposé à ▸ **estar de veia para**

veiné, e *adj* **1** Dont les veines sont apparentes: *marbre gris veiné de blanc* ▸ **veiado 2** Qui porte des dessins imitant les veines du bois, des pierres ▸ **veiado**

veiner *vt* Peindre en imitant les veines du marbre ou du bois ▸ **veiar**

veineux, euse *adj* **1** Relatif aux veines: *problème veineux* ▸ **venoso 2** Où il y a beaucoup de veines: *bois veineux* ▸ **venado ▪ sang veineux:** qui circule dans les veines (par opposition à *sang artériel*) ▸ **sangue venoso**

veinule *nf* Petite veine ▸ **vênula**

veinure *nf* Aspect veiné du bois, du marbre, etc. ▸ **veios**

vêlage ou **vêlement** *nm* Action de vêler ▸ **parição**

Velcro *nm* (nom déposé) Système de fermeture constitué par deux bandelettes dont les fibres textiles s'accrochent les unes aux autres ▸ **Velcro (marca registrada)**

vêler *vi* Mettre bas, en parlant de la vache ▸ **parir**

vélin *nm* Peau de veau préparée pour servir de parchemin ▸ **velino ▪ papier vélin** ou **vélin:** papier imitant ce parchemin ▸ **papel velino**

véliplanchiste *n* Personne qui fait de la planche à voile ▸ **windsurfista**

velléitaire *adj et n* Qui n'a que des intentions sans jamais passer à l'acte ▸ **veleidoso, irresoluto**

velléité *nf* (surtout au pluriel) Volonté hésitante; intention fugitive: *avoir des velléités d'écrire* ▸ **veleidade**

vélo *nm* **1** Bicyclette ▸ **bicicleta 2** Pratique de la bicyclette ▸ **ciclismo**

véloce *adj* LITT Qui se déplace rapidement ▸ **veloz**

vélocipède *nm* Appareil qui est à l'origine de la bicyclette ▸ **velocípede**

vélocité *nf* LITT Grande rapidité dans le mouvement; agilité, célérité ▸ **velocidade**

vélocross *nm* Vélo tout-terrain sans suspension ni garde-boue ▸ **bicicleta de bicicross**

vélodrome *nm* Piste pour les courses cyclistes ▸ **velódromo**

vélomoteur *nm* Motocyclette légère dont la cylindrée n'excède pas 125 cm³ ▸ **velomotor**

velours *nm* **1** Étoffe rase d'un côté, et couverte de l'autre de poils serrés ▸ **veludo 2** FIG, LITT Objet qui a la douceur, le moelleux du velours: *le velours d'un fruit* ▸ **veludo ▪ faire patte de velours: (a)** présenter sa patte en rentrant ses griffes, pour un chat ▸ **esconder as garras (b)** FIG se faire tout doux pour cacher ses mauvaises intentions ▸ **esconder as garras** □ FAM **jouer sur du velours:** agir sans prendre aucun risque ▸ **não correr riscos**

velouté, e *adj* **1** Qui a l'aspect du velours: *papier velouté* ▸ **aveludado 2** Doux comme du velours: *voix veloutée* ▸ **aveludado** ◆ *nm* **1** Qualité de ce qui est velouté: *velouté d'un tissu* ▸ **aveludado 2** Potage très onctueux: *velouté de tomate* ▸ ***velouté***

velu, e *adj* Couvert de poils ▸ **peludo**

vélum [velɔm] *nm* Grand voile simulant un plafond ou servant de toiture ▸ **toldo**

Velux [velyks] *nm* (nom déposé) Fenêtre de toit ▸ **Velux** (marca registrada), janela de teto

venaison *nf* Chair comestible de gros gibier (cerf, sanglier, etc.) ▸ **carne de caça**

vénal, e, aux *adj* **1** Qui s'acquiert à prix d'argent: *charge vénale* ▸ **venal 2** Qui est prêt à se vendre par intérêt; corruptible: *homme vénal* ▸ **venal ▪ valeur vénale:** valeur marchande ▸ **valor venal**

vénalité *nf* Caractère, état vénal d'une personne ou d'une chose ▸ **venalidade**

venant *nm* ▸ **quem chega ▪ à tout venant: (a)** au premier venu ▸ **a qualquer um que chegue (b)** à tout propos ▸ **por qualquer motivo**

vendable *adj* Qui peut être vendu ▸ **vendável**

vendange *nf* **1** Récolte du raisin; raisin récolté ▸ **vindima 2** (surtout au pluriel) Temps de la récolte du raisin ▸ **vindima**

vendanger *vt (conj 2)* Récolter le raisin ▸ **vindimar**

vendangeur, euse *n* Personne qui fait la vendange ▸ **vindimadeiro**

vendéen, enne *adj et n* De Vendée: *les Vendéens* ▸ **que é de Vendée**

vendémiaire *nm* Premier mois du calendrier républicain (22 septembre-21 octobre) ▸ **vindemiário**

vendetta *nf* En Corse, état d'hostilité entre deux familles, né d'une offense ou d'un meurtre ▸ **vendeta**

vendeur, euse *n* **1** Personne dont la profession est de vendre ▸ **vendedor 2** DR Personne qui fait un acte de vente (en ce sens, le féminin est *venderesse*) ▸ **vendedor** ◆ *adj* Qui fait vendre: *un argument vendeur* ▸ **que vende**

vendre *vt (conj 50)* **1** Céder moyennant un prix convenu: *vendre ses livres; maison à vendre* ▸ **vender 2** Faire le commerce de: *vendre des habits* ▸ **vender 3** Faire accepter une idée, un projet: *vendre une réforme à l'opinion* ▸ **vender 4** FIG Céder contre de l'argent quelque chose sans valeur vénale: *vendre son silence* ▸ **vender 5** FIG Trahir pour de l'argent ▸ **vender ▪ vendre la peau de l'ours: (a)** disposer d'une chose avant de la posséder ▸ **contar com o ovo dentro da galinha (b)** se flatter trop tôt d'un succès ▸ **cantar vitória antes do tempo**

vendredi *nm* Cinquième jour de la semaine ▸ **sexta-feira ▪ Vendredi saint:** jour anniversaire de la mort du Christ ▸ **Sexta-Feira Santa**

vendu, e *adj et n* Qui s'est laissé acheter, corrompre à prix d'argent ▸ **vendido**

venelle *nf* Petite rue étroite ▸ **ruela**

vénéneux, euse *adj* Qui renferme du poison: *champignon vénéneux* ▸ **venenoso**

EMPLOI *Vénéneux* se dit surtout des plantes; *venimeux* se dit des animaux à venin (araignées, serpents, etc.)

vénérable *adj* Digne de vénération, respectable ▸ **venerável**

vénération *nf* **1** Respect profond, admiration qu'on porte à quelqu'un ou à quelque chose; adoration ▸ **veneração 2** Respect pour les choses saintes ▸ **veneração**

vénérer *vt (conj 10)* **1** Rendre le culte dû à Dieu, à un saint ▸ **venerar 2** Avoir de la vénération, un respect quasi religieux pour ▸ **venerar**

vénerie *nf* Art de chasser avec des chiens courants ▸ **montaria**

vénérien, enne *adj* Relatif aux rapports sexuels ▸ **venéreo ▪ maladie vénérienne:** qui se contracte au cours de rapports sexuels ▸ **doença venérea**

veneur *nm* Celui qui, à la chasse, dirige les chiens courants ▸ **monteiro**
vénézuélien, enne *adj et n* Du Venezuela: *les Vénézuéliens* ▸ **venezuelano**
vengeance *nf* Action de se venger: *tirer vengeance*; acte par lequel on se venge ▸ **vingança**
venger *vt (conj 2)* **1** Tirer satisfaction, réparation d'une offense: *venger une injure* ▸ **vingar 2** Procurer réparation d'une offense à quelqu'un en punissant son auteur: *venger son père* ▸ **vingar** ◆ **se venger** *vpr* [de] **1** Se faire justice en punissant: *se venger d'un ennemi* ▸ **vingar-se 2** Se dédommager d'un affront, d'un préjudice: *se venger d'une humiliation* ▸ **vingar-se**
vengeur, eresse *adj et n* Qui venge: *critique vengeresse* ▸ **vingador**
véniel, elle *adj* LITT Sans gravité: *faute vénielle* ▸ **venial** ▪ RELIG CATH **péché véniel:** péché léger ▸ **pecado venial**
venimeux, euse *adj* **1** Qui a du venin: *serpent venimeux* ▸ **venenoso 2** FIG, LITT Méchant, malveillant: *regard venimeux* ▸ **venenoso**
venin *nm* **1** Substance toxique sécrétée par un animal: *le venin de la vipère* ▸ **veneno 2** FIG, LITT Méchanceté en actes ou en paroles: *le venin de la calomnie* ▸ **veneno**
venir *vi (conj 22; auxil: être)* **1** Se rendre à, dans, auprès de: *venir voir quelqu'un; faire venir le médecin* ▸ **vir 2** Arriver, survenir: *la mort vient sans qu'on s'en doute* ▸ **vir 3** Être originaire de, dériver de: *mot qui vient du latin; thé qui vient de Chine* ▸ **vir 4** Se présenter à l'esprit: *nos idées nous viennent involontairement* ▸ **vir** ▪ **à venir:** futur: *dans les jours à venir* ▸ **vindouro** ▫ **en venir à:** **(a)** en arriver à: *en venir à détester quelqu'un* ▸ **chegar a (b)** être réduit à: *en venir à mendier* ▸ **acabar por** ▫ **en venir aux mains:** se battre ▸ **chegar às vias de fato** ▫ **laisser venir** ou **voir venir:** attendre sans se presser ▸ **deixar acontecer** ▫ **venir à bout de:** terminer ▸ **levar a cabo** ▫ **venir de** (+ inf): avoir accompli une action quelques instants avant: *il vient de sortir* ▸ **acabar de** ▫ FAM **y venir:** s'y résoudre: *ces solutions que tu méprises, tu verras, tu y viendras* ▸ **chegar lá**
vénitien, enne *adj et n* De Venise ▸ **veneziano** ▪ **blond vénitien:** tirant sur le roux ▸ **louro veneziano** ▫ **store vénitien:** à lamelles mobiles ▸ **persiana**
vent *nm* **1** Mouvement de l'air dû à des différences de pression: *vent du nord* ▸ **vento 2** Air agité par un moyen quelconque: *faire du vent avec un éventail* ▸ **vento 3** Tendance, mouvement: *vent de révolte* ▸ **clima 4** Gaz intestinal ▸ **flatulência** ▪ **avoir vent de:** être informé de ▸ **ter vento de** ▫ **bon vent!:** **(a)** bonne chance! ▸ **boa sorte! (b)** bon débarras! ▸ **que alívio!** ▫ **dans le vent:** à la mode ▸ **na moda** ▫ **en coup de vent:** très rapidement ▸ **ventando** ▫ **instrument à vent:** dont le son est produit par le souffle ▸ **instrumento de sopro** ◆ **vents** *pl* ▪ **vents** ou **instruments à vent:** instruments de musique dont le son est formé par le souffle ▸ **sopros, instrumentos de sopro**
vente *nf* **1** Cession moyennant un prix convenu: *vente à crédit, au détail* ▸ **venda 2** Écoulement des marchandises, débit: *pousser à la vente* ▸ **venda 3** Commerce, métier de celui qui vend: *directeur des ventes* ▸ **venda** ▪ **en vente:** **(a)** destiné à être vendu ▸ **à venda (b)** disponible dans le commerce: *livre en vente dans les meilleures librairies* ▸ **à venda** ▫ **point de vente:** magasin, lieu où est vendu tel ou tel article ▸ **ponto de venda** ▫ **vente par correspondance (VPC):** dans laquelle le client reçoit contre paiement des articles qu'il a choisis sur catalogue ▸ **venda por correspondência (VPC)**
venté, e *adj* Battu par le vent ▸ **ventoso**
venter *v impers* Faire du vent: *il vente fort* ▸ **ventar**
venteux, euse *adj* Où il y a du vent: *pays venteux* ▸ **ventoso**
ventilateur *nm* **1** Appareil destiné à brasser ou à renouveler l'air dans un lieu ▸ **ventilador 2** Mécanisme servant à refroidir le moteur d'une automobile ▸ **ventoinha**
ventilation *nf* Action de ventiler ▸ **ventilação**
ventiler[1] *vt* Aérer, renouveler l'air: *ventiler un tunnel* ▸ **ventilar**
ventiler[2] *vt* **1** Répartir certaines dépenses ou certains frais entre différents comptes ▸ **repartir 2** Répartir des objets ou des personnes selon différentes affectations ▸ **distribuir**
ventôse *nm* Sixième mois du calendrier républicain (19 février-20 mars) ▸ **ventoso**
ventouse *nf* **1** Ampoule de verre dans laquelle on fait le vide et qu'on applique sur la peau pour y appeler le sang ▸ **ventosa 2** Petite calotte de caoutchouc qui peut s'appliquer par la pression de l'air sur une surface plane: *fixation à ventouse* ▸ **ventosa 3** Organe de fixation de la sangsue, de la pieuvre, de certaines plantes ▸ **ventosa**
ventral, e, aux *adj* Du ventre, de l'abdomen ▸ **ventral**
ventre *nm* **1** Partie antérieure et intérieure du tronc renfermant les intestins ▸ **ventre, barriga 2** Siège de la gestation dans le corps de la femme ▸ **ventre 3** PAR EXT Partie renflée d'un ob-

jet: *ventre d'une théière* ▸ **bojo 4** FIG, FAM Ce que quelqu'un a de plus profond, de plus secret: *voir ce que quelqu'un a dans le ventre* ▸ **entranha** ▪ **à plat ventre:** étendu sur le ventre ▸ **de barriga para baixo** ▫ **avoir, prendre du ventre:** avoir, se mettre à avoir un ventre proéminent ▸ **ter, criar barriga** ▫ **ventre à terre:** très vite ▸ **a toda** ▫ FAM **ventre mou:** maillon faible d'un système idéologique, politique, religieux: *le ventre mou de la démocratie* ▸ **ponto fraco**

ventrée *nf* FAM Nourriture dont on s'emplit l'estomac ▸ **barrigada**

ventriculaire *adj* Relatif aux ventricules ▸ **ventricular**

ventricule *nm* Nom de diverses cavités du corps (cœur, encéphale) ▸ **ventrículo**

ventrière *nf* Sangle qu'on passe sous le ventre du cheval pour le soulever ▸ **barrigueira**

ventriloque *n et adj* Personne qui parle sans remuer les lèvres et de telle façon que la voix semble sortir de son ventre ▸ **ventríloquo**

ventripotent, e *adj* FAM Ventru, bedonnant ▸ **barrigudo**

ventru, e *adj* **1** Qui a un gros ventre ▸ **barrigudo 2** Renflé, bombé: *vase ventru* ▸ **bojudo**

venu, e *adj* ▸ **vindo** ▪ **bien, mal venu:** bien, mal à propos: *paroles mal venues* ▸ **oportuno, inoportuno** ▫ **être mal venu de:** peu qualifié pour ▸ **não ter condições para** ◆ *n* ▪ **le dernier venu, la dernière venue:** la personne arrivée la dernière ▸ **o último a chegar** ▫ **le premier venu, la première venue:** n'importe qui ▸ **o primeiro que aparece** ▫ **nouveau venu, nouvelle venue:** personne récemment arrivée ▸ **recém-chegado**

venue *nf* Action de venir; arrivée ▸ **chegada**

vénus [venys] *nf* Mollusque bivalve, dont une espèce s'appelle la praire ▸ **venerídeo**

vépéciste *n* Personne, entreprise qui fait de la vente par correspondance ▸ **vendedor, empresa de vendas por correspondência**

vêpres *nf pl* Partie de l'office catholique célébrée au coucher du soleil ▸ **vésperas**

ver *nm* **1** Nom donné à des animaux mous, contractiles, dépourvus de pattes (lombrics, ténias, etc.) ▸ **verme 2** INFORM Type de virus apte à se reproduire via un réseau sans se greffer sur un programme ▸ **verme** ▪ **ver à soie:** chenille du bombyx du mûrier ▸ **bicho-da-seda** ▫ **ver blanc:** larve du hanneton ▸ **larva** ▫ **ver de terre:** lombric ▸ **minhoca** ▫ **ver luisant:** lampyre, insecte coléoptère lumineux ▸ **pirilampo** ▫ **ver solitaire:** ténia ▸ **solitária**

véracité *nf* SOUT Caractère de ce qui est conforme à la vérité, véridique ▸ **veracidade**

véranda *nf* Galerie ou pièce vitrée attenante à une maison ▸ **varanda**

verbal, e, aux *adj* **1** Qui se fait de vive voix et non par écrit: *promesse verbale* ▸ **verbal 2** Qui a rapport à la parole: *délire verbal* ▸ **verbal 3** GRAMM Propre au verbe: *forme verbale* ▸ **verbal**

verbalement *adv* De vive voix ▸ **verbalmente**

verbalisation *nf* Action de verbaliser ▸ **verbalização**

verbaliser *vi* Dresser un procès-verbal ▸ **autuar** ◆ *vt* Formuler en mots ce qui était intériorisé: *verbaliser une plainte* ▸ **verbalizar**

verbalisme *nm* Tendance à noyer sous un flot de paroles l'absence d'idées ▸ **verborragia**

verbe *nm* **1** GRAMM Mot qui, dans une proposition, exprime, sous une forme variable, l'action ou l'état du sujet ▸ **verbo 2** LITT Parole, expression de la pensée par les mots: *la magie du verbe* ▸ **verbo** ▪ **avoir le verbe haut:** parler d'une voix forte, avec le sentiment de son importance ▸ **soltar o verbo**

verbeux, euse *adj* Qui déverse un flot de paroles creuses; bavard, prolixe ▸ **verborrágico**

verbiage *nm* Abondance de paroles inutiles ▸ **verborreia**

verbosité *nf* Caractère d'une personne ou d'une chose verbeuse ▸ **verborragia**

verdâtre *adj* Qui tire sur le vert ▸ **esverdeado**

verdelet, ette *adj* ▸ **verdoso** ▪ LITT, VX **vin verdelet:** un peu acide ▸ **vinho verdoso**

verdeur *nf* **1** Défaut de maturité des fruits, du vin ▸ **verdor 2** Jeunesse, vigueur de quelqu'un qui n'est plus jeune ▸ **verdor 3** Crudité, âpreté des propos ▸ **aspereza**

verdict [vɛrdikt] *nm* **1** DR Réponse faite par le jury aux questions posées par la cour: *verdict d'acquittement* ▸ **veredicto 2** PAR EXT Jugement quelconque ▸ **veredicto**

verdir *vt* Rendre vert ▸ **verdejar** ◆ *vi* Devenir vert ▸ **verdejar**

verdissage *nm* LITT Action de donner une teinte verte ▸ **esverdeamento**

verdissement *nm* LITT Fait de devenir vert ▸ **verdejamento**

verdoiement *nm* LITT Fait de verdoyer ▸ **verdejo**

verdoyant, e *adj* LITT Qui verdoie ▸ **verdejante**

verdoyer *vi (conj 3)* LITT Devenir vert, se couvrir de verdure ▸ **verdejar**

verdure *nf* **1** LITT Couleur verte des arbres, des plantes ▸ **verdor 2** SOUT Herbe, feuillage verts: *un tapis de verdure* ▸ **verdor 3** FAM Plante potagère

dont on mange les feuilles ► **verdura**
véreux, euse *adj* **1** Qui contient des vers: *fruits véreux* ► **bichado 2** Malhonnête, suspect, louche: *banquier véreux* ► **desonesto**
verge *nf* **1** Baguette de bois ou de métal ► **vara 2** Organe érectile de la copulation, chez l'homme et les mammifères supérieurs mâles; SYN: *pénis* ► **vara**
vergé, e *adj* ► **raiado ■ étoffe vergée:** qui a des fils plus gros ou plus teintés que le reste ► **tecido raiado □ papier vergé:** dont le filigrane garde des raies dues aux procédés de fabrication à la main ► **papel vergê**
vergence *nf* OPT Inverse de la distance focale d'un système optique centré ► **vergência**
vergeoise *nf* Sucre roux ► **açúcar mascavo**
verger *nm* Lieu planté d'arbres fruitiers ► **pomar**
vergeté, e *adj* Parsemé de raies, en parlant de la peau ► **estriado**
vergeture *nf* (surtout au pluriel) Raie provenant de la distension de la peau ► **estria**
verglacé, e *adj* Couvert de verglas ► **coberto de geada**
verglacer *vimpers (conj 1)* Faire du verglas ► **gear**
ORTHOGRAPHE *Verglacer* s'écrit avec *c*, alors que ce verbe est dérivé de *verglas*
verglas *nm* Couche de glace mince qui couvre parfois le sol ► **geada, geada branca**
vergogne *nf* ► **escrúpulo ■ sans vergogne:** sans honte, sans scrupule: *mentir sans vergogne* ► **sem escrúpulos**
vergue *nf* Longue pièce de bois placée horizontalement sur un mât et servant à soutenir la voile ► **verga**
véridique *adj* **1** LITT Qui dit la vérité ► **sincero 2** Conforme à la vérité: *récit véridique* ► **verídico**
véridiquement *adv* LITT De façon véridique ► **veridicamente**
vérifiable *adj* Qui peut être vérifié ► **verificável**
vérificateur, trice *adj et n* Qui vérifie, contrôle l'exactitude de quelque chose ► **verificador** ♦ *nm* **■ vérificateur orthographique:** correcteur orthographique ► **verificador ortográfico**
vérificatif, ive *adj* LITT Qui sert de vérification: *contrôle vérificatif* ► **verificativo**
vérification *nf* Action de vérifier ► **verificação**
vérifier *vt* **1** Examiner si une chose est telle qu'elle doit être ou qu'on l'a déclarée: *vérifier une addition* ► **verificar 2** Justifier, confirmer: *fait qui vérifie une hypothèse* ► **corroborar**
vérin *nm* Machine servant à soulever de lourds fardeaux ► **macaco**
véritable *adj* **1** Conforme à la vérité: *paraître sous son véritable jour* ► **verdadeiro 2** Qui est réellement ce qu'on dit qu'il est: *cuir véritable* ► **autêntico 3** Qui mérite pleinement le nom qu'on lui donne: *un véritable artiste* ► **verdadeiro**
véritablement *adv* Vraiment, réellement ► **realmente**
vérité *nf* **1** Caractère de ce qui est vrai ► **verdade 2** Conformité de ce qu'on dit avec ce qui est: *dire la vérité* ► **verdade 3** Idée, principe considérés comme vrais: *vérité mathématique* ► **verdade 4** Sincérité, bonne foi: *accent de vérité* ► **verdade ■ à la vérité:** il est vrai ► **é verdade □ dire à quelqu'un ses quatre vérités:** lui reprocher ses fautes, ses défauts ► **dizer umas verdades a alguém □ dire des vérités premières:** des banalités ► **dizer o óbvio □ en vérité: (a)** sert à renforcer une affirmation: *en vérité, je le déteste* ► **na verdade (b)** sert à introduire une rectification, une restriction: *il a l'air intelligent, mais, en vérité, il est limité* ► **na verdade**
verjus *nm* Jus acide de raisin vert ► ***verjus***
verlan *nm* Argot dans lequel on inverse les syllabes des mots ► ***verlan***
vermeil, eille *adj* Rouge foncé ► **escarlate** ♦ *nm* Argent recouvert d'or ► ***vermeil***
vermicelle *nm* Pâte à potage en fils fins ► **aletria**
vermicide *adj et nm* Qui détruit les vers ► **vermicida**
vermiculaire *adj* BIOL Qui ressemble à un ver ► **vermicular**
vermifuge *nm et adj* Médicament qui détruit les vers intestinaux ► **vermífugo**
vermillon *adj inv et nm* D'un rouge vif tirant sur l'orangé, semblable à la couleur du cinabre ► **vermelhão**
vermine *nf* **1** Ensemble des insectes parasites de l'homme et des animaux (puces, poux, etc.) ► **vérmina 2** FIG, PÉJOR Ensemble d'individus jugés inutiles ou malfaisants ► **canalha**
vermisseau *nm* **1** Petit ver de terre ► **vermículo 2** LITT Être servile ► **verme**
vermoulu, e *adj* **1** Se dit du bois mangé par les larves d'insectes: *meuble vermoulu* ► **carunchado 2** FAM Qui souffre de courbatures ► **carcomido**
vermoulure *nf* Trace ou trou dans le bois laissés par les insectes qui le rongent ► **broca**
vermouth [vermut] *nm* Apéritif à base de vin blanc, aromatisé avec des plantes amères et toniques ► **vermute**
vernaculaire *adj* ► **vernáculo ■ langue vernaculaire:** langue parlée seulement à l'intérieur d'une communauté, parfois restreinte (par opposition à *langue véhiculaire*) ► **vernáculo**

verni, e *adj* Enduit de vernis: *chaussures vernies* ▸ **envernizado** ◆ *adj et n* FAM Qui a de la chance ▸ **sortudo**

vernir *vt* Enduire de vernis ▸ **envernizar**

vernis *nm* **1** Enduit dont on couvre un objet pour le préserver de l'air, de l'humidité, etc., ou dans un but esthétique: *vernis à bateaux; vernis à ongles* ▸ **verniz, esmalte 2** FIG Éclat superficiel, apparence brillante: *vernis d'élégance* ▸ **verniz**

vernissage *nm* **1** Action de vernir; résultat de cette action ▸ **vernizagem 2** Réception qui précède l'ouverture d'une exposition ▸ ***vernissage***

vernissé, e *adj* Recouvert de vernis: *poterie vernissée* ▸ **envernizado**

vernisser *vt* Vernir une poterie, une faïence ▸ **envernizar, esmaltar**

vérole *nf* Syphilis ▸ **sífilis** ▪ **petite vérole:** variole ▸ **varíola**

véronique[1] *nf* Plante herbacée à fleurs bleues commune dans les bois et les prés ▸ **verônica**

véronique[2] *nf* En tauromachie, passe au cours de laquelle le torero fait passer le taureau le long de son corps ▸ **verônica**

verrat *nm* Mâle reproducteur de l'espèce porcine ▸ **varrão**

verre *nm* **1** Corps solide, transparent et fragile, produit de la fusion d'un sable mêlé de potasse ou de soude ▸ **vidro 2** Morceau, plaque de verre; objet en verre: *verre de montre* ▸ **vidro 3** Récipient en verre pour boire; son contenu: *verre de vin* ▸ **copo 4** Lentille taillée spécialement pour corriger la vue: *porter des verres teintés* ▸ **lente** ▪ **verres de contact:** appliqués directement sur le globe oculaire ▸ **lentes de contato**

verrerie *nf* **1** Art de fabriquer le verre; usine où on le fabrique ▸ **vidraria, vidraçaria 2** Magasin où on vend des objets en verre ▸ **vidraria, vidraçaria 3** Objet en verre ▸ **vidro**

verrier *nm* Celui qui fabrique le verre, des objets en verre ou des vitraux ▸ **vidreiro, vidraceiro**

verrière *nf* **1** Toit vitré d'une pièce ou d'un bâtiment ▸ **teto de vidro 2** Grande ouverture garnie de vitraux: *verrière d'une église* ▸ **vitral**

verrine *nf* Petit récipient en verre dans lequel est servi un amuse-bouche ou un dessert; son contenu ▸ **taça**

verroterie *nf* Petits objets de verre coloré ▸ **vidrilho**

verrou *nm* **1** Appareil de fermeture d'une porte ou d'une fenêtre, composé d'un pêne que l'on fait coulisser pour l'engager dans une gâche: *verrou de sûreté* ▸ **ferrolho 2** Dispositif de fermeture d'une culasse d'arme à feu ▸ **ferrolho** ▪ **sous les verrous:** en prison ▸ **trancafiado**

verrouillage *nm* Action de verrouiller ▸ **aferrolhamento**

verrouiller *vt* **1** Fermer au verrou: *verrouiller sa porte* ▸ **aferrolhar 2** Bloquer, interdire le passage: *verrouiller un quartier* ▸ **interditar 3** Contrôler ou bloquer l'action de quelqu'un, d'un groupe, l'évolution de quelque chose: *verrouiller son capital* ▸ **interditar**

verrue *nf* Petite excroissance de la peau ▸ **verruga**

vers[1] *nm* Unité formée par un ou plusieurs mots, obéissant à des règles de rythme, de longueur, de rime, à l'intérieur d'un ensemble: *écrire des vers* ▸ **verso** ▪ **vers blancs:** non rimés ▸ **versos brancos**

vers[2] *prép* **1** Dans la direction de: *regarder vers le ciel* ▸ **para 2** Introduit le terme d'une tendance, d'une évolution: *un pas vers la paix* ▸ **na direção de 3** Aux environs de: *vers midi; vers Dijon* ▸ **por volta de, perto de**

versant *nm* Chacune des pentes d'une montagne ▸ **vertente**

versatile *adj* SOUT Qui change facilement d'opinion, de parti ▸ **versátil, volúvel**

versatilité *nf* Caractère versatile ▸ **versatilidade**

verse (à) *adv* Abondamment, en parlant de la pluie: *il pleut à verse* ▸ **a cântaros**

versé, e *adj* SOUT Exercé à, instruit dans une matière, une science: *versé dans les sciences* ▸ **versado**

Verseau *nm* Constellation zodiacale figurant un homme agenouillé, versant l'eau d'une amphore; signe astrologique des personnes nées entre le 20 janvier et le 18 février ▸ **Aquário** ◆ *n et adj* Personne née sous le signe du Verseau: *elle est Verseau* ▸ **aquariano**

versement *nm* **1** Action de remettre de l'argent, des valeurs ▸ **depósito 2** La somme remise ▸ **depósito**

verser *vt* **1** Répandre un liquide, le faire couler: *verser de l'eau sur ses mains* ▸ **verter, derramar 2** Servir une boisson: *verser du café dans une tasse* ▸ **verter 3** Faire tomber quelque chose de haut en bas, hors du récipient qui le contient: *verser du lait dans une casserole* ▸ **despejar 4** VIEILLI Renverser, faire basculer quelqu'un, un véhicule: *voiture qui verse son chargement* ▸ **entornar 5** Remettre de l'argent: *verser un salaire* ▸ **depositar 6** Affecter quelqu'un à un emploi, à un poste: *verser à l'administration centrale un fonctionnaire détaché* ▸ **transferir 7** Déposer, joindre un document: *verser une pièce au dossier* ▸ **anexar** ▪ **verser des**

larmes: pleurer ► **verter lágrimas** □ LITT **verser son sang:** mourir ► **morrer** ◆ *vi* Tomber sur le côté, se renverser: *remorque qui verse* ► **virar** ◆ *vt ind* [dans] Évoluer vers tel ou tel état: *verser dans la vulgarité* ► **cair**

verset *nm* Chacun des paragraphes numérotés de la Bible, du Coran ► **versículo**

verseur *adj m* ► **vertedor** ■ **bouchon, bec verseur:** qui permet de faire couler correctement un liquide ► **bico vertedor**

verseuse *nf* Cafetière à poignée droite ► **bule, cafeteira**

versificateur *nm* PÉJOR Personne qui écrit des vers sans inspiration ► **versejador**

versification *nf* Art de composer des vers ► **versificação**

versifier *vi* Écrire en vers ► **versificar** ◆ *vt* Mettre en vers: *versifier une fable* ► **versificar**

version *nf* **1** Traduction d'une langue étrangère (par opposition à *thème*) ► **versão 2** Chacun des états successifs d'un texte ► **versão 3** Manière de raconter un fait: *il y a sur cet accident plusieurs versions* ► **versão** ■ **film en version française (VF):** film étranger doublé en français ► **filme dublado em francês** □ **film en version originale (VO):** film présenté dans sa langue d'origine ► **filme em versão original**

verso *nm* Revers d'un feuillet (par opposition à *recto*) ► **verso**

vert, e *adj* **1** D'une couleur produite par la combinaison du jaune et du bleu ► **verde 2** Qui a encore de la sève, qui n'est pas encore sec: *bois vert*: *fourrage vert* ► **verde 3** Se dit d'un fruit insuffisamment mûr: *raisin vert* ► **verde 4** FIG Resté vigoureux, malgré les années: *vieillard encore vert* ► **viçoso 5** Qui concerne l'agriculture, le monde rural: *l'Europe verte* ► **verde 6** Qui a trait au mouvement écologiste, en fait partie: *candidat vert* ► **verde 7** FAM Énergique, dur, en parlant de propos: *une verte réprimande* ► **duro** ■ **en voir, en raconter des vertes et des pas mûres:** voir, raconter des choses peu ordinaires, étonnantes ► **ver, contar coisas do arco-da-velha** □ **numéro vert:** numéro de téléphone permettant d'appeler gratuitement un organisme, une entreprise ► **número gratuito** ◆ *nm* **1** Couleur verte ► **verde 2** Militant écologiste ► **verde** ■ FAM **se mettre au vert:** aller se reposer à la campagne ► **ir para o campos**

vert-de-gris *nm inv* Hydrocarbonate de cuivre, dont le métal se recouvre au contact de l'air ► **azinhavre** ◆ *adj inv* Verdâtre ► **esverdeado**

vert-de-grisé, e (pl *vert-de-grisés, es*) *adj* Couvert de vert-de-gris ► **azinhavrado**

vertébral, e, aux *adj* Relatif aux vertèbres: *la colonne vertébrale* ► **vertebral**

vertèbre *nf* Chacun des os formant l'épine dorsale ► **vértebra**

vertébré, e *adj* Se dit des animaux qui ont des vertèbres ► **vertebrado** ◆ **vertébrés** *nm pl* Embranchement du règne animal (poissons, reptiles, batraciens, oiseaux et mammifères) ► **vertebrados**

vertement *adv* D'une manière rude, vive: *répondre vertement* ► **rudemente**

vertical, e, aux *adj* **1** Perpendiculaire au plan de l'horizon ► **vertical 2** FIG Qui est organisé hiérarchiquement ► **vertical** ◆ *nf* Direction donnée par le fil à plomb ► **vertical**

verticalement *adv* Perpendiculairement à l'horizon, selon une ligne verticale ► **verticalmente**

verticalité *nf* État de ce qui est vertical ► **verticalidade**

vertige *nm* Sensation d'un manque d'équilibre; étourdissement momentané ► **vertigem, tontura** ■ FIG **donner le vertige:** faire perdre la tête, impressionner vivement ► **estontear**

vertigineusement *adv* De façon vertigineuse ► **vertiginosamente**

vertigineux, euse *adj* SOUT Qui donne le vertige: *hauteur vertigineuse; hausse des prix vertigineuse* ► **vertiginoso**

vertu *nf* **1** Disposition constante de l'âme qui porte à faire le bien: *la loyauté est une vertu* ► **virtude 2** Qualité particulière; efficacité: *vertu des plantes* ► **virtude 3** VX Chasteté, fidélité conjugale ► **virtude** ■ **en vertu de:** en conséquence de: *en vertu d'un jugement* ► **em virtude de**

vertueusement *adv* De façon vertueuse ► **virtuosamente**

vertueux, euse *adj* **1** Qui manifeste de la vertu: *un vertueux mensonge* ► **virtuoso 2** Se dit d'une personne chaste, pudique ou fidèle ► **virtuoso**

verve *nf* Qualité de quelqu'un qui parle avec enthousiasme et brio: *orateur plein de verve* ► **verve**

verveine *nf* Plante à fleurs bleues, dont une variété est utilisée en tisane ► **verbena**

vésiculaire *adj* Relatif à une vésicule; qui a la forme d'une vésicule ► **vesicular**

vésicule *nf* **1** ANAT Organe creux en forme de petite poche: *vésicule biliaire* ► **vesícula 2** Soulèvement de l'épiderme, plein de sérosité ► **vesícula**

vespasienne *nf* Urinoir public à l'usage des hommes ► **mictório público**

vespéral, e, aux *adj* LITT Relatif au soir ► **vespertino**

vesse-de-loup (pl *vesses-de-loup*) *nf* Champignon de forme sphérique ▸ **bufa-de-lobo**
vessie *nf* Poche abdominale qui reçoit et contient l'urine ▸ **bexiga** ■ **vessie natatoire:** organe d'équilibre chez les poissons ▸ **bexiga natatória**
vestale *nf* **1** ANTIQ ROM Prêtresse de Vesta ▸ **vestal** **2** LITT Fille très chaste ▸ **vestal**
veste *nf* **1** Vêtement à manches, ouvert devant, qui couvre le buste jusqu'aux hanches ▸ **casaco** **2** FIG, FAM Insuccès, échec: *prendre une veste à un examen* ▸ **bomba** ■ FAM **retourner sa veste:** changer d'opinion, de parti ▸ **virar a casaca**
vestiaire *nm* **1** Lieu où l'on peut déposer les vêtements et autres objets, dans certains lieux publics ▸ **vestiário** **2** (surtout au pluriel) Local dépendant d'un stade, d'un gymnase, d'une piscine, etc., où l'on peut se mettre en tenue ▸ **vestiário** **3** Vêtements et objets déposés au vestiaire ▸ **vestiaria**
vestibule *nm* Pièce d'entrée d'un édifice, d'une maison, etc. ▸ **vestíbulo**
vestige *nm* Marque, reste de ce qui a été détruit, de ce qui a disparu: *les vestiges d'une civilisation* ▸ **vestígio**
vestimentaire *adj* Relatif aux vêtements: *dépenses vestimentaires* ▸ **de vestuário**
veston *nm* Veste faisant partie du costume masculin ▸ **paletó**
vêtement *nm* **1** Tout ce qui sert à couvrir le corps; habit ▸ **roupa** **2** Pièce de l'habillement ▸ **roupa**
vétéran *nm* LITT Homme qui a une longue expérience dans une profession, une pratique quelconque ▸ **veterano**
vétérinaire *adj* Relatif à la médecine des animaux ▸ **veterinário** ♦ *n* Spécialiste de la médecine des animaux ▸ **veterinário**
vététiste *n* Personne qui se déplace en VTT; sportif qui pratique le VTT ▸ **ciclista, praticante de** ***mountain-bike***
vétille *nf* Bagatelle, chose insignifiante: *s'amuser à des vétilles* ▸ **ninharia**
vétilleux, euse *adj* LITT Qui s'attache à des vétilles, à des choses sans importance; pointilleux, tatillon ▸ **cricri**
vêtir *vt (conj 27)* **1** Habiller: *vêtir un enfant* ▸ **vestir** **2** LITT Fournir de vêtements: *vêtir les pauvres* ▸ **vestir** ♦ **se vêtir** *vpr* S'habiller ▸ **vestir-se**
vétiver [vetivɛr] *nm* Plante de l'Inde dont on emploie la racine en parfumerie ▸ **vetiver**
veto [veto] *nm inv* **1** Institution par laquelle une autorité peut s'opposer à l'entrée en vigueur d'une loi, d'une décision, d'une résolution: *avoir le droit de veto* ▸ **veto** **2** Opposition, refus: *mettre son veto à une décision* ▸ **veto**
vétuste *adj* Détérioré, dégradé par le temps ▸ **vetusto**
vétusté *nf* État vétuste de quelque chose ▸ **deteriorado**
veuf, veuve *adj et n* Qui a perdu sa femme, son mari ▸ **viúvo**
veule [vøl] *adj* LITT Faible, sans énergie ▸ **mole**
veulerie *nf* Manque d'énergie, de courage ▸ **moleza**
veuvage *nm* État d'un veuf, d'une veuve ▸ **viuvez**
veuve *nf* Oiseau passereau d'Afrique à long plumage noir ▸ **viúva**
vexant, e *adj* Qui vexe, contrarie ▸ **vexaminoso**
vexation *nf* Action, parole, situation qui inflige une blessure d'amour-propre ▸ **vexame**
vexatoire *adj* Qui a le caractère d'une vexation: *mesures vexatoires à l'égard des étrangers* ▸ **vexatório**
vexer *vt* Causer de la contrariété à quelqu'un, le blesser dans son amour-propre ▸ **vexar** ♦ **se vexer** *vpr* Se fâcher, se froisser ▸ **vexar-se**
VF *nf* (sigle) Version française ▸ **Ø**
VHS *nm* (nom déposé; sigle de *video home system*) Norme de matériel vidéo grand public ▸ **VHS**
via *prép* En passant par: *aller de Paris à Hongkong via Bangkok* ▸ **via**
viabiliser *vt* Exécuter des travaux de viabilité de façon à rendre un terrain constructible ▸ **viabilizar**
viabilité¹ *nf* Aptitude d'un être vivant à vivre: *la viabilité d'un nourrisson prématuré* ▸ **viabilidade**
viabilité² *nf* **1** Bon état d'une route, permettant d'y circuler ▸ **viabilidade** **2** Ensemble des travaux d'aménagement à exécuter sur un terrain avant construction ▸ **obras viárias**
viable *adj* **1** Qui peut vivre: *enfant né viable* ▸ **viável** **2** Organisé pour durer, pour aboutir: *projet viable* ▸ **viável**

VOCABULAIRE On distinguera *viable*, «qui peut vivre», et *vivable*, «où on peut vivre»

viaduc *nm* Pont à plusieurs arches pour le passage d'une route, d'une voie ferrée au-dessus d'une vallée ▸ **viaduto**
viager, ère *adj* DR Se dit d'un droit qui s'éteint à la mort de son titulaire: *rente viagère* ▸ **vitalício** ♦ *nm* Rente à vie ▸ **renda vitalícia** ■ **en viager:** en échange d'une rente viagère: *vendre sa maison en viager* ▸ **com renda vitalícia**
viande *nf* Chair des mammifères et des oiseaux considérée comme nourriture; partie de cette chair préparée pour la cuisson ▸ **carne** ■ **viande**

blanche: viande de veau, de porc, de lapin, de volaille ▸ **carne branca** ▫ **viande rouge:** viande de bœuf, de mouton, de cheval ▸ **carne vermelha**
viatique *nm* LITT Ce qui apporte une aide, un soutien dans l'existence: *avoir ses diplômes comme seul viatique* ▸ **viático**
vibrant, e *adj* **1** Qui vibre: *lame vibrante* ▸ **vibrante 2** Qui fait vibrer; touchant, émouvant: *discours vibrant* ▸ **vibrante**
vibraphone *nm* Instrument de musique formé de lames d'acier que l'on frappe avec de petits marteaux ▸ **vibrafone**
vibratile *adj* Doué d'un mouvement de vibration ▸ **vibrátil**
vibration *nf* **1** Mouvement d'oscillation rapide: *vibrations du métro* ▸ **vibração 2** PHYS Mouvement périodique d'un système quelconque autour de sa position d'équilibre: *vibrations sonores, lumineuses* ▸ **vibração 3** Tremblement de la voix traduisant une émotion ▸ **frêmito**
vibrato *nm* MUS Légère ondulation du son produite sur les instruments à cordes ou à vent, ou avec la voix ▸ ***vibrato***
vibratoire *adj* Composé de vibrations: *mouvement vibratoire* ▸ **vibratório**
vibrer *vi* **1** Être agité de vibrations: *fenêtres qui vibrent* ▸ **vibrar 2** Être touché, ému: *vibrer à certaines musiques* ▸ **vibrar 3** Traduire une certaine intensité d'émotion: *voix qui vibre de colère* ▸ **fremir**
vibreur *nm* Appareil animé d'un mouvement vibratoire ▸ **vibrador**
vibrion *nm* Bacille de forme incurvée ▸ **vibrião**
vibromasseur *nm* Appareil électrique qui produit des massages vibratoires ▸ **massageador vibratório**
vicaire *nm* Prêtre adjoint à un curé, dans la religion catholique ▸ **vigário**
vicariat *nm* Fonction de vicaire ▸ **vicariato**
vice *nm* **1** Disposition habituelle au mal: *le vice et la vertu* ▸ **vício 2** Mauvais penchant, défaut dont on ne peut se défaire: *cacher ses vices* ▸ **vício 3** Défaut, imperfection grave: *vice de construction* ▸ **vício**
vice-amiral (pl *vice-amiraux*) *nm* Officier de marine, inférieur à l'amiral ▸ **vice-almirante**
vice-consul (pl *vice-consuls*) *nm* Personne qui tient lieu de consul ▸ **vice-cônsul**
vicelard, e *adj* FAM Vicieux ▸ **vicioso**
vice-présidence (pl *vice-présidences*) *nf* Fonction, dignité de vice-président ▸ **vice-presidência**
vice-président, e (pl *vice-présidents, es*) *n* Personne qui exerce la fonction de président pendant son absence ▸ **vice-presidente**
vice-roi (pl *vice-rois*) *nm* Gouverneur d'un royaume ou d'une grande province dépendant d'un État monarchique ▸ **vice-rei**
vice versa [viseversa] ou [visversa] *loc adv* Réciproquement, inversement ▸ **vice-versa**
vichy *nm* Étoffe de coton à carreaux blancs et de couleur ▸ **vichi**
vichyste *adj et n* Relatif au gouvernement de Vichy; qui en était partisan ▸ **relativo ao, partidário do governo de Vichy**
vicié, e *adj* **1** Pollué, impur: *air vicié* ▸ **viciado 2** FIG Qui présente une erreur, qui est entaché d'imperfection: *raisonnement vicié* ▸ **viciado**
vicier *vt* **1** LITT Gâter, corrompre la pureté de: *vicier l'air* ▸ **viciar 2** DR Rendre nul, défectueux ▸ **invalidar**
vicieusement *adv* De façon vicieuse ▸ **viciosamente**
vicieux, euse *adj* **1** Qui est inspiré par le vice: *regard vicieux* ▸ **vicioso 2** Propre à tromper l'adversaire: *balle vicieuse* ▸ **enganoso 3** Qui a un défaut, une imperfection: *contrat vicieux* ▸ **vicioso 4** Se dit d'un animal indocile, rétif ▸ **bravo** ◆ *adj et n* **1** Qui a des goûts dépravés, pervers ▸ **vicioso 2** FAM Qui a des goûts, des habitudes bizarres ▸ **esdrúxulo**
vicinal, e, aux *adj* ▸ **vicinal** ▪ **chemin vicinal:** qui relie des villages, des hameaux, etc. ▸ **estrada vicinal**
vicissitude *nf* (surtout au pluriel) Événements heureux ou malheureux qui affectent l'existence humaine: *les vicissitudes de la fortune* ▸ **vicissitude**
vicomte *nm* Noble dont le titre est inférieur à celui de comte ▸ **visconde**
vicomtesse *nf* Femme d'un vicomte; femme possédant le titre de vicomte ▸ **viscondessa**
victime *nf* **1** Personne tuée ou blessée: *les victimes de la route* ▸ **vítima 2** FAM Souffre-douleur en butte à l'hostilité des autres ▸ **vítima**
victimisation *nf* Action de victimiser ▸ **vitimização**
victimiser *vt* Considérer, désigner comme une victime ▸ **vitimizar**
victoire *nf* **1** Issue favorable d'une bataille, d'une guerre ▸ **vitória 2** Succès remporté sur autrui: *la victoire d'un joueur de tennis* ▸ **vitória** ▪ **chanter, crier victoire:** se glorifier d'un succès ▸ **cantar vitória**
victorien, enne *adj* Relatif à la reine Victoria, à son règne ▸ **vitoriano**
victorieusement *adv* De façon victorieuse ▸ **vitoriosamente**

victorieux, euse *adj* **1** Qui a remporté une victoire ► **vitorioso 2** Qui exprime ou évoque un succès: *air victorieux* ► **vitorioso**
victuailles *nfpl* Provisions alimentaires ► **víveres**
vidage *nm* Action de vider ► **esvaziamento**
vidange *nf* Opération qui consiste à vider un réservoir, une fosse, etc., pour les rendre de nouveau utilisables ► **drenagem** ◆ **vidanges** *pl* Matières tirées des fosses d'aisances ► **dejetos**
vidanger *vt (conj 2)* Effectuer la vidange de ► **drenar, esvaziar**
vidangeur *nm* Personne qui vide les fosses d'aisances ► **limpador de fossa**
vide *adj* **1** Qui ne contient rien: *boîte vide* ► **vazio 2** Où il n'y a rien ou personne: *appartement vide* ► **vazio 3** Où l'on ressent l'absence de quelqu'un: *maison vide* ► **vazio 4** Qui manque d'intérêt, d'occupations: *journée vide; esprit vide* ► **vazio** ■ **vide de:** dépourvu, privé de: *mot vide de sens* ► **vazio de** ◆ *nm* **1** Espace assez vaste qui ne contient rien; espace où il manque quelque chose: *sauter dans le vide* ► **vazio 2** FIG Sentiment pénible d'absence, de privation: *sa mort laisse un grand vide* ► **vazio 3** Vanité, néant: *sentir le vide de toutes choses* ► **vazio** ■ **à vide:** sans rien contenir: *bus roulant à vide* ► **vazio** □ **faire le vide autour de soi, de quelqu'un:** faire partir les amis, les relations ► **privar-se de todos** □ **parler dans le vide:** sans provoquer aucune réaction ► **falar no vazio**
vidéaste *n* Réalisateur de films en vidéo ► **videasta**
vide-greniers *nm inv* Vente de vieux objets organisée par des particuliers, généralement sous le patronage d'une municipalité ► **feira de usados**
vidéo *adj inv* Se dit d'un procédé qui permet d'enregistrer sur bande magnétique des images filmées par une caméra, ainsi que le son, et de les projeter immédiatement ou en différé sur un écran de télévision: *signaux vidéo* ► **vídeo** ◆ *nf* **1** Ensemble des techniques vidéo ► **vídeo 2** Film, émission tournés en vidéo ► **vídeo**
vidéocassette *nf* Cassette constituée par une bande vidéo, qui, placée dans un appareil de lecture, permet de voir ou de revoir un programme de télévision, un film ► **videocassete**
vidéo-clip (pl *vidéo-clips*) *nm* Court-métrage vidéo illustrant une chanson ► **videoclipe**
vidéoclub *nm* Boutique où l'on peut acheter ou louer des vidéocassettes ► **videoclube**
vidéoconférence *nf* → **visioconférence**
vidéodisque *nm* Disque restituant des images et des sons préalablement enregistrés sur un écran de télévision ► **videodisco**
vide-ordures *nm inv* Dans un immeuble, conduit permettant d'évacuer les ordures ménagères ► **lixeira**
vidéosurveillance *nf* Dispositif de surveillance à distance grâce à un système de télévision en circuit fermé ► **videovigilância**
vidéothèque *nf* Collection de vidéocassettes; lieu où on les entrepose et où on peut les consulter ► **videoteca**
vidéotransmission *nf* Service de diffusion de programmes de télévision spécifiques ► **videotransmissão**
vide-poche (pl *vide-poches*) ou **vide-poches** (pl inv) *nm* **1** Petite coupe, corbeille, etc., où l'on dépose les menus objets que l'on porte dans ses poches ► **guarda-trecos 2** Dans une automobile, compartiment pour recevoir divers objets ► **guarda-trecos**
vide-pomme (pl *vide-pommes* ou inv) *nm* Petit couteau servant à ôter le cœur des pommes ► **furador de maçã**
vider *vt* **1** Rendre vide, retirer le contenu de, enlever quelque chose d'un endroit: *vider une baignoire; vider ses poches* ► **esvaziar 2** Boire le contenu d'un récipient: *vider une bouteille* ► **esvaziar 3** Faire s'écouler complètement le contenu de quelque chose: *vider la baignoire* ► **esvaziar 4** Retirer les entrailles d'un poisson, d'une volaille ► **destripar 5** Faire évacuer un lieu ► **esvaziar 6** FAM Expulser quelqu'un par la force; chasser, licencier: *il s'est fait vider du lycée* ► **expulsar 7** Épuiser quelqu'un, physiquement ou intellectuellement: *cette réunion m'a vidé* ► **exaurir** ■ **vider une querelle, un différend:** les régler une fois pour toutes ► **resolver uma briga, um litígio** ◆ **se vider** *vpr* **1** Devenir vide: *salle qui se vide* ► **esvaziar-se 2** Se déverser: *eaux usées qui se vident dans les égouts* ► **despejar-se**
videur *nm* Personne chargée, dans un lieu public (boîte de nuit, bal, etc.), de mettre les perturbateurs à la porte ► **leão de chácara**
vie *nf* **1** Ensemble des phénomènes biologiques communs aux êtres organisés, qui évoluent de la naissance à la mort: *vie végétale, animale* ► **vida 2** Existence humaine (par opposition à la *mort*): *rester entre la vie et la mort; être, rester en vie* ► **vida 3** Existence humaine considérée dans sa durée: *travailler toute sa vie* ► **vida 4** Existence, d'un point de vue particulier ou considérée de la façon dont elle est vécue: *vie sentimentale: avoir une vie heureuse* ► **vida 5** Moyens de subsistance: *niveau de vie; vie chère* ► **vida 6** Biographie, histoire de quelqu'un ► **vida 7** Entrain, mouvement:

enfant plein de vie ▸ **vida 8** Existence des choses dans le temps: *durée de vie des étoiles* ▸ **vida ▪ à vie:** pour toute la durée de la vie ▸ **por toda a vida □ gagner sa vie:** pourvoir à ses besoins matériels ▸ **ganhar a vida □ jamais de la vie:** en aucun cas ▸ **nunca na vida**

vieil *adj m* → **vieux**

vieillard *nm* Homme très âgé ▸ **velho ♦ vieillards** *pl* Ensemble des gens âgés ▸ **velhos**

vieille *nf Autre nom du* labre ▸ **bodião**

vieillerie *nf* **1** (surtout au pluriel) Objet ancien, usé ou démodé ▸ **velharia 2** FIG Idée, conception, œuvre passée de mode, qui date ▸ **antiguidade**

vieillesse *nf* **1** Le dernier âge de la vie ▸ **velhice 2** Les vieilles gens: *respecter la vieillesse* ▸ **velhice**

vieilli, e *adj* **1** Devenu vieux ▸ **envelhecido 2** Ancien, passé de mode, suranné: *préjugé vieilli* ▸ **ultrapassado 3** LING Qui tend à sortir de l'usage: *mot vieilli* ▸ **obsoleto**

vieillir *vi* **1** Devenir vieux ▸ **envelhecer 2** FIG Se démoder, n'être plus à l'ordre du jour ▸ **envelhecer 3** Acquérir des qualités particulières par la conservation, en parlant d'un fromage, d'un vin ▸ **envelhecer ♦** *vt* **1** Rendre vieux ▸ **envelhecer 2** Faire paraître vieux, plus vieux ▸ **envelhecer**

vieillissant, e *adj* Qui vieillit ▸ **que envelhece**

vieillissement *nm* **1** Fait de vieillir, de prendre de l'âge ▸ **envelhecimento 2** État de ce qui vieillit: *le vieillissement d'une population* ▸ **envelhecimento**

vieillot, otte *adj* Démodé, suranné ▸ **velhote**

vièle *nf* Nom générique des instruments de musique dont les cordes sont frottées par un archet ou par une roue ▸ **viola**

vielle *nf* ▸ **viela ▪ vielle à roue:** vièle à clavier dont les cordes sont frottées par une roue ▸ **viela de roda**

vielleur, euse ou **vielleux, euse** *n* Joueur de vielle ▸ **tocador de viela**

viennois, e *adj et n* De Vienne ▸ **vienense**

viennoiserie *nf* Produits de boulangerie tels que les croissants, les brioches, les pains aux raisins, etc. ▸ **pães diversos**

vierge[1] *adj* **1** Qui n'a jamais eu de rapports sexuels: *rester vierge* ▸ **virgem 2** Qui est intact, qui n'a jamais servi: *cahier vierge* ▸ **virgem 3** Non pénétré, non exploité: *forêt vierge* ▸ **virgem ▪ cassette vierge:** dont la bande magnétique ne contient rien d'enregistré ▸ **fita virgem**

vierge[2] *nf* Jeune fille ou femme vierge ▸ **virgem ▪ la Vierge:** la mère de Jésus ▸ **a Virgem ♦ Vierge** *nf* Constellation zodiacale figurant une jeune femme ailée tenant une faucille et des épis de blé; signe astrologique des personnes nées entre le 23 août et le 22 septembre ▸ **Virgem ♦** *n et adj* Personne née sous le signe de la Vierge ▸ **virginiano**

vietnamien, enne *adj et n* Du Viêt Nam: *les Vietnamiens* ▸ **vietnamita ♦** *nm* Langue parlée au Viêt Nam, s'écrivant en alphabet latin ▸ **vietnamita**

vieux ou **vieil** (devant une voyelle ou un *h* muet), **vieille** *adj* **1** Avancé en âge: *vieil homme* ▸ **velho 2** Ancien: *vieux château* ▸ **velho 3** Usé: *vieux vêtement* ▸ **gasto 4** Qui n'est plus en usage: *vieille formule* ▸ **antiquado 5** Qui est depuis longtemps dans tel état, telle situation: *de vieux amis; de vieux habitués* ▸ **velho ▪ vieux jeu:** démodé, suranné ▸ **ultrapassado ♦** *nm* Ce qui est ancien ▸ **velho ▪** FAM **prendre un coup de vieux:** vieillir brusquement ▸ **envelhecer de repente ♦** *n* Personne âgée: *les jeunes et les vieux* ▸ **velho**

vif, vive *adj* **1** Qui a de la vigueur; prompt, agile: *enfant vif* ▸ **vivo 2** Vivant: *être brûlé vif* ▸ **vivo 3** Qui s'emporte facilement ▸ **vivo 4** Qui comprend facilement: *esprit vif* ▸ **vivo 5** Prononcé, intense, éclatant: *vive surprise; couleur vive* ▸ **vivo 6** Rapide: *vive attaque* ▸ **vivo 7** Mordant, violent: *froid vif; propos vifs* ▸ **contundente, agudo ▪ de vive voix:** oralement ▸ **de viva voz ♦** *nm* DR Personne vivante ▸ **vivo ▪ à vif:** avec la chair à nu: *plaie à vif* ▸ **em carne viva □ couper, trancher dans le vif: (a)** sacrifier résolument certaines choses pour sauver le reste ▸ **cortar o mal pela raiz (b)** prendre d'énergiques résolutions ▸ **tomar medidas drásticas □ entrer dans le vif du sujet:** dans ce qu'il y a d'essentiel, de plus important ▸ **entrar no cerne da questão □ piquer au vif:** offenser ▸ **insultar □ prendre, saisir sur le vif:** imiter d'après nature, avec beaucoup de vie ▸ **reproduzir a realidade**

vif-argent (pl *vifs-argents*) *nm* Ancien nom du mercure ▸ **azougue**

vigie *nf* Matelot de veille sur un navire; surveillance ainsi exercée ▸ **vigia**

vigilance *nf* Surveillance soutenue, vive attention ▸ **vigilância**

vigilant, e *adj* Qui veille, surveille attentivement, avec soin ▸ **vigilante**

vigile[1] *nf* Jour qui précède une fête religieuse ▸ **vigília**

vigile[2] *nm* Personne chargée de la surveillance de locaux industriels, administratifs, etc. ▸ **vigia**

vigne *nf* **1** Arbrisseau qui produit le raisin ▸ **vinha 2** Terre plantée en ceps de vigne ▸ **vinha ▪ être**

dans les vignes du Seigneur: être ivre ► **estar bêbado** □ **vigne vierge:** plante grimpante qui orne les façades, les tonnelles, etc. ► **vinha-branca**

vigneron, onne *n* Personne qui cultive la vigne ► **vinhateiro**

vignette *nf* **1** Ornement de la couverture d'un livre, d'un papier à lettres, etc. ► **vinheta 2** Petite étiquette, portant l'estampille de l'État et servant à certifier le paiement de certains droits: *vignette automobil* ► **timbre 3** Timbre attaché à une boîte de médicaments et permettant le remboursement par la Sécurité sociale ► **vinheta**

vignoble *nm* **1** Terrain planté de vignes; ces vignes ► **vinhedo 2** Ensemble des vignes d'une région, d'un pays ► **vinhedo**

vigogne *nf* Lama des Andes; tissu fin fait avec son poil ► **vicunha**

vigoureusement *adv* Avec vigueur ► **vigorosamente**

vigoureux, euse *adj* **1** Qui a de la vigueur: *bras vigoureux*: *personne vigoureuse* ► **vigoroso 2** Fait avec vigueur: *attaque vigoureuse* ► **vigoroso 3** Fortement exprimé: *style vigoureux* ► **vigoroso**

vigueur *nf* **1** Force physique, vitalité, énergie ► **vigor 2** Énergie physique ou morale: *agir, s'exprimer avec vigueur* ► **vigor** ■ **en vigueur:** en usage, en parlant des lois, des règlements: *entrer en vigueur* ► **em vigor**

VIH *nm* (sigle de *virus d'immunodéficience humaine*) Dénomination française du virus responsable du sida ► **HIV**

vil, e *adj* LITT De peu de valeur, méprisable ► **vil** ■ **à vil prix:** très bon marché ► **a preço vil**

vilain, e *adj* **1** Se dit d'un enfant désobéissant, insupportable ► **mau 2** Peu plaisant, désagréable à voir ou à subir: *avoir de vilaines dents; un vilain pays* ► **feio 3** Malhonnête, répréhensible: *faire une vilaine farce* ► **infame 4** Qui peut laisser présager un danger: *vilaine toux* ► **terrível** ◆ *adv* ■ FAM **il fait vilain:** mauvais temps ► **o tempo está feio**

vilainement *adv* LITT De façon vilaine, contraire aux règles de la beauté, de la morale ► **aviltantemente**

vilebrequin [vilbrəkɛ̃] *nm* **1** Outil pour percer des trous ► **verruma 2** MÉCAN Arbre qui transforme le mouvement rectiligne de l'ensemble piston-bielle d'un moteur en mouvement circulaire ► **virabrequim**

ORTHOGRAPHE *Vilebrequin* s'écrit toujours avec deux *e*, sans accent, même si le premier n'est pas prononcé

vilement *adv* LITT De manière vile ► **vilãmente**

vilenie [vileni] ou [vilni] *nf* LITT Action vile, méprisable ► **vilania**

vilipender *vt* LITT Dire du mal de quelqu'un; traiter avec mépris; dénigrer ► **vilipendiar**

villa *nf* **1** Maison d'habitation ou de villégiature généralement vaste et avec un jardin ► **mansão 2** Voie privée bordée de maisons individuelles ► **vila**

village *nm* **1** Agglomération dont les habitants vivent principalement du travail de la terre; ensemble de ses habitants ► **aldeia 2** Ensemble organisé de structures d'accueil, surtout pour les séjours de vacances ► **acampamento, aldeia**

villageois, e *n* Habitant d'un village ► **aldeão** ◆ *adj* De la campagne: *danse villageoise* ► **campestre**

ville *nf* **1** Agglomération d'une certaine importance où la majorité des habitants est occupée par le commerce, l'industrie ou l'administration ► **cidade 2** Population d'une ville ► **citadinos 3** Vie que l'on mène à la ville: *préférer la ville à la campagne* ► **cidade** ■ **en ville: (a)** dans la ville ► **na cidade (b)** hors de chez soi ► **fora de casa**

villégiature *nf* Séjour en dehors de chez soi, à la campagne, à la mer, etc.; lieu de ce séjour ► **vilegiatura**

vin *nm* **1** Boisson alcoolisée obtenue par la fermentation du raisin: *vin blanc; vin rouge* ► **vinho 2** Liqueur alcoolisée obtenue par fermentation d'un produit végétal: *vin de palme* ► **vinho 3** Préparation à base de vin: *vin d'orange* ► **sangria** ■ **avoir le vin gai, triste:** être gai, triste, quand on a bu ► **ter o vinho alegre, triste** □ **entre deux vins:** légèrement ivre ► **estar meio alto** □ **mettre de l'eau dans son vin:** se calmer, se modérer, dans ses actes ou dans ses propos ► **pôr água na fervura** □ **vin d'honneur:** petite cérémonie au cours de laquelle on boit du vin en l'honneur de quelqu'un ou de quelque chose ► **brinde**

vinaigre *nm* Produit utilisé comme condiment, résultant d'une fermentation du vin ou d'un autre liquide alcoolisé: *vinaigre de cidre* ► **vinagre** ■ FAM **faire vinaigre:** se dépêcher ► **apressar-se** □ **tourner au vinaigre:** prendre une tournure fâcheuse ► **azedar**

vinaigrer *vt* Assaisonner avec du vinaigre ► **avinagrar**

vinaigrette *nf* Sauce à base de vinaigre, d'huile, de sel, etc., dont on accompagne les crudités ► **vinagrete**

vinaigrier *nm* **1** Personne qui fabrique du vinaigre ► **vinagreiro 2** Récipient pour la fabrication domestique du vinaigre ► **vinagreira 3** Burette à vinaigre ► **galheta de vinagre**

vinasse *nf* FAM Vin de qualité médiocre ▸ **vinhaça**

vindicatif, ive *adj et n* Qui se plaît à se venger; rancunier ▸ **vingativo** ◆ *adj* Animé par l'esprit de vengeance: *ton vindicatif* ▸ **vingativo**

vindicte *nf* ▸ **vindita** ▪ LITT **désigner quelqu'un à la vindicte publique:** le dénoncer comme coupable devant un groupe, devant la société ▸ **expor alguém a julgamento público**

vineux, euse *adj* **1** Se dit d'un vin riche en alcool ▸ **vinoso 2** Qui a le goût, l'odeur, la couleur du vin: *teint vineux* ▸ **vinoso**

vingt *adj num card et nm* **1** Deux fois dix ▸ **vinte 2** Vingtième ▸ **vinte** ◆ *nm inv* Chiffre, numéro qui représente ce nombre ▸ **vinte**

GRAMMAIRE *Vingt* prend un *s* quand il est précédé d'un adjectif de nombre qui le multiplie: *quatre-vingts hommes*. Il reste invariable quand il est suivi d'un autre adjectif de nombre et quand il est employé pour vingtième: *quatre-vingt-deux francs; page quatre-vingt*

vingtaine *nf* Vingt ou environ ▸ **vintena**

vingtième *adj num ord et n* Qui occupe un rang marqué par le numéro vingt: *être le vingtième* ▸ **vigésimo** ◆ *adj et nm* Qui est contenu vingt fois dans le tout ▸ **vigésimo**

vingtièmement *adv* En vingtième lieu ▸ **em vigésimo lugar**

vinicole *adj* Relatif à la production du vin ▸ **vinícola**

vinification *nf* Ensemble des procédés mis en œuvre pour transformer le raisin en vin ▸ **vinificação**

vinifier *vt* Opérer la vinification de ▸ **vinificar**

vinyle *nm* Matière plastique ▸ **vinil**

vinylique *adj* Se dit d'une classe de résines synthétiques obtenues à partir de l'acétylène ▸ **vinílico**

viol *nm* **1** Rapport sexuel imposé par la contrainte, et qui constitue pénalement un crime ▸ **estupro 2** Action de transgresser une loi, de pénétrer dans un lieu interdit ▸ **violação 3** Action de porter atteinte à ce qui est considéré comme une valeur: *viol des consciences* ▸ **violação**

violacé, e *adj* D'une couleur tirant sur le violet ▸ **violáceo**

violation *nf* Action de violer un domicile, une loi, etc. ▸ **violação**

viole *nf* Instrument à cordes frottées et à archet ▸ **viola** ▪ **viole d'amour:** viole à deux rangées de cordes superposées ▸ **viola de amor** ▫ **viole de gambe:** qui se joue serrée entre les jambes ▸ **viola de gamba**

violemment [violamɑ̃] *adv* Avec violence ▸ **violentamente**

violence *nf* **1** Caractère violent de quelqu'un ou de quelque chose: *la violence d'un accident, d'une tempête* ▸ **violência 2** (surtout au pluriel) Acte violent: *commettre des violences* ▸ **violência** ▪ **faire violence à: (a)** contraindre par la force ▸ **usar de violência contra (b)** FIG interpréter de manière forcée: *faire violence à la grammaire* ▸ **violentar**

violent, e *adj et n* Qui agit par la force, qui se livre à des brutalités ▸ **violento** ◆ *adj* **1** Empreint d'une force impétueuse, brutale: *tenir des propos violents* ▸ **violento 2** D'une grande intensité: *un violent orage* ▸ **violento 3** Qui exige de la force, de l'énergie: *sports violents* ▸ **violento** ▪ **mort violente:** causée par un accident, un meurtre, un suicide (par opposition à *mort naturelle*) ▸ **morte violenta**

violenter *vt* **1** Commettre un viol ou une tentative de viol sur quelqu'un ▸ **violentar, estuprar 2** LITT Contraindre, forcer ▸ **violentar**

violer *vt* **1** Contraindre par la force à avoir un rapport sexuel ▸ **estuprar 2** Pénétrer dans un lieu malgré une interdiction: *violer un domicile* ▸ **violar 3** Enfreindre, transgresser: *violer une loi* ▸ **violar**

violet, ette *adj* D'une couleur intermédiaire entre le bleu et le rouge ▸ **roxo** ◆ *nm* Couleur violette ▸ **roxo**

violette *nf* Plante à fleurs violettes très odorantes (famille des violacées) ▸ **violeta**

violeur, euse *n* Personne qui commet, a commis un viol sur quelqu'un ▸ **estuprador**

violine *adj* D'une couleur violet pourpre ▸ **roxo-púrpura**

violiste *n* Joueur de viole ▸ **violista**

violon *nm* **1** Instrument de musique à quatre cordes et à archet ▸ **violino 2** Musicien qui en joue ▸ **violino 3** FAM Prison d'un poste de police ▸ **calabouço** ▪ FAM **accorder ses violons:** se mettre d'accord ▸ **entender-se** ▫ **violon d'Ingres:** activité que l'on pratique de façon non professionnelle, à titre de loisir ▸ **passatempo**

violoncelle *nm* **1** Instrument à cordes plus grand que le violon ▸ **violoncelo 2** VX Violoncelliste ▸ **violoncelo**

violoncelliste *n* Musicien qui joue du violoncelle ▸ **violoncelista**

violoneux *nm* **1** Violoniste de village qui joue pour les noces ▸ **violineiro 2** FAM Personne qui joue médiocrement du violon ▸ **violineiro**

violoniste *n* Personne qui joue du violon ▸ **violinista**

viorne *nf* Arbrisseau grimpant de la famille des chèvrefeuilles ▸ **viburno**

VIP [veipe] ou [viajpi] *nm* (sigle de *very important person*) FAM Personnalité de marque ▸ **VIP**

vipère *nf* **1** Serpent venimeux à la tête triangulaire ▸ **víbora 2** FIG Personne très méchante ▸ **víbora** ▪ **langue de vipère:** personne médisante ▸ **língua viperina**

vipereau ou **vipéreau** *nm* Petite vipère ▸ **viborazinha**

vipérin, e *adj* Relatif à la vipère ▸ **viperino**

vipérine *nf* Couleuvre qui ressemble à la vipère ▸ **cobra-d'água**

virage *nm* **1** Mouvement d'un véhicule qui tourne, change de direction: *manquer un virage* ▸ **curva 2** Partie courbe d'une route, d'une piste: *virage dangereux* ▸ **curva 3** FIG Changement brusque d'orientation, notamment politique ▸ **virada, guinada**

virago *nf* PÉJOR Femme autoritaire et criarde; harpie, dragon ▸ **virago**

viral, e, aux *adj* Provoqué par un virus: *affection virale* ▸ **viral**

virée *nf* FAM Promenade: *faire une virée* ▸ **passeio**

virelai *nm* LITTÉR Poème médiéval sur deux rimes ▸ **virelai**

virement *nm* Opération consistant à transférer des fonds d'un compte à un autre: *virement bancaire, postal* ▸ **transferência**

virer *vi* **1** Changer ou faire changer de direction ▸ **virar 2** Tourner sur soi-même ▸ **girar 3** Changer de nuance, en parlant d'une étoffe teinte ▸ **mudar de cor 4** FIG Changer d'opinion, de caractère ▸ **mudar** ▪ **virer de bord: (a)** changer de direction ▸ **mudar de direção (b)** changer d'opinion, de parti ▸ **mudar de opinião** ◆ *vt* **1** Faire passer une somme d'argent d'un compte à un autre ▸ **transferir 2** FAM Ôter sans ménagement de sa place: *virer un meuble; virer quelqu'un de sa chaise* ▸ **tirar 3** FAM Congédier: *se faire virer* ▸ **mandar embora** ◆ *vt ind* [à] Changer de couleur, d'aspect, d'état: *vin qui vire à l'aigre* ▸ **tornar-se**

virevolte *nf* Tour rapide que fait une personne sur elle-même ▸ **rodopio**

virevolter *vi* Tourner rapidement sur soi ▸ **rodopiar**

virginal, e, aux *adj* **1** LITT Relatif à une personne vierge ▸ **virginal 2** FIG Pur, immaculé ▸ **virginal**

virginité *nf* **1** État d'une personne vierge ▸ **virgindade 2** FIG Pureté, candeur ▸ **virgindade**

virgule *nf* Signe de ponctuation servant à séparer les divers membres d'une phrase ou la partie entière et la partie décimale d'un nombr ▸ **vírgula**

viril, e *adj* **1** Qui concerne l'homme, le sexe masculin ▸ **viril 2** FIG Résolu, ferme, énergique: *discours viril* ▸ **viril**

virilement *adv* Avec virilité ▸ **virilmente**

viriliser *vt* Donner un caractère viril, masculi à ▸ **virilizar**

virilité *nf* **1** Ensemble des caractères propres l'homme adulte ▸ **virilidade 2** Vigueur sexuell ▸ **virilidade 3** LITT Caractère viril d'un comportement, d'une attitude ▸ **virilidade**

virole *nf* Petit anneau de métal qu'on met au bou des manches de couteau, d'outil, etc., pour le empêcher de se fendre, de s'user ▸ **virola**

virologie *nf* Partie de la biologie qui étudie le virus ▸ **virologia**

virtualité *nf* Caractère de ce qui est virtuel ▸ **virtualidade**

virtuel, elle *adj* Qui n'est pas réalisé, qui rest sans effet actuel; potentiel ▸ **virtual** ▪ **réalit virtuelle:** simulation d'un environnement rée par des images de synthèse tridimensionnelle ▸ **realidade virtual**

virtuellement *adv* De façon virtuelle ▸ **virtualmente**

virtuose *n* Personne très habile, de beaucoup d talent dans un domaine quelconque, en particulier en musique ▸ **virtuose**

virtuosité *nf* Talent de virtuose ▸ **virtuosismo**

virulence *nf* Caractère virulent ▸ **virulência**

virulent, e *adj* **1** Se dit d'une personne ou d'u comportement manifestant une âpreté violente: *satire virulente* ▸ **virulento 2** Dont le pouvoi de multiplication est maximal: *microbe virulen* ▸ **virulento 3** Nocif et violent: *poison virulen* ▸ **virulento**

virus [virys] *nm* **1** Micro-organisme responsabl des maladies contagieuses: *le virus de la fièvr typhoïde* ▸ **vírus 2** FIG Source de contagion morale: *le virus de l'anarchie* ▸ **vírus 3** INFORM Instruction ou suite d'instructions parasites, introduite dans un programme et susceptibles d'entraîne diverses perturbations dans le fonctionnemen de l'ordinateur ▸ **vírus**

vis [vis] *nf* Tige cylindrique de bois, de méta etc., cannelée en spirale, à tête plate, destinée s'enfoncer en tournant ▸ **parafuso** ▪ **escalier vis:** en spirale ▸ **escada em espiral** □ **pas de vis** spire d'une vis ▸ **volta de parafuso** □ **serrer l vis à quelqu'un:** se montrer plus sévère à so égard ▸ **apertar alguém**

visa *nm* **1** Sceau, paraphe, signature qui rend un acte valide ▸ **visto 2** Cachet apposé sur un passeport et permettant l'entrée dans un pays ▸ **visto**

visage *nm* **1** Face de l'homme, partie antérieure de la tête ▸ **rosto 2** Personne, personnage: *aimer voir de nouveaux visages* ▸ **cara 3** SOUT Aspect de quelque chose: *le nouveau visage de la France* ▸ **cara ■ à visage découvert:** ouvertement, franchement ▸ **de peito aberto □ changer de visage:** changer d'expression, se troubler ▸ **mudar de cara**

visagiste *n* Personne spécialisée dans l'art de mettre en valeur la beauté et la personnalité du visage de quelqu'un ▸ **esteticista**

vis-à-vis [vizavi] *loc adv* En face ▸ **em frente ◆** *nm* **1** Personne ou chose en face d'une autre: *avoir son frère pour vis-à-vis* ▸ **pessoa, coisa que está em frente 2** Petit canapé en S offrant deux places d'orientation inverse ▸ ***vis-à-vis* ◆ vis-à-vis de** *loc prép* En face de: *s'asseoir vis-à-vis de quelqu'un*; à l'égard de: *être indulgent vis-à-vis de ses enfants* ▸ **diante de, para com**

viscéral, e, aux *adj* **1** Des viscères ▸ **visceral 2** FIG Profond, instinctif: *réaction viscérale* ▸ **visceral**

viscéralement *adv* De manière viscérale ▸ **visceralmente**

viscère *nm* Chacun des organes de l'intérieur du corps tels que le foie, les poumons, le cœur, etc.; organe quelconque ▸ **víscera**

viscose *nf* Cellulose transformée qui constitue la rayonne, la Fibranne, etc. ▸ **viscose**

viscosité *nf* Caractère visqueux ▸ **viscosidade**

visée *nf* **1** Action de diriger le regard, une arme, un instrument vers quelqu'un ou quelque chose ▸ **mira 2** FIG (surtout au pluriel) Dessein, objectif: *avoir des visées ambitieuses* ▸ **meta**

viser[1] *vt* **1** Diriger une arme, un objet vers: *viser une cible* ▸ **mirar 2** Chercher à atteindre: *viser la gloire* ▸ **visar 3** Intéresser, concerner: *mesure qui vise tous les automobilistes* ▸ **visar ◆** *vt ind* [à] Diriger son effort vers: *viser au succès* ▸ **visar**

viser[2] *vt* Mettre un visa sur un document, contrôler administrativement ▸ **visar**

viseur *nm* **1** Dispositif optique servant à viser: *viseur d'une carabine* ▸ **visor 2** Dispositif monté sur un appareil photographique et cinématographique permettant de cadrer l'image à enregistrer ▸ **visor**

visibilité *nf* **1** Qualité de ce qui est visible ▸ **visibilidade 2** Possibilité de voir à une certaine distance ▸ **visibilidade**

visible *adj* **1** Qui peut être vu: *visible à l'œil nu* ▸ **visível 2** Prêt à recevoir des visites: *le directeur n'est pas visible* ▸ **visível 3** Évident, manifeste: *plaisir visible* ▸ **visível**

visiblement *adv* De façon évidente ▸ **visivelmente**

visière *nf* Rebord d'une casquette, d'un képi, qui abrite les yeux ▸ **viseira**

visioconférence *nf* Conférence entre des personnes se trouvant dans des lieux éloignés et qui peuvent s'entendre et se voir grâce à un système de télécommunication ▸ **videoconferência**

vision *nf* **1** Perception visuelle; vue: *trouble de la vision* ▸ **visão 2** Action de voir ▸ **visão 3** Manière de voir, de concevoir quelque chose: *une vision du monde très personnelle* ▸ **visão 4** Perception imaginaire d'objets irréels; hallucination: *avoir des visions* ▸ **visão**

visionnaire *adj et n* **1** Qui a des visions, qui prétend voir des phénomènes surnaturels ▸ **visionário 2** LITT Capable d'anticipation, qui a l'intuition de l'avenir ▸ **visionário**

visionner *vt* **1** Voir à la visionneuse ▸ **visionar 2** Examiner professionnellement un film afin d'en faire le montage ou avant sa diffusion ▸ **visionar**

visionneuse *nf* **1** Appareil permettant d'agrandir et d'examiner des clichés photographiques de petit format ▸ **visionadora 2** Appareil servant à regarder les films pour en faire le montage ▸ **visionadora**

visiophone *nm* Appareil qui associe le téléphone et la télévision, permettant aux correspondants de se voir pendant leur conversation ▸ **videofone**

Visitation *nf* RELIG Visite de la Sainte Vierge à sainte Élisabeth; fête en mémoire de cette visite ▸ **Visitação**

visite *nf* **1** Fait d'aller voir, de rencontrer quelqu'un à son domicile: *rendre visite* ▸ **visita 2** FAM Personne qui fait une visite: *avoir une visite* ▸ **visita 3** Action de visiter un lieu, un édifice: *visite de la ville* ▸ **visita 4** Examen détaillé, approfondi de quelque chose: *visite des bagages à la douane* ▸ **inspeção 5** Fait, pour un médecin, d'aller chez un malade; examen d'un patient par un médecin ▸ **consulta ■ visite médicale:** examen médical assuré dans le cadre d'une institution (école, prison, etc.) ▸ **visita médica**

visiter *vt* **1** Parcourir un lieu inconnu pour le découvrir ▸ **visitar 2** Examiner, inspecter en détail: *visiter des appartements à vendre* ▸ **visitar 3** Aller voir par civilité, devoir, etc.: *visiter un malade* ▸ **visitar**

visiteur, euse *n* Personne qui fait une visite, qui visite un lieu, un pays, etc. ▸ **visitante**

vison *nm* Mammifère carnivore élevé pour sa fourrure très recherchée; fourrure de cet animal ▸ ***vison***

visqueux, euse *adj* **1** D'une consistance pâteuse, gluante: *pâte visqueuse* ▸ **viscoso 2** Couvert d'un enduit gluant: *peau visqueuse du crapaud* ▸ **viscoso**

vissage *nm* Action de visser ▸ **aparafusamento**

visser *vt* **1** Fixer avec des vis ▸ **parafusar 2** Tourner une vis pour l'enfoncer ▸ **atarraxar 3** FIG, FAM Exercer une contrainte, surveiller étroitement ▸ **atarraxar**

visualisation *nf* Action de visualiser ▸ **visualização**

visualiser *vt* **1** Rendre visible, mettre en évidence de façon matérielle, concrète ▸ **visualizar 2** Se représenter mentalement quelque chose ▸ **visualizar**

visuel, elle *adj* Relatif à la vue: *acuité visuelle* ▸ **visual ■ mémoire visuelle:** mémoire qui garde le souvenir de ce qui est vu ▸ **memória visual**

visuellement *adv* Par la vue: *expliquer visuellement* ▸ **visualmente**

vital, e, aux *adj* **1** Qui appartient à la vie; essentiel à la vie: *fonctions vitales* ▸ **vital 2** Indispensable à quelqu'un, à son existence: *lire est vital pour elle* ▸ **vital 3** Nécessaire pour maintenir l'existence, le niveau de développement: *l'agriculture est vitale pour le pays* ▸ **vital ■ minimum vital:** revenu minimal nécessaire à la subsistance et à l'entretien d'une personne, d'une famille ▸ **mínimo vital**

vitalité *nf* Intensité de la vie, du dynamisme de quelqu'un ou de quelque chose ▸ **vitalidade**

vitamine *nf* Substance organique indispensable en infime quantité à la croissance et au bon fonctionnement de l'organisme ▸ **vitamina**

vitaminé, e *adj* Qui contient une ou plusieurs vitamines ▸ **vitaminado**

vite *adv* **1** Rapidement, avec vitesse: *courir vite* ▸ **rápido 2** En peu de temps, sous peu: *être vite arrivé* ▸ **logo**

vitesse *nf* **1** Célérité, rapidité dans la marche ou dans l'action ▸ **velocidade 2** Rapport du chemin parcouru au temps employé à le parcourir: *la vitesse du son est de 340 m par seconde, celle de la lumière de 300 000 km par seconde* ▸ **velocidade 3** Chacune des combinaisons d'engrenages d'une boîte de vitesses ▸ **marcha ■ à deux vitesses:** se dit d'un système dans lequel coexistent deux types de fonctionnement dont la rapidité et l'efficacité sont inégales: *courrier à deux vitesses* ▸ **de duas marchas □ à toute vitesse:** très vite ▸ **a toda a velocidade □ en perte de vitesse:** dont l'intérêt ou l'effet décroît ▸ **em desaceleração □** FAM **en quatrième vitesse:** en hâte, à toute allure ▸ **a toda**

viticole *adj* Relatif à la culture de la vigne: *industrie viticole* ▸ **vitícola**

viticulteur, trice *n* Personne qui cultive la vigne ▸ **viticultor**

viticulture *nf* Culture de la vigne ▸ **viticultura**

vitrage *nm* Porte, châssis vitrés ▸ **vidraça**

vitrail (pl *vitraux*) *nm* Composition décorative translucide faite d'un châssis de métal garni de verres peints maintenus par un réseau de plomb ▸ **vitral**

vitre *nf* **1** Panneau de verre qui s'adapte à une fenêtre ▸ **vidraça 2** Glace d'une voiture ▸ **vidraça**

vitré, e *adj* Constitué d'une vitre: *porte vitrée* ▸ **envidraçado**

vitrer *vt* Garnir de vitres ou de vitrages ▸ **envidraçar**

vitrerie *nf* Fabrication, commerce et pose des vitres ▸ **vidraçaria**

vitreux, euse *adj* Se dit de l'œil, du regard dont l'éclat est terni ▸ **vidrado**

vitrier *nm* Personne qui fabrique, vend ou pose les vitres ▸ **vidraceiro**

vitrification *nf* Action de vitrifier: *la vitrification d'un parquet* ▸ **vitrificação**

vitrifier *vt* **1** Changer en verre par fusion: *vitrifier du sable* ▸ **vitrificar 2** Recouvrir une surface d'une matière plastique et transparente, destinée à la protéger ▸ **vitrificar**

vitrine *nf* **1** Vitrage d'une boutique, devanture: *convoiter un modèle en vitrine* ▸ **vitrine 2** Armoire, table fermée par un châssis vitré ▸ **vitrine 3** FIG Organisation, réalisation, lieu que l'on présente comme le symbole d'une réussite, comme un modèle: *ce pays est la vitrine du continent* ▸ **vitrine**

vitriol *nm* **1** VX Acide sulfurique concentré ▸ **vitríolo 2** LITT Parole, écrit très caustiques ▸ **discurso, escrito corrosivo**

vitrioler *vt* Lancer du vitriol sur quelqu'un pour le défigurer ▸ **lançar vitríolo**

vitrocéramique *nf* Matière céramique obtenue par les techniques de fabrication du verre ▸ **vitrocerâmica**

vitupération *nf* LITT Blâme, récrimination contre quelqu'un ▸ **vitupério**

vitupérer *vt et vt ind* [contre] *(conj 10)* LITT S'emporter contre, s'indigner: *vitupérer le gouvernement; vitupérer contre la hausse des prix* ▸ **vituperar**

vivable *adj* **1** FAM Où l'on peut vivre ▸ **onde se pode viver 2** (s'emploie surtout négativement) Avec qui l'on peut vivre: *voisin qui n'est pas vivable* ▸ **suportável**
vivace *adj* **1** Qui a de la vitalité ▸ **vivaz 2** Qui dure, subsiste, persiste: *préjugé vivace* ▸ **duradouro** ▪ **plante vivace:** qui vit plusieurs années ▸ **planta vivaz**
vivacité *nf* **1** Caractère vivace, plein de vie de quelqu'un ou de quelque chose: *vivacité d'un enfant, d'un sentiment* ▸ **vivacidade 2** Promptitude à réagir, à comprendre: *vivacité d'esprit* ▸ **vivacidade 3** Caractère de ce qui est intense: *vivacité d'une couleur* ▸ **vivacidade**
vivandier, ère *n* HIST Personne qui vendait aux soldats des vivres, des boissons ▸ **vivandeiro**
vivant, e *adj* **1** Qui est en vie, qui est doué de vie: *être vivant* ▸ **vivo 2** Qui a du mouvement, de l'animation: *quartier très vivant* ▸ **animado 3** Qui paraît exister réellement; présent à la mémoire: *souvenir toujours vivant* ▸ **vivo** ▪ **langue vivante:** actuellement parlée (par opposition à *langue morte*) ▸ **língua viva** ◆ *nm* (surtout au pluriel) Personne en vie: *les vivants et les morts* ▸ **vivo** ▪ **du vivant de quelqu'un:** pendant sa vie ▸ **enquanto alguém era vivo, em vida de alguém**
vivarium [vivarjɔm] *nm* Établissement aménagé en vue de la conservation dans leur milieu naturel de petits animaux vivants ▸ **viveiro**
vivat [viva] *nm* (surtout au pluriel) Acclamation, cris poussés en l'honneur de quelqu'un ▸ **viva**
vive[1] *nf* Poisson marin, redouté pour ses épines venimeuses ▸ **peixe-aranha**
vive[2] *interj* Pour acclamer quelqu'un ou marquer son enthousiasme pour quelque chose: *vive les vacances!* ▸ **viva**
GRAMMAIRE Avant un nom pluriel, on peut écrire *vive les vacances!* ou *vivent les vacances!*
vivement *adv* **1** Avec vivacité, ardeur: *marcher vivement* ▸ **celeremente 2** Profondément: *vivement touché* ▸ **intensamente** ◆ *interj* Marque un vif désir de voir un événement se produire: *vivement les vacances!* ▸ **tomara**
viveur, euse *n* Personne qui mène une vie dissipée et ne songe qu'au plaisir ▸ **boa-vida**
vivier *nm* Bassin pour garder des poissons ou des crustacés vivants ▸ **viveiro de peixes**
vivifiant, e *adj* Qui vivifie, tonique: *air vivifiant* ▸ **vivificante**
vivifier *vt* Donner de la vigueur, de la force à; tonifier ▸ **vivificar**
vivipare *n et adj* Animal dont les petits viennent au monde déjà vivants (par opposition à *ovipare*) ▸ **vivíparo**
viviparité *nf* Mode de reproduction des animaux vivipares ▸ **viviparidade**
vivisection *nf* Opération pratiquée à titre d'expérience sur un animal vivant ▸ **vivisecção**
vivoter *vi* FAM, PÉJOR Vivre dans des conditions matérielles difficiles, végéter; marcher au ralenti: *entreprise qui vivote* ▸ **ir vivendo**
vivre[1] *vi (conj 63)* **1** Être en vie: *vivre longtemps* ▸ **viver 2** Habiter: *vivre à la campagne* ▸ **morar 3** Durer: *sa gloire vivra toujours* ▸ **sobreviver 4** Avoir tel mode de vie, telle conduite, tel train de vie: *vivre seul; vivre dangereusement; vivre largement* ▸ **viver 5** Se nourrir: *vivre de légumes* ▸ **viver** ▪ **savoir vivre:** connaître les bienséances ▸ ***savoir-vivre*** ◆ *vt* Éprouver, faire intensément: *vivre une belle aventure* ▸ **viver** ▪ **vivre sa vie:** jouir de l'existence à sa guise ▸ **viver a vida**
vivre[2] *nm* ▸ **comida** ▪ **le vivre et le couvert:** la nourriture et le logement ▸ **casa e comida** ◆ **vivres** *pl* LITT Tout ce dont l'homme se nourrit ▸ **víveres** ▪ **couper les vivres à quelqu'un:** lui supprimer toute aide financière ▸ **deixar de ajudar alguém financeiramente**
vivrier, ère *adj* ▸ **alimentar** ▪ **cultures vivrières:** qui produisent des substances alimentaires destinées principalement à la population locale ▸ **culturas alimentares**
vizir *nm* HIST Ministre d'un souverain musulman ▸ **vizir** ▪ **grand vizir:** premier ministre dans l'Empire ottoman ▸ **grão-vizir**
vlan *interj* Exprime un bruit, un coup soudain ▸ **bam**
VO [veo] *nf* (sigle) Version originale ▸ **VO**
vocable *nm* Mot, terme en tant qu'il a une signification particulière: *vocable technique* ▸ **vocábulo**
vocabulaire *nm* **1** Ensemble des mots d'une langue, d'une science, etc.: *vocabulaire technique* ▸ **vocabulário 2** Dictionnaire abrégé; lexique ▸ **vocabulário**
vocal, e, aux *adj* **1** Relatif à la voix: *cordes vocales* ▸ **vocal 2** Destiné à être chanté: *musique vocale* ▸ **vocal** ▪ **messagerie vocale:** service de télécommunication permettant l'enregistrement et le stockage de messages sonores qui peuvent ensuite être écoutés et éventuellement expédiés vers leur(s) destinataire(s) ▸ **telemensageiro** ▫ **serveur vocal:** serveur connecté à un ordinateur qu'un usager d'un poste téléphonique peut interroger de manière interactive pour obtenir des informations sous forme de messages sonores ▸ **servidor de telemensagem**

vocalique *adj* Relatif aux voyelles ▸ **vocálico**
vocalisation *nf* Action de vocaliser ▸ **vocalização**
vocalise *nf* Formule mélodique chantée sur des voyelles, surtout le *a*, dans l'enseignement du chant ▸ ***vocalise***
vocaliser *vi* Chanter des vocalises ▸ **vocalizar**
vocalisme *nm* Système des voyelles d'une langue ▸ **vocalismo**
vocatif *nm* GRAMM Dans les langues à déclinaison, cas de l'interpellation ▸ **vocativo**
vocation *nf* **1** Aptitude, penchant particulier pour une profession, un genre de vie, etc.: *avoir la vocation du théâtre* ▸ **vocação 2** Rôle auquel un groupe, un pays, etc., paraît être appelé: *région à vocation industrielle* ▸ **vocação 3** THÉOL Appel au sacerdoce ou à la vie religieuse ▸ **vocação**
vocifération *nf* (surtout au pluriel) Parole dite en criant et avec colère: *les vociférations de la foule* ▸ **vociferação**
vociférer *vi (conj 10)* S'emporter, crier avec colère ▸ **vociferar** ◆ *vt* Proférer en criant: *vociférer des injures* ▸ **vociferar**
vodka *nf* Eau-de-vie de grain des pays slaves ▸ **vodca**
vœu [vø] *nm* **1** Promesse faite à une divinité: *faire vœu de pauvreté* ▸ **voto 2** Promesse faite à soi-même: *faire vœu de ne plus boire* ▸ **voto 3** Souhait de voir se réaliser quelque chose: *je fais le vœu qu'il réussisse* ▸ **voto 4** Résolution, intention (par opposition à *décision*): *assemblée qui émet un vœu* ▸ **voto** ■ **vœu pieux:** dont on pense qu'il n'a aucune chance de se réaliser ▸ **sonho impossível** ◆ **vœux** *pl* **1** Souhaits adressés pour la réussite de quelqu'un ou de quelque chose: *vœux de bonne année* ▸ **votos 2** Engagement religieux: *prononcer ses vœux* ▸ **votos**
vogue *nf* Réputation, popularité: *être en vogue* ▸ **voga**
voguer *vi* LITT Naviguer, se déplacer sur l'eau ▸ **vogar**
voici *prép et adv* **1** Désigne une personne, un objet proches: *voici ma sœur* ▸ **este é 2** Annonce ce qu'on va dire: *voici mes intentions* ▸ **eis**
voie *nf* **1** Route, chemin pour aller d'un lieu à un autre: *voie privée, publique* ▸ **via 2** Subdivision longitudinale de la chaussée correspondant à une file de voitures: *route à trois voies* ▸ **pista 3** Double ligne de rails pour la circulation des trains: *il y a des travaux sur la voie* ▸ **via 4** Moyen de transport: *voie maritime, aérienne* ▸ **via 5** Mode d'administration d'un médicament: *voie orale* ▸ **via 6** FIG Moyen employé: *agir par la voie légale* ▸ **via 7** ANAT Canal: *voies urinaires, digestives, respiratoires* ▸ **via** ■ **en bonne, en mauvaise voie:** sur le point de réussir, d'échouer ▸ **no bom, no mau caminho** □ **en voie de:** sur le point de ▸ **em vias de** □ **mettre sur la voie:** aider à trouver ▸ **mostrar o caminho** □ **voie d'eau:** trou dans la coque d'un navire ▸ **rombo** □ DR **voie de fait:** acte de violence commis à l'égard de quelqu'un ▸ **vias de fato**
voilà *prép et adv* **1** Désigne une personne, un objet éloignés: *voilà ma maison* ▸ **aqui está 2** Reprend ce que l'on vient de dire: *voilà ce que j'avais à dire* ▸ **eis 3** Il y a: *voilà trois jours* ▸ **há 4** (dans la langue courante) Voici: *voilà mon frère* ▸ **aqui está**
voilage *nm* Grand rideau d'étoffe légère et transparente ▸ **cortinado**
voile¹ *nm* **1** Étoffe destinée à couvrir ou à protéger ▸ **véu 2** Coiffure de tissu fin servant à couvrir la tête, le visage: *voile de mariée; voile de religieuse* ▸ **véu 3** Tissu léger et fin: *voile de soie* ▸ ***voile* 4** LITT Ce qui cache, dissimule: *voile de brume* ▸ **véu 5** Déformation accidentelle de la roue d'un véhicule, d'un objet ▸ **empeno 6** PHOT Obscurcissement accidentel d'un cliché par excès de lumière ▸ **velatura** ■ SOUT **prendre le voile:** se faire religieuse ▸ **tomar o hábito** □ **sans voile:** sans détour ▸ **sem volta** □ SOUT **sous le voile de:** sous le couvert de ▸ **a pretexto de** □ MÉD **voile au poumon:** diminution homogène de la transparence d'une partie du poumon ▸ **sombra no pulmão** □ ANAT **voile du palais:** séparation entre les fosses nasales et la bouche ▸ **véu palatino**
voile² *nf* **1** Toile forte qui, attachée au(x) mât(s) d'un bateau, reçoit l'effort du vent ▸ **vela 2** Bateau à voile: *on distingue une voile à l'horizon* ▸ **veleiro 3** Pratique sportive du bateau à voile: *faire de la voile* ▸ **vela, iatismo** ■ **faire voile:** naviguer: *faire voile vers la Grèce* ▸ **velejar** □ **mettre à la voile:** appareiller ▸ **fazer-se a vela** □ FAM **mettre les voiles:** s'en aller ▸ **se mandar**
voilé, e *adj* **1** Qui porte un voile: *femme voilée* ▸ **velado 2** Courbé, faussé: *roue voilée* ▸ **empenado 3** Assourdi, éteint: *voix voilée; regard voilé* ▸ **velado**
voiler *vt* **1** Couvrir d'un voile ▸ **velar 2** LITT Cacher, dissimuler ▸ **velar 3** Déformer accidentellement la roue d'un véhicule ▸ **empenar 4** PHOT Provoquer un voile sur une surface sensible ▸ **velar** ◆ **se voiler** *vpr* **1** Se couvrir d'un voile ▸ **velar-se 2** Se couvrir de légers nuages: *le soleil, le ciel se voile* ▸ **enevoar** -se
voilette *nf* Petit voile transparent posé en garniture d'un chapeau de femme et qui se rabat sur le visage ▸ **véu**

voilier *nm* Bateau de plaisance, navire à voiles ► **veleiro**

voilure *nf* **1** Ensemble des voiles d'un bateau ► **velame 2** Ensemble de la surface portante d'un avion, d'un parachute ► **velame 3** Courbure d'une surface gauchie, déjetée ► **empeno**

voir *vt (conj 41)* **1** Percevoir par la vue ► **ver 2** Être le témoin de: *nous ne verrons pas ces événements* ► **ver 3** Assister à un spectacle, un film, etc.: *aller voir un film* ► **ver 4** Rendre visite à: *aller voir un ami* ► **ver 5** Fréquenter: *voir beaucoup de monde* ► **ver 6** Consulter: *voir un médecin, un avocat* ► **consultar 7** Regarder avec attention: *voyez ce tableau* ► **ver 8** Examiner: *voyons si c'est exact* ► **ver 9** Constater, remarquer: *je vois que vous avez changé d'avis* ► **ver 10** Juger, comprendre, percevoir: *tout homme a sa manière de voir la vie* ► **ver, enxergar 11** Imaginer: *je vous vois bien enseigner* ► **imaginar ■ avoir à voir avec:** avoir un rapport avec ► **ter a ver com □ voir le jour:** naître ► **nascer □ voyons!:** marque un encouragement à l'action ou un léger reproche ► **ora, vamos! ◆ se voir** *vpr* **1** Être apparent, visible: *panneau qui peut se voir la nuit* ► **ver-se 2** Arriver, se produire: *cela se voit tous les jours* ► **ver-se 3** S'imaginer: *enfant qui se voit président de la République* ► **imaginar-se 4** Se fréquenter: *se voir souvent* ► **ver-se**

voire *adv* LITT Et même, et aussi: *quelques jours, voire quelques semaines* ► **até mesmo**

voirie *nf* **1** Ensemble des voies de communication ► **sistema viário 2** Administration qui s'occupe des voies publiques ► **administração de vias públicas 3** Lieu où l'on jette les immondices ► **lixo**

ORTHOGRAPHE *Voirie* s'écrit sans *e* muet intérieur, bien qu'il soit dérivé du substantif *voie*, et à la différence de *soierie* (dérivé de *soie*)

voisin, e *adj* **1** Situé à faible distance: *village voisin* ► **vizinho 2** Qui a de l'analogie, de la ressemblance: *couleurs voisines* ► **semelhante ◆** *adj et n* Qui demeure près de: *voisin de palier*; qui est dans le voisinage de ► **vizinho**

voisinage *nm* **1** Proximité d'habitation ► **vizinhança 2** Ensemble des voisins ► **vizinhança 3** Rapports entre voisins: *relations de bon voisinage* ► **vizinhança**

voisiner *vi* Être voisin, être placé à côté ► **avizinhar**

voiture *nf* **1** Véhicule de transport: *voiture à cheval* ► **veículo, carro 2** Véhicule automobile ► **automóvel 3** Partie d'un train ou d'un métro: *voiture fumeur; voiture de premier classe* ► **vagão**

voiture-balai (pl *voitures-balais*) *nf* Voiture qui, dans une course cycliste, recueille les coureurs qui abandonnent ► **carro-vassoura**

voiture-bar (pl *voitures-bars*) *nf* Voiture de chemin de fer aménagée en bar ► **vagão-restaurante**

voiturier *nm* Employé chargé de garer les voitures des clients d'un restaurant, d'un hôtel ► **manobrista**

voix *nf* **1** Ensemble des sons émis par l'être humain; manière d'émettre des sons; organe de la parole, du chant: *voix douce; voix de ténor* ► **voz 2** Partie vocale ou instrumentale d'une œuvre musicale ► **voz 3** Personne qui parle ou chante professionnellement: *une grande voix du jazz* ► **voz 4** Conseil, avertissement: *écouter la voix d'un ami; la voix de la sagesse* ► **voz 5** Possibilité d'exprimer son opinion ► **voz 6** Suffrage, vote: *perdre des voix* ► **voto 7** GRAMM Forme verbale indiquant la façon dont le sujet du verbe participe à l'action: *voix active, passive, pronominale* ► **voz ■ avoir voix au chapitre:** pouvoir donner son avis ► **ter voz ativa □ de vive voix:** en s'adressant directement à la personne concernée ► **de viva voz □ rester sans voix:** sans paroles, muet d'étonnement ► **ficar sem palavras**

vol¹ *nm* **1** Mode de déplacement dans l'air des oiseaux, des insectes, de certains animaux ► **voo 2** Distance que parcourt un oiseau sans se reposer ► **voo 3** Groupe d'oiseaux qui volent ensemble; volée ► **revoada 4** Progression d'un avion dans l'air, d'un engin spatial dans le cosmos ► **voo 5** Mouvement rapide d'un objet d'un lieu dans un autre ► **voo ■ à vol d'oiseau:** en ligne droite ► **em linha reta □ au vol: (a)** en l'air: *rattraper un ballon au vol* ► **no ar (b)** FIG en allant vite: *saisir une occasion au vol* ► **no ar □ de haut vol:** de grande envergure ► **de alta categoria □ vol à voile:** mode de déplacement d'un planeur utilisant les courants aériens ► **voo a vela, volovelismo**

vol² *nm* **1** Action de voler, de dérober ► **roubo 2** Chose volée ► **roubo ■** DR **vol qualifié:** avec circonstances aggravantes ► **roubo qualificado**

vol. (abréviation) Volume ► **vol.**

volage *adj* Dont les sentiments changent vite; peu fidèle en amour ► **volúvel**

volaille *nf* **1** Ensemble des oiseaux de basse-cour ► **ave 2** Oiseau de basse-cour; sa chair ► **ave**

volailler ou **volailleur** *nm* Marchand de volaille ► **avicultor**

volant¹ *nm* **1** Jeu qui consiste à lancer avec une raquette un morceau de liège ou de caoutchouc garni de plumes ► **volante 2** Garniture de dentelle ou d'étoffe à un vêtement, à un rideau, etc. ▸ **babado 3** Dispositif en forme de cercle servant à orienter les roues directrices d'une automobile ▸ **volante 4** Roue pesante qui régularise le mouvement d'une machine ▸ **volante**

volant², e *adj* **1** Qui vole ▸ **volante 2** Qui n'est pas fixe: *feuille volante; pont volant* ▸ **solto, móvel** ▪ **personnel volant:** dans l'aviation, membre du personnel navigant ▸ **pessoal de bordo**

volatil, e *adj* Qui se transforme aisément en vapeur ▸ **volátil**

volatile *nm* Oiseau, en particulier oiseau de basse-cour ▸ **ave**

volatilisation *nf* Action de volatiliser; fait de se volatiliser ▸ **volatilização**

volatiliser *vt* **1** Rendre volatil; transformer en vapeur ▸ **volatilizar 2** Faire disparaître; dérober, escamoter ▸ **volatilizar** ◆ **se volatiliser** *vpr* **1** Devenir volatil ▸ **volatilizar-se 2** Disparaître sans qu'on s'en aperçoive ▸ **evaporar**

volatilité *nf* Caractère volatil ▸ **volatilidade**

vol-au-vent *nm inv* Croûte de pâte feuilletée garnie d'un mets chaud ▸ ***vol-au-vent***

volcan *nm* Relief édifié par les laves et les projections issues d'une fissure de l'intérieur du globe ▸ **vulcão** ▪ FIG **être sur un volcan:** dans une situation périlleuse, face à un danger imminent ▸ **estar sentado num barril de pólvora**

volcanique *adj* **1** Issu d'un volcan ▸ **vulcânico 2** FIG Ardent, impétueux ▸ **vulcânico**

volcanisme *nm* Ensemble des phénomènes volcaniques ▸ **vulcanismo**

volcanologie ou **vulcanologie** *nf* Étude des volcans et des phénomènes volcaniques ▸ **vulcanologia**

ORTHOGRAPHE Les deux formes sont correctes, mais volcanologie est la forme désormais usuelle

volcanologue ou **vulcanologue** *n* Spécialiste de volcanologie ▸ **vulcanologista**

volée *nf* **1** LITT Action de voler; envol, essor ▸ **voo 2** Bande d'oiseaux qui volent ensemble: *une volée de moineaux* ▸ **revoada 3** Série de coups: *recevoir une volée* ▸ **saraivada 4** Tir simultané de plusieurs projectiles: *volée de flèches* ▸ **saraivada 5** Son d'une cloche: *à toute volée* ▸ **dobre 6** Partie d'escalier entre deux paliers: *volée de marches* ▸ **lance** ▪ **à la volée:** en l'air: *saisir une balle à la volée* ▸ **no ar** ▫ **de haute volée:** de grande envergure ▸ **de grande categoria**

voler¹ *vi* **1** Se maintenir en l'air au moyen des ailes ▸ **voar 2** Se déplacer dans l'air à l'aide d'un avion ou d'un engin spatial ▸ **voar 3** FIG Aller très vite ▸ **voar 4** Être projeté en l'air: *vitre qui vole en éclats* ▸ **voar**

voler² *vt* **1** Prendre furtivement ou par force le bien d'autrui; dérober ▸ **roubar 2** Dépouiller quelqu'un par le vol ▸ **roubar**

volet *nm* **1** Panneau plein qui ferme une fenêtre ▸ **veneziana 2** Partie plane d'un objet pouvant se rabattre sur celle à laquelle elle tient: *volet d'un permis de conduire* ▸ **aba 3** FIG Partie d'un ensemble: *projet en trois volets* ▸ **parte**

voleter *vi (conj 8)* Voler çà et là en se posant souvent ▸ **esvoaçar**

voleur, euse *n et adj* Auteur d'un vol ▸ **ladrão**

volière *nf* Grande cage à oiseaux ▸ **aviário**

volley-ball [vɔlɛbol] (pl *volley-balls*) ou **volley** *nm* Sport d'équipe où le ballon doit passer par-dessus un filet sans toucher le sol ▸ **voleibol, vôlei**

volleyer *vt et vi (conj 4)* Au tennis, jouer à la volée ▸ **volear**

volleyeur, euse [vɔlɛjœr, øz] *n* Joueur, joueuse de volley-ball ▸ **jogador de vôlei**

volontaire *adj* **1** Fait par un acte de la volonté ▸ **voluntário 2** Entêté: *enfant volontaire* ▸ **voluntarioso** ◆ *n* Personne qui se propose pour remplir une mission sans y être obligée ▸ **voluntário**

volontairement *adv* **1** De sa propre volonté ▸ **voluntariamente 2** Avec intention, exprès ▸ **deliberadamente**

volontariat *nm* Service accompli par un, une volontaire ▸ **voluntariado**

volontarisme *nm* Tendance à considérer que la volonté est déterminante dans le cours des événements ▸ **voluntarismo**

volontariste *adj* Qui relève du volontarisme: *politique volontariste* ▸ **voluntarista**

volonté *nf* **1** Faculté de se déterminer librement à certains actes et de les accomplir: *faire un effort de volonté* ▸ **vontade 2** Énergie, fermeté morale: *faire acte de volonté* ▸ **vontade 3** Ce que veut quelqu'un; intention, résolution: *aller contre la volonté de quelqu'un* ▸ **vontade** ▪ **à volonté:** à discrétion: *pâtisseries à volonté* ▸ **à vontade** ▫ **bonne, mauvaise volonté:** disposition à vouloir faire ou à refuser de faire quelque chose ▸ **boa, má vontade** ◆ **volontés** *pl* Fantaisies, caprices ▸ **vontade** ▪ **dernières volontés:** derniers souhaits avant de mourir ▸ **último desejo**

volontiers *adv* De bon gré, avec plaisir ▸ **com prazer**

volt *nm* Unité de mesure de force électromotrice et de différence de potentiel; symb: V ▸ **volt**

voltage *nm* Tension électrique ▸ **voltagem**

voltaïque *adj* Se dit de l'électricité développée par les piles ▸ **voltaico**

voltaire *nm* Fauteuil rembourré à dossier haut et un peu incliné ▸ **poltrona Voltaire**

voltamètre *nm* ÉLECTR Tout appareil où se produit une électrolyse ▸ **voltâmetro**

volte *nf* Mouvement en rond que l'on fait faire à un cheval ▸ **giro**

volte-face *nf inv* **1** Action de se retourner complètement: *faire volte-face* ▸ **meia-volta 2** FIG Changement subit d'opinion ▸ **volta-face**

voltige *nf* **1** Ensemble d'exercices d'acrobatie au trapèze volant ▸ **trapezismo 2** Acrobatie de cirque qui consiste à sauter sur un cheval en marche ou arrêté ▸ **volteio equestre 3** Ensemble des figures d'acrobatie aérienne ▸ **acrobacia aérea 4** FIG Entreprise risquée ou malhonnête (on dit aussi: *haute voltige*) ▸ **empresa de alto risco**

voltiger *vi (conj 2)* **1** Voler çà et là ▸ **voltear 2** Flotter au gré du vent ▸ **bordejar**

voltigeur, euse *n* Acrobate qui exécute des voltiges ▸ **trapezista, volteador** ◆ *nm* Fantassin chargé de mener des missions de combat traditionnelles ▸ **soldado volteador**

voltmètre *nm* Appareil mesurant une différence de potentiel en volts ▸ **voltímetro**

volubile *adj* Qui parle avec abondance et rapidité ▸ **loquaz**

volubilis [vɔlybilis] *nm* Liseron ▸ **campainha** (planta)

volubilité *nf* Facilité et rapidité de parole ▸ **loquacidade**

volume *nm* **1** Figure géometrique à trois dimensions ▸ **volume 2** Étendue, espace occupés par un corps ou un objet; mesure de cette étendue ou de cet espace ▸ **volume 3** Quantité globale de quelque chose: *volume des importations* ▸ **volume 4** Masse d'eau que débite un fleuve ▸ **volume 5** Force, intensité d'un son ▸ **volume 6** Livre broché ou relié: *roman en trois volumes* ▸ **volume**

volumétrique *adj* Relatif à l'évaluation des volumes ▸ **volumétrico**

volumineux, euse *adj* **1** De grand volume: *paquet volumineux* ▸ **volumoso 2** Très important, abondant: *courrier volumineux* ▸ **volumoso**

volumique *adj* ■ PHYS **masse volumique:** quotient de la masse d'un corps par son volume ▸ **massa específica**

volupté *nf* **1** Plaisir des sens, particulièrement jouissance sexuelle ▸ **volúpia 2** Plaisir, satisfaction intense d'ordre moral ou intellectuel ▸ **volúpia**

voluptueusement *adv* Avec volupté ▸ **voluptuosamente**

voluptueux, euse *adj et n* Qui cherche la volupté ▸ **voluptuoso** ◆ *adj* Qui inspire ou exprime la volupté: *pose voluptueuse* ▸ **voluptuoso**

volute *nf* **1** Ce qui a la forme d'une spirale: *volutes de fumée* ▸ **voluta 2** Ornement en spirale ▸ **voluta**

volvaire *nf* Champignon comestible, à lames et à volve ▸ **volvária**

volve *nf* Membrane épaisse entourant certains champignons ▸ **volva**

vomi *nm* Matière vomie ▸ **vomitado**

vomique *adj* ▸ **vômico** ■ **noix vomique:** graine toxique d'un arbre d'Asie ▸ **noz-vômica**

vomir *vt* **1** Rejeter ce qui était dans l'estomac ▸ **vomitar 2** FIG, LITT projeter au-dehors avec force: *les canons vomissent la mitraille* ▸ **vomitar 3** FIG, LITT proférer violemment: *vomir des injures* ▸ **vomitar**

vomissement *nm* Action de vomir ▸ **vômito**

vomissure *nf* Matières vomies ▸ **vômito**

vomitif, ive *adj et nm* Se dit d'un médicament qui fait vomir ▸ **vomitivo**

vorace *adj* **1** Qui mange beaucoup et avec avidité: *enfant vorace* ▸ **voraz 2** Qui a besoin de grandes quantités de nourriture: *appétit vorace* ▸ **voraz**

voracement *adv* Avec voracité ▸ **vorazmente**

voracité *nf* **1** Avidité à manger ▸ **voracidade 2** Avidité extrême à satisfaire un besoin, à gagner de l'argent ▸ **voracidade**

vortex *nm* Tourbillon creux qui se forme dans un fluide en écoulement ▸ **vórtice**

vos *adj poss* → **votre**

votant, e *n* Personne qui a le droit de voter ou qui vote effectivement ▸ **votante**

vote *nm* Vœu, suffrage exprimé, dans une élection, une délibération ▸ **voto**

voter *vi* Donner sa voix dans une élection ▸ **votar** ◆ *vt* Décider ou demander par un vote: *voter une loi* ▸ **votar**

votif, ive *adj* Fait ou offert en vertu d'un vœu ▸ **votivo** ■ **fête votive:** fête religieuse en l'honneur d'un saint ▸ **festa votiva**

votre, vos *adj poss* **1** Désigne le possesseur de la 2e personne du pluriel pour exprimer un rapport d'appartenance: *votre ami*: *vos parents* ▸ **vosso, vossos, seu, seus 2** Désigne le possesseur de la 2e personne du singulier auquel on s'adresse au pluriel de politesse: *donnez-moi votre main* ▸ **seu, seus**

vôtre *pron poss* Ce qui est à vous: *ce livre est le vôtre* ▸ **seu, vosso** ■ **à la vôtre!:** à votre santé ▸ **à sua, à vossa saúde!** ◆ *adj poss* Tout dévoué à vous: *je suis tout vôtre* ▸ **seu, vosso** ◆ *nm* ■ **le**

vôtre: votre bien ▸ **o seu, o vosso** ◆ **vôtres** *nm pl* ▪ **les vôtres:** vos parents, vos amis, vos partisans ▸ **os seus, os vossos**

vouer *vt* **1** SOUT Porter un sentiment durable à quelqu'un: *vouer une amitié éternelle* ▸ **dedicar 2** SOUT Consacrer, destiner à quelqu'un ou à quelque chose: *vouer sa vie à un parti* ▸ **dedicar 3** RELIG Consacrer à Dieu ou à un saint par un vœu ▸ **devotar** ◆ **se vouer** *vpr* [à] Se consacrer à ▸ **consagrar-se**

vouloir[1] *vt (conj 37)* **1** Avoir l'intention, la volonté de: *il veut savoir la vérité* ▸ **querer 2** Commander, exiger: *vouloir des explications* ▸ **querer 3** Attendre quelque chose de quelqu'un: *vouloir le silence absolu de ses associés* ▸ **pretender 4** Se prêter à, être en état de: *bois qui ne veut pas brûler* ▸ **querer 5** Demander, réclamer quelque chose: *enfant qui veut un jouet* ▸ **querer** ▪ **en vouloir:** être ambitieux ▸ **ambicionar** ▫ **en vouloir à quelqu'un:** lui garder de la rancune ▸ **estar zangado com alguém** ▫ **sans le vouloir:** involontairement, par mégarde ▸ **sem querer** ▫ **vouloir bien:** accepter, consentir ▸ **aceitar** ▫ **vouloir dire: (a)** avoir l'intention de dire ▸ **querer dizer (b)** avoir un certain sens ▸ **querer dizer** ◆ *vt ind* [de] Accepter, agréer: *je ne veux pas de vos excuses* ▸ **aceitar** ▪ **en vouloir à quelqu'un:** lui garder de la rancune, lui reprocher quelque chose ▸ **estar zangado com alguém**

vouloir[2] *nm* ▸ **vontade** ▪ LITT **bon, mauvais vouloir:** bonnes, mauvaises dispositions ▸ **boa, má vontade**

voulu, e *adj* **1** Fait de façon délibérée, volontaire: *produire l'effet voulu* ▸ **pretendido 2** Imposé, exigé par les circonstances: *au moment voulu* ▸ **devido**

vous *pron pers* **1** Désigne un groupe de personnes à qui l'on s'adresse: *vous êtes tous très gentils; on vous les a distribués* ▸ **vós, vocês, os senhores 2** Désigne la personne à qui l'on s'adresse au pluriel de politesse: *Marie, reprendrez-vous du thé?* ▸ **o senhor, a senhora** ▪ **dire vous à quelqu'un:** le vouvoyer ▸ **chamar alguém de *vous***

> GRAMMAIRE Lorsque *vous* est un pluriel de politesse, l'adjectif (ou le participe passé) est au singulier et prend le genre de la personne à qui on parle: *vous êtes trop aimable; Madame, vous êtes partie trop tôt*

voussure *nf* ARCHIT Courbure d'une voûte ▸ **curvatura**

voûte *nf* **1** Ouvrage de maçonnerie cintré, formé d'un assemblage de pierres ▸ **abóbada 2** Ce qui a la forme d'une voûte: *voûte du palais; voûte plantaire* ▸ **abóbada**

voûté, e *adj* **1** En forme de voûte ▸ **abobadado 2** Courbé: *dos voûté* ▸ **arqueado**

voûter *vt* Couvrir d'une voûte ▸ **abobadar** ◆ **se voûter** *vpr* **1** Se courber anormalement ▸ **arquear-se 2** Se courber sous l'effet de l'âge ou de la maladie ▸ **arquear-se**

vouvoiement *nm* Action de vouvoyer ▸ **tratamento por *vous***

vouvoyer [vuvwaje] *vt (conj 3)* Employer le pronom vous pour s'adresser à quelqu'un: *vouvoyer ses parents* ▸ **tratar por *vous***

vox populi [vɔkspɔpyli] *nf* LITT Opinion du plus grand nombre ▸ ***vox populi***

voyage *nm* **1** Fait de se déplacer hors de sa région, de sa ville ou de son pays: *partir en voyage; voyage d'affaires* ▸ **viagem 2** Trajet, allée et venue d'un lieu dans un autre: *faire de nombreux voyages pour déménager une pièce* ▸ **viagem** ▪ **les gens du voyage:** les artistes de cirque ▸ **saltimbancos** ▫ **voyage de noces:** que l'on fait traditionnellement après le mariage ▸ **viagem de núpcias** ▫ **voyage organisé:** voyage en groupe organisé par une agence ▸ **viagem organizada**

> ORTHOGRAPHE On écrit *agent, agence de voyages* (au pluriel)

voyager *vi (conj 2)* **1** Aller dans un lieu plus ou moins éloigné; faire un voyage: *voyager à l'étranger* ▸ **viajar 2** Faire un trajet: *voyager en seconde classe* ▸ **viajar**

voyageur, euse *n* Personne qui voyage, qui a l'habitude de voyager ▸ **viajante** ▪ **voyageur de commerce:** qui voyage pour le compte d'une maison de commerce ▸ **caixeiro-viajante** ◆ *adj* Qui voyage: *pigeon voyageur* ▸ **viajante**

voyagiste *n* Personne ou entreprise qui organise et commercialise des voyages à forfait; tour-opérateur ▸ **agente de viagens**

voyance *nf* Don de ceux qui disent voir le passé et l'avenir ▸ **clarividência**

voyant, e *adj* Qui attire l'œil: *couleurs voyantes* ▸ **chamativo** ◆ *adj et n* Qui jouit du sens de la vue (par opposition à *aveugle, non-voyant*) ▸ **vidente** ◆ *n* Personne qui a ou qui dit avoir le don de voyance: *consulter une voyante* ▸ **vidente** ◆ *nm* Disque, ampoule, signal lumineux ou sonore d'avertissement, sur un appareil de contrôle, un tableau, etc.: *voyant d'essence* ▸ **indicador**

voyelle *nf* **1** Son du langage dont l'articulation est caractérisée par le libre écoulement de l'air expiré à travers le conduit vocal ▸ **vogal 2** Lettre représentant une voyelle (l'alphabet français a six voyelles: *a, e, i, o, u, y*) ▸ **vogal**

voyeur *nm* Personne qui se plaît à assister, à la dérobée, à des scènes érotiques ▸ ***voyeur***

voyeurisme *nm* Attitude du voyeur ▸ **voyeurismo**

voyou [vwaju] *nm* **1** Individu malhonnête et sans scrupule ▸ **bandido 2** Petit délinquant ▸ **malandro** ◆ *adj* (inv en genre) Canaille, fripon: *air voyou* ▸ **canalha** ■ **État(-)voyou:** qui enfreint les règles internationales (en matière de prolifération nucléaire, de terrorisme notamm), et qui est considéré comme une menace pour la paix ▸ **estado bandido**

VPC *nf* (sigle) Vente par correspondance ▸ **VPC**

vrac (en) *loc adv* **1** Sans emballage: *café vendu en vrac* ▸ **a granel 2** En désordre: *poser ses affaires en vrac* ▸ **de qualquer jeito**

vrai, e *adj* **1** Conforme à la vérité: *histoire vraie* ▸ **verdadeiro 2** Sincère: *un ami vrai* ▸ **verdadeiro 3** Qui a les qualités essentielles à sa nature: *un vrai diamant* ▸ **autêntico 4** Convenable, juste: *voilà sa vraie place* ▸ **verdadeiro** ◆ *nm* La vérité: *distinguer le vrai du faux* ▸ **verdade** ■ **à vrai dire:** pour parler avec vérité ▸ **para dizer a verdade** □ FAM **pour de vrai:** pour de bon ▸ **de verdade**

vrai-faux, vraie-fausse (pl *vrais-faux, vraies-fausses*) *adj* Se dit d'un faux document délivré par les autorités publiques: *un vrai-faux passeport* ▸ **falso (emitido por órgão oficial)**

vraiment *adv* **1** De façon effective: *cela est vraiment arrivé* ▸ **realmente 2** Sert pour renforcer une affirmation: *vraiment, tu exagères* ▸ **realmente**

vraisemblable *adj* **1** Qui semble vrai, probable; plausible ▸ **verossímil 2** Qui pourrait être vrai: *le scénario n'est pas vraisemblable* ▸ **verossímil**

vraisemblablement *adv* Avec vraisemblance ▸ **provavelmente**

vraisemblance *nf* Caractère de ce qui a l'apparence de la vérité ▸ **verossimilhança**

vraquier *nm* Navire transportant des marchandises en vrac ▸ **cargueiro**

vrille *nf* **1** Outil terminé par une sorte de vis pour percer des trous dans le bois ▸ **verruma 2** Hélice, spirale: *escalier en vrille* ▸ **espiral 3** Organe de fixation de certaines plantes grimpantes: *les vrilles de la vigne* ▸ **gavinha 4** Figure de voltige aérienne ▸ **parafuso** ■ FAM **partir en vrille:** échapper à tout contrôle; déraper: *adolescent qui part en vrille* ▸ **entrar em parafuso**

vriller *vt* Percer avec une vrille ▸ **verrumar** ◆ *vi* S'élever ou descendre en décrivant une hélice ▸ **espiralar**

vrombir *vi* Produire un son vibré, dû à un mouvement périodique rapide: *moteur qui vrombit* ▸ **roncar**

vrombissement *nm* Bruit de ce qui vrombit: *le vrombissement d'un avion* ▸ **ronco**

VRP *nm* (sigle de *voyageur représentant placier*) Représentant de commerce ▸ **RC**

VTC *nm* (sigle de *vélo tout chemin*) Vélo proche du VTT, adapté à la randonnée sur chemins ou sur route; sport pratiqué avec ce vélo ▸ **estradeira, *road bike*, ciclismo de estrada**

VTT *nm* (sigle de *vélo tout terrain*) Vélo à roues épaisses, sans suspension ni garde-boue, utilisé sur des parcours accidentés; sport pratiqué avec ce vélo ▸ ***mountain-bike***

vu, e *adj* ▸ **visto** ■ **bien, mal vu:** bien, mal considéré, accueilli ▸ **bem-visto, malvisto** ◆ *prép* Eu égard à: *vu la difficulté* ▸ **em vista de** ■ **vu que:** attendu que, puisque ▸ **uma vez que** ◆ *nm* ■ **au vu et au su de tous, de tout le monde:** sans se cacher; ouvertement ▸ **para quem quiser ver**

vue *nf* **1** Sens par lequel on perçoit la forme, la couleur des choses matérielles; faculté de voir: *perdre, recouvrer la vue* ▸ **visão 2** Action de regarder, de voir: *détourner la vue* ▸ **vista 3** Étendue de ce que l'on peut voir là où on est: *maison qui a une belle vue* ▸ **vista 4** Représentation d'un lieu, d'un paysage: *vues prises d'avion* ▸ **vista 5** Idée, conception, manière de voir: *vue ingénieuse; échange de vues* ▸ **visão** ■ **à perte de vue:** très loin ▸ **a perder de vista** □ **à première vue:** au premier regard, sans observer longuement ▸ **à primeira vista** □ **à vue d'œil: (a)** sans examiner avec attention ▸ **a olho (b)** très rapidement ▸ **num piscar de olhos** □ **connaître de vue:** seulement pour avoir vu ▸ **conhecer de vista** □ **en vue de:** dans le but de ▸ **a fim de**

vulcanisation *nf* Opération consistant à rendre le caoutchouc insensible à la chaleur et au froid en le traitant par le soufre ▸ **vulcanização**

vulcaniser *vt* Pratiquer la vulcanisation ▸ **vulcanizar**

vulcanologie *nf* → **volcanologie**

vulcanologue *n* → **volcanologue**

vulgaire *adj* **1** Commun, ordinaire, quelconque ▸ **comum 2** Qui manque de délicatesse; grossier ▸ **vulgar 3** (avant le nom) Qui n'est rigoureusement que ce qu'il est: *robe en vulgaire coton* ▸ **simples** ■ **nom vulgaire d'une plante, d'un animal:** nom courant (par opposition à *nom scientifique*) ▸ **nome popular de uma planta, de um animal**

vulgairement *adv* **1** Communément ▸ **geralmente 2** Avec vulgarité, grossièrement ▸ **vulgarmente**

vulgarisateur, trice *adj et n* Qui vulgarise une connaissance scientifique ▸ **divulgador**
vulgarisation *nf* Action de vulgariser ▸ **divulgação**
vulgariser *vt* Rendre accessible au grand public, propager: *vulgariser une science* ▸ **divulgar**
vulgarité *nf* Caractère d'une personne ou d'une chose vulgaire ▸ **vulgaridade** ♦ **vulgarités** *pl* Paroles grossières, vulgaires ▸ **vulgaridades**
vulgum pecus [vulgɔmpekys] *nm inv* FAM La multitude des gens ignorants ▸ **plebe ignara**
vulnérabilité *nf* Caractère vulnérable ▸ **vulnerabilidade**
vulnérable *adj* **1** Susceptible d'être blessé physiquement; fragile: *position vulnérable* ▸ **vulnerável** **2** Qui donne prise aux attaques morales ▸ **vulnerável** **3** FIG Faible, qui donne prise à la critique: *point vulnérable d'un argument* ▸ **vulnerável**
vulnéraire *nf* Plante herbacée à fleurs jaunes ▸ **vulnerária**
vulve *nf* Ensemble des parties génitales externes, chez la femme et chez les femelles des animaux supérieurs ▸ **vulva**

Ww

w *nm* Vingt-troisième lettre de l'alphabet et la dix-huitième des consonnes ► **w**

wagon [vagɔ̃] *nm* Voiture de chemin de fer pour le transport des marchandises et des animaux (pour les voyageurs, on dit *voiture*) ► **vagão**

wagon-citerne (pl *wagons-citernes*) *nm* Wagon destiné au transport des liquides ► **vagão-tanque**

wagon-lit (pl *wagons-lits*) *nm* Voiture de chemin de fer aménagée pour permettre aux voyageurs de dormir dans une couchette ► **vagão-leito**

wagonnet *nm* Petit wagon basculant, utilisé sur les chantiers, dans les mines ► **vagonete**

wagon-restaurant (pl *wagons-restaurants*) *nm* Voiture de chemin de fer aménagée pour servir des repas aux voyageurs ► **vagão-restaurante**

Walkman [wokman] *nm* (nom déposé) Baladeur ► **Walkman** (marca registrada)

walkyrie [valkiri] ou **valkyrie** *nf* Déesse des mythologies nordiques ► **valquíria**

wallaby [walabi] (pl *wallabys* ou *wallabies*) *nm* Marsupial herbivore australien ► **ualabi**

wallon, onne [walɔ̃, ɔn] *adj* Qui se rapporte aux Wallons ► **valão** ♦ *nm* Dialecte de langue d'oïl, parlé surtout en Wallonie ► **valão** ♦ *n* Habitant de la Belgique parlant le français: *les Wallons* ► **valão**

wap [wap] *nm* (sigle de *wireless application protocol*) TÉLÉCOMM Protocole adapté à la connexion des téléphones mobiles à Internet ► **wap**

wapiti [wapiti] *nm* Grand cerf de l'Amérique du Nord et de l'Asie ► **uapiti**

warrant [warɑ̃] ou [varɑ̃] *nm* DR Récépissé de marchandises entreposées dans des docks, négociable comme une traite ► ***warrant***

water-closet [watɛrklɔzɛt] (pl *water-closets*) *nm* ou **waters** *nm pl* Petite pièce destinée aux besoins naturels; toilettes ► **privada**

water-polo [watɛrpɔlo] (pl *water-polos*) *nm* Jeu de ballon dans l'eau entre deux équipes de sept joueurs ► **polo aquático**

watt [wat] *nm* Unité de mesure de puissance du flux énergétique et thermique; symb: W ► **watt**

W.-C. *nm pl* (sigle de *water-closet*) Toilettes ► **W.C.**

web [wɛb] *nm* Système hypermédia permettant de naviguer sur Internet ► ***web***

webcam [wɛbkam] *nf* Caméra numérique destinée à enregistrer et à diffuser des images animées sur un site Internet ► ***webcam***

weblog [wɛblɔg] *nm* Blog ► ***blog***

week-end [wikɛnd] (pl *week-ends*) *nm* Congé de fin de semaine incluant le samedi et le dimanche: *partir en week-end* ► **fim de semana**

western [wɛstɛrn] *nm* Film d'aventures qui raconte les aventures des pionniers, des cow-boys dans l'Ouest américain ► **faroeste**

wharf [warf] *nm* MAR Appontement perpendiculaire à la rive permettant aux navires d'accoster des deux côtés ► **píer**

whisky [wiski] (pl *whiskys* ou *whiskies*) *nm* Eau-de-vie de grain fabriquée surtout dans les pays anglo-saxons ► **uísque**

whist [wist] *nm* Jeu de cartes ancêtre du bridge ► **uíste**

white-spirit [wajtspirit] (pl inv ou *white-spirits*) *nm* Solvant minéral servant à diluer la peinture ► **aguarrás mineral**

Wi-Fi *nm inv* (abréviation de *Wireless Fidelity*) Réseau local hertzien à haut débit destiné aux liaisons d'équipements informatiques ► **Wi-Fi**

williams [wiljams] *nf* Variété de poire d'été, très juteuse ► **pera *williams***

winch [winʃ] (pl *winchs* ou *winches*) *nm* MAR Sur un yacht, treuil à main ► **cabrestante**

Winchester [winʃɛstɛr] *nf* Fusil américain à répétition ► ***winchester***

wishbone [wiʃbon] *nm* MAR Vergue en forme d'arceau entourant une voile ► **retranca**

wok [wɔk] *nm* Sorte de grosse poêle profonde très utilisée dans la cuisine asiatique ► ***wok***

wolfram [vɔlfram] *nm* Oxyde naturel de fer, de manganèse ou de tungstène ▸ **volfrâmio**

world music [w rldmjuzik] (pl *world musics*) *nf* Courant musical de la fin des années 1980, issu du jazz, de la musique pop et de diverses autres musiques ▸ ***world music***

Xx

x *nm* **1** Vingt-quatrième lettre de l'alphabet et la dix-neuvième des consonnes ▸ **x 2** Objet en forme d'X ▸ **x 3** Tabouret à pieds croisés ▸ **tamborete com pé em x 4** MATH Symbole représentant l'inconnue ou l'une des inconnues d'une équation ▸ **x 5** Sert à désigner une personne ou une chose qu'on ne veut ou ne peut désigner plus clairement: *monsieur X; en un temps «x»* ▸ **x** ■ **X:** chiffre romain valant 10 ▸ **X** □ **film classé X:** à caractère pornographique ▸ **filme pornô** □ **rayons X:** radiation électromagnétique de faible longueur d'onde traversant plus ou moins facilement les corps matériels ▸ **raio X** □ **accouchement sous X:** préservation de l'anonymat d'une femme qui abandonne son enfant à la naissance ▸ **parto anônimo**

xénon *nm* Gaz rare de l'atmosphère; symb: Xe ▸ **xenônio**

xénophobe *adj et n* Qui manifeste de l'hostilité envers les étrangers ▸ **xenófobo**

xénophobie *nf* Hostilité systématique à l'égard des étrangers, de tout ce qui est étranger ▸ **xenofobia**

xérès [kserɛs] ou **jerez** [xerɛs] *nm* Vin blanc sec originaire de Jerez, en Espagne ▸ **xerez**

xi *nm* → **ksi**

xylographie *nf* Gravure sur bois ▸ **xilografia**

xylophage *adj* Qui se nourrit de bois: *insectes xylophages* ▸ **xilófago**

xylophone *nm* Instrument de musique composé de lamelles de bois sur lesquelles on frappe avec deux baguettes ▸ **xilofone**

Yy

y[1] *nm* Vingt-cinquième lettre de l'alphabet et la sixième des voyelles ▸ **y**

y[2] *adv* Dans cet endroit-là: *allez-y* ▸ **aqui,** *lá, aí, ali* ▪ **il y a: (a)** présente comme existant: *il y a un café au coin* ▸ **há (b)** introduit la durée écoulée depuis un événement donné, depuis la fin d'un état, ou la durée d'une action depuis son origine: *il y a trois ans* ▸ **há (c)** introduit la distance: *il y a deux kilomètres jusqu'au village* ▸ **é, são** ◆ *pron pers* À cela, à cette personne-là: *ne vous y fiez pas; nous y sommes* ▸ **nisso, nele, nela**

yacht [jot] *nm* Bateau de plaisance, à voiles ou à moteur ▸ **iate**

yacht-club [jotklœb] (pl *yacht-clubs*) *nm* Club de yachting ▸ **iate clube**

yachting [jotiŋ] *nm* Navigation de plaisance ▸ **iatismo**

yachtman [jotman] (pl *yachtmans* ou *yachtmen*) ou **yachtsman** [jotman] (pl *yachtsmans* ou *yachtsmen*) *nm* Celui qui pratique le yachting ▸ **iatista**

yack ou **yak** *nm* Ruminant du Tibet, à long pelage, servant comme bête de somme ▸ **iaque**

yankee [jɑ̃ki] *adj et n* Des États-Unis ▸ **ianque**

yaourt [jaurt] ou **yogourt** [jogurt] ou **yoghourt** [jogurt] *nm* Lait caillé à l'aide de ferments lactiques ▸ **iogurte**

yaourtière *nf* Appareil pour préparer les yaourts ▸ **iogurteira**

yard [jard] *nm* Unité de mesure de longueur anglo-saxonne, valant 0,914 m ▸ **jarda**

yatagan *nm* Sabre très tranchant incurvé en deux sens opposés, qui était en usage chez les Turcs et les Arabes ▸ **iatagã**

yearling [jœrliŋ] *nm* Cheval pur sang d'un an ▸ ***yearling***

yéménite *adj et n* Du Yémen: *les Yéménites* ▸ **iemenita**

yen [jɛn] *nm inv* Unité monétaire principale du Japon ▸ **iene**

yéti *nm* Humanoïde légendaire de l'Himalaya (appelé aussi: *abominable homme des neiges*) ▸ ***yeti***

yeuse *nf* Nom usuel du chêne vert dans le midi de la France: *l'yeuse* ▸ **azinheira**

yeux *nm pl* → **œil**

yé-yé *nm inv et adj inv* FAM Style de musique en vogue dans les années 1960 ▸ **iê-iê-iê**

yiddish [jidiʃ] *nm inv* Langue germanique des communautés juives ashkénazes d'Europe centrale et orientale ▸ **iídiche**

ylang-ylang (pl *ylangs-ylangs*) *nm* → **ilang-ilang**

yod *nm* LING Semi-voyelle [j], transcrite *i* ou *y* dans les diphtongues (EX: *mien* [mjɛ̃]) ▸ **iode**

yoga *nm* Discipline spirituelle et corporelle, originaire de l'Inde, visant à libérer l'esprit des contraintes du corps ▸ **ioga**

yogi *n* Ascète qui pratique le yoga ▸ **iogue**

yogourt ou **yoghourt** *nm* → **yaourt**

yole *nf* Embarcation étroite, légère et rapide, propulsée à l'aviron ▸ **iole**

yougoslave *adj et n* De Yougoslavie ▸ **iugoslavo**

youpi ou **youppie** *interj* Marque la joie et l'enthousiasme ▸ **oba**

yourte ou **iourte** *nf* Tente mongole en feutre ▸ **iurta**

youyou[1] *nm* Petit canot manœuvrant à la voile ou à l'aviron ▸ **canoa chinesa**

youyou[2] *nm* Cri poussé par les femmes arabes dans certaines cérémonies ▸ **grito das mulheres árabes**

Yo-Yo *nm inv* (nom déposé) Jouet formé d'une roulette à gorge qui monte et descend le long d'un fil ▸ **ioiô**

ypérite *nf* Gaz de combat ▸ **iperita**

yuan [jyan] *nm* Unité monétaire principale de la Chine ▸ **iuane**

yucca [juka] *nm* Liliacée à belles fleurs blanches, ressemblant à l'aloès ▸ **iúca**

Zz

z *nm* Vingt-sixième lettre de l'alphabet et la vingtième des consonnes ► **z**

ZAC [zak] *nf* (sigle de *zone d'aménagement concerté*) Zone aménagée et équipée par une collectivité publique pour être ensuite cédée à des utilisateurs privés ou publics ► **Ø**

ZAD [zad] *nf* (sigle de *zone d'aménagement différé*) Zone dont l'aménagement est prévu pour une époque ultérieure ► **Ø**

zaïrois, e *adj et n* Du Zaïre: *les Zaïrois* ► **zairense**

zakouski *nm pl* Hors-d'œuvre russes ► ***zakuski***

zambien, enne *adj et n* De Zambie: *les Zambiens* ► **zambiense**

zapper *vi* Pratiquer le zapping ► **zapear**

zappeur, euse *n* Personne qui zappe ► **zapeador**

zapping [zapiŋ] *nm* Pratique du téléspectateur qui change souvent de chaîne à l'aide de sa télécommande ► ***zapping***

zazou *n et adj* Jeune dandy excentrique, dans les années 40, passionné de jazz ► ***zazou***

zèbre *nm* **1** Mammifère africain voisin du cheval, à robe rayée ► **zebra** **2** FAM Individu: *un drôle de zèbre* ► **sujeito**

zébré, e *adj* Marqué de zébrures, de ► **zebrado**

zébrer *vt (conj 10)* Marquer de raies, de rayures ► **zebrar**

zébrure *nf* Rayure du pelage d'un animal; raie sur la peau ou sur une surface quelconque ► **zebrado**

zébu *nm* Bœuf à longues cornes qui a une bosse graisseuse sur les épaules ► **zebu**

zélateur, trice *n* LITT Qui agit avec un zèle ardent ► **solícito**

zèle *nm* Vive ardeur pour le service de quelqu'un ou de quelque chose ► **zelo** ■ FAM **faire du zèle:** montrer un empressement intempestif ou exagéré ► **ter zelo exagerado**

zélé, e *adj* Plein de zèle ► **zeloso**

zen [zɛn] *nm* École bouddhiste originaire de Chine et répandue au Japon depuis la fin du XIIe s. ► **zen** ◆ *adj inv* **1** Relatif au zen ► **zen** **2** FIG, FAM Qui reste calme et décontracté en toutes circonstances ► **zen**

zénith *nm* **1** Point du ciel situé au-dessus de la tête de l'observateur ► **zênite** **2** FIG, SOUT Point culminant, degré le plus élevé: *au zénith de sa gloire* ► **apogeu**

zénithal, e, aux *adj* Relatif au zénith ► **zenital**

zéphyr *nm* LITT Vent doux et agréable ► **zéfiro**

zeppelin [zɛplɛ̃] *nm* Ballon dirigeable allemand, à carcasse métallique, construit de 1900 à 1930 ► **zepelim**

zéro *nm* **1** Signe numérique qui note la valeur nulle d'une grandeur, mais qui, placé à la droite d'un chiffre, augmente dix fois sa valeur ► **zero** **2** Absence de valeur, de quantité: *fortune réduite à zéro* ► **zero** **3** Dans la notation scolaire, note la plus basse: *avoir (un) zéro en mathématiques* ► **zero** **4** FIG, FAM Personne dont les capacités sont nulles ► **nulidade** **5** Degré de température correspondant à la glace fondante ► **zero** ■ **repartir à zéro:** reprendre une opération depuis le début ► **recomeçar do zero** □ **zéro absolu:** température de 273° C ► **zero absoluto** ◆ *adj* **1** Aucun: *zéro faute* ► **nenhum** **2** Nul en valeur: *degré zéro* ► **zero**

zeste *nm* **1** Écorce extérieure de l'orange, du citron ► **zesto** **2** FIG Petite quantité ► **pitada**

zêta ou **dzêta** *nm inv* Sixième lettre de l'alphabet grec, équivalant à *dz* ► **zeta**

zézaiement *nm* Défaut de prononciation d'une personne qui zézaie; zozotement ► **ceceio**

zézayer *vi (conj 4)* Parler en donnant le son du *z* aux lettres *j* et *g*, et prononcer *s* le *ch*; zozoter ► **cecear**

ZI *nf* (sigle de *zone industrielle*) Zone spécialement localisée et équipée en vue d'accueillir des établissements industriels ► **ZI**

zibeline *nf* Martre de Sibérie et du Japon, à poil très fin; sa fourrure ▸ **zibelina**

zidovudine *nf* Médicament utilisé dans le traitement du sida (appelé aussi: *AZT*) ▸ **zidovudina**

zieuter *vt* FAM Regarder ▸ **dar uma olhada**

ZIF [zif] *nf* (sigle de *zone d'intervention foncière*) Zone destinée à permettre la création de réserves foncières au profit des pouvoirs publics ▸ **Ø**

zig ou **zigue** *nm* FAM Individu, type: *un drôle de zigue* ▸ **cara**

zigoto *nm* ▪ FAM **faire le zigoto:** chercher à épater son entourage ▸ **bancar o tal**

zigouiller *vt* FAM Tuer ▸ **apagar**

zigzag *nm* Ligne brisée à angles alternativement rentrants et sortants: *voiture qui fait des zigzags* ▸ **ziguezague** ▪ **en zigzag:** en formant des angles alternativement rentrants et saillants: *marcher en zigzag* ▸ **em ziguezague**

zigzaguer *vi* Faire des zigzags ▸ **ziguezaguear**

zinc [zɛ̃g] *nm* **1** Corps simple, métallique, d'un blanc bleuâtre ▸ **zinco 2** FAM Comptoir d'un bar, d'un café ▸ **balcão de bar 3** FAM, VIEILLI Avion, surtout militaire ▸ **avião**

zingueur *nm* Ouvrier couvreur chargé de la pose des revêtements de zinc ▸ **zincador**

zinnia *nm* Plante à fleurs ornementales originaire du Mexique ▸ **zínia**

zinzin *adj* FAM Bizarre, un peu fou ▸ **lelé**

zircon *nm* Gemme naturelle, transparente ou colorée ▸ **zircão**

zizanie *nf* ▸ **cizânia** ▪ **mettre, semer la zizanie:** provoquer la désunion, le désaccord entre des personnes ▸ **provocar desavença**

zizi *nm* FAM Pénis, dans le langage enfantin ▸ **piupiu**

zloty [zlɔti] *nm* Unité monétaire principale de la Pologne ▸ ***zloty***

Zodiac *nm* (nom déposé) Canot en caoutchouc pouvant être équipé d'un moteur hors-bord ▸ ***Zodiac*** (marca registrada), bote de borracha

zodiacal, e, aux *adj* Du zodiaque ▸ **zodiacal**

zodiaque *nm* Zone circulaire dont l'écliptique occupe le milieu et qui contient les douze constellations que le Soleil parcourt dans son mouvement apparent ▸ **zodíaco** ▪ **signe du zodiaque:** chacune des douze parties en lesquelles le zodiaque est divisé (ce sont le Bélier, le Taureau, les Gémeaux, le Cancer, le Lion, la Vierge, la Balance, le Scorpion, le Sagittaire, le Capricorne, le Verseau et les Poissons) ▸ **signo do zodíaco**

zombie *nm* **1** Dans le vaudou, mort sorti du tombeau et qu'un sorcier met à son service ▸ **zumbi 2** FAM Personne qui erre l'air tout à fait absent, comme si elle venait d'ailleurs ▸ **zumbi**

zona *nm* Maladie infectieuse virale caractérisée par des éruptions vésiculeuses et douloureuses ▸ **herpes-zóster**

zonage *nm* **1** Division d'une ville en zones réservées à certaines activités; répartition rationnelle de celles-ci ▸ **zoneamento 2** INFORM Répartition d'un ensemble d'informations en zones de structure homogène, en suivant tels ou tels critères ▸ **organização de arquivos**

zonard, e *n et adj* FAM Jeune marginal des quartiers défavorisés ▸ **maloqueiro**

zone *nf* **1** Espace limité d'un pays, d'une région, d'une ville: *zone frontière* ▸ **zona 2** Espace limité d'une surface, d'une étendue plus vaste: *zone industrielle* ▸ **zona 3** FAM Espace, à la limite d'une ville, caractérisé par la misère de son habitat ▸ **periferia 4** FIG Tout ce qui est comparable à un espace quelconque: *zone d'influence* ▸ **área 5** GÉOGR Chacune des divisions de la Terre déterminées par les pôles, les cercles polaires et les tropiques, et à laquelle correspond approximativement un grand type de climat (*zones tropicale, tempérée, polaire*) ▸ **zona 6** Espace qui s'allonge sensiblement dans le sens des parallèles ▸ **zona 7** MATH Portion de la surface d'une sphère limitée par deux plans parallèles qui la coupent ▸ **zona 8** INFORM Champ ▸ **zona** ▪ **zone euro:** ensemble des 15 pays de l'Union européenne (Allemagne, Autriche, Belgique, Chypre, Espagne, Finlande, France, Grèce, Irlande, Italie, Luxembourg, Malte, Pays-Bas, Portugal et Slovénie) où l'euro a cours ▸ **zona do euro**

zoner¹ *vt* INFORM Effectuer le zonage de ▸ **zonear**

zoner² *vi* FAM Mener une vie marginale en vivant d'expédients ▸ **zonear**

zoo [zo] *nm* Jardin zoologique ▸ **zoo**

zoologie [zoolɔʒie] *nf* Branche des sciences naturelles qui étudie les animaux ▸ **zoologia**

zoologique [zoolɔʒik] *adj* Relatif à la zoologie ▸ **zoológico** ▪ **jardin zoologique:** parc où se trouvent rassemblés des animaux sauvages en captivité ou en semi-liberté ▸ **jardim zoológico**

zoologiste ou **zoologue** *n* Spécialiste de zoologie ▸ **zoólogo**

zoom [zum] *nm* Objectif de prise de vues dont on peut faire varier de façon continue la distance focale ▸ ***zoom***

zoomer [zume] *vi* Filmer en utilisant un zoom ▸ **filmar com *zoom*** ◆ *vt ind* [sur] Faire un gros plan sur ▸ **dar um *zoom* em**

zootechnie [zɔɔtɛkni] *nf* Science qui étudie les méthodes d'élevage et de reproduction des animaux domestiques ▸ **zootecnia**

zouave *nm* **1** FAM Individu au comportement original ou bizarre; clown ▸ **palhaço** **2** HIST Soldat d'un corps d'infanterie française, créé en Algérie en 1830 ▸ **zuavo**

zozo *nm* FAM Garçon niais et naïf ▸ **bobo**

zozotement *nm* FAM Action de zozoter ▸ **ceceio**

zozoter *vi* FAM Zézayer ▸ **cecear**

ZUP [zyp] *nf* (sigle de *zone à urbaniser en priorité*) Zone désignée pour être aménagée afin de pallier la pénurie de terrains viabilisés et équipés ▸ **Ø**

zut *interj* FAM Exclamation de mépris, de dépit, de lassitude ▸ **ora bolas**

zygomatique *adj* Relatif à la pommette: *les trois muscles zygomatiques entrent en jeu dans le sourire* ▸ **zigomático**

zygote *nm* Cellule résultant immédiatement de la fécondation; SYN: *œuf fécondé* ▸ **zigoto**

Conjugações

Verbos auxiliares

1 avoir

indicatif

présent	passé composé
j' ai	j' ai eu
tu as	tu as eu
il a	il a eu
nous avons	nous avons eu
vous avez	vous avez eu
ils ont	ils ont eu

imparfait	plus-que-parfait
j' avais	j' avais eu
tu avais	tu avais eu
il avait	il avait eu
nous avions	nous avions eu
vous aviez	vous aviez eu
ils avaient	ils avaient eu

passé simple	passé antérieur
j' eus	j' eus eu
tu eus	tu eus eu
il eut	il eut eu
nous eûmes	nous eûmes eu
vous eûtes	vous eûtes eu
ils eurent	ils eurent eu

futur	futur antérieur
j' aurai	j' aurai eu
tu auras	tu auras eu
il aura	il aura eu
nous aurons	nous aurons eu
vous aurez	vous aurez eu
ils auront	ils auront eu

subjonctif

présent	imparfait	passé	plus-que-parfait
que j' aie	que j' eusse	que j' aie eu	que j' eusse eu
que tu aies	que tu eusses	que tu aies eu	que tu eusses eu
qu' il ait	qu' il eût	qu' il ait eu	qu' il eût eu
que nous ayons	que nous eussions	que nous ayons eu	que nous eussions eu
que vous ayez	que vous eussiez	que vous ayez eu	que vous eussiez eu
qu' ils aient	qu' ils eussent	qu' ils aient eu	qu' ils eussent eu

conditionnel

présent	passé
j' aurais	j' aurais eu
tu aurais	tu aurais eu
il aurait	il aurait eu
nous aurions	nous aurions eu
vous auriez	vous auriez eu
ils auraient	ils auraient eu

participes

présent
ayant

passé
eu eue
eus eues

impératif

aie
ayons ayez

2 être

indicatif

présent	passé composé
je suis	j' ai été
tu es	tu as été
il est	il a été
nous sommes	nous avons été
vous êtes	vous avez été
ils sont	ils ont été

imparfait	plus-que-parfait
j' étais	j' avais été
tu étais	tu avais été
il était	il avait été
nous étions	nous avions été
vous étiez	vous aviez été
ils étaient	ils avaient été

passé simple	passé antérieur
je fus	j' eus été
tu fus	tu eus été
il fut	il eut été
nous fûmes	nous eûmes été
vous fûtes	vous eûtes été
ils furent	ils eurent été

futur	futur antérieur
je serai	j' aurai été
tu seras	tu auras été
il sera	il aura été
nous serons	nous aurons été
vous serez	vous aurez été
ils seront	ils auront été

subjonctif

présent	imparfait	passé	plus-que-parfait
que je sois	que je fusse	que j' aie été	que j' eusse été
que tu sois	que tu fusses	que tu aies été	que tu eusses été
qu' il soit	qu' il fût	qu' il ait été	qu' il eût été
que nous soyons	que nous fussions	que nous ayons été	que nous eussions été
que vous soyez	que vous fussiez	que vous ayez été	que vous eussiez été
qu' ils soient	qu' ils fussent	qu' ils aient été	qu' ils eussent été

conditionnel

présent	passé
je serais	j' aurais été
tu serais	tu aurais été
il serait	il aurait été
nous serions	nous aurions été
vous seriez	vous auriez été
ils seraient	ils auraient été

participes

présent
étant

passé
été

passé composé
ayant été

impératif

sois
soyons soyez

Verbos regulares

3 chanter — 1er groupe

indicatif

présent	passé composé
je chante	j' ai chanté
tu chantes	tu as chanté
il chante	il a chanté
nous chantons	nous avons chanté
vous chantez	vous avez chanté
ils chantent	ils ont chanté

imparfait	plus-que-parfait
je chantais	j' avais chanté
tu chantais	tu avais chanté
il chantait	il avait chanté
nous chantions	nous avions chanté
vous chantiez	vous aviez chanté
ils chantaient	ils avaient chanté

passé simple	passé antérieur
je chantai	j' eus chanté
tu chantas	tu eus chanté
il chanta	il eut chanté
nous chantâmes	nous eûmes chanté
vous chantâtes	vous eûtes chanté
ils chantèrent	ils eurent chanté

futur	futur antérieur
je chanterai	j' aurai chanté
tu chanteras	tu auras chanté
il chantera	il aura chanté
nous chanterons	nous aurons chanté
vous chanterez	vous aurez chanté
ils chanteront	ils auront chanté

subjonctif

présent	imparfait
que je chante	que je chantasse
que tu chantes	que tu chantasses
qu' il chante	qu' il chantât
que nous chantions	que nous chantassions
que vous chantiez	que vous chantassiez
qu' ils chantent	qu' ils chantassent

passé	plus-que-parfait
que j' aie chanté	que j' eusse chanté
que tu aies chanté	que tu eusses chanté
qu' il ait chanté	qu' il eût chanté
que nous ayons chanté	que nous eussions chanté
que vous ayez chanté	que vous eussiez chanté
qu' ils aient chanté	qu' ils eussent chanté

conditionnel

présent	passé
je chanterais	j' aurais chanté
tu chanterais	tu aurais chanté
il chanterait	il aurait chanté
nous chanterions	nous aurions chanté
vous chanteriez	vous auriez chanté
ils chanteraient	ils auraient chanté

participes

présent
chantant

passé
chanté chantée
chantés chantées

impératif

chante
chantons chantez

4 finir — 2e groupe

indicatif

présent	passé composé
je finis	j' ai fini
tu finis	tu as fini
il finit	il a fini
nous finissons	nous avons fini
vous finissez	vous avez fini
ils finissent	ils ont fini

imparfait	plus-que-parfait
je finissais	j' avais fini
tu finissais	tu avais fini
il finissait	il avait fini
nous finissions	nous avions fini
vous finissiez	vous aviez fini
ils finissaient	ils avaient fini

passé simple	passé antérieur
je finis	j' eus fini
tu finis	tu eus fini
il finit	il eut fini
nous finîmes	nous eûmes fini
vous finîtes	vous eûtes fini
ils finirent	ils eurent fini

futur	futur antérieur
je finirai	j' aurai fini
tu finiras	tu auras fini
il finira	il aura fini
nous finirons	nous aurons fini
vous finirez	vous aurez fini
ils finiront	ils auront fini

subjonctif

présent	imparfait
que je finisse	que je finisse
que tu finisses	que tu finisses
qu' il finisse	qu' il finît
que nous finissions	que nous finissions
que vous finissiez	que vous finissiez
qu' ils finissent	qu' ils finissent

passé	plus-que-parfait
que j' aie fini	que j' eusse fini
que tu aies fini	que tu eusses fini
qu' il ait fini	qu' il eût fini
que nous ayons fini	que nous eussions fini
que vous ayez fini	que vous eussiez fini
qu' ils aient fini	qu' ils eussent fini

conditionnel

présent	passé
je finirais	j' aurais fini
tu finirais	tu aurais fini
il finirait	il aurait fini
nous finirions	nous aurions fini
vous finiriez	vous auriez fini
ils finiraient	ils auraient fini

participes

présent
finissant

passé
fini finie
finis finies

impératif

finis
finissons finissez

Verbos do 1º grupo [em *–er*]

			1 placer			**2 manger**			**3 nettoyer***
Ind. présent		je	place		je	mange		je	nettoie
		tu	places		tu	manges		tu	nettoies
		il	place		il	mange		il	nettoie
		nous	plaçons		nous	mangeons		nous	nettoyons
		vous	placez		vous	mangez		vous	nettoyez
		ils	placent		ils	mangent		ils	nettoient
Ind. imparf.		je	plaçais		je	mangeais		je	nettoyais
		il	plaçait		il	mangeait		il	nettoyait
		nous	placions		nous	mangions		nous	nettoyions
		ils	plaçaient		ils	mangeaient		ils	nettoyaient
Ind. passé simple		je	plaçai		je	mangeai		je	nettoyai
		il	plaça		il	mangea		il	nettoya
		nous	plaçâmes		nous	mangeâmes		nous	nettoyâmes
		ils	placèrent		ils	mangèrent		ils	nettoyèrent
Ind. futur		je	placerai		je	mangerai		je	nettoierai
		il	placera		il	mangera		il	nettoiera
Cond. présent		je	placerais		je	mangerais		je	nettoierais
		il	placerait		il	mangerait		il	nettoierait
		nous	placerions		nous	mangerions		nous	nettoierions
Subj. présent	que	je	place	que	je	mange	que	je	nettoie
	que	nous	placions	que	nous	mangions	que	nous	nettoyions
Subj. imparf.	que	je	plaçasse	que	je	mangeasse	que	je	nettoyasse
	qu'	il	plaçât	qu'	il	mangeât	qu'	il	nettoyât
	que	nous	plaçassions	que	nous	mangeassions	que	nous	nettoyassions
Impératif			place, plaçons			mange, mangeons			nettoie, nettoyons
			placez			mangez			nettoyez
Participes			plaçant, placé			mangeant, mangé			nettoyant, nettoyé

* Igual para os verbos terminados em *–uyer*.

			4 payer			**5 peler**			**6 appeler**
Ind. présent		je	paie/paye		je	pèle		j'	appelle
		tu	paies/payes		tu	pèles		tu	appelles
		il	paie/paye		il	pèle		il	appelle
		nous	payons		nous	pelons		nous	appelons
		vous	payez		vous	pelez		vous	appelez
		ils	paient/payent		ils	pèlent		ils	appellent
Ind. imparf.		je	payais		je	pelais		j'	appelais
		il	payait		il	pelait		il	appelait
		nous	payions		nous	pelions		nous	appelions
		ils	payaient		ils	pelaient		ils	appelaient
Ind. passé simple		je	payai		je	pelai		j'	appelai
		il	paya		il	pela		il	appela
		nous	payâmes		nous	pelâmes		nous	appelâmes
		ils	payèrent		ils	pelèrent		ils	appelèrent
Ind. futur		je	paierai/payerai		je	pèlerai		j'	appellerai
		il	paiera/payera		il	pèlera		il	appellera
Cond. présent		je	paierais/payerais		je	pèlerais		j'	appellerais
		il	paierait/payerait		il	pèlerait		il	appellerait
		nous	paierions/payerions		nous	pèlerions		nous	appellerions
Subj. présent	que	je	paie/paye	que	je	pèle	que	j'	appelle
	que	nous	payions	que	nous	pelions	que	nous	appelions
Subj. imparf.	que	je	payasse	que	je	pelasse	que	j'	appelasse
	qu'	il	payât	qu'	il	pelât	qu'	il	appelât
	que	nous	payassions	que	nous	pelassions	que	nous	appelassions
Impératif			paie/paye, payons			pèle, pelons			appelle, appelons
			payez			pelez			appelez
Participes			payant, payé			pelant, pelé			appelant, appelé

Verbos do 1º grupo [em *-er*]

	7 acheter	8 jeter	9 semer
Ind. présent	j' achète tu achètes il achète nous achetons vous achetez ils achètent	je jette tu jettes il jette nous jetons vous jetez ils jettent	je sème tu sèmes il sème nous semons vous semez ils sèment
Ind. imparf.	j' achetais il achetait nous achetions ils achetaient	je jetais il jetait nous jetions ils jetaient	je semais il semait nous semions ils semaient
Ind. passé simple	j' achetai il acheta nous achetâmes ils achetèrent	je jetai il jeta nous jetâmes ils jetèrent	je semai il sema nous semâmes ils semèrent
Ind. futur	j' achèterai il achètera	je jetterai il jettera	je sèmerai il sèmera
Cond. présent	j' achèterais il achèterait nous achèterions	je jetterais il jetterait nous jetterions	je sèmerais il sèmerait nous sèmerions
Subj. présent	que j' achète que nous achetions	que je jette que nous jetions	que je sème que nous semions
Subj. imparf.	que j' achetasse qu' il achetât que nous achetassions	que je jetasse qu' il jetât que nous jetassions	que je semasse qu' il semât que nous semassions
Impératif	achète, achetons achetez	jette, jetons jetez	sème, semons semez
Participes	achetant, acheté	jetant, jeté	semant, semé

	10 révéler	11 envoyer	12 aller *
Ind. présent	je révèle tu révèles il révèle nous révélons vous révélez ils révèlent	j' envoie tu envoies il envoie nous envoyons vous envoyez ils envoient	je vais tu vas il va nous allons vous allez ils vont
Ind. imparf.	je révélais il révélait nous révélions ils révélaient	j' envoyais il envoyait nous envoyions ils envoyaient	j' allais il allait nous allions ils allaient
Ind. passé simple	je révélai il révéla nous révélâmes ils révélèrent	j' envoyai il envoya nous envoyâmes ils envoyèrent	j' allai il alla nous allâmes ils allèrent
Ind. futur	je révélerai il révélera	j' enverrai il enverra	j' irai il ira
Cond. présent	je révélerais il révélerait nous révélerions	j' enverrais il enverrait nous enverrions	j' irais il irait nous irions
Subj. présent	que je révèle que nous révélions	que j' envoie que nous envoyions	que j' aille que nous allions
Subj. imparf.	que je révélasse qu' il révélât que nous révélassions	que j' envoyasse qu' il envoyât que nous envoyassions	que j' allasse qu' il allât que nous allassions
Impératif	révèle, révélons révélez	envoie, envoyons envoyez	va, allons allez
Participes	révélant, révélé	envoyant, envoyé	allant, allé

* Atenção! *Aller* é um verbo terminado em *-er* mas pertence ao 3º grupo. Nos tempos compostos, diz-se *je suis allé* ou *j'ai été*.

Verbos do 2º grupo [em *-ir*]

	13 haïr	14 fleurir	15 bénir*
Ind. présent	je hais tu hais il hait nous haïssons vous haïssez ils haïssent	O verbo *fleurir* é regular e conjuga-se como *finir*	je bénis tu bénis il bénit nous bénissons vous bénissez ils bénissent
Ind. imparf.	je haïssais il haïssait nous haïssions ils haïssaient	A forma (*flor-*) no sentido figurado só existe em *florissant* e em *il*.	je bénissais il bénissait nous bénissions ils bénissaient
Ind. passé simple	je haïs il haït nous haïmes ils haïrent		je bénis il bénit nous bénîmes ils bénirent
Ind. futur	je haïrai il haïra		je bénirai il bénira
Cond. présent	je haïrais il haïrait nous haïrions		je bénirais il bénirait nous bénirions
Subj. présent	que je haïsse qu' il haïsse que nous haïssions		que je bénisse qu' il bénisse que nous bénissions
Subj. imparf.	que je haïsse qu' il haït		que je bénisse qu' il bénît
Impératif	haïs, haïssons, haïssez		bénis, bénissons, bénissez
Participes	haïssant, haï		bénissant, béni

* O particípio passado é *bénit, bénite* em "*pain bénit*" e "*eau bénite*".

Verbos do 3º grupo

	16 ouvrir	17 fuir	18 dormir
Ind. présent	j' ouvre tu ouvres il ouvre nous ouvrons vous ouvrez ils ouvrent	je fuis tu fuis il fuit nous fuyons vous fuyez ils fuient	je dors tu dors il dort nous dormons vous dormez ils dorment
Ind. imparf.	j' ouvrais il ouvrait nous ouvrions ils ouvraient	je fuyais il fuyait nous fuyions ils fuyaient	je dormais il dormait nous dormions ils dormaient
Ind. passé simple	j' ouvris il ouvrit nous ouvrîmes ils ouvrirent	je fuis il fuit nous fuîmes ils fuirent	je dormis il dormit nous dormîmes ils dormirent
Ind. futur	j' ouvrirai il ouvrira	je fuirai il fuira	je dormirai il dormira
Cond. présent	j' ouvrirais il ouvrirait nous ouvririons	je fuirais il fuirait nous fuirions	je dormirais il dormirait nous dormirions
Subj. présent	que j' ouvre que nous ouvrions	que je fuie que nous fuyions	que je dorme que nous dormions
Subj. imparf.	que j' ouvrisse qu' il ouvrît que nous ouvrissions	que je fuisse qu' il fuît que nous fuissions	que je dormisse qu' il dormît que nous dormissions
Impératif	ouvre, ouvrons, ouvrez	fuis, fuyons, fuyez	dors, dormons, dormez
Participes	ouvrant, ouvert	fuyant, fui	dormant, dormi

Verbos do 3º grupo

	19 mentir	20 servir	21 acquérir
Ind. présent	je mens tu mens il ment nous mentons vous mentez ils mentent	je sers tu sers il sert nous servons vous servez ils servent	j' acquiers tu acquiers il acquiert nous acquérons vous acquérez ils acquièrent
Ind. imparf.	je mentais il mentait nous mentions ils mentaient	je servais il servait nous servions ils servaient	j' acquérais il acquérait nous acquérions ils acquéraient
Ind. passé simple	je mentis il mentit nous mentîmes ils mentirent	je servis il servit nous servîmes ils servirent	j' acquis il acquit nous acquîmes ils acquirent
Ind. futur	je mentirai il mentira	je servirai il servira	j' acquerrai il acquerra
Cond. présent	je mentirais il mentirait nous mentirions	je servirais il servirait nous servirions	j' acquerrais il acquerrait nous acquerrions
Subj. présent	que je mente que nous mentions	que je serve que nous servions	que j' acquière que nous acquérions
Subj. imparf.	que je mentisse qu' il mentît que nous mentissions	que je servisse qu' il servît que nous servissions	que j' acquisse qu' il acquît que nous acquissions
Impératif	mens, mentons mentez	sers, servons servez	acquiers, acquérons acquérez
Participes	mentant, menti	servant, servi	acquérant, acquis

	22 tenir	23 assaillir*	24 cueillir
Ind. présent	je tiens tu tiens il tient nous tenons vous tenez ils tiennent	j' assaille tu assailles il assaille nous assaillons vous assaillez ils assaillent	je cueille tu cueilles il cueille nous cueillons vous cueillez ils cueillent
Ind. imparf.	je tenais il tenait nous tenions ils tenaient	j' assaillais il assaillait nous assaillions ils assaillaient	je cueillais il cueillait nous cueillions ils cueillaient
Ind. passé simple	je tins il tint nous tînmes ils tinrent	j' assaillis il assaillit nous assaillîmes ils assaillirent	je cueillis il cueillit nous cueillîmes ils cueillirent
Ind. futur	je tiendrai il tiendra	j' assaillirai il assaillira	je cueillerai il cueillera
Cond. présent	je tiendrais il tiendrait nous tiendrions	j' assaillirais il assaillirait nous assaillirions	je cueillerais il cueillerait nous cueillerions
Subj. présent	que je tienne que nous tenions	que j' assaille que nous assaillions	que je cueille que nous cueillions
Subj. imparf.	que je tinsse qu' il tînt que nous tinssions	que j' assaillisse qu' il assaillît que nous assaillissions	que je cueillisse qu' il cueillît que nous cueillissions
Impératif	tiens, tenons, tenez	assaille, assaillons, assaillez	cueille, cueillons, cueillez
Participes	tenant, tenu	assaillant, assailli	cueillant, cueilli

* Também se usa *assaillerai* para o futuro e *assaillerais* para o condicional.

Verbos do 3º grupo

	25 mourir	26 partir*	27 vêtir
Ind. présent	je meurs	je pars	je vêts
	tu meurs	tu pars	tu vêts
	il meurt	il part	il vêt
	nous mourons	nous partons	nous vêtons
	vous mourez	vous partez	vous vêtez
	ils meurent	ils partent	ils vêtent
Ind. imparf.	je mourais	je partais	je vêtais
	il mourait	il partait	il vêtait
	nous mourions	nous partions	nous vêtions
	ils mouraient	ils partaient	ils vêtaient
Ind. passé simple	je mourus	je partis	je vêtis
	il mourut	il partit	il vêtit
	nous mourûmes	nous partîmes	nous vêtîmes
	ils moururent	ils partirent	ils vêtirent
Ind. futur	je mourrai	je partirai	je vêtirai
	il mourra	il partira	il vêtira
Cond. présent	je mourrais	je partirais	je vêtirais
	il mourrait	il partirait	il vêtirait
	nous mourrions	nous partirions	nous vêtirions
Subj. présent	que je meure	que je parte	que je vête
	que nous mourions	que nous partions	que nous vêtions
Subj. imparf.	que je mourusse	que je partisse	que je vêtisse
	qu' il mourût	qu' il partît	qu' il vêtît
	que nous mourussions	que nous partissions	que nous vêtissions
Impératif	meurs, mourons	pars, partons	vêts, vêtons,
	mourez	partez	vêtez
Participes	mourant, mort	partant, parti	vêtant, vêtu

* E seus compostos, com exceção de *répartir* (em *finir*).

	28 sortir*	29 courir	30 faillir
Ind. présent	je sors	je cours	desusado
	tu sors	tu cours	–
	il sort	il court	–
	nous sortons	nous courons	–
	vous sortez	vous courez	–
	ils sortent	ils courent	–
Ind. imparf.	je sortais	je courais	–
	il sortait	il courait	–
	nous sortions	nous courions	–
	ils sortaient	ils couraient	–
Ind. passé simple	je sortis	je courus	je faillis
	il sortit	il courut	il faillit
	nous sortîmes	nous courûmes	nous faillîmes
	ils sortirent	ils coururent	ils faillirent
Ind. futur	je sortirai	je courrai	je faillirai
	il sortira	il courra	il faillira
Cond. présent	je sortirais	je courrais	je faillirais
	il sortirait	il courrait	il faillirait
	nous sortirions	nous courrions	nous faillirions
Subj. présent	que je sorte	que je coure	desusado
	que nous sortions	que nous courions	–
Subj. imparf.	que je sortisse	que je courusse	desusado
	qu' il sortît	qu' il courût	–
	que nous sortissions	que nous courussions	–
Impératif	sors, sortons	cours, courons	desusado
	sortez	courez	
Participes	sortant, sorti	courant, couru	desusado, failli

* E seus compostos, com exceção de *assortir* (em *finir*).

Verbos do 3º grupo

	31 bouillir	32 gésir	33 saillir *
Ind. présent	je bous tu bous il bout nous bouillons vous bouillez ils bouillent	je gis tu gis il gît nous gisons vous gisez ils gisent	desusado – il saille desusado – ils saillent
Ind. imparf.	je bouillais il bouillait nous bouillions ils bouillaient	je gisais il gisait nous gisions ils gisaient	desusado il saillait desusado ils saillaient
Ind. passé simple	je bouillis il bouillit nous bouillîmes ils bouillirent	desusado – – –	desusado il saillit desusado ils saillirent
Ind. futur	je bouillirai il bouillira	desusado –	desusado il saillera
Cond. présent	je bouillirais il bouillirait nous bouillirions	desusado – –	desusado il saillerait desusado
Subj. présent	que je bouille que nous bouillons	desusado –	desusado –
Subj. imparf.	que je bouillisse qu' il bouillît que nous bouillissions	desusado – –	desusado qu' il saillît desusado
Impératif	bous, bouillons bouillez	desusado –	– –
Participes	bouillant, bouilli	gisant, desusado	saillant, sailli

* No sentido de "*être en saillie*" [*sobressair*].

	34 recevoir	35 devoir	36 mouvoir *
Ind. présent	je reçois tu reçois il reçoit nous recevons vous recevez ils reçoivent	je dois tu dois il doit nous devons vous devez ils doivent	je meus tu meus il meut nous mouvons vous mouvez ils meuvent
Ind. imparf.	je recevais il recevait nous recevions ils recevaient	je devais il devait nous devions ils devaient	je mouvais il mouvait nous mouvions ils mouvaient
Ind. passé simple	je reçus il reçut nous reçûmes ils reçurent	je dus il dut nous dûmes ils durent	je mus il mut nous mûmes ils murent
Ind. futur	je recevrai il recevra	je devrai il devra	je mouvrai il mouvra
Cond. présent	je recevrais il recevrait nous recevrions	je devrais il devrait nous devrions	je mouvrais il mouvrait nous mouvrions
Subj. présent	que je reçoive que nous recevions	que je doive que nous devions	que je meuve que nous mouvions
Subj. imparf.	que je reçusse qu' il reçût que nous reçussions	que je dusse qu' il dût que nous dussions	que je musse qu' il mût que nous mussions
Impératif	reçois, recevons, recevez	desusado –	meus, mouvons, mouvez
Participes	recevant; reçu	devant; dû, due, dus, dues	mouvant; mû, mue, mus, mues

* E seus compostos, mas *ému* e *promu* não têm acento circunflexo.

Verbos do 3º grupo

	37 vouloir		38 pouvoir		39 savoir	
Ind. présent	je	veux	je	peux/puis	je	sais
	tu	veux	tu	peux	tu	sais
	il	veut	il	peut	il	sait
	nous	voulons	nous	pouvons	nous	savons
	vous	voulez	vous	pouvez	vous	savez
	ils	veulent	ils	peuvent	ils	savent
Ind. imparf.	je	voulais	je	pouvais	je	savais
	il	voulait	il	pouvait	il	savait
	nous	voulions	nous	pouvions	nous	savions
	ils	voulaient	ils	pouvaient	ils	savaient
Ind. passé simple	je	voulus	je	pus	je	sus
	il	voulut	il	put	il	sut
	nous	voulûmes	nous	pûmes	nous	sûmes
	ils	voulurent	ils	purent	ils	surent
Ind. futur	je	voudrai	je	pourrai	je	saurai
	il	voudra	il	pourra	il	saura
Cond. présent	je	voudrais	je	pourrais	je	saurais
	il	voudrait	il	pourrait	il	saurait
	nous	voudrions	nous	pourrions	nous	saurions
Subj. présent	que je	veuille	que je	puisse	que je	sache
	que nous	voulions	que nous	puissions	que nous	sachions
Subj. imparf.	que je	voulusse	que je	pusse	que je	susse
	qu' il	voulût	qu' il	pût	qu' il	sût
	que nous	voulussions	que nous	pussions	que nous	sussions
Impératif	veuille/veux,		desusado		sache,	
	veuillons/voulons,		–		sachons	
	veuillez/voulez		–		sachez	
Participes	voulant, voulu		pouvant, pu		sachant, su	

	40 valoir *		41 voir		42 prévoir	
Ind. présent	je	vaux	je	vois	je	prévois
	tu	vaux	tu	vois	tu	prévois
	il	vaut	il	voit	il	prévoit
	nous	valons	nous	voyons	nous	prévoyons
	vous	valez	vous	voyez	vous	prévoyez
	ils	valent	ils	voient	ils	prévoient
Ind. imparf.	je	valais	je	voyais	je	prévoyais
	il	valait	il	voyait	il	prévoyait
	nous	valions	nous	voyions	nous	prévoyions
	ils	valaient	ils	voyaient	ils	prévoyaient
Ind. passé simple	je	valus	je	vis	je	prévis
	il	valut	il	vit	il	prévit
	nous	valûmes	nous	vîmes	nous	prévîmes
	ils	valurent	ils	virent	ils	prévirent
Ind. futur	je	vaudrai	je	verrai	je	prévoirai
	il	vaudra	il	verra	il	prévoira
Cond. présent	je	vaudrais	je	verrais	je	prévoirais
	il	vaudrait	il	verrait	il	prévoirait
	nous	vaudrions	nous	verrions	nous	prévoirions
Subj. présent	que je	vaille	que je	voie	que je	prévoie
	que nous	valions	que nous	voyions	que nous	prévoyions
Subj. imparf.	que je	valusse	que je	visse	que je	prévisse
	qu' il	valût	qu' il	vît	qu' il	prévît
	que nous	valussions	que nous	vissions	que nous	prévissions
Impératif	desusado		vois, voyons		prévois, prévoyons	
	–		voyez		prévoyez	
Participes	valant, valu		voyant, vu		prévoyant, prévu	

* *Prévaloir*, no subjuntivo presente, conjuga-se *prévale*.

Verbos do 3º grupo

	43 pourvoir	44 asseoir	45 surseoir
Ind. présent	je pourvois	j' assieds/assois	je sursois
	tu pourvois	tu assieds/assois	tu sursois
	il pourvoit	il assied/assoit	il sursoit
	nous pourvoyons	nous asseyons/assoyons	nous sursoyons
	vous pourvoyez	vous asseyez/assoyez	vous sursoyez
	ils pourvoient	ils asseyent/assoient	ils sursoient
Ind. imparf.	je pourvoyais	j' asseyais/assoyais	je sursoyais
	il pourvoyait	il asseyait/assoyait	il sursoyait
	nous pourvoyions	nous asseyions/assoyions	nous sursoyions
	ils pourvoyaient	ils asseyaient/assoyaient	ils sursoyaient
Ind. passé simple	je pourvus	j' assis/assis	je sursis
	il pourvut	il assit/assit	il sursit
	nous pourvûmes	nous assîmes/assîmes	nous sursîmes
	ils pourvurent	ils assirent/assirent	ils sursirent
Ind. futur	je pourvoirai	j' assierai/assoirai	je surseoirai
	il pourvoira	il assiera/assoira	il surseoira
Cond. présent	je pourvoirais	j' assiérais/assoirais	je surseoirais
	il pourvoirait	il assiérait/assoirait	il surseoirait
	nous pourvoirions	nous assiérions/assoirions	nous surseoirions
Subj. présent	que je pourvoie	que j' asseye/assoie	que je sursoie
	que nous pourvoyions	que nous asseyions/assoyions	que nous sursoyions
Subj. imparf.	que je pourvusse	que j' assisse/assisse	que je sursisse
	qu' il pourvût	qu' il assît/assît	qu' il sursît
	que nous pourvussions	que nous assissions/assissions	que nous sursissions
Impératif	pourvois	assieds/assois	sursois
	pourvoyons	asseyons/assoyons	sursoyons
	pourvoyez	asseyez/assoyez	sursoyez
Participes	pourvoyant,	asseyant/assoyant,	sursoyant,
	pourvu	assis/assis	sursis

	46 seoir	47 pleuvoir	48 falloir
Ind. présent	je desusado	desusado	desusado
	tu –	–	–
	il sied	il pleut	il faut
	nous desusado	desusado	desusado
	vous –	–	–
	ils siéent	ils pleuvent	–
Ind. imparf.	je desusado	desusado	desusado
	il seyait	il pleuvait	il fallait
	nous desusado	desusado	desusado
	ils seyaient	ils pleuvaient	–
Ind. passé simple	je desusado	desusado	desusado
	il –	il plut	il fallut
	nous –	desusado	desusado
	ils –	ils plurent	–
Ind. futur	je desusado	desusado	desusado
	il siéra	il pleuvra	il faudra
Cond. présent	je desusado	desusado	desusado
	il siérait	il pleuvrait	il faudrait
	nous desusado	desusado	desusado
Subj. présent	que je desusado	desusado	desusado
	qu' il siée	qu' il pleuve	qu' il faille
Subj. imparf.	desusado	desusado	desusado
	–	qu' il plût	qu' il fallût
	–	desusado	desusado
Impératif	desusado	desusado	desusado
Participes	seyant	pleuvant	desusado
	sis	plu	fallu

Verbos do 3º grupo

	49 déchoir *	50 tendre	51 fondre
Ind. présent	je déchois tu déchois il déchoit nous déchoyons vous déchoyez ils déchoient	je tends tu tends il tend nous tendons vous tendez ils tendent	je fonds tu fonds il fond nous fondons vous fondez ils fondent
Ind. imparf.	desusado – – –	je tendais il tendait nous tendions ils tendaient	je fondais il fondait nous fondions ils fondaient
Ind. passé simple	je déchus il déchut nous déchûmes ils déchurent	je tendis il tendit nous tendîmes ils tendirent	je fondis il fondit nous fondîmes ils fondirent
Ind. futur	je déchoirai il déchoira	je tendrai il tendra	je fondrai il fondra
Cond. présent	je déchoirais il déchoirait nous déchoirions	je tendrais il tendrait nous tendrions	je fondrais il fondrait nous fondrions
Subj. présent	que je déchoie que nous déchoyions	que je tende que nous tendions	que je fonde que nous fondions
Subj. imparf.	que je déchusse qu' il déchût que nous déchussions	que je tendisse qu' il tendît que nous tendissions	que je fondisse qu' il fondît que nous fondissions
Impératif	desusado –	tends, tendons tendez	fonds, fondons fondez
Participes	desusado, déchu	tendant, tendu	fondant, fondu

* *Échoir*: futuro *il écherra*; particípio *échéant*. *Choir*: futuro *il choira* ou *il cherra*.

	52 mordre *	53 rompre	54 prendre
Ind. présent	je mords tu mords il mord nous mordons vous mordez ils mordent	je romps tu romps il rompt nous rompons vous rompez ils rompent	je prends tu prends il prend nous prenons vous prenez ils prennent
Ind. imparf.	je mordais il mordait nous mordions ils mordaient	je rompais il rompait nous rompions ils rompaient	je prenais il prenait nous prenions ils prenaient
Ind. passé simple	je mordis il mordit nous mordîmes ils mordirent	je rompis il rompit nous rompîmes ils rompirent	je pris il prit nous prîmes ils prirent
Ind. futur	je mordrai il mordra	je romprai il rompra	je prendrai il prendra
Cond. présent	je mordrais il mordrait nous mordrions	je romprais il romprait nous romprions	je prendrais il prendrait nous prendrions
Subj. présent	que je morde que nous mordions	que je rompe que nous rompions	que je prenne que nous prenions
Subj. imparf.	que je mordisse qu' il mordît que nous mordissions	que je rompisse qu' il rompît que nous rompissions	que je prisse qu' il prît que nous prissions
Impératif	mords, mordons mordez	romps, rompons rompez	prends, prenons prenez
Participes	mordant, mordu	rompant, rompu	prenant, pris

* Igual para *perdre*.

Verbos do 3º grupo

	55 craindre *	56 battre	57 mettre
Ind. présent	je crains tu crains il craint nous craignons vous craignez ils craignent	je bats tu bats il bat nous battons vous battez ils battent	je mets tu mets il met nous mettons vous mettez ils mettent
Ind. imparf.	je craignais il craignait nous craignions ils craignaient	je battais il battait nous battions ils battaient	je mettais il mettait nous mettions ils mettaient
Ind. passé simple	je craignis il craignit nous craignîmes ils craignirent	je battis il battit nous battîmes ils battirent	je mis il mit nous mîmes ils mirent
Ind. futur	je craindrai il craindra	je battrai il battra	je mettrai il mettra
Cond. présent	je craindrais il craindrait nous craindrions	je battrais il battrait nous battrions	je mettrais il mettrait nous mettrions
Subj. présent	que je craigne que nous craignions	que je batte que nous battons	que je mette que nous mettions
Subj. imparf.	que je craignisse qu' il craignît que nous craignissions	que je battisse qu' il battît que nous battissions	que je misse qu' il mît que nous missions
Impératif	crains, craignons craignez	bats, battons battez	mets, mettons mettez
Participes	craignant, craint	battant, battu	mettant, mis

* Igual para os verbos terminados em *-eindre*.

	58 moudre	59 coudre	60 absoudre
Ind. présent	je mouds tu mouds il moud nous moulons vous moulez ils moulent	je couds tu couds il coud nous cousons vous cousez ils cousent	j' absous tu absous il absout nous absolvons vous absolvez ils absolvent
Ind. imparf.	je moulais il moulait nous moulions ils moulaient	je cousais il cousait nous cousions ils cousaient	j' absolvais il absolvait nous absolvions ils absolvaient
Ind. passé simple	je moulus il moulut nous moulûmes ils moulurent	je cousis il cousit nous cousîmes ils cousirent	desusado – – –
Ind. futur	je moudrai il moudra	je coudrai il coudra	j' absoudrai il absoudra
Cond. présent	je moudrais il moudrait nous moudrions	je coudrais il coudrait nous coudrions	j' absoudrais il absoudrait nous absoudrions
Subj. présent	que je moule que nous moulions	que je couse que nous cousions	que j' absolve que nous absolvions
Subj. imparf.	que je moulusse qu' il moulût que nous moulussions	que je cousisse qu' il cousît que nous cousissions	desusado – –
Impératif	mouds, moulons moulez	couds, cousons cousez	absous, absolvons absolvez
Participes	moulant, moulu	cousant, cousu	absolvant; absous, oute

Verbos do 3º grupo

	61 résoudre	62 suivre	63 vivre
Ind. présent	je résous tu résous il résout nous résolvons vous résolvez ils résolvent	je suis tu suis il suit nous suivons vous suivez ils suivent	je vis tu vis il vit nous vivons vous vivez ils vivent
Ind. imparf.	je résolvais il résolvait nous résolvions ils résolvaient	je suivais il suivait nous suivions ils suivaient	je vivais il vivait nous vivions ils vivaient
Ind. passé simple	je résolus il résolut nous résolûmes ils résolurent	je suivis il suivit nous suivîmes ils suivirent	je vécus il vécut nous vécûmes ils vécurent
Ind. futur	je résoudrai il résoudra	je suivrai il suivra	je vivrai il vivra
Cond. présent	je résoudrais il résoudrait nous résoudrions	je suivrais il suivrait nous suivrions	je vivrais il vivrait nous vivrions
Subj. présent	que je résolve que nous résolvions	que je suive que nous suivions	que je vive que nous vivions
Subj. imparf.	que je résolusse qu' il résolût que nous résolussions	que je suivisse qu' il suivît que nous suivissions	que je vécusse qu' il vécût que nous vécussions
Impératif	résous, résolvons résolvez	suis, suivons suivez	vis, vivons vivez
Participes	résolvant, résolu	suivant, suivi	vivant, vécu

	64 paraître	65 naître	66 croître
Ind. présent	je parais tu parais il paraît nous paraissons vous paraissez ils paraissent	je nais tu nais il naît nous naissons vous naissez ils naissent	je croîs tu croîs il croît nous croissons vous croissez ils croissent
Ind. imparf.	je paraissais il paraissait nous paraissions ils paraissaient	je naissais il naissait nous naissions ils naissaient	je croissais il croissait nous croissions ils croissaient
Ind. passé simple	je parus il parut nous parûmes ils parurent	je naquis il naquit nous naquîmes ils naquirent	je crûs il crût nous crûmes ils crûrent
Ind. futur	je paraîtrai il paraîtra	je naîtrai il naîtra	je croîtrai il croîtra
Cond. présent	je paraîtrais il paraîtrait nous paraîtrions	je naîtrais il naîtrait nous naîtrions	je croîtrais il croîtrait nous croîtrions
Subj. présent	que je paraisse que nous paraissions	que je naisse que nous naissions	que je croisse que nous croissions
Subj. imparf.	que je parusse qu' il parût que nous parussions	que je naquisse qu' il naquît que nous naquissions	que je crûsse qu' il crût que nous crûssions
Impératif	parais, paraissons paraissez	nais, naissons naissez	crois, croissons croissez
Participes	paraissant, paru	naissant, né	croissant, crû

Verbos do 3º grupo

	67 rire	68 conclure *	69 nuire
Ind. présent	je ris tu ris il rit nous rions vous riez ils rient	je conclus tu conclus il conclut nous concluons vous concluez ils concluent	je nuis tu nuis il nuit nous nuisons vous nuisez ils nuisent
Ind. imparf.	je riais il riait nous riions ils riaient	je concluais il concluait nous concluions ils concluaient	je nuisais il nuisait nous nuisions ils nuisaient
Ind. passé simple	je ris il rit nous rîmes ils rirent	je conclus il conclut nous conclûmes ils conclurent	je nuisis il nuisit nous nuisîmes ils nuisirent
Ind. futur	je rirai il rira	je conclurai il conclura	je nuirai il nuira
Cond. présent	je rirais il rirait nous ririons	je conclurais il conclurait nous conclurions	je nuirais il nuirait nous nuirions
Subj. présent	que je rie que nous riions	que je conclue que nous concluions	que je nuise que nous nuisions
Subj. imparf.	que je risse qu' il rît que nous rissions	que je conclusse qu' il conclût que nous conclussions	que je nuisisse qu' il nuisît que nous nuisissions
Impératif	ris, rions riez	conclus, concluons concluez	nuis, nuisons nuisez
Participes	riant, ri	concluant, conclu	nuisant, nui

* *Inclure* conjuga-se *inclus*, *incluse* no particípio passado.

	70 conduire	71 écrire	72 suffire *
Ind. présent	je conduis tu conduis il conduit nous conduisons vous conduisez ils conduisent	j' écris tu écris il écrit nous écrivons vous écrivez ils écrivent	je suffis tu suffis il suffit nous suffisons vous suffisez ils suffisent
Ind. imparf.	je conduisais il conduisait nous conduisions ils conduisaient	j' écrivais il écrivait nous écrivions ils écrivaient	je suffisais il suffisait nous suffisions ils suffisaient
Ind. passé simple	je conduisis il conduisit nous conduisîmes ils conduisirent	j' écrivis il écrivit nous écrivîmes ils écrivirent	je suffis il suffit nous suffîmes ils suffirent
Ind. futur	je conduirai il conduira	j' écrirai il écrira	je suffirai il suffira
Cond. présent	je conduirais il conduirait nous conduirions	j' écrirais il écrirait nous écririons	je suffirais il suffirait nous suffirions
Subj. présent	que je conduise que nous conduisions	que j' écrive que nous écrivions	que je suffise que nous suffisions
Subj. imparf.	que je conduisisse qu' il conduisît que nous conduisissions	que j' écrivisse qu' il écrivît que nous écrivissions	que je suffisse qu' il suffît que nous suffissions
Impératif	conduis, conduisons conduisez	écris, écrivons écrivez	suffis, suffisons suffisez
Participes	conduisant, conduit	écrivant, écrit	suffisant, suffi

* Mas *dire*, *redire* (que se conjugam *dites*, *redites* na 2ª pessoa do plural do indicativo presente e do imperativo), *contredire*, *prédire*, *médire* e *confire* conjugam-se, no particípio passado, *dit*, *redit*, *contredit*, *prédit*, *médit* e *confit*.

Verbos do 3º grupo

	73 lire	74 croire	75 boire
Ind. présent	je lis tu lis il lit nous lisons vous lisez ils lisent	je crois tu crois il croit nous croyons vous croyez ils croient	je bois tu bois il boit nous buvons vous buvez ils boivent
Ind. imparf.	je lisais il lisait nous lisions ils lisaient	je croyais il croyait nous croyions ils croyaient	je buvais il buvait nous buvions ils buvaient
Ind. passé simple	je lus il lut nous lûmes ils lurent	je crus il crut nous crûmes ils crurent	je bus il but nous bûmes ils burent
Ind. futur	je lirai il lira	je croirai il croira	je boirai il boira
Cond. présent	je lirais il lirait nous lirions	je croirais il croirait nous croirions	je boirais il boirait nous boirions
Subj. présent	que je lise que nous lisions	que je croie que nous croyions	que je boive que nous buvions
Subj. imparf.	que je lusse qu' il lût que nous lussions	que je crusse qu' il crût que nous crussions	que je busse qu' il bût que nous bussions
Impératif	lis, lisons lisez	crois, croyons croyez	bois, buvons buvez
Participes	lisant, lu	croyant, cru	buvant, bu

	76 faire	77 plaire	78 taire
Ind. présent	je fais tu fais il fait nous faisons vous faites ils font	je plais tu plais il plaît nous plaisons vous plaisez ils plaisent	je tais tu tais il tait nous taisons vous taisez ils taisent
Ind. imparf.	je faisais il faisait nous faisions ils faisaient	je plaisais il plaisait nous plaisions ils plaisaient	je taisais il taisait nous taisions ils taisaient
Ind. passé simple	je fis il fit nous fîmes ils firent	je plus il plut nous plûmes ils plurent	je tus il tut nous tûmes ils turent
Ind. futur	je ferai il fera	je plairai il plaira	je tairai il taira
Cond. présent	je ferais il ferait nous ferions	je plairais il plairait nous plairions	je tairais il tairait nous tairions
Subj. présent	que je fasse que nous fassions	que je plaise que nous plaisions	que je taise que nous taisions
Subj. imparf.	que je fisse qu' il fît que nous fissions	que je plusse qu' il plût que nous plussions	que je tusse qu' il tût que nous tussions
Impératif	fais, faisons faites	plais, plaisons plaisez	tais, taisons taisez
Participes	faisant, fait	plaisant, plu	taisant, tu

Verbos do 3º grupo

	79 extraire	80 repaître *	81 clore **
Ind. présent	j' extrais tu extrais il extrait nous extrayons vous extrayez ils extraient	je repais tu repais il repaît nous repaissons vous repaissez ils repaissent	je clos tu clos il clôt nous closons vous closez ils closent
Ind. imparf.	j' extrayais il extrayait nous extrayions ils extrayaient	je repaissais il repaissait nous repaissions ils repaissaient	desusado – – –
Ind. passé simple	desusado	je repus il reput nous repûmes ils repurent	desusado – – –
Ind. futur	j' extrairai il extraira	je repaîtrai il repaîtra	je clorai il clora
Cond. présent	j' extrairais il extrairait nous extrairions	je repaîtrais il repaîtrait nous repaîtrions	je clorais il clorait nous clorions
Subj. présent	que j' extraie que nous extrayions	que je repaisse que nous repaissions	que je close que nous closions
Subj. imparf.	desusado	que je repusse qu' il repût que nous repussions	desusado – –
Impératif	extrais, extrayons extrayez	repais, repaissons repaissez	clos, desusado –
Participes	extrayant, extrait	repaissant, repu	desusado, clos

* *Paître* caiu em desuso no pretérito perfeito simples e no particípio passado.
** A Academia Francesa preconiza *il déclot*, *éclot*, *enclor*, sem acento circunflexo.

	82 oindre *	83 frire	84 vaincre
Ind. présent	j' oins tu oins il oint nous oignons vous oignez ils oignent	je fris tu fris il frit desusado – –	je vaincs tu vaincs il vainc nous vainquons vous vainquez ils vainquent
Ind. imparf.	j' oignais il oignait nous oignions ils oignaient	desusado – – –	je vainquais il vainquait nous vainquions ils vainquaient
Ind. passé simple	j' oignis il oignit nous oignîmes ils oignirent	desusado – – –	je vainquis il vainquit nous vainquîmes ils vainquirent
Ind. futur	j' oindrai il oindra	je frirai il frira	je vaincrai il vaincra
Cond. présent	j' oindrais il oindrait nous oindrions	je frirais il frirait nous fririons	je vaincrais il vaincrait nous vaincrions
Subj. présent	que j' oigne que nous oignions	desusado	que je vainque que nous vainquions
Subj. imparf.	que j' oignisse qu' il oignît que nous oignissions	desusado – –	que jevainquisse qu' il vainquît que nous vainquissions
Impératif	oins, oignons oignez	fris, desusado –	vaincs, vainquons vainquez
Participes	oignant, oint	desusado, frit	vainquant, vaincu

* Igual para *poindre* (impessoal).

Anexos gramaticais

PLURAL DAS PALAVRAS SIMPLES

O plural das palavras se forma com o acréscimo de um **s** à forma do singular. **MAS** Os substantivos terminados em **-s**, **-x**, **-z** têm a mesma forma no plural e no singular.	Un **ennui**, des **ennuis**. Un **lit**, des **lits**. Un **bois**, des **bois**. Une **noix**, des **noix**. Un **nez**, des **nez**.
As palavras terminadas em **-al** têm o plural terminado em **-aux**. **Exceções: bal**, **carnaval**, **cérémonial**, **chacal**, **choral**, **festival**, **nopal**, **pal**, **récital**, **régal**, **santal**, e os adjetivos **banal**, **bancal**, **fatal**, **final**, **glacial**, **natal**, **naval**, **tonal**, que seguem a regra geral.	Un **journal**, des **journaux**. Un **chacal**, des **chacals**.
O plural das palavras terminadas em **-eau**, **-au**, **-eu**, **-oeu** é formado com o acréscimo de um **x** à forma do singular. **Exceções: landau**, **sarrau**, **bleu**, **émeu**, **pneu**, cujo plural é formado com o acréscimo de um **s**.	Un **veau**, des **veaux**. Un **étau**, des **étaux**. Un **pieu**, des **pieux**. Un **pneu**, des **pneus**.
O plural das palavras terminadas em **-ou** em geral se faz em **-ous**. **Exceções: bijou**, **caillou**, **chou**, **genou**, **hibou**, **joujou**, **pou**, cujo plural é formado com o acréscimo de um **x**.	Un **cou**, des **cous**. Un **chou**, des **choux**.
Os substantivos que no singular terminam em **-ail** possuem o plural regular terminado em **-ails**. **Exceções: bail**, **corail**, **émail**, **fermail**, **soupirail**, **travail**, **vantail**, **vitrail**, que têm o plural terminado em **-aux**.	Un **rail**, des **rails**. Un **bail**, des **baux**.
Os substantivos **aïeul**, **ciel** e **oeil** têm plural irregular (*aieux, cieux, yeux*); mas se diz **bisaïeuls**, **trisaïeuls** no sentido de "avós", **ciels** em **ciels de lit**, e **oeils** em **oeils-de-boeuf** etc.	L' **aïeul**, les **aïeux**. Le **ciel**, les **cieux**. L' **œil**, les **yeux**.
Os substantivos empregados como adjetivos de cor são invariáveis. **Exceções: écarlate**, **fauve**, **incarnat**, **mauve**, **pourpre**, **rose**.	Des **chemises**, **marron**. Des **rubans**, **orange**. Des **fleurs**, **mauves**.

ACORDO DO PARTICÍPIO

Acordo do particípio presente e do adjetivo verbal

- Quando exprime uma ação ou um estado, o particípio presente é invariável: *des enfants* **obéissant** *à leurs parents*. Quando exprime uma qualidade e tem a função de adjetivo, o particípio presente concorda em gênero e número com o substantivo a que se vincula: *des enfants très* **obéissants.**

Acordo do particípio passado

1 O particípio passado empregado sem auxiliar concorda em gênero e número com o substantivo ou pronome a que se vincula: *des fleurs* **parfumées.**

2 O particípio passado dos verbos na passiva e de alguns verbos intransitivos, conjugados com o auxiliar *être*, concorda em gênero e número com o sujeito do verbo: *l'Amérique a été* **découverte** *par Cristophe Colomb; nos amis sont* **venus** *hier*.

3 O particípio passado conjugado com o auxiliar avoir concorda em gênero e número com o objeto direto do verbo quando esse objeto o precede: *je me rapelle* **l'histoire** *que j'ai* **lue.**

O particípio passado é invariável se o objeto direto vem depois do verbo ou se não há objeto direto.

Nota. Na frase: *les mois qu'il a* **vécu**, o particípio passado é invariável; *que* representa aí um adjunto adverbial: *les mois* **pendant lesquels** *il a vécu*.

Casos particulares

1 O particípio passado seguido de um infinitivo é variável se tem como objeto direto o pronome precedente, que é, então, o sujeito da ação marcada pelo infinitivo: *les fruits* **que** *j'ai* **vus** *mûrir*.

2 O particípio passado é invariável se o objeto direto é um infinitivo; o pronome é, então, objeto direto do infinitivo e não do verbo principal: *les fruits que j'ai* **vu** *cueillir*.

Nota. Os particípios que têm como objeto direto um infinitivo subentendido ou uma oração subentendida são sempre invariáveis: *je lui ai chanté tous les morceaux qu'elle a* **voulu** (subentendido *que je lui chante*).

O particípio passado *fait* seguido de um infinitivo é sempre invariável: *la maison que j'ai* **fait bâtir**.

▸ O particípio passado dos verbos pronominais.

Os verbos pronominais conjugam-se, em seus tempos compostos, com o auxiliar *être*; mas, na análise, esse auxiliar *être* pode ser substituído pelo auxiliar *avoir* (*je me* **suis** *consolé* é equivalente a *j'***ai** *consolé moi*). O particípio passado de um verbo reflexivo concorda com seu objeto direto se o objeto o precede: *les lettres* **que** *Paul et Pierre se sont* **écrites** *sont aimables.*

O particípio passado é invariável se o objeto direto vem depois dele ou se não há objeto: *Paul et Pierre se sont* **écrit** *des* **lettres** *aimables*; *Paul et Pierre se sont* **écrit**.

O particípio passado de um verbo que só ocorre na forma pronominal (*s'enfuir, s'emparer* etc.) concorda com o sujeito do verbo: *ils se sont* **emparés** *de la ville*.

Nota. O particípio passado dos verbos transitivos indiretos empregados pronominalmente é sempre invariável: *ils* **se sont ri** *de mes efforts*; *elles* **se sont plu** *à me tourmenter*.

▸ O particípio passado dos verbos impessoais.

O particípio passado dos verbos impessoais é sempre invariável: *les inondations qu'il y a* **eu**.

▸ O particípio passado e os pronomes *le* e *en*.

O particípio passado conjugado com *avoir* e precedido de *le* (ou *l'*), objeto direto representando uma oração, é invariável: *la chose est plus sérieuse que nous ne l'avions* **pensé** *d'abord* (isto é, *que nous n'avions pensé* **cela**, *qu'elle était sérieuse*).

O particípio passado precedido de *en* é invariável: *tout le monde m'a offert ses services, mais personne ne m'***en** *a* **rendu**.

No entanto, o particípio varia se o pronome *en* é precedido de um advérbio de intensidade, como *plus, combien, autant* etc.: *autant d'ennemis il a attaqués,* **autant** *il* **en** *a* **vaincus**. Mas o particípio passado é invariável se o advérbio vem depois do pronome *en*, e não antes: *quant aux belles villes, j'***en** *ai* **tant visité**...

Provérbios

A beau mentir qui vient de loin

aquele que vem de um lugar longínquo pode, sem medo de ser desmentido, contar coisas falsas.

De longas vias, longas mentiras

À bon chat, bon rat

diz-se quando aquele que ataca encontra um antagonista capaz de resistir a ele.

A bom gato, bom rato

Abondance de biens ne nuit pas

aceita-se, por precaução, uma coisa que já se possui em quantidade suficiente.

Dinheiro nunca é demais

À bon vin point d'enseigne

o que é bom recomenda-se por si mesmo.

O bom vinho escusa pregão

À chaque jour suffit sa peine

suportemos as dificuldades de hoje sem querer antecipar o que o futuro nos reserva.

A cada dia, sua pena e sua esperança

À coeur vaillant rien d'impossible

com coragem, consegue-se dar conta de tudo.

A quem quer, nada é difícil

L'air ne fait pas la chanson

a aparência não é a realidade.

As aparências enganam

À la Chandeleur, l'hiver se passe ou prend vigueur

se na Candelária [2 de fevereiro] o inverno não tiver acabado, ele se tornará ainda mais rigoroso.

Quando a Candelária chora, o inverno já está fora; quando a Candelária ri, o inverno está para vir

À la Sainte-Luce, les jours croissent du saut d'une puce

os dias começam a ficar um pouco mais longos no dia de Santa Luzia (13 de dezembro).

Do Natal à Santa Luzia cresce um palmo o dia

À l'impossible nul n'est tenu
não se pode exigir de alguém o impossível.
Ninguém é obrigado a fazer o impossível

À l'oeuvre on connaît l'ouvrier (ou l'artisan)
é pelo valor da obra que se julga quem a fez.
Pelo fruto se conhece a árvore

À méchant ouvrier, point de bon outil
o mau trabalhador sempre faz um trabalho ruim e coloca a culpa em suas ferramentas.
Para o mau oficial nenhuma ferramenta presta

À père avare, enfant prodigue; à femme avare, galant escroc
um defeito ou um vício fazem nascer a seu redor, por reação, o defeito ou o vício contrários.
A pai avarento, filho pródigo; para mulher avara, galante escroque

L'appétit vient en mangeant
quanto mais se possui, mais se quer possuir.
Comer e coçar, é só começar

Après la pluie, le beau temps
com frequência a alegria segue-se à tristeza, a felicidade à infelicidade.
Depois da tempestade vem a bonança

À quelque chose malheur est bon
os acontecimentos desagradáveis podem proporcionar alguma coisa boa, nem que seja adquirir experiência.
Há males que vêm para bem

L'argent est un bon serviteur et un mauvais maître
O dinheiro contribui para a felicidade de quem sabe usá-lo e causa a infelicidade de quem se deixa dominar pela avareza ou pela cupidez.
O dinheiro é bom servidor, porém mau senhor

L'argent n'a pas odeur
algumas pessoas não se preocupam com a maneira como ganham dinheiro, contanto que ganhem.
Dinheiro não tem cheiro

À tout seigneur, tout honneur

é preciso homenagear cada um segundo sua posição.

A cada qual as devidas honras

Au royaume des aveugles, les borgnes sont rois

com algum mérito ou algum conhecimento medíocre, brilha-se no meio dos tolos e dos ignorantes.

Em terra de cegos, quem tem um olho é rei

Autant en emporte le vent

diz-se de promessas em que não se tem fé ou que não são realizadas.

Palavras, leva-as o vento

Autres temps, autres moeurs

os costumes mudam de uma época para outra.

Outros tempos, outros costumes

Aux grands maux les grands remèdes

é preciso tomar decisões enérgicas contra males graves e perigosos.

Para grandes males, grandes remédios

Avec un (ou des) "si", on mettrait Paris en bouteille

hipoteticamente tudo é possível.

Se os "ses" fossem feijões, ninguém morria de fome

À vieille mule, frein doré

embeleza-se um animal velho para vendê-lo mais facilmente; diz-se também de velhas senhoras que abusam dos produtos de beleza.

A mula velha, cabeçadas novas

Beaucoup de bruit pour rien

título de uma peça de Shakespeare, que se tornou proverbial para dizer que determinada coisa tomou proporções reduzidíssimas.

Muito barulho por nada

Les beaux esprits se rencontrent

diz-se de brincadeira quando uma mesma ideia, um mesmo pensamento ou uma mesma verdade é dita simultaneamente por duas pessoas.

Os gênios se atraem

Bien faire et laisser dire (ou laisser braire)

é preciso fazer seu dever sem se preocupar com críticas.

Faze bem, não temerás ninguém

Bien mal acquis ne profite jamais

não é possível usufruir em paz do bem obtido por vias ilegítimas.

Bens mal adquiridos não chegam a netos

Bon chien chasse de race

em geral herdam-se qualidades da família.

Filho de peixe peixinho é

Bonne renommée vaut mieux que ceinture dorée

é melhor gozar de estima pública do que ser rico.

Bom nome é melhor que riqueza

Bon sang ne peut (ou ne saurait) mentir

quem é de estirpe nobre não pode ser indigno.

Bom sangue não mente

Les bons comptes font les bons amis

para continuar amigos, é preciso honrar rigorosamente os compromissos que um tem com o outro.

Boas contas fazem bons amigos

La caque sent toujours le hareng

ressentimo-nos sempre de nossa origem, de nosso passado.

O tonel nunca perde o cheiro do vinho

Ce que femme veut, Dieu le veut

as mulheres sempre conseguem o que querem.

Quando a mulher quer, Deus o quer

C'est en forgeant qu'on devient forgeron

de tanto praticar uma coisa, tornamo-nos hábeis naquilo.

Batendo ferro é que se fica ferreiro

C'est le ton qui fait la musique (ou qui fait la chanson)

é o modo como se falam as coisas o que mostra a verdadeira intenção

O tom faz a música

C'est l'hôpital qui se moque de la Charité

diz-se daquele que zomba da miséria de outro, sendo também ele próprio miserável.

É o roto falando do esfarrapado

Chacun pour soi et Dieu pour tous

deixemos a Deus a incumbência de se ocupar dos outros.

Cada um por si e Deus por todos

Charbonnier est maître chez soi

o dono da casa é livre para agir como bem entender em sua morada.

Em sua casa, cada um é rei

Charité bien ordonnée commence par soi-même

antes de pensar nos outros, é preciso pensar em si.

A caridade começa em casa

Chat échaudé craint l'eau froide

teme-se até a aparência do que já o prejudicou.

Gato escaldado tem medo de água fria

Le chat parti, les souris dansent

quando professores ou chefes estão ausentes, alunos ou subordinados aproveitam a liberdade.

Quando o gato sai, os ratos fazem a festa

Les chiens aboient, la caravane passe (prov. árabe)

quem está seguro de seu caminho, não se deixa desviar nem pela mais ruidosa desaprovação.

Os cães ladram, e a caravana passa

Chose promise, chose due

somos obrigados a cumprir o que prometemos.

Promessa é dívida

Coeur qui soupire n'a pas ce qu'il désire

os suspiros emitidos são prova de que não se está satisfeito.

Coração que suspira não tem o que deseja

Comme on connaît les saints, on les honore

trata-se cada um de acordo com seu jeito.

Conforme o santo assim é a oferta.

Comme on fait son lit, on se couche

é preciso esperar o bem ou o mal dependendo do que preparamos a nós mesmos por nossa conduta.

Cada um colhe aquilo que semeia

Comparaison n'est pas raison

uma comparação não prova nada.

Comparação não é razão

Les conseilleurs ne sont pas les payeurs

desconfiemos, às vezes, dos que dão conselho; nem eles nem seu dinheiro correm risco com os conselhos que dão.

Quem aconselha não paga custas

Contentement passe richesse

é preferível felicidade a fortuna.

Antes contente do que rico

Les cordonniers sont les plus mal chaussés

com frequência negligenciam-se as vantagens que se têm, por sua condição, a seu alcance.

Casa de ferreiro, espeto de pau

Dans le doute, abstiens-toi

máxima que se aplica tanto à dúvida prática como à dúvida puramente especulativa.

Na dúvida, abstém-te

De deux maux il faut choisir le moindre

adágio atribuído a Sócrates, que teria explicado dessa forma por que arrumou uma mulher muito baixa.

Dos males o menor

Défiance (ou méfiance) est mère de sûreté

não devemos confiar demais se não queremos ser enganados.

A desconfiança é a mãe da segurança

De la discussion jaillit la lumière

das opiniões discutidas contraditoriamente depreende-se a verdade.

Da discussão nasce a luz

Déshabiller saint Pierre pour habiller saint Paul
fazer uma dívida para saldar outra; sair de uma dificuldade criando outra.
Despir um santo para vestir outro

Deux avis valent mieux qu'un
antes de agir, é melhor consultar várias pessoas.
Duas cabeças pensam melhor que uma

Dis-moi qui tu hantes, je te dirai qui tu es
julga-se uma pessoa de acordo com suas companhias.
Dize-me com quem andas e te direi quem és

Donner un oeuf pour avoir un boeuf
dar um presentinho esperando receber um maior.
Dar um ovo para ter um boi

L'eau va a la rivière
o dinheiro vai para os ricos.
Os rios correm para o mar

En avril, n'ôte pas un fil; en mai, fais ce qu'il te plaît
não se devem vestir roupas leves em abril; em maio, tudo é permitido.
Por todo abril mau é descobrir

L'enfer est pavé de bonnes intentions
não bastam boas intenções se elas não são concretizadas ou se levam apenas a resultados deploráveis.
De boas intenções o inferno está cheio

Entre l'arbre et l'écorce il ne faut pas mettre le doigt
não se deve intervir em uma briga entre próximos.
Em briga de marido e mulher não se mete a colher

Erreur n'est pas compte
enquanto subsistir um erro, uma conta não será definitiva.
Erro não paga dívida

L'exception confirme la règle
exatamente o que é reconhecido como exceção constata uma regra, pois sem regra não há exceção.
A exceção confirma a regra

La faim chasse le loup hors du bois
a necessidade obriga os homens a fazerem coisas que não gostam.
A fome faz sair o lobo do mato

Fais ce que dois, advienne que pourra
faça sua obrigação sem se preocupar com as consequências.
Faze o teu dever, suceda o que suceder

Faute de grives, on mange des merles
na falta de algo melhor, é preciso contentar-se com o que se tem.
Quem não tem cão caça com gato

La fête passée, adieu le saint
uma vez obtida uma satisfação, esquece-se de quem a proporcionou.
Festa acabada, músicos a pé

La fin justifie les moyens
princípio segundo o qual o objetivo escusaria as ações condenáveis cometidas para alcançá-lo.
Os fins justificam os meios

La fortune vient en dormant
o jeito mais seguro de enriquecer é esperar passivamente um feliz golpe de sorte.
A fortuna chega enquanto se dorme

Des goûts et des couleurs il ne faut pas dicuter
cada um é livre para ter suas preferências.
Gosto não se discute

Les grandes douleurs sont muettes
o extremo sofrimento moral não emite nenhuma queixa.
As grandes dores são mudas

Les grands diseurs ne sont pas les grands faiseurs
aqueles que se gabam demais ou prometem demais são geralmente os que menos fazem.
Quem muito fala pouco faz

L'habit ne fait pas le moine
não se devem julgar as pessoas pela aparência.
O hábito não faz o monge

L'habitude est une seconde nature

o hábito nos faz agir tão espontaneamente quanto um instinto natural.

O hábito é uma segunda natureza

Heureux au jeu, malheureux en amour

aquele que sempre ganha no jogo raramente é feliz no amor.

Sorte no jogo, azar no amor

Il faut battre le fer pendant qu'il est chaud

é preciso levar ativamente adiante um negócio bem encaminhado.

Malha-se o ferro enquanto está quente

Il faut que jeunesse se passe

devem-se desculpar os erros que a leviandade e a inexperiência levam a juventude a cometer.

A juventude é uma flor que passa

Il faut qu'une porte soit ouverte ou fermée

é preciso escolher uma de duas coisas.

Não se pode chupar cana e assobiar ao mesmo tempo

Il faut rendre à César ce qui appartient à César, et à Dieu ce qui est à Dieu

é preciso dar a cada um o que lhe é devido.

Dai a César o que é de César e a Deus o que é de Deus

Il faut tourner sa langue sept fois dans la bouche avant de parler

antes de falar, de se pronunciar, deve-se refletir bastante.

Dobra a língua sete vezes antes de proferir qualquer palavra

Il ne faut jamais jeter le manche après la cognée

nunca devemos nos desencorajar.

Nunca abandones a partida

Il ne faut jurer de rien

nunca devemos garantir o que faremos ou o que poderá acontecer.

O futuro a Deus pertence

Il ne faut pas dire: Fontaine, je ne boirai pas de ton eau

ninguém pode garantir que nunca recorrerá a uma pessoa ou coisa.

Nunca digas: desta água não beberei

Il n'est pire aveugle que celui qui ne veut pas voir ou il n'est pire sourd que celui qui ne veut pas entendre

a opinião preconcebida fecha o espírito a qualquer esclarecimento.

O pior cego é aquele que não quer ver ou O pior surdo é aquele que não quer ouvir

Il n'est pire eau qui l'eau qui dort

com frequência é das pessoas com aparência inofensiva que devemos desconfiar mais.

Água silenciosa é mais perigosa

Il n'est point de sot métier

todas as profissões são boas.

Todo trabalho é digno

Il n'y a pas de fumée sans feu

por trás das aparências e dos boatos há sempre alguma verdade.

Não há fumaça sem fogo

Il n'y a que la vérité qui blesse

as críticas realmente insuportáveis são as merecidas.

A verdade dói

Il n'y a que le premier pas qui coûte

o mais difícil em qualquer coisa é começar.

O primeiro passo é o mais difícil

Il vaut mieux aller au boulanger (ou au moulin) qu'au médecin

a doença custa mais caro ainda do que a despesa com comida.

Mais cura a dieta que a lanceta

Il vaut mieux avoir affaire à Dieu qu'à ses saints

é melhor dirigir-se diretamente ao chefe em vez de ir antes aos subalternos.

O que se há de pedir aos santos, peça-se a Deus

Il vaut mieux tenir que courir

a posse vale mais que a esperança.

Mais vale um pássaro na mão do que dois voando

Il y a loin de la coupe aux lèvres

podem acontecer várias coisas entre um desejo e sua realização.

Entre a boca e a mão o bocado vai ao chão

L'intention vaut le fait

a intenção conta como se tivesse sido executada.

O que vale é a intenção

Le jeu ne vaut pas la chandelle

a coisa não vale o trabalho que dá para ser obtida.

Não gastes cera com ruim defunto

Les jours se suivent et ne se ressemblent pas

as circunstâncias variam com o tempo.

Os dias são do mesmo tamanho mas não se parecem

Loin des yeux, loin du coeur

a ausência destrói ou arrefece as afeições.

Longe dos olhos, longe do coração

Les loups ne se mangent pas entre eux

os maus não se prejudicam uns aos outros.

Lobo não come lobo

Mains froides, coeur chaud

o frio das mãos indica um temperamento amoroso.

Mão fria, coração quente

Mauvaise herbe croît toujours

diz-se para explicar o crescimento rápido de uma criança com qualidades negativas.

Erva má sempre vingará

Mettre la charrue devant (ou avant) les boeufs

começar por onde se devia acabar.

Pôr o carro à frente dos bois

Le mieux est ennemi du bien

ao desejar o melhor corre-se o risco de estragar o que está bom.

O melhor é inimigo do bom

Mieux vaut tard que jamais

é melhor, em certos casos, agir tarde do que não agir.

Antes tarde do que nunca

Morte la bête, mort le venin

um inimigo ou uma pessoa ruim deixa de prejudicar quando morre.

Morto o bicho, morta a peçonha

Les murs ont des oreilles

em uma conversa confidencial, deve-se desconfiar do que está em volta.

As paredes têm ouvidos

Nécessité fait loi

em caso de necessidade ou perigo extremo, podemos nos dispensar de todas as obrigações convencionais.

A necessidade faz (a) lei

Ne fais pas à autrui ce que tu ne voudrais pas qu'on te fît

regra de conduta fundamental de uma moral elementar.

Não faças a outros o que não queres que te façam

N'éveillez pas le chat qui dort

não se deve despertar um negócio desagradável ou uma ameaça adormecida.

Não despertes o cão que dorme

Noël au balcon, Pâques au tison

se o tempo estiver bom no Natal, fará frio na Páscoa.

Natal na praça, Páscoa em casa

La nuit porte conseil

a noite é propícia para nos inspirar reflexões sensatas.

A noite é boa conselheira

La nuit, tous les chats sont gris

à noite, é difícil distinguir as coisas direito.

À noite todos os gatos são pardos

Nul n'est prophète en son pays

ninguém tem seu verdadeiro valor reconhecido no lugar em que vive.

Ninguém é profeta em sua terra

L'occasion fait le larron

a ocasião leva a fazer coisas repreensíveis que nunca nem se havia sonhado em fazer.

A ocasião faz o ladrão

Oeil pour oeil, dent pour dent

lei de talião.

Olho por olho, dente por dente

L'oisivité est mère (ou la mère) de tous les vices

não ter nada para fazer é expor-se a todas as tentações.

A ociosidade é a mãe de todos os vícios

On ne fait pas d'omelette sans casser des oeufs

não se chega a nenhum resultado sem dificuldades nem sacrifícios.

Não se faz omelete sem quebrar ovos

On ne prête qu'aux riches

só se fazem favores a quem tem condições de recompensá-los; atribuem-se com frequência alguns atos àqueles habituados a realizá-los.

Favor só a ricos

On reconnaît l'arbre à ses fruits

é pelos atos que se conhece o valor de um homem.

Pelos frutos se conhece a árvore

Paris se n'est pas fait en un jour

nada pode ser feito sem o tempo necessário.

Roma não se fez num dia

Pauvreté n'est pas vice

não é vergonhoso ser pobre.

Pobreza não é vileza

Péché avoué est à demi pardonné

aquele que confessa seu pecado obtém indulgência com mais facilidade.

Pecado confessado é meio perdoado

Petit à petit, l'oiseau fai son nid

com perseverança, realiza-se uma empresa.

De grão em grão a galinha enche o papo

Petite pluie abat grand vent

em geral, basta pouca coisa para acalmar uma grande cólera.

Chuva miúda o vento muda

Les petits ruisseaux font les grandes rivières

os pequenos ganhos acumulados acabam por constituir grandes lucros.

Pequenos riachos formam grandes rios

Pierre qui roule n'amasse pas mousse
não se enriquece mudando com frequência de situação, de país.
Pedra que rola não cria limo

Plaie d'argent n'est pas mortelle
as perdas de dinheiro sempre podem ser superadas.
Vão-se os anéis, ficam os dedos

La pluie du matin réjouit le pèlerin
chuva pela manhã é com frequência promessa de um belo dia.
Manhã de nevoeiro, tarde de soalheiro

La plus belle fille du monde ne peut donner que ce qu'elle a
ninguém pode dar o que não tem.
Cada um dá o que tem

Plus on est des fous, plus on rit
a alegria torna-se mais intensa com muitos amigos.
O riso é contagioso

Point de nouvelles, bonnes nouvelles
sem notícias de alguém, pode-se conjecturar que nada de ruim lhe aconteceu.
Falta de notícias é boa notícia

Prudence est mère de sûreté
sendo prudente evita-se qualquer perigo.
A prudência é a mãe da segurança

Quand on veut noyer son chien, on dit qu'il a la rage (ou la gale)
quando estamos bravos com alguém, acusamo-lo falsamente.
Quem o seu cão quer matar, raiva lhe põe nome

Qui a bu boira
nunca nos corrigimos de um defeito que se tornou um hábito.
Pau que nasce torto nunca se endireita

Qui aime bien châtie bien
um verdadeiro amor é aquele que não teme empregar uma severidade sensata.
Quem bem ama, bem castiga

Quiconque se sert de l'épée périra par l'épée
quem usa de violência será vítima da violência.
Quem com ferro fere com ferro será ferido

Qui donne aux pauvres prête à Dieu
quem faz caridade será recompensado na vida futura.
Quem dá aos pobres empresta a Deus

Qui dort dîne
o sono faz as vezes de jantar.
Quem dorme come

Qui ne dit mot consent
não fazer objeção é dar sua adesão.
Quem cala consente

Qui ne risque rien n'a rien
não é possível obter êxito sem correr nenhum risco.
Quem não arrisca não petisca

Qui paye ses dettes s'enrichit
pagando as dívidas, conseguimos ou aumentamos nosso crédito.
Quem paga dívidas faz cabedal

Qui peut le plus peut le moins
quem é capaz de fazer uma coisa difícil, custosa etc. pode, com maior razão, fazer uma coisa mais fácil, menos custosa etc.
Quem pode o mais pode o menos

Qui sème le vent récolte la tempête
quem provoca a desordem não pode se surpreender com seus resultados.
Quem semeia ventos colhe tempestades

Qui se ressemble s'assemble
aqueles que têm as mesmas inclinações procuram-se mutuamente.
Cada qual com seu igual

Qui se sent morveux se mouche
que aquele que se sente em falta aplique a si o que dizem.
A quem servir a carapuça, que a vista

Qui s'y frotte s'y pique

quem se arrisca se arrepende.

Quem brinca com fogo acaba por se queimar

Qui trop embrasse mal étreint

quem quer fazer muitas coisas ao mesmo tempo acaba não fazendo nenhuma.

Quem muito abarca pouco abraça

Qui va à la chasse perd sa place

quem deixa seu lugar deve esperar encontrá-lo ocupado quando voltar.

Quem vai à feira perde a cadeira

Qui veut aller loin ménage sa monture

é preciso administrar forças, recursos etc., se queremos aguentar, resistir por bastante tempo.

Quem quiser ir ao longe poupe o cavalo

Qui veut la fin veut les moyens

quem quer algo não deve recuar diante dos meios exigidos.

Quem quer os fins quer os meios

Qui vole un oeuf vole un boeuf

quem comete um roubo mínimo mostra-se, com isso, capaz de cometer um maior.

Quem rouba um tostão rouba um milhão

Rira bien qui rira le dernier

aquele que zombar de outro arriscará ser alvo de zombaria se as circunstâncias mudarem.

Ri melhor quem ri por último

Rome ne s'est pas faite en un jour

diz-se para pedir paciência a alguém.

Roma não se fez num dia

Santé passe richesse

a saúde é mais preciosa que a riqueza.

Saúde é riqueza

Si jeunesse savait, si vieillesse pouvait

os jovens não têm experiência, os velhos não têm força.
Se a mocidade soubesse, se a velhice pudesse

Le soleil luit pour tout le monde

cada qual tem direito às coisas que a natureza concedeu a todos.
O sol brilha para todos

Tant va la cruche à l'eau qu'à la fin elle se casse (ou qu'enfin elle se brise)

tudo acaba se desgastando; de tanto afrontar um perigo, acaba-se sucumbindo a ele; de tanto cometer o mesmo erro, acaba-se pagando por ele.
Tantas vezes vai o cântaro à fonte que um dia lá se quebra

Tel est pris qui croyait prendre

com frequência sofremos o mal que queríamos fazer a outro.
Foi buscar lã e voltou tosquiado

Tel père, tel fils

na maioria das vezes o filho puxa ao pai.
Tal pai, tal filho

Le temps, c'est de l'argent

tradução do adágio inglês *Time is money*; o tempo bem empregado é lucrativo
Tempo é dinheiro

Tous les goûts sont dans la nature

diz-se a respeito de alguém que tem gostos singulares.
Há gosto para tudo

Tout chemin mène à Rome

há vários meios de chegar ao mesmo fim.
Todos os caminhos levam a Roma

Toute peine mérite salaire

cada um deve ser recompensado por seu esforço, por menor que tenha sido.
Todo trabalho merece paga

Tout est bien qui finit bien
diz-se de uma empresa que obtém êxito depois de temer-se por seu fracasso.
Tudo está bem quando termina bem

Toute vérité n'est pas bonne à dire
não é bom sempre dizer o que se sabe, por mais que seja verdade.
Nem todas as verdades se dizem

Tout nouveau tout beau
a novidade sempre tem um encanto particular.
Do que é novo gosta o povo

Tout vient à point à qui sait attendre
com tempo e paciência, consegue-se, obtém-se o que se deseja.
Quem espera sempre alcança

Trop de précaution nuit
muitas vezes o excesso de precaução acaba nos prejudicando.
De pensar morreu um burro

Un clou chasse l'autre
diz-se de pessoas ou coisas que sucedem e fazem esquecer outras.
Um prego empurra outro

Un de perdu, dix de retrouvés
é muito fácil substituir uma pessoa ou coisa perdida.
Quando uma porta se fecha, muitas janelas se abrem

Une fois n'est pas coutume
um ato isolado não leva a nada; podemos fechar os olhos para um fato isolado.
Uma vez não é sempre

Une hirondelle ne fait pas le printemps
não é possível concluir nada a partir de um único caso, de um único fato.
Uma andorinha só não faz verão

Un homme averti en vaut deux
quando somos prevenidos do que devemos temer, ficamos duplamente alertas.
Um homem prevenido vale por dois

Un mauvais arrangement vaut mieux qu'un bon (ou quele meilleur) procès

em quaisquer condições, entender-se é melhor que brigar na justiça.

Mais vale um mau acordo do que uma boa demanda

Un tiens vaut mieux que deux tu l'auras

possuir pouco, mas com certeza, vale mais do que esperar muito, sem certeza.

Mais vale um "toma" que dois "te darei"

Ventre affamé n'a point d'oreilles

um homem faminto é surdo a qualquer palavra.

Barriga vazia não tem ouvidos

Le vin est tiré, il faut le boire

estando o negócio empenhado, devem-se aceitar suas consequências, mesmo desagradáveis.

Vinho tirado é vinho bebido

Vouloir, c'est pouvoir

obtém-se êxito quando se tem a firme vontade de obter êxito.

Querer é poder

Glossário português-francês

Aa

a à, la
a citada ladite
a contrario a contrario
a ele lui
a fortiori a fortiori
a gente on
a priori a priori
à prova de balas pare-balles
à prova de som insonore
a qual laquelle
a que où
à risca ric-rac
a senhora vous
a-propósito à-propos
a.C. av. J.-C.
ab-rogação abrogation
ab-rogar abroger
aba pan, rabat, volet
abacate avocat
abacateiro avocatier
abacaxi ananas, business
abacial abbatial
ábaco abaque, boulier
abade abbé
abadessa abbesse
abadia abbatial, abbaye
abafado feutré, mat
abafador étouffoir
abafar braiser, étouffer
abaixar abaisser, baisser
abaixo au-dessous, en bas, en dessous, en retrait
abaixo assinado soussigné
abajur abat-jour
abalar bondir, bousculer, ébranler
abalo ébranlement, secousse
abalone ormeau
abalroar aborder, accrocher
abandonado à l'abandon
abandonar abandonner, délaisser, départir, négliger, revenir
abandono abandon, délaissement
abarrotado bondé, bourré
abarrotar gaver
abastado aisé, nanti
abastança aisance
abastardamento abâtardissement
abastardar abâtardir
abastecer fournir, ravitailler
abastecido achalandé
abastecimento ravitaillement
abate abattage
abatedor tueur
abatedouro abattoir
abater abattre, descendre, rabattre
abatido abattu, tiré
abatimento abattement, abattis, accablement, rabais, ristourne
abatis abattis
abaulado galbé
abaulamento gondolage
abaular gondoler, renfler
abaunilhado vanillé
abdicação abdication
abdicar abdiquer
abdome abdomen
abdominal abdominal
abeberar abreuver
abecê abc
abecedário abécédaire
abelha abeille
aberração aberration
aberrante aberrant
aberta éclaircie
abertamente hautement, ouvertement
aberto large, open, ouvert
abertura jour, largeur, ouverture, regard, trouée
abertura alargada, rodada évasement
abertura com gazua crochetage
abertura da concha écaillage
abertura noturna nocturne
abetarda outarde
abeto sapin
abetouro butor
abibe vanneau
abilolado timbré
abilolar capoter
abismo abîme, gouffre, monde
abissal abyssal
abita bitte
abjeção abjection, fange
abjeto abject
abjuração abjuration
abjurar abjurer
ablação ablation
ablativo ablatif
ablução ablution
abnegação abnégation, oubli de soi, renoncement
abóbada voûte
abóbada de berço berceau
abobadado voûté
abobadar cintrer, voûter
abóbora citrouille, courge, pâtisson, potimarron
abóbora-menina potiron
abobrinha courgette
abocanhar happer, mordre
abolição abolition
abolicionismo abolitionnisme
abolicionista abolitionniste
abolir abolir
abomaso caillette
abominação abomination
abominar abominer
abominável abominable
abominavelmente abominablement,
abordagem abord, abordage, approche, traitement
abordar aborder, accoster
abordar cliente racoler
aborígine aborigène
aborrecer bassiner, ennuyer, fâcher
aborrecimento ennui, tracasserie
abortado avorté
abortar avorter
abortivo abortif
aborto avortement, avorton
aborto espontâneo fausse couche
abotoado moucheté
abotoamento boutonnage
abotoar boutonner
abracadabrante abracadabrant
abraçar embrasser
abraço accolade, embrassade, étreinte
abrandamento radoucissement
abrandar endormir, radoucir
abranger recouvrir
abrasamento embrasement
abrasão abrasion
abrasar embraser
abrasivo abrasif
abreviação abrègement, abréviation
abreviadamente en abrégé
abreviado en abrégé
abreviar abréger
abreviativo abréviatif
abreviatura abréviation
abridor de garrafas décapsuleur, ouvre--bouteilles
abridor de latas ouvre-boîtes
abrigado abrité
abrigo abri
abrigo de ônibus Abribus
abril avril
abrir déclouer, désenclaver, écailler, écaler, écarquiller, épancher, frayer, ouvrir, percer
abrir com gazua crocheter
abrótea merluche
abrunheiro prunellier, prunus
abrunho prunelle
abruptamente abruptement
abrupto abrupt
ABS ABS
abscesso abcès
abscissa abscisse
absconso abscons
absentismo absentéisme
absentista absentéiste
abside abside
absinto absinthe
absolutamente absolument
absolutismo absolutisme
absolutista absolutiste
absoluto absolu
absolver absoudre, acquitter
absolvição absolution, absoute
absorção absorption
absorvente absorbant, prenant
absorvente higiênico périodique, serviette hygiénique
absorver absorber, éponger, pomper
abstenção abstention
abstencionismo abstentionnisme
abstencionista abstentionniste
abstinência abstinence
abstinente abstinent
abstração abstraction

abstracionismo l'abstrait
abstrair abstraire
abstratamente abstraitement, dans l'abstrait
abstrato abstrait
abstruso abstrus
absurdamente abominablement
absurdo absurde, absurdité, invraisemblance
abulia aboulie
abúlico aboulique
abundância abondance
abundante abondant
abundante em caça giboyeux
abundantemente abondamment
abundar abonder
aburguesamento embourgeoisement
abusar abuser
abusivamente abusivement
abusivo abusif
abuso abus, exaction
abutre charognard, vautour
abutre-barbudo gypaète, vautour barbu
acabado accompli, achevé, fini, foutu, usé, raplapla
acabamento finissage, finition
acabar achever, finir, terminer, retrouver
acácia acacia
academia académie
acadêmico académicien, académique, pompier
académie académie
academismo académisme
acadiano acadien
açafrão safran
acalentar caresser
acalmar calmer, radoucir, rasséréner
acalmia accalmie
acamamento alitement
acamar aliter
acampamento baraquement, camp, campement, camping, village
acampante colon
acampar camper
acanhado étriqué
acanto acanthe
acantoar cantonner
acantonamento cantonnement
acantonar cantonner
ação action
ação judicial demande en justice, poursuite
acará-bandeira scalaire
acarear confronter
acariciar câliner, caresser
acarídeo acarien
acarinhar caresser
ácaro-da-sarna sarcopte
acarretar entraîner
acasalamento accouplement, saillie
acasalar accoupler
acasalar-se com saillir
acaso aléa, hasard, raccroc
acastanhado brunâtre
acastelamento accastillage
ace ace
aceder accéder
acéfalo acéphale
aceitação acceptation
aceitar accepter, agréer, en passer par, prendre, vouloir, vouloir bien
aceitável acceptable, potable, valable
aceito reçu
aceleração accélération, reprise
acelerador accélérateur, champignon
acelerar accélérer, pousser
acelga bette
acém échine
acendalha allume-feu
acendedor de cigarros allume-cigare
acendedor de fogão allume-gaz
acender allumer
acento accent
acentuação accentuation
acentuado accentué
acentuar accentuer
acepção acception
acerado acéré
aceragem aciérage
acerbamente aigrement
acerbo acerbe
acertado entendu
acessão accession
acessar interroger
acessibilidade accès
acessível abordable, accessible, interrogeable, joignable
acesso accès, bouffée, sortie
acesso de riso fou rire
acesso de tosse quinte de toux
acessório accessoire, à-côté, fourniture, garniture
acessórios combinados coordonnés
acetato acétate
acetificação fermentation acétique
acetileno acétylène
acetinado satiné
acetinar satiner
acetona acétone
acha bûchette
achado trouvaille
achados e perdidos (bureau des) objets trouvés
achamalotado moiré
achar dégoter, penser, trouver
achatado écrasé, épaté
achatamento aplatissement
achatar aplatir
achincalhar bafouer
achocolatado chocolaté
acidentado accidenté, cahoteux, tourmenté
acidental accidentel
acidentalmente accidentellement, par accident
acidentar accidenter
acidente accident, altération
acidente de terreno accident de terrain
acidente vascular cerebral accident vasculaire cérébral
acidez acidité, aigreur
acidificação acidification
acidificante acidifiant
acidificar acidifier
acidimetria acidimétrie
ácido acide
ácido acético acide acétique
ácido acetilsalicílico acide acétylsalicylique
ácido ascórbico acide ascorbique
ácido clorídrico acide chlorhydrique
ácido fosfórico acide phosphorique
ácido fulmínico acide fulminique
ácido gálico acide gallique
ácido graxo acide gras
ácido hipúrico acide hippurique
ácido málico acide malique
ácido nítrico acide nitrique
ácido oxálico acide oxalique
ácido pícrico acide picrique
ácido ribonucleico acide ribonucléique
ácido sulfídrico acide sulfhydrique
ácido sulfúrico acide sulfurique
ácido tartárico acide tartrique
ácido úrico acide urique
ácidos nucleicos acides nucléiques
acidulado acidulé, aigrelet
acima au-dessus
acinzentado cendré, grisâtre
acionamento da embreagem embrayage
acionamento da Justiça saisine
acionar actionner, commander, demander, entraîner, mettre en marche, solliciter
acionar a Justiça saisir
acionariado actionnariat
acionista actionnaire
acirrar envenimer
aclamação acclamation
aclamar acclamer
aclimatação acclimatation, acclimatement
aclimatar acclimater
acme acmé
acne acné
acne rosácea couperose
aço acier, tain
acobreação cuivrage
acobreado cuivré
acobrear cuivrer
acochambração bâclage, bricolage
acochambrar torcher
acocorar accroupir
acolchetamento agrafage
acolchetar agrafer
acolchoado ouatiné
acolchoador matelassier
acolchoar matelasser
acolejo ancolie
acolhedor accueillant
acolher accueillir, recueillir
acolhida accueil
acólito acolyte

acometimento atteinte
acomodação accommodation
acomodar accommoder
acomodatício accommodant
acompanhado suivi
acompanhador accompagnateur
acompanhamento accompagnement, conduite, suivi
acompanhante aidant, chaperon
acompanhar accompagner, chaperonner, flanquer, raccompagner, reconduire, suivre
acondicionado conditionné
acondicionador manutentionnaire
acondicionamento manutention, packaging, conditionnement
acondicionar manutentionner
acônito aconit
aconselhador conseilleur
aconselhar conseiller
acontecer arriver, avoir lieu, se passer
acontecimento événement
acoplamento amarrage, couplage
acoplar coupler
açor autour
acordar accorder, éveiller, réveiller
acordar tarde faire la grasse matinée
acorde accord
acordeão accordéon
acordeonista accordéoniste
acordo accord
acordo-quadro accord-cadre
acordoado cordée
acorrentar enchaîner
acorrer accourir, déferler
acossar harceler
acostagem accostage
acostamento accotement, bas-côté
acostar accoster
acostumar accoutumer
açougue boucherie, souk
açougueiro boucher
acra acra
acre acre
acreditar croire
acrescentamento rajout
acrescentar ajouter, rajouter, rapporter, surajouter
acréscimo ajout, rajout
acrílico acrylique
acrimônia âcreté, acrimonie
acrimonioso acrimonieux
acrobacia acrobatie, cascade
acrobacia aérea voltige
acrobata acrobate, cascadeur
acrobático acrobatique
acromático achromatique
acromatismo achromatisme
acrônimo acronyme
acrópole acropole
acróstico acrostiche
actínia actinie
acuar acculer, serrer
açúcar sucre
açúcar-cande sucre candi
açúcar de confeiteiro sucre glace
açúcar invertido sucre inverti
açúcar mascavo cassonade, vergeoise
açucarado sucré
açucarador sucrant
açucaramento sucrage
açucarar sucrer
açucareiro sucrier
acudir subvenir
acuidade acuité
aculturação acculturation
aculturado acculturé
acumulação accumulation, cumul
acumulador accumulateur
acumular accumuler, amasser, cumuler
acumulativo cumulatif
acumulável cumulable
acúmulo de gordura capiton
acupuntura acupuncture
acupunturista acupuncteur
acusação accusation, charge, chef d'accusation
acusado accusé
acusador accusateur
acusar accabler, accuser, mettre en cause
acusativo accusatif
acuspinhar crachoter
acústica acoustique
acústico acoustique
acutângulo acutangle
acutilado balafré
acutilar balafrer
acutilar com sabre sabrer
ad hoc ad hoc
ad libitum ad libitum
ad vitam aeternam ad vitam aeternam
adaga adage, adagio, dague
adail cheftaine
adamantino adamantin
adamascado damassé
adamascar damasser
adaptação adaptation, rewriting
adaptador adaptateur
adaptar adapter, rewriter
adaptável adaptable, aménageable
adega cave, cellier, chai
adegueiro caviste
adelgaçador amincissant
adelgaçamento amincissement
adelgaçar amincir
adendo addenda
adenite adénite
adenoide adénoïde
adenoma adénome
adenovírus adénovirus
adepto adepte
adequação adéquation
adequado adéquat
adereçar accessoiriser
aderecista accessoiriste
adereço parure
aderência adhérence
aderente adhérent
aderir adhérer
adernação gîte
adernar gîter
adesão adhésion
adesivo adhésif
adestrador dresseur
adestrador de cães maître-chien
adestramento dressage
adestrar dresser
adeus adieu
adiado différé
adiamento ajournement, remise, renvoi, report
adiantado en avance
adiantamento à-valoir, avance, provision
adiantar avancer
adiar ajourner, différer, remettre, renvoyer, surseoir
adição accoutumance, addition, adjonction
adicional additionnel
adicionar additionner
adido attaché
adiposidade adiposité
adiposo adipeux
aditivo additif
adivinha devinette
adivinhação divination
adivinhar deviner
adivinho devin, divinateur
adjacente adjacent
adjetivo adjectif
adjudicação adjudication
adjudicar adjuger
adjudicatário adjudicataire
adjunção adjonction
adjunto adjoint
adjuração adjuration
adjurar adjurer
adjuvante adjuvant
ADM ADM
administração administration, économat, gestion, management, tenue
administração de vias públicas voirie
administração fazendária régie
administrador administrateur, gérant, intendant, manager, régisseur
administrar administrer, gérer
administrativo administratif, gestionnaire
admiração admiration
admirador admirateur
admirar admirer
admirativo admiratif
admirável admirable
admiravelmente admirablement
admissão admission, aveu, entrée, réception
admissibilidade admissibilité, recevabilité
admissível admissible, recevable
admitido admissible
admitir admettre, avouer, convenir
admoestação admonestation, remontrance
admoestar admonester, morigéner, tancer

admonição admonition
adobe pisé
adoçante em comprimido Sucrette
adoção adoption
adocicado douceâtre, doucereux
adoentado mal fichu, souffrant
adolescência adolescence
adolescente adolescent
adônis adonis, éphèbe
adoração adoration
adorador adorateur
adorar adorer
adorável adorable
adoravelmente adorablement
adormecer endormir
adormecido endormi
adormecimento endormissement
adotado adopté
adotante adoptant
adotar adopter
adotivo adopté, adoptif
adquirido acquis
adquirir acquérir
adraganta gomme adragante
adrenalina adrénaline
adriça drisse
adro parvis
ADSL ADSL
adstringente astringent
aduaneiro douanier
aduar douar
adubação engraissement
adubar composter, engraisser, fumer
adubo compost, engrais, fumure
adução adduction
aduela claveau, douve
adulação adulation, flatterie, lèche
adulador adulateur, flatteur, patelin
adular flatter, faire des courbettes
adulteração adultération, tripatouillage
adulterado frelaté
adulterar adultérer, falsifier, frelater, tripatouiller
adulterino adultérin
adultério adultère
adúltero adultère
adulto adulte, grande personne
adunco crochu
adventício adventice, adventif
adventista adventiste
advento avènement
Advento avent
adverbial adverbial
advérbio adverbe
adversário adversaire
adversidade adversité
adverso adverse, contraire
advertência avertissement, semonce
advertido averti
advertir avertir
advir advenir
advogado avocat
advogado de defesa défenseur
aedo aède
aéreo aérien
aeróbica aérobic
aeroclube aéro-club
aerodeslizador aéroglisseur, hovercraft
aerodinâmica aérodynamique
aerodinâmico aérodynamique
aeródromo aérodrome
aeroespacial aérospatial
aerofagia aérophagie
aerofólio becquet
aerofreio aérofrein
aerograma aérogramme, carte-lettre
aeromoça hôtesse de l'air
aeromodelismo aéromodélisme
aeronáutica aéronautique
aeronáutico aéronautique
aeronaval aéronaval
aeronave aéronef
aeroplano aéroplane
aeroporto aéroport
aeropostal aéropostal
aerossol aérosol
aerostática aérostatique
aeróstato aérostat, montgolfière
aerotransportado aéroporté, aérotransporté
afabilidade affabilité
afagar chatouiller, flatter
afanar barboter
afasia aphasie
afásico aphasique
afastado écarté, éloigné
afastamento écartement, éloignement, évincement, éviction
afastar chasser, conjurer, détacher, écarter, éloigner, évincer
afável affable, commode
afazer affaire
afeamento enlaidissement
afecção affection
afegão afghan
afeição affection
afeiçoado affectionné
afeiçoar affectionner
afeminado efféminé
aferente afférent
aférese aphérèse
aferição étalonnage
aferir étalonner
aferro entichement
aferrolhamento verrouillage
aferrolhar verrouiller
afetação affectation, afféterie, frime, mièvrerie, mignardise, simagrées
afetado affecté, frimeur, gourmé, mièvre
afetar affecter, frapper, répercuter
afetividade affectivité
afetivo affectif
afetuosamente affectueusement
afetuoso affectueux
afiação affilage, affûtage
afiado affilé, émoulu
afiador affûteur
afiador de facas fusil
afiar affiler, affûter, aiguiser
aficionado aficionado, féru
aficionado por música musicien
afilação aiguisage
afilado effilé
afilhado filleul, poulain
afim connexe
afinação accord
afinador accordeur
afinal à la fin, enfin
afinar accorder
afinidade affinité
afirmação affirmation, dire
afirmar affirmer
afirmativamente affirmativement
afirmativo affirmatif
afivelar boucler
afixação affichage
afixador colleur
afixar afficher, placarder
afixo affixe
aflição affliction, tracas
afligir affliger, tracasser
aflitivo affligeant
afloração affleurement
aflorar affleurer
afluência affluence
afluente affluent
afluir affluer
afluxo afflux
afogado noyé
afogamento noyade
afogar noyer
afolhamento assolement
afolhar assoler
afonia aphonie, extinction de voix
afônico aphone
afora en dehors de
aforismo aphorisme
afortunado heureux
afrancesamento francisation
afrancesar franciser
afreguesado achalandé
afresco fresque
africânder afrikaans, afrikaner
africanismo africanisme
africanista africaniste
africano africain
afro-asiático afro-asiatique
afrodisíaco aphrodisiaque
afronta affront
afrontamento affrontement
afrontar affronter, braver
afrouxamento lâchage
afrouxar débander, dégonfler, détendre, lâcher, relâcher
afta aphte
after-shave after-shave
aftoso aphteux
AFU AFU
afundado enfoncé
afundamento affaissement, enfoncement
afundar affaisser, couler, emboutir, enfoncer, faire couler de l'encre, faire le

plongeon, noyer, plonger, sombrer
afunilado en fuseau
afusar fuseler
agaloado galonné
ágape agapes
agapornis inséparables
ágar agar-agar
agárico agaric, coulemelle
agárico comestível mousseron
agarrar happer, agripper
agasalhado chaudement, couvert
agasalhar emmitoufler
ágata agate
agave agave
agência agence, bureau
agenda agenda, cahier de textes, emploi du temps, horaire, organiseur
agenda eletrônica organiseur
agenda semanal semainier
agente agent
agente da polícia de pesca garde-pêche
agente de viagens voyagiste
ágil agile, ingambe, souple
agilidade agilité
agilmente souplement
ágio agio
agiotagem agiotage
agir agir, exercer
agir ardilosamente ruser
agir sozinho faire cavalier seul
agitação agitation, frétillement, turbulence
agitado agité, frétillant, houleux
agitador agitateur, fauteur de troubles
agitar agiter, frétiller
aglomeração agglomération, rassemblement
aglomeração urbana agglomération
aglomerado agglomérat, aggloméré
aglomerar agglomérer
aglutinação agglutination
aglutinar agglutiner
agnosticismo agnosticisme
agnóstico agnostique
agonia agonie
agonizante agonisant
agonizar agoniser
agora à cette heure, alors, ici, maintenant, ores, présentement
ágora agora
agorafobia agoraphobie
agosto août
agourar augurer
agouro augure
agradar plaire, revenir
agradável avenant, agréable, gouleyant, plaisant
agradavelmente agréablement, plaisamment
agradecer remercier
agradecimento merci, remerciement
agrafe agrafe
agrário agraire
agravamento aggravation, alourdissement, envenimement
agravante aggravant
agravar aggraver, alourdir, appesantir
agredir agresser
agregado agrégat
agregar agréger
agrégatif agrégatif
agrégation agrégation
agrégé agrégé
agressão agression
agressivamente agressivement
agressividade agressivité
agressivo agressif
agressor agresseur
agreste agreste
agrial cressonnière
agrião cresson
agrícola agricole
agricultor agriculteur
agricultura agriculture
agridoce aigre-doux, doux-amer
agrimensar arpenter
agrimensor arpenteur, géomètre
agrimensura arpentage
agro aigre
agroindústria agro-industrie
agronomia agronomie
agronômico agronomique
agrônomo agronome
agroquímica agrochimie
agroturismo agritourisme
agrupamento rassemblement, regroupement
agrupar bloquer, grouper, rassembler, regrouper
água eau
água armazenada retenue d'eau
água com açúcar guimauve
água de flor de laranjeira eau de fleur d'oranger
água escoada éclusée
água lustral eau lustrale
água oxigenada eau oxygénée
água sanitária Javel
água sem gás eau plate
água-forte eau-forte
água-fortista aquafortiste
água-marinha aigue-marine
água-tinta aquatinte
aguaceiro averse, flotte, ondée
aguada lavis
aguardente eau-de-vie, gnôle, goutte
aguardente de abrunho prunelle
aguardente de ameixa prune, quetsche
aguardente de framboesa framboise
aguardente de mirabela mirabelle
aguardente de pera poire
aguardente fina fine
aguarrás mineral white-spirit
aguçador aiguiseur
aguçar aiguiser
agudo aigu, vif
aguerrir aguerrir
águia aigle
águia-cobreira circaète
águia-pescadora balbuzard, orfraie
águia-real aigle royal
aguilhão aiguillon
aguilhoar aiguillonner
aguioto aiglon
agulha aiguille, diamant
agulha de crochê crochet
agulhada aiguillée
agulhão aiguille de mer
agulheiro aiguilleur, ope
agulheta lance
ah ah, euh, ha
ai aïe
aí là
Al P.-V.
aia duègne
aiai aye-aye
aiatolá ayatollah
aide-mémoire aide-mémoire
aids sida
aikido aïkido
ainda encore, toujours
ainda mais d'autant plus
ainda por cima par-dessus le marché, par surcroît
ainda que encore que
aïoli ailloli
aipo céleri
aipo-rábano céleri-rave
airbag airbag
airoso découplé
aiurveda ayurvéda
aiurvédico ayurvédique
ajeitado bien roulé
ajoelhado à genoux
ajuda aide, secours
ajuda de custo indemnité
ajuda mútua entraide
ajudante adjudant, garçon
ajudante de cozinha marmiton
ajudante de ordens aide de camp
ajudar aider, secourir
ajudar-se mutuamente s'entraider
ajuizadamente sagement
ajuizado sage
ajuntamento attroupement
ajuramentado assermenté
ajustado ajusté, jointif
ajustador ajusteur, régleur
ajustamento ajustage, ajustement
ajustar ajuster, conformer, faire le point, moduler, rajuster, régler
ajuste mise au point, modulation, réglage
ajuste de contas règlement de comptes
al dente al dente
ala aile, ailier
alabarda hallebarde
alabastrita alabastrite
alabastro albâtre
alacridade alacrité
alado ailé
alamar aiguillette
alambicado alambiqué

alambique alambic
alameda allée, cours, mail
alanzoado bafouillage, patenôtres
alaranjado orangé, tango
alardear crier au scandale
alargado évasé
alargamento élargissement
alargar ébraser, élargir, évaser
alarmante alarmant
alarmar alarmer
alarme alarme, avertisseur, sonnerie
alarmista alarmiste
alaúde luth
alaudista luthiste
alavanca levier, pince, tirette
alazão alezan
albacora-branca germon, thon blanc
albanês albanais
albarda bât
albardar bâter
albatroz albatros
albergue da juventude auberge de jeunesse
albigense albigeois
albinismo albinisme
albino albinos
albornoz burnous
albugem taie
álbum album
álbum de fotos trombinoscope
albume albumen
albumina albumine
albuminado albuminé
albuminúria albuminurie
alburno ablette, aubier
alça bretelle, dragonne, ahusse, poignée
alça de acesso bretelle
alça de mira cran de mire
alcaboz chabot
alcácer alcazar
alcachofra artichaut
alcachofra-brava cardon
alcaçuz réglisse
alçada ressort
alcaide alcade, rossignol
álcali alcali
álcali volátil alcali volatil
alcalimetria alcalimétrie
alcalinidade alcalinité
alcalino alcalin
alcaloide alcaloïde
alçamento haussement
alcançar atteindre, produire, rallier, rattraper, revenir, toucher
alcance allonge, portée
alçapão trappe
alcaparra câpre
alcaparreira câprier
alcatra aiguillette, flanchet, romsteck
alcatraz fou
alce élan, orignal
alcíone alcyon, martin-chasseur
alcofa cabas, couffin
álcool alcool
álcool combustível alcool à brûler
alcoolato alcoolat
alcoólatra alcoolique
alcoolemia alcoolémie
alcoólico alcoolique
alcoolismo alcoolisme
alcoolista alcoolique
alcoolização alcoolisation
alcoolizado alcoolisé
alcoolizar alcooliser
alcoologia alcoologie
alcoolometria alcoométrie
alcoolômetro alcoomètre
alcova alcôve, ruelle
alcoviteiro entremetteur
aldeão villageois
aldeia village
aldeído aldéhyde
aldeído fórmico aldéhyde formique
aldraba heurtoir, marteau
aldrabão baratineur
aleatoriamente aléatoirement
aleatório aléatoire
alecrim romarin
alegação allégation
alegar alléguer, arguer
alegoria allégorie
alegórico allégorique
alegrar dérider, égayer, épanouir, réjouir
alegre allègre, en goguette, gai, joyeux, réjoui, réjouissant
alegremente allègrement, gaiement, joyeusement
alegreto allegretto, allégretto
alegria allégresse, gaieté, joie
alegro allegro, allégro
aleia allée
aleia de carpinos charmille
aleijado impotent
aleluia alléluia
além au-delà, indépendamment
além de au delà, en sus de, outre, outre que
além disso au surplus, d'ailleurs, en outre
além-túmulo outre-tombe
alemão allemand
alemão-ocidental ouest-allemand
alemão-oriental est-allemand
alérgeno allergène
alergia allergie
alérgico allergique
alergista allergologue
alergizante allergisant
alergologia allergologie
alergologista allergologue
alerta alerte, alertement, en éveil, sur le qui-vive
alertar alerter, crier casse-cou
alesagem alésage
alesar aléser
aleta aileron, ailette
aletria vermicelle
aleurona aleurone
alevinagem alevinage
alevinar aleviner
alevino alevin, frai
alfa alfa, alpha, spart
alfabético alphabétique
alfabetização alphabétisation
alfabetizar alphabétiser
alfabeto alphabet
alface laitue
alface-de-cordeiro doucette, mâche
alface-romana romaine
alfafa luzerne
alfaiate tailleur
alfândega douane, octroi
alfandegar dédouaner
alfandegário douanier
alfanumérico alphanumérique
alfarroba caroube
alfazema aspic, lavande
alfeneiro troène
alfenim mauviette
alfinetada coup d'épingle, coup de patte, pique
alfinetar épingler
alfinete épingle
alfobre pépinière
alforje besace
alga algue
algaço varech
algaravia baragouin, sabir
algaraviar baragouiner
algarismos romanos chiffres romains
algazarra boucan, sarabande, sérénade, tapage, raffut
algazarrão chahuteur
álgebra algèbre
algebricamente algébriquement
algébrico algébrique
algemas menotte
algia algie
algo quelque chose, rien
algodão coton, cotonnade, ouate
algodão-doce barbe à papa
algodoado cotonneux
algodoar ouater
algodoeiro cotonnier
algonquino algonkin
algoritmo algorithme
algoz tombeur
alguém quelqu'un
algum quelque
alho ail
alho-poró poireau
alhures ailleurs
ali là
aliáceo alliacé
aliado allié
aliado objetivo allié objectif
aliança alliance, entente, rassemblement
aliar allier, fédérer
aliar-se a rallier
aliás d'ailleurs
álibi alibi
alicerce assise
alicerces gros œuvre
aliciador racoleur

aliciamento racolage, retape
aliciar allécher, racoler
alidada alidade
alienação aliénation
alienado aliéné
alienante aliénant
alienar aliéner
alienável aliénable
aligátor alligator
aligoté aligoté
alimentação alimentation, nourriture
alimentação habitual ordinaire
alimentado nourri
alimentar alimentaire, alimenter, nourrir, vivrier
alimento aliment, nourriture, pâture
alimento farináceo farineux
alimento salgado salaison
alínea alinéa
alinhamento alignement
alinhar aligner, redresser
alinhavar bâtir, faufiler
alinhavo bâti, cote mal taillée
alisador lissoir
alisamento lissage
alisar lisser, plaquer
alísio alizé
alistado enrôlé
alistamento conscription, enrôlement, levée
alistar enrôler
aliteração allitération
aliviar alléger, décharger, soulager
alívio allégement, soulagement
alizar huisserie
aljava carquois
alma âme, cambrure
almadrava madrague
almalha génisse
almanaque almanach
almirante amiral
almíscar civette, musc
almiscarado musqué
almoçar déjeuner, dîner
almoço déjeuner, dîner
almocreve muletier
almofaça étrille
almofaçar étriller
almofada coussin
almofadado capiton
almofadar capitonner
almofadinha bellâtre, coussinet
almotolia burette
alô allô
alocar affecter
alocução allocution
alódio alleu
aloé aloès, chicotin
aloe vera aloe vera
alógeno allogène
alongamento rallongement
alongamento capilar extensions de cheveux
alongar allonger, rallonger
alopatia allopathie
alopecia alopécie, pelade
alotropia allotropie
alotrópico allotropique
alourar blondir
alpaca alpaga, argentan
alpargata espadrille
alpendre auvent
alpendre envidraçado marquise
alpestre alpestre
alpinismo alpinisme
alpinista alpiniste
alpino alpin, chasseur alpin
alqueire boisseau
alquimia alchimie
alquimista alchimiste
alsaciano alsacien
alta hausse, haute
alta sociedade grand monde, monde
alta temporada haute saison
alta-costura haute couture
alta-fidelidade haute-fidélité
alta-roda beau monde
altamente especializado pointu
altar autel
altar-mor maître-autel
altear exhausser
alter ego alter ego
alterabilidade altérabilité
alteração altération
alterado éventé
alterar altérer
alterável altérable
altercação algarade, altercation
alterglobalismo altermondialisme
alterglobalista altermondialiste
alterglobalização altermondialisation
alteridade altérité
alternadamente alternativement, tour à tour
alternado alterné
alternador alternateur
alternância alternance
alternar alterner
alternativa alternative
alternativo alternatif, de rechange
alterno alterne
alteza altesse
altímetro altimètre
altista altiste
altitude altitude
altivez hauteur
altivo altier, fier, hautain
alto alto, éméché, halte, haut
alto-falante haut-parleur
alto-forno haut-fourneau
alto-fundo bas-fond, haut-fond
alto-mar haute mer
alto-relevo haut-relief, ronde-bosse
altruísmo altruisme
altruísta altruiste
altura épaisseur, haut, hauteur, taille
altura de um triângulo hauteur
alucinação hallucination
alucinado halluciné
alucinante hallucinant
alucinatório hallucinatoire
alucinógeno hallucinogène
alugar louer
aluguel louage, loyer, terme
alume alun
alumina alumine
aluminaria aluminerie
alumínio aluminium
alunissagem alunissage
alunissar alunir
alunita alunite
aluno apprenant, élève
aluno da *khâgne* khâgneux
aluno de liceu lycéen
alusão allusion
alusivamente allusivement
alusivo allusif
aluvial alluvial, alluvionnaire
aluviamento remblaiement
aluvião alluvions
alva aube
alvado douille
alvenaria maçonnage, maçonnerie
alvéola hochequeue, lavandière
alveolado alvéolé
alveolar alvéolaire
alveolite alvéolite
alvéolo alvéole, cellule
alvéolo dental alvéole
alvéolo pulmonar alvéole
alvião pioche
alvo but, cible, point de mire
alvorada réveil
amã aman
amabilidade amabilité, gracieuseté
amaciamento assouplissement, rodage
amaciante assouplissant
amaciar assouplir, attendrir, roder
amada blonde
amado jules
amador amateur
amadorismo amateurisme
amadurecer mûrir
amadurecidamente mûrement
amadurecido mûr
amadurecimento maturation, maturité, mûrissage
amaldiçoar maudire
amálgama amalgame
amalgamação amalgamation
amalgamar amalgamer, faire l'amalgame
amalhar parquer
amalucado follet
amamentação allaitement
amamentar allaiter
amandine amandine
amaneirado chichiteux, maniéré
amaneiramento maniérisme
amanhã demain, lendemain
amanita amanite
amanita dos césares oronge

amanita mata-moscas amanite tue-mouches, fausse oronge
amante amant, ami, amoureux, maîtresse
amanteigado petit-beurre
amar aimer
amaragem amerrissage
amaranto amarante
amarar amerrir
amarelado jaunâtre, pisseux
amarelar jaunir
amarelecimento jaunissement
amarelento jaunissant
amarelinha marelle
amarelo jaune
amarelo alaranjado safran
amarelo vivo jonquille
amarelo-canário jaune canari
amarelo-palha paille
amarfanhar friper, godailler
amargamente amèrement
amargo amer, cuisant, fielleux
amargor amertume
amargura amertume
amarilidácea amaryllidacée
amarílis amaryllis
amarra amarre, encablure
amarração amarrage, ficelage, garrottage
amarrado ficelé
amarrar amarrer, brider, ficeler, garrotter, lier, ligoter, saucissonner
amarronzado brunâtre
amarrotar chiffonner, froisser
amassadeira pétrin
amassador gâcheur
amassadura malaxage, pétrissage
amassar bosseler, emboutir, malaxer, pétrir
amável accorte, aimable, gracieux
amavelmente aimablement
amazona amazone, écuyer
amazonense amazonien
amazônico amazonien
âmbar ambre
âmbar-gris ambre gris
ambição ambition
ambicionar ambitionner, en vouloir
ambiciosamente ambitieusement
ambicioso ambitieux
ambidestro ambidextre
ambiental environnemental
ambientalismo écologie
ambientalista écologique
ambiente ambiance, ambiant, environnement
ambiente computacional péri-informatique
ambiguidade ambiguïté
ambíguo ambigu
ambivalência ambivalence
ambivalente ambivalent
ambliope amblyope
ambos l'un et l'autre
ambreado ambré
ambrear ambrer
ambrosia ambroisie
ambulância ambulance, antenne chirurgicale
ambulante ambulant
ambulatório ambulatoire, policlinique
ameaça menace
ameaçador menaçant
ameaçar menacer
ameba amibe
amebiano amibien
amebíase amibiase
amedrontado apeuré
ameia créneau
amêijoa clam, palourde
ameixa prune
ameixa-preta pruneau
ameixeira prunier
amém amen
amêndoa amande
amendoeira amandier
amendoim arachide, cacahouète
amenização da temperatura redoux
ameno amène, doux
amenorreia aménorrhée
amentácea amentale
amento chaton
americanismo américanisme
americanização américanisation
americanizar américaniser
americano américain
ameríndio amérindien
amestrado savant
ametista améthyste
amianto amiante
amido amidon
amieiro aulne
amieiro-negro bourdaine, nerprun
amigável à l'amiable, amiable
amigavelmente à l'amiable, amicalement, de gré à gré
amígdala amygdale
amígdalas végétation
amigdalite amygdalite
amigo ami, pote
amigo da onça lâcheur
amiláceo amylacé
amimador cajoleur
aminoácido acide aminé
aminopirina amidopyrine
amistoso amical
amizade amitié
amnésia amnésie
amnésico amnésique
amniocentese amniocentèse
amoedar monnayer
amoedável monnayable
amolação repassage
amolador aiguisoir, rémouleur
amolar repasser
amolecedor amollissant
amolecer amollir, mollir, ramollir
amolecimento amollissement, ramollissement
amolgar bosseler, cabosser
amoniacal ammoniacal, ammoniaqué
amoníaco alcali volatil, ammoniac, ammoniaque
amônio ammonium
amonite ammonite
amontoado amas, amoncellement, échafaudage, entassement, ramassis, tassé
amontoamento entassement
amontoar amonceler, butter, entasser
amor amour
amor-perfeito pensée
amor-próprio amour-propre
amora mûre
amoral amoral
amoralidade amoralité
amordaçamento bâillonnement
amordaçar bâillonner, museler
amoreira mûrier
amorenar brunir
amorico amourette
amornamento tiédissement
amornar attiédir, tiédir
amorosamente amoureusement
amoroso aimant, amoroso, amoureux, galant
amortecedor amortisseur
amortecer amortir
amortecimento amortissement
amortização amortissement
amortizar amortir
amortizável amortissable
amorzinho minou
amostra échantillon, spécimen
amostra cilíndrica carotte
amostragem échantillonnage
amotinado émeutier
amotinador émeutier
amotinar ameuter
amovibilidade amovibilité
amovível amovible
ampelopse ampélopsis
ampere ampère
ampere-hora ampère-heure
amperímetro ampèremètre
amplamente amplement
ampliação agrandissement, élargissement, grossissement
ampliador agrandisseur, amplificateur, grossissant
ampliar agrandir, amplifier, élargir, grossir
amplidão ampleur
amplificação amplification
amplificador amplificateur
amplitude ampleur, amplitude
amplitude térmica amplitude diurne
amplo ample, étendu, large
ampola ampoule
ampulheta sablier
amputação amputation
amputado amputé
amputar amputer
amuar bouder
amuleto amulette, gri-gri, porte-bonheur

amuo bouderie
amura amure
amurada bastingage, plat-bord
anabatista anabaptiste
anabolizante anabolisant
anacoluto anacoluthe
anacoreta anachorète
anacrônico anachronique
anacronismo anachronisme
anacruse anacrouse
anafilaxia anaphylaxie
anáfora anaphore
anafórico anaphorique
anáglifo anaglyphe
anagliptografia anaglyptique
anagliptográfico anaglyptique
anagrama anagramme
anais annales
anal anal
analéptico analeptique
analérgico anallergique
analfabetismo analphabétisme
analfabeto analphabète
analgesia analgésie
analgésico analgésique, médicament antidouleur
analisar analyser, dépouiller, examiner
analisável analysable
análise analyse, examen
análise combinatória combinatoire
analista analyste, annaliste
analista programador analyste-programmeur
analítico analytique
analogamente analogiquement
analogia analogie
analógico analogique
análogo analogue
anamês annamite
anamorfose anamorphose
anão nain
anapesto anapeste
anarco anar
anarquia anarchie
anarquicamente anarchiquement
anárquico anarchique
anarquismo anarchisme
anarquista anarchiste
anarquizante anarchisant
anasalado nasillard
anastigmático anastigmatique
anastomosar anastomoser
anastomose anastomose
anátema anathème
anatomia anatomie
anatômico anatomique
anatomista anatomiste
anatoxina anatoxine
anca hanche
ancestral ancêtre, ancestral
anchova anchois
ancilosado ankylosé
ancilosar ankyloser
ancilose ankylose

âncora ancre
ancoradouro ancrage, mouillage
ancoragem ancrage, mouillage
ancorar ancrer
andaimar échafauder
andaime échafaudage
andaluz andalou
andamento cheminement, marche, mouvement, tempo
andante andante
andantino andantino
andar étage, marcher, niveau
andar de bote canoter
andar superior impériale
andesito andésite
andino andin
andorinha hirondelle
andorinhão martinet
andouille andouille
andouillette andouillette
andrajo guenille
andrinópola andrinople
androgênico androgène
androgênio androgène
andrógino androgyne
androide androïde
andrologia andrologie
andrologista andrologue
andropausa andropause
androsterona androstérone
anedota anecdote
anedótico anecdotique
anel anneau, bague
anel ferroviário ceinture
anel viário ceinture, périphérique, ring, rocade
anelação anhélation
anelado annelé, bouclé
anelar boucler
anelídeo annélide
anemia anémie
anêmico anémié, anémique
anemizar anémier
anemômetro anémomètre
anêmona anémone
aneroide anéroïde
anestesia anesthésie
anestesia peridural péridurale
anestesiar anesthésier
anestésico anesthésiant, anesthésique
anestesista anesthésiste
aneto aneth
aneurisma anévrisme
anexação annexion
anexar annexer, verser
anexionismo annexionnisme
anexionista annexionniste, rattachiste
anexo annexe, appentis, ci-inclus, ci-joint
anfetamina amphétamine
anfíbio amphibie, amphibien
anfibólio amphibole
anfibologia amphibologie
anfibológico amphibologique

anfiguri amphigouri, grimoire
anfigúrico amphigourique
anfiteatro amphithéâtre
anfitrião amphitryon, hôte
ânfora amphore
anfractuosidade anfractuosité
angélica angélique, tubéreuse
angelical angélique
angelicalmente angéliquement
angelismo angélisme
ângelus angélus
angevino angevin
angina angine
angiografia angiographie
angiologia angiologie
angioma angiome
angiosperma angiosperme
anglicanismo anglicanisme
anglicano anglican
anglicismo anglicisme
anglicista angliciste
anglicizar angliciser
anglo-americano anglo-américain
anglo-árabe anglo-arabe
anglo-normando anglo-normand
anglo-saxão anglo-saxon
anglófilo anglophile
anglófobo anglophobe
anglófono anglophone
anglomania anglomanie
angolano angolais
angorá angora
angra anse
angström angström
angular angulaire
ângulo angle, retour
ângulo obtuso angle obtus
anguloso anguleux
angústia affres, angoisse, détresse
angustiado angoissé
angustiante angoissant
angustiar angoisser
anidrido anhydride
anidrido fosfórico anhydride phosphorique
anidro anhydre
anil indigo
anileira indigotier
anilha rondelle
anilhamento baguage
anilhar baguer
anilina aniline
animação ambiance, animation
animado animé, sémillant, vivant
animador animateur, boute-en-train, émoustillant, meneur de jeu
animais atrelados attelage
animais domésticos animaux familiers
animal animal
animal cavador fouisseur
animal de caça bête fauve, gibier
animal de tiro animal de trait, bête de trait
animal de tração bête de trait
animal selvagem bête fauve

animálculo animalcule
animalidade animalité
animalista animalier
animar animer, émoustiller
animismo animisme
animista animiste
ânimo entrain
animosidade animosité
ânion anion
aniquilamento anéantissement, annihilation
aniquilar anéantir, annihiler, laminer
anis anis
anis-estrelado badiane
anisar aniser
anisete anisette
anistia amnistie
anistiado amnistié
anistiar amnistier
aniversário anniversaire
anjinho angelot
anjo ange
anjo da guarda ange gardien
ano an, année, balai, berge
ano-luz année-lumière
ano-novo nouvel an
anódino anodin
ânodo anode
anófele anophèle
anomalia anomalie
anonácea anonacée
anonimamente anonymement
anonimato anonymat
anônimo anonyme
anoraque anorak, doudoune
anorético anorexique
anorexia anorexie
anorexígeno anorexigène
anormal anormal
anormalmente anormalement
anotação annotation
anotador annotateur
anotar annoter, inscrire, marquer, relever
anoxia anoxie
ansiedade anxiété
ansiógeno anxiogène
ansiolítico anxiolytique
ansiosamente anxieusement
ansioso anxieux
antagônico antagonique
antagonismo antagonisme
antagonista antagoniste
antanho (de) antan (d')
antártico antarctique
antebraço avant-bras
antecedente antécédent
anteceder devancer
antecipação anticipation, avant-goût
antecipadamente par avance
antecipado anticipé
antecipar anticiper, avancer, devancer
antedatar antidater
antediluviano antédiluvien
antefixa faîtière
antemão (de) par avance
ântemis anthémis
antena antenne, espar
antena de transmissão/recepção antenne-relais
antenado branché
anteontem avant-hier
anteparo écran
antepassado ancêtre, parent
antepassados aïeux
antepenúltimo antépénultième
anteporto avant-port
antepositivo antéposé
anteprojeto avant-projet
antera anthère
anterior antérieur, d'avant, précédent
anterioridade antériorité
anteriormente antérieurement, précédemment
anterozoide anthérozoïde
antes avant, auparavant, ci-devant, plutôt
antessala antichambre
antessala da morte mouroir
antevéspera avant-veille
anti-herói antihéros
anti-infeccioso anti-infectieux
anti-inflamatório anti-inflammatoire
anti-interferência antiparasite
antiácaro antiacarien
antiaderente antiadhésif
antiaéreo antiaérien
antialcoólico antialcoolique
antialérgico antiallergique
antiatômico antiatomique
antibiograma antibiogramme
antibiótico antibiotique
anticalcário anticalcaire
anticancerígeno anticancéreux
anticapitalista anticapitaliste
anticarro antichar
anticaspa antipelliculaire
antichoque antichoc
anticiclonal anticyclonique
anticiclone anticyclone
anticlerical anticlérical
anticlericalismo anticléricalisme
anticoagulante anticoagulant
anticolonialismo anticolonialisme
anticolonialista anticolonialiste
anticomunismo anticommunisme
anticomunista anticommuniste
anticoncepcional anticonceptionnel
anticonformismo anticonformisme
anticonformista anticonformiste
anticongelante antigivrant
anticonstitucional anticonstitutionnel
anticorpo anticorps
anticristo Antéchrist
antidemocrático antidémocratique
antidepressivo antidépresseur
antiderrapante antidérapant, antiglisse
antidiftérico antidiphtérique
antidoping antidopage
antídoto antidote
antiespasmódico antispasmodique
antiestático antistatique
antifascista antifasciste
antiferrugem antirouille
antífona antienne
antífrase antiphrase
antifumo antitabac
antifúngico antifongique
antigamente anciennement, dans le temps
antígeno antigène
antiglobalista antimondialiste
antiglobalização antimondialisation
antigo ancien, antique
Antigo Regime Ancien Régime
antigovernamental antigouvernemental
antiguidade ancienneté, antique, vieillerie
Antiguidade antiquité
antilhano antillais
antílope antilope
antimatéria antimatière
antimicótico antimycosique
antimilitarista antimilitariste
antimíssil antimissile
antimitótico antimitotique
antimônio antimoine
antinêutron antineutron
antinomia antinomie
antinômico antinomique
antinuclear antinucléaire
antipapa antipape
antiparlamentarista antiparlementaire
antipartícula antiparticule
antipatia antipathie
antipático antipathique
antipirético antipyrétique
antípoda antipode
antipoluente antipollution
antiprotecionista antiprotectionniste
antipróton antiproton
antipruriginoso antiprurigineux
antipútrido antiputride
antiquado vieux
antiquário antiquaire
antirrábica antirabique
antirracista antiraciste
antirradar antiradar
antirreflexo antireflet
antirregulamentar antiréglementaire
antirreligioso antireligieux, irréligieux
antirrepublicano antirépublicain
antirrugas antirides
antirruído antibruit, insonore
antissemita antisémite
antissemitismo antisémitisme
antissepsia antisepsie
antisséptico antiseptique
antissísmico antisismique
antissocial antisocial, asocial
antiterrorismo contre-terrorisme
antiterrorista antiterroriste
antítese antithèse

antitetânico antitétanique
antitético antithétique
antitoxina antitoxine
antitraça antimite
antitruste antitrust
antituberculoso antituberculeux
antitussígeno antitussif
antivariólico antivariolique
antiviral antiviral
antivírus antivirus
antolho œillère
antologia anthologie
antônimo antonyme
antonomásia antonomase
antracito anthracite
antraz anthrax
antro antre, coupe-gorge, nid
antropocêntrico anthropocentrique
antropocentrismo anthropocentrisme
antropofagia anthropophagie
antropófago anthropophage
antropoide anthropoïde
antropologia anthropologie
antropológico anthropologique
antropólogo anthropologue
antropometria anthropométrie
antropométrico anthropométrique
antropomórfico anthropomorphe
antropomorfismo anthropomorphisme
antúrio anthurium
anual annal, annuel
anualidade annualité
anualizar annualiser
anualmente annuellement
anuário annuaire
anuidade annuité
anulação annulation
anular annulaire, annuler, rapporter
anulável annulable
anunciação Annonciation
anunciado sonné
anunciador annonciateur
anunciante annonceur
anunciar afficher, annoncer, sonner
anunciar ao som de tambores tambouriner
anúncio annonce
anuncista annoncier
anuro anoure
ânus anus, fondement
anuviar embrumer
anzol hameçon
ao contrário à l'opposé, à rebours, au contraire, en revanche, sens devant derrière
ao contrário de à l'inverse de, au contraire de, contrairement
ao encontro au-devant
ao longo de à longueur de, durant, en bordure de, le long de
ao mesmo tempo à la fois, en même temps
ao passo que alors que, quand, tandis que
ao redor à la ronde, autour, alentour, tout autour
AOC AOC
aonde où
aorta aorte
aos cuidados de à l'attention de, aux bons soins de
apadrinhamento copinage, parrainage
apadrinhar parrainer
apagado effacé, éteint, falot
apagador éteignoir
apagamento effacement, gommage
apagar écraser, effacer, éteindre, gommer, supprimer, zigouiller
apagável effaçable
apaixonadamente passionnément
apaixonado amoureux, épris, passionné
apaixonante passionnant
apaixonar passionner
apalpar palper, peloter
apanágio apanage
apanhadeira ramasse-miettes
apanhado aperçu
apanhador preneur, ramasseur
apanhar attraper, cueillir, piéger, rapporter, saisir
apara raclure, rognure
aparador bahut, desserte
aparafusamento vissage
aparafusar boulonner
aparar rogner
aparato apparat
aparecer apparaître, paraître, percer-pointer, présenter
aparelhagem appareillage
aparelhar charger, gréer, outiller
aparelho appareil, poste
aparelho de controle mouchard
aparelho de som chaîne
aparelho de testagem testeur
aparelho digestivo appareil digestif
aparelho do navio apparaux
aparelho para fazer molhos saucier
aparelho vegetativo appareil végétatif
aparelhos de ginástica agrès
aparência apparence, mine, surface
aparência enganosa trompe-l'œil
aparentado parent
aparente apparent
aparentemente apparemment, en apparence
aparição apparition
apartamento appartement
apartamento de dois cômodos deux-pièces
apartamento mobiliado meublé
apartamento primoroso bonbonnière
aparte aparté
apartheid apartheid
apascentamento pacage, pâture
apascentar pacager
apatia apathie, aveulissement
apático apathique
apátrida apatride
apavorar épouvanter, paniquer
apaziguador apaisant
apaziguamento apaisement
apaziguar apaiser, pacifier
apê appart
apear descendre
apego attachement
apelação appel, pourvoi
apelante appelant
apelar interjeter appel, pourvoir
apelativo appellatif
apelidar surnommer
apelido sobriquet, surnom
apelo appel
apenas en tout et pour tout, juste, ne… que, rien que, seul, seulement
apêndice appendice
apendicite appendicite
aperfeiçoamento parachèvement, perfectionnement
aperfeiçoar parachever, parfaire, perfectionner
apergaminhado parcheminé
aperitivo amuse-bouche, amuse-gueule, apéritif, hors-d'œuvre
aperta-livros serre-livres
apertado boudiné, comme de juste, dans la gêne, gêné, juste, resserré, serré
apertar boudiner, emprisonner, étreindre, gêner, presser, resserrer, serrer, tasser
apertar com força bloquer, souquer
aperto embarras, étreinte, serrage, serrement
aperto de mão poignée de main, serrement de main
apesar de malgré
apétalo apétale
apetência appétence
apetite appétit
apetitoso alléchant, appétissant, ragoûtant
ápex apex
apícola apicole
apicultor apiculteur
apicultura apiculture
apiedar apitoyer
apimentar pimenter, poivrer
apitar siffler
apito sifflet
aplainador raboteur
aplainamento rabotage
aplainar raboter
aplanar aplanir
aplaudir applaudir
aplauso applaudissement
aplicação application
aplicação de tinta encrage
aplicado appliqué, tendu
aplicador applicateur
aplicar appliquer, frapper, plaquer
aplicativo application
aplicável applicable
aplique applique, extensions de cheveux
aplique postiço postiche

apneia apnée
apocalipse apocalypse
apocalíptico apocalyptique
apócope apocope
apócrifo apocryphe
ápode apode
apodrecer pourrir
apodrecimento pourrissement
apófise apophyse
apogeu apogée, zénith
apoiador supporter
apoiar appuyer, soutenir
apoio appui, parrainage, prise, soutien
apoio de braço appuie-bras
apoio para cabeça appuie-tête, repo-se-tête
apólice police
apolítico apolitique
apologético apologétique
apologia apologie
apologista apologiste
apólogo apologue
aponeurose aponévrose
apontador aiguisoir
apontador de apostas bookmaker
apontador de lápis taille-crayon
apontamento pointage
apontar aiguiser, braquer, pointer, re-présenter
apoplético apoplectique
apoplexia apoplexie
apor apposer
aporrinhação empoisonnement, enqui-quinement
aporrinhador enquiquineur
aporrinhante enquiquinant
aporrinhar enquiquiner
aporte apport
aposentado pensionné, retiré, retraité
aposentado antecipadamente préretraité
aposentadoria retraite
aposentadoria antecipada préretraite
aposição apposition
aposta enjeu, mise, pari
apostador parieur
apostar gager, jouer, miser, parier
apostasia apostasie
apóstata apostat
apostila apostille, polycopié
aposto apposition
apostolado apostolat
apostólico apostolique
apóstolo apôtre
apostrofar apostropher
apóstrofe apostrophe, mot mis en apos-trophe
apóstrofo apostrophe
apotegma apophtegme
apótema apothème
apoteose apothéose
apparatchik apparatchik
aprazível jouissif
apreciação appréciation
apreciador amateur, appréciateur
apreciar apprécier, faire honneur à
apreciável appréciable
apreender appréhender
apreensão appréhension
apreensível saisissable
apregoar carillonner
aprender apprendre, faire ses classes
aprendiz apprenti, petite main
aprendiz de confeiteiro mitron
aprendiz de grumete moussaillon
aprendiz de padeiro mitron
aprendizado apprentissage
apresentação présentation
apresentação de armas port d'armes
apresentação de uma linha de produtos déclinaison
apresentador meneur de jeu, montreur, présentateur
apresentar déposer, présenter, proposer
apresentar uma linha de produtos dé-cliner
apresentável montrable, présentable, sortable
apressadamente à la hâte
apressado hâtif, pressé
apressar bousculer, brusquer, hâter, presser
aprestos agrès
aprisco bergerie
aprisionar emprisonner
aprobativo approbatif
aprofundamento approfondissement
aprofundar approfondir, creuser
aprontar ficher
apropriação appropriation, captation
apropriado approprié, bien senti, de cir-constance, propre
apropriar approprier
aprovação approbation, satisfecit
aprovado reçu
aprovador approbateur
aprovar admettre, approuver, recevoir
aprovar por maioria plébisciter
aproveitador profiteur
aproveitar profiter, saisir
aprovisionamento approvisionnement
aprovisionar approvisionner
aproximação à-peu-prés, approche, ap-proximation, rapprochement
aproximadamente à l'estime
aproximado approché, approximatif
aproximar approcher, rapprocher
aprumado droit comme un i
aprumo aplomb
apside apside
aptérige aptéryx
áptero aptère
aptidão aptitude
apto apte
apunhalar poignarder
apuração affinage
apurador affineur
apurar affiner, soigner
apuros pétrin
aquaplanagem aquaplaning
aquaplano aquaplane
aquarela aquarelle
aquarelista aquarelliste
aquariano Verseau
aquário aquarium
Aquário Verseau
aquartelamento casernement
aquático aquatique
aquavita aquavit
aquecedor chauffage, chauffant, poêle
aquecedor de água chauffe-eau
aquecedor de mamadeira chauffe-bi-beron
aquecedor de pratos chauffe-assiette
aquecer bassiner, chauffer, échauffer
aquecimento chauffage, échauffement, réchauffement
aqueduto aqueduc
aquele celui
aquém deçà
aquênio akène
aqui ci
aqui jaz ci-gît
aquicultura aquaculture
aquiescência acquiescement
aquiescer acquiescer
aquilão aquilon
aquilo cela
aquisição acquisition
aquoso aqueux
ar air
ar condicionado air conditionné
ar confinado air confiné
ar livre plein air
ar puro grand air
árabe arabe, arabique
arabesco arabesque
arabesque arabesque
arabista arabisant
arabização arabisation
arabizar arabiser
arabófono arabophone
aracnídeo arachnide
aracnoide arachnoïde
arado araire
arame farpado barbelé
arandela bobèche
aranha araignée, sulky
aranha doméstica tégénaire
aranhento arachnéen
araponga taupe
arapuca chausse-trape
arar ameublir
arara ara, portant
araruta arrow-root
aratório aratoire
araucária araucaria
arauto héraut
arável arable, labourable
arbitragem arbitrage
arbitragem de câmbio arbitrage
arbitrar arbitrer
arbitrariamente arbitrairement

arbitrariedade arbitraire, fait du prince
arbitrário arbitraire
árbitro arbitre
árbitro de partida starter
arborescência arborescence
arborescente arborescent
arborícola arboricole
arboricultor arboriculteur
arboricultura arboriculture
arborização arborisation, boisement
arborizado bocager, boisé
arborizar boiser
arbustivo arbustif
arbusto arbrisseau, arbuste
arca coffre
arca de Noé arche de Noé
arca-d'água château d'eau
arcabuz arquebuse
arcabuzeiro arquebusier
arcada arcade
arcaico archaïque
arcaísmo archaïsme
arcanjo archange
arcano arcanes
arção arçon
arcar cercler, coltiner
arcar com supporter
arcebispado archevêché
arcebispo archevêque
arcediago archidiacre
archote brandon
arco arc, arceau, arche, archet, cerceau, cintre, crosse
arco lanceolado lancette
arco-íris arc-en-ciel
arcobotante arc-boutant
arconte archonte
ardenês ardennais
ardente ardent, brûlant
arder cuire, piquer
ardiloso rusé
ardor ardeur, feu, picotement
ardorosamente ardemment
ardósia ardoise
ardosiano ardoisier
ardosieira ardoisière
árduo ardu
are are
área aire, partie, plage, secteur, terrain, zone
área de caça chasse
área de cobertura couverture
área de transferência presse-papiers
área verde espace vert
areação récurage, sablage
areado sablé
areal sablière
areamento ensablement
arear ensabler, récurer, sabler, sablonner
areia sable
arejado aéré
arejador brise-jet
arejamento aération
arejar aérer

arena arène, carrousel, échiquier
arenária oyat
arenga harangue
arengador harangueur
arengar haranguer
arenícola arénicole
arenítico gréseux
arenito grès, meulière
arenoso sableux, sablonneux
arenque hareng
arenque marinado rollmops
arensar trompeter
aréola aréole
areômetro aréomètre
areópago aréopage
arequeira arec
aresta arête
arfagem tangage
arfar ahaner, rouler, tanguer
argamassa gâchis, mortier
arganaz loir, mulot
argânia argan, arganier
argelino algérien, algérois
argentão argentan
argentífero argentifère
argentino argentin
argila argile, glaise
argila esmética terre à foulon
argiloso argileux, glaiseux
argola anneau, bouche, chaînon, jonc, rond
argolão chevalière
argonauta argonaute
argônio argon
argúcia argutie, finesse
argumentação argumentation
argumentador raisonneur
argumentar argumenter, raisonner
argumento argument
argumento de venda argumentaire
ária air, aria
ariano arien, aryen, bélier
aridez aridité
árido aride
Áries Bélier
arieta ariette
aríete bélier
aristocracia aristocratie
aristocrata aristocrate, ci-devant
aristocrático aristocratique
aristolóquia aristoloche
aristotélico aristotélicien
aritmética arithmétique
aritmético arithméticien, arithmétique
arlequim arlequin
arlesiano arlésien
arma arme
arma de comunicações transmissions
arma de guerra engin
armação armature, armement, bâti, châsse, monture, tripotage
armação da cama châlit
armadilha chausse-trape, embûche, piège, rets, souricière, traquenard

armado armé
armador armateur
armadura armure
armamento armement
armanhaque armagnac
armar armer, tripoter
armar banzé chahuter
armarinheiro mercier
armarinho bonnetière, mercerie
armário armoire, armoire à glace, placard, rangement
armazém magasin
armazenagem emmagasinage, magasinage
armazenar emmagasiner, entreposer
armeiro armurier
armênio arménien
arminho hermine
armistício armistice
armoriar armorier
armórico armoricain
arnela chicot
arnica arnica
aro bandage, cerceau
aroma aromate, arôme, fumet, senteur
aromático aromatique
aromatizar aromatiser, parfumer
arpão harpon
arpejar arpéger
arpejo arpège
arpento arpent
arpéu grappin
arpoação harponnage
arpoar gaffer, harponner
arqueação cintrage
arqueado arqué, cambré, croche, en dos d'âne, voûté
arqueamento cambrure
arquear arquer, cambrer, cintrer, jauger
arqueiro archer
arquejar souffler
arqueologia archéologie
arqueológico archéologique
arqueólogo archéologue
arqueópterix archéoptéryx
arqueta cantine
arquétipo archétype
arquibancada tribune
arquiduque archiduc
arquiduquesa archiduchesse
arquiepiscopal archiépiscopal
arquimandrita archimandrite
arquipélago archipel
arquitetação échafaudage
arquitetar concocter, échafauder
arquiteto architecte
arquitetônico architectural
arquitetura architectonique, architecture
arquitrave architrave
arquivamento archivage, fichage
arquivar archiver, ficher
arquivar um caso classer une affaire
arquivista archiviste
arquivo archives, classeur, fichier

arquivolta archivolte
arrabalde faubourg
arrabaldino faubourien
arraia miúda menu fretin
arraigar enraciner
arranca-rabo engueulade
arrancada percée
arrancamento arrachage
arrancar arracher, démarrer, desceller, emporter, extirper, ravir
arrancar de novo redémarrer
arrancar os tocos essoucher
arranha-céu gratte-ciel
arranhadela éraflement, éraflure
arranhado éraillé
arranhão égratignure, gratte, griffe, griffure
arranhar accrocher, égratigner, érafler, gratter
arranjar aménager, arranger, procurer, soutirer
arranjar encrenca tailler des croupières
arranjo aménagement, arrangement
arranque démarrage
arras esponsalícias douaire
arrasador accablant, éreintant
arrasar accabler, éreinter, faire un carton, faire un malheur
arrastado traînant
arrastamento traînage
arrastar entraîner, traîner
arrazoado plaidoirie, plaidoyer
arreamento harnachement
arrear brider, harnacher
arrebatado emporté
arrebatamento arrachement, déchaînement, emportement, entraînement
arrebatar emballer, emporter
arrebentado patraque
arrebentar bousiller, claquer des dents, éclater, fracasser
arrebique chamarrure
arrebitar rebiquer, river
arrecadar lever
arredio farouche
arredondamento arrondissement
arredondar arrondir
arredores environs
arrefecer attiédir, tiédir
arrefecimento refroidissement, tiédissement
arregaçado retroussé
arregaçar retrousser, trousser
arregimentar embrigader, enrégimenter
arreio harnais
arremedar contrefaire
arremedo sous-produit
arremessador tireur
arremessar tirer
arremesso épaulé-jeté, jet, jeté
arrendador bailleur
arrendamento affermage, amodiation, bail, fermage, ferme
arrendamento enfitêutico bail emphytéotique
arrendar affermer, amodier
arrendatário amodiataire
arrependido repentant, repenti
arrependimento repentir
arrepiado frissonnant, hérissé
arrepiar hérisser
arrepio frisson, frissonnement
arresto saisie-arrêt
arriado flapi
arriar caler
arriscado casse-gueule, hasardeux, risqué
arriscando au péril de, au risque de
arriscar hasarder, risquer, risquer le coup
arritmia arythmie
arrivismo arrivisme
arrivista arriviste
arroba arobase
arrobe raisiné
arrogância arrogance
arrogante arrogant, fier, rogue
arrombamento bris, casse, crochetage, forcement, fric-frac
arrombar crocheter, enfoncer, forcer
arrotar éructer, roter
arroteamento défrichement
arrotear défricher, essarter
arroto éructation, renvoi, rot
arroubo élan, envolée, mordant, transport
arroz riz
arroz à grega riz cantonais
arroz *basmati* basmati
arroz com casca paddy
arroz-doce riz au lait
arrozal rizière
arruaça grabuge
arruinado décavé, délabré
arruinar ratiboiser, ruiner
arruivado roussâtre
arruivar roussir
arrulhante roucoulant
arrulhar roucouler
arrulho roucoulade, roucoulement
arrumar ajuster, arranger, caser, dresser, faire, ranger
arsenal arsenal
arseniado arsenical
arsênio arsenic
art déco Art déco
art nouveau Art nouveau
art. art.
arte art
arte abstrata art abstrait
arte figurativa art figuratif
arte sacra art sacré
artefato artefact
artemão artimon
artemísia armoise
artéria artère
artéria coronária artère coronaire
arterial artèriel
arteriografia artériographie
arteríola artériole
arteriosclerose artériosclérose
artes marciais arts martiaux
artes plásticas arts plastiques
artesanal artisanal
artesanalmente artisanalement
artesanato artisanat
artesão artisan
artesiano artésien
ártico arctique
articulação articulation, attache, joint
articulado articulé
articular articulaire, articuler
artífice façonnier, faiseur
artificial artificiel
artificialmente artificiellement
artifício artifice
artificioso artificieux
artigo article, papier
artilharia artillerie
artilheiro artilleur
artimanha ruse
artiodátilo artiodactyle
artista artiste
artista de variedades fantaisiste
artista lírico artiste lyrique
artista moderno moderne
artista performático performeur
artista plástico plasticien
artista que recebe cachê cachetier
artistas de circo gens du voyage
artisticamente artistiquement
artístico artistique
artoteca artothèque
artrite arthrite
artrítico arthritique
artrópode arthropode
artrose arthrose
árum arum
arúspice haruspice
arvorar arborer
árvore arborescence, arbre
árvore gumífera gommier
arvoredo bocage
árvores de corte coupe
arvorismo Accrobranche
ás as, manillon
as les
as quais lesquelles
às vezes des fois, parfois, quelquefois
asa aile, anse, oreille
asa-delta deltaplane
ascáride ascaride
ascendência ascendance, ascendant, emprise
ascendente ascendant
Ascensão Ascension
ascensão ascension, avènement
ascensão social promotion
ascensional ascensionnel
ascensorista liftier
ascese ascèse
asceta ascète
ascético ascétique
ascetismo ascétisme

ascídia ascidie
ASCII ASCII
ascomiceto ascomycète
asfaltamento asphaltage, goudronnage
asfaltar asphalter, goudronner
asfáltico goudronneux
asfalto asphalte, goudron
asfixia asphyxie
asfixiante asphyxiant
asfixiar asphyxier
asfódelo asphodèle
ashram ashram
asiático asiatique
asilo asile, hospice
asilo político droit d'asile
asma asthme
asmático asthmatique
asna ânesse
asneira ânerie
asno âne, baudet
aspa sautoir
aspargo asparagus, asperge
aspartame aspartam
aspas guillemet
aspecto aspect
asperamente âprement, sans aménité
aspereza âpreté, aspérité, verdeur
aspergir asperger
áspero âpre, râpeux, rêche, rude
aspersão aspersion
aspersor tourniquet
aspersório goupillon
aspic aspic
áspide aspic
aspiração aspiration
aspirador aspirant, aspirateur
aspirante aspirant
aspirar aspirer, humer, prétendre, priser
aspirina aspirine
asquenaze ashkénaze
assadeira rôtissoire
assado rôt, rôti
assadura rôtissage
assalariado salarié
assalariados salariat
assalariar salarier
assaltante assaillant, brigand, cambrioleur
assaltar assaillir, cambrioler
assalto assaut, reprise
assalto a mão armada braquage, hold-up
assar griller, rôtir
assassinar assassiner
assassinato meurtre
assassínio assassinat, crime
assassino assassin, meurtrier
asseadamente proprement
assedentar altérer
assediador harcelant
assediar harceler
Assedic Assedic
assédio harcèlement
assédio moral harcèlement moral
assédio sexual harcèlement sexuel
assegurar assurer, fiabiliser, sécuriser
asseio propreté
assembleia assemblée
assembleia deliberativa landtag
Assembleia Nacional Assemblée
assentado assis
assentar assagir, asseoir, seoir
assentimento assentiment
assento siège
assento da privada lunette
assento de elevação rehausseur
assento dobrável pliant, strapontin
assepsia asepsie
asséptico aseptique
asserção assertion
assessor de imprensa attaché de presse
assessoria técnica assistance technique
assético aseptique
assexuado asexué
assiduamente assidûment
assiduidade assiduité
assíduo assidu
assiette assiette
assignat assignat
assim ainsi, comme ça
assimetria asymétrie, dissymétrie
assimétrico asymétrique, dissymétrique
assimilação assimilation
assimilar assimiler
assimilável assimilable
assinalar cocher, noter, signaler
assinante abonné
assinar abonner, griffer, signer, souscrire
assinatura abonnement, griffe, signature, souscription
assinatura em branco blanc-seing
assíncrono asynchrone
assintomático asymptomatique
assíntota asymptote
assírio assyrien
assistência assistance
assistência pública Assistance publique
assistência social aide sociale
assistência técnica service après-vente
assistente assistant
assistente social assistant social
assistido assistanat, assisté
assistir assister
assoalhar parqueter
assoalho parquet
assoar moucher
assobiada sifflet
assobiar siffler
assobiar baixinho siffloter
assobio sifflement
associação amicale, association, comice, guilde
associação intersindical intersyndical
associado associé, sociétaire
associar adjoindre, associer
associativismo mouvement associatif
associativista associatif
associativo associatif
assolar assommer, sévir
assombrado effaré
assombrar effarer, époustoufler
assombro effarement
assombroso effarant, époustouflant
assonância assonance
assopradura soufflage
assumir assumer, endosser
Assunção Assomption
assunção entrée
assunto affaire, sujet
assunto quente sujet brûlant
assustador effrayant
assustar effaroucher, effrayer, estourbir
asteca aztèque
astenia asthénie
áster aster
astéria astérie
asterisco astérisque
asteroide astéroïde
asti asti
astigmático astigmate
astigmatismo astigmatisme
astracã astrakan
astrágalo astragale
astral astral
astro astre, star
astrofísica astrophysique
astrolábio astrolabe
astrologia astrologie
astrológico astrologique
astrólogo astrologue
astronauta astronaute
astronáutica astronautique
astronave astronef
astronomia astronomie
astronômico astronomique, faramineux
astrônomo astronome
astúcia astuce, finasserie, rouerie, ruse
astutamente astucieusement
astuto astucieux, dégourdi, fin, madré
ata procès-verbal
atabalhoamento bredouillage
atabalhoadamente à la six-quatre-deux
atacadista grossiste
atacado gros, pris
atacante avant
atacar attaquer, battre en brèche, charger, entamer, fulminer, pourfendre, prendre à partie
atacável attaquable
atadura attache, ligature, nouage
atalaia échauguette
atalhar court-circuiter
atalho chemin de traverse, détour, raccourci
atamancar bâcler, bousiller, retaper, saboter, sabrer
ataque attaque, réquisitoire, sortie
ataque racista ratonnade
atar attacher, nouer
atarantar tourneboulér
atarefado affairé
atarracado courtaud, ramassé, trapu
atarraxar visser

atávico atavique
atavismo atavisme
atazanar tarabuster
atchim atchoum
até jusque, même
até mesmo voire
ateísmo athéisme
atemporal atemporel
atenção attention
atenciosamente veuillez agréer mes salutations distinguées
atencioso attentif, attentionné
atenções bonté
atendente buraliste, écoutant
atendente de *call center* téléconseiller
atender satisfaire
atendimento consultation
ateneu athénée
atentado atteinte, attentat
atentamente attentivement, de près
atentar attenter
atentatório attentatoire
atento attentif
atenuação atténuation
atenuar atténuer, calmer, enrober, estomper
atérmico athermique
aterosclerose athérosclérose
aterrissagem atterrissage
aterrissar atterrir
aterro remblai, terrassement
aterrorizante terrifiant
aterrorizar effrayer, terrifier, terroriser
atestado certificat
atestado falso certificat de complaisance
atestar attester
ateu athée
atiçador pique-feu, tisonnier
atiçar attiser, piquer, tisonner
atingir atteindre, frapper, toucher
atingir o teto plafonner
atípico atypique
atirador fusil, tirailleur, tireur
atirador de pratos ball-trap
atirar tirer
atirar de tocaia canarder
atitude attitude
ativamente activement
ativar activer
atividade activité, animation, travail
atividade mista mixité
ativismo activisme
ativista activiste
ativo actif, agissant
atlante atlante
atlântico atlantique
atlas atlas
atleta athlète
atleta avulso individuel
atleta de ponta performeur
atleta internacional international
atlético athlétique
atletismo athlétisme
atmosfera atmosphère, cadre
atmosférico atmosphérique
ato acte
ato contínuo séance tenante
ato falho acte manqué
ato nulo acte entaché de nullité
ato recognitivo acte récognitif
ato sem firma reconhecida acte sous seing privé
atol atoll
atolamento enlisement
atolar embourber, enliser, ensabler, patauger
atoleiro bourbier
atomicidade atomicité
atômico atomique
atomizar atomiser
átomo atome
atonal atonal
atonalidade atonalité
atonia atonie
atônico atone
átono atone
ator acteur, comédien
atordoador abasourdissant, étourdissant
atordoamento abasourdissement
atordoar abasourdir, étourdir
atormentado tourmenté
atormentar faire enrager, hanter, tarauder, tourmenter, travailler, turlupiner
atrabílis atrabilaire
atração attirance, attraction, clou
atracar aborder
atraente affriolant, alléchant, attirant, attrayant, engageant
atrair affrioler, allécher, appâter, attirer, solliciter
atrapalhar gêner, troubler
atrás derrière
atrasado à la traîne, arriéré, attardé, en retard
atrasados arrérages, arriéré
atrasar mettre en retard, retarder
atraso retard
atraso mental arriération mentale
atratividade attractivité
atrativo attractif, attrait, piquant
atrativos appas
atravancamento encombrement
atravancar embarrasser, encombrer
através de à travers
atravessado de traviole
atravessar franchir, percer, sillonner, traverser
atravessável traversable
atrelagem attelage
atrelar atteler
atrevidamente lestement
atrevido culotté, entreprenant, leste, osé
atrevimento culot, gaillardise
atribuição attribution
atribuição de notas notation
atribuir assigner, attacher, attribuer, déférer, départir, prêter, rapporter
atribuir *handicap* handicaper
atribuível assignable
atribulações tribulations
atributo attribut
atril lutrin
átrio atrium
atrito friction, frottement
atrocidade atrocité
atrofia atrophie
atropelar bousculer, écraser, faucher, happer, renverser
atropelo bousculade
atropina atropine
atroz atroce, sanglant
atrozmente atrocement
atuação prestation
atual actuel
atualidade actualité
atualização actualisation, réactualisation
atualizar actualiser, réactualiser
atualmente à présent, actuellement
atuante actif
atuário actuaire
atum thon
atuneiro thonier
aturdimento étourdissement
aturdir abasourdir
au pair au pair
au-au toutou
audácia audace, front
audaciosamente audacieusement
audacioso audacieux, hardi
audição audition, ouïe
audiência audience
Audimat Audimat
audímetro audimètre
audiograma audiogramme
audioguia Audioguide
audiovisual audiovisuel
auditar auditer
auditivo auditif
auditor audit
auditoria audit
auditório auditoire, auditorium
audível audible
auê gueulante, tapage
auge comble
augusto auguste
aula classe, leçon
aula particular répétition
aula prática manip
aumentar accroître, agrandir, augmenter, croître, gonfler, grandir, grossir, monter
aumentar a voltagem survolter
aumentativo augmentatif
aumento accroissement, augmentation, grossissement, rallonge, surcroît
aumento de preço renchérissement
aura halo
auréola auréole, nimbe
aureolar auréoler
aurícula oreillette
auricular auriculaire
aurífero aurifère
auriflama oriflamme

auroque aurochs
aurora aube, aurore, point du jour
auscuIta auscultation
auscultar ausculter
ausência absence, carence
ausência de gravidade apesanteur
ausência de maioria absoluta ballottage
ausente absent, manquant
auspício auspices
austeridade austérité
austero austère, sévère, strict
australiano australien
australopiteco australopithèque
autarquia autarcie
autárquico autarcique
autenticação certification
autenticado certifié conforme
autenticar authentifier, sourcer
autenticidade authenticité
autêntico authentique, naturel, pur sucre, véritable, vrai
autismo autisme
autista autiste
auto de fé autodafé
auto de infração procès-verbal
auto reverse autoreverse
autoadesivo autocollant, gommette
autobiografia autobiographie
autobiográfico autobiographique
autobronzeador autobronzant
autocensura autocensure
autoclave autoclave
autocolante préencollé
autoconfiança aplomb
autocontrole self-control
autocorreção autocorrection
autocracia autocratie
autocrata autocrate
autocrático autocratique
autocrítica autocritique
autodefesa autodéfense
autoderrisão autodérision
autodestruição autodestruction
autodestrutivo autodestructeur
autodeterminação autodétermination
autodidata autodidacte
autodisciplina autodiscipline
autoditado autodictée
autoescola auto-école
autoexame autopalpation
autofinanciamento autofinancement
autógeno autogène
autogerido autogéré
autogestão autogestion
autógrafo autographe
autoguiado autoguidé
autoindução self-induction
autolimpante autonettoyant
automação automatisation
automaticamente automatiquement
automático automatique
automatismo automatisme
automatizar robotiser
autômato automate

automedicação automédication
autometralhadora automitrailleuse
automobilista automobiliste
automobilístico automobile
automotriz automoteur, autorail, micheline
automóvel automobile, automoteur, voiture
automóvel urbano citadine
automutilação automutilation
autonomia autonomie
autonomista autonomiste
autonomizar autonomiser
autônomo autonome
autopropulsionado autopropulsé
autópsia autopsie
autopsiar autopsier
autoquebrável autocassable
autor auteur
autor da explosão plastiqueur
autor de mangá mangaka
autor de pastiche pasticheur
autoridade autorité, officiel
autoritariamente autoritairement
autoritário autoritaire
autoritarismo autoritarisme, caporalisme, totalitarisme
autorização autorisation
autorizado agréé, fondé
autorizar autoriser
autorrádio autoradio
autorretrato autoportrait
autossatisfação autosatisfaction
autossuficiência autosuffisance
autossugestão autosuggestion
autotipia similigravure
autotracionado autotracté
autovacina autovaccin
autuação contravention
autuar verbaliser
auxiliar aide, auxiliaire, épauler
auxiliar de enfermagem aide-soignant
auxiliar de laboratório laborantin, préparateur en pharmacie
auxílio main-forte
av. av.
avacalhar saloper
aval aval
avalancha avalanche
avalanche ruée
avaliação évaluation
avaliar estimer, évaluer, jauger, juger
avaliável évaluable
avalizar avaliser, cautionner, donner quitus
avançado affranchi, avancé, poussé
avançamento avancée, avant-corps
avançar avancer, empiéter, foncer, marcher
avanço avance, avancée, avancement, empiétement
avania avanie
avantajar avantager
avarento avare, fesse-mathieu

avareza avarice
avaria avarie, panne
avariar avarier
avassalamento vassalisation
avassalar vassaliser
avatar avatar
ave oiseau, volaille, volatile
ave de rapina oiseau de proie, rapace
ave rara merle blanc, oiseau rare
ave selvagínea sauvagine
ave-do-paraíso oiseau de paradis
ave-lira oiseau-lyre
ave-maria Ave
aveia avoine
aveia-doida folle avoine
avelã aveline, noisette
aveleira avelinier, coudrier, noisetier
aveludado velouté
avenca capillaire
avenida avenue
avental tablier
aventura aventure, baroud, équipée, intrigue, passade
aventurar aventurer
aventureirismo aventurisme
aventureiro aventurier, baroudeur, bourlingueur
aventuroso aventureux
avermelhado rougeâtre, rougeoyant
avermelhar rougeoyer, rougir, roussir
aversão aversion
avesso envers, revers
avestruz autruche
aviação aéronautique, aviation
aviador aviateur
aviamento fourniture
avião avion, zinc
avião a jato avion à réaction, jet
avião abastecedor ravitailleur
avião de longa distância long-courrier
avião de média distância moyen-courrier
avião-tanque bombardier d'eau, Canadair
aviário aviaire, oisellerie, volière
avícola avicole
avicultor aviculteur, volailler
avicultura aviculture
avidamente avidement
avidez avidité
ávido avide
aviltamento avilissement, galvaudage
aviltante avilissant
aviltantemente vilainement
aviltar avilir, galvauder
avinagrar vinaigrer
avinhado aviné
avisar aviser, prévenir
aviso avis, aviso, mise en garde
avistar aviser
avitaminose avitaminose
avivar aviver, raviver
avizinhado avoisinant
avizinhar avoisiner, voisiner
avô aïeul, grand-père

avó grand-mère
avós grands-parents
avulsão avulsion
avulso à la coupe, dépareillé
avuncular avunculaire
axial axial
axila aisselle
axioma axiome
áxis axis
axolotle axolotl
axônio axone
azáfama affairement
azagaia sagaie
azaleia azalée
azar déveine, fait exprès, guigne, hasard, malchance, poisse, tant pis, vache
azarado malchanceux
azarão outsider
azeda oseille
azedar aigrir, piquer, surir, tourner, tourner au vinaigre
azedinho suret
azedo aigri, sur, tourné
azedume aigreur
azeitador graisseur
azeitona olive
azeviche jais
azevinho houx
ázimo pain azyme
azimute azimut
azinhavrado vert-de-grisé
azinhavre vert-de-gris
azinheira yeuse
azotado azoté
azougue vif-argent
AZT AZT
azul azur, azuré, bleu
azul de metileno bleu de méthylène
azul pervinca pervenche
azul petróleo bleu pétrole
azul-celeste azur, bleu ciel
azul-marinho bleu marine
azulado bleuâtre, bleuté
azulamento bleuissement
azular bleuir
azulejador céramiste

Bb

B. bifidus bifidus
B.C.G. BCG
babá baba, garde, nounou, nourrice
baba bave
babado volant
babador bavoir
babão baveux, gâteux
babar baver
babirrussa babiroussa
babosa aloe vera, aloès
babucha babouche
babuíno babouin
baby boom baby-boom
baby-doll nuisette
baby-sitter baby-sitter
baby-sitting baby-sitting
bacalhau morue
bacalhau fresco cabillaud
bacalhau seco stockfisch
bacalhau seco sem sal merluche
bacalhoeiro morutier
bacanal bacchanale
bacante bacchante
bacará baccarat
baccalauréat baccalauréat, bachot
bacelo cépage
bacharel bachelier, licencié
bacia bassin, bassine, cuvette, vasque
bacilar bacillaire
bacilo bacille
bacilo de Koch bacille de Koch
bacineta bassinet
backhand revers
backup sauvegarde
baço rate
bacon bacon
bactéria bactérie
bacteriano bactérien
bactericida bactéricide
bacteriologia bactériologie
bacteriológico bactériologique
bacteriologista bactériologiste
báculo crosse
bacurau engoulevent
badalo battant
badejo merlan
baderna foire
badminton badminton
baeta feutrine
baetilha finette
bafio remugle
bafômetro Alcotest
baforada bouffée
baga baie
baga da rosa-canina gratte-cul
bagaço tourteau
bagageiro galerie
bagagem bagage
bagatela bagatelle
bagre silure
baguete baguette de pain, ficelle, flûte
bagunça fouillis
bagunçar trifouiller
bah bah, bof, fi
baía baie
baia box, stalle
bailarina ballerine
bailarino danseur
bailarino principiante rat
baile bal
baile a fantasia bal costumé, bal travesti
baile de máscaras bal masqué, mascarade
baile popular bal musette
bailiado bailliage
bailio bailli
bainha fourreau, ourlet
baio bai
baioneta baïonnette
bairrismo esprit de clocher
bairro quartier
bairro mineiro coron
baiuca boui-boui
baixa baisse, décrue, quille
baixa estação intersaison, morte-saison, saison creuse
baixa temporada basse saison
baixa-mar mer basse
baixamente bassement
baixar affaler, baisser, débarquer, descendre, télécharger
baixeiro surdos
baixeza bassesse
baixista bassiste
baixo bas, basse, plat
baixo costado chute des reins
baixo-latim basse latinité
baixo-relevo bas-relief
baixo-ventre bas-ventre
bajulação flagornerie
bajulador courtisan, flagorneur, lécheur
bajular amadouer, courtiser, flagorner
bala balle, bonbon, boulet, roudoudou
balaclava cagoule, passe-montagne
balada ballade
balafo balafon
balalaica balalaïka
Balança Balance
balança balance, pèse-personne
balança de pesar bebê pèse-bébé
balançar balancer, branler, dodeliner, pendiller, pendouiller
balanceiro balancier
balanço balance, balancement, balançoire, bascule, bilan, escarpolette, roulis
balão ballon, bulle, phylactère
balão cativo ballon captif
balão de ensaio ballon d'essai, effet d'annonce
balão-sonda ballon-sonde
balãozinho ballonnet
balaustrada balustrade, rambarde
balbuciante balbutiant
balbuciar balbutier, jaser
balbucio balbutiement
balbúrdia branle-bas de combat, chambard, cohue, tintamarre
balcânico balkanique
balcão balcon, comptoir, corbeille, guichet
balcão de bar zinc
balcão nobre corbeille
balconista guichetier
baldaquino baldaquin
balde seau
baldear transborder
balé ballet
baleato baleineau
baleeira baleinière
baleeiro baleinier
baleia baleine
balela baliverne, bobard, sornette
balestreiro mâchicoulis
balido bêlement

balir bêler
balística balistique
balístico balistique
baliza amer, balise, borne, jalon, majorette, plot, potelet
balizamento balisage
balizar baliser, jalonner
balneário bains, balnéaire
balneoterapia balnéothérapie
balsa bac, balsa, (navire) transbordeur
balsa de veículos car-ferry
balsâmico balsamique
balsamina balsamine
bálsamo baume
báltico balte
balzaquiano balzacien
bam pan, vlan
bambambã manitou
bambo bancal
bambu bambou
ban ban
banal banal, ordinaire, tout fait
banalidade banalité, platitude
banalização banalisation
banalizar banaliser
banalmente banalement, platement
banana banane, bras d'honneur, jean-foutre, lavette
bananal bananeraie
bananeira bananier
banca banque, échoppe, étal, éventaire, kiosque
bancada paillasse, plan de travail, travée
bancário bancaire
bancarrota banqueroute
banco banc, banque, banquette, établi
banco de areia ensablement
banco de dados banque de données
banco imobiliário Monopoly
banda bande, clique, orphéon
banda de rodagem chape
banda sonora bande-son
bandagem bandage
bandarilha banderille
bandarilheiro banderillero
bandeira couleurs, drapeau, enseigne, pavillon
bandeira a meio pau pavillon en berne
bandeira francesa drapeau tricolore
bandeirola banderole, fanion
bandeja plateau
bandeja com divisões plateau-repas
bandido bandit, forban, ruffian, truand, voyou
bandido perigoso desperado
banditismo banditisme, brigandage
bando bande, compagnie, harde, troupe, troupeau
bandolim mandoline
bangalô bungalow
banguela édenté
banha panne, saindoux
banhar arroser, baigner, délaver
banhar de sol ensoleiller
banheira baignoire
banheira de hidromassagem Jacuzzi
banheira pequena baignoire sabot
banheiro lavabo, salle de bains, toilette
banhista baigneur
banho bagne, baignade, bain, douche
banho-maria bain-marie
baniano banian
banido banni
banimento bannissement
banir bannir
banjo banjo
banner bandeau, bannière
banqueiro banquier
banqueta banquette
banquete banquet
banquetear festoyer
banqueteiro traiteur
banquisa banquise
banzé chahut
banzo limon
baobá baobab
baquelita Bakélite
báquico bachique
bar bar, buvette, estaminet, limonade, pinte, troquet
bar de café bar à café
bar de vinhos bar à vins
bar mitzvah bar-mitsva
barafunda auberge espagnole, bastringue, bazar, fatras, foutoir, pagaille, tohu-bohu
barão baron
barata baratte, blatte, cafard, cancrelat
baratinar baratiner
baratino baratin
barato à bon compte, bon marché, de gare
barba barbe, fanon
barba de bode barbichu
barba postiça postiche
barbante ficelle
barbárie barbarie
barbarismo barbarisme
bárbaro barbare
barbatana aileron, baleine
barbeação rasage
barbeador coupe-chou, rasoir
barbear raser
barbeiragem charcutage
barbeiro barbier, chauffard
barbela fanon
barbicacho mentonnière
barbicha barbiche, bouc
barbichinha barbichette
barbilhão barbillon
barbitúrico barbiturique
barbo barbeau
barboto lotte
barbudo barbu
barca barge, barque, péniche
barcaça barge
barco bateau, coche
barco com motor de popa hors-bord
barco lagosteiro langoustier
barco pesqueiro com dois mastros dundee
barco sardinheiro sardinier
bardear barder
bardo barde
barefoot barefoot
barema barème
barganhar chiner
barganhista chineur
barigoule barigoule
bário baryum
barita baryte
barítono baryton
barmaid barmaid
barman barman
barométrico barométrique
barômetro baromètre
baronete baronet
barqueiro batelier, marinier, nocher, passeur
barquete barquette
barquinho rafiot
barra barre, brique, goulet
barra de rolagem ascenseur
barraca baraque, échoppe, guitoune, tente
barraca canadense canadienne
barraco baraque, gourbi
barracuda barracuda
barragem barrage
barranco ravin, ravine
barrar barrer, tartiner
barreira barrière, cloison, digue, garde-fou, haie
barreira do som mur du son
barreira invisível plafond de verre
barrete frígio bonnet phrygien
barrete-de-padre fusain
barretina shako
barrica barrique, caque, citerne, futaille, tonnelet
barricada barricade
barricar barricader
barrido barrissement
barriga ventre
barrigada ventrée
barrigudo ventripotent, ventru
barrigueira sous-ventrière, ventrière
barril baril, fût, tonneau
barril de pólvora poudrière
barrilete barillet
barrinha barreau
barrir baréter, barrir
barro vidrado grès cérame
barroco baroque
barrote lambourde
barulheira casse-tête, pétard, potin, ramdam, tapage, tintouin, vacarme
barulhento bruyant, tapageur
barulho bruit, tam-tam
BAS AFU
bas-fond bas-fond
basáltico basaltique
basalto basalte
basbaque badaud

basco basquais, basque
báscula bascule, culbuteur
bascular basculer
básculo bascule
base apprêt, base, embase, fond de teint, sole, tête de pont
base de cálculo assiette
base de dados base de données
basear baser
basicamente foncièrement
basicidade basicité
básico basique, de base, foncier
basílica basilique
basoche basoche
basquete(bol) basket-ball
basquetebolista basketteur
bassê basset
basta basta, cela suffit
bastante assez, pas mal de, suffisamment
bastão bâton, batte, crosse, stick, témoin
bastão de Molière brigadier
bastar suffire
bastardia bâtardise
bastardo bâtard, bâtarde
bastião bastion
bastidores coulisses, dessous
Bastilha bastille
basto dru, fourni
bastonada bastonnade
bastonete bâtonnet
batalha bataille
batalha campal bataille rangée
batalhador battant, gagneur
batalhão bataillon, régiment
batalhar batailler
bâtard bâtard
batata patate, pomme de terre
batata *bintje* bintje
batata frita frite
batata quente patate chaude
batata-doce patate douce
batatas cozidas com casca pommes de terre en robe des champs, pommes de terre en robe de chambre
batávia batavia
bate-bola échange
bateau-mouche bateau-mouche
batedeira baratte, batteur, fouet
batedor éclaireur,frappeur, rabatteur, suiveur
batedor de carteira pickpocket
batedor de roupa battoir
batedura da manteiga barattage
batelada tapée
batente battant, butoir, vantail
bater battre, cogner, fouetter, frapper, rabattre, sonner, taper
bater de novo rebattre
bater o pé piétiner
bater os dentes claquer des dents
bater palmas battre des mains
bater papo faire la causette
bater ponto pointer
bater um recorde pulvériser un record
bateria accumulateur, batterie
bateria de cozinha batterie de cuisine
bateria eletrônica boîte à rythmes
baterista batteur
batida battue, frappe, frappement, rabattage
batida policial rafle
batido bateau, battu, rebattu, usé
batimento battement
batimetria bathymétrie
batina soutane
batiscafo bathyscaphe
batismal baptismal
batismo baptême, mouillage
batismo de emergência ondoiement
batismo sumário ondoiement
batista batiste
batistério baptistère
batizar baptiser
batizar às pressas ondoyer
batom rouge
batráquio batracien
baú bahut, top-case
baudruche baudruche
baunilha vanille
baunilheira vanillier
bauxita bauxite
bávaro bavarois
bavaroise bavaroise
baveuse baveux
bayou bayou
bazar bazar
bazófia hâblerie
bazófio hâbleur
bazuca bazooka
bê-á-bá b.a.-ba
bearnês béarnais
beatamente béatement
beatice bigoterie, bondieuserie
beatificação béatification
beatificar béatifier
beatitude béatitude
beatnik beatnik
beato bigot
beaujolais beaujolais
bêbado bourré, ivre, ivrogne, poivrot, soûl
bebê baba, bébé, poupon, tout-petit
bêbe conforto porte-bébé
bebê de proveta bébé-éprouvette
bebedeira ivrognerie, soûlerie
bebedor buveur
bebedouro abreuvoir
beber boire
beber para comemorar arroser
bebericar picoler, siroter
beberrão soiffard
beberronia beuverie
bebida breuvage
bebida alcoólica forte rogomme
bebida consumida consommation
bebida de genciana gentiane
bebida espirituosa spiritueux
bebível buvable
bebop be-bop
bebum boit-sans-soif, pochard, soûlaud
bechamel béchamel
beco sem saída cul-de-sac, impasse
becquerel becquerel
bedel appariteur, censeur, pion
bedel de igreja suisse
beduíno bédouin
bege beige
bege acinzentado grège
begônia bégonia
beguina béguine
beguinaria béguinage
beguine biguine
begume bégum
behaviorismo béhaviorisme
beiça babines, lippe
beicinho moue
beiço mufle
beiçudo lippu
beignet beignet
beija-flor oiseau-mouche
beija-mão baisemain
beijar baiser, embrasser
beijo baiser, bisou
beijoca bise
beira bord
beira-mar front de mer
beirar friser
beisebol base-ball
béké béké
bel canto bel canto
bel-prazer bon plaisir
bela-margarida pâquerette
beladona belladone
belas-artes beaux-arts
belas-letras belles-lettres
belchior brocanteur
beldade belle
beldroega pourpier
beleza beauté
belga belge
belgicismo belgicisme
belicismo bellicisme
belicista belliciste, va-t-en-guerre
belicoso baroudeur, batailleur, belliqueux
beligerância belligérance
beligerante belligérant
belisção pincement
beliscar picorer, picoter, pincer
belo beau, joli
beluga béluga
belvedere belvédère
bem avoir, bien, heureusement
bem adquirido acquêt
bem comum bien public
bem constituído baraqué, bien découplé
bem de saúde bien portant
bem-amado bien-aimé
bem-aventurado bienheureux
bem-disposto bien disposé
bem-educado bien élevé
bem-estar bien-être

bem-intencionado bien intentionné
bem-nascido bien né
bem-pensante bien-pensant
bem-sucedido réussi
bem-vindo bienvenu
bem-visto bien vu
bemol bémol
bênção bénédiction
bendizer bénir
benedícite bénédicité
beneditino bénédictin
beneficiamento bonification
beneficiar amender
beneficiário allocataire, ayant droit, bénéficiaire
beneficiário de um *sursis* sursitaire
beneficiário do programa de renda mínima RMIste
beneficiário do *RMI* érémiste
benefício bénéfice, bienfait
benéfico bénéfique, bienfaisant
benevolência bienveillance
benevolente bienveillant
benfazejo bienfaisant
benfeito chiadé
benfeitor bienfaiteur
bengala badine, canne
bengala branca canne blanche
bengaleiro porte-parapluie
bengali bengali
benignidade bénignité
benigno bénin
benjamim benjamin
benjoeiro styrax
benjoim benjoin
bens imóveis bien-fonds
bens retomados reprise
benzeno benzène
benzer bénir
benzina benzine
benzol benzol
beócio béotien
bequadro bécarre
berbere berbère
berbigão coque
berçário nursery
berço affût, berceau
berço do motor berceau
bergère bergère
beribéri béribéri
berílio béryllium
berilo béryl
berimbau de boca guimbarde
berinjela aubergine
berlinda berline
berlinense berlinois
berloque breloque
bermuda bermuda
bermuda ciclista cycliste
bermuda de ciclismo cuissard
bernardo bernardin
berrador braillard
berrante haut en couleur
berrar beugler, brailler, criailler
berreiro braillement
berro criaillement, flingue
besouro melolonta hanneton
besouro-de-rabo-empinado staphylin
best-seller best-seller
besta arbalète, bête
besta de carga bête de somme
besta quadrada âne bâté
bestamente bêtement
bestar glander
besteira bêtise, blague
besteiro arbalétrier
bestial bestial
bestialidade bestialité
bestialmente bestialement
bestiário bestiaire
bestificação abêtissement
bestificante abêtissant, bêtifiant
bestificar abêtir
besuntar graisser
beta bêta
bétele bétel
beterraba betterave
beterrabeiro betteravier
betoneira bétonnière
bétula bouleau
betumar bitumer
betume bitume
betuminoso bitumineux
beur beur
bexiga ballon, vessie
bexiga natatória vessie natatoire
bexigoso grêlé
bibelô bibelot
Bíblia bible
bíblico biblique
bibliofilia bibliophilie
bibliófilo bibliophile
bibliografia bibliographie
bibliográfico bibliographique
bibliógrafo bibliographe
biblioteca bibliothèque
bibliotecário bibliothécaire
bicameralismo bicamérisme
bicar becqueter, picoter
bicarbonatado bicarbonaté
bicarbonato bicarbonate
bicéfalo bicéphale
bicentenário bicentenaire
bíceps biceps, biscoteaux
bicha pédale
bichado véreux
bichano chaton, minet
bicheira asticot
bichinho bestiole
bicho bête
bicho da cabeça œstre
bicho-da-seda bombyx, ver à soie
bicho-papão croque-mitaine
bicho-pau phasme
bichon bichon
bicicleta bécane, bicyclette, vélo
bicicleta *bicicross* bicross, vélocross
bicicleta de BMX bicross
bicicross bicross, cyclo-cross
bico bec, brûleur, job, petit boulot
bico da teta trayon
bico de Bunsen Bunsen
bico de gás bec de gaz
bico de mamadeira tétine
bico vertedor bec verseur, bouchon verseur
bicolor bicolore
bicôncavo biconcave
biconvexo biconvexe
bicorne bicorne
bicota bécot
bicotar bécoter
bicotidiano biquotidien
bicromia bichromie
bidão bidon, touque
bidão de 20 litros jerrican
bidê bidet
biela bielle
bienal biennal, biennale, bisannuel
bifa calotte, pain, tarte
biface biface
bifásico biphasé
bife bifteck, boeuf, steak
bife de chã rouelle
bife enrolado paupiette
bife tártaro tartare
bífido bifide
bifurcação bifurcation
bifurcar bifurquer, fourcher
big bang big-bang
bigamia bigamie
bígamo bigame
bigode bacchantes, moustache
bigode postiço postiche
bigodudo moustachu
bigorna enclume
bijeção bijection
bijuteria bijou (de) fantaisie
bilateral bilatéral
bilateralmente bilatéralement
bilboquê bilboquet
bile bile
bilha bille
bilhão milliard
bilhar billard
bilhete billet, ticket, titre de transport
bilheteria box-office
biliar biliaire
bilíngue bilingue
bilinguismo bilinguisme
bilionário milliardaire
bilioso bilieux
bilirrubina bilirubine
biltre bélître
bimensal bimensuel
bimestral bimestriel
bimetálico bimétallique
bimetalismo bimétallisme
bimotor bimoteur
binário binaire
bingo loto
binocular binoculaire

binóculo jumelles
binóculo de teatro lorgnette
binômio binôme
biociências biosciences
biocombustível agrocarburant, biocarburant
biodegradável biodégradable
biodiesel biodiesel
biodiversidade biodiversité
bioenergética bioénergie
bioética bioéthique
biofísica biophysique
biografia biographie
biográfico biographique
biógrafo biographe
biologia biologie
biológico biologique
biólogo biologiste
biombo paravent
biópsia biopsie
bioquímica biochimie
bioquímico biochimique, biochimiste
biorritmo biorythme
biosfera biosphère
biotecnologia biotechnologie
bioterrorismo bioterrorisme
biovigilância biovigilance
bip bip
bipar biper
bipartição bipartition
bipartidário biparti
bipartidarismo bipartisme
bipartido biparti
bípede bipède
biplace biplace
biplano biplan
biplume bipenne
bipolar bipolaire
bipolaridade bipolarité
biquíni Bikini
birmanês birman
birote catogan
birreator biréacteur
birrefringência biréfringence
birrefringente biréfringent
biruta cinglé, fêlé, givré, loufoque, manche à air, toqué
bis bis
bisanual bisannuel
bisão bison
bisar bisser
bisavó arrière-grand-mère
bisavô arrière-grand-père, bisaïeul
bisavós arrière-grands-parents
bisbilhotar fouiner
bisbilhoteiro concierge, fouineur
bisca belote
biscato becquée
biscoitaria biscuiterie
biscoito biscuit, galette, pâte sablée
biscoito com especiarias spéculoos
biscoito de frutas secas mendiant
biscoito folhado gaufrette
biscoito para cães ou gatos croquette
biscuit biscuit
bisel biseau
biselado en biseau
biselamento biseautage
biselar biseauter
bismuto bismuth
bisneta arrière-petite-fille
bisneto arrière-petit-fils
bisnetos arrière-petits-enfants
bispado évêché
bispo évêque, fou
bisque bisque
bissemanal bihebdomadaire
bissetor bissecteur
bissetriz bissecteur
bissexual bisexuel
bissexualidade bisexualité
bissulfato bisulfate
bissulfito bisulfite
bistrado bistré
bistre bistre
bistrô bistrot
bisturi bistouri
bit bit
bitolado borné
bitter bitter
bivacar bivouaquer
bivalente bivalent
bivalve bivalve
bivaque bivouac
bivolt bitension
bizantino byzantin
bizarramente bizarrement
bizarria bizarrerie
bizarrice bizarrerie
bizarro bizarre
blá-blá-blá bla-bla, palabre
black-rot black-rot
blague blague
blam pam
blanquete blanquette
blasé blasé
blasfemador blasphémateur
blasfemar blasphémer
blasfematório blasphématoire
blasfêmia blasphème
blastoderma blastoderme
blazer blazer
blecaute black-out
bled bled
blefando à l'esbroufe
blefar bluffer
blefe bluff
blenda blende
blenorragia blennorragie
bleu d'Auvergne bleu d'Auvergne
blindado blindé
blindagem blindage
blindagem de guichê Hygiaphone
blindar blinder
blini blini
blister plaquette
blitz rafle
blizar blizzard
blocausse blockhaus
bloco barre, bloc, parpaing, tranche
bloco cirúrgico bloc opératoire
bloco de anotações bloc
bloco de gelo glaçon
bloco de manteiga motte
bloco de notas bloc-notes
bloco de partida starting-block
bloco do motor bloc-moteur
bloco motor bloc-moteur
blog weblog
blogosfera blogosphère
blogueiro blogueur
bloquear bloquer, boucher, neutraliser
bloqueio blocage, blocus
bloqueio econômico blocus
blues blues
blusa blouse, casaque
blusa de marinheiro marinière
blusão blouson, coupe-vent, vareuse
blush blush
boa recordação revenez-y
boa-noite belle-de-nuit, bonsoir
boa-vida viveur
boate boîte
boato canard, on-dit, ouï-dire
bobagem bêtise
bobamente niaisement
bobe bigoudi, rouleau
bobice niaiserie
bobina bobine, dérouleur
bobinagem bobinage
bobinar bobiner, embobiner
bobinha midinette, oie blanche
bobo baba, bête, bouffon, cucul, gogo, niais, sot, zozo
bobo da corte fou
bobsled bob, bobsleigh
boca bouche, brèche, gueulard, gueule
boca-de-leão gueule-de-loup
bocadinho chouia, lichette, soupçon
bocado bouchée
bocado de manteiga noix de beurre
bocal ajutage, bec
bocejador bâilleur
bocejar bâiller
bocejo bâillement
bocha boule, boulisme
bochecha joue
bochecha caída bajoue
bochechar se rincer la bouche
bochechudo joufflu
bócio goitre
bocioso goitreux
bock bock
bodas de diamante noces de diamant
bodas de ouro noces d'or
bodas de prata noces d'argent
bode bouc
bode expiatório bouc émissaire, tête de Turc
bode velho bouquin
bodião abre, vieille
body body

boêmia bohème
boêmio bohème, bohémien
boeuf bourguignon bœuf bourguignon
bofe mou
bofes fressure
bofetada baffe, gifle, soufflet
bofetão torgnole
bogie bogie
boi bœuf
boia bouchon, bouée
boiadeiro bouvier
boião bocal
boiar être largué, nager, surnager
boiardo boyard
boicotar boycotter
boicote boycottage
boiler chauffe-eau
boina béret
boiserie boiserie
bojo bonnet, bouge, panse, ventre
bojudo pansu, ventru
bola balle, ballon, bille, boule, calot, pelote
bola alta lob
bola amortecida amorti, amortie
bola ao ar entre-deux
bola de ferro boulet
bola-de-neve boule-de-neige, obier
bolacha dura craquelin
bolacha que lembra um rochedo rocher
bolada jackpot
bolas boulet
bolchevique bolchevik
boldrié bandoulière, baudrier
bolero boléro, guimpe
boletim bulletin, carnet de notes
boletim meteorológico météo
boleto bolet, boulet
boleto-doce cèpe
bolha ampoule, bulle, cloque, soufflure
boliche bowling
bólido bolide
bolim cochonnet
bolina largue
bolinha boulette, pastille, pois
bolinha de prestidigitador muscade
bolinho de amêndoas financier
bolinho de chuva pet-de-nonne
bolinho frito beignet
bolinho recheado com creme religieuse
boliviano bolivien
bolo cagnotte, galette, gâteau
bolo alimentar bol alimentaire
bolo de areia pâté de sable
bolo de café moka
bolo de coco congolais
bolo de frutas clafoutis
bolo de morango fraisier
bolo de Reis galette des rois
bolo inglês cake
bolo mármore marbré
bolo que lembra um rochedo rocher
bolor moisi, moisissure
bolota gland
bolsa bourse, escarcelle, poche, sac
bolsa com alça sacoche
bolsa de água quente bouillotte
bolsa de caça carnassière
bolsa de mão pochette
bolsa facial abajoue
bolsão poche
bolsinho gousset
bolsista boursier
bolso poche
bolso do colete gousset
bom beau, bon, brave, c'est bon, cool
bom de bico beau parleur
bom de papo causeur
bom senso sens commun
bom-dia bonjour
bomba bombe, coup de tonnerre, éclair pavé dans la mare, pompe, tampon, veste
bomba de ar gonfleur
bomba de compressão pompe foulante
bomba de leite tire-lait
bomba nuclear bombe nucléaire
bomba-relógio bombe à retardement
bombarda bombarde
bombardear bombarder, pilonner
bombardeio bombardement, pilonnage
bombardeiro bombardier
bombástico ronflant
bombeado bombé
bombeamento bombement, pompage
bombear blackbouler, bomber, coller, pomper
bombeiro pompier, sapeur-pompier
bombom bouchée, crotte
bombom de chocolate praline
bombordo bâbord
bonachão bonasse, bonhomme, débonnaire
bonapartismo bonapartisme
bonapartista bonapartiste
bonbonnière bonbonnière
bondade amitié, bonté
bonde tramway
boné casquette
boneca poupée, poupon
boneco baigneur, bonhomme, maquette
bonificação bonification
bonificar bonifier
bonitinho croquignolet
bonito beau, bien, bonite, jojo
bonomia bonhomie
bons ofícios bons offices
bons-dias belle-de-jour, liseron
bonsai bonsaï
bônus bonus
bonzo bonze
boom boom
booster rehausseur
boquinha bouche en cul-de-poule
borato borate
bórax borax
borboleta papillon
borboleta-branca-da-couve piéride
borboleta-rabo-de-andorinha machaon
borboletear papillonner
borborigmo borborygme
borbotão bouillon
borbulha bouillon, écusson
borbulhar bouillonner, pétiller
borda bordure, rebord
bordada bordée
bordado broderie
bordador brodeur
bordão bourdon, rengaine
bordão da velhice bâton de vieillesse
bordar broder
bordeaux bordeaux
bordejar cavaler, louvoyer, tirer une bordée, voltiger
bordejo louvoiement
bordel bordel
bordelês bordelais
borderô bordereau
bordô bordeaux
bordo érable
bóreas borée
borgonha bourgogne
borgonhês bourguignon
bórico borique
borla gland, houppe
borleta houppette
bornal gibecière
borne borne
borne de união serre-fils
boro bore
borra bourre, capiton, marc
borracha caoutchouc, gomme
borrachento caoutchouteux
borradela barbouillage, chiure
borrador barbouilleur
borragem bourrache
borrão bavure, brouillard, pâté
borrar barbouiller
borrasca bourrasque
borrifo embruns
bortsch bortsch
borzeguim brodequin
borzói barzoï
bósnio bosnien
bosque bois, futaie, garenne
bosquete boqueteau, bosquet
bosquezinho bouquet d'arbres
bossa bosse
bossa nova bossa-nova
bossagem bossage
bosta bouse, crotte, fiente
bota botte, bottillon
bota de cano longo cuissarde
bota de vaqueiro santiag
botaló bout-dehors
botânica botanique
botânico botanique, botaniste
botão bourgeon, bouton, mouche, poussoir, tirette
botão de pressão bouton-pression
botão-de-ouro bouton-d'or, ficaire
botar o olho grande em lorgner

botaréu butée
botas de neve après-ski
bote botte, canot
bote a remo nacelle
bote de borracha Zodiac
bote de *rafting* raft
bote salva-vidas dinghy
boteco assommoir
botequineiro limonadier
boticão davier
boticário apothicaire
botim bottine
botinha boots
botoeira boutonnière
botoque bonde
botulismo botulisme
bouba pian
bouchon bouchon
bouchonné bouchonné
boudoir boudoir
bouillabaisse bouillabaisse
bouquet garni bouquet garni
bourbon bourbon
bourbonista bourbonien
bourgueil bourgueil
bourrée bourrée
boutade boutade
bovídeo bovidé
bovino bovin
bow-window bow-window
boxe bac, box, boxe, encadré, stand
boxeador boxeur
boxear boxer
bóxer boxer
boyzinho minet
brabanção brabançon
braçada brassée
braçadeira brassard, collier, embrasse
braço accotoir, accoudoir, branche, bras, croisillon
braco braque
bráctea bractée
brado tollé
braga braies, haut-de-chausses
braguilha braguette
braile braille
brainstorming brainstorming, remue-méninges
brâmane brahmane
bramânico brahmanique
bramanismo brahmanisme
bramido brame, grondement
bramir bramer, réer
branco blanc
branco-sujo blanc cassé
brancura blancheur
brandade brandade
brandir brandir
brandy brandy
branqueamento blanchiment
branquear blanchir
branquial branchial
brânquias branchies, ouïes
braquial brachial
brasa braise
brasão armoiries, blason
braseiro brasero, brasier
brasileiro brésilien
brassagem brassage
brasserie brasserie
bravamente bravement
bravata bravade, turlututu
bravatear crâner
bravo bravo, fâché, preux, vicieux
bravura bravoure
brecha brèche, échappée, trouée
brechó brocante, friperie, fripier
brejo marécage
brejoso marécageux
brema brème
bretão breton
breu colophane
breve bref, brève
brevê brevet
brevemente brièvement, prochainement
brevet des collèges brevet des collèges
brevetado breveté
breviário bréviaire
brevidade brièveté
briard briard
bricabraque bric-à-brac, brocante
bricabraquista brocanteur
brick brick
bricolagem bidouillage, bricolage
bridar brider
bridge bridge
bridgista bridgeur
brie brie
briefing briefing
brifar briefer
briga accrochage, bagarre, dispute, noise, querelle, tiraillerie
brigada brigade
brigada de incêndio piquet d'incendie
brigaiada mêlée
brigão bagarreur
brigar en découdre, se bagarrer, se chamailler, se crêper le chignon, se disputer, s'empoigner, s'expliquer, se friter, se quereller
brigue brick
briguento chamailleur, querelleur
brilhante brillant, éclatant, fulgurant, luisant
brilhantemente brillamment
brilhantina brillantine
brilhar briller, luire, rayonner
brilho brillant, éclat, lustre
brim denim
brincadeira badinage, blague, drôlerie, galéjade, plaisanterie, rigolade
brincalhão amuseur, badin, blagueur, farceur, folâtre, gamin, joueur, loustic, plaisantin, rigolard, rigolo
brincar badiner, blaguer, faire joujou, folâtrer, jouer, plaisanter, rigoler, rire
brinco boucle
brinco de argola créole
brindar trinquer
brinde prime, toast, vin d'honneur
brinquedinho joujou
brinquedo jouet
brinquedo de pelúcia peluche
brinquedoteca joujouthèque, ludothèque
brio brio
brioche brioche
briologia bryologie
briozoário bryozoaire
briquete aggloméré, briquette
brisa brise
brístol bristol
brita gravillon
britânico britannique
broca broche, fleuret, foret, fraise, mèche, vermoulure
broca de dentista roulette
brocado brocart, broché
brocha brosse
brochador brocheur
brochagem brochage, brochure
brochar brocher
broche barrette, broche, clip, épinglette, pin's
brochura brochure
brócolis brocoli
bromélia broméliacée
brometo bromure
brômico bromique
bromo brome
bronco butor
broncopneumonia broncho-pneumonie
bronquear broncher
brônquico bronchique
brônquio bronche
bronquiolite bronchiolite
bronquíolo bronchiole
bronquite bronchite
bronquítico bronchitique
brontossauro brontosaure
bronze airain, bronze
bronzeado bronzé
bronzeador bronzant
bronzeamento bronzage, bronzette
bronzear bronzer
brotamento bourgeonnement, gemmation
brotar bourgeonner
brotinho tendron
broto bourgeon, nénette, œilleton, surgeon
brousse brousse
brownie brownie
browning browning
brrr brrr
bruaá brouhaha
brucelose brucellose
bruma brume
brumário brumaire
brumoso brumeux
brunch brunch
brunidor brunissoir
brunidura brunissage

brunir brunir
bruscamente à sec, brusquement, en sursaut, net, raide, sans transition, sèchement
brusco brusque, saccadé
brushing Brushing
brusquidão brusquerie
brutal brutal
brutalidade brutalité, rudoiement
brutalizar brutaliser
brutalmente brutalement, rudement
bruto abruti, brut, brute
bruxaria envoûtement, sorcellerie
bruxo sorcier
búbalo bubale
bubão bubon
bubônico bubonique
bubu boubou
bucal buccal
bucaneiro boucanier
bucéfalo canasson, rosse, tocard
bucha bourre, pensum, tampon
bucheiro tripier
bucho bide
bucino buccin
bucólica bucolique
bucólico bucolique
buda bouddha
búdico bouddhique
budismo bouddhisme
budista bouddhiste
bufa-de-lobo vesse-de-loup
búfala bufflonne
búfalo buffle
bufante bouffant, gonflant
bufão bouffon
bufar moufter, renâcler, s'ébrouer
bufê buffet
bufo duc, hibou
bufonaria bouffonnerie
bufunfa pognon
bug bogue, bug
bugiganga babiole, bibus, broutille, camelote
bugio hurleur, alouate
bujarrona foc
bula bulle
bulbar bulbaire
bulbo bulbe
bulbo raquiano bulbe rachidien
bulboso bulbeux
buldogue bouledogue
buldôzer bulldozer
bule verseuse
bulevar boulevard
bulevardeiro boulevardier
búlgaro bulgare
bulimia boulimie
bulímico boulimique
bull terrier bull-terrier
bum boum
bumerangue boomerang
bunda cul
bundudo fessu
bunker bunker
bupreste bupreste
buquê bouquet, gerbe
buquinista bouquiniste
buraco bled, nid-de-poule, trou
buraco da agulha chas
buraco na camada de ozônio trou d'ozone
buraco negro gouffre
burburinho bourdonnement
burca burqa
bureau bureau
burel bure
burgo bourg
burgomestre bourgmestre
burguês bourgeois
burguesia bourgeoisie
burguesmente bourgeoisement
buril bédane, burin, poinçon
burilar buriner
burlar flouer, refaire, tromper
burlesco burlesque
burocracia bureaucratie
burocrata bureaucrate, paperassier
burocrático bureaucratique
burocratização bureaucratisation
burocratizar bureaucratiser
burra ânesse
burrice bêtise
burrico bourrique
burrinho ânon
burriqueiro ânier
burro âne, bardot, mulet
burro de carga bête de somme, bourreau de travail, tâcheron
busardo busard
busca perquisition, quête, recherche
buscador chercheur
buscar reprendre
bússola boussole, compas
bustiê bustier
busto buste
butano butane
buteno butylène
butim butin
bútio buse
butique boutique
butírico butyrique
buxo buis
buzina buccin, Klaxon
buzinar corner, klaxonner
búzio conque, triton
by-pass pontage
byte octet

Cc

c. env.
C.B. CB
c.i.f. CAF
c.q.d. CQFD
cã khan
cabaça calebasse
cabala cabale, kabbale
cabalístico cabalistique
cabana cabane, case, hutte
cabaninha cabanon
cabaré cabaret
cabeça citron, hure, longueur, mental, tête, tête pensante
cabeça de bacalhau Arlésienne
cabeça de ponte tête de pont
cabeça de prego clou
cabeça-dura tête de mule
cabeçada coup de tête, tête, têtière
cabeçalho en-tête
cabeceio tête
cabeceira chevet
cabeçote poupée
cabeçudo cabochard
cabeleira chevelure, toison
cabeleireiro coiffeur
cabelo cheveu
cabelo afro afro
cabelo ruço cheveux filasse
cabeludo chevelu, trapu
caber tenir
cabide cintre
cabide *valet* valet de nuit
cabideiro patère, penderie, portemanteau
cabila kabyle
cabine cabine, habitacle
cabine de banheiro público pago Sanisette
cabine de votação isoloir
cabine individual single
cablar câbler
cabo bec, bout, câble, cap, caporal, cordage, filin, manche, nez, queue, toron
cabo-marinheiro quartier-maître
cabochão cabochon
cabograma câble
cabos câblage
cabotagem cabotage
cabotar caboter
cabotinismo cabotinage
cabotino cabot, cabotin
cabra bique, chèvre
cabra de leque springbok
cabra-cega colin-maillard
cabra-montês chevrette
cábrea palan
cabrestante cabestan, winch
cabresto licol, longe
cabrim chevreau
cabriola cabriole, gambade
cabriolar cabrioler, gambader
cabriolé cabriolet
cabrita chevrette
cabrito biquet, cabri, chevreau
cabrito-montês bouquetin, brocard, chevreuil
cábula cancre
cabular faire l'école buissonnière, sécher
cabúqui kabuki
CAC CAC
caça chasse, chasseur
caça ilegal braconnage
caça-níqueis jackpot, machine à sous
caçador chasseur, trappeur

caçador clandestino braconnier
caçador de ninhos dénicheur
caçador de pássaros oiseleur
caçador de talentos chasseur de têtes
caçador ilegal braconnier
caçamba auge, benne
cação-pinto roussette
caçar chasser
caçar ilegalmente braconner
cacarejar caqueter, glousser
cacarejo caquet, gloussement
cacatua cacatoès
cacau cacao
cacaueiro cacaoyer
cacetada coup de massue, matraquage
cacetar matraquer
cacete gourdin, matraque, trique
cachalote cachalot
cachê cachet
cacheado bouclé
cachear boucler
cachecol cache-col
cachenê cache-nez
cachepô cache-pot
cachimbo bouffarde, calumet, pipe
cachinho bouclette
cacho boucle, grappe, régime
cachola caboche
cachorrinho chiot
cachorrinho escandaloso roquet
cachorro chien, cabot, clébard
cachorro-quente hot dog
caco débris, éclat, miette, tesson
caçoar de blaguer
cacofonia cacophonie
cacofônico cacophonique
caçoula cassolette
caçoulada cassolette
cactácea cactacée
cacto cactus
caçula benjamin, cadet, dernier-né, jeune
cada chaque
cada um chacun
cada vez mais de plus en plus
cada vez melhor de mieux en mieux
cada vez menos de moins en moins
cadafalso échafaud
cadaste étambot
cadastral cadastral
cadastro cadastre
cadáver cadavre, macchabée
cadavérico cadavéreux, cadavérique
Caddie Caddie
caddie caddie
cadeado cadenas
cadeia chaîne
cadeia secundária chaînon
cadeira chaire, chaise
cadeira baixa chauffeuse
cadeira de balanço rocking-chair
cadeira de rodas fauteuil roulant
cadeira elétrica chaise électrique
cadeireiro chaisier
cadela de caça lice

cadência cadence
cadenciado cadencé
cadernal moufle
caderneta carnet, livret
caderneta de certidões livret de famille
caderneta escolar livret scolaire
caderneta militar livret militaire
caderno cahier
caderno de encargos cahier des charges
cadete cadet
cadinho creuset, têt
cádmio cadmium
caduceu caducée
caducidade caducité
caduco caduc
cafajeste aigrefin
cafarnaum capharnaüm
café café, jus, limonade, taverne
café arábica arabica
café com creme crème
café com leite crème
café curto café serré
café da manhã déjeuner, petit(-)déjeuner
café descafeinado décaféiné
café instantâneo café instantané
café puro café noir
café-concerto café-concert
café-restaurante buffet
café-teatro café-théâtre
cafeeiro caféier
cafeína caféine
cafetã cafetan
cafetão mac
cafeteira cafetière, percolateur, verseuse
cafeteiro cafetier, limonadier
cafeteria cafétéria
cafezinho petit noir
cagaço pétoche, trac, trouille
caganita crottin
cagão péteux, trouillard
cagar chier
cagatório chiottes
caiaque kayak
caiaquista kayakiste
caiar badiogeonner, blanchir
câibra crampe
caibro chevron
caiçara gabion
caieiro chaufournier
caimão caïman
caipira paysan, pécore
cair avoir, basculer, choir, chuter, dévisser, ramasser une pelle, recevoir, sortir, tomber, verser
cair de amores se toquer
cais quai
cáiser kaiser
caititu pécari
caixa brique, boîte, berlingot, boîtier, caisse, caissier, casse, coffre, coffret
caixa acústica baffle, enceinte (acoustique)
caixa craniana boîte crânienne
caixa de câmbio boîte de vitesses

caixa de correio boîte à lettres
caixa de depósitos Caisse des dépôts et consignations
caixa de escada cage d'escalier
caixa de esmolas tronc
caixa de granulado higiênico litière
caixa de mensagens boîte à lettres
caixa de órgão buffet
caixa de papelão carton
caixa de pó de arroz poudrier
caixa de rapé tabatière
caixa econômica caisse d'épargne
caixa eletrônico billetterie, guichet automatique
caixa postal boîte postale
caixa registradora tiroir-caisse
caixa torácica cage thoracique
caixa-baixa bas-de-casse
caixa-forte coffre-fort
caixa-preta boîte noire
caixão auge, bière, caisson
caixeiro-viajante voyageur de commerce
caixilho dormant
caixinha cagnotte, caissette, cassette, coffret
caixotão caisson
caixote cageot, caisson
cajado houlette
caju anacarde
cajueiro anacardier
cajun cajun
cal cal, chaux
cal virgem chaux vive
calabouço basse-fosse, cachot, violon
calabrote grelin
calado tirant d'eau
calafetagem calfatage, calfeutrage
calafetar calfater, calfeutrer
calagem calage
calamidade calamité
calamina calamine
calaminado calaminé
calandra calandre
calar faire taire, rengainer
calau calao
calça futal
calça *baggy* baggy
calça *legging* caleçon
calça saruel saroual
calçada trottoir
calçadeira chausse-pied
calçado balzan, chaussure
calçado para caminhada godillot, Pataugas
calcadura damage
calcanhar talon
calcanhar de aquiles défaut de la cuirasse, talon d' Achille
calção haut-de-chausses
calção de banho maillot (de bain), slip de bain
calcar damer
calçar chausser, paver
calçar de novo rechausser

calçar botas botter
calçar número ... ganter
calcário calcaire
calças falzar, froc, pantalon
calcedônia calcédoine
calcemia calcémie
calceteiro paveur
calcificação calcification
calcificado calcifié
calcinar calciner
calcinha slip
cálcio calcium
calço butée, taquet
calcografia chalcographie
calcorrear arpenter
calculador calculateur
calculadora calculateur, calculatrice
calculadora de bolso calculette
calcular calculer, chiffrer
calculável calculable
calculista calculateur
cálculo calcul
caldear gâcher
caldeira chaudière
caldeira de eclusa sas
caldeirada matelote
caldeirão chaudron, marmite
caldeiraria chaudronnerie
caldeireiro chaudronnier, chauffeur
caldo bouillon
caldo de carne consommé
caldo de pão panade
caldoche caldoche
caleche calèche
caledônio calédonien
caleidoscópio kaléidoscope
calejado chevronné
calendário calendrier
calendas calendes
calêndula souci
calepino calepin
calha creux, descente, gouttière
calhambeque guimbarde, tacot, teuf-teuf
calibragem calibrage
calibrar calibrer
calibre alésage, calibre
cálice calice
califa calife
califado califat
californiano californien
caligrafar calligraphier
caligrafia calligraphie
caligrama calligramme
calisson calisson
call center centre d'appels
call girl call-girl
calma calme
calmamente calmement, peinardement, posément
calmante calmant
calmaria calme, embellie
calmo posé, rassis
calo cal, cor, corne
calor chaleur
calor sufocante touffeur
caloria calorie
calorífero calorifère
calorífico calorifique
calorífugo calorifuge
calorimetria calorimétrie
calorimétrico calorimétrique
calorímetro calorimètre
calorosamente chaleureusement, chaudement
caloroso chaud, chaleureux
calosidade callosité, durillon
caloso calleux
calota enjoliveur
calota craniana calotte crânienne
calota glacial calotte glaciaire
calote grivèlerie
calotear carotter
calouro bizut
calúnia calomnie
caluniador calomniateur
caluniar calomnier
calunioso calomnieux
calvados calvados
calvário calvaire
calvície calvitie
calvinismo calvinisme
calvinista calviniste
calvo pelé
CAM FAO
cama lit, paddock, pieu, plumard
cama elástica trampoline
cama, mesa e banho blanc
camada couche, nappe
camafeu camée
camaïeu camaïeu
camaleão caméléon
Câmara chambre
câmara de ar chambre à air
câmara de comércio chambre de commerce
câmara de compressão sas
câmara dos deputados Chambre des députés
câmara escura chambre noire
câmara frigorífica chambre froide
câmara rápida accéléré
câmara-ardente chapelle ardente, reposoir
camaradagem camaraderie, chambrée
camarão bouquet, crevette
camarata chambrée
camareira chambrière, femme de chambre
camareiro habilleur
camarilha coterie
camarim loge
camarista chambellan
camaroeiro balance
camaronês camerounais
camarote loge
camarote de boca avant-scène
camarote de convés rouf
cambaio cagneux
cambalacho cuisine
cambaleante chancelant
cambalear trébucher
cambaleio dodelinement
cambalhota culbute, galipette
cambalhota para trás soleil
cambaxirra troglodyte
cambiante changeant, chatoyant
câmbio change, changement de vitesse, dérailleur
cambista cambiste
cambito gambette
cambitos flûtes
cambo cueilloir
cambojano cambodgien
cambota cintre, culbuteur
cambraia chambray, linon
camburão fourgon cellulaire
cambusa de bordo cambuse
camcorder Caméscope
came came
camela chamelle
camelar trimer
cameleiro chamelier
camélia camélia
camelídeo camélidé
camelô camelot
camelo chameau
camelotagem vente à la sauvette
camembert camembert
câmera caméra
câmera lenta ralenti
câmera *reflex* reflex
cameraman cameraman
camerlengo camerlingue
camicase kamikaze
caminhada cheminement, marche, randonnée, trotte
caminhante marcheur, randonneur
caminhão camion, poids lourd, tombereau
caminhão basculante tombereau
caminhão de gado bétaillère
caminhão-pipa arroseuse
caminhão-tanque camion-citerne, citerne
caminhar cheminer, faire du chemin, marcher
caminho avenue, chemin
caminho de cabras chemin muletier
caminho de sirga chemin de halage
caminho íngreme grimpette
caminhoneiro camionneur, routier
camisa chemise, gaine, liquette
camisa de força camisole de force
camisa polo polo
camisão caraco
camisaria chemiserie
camiseiro chemisier
camiseta chemisette, maillot, tee-shirt
camiseta regata marcel
camiseta sem manga maillot de corps
camisinha capote, condom
camisola chemise de nuit, jaquette
camomila camomille
campainha sonnette, volubilis
campanário beffroi, campanile, clocher

campanha campagne
campânula campanule, clochette
campeão champion
campeonato championnat,combiné
campesinato paysannat, paysannerie
campestre champêtre, paysan, terrien, villageois
camping campement, camping, caravaning
camping selvagem camping sauvage
campista campeur, caravanier
campo cambrousse, camp, campagne, champ, domaine, terrain, terroir
campo de batalha champ d'honneur, champ de bataille
campo de concentração camp de concentration
campo de extermínio camp d'extermination
campo de golfe golf, links
campo de tiro champ de tir, tir
campo minado champ de mines
campo operatório champ opératoire
campo raso rase campagne
camponês campagnard, paysan
campus campus
camuflagem camouflage
camuflar camoufler
camundongo souris
camurça chamois, daim, isard, peau de chamois
cana canne
cana do leme barre
cana-da-índia balisier, canna
cana-de-açúcar canne à sucre
cana-de-vassoura roseau
cânabis cannabis
Canadair Canadair
canadense canadien
canadianismo canadianisme
canal bief, canal, chenal, grau, passe
canal codificado chaîne cryptée
canalha canaille, faquin, fripouille, ordure, racaille, vermine, voyou
canalização canalisation
canalizar canaliser
canapê canapé
canaque kanak
canário canari, serin
canastra bourriche, canasta
cancã french cancan
canção chanson
canção de gesta chanson de geste
cancela portillon
cancelar décommander
cancelar a assinatura désabonner
Câncer Cancer
canceriano cancer
cancerígeno cancérigène
canceroso cancéreux
cancha boulodrome
cancoillotte cancoillotte
cançoneta chansonnette
cancro chancre
candeio lamparo
candelabro chandélabre, chandelier, flambeau, girandole
Candelária Chandeleur
candidamente candidement
candidato candidat
candidatura candidature
candidíase candidose
cândido candide
candura candeur
caneca chope
canela canette, cannelle, canon, tibia
canelado cannelé
canelone cannelloni
canelura cannelure
caneta porte-plume, stylo
caneta Bic Bic
caneta com ponta de feltro stylo-feutre
caneta corretiva effaceur
caneta hidrográfica crayon-feutre
cânfora camphre
canforado camphré
canforeira camphrier
canga palanche
cangambá sconse
canguru kangourou, porte-bébé
cânhamo chanvre
cânhamo-indiano chanvre indien
canhão canon
canhão de neve canon à neige
canhonada canonnade
canhoneira canonnière
canhoto gaucher, souche, talon
canibal cannibale
canibalismo cannibalisme
caniçada cannisse, claie
canícula canicule
canicular caniculaire
canídeo canidé
canil chenil
canino canin, canine
cânion cañon
canivete canif
canivete Opinel Opinel
cano canon, conduit, tige, tuyau
canoa canoë, périssoire
canoa chinesa youyou
canoagem canoë, canoë-kayak
canoísta canoéiste
canola colza
cânone canon
canônico canonial, canonique
canonização canonisation
canonizar canoniser
canopeia canopée
cansaço fatigue
cansado fatigué, las
cansar fatiguer, lasser, rebuter
cansativo fatigant, lassant
cansim khamsin
cantada appel du pied
cantal cantal
cantalupo cantaloup
cantante chantant
cantão canton
cantar chanter
cantaria moellon, pierre de taille
cantarolar chantonner
cantata cantate
canteiro carré, parterre
canteiro central terre-plein central
canteiro de obras chantier
canteiro gramado boulingrin
cântico cantique
cantiga de ninar berceuse
cantiga de roda ronde
cantil gourde
cantilena antienne, rengaine
cantina cantine
cantinho pied-à-terre
canto chant, chez-soi, encoignure
canto de sereia sirènes
canto do cisne chant du cygne
canto gregoriano chant grégorien
cantochão plain-chant
cantonal cantonal
cantoneira cornière, encoignure, équerre
cantoneiro cantonnier
cantor chanteur
cantor de *rap* rappeur
cantora lírica cantatrice
canudinho paille
canudo anglaise
cânula canule
canyoning canyoning
cão chenet
cão de caça chien courant
cão de fila molosse
cão vira-lata corniaud
cão-d'água barbet
caolho borgne
caos chaos
caótico chaotique
Cap. ch.-l.
cap. chap.
capa cape, chape, couverture, gaine, housse, kappa, reliure
capa de chuva imperméable
capa para caderno protège-cahier
capacete casque
capacho marchepied, paillasson, tapis-brosse
capacidade capacité, contenance, moyens
capacitado capable
capado hongre
capanga homme de main, nervi, sbire
capão chapon
capar couper
caparazão caparaçon
caparazonar caparaçonner
capaz capable
capcioso captieux
capear empanner
capela chapelle
capelão aumônier, chapelain
capelina capeline
capésien capésien
capetiano capétien

capilar capillaire, pileux
capilária capillaire
capilaridade capillarité
capinar désherber
capital capital, capitale, chef-lieu
capital de departamento préfecture
capitalismo capitalisme
capitalista capitaliste
capitalização capitalisation
capitalizar capitaliser
capitalizável capitalisable
capitanear coiffer
capitania capitainerie
capitão capitaine, skippeur
capitel chapiteau
capitoso capiteux
capitulação capitulation
capitular capituler
capítulo capitule, chapitre
capô capot
capoeira basse-cour, capoeira
capota capote
capotamento tonneau
capotar capoter, culbuter, renverser
capote capote
capote com capuz burnous
cappuccino cappuccino
caprichado soigné
capricho caprice, lubie
caprichoso capricieux, fantasque
capricorniano capricorne
Capricórnio Capricorne
caprino caprin
cápsula capsule, douille
captação captation
captador solar capteur solaire
captar capter, drainer, piger
captura capture, prise
capturar capturer
capucha capuche
capuchinha capucine
capuz cagoule, capuchon
caquemono kakémono
caquético cachectique, cacochyme
caquexia cachexie
caqui kaki
cara bille, bobine, bougre, bouille, coco, face, figure, gars, gueule, gus, mec, nez, visage, zig
cara satisfeita trogne
cara-metade moitié
carabina carabine
carabineiro carabinier
caracol limaçon
caracol de cabelo frisette, frisottis
caracolar caracoler
caractere caractère
característica caractère, caractéristique
característico caractérisé, caractéristique
caracterizar caractériser
caracterologia caractérologie
caramanchão tonnelle
caramba bigre, tout de même
carambolar caramboler
caramelização caramélisation
caramelizar caraméliser
caramelo berlingot, caramel
carango bagnole, tire
caranguejo crabe, étrille
caranguejola dormeur, tourteau
caraoquê karaoké
carapaça carapace
caratê karaté
carateca karatéka
caráter caractère, pâte
caráter traiçoeiro traîtrise
caravana caravane
caravançará caravansérail
caravela caravelle
carboidrato hydrate de carbone
carbonário carbonaro
carbonarismo carbonarisme
carbonato carbonate
carbônico carbonique
carbonífero carbonifère
carbonização carbonisation
carbonizar carboniser
carbono carbone
carboquímica carbochimie
carburação carburation
carburador carburateur
carburante carburant
carbureto carbure
carcaça carcasse
carcerário carcéral
cárcere cachot, geôle
carcereiro geôlier, maton
carcinoma carcinome
carcomido vermoulu
carda battage
cardã cardan
cardamomo cardamome
cardápio carte, menu
cardar carder, peigner
cardeal cardinal
cárdia cardia
cardíaco cardiaque
cardigã cardigan
cardina crasse
cardinalato cardinalat
cardinalício cardinalice
cardiografia cardiographie
cardiógrafo cardiographe
cardiograma cardiogramme
cardiologia cardiologie
cardiologista cardiologue
cardiopatia cardiopathie
cardiotônico tonicardiaque
cardiovascular cardio-vasculaire
cardo chardon
cardo comestível carde
cardume banc
careca chauve
carena carène
carenado caréné
carenagem carénage
carenar caréner
carência carence, manque
carencial carentiel
carestia cherté, disette
careta grimace
careteiro grimaçant, grimacier
carga cargaison, charge
carga máxima port en lourd
cargo charge, office
cargueiro cargo, vraquier
cargueiro de minério minéralier
cariado carié
cariar carier
cariátide caryatide
caricato caricatural
caricatura caricature
caricatural caricatural
caricaturar caricaturer
caricaturista caricaturiste
caridade charité
caridosamente charitablement
caridoso caritatif, charitable
cárie carie
carimbar tamponner
carimbo cachet, composteur, flamme, tampon
carinha frimousse, minois
carinho câlin, câlinerie, caresse, mamours
carinhoso caressant
cariopse caryopse
cariótipo caryotype
carisma charisme
carismático charismatique
carité karité
carlindogue carlin
carlinga carlingue
carlista carliste
carma karma
carmanhola carmagnole
carmelita carme, carmélite
carmesim cramoisi
carmim carmin
carminado carminé
carnação carnation
carnal charnel
carnalmente charnellement
carnaval carnaval
carnavalesco carnavalesque
carnê carnet
carne chair, viande
carne branca viande blanche
carne com nervos viande tendineuse
carne de ave desfiada aiguillette
carne de boi enlatada corned-beef
carne de caça gibier, venaison
carne de cavalo cheval
carnê de pedidos carnet de commandes
carne de porco porc
carne de porco salgada petit salé
carne de vaca boeuf
carne entremeada de gordura viande persillée
carne grelhada grillade
carne magra maigre
carne malpassada viande saignante
carne para cozido pot-au-feu

carne picada e frita rillettes
carne vermelha viande rouge
carneira basane
Carneiro Bélier
carneiro bélier, mouton
carneiro de pasto litorâneo pré-salé
cárneo carné
carniça charogne
carnicão bourbillon
carniceiro boucher, carnassier, massacreur
carnificina boucherie, carnage, saignée
carnívoro carnivore
carnoso charnu
carnudo charnu
caro cher, chèrement, coûteux
carocha carabe
caroço noyau, trognon
carolíngio carolingien
carona auto-stop, auto-stoppeur, stop, stoppeur
caroteno carotène
carótida carotide
carotte carotte
carpa carpe
carpaccio carpaccio
carpelo carpelle
carpete moquette, tapis
carpideira pleureuse
carpino charme
carpinteiro charpentier, charron
carpo carpe
carrapato tique
carrara carrare
carrasco bourreau, exécuteur des hautes œuvres
carrê carré
carreação charriage
carrear charrier
carregado lourd
carregador bagagiste, chargeur, portefaix, porteur
carregamento arrimage, arrivage, chargement, portement
carregar coltiner, charger, charrier, embarquer, porter, traîner, trimbaler
carrego portage
carreira carrière, cursus, rang
carreira diplomática la carrière
carreirismo carriérisme
carreirista carriériste
carreta semi-remorque
carretel bobine, dévidoir
carreto charroi
carril ornière
carrilhão carillon
carrilhão elétrico carillon électrique
carrinho brouetée, Caddie, chariot, tacle
carrinho bate-bate auto tamponneuse
carrinho de bebê landau, pousse-pousse, poussette
carrinho de frituras friterie
carrinho de mão brouette
carriola carriole, diable
carro auto, caisse, char, voiture
carro à vela char à voile
carro alegórico char
carro compacto compacte
carro de apoio voiture suiveuse
carro de quatro portas berline
carro descaracterizado véhicule banalisé
carro esporte torpédo
carro funerário corbillard, fourgon mortuaire
carro reserva mulet
carro-vassoura voiture-balai
carroça coche, tombereau, veau
carroça basculante tombereau
carroçável carrossable
carroceria caisse, carrosserie
carrossel manège
cárstico karstique
carta carte, charte, lettre, pli
carta rogatória commission rogatoire
cartão carte
cartão com chip carte à puce
cartão com dados de conta bancária relevé d'identité bancaire
cartão com dados de conta de poupança RICE
cartão de visita bristol, carte de visite
cartão telefônico Télécarte
cartão-pedra carton-pâte
cartão-postal carte postale
cartão-resposta bulletin-réponse, carte--réponse, coupon-réponse
cartaz affiche, pancarte, placard
cartazeiro afficheur
cartazete affichette
cartazista affichiste
carte kart
carteador donneur
carteira carte, pochette, porte-billet, portefeuille
carteiro facteur, préposé
cartel cartel
cartela plaquette
cárter carter
cartesianismo cartésianisme
cartesiano cartésien
cartilagem cartilage
cartilaginoso cartilagineux
cartilha syllabaire
cartismo karting
cartofilia cartophilie
cartófilo cartophile
cartografia cartographie
cartográfico cartographique
cartógrafo cartographe
cartola haut-de-forme
cartomancia cartomancie
cartomante cartomancien, tireur, tireuse de cartes
cartonagem cartonnage, emboîtage
cartonar cartonner
cartorário greffier
cartório enregistrement
cartório de justiça greffe
cartucheira cartouchière, giberne
cartucho ballotin, cartouche, cornet
cartuxa chartreuse
carunchado vermoulu
caruncho bruche
carúncula caroncule
carvalhal chênaie
carvalho chêne
carvalho-pardo-da-beira tauzin
carvalho-quermes chêne kermès
carvão charbon
carvoeiro bougnat, charbonnier
carvoento charbonneux
casa boutonnière, case, logis, maison, maisonnée, pavillon
casa com pátio ou jardim interno riad
casa das caldeiras chambre de chauffe, chaufferie
casa de abelha ruche
casa de campo bastide, cottage, maison de campagne, mas
casa de campo isolada ermitage
casa de detenção maison d'arrêt
casa de forno fournil
casa de ópio fumerie
casa de penhor clou
casa de tolerância maison close, maison de passe, maison de tolérance, hôtel de passe
casa do leme timonerie
casa mobiliada garni
casa noturna boîte, night-club
casa paroquial cure
casacão manteau
casaco veste
casaco de lã impermeável loden
casaco de pele moumoute
casaco forrado canadienne
casaco traspassado veste croisée
casaco três-quartos trois-quarts
casal couple, ménage
casal inter-racial couple domino
casal negro e branco couple domino
casamata casemate
casamenteiro marieur
casamento mariage, noce
casaquinha jaquette
casaquinho brassière, liseuse
casar cadrer, marier
casar-se de novo se remarier
casbá casbah
casca balle, coque, coquille, croûte, écale, écorce, épluchure, peau, pelure, robe
casca da madeira grume
casca de carvalho tan
casca de castanheiro tan
casca de noz coquille de noix
casca verde brou
cascalhento caillouteux
cascalho caillasse, gravier, pierraille
cascas pluches
cascata cascade
cascavel crotale, serpent à sonnette
casco coque, corne, écaille, sabot
casebre bicoque, galetas, masure

caseína caséine
caseiro casanier, maison, pantouflard
caserna caserne
cash cash
casinha petit coin, maisonnette
casinha de cachorro niche
caso affaire, cas
caso de consciência cas de conscience
caso de força maior cas de force majeure
caso de vida ou morte affaire d'État
caspa pellicule
casquilho culot
casquinha cornet
cassação cassation
cassandra cassandre
cassar casser
cassata cassate, plombières
cassete cassette
cassete DAT cassette DAT
cassetete casse-tête
cassino casino
cássis cassis
cassoulet cassoulet
casta caste
castamente chastement
castanha châtaigne, marron
castanha-da-índia marron d'Inde
castanha-de-caju noix de cajou
castanhal châtaigneraie
castanheiro châtaignier, marronnier
castanheiro-da-índia marronnier d'Inde
castanho brun, châtain, marron
castanho avermelhado auburn, puce
castanho dourado mordoré
castanho-escuro tête-de-nègre
castanholas castagnettes
castão pommeau
castelão châtelain
castelhano castillan
castelo château
castelo de proa gaillard d'avant
castelo de vento château en Espagne
castiçal bougeoir, torchère
castidade chasteté
castigar châtier, corriger, malmener
castigo châtiment
casting casting
casto chaste, sage
castor castor
castração castration
castrar castrer, châtrer
castrato castrat
casualmente au petit bonheur (la chance)
casuar casoar
casuística casuistique
casula chasuble
casulo cocon
casus belli casus belli
cata-vento girouette
cataclismo cataclysme
catacumbas catacombes
catadióptrico catadioptre
catador ramasseur
catafalco catafalque
catalão catalan
catalepsia catalepsie
cataléptico cataleptique
catalisador catalyseur
catalisador de escapamento pot catalytique
catalisar catalyser
catálise catalyse
catalogar cataloguer
catálogo catalogue
catalpa catalpa
catamarã catamaran
cataplasma cataplasme
catapora varicelle
catapulta catapulte
catapultar bombarder, catapulter
catapum patatras
catarata cataracte
cátaro cathare
catarro catarrhe
catástrofe catastrophe
catastrófico catastrophique
catch catch
catechu cachou
catecismo catéchisme
catecúmeno catéchumène
cátedra chaire
catedral cathédrale
categoria catégorie, force
categorial catégoriel
categoricamente catégoriquement
categórico catégorique, tranchant
categorização catégorisation
categorizar catégoriser
categute catgut
catenária caténaire
catequese catéchèse
catequista catéchiste
catequizar catéchiser
cateter cathéter
cativante attachant, captivant, envoûtant, prenant
cativar captiver
cativeiro captivité
cativo captif
catódico cathodique
cátodo cathode
catolicidade catholicité
catolicismo catholicisme
católico catholique
catraca tourniquet
caubói cow-boy
caução caution, cautionnement
caucasiano caucasien
caucionar cautionner
caucus caucus
cauda queue, traîne
caudal caudal
caule tige
Caulerpa taxifolia caulerpe
caulim kaolin
causa cause
causal causal
causalidade causalité
causar causer, mettre, porter
causar dor endolorir
causse causse
causticidade causticité
cáustico caustique, grinçant
cauteloso cauteleux
cautério cautère
cauterização cautérisation
cauterizar cautériser
cava cave, emmanchure, entournure
cavação bêchage, resquille
cavadeira plantoir
cavador grapilleur, resquilleur
cavala maquereau
cavalar chevalin
cavalaria cavalerie, chevalerie
cavalariço lad
cavaleiro cavalier, chevalier, écuyer
cavalete béquille, chevalet, tréteau
cavalgada chevauchée
cavalgar chevaucher
cavalhada carrousel
cavalheiresco chevaleresque
cavalheiro cavalier
cavalinha prêle
cavalo bourrin, cavalier, cheval, dada, porte-greffe
cavalo barbo barbe
cavalo com alças cheval-d'arçons
cavalo de batalha cheval de bataille, destrier
cavalo de frisa cheval de frise
cavalo de pau tête-à-queue
cavalo-marinho hippocampe
cavalo-vapor cheval fiscal
cavar creuser, grappiller, gratter, rabioter, resquiller
caverna caverne, varangue
cavername membrure
cavernícola cavernicole
caviar caviar
cavicórneo cavicorne
cavidade cavité, évidement
cavilha cheville, fiche, goujon, goupille, tourillon
cavilhar cheviller, goujonner, goupiller
caxemira cachemire
caxumba oreillons
CC CC
CD CD
CD CD
CD de vídeo Compact Disc Video
CD-I CD-I
CD-ROM CD-ROM, cédérom, DOC
CDU CDU
cê-dê-efe bûcheur
cear réveillonner, souper
cebola oignon
cebolão oignon
cebolinha ciboulette, cive, civette
cecal cæcal
cecear zézayer, zozoter
ceceio zézaiement, zozotement
cecídio galle, nielle

ceco cæcum
ceder céder, fléchir
cedilha cédille
cedinho de bon matin, de grand matin
cedível cessible
cedo de bonne heure, matin, tôt
cedro cèdre
cédula billet, bulletin
cefaleia céphalée
cefalópode céphalopode
cefalotórax céphalothorax
cegamente aveuglément
cegante aveuglant
cegar aveugler
cegetista cégétiste
cego aveugle, non-voyant
cego de nascença aveugle-né
cegonha cigogne
cegueira aveuglement, cécité
cegueta bigleux, miro
ceia réveillon, souper
Ceia cène
ceifa fauchage, moisson,moissonnage
ceifadeira faucheuse, moissonneuse
ceifadeira debulhadora moissonneuse--batteuse
ceifador faucheur, moissonneur
ceifar faucher, moissonner
cela cellule, naos
celacanto cœlacanthe
céladon céladon
celebração célébration
celebrante célébrant
celebrar célébrer
célebre célèbre
celebridade célébrité
celebridades gotha
celeiro grange, grenier
celenterado cœlentéré
celeradez scélératesse
celerado scélérat
celeremente vivement
celeridade célérité
celeste céleste
celibatário célibataire
celibato célibat
celioscopia cœlioscopie
celofane Cellophane
celta celtique
célula cellule
célula fotelétrica cellule photoélectrique
celular cellulaire, mobile, portable
celulite cellulite
celuloide Celluloïd
celulose cellulose
celulótico cellulosique
cem cent
cementação cémentation
cementar cémenter
cemento cément
cemitério cimetière
cena scène, tableau
cenáculo cénacle
cenário décor
cênico scénique
cenobita cénobite
cenografia scénographie
cenógrafo décorateur, scénographe
cenotáfio cénotaphe
cenoura carotte
censatário censitaire
censo cens
censor censeur
censura censure
censurar censurer
censurável blâmable
centáurea centaurée
centauro centaure
centeio seigle
centelha étincelle
centena centaine
centenário centenaire
centesimal centésimal
centésimo centième
centiare centiare
centigrado centigrade
centigrama centigramme
centilitro centilitre
centímetro centimètre
cêntimo centime
centopeia iule, mille-pattes
centragem centrage
central central, centrale, dispatching
central sindical Bourse du travail, centrale
central telefônica central téléphonique
centralien centralien
centralismo centralisme
centralização centralisation
centralizador centralisateur
centralizar centraliser, centrer
centramento recentrage
centrar centrer, recentrer
centrífuga centrifugeuse
centrifugar centrifuger
centrífugo centrifuge
centrípeto centripète
centrismo centrisme
centrista centriste
centro centre
centro cultural da juventude maison des jeunes et de la culture
centro da cidade centre-ville
centro de acolhimento home d'enfants
centro de assistência toxicológica centre antipoison
centro de coleta seletiva e reciclagem Déchetterie
centro de gravidade centre de gravité
centro de recreação patronage
centro de triagem postal bureau de tri
centro histórico cité
centro nervoso plaque tournante
centro-africano centrafricain
centroavante avant-centre
centuplicar centupler
cêntuplo centuple
centúria centurie
centurião centurion
cepa cep, souche
cepo billot, sep, souche
cera cire
cera de esqui fart
cerâmica céramique, poterie
ceramista céramiste, potier
cerasta céraste
ceratite kératite
ceratose kératose
cérbero cerbère, dragon
cerca clotûre, enclos
cerca de à peu de chose près, autour de, dans, environ
cerca de doze douzaine
cercanias abords
cercar boucler, cerner, clore, clôturer, encadrer, encercler, enclore, fermer, traquer
cercar com tela de arame grillager
cerco bouclage, encerclement, siège, traque
cercopiteco cercopithèque
cereal céréale
cerealífero céréalier
cerealista céréalier
cerebelar cérébelleux
cerebelo cervelet
cerebral cérébral
cérebro cerveau
cerebrospinal cérébro-spinal
cerefólio cerfeuil
cereja cerise, guigne, merise
cereja *burlat* burlat
cereja *montmorency* montmorency
cereja-bigarreau bigarreau
cerejal cerisaie
cerejeira cerisier, merisier
céreo cireux
cerimônia cérémonie
cerimônia de ordenação do cavaleiro adoubement
cerimonial cérémonial
cerimoniosamente cérémonieusement
cerimonioso cérémonieux
cerne cerne
cernelha garrot
cerra-fila serre-file
cerrado clos, embroussaillé, serré
cerrar serrer
certamente certainement, sûrement
certeiro bien senti
certeza certitude, sûreté
certidão bulletin, constat, extrait
certificação certification
certificado brevet, certificat
certificar certifier, labéliser
certo bon, certain, juste, sûr
cerume cérumen
cerveja bière, cervoise
cerveja clara bière blonde, blonde
cerveja com refrigerante de limão panaché
cerveja escura bière brune, brune
cerveja *Lambic* lambic

cervejaria brasserie
cervejeiro brasseur
cervical cervical
cervídeo cervidé
cervo cerf
cerzidor stoppeur
cerzidura remaillage, reprisage, reprise, stoppage
cerzir remailler, repriser, stopper
césar césar
cesariana césarienne
césio cæsium
cessação cessation
cessão cession
cessar cesser
cessar-fogo cessez-le-feu
cesta banne, panier, panière
cestaria vannerie
cesteiro vannier
cesto vannerie
cesto dorsal hotte
cesura césure, scissure
cetáceo cétacé
ceticismo scepticisme
cético sceptique
cetim satin
cetineta satinette
cetoníneo cétoine
cetro sceptre
céu ciel, paradis
ceva gavage
cevada orge
cevada temporã escourgeon
cevar gaver
cf. cf.
CFC CFC
ch'timi ch'timi
chá thé
chá de borragens bourrache
chá de camomila camomille
chá de ervas infusion
chá de tília tilleul
chá-da-índia théier
chabichou chabichou
chablis chablis
chacal chacal
chacoalhar secouer, touiller
chafurda souille
chafurdar barboter
chaga plaie
chagrém chagrin
chalana chaland
chalé chalet
chaleira bouilloire, bouillotte, théière, tisanière
chalota échalote
chalupa chaloupe, sloop
chama flamme
chamada appel
chamado nommé, prénommé
chamado de nommé
chamalote moire
chamamento rappel
chamamento à ordem rappel à l'ordre
chamar appeler, héler, quérir, rappeler, sonner
chamar assobiando siffler
chamariz miroir aux alouettes
chamativo accrocheur, voyant
chambrié chambrière
chamejamento flamboiement
chaminé cheminée
champanhe champagne
champanhês champenois
champanhização champagnisation
champanhizar champagniser
champignon champignon de couche, champignon de Paris, rosé-des-prés
champinhocultor champignonniste
chamuscar flamber
chance chances
chancela estampillage, estampille, sceau
chancelar estampiller
chancelaria chancellerie
chanceler chancelier
chanfradura dentelure
chanfro chanfrein, pan coupé
chansonnier chansonnier
chantagem chantage
chantagista maître chanteur
chantefable chantefable
chantili chantilly
chantre chantre
chão plat, sol
chapa plaque chauffante, tôle
chapado aplat, défoncé
chaparia tôlerie
chapatesta gâche
chape clapotement
chapelaria chapellerie
chapeleiro chapelier
chapéu chapeau, coiffure, couvre-chef
chapéu cônico hennin
chapéu de feltro feutre
chapéu de palha canotier
chapéu pescador bob
chapéu-coco melon
chapéu-de-cobra chanterelle
chapim mésange
chapinhar barboter
chapka chapka
chaptalização chaptalisation
chaptalizar chaptaliser
charabiá borborygme, charabia
charada charade, énigme
charco mare
charcutaria charcuterie
charcutaria de cabeça de porco hure
charcuteiro charcutier
charge charge
charivari charivari
charlatanismo charlatanisme
charlatão charlatan, marchand d'orviétan
charlotte charlotte
charme charme
charneca lande
charneira charnière
charolês charolais
charrete charretée, charrette
charreteiro charretier
charrua charrue
charter charter
charuto cigare
chassé-croisé chassé-croisé
chasselás chasselas
chassi cadre, chargeur, châssis
chat chat
chatear embêter
chatice embêtement
chato camus, casse-pieds, crampon, embêtant, fâcheux, méplat, morpion, plat, raplapla, raseur, rasoir, soûlant
chatobriã chateaubriand
chaud-froid chaud-froid
chauvinismo chauvinisme
chauvinista chauvin
chavão tarte à la crème
chave accolade, clef, sésame
chave de abóbada clef de voûte
chave de fenda tournevis
chave mestra passe-partout
chaveirão chevron
chaveiro porte-clefs
chaveta clavette
chechia chéchia
check-up check-up
checklist check-list
chef chef
chefão caïd, parrain
chefe chef, maître, patron, tôlier
chefe de polícia préfet de police
chegada arrivée, venue
chegado rendu
chegar accéder, arriver, parvenir, radiner, sonner
cheia crue
cheio comble, plein, ras
cheirar renifler, sentir, sniffer
cheiro odeur
cheiro de gordura queimada graillon
cheiro de queimado roussi
cheiroso odorant
cheleme chelem
chemisier chemisier
chenile chenille
cheque chèque
cheque de viagem chèque de voyage, traveller's check
cheque em branco chèque en blanc
cheque sem fundo chèque sans provision
cherry cherry
chevéquia chevêche
chiado chuintement, crachement, crachotement, friture, râle
chiante chuintant
chianti chianti
chiar chuinter, crachoter
chicana chicane, chicanerie
chicanear chicaner
chicaneiro chicaneur, procédurier
chiclete chewing-gum
chicória barbe-de-capucin, chicorée

chicória crespa frisée
chicote cravache, fouet, martinet
chicotear cravacher, fouetter
chiffonnier chiffonnier
chifrar cocufier, encorner
chifre corne
chifrudo cornu
chihuahua chihuahua
chileno chilien
chili chili
chili com carne chili con carne
chilrear gazouiller
chilreio gazouillement, gazouillis
chimpanzé chimpanzé
chinchila chinchilla
chinelo de dedo nu-pieds, pantoufle, mule, savate, tong
chinês chinois
chinesice chinoiserie
chip puce
chipolata chipolata
chips chips
chique chic
chiquê chiqué
chiqueiro bauge, porcherie
chiste boutade, pointe
chistera chistera
chita estampada perse
chita indiana indienne
chocadeira couveuse, incubateur
chocalho clarine, hochet, sonnaille
chocante choc, choquant, ébouriffant
chocar choquer, couver, froisser, heurter, offusquer
choco couvaison
chocolate chocolat
chocolateira chocolatière
chocolateiro chocolatier
chope bière à la pression, chope
choque choc, heurt, télescopage
choque anafilático choc anaphylactique
choradeira larmoiement
choramingação pleurnicherie
choramingão pleurnicheur
choramingar bêler, chialer, larmoyer, pleurnicher
chorão geignard, pleureur
chorar pleurer
choro pleur
choroso larmoyant, pleurard
chott chott
choupana cahute, case
choupo peuplier
choupo-tremedor tremble
chouriço boudin, chorizo
chover flotter, pleuvoir
chow-chow chow-chow
chuã chouan
chuaneria chouannerie
chuca choucas
chuchuzinho coco, pitchoun
chucrute choucroute
chulear surfiler
chuleio surfil

chulo poissard
chumbado plombé
chumbagem plombage, scellement
chumbar plomber, sceller
chumbo plomb, plombé
chumbo grosso chevrotine
chupão suçon
chupar pomper, sucer, suçoter
chupeta sucette, tétine
churrascaria grill, rôtisserie
churrasco barbecue
churrasco de carneiro méchoui
churrasqueira barbecue, rôtissoire
churrasqueiro rôtisseur
chutar botter, shooter, tirer
chuteiras com travas chaussures à crampons
chuva pluie
chuvarada giboulée
chuveiro douche
chuviscar bruiner, pleuvasser
chuvisco bruine, crachin
chuvoso pluvieux
Cia. Cie
cianeto cyanure
cianogênio cyanogène
cianose cyanose
ciática sciatique
cibercafé cybercafé
cibercriminalidade cybercriminalité
ciberespaço cyberespace
cibernauta cybernaute
cibernética cybernétique
cibório ciboire
cicatricial cicatriciel
cicatriz cicatrice, couture, trace
cicatrização cicatrisation
cicatrizante cicatrisant
cicatrizar cicatriser
cicatrizável cicatrisable
cicerone cicérone
ciclâmen cyclamen
cíclico cyclique
ciclismo cyclisme, vélo
ciclismo de estrada VTC
ciclista cycliste, vététiste
ciclista de estrada routier
ciclo cycle
ciclomotor cyclomoteur, Solex
ciclone cyclone
ciclotímico cyclothymique
cicloturismo cyclotourisme
ciclovia piste cyclable
cicuta ciguë
cidadania citoyenneté
cidadão administré, citoyen, ressortissant
cidadão da Comunidade Europeia communautaire
cidade cité, ville
cidade-dormitório cité-dortoir
cidadela citadelle
cidades lacustres cités lacustres
cidra cédrat
cidreira cédratier

ciência science
ciências cognitivas sciences cognitives
ciências da Terra sciences de la Terre
ciências exatas sciences exactes
ciências humanas sciences humaines
ciências naturais sciences naturelles
ciências ocultas sciences occultes
ciências sociais sciences sociales
cientemente sciemment
cientificamente scientifiquement
cientificismo scientisme
cientificista scientiste
científico scientifique
cientista chercheur, savant, scientifique
cientista político politologue
cifose cyphose
cifra chiffre
cifrado chiffré
cigano bohémien, gitan, romanichel, tsigane
cigarra cigale
cigarreira cave, porte-cigarette
cigarrilha cigarillo
cigarro cigarette, clope
cigarro claro blonde
cigarro de haxixe joint
cigarro escuro brune
cilha sangle
cilhar sangler
ciliado cilié
cilindrada cylindrée
cilíndrico cylindrique
cilindro bouteille, cylindre
cílio cil
cimácio cimaise
cimalha cimaise
címbalo cymbale
cimentar cimenter
cimento ciment
cimitarra cimeterre
cimo cime, faîte, tête
cinabre cinabre
cinábrio cinabre
cincho clisse, éclisse, faisselle
cinco cinq
cindir scinder
cine ciné
cineasta cinéaste
cineclube ciné-club
cinéfilo cinéphile
cinegética cynégétique
cinegético cynégétique
cinegrafista cadreur, opérateur
cinema cinéma, cinoche
cinema mudo cinéma muet
cinema pornô hard
cinema *soft-core* soft
cinemascope CinémaScope
cinemateca cinémathèque
cinemática cinématique
cinematográfico cinématographique
cinerária cinéraire
cinesioterapeuta kinésithérapeute
cinesioterapia kinésithérapie

cinético cinétique
cingir ceindre, enserrer
cinicamente cyniquement
cínico cynique
cinismo cynisme
cinocéfalo cynocéphale
cinódromo cynodrome
cinquenta cinquante
cinquentena cinquantaine
cinquentenário cinquantenaire
cinta gaine
cinta-liga porte-jarretelles
cintar cintrer
cintilação clignotement, étincellement, miroitement, scintillation
cintilação cambiante chatoiement
cintilante étincelant, papilloter, scintillant
cintilar étinceler, miroiter, pétiller, scintiller
cintilografia scintigraphie
cinto ceinture, harnais
cinto de segurança ceinture de sécurité
cintura ceinture, enceinte, taille
cinturão ceinturon
cinturar ceinturer
cinza cendre, gris, grisaille
cinza claro gris souris
cinza-escuro anthracite
cinzeiro cendrier
cinzel ciseau
cinzelador ciseleur
cinzeladura ciselure
cinzelamento repoussage
cinzelar ciseler, repousser
cio chaleurs, rut
ciosamente jalousement
cioso jaloux
cipó liane
cipreste cyprès
ciprinídeo cyprin
cipriota chypriote
circo cirque
circuito circuit
circulação circulation
circular circulaire, circuler, encercler, marauder
circularidade circularité
circulatório circulatoire
círculo cercle, cerne, rond
círculo fechado sérail
círculo polar cercle polaire
círculo vicioso cercle vicieux
circum-navegação circumnavigation
circumpolar circumpolaire
circuncidado circoncis
circuncidar circoncire
circuncisão circoncision
circundar cerner, environner
circunferência circonférence
circunlóquio circonlocution
circunscrever circonscrire, localiser
circunscrição circonscription, localisation
circunspecção circonspection
circunspecto circonspect
circunstância circonstance
circunstanciado circonstancié
circunstancial circonstanciel
circunvolução circonvolution
círio cierge
cirro cirrus
cirrose cirrhose
cirurgia chirurgie, intervention
cirurgia estética chirurgie esthétique
cirurgia plástica chirurgie plastique
cirurgião chirurgien
cirurgião plástico plasticien
cirúrgico chirurgical
cisalhamento cisaillement
cisalhar cisailler
cisalpino cisalpin
cisão scission
ciscar picorer
cisco escarbille, poussier, poussière
cisma schisme
cismático schismatique
cisne cygne
cissiparidade scissiparité
cissíparo scissipare
cisterciense cistercien
cisterna citerne
cisticercose ladrerie
cisticercótico ladre
cistite cystite
cisto ciste
citação assignation, citation, traduction, mention
citação imediata comparution immédiate
citadino citadin
citadinos ville
citar assigner, citer, traduire en justice
cítara cithare
cítiso cytise
citologia cytologie
citoplasma cytoplasme
citrato citrate
cítrico citrique
citrino agrume
citronela citronnelle
ciúme jalousie
ciumento jaloux
ciurídeo sciuridé
civeta civette
cívico civique
civil civil
civilidade civilité
civilização civilisation
civilizadamente civilement
civilizado civilisé
civilizador civilisateur
civilizar civiliser
civilmente civilement
civismo civisme
cizânia zizanie
cizirão gesse
cl cl
clã clan
clafoutis clafoutis
clamar clamer
clamídia chlamydia
clamor clameur
clandestinamente clandestinement
clandestinidade clandestinité
clandestino clandestin
claque claque, gibus
clara blanc d'oeuf, glaire
claraboia faîtière, vasistas
claramente carrément, clairement, nettement, rondement
clarão éclair
clareamento éclaircissement
clarear éclaircir, s'éclaircir
clareira clairière
clarete clairet
clareza clarté, limpidité
claridade clarté
clarificação clarification
clarificar clarifier
clarim clairon
clarinete clarinette
clarinetista clarinettiste
clarividência clairvoyance, voyance
clarividente clairvoyant, extralucide
claro bien entendu, clair, limpide, lisible, net, parbleu
claro-escuro clair-obscur
classe classe
classe econômica classe touriste
classe turística classe touriste
classicamente classiquement
classicismo classicisme
clássico classique
classificação classement, classification
classificado petite annonce
classificador trieur
classificadora tabulatrice, trieuse
classificar classer, classifier, trier
classudo classe
claudicação claudication
claudicante boiteux, clopin-clopant
claudicar boiter, claudiquer
claustral claustral
claustro cloître
claustrofobia claustrophobie
claustrofóbico claustrophobe
cláusula clause
cláusula de estilo clause de style
clausura claustration
clava casse-tête
clavária clavaire
clave clef
clavícula clavicule
clean clean
clematite clématite
clemência clémence
clemente clément
clementina clémentine
clepsidra clepsydre
cleptomania kleptomanie
cleptomaníaco kleptomane
clerical clérical
clericalismo cléricalisme
clérigo clerc

clero clergé
clicar cliquer
clicar duas vezes double-cliquer
clichê cliché, langue de bois, phototype, poncif
cliente client
clientela clientèle
clima climat, vent
climático climatique
climatização climatisation
climatizador climatiseur
climatizar climatiser
climatologia climatologie
clínica clinique
clinicamente cliniquement
clínico clinicien, clinique, praticien
clínico geral généraliste, omnipraticien
clipe agrafe, clip, trombone
clique clic, déclic
clister lavement
clitoridotomia excision
clitóris clitoris
clivagem clivage
clivar cliver, déliter
cloaca cloaque
cloche chapeau cloche
clonagem clonage
clonar cloner
clone clone
cloração javellisation
clorado chloré
clorar javelliser
clorato chlorate
cloretado chloruré
cloreto chlorure
cloridrato chlorhydrate
cloro chlore
clorofila chlorophylle
clorofiliano chlorophyllien
clorofórmio chloroforme
cloroformizar chloroformer
clorose chlorose
clown augusto auguste
clube club
cm cm
cnute knout
co-herdeiro cohéritier
coabitação cohabitation
coabitar cohabiter
coação astreinte, contrainte
coach coach
coacusado coaccusé, coïnculpé
coadjuvante figurant
coador passoire, tamis
coador cônico chinois
coadquirente coacquéreur
coadura tamisage
coagir astreindre
coagulação coagulation
coagulante coagulant
coagular cailler, coaguler
coágulo caillot
coala koala
coalhada caillé
coalhar cailler
coalheira présure
coar tamiser
coassociado coassocié
coautor coauteur
coaxar coasser
coaxo coassement
cobaia cobaye, sujet
cobalto cobalt
coberta couverture
coberto couvert
coberto de cicatrizes couturé
coberto de geada givré, verglacé
coberto de mato broussailleux, embroussaillé
coberto de ouro cousu d'or
cobertor elétrico couverture chauffante
cobertura couverture, nappage
cobiça convoitise
cobiçar convoiter, guigner, loucher
cobra couleuvre, langue de vipère, mauvaise langue, serpent
cobra-d'água vipérine
cobra-de-vidro orvet
cobra-real cobra
cobrador encaisseur, receveur
cobrar prendre
cobre cuivre
cobre-amarelo cuivre jaune
cobrição monte
cobrinha serpenteau
cobrir abreuver, couvrir, enrober, napper
cobrir com lona bâcher
cobrir com pano draper
cobrir de geada givrer
cobrir de merengue meringuer
cobrir de suspiros meringuer
cobrir de tinta peinturer
cobrir o lanço surenchérir
cobrir um lanço renchérir
cobrir-se de novas penas se remplumer
coca coca
coça trempe
Coca-Cola Coca-Cola
cocaína cocaïne
cocainômano cocaïnomane
cocar cocarde
coçar démanger, gratter
cóccix coccyx
cócega chatouille, chatouillement, papouille
coceguento chatouilleux
coceguinha chatouillis
coceira démangeaison
coche carrosse, coche
cocheiro cocher
cochichar chuchoter
cochicho chuchotement, messe basse
cochilar assoupir, somnoler
cochilo assoupissement
cochonilha cochenille
cocker spaniel cocker
cockpit cockpit
cóclea limaçon
cocô caca, étron
coco caillou, coco, tronche
cocó cocotte
cócoras (de) croupetons (à)
cocorocó cocorico
cocote cocotte
Cocotte-Minute Cocotte-Minute
codeína codéine
codesso faux ébénier
codevedor codébiteur
códex codex
codicilo codicille
codificação codage, codification, encodage
codificado crypté
codificar coder, codifier, encoder
código code
código de área indicatif téléphonique
código de barras code-barres
código genético empreinte génétique
código morse morse
código-fonte code, code source
codireção codirection
codiretor codirecteur
codorna caille
coedição coédition
coeficiente coefficient
coéfora choéphore
coelheira clapier
coelho bouquin, lapin
coelho selvagem garenne
coerção coercition
coercitivo coercitif
coercivo astreignant
coerência cohérence
coerente cohérent
coesão cohésion, ensemble
coexistência coexistence
coexistência pacífica coexistence pacifique
coexistir coexister
cofinanciamento cofinancement
cofinanciar cofinancer
cofragem coffrage
cofre coffre, coffre-fort
cofundador cofondateur
cogerente cogérant
cogerir cogérer
cogestão cogérance, cogestion
cogitação cogitation
cogitar cogiter
cognitivo cognitif
cogula cagoule
cogumelo champignon
cogumelo amarelo coprin
cogumelo comestível *Amanita rubescens* golmote
cogumelo comestível preto trompette-de-la-mort
cogumelo-de-chapéu psalliote
coice ruade
coifa coiffe, hotte
coincidência coïncidence
coincidente coïncident

coincidir coïncider
coiné koiné
coiote coyote
coirmão germain
coisa machin, chose
coisa azarenta porte-malheur
coisa que está em frente vis-à-vis
coisas affaires
coisas prejudiciais nuisance
coitado peuchère
coito coït
cola antisèche, colle, copiage, encollage, kola
colaboração collaboration
colaboracionismo collaboration
colaboracionista collabo
colaborador collaborateur
colaborar aider, collaborer, y mettre du sien
colador colleur
colagem collage
colágeno collagène
colante collant
colar coller, collier, recoller, tricher
colar com durex scotcher
colar com marufle maroufler
colar com mástique mastiquer
colar de diamantes rivière de diamants
colarinho de cerveja faux col
colarinho de chope faux col
colarinho postiço faux col
colarinho-branco col blanc
colateral collatéral
colcha courtepointe, couvre-lit, dessus-de-lit, jeté de lit
colcha de retalhos patchwork, usine à gaz
colchão matelas
colchão inflável matelas pneumatique
colcheia croche
colchete agrafe, crochet
colcoz kolkhoze
coleção collection
colecionador collectionneur
colecionar collectionner
colédoco cholédoque
colega camarade, collègue, condisciple, confrère, consœur, copain
colegiado collégial
colegial collégial, collégien
colegialidade collégialité
colégio collège
colégio eleitoral collège
coleira collier
coleóptero coléoptère
cólera choléra, colère
colérico coléreux, cholérique
colesterol cholestérol
coleta collecte, levée, manche, prise, quête, récolte
coleta seletiva collecte sélective
coletânea compilation, recueil
coletânea de asneiras bêtisier
coletânea de tolices sottisier
coletar collecter
colete gilet
colete de lã débardeur
colete ortopédico minerve
coletiva de imprensa point(-)presse
coletivamente collectivement
coletividade collectif, collectivité
coletividade local collectivité locale
coletividade territorial collectivité territoriale
coletividade ultramarina collectivité d'outre-mer
coletivismo collectivisme
coletivista collectiviste
coletivo collectif
coletivo orçamentário collectif
coletor butineur, collecteur
colgadura draperie
colheita cueillette, récolte
colheita de azeitonas olivaison
colher /é/ cuillère
colher /ê/ cueillir, moissonner, prendre, récolter, recueillir, relever
colher de pedreiro riflard
colherada cuillerée
colhereiro spatule
colibacilo colibacille
colibacilose colibacillose
colibri oiseau-mouche
cólica colique
colidir tamponner
coligação apparentement, coalition
coligado coalisé
coligar liguer
colina colline
colírio collyre
colisão collision, tamponnement
colistado colistier
colite colite
collant collant, justaucorps
collie colley
colmatagem colmatage
colmatar colmater
colmeal rucher
colmeia ruche
colmo chaume
colo col, collet, décolleté, giron, sein
colocação mise, place, placement, pose
colocação da isca amorçage
colocação de arcos cerclage
colocação de nova sola ressemelage
colocador metteur, poseur
colocador de papel de parede tapissier
colocar caser, coucher, mettre, passer, placer, poser, poster, replacer
colocar em relicário enchâsser
colocar num pedestal statufier
colocar-se de novo se reposer
colocatário colocataire
coloidal colloïdal
coloide colloïde
colombiano colombien
cólon côlon
colônia colonie
colônia de férias centre aéré, colonie de vacances, home d'enfants
colonial colonial
colonialismo colonialisme
colonialista colonialiste
colonização colonisation
colonizado colonisé
colonizador colonisateur
colonizar coloniser
colono colon, colonial
coloquíntida coloquinte
colóquio colloque
coloração coloration
colorido bariolé, coloré, coloriage, coloris, couleur
colorir barioler, colorer, colorier, enluminer, teinter
colorista coloriste
colorização colorisation
colorizar coloriser
colorretal colorectal
colossal colossal
colosso colosse
cólquico colchique
colt colt
coltar coaltar
columbário columbarium
columbofilia colombophilie
columbófilo colombophile
coluna colonne montante, colonne, rubrique
coluna truncada colonne tronquée
coluna vertebral colonne vertébrale
colunata colonnade
colunista courriériste
colunista de fofocas échotier
colusão collusion
colusório collusoire
colutório collutoire
com avec, dans, de, sous
com acne rosácea couperosé
com admiração admirativement
com agilidade agilement
com alvo certo ciblé
com barbatanas baleiné
com base em sur
com brilhantina calamistré, gominé
com buquê bouqueté
com capa removível déhoussable
com capacete casqué
com certeza à coup sûr, pour sûr
com cheiro de limão citronné
com coberta ponté
com coquetismo coquettement
com data de emissão millésimé
com data de fabricação millésimé
com dificuldade malaisément, tant bien que mal
com esmero aux petits oignons
com excesso de equipamento suréquipé
com frequência souvent
com gola careca ras-du-cou
com insolência cavalièrement
com instalações hospitalares médicalisé
com licença pardon

com limão citronné
com logotipo siglé
com paetê pailleté
com pertinência pertinemment
com ponto *à jour* ajouré
com porte pago franco
com pouco sal demi-sel
com prazer avec plaisir, volontiers
com presunção crânement
com pulmoeira poussif
com registro de data e hora horodaté
com roupas leves légèrement
coma chevelure, coma
comandante brigadier, commandant, commandant de bord, major
comandar commander, encadrer, téléguider
comandar de longe télécommander
comandita commandite
comanditar commanditer
comanditário commanditaire
comando commande, commandement, commando, encadrement, gouverne, guidage
comando da Marinha amirauté
comatoso comateux
comba combe
combalido courbatu, courbaturé
combalir courbaturer
combate baroud, combat
combatente combattant
combater combattre, faire la guerre à
combatividade combativité
combativo combatif
combinação chiffre, combinaison
combinação química combinaison
combinado assorti, coordonné, dit
combinado alpino combiné alpin
combinar aller ensemble, arrêter, assortir, combiner, convenir, coordonner
combinato combinat
combinatório combinatoire
comboio convoi
comburente comburant
combustão combustion
combustibilidade combustibilité
combustível combustible
combustível aditivado carburant additivé
começar amorcer, commencer, démarrer, emmancher, engager, entamer, mettre em chantier, se mettre, s'y mettre
começar a agir embrayer, se mettre em campagne
começar a falar embrayer
começar a se recuperar redémarrer
começo commencement, prime time
comedão comédon
comédia comédie
comédia de caserna comique troupier
comédia musical comédie musicale
comedido mesuré
comedimento retenue
comedor mangeur
comemoração commémoration
comemorar commémorer
comemorativo commémoratif
comendador commandeur
comensais tablée
comensal commensal, dîneur
comentar commenter
comentário commentaire
comentário maldoso glose
comentarista commentateur
comer bouffer, manger, prendre, restaurer
comer com os olhos bigler, manger des yeux
comercial commerçant, commercial, spot
comercialização commercialisation
comercializar commercialiser
comercialmente commercialement
comerciante commerçant, marchand
comerciante de malharia bonnetier
comerciante de pedras preciosas lapidaire
comerciante de saldos soldeur
comerciar commercer
comércio commerce, négoce
comércio de bibelôs bimbeloterie
comércio de cavalos maquignonnage
comércio de moagem meunerie
comércio de seda soierie
comércio de sementes graineterie
comércio de torneiras robinetterie
comércio de utensílios de metal chaudronnerie
comércio eletrônico commerce électronique
comércio equitativo commerce équitable
comestível comestible, mangeable
cometa comète
cometer commettre
cometer uma gafe gaffer
comezaina gueuleton
comichão démangeaison
cômico comique
comida bouffe, chère, frichti, manger, pitance, vivre
comida caseira cuisine bourgeoise
comida pesada étouffe-chrétien
comida requentada réchauffé
comida salgada salé
comilão grand mangeur, gros mangeur
cominador comminatoire
cominho cumin
comiseração commisération
comissão commission prime
comissária de bordo hôtesse de l'air
comissário commissaire, commissionnaire
comissário de bordo steward
comissário de polícia commissaire de police
comissura commissure
comitê comité
comitre garde-chiourme
commedia dell'arte commedia dell'arte
como ainsi, à la manière de, comme, comment, dont, en, en tant que, pour, que
como adjetivo adjectivement
como advérbio adverbialement
como substantivo substantivement
comoção commotion
comocionar commotionner
cômoda commode
comodamente commodément
comodidade commodité
comodidades aises
cômodo commode, pièce
comovente émouvant
comover émouvoir, remuer
comovido ému
compacidade compacité
compact disc compact, Compact Disc
compactação compression numérique
compacto compact
compacto simples single
compadecedor compassionnel
compadecido compatissant
compagnonnage compagnonnage
compaixão compassion
companheirismo convivialité
companheiro compagnon
companheiro de equipe coéquipier
companhia compagnie, société
companhia de seguros compagnie d'assurances
companhia de seguros mutualista assurance mutuelle, mutuelle
comparação comparaison, rapprochement
comparado comparé
comparar comparer, rapprocher
comparativamente comparativement
comparativo comparatif
comparável comparable
comparecer comparaître
comparecimento comparution
comparsa comparse
compartimentação cloisonnage
compartimentado cloisonné
compartimentagem cloisonnage
compartimentar cloisonner, compartimenter
compartimento case, compartiment
compartimento de cargas soute
compartimento individual single
compáscuo vaine pâture
compassivo compassionnel
compasso compas, mesure
compasso de três por oito trois-huit
compatibilidade compatibilité
compatível compatible
compatriota compatriote
compêndio abrégé, précis
compenetrado pénétré
compensação compensation
compensado contreplaqué
compensador compensateur
compensar compenser, racheter, récupérer
compensatório compensatoire
competência compétence, domaine, registre
competente compétent

competição challenge, compétition, foire d'empoigne
competidor compétiteur
competitividade compétitivité
competitivo compétitif, performant
compilação compilation
compilador compilateur
compilar compiler
complacência complaisance
complacente complaisant
complementar complémentaire
complementaridade complémentarité
complemento complément
complemento atributivo complément d'attribution, complément d'objet second
complemento circunstancial complément circonstanciel
complemento indireto complément indirect
completamente au long, carrément, complètement, de toutes pièces, en entier, fin, pleinement, sur toute la ligne, tout au long
completar compléter, rapporter
completo accompli, complet, révolu, sonné
complexado complexé
complexar complexer
complexidade complexité
complexo complexe
complexo escolar groupe scolaire
complexo industrial complexe
complexo militar-industrial complexe militaro-industriel
complicação complication
complicado calé, compliqué
complicar compliquer
complô complot, coup monté
componente composant
componentes da cama literie
compor composer
comporta bonde, vanne
comportamental comportemental
comportamento comportement
comportar comporter, jauger
composição composition, constitution, rame
compósito composite
compositor compositeur
compositor de *slam* slameur
composta composée
compostagem compostage
composto composé, compost
compota compote, confiture
compoteira compotier, confiturier
compra achat, emplette
compra casada remploi
comprador accédant à la propriété, acheteur, acquéreur, amateur, preneur
comprar acheter, prendre
comprar mais racheter
compras commission, courses
comprazer complaire
compreender comprendre, expliquer, percuter
compreensão compréhension, comprenette
compreensível compréhensible
compreensivo compréhensif
compressa compresse
compressão compression, tassement
compressível compressible
compressor compresseur
comprido long
comprimento long, longueur
comprimido cachet, comprimé, pilule
comprimir comprimer, tasser
comprimível compressible
comprometedor compromettant
comprometer compromettre, hypothéquer, obérer
comprometido marqué
compromisso compromis, compromission, engagement
comprovante bulletin
comprovante de reserva réservation
comprovar prouver
comprovável prouvable
compulsar compulser
compunção componction
computação gráfica infographie
computador ordinateur
computador compatível compatible
comté comté
comum commun, mitoyen, vulgaire
comum de dois épicène
comumente communément
comuna commune
comunal communal
comunalista communard
comungante communiant
comungar communier
comunhão communauté, communion
comunicação communication
comunicação em dúplex duplex
comunicado communiqué
comunicador communicateur
comunicante communicant
comunicar communiquer
comunicativo communicatif
comunidade communauté
comunismo communisme
comunista communiste
comunitário communautaire
comunitarismo communautarisme
comutação commutation
comutador commutateur, va-et-vient
comutar commuer, commuter
concavidade concavité, creux
côncavo creux
conceber concevoir
concebível concevable, envisageable
conceder accorder, concéder, impartir
conceder benefício allouer
conceder crédito allouer
conceito concept
conceitual conceptuel
concelebrar concélébrer
concentração concentration
concentracionário concentrationnaire
concentrado concentré
concentrar concentrer, réduire
concêntrico concentrique
concepção concept, conception
concernente a concernant
concernir a concerner
concertar concerter
concertista concertiste
concerto concert, concertation, concerto
concessão concession
concessionário concessionnaire
concha coquillage, coquille, écaille, louche
concidadão concitoyen
conciliábulo conciliabule
conciliação accommodement, conciliation
conciliador arrangeant, conciliateur
conciliar conciliaire, concilier
conciliativo conciliant
conciliável conciliable
concílio concile
concílio ecumênico concile œcuménique
concisão concision
conciso concis
conclave conclave
concluir conclure
conclusão achèvement, conclusion
conclusivo concluant
concomitância concomitance
concomitante concomitant
concordância accord, concordance
concordância temporal concordance des temps
concordante concordant
concordar accorder, concorder, s'accorder, se mettre d'accord, tomber d'accord
concordata concordat
concordatário concordataire
concórdia concorde
concorrência concurrence
concorrencial concurrentiel
concorrente compétiteur, concourant, concouriste, concurrent
concorrentemente concurremment
concorrer concourir
concorrer com concurrencer
concreção concrétion
concretagem gâchage
concretamente concrètement
concretar bétonner
concretização concrétisation
concretizar concrétiser
concreto béton, concret
concreto armado béton armé
concubinato concubinage
concubino concubin
concunhada belle-sœur
concunhado beau-frère
concupiscência concupiscence
concupiscente concupiscent
concurso concours
concussão concussion

concussionário concussionnaire
condado comté
conde comte
condecoração décoration
condecorado médaillé
condecorar décorer
condenação condamnation
condenado condamné
condenar blâmer, condamner
condenável condamnable, pendable
condensação condensation
condensado condensé, ramassé
condensador condensateur,condenseur
condensar condenser, ramasser
condescendência condescendance
condescendente condescendant
condescender condescendre
condessa comtesse
condestável connétable
condição condition
condicionado conditionné
condicional conditionnel, potentiel
condicionamento conditionnement
condicionar conditionner
condições de pagamento conditions de paiement
condições meteorológicas météo
condimentação assaisonnement
condimentado épicé, relevé
condimentar épicer, relever
condimento condiment
condolências condoléances
condomínio résidence
condor condor
condução conduction, conduite
conduta conduite, procédé
condutibilidade conductibilité
condutível conductible
conduto conduite, tuyaux
condutor conducteur, machiniste
condutor de piroga piroguier
conduzir mener
cone cône
conectar aboucher, brancher, câbler, connecter, raccorder
conector connecteur, Péritel
cônego chanoine
conexão abouchement, branchement, connexion, correspondance, interconnexion, raccord, raccordement
confabulação grenouillage
confabular grenouiller
confecção confection, façon, lingerie
confecccionador confectionneur
confeccionar confectionner
confederação confédération, fédération
confederado confédéré
confederativo confédéral
confeitado confit
confeitaria confiserie, pâtisserie
confeiteiro confiseur, pâtissier
conferência apurement, conférence
conferência de cúpula sommet
conferenciar conférer
conferencista conférencier
conferir apurer, conférer, décerner
confessar avouer, confesser
confessável avouable
confessional confessionnel
confessionário confessionnal
confessor confesseur
confete confetti
confiabilidade fiabilité
confiança confiance
confiante confiant
confiar confier, faire confiance, se fier
confiável fiable
confidência confidence
confidencial confidentiel
confidencialidade confidentialité
confidencialmente confidentiellement, en confidence
confidente confident
configuração configuration
configurar paramétrer
confinado confiné
confinamento confinement
confinar confiner, jouxter
confins confins
confirmação confirmation
confirmar confirmer, recouper
confiscar confisquer
confisco confiscation
confissão aveu, confesse, confession
confissão premiada plaider-coupable
confit confit
conflagração conflagration
conflito conflit, tiraillement
conflituoso conflictuel
confluência confluent
confluir confluer
conformação conformation
conforme au dire de, conforme, conformément à, selon que, suivant que
conformidade conformité
conformismo conformisme
conformista conformiste
confortável confortable
confortavelmente aisément, confortablement
conforto confort
confraria confrérie
confraternal confraternel
confraternidade confraternité
confrontação confrontation, recoupement
confrontar confronter
confronto épreuve de force
confucianismo confucianisme
confuciano confucéen
confundir confondre
confusamente confusément, pêle-mêle
confusão confusion, trouble
confuso confus, trouble
congelado figé, frigorifié, gelé, glacé, surgelé
congelador congélateur, conservateur, frigorifique, freezer
congelamento congélation, gel
congelar bloquer, cailler, congeler, figer, frigorifier, geler, glacer, prendre, surgeler
congênere congénère
congênito congénital
congestão congestion
congestionado bouché, congestionné, encombré
congestionamento encombrement, bouchon, retenue
congestionar bouchonner, congestionner, encombrer
conglomerado conglomérat
conglomerado industrial groupe industriel
conglomerar congloméer
congolês congolais
congorsa pervenche
congratulações congratulations
congratular congratuler
congregação congrégation
congregar rallier, rassembler
congressista congressiste
congresso assises, congrès, Parlement
congro congre
côngrua denier du culte
congruente congru
conhaque cognac
conhecedor connaisseur
conhecer connaître
conhecido connaissance, connu, lancé
conhecido como dit
conhecimento connaissance
cônico conique, en pain de sucre
conífera conifère
conivência connivence
conjectura conjecture
conjectural conjectural
conjecturar conjecturer
conjugação conjugaison
conjugal conjugal
conjugalmente conjugalement
conjugar conjuguer
cônjuge conjoint
conjunção conjonction, interférence
conjunção coordenativa conjonction de coordination
conjunção de circunstâncias concours de circonstances
conjuntamente conjointement
conjuntiva conjonctive
conjuntivite conjonctivite
conjuntivo conjonctif
conjunto conjoint, ensemble
conjunto de parafuso e porca boulon
conjunto habitacional cité
conjunto residencial grand ensemble
conjuntura conjoncture
conjuntural conjoncturel
conjuração conjuration
conjurado conjuré
conjurar conjurer
conjuratório conjuratoire
conotação connotation
conotar connoter
conquiliologia conchyliologie

conquista acquis, conquête
conquistado conquis
conquistador conquérant, tombeur
conquistadores conquistador
conquistar conquérir
consagração consécration, ordination
consagrado consacré
consagrar consacrer
consanguíneo consanguin
consanguinidade consanguinité
consciência conscience
consciência profissional conscience professionnelle
conscienciosamente consciencieusement
consciencioso consciencieux
consciente conscient
conscientemente consciemment
conscrito conscrit
consecutivamente consécutivement
consecutivo consécutif
conseguir accrocher, arriver, parvenir, obtenir, remporter, réussir
conselheiro conseil, conseiller, sage, sherpa
conselheiro referendário conseiller référendaire
conselho conseil
conselho administrativo conseil d'administration
conselho de classe conseil de classe
conselho de Estado Conseil d'État
conselho de família conseil de famille
conselho de ministros Conseil des ministres
Conselho de Segurança Nacional Sûreté (nationale)
conselho disciplinar conseil de discipline
conselho geral conseil général
consenso consensus
consensual consensuel
consentimento agrément, consentement
consentinte consentant
consentir consentir, se prêter
consequência conséquence, suite
consequências retombées
consequente conséquent
consequentemente en conséquence
consertar dépanner, réparer, rhabiller
conserto dépannage, rhabillage
conserto provisório bricolage
conserva conserve
conservação conservation
conservado entretenu
conservador conservateur
conservadorismo conservatisme, sclérose
conservante conservateur
conservar conserver, entretenir
conservatório conservatoire
consideração considération, égard
considerado réputé
considerando eu égard à
considerar considérer, envisager, tenir, regarder, retenir
considerável confortable, conséquent, considérable, coquet
consideravelmente considérablement
consignação dépôt-vente
consignar consigner
consistência consistance
consistente consistant
consistir consister
consistório consistoire
consoante consonne
consoante aspirada consonne aspirée
consoante gutural gutturale
consoante lingual lingual
consolação consolation
consolador consolant, consolateur
consolar consoler, soulager
console console, pupitre
console de jogos console de jeux
consolidação affermissement, consolidation
consolidar affermir, conforter, consolider, cristalliser
consolo consolation, soulagement
consonância consonance
consórcio consortium
consorte consort
conspiração conspiration
conspirador comploteur, conspirateur
conspirar conspirer
constância constance
constante constant, constante, soutenu, suivi
constantemente constamment, en permanence
constatação constat, constatation
constatar constater
constelação constellation
constelar consteller
consternação consternation
consternado consterné
consternador atterrant, consternant, navrant
consternar atterrer, consterner, navrer
constipado constipé, enchifrené
constipar constiper
constitucional constitutionnel
constitucionalmente constitutionnellement
Constituição constitution
constituído conformé, constitué
constituinte constituant
constituir constituer
constitutivo constitutif
constrangedor contraignant, gênant
constranger gêner
constrangido coincé, contraint, emprunté, gêné
constrangimento confusion, gêne
constrição striction
constritor constricteur
construção bâtisse, construction, tour, tournure
construção civil le bâtiment
construção estapafúrdia usine à gaz
construído tourné
construir bâtir, construire, maçonner, tourner
construir eclusa écluser
construtivismo constructivisme
construtivo constructif
construtor bâtisseur, constructeur, maçon
cônsul consul
consulado consulat
consular consulaire
consulta consultation, rendez-vous, visite
consultar consulter, voir
consultável consultable
consultor consultant, consultatif
consultoria brain-trust
consultório cabinet
consumado consommé, stylé
consumição consomption
consumidor consommateur
consumir consommer, consumer, manger
consumível consommable
consumo consommation
consumo excessivo surconsommation
conta addition, compte, mémoire
conta bancária compte de dépôt
conta tortuosa compte d'apothicaire
conta-corrente compte chèques
conta-gotas compte-gouttes, stilligoutte
contabilidade comptabilité
contabilização comptabilisation
contabilizar comptabiliser
contabilizável comptable
contador cabinet, comptable
contador de história raconteur
contagem comptage
contagem de glóbulos numération globulaire
contagem regressiva compte à rebours
contagiante contagieux
contágio contagion
contagiosidade contagiosité
contagioso contagieux
contaminação contamination
contaminar contaminer
contanto que à charge de, pourvu que
contar compter, conter, raconter, rapporter, spéculer, tabler
contar com escompter
contatar contacter, joindre
contato contact, liaison, plot
contêiner container
contemplação contemplation
contemplador contemplateur
contemplar contempler, embrasser
contemplativo contemplatif
contemporâneo contemporain
contenção enraiement
contencioso contentieux
contenda démêlé, mêlée
contensão do espírito tension d'esprit
contentamento contentement
contentar contenter
contente content
contentor de lixo container
conter comporter, contenir, enrayer,

rentrer
conterrâneo pays
contestação contestation
contestador contestataire, négateur
contestar contester, fronder
contestar sem fundamento chicaner
contestatário frondeur
contestável contestable
conteúdo contenu, fond, fonds
contexto contexte
contextura armure
contido rentré
contiguidade contiguïté
contíguo attenant, contigu
continência continence
continental continental
continente continent
contingência contingence
contingenciamento contingentement
contingenciar contingenter
contingente contingent
continua à suivre
continuação continuation, suite
continuador continuateur
continuamente continuellement, continûment
continuar continuer, demeurer, donner suite à, passer outre
continuidade continuité, raccord
continuísta scripte
contínuo continu, continuel, grouillot, huissier, non-stop, permanent, suivi, tenant
contista conteur
conto conte
conto de fada conte de fées
contorção contorsion
contorcionista contorsionniste
contornante tournant
contornar biaiser, contourner, tourner
contorno contour, pourtour, tour
contra contre
contra a alta dos preços antihausse
contra a dor antidouleur
contra a vontade de malgré
contra manchas antisalissure
contra-almirante contre-amiral
contra-atacar contre-attaquer, riposter
contra-ataque contre-attaque, riposte
contra-*plongée* contre-plongée
contrabaixista contrebasse
contrabaixo contrebasse
contrabalançar contrebalancer
contrabandista contrebandier, passeur
contrabandista de sal faux saunier
contrabando contrebande
contracampo contrechamp
contracanto contre-chant
contração contraction
contração estomacal crampe d'estomac
contracenar donner la réplique
contracepção contraception
contraceptivo contraceptif
contracheque fiche de paie
contracorrente contre-courant
contracultura contre-culture
contradição contradiction
contraditor contradicteur
contraditório contradictoire
contradizer contredire, infliger un démenti
contraescarpa contrescarpe
contraespionagem contre-espionnage
contraexemplo contre-exemple
contrafilé contre-filet, faux-filet
contrafogo contre-feu
contraforte contrefort
contragolpe contrecoup
contragosto (a) contrecoeur (à), à son corps défendant
contraído contracté
contraindicação contre-indication
contraindicado contre-indiqué
contrainterrogatório contre-interrogatoire
contrair contracter
contrair *mésalliance* se mésallier
contralto contralto
contraluz contre-jour
contramanifestação contre-manifestation
contramanifestante contre-manifestant
contramarca contremarque
contramedida contre-mesure
contramestre agent de maîtrise, contremaître
contraofensiva contre-offensive
contraordem contrordre
contrapartida contrepartie
contrapé contre-pied
contrapeso contrepoids
contrapoder contre-pouvoir
contraponto contrepoint
contraporca contre-écrou
contraprojeto contre-projet
contrapropaganda contre-publicité
contraproposta contre-proposition
contraprova contre-épreuve
contrariado contrarié
contrariador contrariant
contrariante contrariant
contrariar contrarier
contrariedade contrariété
contrário contraire, envers, opposé
contrarrelógio contre-la-montre
contrarrevolução contre-révolution
contrarrevolucionário contre-révolutionnaire
contrassenso non-sens
contrastado contrasté
contrastante heurté
contrastar contraster, heurter, trancher
contraste contraste, repoussoir
contratação embauche, engagement
contratado contractuel, pensionnaire
contratante contractant
contratar embaucher, engager, prendre, soudoyer
contratempo accroc, contretemps, tuile
contratenor haute-contre
contrátil contractile
contratipo contretype
contrato contrat
contrato particular acte sous seing privé
contratorpedeiro contre-torpilleur
contratual contractuel
contratura contracture
contravenção contravention, contredanse
contraveneno contrepoison
contravento contrevent
contraverdade contrevérité
contribuição contribution
contribuição previdenciária contribution sociale généralisée
contribuições sociais cotisations sociales
contribuinte assujetti, contribuable, cotisant, prestataire
contribuir contribuer, cotiser, participer
contributivo contributif
contrição contrition
contrito contrit
controlador contrôleur
controlador de qualidade qualiticien
controlador de voo aiguilleur du ciel
controlar chapeauter, contrôler, maîtriser
controlar o ponto pointer
controlável contrôlable, maîtrisable, tenable
controle contrôle, mainmise, maîtrise
controle de natalidade contrôle des naissances
controle remoto télécommande
controvérsia controverse
controverso controversé
contudo cependant
contumácia contumace
contundente à l'emporte-pièce, cinglant, contondant, vif
contundir contusionner, froisser
contusão contusion, froissement
conurbação conurbation
convalescença convalescence
convalescente convalescent
convecção convection
convector convecteur
convenção convention, formalité
convencer convaincre
convencido convaincu
convencional conventionnel, convenu, de convention, fictif
convenções convenances, conventions
conveniado conventionné
conveniência bienséance, convenance
conveniente bienséant, convenable
convenientemente convenablement
convento couvent
conventual conventuel
convergência convergence
convergente convergent
convergir converger
conversa conversation, discours, propos
conversa fiada paroles, promesses en l'air

conversa paralela aparté
conversa particular tête-à-tête
conversão conversion
conversar causer, converser, s'entretenir
conversível convertible, décapotable
conversor convertisseur
converter convertir
convertibilidade convertibilité
convertido converti
convexidade convexité
convicção conviction
convicto bon teint, convaincu
convidado hôte, invité
convidados noce
convidar convier, inviter
convincente convaincant, parlant, probant
convir arranger, botter, convenir, faire l'affaire, seoir
convite invitation, invite
conviva convive
conviver côtoyer, coudoyer, frayer
convívio côtoiement, coudoiement
convocação appel, convocation, rappel
convocação geral arrière-ban
convocação para prova collante
convocado appelé, requis
convocar convoquer, mander
convolvulácea convolvulacée
convulsão convulsion
convulsionado convulsionné
convulsivamente convulsivement
convulsivo convulsif
convulso convulsé
cookie cookie
cool cool
cooperação coopération
cooperante coopérant
cooperar coopérer
cooperativa coopérative
cooperativa de queijeiros fruitière
cooperativo coopératif
cooptação cooptation
coordenação coordination
coordenada coordonnée
coordenado coordonné
coordenador coordinateur
coordenador de projeto chargé de mission
coordenar coordonner
coorte cohorte
copa office
copas cœur
copela coupelle
copeque kopeck
cópia calque, copie, double, tirage
copiador copieur
copiar copier, pomper, recopier
copiar uma gravação repiquer
copiloto copilote
copiosamente copieusement, dru, à foison
copioso copieux, foisonnant
copista copiste
copo ballon, pot, verre
copo cheio rasade
copo de dados cornet
copo para café mazagran
copo para chope demi
copra coprah
coprodução coproduction
copropriedade copropriété, mitoyenneté
coproprietário copropriétaire
copta copte
cópula copulation, copule
copular copuler
copyright copyright
coq au vin coq au vin
coque chignon, coke
coqueificação cokéfaction
coqueiro cocotier
coqueluche coqueluche, passade
coquete coquet
coquetel cocktail, lunch, pot
Coquetel Molotov cocktail Molotov
coqueteleira shaker
coquetismo coquetterie
cor coloris, couleur, teinture
cor berrante couleur criarde
cor de ameixa prune
cor de ardósia ardoisé
cor de carne chair
cor de cenoura carotte
cor de folha seca feuille-morte
cor de tijolo brique
cor de vinho lie-de-vin
cor do vinho robe
cor firme bon teint, grand teint, teint
cor local couleur locale
cor ruiva rousseur
cor saturada couleur saturée
cor-de-rosa rose
coração cœur
corado rouge, rougeaud, rougissant
coragem courage
Corail Corail
corajosamente courageusement
corajoso brave, courageux
coral choral, chorale, corail
coralífero corallien
corânico coranique
corante colorant
corar rissoler, rougir
corbelha corbeille
corça biche, daine
corcova bosse
corcunda bosse, bossu
corda boyau, corde, remontoir, suspente
cordame gréement
cordão chapelet, cordelière, cordon, lacet, tirant
cordão umbilical cordon ombilical
cordas vocais cordes vocales
cordeira agnelle
cordeirinho agnelet
cordeiro agneau, mouton
cordel cordeau
cordial convivial, cordial
cordialidade cordialité, entente
cordialmente cordialement
cordilheira cordillère
cordinha cordelette
cordon-bleu cordon-bleu
cordonê cordonnet
coreano coréen
corego chorège
coreografia chorégraphie
coreográfico chorégraphique
coreógrafo chorégraphe
cores frias couleurs froides
coriáceo coriace
coriandro coriandre
corifeu coryphée
coríndon corindon
coríntio corinthien
corista choriste
coriza coryza, rhume de cerveau
corja clique, engeance, ramassis
cormorão cormoran
corn flakes corn flakes
cornalina cornaline
cornaque cornac
córnea cornée
corneano cornéen
cornear cocufier
corneliano cornélien
córneo corné
corneta cornet à pistons
cornichon cornichon
cornija corniche, entablement
corniso cornouiller
corno cocu, corne
coro chœur, maîtrise
coroa couronne, pile
coroa fúnebre couronne mortuaire
coroa ricaça douairière
coroação couronnement
coroado couronné
coroamento couronnement
coroar couronner
coroide choroïde
corola corolle
corolário corollaire
coronariano coronarien
coronário coronaire
coronarite coronarite
coronavírus coronavirus
coronel colonel
coronela colonelle
coronha crosse, fût
corpete caraco, corsage
corpo corps, longueur
corpo a corpo corps-à-corps
corpo de delito corps du délit
corpo de guarda corps de garde
corpo diplomático corps diplomatique
corpo docente corps enseignant
corpo estranho corps étranger
corpo expedicionário corps expéditionnaire
corpo morto corps mort
corporação corporation, jurande
corporal corporel

corporativismo corporatisme
corporativista corporatiste
corporativo corporatif
corpulência corpulence, embonpoint
corpulento corpulent
Corpus Christi Fête-Dieu
corpus corpus
corpuscular corpusculaire
corpúsculo corpuscule
correaria bourrellerie
correção correctif, correction, corrigé, rattrapage, redressement
correcional correctionnel, correctionnelle
corrediça coulisse, glissière
corrediço coulissant
corredor corridor, couloir, coureur, partant
corredor aéreo couloir aérien
corredor de comunicação soufflet
corredor de corrida de revezamento relayeur
corredor de ônibus couloir d'autobus
corredor humanitário corridor humanitaire, couloir humanitaire
correeiro bourrelier
correia bretelle, courroie, harnais, lanière
correia elástica tendeur
correio poste
correio de voz boîte vocale
correio eletrônico messagerie électronique
correio sentimental courrier du cœur
correlação corrélation
correlativamente corrélativement
correlato corrélat, corrélatif
correligionário coreligionnaire
corrente chaîne, courant, répandu, sautoir
corrente alternada courant alternatif
corrente contínua courant continu
corrente de jato jet-stream
corrente elétrica jus
corrente induzida courant induit
correntemente couramment
correntinha chaînette
correr courir, filer, foncer, fuir, speeder
correr mundo bourlinguer, rouler sa bosse
correr o risco de risquer
correspondência correspondance, courrier
correspondente correspondant
corresponder correspondre, remplir, répondre
corretagem courtage
corretamente correctement
corretivo correctif, correction
correto correct, régulier
corretor agent, correcteur, courtier
corretor ortográfico correcteur ortographique
corrida course, rodéo
corrida de patinação em pista curta short-track
corrida de revezamento relais
corrigir corriger, redresser
corrigível corrigible
corrimão main courante, rampe
corrimento écoulement
corroborar corroborer, vérifier
corroer corroder, éroder, laminer, mordre, ronger
corromper corrompre
corrompido corrompu
corrosão corrosion
corrosão monetária érosion monétaire
corrosivo corrosif
corrupção corruption
corrupção de menores détournement de mineur
corruptível corruptible
corrupto corrompu
corruptor corrupteur
corsário corsaire
corselete corselet
corso corso
corta-fogo coupe-feu, pare-feu
corta-papel liseuse
cortador tondeuse
cortador de papel coupe-papier
cortador de unha coupe-ongles
cortante aigre, coupant, piquant, tranchant
cortar briser, couper, débiter, découper, élaguer, entamer, fendre, sabrer, trancher
cortar com guilhotina massicoter
cortar curto ratiboiser
cortar de novo recouper
cortar em camadas dégrader
cortar em pedaços tronçonner
corte /ô/ barre, cour
corte /ó/ coupage, coupe, coupure, découpage, découpure, taille, tonte
corte das margens émargement
corte em pedaços tronçonnage
corte marcial cour martiale
cortejar courtiser, faire la cour
cortejo convoi, cortège
cortejo fúnebre deuil
cortês courtois
cortesã courtisane
cortesia courtoisie
cortesmente courtoisement
córtex cerebral cortex cérébral
cortiça liège
cortical cortical
corticoide corticoïde
cortina courtine, rideau
cortina dupla double-rideau
cortinado voilage
cortisona cortisone
coruja chouette
coruja-do-mato chat-huant, hulotte
corujão duc
corveia corvée
corveta corvette
corvídeo corvidé
corvo corbeau
coscorão beigne
cosmético cosmétique
cosmetologia cosmétologie
cósmico cosmique
cosmo cosmos
cosmogonia cosmogonie
cosmografia cosmographie
cosmologia cosmologie
cosmonauta cosmonaute
cosmopolita cosmopolite
cosmopolitismo cosmopolitisme
cosquinha guili-guili
cossaco cosaque
cosseno cosinus
cossignatário cosignataire
costa côte
costas dos
costeiro côtier
costela côte
costeleta côtelette, favoris, pattes, rouflaquette
costeleta de porco travers de porc
costume coutume, habitude
costumeiro accoutumé, coutumier
costumes mœurs
costura couture, piquage, piqûre
costurado cousu, piqué
costurar coudre, piquer
costureirinha cousette, midinette
costureiro couturier, grand couturier
cota cote, cotte, dos, quantum, quota
cota de malha cotte de mailles, haubert
cota-parte quote-part
cotação cotation, cote, cours
cotado coté
cotão moutons
cotar coter
cotelê côtelé
cotidade quotité
cotidianamente quotidiennement
cotidianidade quotidienneté
cotidiano quotidien
cotilédone cotylédon
cotilhão cotillons
cotim coutil
cotização cotisation
cotizar cotiser
cotoco moignon
cotonete Coton-Tige
cotovelo coude, tournant
cotovia alouette
coturno cothurne, rangers
coulis coulis
coulomb coulomb
country country
coup de théâtre coup de théâtre
couraça cuirasse, cuirassement
couraçado cuirassé
couraçamento cuirassement
couraçar barder, cuirasser
couraceiro cuirassier
courato couenne
couro cuir, peau
couro cabeludo cuir chevelu
couro de crocodilo croco
couro de vaca vache

couro sintético similicuir
couro Skai Skaï
court bouillon court-bouillon
couve chou
couve-flor chou-fleur
couve-rábano chou-rave
cova fosse
côvado coudée
covarde couard, lâche, pleutre
covardemente lâchement
covardia couardise, lâcheté, pleutrerie
coveiro fossoyeur
covil gîte, repaire, tanière
covinha fossette
coxa cuisse
coxa de galinha pilon
coxalgia coxalgie
coxão mole araignée, tranche
coxear clopiner
coxia coursive
coxim coussinet
cozer cuire
cozido bouilli, cuit, pot-au-feu, potée
cozido no vapor à l'anglaise
cozimento cuisson
cozinha cuisine
cozinhar cuisiner, faire la tambouille
cozinhar em fogo brando mijoter, mitonner
cozinhar lentamente mijoter
cozinheiro cuisinier, cuistot, maître queux
cozinheiro de navio coq
crac crac
crachá badge
craniano crânien
crânio cerveau, crâne
crapô crapaud
crápula crapule
craque crack, krach
crash crash
cratera cratère
cratera erodida cratère égueulé
cravagem ergot
cravar mordre
craveira toise
craveiro giroflier, œillet
cravejar clouter
cravina mignardise
cravista claveciniste
cravo clavecin, clou de girofle, comédon, girofle, oeillet, point noir
crawl crawl
creche crèche, garderie, halte-garderie, pouponnière
credenciais lettres de créance
credenciamento accréditation
credenciar accréditer
credibilidade crédibilité
credibilizar crédibiliser
creditar créditer, supposer
crédito crédit
crédito de arrendamento crédit-bail
créditos générique
Credo credo
credor créancier, créditeur
credulidade crédulité
crédulo crédule
cremação crémation
cremalheira crémaillère
crematório crématoire, crématorium
creme crème
creme de amêndoas frangipane
creme de confeiteiro crème pâtissière
creme inglês crème anglaise
cremona crémone, espagnolette
cremoso crémeux
crenado crénelé
crenar créneler
crença croyance
crente croyant
creosoto créosote
crepe crêpe
crepeira crêpière
crepeiro crêpier
creperia crêperie
crepitação crépissage, crépitement, grésillement, pétillement
crepitante pétillant
crepitar crépiter, grésiller, pétiller
crepom crépon
crepuscular crépusculaire
crepúsculo crépuscule
crer croire
crescendo crescendo
crescente croissant, croissant de lune, grandissant
crescer accroître, agrandir, croître, grandir, lever, pousser, profiter
crescer com dificuldade végéter
crescimento accroissement, croissance, pousse, repousse
crespo crépu, frisé
cresta hâle
crestado hâlé
crestar hâler
cretáceo crétacé
cretinice crétinerie
cretino crétin
cretone cretonne
cria élève
criação création, élevage
criação de faisões faisanderie
criada servante
criada árabe fatma
criada de comédia soubrette
criadagem domesticité, gens de maison, valetaille
criado valet
criado indígena boy
criado-mudo table de chevet, table de nuit
criador concepteur, créateur, créatif, éleveur
criador de caso mauvaise tête
criança enfant de chœur, enfant, gosse, marmouset, môme
criança em idade escolar scolaire
criança mimada enfant gâté
criançada marmaille
crianças com dificuldade de adaptação enfance inadaptée
crianças menores petits
criancice gaminerie
criancinha bambin, marmot, mioche, petit
criançola jeunot
criar créer, élever
criar filiais filialiser
criatividade créativité
criativo créatif
criatura créature
cricri vétilleux
crime crime
crime de lesa-pátria crime de haute trahison
crime de uso de informações privilegiadas délit d'initié
crime grave forfait
crime por interesse crime crapuleux
criminal criminel
criminalidade criminalité
criminalmente criminellement
criminologia criminologie
criminologista criminologue
criminosamente criminellement
criminoso criminel
crina crin
crinolina crinoline
crioconservação cryoconservation
crioulo créole
cripta caveau, crypte
criptógamo cryptogame
criptografia cryptographie
criptograma cryptogramme
criptônio krypton
críquete cricket
cris kriss
crisálida chrysalide
crisântemo chrysanthème
crise crise
crisma chrême
crispação crispation
crispar crisper
crista crête
cristado huppé
cristal cristal
cristaleria cristallerie
cristalino cristallin
cristalização cristallisation
cristalizado cristallisé
cristalizar cristalliser
cristalografia cristallographie
cristãmente chrétiennement
cristandade chrétienté
cristão chrétien
cristianismo christianisme
cristianizar christianiser
cristo christ
critério critère
crítica critique
crítica arrasadora éreintement
criticar avoir à redire à, reprocher, trouver à redire à, critiquer

criticável critiquable
crítico critique
crivar cribler
crível crédible, croyable
crivo claie
croata croate
crocante croquant, croustillant
crochê crochet
croco crocus
crocodilo crocodile
croissant croissant
croissanterie croissanterie
cromado chrome
cromar chromer
cromático chromatique
crômico chromique
cromlech cromlech
cromo chrome
cromolitografia chromolithographie
cromossômico chromosomique
cromossomo chromosome
crônica chronique
cronicidade chronicité
crônico chronique
cronista chroniqueur
cronologia chronologie
cronologicamente chronologiquement
cronológico chronologique
cronometragem chronométrage, minutage
cronometrar chronométrer, minuter
cronometrista chronométreur
cronômetro chronomètre
croque gaffe
croque-madame croque-madame
croque-monsieur croque-monsieur
croquet croquet
croquete croquette, quenelle
croqui carton, croquis
cross-country cross
crosta croûte
crotin crottin
croustade croustade
crouton croûton
cru cru, écru, truculent
cru e com sal croque-au-sel
cruamente crûment
crucial crucial
crucífera crucifère
crucificação crucifiement
crucificado crucifié
crucificar crucifier
crucifixão crucifixion
crucifixo crucifix
cruciforme cruciforme
cruel cruel
crueldade cruauté
cruelmente cruellement
crueza crudité
crupe croup
crupiê croupier
crural crural
crustáceo crustacé
cruz croix
cruzada croisade
cruzadista cruciverbiste
cruzado croisé, mâtiné
cruzador croiseur
cruzamento carrefour, croisement
cruzamento com prioridade passage protégé
cruzar barrer, centrer, croiser, sillonner
cruzeiro croisière, croisillon
cuatá atèle
cuba cuve, cuvée, tinette
cubagem cubage
cubano cubain
cubar cuber
cúbico cube, cubique
cubículo cagibi, loge
cubilô cubilot
cubismo cubisme
cubista cubiste
cubitainer Cubitainer
cubital cubital
cúbito cubitus
cubo cube, dé, moyeu
cuca ciboulot
cuco coucou
cucurbitácea cucurbitacée
cueca caleçon, slip
cueca virada merveille
cueiro lange
cuidado attention, gare, soigné, soin, tenu
cuidador aidant, soignant
cuidadora garde
cuidadosamente soigneusement
cuidadoso soigneux
cuidar regarder, surveiller, veiller
cuidar de avoir soin de, garder, panser, prendre soin de, soigner
cuidar de nenê pouponner
cuidar de um doente accompagner un malade, accompagner un mourant, être au chevet d'um malade
cuidar-se demais s'écouter
cujo dont
culatra culasse
cule coolie
culinária cuisine
culinário culinaire
culminar culminer
culote culotte
culotes jodhpurs, knickers
culpa culpabilité, faute
culpabilidade culpabilité
culpabilização culpabilisation
culpabilizante culpabilisant
culpabilizar culpabiliser
culpado coupable, fautif
cult culte
cultivar cultiver
cultivável cultivable
cultivo culture
culto culte, cultivé
cultual cultuel
cultura culture
cultura empresarial culture d'entreprise
cultura extensiva culture extensive
cultura física culture physique
cultura intensiva forçage
cultural culturel
culturas alimentares cultures vivrières
culturismo culturisme
cumbuca cassolette
cume sommet
cumeada dorsale
cumeeira comble, faîtage
cúmplice compère, complice, suppôt
cumplicidade complicité
cumprimentar complimenter, présenter ses hommages
cumprimenteiro complimenteur
cumprimento compliment
cumprimentos devoirs, hommages
cumprir accomplir, remplir
cumprir os deveres religiosos faire ses dévotions
cumprir pena de prisão purger une peine de prison
cumprir suas obrigações tenir sa place
cumquat kumquat
cumular bourrer, combler
cúmulo cumulus
cúmulo-nimbo cumulo-nimbus
cunha cale, coin
cunhada belle-sœur
cunhado beau-frère, beauf
cunhar frapper
cunhar moeda battre monnaie
cunho coin, empreinte, taquet
cupê coupé
cupidez cupidité
cúpido cupide
cupim termite
cupinzeiro termitière
cupom bon, coupon
cúprico cuprique
cuprífero cuprifère
cuproníquel cupronickel
cúpula coupole, cupule
cura curage, guérison
curaçau curaçao
curador curateur
curadoria curatelle
curandeiro guérisseur, marabout
curar guérir
curare curare
curativo curatif, pansement, poupée
curável curable, guérissable
curdo kurde
cureta curette
curetagem curetage
curetar cureter
cúria curie
curie curie
curinga joker
curiosamente curieusement
curiosidade curiosité
curioso curieux, furet
curista curiste
curling curling

currículo curriculum vitae, cursus
curriculum vitae curriculum vitae
curry curry
cursivo cursif, script
curso cours, études
curso preparatório de matemática taupe
cursor curseur
curta-metragem court-métrage
curtido basané, tanné
curtidor tanneur
curtimento tannage
curtir corroyer, mégir, tanner
curto court, de près
curto-circuito court-circuit, court-jus
curtume mégisserie, tannerie
curva contour, courbe, rondeur, virage
curva de nível courbe de niveau
curva fechada virage en épingle à cheveux
curvar courber, plier
curvatura courbure, voussure
curvilíneo curviligne
curvim moleskine
curvo busqué, courbe, rond
cuscuta cuscute
cuscuz couscous
cusparada crachement
cuspe crachat
cuspidor cracheur
cuspinhadura crachotement
cuspir cracher, recracher
custar coûter, en avoir pour, faire, revenir
custar um valor elevado chiffrer
custas dépens
custear défrayer
custo coût
custo adicional surcoût
custódia custode
cutâneo cutané
cutelaria coutellerie, taillanderie
cuteleiro coutelier, taillandier
cutelo couperet
cúter cotre
cutia agouti
cutícula cuticule
cutilada estafilade
cutirreação cuti-réaction
cuvée cuvée
CV CV
cv CV
czar tsar
czaréviche tsarévitch
czarina tsarine
czarismo tsarisme
czarista tsariste

Dd

D D
d.C. apr. J.-C.
D.R.H. DRH
da Antiguidade antique
da beterraba betteravier
da bolsa boursier
da CFDT cédétiste
da Comunidade Europeia communautaire
da cor do amaranto amarante
da frente avant
da Gironde girondin
da Île-de-France francilien
da justiça do trabalho prud'homal
da ONU onusien
da silvicultura sylvicole
da soda soudier
da Touraine tourangeau
DAB DAB
dação dation
dáctilo dactyle
dactilologia dactylologie
dadá dada
dadaísmo dadaïsme
dado dé, donné, donnée, étant donné, liant
dados signalement
dados pessoais état civil
dáfnia daphnie
daguerreótipo daguerréotype
daí d'où, de là
daimão daman
dalai-lama dalaï-lama
dália dahlia
dálmata dalmatien
daltônico daltonien
daltonismo daltonisme
dama cavalière, reine
dama de honra demoiselle d'honneur
damasco abricot, damas
damasqueiro abricotier
damasquinar damasquiner
dan dan
danação damnation
danado damné
danar damner
dança danse
dança hussarda hussarde
dança lenta slow
dançante dansant
dançar danser
dançarino danseur
dancing dancing
dândi dandy
dandismo dandysme
dano dégât
dantesco dantesque
daqui a pouco dans un instant, sous peu, tout à l'heure
dar coller, déboucher, donner, faire
dar à costa s'échouer
dar bronca moucher
dar carrinho tacler
dar certo aboutir
dar cobertura couvrir
dar como garantia nantir
dar consulta consulter
dar corda remonter
dar crédito a accréditer
dar de ombros haussement d'épaules
dar dicas tuyauter
dar duro turbiner
dar em cima lutiner
dar em rejoindre
dar facada taper
dar informações confidenciais tuyauter
dar injeção piquer
dar interferência parasiter
dar nó nouer
dar no couro dépoter
dar no pé cavaler, détaler, prendre le large prendre ses jambes à son cou, se casser, se faire la belle
dar nota a noter
dar o fora décamper
dar o tiro de misericórdia achever
dar palmada nas nádegas fesser
dar pancadinhas tapoter
dar resultado porter
dar um *drive* driver
dar um jeito se décarcasser
dar um *lift* lifter
dar um *lob* lober
dar um *smash* smasher
dar um *sprint* piquer un sprint, sprinter
dar um tiro flinguer
dar um toque de teinter
dar um *zoom* em zoomer
dar uma ajuda dépanner
dar uma corrida courser
dar uma olhada jeter un coup d'oeil, zieuter
dar-se ao respeito se respecter
dardejar darder
dardo dard, fléchette, javeline, javelot
dartro dartre
darwinismo darwinisme
darwinista darwinien
DAT DAT
data date, millésime
data de publicação parution
datação datation
datador composteur, dateur
datar dater
datcha datcha
datilografar dactylographier, taper
datilografia dactylographie
datilográfico dactylographique
datilógrafo dactylo
datiloscopia dactyloscopie
dativo datif
DB DB
DCA DCA
DDC PCV
DDT DDT
de à, d'avec, de, depuis, en, sous, encore, pour
de acordo com selon
de advertência avertisseur
de alpinismo alpin
de alto-mar hauturier
de Ardèche ardéchois
de Ariège ariégois
de arrimo portant, porteur
de aumento grossissant
de Auvergne auvergnat

de baixa creux
de Beauce beauceron
de Berry berrichon
de Brie briard
de Caux cauchois
de Cévennes cévenol
de Charolais charolais
de chifres encorné
de cima para baixo plongeant
de confiança sûr
de constituição constitué
de construção constructible
de controle da natalidade antinataliste
de desprezo méprisant
de dor de cabeça migraineux
de duplo sentido à double entente, équivoque
de eclusa éclusier
de enxaqueca migraineux
de esquerda gauchisant
de estudos studieux
de facto de facto
de festival festivalier
de fossa chagrin
de Franche-Comté comtois
de fuinha chafouin
de Gent gantois
de iluminação lampant
de improviso impromptu
de índice indiciel
de jeito nenhum aucunement, du tout, en aucune façon, nullement
de Jersey jersiais
de jure de jure
de lá en, de là
de Liège liégeois
de língua bretã bretonnant
de luxo résidentiel
de maio de 68 soixante-huitard
de mãos abanando bredouille
de matrícula matricule
de merda merdique
de modo passageiro passagèrement
de modo resfolegante poussivement
de morrer de rir crevant
de Nice niçois
de noite de nuit, nuitamment
de novo de nouveau, derechef, rebelote
de outra maneira autrement
de parceria partenarial
de pé debout, levé
de pedestre piéton, piétonnier
de pileque rond
de Pont-l'Abbé bigouden
de porco porcin
de previsões prévisionnel
de profundis de profundis
de propósito à dessein, exprès
de proteção conservatoire
de qualificação qualificatif
de qualquer forma de toute façon, enfin
de quarentão quadra
de que dont
de raça de race, racé
de renda dentellier
de repente soudain, tout à coup
de Reunião réunionnais
de roupa curta court-vêtu
de sabão savonnier
de salsa persillé
de segurança de sécurité, de sûreté, sécuritaire
de Sologne solognot
de sustentação portant, porteur
de telhas tuilier
de tinta encreur
de tradição bretã bretonnant
de trás arrière
de turismo de tourisme, touristique
de vestuário vestimentaire
de visu de visu
de viva voz de vive voix
deambular déambuler
deambulatório déambulatoire, promenoir
deão doyen
débâcle débâcle
debandada débandade, déroute
debandar débander
debate débat, face-à-face
debênture obligation
debenturista obligataire
debicar chipoter
débil débile, mourant
débil mental débile
debilidade débilité
debilitante débilitant
debilitar débiliter
debilmente faiblement
debitar débiter
débito doit
débito automático prélèvement automatique
debochar débaucher
debruado passepoilé
debruar ganser
debrum ganse, liseré
debulha battage, dépiquage
debulhadora batteuse
debulhar dépiquer, écosser
década décade
decadário décadaire
decadência décadence
decadente décadent, déclinant
decadi décadi
decaedro décaèdre
decágono décagone
decair déchoir
decalcar calquer, décalquer
decalcomania décalcomanie
decalitro décalitre
decalque calque, décalquage
decâmetro décamètre
decanato décan, doyenné
decano doyen
decantação décantation
decantar décanter
decapagem décapage
decapante décapant
decapar décaper
decapitação décapitation
decapitar décapiter
decápode décapode
decassílabo décasyllabe
decatleta décathlonien
decatlo décathlon
decenal décennal
decência décence
decênio décennie
decente décent
decentemente décemment
decepção déception, mécompte
decepcionado allongé, déçu
decepcionante décevant
decepcionar décevoir
decerto certes, sans doute
decibel décibel
decididamente décidément, ferme
decidido carré, décidé, ferme
decidir décider, se promettre, trancher
decifração déchiffrage, déchiffrement
decifrar déchiffrer, décrypter
decifrável déchiffrable
decígrado décigrade
decilitro décilitre
décima dizain
decimal décimal, décimale
decímetro décimètre
décimo dixième
décimo nono dix-neuvième
décimo oitavo dix-huitième
décimo primeiro onzième
décimo quarto quatorzième
décimo quinto quinzième
décimo segundo douzième
décimo sétimo dix-septième
décimo sexto seizième
décimo terceiro treizième
decisão décision
decisivo décisif
decisor décideur, décisionnaire
decisório décisionnaire
declamação déclamation
declamador diseur
declamador de *slam* slameur
declamar déclamer
declamatório déclamatoire
declaração attestation, déclaration, protestation, reconnaissance
declaração de falência dépôt de bilan
declarado déclaré
declarar déclarer, signifier
declarativo déclaratif
declinação déclinaison
declinante déclinant
declinar baisser, décliner, défausser
declinável déclinable
declínio déclin
declive déclive
declive de escoamento glacis
declividade déclivité
decocção décoction
decodificação décodage, décryptage

decodificador décodeur
decodificar décoder, décrypter
decolagem décollage, envol
decolar décoller, envoler
decompor décomposer
decomposição décomposition
decoração décor, décoration
decorador décorateur, ensemblier
decorar décorer
decorativo décoratif
decoro décorum
decoroso séant
decorrer découler, relever, s'ensuivre
decotado décolleté
decotar décolleter, écimer, étêter
decote décolleté, écimage, étêtage
decrépito décrépit
decrepitude décrépitude
decrescente décroissant
decrescer décroître
decréscimo décroissance
decretar décréter, édicter
decreto décret
decuplicar décupler
décuplo décuple
decúria décurie
dedal dé
dedaleira digitale
dédalo dédale
dedão do pé pouce
dedar cafter
dedeira doigtier
dedicação dévouement
dedicar consacrer, dédier, vouer
dedicatória dédicace
dedilhado doigté
dedilhar doigter, pincer
dedo doigt, pouce
dedo do pé orteil
dedo indicador index
dedo mínimo auriculaire
dedo-duro cafteur
dedução déduction
dedutível déductible
dedutivo déductif
deduzir arguer, déduire, prélever
defasagem décalage
defecação défécation
defecar déféquer
defecção défection
defectivo défectif
defeitinho travers
defeito défaut, défectuosité, dérangement, malfaçon
defeituosamente défectueusement
defeituoso défectueux
defender défendre, plaider
defenestração défenestration
defenestrar défenestrer
defensável défendable
defensivo défensif
defensor défenseur, tenant
defensor dos fracos e oprimidos redresseur de torts
deferência déférence, ménagement
deferente déférent
deferimento exaucement
deferir exaucer
defesa défense, plaidoyer
defesa do consumidor consumérisme
defeso temps prohibé
deficiência déficience, handicap, infirmité
deficiente défaillant, déficient, diminué, handicapé
deficiente auditivo malentendant
deficiente mental faible d'esprit
deficiente visual malvoyant
déficit déficit
déficit orçamentário impasse budgétaire
deficitário déficitaire
definhamento dépérissement
definhar dépérir, rabougrir
definição définition
definido défini
definir définir
definir o público-alvo cibler
definitivamente définitivement, en définitif, franchement, sans retour
definitivo définitif
definível définissable
deflacionista déflationniste
deflagração déflagration
deflagrar fuser
defletor déflecteur
defloração dépucelage
defloramento défloration
deflorar déflorer, dépuceler
deformação avachissement, déformation, gauchissement
deformado avachi, bot, contrefait
deformante déformant
deformar bouger, déformer, gauchir
deformidade difformité
defumação boucanage, fumage
defumado fumé, saur
defumar boucaner, fumer
defunto défunt
degelar dégeler, dégivrer
degelo dégel, dégivrage
degelo súbito débâcle
degeneração dégénérescence
degenerado dégénéré
degenerar dégénérer
degenerativo dégénératif
degenerescência dégénérescence
deglaçar déglacer
deglaciação déglaciation
deglutição déglutition
deglutir déglutir
degola décollation, égorgement
degolador égorgeur
degolar égorger
degolar-se um ao outro s'égorger
degradação déchéance, dégradation
degradado déchu
degradante dégradant
degradar casser, dégrader
dégradé dégradé
degrau échelon, gradin, marche
degrau do patamar marche palière
degressivo dégressif
degringolada dégringolade
degringolar dégringoler
degustação dégustation
degustador dégustateur
degustar déguster
dei dey
deicida déicide
deicídio déicide
deificação déification
deificar déifier
deiscente déhiscent
deísmo déisme
deísta déiste
deitada couchage, coucher
deitado allongé
deitar coucher
deixa réplique
deixar déposer, laisser, mettre, quitter, s'empêcher, tenir
deixar a carne *faisandé* faisander
deixar cair semer
deixar na fossa chagriner
dejeção déjection
dejeto déchet, vidange
delação délation, mouchardage
delas leur
delatar cafarder, moucharder
delator cafard, cafardeur, délateur, mouchard
délavé délavé
Delco Delco
dele en, lui
deleatur deleatur
delegação délégation
delegacia commissariat
delegacia de polícia poste de police
delegado délégué
delegado de polícia commissaire de police
delegar déléguer
deleitar flatter
deleitável délectable
deleite délectation
deles leur
deletério délétère
delfim dauphin
delfinês dauphinois
delgadeza minceur
delgado délié, mince
deliberação délibération, délibéré
deliberadamente de propos délibéré, délibérément, volontairement
deliberado délibéré
deliberante délibérant
deliberar délibérer, siéger, tenir conseil
deliberativo délibératif
delicadamente délicatement, douillettement, légèrement
delicadeza délicatesse
delicado arachnéen, délicat, faux
delícia délice, régal

deliciosamente délicieusement
delicioso délicieux
delimitação délimitation
delimitador bordurette
delimitar délimiter
delinquência délinquance
delinquente délinquant, loubard
deliquescência déliquescence
deliquescente déliquescent
delirante délirant
delirar battre la campagne, délirer, rêver
delírio délire
delirium tremens delirium tremens
delito délit
delituoso délictueux
delivramento délivrance
delonga atermoiement
delongar atermoyer
delta delta
deltaico deltaïque
deltoide deltoïde
demagogia démagogie
demagógico démagogique
demagogo démagogue
demais trop
demanda demande
demandante demandeur, poursuivant
demaquiagem démaquillage
demaquilante démaquillant
demarcação bornage, démarcation, jalonnement
demarcar borner, jalonner
démarche démarche
demência démence
demencial démentiel
demente dément
demérito démérite
demissão congédiement, débauchage, démission, licenciement, renvoi
demissionário démissionnaire
demitido licencié
demitir débaucher, dégommer, démettre, licencier, remercier, renvoyer
demiurgo démiurge
demo dème
democracia démocratie
democrata démocrate
democraticamente démocratiquement
democrático démocratique
democratização démocratisation
democratizar démocratiser
démodé démodé
demografia démographie
demográfico démographique
demógrafo démographe
demolição démolition, rasage
demolidor démolisseur
demolidora démolisseur
demolir démolir, raser
demoníaco démoniaque, sulfureux
demônio démon, suppôt de Satan
demonizar diaboliser
demonstração démonstration
demonstrador démonstrateur
demonstrar démontrer, prouver
demonstrativo décompte, démonstratif
demonstrável démontrable
demorado chronophage
demorar tarder, tirer en longueur, traîner en longueur
dendê huile de palme
dendezeiro éleis
denegação dénégation, déni
denegação de justiça déni de justice
denegar dénier
denegridor dénigreur
denegrir dénigrer
denguice agacerie, minauderie
denier denier
denim denim
denominação appellation, dénomination
denominação de origem controlada appellation d'origine contrôlée
denominador dénominateur
denominal dénominatif
denominar dénommer
denominativo dénominatif
denotar déceler, dénoter
densidade densité
densidade populacional densité de population
densitometria óssea ostéodensitométrie
denso dense, touffu
dentada coup de dent
dentado denté, dentelé
dentadura dentier, denture, râtelier
dental dental
dentar denteler
dentário dentaire
dente dent
dente de leite dent de lait, quenotte
dente de siso dent de sagesse
dente incisivo incisive
dente-de-leão pissenlit
denteadura dentelure
dentear échancrer
dentição dentition
dentifrício dentifrice
dentista dentiste
dentro au-dedans, dedans, en-dedans
dentro de au-dedans de, dans, en dedans de, sous
denúncia dénonciation
denunciante dénonciateur
denunciar déférer, dénoncer
deontologia déontologie
deontológico déontologique
departamental départemental
departamentalização départementalisation
departamento département, préfecture, service
departamento de obras Ponts et Chaussées
departamento de recursos hídricos e naturais les Eaux et Forêts
departamento e região ultramarina département et Région d'outre-mer
departamento financeiro intendance
depenar plumer, tondre
dependência dépendance
dependência de serviço communs
dependendo de selon
dependente dépendant, tributaire
depender dépendre, relever
depilação épilation
depilar épiler
depilatório dépilatoire, épilatoire
deplorar déplorer
deplorável déplorable, fâcheux
deploravelmente pitoyablement
depoente déponent, déposant
depoimento déposition
depois après, puis
depois de à la suite de, après, après que, au bout de, passé
depois de amanhã après-demain
depor déposer
depor a favor plaider
depor contra charger
deportação déportation, reconduite à la frontière
deportado déporté
deportar déporter
deposição déposition
depositante déposant
depositar déposer, verser
depositário dépositaire, séquestre
depósito chantier, consigne, dépôt, magasin, manutention, rangement, remise, réserve, réservoir, versement
depósito de bagagens consigne
depósito de bagagens automático consigne automatique
depósito de material confiscado fourrière
depravação dépravation, stupre
depravado dépravé
depravar dépraver
depreciação dépréciation
depreciar déprécier
depreciativo dépréciatif
depredação déprédation
depredador casseur, déprédateur
depreender dégager
depressa au trot
depressão bas-fond, dépression, déprime, vallon
depressivo dépressif
deprimente cafardeux, déprimant
deprimido cafardeux
deprimir catastropher, déprimer
depto. dép.
depuração dépuration, épuration, épurement
depurador épurateur
depurar déboguer, dépurer, épurer
depurativo dépuratif
deputação députation
deputado député
deputar députer
dérbi derby
deriva dérive
derivação dérivation

derivado dérivé
derivar dériver
derivativo dérivatif, exutoire
dermato dermato
dermatologia dermatologie
dermatologista dermatologue
dermatose dermatose
derme derme
dérmico dermique
derramar écouler, verser
derrame épanchement
derrapagem dérapage, patinage
derrapar chasser, déraper, patiner
derrengado déhanché
derreter fondre
derretido fondu
derrisão dérision
derrisório dérisoire
derrocada débâcle, effondrement
derrogação dérogation
derrogar déroger
derrogatório dérogatoire
derrota défaite, déroute
derrotado mat, vaincu
derrotismo défaitisme
derrotista défaitiste
derrubar déboulonner, dégommer, désarçonner, enfoncer, faucher, renverser, terrasser
dervixe derviche
desabafar s'épancher, soulager, vider son sac
desabafo épanchement
desabamento éboulement
desabar ébouler
desabituar déshabituer
desabotoar déboutonner
desabrochado épanoui
desabrochamento épanouissement
desabrochar s'épanouir
desabusado familier
desaçaimar démuseler
desacanhar dégourdir, dessaler
desaceleração décélération, ralentissement
desacelerar décélérer, ralentir
desacerbar désenvenimer
desacolchetar dégrafer
desaconselhar déconseiller
desacordar désaccorder
desacordo désaccord
desacorrentar désenchaîner
desacostumar désaccoutumer
desacreditar couler, décrédibiliser, discréditer
desaferrolhar déverrouiller
desafiante challenger
desafiar défier
desafinado faux
desafinar désaccorder
desafio challenge, défi, gageure
desafivelar déboucler
desaforadamente effrontément
desaforado effronté
desaforo effronterie
desagradar déplaire
desagradável déplaisant, désagréable, disgracier, fâcheux, ingrat, moche, rebutant, saumâtre
desagradavelmente désagréablement
desagrado déplaisir, désagrément
desagregação délitescence, désagrégation
desagregar désagréger
desagrupamento dégroupement
desagrupar dégrouper
desaguar se jeter
desajeitadamente gauchement, maladroitement
desajeitado gauche, maladroit, malhabile
desajeitamento maladresse
desajustado caractériel, paumé
desalinhado débraillé, en bataille
desalojar débusquer
desalterante désaltérant
desalterar désaltérer
desamarrar déficeler
desamarrotar défroisser
desambientação dépaysement
desamor désamour
desamordaçar démuseler
desamparado délaissé
desamparo délaissement
desancar esquinter
desaninhar dénicher
desanuviamento éclaircie
desapaixonar dépassionner
desaparecer disparaître
desaparecido disparu
desaparecimento disparition
desaparelhar dépareiller
desapegado détaché
desapego détachement
desapertar desserrer
desaperto desserrage
desapontado désappointé
desapontamento déconvenue, désappointement
desapontar désappointer
desapossamento dessaisissement
desapossar déposséder, dessaisir
desaprender désapprendre
desaprovação blâme, désapprobation
desaprovador désapprobateur
desaprovar désapprouver, désavouer
desarear désensabler, dessabler
desarmamento désarmement
desarmante désarmant
desarmar désamorcer, désarçonner, désarmer, tacler
desarme tacle
desarmonia dysharmonie
desarraigamento déracinement
desarraigar déraciner
desarranjo détraquement
desarrazoado déraisonnable, irraisonné
desarrumado à la traîne
desarrumar déclasser, défaire, déranger
desarticulação désarticulation
desarticular désarticuler
desastrado empoté, godiche, lourdard
desastre désastre
desastroso désastreux
desatar délacer, dénouer
desatento inattentif
desaterro déblai
desatinadamente étourdiment
desatinado étourdi
desatinar déraisonner, égarer
desatino déraison, étourderie
desativação désaffectation, désamorçage
desativado désaffecté
desativador de minas démineur
desativar désactiver, désaffecter, désamorcer
desatravancar débarrasser
desatrelar dételer
desatualizado déphasé
desautorizar désavouer
desavença brouille, chamaillerie, fâcherie
desavergonhado éhonté
desbagoamento égrenage
desbastador ébauchoir, praticien
desbastar araser, débroussailler, dégrossir
desbaste coupe claire, dégrossissage
desbatizar débaptiser
desbeiçado égueulé
desbloquear débloquer
desbloqueio déblocage
desbobinadeira dérouleur
desbobinagem défilement
desbocado embouché
desbotado défraîchi
desbotar décatir, déteindre, pâlir
desbravador défricheur
desbravar débroussailler
desbridar débrider
descabido malvenu
descafeinado décaféiné
descalçadeira tire-botte
descalçar déchausser
descalcificação décalcification
descalcificar décalcifier
descamação desquamation, écaillage
descamar desquamer, écailler
descambar déraper
descaminho égarement
descansado frais, reposé
descansar reposer
descanso béquille, récréation, répit, repos, relâche
descanso de prato dessous-de-plat
descanso de talheres porte-couteau
descapotar décapoter
descarado déluré, olé olé
descarga chasse d'eau, décharge, déchargement
descarnado décharné
descarnamento déchaussement
descaroçador dénoyauteur
descaroçar dénoyauter
descarregar décharger

descarregar a tensão se défouler
descarrilamento déraillement
descarrilar dérailler
descartar défausser, mettre au rebut
descartável jetable
descascado pelé
descascador épluche-légumes
descascador de legumes (couteau) économe
descascamento écaillage, écorçage, épluchage
descascar décortiquer, écailler, écaler, écorcer, éplucher, monder, peler
descendência descendance
descendente descendant
descender descendre
descentralização décentralisation
descentralizador décentralisateur
descentralizar décentraliser
descentramento décentrage
descentrar décentrer, excentrer
descer descendre, redescendre
deschumbar déplomber
descida descente
descida direta schuss
desclassificação déclassement
desclassificar déclasser
descoberta découverte
descoberto découvert, dégagé
descobridor découvreur
descobrir découvrir, surprendre
descolado décollé
descolamento décollement
descolar décoller, décrocher
descolonização décolonisation
descolonizar décoloniser
descoloração décoloration
descolorido décoloré
descolorir décolorer
descomedimento démesure
descompartimentar décloisonner
descomplexar décomplexer
descompor engueuler, enguirlander, houspiller, rembarrer
descompressão décompression
descomprimir décomprimer
descomprometer désengager
descomprometimento désengagement
desconcentrar déconcentrer
desconcertado déconfit
desconcertante confondant, déconcertant, déroutant
desconcertar déconcerter, décontenacer, dérouter, interloquer, troubler
desconectado hors ligne
desconectar débrancher, déconnecter, décrocher, disjoncter, éteindre
desconexão décrochage
desconfiado défiant, méfiant, soupçonneux, suspicieux
desconfiança défiance, doute, méfiance
desconfiar défier, douter, méfier, soupçonner
desconfortável inconfortable
desconfortavelmente inconfortablement
desconforto inconfort, mal-vivre
descongelamento décongélation
descongelar décongeler
descongestionar décongestionner, désembouteiller
desconhecido inconnu
desconhecimento méconnaissance
desconsiderar déconsidérer
descontaminação décontamination
descontar décompter, escompter, retenir
descontentamento grogne, mécontentement
descontentar mécontenter
descontente mécontent
descontinuar discontinuer
descontinuidade discontinuité
descontínuo discontinu
desconto décompte, discount, escompte, remise, retenue
descontração décontraction, détente
descontraído décontracté
descontrair décontracter, décrisper, détendre
descontrolado incontrôlé
descontrole dérive
descorar faner
descornar écorner
descortês désobligeant, discourtois
descortesia discourtoisie
descosido décousu
descosturado décousu
descosturar découdre
descrédito déconsidération, discrédit
descrença incroyance
descrente incroyant, mécréant
descrever décrire, dépeindre
descrição description
descriminalizar dépénaliser
descristianização déchristianisation
descristianizar déchristianiser
descritivo descriptif
descruzar décroiser
descuidado sale
desculpa disculpation, excuse
desculpabilização déculpabilisation
desculpabilizar déculpabiliser
desculpar blanchir, disculper, excuser
desculpável excusable
desde depuis, dès
desde então depuis, depuis lors
desde o raiar do dia dès potron-minet
desdém dédain
desdenhador bêcheur
desdenhar bêcher, dédaigner, faire fi de, négliger, se ficher, se moquer
desdenhosamente dédaigneusement
desdenhoso cul-de-poule, dédaigneux, pincé
desdobramento dédoublement, déploiement, prolongement
desdobrar dédoubler, déplier, déployer, étaler
desdramatização dédramatisation
desdramatizar dédramatiser
deseixar désaxer
desejar désirer, souhaiter
desejável désirable, souhaitable
desejo désir, souhait
desejoso désireux
deselegância inélégance
deselegante inélégant
deselegantemente inélégamment
desembaçamento désembuage
desembaraçador démêlant
desembaraçamento alfandegário dédouanement
desembaraçar débrouiller
desembaraço débrouillardise
desembarcadouro débarcadère
desembarcar débarquer
desembargo mainlevée
desembarque débarquement
desembebedar dégriser, désenivrer, dessoûler
desembocadura débouché
desembocar aboutir, déboucher
desembolar démoucheter
desembolsar débourser
desembolso débours, déboursement
desembreagem débrayage
desembrear débrayer
desembuchador dégorgeoir
desembuchar cracher le morceau, lâcher le morceau, manger le morceau
desemoldurar désencadrer
desempacotamento déballage
desempacotar déballer, dépaqueter
desemparelhado dépareillé, désassorti
desemparelhar déparier, désapparier
desempatar départager
desempedrar épierrer
desempenadeira taloche
desempenhar jouer
desempoeiramento dépoussiérage
desempoeirar dépoussiérer
desempoladeira truelle
desempregado chômeur, sans-emploi
desemprego chômage
desencabar démancher
desencadeamento déclenchement
desencadear déclencher
desencaixar déboîter
desencalhar remettre à flot, renflouer
desencalhe renflouage
desencaminhar débaucher, dévoyer
desencantado désenchanté
desencantamento désenchantement
desencantar désenchanter
desencaracolar déboucler
desencardimento décrassage
desencardir décrasser
desencarregar décharger
desencavador dénicheur
desencavar dénicher
desencorajador décourageant
desencorajamento découragement
desencorajar décourager

desenfeitiçar désensorceler
desenferrujar dérouiller
desenfiar défiler
desenfreadamente à corps perdu
desenfreado débridé, échevelé, effréné, sans frein
desenfrear débrider
desengaçar égrapper
desenganar détromper
desengarrafar désembouteiller
desengastar dessertir
desengate décrochage
desengessamento déplâtrage
desengessar déplâtrer
desengonçado dégingandé
desengonço dandinement, dégaine
desengorduramento dégraissage
desengordurar dégraisser
desengripante dégrippant
desenhar dessiner
desenhista dessinateur
desenhista de mangá mangaka
desenho dessin
desenho à mão livre dessin à main levée
desenho animado dessin animé
desenho finalizado épure
desenho medíocre chromo
desenho para colorir coloriage
desenlace dénouement
desenlamear décrotter
desenluvar déganter
desenodoamento détachage
desenodoar détacher
desenraizado déraciné
desenraizamento déracinement
desenredamento démêlage
desenredar démêler
desenrolamento déroulement, développement
desenrolar déroulement, dérouler, développer, dévider
desenrugar dérider
desentediar désennuyer
desentendimento mésentente
desenterrado déterré
desenterramento déterrement
desenterrar déterrer
desentocamento débucher
desentocar débucher, lever
desentorpecer dégourdir
desentulhar déblayer, désencombrer
desentulho déblaiement
desentupidor déboucheur
desentupir déboucher, désengorger
desenvolto dégagé, désinvolte
desenvoltura aisance, désinvolture
desenvolver développer
desenvolver os músculos muscler
desenvolvimento développement
desenvolvimento sustentável développement durable
desequilibrado désaxé, déséquilibré
desequilibrar désaxer, déséquilibrer
desequilíbrio déséquilibre, distorsion
deserção désertion
deserdado déshérité
deserdar déshériter
desertar déserter
desértico aréique, désertique
desertificação désertification
deserto désert
desertor déserteur, fuyard
desescalada désescalade
desesperadamente désespérément
desesperado désespéré
desesperador désespérant
desesperança désespérance
desesperante désespérant
desesperar désespérer
desespero désespoir
desestabilizador déstabilisateur
desestabilizante déstabilisateur
desestabilizar déstabiliser
desestressar déstresser
desestruturação déstructuration
desestruturar déstructurer
desfalcar défalquer
desfalecer défaillir
desfalque défalcation
desfavor défaveur
desfavorável défavorable
desfavoravelmente défavorablement
desfavorecer défavoriser, désavantager, disgracier
desfavorecido défavorisé
desfazer défaire
desfecho aboutissement, dénouement
desfeito défait
desferir assener
desferrar appareiller, déferrer
desfiadura effilage, effilochage
desfiar dévider, effiler, filer
desfibrar défibrer
desfigurar amocher, défigurer, déparer
desfiladeiro col, défilé
desfilar défiler
desfile défilé, parade, procession, revue
desfloração défloraison
desflorestamento déforestation
desfocar flouter
desfolhação défoliation, effeuillage
desfolhante défoliant
desfolhar effeuiller
desfranzir déplisser
desfrisar défriser
desfrutar jouir
desfundar défoncer
desgaseificação dégazage
desgastante usant
desgastar grignoter
desgaste grignotage, usure
desgosto déboire
desgraça disgrâce, malheur, misère
desgraçado sale
desgrenhado ébouriffé, échevelé
desgrenhar ébouriffer
desguarnecer dégarnir
desiderato desiderata
desidratação déshydratation
desidratado déshydraté
desidratante déshydratant
desidratar déshydrater
design design
designação désignation
designar affecter, désigner
designer designer
desigual inégal
desigualdade inégalité
desigualmente inégalement
desiludido désabusé, déçu
desiludir dégriser, désabuser, désillusionner
desilusão désillusion
desimantação désaimantation
desimantar désaimanter
desinchação dégonflage
desinchar dégonfler, désenfler
desindustrialização désindustrialisation
desinência désinence
desinfecção désinfection
desinfetante désinfectant
desinfetar désinfecter
desinflamar désenflammer
desinformação désinformation
desinformar désinformer
desinsetizar désinsectiser
desintegração désintégration
desintegrar désintégrer
desinteligência mésintelligence
desinteressado désintéressé
desinteressante inintéressant
desinteresse désaffection, désintéressement, désintérêt
desintoxicação désintoxication, sevrage
desintoxicar désintoxiquer, sevrer
desistência désistement
desistir déclarer forfait, démissionner, renoncer, se désister
desjuntar disjoindre
deslacrar décacheter
deslastrar délester
deslastre délestage
desleal déloyal
deslealdade déloyauté
desleixo avachissement, négligé
desligamento lâchage
desligar raccrocher
deslizamento glisse, glissement
deslizar glisser, riper
deslizar sobre corrediças coulisser
deslize bavure, brasse coulée, fredaine, maladresse
deslocado déplacé
deslocalização délocalisation
deslocalizar délocaliser
deslocamento déboîtement, décalage, déplacement, dérangement, dislocation
deslocamento de ar souffle
deslocar déboîter, décaler, démancher, démettre, déplacer, disloquer
deslumbrar éblouir
deslustrar ternir

deslustre ternissure
desmagnetizar démagnétiser
desmaiar s'évanouir, se pâmer, tomber dans les pommes, tourner de l'oeil
desmaio évanouissement, pâmoison
desmalhar démailler
desmamar sevrer
desmame sevrage
desmancha-prazeres empêcheur de danser, empêcheur de tourner en rond, éteignoir, rabat-joie, trouble-fête
desmantelamento déglingue, démantèlement
desmantelar déglinguer, démanteler, désemparer, disloquer
desmaquiar démaquiller
desmarcar démarquer
desmarginar émarger
desmascarar démasquer
desmastrear démâter
desmatamento déboisement
desmatar déboiser
desmaterializar dématérialiser
desmedidamente outre mesure
desmembramento démembrement
desmembrar démembrer
desmentido démenti
desmentir démentir
desmerecer démériter
desmesura démesure
desmesuradamente démesurément
desmesurado à tout casser, démesuré
desmilitarizar démilitariser
desmineralização déminéralisation
desmineralizar déminéraliser
desmiolada péronnelle
desmiolado écervelé, hurluberlu, sans cervelle
desmistificação démystification
desmistificar démystifier
desmitificação démythification
desmitificar démythifier
desmobilização démobilisation
desmobilizador démobilisateur
desmobilizar démobiliser
desmoche pincement
desmoldagem démoulage
desmoldar démouler
desmonetização démonétisation
desmonetizar démonétiser
desmontado démonté
desmontagem déboulonnement, démontage
desmontar déboulonner, démonter, ruiner
desmontável démontable
desmoralização démoralisation
desmoralizante démoralisant
desmoralizar démoraliser
desmoronamento écroulement, ruine
desmoronar crouler, écrouler, tomber en ruine
desmotivar démotiver
desmultiplicação démultiplication
desmultiplicar démultiplier
desnatação écrémage
desnatar écrémer
desnaturado dénaturé
desnaturalizar dénaturaliser
desnaturar dénaturer
desnicotinar dénicotiniser
desnível dénivelé, dénivellation, ressaut
desnivelamento dénivellation
desnivelar déniveler
desnorteado désemparé
desnortear confondre, déboussoler, égarer
desnuclearização dénucléarisation
desnuclearizar dénucléariser
desnudamento déshabillage
desnudar dénuder, mettre à nu
desnudo dénudé
desnutrição dénutrition
desnutrido dénutri
desobedecer désobéir
desobediência désobéissance
desobediente désobéissant
desobrigação dégagement
desobrigar délier, délivrer, relever, tenir quitte
desobstrução dégagement, dégorgement
desobstruir dégager, dégorger, désobstruer
desocupação inoccupation
desocupado inoccupé
desodorante déodorant
desodorizante désodorisant
desodorizar désodoriser
desolação désolation
desolado désolé
desolador désolant
desolar désoler
desonestamente malhonnêtement
desonestidade indélicatesse, malhonnêteté
desonesto croche, indélicat, malhonnête, véreux
desonra déshonneur
desonrar déshonorer
desonroso déshonorant
desopilante désopilant
desoras heure indue
desordem chambardement, désarroi, désordre, remue-ménage, trouble
desordenado désordonné
desorganização désorganisation, inorganisation
desorganizado inorganisé
desorganizar désorganiser
desorientado désorienté
desorientador dépaysant
desorientar dépayser, désorienter
desossar désosser
desova frai
desovar frayer
despachado débrouillard
despachar dédouaner, dépêcher, enregistrer
despacho dépêche, enregistrement
despadrado défroqué
desparafusagem dévissage
desparafusar dévisser
desparrar épamprer
despavimentação dépavage
despavimentar dépaver
despedaçamento brisement, dépècement, morcellement
despedaçar briser, dépecer, mettre en pièces, morceler
despedir congédier
despeitar dépiter
despeito dépit
despejar couler, déloger, déverser, verser
despejo dépotoir, fourre-tout
despencar débouler
despendurar dépendre
despensa cellier
despentear décoiffer, dépeigner
despercebido inaperçu
desperdiçador gaspilleur
desperdiçar émietter, gâcher, gaspiller
desperdício gabegie, gâchage, gâchis, gaspillage
despertador réveil
despertar éveil, éveiller, réveil, réveiller
despesa dépense, frais
despir déshabiller
despirocar disjoncter
despoetizar dépoétiser
despojado dépouillé
despojamento dépouillement
despojar dépouiller, frustrer
despojo dépouille
despolimento dépolissage
despolir dépolir
despolitização dépolitisation
despolitizar dépolitiser
despoluição dépollution
despoluir dépolluer
despontar épointer, poindre, pointer
despopulação dépopulation
desposar épouser
déspota despote
despótico despotique
despotismo despotisme
despovoação dépeuplement
despovoar dépeupler
despratear désargenter
desprender décrocher
desprendimento décrochage
despreocupação insouciance
despreocupado insouciant, insoucieux
despreparação impréparation
despressurização dépressurisation
despressurizador détendeur
despressurizar dépressuriser
desprezar mépriser
desprezível méprisable, moche
desprezo mépris
desprogramar déprogrammer
desproporção disproportion
desproporcional disproportionné

despropositadamente déraisonnablement
desprover démunir
desprovido dépourvu
desqualificação déqualification, disqualification
desqualificar déqualifier, disqualifier
desratização dératisation
desratizar dératiser
desregrado déréglé
desregramento dérèglement
desregulado déréglé
desregulamentação déréglementation
desregulamentar déréglementer
desregular dérégler
desrespeito irrespect
desrespeitosamente irrespectueusement
desrespeitoso irrespectueux
dessacralizar désacraliser
dessalgação dessalage
dessalgar dessaler
dessalinização dessalage
dessalinizar dessalage
dessecação dessèchement, dessiccation
dessecante desséchant
desselamento descellement
desselar desceller, desseller
dessemelhança dissemblance
dessemelhante dissemblable
dessensibilização désensibilisation
dessensibilizar désensibiliser
desservir desservir
dessincronizar désynchroniser
dessocialização désocialisation
dessocializado désocialisé
destacado détaché
destacamento affectation
destacar détacher, épingler, marteler, mettre en relief
destacável détachable
destampar déboucher, décapsuler
destapar débonder
destêmpera détrempe
destemperar détremper
desterrador dépaysant
desterrar dépayser
desterro dépaysement
destilação distillation
destilado distillat
destilador bouilleur, distillateur
destilar distiller
destilaria brûlerie, distillerie
destinação destination
destinar assigner, destiner
destinatário destinataire
destino affectation, destin, destination, destinée, sort
destituição destitution, limogeage
destituído dénué
destituir destituer, limoger, révoquer
destoar détonner, jurer, ne pas être dans le ton
destoldar débâcher
destorcer détordre
destorroador brise-mottes
destorroar émotter
destrambelhado déjanté
destrambelhar déjanter
destreza adresse, dextérité
destrinçar défricher
destripar vider
destro dextre, droitier
destroços épave
destróier destroyer
destronar détrôner
destruição destruction
destruído pelo granizo grêlé
destruidor destructeur
destruir détruire, phagocyter
destruir com armas atômicas atomiser
destrutível destructible
desumanamente inhumainement
desumanidade inhumanité
desumanizado déshumanisé
desumanizar déshumaniser
desumano inhumain
desunião désunion
desunido désuni
desunir désunir
desusado inusité
desvairado forcené
desvalorização dévalorisation, dévaluation
desvalorizador dévalorisant
desvalorizar dévaloriser, dévaluer
desvanecer s'évanouir
desvanecimento évanouissement
desvantagem désavantage, handicap
desvantajoso désavantageux
desvão soupente
desvario déraillement, incartade
desvelar dévoiler
desvencilhar dégager, dépêtrer
desvendar déceler, dévoiler
desventura mésaventure
desvestir dévêtir
desviacionismo déviationnisme
desviacionista déviationniste
desviado détourné
desviante déviant
desviar délester, déporter, dériver, dérouter, détourner, dévier, distraire, écarter, sortir
desvio crochet, délestage, détour, détournement, déviance, déviation, écart, évitement, voie d'évitement
desvirginar déniaiser
desvitalizar dévitaliser
detalhado détaillé
detalhamento détail
detalhar détailler
detalhe détail, précision
detecção détection
detectar dépister, détecter
detectável détectable
detectofone table d'écoutes
detector détecteur
detenção détention
détente détente
detento tôlard
detentor détenteur
detentor do título tenant du titre
deter alpaguer, arrêter, détenir, stopper
detergente détergent, lessiviel
deterioração blettissement, délabrement, détérioration, mortification, pourrissement
deteriorado vétusté
deteriorar délabrer, détériorer
determinação détermination
determinação de custódia placement
determinado déterminé
determinante déterminant
determinar déterminer
determinar a fonte sourcer
determinismo déterminisme
determinista déterministe
detestar détester
detestável détestable
detetive détective, limier
detetive particular détective (privé)
detido détenu
detonação amorçage, détonation
detonador allumeur, amorce, déclencheur, détonateur
detonante détonant
detonar détoner, fusiller
détraqué détraqué
detrator contempteur, détracteur
detrimento détriment
detrítico détritique
detrito détritus
deturpar détourner, trahir
Deus dieu
deusa déesse
devagar au ralenti, doucement, mollo
devagarinho doucettement
devanear rêvasser
devaneio rêvasserie, rêverie, songerie
devassa gourgandine
devassidão débauche, dissipation
devasso débauché
devastação dévastation, ravage
devastador dévastateur, ravageur
devastar dévaster, ravager
deve doit
devedor débiteur, obligé, redevable
devedor que sofreu penhora dos bens saisi
dever devoir, falloir, tâche
deverbal déverbal
devidamente dûment
devido dû, voulu
devido a attendu, du fait de
devoção dévotion
devolução dévolution, rendu, retour, renvoi
devoluto dévolu
devolver rapporter, recéder, rendre, renvoyer, reporter, retourner
devoração engloutissement
devorador dévoreur
devorante dévorant

devorar bâfrer, dévorer, engloutir
devotado dévoué
devotamente dévotement
devotamento dévouement
devotar vouer
devoto dévot
dez dix, manille
dezembro décembre
dezena dizaine
dezenove dix-neuf
dezenove avos dix-neuvième
dezesseis seize
dezesseis avos seizième
dezessete dix-sept
dezessete avos dix-septième
dezoito dix-huit
dezoito avos dix-huitième
DG DG
dia jour, journée
dia a dia à la petite semaine, au jour le jour
Dia de Reis Épiphanie
Dia de Reis jour des Rois
Dia de Todos os Santos Toussaint
dia de trabalho jour ouvré
dia dos namorados Saint-Valentin
dia intercalar jour intercalaire
dia seguinte lendemain
dia útil jour ouvrable
diaba diablesse
diabetes diabète
diabetes melito diabète sucré
diabético diabétique
diabo diable
diabolicamente diaboliquement
diabólico diabolique
diabolo diabolo
diabrete démon, diablotin, un affreux jojo
diabrura diablerie
diacho diantre, saperlipopette
diácido diacide
diaconato diaconat
diaconisa diaconesse
diácono diacre
diacrítico diacritique
diacronia diachronie
diadema diadème
diáfano diaphane, vaporeux
diafragma diaphragme
diafragmar diaphragmer
diagnosticar diagnostiquer
diagnóstico diagnostic, diagnostique
diagonal diagonal, diagonale
diagrama diagramme
dialetal dialectal
dialética dialectique
dialético dialecticien, dialectique
dialeto dialecte
dialetologia dialectologie
dialisado dialysé
diálise dialyse
dialogar dialoguer
diálogo dialogue
dialoguista dialoguiste
diamante diamant
diamante-rosa rose
diamantífero diamantifère
diamantista diamantaire
diametral diamétral
diametralmente diamétralement
diâmetro diamètre
diante de devant, vis-à-vis de
diapasão diapason
diapositivo diapositive
diariamente journellement
diário journal, journalier
diário de viagem carnet de voyage
diarista journalier
diarreia colique, diarrhée
diáspora diaspora
diástole diastole
diatomácea diatomée
diatônico diatonique
diatribe diatribe
dica tuyau
dicção diction
dicionário dictionnaire
dicotiledônea dicotylédone
dicotomia dichotomie
dicotômico dichotomique
dicromato bichromate
didático didactique
didatismo didactisme
didgeridoo didjeridoo
diedro dièdre
diérese diérèse
diesel gasoil
dieta diète
dieteta diététicien
dietética diététique
dietético diététique
difamação dénigrement, diffamation
difamador diffamateur
difamante diffamant
difamar débiner, décrier, diffamer
difamatório diffamatoire
difásico diphasé
diferença différence, écart
diferenciação différenciation
diferencial différentiel
diferenciar différencier
diferente différent
diferentemente différemment
diferir différer
difícil chiadé, difficile, dur, malaisé
dificilmente difficilement, péniblement
dificuldade difficulté, mal, point noir
difração diffraction
difteria diphtérie
diftérico diphtérique
difundir diffuser, tambouriner
difusamente diffusément
difusão diffusion
difuso diffus
difusor diffuseur
digerir digérer
digerível digeste, digestible
digestão digestion
digestivo digestif, pousse-café
Digicode Digicode
digitador claviste
digital digital, numérique
digital de áudio audionumérique
digitalina digitaline
digitalização saisie
digitalizar dématérialiser, numériser, saisir
digitar frapper, taper
digitígrado digitigrade
dignamente dignement
dignar-se a daigner
dignidade dignité
dignitário dignitaire
digno digne
digressão digression
dilação délai
dilaceração déchirement
dilacerado en charpie
dilacerante déchirant
dilacerar déchirer, tirailler
dilapidação dilapidation
dilapidar dilapider
dilatabilidade dilatabilité
dilatação dilatation
dilatador dilatateur
dilatar dilater
dilatável dilatable
dilatório dilatoire
dilema cornélien, dilemme
diletante dilettante
diletantismo dilettantisme
diligência diligence
diligente diligent
diligentemente diligemment
diluente diluant
diluição délayage, dilution
diluído étendu
diluir délayer, désépaissir, diluer, étendre
diluviano diluvien
dilúvio déluge
dimensão dimension
diminuendo decrescendo
diminuição amenuisement, diminution, tassement, raccourcissement, rapetissement
diminuir amenuiser, diminuer, ébrécher, écorner, raccourcir, ramener, rapetisser, rétrograder
diminutivo diminutif
dimorfo dimorphe
dina dyne
dinamarquês danois
dinâmica dynamique
dinamicamente dynamiquement
dinâmico dynamique
dinamismo dynamisme
dinamitação dynamitage
dinamitador dynamiteur
dinamitar dynamiter
dinamite dynamite
dinamizar dynamiser
dínamo dynamo
dinamoelétrico dynamoélectrique

dinamômetro dynamomètre
dinar dinar
dinastia dynastie
dinástico dynastique
dingo dingo
dinheiro argent, bourse, espèces, sous
dinheiro público fonds publics
dinheiro vivo argent liquide, liquide
dinossauro dinosaure
dintel linteau
diocesano diocésain
diocese diocèse
diodo diode
dionisíaco bachique, dionysiaque
dioptria dioptrie
dióxido dioxyde
dióxido de carbono dioxyde de carbone
dioxina dioxine
diplódoco diplodocus
diploma diplôme
diploma de graduação maîtrise
diploma de nível de mestrado magistère
diplomacia diplomatie
diplomado breveté, diplômé
diplomata diplomate
diplomaticamente diplomatiquement
diplomático diplomate, diplomatique
díptero diptère
díptico diptyque
dique digue, levée
dique flutuante dock flottant
dique seco bassin de radoub, cale de radoub, cale sèche
direção conduite, direction
direcional directionnel
direita droite
direito droit, endroit, juste
direito canônico droit canon
direito civil droit civil
direito de cortar lenha affouage
direito de fiscalização droit de regard
direito de resposta droit de réponse
direito internacional droit international
direito penal droit pénal
direito privado droit privé
direito público droit public
direito real droit régalien
direitos civis droits civils
dirém dirham
diretamente directement, franco, tout de go
diretividade directivité
diretivo directif
direto direct, droit
diretor directeur, metteur en scène, proviseur, réalisateur, régisseur
diretor de escola principal
diretor presidente président-directeur général
diretoria directoire
diretorial directorial
diretório directoire, répertoire
diretriz directive, directrice
dirigente dirigeant
dirigente de departamento préfet
dirigentes premier cercle
dirigir adresser, conduire, diriger, piloter, porter, réaliser, tenir
dirigismo dirigisme
dirigista dirigiste
dirigível dirigeable
disc-jóquei disc-jockey
discal discal
discar composer
discernimento discernement, sagesse
discernir discerner, repérer
discernível discernable, repérable
disciplina discipline
disciplinado discipliné
disciplinar disciplinaire, discipliner, dresser
discípulo disciple
disco cadran, disque, Frisbee, palet, rondelle
disco intervertebral disque intervertébral
disco music disco
disco óptico compacto disque optique compact
disco óptico digital disque optique numérique
disco voador soucoupe volante
discóbolo discobole
discografia discographie
discográfico discographique
discoide discoïde
discordância discordance
discordante discordant
discordar discorder
discórdia discorde
discorrer discourir, épiloguer
discoteca discothèque
discretamente discrètement
discreto discret
discrição discrétion
discricionário discrétionnaire
discriminação discrimination
discriminador discriminant
discriminatório discriminatoire
discursivo discursif
discurso discours, laïus
discurso corrosivo vitriol
discussão discussion
discussão sobre ninharias ergotage
discutido discuté
discutir discuter, se crêper le chignon
discutir insignificâncias discutailler
discutir ninharias ergoter
discutível discutable
disenteria dysenterie
disentérico dysentérique
disfarçado déguisé
disfarçar contrefaire, déguiser, tricher
disfarce déguisement, travestissement
disforme biscornu, difforme
disfunção dysfonctionnement
disjunção disjonction
disjunto disjoint
disjuntor disjoncteur
dislexia dyslexie
disléxico dyslexique
dismenorreia dysménorrhée
disortografia dysorthographie
disparador déclencheur, déclic
disparar décocher, tirailler
disparatado disparate
disparate calembredaine, contresens, frasque
disparidade disparité
dispendioso dispendieux
dispensa dispense
dispensador dispensateur
dispensar dispenser, relever, se passer
dispensário dispensaire
dispepsia dyspepsie
dispéptico dyspeptique
dispersador contre-feu
dispersão dislocation, dispersement, dispersion, éparpillement
dispersar disperser, dissiper
dispersivo dissipé, touche-à-tout
disperso clairsemé, dispersé
display présentoir
display giratório tourniquet
dispneia dyspnée
disponibilidade disponibilité, non-activité
disponibilizar créditos dégager des crédits
disponível disponible
dispor disposer
dispor em níveis étager
disposição disposition
disposição em níveis étagement
dispositivo dispositif
dispositivo antifurto antivol
dispositivo corta-fogo pare-feu
dispositivo regulador asservisseur
disposto dispos, disposé
disputa de pênaltis tirs au but
disputa de promessas surenchère
disputar arracher, briguer, disputer
disquete disquette
dissabores joies
dissecação dissection
dissecar disséquer
disseminação dissémination
disseminar disséminer
dissensão déchirement, dissension, dissentiment
dissertação dissertation, mémoire
dissertar disserter
dissidência dissidence
dissidente dissident
dissilábico dissyllabique
dissílabo dissyllabe
dissimulação dissimulation, fard, sournoiserie
dissimuladamente sournoisement
dissimulado dissimulé, sournois
dissimulador dissimulateur
dissimular dissimuler, farder
dissimular a si mesmo se dissimuler
dissipação dissipation

dissipador dissipateur
dissipar dissiper
disso en
dissociação dissociation
dissociar dissocier
dissociável dissociable
dissolução dissolution
dissoluto dissolu
dissolver dissoudre, fondre
dissonância couac, dissonance
dissonante dissonant
dissuadir dégoûter, dissuader
dissuasão dissuasion
dissuasivo dissuasif
dissulfeto bisulfure
distância distance, écartement, jet
distância entre os eixos empattement
distância mínima entre duas edificações prospect
distância percorrida développement
distanciamento distanciation, recul
distanciar-se de distancer, lâcher, semer
distante distant, éloigné, lointain
distender détendre, distendre
distensão claquage, détente, distension, élongation
distensão muscular déchirure musculaire
dístico distique
distinção distinction, distinguo, mention, prestance
distinguir distinguer
distintamente distinctement
distintivo distinctif, macaron
distinto distinct, distingué, racé, tranché
distorção distorsion
distorcer déformer, fausser
distorcido biaisé
distração délassement, dissipation, distraction
distraidamente distraitement, rêveusement
distraído distrait
distrair distraire, faire diversion
distrativo délassant, distrayant
distribuição dispatching, distribution, service
distribuição das cartas donne
distribuição de papéis distribution
distribuído distribué
distribuidor Delco, distributeur
distribuir diffuser, dispatcher, distribuer, répandre, ventiler
distributivo distributif
distrito arrondissement, district
distrito urbano district urbain
distúrbio trouble
distúrbio musculosqueletal trouble musculo-squelettique
dita aubaine
ditado dictée
ditador dictateur, potentat
ditadura dictature
ditafone Dictaphone
ditar dicter
ditatorial dictatorial
ditirâmbico dithyrambique
ditirambo dithyrambe
ditisco dytique
dito mot
dito espirituoso saillie
ditongação diphtongaison
ditongo diphtongue
DIU stérilet
diurese diurèse
diurético diurétique
diurno diurne
diva diva
divã divan
divagação divagation, vagabondage
divagar battre la campagne, divaguer
divergência divergence
divergente divergent
divergir diverger
diversamente diversement
diversão amusement, diversion, divertissement, fun, réjouissance
diversidade diversité
diversificação diversification
diversificar diversifier
diverso divers
divertido amusant, divertissant, fun, plaisant, rigolo
divertimento divertissement
divertir amuser, divertir
dívida dette, impayé
dívida pública dette publique
dividendo dividende
dividir diviser, écarteler, partager, séparer
dividir entre si se partager
divinamente divinement
divinatório divinatoire
divindade divinité
divinização divinisation
divinizar diviniser
divino divin
divisa devise, ligne de démarcation
divisão division, partage, partition
divisão de combate a entorpecentes brigade des stups, stups
divisão em distritos eleitorais découpage électoral
divisão em quarteirões îlotage
divisar découvrir
divisibilidade divisibilité
divisionário divisionnaire, fractionnel
divisionista scissionniste
divisível divisible, partageable, sécable
divisor diviseur, sous-multiple
divisória cloison
divorciado divorcé
divórcio divorce
divulgação communication, divulgation, ébruitement, vulgarisation
divulgação boca a boca téléphone arabe
divulgador divulgateur, vulgarisateur
divulgar divulguer, ébruiter, vulgariser
dixe falbala
diz que diz que qu'en-dira-t-on
dizer dire
dizer respeito ressortir
dizer respeito a concerner, regarder
dizer seu nome se nommer
dizimar décimer
dízimo dîme
DJ DJ
djebel djebel
djelaba djellaba
djim djinn
DNA ADN
dó do, ut
do du
do citado dudit
do Gard gardois
do Jura jurassien
do lado de fora au-dehors
do mesmo modo pareil, pareillement
do Morvan morvandeau
do norte do Canadá nordique
do outro lado do Atlântico outre-Atlantique
do outro lado do canal da Mancha outre-Manche
do outro lado do rio Reno outre-Rhin
do padroeiro patronal
do Palácio do Eliseu élyséen
do ponto de vista fiscal fiscalement
do qual duquel
do referendo référendaire
doação don, donation
doador donateur, donneur
dobadoura de cordoeiro caret
dobermann doberman
dobra pli, plissement, rentré, repliement
dobra isoclinal pli isoclinal
dobradeira plieuse
dobradiça paumelle
dobradinha gras-double, tripe
dobradura pliure
dobramento pliage
dobrar contrer, couder, doubler, fléchir, plier, rabattre, redoubler
dobrar as bordas de écorner
dobrar de novo replier
dobrável pliable, pliant, repliable
dobre volée
dobre de finados glas
dobrete doublet
dobro double
doca appontement, cale, darse, dock
doce confiserie, doux, sucré, sucrerie
doce decorativo pièce montée
doce pastoso de fruta marmelade
docente enseignant
dócil docile
docilidade docilité
docilmente docilement
docinho chou, cocotte, mignon
docinhos mignardise
docudrama docu-fiction
docum. doc
documentação documentation
documentado documenté

documentalista documentaliste
documentar documenter
documentário documentaire
documento document, pièce
documento do carro carte grise
doçura douceur
dodecaedro dodécaèdre
dodecafonismo dodécaphonisme
dodecágono dodécagone
dodecassílabo dodécasyllabe
dodói bobo
doença maladie
doença aguda maladie aiguë
doença da vaca louca maladie de la vache folle
doença de Creutzfeld-Jakob maladie de Creutzfeld-Jakob
doença diplomática maladie diplomatique
doença do sono maladie du sommeil
doença órfã maladie orpheline
doença rara maladie orpheline
doença sexualmente transmissível infection sexuellement transmissible, maladie sexuellement transmissible
doença venérea maladie vénérienne
doenças genéticas maladies génétiques
doente malade
doentiamente maladivement
doentio maladif
doge doge
dogma dogme
dogmática dogmatique
dogmaticamente dogmatiquement
dogmático dogmatique
dogmatismo dogmatisme
dogmatizar dogmatiser
dogue dogue
doído douloureux
doido fou
dois deux
dois dias depois surlendemain
dois por quatro deux-quatre
dois-pontos deux-points
dólar dollar
dolarização dollarisation
Dolby Dolby
dolente dolent
dolicocéfalo dolichocéphale
dolina doline
dolly travelling
dólmã vareuse
dólmen dolmen
dolomita dolomite
dolorido endolori
dolorosa douloureuse
dolorosamente douloureusement
doloroso douloureux
dom don
dom-fafe bouvreuil
dom-juan don Juan
dom-juanesco donjuanesque
dom-juanismo donjuanisme
domador dompteur
domar dompter
domável domptable
domesticação apprivoisement, domestication
domesticar apprivoiser, domestiquer
doméstico domestique, ménager,popote
domiciliação domiciliation
domiciliado domicilié
domiciliar domicilier
domiciliário domiciliaire
domicílio domicile
domicílio conjugal domicile conjugal
dominação domination
dominador dominateur
dominante dominant, dominante
dominar dominer, mater, posséder, triompher, trôner
domingo dimanche
domingo de Ramos dimanche des Rameaux
dominical dominical
dominicano dominicain
domínio mainmise, maîtrise
dominó domino
domo dôme
domótica domotique
dona de casa femme d'intérieur, ménagère
donatário donataire
donde d'où
doninha belette
dono maître, tôlier
dono de casa homme d'intérieur
dono de espelunca tôlier
dono de restaurante restaurateur
dono de transportadora camionneur
dono do lugar maître de céans
donzel damoiseau
donzela rosière
dopante dopant
dopar doper
doping dopage
dor douleur, mal, point
dor de cabeça cassement de tête, migraine
dor de dente rage de dents
dor lancinante douleur fulgurante
doravante désormais, dorénavant
dórico dorien, dorique
doríforo doryphore
dormência engourdissement
dormente traverse
dormideira mimosa
dorminhoco dormeur
dormir coucher, dormir, pioncer
dormitar sommeiller
dormitório dortoir
dorsal dorsal
dorsal oceânica dorsale
dorso dos
dorso da mão revers de la main
dos des
dos Bourbon bourbonien
dos diabos de tous les diables, sacré, satané
DOS DOS
dosador doseur
dosagem dosage
dosar doser
dose dose, prise
dossel ciel de lit, dais
dossiê dossier
dossiê de imprensa dossier de presse
dotação dotation
dotado doué
dotal dotal
dotar doter, douer
dotar de escolas scolariser
dote dot
double face réversible
douração dorage
dourada daurade
dourado doré
dourador doreur
douradura dorure, roussissement
douramento roussissement
dourar brunir, dorer, faire revenir, roussir
doutamente doctement
douto docte
doutor docteur, maître
doutor da Igreja docteur de l'Église
doutor da lei docteur de la Loi
doutora doctoresse
doutorado doctorat
doutoral doctoral
doutrina doctrine
doutrinação endoctrinement
doutrinal doctrinal
doutrinar endoctriner
doutrinário doctrinaire
downloading téléchargement
doze douze
doze avos douzième
Dr. Dr, Me
dracar drakkar
dracma drachme
draconiano draconien
draga drague, dragueur
draga-minas drague
dragagem dragage
dragão dragon
dragar draguer
drágea dragée
drageificado dragéifié
dragona épaulette
dragonadas dragonnades
drama drame
dramaticamente dramatiquement
dramático dramatique
dramatização dramatisation
dramatizar dramatiser
dramaturgia dramaturgie
dramaturgo dramaturge
drapeado drapé
drapeamento draperie
drapear draper
drástico drastique
drenagem drainage, vidange
drenar drainer, vidanger
dreno drain

dresina draisine
dreyfusista dreyfusard
dríade dryade
driblar dribbler
drible dribble
drive drive
droga came, dope, drogue, flûte, mince
droga leve drogue douce
droga pesada drogue dure
drogado camé, drogué
drogaria droguerie
droguista droguiste
dromedário chameau, dromadaire, méhari
drop-goal drop
drugstore drugstore
druida druide
druídico druidique
drupa drupe
dry dry
DST IST
dualidade dualité
dualismo dualisme
dualista dualiste
duas-peças deux-pièces, deux pièces
dubitativamente dubitativement
dubitativo dubitatif
dublagem postsynchronisation
dublar postsynchroniser
dublê cascadeur, doublure
ducado ducat, duché
ducal ducal
duce duce
ducha douche
ducha de água fria douche
ducha escocesa douche écossaise
duchar doucher
dúctil ductile
ductilidade ductilité
ducto canal, gaine
duelista duelliste
duelo duel
duende farfadet, lutin, troll
duetista duettiste
dueto duo
duffle-coat duffel-coat
dugongo dugong
dulcineia dulcinée
duma douma
dumping dumping
duna dune
duneta dunette
duodecimal duodécimal
duodécimo douzième
duodeno duodénum
dupla binôme, duo, tandem
dupla vitória doublé
duplamente doublement
dúplex duplex
duplicação doublement, duplication, redoublement
duplicado double
duplicar doubler, dupliquer, redoubler
duplicata duplicata
duplicidade duplicité

duplo double
duque duc
duquesa duchesse
dura dure
dura-máter dure-mère
duração durée, longueur
duradouramente durablement
duradouro durable, vivace
duralumínio Duralumin
duramente durement
durante au cours de, durant, pendant
durão dur
durar durer, tenir
durex Scotch
dureza dureté
durite Durit
duro cassant, désargenté, dur, fauché, rocailleux, rude, vert
dúvida doute, incertitude
duvidar douter
duvidoso douteux
dúzia douzaine
DVD DVD

Ee

é c'est, il y a
e et
e comercial esperluette
é melhor autant, il vaut mieux
e-book livre électronique
e-mail courriel, courrier électronique, mél
ébano ébène, ébénier
ebonite ébonite
ebulição ébullition
ebuliômetro ébulliomètre
ebulioscópio ébulliomètre
ebúrneo éburnéen, ivoirin, ivoirien
eca pouah
écarté écarté
ecce-homo ecce homo
echarpe écharpe
eclampsia éclampsie
eclesiástico ecclésiastique
eclético éclectique
ecletismo éclectisme
eclipsar éclipser
eclipse éclipse
eclíptica écliptique
eclodir éclore
écloga bergerie, églogue
eclosão éclosion
eclusa écluse
eco écho
ecocidadania écocitoyenneté
ecocidadão écocitoyen
École normale supérieure École normale supérieure
ecolocação écholocation
ecologia écologie
ecológico écologique
ecologismo écologisme
ecologista écologiste
ecólogo écologiste, écologue

ecomuseu écomusée
economato économat
economia économie, épargne
economicamente économiquement
econômico économe, économique, regardant
economista économiste
economizar économiser
ecônomo économe
ecossistema écosystème
ecotaxa écoparticipation
ecoturismo écotourisme
ecstasy ecstasy
ectoplasma ectoplasme
ecu ÉCU
ecumênico œcuménique
ecumenismo œcuménisme
eczema eczéma
eczematoso eczémateux
ed. éd.
edam édam
edelvais edelweiss
edema œdème
edematoso œdémateux
éden éden
edênico édénique
edição édition
edição eletrônica édition électronique, microédition, publication assistée par ordinateur
edição princeps édition princeps
edificação édification
edificante édifiant
edificar édifier
edifício bâtiment, building, édifice, hôtel
edil édile
edipiano œdipien
editar éditer
édito édit
editor éditeur
editor terceirizado packager
editora éditeur
editoração eletrônica édition électronique
editoração terceirizada packaging
editorial éditorial
editorialista éditorialiste
edredom couette, édredon
educação éducation
educação cívica instruction civique
educação física éducation physique
educado comme il faut
educador éducateur
educador especializado éducateur spécialisé
educar éduquer
educativo éducatif
edulcorante édulcorant
edulcorar édulcorer
EF EPS
efebo éphèbe
efeito contrecoup, effet
efeito estufa effet de serre
efemérida éphémère
efeméride éphéméride

efêmero éphémère
efervescência bouillonnement, effervescence
efervescente effervescent
efetivamente effectivement
efetivar prendre effet
efetivo effectif
efetuar effectuer
eficácia efficacité
eficaz efficace
eficazmente efficacement
eficiência efficience
eficiente efficient
efígie effigie
eflorescência efflorescence
efluente effluent
efluente radioativo effluent radioactif
efluente urbano effluent urbain
eflúvio effluve
efração effraction
efusão effusion
egéria égérie
égide égide
egípcio égyptien
egiptologia égyptologie
egiptólogo égyptologue
ego ego
egocêntrico égocentrique
egocentrismo égocentrisme, nombrilisme
egoísmo égoïsme
egoísta égoïste
egoistamente égoïstement
egotismo égotisme
égua jument
égua reprodutora poulinière
eh hé
ei eh, hé, hep, holà, ohé
eia hue
êider eider
eis voici, voilà
eis ali de novo revoilà
eis aqui de novo revoici
eis de novo revoici, revoilà
eixo axe, essieu, pivot
eixo traseiro pont
ejaculação éjaculation
ejacular éjaculer
ejeção éjection
ejetar éjecter
ejetável éjectable
Ektachrome Ektachrome
ela elle
elaboração élaboration, ficelage
elaboração de perfil psicológico profilage
elaborado élaboré
elaborador de perfil psicológico profileur
elaborar élaborer, ficeler
elastano élasthanne
elasticidade élasticité
elástico élastique
elastômero élastomère
eldorado eldorado
ele il, lui
elefante éléphant
elefante-marinho éléphant de mer
elefantíase éléphantiasis
elefantinho éléphanteau
elegância élégance
elegante élégant, habillé, pimpant
elegantemente élégamment
eleger élire
elegia élégie
elegíaco élégiaque
elegibilidade éligibilité
elegível éligible
eleição élection
eleição de domicílio élection de domicile
eleição presidencial présidentielle
eleições cantonais élections cantonales
eleições europeias élections européennes
eleições legislativas élections législatives
eleições municipais municipales
eleições regionais élections régionales, régionales
eleito élu
eleitor électeur
eleitorado électorat
eleitoral électoral
eleitoralismo électoralisme
eleitoralista électoraliste
elementar élémentaire
elemento élément
elenco distribution
eles eux, ils
eletivo électif
eletracústica électroacoustique
eletracústico électroacoustique
eletrencefalograma électroencéphalogramme
eletricamente électriquement
eletricidade électricité
eletricidade positiva électricité positive
eletricista électricien
elétrico électrique
eletrificação électrification
eletrificar électrifier
eletrização électrisation
eletrizar électriser
eletrizável électrisable
eletrocardiograma électrocardiogramme
eletrochoque électrochoc
eletrocoagulação électrocoagulation
eletrocussão électrocution
eletrocutar électrocuter
eletrodinâmica électrodynamique
eletrodinâmico électrodynamique
elétrodo électrode
eletrodoméstico électroménager
eletrógeno électrogène
eletroímã électroaimant
eletrolisar électrolyser
eletrólise électrolyse
eletrolítico électrolytique
eletrólito électrolyte
eletromagnético électromagnétique
eletromagnetismo électromagnétisme
eletromecânica électromécanique
eletromecânico électromécanique
eletrometalurgia électrométallurgie
eletrômetro électromètre
eletromotor électromoteur
elétron électron
elétron livre électron libre
elétron-volt électronvolt
eletronegativo électronégatif
eletrônica électronique
eletrônico électronique
eletronuclear électronucléaire
eletropositivo électropositif
eletroquímica électrochimie
eletrorradiologia électroradiologie
eletrostática électrostatique
eletrotécnica électrotechnique
eletrotécnico électrotechnicien
eletroterapia électrothérapie
elevação élévation, hauteur, rehaussement, relèvement
elevado élevé
elevador ascenseur, élévateur
elevar élever, hausser, relever
elevatório élévateur, élévatoire
elfo elfe
elidir élider
eliminação élimination, liquidation
eliminação do teto déplafonnement
eliminar éliminer
eliminar o teto de déplafonner
eliminatória critérium, éliminatoire
eliminatório éliminatoire
elipse ellipse
elipsoidal ellipsoïdal
elipsoide ellipsoïde
elipticamente elliptiquement
elíptico elliptique
elisabetano élisabéthain
elisão élision
elísio élyséen
elite élite
elitismo élitisme
elitista élitiste
élitro élytre
elixir élixir, orviétan
elixir paregórico élixir parégorique
elmo bombe, heaume
elo chaînon, maillon
elocução débit, élocution
elogiar louer
elogio éloge
elogiosamente élogieusement
elogioso élogieux, louangeur
eloquência éloquence
eloquente disert, éloquent
elucidação élucidation
elucidar élucider
eludir éluder
em chez, dans, près, en, ès, par, sous, sur
em amadurecimento mûrissant
em boa forma valide
em branco blanc
em breve bientôt
em cima au-dessus, dessus, en haut, là-dessus

em cima de sur
em cima disso là-dessus
em crescimento croissant
em crise sinistré
em cunha contra a neve chasse-neige
em décimo lugar dixièmement
em décimo primeiro lugar onzièmement
em décimo quarto lugar quatorzièmement
em décimo quinto lugar quinzièmement
em décimo segundo lugar douzièmement
em décimo sexto lugar seizièmement
em décimo terceiro lugar treizièmement
em forma en bonne et due forme, pêchu, vaillant
em forma de meia-lua luné
em forma de pomo pommé
em frente à l'opposite, ci-contre, en regard, vis-à-vis
em mau estado mal-en-point
em nono lugar neuvièmement
em oitavo lugar huitièmement
em ordem alfabética alphabétiquement
em pedacinhos menu
em pessoa en personne, personnifié
em ponto pile, pétant, tapant
em primeiro lugar au premier chef, en premier, en premier lieu, premièrement
em quarto lugar quarto, quatrièmement
em que où
em que posição combientième
em quinto lugar cinquièmement
em ruínas croulant
em seguida à la suite, ensuite
em segundo lugar deuxièmement, secondement
em sétimo lugar septièmement
em sexto lugar sexto, sixièmement
em si en soi
em terceiro lugar tertio, troisièmement
em troca de contre
em vão en pure perte, en vain, vainement
em vigésimo lugar vingtièmement
em vista de vu
em volta autour
ema nandou
emaciado émacié
emagrecedor amaigrissant
emagrecer amaigrir, maigrir, mincir
emagrecimento amaigrissement
emalhar mailler
emalhetar enter
emanação émanation
emanar émaner, sortir
emancipação émancipation
emancipador émancipateur
emancipar émanciper
emaranhado nébuleuse
emaranhamento enchevêtrement
emaranhar enchevêtrer, entortiller
emasculação émasculation
emascular émasculer
embaçar embuer
embaciado terne
embaciamento matité
embainhar ourler
embair circonvenir
embaixada ambassade
embaixador ambassadeur
embaixo au-dessous, dessous, en bas, en dessous, là-dessous
embalado préemballé
embalador emballeur
embalagem emballage
embalar bercer, emballer
embalar de novo remballer
embalo bercement, emballement
embalsamador embaumeur
embalsamamento embaumement
embalsamar embaumer
embaraçado embarrassé, penaud
embaraçar embarrasser
embaraço gástrico embarras gastrique
embaraçoso embarrassant
embaralhado embrouillé
embaralhamento embrouillement
embaralhar brouiller, embrouiller, emmêler, mêler
embarcação bâtiment, embarcation
embarcação com dois mastros deux-mâts
embarcação com três mastros trois-mâts
embarcação de cabotagem caboteur
embarcadouro embarcadère
embarcar embarquer, marcher
embargar saisir
embargável saisissable
embargo embargo
embarque embarquement
embarrilar entonner
embasamento soubassement
embasar étayer
embasbacado béat, ébaubi
embastilhar embastiller
embate coup de boutoir
embeber imbiber
embebição trempage
embelezamento embellissement
embelezar embellir
emblema emblème
emblemático emblématique
embocadura embouchure
embocar emboucher
emboçar jointoyer
embolia embolie
êmbolo embole
embolorar moisir
embolsar empocher
embora bien que, quoique
emborrachar caoutchouter
emboscada embuscade, guet-apens
emboscar embusquer, piéger
embotado hébété
embotamento hébétement
embotar blaser, émousser
embreagem embrayage
embrear débrayer, embrayer
embriagado ivre
embriaguez ébriété, ivresse
embrião embryon
embriogênese embryogenèse
embriogenia embryogenèse
embriologia embryologie
embriológico embryologique
embrionário embryonnaire
embrulhada embrouillamini, embrouillement, sac de nœuds
embrulhamento enveloppement
embrulhar emmailloter, entuber, envelopper
embrumar brumasser, embrumer
embrutecedor abrutissant
embrutecimento abrutissement
embruxar envoûter
embuste supercherie, tromperie
embutido de focinho museau
embutido de redenho crépinette
embutidos cochonnaille
embutidura coffrage, encastrement
embutir encastrer
embutível encastrable
emenda amendement, becquet, pont, surcharge
emendar amender, surcharger
emendar as pontas rabouter
emergência émergence, urgence
emergencista urgentiste
emergente émergent
emergir émerger, faire surface
emérito émérite
emersão émersion
emerso émergé
emético émétique
emetrope emmétrope
emigração émigration
emigrado émigré
emigrante émigrant
emigrar émigrer
Eminência éminence
eminência parda éminence grise
eminente de marque, éminent
eminentemente éminemment
emir émir
emirado émirat
emissão émission, tirage
emissão de ordem de pagamento mandatement
emissário émissaire
emissivo émissif
emissor émetteur
emissor receptor émetteur-récepteur
emissora émetteur
emitir émettre, rendre
emitir ordem de pagamento mandater
emmenthal emmental
emoção émoi, émotion, saisissement
emocional émotionnel
emocionar émotionner
emoldurar encadrer, moulurer
emoliente émollient
emolumentos aos parlamentares indemnité parlementaire
emoticon smiley

emotividade émotivité
emotivo émotif
empa rame
empacotamento empaquetage, packaging
empacotar clamser, empaqueter
empacotar de novo rempaqueter
empadão tourte
empáfia suffisance
empalação empalement
empalar empaler
empalhação rempaillage
empalhado canné
empalhador empailleur, rempailleur
empalhamento cannage, empaillage, naturalisation
empalhar canner, empailler, naturaliser, pailler, rempailler
empalidecente blêmissant
empalidecer pâlir
empanturramento ripaille
empanturrar bourrer, caler, gaver
empar échalasser, ramer
emparedamento murage
emparedar emmurer, murer
emparelhar accoupler, appareiller, apparier, rapparier
empastamento empâtement
empastar empâter
empatar égaliser, faire match nul
empate pat
empatia empathie
empavesar pavoiser
empecilho hypothèque
empedernido endurci
empedrado empierrement
empedramento empierrement
empedrar caillouter, empierrer
empenachar empanacher
empenado empenné, voilé
empenagem empennage
empenamento gondolage
empenar gondoler, jouer, voiler
empenhar engager
empeno voile, voilure
emperiquitado endimanché
emperrar coincer
empestamento empuantissement
empestar por cecídio nieller
empestear chamarrer, empester, empoisonner, empuantir, pomponner
empilhamento empilement
empilhar empiler
empilhável empilable
empinado e volumoso pigeonnant
empinar cabrer
empiricamente empiriquement
empírico empirique
empirismo empirisme
empirista empiriste
emplastro emplâtre, patch
empoamento poudrage
empoar poudrer
empobrecer appauvrir
empobrecimento appauvrissement
empoeirado poussiéreux
empolado ampoulé, boursouflé
empolamento boursouflement, boursuflure, enflure
empolar cloquer, percher
empoleirar jucher
empolgante entraînant
emporcalhar cochonner, saloper
empreendedor entreprenant, fonceur
empreendedorismo entrepreunariat
empreender entreprendre
empreendimento entreprise
empregada doméstica bonne
empregadinha boniche
empregadinho sous-fifre
empregado commis, employé, serviteur
empregado doméstico employé de maison
empregado em transporte coletivo roulant
empregador employeur
empregar employer
emprego emploi, place, situation
empreitada forfait
empreiteira maître d'œuvre
empreiteiro entrepreneur
empresa entreprise
empresa de alto risco voltige
empresa de *softwares* développeur
empresa de vendas por correspondência vépéciste
empresa pública régie
empresário entrepreneur, imprésario, manager
emprestador prêteur
emprestar emprunter, prêter
empréstimo emprunt, prêt
empunhar empoigner
empurrar chasser, pousser
emu émeu
emulação émulation
êmulo émule
emulsão émulsion
emulsão fotográfica émulsion
emulsificante émulsif
emulsificar émulsionner
enaltecedor chantre
enaltecer faire mousser
enarmonia enharmonie
enarmônico enharmonique
encabamento emmanchement
encabar emmancher
encadeamento enchaînement
encadear aligner, enchaîner
encadernação reliure
encadernador relieur
encadernar relier
encaixar emboîter, emmancher, enchâsser, sertir
encaixável gigogne
encaixe baïonnette, emboîtement, encaisse, encastrement, enchâssement, logement, mortaise, sertissage
encalhar échouer, ensabler
encalhe bouillon, échouage, ensablement
encaminhamento acheminement
encaminhar acheminer
encamisar chemiser
encanação plomberie
encanador plombier
encanamento plomberie, tuyauterie
encanecido chenu
encantado enchanté, ravi
encantador charmant, charmeur, enchanteur, engageant, mignon, ravissant, trognon
encantamento enchantement, ensorcellement, incantation
encantar charmer, enchanter, ravir
encantatório incantatoire
encanto agrément, charme, ravissement
encapsular capsuler
encapuzado encapuchonné
encaracolar boucler, friser, frisotter
encarar dévisager
encarceramento incarcération
encarcerar boucler, incarcérer
encardido crasseux
encardimento encrassement
encardir culotter, culotter une pipe, encrasser
encarecer renchérir
encargo charge
encarnação incarnation
encarnado incarnat, incarné
encarnar incarner
encarne curée
encarneirado moutonné, moutonneux, pommelé
encarneiramento moutonnement
encarneirar moutonner
encarniçamento curée
encarquilhamento racornissement
encarregado préposé
encarregado da manutenção dos esgotos égoutier
encarregado de cuidar das pistas de esqui pisteur
encarregado do recebimento de mercadorias réceptionnaire
encarregar charger, préposer
encartar encarter
encarte encart
encasquetar se mettre en tête
encáustica encaustique
encausticar encaustiquer
encavalado chevauchant
encavalamento chevauchement, enchevêtrement
encavalar chevaucher
encefálico encéphalique
encefalite encéphalite
encéfalo encéphale
encefalografia encéphalographie
encefalograma encéphalogramme
encefalopatia encéphalopathie
encefalopatia espongiforme encéphalopathie spongiforme
enceleirar engranger
encenação mise en scène

encenar mettre en scène
enceradeira cireuse
encerador cireur
enceramento cirage, fartage
encerar cirer
encerar os esquis farter
encerrado clos
encerramento clôture, enfermement, fermeture, levée, renfermement
encerrar clore, clôturer, enfermer, fermer, receler, renfermer
encerrar as atividades se saborder
enchapelado chapeauté
enchapelar coiffer
encharcado trempé
encharcar abreuver, détremper, tremper
encheção merde
encheção de linguiça remplissage
encher bourrer, emplir, enfler, gonfler, soûler
encher remplir
encher-se de espinhas bourgeonner
enchimento bourrage, gonflage, gonflement, remplissage
encíclica encyclique
enciclopédia encyclopédie
enciclopédico encyclopédique
enciclopedista encyclopédiste
encimar surmonter
enclausurar claquemurer, claustrer, cloîtrer
enclítica enclitique
enclítico enclitique
encobridor receleur
encobrir receler
encolamento encollage
encolar encoller
encolher rapetisser, rétrécir
encolhimento rapetissement, rétrécissement
encomenda commande
encomendar commander
encontrado trouvé
encontrar rencontrer, retrouver, trouver, trouver à
encontro entrevue, rancard, rencontre
encontro marcado rendez-vous
encorajador encourageant
encorajamento encouragement
encorajar encourager, enhardir
encordoamento tamis
encordoar corder
encorpado corsé
encorpar corser, étoffer
encoscorar racornir
encóspias embauchoir
encosta coteau
encostar accoter, adosser
encosto dossier
encouraçado cuirassé
encouraçar cuirasser
encravamento enclavement
encravar enclaver
encrave enclave
encrenca pétrin
encrencar chipoter
encrenqueiro chipoteur, trublion
encrespamento crêpage
encrespar crêper, friser
encrostação encroûtement
encrostar encroûter
encruzilhada croisée, patte-d'oie
encurralar coincer
encurtamento raccourcissement
encurtar écourter, raccourcir
encurvamento incurvation
encurvar incurver
endemia endémie
endêmico endémique
endemoniado démoniaque
endentação échancrure
endereço adresse
endiabrado endiablé
endireita rebouteux
endireitamento redressement
endireitar dégauchir, redresser
endívia endive
endividamento endettement
endividar endetter
endoblasto endoblaste
endocárdio endocarde
endocardite endocardite
endocarpo endocarpe
endócrino endocrine, endocrinien
endocrinologia endocrinologie
endocrinologista endocrinologue
endorreico endoréique
endorreísmo endoréisme
endoscopia endoscopie
endoscópio endoscope
endosmose endosmose
endossar endosser
endossável endossable
endosso endos
endurecedor durcisseur
endurecer durcir, endurcir, rassir
endurecido endurci
endurecimento durcissement, endurcissement, prise, racornissement
enduro enduro
enegrecer noircir
enegrecido noirâtre
energético énergétique
energia énergie, nerf, punch, ressort, tonus
energia eólica énergie éolienne, harpe éolienne
energia escura énergie noire, énergie sombre
energia renovável énergie renouvelable
energia solar énergie solaire
energicamente énergiquement
enérgico énergique, trempé
energizante énergisant
energúmeno énergumène
enervação énervation
enervado énervé
enervante énervant
enervar contracter, énerver
enésima énième
enevoar voiler
enfadar assommer, raser
enfadonho assommant, barbant, rasant
enfaixar bander
enfardadeira lieuse
enfarinhado enfariné
enfarinhar fariner
ênfase emphase
enfaticamente emphatiquement
enfático emphatique
enfatiotar fringuer
enfatizar mettre l'accent sur
enfatuado infatué
enfear enlaidir
enfebrecer enfiévrer
enfeitar agrémenter, embellir
enfeite enjolivure, parure
enfeitiçamento envoûtement
enfeitiçante ensorcelant, ensorceleur
enfeitiçar ensorceler, envoûter
enfermaria infirmerie
enfermeiro garde-malade, infirmier
enfermiço souffreteux
enfermidade infirmité
enfermo infirme
enferrujar rouiller
enfeudar inféoder
enfiada feu roulant, ribambelle
enfiamento enfilage, enfoncement
enfiar enfiler, enfoncer, ficher, glisser, loger, plonger, rentrer
enfiar a faca matraquer
enfiar de novo renfiler, renfoncer
enfiar mais renfoncer
enfiar-se na cama pieuter
enfileiramento rangement
enfileirar ranger
enfim enfin, finalement
enfisema emphysème
enfisema pulmonar emphysème pulmonaire
enfisematoso emphysémateux
enfitar enrubanner
enfiteuse bail emphytéotique
enfitêutico emphytéotique
enforcado pendu
enforcamento pendaison
enforcar pendre
enfornamento enfournage
enfornar enfourner
enfraquecer affaiblir, mollir
enfraquecimento affaiblissement
enfumaçar enfumer
engajado engagé
engajamento engagement
engajamento físico engagement physique
enganador trompeur
enganar attraper, duper, fourvoyer, pigeonner, tromper
enganosamente trompeusement
enganoso vicieux
engarrafamento embouteillage

engarrafar embouteiller
engasgado poussif
engasgar avaler de travers, brouter, tousser
engastador sertisseur
engastar enchâsser, sertir
engaste chaton, sertissage, sertissure
engatar passer
engate accrochage
engatinhar balbutier
engavetamento carambolage
engendrar engendrer
engenharia engineering, génie, ingénierie
engenharia civil génie civil
engenharia mecânica mécanique
engenheiro ingénieriste, ingénieur
engenheiro de sistemas ingénieur système
engenhosamente ingénieusement
engenhosidade ingéniosité
engenhoso ingénieux, savant
engessamento plâtrage
engessar plâtrer
englobar englober
engodador enjôleur
engodar appâter, enjôler, leurrer
engodo enjôlement, leurre, miroir aux alouettes
engolfamento engouffrement
engolir avaler, gober, ravaler
engomado empesé
engomadura empesage
engomagem amidonnage
engomar amidonner, empeser
engordar empâter, engraisser, forcir, grossir
engordurado graisseux
engordurar graisser
engraçadinho gentillet, plaisantin
engraçadíssimo poilant, tordant
engraçado drolatique, drôle, folichon, marrant, plaisant, rigolo
engravatar cravater
engravidar engrosser, féconder
engraxador cireur
engraxar cirer
engrenagem enclenchement, engrenage, rouage
engrenar enclencher, engrener
engrinaldar enguirlander
engrossar prendre
enguia anguille
enguiçar détraquer
enguiço détraquement
enigma colle, énigme, rébus
enigmático énigmatique
enjambement enjambement, rejet
enjaular coffrer
enlaçamento laçage
enlaçar enlacer
enlace enlacement
enlameado crotté
enlameadura éclaboussement
enlamear éclabousser
enlanguescer alanguir
enlatamento palissage
enlatar palisser
enlevador planant
enlouquecedor affolant
enlouquecer affoler, perdre l'esprit, transporter
enlouquecido affolé
enlouquecimento affolement
enlutar endeuiller
enluvar ganter
enobrecer ennoblir
enobrecimento ennoblissement
enojado dégoûté
enojamento écœurement
enojar dégoûter, écœurer
enologia œnologie
enológico œnologique
enólogo œnologue
enometria œnométrie
enorme énorme
enormemente énormément, grandement
enormidade énormité
enquadramento cadrage, encadrement
enquadramento sob vidro sous-verre
enquadrar cadrer, encadrer
enquanto pendant, tandis que, tant que
enraiamento enraiement
enraiar enrayer
enraivecedor rageant
enraivecer courroucer, enrager
enraizamento enracinement
enraizar enraciner
enrascada mauvais pas
enredar empêtrer
enredo intrigue
enregelamento onglée
enriquecedor enrichissant
enriquecer engraisser, enrichir, étoffer
enriquecido enrichi
enriquecimento enrichissement
enrocamento enrochement
enrodilhar pelotonner
enrolação entortillement
enrolado brouillon
enrolador bonimenteur, enrouleur
enrolamento enroulement, entortillement
enrolar botter en touche, dégager en touche, emberlificoter, embobiner, enrouler, entortiller, faire lanterner, jouer la montre, lanterner, lover, posséder, rouler
enrouquecer enrouer
enrubescer rougeoyer
enrugado ratatiné, ridé
enrugar rider
ensaboada savonnage
ensaboar savonner
ensacar ensacher
ensaiar répéter
ensaio essai, répétition
ensaio geral générale, répétition générale
ensaísta essayiste
ensanduichado en sandwich
ensanguentado saignant, sanglant
ensanguentar ensanglanter
enseada crique, rade
ensebar chinoiser
ensilagem ensilage
ensilar ensiler
ensinar apprendre, enseigner
ensino enseignement
ensino médio (enseignement) secondaire, humanités
ensino misto mixité
ensino secundário (enseignement) secondaire
ensolarado ensoleillé
ensopado capilotade, trempé comme une soupe
ensurdecedor assourdissant
ensurdecer assourdir
ensurdecimento assourdissement
entalhar cranter, entailler
entalhe cran, encoche, entaille, feuillure, saignée
então alors, dès lors, donc, lors
enteada belle-fille
enteado beau-fils
enteados beaux-enfants
entediante ennuyeux
entediar ennuyer
entelagem entoilage
entelar entoiler
entendedor entendeur
entender entendre
entendido entendu
entendimento entendement, entente
enterite entérite
enternecedor attendrissant
enternecer attendrir
enternecimento attendrissement
enterrar enfouir, enterrer, mettre en terre, porter en terre
enterro enterrement
entidade entité
entivação boisage, coffrage
entivar boiser
entoar entonner
entomologia entomologie
entomologista entomologiste
entonação intonation
entornar boire cul sec, verser
entorno environnement
entorpecer abrutir, engourdir
entorpecido engourdi, gourd
entorpecimento abrutissement
entorse entorse
entortar fausser, forcer
entoucar coiffer
entourage entourage
entrada entrée, seuil
entrada em caixa encaissement
entrada franca entrée libre
entranha entrailles, tripe, ventre
entrar engager, entrer, rentrer
entrar em aborder, enfiler
entrar em conflito se heurter

entrar em pânico paniquer
entrar sem pagar resquiller
entravar coincer, entraver
entrave entrave
entre au nombre de, au rang de, chez, entre, parmi
entre os quais dont
entreaberto entrouvert
entreabrir entrebâiller, entrouvrir
entreato entracte, interlude, intermède
entrechat entrechat
entrechoque carambolage
entrecoberta entrepont
entrecortado brisé, haché
entrecortar entrecouper, saccader
entrecosto entrecôte
entrecruzamento entrecroisement
entrecruzar entrecroiser
entrega contra pagamento envoi contre remboursement
entrega livraison, remise
entregador livreur
entregar délivrer, filer, livrer, remettre
entreguerras entre-deux-guerres
entrelaçado entrelacs
entrelaçamento enlacement, entrelacement, épissure
entrelaçar enlacer, entrelacer, épisser
entrelinha interligne
entrelinhamento interlignage
entrelinhar interligner
entrelopo interlope
entremear entrelarder, entremêler
entremeio entre-deux
entrementes entre-temps
entreperna entrecuisse, entrejambe
entreposto entrepôt
entretanto entrefaites, néanmoins
entretítulo intertitre
entrevado grabataire
entrever apercevoir, entr'apercevoir, entrevoir
entrevista entretien, interview
entrevista coletiva conférence de presse
entrevistado interviewé, sondé
entrevistar interviewer
entristecedor attristant
entristecer attrister
entroncamento nœud, raccordement
entronização intronisation
entronizar introniser
entropia entropie
entubação tubage
entulhamento comblement, jonchée
entulhar combler
entulho déblai, gravats, plâtras
entupido bouché
entupimento engorgement
entupir engorger
entusiasmante enthousiasmant
entusiasmar enthousiasmer
entusiasmo allant, enthousiasme
entusiasta enthousiaste, fervent
enucleação énucléation
enuclear énucléer
enumeração dénombrement, énumération
enumerar dénombrer, énumérer
enunciação énonciation
enunciado énoncé
enunciar énoncer
enurese énurésie
envasamento envasement
envasar envaser
envasilhar empoter
envelhecer avoir de la bouteille, décatir, prendre de la bouteille, vieillir
envelhecido décati, vieilli
envelhecimento vieillissement
envelope enveloppe, pli
envenenador empoisonneur
envenenamento empoisonnement
envenenar empoisonner
envergadura carrure, envergure, gabarit
envergonhadamente honteusement
envergonhado honteux, péteux
envergonhar faire honte à
envernizado verni, vernissé
envernizar vernir, vernisser
envesgar bigler
enviado envoyé
enviar envoyer
enviar fax faxer
envidraçado vitré
envidraçar vitrer
enviesado biais
enviesar aller de travers, biaiser
envio acheminement, envoi
envio de cabograma câblage
enviscamento engluement
enviscar engluer, poisser
envoltório enrobage, enveloppe
envoltório de palha clisse
envolvente enveloppant
envolver embarquer, embringuer, envelopper, mêler
envolver em cueiro langer
envolvimento enrobage, enveloppement
enxada binette, houe, pioche
enxadada piochage, piocher
enxadear biner
enxaguar rincer
enxágue rinçage
enxame essaim
enxameação essaimage
enxamear essaimer
enxaqueca migraine
enxergão paillasse
enxergar voir
enxertadeira greffoir
enxertado greffé
enxertar enter, greffer
enxertar de borbulha écussonner
enxerto greffage, greffon, greffe, transplantation
enxofradeira soufreuse
enxofrador soufreur
enxoframento soufrage
enxofrar soufrer, sulfurer
enxofre soufre
enxoval trousseau
enxoval de recém-nascido layette
enxugamento dégraissage, essuyage
enxugar dégraisser, essuyer
enzima enzyme
eoceno éocène
eólico éolien
eosina éosine
epeira épeire
eperlano éperlan
epícea épicéa
epiceno épicène
epicentro épicentre
épico épique
epicurismo épicurisme
epicurista épicurien
epidemia épidémie
epidêmico épidémique
epidemiologia épidémiologie
epiderme épiderme
epidérmico épidermique
epifenômeno épiphénomène
epífise épiphyse
epífita épiphyte
epigástrio épigastre
epiglote épiglotte
epígono épigone
epígrafe épigraphe, exergue
epigrafia épigraphie
epigrama épigramme
epilepsia épilepsie
epiléptico épileptique
epílogo épilogue
episcopado épiscopat
episcopal épiscopal
episiotomia épisiotomie
episodicamente épisodiquement
episódico épisodique
episódio épisode
epistemologia épistémologie
epistemológico épistémologique
epístola épître
epistolar épistolaire
epistológrafo épistolier
epitáfio épitaphe
epitelial épithélial
epitélio épithélium
epíteto épithète
epítoga épitoge
epizootia épizootie
epizoótico épizootique
EPO EPO
época époque
época áurea âge d'or
época da semeadura semailles
época de provas session
epônimo éponyme
epopeia épopée
épsilon epsilon
épura épure
equação équation
equador équateur

equatorial équatorial
equatoriano équatorien
equestre équestre
equidade équité
equídeo équidé
equidistância équidistance
equidistante équidistant
equidna échidné
equilátero équilatéral
equilibração équilibrage
equilibrado balancé, équilibré
equilibrar équilibrer
equilíbrio aplomb, assiette, équilibre
equilibrista équilibriste
equimose bleu, meurtrissure
equino équin
equinocial équinoxial
equinócio équinoxe
equinodermo échinoderme
equipado outillé
equipamento barda, équipement, fourniment, outillage, paquetage
equipamento médico plateau technique
equipar équiper, outiller
equipe écurie, équipe
equitação cheval, équitation
equitativamente équitablement
equitativo équitable
equivalência équivalence
equivalente équivalent, pendant, valeur
equivaler équivaloir, revenir
equívoco équivoque, faux, fourvoiement, méprise
era ère
era geológica ère géologique
era glacial période glaciaire
era mesozoica ère secondaire
era paleozoica ère primaire
era primária ère primaire
ereção érection
eremita ermite
eremitério ermitage
eremítico érémitique
erétil érectile
erg erg
ergonomia ergonomie
ergonômico ergonomique
erguer élever
erguido levé
ericácea éricacée
eriçado hérissé
eriçamento hérissement
eriçar hérisser, rebrousser
erigir camper, dresser, ériger
erisipela érysipèle
eritema érythème
eritreu érythréen
eritropoetina érythropoïétine
erógeno érogène
erosão érosion
erosão eólica érosion éolienne
erosivo érosif
erótico érotique, rose
erotismo érotisme
erradicação éradication
erradicar éradiquer
errado de traviole, faux, mauvais
errância errance
errante errant, vagabond
errar errer
errata erratum
errático erratique
erro erreur, faute, loupé, tort
erro crasso bourde
erro de ligação entre as palavras cuir
erro grosseiro pataquès
erro judicial erreur judiciaire
erro na distribuição das cartas fausse donne, maldonne
errôneo erroné
ersatz ersatz
erse erse
erudição érudition
erudito bel esprit, érudit, savant
erupção éruption
eruptivo éruptif
erva herbe
erva daninha mauvaise herbe
ervas aromáticas fines herbes
ervas daninhas herbes folles
ervilha petit pois, pois
ervilha-de-cheiro gesse odorante, pois de senteur
ervilha-torta mange-tout
ervoso herbeux, herbu
esbagoar égrener
esbanjador flambeur, gâcheur
esbanjar claquer, flamber
esbarrar buter, heurter
esbatido fondu
esbelteza sveltesse
esbelto délié, svelte
esboçar dégrossir, ébaucher, esquisser, pocher
esboçar a lápis crayonner
esboçar ao vivo croquer
esboço canevas, crayonné, ébauchage, ébauche, esquisse, pochade, premier jet
esboço a lápis crayonnage
esbofetear claquer, gifler, souffleter
esboroamento effritement
esboroar effriter
esbranquiçado blanchâtre
esburacado défoncé
esburacar défoncer, trouer
escabelo repose-pieds
escabroso corsé, scabreux
escada échelier, échelle, escalier, faire--valoir, perron
escada de embarque e desembarque passerelle
escada em espiral escalier à vis
escada rolante Escalator, escalier mécanique, escalier roulant
escadote escabeau
escafandrista scaphandrier
escafandro scaphandre
escala de Beaufort Beaufort
escala échelle, escale, gamme, relâche
escalada escalade
escalada de inverno hivernale
escalada de paredes rochosas varappe
escalador grimpeur, varappeur
escalão échelon
escalar escalader, gravir, grimper, scalaire
Escalator Escalator
escalavrado lépreux
escaldante brûlant
escaldar ébouillanter, échauder, pocher
escaleno scalène
escalfeta chaufferette
escalfeta de cama moine
escalonamento échelonnement
escalonar échelonner, étaler
escalope escalope
escalpar scalper
escalpelo scalpel
escalpo scalp
escama écaille, squame
escamoso squameux
escamoteação escamotage
escamoteador escamoteur
escamotear escamoter
escamoteável escamotable
escanção échanson
escancarado béant
escandalizar estomaquer, scandaliser
escândalo casserole, éclat, esclandre, scandale
escandalosamente scandaleusement
escandaloso scandaleux
escandinavo scandinave
escandir scander
escanear scanner
escangalhar démantibuler, déranger
escansão scansion
escanteio corner
escapada échappée
escapamento échappement, pot d'échappement
escapar couper, échapper, fuir, réchapper, s'échapper
escapatória échappatoire
escape détente
escapo échappement
escápula omoplate
escapular scapulaire
escapulário scapulaire
escapulida escapade
escara escarre
escaramuça accrochage, escarmouche
escaravelho bousier
escaravelho-sagrado scarabée
escarcela escarcelle
escarcha frimas
escardeagem sarclage
escardear sarcler
escardilhar sarcler
escardilho sarcloir
escargot colimaçon, escargot
escargot petit gris petit-gris
escarificação scarification

escarificador scarificateur
escarificar scarifier
escarlate écarlate, vermeil
escarlatina scarlatine
escarnar écharner
escarnecedor ricaneur
escarnecer brocarder
escárnio brocard, lazzi
escarola scarole
escarpa à-pic, escarpe
escarpado escarpé
escarpadura épaulement, escarpement
escarpim escarpin
escarradeira crachoir
escarrado tout craché
escarranchar em enfourcher
escassez disette
escatologia eschatologie, scatologie
escatológico scatologique
escavação creusage, excavation, fouille
escavadeira excavateur, pelleteuse
escavador fouisseur
escavar évider, foncer, fouiller
esclarecedor éclairant
esclarecer clarifier, débrouiller, éclaircir, tirer au clair
esclarecido éclairé
esclarecimento éclaircissement, mise au point
esclera sclérotique
esclerosado sclérosé
esclerosar scléroser
esclerose sclérose
esclerose múltipla sclérose en plaques
esclerótica sclérotique
escoadouro déversoir
escoamento écoulement, déversement, ruissellement
escoar écouler
escocês écossais
escoicear regimber, ruer
escola bahut, boîte, école
escola comunal communal
escola de canto maîtrise
escola de educação infantil maternelle
Escola Normal École normale
escola particular école libre, institution
Escola Politécnica Polytechnique
escola profissionalizante lycée professionnel
escola rabínica école rabbinique
escolar écolier, scolaire
escolaridade scolarité
escolarização scolarisation
escolarizar scolariser
escolarizável scolarisable
escolástica scolastique
escolástico scolastique
escolha choix
escolha das reservas balivage
escolher choisir, prendre
escolher amostra échantillonner
escolho brisant, écueil
escoliose scoliose
escolopêndrio scolopendre
escolta escorte, protection rapprochée, suiveur
escoltar convoyer, escorter, faire escorte
escombros décombres, éboulement, éboulis
esconde-esconde cache-cache
esconder cacher, planquer, receler
esconder-se sob a terra se terrer
esconderijo affût, cache, cachette, planque
escondido planqué
escopro burin
escora étai
escoramento chevalement, étaiement
escorar arc-bouter, caler, étayer, soulager
escorbútico scorbutique
escorbuto scorbut
escorcioneira scorsonère
escore score
escória crasse, laitier, lie, mâchefer, scorie
escoriação excoriation
escoriáceo scoriacé
escoriar excorier
escorpiano scorpion
Escorpião scorpion
escorredor égouttoir
escorregadela glissade
escorregadio glissant
escorregador toboggan
escorregar déraper, glisser
escorrer baver, couler, dégouliner, égoutter, filer, ruisseler
escorrimento dégoulinade, égouttage, ruissellement
escota écoute
escote écot
escoteiro boy-scout, éclaireur, scout
escotilha coupée, écoutille
escotismo scoutisme
escova brosse, écouvillon
escova de cabo comprido goupillon
escova para limpar chaminé hérisson
escovação brossage
escovar brosser, se brosser
escovém écubier
escovilhão écouvillon
escovinha bleuet
escravagismo esclavagisme
escravagista esclavagiste
escravidão esclavage, fers
escravo esclave, prisonnier
escrever écrire, noter, poser, prendre la plume
escrever com letras grandes écrire gros
escrevinhador écrivailleur, écrivassier, plumitif
escrevinhar écrivailler
escriba scribe
escrínio écrin
escrita écrit, écriture
escrita cuneiforme écriture cunéiforme
escrita fonética écriture phonétique
escrita pictográfica écriture pictographique
escrito écrit
escrito corrosivo vitriol
escritor écrivain
escritor de cartas écrivain public
escritor moderno moderne
escritório bureau, étude, office
Escritura Écriture sainte, Saintes Écritures
escritura passation
escritural scriptural
escriturário scribouillard
escrivaninha bureau, écritoire
escrófula écrouelles
escrofulária herbe aux écrouelles, scrofulaire
escroque escroc
escroto bourses, saligaud
escrúpulo scrupule, vergogne
escrupulosamente scrupuleusement
escrupuloso scrupuleux
escrutador scrutateur
escrutar scruter
escrutinador scrutateur
escrutinar dépouiller
escrutínio dépouillement, scrutin
escudeiro écuyer
escudela écuelle
escudete écusson
escudo bouclier, écu, escudo
esculpir sculpter
escultor sculpteur
escultura sculpture
escultural sculptural
escumadeira écumoire
escumalha mâchefer
escumar écumer
escumilha étamine
escurecer assombrir, foncer, noircir
escurecimento brunissement, noircissement
escuridão obscurité
escuro foncé, noir, nuit, sombre
escuta écoute
escutar écouter
esdrúxulo vicieux
esfacelamento éclatement
esfalfamento courbature
esfaquear suriner
esfarrapado déguenillé, dépenaillé, loqueteux
esfenoide sphénoïde
esfera bille, cadre, pomme, sphère
esfera de influência mouvance
esfericidade sphéricité
esférico sphérique
esferoide sphéroïde
esfiapar effilocher
esfíncter sphincter
esfinge sphinx
esfolado écorché
esfolador écorcheur
esfoladura écorchure, éraillement
esfolar dépiauter, dépouiller, écorcher, érailler

esfoliação exfoliation
esfoliante exfoliant
esfoliar exfolier
esfomeado affamé
esfomear affamer
esforço effort, peine
esfregaço frottis
esfregão balai-brosse, frottoir
esfregar briquer, bouchonner, curer, frotter
esfriar jeter un froid, rafraîchir, refroidir, se refroidir
esgana-gata épinoche
esganiçado glapissant
esgarçar érailler
esgargalado dépoitraillé
esgotado à bout de nerfs, épuisé
esgotamento égouttage, épuisement, tarissement
esgotante abrutissant, épuisant
esgotar égoutter, épuiser, surmener, tarir
esgotável tarissable
esgoto égout
esgrima escrime
esgrima de sabre sabre
esgrimir ferrailler
esgrimista escrimeur, tireur
esgrimista de espada épéiste
esgrimista de sabre sabreur
esguichar gicler
esguicho giclée, giclement
esguiez minceur
esguio élancé, fluet, mince
esladroamento ébourgeonnement
esladroar ébourgeonner
eslavo slave
eslovaco slovaque
esloveno slovène
esmaecido passé
esmaecimento flétrissure
esmagado écrasé, en bouillie
esmagador écrasant
esmagamento écrasement
esmagar écrabouiller, écraser
esmala smala
esmaltador émailleur
esmaltagem émaillage, émaillerie
esmaltar émailler, vernisser
esmalte émail, vernis
esmalte cloasonado émail cloisonné
esmeradamente précieusement
esmerado léché, propre
esmeralda émeraude
esmeril émeri
esmerilar égriser
esmero soin
esmigalhamento émiettement
esmigalhar émietter
esmiuçador pinailleur
esmiuçamento pinaillage
esmiuçar décortiquer, pinailler
esmola aumône
esmolar quêter
esmoler quêteur
esmorecer liquéfier
esmorecimento liquéfaction
esnobar snober
esnobe snob
esnobismo snobisme
esofagiano œsophagien
esofágico oesophagien
esôfago œsophage
esotérico ésotérique
esoterismo ésotérisme
espaçar espacer
espacato grand écart
espacial spatial
espaço espace, espacement
espaço livre dégagement
espaço ocupado encombrement
espaço publicitário espace publicitaire
espaço vital espace vital
espaço-tempo espace-temps
espaçonauta spationaute
espaçosamente spacieusement
espaçoso logeable, spacieux
espaçotemporal spatio-temporel
espada épée
espadachim spadassin
espadagão rapière
espadas pique
espadelar écanguer
espadilha sprat
espaguete spaghetti
espairecer délasser
espaldar espalier
espaldeira espalier
espalhado clairsemé
espalhafatoso clinquant, tapageur
espalhar épandre, éparpiller, étaler, parsemer, répandre
espalhar sal saler
espanador plumeau
espancar tabasser, rosser, rouer de coups
espanhol espagnol
espantado renversé
espantalho épouvantail
espantar renverser, souffler
espantoso renversant, soufflant
esparadrapo sparadrap
espargimento épandage
esparso épars
espartacismo spartakisme
espartacista spartakiste
espartanamente à la spartiate
espartano spartiate
espartilho corset, guêpière
esparzeta sainfoin
espasmo spasme
espasmódico spasmodique
espasmofilia spasmophilie
espasmofílico spasmophile
espato spath
espátula démonte-pneu, spatule
espavorido hagard
especial spécial
especialidade métier, spécialité
especialista spécialiste
especialista em aquecedores chauffagiste
especialista em logística logisticien
especialização spécialisation
especializado spécialisé
especializar spécialiser
especialmente autrement, spécialement
espécie espèce, espèces, sorte
espécie em vias de extinção espèce en voie de disparition
especificação spécification
especificamente spécifiquement
especificar spécifier
especificidade spécificité
específico spécifique
especiosamente spécieusement
especioso spécieux
espectador spectateur
espectral spectral
espectro revenant, spectre
especulação spéculation, vue de l'esprit
especulador spéculateur
especular spéculer
especular com jouer
especulativo spéculatif
espéculo spéculum
espeleologia spéléologie
espeleológico spéléologique
espeleólogo spéléologue
espelharia miroiterie
espelheiro miroitier
espelho contremarche, glace, miroir
espelunca bouge, hôtel borgne, tripot
espera attente
esperança espérance, espoir
esperança de vida espérance de vie
esperanto espéranto
esperar attendre, espérer, languir, mariner, maronner, s'attendre
esperar com ansiedade guetter
esperma semence, sperme
espermacete blanc de baleine
espermatozoide spermatozoïde
espermicida spermicide
espernear gigoter, trépigner
esperneio gigotement, trépignement
espertalhão mariol, roublard
esperteza roublardise
esperto déluré, fortiche, malin, retors
espessamento épaississement
espessante épaississant
espessar épaissir
espesso épais, gras
espessura carre, épaisseur
espetacular à grand spectacle, spectaculaire
espetáculo spectacle
espetáculo ao vivo spectacle vivant
espetáculo de som e luz son et lumière
espetáculo feérico féerie
espetar embrocher, piquer
espetinho brochette
espeto broche
espeto giratório tournebroche
espevitar moucher

espezinhar fouler aux pieds
espião espion
espiar épier
espichar coller
espicho cannelle
espiga envie, épi
espigão arêtier, ergot
espigueta épillet
espinafre épinard
espineta épinette
espingarda fusil
espingarda metralhadora fusil-mitrailleur
espingarda ruim pétoire
espinha arête, bouton, échine
espinha dorsal épine dorsale
espinhal épinière, spinal
espinheiro épine, épineux
espinho épine, piquant
espinhoso épineux, hérissé
espiolhar épouiller
espionagem espionnage
espionar espionner
espira spire
espiráculo évent
espiral spiral, spirale, vrille
espiralado spiroïdal
espiralar tire-bouchonner, vriller
espirilo spirille
espírita spirite
espiritismo spiritisme
espírito esprit, spiritueux
espírito batedor esprit frappeur
espírito crítico esprit critique
espírito de contradição esprit de contradiction
espírito de corpo esprit de corps
espírito de equipe esprit d'équipe
espírito forte esprit rude
Espírito Santo Saint-Esprit
espiritual spirituel
espiritualidade spiritualité
espiritualismo spiritualisme
espiritualmente spirituellement
espirituosamente spirituellement
espirituoso spirituel
espirógrafo spirographe
espirômetro spiromètre
espirradeira laurier-rose
espirrar éternuer
espirro éternuement
esplanada esplanade
esplendidamente splendidement
esplêndido splendide
esplendor splendeur
esplênico splénique
esplim spleen
espoliação spoliation
espoliador spoliateur
espoliar pressurer, spolier
espondeu spondée
espongiário spongiaire
esponja éponge
esponja para louça lavette
esponjar éponger
esponjoso spongieux, spongiforme
esponsais épousailles
espontaneamente spontanément
espontaneidade spontanéité
espontâneo spontané
espora éperon
esporadicamente sporadiquement
esporádico sporadique
esporângio sporange
esporão éperon, ergot
esporear éperonner, talonner
esporo spore
esporte sport
esportes de deslizamento sports de glisse
esportes náuticos nautisme
esportes radicais sports extrêmes
esportista sportif
esportiva sportivité
esportivamente sportivement
esportividade sportivité
esportivo beau joueur, sport, sportif
esporulação sporulation
esposar épouser
esposo époux
espreguiçadeira chaise longue, méridienne, transat
espreita aguets, guet
espreitar guetter
espremedor de laranja presse-citron
espremedor de legumes presse-purée
espressivo espressivo
espresso express, expresso
espuma écume, mousse
espuma do mar écume de mer, moutons
espumante écumeux, mousseux
espumar écumer, mousser
espumoso écumant, écumeux, moussant, mousseux, spumeux
esquadra escadre
esquadrão escadron
esquadrar équarrir
esquadrejamento équarrissage
esquadria fixa châssis dormant
esquadrilha escadrille
esquadrinhador fureteur
esquadrinhamento épluchage, furetage, ratissage
esquadrinhar éplucher, fouiller, fureter, ratisser
esquadro équerre
esqualo squale
esquartejamento écartèlement, équarrissage
esquartejar écarteler, équarrir
esquecer négliger, oublier
esquecido oublieux
esquecimento oubli
esquelético efflanqué, étique
esqueleto charpente, ossature, squelette
esquema schéma
esquematicamente schématiquement
esquemático schématique, squelettique
esquematismo schématisme
esquematização schématisation
esquematizar schématiser
esquentar chauffer, passionner
esquerda gauche
esquerdismo gauchisme
esquerdista gauchiste
esquerdo gauche
esquete sketch
esqui ski
esqui alpino ski alpin
esqui fora de pista hors-piste
esquiador skieur
esquiador de fundo fondeur
esquiador de *slalom* slalomeur
esquiar skier
esquiável skiable
esquife esquif, skiff
esquilo écureuil
esquimó esquimau
esquina coin
esquírola esquille
esquisitamente drôlement
esquisitão ostrogoth
esquisitice étrangeté
esquisito drôle, invraisemblable, spécial, tordu
esquisitoide bizarroïde
esquistossomo bilharzie
esquistossomose bilharziose
esquiva dérobade, esquive, parade
esquivar esquiver
esquivar-se de parer
esquivo fuyant
esquizofrenia schizophrénie
esquizofrênico schizophrène, schizophrénique
esse ce, celui
essência essence, génie
essência de terebintina essence de térébenthine
essencial essentiel
essencialmente au premier chef, essentiellement
esta tarde tantôt
estabanado brise-tout
estabelecer caser, établir, fixer, poser
estabelecer jurisprudência faire jurisprudence
estabelecimento établissement
estabilidade stabilité
estabilização stabilisation
estabilizador stabilisateur
estabilizar stabiliser
establishment establishment
estábulo étable
estaca bouture, échalas, pal, palis, pieu, piquet
estacada champ clos
estação saison, station
estação de trabalho station de travail
estação de tratamento de esgoto champ d'épandage
estação de trem gare
estação espacial station spatiale
estação orbital station orbitale

estacionamento parc (de stationnement), parcage, parking, stationnement
estacionamento com parquímetro stationnement horodaté
estacionar garer, parquer, stationner
estacionário stationnaire
estada séjour
estádio stade
estadista homme d'État
estado état
Estado État
estado bandido État(-)voyou
estado de coisas état de fait
estado de espírito état d'âme, état d'esprit, tournure d'esprit
estado de sítio état de siège
estado líquido état liquide
Estado totalitário État totalitaire
estado-maior état-major
estado-tampão État tampon
estados-gerais états généraux
estafa éreintement, surmenage
estafado vaseux
estafante crevant, éreintant
estafar éreinter
estafe staff
estafeta estafette
estafilococo staphylocoque
estagiário clerc, stagiaire
estágio étage, stade, stage
estagnação stagnation
estagnado croupi, croupissant, stagnant
estagnar croupir, stagner
estai étai
estala stalle
estalactite stalactite
estalagmite stalagmite
estalar claquer, craquer, craqueter
estaleiro carénage, chantier
estalido craquètement
estalo clappement, claquement, craquement
estame étamine
estaminado staminé
estampa planche
estampado imprimé
estampador estampeur
estampagem étampage
estampar étamper, imprimer
estampidos pétarade
estampilha estampille
estampilhar estampiller
estancamento étanchement
estancar étancher, tarir
estância laisse, stance
estandarte bannière, étendard
estande de tiro tir
estande stand
estanhador étameur, rétameur
estanhagem étamage
estanhar étamer
estanho étain
estanífero stannifère
estanque étanche
estanqueidade étanchéité
estante étagère, pupitre
estapafúrdio biscornu, saugrenu
estapeamento tapement
estapear taper
estar être, faire, se tenir, se trouver
estar à beira da morte se mourir
estar a ponto de manquer
estar adormecido sommeiller
estar chapado flipper
estar desempregado chômer
estar em trânsito transiter
estar entreaberto bâiller
estar mergulhado baigner
estar na fossa avoir le bourdon, broyer du noir, cafarder
estar na muda muer
estar nas tintas s'en balancer
estar por fora être hors circuit, ne plus être dans la course, retarder
estar prestes a faillir
estar saturado saturer
estar sobrecarregado crouler
estarrecedor étourdissant, foudroyant
estarrecer foudroyer
estase stase
estatal domanial, étatique
estática statique
estático statique
estatismo étatisme
estatística statistique
estatisticamente statistiquement
estatístico statisticien, statistique
estatização étatisation
estatizar étatiser
estator stator
estátua statue
estátua chorosa pleurant
estátua jacente gisant
estatuar statufier
estatuaria statuaire
estatuário statuaire
estatueta figurine, statuette
estatuir statuer
estatura stature
estatutário statutaire
estatuto statut
estável égal, stable
este ce
este é voici
estearato stéarate
esteárico stéarique
estearina stéarine
estegomia stégomyie
esteira natte, sillage, toboggan
esteira rolante tapis roulant
esteiro étier, marigot
estela stèle
estelar stellaire
esteliforme stellaire
estema ocelle
estêncil stencil
estendedura étendage
estender allonger, étendre, tendre
estendido allongé, étendu
estenodatilografia sténodactylographie
estenodatilógrafo sténodactylo
estenografar sténographier
estenografia sténographie
estenográfico sténographique
estenógrafo sténographe
estenose rétrécissement, sténose
estenotipia sténotypie
estenotipista sténotypiste
estenótipo sténotype
estentor stentor
estepe steppe
estépico steppique
éster ester
estercada fumage
esterçamento braquage
esterçar braquer
esterco fumier
estéreo stère, stéréo
estereofonia stéréophonie
estereofônico stéréophonique
estereometria stéréométrie
estereoscopia stéréoscopie
estereoscópico stéréoscopique
estereoscópio stéréoscope
estereotipado stéréotypé, typé
estereótipo stéréotype
estereotomia stéréotomie
estéril stérile
esterilidade stérilité
esterilização étuvage, stérilisation
esterilizado aseptisé
esterilizador stérilisateur
esterilizante stérilisant
esterilizar aseptiser, étuver, stériliser
esterilmente stérilement
esterlino sterling
esterno sternum
estertor râle
estertorar râler
esteta esthète, esthéticien
estética esthétique
esteticamente esthétiquement
esteticista esthéticien, visagiste
estético esthétique
estetismo esthétisme
estetoscópio stéthoscope
estiagem étiage
estibina stibine
estibinita stibine
estibordo tribord
esticar tendre
esticar de novo retendre
estigma stigmate
estigmatizar stigmatiser
estilete cutter, stylet
estilingue fronde
estilista styliste
estilística stylistique
estilístico stylistique
estilização stylisation
estilizar styliser
estilo cachet, style, touche

estilo de vida train de vie
estilo despojado style dépouillé
estilo floreado style fleuri
estilo telegráfico style télégraphique
estima estime
estimado estimé
estimar estimer
estimativa approximation, estimation
estimativo estimatif
estimável estimable
estimulação stimulation
estimulador stimulateur
estimulante stimulant
estimular doper, pousser, stimuler
estímulo coup de fouet, stimulus
estiolamento étiolement
estiolar étioler
estipendiar stipendier
estípula stipule
estipulação stipulation
estipular stipuler
estiramento étirage, étirement
estirar étirer
estireno styrène
estivador débardeur, docker
estival estival
estocada botte, estocade
estocada final estocade
estocagem stockage
estocar stocker
estofa étale
estofamento capitonnage, rembourrage
estofar bourrer, capitonner, étoffer, garnir, rembourrer
estofo bourre
estoicamente stoïquement
estoicismo stoïcisme
estoico stoïcien, stoïque
estojo étui, fourreau, gaine, trousse
estola étole, rabat
estolho stolon
estomacal stomacal
estômago estomac
estomáquico stomachique
estomatite stomatite
estômato stomate
estomatologia stomatologie
estomatologista stomatologiste
estontear donner le vertige
estopa étoupe, filasse
estoque estoc, stock
estoquista magasinier
estorninho étourneau, sansonnet
estorvador encombrant
estorvar embarrasser
estorvo embarras
estourar crever, éclater, flamber, péter
estouro crevaison, éclatement, raté
estouvado étourneau
estrabismo strabisme
estrada departamental départementale
estrada federal nationale
estrada route
estrada vicinal chemin vicinal
estradeira VTC
estradeiro routard
estradivário stradivarius
estrado estrade, sommier
estragado fichu, gâté
estragão estragon
estragar abîmer, amocher, corrompre, endommager, esquinter, gâter, mettre à mal, pourrir, se perdre, tourner
estrago ravage
estrambólico cocasse
estrambotismo cocasserie
estrangeiro étranger, gentil
estrangulação étranglement, strangulation
estrangulado étranglé
estrangulador étrangleur
estrangular étrangler
estranhamente étrangement
estranheza étrangeté
estranho étrange, étranger
estrapada estrapade
estratagema brigue, combinaison, stratagème
estratégia stratégie
estratégico stratégique
estrategista stratège
estratego stratège
estratificação stratification
estratificado stratifié
estratigrafia stratigraphie
estrato strate, stratus
estrato-cúmulo strato-cumulus
estratosfera stratosphère
estrear baptiser, débuter, étrenner
estrebaria écurie
estreia début, première
estreitamente étroitement
estreitamento resserrement, rétrécissement
estreitar étreindre, resserrer
estreiteza étroitesse
estreito détroit, étroit, resserré
estrela étoile, vedette
estrela cadente étoile filante
estrela do pastor étoile du berger
estrela nova nova
estrela-do-mar étoile de mer
estrelado étoilé
estrelato vedettariat
estrelinha roitelet
estremecimento tressaillement
estreptococo streptocoque
estreptomicina streptomycine
estressante stressant
estressar stresser
estresse stress
estria marbrure, strie, striure, vergeture
estriado strié, vergeté
estriar strier
estribilho flonflon
estribo culée, étrier, marchepied
estricnina strychnine
estridente claironnant, grinçant, perçant, strident
estridulação stridulation
estrilar piailler
estrilo piaillement
estripador éventreur
estripar étriper, éventrer
estritamente strictement
estrito étroit, strict
estroboscópio stroboscope
estrofe couplet, strophe
estrógeno œstrogène
estrôncio strontium
estrondo éclat, fracas, grondement
estrondosamente à tout rompre
estrondoso fracassant, retentissant
estropiado éclopé, estropié
estropiar estropier
estropo erse
estrutura bâti, charpente, édifice, gros oeuvre, ossature, structure, texture
estruturação structuration
estruturado structuré
estrutural structural, structurel
estruturalismo structuralisme
estruturalista structuraliste
estruturante structurant
estruturar édifier, structurer
estuário estuaire
estucagem plâtrage
estucar plâtrer
estudado apprêté, étudié
estudante écolier, potache
estudante de medicina carabin
estudantil estudiantin, étudiant
estudar composer, étudier, travailler
estudar com afinco potasser
estúdio studio
estudiosamente studieusement
estudioso studieux
estudo étude
estudo de meio na montanha classe de neige
estudo de meio na praia classe de mer
estudos scolarité
estufa étuve, poêle, serre
estufa para cultivo de laranjas orangerie
estufado daube
estufagem étuvage
estufar bouffer, empâter, étuver
estufeiro serriste
estupa stupa
estupefação stupéfaction
estupefaciente stupéfiant
estupefato éberlué, épaté, pantois, stupéfait
estupeficar stupéfier
estupendo épatant
estúpida pécore
estupidamente lourdement, stupidement
estupidez stupidité
estúpido cruche, stupide
estupor stupeur
estuprador violeur
estuprar violenter, violer

estupro viol
estuque stuc
esturjão esturgeon
esturjão *sterlet* sterlet
esvaziamento dégonflage, évidage, évidement, vidage
esvaziar débourrer, dégonfler, dépoter, désemplir, désenfler, évider, vidanger, vider
esvaziar o cachimbo débourrer
esverdeado verdâtre, vert-de-gris
esverdeamento verdissage
esvoaçar voleter
et cetera et cetera
eta êta
etano éthane
etanol éthanol
etapa étape, relais
etc. etc.
éter éther
etéreo éthéré
eternamente éternellement
eternidade éternité
eternizar éterniser
eterno éternel
eterômano éthéromane
ética éthique
ético éthique
etileno éthylène
etílico éthylique
etilista éthylique
etimologia étymologie
etimologicamente étymologiquement
etimológico étymologique
etimologista étymologiste
etiologia étiologie
etiqueta étiquette
etiqueta eletrônica étiquette électronique
etiquetadora étiqueteuse
etiquetagem étiquetage
etiquetar étiqueter
etnia ethnie
étnico ethnique
etnocentrismo ethnocentrisme
etnografia ethnographie
etnográfico ethnographique
etnógrafo ethnographe
etnologia ethnologie
etnológico ethnologique
etnólogo ethnologue
etnônimo ethnonyme
etologia éthologie
etólogo éthologue
etrusco étrusque
eu ego, je, moi, on
eucalipto eucalyptus
eucaristia eucharistie
eucarístico eucharistique
euclidiano euclidien
eufêmico euphémique
eufemismo euphémisme
eufonia euphonie
eufônico euphonique
eufórbio euphorbe
euforia euphorie
eufórico euphorique
euforizante euphorisant
eugenia eugénisme
eugênico eugénique
eunuco eunuque
eurasiático eurasien
euro euro
eurocentrismo eurocentrisme
eurocético eurosceptique
eurocomunismo eurocommunisme
eurocrata eurocrate
eurodeputado eurodéputé
eurodivisa eurodevise
eurodólar eurodollar
europeização européanisation
europeizar européaniser
europeu européen
eurritmia eurythmie
eustasia eustatisme
eutanásia euthanasie
eutanásico euthanasique
evacuação évacuation
evacuador évacuateur
evacuar évacuer
evadido évadé
evanescente évanescent
Evangelho évangile
evangelho évangile, parole d'évangile
evangélico évangélique
evangelismo évangélisme
evangelista évangéliste
evangelização évangélisation
evangelizador évangélisateur
evangelizar évangéliser
evaporação évaporation
evaporado évaporé
evaporador évaporateur
evaporar évaporer, se volatiliser
evasão évasion
evasivamente évasivement
evasivo évasif
evecção évection
evento manifestation
eventração éventration
eventual éventuel
eventualidade éventualité
eventualmente éventuellement
evicção éviction
evidência évidence
evidenciar dégager, mettre en évidence
evidente évident
evidentemente à l'évidence, évidemment
evitação évitement
evitar éviter, se garder
evitável évitable
evocação évocation
evocador évocateur
evocar évoquer
evolução évolution
evolucionismo évolutionnisme
evolucionista évolutionniste
evoluído évolué
evoluir évoluer
evolutivo évolutif
ex abrupto ex abrupto
ex aequo ex aequo
ex cathedra ex cathedra
ex ex
ex-libris ex-libris
ex-voto ex-voto
exacerbação exacerbation
exacerbado exacerbé
exacerbar exacerber
exageradamente à outrance, exagérément, outrageusement
exagerado exagéré, excessif, outrancier, outré
exagerar en rajouter, en remettre, exagérer, outrer, pousser, renchérir
exagero exagération, outrance
exalação exhalaison, exhalation
exalar dégager, exhaler, se dégager, suer
exaltação exaltation
exaltado exalté
exaltante exaltant
exaltar exalter
exame examen
exame final do ensino fundamental brevet des collèges
exames por imagem imagerie médicale
examinador examinateur
examinar examiner
examinar à luz mirer
exangue exsangue
exantema exanthème
exarcado exarchat
exarco exarque
exasperação exaspération
exasperado déchaîné
exasperante enrageant, exaspérant
exasperar exaspérer, excéder
exatamente au juste, de point en point, exactement, juste, montre en main
exatidão exactitude, justesse
exato exact
exaurido flagada
exaurir crever, harasser, vanner, vider
exaustão harassement
exaustivamente exhaustivement
exaustividade exhaustivité
exaustivo exhaustif, harassant
exausto fourbu, harassé, recru, vanné
exceção exception
excedente excédant, excédent, excédentaire, rabiot, surplus, trop-plein
exceder enchérir, excéder, outrepasser
excelência excellence
Excelência excellence
excelente excellent, fameux
excelentemente excellemment
exceler exceller
excentricidade excentricité
excêntrico excentré, excentrique, farfelu, olibrius
excepcional exceptionnel, hors
excepcionalmente exceptionnellement
excessivamente excessivement

excessivamente treinado surentraîné
excessivo excessif
excesso débauche, excédent, excès, surnombre, trop-plein
excesso de informação surinformation
excesso de peso surcharge pondérale
excesso de pessoal sureffectif
excesso de treino surentraînement
exceto excepté, hormis, ôté, sauf à
excetuar excepter
excipiente excipient
excisão excision
excisar exciser
excitabilidade excitabilité
excitação échauffement, excitation
excitado excité
excitador excitateur
excitante excitant
excitar exciter, titiller
excitável excitable
exclamação exclamation
exclamar se récrier, s'écrier, s'exclamer
exclamativo exclamatif
excluído exclu
excluindo à l'exclusion de
excluir exclure
exclusão exclusion, exclusive
exclusivamente en propre, exclusivement
exclusivamente francês franco-français
exclusividade exclusivité
exclusivista exclusif
exclusivo attitré, exclusif
excomungado excommunié
excomungar excommunier
excomunhão excommunication
excreção excrétion
excrementício excrémentiel
excremento excrément
excrescência excroissance
excretar excréter
excretor excréteur, excrétoire
excursão excursion, partie
excursionista excursionniste, randonneur
execração exécration
execrar abhorrer, exécrer, honnir
execrável exécrable
execução exécution, façon, facture
execução capital exécution capitale
executante exécutant
executar appeler, exécuter, jouer, mettre en œuvre, opérer
executar com mestria enlever
executar um condenado exécuter un condamné
executável exécutable
executivo cadre, exécutif, pouvoir exécutif
executor exécutant, exécuteur
executor testamentário exécuteur testamentaire
executório exécutoire
exegese exégèse
exemplar exemplaire
exemplaridade exemplarité
exemplarmente exemplairement
exemplificar exemplifier
exemplo exemple
exercer exercer, tenir
exercício exercice
exercício punitivo pensum
exercícios de campanha parcours du combattant
exercitar exercer
exército armée
Exército de Salvação Armée du salut
exérese exérèse
exergo exergue
exibição étalage, étalement, exhibition
exibição equestre fantasia
exibicionismo exhibitionnisme
exibicionista exhibitionniste, m'as-tu-vu
exibir afficher, exhiber
exibir tradução simultânea surtitrer
exigência exigence
exigente exigeant
exigibilidade exigibilité
exigir exiger, prendre
exigível exigible
exiguidade exiguïté
exíguo exigu
exilado exilé
exilar exiler
exílio exil
existe il existe
existência existence
existencial existentiel
existencialismo existentialisme
existencialista existentialiste
existente existant
êxito succès
exobiologia bioastronomie
Exocet Exocet
exócrino exocrine
êxodo exode
exoftálmico exophtalmique
exógeno exogène
exoneração désaveu, exonération
exonerar exonérer
exoplaneta exoplanète
exorbitado exorbité
exorbitante exorbitant, extravagant
exorcismo exorcisme
exorcista exorciste
exorcizar exorciser
exorreísmo exoréisme
exortação exhortation
exortar exhorter
exotérmico exothermique
exótico exotique
exotismo exotisme
expandido expansé
expansão dilatation, expansion
expansão econômica expansion économique
expansionismo expansionnisme
expansionista expansionniste
expansível expansible
expansivo démonstratif, expansif
expatriação expatriation
expatriado expatrié
expatriar expatrier
expectativa attente, espérance, expectative
expectativa frustrada espoir déçu
expectoração expectoration
expectorante expectorant
expectorar expectorer
expedição expédition
expedidor expéditeur, expéditionnaire
expediência système D
expediente expédient
expediente reduzido chômage partiel
expedir expédier
expedito expéditif
experiência acquis, essai, expérience, métier
experimentação expérimentation
experimentado expérimenté
experimentador expérimentateur
experimental expérimental
experimentalmente expérimentalement
experimentar essayer, expérimenter, goûter, tâter à, tâter de
experimentar de novo ressayer
expert expert
expertise expertise
expiação expiation
expiar expier
expiatório expiatoire
expiável expiable
expiração expiration
expirar expirer
explanação développement
expletivo explétif
explicação explication
explicar expliquer, rendre compte de
explicativo explicatif
explicável explicable
explicitação explicitation
explicitamente explicitement
explicitar expliciter
explícito explicite
explodir éclater, exploser, plastiquer, sauter
exploração exploitation, exploration
exploração florestal foresterie
explorado exploité
explorador exploitant, exploiteur, explorateur
explorar éclairer, exploiter, explorer
exploratório exploratoire
explorável exploitable
explosão explosion, flambée, plasticage, sursaut, tempête
explosão de grisu coup de grisou
explosivo explosif
explosivo plástico plastic
expo expo
expoente exposant
exponencial exponentiel
expor déballer, étaler, exposer, mettre à nu, poser

expor a glande afastando o prepúcio décalotter
expor a radiação irradier
expor-se a encourir
exportação exportation
exportador exportateur
exportar exporter
exportável exportable
exposição déballage, exposé, exposition, insolation, pose, topo
exposição de flores floralies
expositor exposant
exposto exposé
exposto a radiação nuclear atomisé
exposto a radioatividade irradié
expressamente expressément
expressão émanation, expression, rendu
expressão enfática grand mot
expressão impassível expression figée
expressionismo expressionnisme
expressionista expressionniste
expressividade expressivité
expressivo expressif, parlant
expresso exprès, express, rapide
exprimir rendre
exprimível exprimable
expropriação expropriation
expropriado exproprié
expropriar exproprier
expugnável prenable
expulsão expulsion
expulsar chasser, expulser, vider
expurgação épuration, expurgation
expurgar épurer, expurger, lessiver, purger
expurgo purge
exsudação exsudation
êxtase extase
extasiado extasié
extático extatique
extensão étendue, étalement, extension, prolongateur, rallongement, rallonge
extensão de água plan d'eau
extensibilidade extensibilité
extensível extensible
extensivo extensif
extenso étendu
extensor brise-jet, extenseur
extenuação exténuation
extenuante exténuant, tuant
extenuar exténuer
exterior extérieur
exterioridade extériorité
exteriorização extériorisation
exteriorizar extérioriser
exteriormente extérieurement
exterminador exterminateur
exterminar exterminer
extermínio extermination
externamente extérieurement
externas extérieurs
externato externat
externo extérieur, externe
exterritorialidade exterritorialité
extinção extinction
extintor extincteur
extirpação extirpation
extirpar extirper
extorquir escroquer, extorquer, racketter, rançonner, taxer
extorsão escroquerie, exaction, extorsion, racket
extorsionário racketteur
extra en supplément, extra, rabiot, supplémentaire
extração extraction, puisage, tirage
extração bruta tout-venant
extração e venda de sal saunage
extraconjugal extraconjugal
extracurricular périscolaire
extradição extradition
extraditar extrader
extrafino extrafin
extraforte extrafort
extrair extraire, piocher, puiser
extrair sal sauner
extramuros extra-muros
extraordinariamente drôlement, extraordinairement
extraordinário extraordinaire
extrapolação extrapolation
extrapolar extrapoler
extras bonus
extrassensorial extrasensoriel
extrassolar extrasolaire
extraterrestre extraterrestre
extratexto hors-texte
extrativo extractif
extrato extrait
extrator carrier, extracteur
extrauterino extra-utérin
extravagância extravagance
extravagante extravagant, tiré par les cheveux
extravasor évacuateur des eaux
extraviar fourvoyer
extrema-direita extrême droite
extrema-esquerda extrême gauche
extrema-unção extrême-onction
extremamente extrêmement, grandement, mortellement, puissamment, sacrément, salement, souverainement
extremidade extrémité
extremismo extrémisme
extremista extrémiste, jusqu'au-boutiste
extremo dernier, extrême, extrémité
extremo norte le Grand Nord
extremo-oriental extrême-oriental
extrínseco extrinsèque
extrovertido extraverti
exuberância exubérance
exuberante exubérant
exultação exultation
exultar exulter
exumação exhumation
exumar exhumer

Ff

F F
fá fa
fã fan, groupie
fã-clube fan-club
fábrica fabrique, usine
fábrica de cartuchos cartoucherie
fábrica de chapas tôlerie
fábrica de cimento cimenterie
fábrica de conservas conserverie
fábrica de escovas brosserie
fábrica de faiança faïencerie
fábrica de papel papeterie
fábrica de pólvora poudrerie
fábrica de rum rhumerie
fábrica de sardinha em lata sardinerie
fábrica de sidra cidrerie
fábrica de soda soudière
fábrica de torneiras robinetterie
fabricação fabrication
fabricação de bibelôs bimbeloterie
fabricação de cabo câblage
fabricante fabricant
fabricante de carroceria carrossier
fabricante de faiança faïencier
fabricante de instrumentos musicais facteur
fabricante de malharia bonnetier
fabricante de motores motoriste
fabricar fabriquer, façonner
fabricar cerveja brasser
fábula fable
fabulação affabulation, fabulation
fabulador fabulateur
fabular affabuler, fabuler
fabulista fabuliste
fabulosamente fabuleusement
fabuloso fabuleux
FAC FAO
fac-símile fac-similé
faca couteau, surin
facadista tapeur
façanha exploit, fait d'armes, tour de force
facão coutelas
facção faction
faccioso factieux
face côté, face, front, pan
facécia facétie
facecioso facétieux
faceira bajoue
faceta facette
facetar facetter
faceto facétieux
fachada façade
fachadismo façadisme
facial facial
fácies faciés
fácil aisé, facile
facilidade facilité
facilidades de pagamento facilités
facilitar faciliter
facilmente aisément, facilement

factício factice
factivo factitif
factótum factotum
factual événementiel, factuel
faculdade faculté
facultativamente facultativement
facultativo facultatif
facúndia faconde
fada fée
fadiga fatigue
fadinha jeannette
fado fado, fatum
faena faena
fagocitar phagocyter
fagócito phagocyte
fagocitose phagocytose
fagote basson
fagotista basson
fagulha flammèche
fahrenheit Fahrenheit
faia hêtre
faiança faïence
fair-play fair-play
faisandé faisandé
faisanote faisandeau
faisão faisan
faísca étincelle
faiscar étinceler
faisoa faisane
fait divers fait divers
faixa bande, bandeau, calicot, ceinture, sangle, tranche
faixa de pedestres les clous, passage clouté
faixa para a cabeça serre-tête
fala parler, parole, propos
falacioso fallacieux
falado parlant, parlé
falador causant, moulin à paroles, parleur
falange phalange
falange distal phalangette
falangeta phalangette
falangista phalangiste
falanstério phalanstère
falante locuteur, parlant
falante de patoá patoisant
falante do flamengo flamingant
falar causer, jacter, parler, sortir, tenir des propos
falar atabalhoadamente bredouiller
falar como criancinha bêtifier
falar de novo reparler
falar mal déblatérer
falcão faucon
falcão novo fauconneau
falcão-peregrino pèlerin
falcoaria fauconnerie
falcoeiro fauconnier
falconídeo falconidé
falecer décéder, trépasser
falecido feu, trépassé
falecimento décès, trépas
falena phalène
falência faillite
falésia falaise
falha défaillance, faille, raté, soufflure
falhar défaillir, être en défaut, faillir, rater
fálico phallique
falido failli
falir faire la culbute
falível faillible
falo phallus
falocracia phallocratie
falocrata phallocrate
faloide phalloïde
falsamente faussement
falsário faussaire
falsear fausser
falsete fausset
falsidade fausseté
falsificação contrefaçon, falsification, faux, trucage
falsificador falsificateur
falsificador de moeda faux-monnayeur
falsificar falsifier, trafiquer
falso bidon, d'emprunt, faux
falso (emitido por órgão oficial) vrai-faux
falso amigo faux ami
falso testemunho faux témoignage
falsos cognatos faux ami
falta coup franc, défaut, faute, manque, manquement, oubli
falta de aplicação inapplication
falta de educação sans-gêne
falta de jeito gaucherie
faltante manquant
faltar faire défaut, manquer, s'en falloir
faltoso défaillant
falucho felouque
famélico mal famé
família famille
família do cônjuge belle-famille
família recomposta famille recomposée
familiar familial, familier
familiaridade familiarité
familiarização familiarisation
familiarizar familiariser
familiarmente familièrement
familistério familistère
faminto affamé
famoso célèbre, fameux
fanal fanal
fanaticamente fanatiquement
fanático allumé, enragé, fana, fanatique, mordu
fanatismo fanatisme
fanatizar fanatiser
fancaria toilerie
fandango fandango
fanerógama phanérogame
fanerógamo phanérogame
fanfarra clique, fanfare
fanfarrão fanfaron
fanfarrice fanfaronnade, forfanterie, rodomontade
fanfarronar fanfaronner
fanfreluche fanfreluche
fanhosear nasiller
fanhoso nasillard
fantasia déguisement, fantaisie, fantasme, panoplie
fantasiado costumé, déguisé
fantasiar costumer, déguiser, fantasmer
fantasista fantaisiste
fantasístico fantasmatique
fantasma écho, ectoplasme, épouvantail, fantôme
fantasmagoria fantasmagorie
fantasmagórico fantasmagorique
fantasmático fantomatique
fantasticamente fantastiquement
fantástico fantastique
fantoche fantoche, marionnette, potiche
faqueiro ménagère
faquir fakir
far bretão far
far-niente farniente
farad farad
faraday faraday
farândola farandole
faraó pharaon
faraônico pharaonique
farda uniforme
fardão habit vert
fardo balle, barda, boulet, faix, fardeau
farejar flairer, renifler, subodorer
farelo son
farfalhante froufroutant
farfalhar froufrouter
faringe pharynx
faríngeo pharyngé
faringite pharyngite
farinha farine
farinha animal farine animale
farinha de centeio seigle
farinha de rosca chapelure, panure
farinha de trigo refinada farine de gruau
farinhento farineux
fariseu pharisien
farmacêutico pharmaceutique, pharmacien
farmácia pharmacie, pharmacopée
farmacologia pharmacologie
farmacopeia pharmacopée
faro flair, pif, pifomètre
faroeste western
faróis altos feux de route, phares
faróis baixos codes, feux de croisement
farol feu, phare
farol de neblina (phare) antibrouillard
faroleiro bravache
farpa écharde
farrear bambocher, faire la bombe, faire la nouba
farsa farce, mascarade
farsesco bouffon
farta (à) tire-larigot (à)
farto las
fasces faisceaux
fascículo fascicule
fascinação fascination
fascinante fascinant

fascinar fasciner
fascíola douve
fascismo fascisme
fascista fasciste
fascistizante fascisant
fase phase, temps
fast-food fast-food, restauration rapide
fastidioso fastidieux
fastuoso fastueux
fatal fatal
fatalidade fatalité
fatalismo fatalisme
fatalista fataliste
fatalmente fatalement
fateixa croc, grappin
fatia tranche
fatia de pão (com manteiga, geleia, etc.) tartine
fatia de pão com manteiga beurrée
fatia fina émincé
fatiar émincer, saucissonner
fatídico fatidique
fatiota fringue
fato fait
fato consumado fait accompli
fator facteur
fator Rh (facteur) Rhésus
fatoração factorisation
fatorar factoriser
fatores de produção facteurs de production
fatuidade fatuité
fátuo faraud, fat
fatura facture
faturação facturation
faturamento facturation
faturar facturer
faturista facturier
fatwa fatwa
faubourg faubourg
fauna faune
fauno faune
fausto faste
fautor fauteur
fauvismo fauvisme
fauvista fauve
fava fève
fava do bolo de Dia de Reis fève
favela bidonville, favela
favo de mel gaufre
favo rayon
favor bienfait, faveur
favorável favorable
favorável à União Europeia européen
favoravelmente favorablement
favorecer favoriser, flatter, servir
favorita favorite
favoritismo favoritisme
favorito favori, mignon
fax fax
faxineira femme de ménage
faz-tudo bricoleur, petite main
fazenda ferme, hacienda
fazenda explorada em parceria métairie
fazendeiro fermier, planteur
fazendeiro geral fermier général
fazendinha fermette
fazer constater, engoncer, établir, fabriquer, faire, foutre, passer, pratiquer, tourner
fazer a mudança déménager
fazer a triagem por destinatário router
fazer aba corner
fazer abatimento ristourner
fazer amostragem échantillonner
fazer as unhas manucurer
fazer assinatura abonner
fazer audição auditionner
fazer *backup* sauvegarder, sauver
fazer baldeação changer
fazer barbeiragem charcuter
fazer bem réussir
fazer bricolagem bidouiller, bricoler
fazer careta grimacer
fazer carrão queuter
fazer cócegas chatouiller
fazer complô comploter
fazer compras faire son marché, se servir
fazer crônica chroniquer
fazer dama damer
fazer dedicatória dédicacer
fazer dengo faire des mines, minauder
fazer depósito provisionner
fazer *download* télécharger
fazer escala relâcher
fazer funcionar mettre en oeuvre
fazer lavagem cerebral bourrer le crâne, intoxiquer
fazer malabarismo jongler
fazer *marketing* marketer
fazer mudar de opinião retourner
fazer mutretas magouiller
fazer pacto civil de solidariedade pacser
fazer parecer pior noircir
fazer parte participer
fazer pequenas operações na bolsa boursicoter
fazer perder o interesse désintéresser
fazer piquenique pique-niquer
fazer pirueta pirouetter
fazer ponto *à jour* ajourer
fazer sair a fumaça désenfumer
fazer *slalom* slalomer
fazer sofrer éprouver
fazer um curativo panser
fazer um seguro assurer
fazer uma entrega a livrer
fazer varredura draguer
fazer-se de faire, feindre de
fé foi
febre fièvre, température
febre aftosa fièvre aphteuse
febre amarela fièvre jaune
febre de chikungunya chikungunya
febre do feno rhume des foins
febre tifoide typhoïde
febrífugo fébrifuge
febril fébrile, fiévreux
febrilidade fébrilité
febrilmente fébrilement, fiévreusement
fecal fécal
fechado clos, fermé, renfermé
fechadura fermeture, serrure
fechamento bouclage, fermeture
fechar boucler, clore, enfermer, fermer, plier
fechar com cadeado cadenasser
fechar-se em casa se calfeutrer
fecho fermoir
fécula fécule
feculento féculent
fecundação fécondation
fecundador fécondateur
fecundante fécondant
fecundar féconder
fecundável fécondable
fecundidade fécondité
fecundo fécond
fedayin fedayin
fedelho mioche, morpion, mouflet, moutard
fedelho presunçoso morveux
fedentina infection
feder empester, puer, schlinguer, sentir
federação fédération
federado fédéré
federais fédéraux
federal fédéral
federalismo fédéralisme
federalista fédéraliste
federalizador fédérateur
federar fédérer
federativo fédératif
fedido puant
fedor fétidité, puanteur
feedback feed-back
feérico féerique
feiamente laidement
feição tournure
feijão fayot, haricot
feijão-branco coco, flageolet
feio disgracié, joli, laid, moche, tocard, vilain
feiosa laideron
feira cirque, foire
feira de usados vide-greniers
feira medieval do Lendit lendit
feirante forain
feitiçaria ensorcellement, sorcellerie
feiticeiro ensorceleur, sorcier
feito effet, fait, foutu, performance
feito em cartório notarié
feitura formage
feiura laideur, mocheté
feixe botte, faisceau
feixe de lenha fagot
feixe de palha bouchon
feixe luminoso faisceau lumineux
fel fiel
felá fellah
felação fellation
feldspato feldspath

felicidade bonheur, félicité
felicitações félicitations
felicitar complimenter, féliciter
felídeo félidé
felino félin
feliz bon, heureux
felizmente heureusement
felonia félonie
felpar pelucher
felpudo floche
feltragem feutrage
feltrar feutrer
feltro feutre
fêmea femelle, poule
feminidade féminité
feminino féminin
feminismo féminisme
feminista féministe
feminização féminisation
feminizar féminiser
femoral fémoral
fêmur fémur
fenação fanage, fenaison
fenador faneur
fenar faner
fenda fente, gerce, lézarde
fendant fendant
feneco fennec, renard des sables
feng shui feng shui
fenício phénicien
fênigue pfennig
fênix phénix
feno foin
fenobarbital phénobarbital
fenol phénol
fenomenal phénoménal
fenômeno phénomène
fenomenologia phénoménologie
fenótipo phénotype
fera calé, fauve, trapu
fera em matemática matheux
feria feria
feriado férié, jour chômé
férias congé, relâches, vacances
férias de verão grandes vacances
férias longas grandes vacances
férias para prática de esportes de inverno sports d'hiver
férias remuneradas congés payés
ferido blessé
ferimento blessure
ferino blessant
ferir blesser, égratigner
fermata point d'orgue
fermentação fermentation
fermentação acética fermentation acétique
fermentar fermenter
fermento ferment, levain
fermento químico levure chimique
fermentos lácticos ferments lactiques
ferocidade férocité
feroz farouche, féroce
ferozmente farouchement, férocement
ferrabrás fier-à-bras, pourfendeur
ferrado ferré
ferrador maréchal-ferrant
ferradura fer
ferrageiro quincaillier
ferragem ferrage, ferrure
ferramenta outil
ferrão aiguillon, dard, piquant
ferrar ferler, ferrer
ferraria ferronnerie
ferreiro ferronnier, forgeron
ferrenhamente mordicus
ferro carreau, fer
ferro batido fer forgé
ferro fundido fonte
ferro-velho épave, ferraille, ferrailleur
ferrolho loquet, verrou
ferromagnetismo ferromagnétisme
ferros fers, ferrement
ferroso ferreux
ferrovia chemin de fer, rail
ferrovia sinuosa tortillard
ferroviário cheminot, ferroviaire
ferrugem rouille, roux
ferruginoso ferrugineux
ferryboat ferry-boat, (navire) transbordeur
fértil fertile, plantureux
fertilidade fertilité
fertilização fertilisation
fertilizante amendement, fertilisant
fertilizar fertiliser
férula férule
fervente bouillant
ferver bouillir
fervilhamento fourmillement, grouillement
fervilhante bouillonnant, grouillant
fervilhar bouillonner, fourmiller, grouiller
fervor ferveur
fervoroso fervent
fervura bouillonnement
festa chatterie, fête, fiesta, foire, sauterie, surprise-partie
festa anunciada por repique fête carillonnée
festa do santo do nome de alguém fête
festa votiva fête votive
festão feston
festas fêtes
festas móveis fêtes mobiles
festeiro fêtard, teufeur
festejar fêter
festejar o *réveillon* réveillonner
festim festin
festival festival
festividade réjouissance
festividades festivités
festivo festif
fetal fœtal
fetiche fétiche
fetichismo fétichisme
fetichista fétichiste
fétido fétide
feto fœtus, fougère
feudal féodal
feudalismo féodalité
feudo fief
feuillant feuillant
fevereiro février
fez fez
fezes fèces, selles
fi phi
fiação filage, filature
fiacre fiacre
fiada assise
fiador caution, garant, répondant
fiandeira filière
fiapo brin, poil
fiar filer
fiasco fiasco, flop, four
fiau pied de nez
fiável fiable
fibra fibre
fibra artificial Fibranne
fibra de vidro fibre de verre
fibrila fibrille
fibrina fibrine
fibrocimento Fibrociment
fibroma fibrome
fibromatoso fibromateux
fibroscopia fibroscopie
fibroscópio fibroscope
fibroso fibreux, filandreux
fíbula fibule, péroné
ficar faire, se mettre, rester
ficar careca se dégarnir, se déplumer
ficar com água na boca saliver
ficar com bolinhas boulocher
ficar com garder
ficar datado dater
ficar de cama être cloué au lit, garder la chambre, garder le lit, s'aliter
ficar de cara feia renfrogner
ficar em vigília veiller
ficar encardido encrasser
ficar escancarado béer
ficar grisalho grisonner
ficar lívido blêmir
ficar noivo fiancer
ficar pançudo bedonner
ficar parado dormir, faire du surplace
ficar plantado esperando faire le poireau, poireauter
ficar tenso se tendre
ficção fiction
ficção científica science-fiction
ficha fiche, jeton
fichamento fichage
fichar ficher
fichário classeur
ficoterapia algothérapie
ficticiamente fictivement
fictício fictif
fícus ficus
fidalgo de província hobereau
fidalgo espanhol hidalgo
fidelidade fidélité

fidelizar fidéliser
fiduciário fiduciaire
fieira avancée, filière
fiel fidèle, joug
fiel admirador chevalier servant
fielmente fidèlement
fífia canard
fig. fig.
fígado foie
figo figue
figo-da-barbária figue de Barbarie
figueira figuier
figueira-da-barbária figuier de Barbarie, nopal
figura figure, numéro
figura de presépio santon
figura de retórica figure de rhétorique
figura para recortar découpage
figuração figuration
figurado figuré, imagé
figurante comparse, figurant
figurão gros bonnet, ponte
figurar figurer
figurativo figuratif
figurinista costumier
fil-à-fil fil-à-fil
fila file, file d'attente, haie, queue, ribambelle, train
filamento filament
filamentoso filamenteux
filandra fil de la Vierge, filandre
filantropia philanthropie
filantrópico philanthropique
filantropo philanthrope
filão filon
filar resquiller
filarmônica philharmonie
filarmônico philharmonique
filatelia philatélie
filatelista philatéliste
filé filet
filé de peito de pato magret
filé-mignon filet mignon
fileira enfilade, rang, rangée, travée
filetagem filetage
filetar fileter, tarauder
filete filet
filha fille
filharada nichée
filho enfant, fils, fiston
filho de boa família fils de famille
filho de peixe enfant de la balle
filho legítimo enfant légitime
filho natural enfant naturel
filho pródigo enfant prodigue, fils prodigue
filho putativo enfant putatif
filhos famille
filhote jeune, petit
filhote da galinhola bécasseau
filhote de corça faon
filhote de javali marcassin
filiação affiliation, filiation
filiado affilié
filial filial, filiale
filiforme filiforme
filigrana filigrane
filipino philippin
filisteu philistin
filmagem tournage
filmar filmer, tourner
filmar com *zoom* zoomer
filme film
filme de ficção científica film d'anticipation
filme dublado em francês film en version française
filme em versão original film en version originale
filme épico péplum
filme mosaico film choral
filme policial film policier, polar
filme pornô film classé X
fílmico filmique
filmografia filmographie
filodendro philodendron
filologia philologie
filológico philologique
filólogo philologue
filosofal philosophale
filosofar philosopher
filosofia philosophie
filosoficamente philosophiquement
filosófico philosophique
filósofo philosophe
filotaxia foliation
filoxera phylloxéra
filtrado filtrat
filtragem filtrage
filtrante filtrant
filtrar filtrer, tamiser
filtro filtre, philtre
fim bout, fin, terme
fim de linha voie de garage
fim de semana week-end
fim do outono arrière-saison
fimose phimosis
final final, finale
final feliz happy end
finale final
finalidade finalité
finalista finaliste
finalizado fini
finalizador finisseur, tireur
finalizar terminer
finamente finement
finança finance
financeiramente financièrement
financeiro financier
financiador bailleur de fonds, commanditaire
financiamento financement
financiar commanditer, financer
fineza finesse
fingido de commande
fingir faire mine de, faire semblant, feindre
finito fini
finlandês finlandais, finnois
fino BCBG, délié, fin, grêle
finório finaud, matois, roué
finta feinte
fintar feinter
finura finesse
fio fil, taillant, taille, tranchant
fio condutor fil conducteur
fio de carreta fil de caret
fio de linho charpie
fio de prumo fil à plomb
fio de voz filet de voix
fio dental string
fio desencapado fil dénudé
fio frouxo fil floche
fio terra prise de terre
fiorde fjord
firma firme, seing
firmamento firmament
firme bien campé, ferme
firmemente fermement
firmeza fermeté
fiscal fiscal
fiscal fazendário polyvalent
fiscalidade fiscalité
fisco fisc
fisgada touche
física physique
fisicamente physiquement
físico physicien, physique
físico-químico physico-chimique
fisiculturismo body-building
fisiologia physiologie
fisiológico physiologique
fisiologista physiologiste
fisionomia physionomie
fisionomista physionomiste
fisioterapia physiothérapie
fissão divergence, fission
físsil fissile
fissionável fissible
fissura crevasse, faille, fêlure, fissure
fissuração fissuration
fissurado fourchu
fissurar fissurer
fístula fistule
fita bande, bandelette, lien, ruban
fita de reforço extrafort
fita isolante chatterton
fita métrica centimètre
fita virgem cassette vierge
fitilho de seda faveur
fitófago phytophage
fitoterapia phytothérapie
FIV FIV
fivela boucle
fivelinha bouclette
fixa éclisse
fixação étrier, fixation
fixador fixateur, fixatif
fixagem fixage
fixamente en face, fixement
fixar fixer, serrer
fixar a carga arrimer
fixar com ovéns haubaner

fixar residência élire domicile
fixidez fixité
fixo fixe
flã flan
flacidez flaccidité
flácido flasque
flagelação flagellation
flagelado flagellé
flagelar flageller
flagelo flagelle, fléau
flagrante flagrant
flagrante delito flagrant délit
flagrar com radar flasher
flambagem brûlot, flambage
flambar flamber
flamboaiã flamboyant
flamboyant flamboyant
flamejado flammé
flamejante flambant, flamboyant
flamejar flamboyer
flamenco flamenco
flamengo flamand
flamingo flamant
flâmula flamme
flanador flâneur
flanar flânerie
flanco côté, flanc
flanela flanelle, pilou
flange collerette
flash flash
flashback flash-back, retour en arrière
flatulência flatulence, vent
flauta flageolet, flûte
flauta de Pã flûte de Pan
flauta pastoril larigot, pipeau
flauta transversal flûte traversière
flautim piccolo
flautinha flûtiau
flautista flûtiste
flebite phlébite
flebologista phlébologue
flecha flèche
flechada fléchage
flectir fléchir
flegmão phlegmon
flertar flirter
flerte flirt
fleuma flegme
fleumático flegmatique
flex hybride
flexão fléchissement, flexion
flexão de braço coup de pompe
flexibilidade flexibilité
flexibilização assouplissement
flexibilizar assouplir
flexisseguridade flexisécurité
flexível flexible, souple
flexor fléchisseur
flibusteiro flibustier
flíper flipper
fliperama billard électrique
flocagem flocage
floco flocon
flocos de milho pétales de maïs
flocoso floconneux
floculação floculation
flor fleur
flor da idade force de l'âge
flor de lis fleur de lis
flor estaminada fleur staminée
flor feminina fleur femelle
flor hermafrodita fleur bisexuée
flor macho fleur mâle
flor-de-lisado fleurdelisé
flora flore
floração floraison
floral floral
florão fleuron
floreado fioriture, paraphe
floreal floréal
florentino florentin
florescente florissant
florescer fleurir
florescimento floraison
floresta forêt
floresta de abetos sapinière
floresta negra forêt-noire
floresta virgem forêt vierge
florestal forestier
florete fleuret
florido fleuri
florífero florifère
florilégio florilège
florim florin
florir fleurir
florista bouquetière, fleuriste
florzinha fleurette
flotilha flottille
fluente coulant
fluidez fluidité
fluidificante fluidifiant
fluidificar fluidifier
fluido coulant, fluide
flúor fluor
fluorado fluoré
fluorescência fluorescence
fluorescente fluorescent
fluoreto fluorure
fluorino fluorine
flûte flûte
flutuação flottaison, flottement, fluctuation
flutuador flotteur
flutuante flottant, fluctuant
flutuar être à flot, flotter, fluctuer, nager
flutuável flottable
fluvial fluvial
fluvioglacial fluvio-glaciaire
fluxão fluxion
fluxo coulure, flux
fluxo luminoso flux lumineux
FM FM
fobia phobie
fóbico phobique
foca phoque
focal focal
focalização focalisation
focalizar focaliser, recentrer
focinheira muserolle
focinho groin, museau, truffe
focinho do javali boutoir
foco foyer, point de mire, recentrage, siège
foco de atenção pôle d'attraction
foehn fœhn
fofo douillet
fofoca cancan, commérage, potin, racontar
fofocar bavasser, cancaner
fofoqueiro cancanier, commère
fogaça fougasse
fogão cuisinière, fourneau
fogão a gás gazinière
fogareiro a gás Camping-Gaz
fogareiro réchaud
fogo feu
fogo cerrado feu nourri, tir nourri
fogo de artifício feu d'artifice, tape-à-l'œil
fogo grego feu grégeois
fogo sagrado feu sacré
fogo-fátuo feu follet
fogueira bûcher, flambée
foguete fusée
fogueteiro artificier
foguista chauffeur
föhn foehn
foice faux
foicinho faucille
foie gras foie gras
folclore folklore
folclórico folklorique
fole soufflet
fôlego haleine, souffle
foles soufflerie
folga relâche
folgado chenapan, flottant, tire-au-flanc
folgar chômer
folgazar musarder
folha fane, feuille, feuillet, sole
folha avulsa copie
folha de flandres fer-blanc
folha intercalar intercalaire
folhado chausson, feuilleté, laurier-tin
folhado de carne friand
folhagem feuillage, frondaison, rinceau
folhas de espinafre épinard
folheado folié, placage, plaquage, plaqué
folhear feuilleter, plaquer
folheatura feuillaison
folhetim feuilleton, roman-feuilleton
folhetinista feuilletoniste
folheto dépliant
folhinha éphéméride
folhudo feuillu
folia cavalcade, ébats
foliação foliation
foliáceo foliacé
foliar ébattre, foliaire
folicular folliculaire
foliculina folliculine
folículo follicule
fólio folio

folíolo foliole
folk folk
fome boulimie, faim, famine, fringale
fomentar fomenter
fomento fomentation
fonação phonation
fonador phonateur
fondue fondue
fondue de carne fondue bourguignonne
fondue de queijo fondue (savoyarde)
fone combiné, écouteur
fone de ouvido casque, oreillette
fonema phonème
fonema nasal nasale
fonética phonétique
foneticamente phonétiquement
foneticista phonéticien
fonético phonétique
fônico phonique
fonógrafo phonographe
fonologia phonologie
fonoteca phonothèque
fontanela fontanelle
fonte fontaine, fonte, police de caractères, source
fontes de energia sources d'énergie
footing footing
fora au-dehors, dehors, en dehors de, hors, out
fora da lei hors-la-loi, outlaw
fora de moda démodé
força force, poigne
forca gibet, potence
força maior force majeure
força moral force d'âme
forçado bagnard, emprunté, forçat, forcé
forcado fourche
forçar forcer
forças armadas forces armées
forças da ordem forces de l'ordre
fórceps forceps
forçosamente forcément
forfait forfait
forja forge
forjado contrefait
forjar contrefaire, forger
forma /ô/ embauchoir, forme, moule, paneton
forma /ó/ forme, formule
formação formation
formação profissional formation professionnelle
formado formé
formador formateur
formal compassé, formel, soutenu
formalidade clause de style, formalité
formalismo formalisme
formalista formaliste
formalização formalisation
formalizar formaliser
formalmente formellement
formar former
formar de novo reformer
formatação formatage
formatar formater
formato format
formato o x 4 cm raisin
fórmica Formica
fórmico formique
formidável bœuf, formidable, terrible
formidavelmente formidablement
formiga fourmi
formigamento fourmillement, picotement
formigão fourmilion
formigar fourmiller
formigueiro fourmilière
formol formol
fórmula formule
fórmula vencedora martingale
formulação formulation
formular formuler, poser
formulário formulaire
formulável formulable
fornada fournée
fornalha fournaise
fornalheiro soutier
fornecedor fournisseur
fornecedor de artigos para navios shipchandler
fornecedor de refeições traiteur
fornecer apporter, débiter, fournir
fornecimento fourniture
fornicação fornication
fornicar forniquer
fornilho fourneau
forno four, fourneau
forno crematório four crématoire
foro for, forum
forrado fourré
forrado de moletom molletonné
forrageamento affouragement
forragear affourager
forrageiro fourragère
forragem fourrage
forrar doubler, fourrer, tapisser
forro doublage, doublure, sous-main
forro impermeável tapis de sol
forsítia forsythia
fort des Halles fort des Halles
fortalecer affermir, corser, fortifier, raffermir, réconforter
fortalecimento affermissement, raffermissement
fortaleza bastide, forteresse
fortão fortiche, malabar
forte balaise, bien tassé, corsé, fort, forte, puissant, soigné
fortemente fortement
fortificação camp retranché, fortification
fortificante fortifiant, remontant
fortificar fortifier, remonter
fortim fortin
fortíssimo fortissimo
fortuitamente fortuitement
fortuito de rencontre, fortuit
fortuna fortune
fórum forum
fórum eletrônico forum électronique
fosco dépoli, mat, sale
fosfatado phosphaté
fosfato phosphate
fosforescência phosphorescence
fosforescente phosphorescent
fosfórico phosphorique
fósforo allumette, phosphore
fosforoso phosphoreux
fossa cafard, chagrin, fosse, puisard
fossa séptica fosse d'aisances, fosse septique
fossa submarina abysse
fóssil fossile
fossilífero fossilifère
fossilização encroûtement, fossilisation
fossilizar se fossiliser
fosso douve, fossé
fotelétrico photoélectrique
foto photo
foto para documento photo d'identité
fotocompor photocomposer
fotocomposição photocomposition
fotocompositor photocomposeur
fotocompositora photocomposeuse
fotocópia photocopie
fotocópia pirata photocopillage
fotocopiadora photocopieur
fotocopiar photocopier
fotóforo photophore
fotogênico photogénique, télégénique
fotografar photographier
fotografar e filmar de todos os ângulos mitrailler
fotografia photographier
fotográfico photo, photographique
fotógrafo photographe
fotogravador photograveur
fotogravura photogravure
fotólise photolyse
fotomática Photomaton
fotomecânico photomécanique
fotômetro photomètre, posemètre
fotomontagem photomontage
fotonovela roman-photo
fotoquímica photochimie
fotorreportagem photoreportage
fotosfera photosphère
fotossensível photosensible
fototeca photothèque
fototropismo phototropisme
foulard foulard
foulard de madras madras
fourierismo fouriérisme
fourme d'Ambert fourme d'Ambert
fox terrier fox-terrier
foxtrote fox-trot
foyer foyer
foz bouche, embouchure
fração fraction
fracassado fruit sec, loser, manqué, raté
fracassar échouer, manquer son coup, manquer, ramasser une pelle, rater, se faire ramasser
fracassar em louper

fracasso échec, ratage
fracasso total bide
fracionamento fractionnement
fracionar fractionner
fracionário fractionnaire
fraco chancelant, faible
fracote faiblard
fragata escorteur, frégate
frágil cassant, fragile, frêle
fragilidade fragilité, faiblesse
fragilização fragilisation
fragilizar fragiliser
fragmentação fragmentation
fragmentar fragmenter
fragmentário fragmentaire
fragmento bribe, débris, fragment
fragrância fragrance
fralda basque, couche, pan
fralda descartável change, couche-
-culotte
fraldário nursery
fraldinha bavette
framboesa framboise
framboeseira framboisier
francamente franc, franchement, quand
même, tout de même
francês français, tricolore
francês meridional méridional
francesice francité
franchising franchisage
franciano francien
frâncico francique
franciscano franciscain
franco balle, franc, rond, tout d'une pièce
franco-atirador franc-tireur
franco-condês franc-comtois
franco-maçom franc-maçon
franco-maçonaria franc-maçonnerie
francofilia francophilie
francófilo francophile
francofobia francophobie
francófobo francophobe
francofonia francophonie
francófono francophone
franga poulette
franga cevada poularde
frangalho oripeaux
franglês franglais
frango poulet
frango cozido poule au pot
frango d'água poule d'eau
frangote freluquet
franja frange
franja retorcida torsade
franjar effranger, franger
franqueado franchisé
franquear affranchir
franqueza franchise
franquia affranchissement, franchisage,
franchise
franquismo franquisme
franquisque francisque
franquista franquiste
franzido fronce, froncis, smocks
franzimento froncement
franzino malingre
franzir froncer, goder, plisser
franzir as sobrancelhas froncer les sourcils,
sourciller
fraque frac, habit, jaquette, queue-
-de-pie
fraquejar faiblir, flancher
fraqueza affaiblissement, faiblesse
frasco fiole, flacon, flasque
frase phrase
frase de efeito petite phrase
frase interrogativa interrogative
fraseado phrasé
fraseologia phraséologie
frasismo phraséologie
frasista phraseur
frasqueira cave, vanity-case
fraternal fraternel
fraternalmente fraternellement
fraternidade fraternité
fraternização fraternisation
fraternizar fraterniser
fratria phratrie
fratricida fratricide
fratricídio fratricide
fratura cassure, fracture
fraturar fracturer
fraudador fraudeur
fraudar frauder, tricher, truquer
fraude fraude
fraudulentamente en fraude, fraudu-
leusement
fraudulento frauduleux
freada freinage
frear freiner
frear bruscamente piler
freático phréatique
frechal sablière
free-shop boutique franche, free-shop
freelance free-lance
freezer freezer
freguês abonné, chaland, consommateur
freguês assíduo pilier de bar, pilier de
bistrot
freio frein, mors
freio motor frein moteur
freira nonne
freixial frênaie
freixo frêne, orne
fremente frémissant
fremir frémir, vibrer
frêmito frémissement, vibration
frenesi frénésie
freneticamente frénétiquement
frenético endiablé, frénétique
frente avant, devant, front, tête
frente e verso recto verso
frentista pompiste
fréon Fréon
frequência fréquence
frequência modulada modulation de
fréquence
frequencial fréquentiel
frequencímetro fréquencemètre
frequentação fréquentation
frequentador habitué
frequentar courir, fréquenter
frequentativo fréquentatif
frequentável fréquentable
frequente fréquent
frequentemente fréquemment, souvent
fresa fraise, fraiseuse, raboteuse
fresador fraiseur
fresagem fraisage, fraisure
fresar fraiser
fresca frais
fresco frais, frisquet
frescor fraîcheur
frésia freesia
fresta entrebâillement
fretador fréteur
fretamento affrètement
fretar affréter, fréter
frete fret
freudiano freudien
freudismo freudisme
friabilidade friabilité
friamente fraîchement, froidement
friável friable
fricandó fricandeau, grenadin
fricassê fricassée
fricassê de coelho gibelotte
fricativa fricative
fricção friction, frottage
friccionar frictionner, frotter
frieira engelure
frieza froid, froideur
frígida frigide
frigideira poêle, poêlée, sauteuse
frigidez frigidité
frígio phrygien
frigorífico frigorifique
frimário frimaire
frio frais, froid, froidure
frio abaixo de zero gelée
friorento frileux
frisa baignoire
frisado frisure
frisagem crêpage, frisure
friso frise
frita fritte
fritada de peixe friture
fritadeira friteuse
fritar frire, poêler
frito frit
fritura friture
frivolamente frivolement
frivolidade frivolité
frívolo frivole
frondescência frondaison
frondista frondeur
fronha housse, taie
frontal frontal
frontão fronton, pignon
fronte front
fronteira frontière
fronteiriço frontalier, frontière

frontispício frontispice
frota flotte
frota fluvial batellerie
frouxo dégonflé, lâche, largue, mollasse, mollasson, mou, relâché
frufru frou-frou
frugal frugal
frugalidade frugalité
frugalmente frugalement
frugívoro frugivore
frumento froment
frustração frustration
frustrado frustré
frustrante frustrant
frustrar déjouer, frustrer, tromper
fruta cristalizada fruit confit
fruta fruit
fruta temporã primeurs
fruta-pão arbre à pain
frutado fruité
fruteiro fruitier
frutidor fructidor
frutífero fructifère, fruitier
frutificação fructification
frutificar fructifier, porter ses fruits
fruto fruit
fruto da faia faine
fruto do sorbo alise
fruto proibido fruit défendu
frutos do mar fruits de mer
frutose fructose, lévulose
frutuosamente fructueusement
frutuoso fructueux, juteux
fuça trombine
fuçar fouir
fuco fucus, goémon
fúcsia fuchsia
fucsina fuchsine
fuga cavale, escampette, évasion, fugue, fuite, hémorragie
fuga de capitais fuite des capitaux
fuga de casa fugue
fugacidade fugacité
fugaz fugace, fugitif
fugazmente fugitivement
fugente fuyant
fugir déguerpir, fuguer, fuir, prendre la fuite, s'enfuir, se sauver
fugitivo fugitif, fuyard
fuinha fouine
fujão fugueur
fulano bonhomme, quidam, untel
fulgor fulgurance
fulguração fulguration
fulgurante fulgurant
fuligem suie
fuliginoso fuligineux
fulminação foudroiement
fulminante foudroyant, fulminant
fulminar foudroyer, fulminer
fulminato fulminate
fulmínico fulminique
fulvo fauve
fumaça fumée
fumacento fumeux
fumadouro fumoir
fumante fumeur
fumar fumer
fumaria tabagie
fumarola fumerolle
fumável fumable
fumegante fumant
fumegar fumer
fumeiro fumoir
fumigação enfumage, fumigation
fumigar enfumer
fumígeno fumigène
fumo tabac
fumo claro tabac blond
fumo escuro tabac brun
funambulesco funambulesque
funâmbulo funambule
funboard funboard
função fonction, office, rôle
função de assistente assistanat
funcho fenouil
funcional fonctionnel
funcionalidade fonctionnalité
funcionalismo fonctionnalisme, fonctionnariat
funcionalismo público fonction publique
funcionalizar fonctionnaliser, fonctionnariser
funcionamento fonctionnement, service
funcionar fonctionner, jouer, marcher, tourner
funcionário da área comercial commercial
funcionário de empresa de mudanças déménageur
funcionário de fábrica de sardinha em lata sardinier
funcionário do correio postier
funcionário do guichê guichetier
funcionário do pedágio péagiste
funcionário fazendário trésorier-payeur général
funcionário público fonctionnaire
funcionário remunerado permanent
funcionários bureau
funda fronde
funda para hérnia bandage herniaire
fundação fondation
fundado fondé
fundador bâtisseur, fondateur
fundamental de fond, fondamental, séminal
fundamentalismo fondamentalisme
fundamentalista fondamentaliste
fundamentalmente fondamentalement
fundamentar fonder
fundamento fondement
fundar fonder
fundear mouiller
fundente fusant
fundiário foncier
fundição coulage, fonderie
fundido fondu
fundidor fondeur
fundinho de aguardente rincette
fundir couler, fondre, fusionner, griller
fundível fusible
fundo creux, cul, fond, lointains, profond, rentré, toilage
fundo da garganta arrière-gorge
fundo de comércio fonds de commerce
fundos fonds, provision, trésorerie
fundos da loja arrière-boutique
fundos éticos fonds éthique
fundos socialmente responsáveis fonds éthique
fúnebre funèbre
funeral funérailles
funerário funéraire
funesto funeste
fungadela reniflement
fungar renifler
fungicida fongicide
fúngico fongique
fungoso fongueux
funicular funiculaire
funil entonnoir
funilaria carrosserie, ferblanterie
funileiro carrossier, ferblantier, tôlier
fura-greve briseur de grève
fura-neve perce-neige
furacão ouragan
furadeira chignole
furador perce
furador de maçã vide-pomme
furão furet
furar creuser, crever, trouer
furar e colocar bucha tamponner
fúrcula bréchet
furgão camionnette, fourgon
furgão-cela fourgon cellulaire
furgoneta fourgonnette
fúria furie
furibundo furibond
furiosamente furieusement
furioso furax, furibard, furieux, furioso
furna aven
furo cran, défection, scoop
furor fureur
furta-cor gorge-de-pigeon
furtador chapardeur
furtar chaparder, dérober, faucher
furtivamente furtivement
furtivo furtif
furto chapardage, fauche, larcin
furto em veículo estacionado vol à la roulotte
furunculose furonculose
fusain fusain
fusão fondu, fonte, fusion, fusionnement
fusão e aquisição fusion-acquisition
fusão nuclear fusion nucléaire
fuseau fuseau
fuselado fuselé
fuselagem fuselage
fusibilidade fusibilité
fusível coupe-circuit, fusible, plomb
fuso broche, fuseau, fusée

fuso horário fuseau horaire
fuste fût
fustigação fustigation
fustigar cingler, fustiger
fute foot
futebol football, soccer
fútil futile
futilidade billevesée, futilité
futilmente futilement
futon futon
futurismo futurisme
futurista futuriste
futuro avenir, devenir, futur
futuro anterior futur antérieur
futurologia futurologie
futurólogo futurologue
fuzil fusil
fuzilão ardillon
fuzilar fusiller
fuzileiro fusilier
fuzileiro naval fusilier marin

Gg

g g
G.M.T. GMT
gabar vanter
gabardina gabardine
gabarito gabarit
gabarito de carga gabarit de chargement
gabela gabelle
gabinete cabinet
gablete gable
gabola vantard
gabolice vantardise
gabonense gabonais
gadget gadget
gadídeo gadidé
gado bestiaux, bétail, bêtes, cheptel
gado holandês hollandaise
gaélico gaélique
gafanhoto acridien, sauterelle
gafanhoto migrador locuste
gafe bévue, gaffe
gafento gaffeur
gag gag
gagá gaga, gâteux
gago bègue
gaguejar ânonner, bégayer
gaguejo ânonnement
gaguez bégaiement
gaial gayal
gaiato luron
gaio geai
gaiola cage, sas, tôle
gaita de boca harmonica
gaita de foles cornemuse, musette
gaita de foles bretã biniou
gaivota goéland, mouette
gajeiro gabier
galã jeune premier
galáctico galactique
galactose galactose
galantaria galanterie
galante galant
galantear marivauder
galanteio marivaudage
galantemente galamment
galantina ballottine, galantine
galantina de cabeça de porco fromage de tête
galão chevron, cordon, gallon, galon, ruban
galáxia galaxie
galbo galbe
galé galérien
galeão galion
galena galène
galeno toubib
galeota équille, lançon
galera galère
galeria boyau, galerie, galerie de mine, galerie marchande
galés galères
galês gallois
galhada andouiller, bois, panache, ramure
galheta burette
galheta de vinagre vinaigrier
galheteiro huilier
galho branche, cor
galhofa batifolage
galhofar batifoler
galhofeiro batifoleur
galicanismo gallicanisme
galicano gallican
galiciano galicien
galicismo gallicisme
gálico gallique
galimatias galimatias
galináceo gallinacé
galinha poule
galinha choca poule mouillée
galinha de papel cocotte
galinha dos ovos de ouro vache à lait
galinha poedeira pondeuse
galinha-d'angola pintade
galinheiro poulailler
galinho coquelet
galinhola bécasse, foulque
gálio gallium
galo bosse, coq
galo gaulês coq gaulois
galo-romano gallo-romain
galocha caoutchouc, galoche, snow-boot
galopada galopade
galopante galopant
galopar galoper
galope galop
galrear babiller
galreio babil
galubé galoubet
galuchat galuchat
galucho bleu
galvânico galvanique
galvanismo galvanisme
galvanização galvanisation
galvanizar galvaniser
galvanômetro galvanomètre
galvanoplastia galvanoplastie
gama daine, gamma, gamme
gamada gammée
gamaglobulina gammaglobuline
gamão jacquet, trictrac
gambá opossum, sarigue
gamba gamba
gâmbia guibolle
gambiarra baladeuse
game jeu
gamela auge
gameta gamète
gamo daim
gamopétalo gamopétale
gamossépalo gamosépale
gana de vencer gagne
ganacha ganache
ganache ganache
ganancioso âpre au gain
gancho accroche, crochet, tire-botte
gancho em forma de s esse
gandaieiro noceur
gandura gandoura
ganga gangue
gânglio ganglion, glande, nodosité, nœud
ganglionar ganglionnaire
gangorra tapecul
gangrena gangrène
gangrenado gangrené
gangrenar gangrener
gangrenoso gangreneux
gângster gangster
gangsterismo gangstérisme
gangue gang
ganha-pão gagne-pain
ganhador gagnant
ganhar gagner, remporter
ganhar novo impulso rebondir
ganho gain
ganho ilícito gratte
ganido glapissement, jappement
ganir glapir, japper
ganizes osselet
gansinho oison
ganso jars, quasi, oie
garagem dépôt, garage, remise
garança garance
garanhão chaud lapin, étalon
garantia assurance, caution, garant, garantie
garantido de tout repos, sûr
garantir assurer, garantir, prétendre
garatuja barbouillage, gribouillage, griffonnage, pattes de mouche
garatujar gribouiller, griffonner
garbure garbure
garça héron
garça-real aigrette
garço pers
garçom garçon, serveur
garden-party garden-party
gardênia gardénia
garfo fourchette

gargalhar bidonner, esclaffer, pouffer, rire aux éclats
gargalo col, goulot, goulot d'étranglement
garganta cluse, gorge, gosier
gargantuesco gargantuesque
gargarejar gargariser
gargarejo gargarisme
garguitear chevroter
gárgula gargouille
garibaldino garibaldien
garimpeiro orpailleur
garlopa riflard, varlope
garoa brouillasse
garoar brouillasser
garoento bruineux
garoto gamin, loupiot
garoupa mérou
garra griffe, ongle, pince, serre
garrafa bouteille
garrafa de vinho chopine
garrafa empalhada fiasque
garrafa pequena canette
garrafa térmica Thermos
garrafão bonbonne, dame-jeanne
garraio blanc-bec
garrano bidet
garrão gîte
garriga garrigue
garrote garrot
garupa croupe
gás gaz
gás hilariante gaz hilarant
gascão gascon
gaseado gazé
gasear gazer
gaseificação gazéification
gaseificar gazéifier
gasoduto gazoduc
gasogênio gazogène
gasolina especial supercarburant
gasolina essence
gasolina sem chumbo essence sans plomb, sans-plomb
gasômetro gazomètre
gasoso gazeux
gaspacho gaspacho
gáspea empeigne
gastador dépensier, énergivore
gastalho serre-joint
gastar brûler, dépenser, mettre, user
gasto dépense, éculé, fatigué, usé, usé jusqu'à la corde, vieux
gastos extras faux frais
gastralgia gastralgie
gastrectomia gastrectomie
gastrenterite gastro-entérite
gastrenterologia gastro-entérologie
gastrenterologista gastro-entérologue
gastresofagiano gastro-œsophagien
gástrico gastrique
gastrite gastrite
gastronomia gastronomie
gastronômico gastronomique
gastrônomo gastronome
gastroplastia gastroplastie
gastrópode gastéropode
gate porte
gateira chatière
gatilho détente, gâchette
gatinho minou
gato chat, matou, mistigri
gato pardo chartreux
gato persa persan
gato siamês siamois
gato vira-lata chat de gouttière
gaúcho gaucho
gaulês gaulois
gaullismo gaullisme
gaullista gaulliste
gave gave
gávea hune, hunier
gavela gerbe, javelle
gaveta tiroir
gavial gavial
gavião épervier
gavinha vrille
gavota gavotte
gay gay
gaze gaze
gazear grisoller
gazela gazelle
gazeta gazette
gazetear faire l'école buissonnière
gazua crochet, rossignol
geada gelée blanche, givrage, givre, verglas
geada branca verglas
gear verglacer
geco gecko
gêiser geyser
gel gel
geladeira Frigidaire, frigo, glacière, glaçon, réfrigérateur
gelado frappé, réfrigérant, réfrigéré
gelar geler, réfrigérer
gelatina gélatine
gelatinoso gélatineux
geleia confiture, gelée
geleira glacier
geleira continental inlandsis
gélido glacé
gelificante gélifiant
gelo glace
gelo-seco neige carbonique
gelosia jalousie
gélula gélule
gema gemme, jaune d'œuf
gemado gemmé
gemelar gémellaire
gemente gémissant
gêmeo jumeau
Gêmeos Gémeaux
gemer geindre, gémir
gemido geignement, gémissement
geminação jumelage
geminado géminé, jumelé
geminar jumeler
geminiano Gémeaux
gemônias gémonies
genciana gentiane
gendarmaria gendarmerie
gendarme gendarme
gene gène
genealogia généalogie
genealógico généalogique
genealogista généalogiste
genebra genièvre
genebrês genevois
genepi génépi
general général
general de brigada brigadier
generala générale
generalidade généralité
generalíssimo généralissime
generalização généralisation
generalizado généralisé
generalizar généraliser
generalizar-se se généraliser
genérico générique
gênero genre
gênero feminino genre féminin
gênero masculino genre masculin
gênero neutro neutre
generosamente généreusement, grandement, grassement
generosidade générosité
generoso généreux
gênese genèse
genética génétique
geneticamente génétiquement
geneticista généticien
genético génétique
gengibre gingembre
gengiva gencive
gengival gingival
gengivite gingivite
genial génial
gênico génique
gênio génie, lumière
genital génital
genitivo génitif
genitor géniteur
genoa génois
genocídio génocide
génoise génoise
genoma génome
genômica génomique
genômico génomique
genótipo génotype
genovês génois
genro beau-fils, gendre
gens gens
gentalha piétaille
gente gens, monde
gentil gentil, prévenant
gentil-homem gentilhomme
gentileza gentillesse, prévenance
gentilmente gentiment
gentio gentil
gentleman gentleman
gentry gentry
genuflexão agenouillement, génuflexion

genuflexório prie-Dieu
geociências sciences de la Terre
geodesia géodésie
geodo géode
geoestacionário géostationnaire
geofísica géophysique
geofísico géophysicien
geografia géographie
geográfico géographique
geógrafo géographe
geolocalização géolocalisation
geologia géologie
geológico géologique
geólogo géologue
geomagnetismo géomagnétisme
geomancia géomancie
geômetra géomètre
geometria géométrie
geometria euclidiana géométrie euclidienne
geométrico géométrique
geomorfologia géomorphologie
geopolítica géopolitique
georgiano géorgien
geosfera géosphère
geossinclinal géosynclinal
geotermia géothermie
geotérmico géothermique
geotropismo géotropisme
geração génération
geracional générationnel
gerador générateur
gerador elétrico génératrice
geral général, plénier
geralmente couramment, généralement, ordinairement, vulgairement
gerânio géranium
gerar générer
geratriz génératrice
gérbera gerbera
gerbo gerboise
gerência gérance
gerenciador gestionnaire
gerente gérant, tenancier
gerente de agência do correio receveur
gergelim sésame
geriatra gériatre
geriatria gériatrie
gerifalte gerfaut
gerir gérer
germânico germain, germanique
germânio germanium
germanismo germanisme
germanista germaniste
germanização germanisation
germanizar germaniser
germanofilia germanophilie
germanófilo germanophile
germanofobia germanophobie
germanófobo germanophobe
germanófono germanophone
germe germe
germinação germination
germinal germinal
germinar germer, lever
gerontocracia gérontocratie
gerontologia gérontologie
gerontologista gérontologue
gerúndio gérondif
gesseiro plâtrier
gesso gouttière, plâtre
gessoso plâtreux
gesta geste
gestação gestation
gestão gérance, gestion
gesticulação gesticulation
gesticular gesticuler
gesto geste
gestor gestionnaire, questeur
gestual gestuel
gibão gibbon, pourpoint
gibelino gibelin
gibelotte gibelotte
gibiteca bédéthèque
giesta genêt
giga giga, gigue
gigabyte gigaoctet
gigante géant
gigantesco gigantesque
gigantismo gigantisme
gigolô gigolo, maquereau
gilvaz balafre
gim gin
gimnosperma gymnosperme
gimnoto gymnote
gin-fizz gin-fizz
ginásio gymnase
ginasta gymnaste
ginástica gymnastique
ginástico gymnique
gincana gymkhana
gineceu gynécée
gineco gynéco
ginecologia gynécologie
ginecológico gynécologique
ginecologista gynécologue
ginga godille
gingar godiller
ginja griotte
ginseng ginseng
giorno (a) giorno (a)
gipsita gypse, pierre à plâtre
girafa girafe, perche
girafinha girafeau
girândola bouquet, girandole
girar pivoter, se rouler, tourner, virer
girassol soleil, tournesol
giratório giratoire, tournant
gíria argot, argotisme, langue verte
giriesco argotique
girino têtard
girl girl
giro pivotement, roulement, tour, volte
girondino girondin
giroscópio gyroscope
giz craie
glabela glabelle
glabro glabre
glaçado glacé
glaçar glacer
glacê glaçage, glacé
glaciação glaciation
glacial glaçant, glaciaire, glacial
glaciologia glaciologie
gladiador gladiateur
gládio glaive
gladíolo glaïeul
glande gland
glândula glande
glandular glandulaire
glasnost glasnost
glauco glauque
glaucoma glaucome
gleba glèbe
glicemia glycémie
glicerina glycérine
glicídio glucide
glicínia glycine
glicoproteína glycoprotéine
glicose dextrose, glucose
glicosúria glycosurie
glíptica glyptique
gliptodonte glyptodon
global global
globalidade globalité
globalização mondialisation
globalizar globaliser, mondialiser
globalmente globalement
globe-trotter globe-trotteur
globo globe, globe terrestre
globo celeste globe céleste
globo terrestre globe terrestre
globular globulaire
glóbulo globule
globuloso globuleux
glória gloire
glorificação glorification
glorificar glorifier
gloríola gloriole
gloriosamente glorieusement
glorioso glorieux
glosa glose
glosar gloser
glossário glossaire
glote glotte
gluglu glouglou
glutamato glutamate
glutão glouton
glúten gluten
glúteo fessier
glutonaria gloutonnerie
gnaisse gneiss
gnomo gnome
gnômon gnomon
gnose gnose
gnu gnou
gobelet gobelet
gobião gardon, goujon
godê godet, à godets
goela arrière-bouche, gosier
gofrador gaufroir
gofragem gaufrage

gofrar gaufrer
gói goy
goiaba goyave
goiabeira goyavier
goiva gouge
goivo giroflée
gol but
gol de ouro but décisif
gola col, collet, encolure, gorgée
gola de babados fraise
golada lampée
goleador buteur
goleiro gardien de but, goal
goleta goélette
golfe golf
golfinho dauphin
golfista golfeur
golfo golfe
golilha carcan
golpe coup
golpe baixo coup fourré, entourloupe
golpe de Estado coup d'État
golpe de mestre coup de maître, coup fumant
golpe de misericórdia coup de grâce
golpe de sorte coup de chance
goma empois, gomme
goma-arábica gomme arabique
gomado gommé
gônada gonade
gôndola gondole
gondoleiro gondolier
gongo gong
goniômetro goniomètre
gonococo gonocoque
gonorreia blennorragie
gonzo gond
goraz pagel
gordinho enveloppé, rondelet
górdio gordien
gordo gras
gorducho boulot, grasseyer, patapouf, replet, rondouillard
gordura grasse, graisse
gorduroso graisseux, gras
Gore-Tex Gore-Tex
gorgolejar gargouiller, glouglouter
gorgolejo gargouillement, gargouillis
gorgônia gorgone
gorgonzola gorgonzola
gorgorão gros-grain
gorgulho charançon
gorila gorille
gorjeio ramage
gorjeira collerette
gorjeta bakchich, bonne-main, pourboire
gororoba tambouille
gorro com orelheira chapka
gospel gospel
gostar de aimer, se plaire
gosto goût
gosto passageiro toquade
gota goutte, larme
gotejador goutte-à-goutte
gotejar dégoutter, goutter, perler
gótico gothique, gotique
gotícula gouttelette
gotoso goutteux, podagre
gouda gouda
gougère gougère
gourmand gourmand
gourmet fine gueule, gourmet
governador gouverneur
governamental domanial, gouvernemental
governanta gouvernante
governante gouvernant
governar barrer, gouverner
governável gouvernable
governo gouvernance, gouvernement, timonerie
governo representativo gouvernement représentatif
governo tripartite gouvernement tripartite
gozador jouisseur
gozar jouir, prendre son pied
gozo jouissance
GPRS GPRS
GPS GPS
grã-fino rupin
grabatário grabataire
grabato grabat
graça drôlerie, grâce
graça justificante grâce justifiante
gracejo gaudriole, quolibet
grácil gracile
gracilidade gracilité
gracinha astuce, chou
graciosamente gracieusement
gracioso gracieux, mignon
gradação gradation
gradagem hersage
gradar herser
gradativo gradué
grade calandre, claie, grille, herse, treillis
grade de programação grille des programmes
grade levadiça herse
grade pequena clayon
grade salarial grille des salaires
gradiente gradient
grado grade, gré
graduação graduation, licence
graduação-mestrado-doutorado licence--master-doctorat
graduado gradé, gradué, licencié
gradual graduel
gradualmente graduellement, par degrés
graduar graduer
grafia graphie
gráfica imprimerie
graficamente graphiquement
gráfico graphe, graphique, imprimeur
grafismo graphisme
grafista graphiste
grafita graphite
grafitar taguer
grafite graff, graffiti, tag
grafite de chumbo mine de plomb
grafiteiro graffeur, tagueur
grafítico graphiteux
grafologia graphologie
grafológico graphologique
grafólogo graphologue
gralha coquille, corneille
gralha-calva freux
gralhar grailler
grama gazon, gramme
grama-de-ponta chiendent
gramado gazon, pelouse
gramar coltiner
gramática grammaire
gramática comparada grammaire comparée, linguistique comparée
gramatical grammatical
gramaticalmente grammaticalement
gramático grammairien
gramínácea graminacée
gramínea graminacée
grampeador agrafeuse
grampo agrafe, cavalier, crampon
grampo de cabelo épingle à cheveux
grana blé, fric, galette, oseille, pèze, rond, thune
granada fusant, grenade, grenat
granada de percussão obus percutant
granadeiro grenadier
granadina grenadine
granalha grenaille
grand-guignol grand-guignol
grand-guignolesco grand-guignolesque
grandalhão escogriffe, pataud
grande grand, gros
grande área surface de réparation
grande chancelaria da Legião de Honra grande chancellerie de la Légion d'honneur
grande coisa grand-chose
grande distância loin
grande école grande école
grande forma superforme
Grande Oriente Grand Orient
grande quantidade quantité
grande-angular grand-angle
grandes feitos hauts faits
grandeza grandeur
grandeza de alma grandeur d'âme
grandiloquência grandiloquence
grandiloquente grandiloquent
grandiosidade grandeur
grandioso grandiose
grandíssimo grandissime
grandissíssimo triple
granidor berceau
granitado granité
granítico graniteux, granitique
granito granit
granívoro granivore
granizar grêler
granizo grêle
granulação granulation

granulado granulé
granular granulaire
grânulo granule, granulé
granulócito polynucléaire
granuloma granulome
granuloso granuleux, grenu
grão grain
grão-de-bico pois chiche
grão-ducado grand-duché
grão-duque grand-duc
grão-duquesa grande-duchesse
grão-vizir grand vizir
grasnada croassement, jacassement
grasnado craquètement
grasnador jacasseur
grasnar cacarder, craqueter, croasser, jacasser
gratidão gratitude
gratificação gratification, prime
gratificante gratifiant
gratificar gratifier
gratinado gratin, gratiné
gratinar gratiner
gratinée gratinée
grátis gratis
gratuidade gratuité
gratuitamente bénévolement, gracieusement, gratuitement
gratuito gracieux, gratuit
grau degré, grade
grau de jurisdição degré de juridiction
grau de parentesco degré de parenté
grau Fahrenheit degré Fahrenheit
graus degrés de comparaison (d'un adjectif)
graus comparativos degrés de comparaison
gravação enregistrement, estampage, prise de son
gravado préenregistré
gravador graveur, magnétophone
gravar enregistrer, estamper, graver
gravata cravate
gravata à Lavallière lavallière
grave grave
gravemente grave, gravement, grièvement
graves graves
grávida enceinte
gravidade gravité, pesanteur, sérieux
gravidez grossesse
gravidez ectópica grossesse extra-utérine
gravidez extrauterina grossesse extra-utérine
gravídico gravidique
grávido gravide
gravimetria gravimétrie
gravíssimo gravissime
gravitação gravitation
gravitacional gravitationnel
gravitar graviter
gravura estampe, gravure
gravurista graveur
graxa cirage
graxeiro graisseur
graxo gras
grecismo grécité
greco-latino gréco-latin
greco-romano gréco-romain
gredoso crayeux
green green
grega grecque
gregário grégaire
gregarismo grégarisme
grego grec
gregoriano grégorien
grelha gril, grille, grilloir
grelhar saisir
grená grenat
grenache grenache
grenha tignasse
gresífero gréseux
gretadura gercement
gretar gercer
gretura gerçure
greva molletière
greve grève
greve de braços cruzados grève sur le tas
greve de fome grève de la faim
greve rotativa grève tournante
grevista gréviste
grifar com marca-texto surligner
grife griffe
griffon griffon
grilo cricri, criquet, grillon, lézard
grimpa girouette
grimpagem grippage
grimpar gripper
grinaldar festonner
griô griot
gripado grippé
gripal grippal
gripe grippe
grisalha grisaille
grisalho grisonnant, poivre et sel
grisê grisé
grissin gressin
grisu grisou
gritalhão criard
gritante criant, criard
gritar crier, glatir
gritaria criaillerie, huée
grito cri
grito das mulheres árabes youyou
grogue grog, groggy
grooving rainurage
gros-plant gros-plant
grosa grosse, riflard
groselha groseille
groselha-espinhosa groseille à maquereau
groselheira groseillier
grosseiramente grossièrement
grosseirão mufle, fruste, rustaud
grosseiro gras, gros, grossier, malotrou, manant, ours mal léché, paltoquet
grosseria balourdise, goujaterie, grossièreté, muflerie
grosso balourd, épais, goujat, gros, plein, plouc, rustre
grossura grosseur
grotesco grotesque
grou grue
grua grue, praticable
grudar coller, s'incruster
grugulejar glouglouter
grumete mousse
grumo grumeau
grumoso grumeleux
grunge grunge
grunhido grognement
grunhir grogner
grupelho groupuscule
grupo bande, formation, groupe, groupement, pool
grupo de combate ao crime organizado brigade antigang
grupo de imprensa groupe de presse
grupo de paraquedistas stick
grupo de pressão groupe de pression
grupo de trabalho atelier
grupo eletrógeno groupe électrogène
grupo industrial groupe industriel
grupo jornalístico groupe de presse
grupo sanguíneo groupe sanguin
grupo substituto relève
gruta grotte
gruyère gruyère
GSM GSM
guacamole guacamole
guache gouache
guano guano
guarani guarani
guard-rail glissière de sécurité
guarda flic, garde, gardien, sergent de ville
guarda compartilhada résidence alternée
guarda de eclusa éclusier
guarda descendente garde descendante
guarda rural garde champêtre
guarda-barreira garde-barrière
guarda-caça garde-chasse
guarda-chuva parapluie
guarda-comida garde-manger
guarda-corpo garde-corps, garde-fou
guarda-costas garde du corps, garde-côte
guarda-florestal garde forestier, ranger
guarda-fogo garde-feu, pare-feu
guarda-linha garde-voie
guarda-louça dressoir, vaisselier
guarda-mato pontet
guarda-móveis garde-meuble
guarda-pão panetière
guarda-pó blouse
guarda-roupa garde-robe, penderie
guarda-sol parasol
guarda-trecos vide-poche
guardanapo serviette
guardar garder, garer, remiser, rentrer, serrer
guardar segredo se taire
guardas de fechadura gardes

guardião gardien
guarita guérite
guarita cônica poivrière
guarnecer garnir, hérisser
guarnecido garni
guarnecimento garnissage
guarnição dépôt, garnison, garniture
guaxinim raton laveur
gueixa geisha
guelfo guelfe
guepardo guépard
gueridom guéridon
guerra guerre
guerra civil guerre civile
guerra de nervos guerre des nerfs
guerra santa guerre sainte
guerrear guerroyer
guerreiro guerrier
guerrilha guérilla
guerrilheiro guérillero
guetização ghettoïsation
gueto ghetto
guia accompagnateur, acquit-à-caution, guide, indicateur
guia rebaixada bateau
guiar guider
guichê guichet
guidão guidon
guilherme bouvet
guilhotina guillotine, massicot
guilhotinar guillotiner
guimba mégot
guinada embardée, saute, virage
guinchado couinement
guinchar couiner, crisser, trompeter, vagir
guincho crissement, dépanneuse, vagissement
guindado guindé
guindaste grue
guinguette guinguette
guinhol guignol
guipura guipure
guirlanda feston, guirlande
guisa guise
guisado civet, fricot
guisado de caça salmis
guisado de carne ou ave hochepot
guisado de carneiro haricot de mouton
guitarra gratte
guitarra elétrica guitare électrique
guitarrista guitariste
guizo grelot
gulache goulache
gulag goulag, koulak
gulodice gourmandise
gulosamente goulûment
guloseima chatterie, friandise, gâterie, gourmandise
guloseimas douceurs
guloso friand, goulu
gume taillant, taille
Gumex Gomina
gurde gourde
guru gourou
gurupés beaupré
gustativo gustatif
guta-percha gutta-percha
gutural guttural

Hh

H H
h h
H. Q. BD
há depuis, il y a, voilà
ha ha
há pouco à peine, depuis peu, naguère
habeas corpus habeas corpus
hábil adroit, habile
habilidade habileté
habilidade para desenhar coup de crayon
habilitação habilitation
habilitar habiliter
habilmente adroitement, habilement
habitabilidade habitabilité
habitação habitation, logement
habitação unifamiliar (maison) unifamiliale
habitado habité
habitante habitant
habitat habitat
habitável habitable, logeable
hábito froc, habit, habitude, ordinaire, pli
habituação accoutumance
habitual habituel, ordinaire
habitualmente d'habitude, habituellement
habituar habituer
habitué familier, habitué
hachura hachure
hachurar hachurer
hackear pirater
hacker cracker, hacker, pirate
hadith hadith
hadoque églefin
hadoque defumado haddock
hagiografia hagiographie
halali hallali, taïaut
halibute flétan
hálito haleine
hall hall
halo halo
halogênio halogène
haltere haltère
halterofilia haltérophilie
halterofilista haltérophile
halvah halva
hambúrguer hamburger
hampe hampe
hamster hamster
handebol handball
handebolista handballeur
handicap handicap
hangar hangar
hansa hanse
hápax hapax
haploide haploïde
happening happening
happy end happy end
haraquiri hara-kiri
haras haras
hard rock hard rock
hardcore hard
hardware hard, matériel
harém harem
harki harki
harmatão harmattan
harmonia harmonie
harmônico harmonique
harmônio harmonium
harmoniosamente harmonieusement
harmonioso harmonieux
harmonista harmoniste
harmonização harmonisation
harmonizar harmoniser
harpa harpe
harpa eólia harpe éolienne
harpagão harpagon
harpia harpie
harpista harpiste
haste branche, brin, hampe, mâchoire, tige
haustório suçoir
havaiano hawaiien
havana havane
haver être
haxixe cannabis, hachisch
HDTV TVHD
headhunter chasseur de têtes
heavy metal heavy metal
hebetado hébété
hebetismo hébétement
hebetude hébétude
hebraico hébraïque, hébreu
hebreu hébreu
hecatombe hécatombe
hectare hectare
héctica fièvre hectique
héctico hectique
hectograma hectogramme
hectolitro hectolitre
hectômetro hectomètre
hectopascal hectopascal
hediondamente hideusement
hediondo hideux
hedonismo hédonisme
hedonista hédoniste
hegeliano hégélien
hegemonia hégémonie
hegemônico hégémonique
hegemonismo hégémonisme
hégira hégire
hein hein
hélas hélas, las
heléboro hellébore
helênico hellénique
helenismo hellénisme
helenista hellénisant
helenístico hellénistique
helenizante hellénisant
helenizar helléniser
heleno hellène

heliantina héliantine
helianto hélianthe
hélice hélice, hélix
helicicultura héliciculture
helicoidal hélicoïdal
helicóptero hélicoptère
hélio hélium
heliogravura héliogravure
heliomarinho héliomarin
helioterapia héliothérapie
heliotrópio héliotrope
heliporto héliport
helitransportado héliporté
helmintíase helminthiase
helminto helminthe
helvécio helvète
helvético helvète
helvetismo helvétisme
hemácia hématie
hematita hématite
hematologia hématologie
hematologista hématologiste
hematólogo hématologiste
hematoma hématome
hematose hématose
hematozoário hématozoaire
hematúria hématurie
hemiciclo hémicycle
hemiciclo da Assembleia Nacional l'Hémicycle
hemiplegia hémiplégie
hemiplégico hémiplégique
hemíptero hémiptère
hemisférico hémisphérique
hemisfério hémisphère
hemistíquio hémistiche
hemocompatível hémocompatible
hemocultura hémoculture
hemofilia hémophilie
hemofílico hémophile
hemoglobina hémoglobine
hemograma hémogramme
hemólise hémolyse
hemoptise hémoptysie
hemorragia hémorragie
hemorrágico hémorragique
hemorroida hémorroïde
hemóstase hémostase
hemostático hémostatique
hena henné
hendecágono hendécagone
heparina héparine
hepático hépatique
heptaedro heptaèdre
heptagonal heptagonal
heptágono heptagone
heptâmetro heptamètre
hera lierre
heráldica héraldique
heráldico héraldique
herança héritage, hoirie
herança vacante déshérence
herbáceo herbacé
herbanário herboristerie
herbário herbier
herbicida désherbant, herbicide
herbívoro herbivore
herborista herboriste
herborização herborisation
herborizar herboriser
herciniano hercynien
hercúleo herculéen
hércules hercule
herdar hériter
herdeiro héritier, hoir
herdeiro presuntivo héritier présomptif
herdeiro reservatário réservataire
hereditariamente héréditairement
hereditariedade hérédité
hereditário héréditaire
herege hérétique
heresia hérésie
heresiarca hérésiarque
herético hérétique
hermafroditismo hermaphrodisme
hermenêutica herméneutique
hermeticamente hermétiquement
hermeticidade herméticité
hermético hermétique
hermetismo herméticité, hermétisme
hérnia hernie
herniário herniaire
herói héros
herói-cômico héroï-comique
heroicamente héroïquement
heroico héroïque
heroína héroïne
heroinômano héroïnomane
heroísmo héroïsme
herpes herpès
herpes-zóster zona
herpético herpétique
herpetologia erpétologie
hertz hertz
hertziano hertzien
hesitação flottement, hésitation
hesitante hésitant, trébuchant
hesitar flotter, hésiter, se tâter, trébucher, vasouiller
hetera hétaïre
heteróclito hétéroclite
heterocromossomo hétérochromosome
heteródino hétérodyne
heterodoxia hétérodoxie
heterodoxo hétérodoxe
heterogeneidade hétérogénéité
heterogêneo hétérogéne
heterossexual hétérosexuel
heterossexualidade hétérosexualité
heterozigótico hétérozygote
heterozigoto hétérozygote
heureca eurêka
hévea hévéa
hexacloreto hexachlorure
hexaedro hexaèdre
hexagonal hexagonal
hexágono hexagone
hexâmetro hexamètre
hexápode hexapode
hi-fi hi-fi
hialino hyalin
hiato hiatus
hibernação hibernation
hibernação artificial hibernation artificielle
hibernal hibernal
hibernar hiberner
hibisco hibiscus
hibridação hybridation
híbrido bâtard, hybride
hic hic
hidjab hidjab
hidra hydre
hidra de Lerna hydre de Lerne
hidrante bouche d'incendie
hidratação hydratation
hidratante hydratant
hidratar hydrater
hidrato hydrate
hidráulica hydraulique
hidráulico hydraulique
hidrelétrica hydroélectrique
hidreletricidade hydroélectricité
hídrico hydrique
hidroavião hydravion
hidrocarboneto hydrocarbure
hidrocefalia hydrocéphalie
hidrocéfalo hydrocéphale
hidrocussão hydrocution
hidrodinâmica hydrodynamique
hidrófilo hydrophile
hidrofólio hydrofoil
hidrogenação hydrogénation
hidrogenado hydrogéné
hidrogênio hydrogène
hidrogênio sulfurado hydrogène sulfuré
hidroginástica Aquagym, gymnastique aquatique
hidrografia hydrographie
hidrográfico hydrographique
hidrógrafo hydrographe
hidrólise hydrolyse
hidrologia hydrologie
hidrologista hydrologiste
hidrólogo hydrologiste
hidromel hydromel
hidroplano hydroglisseur
hidrosfera hydrosphère
hidrostática hydrostatique
hidrostático hydrostatique
hidroterapia hydrothérapie
hiena hyène
hierarca hiérarque
hierarquia hiérarchie
hierarquicamente hiérarchiquement
hierárquico hiérarchique
hierarquização hiérarchisation
hierarquizar hiérarchiser
hierático hiératique
hieratismo hiératisme
hierofante hiérophante
hieroglífico hiéroglyphique

hieróglifo hiéroglyphe
hífen tiret, trait d'union
higiene hygiène, toilette
higiênico hygiénique
higienização toilettage
higienizar toiletter
higrometria hygrométrie
higrométrico hygrométrique
higrômetro hygromètre
hílare hilare
hilariante hilarant
hilaridade hilarité
hilota ilote
hilotismo ilotisme
hímen hymen
himeneu hymen
himenóptero hyménoptère
hindi hindi
hindu indien
hinduísmo hindouisme
hinduísta hindou
hino hymne
hino nacional hymne national
hioide hyoïde
hióideo hyoïdien
hip-hop hip-hop
hiperatividade hyperactivité
hiperativo hyperactif
hipérbole hyperbole
hiperbólico hyperbolique
hipercalcemia hypercalcémie
hiperemotividade hyperémotivité
hiperglicemia hyperglycémie
hipermetrope hypermétrope
hipermetropia hypermétropie
hipermídia hypermédia
hipernervoso hypernerveux
hipersecreção hypersécrétion
hipersensibilidade hypersensibilité
hipersensível hypersensible
hipersônico hypersonique
hipertensão hypertension
hipertenso hypertendu
hipertexto hypertexte
hipertrofia hypertrophie
hipertrofiado hypertrophié
hípico hippique
hipismo hippisme
hipnose hypnose
hipnótico hypnotique
hipnotismo hypnotisme
hipnotizador hypnotiseur, magnétiseur
hipnotizar hypnotiser
hipoalergênico hypoallergénique
hipocalcemia hypocalcémie
hipocalórico hypocalorique
hipocondria hypocondrie
hipocondríaco hypocondriaque
hipocrisia faux-semblant, hypocrisie
hipócrita hypocrite, papelard
hipocritamente hypocritement
hipodérmico hypodermique
hipódromo champ de courses, hippodrome
hipofágico hippophagique
hipófise hypophyse
hipogeu hypogée
hipoglicemia hypoglycémie
hipoglosso hypoglosse
hipogrifo hippogriffe
hipologia hippologie
hipomóvel hippomobile
hipopótamo hippopotame
hipotálamo hypothalamus
hipoteca hypothèque
hipotecar hypothéquer
hipotecário hypothécaire
hipotensão hypotension
hipotenso hypotendu
hipotensor hypotenseur
hipotenusa hypoténuse
hipotermia hypothermie
hipótese cas de figure, hypothèse
hipotético hypothétique
hipotonia hypotonie
hippie baba cool, hippie
hipúrico hippurique
hírax daman
hircino hircin
hirsuto hirsute
hispânico hispanique
hispanismo hispanisme
hispanista hispanisant
hispano-americano hispano-américain
hispanófono hispanophone
histerectomia hystérectomie
histerectomia total totale
histeria hystérie
histérico hystérique
histogênese histogenèse
histograma histogramme
histologia histologie
histológico histologique
história comédie, histoire
história em quadrinhos bande dessinée
história factual histoire événementielle
História Moderna histoire moderne
historiado historié
historiador historien
historicamente historiquement
historicidade historicité
histórico historique
historieta historiette
historiografia historiographie
historiógrafo historiographe
histrião histrion
hit hit, tube
hit parade hit-parade
hitita hittite
hitlerismo hitlérisme
hitlerista hitlérien
HIV HIV, VIH
hobby hobby
hochepot hochepot
hoje aujourd'hui
holandês hollandais
holding holding
hollywoodiano hollywoodien
holocausto holocauste
Holocausto Holocauste
holofote sunlight
holografia holographie
holograma hologramme
holotúria holothurie
homem homme, mâle
homem da lei homme de loi
homem de ação homme de terrain
homem de letras homme de lettres
homem de negócios homme d'affaires
homem de sete instrumentos homme-orchestre
homem do lar homme au foyer
homem experiente vieux routier
homem jovial joyeux drille
homem lígio homme lige
homem-rã homme-grenouille
homem-sanduíche homme-sandwich
homenagear rendre honneur à
homenagem hommage
homens de lei basoche
homenzinho bonhomme, freluquet
homeopata homéopathe
homeopático homéopathique
homérico homérique
homicida homicide
homicídio homicide
homilia homélie
hominídeo hominien
homoenxerto homogreffe
homófono homophone
homogeneidade homogénéité
homogeneização homogénéisation
homogeneizado homogénéisé
homogeneizar homogénéiser
homogêneo homogène
homografia homographie
homógrafo homographe
homologação entérinement, homologation
homologar entériner, homologuer
homólogo homologue
homonímia homonymie
homônimo homonyme
homossexual homosexuel
homossexualidade homosexualité
homozigoto homozygote
homus houmous
honestamente en conscience, honnêtement
honestidade honnêteté
honesto honnête
honorário honoraire
honorários honoraires, vacation
honorável honorable
honorífico honorifique
honoris causa honoris causa
honra honneur
honradamente honorablement
honradez honorabilité
honrado honoré
honrar acquitter, faire honneur à, honorer
honras honneurs

honrosamente honorablement
honroso honorable
hookear talonner
hooker talonneur
hooking talonnage
hooligan hooligan
hooliganismo hooliganisme
hoplita hoplite
hóquei hockey
hóquei no gelo hockey sur glace
hora heure
hora H heure H
horário emploi du temps, heure, horaire
horário de estudo étude
horário do final da tarde avant-soirée
horário nobre heure de grande écoute, prime time
horas heures
horda horde
horizontal horizontal
horizontalidade horizontalité
horizontalmente horizontalement
horizonte horizon
hormonal hormonal
hormônio hormone
hormônio esteroide stéroïde
hornblenda hornblende
horodator horodateur
horóscopo horoscope
horrendo horrifiant
horripilante horripilant
horripilar horripiler
horrível affreux, épouvantable, horrible
horrivelmente affreusement, effroyablement, épouvantablement, horriblement
horror horreur
horrorizar horrifier
hors-concours hors concours
horta potager
hortelã menthe
hortênsia hortensia
hortícola horticole
horticultor horticulteur, maraîcher
horticultura horticulture, maraîcher
hospedagem hébergement
hospedar héberger, loger
hospedaria hospice
hóspede hôte
hospital hôpital
hospital universitário centre hospitalo--universitaire
hospital-dia hôpital de jour
hospitalar hospitalier, nosocomial
hospitalar e universitário hospitalo--universitaire
hospitaleiro hospitalier
hospitalidade hospitalité
hospitalização hospitalisation
hospitalizar hospitaliser
hostess entraîneuse
hóstia hostie
hostil hostile, noir
hostilidade hostilité
hostilmente hostilement
hotel hôtel
hotel campestre hostellerie
hotel chique hôtellerie
hotel cinco estrelas hôtel trois-étoiles
hotel de estrada motel
hotel de luxo palace
hotelaria hôtellerie
hoteleiro hôtelier
house music house music
HU CHU
huguenote huguenot
hulha houille
hulha-branca houille blanche
hulheira houillère
hulhífero houiller
hum hem, heu, hum
humanamente humainement
humanidade humanité
humanismo humanisme
humanista humaniste
humanitário humanitaire
humanitarismo humanitarisme
humanização humanisation
humanizar humaniser
humano humain
humanoide humanoïde
humildade humilité
humilde humble
humildemente humblement
humilhação camouflet, humiliation
humilhante humiliant
humilhar humilier
humor humeur, humour, suc
humor de cão humeur massacrante
humor negro humour noir
humorista humoriste
humorístico humoristique
húmus humus, terreau
húngaro hongrois, magyar
hurra hourra
hussardo hussard
Hz Hz

Ii

i.e. c.-à-d.
iâmbico ïambique
iambo ïambe
ianque yankee
iaque yack
iatagã yatagan
iate yacht
iate clube yacht-club
iatismo voile, yachting
iatista plaisancier, yachtman
ibérico ibère, ibérique
ibero ibère
ibid. ibid.
ibidem ibidem
íbis ibis
ibope Audimat
içamento treuillage
içar hélitreuiller, hisser, treuiller
iceberg iceberg
ícone icône
iconoclasta iconoclaste
iconografia iconographie
iconográfico iconographique
iconógrafo iconographe
iconóstase iconostase
icterícia ictère, jaunisse
ictiologia ichtyologie
ictiossauro ichtyosaure
icto ictus
id. id.
ida aller
ida e volta aller-retour
idade âge
idade canônica âge canonique
idade da razão âge de raison
idade do ferro âge du fer
idade do lobo démon de midi
idade escolar âge scolaire
idade ingrata âge ingrat
Idade Média Moyen Âge
idas e vindas allées et venues
ideal idéal, tout trouvé, rêvé
idealidade idéalité
idealismo idéalisme
idealista idéaliste
idealização idéalisation
idealizador idéalisateur
idealizar idéaliser, poétiser
idealmente idéalement
ideia idée
ideia fixa idée fixe
ideia-mãe idée mère
idem idem
identicamente identiquement
idêntico identique
identidade identité
identificação identification, repérage
identificar identifier
identificável identifiable
identitário identitaire
ideografia idéographie
ideográfico idéographique
ideograma idéogramme
ideologia idéologie
ideológico idéologique
ideólogo idéologue
idílico idyllique
idílio idylle
idioleto idiolecte
idioma idiome
idiomático idiomatique
idiossincrasia idiosyncrasie
idiota couillon, du schnock, grave, idiot
idiotice idiotie
idiotismo idiotisme
idólatra idolâtre
idolatrar aduler, idolâtrer
idolatria idolâtrie
ídolo idole
idôneo idoine
idos ides
idoso âgé

iê-iê-iê yé-yé
iemenita yéménite
iene yen
iglu igloo
ignaro ignare
ígneo igné
ignição allumage
ignifugação ignifugation
ignifugante ignifuge
ignifugar ignifuger
ignífugo ignifuge
ignóbil ignoble
ignobilmente ignoblement
ignomínia ignominie
ignominiosamente ignominieusement
ignominioso ignominieux
ignorado ignoré
ignorância ignorance
ignorância crassa ignorance crasse
ignorante ignorant
ignorar ignorer
Igreja église, temple
Igreja episcopal Église épiscopale
Igreja grega Église grecque
Igreja Romana l'Église romaine
igual égal, kif-kif, même
igualação égalisation
igualar égaler, égaliser
igualar-se a égaler
igualável égalable
igualdade égalité
igualitário égalitaire
igualitarismo égalitarisme
igualmente également
iguana iguane
iguanodonte iguanodon
iguaria mets
iídiche yiddish
ikebana ikebana
ilangue-ilangue ilang-ilang
ilegal illégal, noir
ilegalidade illégalité
ilegalmente illégalement
ilegitimamente illégitimement
ilegitimidade illégitimité
ilegítimo illégitime
ilegível illisible
íleo iléon
ileso indemne
iletrado illettré
iletrismo illettrisme
ilha île
ilhéu îlien
ilhó œillet
ilhota îlot
ilíaco iliaque
ilícito illicite, interlope
ilimitado illimité
ilogicamente illogiquement
ilógico illogique
ilogismo illogisme
iludir faire illusion, illusionner
iluminação allumage, éclairage, enluminure, illumination
iluminado illuminé
iluminador éclairagiste, enlumineur
iluminamento éclairement
iluminar allumer, éclairer, enluminer, ensoleiller, illuminer
iluminura enluminure
ilusão illusion
ilusionismo illusionnisme
ilusionista illusionniste
ilusoriamente illusoirement
ilusório illusoire
ilustração figure, illustration
ilustrador illustrateur
ilustrar illustrer
ilustrativo illustratif
ilustre illustre
ilustríssimo illustrissime
ímã aimant
Imaculada Conceição Immaculée Conception
imaculado immaculé
imagem image
imaginação imagination, invention
imaginar imaginer, se figurer, se représenter, voir
imaginária imagerie
imaginário imagier, imaginaire
imaginativo imaginatif
imaginável imaginable, pensable
imago imago
imamato imamat
imame imam
imanência immanence
imanente immanent
imantar aimanter
imaterial immatériel
imaterialidade immatérialité
imaturidade immaturité
imaturo immature
imbatível imbattable, incollable
imbebível imbuvable
imbecil andouille, con, corniaud, cornichon, enfoiré, imbécile, taré, vieux schnock
imbecilidade imbécillité
imberbe imberbe
imbricação imbrication
imbricado imbriqué
imbricar imbriquer
imbróglio imbroglio
imbuído imbu
imediatamente à l'instant, au débotté, aussitôt, de ce pas, de près, de suite, illico, immédiatement, sur l'heure, sur-le-champ, tout de suite
imediato immédiat, second
imemorial immémorial
imensamente immensément
imensidade immensité
imenso immense
imerecido immérité
imergir immerger, mouiller, s'immerger
imersão immersion, trempage
imigração immigration
imigrado immigré
imigrante immigrant
imigrante ilegal sans-papiers
iminência imminence
iminente imminent
imiscuição immixtion
imitação imitation, mimétisme, simili, toc
imitador imitateur
imitar imiter
imitativo imitatif
imitável imitable
imobiliário immobilier
imobilidade immobilité
imobilismo immobilisme, piétinement
imobilista immobiliste
imobilização immobilisation
imobilizador contention
imobilizar figer, immobiliser
imoderadamente immodérément
imoderado immodéré
imodéstia immodestie
imodesto immodeste
imolação immolation
imolar immoler
imoral immoral
imoralidade immoralité
imoralismo immoralisme
imortal immortel
imortalidade immortalité
imortalizar immortaliser
imotivado immotivé
imóveis la pierre
imóvel fixe, foncier, immeuble, immobile, lieux
imóvel invadido squat
impáciem impatiente
impaciência impatience
impacientar impatienter
impaciente impatient
impacientemente impatiemment
impacto impact
impagável impayable
impala impala
impalpável impalpable
ímpar hors pair, impair
imparcial impartial
imparcialidade impartialité
imparcialmente impartialement
imparissílabo imparisyllabique
impasse impasse
impassibilidade impassibilité
impassível impassible
impassivelmente impassiblement
impávido impavide
impecável impeccable
impecavelmente impeccablement
impecunioso impécunieux
impedância impédance
impedido empêché
impedidor empêcheur
impedimenta impedimenta
impedimento empêchement, hors-jeu
impedir empêcher
impedir a entrada refuser

impeditivo rédhibitoire
impelir entraîner
impenetrabilidade impénétrabilité
impenetrável impénétrable
impenhorável insaisissable
impenitente impénitent
impensável impensable
imperador empereur
imperativamente impérativement
imperativo diktat, impératif
imperatriz impératrice
imperceptibilidade imperceptibilité
imperceptível imperceptible
imperceptivelmente imperceptiblement
imperdível imperdable
imperdoável impardonnable
imperecível impérissable
imperfectível imperfectible
imperfeição imperfection
imperfeitamente imparfaitement
imperfeito imparfait
imperfurável increvable
imperial impérial, impériale
imperialismo impérialisme
imperialista impérialiste
imperialmente impérialement
império empire
imperiosamente impérieusement
imperioso impérieux
impermeabilidade imperméabilité
impermeabilização imperméabilisation
impermeabilizante imperméabilisant
impermeabilizar imperméabiliser
impermeável caoutchouc, ciré, déperlant, imperméable
impertinência impertinence
impertinente impertinent
imperturbável imperturbable
imperturbavelmente imperturbablement
impessoal impersonnel
impessoalmente impersonnellement
impetigo gourme, impétigo
ímpeto fougue, rush
impetuosamente à corps perdu, fougueusement, impétueusement
impetuosidade impétuosité, pétulance
impetuoso déferlant, fougueux, impétueux, pétulant
impiedade impiété
impiedosamente impitoyablement
impiedoso impitoyable, sans merci
ímpio impie
implacável implacable, inexpiable
implacavelmente implacablement, sans rémission
implantação implantation, nidation
implantar implanter
implante dentário implant dentaire
implante medicamentoso implant
implicação implication
implicância taquinerie
implicante chipoteur, taquin, tracassier
implicar chipoter, impliquer
implicitamente en filigrane, implicitement
implícito implicite
implodir imploser
imploração imploration
implorante implorant
implorar conjurer, implorer
implosão implosion
implúvio impluvium
impolidamente impoliment
impolidez impolitesse
impolido impoli
imponderável impondérable
imponente imposant
impontual inexact
impontualidade inexactitude
impopular impopulaire
impopularidade impopularité
impor forcer, imposer
importação importation
importação-exportação import-export
importador importateur
importância importance, poids
importante d'importance, de taille, fort, important, tout
importar chaloir, exister, importer
importável importable
importe import
importunador harcelant
importunar barber, empoisonner, importuner, talonner
importuno gêneur, importun
imposição imposition
impossibilidade impossibilité
impossível impossible
impossível de arrotear indéfrichable
impossível de descolar indécollable
impossível de desgastar inusable
impossível de desregular indéréglable
impossível de jogar injouable
impossível de rasgar indéchirable
impossível de tocar injouable
impossível de vestir immettable, importable
imposta imposte
imposto imposition, impôt
imposto de barreira octroi
imposto de renda impôt sur le revenu
imposto direto anual patente
imposto sobre a renda tiers provisionnel
imposto sobre bens imóveis taxe foncière
imposto sobre serviço taxe professionnelle
imposto sobre valor agregado taxe sur la valeur ajoutée
impostor imposteur, marron
impostura imposture, jonglerie
impotência impotence, impuissance
impotente impuissant
impraticabilidade impraticabilité
impraticável impraticable
imprecação imprécation
imprecador imprécateur
imprecatório imprécatoire
imprecisão flou, imprécision
impreciso imprécis
impregnação imprégnation
impregnar empreindre, imprégner
impregnar de tinta encrer
imprensa presse
imprensar coincer
imprescritível imprescriptible
impressão impression, résonance
impressão tipográfica typographie
impressionante frappant, impressionnant, saisissant
impressionar épater, frapper, impressionner
impressionável impressionnable
impressionismo impressionnisme
impressionista impressionniste
impresso imprimé
impressões digitais empreintes digitales
impressor imprimeur
impressora imprimante
imprevidência imprévoyance
imprevidente imprévoyant
imprevisível imprédictible, imprévisible
imprevisto imprévu
imprimátur imprimatur
imprimir imprimer
imprimível imprimable
improbabilidade improbabilité
improcedência non-lieu
improdutividade improductivité
improdutivo improductif
impronunciável imprononçable
impropriamente improprement
impropriedade impropriété
impróprio impropre
improvável improbable, improuvable
improvisação improvisation
improvisado de fortune, impromptu
improvisador improvisateur
improvisar improviser
improviso impromptu
imprudência imprudence
imprudente imprudent, malavisé
imprudentemente imprudemment
impúbere impubère
impublicável impubliable
impudência impudence
impudente impudent
impudentemente impudemment
impudico impudique
impudor impudeur
impulsão impulsion
impulsionar impulser
impulsivamente impulsivement
impulsividade impulsivité
impulsivo impulsif, primesautier
impulso élan, impulsion, lancée, poussée, pulsion, sursaut, tropisme
impulso nervoso influx nerveux
impune impuni
impunemente en toute impunité, impunément
impunidade impunité
impureza impureté

impuro impur
imputação imputation
imputar imputer
imputável imputable
imputrescível imputrescible
imundície immondices
imundo immonde
imunidade immunité
imunitário immunitaire
imunização immunisation
imunizar immuniser
imunodeficiência immunodéficience
imunodeficiente immunodéficitaire
imunologia immunologie
imunossupressor immunodépresseur
imunoterapia immunothérapie
imutabilidade immutabilité
imutável immuable
imutavelmente immuablement
in in
in extenso in extenso
in extremis in extremis
in loco sur le tas
in petto in petto
in situ in situ
in utero in utero
in-dezesseis in-seize
in-doze in-douze
in-fólio in-folio
in-oitavo in-octavo
in-quarto in-quarto
inabalável inébranlable
inábil inhabile
inabilidade inhabileté
inabitado inhabité
inabitável inhabitable
inabitual inhabituel
inabordável inabordable
inacabado inachevé
inacabamento inachèvement
inação inaction
inaceitabilidade irrecevabilité
inaceitável inacceptable, irrecevable
inacentuado inaccentué
inacessibilidade inaccessibilité
inacessível inaccessible, injoignable
inacreditável gratiné, incroyable
inadaptação inadaptation
inadaptado inadapté
inadaptável inadaptable
inadequação inadéquation
inadequado inadéquat
inadministrável ingérable
inadmissibilidade inadmissibilité
inadmissível inadmissible
inadvertência inadvertance
inalação fumigation, inhalation
inalador fumigateur, inhalateur
inalar inhaler
inalienável inaliénable
inalterabilidade inaltérabilité
inalterado inaltéré, inchangé
inalterável inaltérable
inamistoso inamical
inamovibilidade inamovibilité
inamovível inamovible, indéboulonnable
inanição inanition
inanidade inanité
inanimado inanimé
inapagável ineffaçable
inapetência inappétence
inaplicado inappliqué
inaplicável inapplicable
inapreciável inappréciable
inapreensível insaisissable
inapropriado inapproprié
inaptidão inaptitude
inapto inapte
inarmônico inharmonieux
inarticulado inarticulé
inatacável inattaquable
inatenção inattention
inativar inactiver
inatividade chômage, inactivité
inativo inactif
inato inné, natif
inaudito inouï
inaudível inaudible
inauguração inauguration
inaugural inaugural
inaugurar inaugurer
inca inca
incalculável incalculable
incandescência incandescence
incandescente incandescent, rouge
incansável increvable, inlassable
incansavelmente inlassablement, intarissablement
incapacidade incapacité, inhabilité
incapacitante handicapant, invalidant
incapaz incapable, infichu
incapaz tutelado pelo Estado pupille de l'État
incendiar incendier
incendiário incendiaire
incêndio incendie
incensação encensement
incensador encenseur
incensar encenser
incenso encens
incensório encensoir
incentivo appât
incerteza incertitude
incerto incertain
incessante incessant
incessantemente incessamment, sans cesse
incessibilidade incessibilité
incessível incessible
incesto inceste
incestuoso incestueux
inchaço ballonnement, bouffissure, boursouflement, boursouflure, empâtement, enflure, grosseur, renflement
inchado ballonné, bouffi, bouffi d'orgueil, boursouflé, empâté, gonflé, renflé
inchar ballonner, bouffir, boursoufler, enfler, gonfler
incidental incident
incidentalmente incidemment
incidente anicroche, incident
incidente de percurso incident de parcours
incineração incinération
incinerador incinérateur
incinerar incinérer
incisão incision
incisar inciser
incisivo incisif
inciso incise
incitação incitation
incitar engager, inciter, pousser
incivil incivil
incivilidade incivilité
incivismo incivisme
inclassificável inclassable
inclemência inclémence
inclinação inclinaison, inclination
inclinação externa da parede fruit
inclinação magnética inclinaison magnétique
inclinado enclin, mansardé, pentu, rampant
inclinar incliner, pencher
inclinar-se para trás se renverser
inclinável inclinable
incluir comprendre, inclure
incluir no orçamento budgétiser
inclusão inclusion
inclusão no orçamento budgétisation
inclusive inclus, inclusivement, y inclus
inclusivo inclusif
incluso compris, inclus, intercalaire
incoativo inchoatif
incobrável irrécouvrable
incoercível incoercible
incoerência incohérence
incoerente incohérent
incógnita inconnue
incógnito incognito
incolor incolore
incombustível incombustible
incomensurável incommensurable
incomível immangeable
incomodada indisposée
incomodar chiffonner, déranger, gêner, incommoder
incomodidade incommodité
incômodo incommodant, incommode, malcommode, parasite
incomparável incomparable
incomparavelmente incomparablement
incompatibilidade incompatibilité
incompatível incompatible
incompetência incompétence
incompetente incompétent
incompletamente incomplètement
incompleto inaccompli, dépareillé, incomplet
incompreendido incompris
incompreensão incompréhension
incompreensível incompréhensible

incompreensivo incompréhensif
incompressível incompressible
incomunicabilidade incommunicabilité
incomunicável incommunicable
inconcebível inconcevable
inconciliável inconciliable
incondicionado inconditionné
incondicional inconditionnel
incondicionalmente inconditionnellement
inconfessado inavoué
inconfessável inavouable
incongruência incongruité
incongruente incongru
incongruentemente incongrûment
inconsciência inconscience
inconsciente inconscient
inconscientemente inconsciemment
inconsequência inconséquence
inconsequente inconséquent
inconsideradamente inconsidérément
inconsiderado inconsidéré
inconsistência inconsistance
inconsistente inconsistant
inconsolado inconsolé
inconsolável inconsolable
inconstância inconstance
inconstante inconstant, inégal, instable, ondoyant
inconstitucional inconstitutionnel
inconsumível inconsommable
incontestado incontesté
incontestável incontestable, sans contredit
incontestavelmente incontestablement, sans conteste
incontinência incontinence
incontinente incontinent
incontornável incontournable
incontrolável incontrôlable
inconveniência inconvenance
inconveniente gaillard, inconvenant, inconvénient, malséant
inconvenientemente gaillardement
inconversível inconvertible
incorporação incorporation
incorporador promoteur
incorporadora promoteur
incorporar incorporer
incorpóreo incorporel
incorreção incorrection
incorretamente fautivement, incorrectement
incorreto fautif, incorrect
incorrigível incorrigible, indécrottable
incorrigivelmente incorrigiblement
incorruptibilidade incorruptibilité
incorruptível incorruptible
incredulidade incrédulité
incrédulo incrédule
incrementar incrémenter
incremento incrément
incréu non-croyant
incriminação incrimination
incriminar incriminer
incrível énorme, incroyable, rude
incrivelmente fameusement, incroyablement, invraisemblablement
incrustação entartrage, incrustation
incrustado entre escarpas encaissé
incrustamento encaissement
incrustar entartrer, incruster
incubação incubation
incubação artificial incubation artificielle
incubado larvé
incubadora couveuse, incubateur
incubar couver, incuber
íncubo incube
inculcar inculquer
inculpação mise en examen
inculpado inculpé
incultivável incultivable
inculto en friche, inculte
incultura inculture
incumbir incomber
incunábulo incunable
incurável incurable, inguérissable
incúria incurie
incuriosidade incuriosité
incursão descente, incursion
indébito indu
indecência horreurs, indécence
indecente indécent, ordurier
indecentemente indécemment
indecifrável indéchiffrable
indecisão indécision, valse-hésitation
indeciso indécis
indeclinável indéclinable
indecomponível indécomposable
indecoroso graveleux
indefectível indéfectible
indefensável indéfendable
indeferir débouter
indefinidamente indéfiniment
indefinido indéfini
indefinível indéfinissable
indeformável indéformable
indeiscente indéhiscent
indelével indélébile, ineffaçable
indelicadeza indélicatesse
indelicado indélicat
indemonstrável indémontrable
indenização dédommagement, indemnisation, indemnité
indenização por perdas e danos dommages-intérêts
indenizar dédommager, indemniser
indenizável indemnisable
independência indépendance
independente électron libre, indépendant, non-inscrit
independentemente indépendamment
independentismo indépendantisme
independentista indépendantiste
independentista argelino fellaga
independentista tunisiano fellaga
indescritível indescriptible
indesculpável inexcusable
indesejável indésirable
indesfiável indémaillable
indesmontável indémontable
indestrutível indestructible
indetectável indétectable
indeterminação indétermination
indeterminado indécis, indéterminé
indeterminável indéterminable
indevidamente indûment
indevido indu
indexação indexation
indexar indexer
indianismo indianisme
indianista indianiste
indiano indien
indicação indication
indicado indiqué
indicador indicateur, voyant
indicar indiquer, nominer, pistonner
indicativo indicatif
índice index, indice, table des matières
índice *CAC* indice CAC 40
índice de audiência indice d'écoute
índice Dow Jones indice Dow Jones
índice Nikkei indice Nikkei
indiciado inculpé
indicial indiciel
indiciamento inculpation
indiciar inculper
indício indice
indiferença indifférence, je-m'en--foutisme
indiferenciação indifférenciation
indiferenciado indifférencié
indiferente indifférent, je-m'en-foutiste
indiferentemente indifféremment
indígena indigène
indigência indigence
indigente gueux, indigent
indigestão indigestion
indigesto indigeste
indignação indignation
indignado indigné, outré
indignamente indignement
indignar indigner, outrer
indignidade indignité
indigno indigne
índigo indigo
índio indien
indiretamente indirectement
indireto indirect
indiscernível indiscernable
indisciplina indiscipline
indisciplinado indiscipliné
indiscretamente indiscrètement
indiscreto indiscret
indiscrição indiscrétion
indiscutido indiscuté
indiscutível indiscutable
indiscutivelmente indiscutablement
indispensável indispensable
indisponibilidade indisponibilité
indisponível indisponible
indispor braquer, indisposer

indisposição indisposition
indisposto indisposé, souffrant
indissociável indissociable
indissolubilidade indissolubilité
indissolúvel indissoluble
indissoluvelmente indissolublement
indistintamente indistinctement
indistinto indistinct
individual individuel
individualidade individualité
individualismo individualisme
individualista individualiste
individualização individualisation
individualizar individualiser
individualmente individuellement
indivíduo individu
indivíduo linfático lymphatique
indivíduo médio individu lambda
indivisão indivision
indivisibilidade indivisibilité
indivisível indivisible, insécable
indiviso indivis
indizível indicible
indo-europeu indo-européen
indócil indocile
indocilidade indocilité
indolência flemme, indolence, mollesse, nonchalance
indolente flemmard, indolent, nonchalant
indolentemente indolemment, mollement, nonchalamment
indolor indolore
indomado indompté
indomável indomptable
indonésio indonésien
indubitável indubitable
indubitavelmente indubitablement
indução induction
indulgência indulgence
indulgente indulgent
indulto grâce
induração induration
indurado induré
indústria industrie
indústria agroalimentar l'agroalimentaire
indústria de consumo industrie légère
indústria de moagem meunerie
indústria do mármore marbrerie
industrial industriel
industrial da seda soyeux
industrialização industrialisation
industrializar industrialiser
industrialmente industriellement
industrioso industrieux
indutância inductance
indutivo inductif
indutor inducteur
induzido induit
induzir induire
inebriação enivrement
inebriamento griserie
inebriante enivrant, entêtant, grisant
inebriar enivrer, entêter, griser, porter à la tête, soûler
inédito inédit
inefável ineffable
ineficácia inefficacité
ineficaz besogneux, inefficace
ineficazmente inefficacement
inegável indéniable
inegavelmente indéniablement
inelegível inéligible
inelutável inéluctable
inelutavelmente inéluctablement
inenarrável inénarrable, inracontable
inencontrável introuvable
inépcia ineptie
inepto inepte
inequação inéquation
inequitativo inéquitable
inércia force d'inertie, inertie
inerência inhérence
inerente inhérent
inerradicável indéracinable
inertagem inertage
inerte inerte
inervação innervation
inervar innerver
inesgotável inépuisable, intarissable
inesgotavelmente inépuisablement
inesperadamente à l'improviste
inesperado inattendu, inespéré
inesquecível inoubliable
inestético inesthétique
inestimável inestimable
inevitável inévitable, obligé
inevitavelmente inévitablement, mathématiquement
inexatamente inexactement
inexatidão inexactitude
inexato inexact
inexaurível intarissable
inexecução inexécution
inexecutável inexécutable
inexequível inexécutable
inexigível inexigible
inexistência inexistence
inexistente inexistant
inexorável inexorable
inexoravelmente inexorablement
inexperiência inexpérience
inexperiente inexercé, inexpérimenté
inexpiável inexpiable
inexplicado inexpliqué
inexplicável inexplicable
inexplicavelmente inexplicablement
inexplorado inexploité, inexploré
inexplorável inexploitable, inexplorable
inexpressivo inexpressif
inexpresso inexprimé
inexprimível inexprimable
inexpugnável imprenable, inexpugnable
inextensível inextensible
inextinguível inextinguible
inextricável inextricable
inextricavelmente inextricablement
infalibilidade infaillibilité
infalível immanquable, infaillible, sûr
infalivelmente immanquablement, infailliblement
infalsificável infalsifiable
infamante infamant
infame infâme, vilain
infâmia infamie
infância enfance
infantaria infanterie
infante fantassin, infant
infanticida infanticide
infanticídio infanticide
infantil cadet, enfantin, infantile
infantilidade enfantillage, infantilisme
infantilismo infantilisme
infantilizante infantilisant
infantilizar infantiliser
infarto infarctus
infarto do miocárdio infarctus du myocarde
infatigável infatigable
infatigavelmente infatigablement
infecção infection
infecção secundária surinfection
infeccionar envenimer, s'infecter
infeccioso infectieux
infectar infecter
infecto infect
infecundidade infécondité
infecundo inféconde
infelicidade malheur
infeliz malheureux
infelizmente hélas, las, malheureusement, par malheur
inferior inférieur
inferioridade infériorité
inferiorizar inférioriser
inferir inférer
infernal d'enfer, infernal
inferno enfer(s)
infértil infertile
infertilidade infertilité
infestar infester
infidelidade infidélité
infiel infidèle
infielmente infidèlement
infiltração entrisme, infiltration, noyautage, percée
infiltrar filtrer, noyauter
ínfimo infime
infinidade infinité
infinitamente à l'infini, infiniment
infinitesimal infinitésimal
infinitivo infinitif
infinito à l'infini, infini
infirmar infirmer
inflação gonflage, gonflement, inflation
inflacionário inflationniste
inflado enflé, gonflé, surfait
inflamação inflammation
inflamado enflammé
inflamar enfiévrer, enflammer
inflamatório inflammatoire
inflamável inflammable

inflar enfler, gonfler, renfler
inflável gonflable, pneumatique
inflectir infléchir
inflexão infléchissement, inflexion
inflexibilidade inflexibilité
inflexível inflexible
inflexivelmente inflexiblement
infligir infliger
inflorescência inflorescence
influência influence, rayonnement
influenciador prescripteur
influenciar influencer
influenciável influençable
influente influent
influir influer
influxo influx
informação indication, information, renseignement
informação confidencial rancard
informal à la fortune du pot, familier, informel
informante indicateur, informateur
informar informer, rancarder, renseigner
informar em excesso surinformer
informática informatique
informático informatique
informativo informatif
informatização Bureautique, informatisation
informatizar informatiser
informe informe, informé
informe publicitário publi-information
infortunado infortuné
infortúnio infortune, malheur
infra infra
infração infraction
infraestrutura infrastructure
infrangível infrangible
infrassom infrason
infrator contrevenant
infravermelho infrarouge
infrequentável infréquentable
infringir contrevenir, enfreindre, faire une entorse à
infrutiferamente infructueusement
infrutífero infructueux
infundado illégitime, infondé
infundir infuser
infusa infuse
infusão infusion
inganhável ingagnable
ingênua ingénue
ingenuamente ingénument, naïvement
ingenuidade ingénuité, naïveté
ingênuo ingénu, naïf
ingerência ingérence
ingerir ingérer
ingerível ingérable
ingestão ingestion, prise
inglês anglais
inglesar anglaiser
ingovernável ingouvernable
ingratidão ingratitude
ingrato ingrat
ingrediente ingrédient
íngreme raide, rapide
ingresso ticket
inguinal inguinal
ingurgitação ingurgitation
ingurgitar ingurgiter
inhame igname
inibição inhibition
inibidor inhibiteur
inibir inhiber
iniciação initiation
iniciado initié
iniciador initiateur
inicial initial, initiale
inicialização initialisation
inicializar initialiser
inicialmente initialement
iniciante débutant
iniciar affranchir, débuter, initier, mettre dans le bain, mettre en route
iniciático initiatique
iniciativa initiative, mouvement
início amorce, début
inigualado inégalé
inigualável inégalable
inigualitário inégalitaire
inimaginável inimaginable
inimigo ennemi
inimigo jurado ennemi juré
inimigo mortal ennemi mortel
inimigo número um bête noire
inimitado inimité
inimitável inimitable
inimizade inimitié
ininflamável ininflammable
ininteligência inintelligence
ininteligente inintelligent
ininteligível inintelligible
ininterruptamente continu, coup sur coup
ininterrupto ininterrompu
iniquamente iniquement
iniquidade iniquité
iníquo inique
injeção injection, piqûre
injetado injecté
injetar injecter
injetável injectable
injetor gicleur
injunção injonction
injúria injure
injuriar injurier
injurioso injurieux
injustamente injustement
injustiça injustice
injustificado injustifié
injustificável injustifiable
injusto injuste
inlay inlay
inobservância inobservance, inobservation
inobservável inobservable
inocência innocence
inocentar innocenter, laver
inocente innocent
inocentemente innocemment
inocuidade innocuité
inoculação inoculation
inocular inoculer
inoculável inoculable
inodoro inodore
inofensivo inoffensif
inominável innommable
inoperante inopérant
inoperável inopérable
inopinadamente inopinément
inopinado inopiné
inoportunamente inopportunément, malencontreusement
inoportunidade inopportunité
inoportuno inopportun, malencontreux, mal venu
inorgânico inorganique
inorganizado inorganisé
inospitaleiro inhospitalier
inovação innovation
inovador innovateur, novateur
inovar innover
inox Inox
inoxidável inoxydable
inqualificável inqualifiable
inquebrável incassable
inquérito information, inquisition
inquietação inquiétude, tintouin
inquietante inquiétant
inquietar inquiéter
inquieto inquiet
inquirir enquérir
Inquisição Inquisition
inquisidor inquisiteur
inquisitorial inquisitoire
insaciado inassouvi
insaciável insatiable
insalubre insalubre
insalubridade insalubrité
insanidade insanité
insano dément, malade
insatisfação insatisfaction
insatisfatório insatisfaisant
insatisfeito insatisfait
inscrever inscrire, présenter
inscrição épigraphe, inscription
inscrito inscrit
insecável insécable
insegurança insécurité
inseminação insémination
inseminação artificial insémination artificielle
inseminar inséminer
insensato insensé
insensibilidade insensibilité
insensibilização insensibilisation
insensibilizar blinder, insensibiliser
insensível insensible, pisse-froid
insensivelmente insensiblement
inseparável inséparable
inseparavelmente inséparablement
inserção attache, insertion
inserir enchâsser, entrer, insérer, rentrer

inseticida insecticide
insetívoro insectivore
inseto bestiole, insecte
insidiosamente insidieusement
insidioso insidieux
insigne insidieux
insígnia enseigne, fourragère, insigne
insignificância insignifiance
insignificante à la noix, indifférent, inexistant, insignifiant
insinuação insinuation
insinuante insinuant
insinuar insinuer
insipidez affadissement, insipidité
insípido insipide, mièvre
insistência insistance
insistente insistant, pressant
insistentemente instamment
insistir appesantir, appuyer, entreprendre, insister, recommander
insolação coup de soleil, ensoleillement, insolation
insolência insolence
insolente cavalier, insolent
insolentemente insolemment
insólito inaccoutumé, insolite
insolubilidade insolubilité
insolúvel insoluble
insolvência insolvabilité
insolvente insolvable
insondável insondable
insone insomniaque
insônia insomnie
insonorização insonorisation
insonorizar insonoriser
insonoro insonore
inspeção arraisonnement, inspection, visite
inspecionar arraisonner, inspecter
inspetor inspecteur
inspetor de quarteirão îlotier
inspetoria inspection
inspiração inspiration, souffle
inspirado inspiré
inspirador inspirateur
inspirar inspirer
inspiratório inspirateur
instabilidade instabilité
instalação amorçage, dressage, installation
instalador installateur, poseur
instalar amorcer, installer, placer, poser
instância instance
instantaneamente instantanément
instantaneidade instantanéité
instantâneo instantané
instante instant
instauração instauration
instaurar instaurer
instável en porte à faux, instable
instigação instigation
instigador instigateur
instilação instillation
instilar instiller
instintivamente instinctivement
instintivo instinctif
instinto instinct
instinto gregário instinct grégaire
institucional institutionnel
institucionalização institutionnalisation
institucionalizar institutionnaliser
instituição institution
instituição de ensino établissement scolaire
instituir instituer
instituir novo imposto réimposer
Institut de France l'Institut (de France)
instituto institut
instituto de beleza institut de beauté
instituto de meteorologia météo, météorologie
instrução consigne, instruction
instrução judicial instruction judiciaire
instruções mode d'emploi, répertoire
instruído instruit
instruir instruire
instruir uma causa instruire une affaire
instrumentação instrumentation
instrumentador instrumentiste
instrumental instrumental
instrumentalizar instrumentaliser
instrumentar instrumenter
instrumentista instrumentiste
instrumento instrument, outil
instrumento de percussão instruments à percussion
instrumento de sopro instrument à vent
instrumento musical instrument
instrutivo instructif
instrutor instructeur
insubmergível insubmersible
insubmissão insoumission
insubmisso insoumis
insubordinação insubordination
insubordinado insubordonné
insubstituível irremplaçable
insucesso insuccès
insuficiência insuffisance
insuficiente insuffisant
insuficientemente insuffisamment
insuflação insufflation
insuflar insuffler
insulano insulaire
insular insulaire
insularidade insularité
insulina insuline
insultante insultant
insultar insulter, piquer au vif, tacler
insulto insulte, vanne
insuperável insurmontable
insuportável empoisonnant, inaudible, insupportable, intenable, invivable, irrespirable, pénible
insurrecional insurrectionnel
insurreição insurrection
insurreto insurgé
insuspeitado insoupçonné
insuspeito insoupçonnable
insustentável insoutenable, intenable
intacto entier, intact
intangível intangible
integração intégration
integral intégral, intégrale
integralidade intégralité
integralmente intégralement
integrante intégrant
integrar intégrer
integridade intégrité
integrismo intégrisme
integrista intégriste
íntegro entier, intègre
inteiramente entièrement
inteiriço tout d'une pièce
inteiro entier, franc
intelecto intellect
intelectual intellectuel
intelectualismo intellectualisme
intelectualista intellectualiste
intelectualizar intellectualiser
intelectualmente intellectuellement
inteligência intelligence
inteligência artificial intelligence artificielle
inteligente intelligent
inteligentemente intelligemment
inteligibilidade intelligibilité
inteligível intelligible
inteligivelmente intelligiblement
intelligentsia intelligentsia
intemperança intempérance
intemperante intempérant
intempérie intempérie
intempestivo intempestif
intemporal intemporel
intenção intention
intencionado intentionné
intencional intentionnel
intencionalmente intentionnellement
intendência intendance
intendente intendant
intensamente fortement, intensément, vivement
intensidade intensité
intensificação intensification
intensificar intensifier
intensivamente intensivement
intensivo intensif
intenso intense, soutenu
intentar intenter
intentar ação ester
inter-racial interracial
inter-regional interrégional
interação interaction
interagir interagir
interaliado interallié
interarmas interarmées
interatividade interactivité
interativo conversationnel, interactif
interbancário interbancaire
intercalar intercaler
intercambiador de calor échangeur
intercambiável interchangeable

interceder agir, intercéder, s'entremettre
interceptação interception
interceptar intercepter
intercessão entremise, intercession
intercessor intercesseur
interclubes interclubs
intercomunitário intercommunautaire
intercontinental intercontinental
intercorrente intercurrent
intercostal intercostal
interdependência interdépendance
interdependente interdépendant, solidaire
interdição interdiction
interdisciplinar interdisciplinaire, transversal
interdisciplinaridade interdisciplinarité
interditar interdire, verrouiller
interdito interdit
interempresarial interentreprises
interespecífico interspécifique
interessado intéressé
interessante intéressant
interessar intéresser
interesse intéressement, intérêt
interesseiro intéressé
interestelar interstellaire
interface interface
interferência brouillage, interférence, parasite
interferir interférer
interfone Interphone
intergaláctico intergalactique
intergeracional intergénérationnel
intergovernamental intergouvernemental
intergrupo intergroupe
interinado intérim
interinamente par intérim
interino intérimaire
interior arrière-pays, bled, dedans, fond, intérieur
interioridade intériorité
interiorização intériorisation
interiorizar intérioriser
interiormente intérieurement
interjeição interjection
interleucina interleukine
interligar interconnecter
interlocutor interlocuteur
interlocutório interlocutoire
interlúdio interlude
intermediário intermédiaire, relais
intermédio intermède, intermédiaire
intermezzo intermezzo
interminável interminable
interminavelmente interminablement
interministerial interministériel
intermitência intermittence
intermitente à bâtons rompus, intermittent
intermitentemente par intermittence
intermodalidade intermodalité
intermunicipal intercommunal
internação internement
internacional international
Internacional Internationale
internacionalidade internationalité
internacionalismo internationalisme
internacionalista internationaliste
internacionalização internationalisation
internacionalizar internationaliser
internado interné
internamente intérieurement
internar interner
internato internat
internauta internaute
internet Internet
interno interne, interne des hôpitaux, intérieur, pensionnaire
interoceânico interocéanique
interpelação interpellation
interpelar interpeller
interpenetração interpénétration, osmose
interplanetário interplanétaire
interpolação interpolation
interpolar interpoler
interpor interposer
interposição interposition
interpretação interprétation, jeu
interpretação errada faux-sens
interpretação errônea contresens
interpretar interpréter, tourner
interpretativo interprétatif
interpretável interprétable
intérprete interprète, truchement
interprofissional interprofessionnel
interregno interrègne
interrogação interrogation
interrogação direta interrogation directe
interrogação indireta interrogation indirecte
interrogador interrogateur, questionneur
interrogar cuisiner, interroger, questionner
interrogativo interrogatif
interrogatório interrogatoire
interromper interrompre, laisser en plan
interrupção arrêt, interruption
interrupção voluntária da gravidez interruption volontaire de grossesse
interruptor interrupteur
interseção intersection
intersectar rencontrer
intersideral intersidéral
intersindical intersyndical
intersticial interstitiel
interstício interstice
intertrigem intertrigo
interurbano interurbain
intervalo battement, entracte, fourchette, intermède, intervalle
intervalo de aula interclasse
intervalo entre duas sessões intersession
intervalo para o café pause-café
intervenção intervention
intervencionismo interventionnisme
intervencionista interventionniste
interveniente intervenant
intervertebral intervertébral
intervir intervenir
intestado intestat
intestinal intestinal
intestino intestin
intestino delgado intestin grêle
intestino grosso gros intestin
intimação interpellation, intimation, signification, sommation
intimamente intimement
intimar intimer, signifier, sommer
intimidação intimidation
intimidade intimité
intimidador intimidateur
intimidante intimidant
intimidar intimider
intimismo intimisme
intimista intimiste
íntimo familier, intérieur, intime
íntimos premier cercle
intitular intituler, titrer
intocável intouchable
intolerância intolérance
intolerante intolérant
intolerável intolérable
intoxicação intoxication
intoxicado intoxiqué
intoxicar intoxiquer
intracelular intracellulaire
intradérmico intradermique
intraduzível intraduisible
intragável imbuvable, immangeable
intramuros intra-muros
intramuscular intramusculaire
intranet Intranet
intransigência intransigeance
intransigente intraitable, intransigeant
intransitivamente intransitivement
intransitivo intransitif
intransmissibilidade intransmissibilité
intransmissível intransmissible
intransponível infranchissable
intransportável intransportable
intratável revêche
intrauterino intra-utérin
intravenoso intraveineux
intrepidamente intrépidement
intrepidez intrépidité
intrépido casse-cou, intrépide
intriga intrigue
intrigante faiseur, intrigant
intrigar brouiller, intriguer
intrincado filandreux
intrinsecamente intrinsèquement
intrínseco intrinsèque
introdução introduction
introdutor introducteur
introdutório introductif
introduzir engager, entrer, introduire
introito introït
intromissão intromission
introspecção introspection
introspectivo introspectif
introversão introversion

introvertido introverti
intrusão intrusion
intruso intrus
intubação intubation
intubar intuber
intuição divination, intuition
intuitivamente intuitivement
intuitivo intuitif
intumescência intumescence
intumescente intumescent
inturgescência turgescence
inuíte inuit
inumação inhumation
inumanidade inhumanité
inumar inhumer
inumerável indénombrable, innombrable
inúmeros sans nombre
inundação inondation
inundado inondé
inundar inonder, noyer
inundável inondable
inusitado inouï
inútil bras cassé, inutile, nul, propre-à--rien, ringard
inutilidade inutilité
inutilizado inutilisé
inutilizável inutilisable
inutilmente inutilement
inv. inv.
invadir envahir
invadir imóvel abandonado squatter
invaginação invagination
invaginante engainant
invalidação invalidation
invalidade invalidité
invalidar invalider
invalidez invalidité
inválido invalide
invar Invar
invariabilidade invariabilité
invariância invariance
invariante invariant
invariável invariable
invariavelmente invariablement
invasão envahissement, invasion
invasivo envahissant, invasif
invasor envahisseur
invectiva coup de boutoir, invective
invectivar invectiver
inveja envie, jalousie
invejar envier, jalouser
invejável enviable
invejoso envieux, jaloux
invenção invention
invencibilidade invincibilité
invencionice salades
invencível invincible
invencivelmente invinciblement
invendável invendable
inventar aviser, imaginer, inventer
inventariar inventorier
inventário état des lieux, inventaire
inventividade inventivité
inventivo inventif
inventor inventeur
inverificável invérifiable
invernação hivernage
invernada hivernage
invernal hivernal
invernar hiverner
inverno hiver
inverossímil invraisemblable
inverossimilhança invraisemblance
inverossimilmente invraisemblablement
inversamente inversement
inversão chavirement, interversion, inversion, renversement
inverso inverse
inversor inverseur
invertebrado invertébré
inverter intervertir, inverser, invertir, renverser
invertido inverti, renversé
investida avances, charge
investidor investisseur
investidor de risco capital-risqueur
investidura investiture
investigação enquête, inquisition, investigation
investigador enquêteur, investigateur
investigar enquêter, investiguer, rechercher
investimento investissement
investir engager, investir
investir de mandato mandater
investir dinheiro placer de l'argent
inveterado invétéré
inviável injouable, non-viable
invicto invaincu
inviolabilidade inviolabilité
inviolado inviolé
inviolável incrochetable, inviolable
invisibilidade invisibilité
invisível invisible
invocação invocation
invocar invoquer
invocar o apoio recommander
invocativo invocatoire
involução involution
involuntariamente involontairement
involuntário involontaire
invulnerabilidade invulnérabilité
invulnerável invulnérable
iodado iodé
iode yod
iodo iode
ioga yoga
iogue yogi
iogurte yaourt
iogurteira yaourtière
ioiô Yo-Yo
iole yole
íon ion
iônico ionique
ionização ionisation
ionizante ionisant
ionizar ioniser
ionosfera ionosphère
iota iota
ipecacuanha ipéca
iperita ypérite
ípsilon upsilon
ipso facto ipso facto
ir aller, prendre, rendre, retenir, se porter
ir ao encontro de aller à la rencontre de, rejoindre
ir atrás de rechercher
ir embora changer d'air, déloger, filer, lever le siège, s'en aller
ir mal se gâter
ir parar em atterrir
ir vivendo vivoter
ira colère, colère bleue, coup de foudre, ire
iraniano iranien
iraquiano irakien
irascibilidade irascibilité
irascível irascible
iridácea iridacée
iridiado iridié
irídio iridium
íris iris
irisação irisation
irisado irisé
irisar iriser
irish coffee irish-coffee
irlandês irlandais
irmã sœur
irmã leiga souer laie
irmã mais velha grande soeur
irmanado jumelé
irmanar jumeler
irmão frère
irmão de armas frères d'armes
irmão leigo frère lai
irmão mais velho grand frère
irmãos fratrie
irmãos siameses frères siamois
irmãozinho frérot
irmãs siamesas soeurs siamoises
irmãzinha sœurette
ironia ironie
ironicamente ironiquement
irônico ironique
ironista ironiste
ironizar ironiser
IRPF IRPP
irracional irrationnel
irracionalidade irrationalité
irradiação irradiation
irradiante irradiant
irradiar irradier, rayonner
irreal désincarné, irréel
irrealidade irréalité
irrealismo irréalisme
irrealista irréaliste
irrealizável infaisable, irréalisable
irreconciliável irréconciliable
irreconhecível méconnaissable
irrecuperável irrécupérable
irrecusável irrécusable
irredentismo irrédentisme
irredentista irrédentiste

irredutibilidade irréductibilité
irredutível irréductible
irredutivelmente irréductiblement
irrefletido irréfléchi
irreflexão irréflexion
irrefragável irréfragable
irrefreável imparable
irrefutabilidade irréfutabilité
irrefutável invincible, irréfutable
irrefutavelmente invinciblement, irréfutablement
irregular inégal, irrégulier, raboteux
irregularidade irrégularité
irregularmente irrégulièrement
irreligião irréligion
irreligioso irréligieux
irremediável irrattrapable, irrémédiable
irremediavelmente irrémédiablement
irremissível irrémissible
irreparável irréparable
irreparavelmente irréparablement
irrepreensível irréprochable
irrepreensivelmente irréprochablement
irreprimível irrépressible
irrequieto remuant
irresistível craquant, irrésistible
irresistivelmente irrésistiblement
irresolução irrésolution
irresoluto irrésolu, velléitaire
irrespirável irrespirable
irresponsabilidade irresponsabilité
irresponsável irresponsable
irreverência irrévérence
irreverente irrévérencieux
irreverentemente irrévérencieusement
irreversibilidade irréversibilité
irreversível irréversible
irreversivelmente irréversiblement
irrevogável irrévocable
irrevogavelmente irrévocablement
irrigação irrigation
irrigar irriguer
irrigável irrigable
irritabilidade irritabilité
irritação agacement, crispation, hargne, irritation
irritadamente hargneusement
irritado hargneux, maussade
irritante agaçant, crispant, gonflant, irritant, taquin
irritar agacer, crisper, irriter, porter sur les nerfs, taper sur les nerfs, taquiner
irritável chatouilleux, irritable
irromper déboucher, fuser, jaillir
irrupção incursion, irruption
isabel isabelle
isbá isba
ISBN ISBN
isca amadou, amorce, appât, boette, esche, leurre, mouche
iscar amorcer
isenção défiscalisation, exemption, franchise
isenção de imposto détaxation, détaxe
isentar exempter
isentar de imposto détaxer
isento exempt, exempté, franc, net
islã islam, Islam
islâmico islamique
islamismo islamisme
islamita islamiste
islamização islamisation
islamizar islamiser
islamologia islamologie
islandês islandais
ismaeliano ismaélien
ismaelismo ismaélisme
ismaelita ismaélite
isóbare isobare
isóbaro isobare
isobático isobathe
isoclinal isoclinal
isóclino isocline
isócrono isochrone
isoédrico isoédrique
isógono isogone
isolacionismo isolationnisme
isolacionista isolationniste
isoladamente isolément
isolado en vase clos, esseulé, isolé
isolador isolateur
isolamento isolation, isolement
isolante isolant
isolar couper, guiper, isoler
isômero isomère
isométrico isométrique
isomorfo isomorphe
isósceles isocèle
isoterma isotherme
isotérmico isotherme
isótopo isotope
isotrópico isotrope
isqueiro briquet
isquemia ischémie
isquiático sciatique
ísquio ischion
israelense israélien
israelita israélite
isso ça, ce, cela,
istmo isthme
isto ceci
isto é c'est-à-dire
italianismo italianisme
italianista italianisant
italianizar italianiser
italiano italien
itálico italique
item item
iteração itération
iterativo itératif
itinerante ambulatoire, itinérant
itinerário itinéraire
iuane yuan
iúca yucca
iugoslavo yougoslave
iurta yourte
IVA TVA
IVG IVG

Jj

J J
já déjà
já não plus
já não haver plus
já que puisque
jabô jabot
jaburu tantale
jaca jaque
jaçado givreux
jacarandá palissandre
jacinto hyacinthe, jacinthe
jackpot jackpot
jacobinismo jacobinisme
jacobino jacobin
jacquard jacquard
jacquemart jaquemart
jacquerie jacquerie
jactância jactance
jaculatório jaculatoire
Jacuzzi Jacuzzi
jade jade
jaguatirica ocelot
jaleco sarrau
jamaicano jamaïquain
jamais jamais
jamba jambage
jamboree jamboree
janeiro janvier
janela créneau, croisée, fenêtre, fourche, hublot
janela de teto Velux
jangada radeau
janízaro janissaire
janota fringant, gandin
jansenismo jansénisme
jansenista janséniste
jantar dîner, souper
jantar com espetáculo dîner-spectacle
jantarzinho dînette
jante jante
japacanim agami
japona caban
japonês japonais
japonólogo japonisant
jaqueira jaquier
jaqueta safári saharienne
jarda yard
jardim jardin
jardim de infância jardin d'enfants
jardim zoológico jardin zoologique
jardinagem jardinage
jardinar jardiner
jardineira jardinière, jardinière d'enfants, salopette
jardineiro jardinier
jardinete jardinet
jargão argot, jargon
jarra carafe, cruche
jarrete jarret
jarreteira jarretière
jarrinha carafon
jarro aiguière, broc, cruchon, jarre, pichet

jasmim jasmin
jaspe jaspe
jaspeado jaspure
jaspear jasper
jato jet
jaula cage
jaula de macacos singerie
java java
javali sanglier
javali africano phacochère
javali velho e solitário solitaire
javalina laie
javanês javanais
jazer gésir, reposer
jazida gisement
jazz jazz
jazz-band jazz-band
jazzístico jazzy
jazzman jazzman
jeans jean
jeito allure, touche
jejuador jeûneur
jejuar jeûner
jejum jeûne
jejuno jéjunum
jeremiada jérémiade
jerk jerk
jéroboam jéroboam
jeropiga picrate
jérsei jersey
jersey jersey
jesuíta jésuite
jesuítico jésuitique
jesuitismo jésuitisme
jet ski Jet-Ski, scooter des mers
jet-set jet-set
jeté jeté
jiboia boa, constrictor
jihad djihad
jingle jingle
jipe Jeep
jiu-jítsu jiu-jitsu
joalheiro bijoutier, joaillier
joalheria bijouterie, joaillerie
joanete oignon, perroquet
joanete da mezena perruche
joaninha bête à bon Dieu, coccinelle
joãozinho à la garçonne
joeira van
joeiramento vannage
joeirar vanner
joeireiro vanneur
joelheira genouillère
joelho genou
joelho machucado genou couronné
jogada arriscada coup de poker
jogada de calcanhar talonnade
jogada de trunfo mais alto surcoupe
jogador joueur
jogador de bocha bouliste
jogador de futebol footballeur
jogador de hóquei hockeyeur
jogador de petanca bouliste
jogador de pingue-pongue pongiste
jogador de *rugby* rugbyman
jogador de vôlei volleyeur
jogador que leva capote capot
jogar évoluer, foutre, jeter, jouer, rejeter
jogar *bridge* bridger
jogar de volta rejeter
jogar fora fiche en l'air, foutre en l'air, jeter
jogar trunfo mais alto surcouper
jogger joggeur
jogging jogging
jogo jeu, train
jogo da vermelhinha bonneteau
jogo de duplas double
jogo de jantar de brinquedo dînette
jogo de palavras jeu de mots
jogo de salão jeu de société
jogo de simples simples
jogo limpo fair-play
Jogos Olímpicos jeux Olympiques
Jogos Paraolímpicos jeux Paralympiques
jogral jongleur
joia bijou, chic, extra, joyau
joio ivraie
jojoba jojoba
jônico ionique
jônio ionien
jóquei jockey
jordaniano jordanien
jornada journée
jornada reduzida chômage partiel
jornal journal
jornal ilustrado illustré
jornaleco torchon
jornaleiro kiosquier
jornalismo journalisme
jornalista journaliste
jornalista *free-lancer* pigiste
jornalístico journalistique
jorrante jaillissant
jorrar débiter, jaillir, rejaillir
jorro flot, gerbe, jaillissement, rejaillissement
jota jota
joual joual
joule joule
jovem jeune, junior
jovenzinho jeunet
jovial enjoué, gaillard, guilleret, jovial
jovialidade enjouement, jovialité
jovialmente gaillardement, jovialement
juba crinière
jubeu jubé
jubilar jubilaire, jubiler
jubileu jubilé
júbilo jubilation, liesse
judaico judaïque
judaísmo judaïsme
judas faux frère, judas
judeu juif
judeu-cristão judéo-chrétien
judicial judiciaire
judicialmente judiciairement
judiciário judiciaire
judiciarizar judiciariser
judiciosamente judicieusement
judicioso judicieux
judô judo
judoca judoka
jugo carcan, joug
jugular jugulaire, juguler
juiz commissaire, juge
juiz assistente assesseur
juiz de instrução juge d'instruction
juízo jugement
juízo final jugement dernier
juízo temerário jugement téméraire
jujuba jujube, jujubier
jukebox juke-box
julgamento jugement
julgamento contraditório jugement contradictoire
julgamento de intenção procès de tendance
julgar juger
julgar mal méjuger
julho juillet
juliana julienne
juliénas juliénas
jumbo gros-porteur, jumbo-jet
jumento bourricot, bourrique
juncácea joncacée
junção assemblage, brisure, jointure, jonction, raccord
juncar joncher
junco jonc, jonque
junho juin
júnior junior
junquilho coucou, jonquille
junta couple, joint, jointure, junte
juntar accoler, assembler, joindre, lier, ramasser, rameuter, rejoindre
juntar-se a rallier, rejoindre
junto ensemble, joint
junto a auprès de
jura jurement
jurado juré
juramentado juré
juramento serment
jurançon jurançon
jurar jurer
jurássico jurassique
júri jury
juridicamente juridiquement
jurídico juridique
jurisconsulto jurisconsulte
jurisdição juridiction
jurisdicional juridictionnel
jurisprudência jurisprudence
jurista juriste
juro intérêt
jusante aval, jusant
justa joute
justador jouteur
justalinear juxtalinéaire
justamente justement
justapor juxtaposer
justaposição juxtaposition
justaposto juxtaposé

justar jouter
justiça justice
justiça imanente justice immanente
justiceiro justicier
justiciável justiciable
justificação justification
justificado motivé
justificador justificateur
justificar justifier, motiver
justificativa justificatif
justificativo justificatif
justificável justifiable
justo juste, moulant
juta jute
juvenil juvénile
juvenilidade juvénilité
juvenismo jeunisme
juventude bel âge, jeunesse, jouvence

Kk

K K
K-way K-way
K7 K7
kafkiano kafkaïen
kalachnicov kalachnikov
kani-kama surimi
kantiano kantien
kantismo kantisme
KB Ko
kebab chiche-kebab
keffieh keffieh
kelvin kelvin
ketchup ketchup
kF kF
kg kg
khâgne khâgne
khmer khmer
kibutz kibboutz
kick de arranque kick
kif kif
kilt kilt
kir kir
kir royal kir royal
kit kit
kit mãos livres kit main(s) libre(s)
kitesurf kitesurf
kitsch kitsch
Klaxon Klaxon
Kleenex Kleenex
km km
km/h km/h
know-how savoir-faire
kohol khôl
korrigan korrigan
kosher kasher
kouglof kouglof
kraft kraft
krill krill
kung fu kung-fu
kuwaitiano koweïtien
kW kW
kWh kWh

Ll

l l
L L
lá la, là, là-bas
lã drap, lainage, laine
lã de cordeiro lambswool
lã de vidro laine de verre
lá em cima là-haut
lã impermeável loden
lã tosquiada tonte
lábia bagou, boniment
labiado labié
labial labial
lábio leporino bec-de-lièvre
lábio lèvre
lábios carnudos lèvres pulpeuses
labirinto labyrinthe, maquis
labor labeur
laboratório laboratoire, officine
laboriosamente laborieusement
laborioso laborieux
labrador labrador
labutar besogner
laca laque
lacaio laquais, larbin, valet
laçar lacer
lacedemônio lacédémonien
laceração lacération
lacerar lacérer
laço collet, lacet, lacs, lasso, lien
laço de fita cocarde
laconicamente laconiquement
lacônico laconique
laconismo laconisme
laços de sangue liens du sang
lacração cachetage
lacrado plombé
lacraia scolopendre
lacrainha perce-oreille
lacrar cacheter, plomber
lacre cire, scellés
lacre de chumbo plomb
lacrima-christi lacrima-christi
lacrimação larmoiement
lacrimal lacrymal, larmier
lacrimejar larmoyer
lacrimogêneo lacrymogène
lacrimoso éploré, larmoyant
lactação lactation
lactário lactarium
lactarius lactaire
lactente nourrisson
lácteo lacté
lactescente lactescent
láctico lactique
lactoflavina lactoflavine
lactose lactose
lacuna lacune, trou
lacunar lacunaire
lacustre lacustre
ladainha litanie
ladear border, flanquer, longer
ladeira pente, raidillon

lado camp, côté, face
lado mais estreito chant
ladrão détrousseur, larron, maraudeur, trop-plein, voleur
ladrar japper
ladrido jappement
ladrilhador carreleur
ladrilhagem carrelage
ladrilhar carreler
ladrilho carreau, carrelage
lagamar darse
lagar pressoir
lagarta chenille
lagarta-da-vinha cochylis
lagartear faire le lézard, lézarder
lagarto lézard
lago étang, lac, loch
lago lacrimal larmier
lagópode lagopède
lagosta homard, langouste
lagosta da Noruega langoustine
lagostim écrevisse, langoustine
lágrima larme
laguna lagon, lagune
lai lai
laicidade laïcité
laicização laïcisation
laicizar laïciser
laico laïque
laivos teinte
laje dalle
lajeado dallage
lajeamento dallage
lajear daller
lajota tommette
lalação lallation
lama boue, fange, gadoue, lama
lamacento boueux, fangeux
lamaísmo lamaïsme
lamaseria lamaserie
lambança massacre
lambanceiro massacreur
lambão goinfre
lambda lambda
lambdacismo lallation
lamber laper, lécher
lamber os beiços se lécher les babines, se pourlécher
lambida léchage
lambidela lapement
lambiscada grignotage
lambiscar grignoter
lambisgoia mijaurée, rombière
lambrequim lambrequin
lambris lambris
lambrisar lambrisser
lambugem goinfrerie
lamburda lambourde
lamê lamé
lamelibrânquio lamellibranche
lamelicórneo lamellicorne
lameliforme lamelliforme
lamelirrostro lamellirostre
lameloso lamellaire

lamentação lamentation
lamentar regretter
lamentável lamentable, minable, pitoyable, regrettable
lamentavelmente lamentablement
lamento complainte, lamento
lâmina carre, lame
lâmina de madeira éclisse
laminação laminage
laminado lamifié
laminador lamineur, laminoir
laminar laminer
laminária laminaire
lamínula lamelle
lâmpada ampoule, lampe, tube
lâmpada cialítica Scialytique
lâmpada de neon néon
lâmpada de teto plafonnier
lâmpada halógena halogène, lampe à halogène
lâmpada incandescente lampe à incandescence
lampadário candélabre, lampadaire
lamparina lampe, loupiote
lampejante fulgurant
lampejo éclair, lueur
lampião lampe, lampion
lampreia lamproie
lança épieu, hast, lance, pique
lança-bombas lance-bombe
lança-chamas lance-flamme
lança-granadas lance-grenade
lança-minas mouilleur de mines
lança-mísseis lance-missile, lance-roquette
lança-torpedos lance-torpille
lançadeira navette
lançador enchérisseur, lanceur
lançador de âncora mouilleur
lançamento coup, lancement, lancer, sortie
lançamento em paraquedas parachutage
lançar cracher, enchérir, flanquer, jeter, lancer, larguer, rejeter, sortir
lançar a bola pointer
lançar de paraquedas parachuter
lançar perdigotos postillonner
lançar vitríolo vitrioler
lance volée
lanceiro lancier
lanceolado lancéolé
lanceta lancette
lanchar goûter, saucissonner
lanche casse-croûte, collation, en-cas, goûter, panier-repas
lanchonete snack-bar
lancinação lancinement
lancinante lancinant
lancinar élancer, laciner
lanço enchère
lanço maior surenchère
Land Land
landau landau
lande lande
landês landais
landgrave landgrave
Landtag landtag
langoroso langoureux
languedociano languedocien
languescer languir
languidamente langoureusement
languidez alanguissement, langueur
lânguido languide, languissant
lanígero lainier, lanifère
lanolina lanoline
lanoso laineux
lansquenê lansquenet
lantânio lanthane
lantejoula paillette
lanterna falot, lanterne, torche électrique
lanterna mágica lanterne magique
lanterna veneziana lampion
lanternagem carrosserie
lanterninha lanterne rouge, ouvreur, placeur
lanuginoso lanugineux
laosiano laotien
lapa patelle
lapalissada lapalissade
lapão lapon
láparo lapereau
laparotomia laparotomie
lapidação lapidation, taillerie
lapidador tailleur
lapidar lapidaire, lapider
lapidaria taillerie
lapidário lapidaire
lapíli lapilli
lápis crayon
lápis litográfico crayon gras
lápis-lazúli outremer
lapiseira portemine, Stylomine
lapso laps, laps de temps, lapsus, négligence, plage
laquê laque
laqueação laquage
laqueado laqué
laquear laquer
lar foyer, home
laranja homme de paille, orange
laranja sanguínea orange sanguine, sanguine
laranja-baía navel
laranja-da-china maltaise
laranja-da-terra bigarade
laranjada orangeade
laranjal orangeraie
laranjeira oranger
laranjeira-da-terra bigaradier
lardear entrelarder, larder
lardo barde, lard
lareira âtre, cheminée, feu, foyer
lares lare
largada largage
largamente largement
largar lâcher, larguer, plaquer
largo large, largo,vague
largueto larghetto
largueza largesse
largura large, largeur
lariço mélèze
laringe larynx
laríngeo laryngé
laringite laryngite
laringologia laryngologie
laringologista laryngologiste
laringoscopia laryngoscopie
laringoscópio laryngoscope
laringotomia laryngotomie
larva do trombídio aoûtat
larva larve, ver blanc
larval larvaire
lasanha lasagne
lasca copeau, écaille, éclisse, écornure
lascar ébrécher
lascivamente lascivement
lascívia érotisme, lascivité
lascivo lascif
laser laser
lassidão lassitude
lastimável piteux, pitoyable
lastimavelmente piteusement
lastimosamente pitoyablement
lastração lestage
lastrar lester
lastro ballast, lest
lat. lat.
lata boîte, canette
lata de conserva boîte de conserve
lata de lixo boîte à ordures, poubelle
lata-velha épave
latada treillage
latão laiton
latejar palpiter
latência latence
latente larvé, latent
lateral collatéral, latéral, touche
lateralidade latéralité
lateralização latéralisation
lateralizado latéralisé
lateralmente latéralement
laterita latérite
látex latex
laticínio laitage
laticlavo laticlave
latido aboiement
latifúndio latifundium
latim latin
latinidade latinité
latinismo latinisme
latinista latiniste
latinização latinisation
latinizar latiniser
latino latin
latino-americano latino-américain
latir aboyer
latitude latitude
latria culte de latrie, latrie
latrina latrines
láudano laudanum
laudatório laudatif
laudes laudes

laureado lauréat
lava lave
lava-louça lave-vaisselle
lava-rápido lave-auto
lava-roupa lave-linge
lavabo lavabo
lavadeira lavandière
lavado lavé
lavador de cabelos shampouineur
lavador de garrafas rince-bouteille
lavador de pratos plongeur
lavador do vidro lave-glace
lavador laveur
lavadouro lavoir
lavadura lavasse
lavagem blanchissement, lavage, pâtée
lavagem cerebral bourrage de crâne, intox
lavagem com sabão lessivage
lavagem de louça vaisselle
lavagem de pratos plonge
lavagem de roupa blanchissage, lessive
lavagem estomacal lavage d'estomac
lavanda lavande, rince-doigts
lavanderia blanchisserie, buanderie, lingerie, pressing
lavanderia automática laverie
lavar débarbouiller, délaver, laver
lavar com sabão lessiver
lavar com xampu shampouiner
lavar de novo relaver
lavar o rosto (se) débarbouiller
lavatório lave-mains
lavável com sabão lessivable
lavável lavable
lavoura labour
lavra labourage
lavrador cultivateur, laboureur
lavrar cultiver, dresser, labourer
laxante laxatif
laxismo laxisme
laxista laxiste
lazarento ladre
lazareto ladrerie, lazaret
lazarista lazariste
lazeira ladrerie
lazer loisir, plaisance
lazurita lapis
leal féal, loyal
lealdade allégeance, loyauté
lealismo loyalisme
lealista loyaliste
lealmente loyalement
Leão Lion
leão lion
leão de chácara videur
leão-marinho lion de mer, otarie
leãozinho lionceau
leasing leasing
lebrada civet
lebrão bouquin
lebre fêmea hase
lebre lièvre
lebréu fêmea levrette
lebréu lévrier
lebroto levraut
lechia litchi
legação légation
legado légat, legs, testament
legal chouette, légal
legalidade légalité
legalismo légalisme
legalista légaliste
legalização légalisation
legalizar légaliser
legalmente légalement
legalzinho gentil
legar léguer
legatário légataire
legenda légende, sous-titre
legendagem sous-titrage
legendar sous-titrer
Legião de Honra Légion d'honneur
Legião Estrangeira Légion étrangère
legião légion
legibilidade lisibilité
legiferar légiférer
legionário légionnaire
legislação de trânsito code de la route
legislação législation
legislador législateur
legislar légiférer
legislativo législatif
legislatura législature
legista légiste
legítima defesa légitime défense
legitimação légitimation
legitimamente légitimement, valablement
legitimar légitimer
legitimidade bien-fondé, legitimité
legitimista légitimiste
legítimo de bonne guerre, légitime, valable
legível lisible
legivelmente lisiblement
Lego Lego
légua lieue
legume légume
legume temporão primeurs
leguminário légumier
leguminosa légumineuse, potager
lei loi
lei de bases loi-cadre
lei de talião loi du talion
lei marcial loi martiale
lei sálica loi salique
lei seca la prohibition
leigo lai, non-spécialiste
leilão criée, encan
leiloeiro administrativo commissaire-priseur
leishmaniose leishmaniose
leita laitance
leitão cochon de lait, cochonnet, goret, porcelet
leite lait
leite condensado lait concentré, lait condensé
leite de cal lait de chaux
leite homogeneizado lait homogénéisé
leite integral lait entier
leite tornado semelhante ao leite materno lait maternisé
leite UHT lait UHT
leiteira laitière
leiteiro crémier, laitier
leiteria crémerie, laiterie
leitmotiv leitmotiv
leito couche, couchette, lit, literie
leitor lecteur, liseur
leitores lectorat
leitoso laiteux
leitura lecture, relevé
leitura cursiva lecture cursive
leitura da sentença prononcé
leiturista releveur
lelé zinzin
lembrança rappel, souvenance, souvenir
lembranças amitiés
lembrar rappeler
leme gouvernail
lemingue lemming
lêmure lémurien, maqui
lêmure-voador galéopithèque
lêmures lémures
lencinho pochette
lenço fichu, mouchoir
lenço de papel Kleenex
lenço umedecido lingette
lençol drap
lençol com elástico drap-housse
lençol freático nappe phréatique
lenda légende
lendário légendaire
lêndea lente
lenga-lenga péroraison
lengalengar débiter
lenhador bûcheron
lenheiro bûcher
lenho bûche
lenhoso ligneux
leninismo léninisme
leninista léniniste
lenir lénifier
lenitivo lénifiant
lentamente lentement
lente lentille, verre
lente de contato lentille cornéenne, verres de contact
lentidão lenteur
lentiforme lenticulaire
lentilha ers, lentille
lentilha-d'água lenticule
lento lent, lento
leonino léonin, lion
leopardo léopard, panthère
leopardo-das-neves once
lepidóptero lépidoptère
lepiota lépiote
lepra lèpre
leprosário léproserie

leproso lépreux
leque éventail, palette
ler bouquiner, lire
LER TMS
lerdear lambiner
lesa-majestade crime de lèse-majesté
lesão lésion
lesar léser
lésbica lesbienne
lesim gerce
lesma limace, loche, traînard, traîne-savates
lestamente lestement
leste est
lesto leste
letal létal
letão letton
letargia léthargie
letárgico léthargique
letra lettre, paroles
letra capitular lettre capitale
letra de câmbio lettre de change, traite
letra de formiga pattes de mouche
letra redonda ronde
letrado lettré
letras lettres
letras clássicas lettres classiques
letreiro écriteau, enseigne
letrina lettrine
letrismo lettrisme
letrista parolier
leucemia leucémie
leucêmico leucémique
leucocitário leucocytaire
leucócito leucocyte
leucorreia leucorrhée
levada bief
levado porté
levantado levé
levantamento levage, levé, lever d'un plan, relevé
levantar élever, hausser, lever, monter, pointer, relever
levantar da cortina lever de rideau
levantar o ânimo requinquer
levantar voo envoler
levante levant
levantino levantin
levar aboutir, amener, conduire, emmener, emporter, en avoir pour, mener, porter, prendre, ramasser
levar de volta remmener, remporter
levar para fora sortir
levar um tombo prendre une bûche, prendre une gamelle, ramasser une bûche, ramasser une gamelle, se casser la figure, valdinguer
leve léger, peinard
levedura levure
leveza légèreté
levianamente à la légère, légèrement
leviandade légèreté
leviano léger
levita lévite
levitação lévitation
lexical lexical
lexicalização lexicalisation
lexicalizado lexicalisé
léxico lexique
lexicografia lexicographie
lexicográfico lexicographique
lexicógrafo lexicographe
lexicologia lexicologie
lexicólogo lexicologue
LGV LGV
lhama lama
lhe lui, te
lhes leur
lhufas ne goutte
lia lie
liaça paillon
lias lias
libação libation
libanês libanais
libelo libelle
libélula demoiselle, libellule
líber liber
liberado libéré
liberal libéral
liberalidade libéralité
liberalismo libéralisme
liberalização libéralisation
liberalizar libéraliser
liberalmente libéralement
liberar libérer
liberatório libératoire
liberdade condicional probation
liberdade liberté
liberdade vigiada liberté surveillée
liberdades familiarité, libertés, privautés
liberiano libérien
libertação affranchissement, dégagement, délivrance, élargissement, libération, relaxe
libertador libérateur
libertar affranchir, délivrer, libérer, relaxer
libertário libertaire, libertin, paillard
libertinagem libertinage, paillardise
libertino roué
liberto affranchi
libidinal libidinal
libidinoso libidineux
libido libido
líbio libyen
Libra Balance
libra livre
libré livrée
libretista librettiste
libreto livret
libriano balance
liça lice
lição copie, enseignement, leçon
licença congé, licence, permis, permission
licença médica arrêt maladie
licenciosamente licencieusement
licenciosidade grivoiserie
licencioso grivois, licencieux, paillard
liceu lycée
licitamente licitement
lícito licite
liço lisse
licor crème, liqueur
licor de cássis cassis
licor de cereja guignolet
licoroso liquoreux
lictor licteur
lidar com frotter
líder leader, maillot jaune, meneur, meneur d'hommes, porte-drapeau
liderança leadership
liderar mener
lídio lydien
lied lied
lift lift
lifting lifting, lissage
liga alliage, jarretelle, jarretière, liaison, ligue
Liga ligue
ligação branchement, communication, liage, liaison, trait d'union
ligadura liaison, ligature
ligamentar ligamentaire
ligamento ligament
ligamentoso ligamenteux
ligante liant
ligar allumer, brancher, joindre, lier, ligaturer, mettre, ouvrir, raccorder, relier, réunir
ligatura ligature
ligeiramente légèrement, sur les bords
ligeireza légèreté
ligeiro léger
light allégé
lígio lige
lignícola lignicole
lignificação lignification
lignina lignine
ligre tiglon
lígula ligule
lígure ligure
lilás lilas
liliácea liliacée
liliputiano lilliputien
lima grossa râpe
lima lime
limador limeur
limadura limage
limalha limaille
limão citron, limon
limar limer, râper
limbo limbe
limiar seuil
limitação limitation
limitado limité
limitante limitatif
limitar borner, brider, limiter
limitar com borner
limite borne, limite, seuil
limítrofe limitrophe, tangent
limnologia limnologie
limoeiro citronnier, limonier

limonada citronnade, limonade
limonadeiro limonadier
limoso limoneux
limpa-chaminés ramoneur
limpa-neve chasse-neige
limpa-pés décrottoir
limpador de cachimbo cure-pipes
limpador de fossa vidangeur
limpador de para-brisa essuie-glace
limpador de tapete shampouineuse
limpador de unha cure-ongles
limpar blanchir, bouchonner, essuyer, lessiver, nettoyer, panser, rafler, toiletter, torcher
limpar campo minado déminer
limpar chaminé ramoner
limpar o molho com pão saucer
limpeza coup de torchon, débroussaillage, lessive, nettoyage, pansage, propreté, ratissage, toilettage, toilette
limpeza da neve déneigement
limpeza de chaminé ramonage
limpeza do pó époussetage
limpeza étnica purification ethnique
limpidez limpidité
límpido limpide
limpinho propret
limpo fair-play, net, propre
limusine limousine
limusino limousin
linácea linacée
lince loup-cervier, lynx
linchamento lynchage
linchar lyncher
lindamente joliment
lindeza joliesse
lindo joli
lineamento linéament
linear linéaire
linearidade linéarité
linearmente linéairement
linfa lymphe
linfagite lymphangite
linfático lymphatique
linfocina lymphokine
linfócito lymphocyte
linga élingue
lingar élinguer
lingerie lingerie
lingote de ouro lingot
lingote lingot
língua langue
língua *d'oc* langue d'oc
língua *d'oïl* langue d'oïl
língua de gato langue-de-chat
língua de terra langue de terre
língua de trapos baragouineur
língua franca sabir
língua materna langue maternelle
língua morta langue morte
língua solta excès de langage
língua veicular langue véhiculaire
língua viperina langue de vipère
língua viva langue vivante
língua-de-tucano panicaut
linguado limande, sole
linguageiro langagier
linguagem franca franc-parler
linguagem langage
lingual lingual
linguarudo rapporteur
línguas semíticas langues sémitiques
lingueta cliquet, goupille, languette, patte, pêne
linguiça saucisse
linguista linguiste
linguística linguistique
linguístico linguistique
linha ligne, prime, raie, tendance
linha branca produits blancs
linha de alinhavar faufil
linha de crista arête
linha de flutuação ligne de flottaison
linha de mira ligne de mire
linha de montagem chaîne de montage
linha de resguardo voie d'évitement, voie de garage
linha marrom produits bruns
linha pontilhada pointillé
linha-dura pur et dur
linhagem lignage, lignée, souche
linhagem do caçula branche cadette
linhas horizontais trame
linhito lignite
linho lin
linimento liniment
linóleo linoléum
linotipia linotypie
linotipista linotypiste
linotipo Linotype
liofilização lyophilisation
liofilizar lyophiliser
lionês lyonnais
lipídico lipidique
lipídio lipide
lipoaspiração liposuccion
lipoma lipome
lipoproteína lipoprotéine
lipossomo liposome
lipotimia lipothymie
liquefação liquéfaction
liquefazer liquéfier
líquen lichen
liquidação braderie, liquidation
liquidador bradeur
liquidante liquidateur
liquidar brader, démarquer, fourguer, liquider, solder
liquidez liquidités
liquidificável liquéfiable
líquido liquide, net
líquido amniótico liquide amniotique
líquido cefalorraquidiano liquide céphalo-rachidien
líquido extraído da casca da noz brou de noix
lira lire, lyre
lírico lyrique
lírio lis
lírio-do-vale muguet
lirismo lyrisme
lisina lysine
liso à sec, lisse, uni
lisonja gringue
lista état, lista
lista civil liste civile
lista de acesso restrito liste rouge
lista de casamento liste de mariage
lista de contribuintes rôle nominatif
lista de preços mercuriale
lista de premiados palmarès
lista de tarefas pense-bête
lista de títulos palmarès
lista telefônica Bottin
lista telefônica eletrônica annuaire électronique
listagem listage, listing
listar lister
listel listel
listra liteau, rayure
listrado rayé
liteira chaise à porteurs, litière
literal littéral
literalmente au premier degré, littéralement, mot pour mot
literariamente littérairement
literário littéraire
literato littéraire, littérateur
literatura littérature
litíase lithiase
litigante plaideur
litígio différend, litige
litigioso litigieux
lítio lithium
lito litho
litografia lithographie
litográfico lithographique
litologia lithologie
litoral littoral
litorâneo littoral
litorina bigorneau
litosfera lithosphère
lítotes litote
litro de vinho litron
litro litre
lituano lituanien
liturgia liturgie
litúrgico liturgique
livarot livarot
lividez blêmissement, lividité
lívido blême, livide
livrar débarrasser, défaire, libérer
livrar-se de balancer, bazarder, semer
livraria de livros de bolso pochothèque
livraria librairie
livre dégagé, libre
livre arbítrio libre arbitre
livre-câmbio libre-échange
livre-cambista libre-échangiste
livre-pensador libre-penseur
livreiro libraire
livremente librement

livresco livresque
livro bouquin, livre
livro comercial grand-livre, livres de commerce
livro de cabeceira livre de chevet
livro de horas livre d'heures
livro de imagens imagier
livro de ouro livre d'or
livro de salmos psautier
livro-cassete livre-cassette
Livros sagrados Livres sacrés
lixa frottoir, grattoir, papier de verre, papier-émeri
lixeira vide-ordures
lixeiro boueux, éboueur
lixiviação lessivage
lixiviador lessiveuse
lixiviar lessiver
lixo décharge, navet, ordure, torchon, voirie
ló lof
loa compliment
lob lob
loba louve
lobado lobé
lobby lobby, lobbying
lobinho loupe, louveteau
lobisomem loup-garou
lobo lobe, loup
lobo-do-mar loup
lobotomia lobotomie
lóbulo lobe, lobule
locação location
locação com opção de compra location--vente
locador loueur
locador de barracas placier
locador de cadeiras chaisier
locador de estandes placier
locador de quartos logeur
local de proximité, lieu, local
local assim chamado lieu-dit
local de concentração point de ralliement
local de criação de bicho-da-seda magnanerie
local de reunião rendez-vous
localidade localité
localização emplacement, localisation
localizar localiser, repérer
localizável localisable
localmente localement
locanda auberge
locandeiro aubergiste
loção lotion
loção pós-barba après-rasage
loção pós-sol après-soleil
loção tônica lotion tonique
locatário locataire
locativo locatif
locaute lock-out
loch loch
locomoção locomotion
locomotiva locomotive, locomotrice, motrice
locomotor locomoteur
locução locution
locução conjuntiva locution conjonctive
locutor locuteur, speaker
lodaçal bourbier
lódão micocoulier
lodo bourbe, limon, vase
lodoso bourbeux, vaseux
loess lœss
loft loft
logaritmo logarithme
loggia loggia
lógica difusa logique floue
lógica logique
logicamente logiquement
lógico logicien, logique, suivi
logística logistique
logístico logistique
logo */ó/* bientôt, sitôt, vite
logo */ô/* logo
logo que aussitôt
logomaquia logomachie
logorreia logorrhée
lograr berner
logro duperie
loirinho blondinet
loiro blond
loiro desbotado blondasse
loiro platinado blond platine
loja boutique, débit, magasin
loja de animais animalerie
loja de conveniências dépanneur
loja de departamentos grand magasin, grande surface
loja de escovas brosserie
loja de ferragem quincaillerie
loja de pães dépôt de pain
loja de roupa lingerie
loja de vendas por consignação dépôt-vente
loja maçônica loge
lomba côte
lombada dos-d'âne, ralentisseur
lombalgia lombalgie
lombar costal, lombaire
lombardo lombard
lombelo onglet
lombo longe, râble
lombo de vaca aloyau
lombos lombes
lona bâche, chapiteau
londrino londonien
long. long.
long-play microsillon
longa longue
longa distância long-courrier
longa exposição tartine
longa-metragem long-métrage
longanimidade longanimité
longarina longeron
longe loin
longes les lointains
longevidade longévité
longilíneo longiligne
longínquo lointain
longitude longitude
longitudinal longitudinal
longo long
lontra loutre
look look
loop boucle
loopar boucler
looping looping
loquacidade loquacité, volubilité
loquaz loquace, volubile
lóquios lochies
lorde lord
lordose lordose
loreno lorrain
lóris loris
lornhão face-à-main, lorgnon
loro étrivière
lorota bidon
losango losange
lotado complet
lote lopin, lot, parcelle
loteamento lotissement
lotear lotir
loteria esportiva loto sportif
loteria loterie
loto loto (national)
lótus lotus
louça vaisselle
loucamente éperdument, follement
louco dingue, éperdu, fou
louco da vida fou furieux
loucura folie
loureiro laurier
louro blond, blondeur, laurier, laurier--sauce
louro veneziano blond vénitien
louros laurier
lousa ardoise, tableau
louva-a-deus mante
louvador laudateur
louvável louable
louvor louange
LSD LSD
Lua lune
Lua cheia pleine lune
lua de mel lune de miel
luar clair de lune
lubricidade lubricité
lúbrico lubrique
lubrificação graissage, huilage, lubrification
lubrificante lubrifiant
lubrificante sujo cambouis
lubrificar lubrifier
lucarna lucarne, tabatière
lucidamente lucidement
lucidez lucidité
lúcido lucide
lúcio brochet, sandre
lucrativo lucratif
lucro boni, lucre, profit
lucubração élucubration
ludião ludion

ludibriar blouser, donner le change
lúdico ludique
ludoeducativo ludo-éducatif
lugar emplacement, endroit, lieu, place
lugar assombrado lieu hanté
lugar escorregadio patinoire
lugar memorável haut lieu
lugar público lieu public
lugar-comum déjà-vu, lieu-commun, serpent de mer
lúgubre glauque, lugubre
lugubremente lugubrement
lula calmar, encornet
lula pequena supion
lulu loulou
lumbago lumbago, tour de reins
lúmen lumen
luminária luminaire
luminescência luminescence
luminescente luminescent
luminosamente lumineusement
luminosidade luminosité
luminoso éclairant, lumineux
lumpo lump
lunação lunaison
lunar lunaire
lunária monnaie-du-pape
lunático lunatique
luneta longue-vue, lunette
lúnula lunule
lupa loupe
lupanar lupanar
lúpulo cône, houblon
lúpus lupus
lusitano lusitanien
lusófono lusophone
lustração glaçage, lustrage
lustral lustral
lustrar astiquer, fourbir, glacer, lustrer
lustre astiquage, lustre, plafonnier, suspension
lustrina lustrine
lustro lustre
luta lutte
lutador lutteur
lutar colleter, lutter
luteranismo luthéranisme
luterano luthérien
luteria lutherie
luthier luthier
luto deuil
luva gant, manchon
luva de banho gant de toilette
luvaria ganterie
luvas pas-de-porte
luveiro gantier
lux lux
luxação déboîtement, foulure, luxation
luxar déboîter, luxer
luxemburguês luxembourgeois
luxo extra, luxe, standing
luxuosamente luxueusement
luxuoso luxueux
luxúria luxure, luxuriance
luxuriante luxuriant
luxurioso luxurieux
luz jour, lumière
luz de freio stop
luz de neon néon
luz de presença veilleuse
luz do dia grand jour
luz fraca lueur
luz rasante lumière frisante
luzes de posição feux de position, veilleuses
luzidio luisant
luzinha lumignon
luzir luire
LW GO
Lycra Lycra

Mm

m m
má forma méforme
maca brancard, civière
maça massue
maçã calville, pomme, pommeau
maçã do rosto pommette
maçã *golden delicious* golden
maçã *granny smith* granny-smith
maçã-camoesa pomme d'api
maçã-reineta reinette
macabro macabre
macaca guenon, macaque
macacão barboteuse, bleu, combinaison
macacão com pé grenouillère
macaco cric, singe, vérin
macaco-de-gibraltar magot
macaco-prego sajou
macadame macadam
macadamizar macadamiser
maçaneta poignée, pommeau
macaquear mimer, singer
macaquice singerie
macaréu mascaret
maçarico chalumeau, chevalier, courlis, pluvier
macaron macaron
macarrão macaroni, nouille
macarrão cotovelo coquillette
macarthismo maccartisme
macedônia macédoine
macedônio macédonien
maceração macération, rouissage
macerar macérer, rouir
maceta mailloche
machadinho hachette
machado cognée, hache
machão macho
mache mâche
machete coupe-coupe, machette
machismo machisme
machista machiste
macho mâle, tenon
machona garçon manqué, hommasse
machucado meurtrissure
machucar blesser, meurtrir
maciçamente massivement
maciço massif, plein
macieira pommier
macieira nova surin
maciez tendreté
macilento hâve
macio moelleux
maço botte, liasse, masse, paquet
maço de dez mil francos brique
maçom maçon
maçonaria maçonnage, maçonnerie
maconha cannabis, marihuana
maçônico maçonnique
macramê macramé
macro macro
macrobiótica macrobiotique
macrobiótico macrobiotique
macroeconomia macroéconomie
macrofágico macrophage
macrófago macrophage
macrofotografia macrophotographie
macroinstrução macro-instruction
macromolécula macromolécule
macroscópico macroscopique
macruro macroure
macular maculer
madalena madeleine
madeira bois, madère
madeira com casca bois de grume
madeiramento charpente
madeiras bois
madeirizado madérisé
madeixa tif
madona madone
madras madras
madrasta belle-mère, marâtre
madre mère
madrépora madrépore
madressilva chèvrefeuille
madrigal madrigal
madrileno madrilène
madrinha marraine
madrugador matinal
madureiro fruitier, mûrisserie
maduro mature, mûr
mãe mère
mãe amimadora maman gâteau
mãe de aluguel mère porteuse
mãe do lar mère au foyer
mãe galinha mère poule
mãe solteira fille mère
maestro chef d'orchestre, maestro
máfia mafia
mafioso mafieux, mafioso
magarefe équarrisseur
magazine magasin
magdaleniano magdalénien
magenta magenta
magia magie
magiar magyar
mágica magie, sorcellerie
magicamente magiquement
mágico magicien, magique
magistério magistère, professorat

magistrado magistrat
magistral magistral
magistralmente magistralement
magistratura magistrature
magistratura pública parquet
magma magma
magmático magmatique
magnanimamente magnanimement
magnanimidade magnanimité
magnânimo magnanime
magnata magnat
magnésia magnésie
magnesiano magnésien
magnésio magnésium
magnético magnétique
magnetismo magnétisme
magnetização aimantation, magnétisation
magnetizar magnétiser
magneto magnéto
magnificamente en beauté, magnifiquement
magnificar magnifier
magnificat magnificat
magnificência magnificence
magnífico magnifique, somptueux
magnitude magnitude
magnólia magnolia
magnum magnum
mago mage
magoar blesser
magrebino maghrébin
magrelo chétif
magreza maigreur
magricela gringalet, maigrichon
magro maigre
mahatma mahatma
maia maya
mailing mailing
mainá mainate
maio mai
maiô maillot (de bain)
maionese mayonnaise
maior accru, majeur
maior bem-estar mieux-être
maior de idade majeur
maioria majorité, la plupart, le plus grand nombre
maioria absoluta majorité absolue
maioria relativa majorité relative
maioridade majorité
mais davantage, encore, plus
mais acima ci-dessus
mais adiante ci-après, ci-dessous
mais do que o suficiente surabondamment
mais novo cadet, puîné
mais ou menos cahin-caha, comme ci comme ça, couci-couça, moyennement, peu ou prou, plus ou moins, quelque
mais tempo davantage
mais velho aîné
mais-que-perfeito plus-que-parfait
mais-valia plus-value
maisena Maïzena
maître maître d'hôtel
maiúscula majuscule
majestade majesté
majestosamente majestueusement
majestoso majestueux
majongue mah-jong
major major
majoração majoration
majorar majorer
majoritariamente majoritairement
majoritário majoritaire
making of making of
mal à peine, mal, mal en point, tort
mal de Alzheimer maladie d'Alzheimer
mal de saúde mal portant
mal menor demi-mal
mal pago gagne-petit
mal-afamado malfamé
mal-amado mal-aimé
mal-educado mal élevé, mal embouché, malpoli
mal-entendido malentendu
mal-estar mal-être, malaise
mal-intencionado mal intentionné, malintentionné
mala malle, valise
mala direta publipostage
malabarismo jonglerie
malabarista jongleur
malacologia malacologie
malaio malais
malandragem friponnerie, fumisterie
malandro briscard, fripon, fumiste, lascar, malandrin, voyou
malaquita malachite
malária fièvre paludéenne, malaria, paludisme
malaxador malaxeur
malaxar malaxer
malcheiroso malodorant
malcriado malappris
maldade malveillance, méchanceté
maldição malédiction
maldisposto mal disposé
maldito damné, maudit
maldizente médisant
maldizer médire
maldosamente méchamment
maldoso malveillant, teigneux
maleabilidade malléabilité, souplesse
maleável malléable, souple
maledicência médisance
malefício maléfice, méfait
maléfico maléfique, malfaisant
maléolo malléole
maleta mallette
malevolência malveillance
malévolo malveillant
malfeitor brigand, malfaiteur, malfrat
malformação malformation
malgaxe malgache
malha maille, moucheture
malha branca balzane
malhado pie, pommelé
malhar allumer, cartonner
malharia bonneterie
malho batte, maillet
malho de madeira mailloche
malícia malice
maliciosamente malicieusement
malicioso coquin, égrillard, malicieux
malignamente malignement
malignidade malignité
maligno malin
malinês malien
malogrado foireux
malograr foirer
maloqueiro zonard
malpassado bleu
malte malt
maltês maltais
malthusianismo malthusianisme
malthusiano malthusien
maltrapilho va-nu-pieds
maltratar bourrasser, chahuter, étriller, malmener, maltraiter, rudoyer
maluco allumé, dingue, fou, siphonné
maluquice loufoquerie
malva mauve, parme
malva-branca guimauve
malvácea malvacée
malvado méchant
malvasia malvoisie
malversação malversation
malvisto mal vu
mama mamelle
mamada tétée
mamadeira biberon
mamado paf
mamãe maman
mamangaba bourdon
mamão papaye
mamar biberonner, téter
mamário mammaire
mamata planque
mamelão mamelon
mamelonado mamelonné
mameluco mameluk
mamífero mammifère
mamilo mamelon
mamoeiro papayer
mamografia mammographie
mamute mammouth
maná manne
management management
manager manager
mancada impair, pas de clerc
mancal palier
mancar boiter
mancar de leve boitiller
mancha bauge, envie, tache, tavelure
mancha de umidade mouillure
mancha negra noircissure
mancha vermelha rougeur
manchado madré
manchar entacher, mouiller, souiller, tacher
manchete manchette

manchu mandchou
manco boiteux, pied-bot
mandachuva mandarin
mandado commandement, mandat
mandado de prisão mandat d'arrêt, mandat de dépôt
mandamento commandement
mandante mandant
mandão pète-sec, pontife
mandar envoyer
mandar em régenter
mandar embora donner un coup de balai, refuser, sacquer, virer
mandarim mandarin
mandarinato mandarinat
mandatário mandataire
mandato mandat
mandíbula mandibule
mandioca manioc
mandrágora mandragore
mandrião stercoraire
mandriar buller
mandril mandrill, mandrin
maneabilidade maniabilité
maneável maniable
maneira manière
maneiras manières, tenue
maneiras afetadas façons
maneirismo maniérisme
manejador manieur
manejar manier
manejo manège, travail
manequim mannequin, poupée
manes mânes
maneta manchot
manete manette
mangá manga
manga manche, mangue
manga bufante manche gigot
manga de alpaca rond-de-cuir
manga-quimono manche kimono
manganês manganèse
mangostão mangoustan
mangue mangrove, palétuvier
mangueira boyau, manguier
mangusto mangouste
manha ficelle
manhã matin, matinée
manhoso fine mouche
mania dada, maniaquerie, manie
maníaco maniaque
maníaco-depressivo maniaco-dépressif
manicomial asilaire
manicômio asile
manicure manucure
manifestação manifestation
manifestamente manifestement
manifestante manifestant
manifestar manifester, marquer
manifesto manifeste
manigância manigance
maniganciar manigancer
manilha bride, manille
maninha sœurette
manipulação manip, manipulation, traitement
manipulador manieur, manipulateur, manœuvrier
manipular instrumentaliser, manipuler, traiter
maniqueísmo manichéisme
maniqueísta manichéen
manivela manivelle
manivela reguladora lève-glace
manjedoura mangeoire, râtelier
manjericão basilic
manjerona marjolaine
mano frangin
manobra manœuvre
manobra errada fausse manœuvre
manobrar manœuvrer
manobras menées
manobrável manœuvrable
manobreiro manœuvrier
manobrista voiturier
manoir manoir
manômetro manomètre
manqueira boitement
manqueira leve boitillement
mansão demeure, villa
mansarda mansarde
mansidão mansuétude
manta couvre-pied, plaid
manteiga beurre
manteigueira beurrier
manter conserver, entretenir, garder, maintenir, porter, reconduire, soutenir, tenir
manteúdo entretenu
mantilha mantille
manto houppelande
manu militari manu militari
manual manuel
manualmente manuellement
manuche manouche
manufatura manufacture
manufaturar manufacturer
manufatureiro manufacturier
manuscrito manuscrit
manusear manier
manuseio maniement
manutenção entretien, maintenance, maintien
mão main, pince
mão de obra main-d'œuvre
mão de vaca pingre
mão única sens unique
mão-aberta panier percé
mão-morta mainmorte
maoismo maoïsme
maoista maoïste
maori maori
mãos de fada doigts de fée
mãos livres main(s) libre(s)
mãozinha coup de main, menotte
mapa carte
mapa astral thème astral
mapa-múndi mappemonde
mapeamento do genoma cartographie du génome
maquete maquette
maquetista maquettiste
maqui maquis, maquisard
maquiador maquilleur
maquiagem grimage, maquillage, replâtrage
maquiar grimer, maquiller, replâtrer
maquiar-se de novo se remaquiller
maquiavélico machiavélique
maquiavelismo machiavélisme
máquina appareil, bécane, engin, machine
máquina de aplainar raboteuse
máquina de asfaltar goudronneuse
máquina de escrever machine à écrire
máquina de fenar faneur
máquina de jato de areia sableuse
máquina de polir ponceuse, polisseuse, raboteuse
máquina de tricô tricoteur
máquina de trocar dinheiro changeur
máquina de validação de passagens composteur
máquina de venda de passagens billetterie
máquina de waffles gaufrier
máquina dinamoelétrica machine dynamoélectrique
máquina fotográfica automática autofocus
máquina infernal machine infernale
máquina-ferramenta machine-outil
maquinação agissements, machination
maquinal machinal
maquinalmente machinalement
maquinar machiner, traficoter, trafiquer
maquinaria machinerie
maquinismo minuterie
maquinista machiniste, mécanicien
mar marée, mer, océan
mar bravo grosse mer, mer mauvaise
mar costeiro mer bordière
mar de rosas mer d'huile
mar desfeito mer démontée
marabu marabout
marabuto marabout
maracujá fleur de la Passion, passiflore
marajá maharaja
marasmo marasme
marasquino marasquin
marata mahratte
maratona marathon
maratonista marathonien
marau maraud
maravilha merveille, mirabilis
maravilhamento émerveillement
maravilhar émerveiller
maravilhosamente à ravir, merveilleusement
maravilhoso merveilleux
marc marc
marca caractère, empreinte, marque, patte, sceau, trace

marca de beliscão pinçon
marca de dobra pliure
marca registrada marque déposée
marca-passo pacemaker, stimulateur cardiaque
marca-texto marqueur, surligneur
marcação marquage
marcação das árvores martelage
marcado marqué
marcador signet
marcador de livro marque-page
marcador genético marqueur génétique
marcante marquant, saillant
marcar cocher, biseauter, déteindre, fixer, jalonner, marquer, repérer
marcar com setas flécher
marcar encontro rancarder
marcar época dater, faire date, faire époque
marcar passo faire du surplace, piétiner
marcar pontos cartonner
marcenaria ébénisterie, menuiserie
marceneiro ébéniste, menuisier
marcha marche, régime, train, vitesse
marcha lenta ralenti
marchetar marqueter
marchetaria marqueterie
marcheteiro marqueteur
marcial martial
marciano martien
março mars
marco borne, mark
marco fontanário borne-fontaine
maré marée
maré baixa morte-eau
maré de azar série noire
maré estofa mer étale
maré negra marée noire
marechal maréchal, maréchal de France
marechala maréchale
maremotor marémoteur
marengo marengo
marfim ivoire
marfinense ivoirien
marga marne
margar marner
margarida marguerite
margarina margarine
margear border, longer
margem berge, marge, rivage, rive
marginal marginal, riverain
marginalidade marginalité, milieu
marginalização marginalisation
marginalizar marginaliser
marginalmente marginalement
margoso marneux
margrave margrave
margraviato margraviat
maria vai com as outras moutonnier
maria-chiquinha couette
maria-fedida gendarme
marido mari
marina marina
marinada marinade
marinar mariner
marine marine
marinha marine
marinha mercante marine marchande
marinheiro marin, matelot
marinho marin
marionete marionnette, pantin
marionetista marionnettiste
mariposa noctuelle
marital marital
maritalmente maritalement
marítimo marin, maritime
marketing marketing
marmeleiro cognassier
marmelo coing
marmita gamelle
marmoraria marbrerie
mármore marbre
marmoreação marbrure
marmoreira marbrière
marmóreo marbrier, marmoréen
marmorista marbrier
marmorizado marbré
marmorizar marbrer
marmota marmotte
maroilles maroilles
maromba balancier
maronita maronite
marotice espièglerie
maroto espiègle, mâtin
marquês marquis
marquesa marquise
marquesado marquisat
marrano marrane
marreca sarcelle
marrom brun, marron
marrom-glacê marron glacé
marronzinho contractuel
marroquim maroquin
marroquinaria maroquinerie
marroquineiro maroquinier
marroquino marocain
marselhês marseillais, phocéen
marshmallow pâte de guimauve
marsupial marsupial
marta martre
marta norte-americana pékan
martelada martèlement
martelador rabâcheur, radoteur
martelagem martelage, martèlement
martelar marteler, matraquer, pianoter, rabâcher, seriner
martelo marteau, martel
martelo de carne attendrisseur
martelo-pilão marteau-pilon
martim-pescador martin-pêcheur
martingale martingale
martíni Martini
martinicano martiniquais
mártir martyr
martírio galère, martyre
martirizar martyriser
martirológio martyrologe
maruflagem marouflage
marulhar clapoter
marulho clapotement
marxismo marxisme
marxismo-leninismo marxisme-léninisme
marxista marxiste
marxista-leninista marxiste-léniniste
marzipã massepain
mas mais, or, seulement
masca chique
mascar chiquer, mâchonner, mâchouiller
máscara cache, masque
mascarada mascarade
mascarado masqué
mascaramento masquage
mascarar masquer
mascarilha loup
mascataria colportage
mascate colporteur
mascatear colporter
mascote mascotte
masculinidade masculinité
masculinizar masculiniser
masculino masculin
másculo mâle
masdeísmo mazdéisme
masmorra oubliette
masô maso
masoquismo masochisme
masoquista masochiste
massa masse, pâte, tout-venant
massa amanteigada pâte sablée
massa cinzenta matière grise
massa de um corpo masse d'un corps
massa específica masse volumique
massa folhada feuilletage, pâte feuilletée
massa salarial masse salariale
massacrante massacrant
massacrar massacrer, mettre en pièces
massacre massacre
massageador vibratório vibromasseur
massagear malaxer, masser
massagem massage
massagista masseur
masseira huche, maie
mássico massique
massudo mastoc
mastaba mastaba
mastectomia mammectomie
mastigatório masticatoire
mastigação mâchonnement, mastication
mastigar mâcher, mastiquer
mastigatório masticateur
mastim mâtin
mástique mastic
mastodonte mastodonte
mastodôntico éléphantesque
mastoide mastoïdien
mastoidite mastoïdite
mastreação mâture
mastro mât
mastro do traquete mât de misaine
masturbação masturbation
mata de corte taillis

mata-borrão buvard
mata-moscas tue-mouches
mata-mouros matamore
mata-ratos mort-aux-rats
matada amorti
matador matador, tueur
matador profissional spadassin, tueur à gages
matagal fourré
matagoso buissonneux
matança tuerie
matar occire, tuer
matar a sede se rafraîchir
matar um ao outro s'entre-tuer
mate maté
matemática mathématique
matematicamente mathématiquement
matemático mathématicien, mathématique
matéria matériau, matière
matéria plástica plastique
matéria-prima matière première
material matériau, matériel
material genético matériel génétique
materialidade matérialité
materialismo matérialisme
materialista matérialiste
materialização matérialisation
materializar matérialiser
materialmente matériellement
matérias fecais matières fécales
matérias graxas matières grasses
maternação maternage
maternagem maternage
maternal maternel
maternalmente maternellement
maternar materner
maternidade maternité
materno maternel
matilha meute
matinal matinal
matinas matines
matinê boum, matinée
matizado chiné, diapré, panaché
matizar panacher
mato broussaille, sous-bois
matraca crécelle, pie, pipelet
matriarcado matriarcat
matriarcal matriarcal
matrícula immatriculation, matricule
matricular immatriculer
matrilinear matrilinéaire
matrimonial matrimonial
matriz maison mère, matrice
matrona matrone
matronímico matronyme
maturação maturation
maturado fait
maturidade maturité
matutar gamberger
mau mauvais, méchant, vilain
mau comportamento inconduite
mau humor humeur, rogne
mau pagador mauvais payeur
mau-caráter gibier de potence
mauriciano mauricien
mauricinho godelureau
mauritano mauritanien
maus-tratos maltraitance
mausoléu mausolée
máx. max.
maxilar mâchoire, maxillaire
máxima maxime
maximalismo maximalisme
maximalista maximaliste
maximização plafonnement
maximizar maximiser
máximo maximal, maximum
mazurca mazurka
mazute fioul domestique, mazout
me me, moi
mea-culpa mea culpa
meada écheveau
mealha maille
mealheiro tirelire
meandro boucle, méandre
meato méat
mecânica mécanique
mecanicamente mécaniquement
mecânico dépanneur, mécanicien, mécanique, mécano
mecânico de automóveis garagiste
mecânico de motores motoriste
mecanismo mécanique, mécanisme, mouvement
mecanização machinisme, mécanisation, motorisation
mecanizar mécaniser
mecanografia mécanographie
mecanográfico mécanographique
mecenas mécène
mecenato mécénat
mecha mèche
meda meule
medalha médaille
medalhão grosse légume, médaillon, pavé
média moyenne
mediação entremise, médiation
mediador courroie de transmission, gendarme, médiateur
mediana médiane
mediano médian
mediante moyennant
mediato médiat
mediatriz médiatrice
médica doctoresse
medicação médication
medicalização médicalisation
medicalização excessiva surmédicalisation
medicalizar médicaliser
medicalizar em excesso surmédicaliser
medicamente médicalement
medicamento médicament
medicamento de uso interno médicament à usage interne
medicamento genérico médicament générique
medicamento para uso externo médicament à usage externe
medicamentoso médicamenteux
medição jaugeage, mesure
medicina médecine
medicina legal médecine légale
medicinal médicinal, traitant
médico docteur, médecin, médical, toubib
médico de família médecin de famille, médecin traitant
médico-legal médico-légal
médico-legista médecin légiste
médico-pedagógico médico-pédagogique
médico-social médico-social
medida jauge, mesure, métré
medida cautelar référé
medida de retorsão mesure de rétorsion
medida do colarinho encolure
medida itinerária mesure itinéraire
medidas mensurations
medidor compteur, jauge, mesureur, métreur
medieval médiéval, moyenâgeux
medievalista médiéviste
medina médina
médio médium, mi-long, moyen
medíocre méchant, médiocre, ringard
mediocremente médiocrement
mediocridade médiocrité
medir mesurer, métrer, toiser
meditação méditation
meditar méditer
meditativo méditatif
mediterrâneo méditerranéen
médium médium
medo crainte, frousse, peur
medo enorme peur bleue
medronheiro arbousier
medronho arbouse
medrosamente craintivement, peureusement
medroso craintif, froussard, peureux
medula espinhal moelle épinière
medula óssea moelle
medular médullaire
meduloso médulleux
medusa méduse
meeiro métayer
meeting meeting
mefítico méphitique
megabit mégabit
megabyte mégaoctet
megaflop mégaflops
megafone mégaphone, porte-voix
megahertz mégahertz
megalítico mégalithique
megálito mégalithe
megalomania mégalomanie
megalomaníaco mégalomane
megalópole mégalopole
megaton mégatonne
megera chipie, garce, harpie, mégère
meia bas, chaussette, demi-place, demi-tarif

meia dúzia demi-douzaine
meia garrafa demi-bouteille, demie
meia hora demi-heure, demie
meia pensão demi-pension
meia três-quartos mi-bas
meia-água appentis
meia-calça collant
meia-esquadria onglet
meia-estação demi-saison
meia-irmã demi-sœur
meia-lua demi-lune
meia-luz demi-jour
meia-noite minuit
meia-tinta demi-teinte
meia-volta demi-tour, volte-face
meia-voz (a) mi-voix (à), mezza voce
meias-medidas demi-mesure
meigo câlin
meio à demi, à moitié, demi, milieu, moyen
meio a meio fifty-fifty
meio de cultura bouillon de culture
meio de transporte moyen de transport, moyen de locomotion
meio demorado longuet
meio expediente temps partiel
meio litro demi-litre
meio período à mi-temps, demi-journée
meio-campista demi
meio-corpo demi-longueur
meio-dia midi
meio-fundo demi-fond
meio-irmão demi-frère
meio-médio ligeiro super-léger
meio-pesado mi-lourd
meio-quilo demi-portion
meio-sangue demi-sang
meio-soprano mezzo-soprano
meio-tempo mi-temps
meios de comunicação de massa mass media
meiose méiose
mel miel
melaço mélasse
melado gluant, miellé
melancia melon d'eau
melancolia mélancolie
melancolicamente mélancoliquement
melancólico mélancolique, ténébreux
melanésio mélanésien
melanina mélanine
melanoma mélanome
melão melon
melê méli-mélo
melecar poisser
melga cousin
melhor meilleur, mieux
melhor caminho voie royale
melhora amélioration, mieux
melhorar améliorer, radoucir, se faire
melhorável améliorable
melificar emmieller
melifluamente benoîtement, doucereusement
melífluo benoît, paterne
melindroso écorché, froissable, pointilleux
melissa mélisse
melodia mélodie
melódico mélodique
melodiosamente mélodieusement
melodioso mélodieux
melodrama mélodrame
melodramático mélodramatique
melômano mélomane
melopeia mélopée
melosamente mielleusement
meloso doucereux, miellé, mielleux, sucré
melro merle
melting-pot melting-pot
membrana membrane
membranoso membraneux
membro membre
membro da justiça do trabalho prud'homme
membro de colcoz kolkhozien
membro de equipe équipier
membro de uma liga ligueur
membro do pessoal de terra rampant
membro fantasma membre fantôme
membro genital membre viril
membros membrure
memento mémento, mémorandum
memorando mémorandum
memorável mémorable
memória mémoire
memória descritiva descriptif
memória RAM mémoire vive
memória ROM mémoire morte
memória visual mémoire visuelle
memorial lieu de mémoire, mémorial
memorialista mémorialiste
memorização mémorisation
memorizar mémoriser
menção citation, mention
menção honrosa accessit
mencionar faire mention de, mentionner
mendicidade mendicité
mendiga pauvresse
mendigar faire la manche, mendier
mendigo clochard, clodo, mendiant
menear hocher
meneio de cabeça hochement
menestrel ménestrel
menina fille, fillette
meninge méninge
meníngeo méningé
meningite méningite
meningítico méningé
menino garçon
menino Jesus jésus
menir menhir, pierre levée
menisco ménisque
menopausa ménopause
menor mineur, moindre
menor de idade mineur
menor institucionalizado pupille de l'État
menos moins
menos-valia moins-value
menosprezado méconnu
menosprezar méconnaître, mépriser, moquer
menosprezo méconnaissance
mensageiro coursier, groom, messager
mensagem message
mensagem multimídia message multimédia
mensal mensuel
mensalidade mensualité, mois
mensalmente mensuellement
mensário mensuel
menstruação menstruation, menstrues
menstruada reglée
menstrual menstruel
mensuração mensuration
mensurável mesurable
mental mental, moral
mentalidade mentalité
mentalmente mentalement
mentir mentir, tricher
mentir a idade rajeunir
mentira mensonge
mentiroso mensonger, menteur
mentol menthol
mentolado mentholé
mentor mentor
menu menu
mequetrefe roquet
mercado halle, marché, souk
mercado das pulgas marché aux puces
mercadoria denrée, marchandise
mercadoria recusada laissé-pour-compte
mercantil mercantile
mercantilismo mercantilisme
mercantilização marchandisation
mercê merci
mercearia épicerie
merceeiro épicier
mercenário mercenaire
mercenarismo affairisme
mercerizado mercerisé
mercúrio mercure
mercurocromo Mercurochrome
merda merde, merdier
merecedor méritant
merecer gagner, mériter
merengue meringue
merengue gelado com chocolate Mystère
meretriz péripatéticienne
merguez merguez
mergulhador plongeur
mergulhão grèbe, marcotte, plongeon
mergulhar marcotter, plonger
mergulhia marcottage
mergulho plongée, plongeon
mergulho submarino plongée sous-marine
meridiano méridien
meridiano magnético méridien magnétique
meridiano-origem méridien origine
meridional méridional
merino mérinos

mérito mérite
meritório méritoire
merluza colin, lieu, merlu
merluza pequena colinot
merovíngio mérovingien
mês mois
mês corrente mois courant
mesa bureau, table
mesa comum table d'hôte
mesa de cabeceira table de chevet, table de nuit
mesa de cirurgia billard
mesa de operação table d'opération
mesa-redonda table ronde
mesa-tenista pongiste
mésalliance mésalliance
mescalina mescaline
mescla de algodão e linho (toile) métis
mesclar panacher
mesentério mésentère
mesmo bien, déjà, même
mesolítico mésolithique
mesosfera mésosphère
mesotélio mésothélium
mesotelioma mésothéliome
mesoterapia mésothérapie
mesquinhamente chichement, mesquinement, petitement
mesquinharia ladrerie, mesquinerie
mesquinho chiche, étriqué, ladre, mesquin
mesquita mosquée
messiânico messianique
messianismo messianisme
Messias messie
messidor messidor
mestiçagem métissage
mestiçar métisser
mestiço métis, sang-mêlé
mestrado master
mestre maître
mestre de obras conducteur de travaux, maître d'œuvre
mestria maestria, maîtrise
mesura courbette
meta but, cage, visée
metabólico métabolique
metabolismo métabolisme
metacárpico métacarpien
metacarpo métacarpe
metade demie, moitié
metadona méthadone
metafísica métaphysique
metafísico métaphysicien, métaphysique
metáfora métaphore
metaforicamente métaphoriquement
metafórico imagé, métaphorique
metais cuivres
metais cúpricos métaux cuivreux
metal métal
metal precioso métaux précieux
metálico métallique
metalífero métallifère
metalinguagem métalangage
metalizado métallisé
metaloide métalloïde
metalurgia métallurgie
metalúrgico métallurgique, métallurgiste
metâmero anneau
metamórfico métamorphique
metamorfismo métamorphisme
metamorfose métamorphose
metamorfosear métamorphoser
metano méthane
metástase métastase
metatársico métatarsien
metatarso métatarse
metazoário métazoaire
meteco métèque
metempsicose métempsycose, transmigration
meteórico météorique
meteorito météorite
meteoro météore
meteorologia météorologie
meteorológico météorologique
meteorologista météorologiste
meter fourrer, plonger
meticulosamente méticuleusement
meticulosidade méticulosité
meticuloso maniaque, méticuleux
metida pimbêche
metileno méthylène
metodicamente méthodiquement
metódico méthodique
metodismo méthodisme
metodista méthodiste
método méthode
metodologia méthodologie
metodológico méthodologique
metonímia métonymie
metonímico métonymique
métopa métope
metragem métrage
metralha mitraille
metralhada mitraillade
metralhador mitrailleur
metralhadora mitrailleuse
metralhagem mitraillage
metralhar mitrailler
métrica métrique
métrico métrique
metrô métro
metro mètre
metro cúbico mètre cube
metro quadrado mètre carré
metrologia métrologie
metrônomo métronome
metrópole métropole
metropolita métropolite
metropolitano métropolitain
meu mien, mon
meus miens
mexelhão touche-à-tout
mexer remuer, toucher, tourner
mexerico bavardage, ragot
mexicano mexicain
mexilhão moule
mezanino mezzanine
Mezozoico secondaire
mezze mezze
mi mi, mu
mi-carême mi-carême
miado feulement, miaou, miaulement
mialhar bitord
miar feuler, miauler
miasma miasme
miastenia myasthénie
mica mica
micáceo micacé
micado mikado
micaxisto micaschiste
micção miction
micélio blanc de champignon, mycélium
micenense mycénien
mico tamarin
micologia mycologie
micólogo mycologue
micoplasma mycoplasme
micose mycose
micro micro
micro system minichaîne
micro-ondas micro-ondes
micro-ônibus minibus
microbiano microbien
micróbio microbe
microbiologia microbiologie
microcéfalo microcéphale
microcirurgia microchirurgie
microclima microclimat
microcomputador micro-ordinateur
microcosmo microcosme
microcrédito microcrédit
microeconomia microéconomie
microfibra microfibre
microficha microfiche
microfilmar microfilmer
microfilme microfilm
microfone micro, microphone
microfone de lapela micro-cravate
microfone portátil micro baladeur
microfonia larsen
microinformática micro-informatique
micrômetro micromètre
mícron micron
microprocessador microprocesseur
microrganismo micro-organisme
microscópico microscopique
microscópio microscope
mictório pissotière, urinoir
mictório público vespasienne
mídia média
midiateca médiathèque
midiático médiatique
midiatização médiatisation
midiatizar médiatiser
mielina myéline
mielite myélite
mielografia myélographie
mígala mygale
migalha miette
mignon mignon

migração émigration, migration
migrador migrateur
migrante migrant
migrar migrer
migratório migratoire
mihrab mihrab
mijado pisseux
mijar pisser
mil mille
mil-folhas mille-feuille
milagre miracle
milagrosamente miraculeusement
milagroso miracle, miraculeux
milanês milanais
míldio mildiou
milefólio mille-feuille
milenar millénaire
milênio millénaire
milésimo millième
milfurada millepertuis
milha mile, mille
milha marítima mille
milha náutica mille
milhafre milan
milhão million
milhar millier
milhete mil
milho blé d'Inde, blé de Turquie, maïs
milibar millibar
milícia milice
miliciano milicien
miligrama milligramme
mililitro millilitre
milimetrado millimétré
milímetro millimètre
milionário millionnaire
milionésimo millionième
militância militantisme
militante militant
militar militaire, militer
militar licenciado permissionnaire
militar na retaguarda embusqué
militar-industrial militaro-industriel
militarismo militarisme
militarista militariste
militarização militarisation
militarizar militariser
militarmente militairement
milk-shake milk-shake
milorde milord
mim moi
mimar cajoler, gâter, mimer
mimeografar ronéoter
mimético mimétique
mimetismo mimétisme
mímica mimique
mimicar mimer
mímico mime, mimique
mimo cajolerie, gâterie
mimolette mimolette
mimosa mimosa
min min
mín. min.
mina gonzesse, meuf, mine
mina antipessoal mine antipersonnel
mina de enxofre soufrière
minagem minage
minar miner, user
minarete minaret
minas de carvão charbonnage
mindinho auriculaire
mineiro mineur, minier
mineral minéral
mineralização minéralisation
mineralizado minéralisé
mineralogia minéralogie
mineralógico minéralogique
mineralogista minéralogiste
minério minerai
minestrone minestrone
mingau bouillie
mingau de aveia porridge
minguado maigre
minhoca lombric, ver de terre
míni mini
miniatura en miniature, miniature
miniaturar miniaturiser
miniaturista miniaturiste
miniaturização miniaturisation
minicassete minicassette
minicomputador mini-ordinateur
minidisco minidisque
minigolfe minigolf
mínima blanche
minimalismo minimalisme
minimalista minimaliste
minimamente moindrement
minimizar inférioriser, minimiser
mínimo minimal, minime, minimum, moindre, plancher
mínimo vital minimum vital
mínio minium
minissaia jupette, minijupe
ministerial ministériel
ministério ministère
Ministério da Educação Éducation nationale
Ministério da Fazenda trésorerie
Ministério da Justiça chancellerie
Ministério do Interior ministère de l'Intérieur
Ministério Público ministère public
ministro ministre
ministro da Fazenda grand argentier
ministro da Justiça garde des Sceaux
ministro de Estado ministre d'État
ministro do culto ministre du culte
ministro plenipotenciário ministre plénipotentiaire
Minitel Minitel
minivan minispace
minoano minoen
minoração amoindrissement
minorar amoindrir, minorer
minoria minorité
minoria nacional minorité nationale
minoridade minorité
minoritário minoritaire
minúcia minutie
minuciosamente minutieusement
minucioso fouillé, minutieux, sourcilleux, tatillon
minueto menuet
minúsculo minuscule
minuta minute
minuteria minuterie
minuto minute
miocárdio myocarde
mioceno miocène
miograma myogramme
miolo cervelle, mie
miolo da noz verde cerneau
miolo de paleta macreuse
miopatia myopathie
miopático myopathe
míope myope
miopia myopie
miorrelaxante myorelaxant
miosótis myosotis
mira collimateur, mire, œilleton, visée
mirabela mirabelle, mirabellier
mirabolante mirobolant
miraculado miraculé
miragem mirage
mirante mirador, observatoire
mirar ajuster, mettre en joue, viser
miríade myriade
miriápode myriapode
mirífico mirifique
mirliton mirliton
mirmidão marmiton
mirmilão mirmillon
miroton miroton
mirra myrrhe
mirrado rabougri
mirtilo airelle, myrtille
mirto myrte
misândrico misandre
misantropia misanthropie
misantropo misanthrope
miscigenação brassage
miscigenação cultural métissage culturel
miscível miscible
mise-en-plis mise en plis
miserabilismo misérabilisme
miserabilista misérabiliste
miserabilização clochardisation
miserar clochardiser
miserável hère, malheureux, misérable, miséreux, miteux, pauvre hère
miseravelmente misérablement
miserere miserere
miséria dèche, détresse, misère
misericórdia grâce, miséricorde
misericordioso miséricordieux
mísero riquiqui
misoginia misogynie
misógino misogyne
miss miss
missa messe
missa calada messe basse
missa cantada grand-messe

missal missel
missão mission
míssil missile, roquette
missionário missionnaire
missiva missive
mistério mystère
misteriosamente mystérieusement
misterioso mystérieux
misticamente mystiquement
misticidade mysticité
misticismo mysticisme
místico mystique
mistificação mystification
mistificador mystificateur
mistificar mystifier
misto mixte, panaché, semi-public
mistral mistral
mistura assemblage, brassage, mélange, mixtion, mixture, panachage
misturada emmêlement, tout-venant
misturado mâtiné, mitigé
misturador mélangeur
misturar brasser, brouiller, emmêler, mélanger, mêler, panacher
mísula cul-de-lampe
mitene mitaine
mítico mythique
mitificar mythifier
mitilicultura mytiliculture
mito mythe
mitologia mythologie
mitológico mythologique
mitólogo mythologue
mitomania mythomanie
mitomaníaco mythomane
mitose mitose
mitra mitre
miudezas de marcenaria tabletterie
miúdo menu
miúdos abats
mixagem mixage
mixar mixer
mixer de alimentos mixer
mixomatose myxomatose
mixomiceto myxomycète
mixórdia bariolage, mixture, salmigondis
MMS MMS
mnemotécnico mnémotechnique
mó meule
moagem moulage, mouture
móbil mobile
móbile mobile
mobilete Mobylette
mobília ameublement
mobiliado meublé
mobiliar meubler
mobiliário mobilier
mobilidade mobilité
mobilização mobilisation
mobilizador mobilisateur
mobilizar mobiliser
mobilizável mobilisable
moça miss, nana
moca moka
moção motion
moção de censura motion de censure
moçárabe mozarabe
mocassim mocassin
mochila cartable
mocinha jeune première, môme
mocinho jouvenceau
moço de coro enfant de chœur
moda mode
modal modal
modalidade modalité
modelado modelé
modelador modeleur
modelagem modelage
modelagem muscular gonflette
modelar modeler, mouler, pétrir
modelismo modélisme
modelista modéliste
modelo cover-girl, mannequin, modèle, parangon
modelo reduzido modéle réduit
modem modem
moderação modération, pondération
moderadamente modérément
moderado mitigé, modéré
moderador de apetite coupe-faim
moderador modérateur, pondérateur
moderar mettre une sourdine à, modérer
moderato moderato
modernidade modernité
modernismo modernisme
modernista moderniste
modernização modernisation
modernizar moderniser
moderno design, moderne
modestamente modestement
modéstia modestie
modesto modeste
modicidade modicité
módico modique
modificação changement, modification
modificação contratual avenant
modificador modificateur
modificar changer, modifier, reprendre
modificável modifiable
modilhão corbeau
modista de chapéus modiste
modo façon, mode
modo de enxertar greffage
modo de usar mode d'emploi
modos façons, formes, manières
modos impessoais modes impersonnels
modulação modulation
modulação de frequência modulation de fréquence
modulador modulateur
modular modulaire, moduler
modulável modulable
módulo module, unité d'enseignement
módulo de cozinha bloc-cuisine
modus vivendi modus vivendi
moeda ferraille, monnaie, pièce
moeda escritural monnaie scripturale
moeda flutuante monnaie flottante
moedeiro monnayeur
moedinha piécette
moedor broyeur, égrugeoir, hachoir, moulin
moedor de carne hache-viande
moedura broiement, broyage
moela gésier
moer broyer, égruger, moudre
mofar moisir, morfondre
mofeta mofette
mofo renfermé
mogno acajou
mohair mohair
moído moulu
moinho meunerie, minoterie, moulin
moiré moire
moisés moïse, nacelle
moita buisson
mol mole
mola boudin, gâchette, ressort
molambo débraillé, haillon
molar molaire
molasso molasse
moldador mouleur
moldagem emboutissage, façonnage, moulage
moldar emboutir, façonner, mouler, profiler, toupiller
moldar-se a épouser
molde forme, moule, pochoir
moldura cadre, encadrement, entourage, moulure
moldureiro encadreur
mole amorphe, fastoche, mollet, mou, peinard, veule
moleca garçon manqué
molécula molécule
molecular moléculaire
moleira meunière
moleiro meunier, minotier
moleja ris
molenga avachi, chiffe, gnangnan, lambin, moule, veau
moleque garnement, gavroche, titi
molestar molester
moletom molleton, sweat-shirt
moleza bête comme chou, mollesse, veulerie
molhadela mouillage
molhador mouilleur
molhar mouiller, saucer, tremper
molhar a mão arroser, graisser la patte
molhar de novo remouiller
molhe môle
molheira saucière
molho coulis, fumet, sauce
molho bearnês béarnaise
molho branco sauce blanche
molho de chaves trousseau de clefs
molho de peixe nuoc-mâm
molho de pimenta poivrade
molho de pimentão harissa
molho madeira sauce madère
molho picante sauce piquante, saupiquet

molho *ravigote* ravigote
molho remoulade rémoulade
molho tártaro sauce tartare
molibdeno molybdène
molinete moulinet
molusco mollusque
momentaneamente momentanément
momentâneo momentané
momento moment
mônada monade
monarca monarque
monarquia monarchie, royauté
monárquico monarchique
monarquismo monarchisme, royalisme
monarquista monarchiste, royaliste
monástico monacal, monastique
monção mousson
monco de peru fraise
mondovision mondovision
monegasco monégasque
monetário monétaire
monge moine
mongol moghol
mongólico mongolien
mongolismo mongolisme
mongoloide mongoloïde
monismo monisme
monitor moniteur
monitora cheftaine
monitoração monitorage
monitoria monitorat
monja moniale
monobloco monobloc
monocasco monocoque
monocórdio monocorde
monocotiledônea monocotylédone
monocromo monochrome
monocular monoculaire
monóculo monocle
monocultura monoculture
monoesqui monoski
monofásico monophasé
monofonia monophonie
monogamia monogamie
monogâmico monogamique
monógamo monogame
monografia monographie
monográfico monographique
monograma chiffre, monogramme
monoico monoïque
monolíngue monolingue, unilingue
monolinguismo monolinguisme
monolítico monolithique
monolitismo monolithisme
monolito monolithe
monologar monologuer
monólogo monologue, tirade
monômero monomère
monômio monôme
monomotor monomoteur
mononuclear mononucléaire
mononucleose mononucléose
monoparental monoparental
monoplace monoplace

monoplano monoplan
monopólio monopole
monopolístico monopolistique
monopolização accaparement
monopolizador accaparant, accapareur
monopolizar accaparer, monopoliser, truster
monoposto monoplace
monoquíni monokini
monossilábico monosyllabique
monossílabo monosyllabe
monoteísmo monothéisme
monoteísta monothéiste
monotipo Monotype
monótipo monotype
monotonia monotonie
monótono monotone, morne, terne
monovalente univalent
monóxido monoxyde
monóxido de azoto monoxyde d'azote
Mons. Mgr
monsenhor monseigneur
Monsieur Monsieur
monstro monstre, repoussoir
monstro sagrado monstre sacré
monstruosamente monstrueusement
monstruosidade monstruosité
monstruoso monstre, monstrueux
monta-cargas monte-charge, sapine
monta-prato monte-plats
montado monté
montador monteur
montador de liço lissier
montadora constructeur automobile
montagem incrustation, montage
montagem financeira montage financier
montanha djebel, montagne
montanha-russa montagnes russes
montanhês montagnard
montanhoso montagneux
montante amont, montant
montar dresser, monter, se monter
montaria monte, monture, vénerie
monte flopée, foule, moisson, monceau, mont, talon, tas, tripotée
monte de escória crassier, terril
monte de neve congère
monteiro veneur
montenegrino monténégrin
montepio mont-de-piété
montículo monticule
montículo de terra taupinière
monumental monumental
monumento monument
morada gîte, séjour
moradia demeure, habitation, logement
moradia individual maison individuelle
moraina moraine
moral moral, morale, moralité
moralidade moralité
moralismo moralisme
moralista moraliste
moralizador moralisant, moralisateur
moralizar moraliser

moralmente moralement
morango fraise, gariguette
morangueiro fraisier
morar crécher, demeurer, habiter, loger, nicher, vivre
moratória moratoire
morbidez morbidité
mórbido morbide
morbier morbier
morcego chauve-souris
morcego-orelhudo oreillard
mordaça bâillon, muselière
mordacidade mordant
mordaz aigre, corrosif, mordant, rosse
mordente mordant
morder mordre
mordida morsure
mordiscar mordiller
mordomo maître d'hôtel, majordome
moreia murène
moreno brun, noiraud
morfema morphème
morfina morphine
morfinômano morphinomane
morfologia morphologie
morfologicamente morphologiquement
morfológico morphologique
morganático morganatique
moribundo moribond, mourant
morille morille
moringa gargoulette
mormo gourme, morve
mórmon mormon
mormoso morveux
morno morne, tiède
morosidade morosité
moroso morose
morphing morphing
morrão lumignon
morrer crever, mourir, n'être plus, verser son sang, y passer, y rester
morrer de rir gondoler, mourir de rire, poiler, rire comme un bossu
morrião mouron
morro morne
morsa étau, morse
mortadela mortadelle
mortal mortel
mortalidade mortalité
mortalmente à mort, mortellement
morte crève, mort
morte natural mort naturelle
morte violenta mort violente
morteiro mortier
mortificação mortification
mortificar mortifier
morto mort, tué
morto de cansaço recru de fatigue
mortuário mortuaire
mosaicista mosaïste
mosaico mosaïque
mosca mouche
mosca-varejeira lucilie, lucilie bouchère
moscadeira muscadier

moscatel muscat
moscovita moscovite
mosqueado moucheté
mosquetão mousqueton
mosquete mousquet
mosqueteiro mousquetaire
mosquinha moucheron
mosquiteiro moustiquaire
mosquito moustique, stégomyie
mossa bosselure, ébréchure
mostarda moutarde
mostarda silvestre sénevé
mostardeira moutarde, moutardier
mostardeira-dos-campos ravenelle
mostardeiro moutardier
mosteiro monastère
mosto moût
mostrar déployer, montrer, sentir
mostrar de novo remontrer
mostruário de cor nuancier
moteto motet
motim mutinerie
motivação motivation
motivado motivé
motivador motivant
motivar motiver
motivo motif, occasion, sujet
moto moto
moto de neve motoneige
motobomba motopompe
motocicleta bécane, motocyclette
motociclismo motocyclisme
motociclista motard, motocycliste
motocross motocross
motocultor motoculteur
motocultura motoculture
motonautismo motonautisme
motoqueiro motard
motor moteur
motor de arranque démarreur, starter
motor de busca moteur de recherche
motor de dois tempos deux-temps
motor *diesel* diesel
motor eólico éolienne
motor-home camping-car
motorista chauffeur
motorista de ambulância ambulancier
motorista de ônibus autocariste
motorização motorisation
motorizado motorisé
motorneiro cariste
motricidade motricité
mouclade mouclade
moufle mitaine, moufle
mountain-bike VTT
mourisco mauresque
mouro bosseur, maure
mouse souris
mouse pad tapis de souris
moussaka moussaka
movediço mouvant
móvel meuble, mobile, mouvant, ouvrant, volant
móvel com compartimentos casier
móvel com sete gavetas semainier
móvel dobrável meuble escamotable
móvel retrátil meuble escamotable
movente mobile
mover bouger, mouvoir, remuer
movimentação mouvement
movimentação de terreno mouvement de terrain
movimentado mouvementé
movimentar as agulhas aiguiller
movimento marche, mouvement, remuement
movimento browniano mouvement brownien
movimento carismático mouvement charismatique
movimento em falso faux mouvement
mozarela mozzarelle
MP3 MP3
mucilagem mucilage
muco glaire, mucus
mucosa muqueuse
mucosidade mucosité
mucoso glaireux
mucoviscidose mucoviscidose
muçulmano musulman
muda mue, plant
muda silvestre sauvageon
mudança changement
mudança de assunto coq-à-l'âne
mudança de casa déménagement, emménagement
mudança de vaso rempotage
mudar bouger, changer, muter, sortir, virer
mudar de casa déménager, emménager
mudar de cor changer de visage, virer
mudar de lugar transposer
mudar de vaso rempoter
mudar de voz muer
mudez mutité
mudo muet
muezim muezzin
muflão mouflon
mufti mufti
mugido beuglement, meuglement, mugissement
mugidor mugissant
mugir beugler, meugler, mugir
muitíssimo tant et plus
muito beaucoup, bien des, bigrement, fort, gros, joliment, maint, moult, prou, tant et plus, tout plein, très, vachement
muito baixo surbaissé
muito sem graça fadasse
muito tempo longtemps
muitos bien des, bon nombre de, plein
mujaidim moudjahidin
mujique moujik
mulá mollah
mula mule
mulato mulâtre
muleta béquille, muleta
mulher dame, femme
mulher de negócios femme d'affaires
mulher de subprefeito sous-préfète
mulher do açougueiro bouchère
mulher do lar femme au foyer
mulher enérgica maîtresse femme
mulher fatal femme fatale
mulher independente garçonne
mulher provocante allumeuse
mulherzinha bonne femme, femmelette
multa amende, contravention, dédit
multibilionário multimilliardaire
multicasco multicoque
multicelular multicellulaire
multicompatível portable
multiconfissional multiconfessionnel
multicor multicolore
multicorrente multiprise
multicultural multiculturel
multiculturalismo multiculturalisme
multidão armada, foule, multitude
multidirecional tous azimuts
multiforme multiforme
multifunção multifonction
multifuncional multiservice
multijanelas multifenêtre
multilateral multilatéral
multimídia multimédia
multimilionário multimillionnaire
multimodal multimodal
multinacional multinational
multípara multipare
multíparo multipare
multíplex multiplex
multiplex multiplexe
multiplicação multiplication
multiplicação por estacas bouturage
multiplicador multiplicateur
multiplicando multiplicande
multiplicar multiplier
multiplicativo multiplicatif
multiplicidade multiplicité
múltiplo multiple
multipolar multipolaire
multiprogramação multiprogrammation
multiprogramado multiprogrammé
multipropriedade multipropriété
multirracial multiracial
multirrisco multirisque
multissalas multisalle
multitarefa multitâche
multiuso passe-partout
múmia momie
mumificação momification
mumificar momifier
mundanidade mondanité
mundano mondain, salonnard
mundial mondial
mundialmente mondialement
mundo monde, planète, terre
mundo do *rugby* ovalie
munição munitions
municipal municipal
municipalidade municipalité
município municipalité

munificência munificence
munificente munificent
munir munir
munster munster
muquirana rapiat
mural mural
muralha muraille, rempart
murchar défraîchir, faner, flétrir, se flétrir
mureta muret
mureta de proteção glissière de sécurité
múrex murex
murmurar bruire, murmurer
murmúrio bruissement, gazouillement, murmure
muro mur
muro de arrimo épaulement
muro de contenção mur de soutènement
musa muse
musaranho musaraigne
muscadet muscadet
muscadin muscadin
musculação musculation
muscular musculaire
musculatura musculature
músculo muscle
músculo modelado gonflette
músculo mole tendron
músculo romboide rhomboïde
musculoesqueletal musculo-squelettique
músculos abdominais sangle abdominale
músculos inspiratórios muscles inspirateurs
musculoso musclé, musculeux
museografia muséographie
museologia muséologie
museu musée
museu de ciências naturais muséum
musgo mousse
musgoso moussu
music hall music-hall
música musique
música clássica musique classique
música de câmara musique de chambre
música eletrônica électro
música *folk* folksong
música serial musique sérielle
musical musical
musicalidade musicalité
musicalmente musicalement
músico musicien
músico barroco baroqueux
músico de banda orphéaniste
musicografia musicographie
musicógrafo musicographe
musicologia musicologie
musicólogo musicologue
musicoterapia musicothérapie
musiqueta musiquette
müsli muesli
musse mousse
musselina mousseline
musseline de batata pommes mousseline
must must
mustangue mustang
mutabilidade mouvance, mutabilité
mutação mutation
mutagênese mutagenèse
mutante mutant
mutável mutable
mutilação mutilation
mutilado mutilé
mutilado das pernas cul-de-jatte
mutilante mutilant
mutilar écharper, mutiler
mutismo mutisme
mutreta magouille, micmac
mutreteiro magouilleur
mutualismo mutualité
mutualista mutualiste
mutuamente mutuellement
mutuca taon
mútuo mutuel
muxarabiê moucharabieh

Nn

N N
N. da R. NDLR
N. do T. NDT
N.B. N.B.
na casa de chez
na direção de vers
na fossa chagrin
na frente devant
na rede let
nababo nabab
nabi nabi
nabiça ravenelle
nabo navet
nação nation
nácar nacre
nacarado nacré
nacarar nacrer
nacela nacelle
nacionais nationaux
nacional ressortissant, national
nacionalidade nationalité
nacionalismo cocardier, nationalisme
nacionalista nationaliste
nacionalista flamengo flamingant
nacionalização nationalisation
nacionalizar nationaliser
naco de pão quignon
nada néant, rien
nadadeira nageoire
nadador nageur
nadar nager
nadar *crawl* crawler
nádega fesse
nádegas fessier
nadir nadir
nado nage
nado borboleta brasse papillon
nado de peito brasse
nafta naphte
naftalina naphtaline
náiade naïade
naipe couleur
naja serpent à lunettes
namorado ami, copain
namorador coureur
nanã dodo
nanar faire dodo
nanico nabot
nanismo nanisme
nanômetro nanomètre
nanotecnologia nanotechnologie
nanquim encre de Chine, nankin
não ne, non, non pas, pas, point
não agressão non-agression
não ajuramentado insermenté
não alinhado non-aligné
não alinhamento non-alignement
não antes de au plus tôt
não aplicação inapplication
não assistência non-assistance
não beligerância non-belligérance
não beligerante non-belligérant
não codificado en clair
não combatente non-combattant
não conciliação non-conciliation
não conformidade non-conformité
não conformismo non-conformisme
não conformista non-conformiste
não direito non-droit
não dirigido non directif
não dirigismo non-directivité
não dito non-dit
não encontrar manquer
não engajado non-engagé
não engajamento non-engagement
não estou nem aí foin
não execução non-exécution
não existência non-existence
não fazer caso rire, se rire
não formulado informulé
não fumante non-fumeur
não funcionar direito clocher
não ingerência non-ingérence
não iniciado non-initié
não intervenção non-intervention
não intervencionista non-interventionniste
não ligar nem um pouco se contreficher
não muito guère, pas bésef, pas grand-chose, pas tellement
não obstante nonobstant
não pagamento non-paiement
não pago impayé
não proliferação non-prolifération
não reclamado en souffrance
não residência externat
não residente externe, non-résident
não respeito non-respect
não retirado en souffrance
não saber responder sécher
não se sentir à vontade se déplaire
não sei quê je-ne-sais-quoi
não utilizado inemployé
não violência non-violence
não violento non-violent
naos naos

napa tarin
napalm napalm
napoleão napoléon
napoleônico napoléonien
napolitano napolitain
nappe de charriage nappe de charriage
narceja bécassine
narcísico narcissique
narcisismo narcissisme
narciso narcisse
narcodólares narcodollars
narcose narcose
narcótico narcotique
narcotraficante narcotrafiquant
narguilé narguilé
narina narine
nariz nez
nariz aquilino nez aquilin, nez bourbonien
nariz arrebitado nez retroussé, nez en trompette
nariz chato nez épaté
nariz em pé collet monté
narração narration
narrador conteur, narrateur
narrar narrer
narrativo narratif
narval narval
nasal nasal
nasalização nasalisation, nasillement
nasalizar nasaliser, nasiller
nascente naissant
nascer lever, naître, voir le jour
nascido né
nascimento heureux événement, naissance
nassa casier, nasse
nata crème, dessus du panier, gratin
natação natation
natal natal
Natal Noël
natalidade natalité
natalista nataliste
natatório natatoire
natimorto mort-né
Natividade fête de la Nativité
natividade nativité
nativo natif
nato né
natural naïf, nature, naturel
naturalidade naturel
naturalismo naturalisme
naturalista naturaliste
naturalização naturalisation
naturalizado naturalisé
naturalizar naturaliser
naturalmente naturellement
natureza nature
natureza-morta nature morte
naturismo naturisme
naturista naturiste
naturoterapia naturothérapie
naufragar faire naufrage
naufrágio naufrage
naufrágio proposital sabordage
náufrago naufragé
náusea haut-le-cœur, nausée
nauseabundo nauséabond
nauseado nauséeux
nauseante nauséeux
nausear révulser
náutica navigation
náutico nautique
náutilo nautile
naval naval
navalha couteau
nave nef
nave espacial vaisseau spatial
nave lateral bas-côté
navegabilidade navigabilité
navegação navigation
navegador navigant, navigateur
navegante navigateur
navegar naviguer
navegar à bolina lofer
navegar com dificuldade bourlinguer
navegável navigable
navio navire, paquebot, vaisseau
navio a vapor steamer
navio abastecedor ravitailleur
navio de reconhecimento éclaireur
navio negreiro négrier
navio submarino submersible
navio-escola navire-école
navio-fábrica navire-usine
navio-hospital navire-hôpital
navio-tanque bateau-citerne, méthanier, tanker
nazareno nazaréen
nazi nazi
nazismo nazisme
NBQ NBC
nebulizador atomiseur
nebulosa nébuleuse
nebulosidade nébulosité
nebuloso fumeux, nébuleux
nec plus ultra nec plus ultra
neca dalle, des clopinettes, tintin
nécessaire nécessaire
necessariamente absolument, nécessairement
necessário nécessaire, requis
necessidade besoin, envie, nécessité
necessitado démuni, nécessiteux
necessitar nécessiter, réclamer
necrologia nécrologie
necrológico nécrologique
necrológio nécrologie
necromancia nécromancie
necromante nécromancien
necrópole nécropole
necrosar nécroser
necrose mortification, nécrose
necrotério morgue
néctar nectar
nectarina brugnon, nectarine
nectário nectaire
neerlandês néerlandais
nefasto néfaste
nefrite néphrite
nefrologia néphrologie
nefrologista néphrologue
negação négation
negacionismo révisionnisme
negacionista révisionniste
negador négateur
negar nier, refuser, renier, se défendre, s'inscrire en faux
negativa négative
negativamente négativement
negatividade négativité
negativismo négativisme
negativo cliché, négatif
negável niable
négligé négligé
negligência négligence
negligenciar négliger
negligenciável négligeable
negligente négligent
negligentemente négligemment
negociação marchandage, négociation, pourparlers, tractation
negociador négociateur
negociante marchand, négociant
negociante de cavalos maquignon
negociar marchander, négocier
negociável négociable
negócio affaire, commerce, marché
negócio da China affaire en or
negócios affaire, business
negra belle
nègre nègre
negreiro négrier
negritude négritude
negro nègre, noir
negro spiritual negro spiritual
negroide négroïde
negrura noirceur
negus négus
nem ni, pas
nenhum aucun, nul, zéro
nenúfar nénuphar
neocaledônio néo-calédonien
neoclassicismo néoclassicisme
neoclássico néoclassique
neocolonialismo néocolonialisme
neocolonialista néocolonialiste
neófito néophyte
neoliberalismo néolibéralisme
neolítico néolithique
neologia néologie
neologismo néologisme
neonatal néonatal
neonazismo néonazisme
neonazista néonazi
neônio néon
neoplasma maligno néoplasme
neoplatônico néoplatonicien
neoplatonismo néoplatonisme
neorrealismo néoréalisme
neorrealista néoréaliste
neorrural néorural

neozelandês néo-zélandais
nepalês népalais
nepali népalais
nepotismo népotisme
nereida néréide
nereis néréide
nervação nervation
nervo nerf
nervo ciático nerf sciatique
nervo pneumogástrico pneumogastrique
nervo vago pneumogastrique
nervosamente nerveusement
nervosismo énervement, nervosité
nervoso nerveux
nervura côte, nervure
Nescafé Nescafé
nêspera nèfle
nespereira néflier
neste mundo ici-bas
neta petite-fille
neto petit-fils
netos petits-enfants
neurastenia neurasthénie
neurastênico neurasthénique
neurite névrite
neurobiologia neurobiologie
neurocirurgia neurochirurgie
neurocirurgião neurochirurgien
neurocirúrgico neurochirurgical
neurodegenerativo neurodégénératif
neuroléptico neuroleptique
neurologia neurologie
neurológico neurologique
neurologista neurologue
neurônio neurone
neuropata névropathe
neuropsiquiatra neuropsychiatre
neuropsiquiatria neuropsychiatrie
neurose névrose
neurótico névrosé, névrotique
neurovegetativo neurovégétatif
neutralidade neutralité
neutralismo neutralisme
neutralista neutraliste
neutralização neutralisation
neutralizar désactiver, désamorcer, neutraliser
neutro neutre
nêutron neutron
nevada enneigement
nevado enneigé, neigeux, névé
nevar enneiger, neiger
neve neige
neve fofa poudreux
neve semiderretida soupe
nevo nævus
nevoeiro brouillard
nevoeiro cerrado purée de pois
nevralgia névralgie
nevrálgico névralgique
new-look new-look
newton newton
nexo suite
nham miam

nhoque gnocchi
nicaraguense nicaraguayen
nicho niche
nicotina nicotine
nidação nidation
nidificação nidification
nidificar nicher, nidifier
nietzschiano nietzschéen
nigela-dos-trigos nielle
nigeriano nigérian
nigerino nigérien
nightclub night-club
niilismo nihilisme
niilista nihiliste
nimbar nimber
nimbo nimbus
nimbo-estrato nimbo-stratus
ninfa nymphe
ninfeia nymphéa
ninfeta nymphette
ninfomania nymphomanie
ninfomaníaco nymphomane
ninfose nymphose
ninguém nul, personne
ninhada couvée, nichée, portée
ninharia bricole, de la roupie de sansonnet, des clopinettes, foutaise, vétille
ninho bercail, nid
ninho de abelha nid d'abeilles
ninho de ave de rapina aire
ninho de cobras panier de crabes
ninho de poeira nid à poussière
nipônico nippon
níquel nickel
niquelado nickelé
nirvana nirvana
nisso là-dessus
nitidamente nettement
nitidez netteté
nítido net
nitrato nitrate
nítrico nitrique
nitrificar nitrifier
nitrogênio azote
nitroglicerina nitroglycérine
niveal nival
nível niveau, palier
nível de alerta cote d'alerte
nível de uso niveau de langue
nível de vida niveau de vie
nível do jardim rez-de-jardin
nível superior top niveau
nivelador égalisateur
nivelamento arasement, écrêtement, nivellement
nivelar araser, écrêter, niveler
nivoso nivôse
nó loupe, nœud, nœud coulant, ronce
nô nö
no civil civilement
no entanto pourtant, quoique
nº nº
nobiliário nobiliaire
nobilitação anoblissement

nobilitar anoblir
nobre noble
nobremente noblement
nobreza hauteur, noblesse
nobuck nubuck
noção notion
nocaute K-O
nocional notionnel
nocividade nocivité
nocivo malsain, nocif
noctívago noctambule
nódoa souillure
nodosidade nodosité
nodoso noueux
nódulo nodule
nogueira noyer
noite nuit, soir, soirée
noite em claro nuit blanche
noivado fiançailles
noivo fiancé, marié
noix de vitela noix de veau
nojento dégoûtant, dégueulasse, écœurant, puant
nojo écœurement
nômade nomade
nomadismo nomadisme
nome nom, petit nom, prénom
nome de batismo nom de baptême
nome próprio nom propre
nomeação nomination, titularisation
nomeadamente nommément
nomeado attitré, nommé
nomear commettre, nommer, prénommer, titulariser
nomenclatura nomenclature, nomenklatura
nominal nominal
nominalmente nominalement, nominativement, nommément
nominativo nominatif
nomo nome
nonagenário nonagénaire
nono neuvième
nora belle-fille, bru, noria
nordeste nord-est
nórdico nordique
norma norme
normal normal, normale
normalidade normalité
normalista normalien
normalização normalisation
normalizar codifier, normaliser
normalmente normalement
normando normand
normativo normatif
normatizar normaliser
noroeste nord-ouest, noroît
nortada bise
norte nord
norte-africano nord-africain
norte-americano nord-américain
norte-coreano nord-coréen
nortista nordiste
norueguês norvégien

nós nous, on
nos nous
nosologia nosologie
nosso notre, nôtre
nostalgia nostalgie
nostálgico nostalgique
nota billet, brève, coupure, entrefilet, mémo, mémoire, nota, note, notice
nota bene nota, nota bene
nota conjunta note conjointe
nota sensível note sensible
notabilidade notabilité
notação notation
notar relever, remarquer
notariado notariat
notarial notarial
notário notaire
notável enlevé, notable, remarquable, réussi, signalé
notavelmente notablement, remarquablement
notebook portable
notícia nouvelle
noticiário informations
notícias informations
notificação notification, papillon
notificar notifier
notoriamente notoirement
notoriedade notoriété
notório notoire
nótula notule
noturno nocturne
nougatine nougatine
nouvelle vague nouvelle vague
nova assinatura réabonnement
nova embalagem remballage
nova empresa jeune pousse, start-up
nova estanhagem rétamage
nova geada regel
nova ordem nouvelle donne
nova tiragem retirage
nova versão mouture
nova-iorquino new-yorkais
novato nouveau
nove neuf
novel feuilleton, nouvelle, téléroman
novelista nouvelliste
novelo pelote
novembro novembre
noventa nonante, quatre-vingt-dix
noviciado noviciat
noviço novice
novidade nouveau, nouveauté, prime time
novilha vachette
novilho taurillon
novo neuf, nouveau
novo casamento remariage
novo em folha flambant neuf
novo embarque rembarquement
novo impulso rebondissement
novo integrante entrant
novo-rico enrichi, parvenu
noz noix
noz de galha noix de galle
noz-moscada muscade
noz-vômica noix vomique
nu nu
nua propriedade nue-propriété
nuança nuance
nuançado en demi-teinte
nuançar nuancer
nuba nouba
núbil nubile
núbio nubien
nublado nuageux
nuca nuque
nuclear nucléaire
nuclearizar nucléariser
nucleico nucléique
núcleo noyau
nucléolo nucléole
núcleon nucléon
nuclídeo radioativo radio-isotope
nudez nudité
nudista nudiste
nugá nougat
nulidade nullard, nullité, zéro
nulo nul
nulo e sem valor nul et non avenu
numeração numération, numérotage
numeração decimal numération décimale
numerador numérateur, numéroteur
numeral numéral
numeral ordinal adjectif numéral ordinal
numerar chiffrer, numéroter
numerário numéraire
numericamente numériquement
numérico numérique
número chiffre, nombre, numéro
número cardinal nombre cardinal
número da camisa dossard
número da placa do carro numéro minéralogique
número de matrícula matricule
número de peito dossard
número de telefone numéro de téléphone
número decimal nombre décimal
número gratuito numéro vert
número negativo nombre négatif
número ordinal nombre ordinal
número positivo nombre positif
número primo nombre premier
número que vai retenue
numerologia numérologie
números inversos nombres inverses l'un de l'autre
numeroso nombreux
numerus clausus numerus clausus
númida numide
numismata numismate
numismática numismatique
nunca jamais
núncio nonce
nuoc mam nuoc-mâm
nupcial nuptial
nupcialidade nuptialité
nurse nurse
nutrição nutrition
nutricional nutritionnel
nutricionista nutritionniste
nutrimento nutriment
nutrir nourrir
nutritivo nourricier, nourrissant, nutritif
nuvem nuage, nuée, nue
nuvem ardente nuée ardente
nylon Nylon

Oo

o le, te
ô ô
ô ô, ho
O O
o citado ledit
o hexágono francês l'Hexagone
o qual lequel
o que está em jogo enjeu
o que ficou por receber moins-perçu
o Redentor le Rédempteur
o senhor vous
O. O
O.K. O.K.
oásis oasis
oba youpi
obcecação marotte
obcecado forcené, obsédé
obcecar obnubiler
obedecer à ação do leme gouverner
obedecer obéir
obediência obédience, obéissance, sagesse
obediente obéissant, sage
obelisco obélisque
oberar obérer
obesidade obésité
obeso obèse
obi obi
objeção objection
objetar objecter
objetiva objectif
objetivar objectiver, finaliser
objetividade objectivité
objetivo but, objectif
objeto de arte objet d'art
objeto de culto bondieuserie
objeto de laca laque
objeto direto complément d'objet direct
objeto objet
objetor de consciência objecteur de conscience
objetos de grés grès
objetos quebrados casse
objurgação objurgation
oblíqua oblique
obliquamente obliquement
obliquar obliquer
obliquidade obliquité
oblíquo oblique
obliteração compostage, oblitération
obliterador oblitérateur
obliteradora poinçonneuse
obliterar composter, oblitérer

oblongo oblong
oboé hautbois
oboísta hautboïste
óbolo obole
obra œuvre, opus, ouvrage
obra beneficente œuvre de bienfaisance
obra completa intégrale
obra de referência ouvrage de référence
obra pia œuvre pie
obra sinfônica oeuvre symphonique
obra-prima chef-d'œuvre
obrar œuvrer
obras travaux
obras públicas travaux publics
obras viárias viabilité
obrigação contrainte, créance, obligation, sujétion
obrigado merci
obrigar contraindre, obliger
obrigatoriamente obligatoirement
obrigatório imposé, obligatoire
obscenidade obscénité, ordure, polissonnerie
obsceno obscène, polisson, salace
obscuramente obscurément
obscurantismo obscurantisme
obscurantista obscurantiste
obscurecer assombrir, obscurcir
obscurecimento obscurcissement
obscuridade obscurité
obscuro obscur, trouble
obsedante obsédant
obsedar obséder
obsequiar obliger
obséquias obsèques
obséquio obligeance
obsequiosamente obligeamment, obséquieusement
obsequiosidade obséquiosité
obsequioso obligeant, obséquieux
observação observation, remarque
observador observateur
observância observance
observar observer, remarquer
observatório observatoire
observável observable
obsessão hantise, obsession
obsessivo obsédant, obsessionnel
obsidiana obsidienne
obsolescência désuétude
obsoleto désuet, obsolète, vieilli
obstáculo embûche, haie, obstacle
obstetra accoucheur, obstétricien
obstetrícia obstétrique
obstétrico obstétrical
obstinação acharnement, obstination, opiniâtreté
obstinação terapêutica acharnement thérapeutique
obstinadamente obstinément, opiniâtrement
obstinado acharné, buté, obstiné, opiniâtre
obstrução obstruction
obstrucionismo obstructionnisme
obstrucionista obstructionniste
obstruído bouché
obstruir obstruer
obtemperar obtempérer
obtenção obtention
obter obtenir, retirer, tailler, tenir, tirer
obturação obturation, plombage
obturado plombé
obturador obturateur
obturar obturer, plomber
obtuso obtus
obus obus
obviar obvier
óbvio pardi
OC PO
ocapi okapi
ocarina ocarina
ocasião occasion
ocasional occasionnel
ocasionalmente occasionnellement
ocasionar donner lieu à, occasionner
ocaso soir
occipício occiput
occipital occipital
occitano occitan
oceânico océanien, océanique
oceano océan
oceano Atlântico Océan
oceanografia océanographie
oceanográfico océanographique
oceanógrafo océanographe
oceanologia océanographie
oceanológico océanographique
oceanólogo océanographe
ocelado ocellé
ocelo ocelle
ocidental occidental
ocidentalização occidentalisation
ocidente occident
Ocidente Occident
ociosamente oisivement
ociosidade désœuvrement, oisiveté
ocioso désœuvré, oiseux, oisif
ocluir occlure
oclusão occlusion
oclusiva occlusive
oclusivo occlusif
oco creux
ocorrência occurrence
ocra ocre
ocre ocre
octaedro octaèdre
octanagem indice d'octane
octano octane
octeto octet, octuor
octogenário octogénaire
octogésimo quatre-vingtième
octogonal octogonal
octógono octogone
octossilábico octosyllabique
octossílabo octosyllabe
ocular oculaire, optique
óculos bésicles, binocle, lunettes
ocultação occultation
ocultar celer, dérober, occulter
ocultismo occultisme
ocultista occultiste
oculto détourné, occulte
ocupação occupation
Ocupação alemã Occupation
ocupado occupé, pris
ocupante occupant
ocupar occuper
ocupar lugar de honra trôner
odalisca odalisque
ode ode
ode curta odelette
odiar haïr
odiento haineux
ódio haine
odiosamente haineusement, odieusement
odioso haïssable, odieux
odisseia odyssée
odontoestomatologia odontostomatologie
odontologia dentisterie, odontologie
odontologista odontologiste
odor odeur
odor etéreo odeur éthérée
odorante odorant, odoriférant
odre outre
oeste ouest
ofegante haletant, pantelant, poussif
ofegar essouffler, haleter
ofender désobliger, offenser
ofendido blessé, offensé
ofensa blessure, offense
ofensiva offensive
ofensivo offensant, offensif
ofensor offenseur
oferecedor donneur, offrant
oferecer offrir, présenter, proposer
oferenda offrande
oferta offre
oferta pública de compra offre publique d'achat
ofertório offertoire
off off
off-line hors ligne
offshore offshore
oficial officiel, officier
oficial da marinha enseigne
oficial de justiça huissier
oficial ministerial officier ministériel
oficial subalterno sous-officier
oficialização officialisation
oficializar officialiser
oficialmente officiellement
oficiante officiant
oficiar desservir, officier
oficina atelier, officine
oficina de armeiro armurerie
oficina mecânica garage
oficinal officinal
ofício office
oficiosamente officieusement

oficioso officieux
ofídio ophidien
ofiúro ophiure
ofsete offset
oftalmia ophtalmie
oftálmico ophtalmique
oftalmologia ophtalmologie
oftalmológico ophtalmologique
oftalmologista ophtalmologiste
ofuscação éblouissement
ofuscante aveuglant, éblouissant
ofuscar éblouir
ogiva ogive
ogival ogival
OGM OGM
ogro ogre
oh ho, oh
ohm ohm
oi hello, salut
oídio blanc, oïdium
oitante octant
oitava octave
oitavo huitième
oitenta quatre-vingts, octante
oito huit
oito dias huitaine
okoumé okoumé
OL GO
ola ola
olaria briqueterie
olé olé
oleácea oléacée
oleado huilé, toile cirée
oleaginoso oléagineux
olear huiler
olearia huilerie
oleícola oléicole
oleicultor oléiculteur
oleicultura oléiculture
oleífero oléifère
oleína oléine
óleo huile
óleo bronzeador huile solaire
óleo combustível fioul, fuel
óleo de argânia huile d'argan
óleo de monoi monoï
óleo de rícino huile de ricin
oleoduto oléoduc
óleos minerais huiles minérales
oleoso huileux
olfativo olfactif
olfato odorat, olfaction
olhada coup d'œil
olhar regard, regarder
olhar de banda regard en coin
olhar de esguelha regard en coulisse
olheira cerne
olheiras yeux battus, yeux cernés
olho œil
olho de boi œil-de-bœuf
olho de peixe fish-eye
olho de perdiz œil-de-perdrix
olho do furacão œil
olho esbugalhado yeux globuleux
olho mecânico photo-finish
olho roxo coquard, œil au beurre noir
olhos mirettes
olhos arregalados yeux exorbités
olhos de cores diferentes yeux vairons
olhos de lince yeux de lynx
olhos puxados yeux bridés
olifante olifant
oligarquia oligarchie
oligárquico oligarchique
oligoceno oligocène
oligoelemento oligoélément
oligoterapia oligothérapie
olimpíada olympiade
Olimpíadas olympiades
olimpiano olympien
olímpico olympien, olympique
olimpo olympe
Olimpo Olympe
oliva olive
oliváceo olivâtre
olival olivaie
oliveira olivier
olivette olivette
olmo orme
olmo pequeno ormeau
omaso feuillet
ombrear épauler
ombreira chambranle, épaulette, piédroit
ombro épaule
ombro a ombro coude à coude
ombros largos épaules carrées
ômega ácido oméga
ômega oméga
omelete omelette
omertà omerta
ômicron omicron
omissão omission
omitir omettre, passer
omoplata omoplate
on-line en ligne
onagro onagre
onanismo onanisme
onça couguar, once
onça-pintada jaguar
oncologia cancérologie
oncologista cancérologue
onda cran, déferlante, flot, houle, lame, onde, vague
onda de choque onde de choc
onda pequena vaguelette
ondatra rat musqué
onde où
onde não é permitido construir inconstructible
onde se pode viver vivable
ondeado moiré
ondear ondoyer, onduler
ondulação arabesque, ondoiement, ondulation, ride, vallonnement
ondulado ondulé, vallonné
ondulante ondoyant, ondulant
ondular ondoyer, onduler
ondulatório ondulatoire
one-man show one-man-show
onerar grever
oneroso onéreux
ONG ONG
ônibus bus
ônibus confortável pullman
ônibus de viagem autocar, car
ônibus espacial navette spatiale
ônibus urbano autobus
ônibus-biblioteca bibliobus
onipotência omnipotence, toute-puissance
onipotente omnipotent, tout-puissant
onipresença omniprésence
onipresente omniprésent
onírico onirique
oniromancia oniromancie
onisciente omniscient
onívoro omnivore
ônix onyx
onomástica onomastique
onomatopeia onomatopée
ontem hier
ontogenia ontogenèse
ontologia ontologie
onze onze
onze avos onzième
oócito ovocyte
oogônio oogone
oosfera oosphère
op. op.
op. cit. op. cit.
OPA OPA
opacidade opacité
opacificar opacifier
opaco opaque
opala opale
opalescência opalescence
opalescente opalescent
opalina opaline
opalino opalin
OPC OPA
opção de compra de ações stock-option
opção option
opcional option, optionnel
ópera opéra
ópera-bufa opéra bouffe
ópera-cômica opéra-comique
operação opération
operacional opérationnel
operado opéré
operador opérateur
operador de computador pupitreur
operador de girafa perchiste
operador de grua grutier
operador de guindaste grutier
operador de pregão boursier
operador de *telemarketing* téléopérateur
operadora opérateur
operadora de TV a cabo câblo-opérateur
operar opérer
operar de novo réopérer
operária ouvrière
operário compagnon, ouvrier

operário especializado ouvrier spécialisé
operário qualificado ouvrier qualifié
operatório opératoire
operável opérable
operculado operculé
opérculo opercule
opereta opérette
opiáceo opiacé
ópido oppidum
opilião faucheur, faucheux
opinar opiner
opinião avis, opinion, sens, sentiment
opinião preconcebida parti pris
opinião pública opinion publique
ópio opium
opiômano opiomane
oponente opposant
oponível opposable
opor opposer
opor-se a contrer
oportunamente opportunément
oportunidade débouché, opportunité
oportunismo attentisme, opportunisme
oportunista opportuniste
oportuno bien venu, opportun
oposição opposition
opositor opposant
oposto opposé
opressão oppression
opressivo oppressant, oppressif, opprimant
opressor oppresseur, opprimant
oprimido opprimé
oprimir oppresser, opprimer
opróbrio flétrissure, opprobre
optar opter
optativo optatif
óptica lunetterie, optique
óptico lunetier, opticien, optique
opulência opulence
opulento cossu, opulent
opúncia opuntia
opus opus
opúsculo opuscule
ora hé, quoi, or
ora bolas zut
ora, ora, ora taratata
oração oraison, proposition
oração completiva nominal complétive, proposition complétive
oração fúnebre oraison funèbre
oração incidente proposition incidente
oração jaculatória oraison jaculatoire
oração principal principale, proposition principale
oração reduzida de infinitivo infinitive, proposition infinitive
oração subordinada adverbial concessiva concessive, proposition concessive
oração subordinada adverbial final finale, proposition finale
oração subordinada proposition conjonctive
oráculo oracle
orador orateur
oral oral
oralmente oralement
orangotango orang-outan
oratório oratoire, oratorio
orbe orbe
órbita orbite
orbital orbital
orbitar orbiter
orca orque
orçamentário budgétaire
orçamento budget, devis
orçar chiffrer, deviser
orchata orgeat
ordálio ordalie
ordeiro rangé
ordem commandement, ordonnance, ordre
ordem de pagamento billet à ordre, mandat
ordem do dia ordre du jour
ordem dórica ordre dorique
Ordem dos Advogados barreau
ordenação ordination, rangement
ordenada ordonnée
ordenado ordonné, traitement
ordenança officier d'ordonnance, planton
ordenar commander, enjoindre, ordonner, ranger
ordenar cavaleiro adouber
ordenha traite
ordenhadeira trayeuse
ordenhar traire
ordens sagradas ordres sacrés
ordinal ordinal
ordinário populacier
orégano origan
orelha corne, oreille
orelhão Taxiphone
orelhas de abano oreilles décollées
orfanato orphelinat
órfão orphelin
órfão de guerra pupille de la Nation
orfeão orphéon
orfeonista orphéoniste
órfico orphique
orfismo orphisme
organdi organdi
organicamente organiquement
orgânico bio, biologique, organique
organismo organisme
organista organiste
organização agencement, orchestration, ordonnance, ordonnancement, organisation
organização de arquivos zonage
organizado organisé
organizador ordonnateur, organisateur
organizar agencer, goupiller, ordonnancer, organiser
organograma organigramme
organologia organologie
organsim organsin
órgão organe, orgue, porte-parole
órgão para transplante transplant
órgão transplantado transplant
órgãos genitais organes génitaux
orgasmo orgasme
orgia orgie
orgíaco orgiaque
orgulhar enorgueillir
orgulho fierté, honneur, orgueil
orgulhosamente fièrement, orgueilleusement
orgulhoso fier, orgueilleux
orientação aiguillage
oriental oriental
orientalismo orientalisme
orientalista orientaliste
orientar aiguiller, axer, orienter
orientável orientable
oriente orient
Oriente Orient
orifício orifice
origami origami
origem origine, source, souche
original d'origine, nature, original, originel
originalidade fantaisie, originalité
originalmente originalement, originellement
originar faire naître
originariamente originairement
originário originaire
oriundo induit, issu
ORL ORL
orla liseré, lisière, orée
orleanista orléaniste
ornamentação ornementation
ornamental d'ornement, ornemental
ornamentar ornementer
ornamentista ornemaniste
ornamento embellissement, ornement
ornar enjoliver, orner
ornato enjolivement
ornitologia ornithologie
ornitológico ornithologique
ornitólogo ornithologiste
ornitomancia ornithomancie
ornitorrinco ornithorynque
orogenia orogenèse
orogênico orogénique
orografia orographie
orquestra orchestre
orquestra sinfônica orchestre symphonique
orquestração orchestration
orquestral orchestral
orquestrar orchestrer
orquidácea orchestrer
orquídea orchidée
ortodontia orthodontie
ortodontista orthodontiste
ortodoxia orthodoxie
ortodoxo orthodoxe
ortofonia orthophonie
ortofonista orthophoniste
ortogonal orthogonal

ortografar orthographier
ortografia orthographe
ortográfico orthographique
ortopedia orthopédie
ortopédico orthopédique
ortopedista orthopédiste
ortóptero orthoptère
ortóptica orthoptie
ortóptico orthoptiste
orvalho rosée
os les
os outros autrui
os quais lesquels
os senhores vous
óscar oscar
oscilação ballant, branle, branlant, oscillation
oscilante oscillant, oscillatoire
oscilar osciller
oscilógrafo oscillographe
ósmio osmium
osmose osmose
ossada ossements
ossário ossuaire
ossatura ossature
ósseo osseux
ossículo osselet
ossificação ossification
osso manche, os
osso do quadril os iliaque
osso ilíaco os iliaque
osso occipital occipital
ossudo osseux
ostealgia ostéalgie
osteíte ostéite
ostensivamente ostensiblement
ostensivo ostensible
ostensório ostensoir
ostentação ostentation
ostentar faire parade de
ostentatório ostentatoire
osteomielite ostéomyélite
osteopata ostéopathe
osteopatia ostéopathie
osteoplastia ostéoplastie
osteoporose ostéoporose
osteotomia ostéotomie
óstio cárdico cardia
ostra huître
ostra de viveiro claire
ostra especial spéciale
ostra perlífera huître perlière
ostra-portuguesa portugaise
ostra-verdadeira belon
ostracismo ostracisme
ostracizar ostraciser
ostreícola ostréicole
ostreicultor amareyeur, ostréiculteur
ostreicultura ostréiculture
ostreira claire, parc à huîtres
ostreiro écailler
ostrogodo ostrogoth
otimismo optimisme
otimista optimiste
otimização optimalisation
otimizar optimaliser
ótimo chic, optimal, optimum
otite otite
otomano ottoman
otorrino oto-rhino
otorrinolaringologia oto-rhino-laryngologie
otorrinolaringologista oto-rhino-laryngologiste
ou ou
ou seja soit
ouriçar hérisser
ouriço bogue, hérisson, pique-fleurs
ouriço-do-mar oursin
ourives orfèvre
ourivesaria orfèvrerie
ouro or
ouro azul or bleu
ouro negro or noir
ouro-pigmento orpiment
ouropel clinquant
ouros carreau
ousadamente hardiment
ousadia hardiesse
ousado gonflé, hardi, osé
ousar oser
out out
outeiro butte, tertre
outonal automnal
outono automne
outorga octroi
outorgar octroyer
output sortie
outrem autrui
outro autre
outrora autrefois, jadis
outubro octobre
ouvido oreille
ouvidos ouïes
ouvinte auditeur, auditeur libre
ouvir entendre, ouïr
ouvir em audição auditionner
ouzo ouzo
ova frai
ovação ovation
ovacionar ovationner
ovada couvain
oval ovale
ovariano ovarien
ovário ovaire
ovas de molusco naissain
ovas de ostra naissain
oveiro coquetier
ovelha brebis
ovelha negra brebis galeuse
ovelhas ouailles
ovém hauban
overbooking surréservation
overdose overdose, surdose
ovino ovin
ovíparo ovipare
oviscapto tarière
óvni OVNI
ovo œuf
ovo cozido œuf dur
ovo estrelado œuf au plat
ovo quente œuf à la coque, œuf mollet
ovoide ovoïde
ovos mexidos brouillade, œufs brouillés
ovos nevados île flottante, œufs à la neige
ovovivíparo ovovivipare
ovulação ovulation
ovular ovuler
óvulo ovule
oxalá pourvu que
oxford oxford
oxiácido oxacide
oxidação oxydation
oxidante oxydant
oxidar oxyder
oxidável oxydable
óxido oxyde
oxídrico oxhydrique
oxigenação oxygénation
oxigenado oxygéné
oxigenar oxygéner
oxigênio oxygène
oxiúro oxyure
ozalid Ozalid
ozônio ozone
ozonizar ozoniser
ozonosfera ozonosphère

Pp

P.F. SVP
p.o. p.o.
p.p. p.p.
P.S. P.-S.
pá aube, bêche, pale, pelle
pá mecânica pelle mécanique
pacato pépère
pachto pachto
paciência patience
paciente patient
paciente tetânico tétanique
pacientemente patiemment
pacificação pacification
pacificador pacificateur
pacificamente pacifiquement
pacificar pacifier
pacífico pacifique
pacifismo pacifisme
pacifista pacifiste
pacote cartouche, colis, pack, paquet
pacote com 2 folhas de papel ramette
pacote com seis baralhos sizain
pacote de programas bouquet de programmes, progiciel
pacotilha pacotille
pacto pacte
pacto civil de solidariedade pacs
pactolo pactole
pactuar pactiser
padaria boulangerie
paddock paddock
padeiro boulanger

padejador pelleteur
padejar pelleter
padiola brancard
padioleiro brancardier
padrão étalon, patron, standard
padrasto beau-père
padre père, prêtre
padrinho parrain
padroeiro patron
padronização standardisation
padronizar standardiser
paelha paella
pães diversos viennoiserie
pagador payeur
pagadoria paierie
pagamento mandatement, paie, paiement, règlement
pagamento à vista comptant
pagamento eletrônico paiement électronique, télépaiement
pagamento em atraso rappel
pagamento mensal mensualisation
pagamento por matéria pige
paganismo paganisme
pagante payant
pagão païen
pagar casquer, pâtir, payer, raquer, régler
pagar à vista payer comptant
pagar caro surpayer
pagar de novo repayer
pagar mal sous-payer
pagar mensalmente mensualiser
pagar o salário appointer
pagar pensão a pensionner
pagável payable
página page, page-écran
página de guarda page de garde
paginação mise en pages, pagination
paginador metteur en pages
paginar folioter, paginer
pago payant, pour acquit
pago por tarefa à la tâche
pagode pagode
paguro pagure
pai père
pai adotivo père nourricier
pai amimador papa gâteau
pai espiritual père spirituel
pai-nosso Pater
paina kapok
painço millet
painel panel, panneau, planche de bord, table de bord, trumeau
paiol poudrière
pairar planer
pais parents
país pays
país de fartura pays de cocagne
país emergente pays émergent
país subdesenvolvido pays sous-développé
paisagem paysage
paisagista paysagiste
paisagístico paysager
paisana (à) en civil
paixão engouement, passion
paixão fulminante coup de foudre
paixonite toquade
pajem garçon d'honneur, page
PAL PAL
pala empiècement, pal
palacete château, hôtel particulier
palaciano palatin
palácio palais
Palácio da Justiça palais de justice
paladar goût, gustation, palais
paladino champion, paladin
paládio palladium
palafrém palefroi
palafreneiro palefrenier
pálamo palmure
palanquim palanquin
palatal palatal
palatino palatin
palato palais
palavra foi, mot, parole
palavra de honra parole d'honneur
palavra de ordem mot d'ordre
palavra equivalente équivalent
palavra oxítona oxyton
palavrão gros mot
palavras cruzadas mots-croisés, Scrabble
palavras doces douceurs
palavrear palabrer
palco plateau, scène
paleocristão paléochrétien
paleografia paléographie
paleógrafo paléographe
paleolítico paléolithique
paleontologia paléontologie
paleontólogo paléontologue
Paleozoico primaire
palerma buse, simple d'esprit
palestino palestinien
palestra causerie, palestre
paleta épaule, palette
paleta gráfica palette graphique, palette électronique
palete palette
paletó paletot, veston
palha paille
palha de aço paille de fer
palhaçada clownerie, pitrerie
palhaçal clownesque
palhaço charlot, clown, gugusse, guignol, pitre, zouave
palheta anche, balai d'essuie-glace, palette
palhetão panneton
palhinha fétu
palhoça chaumière, paillote
paliar pallier
paliativo palliatif
paliçada palissade
palidez pâleur
pálido blafard, pâle
palimpsesto palimpseste
palíndromo palindrome
palinódia palinodie
palinologia palynologie
palito de dentes cure-dents
palito-francês boudoir
palma palme, paume, sole
palmada nas nádegas fessée
palmado palmé
palmar palmaire
palmeira palmier
palmeiral palmeraie
palmier palmier
palmilha semelle
palmípede palmipède
palmiteiro palmiste
palmo empan
palpável palpable
pálpebra paupière
palpitação palpitation
palpitante palpitant
palpitar palpiter
palúdico paludéen
palustre palustre
pampa pampa
pan bagnat pan-bagnat
pan-africanismo panafricanisme
pan-americanismo panaméricanisme
pan-arabismo panarabisme
pan-eslavismo panslavisme
pan-helenismo panhellénisme
pan-islamismo panislamisme
panaceia panacée
panado pané
panamá panama
panamenho panaméen
panar paner
panateneias panathénées
pança bedaine, bedon, brioche, panse
pancada bourrade, coup, horion
pancada de chuva grain, pluie battante
pancada na nuca coup du lapin
pancada seca coup sec
pancadinha tapotement
pancetta pancetta
Panchen Lama panchen-lama
pancrácio pancrace
pâncreas pancréas
pancreático pancréatique
pancromático panchromatique
pançudo bedonnant, pansu
panda panda
pandeiro tambour de basque, tambourin
pandemia pandémie
pandemônio chienlit
pane seca panne sèche
panegírico panégyrique
panegirista panégyriste
panela casserole
panela de ferro cocotte
panela de pressão autocuiseur, Cocotte-Minute
panela para *fondue* caquelon
panfletário pamphlétaire
panfleto pamphlet, tract
pangaiar pagayer

pangaio pagaie
pangermanismo pangermanisme
pangolim pangolin
pânico panique
panificação boulange, panification
panificar boulanger, panifier
panifício boulangerie
panini panini
pano linge
pano de algodão calicot
pano de chaminé hotte, manteau
pano de fundo toile de fond, trame
pano de pó torchon
pano de prato torchon
pano mortuário poêle
pano úmido pattemouille
panóplia panoplie
panorama panorama, paysage
panorâmica panoramique
panorâmico panoramique
panqueca crêpe, galette
panquequeira crêpière
panquequeiro crêpier
pantagruélico pantagruélique
pantalonada pantalonnade
pântano marais, palus
pantanoso marécageux
panteão panthéon
panteísmo panthéisme
panteísta panthéiste
pantomima mime, pantomime
pantufa pantoufle
pantufo charentaise
panturrilha mollet
pão pain
pão de açúcar pain de sucre
pão de centeio pain bis
pão de especiarias pain d'épice(s)
pão de leite pain brioché
pão de miga pain de mie
pão dormido pain rassis
pão integral pain complet
pão molhado na comida trempette
pão molhado no ovo mouillette
pão redondo miche
pão rústico pain de campagne
pão-duro chiche, râpe
papa bouillie, pape
papa-defunto croque-mort
papa-figo loriot
papa-jantares pique-assiette
papa-moscas gobe-mouches
papado papauté
papagaia perruche
papagaio cerf-volant, perroquet
papagaio-do-mar macareux
papai papa
Papai Noel père Noël
papal papal, pontifical
paparazzo paparazzi
paparicar bichonner, chouchouter, choyer, dorloter
paparico chouchoutage
papaverácea papavéracée
papear deviser
papel emploi, papier, rôle
papel de bala papillote
papel de parede tapisserie, tenture
papel do Japão japon
papel inadequado contre-emploi
papel sulfurizado papier sulfurisé
papel timbrado papier timbré
papel toalha essuie-tout
papel vegetal papier-calque
papel velino vélin
papel vergê papier vergé
papel-carbono carbone
papel-moeda papier-monnaie
papel-título rôle-titre
papelada paperasse, paperasserie
papelão carton
papelaria papeterie
papeleiro papetier
papelório paperasserie
papelote papillote
papila papille
papillote papillote
papiro papyrus
papirologia papyrologie
papirólogo papyrologue
papisa papesse
papismo papisme
papista papiste
papo jabot, parlote
papoula coquelicot, œillette, pavot
páprica paprika
papua papou
pápula papule
paquera drague
paquerador dragueur
paquerar draguer
paquiderme pachyderme
paquistanês pakistanais
par couple, pair, paire
para à, de façon à, de manière à, en, pour, sur, vers
para além de par-delà
para cavaleiros cavalier
para com à l'endroit de, envers, vis-à-vis
para o grande público grand public
para pedestres piétonnier
para pessoas com mais de cinquenta anos senior
para trás arrière, en arrière
para-brisa pare-brise
para-choque heurtoir, pare-chocs
para-lama aile, garde-boue
para-raios paratonnerre
para-sol pare-soleil
parabélum parabellum
parabeno paraben
parábola parabole
parabólica parabole
parabólico parabolique
paracentese paracentèse
paracetamol paracétamol
parada arrêt, cave, halte, parade, station
parada brusca coup d'arrêt
parada de mão rétablissement
parada de sucessos hit-parade, palmarès
paradigma paradigme
paradisíaco paradisiaque
parado étale
parador omnibus
paradoxal paradoxal
paradoxalmente paradoxalement
paradoxo paradoxe
paraescolar parascolaire
paraesporte handisport
paraesportivo handisport
parafernália attirail
parafina paraffine
parafinar paraffiner
parafiscalidade parafiscalité
paráfrase paraphrase
parafrasear paraphraser
parafusar visser
parafuso broche, vis, vrille
parafusos de ajuste molette
paragem parages
parágrafo paragraphe
paraguaio paraguayen
paraíso paradis
paraíso terrestre Paradis terrestre
paralaxe parallaxe
paralela parallèle
paralelamente parallèlement
paralelepípedo parallélépipède
paralelismo parallélisme
paralelo off, parallèle
paralelogramo parallélogramme
paralisação débrayage
paralisado paralysé
paralisante paralysant
paralisar débrayer, paralyser
paralisia paralysie
paralítico paralytique
paralogismo paralogisme
paramécio paramécie
paramédico paramédical
paramentar parer
paramento parement
parâmetro paramètre
paramilitar paramilitaire
paranoia paranoïa
paranoico paranoïaque
paranormal paranormal
paraolímpico paralympique
parapeito parapet
parapente parapente
parapentista parapentiste
paraplegia paraplégie
paraplégico paraplégique
parapsicologia parapsychologie
paraquedas parachute
paraquedismo parachutisme
paraquedista parachutiste
parar arrêter, stopper
parar de trabalhar dételer
parasailing parachute ascensionnel
parasita écornifleur, parasite
parasitar parasiter

parasitário parasitaire
parasitismo parasitisme
parassimpático parasympathique
parca parka
parcamente chichement, maigrement
parceiro partenaire
parcela parcelle
parcelado parcellaire
parcelamento parcellarisation
parcelar parcellaire, parcellariser
parceria partenariat
parceria agrícola métayage
parcial demi, partial, partiel
parcialidade partialité
parcialmente partialement, partiellement
parcimônia parcimonie
parcimoniosamente parcimonieusement
parcimonioso parcimonieux
parco faible, mince, succinct
pardal moineau, piaf, pierrot
pardieiro taudis
pare stop
parece que on dirait que, paraît-il
parecer avoir l'air, paraître, ressembler, sembler
parecido pareil, semblable
paredão paroi
parede mur, paroi
parede interna mur de refend
paregórico parégorique
parênquima parenchyme
parentaiada smala
parental parental
parente parent
parente distante parent éloigné
parentela parenté
parentesco parenté
parentesco de primos cousinage
parêntese parenthèse
pareô paréo
pargo pagre
pária intouchable, paria
pariato pairie
parição agnelage, vêlage
paridade parité
parietal pariétal
parietária pariétaire
parir accoucher, enfanter, lapiner, mettre bas, pouliner, vêler
paris-brest paris-brest
parisianismo parisianisme
parisiense parisien
parissílabo parisyllabique
paritário paritaire
parlamentar parlementaire, parlementer
parlamentário parlementaire
parlamentarismo parlementarisme, régime parlementaire
parlamento Parlement
parlatório parloir
parlenda comptine
parmesão parmesan
parnasiano parnassien
pároco curé, desservant
paródia parodie
parodiar parodier
paródico parodique
paronímia paronymie
parônimo paronyme
paroníquia panaris
paróquia paroisse
paroquial paroissial
paroquiano paroissien
parótida parotide
parotidite parotidite
paroxismo paroxysme
paroxistíco paroxysmique
paroxítono paroxyton
parque parc, square
parque de animais parc animalier
parque de diversões parc de loisirs
parque nacional parc naturel régional
parquímetro parcmètre
parquinho parc
parra pampre
parreira treille
parricida parricide
parricídio parricide
parte part, partie, volet
parte adversa partie adverse
parte da piscina bain, bassin
parte de baixo dessous
parte de cima dessus
parte do leão la part du lion
parte integrante partie intégrante
parte interessada partie prenante
parte lascada ébréchure
parte não reembolsável de despesa médica ticket modérateur
parte plana plat
parte rasa da piscina pataugeoire
parteira accoucheur, sage-femme
partejar accoucher
partenogênese parthénogenèse
partes arrastadas longueurs
partes do discurso parties du discours
parti pris parti pris
participação faire-part, participation
participante participant
participante de festival festivalier
participante de maio de 68 soixante-huitard
participar participer
participar de avoir part à, prendre part à
participar de *chat* chatter
participativo participatif
participial participial
particípio participe
partícula particule
particular particulier
particularidade particularité
particularismo particularisme
particularizar particulariser
particularmente particulièrement
partida départ, match, partie
partidário partisan
partidário da Liga ligueur
partidário da não violência non-violent
partidário do governo de Vichy vichyste
partidário incondicional inconditionnel
partidarismo esprit de parti
partido parti
Partido Trabalhista Parti travailliste
partilha partage
partilhar partager
partilhável partageable
partir partir
partir de novo repartir
partitivo partitif
partitura partition
parto accouchement, enfantement
parto anônimo accouchement sous X
parto da ovelha agnelage
parvo bêta, gourde, serin
pascal pascal
páscoa pâque
Páscoa pâques
pasmado ahuri
pasmar ahurir, ébahir
pasmo ahurissement, ébahi, ébahissement
pasmoso ahurissant
paso doble paso doble
paspalhão baudruche
pasquim canard
pasquinada brûlot
passa fruit sec
passa-manga jeannette
passa-piolho collier
passa-prato passe-plat
passada foulée, passing-shot
passadeira repasseuse
passadismo passéisme
passadista passéiste
passado avancé, blet, dernier, passé, rassis, révolu
passador coulant, passant
passageiro passager, passant
passagem passage
passagem aérea em aberto billet d'avion open
passagem de ida e volta aller-retour
passagem de nível passage à niveau
passagem de roupa a vapor pressing
passagem de roupa repassage
passagem de volta retour
passagem por eclusa éclusage
passamanaria passementerie
passamane brandebourg, passement
passamaneiro passementier
passante passant
passaporte passeport
passar blettir, mouliner, passer, rassir, se passer, se porter, traverser
passar a ferro repasser
passar a noite fora découcher
passar adiante refiler
passar direto brûler
passar em trânsito transiter
passar manteiga beurrer
passar no leite de cal chauler
passar o rolo rouler

passar os olhos por survoler
passar pelo *mixer* mixer
passar pomada em pommader
passar por desservir, passer pour
passar rente serrer
passar sermão sermonner
passar talco talquer
passar temporada séjourner
passar um mau bocado en baver, passer un mauvais quart d'heure
passarela passerelle
passarinheiro oiselier
passarinho oiselet, oisillon
pássaro oiseau, passereau
passatempo passe-temps, violon d'Ingres
passe passe
passe de mágica tour de passe-passe
passeador baladeur, promeneur
passear balader, promener
passeio balade, partie, promenade, randonnée, virée
passeio coberto promenoir
passeio de bote canotage
passeio para fazer compras shopping
passional passionnel
passionalmente passionnellement
passiva passif
passivamente passivement
passível passible
passível de ser liberado libérable
passividade passivité
passivo passif
passo démarche, pas, train
passo de parafuso pas de vis
passo de porca pas d'écrou
passo travado amble
pasta chemise, crème, pâte, portefeuille, serviette
pasta 007 attaché-case
pasta de bordo beurre d'érable
pasta de dente dentifrice
pasta de desenho carton
pasta de documentos porte-document
pastar brouter, galérer, paître, pâturer
pastel pastel
pastel folhado pâte feuilletée
pastelista pastelliste
pasteurização pasteurisation
pasteurizar pasteuriser
pastichar pasticher
pastiche pastiche
pastilha pastille
pastinaca panais
pastis pastis
pasto alpage, embouche, herbage, pacage, pâturage, pâture
pastor berger, pasteur, pâtre
pastor-alemão chien-loup
pastor-belga grœnendael
pastoral mandement, pastoral, pastorale
pastorzinho pastoureau
pastoso en marmelade, pâteux
pata cane, paluche, panard, patte
patada rebuffade
patamar palier
patati, patatá patati, patata
Pataugas Pataugas
patchuli patchouli
patchwork patchwork
patê pâté
pateada piaffement
pateante piaffant
patear piaffer
patela rotule
pátena patène
patente brevet (d'invention), patent
patenteado breveté, patenté
patentear breveter
paternal paternel
paternalismo paternalisme
paternalista paternaliste
paternalmente paternellement
paternidade paternité
pateta cloche, dadais, jocrisse, poire, ramolli
pateticamente pathétiquement
pateticismo pathétisme
patético pathétique
patibular patibulaire
patife vaurien
patim de gelo patin à glace
patim de rodas patin à roulettes
patim *in line* roller, patin en ligne
pátina patine
patinação patinage
patinador patineur, rolleur
patinagem patinage
patinar patiner
patinete patinette
patinha canette
patinhar patauger
patinho caneton
patinho selvagem halbran
pátio cour, patio, préau, terrasse
pátio coberto préau
pátio interno préau
pátio pequeno courette
pâtisserie pâtisserie
pato canard, macreuse, pigeon
pato-real colvert
patoá patois
patogênico pathogène
patologia pathologie
patológico pathologique
patos pathos
patranha faribole
patrão patron
pátria patrie, pays
patriarca patriarche
patriarcado patriarcat
patriarcal patriarcal
patricinha minet
patrício patricien
patrimonial patrimonial
patrimônio capital, patrimoine
patrimônio público le Domaine
patriota patriote
patriótico patriotique
patriotismo patriotisme
patrocinador sponsor
patrocinar parrainer, patronner, sponsoriser
patrocínio patronage, sponsoring
patronal patronal
patronato patronat
patronímico patronyme, patronymique
patronnesse dame patronnesse
patrulha patrouille
patrulhamento de quarteirão îlotage
patrulhar patrouiller
patrulheiro patrouilleur
pau de sebo mât de cocagne
pau de virar tripa échalas, grande bringue
pau-mandado homme de main
paulównia paulownia
pauperismo paupérisme
pauperização paupérisation
pauperizar paupériser
paus trèfle
pausa pause, relâche, silence
pausa da colcheia demi-soupir
pausa da mínima demi-pause
pausa de semínima soupir
pauta portée
pautado réglé
pautar régler
pavana pavane
pavão paon
pavê de frutas cristalizadas diplomate
pavês pavois
pavilhão pavillon
pavimentação pavage, pavement
pavimentar paver
pavimento pavé, plancher
pavio mèche
pavio curto soupe au lait
pavloviano pavlovien
pavoa paonne
pavor effroi, épouvante, frayeur, peur panique
pavoroso effroyable
paxá pacha
paz paix
pazada pelletée
PBX standard
PC PC
PDF PDF
pé pied
pé de cabra pied-de-biche, pince-monseigneur
pé de galinha patte-d'oie
pé de pato palme
pé de vento risée
pé métrico mètre
pé-de-burro praire
pé-de-carneiro pied-de-mouton
pé-de-meia bas de laine, cagnotte, magot
pé-direito piédroit
pé-frio oiseau de malheur
pé-rapado sans-le-sou

peão manœuvre, pion
pebolim baby-foot
pecã noix de pécan
peça attrape, canular, farce, niche, pièce
peça de abertura lever de rideau
peça de carne rosbif
peça de dominó domino
peça de jogo americano set
peça de museu pièce de musée
peça de roupa básica basique
peça de tese pièce à thèse
peça em episódios pièce à tiroirs
peça rebatível abattant
peça sobressalente pièce détachée
peça única une pièce
pecadilho peccadille, péché mignon
pecado péché
pecado original péché originel
pecado venial péché véniel
pecador pécheur
pecar fauter, pécher
pechblenda pechblende
pechisbeque tombac
pecíolo pétiole
pectina pectine
pecúlio pécule
pecuniariamente pécuniairement
pecuniário pécuniaire
pedaço bout, coin, lambeau, miette, morceau, pan, tronçon
pedaço de gelo glaçon
pedaço de toucinho lardon
pedágio péage
pedagogia pédagogie
pedagógico pédagogique, pédagogue
pedagogo pédagogue
pedal pédale
pedal de câmbio sélecteur
pedalando de pé en danseuse
pedalar pédaler
pedaleira cale-pied, pédalier
pedaleiro pédalier
pedalinho Pédalo
pedante bel esprit, cuistre, pédant, précieuse
pedantice cuistrerie
pedantismo pédanterie
pederasta pédéraste
pederastia pédérastie
pederástico pédérastique
pederneira pierre à fusil
pedestal piédestal
pedestre piéton
pediatra pédiatre
pediatria pédiatrie
pedículo pédicule
pedicuro pédicure
pedido demande
pedido de clemência pourvoi en grâce
pedigree pedigree
pedir demander, quêter
pedir emprestado emprunter
pedofilia pédophilie
pedófilo pédophile
pedologia pédologie
pedólogo pédologue
pedopsiquiatria pédopsychiatrie
pedra palet, pierre, pion
pedra angular clef de voûte, pierre angulaire
pedra de granizo grêlon
pedra de toque pierre de touche
pedra filosofal pierre philosophale
pedra fina pierre fine
pedra no caminho pierre d'achoppement
pedra preciosa pierre précieuse
pedra-pomes pierre ponce, ponce
pedraria pierreries
pedregoso pierreux
pedregulho grenailles errantes
pedreira carrière
pedreiro maçon
pedrisco grésil
pedúnculo pédoncule
peeling peeling
pega empoignade, empoigne, pie
pega-rapaz accroche-cœur, guiche, rouflaquette
pega-trouxa attrape-nigaud
pega-varetas jonchet, mikado
pegada pas, piste, prise
pegajoso collant
pegar attacher, choper, cueillir, faire, partir, pincer, piquer, prendre, puiser, rattraper, saisir
pegar de novo repiquer, reprendre
pegar em armadilha piéger
pegar no flagra épingler
peidar péter
peiote peyotl
peitilho bavette
peito coffre, poitrail, poitrine, sein
peito de frango blanc de poulet
peito do pé cou-de-pied
peitorais pectoraux
peitoral pectoral, poitrail
peitos poitrine
peixaria poissonnerie
peixe poisson
peixe fresco marée
peixe seco stockfisch
peixe-agulha orphie
peixe-aranha vive
peixe-boi lamantin
peixe-cachimbo syngnathe
peixe-de-são-pedro saint-pierre
peixe-espada espadon
peixe-pescador baudroie, lotte de mer
peixe-piloto pilote
peixe-sombra ombre
peixe-voador exocet
peixeiro mareyeur, poissonnier
Peixes Poissons
peixinho fretin
pejorativamente péjorativement
pejorativo péjoratif
pela paume
pela frente par-devant
pelada pelade
pelado pelé
pelagem livrée, pelage, robe
pelágico pélagique
pelagra pellagre
pelaria peausserie
pele fourrure, peau
pele de cangambá sconse
pele de gambá opossum
pele de lagarto lézard
pele de leão-marinho otarie
pele de onagro peau de chagrin
pele de pêssego peau satinée
pele mate peau mate
pelejar démener
pelerine pèlerine
peleteiro fourreur, peaussier, pelletier
peleteria peausserie, pelleterie
peliça pelisse
pelicano pélican
película film, pellicule
pelo fourrure, poil
pelo menos au moins, du moins, encore, largement
pelos da alcachofra foin
pelota peloton
pelota basca pelote basque
pelotão escouade, peloton, section
pelotão de fuzilamento peloton d'exécution
pelotário pelotari
pelote peloton
pelourinho pilori
pelúcia peluche
pelucioso pelucheux
peludo poilu, velu
pélvico pelvien
pena peine, pitié, plume
pena de morte peine de mort
penacho aigrette, panache, plumet
penado penné
penal pénal
penalidade pénalité
penalista pénaliste
penalização pénalisation
penalizante pénalisant
penalizar peiner, pénaliser
pênalti penalty
penar peiner, se faire chier
penas empennage, empenne
penates pénates
pence pince
pendant pendant
pendente ballant, en instance, pendant, tombant
pender pendre
pêndula pendule
pendular pendulaire
pêndulo pendule
pendurado suspendu
pendurar accrocher, pendre, suspendre
peneira blutoir, crible, passoir, sas, tamis
peneiração tamisage
peneirar bluter, cribler, passer à la mouli-

nette, tamiser
peneireiro crécerelle
peneplanície pénéplaine
penetração pénétration, percée
penetrante pénétrant, perçant
penetrar pénétrer, percer
penhoar saut-de-lit
penhor gage
penhora saisie
penhora de bens móveis saisie mobilière
penhorar gager
pêni penny
penicilina pénicilline
penicílio pénicillium
penico pot de chambre
península péninsule, presqu'île
peninsular péninsulaire
penitência pénitence
penitenciária centrale, pénitencier
penitenciário pénitentiaire
penitente pénitent
penosamente péniblement
penoso éprouvant, pénible
pensador penseur
pensamento pensée
pensante pensant
pensão pension, pension de famille, prestation
pensão alimentícia pension alimentaire
pensão por morte pension de réversion
pensar penser, rêver, songer
pensativamente pensivement
pensativo pensif, songeur
pensável pensable
pensionato pension, pensionnat
pensionista pensionnaire, pensionné, prestataire
pentágono pentagone
pentâmetro pentamètre
pentatlo pentathlon
pente magasin, peigne
pente para desembaraçar cabelo démêloir
penteadeira coiffeuse
penteado coiffure
pentear coiffer, peigner
pentear-se outra vez se recoiffer
Pentecostes Pentecôte
pentelhar asticoter, emmerder, tanner
pentelho emmerdeur, empoisonneur, tannant
penugem duvet, poil follet
penugento duveté
penúltima série da escola première
penúltima sílaba pénultième
penúltimo avant-dernier, pénultième
penumbra pénombre
penúria dénuement, mouise, pénurie
peônia pivoine
pepineiro concombre
pepino concombre, pépin
pepino-do-mar holothurie
pepita pépite
pepita de ouro paillette
peplo péplum
pepsina pepsine
pequena quitinete studette
pequenez petitesse
pequenininho de poupée, petiot
pequeno petit, pitchoun
pequeno bolsista boursicoteur
pequeno vale vallon
pequeno-burguês petit-bourgeois
pequinês pékinois
pera poire
pera Beurré-Hardy beurré
pera Louise Bonne louise-bonne
pera *passe-crassane* passe-crassane
pera *williams* williams
pera-de-bom-cristão bon-chrétien
pera-de-outono crassane
perada poiré
perambular baguenauder, battre le pavé, flâner, rôder, traînasser, traîner
perante par-devant, par-devers
perca perche
perca-do-mar bar
percal percale
percalina percaline
perceber aviser, percevoir
percepção perception, rentrée
perceptibilidade perceptibilité
perceptível perceptible, percevable
perceptivo perceptif
percevejo punaise
percevejo-de-cama punaise des lits
percherão percheron
percorrer courir, parcourir
percuciente percutant
percurso parcours, trajet
percussão percussion
percussionista percussionniste
percussor percuteur
percutâneo percutané
percutir percuter
perda déperdition, perte
perda de fôlego essoufflement
perda dos direitos civis dégradation civique
perdão grâce, pardon
perdedor perdant, tocard
perder égarer, louper, manquer, paumer, rater, s'incliner
perder a credibilidade disqualifier
perder o fôlego époumoner
perdição perdition
perdido égaré, perdu
perdigoto perdreau, postillon
perdiz perdrix
perdiz vermelha bartavelle
perdoar gracier, oublier, pardonner, remettre
perdoável pardonnable
perdurar durer, perdurer
perecer périr
perecível périssable
peregrinação pèlerinage, pérégrination
peregrino pèlerin
pereira poirier
perempção péremption
peremptoriamente péremptoirement
peremptório péremptoire
perenidade pérennité
perenização pérennisation
perenizar pérenniser
perequação péréquation
perereca rainette
perestroica perestroïka
perfeccionismo perfectionnisme, purisme
perfeccionista perfectionniste
perfectibilidade perfectibilité
perfectível perfectible
perfeição perfection
perfeitamente à la perfection, jusqu'au bout des ongles, parfaitement
perfeito parfait
perfidamente perfidement
perfídia perfidie, traîtrise
pérfido perfide
perfil profil
performance performance, show
perfumador brûle-parfum
perfumar parfumer
perfumaria parfumerie
perfume parfum
perfumista parfumeur
perfuração forage, perce, percée, percement, perforation, piquage
perfurado piqué
perfurador foreur, perceur, perforateur
perfuradora foreur, perceuse, poinçonneuse
perfurar forer, percer, perforer, piquer, poinçonner
perfurar de novo repercer
perfuratriz marteau piqueur, perforateur
perfusão perfusion
pergaminho parchemin
pérgula pergola
pergunta pourquoi, question
perguntar demander
periarticular périarticulaire
pericárdio péricarde
pericarpo péricarpe
periclitar péricliter
periferia périphérie, zone
periférico périphérique
periflebite périphlébite
perífrase périphrase
periglacial périglaciaire
perigo danger, péril
perigosamente dangereusement
perigoso dangereux, périlleux
perímetro périmètre
perinatal périnatal
períneo périnée
periodicamente périodiquement
periodicidade périodicité, rotation
periódico périodique
período période
período de 25% de desconto période blanche
período de meia tarifa période bleue

período de tarifa cheia période rouge
período de transferências mercato
período integral plein-temps
periodontia parodontologie
periósteo périoste
peripécia coup de théâtre, péripétie
périplo périple
periquito perruche
periscópio périscope
peristilo péristyle
peritagem expertise
peritar expertiser
perito expert
perito-contador expert-comptable
peritônio péritoine
peritonite péritonite
perjurar parjurer
perjúrio parjure
perjuro parjure
perlado perlé
perlífero perlier
perlimpimpim perlimpinpin
permanecer demeurer, rester
permanência permanence
permanente indéfrisable, permanent, permanente
permanganato permanganate
permeabilidade perméabilité
permeável perméable
permissão permission
permissividade permissivité
permissivo permissif
permitir permettre
permuta troc
permutação permutation
permutar permuter
permutável échangeable, permutable
perna cuissot, jambage, jambe
perna de pau échasse
perna de vitela cuisseau
pernada enjambée
pernalta échassier
perneira jambière
perniciosamente pernicieusement
pernicioso pernicieux
pernil gigot, gigue, jambonneau
perno tourillon
pernoite nuitée
pérola perle
perônio péroné
peroração péroraison
perorar pérorer
peróxido peroxyde
perpendicular chandelle, perpendiculaire
perpendicularmente perpendiculairement
perpetração perpétration
perpetrar perpétrer
perpetuação perpétuation
perpetuamente perpétuellement
perpetuar perpétuer
perpetuar-se se perpétuer
perpetuidade perpétuité
perpétuo perpétuel
perplexidade embarras, perplexité
perplexo interdit, perplexe
perquirir perquisitionner
persa persan, perse
perseguição course-poursuite, filature, persécution, poursuite, traque
perseguido persécuté
perseguidor persécuteur, poursuivant
perseguir courir, persécuter, pourchasser, poursuivre, presser, traquer
perseverança persévérance
perseverante persévérant
perseverar persévérer
persiana persienne, store vénitien
persillade persillade
persistência persistance
persistente accrocheur, persistant
persistir persister
persona grata persona grata
personagem personnage
personagem recorrente récurrent
personalidade caractère, grand, personnalité
personalização personnalisation
personalizar personnaliser
personificação personnification
personificar personnifier
perspectiva perspective
perspectivo perspectif
perspicácia finesse, perspicacité
perspicaz délié, perspicace
persuadir décider, persuader
persuasão persuasion
persuasivo persuasif
pertencer appartenir, revenir
pertencimento appartenance
pertinência pertinence
pertinente pertinent
perto près
perto de à proximité de, auprès de, lez, vers
perturbação perturbation, trouble
perturbado dérangé
perturbador dérangeant, perturbateur, troublant
perturbar déranger, détraquer, inquiéter, perturber, troubler
peru dindon
perua break, dinde
peruano péruvien
peruca moumoute, perruque
peruqueiro perruquier
peruzinho dindonneau
perversão perversion
perversidade perversité
perverso pervers
perverter pervertir
pervinca pervenche
pés com cabeça tête-bêche
pesa-cartas pèse-lettre
pesada pesée
pesadamente lourdement, pesamment
pesadelar cauchemardesque
pesadelo cauchemar
pesado bourratif, hard, lourd, pesant
pesagem pesage, pesée
pesar peser
pesaroso marri
pesca pêche
pesca de arremesso pêche au lancer
pesca esportiva pêche au gros
pesca ilegal braconnage
pescador pêcheur
pescador clandestino braconnier
pescador de Terra Nova terre-neuvais
pescador ilegal braconnier
pescar pêcher
pescar ilegalmente braconner
pescoço cou, encolure
peseta peseta
peso lourdeur, pesanteur, peso, poids
peso bruto poids brut
peso de papel presse-papiers
peso-pesado poids lourd
pesponto surpiqûre
pesqueiro pêche, pêcherie
pesqueiro de Terra Nova terre-neuvas
pesquisa enquête, recherche
pesquisa de controle contre-enquête
pesquisa de mercado étude de marché
pesquisa de rua micro-trottoir
pesquisador chercheur, enquêteur, sondeur
pesquisar rechercher
Pessach pâque
pêssego pêche
pessegueiro pêcher
pessimamente comme un pied
pessimismo pessimisme
pessimista pessimiste
péssimo fichu
pessoa personne
pessoa azarenta porte-malheur
pessoa benfeita personne bien balancée
pessoa com poliomielite poliomyélitique
pessoa da ativa actif
pessoa de cor personne de couleur
pessoa de férias vacancier
pessoa de má reputação triste sire
pessoa deitada coucheur
pessoa dependente personne dépendante
pessoa difícil mauvais coucheur
pessoa economicamente inativa inactif
pessoa esquisita drôle de paroissien
pessoa feliz heureux
pessoa fichada repris de justice
pessoa ponderada esprit rassis
pessoa que dorme com as galinhas couche-tôt
pessoa que dorme tarde couche-tard
pessoa que está em frente vis-à-vis
pessoa que faz diário de viagem carnettiste
pessoa que mora mal mal-logé
pessoa que prepara uma tese thésard
pessoa que se finge de doente simulateur
pessoa que tem prioridade prioritaire
pessoa que tira férias em julho juillettiste
pessoa temerária risque-tout

pessoa vigorosa gaillard
pessoal personnel
pessoal de bordo personnel navigant, personnel volant
pessoalmente personnellement
pessoas gens
pessoas de letras gens de lettres
pessoas promovidas promotion
pestanejar ciller, papilloter
peste peste, teigne
pesticida pesticide
pestífero pestiféré
pestilência pestilence
pestilento pestilentiel
pétala pétale
petanca boule, boulisme, pétanque
petardo pétard
petição pétition, requête
petição de princípio pétition de principe
peticionar pétitionner
peticionário pétitionnaire
petigris petit-gris
petinga blanchaille
petisco coupe-faim
petit-beurre petit-beurre
petit-four petit-four
petit-suisse petit-suisse
petrel pétrel
pétreo pierreux
petrificação pétrification
petrificante pétrifiant
petrificar méduser, pétrifier, tétaniser
petrodólar pétrodollar
petrografia pétrographie
petroleiro pétrolier
petróleo pétrole
pétroleuse pétroleuse
petrolífero pétrolifère
petroquímica pétrochimie
petroquímico pétrochimique
petúnia pétunia
pevide pépie
pezinho peton
pff pff
pH pH
photo-finish photo-finish
pi pi
pia évier, lavabo
pia batismal fonts baptismaux
pia de água benta bénitier
pia de cozinha évier
pia-máter pie-mère
piada blague, drôlerie, fable
piafar piaffer
pianíssimo pianissimo
pianista pianiste
piano piano
piano-bar piano-bar
pião toupie
piar huer, pépier, piailler, piauler
piastra piastre
PIB PIB
pica-pau pic
pica-pau-verde pivert
picada piqûre
picadeiro tin
picadinho haché, hachis
picadinho com purê de batata hachis Parmentier
picado haché
picador picador
picanço pie-grièche
picante croustillant, épicé, piquant
picar hacher, piquer
picardo picard
picaresco picaresque
picareta pic
picareta de alpinismo piolet
pichar bomber
piche goudron
pick-up pick-up
picles pickles
pico pic, piton, pointe
picolé bâtonnet glacé
picolé esquimó Esquimau
picotar poinçonner
picrato picrate
pícrico picrique
pictográfico pictographique
pictograma pictogramme
pictórico pictural
pied-de-poule pied-de-poule
pied-noir pied-noir
piedade apitoiement, piété
piedade filial piété filiale
piedosamente pieusement
piedoso pieux
píer wharf
pierrô pierrot
pietá pietà
pifado nase
pífaro fifre
pifiamente piètrement
pifio piètre
pigarrear se racler la gorge
pigmentação pigmentation
pigmentar pigmenter
pigmento pigment
pijama pyjama
pilafe pilaf
pilagem pilonnage
pilantra gouape
pilão mortier, pilon
pilar pile, piler, pilier, pilonner
pilastra pilastre, trumeau
pilha pile
pilhagem pillage
pilhar butiner, piller
piloro pylore
pilosela épervière
pilosidade pilosité
piloso pileux
pilotagem pilotage
pilotar piloter
pilotis pilotis
piloto pilote, témoin, veilleuse
pilriteiro aubépine
pílula pilule
pimenta piment, poivre, poivrier
pimenta-branca poivre blanc
pimenta-do-reino poivre noir
pimenta-do-reino moída poivre gris
pimental poivrière
pimentão piment, poivron
pimenteiro poivrier, poivrière
pimpampum jeu de massacre
pin-up pin-up
pinaça pinasse
pinacoteca pinacothèque
pináculo faîte, pinacle
pinázio meneau
pinça pince
pinça pequena brucelles, pincette
pinçar pincer
pince-sans-rire pince-sans-rire
pincel blaireau, pinceau
pincel de barba blaireau
pincelar badigeonner
pincenê binocle, pince-nez
pineau pineau
pingadeira lèchefrite
pingado noisette
pingente pendeloque, pendentif
pingo noisette, point
pinguim manchot, pingouin
pinguinho de gente bout de chou
pinha cône, pomme de pin
pinhal pinède
pinhão pignon
pinheiro pin, pitchpin
pinho pin, pitchpin
pinicar piquer
pinípede pinnipède
pino quille
pinot pinot
pinta grain de beauté, tache
pinta-brava mauvaise graine
pinta-monos barbouilleur
pintar dépeindre, farder, peindre
pintar de ocre ocrer
pintar mal barbouiller
pintarroxo rouge-gorge
pintassilgo bengali, chardonneret, linotte, tarin
pinto pintadeau, poussin
pintor peintre
pintor de afrescos fresquiste
pintura fard, peinture
pintura a óleo peinture à l'huile
pintura rupestre peinture pariétale
pinturilar peinturlurer
pinyin pinyin
pio pépiement, piaillement, piaulement, pie
piolhento pouilleux
piolho pou
pioneiro pionnier
pior pire, pis
piorar empirer, gâter
pipa cerf-volant, tonneau
piparote chiquenaude, pichenette
pipeline pipe-line

piperade piperade
pipeta pipette
pipistrelo pipistrelle
pipoca pop-corn
piquê piqué
piquenique pique-nique
piquete piquet de grève
piraleno pyralène
piramidal pyramidal
pirâmide buisson, pyramide
piranha piranha
pirar perdre la boule
pirata écumeur des mers, forban, pirate
pirata aéreo pirate de l'air
pirataria piratage, piraterie
piratear pirater
pireneu pyrénéen
pires sébile, soucoupe, sous-tasse
pirex Pyrex, ramequin
pirilampo ver luisant
pirita pyrite
piroga pirogue
pirogravura pyrogravure
pirólise pyrolyse
piromaníaco pyromane
pirotecnia pyrotechnie
pirotécnico pyrotechnique
pirueta pirouette
pirulito sucette
pisado talé, tapé
pisante godasse, grolle
pisão batte, foulon
pisar fouler, marcher, meurtrir, piler
pisca-pisca clignotant
piscadela clignement, clignotement, clin d'œil, œillade
piscar ciller, cligner, clignoter
pisciano poissons
piscícola piscicole
piscicultor pisciculteur
piscicultura pisciculture
piscina piscine
piscina infantil barboteuse
piscívoro piscivore
piscoso poissonneux
piso sol
pisoamento foulage
pisotear piétiner
pisoteio piétinement
pista chaussée, piste, voie
pista de pouso no alto de montanha altiport
pista de taxiamento taxiway
pistache pistache, pistachier
pistão piston
pistilo pistil
pistola pistolet
pistola automática mitraillette
pistola metralhadora pistolet-mitrailleur
pistolão piston
pistom piston
pistou pistou
pit bull pitbull
pita tampico
pitada pincée, pointe, prise, zeste
pitagórico pythagoricien
pitão piton
pitecantropo pithécanthrope
piteira fume-cigarette
pithiviers pithiviers
pítia pythie
pitiríase pityriasis
píton python
pitoresco pittoresque, truculence, truculent
pituíta pituite
piupiu zizi
pivete galopin
pivô cheville ouvrière, pivot
pivotante pivotant
pixel pixel
pizza camembert, pizza
pizzaria pizzeria
pizzicato pizzicato
PJ PJ
placa carte, enseigne, panneau, plaque, table, tablette
placa bacteriana plaque dentaire
placa do carro plaque minéralogique
placa-mãe carte mère
placar marque, score
placebo placebo
placenta placenta
placentário placentaire
placidamente placidement
placidez placidité
plácido placide
plagiador compilateur, pillard, pilleur
plagiar compiler, démarquer, piller, plagier
plagiário plagiaire
plágio pillage, plagiat
plaina rabot
planado plané
planador planeur
planalto plateau
planalto calcário causse
planar planer
plâncton plancton
planejamento planification, planning
planejamento de mídia médiaplanning
planejamento familiar planning familial
planejar méditer, mitonner, penser, planifier, projeter
planeta planète
planeta anão planète naine
planetário planétaire, planétarium
planície plaine
planificação planification
planificador planificateur
planificar planifier
planilha eletrônica tableur
planisfério planisphère
plano égal, méplat, plan, plat, tabulaire
plano de fundo arrière-plan
plano de massa plan-masse
plano *ORSEC* plan ORSEC
planta plan, plante
planta de viveiro élève
planta oleaginosa oléagineux
planta vivaz plante vivace
plantação plantation
plantão astreinte, permanence
plantar plantaire, planter
plantas carnosas plantes grasses
plantation plantation
plantel écurie
plantígrado plantigrade
planturoso plantureux
plaqueta médaille, plaquette
plaqueta sanguínea plaquette sanguine
plasma plasma
plástica plastique
plasticidade plasticité
plástico plastique
plastificação plastification
plastificar plastifier
plastrão plastron
plataforma fonds de commerce, plate-forme, quai
plataforma para transbordo transbordeur
plátano platane
plateia orchestre, parterre
platibanda plate-bande
platina platine
platinado platiné, vis platinée
platitude platitude
platônico platonicien, platonique
platonismo platonisme
plausível plausible
playback play-back
playboy play-boy
plebe peuple, plèbe, roture
plebe ignara vulgum pecus
plebeu plébéien, roturier
plebiscitário plébiscitaire
plebiscito plébiscite
plêiade pléiade
plenário plénier, plénum
plenipotenciário plénipotentiaire
plenitude épanouissement, plénitude
pleno plein
pleno emprego plein(-)emploi
pleonasmo pléonasme
pleonástico pléonastique
plesiossauro plésiosaure
pletora pléthore
pletórico pléthorique
pleura plèvre
pleural pleural
pleurisia pleurésie
pleuroto pleurote
plexiglas Altuglas, Plexiglas
plexo plexus
plexo solar plexus solaire
plinto plinthe, socle
Plioceno pliocène
plissagem plissage, plissement
plissar plisser
plissê plissé
ploft plouf
plumagem livrée, plumage

plúmula gemmule
plural plural, pluriel
pluralidade pluralité
pluralismo pluralisme
pluralista pluraliste
pluridimensional pluridimensionnel
pluridisciplinar pluridisciplinaire
pluripartidário multipartite
pluripartidarismo multipartisme, plu-ripartisme
plutocracia ploutocratie
plutônio plutonium
pluvial pluvial
pluviometria pluviométrie
pluviômetro pluviomètre
pluviosidade pluviosité
pluvioso pluviôse
PLV PLV
PME PME
PMI PMI
PNB PNB
pneu pneu
pneumático pneumatique
pneumococo pneumocoque
pneumologia pneumologie
pneumologista pneumologue
pneumonia pneumonie
pneumotórax pneumothorax
pó poudre, sciure
pó de arroz poudre, poudre de riz
pó de íris iris
pó de perlimpimpim poudre de perlim-pinpin
pobre déshérité, pauvre, pauvresse
pobre-diabo pauvre diable
pobremente pauvrement
pobreza maigreur, pauvreté
pobrezinho pauvret
poça fondrière, mare
poça d'água flaque
poção potion
poceiro puisatier
pochete banane
poço puits
poço artesiano puits artésien
poço de sabedoria puits de science
poço do elevador cage d'ascenseur
poda ébranchage, élagage
podadeira sécateur, taille-haie
podador élagueur
podão élagueur, serpe
podar ébrancher, élaguer, émonder
podcasting podcasting
poder pouvoir, puissance
poder de compra pouvoir d'achat
poder discricionário pouvoir discrétio-nnaire
poder executivo pouvoir exécutif
poder público pouvoirs publics
poder separador pouvoir séparateur
poder temporal pouvoir temporel
poderoso puissant
podestade podestat
pódio podium
podologia podologie
podólogo podologue
podômetro podomètre
podre pourri
podridão pourriture
podzol podzol
poedeiro pondeur
poeira poussière
poema poème
poente couchant, coucher, ponant
poesia poésie
poesia de rimas forçadas bout-rimé
poeta poète
poeta elegíaco élégiaque
poética poétique
poeticamente poétiquement
poético poétique
poetisa poétesse
poetizar poétiser
pof paf, pouf
pogrom pogrom
poilu poilu
pointer pointer
pois car
poitevino poitevin
polaina guêtre
polar polaire
polaridade polarité
polarização polarisation
polarizar polariser
polaroide Polaroid
polca polka
pôlder polder
pole-position pole position
polegada pouce
polegar pouce
poleiro perchoir
polêmica polémique
polêmico polémique
polemista polémiste
polemizar polémiquer
pólen pollen
polenta polenta
polia poulie
poliamida polyamide
poliandria polyandrie
poliântico remontant
poliartrite polyarthrite
polichinelo polichinelle
polícia maréchaussée, police
polícia prebostal prévôté
polícia técnica e científica police techni-que et scientifique
policiado policé
policial agent, gardien de la paix, policier
policial motorizado motard
policlínica polyclinique
policópia polycopie
policopiar polycopier
policromático polychrome
policromia polychromie
policultura polyculture
polidamente poliment
polidez politesse
polido poli
polidor polisseur
poliédrico polyédrique
poliedro polyèdre
poliesportivo omnisports
poliéster polyester
poliestireno polystyrène
polifásico polyphasé
polifonia polyphonie
polifônico polyphonique
poligamia polygamie
polígamo polygame
poliglota polyglotte
poligonal polygonal
polígono polygone
polimento poli, polissage, ponçage
polimerização polymérisation
polímero polymère
polimorfismo polymorphisme
polimorfo polymorphe
polinésio polynésien
polineurite polynévrite
polinização pollinisation
polinômio polynôme
polinuclear polynucléaire
pólio polio
poliomielite poliomyélite
polipeiro polypier
pólipo polype
políptico polyptyque
polir lécher, polir, poncer
polissemia polysémie
polissêmico polysémique
polissilábico polysyllabique
polissílabo polysyllabe
politécnico polytechnicien, polytechnique
politeísmo polythéisme
politeísta polythéiste
política politique
politicamente politiquement
politicamente correto politiquement correct
político homme politique, politicien, politique
politiqueiro politicard
politização politisation
politizar politiser
politoxicomania polytoxicomanie
politransfundido polytransfusé
politraumatizado polytraumatisé
poliuretano polyuréthanne
polivalência polyvalence
polivalente polyvalent
polo pôle, polo
polo aquático water-polo
polonês polonais
polonesa polonaise
polos de um ímã pôles d'un aimant
polpa chair, pulpe
polpa dentária pulpe
polposo pulpeux
poltrão poltron
poltrona fauteuil
poltrona baixa crapaud

poltrona Voltaire voltaire
poltronaria poltronnerie
poluente polluant
poluição pollution
poluidor pollueur
poluir polluer
polvilhador saupoudreuse
polvilhamento saupoudrage
polvilhar saupoudrer
polvo pieuvre
pólvora poudre, poudre à canon
pomada pommade
pomar verger
pomar de macieiras pommeraie
pomba colombe, pigeonne
pombal colombier, pigeonnier
pombinho pigeonneau
pombinhos tourtereaux
pombo biset, pigeon
pombo-correio pigeon voyageur
pombo-torcaz palombe, ramier
pommard pommard
pomo da discórdia brandon de discorde, pomme de discorde
pomo de adão pomme d'Adam
pompa grand-messe, pompe
pompas fúnebres pompes funèbres
pompeano pompéien
pompom pompon
pomposamente pompeusement
pomposo pompeux
ponche punch
poncho poncho
ponderação pondération
ponderado pondéré
ponderador pondérateur
ponderal pondéral
ponderar aviser, pondérer
ponderável pondérable
pônei poney
ponente ponant
pont-l'évêque pont-l'évêque
ponta bout, croûton, pointe, pointes, utilités
ponta de aspargo pointe d'asperge
ponta de estoque solderie
ponta do esqui spatule
ponta dos pés pointe des pieds
ponta firme réglo
ponta-seca pointe sèche
pontada élancement, point, point de côté
pontão ponton
ponte bridge, passerelle, pont, trait d'union
ponte aérea pont aérien
ponte giratória pont tournant
ponte levadiça pont-levis
ponte pênsil pont suspendu
ponteira embout
ponteiro do *mouse* pointeur
ponteiro dos segundos trotteuse
ponteiro indicador index
pontificado pontificat
pontifical pontifical
pontificante pontifiant
pontificar pontifier
pontífice pontife
pontilhar greneler
pontilhismo pointillisme
pontilhista pointilliste
pontinho rami
ponto arrêt, point, souffleur
ponto crítico cote d'alerte
ponto culminante point culminant
ponto de exclamação point d'exclamation
ponto de honra point d'honneur
ponto de impacto point d'impact
ponto de interrogação point d'interrogation
ponto de partida point de départ
ponto de referência jalon, point de repère
ponto de venda point de vente
ponto de vista point de vue
ponto e vírgula point-virgule
ponto final terminus
ponto fraco ventre mou
ponto morto point mort
ponto nevrálgico point névralgique
ponto sem volta point de non-retour
pontoneiro pontonnier
pontos cardeais points cardinaux
pontuação ponctuation
pontual ponctuel, précis
pontualidade ponctualité
pontualmente montre en main, ponctuellement, recta
pontuar ponctuer
pontudo en pointe, pointu
poodle caniche
pool pool
pop art pop art
pop music pop
popa poupe
pope pope
popelina popeline
popô popotin
população population
populacho populace
populacionista populationniste
popular citoyen, populaire
popularidade popularité
popularização popularisation
popularizar populariser
popularmente populairement
populismo populisme
populista populiste
populoso populeux
pôquer poker
pôquer de dados poker d'as
por au travers de, de, par, pour, sur
pôr ficher, mettre
pôr à prova exercer, mettre à l'épreuve
por acaso d'aventure, par hasard, peut-être
pôr aparelho appareiller
por baixo dessous, par-dessous
por baixo de par-dessous
pôr cal chauler
por capricho capricieusement
por cento pour cent
por cima dessus, par-dessus
por cima de par-dessus
por conseguinte dès lors, du coup, par conséquent
pôr em curto-circuito court-circuiter
pôr em forma retaper
pôr em marcha lancer
por favor s'il vous plaît
pôr fundo em foncer
por mais quelque
pôr mais sal resaler
por muito tempo longuement
pôr no gelo frapper
pôr nova tela rentoiler
pôr o olho em lorgner
pôr ovos pondre
por postagem registrada en recommandé
por que pourquoi
pôr referência em référencer
por satélite satellitaire
pôr sola nova ressemeler
por toda parte partout
por trás à revers, par-delà
por trás de derrière, par-delà
por trás disso là-dessous
por turnos posté
por volta de sur, vers
porão cale
porca écrou, truie
porcalhão sagouin, souillon
porcamente malproprement, salement
porção portion
porcaria brimborion, cochonnerie, saloperie
porcelana porcelaine
porcentagem pourcentage
porcino porcin
porco cochon, goret, porc, pourceau
porco-espinho porc-épic
pórfiro porphyre
pornô porno, rose
pornografia pornographie
pornográfico pornographique
poro pore
porosidade porosité
poroso poreux
porque parce que
porquê pourquoi
porque sim parce que
porqueiro porcher
porquinho-da-índia cochon d'Inde
porre cuite
Port-Salut Port-Salut
porta port, porte
porta a porta porte-à-porte
porta com mola porte battante
porta de carro portière
porta do leme safran
porta do patamar porte palière
porta traseira hayon
porta-aviões porte-avions
porta-bagagem porte-bagages

porta-bandeira porte-drapeau
porta-documentos porte-carte
porta-garrafas porte-bouteille
porta-helicópteros porte-hélicoptères
porta-janela porte-fenêtre
porta-joias écrin
porta-lápis plumier
porta-luvas boîte à gants
porta-malas coffre
porta-moedas porte-monnaie
porta-revistas porte-revues
porta-toalhas porte-serviette
porta-voz interprète, porte-parole
portabilidade portabilité
portador porteur
portador de bócio goitreux
portador de germes porteur de germes
portador do vírus da aids sidéen
portal portail
portanto donc, partant
portão de garagem porte cochère
portaria arrêté, porterie
portátil portable, portatif
porte maintien, port, tenue
porte de armas port d'armes
porteiro gardien, huissier, pipelet, portier
porteiro dos auditórios huissier audiencier
porteiro eletrônico Digicode
portfólio portfolio, press-book
pórtico porche, portique
portinhola sabord
porto havre, port
porto de armamento port d'attache
porto de telecomunicações téléport
porto-riquenho portoricain
portuário portuaire
português portugais
portulano portulan
POS POS
pós-clássico postclassique
pós-comunismo postcommunisme
pós-convalescença postcure
pós-datar postdater
pós-guerra après-guerre
pós-impressionismo postimpressionnisme
pós-impressionista postimpressionniste
pós-natal postnatal
pós-operatório postopératoire
posar jouer, poser, se poser
pose pose
poseur poseur
posfácio postface
posição position, rang, standing, station
posição de sentido garde-à-vous
posicionamento positionnement
posicionar positionner
positivamente positivement
positivismo positivisme
positivista positiviste
positivo épreuve positive, positif
pósitron positron
posologia posologie
pospor postposer
posse détention, possession
possessão possession
possessividade possessivité
possessivo possessif
possibilidade possibilité
possibilitar permettre
possível possible
possível de usar mettable
possível de vestir mettable
possuído possédé
possuidor possédant, possesseur
possuir posséder
post-scriptum post-scriptum
posta darne, poste
posta restante poste restante
postal postal
postar poster
poste poteau
pôster poster
postergar reculer
posteridade postérité
posterior postérieur
posterioridade postériorité
posteriormente après coup, postérieurement
postiço postiche
postilhão postillon
posto antenne, grade, poste
posto de fronteira poste-frontière
posto de gasolina station-service
posto de informações turísticas syndicat d'initiative
postulado postulat
postulante postulant
postular être sur les rangs, postuler, se mettre sur les rangs
póstumo posthume
postura démarche, pondaison, ponte, posture
postura da cabeça port de tête
pot-pourri pot-pourri
potassa potasse
potássico potassique
potássio potassium
potável potable
pote pot
potência force, puissance
potencial potentiel
potencialidade potentialité
potencialmente en puissance, potentiellement
potenciômetro potentiomètre
potentado potentat
poterna poterne
potiche potiche
potinho de alimento para bebês petit pot
potra pouliche
potro poulain
pouco peu
pouco a pouco petit à petit, peu à peu
poupa huppe
poupador épargnant
poupança épargne
poupar épargner, éviter, ménager
pousada relais
pousada rural gîte rural
pousar se poser
pousio jachère
pouso point de chute
povaréu populo
povo peuple
povoação peuplement
povoado hameau, patelin, peuplé
povoamento de peixes empoissonnement
povoar peupler
povoar de peixes empoissonner
pozolana pouzzolane
praça place
prado prairie, pré
prado artificial prairie artificielle
praga plaie
pragmático pragmatique
pragmatismo pragmatisme
praguejar maugréer, pester
praia baignade, grève, plage
prairial prairial
pralina praline
pralinê praliné
prancha planche
prancha de descarga poulain
prancha de embarque e desembarque passerelle
prancha de windsurfe planche à voile
prancheta planche à dessin, planchette
prata argent
pratada assiettée, platée
prataria argenterie
prateação argenture
prateado argenté
prateleira clayette, étagère, rayon, tablette
prateleiras rayonnage
prática pratique
praticamente pratiquement
praticante pratiquant
praticante de *catch* catcheur
praticante de ***mountain-bike*** vététiste
praticante de *swing* échangiste
praticar pratiquer, se faire la main
práticas religiosas dévotions, pratiques
praticável praticable
prático pratique
prato assiette, mets, plat, plateau
prato comprado pronto plat cuisiné
prato de resistência plat de résistance
prato para acepipes ravier
prato para servir escargots escargotière
prazer plaisir
prazeres joies
prazo délai
pré-adolescente préadolescent
pré-alpino préalpin
pré-aviso préavis
Pré-Cambriano précambrien
pré-canceroso précancéreux
pré-clássico préclassique
pré-colombiano précolombien
pré-cortado prédécoupé

pré-cozido précuit
pré-delinquente prédélinquant
pré-eleitoral préélectoral
pré-escolar préscolaire
pré-estreia avant-première
pré-fabricação préfabrication
pré-fabricado préfabriqué
pré-glacial préglaciaire
pré-gravado préenregistré
pré-história préhistoire
pré-historiador préhistorien
pré-histórico préhistorique
pré-latino prélatin
pré-lavagem prélavage
pré-molar prémolaire
pré-natal anténatal, prénatal
pré-nupcial prénuptial
pré-operatório préopératoire
pré-rafaelismo préraphaélisme
pré-rafaelita préraphaélite
pré-requisito passage obligé, prérequis
pré-seleção préréglage, présélection
pré-selecionar prérégler, présélectionner
pré-socrático présocratique
pré-tratado prétraité
preâmbulo préambule, prologue
preaquecer préchauffer
prebenda prébende
prebostado prévôté
preboste prévôt
precariamente précairement
precariedade précarité
precário précaire
precaução précaution
precavidamente précautionneusement
precavido précautionneux
prece prêche
precedência préséance
precedente précédent
preceder précéder
preceito précepte
preceptor précepteur
preceptoria préceptorat
preciosamente précieusement
preciosismo préciosité
preciosista précieux
precioso précieux
precipício précipice
precipitação précipitation, retombée
precipitadamente hâtivement, précipitamment
precipitado hâtif, précipité
precipitar précipiter
precipitar-se por dévaler
precisamente précisement, pile
precisão précision
precisar avoir besoin de, falloir, préciser
preciso précis
precitado précité
preço prix, rançon
preço arrasador prix chocs, prix sacrifiés
preço de custo prix de revient
preço módico prix étudié
preço sem impostos prix hors taxes
precoce hâtif, précoce
precocemente précocement
precocidade précocité
preconcebido préconçu
preconceito a priori, préjugé
preconizar préconiser
precursor ancêtre, avant-coureur, devancier, précurseur
predação prédation
predador bétonneur, prédateur, raider
predecessor devancier, prédécesseur
predestinação prédestination
predestinado prédestiné
predestinar prédestiner
predeterminar prédéterminer
predicado prédicat
predição prédiction
predicativo attribut
predileção prédilection
prédio building, immeuble
predispor prédisposer
predisposição prédisposition
predizer prédire
predominância prédominance
predominante prédominant
predominar prédominer
preeminência prééminence
preeminente prééminent
preempção préemption
preencher meubler, remplir
preensão préhension, prise
preênsil préhensile
preensor préhenseur
preestabelecer préétablir
preestabelecido préétabli
preexistência préexistence
preexistente préexistant
preexistir préexister
prefaciador préfacier
prefaciar préfacer
prefácio avant-propos, préface
prefeita préfète
prefeito maire, préfet
prefeitoral préfectoral
prefeitura hôtel de ville, mairie, préfecture
prefeitura de departamento préfecture
preferência préférence
preferência de subscrição de ações option sur titres
preferencial préférentiel
preferido préféré
preferir aimer autant, aimer mieux, préférer
preferível préférable
prefiguração préfiguration
prefigurar préfigurer
prefixar préfixer
prefixo préfixe
prega repli
pregação prédication
pregadeira pelote
pregador colleur, prècheur, prédicateur, sermonneur
pregar clouer, plaquer, pomper, prêcher, prôner
prego clou, coup de pompe
preguear plisser
preguiça aï, paresse, paresseux
preguiçar flemmarder, paresser
preguiçosamente paresseusement
preguiçoso paresseux, traîne-savates
preguinho pointe
prejudicar handicaper, nuire
prejudicial dommageable, méchant, nuisible, préjudiciable
prejuízo dam, dommage, manque à gagner, préjudice
prejulgamento préjugé
prejulgar préjuger
prelado prélat
preliminar lever de rideau, liminaire, préliminaire
preliminares préliminaires
preludiar préluder
prelúdio prélude
prematuramente prématurément
prematuro prématuré
premeditação préméditation
premeditar préméditer
premente foulant, pressant
premiado couronné, prix
premiar couronner, primer
prêmio jackpot, lot, palme, prime, prix
prêmio de consolação lot de consolation, prix de consolation
premissa prémisse
premissa maior majeure
premissa menor mineure
premonição prémonition
premonitório prémonitoire
premunir prémunir
prenda gage
prendedor fixation
prender appréhender, arrêter, choper, clipper, clouer, écrouer, fixer, nouer, prendre au collet
prender com percevejos punaiser
prenhe plein
prensa estampe, presse
prensagem pressage, pressurage, tassement
prensar presser, pressurer, tasser
preocupação préoccupation, souci
preocupado préoccupé, soucieux
preocupante préoccupant
preocupar préoccuper
preparação préparation, rodage
preparado préparation
preparador préparateur
preparador de molhos saucier
preparar accommoder, apprêter, armer, ménager, parer, préparer, roder
preparar alimentos em conserva confire
preparar-se para préparer
preparativo préparatif
preparativos para o combate branle-bas de combat

preparatório préparatoire
preparatórios classe préparatoire
preparo apprêt
preponderância prépondérance
preponderante prépondérant
preposição préposition
preposicional prépositif
prepositivo prépositif
prepotente musclé
prepúcio prépuce
prerrogativa prérogative
presa croc, défense, gibier, proie
presas broches
presbiopia presbytie
presbita presbyte
presbiterianismo presbytérianisme
presbiteriano presbytérien
presbitério presbytère
presciência prescience
prescrever périmer, prescrire
prescrição forclusion, prescription
prescritível prescriptible
presença présence
presença de espírito présence d'esprit
presente cadeau, présent
presente de ano-novo étrenne
presentear cadeauter
presépio crèche
preservação préservation
preservar préservation
preservativo préservatif
presidência présidence
presidencial présidentiel
presidencialismo régime présidentiel
presidenciável présidentiable
presidente président
presidente da Ordem dos Advogados bâtonnier
presidir présider
presidium praesidium
presilha barrette, bride, patte
press-book press-book
pressa bousculade, hâte
pressagiar préslager
presságio présage
pressão forcing, pesée, pression
pressão arterial pression artérielle, tension (artérielle)
pressão atmosférica pression atmosphérique
pressão excessiva surpression
pressentimento pressentiment
pressentir pressentir
pressionar appuyer, pousser, presser
pressupor présupposer, supposer
pressuposto présupposé
pressurização pressurisation
pressurizar pressuriser
prestação prestation, redevance
prestação de juramento prestation de serment
prestador de serviços prestataire de services
prestamente prestement
prestar prêter
prestar atenção em noter
prestar contas rendre compte de
prestar homenagem a rendre hommage à
prestar juramento prêter
prestativo secourable
prestes a à la veille de
presteza prestesse
prestidigitação prestidigitation
prestidigitador prestidigitateur
prestígio prestige, rayonnement
prestigioso prestigieux
prestíssimo prestissimo
presto preste, presto
presumido poseur, présumé, suffisant
presumir présumer
presunção outrecuidance, présomption
presunção de inocência présomption d'innocence
presunçoso avantageux, crâneur, outrecuidant, présomptueux
presuntivo présomptif
presunto jambon
prêt-à-porter prêt-à-porter
pretendente prétendant, soupirant
pretender prétendre, vouloir
pretendido voulu
pretensamente prétendument, soi-disant
pretensão prétention
pretensiosamente prétentieusement
pretensioso prétentieux
pretenso prétendu, soi-disant
pretérito prétérit
pretextar prétexter
pretexto prétexte
pretinho négrillon
preto nègre, noir
pretor préteur
pretoria préture
pretoriano prétorien
pretório prétoire, prétorien
pretzel bretzel
prevalecer l'emporter, prévaloir
prevaricação forfaiture, prévarication
prevaricador prévaricateur
prevenção prévention
prevenção de acidentes prévention routière
prevendo en prévision de
prevenir parer, prévenir
preventivamente préventivement
preventivo préventif
preventório préventorium
prever prévoir
prevérbio préverbe
previamente au préalable, préalablement
previamente estabelecido forfaitaire
previdência prévoyance
previdente prévoyant
prévio préalable
previsão prévision
previsibilidade prédictibilité
previsível prédictible, prévisible
prezar priser
prima chanterelle
prima-dona prima donna
primar primer
Primário primaire
primário primaire, scolaire
primata primate
primavera bougainvillée, primevère, printemps, renouveau
primaveril printanier
primaz primat
primazia primauté
primeira classe première
primeira fatia entame
primeira guerra mundial la der des der
primeira infância bas âge
primeira marcha première
primeira página la une
primeira versão première mouture
primeira-dama préfète
primeiro major, premier, prime
primeiro andar premier
primeiro ano da *khâgne* hypokhâgne
primeiro ano do ensino médio troisième
primeiro colocado cacique
Primeiro de Maio Premier Mai
primeiro-ministro Premier ministre
primeiro-sargento sergent-chef
primícias prémices
primíparo primipare
primitivamente primitivement
primitivismo primitivisme
primitivo primitif
primo primo
primo cousin
primo em segundo grau cousin issu de germains, neveu à la mode de Bretagne
primo-irmão cousin germain
primogênito aîné, premier-né
primogenitura aînesse
primoinfecção primo-infection
primordial primordial
primoroso exquis
princesa princesse
principado principauté
principal principal
principalmente notamment, principalement
príncipe prince
príncipe consorte prince consort
príncipe da Renânia rhingrave
príncipe de gales prince-de-galles
príncipes da Igreja princes de l'Église
principescamente princièrement
principesco princier
principiante commençant, novice
principiar commencer
princípio principe
príon prion
prior prieur
priorado prieuré
prioridade priorité
prioritariamente en priorité, prioritairement

prioritário prioritaire
prisão arrestation, emprisonnement, prison, réclusion criminelle
prisão de ventre constipation
prisão preventiva garde à vue, prévention
prisão provisória détention provisoire
prise prise
prisioneiro interné, prisonnier
prisma prisme
prismático prismatique
privação privation
privada cabinets d'aisances, lieux d'aisances, water-closet
privado privé
privado de direito por prescrição forclos
privar priver, sevrer
privativo privatif
privatização dénationalisation, privatisation
privatizar dénationaliser, privatiser
privilegiado privilégié
privilegiar privilégier
privilégio privilège
privilégio ilícito passe-droit
pro rata au prorata de, prorata
proa proue
probabilidade probabilité
probatório probatoire
probidade probité
probiótico probiotique
problema bébé, ennui, problème
problemática problématique
problemático problématique
probo probe
procedência provenance
procedente de en provenance de
proceder procéder
procedimento marche à suivre, procédé, procédure
processador processeur
processador de alimentos Moulinette, robot
processamento traitement
processamento de texto traitement de texte(s)
processar attaquer, mouliner, poursuivre, traiter
processionária processionnaire
processo apophyse, procès, processus
procissão procession
proclamação ban, proclamation
proclamar proclamer
próclise proclitique
proclítico proclitique
procônsul proconsul
procrastinação procrastination
procriação procréation
procriador procréateur
procriar procréer
procura demande, recherche
procuração procuration
procurado couru
procurador avocat général, chercheur, procurateur
procurador da República procureur de la République
procurador judicial avoué
procurador-geral procureur général
procurar chercher, rechercher
prodigalidade prodigalité
prodigalizar prodiguer
prodígio prodige
prodigiosamente prodigieusement
prodigioso prodigieux
pródigo large, prodigue
pródromo prodrome
produção production, réalisation, régie
produtividade productivité
produtivo productif
produto produit
produto da moagem mouture
produto de limpeza nettoyant
produto ecológico écoproduit
produto escalar de dois vetores produit scalaire de deux vecteurs
produto genérico produit générique
produto interno bruto produit intérieur brut
produto nacional bruto produit national brut
produto semiacabado produit semi-fini
produtor producteur, réalisateur
produtor de vinho bouilleur de cru
produtos de higiene e beleza parapharmacie
produzir donner, fournir, pondre, porter, produire, rapporter, sortir
produzir estampidos pétarader
produzir metástase métastaser
produzir sal sauner
proeminência éminence, proéminence
proeminente proéminent
proeza prouesse
prof. Pr
profanação profanation
profanador profanateur
profanar profaner
profano profane
profecia prophétie
proferir placer, proférer
professar faire profession de, professer
professor enseignant, maître, professeur
professor de educação infantil ou do primário instituteur
professor de equitação écuyer
professor de natação maître nageur
professor emérito professeur émérite
professor particular répétiteur
professor substituto maître auxiliaire
professor universitário universitaire
professorado professorat
professoral professoral
profeta prophète
profético prophétique
profetizar prophétiser
profilático prophylactique
profilaxia prophylaxie
profissão profession
profissão de fé profession de foi
profissão de intérprete interprétariat
profissão liberal profession libérale
profissional de profession, professionnel
profissional de computação gráfica infographiste
profissional de informática informaticien
profissionalizar professionnaliser
profissionalmente professionnellement
profiterole chou, profiterole
profundamente profondément
profundeza tréfonds
profundidade profondeur
profundidade de campo profondeur de champ
profundo poussé, profond
profusão foisonnement, profusion
progênie progéniture
progestacional progestatif
progestágeno progestatif
progesterona progestérone
prognata prognathe
prognatismo prognathisme
prognosticador pronostiqueur
prognosticar pronostiquer
prognóstico pronostic
programa émission, magazine, programme
programa ao vivo direct
programa gravado différé
programação programme, calendrier, programmation
programador programmateur, programmeur
programar programmer
programável programmable
progredir progresser
progressão progression
progressismo progressisme
progressista progressiste
progressivamente progressivement
progressividade progressivité
progressivo progressif
progresso essor, progrès, progression
proibição défense, interdiction, interdit, prohibition
proibido interdit, prohibé
proibir défendre, interdire, prohiber
proibitivo inabordable, prohibitif
projeção projection
projecionista projectionniste
projetado en surplomb
projetar poser, projeter
projetar-se sobre surplomber
projétil projectile
projetista projeteur
projeto projet
projetor projecteur
prolapso prolapsus
prolegômenos prolégomènes
proletariado prolétariat
proletário prolétaire, prolétarien
proletarização prolétarisation
proletarizar prolétariser

proliferação prolifération
proliferar proliférer
prolífero prolifère
prolífico prolifique
prolixidade prolixité
prolixo prolixe
prólogo prologue
prolongamento allongement, prolongement, rallonge
prolongar prolonger
promessa promesse
promessa de bêbado serment d'ivrogne
prometer promettre
prometido promis
promiscuidade promiscuité
promissor d'avenir, prometteur
promoção promotion
promoção de vendas promotion des ventes
promocional promotionnel
promontório promontoire
promotor promoteur
promotor de justiça substituto substitut
promover mousser, promouvoir
promovido promu
promulgação promulgation
promulgar promulguer
pronome pronom
pronome reflexivo pronoms réfléchis
pronomes adjetivos indefinidos adjectifs indéfinis
pronomes indefinidos pronoms indéfinis
pronominal pronominal
pronominalmente pronominalement
prontamente promptement, rondement
prontidão promptitude
pronto prêt, prompt, tout trouvé
prontuário médico feuille de maladie, feuille de soins
pronúncia prononciation
pronúncia gutural dos erres grasseyement
pronunciado accusé, prononcé
pronunciamento prononciation
pronunciar prononcer, rendre
pronunciar os erres guturalmente grasseyer
pronunciável prononçable
propagação propagation
propagador propagateur
propaganda propagande, publicité
propaganda ruidosa battage, retape, tam-tam
propagandista propagandiste
propagar propager
propalador colporteur
propalar colporter
propano propane
propensão penchant, propension
propergol propergol
propiciatório propitiatoire
propício propice
propileu propylée
propor mettre en avant, proposer
proporção proportion
proporcionado proportionné
proporcional proportionné, proportionnel
proporcionalidade proportionnalité
proporcionalmente en proportion, proportionnellement
proporcionar procurer, proportionner
propósito dessein, propos
proposta proposition
proposta de lei proposition de loi
propostas ouvertures
propriamente proprement
propriedade domaine, propriété
proprietário propriétaire
proprietário de empresa de ônibus autocariste
proprietário de terras propriétaire terrien
proprietário pela primeira vez primo-accédant
próprio même, propre
próprio de Quebec québécisme
próprio para de nature à, propre à
propulsão propulsion
propulsar propulser
propulsor propulseur, propulsif
prorrogação prolongation, prorogation, sursis
prorrogar prolonger, proroger
prorrogativo prorogatif
prosa prose
prosador prosateur
prosaicamente prosaïquement
prosaico prosaïque
prosaísmo prosaïsme
proscênio avant-scène, proscenium
proscrever proscrire
proscrição proscription
proscrito proscrit
proselitismo prosélytisme
prosélito prosélyte
prosódia prosodie
prosódico prosodique
prospecção prospection
prospectar prospecter
prospectiva prospective
prospectivo prospectif
prospecto prospectus
prospector prospecteur
prosperar prospérer
prosperidade prospérité
próspero prospère
prosseguir poursuivre, pousser
próstata prostate
prostático prostatique
prostatite prostatite
prosternação prosternation
prostituição prostitution
prostituir prostituer
prostituta prostitué, racoleur
prostração prostration
prostrado prostré
protagonista protagoniste, ténor
proteção protection
proteção de couro para as mãos gantelet
proteção social protection sociale
protecionista protectionniste
proteger garantir, protéger
protegido protégé
proteico protéinique
proteína protéine
protelar traîner en longueur
prótese prothèse
protesista appareilleur
protestante parpaillot, protestant
protestantismo protestantisme
protestar protester, se récrier
protestatário protestataire
protesto levée de boucliers, protestation, protêt
protético prothésiste
protetor bourrelet, préservateur, protecteur
protetor bucal protège-dents
protetor de colchão alaise
protetor de tomada cache-prise
protetor diário de calcinha protège-slip
protetor solar crème solaire
protetorado protectorat
protídeo protide
protista protiste
proto-história protohistoire
protocolar protocolaire
protocolo protocole
próton proton
protoplasma protoplasme
protótipo prototype
protozoário protozoaire
protrombina prothrombine
protuberância protubérance
protuberante protubérant
prova copie, composition, examen, contrôle, épreuve, essayage, gage, marque, preuve, témoignage
prova de rali spéciale
prova de salto jumping
prova escrita interrogation écrite
prova impecável sans-faute
prova oral oral
prova testemunhal preuve testimoniale
prova tipográfica placard
provação épreuve
provador essayeur, goûteur
provar faire foi, prouver, sevrer
provável probable
provavelmente probablement, vraisemblablement
provedor pourvoyeur
proveito profit
proveitoso profitable
provençal provençal
prover nantir, pourvoir, subvenir
prover de carroceria carrosser
proverbial proverbial
proverbialmente proverbialement
provérbio dicton, proverbe
proveta éprouvette
Providência Providence
providência providence
providencial providentiel
providencialmente providentiellement

provido de garras griffu
província province
província francesa la province
provincial provincial
provincianismo provincialisme
provinciano provincial
provir provenir
provisão provision
provisional provisionnel
provisoriamente provisoirement
provisório provisoire
provocação provocation
provocador aguicheur, provocateur
provocante aguichant, provocant
provocar aguicher, émoustiller, narguer, provoquer
proxeneta proxénète
proxenetismo proxénétisme
proximidade proximité
próximo approchant, prochain, proche
prudência prudence
prudente prudent
prudentemente prudemment
pruína efflorescence
prumo (a) plomb (à), aplomb (d')
prurido prurit
pruriginoso prurigineux
prurigo prurigo
prussiano prussien
PSA PSA
pseudônimo pseudonyme
pseudópode pseudopode
psi psi
psicanalisar psychanalyser
psicanálise psychanalyse
psicanalista psychanalyste
psicanalítico psychanalytique
psichê psyché
psicodélico psychédélique
psicodrama psychodrame
psicolinguística psycholinguistique
psicologia psychologie
psicologicamente psychologiquement
psicológico psychologique
psicólogo psychologue
psicomotor psychomoteur
psicopata psychopathe
psicose psychose
psicossomático psychosomatique
psicoterapeuta psychothérapeute
psicoterapia psychothérapie
psicótico psychotique
psicotônico psychotonique
psicotrópico psychotrope
psiquiatra psychiatre
psiquiatria psychiatrie
psiquiátrico psychiatrique
psíquico psychique
psiquismo psychisme
psiu chut, psitt
psoríase psoriasis
psst psitt
pterodáctilo ptérodactyle
ptose ptôse

pub pub
puberdade puberté
púbere pubère
pubiano pubien
púbis pubis
pública-forma grosse
publicação parution, publication
publicação especializada argus
publicamente publiquement
publicar publier
publicável publiable
publicidade publicité
publicidade comparativa publicité comparative
publicitário publiciste, publicitaire
público public
publirreportagem publireportage
pucela pucelle
pudicamente pudiquement
pudicícia pudibonderie
pudico bégueule, pudibond, pudique
pudim pudding
pudingue poudingue
pudor pudeur
puericultora puéricultrice
puericultura puériculture
pueril puéril
puerilidade puérilité
puerilmente puérilement
puerperal puerpéral
puerpério couches
pufe pouf
pugilato pugilat
pugilista pugiliste
pugnacidade pugnacité
pugnaz pugnace
puir élimer
pula-sela saute-mouton
pular bondir, sauter
pulga puce
pulgão puceron
pulmão poumon
pulmoeira pousse
pulmonar pulmonaire
pulo bond
pulôver pull-over, tricot
pulôver leve sous-pull
púlpito chaire
pulsação pulsation
pulsão pulsion
pulseira bracelet
pulseira de corrente gourmette
pulsional pulsionnel
pulso poigne, pouls
pululação pullulement
pulular foisonner, fourmiller, pulluler
pulverização poudroiement, pulvérisation
pulverizador pulvérisateur
pulverizar poudroyer, pulvériser
pulverulento poudreux, pulvérulent
pum pet
punção étampe, poinçon, poinçonnage, pointeau, ponction

puncher puncheur
punching-ball punching-ball
puncionar ponctionner
punga vol à la tire
pungente cuisant, poignant
pungir poinçonner
punhado poignée, quarteron
punhal poignard
punho manchette, parement, poignée, poignet, poing
punho dobrado poignet mousquetaire
punição punition
púnico punique
punido puni
punir punir
punir severamente sacquer, sévir
punitivo punitif
punível punissable
punk punk
pupila prunelle, pupille
pupilo pupille
pura e simplesmente purement et simplement
puramente purement
purê coulis, purée
pureza pureté
purgação purge
purgador purgeur
purgante purgatif, purge
purgar purger
purgatório purgatoire
purificação purification
purificador purificateur
purificar purifier
purificatório purificatoire
purina purin
purismo purisme
purista puriste
puritana bégueule
puritanismo pruderie, puritanisme
puritano prude, puritain
puro fin, franc, pur, sans mélange, sec
puro e simples pur et simple
puro-sangue pur-sang
púrpura pourpre, purpura
purpurear empourprer
purpúreo pourpré, purpurin
purulência purulence
purulento purulent
pus pus
push-up pigeonnant
pusilânime pusillanime
pusilanimidade pusillanimité
pústula pustule
pustulento pustuleux
puta putain, roulure
putativo putatif
puteal margelle
putrefação pourriture, putréfaction
putrefato pourrissant
putrefazer putréfier
putrescível putrescible
pútrido putride
putsch putsch

putschista putschiste
putt putt
puxa fichtre, mazette
puxa-saco fayot, lèche-bottes
puxada rallonge
puxadeira tirant
puxão traction
puxar haler, tenir, tirer, traîner
puxar com força bloquer
puxar o saco fayoter
puzzle puzzle
PVC PVC

Qq

Q.G. QG
Q.I. QI
qi gong qi gong
quacre quaker
quadra carré, quatrain
quadra central central
quadra de tênis court
quadra principal centrale
quadrado carré, encroûté, vieille baderne
quadragenário quadragénaire
quadragésimo quarantième
quadrangular quadrangulaire
quadrante cadran, quadrant
quadratura quadrature
quadratura do círculo quadrature du cercle
quadricromia quadrichromie
quadrícula quadrillage
quadriculado carreau
quadriculagem quadrillage
quadricular quadriller
quadrienal quadriennal
quadrifeta quarté
quadrifonia quadriphonie
quadriga quadrige
quadril hanche
quadrilateral quadrilatéral
quadrilátero quadrilatère
quadrilha quadrille
quadrilhar quadriller
quadrimotor quadrimoteur
quadrinho tableautin
quadrinhófilo bédéphile
quadripartido quadriparti
quadrirreator quadriréacteur
quadro pavé, table, tableau
quadrúmano quadrumane
quadrúpede quadrupède, tétrapode
quadruplicar quadrupler
quádruplo quadruple
quádruplos quadruplés
qual lequel, quel
qualidade qualité
qualidade de vida qualité de vie
qualidade superior surchoix
qualificação qualification
qualificado admissible, qualifié
qualificar qualifier
qualificativo adjectif qualificatif
qualificável qualifiable
qualitativamente qualitativement
qualitativo qualitatif
qualquer aucun, quelconque
qualquer coisa n'importe quoi
qualquer que quel que
qualquer um n'importe lequel, n'importe qui, personne, quiconque
quando alors que, comme, lorsque, quand
quando muito et encore
quantia considerável somme rondelette
quântico quantique
quantidade quantité
quantificação chiffrage, quantification
quantificar quantifier
quantificável chiffrable, quantifiable
quantitativamente quantitativement
quantitativo quantitatif
quantizar quantifier
quanto combien, combien de
quanto a au niveau de, en ce qui concerne, pour, quant à, sur le chapitre de
quanto antes au plus tôt
quantum quantum
quarenta quarante
quarentão quadra
quarentena éviction scolaire, quarantaine
quaresma carême
quarta quarte
quarta marcha quatrième
quarta série quatrième
quarta-feira mercredi
quarteirão îlot, pâté de maisons
quartel caserne, casernement, quartier
quartel-general quartier général
quartela paturon
quarteto quartette, quatuor
quartilho pinte
quartinho réduit
quarto chambre, piaule, quart, quartier, quatrième, train, turne
quarto de despejo débarras
quarto de hora quart d'heure
quarto de litro quart
quarto individual single
Quarto Mundo quart(-)monde
quartzo quartz
quasar quasar
quase à peu près, presque, sensiblement
quase só guère
quaternário quaternaire
quati coati
quatorze quatorze
quatorze avos quatorzième
quatro quatre
quatro por quatro quatre-quatre
quatro-quartos quatre-quarts
que que, quel, qui, quoi
que amarrota facilmente froissable
que causa geada givrant
que derrete na boca fondant
que discute ninharias ergoteur
que é de Vendée vendéen
que envelhece vieillissant
que escorre ruisselant
que faz a colheita récoltant
que fica bem seyant
que foi preso junto codétenu
que não amarrota infroissable
que não encolhe irrétrécissable
que não feltra infeutrable
que não gruda incollable
que não sai de moda indémodable
que parte partant
que pede emprestado emprunteur
que pode ser entregue livrable
que pode ser trabalhado ouvrable
que possui o *CAPES* certifié
que ruge rugissant
que se alinha com a direita divers droite
que se alinha com a esquerda divers gauche
que se pode abrir ouvrant
que se pode serrar sciable
que se suja fácil salissant
que tem a boa ideia bien inspiré
que tem a má ideia mal inspiré
que tem dores de cabeça migraineux
que tem enxaqueca migraineux
que tem prefixo préfixé
que tem uma perna só unijambiste
que vage vagissant
que vende vendeur
quebequense québécois
quebra casse
quebra de contrato dédit
quebra-cabeça casse-tête, puzzle
quebra-galho bricoleur, joker, pis-aller
quebra-gelo brise-glace
quebra-jato brise-jet
quebra-mar brise-lames, jetée
quebra-nozes casse-noisettes
quebradiço cassant
quebrado hors d'usage, hors service, rompu
quebrar briser, casser, craquer, déferler, fracturer, rompre
quebrável cassable
queda chute, tombée, vol plané
queda das vendas mévente
queda de braço bras de fer
queda-d'água saut
quediva khédive
quefir képhir
queijaria fromagerie
queijeiro fromager
queijinho fresco jonchée
queijo fromage
queijo cilíndrico meule
queijo com veios fromage persillé
queijo de cabra chèvre
queijo de vaca fourme
queijo holandês hollande
queijo ralado râpé
queima brûlage
queima de estoque déstockage
queima-roupa (à) brûle-purpoint (à), bout portant (à)

queimação brûlure
queimada brûlis, écobuage
queimado brûlé
queimador brûleur
queimadura brûlure
queimadura de sol coup de soleil
queimadura do frio gelure
queimar brûler, cramer, cuire, échauder, griller, sauter
queixa grief, plainte
queixada pécari
queixeira mentonnière
queixo menton
queixo proeminente menton en galoche
queixosamente plaintivement
queixoso partie civile, plaignant, plaintif
quem qui
quem chega arrivant, venant
quem está de saída sortant
quem faz brincadeiras de mau gosto mauvais plaisant
quem opõe objeção objecteur
quem quer que qui...que, quiconque
quem sai sortant
quem tira férias em agosto aoûtien
quendô kendo
queniano kenyan
quente chaud
quepe calot, képi
queratina kératine
querer entendre, tenir, vouloir
querer bem a chérir
querer dizer entendre, vouloir dire
querer parecer mais novo rajeunir
querido bien-aimé, cher, chéri
quermes kermés
quermesse fête foraine, kermesse
quero ver chiche
querosene kérosène
querubim chérubin
questão dossier, item, point, question
questão de honra affaire d'honneur, point d'honneur
questão para desempate question subsidiaire
questionário questionnaire
questiúncula bisbille
questor questeur
questorado questure
questura questure
qui khi
quiasmo chiasme
quiche quiche
quíchua quechua
quieto motus
quietude quiétude
quilate carat
quilha quille
quilo chyle, kilo
quilobyte kilo-octet
quilofranco kilofranc
quilograma kilogramme
quilometragem kilométrage
quilometrar kilométrer
quilométrico kilométrique
quilômetro borne, kilomètre
quilômetro por hora kilomètre-heure
quilowatt kilowatt
quilowatt-hora kilowattheure
Quimera chimére
quimera chimère
quimérico chimérique
química chimie
química inorgânica chimie inorganique
química orgânica chimie organique
quimicamente chimiquement
químico chimique, chimiste
químio chimio
quimiorresistência chimiorésistance
quimioterapia chimiothérapie
quimo chyme
quina coin, quinquina, quinte
quinado quinquina
quincunce en quinconce
quinhão lot, ration
quinino quinine
quinquagenário quinquagénaire
quinquagésimo cinquantième
quinquenal quinquennal
quinquênio quinquennat
quinquilharia colifichet
quinta quinte
quinta marcha cinquième
quinta série cinquième
quinta-feira jeudi
quintal arrière-cour, quintal
quintessência quintessence
quinteto quintette
quinto cinquième
quintuplicar quintupler
quíntuplo quintuple
quíntuplos quintuplés
quinze quinze
quinze avos quinzième
quinzena quinzaine
quiosque édicule, kiosque
quipá kippa
quiproquó quiproquo
quirche kirsch
quírie Kyrie
quiromancia chiromancie
quiromante chiromancien
quiroprático chiropracteur
quiropraxia chiropractie
quiróptero chiroptère
quisto kyste
quistoso kystique
quitação acquittement, décharge, quittance
quitanda fruiterie
quitar acquitter
quite quitte
quitina chitine
quitinete cuisinette, garçonnière, kitchenette, studio
quiuí kiwi
quivi kiwi
quixotismo donquichottisme
quociente quotient
quociente familiar quotient familial
quociente intelectual quotient intellectuel
quórum quorum

Rr

R R
rã grenouille
rabanada pain perdu
rabanete radis
rábano rave
rabeca crincrin
rabelaisiano rabelaisien
rabequista ménétrier
rabiça mancheron
rábico rabique
rabínico rabbinique
rabino rabbin
rabiscador gribouilleur
rabisco croûte
rabo queue
rabo de cavalo catogan, queue-de-cheval
rabugento acariâtre, grincheux, rouspéteur
rabugice rouspétance
rabujar rouspéter
raça gent, race
ração picotin, ration
ração calórica ration calorique
ração mínima portion congrue
rachada bachotage
rachado fêlé
rachadura brisure, craquelure, crevasse, fendillement
rachadura em forma de estrela étoilement
rachar bachoter, craqueler, craquer, crevasser, fêler, fendiller, fendre, fissurer, se lézarder
rachar de comprido refendre
rachar em forma de estrela étoiler
racial racial
raciocinar raisonner, ratiociner
raciocínio por absurdo raisonnement par l'absurde
raciocínio raisonnement
racional raisonnable, rationnel
racionalidade rationalité
racionalismo rationalisme
racionalista rationaliste
racionalização rationalisation
racionalizar rationaliser
racionalmente raisonnablement, rationnellement
racionamento rationnement, restriction
racionar rationner
racismo racisme
racista raciste
raclette raclette
radar radar
radiação radiation, rayonnement, rayons
radiador radiateur
radial radial, radiale
radiano radian

radiante épanoui, radiant, radieux, rayonnant, ravi
radical radical
radicalismo radicalisme
radicalização radicalisation
radicalizar radicaliser
radicalmente radicalement
radicela radicelle
radícula radicule
rádio radio, radium, radius
rádio de pilha transistor
rádio-relógio radioréveil
radioamador radioamateur
radioastronomia radioastronomie
radioatividade radioactivité
radioativo radioactif
radiobalizagem radiobalisage
radiocassete radiocassette
radiocomunicação radiocommunication
radiodifundir radiodiffuser
radiodifusão radiodiffusion
radioelemento radioélément
radioeletricidade radioélectricité
radioelétrico radioélectrique
radioestesia radiesthésie
radioestesista radiesthésiste
radiofonia radiophonie
radiofônico radiophonique
radiogoniometria radiogoniométrie
radiografar radiographier
radiografia radiographie
radiograma radiogramme
radioguia radioguidage
radiolário radiolaire
radiologia radiologie
radiológico radiologique
radiologista radiologue
radionavegador radionavigant
radiorreceptor radiorécepteur
radiorreportagem radioreportage
radiorrepórter radioreporter
radioscopia radioscopie
radioso radieux
radiotáxi radio-taxi
radioteatro dramatique
radiotelefone radiotéléphone
radiotelefonia radiotéléphonie, téléphonie sans fil
radiotelefonista radiotéléphoniste
radiotelegrafia radiotélégraphie
radiotelegrafista radiotélégraphiste
radiotelescópio radiotélescope
radiotelevisado radiotélévisé
radiotelevisão radiotélévision
radioterapia radiothérapie
radobar radouber
ráfia raphia
rafting rafting
raglã raglan
ragtime ragtime
ragu de cordeiro navarin
ragu ragoût
rahat-loukoum loukoum
raï raï

raia raie
raia-elétrica torpille
raiado vergé
raiar do dia potron-jacquet
raineta rainette
rainha reine
rainha-cláudia reine-claude
rainha-margarida reine-marguerite
raio éclair, foudre, rai, rayon
raio de ação rayon d'action
raio X radio, rayons X
raiom rayonne
raios beta rayons bêta
raïs raïs
raiva courroux, rage
raivosamente rageusement
raivoso courroucé, enragé, rageur
raiz racine
raiz cúbica de um número racine cubique d'un nombre
raiz de urze bruyère
raiz pivotante racine pivotante
raiz quadrada de um número racine carrée d'un nombre
raiz-forte raifort
rajá raja
rajada grain, rafale
rajada de vento rafale
ralador râpe
ralar boulonner, bûcher, en baver, marner, ramer, râper
rali échange, rallye
ralo bonde, clair, judas, râle, rare
ralo de regador pomme d'arrosoir
RAM RAM
rama branchage, ramée, ramure
rama pequena ramette
ramadã ramadan
ramagem ombrage, ramage
ramal branchement
ramerrão ronron, train-train
ramificação embranchement, fourche, ramification
raminho ramilles
ramo branche, rameau
ramo para enxerto scion
ramos cortados branchage
rampa rampe
rampa de lançamento rampe de lancement
râmulo brindille
rançar rancir
rancho ranch
rancidez rancissement
ranço arrière-goût, rance
rancor fiel, rancœur, rancune
rancoroso rancunier
rançoso rance
randomizar randomiser
rangar casser la croûte
rangente grinçant
ranger grincer
rangido grincement
rango popote, soupe

ranhento morveux
ranho morve, roupie
ranhura onglet, rainure
ranhuragem rainurage
ranhurar rainer
ranídeo ranidé
ranunculácea renonculacée
ranúnculo renoncule
ranúnculo dos pântanos douve
ranzinza ronchon, ronchonneur
ranzinzar ronchonner
ranzinzice ronchonnement
rap rap
rapace rapace
rapacidade rapacité
rapariga fille
rapaz garçon
rapazinho garçonnet
rapel rappel
rapidamente rapidement
rapidez rapidité
rápido expéditif, prompt, rapide, vite
rapina rapine
rapôncio raiponce
raposa chameau, goupil, renard
raposa do Ártico isatis
raposa fêmea renarde
raposa voadora roussette
raposinho renardeau
rapsódia rhapsodie
rapsodo rhapsode
rapto rapt
raque rachis
raquete paleron, raquette
raquidiano rachidien
raquítico rachitique
raquitismo rachitisme
raramente rarement
rarear raréfier
rarefação raréfaction
raridade rareté
raríssimo rarissime
raro rare, recherché
rasante frisant, rasant, rase-mottes, vol en rase-mottes
rasar raser
rascasso rascasse
rascunho brouillon
rasgão accroc
rasgar accrocher, déchirer, éventrer
rasgo déchirure, trait
raso plat, ras
raspa raclure
raspação grattement
raspador raclette
raspagem grattage, raclage, raclement
raspar frotter, racler
rasta rasta
rastafári rasta
rasteira croc-en-jambe, croche-patte, croche-pied
rastejadura reptation
rastejante traînant, rampant
rastejar ramper

rastelar râteler, ratisser
rastelo râteau
rastilho sillet
rastreabilidade traçabilité
rastreamento dépistage
rastrear dépister
rastro trace, traînée
rasura raturage, rature
rasurar raturer
rata rate
rata de sacristia grenouille de bénitier
ratã rotang, rotin
ratafia ratafia
ratão-do-banhado ragondin
ratatouille ratatouille
ratazana rat d'égout, surmulot
ratificação ratification
ratificar ratifier
ratina ratine
ratinhar lésiner, mégoter
ratinho raton, souriceau
rato rat
rato de biblioteca rat de bibliothèque
rato de hotel rat d'hôtel
rato silvestre campagnol
ratoeira ratière, souricière, tapette
ratonnade ratonnade
rattachiste rattachiste
rave rave
ravina couloir d'avalanche, ravin, ravine
ravinamento ravinement
ravinar raviner
ravióli raviole, ravioli
razão grand(-)livre, raison, rapport, ratio
razão social raison sociale
razia razzia
raziar razzier
razoável convenable, passable, raisonnable
razoavelmente passablement, raisonnablement
razões pessoais convenances personnelles
RC VRP
ré ré
reabastecer réassortir
reabastecimento réassortiment
reabertura réouverture
reabilitação réhabilitation
reabilitar dédouaner, réhabiliter
reabituar réhabituer
reabotoar reboutonner
reabrir rentrer, rouvrir
reabsorção résorption
reabsorver résorber
reaça réac
reação réaction
reação em cadeia réaction en chaîne
reação epidérmica réaction épidermique
reacender rallumer, réchauffer
reacionário réactionnaire
reacostumar réaccoutumer
readaptação réadaptation
readaptar réadapter
readmitir réadmettre
ready-made ready-made
reafirmar réaffirmer
reagente réactif
reagir réagir
reajustar rajuster
reajustar nota racheter
reajuste rajustement
reajuste fiscal redressement fiscal
real réel, royal
realçamento rehaussement
realçar mettre en lumière, mettre en relief, mettre en valeur, réchampir, rehausser
realce rehaut
realejo limonaire, orgue de Barbarie
realengo régalien
realeza royauté
realidade nature, réalité
realidade virtual réalité virtuelle
realinhamento recentrage
realinhar recentrer
realismo réalisme
realista réaliste
reality show télé-réalité
realização accomplissement, mise en scène, réalisation, tenue
realizador réalisateur
realizar mener, réaliser, réussir
realizar uma comezaina gueuletonner
realizável réalisable
realmente réellement, véritablement, vraiment
realmente muito par trop
reanimação réanimation
reanimar ragaillardir, rallumer, ranimer, réanimer
reaparecer réapparaître, reparaître
reaparecimento réapparition, reparution
reaprender rapprendre
reapresentar représenter
reaprovisionar rapprovisionner
reaquecer réchauffer
reaquecimento réchauffage
rearmamento réarmement
rearmar réarmer
rearranjar réaménager
rearranjo réaménagement
reassentar rasseoir
reatar rattacher, renouer
reativação relance
reativar réactiver, relancer
reativo réactif
reator réacteur
reator nuclear réacteur nucléaire
reator super-regenerador surgénérateur
reavaliação réévaluation
reavaliar réévaluer
reavivamento ravivage
reavivar raviver
rebaixado déclassé
rebaixamento abaissement, rétrogradation
rebaixar rabaisser, ravaler, rétrograder, surbaisser
rebanho troupeau
rebarbar ébarber
rebarbativo rébarbatif
rebate tocsin
rebater rabattre
rebatida rabattement
rebatimento rabattement
rebelar cabrer, dresser
rebelde mutin, rebelle
rebeldes rébellion
rebelião fronde, rébellion
rebentação déferlante, déferlement
rebentar craquer, rejeter
rebento drageon, jet, pousse, rejet, rejeton, scion
rebitar riveter
rebite rivet
reblochon reblochon
rebobinar rembobiner
rebocador remorqueur
rebocadura replâtrage
rebocar crépir, enduire, remorquer, replâtrer, tracter
reboco enduit, badigeon, crépi
reboco granulado mouchetis
rebolante déhanché
rebolar tortiller des hanches
reboque remorquage, remorque
rebordo rebord, tranche
rebuçado sucre d'orge
rebuliço remous, remue-ménage
rébus rébus
rebuscado choisi, recherché, tarabiscoté
rebuscador grappilleur
rebuscamento recherche
rebuscar grappiller
rebusco grappillage
recado mot
recaída rechute
recair rejaillir, retomber
recalcado refoulé
recalcar censurer, refouler
recalcitrante récalcitrant, rétif
recalcitrar regimber
recalcular recalculer
recalque refoulement
recanto recoin
recapacitação reconversion
recapacitar reconvertir
recapitulação récapitulation
recapitular récapituler
recapitulativo récapitulatif
recapturar ressaisir
recarga cartouche, recharge
recarregar recharger
recarregável rechargeable
recauchutagem rechapage
recauchutar rechaper
recebedor percepteur, receveur
recebedoria perception, recette
receber accueillir, écoper, émarger, encaisser, ramasser, réceptionner, recevoir, recouvrer, recueillir, toucher, traiter
receber dinheiro encaisser, palper

receber instrução militar faire ses classes
receber mercadoria réceptionner
recebimento émargement, réception, recouvrement
recebível encaissable
receita recette
receita médica ordonnance, prescription
receitar ordonner, prescrire
receituário ordonnancier
recém- fraîchement
recém-chegado nouveau venu
recém-formado frais émoulu
recém-nascido nouveau-né
recém-saído frais émoulu
recender embaumer, fleurer
recenseador recenseur
recenseamento recensement
recenseamento militar recensement
recensear recenser
recente récent
recentemente frais, nouvellement, récemment
recepção accueil, réception
recepcionista hôtesse, réceptionniste
receptação recel
receptáculo réceptacle
receptar receler
receptibilidade réceptivité
receptivo réceptif
receptor récepteur, receveur
receptor universal receveur universel
recessão récession
recessivo récessif
rechaçar refoulement
rechaço refoulement
réchaud chauffe-plat
recheado farci, fourré
rechear farcir, fourrer
rechear com trufas truffer
recheio barigoule, farce
rechonchudo dodu, enrobé, potelé, poupin
recibo acquit, récépissé, reçu
reciclador récupérateur
reciclagem recyclage
reciclar récupérer, recycler
reciclável recyclable
recidiva récidive
recidivar récidiver
recife récif
recinto enceinte, enclos
recipiendário récipiendaire
recipiente bac, contenant, récipient
recipiente para cozinhar peixe poissonnière
recíproca reciproque
reciprocamente réciproquement
reciprocidade réciprocité
recíproco réciproque
recitação récitation
recital récital, tour de chant
recitante récitant
recitar réciter
recitativo récitatif

reclamação doléances, réclamation
reclamar réclamer, rouscailler
reclame réclame
reclamo appeau
reclassificação reclassement
reclassificar reclasser
reclusão internement, réclusion
recluso reclus
reco bidasse, troufion
recobrar recouvrer
recobrável recouvrable
recobrimento recouvrement
recobrimento com brita gravillonnage
recobrir étendre, parsemer, recouvrir
recognitivo récognitif
recolagem recollage
recolar recoller
recolha ramassage
recolher collecter, parquer, ramasser, recueillir
recolhido recueilli
recolhimento parcage, recueillement, remisage
recolocação reclassement, replacement
recolocar ramener, recaser, reclasser, remettre, replacer, reposer
recolocar o chapéu recoiffer, se recoiffer
recomeçar recommencer, remettre ça, reprendre, se remettre
recomeço recommencement
recomendação recommandation
recomendar pistonner, recommander
recomendável recommandable
recompensa récompense, salaire
recompensar récompenser
recompor recomposer
recomposição recomposition
recomposto recomposé
recompra rachat, reprise
recomprar racheter
reconciliação raccommodage, raccommodement, réconciliation
reconciliar rabibocher, raccommoder, réconcilier
reconciliável raccommodable
recôndito recoin, repli
recondução reconduction, reconduite
recondução tácita tacite reconduction
reconduzir ramener
reconfortante réconfortant
reconfortar réconforter
reconforto réconfort
reconhecer reconnaître, remettre
reconhecer firma légaliser
reconhecido avéré, obligé, reconnaissant, reconnu
reconhecimento reconnaissance, repérage
reconhecimento de firma légalisation
reconhecível reconnaissable
reconquista reconquête
reconquistar reconquérir
reconsiderar raviser, reconsidérer, remettre en question
reconstituição reconstitution

reconstituinte reconstituant
reconstituir reconstituer
reconstrução reconstruction
reconstruir rebâtir, reconstruire
recontar recompter
recontratar réembaucher
recontro engagement
reconversão reconversion
reconverter reconvertir
reconvocado rappelé
recordação souvenir
recordar retenir
recordar-se de novo se ressouvenir
recorde record
recordista recordman, recordwoman
recorrência récurrence
recorrente récurrent
recorrer pourvoir, recourir
recorrer a mettre à contribution, réclamer
recorrigir recorriger
recortado découpé, échancré
recortar chantourner, découper
recorte découpage, découpe, découpure
recorte de jornal coupure de journal, coupure de presse
recoser recoudre
recosturar repiquer
recozer recuire
recozimento recuit
recrear récréer
recreativo récréatif
recreio récréation
recriar recréer
recriminação récrimination, reproche
recriminar faire grief de, récriminer, reprocher
recrudescência recrudescence
recrudescer recrudescent
recrudescimento recrudescence
recruta recrue
recrutador recruteur
recrutamento embrigadement, recrutement
recrutar embaucher, embrigader, lever, recruter
recuado en retrait, fuyant
recuando à reculons
recuar caler, fuir, reculer
recuo recul, reculade, repli
recuperação rattrapage, recouvrement, récupération
recuperação da fachada ravalement
recuperação judicial redressement judiciaire
recuperador récupérateur
recuperador de fachada ravaleur
recuperar raccrocher, rattraper, recouvrer, récupérer, regagner, réhabiliter, rentrer, reprendre, retrouver
recuperar a fachada ravaler
recuperável récupérable
recurso pourvoi, pourvoi en cassation, recours, ressource
recurso do Ministério Público appel a

minima
recursos financeiros deniers
recursos humanos ressources humaines
recursos públicos deniers publics
recurvado crochu
recurvar recourber
recusa récusation, refus
recusa sumária fin de non-recevoir
recusar dédaigner, éconduire, récuser, refuser, sabrer
recusável récusable
redação libellé, narration, rédaction
redacional rédactionnel
redator rédacteur
rede filet, hamac, lacis, nasse, réseau, résille, rets, treillis
rede de arrasto chalut, drague, seine
rede de pesca araignée
rede digital de serviços integrados réseau numérique à intégration de service
rede quadrada carrelet
rede-fole épuisette
rédea bride, rêne
redefinição redéfinition
redefinir redéfinir
redenção rédemption
redenho crépine, fraise
redentor rédempteur
redescobrir redécouvrir
redesconto réescompte
redibição rédhibition
redigir libeller, rédiger
redingote redingote
redirecionamento de chamada transfert d'appel
rediscutir rediscuter
redistribuição redistribution
redistribuir redistribuer
redistributivo redistributif
redobramento redoublement
redobrar redoubler, surcontrer
redoma bulle, cloche
redondeza rondeur
redondo rebondi, romain, rond
redourar redorer
redução modération, réduction
redução da natalidade dénatalité
redução da pena remise de peine
redução de imposto dégrévement, détaxation
redução de taxa dégrèvement
redundância redondance
redundante redondant
redutível réductible
reduto redoute
redutor réducteur
reduzido en petit, réduit
reduzir comprimer, réduire, rogner
reduzir a pressão détendre
reduzir imposto dégrever, détaxer
reduzir taxa dégrever
reedição réédition
reeditar rééditer
reeducação rééducation
reeducar rééduquer
reeleger réélire, renommer
reelegível rééligible
reeleição réélection
reembarcar rembarquer
reembolsar rembourser
reembolsável remboursable
reembolso remboursement
reembolso de imposto détaxe
reencaixar remboîter
reencarnação réincarnation
reencarnar se réincarner
reencontro retrouvailles
reengajado rengagé
reengajamento rengagement
reengajar rengager
reentrância décrochement, enfoncement, renfoncement
reentrante rentrant
reentrar rentrer
reequilibrar rééquilibrer
reequilíbrio rééquilibrage
reerguer relever
reescalonamento rééchelonnement
reescrever récrire
reescrita réécriture
reestruturação redéploiement, restructuration
reestruturar refonder, restructurer
reexaminar réexaminer
reexpedir réexpédier
reexportar réexporter
refazer refaire
refego bourrelet
refeição repas
refeitório carré, mess, réfectoire
refém otage
referência point de repère, référence, repère
referências marques
referenda contreseing
referendar contresigner
referendário maître des requêtes
referendo référendum
referente a touchant
referir référer
refil écorecharge
refinação affinage, raffinage
refinado fin, raffiné
refinador affineur
refinamento raffinement
refinar affiner, raffiner
refinaria raffinerie
refletido réfléchi
refletir miroiter, réfléchir, refléter, renvoyer, répercuter
refletor réfléchissant, réflecteur
reflexão réflexion
reflexo miroitement, reflet, réflexe
reflexo ondeado moirage
reflorescer refleurir
reflorestamento reboisement
reflorestar reboiser
refluir refluer, retirer
refluxo reflux
reforçado précontraint
reforçador renforçateur
reforçar fortifier, muscler, renforcer
reforço doublage, précontrainte, rappel, renforcement, renfort
reforma rafraîchissement, réforme
reformado réformé
reformador réformateur
reformar rafraîchir, réformer, rénover
reformismo réformisme
reformista réformiste
refração réfraction
refrangente réfringent
refrangível réfrangible
refrão refrain
refratar réfracter
refratário réfractaire
refrator réfracteur
refrear refréner
refrega échauffourée
refrescamento rafraîchissement
refrescante rafraîchissant
refrescar fraîchir, rafraîchir
refresco rafraîchissement
refrigeração réfrigération
refrigerado réfrigéré
refrigerante rafraîchissant, réfrigérant
refrigerar réfrigérer
refringência réfringence
refugador non-partant
refugar dérober
refugiado réfugié
refúgio refuge
refugo rebut
refundição refonte
refundir refondre
refutação réfutation
refutar contredire, réfuter
refutável réfutable
refuznik refuznik
rega arrosage
regador arroseur, arrosoir
regalão régalade
regalar régaler
regalo manchon, régal
regar arroser
regata régate
regata transatlântica transat, transatlantique
regateira poissarde
regato ru
regência régence
regeneração régénération
regenerador régénérateur
regenerar régénérer
regente chef d'orchestre, régent
reger régir
reggae reggae
regiamente royalement
região coin, contrée, pays, région, terroir
região com pouca vegetação pays découvert
região equatorial équateur

regicida régicide
regicídio régicide
regime régime
regime celular régime cellulaire
regime matrimonial régime matrimonial
regime pluvial régime pluvial
regime semiaberto semi-liberté
regime totalitário régime totalitaire
regimental régimentaire
regimento régiment
régio royal
regional de pays, régional
regionalismo régionalisme
regionalista régionaliste
regionalização localisation, régionalisation
regionalizar régionaliser
registrado déposé, recommandé
registrador enregistreur
registrar acter, consigner, enregistrer, noter, passer, prendre acte de, recommander
registro enregistrement, recommandation, registre, robinet, rôle
registro criminal casier judiciaire
registro de contas échéancier
registro de prisão écrou
rego rigole
regozijante jubilatoire
regozijar combler
regozijo jouissance
regra règle
regra de ouro règle d'or
regra de três règle de trois
regrado réglé
regras règles
regravável réinscriptible
regredir régresser
regressão régression, retour en arrière
regressar s'en retourner
regressivo régressif
régua décimètre, règle
régua de cálculo règle à calculer
régua de vinte centímetros double--décimètre
régua-tê té
reguinha réglette
regulação régulation
regulador régulateur
regulagem régulation
regulagem automática autorégulation
regulagem automática de temperatura thermorégulation
regulamentação réglementation
regulamentar réglementaire, réglementer
regulamento règlement
regular régler, réguler, régulier
regularidade régularité
regularização régularisation
regularizar régulariser
regularmente régulièrement
regulável réglable
regurgitação régurgitation
regurgitar régurgiter

rei roi
reide raid
reidratar réhydrater
reimplantar réimplanter
reimportar réimporter
reimpressão réimpression
reimprimir réimprimer
reinado règne
reinante régnant
reinar régner
reincidência récidive
reincidente récidiviste
reincidir récidiver
reineta-do-canadá canada
reino règne, royaume
reino dos céus royaume des cieux
reino mineral règne minéral
reinscrever réinscrire
reinscrição réinscription
reinserção réinsertion
reinserir réinsérer
reinstalação relogement
reinstalar réinstaller, reloger
reintegração réintégration
reintegrar réintégrer
reintroduzir réintroduire
reinventar réinventer
reinvestimento remploi
reinvestir réinvestir
reiteração réitération
reiterar réitérer
reitor recteur
reitoral rectoral
reitoria rectorat
reivindicação revendication
reivindicador revendicateur
reivindicar revendiquer
reivindicativo revendicatif
reizinho roitelet
rejeição rejet
rejeitado laissé-pour-compte
rejeitar contrecarrer, refuser, rejeter, repousser
rejuvenescer rajeunir
rejuvenescimento rajeunissement
relação braquet, lien, rapport, relation
relação sexual rapport
relacional relationnel
relações fréquentation
relações exteriores Affaires étrangères
relações-públicas communicateur
relâmpago éclair
relapso relaps
relatar raconter, rapporter, relater, retracer
relativamente relativement
relatividade relativité
relativismo relativisme
relativista relativiste
relativístico relativiste
relativizar relativiser
relativo relatif
relativo ao governo de Vichy vichyste
relato récit, rapport

relator rapporteur
relatório compte rendu, rapport
relatório de impacto sobre o meio ambiente écobilan
relax relax
relaxado détendu
relaxamento défoulement, laisser-aller, relâchement, relaxation
relaxante relaxant
relaxar décompresser, endormir, relâcher, relaxer
relé relais
relegar reléguer
releitura relecture
relento relent
reler relire
relevo relief
relevo cárstico relief karstique
relevo jurássico relief jurassien
relevo residual relief résiduel
relha soc
relicário châsse, reliquaire
religar raccrocher
religião religion
religião reformada religion réformée
religieuse religieuse
religiosamente religieusement
religiosidade religiosité
religioso religieux
relinchar hennir
relincho hennissement
relinga ralingue
relíquia relique
relógio horloge, toquante
relógio biológico horloge biologique
relógio cuco coucou
relógio de pêndulo pendule
relógio de pêndulo pequeno pendulette
relógio de ponto pointeuse
relógio de pulso bracelet-montre, montre-bracelet
relógio de quartzo horloge à quartz, montre à quartz
relógio de sol cadran solaire
relógio portátil montre
relojoaria horlogerie
relojoeiro horloger
relutar renâcler
reluzente nickel, reluisant
reluzir chatoyer, reluire
relva herbe
rem rem
remador pagayeur, rameur
remake remake
remanejamento remaniement
remanejar remanier
remanência rémanence
remanente rémanent
remar nager, ramer
remar com força souquer
remarcação démarquage, démarque
remastigar remâcher
rematado fieffé, fini
rematar parachever, parfaire

remate chute, faîteau, fini, parachèvement
remediar parer, rattraper, remédier
remediável rattrapable, remédiable
remédio remède
remédio em gotas gouttes
remédio soberano remède souverain
remela chassie
remelento chassieux
remembramento remembrement
remembrar remembrer
rememorar remémorer
remendagem rapiècement
remendar raccommoder, rafistoler, rapetasser, rapiécer, ravauder, remailler
remendo pièce, rafistolage, rapetassage, ravaudage, remaillage
remense rémois
remergulhar replonger
remeter renvoyer
remexer farfouiller, fourgonner, fourrager, tripoter
remeximento tripotage
rêmige aileron, penne, rémige
reminiscência réminiscence
remir racheter
remissão rémission, renvoi
remissível rémissible
remitente rémittent
remo aviron, rame
remobiliar remeubler
remoção dépose, enlèvement
remoção da espuma écumage
remoção da neve déneigement
remoção de minas déminage
remoção do amianto déflocage
remoção do pedúnculo équeutage
remoção do tártaro détartrage
remodelação redécoupage, remodelage
remodelar remodeler
remoer remâcher
remoinho épi, remous
remontagem remontage
remontar remonter
remonte remontage
rêmora rémora
remorso remords
remoto reculé
removedor de tártaro détartrant
remover enlever
remover a neve déneiger
remover a tinta désencrer
remover o tártaro détartrer
remuneração rémunération
remunerado rémunérateur
remunerador rémunérateur
remunerar rémunérer
rena caribou, renne
renal néphrétique, rénal
renano rhénan
renascença renaissance
renascente renaissant
renascer renaître
renascimento renaissance
renda dentelle, rente, revenu
renda mínima revenu minimum d'insertion
renda nacional revenu national
renda vitalícia viager
rendado guipure
rendeiro dentellier
render payer, rapporter, rendre, travailler, valoir
rendição reddition
rendimento fruits, performance, produit financier, rapport, rendement
renegação désaveu, reniement
renegado renégat
renegar désavouer, renier
renegociar renégocier
rênio rhénium
renomado renommé
renome renom, renommée
renomear renommer
renovação renouveau, renouvellement, rénovation
renovação de assinatura réabonnement
renovador rénovateur
renovar dépoussiérer, rajeunir, reconduire, renouveler
renovar a assinatura réabonner
renovável reconductible, renouvelable
rentabilidade rentabilité
rentabilização rentabilisation
rentabilizar rentabiliser
rentabilizável rentabilisable
rentável payant, rentable
rente ras
rentista rentier
rentrée come-back
renúncia renonce, renoncement, renonciation
renunciar renoncer
reologia rhéologie
reorganização réorganisation
reorganizador réorganisateur
reorganizar réorganiser
reorientação réorientation
reorientar réorienter
reparação raccommodage, réfection, réparation
reparação de aquecedores fumisterie
reparação do casco radoub
reparador réparateur
reparador de aquecedores fumiste
reparar réparer
reparar em remarquer
reparável raccommodable, réparable
reparo réparation
reparte office
repartição répartition
repartido loti
repartir départir, lotir, répartir, ventiler
repassar repasser
repastar repaître
repatriação rapatriement
repatriado rapatrié
repatriar rapatrier
repavimentação repavage
repavimentar repaver
repelente répulsif
repelir repousser
repensar repenser
repente foucade
repentinamente soudainement
repentinidade soudaineté
repentino soudain
repercussão incidence, portée, rejaillissement, répercussion, retentissement
repercutir réagir, rejaillir, répercuter, retentir
repertoriar répertorier
repertório répertoire
repes reps
repetente redoublant
repetição réédition, répétition, reprise, resucée, retour
repetição inútil redite
repetido redoublé
repetir rapporter, redire, redoubler, répéter, reprendre, se faire l'écho de
repetitividade répétitivité
repetitivo répétitif
repicar tinter
repintar repeindre
repique carillon, carillonnement
repisamento rabâchage, radotage
repisar radoter, ressasser
replantar replanter
repleto gorgé
réplica copie, réplique, riposte
replicar répliquer, riposter
repolhar pommer
repolho chou
repolimento repolissage
repolir repolir
reportagem reportage
repórter reporter
reposição repose
reposicionar repositionner
repousante reposant
repousar reposer
repouso repos
repovoamento repeuplement, repopulation
repovoar repeupler
repovoar de peixes rempoissonner
repreender attraper, chapitrer, disputer, gronder, quereller, reprendre, réprimander
repreensão blâme, réprimande
repreensível répréhensible
represália représailles
represar endiguer
representação représentation
representação proporcional (représentation) proportionnelle
representante représentant
representante comercial représentant de commerce
representante de vendas placier
representante diplomático chargé

d'affaires
representante legal fondé de pouvoir
representar figurer, jouer, représenter
representatividade représentativité
representativo représentatif
repressão répression
repressivo répressif
reprimir étrangler, réprimer
reprise reprise
réprobo réprouvé
reprocessamento retraitement
reprocessar retraiter
reprodução reproduction
reprodução assistida procréation médicalement assistée
reprodutivo reproductif
reprodutor reproducteur
reproduzir passer, reproduire, restituer
reproduzível reproductible
reprografia reprographie
reprogramar reprogrammer
reprovação réprobation
reprovado recalé, sur le carreau
reprovador réprobateur
reprovar ajourner, recaler, refuser, réprouver, sabrer
réptil reptile
reptiliano reptilien
república république
republicanismo républicanisme
republicano républicain
republicar reproduire
repudiar répudier
repúdio répudiation
repugnância dégoût, répugnance
repugnante repoussant, répugnant
repugnar braquer, dégoûter, rebuter, répugner, soulever le cœur
repulsa répulsion
repulsão répulsion
repulsivo répulsif
reputação réputation
reputado censé, réputé
repuxão tiraillement
repuxar tirailler
repuxo jet d'eau
requebrar se déhancher
requebro déhanchement
requerente demandeur, requérant
requerer demander, requérir
requerimento requête
réquiem requiem
requintado relevé
requintar raffiner
requinte raffinement
requisição réquisition
requisitar réquisitionner
requisitório réquisition, réquisitoire
rescaldeiro bassinoire, chaufferette
rescindir résilier
rescindível résoluble
rescisão résiliation
resedá réséda
resenhar chroniquer
reserva baliveau, location, réserve
reserva indígena réserve amérindienne, réserve indienne
reserva natural réserve naturelle
reservado réservé, secret
reservar louer, réserver, retenir
reservar para si se réserver
reservatário réservataire
reservatório réservoir
reservista réserviste
reservista mobilizado supplétif
resfriado refroidissement, rhume, un chaud et froid
resfriador de água aéroréfrigérant
resfriamento refroidissement
resfriar enrhumer
resgatador repreneur
resgatar racheter, récupérer
resgate rançon
residência internat, résidence
residência alternada résidence alternée
residência secundária résidence secondaire
residencial popular pavillonnaire
residencial résidentiel
residente interne des hôpitaux, résidant, résident
residir résider
residual résiduel
resíduo reliquat, résidu
resignação résignation
resignado résigné
resignar résigner
resilição résiliation
resilir résilier
resilível résiliable
resina résine
resinado résiné
resinar résiner
resineiro résinier
resinosa résineux
resinoso résineux
resipiscência résipiscence
resistência endurance, résistance
resistência passiva force d'inertie
resistente dur, endurant, résistant
resistir raidir, résister, tenir tête
resma rame
resmungão bougon, grognon, râleur
resmungar bougonner, grogner, grommeler, marmonner, marmotter, maronner, râler
resmungo bougonnement, grognement, grommellement, marmonnement, marmottement
resolução parti, résolution
resolutamente crânement, résolument
resolutivo résolutif
resoluto crâne, résolu
resolutório résolutoire
resolver régler, résorber, résoudre, trancher
resolvido réglé
respectivamente respectivement
respectivo respectif
respeitabilidade respectabilité
respeitar respecter
respeitável respectable
respeito respect
respeito humano respect humain
respeitosamente respectueusement
respeitoso respectueux
respiga glanage, tenon
respigador glaneur
respigar glaner
respingar ruisseler
respingo éclaboussure
respiração respiration
respiração artificial respiration artificielle
respiração boca a boca bouche-à-bouche
respiração ofegante halètement
respirador respirateur
respiradouro soupirail, tuba
respirar respirer
respiratório respiratoire
respirável respirable
resplandecente resplendissant
resplandecer resplendir
resplendor resplendissement
responder répondre
responsabilidade responsabilité
responsabilização responsabilisation
responsabilizar responsabiliser
responsável responsable
responsável por balneário plagiste
responso répons
resposta réponse, riposte
resposta positiva réponse positive
resquício relent
ressabiado ombrageux
ressaca ressac
ressaibo arrière-goût
ressaltar rebondir, ressortir
ressalto rebond, rebondissement, ressaut
ressalvas réserves
ressarcimento désintéressement
ressarcir désintéresser
resseção résection
ressecar réséquer
resseguro réassurance
ressemear ressemer
ressentimento ressentiment
resservir resservir
ressoador résonateur
ressoante résonnant
ressoar résonner, roulement, tinter
ressoldar ressouder
ressonância résonance
ressumação suintement
ressumar juter, suinter
ressurgência résurgence
ressurgente résurgent
ressurgimento regain, résurgence
ressurgir resurgir
ressurreição résurrection
ressuscitado revenant
ressuscitar ressusciter

restabelecer ramener, relever, remettre, rétablir
restabelecimento relèvement, rétablissement
restante restant
restar rester
restauração restauration
restaurador restaurateur
restaurante restaurant
restaurante barato gargote
restaurante campestre hostellerie
restaurante chique hôtellerie
restaurante rústico taverne
restaurante três estrelas restaurant trois-étoiles
restaurante universitário resto-U
restaurar rafraîchir, réhabiliter, rénover, restaurer
restaurateur restaurateur
restituição restitution
restituir redonner, restituer
restituível restituable
resto reliquat, restant, reste, talon
restolho chaume, éteule, regain
Restoroute Restoroute
restos mortais restes
restrição restriction
restringir restreindre
restritivo restrictif
resultado résultat, sanction
resultante issu, résultante
resultar ressortir, résulter, solder
resumindo pour être bref
resumir résumer
resumo abrégé, résumé
resvaladura frôlement
resvalamento glissement
resvalar em frôler
reta droite
retábulo retable
retaguarda arrière-garde
retal rectal
retalhar déchiqueter
retalho chute, coupon
retangular rectangulaire
retângulo rectangle
retardado demeuré, faible d'esprit, retardé
retardador retardateur
retardar retarder
retardatário retardataire, traînard
retemperar retremper
retenção arrêts, coincement, colle, consigne, rétention, retenue
reter coller, consigner, garder, retenir
retesamento raidissement
retesar bander, raidir
reticência quant-à-soi, réticence
reticente réticent
retícula trame
reticulado réticulaire, réticulé
reticular réticulaire, tramer
retidão droiture, rectitude
retificação rectificatif, rectification
retificador redresseur
retificar réaléser, rectifier
retificativo rectificatif
retilíneo rectiligne
retina rétine
retiniano rétinien
retinir retentir
retirada levée, ponction, prélèvement, repli, retrait, retraite
retirada da água repêchage
retirado retiré
retirar lever, ôter, prélever, retirer
retiro retraite
reto droit, rectum
retocador retoucheur
retocar fignoler, peaufiner, retoucher
retomada reprise
retomar enchaîner, reprendre, ressaisir
retoque fignolage, peaufinage, repentir, retouche
rétor rhéteur
retorção retordage, tortillage, tortillement
retorcer corder, retordre, torsader, tortiller, triturere
retorcer fios câbler
retorcido retors, tors
retórica rhétorique
retórico rhéteur, rhétoricien
retorno contre-visite, retour
retorquir rétorquer
retorsão rétorsion
retorta cornue
retração rétraction, retrait
retraçar retracer
retraduzir retraduire
retraidamente frileusement
retraído frileux
retraimento frilosité, repliement
retrair rétracter
retranca croupière, wishbone
retranscrever retranscrire
retranscrição retranscription
retransmissão rediffusion, retransmission
retransmitir rediffuser, relayer, retransmettre
retratação dédit, désaveu, rétractation
retratar portraiturer, rétracter
retrátil escamotable, rétractile
retratista portraitiste
retrato portrait
retrato falado portrait-robot
retribuição rétribution
retribuir répondre, rétribuer, revaloir
retrô rétro
retroação rétroaction
retroativamente rétroactivement
retroatividade rétroactivité
retroativo rétroactif
retroceder rétrocéder, rétrograder
retrocessão rétrocession
retrofoguete rétrofusée
retrogradação rétrogradation
retrogradar rétrograder
retrógrado rétrograde, sclérosé
retroprojetor rétroprojecteur
retropropulsão rétropropulsion
retrós fusette
retrospectiva rétrospective
retrospectivamente rétrospectivement
retrospectivo rétrospectif
retrovenda réméré
retroversão rétroversion
retrovírus rétrovirus
retrovisor rétroviseur
retrucar repartir
retruque repartie
retumbante grondeur
réu accusé, défendeur, prévenu
reumático rhumatisant
reumatismal rhumatismal
reumatismo rhumatisme
reumatologia rhumatologie
reumatologista rhumatologue
reunião ralliement, réunion
reunificação réunification
reunificar réunifier
reunir assembler, battre le rappel, masser, rallier, rassembler, regrouper, réunir
reutilização réutilisation
reutilizar remployer, réutiliser
reutilizável réutilisable
revacinar revacciner
revalorização réévaluation, revalorisation
revalorizar réévaluer, revaloriser
revanche revanche
revanchista revanchard
réveillon réveillon, Saint-Sylvestre
revelação développement, dévoilement, révélation
revelado révélé
revelador révélateur
revelar développer, éventer, mettre au jour, révéler
revenda revente
revendedor revendeur
revender recéder, revendre
rever réviser, revoir
reverberação réverbération
reverberar réverbérer
revérbero réverbère
reverdecer reverdir
reverência révérence
reverenciar révérer
reverencioso révérencieux
reverendo révérend
reversão réversion
reversibilidade réversibilité
reversível inversible, réversible
reverso revers
reverso da medalha revers de la médaille
revés avatar
revés financeiro revers de fortune
revestidor couvrant
revestimento enduit, revêtement
revestimento de madeira boisage
revestimento de pista de atletismo Tartan
revestir coffrer, enduire, gainer, habiller, maçonner, recouvrir, revêtir

revezar tourner
revigorante ravigotant, remontant
revigorar ravigoter, revigorer
revirar chambarder, détourner, rouler
reviravolta chambardement, chamboulement, pirouette, retour, retournement, revirement, tournant
revisão relecture, révision
revisar réviser
revisável révisable
revisionismo révisionnisme
revisionismo do Holocausto révisionnisme
revisionista révisionniste
revisor correcteur, réviseur
revista fouille, magazine, revue
revista de imprensa revue de presse
revista de tropas parade
revista ilustrada illustré
revista semanal de informação newsmagazine
revista semestral semestriel
revistar fouiller, perquisitionner
revitalizante revitalisant, traitant
revitalizar revitaliser
reviver revivre
revivescência reviviscence
revivificar revivifier
revoada vol, volée
revogabilidade révocabilité
revogação révocation
revogar révoquer
revogável révocable
revolta émeute, révolte
revoltado révolté
revoltante révoltant
revoltar révolter
revolução révolution
revolucionar révolutionner
revolucionário du troisième type, révolutionnaire
revolucionário de 1848 quarante-huitard
revólver pétard, revolver
revolver bêcher
revulsão révulsion
revulsar révulser
revulsivo révulsif
rezar prier
Rh Rh
rhodoid Rhodoïd
Rhovyl Rhovyl
ria calanque, ria
riachinho ruisselet
riacho ruisseau
ribalta rampe
ribeirinho riverain
riboflavina riboflavine
ribonucleico ribonucléique
ricaço richard
ricamente richement
rícino ricin
rico fortuné, huppé, riche
ricochete bond, ricochet
ricochetear ricocher
ricto rictus

ridiculamente ridiculement
ridicularizar ridiculiser, tourner en ridicule
ridículo ridicule
riesling riesling
rifle rifle
rigidamente rigidement
rigidez raideur, rigidité
rigidez cadavérica rigidité cadavérique
rígido raide, rigide
rigodão rigaudon
rigor rigueur
rigorismo rigorisme
rigorista rigoriste
rigorosamente rigoureusement
rigoroso rigoureux, serré, vache
rilletes rillettes
Rilsan Rilsan
rim rein, rognon
rima rime
rima feminina rime féminine
rima masculina rime masculine
rima rica rimes riches
rimar rimer
rimas cruzadas rimes croisées
rímel mascara, Rimmel
rinencéfalo rhinencéphale
ringue ring
rinite rhinite
rinoceronte rhinocéros
rinofaringe rhino-pharynx
rinofaringite rhino-pharyngite
rinque de patinação no gelo patinoire
rio fleuve, rivière, ruisseau
rio abaixo vau-l'eau
ripa aisseau, bardeau, latte
ripado lattis
ripadura lattage
rípio cheville
riqueza richesse
riqueza agrícola l'or vert
riquíssimo richissime
riquixá pousse-pousse
rir rire
rir com escárnio ricaner
risada risée
risca raie
riscado rayé
riscar barrer, biffer, radier, rayer
risco aléa, bâton, biffrage, raie, rayure, risque
risinho de escárnio ricanement
risível risible
riso rire
risonho riant, rieur
risos ris
risoto risotto
rissole rissole
ritmar rythmer
rítmico rythmique
ritmo rythme, tempo
ritmo binário rythme binaire
rito rite
ritornelo ritournelle
ritual rite, rituel

ritualizar ritualiser
ritualmente rituellement
rival rival
rivalidade rivalité
rivalizar lutter, rivaliser
rivalizar em faire assaut de
rixa rixe
riz ris
rizicultura riziculture
rizoma rhizome
RM IRM
RM RMI
RNA ARN
rô rhô
road bike VTC
robalinho chevaine
roble rouvre
robô robot
roborativo roboratif
robótica robotique
robotização robotisation
robotizar robotiser
robusta robusta
robustez robustesse
robusto costaud, râblé, robuste
roca quenouille
roçadela effleurement
rocalha rocaille
rocambole roulé
rocambolesco rocambolesque
roçar effleurer, friser, frôler
rocar roquer
rocha roc, roche
rocha eruptiva roche éruptive
rochedo rocher
rochoso rocheux
rocim haridelle, rossinante
rock rock
rock-and-roll rock
rococó rococo
roda arrondi, ronde, rouage, roue
roda de fiar rouet
roda de proa étrave
roda-gigante grande roue
rodada manche, tournée
rodado évasé, miroité
rodaniano rhodanien
rodar rouler, tourner, tournicoter
rodar a baiana gendarmer
rodear entourer, louvoyer
rodeio rodéo, louvoiement
rodela rondelle
rodilha tortillon
rodinha roulette, soleil
ródio rhodium
rodízio galet, rotation, roulement
rododendro rhododendron
rodopiar tournoyer, virevolter
rodopio tournoiement, virevolte
rodovalho barbue, turbot
rodovia autoroute
rodoviária gare routière
rodoviário routier
roedor rongeur

roentgen röntgen
roer croquer, ronger
rogações rogations
rogatório rogatoire
rogo prière
rol rôle
rola tourterelle
rolamento roulade, rouleau, roulé-boulé, roulement
rolante roulant
rolão bran
rolar rouler
rolê roulé
roleta roulette
rolha bouchon
rolinha tourtereau
rolinho primavera nem, rouleau de printemps
rolo rififi, roulade, rouleau, tortillon
rolo compressor rouleau compresseur
rolotê roulotté
ROM ROM
rom rom
romã grenade
romana romaine
romança romance
romance roman
romance de ficção científica roman d'anticipation
romance de tese roman à thèse
romance em episódios roman à tiroirs
romance policial polar, roman policier
romance-rio roman-fleuve
romanceação novélisation
romancear romancer
romanceiro romancero
romanche romanche
romancista romancier
romando romand
romanesco romanesque
romani romani
românico roman
romanista romaniste
romano romain
romântico romantique
romantismo romantisme
romaria pardon
romãzeira grenadier
rombo mousse, voie d'eau
romboedro rhomboèdre
romeno roumain
romper casser, rompre
roncador ronflant, ronfleur
roncar ronfler, ronronner, vrombir
ronco ronflement, ronronnement, vrombissement
ronda ronde, tournée
rondar rôder
rondó rondeau, rondo
Ronéo Ronéo
ronrom ronron
ronronar ronronnement, ronronner
roque roque
roquefort roquefort
roqueiro rocker
rorqual balénoptère, rorqual
rosa rose
rosa do deserto rose des sables
rosa dos ventos rose des vents
rosa-canina églantier, églantine
rosa-marinha passerose, primerose, rose trémière
rosácea rosace, rosacée
rosado rosacé, rosâtre, rosé
rosar rosir
rosário kyrielle, rosaire
rosé rosé
roseira rosier
roseiral roseraie
roséola roséole
roseta macaron, molette, rosette
rosilho aubère
rösti rœsti
rosto face, figure, front, museau, tête, visage
rosto anguloso visage anguleux
rosto envelhecido visage flétri
rosto viçoso teint fleuri
rostro rostre
rota rote, route
rota alternativa itinéraire bis, itinéraire de délestage
rotação rotation
rotador rotateur
rotativa rotative
rotativo rotatif
rotatória rond-point
rotatório rotatoire
roteirista scénariste
roteirizar scénariser
roteiro scénario, script
rotina routine
rotineiro routinier
rotor rotor
rótula rotule
rotular étiqueter
rotunda rond-point, rotonde
rotundidade rotondité
roubar choper, détrousser, dévaliser, marauder, prendre, ravir, taxer, tricher, truander, voler
roubo cambriolage, maraudage, vol
roubo de carro car-jacking
roubo qualificado vol qualifié
rouco enroué, rauque
rouille rouille
round round
roupa linge, vêtement
roupa de baixo dessous, sous-vêtement
roupa de gosto duvidoso attifement
roupa de lã lainage, laine
roupa íntima sous-vêtement
roupa lavada lessive
roupa para lavar lessive
roupa velha fripe
roupão déshabillé, peignoir, robe de chambre
roupão de banho peignoir
rouparia lingerie
roupas effets, habits, sapes
roupas de brechó friperie
roupas de meia-estação vêtements de demi-saison
roupeiro lingère
rouquidão enrouement, éraillement
roux roux
rouxinol rossignol
roxo violet
roxo-púrpura violine
royalties droits dérivés, royalties
RSDI RNIS
RSVP RSVP
rua chaussée, rue
rua principal grand-rue
ruão rouan
rubefação rubéfaction
rubéola rubéole
rubi rubis
rubiácea rubiacée
rubicundo rubicond
rubídio rubidium
rubificar rubéfier
rubiginoso rubigineux
rublo rouble
rubo ronce
rubor rouge, rougeur, rougissement
ruborizado cramoisi
rubrica paraphe, rubrique
rubrica à margem émargement
rubricar émarger, parapher
rude bourru, rude
rudemente vertement
rudeza rudesse
rudimentar rudimentaire
rudimento rudiment
ruela ruelle, venelle
rufião souteneur
rufo tambourinage
ruga pli, ride
rugby rugby
ruge rouge
ruge-ruge froissement
rugido rugissement
rugir gronder, rugir
rugosidade rugosité
rugoso rugueux
ruguinha ridule
ruibarbo rhubarbe
ruído bruit
ruidosamente bruyamment
ruidoso bruyant
ruim à la manque, mal, mauvais
ruína délabrement, déconfiture, ruine
ruinoso ruineux
ruivo grondin, poil-de-carotte, rouget grondin, rouquin, roux
rum rhum
rumba rumba
rúmen panse, rumen
ruminação rumination
ruminante ruminant
ruminar retourner, ruminer

rummy rami
rumo route
rumor bruit, rumeur
runa rune
rúnico runique
rupestre rupestre
rupia roupie
ruptor rupteur
ruptura clash, fracture, rupture
ruptura de estoque rupture de stock
rural rural
rurbanização rurbanisation
rurbano rurbain
rurícolas rural
rush rush
rushes rushes
russificação russification
russificar russifier
russo russe
rússula russule
rusticidade rusticité
rústico rustique
Rustine Rustine
rutabaga rutabaga
rutênio ruthénium
rutilante rutilant
rutilar rutiler

Ss

S S
s s
S.A. SA
S.A.R.L. SARL
S.O.S. SOS
saaráui sahraoui
saariano saharien
sabá sabbat
sábado samedi
sabão lessive, savon
sabão em flocos lessive en paillettes, savon en paillettes
sabático sabbatique
sabedoria sagesse
saber apprendre, connaître, savoir
saber a sentir
sabiamente savamment
sabichona bas-bleu
sabido su
sábio sage
sabir sabir
sable sable
saboaria savonnerie
saboeiro savonnier
saboiano savoyard
sabonete savonnette, savonnier
saboneteira porte-savon, salière
sabor parfum, saveur
saborear goûter, savourer
saboroso goûteux, savoureux
sabotador saboteur
sabotagem sabordage, sabotage
sabotar saborder, saboter
sabre sabre
sabugueiro sureau
sabujo limier
saca-bocado emporte-pièce
saca-rolhas tire-bouchon
sacada balcon
sacador tireur
sacal emmerdant
sacana rosse, salaud, salopard, salope
sacanagem rosserie, saloperie, vacherie
sacar dégainer, servir
sacarina saccharine
sacarose saccharose
sacerdócio prêtrise, sacerdoce
sacerdotal sacerdotal
sacerdote prêtre
sacerdotisa prêtresse
sachar serfouir
sachém sachem
sacho serfouette
saciado repu
saciar apaiser, assouvir, rassasier
saciedade assouvissement, rassasiement, satiété
saco emmerdement, fourre-tout, morbleu, pochette, sac
saco cheio ras-le-bol
saco de dormir duvet, sac de couchage
saco de lixo sac-poubelle
sacolejante cahotant, cahoteux
sacolejar ballotter, bringuebaler, cahoter
sacolejo ballottement
sacral sacré
sacralização sacralisation
sacralizar sacraliser
sacramental sacramentel
sacramento sacrement
sacrificado sacrifié
sacrificador sacrificateur
sacrifical sacrificiel
sacrificar sacrifier
sacrifício sacrifice
sacrilégio sacrilège
sacrílego sacrilège
sacripanta sacripant
sacristã sacristine
sacristão bedeau, sacristain
sacristia sacristie
sacro sacral, sacré, sacrum
sacro colégio Sacré Collège
sacroilíaco sacro-iliaque
sacrossanto sacro-saint
sacudida secousse
sacudir secouer
sadiamente sainement
sádico sadique
sadismo sadisme
sadomasoquismo sadomasochisme
sadomasoquista sadomasochiste
safári safari
safári fotográfico safari-photo
safira saphir
safrão safran
saga saga
sagacidade adresse, sagacité
sagaz futé, malin, sagace
sagitado sagittal
sagital sagittal
sagitária sagittaire
sagitariano sagittaire
sagitário sagittaire
Sagitário sagittaire
sagração sacre
Sagradas Escrituras Écriture sainte, Saintes Écritures
sagrado religieux, sacré
sagrar sacrer
saguão hall
sagui ouistiti, sagouin
saia jupe
saia-balão robe à panier
saia-calça jupe-culotte
saião joubarbe
saibro arène
saída débit, débouché, départ, issue, joint, sortie, sortir
saída de banho sortie-de-bain
saída de bola engagement
saiga saïga
saimel sommier
sainete saynète
saint-honoré saint-honoré
saint-nectaire saint-nectaire
saio saie
saiote jupon
saiote grego fustanelle
sair partir, relever, s'en aller, se déranger, sortir
sair da fila déboîter
sair de moda démoder
sair de novo ressortir
sair para sortir
sair-se bem en sortir, s'en sortir, se tirer d'affaire
sair-se mal faire chou blanc, se planter
sais sels
sais de banho sels de bain
sal sel
sal-gema sel gemme
sala bureau, cabinet, salle
sala das caldeiras chambre de chauffe, chaufferie
sala de audiências prétoire
sala de controle régie
sala de estar living-room, salon, séjour
sala de estudo étude, permanence
sala de trás arrière-salle
salada en salade, salade
salada de folhas mesclun
salada de frutas salade de fruits
salada mista salade mixte
salada *niçoise* salade niçoise
saladeira saladier
salamaleque salamalecs
salamandra salamandre
salame salami, saucisson
salame lionês rosette
salangana salangane
salão salon

salão de baile bal
salariado salariat
salarial salarial
salário appointements, gage, salaire
salário bruto salaire réel
salário de fome salaire de famine
salário mínimo SMIC
salário-base salaire de base
salaz salace
saldar solder
saldo boni, solde
saleiro salière
salga salaison
salgadeira saloir
salgado salé, salure
salgamento salage
salgar saler
salgueiral saulaie
salgueiro saule
salgueiro-chorão saule pleureur
salicílico salicylique
sálico salique
salicórnia salicorne
saliência encorbellement, porte-à-faux, saillant, saillie, surplomb
salientar accuser, souligner
saliente saillant
salificar salifier
salina marais salant, salin, saline
salineiro paludier, saunier
salinidade salinité, salure
salino salant, salin
salitre salpêtre
saliva salive
salivação salivation
salivar salivaire, saliver
salmão saumon
salmo psaume
salmodia psalmodie
salmodiar psalmodier
salmonado saumoné
salmonela salmonelle
salmonelose salmonellose
salmonete rouget, saumoneau, surmulet
salmonídeo salmonidé
salmoura saumure
salmouragem saumurage
salmourar saumurer
salobro saumâtre
saloon saloon
salpicado piqué
salpicadura saupoudrage
salpicar consteller, piquer, piqueter, saupoudrer, tacheter, taveler
salpico éclaboussure, moucheture
salpicos un semis de
salpingite salpingite
salsa persil
salsão céleri-rave
salsaparrilha salsepareille
salsichão cervelas, jésus
salsifi salsifis
saltador sauteur
saltador com vara perchiste
saltar bondir, rebondir, sauter
salteado sauté
saltimbanco baladin, bateleur, saltimbanque
saltimbancos gens du voyage
saltinho sautillement
saltitante sautillant
saltitar sautiller
salto bond, rebond, saut, talon
salto agulha talon aiguille
salto anabela semelles compensées
salto com vara (saut à) la perche
salto mortal saut périlleux, tonneau
salto plataforma semelles compensées
salubre salubre
salubridade salubrité
salutar salutaire
salva sauge, salve, vasque
salva de palmas salve d'applaudissements
salva-vidas de sauvetage
salvação salut
salvacionista salutiste
salvador salvateur, sauveteur, sauveur
Salvador Sauveur
salvaguarda sauvegarde
salvaguardar sauvegarder
salvamento sauvetage
salvar sauver
salve-se quem puder sauve-qui-peut
salvelino omble
sálvia sauge
salvo sauf
salvo-conduto coupe-file, laissez-passer, sauf-conduit
samanta chouquette
samaritano samaritain
samba samba
sãmente sainement
samizdat samizdat
samovar samovar
sampana sampan
sampleador sampler
sampler sampler
SAMU SAMU
samurai samouraï
sanatório sanatorium
sanção sanction
sancionar sanctionner
sandália sandale
sandália de tiras spartiate
sandália leve sandalette
sandália rasteira nu-pieds
sândalo santal
Sandow Sandow
sanduíche sandwich
saneamento assainissement
sanear assainir
sanfonado en accordéon
sangradouro décharge, saignée
sangramento saignement
sangrar gemmer, saigner
sangrento sanglant, sanguinaire
sangria saignée, sangria, vin
sangue sang
sangue azul sang bleu
sangue venoso sang veineux
sangue-frio sang-froid
sanguessuga sangsue
sanguina sanguine
sanguinário sanguinaire
sanguíneo sanguin
sanguinolento sanguinolent
Sanisette Sanisette
sanitário lieux d'aisances, sanitaire
sanitarista hygiéniste
sans-culotte sans-culotte
sânscrito sanskrit
sansimonismo saint-simonisme
sansimonista saint-simonien
Santa Ceia Cène
santa do pau oco sainte-nitouche
Santa Sé Saint-Siège
santamente saintement
santidade sainteté
santificação sanctification
santificado sanctifier
santificador sanctifiant, sanctificateur
santificar sanctifier
santo saint
Santo Padre saint-père
Santo Sínodo saint-synode
santola araignée de mer
santos óleos saintes huiles
santuário sanctuaire
são ce sont, il y a, sain
são-bernardo saint-bernard
sapa sape, sapement
sapador sapeur
sapar saper
sapata patin, sabot
sapatão gouine
sapataria cordonnerie
sapateado claquettes
sapatear piaffer
sapateiro bottier, chausseur, cordonnier, savetier
sapatilha ballerine, chausson
sapato chaussure, pompe, soulier, tatane
sapê chaume
sapidez sapidité
sápido sapide
sapinho muguet
sapo crapaud
saponáceo saponacé, savonneux
saponária saponaire
saponificação saponification
saponificar saponifier
sapota sapote
saprófito saprophyte
saquê saké
saque rafle, sac, saccage, service
saque a descoberto découvert
saqueador pillard, pilleur, saccageur
saquear mettre à sac, rafler, saccager
saquinho sachet
saquinho surpresa pochette-surprise
sarabanda sarabande
saracotear trémousser

saracoteio trémoussement
saracura râle
saraivada grêle, volée
sarampo rougeole
sarapintado tiqueté
sarar guérir
sarçal ronceraie
sarcasmo sarcasme
sarcástico sarcastique
sarcófago sarcophage
sarcoma sarcome
sarcomatoso sarcomateux
sarda lentigo, tache de rousseur, tache de son
sardana sardane
sardinha sardine
sardinheiro sardinier
sardo sarde
sardonicamente sardoniquement
sardônico sardonique
sargaço sargasse
sargentão gendarme
sargento sergent
sargento de artilharia maréchal des logis
sargento de cavalaria maréchal des logis
sargento de manutenção fourrier
sári sari
sarilho treuil
sarja serge, sergé
sarjeta caniveau, ruisseau
sarmento sarment
sarmento arqueado arçon
sarna gale, tavelure
sarnento galeux
sarro culot
Sars sras
sassafrás sassafras
SAT SAV
satânico satanique
satélite satellite
satélite artificial satellite artificiel
satelitização satellisation
satelitizar satelliser
sátira satire
satírico satirique
satirista satiriste
sátiro satyre
satisfação satisfaction
satisfatoriamente à souhait
satisfatório satisfaisant
satisfazer satisfaire, suffire
satisfeito satisfait
sátrapa satrape
saturação saturation
saturado saturé
saturador saturant
saturar saturer
saturnais saturnales
saturnal saturnien
saturnino saturnin
saturnismo saturnisme
saudação salut, salutation
saudade mal du pays, nostalgie, regret
saudar saluer
saudável sain
saúde santé
saúde pública salubrité publique
saudita saoudien
saudoso nostalgique
sauna étuve, sauna
sauna a vapor hammam
sáurio lacertilien
sauternes sauternes
savana savane
savarin savarin
sável alose
savoir-faire savoir-faire
savoir-vivre savoir vivre
sax saxo
saxão saxon
saxe saxe
saxífraga saxifrage
saxofone saxophone
saxofonista saxophoniste
saxorne saxhorn
sazonal saisonnier
scaferlati scaferlati
scampi scampi
scanner scanneı
scherzo scherzo
schnaps schnaps
scooter scooter
scotch scotch
scottish terrier scottish-terrier
script script
scrum mêlée
SDF SDF
se se, si, toi
se não sinon
sebáceo seau
sebe haie
sebo sébum, suif
seborreia séborrhée
seca sécheresse
secador de cabelos séchoir
secador de mãos sèche-mains
secadora séchoir
secadora de roupa essoreuse, sèche-linge
secagem assèchement, séchage
SECAM SECAM
secamente sèchement
secante sécant
seção rayon, section
seção de livros de bolso pochothèque
seção plana de um volume section plane d'un volume
secar assécher, reluquer, sécher, tarir
secessão sécession
secessionista sécessionniste
secionamento sectionnement
secionar sectionner
seco à sec, sec
seconde seconde
secreção sécrétion
secreta barbouze
secretamente secrètement
secretar sécréter
secretaria secrétariat
secretária secrétaire
secretária eletrônica répondeur, répondeur-enregistreur
secretariado secrétariat
secretário secrétaire
secreto dérobé, secret
secretor sécréteur
sectário sectaire, sectateur, séide
sectarismo sectarisme
secular séculaire, séculier
secularização sécularisation
secularizar séculariser
século siècle
século XV quattrocento
séculos lustre
secundar seconder
secundariamente accessoirement, secondairement
secundário marginal, secondaire
Secundário secondaire
secura sécheresse
seda soie, soierie
seda crua soie grège
sedas soie
sedativo sédatif
sede /é/ banquette, foyer, siège
sede /ê/ fringale, soif
sedentário sédentaire
sedentarismo sédentarité
sedentarização sédentarisation
sedentarizar sédentariser
sedento assoiffé
sedição sédition
sedicioso séditieux
sedimentação sédimentation
sedimentar sédimentaire
sedimento sédiment
sedoso soyeux
sedução séduction
sedutor charmeur, séducteur, séduisant
seduzir séduire, suborner
sefardi séfarade
segmentação segmentation
segmentado segmentaire
segmentar segmentaire, segmenter
segmento segment
segmento de reta segment de droite
segredinho cachotterie
segredista cachottier
segredo chiffre, pot aux roses, secret
segredo de Estado secret d'État
segredo de polichinelo secret de polichinelle
segredo militar secret-défense
segredos de alcova secrets d'alcôve
segregação ségrégation
segregacionismo ségrégationnisme
segregacionista ségrégationniste
segregatício ségrégatif
seguidilha séguedille
seguidor suiveur
seguidos bout à bout
seguinte d'après, suivant
seguir filer, suivre

seguir a pista pister
seguir de perto talonner
segunda seconde
segunda intenção arrière-pensée
segunda peritagem contre-expertise
segunda-feira lundi
segundo d'après, deuxième, second, seconde, secundo, selon, suivant
segundo andar second
segundo ano do ensino médio seconde
segundo ciclo second cycle
segundo o regulamento réglementairement
segundogênito cadet
segurado assuré
segurado social assuré social
seguradora assureur
seguramente assurément
segurança assurance, convoyeur, sécurité, sûreté
segurança rodoviária sécurité routière
segurar assurer, empoigner, retenir, saisir, tenir
segurelha sarriette
seguridade social Sécurité sociale
seguro assurance, assuré, sûr
seguro de vida assurance-vie
seguro multirriscos multirisque
seguro social couverture sociale
seio gorge, sein, sinus, téton
seis six
seis por oito six-huit
seita secte
seiva sève, suc
seixal rocaille
seixo caillou, galet
seixoso rocailleux
seja soit
sela selle
seláquio sélacien
selar sceller, seller, timbrer
selaria bourrellerie, sellerie
seleção sélection, sélectionné, triage
seleção de elenco distribution artistique
seleção natural sélection naturelle
selecionado choisi
selecionador sélectionneur, trieur
selecionar sélectionner, trier
seleiro bourrelier, sellier
selênio sélénium
selenologia sélénologie
seletivamente sélectivement
seletivo sélectif
seleto choisi, sélect
seletor sélecteur
self-made man self-made-man
self-service libre-service, self-service
selim selle
selo label, timbre, timbre-poste
selo de recibo timbre-quittance
selo fiscal timbre fiscal
selva jungle
selvagem farouche, sauvage, sauvageon
selvagemente sauvagement
selvageria sauvagerie
sem sans, sans que
sem abertura orbe
sem civismo incivique
sem convicção mollement
sem coração sans-cœur
sem dúvida certes
sem educação sans-gêne
sem etiqueta de grife dégriffé
sem fio sans-fil
sem graça disgracier, fade, ingrat
sem inspiração poussif
sem jeito confus
sem sódio désodé
sem-gracice fadeur, mièvrerie
sem-teto sans domicile fixe, sans-abri, sans-logis
sem-teto que invade imóvel abandonado squatteur
sem-vergonha dévergondé
sem-vergonhice dévergondage
semáforo feu de signalisation, feu tricolore, sémaphore
semana semaine
semanada semaine
semanal hebdomadaire
semanalmente hebdomadairement
semanário hebdomadaire
semântica sémantique
semântico sémantique
semblante semblant
semeador semeur, semoir
semeadura ensemencement, semailles, semis
semear emblaver, ensemencer, planter, semer
semelhança ressemblance, similitude
semelhante pareil, ressemblant, semblable, voisin
sêmen semence
semente graine, pépin, semence
sementeira semis
semestral semestriel
semestralidade semestre
semestre semestre
semi-internato demi-pension
semi-interno demi-pensionnaire
semiacabado semi-fini
semiatacado demi-gros
semiautomático semi-automatique
semibreve ronde
semicerrado mi-clos
semicircular semi-circulaire
semicírculo demi-cercle
semicolcheia double-croche
semicondutor semi-conducteur
semiconserva semi-conserve
semideus demi-dieu
semifinal demi-finale
semifinalista demi-finaliste
seminal séminal
seminário séminaire
seminarista séminariste
seminífero séminifère
semínima noire
semiologia sémiologie
semipúblico semi-public
semirreboque semi-remorque
semita sémite
semítico sémitique
semitom demi-ton
semivogal semi-consonne
semnopiteco semnopithèque
sêmola gruau, semoule
sempiternamente sempiternellement
sempiterno sempiternel
sempre de tout temps, toujours
sempre-viva immortelle
senado sénat
Senado sénat
senador sénateur
senão autrement, sans cela, sans quoi, sinon
senatorial sénatorial
senátus-consulto sénatus-consulte
sene séné
senécio séneçon
senegalês sénégalais
senescal sénéchal
senescalia sénéchaussée
senescência sénescence
senha chiffre, code, mot de passe
senha de saída contremarque
senhor messire, monsieur, seigneur, sieur
senhora dame, madame
senhoria seigneurie
senhorial seigneurial
senhorita demoiselle, mademoiselle
senil gâteux, sénile
senilidade gâtisme, sénilité
sênior senior
seno sinus
senoidal sinusoïdal
senoide sinusoïde
sensaboria fadeur
sensação sensation
sensacional sensationnel, super
sensacionalista à sensation
sensacionismo sensualisme
sensatamente sagement, sensément
sensatez sagesse
sensato avisé, sage, sensé
sensibilidade fibre, sensibilité
sensibilização sensibilisation
sensibilizador sensibilisateur
sensibilizar sensibiliser
sensitivo sensitif
sensível douillet, sensible, tendre
sensivelmente sensiblement
senso sens
sensorial sensoriel
sensual sensuel
sensualidade sensualité
sentado assis
sentar asseoir
sentar-se à mesa s'attabler
sentar-se de novo se rasseoir
sentença arrêt, sentence

sentenciosamente sentencieusement
sentencioso sentencieux
sentido sens, senti
sentido circular sens giratoire
sentido da fibra droit-fil
sentido do fio droit-fil
sentido figurado sens figuré
sentido próprio sens propre
sentimental sentimental
sentimentalidade sentimentalité
sentimentalismo sensiblerie, sentimentalisme
sentimentalmente sentimentalement
sentimento sentiment
sentimento de culpa sentiment de culpabilité
sentinela faction, factionnaire, sentinelle
sentir éprouver, ressentir, sentir, souffrir, tâter, trouver
sentir comichão démanger
sentir-se afetado s'affecter
sépala sépale
separação séparation
separação de bens séparation de biens
separação de corpos séparation de corps
separadamente séparément
separado séparé
separador séparateur
separar séparer
separata tiré à part
separatismo séparatisme
separatista séparatiste
separável séparable
sépia sépia
sepiolita écume de mer
septembriseur septembriseur
septenal septennal
septenário septennal
septenato septennat
septeto septuor
septicemia septicémie
septicêmico septicémique
septicidade septicité
séptico septique
septo cloison
septuagenário septuagénaire
septuagésimo soixante-dixième
septuplicar septupler
séptuplo septuple
sepulcral sépulcral
sepulcro sépulcre
sepultamento ensevelissement, enterrement
sepultar ensevelir
sepultura sépulture
sequela séquelle
sequência film, raccord, séquence, suite
sequencial séquentiel
sequenciamento séquençage
sequenciamento do genoma humano séquençage du génome humain
sequestrador kidnappeur, ravisseur
sequestrar enlever, kidnapper, séquestrer
sequestro détournement, enlèvement, kidnapping, séquestration, séquestre,
séquito suite
sequoia séquoia
ser être, faire
ser brusco com brusquer
ser bufante blouser
ser fisgado s'enferrer
ser funcionário fonctionner
ser indiferente indifférer
ser insuportável insupporter
ser louco raffoler
ser louco por s'enticher
ser pago rentrer
ser pego por mordre
ser possível se pouvoir
ser publicado paraître
ser punido écoper
ser recontratado rempiler
ser removido s'enlever
ser reutilizado resservir
ser saltado sauter
ser solícito s'empresser
ser superior a surclasser
ser transpassado s'empaler
ser útil servir
ser vesgo loucher
ser vítima morfler
seraco sérac
seráfico séraphique
serafim séraphin
serão veillée
serapilheira serpillière
sereia sirène
serenamente sereinement
serenar assoupir, détendre
serenata aubade, sérénade
serenidade sérénité
Sereníssima República de Veneza la sérénissime République
sereníssimo sérénissime
sereno serein
serial sériel
seriamente sérieusement
seriar sérier
sericícola séricicole
sericicultor séricicultеur
sericicultura sériciculture
sericígeno séricigène
série série, train, tranche
série de obstáculos parcours du combattant
série de TV série télévisée
seriedade sérieux
serigaria soierie
serigrafia sérigraphie
serineta serinette
seringa seringue
sério sérieux
sermão prêchi-prêcha, sermon
serosidade sérosité
seroso séreux
serpão serpolet
serpentário serpentaire
serpentear serpenter
serpentina serpentin, serpentine
serpete serpette
serra élagueur, scie, sierra, tronçonneuse
serra-pau capricorne
serração sciage
serrador scieur
serragem sciure
serralheiro serrurier
serralheria serrurerie
serralho sérail
serrano serran
serrar scier
serrar de comprido refendre
serraria scierie
serrazina scie
serrote égoïne, grecque
serval serval
servente servant
serviçal serviable
serviçalismo serviabilité
serviço service
serviço de emergência urgences
serviço de hora certa horloge parlante
serviço de informações renseignement
serviço de radiomensagem radiomessagerie
serviço de resgate police secours
serviço de transporte desserte
serviço de transporte expresso messagerie
serviço público administration, service public
serviço voluntário bénévolat
servidão servage, servitude
servidor serveur
servidor de telemensagem serveur vocal
servil plat, servile
servilismo servilité
servilmente platement, servilement
sérvio serbe
servir profiter, servir
servir-se de novo se resservir
servo serf
servo-croata serbo-croate
servofreio servofrein
servomotor servomoteur
sésamo sésame
sessão séance, session, vacation
sessão a portas fechadas huis clos
sessão de encerramento séance de clôture
sessenta soixante
sessentena soixantaine
sesta sieste
sestércio sesterce
set set
seta flèche
sete sept
sete pecados capitais sept péchés capitaux
seteira meurtrière
setembro septembre
setenta septante, soixante-dix
setentrião septentrion
setentrional septentrional
sétimo septième
sétimo ano sixième

setor secteur, service
setor circular secteur circulaire
setor de eletrodomésticos électroménager
setor de restaurantes restauration
setor imobiliário immobilier
setor livreiro librairie
setor primário secteur primaire
setor privado privé
setor público public
setor secundário secteur secondaire
setor terciário secteur tertiaire
setorial sectoriel
setorização sectorisation
setorizar sectoriser
setter setter
seu sien, son, tien, ton, votre, vôtre
seus votre, ses
severamente sévèrement
severidade sévérité
severo rosse, sévère
sevícias sévices
sevres sévres
sex appeal sex-appeal
sex shop sex-shop
sexagenário sexagénaire
sexagesimal sexagésimal
sexagésimo soixantième
sexismo sexisme
sexista sexiste
sexo la bagatelle, sexe
sexologia sexologie
sexólogo sexologue
sexta sixte
sexta-feira vendredi
Sexta-Feira Santa Vendredi saint
sextante sextant
sexteto sextuor
sextilha sizain
sexto sixième
sexto sentido sixième sens
sextuplicar sextupler
sêxtuplo sextuple
sexuado sexué
sexual sexuel
sexualidade sexualité
sexualmente sexuellement
sexy sexy
sforzando sforzando
shakespeariano shakespearien
shetland shetland
shiatsu digitopuncture
shitake shiitaké
shopping center centre commercial
short track short-track
shorts short
show concert, show
show business show-business
shunt shunt
si si, soi
sialagogo sialagogue
siamês siamois
siba seiche
sibarita sybarite
siberiano sibérien
sibila sibylle
sibilante sibilant, sifflant
sibilar chuinter, siffler
sibilino sibyllin
sibilo sifflement
sic sic
sicativo siccatif
SICAV sicav
siciliana sicilienne
siciliano sicilien
sicômoro sycomore
sidecar side-car
siderado sidéré
sideral sidéral
siderante sidérant
siderar sidérer
siderose sidérose
siderurgia sidérurgie
siderúrgica aciérie
siderúrgico sidérurgique, sidérurgiste
sidra cidre
sidra engarrafada cidre bouché
sifão siphon
sífilis syphilis, vérole
sifilítico syphilitique
sifonar siphonner
sifonoide siphoïde
sigilado sigillé
sigilo profissional secret professionnel
sigilografia sigillographie
sigla sigle
sigma sigma
signatário signataire
significado signification
significante signifiant
significar signifier
significativo significatif
signo do zodíaco signe du zodiaque
sikh sikh
sílaba syllabe
silabário syllabaire
silábico syllabique
silenciador silencieux
silenciar passer sous silence
silêncio omerta, silence
silenciosamente silencieusement
silencioso silencieux
silene silène
sílex silex
sílfide sylphide
silfo sylphe
silhueta silhouette
silhuetar silhouetter
sílica silice
silicato silicate
silício silicium
silicioso siliceux
silicone silicone
silicose silicose
silicoso siliceux
silindra seringa
silo silo
silogismo syllogisme
siluriano silurien
siluro silure
silvas roncier
silvestre sauvage, sylvestre
silvicultor sylviculteur
silvicultura sylviculture
sim ouais, oui, si
simbiose symbiose
simbólica symbolique
simbolicamente symboliquement
simbólico symbolique
simbolismo symbolisme
simbolista symboliste
simbolizar symboliser
símbolo symbole
simetria symétrie
simetricamente symétriquement
simétrico symétrique
simiesco simiesque
similar similaire
similaridade similarité
similigravura similigravure
símio simien
simonia simonie
simpatia sympathie
simpático chic, sympathique
simpatizante sympathisant
simpatizar sympathiser
simples simple, simple d'esprit, vulgaire
simplesmente simplement, tout bonnement, tout uniment
simplicidade simplicité
simplificação simplification
simplificador simplificateur
simplificar simplifier
simplismo simplisme
simplista binaire, simpliste
simploriedade jobarderie
simplório jobard, simplet
simpósio carrefour, symposium
simulação simulation
simulacro simulacre
simulado bac blanc, examen blanc
simulador simulateur
simular contrefaire, simuler
simultaneamente simultanément
simultaneidade simultanéité
simultâneo simultané
simum simoun
sinagoga synagogue
sinais signalement
sinais de pontuação signes de ponctuation
sinal acompte, arrhes, signal, signe, tonalité
sinal clínico signe clinique
sinal da cruz signe de croix
sinal de farol appel de phares
sinal de mais plus
sinal de menos moins
sinal diacrítico signe diacritique
sinal identificador signe de reconnaissance
sinalético signalétique
sinalização signal, signalisation
sinalizador gyrophare

sinalizar donner le signal de, signaler, signaliser
sinantropo sinanthrope
sinapismo sinapisme
sinapse synapse
sinceramente sincèrement
sinceridade sincérité
sincero sincère, véridique
sinclinal synclinal
sincopado syncopé
síncope syncope
sincretismo syncrétisme
sincronia synchronie
sincronicamente synchroniquement
sincrônico synchrone, synchronique
sincronismo synchronisme
sincronização synchronisation
sincronizar synchroniser
sindical syndical
sindicalismo syndicalisme
sindicalista syndicaliste
sindicalizado syndiqué
sindicalizar syndiquer
sindicato syndicat
sindicatório syndicataire
síndico syndic
síndrome syndrome
sine die sine die
sine qua non sine qua non
sinecura sinécure
sinédoque synecdoque
sinédrio sanhédrin
sineiro sonneur
sinergia synergie
sineta clochette
sinete cachet
sínfise symphyse
sinfonia symphonie
sinfônico symphonique
sinfonista symphoniste
singelo naïf
singrar cingler
singularidade singularité
singularizar singulariser
singularmente singulièrement
sinistrado sinistré
sinistro senestre, sinistre
sinistrose sinistrose
sinizar siniser
sino beffroi, cloche
sinodal synodal
sínodo synode
sinologia sinologie
sinólogo sinologue
sinonímia synonymie
sinonímico synonymique
sinopse pitch, synopsis
sinóptico synoptique
sinóvia synovie
sinovial synovial
sinovite synovite
sintagma syntagme
sintático syntaxique
sintaxe syntaxe
síntese synthèse
sintético synthétique
sintetizador synthétiseur
sintetizar synthétiser
sintoma symptôme
sintomático symptomatique
sintonizador tuner
sinuosidade repli, sinuosité
sinuoso sinueux
sinusite sinusite
sionismo sionisme
sionista sioniste
sire sire
sirene sirène
sirênio sirénien
sirga halage
sirgar haler
siríaco syriaque
sírio syrien
siroco sirocco
sisal sisal
sísmico sismique
sismo séisme
sismógrafo sismographe
sismologia sismologie
sismólogo sismologue
sistema système
sistema computacional système informatique
sistema conjugado couple
sistema de agulhas aiguillage
sistema de esgoto tout-à-l'égout
sistema de ignição allumeur
sistema de processamento de dados système informatique
sistema de som sonorisation
sistema de torneiras robinetterie
sistema de travamento do cinto de segurança prétensionneur
sistema de trocas troc
sistema de ventilação soufflerie
sistema digestório appareil digestif
sistema digital numérique
sistema especialista système expert
sistema métrico système métrique
sistema nervoso système nerveux
sistema nervoso vegetativo système neurovégétatif
sistema operacional système d'exploitation
sistema PAL système Pal
sistema SECAM système Secam
sistema viário voirie
sistematicamente systématiquement
sistemático systématique
sistematização systématisation
sistematizar systématiser
sistêmico systémique
sístole systole
sistro sistre
sit-in sit-in
sitar sitar
sitarista sitariste
sitcom sitcom
site site
sitiado assiégé
sitiante assiégeant
sitiar assiéger, investir
sítio site
sito sis
situação état, majorité, posture, situation
situado situé
situar situer
sixième sixième
skate planche à roulettes, skateboard
skeleton skeleton
skinhead skinhead
slalom slalom
slam slam
slide diapositive
slogan slogan
slop floc
smash smash
SMIC SMIC
smoking smoking
SMS SMS
snif sniff
snorkel tuba
só seul, seulement
soalho plancher
soap opera soap opera
soar sonner
sob sous
sobejo rabiot
soberanamente souverainement
soberania souveraineté
soberanismo souverainisme
soberanista souverainiste
soberano reine, souverain
soberba morgue, superbe
soberbamente superbement
soberbo superbe
sobra rogaton
sobrancelha sourcil
sobras reliefs, restes
sobre autour, sur, sus
sobre-humano surhumain
sobrecapa jaquette, liseuse
sobrecarga surcharge
sobrecarregar abrutir, accabler, surcharger
sobrecasaca redingote
sobrecilha surfaix
sobrecoser surjeter
sobrecostura surjet
sobrecoxa entrecuisse
sobreimpressão incrustation, surimpression
sobreiro chêne-liège
sobrejoanete cacatois
sobrelevação surélévation
sobrelevar surélever, surhausser
sobreloja entresol, loggia
sobremesa dessert
sobremesa doce entremets
sobrenatural surnaturel
sobrenome nom patronymique
sobrenome de solteira nom de jeune fille
sobrepeliz surplis

sobreponível superposable
sobrepor superposer
sobreposição superposition
sobrepujar surenchérir
sobressair dépasser, saillir, surplomber
sobressalente rechange
sobressaltar tressauter
sobressalto haut-le-corps, soubresaut, sursaut, tressaillement, tressautement
sobretaxa surimposition, surtaxe
sobretaxar surimposer, surtaxer
sobretensão surtension, survoltage
sobretítulo surtitre
sobretudo paletot, pardessus, surtout
sobrevida survie
sobrevir survenir
sobrevivência survie, survivance
sobrevivente rescapé, survivant
sobreviver survivre
sobrevoar survoler
sobrevoo survol
sobriamente sobrement
sobriedade sobriété
sobrinha nièce
sobrinha-neta petite-nièce
sobrinho neveu
sobrinho-neto petit-neveu
sóbrio sobre
socalco replat, terrasse
sociabilidade entregent, sociabilité
social social, sociétal
social-democracia social-démocratie
social-democrata social-démocrate
socialismo socialisme
socialista socialiste
socialização socialisation
socializar socialiser
socialmente socialement
sociável sociable
sociedade société
sociedade anônima société anonyme
sociedade beneficente société de bienfaisance
sociedade civil société civile
sociedade de consumo société de consommation
sociedade de responsabilidade limitada société à responsabilité limitée
sociedade mútua mutuelle, société mutualiste
societariado sociétariat
sociocultural socioculturel
socioeconômico socio-économique
socioeducativo socio-éducatif
sociologia sociologie
sociológico sociologique
sociólogo sociologue
socioprofissional socioprofessionnel
soco empattement
soco lateral swing
soco-inglês coup-de-poing américain
soçobramento chavirement
soçobrar chavirer
socorrer secourir
socorrismo secourisme
socorrista secouriste
socorro haro, secours
socrático socratique
soda soda, soude
sodado sodé
sódico sodique, soudier
sódio sodium
sodomia sodomie
sodomizar sodomiser
sofá canapé, sofa
sofá de dois lugares causeuse
sofá-cama canapé-lit, convertible
sofisma sophisme
sofista sophiste
sofisticação sophistication
sofisticado perfectionné, sophistiqué
sofisticar sophistiquer
sofístico sophistique
sofrer éprouver, essuyer, souffrir, subir, y passer
sofrer mutação muter
sofrimento peine, souffrance
sofrologia sophrologie
soft soft
soft-core soft
software logiciel, software
***software* didático** didacticiel
sogra belle-mère
sogro beau-père
sogros beaux-parents
soi-disant soi-disant
soirée soirée
soja soja
sol sol
Sol soleil
sol nascente soleil levant
sol poente soleil couchant
sola carne, semelle
solanácea solanacée
solapar saper
solar gentilhommière, solaire
solário solarium
solavancar cahoter
solavanco à-coup, cahot, cahotement, saccade
solda brasure, soudage
soldadesca soldatesque
soldado homme de troupe, soldat, troupier
soldado brutamontes soudard
soldado inválido invalide
soldado reconvocado rappelé
soldado volteador voltigeur
soldador soudeur
soldadura soudure
soldar souder
soldo prêt, solde, sou
solecismo solécisme
soleira radier, seuil, sole
soleira de uma porta pas d'une porte
solene solennel
solenemente solennellement
solenidade gala, solennité
soletração épellation
soletrar épeler
Solex Solex
solfatara solfatare
solfejar solfier
solfejo solfège
solha carrelet, plie
solicitação sollicitation
solicitado demandé
solicitador solliciteur
solicitar solliciter
solícito empressé, zélateur
solicitude empressement, sollicitude
solidamente solidement
solidão solitude
solidariamente solidairement
solidariedade solidarité
solidário solidaire
solidéu calotte
solidez solidité
solidificação solidification
solidificar solidifier
sólido costaud, solide
soliloquiar soliloquer
solilóquio soliloque
solista soliste
solitária ténia, ver solitaire
solitariamente solitairement
solitário esseulé, soliflore, solitaire
solo sol, solo, terroir
solstício solstice
solstício de inverno solstice d'hiver
solstício de verão solstice d'été
soltar déchaîner, décoincer, délier, détacher, élargir, jeter, lâcher, larguer, pousser, relâcher
solteirão garçon
solteiro célibataire, solo
solteirona vieille fille
solto incollable, vague, volant
soltura levée d'écrou
solubilidade solubilité
solubilizar solubiliser
solução règlement, solution, soluté
solução de continuidade solution de continuité
soluçar hoqueter, sangloter
solucionar solutionner
soluço hoquet, sanglot
soluto soluté
solutreano solutréen
solúvel soluble
solvente dissolvant, solvant
solvibilidade solvabilité
solvível solvable
som son, sono
soma sommation, somme
somático somatique
somatizar somatiser
sombra ombre, ombre à paupières
sombra chinesa ombre chinoise
sombra no pulmão voile au poumon
sombreado ombragé
sombrear estomper, ombrager, ombrer

sombreiro sombrero
sombria ortolan
sombrinha ombrelle
sombrio morne, morose, noir, sinistre, sombre
someiro sommier
somente seul, seulement
sommelier caviste, sommelier
sonambulismo somnambulisme
sonâmbulo somnambule
sonante sonnant
sonar sonar
sonata sonate
sonatina sonatine
sonda sonde, sondeur
sonda espacial sonde spatiale
sondador sondeur
sondagem audimétrie, sondage
sondagem de opinião sondage (d'opinion)
sondar tâter, pressentir, sonder
soneca roupillon, somme
soneto sonnet
sonhador rêveur, songeur, songe-creux
sonhar rêver
sonho rêve, songe
sonho impossível vœu pieux
sonífero somnifère
sono sommeil
sonolência demi-sommeil, somnolence
sonolento ensommeillé, somnolent
sonômetro sonomètre
sonoplasta bruiteur, preneur de son
sonoplastia bruitage
sonoridade sonorité
sonorização sonorisation
sonorizador ralentisseur
sonorizar sonoriser
sonoro sonore, timbré
sopa soupe
sopa cremosa potage
sopa de cebola gratinée
sopa solidária soupe populaire
sopão soupe populaire
sopapo beigne, gnon
sopé pied
sopeira soupière
sopesar soupeser
soporífero soporifique
soprador de vidro souffleur
soprano soprano
soprar glisser, souffler
sopro souffle
sopros instruments à vent
soquete douille, socquette
sorbet sorbet
sorbo alisier
sordidamente sordidement
sórdido crapuleux, sordide
sorgo sorgho
soro petit-lait, sérum
soro de leite lactosérum
soro fisiológico sérum physiologique
soroconversão séroconversion
sorodiagnóstico sérodiagnostic
sorologia sérologie
sorológico sérologique
soronegativo séronégatif
soropositividade séropositivité
soropositivo séropositif
soroterapia sérothérapie
sorrateiramente sournoisement
sorrateiro sournois
sorridente souriant
sorrir sourire
sorrisinho risette
sorriso sourire
sorriso de desprezo sourire en coin
sorte bol, chance, hasard, heur, sort, veine
sorteado sortant
sortear tirer
sorteio tirage, tranche
sortido assorti
sortilégio sort, sortilège
sortílego jeteur de sort
sortimento assortiment
sortir assortir
sortudo chanceux, veinard, verni
sorva corme, sorbe
sorvedouro hémorragie
sorveira cormier, sorbier
sorvete glace, parfait, sorbet
sorvete à base de leite crème glacée
sorvete de casquinha cône
sorvete de creme crème glacée
sorvete de laranja servido na fruta orange givrée
sorvete de limão servido na fruta citron givré
sorvete de massa bombe glacée
sorvete quente omelette norvégienne
sorveteira sorbetière
sorveteiro glacier
sósia sosie
sótão grenier
sotaque accent
sotia sottie
souk souk
souris souris
souvenir souvenir
sova culotte, tannée, tournée, tripotée
sovcoz sovkhoze
sovela alêne
soviete soviet
Soviete Supremo soviet suprême
soviético soviétique
sovietólogo soviétologue
sovina grippe-sou, radin
sovinice pingrerie, radinerie
sozinho seul, tout seul
spahi spahi
spam spam
spaniel épagneul
spéculoos spéculoos
speech speech
spencer spencer
spinnaker spinnaker
spirorbis spirorbe
spot spot
spray bombe, flacon-pompe, spray
springbok springbok
sprint finish, sprint
sprinter finisseur, sprinter
squash squash
Sr. M.
Sra. Mme
Srs. MM.
Srta. Mlle
stabat mater stabat mater
staccato staccato
staff staff
stakhanovismo stakhanovisme
stakhanovista stakhanoviste
stalag stalag
stalinismo stalinisme
stalinista stalinien
stand-by stand-by
standard standard
star star
starlet starlette
start-up jeune pousse, start-up
starter starter
status statut
status quo statu quo
steeplechase steeple-chase
stem stem
stick stick
stock-car stock-car
store store
strass stras
stricto sensu stricto sensu
stripper strip-teaser
striptease strip-tease
stripteaser strip-teaseur
studbook stud-book
Stylomine Stylomine
sua santidade Sa Sainteté
suadeira suée
suáili souahéli
suão autan
suar suer
suarda suint
suas ses
suástica svastika
suave doux, moelleux, ouaté, suave, tendre
suavemente doucement, doucettement, en douceur, suavement
suavidade adoucissement, douceur, suavité
suavizador de água adoucisseur
suavizante adoucissant
suavizar adoucir
sub-repticiamente subrepticement
sub-reptício subreptice
sub-rogação subrogation
sub-rogado subrogé
sub-rogante subrogatoire
sub-rogar subroger
sub-rotina sous-programme
subagudo subaigu
subalimentação malnutrition, sous-alimentation

subalimentado sous-alimenté
subalimentar sous-alimenter
subalpino subalpin
subalterno gratte-papier, lampiste, subalterne
subaproveitar sous-employer
subavaliar sous-évaluer
subcamada sous-couche
subchefe sous-chef
subcomissão sous-comité, sous-commission
subconjunto sous-ensemble
subconsciente subconscient
subcontinente sous-continent
subcutâneo sous-cutané
subdesenvolvido sous-développé
subdesenvolvimento sous-développement
subdesértico subdésertique
subdiretor sous-directeur
subdividir subdiviser
subdivisão subdivision
subemprego sous-emploi
subempreitada sous-traitance
subempreitar sous-traiter
subempreiteiro sous-traitant
subentender sous-entendre
subentendido sous-entendu
subequipado sous-équipé
subequipamento sous-équipement
suberoso subéreux
subestimar mésestimer, sous-estimer
subexploração sous-exploitation
subexplorar sous-exploiter
subexpor sous-exposer
subexposição sous-exposition
subida montée, remontée
subida na corda grimper
subir grimper, monter, remonter
subir na vida arriver
subitamente subitement, subito
súbito subit
subjacente sous-jacent
subjetivamente subjectivement
subjetividade subjectivité
subjetivo subjectif
subjugar enchaîner, subjuguer
subjuntivo subjonctif
sublevação émeute, soulèvement
sublevar soulever
sublimação sublimation
sublimado sublimé
sublimar sublimer
sublime sublime
sublimidade sublimité
subliminar subliminal
sublingual perlingual, sublingual
sublinhamento soulignement
sublinhar souligner
sublocação sous-location
sublocar sous-louer
sublocatário sous-locataire
sublunar sublunaire
submarca sous-marque
submarinista sous-marinier
submarino sous-marin, submersible
submarino lançador lanceur
submergir s'engloutir, submerger
submergível submersible
submersão engloutissement, submersion
submeter assujettir, inféoder, soumettre
submissão soumission
submisso soumis
submúltiplo sous-multiple
submundo pègre
suboficial adjudant-chef, sous-lieutenant
subordem sous-ordre
subordinação subordination
subordinadamente en sous-ordre
subordinado sous-ordre, subordonné
subordinante subordonnant
subordinar subordonner
subornar suborner
suborno dessous-de-table, pot-de-vin, subornation
subpovoado sous-peuplé
subpovoamento sous-peuplement
subprefeita sous-préfète
subprefeito sous-préfet
subprefeitura sous-préfecture
subpressão sous-pression
subproduto sous-produit
subscrever souscrire
subscrição souscription
subscritor souscripteur
subsequente subséquent
subserviência asservissement, suivisme
subsidiário subsidiaire
subsídio allocation, indemnité, subside
subsistência subsistance
subsistir subsister, surnager
subsolo sous-sol
substância substance
substancial étoffé, substantiel
substantivo nom, substantif
substantivo comum nom commun
substantivo concreto mot concret, terme concret
substituição relève, remplacement, substitution
substituir relayer, relever, remplacer, suppléer, substituer
substituível remplaçable
substitutivo substitutif
substituto remplaçant, substitut
substrato sous-couche, substrat
subtenente sous-lieutenant
subterfúgio faux-fuyant, subterfuge
subterrâneo souterrain
subtítulo sous-titre
subtração soustraction
subtrair retrancher, soustraire
subtropical subtropical
suburbano banlieusard, suburbain
subúrbio banlieue
subvenção subvention
subvencionar subventionner
subversão subversion
subversivo subversif
subverter chambarder, chambouler
sucção succion, sucement
sucedâneo succédané
suceder succéder
sucessão succession
sucessão vacante succession vacante
sucessivamente successivement
sucessivo successif
sucesso réussite, succès
sucessor dauphin, successeur
sucessório successoral
sucintamente succinctement
sucinto succinct
suco jus, suc
suco de laranja orange pressée
suco de limão citron pressé
suco gástrico suc gastrique
Sucrette Sucrette
suçuarana puma
súcubo succube
suculência succulence
suculento juteux, succulent
sucumbir craquer, fondre, succomber
sucuri anaconda
sucursal comptoir, succursale
sucursalismo succursalisme
sudanês soudanais
sudário suaire
sudeste sud-est
súdito sujet
sudoeste sud-ouest, suroît
sudorese sudation
sudorífero sudorifique
sudoríparo sudoripare
sueco suédois
suede suède
sueste suroît
suficiente en suffisance, suffisant
sufismo soufisme
sufixação suffixation
sufixo suffixe
suflê soufflé
sufocação étouffement, suffocation
sufocante étouffant, suffocant
sufocar étouffer, suffoquer
sufrágio suffrage
sufrágio direto suffrage direct
sufrágio indireto suffrage indirect
sufrágio universal suffrage universel
sufragista suffragette
sugador suceur
sugadouro suçoir
sugar sucer
sugerir suggérer
sugestão suggestion
sugestionar suggestionner
sugestivo suggestif
sui generis sui generis
suicida suicidaire, suicidé
suicida em potencial suicidant
suicídio suicide
suíço suisse
suíço-alemão alémanique

suindara effraie
suingar swinguer
suingue swing
suíno porcin
suíte suite
sujar salir, souiller
sujeição assujettissement, servitude, sujétion
sujeira crasse, malpropreté, saleté, salissure
sujeitar asservir, assujettir, soumettre
sujeito sujet, zèbre
sujeito à corveia corvéable
sujeito a imposto patenté
sujeito a oferta pública de compra opéable
sujeito à talha taillable
sujo malpropre, sale, salissant
sujo de mazute mazouté
sujo de terra terreux
Sul midi
sul sud
sul-africano sud-africain
sul-americano sud-américain
sulcar labourer
sulco sillon
sulfamida sulfamide
sulfatador sulfateuse
sulfatagem sulfatage
sulfatar sulfater
sulfato sulfate
sulfetação sulfurage
sulfeto sulfure
sulfídrico sulfhydrique
sulfito sulfite
sulfurado sulfuré
sulfúreo sulfureux
sulfúrico sulfurique
sulfurizado sulfurisé
sulista sudiste
sulky sulky
sultana sultane
sultanato sultanat
sultão sultan
sumagre sumac
sumariamente sommairement
sumário sommaire
sumaúma fromager
sumério sumérien
sumidade pointure, sommité
sumir anéantir, fondre
sumô sumo
sumo summum
sumo pontífice souverain pontife
suna sunna
sunga slip de bain
sunita sunnite
suntuário somptuaire
suntuosamente somptueusement
suntuosidade somptuosité
suntuoso somptueux
suor sueur
super super
super-8 super-huit
super-homem surhomme
super-oito super-huit
super-rodovia da informação autoroute de l'information, autoroute électronique
superabundância surabondance
superabundante surabondant
superabundar surabonder
superação surpassement
superagudo suraigu
superalimentação suralimentation
superalimentado suralimenté
superalimentar suralimenter
superaquecer surchauffer
superaquecimento surchauffe
superar devancer, passer, surmonter, surpasser
superarmamento surarmement
superativado suractivé
superatividade suractivité
superavaliação surévaluation
superavaliar surévaluer
superável surmontable
supercalculador supercalculateur
superciliar sourcilier, sourciller
superdimensionado surdimensionné
superdosagem surdosage
superdotado surdoué
superendividado surendetté
superendividamento surendettement
superestima surestimation
superestimar surestimer
superestrutura accastillage, superstructure
superexcitação surexcitation, survoltage
superexcitar surexciter, survolter
superexplorar surexploiter
superexpor surexposer
superexposição surexposition
superfaturamento surfacturation
superfaturar surfacturer
superficial superficiel
superficialmente superficiellement
superfície superficie, surface
superfície cilíndrica surface cylindrique
superfície congelada glissoire
superfino surfin
supérfluo superfétatoire, superflu
superfosfato superphosphate
superintendência maîtrise, surintendance
superintendente surintendant
superintendente de finanças surintendant des finances
superior supérieur
superioridade supériorité
superiormente supérieurement
superlativo superlatif
supermercado supermarché
supermortalidade surmortalité
supernatalidade surnatalité
supernova supernova
superpopulação surpopulation
superpotência supergrand, superpuissance
superpovoado surpeuplé
superpovoamento surpeuplement
superprodução superproduction, surproduction
superproteger surprotéger
supersaturar sursaturer
superstar superstar
superstição superstition
supersticiosamente superstitieusement
supersticioso superstitieux
supervisão supervision
supervisionar superviser
supervisor superviseur
supinação supination
supino supin
suplantar supplanter
suplementar d'appoint, supplémentaire
suplemento supplément
suplência suppléance
suplente suppléant
súplica prière, supplication, supplique
suplicante quémandeur, suppliant
suplicar prier, quémander, supplier
supliciado supplicié
supliciar supplicier
supliciar na roda rouer
suplício supplice
suplício de Tântalo supplice de Tantale
suponha soit
supor supposer
suportar endurer, pifer, souffrir, soutenir, supporter
suportável audible, soutenable, supportable, vivable
suporte support, tasseau
suposição supposition
supositório suppositoire
suposto supposé
supracitado susdit, susmentionné, susnommé
supranacional supranational
supranumerário surnuméraire
suprarrenal surrénal
Suprema Corte Cour de cassation
suprema corte cour suprême
supremacia suprématie
supremamente suprêmement
supremo suprême
supremo tribunal cour suprême
supressão radiation, suppression
suprido fourni, monté
suprimir sucrer, supprimer
suprir fournir, suppléer
supuração suppuration
supurante suppurant
supurar suppurer
suputação supputation
suputar supputer
sura surate
surcomposé surcomposé
surdamente sourdement
surdez surdité
surdina sourdine
surdir sourdre

surdo sourd
surdo-mudez surdi-mutité
surdo-mudo sourd-muet
surfar surfer
surfe surf
surfista surfeur
surgimento naissance
surgir surgir
surplus surplus
surpreendente étonnant, saisissant, surprenant
surpreendentemente étonnamment
surpreender dépasser, ébouriffer, étonner, saisir, surprendre
surpresa étonnement, surprise
surra déculottée, dérouillée, raclée
surrado râpé
surreal surréaliste
surrealismo surréalisme
surrealista surréaliste
surripiar chiper, estamper, filouter, piquer
sursis sursis
surtar por abstinência flipper
surto poussée
suscetibilidade réceptivité, susceptibilité
suscetível délicat, susceptible
suscitar allumer, soulever, susciter
suserania suzeraineté
suserano suzerain
sushi sushi
suspeição suspicion
suspeita soupçon
suspeitar soupçonner
suspeitar de suspecter
suspeito douteux, interlope, louche, soupçonnable, suspect
suspender surseoir, suspendre
suspender as atividades temporariamente vaquer
suspensão suspension, tire-fond
suspensão do reembolso dérembour-sement
suspense suspense
suspensivo suspensif
suspenso suspendu
suspensório bretelle
suspirar soupirer
suspiro meringue, soupir
sussurrar susurrer
sussurro susurrement
sustenido dièse
sustentação soutenance, soutènement, sustentation
sustentar argumenter, entretenir, sous-tendre, soutenir
sustentável soutenable, tenable
susto effarouchement
sutiã brassière, soutien-gorge
sutil subtil
sutileza subtilité
sutilização subtilisation
sutilizar subtiliser
sutilmente subtilement
sutura suture
suturar clipper, suturer
SW PO
sweepstake sweepstake
swing échangisme, swing
sylvaner sylvaner

Tt

t t
T-shirt tee-shirt
tabacaria tabac, tabagie
tabaco tabac
tabaco claro tabac blond
tabaco escuro tabac brun
tabagismo tabagisme
tabaqueira blague
tabaqueiro buraliste
tabefe babeurre, taloche
tabela barème, table, tableau
tabela ASCII code ASCII
tabela de horários horaire
tabela de preços tarif
tabelião tabellion
taberna taverne
tabernáculo tabernacle
tabes tabès
tablado caillebotis, plateau
tablatura tablature
tablete plaquette, tablette
tabloide tabloïd
tabu tabou
tábua bois de refend, hachoir
tábua de frios assiette anglaise
tábua de passar roupa planche à repasser
tábua de pinho sapine
tábua de salvação planche de salut
tábua de separação bat-flanc
tábua móvel tirette
tabuada table de multiplication
tabuão madrier
tabulação tabulation
tabulador tabulateur
tabular tabulaire
tabule taboulé
tabuleiro damier, éventaire, tablier
tabuleiro de xadrez échiquier
tabuleta panonceau
TAC TAO
taça coupe, verrine
tacanho beauf
tacha caboche, semence
tachismo tachisme
tacho fait-tout, poêlon
tacitamente tacitement
tácito tacite
taciturno taciturne
tackle placage, plaquage
tacklear plaquer
taco crosse, queue, taco
taco de golfe club
tacômetro compte-tours
tadorna tadorne
tafetá taffetas
tafiá tafia
tag balise
tagarela bavard, discoureur, jacasseur
tagarelar bavarder, jacasser, jaser, papoter
tagarelice babillage, bavardage, jacasse-ment, papotage, tchatche
tagine tajine
tai thaï
tai chi chuan taï-chi-chuan
taiga taïga
taikonauta taïkonaute
tailandês thaïlandais
tailleur tailleur
tainha mulet
taipa colombage, torchis
taipal ridelle
taitiana vahiné
tajine tajine
tal dénommé, semblable, tel
tala attelle, éclisse
talagarça canevas
tálamo thalamus
talão carnet
talão de cheques chéquier
talasso thalasso
talassoterapia thalassothérapie
talco talc
talento génie, talent
talentoso talentueux
talha appareil de levage, palan, taille
talhado taillé
talhador tailleur, tailloir
talhar entailler, taillader, tailler
talharim tagliatelle
talher couvert
talho coche, entaille, étal, taillade
talho-doce taille-douce
talião talion
talismã talisman
talit taleth
talmúdico talmudique
talmudista talmudiste
talo fane, thalle, trognon
talófita thallophyte
talonete talonnette
talos de aipo céleri en branches
talude talus
tálus astragale
talvegue talweg
talvez peut-être
tamanco sabot, socque
tamanduá fourmilier
tamanduá-bandeira tamanoir
tamanho gabarit, grandeur, pointure, taille
tamanqueiro sabotier
tâmara datte
tamareira dattier
tamarindo tamarinier
tamarisco tamaris
também aussi, égalment, encore, itou, pareillement
tambor barillet, canon, tambour
tambor de freio tambour de frein
tambor-mor tambour-major

tamborete sellette, tabouret
tamborete com pé em x x
tamborilação tambourinage
tamborilar pianoter, tambouriner
tamborileiro tambourinaire, tambourineur
tamborim tambourin
tambuladeira tâte-vin
tâmil tamoul
tampa bouchon, capuchon, couvercle
tampa do porta-malas plage arrière d'une voiture
tampão tampon
tampar boucher
tampar de novo reboucher
tampo opercule
tamponar tamponner
tampouco non plus
tânagra tanagra
tanatologia thanatologie
tanchagem plantain
tanchão bouture
tanchar bouturer
tandem tandem
tandoori tandoori
tanga pagne, slip de bain
tangente tangent, tangente
tangente a um círculo tangente à un cercle
tangerina bergamote, mandarine
tangerineira mandarinier
tangível tangible
tango tango
tânico tannique
tanino tanin
taninoso tannant
tanoaria tonnellerie
tanoeiro tonnelier
tanque bassin, char d'assaut, tank
tanque cheio plein
tantã maboul, piqué, sonné, tam-tam
tântalo tantale
tanto autant, tant, tellement
tantos autant, tant
tão aussi, si, tant, tellement
taoismo taoïsme
taoista taoïste
tapa claque, gifle, tape
tapa-buraco bouche-trou
tapa-sexo cache-sexe
tapado bouché
tapadura bouchage
tapar maçonner
tapas tapas
tapeçaria tapisserie, tenture
tapeceiro tapissier
tapenade tapenade
tapete carpette, matelas, tapis
tapete de quarto descente de lit
tapinha tapette
tapioca tapioca
tapir tapir
taqueômetro tachéomètre
taquicardia tachycardie
tara tare
tarado taré
tarama tarama
taramela taquet
tarantela tarentelle
tarântula tarentule
tarar tarer
tarará ban
tarara tarare
tarbuche tarbouch
tarde après-midi, tard
tardiamente tardivement
tardio tardif
tarefa besogne, tâche
tarifa tarif
tarifa cheia plein tarif
tarifação tarification
tarifar tarifer
tarifário tarifaire
tarjeta targette
tarlatana tarlatane
tarô tarot
tarpão tarpon
tarrafa épervier
tarraxa taraud
tarsiano tarsien
társio tarsier
tarso tarse
tartã tartan
tartamudear bafouiller
Tartan Tartan
tartana tartane
tartárico tartrique
tártaro tartare, tartre
tartaruga tortue
tartaruga-cabeçuda caret
tartufice tartuferie
tartufo tartufe
tasco teille
tassili tassili
tatame tatami
tatear tâtonner
tateio tâtonnement
tática tactique
tático tacticien, tactique
tátil podotactile, tactile
tato doigté, tact, toucher
tatu tatou
tatuador tatoueur
tatuagem tatouage
tatuar tatouer
tatuzão taupe
tatuzinho cloporte
tau tau
taumaturgia thaumaturgie
taumaturgo thaumaturge
taurino taureau, taurin
tauromaquia tauromachie
tauromáquico tauromachique
tautologia tautologie
tautológico tautologique
TAV TGV
taxa taux, taxe
taxa de juros taux d'intérêt
taxação taxation
taxar taxer
táxi taxi
táxi que circula taxi en maraude
taxidermia taxidermie
taxidermista taxidermiste
taxímetro taximètre
taxista taxi
taxista sem ponto fixo maraudeur
taxonomia taxinomie
taylorismo taylorisme
taylorização taylorisation
tchau à la revoyure, ciao, salut
tcheco tchèque
tchernoziom tchernozem
TD TD
TDT TNT
tê té
te te, toi
te-déum Te Deum
tear métier (à tisser)
teatral théâtral
teatralizar théâtraliser
teatralmente théâtralement
teatro comédie, théâtre
teatro de bulevar théâtre de boulevard
teca teck
tecelagem draperie, textile, tissage, toilerie
tecelão drapier, lissier, tisserand, tisserin, tisseur
tecelão de seda canut
tecer filer, mailler, tisser
tecer brocado brocher
tecer elogios a louer
tecido étoffe, textile, tissu, toile
tecido conjuntivo tissu conjonctif
tecido de algodão shirting
tecido de lã com trama grande granité
tecido de ráfia rabane
tecido felpudo tissu-éponge
tecido liso uni
tecido raiado étoffe vergée
tecido transplantado greffon
tecido urbano tissu urbain
teckel teckel
tecla touche
tecla de atalho raccourci clavier
teclado clavier
teclado numérico pavé numérique
teclar composer
técnica technique
tecnicamente techniquement
tecnicidade technicité
técnico coach, technicien, technique
técnico de trucagem truqueur
técnico de vendas technico-commercial
técnico em eletrônica électronicien
técnico em explosivos artificier
técnico graduado gradué
tecnicolor Technicolor
tecno techno
tecnociência technoscience
tecnocracia technocratie
tecnocrata technocrate

tecnocrático technocratique
tecnologia technologie
tecnologia nuclear nucléaire
tecnológico technologique
tecnópole technopole
tecnopolo technopôle
tectônica tectonique
tectriz tectrice
tédio ennui
tee tee
teen teen-ager
Teflon Téflon
tegumentar tégumentaire
tegumento tégument
teia de aranha toile d'araignée
teimar entêter
teimosia entêtement
teimoso entêté, têtu
teína théine
teísmo théisme
teísta théiste
teixo if
tel. tél.
tela dalle, écran, toile
tela de arame grillage
tela de plasma écran à plasma
tela sensível ao toque écran tactile
telecabine télécabine
Télécarte Télécarte
telecomandar télécommander
telecomando télécommande
telecompra téléachat
telecomunicação télécommunication
teledetecção télédétection
teledifusão télédiffusion
teledistribuição télédistribution
teleducação télé-enseignement
teleférico remontée mécanique, téléphérique
teleférico de cadeira télésiège
telefilme téléfilm
telefonante appelant
telefonar sonner, téléphoner
telefonar de novo rappeler
telefonar para appeler
telefone téléphone
telefone celular GSM, téléphone mobile
telefone público Publiphone, Taxiphone
telefone sem fio portable
telefonema communication, coup de fil, coup de téléphone
telefonia téléphonie
telefônico téléphonique
telefonista standardiste, téléphoniste
telegênico télégénique
telegrafar télégraphier
telegráfico télégraphique
telegrafista télégraphiste
telégrafo télégraphe
telegrama dépêche, télégramme
teleguiagem téléguidage
teleguiar téléguider
telemática télématique
telemático télématique
telemedicina télémédecine
telemensageiro messagerie vocale
telêmetro télémètre
teleobjetiva téléobjectif
telepata télépathe
telepatia télépathie
telepático télépathique
teleporto téléport
teleprompter prompteur
telescópico télescopique
telescópio télescope
telespectador téléspectateur
telesqui téléski, tire-fesses
teleteatro dramatique
teletipo téléimprimeur, téléscripteur, Télétype
teletrabalho télétravail
televenda télévente
televisão télévision
televisão a cabo le câble, télédistribution, télévision par câble
televisionar télédiffuser, téléviser
televisivo cathodique, télévisuel
televisor téléviseur
televisual télévisuel
telex télex
telexar télexer
telha tuile
telhado toiture
telhador couvreur
telheira tuilerie
telheiro tuilier
telinha petit écran
tell tell
telúrico tellurique
telúrio tellure
tema copie, motif, thème
temática thématique
temático thématique
temer craindre, redouter
temerariamente témérairement
temerário casse-gueule, téméraire
temeridade témérité
temível redoutable
têmpera détrempe, tempera, trempe
temperado tempéré, trempé
temperamento tempérament
temperança tempérance
temperante tempérant
temperar assaisonner, tempérer, tremper
temperar com alho ailler
temperatura température
tempero assaisonnement, épice
tempestade tempête
tempestuoso orageux, tempétueux
templário templier
templo temple
tempo tempo, temps
tempo de exposição temps d'exposition
tempo de gelo gel
tempo encoberto temps couvert, temps gris
tempo fechado temps bouché
tempo feio temps maussade, temps pourri
tempo livre temps libre
tempo morto temps mort
tempo simples temps simples
têmpora tempe
temporada saison
temporal orage, temporal, temporel
temporalidade temporalité
temporariamente temporairement
temporário temporaire
temporização temporisation
temporizador temporisateur
temporizar temporiser
tempos heroicos temps héroïques
tenacidade ténacité
tenaz coriace, pince, pincette, tenace, tenaille
tenca tanche
tencionar envisager
tenda tente
tenda de oxigênio tente à oxygène
tendão tendon
tendão calcâneo tendon d'Achille
tendão de Aquiles tendon d'Achille
tendência sensibilité, tendance
tendencial tendanciel
tendenciosamente tendancieusement
tendencioso orienté, tendancieux
tender tendre
tendinite tendinite
tendinoso tendineux
tenebroso ténébreux
tenente lieutenant
tenente-coronel lieutenant-colonel
tênia ténia
tênis tennis, training
tênis de cano alto basket
tênis de mesa tennis de table
tenista tennisman
tenístico tennistique
tenor ténor
tenra idade âge tendre
tenro tendre
tensão raidissement, stress, tension
tensiômetro tensiomètre
tenso tendu
tensor tenseur
tentação tentation
tentacular tentaculaire
tentáculo tentacule
tentador tentant, tentateur
tentar essayer, tenter
tentativa essai, tâtonnement, tentative
tentilhão pinson
tênue ténu
tenuidade ténuité
teocracia théocratie
teocrático théocratique
teodolito théodolite
teogonia théogonie
teologal théologal
teologia théologie
teológico théologique
teólogo théologien
teor teneur

teorema théorème
teoria théorie
teoria da evolução théorie de l'évolution
teoria da relatividade théories de la relativité
teoricamente théoriquement
teórico théoricien, théorique
teorizar théoriser
tepidez tiédeur
tépido tiédasse
tequila tequila
ter avoir
ter a graduação de titrer
ter acesso accéder
ter assento siéger
ter ciúme de jalouser
ter cuidado avoir l'œil, se garder
ter dupla personalidade se dédoubler
ter êxito réussir
ter o dever de se devoir
ter recaída rechuter
ter suingue swinguer
ter um deslocamento de déplacer
ter um volume de cuber
ter uma reviravolta rebondir
terapeuta thérapeute
terapêutica thérapeutique
terapêutico thérapeutique
terapia thérapie
terapia genética thérapie génique
terapia gênica thérapie génique
terapia ocupacional ergothérapie
terapia tripla trithérapie
teratogênico tératogène
teratologia tératologie
terça tierce
terça-feira mardi
terça-feira gorda Mardi gras
terceira idade le troisième âge
terceira marcha troisième
terceiro tiers, troisième
terceiro estado tiers état
terceiro-mundismo tiers-mondisme
terceiro-mundista tiers-mondiste
Terceiro-Mundo tiers-monde
terceto tercet
Terciário ère tertiaire
terciário tertiaire
terço chapelet, tiers, troisième
terçol compère-loriot, orgelet
terebintina térébenthine
terebinto térébinthe
tergal Tergal
tergiversação tergiversation
tergiversar tergiverser
termal thermal
termalismo thermalisme
termas thermes
termelétrica centrale thermique
termeletricidade thermoélectricité
termelétrico thermoélectrique
termia thermie
térmico thermique
termidor thermidor
termidoriano thermidorien
terminação terminaison
terminado fini
terminal cosse, terminal, terminus
terminal aéreo aérogare
terminal de caminhões gare routière
terminal marítimo gare maritime
terminar finir, terminer
terminologia terminologie
termo terme
termodinâmica thermodynamique
termodinâmico thermodynamique
termômetro thermomètre
termonuclear thermonucléaire
termorregulação thermorégulation
termorresistente thermorésistant
termosfera thermosphère
termostato thermostat
ternamente tendrement
ternário ternaire
terninho tailleur-pantalon
terno costard, costume, tendre
terno completo complet
ternura tendresse
terra sol, terre
Terra Terre
terra natal foyers
terra sem lei zone de non-droit
terra vegetal terre de bruyère
terra-nova terre-neuve
terra-tenente propriétaire terrien
terraço terrasse
terraplenagem remblayage, terrassement
terraplenar remblayer
terrapleno terre-plein
terráqueo terrien
terremoto raz de marée, tremblement de terre
terreno fonds, terrain
terreno baldio friche, terrain vague
terreno de caça tiré
terreno fértil terreau
térreo rez-de-chaussée
terrestre terrestre
terrier terrier
terrina terrine
territorial territorial
territorialidade territorialité
território territoire
território ultramarino territoire d'outre--mer
terrível terrible, vilain
terrivelmente affreusement, terriblement
terror terreur
terrorismo terrorisme
terrorista terroriste
terroso terreux
tesaurização thésaurisation
tesaurizador thésauriseur
tesaurizar thésauriser
tesauro thésaurus
tese thèse
tesoura ciseau
tesourão cisailles
tesouraria paierie
tesoureiro trésorier
tesouro trésor
Tesouro Público Trésor (public)
tessitura tessiture
testa front
testa de ferro fusible, homme de paille, prête-nom
testado éprouvé
testador testateur, testeur
testamental testamentaire
testamenteiro exécuteur testamentaire
testamento testament
testamento hológrafo testament olographe
testar éprouver, tester
teste banc d'essai, épreuve, essai, test
teste cego essai thérapeutique en aveugle
teste de cena bout d'essai
teste de conhecimento examen probatoire
teste de discriminação test de discrimination, testing
testemunha témoin
testemunha de acusação témoin à charge
testemunha de defesa témoin à décharge
testemunha ocular témoin oculaire
testemunhal testimonial
testemunhar témoigner
testemunho témoignage
testículo testicule
tesudo canon
teta /ê/ nichon, pis, tétine
teta /é/ thêta
tetania tétanie
tetânico tétanique
tetanizar tétaniser
tétano tétanos
tête-à-tête tête-à-tête
teto plafond, toit
teto de vidro verrière
teto solar toit ouvrant
tetracloreto tétrachlorure
tetracloreto de carbono tétrachlorure de carbone
tetraedro tétraèdre
tetralogia tétralogie
tetraplegia tétraplégie
tetraplégico tétraplégique
tetrápode tétrapode
tetrassilábico tétrasyllabique
tetrassílabo tétrasyllabe
tetraz coq de bruyère, grouse, poule des bois, tétras
teu tien, ton
teutão teuton
teutônico teutonique
tevê télé
texano texan
têxtil textile
texto écrit, texte
texto datilografado tapuscrit
texto para recitar récitation
texto policopiado polycopié
textual textuel

textualmente textuellement
textura grain, texture, tissu, tissure
texugo blaireau
tez teint
tez mate teint mat
TGV TGV
Thermos Thermos
thriller thriller
ti toi
tia tante
tia-avó grand-tante
tiara tiare
tibetano tibétain
tíbia tibia
tibiamente tièdement
tição tison
tido por censé
tiebreaker jeu décisif, tie-break
tifo typhus
tifoide typhoïde
tigela bol, écuelle, jatte
tigelada bolée
tigelinha cassolette, godet
tigrado tigré
tigre tigre
tigre real tigre royal
tijolo brique, pavé
til tilde
tilândsia tillandsia
tílburi tilbury
tília tilleul
tilintada sonaille
tilintar tintinnabuler
timão timon
timbale timbale
timbaleiro timbalier
timbrado timbré
timbragem timbrage
timbre timbre, vignette
time équipe
timer minuteur
tímico thymique
timidamente timidement
timidez timidité
tímido timide
timing timing
timo thymus
timol thymol
timoneiro barreur, skippeur, timonier
timorato timoré
tímpano tympan
tina baquet
tingido teint
tingir teindre, teinter
tingir o cabelo teindre
tinha teigne
tinhoso teigneux
tinido cliquetis, tintement
tinir cliqueter, tinter
tino jugeote
tinta couleur, encre, peinture
tinta simpática encre sympathique
tinteiro encrier
tintim tchin-tchin
tintorial tinctorial
tintura teinture
tintura de iodo teinture d'iode
tinturaria teinturerie
tintureiro blanchisseur, teinturier
tio oncle
tio-avô grand-oncle
tipi tipi
tipicamente typiquement
típico type, typique
tipificar typer
tipo caractère, lettre, plomb, sorte, type
tipografia imprimerie, typographie
tipográfico typographique
tipógrafo compositeur, typographe
tipoia écharpe
tipologia typologie
tipológico typologique
tique tic
tique-taque tic-tac
tíquete ticket
tira keuf, lambeau, lien, pandore, poulet
tira-fundo tire-fond
tira-linhas tire-ligne
tira-manchas détachant
tirada mot d'esprit, tirade, trait
tirador da talha garant
tiragem tirage
tiramisu tiramisu
tirania tyrannie
tirânico tyrannique
tiranizar tyranniser
tirano tyran
tirar desservir, enlever, extirper, extraire, lever, ôter, piger, quitter, retirer, tirer, virer
tirar a calça déculotter
tirar a casca émonder
tirar a cueca déculotter
tirar a semente épépiner
tirar a tela désentoiler
tirar da água repêcher
tirar da jante déjanter
tirar das ferragens désincarcérer
tirar o fôlego essouffler
tirar o fone do gancho décrocher
tirar o melhor écrémer
tirar o pedúnculo équeuter
tirar o pó épousseter
tirar o reboco de décrépir
tirar partido jouer, tirer parti
tirar proveito mettre à profit, surfer
tirar uma soneca roupiller
tireoide thyroïde
tireóideo thyroïdien
tireoidiano thyroïdien
tirinha bandelette
tiritação grelottement
tiritante grelottant
tiritar grelotter
tiro tir
tirolês tyrolien
tirolesa tyrolienne
tiroteio feu nourri, fusillade, tir nourri
tisana tisane
tísica phtisie
tísico phtisique
tissular tissulaire
titã titan
titânico titanesque
titânio titane
titia tantine, tata
titilação titillation
titilar titiller
titio tonton
titoísmo titisme
titoísta titiste
titubeante titubant
titubear chanceler, tituber
titulação titrage
titulado impétrant, titré
titular en titre, titrer, titulaire
título intitulé, titre, valeur
título de crédito effet (de commerce)
título de uma solução titre d'une solution
TJ JT
TNT TNT
toalete toilette
toalha drap, tapis
toalha de mão essuie-mains, serviette
toalha de mesa nappe
toalha felpuda serviette-éponge
toalhinha napperon
Toboggan Toboggan
TOC TOC
toca tanière, terrier
toca de raposa renardière
toca-discos pick-up
tocado gris, pompette, tapé
tocador joueur, sonneur
tocador de pífaro fifre
tocador de tambor tambourineur
tocador de viela vielleur
tocante touchant
tocar échoir, jouer, sonner, tâter, toper, toucher
tocar carrilhão carillonner
tocar com insistência carillonner
tocata toccata
tocha flambeau, torche
tocheira torchère
toco chicot, moignon
todavia toutefois
todo au complet, tout
todo dia journellement
todo o mundo chacun, le ban et l'arrière--ban, tout le monde
todo-poderoso tout-puissant
todo-terreno tout-terrain
todos chacun, tous, tout le monde
todos contra todos poule
tofu tofu
toga robe, toge
togados gens de robe
togolês togolais
tojo ajonc
tola bécasse
tolamente sottement

toldo banne, vélum
tolerância tolérance
tolerante coulant, tolérant
tolerar subir, tolérer
tolerável tolérable
tolhido perclus
tolice boulette, fadaise, sottise
tolo nigaud, sot
tolueno toluène
tom accent, registre, teinte, ton
tomação tomaison
tomada prise, prise de courant, prise de vues
tomado saisi
tomador preneur
tomahawk tomahawk
tomar prendre, saisir, souffler
tomar banho se baigner, se laver
tomar café da manhã déjeuner
tomar conta surveiller
tomar coragem enhardir
tomar cuidado faire attention, faire gaffe, se méfier, prendre garde
tomar fôlego souffler
tomar friagem refroidir
tomar uma bebida consommer
tomar uma ducha doucher
tomara vivement
tomate tomate
tomateiro tomate
tomatinho italiano olivette
tombadilho pont
tômbola tombola
tomilho thym
tomismo thomisme
tomista thomiste
tomme tomme
tomo tome
tomografia scanner
tomógrafo scanner
tonal tonal
tonalidade tonalité
tonante tonnant
tonar tonner
tonel foudre, tonne
tonelada tonne
tonelagem jauge, tonnage
tônica tonique
tonicidade tonicité
tônico tonique
tonificante tonifiant, tonique
tonificar tonifier
toninha marsouin
tonitruante tonitruant
tonquinês tonkinois
tons pastéis teintes pastel, tons pastel
tonsura tonsure
tonsurado tonsuré
tontina tontine
tonto benêt, fada
tontura éblouissement, tournis, vertige
top brassière, top
top model top model
topar marcher, buter
topázio topaze
topete banane, houppe, toupet
tópico topique
topo faîte, sommet
topografia topographie
topográfico topographique
topógrafo topographe
toponímia toponymie
toque attouchement, sonnerie, touche, toucher
toque de recolher couvre-feu
tora bille de bois, rondin, sciage
torácico thoracique
toranja grape-fruit, pamplemousse, pomelo
tórax thorax
torçal torsade
torção torsion
torcedor supporter
torcedura essorage
torcer essorer, fouler, tordre
torcer o nariz rechigner
torcicolo torticolis
torcido tors
tordo grive
tóri tory
tório thorium
tormenta tourmente
tormento chagrin, tourment
tornado tornade
tornar rendre
tornar a engolir ravaler
tornar a fechar refermer
tornar a guarnecer regarnir
tornar a lançar relancer
tornar a pentear recoiffer
tornar apático aveulir
tornar caolho éborgner
tornar confidencial classifier
tornar insípido affadir
tornar mensal mensualiser
tornar navegável canaliser
tornar oco évider
tornar-se indigente clochardiser
torneado galbé, tourné
torneamento tournage
tornear galber, toupiller, tourner
torneio tournoi
torneira prise d'eau, robinet
torneira temperadora mitigeur
torneiro tourneur
torniquete moulinet, tourniquet
torno molette, selle, toupie, tour
tornozelo cheville
toró saucée
toro tore
torpe gaulois
torpedeamento torpillage
torpedear torpiller
torpedeiro torpilleur
torpedo torpille
torpemente gauloisement
torpente torpide
torpeza turpitude
torpor engourdissement, hébétude, torpeur
torque torque
torquês tire-clou
torrada biscotte, rôtie, toast
torradeira grille-pain, toasteur
torrão motte
torrão de açúcar sucre
torrão de açúcar umedecido canard
torrar cuire, griller
torre kiosque, pylône, tour, tourelle
torre de controle tour de contrôle
torre de marfim tour d'ivoire
torre de perfuração derrick
torreão donjon
torrefação brûlerie, torréfaction
torrefador torréfacteur
torrefator brûloir, torréfacteur
torrencial torrentiel, torrentueux
torrente coulée, débordement, flot, torrent
tórrido torride
torrificar torréfier
torrinha amphithéâtre, paradis, tourelle
torso torse
torta tarte
torta de alho-poró flamiche
torta de suspiro vacherin
torteira tourtière
tortilha tortilla
tortinha tartelette
torto tordu, tors
tortulho vermelho langue-de-bœuf
tortuosamente tortueusement
tortuoso contourné, tortueux
tortura torture
torturador tortionnaire
torturante torturant
torturar tenailler, torturer
torvo torve
tosado tondu
tosador tondeur
tosão toison
tosar tondre
toscano toscan
tosco tocard
tosquia tondaison, tonte
tosquiado tondu
tosquiar tondre
tosquiar de novo retondre
tosse toux
tosse solta toux grasse
tossicar toussoter
tossidela toussotement
tossir tousser
tostão kopeck
total total
totalidade ensemble, entier, totalité
totalitário totalitaire
totalitarismo totalitarisme
totalização totalisation
totalizador totalisateur
totalizar élever, totaliser
totalmente en totalité, totalement,

tout à fait
totem totem
totem interativo borne interactive
totêmico totémique
totemismo totémisme
totó baby-foot
touca béguin, bonnet, coiffure, guimpe, toque
touca de freira cornette
touch screen écran tactile
toucinho lard
toupeira blaireau, taupe
tourada corrida
tourão moufette, putois
tourear toréer
toureiro toréador, torero
touril toril
Touro Taureau
touro taureau
toutinegra fauvette
toxicidade toxicité
tóxico toxique
toxicologia toxicologie
toxicólogo toxicologue
toxicomania toxicomanie
toxicomaníaco toxicomaniaque
toxicômano toxicomane
toxina toxine
toxoplasmose toxoplasmose
TP TP
trabalhado ouvragé, ouvré, travaillé
trabalhador ouvrier, travailleur
trabalhador em terraplenagem terrassier
trabalhador eventual intermittent
trabalhador imigrante travailleur immigré
trabalhador que ganha salário mínimo smicard
trabalhador temporário intérimaire, saisonnier, vacataire
trabalhar bosser, ouvrer, plancher, travailler
trabalhar de novo retravailler
trabalhismo ouvriérisme, travaillisme
trabalhista ouvriériste, travailliste
trabalho besogne, boîte, métier, ouvrage, travail, turbin
trabalho de aproximação travaux d'approche
trabalho de fôlego travail de longue haleine
trabalho de meio período mi-temps
trabalho de parto couches, travail
trabalho de sapa travail de sape
trabalho do luto travail de deuil
trabalho em cadeia travail à la chaîne
trabalho em troca de casa e comida au pair
trabalho exaustivo travail à la chaîne
trabalho sem o material incluído travail à façon
trabalho temporário intérim
trabalhos domésticos ménage
trabalhos práticos travaux pratiques
traça mite, teigne
traçado mité, tracé
traçamento traçage, tracement
traçante traçant
tração traction
tração dianteira traction
traçar croquer, tirer, tracer
traçar linhas ligner
traçar perfil psicológico profiler
traço raie, trait
tracoma trachome
trade-union trade-union
tradição tradition
tradicional de tradition, traditionnel
tradicionalismo traditionalisme
tradicionalista traditionaliste
tradicionalmente traditionnellement
trado tarière
tradução traduction
tradução literal mot-à-mot
tradutor traducteur
traduzir traduire
traduzível traduisible
tráfego trafic
traficância trafic
traficante trafiquant
traficante de drogas dealer
traficar trafiquer
traficar drogas dealer
tráfico trafic, traite
tráfico de influência trafic d'influence
tragamento engouffrement
tragar engouffrer
tragédia tragédie, tragique
tragicamente tragiquement
trágico tragédien, tragique
tragicomédia tragi-comédie
tragicômico héroï-comique, tragi-comique
traição trahison
traiçoeiramente traîtreusement
traiçoeiro traître
traidor traître
trailer bande-annonce, caravane, roulotte
traineira chalutier
training survêtement, training
trair trahir
traje costume, habit, mise, tenue
traje de três peças trois pièces
traje ridículo accoutrement, harnachement
traje típico costume
trajeto trajet
trajetória trajectoire
tralha bataclan, fourbi
trama trame
tramação tramage
tramar comploter, fricoter, mijoter, tramer
trambique combine
trambiqueiro combinard, margoulin
trambolhão culbute
trâmites filière
tramo portée, travée
tramontana tramontane
trampo boulot
trampolim ascenseur social, marchepied, plongeoir, tremplin
tranca taquet
trança natte, tresse
trança enrolada macaron
trançado chevron, tressage, tresse
trancafiado sous les verrous
trancar barrer
trançar natter, tresser
tranqueta clenche
tranquilamente à la papa, gentiment, paisiblement, tranquillement
tranquilidade tranquillité
tranquilizador tranquillisant
tranquilizante rassurant, sécurisant, tranquillisant
tranquilizar rassurer, sécuriser, tranquilliser
tranquilo paisible, peinard, tranquille
transaariano transsaharien
transação transaction
transacional transactionnel
transalpino transalpin
transatlântico long-courrier, transatlantique
transbordamento débordement, regorgement
transbordante débordant
transbordar déborder, regorger
transbordo transbordement
transcendência transcendance
transcendente transcendant
transcender transcender
transcodificar transcoder
transcontinental transcontinental
transcorrer courir
transcrever transcrire
transcrição transcription
transcutâneo transcutané
transdérmico transcutané
transe transe
transepto transept
transexual transsexuel
transferência mutation, reversement, transfert, virement
transferidor rapporteur
transferir muter, déplacer, reporter, reverser, transférer, verser, virer
transfiguração transfiguration
transfigurar transfigurer
transformação transformation
transformador transformateur
transformar changer, transformer
transformável transformable
transformismo transformisme
transformista transformiste
transfronteiriço transfrontalier
trânsfuga transfuge
transfundir transfuser
transfusão transfusion
transgenia transgénose
transgênico transgénique
transgeracional transgénérationnel
transgredir transgresser

transgressão transgression
transiberiano transsibérien
transição transition
transido transi
transigir transiger
transir transir
transistor transistor
transitário transitaire
transitivamente transitivement
transitivo transitif
trânsito transit
trânsito intestinal transit intestinal
transitório transitoire
translação translation
translativo translatif
translúcido translucide
transmigrar transmigrer
transmissão entraînement, mutation, transmission
transmissão de pensamento transmission de pensée
transmissão de poderes passation des pouvoirs, transmission des pouvoirs
transmissível transmissible
transmitir diffuser, émettre, transmettre
transmudar transmuer
transmutação transmutation
transmutável transmuable
transoceânico transocéanique
transparecer percer, transparaître
transparência transparence, transparent
transparente transparent
transpassar transpercer
transpiração transpiration
transpirar transpirer
transplantação repiquage, transplantation
transplantado greffé, transplanté
transplantador déplantoir
transplantar déplanter, dépoter, greffer, repiquer, transplanter
transplante dépotage, greffe, transplantation
transponível franchissable, transposable
transpor mordre, franchir, reporter, transposer
transpor a borda embarquer
transpor com pernada enjamber
transportador transporteur
transportar transbahuter, transporter
transportar em carrinho de mão brouetter
transportar por caminhão camionner
transportável transportable
transporte report, transport
transporte de madeira por trenó schlittage
transporte de toras por flutuação flottage
transporte escolar ramassage scolaire
transporte fluvial batellerie
transporte por caminhão camionnage
transposição franchissement, transposition
transtornado révulsé, sens dessus dessous
transtornador bouleversant
transtornar bouleverser, chavirer, retourner
transtorno bouleversement, trouble
transtorno bipolar trouble bipolaire
transtorno obsessivo-compulsivo trouble obsessionnel compulsif
transubstanciação transsubstantiation
transumância estivage, transhumance
transumante transhumant
transumar transhumer
transvasamento transvasement
transvasar soutirer, transvaser
transversal transversal, transversale, traversière
transversalmente en travers (de), transversalement
transverso transverse
transviado dévoyé
trapaça arnaque, escroquerie, fourberie, triche, tricherie
trapacear arnaquer, escroquer, gruger, traficoter
trapaceiro arnaqueur, flibustier, fourbe, fripon, tricheur
trapalhada brouillamini, cafouillage, embrouille, pataquès
trapeiro chiffonnier
trapézio trapèze
trapezismo voltige
trapezista trapéziste, voltigeur
trapezoidal trapézoïdal
trapista trappiste
trapo chiffon, défroque, épave, loque
trápola trappe
trapos frusques, hardes, nippes
traqueal trachéal
traqueia trachée
traqueíte trachéite
traqueostomia trachéotomie
traquete misaine, trinquet
traquinas lutin, polisson
traseira arrière, arrière-train, derrière
traseiro arrière, postérieur, séant, derrière
trasfega soutirage
trasfegar dépoter, soutirer
trasfego dépotage
trastes saint-frusquin
tratado traité
tratamento cure, traitement
tratamento por tu tutoiement
tratamento por vous vouvoiement
tratantada maquignonnage
tratante affairiste, maquignon
tratar tâcher, traiter
tratar com cuidado ménager
tratar de soigner
tratar mal rabrouer
tratar por tu tutoyer
tratar por vous vouvoyer
tratar superficialmente effleurer
trator tracteur
traumático traumatique
traumatismo traumatisme
traumatizante traumatisant
traumatizar traumatiser
traumatologia traumatologie
trautear fredonner
trauteio fredonnement
trava de segurança cran d'arrêt, cran de sûreté
trava jacaré sabot de Denver
travação enchevêtrure
travamento enrayage
travar enrayer, lier, nouer
trave poutre
traveco travelo
traveler's check chèque de voyage, traveller's cheque
travelling travelling
travertino travertin
travessa boulin, plat
travessa para legumes légumier
travessão fléau, tiret
travesseiro oreiller, polochon, traversin
travessia passage, traversée
travesso coquin, mutin
travesti travesti
travestir travestir
trazer amener, apporter, rapporter
trazida apport
trecho extrait, fragment, morceau, page, section, tronçon
treco engin
treçó tiercelet
trefilação tréfilage
trefilar tréfiler
trégua trêve
treinado exercé
treinador entraîneur, soigneur
treinar entraîner, exercer, travailler
treino entraînement
trejeito chichi
trejeitos mines
trekking trekking
trela laisse
trem convoi, train
trem de pouso train d'atterrissage
trem direto train direct
trem metropolitano RER
trem parador omnibus
trem urbano RER
trem-leito que transporta automóveis autos-couchettes
trema tréma
tremelicação tremblotement
tremelicar trembloter
tremelicoso tremblotant
tremendamente bougrement, diablement
tremendo effrayant
tremer flageoler, palpiter, trembler
tremido tremblé
tremó trumeau
tremoço lupin
tremolo trémolo
tremonha trémie
tremor friselis, tremblement, tremblote, trémolo
tremulação chevrotement, frissonnement
tremulante tremblotant

tremular frissonner
trêmulo flageolant, tremblant, tremblé, trémolo
trench coat trench-coat
trenó luge, traîneau
trenó para transportar madeira schlitte
trenzinho traclet
trepador grimpant
trepanação trépanation
trepanar trépaner
trépano trépan
trepar grimper
trepidação trépidation
trepidante trépidant
trepidar trépider
treponema tréponème
três trois
três estrelas trois-étoiles
três vezes ter
três-quartos trois-quarts
tresquiáltera triolet
tresvariado radoteur
tresvariar radoter
tresvario radotage
trevas ténèbres
trevo échangeur, trèfle
treze treize
treze avos treizième
tríade triade
triagem criblage, groupage, tri, triage
triagem por destinatário routage
trial trial
triangulação triangulation
triangular triangulaire
triângulo triangle
triângulo escaleno triangle scalène
triângulo retângulo triangle rectangle
triar trier
Triássico trias
triatleta triathlète
triatlo triathlon
tribal tribal
tribalismo tribalisme
tribo peuplade, tribu
tribuna tribune
tribuna do presidente perchoir
tribunal cour, tribunal
tribunal correcional tribunal correctionnel
tribunal de grande instância tribunal de grande instance
tribunal de polícia tribunal de police
tribunal do júri cour d'assises
tribuno tribun
tributação fiscalisation, imposition
tributado imposé
tributar fiscaliser, imposer
tributário tributaire
tributável imposable
tributo fiscalisation, tribut
tricéfalo tricéphale
tricentenário tricentenaire
tríceps triceps
triciclo tricycle, triporteur
tricloroetileno trichloréthylène
tricô tricot
tricolor tricolore
tricômona trichomonas
tricórnio tricorne
tricotagem tricotage
tricotar tricoter
tricoteiro tricoteur
tricromia trichromie
tricrômico trichrome
tridáctilo tridactyle
tridente trident
tridimensional tridimensionnel
triedro trièdre
trienal triennal
trifásico triphasé
trifeta combinada tiercé
trifoliado trifolié
trigêmeo trijumeau
trigêmeos triplés
trigésimo trentième
triglicerídio triglycéride
trigo blé
trigo-sarraceno blé noir
trígono trigone
trigonometria trigonométrie
trigonométrico trigonométrique
trigueiro bis
trilátero trilatéral
trilha piste
trilha do gado draille
trilha sonora original bande originale
trilhão billion
trilho rail, tringle
trilíngue trilingue
trilo trille
trilobado trilobé
trilogia trilogie, triptyque
trim. trim.
trimarã trimaran
trimestral trimestriel
trimestralmente trimestriellement
trimestre trimestre
trimotor trimoteur
trinado roulade
trinca brelan, tierce
trincar croquer, croustiller
trinchante tranchoir
trincheira retranchement, tranchée
trinco bec-de-cane
Trindade Trinité
trinômio trinôme
trinta trente
trinta avos trentième
trinta-réis hirondelle de mer, sterne
trintena trentaine
trio trio
tríodo triode
tripa boyau, tripe
triparia triperie
tripartido triparti
tripé trépied
tripinha tripette
triplamente triplement
tríplex triplex
triplicação triplement
triplicar tripler
tríplice triparti
triplo triple
tríptico triptyque
tripulação équipage
trique-traque trictrac
triquina trichine
triquinose trichinose
trirreme trière
trisanual trisannuel
trisavô trisaïeul
trissecção trisection
trissílabo trisyllabe, trisyllabique
trissomia trisomie
trissomia do 21 trisomie 21
trissômico trisomique
triste piteux, triste
tristemente tristement
tristeza morosité, tristesse
tristonho tristounet
tritão triton
Tritão triton
trítono triton
trituração trituration
triturar concasser, pilonner, triturer
triunfador triomphateur
triunfal triomphal
triunfalismo triomphalisme
triunfalista triomphaliste
triunfalmente triomphalement
triunfante triomphant, vainqueur
triunfar triompher
triunfo triomphe
triunvirato triumvirat
triúnviro triumvir
trivial ordinaire, trivial
trivialidade trivialité
trivialmente trivialement
troça gouaille, raillerie
troca changement, échange, troc
trocadilho calembour, contrepèterie
trocado appoint, mitraille, monnaie
trocar changer, échanger, troquer
troçar railler
trocista gouailleur, railleur
troço bidule, machin, truc
troco monnaie
troféu trophée
troglodita troglodyte, troglodytique
troglodítico troglodytique
troika troïka
troisième troisième
trole lorry
trólebus trolleybus
troll troll
tromba trompe
tromba d'água trombe, trombe d'eau
trombadinha pickpocket
trombetear claironner
trombone de pistons trombone à pistons
trombone de vara trombone à coulisse
trombonista tromboniste
trombose thrombose

trombudo boudeur
trompa cor, trompe
trompa de Eustáquio trompe d'Eustache
trompe-l'oeil trompe-l'œil
trompete trompette
trompetista trompettiste
trompista corniste
tronco torse, travail, tronc
tronco de Natal bûche de Noël
troncônico tronconique
troncudo râblé
trono trône
tropa troupe
tropeçar achopper
tropeiro caravanier
tropical tropical
trópico tropique
trópico de Câncer tropique du Cancer
trópico de Capricórnio tropique du Capricorne
tropismo tropisme
troposfera troposphère
troqueu trochée
tróquio troque
trotador trotteur
trotar bizuter, brimer, trotter, trottiner
trote baptême, bizutage, brimade, trot
trotskismo trotskisme
trotskista trotskiste
trouxa ballot, balluchon, dupe
trova fabliau
trovador troubadour
trovão coup de tonnerre, tonnerre
troveiro trouvère
trovejar tonner
trovoada tonnerre
trucagem trucage
trucidar trucider
trufa truffe
trufa de chocolate truffe en chocolat
trufeira truffière
trufeiro truffier
truísmo truisme
truncado tronqué
truncar tronquer
trunfo atout, retourne
trupe troupe
truque attrape, tour, truc
truste trust
trustear truster
truta truite
try essai
tsé-tsé tsé-tsé
tsunami raz de marée, tsunami
tu toi, tu
TU TU
tuaregue touareg
tuba tuba
tuba auditiva trompe d'Eustache
tubarão requin
tubarão-frade pèlerin
tubeira tuyère
tubérculo tubercule
tuberculose tuberculose
tuberculoso poitrinaire, tuberculeux
tubo tube
tubo de raios catódicos tube cathodique
tubo flexível flexible
tubulação tubulure
tubuladura tubulure
tubular tubulaire
tucano toucan
tudo tout
tufão typhon
tufo bouillon, touffe, tuf
tufo de cepas cépée
tuia thuya
tuile tuile
tule tulle
tulipa tulipe
tulipeiro tulipier
tumba tombe
tumefação tuméfaction, tumescence
tumefato tuméfié
tumescente tumescent
tumor tumeur
tumoral tumoral
tumular tombal
túmulo tombeau, tumulus
tumulto orage, pétaudière, troubles, tumulte
tumultuosamente tumultueusement
tumultuoso orageux, tumultueux
tumulus tumulus
tundra toundra
túnel tunnel
tungstênio tungstène
túnica tunique
tunisiano tunisien
tupi tupi
tupi-guarani tupi-guarani
tupinambo crosne, topinambour
turba meute
turbante turban
turbilhão maelström, tourbillon
turbilhonamento tourbillonnement
turbilhonante tourbillonnant
turbilhonar tourbillonner
turbina turbine
turbo turbo
turboalternador turboalternateur
turbocompressor turbocompresseur
turbomotor turbomoteur
turbopropulsor turbopropulseur
turborreator turboréacteur
turbotrem turbotrain
turbulência turbulence
turbulento houleux, turbulent
turco à la turque, bossoir, turc
turcomeno turkmène
turfa tourbe
turfe courses, turf
turfeira tourbière
turfista turfiste
turfoso tourbeux
turgescente turgescent
turibulário thuriféraire
turíbulo encensoir
turismo tourisme
turista touriste
turístico touristique
turma promotion
turmalina tourmaline
turnê tournée
turnedô tournedos
turonense tourangeau
turquesa turquoise
turvar brouiller, troubler
turvo fuligineux, trouble, vaseux
tussilagem tussilage
tutano amourettes, moelle
tutela tutelle
tutelar tutélaire
tutor tuteur
tutu tutu
TV TV
tweed tweed
twist twist
tzatziki tzatziki

Uu

U U
uádi oued
ualabi wallaby
uapiti wapiti
ubiquidade ubiquité
ubuesco ubuesque
ucasse oukase, ukase
ucha huche, maie
ucraniano ukrainien
ucronia uchronie
ufa ouf
ugandense ougandais
uh hou
UHT UHT
ui ouille
uísque whisky
uíste whist
uivante hurlant
uivar hurler
uivo hurlement
úlcera ulcère
ulceração ulcération
ulcerar ulcérer
ulceroso ulcéreux
ulemá ouléma, uléma
ULM ULM
ulterior ultérieur
ulteriormente ultérieurement
última série da escola terminale
ultimamente dernièrement
últimas la dernière extrémité
ultimato ultimatum
último dernier, ultime
ultra ultra
ultracongelamento surgélation
ultrajante outrageant
ultrajar outrager
ultraje outrage
ultramar outre-mer, outremer
ultramarino outremer, ultramarin

ultramoderno ultramoderne
ultrapassado d'arrière-garde, dépassé, périmé, ringard, suranné, vieilli, vieux jeu
ultrapassagem dépasement, doublement
ultrapassar déborder, dépasser, doubler
ultrassecreto top secret
ultrassensível ultrasensible
ultrassom ultrason
ultrassonografar échographier
ultrassonografia échographie
ultravioleta ultraviolet
ululação ululation
ulular ululer
um un
um monte de trente-six, un paquet de, un tas de, une masse de
um pouco pálido pâlot, pâlichon
um tanto plutôt
umbela ombelle
umbelífera ombellifère
umbigo ombilic
umbilical ombilical
umbria ubac
úmbrio ombrien
umbroso ombreux
umedecer bassiner, humecter
úmero humérus
umidade humidité, moiteur
umidificação humidification
umidificador humidificateur, mouilleur, saturateur
umidificar humidifier
úmido humide, moite
UMTS UMTS
unânime unanime
unanimidade unanimité
unção onction
underground underground
ungido oint
ungir oindre
unguento onguent
unguiculado onguiculé
ungulado ongulé
ungulígrado onguligrade
unha griffe, ongle
unha de fome grigou
unha encravada ongle incarné
unhada griffade
unhar griffer
união union
união livre union libre
unicamente uniquement
unicelular unicellulaire
unicidade unicité
único seul, tout, unique
unicolor uni
unicórnio licorne
unidade unité
unidade central de processamento unité centrale
unido uni
unifamiliar unifamilial
unificação unification
unificador fédérateur, rassembleur, unificateur
unificar unifier
uniforme livrée, treillis, uniforme
uniforme amarelo maillot jaune
uniformemente uniformément
uniformidade uniformité
uniformização uniformisation
uniformizar uniformiser
unilateral unilatéral
unilateralismo unilatéralisme
unilateralmente unilatéralement
unilíngue unilingue
uninominal uninominal
unir joindre, unir
unissex unisexe
uníssono unisson
unitário unitaire
universal universel
universalidade universalité
universalização universalisation
universalizar universaliser
universalmente universellement
universidade université
universitário étudiant, universitaire
universo galaxie, univers
univitelino monozygote
unívoco univoque
uno un
untado oint
untar oindre
unto oing
untuosidade onctuosité
untuoso onctueux
untura huilage
uó pin-pon
uolofe ouolof
upa hop
uppercut uppercut
urânio uranium
urbanidade urbanité
urbanismo urbanisme
urbanista urbaniste
urbanístico urbaniste
urbanização urbanisation
urbanizar urbaniser
urbano urbain
urbi et orbi urbi et orbi
urdideira ourdissoir
urdidura chaîne, ourdissage
urdimento plein cintre
urdir ourdir
urdu ourdou
ureia urée
uremia urémie
ureter uretère
uretra urètre
urgência urgence
urgente pressé, urgent
urgir presser, urger
uricemia uricémie
urina urine
urina de animais pissat
urinar uriner
urinário urinaire
urinol urinal
urna urne
urna cinerária urne cinéraire
urna funerária urne funéraire
urografia urographie
urologia urologie
urologista urologue
uropígio croupion, sot-l'y-laisse
urrar gueuler
ursa ourse
Ursa Maior Grande Ourse
Ursa Menor Petite Ourse
ursinho nounours, ourson
ursinho de pelúcia ours
urso ours
urso *grizzly* grizzli
urticante urticant
urticária urticaire
urtiga ortie
urubu urubu
uruguaio uruguayen
urze bruyère
usabilidade convivialité
usado d'occasion, usagé, usité
usar employer, faire usage de, jouer, porter, user
usar de artimanhas finasser
usar roupa de gosto duvidoso attifer
usável convivial
usina usine
usina de açúcar sucrerie
usina de beneficiamento de arroz rizerie
usinagem usinage
usinar usiner
uso port, usage
uso compartilhado de veículo covoiturage
usos e costumes us et coutumes
usual usuel
usualmente usuellement
usuário usager, utilisateur
usuário da *C.B.* cibiste
usuário do *Minitel* minitéliste
usufruir jouir
usufruto usufruit
usufrutuário usufruitier
usura usure
usurário usuraire, usurier
usurpação empiétement, usurpation
usurpador usurpateur
usurpar empiéter, usurper
usurpatório usurpatoire
ut ut
utensílio ustensile
uterino utérin
útero utérus
útil utile
utilidade utilité
utilitário utilitaire
utilização utilisation
utilizar utiliser
utilizável utilisable
utilmente utilement
utopia utopie

utópico utopique
utopista utopiste
UV UV
uva raisin
uva-espim épine-vinette
uva-passa raisins secs
uval uval
úvula luette
uzbeque ouzbek

Vv

V V
vaca vache
vaca leiteira (vache) laitière
vaca-loira cerf-volant, lucane
vacância vacance
vacante vacant
vacherin vacherin
vacilação vacillation
vacilante vacillant
vacilar vaciller
vacina vaccin, vaccine
vacinação vaccination
vacinação contra febre amarela vaccination antiamarile
vacinar vacciner
vacínico vaccinal
vacuidade vacuité
vácuo trou d'air
vacúolo vacuole
vade-mécum vade-mecum
vadio feignant, vaurien
vaga vague
vaga-lume lampyre, luciole, ver luisant
vagabundagem fainéantise, vagabondage
vagabundear fainéanter, flâner, vagabonder
vagabundo fainéant, rôdeur, romanichel, vagabond
vagalhão rouleau
vagamente vaguement
vagão voiture, wagon
vagão bagageiro fourgon
vagão-leito wagon-lit
vagão-restaurante voiture-bar, wagon-restaurant
vagão-tanque citerne, wagon-citerne
vagar vaguer
vagem cosse, gousse, haricot
vagido vagissement
vagina vagin
vaginal vaginal
vaginite vaginite
vagir vagir
vago flou, vague
vagomestre vaguemestre
vagonete wagonnet
vagueação vadrouille
vaguear dériver, vadrouiller, vagabonder, vaguer
vai oust, va
vaia bronca, huée
vaiar conspuer, huer
vaidade vanité
vaidosamente vaniteusement
vaidoso coquet, vaniteux
vairão vairon
vaivém allées et venues, noria, va-et-vient
vala rigole, tranchée
vala comum charnier
valão wallon
vale mandat, val, vallée
vale glacial auge
vale postal mandat-carte, mandat-lettre
valência valence
valente fier, vaillant
valentemente vaillamment
valentia cran, vaillance
valer peser, valoir
valeriana valériane
valeta cassis
valete valet
valetudinário valétudinaire
validação compostage, validation
validade validité
validar composter, valider
válido valable, valide
valise valoche
valor valeur
valor agregado valeur ajoutée
valor nominal valeur nominale
valor recebido a mais trop-perçu
valor venal valeur vénale
valorização valorisation
valorizador valorisant
valorizar valoriser
valorosamente valeureusement
valoroso valeureux
valquíria walkyrie
valsa valse
valsar valser
valsista valseur
valva valve
válvula clapet, pointeau, soupape, valve, valvule
válvula de escape soupape de sécurité, soupape de sûreté
válvula de segurança soupape de sécurité, soupape de sûreté
vampe vamp
vampira goule
vampirismo vampirisme
vampirizar vampiriser
vampiro vampire
van familiale, van
vanádio vanadium
vandalismo vandalisme
vândalo vandale
vanguarda avant-garde
vanidade vanité
vanilina vanilline
vantagem avantage
vantajosamente avantageusement
vantajoso avantageux
vão baie, embrasure, vain
vão entre a cama e a parede ruelle
vapor buée, vapeur
vaporização vaporisation
vaporizador vaporisateur
vaporizar vaporiser
vaporoso vaporeux
vaqueiro gardian, vacher
vaqueta vachette
vara gaule, perche, portant, stick, verge
vara de pesca canne à pêche, gaule
varadouro échouage
varal brancard, étendoir, limon, séchoir
varanda véranda
varano varan
varão tringle
varapau asperge, grande gigue, perche
varar échouer
varejar gauler
varejista débitant, détaillant
varejo détail, gaulage
vareta baleine
variabilidade variabilité
variação mouvement, variation
variado varié
variador variateur
variante variante
variar déménager, dérailler, varier
variável variable
variável booliana variable booléenne
varicoso variqueux
variedade variété
variedades revue
variegação bariolage, bigarrure
variegado bigarré
varinha baguette
varíola petite vérole
variólico variolique
vários plusieurs
variz varice
varrão verrat
varredeira balayeuse
varredor balayeur
varredura balayage, balayures, déminage
varrer balayer
vascular vasculaire
vascularizado vascularisé
vasculhar fouiller, trifouiller
vasectomia vasectomie
vaselina vaseline
vaso pot, vaisseau, vase
vasoconstrição vasoconstriction
vasoconstritor vasoconstricteur
vasodilatação vasodilatation
vasodilatador vasodilatateur
vasomotor vasomoteur
vasos capilares vaisseaux capillaires
vasos comunicantes vases communicants
vasos linfáticos vaisseaux lymphatiques
vassalagem ban, vassalité
vassalo vassal
vassoura balai
vassourinha balayette
vasto vaste
vaticinar vaticiner
vaticínio vaticination

vau gué
vaudevile vaudeville
vaudevilesco vaudevillesque
vaudevilista vaudevilliste
vaza levée, pli
vazado ajouré, claire-voie
vazamento fuite, jet
vazão débit
vazar ajourer, couler, fuir
vazio à vide, creux, vacuité, vide
vazio na alma vague à l'âme
vedação com mástique masticage
vedante bourrelet
vedar étancher, mastiquer,
vedeta vedette
vedete vedette
vedor sourcier
veemência véhémence
veemente véhément
veementemente véhémentement
vegetação végétation
vegetais crus crudité
vegetal végétal
vegetal feculento féculent
vegetar végéter
vegetarianismo végétarisme
vegetarianista végétarien
vegetariano végétalien
vegetarismo végétarisme
vegetarista végétarien
vegetativo végétatif
veia veine
veia porta veine porte
veiado veiné
veiar veiner
veias cavas veines caves
veicular véhiculaire, véhiculer
veículo véhicule, voiture
veículo chacoalhador tapecul
veículo de duas rodas deux-roues
veículo de estrada routière
veículo de propaganda support publicitaire
veículo de transporte circular navette
veículo monocorpo monocorps
veículo monoespaço monospace
veículo todo-terreno tout-terrain
veio veine
veios veinure
vela bougie, chandelle, voile
vela balão spinnaker
vela de ignição bougie
vela grande grand-voile
velada veillée
velado voilé
velame voilure
velar veiller, voiler
velatura voile
Velcro Velcro
veleidade velléité
veleidoso velléitaire
veleiro voile, voilier
veleiro com deriva dériveur
veleiro *ketch* ketch
veleiro *Vaurien* Vaurien
velejador plaisancier
velejar faire voile
velha mémère
velharia antiquaille, vieillerie
velhice vieillesse
velho vieillard, vieux
velho lobo do mar vieux loup de mer
velhota mémé
velhote barbon, vieillot
velino vélin
velo lainage
velocidade allure, vélocité, vitesse
velocímetro cinémomètre
velocípede vélocipède
velódromo vélodrome
velório funérarium, veillée
velouté velouté
veloz véloce
veludo velours
Velux Velux
venado veineux
venal vénal
venalidade vénalité
vencedor vainqueur
vencer échoir, enfoncer, périmer, renverser, terrasser, vaincre, venir à bout de
vencido échu, périmé, vaincu
vencimento échéance
vencimentos appointements, émoluments
venda bandeau, vente
venda a prazo vente à tempérament
venda ambulante colportage
venda avulsa vente à la découpe
venda de bens móveis vente mobilière
venda piramidal vente pyramidale
venda por correspondência vente par correspondance
venda porta a porta démarchage
vendável vendable
vendedor démarcheur, vendeur
vendedor de discos disquaire
vendedor de faiança faïencier
vendedor de sementes grainetier
vendedor de tecidos drapier
vendedor de utensílios de metal chaudronnier
vendedor por corresponência vépéciste
vender vendre
vender a preço de banana bazarder
vender a varejo détailler
vender de porta a porta démarcher
vender no varejo débiter
vendeta vendetta
vendido ripou, vendu
veneno poison, venin
venenoso vénéneux, venimeux
veneração vénération
venerar vénérer
venerável vénérable
venéreo vénérien
venerídeo vénus
veneziana volet
veneziano vénitien
venezuelano vénézuélien
venial véniel
venoso veineux
venta naseau
ventando en coup de vent
ventar venter
ventilação ventilation
ventilador aérateur, soufflant, ventilateur
ventilar ventiler
vento vent
vento de proa vent debout
vento largo vent largue
vento quase em popa grand largue
ventoinha ventilateur
ventosa ventouse
ventoso venté, venteux, ventôse
ventral ventral
ventre ventre
ventricular ventriculaire
ventrículo ventricule
ventríloquo ventriloque
vênula veinule
ver voir
veracidade véracité
veranista estivant
verão été
verba enveloppe
verbal verbal
verbalização verbalisation
verbalizar verbaliser
verbalmente verbalement
verbena verveine
verbo verbe
verbo auxiliar verbe auxiliaire
verbo de ligação copule
verbo declarativo verbe déclaratif
verbo pronominal verbe pronominal
verbo reflexivo verbe réfléchi
verbo transitivo indireto verbe transitif indirect
verborragia délayage, verbalisme, verbosité
verborrágico verbeux
verborreia verbiage
verdade vérité, vrai
verdadeiro véritable, vrai
verde propre, vert
verde pistache pistache
verde-oliva olive
verdejamento verdissement
verdejante verdoyant
verdejar verdir, verdoyer
verdejo verdoiement
verdelha bruant
verdemã loche
verdor verdeur, verdure
verdoso verdelet
verdugo boudin
verdura verdure
verdureiro marchand des quatre-saisons
vereador échevin, édile
vereda boyau, laie, layon, sente, sentier
veredicto verdict

verga vergue
vergadura ploiement
vergalho nerf de bœuf
vergar affaisser, fatiguer, ployer
vergência vergence
vergonha honte
vergonhosamente honteusement
vergonhoso honteux
veridicamente véridiquement
verídico véridique
verificação vérification
verificador vérificateur
verificador ortográfico vérificateur orthographique
verificar vérifier
verificativo vérificatif
verificável vérifiable
verjus verjus
verlan verlan
verme ver, vermisseau
vermeil vermeil
vermelhão vermillon
vermelhidão rougeoiement
vermelho rose, rouge, rougeur
vermelho-sangue sanguinolent
vermicida vermicide
vermicular vermiculaire
vermículo vermisseau
vermífugo vermifuge
vérmina vermine
vermute vermouth
vernáculo langue vernaculaire, vernaculaire
vernissage vernissage
verniz glacis, vernis
vernizagem vernissage
verônica véronique
verossímil crédible, vraisemblable
verossimilhança vraisemblance
verruga verrue
verruma vilebrequin, vrille
verrumar vriller
versado versé
versão son de cloche, thème, version
versátil aménageable, versatile
versatilidade versatilité
versejador rimailleur, versificateur
versejar rimailler
versículo verset
versificação versification
versificar versifier
verso dos, vers, verso
verso alexandrino alexandrin
verso leonino vers léonin
versos brancos vers blancs
vértebra vertèbre
vertebrado vertébré
vertebral vertébral
vertedor verseur
vertedouro écope
vertente versant
verter déverser, répandre, verser
verter a água écoper
verter de novo reverser
vertical vertical
verticalidade verticalité
verticalmente verticalement
vértice calotte crânienne
vértice de um ângulo sommet d'un angle
vertigem vertige
vertiginosamente vertigineusement
vertiginoso vertigineux
verve panache, verve
vesgo bigleux
vesícula vésicule
vesicular vésiculaire
vespa guêpe
vespão frelon
vespeiro guêpier
véspera veille
véspera de ano-novo Saint-Sylvestre
vésperas vêpres
vespertino vespéral
vestal vestale
vestiaria vestiaire
vestiário vestiaire
vestíbulo vestibule
vestido habillé, robe
vestido justo fourreau
vestígio vestige
vestir coiffer, mettre, endosser, ficeler, habillage, habillement, habiller, nipper, revêtir, saper, vêtir
vestir de modo ridículo accoutrer, affubler, harnacher
vestir de novo rhabiller
vestir mal fagoter
vestir-se com elegância s'habiller
vestuário habillement
vetar blackbouler
veterano ancien, vétéran
veterinário vétérinaire
vetiver vétiver
veto veto
vetor vecteur
vetorial vectoriel
vetusto vétuste
véu voile, voilette
véu palatino voile du palais
vexame brimade, mortification, vexation
vexaminoso vexant
vexar mortifier, vexer
vexatório mortifiant, vexatoire
vez fois, tour
VHS VHS
via via, voie
via férrea voie ferrée
Via Láctea voie lactée
via secundária contre-allée
via vicinal transversale
viabilidade faisabilité, viabilité
viabilizar viabiliser
viaduto Toboggan, viaduc
viagem défonce, tournée, voyage
viagem de longo curso voyage au long cours
viagem de núpcias voyage de noces
viagem inaugural première
viagem organizada voyage organisé
viajante voyageur
viajar planer, voyager
viático viatique
viável faisable, jouable, viable
víbora vipère
viborazinha vipereau
vibração vibration
vibrador ronfleur, vibreur
vibrafone vibraphone
vibrante vibrant
vibrar frétiller, tressaillir, vibrer
vibrátil vibratile
vibrato vibrato
vibratório vibratoire
vibrião vibrion
viburno viorne
vicariato vicariat
vice-almirante vice-amiral
vice-cônsul vice-consul
vice-presidência vice-présidence
vice-presidente vice-président
vice-rei vice-roi
vice-versa vice versa
vichi vichy
viciado accro, vicié
viciante addictif
viciar vicier
vicinal vicinal
vício tare, vice
vício redibitório vice rédhibitoire
vícios errements
viciosamente vicieusement
vicioso vicelard, vicieux
vicissitude vicissitude
viçoso vert
vicunha vigogne
vida vie
vida civil dans le civil
vida de cão vie de galérien
vida de fartura vie de cocagne
vida de rei vie de château
vida mundana monde
vida trepidante vie trépidante
vide verso TSVP
videasta vidéaste
vidente voyant
vídeo vidéo
videocassete magnétoscope, vidéo-cassette
videoclipe vidéo-clip
videoclube vidéoclub
videoconferência visioconférence
videodisco vidéodisque
videofone visiophone
videogame jeu vidéo
videoteca vidéothèque
videotransmissão vidéotransmission
videovigilância vidéosurveillance
vidraça carreau, vitrage, vitre
vidraçaria verrerie, vitrerie
vidraceiro verrier, vitrier
vidrado accro, vitreux
vidraria verrerie

vidreiro verrier
vidrilho verroterie
vidro glace, verre, verrerie
vidro fosco verre dépoli
vidro fumê verre fumé
vidro traseiro lunette arrière
vieira coquille Saint-Jacques, pétoncle
viela vielle
viela de roda vielle à roue
vienense viennois
viés biais
vietnamita vietnamien
viga solive
vigarice filouterie
vigário vicaire
vigarista filou, gredin
vigésimo vingtième
vigia guetteur, hublot, veilleur, vigie, vigile
vigia noturno veilleur de nuit
vigiar garder, surveiller, veiller
vigilância gardiennage, surveillance, vigilance
vigilância eletrônica télésurveillance
vigilante surveillant, vigilant
vigília veille, vigile
vigília tecnológica veille technologique
vigor vigueur
vigorosamente fort, vigoureusement
vigoroso vigoureux
vigota poutrelle, soliveau
vil vil
vila bourg, villa
vilãmente vilement
vilania vilenie
vilão manant
vilarejo bourgade, écart, pays
vilegiatura villégiature
vilipendiar vilipender
vime osier
vimeiro osier
vinagre vinaigre
vinagreira vinaigrier
vinagreiro vinaigrier
vinagrete vinaigrette
vincado buriné
vincilho pleyon
vinco faux pli, pli
vincular attacher, rattacher
vínculo lien, rattachement
vínculos attaches
vindemiário vendémiaire
vindima vendange
vindimadeiro vendangeur
vindimar vendanger
vindita vindicte
vindo venu
vindouro à venir
vingador vengeur
vingança vengeance
vingar venger
vingativo vindicatif
vinha vigne
vinha-branca vigne vierge
vinhaça vinasse
vinhateiro vigneron
vinhedo clos, vignoble
vinheta indicatif, vignette
vinheta de remate cul-de-lampe
vinho pinard, vin
vinho branco blanc
vinho branco novo vin bourru
vinho de palha vin de paille
vinho de palma vin de palme
vinho do Porto porto
vinho generoso vin généreux
vinho guloso vin gouleyant
vinho lacrado vin cacheté
vinho licoroso vin moelleux
vinho *primeur* vin primeur
vinho resinoso résiné
vinho seco vin sec
vinho suave vin doux
vinho tinto rouge, vin rouge
vinho verdoso vin verdelet
vinícola vinicole
vinificação vinification
vinificar vinifier
vinil vinyle
vinílico vinylique
vinoso vineux
vinte vingt
vinte e um black jack
vintena vingtaine
viola vièle, viole
viola de amor viole d'amour
viola de gamba viole de gambe
violação viol, violation
violáceo violacé
violão guitare
violar violer
violência violence
violentamente violemment
violentar faire violence à, violenter
violento carabiné, violent
violeta violette
violineiro violoneux
violinista violoniste
violino violon
violista violiste
violoncelista violoncelliste
violoncelo violoncelle
violonista guitariste
VIP VIP
viperino vipérin
vir ramener sa fraise, rappliquer, venir
vir à memória revenir
virabrequim vilebrequin
virada virage
virada para frear christiania
virago virago
viral viral
virar basculer, bifurquer, dessaler, passer, retourner, renverser, tourner, verser, virer
virar de pernas para o ar chambouler, fiche en l'air, mettre en l'air
virelai virelai
virgem puceau, vierge
Virgem Vierge
virginal virginal
virgindade pucelage, virginité
virginiano vierge
vírgula virgule
viril viril
virilha aine
virilidade virilité
virilizar viriliser
virilmente virilement
virola virole
virologia virologie
virtual virtuel
virtualidade virtualité
virtualmente virtuellement
virtude vertu
virtudes teologais vertus théologales
virtuosamente vertueusement
virtuose virtuose
virtuosismo virtuosité
virtuoso vertueux
virulência virulence
virulento virulent
vírus virus
vis-à-vis vis-à-vis
visão vision, vue
visão global d'ensemble
visar viser
víscera viscère
visceral viscéral
visceralmente viscéralement
visco glu, gui, poix
visconde vicomte
viscondessa vicomtesse
viscose viscose
viscosidade viscosité
viscoso filant, glaireux, gluant, poisseux, visqueux
viseira visière
visibilidade visibilité
visionadora visionneuse
visionar visionner
visionário visionnaire
visita visite
visita domiciliária visite domiciliaire
visita médica visite médicale
Visitação Visitation
visitante visiteur
visitar visiter
visível visible
visivelmente visiblement
vislumbrar deviner
vison vison
visor viseur
vista panorama, vue
vista aérea plongée
visto visa, vu
visto que attendu
vistoso tape-à-l'œil
visual visuel
visualização affichage, visualisation
visualizar visualiser
visualmente visuellement

vital vital
vitalício viager
vitalidade vitalité
vitamina vitamine
vitaminado vitaminé
vitela veau
vitelo veau
vitelo de pasto broutart
vitícola viticole
viticultor viticulteur
viticultura viticulture
vítima souffre-douleur, victime
vitimização victimisation
vitimizar victimiser
vitória gagne, victoire
vitória tripla triplé
vitoriano victorien
vitoriosamente victorieusement
vitorioso victorieux
vitral verrière, vitrail
vitrificação vitrification
vitrificar vitrifier
vitrine devanture, étalage, vitrine
vitrinista étalagiste
vitríolo vitriol
vitrocerâmica vitrocéramique
vitrola électrophone
vituperar vitupérer
vitupério vitupération
viúva veuve
viúva dotada douairière
viuvez veuvage
viúvo veuf
viva vivat, vive
vivacidade vivacité
vivandeiro vivandier
vivaz vivace
viveirista pépiniériste
viveiro cabane, pépinière, vivarium
viveiro de champignon champignonnière
viveiro de escargots escargotière
viveiro de mariscos bouchot
viveiro de peixes vivier
vivência vécu
viver vivre
víveres victuailles, vivres
vivido vécu
vivificante vivifiant
vivificar vivifier
viviparidade viviparité
vivíparo vivipare
vivisecção vivisection
vivo éveillé, vif, vivant
vizinhança secteur, voisinage
vizinho voisin
vizir vizir
VO VO
voar bomber, envoler, voler
vocabulário vocabulaire
vocábulo vocable
vocação vocation
vocal vocal
vocálico vocalique
vocalise vocalise
vocalismo vocalisme
vocalização vocalisation
vocalizar vocaliser
vocativo vocatif
você toi, tu
vocês vous
vociferação vocifération
vociferar vociférer
vodca vodka
vodu vaudou
voga vogue
vogal voyelle
vogar voguer
voile voile
vol. vol.
volante volant
volante de loteria grille de loto
volátil volatil
volatilidade volatilité
volatilização volatilisation
volatilizar volatiliser
volear volleyer
vôlei volley-ball
voleibol volley-ball
volfrâmio wolfram
volovã bouchée, vol-au-vent
volovelismo vol à voile
volt volt
volta rentrée, retour, tour
volta ao trabalho do corpo docente préréntrée
volta das férias rentrée
volta de parafuso pas de vis
volta-face volte-face
voltado para o vale aval
voltagem tension, voltage
voltaico voltaïque
voltâmetro voltamètre
voltar rappliquer, regagner, repartir, retourner, revenir
voltar a acontecer revenir, se reproduire
voltar a afiar retailler
voltar a alugar relouer
voltar a brincar rejouer
voltar a cair retomber
voltar a chover repleuvoir
voltar a colocar no bolso rempocher
voltar a correr recourir
voltar a cortar retailler
voltar a crescer repousser
voltar a deitar recoucher
voltar a descer redescendre
voltar a dormir rendormir, se rendormir
voltar a embainhar rengainer
voltar a encher regonfler
voltar a entrar em contato se retremper
voltar a enxugar ressuyer
voltar a escalar remonter
voltar a escutar réécouter
voltar a estanhar rétamer
voltar a fazer refaire
voltar a jogar rejouer
voltar a molhar retremper
voltar a nevar reneiger
voltar a parafusar revisser
voltar a pedir redemander
voltar a pedir emprestado remprunter
voltar a perder reperdre
voltar a prender renfermer
voltar a rachar refendre
voltar a se vestir se rhabiller
voltar a ser redevenir
voltar a subir regrimper, remonter
voltar a sujar resalir
voltar a ter ravoir
voltar a usar remettre
voltar às origens se ressourcer
voltar atrás faire machine arrière, se déjuger
voltar para a cama se recoucher
voltar para casa rentrer
volteador voltigeur
voltear voltiger
volteio equestre voltige
voltímetro voltmètre
volume volume
volume de negócios chiffre d'affaires
volumétrico volumétrique
volumoso volumineux
voluntariado volontariat
voluntariamente bénévolement, volontairement
voluntário bénévole, volontaire
voluntarioso volontaire
voluntarismo volontarisme
voluntarista volontariste
volúpia volupté
voluptuosamente voluptueusement
voluptuoso voluptueux
voluta volute
volúvel changeant, vagabond, versatile, volage
volva volve
volvária volvaire
vômico vomique
vomitado vomi
vomitar dégueuler, éructer, vomir
vomitivo vomitif
vômito vomissement, vomissure
vontade envie, volonté, vouloir
voo envol, essor, vol, volée
voo a vela vol à voile
voo picado piqué
voracidade voracité
voraz vorace
vorazmente gloutonnement, voracement
vórtice vortex
vós vous
vosso votre, vôtre
vossos vos
votante votant
votar voter
votar novamente revoter
votivo votif
voto bulletin, vœu, voix, vote
voto plural vote plural
vovô bon-papa, grand-papa, papy, pépé
vovó bonne-maman, grand-maman,

mamie, mémé
vox populi vox populi
voyeur voyeur
voyeurismo voyeurisme
voz organe, voix
voz ameaçadora grosse voix
voz ativa forme active, voix active
voz cavernosa voix caverneuse
voz de cabeça voix de tête
voz de falsete voix de fausset
voz engrolada voix de rogomme
voz entrecortada voix cassée
voz estrangulada voix étranglée
voz estridente voix de crécelle
voz grave voix basse
voz gutural voix gutturale
voz passiva forme passive
voz rouca voix éraillée, voix rocailleuse
voz sepulcral voix sépulcrale
voz sonora voix étoffée
voz trêmula voix chevrotante
VPC VPC
vulcânico volcanique
vulcanismo volcanisme
vulcanização vulcanisation
vulcanizar vulcaniser
vulcanologia volcanologie
vulcanologista volcanologue
vulcão volcan
vulgar vulgaire
vulgaridade vulgarité
vulgarmente vulgairement
vulgo alias
vulnerabilidade vulnérabilité
vulnerária vulnéraire
vulnerável vulnérable
vulva vulve

Ww

W.C. W.-C.
waffle gaufre
walkie-talkie talkie-walkie
Walkman Walkman
wap wap
warrant warrant
watt watt
web web
web site site
webcam webcam
Wi-Fi Wi-Fi
winchester Winchester
windsurfe planche à voile
windsurfista planchiste, véliplanchiste
wok wok
world music world music

Xx

x x
xá chah
xador tchador
xadrez carreau, damier, échecs, échiquier, mitard
xale châle
xamã chaman
xampu shampooing
xarope sirop
xarope de bordo sirop d'érable
xaroposo sirupeux
xelim schilling, shilling
xenofobia xénophobie
xenófobo xénophobe
xenônio xénon
xeque cheikh
xeque-mate échec et mat, mat
xerez xérès
xerife shérif
xerpa sherpa
xi ksi
xícara tasse
xiismo chiisme
xiita chiite
xilófago xylophage
xilofone xylophone
xilografia xylographie
xingamento juron
xingar engueuler, jurer
xintoísmo shinto
xintoísta shintoïste
xisto schiste
xistoso schisteux
xixi pipi
xodó chouchou
xogum shogun
xogunal shogunal

Yy

yearling yearling
yeti yéti

Zz

zabaione sabayon
zabumba grosse caisse
zagueiro stoppeur
zairense zaïrois
zakuski zakouski
zambiense zambien
zambro panard
zangão faux bourdon
zangarrear brailler
zanzar tournailler, traîner la savate, trimbaler
zapeador zappeur
zapear zapper
zapping zapping
zarabatana sarbacane
zaragatoa fusain
zazou zazou
zebra contre-performance, zèbre
zebrado zébré, zébrure
zebrar zébrer
zebu zébu
zéfiro zéphyr
zelador concierge
zeladoria conciergerie
zelo zèle
zeloso soigneux, zélé
zen zen
zenital zénithal
zênite zénith
zepelim zeppelin
zero zéro
zero à esquerda minus
zero absoluto zéro absolu
zesto zeste
zeta zêta
ZI ZI
zibelina zibeline
zidovudina zidovudine
zigomático zygomatique
zigoto zygote
ziguezague godille, lacet, slalom, zigzag
ziguezaguear godiller, slalomer, zigzaguer
zimbro genévrier, genièvre
zincador zingueur
zinco zinc
zínia zinnia
zíper fermeture Éclair, tirette
zircão zircon
zloty zloty
Zodiac Zodiac
zodiacal zodiacal
zodíaco zodiaque
zombador moqueur, persifleur
zombar persifler, se gausser, se moquer, se jouer
zombaria goguenardise, moquerie, persiflage
zombeteiro goguenard, moqueur, narquois
zona bordel, chantier, pastis, pétaudière, petchi, quartier chaud, site, zone
zona de estrangulamento goulot d'étranglement
zona do euro zone euro
zoneado bordélique
zoneamento zonage
zonear zoner
zonzo sonné
zoo zoo
zoologia zoologie
zoológico ménagerie, zoologique
zoólogo zoologiste
zoom zoom
zootecnia zootechnie
zuavo zouave
zumbi zombie
zumbido bourdonnement
zumbido no ouvido tintement d'oreilles
zumbidor bourdonnant
zumbir bourdonner
zurrapa bibine, piquette, tord-boyaux
zurrar braire
zurro braiment